Friedrich Schleiermacher
Kritische Gesamtausgabe
III. Abt. Band 2

Friedrich Daniel Ernst Schleiermacher

Kritische Gesamtausgabe

Im Auftrag
der Berlin-Brandenburgischen Akademie der Wissenschaften
und der Akademie der Wissenschaften zu Göttingen

herausgegeben von
Günter Meckenstock
und
Andreas Arndt, Jörg Dierken,
Lutz Käppel, Notger Slenczka

Dritte Abteilung
Predigten
Band 2

De Gruyter

Friedrich Daniel Ernst
Schleiermacher

Predigten
Fünfte bis Siebente Sammlung
(1826–1833)

Herausgegeben von
Günter Meckenstock

Anhang:
Gesangbuch zum gottesdienstlichen
Gebrauch für evangelische Gemeinen
(Berlin 1829)

De Gruyter

ISBN 978-3-11-041335-9
e-ISBN (PDF) 978-3-11-041689-3
e-ISBN (EPUB) 978-3-11-041696-1

Library of Congress Cataloging-in-Publication Data
A CIP catalog record for this book has been applied for at the Library of Congress.

Bibliografische Information der Deutschen Nationalbibliothek

Die Deutsche Nationalbibliothek verzeichnet diese Publikation in der Deutschen Nationalbibliografie; detaillierte bibliografische Daten sind im Internet über http://dnb.dnb.de abrufbar.

© 2015 Walter de Gruyter GmbH, Berlin/Boston
Umschlaggestaltung: Rudolf Hübler, Berlin
Satz: Meta Systems Publishing & Printservices GmbH, Wustermark
Druck und buchbinderische Verarbeitung: Strauss GmbH, Mörlenbach
♾ Printed on acid-free paper
Printed in Germany
www.degruyter.com

Inhaltsverzeichnis

Einleitung des Bandherausgebers	VII
I. Historische Einführung	VIII
1. Fünfte Sammlung	IX
2. Sechste Sammlung	XVIII
3. Siebente Sammlung	XXVII
4. Anhang: Berliner Gesangbuch 1829	XXXVI
II. Editorischer Bericht	XLVII
1. Textgestaltung und zugehörige editorische Informationen	XLVII
2. Druckgestaltung	L
3. Spezifische Verfahrensweisen	LI

Predigten. Fünfte bis Siebente Sammlung

Fünfte Sammlung 1826. Christliche Festpredigten. Erster Band	1
Adventspredigten	7
Am Weihnachtsfest	56
Am Neujahrstage	85
Passionspredigten	103
Am Karfreitag	147
Am Osterfest	171
Am Himmelfahrtstage	198
Am Pfingstfest	209
Am Trinitatisfest	240
Sechste Sammlung 1831. Predigten in Bezug auf die Feier der Übergabe der Augsburgischen Konfession	257
Warnung vor selbstverschuldeter Knechtschaft	281
Die Übergabe des Bekenntnisses als Verantwortung über den Grund der Hoffnung	293
Das Verhältnis des evangelischen Glaubens zum Gesetz	304
Von der Gerechtigkeit aus dem Glauben	319
Das vollendende Opfer Christi	332

> Ermunterung zum Bekenntnis der Sünden 344
> Vom öffentlichen Dienst am göttlichen Wort 356
> Von dem Verdammen Andersgläubiger in unserm Bekenntnis 373
> Dass wir nichts vom Zorn Gottes zu lehren haben . . 388
> Das Ziel der Wirksamkeit unserer evangelischen Kirche 401

Siebente Sammlung 1833. Christliche Festpredigten. Zweiter Band 421
> Inhalt der Fünften und Siebenten Sammlung 426
> Adventspredigten 429
> Am Weihnachtsfest 472
> Am Neujahrstage 514
> Passionspredigten 541
> Am Karfreitag 583
> Am Osterfest 604
> Am Bußtage 629
> Am Himmelfahrtstage 653
> Am Pfingstfest 680
> Am Trinitatisfest 708
> Am Erntefest 720
> Am Gedenktag der Verstorbenen 731

Anhang

Gesangbuch zum gottesdienstlichen Gebrauch für evangelische Gemeinen (Berlin 1829) 757
> Liederverzeichnis 1176

Verzeichnisse

Editionszeichen und Abkürzungen 1189
Literatur 1194
Namen 1200
Bibelstellen 1202
Predigten (in zeitlicher Anordnung) 1219

Einleitung des Bandherausgebers

Die Kritische Gesamtausgabe der Schriften, des Nachlasses und des Briefwechsels Friedrich Schleiermachers, die seit 1980 erscheint, ist gemäß den Allgemeinen Editionsgrundsätzen in die folgenden Abteilungen gegliedert: I. Schriften und Entwürfe, II. Vorlesungen, III. Predigten, IV. Übersetzungen, V. Briefwechsel und biographische Dokumente.

Die III. Abteilung dokumentiert Schleiermachers gesamte Predigttätigkeit von seinem Ersten Examen 1790 bis zu seinem Tod 1834. Die Predigten werden chronologisch nach ihrem Vortragstermin angeordnet. Nur die von Schleiermacher absichtsvoll geordneten sieben „Sammlungen", alle im Verlag der Berliner Realschulbuchhandlung bzw. im Verlag von G. Reimer erschienen (Berlin 1801–1833), bleiben in dieser Anordnung erhalten und stehen am Anfang der Abteilung. Demnach ergibt sich für die Abteilung „Predigten" folgende Gliederung:

1. *Predigten. Erste bis Vierte Sammlung (1801–1820)*
2. *Predigten. Fünfte bis Siebente Sammlung (1826–1833)*
3. *Predigten 1790–1808*
4. *Predigten 1809–1815*
5. *Predigten 1816–1819*
6. *Predigten 1820–1821*
7. *Predigten 1822–1823*
8. *Predigten 1824*
9. *Predigten 1825*
10. *Predigten 1826–1827*
11. *Predigten 1828–1829*
12. *Predigten 1830–1831*
13. *Predigten 1832*
14. *Predigten 1833–1834 sowie Gesamtregister*

Der hier vorgelegte zweite Band[1] *dokumentiert Schleiermachers Fünfte, Sechste und Siebente Sammlung seiner Predigten, erschienen in den Jahren 1826, 1831 und 1833. Diese drei Sammlungen erfuhren, anders als die vorangegangenen vier Sammlungen, zu Schleierma-*

---

[1] Zitatnachweise und Belegverweise ohne Angabe des Autors beziehen sich auf Friedrich Schleiermacher.

chers Lebzeiten keine weitere Auflage. Die Fünfte und Siebente Sammlung bieten insgesamt 42 Festpredigten, die Schleiermacher zu kirchlichen und staatlich verordneten Feiertagen zwischen 1812 und 1833 gehalten hat, die Sechste Sammlung die zehn Predigten einer thematischen Reihe des Jahres 1830 zur Säkularfeier der Augsburger Konfession.

I. Historische Einführung

Die Fünfte bis Siebente Sammlung sind, das zeigen jeweils schon die spezifizierenden Zweittitel an, thematisch konzentriert und gehören zur späten Wirksamkeit Schleiermachers. Die Fünfte und Siebente Sammlung präsentieren Festpredigten und durchlaufen parallel jeweils den Festkreis des Kirchenjahres von den Adventssonntagen vor Weihnachten bis zum Trinitatisfest nach Pfingsten, wobei die Siebente Sammlung auch noch besondere Tage aus der ansonsten festlosen Kirchenjahrszeit nach dem Trinitatisfest einbezieht. Die Sechste Sammlung ist in diesen doppelten Festdurchgang eingeschoben, veranlasst durch das Säkularereignis des Gedenkens an die Übergabe der Confessio Augustana.

Schleiermacher unterschied deutlich zwischen gesprochen-gehörten und gedruckt-gelesenen Predigten. Er sprach frei und schätzte das gesprochene Wort hoch. „Eigentlich bin ich immer gegen das Drukken der Predigten, weil sie eben überhaupt – und von den meinigen gilt das noch ganz besonders – nur zum Hören eingerichtet sind."[2] Dass Schleiermacher seine Predigten aus Nachschriften seines freien Kanzelvortrags erstellen musste, die zudem oft Jahre zuvor gehalten worden waren, empfand er 1826 als besondere Schwierigkeit. „Die Leute behaupten mir zwar oft, meine Predigten, die ich halte, verbesserten sich immer noch. Aber wenn ich das auch glauben könnte, so ist es ganz ein andres, zum Theil vor langer Zeit gehaltene Predigten in einer Nachschrift, deren Zuverlässigkeit man nicht mehr beurtheilen kann durchzusehen und dabei zu wissen, daß man nur fürs Lesen arbeitet. Da kann es mir leicht begegnen – zumal bei meinem Glauben, daß eine zum Lesen bestimmte Predigt mehr vertragen kann – daß ich die rhetorische Form unwissentlich dem und jenem Nebengedanken, den ich noch anbringen möchte, aufopfere."[3]

---

[2] Brief vom 9. August 1824 an Charlotte von Kathen, in: Aus Schleiermacher's Leben. In Briefen [künftig: Briefe], Bd. 2, 2. Aufl., Berlin 1860, S. 399
[3] Brief vom 24. Juli 1826 an Joachim Christian Gaß, in: Briefe, Bd. 4, ed. Wilhelm Dilthey nach Vorbereitung von Ludwig Jonas, Berlin 1863, S. 351

I. Historische Einführung

Die beiden Bände Festpredigten (Fünfte und Siebente Sammlung) lassen keine besonderen kirchlich-politischen oder wissenschaftlich-literarischen Beziehungen erkennen. Hingegen dürften die Augustana-Predigten (Sechste Sammlung) als Schleiermachers grundlegende Stellungnahme zu den weitreichenden aktuellen Auseinandersetzungen um die neue Gestaltwerdung des Protestantismus gemeint sein. Das im Anhang mitgeteilte „Gesangbuch zum gottesdienstlichen Gebrauch für evangelische Gemeinen" (1829) dokumentiert Schleiermachers vieljähriges Engagement für ein neues Berliner Gesangbuch.

1. Fünfte Sammlung

Die Druckschrift mit dem doppelten Titel „Christliche Festpredigten. Erster Band" und „Predigten. Fünfte Sammlung" (gegenüberstehend auf linker und rechter Seite) bietet siebzehn römisch bezifferte Festpredigten, die Schleiermacher zwischen 1820 und 1825 gehalten und 1826 publiziert hat. Sie umfasst sechs römisch bezifferte Vorspannseiten, in deren Zählung die leere Vorderseite und die leere Rückseite des Doppeltitels nicht berücksichtigt sind, insgesamt ein nicht ausgewiesener Halbbogen, sowie 448 arabisch bezifferten Textseiten, bestehend aus 27 Druckbogen von 16 Seiten, die durch A bis Z und Aa bis Dd (Buchstabe I, V und W ausgelassen), sowie zwei Halbbogen von acht Seiten, die durch Ee und Ff gekennzeichnet sind. Die normale Seite hat 30 Zeilen von etwa 8,5 cm Breite und einer summierten Höhe von 14,5 cm. Unpaginiert sind die beiden Titelseiten, außerdem die erste Seite der Vorrede und die Anfangsseite jeder Predigt. Die fünfte Predigtsammlung hat kein Inhaltsverzeichnis und kein Druckfehlerverzeichnis. Der Band wurde verlegt und gedruckt von Georg Andreas Reimer und erschien im September 1826 zur Michaelismesse.[4]

Zur Entstehung der fünften Predigtsammlung liegen einige Hinweise vor. Festpredigten veröffentlichen zu wollen, hatte Schleiermacher schon 1806 in der zweiten Auflage seiner ersten Predigtsammlung im Sinn gehabt und dann 1808 in der Vorrede zur Zweiten Sammlung und erneut 1814 in der Zuschrift der Dritten Sammlung angekündigt.[5] *Die Zahl der Festpredigten, die Schleiermacher vorlagen, war groß; deshalb entschloss er sich, seine Sammlung gleich zweibändig anzulegen. Dabei war der Gedanke leitend, dass er im ersten*

---

[4] Vgl. Wichmann von Meding: Bibliographie der Schriften Schleiermachers nebst einer Zusammenstellung und Datierung seiner gedruckten Predigten, Schleiermacher-Archiv, Bd. 9, Berlin / New York 1992, S. 65, Nr. 1826/9
[5] Vgl. KGA III/1, S. 200,12–14; S. 207,2–11; S. 424,7–10

Band primär die christlich-kirchlichen Hauptfeste vertreten wissen wollte, während im zweiten Band auch die staatlich geordneten und vom Brauchtum bestimmten Feste (Bußtag, Erntefest, Totengedenken) vertreten sein sollten.

Der erste Festpredigtenband bietet folgende Predigten zu den Vorbereitungszeiten und kirchlichen Festen: drei zur Adventszeit, zwei zum Weihnachtsfest, eine zum Neujahrstag, drei zur Passionszeit, zwei zum Karfreitag, zwei zum Osterfest, eine zum Himmelfahrtstag, zwei zum Pfingstfest, eine zum Trinitatisfest. Dass die Neujahrspredigt zum bürgerlichen Jahreskalender gehört und damit aus der Ordnung der kirchlichen Feste herausfällt, veranlasste Schleiermacher in seiner „Vorrede" zu der Rechtfertigung, in seinen hier mitgeteilten Adventspredigten sei der Jahresanfang nicht thematisiert worden.[6]

Zur Entstehung und privaten Aufnahme der Sammlung gibt es einige Briefzeugnisse. Schleiermacher teilte seinem alten Freund Joachim Christian Gaß am 18. Juni 1826 mit: „Festpredigten werden nun auch endlich gedruckt, und die schicke ich Dir unmittelbar, sobald sie fertig sind."[7] Am 24. Juli 1826 äußerte Schleiermacher gegenüber Gaß seine Zweifel, wie die Beurteilung seiner gedruckten Predigten ausfallen werde. „Was nun besonders die Festpredigten betrifft: so sehe ich nun erst, was für ein schwieriges Unternehmen das ist, und ich werde wol die Leser bitten müssen, sie auch ja nicht anders als an solchen Festtagen zu lesen. Es ist so natürlich, so sehr ich auch bei der Wahl auf Abwechselung Bedacht genommen habe, daß doch lauter Christologie darin ist, und so treten die Gedanken zu nahe und wiederholen sich zu sehr. Der erste Band soll nun bald fertig werden; ich bin schon an der ersten Pfingstpredigt."[8]

Der Verlag lieferte Schleiermacher zwölf Exemplare am 19. September 1826 und dann noch weitere Exemplare in den folgenden Jahren.[9] Schleiermacher kehrte am 21. September von seiner Göttingen- und Harz-Reise nach Berlin zurück und berichtete bald an Gaß, dem er ein Druckexemplar durch eine Mittelsperson zuschickte: Die Festpredigten „sind während meiner Abwesenheit fertig geworden, und daraus ist der Uebelstand hervorgegangen daß das Inhaltsverzeichniß vergessen ist mit abzudrucken. Ich habe es daher hineingeschrieben, aber auf Druckfehler habe ich noch nicht Zeit gehabt das Buch anzu-

---

[6] Vgl. unten S. 5,20–25
[7] Briefe 4, S. 346
[8] Briefe 4, S. 351
[9] Vgl. Günter Meckenstock: Schleiermachers Bibliothek nach den Angaben des Rauchschen Auktionskatalogs und der Hauptbücher des Verlages G. Reimer, in: Schleiermacher, KGA I/15, S. 637–912, hier S. 812, Nr. 1712

sehen."[10] *Gaß meldete brieflich am 20. Oktober 1826: „Du hast mir ja recht ein Prachtexemplar Deiner Festpredigten verehrt! Das soll mir und meinem Hause ein werthes Geschenk sein. Sobald ich nur etwas eingerichtet bin, will ich diese Reden in der Kirchen-Zeitung anzeigen, sie aber auch mit den Meinigen lesen und Dir darüber schreiben."*[11]

Gaß erfüllte sein Versprechen. Am 8. Juni 1827 erschien anonym seine Rezension in der Zeitschrift „Theologisches Literaturblatt. Zur Allgemeinen Kirchenzeitung". Die mit „P. p." (vermutlich für ‚Perge perge') unterzeichnete Rezension beginnt, indem auf die besonderen homiletischen und inhaltlich-erbaulichen Anforderungen hingewiesen wird, mit einem überschwänglichen Lob für Schleiermachers meisterhafte Festpredigten, „die wir unbedenklich als das Ausgezeichneteste unserer homiletischen Literatur ehren, ja, wovon wir sagen möchten, daß sie soweit über seine bisherigen Kanzelvorträge hervorragen, als die christlichen Festtage über den gewöhnlichen Sonntag."[12]

Die Rezension thematisiert, weil viele Rezensionsleser diese Predigten bereits gelesen haben dürften, zunächst das Bedeutungsvolle und Eigentümliche der Sammlung. Der Rezensent hebt erstens Schleiermachers integrative Auffassung des Festzyklus hervor: Die christlichen Feste würden nicht punktuell als erinnernde Einzeltage, sondern zusammen mit ihren Vorbereitungszeiten „als Mittelpunkte heiliger Zeiten behandelt"[13]*, die durch Christus als Erlöser in seiner Würde und Wirksamkeit bestimmt seien und die auch auf die festlose Jahreshälfte, die durch die reformatorische Abschaffung der Heiligenfeste bei Aufnahme altkirchlicher Traditionen entstanden sei, erbaulich ausstrahlen sollten. „Die Adventspredigten bereiten das Weihnachtsfest, die Fastenpredigten das Osterfest vor, und wir glauben, es dürfte sich wohl rechtfertigen lassen, wenn der Hr. Verf., wie er früher gewollt, auch die Sonntage zwischen Ostern und Pfingsten in den Festcyklus hineingezogen hätte, da sie die Osterbetrachtungen eben so natürlich fortsetzen, als den Hauptgedanken des Pfingstfestes vorbereiten."*[14]

Der Rezensent beleuchtet zweitens den primär dogmatischen Gehalt der Predigten. Gerade weil die Festpredigten inhaltlich so über-

---

[10] Briefe 4, S. 361
[11] Schleiermacher's Briefwechsel mit J. Chr. Gaß, ed. W. Gaß, Berlin 1852, S. 207
[12] Theologisches Literaturblatt. Zur Allgemeinen Kirchenzeitung, ed. Ernst Zimmermann, Darmstadt 1827, Nr. 46, Sp. 377–383, hier 377
[13] Theologisches Literaturblatt 1827, Sp. 378
[14] Theologisches Literaturblatt 1827, Sp. 379

zeugend mit Schleiermachers tiefsinniger Glaubenslehre übereinstimmten, stellten sie dem praktischen Geistlichen „die vollendetsten Muster und lehrreichsten Vorbilder auf, wie er den vereinzelten Inhalt und die Hauptmomente des Glaubens den Gemüthern seiner Zuhörer nahe zu bringen, sie mit denselben vertraut zu machen und mit immer neuer Liebe zum Evangelium zu erfüllen hat."[15] Doch nicht nur dem Studium des Gemeindegeistlichen empfiehlt der Rezensent die Predigtsammlung, sondern auch der häuslich-erbaulichen Lektüre der Familien. „Eben so gründlich durchdacht, als im Charakter der wahren Erbauung gehalten, wird kein Leser über Mangel an Verständlichkeit klagen, es sei denn der, welcher mit seinem inneren Leben noch außerhalb des Christenthums steht, und für den sind sie noch nicht; wer aber Christum liebt und ihm angehören will, der wird hier einen sicheren Führer zu ihm finden"[16], und der Leser werde bei wiederholter Lektüre, die nötig sei, reich gestärkt werden, allen Vorbehalten der Alltagspraktiker, der Mystiker und der modern-pietistischen Buchstabengläubigen zum Trotz.

Der Rezensent schließt mit einem knappen Durchgang durch die Sammlung, indem er zu Predigten oder Predigtblöcken lobend einzelne homiletisch-dogmatische Züge hervorhebt, öfter auch auf die Glaubenslehre hinweist. Die zweite Weihnachtspredigt (Nr. V) und die zweite Pfingstpredigt (Nr. XVI) bewertet der Rezensent, obwohl in der durchweg lobenswerten Sammlung eine Hervorhebung überhaupt schwer falle, wegen ihres Gedankenreichtums als die gelungensten Festpredigten. Die Trinitatispredigt leite sehr geschickt zur festlosen zweiten Jahreshälfte über. Der Rezensent schließt mit der bewundernden Feststellung, dass bei Schleiermacher „seine wissenschaftliche Glaubenslehre und seine populären Kanzelvorträge auf das vollkommenste mit einander übereinstimmen, und wie eben dieses beides die Hochachtung gegen seinen Charakter und die reichen Erfolge seines ausgebreiteten Wirkens, dessen er sich erfreut, am meisten begründet und sichert"[17]. Schleiermacher war über diese Rezension erfreut und dankte brieflich Gaß „schönstens dafür. Unser Geschmack trifft übrigens ziemlich zusammen. Wann ich an den zweiten Band kommen werde, sehe ich noch nicht ab."[18]

Auch der Autor einer zweiten Rezension war mit Schleiermacher befreundet. Karl Heinrich Sack (1790–1875) hat die Fünfte Samm-

---
[15] Theologisches Literaturblatt 1827, Sp. 380
[16] Theologisches Literaturblatt 1827, Sp. 380
[17] Theologisches Literaturblatt 1827, Sp. 383
[18] Briefe 4, S. 385

I. Historische Einführung

lung parallel mit einer Predigtsammlung Albertinis 1831 in der Zeitschrift „Theologische Studien und Kritiken" ausführlich dargestellt, beurteilt und verglichen.[19] Der Rezensent kündigte seine Beurteilung vor der Veröffentlichung Schleiermacher an, wohl um angesichts der publizierten Kritik die langjährige freundschaftliche Verbindung zu schützen. Schleiermacher antwortete vor dem Erhalt der Rezension, die er dann allerdings bei Absendung des Briefes am 26. März 1831 in Händen hielt. „Mein lieber Freund, das muß mir ja sehr erfreulich sein, daß Sie Sich auf eine solche Weise mit meinen Predigten beschäftigt haben und mir Ihre Resultate so ans Licht fördern. – Das scheint mir freilich auch überflüssig, Sie vorläufig zu versichern, daß ich nicht fürchte irgend wie durch Ihre Kritik verletzt zu werden, davon braucht unter uns wol nicht die Rede zu sein. Und wenn ich Ihnen auf der andern Seite sage, ich könne nicht dafür stehen, wie weit Ihre Aeußerungen mir selbst zur Besserung gereichen werden: so lächeln Sie mir gewiß zu, daß Sie in dieser Hinsicht schon auf dem Reinen wären und nicht viel davon erwarteten. Es ist schwer in meinem Alter noch Mängel und Fehler abzulegen, die mehr sind als isolirte Verwöhnungen und auf dergleichen werden Sie Sich wol schwerlich einlassen; aber Sie haben gewiß auch mehr unsere gemeinschaftlichen Freunde, die jüngere Generation unseres Standes, im Auge gehabt, und ich würde meinem Beruf schlecht genügen, wenn ich nicht alle Zeit bereit wäre mich zu deren Nuz und Frommen bei Leibes seciren zu lassen nicht nur von Ihnen, sondern auch mit einem schartigen und wenig schonenden Messer wenn es nur Lehrreiches zu Tage fördert."[20]

Karl Heinrich Sack sieht in seiner namentlich gezeichneten Rezension einleitend den Reiz der parallelen Beurteilung darin, dass Schleiermacher und Albertini gleichsam prototypisch für die neuere philosophische Theologie einerseits und für den herrnhutischen Pietismus andererseits ständen; sowohl im Lebensweg (beider Jugendfreundschaft und trennende berufliche Wirksamkeit) als auch in den Predigtsammlungen (beider Ausgang von der Erfahrung und differentes homiletisches Vorgehen) seien Ähnlichkeit und Verschiedenheit markant. Die Parallelität der Sammlungen ist allerdings, ohne dass Sack dies wahrnimmt, dadurch stark eingeschränkt, dass Albertinis Sammlung „Dreißig Predigten" nur eine Festpredigt enthält und alle Predig-

---

[19] Vgl. Theologische Studien und Kritiken. Eine Zeitschrift für das gesammte Gebiet der Theologie, Jg. 4, Hamburg 1831, Heft 2, S. 350–396, hier Schleiermachers Fünfte Sammlung. 1826, S. 352–385
[20] Briefe 4, S. 402–403; vgl. auch den Briefschluss in Schleiermacher: Briefe an einen Freund, Weimar 1939, S. 36

ten zudem aus den Jahren 1805–1810 stammen.[21] Sacks eigene Position, aus der sich insbesondere sein Tadeln speist, wird am Schluss der Rezension angedeutet, wo auf zwei theologisch-kirchliche Richtungen, die beiden Predigern fremd seien, hingewiesen wird, nämlich den Grund zu suchen im systematisch gefassten biblischen Lehrwort, das die persönlich-fromme Erfahrung hervorbringe, und den Zweck zu setzen in die wirklichkeitsnahe seelsorgerliche Erziehung des Volks und zugleich Erbauung der Gemeinde.[22]

Die Rezension gibt zunächst eine allgemeine Charakteristik der Schleiermacherschen Sammlung, die nur für sich besprochen, nicht aber mit Schleiermachers vorangegangenen Predigtsammlungen und seiner Glaubenslehre eigens verglichen werden soll. Sack fordert von christlichen Festpredigten, dass sie „das Historische und das Geistliche des Christenthums in innigster Durchdringung darstellen"[23]. Zusammenfassend erkennt er in Schleiermachers Festpredigten „ein Ueberwiegen des Festlich-Didaktischen, doch in lebendiger Einheit mit den historischen Thatsachen."[24]

Sack sieht die Predigtsammlung durch drei Eigentümlichkeiten charakterisiert, durch die fromme Zentralstellung Christi, durch die Subjektivität von Glaubensbewusstsein und Schriftverständnis und durch die für die Zuhörer angenommene hohe Glaubensgewissheit. Markant eigentümlich sei erstens „die Kraft, mit der dieses Bewußtseyn von Christus und der Gemeinschaft mit ihm in die Mitte gestellt wird, die Klarheit, mit der es durch alle Beziehungen durchgeführt wird, die Treue und Lebendigkeit, mit der es die Benutzung der weitesten Erfahrungskreise durchdringt"[25].

Die zweite Eigentümlichkeit sieht Sack in Schleiermachers Bibelverständnis, „dass das Wort Gottes in der Schrift ihm nicht dazu Ansehn hat, seinen Glauben immer neu entstehen, und in seinen wesentlichen Elementen durch dasselbe göttlich bestimmen zu lassen, sondern nur dazu, seine Reflexion über sein Glaubensgefühl zu leiten und zu regeln."[26] Schleiermacher verstehe den Glaube überwiegend als ein Gefühl, eine subjektive Lebensbestimmtheit; die biblische Schrift sei bedeutend nur durch göttlich inspirierte Autoren und wirke rektifizierend, nicht schaffend; sie gehe aber nicht auf einen göttlichen

---

[21] Vgl. Sack: ThStKr 1831, S. 385–391 zu Albertinis Dreißig Predigten (2. Aufl. 1825)
[22] Vgl. Sack: ThStKr 1831, S. 395–396
[23] Sack: ThStKr 1831, S. 352
[24] Sack: ThStKr 1831, S. 354
[25] Sack: ThStKr 1831, S. 355
[26] Sack: ThStKr 1831, S. 356

Schreibimpuls zurück, dementsprechend sei das Alte Testament zurückgestuft. Schleiermachers Verneinung einer objektiven Offenbarung erlaube nur religiöse Lebensanregungen und Reflexionsausgleichungen und bleibe dadurch im Relativen. „Aus den Grundsätzen des Verfassers entsteht das Bedürfniß, die Lehren, welche er als den Mittelpunkt aller seiner Vorträge behandelt, da sie in einer bloß gefühlsmäßigen Subjektivität nicht bleiben können, und da er sie nicht eigentlich schöpfen kann aus dem Worte der Schrift, mit einem viel bedeutenderen Zusatze von spekulativer Auffassung zu gestalten, als theils seine bekannten dogmatischen Grundsätze gestatten, theils der Grundvertrag zwischen Prediger und Zuhörer, nämlich aus dem Worte Gottes zu argumentieren, erlaubt."[27] *Dadurch könnten ergreifend-gefühlvolle Predigtstellen wechseln mit abstrakt-kühlen Betrachtungen. Zumeist werde mehr das Unchristliche abgewehrt als das Christliche konkretisiert.*[28]

Als dritte Eigentümlichkeit benennt Sack, dass Schleiermacher „das Leben und Wirken der Gnade in allen seinen Zuhörern nicht nur als völlig bewußt, sondern als so weit gefördert voraussetzt, dass auf die mannichfaltigen Zustände mangelhafter Gottesfurcht und anfangenden Glaubens, wie sie uns doch thatsächlich in unseren Gemeinen vorliegen, und auf welche die Predigt doch gewiß vorzüglich wirken soll, verhältnißmäßig zu wenig Rücksicht genommen ist, oder mit anderen Worten, daß das populär Praktische sehr zurücktritt."[29] *Schleiermachers Predigten, die sich durch Klarheit, Reinheit, Ganzheit und Sprachwürde auszeichnen, seien froh-betrachtend und weniger eingreifend-warnend.*

Nach dieser allgemeinen Einschätzung geht Sack sodann auf die siebzehn Predigten der Schleiermacherschen Sammlung einzeln ein.[30] *Auch wenn Sack häufig auf schöne Stellen einer Predigt hinweist und sein Grundtenor lobend sein will*[31]*, so formuliert er doch zahlreiche Einwände gegen Einzelheiten und Grundlinien*[32]*, die zumeist auf der*

---

27 Sack: ThStKr 1831, S. 359
28 Vgl. Sack: ThStKr 1831, S. 359, auch 379
29 Sack: ThStKr 1831, S. 360
30 Vgl. Sack: ThStKr 1831, S. 361–384
31 Lob findet Sack knapp darstellend besonders für die Neujahrspredigt Nr. 6 (S. 367–368), die erste Karfreitagspredigt Nr. 10 (S. 373–374), die erste Osterpredigt Nr. 12 (S. 375–376) und die erste Pfingstpredigt Nr. 15 (S. 379–380).
32 Sack moniert beispielsweise inkonsistente Begriffbestimmung (S. 365. 367), unangemessenen Vergleich (S. 362), Milde gegenüber dem Bösen (S. 369–370), Zurückhaltung in der Eschatologie (S. 371–372), Künstlichkeit im Schriftgebrauch (S. 373. 378. 382), psychologisch natürliche Behandlung christologischer Aussagen (S. 378).

Linie seiner Gesamtcharakteristik liegen. In seinen besonderen Bedenken hebt er immer wieder das Mangelnde der Schleiermacherschen Auffassung von Erlösung, Versöhnung, Gesetz und Sünde hervor. „Deutlicher kann man es nicht sagen, daß dem Verfasser die Sünde nicht ist, wofür wir sie nach der Schrift halten, freie Abwendung des Geschöpfs von Gott zur Unseligkeit und zum geistlichen Tode, und eben deshalb kann ihm auch das Gesetz nicht Offenbarung der Heiligkeit Gottes, die Erlösung selbst nicht die über die Schöpfung erhabne That der Barmherzigkeit Gottes seyn, sondern sie ist ihm mehr die vollendete Schöpfung selbst, bei welcher von Versöhnung der Sünde und Aufhebung des Todes, im strengen Sinne, nicht die Rede seyn kann."[33] Ebenso wird Schleiermachers Abwertung des Alten Testaments und sein Verzicht auf die Objektivität des Wortes Gottes kritisiert.

In seinem abschließenden Vergleich formuliert Sack in sieben Punkten die Differenzen und Ähnlichkeiten zwischen Schleiermacher und Albertini. Sack erneuert die inhaltlichen Hauptpunkte seiner Rezension und schreitet Fundamentaltheologie, Christologie, Schriftlehre, Soteriologie, Ekklesiologie, Eschatologie und Homiletik ab. Insgesamt entsteht dadurch eine Linie wachsender Differenz.

Beider gemeinsamer Ausgangspunkt sei erstens die neue Lebenserfahrung.[34] Schleiermacher ziehe allerdings dieser Erfahrung strikte Grenzen im Blick auf die Reflexion. Er gebe grundsätzlich und systematisch konsequent dem Gefühl Vorrang „vor allem Wort und aller Lehre"[35]. Zweitens sähen beide Christus im Zentrum, aber unterschiedlich akzentuiert. „Bei Schleiermacher steht Christus da als die wunderbare Blüthe der Menschheit, ja der Weltentwickelung, als der, welcher rein ist, weil das Ursprünglichste und Bewährteste der ganzen Menschheit in seinem von Gott geordneten Hervortreten auch rein und sündenlos seyn muß, der mächtig ist zu erlösen von dem Zwiespalte der Sünde, weil die Einwohnung Gottes in diesem Urbilde der Menschheit es auch mit allen Kräften der Herstellung und der Vollendung begabt."[36] Die Einschätzung des Alten Testaments sei drittens markant unterschiedlich. „Bei Schleiermacher ist das Alte Testament historische Vorbereitung und Erläuterung, Analogie, bildliche Sprach-

---

[33] Sack: ThStKr 1831, S. 364, vgl. auch 369. 375
[34] Vgl. Sack: „Beide Prediger gehen vorzugsweise aus von der Erfahrung des neuen Lebens der Begnadigung, welches sie im Glauben an Jesus Christus empfangen haben" (ThStKr 1831, S. 392).
[35] Sack: ThStKr 1831, S. 393
[36] Sack: ThStKr 1831, S. 393

I. Historische Einführung XVII

grundlage, Sammlung von ahnungsvollen bloß menschlichen Schriften."[37] Sack verknüpft Soteriologie und Ekklesiologie eng, indem er im vierten und fünften Punkt jeweils beide Themen anspricht. Schleiermacher sehe dem Wirken der mit Christus verbundenen Seele „*das ganze Gebiet natürlich sittlicher Anlagen und Bestimmungen in uns und Anderen*"[38] *aufgegeben. Die Kirche scheine bei ihm weitgehend identisch mit der Christenheit. Die Kirche werde die ganze Menschheit allmählich in sich aufnehmen und auch jeder Einzelne in einem ungefährdeten Kampf den heilsamen Glauben gewinnen. Schleiermacher stelle sechstens die christliche Seligkeit präsentisch dar unbeeindruckt vom Tode.*[39] *Schleiermacher stelle homiletisch in Sprache und Darstellung große Ansprüche an Verstand, Gefühl und Bildung.*[40]

Der Verlag zahlte an Schleiermacher für die Predigtsammlung im Juli 1829 ein Honorar von 550 Reichsthalern.[41] *Zu diesem Zeitpunkt war also wohl ein großer Teil der Auflage verkauft.*

Die Fünfte Sammlung wurde 1835 in Reutlingen nachgedruckt.[42] *Sie wurde in der Ausgabe „Sämmtliche Werke" im zweiten Band der Predigtabteilung 1834 und 1843 abgedruckt.*[43] *In der Ausgabe Grosser wurde sie 1873 ohne Sammlungsangabe zusammen mit den Predigten der Siebenten Sammlung unter dem Titel „Festpredigten" fortlaufend wiedergegeben.*[44] *In der Ausgabe „Kleine Schriften und Predigten" sind 1969 im dritten Band „Dogmatische Predigten der Reifezeit" unter der Überschrift „Ausgewählte Festpredigten" die Neujahrspredigt Nr. VI über Hiob 38,11, die Weihnachtspredigt Nr. IV über Lk 1,31–32, die Passionspredigt Nr. IX über Joh 19,30,*

---

[37] Sack: ThStKr 1831, S. 393
[38] Sack: ThStKr 1831, S. 393–394
[39] Vgl. Sack: „Schleiermacher stellt die Seligkeit der Begnadigung als einen auf Erden schon so beschaffenen Zustand dar, daß er kaum das Verlangen nach etwas Besserem zulasse. Es erscheint bei ihm beinahe als Schwäche, den Tod als etwas Wichtiges aufzufassen, da er, ganz Naturordnung, weder Schlimmes noch Gutes in bedeutend höherem Maaße bringen könne." (ThStKr 1831, S. 394)
[40] Vgl Sack: „Schleiermacher's Sprache und Darstellung verlangt einen ethisch gebildeten Verstand, ein ästhetisch gereinigtes Gefühl, und wird auch solche anziehen, die die wahre Grundlage seiner Predigten gar nicht aus Erfahrung kennen. ... In Schleiermacher's Predigten ist eine durchgedrungene Bildung so bemerkbar, daß sie auf jedem Puncte ein gewisses Zusammenseyn des Christenthums und der Geistescultur repräsentiren." (ThStKr 1831, S. 395)
[41] Vgl. Meckenstock: Schleiermachers Bibliothek, Nr. 1712
[42] Vgl. Predigten. Fünfte Sammlung, Reutlingen 1835
[43] Vgl. Sämmtliche Werke, Zweite Abtheilung. Predigten, Band 2, Berlin 1834, S. 1–266; 2. Aufl., 1843, S. 1–266
[44] Vgl. Sämmtliche Werke, I. Predigten, Zweiter Theil. Festpredigten, Berlin. Verlag von Eugen Grosser. 1873, S. 1–210

die Karfreitagspredigt Nr. XI über Hebr 10,8–12 und die Osterpredigt Nr. XII über Röm 6,4–8 mitgeteilt.[45]

2. Sechste Sammlung

Die Druckschrift mit dem Doppeltitel „Predigten in Bezug auf die Feier der Uebergabe der Augsburgischen Confession" und „Predigten. Sechste Sammlung" (gegenüberstehend auf linker und rechter Seite) bietet zehn römisch bezifferte Themapredigten, die Schleiermacher im Sommer und Herbst 1830 gehalten und 1831 publiziert hat. Sie umfasst 34 römisch bezifferte Vorspannseiten, wobei die Leerseiten des Doppeltitels in der Zählung nicht berücksichtigt sind, und 220 arabisch bezifferte Textseiten. Die normale Seite der Vorrede hat 27 Zeilen von 8,2 cm Breite und 14,4 cm summierter Höhe. Der zweite volle Druckbogen und der Viertelbogen sind durch die Kleinbuchstaben b und c gekennzeichnet. Die normale Seite des Predigtteils hat 30 Zeilen, die etwa 8,4 cm breit und zusammen etwa 14,7 cm hoch sind. Die 14 Druckbogen von 16 Seiten (der letzte ein Dreiviertelbogen) sind arabisch gezählt. Unpaginiert sind die beiden Titelseiten und jeweils die erste Seite der „Vorrede" und jeder Predigt. Die sechste Predigtsammlung hat kein Inhaltsverzeichnis und kein Druckfehlerverzeichnis. Der Band wurde verlegt und gedruckt von Georg Andreas Reimer und erschien im Dezember 1831 im Nachgang zur Michaelismesse[46]. *Der Verlag lieferte Schleiermacher zehn Druckexemplare am 19. Dezember 1831 und zahlte am letzten Tag des Jahres 1832 ein Honorar von 320 Reichsthalern.*[47]

Am 25. Juni 1830 wurde festlich-öffentlich im deutschen Protestantismus daran erinnert, dass die Evangelischen Reichsstände auf dem Reichstag in Augsburg 1530 ihre Konfession vor Kaiser Karl V. verlesen und an ihn übergeben hatten.[48] *In Preußen hatte diese dritte Säkularfeier kirchlich und staatlich eine herausragende Bedeutung. Der Jubiläumstag wurde nicht nur begangen zur erinnernden Befestigung des Protestantismus, sondern auch zur Beförderung der im Jahr 1817 begonnene Union der lutherischen und reformierten Kirche zur evangelischen Kirche.*

---

[45] Vgl. Kleine Schriften und Predigten, Bd. 3, ed. Emanuel Hirsch, Berlin 1969, S. 157–175. 176–189. 219–231. 244–258. 259–269
[46] Vgl. Meding: Bibliographie, Nr. 1831/10
[47] Vgl. Meckenstock: Schleiermachers Bibliothek, Nr. 2539
[48] Vgl. auch KGA III/12, S. XVII–XX

Für König Friedrich Wilhelm III. war die dritte Säkularfeier offenkundig auch ein persönliches Anliegen. In seiner Kabinettsorder vom 4. April 1830 formulierte er die große religiöse Bedeutung des Erinnerungstages samt seiner eigenen persönlichen Anteilnahme und beauftragte den für Geistliche Angelegenheiten zuständigen Staatsminister Freiherrn von Altenstein, die konkreten Anordnungen vorzuschlagen.

„*Die dritte Säkular-Feier des Tages, an welchem die Uebergabe der Augsburgischen Konfession erfolgte, wird bei dem hohen Werthe, den dieses Glaubensbekenntniß, das zunächst der heiligen Schrift, als die Haupt-Grundlage der evangelischen Kirche anzusehen ist, behauptet, und wegen des bedeutsamen Einflusses dieser symbolischen Schrift auf die innere und äußere Befestigung derselben, für die evangelischen Glaubensgenossen in diesem Jahre eine willkommene Veranlassung herbeiführen, zur dankbaren Freude über die ihnen bisher erhaltenen Segnungen der evangelischen Lehre sich zu vereinigen, und Gott dafür die Opfer ihrer Ehrfurcht und Anbetung darzubringen. – Ich habe daher beschlossen, daß dieser Tag den 25. Juni (so wie im Jahre 1730.) oder den nachfolgenden Sonntag, in allen evangelischen Kirchen des Landes gottesdienstlich begangen werden soll. Möge dieses Erinnerungsfest der Uebergabe dieses, auf die heilige Schrift und die in ihr geoffenbarten Heilswahrheiten gegründeten Zeugnisses von dem Glauben der evangelischen Christen, das sich nach drei Jahrhunderten noch eben so bewährt zeigt und zeigen wird, als damals, und zu dessen Geist auch Ich Mich von Herzen bekenne, dazu beitragen, in der evangelischen Kirche die ächte Glaubenstreue immer mehr zu befestigen und zu beleben, unter ihren Gliedern die Einigkeit im Geiste zu befördern, und bei allen Meinen evangelischen Unterthanen neue Entschließungen der wahren Gottesfurcht, der christlichen Liebe und Duldsamkeit zu vermitteln und anzuregen.*

Was wegen dieser Säkular-Feier im Einzelnen noch anzuordnen sei, darüber will Ich Ihre gutachtlichen Vorschläge erwarten, bemerke aber, daß es Mir angemessen erscheint, an dieses erfreuliche Ereigniß die weiteren Schritte zu knüpfen, durch welche das heilsame Werk der Union, für das sich seit so lange die Stimmen so vieler Wohlgesinnten erhoben haben, und welches in der wichtigsten Beziehung hinreichend vorbereitet ist, im Geiste Meines Erlasses vom 27. Septbr. 1817. der Vollendung näher geführt werden kann. Ich sehe auch deshalb Ihrem Berichte entgegen."[49]

---

[49] Annalen der Preußischen innern Staats-Verwaltung, ed. K. A. von Kamptz, Bd. 14, Berlin 1830, H. 2 (April bis Juni), Anlage zum Circular-Rescript, S. 323–324; Druckfehler korrigiert.

Die Bestimmungen für die Festgestaltung, von Altenstein vorgeschlagen, wurden vom König am 30. April 1830 durch Kabinettsorder in Kraft gesetzt und vom Ministerium am 8. Mai 1830 durch Circular-Rescript samt Anlage den Konsistorien und Provinzial-Schul-Kollegien mitgeteilt. Nach einem einleitenden Absatz zur Legitimation und zum Zustandekommen der Verfügung sind die Bestimmungen zur Festgestaltung und die Aufträge an die nachgeordneten Behörden formuliert.

„Das Fest soll am Sonntage den 20. Juni d. J. in allen evangelischen Kirchen der Monarchie durch Verlesung des beifolgenden Formulars nach der Predigt von der Kanzel angekündigt, am Vorabende, den 24. Juni, eingeläutet, und am 25. Juni d. J. durch Vor- und Nachmittags-Gottesdienst gefeiert werden.

Die liturgische Form des Gottesdienstes ist bereits durch die Agende angeordnet, und unter den Gebeten und Sprüchen, die zum Einlegen in die Liturgie bestimmt sind, finden sich auch solche, welche für jenen Tag sich eignen. Eben so soll es auch bei dem, in der Agende befindlichen allgemeinen Kirchengebete bewenden, und den Geistlichen überlassen werden, die auf den Gegenstand des Festes bezüglichen Danksagungen und Bitten in ein, mit der Predigt verbundenes Schlußgebet zusammen zu fassen. Als Evangelium für diesen Gottesdienst aber sind die Verse 12–16. Kap. 10. des Evangelii Johannis zu verlesen, und als Epistel: Ebräer 13, V. 7. und 8.

Zu Predigt-Texten für die Feier eignen sich besonders die in dem beigefügten Verzeichnisse genannten, und es soll nach Allerhöchster Bestimmung Sr. Majestät den Geistlichen die Auswahl darunter überlassen bleiben. Nach der Predigt soll das Lied: ‚Herr Gott Dich loben wir' gesungen, und die Feier des heiligen Abendmahls gehalten werden.

Um die Erinnerung an die denkwürdige Begebenheit auch für die Jugend wichtig zu machen, soll den Geistlichen überlassen werden, an dem auf das Fest zunächst folgenden Sonntage eine darauf bezügliche Predigt zu halten. Endlich soll den Gymnasien, wie im Jahre 1817. so auch diesesmal, freigestellt bleiben, was sie wegen der feierlichen Rede-Uebungen veranstalten wollen. ... Außerdem hat das Königl. Konsistorium und Provinzial-Schul-Kollegium noch den Geistlichen zur Pflicht zu machen, in ihren Predigten den Inhalt, die Bedeutung, Wirkung und Anwendung der Augsburgischen Konfession gehörig darzulegen, damit die Gemeinden die göttliche Wohlthat, an welche das Fest erinnert, überzeugend kennen lernen. Dabei ist ihnen jedoch, nach ausdrücklichem Allerhöchsten Befehle Sr. Majestät, einzuschärfen, alle leidenschaftlichen Aeußerungen über andere christliche Konfessionen überhaupt und besonders da zu vermeiden, wo die katholi-

I. Historische Einführung   XXI

schen Gemeinden mit den evangelischen in näherer nachbarlicher Berührung stehen."[50]

Der konkrete Ablauf der Säkularfeier in den Berliner Kirchengemeinden ist durch deren Berichte an die Superintendentur amtlich dokumentiert[51]; dies gilt auch für die Dreifaltigkeitskirche. „Ungeachtet nur zwei Predigten vorgeschrieben waren, ist doch das Fest durch drei Predigten gefeiert worden, damit es nicht hinter einem gewöhnlichen Sonntag zurückbliebe und damit Jeder von den Unterzeichneten Gelegenheit habe, an diesem Tage zu der Gemeine zu reden."[52] Die Frühpredigt habe Marheineke, die Hauptpredigt Schleiermacher, die Nachmittagspredigt Kober gehalten. Zwar sei die Teilnahme am angekündigten Abendmahl nach Frühpredigt und Hauptpredigt mit insgesamt 175 Kommunikanten geringer als an hohen Festtagen üblich gewesen, dagegen der Gottesdienstbesuch „in hohem Grade erfreulich und erhielt sich auch sehr rege, als der Dr. Schleiermacher noch hernach eine Reihe von Predigten über einige Hauptpunkte der Konfession vortrag."[53] In der musikalischen Eröffnung des Festtages hatte Schleiermacher für die Dreifaltigkeitskirche eine leichte Abänderung des Vorgeschriebenen veranlasst.[54]

---

[50] Circular-Rescript des Königl. Ministeriums der Geistlichen, Unterrichts- und Medizinal-Angelegenheiten an sämmtliche Königl. Konsistorien und Provinzial-Schul-Kollegien, so wie abschriftlich an sämmtliche Königl. Regierungen, die dritte Säkular-Feier der Uebergabe der Augsburgischen Konfession betreffend, in: Annalen der Preußischen innern Staats-Verwaltung, Bd. 14, S. 321–323; Druckfehler korrigiert.

[51] Vgl. Andreas Reich: Friedrich Schleiermacher als Pfarrer an der Berliner Dreifaltigkeitskirche 1809–1834, Schleiermacher-Archiv, Bd. 12, Berlin / New York 1992, S. 315–328; die Terminangabe der Kapitelüberschrift „5.3 Das Jubiläum der Confessio Augustana am 31. Oktober 1830" muss (auch im Inhaltsverzeichnis) korrigiert werden in „25. Juli 1830".

[52] Bericht des Ministeriums der Dreifaltigkeitskirche vom 21. Oktober 1830, Evangelisches Landeskirchliches Archiv in Berlin (ELAB), Bestand 10400. Ephoralarchiv Friedrichswerder I, Nr. 179. Acta betreffend die dritte Sekular Feier der Übergabe der Augsburgischen Confession. 1830, Bl. 10r (gedruckt bei Reich: Schleiermacher als Pfarrer, S. 516–517, hier 516)

[53] ELAB, Bestand 10400, Nr. 179, Bl. 10r (gedruckt bei Reich: Schleiermacher als Pfarrer, S. 517)

[54] Im Schreiben vom 18. Juni 1830 machten „Ober-Bürgermeister, Bürgermeister und Rath hiesiger Königlichen Residenzien" dem Collegium der Dreifaltigkeitskirche bekannt, dass am 25. Juni „des Morgens 6 Uhr von den Thürmen der Kirchen städtischen Patronats folgende geistliche Lieder geblasen werden 1) Lobet den Herren den mächtigen König der Ehren, 2) Ein feste Burg ist unser Gott, 3) Herr Gott Dich loben wir". Schleiermacher notierte dazu mit Datumsangabe „21.6." auf dem Rand: „Da das Herr Gott Dich loben wir hernach doch in der Kirche gesungen wird: so würde ich zwekmäßiger und wegen Kürze der Zeit besser finden wenn statt dessen Nun danket alle Gott vom Thurm geblasen würde." (ELAB, Bestand 10405. Gemeindearchiv Dreifaltigkeit, Nr. 564, Bl. 26r). Der Bericht des Ministeriums der Dreifaltigkeitskirche vom 21. Oktober beginnt: „Der Gedenktag der Uebergabe der Augsburgschen Konfession wurde Abends vorher Vorschriftsmäßig ein-

Die festlose Zeit des Kirchenjahrs nach Trinitatis nutzte Schleiermacher in vielen Jahren, um thematische Predigtreihen zu gestalten. So auch im Jahr 1830. Offenkundig durch das Augustana-Jubiläum veranlasst und durch aktuelle theologisch-politische Konflikte befördert, stellte er ausführlich die geschichtlichen und theologischen Grundlagen des Protestantismus dar. Zwar war der heftige Agendenstreit[55] für Schleiermacher 1829 zu Ende gegangen, doch wurde die Frage der Bekenntnisverpflichtung im Halleschen Theologenstreit[56] seit Januar 1830 strittig verhandelt. Die antagonistischen Bestrebungen von kritischem Rationalismus und konfessioneller Orthodoxie stellte Schleiermacher anlässlich der Säkularfeier ins Licht der reformatorischen Grundüberzeugung.

Zur Entstehung der Sechsten Sammlung gibt es einige Briefzeugnisse. Insbesondere die Auseinandersetzung mit den Breslauer Theologen Daniel von Cölln und David Schulz um die Bekenntnisverpflichtung wirkte sich auf die sechste Predigtsammlung aus. Deren Streitschrift „Ueber theologische Lehrfreiheit auf den evangelischen Universitäten und deren Beschränkung durch symbolische Bücher"[57] hatte Schleiermacher erwidert mit seinem Sendschreiben „An die Herren D.D. D. von Cölln und D. Schulz", das in der Zeitschrift „Theologische Studien und Kritiken" im Oktober 1830 erschien[58]. Im Brief vom 23. Oktober 1830 an Henriette Herz erläuterte Schleiermacher, der damals seine Augustana-Predigtreihe noch nicht beendet hatte, dieses Sendschreiben dahin, dass er jeden Buchstabendienst ablehne und dass die Glaubenstreue kein Argument sei. „Glaubenstreue haben die Rationalisten eben so viel als die Orthodoxen; denn treu kann man nur sein über dem, was einem gegeben ist. Gegeben aber wird der Glaube nur innerlich durch die Erfahrung. Wer das verficht, was

---

geläutet. Am Morgen des Tages selbst wurden von halb Sechs Uhr ab, vom Thurme herab die Lieder: Ein feste Burg p. Lobe den Herrn p. Nun danket alle Gott p. geblasen." (ELAB, Bestand 10400, Nr. 179, Bl. 10r)
[54] Vgl. Schleiermachers Äußerungen in KGA I/9
[55] Vgl. KGA I/10, S. LXXXIX–XCIV
[56] Daniel von Cölln / David Schulz: Ueber theologische Lehrfreiheit auf den evangelischen Universitäten und deren Beschränkung durch symbolische Bücher. Eine offene Erklärung und vorläufige Verwahrung, Breslau 1830; in: KGA I/10, S. 486–503
[57] An die Herren D.D. D. von Cölln und D. Schulz, in: Theologische Studien und Kritiken, Jg. 4, Hamburg 1831, Heft 1, S. 3–39; KGA I/10, S. 395–426. Auch wenn das erste Heft die Bandjahreszahl 1831 trägt, ist es doch bereits 1830 erschienen; vgl. Tageskalender 1830, SN 450, S. 84, Liste der Postsendungen im Monat Oktober, zweite Spalte, sechster Eintrag: „Von Perthes m. Exempl.", zuletzt zehnter Eintrag: „An (Cölln u.) Schulz mit dem Sendschreiben". Zu den Wirrnissen um die Publikation vgl. die historische Einführung KGA I/10, S. LXXXVIII–CXII, hier XCIII–XCVI.

ihm durch seine Erfahrung als innere Wahrheit gegeben ist, der ist glaubenstreu. Ihnen das absprechen, sezt schon voraus, der Glaube könne äußerlich gegeben werden, und das ist eben die Anerkennung des Buchstaben. Ich weiß aber auch gegen die Rationalisten nichts anderes zu thun, als daß wir ihnen unsre Erfahrung in ihrem Zusammenhange mit der Schrift recht anschaulich und anlockend zu machen suchen. Dieses thue ich, so kräftig ich kann, und damit auch alles, was von mir gefordert werden kann. Todtschlagen ist mir gar nicht geboten, sondern beleben. – Ich werde sehr gedrängt alle meine Confessionspredigten drucken zu lassen; ich sehe aber noch nicht ab, wann ich dazu werde kommen können."[59] *Am 8. Februar 1831 teilte Schleiermacher Gaß mit, er wolle „eine Reihe von, ich glaube, 10 Predigten in Bezug auf das Confessionsfest"*[60] *veröffentlichen. Die Antwortschreiben, die Cölln und Schulz zusammen veröffentlichten*[61]*, veranlassten Schleiermacher, in der Vorrede zur sechsten Predigtsammlung noch einmal seine Position zu verdeutlichen.*

Schleiermacher schickte wohl zu Beginn des Jahres 1832 ein Druckexemplar nach Halle an den dortigen Domprediger Johann August Rienäcker (1779–1859), der mit Brief vom 26. Januar 1832 antwortete: „Empfangen Sie, verehrtester Freund, meinen herzlichen Dank für Ihren Brief und das in diesen Tagen mir zugekommene Geschenk. Mit dem, was Sie in der Vorrede sagen, wird hoffentlich jeder Unbefangene sich einverstanden finden. Inhalt und Ton finden bei allen, mit denen ich darüber gesprochen, die vollkommenste Anerken-

---

[58] Aus Schleiermacher's Leben. In Briefen, Bd. 2, 2. Aufl., Berlin 1860, S. 450; die vermutete Jahreszahl 1831 muss aus inhaltlichen Gründen in 1830 korrigiert werden. Am 18. November 1830 schrieb Schleiermacher an Gaß: „Deine beiden Collegen [Cölln und Schulz] kommen mir wirklich etwas eingenommen vor, als ob ich nicht eben so gut nur sie zum Vorwand genommen hätte wie sie das Fest [Augustana-Jubuläum]! und als ob nicht die Erklärung gegen alle Symbole und alle Spaltungen die Hauptsache wäre, und also viel mehr für sie als gegen sie darin! Aber die Leute sehen immer nur das allerpersönlichste. Leider ist nur zu fürchten, daß alles nichts helfen wird, denn es giebt allerlei Spuren (doch laß es ganz unter uns bleiben), daß der König wieder selbst und allein an einem neuen Symbol arbeitet. Wie er nur in diesem Augenblikk allgemeiner Unruhe Zeit und Lust zu dergleichen hat! Gott gebe daß es sich wieder verzieht, sonst bekommen wir den ganzen Tanz noch einmal und schlimmer als bei der Agende." (Briefwechsel mit Gaß, S. 228–229).

[59] Johannes Bauer: Briefe Schleiermachers an Wilhelmine und Joachim Christian Gaß, in: Zeitschrift für Kirchengeschichte, Bd. 47, Gotha 1928, S. 250–278, hier 277). Schleiermachers Brief schließt mit der Bemerkung: „Deine Collegen [Cölln und Schulz.] haben mir noch nicht eine Spur geantwortet [auf das Sendschreiben]. Vor einigen Tagen hörte ich, Schulz würde kommen; aber ich habe ihn noch nicht gespürt." (S. 278)

[60] Daniel von Cölln / David Schulz: Zwei Antwortschreiben an Herrn D. Friedr. Schleiermacher, Leipzig 1831

nung. Ich habe mich von Anfang an und jetzt aufs Neue darüber gewundert, daß Ihre Gegner nicht bemerkt, wohin Ihre Schläge zielten; zur Entschuldigung derselben kann aber vielleicht der Umstand dienen, daß sie es nicht so unmittelbar wie viele Prediger mit den Agenden in der Agendensache zu thun gehabt, die während sie es mit dem eigenen Gewissen sich gar leicht machten gern an die Gewissenhaftigkeit Anderer appellirten und mit dem Schein sittlicher Strenge zu verstehen geben, daß es allerdings ebenso achtungswerth sey, wenn jemand seiner Ueberzeugung treu, derselben auch seine Stelle zum Opfer bringe."[62]

Schleiermacher erläuterte seine Vorrede gegenüber dem Herausgeber der Zeitschrift „Theologische Studien und Kritiken", wo er sein Sendschreiben an Cölln und Schulz hatte erscheinen lassen. Er schrieb am 17. Februar 1832 an Carl Ullmann (1796–1865): „Sie werden hoffentlich vor einiger Zeit die 6te Sammlung meiner Predigten erhalten haben, und mir leicht zutrauen, daß nicht meine Meinung ist Ihnen die Lesung dieser Predigten zuzumuthen sondern daß ich es nur auf die Vorrede gleichsam prologus galeatus abgesehen habe. Wenn ich hätte ahnden können, daß die Breslauer Freunde die Sache so schief nehmen würden: so würde ich Ihnen das Sendschreiben gar nicht geschickt haben, um nicht die Studien zu einem Kampfplaz zu machen. Nun habe ich leider hören müssen, daß Sie haben Correspondenz führen müssen, um die Antwortschreiben von den Studien abzuversiren. Ich kann Ihnen nicht sagen, wie leid mir das thut; aber es fiel mir auch gar nicht ein, daß mein Sendschreiben eine Herausforderung wäre! Ganz glaubte ich nun nicht, daß ich die Sache mit Stillschweigen übergehn könnte; denn es steht nur zu deutlich überall zwischen den Zeilen, daß sie meinen, meine Annahme der Agende und nun gar der liebe Orden hänge mit einer Apostasie zusammen. Ausdrücklich habe ich mir nun jenen Ort für meine Erwiederung ausgesucht, der zur größten Milde nicht nur aufforderte sondern sie, so dicht neben der Kanzel, gleichsam zur Nothwendigkeit machte. Und somit hoffe ich die Sache soll nun zu Ende sein. Es ist mir auch recht lieb, daß ich diesen Entschluß ausgeführt habe, ehe ich H. Röhrs neuesten Angriff zu Gesicht bekam; nun ist er desto sicherer, daß ich auch nicht in einer Anmerkung ein Wort darüber verliere."[63]

---

[61] Briefe 4, S. 405
[62] Horst Stephan: Zwei ungedruckte Briefe Schleiermachers, in: Theologische Studien und Kritiken, Jg. 92 (1919), Gotha 1920, H. 2, S. 168–171, hier 170–171. Johann Friedrich Röhr hatte die Schrift „Zwei Antwortschreiben" von Cölln und Schulz angezeigt in der von ihm herausgegeben Zeitschrift „Kritische Prediger-Bibliothek" (vgl. Bd. 12, 1831, H. 6, S. 988–1002).

I. Historische Einführung

Die sechste Predigtsammlung fand öffentlich in den Rezensionsorganen kaum Aufmerksamkeit. In der Zeitschrift „Kritische Prediger-Bibliothek" wurde die sechste Predigtsammlung im Jahr 1835, also nach Schleiermachers Tod, angezeigt, wohl vom Herausgeber Johann Friedrich Röhr.[64] *Das Hauptgewicht dieser Rezension liegt auf einer Darstellung und Sichtung der Vorrede, in der Schleiermacher sich mit Cölln und Schulz und deren beiden Antwortschreiben auf sein Sendschreiben auseinandersetzt.*

Zu den strittigen Punkten Bekenntnisverpflichtung und Agendenzwang unterstützt die Rezension gegen Schleiermacher die Kontraposition der „beiden trefflichen Männer"[65]. *Schleiermacher „hatte in seinem Sendschreiben Zweideutiges behauptet und die Antwortschreiben stellten es in seiner Verwerflichkeit dar. Auch nach dieser Vorrede dürfte die Sache keine völlig reine Gestalt gewinnen. Denn so vest [!] er auch darauf besteht, der spätere Schleiermacher habe dem frühern nicht widersprochen; so hat er doch das mehr behauptet als bewiesen. Und so fein abwehrend er auch gegen die bündigen Angriffe seiner Gegner ficht; so räumt er doch unwillkürlich immer noch so Viel ein, daß seine symbolische und liturgische Moral wenigstens nicht als eine von der strengsten Observanz erscheinen dürfte."*[66] *Wie Schleiermacher den Vorwurf der liturgischen Zweideutigkeit zurückzuweisen suche, beurteilt der Rezensent als unwahrhaftig. Schleiermacher „stellt zwar den Unterschied zwischen: ein Formular vertreten und die Gedanken eines Formulars sich aneignen, heraus. Allein auch dieser Unterschied erscheint im Wesentlichen mehr dialektisch, als moralisch wahr."*[67] *Der evangelische Geistliche sei kein Schauspieler und deshalb müsse er das, was er sich gedanklich angeeignet habe, auch vertreten. Die von Schleiermacher beigebrachten Praxisbeispiele samt Verwahrung gegen derbe und grobe Behandlung seien nicht überzeugend. In summa: Die beiden Antwortschreiben seien „wahr und bündig und in diesen beiden Eigenschaften so siegreich, daß die schleiermachersche Dialektik ihnen gegenüber das Feld nicht behaupten konnte. Eben darum aber dürfte auch die Vorrede, mit der wir es hier zu thun hatten, den Predigten, auf deren Anzeige wir nun übergehen, nicht gerade zur Empfehlung dienen."*[68]

---

[63] Vgl. *Rezension von „F. Schleiermacher, Predigten, Sechste Sammlung, Berlin 1831"*, in: Kritische Prediger-Bibliothek, ed. Johann Friedrich Röhr, Bd. 16, Neustadt an der Orla 1835, S. 903–914. Das Erscheinungsjahr der sechsten Sammlung ist irrtümlich mit 1834 angegeben.
[64] Kritische Prediger-Bibliothek 1835, S. 903
[65] Kritische Prediger-Bibliothek 1835, S. 905
[66] Kritische Prediger-Bibliothek 1835, S. 906
[67] Kritische Prediger-Bibliothek 1835, S. 908; vgl. 913

Diese Anzeige der Predigten besteht ganz überwiegend aus der Reihung von längeren Zitaten, die bestimmte Einschätzungen des Rezensenten belegen sollen. Im Sinne einer knappen Inhaltsangabe werden zunächst die Überschriften der zehn Predigten und die jeweils ausgelegten Bibelstellen mitgeteilt. Dann werden die Predigten an den Aussagen der Vorrede gemessen und Stellen zitiert, die Widersprüche oder Bedenklichkeiten belegen sollen.[69] *Der Rezensent will aber nicht nur kritisieren, sondern auch loben. Zitiert werden Predigtaussagen zum Verdammen Anderer, zum Lehrstand, zum Sündenbekenntnis und zur Bedeutung Christi.*[70] *„Solche und ähnliche Stellen sprechen durch volle unzweideutige Wahrheit, durch ihre Wärme und vor Allem durch ihre Verständlichkeit an. Allein in den schleiermacherschen Predigten und in den vorliegenden mehr dogmatischen um so gewisser, erscheinen sie in der That nur als erquickende Oasen. Und denkt sich nun der Leser, daß wir ja damit die Predigten selbst als eine Wüste oder doch wenigstens als ein trockenes Land bezeichnet hätten: so hat er in der That eben unsere Meinung und unser Urtheil getroffen. Wir haben den Weg durch dieselben nur mit Mühe gemacht."*[71]

Dementsprechend fällt das Urteil insgesamt ablehnend aus. Schon die Vorrede sei keine Empfehlung, aber auch für sich genommen seien die Predigten nicht gelungen. „Mögen sie alles Andere seyn, Predigten sind sie nicht; Kunstwerke, aber uns ließen sie kalt; Abhandlungen, Vorlesungen, aber uns fesselten sie nicht; Reden über die Religion, aber erbauen konnten wir uns nur stellenweise an ihnen. Oft waren wir versucht, sie als eine Verstandesübung zu betrachten, so räthselhaft unverständlich waren sie und so schwer machten sie es uns, bei dem Einzelnen uns immer bewußt zu bleiben, wie und warum es unter das Ganze und zu dem Ganzen gehöre."[72] *Aufbau und Sprache der Predigten, ihren Anfang und Schluss hält der Rezensent für verfehlt oder wenig erbaulich.*

In der Ausgabe „Sämmtliche Werke" ist die sechste Predigtsammlung verwirrender Weise unter geänderter Überschrift wieder abgedruckt als siebente Sammlung hinter den beiden Sammlungen Festpredigten, zunächst 1834 ohne ihren Zweittitel und ohne Vorrede[73]*, dann 1843 in zweiter Auflage des Bandes mit Angabe des Zweittitels „Predigten in Bezug auf die Feier der Uebergabe der Augsburgischen*

---

[68] Kritische Prediger-Bibliothek 1835, S. 908–909
[69] Vgl. Kritische Prediger-Bibliothek 1835, S. 910–912, wo aus Sechste Sammlung OD S. 157 und 164. 140. 108–109. 78 zitiert wird.
[70] Kritische Prediger-Bibliothek 1835, S. 912–913
[71] Kritische Prediger-Bibliothek 1835, S. 913
[72] Vgl. SW II/2, Berlin 1834, S. 611–758

Confession. 1831" und mit einer auf zwei Seiten verkürzten Vorrede[74]; deren 1843 in einer Fußnote angekündigte ungekürzte Wiedergabe im fünften Band der Abteilung Theologie ist dort 1846 erfolgt[75]. Die sechste Predigtsammlung wurde 1835 mit Vorrede unter dem doppelten Buchtitel in Reutlingen nachgedruckt.[76] Sie wurde 1874 in der Ausgabe Grosser ohne Vorrede unter dem nur im Bandinhaltsverzeichnis genannten Titel „Predigten über die Augsburgische Confession" wiedergegeben.[77] In der Ausgabe „Kleine Schriften und Predigten" sind 1969 Vorrede und Predigten getrennt mitgeteilt, die Vorrede im zweiten Band „Schriften zur Kirchen- und Bekenntnisfrage", die zehn Augustana-Predigten im dritten Band „Dogmatische Predigten der Reifezeit".[78]

3. Siebente Sammlung

Die Druckschrift mit dem Doppeltitel „Christliche Festpredigten. Zweiter Band" und „Predigten. Siebente Sammlung" (gegenüberstehend auf linker und rechter Seite) bietet fünfundzwanzig römisch bezifferte Festpredigten, die Schleiermacher zwischen 1812 und 1833 gehalten hat. Sie umfasst acht römisch bezifferte Vorspannseiten, in deren Zählung die leere Vorderseite und die leere Rückseite des Doppeltitels nicht berücksichtigt sind. Auf die zwei Seiten starke „Vorrede" folgt ein vier Seiten umfassendes „Inhalts-Verzeichniß", das die beiden Bände Festpredigten gemäß der Festordnung des Kirchenjahrs erschließt. Die 569 arabisch bezifferten Predigtseiten umfassen 36 Druckbogen von 16 Seiten, die durch A bis Z und Aa bis Nn (Buchstabe I, V und W ausgelassen) gekennzeichnet sind. Der letzte Druckbogen ist bei neun gedruckten und einer leeren Seite unvollständig. Die normale Seite ohne die mittig gesetzte Seitenzahl hat 30 Zeilen von etwa 8,5 cm Breite mit einer Gesamthöhe von 15,0 cm. Unpaginiert sind die beiden Titelseiten, außerdem die erste Seite von Vorrede

---

[73] Vgl. SW II/2, 2. Aufl., Berlin 1843, S. 609–758
[74] Vgl. Sämmtliche Werke, Erste Abtheilung. Zur Theologie, Band 5, Berlin 1846, S. 703–725
[75] Vgl. Predigten. Sechste Sammlung, Reutlingen 1835
[76] Vgl. Sämmtliche Werke, I. Predigten, Dritter Theil. Predigten über die Augsburgische Confession und aus den Jahren 1831. 1832, Berlin. Verlag von Eugen Grosser. 1874, S. 1–116
[77] Vgl. Kleine Schriften und Predigten, Berlin 1969, Bd. 2, ed. Hayo Gerdes, S. 255–278; Bd. 3, ed. Emanuel Hirsch, S. 11–154

XXVIII *Einleitung des Bandherausgebers*

und Inhaltsverzeichnis sowie die Anfangsseite jeder Predigt. Die siebente Predigtsammlung hat kein Druckfehlerverzeichnis. Der Band wurde verlegt und gedruckt von Georg Andreas Reimer, zur Ostermesse 1833 angekündigt und im November 1833 publiziert.[79] *Der Verlag lieferte Schleiermacher zwölf Druckexemplare am 15. November 1833 und zahlte im Dezember 1834 an die Witwe ein Honorar von 400 Reichsthalern.*[80]

Der zweite Festpredigtenband bietet folgende Predigten zu den Vorbereitungszeiten und kirchlichen Festen: drei zur Adventszeit, drei zum Weihnachtsfest, zwei zum Neujahrstag, drei zur Passionszeit, zwei zum Karfreitag, zwei zum Osterfest, zwei zum Bußtag, zwei zum Himmelfahrtstag, zwei zum Pfingstfest, eine zum Trinitatisfest, eine zum Erntefest, zwei zum Gedenktag der Verstorbenen.

Die Entstehung der siebenten Predigtsammlung ist ausführlich bezeugt nur durch eine größere Übersicht Schleiermachers zu seinem Predigtfundus.[81] *Auf einem zweispaltig beschriebenen Doppelblatt trug er Predigten zusammen, die ihm für seinen geplanten zweiten Band der Festpredigten zur Verfügung standen. Zu den Festrubriken Advent, Weihnachten, Neujahr, Passion, Karfreitag, Ostern, Himmelfahrt, Pfingsten, Trinitatis, Bußtag, Erntefest und Totenfest notierte er die ihm vorliegenden Predigten mit Bibeltext, Thema, Jahr und Überlieferungsträger. Die Liste umfasst nicht alle Predigten, die in die Sammlung aufgenommenen wurden. Aufgeführt sind die Predigten Nr. 1. 3. 5–15. 17. 22–25. Wohl zur eigenen Orientierung sind, allerdings nicht ganz konsequent, die Predigten, die aufgenommen wurden, durch knappe Unterstreichung gekennzeichnet, anfangs zweimal auch durch einen diagonalen Tilgungsstrich. Nicht markiert sind die Predigten Nr. 22–25. Bei Nr. 13 ist die Markierung falsch; statt der dritten aufgeführten Karfreitagspredigt ist irrtümlich die fünfte markiert.*

Da die Osterpredigt des Jahres 1833 in der Liste verzeichnet ist, muss die Liste nach dem 8. April 1833 entstanden sein. Die Überlieferungsträger sind nicht immer aufgeführt. Neben der Angabe ‚Manuscript' sind die seit Trinitatis 1831 vorliegenden überarbeiteten und in Zwölferreihe publizierten gedruckten Nachschriften durch römisch bezifferte Reihe und arabisch bezifferte Predigt notiert. Außerdem werden für die Jahre 1830–1831 häufig Nachschriften von Ludwig

---

[78] Vgl. Meding: Bibliographie, Nr. 1833/10
[79] Vgl. Meckenstock: Schleiermachers Bibliothek, Nr. 1712
[80] Vgl. Staatsbibliothek zu Berlin Preußischer Kulturbesitz, Depositum 42a, Mappe Nr. 15, Bl. 1r–2v

I. Historische Einführung

Otto Heinrich Oberheim (geb. 26.12.1808) mit Fundstelle genannt, vereinzelt auch für 1828 und 1829; diese von Schleiermacher geschätzten Nachschriften sind ganz überwiegend wohl nicht erhalten.

In der linken Spalte der ersten Seite unter der Adventsliste hat Schleiermacher für den ersten Festpredigtenband 1826 tabellarisch zu den Festen die Zahl der Predigten zusammengestellt und die für den zweiten Band geplanten Zahlen hinzugefügt. Diese Planzahlen stimmen nicht immer mit den Publikationszahlen überein. In der rechten Spalte der ersten Seite finden sich zwischen den Listenblocks Weihnachten und Neujahr zahlreiche Rechenoperationen.

Schleiermachers Predigtliste wird nachfolgend als Lesetext mitgeteilt, rechtsbündig ergänzt durch die Angabe des Predigtdatums und, soweit aufgenommen, der Predigtnummer in der Sammlung.

[1r] Advent

1.) Joh. 8, 56. Unser Schauen in die Zukunft mit dem des Christen verglichen. 1831. [27.11.1831; Slg. 7, Nr. 1]
2.) Joh. 16, 27. Wie wir um des Erlösers willen von Gott geliebt werden. 1831. [11.12.1831]
3.) Ebr. 4, 15. Wie unzertrennlich die Gleichheit des Erlösers mit uns und seine Herrlichkeit als des Eingebohrenen Sohnes mit einander verbunden sind. 1832. IV,8. [09.12.1832]
4.) Ebr. 3, 5. 6. Das Wesen des neuen mit dem des alten Bundes verglichen in der Person Christi. 1832. IV,9.
[23.12.1832; Slg. 7, Nr. 3]
5.) 1. Joh. 2, 8. Der Gewinn den wir an dem Erlöser haben. 1829. Oberheim I. S. 106 [29.11.1829]
6.) Joh. 1, 12–17. Die Aufnahme Christi. 1830. Oberheim III. S. 75. Gedruckt zu Neujahr 1831. [05.12.1830]
7.) Luc. 3, 3–6. Johannis Predigt der Buße. 1821. Gedruckt zu Neujahr 1822. [16.12.1821]

Weihnachten

1.) Luc. 2, 10. 11. Die erste Erscheinung des Erlösers als Verkündigung bevorstehender Freude. 1831. II,3. [25.12.1831]
2.) Luc. 2, 15–20. Kurzer Inbegriff von der verschiedenen Art wie die Menschen die Nachricht vom Erlöser aufgenommen haben. 1831. II,4. [26.12.1831; Slg. 7, Nr. 5]
3.) Gal. 3, 27. 28. Die Erscheinung des Erlösers als Wiederherstellung der Gleichheit unter den Menschen. 1832. IV,10.
[26.12.1832; Slg. 7, Nr. 6]

4.) 2. Cor. 5, 17. Wie mit der Erscheinung Christi das alte vergangen und alles neu geworden ist. 1827. Mscr.   [26.12.1827]
5.) Luc. 19, 9. 10. Daß der Erlöser kommt als ein Suchender. (Mscr.)   [26.12.1823]

Neujahr

1.) Röm. 14, 7. 8. Wahlspruch bei dem Eintritt in das neue Jahr.   [01.01.1832]
2.) Röm. 15, 1–3. Die Bedingungen eines ungestörten Fortschreitens im kirchlichen und bürgerlichen Leben. 1832. [!] IV,11.   [01.01.1833]
3.) Apoc. 22, 12. Wie das neue Jahr jedem den Lohn des Herrn bringt. 1827. Mscr.   [01.01.1827; Slg. 7, Nr. 8]
4.) Ebr. 10, 24. Wie wir einander wahrnehmen sollen. 1825 einzeln gedruckt für Düsseldorf.   [01.01.1825; Slg. 7, Nr. 7]
5.) Apoc. 21,1–5. Das einzige in der Zukunft worauf es lohnt unsre Aufmerksamkeit zu richten.   [01.01.1826]

[1v]   Passion

1.) Matth. 27, 46. Vom Gemüthszustand des Erlösers in seinen lezten Augenblicken. Mag. I. S. 283.   [01.04.1821; Slg. 7, Nr. 10]
2.) Joh. 19, 28. 29. Christi unbefangenes Eingeständniß seines leiblichen Bedürfnisses Mag. I. S. 266.   [08.04.1821]
3.) Matth. 4, 1–11. Die Versuchung Christi in Anwendung auf unsern Zustand. Mag. II. S. 282.   [11.03.1821]
4.) Luc. 24, 25. 26. Der Zusammenhang in dem göttlichen Rathschluß zwischen dem Tode Christi und seiner Herrlichkeit. 1832. II,10.   [11.03.1832]
5.) Joh. 14, 30. 31. Die Ansicht des Erlösers von seinem Leiden. 1832. II,11.   [25.03.1832; Slg. 7, Nr. 11]
6.) Joh 16, 32. Von der Einsamkeit des Erlösers bei seinen Leiden. 1832. II,12.   [01.04.1832]
7.) Joh 16, 33. Des Erlösers Ermunterung zum Getrostsein in der Noth. 1832. III,1.   [08.04.1832]
8.) Luc. 22, 52. Wie wichtig es sei daß niemand gebunden werde um der Lehre willen. 1830. Oberheim I. S. 123.   [07.03.1830]
9.) Joh. 18, 33–37. Christi Bekenntniß von dem himmlischen Reich. 1830. Oberheim I. S. 134.   [21.03.1830]
10.) Luc. 22, 67–70. Wie der Erlöser in die Vergangenheit zurüksah und in die Zukunft hinaus. (1830. Oberheim I. S. 153.)   [14.03.1830]
11.) Luc. 23, 34. Des Erlösers Fürbitte. 1830. Oberheim II. S. 7.   [04.04.1830]

I. Historische Einführung XXXI

12.) Marc. 9, 12. Welchen Werth es für uns habe daß das Leiden des Erlösers vorhergesehn ist und vorhergesagt. 1831. Oberheim IV. S. 45. [27.02.1831; Slg. 7, Nr. 9]
13.) Joh 12, 23. Das Leiden und der Tod Christi seine Verklärung. 1831. Oberheim IV. S. 57. [13.03.1831]
14.) Ebr. 12, 3. Das Leiden Christi für uns demüthigend, für ihn verherrlichend. 1831. Oberheim IV. S. 70. [27.03.1831]

Charfreitag
1.) Röm. 5, 7. 8. Der Tod Christi, die höchste Verherrlichung der Liebe Gottes. 1832. III,2. [20.04.1832]
2.) Matth. 27, 40. Die Stimme des Unglaubens an dem Kreuz Christi. 1831. (Oberheim IV. S. 85. Frühpredigt). [01.04.1831]
3.) Luc. 23, 44–49. Die Umstände von denen die lezten Augenblicke des Erlösers begleitet waren. Mscr. [20.04.1821; Slg. 7, Nr. 13]
4.) Luc. 23, 33. 34. Das Geheimniß der Erlösung. Mscr. [27.03.1812; Slg. 7, Nr. 12]
5.) Gal. 6, 14. Das Kreuz Christi unser Ruhm. Mscr. [24.03.1815]

Ostern
1.) Luc. 24, 1–3. Das Leben der Auferstehung Christi auch in seinem geheimnißvollen und unerforschlichen als Urbild unsers neuen geistigen Lebens. 1832. III,3. [23.04.1832]
2.) Joh. 20, 17. Christi Zusammenkunft mit Maria Magdalena (scheint der vorigen sehr ähnlich zu sein). 1830. Oberheim II. S. 37. [11.04.1830]
3.) Joh. 11, 25. Christus die Auferstehung und das Leben. 1831. Oberheim IV. S. 91. [03.04.1831]
4.) Luc. 24, 5. 6. Der Schmerz über das Ende des Vergänglichen überwogen durch das Bewußtsein des Unvergänglichen. Mscr. [02.04.1820; Slg. 7, Nr. 14]
5.) Act. 1, 3. [Die österlichen Verhältnisse unter denen] sich der Erlöser seinen Jüngern zeigt. Oberheim IV. S. 111. [07.04.1828]
6.) Luc. 24, 1–12. Der Eindruk der ersten Kunde von der Auferstehung auf die Gemüther. Mscr. [23.04.1821]
7.) Text wie 1 [Luc. 24, 1–3]. Thema. Betrachten der ersten Morgenstunde aus dem Gesichtspunkt des Zusammenhangs zwischen der Auferstehung Christi und unserm neuen Leben. Mscr. [18.04.1824]
8.) Röm. 6, 4. Die rechte Beschaffenheit des neuen Lebens in dem wir wandeln sollen an der Auferstehung des Herrn erkannt. Mscr. (Zu nahe mit I. Band No. XII.) [03.04.1825]

9.) Act. 1, 3. Das Reden vom Reiche Gottes der Inhalt aller Erweisungen Christi nach seiner Auferstehung. [04.04.1825]
10.) 1. Cor. 5, 7. 8. Lauterkeit und Wahrheit in ihrer Beziehung auf das Osterfest. [26.03.1826]
11.) Röm. 6, 3–5. Worin unser Leben auch hier schon der Auferstehung Christi gleichen soll. (wie 8.). [27.03.1826]
12.) Röm. 6, 3–5. eben so. [17.04.1808; 29.03.1812; 26.03.1815]
13.) Act. 3, 13–15. Weshalb sich die Jünger Zeugen seiner Auferstehung nennen. [08.04.1833; Slg. 7, Nr. 15]

[2r] Himmelfahrt
1.) Ebr. 8, 1. 2. Die Beziehung zwischen Christo dem gen Himmel gefahrenen und uns. Mscr. [28.05.1829]
2.) Matth. 28, 20. Die Verheißung Christi bei uns zu sein bis ans Ende der Tage. Oberheim V. S. 3. [12.05.1831]

Pfingsten
1.) Joh. 16, 13. 14. Wie uns der Geist der Wahrheit den Erlöser verklärt. 1832. III,7. [11.06.1832]
2.) Ap. Gesch. 2, 11. flgd. Das Wehen des göttlichen Geistes in der Gemeinde des Herrn an der damaligen Wirkung auf die Gemüther [erkannt]. 1830. Oberheim. [30.05.1830]
3.) Joh. 16, 13. Die erleuchtende Kraft des Geistes. 1831. Oberheim V. S. 17. [22.05.1831]

Trinitatis
1.) Röm. 11, 32. 33. Bewunderung der göttlichen Weisheit in der Ordnung des Heils. I,1. [29.05.1831; Slg. 7, Nr. 22]

[2v] Bußtag
1.) Proverb. 14, 34. Zwei Beispiele davon wie die Sünde das Verderben eines Volkes wird. 1832. III,4. [16.05.1832; Slg. 7, Nr. 17]
2.) Phil. 2, 4. Wie das Heil mehrerer bürgerlicher Verhältnisse davon abhängt daß Jeder nicht das seine sucht, sondern was des andern ist. 1830. [!] Mscr. [27.04.1831]
3.) 1. Cor. 3, 16. 17. (Frühpredigt.) Die falsche Schäzung des Einzelnen ist die Quelle des Verderbens in der Gemeine. 1831. [!] Oberheim II. S. 104. [05.05.1830]

Erndtefest
1.) Luc. 12, 16–[21]. Die Erinnerung an die Vergänglichkeit als Warnung gegen Selbstsucht. 1831. (I,10).
[02.10.1831; Slg. 7, Nr. 23]

2.) Matth. 6, 31. Wie wir die Vorschrift nicht zu sorgen mit dem Dankfest in Uebereinstimmung bringen. 1832. (IV,3.)
[30.09.1832]

Todtenfest
1.) 1. Joh. 3, 14. Die Pflichten der Gemeinschaft im Kampf des Lebens gegen den Tod. Mag. I. S. 252. [25.11.1821 VM]
2.) Joh. 11, 16. Belehrung über den Grad sowol als die Art und Weise unseres Schmerzes beim Verlust der Brüder.
[25.11.1832; Slg. 7, Nr. 25]
3.) Luc. 2, 29. Wie auch die, welche in Zeiten der Verwirrung aus der Welt abgerufen werden, können in Frieden dahin fahren. Oberheim III. S. 160. [21.11.1830]
4.) 1. Petr. 1, 24. 25. Ueber die Verbindung des Vergänglichen mit dem ewigen. 1829. Oberheim I. S. 93. [22.11.1829]
5.) Phil. 3, 20. 21. Unser Verhältniß zu denen welche die irdische Gemeinschaft der Gläubigen verlassen haben. 1824. Gedruckt zu Neujahr 1825. [21.11.1824; Slg. 7, Nr. 24]
6.) 1. Thess. 5, 1–11. Wozu wir uns unter einander ermahnen sollen in Bezug auf das Abscheiden aus diesem Leben. 1826. Gedruckt zu Neujahr 1827. [26.11.1826]
7.) Apoc. 3, 11. Daß wir nur festzuhalten brauchen damit niemand uns die Krone nehme. 1828. Gedruckt zu Neujahr 1829.
[23.11.1828]

Schleiermacher hat für seine siebente Predigtsammlung in größerem Umfang, als er in seiner Vorrede angibt, bereits gedruckte Predigten herangezogen. Zwar war nur eine Predigt (Nr. 10) schon vorher im Magdeburger „Magazin von Fest-, Gelegenheits-, und anderen Predigten und kleineren Amtsreden", außerdem zwei Predigten (Nr. 7 und 24) in Einzeldrucken des Verlags Reimer mit explizitem Titelblatt veröffentlicht, doch waren zahlreiche weitere Predigten gleichsam als Einzeldrucke ohne Titelblatt schon gedruckt. Seit dem Trinitatisfest am 29. Mai 1831 hat Schleiermacher nämlich seine Hauptgottesdienstpredigten in ‚Reihen' für die Dreifaltigkeitsgemeinde unter dem alleinigen Titel „Predigten von Dr. F. Schleiermacher" publiziert, ohne dass Reihenzahl, Druckort, Druckjahr und Verlag genannt werden. Diese Predigten fertigte er aus Nachschriften fremder Hand, die er überarbeitete und dann zum Druck an den Verlag Reimer gab.

Kurz nach dem Trinitatisfest 1831 hatte Schleiermacher am 2. Juni 1831 brieflich von einer Gruppe Predigthörern die Bitte erhalten, er möge seine vormittags um 9 Uhr in der Dreifaltigkeitskirche gehaltenen Hauptpredigten gedruckt der Gemeinde zugänglich ma-

chen. Am 24. Juni 1831 erwiderte Schleiermacher brieflich: „Hochgeehrteste Herren und Freunde. Meine Antwort auf Ihre freundliche Zuschrift vom 2. d. M. hat sich so lange verzögert, weil es mir wirklich schwer wurde, einen bestimmten Entschluß über Ihre Aufforderung zu fassen. Ich habe mich schon verschiedentlich darüber erklärt, daß, da Predigten ursprünglich nur für die Hörer sind, Lesen aber eine andere Auffassungsweise ist, ich es zweckmäßiger fände, Predigten, wenn sie doch gedruckt werden sollen, mehr für das Lesen einzurichten. Zu einer solchen regelmäßigen Bearbeitung, wenn auch nur jeder Hauptpredigt, würde es mir nun gänzlich an Muße fehlen. Indeß eine solche scheinen Sie auch nicht zu wünschen, und wenn ich Sie hierin recht verstehe, und Sie nur das Gehörte wiederholbar haben möchten, würde diese Bedenklichkeit größtentheils wegfallen. Aber freilich nur größtentheils. | Denn es trifft sich, um es gerade heraus zu sagen, häufig genug, daß einzelnes auf der Kanzel nicht ganz so oder nicht genau an der Stelle gesagt wird, wie es vorher überlegt war, und was in dieser unvollkommenen Gestalt gedruckt wird, bliebe doch nicht in dem Kreise nachsichtiger Freunde, sondern würde mir von strengen Richtern mancherlei öffentlichen Tadel zuziehen. Doch diesen will ich um den Preis, Ihnen gefällig zu sein, gern nicht übermäßig scheuen, und so könnte mir die Erfüllung Ihres Wunsches sogar selbst Vortheil bringen, indem mir diese Aussicht ein Sporn sein würde, nun auch möglichst so zu sprechen, daß das Gesprochene mit Ehren auch gerade so könne gedruckt werden, und in dem Maaß, als mir das gelänge, würde ich dann auch wenig Zeit zur Durchsicht brauchen, da es ausgezeichnet gute Nachschreiber unter meinen Zuhörern giebt. So bliebe mir denn nur noch eine Sorge meinerseits übrig, daß ich nämlich nicht sicher bin, ob nicht das Bewußtsein, für die Presse unmittelbar zu sprechen, auf der Kanzel störend auf mich einwirken werde. Und diese Bedingung werden Sie mir wohl erlauben zu stellen, daß ich es ehrlich sagen darf, wenn mir hieraus eine Störung entstehen sollte, die ich nicht zu überwinden vermag. Alles Andere in der Sache will ich Ihnen gern anheimstellen. Nur indem ich meinen bescheidenen Zweifel ausspreche, ob ein Buchhändler das Werk aufs Gerathewohl unternehmen werde, kann ich mich des Wunsches nicht erwehren, daß, wenn die Ausführung auf einer hinreichenden Anzahl von Unterzeichnern beruhen soll, es doch möge vermieden werden können, hierzu in öffentlichen Blättern aufzufordern. In der hochachtungsvollsten brüderlichen Freundschaft von Herzen der Ihrige Schleiermacher. Berlin, den 24. Juni 1831."[82]

---

[81] Sämmtliche Werke, I. Predigten, Dritter Theil. Berlin. Verlag von Eugen Grosser. 1874, S. V–VI; nach Selbstzeugnis dort erstmals veröffentlicht.

I. Historische Einführung

In der ersten Reihe mit zwölf durchnummerierten Predigten vom Trinitatisfest bis zum 24. Sonntag nach Trinitatis 1831 ist jede Predigt eigens paginiert.[83] *Ab der zweiten Reihe (1. Advent 1831 bis Sonntag Lätare 1832) wurden sowohl die zwölf Predigten als auch die Predigtseiten durchgezählt.*[84] *Ursprünglich hatte Schleiermacher nur drei Reihen von je einem Dutzend Predigten geplant, machte dann aber weiter. Am 18. November 1832 schrieb er an Ludwig Jonas in Schwerinsburg (Pommern): „Lieber Freund, hier erhältst Du [...] das dritte Duzend Predigten. Ich wollte – aller guten Dinge drei – damit schließen, um die Zeit für die Dialektik zu gewinnen, ich habe mich aber doch durch Knobloch wieder breit schlagen lassen, wie es denn am Ende schwer ist sich einem solchen Wunsche rund heraus zu weigern."*[85] *Aus diesem Fundus der ersten bis fünften ‚Reihe' nahm Schleiermacher, diese Texte nochmals überarbeitend, folgende elf Predigten in seine siebente Predigtsammlung auf: Nr. 1. 3. 5–6. 11. 17. 21–23 und 25.*

Die siebente Predigtsammlung, erschienen kurz vor Schleiermachers Tod, wurde nicht rezensiert. Zu ihrer zeitgenössischen Aufnahme sind keine privaten oder öffentlichen Zeugnisse bekannt.

In der Ausgabe „Sämmtliche Werke" ist die siebente Predigtsammlung verwirrender Weise mit geänderter Sammlungszählung wieder abgedruckt als sechste Sammlung, in der Erstauflage des Bandes 1834 ohne Zweittitel, in der zweiten Auflage 1843 mit ihrem Zweittitel „Christliche Festpredigten. Zweiter Band. 1833".[86] *Die siebente Predigtsammlung wurde 1835 in Reutlingen nachgedruckt.*[87] *Die 25 Predigten wurden 1873 in der Ausgabe Grosser unter dem Gesamttitel „Festpredigten" ohne Sammlungsangabe als Nr. XVIII bis XLII nach den Predigten der fünften Sammlung fortlaufend wiedergegeben.*[88]

In seine „Muster-Sammlung von Predigt-Dispositionen" hat 1847 Heinrich Wilhelm Albert Schuur eine Dispositionsskizze der Pfingstpredigt über Joh 16,13–14 aufgenommen, ohne den Fundort dieser

---

[82] Vgl. beispielsweise KGA III/12, S. 769–782
[83] Vgl. beispielsweise KGA III/13, S. 154–163; diese in der Parochialkirche gehaltene Vakanzpredigt vom 1. April 1832 ist die einzige in den Reihen veröffentlichte Predigt, die nicht in der Dreifaltigkeitskirche gehalten wurde.
[84] Staatsbibliothek zu Berlin Preußischer Kulturbesitz, Nachlass Ludwig Jonas, Mappe 7, Bl. 40r; zitiert nach KGA III/13, S. XXXVIII, Fußnote 123
[85] Vgl. SW II/2, 1834, S. 267–609; 2. Aufl., 1843, S. 267–608
[86] Vgl. Predigten. Siebente Sammlung, Reutlingen 1835
[87] Vgl. Sämmtliche Werke, I. Predigten, Zweiter Theil. Festpredigten, Berlin. Verlag von Eugen Grosser. 1873, S. 210–478

XXXVI *Einleitung des Bandherausgebers*

Predigt in der Siebenten Sammlung Nr. XXI nachzuweisen: „Wie der Geist der Wahrheit den Erlöser verklärt. Dadurch, 1. Daß er uns aufs neue und immer heller mit dem Bewußtsein der göttlichen Würde des Erlösers erfüllt; 2. Daß er uns vertrauter macht mit dem segensvollen Leben des Erlösers; 3. Daß er uns seine Gaben immer mehr aufschließt und uns in ihrem Gebrauch einweiht. Schleiermacher."[89]

In der Ausgabe „Kleine Schriften und Predigten" sind 1969 im dritten Band „Dogmatische Predigten der Reifezeit" unter der Überschrift „Ausgewählte Festpredigten" die Weihnachtspredigt Nr. IV über Apg 17,30–31, die Weihnachtspredigt Nr. VI über Gal 3,27–28, die Passionspredigt Nr. XVI über Joh 14,30–31, die Osterpredigt Nr. XV über Apg 3,13–15 und die Himmelfahrtstagpredigt Nr. XIX über Apg 1,6–11 mitgeteilt.[90]

4. Anhang: Berliner Gesangbuch 1829

Die Druckschrift „Gesangbuch zum gottesdienstlichen Gebrauch für evangelische Gemeinen" umfasst sechs römisch bezifferte Seiten und 509 arabisch bezifferte Seiten. Die normale Seite ohne mittigen Kolumnentitel und äußere Seitenzahl hat 43 Zeilen von etwa 8,8 cm Breite und einer summierten Höhe von 15,3 cm. Nach der Titelseite und deren leerer Rückseite folgt die vier Seiten umfassende Vorrede, datiert auf den 25. August 1829, unterschrieben von Brescius. Küster. Marot. Neander. Ritschl. Schleiermacher. Spilleke. Theremin. Wilmsen. Das Gesangbuch bietet auf 500 arabisch bezifferten Seiten insgesamt 876 Lieder, deren Text zweispaltig gesetzt ist und die jeweils 4,3 cm breiten Spalten durch einen senkrechten durchgehenden Strich getrennt sind. Jedes Lied beginnt mit der Liednummer in Fettdruck. In derselben Zeile folgen die ersten Wörter des Liedes, wobei der erste Buchstabe des ersten Wortes in Fettdruck als Initiale gesetzt ist. Über der Liednummer und dem Liedanfang steht mittig in kleinerem Schriftgrad die Melodieangabe. Die erste Strophe eines Liedes ist nicht ausweislich gezählt, mithin nicht mit „1." gekennzeichnet. Das Gesangbuch schließt mit einem Liederregister auf den Seiten 501–509.

---

[88] Heinrich Wilhelm Albert Schuur: Muster-Sammlung von Predigt-Dispositionen für die sämmtlichen Festtage des Kirchenjahres über die evangelischen, epistolischen Pericopen und freie Texte, Königsberg 1847, S. 250, Nr. 54 von Sammlung 7, Predigt XXI

[89] Vgl. Kleine Schriften und Predigten, Bd. 3, ed. Emanuel Hirsch, Berlin 1969, S. 190–204. 205–218. 232–243. 270–280. 281–293

Das Titelblatt sowie der Anfang von Vorrede, Liederteil und Liederverzeichnis sind unpaginiert. Das Gesangbuch wurde von Georg Andreas Reimer verlegt.[91] *Das Publikationsjahr ist nicht gedruckt ausgewiesen, aber auf der leeren Rückseite des Titels durch den Stempel „G.B.C. Berlin 1829 " ersichtlich. Der Verlag ließ auf Schleiermachers Rechnung im Dezember 1829 dreizehn Exemplare binden.*[92] *Ohne die bibliographischen Angaben, in welchem Jahr die neue Auflage publiziert wurde, erschien 1831 eine Zweitauflage. Der Verlag lieferte Schleiermacher am 7. Juli 1831 ein Exemplar, am 24. Dezember 1831 drei Exemplare, am 22. Dezember 1832 zwei Exemplare und am 13. Februar 1833 zwei Exemplare.*[93]

Schleiermacher bearbeitete ausweislich der Protokolle der Gesangbuchkommission folgende 154 Lieder[94]*, hier aufgelistet nach den Liednummern:*

Nr. 2, 7, 10, 14, 21, 23, 34, 36, 39, 56, 58, 60, 69, 74, 86, 89, 92, 94, 96, 103, 104, 114, 116, 117, 124, 125, 128, 141, 143, 149, 151, 153, 155, 158, 161, 165, 168, 172, 183, 185, 208, 214, 217, 231, 233, 237, 249, 252, 265, 266, 268, 273, 288, 291, 292, 293, 300, 301, 302, 308, 310, 315, 322, 323, 328, 330, 338, 343, 345, 351, 353, 359, 381, 382, 383, 386, 390, 394, 399, 402, 419, 424, 429, 430, 435, 444, 449, 461, 467, 472, 477, 482, 483, 495, 499, 500, 504, 505, 507, 510, 517, 518, 523, 538, 540, 542, 546, 561, 564, 574, 583, 585, 603, 604, 607, 614, 640, 642, 644, 650, 652, 653, 674, 686, 689, 697, 698, 714, 722, 724, 725, 726, 736, 745, 746, 767, 770, 771, 782, 795, 797, 798, 805, 808, 835, 836, 846, 863, 864, 868, 869, 870, 871, 874.

In der ersten Auflage fehlt auf der letzten leeren Druckseite 510 das Verzeichnis „Inhalt" mit den 27 Liederrubriken. Es hätte wie folgt formuliert sein müssen:

		Seite
I.	Allgemeine Bitten	1
II.	Vom christlichen Gottesdienste	10
III.	Bekenntniß des Glaubens an Gott den Dreieinigen	18
IV.	Preis der göttlichen Eigenschaften	22

---

[90] Vgl. Meding: Bibliographie, Nr. 1829/4
[91] Vgl. Meckenstock: Schleiermachers Bibliothek, Nr. 2349
[92] Vgl. Meckenstock: Schleiermachers Bibliothek, Nr. 2350
[93] Vgl. Bernhard Schmidt: Lied – Kirchenmusik – Predigt im Festgottesdienst Friedrich Schleiermachers. Zur Rekonstruktion seiner liturgischen Praxis, Schleiermacher-Archiv, Bd. 20, Berlin / New York 2002, S. 722–745

V.	Von der Schöpfung, Erhaltung und Regierung	32
VI.	Von Christo dem Erlöser im Allgemeinen	45
VII.	Von der Erscheinung und Geburt Jesu Christi	58
VIII.	Vom Leiden und Tode Jesu	81
IX.	Von der Auferstehung Christi	110
X.	Von der Himmelfahrt Jesu Christi	129
XI.	Von dem heiligen Geist	135
XII.	Von der christlichen Kirche	152
XIII.	Vom göttlichen Worte	168
XIV.	Vom Gebet	174
XV.	Von der Taufe und Confirmation	181
XVI.	Vom heil. Abendmahl	187
XVII.	Von der Buße	203
XVIII.	Vom Glauben	234
XIX.	Vom christlichen Leben und Wandel im Allgemeinen	246
XX.	Liebe zu Gott und zu Christo	284
XXI.	Vertrauen auf Gott	313
XXII.	Lob- und Danklieder	358
XXIII.	Liebe zu dem Nächsten	379
XXIV.	Seligkeit der Christen in diesem Leben	385
XXV.	Vom Tode	409
XXVI.	Vom ewigen Leben	432
XXVII.	Lieder für besondere Zeiten und Verhältnisse	452
	A. Morgenlieder	452
	B. Abendlieder	463
	C. Neujahrslieder	470
	D. Jahreszeiten	474
	E. Allgemeine Landesangelegenheiten	485

Die sehr verwickelte Geschichte der Entstehung, Einführung und Aufnahme des Berliner Gesangbuchs wird im Folgenden knapp aus der Perspektive Schleiermachers skizziert.[95] Dabei wird im Einzelnen auf Schleiermachers Beteiligung an der Gestaltung des Gesangbuchs (Auswahl der Lieder, deren sprachlich-inhaltliche Korrektur, Rubrizierung) nicht eingegangen.

---

[94] Ausführliche Darstellung bei Ilsabe Seibt: Friedrich Schleiermacher und das Berliner Gesangbuch von 1829, Göttingen 1998; zur Gesangbuchkommission vgl. Schmidt: Lied, S. 173–263; zur Einführung des Gesangbuchs in der Dreifaltigkeitsgemeinde vgl. Reich, Schleiermacher als Pfarrer, S. 312–315

I. Historische Einführung

Seit der Thronbesteigung Friedrich Wilhelm III. im Jahr 1797 zielten die Reformbebestrebungen für die reformatorischen Konfessionskirchen sowohl auf die Vereinigung von lutherischer und reformierter Kirche als auch auf die Hebung der religiösen Bindekräfte der Kirche. Die Akzeptanz der kirchlichen Verkündigung und Geselligkeit sollte durch zahlreiche Änderungen verbessert werden. Verknüpft mit den Reformmaßnahmen der staatlichen Erneuerung Preußens nach dem Tilsiter Frieden von 1807 wurden die kirchlichen Reformschritte verstärkt in Gang gesetzt. Die kirchliche Veränderung zu mehr Beteiligung der Gemeinden und Prediger an der Kirchenleitung konnte dabei als wichtiges Elements des politisch-bürgerlichen Wandels gesehen werden.

Schleiermacher maß seit seinen Anfängen als reformierter Gemeindeprediger dem Gemeindegesang eine große Bedeutung zu.[96] *Besonders in seinen Schriften zur Kirchenreform ging er ab 1804 auf das Thema ausführlich ein.*[97] *Schleiermacher hatte seine Predigerstellen in Landsberg an der Warthe, Berlin und Stolp an Simultankirchen inne, die zugleich von einer lutherischen und reformierten Gemeinde genutzt wurden. Nach seinem eigenen Zeugnis 1804 hatten diese Kirchen jeweils ein einheitliches Gesangbuch.*[98] *Seine 1800 formulierten Predigtentwürfe*[99] *belegen, dass er in Berlin nebeneinander aus dem erstmals 1711 von Johann Porst herausgegebenen und dann in vielen Auflagen wieder abgedruckten „alten" Gesangbuch*[100] *und aus dem erstmals 1781 bei Mylius verlegten „neuen" Gesangbuch*[101] *ohne erkennbare äußere Ordnung, einfach nach Angemessenheit die Lieder wählte.*

Wohl ab 1812 ließ Schleiermacher für seine Gottesdienste in der Berliner Dreifaltigkeitskirche Liederblätter drucken[102]*, zunächst un-*

---

[95] In seiner Predigt vom 28. Dezember 1794 geht Schleiermacher auf die Bedeutung der Lieder im Gottesdienst ein, vgl. KGA III/3, S. 295,13–16.
[96] Vgl. beispielsweise KGA I/4, S. 418–424; KGA I/9, S. 99–101
[97] Vgl. KGA I/4, S. 390,27–31
[98] Vgl. KGA III/3, S. 609–735
[99] Vgl. Geistliche und Liebliche Lieder, ed. Johann Porst, 1708; 21. Aufl., Berlin 1798
[100] Vgl. Gesangbuch zum gottesdienstlichen Gebrauch in den königlich-preußischen Landen, [edd. Johann Samuel Diterich / Johann Joachim Spalding / Wilhelm Abraham Teller,] Berlin (bei August Mylius) 1781 (SB 756: Magdeburg)
[101] Der erste Beleg für gedruckte Liederblätter ist ein Eintrag im Hauptbuch Reimer unter dem 6. Dezember 1813; dort ist ein Soll von 67,– Reichsthalern „für Druck und Papier der Lieder von 1812–13" ausgewiesen (Günter Meckenstock: Schleiermachers Bibliothek. Bearbeitung des faksimilierten Rauchschen Auktionskatalogs und der Hauptbücher des Verlages G. Reimer. Im Anhang eine Liste der nichtliterarischen Rechnungsnotizen der Hauptbücher Reimer, Schleiermacher-Archiv, Bd. 10, Berlin / New York 1993, S. 341).

datiert bzw. ohne Jahresangabe, ab Jahresanfang 1817 fortlaufend datiert[103] *mit Angabe des Kirchensonntags und Jahres. Die Liederblätter wurden, durch Spenden finanziert, am Kircheneingang ausgegeben oder konnten im Abonnement nach Hause geliefert werden.*[104] *Über viele Jahre hatte sich damit Schleiermacher die Pflicht auferlegt, „wöchentlich ein Paar Lieder zu liefern."*[105] *Die Liedfassungen, die Schleiermacher auf den Liederblättern abdrucken ließ, zeigen kein einheitliches Muster. Unbearbeitete Fassungen aus fremden Gesangbüchern stehen neben bearbeiteten Fassungen, wobei die Bearbeitung von Schleiermacher oder von anderen Personen stammen kann.*

Das Reformationsjubiläum 1817 erschien nach den erfolgreichen Freiheitskriegen als geeigneter Zeitpunkt, neue kirchliche Verhältnisse zu schaffen. Die erstrebte Vereinigung der lutherischen und reformierten zur evangelischen Kirche schloss die Aufgabe ein, den verschiedenen Leitungsebenen eine neue institutionelle Verfasstheit zu geben. Diese institutionellen Reformschritte sollten von unten nach oben erfolgen. Veranlasst durch den ministeriellen „Entwurf der Synodal-Ordnung für den Kirchenverein beider evangelischen Confessionen im Preußischen Staate"[106] *hatten in Berlin im Juli 1817 die drei lutherischen Superintendenturen (Berlin-Stadt, Cölln-Stadt, Friedrichswerder), die deutsch-reformierte Inspektion und das Hof-und-Dom-Ministerium jeweils für eine gemeinsame Kreissynode mit freier Wahl des Präses votiert. Im Auftrag des Konsistoriums berief Hecker eine vorläufige Versammlung auf den 1. Oktober 1817 ein. Die 46 Geistlichen beschlossen ihre Vereinigung zu einer Kreissynode und wählten Schleiermacher zum Präses, Ribbeck zum Assessor (Stellvertreter) und Hanstein zum Skriba.*[107]

Ein neues Gesangbuch zu erstellen[108]*, war ein Anliegen der Vereinigten Berliner Kreissynode bereits in ihrer ersten Sitzungsperiode (11. November bis 10. Dezember 1817). Sechs Mitglieder der Vorbereitungskommission für ein neues Gesangbuch sollten auf der siebenten Sitzung am 3. Dezember gewählt werden. Wegen eines unplanmäßigen Verlaufs dieser Sitzung fand die Wahl tatsächlich erst am 10. Dezember statt. Gewählt wurden der Propst an der Petrikirche Gottfried August Ludwig Hanstein (1761–1821), der Superintendent Samuel Christian Gottfried Küster (1762–1838), der Propst an der Nikolaikirche Konrad Gottlieb Ribbeck (1757–1826), der Konsis-*

---

102 Die erste vereinzelte Datierung findet sich zum Karfreitag 1816.
103 Vgl. KGA III/4, S. 710. 711; KGA III/5, S. 120
104 Brief vom 19. November 1825 an Gaß, Briefe 4, S. 340
105 Das Zirkular vom Juni 1817 ist abgedruckt in KGA I/9, S. 515–531.
106 Vgl. Albrecht Geck: Schleiermacher als Kirchenpolitiker, Unio und Confessio, Bd. 20, Bielefeld 1997, S. 164–198
107 Vgl. Schmidt: Lied, S. 173–263, hier 176–182

I. Historische Einführung XLI

torialrat Georg Karl Benjamin Ritschl (1783–1858), Schleiermacher und der Prediger Friedrich Philipp Wilmsen (1770–1831).

Im Juli 1818 stellte die Kommission Grundsätze auf, die von der Synode während ihrer zweiten Sitzungsperiode (18. August bis 1. September 1818) bestätigt wurden. Die um den Schuldirektor Gottlieb August Spilleke (1778–1841) und den französisch-reformierten Prediger an der Friedrichswerderschen Kirche Ludwig Friedrich Franz Theremin (1780–1846), später auch noch um den Superintendenten Samuel Marot (1770–1865) vergrößerte Kommission tagte im Oktober und Dezember 1818 und verteilte die Aufgaben für die Durchsicht vorliegender Gesangbücher.

Ab 11. Februar 1819, mit einer längeren Pause von Anfang Juni bis fast Mitte November 1819, traf sich die Kommission erst vierzehntäglich, dann seit März 1820 wöchentlich jeweils donnerstags von 18 bis 22 Uhr zur Auswahl und Bearbeitung der Lieder reihum in den Wohnungen der Mitglieder bis zum 22. März 1827, danach unregelmäßig zur Revision des Gesangbuchentwurfs bis August 1829. Die Mitgliedschaft in der Kommission wechselte mehrfach: Hanstein 1821 und Ribbeck 1826 starben; Spilleke schied 1825 aus, kehrte aber im Januar 1827 zurück; Daniel Amadeus Neander (1775–1869) trat 1825 für Spilleke ein; Karl Friedrich Brescius (1766–1842) kam 1828 für Ritschl, der nach Stettin gewechselt war. Die Gesangbuchkommission tagte in zahlreichen Sitzungen, zu denen über 350 Protokolle erhalten sind, zumeist erstellt von Wilmsen.[109]

Der Streit um die neue Agende belastete die Zusammenarbeit am neuen Gesangbuch. Schleiermacher berichtete im Winter 1825/26 an Henriette Herz, „daß ich sehr fleißig bin für die Gesangbuchs-Commission. Dabei liegt der Wunsch zum Grunde, dieses Verhältniß bald möglichst aufzulösen, indem, seitdem wir so weit auseinandergegangen sind in Sachen der Agende, gar keine Freude mehr dabei ist."[110] Am 18. Juni 1826 stellte er im Brief an Gaß fest: „Die faulste Stelle in meinem Leben ist jezt die Gesangbuchs Commission. Ribbeck Ritschl und Küster sind mir nachgrade so daß ich mich schäme mit ihnen zusammen zu sein und ein Stükk Brodt mit ihnen zu essen. Und das soll nun noch über ein Jahr so fortgehn! Ribbeck ist bedenklich krank und die Aerzte zweifeln daß die Kräfte vorhalten werden."[111]

Am 4. August 1826 schilderte Schleiermacher brieflich dem Koblenzer Pfarrer Karl August Groos (1789–1861) die Schwierigkeiten:

---

[108] Die Akten der Gesangbuchs-Commission werden aufbewahrt im ELAB, Bestand 11202. Gemeindearchiv Parochial, Nr. 2764–2771 (alt J.I.9–15). Die Einladungen und Protokolle der Sitzungen sind ediert bei Schmidt: Lied, S. 522–721.

[109] Briefe 2, S. 433–434, hier 433. Die vermutete Briefdatierung 1827 muss korrigiert werden, weil Schleiermachers zweite Vorlesung über die Kirchengeschichte 1825/26 stattfand; der Geburtstag 21. November 1825 ist terminus post quem.

[110] SN 750, Bl. 35r–v; vgl. Briefe 4, S. 347

"Mit unserm Gesangbuch das ist leider eine noch ziemlich weit aussehende Geschichte, vielleicht werden wir nächstes Frühjahr mit der wirklichen Bearbeitung sämmtlicher ausgewählter Lieder fertig, aber dann soll noch eine lezte Revision vorgenommen werden und dann die Anordnung festgestellt. Das erstere ist wol nöthig zumal wir Anfangs in manchen Punkten nicht so streng waren als späterhin. Das andere wird sehr schwierig sein; mir wenigstens ist noch kein Schema bekannt, das nicht große Unbequemlichkeiten darböte. Dann steht noch der Druck bevor oder vielmehr vor diesem die Verhandlung über die Genehmigung – das Project ist von unserer Kreissynode ausgegangen und freilich vom Consistorium genehmigt. Allein laut desselben sollte es zunächst der Synode vorgelegt werden und das ist nun nicht möglich. Riefe man auch die Geistlichkeit zusammen, so wäre das nicht dasselbe. Denn wir hofften damals mit dem besten Grunde, daß in der nächsten Synode auch weltliche Deputirte sein würden. Wie will man sich nun in einer so kritischen spannungsreichen Zeit, wo unsere Ueberfrommen so entsezlich hinter dem Buchstaben her sind, der Zustimmung versichern? Da wir noch so viele Schwierigkeiten haben, so haben wir alle Ursache, uns vor Allem was uns noch neuen Aufenthalt geben könnte zu hüten und darum halte ich eine neue Communikation für unthunlich."[112]

Als die Auswahl und Bearbeitung der Lieder zum Abschluss kam, musste über deren Anordnung im Gesangbuch entschieden werden. Für den Aufbau des Gesangbuchs und die Rubrizierung der Lieder machte Schleiermacher wohl Anfang Dezember 1826 einen Vorschlag: "Wenn man voraussezen dürfte, daß diejenigen, welche das Gesangbuch gebrauchen werden, die darin enthaltenen Lieder kennen: so wäre alle Rubricirung derselben überflüßig; wir dürften sie vielmehr nur streng alphabetisch ordnen, und höchstens ein Supplementar Register über die Lieder hinzufügen deren Anfänge wir geändert haben. Die Rubricirung beruht also auf der entgegengesezten Voraussezung; und da wir auf die Privaterbauung eigentlich keine Rüksicht nehmen, zunächst darauf, daß wir voraussezen die Prediger suchen für einen bestimmten Gottesdienst Lieder auf. Wie haben wir zu diesem Zwek zu verfahren? Die Kirchenlieder theilen sich in dieser Hinsicht in solche, welche sich näher auf den Inhalt der Predigt beziehen und in solche welche mehr durch die Stelle bestimmt sind, welche sie im öffentlichen Gottesdienst einnehmen."[113] Schwierigkeiten sieht

---
[111] Briefe 4, S. 355–356
[112] ELAB, Bestand 11202. Gemeindearchiv Parochial, Nr. 2768 (alt J.I.12). Gesangbuchssachen. Vol. III, Bl. 4r–5v, hier 4r. Bernhard Schmidt hat den gesamten Vorschlagstext veröffentlicht (vgl. Lied S. 518–521), wobei die Blattangabe zu korrigieren ist. Schleiermachers „Uebersicht" mit den acht inhaltlichen, zumeist weiter gegliederten Liederrubriken, von Schmidt ans Ende des Vorschlags gesetzt (vgl. S. 520–521), steht im Manuskript am Textanfang auf dem breiten linken Rand (Bl. 4r).

Schleiermacher nicht in der zweiten, sondern nur in der ersten Hinsicht. Zu ihrer Lösung, die pragmatisch ohne die noch nicht vorliegende überzeugende Theorie des Kirchenliedes vorgenommen und zur Vermeidung von Zuordnungskonflikten auf möglichst wenige Abteilungen eingegrenzt werden muss, empfiehlt er die Orientierung an den kirchlichen Festen, wobei Advent bis Himmelfahrt thematisch für die menschliche Natur, den irdischen gnadenbringenden Christus, die letzten Dinge und Pfingsten für die Kirche mit ihrer breit gefächerten Frömmigkeit stehen. Schleiermachers Vorschlag fand in der Kommission keine Mehrheit.

Das fertige Manuskript wurde am 19. April 1827 beim Konsistorium eingereicht und von diesem im Juni zwei Wochen öffentlich ausgelegt. Im November 1827 erklärte das Konsistorium sein grundsätzliches Einverständnis, auch wenn es kritische Anfragen zu Einzelheiten hatte. Das Ministerium, dem das Manuskript zu Anfang des Jahres 1828 vorgelegt wurde, äußerte sich im Juni gutachterlich und listete in drei Rubriken die Lieder auf, die es für entbehrlich, für unangemessen bearbeitet bzw. für aufnahmewürdig hielt. In diesem Sinne revidierte die Kommission das Manuskript[114], legte die Druckgestaltung fest und entschied sich unter den sechs eingegangenen Verlagsangeboten für die Auftragserteilung an Reimer. Auch als der Druck des Gesangbuchs nach Ostern 1829 begonnen hatte, wurde die letzte Revision noch fortgesetzt.[115]

Im August 1829 wurde in den letzten beiden Kommissionssitzungen die Vorrede aufgesetzt und von den damals neun Kommissionsmitgliedern in alphabetischer Reihung unterschrieben. In der vier Seiten starken Vorrede werden nach der Schilderung, wie es zur Einrichtung der Gesangbuchkommission im Jahr 1817 kam, die fünf

---

[113] Am 7. Februar 1829 berichtete Schleiermacher brieflich an Gaß: „Unser Gesangbuch ist endlich so weit gediehen, daß Contract über Druck und Verlag mit Reimer abgeschlossen wird. Mir ist nun gar nicht wohl in meiner Haut dabei. Denn wenn in der Folge zwischen der Commission und Reimer Häkeleien entstehn, so werde ich immer der sein, der es ausbaden muß. Vorzüglich auf meinen Antrieb haben wir mit den hierzu gehörigen Verhandlungen noch eine lezte Superrevision des Gesangbuches selbst verbunden, weil ich bei dem Gebrauch immer noch eine große Menge von Kleinigkeiten entdekte, die mit unseren Principien von Correctheit nicht übereinstimmen. So haben wir auf's neue noch einige Wochen zu thun an dieser alten fast abgestandenen Sache." (Briefwechsel mit Gaß, S. 208–209).

[114] Vgl. Schleiermachers Briefbericht wohl vom Mai 1829: „Unser Gesangbuch ist nun endlich im Drukk, und ich habe schon fünf Bogen davon gesehen. Indessen hat das Consistorium den Contract noch nicht genehmigt, und die königliche Bewilligung, die man wenigstens für die Dom- und Petrigemeinde braucht, fehlt auch noch. Jezt haben wir gleichzeitig mit dem Drukk noch Arbeit mit einer langen Revision, die gar nicht überflüßig ist; eben diese nöthigt mich jezt abzubrechen." (Briefwechsel mit Gaß, S. 213). Am 30. Mai 1829 dauerte die „Correctur des Gesangbuches" (Briefwechsel mit Gaß, S. 214) noch an.

XLIV Einleitung des Bandherausgebers

Prinzipien angegeben, von denen sich die Kommission in ihrer Arbeit leiten ließ. Das neue Gesangbuch sollte erstens die seit der Reformation bewährten alten Lieder bewahren, zweitens neue seit der Mitte des 18. Jahrhunderts erprobte Lieder berücksichtigen, drittens die evangelischen Frömmigkeitsauffassungen ohne Bevorzugung angemessen zur Sprache kommen lassen, viertens den großen Melodiereichtum kirchlicher Choräle erhalten und fünftens die Sprachform einzelner Lieder bei Bedarf behutsam gebessert werden. Die Vorrede schließt mit einem Blick auf die Genehmigung und mit einem Segenswunsch für den Gebrauch des Gesangbuchs.

Im November 1829 wurde der Verlagsvertrag mit Reimer für die erste Auflage von 50.000 Exemplare geschlossen und die ersten Druckexemplare ausgeliefert. Das Gesangbuch wurde am 16. November 1829 von König Friedrich Wilhelm III. in einer Kabinettsordre an Staatsminister Freiherrn von Altenstein genehmigt: „Wenn die Einführung des mit Ihrem Bericht vom 12. d. M. eingereichten Gesangbuches auf dem beabsichtigten Wege ohne Schwierigkeit erfolgen kann, so finde Ich dagegen nichts zu erinnern. Sollte aber eine oder die andere Kirchen-Gemeine der Annahme abgeneigt seyn, so muß davon abgestanden und das in derselben übliche Gesangbuch beibehalten werden."[116] *In der Dreifaltigkeitskirche und den Berliner Gemeinden wurde das neue Gesangbuch mit Jahresbeginn 1830 eingeführt.*

Im Vorstands-Kollegium der Dreifaltigkeitskirche trug Schleiermacher am 6. November 1829 vor, „daß der Druck des neuen Gesangbuches beendet sei und die Einführung desselben in den hiesigen Kirchen mit dem nächsten Jahre beginnen werde. Es scheine wesentlich nothwendig, den ärmeren Gemeindegliedern die Erlangung des neuen Gesangbuches, nach Erforderniß ganz unentgeltlich oder zu ermäßigtem Preise, zu verschaffen und hiebei doch wenigstens auf 200 Stück zu rechnen, die eingebunden etwa 100 rth. kosten würden. Da die Kirchenkasse diese Ausgabe nicht wohl tragen könne, so scheine es das Gerathenste, dem hohen Ministerio die Bitte um Bewilligung einer Summe von 100–150 rth. vorzulegen. Bei dem allgemeinen Einverständniß mit diesem Vorschlage übernahm Herr Dr. Schleiermacher gefälligst die Fertigung des Entwurfs."[117] *In der Sitzung am 18. Dezember 1829 wurde der Erfolg dieser Initiative berichtet:*

---

[115] *ELAB, Bestand 10400. Ephoralarchiv Friedrichswerder I, Nr. 176 (alt 5,14). Acta betreffend die Einführung eines neuen Gesangbuchs. 1778–1911, Bl. 39r: das Konsistorium der Provinz Brandenburg teilte dem Superintendenten Marot am 14. Dezember 1829 die Kabinettsordre zur Beachtung mit.*
[116] *ELAB, Bestand 10405, Nr. 505. Protokolle über die Verhandlungen in den Sitzungen des Vorstands-Kollegiums der Dreifaltigkeits-Kirche. 1824–1835, S. 113*

„Nach einer Eröffnung des hohen Ministerii für Geistliche Angelegenheiten sollen 300. Exemplare des neuen Gesangbuches zur diesseitigen Disposition gestellt werden."[118] Den Geistlichen wurde die Verteilung der bewilligten Exemplar übertragen. Die Durchführung der Verteilung und auch der Erwerb weiterer Exemplare kam noch mehrfach bis Februar 1831 zur Sprache.[119]

Am 12. November 1829, kurz nach dem schmerzlich-erschütternden Tod seines Sohnes Nathanael, schrieb Schleiermacher an Gaß: „Du erhältst hierbei unser neues Gesangbuch avant la lettre, d. h. vor der Stempelung, und auch der König hat heut erst das seinige bekommen. Die hiesige Geistlichkeit ist superintendenturweise versammelt worden, und es hat sich kein Einziger ausgeschlossen. Von den Gemeinden ist irgend ein Widerstand nicht zu erwarten. Wir wollen aber nun die Einführung möglichst beeilen und denken sie zu Weihnachten zu bewerkstelligen, ehe die Hengstenbergische Partei, welche auf lauter alten unveränderten Liedern besteht, mit ihren Kritiken uns die Leute wieder irre machen kann. Nach vielen Aeußerungen zu urtheilen wird sich das Gesangbuch sehr weit verbreiten; ich hoffe daß es im Ganzen sich auch Deines Beifalls erfreuen wird. Daß die Sache nun endlich so weit gediehen ist, gereicht mir zu sehr großer Freude."[120] Gaß antwortete am 28. November 1829: „Mit dem Gesangbuch hast Du mir ein sehr angenehmes Geschenk gemacht. So viel sehe ich schon, es wird uns nebst Deinen Predigten ein liebes Andachtsbuch sein. Daneben habe ich mir auch vorgenommen, es recht gründlich durchzusehen und eine Beurtheilung für die K. Z. aufzusetzen, worauf ich Dich daher verweisen will. Daß Eure K. Z. der Arbeit schaden sollte, besorge ich nicht, es müßte denn eine sehr gehässige Insinuation dahinter stecken. Gewiß aber müssen sich die Berliner Gemeinden dazu freuen, die bisher mit ihren Gesangbüchern doch gar zu dürftig versorgt waren. Am Besten ist aber gewiß Deine Gemeinde dazu vorbereitet, die wohl schon manches dieser Lieder gesungen und gewiß schon lange gewünscht hat, eine vollständige Sammlung zu besitzen."[121]

Seine Ankündigung erfüllte Gaß. Die „Allgemeine Kirchenzeitung" veröffentlichte am Donnerstag 11. März 1830 den anonym publizierten Bericht „Das neue Berliner Gesangbuch" ohne Autorennung. In diesem wohl von Gaß stammenden Bericht wird einleitend die unbefriedigende Situation geschildert, dass in den Berliner Ge-

---
[117] ELAB, Bestand 10405, Nr. 505, S. 115
[118] Vgl. ELAB, Bestand 10405, Nr. 505, S. 116. 117. 129
[119] Briefwechsel mit Gaß, S. 219
[120] Briefwechsel mit Gaß, S. 220–221

meinden kein allgemeingültiges Gesangbuch vorlag, im Porstschen Gesangbuch wohl die alten, nicht aber die neuen Lieder vertreten waren und die alten wegen ihrer unverständlichen Ausdrücke teilweise eine eingeschränkte Popularität hatten. „Dieser Mangel bewog viele Geistliche, z. B. Schleiermacher, schon seit Jahren, die Lieder einzel [!] vorher drucken und an den Kirchenthüren kauf- oder schenkweise den Kirchgängern einhändigen zu lassen, was manches Unbequeme mit sich führte."[122] Durch die Berliner Kreissynode 1817 eingesetzt, habe die Gesangbuchkommission in zehnjähriger Arbeit sich um die Erfüllung der ihr gestellten (in der „Vorrede" beschriebenen) Aufgabe bemüht. Nach ausführlicher Paraphrase und Zitation der „Vorrede" stellt der Bericht fest: „Neun Individuen können nicht in jedem Falle derselben Meinung sein, durch Stimmenmehrheit mußte deßhalb häufig eine Entscheidung gesucht werden. Es ist klar, daß dadurch nicht etwas Vollkommenes, allen Ansichten Entsprechendes erwachsen konnte, aber doch Etwas, das sich dem allgemeinen Bedürfnisse nähert. Aehnliche Arbeiten sind selten mit gleicher Sorgfalt unternommen und durchgeführt worden."[123] Der Bericht schließt mit einigen knappen Hinweise auf die Proteste gegen das neue Berliner Gesangbuch. Solche Opposition sei bei ähnlichen Neuerungen durchaus üblich gewesen und sollte deshalb nicht irritieren.

Schleiermacher ging in seinem Brief vom 8. Mai 1830 an Gaß auf dessen Bericht ein: „Deine Aeußerungen über unser Gesangbuch klingen ziemlich kühl, und ich wollte wol, Du hättest Dich etwas näher erklärt über das, was Du vermissest. Für Euch Schlesier sind die Lieder fast alle zu kurz: aber Du mußt nur bedenken, daß unser Gesangbuch nur für Berlin berechnet ist, daß hier fast in allen Kirchen der Gottesdienst länger geworden ist, und viele davon schon zu gedrängt am Sonntag besezt sind. Aus dem lezten Grunde, und weil ein längeres Lied in vielen Kirchen schon immer nicht zu Ende gesungen wurde, haben wir uns von Anfang an kein Bedenken gemacht zusammenzuziehn. Was Dich außerdem nicht angesprochen hat, möchte ich gar zu gern wissen."[124] In der Fortsetzung dieser Briefstelle äußerte Schleiermacher angesichts der königlichen „Ungunst" bei der Einführung des neuen Gesangbuchs die bedingte Absicht, mit einer Streitschrift in die Querelen um das Berliner Gesangbuch literarisch einzugreifen. Und das tat er dann auch mit seinem Sendbrief „Ueber das

---

[121] [Joachim Christian Gaß:] Das neue Berliner Gesangbuch, in: Allgemeine Kirchenzeitung, ed. Ernst Zimmermann, Darmstadt 1830, Nr. 40 (11. März), Sp. 329–331, hier 329
[122] Allgemeine Kirchenzeitung, 1830, Nr. 40, Sp. 331
[123] Briefwechsel mit Gaß, S. 223

Berliner Gesangbuch. Ein Schreiben an Herrn Bischof Dr. Ritschl in Stettin"[125] zur Michaelismesse 1830.
Trotz der anfänglichen Auseinandersetzungen entfaltete das Berliner Gesangbuch über fünfzig Jahre seine Prägekraft.[126] Seine ersten sieben Auflagen sind nicht eigens ausgewiesen und datierbar nur durch die beigefügte Jahreszahl (1829. 1831. usw.) im Stempelabdruck „G.B.C. Berlin", den jedes Exemplar bekommen hat. Die explizit gezählte achte Auflage 1853 erhielt einen Anhang von 74 Liedern und eine eigene Vorrede zusätzlich zur ersten Vorrede von 1829. Diese erweiterte achte Auflage wurde 1874 und 1883 noch als neunte und zehnte Auflage nachgedruckt. Das Provinzialgesangbuch von 1886 hat dann das Berliner Gesangbuch ersetzt.

II. Editorischer Bericht

Der editorische Bericht informiert über die einheitlich für alle Bände der III. Abteilung geltenden editorischen Grundsätze[127] der Textgestaltung und der Druckgestaltung, außerdem über die spezifischen Verfahrensweisen angesichts der Quellentextbeschaffenheit des vorliegenden Bandes.

1. Textgestaltung und zugehörige editorische Informationen

Die allgemeinen Regeln der Textgestaltung für alle Textzeugen werden für Manuskripte spezifiziert.

A. Allgemeine Regeln

Für die Edition aller Gattungen von Textzeugen (Drucke und Manuskripte) gelten folgende Regeln:

---

[124] Vgl. KGA I/9, S. 473–512. In seinem Brief vom 23. Juli 1830 kündigte Schleiermacher diesen Sendbrief Gaß dann genauer an: „Dann will ich auch noch ein Wort über unsere Gesangbuchsangelegenheit sagen, in der sich der König ganz im Widerspruch mit seinen sonstigen Principien benommen hat. Das werd ich ihm auch suchen auf die allerzarteste Weise, die sich denken läßt, etwas zu verstehen zu geben und zugleich die Bunsenschen superfeinen Theorieen etwas in's lächerliche ziehn, dabei aber von unseren Principien und deren Anwendung sehr ernste Rechenschaft geben." (Briefwechsel mit Gaß, S. 226)
[125] Vgl. Ilsabe Seibt: Friedrich Schleiermacher und das Berliner Gesangbuch von 1829, Göttingen 1998, S. 195–214
[126] Vgl. KGA III/1, S. IX–XX

a. Alle Textzeugen werden in ihrer letztgültigen Gestalt wiedergegeben.

b. Wortlaut, Schreibweise und Zeichensetzung des zu edierenden Textzeugen werden grundsätzlich beibehalten. Dies gilt auch für Schwankungen in der Schreibweise und Zeichensetzung, wo häufig nicht entschieden werden kann, ob eine Eigentümlichkeit oder ein Irrtum vorliegt. Hingegen werden Verschiedenheiten in der Verwendung und Abfolge von Zeichen (z. B. für Abkürzungen oder Ordnungsangaben), soweit sie willkürlich und sachlich ohne Bedeutung sind, in der Regel stillschweigend vereinheitlicht. Verweiszeichen für Anmerkungen (Ziffern, Sterne, Kreuze etc.) werden einheitlich durch Ziffern wiedergegeben. Nach Ziffern und Buchstaben, die in einer Aufzählung die Reihenfolge markieren, wird immer ein Punkt gesetzt. Sekundäre Bibelstellennachweise, editorische Notizen und Anweisungen an den Setzer werden stillschweigend übergangen. Dasselbe gilt für Kustoden, es sei denn, dass sie für die Textkonstitution unverzichtbar sind.

c. Offenkundige Druck- oder Schreibfehler und Versehen werden im Text korrigiert. Im textkritischen Apparat wird – ohne weitere Angabe – der Textbestand des Originals angeführt. Die Anweisungen von Druckfehlerverzeichnissen werden bei der Textkonstitution berücksichtigt und am Ort im textkritischen Apparat mitgeteilt. Für Schleiermachers Überarbeitung von Predigtnachschriften fremder Hand formuliert die Regel B.n. einige Sonderfälle. Bei den Predigtnachschriften fremder Hand gilt generell die Regel C.g.

d. Wo der Zustand des Textes eine Konjektur nahelegt, wird diese mit der Angabe „Kj …" im textkritischen Apparat vorgeschlagen. Liegt in anderen Texteditionen bereits eine Konjektur vor, so werden deren Urheber und die Seitenzahl seiner Ausgabe genannt.

e. Sofern beim Leittext ein Überlieferungsverlust vorliegt, wird nach Möglichkeit ein sekundärer Textzeuge (Edition, Wiederabdruck) oder zusätzlich ein weiterer Zeuge unter Mitteilung der Verfahrensweise herangezogen.

f. Liegt ein gedruckter Quellentext in zwei oder mehr von Schleiermacher autorisierten Fassungen (Auflagen) vor, so werden die Textabweichungen in einem Variantenapparat mitgeteilt. Dessen Mitteilungen sollen in der Regel allein aus sich heraus ohne Augenkontakt mit dem Text verständlich sein. Zusammengehörige Textveränderun-

gen sollen möglichst in einer Notiz erfasst werden. Leichte Ersichtlichkeit von einzelnen Textveränderungen und deutliche Verständlichkeit von neuen Sinnprofilierungen sind für den Zuschnitt der Notizen maßgeblich. Der Variantenapparat wird technisch wie der textkritische Apparat gestaltet und möglichst markant mit dem Text verknüpft.

g. Hat Schleiermacher für die Ausarbeitung eines Drucktextes eine Predigtnachschrift genutzt, so wird diese Nachschrift, falls sie im Textbestand deutlich abweicht, zusätzlich geboten. Für die beiden Textzeugen gelten die jeweiligen Editionsregeln.

B. Manuskripte Schleiermachers

Im vorliegenden Band werden keine eigenhändigen Manuskripte Schleiermachers ediert.

C. Predigtnachschriften

Im vorliegenden Band werden keine Predigtnachschriften fremder Hand ediert.

D. Sachapparat

Der Sachapparat gibt die für das Textverständnis notwendigen Erläuterungen.

a. Zitate und Verweise werden im Sachapparat nachgewiesen. Für die von Schleiermacher benutzten Ausgaben werden vorrangig die seiner Bibliothek zugehörigen Titel berücksichtigt.[128]

b. Zu Anspielungen Schleiermachers werden Nachweise oder Erläuterungen nur dann gegeben, wenn die Anspielung als solche deutlich, der fragliche Sachverhalt eng umgrenzt und eine Erläuterung zum Verständnis des Textes nötig ist.

c. Bei Bibelstellen wird ein Nachweis nur gegeben, wenn ein wortgetreues bzw. Worttreue intendierendes Zitat oder eine paraphrasie-

---

[127] Vgl. Meckenstock: Schleiermachers Bibliothek, in: Schleiermacher, KGA I/15, S. 637–912. Anregungen, Ergänzungen und Korrekturen zu diesem Verzeichnis bietet Wolfgang Virmond: Schleiermachers Bibliothek. Unmaßgebliche Vorschläge für eine wünschenswerte künftige, mithin also dritte und möglicherweise digitale Version des bewährten Verzeichnisses, in: Geist und Buchstabe. Interpretations- und Transformationsprozesse innerhalb des Christentums. Festschrift für Günter Meckenstock zum 65. Geburtstag, edd. Michael Pietsch / Dirk Schmid, Theologische Bibliothek Töpelmann, Bd. 164, Berlin / Boston 2013, S. 63–76

rende Anführung von biblischen Aussagen vorliegt oder wenn auf biblische Textstellen förmlich (z. B. „Johannes sagt in seinem Bericht ...") Bezug genommen wird. Geläufige biblische Wendungen werden nicht nachgewiesen. Für den einer Predigt zugrunde liegenden Bibelabschnitt werden in dieser Predigt keine Einzelnachweise gegeben. Andere Bibelstellen, auf die in einer Predigt häufiger Bezug genommen wird, werden nach Möglichkeit gebündelt nachgewiesen. Weicht ein ausgewiesenes Bibelzitat vom üblichen Wortlaut ab, so wird auf diesen Sachverhalt durch die Nachweisformel „vgl." hingewiesen.

E. Editorischer Kopftext

Im vorliegenden Band gibt es keine editorischen Kopftexte.

2. Druckgestaltung

Die Druckgestaltung soll die editorische Sachlage bei den unterschiedlichen Gattungen von Textzeugen möglichst augenfällig machen.

A. Seitenaufbau

a. Satzspiegel. Es werden untereinander angeordnet: Text des Originals gegebenenfalls mit Fußnoten, gegebenenfalls Variantenapparat, textkritischer Apparat, Sachapparat. Text, Fußnoten und Variantenapparat erhalten eine Zeilenzählung auf dem Rand.

b. Die Beziehung der Apparate auf den Text erfolgt beim textkritischen Apparat und beim Variantenapparat dadurch, dass unter Angabe der Seitenzeile die Bezugswörter aufgeführt und durch eine eckige Klammer (Lemmazeichen) von der folgenden Mitteilung abgegrenzt werden. Beim Sachapparat wird die Bezugsstelle durch Zeilenangabe bezeichnet.

B. Gestaltungsregeln

a. Schrift. Der Text des Originals wird einheitlich recte wiedergegeben. Bei der Wiedergabe von Manuskripten wird deutsche und lateinische Schrift nicht unterschieden. Graphische Varianten von Zeichen (wie doppelte Bindestriche, verschiedene Formen von Abkürzungszeichen oder Klammern) werden stillschweigend vereinheitlicht. Sämtliche Zutaten des Herausgebers werden kursiv gesetzt.

b. Die **Seitenzählung** des Textzeugen wird auf dem Außenrand angegeben. Stammt die Zählung nicht vom Autor, so wird sie kursiv gesetzt. Der Seitenwechsel des zugrundeliegenden Textzeugen wird im Text durch einen senkrechten Strich (|) markiert; im Lemma des textkritischen Apparats und des Variantenapparats wird diese Markierung nicht ausgewiesen. Müssen bei Textzeugenvarianten zu derselben Zeile zwei oder mehr Seitenzahlen notiert werden, so werden sie nach der Position der Markierungsstriche gereiht. Wenn bei poetischen Texten die Angabe des Zeilenbruchs sinnvoll erscheint, erfolgt sie durch einen Schrägstrich (/) im fortlaufenden Zitat.

c. Unterschiedliche **Kennzeichnung von Absätzen** (Leerzeile, Einrücken, großer Abstand in der Zeile) wird einheitlich durch Einrücken der ersten Zeile eines neuen Absatzes wiedergegeben. **Abgrenzungsstriche** werden – außer bei den gedruckten ‚Sammlungen' und ‚Reihen' – nur wiedergegeben, wenn sie den Schluss markieren; versehentlich fehlende Schlussstriche werden ergänzt. Die Gestaltung der Titelblätter wird nicht reproduziert.

d. **Hervorhebungen** Schleiermachers (in Manuskripten zumeist durch Unterstreichung, in Drucktexten zumeist durch Sperrung oder Kursivierung) werden einheitlich durch Sperrung kenntlich gemacht.

e. Der zitierte **Bibelabschnitt** einer Predigt, der samt Stellenangabe in den Drucken und Manuskripten vielfältig und unterschiedlich gestaltet ist, wird einheitlich als eingerückter Block mitgeteilt, wobei die Bibelstellenangabe mittig darüber gesetzt und in derselben Zeile das Wort „Text", falls vorhanden, gesperrt und mit Punkt versehen wird. Ist die Predigt verbunden mit **Gebet**, **Kanzelgruß** oder **Eingangsvotum**, so werden diese Begleittexte als Block eingerückt wiedergegeben.

3. Spezifische Verfahrensweisen

Die besonderen Gegebenheiten der hier veröffentlichten Texte machen einige zusätzliche Regelungen erforderlich. Durch Sperrung von Stichworten werden diese zusätzlichen Regeln auf die Grundsätze bezogen.

Zeichensetzung. Hinsichtlich der Zeichensetzung ist die Sparsamkeit, mit der Schleiermacher auch ausgedehnte Satzperioden nur durch wenige Interpunktionszeichen gliedert, durchaus programmatisch gewollt.[129] Die seltenen editorischen Änderungen der Zeichensetzung werden am Ort im textkritischen Apparat nachgewiesen.

---

[128] Vgl. KGA V/7, Nr. 1574,25–32; Nr. 1663,38–44

Satzzeichen, die sachlich nicht zu einem Textänderungsnachweis gehören (beispielsweise ein Punkt am Satzende), werden nur dann ins Lemma aufgenommen, wenn dadurch die Identifizierung der Textstelle ermöglicht oder erleichtert wird.

Schreibweise. In die teilweise sehr schwankend gebrauchte Groß- und Kleinschreibung von Personalpronomina, Zahlwörtern, substantivierten Adjektiven und Anreden wird in der Regel nicht eingegriffen.

Das Berliner Gesangbuch von 1829 ist in zwei Gestaltungslinien mit und ohne Apostroph-Schreibung gedruckt worden. Der hier gebotene Text, dem das Exemplar der Universitätsbibliothek Halle (Saale) mit der Signatur „Il 2821 k/50" zugrunde liegt, hat die Apostroph-Schreibung. Auch das Exemplar der Bayerischen Staatsbibliothek München (Signatur „Liturg. 505 oh") gehört zu dieser Gestaltungslinie; es hat einige kleine Textabweichungen, zumeist Korrekturen, die für die Textkonstitution berücksichtigt sind. Im Münchener Exemplar sind fehlerhaft gereiht die Seiten 145, 154, 147–153, 146, 155. Die Apostroph-Schreibung ist bei identischen Wortbeständen mal durchgeführt und mal unterlassen; diese häufig schwankende Praxis ist editorisch nicht normiert worden.

Sachapparat. Gemäß den Editorischen Grundsätzen werden die Predigten durch den Vortragstermin identifiziert; dieses Datum ist für alle Querbezüge in der Abteilung maßgeblich. Im Sachapparat zur Überschrift jeder Predigt wird deshalb der kalendarische Vortragstermin angegeben. Schleiermacher hat für die Publikation des frei gehaltenen Predigtvortrags das homiletische Anliegen den Bedingungen der schriftlichen Mitteilung unterstellt. Die Angabe des Vortragstermins schließt nicht die Aussage ein, dass die jetzige literarische Predigt wörtlich und gedanklich damals genau so gehalten worden sei. Für die Terminzuordnung ist allein maßgeblich, dass Schleiermacher zum selben Thema und zum Bibelabschnitt gepredigt hat; die Größe der Veränderung bleibt außer Betracht.

Druckgestaltung. Die graphische Gestaltung der Absatzanfänge (unterschiedlich großer Einzug, teilweise auch kein Einzug, Leerzeilen usw.) ist vereinheitlicht, ebenso die Länge der Abgrenzungsstriche zwischen den Predigten.

*****

Bei der Editionsarbeit am vorliegenden Band, mit der ich nach längeren Vorbereitungen im Sommer 2013 begann, erfuhr ich vielfältige Unterstützung, für die ich allen Beteiligten danke. Der Kreis der Kie-

ler Editoren, insbesondere Dr. Dirk Schmid, begleitete mein Tun mit Anregungen und Hinweisen. Rolf Langfeldt, der Leiter der Fachbibliothek der Theologischen Fakultät Kiel, erfüllte erneut alle meine Literaturwünsche. Tobias Heymann und erneut Judith Ibrügger überprüften kollationierend den Digitaltext des beigefügten Berliner Gesangbuchs. Beim Korrekturlesen und Erstellen der Verzeichnisse halfen mir Merten Biehl, Judith Ibrügger und Kirsten Reinfeld. Für ihre Unterstützung sage ich allen beteiligten Personen herzlichen Dank.

Naumburg (Saale), 2. Mai 2015   *Günter Meckenstock*

Predigten

*Fünfte Sammlung
1826*

Christliche Festpredigten
Erster Band

Christliche Festpredigten

von

Dr. F. Schleiermacher

Erster Band.

Berlin, 1826.
Gedruckt und verlegt
bei G. Reimer.

Predigten

von

Dr. F. Schleiermacher

Fünfte Sammlung.

Berlin, 1826.
Gedruckt und verlegt
bei G. Reimer.

Predigten

von

Dr. F. Schleiermacher.

Fünfte Sammlung.

Berlin, 1826.

Gedruckt und verlegt
bei G. Reimer.

Christliche Festpredigten

von

Dr. F. Schleiermacher.

Erster Band.

Berlin, 1826.

Gedruckt und verlegt
bei G. Reimer.

Vorrede.

Indem ich diese erste Sammlung von Festpredigten, auf welche geliebt es Gott nach nicht gar langer Zeit eine zweite folgen soll, dem Druck übergebe, glaube ich eine kurze Erklärung darüber schuldig zu sein, in welchem Sinne ich hier das Wort Fest gebraucht habe.

Die heiligen Zeiten über welche sich hier Predigten vorfinden, die Adventszeit und die Passionszeit haben auch in unsrer Kirche noch überall den bestimmten Sinn Vorbereitungen zu sein auf die beiden ersten hohen Feste, und mir würden Weihnachtspredigten und Charfreitagspredigten ohne diese Vorläufer dürftig und unberathen erschienen sein, so wie mir einzelne Advents- und Passions-Predigten dieser Art in einem Bande gewöhnlicher Sonntagspredigten und ohne von | Vorträgen auf die Feste, denen sie angehören, gefolgt zu sein, wie verloren vorkommen. Dagegen scheint es mir eben so natürlich, daß die Vierzig Tage nach Ostern, früher auch eine besonders festliche Zeit, in unserer Kirche nicht mehr auf ähnliche Weise ausgezeichnet werden; und ohnerachtet ich manches Jahr hindurch in dieser Zeit nur über Geschichten aus den Tagen der Auferstehung gepredigt habe, schien es mir doch nicht sachgemäß, solchen Predigten hier einen Plaz anzuweisen. Der Neujahrstag ist streng genommen kein kirchliches Fest, da unser Kirchenjahr mit der Adventszeit beginnt. Allein da unter den hier gelieferten Adventspredigten keine ist, worin die Beziehung auf den Anfang des Jahres vorherrscht: so glaubte ich, Viele würden doch eine Lücke finden, und füllte diese durch eine Neujahrspredigt aus. Nun sind freilich Bußtag und Erndtefest – nur immer mit dem Unterschiede, daß sie nicht wie jener überall in der abendländischen oder auch nur in der evangelischen Kirche dieselben sind – eben so bürgerliche von der | Obrigkeit geordnete Festtage, und so erscheint hier eine Ungleichmäßigkeit, die ich bei dem folgenden Bande auszugleichen gedenke. Eine ähnliche Bewandniß hat es mit

---

2–3 geliebt es Gott] vgl. Johann Christoph Adelung: Versuch eines vollständigen grammatisch-kritischen Wörterbuches der Hochdeutschen Mundart, mit beständiger Vergleichung der übrigen Mundarten, besonders aber der oberdeutschen, Bd. 1–5,1, Leipzig 1774–1786 [SB 8], hier Bd. 2, Sp. 531

17–18 In die 40 Tage zwischen Ostern und Himmelfahrt Christi fallen die Sonntage Quasimodogeniti, Misericordias Domini, Jubilate, Cantate, Rogate; vgl. die Predigtüberlieferung ab 1821, Günter Meckenstock: Kalendarium der überlieferten Predigttermine Schleiermachers, in: KGA III/1, S. 893–946.

dem Todtenfest, von welchem ich – besonders bei seinem denkwürdigen Ursprunge, indem es aus der Gedächtnißfeier für die in den lezten Kriegen Gebliebenen entstanden ist – beklage, daß es sich meines Wissens nicht über den preußischen Staat hinaus verbreitet hat.

Außer dem was mir öfter über meine Weise im Predigen ausgestellt worden ist, fürchte ich für diese Sammlungen noch zwei einander fast entgegengesezte Vorwürfe, und kann nicht anders als denen im voraus beistimmen, welche sie aufstellen werden, daß nemlich die einzelnen Vorträge einander sehr ungleich sind und daß sie sich in einem sehr engen Kreise bewegen. Das erste hat seinen Grund vorzüglich darin, daß sie aus sehr verschiedenen Jahrgängen herrühren. Hiervon wollte ich die Spuren nicht mühsam verwischen; aber es besonders bemerklich zu machen schien mir auch überflüssig. Das andere betreffend, ist auch nicht die Meinung, daß diese Predigten hinter einander weg sollen gelesen werden: sondern nur an den Zeiten, für welche sie gehören. Hat aber der Prediger den Grundsaz, in diesen Zeiten das eigenthümlich christliche, worauf sie sich beziehen auch besonders hervorzuheben: so wird eine so große Mannigfaltigkeit des Inhalts wie bei andern Predigten schwerlich zu erreichen sein. Wie ich mir nun immer vorzüglich solche Zuhörer wünsche, welchen das eigenthümlich christliche überall willkommen, an den kirchlichen Festen aber unentbehrlich ist; so denke ich mir auch vorzüglich eben solche Leser, und kann auch nur diesen, nicht ohne alle Hofnung, wünschen, daß ihnen diese Vorträge unter Gottes Segen zur Förderung in der Gottseligkeit gereichen mögen.

Berlin, im September 1826.

F. Schleiermacher.

1–3 *Vgl. KGA III/5, S. XXXVII–XLIII* 11 *Vgl. unten das Verzeichnis Predigten (in zeitlicher Anordnung) S. 1219*

I.

Christus der da kommt in dem Namen des Herrn.

Adventspredigt.

Text. Matth. 21, 9.

Das Volk aber, das vorging und nachfolgte, schrie und sprach: Hosianna dem Sohne Davids; gelobet sei, der da kommt in dem Namen des Herrn.

M. a. Fr. Die festliche Zeit, mit welcher wir allemal ein neues kirchliches Jahr beginnen zunächst zu dem Zweck, die Herzen der Christen zu einer würdigen Feier der Geburt des Erlösers vorzubereiten, hat zwei große Gegenstände, unerschöpflich jeder, unzertrennlich beide von einander, die Betrachtung der Wohlthaten, die uns der Erlöser erwiesen, und die Betrachtung der ausgezeichneten und hohen Würde dessen, der sie uns erwiesen. Von keinem von beiden können wir reden ohne den anderen, keiner von beiden kann unser Gemüth lebendig durch|dringen ohne den andern; denn ohne zu sein, der er war, konnte Christus das Verlorene nicht wieder bringen; aber der Sohn Gottes konnte auch nicht auf Erden erscheinen, ohne Alle, die ihn erkannten, zu sich zu ziehen. Demohnerachtet aber mögen wir wol bald mehr auf das Eine, bald mehr auf das Andre, jetzt mehr auf ihn, dann mehr auf seine Wohlthaten unser geistiges Auge richten. Was wir nun eben mit einander gesungen haben, das kam aus einem von der Größe der Wohlthaten, die uns der Erlöser erwiesen, durchdrungenen, sein eignes Bedürfniß aussprechenden und dessen Erfüllung feiernden Herzen; die Worte der Schrift hingegen, die wir jezt vernommen, sind ein Zeugniß von der hohen und ausgezeichneten Würde des Erlösers, freilich aus dem Munde jenes Volkes, dessen Sinn sonst hart und verstokt genug war, und welches sich höchst wandelbar zeigte in allen seinen Erregungen, welches aber doch in Augenblikken wie dieser, wo es recht ergriffen war von der Erscheinung des Erlösers, auch die große Wahrheit verkündigen mußte, an welche wir uns in diesen Tagen besonders erinnern. Ja wir mögen wol sagen, wenn auch die

---

2 *Predigt zum 1. Sonntag im Advent am 1. Dezember 1822 vormittags in der Dreifaltigkeitskirche zu Berlin; vgl. Predigtnachschrift und Liederblatt in KGA III/7, S. 444–453*   21–25 *Vgl. das Lied „O Gottes Sohn, vom Himmel uns geschenket" (Melodie von „Mein Freund zerschmilzt"), KGA III/7, S. 452–453*

Rufenden selbst unmittelbar nur etwas geringeres gemeint haben: so lag eben so prophetisch ein tieferer Sinn in ihren Worten, wie jener Hohepriester weissagte, ohne zu wissen was er that, als der Tod des Herrn beschlossen wurde.

So wollen denn auch wir jetzt mit einander des Erlösers gedenken als dessen, der da | gekommen ist in dem Namen des Herrn; und laßt uns sehen, was in diesem hier von ihm gerühmten großes und herrliches liegt.

Der Ausdruk im Namen Gottes oder des Herrn ist uns freilich gar sehr gewöhnlich geworden, und wird gar vielfältig gebraucht nicht nur, sondern auch mißbraucht; weswegen es denn scheinen könnte, als habe er viel von seiner Würde und Bedeutsamkeit verloren. Aber er ergreift uns doch auf eine ungewöhnliche Weise, und thut uns eine große Fülle von Gedanken und Betrachtungen auf, wenn wir bedenken, wie er hier gesprochen ward, als das Volk den Erlöser mit dem Zuruf empfing, Gelobt sei der da kommt in dem Namen des Herrn.

I. Zuerst m. g. F. laßt uns mit demjenigen beginnen, was uns das Geringere zu sein scheinen könnte. Diese Worte eines alten Psalmes[1] waren nämlich zunächst eine sehr schickliche Begrüßung eines Jeden, welcher an den Tagen hoher Feste in die Hauptstadt jenes Volkes kam. Wenn eine solche Schaar einzog, denn in größeren Gesellschaften geschah es immer, so sammelten sich die Bewohner Jerusalems um sie her, gingen ihnen entgegen und riefen, Gelobet jeder, der da kommt in dem Namen des Herrn; und die Ankommenden erwiederten ihren Gruß, und sprachen mit den Worten desselben Psalmes, Wir segnen euch, die ihr seid von dem Hause des Herrn. | So wurde also wahrscheinlich dasselbe dem Erlöser schon damals zugerufen, als er zuerst mit einer solchen Schaar noch als junger Knabe in die Hauptstadt seines Volkes kam, um mit seinen Eltern das Fest zu begehen. Und später, seitdem er aufgetreten war als Lehrer, war schon immer die Frage unter denen, die sich versammelt hatten zum Fest, und unter den Bewohnern Jerusalems selbst, Wird er wohl kommen auf das Fest, oder wird er daheim bleiben? und nie gewiß ist er da erschienen, ohne daß ihm und denen die ihm nachfolgten, wäre zugerufen worden, Gelobt ist der da kommt in dem Namen des

---

[1] Ps. 118, 26.

---

25 erwiederten] *vgl. Adelung: Wörterbuch 1, Sp. 1806*

2–4 *Vgl. Joh 11,49–52*   26–27 *Ps 118,26*   28–30 *Vgl. Lk 2,42*   31–33 *Vgl. Joh 11,56*

Herrn. Aber mit einer besonders ahndenden Auszeichnung, mit einem begeisterteren Eifer geschah es jezt, als er zum leztenmal zu dem Feste seines Volkes erschien, um, wie ihn verlangt hatte, vor seinem Leiden das Osterlamm mit seinen Jüngern zu essen, und dann erst seine Bestimmung auf Erden zu erfüllen.

M. g. F. So ist es. Jeder der da kommt, um Feste des Herrn zu begehen, kommt auch uns in dem Namen des Herrn; und besonders an einem Tage wie der heutige, wo ein neues Jahr unsrer kirchlichen Versammlungen beginnt, und mit demselben auch der Kreislauf unserer schönen christlichen Feste sich erneuert, mögen wir gegenseitig uns immer sowol alle auf diese Weise begrüßen, Gelobet sei der da kommt in dem Namen des Herrn! als auch uns unter einander segnen als solche, die da sind von dem Hause des Herrn. Denn schon | wenn die Seele der Glieder jenes Volkes erfüllt war von einer solchen Andacht und von solchen Empfindungen, wie dergleichen hochfeierliche Tage sie mit sich brachten, durchdrungen, auch einer beschwerlichen Gegenwart entrückt und nur lebend im Gedächtniß der mannigfaltigen, viele Geschlechter der Menschen hindurch fortgesetzten, unter allen Gestalten der Prüfung und Demüthigung sowol als auch der Erledigung und Verherrlichung oft wiedergekehrten Wohlthaten Gottes, im Bewußtsein alles ausgezeichneten dieser besonderen Erwählung, daß das Volk bestimmt war den Namen Gottes sein Gesez und seinen Dienst unter den Menschen zu erhalten und zu verbreiten: ja auch da gewiß regte sich in dem Innern das göttliche, die Seele strebte sich loszumachen von dem gewöhnlichen irdischen Treiben, um in festlicher Ruhe und Muße aus der Fülle göttlicher Verheißungen und durch bedeutungsvolle Gebräuche der Erinnerung sich zu jener höheren Bestimmung aufs neue zu kräftigen und zu nähren. Wieviel mehr denn wir, die wir, in einem weit höheren Sinne denn jene berufen das Salz der Erde zu sein, hier andächtig erscheinen, nicht um eine leibliche und zeitliche sondern um eine ewige und geistige Erlösung zu feiern, indem wir nicht wieder dem Herrn dienen nach einem Gesez des Buchstaben, sondern im Geist und in der Wahrheit ihn anbeten: wieviel mehr, sage ich, muß auch jeder unter uns, den Segen christlicher Andacht und Frömmigkeit um sich her verbreitend, wie er ihn in | sich fühlt, wenn er mit dem wahrhaft geistigen Schmukke angethan erscheint, um die Feste des Herrn durch seine Theilnahme zu verschönern, billig von allen Andern mit demselben Zuruf begrüßt werden, Gelobt und gesegnet sei, der da kommt in dem Namen des Herrn.

3–4 Vgl. Lk 22,15; auch Mt 26,17; Mk 14,12   29–30 Vgl. Mt 5,13   33 Vgl. Joh 4,23–24

Allein m. g. F. auch in dieser Hinsicht ist kein Anderer mit dem Erlöser zu vergleichen; ja auch der Frömmste und Gesegnetste so wenig, daß wir mit Recht sagen mögen, Christus allein sei es, der da gekommen ist in dem Namen des Herrn. Denn fragen wir uns nur, wie es denn steht ohne Ausnahme bei einem Jeden von uns mit dem festlichen Schmukk, in welchem allein auch damals schon einer wohnen sollte in der Hütte des Herrn, und bleiben auf seinem heiligen Berge; ich meine das rechtthuende Einhergehen ohne Wandel, und die Zunge die nur Wahrheit redet, und die unschuldigen Hände die allein aufgehoben werden sollen zu dem Vater im Himmel, und das reine Herz welches allein Gott schauen kann[2], ob wir diesen unentbehrlichen Schmukk als unser Eigenthum besizen, und ihn anlegen können wo es gilt: so müssen wir wol sagen, wenn wir hier erschienen, wie wir für uns selbst sind und durch uns selbst geworden wären, so hätten wir Alle nichts anderes zu erwarten, als die vernichtende Frage, Freund, wie bist du hereinkommen, und hast doch kein hochzeit|lich Kleid an[3]. Er allein war ursprünglich und eigenthümlich so angethan; Er allein, der einzige reine und gerechte, hob immer unschuldige Hände auf zu seinem und unserm Vater um seine Brüder zu vertreten; Er schaute immer reines Herzens empor zu Gott und den Werken Gottes, die sich ihm immer herrlicher offenbaren sollten; Er allein konnte ursprünglich von seinem Vater zeugen und ihn verklären, nicht nur durch das feste prophetische Wort seiner Lehre, nicht nur durch das theure Gebet seines Mundes, sondern schon dadurch, daß wer ihn sieht auch den Vater sieht, in der Herrlichkeit des eingebornen Sohnes die Herrlichkeit des Vaters, in dem Abglanz des göttlichen Wesens das göttliche Wesen selbst. In diesem Glanz und dieser Herrlichkeit kann Er allein würdig erscheinen auf dem heiligen Berge; das ist das festliche Gewand, welches seine Seele immer so umfloß, wie seine Jünger ihn auch leiblich glänzend auf dem Berge der Verklärung erblikten. Wir besizen ein solches nicht; aber wenn der Glaube durch die Erscheinung des Erlösers gewekt auch nur den Saum seines Gewandes faßt, so merken wir bald, daß eine reinigende Kraft von ihm auf uns ausströmt. Und wenn wir gleichsam, aber freilich unter ganz entgegengesezten Verhältnissen wie David dem Saul, ihm einen Zipfel seines Gewandes abschneiden zum Zeichen, wie nahe er uns gewesen ist: so entfaltet sich | dieser zu dem hochzeitlichen Kleide, in welchem

---

[2] Ps. 15, 1. 2. und 24, 3. 4.
[3] Matth. 22, 12.

6–9 Vgl. Ps 15,1–3   9 Vgl. Ps 24,4   10–11 Vgl. Mt 5,8   24–25 Vgl. Joh 12,45
25–26 Vgl. Joh 1,14   29–30 Vgl. Mt 17,1–2; Mk 9,2–3; Lk 9,28–29   31–34 Vgl. Mt 9,20–22   35–36 Vgl. 1Sam 24,5

wir uns denn auch können begrüßen lassen als solche, die da kommen im Namen des Herrn, weil der Sohn denen, die ihn aufnehmen, Macht giebt, Gottes Kinder zu heißen, und weil der Geist, den er ausgegossen hat, und der bald uns bei Gott vertritt durch unausgesprochene Seufzer, bald laut und vernehmlich aus unsern Herzen Lieber Vater emporruft, uns, immer schon vorzüglich aber wenn wir uns versammeln um mit einander den Herrn zu preisen, das Zeugniß giebt, daß wir Gott angenehm geworden sind in seinem Sohne, so daß wir die Tugenden dessen verkündigen können, der uns berufen hat.

Darum m. g. F. weil auch schon in diesem festlichen Sinne alle Anderen nur durch den Erlöser kommen können in dem Namen des Herrn, wollen wir auch an diesem Jahresanfang in Bezug auf alle uns noch bevorstehenden Segnungen ihn, nicht vorzüglich nur sondern allein, begrüßen als den Gelobten und Gesegneten, der uns kommt im Namen des Herrn. Wie er verheißen hat, auf geistige Weise überall zu sein, wo auch nur Zwei oder Drei in seinem Namen versammelt sind: so zieht er auch in jedem kirchlichen Jahr aufs neue wieder ein in unsere christlichen Versammlungen. Da wird das erneuerte Bewußtsein unserer Gemeinschaft mit ihm uns zur festlichen Freude, der Friede mit Gott, der sich durch ihn in unsere Herzen ergießt, giebt auch uns eine feste Zuversicht und eine sichere Stätte auf dem heiligen Berge, seinem gei|stigen Zion; und wenn wir uns durch sein Wort getröstet fühlen in unsern Herzen über alle Noth der Erde und der Sünde in dem Genuß seiner geistigen Gegenwart; wenn wir die Segnungen christlicher Andacht erfahren, indem unser Herz von dem irdischen gelöst und zu Gott erhoben wird; wenn wir uns aller Schäze der Kindschaft Gottes bewußt werden, die weder geraubt noch verzehrt werden können: o dann laßt uns voll Dankes ausrufen, Gelobet sei, der da gekommen ist in dem Namen des Herrn.

II. Dann aber m. g. F. waren zweitens auch alle Propheten des alten Bundes in dem Namen des Herrn gekommen. Alle jene Männer, die sich Gott besonders ausrüstete zu seinen Werkzeugen, theils um als heilige Sänger den Stammelnden die Zunge zu lösen, und ihnen Worte der Weihe zu geben für ihren Dank gegen den Höchsten und für ihre Anbetung seines Namens, theils um die Unwissenden zu lehren und die Strauchelnden zu leiten, und um mit ernster Stimme das Volk, wenn es sich von dem rechten Wege verirren wollte, zu warnen und zu züchtigen – sie alle kamen in dem Namen des Herrn. Das Wort des Herrn geschah zu ihnen, und wenn sie dem Volke kund

---

2–3 Vgl. Joh 1,12   3–4 Vgl. Apg 2,17.33   4–5 Vgl. Röm 8,26   5–6 Vgl. Röm 8,15   15–16 Vgl. Mt 18,20

machten, was ihnen aufgegeben war, so begannen sie, So spricht der Herr, und in seinem Namen traten sie auf, einzelnes Gute verheißend, einzelne Uebel drohend. Mochten sie nun nach Beschaffenheit der Zeiten und | Umstände bisweilen willige Ohren finden, und sich der Frucht ihrer Predigt erfreuen, dann aber auch überhört und verworfen zu dem traurigen Ausspruch genöthigt werden, Wer glaubt wohl unserer Predigt? dieses Volk hat Ohren, aber es hört nicht, und Augen, aber es sieht nicht! immer doch redeten und thaten sie alles im Namen des Herrn; dies ist das einstimmige, durch die Verehrung einer langen Reihe von Geschlechtern beglaubigte Zeugniß, welches jene ganze Folge gottbegeisterter Männer sich selbst giebt, deren Schriften noch jezt den schönsten Schmukk unserer alttestamentischen Urkunden ausmachen. – Als der Erlöser an dem Tage, an welchen die Worte unsres Textes uns erinnern, sich der Stadt näherte, und das Volk ihm entgegenströmte: so fragten viele, die ihn nicht kannten, Wer ist denn dieser? und die andern antworteten, Das ist der Prophet, der Jesus von Nazareth in Galiläa, und so begrüßten sie ihn also auch als einen Propheten des Herrn, indem sie ihn anredeten, Gelobt sei der da kommt in dem Namen des Herrn; denn für einen großen Propheten, mächtig an Worten und Thaten, galt er unter dem ganzen Volk. Er selbst aber sagt, Die Propheten reichen bis auf Johannes; der Kleinste aber im Reiche Gottes ist größer als der, welcher der größte ist unter allen Propheten. So scheint er also zwar diesen Namen eines Propheten für zu gering zu halten schon für uns, wie vielmehr also noch für sich selbst: aber dennoch hat er es auf der andern | Seite niemals von sich gewiesen, wenn das Volk ihn pries als einen Propheten des Höchsten, und sich freute, daß die so lange verstummt gewesene Stimme Gottes sich wieder vernehmen ließ unter dem Volke. Ja er redet von sich selbst öfter auf eine solche Weise, wodurch er jene Bezeichnung vollkommen rechtfertigt. Denn wenn er sagt, Das Wort, welches ich rede, ist nicht mein, sondern dessen, der mich gesandt hat; oder Was ich von dem Vater gehört habe, das rede ich: so räumt er ein, daß er nicht von sich selbst und in seinem eignen Namen auftrete, sondern Worte von Gott an die Menschen ergangen seien es, die er rede. Und so war er denn freilich auch ein Prophet wie jene; nur, wie er auch ein anderer Hohepriester war, auf seine ganz eigene Weise, und mit der ihrigen nicht zu vergleichen.

Denn zuerst schon deshalb, weil jene Propheten alle auf das Gesez zurükgingen, welches Moses einst dem Volke gegeben hatte, indem

---

6–7 *Jes 53,1* 7–8 Vgl. *Jer 5,21; Ps 115,6.5; 135,17.16* 14–17 Vgl. *Mt 21,10–11* 19–20 Vgl. *Lk 24,19* 21 *Lk 16,16;* auch *Mt 11,13* 21–23 Vgl. *Mt 11,11; Lk 7,28* 30–32 Vgl. *Joh 14,24;* auch *7,16* 32 Vgl. *Joh 8,26*

sie dieses zu erläutern suchten in lehrreichen und ergreifenden Reden, wie denn nur der ein ächter Prophet war in dem Sinne des alten Bundes, der von dem Gott des Gesezes in seinen Drohungen und Verheißungen begeistert war, deshalb konnten jene Knechte des Herrn immer nur Einzelnes lehren, je nachdem das Bedürfniß des Volkes bald dieses bald jenes besonders erforderte; und diesen auf Einzelnes, was eben verhandelt ward oder bevorstand, gerichteten Ermahnungen und Warnungen waren | auch die Weissagungen angeknüpft, welche sie aussprachen im Namen des Herrn. Daher verhallte auch bald eines jeden Propheten Stimme, und immer Andere mußte der Herr erwekken, wenn sein Volk nicht sollte rathlos dastehen, oder dem Troz und der Verzagtheit des eigenen Herzens ohne höhere Leitung preisgegeben sein. Nicht zu vergleichen ist also mit ihnen Christus der Herr, dem sein Gotteswort nicht erst auf diese oder jene Veranlassung kam von außen oder von innen in Bildern und Erscheinungen, oder in dem Ruf einer geheimnißvollen Stimme, auch nicht erst an ihn selbst erging dann, wann er es zu diesem oder jenem einzelnen und bestimmten Zwekke mittheilen sollte, sondern dem es ursprünglich und beständig einwohnte als eine Fülle göttlicher Kraft und Weisheit, und ohne daß er in einem ihm selbst ungewohnten und außerordentlichen Zustande gewesen wäre überall, auch ohne besondere Veranlassung in Reden, denen nie keine geglichen hatten, heraustrat als der natürliche Ausdrukk seines Wesens; dessen Gotteswort auch nicht war hier eine Lehre und da eine Lehre, hier eine Vorschrift und da eine Vorschrift auf einzelne Fälle und Verhältnisse des Lebens und für wechselnde Gemüthsstimmungen berechnet, denn solche einzelne Ausssprüche, wenn er gleich auch nicht ganz verschmähte, sie zu geben, dürfen wir doch kaum in Anschlag bringen, wenn von seinem prophetischen Worte die Rede ist. O welch ein anderer Prophet, der nicht an diesen und jenen gesendet war, nicht | ein und das andere Mal erschien im Namen des Herrn, sondern der nie und nirgend anders reden konnte, als im Namen des Herrn, und dessen Gotteswort Eine große zusammenhängende Rede an das ganze Menschengeschlecht gerichtet war und noch ist, und eine solche, worin Jeder für alle Bedürfnisse seines Herzens und unter allen Verhältnissen seines Lebens finden kann, was ihn befriedigt, so daß nie keiner, welcher jemals gefragt hat oder noch fragen wird, Was soll ich thun, daß ich selig werde, eines andern Propheten bedürfen kann als dieses Einen! Welch ein anderer Prophet, dem man nur Unrecht thun würde, wenn man von ihm einzelne Worte voll Kraft und Wahrheit, wenngleich als die schönsten Edelsteine, mit hineintragen wollte in den gemeinsamen Schaz der übrigen menschlichen Weisheit, weil auch alles Einzelne von ihm nur im rechten Lichte

---

37 Apg 16,30

erscheinen kann, wenn es im Zusammenhange mit allem übrigen in der untheilbaren Einheit seines göttlichen Lebens betrachtet wird. Welch ein anderer Prophet, der es verschmäht der Zeit und Stunde zu dienen mit Lehre und Gebot, oder zu weissagen, was seiner Zeit und Stunde harrt, sondern der, wie er nur von sich selbst zeugte, so auch nur von sich selbst weissagte, von seinem Reiche, dem Kampfe darum und dem Siege desselben, und der, wie sein Reich kein zeitliches war, so auch nur das Ewige lehrte, immer nur darauf ausgehend, den Vater selbst und den ewigen Friedensrath desselben zu offenbaren, welcher während der | Zeit des alten Bundes hinter der besonderen Erwählung eines einzelnen Volkes, so wie der Vater selbst hinter dem Gott der Heerschaaren immer war verborgen gewesen. Nun aber ist es die kurze Rede, Das ist Gottes Werk, daß ihr an den glaubt, den er gesandt hat[4], welche mit dem herrlich einladenden Vorwort, Kommt her zu mir, die ihr mühselig seid und beladen, ich will euch erquikken, und ihr sollt Ruhe finden für eure Seele[5], durch sein ganzes Leben erläutert und bewährt, so wie durch seinen Tod verklärt und besiegelt, alle andere Lehre und Ermahnung so wie Warnung oder Trost überflüssig macht, so daß Gott keine Propheten mehr zu erwekken braucht seinem geistigen Volk, und schon deswegen Er der lezte bleibt, welcher so gekommen ist im Namen des Herrn.

Aber zweitens auch dadurch ist er ein ganz anderer Prophet als die des alten Bundes, daß er nicht wie sie verkündigte, was noch ferne war und auch blieb, so daß oft die Hörer nicht wußten, ob sie selbst oder welche späten Nachkommen die Tage der Verheißung sehen würden. Sondern was er im allgemeinen ankündigte, das reichte er im einzelnen auch sogleich dar, als es nur begehrt wurde, so daß Verheißung und Erfüllung einander unmittelbar aufnahmen. Denn was noch kommen soll, ist nur dasselbe, was schon da ist. Darum als er, | wie es scheint bald am Anfang seines Lehramtes, in die Synagoge der Stadt eintrat, wo er war erzogen worden, und er aus den dargebotenen Büchern der Propheten ohne bestimmte Absicht die Stelle aufschlug, Der Geist des Herrn ist bei mir, derhalben er mich gesalbt hat und gesandt zu verkündigen das Evangelium den Armen, zu heilen die zerstoßenen Herzen, zu predigen den Gefangenen, daß sie los sein sollen, und den Blinden das Gesicht, und den Zerschlagenen, daß sie frei und ledig sein sollen, kurz zu predigen aller Welt das angenehme Jahr des Herrn: da konnte er das Buch der Schrift zuthun, und ohne Weissa-

---
[4] Joh. 6, 29.
[5] Matth. 11, 28.

29–3 Vgl. Lk 4,16–21

gung auf Weissagung häufend noch in die Zukunft hinzudeuten, mit vollem Vertrauen sagen, was kein Prophet des alten Bundes zu sagen pflegte, Heute ist diese Schrift erfüllt vor eueren Ohren. Denn so predigte er das angenehme Jahr des Herrn, verkündigend ein bis dahin freilich noch unbekanntes Heil, das aber nahe lag und von jedem konnte ergriffen werden, ja das, wiewol gegen die gemeine Deutung der prophetischen Worte, einem jeden irgend empfänglichen gleich entgegentrat in der seligen und Seligkeit verbreitenden Person dessen, der da redete. Und als Johannes schon aus seinem Kerker heraus ihn fragen ließ, Bist du es, der da kommen soll, oder sollen wir eines andern warten? konnte er ebenfalls seinen Abgesandten die Antwort geben, Verkündiget eurem Meister was ihr sehet, die Blinden sehen, die Tauben hören, die Stummen reden, | die Lahmen gehen, die Todten stehen auf, und den Armen wird das Evangelium gepredigt. So wiederholte er gleichsam des Johannes weissagende Verkündigung, und ließ zugleich ihre unmittelbare Erfüllung sehen. Ja die schöne milde Verheißung, daß er, fern von dem herben Eifer strenger Knechte des eifrigen Gottes, das geknikte Rohr nicht zerbrechen, und das glimmende Tocht nicht auslöschen werde, erfüllte sich in jedem Augenblik seines fruchtbaren Lebens an jeder heilsbegierigen Seele. O welch ein anderer Prophet, als alle Propheten des alten Bundes! Wie Recht hatte er deswegen auch in Bezug auf sich zu sagen, die Propheten nach ihrer Weise reichten bis auf Johannes, alle Hörer aber damit zu trösten, von dem an beginne nun das Reich Gottes, und jeder könne es an sich reißen, der mit allen Kräften seines Geistes darnach ringe.

Ist nun eben dieses Reich Gottes der Inbegriff alles dessen, wozu der menschliche Geist auf dieser Stufe seines Daseins gelangen kann; ist also eben deswegen der Blikk derer, welche ihr Erbtheil in diesem Reiche gefunden haben, nicht mehr weder in banger Furcht, noch in unbefriedigter Sehnsucht, also tröstender Weissagung bedürftig, nach der Zukunft hingewendet; sind die Worte des Lebens, welche der Vater in den lezten Tagen zu uns geredet hat durch seinen Sohn, das gebietende Wort, aus welchem die unvergängliche geistige Schöpfung hervorgeht, so daß wie alles frühere auf diesen Sohn | hinwies, so alles spätere nun nur auf ihn zurükweisen kann: so müssen ja vor ihm alle tief in den Schatten zurüktreten, die vorher als Propheten des Herrn gekommen waren, und er ist der einzige, der auch in diesem Sinne Allen und auf immer gekommen ist in dem Namen des Herrn.

III. Drittens aber, wie alle Propheten in ihren Reden zurükgingen auf das Gesez, welches Moses ihrem Volke gegeben hatte: so war

---

9–14 Vgl. Mt 11,2–5; Lk 7,18–20.22   17–19 Vgl. Jes 42,3

nun vorzüglich dieser Gesezgeber desselben gekommen in dem Namen des Herrn. In dem Namen des Herrn hatte er das Volk ausgeführt aus dem Lande der Knechtschaft, in dem Namen des Herrn brachte er ihm von dem Berge der göttlichen Majestät die Tafeln des Gesezes, hielt ihm vor Segen und Fluch, und in dem Namen des Herrn fragte er das Volk, ob es annehmen wolle seine Rechte und Geseze, und sich ihm verpflichte als das Volk seines Bundes. Und gewiß m. g. Fr. nicht Moses allein, wenn gleich er auf eine vorzügliche Weise, ist als Gesezgeber gekommen in dem Namen des Herrn: sondern wir ehren in jeder menschlichen Gesezgebung etwas, was uns in dem Namen des Herrn gegeben ist; wir wissen, es ist seine Stimme, welche die Menschen aus den zerstreuenden Irrsalen und der wilden Zügellosigkeit der Selbstsucht zur Ordnung und zum Rechte beruft, so wie von der Kümmerlichkeit eines vereinzelten eben so thatenleeren als genußlosen Lebens zu einer heilsamen Verbindung | ihrer Kräfte, und zu gemeinsamer veredelnder Thätigkeit. Daher redet auch jedes menschliche Recht und jede menschliche Ordnung zu uns in dem Namen des Herrn. Darum sagt auch der Apostel, Es ist keine Obrigkeit, außer sie ist von Gott verordnet, denn in dem Namen Gottes trägt sie das Schwert als Rächerin der Geseze an den Bösen. Aber so wie der Apostel von dem Geseze sagt, es habe den Menschen keine Kraft mittheilen können es zu erfüllen, sondern sie hätten in demselben immer nur gefunden die Erkenntniß ihrer Sünde, und das Gesez hätte nur die Menschen zusammengehalten unter der Sünde bis auf die Zeit, da der Glaube kommen würde, welcher sie losmachen würde von dem Zuchtmeister dem Gesez: so erkennen wir auch, daß jedes menschliche Gesez, in sofern es nur als ein äußerer Buchstabe wiewol in dem Namen des Herrn zu den Menschen redet, ihnen die Kraft nicht mittheilen kann es zu erfüllen, sondern Furcht und Hoffnung, Lohn und Strafe, Fluch und Segen, so weit menschliche Kräfte und menschliche Ordnungen beide bewirken können, zu Hülfe nehmen muß, um die Gemüther der Menschen erst durch etwas Fremdes zu bewegen. – Und auch das dürfen wir wol nicht vergessen, daß jedes äußere Gesez auch auf diese Weise immer nur einen gewissen Umfang auszufüllen vermag. Ein Volk bindet es wol zusammen oder eine Masse nahe verwandter Stämme; soll es auch andern aufgedrungen werden mit Gewalt, oder wollen sie fremdes nachahmend | aus eigener Rathlosigkeit annehmen, so bereitet ihnen dieses mancherlei Elend, und ohne gro-

---

12 Irrsalen] Irsalen

18–20 Vgl. Röm 13,1.4   21–22 Vgl. wohl Röm 7,21   22–23 Vgl. Röm 3,20; 7,7
23–26 Vgl. Gal 3,23–25

ßen Nuzen wird nur mit Mühe die widerstrebende Natur überwunden.

Bedarf es wol noch, daß wir uns lange bedenken, m. a. Fr., wenn wir nun sagen sollen, wie sich Christus als Gesezgeber und Anordner eines gemeinsamen Lebens in diesen verschiedenen Beziehungen zu denen verhält, welche vor ihm in demselben Sinne gekommen waren im Namen des Herrn? Denn zuerst war nicht mehr die Rede davon, daß auch durch ihn wieder nur ein einzelnes Volk sollte zusammengehalten und durch eine von oben stammende Gesezgebung vor andern begnadigt werden; und noch weniger sollte etwa nur jene alte Gesezgebung seines eigenen Volkes durch ihn gereinigt werden oder verbessert: sondern von nun an sollte vielmehr aus allen Völkern wer Gott fürchtet und recht thut, wenn auch nur nach einem solchen äußerlichen Gesez, Gott dazu angenehm sein[6], daß ihm die Botschaft verkündigt werde, welche ihn zugleich und ohne Störung jenes Verhältnisses zu einer andern Gemeinschaft beruft, welche auf der einen Seite so enge Grenzen verschmäht, vielmehr das ganze menschliche Geschlecht zu umfassen sucht, auf der andern aber auch mit einem so geringen Zwecke sich nicht begnügt. Denn nicht wieder sollten wir nur ein solches Gesez durch ihn er|halten, in welchem, wäre sie auch weit reiner und vollkommner, nur Erkenntniß der Sünde wäre, oder welches wieder bedürfte, daß Segen und Fluch vorgehalten und mit der Erfüllung oder Uebertretung desselben verbunden würden. Vielmehr soll alle irdische Furcht ausgetrieben werden durch die Liebe und deren feste Zuversicht, daß denen die Gott lieben alle Dinge zum Besten dienen müssen, und alle irdische Hofnung soll zerstieben vor der edlen Selbstverläugnung, daß wir in dieser Zeit keine Ruhe begehren für das Fleisch, weil es dem Jünger nicht besser zu gehen braucht als dem Meister, und wir gern alles für Schaden achten, so wir nur immer mehr Christo Gewinn schaffen. Denn er ist gekommen uns sowol aus dem Zustande dieser Erniedrigung des Trachtens nach dem was drunten ist herauszureißen, als auch uns von den unwürdigen Banden irdischer Furcht zu lösen; denn nur wer hiervon frei ist, der ist wahrhaft frei, und nur wenn uns der Sohn frei macht, sind wir recht frei. – Weil nun sein Gesez solcher Hülfsmittel weder bedürfen sollte, noch auch Gebrauch davon machen können, indem es das Gesez der Freiheit sein sollte, zu welcher die Kinder Gottes hindurch dringen: wie wird er deshalb schon im Voraus eingeführt in die Welt als der rechte und einzige Gesezgeber, der da kommen sollte im Namen des Herrn?

---

[6] Apostelgesch. 10, 35.

21 Röm 3,20   **24** Vgl. 1Joh 4,18   **25–26** Röm 8,28

Das soll der Bund sein, den ich machen will nach dieser Zeit, spricht der Herr, Ich will mein Gesez in ihr Herz geben und in ihren Sinn | schreiben[7]. Denn auch ein äußerliches Gesez kann in dem Maaße Drohungen und Verheißungen entbehren, als es ein eigner lebendiger Trieb geworden ist in den Herzen der Menschen. Allein hier ist nicht die Rede von jenem Gesez, das auf steinernen Tafeln ausgestellt ein Zuchtmeister sein sollte bis auf die vom Vater bestimmte Zeit[8], und so nur einen Schatten darbieten von den wesentlichen Gütern, welcher, wenn diese selbst erschienen, verschwinden müßte; und nicht von jenem Abrahamitischen Hause Israel ist die Rede, sondern von dem Israel im Geist, dem neuerworbenen Volke des Eigenthums. Das Gesez aber, welches unter diesem gelten soll, ist das wahre Gesez des Herrn, das Gesez seines eigenen Wesens, sein Wesen aber ist die Liebe. Darum ist der Sohn erschienen, der Abglanz des göttlichen Wesens, und hat, daß ich so sage, mit dem Griffel seiner eigenen erlösenden und befreienden Liebe dieses Gesez in das Herz derer geschrieben die ihn aufnahmen, auf daß sie das Leben von ihm empfingen. Denn so spricht er, nachdem er sich gezeigt hatte als den, der nicht in seinem eigenen Namen gekommen war, sondern im Namen des Vaters, Ein neu Gebot gebe ich euch, daß ihr euch unter einander liebet, wie ich euch liebe[9]. Aber eben diese Rede beginnt er mit der Versicherung, daß wer in seiner Liebe bleiben und also jenes Gesez beharrlich befolgen wolle, der | müsse auch an ihm bleiben wie der Rebe am Weinstokk, und also die Kraft dieser göttlichen Liebe immer aufs neue empfangen, und indem er sich selbst als den Weinstokk darstellt, so bezeugt er, daß es seine Natur sei, wie dieser seinen Reben die Säfte zuführt, so denen die in ihn eingesenkt worden sind, die Kraft und die Milde seines eigenen Lebens, eine wahrhaft göttliche also, mitzutheilen. – O welch ein anderer Gesezgeber, weit verschieden von allen andern, indem er sich weder auf Belohnungen und Strafen verläßt, oder, wenn nur erst einige Geschlechter durch diese geleitet wären, hernach auf die mehr oder weniger immer auch unbewußte Kraft der Gewöhnung und der Sitten rechnen will – und froh sind menschliche Gesezgeber, wenn sie es so weit bringen – noch auch sein Gesez selbst nur auf eine äußerliche Weise bekannt macht, die es aber befolgen sollen, haben schon ein ganz anderes Gesez in ihrer Neigung und

---

[7] Jerem. 31, 33.
[8] Gal. 3, 24. und 4, 1–5.
[9] Joh. 15, 12.

---

23 der Rebe] *vgl. Adelung: Wörterbuch 3, Sp. 1304*   **39** Joh. 15,] Joh. 16,

11 Vgl. 1Petr 2,9   **23–24** Vgl. Joh 15,5

Predigt über Mt 21,9

ihrem Willen: sondern mit der schöpferischen Macht, welche in ihm liegt eine geistige Welt hervorzurufen und zu gestalten, pflanzt er der menschlichen Seele selbst sein Gesez ein, nicht als ein inneres zwar aber doch ohnmächtiges Streben, sondern als einen Absenker gleichsam seines eigenen alles überwindenden Lebens, welches nun in Allen die ihn in sich aufnehmen fortwirkt, und sich durch alle Früchte des Geistes bewährt als eine bildende, erhaltende, seligmachende Gotteskraft. O welch ein Gesezgeber, der nur denen das Gesez giebt, welchen er auch mit demselben den | Willen sowol als auch das Vollbringen gewährt, und so aus Menschen, welche alles Ruhmes bei Gott ermangelten, ein Gottesreich gründet, in welchem der Vater selbst kommt Wohnung zu machen, und von welchem aus durch den es beseelenden Geist die erlösende und durch die Wahrheit freimachende Liebe des Sohnes immer weiter fortwirkt.

Darum gelobt und ewig gesegnet sei, der so gekommen ist in dem Namen des Herrn, daß er sich selbst das Zeugniß geben konnte, Vater ich habe deinen Namen offenbaret denen, die du mir von der Welt gegeben hast, und der wie er Macht hatte das ewige Leben zu geben, nun auch durch dieses mitgetheilte Leben immer mehr verklärt wird in allen, denen er nicht nur zur Erlösung, sondern auch zur Weisheit und zur Heiligung geworden ist, so daß sie nun geheiligt in seiner Wahrheit und mit aufgenommen in seine ursprüngliche Herrlichkeit nun auch allewege da sein sollen, wo Er ist, nemlich in der Liebe des Vaters und der Einheit mit ihm.

Wenn wir aber billig, m. g. Fr., indem wir einen neuen Abschnitt unsers gemeinsamen kirchlichen Lebens beginnen, sowol zurüksehen auf die Vergangenheit, als auch die Zukunft ins Auge fassen: so müssen wir ja wol was das erste betrifft, wie sehr auch eingedenk unsrer Schwachheit und Unvollkommenheit und uns nicht schämend mit seinem Apostel zu bekennen, Nicht daß ich es schon ergriffen hätte oder schon vollkommen wäre; ich jage ihm aber nach, dem vorgestekten Ziele, aber doch müssen wir, nicht | also zu unsrer, sondern zu seiner Ehre bekennen, daß auch in dem vergangenen Jahre sein Wort wahr geworden ist, und er mit seinem das Herz erwärmenden, den Geist belebenden, die Gemeinschaft der Gläubigen zusammenhaltenden Wort, und mit der ganzen geistigen Kraft seiner Nähe reichlich in unserer Mitte gewesen ist. – Damit wir aber auch, was das andere betrifft, bei dem Beginn eines neuen kirchlichen Jahres uns nicht nur obenhin, sondern mit einer freudigen Erwartung und einer festen Zu-

---

31 nach,] nach

8–10 Vgl. *Phil 2,13*   10–11 Vgl. *Röm 3,23*   17–18 *Joh 17,6*   30–31 *Phil 3,12*

versicht einander das Wort geben, nur ihm zu leben, nur aus der Quelle des ewigen Lebens, die er uns aufgethan hat, zu schöpfen, und also nicht zu weichen von der Gemeinschaft, welche er unter denen, die an ihn glauben, gestiftet, und auf welche allein er den Segen seiner geistigen Gegenwart gelegt hat; o so laßt uns dieses noch recht bedenken, daß wir unseres Wortes nur dann recht sicher sein können, wenn das wesentlich mit zu unserm Glauben an Christum gehört, daß auch Alle nach uns an ihm volle Gnüge haben werden, und Gott dem menschlichen Geschlechte nicht noch etwas anderes aufgehoben hat, als nur die immer reichere Entfaltung und Verbreitung dessen, was schon in demjenigen war, in welchem die ganze Fülle der Gottheit einwohnen sollte.

Wenn wir zu ihm sagen, Gelobt sei, der da kommt in dem Namen des Herrn: so geschehe es nicht nur mit dem Bewußtsein, daß mit ihm keiner verglichen werden kann von allen, die vor ihm ge|kommen sind in dem Namen des Herrn: sondern auch mit dem, daß Er der Lezte ist, der gekommen ist in dem Namen des Herrn. Nachdem Christus erschienen und noch da ist, dürfen wir keines Andern warten. Keiner wird jemals kommen, der mit solcher begeisternden Kraft die menschlichen Herzen rühre und sie wiederum empfänglich mache das ewige Leben in sich aufzunehmen; denn die an ihn glauben sind schon aus dem Tode ins Leben durchgedrungen. Keiner wird kommen, der uns ein vollkommneres Wort Gottes brächte, und keines Menschen Weisheit je etwas herrlicheres reden als Gott zu uns geredet hat durch seinen Sohn; denn die Stimme hat ein für allemal gerufen, welche den Armen das Evangelium verkündigt, und die Todten aus den Gräbern hervorgehen läßt. In keiner gottgeweihten Brust wird je der Geist Gottes in einem höheren Maaße wohnen, denn mit allen Gaben und Kräften vermag dieser Geist nichts mehr, als verklärend an den zu erinnern, welcher den Geist hatte ohne Maaß, weil in ihm die Fülle der Gottheit wohnte. Keine neue Offenbarung von oben dürfen wir mehr erwarten; denn das Werk der göttlichen Gnade und Barmherzigkeit ist vollbracht, und alle Gottes-Verheißungen sind Ja und Amen in demjenigen, in welchem, wer ihn sieht auch den Vater sieht. Wie alles, worin sich früher die Kraft des Herrn mächtig erwies, nur eine Vorbereitung war auf den, der da kommen sollte: so ist nun alles, worin sich die Gnade und Barmherzigkeit Gottes | kräftig erweiset, nur ein Ausfluß von ihm, und eine Folge seiner alles erneuernden Erscheinung. Alles was irgend einen Werth hat und die Menschen fördern

---

11–12 *Vgl. Kol 2,9*   21–22 *Vgl. Joh 5,24*   30–31 *Vgl. Kol 2,9*   33–34 *Vgl. 2Kor 1,20*   34 *Vgl. Joh 14,9*

Predigt über Mt 21,9　　　　21

kann zur Seligkeit, muß fortan sein Bild tragen und seine Ueberschrift; und wer zu den Menschen kommen will im Namen des Herrn, der komme fortan nur in dem Namen Jesu von Nazareth. In ihm allein können wir unsern Brüdern Heil bringen, auf ihn allein müssen wir zurükweisen; und alle die noch unter künftigen Geschlechtern der Herr sich ausersehen wird zu seinem Dienst, alle die er auszeichnen wird durch seine Gaben und Kräfte von oben – sie werden kommen in dem Namen Jesu von Nazareth, mit uns ihre Knie beugen vor ihm, mit uns bekennen, daß von ihm allein das Heil der Menschen ausgegangen ist und immer ausgehn wird. Ein Reich Gottes ist da und steht fest, und in dieses müssen sich sammeln alle diejenigen, welche der Seligkeit theilhaftig werden wollen, die Gott den Menschen gegeben hat; es steht fest, und weder die Pforten der Hölle werden es je überwältigen, daß es unterginge, noch wird es je von einem schöneren verdrängt werden. Sondern, was sich der Herr noch vorbehalten hat, was noch nicht erschienen ist, aber erscheinen wird, wie unaussprechlich auch menschlichen Zungen, wie unerreichbar auch menschlichen Gedanken es sei: es wird seine Herrlichkeit und Größe nur daher nehmen, daß wir Ihn sehen werden wie er ist. Der neue Himmel und die neue Erde, sie dürfen nicht erst kommen m. g. | Fr., sie sind schon da, seitdem der Eine gekomen ist in dem Namen des Herrn. Sie sind da in der lebendigen Herzens-Gemeinschaft der Erlösten mit ihrem Erlöser; denn wer in Christo ist, der ist eine neue Kreatur. Sie sind da; denn wer sich in dem Herrn freuen kann allewege, für den giebt es keinen Schmerz mehr und keine Thränen, welche eben ihren Ort haben auf der alten Erde und unter dem alten Himmel. Sie sind da, weil in dem Sohne der Vater sich uns offenbart, und alle die reines Herzens geworden sind durch ihn, so auf Ihn schauen können, daß sie das Angesicht des Vaters sehen, eben wie dies gerühmt wird von den Engeln des Himmels, welche um seinen Thron stehn. Das Reich Gottes ist mitten unter uns getreten, nicht mit äußerlichen Geberden, aber mit jenen köstlichen himmlischen Gütern, mit Friede, Freude und Gerechtigkeit. Und so dürfen wir nur zu Ihm fliehen, und uns an Ihn halten. Wer von Ihm nicht annehmen wollte die seligmachende Himmelslehre, wer von Ihm sich nicht wollte das Herz erweichen und öffnen lassen, und die Kraft der ewigen Liebe und Barmherzigkeit nicht von ihm aufnehmen, o der würde vergeblich eines Anderen warten. Zu Ihm möge jeder sich wenden, vor Ihm jeder sich beugen, daß

8–10 Vgl. *Phil 2,9–11*　　13–14 Vgl. *Mt 16,18*　　19–20 Vgl. *Offb 21,1*　　23 Vgl. *2Kor 5,17*　　24 Vgl. *Phil 4,4*　　24–25 Vgl. *Offb 21,4*　　30–31 Vgl. *Lk 17,20*　　32–33 Vgl. *Röm 14,17*

der Vater nicht zürne. Denn wie wollten wir dem Zorn entfliehen, wenn wir eine solche Verheißung, ja was sage ich, wenn wir eine solche gnädige und selige Erfüllung nicht achteten.   Amen.

II.

Christus, der Befreier von der Sünde und dem Gesez.

Adventspredigt.

M. a. Fr. Wir haben in unserm heutigen Gesange, wie es dieser Zeit der Vorbereitung auf die würdige Feier der Geburt unsers Erlösers angemessen ist, diesen gleichsam aufs neue bewillkommt, und uns über das Heil gefreut, welches dem menschlichen Geschlechte durch ihn zu Theil worden ist, hernach aber haben wir uns zu dem traurigen Gedanken an das Uebel gewendet, welches in der menschlichen Welt durch die Sünde entsteht. Der Zusammenhang zwischen beiden ist wohl deutlich und fühlbar; denn um recht von Herzen den Erlöser zu bewillkommnen, müssen wir gleichsam aufs neue fühlen, was der Drukk der Sünde sagen will, der auf dem menschlichen Geschlechte lastet, damit wir uns dessen freuen können, daß wir durch Christum sind davon| erlöst worden. Denn wäre die Sünde nicht, so bedürfte es auch keiner Erlösung. Es könnte demohnerachtet und würde gewiß auch dann ein großer Unterschied unter den Einzelnen, einer und derselben menschlichen Natur theilhaftigen, fortbestehen, und immerhin könnte, ja der Natur der Sache nach müßte auch dann Einer, und dieser wäre immer Christus, der vollkommenste sein unter allen und über allen; allein so wir andern die Sünde nicht hätten und fühlten, so wäre er zwar das eine was er jezt auch ist und wonach er uns zu nennen würdiget, unser Bruder, und wir könnten und würden uns auch dann seiner außerordentlichen Begabung von oben mit dem erhebenden Gefühl der Gemeinschaft erfreuen, aber das Andere wäre er nicht, der Einige, in dessen Namen allein uns Allen Heil verheißen ist, sondern wir hätten unser Heil in unserer eigenen Gerechtigkeit, und der wäre er nicht, dem alle Gewalt gegeben ist im Himmel und auf Erden; denn über seines Gleichen kommt keinem eine solche zu. Ja, so erscheint es gewiß uns Allen, m. g. Fr., sowol die Herrlichkeit des Erlösers als der eigenthümliche Zusammenhang in welchem wir

---

2 *Predigt zum 2. Sonntag im Advent am 10. Dezember 1820 vormittags in der Dreifaltigkeitskirche zu Berlin; vgl. Liederblatt in KGA III/11, S. 585–586* **4–10** *Zunächst wurde vor dem Gebet das Lied „Wie herrlich strahlt der Morgenstern!" (Melodie von „Wie schön leucht't uns") und dann nach dem Gebet das Lied „Gott, wo ist Noth, wo Elend auf der Erde" (Melodie von „Herzliebster Jesu") gesungen; vgl. KGA III/11, S. 585–586.* **28–29** *Vgl. Mt 28,18*

mit ihm stehen, gründet sich auf die Sünde des menschlichen Geschlechts. In die Natur aber dieses Zusammenhanges, den wir gewiß Alle so annehmen, wie er auch schon in dem Worte Erlösung ausgedrükt ist, tiefer hineinzugehen, und dann in dieser festlichen Zeit Gott desto inniger und kräftiger zu preisen für die Sendung dieses heilbringenden Er|lösers, das sei der Gegenstand unserer heutigen Betrachtung.

Text. Galater 3, 21–23.
Wenn aber ein Gesez gegeben wäre, das da könnte lebendig machen, so käme die Gerechtigkeit wahrhaftig aus dem Gesez. Aber die Schrift hat es alles beschlossen unter die Sünde, auf daß die Verheißung käme durch den Glauben an Jesum Christum, gegeben denen die da glauben. Ehe denn aber der Glaube kam, wurden wir unter dem Gesez verwahrt und verschlossen auf den Glauben, der da sollte geoffenbaret werden.

Hier m. g. Fr. beschreibt der Apostel den Zusammenhang zwischen der Sünde und der Erlösung deutlicher, dessen wir vorher schon gedacht haben. Die Schrift, sagt er, hat es alles beschlossen unter die Sünde, auf daß die göttliche Verheißung, alle Völker der Erde zu segnen und zu beglükken, käme durch den Glauben an Jesum Christum. Aber weshalb nun so alles unter die Sünde sei beschlossen gewesen bis auf den Glauben, das enthüllt uns der Apostel deutlicher durch die genauere Auseinandersezung des Zusammenhanges zwischen dem Gesez und der Sünde, indem er nämlich zuerst sagt, wenn ein Gesez gegeben wäre, das da könnte lebendig machen, so käme die Gerechtigkeit wahrhaftig aus diesem Gesez, d. h. so wäre keine Erlösung nöthig, und | indem er auf der andern Seite deutlich genug zu verstehen giebt, jenes, daß die Schrift alles beschlossen habe unter die Sünde, und dieses, daß wir verwahrt gewesen sind, wie er vorzüglich freilich von seinem Volke sagt, unter dem Gesez bis der Glaube kam, der da sollte geoffenbaret werden, dies beides sei Eins und dasselbige. Diesen Worten des Apostels wollen wir nun mit einander genauer nachgehen, und ihn darüber zu verstehen suchen, weshalb vorzüglich der Zusammenhang zwischen dem Gesez und der Sünde, den er uns zu erkennen giebt, die Ursache ist, warum die göttliche Verheißung nur in Erfüllung gehen konnte durch den Glauben an Jesum Christum, so daß um uns zu erlösen Christus unser Befreier werden mußte vom Gesez sowol als von der Sünde. Zu dieser Betrachtung schenkt mir jezt eure christliche Aufmerksamkeit, und möge Gott sie gesegnet sein lassen durch den Geist der Wahrheit.

I. Der Apostel, m. g. Fr., indem er zuerst sagt, wenn ein Gesez gegeben wäre, das da könnte lebendig machen, so käme die Gerechtigkeit wahrhaftig aus dem Gesez, hat er freilich zunächst an jenes Gesez gedacht, welches Gott dem jüdischen Volke durch die Hand Moses seines Dieners gegeben, und von welchem Paulus auch vorher schon ausführlicher geredet hatte, eben um den Christen an die er schreibt recht ins Gemüth zu führen, wie nicht durch das Gesez, sondern durch den Glauben allein die | göttliche Gabe und die Freiheit des Geistes, in deren Genuß sie sich schon befänden, gekommen sei. Von diesem Gesez steht geschrieben in dem Buche des Gesezes selbst das Wort, worauf er sich auch für diese Auseinandersezung deutlich und anderwärts öfter beruft, Wer da thut alle Worte die da geschrieben sind in diesem Buche, der wird leben; wer aber weicht von Einem Wort des Gesezes, der sei verflucht. Das Gesez nun kennen wir aus den heiligen Schriften als ein solches, welches dem Volk auflegte eine große Menge schwer zu behaltender und beschwerlich auszuführender äußerer Gebräuche, gemischt unter die mehr inneren und ihrem Inhalt nach höheren Vorschriften, die das Verhältniß des Menschen zu Gott und zu seinen Brüdern betreffen, aber so gemischt, daß sowol was das Ansehn des Gesezes betrifft, als die allgemeine Meinung, die darüber verbreitet war unter dem Volke, das Eine eben so wichtig war, die Befolgung desselben eben so von Verheißungen begleitet, die Uebertretung durch Drohungen bestraft, wie jenes Andre. Darum war es eine schwere Last, von der das Volk sich gedrükkt fühlte. Jeder war sich dessen bewußt, daß er nicht alle Worte des Gesezes genau zu erfüllen vermochte, so daß er auch nicht in dem kleinsten fehlte, und niemand konnte sich also auch die Verheißung recht aneignen, Wer da thut alle Worte die geschrieben sind in diesem Buche, der wird leben. Darum wenn das Volk sich jenen schönen Hoffnungen überließ, die in den prophetischen Reden der alten Die|ner Gottes niedergelegt waren, den schönen Hoffnungen auf eine glükkliche Zeit unter der Herrschaft eines von Gott zum Wohl des Volkes und der ganzen Welt Gesendeten, so dachte es sich als einen bedeutenden Theil dieser freudigen Hoffnungen immer auch dieses, daß alsdann die Last dieses Gesezes von seinen Schultern würde genommen werden. So war denn freilich ein Gesez, welches sich denen die demselben unterthan waren so fühlbar machte, kein solches, welches Glück und Freude verbreiten, aus welchem Kraft und Leben hervorgehen konnte; und in Beziehung auf dieses konnte der Apostel also freilich mit Recht sagen, Wenn ein

---

12–13 *Vgl. Röm 10,5; Gal 3,12 mit Bezugnahme auf Lev 18,5*   13–14 *Vgl. Gal 3,10 mit Bezugnahme auf Dtn 27,26; 28,58*   27–29 *Vgl. Röm 10,5; Gal 3,12 mit Bezugnahme auf Lev 18,5*

Gesez gegeben wäre das da könnte lebendig machen, so käme die Gerechtigkeit freilich aus dem Gesez; aber ein solches ist eben nicht gegeben. Allein dies beträfe immer nur das jüdische Volk, welchem allein dieses Gesez gegeben war. Unser Erlöser aber ist wie wir wissen von seinem Vater zum Heil der ganzen Welt gesandt; nicht also nur dem Volk, welches unter dieses Gesez gethan war, sondern dem ganzen Geschlecht der Menschen muß eine solche Erlösung, wie die welche Jesus Christus vollbracht hat, nothwendig gewesen sein. Darum wenn hier etwas allgemein geltendes über die Erlösung gesagt sein soll, muß wol was der Apostel in unserm Texte von dem Gesez Moses aussagt, auch von jedem andern Gesez gelten, und seine Meinung muß sein nicht nur, daß jenes Gesez nicht als ein solches gegeben sei, das da könne lebendig machen, sondern daß überhaupt | nirgends und niemals ein solches gegeben sei noch könne gegeben werden. Denn sonst müßte man ja auch wol glauben, wie wir alle Führungen Gottes mit dem menschlichen Geschlechte und besonders diejenigen, die wir mit dem Namen göttlicher Offenbarungen zu bezeichnen pflegen, als eine fortschreitende Entwikkelung seiner Weisheit und Liebe betrachten, wenn auf dem Wege des Gesezes Heil für die Menschen möglich gewesen wäre: so würde die göttliche Weisheit es so geordnet haben, daß auf ein unvollkommnes Gesez immer ein vollkommneres gefolgt wäre, bis dasjenige endlich hätte erscheinen und sich Gehorsam verschaffen können, welches wirklich im Stande gewesen wäre lebendig zu machen, und den Menschen das Gefühl der Gerechtigkeit zu geben. Wollen wir also das Werk der Erlösung nicht als eine willkührliche Einrichtung unsers himmlischen Vaters ansehen, an dessen Stelle er auch eine andere hätte sezen können: so muß das, was der Apostel von dem Gesez Moses sagt, von jedem Gesez überhaupt wahr sein, daß nämlich keines vermag die Menschen lebendig zu machen. Und davon m. g. Fr. müssen wir uns noch näher überzeugen, wenn wir, so wie es der Sinn des Apostels ist, den Zusammenhang zwischen Sünde und Erlösung auffassen, und uns von dieser Seite des Heils, welches uns in Christo geworden ist, recht und ganz erfreuen wollen.

Jedes Gesez ohne alle Ausnahme, m. g. Fr., ist etwas in dem Verstande des Menschen. Ent|weder haben Menschen selbst es aufgestellt, wie es ihnen aus ihrer Ueberzeugung von dem, was dem Menschen Noth thut, hervorgegangen ist; dann ist es gradehin und ganz ein Werk des menschlichen Verstandes, welches die Absicht hat, alles Verderbliche als solches zu bezeichnen und das Gute vorzubilden. Ja auch wenn das Gesez noch etwas zu diesen Aussprüchen hinzufügt, um das Verderbliche zu verhindern und das Gute zu befördern: so ist

---

4–5 Vgl. 1Joh 2,2

es der menschliche Verstand, der dieses wählt und bestimmt. Ist aber ein Gesetz dem Menschen von oben her gegeben durch göttliche Offenbarung: so kann er es dennoch, weil es durch die Rede gegeben ist, auch nur mit seinem Verstande vernehmen, und daß es auf diese Weise in seine Seele wirklich eingeht, dies ist ebenfalls das Geschäft seines Verstandes. Und dies gilt also von Allen, welchen das Gesez gegeben ist, daß sie es mit ihrem Verstande vernehmen. Die Erfüllung desselben aber, also der Gehorsam gegen das Gesez, ist eine Sache des menschlichen Willens. Und diese beiden, Verstand und Wille, das ist die allgemeine Erfahrung aller Menschen, und ich kann mich dafür getrost auf das Bewußtsein eines jeden berufen, diese beiden stimmen und gehen nicht immer zusammen; und daß sie nicht zusammengehen, das ist auf der einen Seite der eigenthümliche Vorzug des Menschen, aber auf der andern Seite ist es auch eben die Ursach, warum überall, wo das Gesez ist, auch die Sünde sich zeigt, so daß in jeder Hinsicht, in welcher die Menschen unter einem Gesez verwahrt sind, sie auch unter die Sünde beschlossen sind. Der menschliche Verstand nämlich, m. g. Fr., ist unbeschadet dessen, daß es sich in anderer Hinsicht umgekehrt verhalten mag, in dieser doch unstreitig schneller und geht weiter als der menschliche Wille. Wir sehen das Gute früher nicht nur, sondern auch in einer vollkommnern Gestalt als wir es vollbringen können, und eben in wiefern wir streben dasjenige allmälig auch mit unserm Willen zu erreichen, was unserm Verstande schon lange annehmlich geworden ist, nennen wir dasjenige, was in solcher Beziehung in unserm Verstande niedergelegt ist, ein Gesez. Ist aber nicht eben dieses Voranschreiten unseres Verstandes vor unserem Willen die Bedingung alles menschlichen Fortschreitens, ich möchte sagen in allem was zu unserm geselligen Leben und zu unserm gemeinsamen Beruf auf Erden gehört? und ist es nicht von dieser Seite angesehen unser eigenthümlicher Vorzug? Denn auch allen andern beseelten Geschöpfen schreiben wir auf der einen Seite einen gewissen Grad von Thätigkeit zu, ähnlich dem menschlichen Willen, auf der andern ein gewisses Vermögen, was außer ihnen ist wahrzunehmen, und was ihnen davon dienen kann in sich aufzunehmen, also einen Sinn oder vielmehr eine Mannichfaltigkeit des Sinnes, ähnlich dem menschlichen Verstande; aber beides ist in allen andern Geschöpfen nicht wie bei uns von einander getrennt, und eines gewissermaßen von dem andern gelöset und befreiet, sondern wozu sie keine bestimmte Hinneigung haben oder wogegen keine Warnung in ihnen ist, das geht auch unerkannt an ihrem Sinn vorüber. Eben deswegen aber merken wir auch an ihnen, so lange sie sich in diesem Zustande selbst überlassen sind, keine Art der Fortschreitung, eine Erweiterung ihrer Bestrebungen eben so wenig als eine Vermehrung ihrer Erkenntniß, sondern sie verharren immer in der gleichen Beschränkung der einen und der andern.

Wie aber nun dieses Voreilen des menschlichen Sinnes und Verstandes, vermöge dessen wir uns das gute und trefliche, was wir in der Gegenwart noch nicht hervorzubringen vermögen, wenigstens als ein künftiges hinstellen, das zur Wirklichkeit gebracht werden soll, wie auf der einen Seite dieses den Menschen spornt und ihm ein weiteres Fortschreiten möglich macht, so daß wir uns sogar dessen rühmen können, daß das Geschlecht der Söhne in dieser und jener Hinsicht immer besser sein kann und soll, als die Väter waren: eben so gehört auch jene größere Langsamkeit des menschlichen Willens, wiewol auf den ersten Anblikk Langsamkeit nicht als etwas schönes erscheint, doch ebenfalls zu den eigenthümlichen Vorzügen des Menschen. Denn zuerst bedenkt nur wie es um uns stehen würde, wenn nicht eine solche Langsamkeit in unserm Triebe wäre und in unserer Thätigkeit, daß wir auch anhalten könnten; wenn wir nicht umkehren könnten, wo wir falsches und verkehrtes begonnen haben, sondern in unserm Innern begonnen wäre es auch gleich äußerlich fertig. | O wie oft sind wir Alle noch in dem Fall, diese Langsamkeit unseres Wesens segnen zu müssen! Aber betrachtet auch die genauer, über die ihr gewiß oft genug Klage führt. Denn eben indem wir auch nur nach und nach aus dem Schlechten das Gute und aus dem Guten das Bessere in unser eigenes Leben hineinzuführen vermögen, wie lieb uns auch übrigens eine größere Beschleunigung wäre, gewinnen wir nicht doch an Lebendigkeit der Ueberzeugung, an Unmittelbarkeit des Gefühls davon, daß was sich so langsam in uns gestaltet, daß wir es mit dem begleitenden Gedanken, mit der zusammenfassenden Erinnerung uns genau vergegenwärtigen können, auch unser eignes Werk sei und also unser wahres Eigenthum? Wäre die Ausführung immer eben so schnell wie der Gedanke; könnte sich unsre Thatkraft eben so beflügeln, wie die innerlich belebende Kraft oft urplözlich den Gedanken schafft und in seiner Vollendung hinstellt: gewiß dann würden wir uns selbst mit dem was wir thun nicht mehr ein naturgemäßes Wesen sein, sondern ein unbegreifliches Wunder, und auch der göttlichen Gnade, welcher wir freilich alles wahrhaft Gute in uns immer zuschreiben, würden wir uns, wenn sie auf diese Art wirkte, nicht als einheimisch bei uns und in uns wohnend erfreuen können, sondern sie würde uns immer etwas fremdes und äußeres bleiben. Darum hängt alle Sicherheit des menschlichen Selbstgefühls, ja das ganze Bewußtsein unsrer Freiheit und Selbstthätigkeit eben an diesem langsamen Fort|schreiten des Willens, an diesem Bewußtsein der Mühe und Anstrengung, mit der wir das eine nach dem andern vollbringen, und auf diesem Wege unser Werk fördern, unsere Kräfte erhöhen und unsern Sinn reinigen.

Wenn wir aber nun auf die Kehrseite sehen: so müssen wir freilich sagen, wo der langsame Wille dem nicht nachkommt, was der Verstand vorlängst als gut erkannt hat, da ist das Gefühl der Sünde. Beides also sehen wir ist von einander unzertrennlich; wo das Gesez ist, da ist auch die Sünde. Das Gesez ist uns überall, wo wir etwas Gutes und Schönes sehen und darnach trachten, was wir noch nicht vollbringen können; die Sünde ist uns überall wo wir fühlen, daß wir etwas wonach wir trachten noch nicht vollbringen können, weil wir erst etwas widerstrebendes zu überwinden haben; und eben so wenn das Gesez verbietet, und wir nicht unterlassen können. Das ist m. g. Fr. der Widerstreit, den uns eben der Apostel, von dem die Worte unsers heutigen Textes herrühren, in seinem Briefe an die Römer beschreibt, wo er nicht auf eine so bestimmte Weise als hier von dem Gesez seines Volkes redet, sondern, wie auch wir es so eben gethan, von dem Gesez im Allgemeinen, und dabei unterscheidet ein Gesez, welches wir haben in unserm Geiste – das ist jedes voraneilende Erkennen dessen, was gut und gottgefällig ist, mag es hervorgegangen sein aus unserm eigenen Sinn, oder aus den Einrichtungen unsers gemeinsamen Lebens, | oder mag es mehr als eine alte von Gott dem menschlichen Geschlecht erwiesene Wohlthat erscheinen, jedes solches voraneilende Erkennen des Guten und Schönen ist das Gesez in unserm Geiste – aber außerdem, sagt er, finden wir ein Gesez in unsern Gliedern, das ist die Macht der Gewöhnung an das früher geübte, das aber dem neu erkannten widerstreitet. Am deutlichsten finden wir dies freilich ausgesprochen in der Gewalt der sinnlichen Lust, welche sich an die Befriedigung der Bedürfnisse des leiblichen Lebens anknüpft, und in der Stärke der leidenschaftlichen Bewegungen, welche aus der Selbstliebe hervorgehen. Aber es ist auch überall dasselbe, wo etwas unvollkommnes, das uns lieb geworden ist und leicht, einer höheren Forderung weichen soll. Das ist das Gesez in den Gliedern, welches uns hindert zu vollbringen, was das Gesez im Geiste uns vorhält – und diese beiden, sagt er, sind mit einander im Streit. Ja auch wenn wir schon durch angestrengte Treue in fortschreitender Uebung bedeutend zugenommen haben in der Kraft das auszurichten, was wir als gut und recht und schön anerkannt haben, werden wir doch dieses Streites niemals ganz erledigt. Und wenn es scheint als ob der Widerstand ganz überwunden wäre: so beginnt sogleich derselbe Zwiespalt aufs neue. Denn obschon das ewige göttliche Gesez, worauf doch alle menschliche zurükgehen, unveränderlich ist: so können wir es doch nicht auf einzelne Gebiete unseres Lebens anwenden, ohne es uns nä|her zu bringen und es zu vermenschlichen. In dieser Gestalt aber

---

22–23 Vgl. Röm 7,23

ist es dann auch veränderlich, wir schauen es erst dunkler und unvollkommner, dann schärfer und heller. Hat nun das Gesez jenen Streit erregt, und die ihm zugewendete Kraft des Willens hat allmählig das Gesez in den Gliedern überwunden, so ist unterdeß das Auge des Geistes auch nicht müßig gewesen. Der Verstand am Guten hat inzwischen einen neuen Flug genommen; das durch die Uebung geschärfte Auge entdeckt nun an eben dem vorher als ein fernes Ziel aufgestellten Gesez, das aber nun näher gerükt ist, doch wieder Fehler und Unvollkommenheiten, und sezt an die Stelle dieses Gesezes ein neues und höheres. Und wie oft sich dieses auch fortseze nicht nur in dem beschränkten Leben des einzelnen Menschen, sondern mehr noch und in größerem Maaßstabe in dem gemeinsamen Leben ganzer Reihen von Geschlechtern, ja wenn wir uns in die fernsten Zeiten hinaus denken: es bleibt immer das nämliche, und nie wird eine menschliche That so ganz dem Geseze, welches derselben zum Grunde gelegen hat, gleichen, daß Einer von uns, wenn er sich anders recht versteht, zur Zufriedenheit mit sich selbst jemals gelangen sollte, sondern wir werden immer mit dem Apostel ausrufen müssen, O wer wird mich erlösen von diesem Leibe des Todes!

So ist denn wol gewiß, daß kein Gesez erdacht werden kann, soll es anders diesen Namen verdienen, aus welchem nicht, wie auch Paulus sagt, | Erkenntniß der Sünde käme für denjenigen, der unter dem Gesez steht. Das andere aber ist schon Jedem von selbst klar, daß der Mensch ohne Gesez zwar auch sehr verderbt sein kann und elend, daß ihm aber doch etwas erst Sünde werden kann, wenn ihm ein Gesez geworden ist. Was folgt aber aus beiden zusammen? Offenbar dieses, daß so lange wir unter dem Gesez stehn, wir freilich einen Sporn haben uns von der Verderbtheit und Unvollkommenheit loszumachen, welche durch das Gesez bezeichnet wird; daß wir aber zu einer Gerechtigkeit auf diesem Wege niemals gelangen können, und also auch zu keinem Frieden. Denn wie wäre es möglich, daß ein Mensch Frieden haben könnte mit sich selbst, der sich selbst verdammen muß nach dem Gesez, welches er selbst anerkennt? Wenn sich aber irgend Gott zu dem Menschen herabläßt, wenn wir etwas als eine besondere und bleibende Veranstaltung für unser Geschlecht anzusehen berechtigt sein sollen: dürfen wir davon wol weniger erwarten als eben die Beruhigung unseres ganzen Wesens, den inneren Frieden, ohne den alles andere nur ein zweideutiges Gut ist? Was ohne diesen besessen werden kann, das haben wir alles reichlich, denn es wäre undankbar dies nicht erkennen zu wollen in der ursprünglichen Ausstattung unserer Natur. Aus dieser aber stammt auch das Gesez

---

18–19 Vgl. Röm 7,24   21–22 Vgl. Röm 3,20

her; und wenn das Gesez Mosis sich von andern menschlichen Gesezgebungen unterschied, und ihm ein näherer göttlicher Ursprung beigelegt werden konnte: so war es | doch gewiß nur eine vorübergehende göttliche Veranstaltung eben deshalb, weil es nicht lebendig machen konnte, sondern auch nur Erkenntniß der Sünde hervorbringen, nicht aber die Sünde hinwegnehmen. Hängen nun Sünde und Gesez so zusammen, daß eins nicht ohne das andere gedacht werden kann: so kann auch jenes nicht anders hinweggenommen werden, als indem dieses zugleich aufgehoben wird; und eine göttliche Veranstaltung, welche uns wirklich selig machen will, kann, da der Friede mit dem Bewußtsein der Sünde nicht bestehen kann, auch nicht wieder ein Gesez sein. – Und so laßt uns denn

II. zu dem anderen Theil unserer Betrachtung übergehen, und die Behauptung des Apostels erwägen, daß eben deswegen die göttliche Verheißung nur konnte erfüllt werden durch den Glauben, und durch die Sendung dessen, der allein der Gegenstand eines solchen Glaubens sein kann und sein darf.

Wenn wir nun m. g. Fr. mit dem Apostel fragen[1], Wer will mich denn erlösen von dem Leibe dieses Todes, von dieser Zusammenfügung der menschlichen Natur, kraft deren wir, eben weil wir uns nicht enthalten können alle Thätigkeit, die unserm geistigen Leben angehört, auf ein uns vor Augen schwebendes Gesez zu beziehen, niemals zur rechten Freude des Lebens gelangen, sondern immer | nur Tod im Gefühl der Sünde das Loos des Menschen bleibt; wenn wir mit ihm auch in die Antwort einstimmen, Ich danke Gott durch unsern Herrn Jesum Christum: so müssen wir wol offenbar voraussezen zunächst, daß Christus selbst eben diesem Zwiespalt zwischen dem Verstande und dem Willen, zwischen der Erkenntniß und der Ausübung nicht unterworfen gewesen ist; denn wie konnte er uns von dem befreien, dem er selbst unterläge? Der einzige Mensch ohne Sünde war eben deswegen auch ohne Gesez. Aber aus demselben Grunde, weshalb die Erlösung aus diesem Zustande nur von einem solchen ausgehen konnte, folgt ja auch m. g. Fr., daß eben diese Erlösung nicht wieder auf einer eben so getrennten Einwirkung auf unsern Verstand und auf unsern Willen beruhen kann; denn auch die Ungleichheit beider würde dann wieder hinzutreten, und wir würden ganz in demselben Zustande bleiben wie vorher.

---

[1] Röm. 7, 24.

23–24 Vgl. Röm 6,23   25–26 Röm 7,25

Darum scheinen diejenigen die eigentliche Kraft der Erlösung nicht recht zu treffen, gesezt auch sie haben sie in ihrem Gemüth, denn das wollen wir ihnen keinesweges streitig machen, aber sie treffen sie doch in ihrem Ausdrukk nicht richtig, welche entweder meinen, die Erlösung, die Christus gestiftet, bestehe in der Lehre, die er vorgetragen und die den späteren Geschlechtern in den heiligen Schriften unseres neuen Bundes kund gemacht ist, oder welche meinen, sie beruhe auf dem Beispiel Christi, welches wir eben dort deutlich genug aufgestellt finden, oder | auf beidem zusammengenommen. Denn was m. g. Fr., was ist die Lehre und zumal die sittliche Lehre vom Thun und Lassen, die hier immer vorzüglich gemeint ist, was ist sie anders als wieder ein Gesez? wie es ihr denn auch, so wie Christus sie vorgetragen hat, an Verheißungen und Drohungen nicht fehlt, die wir doch wol deshalb nicht für unwirksamer halten werden, weil sie geistig sind und nicht fleischlich. – Stellt nun die Lehre Christi den göttlichen Willen in unserm Verstande fest, also als das höchste Gesez, das durch kein späteres mehr ergänzt werden soll oder übertroffen: so kommt sein Beispiel auf der einen Seite der Lehre zu Hülfe, indem der Gedanke belebt wird durch das anschauliche Bild, auf der andern Seite aber regt dieses allerdings auf eine eigenthümliche Weise den Willen auf zur Nachahmung. Aber wird diese Aufregung die Natur des menschlichen Willens ändern? Wird nicht im Streit gegen das Gesez in den Gliedern die Ausübung doch immer zurükbleiben hinter der klaren Einsicht des Verstandes? Wird nicht doch das innerste Bewußtsein immer wieder den alten Zwiespalt darstellen zwischen dem Gesez in dem Gemüth und dem Gesez in den Gliedern? Ja m. g. Fr. es ist offenbar nicht anders; wenn Christus nur durch Lehre und Beispiel wirkt: so sind wir noch auf dem alten Wege des Gesezes, und es ist noch keine Erlösung erfunden. Aber kann das wol Christi eigene Meinung sein? Die schöne Einladung, daß er die unter der Last des Gesezes seuf|zenden erquikken wolle und der Seele Ruhe geben, soll keinen andern Gehalt haben als die Vertauschung eines Gesezes mit einem andern? und der Apostel soll sich eine Erlösung eingebildet haben, die gar nicht Statt gefunden hat, wenn er doch auf der einen Seite für die Erlösung dankt und auf der andern behauptet, ein Gesez könne nicht gegeben werden das lebendig mache? Und die vielversprechende Bitte des Herrn, daß wir möchten Eins werden mit ihm, wie Er Eins sei mit dem Vater, Er in uns wie der Vater in ihm, soll uns nicht mehr eingetragen haben als dieses? Und unrecht soll Christus gehabt haben, daß er sich mehr an die Unmündigen und Geringen gewendet hat, als an die Hochgestellten in der geistigen Welt? Denn

---

25–26 Vgl. Röm 7,23   30–31 Vgl. Mt 11,28   37–38 Vgl. Joh 17,21–23 die Unvollkommneren in einer jeden Zeit finden immer noch Lehre und Beispiel bei den Vollkommneren, und wenn auch nur Eines von beiden, so sind sie schon nicht ohne Hülfe; aber die Vollkommneren, die hätten neuer Lehre bedurft und eines höheren Beispiels, um sie weiter zu führen! – Dieses alles außer Stande zu bejahen kann ich als meine Ueberzeugung nur sagen, daß wenn wir uns die vollkommene Befriedigung der christlichen Welt, die nun keines Andern mehr wartet, nur so erklären, wir sie nicht richtig verstehen; sondern ist Christus uns wirklich zur Gerechtigkeit geworden, so kann er uns nicht wieder zum Gesez gegeben sein.

Fragt aber jemand, Wie mag denn solches zugehen, daß uns Christus zur Gerechtigkeit worden | ist: sollen wir nicht dabei bleiben, daß der Apostel in den Worten unsers Textes unser Aller Erfahrung ausspricht, wenn er sagt, die Verheißung würde durch den Glauben an Jesum Christum gegeben denen die da glauben. Nur freilich daß dann dieser Glaube etwas anderes sein muß, als nur das Fürwahrhalten der Lehre und das Anerkennen des Beispiels! Und sollte wol der Apostel die Worte unseres Textes hingeschrieben haben, ohne daß er den Gemeinden, an die er seinen Brief richtete, auch hierüber in demselben hinreichenden Aufschluß gegeben hätte? So höret denn, was in seinem Briefe den Worten unsers Textes vorangeht, wo er nämlich von seinem Streite mit Petrus erzählt, und wie er diesen erinnert habe, daß auch sie, die von Natur nicht Sünder wären aus den Heiden, sondern Juden, weil sie wüßten, daß durch des Gesezes Werke kein Fleisch gerecht werden könne vor Gott, gläubig geworden wären an den Herrn Jesum Christum, und nun hofften gerecht und selig zu werden durch den Glauben an ihn; da beschreibt er uns diesen Glauben recht wie es sich zu allem schikt, was ich bisher nach Anleitung unseres Textes gesagt habe, mit diesen Worten[2], so daß er sagt, So bin ich nun dem Gesez abgestorben um Gott zu leben; weil nämlich nicht ich lebe, sondern Christus in mir lebt.

Sehet da, m. g. Fr., wie nahe sich das jenen Worten des Erlösers anschließt, die ich vorher an|geführt, und wie es ganz anders lautet als nur Lehre und Gesez von dem Erlöser annehmen! Ja dies ist der lebendige Glaube, durch welchen allein die göttliche Verheißung an dem Geschlecht der Menschen in Erfüllung gehen konnte! Dem Gesez müssen wir absterben. Immer in die Ferne und nach außen sehen, ohne in sich etwas zu haben, was dem eignen Urtheil und Gefühl genügt; immer dem Gesez nachlaufen wie die Knaben einem Vogel,

---

[2] Gal. 2, 19. 20.

21–22 Vgl. Gal 2,11–21

der vor ihnen herhüpft, ohne sich jemals haschen zu lassen, das wäre nur vergebliches Abmühen und ungestilltes Verlangen, aber nicht Erfüllung der göttlichen Verheißung! Vielmehr wenn wir des Gesezes Werke wieder aufbauen: so kann auch nur beides, Gesez und Sünde, in uns leben; und so leben denn auch nur Wir, der alte Mensch des alten Zwiespaltes. Als der also sollen wir nicht mehr selbst leben, sondern so sind wir gekreuziget, so daß nur Christus in uns lebt. War nun in Christo keine Trennung zwischen Verstand und Willen, sondern die vollste Uebereinstimmung; war für ihn der Wille seines Vaters nicht ein Gesez außer ihm, sondern zugleich sein eigner Wille, der ausschließlich alles bewirkte was er that, ohne daß jemals ein anderes Gesez in seinen Gliedern gelebt hätte, und erkennen wir ihn als einen solchen: so können wir auch nicht anders als ihn lieben und glauben, daß er von Gott ausgegangen ist[3]. |

Und indem wir uns in diesem Glauben an ihn halten, ist dies das erste, daß wie Er sich für uns dahingegeben hat und der Unsrige geworden, wir nun auch alles das seinige als das unsrige ansehn, und nicht nur unmittelbar das seinige, sondern auch alles was er bewirkt in denen die ihn aufnehmen, und so indem Er in uns ist, wir Alle mit Ihm eines werden[4], und seine Gerechtigkeit als die unsrige ansehen, und also gerecht werden durch den Glauben an ihn, daß der Gerechte nun auch seines Glaubens lebe[5]. Der alte Mensch des Zwiespaltes aber, aus Gesez und Sünde zusammengehalten, nun nicht mehr lebe, sondern für todt erklärt werde, und wenn er sich auch noch regt, dieses doch nicht mehr für das unsrige gehalten werde, sondern wir uns herzhaft davon wegwenden. – Wer aber das nicht verstehen wollte, wie wir uns auf diese Weise Christi Gerechtigkeit zueignen, und dabei unsere eigene Unvollkommenheit, sofern wir sie nur nicht mehr wollen, auch ganz in Vergessenheit stellen können, der muß auch darauf verzichten, das edelste in menschlichen Dingen zu verstehen. Denn begegnet uns nicht ganz dasselbe, wenn unser persönliches Bewußtsein sich verliert in dem eines großen Gemeinwesens dem wir angehören, wenn wir uns an den Tugenden und Thaten seiner Helden und Weisen als an unserm eignen Besiz und Ruhm erfreuen, und uns dabei gar nicht mehr einfällt alles kleinlichen oder | widerstrebenden zu gedenken, was von uns mag ausgegangen sein, ehe wir von diesem Bewußtsein durchdrungen waren, ja auch was jezt noch unbedacht

---

[3] Joh. 16, 27.
[4] Joh. 17, 23.
[5] Gal. 2, 20. und 3, 11.

---

2 nur vergebliches] nun vergebliches

und wider Willen ähnliches geschieht? Nur freilich kann darin nur Wahrheit sein, wenn der Geist dieses Ganzen wirklich in uns lebt, und unser eigener Geist und Wille geworden ist.

Darum nun ist auch für das Leben Christi in uns die eigentliche Hauptsache das zweite, daß nun auch wirklich Christus als die Kraft unseres Lebens in uns sei, Er die Einheit und der Mittelpunkt unseres gemeinsamen Lebens, und wir nur jeder ein Glied an ihm, von ihm beseelt und so wie durch ihn so auch für ihn wirksam, so daß unser Tichten und Trachten nur darauf steht, das zu fördern, was zu bewirken Er von Gott gesendet in die Welt gekommen ist, alles Andere aber nur hierauf zu beziehen. Will aber jemand das nicht begreifen, wie es möglich sei ein fremdes Leben so in sich aufzunehmen und sein eigenes in jenes zu verwandeln, der muß wol niemals erfahren haben oder auch nur beobachtet, welch eine fast zauberische Gewalt ein edler und hoher Geist ausübt, wenn er sich den schwächeren Gefäßen zuwendet und sich ihnen hingiebt, um sie sich anzueignen. So die Sonne, die in das tiefe Herz der Pflanzen hineinscheint, treibt aus ihnen wieder heraus in Blättern und Blüthen; die Mutterliebe lächelt in die Augen des Säuglings hinein, und wekt in ihm die Liebe, die sich der Mutter wieder entgegenstrekt; der Feldherr haucht seinen | Muth in Tausende, und derselbe Muth glänzt ihm wieder entgegen aus ihren feurigen Blikken. Christus aber, der uns mit göttlicher Liebe geliebet hat, entzündet eben diese göttliche Liebe in unsern Herzen. Denn der Wille des Vaters, den zu erfüllen seine Stärkung war und seine Freude, ist nichts anders als die Liebe, weil Gott die Liebe ist. Darum ist auch Allen, die wahrhaft von ihm ergriffen sind, die Liebe alles. Was sie auch arbeiten mögen und leiden, sie machen sich kein Verdienst daraus, sondern, Die Liebe Christi dringet uns also[6]; was ihnen auch rühmliches und erfreuliches begegne, wofür sie Lob und Dank sagen, ist immer nur dieses, daß Die Liebe Gottes ausgegossen ist in ihre Herzen[7]. Wo aber die Liebe waltet, da gilt kein Gesez. Denn aus dem Gesez kommt Erkenntniß der Sünde, die Liebe aber bedekt auch der Sünden Menge; das Gesez bringt Furcht hervor, der Belohnungen verlustig zu gehen oder in die Strafen zu verfallen, die Liebe aber treibt alle Furcht aus; das Gesez wiewol geistig besteht doch seiner Natur nach nur durch den Buchstaben, die Liebe reicht weiter als alle Sprachen und alle Erkenntniß[8]. In dieser Liebe Christi leben, das heißt von

---

[6] 2 Kor. 5, 14.
[7] Röm. 5, 5.
[8] 1 Kor. 13, 8.

---

25 *Vgl. 1Joh 4,16*   **31–32** *Röm 3,20*   **32–33** *Vgl. 1Petr 4,8 mit Bezugnahme auf Spr 10,12*   **34–35** *Vgl. 1Joh 4,18*

seinem Geiste, der ihn verklärt und alles von dem seinigen nimmt, auf das beseligendste regiret werden, und, Regieret euch nun der Geist: so seid ihr nicht unter dem Gesez[9]. |

So m. g. Fr. befreit uns Christus beides vom Gesez und von der Sünde; von der Sünde, indem die Gemeinschaft mit seiner Gerechtigkeit uns das Bewußtsein derselben entfremdet; vom Gesez, indem die Liebe Christi so sehr des Gesezes Erfüllung ist, daß desselben nun nicht weiter gedacht zu werden braucht. Und rufen wir uns alles hieher gehörige zurük: so werden wir auch in der Ueberzeugung fest werden, daß, anders als es geworden ist mit dem menschlichen Geschlecht, Gott auch nicht über uns verfügen konnte, und daß der Rathschluß einer solchen Erlösung nicht etwan eine göttliche Willkühr ist, sondern Eins und dasselbige mit dem Rathschluß, die Menschen, solche Wesen wie sie sind, zu schaffen. Denn sollten sie solche nicht sein, in denen Zwiespalt gesezt wäre zwischen der Einsicht und zwischen der That: so konnten sie unmöglich, was doch unsere innerste und ursprünglichste Bestimmung ist, ein fortschreitendes geistiges Leben auf Erden entwikkeln. Aber sollten sie auch immer solche und nur solche bleiben: so konnten sie nie zu einem wahren und vollen Frieden gelangen. Und so hat der Apostel Recht, daß die göttliche Verheißung das menschliche Geschlecht zu segnen auf keinem andern Wege in Erfüllung gehen konnte, als auf dem einer solchen Erlösung, vermittelst der Einheit und der lebendigen Gemeinschaft des Glaubens mit dem, in welchem weder Sünde noch Gesez ist, und überhaupt kein Streit noch Zwiespalt, sondern lauter Uebereinstimmung, Friede und Seligkeit. – So | erlöst sein von dem Gesez und der Sünde, und hineingezogen durch Glauben und Liebe in die Lebenseinheit mit dem, der uns vorher so hoch geliebt und sich gern für uns dahingegeben hat von dem ersten Augenblik seiner Wirksamkeit an bis an seinen Tod, das ist die Freiheit, das die Gerechtigkeit und die Seligkeit der Kinder Gottes. Möchten nur alle Christen während dieser festlichen Tage in solchem Sinne hinauf sehen zu dem, der uns erschienen ist, und möchten sie alle aus eigner Erfahrung mit der innigsten Dankbarkeit sagen können, Wen der Sohn frei macht, der ist recht frei. Amen.

---

[9] Gal. 5, 18.

———|

6–7 Vgl. Röm 13,10   34 Vgl. Joh 8,36

III.

Was in der Seele dem Einzug des Herrn vorangehen muß.

Adventspredigt.

Text. Matth. 11, 7. 8.

Da die hingingen, fing Jesus an zu reden zu dem Volk von Johannes: Was seid ihr hinausgegangen in die Wüste zu sehen? Wolltet ihr ein Rohr sehen, das der Wind hin und her wehet? Oder was seid ihr hinausgegangen zu sehen? Wolltet ihr einen Menschen in weichen Kleidern sehen? Siehe, die da weiche Kleider tragen sind in der Könige Häusern.

Diese Worte m. a. Fr. sind aus der in einem großen Theil unserer Kirche für den heutigen Sonntag üblichen evangelischen Lection. Johannes hatte | zwei von seinen Jüngern zu Jesu gesandt, ihn zu fragen, ob er in der That der sei, der da kommen sollte, oder ob sie noch eines anderen warten müßten; und Jesus hatte ihnen geantwortet, sie möchten als Antwort nur ihrem Meister berichten, was sie selbst gesehen hätten von seinem Thun und Wirken. Wie nun dieses unserm Text vorhergehende gar sehr in die Zeit hingehört, in welcher wir jezt leben, das m. g. Fr. ist wohl einem jeden von selbst einleuchtend, und ich darf mich deshalb nur auf unsere neuliche Versammlung berufen, in welcher wir uns ganz besonders wieder seiner als dessen, der da kommen sollte, und der da gekommen ist, mit einander gefreut haben, und uns sowol mit dankbarem Herzen gegen Gott dazu bekannt, daß wir nicht mehr nöthig haben eines Anderen zu warten, als auch uns unter einander bezeugt, wie es nur an uns liegen könne, wenn wir nicht täglich mehr unsern geistigen Hunger und Durst an ihm und an allen himmlischen Erquikkungen stillen, die er gebracht hat. Wie aber auch die verlesenen Worte selbst, auf die ich für heute eure Aufmerksamkeit hingewiesen habe, was nämlich Christus, als jene Jünger Jo-

---

2 *Predigt zum 3. Sonntag im Advent am 15. Dezember 1822 vormittags in der Dreifaltigkeitskirche zu Berlin; vgl. Predigtnachschrift und Liederblatt in KGA III/7, S. 464–478* **12–13** *Die Perikopenordnung für die älteren preußischen Lande bestimmte Mt 11,2–10 zur Evangeliumslesung für das Trinitatisfest.* **13–18** *Vgl. Mt 11,2–5; Lk 7,18–20.22* **21–28** *Vgl. die Predigt zum 1. Sonntag im Advent am 1. Dezember 1822 vormittags (oben S. 7)*

hannis sich wieder entfernt hatten, anfing von Johannes selbst zum Volke zu reden, wie auch diese sehr geschikt sind, ein Gegenstand unsrer Betrachtung in dieser unsrer fröhlichen Adventszeit zu werden, das ist vielleicht nicht so von sich selbst einleuchtend; die Sache ist aber diese. Von jeher handelt alle christliche Dichtkunst und | alle christliche Rede in dieser festlichen, der Feier der Geburt des Herrn vorangehenden Zeit, zunächst immer von seiner Zukunft in das Fleisch oder auch von jenem feierlichen Einzug in die Hauptstadt seines Volkes, als er nun den lezten Theil seines großen Werkes auf Erden beginnen wollte. Mit beidem aber läßt sich auch auf das lieblichste verbinden – und das wird Euch m. g. Fr. schon häufig vorgekommen sein, so daß ich nicht fürchten darf unverständlich zu reden, wenn ich den Anfang der lebendigen Gemeinschaft mit dem Erlöser so nenne – der Einzug des Herrn, der ja nicht nur für uns gelebt und gelitten hat, sondern auch in uns sein und leben will, in das Herz der Gläubigen selbst. Johannes der Täufer nun m. g. Fr. war nicht ein Mann des neuen Bundes, sondern des alten; das zeigt seine ganze Geschichte, und der Herr selbst bestätigt es in den Worten, die unmittelbar auf unsern Text folgen, indem er sagt, Seid ihr hinausgegangen einen Propheten zu sehen? Ja ich sage euch, der auch mehr ist als ein Prophet; aber der Kleinste im Reiche Gottes ist größer denn er. Also ein Mann des neuen Bundes war Johannes nicht, aber er war derjenige im alten Bunde, dessen ganzes Leben und Sein sich am unmittelbarsten auf den bezog, der da kommen sollte. Eben deswegen war er vor ihm her gesandt; aber um diesen Beruf zu erfüllen mußte er gerade so sein und nicht anders, wie Gott der Herr ihn ausgerüstet hatte. –

Hiervon nun m. g. Fr. können wir leicht die | Anwendung machen auf das Leben des Erlösers in unsern Herzen. Es giebt Zustände des menschlichen Gemüths, welche zu dem eigentlichen Leben aus Gott, zu der heiligen Freiheit der Kinder Gottes, die der Erlöser gebracht und erworben hat, noch nicht gehören, sie gehören eigentlich noch wie Johannes einem früheren Entwicklungszustand der menschlichen Seele an; aber sie sind dasjenige, was der Natur der Sache nach vorhergehen muß vor dem Einzug des Erlösers in die Seele, dasjenige wodurch sie eben so für ihn bereitet und auf ihn ihre Aufmerksamkeit gespannt wird, wie das Volk es werden sollte, und zum Theil auch wurde durch Johannes den Täufer.

Diese Zustände nun verdienen eben daher als solche wol gar sehr, daß wir in dieser Zeit unsre Aufmerksamkeit auf sie richten, theils um ihrer selbst willen – denn wie sollten uns nicht überall in dem menschlichen Gemüthe die Zeichen willkommen sein, welche verkün-

---

19–21 Vgl. Mt 11,9.11; Lk 7,26.28   **30** Vgl. Röm 8,21

digen, daß eine Seele nicht fern ist vom Reiche Gottes, sondern bereit es in sich aufzunehmen? – theils auch um uns durch Vergleichung desto mehr in unsrer eigenen Erkenntniß von der rechten Art und Weise des Reiches Gottes in uns selbst zu befestigen.

Dies m. g. Fr. sei also die Beziehung, in welcher wir über die verlesenen Worte jezt mit einander nachdenken wollen. Unmittelbar sagt uns der Erlöser zwar hier nur zweierlei, was Johannes nicht sei; nicht ein vom Winde bewegtes Rohr, | nicht einer in weichen Kleidern. Aber wie sich seine Zuhörer aus eigner Bekanntschaft bei diesen Andeutungen das leicht hinzudenken konnten, was Johannes statt dessen wirklich war: so finden auch wir dazu Anleitung genug in den Erzählungen der Evangelisten. Und so wird uns deutlich werden, wie Johannes in beiderlei Hinsicht ein Vorbild ist dessen, **was in der menschlichen Seele vorgehen muß, ehe der Erlöser in sie einziehen kann**, und werden uns denn auch recht überzeugen können, wie doch auch in beider Hinsicht der Kleinste im Reiche Gottes etwas Herrlicheres und Größeres darstellt als er.

I. Zuerst also fragt der Erlöser, Was seid ihr hinausgegangen zu sehen? ein Rohr, welches der Wind hin und her weht? Das ist ein Zustand, m. g. Fr., in welchem sich der Mensch, der in dem Reiche des Erlösers lebt, unmöglich befinden kann. Ein Rohr, das vom Winde bald auf diese bald auf jene Seite hingetrieben wird, erhält seine Bewegung von außen, und hat nicht Kraft und Festigkeit genug, um irgend einer Bewegung, die ihm von außen mitgetheilt wird, einen Widerstand zu leisten, durch den es seine Selbstständigkeit bewährte. Dies also ist der Gegensaz zu der Freiheit, welche der Erlöser uns anbietet und mittheilt, und von welcher er sagt, Wen der Sohn frei macht, der sei recht frei, indem er gekommen sei die Menschen frei zu machen durch die Wahr|heit. Der Freie bekommt von außen zwar die Veranlassung zu seinen Handlungen und die Gegenstände für seine Gedanken und Empfindungen; aber wie er sich dann bewegt, dazu hat er die Regel in sich selbst. So lange der Mensch noch, wie der Apostel es ausdrükt, von jedem Winde der Lehre hin und her bewegt wird, so lange bald diese bald jene einander widersprechende Vorstellungen und Ansichten einander in seiner Seele drängen und verdrängen: so ist er im Suchen und Trachten, aber ohne das Rechte finden zu können. Und wenn der Erlöser gegen das Volk grade dieses heraushebt, daß Johannes kein solches Rohr gewesen: so will er seine Zuhörer gewiß zugleich auf sich selbst zurükführen, wie denn unter ihnen gar

---

1 Vgl. Mk 12,34 16–17 Vgl. Mt 11,11 27–28 Vgl. Joh 8,36 28–29 Vgl. Joh 8,32 33 Vgl. Eph 4,14

viele solche mögen gewesen sein, welche bald dem Johannes nachgingen, bald Christo selbst, bald wieder sich unter das Joch der pharisäischen Schriftgelehrten begaben. Und glükklich noch, wenn sie nicht am Ende, hoffnungslos zu einer eignen Ueberzeugung zu gelangen, auch ohne Ueberzeugung ganz bei diesen lezteren stehen blieben, zufrieden damit das Loos derer zu theilen, welche sich des größten öffentlichen Ansehns erfreuten; denn dies ist noch weit schlimmer, als das Hin- und Hergewiegt werden von jedem Winde der Lehre, weil wenn der Mensch auf das köstliche Besizthum einer eignen Ueberzeugung verzichtet, er zugleich seiner Freiheit entsagt, und sich zum blinden Werkzeug derer erniedrigt, von denen er die Regel des Glaubens und des Lebens annimmt. |

So war Johannes nicht, der vielmehr jedes geistliche und weltliche Ansehn seiner Predigt der Buße unterwerfen wollte, und sich von dem ihm vorgezeichneten Wege durch keinen Windstoß hinwegtreiben ließ. Aber wie war er denn? In der Wüste lebte er entfernt von dem Gedränge der Menschen. Statt sich den entgegengesezten Windstößen menschlicher Meinungen Preis zu geben, sicherte er sich unter dem dichten Schuz der Einsamkeit, weder denen erreichbar, welche, um desto allgemeiner geehrt zu werden, ihre Meinungen möglichst zu verbreiten suchen, noch auch denen, welche nur um sich selbst immer mehr zu befestigen, den Wunsch hegen, daß recht viele dasselbe glauben möchten wie sie. Hier lebte er ungestört wenigstens in der Ueberzeugung, die aber freilich noch keinen Frieden und keine Seligkeit in sich schloß, daß um den Menschen zu helfen und die göttlichen Verheißungen wahr zu machen, ein Anderer kommen müsse; hier lebte er in froher Ahndung, daß die Erfüllung nahe sei, in ernstem Umgang mit Gott, und wie wir wol glauben müssen, in heißem Flehen, daß ihm werden möge den selbst zu schauen, der das Heil Gottes in sich trage, für welches Flehen ihm denn auch Gewährung ward, indem der Herr ihm ein Zeichen gab, woran er seinen Gesandten erkennen sollte. – Und wenn die Menschen zu ihm hinauskamen in die Wüste: so hatte er für die meisten unter ihnen immer nur das Eine, zur Buße nämlich ermahnte er sie und forderte sie auf, recht|schaffene Früchte der Buße zu tragen, wobei er ihnen aber auch nicht verhehlte, daß sie von ihm nichts weiter zu erwarten hätten, und daß er nichts anders sei als die Stimme eines Rufenden. Nur Wenige wie es scheint, die es ihm würdiger zu sein schienen, suchte er bestimmter aufmerksam zu machen auf den, der schon unter sie getreten war, den sie aber nicht kannten.

31–32 Vgl. Joh 1,33   34–35 Vgl. Mt 3,2.8; Lk 3,3.8   36–37 Vgl. Joh 1,23   39–40 Vgl. Joh 1,26–27

Predigt über Mt 11,7–8 41

Wie häufig m. g. Fr. finden wir nun nicht auch unter uns einen Seelenzustand, der diesem gar sehr gleicht, eben so zwischen dem Zustande stehend, worin das Volk sich damals befand, und dem der wahren Jünger Christi, wie Johannes in der Mitte stand zwischen beiden! Welche lange genug entweder eitlerweise menschlichem Ansehn gefröhnt haben, weil sie die wahre Freiheit für unerreichbar und sich selbst nicht gut genug für sie hielten, oder welche lange Zeit das Rohr gewesen sind, das der Wind hin und her weht, so daß sie eine Menge von Meinungen und Ansichten mit wechselnder Anhänglichkeit jezt gehegt und dann verworfen haben, von jeder hoffend, sie werde Ruhe und Sicherheit gewähren, und von jeder immer wieder getäuscht, die werden dann früher oder später das geistige Verkehr mit den Menschen anfangen für gefährlich zu halten, und wie Johannes sich in die Wüste zurükzog, ziehen sie sich in sich selbst zurük. Warum? weil sie merken, daß die Menschen ihnen nicht helfen können, sondern, wie Johannes das auch predigte, ein Anderer kommen muß. Sie selbst freilich, das wissen | sie wohl, können sich auch nicht helfen; aber doch wissen sie nichts besseres, als sich immer aufs neue mit dem Bewußtsein zu erfüllen, daß sie nun wenigstens wissen wie nichtig das ist, was ihnen lange als groß und gut erschienen ist, wie eitel alles, womit sie sich bisher beschäftigt, was sie in sich erfahren und wonach sie gestrebt haben. – Giebt es nun aber Andere, welche, entweder weil ihnen alles bedeutend erscheint, was von dem gewöhnlichen abweicht, oder auch weil sie besonders bei solchen Stillen und Zurükgezogenen das Wahre und Rechte zu finden meinen, sich in ihre Zurükgezogenheit eindrängen, wie auch zu Johannes, und gewiß nicht wider seinen Willen, die Menschen hinausströmten in die Wüste: so hören wir auch von ihnen die nämlichen strengen Töne. Zur Buße ermahnen sie und erscheinen selbst auf alle Weise als solche, welche der Buße sich befleißigen; aber es weht ein Geist wie der des alten Gesezes in ihren herben Reden. Sie sprechen am liebsten mit den Worten des alten Bundes, als ob sie noch kein Recht hätten an die freudigeren Aussprüche des neuen. Sie haben eine Menge äußerlicher Werke zu verdammen und Uebungen und Entsagungen zu fordern, und wieviel auch dem Christen erlaubt sei, sie ziehen sich immer dahinter zurük, daß doch nur gar weniges fromme; als ob sie doch noch nicht im Stande wären, dieses als ihre größte und reinste Erfahrung auszusprechen, daß die Liebe des ganzen Gesezes Erfüllung ist. Sie hängen am Buchstaben und richten nach dem | Buchstaben, ängstlich für sich selbst und scharf für Andere; als ob ihnen noch das Eine fehlte zu wissen, daß eben der Buchstabe tödtet und nur der Geist lebendig macht.

37–38 Vgl. Röm 13,10   40–41 Vgl. 2Kor 3,6

Wie sollen wir diese Stufe des geistigen Lebens beurtheilen, auf der wir so viele achtungswerthe Menschen minder freudig und selig finden als wir wünschten? Laßt mich ehrlich sein und es gerade heraus sagen; indem uns diese Weise beengt, zieht sie uns nicht an sich, indem sie uns den Glanz des Evangeliums verbirgt hinter einem Schirm, der der Dekke Mosis nur zu ähnlich sieht, ergreift uns das Verlangen nach einem freieren Licht, und wir wenden uns von ihr ab. Ihre einsame Betrachtung hat zuviel beigemischt von einem unfruchtbaren Brüten über den geheimsten Tiefen des menschlichen Verderbens, als daß wir einen freudigen Genuß der göttlichen Gnade davon ahnden könnten; ihr Ringen im Gebete mit Gott, wie sehr auch die Standhaftigkeit zu loben sei, mit der sie ihn nicht lassen wollen, er segne sie denn, hat zuviel gewaltsame Anstrengung, als daß wir nicht fürchten müßten, sie aus diesem Kampfe doch nicht anders als mit einer Verrenkung der Seele scheiden zu sehen, welche ihnen nicht leicht ein frisches und fröhliches Wandeln vor Gott gestatten wird. Ihre Strafreden an diejenigen, die sich aus dem Geräusch eines vielbewegten Lebens zu ihnen wagen, sind zu wenig versezt mit evangelischer Milde, um auf heilsame Art eindringlich zu sein; ihre Ermahnungen zur | Buße zeigen zu wenig das Bild des Reiches Gottes, in welchem wir doch unser Erbe haben, als daß wir sie uns aneignen könnten. Darum geht es ihnen wie dem Johannes, zu dem auch Neugierige in Menge hinausströmten, und viele sich von ihm untertauchen ließen in das Bad der Buße, aber das Bad der Wiedergeburt hatte niemand von ihm empfangen, und nur Wenige scheint er im Stande gewesen zu sein, sich auf das ganze Leben zu verbinden; der auch viel besprochen wurde und hochgeachtet von allem Volk, aber sein Bestes war doch das Hinweisen auf etwas, was ihm selbst fehlte. So erscheinen uns auch diese Christen; und wenn ich den Eindrukk in einem Worte zusammen fassen soll, der Erlöser hat seinen freudigen Einzug noch nicht gehalten in ihre Seele. – Aber doch müssen wir mit dem Erlöser über sie ausrufen, sie sind nicht ferne vom Reiche Gottes; es geht das in ihnen vor, was doch immer, sei es nun in derselben oder in einer andern Gestalt, denn darin wollen wir den göttlichen Führungen nichts vorschreiben, dem Einzuge des Erlösers in die Seele vorangehen muß. Denn wenn sie sich dem öffnen soll, welcher vor sie hintritt mit dem Zuruf, daß Eines Noth thut, und daß er gekommen sei ihr durch sich selbst dies Eine zu gewähren: so muß sie doch erst den Geschmakk

---

12 denn,] dann,

6 Vgl. Ex 34,33–35   11–15 Vgl. Gen 32,25–27   32 Vgl. Mk 12,34   37 Vgl. Lk 10,42

verloren haben an dem bunten Vielerlei des gewöhnlichen Lebens; sie muß es erfahren haben, daß mancherlei Trank aus vielen Quellen geschöpft weder den Durst löschend das Bedürfniß befriedigt, | noch den Muth erfrischend das Leben erhöht. Wenn sie sich dem hinneigen soll, der ihr verheißt sie frei zu machen durch die Wahrheit: so muß sie doch schon mit Betrübniß zurüksehen auf die Zeit, wo sie hin und her bewegt von jedem Winde der Lehre im redlichen Suchen nach Wahrheit sich doch immer nur in einem Zustande wechselnder Knechtschaft befand, bald von diesem bald von jenem Traum eines Sterblichen angezogen, ohne eine andere Freiheit als die, wenn die begeisterte Hoffnung sich in erkältende Enttäuschung aufgelöst hat, sich in einen andern ähnlichen Zauber verstrikken zu lassen; sie muß nicht nur diesem eitlen Umhertreiben auf dem weiten aber unerfreulichen Gebiet menschlicher Meinung den Abschied gegeben haben, sondern es muß ihr auch die Ahndung aufgegangen sein, daß ehe nicht der Mensch fest geworden ist in einem durch nichts mehr zu erschütternden Glauben, er auch die Wahrheit die ihn frei machen kann noch gar nicht gefunden habe; sie muß aus allen ihren Erfahrungen die Ueberzeugung gewonnen haben, daß überhaupt nicht von dieser oder jener Seite her, sondern allein von oben herab die Einwirkung kommen könne, welche den Menschen zu einem neuen Geschöpf umbildet, und indem sie in ihm der Keim eines seligen und in Gott fröhlichen Lebens wird, ihn zu der herrlichen Freiheit der Kinder Gottes erhebt. Ist aber einer hierin gelangt: wie wäre es wol möglich, daß er jemals in der Wahrheit und in der Liebe sein Heil finden könnte, wenn ihm nicht auch | dann schon der Mund überginge von dem, dessen das Herz voll ist, so daß er Warnung und Strafe nicht zurükhält, wenn ihn nur jemand hören will, und mit der Stimme des eignen ihn selbst strafenden Gewissens zur Umkehr und Buße vermahnt, obgleich er mehr nicht geben kann, weil er selbst nicht mehr hat. Sofern also jenes Zurükgehen der Seele in sich selbst, um bekenntnißvolle und sehnsüchtige Gespräche mit Gott in der Stille der Einsamkeit zu versuchen, jene freilich rauhen und herben Ermahnungen zur Buße diesen Ursprung haben und von diesem Zustande zeugen: so mögen wir gern gestehen, es sei dies eine Vorbereitung und Wegebesserung für den freudigen Einzug des Erlösers, und auf irgend eine Weise jeder einzelnen Seele eben so nothwendig, wie Johannes mit seinem Leben in der Wüste, mit seiner erschütternden Bußpredigt dem jüdischen Volke war; nothwendig, aber doch schneller vorübergehend bei dem Einen, länger ausgesponnen bei dem Andern, deutlicher und bestimm-

---

5 Vgl. Joh 8,32   7 Vgl. Eph 4,14   20–21 Vgl. Jak 1,17   23 Röm 8,21   26–27 Vgl. Mt 12,34

ter ausgeprägt in dem einen Fall, minder anschaulich und erkennbar in dem andern.

Aber mehr als eine solche Vorbereitung, mehr als ein Durchgang ist auch alles dieses nicht; sondern wie der Erlöser sagt, der Kleinste im Reiche Gottes ist größer als Johannes, und hat größeres als dieses. Daher so nothwendig ein solcher Zustand auch sein mag: so müssen wir uns doch um so mehr freuen, je schneller jeder Christ darüber hinweg kommt. Denn diese in sich abgeschlossene | büßende Selbstbetrachtung, dies ängstliche Flehen zu Gott, mit dem Bewußtsein, daß er eigentlich doch der Seele noch ferne sei verbunden, es ist freilich der natürlichste, der wahrste Ausdrukk der gereiften Erkenntniß des eignen Unvermögens so wie des gespannten Verlangens, welches den Himmel zerreißen möchte um die Hülfe herabzuholen: aber wie lange der Mensch es fortseze, es bleibt immer nur dieses; das was ihn wahrhaft fördern und beseligen kann, ist doch nicht selbst darin enthalten, und zur Gemeinschaft mit Gott dringt er doch durch diese Anstrengungen nicht durch, in denen, wenn nichts besseres in ihre Stelle tritt, die Seele sich nur verzehrt, weil es doch dabei bleibt, Niemand kennt den Vater und hat den Vater als der Sohn, und wem dieser ihn will offenbaren, zu wem dieser mit dem Vater kommen will Wohnung bei ihm machen. Daher ist nichts besser, als wenn eine heilsbegierige Seele recht bald dahin gelangt, auf Christum zu sehen, anstatt auf sich selbst; und nicht ernstlich genug kann man diejenigen warnen, welche meinen, daß sie in jenem Zustande schon ihr Erbe in dem Reiche Gottes und das Heil, welches der Erlöser dem menschlichen Geschlecht erworben hat, wirklich besizen. Möchten sie sich doch lieber recht genau an den Johannes ihr Vorbild halten, der nicht glaubte, daß er für sich selbst irgend etwas wäre, sondern seine Bestimmung darin fand, die Menschen von ihm und also auch von der Aehnlichkeit mit ihm hinweg zu weisen, und ihnen einen | andern Zustand zu preisen der noch bevorstehe, wenn die Taufe mit dem Feuer des Geistes käme.

Christus nun, m. g. Fr., war nicht wie Johannes; und auch der kleinste im Reiche Gottes, weil er Christo ähnlicher ist als Johannes ihm war, muß ihm auch an Seligkeit näher stehen als Johannes ihm

---

4–5 Vgl. Mt 11,11   12–13 Vgl. Jes 64,1, Biblia, das ist die gantze Heilige Schrifft Alten und Neuen Testaments, nach der Uebersetzung und mit den Vorreden und Randglossen D. Martin Luthers, mit neuen Vorreden, Summarien, weitläuffigen Anmerckungen und geistlichen Abhandlungen, auch Gebeten auf jedes Capitel, wobey zugleich noethige Register und eine Harmonie des Neuen Testaments beygefueget sind, edd. Christoph Matthaeus Pfaff / Johann Christian Klemm [Neues Testament], Tübingen 1729 [SB 206], Altes Testament, S. 757   18–20 Vgl. Mt 11,27; Lk 10,22   20–21 Vgl. Joh 14,23   31–32 Vgl. Mt 3,11; Lk 3,16

stand. Der Erlöser zog sich nicht in die Wüste zurük, und wartete nicht, ob und bis etwa Menschen kommen würden ihn dort aufzusuchen, auch suchte er gar nicht durch etwas sonderbares in seiner äußeren Erscheinung, wie doch das ganze Leben des Johannes in der Wüste damals etwas ungewöhnliches war, die Aufmerksamkeit auf sich zu ziehen; sondern er begab sich mitten unter die Menschen und suchte sie selbst auf, ohnerachtet sie ihm nichts geben konnten, eben weil es sein Beruf war ihnen mitzutheilen. Das mannigfaltige verkehrte Treiben derselben flößte ihm weder seiner selbst wegen irgend eine Besorgniß ein, noch kam es ihm in den Sinn, um nicht in Verdacht der Theilnahme an dem Schlechten zu gerathen, sich auch der Theilnahme an dem Schuldlosen zu entschlagen. Zwar predigte er auch Buße, aber er blieb dabei nicht stehen, weil er den Menschen dadurch allein auch nur eine Bewegung würde mitgetheilt haben, die wieder vergänglich gewesen wäre; sondern vielmehr zeigte er ihnen die Seligkeit des Reiches Gottes, in welches er sie aufnehmen wollte, nicht nur in der freundlich einladenden Rede, in welche immer sehr bald seine Verkündigung der Buße überging, | sondern noch mehr in der gottseligen Heiterkeit seines Lebens, um sie dadurch wo möglich für beständig an ihn selbst als die unerschöpfliche Quelle eines solchen Lebens zu binden, und der Sicherheit und Freiheit theilhaft zu machen, die er allein einflößen konnte. – So m. g. Fr. ist es nun auch noch jezt, und Jeder soll so sein, der wirklich schon seine Stelle im Reiche Gottes gefunden hat. Wer sich noch nicht jener absondernden Lebensweise entschlagen hat, durch welche der schöne Beruf auf die Gemüther unserer Brüder zu wirken entweder immer mehr eingeengt wird, oder wenigstens ganz auf dem guten Willen des anderen Theiles beruht; wer noch das Vertrauen nicht gewonnen hat, ohne welches ja die christliche Kirche sich gar nicht über ihre ersten Bekenner hinaus hätte verbreiten können, daß diejenigen nicht dem Heil unserer eignen Seele gefährlich werden können, deren Seelen vielmehr wir so viel an uns ist in unsere Obhut nehmen und an ihrer Befreiung mit arbeiten sollen, der kann wol auch noch nicht mit vollem Rechte sagen, daß Christus in ihm lebt, weil Christus selbst keine absondernde Lebensweise geführt hat, und weil die Gewißheit, daß er in die Seele eingezogen ist, auch jenes Vertrauen nothwendig herbeiführen müßte, ohne dasselbe aber nicht zu denken ist. Wer noch die Zurükgezogenheit in sich selbst oder die Gemeinschaft mit einem kleinen Kreise, der auch wieder diese Zurükgezogenheit zur Hauptsache macht, dem fröhlichen Wirken mit dem anvertrauten Pfunde auch nach | außen und auf Andere vorzieht, sei es nun, daß er jenes überhaupt für das höhere

---

9 seiner] sein

und vortrefflichere halte, oder daß er nur glaube, noch sei er nicht zu dem lezten berufen, der zeigt im ersten Falle hierin wenigstens nicht den Geist Christi, welcher das immer für seinen wesentlichen Beruf erklärte und sich selbst dadurch darstellt, daß er sagt, Mein Vater wirket bisher und ich wirke auch[1]: so daß die stille betrachtende Einsamkeit nur die kleineren Zwischenräume seines Lebens ausfüllte, welche wir ihr alle widmen; und wenn er mit seinen Vertrauteren ausschließend zusammen war, so wirkte er immer lebendig auf sie, und zwar recht eigentlich in Beziehung auf ihr weiteres Fortwirken. Aber wer sich noch nicht zu solchem Wirken berufen glaubt, der gehört auch noch nicht zu denen, von welchen Christus sagt, Gleichwie mich der Vater gesendet hat, so sende ich Euch[2]; und doch machen wir als evangelische Christen Anspruch darauf, daß dieses und andere ähnliche Worte unseres Herrn und Meisters nicht etwa nur den Aposteln gelten oder einer bestimmten Klasse von Christen, welche in besonderem Sinne ihre Nachfolger wären, sondern alle seine Verheißungen und Aufträge gelten Allen, die durch ihr Wort an ihn gläubig geworden sind, nur daß die unvollkommensten sie sich auch am wenigsten aneignen können. Wer nur Buße zu predigen weiß, ohne zugleich von seinem Herzen gedrängt auch die | freudige Seligkeit in der Gemeinschaft mit Christo zu verkündigen, nun der mag wol selbst schon gleichsam von Johannes mit Wasser getauft sein zur Buße, und auch Andere so taufen können; aber zu denen Jüngern Johannis, welche schon sagen konnten, Wir haben den Messias funden[3], gehört er doch im eigentlichsten Sinne noch nicht, und die rechte Feuertaufe mit dem göttlichen Geiste scheint er eben deswegen, weil er noch gar nicht von sich geben und mittheilen kann was dazu gehört, auch noch gar nicht selbst empfangen zu haben. Denn wo der Geist des Herrn ist, da ist Freiheit, also auch ungehinderter und unverkümmerter Genuß des natürlichen Verhältnisses der Brüderlichkeit, in welchem wir zu allen Menschen stehen; wo der Geist des Herrn ist, da ist der Glaube thätig in kräftiger und ergreifender Liebe, und die Seele, aller Fesseln der Aengstlichkeit entledigt, bedarf nicht länger, eben als ob sie noch schwach wäre und noch eines Andern warten müßte, vor allerlei Berührungen der Luft gehütet und gleichsam in weichlichem Schatten gepflegt zu werden. Vielmehr verkündet sich dieser Geist durch ein frisches Zugreifen an des Erlösers Werk, welches, seitdem

---

[1] Joh. 5, 17.
[2] Joh. 20, 21.
[3] Joh. 1, 41.

28–29 2Kor 3,17

er selbst von der Erde verschwunden ist, alle seine Gläubigen als ihr gemeinsames Werk ansehn. Und niemals gewiß ist es dieser Geist gewesen, der die Christen zu einem beharrlichen Aufenthalt in die Wüste getrieben hat | um zu warten, ob sich die Menschen zu ihnen hinaus bemühen wollten, wie Johannes that; sondern wie Christus nicht nur überall hinging, wohin er geladen ward, auch dahin wo ihm leicht konnte eine Abweichung von der rechten Linie der Schönheit und der Würde vor Augen kommen, sondern auch selbst die Menschen aufsuchte einzeln und in großen Massen, eben so werden auch diejenigen in denen Er lebt von seiner Liebe gedrungen sich überall den Menschen hinzugeben ja anzubieten, und rechnen es mit zu der Knechtsgestalt, in welcher sie zu wandeln haben, daß sie sich auch in dem gewöhnlichen Leben ihnen auf alle Weise annähern. Wo der Geist Gottes ist, da ist endlich auch keine Art von Herrschaft und Gewalt des Buchstaben, sondern auch unter der verschiedensten Hülle erkennt derselbe Geist sich selbst wieder, und hat nicht mindere Freude als an der Mannigfaltigkeit der übrigen Werke Gottes auch an den mannigfaltigen Strahlen, in welche sich das Eine Wort Gottes in verschiedenen menschlichen Seelen bricht; und wer aus diesem Geiste ist, wird immer weit entfernt sein, irgend eine von diesen verschiedenen Gestaltungen Andern aufdringen zu wollen, um sie statt dessen, was ihnen natürlich und angemessen ist, mit fremdartigem zu beladen, eingedenk daß es einer der ersten Aussprüche des Geistes war, daß man den Brüdern kein Joch auflegen solle ohne Noth. Sondern des festen Vertrauens ist jedes Kind dieses Geistes, daß wenn Andere irgend etwas anders halten, sie nicht | nur ihrem Herrn stehn und fallen, sondern daß auch Gott es ihnen weiter offenbaren wird. Wer nun noch nicht zu dieser Freiheit hindurchgedrungen ist, daß er auch mit Andersdenkenden die Wahrheit in Liebe suchend den Weg zu dem gemeinschaftlichen Ziele ohne Spaltung und Sonderung wandeln kann, in dem hat auch das Leben des Erlösers noch nicht begonnen, sondern er steht noch in der Vorbereitung dazu.

II. Zweitens sagt der Erlöser, Was seid ihr hinausgegangen zu sehen? einen Menschen in weichen Kleidern? Wahrlich ich sage euch, solche sind in der Könige Häusern. Was der Erlöser hiermit sagen will, m. g. Fr., das ist wohl deutlich; daß nämlich Johannes nicht zu denen gehört habe, welche sich mehr, als Pflicht und Beruf nothwendig erheischen, in die Nähe der Großen dieser Erde drängen, weil ihr ganzer Sinn auf den Beifall derer, welchen irdische Hoheit zu Theil worden ist, und auf den Ruhm einer, wäre es auch nur vorübergehen-

---

26–27 Vgl. Röm 14,4

den, näheren Verbindung mit ihnen, und also auch einer Theilnahme an ihrem vergänglichen Glanze, gerichtet ist. Und freilich ist dies ein trauriger Zustand der menschlichen Seele! Wer so in Eitelkeit versenkt ist, daß er nicht wahrnimmt oder sich muthwillig zu verbergen sucht, welchen nachtheiligen Tausch er trifft, wenn er die Ruhe und Freiheit eines beschränkteren Kreises diesem glänzenden Zwange aufopfert, vielmehr glaubt, diesen Abglanz | äußerer Würde nie zu theuer erkaufen zu können, nun der hat wol freilich noch keine Sehnsucht nach dem Geistigen und Ewigen, und ist gewiß so unfähig es zu genießen, daß ihm nicht geholfen wäre, wenn es ihm auch in der größten Fülle unter die Augen gestellt, ja mit der größten Milde dargeboten würde. Niemand kann zween Herren dienen, sondern die sich so emsig um Menschengunst abmühen, die haben gewiß dem Hause des Herrn keinen reinen und freien Dienst anzubieten; sie sind in der That noch sehr fern vom Reiche Gottes. So war nun Johannes nicht, und indem ihm der Erlöser vor allem Volk dies vortheilhafte Zeugniß gab, wollte er ihn Anderen vorziehen, die auch Führer des Volkes in geistlichen Dingen sein wollten, zugleich aber nichts vernachläßigten, um als bei den Römischen Statthaltern sowol, als den jüdischen Königen sehr geachtete Männer jedem ins Auge zu fallen. Aber Johannes entfernte sich hiervon vielleicht wieder zu weit, denn die Evangelisten erzählen von ihm, er habe ein Gewand von Kameelshaaren getragen, und seine Speise seien Heuschrekken gewesen und wilder Honig, wohl stimmend zu seinem ernsten und strengen Aufenthalt in der Wüste. Er habe also die strengste Verschmähung alles dessen in dem äußerlichen Leben, was auch nur die entfernteste Aehnlichkeit hatte mit dem den Angeseheneren und Wohlhabenderen der Gesellschaft gewöhnlichen Wohlleben, recht absichtlich zur Schau getragen, und in allen solchen Dingen auf eine Strenge der Entbehrung | gehalten, welche sich allen Menschen bemerklich machte. Wenn es nun rein eine natürliche Folge gewesen wäre von seinem Aufenthalt in der Wüste, daß er sich auf eine so dürftige Weise kleiden und so wenig ansprechende Nahrungsmittel genießen mußte: so wäre wenigstens nichts besonderes dabei zu erinnern. Aber wie er ein Mann war, geehrt und geachtet von allem Volk, bald weit umher berühmt in der ganzen Gegend, wo er sich aufhielt; ein Mann, zu welchem um seine Predigt zu hören ein großer Theil des Volkes hinausströmte, und nicht etwa nur die Armen und Dürftigen, sondern auch die Reichen und Angesehenen, nur daß er diese immer mit der größten Strenge empfing: so konnte es ihm an den Mitteln nicht fehlen, sich auf eine der herrschenden Sitte aller Menschen seiner Zeit und seines Volks angemeßne Weise zu kleiden

---

12 Mt 6,24   22–23 Vgl. Mt 3,4; Mk 1,6

und zu nähren. Es kann also wol nicht anders sein, als daß er einen Werth gelegt hat auf diese Strenge einer entbehrungsreichen Lebensart. Darin bestärken uns auch Worte des Erlösers in derselben Rede, aus der unser Text genommen ist, wo er nämlich seine Zeitgenossen mit launischen übelgestimmten Knaben vergleicht, die auf der Gasse spielen. Wie diese bald dies bald jenes an ihren Spielgenossen auszusezen hätten, und es ihnen niemals Recht gemacht werden könne: so sei Johannes gekommen, der hätte nicht gegessen und getrunken, da hätten sie gesagt, Der Mensch hat den Teufel; dann sei des Menschen Sohn gekommen, der äße und tränke, da sagten | sie, Wie ist doch der Mensch ein Fresser und Säufer, der Zöllner und Sünder Geselle! Wie es also zu der Lebensweise, die der Herr unter seinem Volke führte, gar wohl stimmte, daß er sich in solchen Dingen von den Menschen seiner Zeit nicht unterschied: so giebt er uns in diesen Worten zu erkennen, daß es des Johannes Absicht allerdings gewesen, sich durch eine solche große Strenge des äußern Lebens auszusondern.

Auch dies nun ist ein Zustand, m. g. Fr., in dem wir die menschliche Seele nicht selten finden. Ist der Mensch eine Zeitlang dem flüchtigen Scheine des Irdischen nachgegangen, hat er sich selbst über manches, woran er Theil genommen, zu täuschen gesucht, als sei es nicht sündlich noch von Gott verboten, sondern nur ein unschuldiger Genuß der Freuden des Lebens, dem die Stimme des Gewissens nicht widerspräche; und kommt er hernach hinter die Täuschung und erkennt aus dem abnehmenden Geschmakk an dem, was ihn sonst am meisten an sich zog, und aus der zurükbleibenden Leere in seiner Seele, wie wenig Wahrheit diese Beschäftigungen und diese Vergnügungen in sich schließen; erwacht dann das Gewissen aus seinem langen künstlich hervorgebrachten Schlummer und sagt ihm, daß alles dieses nicht nur unnüz sei, indem es ihm ja nicht gegeben was er suchte, sondern auch sündlich, indem es ihn abgehalten habe nach den ewigen Gütern des Heils zu streben: so daß mancher Keim des Guten, der sich schon aufgeschlossen hatte in seiner | Seele, von jenem Unkraut überwachsen wieder verkommen müßte. Kommt einer nun zu dieser Erkenntniß: so ist es um so natürlicher, daß er umschlägt auf die entgegengesezte Seite, je mehr er sich dafür kennt, daß er in Gefahr kommen könne, doch irgend einer neuen ähnlichen Versuchung wieder zu erliegen, und daß in schwachen Augenblicken eben das was er bereits glükklich überwunden haben sollte, sich unter einer andern Gestalt doch in seine Seele wieder einschleichen könne. So geschieht dieser Uebergang zu der entgegengesezten Strenge, so versagt der übersättigte Bußfertige sich alles, was auch nur von fern mit

---

4–11 Vgl. Mt 11,16–19

seinen früheren Befriedigungen verwandt ist, und sucht seine Lust und Freude nun am meisten in seiner Unlust und in den unbehaglichen Eindrükken und Zuständen, die er selbst hervorruft, um sich gleichsam an demselben zu strafen, woran er gesündiget hat, und weniger schuldig zu erscheinen, wenn nun eines Theils jene dicht zusammengedrängte Masse sinnlicher Bestrebungen sich gleichsam über einen größeren Zeitraum vertheilt, und dann noch der üppige Glanz jener frühern Zeit verdekt wird durch die trübe Färbung des späteren Lebens. Doch nicht nur als die Folge solcher früheren Verschuldungen und Entwürdigungen finden wir eine solche Lebensweise; sondern auch flekkenlosere Seelen haben von jeher denselben Weg eingeschlagen, wenn sie gesehen, welche Verwüstungen der Reiz der Lust und der üppigen Weichlichkeit, des Glanzes und der äußern Hoheit weit umher in den Gemüthern | anrichten. Sie wollen ihren Widerwillen dagegen durch die zur Schau getragene Entsagung aussprechen und verstärken. Vielleicht aber wissen sie sich auch zugleich durch das edlere Bewußtsein der Selbstbeherrschung für die Opfer die sie bringen in der Stille zu entschädigen.

Dieses, wie es uns schon in den früheren Zeiten der christlichen Kirche häufig entgegentritt, und auch jezt noch selbst in unserer Kirche, welche doch keine Verdienstlichkeit irgend einer Art von äußerlichen Werken anerkennt, gar häufig angetroffen wird, dieses ist nun der Zustand der menschlichen Seele, dessen Vorbild, wenn man ihn an und für sich betrachtet, Johannes war. Nur daß er nicht zu jenen ersten gehört, die nach einem überreichen und tadelnswerthen Genuß sinnlicher Lebensfreuden diese rauhe Bahn wählen; sondern mag er nun von Natur zu ernst und kalt gewesen sein, um sich durch die Lust der Welt lokken zu lassen, oder mag das Beispiel früherer Gottgesendeten ihn bestimmt haben, er blieb schon ursprünglich fern von allem frohen Genuß des Lebens, und brachte seine Tage unter Entbehrungen und Entsagungen hin. Wenn aber auch Christen eben dieses thun, gleichviel ob es geschehe eben so wie bei Johannes, oder nachdem sie sich den sinnlichen Reizen des Lebens hingegeben hatten: immer ist eine solche Enthaltung von allem was diesen irdischen Aufenthalt verschönert, und dem nothwendigen auch das anmuthige und erfreuliche verbindet, nicht die Weise des Erlösers. Es kann für Man|chen heilsam sein, auf eine kurze Zeit so zu handeln, damit er sich bewußt werde, das ganz entbehren zu können, was sonst so leicht im Stande wäre ihn zu verlokken; es kann für Manchen das sicherste Mittel sein, seine Ueberzeugung von der Unwürdigkeit und Eitelkeit alles irdischen Treibens recht fest zu halten. Und wenn wir eine Seele sehen,

---

27 sich durch] sich

welche bei ihren selbst gebotenen Entsagungen standhaft beharrt, nicht nur mitten unter verführerischen Dienern der Lust und Lobrednern des äußeren Glanzes, sondern, was noch mehr sagen will, auch mitten unter achtungswerthen und frommen, aber dabei doch lebensfrohen Menschen, die sich so enge Schranken nicht gestekt haben: so mögen wir immer sagen, sie sei nicht fern vom Reiche Gottes. Denn auf der einen Seite hat sie vieles schon hinter sich geworfen, wodurch leider nicht Wenige gehindert werden, der göttlichen Weisheit des Evangeliums ihr Ohr zu leihen, und der neuen Schöpfung still zu halten; und auf der andern Seite, weil die Schrift doch sagt, daß wir anders nicht als durch Trübsal in das Reich Gottes eingehen können, und der Herr selbst gesagt hat, daß es dem Jünger nicht besser gehen werde als dem Meister, ist sie schon vorgeübt auf allen Schmerz, welchen der Christ in seinem himmlischen Beruf erfahren mag, seien es zufällige Widerwärtigkeiten, wie die Umstände sie oftmals mit sich bringen, seien es Feindseligkeiten, wie auch der Herr sie erfuhr, wenn sie sagten, er triebe die Teufel aus durch den Obersten der Teufel, seien es Ent|behrungen, wie sie den Herrn selbst getroffen haben wenn er doch sagt, Des Menschen Sohn hat nicht, wohin er sein Haupt lege.

Auf alle Weise ist daher eine solche Seele wohl bereitet, wenn der Herr sie brauchen wird in seinem Weinberge und sie herbeifordern zu seinem Werke; sie ist im Stande ihm freudig zu folgen zu allem, wozu er sie beruft, ohne daß sie, indem sie die Hand an den Pflug legt, um das Feld des Herrn zu bearbeiten, wieder sehnsüchtig zurükblikt auf die nur neuerlich verlassene Lust der Welt. Das mögen wir ihr gern gestehen und uns dessen freuen; aber doch werden wir zugleich den Wunsch nicht zurükhalten können, daß sie bald möge diesen Zustand der bloßen Vorübung hinter sich haben, und nun wirklich hindurchgedrungen sein zur Freiheit der Kinder Gottes. Denn der Erlöser war auch hierin nicht wie Johannes. Er aß bald mit den Vornehmen, bald mit den Geringen, wie die Umstände es fügten; er verschmähte keine frohe und keine festliche Gelegenheit, wozu die Menschen ihn heranzogen: aber überall war er das heilige Vorbild derer, die durch ihn dem Reiche Gottes gewonnen den Keim des ewigen Lebens in sich aufgenommen hatten; immer war er unter den geselligen Freuden der Menschen sich selbst gleich, niemals von den Dingen dieser Welt beherrscht, sondern immer sie beherrschend, niemals von irgend etwas so hingenommen und ergriffen, daß er in dem einen Augenblik seines

---

6 Vgl. Mk 12,34   10–11 Vgl. Apg 14,22   12–13 Vgl. Mt 10,24–25; Joh 15,20
17 Vgl. Mt 9,34; 12,24   19–20 Mt 8,20; Lk 9,58   24–25 Vgl. Lk 9,62   30 Vgl. Röm 8,21

Lebens weniger fähig und bereit gewesen wäre, mit der ihm | einwohnenden göttlichen Kraft zum Segen der Menschen zu wirken, oder irgend eine Gelegenheit hätte vorübergehen lassen, die sich ihm darbot, um diesen schönen Beruf zu erfüllen. Nur waren ihm eben hiezu auch die geselligen Kreise der Menschen und die froheren Stunden ihres Lebens, ohne daß er ihnen eine andere Gestalt hätte geben wollen, als sie von selbst hatten, nicht minder willkommen als jene ernsteren Versammlungen, in denen sie ganz vorzüglich wollten Lehre von ihm annehmen und sich erbauen.

Und so soll auch jeder von uns, m. g. Fr., in dem Reiche Gottes dem Erlöser ähnlich sein, und eben dadurch, um sein Wort zu rechtfertigen, größer als der, welcher selbst größer war als alle Propheten. Diejenigen aber, welche glauben in mannigfaltigen Entbehrungen, durch welche sie doch keiner Versuchung entgehen, der sie nicht schon sollten Widerstand leisten können, oder in allerlei selbstgewählten Uebungen, durch die an und für sich nichts bewirkt und gefördert wird in dem Reiche Gottes, schon ihre volle Beruhigung zu finden, oder durch dieselben zu beweisen, daß sie Kinder Gottes sind, indem sie sich ja dieser Welt nicht gleich stellen: die mögen eben dieses Wort des Erlösers beherzigen, und die Art recht bedenken, wie er sich selbst dem Johannes entgegenstellt. Einem Jünger Christi geziemt nicht mehr sich abzusondern; denn er hat schon Gaben empfangen, mit denen er wirken soll, und mit denen er nun, wie Christus Allen angehörte, auch Allen angehört, die irgend etwas an ihn be|gehren. Ihm geziemt nicht, irgend etwas deshalb für Sünde zu halten und sich davon loszusagen, weil es etwa durch Uebermaaß oder Mißbrauch zur Sünde verleiten kann. Vielmehr soll ihm an sich alles, was Gottes Werk und Gabe ist, auch immer mehr rein und heilig werden, indem er es gebraucht im Sinn und Geist seines Berufs und für den Auftrag, den er empfangen hat. Wer sich aber von den Menschen absondert durch eine die gemeinschaftliche Sitte störende Lebensweise, der entzieht sich selbst zugleich manche Gelegenheiten seinem Herrn zu dienen, und manche Veranlassung zum Heil seiner Brüder etwas beizutragen. Wer fortwährend sich selbst allzu furchtsam jeder Versuchung entziehen will, der beweist ja, daß er sich bisher immer nur vergeblich geübt hat, und bringt sich zugleich um die Uebung, deren er noch immer bedarf, wenn einmal eine Zeit kommt, wo er der Versuchung nicht mehr wird entgehen können. Wer nicht nur für sich selbst eine ängstliche Lebensführung verewigt, zu der doch die Gründe je länger je mehr verschwinden sollten, sondern auch die Meinung hegt, wo diese fehle, da werde nicht nach der Regel des Erlösers gelebt, dem fehlt es wol gewiß noch an der rechten Einsicht, welches da sei der Reichthum der Mannigfaltigkeit in den Gaben des Geistes, und worin die Freiheit der Kinder Gottes bestehe, vermöge deren Jeder sich selbst anvertraut ist, seinem Herrn zu stehen oder zu fallen. Und wo dieses alles fehlt, da sollte der Christus in uns schon zur | vollen Erscheinung gekommen sein? Nein! Wo der Erlöser Wohnung gemacht hat, da herrscht auch die festliche Freude, die alles verscheucht, was nur ein Zeichen der Sorge und der Trauer sein kann; da gestaltet sich das ganze Leben zu jenem festlichen Freudenmahl, wo jeder willkommen ist, der nur das hochzeitliche Kleid nicht verschmäht, welches der Herr selbst austheilt. Der nimmt aber keinen Preis von Werken oder Uebungen dafür, sondern er giebt es aus seiner Fülle; und es ist kein hären Gewand der Buße, sondern es glänzt von Friede und Freude. Darum wo der Herr seinen Einzug in die Seele gehalten hat, da ist Bewußtsein und Genuß der Freiheit, deren Wahlspruch ist, Alles ist euer, und nun prüfet Alles und das Gute behaltet; und aus diesem Genuß entspringt auch das Bestreben, unsern Brüdern diese Freiheit lieb und werth zu machen, und sie zu derselben zu erheben. Dem können wir aber nicht genügen in der Wüste, wo sie doch nicht alle leben, noch in dem häranen Gewand, das sie doch nicht alle tragen können; sondern mit und unter den Menschen müssen wir leben, jedoch nur so, daß, indem wir ihnen zeigen, wie sich der Christ der Dinge dieser Welt gebrauchen muß, wir sie von dem unrichtigen Gebrauch derselben zurükführen, und indem wir ihnen zeigen, wie auch in allen diesen Gebieten des Lebens der Sinn der Kinder Gottes waltet, wir ihnen dadurch ein anschauliches Bild einprägen davon, daß auch in den verschiedenst gestalteten Augenblikken des Lebens, ja mitten unter | dem Andre betäubenden Geräusch der Welt, der Geist Gottes das Herz regiert und ein reines und göttliches Leben wirkt.

Aber, m. g. Fr., wenn wir auch so aus unserer Erfahrung wissen, daß der Erlöser seinen Einzug in unser Herz gehalten hat, und wir uns dessen in dieser festlichen Zeit mit der innigsten Dankbarkeit erfreuen: so sei uns das doch noch nicht genug, sondern billig fragen wir uns auch noch, hat er auch schon vollständigen Besiz genommen von unserer Seele? wohnt er – daß ich mich so ausdrükke – in jeder Gegend derselben mit gleicher Lebendigkeit? regiert er überall in derselben gleich unumschränkt? fühlen wir in jedem Augenblik unsers Lebens sein Leben in uns mit gleicher Kraft? Müssen wir Alle nun gewiß diese Fragen verneinen, und mit dem Apostel sprechen, Nicht

---

21 sich ... der Dinge ... gebrauchen] vgl. Adelung: Wörterbuch 2, Sp. 449

1–2 Vgl. Röm 8,21   3 Vgl. Röm 14,4   14 1Kor 3,21.22   14–15 1Thess 5,21   38–2 Vgl. Phil 3,12

daß ich es schon ergriffen hätte oder schon vollkommen wäre; ich jage aber nach dem vorgestekten Ziele, ob ich es wohl ergreifen möchte: so folgt daraus schon von selbst, daß eben da noch etwas anderes herrscht, und wir also alle, jeder auf seine eigene Weise vielleicht, in irgend einer Beziehung noch zu denen gehören, die in weichen Kleidern einhergehen und die Paläste der Könige suchen, oder zu denen welche vom Winde menschlicher Meinung hin und her bewegt werden. Zwischen einem so unvollkommnen Zustande nun und dem gänzlichen Siege und Triumpfe des Erlösers in unsrer Seele liegen also auch immer noch ähnliche Zustände, wie die welche ich beschrie|ben habe als solche, die seiner Ankunft vorangehen. Und dies m. g. Fr. ist denn die Beziehung, in welcher wir denen nicht Unrecht geben können, die sich immer noch, wiewol der festen und frohen Ueberzeugung lebend, daß sie das Heil in Christo schon gefunden haben, an eine strenge Zucht und eine ängstliche Zurükgezogenheit halten, wie sie den Johannes zum Vorbild hat. So es nur geschieht in dem rechten Maaße und auf eine solche Weise, daß die Kraft Gottes und die Freiheit der Kinder Gottes sich darin wahrnehmen läßt! So es nur geschieht mit dem Vorbehalt, daß eine Richtung der Seele und ein Gebiet des Lebens nach dem andern von dieser ängstlichen Obhut losgebunden und wahrhaft frei werden soll! So wir nur alles was dem Johannes gleicht nicht ansehn als das vollkommne christliche Leben selbst und dessen Tugend, sondern als eine Sache der Noth, bis jenes recht aufgehe! So nur keiner diejenigen gering hält, die in der Beziehung, worin er selbst noch schwach ist, schon hindurchgedrungen sind zur Freiheit der Kinder Gottes, und ihr Leben dem freien und fröhlichen Leben des Erlösers ähnlich geworden! So oft wir uns also noch schwach, und also Zucht als ein Bedürfniß fühlen, sei es uns auch heilige Pflicht uns ihr zu unterwerfen. Merken wir, daß uns noch der Wind hin und her bewegt: wohl, so wollen wir auf eine Weile die Einsamkeit suchen und Gebete zu Gott emporschikken, damit das Herz auch darin fest werde, worin es noch wankelmüthig ist. Füh|len wir in einzelnen Fällen noch die Macht irdischer Lust und irdischer Sorge: nun so wollen wir uns Entbehrungen auflegen, wenn das Leben sie nicht von selbst darbietet, und wollen keine Strenge der Uebung scheuen, bis wir sicher sind jede fremde Gewalt gebrochen zu haben. Aber in der Zucht und Zurükgezogenheit bleiben wollen, das hieße sich selbst ausschließen vom Reiche Gottes, und, die Herrlichkeit desselben von ferne erblikkend, die günstige Zeit vorübergehen lassen, um in dasselbe einzudringen, eben wie Moses zwar das gelobte Land sah und seinem Volke den Besiz desselben vorhielt, aber selbst nicht einging zu dessen

---

25–26 Vgl. Röm 8,21   40–1 Vgl. Dtn 32,52; 34,4

Freude und Ruhm. Nein, nur vorübergehend darf in dem Leben des Christen alles sein, was irgend zu strenger Zucht und Zurükgezogenheit gehört; nicht der Maaßstab unserer Vollkommenheit, sondern das Zeichen unserer Unvollkommenheit. Unser gemeinschaftliches Ziel aber sei dieses, daß wir immer mehr lernen eben so fest und froh durch das Leben zu gehen, wie der Erlöser, und immer mehr in dem Geist froher Zuversicht unter den Menschen zu leben und auf sie zu wirken. Dazu möge der Erlöser immer vollkommner in alle Seelen einziehen, die ihn schon im Glauben ergriffen und angenommen haben, damit sie alle in immer reicherem Maaße erfahren mögen den Frieden und die Seligkeit der Kinder Gottes, und alle je länger je mehr im Geiste reifen zur Vollkommenheit des männlichen Alters Christi. Amen.

IV.

Daß der Erlöser als der Sohn Gottes geboren ist.

Weihnachtspredigt.

Ehre sei Gott in der Höhe, und Friede auf Erden, und den Menschen ein Wohlgefallen. Amen.

Text. Lukas 1, 31. 32.
Siehe, du wirst einen Sohn gebären, deß Namen sollst du Jesus heißen; der wird groß und ein Sohn des Höchsten genannt werden.

Dies m. a. Fr. waren die verheißenden Worte des Engels an die Maria. Ein Sohn des Höchsten werde der, den sie gebären solle, genannt werden. Und wie diese Verheißung hernach in unmittelbare Verbindung gebracht wird mit jenen andern Worten, daß die Kraft des Höchsten sie überschatten | werde, hatte Maria keine Veranlassung zu denken, ihr Sohn solle etwa erst in Zukunft der Sohn Gottes werden durch irgend ausgezeichnete Thaten oder durch später über ihn sich ergießende göttliche Gnade; sondern er werde es sein, sobald sie ihn geboren habe, mußte sie denken, wie sie von da an seinen Namen Jesus heißen sollte. Und eben dies, m. christl. Fr., ist auch erst der volle Sinn unsrer heutigen und jedesmal unserer festlichen Weihnachtsfreude. Denn wäre der Erlöser der Welt bei seiner Geburt noch gar nicht von andern Menschenkindern unterschieden gewesen, sondern erst später wäre das Göttliche, was wir an ihm verehren, über ihn gekommen von oben herab: dann ginge unser eigenthümliches Verhältniß zu ihm nicht an mit seiner Geburt, und wir hätten uns mit unserer Freude über seine Erscheinung weniger an seine Geburt zu halten, die ihn dann noch nicht zum Erlöser gemacht, als an jenen Augenblik, welcher in seinem Leben es nun gewesen sein möge, wo er auf eine besondere Weise erfüllt worden wäre mit der Kraft des Höchsten. Dies also ist der Mittelpunkt für alles, was unser Herz in diesen festlichen Tagen bewegt, daß der Erlöser schon geboren ist als der Sohn Gottes, daß die göttliche Kraft, die ihn in den Stand sezte die Welt zu

---

2 *Predigt zum 1. Weihnachtstag am 25. Dezember 1821 vormittags in der Dreifaltigkeitskirche zu Berlin; vgl. Predigtnachschrift und Liederblatt in KGA III/6, S. 1023–1033* 4–5 Lk 2,14 13–14 Vgl. Lk 1,35

erlösen, ihm vom Anfang seines Lebens an einwohnte, und dieses sei für heute der besondere Gegenstand unserer andächtigen Betrachtung. Laßt uns also sehen, wie nothwendig dies zusammenhängt auf der einen Seite mit unserm gemeinschaft|lichen christlichen Glauben; auf der andern aber auch mit der Liebe, durch welche der Glaube thätig ist.

I. Wenn wir zuerst behaupten, m. g. Fr., es hänge mit dem Innersten unsers christlichen Glaubens, wie er durch dieses Fest selbst bezeugt wird, zusammen, daß wir uns den Erlöser nicht anders denken können und dürfen, als schon von dem Augenblik seiner Erscheinung in dieser Welt an mit allem ausgerüstet, was er haben mußte um der Erlöser der Welt zu sein, schon in sich tragend das ewige göttliche Wort wenngleich noch schweigend, das Licht, welches in die Finsterniß scheinen sollte, wenngleich noch verborgen, und durch diese ihm einwohnende erlösende Kraft ausgezeichnet vor allen Sündern, und von der Gemeinschaft der Sünde getrennt – wenn wir dies behaupten, m. Gel.: so ist es freilich eine harte Rede, weil es uns in geistlichen Dingen – denn in leiblichen und natürlichen begegnet es uns beständig – eine schwierige Zumuthung ist, daß wir unser Vertrauen auf etwas sezen sollen, was wir uns nicht seiner ganzen Art und Weise nach lebhaft und deutlich vorstellen, und es in uns zu einem bestimmten Bilde ausmalen können; und doch wird uns dies hier zugemuthet. Denn wenn wir auch nicht in Abrede stellen können, von einer innigen Vereinigung einer göttlichen Kraft mit der menschlichen Seele nach ihrer ursprünglichen göttlichen Ausstattung etwas zu wissen, weil es nämlich unsere eigene Erfahrung ist, sofern ja alle, | die Christo anzugehören sich rühmen können, auch wissen sollen, daß sie des heiligen Geistes theilhaft geworden sind, und dieser doch göttlichen Wesens ist, weil wir durch ihn Eins werden sollen mit Gott: so wissen wir doch auch, daß wir insgesammt diese göttliche Gabe nicht eher wirklich empfangen konnten, bis uns schon das volle menschliche Bewußtsein aufgegangen war, und alle die geistigen Kräfte erwacht, welche der Geist Gottes unmittelbar und vorzüglich regieren soll, so daß er nun auch diese Regierung und also seine heiligende Thätigkeit sogleich antreten konnte; und anders als durch diese sind wir uns seiner auch nie bewußt geworden. Aber wenn wir uns nun die göttliche Kraft des Erlösers in ihm denken sollen, während er noch in dem

---

23 stellen] sein   28 theilhaft] *vgl. Adelung: Wörterbuch 4, Sp. 955*   28 göttlichen] göttliches

---

5–6 *Vgl. Gal 5,6*   13–14 *Vgl. Joh 1,5*

unvollkommensten Zustande war, in welchem uns der Mensch erscheint, dem der neugebornen Kinder, in denen noch alle jene Kräfte schlummern, an welchen sich die höhere göttliche Kraft in Christo offenbaren und beweisen konnte: so sollen wir denken, daß sie da sei, aber ohne daß wir uns irgend eine Wirksamkeit vorzustellen wüßten, welche sie ausübe, und dies eben ist uns schwer vorzustellen, und fällt uns deshalb auch hart zu glauben.

Daher eben hat es von jeher in der christlichen Kirche auch eine solche Vorstellung gegeben, wie ich sie vorher andeutete, als ob der Erlöser nicht nur in den Jahren seiner Kindheit, sondern so lange, bis alles Menschliche in ihm zur Reife gediehen gewesen, nichts anders gewesen sei, und nichts anders in | sich getragen habe als alle anderen Menschenkinder, und nur als er den großen Beruf, zu dem er bestimmt war, antreten sollte, da erst sei die Kraft Gottes über ihn gekommen, und habe sein ganzes Wesen durchdrungen. Eben daher auch kommt es, daß viele andere Christen, wiewol dieser lezten Meinung nicht zugethan, doch nicht recht von Herzen in die kindliche Andacht einstimmen können, die mit der vollen Verehrung, welche die dankbare Seele dem Erlöser weiht, bis auf den ersten Anfang seines Lebens zurükgeht, und schon in dem neugebornen Kinde, ohnerachtet seiner Bewußtlosigkeit, den Sohn Gottes erkennt, so daß ihm nun nichts neues mehr von oben zu Theil werden durfte, sondern er durch die regelmäßige Entwiklung der menschlichen Seele derjenige werden mußte, welcher durch Wort und That, durch Leben und Tod den Glauben verdiente und hervorbrachte, den doch eben diese bedenklicheren Christen auch hegen, er sei nämlich der Sohn des lebendigen Gottes, derjenige, durch den Gott in den lezten Tagen also zum lezten Male zu den Menschen geredet habe, und nach welchem wir keines Anderen mehr warten dürfen. Aber wenn diese Mitchristen sich nur recht verstehen wollen, wenn es ihnen nur Ernst ist mit diesem Glauben, und dem gemäß auch mit dem Verein, welcher uns hier zusammenführt: werden sie uns nicht doch beistimmen müssen, daß es für uns mindestens eben so hart wäre, diesen Glauben, auf dem auch das heutige Fest begründet ist, aufgeben zu sollen, bloß weil wir | den Anfang der zweiten Schöpfung nicht besser begreifen können, als den Anfang der ersten und jeden Anfang überhaupt? Denn wenn in Christo nicht, schon als er zuerst sein menschliches Auge aufschlug, das göttliche Wort Fleisch geworden war, was folgt daraus weiter? Soviel ist uns gewiß, m. g. Fr., es ist nicht nur unsre eigene Erfahrung, sondern kühn und fest stellen wir es dar als die allgemeine aller Menschen, von der niemals

---

26 Vgl. Mt 16,16   26–28 Vgl. Hebr 1,2   28–29 Vgl. Mt 11,3   37–38 Vgl. Joh 1,14

Predigt über Lk 1,31–32

eine Ausnahme gefunden worden ist, noch auch gefunden werden kann, daß in Allen, welche von Geburt nur so ausgerüstet sind, wie jedes Menschenkind auf der Erde erscheint, auch früher oder später die Sünde sich entwikkelt, und aller Unterschied, wie groß er uns auch erscheine, im Grunde aber ist sie doch immer nur geringfügig diese Verschiedenheit in dem Maaße der Kraft des Verstandes und Stärke des Willens, wie man sie aber auch ansehe, sie bewirkt immer nur ein Mehr und Weniger in der Entwiklung der Sünde, daß aber diese in einer Seele, die nur so ausgerüstet in das Leben eintritt, jemals fehlen könne, dem widerspricht das Zeugniß unseres Bewußtseins gänzlich. So können wir demnach auch nicht anders denken, als daß auch dem Erlöser dasselbe würde begegnet sein, wäre er von Geburt gewesen wie ein anderes Menschenkind. Was für Verheißungen auch der Engel in die demüthige Seele der Maria hinein gesenkt habe, wie besonnen sie sich in kindlicher und inniger Gottesfurcht mochte gesammelt und bereitet haben zu dem großen Ge|schäft, Mutter und Pflegerin dessen zu sein, der ein Sohn des Höchsten sollte genannt werden: dennoch, wenn eben dieses lezte ihm erst in Zukunft kommen sollte, wie treu und weise sie auch über das zarte Gemüth möchte gewacht haben, wie fern von ihm gehalten alles, was ihn hätte anstekken können mit dem weit verbreiteten Gift, welches einmal ach alle Menschenkinder aushauchen und einathmen – eben deswegen hätte sie es auch von ihm nicht abzuhalten vermocht; denn hier erkennen wir die Grenze aller auch der vollkommensten menschlichen Liebe und Treue und Weisheit. Wohlan also, wenn Christus auch nur im geringsten Grade ein Sünder gewesen wäre: könnte er dann unser Erlöser sein? Gott hätte durch ihn reden können, wie durch die Propheten des alten Bundes, welche auch sündige Menschen waren. Aber wollen wir uns nennen nach dem Namen eines Propheten? wollen wir uns versammeln in eines Propheten Namen, dessen Thun und Werk doch nur eine Fortsezung des alten gewesen wäre und nichts neues? Ja wie nirgendwo wenig Sünde sein kann, oder es kann auch noch weniger gedacht werden: so könnten wir auch nie sicher sein, daß diese Fortsezung der alten Weise die lezte wäre. Und was Gott durch ihn geredet hätte, es hätte können eine vollkommnere Lehre und Anweisung sein, was er hätte thun können, das wäre ein reineres Vorbild gewesen; beides aber ist immer nur Gesez. Und ob ein von außen gegebenes Gesez auf steinerne oder eherne Tafeln gegraben | unmittelbar vom

---

26 gewesen] geblieben

38–2 *Anspielung auf die steinernen Tafeln des Mosaischen Dekalogs sowie auf die ehernen Tafeln der von Minos gegebenen Gesetze, die der Gesetzeswächter Talos mit sich geführt haben soll (vgl. Platon: Minos 320c, Werke, [übersetzt] von F. Schleiermacher, Bd. I/2, Berlin 1805, S. 360; 2. Aufl., 1818 [Nachdruck Berlin 1985], S. 255)*

Himmel herab kommt, oder ob es durch einen Menschen und von einem Menschen gegeben wird, niemals kann durch ein solches das menschliche Geschlecht erlöset werden; sondern auch durch den heiligsten Mund geredet oder mit dem Finger Gottes geschrieben kann es nur Erkenntniß der Sünde bewirken, und diese gewährt für sich keine Erlösung, sondern je genauer wir die Sünde erkennen, desto mehr nur drängt es uns auszurufen, Wer wird mich erlösen von dem Leibe dieses Todes. Die Erlösung muß vielmehr gerade darin bestehen, daß die Sünde aus unserm Bewußtsein getilgt wird. Die Sündlosigkeit muß uns also vor Augen treten, und diese lebendige Sündlosigkeit ist der Erlöser, und nur indem wir uns diese in der innigsten Befreundung und Gemeinschaft mit ihm aneignen, wie Befreundeten alles gemein ist, können wir des Friedens und der Seligkeit theilhaftig werden, welche die Früchte der Erlösung sind.

Hätte uns nun diese Sündlosigkeit in ihm erscheinen und uns zu einer solchen Hingabe auffordern können, wenn der Erlöser späterhin auf irgend eine geheimnißvolle Weise mit göttlichem Geiste und mit göttlicher Kraft, auch ohne Maaß und gar nicht zu vergleichen mit jenen Propheten, wäre erfüllt worden? Sollte er nach dieser Veränderung doch ein Mensch und zwar derselbe Mensch sein und bleiben, und sich uns nicht in eine unheimlich gespenstische Erscheinung verwandeln, die uns, wie ehrwürdig auch ihrer Beschaffenheit nach, doch durch | ihre Geschichte auf immer von sich abstieße: so durfte doch das Gedächtniß seines früheren Lebens und Zustandes nicht ausgelöscht werden, gesezt auch, er hätte nach dieser wunderbaren Heiligung keine Sünde mehr begehen können. Wäre aber das Gedächtniß des früheren sündlichen Zustandes in ihm geblieben; wohl, laßt uns wieder auf unsre eigene und die allgemeinste menschliche Erfahrung sehen, was daraus weiter hervorgeht. Wir fühlen es, m. g. Fr., es ist eine traurige Erfahrung, und die wir in mancher Hinsicht lieber verschweigen und verbergen als mittheilen, daß auch das fernste Gedächtniß früherer Sünde, welches in unserer Seele zurükbleibt, niemals darin zurükbleibt nur als ein todter Buchstabe als eine bloße Kenntniß, wie von Dingen die außer uns sind und vorgehen; sondern sie bleibt etwas lebendiges, und verunreinigt nicht selten auch die heiligsten Gedanken und Thaten, in deren ersten Ursprung wir uns der Kraft des göttlichen Geistes auf das bestimmteste bewußt waren; sie lebt in uns, um uns zu zeigen, daß so lange der Mensch als sündiger Mensch auf Erden wandelt, wie reich auch die Gnade Gottes über ihn sich ergieße, niemals seine Seele ein so vollkommen reiner Spiegel

---

3–4 Vgl. wohl Dtn 5,1   4 Vgl. Ex 31,18; auch 34,1; Dtn 5,22   5 Vgl. Röm 3,20
7–8 Röm 7,24

Predigt über Lk 1,31–32 61

wird, als sie sein könnte, wenn nie etwas von diesem Gift in ihr Inneres eingedrungen wäre. Hätte also der Erlöser dieses mit uns getheilt, Er hätte auch jene Erfahrung machen müssen wie wir. Und m. g. Fr. wissen wir das nicht, daß jede Sünde, von der so auch nur noch eine leise Regung in un|serer Seele zurükgeblieben ist, auch, eben wie es jede herrschende Sünde im Großen thut, irgendwie und irgendwann im Einzelnen verfinsternd auf unsern Verstand wirkt, unser Urtheil verblendet und verfälscht, unsern Blik in den göttlichen Willen trübt und verunreinigt? Hätte nun auch der Erlöser irgend einen solchen flüchtigen Schatten der Sünde in seiner Seele behalten, wie könnten wir von ihm hoffen, daß die Worte, in welchen er uns den Willen seines und unseres Vaters im Himmel verkündigt, und unser ganzes Verhältniß zu ihm darstellt, so vollkommne Wahrheit wären, auf einer so reinen und vollständigen Auffassung beruhten, daß das menschliche Geschlecht auf immer daran könnte gewiesen bleiben? Wie könnten wir voraussezen, daß eine vollkommne Uebereinstimmung in ihm gewesen, alles was in ihm Fleisch ist von dem Geist vollkommen durchdrungen und mit ihm eins geworden, so daß er das Vorbild ist, dem sich alle nachbilden, der Führer, in dessen Fußtapfen alle treten sollten, ohne daß wir hoffen dürften, auch durch die besonnenste Aneignung je seine Wahrheit zu erschöpfen, auch durch den treuesten Gehorsam sein Vorbild zu erreichen? Und solch einen Erlöser brauchten wir doch, wenn wir uns vollkommen befriedigt finden sollten, und keinen Wunsch zurükbehalten, daß doch noch ein Anderer nach ihm kommen möge!

Nehmen wir nun noch dazu, m. th. Fr., mit was für großen und gewichtigen Worten der Erlöser selbst, was ihn so wesentlich von allen Söhnen | der Erde unterscheidet, in seinen Reden beschrieben hat, wenn er sagt, Ich und der Vater sind Eins; Wer mich siehet, der siehet den Vater; bedenken wir, daß diese Worte zugleich das Maaß enthalten für unsere Vereinigung mit ihm selbst, wie sie uns im Glauben gegeben ist, in der Wirklichkeit aber nur immer vollkommner erreicht werden soll, wie er für uns gebeten hat, daß auch wir Eins mit ihm sein sollen, woraus schon von selbst folgt, daß wer uns sieht, auch ihn sehe: wie könnten wir wol anders, als sie in ihrem ganzen vollen Sinne nehmen, wie sie uns vorliegen; und wie hätte der Erlöser solche Worte reden können, ohne daß er uns ihretwegen erschiene als einer, der entweder sich selbst täuscht in eitlem Wahn, oder, wenn auch wohlmeinend damit nicht zu wenig angenommen werde, stärkere Ausdrükke wählt als der Wahrheit gemäß ist, und so diejenigen, die es genau nehmen wollen, täuscht mit eitlen Hoffnungen. Ja so müßte

---

29 *Joh 10,30*   29–30 *Joh 14,9*

er uns erscheinen, hätte er so geredet, und dabei auch von ferne nur die Sünde geschmekt. Denn wie könnte der, in welchem auch nur die leiseste Spur von ihr übrig gewesen ist, sagen, daß er Eins ist mit dem Vater, dem Vater des Lichtes, dem der allein gut und rein ist, und dem alles auch nur nahet in dem Maaß, als jeder am guten und reinen theilnimmt. Hat er also wahr geredet, und giebt es eine solche Gemeinschaft zwischen ihm und uns, welche ein Ausfluß ist von seiner und des Vaters Einheit: so muß er auch schon vom Anfang seines Lebens an | das Wort Gottes in sich getragen, und dieses ihn behütet haben vor allem, was auch nur von ferne der Sünde gleicht; dann muß dieses bewacht haben jede Entwiklung seiner natürlichen menschlichen Kräfte, so bewacht haben, daß auch das sinnliche rein blieb, und gleichsam harrte auf das allmählige Eintreten der merklichen Wirksamkeit dieser einwohnenden göttlichen Kraft, und von Anfang an nichts anderes zu sein strebte, als ein Werkzeug für dieselbe. Nur wenn es so um ihn stand vom Anfang seines Lebens an, konnte er mit Recht dies von sich sagen.

Und endlich, m. g. Fr., denken wir noch an die Heiligkeit desjenigen, vor dem wir eben durch die Sünde alles Ruhmes ermangelten, den wir bei ihm haben sollten, und daß wir also eines solchen Helfers bedurften, um deswillen dieser heilige Gott das ganze menschliche Geschlecht konnte für rein achten und erklären, und der durch seine vollkommne Reinheit uns alle verträte bei seinem Vater: o vor dem heiligen Auge Gottes bleibt auch der leiseste Hauch des Verderbens und der Sünde nicht verborgen, und wenn vor ihm etwas, auch nur dem kleinsten Theile nach, der jedem andern Auge entginge, unrein erscheint, so ist das Ganze unrein. Also, m. g. Fr., unser Glaube an die Vertretung unsers Erlösers beim Vater, unser Glaube daran, daß wir in ihm das Bild des himmlischen Vaters und den Abglanz seiner Herrlichkeit schauen, unser Glaube an die Unübertrefflichkeit und die beständige Fortdauer seiner Lehre, so wie an die Zulänglich|keit und Unumstößlichkeit seiner Gebote – das Alles hängt davon ab, daß er schon auf dieser Welt erschienen ist als das ewige Wort, das Fleisch ward, als das Licht von oben, das in die Finsterniß hineinschien.

II. Aber nun laßt uns zweitens sehen, daß wenn wir uns den Erlöser nicht auf diese Weise denken, auch die reine und ungefärbte Liebe, deren Quelle der Erlöser ist, ihres rechten Grundes ermangeln würde, indem einestheils die ungefärbte Reinheit der wahren christlichen Liebe, anderntheils aber auch die Ausdehnung derselben über

---

3–4 Vgl. Joh 10,30   4 Jak 1,17   19–20 Vgl. Röm 3,23   33–34 Vgl. Joh 1,14
34 Vgl. Joh 1,5

das ganze menschliche Geschlecht darauf beruht, daß Er, um dessentwillen wir also lieben, und ohne Beziehung auf welchen nach einer solchen Liebe gar nicht würde gestrebt werden, ein solcher ist, wie er uns hier beschrieben wird.

M. g. Fr. Ohnstreitig ist eine von den auffallendsten Erscheinungen in der menschlichen Seele der Kampf zwischen der Liebe, die wir alle zu unseres Gleichen tragen, und zwischen dem reinen Gefühl für das Recht und Unrecht, für das Gute und Böse; Beides gleich sehr in dem edelsten unserer Natur gegründet wirkt doch beständig gegen einander. Mögen wir noch so fest sein im Unwillen und im Widerstand gegen ein Unrecht: finden wir dasselbige bei einem, der unser Herz schon in Liebe gefangen genommen hat, wie geneigt sind wir alsdann zu entschuldigen, und auch das verhaßteste in | einem milderen Lichte zu sehen. Zieht uns menschliche Gestalt und menschliches Wesen mit Liebe an sich: so wird, wo wir die Regungen der Sünde merken, wo wir die Ausbrüche sinnlicher Verderbtheit und thörichten Wahnes sehen, die Seele, je mehr sie der Wahrheit und dem Guten ergeben ist, um desto mehr von einem Unwillen ergriffen, der nur zu leicht in Leidenschaft übergeht und die Liebe zurükdrängt. Wären wir wol einer andern als einer solchen getrübten und auch immer wieder das edelste Gefühl trübenden Liebe fähig, wenn wir immer nur unter uns wandelten, ohne einen andern Gegenstand der Liebe zu haben, als die Genossen desselben Verderbens? Könnten wir dann auch nur wollen, unser sittliches Gefühl möge solcher Aufwallungen unfähig sein, in denen wir geliebten Personen, wenn auch nur vorübergehend, auf eine herbe und schneidende Weise im Urtheil, oder mit einem leisen Tone von Feindlichkeit im thätigen Widerstande entgegentreten? Nein den edlen und kräftigen Zorn gegen alles, was dem göttlichen Willen zuwider ist, könnten wir nicht aufgeben! Also könnten wir auch nicht anders als so lieben, eben so wenig uns selbst als unsre Brüder. Denn auch die nothwendige und unverwerfliche Liebe eines jeden zu sich selbst färbt sich auf gleiche Weise; und je strenger einer ist, je lauter die Stimme des göttlichen Willens in ihm redet, desto öfter finden wir ihn in dem Uebergang und Wechsel zwischen dem ungestörten Genuß des Wohlgefallens an glüklichen | Fortschritten, deren er sich bewußt ist, und zwischen der edelsten Verachtung seiner selbst. Und stärker oder gar in einem andern Sinne und auf eine andere Weise kann doch nicht verlangt werden, daß wir unsern Nächsten lieben sollen als uns selbst. Ja wer nur so sich selbst liebt, und

---

16 wir die Ausbrüche] uns die Ausbrüche

38–39 Vgl. Mt 19,19; 22,39; Lk 10,27 mit Bezugnahme auf Lev 19,18

zugleich nur so strenge ist gegen sich selbst, für den kann es wol Wenige nur geben, auch unter denen, die am höchsten gepriesen werden, die allgemein als die Edelsten und Besten erscheinen, in Beziehung auf welche, ist er nur genau genug mit ihnen verbunden, damit ihr Innerstes ihm klar vor Augen liegen kann, Urtheil und Empfindung nicht eben so wechseln sollten, als über sich selbst. Allgemein also ist dann dieses Leid! Denn so müssen wir es wohl empfinden, daß ein düstrer Schatten sich über jede menschliche Liebe lagert, durch den das reine Licht getrübt und in unvollkommne Erscheinungen gespalten wird, so daß uns die Seligkeit der Liebe verkümmert ist. Aber müssen wir nicht als Christen diesen Zustand verwerfen? Ist es nicht die ungefärbte Liebe, zu welcher uns die Schrift auffordert? Könnten wol die Jünger des Herrn an der Liebe, die sie unter einander haben, erkannt werden, wenn diese sich nur auf eine unbestimmte Art durch etwas mehr und etwas minder unterschiede von dieser natürlichen, leider aber so unbefriedigenden Liebe, die sich bei allen unverdorbenen Menschen findet? Wolan! wie vermögen wir nun zu einer andern Liebe zu Andern und also auch zu uns selbst zu gelangen? Ja, wenn Christus ein | solcher war; wenn wir in ihm das göttliche Wesen so ursprünglich vereinigt mit der menschlichen Natur anerkennen, daß in der Liebe zu ihm jenes beides auf das vollkommenste Eins ist, die Liebe zu unseres Gleichen und die Liebe zu dem Willen des himmlischen Vaters: dann haben wir wenigstens Einen, dem wir mit ganz reiner und ungefärbter Liebe können zugethan sein, wie dann auch seine Liebe zu uns eine ganz reine und ungefärbte sein kann. Denn in seiner Liebe zu uns kann das keine Störung machen, sondern ihr nur das eigenthümliche Gepräge der hülfreichen Theilnahme aufdrükken, daß er dieses Leben, diese Herrschaft des göttlichen Willens in uns nicht findet. Und wie wir eingedenk der himmlischen Stimme, Das ist mein lieber Sohn an dem ich Wohlgefallen habe, des festen Vertrauens leben, daß wenn wir nur mit guter Wahrheit im Glauben sprechen können, Nicht ich lebe, sondern Christus lebet in mir, dann auch Gott uns nicht für uns allein, sondern nur in dieser Gemeinschaft mit Christo sieht, und also wir auch an dem Wohlgefallen theilnehmen, welches er an seinem Sohne findet: so erweitert sich eben vermöge dieses Glaubens nothwendig auch der Kreis unserer reinen und ungefärbten Liebe, und verbreitet sich über alle, die wir in der Gemeinschaft mit Christo sehen, so daß, was wir an unsern Brüdern noch finden von menschlichem Verderben, uns auch schon durch die wirksame Theilnahme

---

6 sollten,] sollte,

12–13 Vgl. *Joh 13,35*   29–30 *Mt 3,17*   31–32 Vgl. *Gal 2,20*

Christi an ihnen weggenommen und getilgt erscheint, und uns nur auf|regen kann mit derselben Liebe, womit Er uns geliebt hat, das Leben Christi in ihnen zu fördern, damit es noch völliger werde und die Sünde ganz überwinde, welche uns als eine gewiß vorübergehende Erscheinung nur mahnen soll daran, daß die Seligkeit, die wir in der ungefärbten Liebe finden, eine Gabe ist, die wir empfangen haben von oben, und die uns nur werden konnte durch den Einen. Sehet da, das ist eine andere Liebe als jene natürliche! Wir können sagen, Das Alte ist vorüber, siehe es ist alles neu geworden. Aber so können wir nur lieben durch ihn und um seinetwillen. Jene getrübte unvollkommne Liebe kann sich nicht etwa bis zur Reinheit läutern aus sich selbst; Einer mußte uns gegeben werden, der reine Liebe unmittelbar fordert und erwekkt; nur so konnte das unvollkommne anziehen die Vollkommenheit; nur so konnte unsre Liebe zu Anderen recht geheiligt werden, wenn sie nun nichts anderes ist, als ein Ausfluß unsrer Liebe zu ihm, und ein Widerschein seiner Liebe zu uns.

War er aber nicht ein solcher, daß nur reine Liebe ohne die leiseste Ahndung einer Unvollkommenheit in dem geliebten Gegenstande dem Eindrukke gemäß ist, den er auf uns macht: nun dann müßten wir immer in dem alten Stükkwerk bleiben, und nichts besseres wäre uns beschieden. Denn wenn das wahr ist, wie wir es vorhin erklärt, daß auch Christus, wenn sich nur irgend jemals während seines menschlichen Lebens sündliches in ihm geregt hat, nicht im Stande wäre, die Erinnerung daran | und die lebendigen Spuren davon in sich zu verwischen: wie wollten wir uns denn zähmen und hindern, wie herrlich er uns auch in der Folge in seinem öffentlichen Leben, in seiner heiligen Verkündigung des Reiches Gottes, in dem Muth und in der Sicherheit, mit welcher er die Menschen zu sich einladet, und ihnen Erquikkung und Ruhe verheißt, als der Ausgezeichnetste unter allen Menschenkindern, als das auserwählteste und größte Werkzeug Gottes erschiene, wie wollten wir uns dennoch zähmen und hindern, daß nicht unser Auge sich bemühte, die Spuren der Sünde, von denen wir wüßten, daß sie da sein müßten, auszuforschen? Ja je weniger es uns gelänge, in seinem Leben irgendwo einzelne bestimmte Unvollkommenheiten und Mängel aufzufinden: um desto sicherer würden wir voraussezen, daß verborgene Mängel doch in all dem herrlichen enthalten wären, was wir vorzüglich an ihm zu loben und zu preisen pflegen. Ob wir sie immer nur voraussezen müßten, oder ob wir sie im Einzelnen wirklich entdekt hätten, das gälte für die Liebe gleichviel. Wir könnten ihn

---

8 Das] das

6–7 Vgl. Jak 1,17   8–9 2Kor 5,17   28–29 Vgl. Mt 11,28

lieben unendlich viel mehr als alle andre; wir könnten an ihm hangen mit einer Verehrung, der sich keine andre vergleichen könnte: – aber es wäre doch auch eine unreine, eine gefärbte Liebe, sie wäre nicht von einer andern Art als die gegen andre Menschenkinder, und könnte also auch diese Liebe selbst nicht heiligen und umwandeln.

Zweitens aber hängt die wahre christliche Liebe | auch in sofern nothwendig mit dieser Vorstellung von dem Erlöser zusammen, als sie eine ganz allgemeine sein, und eben wie seine Erlösung das ganze menschliche Geschlecht umfassen soll. Wir sehen dies zwar gewöhnlich als einen ganz unabhängig von der Erscheinung Christi in der menschlichen Natur liegenden Trieb an, und halten es für ein aus der menschlichen Vernunft hervorgehendes Gebot, daß wo wir irgend Menschen sehen, wir auch gleich das Verhältniß anknüpfen sollen Liebe zu geben und zu nehmen. Aber wir denken nur nicht immer daran, daß auch dies uns erst durch Christum gekommen ist, und daß es eine der traurigen und verwüstenden Folgen der Sünde ist, daß sie die Liebe in dem menschlichen Herzen einengt und beschränkt. Oder wo waren denn, ehe der Sohn Gottes erschien, die Menschen, wo weiset sie uns die Geschichte nach, welche in der That eine allgemeine und unbegränzte Liebe, ich will nicht sagen wahrhaft gefühlt und ausgeübt, sondern auch nur von sich und Andern gefordert hätten? Kaum in einzelnen der stillen Betrachtung geweihten Seelen konnte sich eine solche Ahndung ausbilden, die aber verhallte, ohne irgendwo zum lebendigen Triebe geworden zu sein, und sich auch in ihnen selbst nicht kräftiger würde bewahrt haben, wenn sie sich dem thätigen Leben wieder zugewendet hätten. Denn war nicht überall die Liebe auf die Genossen der Sprache und des Stammes beschränkt, so daß jedem alles menschliche außer diesen Grenzen wenn | nicht feindselig erschien doch gleichgültig? Und wahrlich das war auch ganz natürlich. Denn eben diese Vernunft, welche einen allgemeinen Zusammenhang der Liebe fordern konnte, sie verkündigte selbst auch dieses, daß sie überall einheimisch sei in dem menschlichen Geschlecht, und daß in jedem größeren Theile desselben auch die Ungleichheiten aller Art einheimisch wären, vermöge deren Einige mehr geben könnten, und Andere mehr empfangen müßten. Jeder aber konnte leichter von seinen Sprachgenossen empfangen als von Andern, und jeder auch leichter den Seinigen mittheilen als Andern. So schien es also angemessen, daß Jeder bei den Seinigen blieb, und aus dieser Sonderung entwikkelte sich dann auch der Streit und der Haß, so oft die gesonderten Gebiete sich verwirrten durch die Schuld Einzelner oder durch den Drang der menschlichen Bedürfnisse. Und von dieser Beschränkung

---

34 könnten,] konnten,

der Liebe würden wir, die Erfahrung lehrt es, weil es ja noch eben so ist überall in dem Maaß, als die Herzen dem Einen Hirten Einer Heerde noch nicht vollkommen gehuldiget haben, von dieser Beschränkung würden wir durch alle menschliche Weisheit, die irgendwo hätte zum Vorschein kommen können, durch alle Milderung der Sitten, welche der Lauf der Zeiten herbeigeführt hätte, nicht frei geworden sein. Wenn aber die Meinung aufhörte, daß Jeder bei sich finden könne, was Noth thue und Heil bringe, weil doch überall alles unvollkommen sei, überall aber zugleich irgend ein Keim des guten und wahren; | wenn ein Gerücht entstand, an Einem Ort sei erschienen der Aufgang aus der Höhe, ein reines Licht, das alle Finsterniß vertreiben könne und werde, und von der einen Seite die Herzen der Menschen sich dem zuwendeten aus Ueberdruß an dem unvollkommnen, von der andern Seite aber der Erlöser eins mit dem Vater in der gleichen Liebe für das ganze Geschlecht, mit dem Glauben, daß er der Sohn des lebendigen Gottes sei, denen die an ihn glaubten das Vertrauen einflößte, daß sie, wenn sie den Menschen ihn und seinen Frieden brächten, ihnen etwas gäben, was nirgend anders zu bekommen sei, und die Liebe Christi sie drängte, weiter und immer weiter ihre Verkündigung zu tragen: so konnten die Scheidewände fallen, und eine Allgemeinheit der Liebe in die Herzen ausgegossen werden, welche selbst durch den leider noch fortdauernden irdischen Streit hindurch schimmert, und ihn von innen heraus immer mehr überwindet. – Wo aber war wol jener beschränkende und absondernde Volksgeist schärfer und strenger, als wo der Herr geboren ward? Das Volk, von welchem alle anderen Völker für unrein gehalten wurden und ihre Gemeinschaft gemieden, bei dem als Auslegung eines göttlichen Wortes die Lehre hingestellt war, du sollst deinen Bruder lieben und deinen Feind hassen, ein Volk, welches die Bestimmung gar nicht erkennend, daß es unter einem solchen beengenden Gesez nur zusammengehalten werden sollte, bis das Licht der Welt erschien, aus Mißverstand dieses Gesezes wähnte, daß Gott ihm | eigne, ein solches Volk konnte nicht aus sich selbst den erzeugen, pflegen und unterweisen, von welchem diese allgemeine Liebe ausgegangen ist. Hätte nicht das göttliche Wort ursprünglich bewahrend und beschüzend in ihm gewohnt: wie hätte er dieser uralten in das ganze Leben eingewurzelten und durch die ganze geschichtliche Ueberlieferung des Volkes geheiligten Beschränkung entgehen können? Oder sollen wir glauben, er wäre ihr auch nicht entgangen, und erst seine Jünger wären darüber hinausgekommen? Sie, die alles nur von ihm hatten, aber so oft auch das, was er ihnen mittheilen wollte, nicht verstanden; sie, die auch

2–3 Vgl. Joh 10,16   10–11 Lk 1,78–79   28–29 Vgl. Mt 5,43

hernach nur aus dem Geiste redeten und handelten, der nichts konnte und sollte, als nur von Christo nehmen und ihnen verklären! Das können wir wol nicht glauben; denn der Jünger war nicht über den Meister, und fast nur widerstrebend wurden sie von dem Befehl des Herrn das Evangelium unter allen Völkern zu verkündigen zur Gemeinschaft mit Samaritern und mit Heiden fortgerissen. Er aber war durch das göttliche Wort, das er ursprünglich in sich trug, sicher gestellt gegen alle Einflüsse dieser beschränkenden Denkungsart; Er war vermöge seiner Einheit mit dem Vater der Urheber einer allgemeinen Liebe. Und die von ihm gestiftete allgemeine auf das ewige gerichtete Verbindung aller Menschen deutet auf die Vermenschlichung der alles zusammenhaltenden göttlichen Kraft in seiner Person.

Und nun, m. g. Fr., ohne den Glauben, den | wir uns jezt in kurzen Zügen dargestellt haben, ohne die Liebe, deren Bild wir uns flüchtig vorgezeichnet haben, was wäre für uns der Werth der Erlösung? wo wäre die Heiligung, wo die Gerechtigkeit, zu der uns Christus werden sollte und geworden ist? Soll also, m. g. Fr., durch ihn Ehre sein Gott im Himmel, und sich durch ihn verherrlichen die geistig schaffende Macht des allgemeinen Schöpfers, welcher das menschliche Geschlecht nicht nur zu seinem ursprünglichen unvollkommnen Zustande berufen hat; soll durch ihn der Friede auf Erden gegründet werden, vor welchem immer mehr alle Zwietracht und aller Haß verschwindet, damit Alles in Liebe Eins werde; soll uns ein ungetrübtes Wohlgefallen möglich sein, ohne welches doch an keine Seligkeit zu denken ist: so muß es eine wahrhaft göttliche Gestalt eines Erlösers geben, auf welchem unser Auge ruhen kann, so muß von Anfang seines Lebens an das wahr gewesen sein, daß das göttliche Wort in ihm Fleisch geworden, und wir haben ein heiliges Recht, ihn, wie er auf der Erde erschien, schon in der ersten kindlichen Gestalt des menschlichen Lebens mit heiliger Ehrfurcht zu begrüßen als denjenigen, der der Erlöser der Menschen nicht nur werden sollte, sondern schon war, als denjenigen, in welchem sich der Vater nicht nur verklären sollte, sondern in welchem er unsichtbarer Weise schon verklärt war, und als den, der schon Eins mit ihm war von Anfang an.

Ja, m. g. Fr., wie dieses Fest der Kindheit des Erlösers für uns Alle zugleich das schöne und | erfreuliche Fest der Kinder ist, auf denen eben in Beziehung auf ihn, der auch um ihretwillen Fleisch und Blut angenommen hat, wie sie selbst es haben, unser zärtliches Auge mit Wohlgefallen ruht, und ihnen liebend die Seligkeit verheißt, die sie im Glauben an den Erlöser und in der Treue gegen ihn finden werden:

---

2 Vgl. *Joh* 16,14   3–4 Vgl. *Mt* 10,24   4–5 Vgl. *Mt* 28,19–20   15–17 Vgl. *1Kor* 1,30   18–24 Vgl. *Lk* 2,14   28 Vgl. *Joh* 1,14   34 Vgl. *Joh* 10,30

Predigt über Lk 1,31–32

so laßt uns fest daran halten, daß nur durch diesen Glauben, daß er zwar sonst ein Kind gewesen ist wie andre, aber weil er uns in allem gleich sein sollte ausgenommen die Sünde, die göttliche Kraft, durch die er der Erlöser der Welt werden konnte, schon von Anfang in ihm wenngleich verborgen doch wirksam und lebendig gewesen sein muß, daß nur mit diesem Glauben das Wort in seine volle Erfüllung gehen kann, welches er, mit liebendem Herzen dem jungen Geschlecht zugewendet, ausgesprochen hat, Solcher ist das Reich Gottes.   Amen.

——— I

2–3 Vgl. Phil 2,7   3 Vgl. Hebr 4,15   8 Mk 10,14; Lk 18,16

V.

Die Freude an der Erscheinung Christi erhöht durch die Betrachtung, daß er gekommen ist das Schwerdt zu bringen.

Weihnachtspredigt.

Ehre sei Gott in der Höhe, Friede auf Erden, und den Menschen ein Wohlgefallen.   Amen.

Text. Matth. 10, 34.

Ihr sollt nicht wähnen, daß ich gekommen sei Frieden zu senden auf Erden; ich bin nicht gekommen Frieden zu senden, sondern das Schwerdt.

M. a. Fr. Wie wunderbar mißhällig tönen diese Worte des Herrn in den englischen Gruß hinein, den wir unmittelbar vorher vernommen haben, so daß sie uns die ganze Freude und Seligkeit dieses Festes aufzuheben drohen. Denn ist das Schwerdt vorzüglich die Ehre Gottes? und wenn es von neuem wüthet, ist das den Menschen ein besonderes Wohlgefallen? Wenn nun vom Himmel herab gesagt wird, Friede sei nun auf Erden: wie kann der Herr selbst sagen, Wähnet nicht, daß ich gekommen sei Frieden zu bringen, sondern das Schwerdt? Und wenn es denn wahr ist, was er sagt: sollten wir uns die traurige Wahrheit nicht am meisten zu verbergen suchen und sie von unserer Seele zu entfernen gerade in diesen Tagen der Freude über seine Erscheinung? Aber nein, es ist schon von langer Zeit her die Gewohnheit in einem großen Theil der christlichen Kirche gewesen, an diesem zweiten Tage des Weihnachtsfestes zugleich zu feiern das Gedächtniß jenes ersten Märtyrers, der für den Namen des Herrn starb. Das war es ja, wo dieses Wort des Herrn anfing in Erfüllung zu gehen. Und warum denn, m. g. Fr., hat man dies Beides so zusammengerükt? Scheint darin nicht eben dieses ausgesprochen zu sein, daß die Geburt des Märtyrerthums gleichsam die nächste und unmittelbarste Verherrlichung der Geburt Christi selbst sei? Ja wir sollten

---

2 *Predigt zum 2. Weihnachtstag am 26. Dezember 1824 vormittags in der Dreifaltigkeitskirche zu Berlin; vgl. Predigtnachschrift und Liederblatt in KGA III/8, S. 742–751*
6–7 Vgl. Lk 2,14   26–27 Vgl. Apg 6,8–7,59 zur Steinigung des Stephanus

es wissen, und gerade in diesen Tagen besonders bedenken, so wie sonst was es ihn gekostet, so jezt besonders was es uns, ich meine was es dem ganzen Geschlecht der Gläubigen, vom Anfang der Erscheinung Christi an, für Siegeskronen eingetragen hat, daß wir so theuer durch ihn erlöst sind. Alles Leiden, was Menschen erduldet haben um sei|nes Namens willen, alles Elend, was über seine Gläubigen und seine Jünger gekommen ist, aller Unfriede, der auf Erden ist ausgesäet worden im Streit über seinen Namen, das alles sollen wir uns vor Augen halten, wenn wir seine Erscheinung feiern, daran sollen wir ihn erkennen, den Aufgang aus der Höhe, der uns besucht hat, und den Fürsten des Friedens, der auch unsere Füße auf den Weg des Friedens leitet. Wohlan, so wollen wir uns denn nicht scheuen, das ernste und gewichtige Wort des Herrn in unsere weihnachtliche Freude zu verknüpfen; wir wollen vielmehr versuchen durch diese Betrachtung, daß der Herr gekommen ist das Schwerdt zu bringen, unsere Freude an seiner Erscheinung zu erhöhen und zu reinigen. Das ist es, wozu ich mir für diese festliche Stunde eure christliche Andacht und Aufmerksamkeit erbitte. Worauf es aber dabei ankommt, das ist dies: erstlich, daß der Herr gekommen ist das Schwerdt zu bringen auf Erden, dies leistet uns die sicherste Gewähr dafür, er sei auch in sofern wahrhaft unser Bruder geworden, daß sein ganzes Leben und Wirken allen Bedingungen eines wahrhaft menschlichen Wirkens unterworfen gewesen ist; zweitens finden wir darin, daß er gekommen ist das Schwerdt zu bringen auf Erden, die beste Bürgschaft dafür, daß in der That die Fülle der Gottheit in ihm gewohnt hat; und endlich, daß er gekommen ist das Schwerdt zu bringen, das giebt uns die tröstlichste Sicherheit über die unerschütterliche Festigkeit des | Bandes zwischen ihm und uns. Dies laßt uns nun nach einander näher erwägen.

I. Ich sage zuerst, m. g. Fr., die sicherste Gewähr dafür, daß das Leben und Wirken des Herrn von Anbeginn ein wahrhaft menschliches gewesen ist, leistet uns eben dieses, daß er nicht umhin konnte das Schwerdt zu bringen auf Erden.

Denn wie verhalten sich die Menschen zu allem, was menschlich auf sie gewirkt wird? Mitgegeben ist ihnen als das unauslöschliche Zeichen ihrer Gebrechlichkeit der Irrthum, dem sie, wie wohlmeinend sie auch seien und wie sehr dem Guten nachstrebend, doch leider immer so unterworfen bleiben, daß er sie unerwartet beschleichen kann. Daher, m. g. Fr., kann der Mensch sich gegen Alles und über

---

4 Vgl. 1Kor 9,25   4–5 Vgl. 1Kor 6,20; 7,23   10 Vgl. Lk 1,78   11 Vgl. Jes 9,5
11–12 Vgl. Lk 1,79   25 Vgl. Kol 2,9

Alles verblenden, was ihm von Anderen dargeboten wird, das Wohlthätigste kann ihm gefährlich, das Heilbringendste kann ihm verderblich, das Göttliche selbst kann ihm unannehmlich und verkehrt erscheinen. Sollte nun das Wirken des Herrn selbst ein wahrhaft menschliches sein, ohne daß etwan irgend eine geheime Gewalt die gewöhnliche Weise alles menschlichen Geistesverkehrs umlenkte: so mußte eben auch der Erlöser diesen Bedingungen alles menschlichen Wirkens unterworfen sein. Als die bösen Geister vor ihm wichen, es konnte nicht anders kommen, welche unter den Zeugen seiner Thaten mußten so verblendet sein über ihn und über sein Dasein, daß sie wähnten, er treibe | die bösen Geister nur aus durch den Obersten der bösen Geister. Als das Gerücht von ihm anfing sich zu verbreiten, und die Menschen einander leise und gleichsam verstohlen die Vermuthung in das Ohr raunten, ob nicht dieser Jesus von Nazareth derjenige sein möchte, der da kommen sollte, der Helfer, der Retter, der Messias: es konnte nicht anders kommen, selbst unter seinem Volke mußten welche, wiewol bekannt mit den göttlichen Verheißungen, die dem Volk mitgegeben waren seit einer großen Reihe von Geschlechtern, so verblendet sein über ihn, daß selbst die Zeichen und Andeutungen der Schrift sie in ihrer Verblendung nur bestätigten. So kam es denn, daß die Einen sagten, wenn Christus kommen wird, so werden wir nicht wissen, von wannen er ist, von diesem aber wissen wir, von wannen er ist, und kennen seinen Vater und seine Mutter und seine Brüder und seine Schwestern. So hielten sich Andere an ein anderes Vorurtheil und sagten, Ist er nicht aus Nazareth? und habt ihr je gehört, daß ein Prophet aufgestanden ist oder aufstehen soll aus Galiläa? Das, m. g. Fr., das mußte das Loos des Erlösers sein, sobald sein Wirken ein ächt und rein menschliches sein sollte; und eben aus dieser Verblendung solcher Menschen, die das Heil auf einem andern Wege finden wollten als da, wo es allein sicher und bleibend zu finden ist, daher zunächst entstand es, daß er das Schwerdt brachte auf Erden, daß sich Eltern gegen Kinder und Kin|der gegen Eltern, daß sich Geschwister und Freunde gegen einander bewaffneten um seinetwillen.

Wie verhalten sich die Menschen zu allem, was menschlich auf sie gewirkt wird? Gleich sind wir einander, das wissen wir, sobald von dem innersten Wesen der menschlichen Natur die Rede ist. Aber dasselbe, was Mehreren begegnet, was zugleich Viele anregt, wirkt doch auf eine gar ungleiche Weise, je nachdem der Eine so und der Andere anders entweder im Allgemeinen gestellt oder in einzelnen Au-

---

11–12 Vgl. Mt 9,34; 12,24; Mk 3,22; Lk 11,15   **21–23** Vgl. Joh 7,27, Biblia, Neues Testament, S. 210 („wannen")   **23–24** Vgl. Mt 13,55–56   **25** Vgl. Joh 1,45–46
26–27 Vgl. Joh 7,41–42.52   **32–33** Vgl. Mt 10,21

genblikken gestimmt ist. So konnte es denn auch nicht anders sein, als daß sowol der Herr selbst, so lange er auf Erden lebte, als auch seitdem er nicht mehr da ist, das Wort der Predigt, welches er in seiner Kirche gestiftet hat, immer ungleich auf die Menschen wirkte. Einigen, wenn ihnen verkündigt ward, daß der Jesus, den sie überantwortet hätten und getödtet, von Gott sei zu einem Herrn und Christ gemacht worden, und daß nur in seinem Namen Heil und Vergebung der Sünden zu finden sei: so ging es ihnen durchs Herz und sie fragten, was sollen wir also thun, daß wir selig werden? Aber wie viele Andere blieben gleichgültig dabei, schüttelten das Haupt und gingen von dannen, wie sie gekommen waren. Wenn nun die Menschen so ungleich angeregt sind, m. g. Fr., ach ist es denn nicht auch etwas ganz Menschliches, daß derjenige, welcher gleichgültig geblieben ist, den Andern, in dem Innern seines Gemüthes bewegteren, der nun gern alles mit in dieselbe Bewegung fortreißen möchte, | für nichts anderes hält, als für den Feind seiner Ruhe? So ist es denn auch eben deswegen ergangen von Anbeginn her. Seitdem das Wort der Versöhnung ist verkündigt worden, hat es Menschen gegeben, die sich nicht wollten aufstören lassen aus der Ruhe, in welcher sie freilich nur in Finsterniß und Schatten des Todes saßen, sich aber doch sicher und wohl berathen finden mußten, bis endlich die göttliche Bewegung auch in ihr vielleicht schon verstoktes Herz drang.

Daher konnte es nicht anders kommen, als daß wer eine solche Bewegung veranlaßte wie der Erlöser, auch mußte das Schwerdt bringen auf Erden. Denn, m. g. Fr., entzweien sich die Menschen einmal, aber sie mäßigen sich dann in der Entzweiung, und bleiben in gewissen Schranken, so daß es bis zu solchen heftigen Auftritten, Befehdungen und Zerstörungen nicht kommt, die durch den Ausdrukk S c h w e r d t bezeichnet werden: was ist der Grund davon anders, als nur daß sie den Gegenstand nicht für wichtig genug halten? Aber wenn auch noch so sehr das Leben und Wirken des Herrn allen diesen Beschränkungen des menschlichen Wirkens unterworfen war: so gehörte doch wenigstens auch das nothwendig mit hinein, daß die Bewegung, die er auf Erden erregte, je länger je mehr Allen mußte größer erscheinen als irgend eine, zu der sie jemals waren veranlaßt worden, oder das Reich Gottes hätte auch nicht können daraus hervorgehen. Daher auch die Entzweiung verschieden | gestimmter Menschen, welche seine Erscheinung und hernach die Botschaft von ihm hervorbrachte, überall heftig genug war, um den Ausdrukk zu verdienen, daß er gekommen sei das Schwerdt zu bringen auf Erden, und daß wir dieses Schwerdt ohne Ausnahme überall bald mehr bald minder

---

4–9 *Vgl.* Apg 2,23.36–37   19–20 *Vgl. Mt 4,16 mit Bezugnahme auf Jes 9,1*

blutig und zerstörend wüthen sehen, wo das Wort des Friedens verkündigt wird. Also, m. g. Fr., wenn es anders gewesen wäre als so, wie hätte dann die Sache gestanden? Dann hätte auch das Wort des Apostels nicht wahr sein können, Als die Zeit erfüllet war, sandte Gott seinen Sohn vom Weibe geboren und unter das Gesez gethan[1], weil noch nicht Empfänglichkeit genug gewekkt gewesen wäre für den Gegenstand seiner Sendung, um die Menschen kräftig aufzuregen und zu Billigung und Mißbilligung heftig zu bewegen. Als es aber so weit gekommen war mit dem menschlichen Geschlecht, daß der Erlöser überall hin, wo er erschien, auch das verzehrende Schwerdt brachte, da war die Zeit wirklich erfüllt, da konnte er als Erlöser erscheinen. Und wohl uns, daß er um diese Zeit erschienen ist, m. g. Fr.! Oder hätte etwa seine Erscheinung anstehen sollen, bis nicht mehr nöthig gewesen wäre, daß er mit der Verheißung des Friedens das Schwerdt brächte? bis alle Segnungen seiner Erscheinung mild und freundlich ohne zerstörende Rükbewegungen hätten eintreten können? Nein warlich, hätten die Men|schen ohne ihn durch sich selbst so weit kommen können, daß sie gleich ungetheilt und ohne Entzweiung dem göttlichen Leben und dem himmlischen Lichte zugefallen wären, so wie es sich ihnen gezeigt hätte: so hätten sie es auch wol selbst finden können, und des Erlösers Erscheinung wäre nicht mehr nöthig gewesen. Ist nun eben dieses nicht, und kann es nicht sein: so würden wir immer noch sizen in Finsterniß und Schatten des Todes, und alle tausende von Geschlechtern könnten noch vergehen, immer würde das Heil nicht kommen. Entweder also gar nicht konnte eine rechte Erlösung erfunden werden, oder so, daß der Retter der Welt zuerst das Schwerdt bringen mußte, ehe der Friede, den Er den Seinigen gelassen hat, seine Segnungen über sie verbreiten konnte. So trifft das strenge und schneidende Wort des Erlösers, daß er gekommen sei das Schwerdt zu bringen, in dieser Beziehung genau zusammen mit dem schon angeführten milder klingenden des Apostels, daß er sollte vom Weibe geboren und unter das Gesez gethan sein. Denn in dem Gesez seines Volkes war alles was der Zauberei ähnelte, alle Anwendung irgend einer geheimnißvollen Gewalt auf das strengste untersagt. Also war auch der Erlöser auf die naturgemäße Wirkungsart des Geistes beschränkt, eben weil er unter das Gesez gethan war. Hätte es anders sein sollen, m. g. Fr.; hätte er die Gemüther auf andere Weise als durch ächt menschliche Einwirkung an sich gezogen: nun dann hätte er auch

---

[1] Gal. 4, 4.

23 *Vgl. Mt 4,16 mit Bezugnahme auf Jes 9,1*   27–28 *Vgl. Joh 14,27*   31–32 *Vgl. Gal 4,4*

nicht können | unser Bruder sein, weil die göttliche Kraft in ihm sich noch anderer Werkzeuge und Hülfsmittel als seiner menschlichen Natur bedient, diese aber als unbrauchbar bei Seite geschoben hätte. Wir könnten uns dann auch nicht in dem Sinne, wie wir es so gern thun, dessen rühmen, daß uns in Christo auch der Aufgang aus der Höhe besucht habe oder heimgesucht. Denn dieses schöne und liebliche Wort bedeutet doch nichts geringeres als dieses, daß der Aufgang aus der Höhe, wie er in unserer Heimath erschien, auch ganz in die Ordnung unseres Lebens hineingetreten sei, und nicht auf andere Weise als unser einer in dieser irdischen Welt gewirkt habe, wo alles, was wir bis jezt auseinander gesetzt haben, das natürliche ist, und erst aufhören kann natürlich und in der Ordnung zu sein, wenn sein Werk vollendet ist am Ende der Tage.

Darum, m. g. Fr., wollen wir uns, indem wir uns seiner freuen und seiner Erscheinung, auch dessen freuen, daß er so gekommen ist vom Weibe geboren und unter das Gesez gethan, daß sein erlösendes, sein heilbringendes Wirken nicht anders konnte, als das Schwerdt bringen auf Erden.

II. Eben so aber ist uns dieses auch zweitens eine sichere Gewährleistung dafür, daß in ihm die Fülle der Gottheit gewohnt hat, und daß der, welcher uns besucht hat, wirklich gewesen ist der Aufgang aus der Höhe.

Denn, m. g. Fr., wie wir es aus den Wor|ten unseres Textes und aus so vielen andern Aeußerungen des Herrn wissen, ihm ist das nicht verborgen gewesen, er hat es wohl gewußt und aufs genaueste vorausgesehen. Er der so tief in das Wesen der menschlichen Natur sowol und des menschlichen Herzens als auch in die besonderen Verhältnisse seiner Zeit eingedrungen war, er wußte es, daß er das Schwerdt brächte auf Erden; und doch ist er gekommen, und doch hat er nicht unterlassen können, auf diesem Wege, weil es nicht anders möglich war, das menschliche Geschlecht zu erlösen und diejenigen zu befreien, die da saßen in Finsterniß und Schatten des Todes!

M. g. Fr., erinnert euch einmal jener Erzählung, die der Herr seinen Jüngern mitgetheilt hat davon, wie er ist versucht worden in der Wüste; bedenkt wie wir alle eben darin, daß er so rein und schlicht jede verführerische Anmuthung von sich wies, den deutlichsten Beweis finden von der Reinheit der göttlichen Kraft, die in ihm lebte: und dann sprecht, was sind doch jene Versuchungen, wie sie uns dort erzählt werden, dagegen, wenn wir uns denken, der Versucher sei zu

---

5–6 Vgl. Lk 1,78   16 Vgl. Gal 4,4   20–21 Vgl. Kol 2,9   21–22 Vgl. Lk 1,78
32 Vgl. Lk 1,79   34–35 Vgl. Mt 4,1–11; Lk 4,1–13

ihm getreten, und statt ihm auf der Höhe des Berges die Reiche der Welt und ihre Herrlichkeit zu zeigen, hätte er ihm die Ströme von Blut gezeigt, welche um seines Namens willen auf Erden fließen würden, hätte ihm nicht etwa sein eigenes Kreuz gezeigt, aber wie sich dieses ins Unendliche hin vervielfältigen würde für die ganze Schaar seiner gläubigen Bekenner und Jünger, hätte | ihm gezeigt, wie das verzehrende Schwerdt Tausende nach Tausenden hinwegraffen würde, und die Bande der Knechtschaft, in der seine Zeugen würden seufzen müssen, und alle Schmach und Hohn der Welt, alle Schmerzen und Entbehrungen der Liebe; wenn er ihm die ganze Wuth der Verfolgung, welche über sie kommen würde, viel ärger als die Dienstbarkeit aus welcher Moses mit starker Hand das Volk des alten Bundes befreit hat, endlich die herzzerreißende Zerstörung der heiligsten menschlichen Verhältnisse um seines Namens willen, wenn ihm der Versucher alles dieses in Einem düstern Jahrhunderte und Jahrtausende umfassenden Bilde gezeigt, und ihm dann beweglich zugesprochen hätte, ob er auch dieses wohl überlegt habe, und dennoch fest entschlossen sei, über die armen Menschen auch noch diese unübersehbare Masse von Jammer und Elend hinzuzubringen zu allen Leiden, welche sie ohne dies schon verschuldet und unverschuldet zu erdulden haben? ob er denn auch sicher sei, das Heil, welches er unter ihnen zu begründen denke, werde alle diese Noth aufwiegen, und zwar auch so noch, wie sie es wieder verunstalten würden durch die ihnen von Alters her eingewurzelte Neigung zum Wahn und Irrthum – und was für ein schaudervolles Gemälde hätte er ihm hier wieder zeigen können, welche Menge von trostlosen Gestalten in härenen Gewanden, durch schwärmerische Kasteiungen zu kraftlosen Schatten entstellt, verdüstert durch Kniebeugungen und Gebete, wovon Herz und Gedanken | nichts wissen, vergeblich abgemüht in einem engen Kreise von todten Werken, ohne daß doch in ihnen der alte Mensch ertödtet und ein freudiges Leben aufgezogen wäre! – Wenn er ihm nun auch dieses noch gezeigt und ihn mit der Frage gedrängt hätte, ob er es denn auch um diesen Preis wagen wolle, und ob er es nicht gerathener fände, in das verborgene Leben, aus dem er eben hervorzutreten im Begriff sei, wieder zurükzukehren, und in stillen Gebeten sein Ansehn bei seinem Vater geltend zu machen, ob dieser das Loos seiner Brüder auf einem andern Wege lindern wolle, selbst aber das menschliche Geschlecht sich selbst zu überlassen, ob es ohne ihn einen wohlfeileren Ausgang finden möchte aus der Finsterniß, die es umfangen hielt: denkt euch dem gegenüber einen Menschen, auch den muthigsten, der für sich allein gewiß den Weg des Glaubens geht, und wenn auf allen Dächern die bösen Geister ihm drohten; denkt euch den freudigsten, der es nicht scheut, nicht nur sich selbst, sondern auch Andern alle Aufopferungen abzufordern für die gute Sache: ob nicht doch beide bei solchen Aussichten in die Zukunft würden ermattet sein, und die Hand zurükgezogen haben vom Pfluge? Aber, fragt ihr vielleicht, hat denn der Herr diese Versuchung wirklich bestanden? oder sind ihm nicht vielmehr diese damals noch weit entfernten Ereignisse verborgen gewesen, wie er ja selbst sagt, daß der Vater manches sich allein vorbehalten habe? Allein es erhellt ja deutlich genug aus seinen eigenen Worten, nicht nur aus denen | unseres Textes, sondern noch mehr aus dem was darauf folgt, wie er würde den Sohn erregen wider den Vater, und die Tochter wider die Mutter, und aus andern vorbauenden und ermuthigenden Reden, wie bestimmt ihm diese Bilder vorgeschwebt haben. Und mit welcher unerschütterlichen Gelassenheit, mit welcher heldenmüthigen Ruhe sagt er dies alles, ja schien kaum erwarten zu können, daß das Feuer auflodere, welches er anzuzünden gekommen war. Ja gewiß, er mußte gar nicht nach der Weise anderer Wohlthäter, sondern mehr als was bisher menschliches Gut war, mitzutheilen haben, und da er außer sich gar nichts hatte, vielmehr an äußerlichen Dingen ärmer war als jemand, mußte er übermenschliches in sich tragen, mußte sich einer unerschöpflichen Quelle geistiger Segnungen bewußt sein, ja er mußte auch wissen, er sei der einzige Inhaber dieser Güter, und anders nicht als durch ihn könnten die Menschen zu diesem Besiz gelangen, und das heißt doch wol, er mußte sich einer göttlichen Kraft und Reichthums bewußt sein, um dies alles gar nicht auf die Wageschale zu legen, sondern auch diese Versuchung, die er seinen Jüngern verschwieg, weil sie sie noch nicht tragen konnten, von sich abgleiten zu lassen, und auch so die Bahn seines Berufs würdig zu betreten. – Wenn ein Mensch auch nur den kleinsten Theil solcher Verwirrungen und Zerstörungen mit dem Auge des Geistes voraussehen könnte als den Erfolg seiner Bestrebungen, und diese wären eigennüzig und selbstsüchtig, nur | eigene Sicherheit und Ruhe, nur persönlichen Ruhm und Herrschaft bezwekkend: würden wir nicht sagen, doch was frage ich so, haben wir es nicht tausendmal gesagt, das sei übermenschlich, sondern der müsse von einer stärkeren dunklen Gewalt getrieben sein, der dies vermöchte mit kaltem Blut, mit ruhiger Seele, mit ungestörtem Bewußtsein? Aber eben so, wenn es nur belebende und beseligende Bestrebungen sind, das Werk allgemeiner Erlösung und allgemeinen Heils; wenn der, welcher so das Schwerdt bringt, sich selbst zuerst und zwar nicht aufs ungewisse hingiebt in die Gewalt des Schwerdtes, und nichts anderes will, als das höhere Leben, welches er selbst in sich trägt, unter den Menschen hervorbringen und bleibend begründen: so mögen wir wol sagen, wie ein solcher Vorsaz und Entwurf nur leerer Wahn wäre ohne eine höhere Kraft,

---

1–2 Vgl. Lk 9,62   5–6 Vgl. Mt 24,36   8–9 Vgl. Mt 10,35

so würde auch keiner das Bild ertragen können von dem Elend, welches seiner Ausführung voranginge und sie begleitete, wenn nicht eine göttliche Kraft in ihm wohnte. Ja dessen mußte der Herr auf eine göttliche Weise gewiß sein, ihm könne es nicht fehlen, nach allen Verwirrungen des Schwerdtes und unter denselben doch die Füße der Menschenkinder auf den Weg des Friedens zu leiten, der ein höherer ist, als der Friede der bisherigen Welt; das mußte er gewiß wissen, nach allen diesen Zerstörungen und unter denselben würde er sie doch herausreißen aus der Finsterniß und dem Schatten des Todes, und sie versezen in das schöne Reich des | Lichtes und der Liebe; das mußte er gewiß wissen, alle diese feindseligen Bewegungen wären nichts anderes, als die lezten Krämpfe des alten Todes, von welchem er die Menschen nun eben erlösete, die entscheidenden Geburtsschmerzen des neuen und ewigen Lebens, welches nun eben empfangen wurde in der menschlichen Natur. Eine solche Zuversicht aber und das Bewußtsein, daß die Fülle der Gottheit in ihm wohnte, daß es des Vaters Worte und Werke seien, die er rede und thue, und daß es der ewige, nur durch ihn auszuführende Rathschluß und Wille des Vaters sei, den er zu vollbringen gehe; die Zuversicht, daß dieser göttliche Rathschluß durch alle jene Schrekknisse hindurchführend sein Ziel unmöglich verfehlen könne, und die Gewißheit, daß Er selbst hierzu göttlich bewegt sei, und dieser Wille Gottes so ganz sein eigener, daß beide niemals, auch nicht in dem zweifelhaftesten Augenblikke des Lebens, auseinander gehen könnten, dieses erscheint uns gewiß Allen als ganz Eins und dasselbige; und wir können keinen Erlöser haben, der auf eine solche Weise das Schwerdt bringt, außer nur, wenn er der eingeborne Sohn vom Vater ist, und wie dieser auch in dem allen voller Gnade und Wahrheit.

Aber, m. g. Fr., noch sind wir nicht am Ende und haben das Wort, Ich bin gekommen das Schwerdt zu bringen, auch in dieser Beziehung noch nicht ganz durchschaut. Oder sollte es genug sein daran zu denken, was die Zeugen und Jünger des Herrn von den Feinden seines Wortes gelitten ha|ben? O in diesen Tagen, wo wir uns so besonders seiner Erscheinung auf Erden, und also auch seines ganzen Werkes erfreuen wollen, dürfen wir auch das Auge nicht verschließen gegen die innere Geschichte der christlichen Kirche! Ach! auch da wüthete das Schwerdt! auch da sehen wir Väter und Kinder, Brüder und Schwestern gegen einander aufstehen im heftigsten Streite, was eigentlich der wahre Sinn des Heils in Christo sei, und welches die nothwendigen Mittel, welches die wesentlichen und unerlaßlichen Bedingun-

---

40 unerlaßlichen] vgl. Adelung: Wörterbuch 3, Sp. 65

5–6 Vgl. Lk 1,79   9 Vgl. Lk 1,79   16 Vgl. Kol 2,9   26–28 Vgl. Joh 1,14

gen, um dessen theilhaftig zu werden. Hat er auch das gewußt und voraus gesehen? Wir dürfen es wohl nicht bezweifeln! Denn wenn gleich seine Milde es nicht so deutlich ausgesprochen hat als jenes; doch, wenn wir daran denken, m. g. Fr., wie inbrünstig er in seinem lezten feierlichen Gebet eben dieses von seinem und unserm himmlischen Vater erfleht, daß die, welche er ihm während seines irdischen Lebens gegeben hatte, so wie die, welche durch ihr Wort an ihn glauben würden, doch recht vollkommen Eines unter einander sein möchten, eben so wie er und der Vater Eins sind: so gemahnt uns dieses inbrünstige Flehen recht wie die Wirkung einer trüben aber nur zu sichern Ahndung seines göttlichen Gemüths, daß es nicht immer so sein werde. Und, m. g. Fr., so wie sie nicht ganz Eins sind im Geist, und das sind sie nicht mehr und können es nicht sein, sobald sie nach noch einer andern Einigkeit streben, als der Einigkeit im Geiste durch das | Band des Friedens[2], ach so sind sie auch allen jenen Zerrüttungen wieder ausgesezt, welche aus Partheiungen aller Art, aus den mannigfaltigen Verblendungen, welche die zauberische Gewalt des Buchstabens und der Sazungen hervorbringt, immer wieder entstehen. Diese traurige Seite der christlichen Geschichte, die sich so oft schon unter verschiedenen Gestalten wiederholt hat, auch sie also hat er gekannt! Daß er auch dieses Schwerdt bringen mußte statt des Friedens, was wäre wol mehr geeignet, den reinen Eindruk, den sonst sein Werk auf die Menschen machen könnte, zu schwächen und zu verdunkeln? Kann es wol ein größeres Hinderniß des Glaubens für die geben, welche jedesmal noch nicht glauben, als wenn sie sehen, daß eben da, wo die Liebe als das Gesez aufgestellt wird, welches alle regieren soll, wo der innere Friede noch die einzige sichere Entschädigung sein könnte für alle äußeren Widerwärtigkeiten, daß auch da die Zwietracht herrscht, daß auch da die Feindschaft hervorbricht, daß auch da das Schwerdt wüthet? Und doch ist es so. Aber, m. g. Fr., als der Herr am Kreuze zu seinem Vater betete für seine Feinde und Verfolger, und ihm diese sogar nur darstellte als solche, die nicht wüßten was sie thun, ach da betrachtete er auf dieselbe Weise auch die große Schaar der seit seiner Erscheinung und Vollendung über sein Wort, über seine Lehre und über das Gebäude sei|ner Kirche in bedauernswürdigen Zwiespalt zerfallenen Seelen. Und so hatte er immer die Verirrungen der Liebe und das Abgleiten derer auf die Bahn des Unfriedens, die doch auf dem Wege des Friedens wandeln wollten, als

---

[2] Ephes. 4, 3.

6–9 Vgl. Joh 17,6–9.20–21   26–27 Vgl. Joh 13,34–35; 15,12   30–33 Vgl. Lk 23,34

ein solches Nichtwissen was sie thun hatte er dieses immer im voraus erkannt. Und eben daß auch dies ihn nicht hinderte und seine Schritte nicht aufhielt; daß er auch hierüber mit derselben Gelassenheit und Ruhe hinwegsehen konnte, wol wissend, die Seinigen wären auch so, und indem sie unter einander zerfallen wären und äußerlich in solcher Feindschaft gegen einander erbittert, die ein gewöhnliches Auge von der Empörung selbstsüchtiger Leidenschaften nicht unterscheiden könnte, doch schon aus der Finsterniß und den Schatten des Todes errettet, mit denen diese schon vom Licht durchdrungene Wolken nichts mehr zu theilen hätten, auch so wären ihre Füße doch schon auf den Weg des Friedens hingelenkt, weil sie doch suchten Eins zu werden unter Einem und demselben Hirten, wenn auch aus menschlicher Verblendung diesen edlen geistigen Kampf um die Wahrheit mit unschiklichen und verbotenen Waffen durchfechtend; daß er auch dieses so und nicht anders beurtheilte, das ist auf der einen Seite der klarste Beweis, daß er die menschlichen Dinge gerade so sah, wie der Vater im Himmel sie sieht, dem er die Seinigen empfahl. Auf der andern Seite aber müssen wir wol zugeben, daß um auch noch mit einer solchen Voraussicht dennoch auf diesem Wege das | Werk der Erlösung zu beginnen und auszuführen, ein göttliches Selbstbewußtsein erfordert wurde, menschliche Kraft aber dieses weder auszudenken noch auszuführen vermocht hätte. Nur derjenige konnte, nachdem er dies alles wußte, so handeln, der auch so erschienen war, als der von oben herab kam, und sich eines ewigen Regiments und einer sicher gestellten Herrschaft bewußt war, durch welche das Alles wieder würde geebnet und ausgeglichen, ja in Friede und Heil verwandelt werden.

III. Eben deshalb aber, m. g. Fr., ist uns dieses, daß der Herr nicht umhin konnte das Schwerdt zu bringen, der sicherste **Maaßstab für die unerschütterliche Festigkeit des Vereines** zwischen dem Erlöser und den Seinen.

Wie wenig sein Werk schon fortgeschritten war, als er so schnell den Schauplaz der Erde wieder verlassen mußte, so daß er auch selbst menschlicher Weise wünschte, der Kelch, den er trinken sollte, möge, wenn auch nur noch einmal, vor ihm vorübergehen, das wissen wir. Aber auch ihm erschien das damals nicht unerwartet, sondern schon als er das Werk, welches ihm sein Vater aufgetragen hatte, beginnen

---

14 durchfechtend] durchflechtend

8 Vgl. Lk 1,79   10–11 Vgl. Lk 1,79   23–24 Vgl. Joh 3,31; 8,23   34–35 Vgl. Mt 26,39.42.44

wollte, mußte der, welcher wußte was in dem Menschen war, darin ergeben sein, mit schwachen Werkzeugen das größte auszuführen. Und – um daran nicht zu erinnern, daß nicht nur unter den Zwölfen auch derjenige war, der ihn verrieth, sondern daß auch die Uebrigen fragten, Herr | bin ichs? – schwach waren, auch als er sie verlassen mußte, diese insgesammt noch immer geblieben, die er als seine Liebsten und Vertrautesten um sich versammelt hatte, man sehe nun auf die reine Ausübung seiner Vorschriften, denn sie hatten noch vor kurzem darüber unter einander geredet, wer der nächste nach dem Meister sein sollte im Himmelreich, oder man sehe auf die richtige Auffassung seines Zwekkes und die reife Einsicht in seine Lehre. Denn sie dachten immer noch zugleich an eine äußerliche Herrlichkeit, in der er sich früher oder später offenbaren würde; und bei Manchem unter ihnen fanden auch noch späterhin diejenigen Christen Vorschub, welche den äußerlichen Gebräuchen des Judenthums anhingen. In jeder Hinsicht also waren sie noch Kinder dem Glauben nach, gleich den Christen, von welchen der Apostel sagt, sie könnten die starke Speise noch nicht vertragen, sondern mit der ersten Milch des Evangeliums müßten sie noch genährt werden. Und doch sollten sie nun gleich anfangen selbst Andre zu nähren, ja auf ihrem Zeugniß und ihrer Verkündigung beruhte von da an der ganze Erfolg seiner Sendung. Denn freilich das Werk der Versöhnung und der Rechtfertigung des menschlichen Geschlechtes vor Gott hat Christus allein vollbracht; dazu bedurfte er nicht nur Keines, der ihm Hülfe leistete, sondern er konnte auch keinen dazu gebrauchen. Aber sollten nun auch die Menschen sich dieses Werkes erfreuen: so mußte nicht nur Er selbst wirklich erscheinen, sondern auch nach ihm mußte das Evan|gelium wirklich gepredigt und der Bund der Christen gestiftet werden. Wie denn auch der Apostel Paulus beides unmittelbar neben einander stellt, indem er Gott dafür preiset, daß er in Christo war und die Welt mit ihm selber versöhnte, und daß er das Amt stiftete, welches die Botschaft von der Versöhnung unter den Menschen verkündigt[3]. Aber welche Apostel für solche Botschaft, welche Werkzeuge für solchen Zwek, wenn sie geblieben wären wie sie damals waren! Wie wäre es wol möglich gewesen, daß alles, was wenngleich unter tausendfältigen Mängeln die folgenden Zeiten an Kraft des Glaubens, an Reinheit der Einsicht, an Zuversicht unter Gefahren, an Festigkeit unter Versuchungen, an Gewalt der Liebe, an Fröhlichkeit der Hoffnung in der christlichen Kirche entwickelt haben, von ihnen hätte ausgehen können! und doch war, sobald der Erlöser selbst aus diesem irdischen

---

[3] 2 Kor. 6, 19. 20.

5 Mt 26,22   8–10 Vgl. Mt 18,1; Mk 9,34; Lk 9,46   17–19 Vgl. Hebr 5,12

Leben hinweggerükt wurde, kein anderes Mittel auf die Menschen zu wirken, als durch diese Jünger, die aber doch in Andern nichts hervorbringen konnten, als was sie selbst hatten.

Aber hört auch, wie sie geworden sind, hört es aus dem Munde eines der Apostel selbst. Wir leiden Verfolgung, aber wir werden nicht verlassen; wir haben Trübsal, aber wir ängsten uns nicht; wir werden unterdrükt, aber wir kommen nicht um; wir tragen um allezeit das Sterben Christi an un|serem Leibe, auf daß auch das Leben des Herrn an uns offenbar werde[4]. Darum was kann uns scheiden von der Liebe Gottes? Trübsal oder Angst oder Verfolgung, oder Hunger oder Blöße oder Fährlichkeit oder Schwerdt? In dem allen überwinden wir weit, denn das wissen wir, daß keine Gewalt, weder irdische noch überirdische, daß kein Unterschied zwischen Leben und Tod uns jemals scheiden kann von der Liebe Gottes, die da ist in Christo Jesu[5]. Aber was sagt er auch hier? Wir überwinden weit um des willen, der uns geliebet hat. Und was stellt er dort voran? Diese überschwängliche Kraft sei Gottes und nicht von uns[6]. Von Christo kam sie, der Gottes war; und Christi Leben war es, das auf diese Weise offenbar ward. Das mußte der Herr wissen, als er kam das Schwerdt zu bringen, und selbst zuerst irdischer Weise unter demselben zu erliegen! Er mußte wissen, daß nachdem die göttliche Kraft, die in ihm wohnte, nun einmal ihre Wirksamkeit angeknüpft hatte durch seine Erscheinung auf Erden, sie auch immer fort wirken müsse und immer größere Werke thun. Er mußte wissen, daß Er in den Seinigen bleiben werde immerdar, daß ihr Verständniß von ihm sich immer mehr verklären, ihre Liebe zu ihm sich immer mehr läutern werde, und sie auf diese Weise ohne seine leibliche Gegenwart, aber doch nur vermöge seiner geistigen, tüchtig werden zu | jener Botschaft. Er mußte durch die vorübergehende Verläugnung, durch den wiederkehrenden Wankelmuth doch das hindurchsehen, daß Er im Stande sei, in allen gläubigen Gemüthern eine Liebe und Treue zu entzünden, wie die jenes ersten Märtyrers, dessen Gedächtniß heute begangen wird, welcher als er davon, daß in Jesu von Nazareth alle Verheißungen erfüllt seien, die den Vätern gegeben waren, und in ihm allein das Heil für Alle zu finden, im Angesichte des Todes sein Zeugniß ablegte, nicht die Wuth der aufgeregten Menge, nicht die Steine, die schon aufgehoben wurden,

---
[4] 2 Kor. 4, 8. 9.
[5] Röm. 8, 35–39.
[6] 2 Kor. 4, 7.

21–22 nun einmal] nur einmal

5–9 *Vgl. 2Kor 4,8–10*   9–11 *Röm 8,35*   11–14 *Vgl. Röm 8,37–39*

um das erleuchtete und begeisterte Haupt zu zerschellen, nichts von allen diesen feindseligen Bewegungen sah, sondern nur den Himmel, in dem schon hier sein Wandel gewesen war, geöffnet, und des Menschen Sohn zur Rechten Gottes stehen[7], und so zur lichten Anschauung versinnlicht die feste innere Ueberzeugung, die er eben ausgesprochen hatte, und um derentwillen er jezt sein Leben so wenig lieb hatte, sondern es verlor als ein fruchtbares Samenkorn, das nicht allein bleibt wenn es stirbt, sondern selbst behalten bleibt zum ewigen Leben, und auch noch viele Früchte bringt[8].

Ja, m. g. Fr., diese Zuversicht mußte in dem Herrn sein, daß er auf diese Weise und immer herrlicher fortleben werde in den Seinigen, und auch auf uns erstrekt sich diese Zuversicht, so gewiß als | er auch jezt noch fortwirkt und auch nur uns, die Gesammtheit der jedesmal lebenden Christen hat, durch die er wirkt. So knüpft sich unser erstes christliches Hauptfest an das lezte. Wie könnten wir uns auch wahrhaft der Erscheinung des Erlösers freuen, wenn wir uns nicht auch darüber freuen könnten, daß dieselbe Kraft der Liebe und der Treue, und alles was der Apostel als die Frucht des Geistes bezeichnet, auch über uns ausgegossen ist durch denselben Geist? Bewillkommen wir Christum in diesen festlichen Tagen als unsern Herrn: so kann auch das nur geschehen durch den heiligen Geist[9], der die Quelle aller dieser Gaben ist. Bewillkommen wir ihn als den, welcher uns befreit von allen andern Banden: so kann das nur Wahrheit sein und bleiben, wenn er uns zugleich durch die unauflöslichen Bande der Liebe fest mit sich verbunden hält zu Einem Leben; wie er auch verheißen hat, daß wenn er werde erhöht sein von der Erde, er Alle zu sich ziehen wolle. Sind auch wir nun Gegenstände dieser Zuversicht Christi, daß alles menschliche Leben eines werden soll mit dem seinigen: so muß diese Zuversicht, so gewiß sie zu der Göttlichkeit seines Wesens gehört, auch unser Antheil werden, und auch wir in derselben wirken. Wenn also auch wir, wiewol weder in die Anfänge der christlichen Kirche gesezt, noch an den Grenzen derselben wohnend, doch auch in manchem Sinne Er|fahrung davon machen, daß auch wir das Schwerdt bringen müssen – nur ja so wie er, daß wir es nur bringen, nicht etwa selbst nehmen und ziehen, damit wir nicht dadurch umkommen – aber müssen wir es bringen: so laßt uns gutes Muthes

---

[7] Apostelgesch. 7, 55.
[8] Joh. 12, 24. 25.
[9] 1 Kor. 12, 3.

19 Bewillkommen] *vgl. Adelung: Wörterbuch 1, Sp. 872*

18 *Vgl. Gal 5,22*   26–27 *Vgl. Joh 12,32*   35–36 *Vgl. Mt 26,52*

sein, wie Er immer festhaltend an der befreienden Liebe, welche auch diejenigen, die seiner Wahrheit noch entgegen treten, immer nur als solche ansehen kann, welche nicht wissen was sie thun. Um so mehr aber laßt uns von seiner Liebe gedrungen alle unsere Kräfte gern vereinigen zu dem heilsamen Dienst, ihn denen bekannt zu machen, die aus Unwissenheit noch auf irgend eine Weise wider den Herrn sind; so zwar, daß wir unsererseits uns des Friedens befleißigen mit Jedermann, aber auch so, daß wir das Wort Gottes nicht im Stiche lassen, welches uns anvertraut ist, damit auch nicht auf diese Weise das Amt, das die Versöhnung predigt, und welches unser Aller gemeinschaftlicher Beruf ist, durch uns der Feigherzigkeit geziehen werde und in Geringschäzung verfalle. Und wenn wir hiebei dem Streite nicht entgehen können, sei es mit denen, welche aus Mißverstand das Reich Gottes bekämpfen, oder mit denen, welche aus Troz eines thörichten Herzens sich durch die heilsame Lehre, wiewol sie dieselbe anerkennen, doch nicht wollen züchtigen lassen zur Gottseligkeit: nun wol, so laßt uns bedenken, daß wir den Erlöser schon bei dem Feste seiner Geburt, also vom Anbeginn seines Lebens, als den Fürsten des Friedens begrüßen, und daß er das auch immer ge|blieben ist unter allem Streit, den Er selbst führte, damit auch in diesem Sinne sein Leben sich in uns fortseze, und wir eben so inmitten der innern Zwietracht sowol, die leider nicht selten unter den Bekennern seines Namens obwaltet, als auch des äußeren Streites mit der Welt uns immer die heitere Ruhe bewahren, die Ihm nie getrübt ward, und immer auf den Wegen des Friedens wandeln, so daß ohnerachtet des Schwerdtes dieser dennoch auf Erden herrscht, weil er in dem innersten Gemüth der Gläubigen seinen Siz aufgeschlagen hat, und ohnerachtet alles scheinbaren Wechsels ein herzliches Wohlgefallen unter allen Menschen gefunden wird, welchen die Gnade Gottes in Christo erschienen ist, und welche einen Blikk gethan haben in die Tiefe des Reichthums der Weisheit und Erkenntniß Gottes, weil sie wissen, daß wie oft es auch wieder dunkel zu werden droht um uns her, doch das Reich des Lichtes fest gegründet ist, und der Gemeinschaft derer, welche Gott liebt in seinem Sohne, alle Dinge zum Besten dienen müssen. Und so ist in Wahrheit, ohnerachtet des Schwerdtes das er gebracht hat, durch den dessen Geburt wir feiern, Friede und Wohlgefallen bei uns eingekehrt, wofür Gott denn Ehre sei in der Höhe jezt und immerdar.   Amen.

———|

3 Vgl. Lk 23,34   9–10 Vgl. 2Kor 5,18   30–31 Vgl. Röm 11,33   34 Vgl. Röm 8,28   37 Vgl. Lk 2,14

VI.

Gott, der allen Dingen ihr Maaß bestimmt.

Am Neujahrstage.

Text. Hiob 38,11.
Und sprach, Bis hieher sollst du kommen und nicht weiter; hier sollen sich legen deine stolzen Wellen.

M. a. Fr. Diese Worte sind genommen aus einer erhabenen Rede, welche dem höchsten Wesen, dem Schöpfer und Erhalter der Welt selbst in den Mund gelegt wird. Er antwortet darin aus einem Wetter dem Hiob, als dieser sich, wiewol in ehrerbietiger Bescheidenheit, darüber beklagt hatte, daß der Herr sich nicht finden lasse von den Menschen, daß er von seiner guten Sache ihnen dennoch keine Rechenschaft ablege, und daß ihnen deshalb nichts | übrig bleibe, als ihn in der Stille zu fürchten. Da trat der Herr, heißt es, aus dem Wetter hervor, und redete mit Hiob über seinen Unverstand; und aus dieser Rede sind die Worte unseres Textes genommen. Auch wir, m. g. Fr., wenn wir an einem Tage wie der heutige zurüksehen in die vergangene Zeit, in solche Menge von unerwarteten Unfällen, von unerfüllt gebliebenen Hoffnungen, von vereitelten Wünschen, von Verwiklungen, durch deren Erfolg der Herr etwas ganz anderes herbeigeführt, als was nicht etwa immer nur menschlicher Eigennuz und menschliche Selbstsucht, sondern auch die aufrichtige Liebe zum Guten und verständige Wünsche für das allgemeine Wohl der Menschen geahndet und gehofft hatten; wie sind auch wir, wenn uns dies alles vor Augen tritt und sich gleichzeitig vergegenwärtigt, immer in demselben Gange der Gedanken wie Hiob! Der Herr läßt sich nicht finden von den Menschen, wir treffen seinen Rath nicht, weder mit den hochfliegendsten Hoffnungen, noch mit den mäßigsten Wünschen! Er will uns keine Rechenschaft ablegen, denn wie oft wieder ein Jahr verstreiche, keines löst die Räthsel der früheren; unerforschlich sind und bleiben seine Wege, und unbegreiflich für uns arme Menschen seine Gedanken.

---

24 hatten;] hatte;

2 *Predigt zum Neujahrstag am 1. Januar 1824 vormittags in der Dreifaltigkeitskirche zu Berlin; vgl. Predigtnachschrift und Liederblatt in KGA III/8, S. 3–14*   30–31 *Vgl. Röm 11,33*

Wollte aber der Herr, m. g. Fr., daß wir uns in dieser scheinbaren Ergebung beruhigen sollten: dann würde er nicht aus dem Wetter hervor geantwortet haben dem Hiob, ja was noch mehr sagen will, dann würde sein Sohn nicht zu uns haben sprechen | können, Ihr seid nun nicht mehr Knechte, sondern ihr seid Freunde, denn ihr wisset, was euer Herr thut[1].

Zu diesem Wissen um das Thun des Herrn will uns nun auch jene erhabene Rede verhelfen, von deren ganzem Inhalt unser Text in wenigen Worten einen körnigen Auszug enthält. Der Herr stellt sich überall in dieser Rede dar als denjenigen, der so wie er Alles hervorgerufen hat, daß es sei, so wie er Alles trägt durch sein allmächtiges Wort, so auch Allem in der Welt sein Maaß gegeben hat und seine Ordnung; nichts bleibt hinter seinem kräftigen Worte zurük, aber auch nichts darf sich weiter ausbreiten, nichts sich weiter erstrekken, als er es gebietet. Bis hieher und nicht weiter; hier sollen sich legen deine stolzen Wellen!

So laßt uns denn dies, m. a. Fr., jezt mit einander näher erwägen, wie das den Geist und Sinn aller göttlichen Rathschlüsse ausspricht, dies das große Geheimniß der göttlichen Weltregierung ist, daß Gott der Herr Allem sein festes und bestimmtes Maaß gesezt hat. Und laßt uns, m. g. Fr., in Beziehung auf den heutigen Tag zuerst sehen, wie wir hierin unsern besten Trost finden, wenn wir aus der Vergangenheit in die Zukunft hinaussehen; dann aber auch zweitens, wie diese Worte auch für uns die heiligste und theuerste Vorschrift enthalten, das große Gebot, nach welchem auch wir unser ganzes Leben im Dienste Gottes einzurichten haben. |

I. Ein großer Theil von der Rede, die Gott dem Herrn in jenem alten heiligen Buche in den Mund gelegt wird, beschäftigt sich mit den Werken der Natur, und stellt dar, wie eben in der natürlichen Schöpfung Gott der Herr Allem sein Maaß gesezt habe. Wie er, als die Welt auf seinen Ruf wurde und sich gestaltete, die unendliche Menge von Kräften, aus deren lebendiger Bewegung alles besteht, frei ließ, so hat er sie auch gebunden. Jede für sich ist ein eben so stolzes und unbändiges Wesen wie jenes Element, auf welches sich die Worte unseres Textes zunächst beziehen, und möchte sich immer mehr nach allen Seiten hin ausbreiten, und weit umher über Alles andere herrschen. Da ruft der Herr das Entgegengesezte hervor, und bindet das Eine durch das Andere. So hat er bei der Schöpfung aller Dinge geson-

---
[1] Joh. 15, 15.

27–28 *Vgl. Hiob 38–41*

dert und vereint; so schied er das Licht von der Finsterniß, aber er ließ stehen in festem und bestimmtem Maaß den wohlthätigen Wechsel von Tag und Nacht; so sonderte er das Feste von dem Flüssigen, aber vermöge des bestimmten Maaßes zwischen beiden trägt, hält und befruchtet beides einander.

Sehen wir nun aber auf die natürliche Welt, wie sie gegenwärtig vor uns liegt, so finden sich schon nach dem Augenschein, noch mehr aber nach den wohlbegründeten und übereinstimmenden Zeugnissen derer, die sich mit diesen natürlichen Dingen ernsthaft und zusammenhängend beschäftigen, auf der Oberfläche sowol als in den Tiefen der Erde die | mannigfaltigsten Spuren wiederholter großer Zerrüttungen. Das verborgene unterirdische Feuer hat umbildend und zerstörend ungeheure Massen aus der Tiefe hervorgehoben; das Meer, das der Herr verschlossen zu haben schien, und es zusammengefaßt zwischen unübersteiglichen Dämmen, hat sich dennoch öfter wieder ergossen: aber nur so konnte durch wiederholte Mischung und Trennung des Festen und des Flüssigen die Erde dieses vollkommne Maaß gewinnen, wodurch sie fähig wird, die ganze Masse des unendlich abgestuften Lebens zu tragen und zu nähren, welche sich auf derselben bewegt. –

Und auch jezt noch, obschon alle diese natürlichen Kräfte theils durch den oft wiederholten Wechsel von Aufregungen und Beruhigungen ins Gleichgewicht gebracht worden zu sein scheinen, theils auch in andern Richtungen abgelenkt und auf mannigfaltige Weise gebunden durch den Geist des Menschen, läßt der Herr sie sich von Zeit zu Zeit wieder nur mehr im Kleinen und Einzelnen über ihr gewöhnliches Maaß hinaus ergießen, daß doch den Menschen wieder bange wird, es möchte sich diese oder jene wieder zu einer zügellosen Herrschaft emporarbeiten und alle übrige aufreiben. Oft noch wirbelt das losgelassene Feuer der Tiefe zu den Wolken empor, und bedekt den Boden mit glühendem Tode, oft noch stürzen die Wasser zusammen von oben herab, ergießen sich weit über ihre gewöhnlichen Ufer, zerstören die Werke der Menschen, und verschlingen strekkenweise das mühsam angebaute Land; aber der | Herr läßt das Feuer wieder verlöschen zu seiner Zeit und die Wasser wieder ablaufen, und der Mensch nimmt ihren Raub wieder zurük, und überall ist es Gott, der das rechte Maaß ordnet und allmählig immer schöner und genauer entwikkelt, und immer und überall sehen wir aus der scheinbaren Zerstörung eine neue und bessere Ordnung hervorgehen. Aber wo Eins sich zügellos zu empören scheint, nachdem es schon gebunden gewesen war, und mit der ungemessnen Kraft das ruhige und stille bedroht: da verbirgt sich uns mehr der Ewige, wie auch jener Prophet ihn im Sturm und

---

41–1 *Vgl. den Bericht über Elia in* 1Kön 19,11–12

im Feuer nicht fand; wir bekommen überwiegend den Eindrukk von einer gleichsam frei gewordenen Gewalt der Natur, und es bemächtigt sich unsrer das Gefühl unserer Ohnmacht, und wie unbedeutend der Mensch sei gegen jene allgemeinen Kräfte. Wenn aber die Schleusen des Himmels oder die Pforten der unteren Welt sich wieder schließen, wenn die zerstörenden Ausbrüche wieder still werden, und was sich zügellos ergossen hatte wieder in dasjenige Maaß zurüktritt, worin es mit allem andern zusammenbestehen kann: da erblikken wir den Herrn; er verkündigt sich uns da, wo Ordnung entsteht und gehandhabt wird, wo ein freundliches und mildes Maaß vorwaltet. Und haben wir so den Gedanken ausgedacht, es war der Herr der gesprochen hat, Bis hieher und nicht weiter; hier sollen sich legen deine stolzen Wellen! dann beginnen wir auch zu bedenken, daß beides zusammen gehört, und sehen dann auch in jenen | scheinbaren Zerstörungen nicht mehr eine empörte Gewalt der bloßen Natur, sondern auch da den gebietenden Willen dessen, der auch wollte, daß die Wellen so weit gehen und so weit sich ergießen sollten, damit das rechte Maaß für jede neue Stufe in der Ordnung der Dinge entstehe.

Aber alles Natürliche ist für uns doch nur entweder ein schwacher Schatten des Geistigen oder ein vorzüglich bedeutendes Sinnbild desselben; und so laßt uns denn ganz besonders auf die Schöpfung sehen, welcher der Herr den lebendigen Odem eingehaucht hat, auf den Menschen, den er gebildet hat zu einer vernünftigen Seele. O hier ist es ja eben ganz eigentlich, m. g. Fr., wo wir so oft ausrufen, daß die Wege des Herrn uns unerforschlich erscheinen und unbegreiflich seine Gedanken. Was durch die Verwandtschaft der Natur in Liebe gebunden sein soll, das zertheilt sich in stolzem und selbstsüchtigem Eifer; die einander von Herzen zugethan sein sollten, verschmähen oft auch die äußerlichste Gemeinschaft; die einander als gleiche und zusammengehörige gegenseitig dienen sollten, von denen will jeder nur herrschen über die Andern. Wilde Leidenschaften brausen auf und zerrütten die Gemüther, so daß überall Maaß und Einheit nicht nur jedes Einzelnen sondern auch des gemeinsamen Lebens verloren geht. So sehen wir auch auf diesem Gebiete die kaum einigermaßen geordnete Natur im Begriff, sich selbst wieder zu zerstören und in Verwirrung unterzugehen! Und nicht immer ist es nur | der Eigennuz, der dieses Feuer entflammt, und das Feuer selbst nur ein Streit über den Besiz irdischer Dinge; sondern ganz vorzüglich wenn entgegengesezte Ansichten über die beste Berathung und Anordnung der menschlichen Dinge, über die tiefste Quelle des öffentlichen und gemeinsamen Wohls und Wehes, über die wirksamsten Mittel, unter gegebenen

---

24–26 Vgl. Röm 11,33

schwierigen Umständen jenes zu fördern und dieses zu dämpfen, sich nicht mehr in den Grenzen der wechselnden Rede bewegen, sondern weil jeder glaubt dem Verderben vorbauen zu müssen, das vom Gegentheil aus entstehen könnte, nun schon beide mit Gewalt einander gegenübertreten, welche Zerrüttungen erfahren dann die menschlichen Dinge! Wie emsig wüthen dann die Menschen, glaubend daß sie nur zerstören um desto schöner zu bauen, aber doch immer nur bauend was gleich wieder zerstört werden muß! Welch ein grausames Spiel wird dann getrieben unter dem Wahlspruch, es sei besser daß Einige umkommen, und so das Ganze erhalten werde, als daß das Ganze verderbe aus weichlichem Mitleid mit einigen angesteckten Gliedern! und welchem Abgrunde des Verderbens stürzen auf diese Weise ganze bedeutende Theile des menschlichen Geschlechts entgegen! Aber sei es die stolze Selbstsucht und die frevelnde Herrschbegierde, seien es wilde Leidenschaften und der entbrannte Zorn, sei es die sinnliche Begierde und die niedere Lust, oder sei es nur der verleitete und dadurch zu einer Aehnlichkeit mit jenen Erscheinungen entbrannte | bessere auf das Gute gerichtete Wille des Menschen: immer kommt früher oder später ein Punkt, wo der Herr spricht, Bis hieher und weiter nicht, hier sollen sich legen deine stolzen Wellen. Wollen die Menschen nicht mehr aus dem Gesez Erkenntniß der Sünde schöpfen: so läßt Gott alle Gräuel der Gesezlosigkeit hereinbrechen, damit sie sehen was in ihren Herzen verborgen ist. Aber zerstören läßt der Herr doch nicht mehr das Reich der Vernunft und der Sitte, welchen beiden er eine nie ganz zu überwindende Macht gegründet hat in der menschlichen Natur; sondern hat sich der wilde Strom über diese Ufer ergossen, so führt der Herr die Besonnenheit zurük, gereifter durch traurige Erfahrungen; hat der Haß ausgewüthet, so gestaltet sich nach dem Rathschluß des Herrn eine innigere Liebe, gestärkt durch die gemeinsam erduldeten Leiden.

Doch laßt uns von diesem bunten und geräuschvollen Schauplaz äußerer Thaten und Verhältnisse hinweg und in die stilleren Tiefen der menschlichen Seele hineinschauen. Betrachtet den sinnenden Menschen, der die Verborgenheiten der Seele belauscht, der das innere Wesen der Welt, in welcher er lebt, zu verstehen, und die Geseze, nach denen sich alles in derselben begiebt, zu erforschen sucht. Wenn er so in sein eignes und in das innerste Wesen der Dinge immer tiefer eindringt, und sich bald bewußt wird, wie viel edler diese forschenden Beschäftigungen seien als dasjenige, womit der größte Theil unserer Brüder, von den Sorgen des | täglichen Lebens gedrängt, sich abmüht, dann aber anfängt zu wähnen, sie seien zu edel, um etwas mit dem

---

9–12 Vgl. Mt 5,29–30   21 Vgl. Röm 3,20

gewöhnlichen Leben zu theilen, und sich also immer mehr von diesem sondert: dann schwebt das Gleichgewicht der Seele und des Lebens in Gefahr. Die Wirklichkeit erscheint ihm gering, ja verächtlich gegen die Bilder, die er in seiner Seele trägt; dann wähnt er, ganz anders wie jene die in dem Buche Hiob mit einander streitend ihre Gedanken austauschen und demüthigen Sinnes Gott den Herrn in seiner Verborgenheit zu rechtfertigen suchen, er habe das Geheimniß der Welt und ihrer Ordnung ergründet, ja das höchste Wesen selbst sei ihm nicht mehr verborgen, sondern er stehe in dem Licht, zu dem sonst niemand kommen kann. Dann baut er einen stolzen Tempel, und stellt sich selbst darin auf zur Verehrung. Und aus diesem Tempel quillt ein eisiger Strom liebloser und ungläubiger Vernünftelei, und ertödtet weit umher das zarte Leben des Gemüthes; ja selbst die wunderbaren Heilquellen des göttlichen Wortes werden oft auf lange Zeit unzugänglich und Vielen unbrauchbar gemacht durch das wilde Gewässer. Aber auch dieses darf nur toben seine angewiesene Zeit; dann ruft der Herr auch solchen losgelassenen Elementen des Geistes zu, Bis hieher und nicht weiter; hier sollen sich legen deine stolzen Wellen! Neue Räthsel steigen hervor aus den Tiefen der Natur sowol als der menschlichen Seele, und schlagen den voreiligen Uebermuth der Weisen dieser Welt nieder, welche meinten alles er|griffen und ergründet zu haben; aber vergeblich suchen sie das Wort des Räthsels, und müssen bekennen, daß sie unweislich geredet haben, was sie nicht verstehen, ja auch was ihnen am nächsten liegt, wird ihnen ein Zeugniß ihrer Unwissenheit. Und ist dieser Zauber des Eigendünkels gelöset: so weicht auch der tödtende Frost wieder, und ein milderer Dunstkreis verbreitet sich über das geistige Leben. Es saugt wieder alle Erquikkungen des kindlichen Vertrauens nur um so begieriger ein, und die verschüchterten Gemüther befreunden sich, um so inniger je länger sie entbehren mußten, wieder mit den wohlthätigen Geheimnissen des Glaubens. So legen sich auch diese stolzesten Wellen des menschlichen Geistes nicht nur, sondern sie lassen auch bleibenden Segen zurük, und allem scheinbar empörten, auch was zum Himmel dringen zu wollen schien um ihn zu erstürmen, allem sezt der Herr Maaß und Ziel.

Doch, m. g. Fr., wie tröstliche Aussichten in die Zukunft uns auch diese Erfahrungen eröffnen: eines ist uns noch übrig, nämlich in dieser Hinsicht auch der neuen Schöpfung Gottes zu gedenken, die sich erst gebildet, seitdem das Wort Fleisch geworden ist, und uns in der Herrlichkeit des eingebornen Sohnes vom Vater voller Gnade und Wahrheit erschienen ist. In dieser neuen Schöpfung, welche der Geist Gottes in den Herzen der Menschen gründet, und von der wir je länger je

---

9–10 Vgl. 1Tim 6,16   23 Vgl. Hiob 42,3   38–40 Vgl. Joh 1,14 mehr einen neuen Himmel und eine neue Erde erwarten, sollte sich wol alles nur innerhalb des richtigen Maaßes be|wegen, und die neue Erde sollte sich wol dadurch hauptsächlich unterscheiden, daß sie nicht wieder ein solcher Schauplaz, wenn auch nur scheinbarer Verwüstungen und Zerstörungen wäre, sondern alles regelmäßig gedeihend in guter Ordnung fortschritte. Aber so zeigt es sich uns leider nirgends, sondern aus dem schönsten und vollkommensten Maaße nie zu weichen, und die reinste Zusammenstimmung sich immer zu erhalten, das war das ausschließende Vorrecht des Einen, nach dessen Maaße wir freilich, aber nur wir zusammengenommen, sollen ein vollkommener Mann werden, von dem wir aber nach dem ihm beliebigen Maaße jeder Theil des Ganzen für sich nur mannigfaltige aber zertheilte Gaben des Geistes empfangen haben, die sich nach der Verschiedenheit des Ortes und der Zeit so wie der Naturen verschiedentlich offenbaren. Und hat sich nicht schon in den ersten Zeiten, wo das Ganze der Christenheit noch leichter zusammenzuhalten war, ja unter den Augen der Apostel selbst, wie wir aus Paulus Briefen an die Korinthische Gemeine sehen, ein Wettstreit zwischen diesen einzelnen Gaben erhoben, der uns auch schon ein Bild von Verwirrung giebt, indem das einzelne Glied sich aus dem Zusammenhange mit dem Ganzen losreißen, und etwas für sich sein wollte, als ob es der übrigen entbehren könne. Das war nicht das Walten des Geistes, sondern das Treiben der in diesem höheren Zusammenhange sich noch nicht verstehenden menschlichen Natur, die sich mit der neu überkommenen | Gabe des Geistes von dem Gehorsam gegen denselben losreißen wollte. Das ließ Gott der Herr gewähren, damit erkannt würde, wie sehr dies geheimnißvolle Band noch der Befestigung bedurfte; aber dann trat wieder vereinigend und ordnend die kräftige Stimme des Apostels dazwischen. Und als der Geist Gottes nicht in den Grenzen des jüdischen Volkes stehen blieb, sondern auch Heiden zur Erkenntniß der Wahrheit in Christo brachte: wie bald ward die erste Freude darüber, daß aus allem Volk, wer Gott fürchte und recht thue, ihm angenehm dazu sei um zum Gehorsam des Evangeliums gebracht zu werden, durch heftige Reibungen gestört, welche drohten die Gemeine des Herrn schon in ihrer ersten Kindheit zu zerreißen. Aber durch die Weisheit der Apostel und den Ernst und die Liebe der ersten Gemeine sprach Gott ein beschwichtigendes Wort des Friedens, und die Wellen hatten nur gedroht und durften nicht überschlagen. Und als der rasche

---

17 Paulus] *Kj* des Paulus *oder* Pauli

---

1 Vgl. 2Petr 3,13; auch Offb 21,1   10–11 Vgl. Eph 4,13   17–22 Vgl. 1Kor 12,1–31

Lauf des göttlichen Wortes die verschiedensten Völker ergriff, und die Mannigfaltigkeit der Sprachen nicht wollte überein tönen; als die Verschiedenheit der Naturen in der Gemeine des Herrn immer größer ward, und jeder etwas anderes zu fürchten hatte, wodurch die Kraft des neuen Lebens in ihm konnte gestört werden, so wie auch jeder etwas eigenes besonders festzuhalten in der heilsamen Lehre, und auf diese Weise, dem Reichthum der göttlichen Weisheit gemäß, daß das Evangelium Allen Alles werden sollte, damit überall Einige gewonnen wür|den, verschiedene Darstellungen der Lehre und verschiedene Gestalten des christlichen Lebens sich bildeten: wie weit entfernt waren die Gemüther davon, in diesen Reichthum einzudringen und ihn anzuerkennen! welcher Streit erhob sich und welche Mißverständnisse, und wie verpflanzte sich auf dieses heilige Gebiet der christlichen Kirche und des göttlichen Wortes aller drükkende Uebermuth eines ausschließenden eingebildeten Wissens, alle leidenschaftliche Verfolgungs- und Zerstörungssucht, durch welche man fälschlich wähnt, die geselligen Verhältnisse am besten zu schüzen und die menschliche Weisheit am sichersten zu erhalten und zu verbreiten, so daß man kaum mehr glauben konnte, es liege ein wahrer Eifer für das Reich Gottes doch im innersten der empörten Gemüther zum Grunde. Wohl sind diese traurigen Verwüstungen in dem Weinberge des Herrn immer die schauervollsten Erscheinungen der losgerissenen menschlichen Natur gewesen. Warnend wollte der Höchste, indem er sie gestattete, ein Zeichen hinstellen, daß die Christen erkennen sollten, wie wenig noch das Wort des Herrn Geist und Leben in ihnen geworden sei, Mein Reich ist nicht von dieser Welt. Oft wiederholte sich das blutige Zeichen: aber immer wieder gebot der Herr, Weiter nicht auch diese Wellen, aus dem Streit wurde der Friede wiedergebracht, das Getrennte wieder zusammengebunden, und immer war neues Licht und neues Leben gewonnen. – Aber jezt? Ist nicht doch eine bleibende Trennung entstanden, seitdem ein | Theil der Christenheit sich besonnen hat, daß doch alles nur eine Verunreinigung unseres geistigen Tempels sei, was den ängstlichen Geist alttestamentarischer äußerer Gesezlichkeit an sich trägt, was dem schimmernden Gepränge des sinnlichen Heidenthums entlehnt ist, was die Gleichheit Aller unter dem Einen Meister gefährdet? Und welch empörter Zustand der christlichen Welt, so lange dieser Kampf gekämpft ward, der doch nur durch eine Spaltung beendigt worden ist, die sich immer noch erhält, von Zeit zu Zeit sich heftiger regt, und deren Ende nicht abzusehen

---

15–16 Verfolgungs-] Verfolgungs

7–9 Vgl. 1Kor 9,22–23   26 Joh 18,36   35–36 Vgl. Mt 23,8

ist! Doch hat auch hier der Herr dasselbige Wort gesprochen. Ein Herr, Ein Geist, Eine Taufe, Ein Gott und Vater über uns alle, bei diesem Wahlspruch des Apostels für die Einigkeit im Geiste durch das Band des Friedens hat es doch bleiben müssen! Dieser Damm durfte nicht durchbrochen werden; vor ihm mußten sich niederlegen diese Wellen!

O welchen Trost gewährt uns für die Zukunft ein solcher Rükblick in die Vergangenheit! Welchen Trost für das, was zunächst vor uns liegt und für eine weitere Ferne! Alle Kräfte, die jemals gegen einander empört gewesen sind zu Streit und Hader, sind nicht nur immer noch vorhanden in der menschlichen Welt, sondern auch immer noch nicht gebunden zu einer unauflöslichen Einheit; vielmehr so lange noch in keiner Beziehung der Gipfel der Vollendung erreicht ist, erneuern sich von Zeit zu Zeit wieder dieselben Veranlassungen, bald für diese bald für | jene sich loszureißen, und zerstörend ihre Grenzen zu überschreiten, daß der Herr hernach wieder zusammenfassen muß und aufs neue Maaß und Ziel sezen. Und auch in der Christenheit, ja in dem Bezirk unserer eigenen Kirche ist noch dasselbe, was gewesen ist. Die Eitelkeit erregt noch immer einen störenden Wetteifer zwischen den verschiedenen Gaben, die mannigfaltigen Meinungen und Ansichten, statt sich immer mehr in Liebe gegenseitig zur Wahrheit zu läutern, werden immer noch zu leidenschaftlichem Streit angespornt durch einseitige Anhänglichkeit an eigene Forschungen oder an Überlieferung des Alterthums. Es sei! Laßt uns auch mit dieser Voraussicht heiter in die Zukunft hineinschauen, die vor uns liegt. Maaß hat der Herr bisher gesezt in der natürlichen Welt, und seiner Ordnung, nach welcher die vorübergehenden Störungen immer geringer werden, wird sie sich auch in Zukunft nicht entziehen; Maaß hat er bis jezt gesezt jeder Empörung menschlicher Leidenschaften, jeder Verwirrung, welche aus dem Streite der verschiedenen Richtungen des menschlichen Geistes hervorgegangen ist; mit dem Schuz, den er dem verheißen hat, den er zu seiner Rechten sezte, hat er bisher über dem Reiche der Gnade gewaltet: und so wird es auch in Zukunft sein. Aber nicht nur dieses; sondern ist die Natur aus jeder scheinbaren Empörung immer fester in sich geordnet, und immer zugänglicher für die bildenden Einwirkungen des Menschen hervorgegangen; haben sich durch alle wiederholten Entzweiungen und Kämpfe | doch die Verhältnisse der Völker zu einander, und die innern Verhältnisse eines jeden Volkes immer mehr so gestaltet, daß die brüderliche Zusammengehörigkeit bestimmter hervortritt, und Friede und Eintracht mehr sichern Grund und dauernde Macht gewinnen; ist nach allen

---

1–2 Vgl. Eph 4,4–6

übermüthigen Ausschweifungen des menschlichen Verstandes doch die Kluft immer mehr ausgefüllt worden zwischen dem, was aus den eignen Tiefen desselben hervorgeht, und dem was sich in frommen bewegten Gemüthern durch die Kraft des göttlichen Wortes gestaltet; ist doch durch alle Leiden der christlichen Kirche eine selige Befreiung von der Knechtschaft menschlichen Ansehns und ein hellerer Schein der Wahrheit erkämpft worden: so wird auch allen Störungen, welche uns in der Zukunft noch bevorstehen mögen, Gott der Herr mit demselbigen Erfolg und nicht ohne gleichen Segen Maaß und Ziel sezen, und wir dürfen besonders hoffen, daß die Gemeine des Herrn als das Salz der Erde immer mehr, wenn auch durch mancherlei Streit und Zwietracht hindurchgehend, der Vollkommenheit dessen werde ähnlich werden, in welchem als dem Ebenbilde Gottes nichts mit einander streiten kann, sondern Alles heilige Eintracht ist und seliger Friede.

II. Aber, m. g. Fr., nicht nur unsern Trost für die Zukunft sollen wir in dieser Betrachtung finden, sondern zweitens auch unsere **Vorschrift und das Gesez unseres Lebens** für dieses und jedes neue Jahr, welches uns der Herr nach seiner Gnade noch auf dieser Erde schenken will.

Wir haben uns aber in dieser Hinsicht vor zweierlei zu hüten. Die meisten Menschen nämlich, m. g. Fr., wenn sie sich von jener oft nur zu gleichgültigen Ergebung in die Unerforschlichkeit des Höchsten, aus welcher der Herr den Hiob heraus donnerte durch die Kraft seiner erhabenen Rede, einigermaßen erholt haben und sich zusprechen lassen, daß sie, wenn auch nicht im Einzelnen und gleich auf der Stelle – denn so bleibt uns freilich das meiste unerforschlich – doch wenigstens im großen Gang der menschlichen Dinge etwas, wenn auch nur wie durch einen dunklen Spiegel, schauen von der heilsamen Ordnung und der hohen Weisheit des Höchsten in Beziehung auf alles, was Kampf und Zerrüttung ist in dieser Welt: so gestaltet sich das bei Einigen zu einer sträflichen Nachgiebigkeit gegen sich selbst, bei Andern zu einer ganz leidentlichen Erwartung der Dinge die da kommen sollen. Die lezteren, wenn sie nicht ohne Sorge und Kummer darüber, wie weit das Uebel wol gehen könne, und was alles dadurch zerstört und gehemmt worden, irgendwo in dem Umkreis ihrer Wirksamkeit die Unmäßigkeit und den Uebermuth walten sehen, die gehässigen und leidenschaftlichen Bewegungen hervorbrechen: so beruhigen sie sich bei dem Gedanken, daß der Herr Alles in seinen Zügeln hält und leitet, auf eine solche Weise, daß sie sich selbst ganz aus dem Spiel sezen, und sich gar nicht dafür ansehen, daß auch sie mitwirken

---

10–11 Vgl. Mt 5,13   28 Vgl. 1Kor 13,12

sollen bei dieser göttlichen Leitung; sondern ohne diesen Trost würden sie wol etwas gethan haben, nun aber wollen sie bloße Zuschauer dessen sein, was der Herr herbeiführen wird; als ob er in menschlichen Dingen anders als durch menschliche Werkzeuge seinen Rath ausführte! Die ersten sind solche, die, wenn sie glaubten, es sei nur menschliches im Spiel, vielleicht oft erschrekken würden vor der Art, wie sie sich in verderblichen Bestrebungen gehen lassen; geben sie aber dem Gedanken Raum, daß der Herr selbst Maaß und Ziel bestimmt, und wieder Ordnung herbeiführt nach der Verwirrung, so denken sie, ihnen selbst liege nun keine Sorge weiter ob wegen der Folgen ihrer Handlungen, und sie für ihr Theil dürften nun um so eher auch ohne Maaß und Ordnung dem nachjagen, worauf ihr Sinn gestellt ist. Denn wenn sie nun auch nicht anders könnten als gehen, wie der innere Trieb und die äußere Notwendigkeit sie fortreißen: so werde schon der Höchste sorgen, daß nicht mehr und nicht weniger erfolge, als er bestimmt habe. Was ist aber dieses lezte anders, als die sträflichste Gleichgültigkeit dagegen, ob der Wille Gottes durch uns geschieht mit unserm Willen oder wider denselben? Und dadurch unterscheiden sich doch wesentlich die Diener und Freunde Gottes von denen, die nur seine Knechte und willenlose unbewußte Werkzeuge sind. Was anders als die sträflichste Gleichgültigkeit dagegen, ob das was wir wollen zu dem gehört, was Gott feststellen will und bewah|ren, oder zu dem, was er doch nur kann dämpfen und zerstören wollen? Und doch gehören wir nur im ersten Falle mit unserm Willen in das Reich Gottes, im andern aber in die Welt! Jene ersten aber, die in Gott zwar den erkennen, der alles trägt und bewegt, und aus allem das Gute hervorzubringen weiß, selbst aber sich in träger Ruhe des Abwartens wohlgefallen, und sich mit ihrer Wirksamkeit nicht an die seinige anschließen wollen, müssen sie sich nicht selbst dessen zeihen, daß sie doch Gott nur außer sich haben und sehen? wenn er ihnen doch der ist, der Maaß und Ziel sezt, sie selbst aber damit nicht beschäftigt sind, und einen solchen Trieb nicht in sich tragen, sondern nur unthätig zuschauen, was geschieht.

Nicht also wir! die wir nicht fern sein sollen von Gott, sondern in ihm leben weben und sein; nicht also wir! die wir nicht nur einen außer uns waltenden Gott haben, sondern denen Christus verheißen hat, daß er mit dem Vater kommen wolle, Wohnung zu machen in unserem Herzen. Ist es also eben dieser Vater im Himmel, der Allem das rechte Maaß und die gehörige Ordnung sezt, und hat er uns gegeben von seinem Geiste: so kann ja offenbar dieser nicht anders in uns wirken als dazu, daß auch wir streben überall Maaß und Ordnung

---

34–35 Vgl. Apg 17,27–28   37–38 Vgl. Joh 14,23

aufrecht zu halten und wieder herzustellen. Zuerst also in dem Reiche der Natur. Denn dazu hat der Höchste auf dieser Erde den menschlichen Geist bestimmt, als er am Anfange der Dinge den Stamm|ältern unseres Geschlechtes die Erde und Alles, was sich auf ihr regt und bewegt, übergab, daß sie sich dieselbe sollen unterwerfen und über sie gebieten. Wir selbst also sollen das Maaß der irdischen Dinge sein; ihre Beziehung zu uns soll sich überall aussprechen, und soll die rechte Ordnung ihres Daseins werden: das ist es worauf wir unsre Thätigkeit richten sollen. Läßt nun der Höchste für den Augenblikk die natürlichen Kräfte wieder los aus dieser schon waltenden Ordnung, daß sie das ihnen gesezte Maaß überschreiten, und mehr oder weniger von den Werken der Menschen wieder zertrümmern: so gilt da weder ruhiges Abwarten, wie wol der Ausgang sein werde, noch weniger aber sich thörichterweise auch zur Unordnung und Entzweiung verleiten lassen, und dem Höchsten anheimstellen, wie er zu der alten noch die neue Verwirrung schlichten wolle; sondern alle solche Ereignisse sollen uns immer eine neue Aufforderung sein, unser Maaß und unsere Ordnung noch strenger geltend zu machen an den natürlichen Dingen, die Herrschaft des Geistes über sie immer mehr zu befestigen, und ihnen das Gepräge derselben immer tiefer aufzudrükken; kurz sie auf alle Weise immer mehr zu beugen unter die geistige Gewalt der Menschen, die der Höchste ihnen selbst zum Herrscher gesezt hat. Je mehr wir nun dazu bei jeder solchen Veranlassung unsere Kräfte auch in diesem neuen Jahre vereinigen werden; je treuer wir uns darin unterstüzen jeder mit der Gabe, die er empfangen hat, sei es die Einsicht in die Sache, | sei es die Gewalt über die Gemüther, sei es der Ueberfluß äußerer Hülfsmittel: um desto mehr werden wir den Namen des Höchsten verherrlichen, indem wir dem großen Beruf, den er uns übertragen hat, fortschreitend genügen.

Aber freilich ist dieses nur die äußerlichste Seite desselben, nur dasjenige, wozu auch schon der wohlverstandene eigene Vortheil und die genauere Berechnung über die beste Art das herbeizuschaffen, was der Mensch zu seinem immer mehr zusammengesezten und immer künstlicher verwikkelten Leben bedarf, den unterrichteteren Theil der Gesellschaft, durch den die Uebrigen bestimmt werden, von selbst antreibt. Noch mehr aber, m. g. Fr., sollen wir es uns angelegen sein lassen, Maaß und Ordnung zu sezen in der geistigen Welt, ja überall wo Menschen es mit Menschen zu thun haben. Nirgend sollen wir ruhig zusehen, wo die Menschen in Verkehrtheit hingehen; nicht nur da nicht, wo unruhige Bewegungen der menschlichen Seele schon ausgebrochen sind, wo entbrannte Leidenschaften schon wüthen; nicht

---

3–6 Vgl. Gen 1,28   24–25 Vgl. 1Petr 4,10

nur wo Eigennuz und Herrschsucht schon im Streit gegen das rechte und gute begriffen sind und in Bedrükkung ausarten, sollen wir ins Mittel treten; nicht nur wo in dem verderblichsten Bündniß, das gegen Recht und Wahrheit geschlossen werden kann, Gewaltthätigkeit und Uebermuth mit Feigherzigkeit und knechtischem Sinne zusammen wirken, nicht nur da sollen wir offen und kühn hervortreten, wie sich aber von selbst versteht, nicht etwa | so, daß wir wieder ein anderes in sich ungemessenes und ungeordnetes, nur von entgegengesezter Art geltend machen, um so auf einem Umwege Maaß und Ordnung herbeizuführen, sondern so, daß wir durch unser ganzes Dasein, durch unsere Ansichten und unsere Handlungsweise das wahrhaft gute und richtige vertreten, welches in sich selbst Maaß und Ordnung trägt. Aber nicht nur dies, sondern der Geist der Ordnung, der in uns lebt, soll auch schon ein scharfes Vorgefühl in uns ausbilden, wo sich solche Zustände vorbereiten, welche auf Vernichtung heilsamer Schranken ausgehen, und was das Leben der Menschen fördert und zusammenhält zu zerstören und zu gefährden drohen. Ja auch ohne ein solches Vorgefühl und ohne eine bestimmte Absicht von unserer Seite soll durch jeden von uns in dem Kreise seines Berufs und seiner geselligen Verhältnisse Maaß und Ordnung so fest gehalten werden und so gestärkt, daß die entgegengesezten Bestrebungen schon im voraus gebunden werden. Wohl dem geselligen Verein und auch nur dem, in welchem auf allen Stufen die Zahl derer recht groß ist, welche durch ihre Handlungsweise und durch den ganzen Ton ihres Lebens als eine kräftige, nach allen Seiten hin erschallende Gottesstimme erscheinen, welche ruft, Bis hieher und weiter nicht! Hier sollen sich brechen die stolzen Wellen.

Aber, m. g. Fr., ist das unser Ernst – und was könnte uns wol an einem Tage wie der heutige mehr am Herzen liegen – begehren wir ernst|lich, daß dieses in jedem neuen Jahre unseres Lebens immer kräftiger in Wirksamkeit trete: so müssen wir uns vornehmlich mit großer Sorgfalt dafür hüten, daß nicht etwa die wohlgemeintesten Bewegungen unserer eigenen Seele auch in ein ähnliches Uebermaaß ausströmen, welches der Herr erst zügeln muß, wenn wir uns, wie es nur zu leicht geschieht, mit fortreißen lassen, sei es von dem gewaltsamen, sei es von dem schleichenden verkehrten Treiben der Menschen. Denn übler kann doch wol nichts gerathen, als wenn wir das Böse überwinden wollen nicht mit Gutem, sondern wieder durch Böses, und indem wir Maaß und Ordnung verfechten wollen, selbst die Gesezmäßigkeit verlezen. Aber wie leicht werden nicht auch von den Besseren viele

---

32 dafür] *Kj* davor

37–38 Vgl. Röm 12,21

hiezu verleitet! Ja laßt es uns nur grade heraussagen, nur in dem Maaß werden wir vor solchen Verirrungen sicher sein, als wir immer vollständiger und inniger in der neuen Schöpfung leben, der, Gott sei Dank, wir alle angehören, und als wir dem in ihr waltenden Geiste folgen. Denn nur durch diesen Geist hat der Herr seine ewigen und heiligen Ordnungen völlig einheimisch gemacht in der menschlichen Seele. Der Geist, welcher in uns ruft, lieber Vater über alles was Kinder heißt, der Geist, welcher zugleich der Geist der Kindschaft ist und der Geist der Freiheit, dieser erst befreundet uns vollständig jenem inneren Wesen der göttlichen Regierung in menschlichen Dingen, kraft dessen alles leidenschaftliche und ungeregelte zu dem gehört, dem | Widerstand geleistet werden muß, damit es auf Maaß und Ordnung überall zurükgeführt werde. Wo aber dieser Geist des Christenthums noch nicht waltet, da ist auch die vernünftige Neigung Erkenntniß zu verbreiten nicht reine Wahrheitsliebe, sondern erlaubt sich leicht mancherlei Winkelzüge; da ist auch der aufopferndste und eifrigste Gemeingeist immer noch selbstsüchtig, weil er das ganze menschliche Geschlecht nicht umfaßt, und also leidenschaftlichen ja feindseligen Aufregungen unterworfen bleibt. Nur die allgemeine Liebe, nur die reine Wahrheit des göttlichen Geistes machen ganz frei.

Wie können wir aber irgend darauf rechnen, mittelst eines reinen und kräftigen Lebens in dieser neuen Schöpfung auch Maaß und Ordnung in der gesammten menschlichen Welt selbst unter denen zu erhalten, die leider noch dem Geiste Gottes, der in Allen leben möchte, verschlossen sind; wie, sage ich, können wir das, wenn nicht dieser Geist zunächst in der Gemeine der Christen selbst die segensreiche Kraft, alle untergeordneten Antriebe zu überwinden um göttliches Maaß und heilbringende Ordnung des Herrn aufrecht zu halten, immer mehr durch die That bewährt; wenn da nicht der Wahn immer mehr verschwindet, als ob Vortheil und Ehre des Einen könne Schaam und Nachtheil des Anderen sein, so daß alles immer in Einem Geiste gebunden ist zu Einem Zwekk; wenn da nicht Jeder das des Andern sucht, ohne zu fürchten, daß er das seinige verlieren könne; wenn da nicht die Wahrheit mit | der größten Freudigkeit und Zuversicht gesucht wird in Liebe, und eben so die Liebe den herrlichen Muth hat überall wahr und nur wahr zu sein! Denn so nur, das wissen wir, wird die Seligkeit gefördert, um derentwillen der Herr gekommen ist, und nur so die Menschen immer mehr erlöst von dem Einfluß jeder unwürdigen Gewalt, welche sie zu solchen macht, die in Wahrheit mühselig und beladen sind.

7–8 Vgl. Röm 8,14–16; Gal 4,6   9 Vgl. 2Kor 3,17   32–33 Vgl. 1Kor 10,24
39–40 Vgl. Mt 11,28

Hiezu, m. g. Fr., eröffnet der Herr uns allen ein neues Jahr der Langmuth und der Gnade. Wird während desselben der Trost, den wir uns zuerst vorgehalten haben, uns immer stärken in dem Vorsaz, der uns hernach beschäftigt hat: so werden wir auch dieses Jahr benuzen nach dem heiligen Willen Gottes. Laßt uns zu dem Ende trachten nach allen geistigen Gaben, so viel wir davon in uns erwekken und ausbilden können; denn alle haben recht gebraucht eine Kraft in sich Maaß und Ordnung zu unterstüzen und herzustellen. Was aber diejenigen betrifft, die uns selbst versagt zu sein scheinen: wir wollen uns nicht nur herzlich freuen, wo immer wir sie in unserer Nähe finden, sondern sie auch in Ehren halten und in ihrer Wirksamkeit schüzen und fördern wie wir nur können; denn es ist ein vollständiges Zusammenwirken aller Kräfte und Gaben des Geistes nothwendig, wenn überall der gehörige Widerstand soll geleistet werden, wo es darauf ankommt hochmüthige Wellen zu brechen. Aber nur in dem Maaß, als wir den Einen Geist ungestört walten lassen, aus welchem mit den Gaben | zugleich ihr richtiger Gebrauch hervorgeht, werden wir Jeder für sich selbst und unsere Gemeinschaft ein reiner Spiegel göttlichen Maaßes und ewiger Ordnung sein. Wie der göttliche Geist, der über den Wassern schwebte, Maaß und Ordnung in der natürlichen Welt gründete, so daß beide sich durch alle Verwirrung und unter allem Streit immer mehr entwikkeln: so wurde, als Christus erschien und sein Geist ausgegossen wurde über alles Fleisch, der ewige Grund gelegt zu Maaß und Ordnung für die verworrene geistige Welt. Beides soll sich nun auch in dieser immer mehr entwikkeln, und jeder Zeitabschnitt, wenn er vorüber ist, ein Zeugniß ablegen von ihrer vermehrten Gewalt, und so oft ein neuer beginnt, ist dies das Ziel für Alle, in welchen dieser Geist lebt und wirkt. Dieser Geist aber ist kein anderer als der Geist der Liebe. Darum sagt auch in Beziehung auf sie der Apostel mit Recht, nachdem er, wie auch ich eben gethan, die Christen ermahnt hat, nach allen geistigen Gaben zu trachten und nach den besten am meisten, er wolle ihnen doch noch einen köstlicheren Weg zeigen, denn ohne die Liebe sei das alles nichts nüz. So wie jene Gaben allerdings Vollkommenheiten sind, und je reicher eine menschliche Gesellschaft damit ausgestattet ist, um desto besseren Zeiten sie entgegensehen kann: so ist doch die Liebe auch in dem Sinne erst das Band der Vollkommenheit, weil nur durch sie diese Vollkommenheiten so gebunden und zusammengehalten werden, daß sie ihr gehöriges Maaß | erfüllen, aber auch nicht über dasselbe hinausgehen. Denkt euch welche geistige Gabe ihr wollt ohne die Liebe:

19–20 *Vgl. Gen 1,2*   31–33 *Vgl. 1Kor 12,31*   33 *Vgl. 1Kor 13,3*   36–37 *Vgl. Kol 3,14*

so wird sie entweder als ein todtes Vermögen in der Seele schlummern, oder einmal erwacht auch nur eines Anstoßes bedürfen um sich über das Maaß der freundlichen Zusammenstimmung mit den übrigen hinaus zu steigern. Die Liebe aber ist dieses Band, weil sie selbst die göttliche Maaß und Ordnung hervorrufende Kraft ist. Denn durch Maaß und Ordnung wollte sich Gott aus Liebe in der Schöpfung der Welt offenbaren, und der Liebe verdanken wir Maaß und Ordnung der neuen Schöpfung. Alles andere muß Maaß und Grenze bekommen; die Liebe aber, wie sie beides hervorbringt, so trägt sie auch beides in sich, und bedarf nicht, daß es ihr gegeben werde. Die Liebe bedarf keines Maaßes, denn sie ist nicht ungemessen; sie hat keine stolzen Wellen, welche müßten gebrochen werden, denn sie eifert nicht, sie bläht sich auch nicht, sondern ist langmüthig und demüthig; sie suchet nicht das ihre und läßt sich nicht erbittern – und was gäbe wol schäumendere und ungebehrdigere Wellen als dieses? – sondern sie duldet alles, weil sie alles hofft. Wohnt sie also nur immer reichlicher unter uns in dem neuen Lebensjahr, das wir heute beginnen: so wird uns auch die Liebe zu Christo, von welcher allein alle christliche Bruderliebe ausgeht, also dringen, daß wir auf der einen Seite die reine Zusammenstimmung und das fröhliche Zusammenwirken alles Guten auf alle Weise fördern, damit | immer mehr ohne lautes Getümmel und ohne Geschrei, wie denn das von Christo nicht gehört werden soll, durch eine milde aber unwiderstehliche Gewalt, die nur die Gewalt des schaffenden und erhaltenden göttlichen Wortes ist, alle Wellen, die sich aufthürmen wollen, gebrochen und immer mehr alle Gemüther so gebunden werden durch diese geheimnißvolle und doch offenkundige Kraft, daß wo sich noch etwas empört in der geistigen Welt, es nirgend bedeutenden Vorschub finde, und das Ueberfluthen einzelner Theile nie wieder zu einer allgemein verderblichen Ueberschwemmung anwachse, auf der andern Seite aber wir selbst Jeder für sich und unsere ganze Gemeinschaft immer weniger Unterbrechungen des inneren Friedens erfahren, den der Herr den Seinigen hinterlassen hat, und immer seltener unter uns solche bedauernswerthe Aufregungen entstehen, daß auch an das Heiligthum des Herrn die zwar heilsame aber doch immer drohende und richtende Stimme ergehen muß, Bis hieher und nicht weiter! hier sollen sich legen deine stolzen Wellen.

So laßt uns denn, m. g. Fr., mit solchem Trost und solchem Vorsaz wahrhaft getrost in das neue Jahr unseres Lebens hineingehen. Auch dieses, wir wollen uns nicht darüber täuschen, wird uns während seines kurzen Laufes gar mancherlei darbieten, wobei wir genöthigt sein werden, voll Hoffnung und Vertrauen an das Wort unseres Textes gedenkend zu sagen, auch diese stolzen Wellen werden ihr Ziel finden

---

12–14 Vgl. 1Kor 13,4–5   16 Vgl. 1Kor 13,7   32–33 Vgl. Joh 14,27

und das Maaß, welches ihnen der Herr | gesezt hat. Sehen wir auch lange nicht wie, wenn wir nur in der Kraft der Liebe, welche sich der Wahrheit freut, Gott unsern Dienst nicht versagen, Zeugniß ablegen von dem Willen des Herrn, wo uns eine freundliche Thür eröffnet wird, das Böse zu überwinden suchen durch Gutes, und die Unwetter beschwichtigen durch Worte des Friedens, so werden wir auch, sei es gleich wenig, doch immer mit dem und ihm ähnlich wirken, der den Stürmen und dem Meere gebot, auf daß es dahin komme, daß alle Stürme nur außer uns sein, in dem geistigen Hause aber, in welchem wir versammelt sind, auch nur das Brausen des Geistes vernommen werde, welcher unserem Geiste das Zeugniß giebt, daß wir Gottes Kinder sind, welche treu sind nach der Regel und Ordnung, wie der Sohn treu ist in seines Vaters Hause, dieses Haus selbst aber sich als dasjenige bewähre, welches, wenn auch die Gewässer kommen und die Winde wehen und daran stoßen, doch auf den rechten Felsen gegründet unverrüklich fest steht.　　Amen.

　　Gebet. Ja, allmächtiger Gott und Vater, wir demüthigen uns vor deinem Throne bei dem Beginn eines neuen Jahres unseres Lebens, welches du uns wieder dazu giebst, damit wir während desselben uns in deinem Dienste üben und dein Reich fördern. Du der du Alles zähmst und mäßigest, und unter dessen Regierung nichts anders geschehen kann als du gebietest, wirst auch in diesem Jahre | deine Macht und deine Weisheit durch alle deine Führungen denen enthüllen, welche Lust haben an deinen Wegen, so wie klare Augen, um deine Werke zu schauen, und aufgethane Ohren, um deine heilige Stimme zu vernehmen. O spräche sie nur immer deutlicher zu uns aus deinem geschriebenen Worte und aus den Tiefen unseres Herzens, in welche du geschenkt hast deinen Geist. O vernähmen wir sie nur immer bestimmter, und folgten ihr in treuem Gehorsam mehr als bisher, damit wir das Maaß fänden ohne Streit, und in dem Reiche, welches dein Sohn gegründet hat, lebten ohne störende Verwirrung. Ja dazu empfehlen wir dir für dieses neue Jahr die ganze Christenheit und besonders unsere evangelische Kirche. Erbaue du sie dir immer wohlgefälliger durch die Wirksamkeit deines Geistes! laß das Licht des Evangeliums auch durch ihren Dienst immer heller und weiter leuchten, und auch diejenigen dadurch erwekt und zu dem neuen Leben wiedergeboren werden, die noch in der Finsterniß und in dem Schatten des Todes sizen! Verkläre du deinen Sohn immer mehr

---

2–3 *Vgl. 1Kor 13,6*　　5 *Vgl. Röm 12,21*　　9–11 *Vgl. Apg 2,2*　　**11–12** *Vgl. Röm 8,16*　　**14–16** *Vgl. Mt 7,25*　　**38–39** *Vgl. Mt 4,16 mit Bezugnahme auf Jes 9,1*

in allen denen, die seinen Namen bekennen, und laß überall den Geist der Ordnung und des Friedens herrschen in der Gemeine der Christen! Dazu laß gesegnet sein das Band der Liebe und Gemeinschaft, welches sie vereint, die Verkündigung deines Wortes und die Austheilung der Vermächtnisse deines Sohnes.

Wir empfehlen dir auch für dieses Jahr besonders unser theures Vaterland. Segne den König, | den Kronprinzen und seine Gemahlin, und das ganze königliche Haus! Sei es auch in diesem beginnenden Jahre ein eben so gesegnetes als erfreuliches Vorbild christlicher Gottseligkeit, auf daß alle getreue Unterthanen ihre Lust sehen an dessen ungestörtem und sich immer mehrendem Wohlergehen! Erhalte du dem Könige die Erleuchtung und den Beistand deines Geistes zur Erfüllung des großen Berufes, den du ihm aufgelegt hast. Umgieb ihn mit treuen und eifrigen Dienern, die ihm helfen erkennen und ausführen, was recht und wohlgefällig ist vor dir. Erhalte alle seine Unterthanen treu und gehorsam in dem Umfange des Reiches, welches du ihm gegeben hast, damit unter seinem Schuz und Schirm überall die christlichen Gemeinen sich bauen und wir unserm gemeinschaftlichen Ziele, der Aehnlichkeit mit unserm Erlöser, immer näher kommen! Darum, gütiger Gott und Vater, empfehlen wir dir besonders die Erziehung der Jugend und den christlichen Hausstand überall in unserm Vaterlande und in dieser Stadt, daß jedes Hauswesen, welches nach deinem Willen geführt wird, auch dein Wohlgefallen erfahre in seinem Innern, und außer sich leuchte als ein wohlthätiges Beispiel. Ja segne du einen jeden in dem Berufe, den du ihm angewiesen hast, also daß wir alle die erfreuliche Erfahrung machen, auch wir können etwas beitragen dein Reich zu fördern durch gewissenhaften Gebrauch des Pfundes, das du uns anvertraut, damit von einem Jahre zum andern jeder könne als ein | getreuer Knecht von dir über mehr gesezt werden. Derjenigen aber, über welche du Trübsal und Widerwärtigkeiten verhängt hast in dem Laufe dieses Jahres, nimm dich gnädig an, wenn sie ihre Zuflucht bei dir suchen, und laß uns alle immer mehr erfahren, daß bei dem Maaße, welches du allen Dingen sezest, das Ziel deiner väterlichen Liebe dieses ist, daß auch unsere Seelen, deren du dich so gnädig angenommen hast, immer mehr zu dem rechten Maaße gelangen, und daß denen, die auf dich vertrauen und dich lieben, eben deswegen Alles zum Besten gereichen muß. Amen.

29–31 Vgl. Lk 19,12–19   38–39 Vgl. Röm 8,28

VII.

Der Anfang des Leidens Christi sein steigender Sieg über die Sünde.

Passionspredigt.

Text. Matth. 26, 55. 56.
Zu der Stunde sprach Jesus zu den Schaaren, Ihr seid ausgegangen als zu einem Mörder mit Schwerdtern und mit Stangen mich zu fangen, bin ich doch täglich gesessen bei euch, und habe gelehrt im Tempel, und ihr habt mich nicht gegriffen. Aber das ist alles geschehen, daß erfüllet würden die Schriften der Propheten.

M. a. Fr. Das Leiden unseres Erlösers war, wiewol es seiner menschlichen Natur widerfuhr, die ganz dieselbige war wie in uns Allen, doch etwas einziges, weil er einzig ist unter Allen; wie denn | auch der Einfluß alles dessen was ihm begegnete, auf das menschliche Geschlecht ein solcher ist, womit nichts anderes kann verglichen werden. Aber er hat auch uns und alle die Seinigen aufgenommen in die Gemeinschaft seiner Leiden, indem er sagt, es könne dem Jünger nicht besser ergehen als dem Meister, und dem Diener nicht als dem Herrn, und auch sie wie er könnten nur durch Trübsal in die Herrlichkeit eingehen. Diese Gemeinschaft mit dem Leiden Christi ist allerdings wie alles in der Welt unter den Seinigen sehr ungleich vertheilt. Sie strahlt uns in dem vollen Glanze des Märtyrerthums entgegen vorzüglich in den ersten Zeiten der christlichen Kirche; milder gestaltet, im wesentlichen aber eben so, finden wir dasselbe zu allen Zeiten, im Einzelnen wenigstens allemal, so oft Jünger des Herrn das Evangelium in solche Gegenden brachten, in denen es vorher nicht gehört worden war. Aber auch innerhalb der christlichen Kirche selbst giebt es ja immer noch einen Streit des Lichtes gegen die Finsterniß, einen Kampf für alles in Lehre und Leben, was aus den Worten des Herrn selbst mittelbar oder unmittelbar hervorgeht, einen Kampf gegen mancherlei leeres und verkehrtes, was die Menschen zu dem Worte des Herrn

---

2 *Predigt zum Sonntag Oculi am 21. März 1824 vormittags in der Dreifaltigkeitskirche zu Berlin; vgl. Predigtnachschrift und Liederblatt in KGA III/8, S. 135–147*   17–18 *Vgl. Mt 10,24; Joh 13,16; 15,20*   19–20 *Vgl. Lk 24,26; Apg 14,22*   20 *Vgl. Lk 14,27*

hinzugesezt und es damit verunreinigt haben. In diesen Kämpfen nun müssen auch Leiden wiederkehren, welche denen des Erlösers ähnlich sind. Freilich wir für uns sehen vielleicht gar keine Wahrscheinlichkeit, daß uns etwas begegnen könne, was diesen Namen verdient; aber | wir sollen ja auch nicht an uns allein denken und an das was unser unmittelbares Bedürfniß ist, als ob die christliche Erbauung nur eine Sache der augenbliklichen Noth wäre, sondern wie allgemein dem Menschen nichts menschliches, so noch weniger soll dem Christen etwas christliches fremd bleiben. Erhöhen wir die Freudigkeit und die Sicherheit unseres Lebens durch die Verherrlichung Christi und durch das volle Bewußtsein der Segnungen, welche aus seiner Gemeinschaft entspringen: so müssen wir auch in demjenigen, was uns selbst jezt gar nicht betrifft und uns vielleicht nie begegnet, doch nicht nur den Werth der Gemeinschaft mit dem Erlöser anerkennen, sondern auch uns selbst in unserm Innersten darauf prüfen und darnach schäzen, ob auch wir wol dieses und jenes und wie würden zu leisten im Stande sein, wenn es uns träfe. Darum laßt uns nun in dieser Passionszeit das Leiden des Erlösers eben als ein solches betrachten, welches sich in den Seinigen, wenngleich in einem verringerten Maaßstabe, noch immer von Zeit zu Zeit erneuert, und dabei für heute bei dem Anfang des Leidens Christi stehen bleiben, welchen uns die verlesene Stelle aus dem Evangelisten in Erinnerung bringt. Alles Leiden des Erlösers aber ging aus von der Sünde, und auch dann nur können wir uns einer Leidensgemeinschaft mit ihm rühmen, wenn uns Leiden treffen, mit denen es dieselbe Bewandniß hat. Wie er aber nun das Werk, welches ihm Gott befohlen hatte, durch seinen Tod zwar vollendet aber | nicht erst begonnen hat, sondern sein ganzes öffentliches Leben hindurch hatte er schon daran gearbeitet: so war auch die Zeit seines Leidens eine Fortführung dieses Werkes, denn was er bei demselben gethan, wie er sich unter dem Leiden bewiesen, das konnte nichts anderes sein, als die Erfüllung desselben Berufs unter diesen besonderen Umständen, es war der immer vollständigere Sieg über die Sünde, aus welcher auch sein Leiden seinen Ursprung nahm.

So werden also das natürlicher Weise die beiden Punkte sein, auf die wir unsere Betrachtung zu richten haben, zuerst die Sünde, aus der das Leiden des Erlösers seinen Ursprung nahm, und dann seine Gegenwirkung gegen dieselbe und sein Sieg über dieselbe. Das sei es also, worauf wir mit einander unsere christliche Aufmerksamkeit richten.

I. Wenn wir nun fragen, wie denn das Leiden des Erlösers in der Sünde seinen Ursprung genommen hat? so müssen wir nicht bei dem

Allgemeinen stehen bleiben; sondern wenn wir auch das Betragen und die Handlungsweise des Erlösers, worin eben sein Sieg über die Sünde gegründet war, recht verstehen wollen, so müssen wir auch auf die besondere Gestaltung der Sünde sehen, aus der sein Leiden hervorging. Unser Text führt uns zu der Gefangennehmung des Erlösers in dem Garten, wo er die Nacht mit den Seinigen zubrachte. Dahin kam unter der Anführung des Judas eine große | Schaar, bestehend zum Theil aus denen, welche von den Hohenpriestern beauftragt waren, unter der Leitung des Judas den Herrn zu suchen und zu binden, zum größeren Theil gewiß aber aus einer vermischten Menge, die sich aus Neugierde und was sonst den großen Haufen bei solchen Gelegenheiten in Bewegung bringt, jenen zugesellt hatte; veranstaltet war aber das Ganze durch die Hohenpriester und Obersten des Volks. Wie nun bei allen solchen Gelegenheiten die Absichten und der Gemüthszustand derer, die an der Spize stehen, von der Menge des Volkes kaum geahnet werden, und eben so der gemeine Haufen von jenen zwar benuzt wird, aber ohne daß sie seine Gemüthsbewegungen theilten: so unterscheiden auch wir billig, indem wir nach der Sünde fragen, aus welcher das Leiden des Erlösers seinen Ursprung genommen habe, die große Menge von denen, durch welche dieselbe in Bewegung gesezt, und auf deren Befehl das Ganze vollzogen wurde.

Was war nun, m. g. Fr., zuerst bei der großen Menge, bei diesen Schaaren welche hinauszogen, die Sünde, wodurch sie sich ihrerseits der Schuld an dem Blute des Herrn theilhaftig machten? – Wir dürfen wol keine andere Antwort geben, als ihre Schuld bestehe in einer verstokkten Unempfänglichkeit und Gleichgültigkeit gegen das Gute und Göttliche. Erinnert euch nur mit mir einiger früheren Augenblikke in dem Leben des Erlösers, und vergleicht sie mit diesen, so werdet ihr euch leicht | davon überzeugen. Schon früher einmal, wie uns der Evangelist Johannes[1] erzählt, hatten die Hohenpriester einen nur damals noch minder bekannten Rath gefaßt, auch während einer festlichen Zeit Christum zu tödten, und hatten ihre Diener ausgeschikt um ihn gefangen zu nehmen, während er in den Hallen und Gängen des Tempels lehrte. Diese kamen aber unverrichteter Sache zurük, und als ihre Vorgesezten sie deswegen zur Rede stellten, so antworteten sie, sie hätten es nicht vermocht, denn so gewaltig wie dieser habe noch nie ein Mensch geredet. Wir lesen nun nicht, daß sie sie, wie es in einem strengeren Regiment wol geschehen wäre, über ihren Ungehorsam gestraft hätten, sondern die Verhältnisse scheinen hierin mild gewesen zu sein; wol aber machten sie ihnen damals Vorwürfe über dieses Ergriffensein von der Gewalt der Rede des Erlösers,

---

[1] Joh. 7, 44–49.

als ob es sich für die Diener der Hohenpriester nicht zieme, sich hierin dem ungesegneten Volk gleichzustellen, und fragten sie in hartem und stolzem Tone, ob wol irgend einer von ihnen, den Angesehenen und Obersten des Volks, an diesen Jesus glaube. Von einem solchen gewaltigen Eindrukk der Reden des Erlösers auf die Menschen aus dem Volke lesen wir nun viele Zeugnisse in der Schrift, und daß die Diener der Hohenpriester auch Muße und Gelegenheit hatten ihn zu hören, so wie daß sie sich diesem Eindrukk ohne sträfliche Pflicht|verletzung auch in ihren Handlungen ganz hingeben konnten, lehrt uns jenes Beispiel. Wenn also dieser Eindrukk allgemein geworden, wenn er nicht nur etwas augenblikliches geblieben wäre, sondern fortgewirkt hätte, und Alle demselben eben so treu geblieben wären als jene: so hätten die Hohenpriester und Obersten keine Diener gefunden, die ihnen diesen Auftrag vollzogen hätten, einen solchen Mann wie Christus war einem Verbrecher gleich zu binden und gefangen fortzuführen um über göttliche Dinge von solchen gerichtet zu werden, von denen sie wol einsahen, daß sie hierin viel weniger werth wären als er, und eigentlich gar nichts bedeuteten gegen ihn. Wäre also diese Empfänglichkeit nicht zurükgedrängt gewesen und erstorben in dieser ganzen Schaar: so hätten die Ereignisse jener Nacht nicht stattfinden können, und es wäre dem Erlöser geworden, daß der Kelch noch einmal vor ihm vorüberging. Und Spuren von jenem Eindrukk zeigten sich allerdings auch hier noch. Denn nach dem was uns Johannes erzählt[2], ging der Erlöser, als er die Schaaren kommen hörte, ihnen entgegen und fragte sie, Wen suchet ihr? Und auf die Antwort, Jesum von Nazareth, erwiederte er selbst, Ich bin es. Da wichen sie zurükk, sagt Johannes, und stürzten zur Erde nieder, so wurden sie verwirrt und ergriffen, indem Vielen unter ihnen wol auch Erinnerungen an die Gewalt seiner Rede | und an die Ehrfurcht, welche er ihnen abgenöthiget, in diesem Augenblick zurükkehrten und den Eindrukk verstärkten, den seine einfache Freimüthigkeit in diesen Worten, Ich bin es, und überhaupt die Unbefangenheit und Ruhe, womit er sich ihnen darbot, auf jeden machen mußte. Denn ein solches Betragen wie dieses, wenn auch nicht mit der vollen innern Reinheit und Sicherheit, sondern mit etwas menschlicherem vermischt, aber doch im Ganzen ein solches, konnte man von Jedem erwarten, der mit dem Bewußtsein der Unschuld und dem dadurch erwekten Muthe ausgerüstet, auf eine

---

[2] Joh. 18, 4–6.

---

38 18, 4–6.] 18, 6.

21–22 Vgl. Mt 26,39.42

solche Weise im Namen derer gesucht wird, welche von Gottes und menschlicher Ordnung wegen ein wenn auch nur beschränktes Recht hatten, über ihn zu gebieten. Insofern also das Betragen des Erlösers in diesem Augenblikk seiner Gefangennehmung weder etwas übermenschliches war, noch auch nur etwas ganz ungewöhnliches, indem das Gegentheil unwürdig gewesen sein würde und feigherzig: so dürfen wir freilich wol sagen, wenn in ähnlichem Falle auch ein Anderer auf dieselbe Weise geredet und gehandelt hätte so würden diese Diener wol nicht zurükgewichen sein und bestürzt zur Erde niedergefallen. Also war es doch vorzüglich wieder die Person des Erlösers, welche so auf sie wirkte, aber gewiß nicht etwa durch eine besondere Absicht Christi, und auf eine von ihm eigens veranstaltete wunderbare Weise, sondern es war der Gesammteindrukk seines Wesens und Thuns, der lebendig hervorgerufen eine solche | Wirkung hervorbrachte. Also Spuren jener Empfänglichkeit für das reine und göttliche in der Person des Erlösers finden wir auch hier noch; aber doch kehrten diese Ausgesendeten nicht wie jene, in denen die geistige Gewalt des Herrn keine so sinnliche Wirkungen hervorgebracht hatte, unverrichteter Dinge zurük, sondern sie ermannten sich wieder und vollbrachten ihr aufgetragenes Werk, nicht mit Widerstreben und unter Entschuldigungen, wie man eine unwillkommne Pflicht vollzieht, sondern mit der Gleichgültigkeit des Alltäglichen. Und doch gab der Erlöser, der freilich nicht, wie mancher andere nicht unedle Mann wol gethan haben würde, an jenen unwillkührlichen Schrekken anknüpfen und ihn durch den Donner der Rede erhöhen und dann durch sie hindurchschreiten konnte, dennoch gab er ihnen durch seine ferneren Reden Gelegenheit genug, in sich zu gehen und sich zu sagen, daß auch diesmal ihre Oberen es ihnen nicht als Pflichtverlezung hätten auslegen können, wenn sie den weit über sie Alle erhabenen Mann gehen ließen, weil dieses Verfahren weder seiner noch ihrer Würde gemäß war; allein seine Rede ging an ihnen verloren, und jenen unwillkührlichen ersten Eindrukk abgerechnet erscheinen sie als ganz würdige Werkzeuge einer Gewalt, welche den vorwurfsfreien und in der öffentlichen Meinung so hochgestellten Lehrer, wie einen andern wirklichen Verbrecher gegen göttliche Ordnung und menschliches behandeln konnte. Ja wo eine Gewalt, die das Gute hemmen will, solche Diener genug | mit leichter Mühe finden konnte, nun da war auch Sünde genug, um das Leiden des Erlösers hervorzubringen. Denn Sünde, ja schwere Sünde ist gewiß eine solche durch entgegengesezte, wenn auch nur vorübergehende geistige Aufregungen, durch unwillkührliche, wenn auch nur sinnliche Eindrükke, welche das Gute und Göttliche hervorbringt, sich selbst strafende Gleichgültigkeit!

Und nicht besser stellt sich uns die ganze Masse des Volkes dar, die auch hier bei der Gefangennehmung des Erlösers ihre Vertreter hatte. Denn unter der Schaar, welche sich den abgeschikten Dienern zugesellt hatte, mögen wol so Manche gewesen sein, die öfter jene flüchtige Begeisterung für Christum getheilt hatten, die uns in den Evangelien so häufig entgegentritt! Wenn er auszubleiben schien und nicht nach seiner Gewohnheit unter den ersten auf dem Feste erschienen war, so entstand ein großes Fragen unter dem Volke, wie uns Johannes erzählt, wird er kommen oder ausbleiben? warum verzieht er so lange? Aber wenn auch nicht dieselben Personen, ganz ähnliche wenigstens und aus derselben Klasse sind hier diejenigen, welche jezt, wie es scheint eben so wenig eifrig für die Sache des Rathes, als Christo zugethan, die Gefangennehmung des Erlösers nur als einen Gegenstand der Neugierde behandeln ohne alle bestimmte Theilnahme, nur schaulustig was sich dabei zutragen und wie es gelingen werde. Und wenn die Apostel Recht haben zu sagen, wie es auch der ganze Zusammen|hang der Geschichte lehrt, daß unser Herr hochgeachtet und bewundert gewesen ist vor allem Volk: so sind auch die wieder dieselbigen und von derselben Klasse gewesen, welche am folgenden Tage weiter gingen und sich ganz gegen Christum auf die Seite der Hohenpriester schlugen, um ihnen alle blinde Kraft zu leihen, welche ein aufgeregter Volkshaufen ausüben kann, indem sie frisch und bereitwillig alle Folgen auf sich zu nehmen, und Alle etwanige göttliche Strafe mit ihren Nachkommen zu tragen, über den sonst so Bewunderten das Kreuzige, Kreuzige ausriefen, und so dem römischen Landpfleger das Todesurtheil des Erlösers abdringen halfen. – Und laßt es euch nicht wundern, daß ich auch diesen nur dieselbe Unempfänglichkeit und denselben Stumpfsinn zuschreibe. Denn gehaßt haben sie den Erlöser nicht; und was so erscheint, das war auch nur augenbliklich in ihrem Gemüth aufgeregt durch diejenigen, von denen sie bearbeitet und angetrieben wurden, wie denn überhaupt eine bestimmte Widrigkeit gegen das Gute und Wahre ursprünglich in den Gemüthern der großen Menge nicht wohnt. Aber ist dem Menschen einmal nicht darum zu thun, die Eindrükke, welche göttliche Wahrheit und göttliches Leben in ihm hervorbringen, fest zu halten; macht er daraus nicht das ernste Geschäft seines Lebens: dann ist er eine leichte Beute derer, welche wirklich gegen das Gute und Wahre arbeiten, beweglich durch sinnliche Vorspiegelungen, beweglich durch menschliches Ansehn; kurz alles auch | das schlimmste kann für den Augenblick aus solchen Menschen gemacht werden, und ohne sich auf diese künstlich erregte

---

9–10 Vgl. Joh 11,56   17–18 Vgl. Mk 12,37; Lk 13,17   25 Vgl. Mt 27,22–23; Mk 15,13–14; Lk 23,21; Joh 19,6.15

Stimmung eines im Ganzen für das Höhere unempfänglichen Volkes zu stüzen, hätten die Hohenpriester den Tod des Erlösers auf diesem Wege schwerlich herbeiführen können.

Wenn nun aber, m. g. Fr., auch für uns von einer Gemeinschaft der Leiden Christi die Rede ist, zu welcher wir berufen sind: müssen nicht wir, die wir mitten in die durch das freie Licht des Evangeliums heller erleuchtete christliche Kirche gestellt sind, dafür wenigstens sicher sein, daß uns auf diesem Wege eine solche Leidensgemeinschaft nicht entstehen kann? Wird nicht schon von Kindheit an der geistige Akker vorbereitet, um den Samen des göttlichen Wortes aufzunehmen? Wird nicht dieser Same in die Seele gestreut, ehe der Boden wieder erhärtet oder von erstickendem Unkraut besezt sein kann? Stimmt nicht auch hernach die ganze Gestaltung und Anordnung des Lebens dazu, die Empfänglichkeit für das göttliche immer wieder zu erneuern und aufzufrischen? Sollte man es für möglich halten bei allen diesen beschüzenden und belebenden Hülfsmitteln, daß irgend etwas anderes die Gemüther der Christen abziehen könne von der Theilnahme an Christo und an seiner Sache? Daß späterhin irgend etwas soviel Gewalt über sie gewinnen könne, um hierüber nicht nur hervorzuragen, sondern auch die von Kindheit an genährte Anhänglichkeit so in den Hintergrund zu stellen, daß Liebe | und Bewunderung sich in eine Gleichgültigkeit und einen Stumpfsinn verwandeln, welche hernach, eben wie es bei diesen aus dem Volke Juda geschah, von den Feinden des Erlösers in Dienst genommen werden können? Das wollen wir nun freilich nicht so leicht behaupten. Zunächst schon deshalb nicht, weil gar nicht zu denken ist, daß in der Gemeinschaft der Christen eine Feindschaft gegen Christum entstehen könne, wenn auch nur in Wenigen, die sich dann eben so wie es die Hohenpriester machten, jenes gleichgültigen Haufens bedienten. Vielmehr wollen wir glauben, daß bei allem Streit über das Christenthum selbst, und wenn auch noch so sehr diejenigen, die ihn erregen und dabei an der Spize stehn, ein Theil dem Andern Schuld geben, daß sie Feinde Christi und seines Reiches wären, dem doch nicht also sei, sondern vielmehr beide Theile für Christum eifern, nur daß beide oder der eine wenigstens von beiden im Irrthum sind über seine Absicht oder seine Meinung; und daß, wenn nun die Anführer sich auch an die Menge wenden und diese in eine leidenschaftliche Bewegung sezen, es damit nicht die Bewandniß habe, daß weil sie für das höhere unempfänglich sind, sie um so eher können aufgeregt werden für und gegen Menschensazung und menschliches Ansehn. Sondern wieviel Mißverstand ja Unverstand auch dabei obwalten, und mit wie unrechten Waffen auch möge

---

9–12 Vgl. Mt 13,1–23; Mk 4,1–20; Lk 8,4–15

gefochten werden, alle Theilnahme an solchem Streit rührt doch von dem gewekten Sinn für das Höhere her; und wem Lei|den daraus entstehen, der achte das nicht für die Gemeinschaft der Leiden Christi, außer nur in sofern etwa, als wir auch das zu den Leiden Christi rechnen, was er empfand bei dem Unverstand und dem vorübergehenden Hader unter seinen Jüngern.

Aber daß es auch unter denen, die den Namen Christi bekennen, eine solche Unempfänglichkeit für das Höhere giebt, wer wollte das läugnen, der nur um sich sieht und dabei an das Gleichniß des Erlösers von dem Samen des göttlichen Wortes denkt? Harte Seelen, für welche alle unsere bearbeitenden Einrichtungen noch nicht erweichend genug sind, ach es giebt deren! Und die mancherlei Anfechtungen, sie wirken noch eben so austroknend auf weniger gesegnete Gemüther! Und die Sorgen des Lebens und die Reichthümer der Welt sind noch immer überwachsendes Unkraut! Und so lange es neben den treuen und zuverläßigen Jüngern Christi noch solche zurükgebliebene oder zurükgekommene Seelen giebt, so können sie auch eben so, wie dort das Volk von seinen Oberen, gemißbraucht werden von solchen, die kalt und selbstsüchtig genug sind, daß sie um weltliches zu erhalten oder zu gewinnen, sich wirklich als Feinde des Guten betragen, das auf dem Gebiete des weltlichen gemeinsamen Lebens gefördert werden soll. Die Leiden nun, die den treuen Dienern des Herrn auf irgend einem Gebiete aus diesem Zustande entstehen, die sind wirklich in der Aehnlichkeit der Leiden Christi. Und wie viele giebt es deren! ja wie allgemein ist die Klage, daß es | deren beständig giebt! Denn die treuen Diener Christi stehen immer und in jeder Beziehung auf der Seite des Guten, mögen sie es nun selbst an die Hand geben, oder nur denen hülfreich und willfährig sein, von denen es ausgeht. Wenn es also hintertrieben wird, indem die Eigennüzigen und Gewaltthätigen durch Vorspiegelungen aller Art die Meinung und den Beistand der an und für sich für das Gute wenig erregten Menge gewinnen: so leiden jene, und wenn auch kein Kreuzige, kreuzige über sie ausgerufen wird. Wiewol auch das selten ausbleibt; denn Eigennuz und Herrschsucht sind der reinen Liebe zum Guten gegenüber immer entweder leidenschaftlich und gewaltthätig, oder arglistig und heimtükkisch. Weil nun aber diese doch immer nur wenig ausrichten können ohne jene Menge, so wendet sich nun auch billig die ächte wohlthätige Liebe der Jünger Jesu am meisten denen unter unsern Brüdern zu, welche am meisten in Gefahr sind in eine solche Unempfänglichkeit zu versinken, damit sie offen erhalten werden für das Gute und immer mehr gewaffnet gegen jene Umtriebe, die von verderbten Mächtigen oder sonst Ange-

---

9–15 Vgl. Mt 13,1–23; Mk 4,1–20; Lk 8,4–15   32 Joh 19,6

sehenen ausgehn. So oft wir an dieses „Kreuzige" denken, das so bedeutend dasteht in dieser lezten Entwiklung der Führung des Erlösers, und es uns schwer aufs Herz fällt, wie leichtsinnig die Verführten für die That ihrer Verführer die Verantwortung übernehmen wollten vor Gott und Menschen, so daß die Hohenpriester sich mit demselben Recht rein waschen konnten wie | Pilatus: wieviel ähnliches fällt uns nicht ein aus den Geschichten der Menschen im Großen und im Kleinen! Und wenn wir nun bedenken, daß auch unter denen, welchen es hernach durchs Herz ging, daß sie zu Petrus und den andern Aposteln sagten, Ihr Männer, lieben Brüder, was sollen wir thun daß wir selig werden, oder unter denen, die bei andern Gelegenheiten von der Wahrheit des Evangeliums ergriffen wurden, manche von diesen Kreuzigern mögen gewesen sein: wie sehnlich müssen wir nicht wünschen, solcher Sünde auf alle Weise vorzubeugen, und unsere Brüder vor dem Zustande zu bewahren, in welchem sie so verderblichen Einwirkungen Raum zu geben fähig sind.

Was war aber zweitens die Sünde in den Hohenpriestern und Aeltesten des Volkes, durch welche diese große Menge in Bewegung gesezt war? Laßt uns dabei ja nicht vergessen, daß gerade von ihnen der Erlöser selbst sagt, Sie wissen nicht was sie thun, und daß auch Paulus diese Leiter des Volkes vorzüglich im Sinne hat, wenn er Israel das Zeugniß giebt, Sie eiferten wol um Gott, aber mit Unverstand[3]. Halten wir uns an diese Vorgänger, so werden wir so gehässigen Ansichten nicht Raum geben, daß bei diesen Gegnern des Erlösers eine Feindschaft gegen das Gute überhaupt zum Grunde gelegen habe; denn widersprechen wollen wir doch diesen beiden nicht. Schwerlich also wer|den wir etwas anderes sagen können, als auch dieses schon sei aus jenem unverständigen Eifer hergekommen, der aber weil er nicht ganz rein war – denn etwas unreines ist immer im Spiel, wenn der Eifer so ins unverständige ausweicht – auch nicht wagte offen hervorzutreten, sondern lieber ein hinterlistiges Verfahren einschlug. Denn offenen Streit mit dem Erlöser und offnes Auftreten gegen ihn im Angesichte des Volkes hatten diese Gegner, wie wir aus dem Stillschweigen der Evangelisten schließen können, immer vermieden. Einzelne zwar hatten sie bisweilen abgeschikt, um Fragen an ihn zu stellen, wodurch sie eine Sache gegen ihn bekämen; das war aber durch die klare und einfache Weisheit des Erlösers immer vereitelt worden. Nur einmal hatten sie es gewagt, ihn geradezu zu fragen, er möge ihre Seelen nicht länger aufhalten, sondern es gerade heraus sagen, ob er

---

[3] Röm. 10, 2.

1 Joh 19,6   9–11 Vgl. Apg 2,37   20 Lk 23,34   38–1 Vgl. Joh 10,24

Christus sei; als er aber, um sich mit ihnen darüber näher zu verständigen, auch selbst eine vorläufige Frage an sie richtete, so wichen sie ihm gleich aus, und hatten nicht Lust sich mit ihm in einen Gedankenwechsel über diesen Gegenstand einzulassen. Heimlich aber waren sie unter einander eins darüber geworden, es sei besser daß Einer umkomme, denn daß das ganze Volk zu Grunde gehe. Sie wollten also auch in diesem Rathe das Beste ihres Volkes auf eine thätige Weise, und das war der Eifer; daß sie aber glaubten ihrem Volke, welchem der Erlöser seine persönliche Wirksamkeit ausschließend widmete, und durch die Un|eigennüzigkeit und Bescheidenheit seines Wirkens deutlich genug zeigte, daß Er nichts anderes wollte, als das Volk zu dem leiten, was zu seinem Frieden diente, diesem Volke könne durch eine solche Wirksamkeit in Thun und Lehre ein wesentlicher Nachtheil entstehen, und das Joch der äußeren Knechtschaft, von dem sie es am liebsten befreit hätten, könne durch das was er lehrte und forderte, statt erleichtert vielmehr so erschwert werden, daß das Volk ganz zu Boden gedrükt würde, das war der Unverstand in ihrem Eifer. Hätten sie aber dabei reines Herzens sein können, hätte sich hinter diesem Eifer für das Wohl des Volkes in seinem Verhältniß zu Gott und dessen von Wenigen recht verstandene Erwählung nicht ein anderer Eifer verstekt für ihre eigene Ehre und für ihre bisherige Weise zu lehren und das Volk durch ihr Ansehn zu beherrschen: so würde doch ihr Eifer den natürlichen Gang genommen haben, daß wenn sie Christi Lehre und Gebote für schädlich hielten, sie ihn hätten öffentlich zu widerlegen und öffentlich gegen ihn zu warnen gesucht; denn so pflegt reiner Eifer aufzutreten. Aber jene verborgene Schuld, jene geheime Rükksicht auf sich selbst hinderte sie daran, und nöthigte sie fast, statt es auf den Erfolg einer Widerlegung ankommen zu lassen, lieber Gewalt mit einem leeren Schein des Rechtes anzuwenden. Wenn sie diesen Weg nicht eingeschlagen hätten, so wäre auch das Leiden des Erlösers nicht herbeigeführt worden; denn in dem offenen Streit der Rede würde er sie immer | besiegt haben, und sie hätten dann ohne sich selbst zu widersprechen und also sich vor aller Welt zu vernichten, den Weg der Gewalt nicht mehr einschlagen können, und keinen Vorwand gehabt, ihn zum Tode in die Hände der Römer zu überliefern. Es gilt also von ihnen, was der Erlöser sagt, Wer aber Böses thut, der kommt nicht an das Licht, auf daß seine Werke nicht gestraft werden[4], und das war ihre Sünde. Die Anhänglichkeit an das

---

[4] Joh. 3, 20.

6 Sie] Sio

2 Vgl. Joh 10,34–36   5–6 Vgl. Joh 11,50

väterliche Gesez und die alte Sitte kann übertrieben gewesen sein, der Wunsch einen längst vergangenen Zustand zurükzuführen war thöricht, das Nichtverstehen der Zeichen der Zeit für solche, die das Volk leiten wollten, vielleicht unverantwortlich: die eigentliche Sünde aber war die, daß sie unter einem leeren Vorwand und gegen besseres Wissen geistiges, mochten sie es nun auch für verderblich halten, nicht mit geistigen Waffen bekämpften, sondern mit fleischlichen, nur weil sie nicht wollten ans Licht kommen, damit nicht ihre bloß äußerlichen Werke ohne Herz, damit nicht ihre unreinen Absichten gestraft würden.

Wir aber, m. g. Fr., wir – und das gilt doch im weiteren Sinne von Allen unter denen wir leben – waren, wie der Apostel Paulus sagt, ehedem zwar auch Finsterniß, nun aber sind wir ein Licht in dem Herrn[5]. Wie geht es also doch zu, daß auch unter uns Christen eben diese Sünde – denn es bedarf wol keiner Beispiele aus der Ver|gangenheit oder Gegenwart – auch noch immer verkannt, und dann natürlich für alle diejenigen, die nur auf dem einfachen Wege offner Mittheilung und Zusprache das Gute und Wahre zu fördern wissen, eine Quelle wird von Leiden, die wahrhaft in der Aehnlichkeit sind mit den Leiden des Herrn? Was sollen wir anders sagen, als daß leider daraus am besten zu sehen ist, es sei noch nicht alles unter uns wie es sein soll. Aber, nicht ist dieses etwa wie andere menschliche Schwächen und Unvollkommenheiten, von denen ja, wie wir wol wissen, auch die Kirche Christi hier nicht frei sein kann: sondern dieses ist mehr; es ist ein Zeichen, daß auch das innerste Gemüth noch ein Kampfplaz ist, wo Licht und Finsterniß sich streiten. Denn wo die innerste Gesinnung schon rein ist und Licht, da ist für diese Sünde kein Raum mehr. Denn wer nur schon seine Lust hat an dem Licht, mag dann auch immer noch viel Finsterniß in ihm sein, die durchleuchtet werden muß: doch kann einem solchen nichts lieber sein, und er kann nichts Besseres begehren, als daß alle seine Werke an das Licht kommen. Denn wer nur das Reich des Lichtes auch in sich selbst fördern will, der weiß auch, daß, so wie man auf den innersten Bewegungsgrund seiner Werke sieht, sie alle in Gott gethan sind. Was aber zwischen diesem innern Bewegungsgrunde, zwischen der reinen Absicht eines wohlwollenden Gemüthes und der äußeren Handlung liegt, darüber läßt sich ein solcher gern prüfen von Jedem. Denn was es auch man|gelhaftes und tadelnswerthes sei, Irrthum und Uebereilung, Leidenschaftlichkeit und Versäumniß, daß das Alles ans Licht hervorgezogen wird, kann einem solchen nur zum größten Vortheil gereichen, weil er dadurch gefördert wird in der Selbsterkenntniß und in

---
[5] Ephes. 5, 8.

der Erkenntniß dessen, was zu einem gottgefälligen Wandel gehört. Ja, m. g. Fr., wenn nur alle, welche sich Christen nennen, auf dieser Stufe ständen, wie unvollkommen sie übrigens sein möchten: so gäbe es dann nichts anderes unter uns als die Gemeinschaft des Lichtes, brüderliches Bekenntniß und brüderlichen Zuspruch, welches alles nichts ist als Friede und Freude in dem heiligen Geist. Denn wer des anderen Werke straft, wenn sie ans Licht kommen, der thut freudiges, weil er ein wohlgefälliges Werk verrichtet im Dienste seines Herrn; und wessen Werke so gestraft werden, dem widerfährt freudiges, weil er zugerichtet wird zu diesem Dienst. Wo aber die Absicht nicht rein ist, da ist auch die Freude am Licht noch nicht vollkommen; es entsteht vielmehr ein Bedürfniß, für solche Fälle das Dunkel der Heimlichkeit zu suchen, und eine wenn auch nur vorübergehende Freude an der Verborgenheit und an der Finsterniß. Je weniger nun jeder, der sich dahin stellt, seine eigenen Kräfte in volle Thätigkeit sezen kann, theils weil er in dem Augenblikk von der Wahrheit abgewendet ist, die allein vollen Muth giebt und erhält, theils weil er neben dem Werk, welches er verrichten will, noch eine andere Sorge hat, nämlich daß seine Ab|sicht nicht ans Licht komme; und je mehr es zugleich jedem dessen Absicht nicht rein ist, gerade auf den glüklichen Erfolg ankommt: um desto mehr ist er genöthigt, Andere durch allerlei Mittel in Thätigkeit zu sezen, und so entsteht die Sünde der Hohenpriester und Aeltesten immer wieder aufs neue.

Muß uns nun das Leiden des Erlösers die tiefste Empfindung davon geben, daß jede solche Handlungsweise, der Gegenstand sei welcher er wolle, doch immer wieder gegen ihn und sein Reich gerichtet ist: o so laßt uns auf alle Weise darnach trachten, daß wir uns ganz losmachen von den Umstrikkungen der Finsterniß, um endlich ganz im Lichte zu wandeln. Müssen wir aber gestehen, es liege in der Unvollkommenheit derer, welche die Gemeine der Christen bilden, daß noch immer aus dieser zwiefachen Gestaltung der Sünde Leiden ihren Ursprung nehmen für diejenigen, die eben von einem reineren Eifer, das Reich Gottes zu fördern, beseelt sind: so laßt uns, damit wir auch, wenn diese bessere Reihe uns trifft, das unsrige thun können, zweitens fragen, wie denn nun der Erlöser dieser Sünde entgegengetreten ist, so daß er in dem Kampfe gegen dieselbe seinen Beruf vollkommen erfüllt hat.

II. Bei diesem zweiten Theil unserer Betrachtung können uns nur die eigenen Worte des Erlösers leiten. Sie enthalten freilich nichts, als daß er in diesem Augenblick auf die Vergangenheit zurüksieht, indem er nämlich zu den Schaaren sagt, | Ihr seid jezt bei nächtlicher Weile bewaffnet herausgegangen um mich zu fangen, wie man einen Räuber

Predigt über Mt 26,55–56

zu fangen sucht in seinem verborgenen Schlupfwinkel; habe ich doch täglich mitten unter euch gesessen im Tempel und gelehrt, und ihr habt mich nicht gegriffen. Hierin aber, m. g. Fr., liegt zweierlei, woran wir auch für uns vollkommen genug haben, nämlich der Erlöser legt ein Zeugniß ab für sich selbst, aber auch ein Zeugniß gegen die, mit denen er es zu thun hatte.

Das Zeugniß von sich selbst ist hier nicht so deutlich ausgesprochen, als mehrere dergleichen lauten, die wir in den Reden des Erlösers finden; aber es liegt doch in dem Zusammenhange. Denn seht nur zuerst, mit welcher Zufriedenheit er auf sein öffentliches Wirken und Lehren im Tempel zurüksieht; wie er sich und denen, mit welchen er redet, die Kräftigkeit und Wahrheit seiner Rede, wie sie sie auch oft konnten empfunden haben, vergegenwärtigt, indem er sie erinnert, daß sie dem was er öffentlich gelehrt, nicht mit Erfolg widersprochen hätten, sie würden es also auch jezt nicht können, daß sie was er gethan keines Unrechtes hätten zeihen können, und sie würden es auch jezt müssen stehen lassen, möchten sie ihn nun binden und was sie sonst wollten mit ihm anfangen oder nicht. Indem er dieses Zeugniß ablegte für die innere und reine Wahrheit seines Wirkens und Lehrens, welches sich ohne Besorgniß eines Tadels vor aller Welt offen hinstellen konnte, ruhte er nun mit Wohlgefallen auf dem Werke, welches er bis dahin geführt und unter dieser Gestalt nicht weiter führen sollte. Indem er aber dieses Zeugniß ablegte, erfüllte er zugleich seinen Beruf. Denn was auch der Erlöser thun konnte um die Gemüther der Menschen zu ergreifen, das größte, das was allein im Stande war sie unauflöslich an ihn zu binden und bei ihm festzuhalten, es war immer nichts anderes als ein Zeugniß von sich selbst, welches er ablegte. Alle die schönen Worte, wodurch er die Menschen zu sich einlud, und also ein erstes Verhältniß mit ihnen anknüpfte, indem er ihnen Verheißungen gab von dem, was sie durch ihn erlangen würden; alle die tiefsinnigen Worte, welche seine näheren Jünger jedesmal mit besonderer Freude vernahmen, weil es ihren Glauben befestigte, wenn er ihnen Aufschluß gab über sein Verhältniß zu seinem Vater, was waren sie anders als eine Reihe herrlicher Zeugnisse, welche er ablegte von sich selbst? Wenn wir uns nun erinnern, wie häufig solche Zeugnisse in den Reden des Erlösers vorkommen, und wie nicht zu läugnen ist, gerade durch solche Zeugnisse habe er große Wirkungen auf die Gemüther hervorgebracht, ja wie er das auch als eine von seinen ersten Forderungen aufstellt, wenn er von sich selbst zeuge, so sei sein Zeugniß wahr, und es solle angenommen werden, da es doch die Regel ist überall unter uns, daß dem Zeugniß eines

---

39–40 Vgl. Joh 8,14

Menschen von sich selbst nicht nur nicht viel geglaubt wird, sondern daß man auch nicht viel von solchen hält, welche es in der Art | haben, viel von sich selbst zu zeugen, und welche meinen dadurch etwas zu gewinnen: so fragen wir uns wol zuerst mit Recht, worin denn dieses leztere seinen Grund habe. Warum wird keinem so leicht in seiner eigenen Sache geglaubt? warum ist es ein so allgemeiner Grundsaz, daß keiner vermöge zu zeugen von sich selbst? Nur deswegen weil wir überall die Sünde voraussezen, und in Verbindung mit der Sünde auch den Irrthum, und beide am kräftigsten und gewöhnlichsten darin sich offenbarend, daß der Mensch sich täuscht über sich selbst, und daß er auch nicht selten Andere täuschen will. Wer aber fragen konnte, Welcher unter euch kann mich einer Sünde zeihen, der durfte auch selbst für sich zeugen und konnte Glauben verlangen für sein Zeugniß. Darum so oft der Erlöser auf diese Weise von sich selbst zeugt, redet und handelt er aus dem Bewußtsein seiner eigenthümlichen Kraft, aus dem daß er die Wahrheit sei und das Licht der Welt, und spricht durch die strenge Forderung des Glaubens seinen Unterschied von allen andern Menschen auf das kräftigste aus. Darum trat er auch jezt der vereinten Gewalt der Sünde, die auf ihn eindrang, mit nichts anderem entgegen, als mit einem solchen Zeugniß. In diesem Augenblick, wo seine äußere Wirksamkeit zu Ende ging, konnte er nichts mehr als auf seine bisherige Wirksamkeit das Siegel drükken durch dieses Zeugniß. Auch wir unter einander glauben doch dem Zeugniß eines Menschen | von sich selbst am meisten, wenn er es im Angesichte des Todes ablegt. Da, meinen wir, könne er nicht mehr täuschen wollen, da gehe ihm ein richtiges Bewußtsein auf, die Wahrheit scheine dies eine Mal in sein Innerstes, und er täusche auch sich selbst nicht; was einer dann gesteht oder auch rühmend und dankbar aussagt, das halten wir für seine innerste Wahrheit. Wieviel mehr also konnte der Erlöser darauf rechnen, daß es zu seinem Beruf gehöre und nicht ohne Segen für sein Werk bleiben könne, wenn er sich in diesem bedeutenden Augenblick noch beifällig zu allem bekenne, was er bisher gethan und gelehrt, so daß jedermann inne werden könne, er nehme nichts zurükk und nichts thue ihm leid. Wenn gleich nach dem ewigen Rathschluß Gottes das Weizenkorn keine Frucht bringen konnte bis es erstorben war, und also erst der Tod des Herrn sein voller Sieg war über die Sünde: so stellt doch das gute Bekenntniß, welches er während seines Leidens bekannt, wovon diese Worte der Anfang sind, seinen Tod erst in dem rechten Lichte dar; und mit Recht hat die christliche Kirche von Anfang an einen hohen Werth auf dasselbe gelegt. Mit dieser Freudigkeit, mit diesem muthigen Zeugniß

---

7 Vgl. Joh 5,31   12 Joh 8,46   35–36 Vgl. Joh 12,24

war Christus Sieger in dem Augenblikk, als er in die Gewalt seiner Feinde gerieth; und in den Herzen seiner Jünger befruchtete dieses Zeugniß, wenn auch dies im Augenblikk nicht merklich wurde, den Muth, mit welchem sie hernach auf gleiche Weise öffentlich im Tempel in seinem Namen lehrten und | wirkten, und alle Gläubigen haben sich immer daran erquikt und gestärkt.

Immer jedoch können und wollen wir uns darin den Erlöser nicht zum Vorbild sezen, daß wir glauben könnten zum Sieg über die Sünde, sowol über die Unempfänglichkeit als über die Falschheit der Menschen, etwas Großes und Segensreiches zu wirken durch ein Zeugniß, welches wir von uns selbst ablegten. Denn wenn wir auch Glauben fänden, wäre es auch nicht früher, doch vielleicht unter solchen Umständen, wie der Erlöser hier zeugte: was hätten wir denn von uns selbst zu zeugen? Wir bekennen ja immer gemeinsam und jeder für sich, daß wir nichts sind für uns selbst, sondern nur etwas in der Gemeinschaft mit ihm; wir die Reben, er der Weinstokk, so daß, wollen wir Frucht bringen, wir an ihm bleiben müssen; wir bekennen, daß, wollen wir leben, nicht wir leben müssen, sondern er in uns. Nur dadurch also können wir ihm ähnlich sein und bleiben scheint es, wenn wir von demselben zeugen, von dem er auch zeugte, nämlich von ihm. Dazu hat er ja von Anfang an seine Apostel und mit ihnen auch uns berufen, daß wir seine Zeugen sein sollen, und gewiß erwartet auch keiner von uns irgend einen wirklichen Beitrag, großen oder kleinen, zu dem Siege über die Sünde von etwas anderem. Und die Leiden der Christen um ihres Glaubens willen haben den gefeierten Namen des Märtyrerthums nur davon, daß sie mit dem Zeugniß von ihm zusammenhingen. Aber doch wenn | unser Zeugniß von ihm kräftig sein soll und lebendig: so muß es zugleich ein Zeugniß sein, welches wir von uns ablegen. Denn jezt, da auch das Wort der Schrift von ihm zeugt, kann unser Zeugniß nur etwas sein, wenn wir von ihm zeugen durch unsere Geschichte. So wie er eigentlich gekommen war, daß er von dem Vater zeuge und ihn offenbare; aber er mußte um dies zu thun von sich selbst zeugen: so auch wir, deren Beruf ist von ihm zu zeugen, müssen von uns selbst zeugen, und dürfen auch Anspruch darauf machen, daß unserm Zeugniß geglaubt werde, weil wir uns nicht unserer selbst rühmen, sondern seiner. Treten wir mit diesem Zeugniß der Gewalt der Sünde entgegen: so kann es freilich geschehen, daß verstokte Sünder ihre Freude daran haben, wie auch bei dem Tode des Erlösers, daß wir nicht einmal uns selbst helfen

---

18 daß, wollen] daß wollen

16–17 Vgl. Joh 15,5   18 Vgl. Gal 2,20

können nach ihrer Weise; wir werden aber dennoch dadurch allein Andern hülfreich sein, und wenn auch äußerlich besiegt, doch in der That Sieger sein über die Sünde.

Und dies, m. g. Fr., ist auch die allgemeine Geschichte des Zeugnisses von Christo und aller Leiden, welche die wahren Jünger des Herrn wegen desselben und also in Gemeinschaft der Leiden Christi selbst jemals erduldet haben. Daß sie ihre eigene Geschichte vortrugen als die allgemeine Geschichte aller Menschen, von der aber diejenigen, welche noch nicht an den Erlöser glauben, nur den ersten niederschlagenden Theil erlebt haben, das war ihr | Zeugniß, und damit griffen sie den Menschen ans Herz und besiegten in ihnen die Herrschaft der Sünde, während sie selbst von der äußeren Gewalt der Sünde ergriffen wurden. Und immer sind es auch dieselben beiden Gestalten der Sünde, welche uns dabei entgegentreten. Die Sünde des verblendeten Volkes, wie ungeschlacht es sich auch gebehrde, erregt mehr mitleidige Thränen, wie auch bei dem Erlöser als er sagte, Jerusalem, Jerusalem, wie oft habe ich deine Kinder versammeln wollen, wie eine Henne ihre Küchlein versammelt unter ihre Flügel, aber du hast nicht gewollt; wie oft habe ich dir gesagt, was zu deinem Frieden dient, aber du hast es nicht vernommen! Die Sünde der unreinen Führer erregt mehr unsern Eifer, wie auch bei dem Erlöser, als er sein Wehe ausrief über die Schriftgelehrten und Pharisäer, welche, sagt er, die Schlüssel des Himmelreichs hätten, aber weder selbst hineinkämen, noch andere hineinließen. Aber wie hier im Augenblikk seiner Gefangennehmung, wo beide vereinigt waren, der Erlöser ohne der einen oder der andern jener Empfindungen freien Lauf zu lassen seine Kraft zusammendrängt in dieses Zeugniß: so ist auch für uns und wird immer für alle Christen dieses Zeugniß das einzige richtige sein, worin alle unsere Empfindungen bei der noch in der Christenheit herrschenden Sünde endigen. Denn es giebt nichts kräftigeres, um die Finsterniß, die sich wieder in die Seele eingeschlichen hat, zu durchbrechen, als das Zeugniß von dem Licht, bei welchem jeder selbst | seine Werke strafen muß, und das Zeugniß von dem Frieden, nach welchem das Verlangen erwachen muß, wenn er sich in einem entscheidenden Augenblick als der Gemüthszustand eines Andern zu erkennen giebt. Und so ist es eben diese Standhaftigkeit des Zeugnisses, welche allein jedes Leiden um des Erlösers willen zu einem solchen adelt, welches in der Aehnlichkeit mit dem seinigen ist.

Aber in denselben Worten legt der Erlöser auch zweitens ein Zeugniß ab gegen diejenigen, mit denen er es zu thun hatte. Es liegt darin

---

16–19 Vgl. Mt 23,37; Lk 13,34   **19** Vgl. Lk 19,42   **21–24** Vgl. Mt 23,13; Lk 11,52

unverholen gegen die Einen der Vorwurf der Feigherzigkeit, mit welcher sie immer dem offnen Kampf ausgewichen waren, und diese hing mit dem Bewußtsein ihrer unreinen Absichten auf das genauste zusammen. Gegen die Andern lag darin eben so deutlich der Vorwurf des Wankelmuthes und der Veränderlichkeit, weil ja offenbar die Eindrükke verflogen sein mußten, die sie sonst von ihm aufgenommen hatten. Und beides, das Zeugniß für den Erlöser und das Zeugniß gegen die Sünde, hängt auch nothwendig zusammen. Wie er in diesem Augenblikk, wo ihm nur wenige Worte zu Gebote standen, und er die Wirkung, welche diese thun mochten, gar nicht weiter verfolgen konnte, doch von keiner falschen Schonung wissen wollte: so müssen wir es auch uns empfohlen sein lassen, wenn wir für die Sache des Herrn und gegen die Sünde zu wirken gedenken, das Zeugniß gegen die Sünde eben so wenig zu unterlassen als das für den Erlöser, unter den Trübsalen des Reiches Gottes eben so wenig als in solchen Zeiten, wo uns leichtes Spiel gegeben ist in der Förderung des Guten. Immer sei uns das ernste Wort und die strenge Rede gegen die Sünde eine heilige Pflicht, und nie müssen wir, ich will nicht sagen vermeiden, sondern auch nur versäumen, die Menschen, wo wir nur irgend hoffen dürfen, daß sie es fassen werden, aufmerksam darauf zu machen, was sie eigentlich hindert an der Seligkeit Theil zu nehmen; am sichersten aber werden wir es thun können, wenn sie sich gegen das Gute auflehnen in unserm Gebiet. Denn da können sie an unserm Rechte zu reden nicht zweifeln, und wir haben ihr innerstes Gewissen auf unserer Seite. Können wir dann noch, und das wird in solchem Falle selten fehlen, eben so aus der unmittelbaren Erinnerung ihres und unseres gemeinsamen Lebens reden, wie der Erlöser hier that: o so ist ein solches Wort gewiß das kräftigste, wenn auch die Wirkung nicht im Augenblick bemerkt wird. Denn ein solches ruft den Menschen Augenblikke in das Gedächtniß zurük, besser als die, in denen sie sich eben befinden, so daß sie sich gestehen müssen, es könnte besser um sie stehen, wenn sie jene festgehalten hätten und den Geist derselben in ihrem Leben walten ließen, und daß sie sich auch nicht verbergen können, welches dieser Geist sei, und worauf es also ankomme. Wenn so in dem Herzen derer, welche sich eben empören gegen das Reich Gottes, eine geheime Stimme gewekt wird, welche für dasselbe redet: gewiß es giebt keinen schöneren Sieg, den wir erringen könnten in dem Augenblick der äußern Niederlage. So der Erlöser und wir nach ihm.

Halten wir nun die Zuversicht fest, daß ein solcher Same nicht vergeblich gestreut werde: dann werden wir uns auch über das, was uns selbst äußerlich begegnen kann, eben damit zu trösten wissen, womit der Erlöser sich beruhigte. Das mußte alles geschehen, damit erfüllt würden die Schriften der Propheten. In diesen nämlich, m. g.

Fr., wußte er die göttlichen Rathschlüsse niedergelegt; wenn er also sagt, Das alles mußte geschehen, damit erfüllet werde was die Propheten geschrieben haben von des Menschen Sohn: so verband er damit den Glauben, der ihn immer beseelt hatte, daß alle Rathschlüsse Gottes und alle Verheißungen Gottes in ihm selbst Ja und Amen wären; den Glauben also, daß so wie bis jezt diese Schriften an ihm und durch ihn in Erfüllung gegangen wären, so werde auch dem übrigen die Vollendung nicht fehlen. Das Ende aller jener Weissagungen ist das köstliche Wort, daß eine Zeit kommen werde, wo der Geist Gottes über alles Fleisch soll ausgegossen werden[6], und wo keiner mehr den Andern lehren wird, weil alle von Gott gelehrt sein würden[7]. Auf diese göttlichen Verheißungen, deren sich der Herr auch sonst getröstete[8], sah seine Seele auch in diesem verhängnißvollen Augenblikk, und von die|ser Zuversicht begeistert gab er sich denen hin, die ihn banden, um ihn zum Tode zu führen. Solcher Hoffnungen erfüllt und in ihrem Herzen gewiß sind von jeher auch alle die gewesen, welche gewürdigt worden sind Theil zu nehmen an den Leiden des Erlösers. Mitten unter ihren Leiden konnten sie sich erquikken an frohen Aussichten für das Reich Gottes, welches nicht nur bestehen, sondern sich auch weiter fortpflanzen sollte bis an das Ende der Tage; und theilten also auch den Sieg über die Sünde, daß die äußere Gewalt derselben ihnen die Freudigkeit des Herzens, in Bezug auf das wofür sie litten, nicht zu rauben vermochte. Dessen können sich immer Alle versehen, welche im Einklang stehen mit dem, welchem ganz anzugehören und uns ganz hinzugeben für uns Alle die einzige und höchste Seligkeit ist. Ja wie das Wort Gottes an ihm in Erfüllung gegangen ist, daß er durch Trübsal und Tod eingehen mußte in seine Herrlichkeit: so wird auch das Lezte erfüllt werden, was von ihm geschrieben steht, daß alle seine Feinde werden gelegt werden zum Schemel seiner Füße[9]. Amen.

---

[6] Joel 3, 1.
[7] Jerem. 31, 34.
[8] Joh. 6, 45.
[9] 1 Kor. 15, 25.

4–5 *Vgl. 2Kor 1,20*   26–27 *Vgl. Lk 24,26*   28–29 *Vgl. 1Kor 15,25 mit Bezugnahme auf Ps 110,1; so auch Mt 22,44*   30 *Dieser Zählung der Lutherbibel (vgl. Biblia, Altes Testament, S. 1048) entspricht in der Zürcher Bibel die Zählung Joel 2,28.*

VIII.

Die tröstliche Verheißung Christi an seinen Mitgekreuzigten.

Passionspredigt.

Text. Lukas 23, 43.
Und Jesus sprach zu ihm, Wahrlich ich sage dir, heute wirst du mit mir im Paradiese sein.

Dieses zweite unter den Worten unsers Erlösers am Kreuze, m. g. Fr., steht in der genausten Verbindung mit dem ersten, welches wir neulich zum Gegenstande unsrer Betrachtung gemacht haben. Dort flehte der Menschensohn für die, welche spottend sein Kreuz umgaben, Vergebung von seinem Vater, weil sie nicht wüßten was sie thäten; hier verkündigt der Gottessohn aus sich selbst einer bußfertigen Seele nicht nur Vergebung, sondern Se|ligkeit mit ihm und durch ihn. Erhöht war der Herr schon von der Erde, wenngleich jezt nur erst am Kreuz; und wie er selbst von sich sagt, wenn er einst kommen werde von oben zu richten die Völker der Erde, würden sie gestellt werden die einen zu seiner Rechten, die andern zu seiner Linken: so war auch hier einer gestellt ihm zur Rechten und einer zur Linken, Uebelthäter beide, wie ja alle Geschlechter der Menschen vor Gott und ihm nur dieses sein können; denn wer müßte nicht zu ihm sagen, Herr ich habe gesündiget gegen den Himmel und vor dir! Aber eben wie er auch selbst von seinem Leben auf Erden sagt, des Menschen Sohn sei nicht gekommen, daß er richte: so richtete er auch hier nicht. Sondern schweigend nur übergeht er den, der selbst in der Stunde des Todes sich in das sinnlose Hohngelächter seiner Feinde mischte; den aber, der zu ihm sagte, Herr gedenke an mich, wenn du in dein Reich kommst, den wußte er, als derjenige welcher bestimmt war, wenn er selbst von der Erde erhöht sein würde, sie alle zu sich zu ziehen, durch das Wort, das wir so eben gehört haben, auf das kräftigste zu trösten.

---

2 *Predigt zum Sonntag Reminiscere am 18. März 1821 vormittags in der Dreifaltigkeitskirche zu Berlin* 9–10 *Vgl. Predigt zum Sonntag Invocavit am 11. März 1821 früh in der Dreifaltigkeitskirche zu Berlin, KGA III/6, S. 546–549* 10–12 *Vgl.* Lk 23,34 16–18 *Vgl.* Mt 25,31–33 21–22 Lk 15,18 23–24 *Vgl. wohl* Lk 9,56; Joh 12,47 27 Lk 23,42 28–29 *Vgl.* Joh 12,32

Von jeher nun hat sich das sehnsüchtige Verlangen der Christen in dieses **tröstende Wort des Erlösers** vertieft; aber wol nicht immer so, daß alles ächt und dem Sinne des Erlösers gemäß gewesen wäre, was daraus ist geschlossen worden. Daher wenn auch wir in der gegenwärtigen Stunde näher mit einander erwägen wollen, **Was diese tröstliche Verheißung besagt,** so wird es wol nöthig sein, daß wir zuerst mancherlei beseitigen, was aus diesem Worte gefolgert und worauf gar oft der meiste Werth gelegt wird, was mir aber nicht richtig zu sein scheint, damit wir uns nicht täuschen, indem wir etwas darin zu finden meinen, was der Erlöser selbst nicht hineingelegt hat; und wenn wir das zuvörderst gethan, dann werden wir uns mit desto innigerer Freude dessen getrösten können, was für uns, so wie für alle, die wie Jener als Sünder vor ihm erscheinen müssen, Erfreuliches in diesem Worte liegt.

I. **Von dem also, was ich unserer Betrachtung gern aus dem Wege räumen möchte,** als in den Worten unseres Textes nicht liegend, ist das erste dieses.

Die gläubige Verehrung gegen den Erlöser glaubt hier an dem, zu welchem Christus dieses sagte, ein Beispiel zu finden von der seligen Wirksamkeit auch einer sehr verspäteten Buße. Wie könnte es auch wol eine herrlichere Vorstellung geben von der allmächtigen Kraft der Erlösung, als wenn wir unser inniges Mitleiden mit denen, welche ihr Leben in der Entfernung von dem Erlöser verträumen oder vergeuden, in dem starken Glauben stillen, es bedürfe nur eines Augenblikkes, wenn auch erst im lezten Verlöschen des Lebens, um jeden solchen unglükklich Verirrten mitten aus der tiefsten Unseligkeit plözlich in die vollkommenste Seligkeit zu versezen. Aber wenn Einige sich an diesem Glauben von Herzen erfreuen, und die unendliche Größe der göttlichen Barmherzigkeit darin preisen, daß sie auch nach einem ganz gottvergeßnen Leben und in Einem Augenblikk selbst die verderbteste Seele umzuschaffen weiß: so tragen Andere Bedenken wenigstens dieses auszusprechen, aus Furcht dem Leichtsinn und Wankelmuth vieler Menschen Vorschub zu thun, indem rohe Gemüther wähnen würden, daß sie ohne bedeutenden Schaden für ihr ewiges Heil das ganze irdische Leben ihrem sündlichen Tichten und Trachten weihen könnten, und daß dennoch in dem Augenblikk des Todes die göttliche Gnade in Christo sich auch ihrer erbarmen werde.

Wenn ich nun bevorworten will, daß das in diesem Wort des Herrn nicht liege: so geschieht das nicht etwa, weil ich diese Besorgniß theile. Denn wie könnte wol irgend eine wahre und richtige Darstellung der unendlichen Liebe Gottes in Christo jemals ein menschliches Herz ins Verderben führen? Vielmehr müssen wir ja wol gestehen, so

Predigt über Lk 23,43

lange jemand im Stande ist, von dieser tröstlichen Vorstellung, daß der göttlichen Gnade nichts unmöglich ist und daß sie jeden Widerstand überwinden kann, einen so schnöden Mißbrauch zu machen, so lange ist er in sich selbst noch eben so fern von dem Reiche Gottes, als er sein würde, wenn ein solches tröstliches Gnadenwort nirgends geschrieben stände. Also nicht dieses Wort stürzt ihn ins Verderben, sondern er eilt demselben entgegen durch die Verstoktheit und | den Troz seines sündigen Herzens. Nicht also aus Furcht vor diesen Folgen eines Mißverständnisses, sondern nur damit wir auch ein einzelnes Wort des Erlösers in seinem Zusammenhange nicht mißverstehen, vielmehr jedem Worte des Herrn sein volles Recht widerfahre, laßt uns sehen, in wiefern dasselbe die Hoffnung auf solche plözliche Wunderwerke der göttlichen Gnade begünstigt. Zwei Uebelthäter, todeswürdiger Verbrechen angeklagt und schuldig befunden, wurden mit dem Erlöser hinausgeführt, um dieselbe Strafe wie Er zu erleiden. Je mehr nun der eine von ihnen unser Gefühl empört durch den Antheil, den er noch im Angesichte des Todes an der Verhöhnung des Erlösers nimmt, der andere hingegen uns rührt durch die Art, wie er den Erlöser vertheidigt und sich an ihn wendet: um desto weniger können wir uns ja wol für berechtigt halten, sie beide einander gleich zu stellen. Denn daß sie beide hier in gleiches Schikksal verwikkelt gefunden werden, und vielleicht gar als Genossen eines und desselben Verbrechens, das nöthiget uns keinesweges hierzu. Wie oft sehen wir nicht bald in der Verirrung der Leidenschaft, bald in der Verwirrung der Gedanken einen sonst wohlgearteten und bis dahin rechtschaffenen Menschen zu einer That getrieben, welche der weltliche Richter nicht anders bestrafen kann, als er die äußerlich gleiche That des gemeinsten und rohesten Verbrechers bestraft! Und besonders in solchen unglüklichen Zeiten, wenn die menschlichen Verhältnisse im Großen verworren sind, so | daß von Recht und Unrecht die entgegengeseztesten Ansichten neben einander stehen, wie leicht entstehen da Thaten, welche die herrschende Gewalt für Verbrechen erklärt, während Andere sie rühmen und bewundern! wie leicht wird da Mancher zu Verbrechen fortgezogen, ohne daß er glaubt in einem Widerspruch mit dem göttlichen Gesez befangen zu sein, sondern vielmehr dasselbe zu schüzen und ihm zu dienen! Ja wie oft finden wir in solchen Zeiten der Verwirrung edle Seelen in einer ihnen selbst drükkenden genauen Verbindung mit solchen, die nur von roher Selbstsucht und frevelnder Lust getrieben werden! Wie leicht kann also damals, wo ja die Angesehenen im Volke dem Erlöser die Frage stellen konnten, ob es recht sei, dem Kaiser Zins zu geben, derselbe Fall stattgefunden haben!

40–41 Vgl. Mt 22,17; Mk 12,14; Lk 20,22

Warum also sollten wir glauben, daß derjenige, welcher seines Gefährten frevelhaften Hohn zurükweiset, bis diesen Augenblikk ein eben so ruchloser Sünder gewesen sei als der, welcher diesen Hohn gegen den Erlöser aussprach? Wodurch sollten wir berechtiget sein zu denken, derjenige, der einer solchen Bitte an den Erlöser in Bezug auf die Ewigkeit fähig war, sei sein ganzes Leben hindurch eben so verstokkt gewesen gegen alle Mahnungen seines Gewissens und eben so entfremdet allen höheren Empfindungen, wie wir es freilich von dem glauben müssen, der sich auch noch im Angesichte des Todes an rohem und menschenfeindlichem Scherz vergnügen konnte? |

Also m. g. Fr. dürfen wir wol behaupten, daß die Erzählung unseres Textes keiner solchen Meinung irgend Vorschub thut, welche damit im Widerspruch steht, daß uns überall die Führung Gottes zum Heil der Menschen dargestellt wird als eine göttliche Ordnung. Denn in einer solchen augenbliklichen Umkehrung des Innersten, wie manche Christen sie sich auch in diesem Falle gern vorstellen mögen, kann eine Ordnung Gottes nicht hervorleuchten. Sondern vielmehr, wenn wir uns eine solche denken wollen, sollten wir billig uns an jenes ernste Wort der Schrift erinnern, Kann auch der Mohr seine Haut wandeln und der Panther seine Flekken? Daher wenn uns auch oft scheint, als ob die göttliche Gnade sich ganz plözlich einer menschlichen Seele bemächtige, würden wir doch, wenn wir nur in das Innere derselben eindringen und uns ihre ganze Geschichte vor Augen stellen könnten, gewiß in jedem ähnlichen Falle manchen früheren Augenblikk auffinden, der diesen entscheidenden vorbereitet und möglich gemacht hat, manche freilich dem Anschein nach verschmähte und erfolglose Regung des göttlichen Geistes, die aber doch das Herz in seinen innersten Tiefen aufgeschüttelt und erweicht hat; und an einer solchen fortschreitenden Bearbeitung der göttlichen Gnade erkennen wir dann die göttliche Ordnung. Und so, m. g. Fr., werden wir besonders in Beziehung auf diesen Uebelthäter, zu welchem der Erlöser die Worte unseres Textes geredet hat, bei näherer Betrachtung geneigt sein, an eine | schon weit vorgeschrittene Bearbeitung des göttlichen Geistes zu glauben. Denn weder in der Art, wie er den Hohn seines Todesgefährten abweist, noch in den Worten, womit er sich flehend an den Erlöser wendet, finden wir die Spuren eines heftig bewegten und erschütterten Gemüthes, wie es doch bei einer plözlichen Zerknirschung und einer mitten unter den Schrekken des Todes erst beginnenden Buße nicht anders möglich wäre. Vielmehr zeigt er sich, ehe er noch die tröstliche Gewährung seiner Bitte von dem Erlöser erhalten hatte, schon ruhig und besonnen, sowol in dieser Bitte selbst, als in

---

19–20 Jer 13,23

Predigt über Lk 23,43

dem Zeugniß, welches er von dem Erlöser ablegt; ja auch die Art, wie er von seinen und seines Gefährten strafbaren Thaten redet, zeugt von einer Selbsterkenntniß, welche nicht in Verzweiflung enden will, sondern sich schon in die Sehnsucht nach göttlicher Vergebung ergossen hat, und sich nun in die Freude verliert den gefunden zu haben, welcher allein das Flehen des Sünders unterstüzen und das Verlangen nach Vergebung stillen kann. Und um so lieber können wir dieses annehmen, als auch schon früher des Erlösers Verheißungen und Bestrebungen diesem Unglüklichen nicht müssen fremd gewesen sein.

Nicht also diejenigen, welche Lust haben die Aenderung ihres Sinnes bis auf die lezten Stunden des Lebens zu verschieben, finden ihr Bild in diesem Sünder, welchem der Herr die demüthige Bitte so huldreich gewährte, sondern Alle die, an welche der Ruf des göttlichen Wortes schon ergangen ist, und | die ihn auch anerkannt haben, aber ihm noch nicht wirklich oder wenigstens nicht unausgesezt gefolgt sind, alle welche irgendwie wieder auf den Abweg der Sünde gerathen sind, und erst am Ende ihres Lebens gewahr werden, wie weit er sie verleitet hat.

Jemehr aber diese Ansicht des vorliegenden Falles uns anspricht, und wir also mit Sicherheit behaupten können, was der Erlöser diesem Uebelthäter gesagt, das sage er auch allen denen, die schon lange mit gläubigen Herzen gewünscht haben, und auch dessen gewiß geworden sind in sich selbst, daß er an sie gedenke, auch nun er in sein Reich eingegangen ist: um desto leichter gerathen wir nun darauf, aus den Worten unseres Textes das zweite zu schließen, was ich für unsicher halte und dagegen warnen möchte. Nämlich wie der göttliche Rathschluß über alles was zwischen dem Augenblikke liegt, wo jeder von uns das Zeitliche gesegnet und dem großen Tage unsrer allgemeinen Wiedervereinigung mit dem Erlöser für uns ein versiegeltes Buch ist, in welchem wir nicht vermögen zu lesen, auch nicht wissen wann die Zeit kommt, wo es uns wird erschlossen werden, und welche Stimmen der Engel dann posaunen, oder welcherlei Wohl und Wehe ausgesprochen werden wird über die Seelen der Menschen; wir aber, in die irdische Zukunft zu blikken gewöhnt und genöthiget, niemals ruhen können in der bloßen Gegenwart, sondern immer wieder aufs neue versuchen müssen, ob wir nicht irgendwie vermögen, auch jenes Siegel zu | lösen: so hat sich auch dieses Verlangen vorzüglich immer an das Wort des Erlösers in unserm Texte geheftet, und die Gläubigen sagen zu sich selbst, Wohl also, nicht nach einer langen Nacht des Todes, nicht nach einem Schlaf der Seele, von dem wir ohnehin uns keine Vorstellung machen können, auch nicht nachdem wir auf mancherlei

---

29 Vgl. Offb 5,1

Weise vielfach durch andere vorbereitende Anstalten Gottes hindurchgeführt sein werden, sondern heute, das heißt gleich auf der Stelle, in dem Augenblikk selbst wo wir verscheiden, sollen wir mit dem Herrn im Paradiese sein. Diese Ueberzeugung schöpfen wol viele Gläubige aus dem Worte unseres Textes. Aber, m. g. Fr., ist das auch wol das rechte Forschen in der Schrift? Sollen wir in ihr auch wol finden wollen, was der heilige Wille des Höchsten dem Menschen verborgen hat, indem der Herr selbst sagt, Zeit und Stunde gebühre uns nicht zu wissen? Vieles freilich und herrliches hat er uns zuerst offenbart durch den, welcher auch Leben und Unsterblichkeit zuerst ans Licht gebracht hat. Aber wenn er uns auch dieses durch ihn hätte offenbaren wollen, und also des Erlösers Beruf gewesen wäre, uns davon zu unterrichten: würde er es wol verspart haben bis auf diese Zeit, wo er eigentlich nicht mehr lehrte, sondern seine Jünger schon im hohenpriesterlichen Gebet seinem Vater übergeben hatte? Wie, der Erlöser sollte dieses seinen nächsten Jüngern und Freunden nicht enthüllt haben, weder früher im eigentlichen Unterricht, noch auch | damals, als ihm so sehr daran lag sie in jenen besorgnißvollen Tagen, die der endlichen Entwiklung seines Schiksals vorangingen, auf das kräftigste und liebevollste zu trösten; sondern gegen sie hätte er zurükgehalten, und ihnen immer nur gesagt, die Stätte gehe er ihnen zu bereiten, er wolle wiederkommen und sie zu sich nehmen, daß sie wären wo er ist, doch auf Zeit und Stunde hätte er sich gar nicht eingelassen, sondern darauf beharrt, die habe der Vater seiner Macht und seiner Allwissenheit vorbehalten: aber was er ihnen versagt, das habe er diesem Uebelthäter, der ihm jezt zuerst nahe trat, auch sogleich entdekt, so daß seine Geliebten und Vertrauten nicht aus seinem eigenen Munde und an sie gerichtet, sondern nur weil glüklicherweise einer gehört, was er dem Uebelthäter zugesprochen, die Entsiegelung der göttlichen Geheimnisse vernehmen sollten? Darum müssen wir billig zweifelhaft werden, ob der Erlöser hier wirklich das Siegel habe lösen wollen, welches alle übrigen menschlichen Forschungen hemmt, so daß seine frühere Verweigerung nur für eine Zeitlang gegolten hätte und nicht für immer. Zweifelhaft müssen wir werden, ob wirklich eine bis dahin verborgen gewesene Kenntniß von dem, was auf den Augenblikk des Todes für die begnadigte Seele folgt, in diesen Worten des Erlösers enthalten sei. Darum laßt uns doch näher betrachten, was er wol eigentlich sagt, und wieviel Recht wir haben, es so buchstäblich zu nehmen. Heute, sagt er, wirst du mit mir im Paradiese sein. | Das Wort Paradies erinnert uns, m. g. Fr., an jenen ersten Zustand der Men-

---

6 Vgl. Apg 17,11   8–9 Vgl. Apg 1,7   21–23 Vgl. Joh 14,2–3   23–25 Vgl. Apg 1,7

Predigt über Lk 23,43 127

schen, den uns die heiligen Urkunden des alten Bundes schildern, wie sie in der anmuthigsten Gegend der Erde, fern von allen Unvollkommenheiten des jezigen irdischen Lebens, ohne Streit und Zwietracht weder unter sich noch mit andern Geschöpfen, und ohne Mühe und Arbeit alle Bedürfnisse ihrer Natur befriedigt fanden, wie die Nähe Gottes zugleich aus seinen Werken her sie umsäuselte und in der inneren Stimme ihres Herzens sich kund that. Aber dieser Zustand, welcher der ursprünglichen Einfalt der menschlichen Natur genügte, war er etwa und konnte er derselbe sein mit jenem Zustande der Herrlichkeit, die der Erlöser bei seinem Vater gehabt hatte, ehe denn der Welt Grund gelegt war, und zu welchem er die Seinigen mit sich zu erhöhen so tröstlich und erhebend verheißen hat? Wenn wir also den Ausdrukk Paradies nicht buchstäblich verstehen können: so müssen wir auch gestehen, daß der Herr über die Art und Weise unseres künftigen mit ihm Seins uns hier keine neue Kenntniß hat mittheilen wollen; sondern daß er zu dem, welchem er eine tröstliche Verheißung geben wollte, nur nach der gewohnten Weise seiner Zeit über einen Gegenstand reden konnte und wollte, der seiner nähern Beschaffenheit nach dem Menschen auf Erden verborgen sein und bleiben soll. Und wie steht es nun mit jenem Heute, welches so tröstlich in das verlangende Ohr klingt? Können wir nun dieses buchstäblich neh|men, wenn jenes nicht? Und wie sollten wir ein Wort, welches sich ganz auf den irdischen Gegensaz von Tag und Nacht bezieht, auf jenes Leben anwenden? Vielmehr wenn schon der Ausdrukk Paradies uns auf jene Urkunde des alten Bundes zurükführt, in welcher uns gleichsam das Entstehen der Zeit selbst mit dem aller zeitlichen Dinge vor Augen gemalt wird: so dürfen wir nicht übersehen, daß auch dort das Heute vorkommt, indem, wie es lautet, aus Abend und Morgen der erste Tag und jeder folgende der Schöpfung nach ihm entstand, wie denn dem gemäß das Volk des alten Bundes den Tag von dem Abend anfing zu zählen auch noch zu des Herrn Zeit. Das Heute also, von dem er hier redet, beginnt natürlich eben so auch mit dem Abend, wenn die Sonne des irdischen Lebens untergeht; und nur aus diesem Abend und jenem Morgen des Erwachens, von welchem der Erlöser nichts näheres sagt, ist sein bedeutungsvolles Heute zusammengesezt. Wenn er sich nun so ganz nach der gewohnten Weise seines Volkes erklärt: haben wir wol Ursach zu glauben, er habe uns das Geheimniß der Zeit und der Ewigkeit in dem Einen Worte aufschließen wollen? O laßt uns ja bedenken, m. g. Fr., eben hierdurch wurden die ersten Menschen versucht, daß ihnen die Schlange vorspiegelte, sie würden

216

1–7 *Vgl. Gen 2,8–25*   9–10 *Vgl. Joh 1,14*   10–11 *Vgl. Eph 1,4*   11–12 *Vgl. Joh 12,32*   28–29 *Vgl. Gen 1,5*   40–1 *Vgl. Gen 3,5*

sein und erkennen wie Gott; laßt uns in der Schrift mit allem Eifer nach demjenigen forschen, was von Christo zeugt, was uns geschrieben ist zur Lehre, zur Strafe, zur Besserung und zur | Züchtigung in der Gerechtigkeit, nicht aber nach dem, was, wie der Herr ausdrüklich sagt, sein Vater eben so sehr seiner Weisheit als seiner Macht vorbehalten hat; und laßt uns willig und gern in den Schranken der menschlichen Unvollkommenheit bleiben, damit wir nicht zu Thoren werden, indem wir überweise werden wollen. Je williger wir uns zu dieser Entsagung entschließen, je weniger wir klügelnd aus den Worten des Erlösers nehmen wollen, was seine versöhnende und beseligende Liebe nicht hineingelegt hat, um desto ruhiger und reiner werden wir uns dessen erfreuen können, was wirklich darin liegt; und darauf nun laßt uns zweitens mit einander unsre andächtige Aufmerksamkeit richten.

II. Was wollen wir aber nun sagen, m. g. Fr., wenn wir doch das Heute in diesem Sinn auf sich beruhen lassen, und auch das Bild des irdischen Paradieses uns nicht ausmalen wollen, um die Herrlichkeit, die an uns soll offenbart werden, zu erschöpfen? An den Mittelpunkt der Rede des Erlösers wollen wir uns halten, an das herrliche, Mit mir wirst du sein. Dabei muß uns zuerst auffallen, wie durch diese Verheißung der Herr denjenigen, dem er sie giebt, allen seinen ältesten liebsten und verdientesten Jüngern gleich sezt. Denn eben dies ist es ja, was er auch seinen Jüngern verhieß in den Tagen seines zärtlichen Abschieds von ihnen, daß die innige Gemeinschaft des Geistes zwischen ihm und ihnen nie solle unterbrochen werden, | auch wenn er hingegangen sein werde von der Erde und zurükgekehrt zu seinem Vater, sondern daß zuerst er unter ihnen sein wolle alle Tage bis an der Welt Ende, und dann auch sie da sein sollten, wo er ist. Denn alles was er sonst noch sagt, sowol in den herrlichen Gesprächen, die uns Johannes der Evangelist aufbehalten hat, von dem Geist der Wahrheit, den sie empfangen sollten, als auch was wir im Matthäus lesen, daß sie richten sollten die zwölf Stämme Israels, das ist nichts neues oder größeres, sondern es ist schon enthalten in diesem Mit dem sein, dem ja alle Gewalt gegeben ist im Himmel und auf Erden. Wie kommt also doch der Herr dazu, dasselbe womit sich auch diejenigen begnügen sollten, die um seinetwillen verlassen hatten Vater und Mutter, und Bruder und Schwester, und immer bereit sein mußten für ihn in den Tod zu gehen, eben dieses auch dem zuzutheilen, der sich jezt eben zuerst an ihn gewendet, und nur um das geringere de-

---

5–6 *Vgl. Mt 24,36; Apg 1,7*   17–18 *Röm 8,18*   27–28 *Vgl. Mt 28,20*   28 *Vgl. Joh 17,24*   30–31 *Vgl. Joh 16,13*   32 *Vgl. Mt 19,28*   34 *Vgl. Mt 28,18*

Predigt über Lk 23,43

müthig gefleht hatte, daß er seiner nur irgendwie gedenken möge, wenn er in sein Reich kommen, und Alle, die ihm treu ergeben gewesen wären, dort um sich versammeln würde? Wie ist er doch noch viel gütiger gegen ihn, als gegen jene andre demüthige Seele, die nur etwas begehrte von den Brosamen, die von des Reichen Tische fielen, und welcher der Herr nur gerade das gewährte, worum sie gebeten hatte? Vernommen hatte der Erlöser von diesem Manne nichts, als nur zuerst, daß er einsah es geschehe ihm kein Unrecht, weil er todeswürdiges gethan habe, und dann noch zweitens, daß er von dem Erlöser selbst zu seinem Unglüks- und Todesgefährten sagte, Dieser hat nichts ungeschiktes gethan? Wie genügte aber doch dies dem Erlöser sogleich zu einer so überschwänglichen Gewährung seiner Bitte? Löblich freilich ist auch schon das erste. Denn gar mancher hätte an der Stelle dieses Mannes auch hier noch wie jener sich selbst rechtfertigende Pharisäer sagen können, Ich danke dir Gott, daß ich nicht bin wie jener andere, ohnerachtet ich wie er am Kreuz hänge. Indeß im Angesicht des Todes geschieht es freilich wol oft, daß auch solche, die sonst eher geneigt sind sich gerecht zu sprechen, doch dann die richtige Einsicht davon bekommen, was ihre Thaten und ihr Leben werth sind. Was aber das zweite anlangt, nämlich des Uebelthäters Aussage von dem Erlöser, so klingt es freilich sehr gering, daß er nur nichts ungeschiktes gethan; aber doch dürfen wir wol sagen, wenn der Erlöser in jenem Augenblikk noch ruhiges Gespräch hätte pflegen können mit den Seinigen, so würde er sich auch hierüber eben so geäußert haben, wie er zu einer andern Zeit bei einer andern Gelegenheit sagte, Solchen Glauben wahrlich habe ich in ganz Israel nicht funden. Denn jezt da der Erlöser, in die Gewalt seiner Feinde gegeben, dem Tod am Kreuz nun nicht mehr entgehen konnte, weil es sich ja zeigte, daß er keine außerordentliche und wunderbare Hülfe Gottes, wie sehr auch dazu gereizt, erflehen wolle, in diesem Augenblick noch zu glauben, er habe nichts ungeschiktes gethan, indem er Jahrelang herumgezogen, ein neues Reich Gottes in allen Theilen des Landes verkündiget, und auf sich hingewiesen deutlich und immer deutlicher als auf den, welcher berufen sei es zu begründen; er habe nichts ungeschiktes gethan, indem er das nach dieser Zeit der Erlösung schmachtende und sehnsüchtige Volk von allen menschlichen und irdischen Hoffnungen abgelenkt, und es darauf ankommen lassen, wie Viele oder Wenige

---

6 worum] warum

1–2 *Vgl. Lk 23,42*   4–7 *Vgl. Mt 15,22–28; Mk 7,25–30*   7–11 *Vgl. Lk 23,41*
14–16 *Vgl. Lk 18,11*   21–22 *Vgl. Lk 23,41*   26 *Mt 8,10, Biblia, Neues Testament, S. 21 („funden")*

fähig sein würden, indem er ihre Gemüther ganz auf das Ewige hinwies, in ihm den zu erkennen, den der Vater geheiliget und in die Welt gesandt hatte; zu bezeugen, er habe nichts ungeschiktes gethan, indem er dieses göttliche Werk auf eine solche Weise betrieben, daß er sich dabei den Haß derer zuziehen mußte, welchen List und Gewalt gegen ihn zu Gebote stand: dies zu bezeugen, nicht etwa früher als der Ausgang des Kampfes noch ungewiß war, sondern in diesem Augenblikk, wo der Herold und Gegenstand der Verkündigung selbst schon als ein Opfer seiner Feinde fiel, das war ein Glaube, wie er dem Herrn noch nicht vorgekommen war, und wie ihn auch das so leicht eingeschüchterte und zerstreute Häuflein seiner Jünger nicht äußerte; ein Glaube, der also um so mehr dem wohlgefallen mußte, welcher nur solche, die von dieser Voraussezung ausgingen, und keine Andere im Dienste seines Reiches gebrauchen konnte. Wie tröstlich muß es uns nun nicht sein, daß indem der Herr zu dem Uebelthäter sagt, | Heute wirst du mit mir im Paradiese sein, er ihn um dieses Glaubens willen allen seinen Jüngern gleich stellt und ihn mit derselben Verheißung beglükkt; denn dies giebt uns Grund, diese Verheißung auch uns zuzueignen. – Denn wie wenig wir auch Verdienste haben können um sein Reich, so daß wir sehr zu kurz kommen müßten, wenn er danach die Beweise seiner Gnade abmessen wollte: so muß doch der Glaube in uns Allen derselbe sein. Der Herr hat freilich seitdem Zeugniß von oben empfangen durch seine Auferstehung: aber wie das Zeugniß der Wunder nicht hinreichte, lebendigen Glauben zu begründen unter seinen Zeitgenossen, so auch nicht das Zeugniß der Auferstehung unter den Nachgebornen. Und wenn wir bedenken, wie doch das Reich Gottes noch immer nicht in seiner Herrlichkeit erschienen ist, und noch immer darum gekämpft werden muß mit allen nicht himmlischen Gewalten; wie nicht nur äußerlich es dem Christen nicht besser ergeht in der Welt als dem Ungläubigen, sondern auch der Unglaube sich zu schmükken weiß mit innerer Seelenruhe und mit glänzenden Werken der Rechtschaffenheit und der Hingebung: so müssen wir gestehen, daß der wahre Glaube an den Erlöser noch immer denselben Werth hat, und noch immer nur daraus entstehen kann, daß seine Herrlichkeit als des eingebornen Sohnes vom Vater die Seele erfüllt. Und eben davon, daß schon dieser Glaube und nur er den Menschen rechtfertiget | vor Gott, giebt es kein tröstlicheres Beispiel, als das in unserm Text.

Das zweite aber, was wir uns daraus aneignen können, ist dieses, daß der Erlöser mit diesem wie mit allen seinen zarten Abschiedsworten ganz vorzüglich beabsichtigte, daß in dem Gefühl des ewigen gei-

---

34–35 Vgl. Joh 1,14

stigen Zusammenseins mit ihm selbst nicht nur, sondern auch durch ihn mit seinem Vater, alles Zeitliche und vorzüglich aller Unterschied zwischen dem erfreulichen und dem schmerzlichen in dem zeitlichen Dasein des Menschen dem verschwinden soll, den Er aus seiner Fülle trösten will. Denn indem der Erlöser Heute sagt, hat er gewiß seine Verheißung nicht auf irgend einen Zeitraum beschränken wollen, wie das Wort in seinem gewöhnlichen Gebrauch einen solchen bedeutet, und er hat eben so wenig ein Ende als einen Anfang zu bezeichnen beabsichtigt, sondern nur die unmittelbare Gegenwart, die immer auch durch diesen Ausdrukk angedeutet wird. Und dies Heute ist eben, indem es uns an keine Vergangenheit und an keine Zukunft denken läßt, sondern uns ganz in den unmittelbaren Genuß versenkt, für uns die einzig richtige Bezeichnung der Ewigkeit, weil die einzige die der Mensch in sich aufnehmen kann. Das ist das tröstliche Heute, welches der Erlöser dem Missethäter und uns allen zuruft. Jezt und immerdar währt das Heute, zu welchem er sich denen verpflichtet, die ihn bekennen und an dem Reiche Gottes bauen, welches sich immer herrlicher entfalten wird, und mit welchem in | unbegreiflichem Zusammenhange auch die Herrlichkeit steht die an uns soll offenbart werden. Und eben so wie in diesem Worte des Erlösers die Zukunft nicht von der Gegenwart geschieden, sondern unter derselben mit begriffen wird, eben so verschwindet in dieser unmittelbaren Gegenwart auch die Vergangenheit. Dem Uebelthäter, der eben jezt die Strafe erleidet, für welche er dem menschlichen Gesez mit Recht verhaftet war, dem sagt er, Heute wirst du mit mir im Paradiese sein; und durch dieses Wort Paradies frischt er ihm die Erinnerung auf an jene ursprüngliche Sündlosigkeit und Schuldlosigkeit der menschlichen Natur, an welcher er von diesem Augenblikk an durch den Erlöser theilhaben sollte, so daß die Vergangenheit mit allen ihren Irrthümern und Fehltritten, mit allem was den Unglüklichen an das Holz des Kreuzes anders als den Erlöser erhöht hatte, für ihn nicht mehr sein sollte. Heute und immerdar sollte er mit dem Herrn theilen die Herrlichkeit der Gegenwart Gottes in der Seele, die eben die Unsterblichkeit und das Leben ist, welches Christus an das Licht gebracht hat. Ja dies ist das Geheimniß der göttlichen Gnade in der Sündenvergebung, welches sich in diesem Beispiele auf eine so ausgezeichnete Weise kund giebt, daß auch wir alle an demselben prüfen können, wie innig unsre Gemeinschaft mit dem Erlöser ist, und ob auch uns in dem seligen Heute mit ihm eben so die ganze sündige Vergangenheit verschwindet, und das | Paradies der Unschuld und der Reinheit uns immer heller aufgeht.

Aber wie der Herr hier die Zeiten nicht mehr scheidet, sondern in dem immer gleichen und alle Zeiten vertilgenden Gefühl des ewigen

Lebens zu dem redet, dem er das ewige Leben mittheilt: so verschwindet nicht nur die Vergangenheit vor der seligen Verheißung, die, wenngleich ihrem ganzen Umfange nach noch zukünftig, doch schon als wäre sie vollkommne Gegenwart die Seele erfüllt, sondern eben so verschwindet auch die unmittelbare Zukunft. Und, merkt wol darauf, m. g. Fr., was lag noch vor diesem Gefährten des Todes Jesu, ehe er den Schauplaz der Welt ganz verließ? O die schauerliche Stunde des Todes, von welcher niemand seiner eigenen Kraft vertrauend wissen kann, wie er sie zu bestehen vermögen wird, jene Stunde, die an sich selbst überall sich gleich in tausend verschiedenen Gestalten den Menschen erscheint, bald in der lieblichsten und freundlichsten eines ruhigen Hinscheidens im vollen Bewußtsein geistiger Kräfte und im vollen Genuß christlicher Liebe wie in dem heitern Ausdrukk eines innigen liebevollen Vertrauens auf die göttliche Gnade, aber nicht selten auch unter Bangigkeit und Schmerz, der ja auch in der Seele des Frommen in dem Augenblikk des Todes sich regen kann, wenn er an alles denkt, was er hier zurüklassen muß; ja es giebt einen Zustand der Seele beim Scheiden, in welchem sie in einem Grade, den wir nicht berechnen können, die Zerstö|rung des Leibes, den sie bewohnte, theilt, so daß oft alle geistige Schöne und Herrlichkeit des früheren Lebens schon verschwunden ist, und nichts der Erinnerung würdiges aufbehalten werden kann aus den lezten Stunden auch eines reich begabten und weit umher belebenden und befruchtenden Geistes. Und für diese bedenkliche und zweifelhafte Stunde, die noch vor dem lag, den der Erlöser erquikken und erfreuen wollte, ohne sonderliche Wahrscheinlichkeit daß der Tod an und für sich ihm in einer besonders heitern Gestalt erscheinen werde, für diese giebt ihm der Erlöser keinen besondern Trost, und nimmt gar keine besondere Rüksicht darauf. Warum das? Weil er ihm auch dafür in dem Heute mit mir schon allen Trost zugleich gegeben hatte, weil in diesem Augenblikke schon die Herrlichkeit, welche an dem sollte offenbart werden, der demüthig zu Christo gefleht hatte, diese nun ihm angehörende Seele zu erfüllen anfing, und weil dieses selige Bewußtsein, nun mit dem Erlöser der Welt verbunden zu sein, alle leiblichen Schmerzen zusammt dem sonst bittern Gefühl der Gleichgültigkeit ja der Verachtung oder des Abscheues der Menschen überschwänglich aufhob. – Eine ungünstigere Todesstunde kann es wol kaum geben, als die eines solchen Opfers der strafenden menschlichen Gerechtigkeit, welches im Bewußtsein seiner Schuld auch der Strafe Beifall geben muß, aber nicht mehr im Stande ist, auch nur durch ein lautes Anerkenntniß noch die Welt mit sich zu versöhnen, und die Menschen fühlen zu machen, wie | auch ein solcher mit Gott versöhnt sein kann. Ueber alles dieses aber erhob den Sterbenden weit das tröstende Wort des Erlösers, auch ohne daß er sich in dasjenige zu vertiefen und es mit allen glänzenden Farben, welche eine entzükkte Einbildungskraft darbietet, auszuschmükken brauchte, was in diesem Worte Verheißung für die Zukunft war. Denn auch diese Verheißung konnte er sich doch nicht aneignen, wenn er nicht auch jezt schon seine Seligkeit darin fand, mit dem Erlöser zu sein. Und wie sollte nicht seine Seele, wenn er auch nur wenig davon ahndete, wie der Erlöser in seinem innersten Bewußtsein auch in der Stunde des Todes sicher war des Reiches, welches der Vater ihm beschieden hatte, doch erfüllt und erhoben genug gewesen sein, wenn er nur das mit empfand, wie der Erlöser, immer seinen Vater gegenwärtig habend in seiner Seele und dessen Werke anschauend, sich auch jezt des ewig herrlichen und heiligen Werkes der Erlösung freute. Betrachtete er so den Erlöser, und nahm an dessen Empfindungen Antheil: so mußte er auch selbst zu etwas ähnlichem erhoben werden von der kindlichen Ergebung an, mit der des Menschen Sohn sich fügte in das was sein Vater verordnet hatte, bis zu der seligen Freude des Sohnes Gottes an dem glükklich errungenen Heil der Sünder. So muß dieser eben Begnadigte schon damals mit dem Erlöser gewesen sein in seinem Reich, und das Hier und Dort war ihm eben so Eins, wie das Jezt und Ehedem und Künftig in jenem herrlichen Heute. |

Solch reicher und herrlicher Trost, m. g. Fr., geht auch uns für die Stunde des Todes aus den Worten des Erlösers hervor. Erinnern wir uns nun, wie in dem Augenblikk, wo der Herr selbst verschied, von den wunderbaren Zeichen erschrekkt der römische Hauptmann zu den Seinigen sagte, Wahrlich dieser ist Gottes Sohn gewesen; mit wieviel herrlicherer Schrift mag wol dies Zeugniß in der Seele jenes Gekreuzigten geschrieben gewesen sein, nicht äußerer Zeichen wegen, sondern wegen des Zeichens, welches der Herr an ihm selbst gethan hatte! und mit wieviel größerer Freudigkeit würde er dieses Zeugniß ausgesprochen haben, wenn er es noch vermocht hätte! So daß wir wol absehend von allen abschrekkenden äußeren Umständen an unsere Brust schlagen mögen und sagen, Wäre doch mein Ende wie das Ende dessen, der so von dem Erlöser getröstet und zu ihm gezogen ward.

Aber, m. g. Fr., laßt uns nur auch das nicht vergessen, daß das Ende dieses Getrösteten nicht augenbliklich auf das tröstende Wort des Erlösers folgte. Wie spät auch ein Mensch sich zu ihm wende, so spät wol kann es nicht geschehen, daß es nicht noch einige, wenn auch nur wenige Stunden des irdischen Lebens in der seligen Gemein-

---

27 Mt 27,54

schaft mit ihm für jeden geben sollte. Und was unser Glaube mit Gewißheit ergreifen kann, ist auch nur, daß an ein solches, wenn auch kurzes, schon hier in dem Sinne des Erlösers Mit ihm sein, auch ein eben so herrliches Hinübergehen zu ihm sich an|schließen kann. So laßt uns denn, wie es uns Allen so gnädig dargeboten wird, auch heute schon mit ihm sein, und immerdar sei für uns das selige Heute, an welchem uns mit ihm und durch ihn das Paradies aufgeht, wo seine Nähe die Seele, welche voll ist des lebendigen Glaubens an ihn, erfüllt und beseligt, wo das heilige Streben nur ihm und seinem Reiche zu leben, das Bewußtsein der Sünde immer mehr in unsrer Brust austilgt, und indem wir nur auf ihn schauen, und aus ihm die Kraft des Lebens nehmen, die er uns in seinem Wort und Sakrament, als der lebendigen und kräftigen Einwirkung seines Lebens, immer aufs neue darreicht, dadurch auch unser Leben immer mehr in sein Bild gestalten! So möge denn auch unser Leben, wie lange es auch währe, immer eben so selig sein, wie wir wissen, daß die lezten Stunden dieses erhörten Bittenden müssen gewesen sein, dessen früheres Leben wir wissen nicht wie voll von Irrthümern und unheiligen Thaten gewesen war. Und neigt sich der Herr nicht zu uns eben so freundlich wie zu ihm, o so laßt uns demüthig erkennen, daß gewiß auch unser Herz nicht eben so voll gewesen ist des wahren Glaubens an seine erlösende Liebe. Wenn wir aber mit derselben Aufrichtigkeit wie jener Todesgefährte des Herrn erkennen, daß er nichts Ungeschiktes gehandelt, sondern Recht gethan, so wie er that, den heiligen Willen seines Vaters zu erfüllen beides lebend und sterbend; wenn es eben so eifrig unser Wunsch ist, daß er unsrer gedenken möge, | nachdem er in sein Reich eingegangen ist, und daß er uns denen zugeselle, bei denen er sein will mit seinem Geiste immerdar: o dann werden auch wir lebend und sterbend mit jenem die Seligkeit des Wortes erfahren, Heute wirst du mit mir im Paradiese sein.   Amen.

IX.

Der lezte Blikk auf das Leben.

Passionspredigt.

Text. Joh. 19, 30.

Da nun Jesus den Essig genommen hatte, sprach er, Es ist vollbracht.

Das größte und herrlichste, m. a. Fr., unter den lezten Worten unsers Erlösers am Kreuz schließt sich unmittelbar an das scheinbar unbedeutendste und geringfügigste. Der Herr rief, Mich dürstet, da wurde ihm dargereicht der befeuchtete Schwamm; und als er den nicht angenehmen aber doch lindernden Trunk genommen hatte, rief er, Es ist vollbracht. Und wir dürfen den Zusammenhang dieser Worte nicht stören, weil der Apostel sie eben dadurch auf das innigste verbunden hat, daß ehe er uns jenes berichtet, er schon sagt, Als nun Jesus merkte, | daß alles vollbracht sei, auf daß die Schrift erfüllet würde. Wie nun jenes das unscheinbarste ist unter den lezten Worten Christi, da es für sich betrachtet nur die Befriedigung eines leiblichen Bedürfnisses zum Gegenstande hat: so ist unstreitig dieses das größte unter den lezten Worten des Erlösers; es ist dasjenige, welches von jeher gleichsam der Anker für den Glauben der Christen gewesen ist, das Wort in welchem sich ihnen dieses vollkommen bewährt und verherrlicht hat, daß den Menschen nach dem göttlichen Rath auf keinem andern Wege Heil erworben werden konnte, als daß der, welcher zu ihrem Heil in die Welt gesandt war, gehorsam sein mußte bis zum Tode am Kreuz. Richtet sich aber unsere Aufmerksamkeit auf dieses große Wort allein: so überwältigt uns die Unendlichkeit des Gegenstandes, und wir müssen uns freuen, daß eben der Apostel, der uns dieses Wort aufbewahrt hat, uns auch einen Schlüssel dazu hinterlassen hat, der unsrer Betrachtung eine bestimmtere Richtung giebt. Einen solchen nämlich finden wir in jenen vorhergehenden Worten, Als Jesus merkte, daß alles vollbracht war, auf daß die Schrift erfüllet würde, spricht er, Mich dürstet. In dieser Vergleichung alles dessen, was ihm bis jezt begegnet war mit den göttlichen Verheißungen, wie

---

2 *Predigt zum Sonntag Palmarum am 15. April 1821 vormittags in der Dreifaltigkeitskirche zu Berlin; vgl. Liederblatt in KGA III/11, S. 588–589*   9 *Joh 19,28*   14–15 *Joh 19,28*

sie sich in der ganzen Reihe der Offenbarungen in dem geschriebenen Worte Gottes ausgesprochen haben, mit dieser Vergleichung wußte Johannes die Seele des Erlösers beschäftigt; und indem er Verheißung und Erfüllung gegen einander | hielt, und die Vollendung des göttlichen Rathschlusses auf diese Weise auch menschlich inne ward, rief er, Es ist vollbracht!

Alles war freilich noch nicht vollbracht in jenem Augenblikk. Wie unsere Erlösung von der Sünde und unsere Rechtfertigung vor Gott zusammenhängen: so auch dieses, daß der da sterben mußte um unsrer Sünde willen, auch mußte auferwekt werden um unsrer Gerechtigkeit willen. Wie das zusammenhing, daß seine Jünger nur in ihm den Vater sahen, und daß er, als er die Welt wieder verließ, auch wieder hinging zum Vater, so auch dieses, daß er die Seinigen liebte, und daß er sie nicht konnte Waisen lassen, sondern ihnen einen andern Tröster senden mußte, der bei ihnen und nach ihnen auch bei uns bliebe, den Geist der Wahrheit. Aber das geistige Auge des Erlösers sah alles vollbracht in dem heiligen Augenblikke seines Todes; und eben darum ist dieser auch für uns der Mittelpunkt unsers Glaubens. Denn damit, daß er gehorsam war bis zum Tode, hat er uns erworben den lebendig machenden Geist; darin daß er gelitten hat ist er gekrönt worden mit Preis und Ehre. Konnte er also in dem Augenblikk seines Todes in diesem Sinne sagen, Es ist vollbracht: so mußte er seinen Tod in diesem unendlichen Zusammenhang betrachten, welcher beginnt mit der ersten Verheißung, die dem gefallenen Menschen gegeben wurde über den Saamen des Weibes, und sich erstrekt bis hinaus in jene Unendlichkeit, wo er alle diejenigen, die | der Vater ihm gegeben, diesem auch zuführen wird, damit sie Theil haben an dem Preis und an der Herrlichkeit, womit er gekrönt worden ist. Auch dieses nun ist freilich vollkommen wahr: wir aber wollen zurükkehren in die bestimmtere Richtung, die uns der Apostel anweiset, und uns darauf beschränken, dieses Wort überhaupt als den lezten Blikk auf das zurükgelegte Leben zu betrachten, und zwar zuerst so, wie der Erlöser darin die Erfüllung seiner Bestimmung während dieses irdischen Lebens anerkannt; dann aber auch zweitens so, daß wir, wie unser Herz uns dazu drängt, das große Wort des Herrn auch auf uns selbst anwenden.

I. Wie der Erlöser, m. g. Fr., so oft in seinem Leben gesagt hat, des Menschen Sohn thue nichts von ihm selber, sondern nur was er

---

32–34 zuerst so, wie ... zweitens so, daß] zuerst, so wie ... zweitens, so daß

13–14 Vgl. *Joh* 14,18   14–16 Vgl. *Joh* 14,16; 15,26   20–21 Vgl. *Hebr* 2,9   23–25 Vgl. *Gen* 3,15   37–1 Vgl. *Joh* 5,19

Predigt über Joh 19,30

den Vater thun sehe das thue er, und was er von ihm höre das rede er: so müssen wir es natürlich finden, daß er beständig und bei seiner Erhabenheit über alle menschliche Schwäche des Geistes auch jezt noch in diesen lezten schmerzvollen Lebensstunden in der tiefsinnigsten Betrachtung der Wege Gottes begriffen war, und so waren ihm auch alle auf ihn bezüglichen Worte der göttlichen Offenbarungen im alten Bunde gegenwärtig in seiner Seele. Davon haben wir auch schon in seinen früheren Worten am Kreuze ein Beispiel gesehen, wie auch die Schmerzen und Kränkungen, die er zu erdulden hatte, ihm Worte der heiligen Schrift ins Gedächt|niß zurükriefen, und er dies und jenes aus derselben auf seinen Zustand anwendete. Aber gewiß, m. g. Fr., wir würden ihn schlecht verstehen, wenn wir glaubten, diese Einzelnheiten wären es gewesen, in denen er alles vollbracht fand, auf daß die Schrift erfüllet würde. Daß er dort am Kreuze hing, umgeben von den mächtigen Feinden, die seinen Tod herbeigeführt hatten; daß seine Gebeine verschmachteten und seine Zunge an seinem Gaumen klebte; daß er sah, wie seine Kleider von den Kriegsknechten getheilt wurden und das Loos geworfen über sein Gewand – die Betrachtung solcher einzelnen Umstände und die Vergleichung derselben mit den Worten des Psalmes konnte zwar die Aufmerksamkeit des leidenden Erlösers einigermaßen, und wol mehr als bei einem Anderen der Fall gewesen sein würde, von dem quälenden Gefühl des körperlichen Schmerzes ablenken; aber ausfüllen seine immer auf größere Dinge gerichtete Seele konnten diese äußeren Umstände nicht, und sie waren es nicht, um derentwillen er mit solcher Befriedigung ausrief, Es ist vollbracht!

Müssen wir also größeres suchen: so wollen wir doch nicht unsern eigenen Gedanken den Zügel schießen lassen, die Christum doch gewiß nicht erreichen würden. Sondern an solche Worte der Schrift wollen wir denken, welche seine Jünger, wenn sie von dem wesentlichen in seinem Leben reden, mit begeisterter Zustimmung auf ihn anwenden, und welche ihm zugleich am natürlichsten hier mußten vor | die Seele treten. Wo fänden wir nun seinen ganzen Beruf in Bezug auf das verfallene und erkrankte Menschengeschlecht vollkommner ausgesprochen, als zuerst in jenen Worten des Propheten, in denen uns einer der Evangelisten die ganze Handlungsweise des Erlösers darstellt, ich meine die eben so milden als kräftigen Worte, Er wird das geknikte Rohr nicht zerbrechen, und das glimmende Docht nicht auslöschen, Worte die nun durch das, was er während

---

1–2 Vgl. Joh 8,26   7–8 Vgl. die Predigten der Passionssonntage 1821 in der Dreifaltigkeitskirche 11. März früh, 18. März vormittags, 25. März früh, 1. April vormittags, 8. April früh, KGA III/6, S. 546–601   15–16 Vgl. Ps 22,15   16 Vgl. Ps 22,16   17–18 Vgl. Ps 22,19   20 Ps 22   37–38 Jes 42,3; Mt 12,20

seines bisherigen Berufslebens gethan hatte und was er nun that indem er starb, an dem ganzen menschlichen Geschlecht in Erfüllung gingen, welches wol nur angesehen werden konnte als ein geknikles Rohr und eine verglimmende Kerze. So daß er nun auch mitten im Tode ja einsam dahinsterbend sich doch aufgefordert fühlen konnte, mit demjenigen, dem er die Worte abgeliehen hatte, Mein Gott, mein Gott, warum hast du mich verlassen, den Namen seines Vaters in einer großen Gemeine zu preisen und zu verherrlichen. Und so fand er auch jenes andere Wort vollkommen erfüllt, welches überall seine Jünger auf ihn anwenden, daß er auf sich geladen unsre Krankheit, auf daß wir durch seine Schmerzen heil würden – das war es, was er jezt bei dem lezten Blikk auf sein Leben vollbracht sah, auf daß die Schrift erfüllet würde.

Allein, m. g. Fr., den ganzen Werth dieses lezten Wortes Christi können wir erst recht fühlen, wenn wir uns in die damalige Zeit und in die Gemüthsstimmung aller derer hineinzuversezen wissen, | die mit einem noch schwachen und unvollkommnen Glauben dem Herrn anhingen. Als er zu dem Feste, welches das Fest wurde seines Todes und seiner Auferstehung, in die Hauptstadt seines Volkes einzog, und dabei von Tausenden als derjenige begrüßt wurde, der da komme in dem Namen des Herrn als der verheißene Sohn Davids; als die Palmen, das Zeichen des siegreichen und mit dem Siege den Frieden bringenden Herrschers, zu seinen Füßen hingestreut wurden: was für Erwartungen lebten wol damals in den Gemüthern dieser freudetrunkenen Menge, welche von allen Seiten herbeiströmte, um an diesem herrlichen Einzuge theilzunehmen? Leider vorzüglich Erwartungen einer äußern Herrlichkeit und Macht, Erwartungen die der Erlöser nie genährt hat, und die zu erfüllen er nicht gekommen war. Aber auch seine Jünger, wiewol viele Worte in ihrem Gedächtniß leben mußten, durch welche der Erlöser öfters ja bei allen Gelegenheiten ihre Hoffnungen und ihre Liebe von der Herrlichkeit dieser Erde abgelenkt, und sie auf die geistige Welt, die ihm als ihrem Herrn und Meister unterthan sein würde, hingewiesen hatte, auch sie waren immer noch nicht sicher, ob nicht doch auf irgend eine Weise, wenngleich in einer spätern Zukunft, auch eine äußere Macht und Gewalt das Mittel sein werde, um dieses Reich des Geistes in seinem vollen Glanze aufzurichten, und auch sie wurden vielleicht durch diese Stimmen des Volkes mit trunken gemacht von solchen irdischen Erwartungen in jenen herrlichen | Tagen. Aber die Palmen, die damals zu den Füßen des Erlösers ausgestreut wurden, schlangen sich jezt erst zu dem wahren

---

6–7 *Ps* 22,2; *Mt* 27,46   10–11 *Vgl. Jes* 53,4–5; *Mt* 8,17; *1Petr* 2,24   20–23 *Vgl. Mt* 21,8–9

Predigt über Joh 19,30

herrlichen Siegerkranz um sein sterbendes Haupt, da alles was damals gesagt war in menschlichem Unverstand, nun in seinem wahren geistigen Sinne in Erfüllung ging nach dem geheimen göttlichen Rathschluß. So am Kreuze sterbend war Christus ganz der da kommt in dem Namen des Herrn, und so und nicht anders sollte er hochgelobt werden von jenem Augenblikk an in Ewigkeit. So fühlte es auch der Jünger, der uns dieses Wort verzeichnet hat, und darum sagt er, Als Jesus nun merkte, daß alles vollbracht war, auf daß die Schrift erfüllet würde, so daß sie nun gänzlich an ihm in Erfüllung gegangen war, und daß, wie falsch auch die große Menge von jeher alle diese herrlichen Worte der prophetischen Männer gedeutet hatte, der wahre Gehalt derselben nun besser würde begriffen werden von Allen, und also auch in diesem Sinne alles vollbracht war, daß die Schrift erfüllet würde; da rief er es aus das große Wort seines eigenen Zeugnisses, welches nun so und hier ausgesprochen auf immer seine Jünger gänzlich zurükbringen mußte von allen falschen irdischen Erwartungen; da rief er aus, Es ist vollbracht! Und nun wußten sie es, daß auch sie wie ihr Herr und Meister, denn besser sollte es ihnen nicht ergehen als ihm, nicht anders als durch Leiden und Trübsal ihren Beruf erfüllen, und dadurch eingehen könnten in das Reich seiner Herrlichkeit; nun wußten sie es, | daß Fleisch und Blut das Reich Gottes nicht ererben kann, weil Christi Fleisch und Blut ihn ans Kreuz geheftet hatte, und daß also auch sie nun niemanden kennen sollten nach dem Fleisch. Nun wußten sie es, daß sein ganzes Werk ein rein geistiges wäre, und seine Macht, für welche sie kämpfen und welche sie ausbreiten sollten, keine andere, als die er sich als der Gekreuzigte aufbaut in den Herzen der Menschenkinder.

Eines aber giebt es noch, m. g. Fr., was wir nicht übersehen dürfen. Indem der Erlöser in dieser Verbindung mit der Erfüllung der Schrift in die Worte ausbricht, Es ist vollbracht: so müssen wir es wol fühlen, daß nicht allein, ja nicht einmal vorzüglich von dem was er gethan hat, die Rede sein soll, daß er nicht nur auf das zurüksieht, was er als sein eigenes Werk ansehen konnte, sondern ganz vorzüglich auf das weiset er hin, was an ihm und durch ihn geschehen ist. Daß er schon so zeitig angekommen war an dem Ziel seiner großen Bestimmung, das war nicht und er konnte es auch in diesen Worten nicht darstellen wollen als sein eigenes Werk, sondern es war die Erfüllung des göttlichen Rathschlusses durch die göttliche Führung und Vorsehung. Sein Tod war der große Augenblikk, zu welchem alle menschlichen Dinge hatten zusammenwirken müssen von dem ersten Anfang unseres Geschlechtes an; er war angedeutet lange zuvor durch

---

7–9 *Joh 19,28*   21–22 *1Kor 15,50*

mannigfaltige Bilder von den Leiden der Diener Gottes in einer verkehrten Welt; und wer wollte | es läugnen, daß diese Bilder, wo sie sich auch finden, schon Ausdrükke waren eines von oben herab, wenn auch nur durch schwachen Schimmer, erleuchteten Bewußtseins. Immer deutlicher aber waren diese Bilder hervorgetreten in den heiligen Reden der Männer, die erfüllt waren von dem göttlichen Geist; und jezt gingen sie in Erfüllung, weil die Erscheinung des Erlösers ein Aergerniß war und eine Thorheit für die Verkehrtheit des menschlichen Herzens, und weil diese zu Bosheit und Tükke gesteigert wurde eben durch den Glauben an den Erlöser und die Liebe zu ihm, welche sich anfingen zu entwikkeln. Das war was an ihm geschah, und darauf sah er jezt vorzüglich. Sein thätiges Leben hatte er schon beschlossen mit jenem herrlichen Gebete, welches uns derselbe Evangelist[1] aufbewahrt hat, worin er seinem Vater Rechenschaft davon ablegte, wie er ihn den Vater verklärt habe durch sein ganzes Leben, und worin er zugleich die Hoffnung aussprach, daß auch nun der Vater den Sohn verklären werde. So zuversichtlich aber und so im vollen Bewußtsein der ganz und rein erfüllten Pflicht er auch damals vor Gott erschienen war mit denen, die der Vater ihm gegeben hatte und auserwählt von der Welt: so sprach er doch damals das große Wort nicht aus, Es ist vollbracht. Wenn er aber doch seitdem nichts mehr im eigentlichen Sinne gethan hat: worauf deutet uns dieses, daß er damals | noch nicht, sondern erst jezt sagen konnte, Es ist vollbracht? Darauf ganz offenbar, m. g. Fr., vollbracht wird der göttliche Rathschluß mit dem Menschen immer nicht durch das allein, was der Mensch thut; und das galt auch von ihm dem Einigen Menschen in Gnaden, von ihm dem Einigen Gerechten. Vollbracht wird der göttliche Rathschluß immer erst durch das Zusammenwirken aller Kräfte, welche der Höchste in Thätigkeit sezt, nicht nur derer, von denen wir in einem engeren Sinne sagen können, daß Er das Wollen giebt und das Vollbringen; sondern auch derer, von denen wir am liebsten denken, daß er nur zu ihnen spricht, Bis hieher und nicht weiter. Vollbracht wird der göttliche Rathschluß nur durch das uns tief verborgene Ineinandergreifen aller Zeiten und aller Räume, ein Tag muß es dem andern erzählen, die Erde dem Himmel und der Himmel wieder der Erde; aus Allem dem insgesammt, niemals aber aus dem allein, was der einzelne Mensch vermag und ausrichtet, geht das hervor, wovon man sagen kann, Es ist vollbracht. Dieses Wort des Herrn beweiset uns also, m. g. Fr., daß er in seinen lezten großen Augenblikken selbst sein eigenes Wirken auf der Erde, was er eben deswegen schon vorher abgeschlos-

---

[1] Joh. 17.

7–9 Vgl. 1Kor 1,23   30 Vgl. Phil 2,13   32 Vgl. Hiob 38,11

sen hatte, vergaß oder in den Hintergrund stellte, um seine lezte Betrachtung auch wieder nur auf die Werke seines Vaters zu richten; was den lezten Augenblikk seines menschlichen Daseins erfüllte war dies, daß er sich in das Geheimniß der göttlichen | Rathschlüsse vertiefte, so daß er sogar diesen großen Augenblikk seines Hinscheidens, so sehr er in einer andern Hinsicht seine eigene That war und sein heiligstes Verdienst, am liebsten ansah als das nicht nur Vorbedeutete, sondern auch Vorbereitete, als das was unmittelbar nur durch die göttliche Weisheit und ihre in einander wirkenden Führungen jezt vollbracht ward.

II. Ist nun aber dieses die richtige Vorstellung von der Gemüthsfassung, in welcher der Erlöser das Wort unseres Textes geredet hat; erkennen wir auch in diesem größten und gewichtigsten seiner lezten Worte die tiefste Demuth dessen, der ob er wol in göttlicher Gestalt war, es doch nicht für einen Raub hielt Gott gleich sein, sondern seine eigne That und sein Verdienst in Schatten stellend sich im lezten Augenblikke seines Lebens nur daran stillt und erfreut, daß der Rathschluß seines Vaters in Erfüllung gegangen: wie wollen wir denn von diesen Worten eine Anwendung machen auf uns selbst? und wie soll ich das Wort lösen, was ich für den zweiten Theil unsrer Betrachtung gegeben habe? Ja wäre hier die Rede von dem thätigen Leben, von dem menschlichen Wirken des Erlösers, dann müßten wir freilich auch fragen, Was sind wir doch gegen ihn? und wie könnte sich einer von uns mit ihm vergleichen wollen? aber doch möchte es dann noch eher gehen mit der Anwendung auf uns. Denn als Christus in jenem hohenpriesterlichen | Gebet dessen ich schon erwähnt habe, seine Rechnung mit seinem himmlischen Vater abschloß, da ging es ihm eben wie andern Menschenkindern. Wiewol Gott in ihm war, und durch ihn die Welt versöhnte mit ihm selber: so stand doch diese Welt vor seinen Augen als die noch unversöhnte, von Finsterniß und Schatten des Todes umfangen; und nur einige Wenige, die sich an ihn angeschlossen hatten in Glauben und Liebe, stellte er als die Frucht seines Lebens seinem Vater dar, als solche, die nun auserwählt wären von der Welt, so daß er freudigen Herzens sagen konnte, Sie sind nicht von der Welt, wie auch ich nicht von der Welt bin; sie haben dein Wort angenommen und erkannt, daß ich von dir ausgegangen bin. Da hatte auch er noch zu beseufzen ein verlornes Schaaf, damit auch in seinem unmittelbaren Kreise erfüllt würde, was er selbst gesagt hatte, daß nicht Alle auserwählt sind, welche berufen werden, und damit

---

14–15 *Phil 2,6*   25–26 *Vgl. Joh 17*   34–35 *Joh 17,14*   35–36 *Vgl. Joh 17,8*
39 *Vgl. Mt 20,16; 22,14*

auch er erführe, daß es in dem unmittelbaren Wirken auf Menschen kein vollkommnes Gelingen giebt ohne Fehl. Da mußte auch er mit Bitten vor seinen himmlischen Vater treten für das Werk, von welchem er jezt menschlicher Weise seine Hand abziehen sollte, und dadurch bekannte er, daß wenn er auch in einem anderen und höheren Sinne alles gethan hatte, doch der unmittelbare Erfolg nur erst so eben begonnen hatte, und der Vater erst vollbringen müsse, was der Sohn nur einleiten konnte. Hier fänden wir also gar vieles, m. g. Fr., was wir | auf uns anwenden könnten, wenn von dem lezten Gespräch der Seele mit Gott die Rede ist, ehe wir den Schauplaz dieser Welt verlassen. Jeder von uns hat solche, die ihm der Herr gegeben hat, daß wir sie ihm darstellen sollen als Auserwählte von der Welt; und wer treu und redlich, wenngleich in dem Gefühl seiner Schwachheit, das Werk des Herrn getrieben hat auf Erden, und nichts anderes gewollt als nur dieses, der wird auch gläubig sagen können, Hier bin ich, Vater, und die du mir gegeben hast. Und wer über fehlgeschlagene Erwartungen seufzen muß wie der Erlöser, wenn sich auch dieser oder jener gewaltsam herausgerissen hat aus der liebenden und leitenden Hand, troz aller stüzenden und tragenden Liebe, dem wird es dann auch gewiß an einem Troste nicht fehlen wie der, daß die Schrift erfüllet würde.

Aber davon nun eben ist hier nicht die Rede in diesem großen Worte des Herrn; sondern von dem was an ihm geschehen ist, so daß alle Schrift von ihm erfüllt wurde, ohne daß etwas zurükgeblieben wäre. Und was für einen Vergleich können wir hier anstellen? Die Schrift, die wie er selbst sagt von ihm Zeugniß giebt auf allen Blättern, wenn der Geist Gottes das Auge des Lesers erleuchtet, die Schrift deren Verheißner er ist vom ersten Anfang an, und die er sich als an ihm erfüllt vor Augen stellt in dem Worte, Es ist vollbracht, redet die auch von uns m. g. Fr.? können auch wir einen solchen Blikk in die Vergangenheit | werfen am Ende unsers Lebens, daß wir uns freuen können, die Schrift sei an uns erfüllt? O wol redet sie von uns Allen! Sagt sie nicht, sie sind allzumal Sünder und ermangeln des Ruhmes, den sie bei Gott haben sollten? Seht das ist die erste Schrift, die an uns Allen in Erfüllung geht, und wenn wir uns denken in den lezten Augenblikken unseres Lebens, das Auge gerichtet auf die dann vergangene Zeit, und auf denjenigen in welchem uns Allen der Ruhm an Gott und der göttliche Wille an uns abgebildet ist: ach! so wird denn jeder sagen, nun ich sterbe ist endlich diese Schrift an mir erfüllt! Aber die Schrift sagt auch, Christus ist uns geworden zur Weisheit und zur Gerechtigkeit und zur Heiligung. Wohlan wer sich denn der Gnade des Herrn zu rühmen hat; wer nicht taub gewesen ist gegen die Stimme seines Geistes; wer sich mit Christo in der lebendigen Gemeinschaft findet,

---

32–33 *Röm 3,23*   39–40 *Vgl. 1Kor 1,30*

in welcher beiden Theilen alles gemein ist, und in den lezten Augenblikken auf ein solches Leben zurüksehen kann, welches er im Glauben an den Sohn Gottes gelebt hat und dieser in ihm: dem ist dann diese Schrift der wahrste Ausdrukk des Bewußtseins, welches den ganzen und vollständigen Gehalt seines Lebens ausdrükkt. Denn was hierunter nicht zu bringen ist, das gehört auch nicht zum Gehalt seines Lebens; und in dem gläubigen Gefühl, daß diese Schrift, diese erbauende, diese beseligende Schrift auch an ihm erfüllt worden, wird er dann sagen können, Es ist vollbracht. |

Aber nicht nur so laßt uns, m. g. Fr., bei dem allgemeinsten unseres Glaubens, bei dem Bewußtsein der Seligkeit, welche in der Gemeinschaft mit dem Erlöser liegt, stehen bleiben; sondern, freilich immer nur durch ihn und mit ihm, aber so und in seiner Gemeinschaft können wir doch auch gewiß die Aehnlichkeit noch weiter verfolgen zwischen diesem Worte aus seinem Munde und dem Augenblikk unsers Scheidens, oder vielmehr dem lezten Blikk auf unser vergangenes Leben, der uns mit so vollem Bewußtsein, als es der Erlöser hatte, vergönnt sein wird. Denn, m. g. Fr., die ganze Erscheinung des Erlösers, ganz vorzüglich aber der große Augenblikk, in welchem er sterbend das Werk der Versöhnung der Welt mit Gott vollbrachte, war in einem Umfang, in dem es von keinem andern gesagt werden kann, der große Wendepunkt, an welchem sich zwei verschiedene Zeiten von einander scheiden, die Zeit der Sehnsucht und hoffnungsreichen Ahnung, und die Zeit der seligen Erfüllung und des in liebender Thätigkeit schaffenden lebendigmachenden Glaubens. Aber auch wir alle insgesamt, ja jeder von uns, wie klein und unscheinbar unser Dasein in der Welt auch sein mag, sind doch auf eine ähnliche Weise in den großen Zusammenhang der göttlichen Führungen aufgenommen. Denn dasselbe kehrt doch in der Kirche des Herrn nur in geringerem Maaßstabe immer wieder. Als Christus zu seinen Jüngern sagte, Er habe ihnen noch vieles zu sagen, sie könnten es aber jezt noch nicht tragen, und sie dann | auf den Geist verwies, den er ihnen senden werde: da begründete er ja auch für sie eine neue Zeit der Sehnsucht und der Ahnung, der erst später die Erfüllung folgen solle. Und alles was wir in der Gegenwart noch als Mangel und Unvollkommenheit erkennen, das erregt in uns Sehnsucht und Ahnung, und die Erfüllung kommt nach. Währt nun dieses so lange – eher aber können wir doch nicht aufhören zu wünschen und zu hoffen – bis wir zu der Vollkommenheit des männlichen Alters Christi gelangt sind: so sind wir Alle so gestellt, daß Sehnsucht und Erfüllung mit einander wechseln, und wenn eines, wiewol immer auch nur unvollkommen, erfüllt

---

30–32 Vgl. Joh 16,12

worden ist, verlangt uns schon nach einem anderen. Zu dieser unvollkommnen Erfüllung aber soll doch irgend etwas in den wohlgefälligen Willen Gottes gehörendes von einem jeden lebenden Geschlecht gebracht werden, das nur sein unerfülltes der Jugend überläßt. Und zu diesem Werke seiner Zeitgenossen soll auch jeder das seinige beitragen, der als ein lebendiges Glied an diesem Gott geheiligten Leibe gerühmt werden kann. Wie nun in der Wirklichkeit auch noch nicht alles, was geschehen soll, bereits erschienen war, als der Erlöser ausrief, Es ist vollbracht: so mögen auch wir mit demselben Glauben, den wir an dem Anfänger und Vollender unseres Glaubens schauen, was noch bevorsteht dennoch ansehn, als in dem bereits erfolgten mit enthalten, aber auch eben so bei dem lezten Blikk auf das zurükgelegte Leben mit inniger Dankbarkeit gegen | Gott auf demjenigen ruhen bleiben, was nun nicht durch unser eigenes Verdienst, denn das ist allein des Herrn, auch nicht als unsre ausschließende That, denn unsre äußere Lage, und gar vieles was nicht von uns abhängt, wirkt dabei immer mit, aber doch vermittelt durch unsre Erscheinung, unsre Wirksamkeit, unsern mannigfaltigen mittelbaren Einfluß zu einiger Vollendung gebracht, oder von der Ahndung in den Anfang wenigstens der Erfüllung übergegangen ist. Und dieses sollen wir zusammenfassen als das durch die Eigenthümlichkeit unseres Wesens sowol als durch die Verhältnisse, in welche uns Gott gestellt hat, vorangedeutete, und sollen es wohl würdigen, und bei dem lezten Blikk auf das Leben eben so demüthig als dankbar Gott dafür preisen, daß doch nun das, was Er uns nach seiner Weisheit zugetheilt hat als unser Tagewerk, auch wirklich vollbracht ist. Demüthig werden wir es erkennen, wie vieles uns noch hat von außen zu Statten kommen müssen, damit auch nur das Wenige durch uns wirklich geschehe, wie manches Hinderniß nur durch günstige Umstände oder durch fremde Hülfe konnte beseitigt werden, so daß wir unser eignes ausschließendes Werk überall vergeblich suchen. Aber auch dankbar werden wir dann, so Gott will, Alle das zu erkennen haben, wie doch auch an uns, wenn auch nach einem kleinen Maaßstabe, das schöne Wort der Schrift erfüllt worden ist, daß alle Gaben des Geistes in der Gemeine sich beweisen zum | gemeinen Nuz[2]; und daß wenn die Schrift die Früchte des Geistes in der erquiklichen Mischung von Liebe, Freude, Friede, Geduld, Freundlichkeit, Gütigkeit, Glaube, Sanftmuth und Keuschheit[3] zusammen darreicht, einzelne solche, wären sie auch

---

[2] 1 Kor. 12, 7.
[3] Gal. 5, 22.

---

10 Vgl. Hebr 12,2

nicht vollkommen gereift und von der ausgesuchtesten Schöne, doch auch in dem Garten unseres Gemüthes gewachsen sind. – Christus war freilich allein derjenige, in welchem sich alles was zum Ebenbild Gottes in dieser menschlichen Natur gehört, ohne alle Störung immer wachsend im schönsten Ebenmaaß entwickelte; und die Zeit in welcher er erschien, die Umstände unter denen er lebte, trugen nicht dazu bei, sondern nur dazu, daß diese Herrlichkeit des eingebornen Sohnes ganz auf die Weise und in dem Maaße wirksam sein konnte, wie es die göttliche Weisheit von Ewigkeit her beschlossen hatte. Und eben das fand auch er vollbracht, als nun noch am Kreuz auf eine ganz wundervolle Weise diese Herrlichkeit in ihrem vollen Glanze erschien. Bei uns ist das freilich anders, und keiner wird auf sein Leben zurüksehen können, ohne den wechselnden und schwankenden Gang seiner Seele zu bemerken. Fallen und Wiederaufstehen, die Hand beherzt an den Pflug legen und dann wieder bedenklich zurüksehen, das Werk Gottes rasch angreifen und dann wieder muthlos die Hände sinken lassen, dies und keine andere ist die Weise unseres geistigen Lebens, nur | anders gestaltet in seiner jugendlichen Blüthe und anders in seinem allmähligen Reifwerden, und anders bei Jedem nach Maaßgabe seiner besonderen Natur und seiner äußeren Verhältnisse. Wie betrübend das aber auch in anderer Hinsicht sein mag; wenn wir nur wie Christus am Ende unseres Lebens es weniger darauf ansehen, was wir selbst gethan haben, als vielmehr darauf, was an uns und durch uns nach Gottes gnädigem Rathschluß und Vorhersehung geschehen ist: so werden wir ihm auch darin ähnlich sein, daß doch alles am Ende unseres Lebens zusammenstimmen wird zu einem freudigen Es ist vollbracht. Denn ist uns einmal das göttliche Wort als der reine Spiegel der Wahrheit vorgehalten worden, in welchem Jeder sich selbst erkennen kann, und wir haben wirksam hineingeschaut: so werden wir doch bezeugen müssen, wenn wir auch einmal und öfter wieder vergessen hatten, wie wir gestaltet waren, wir sind doch immer wieder darauf zurükgeführt worden aufs neue hineinzuschauen, und auch unser Wanken und Fallen, unsere Fahrlässigkeit und unsere böse Lust haben uns zu einer größeren Tiefe und Klarheit der Selbsterkenntniß gedeihen müssen, mit welcher von hinnen zu scheiden zu den größten Gütern gehört, die uns gewährt werden können. Sind wir einmal aus der großen allgemeinen Verirrung des menschlichen Geschlechtes umgekehrt zu dem rechten Hirten und Aufseher unserer Seele, und haben es erfahren, daß wir bei ihm Ruhe und Erquikkung finden: haben | wir dann auch einmal nach der Verzagtheit des menschlichen Herzens, wenn uns etwas hartes bedrohte, einen andern

---

14–15 Vgl. Lk 9,62

Schuz gesucht, der uns näher zu liegen schien, oder nach dem Troz desselben uns allein auf verführerische Auen gewagt, so ist er doch auch uns auf mancherlei Weise nachgegangen, und durch die unterbrochenen Erfahrungen sind wir nur um so fester in der Ueberzeugung geworden, daß Schuz und Sicherheit sowol als Wohlbefinden und Erquikkung allein in der Verbindung mit ihm zu finden sind. Haben wir wol öfter unter dem Drukk der Welt und bei dem hartnäkkigen Widerstand derselben den Gedanken gefaßt, daß der Herr, mit dessen anvertrautem Pfunde wir wuchern sollen, ein harter Mann sei, welcher erndten wolle wo er nicht gesäet habe: so werden wir doch bald so bald anders verhindert worden sein, es nicht gänzlich zu vergraben, und werden, wie wenig es auch sei, aufzuweisen haben, was mit demselben ist geschafft worden. Wenn nun so durch die gnädigen Führungen Gottes, welcher diejenigen auch verherrlichet, welche er gerecht gemacht hat[4], auch unsere Schwachheiten und Verirrungen nicht nur zu unserer Befestigung ausgeschlagen sind, sondern auch – wie wir ja an uns häufig diese Wirkung erfahren von den Schwachheiten Anderer – unsern Brüdern zur Lehre und Warnung und zur Züchtigung in der Gottseligkeit gedient haben: so werden wir dann | bekennen müssen, daß, wie wahr es auch bleibe mit jenem andern Worte der Schrift, welches wir Alle werden jeder für sich betrachten auf uns anwenden wegen des Ruhmes, den wir bei Gott haben sollten, doch sowol an jedem einzelnen Gliede der Gemeine Christi als an diesem Ganzen dem wir einverleibt sind in Beziehung auf unser gesammtes Leben, Leiden und Wirken, auch das Wort der Schrift in Erfüllung gegangen ist und sich immer aufs neue erfüllen wird, daß denen die Gott lieben alle Dinge zum Besten dienen müssen[5]. Blikken wir einst so auf das zurükgelegte Leben am Ziele desselben zurükk: so werden wir es dankbar und froh erkennen, daß es die ewig weise Güte und die barmherzige Liebe des himmlischen Vaters über alles was Kind heißt gewesen ist, die durch Irrthümer und Schwächen, durch Freuden und Leiden uns immer fester und zuletzt unauflöslich mit dem verbunden hat, den wir freilich nicht loslassen durften, wenn die Schrift an uns sollte erfüllt werden, in Gemeinschaft mit welchem wir dann aber auch wie er selbst getrost werden ausrufen können, Es ist vollbracht. Amen.

---

[4] Röm. 8, 30.
[5] Röm. 8, 28.

8–13 Vgl. Lk 19,20–23   22 Vgl. Röm 3,23

X.

Christi leztes Wort an seinen himmlischen Vater.

Am Charfreitage.

Preis und Ehre sei unserm Herrn, der gehorsam gewesen ist bis zum Tode, und darum daß er sein Leben in den Tod gegeben hat und Vieler Sünden getragen, eine große Menge zur Beute bekommen soll und die Starken zum Raube. Amen.

Text. Lukas 23, 46.
Und Jesus rief laut und sprach, Vater ich befehle meinen Geist in deine Hände. Und als er das gesagt, verschied er.

Die beiden ersten Evangelisten, m. a. Fr., berichten uns nur, Jesus habe laut geschrieen, und so sei er verschieden, aber die lezten Worte seines Mun|des melden sie uns nicht. Johannes, der nahe an seinem Kreuze stand, war so voll von dem Wort, welches wir neulich zum Gegenstand unsrer Betrachtung gemacht haben, dieses große Wort, Es ist vollbracht, hatte ihm die Ohren des Geistes so angefüllt, daß er dieses vielleicht noch später gesprochene, noch leiser verhallende Wort des Erlösers nicht vernommen und uns nicht berichtet hat. So ist es denn dankbar zu erkennen, daß der Evangelist Lukas, aus dessen Erzählung wir es eben vernommen haben, es uns aufbehalten hat; und gewiß werden wir Alle auch nach jenem großen Worte, Es ist vollbracht, noch dieses nicht geringer achten, sondern es gerade für diese der Feier des Todes unsres Herrn besonders geweihte Stunde als einen würdigen Gegenstand unsrer gemeinsamen andächtigen Betrachtung erkennen. Es ist das lezte stille Gespräch seiner Seele mit seinem himmlischen Vater; in diesem Sinne wollen wir unsere Aufmerksamkeit darauf richten, und uns zuerst, m. g. Fr., den Eindrukk festhalten, den dieses Wort an und für sich auf jeden machen muß, der es in seinem Herzen bewegt; aber dann auch zweitens, damit wir es als das lezte Wort unsers Erlösers desto besser und vollkommner verstehen, von demselben auf seine früheren Worte am Kreuze zurüksehen, und es mit denselben in Verbindung bringen.

---

2 *Predigt zum Karfreitag am 20. April 1821 nachmittags in der Dreifaltigkeitskirche zu Berlin*   6–7 *Vgl. Jes 53,12*   14–15 *Vgl. die vorangehende Predigt (oben S. 135)*   15–16 *Joh 19,30*

I. Der Herr sprach, Vater in deine Hände befehle ich meinen Geist. Und das ist gewiß ein | ganz menschliches Wort unsers Herrn, das wir uns alle deswegen auch ganz und vollkommen aneignen können. Denn wenn wir uns auf einen Augenblikk vorstellen wollen, es hätte jemals in dem Leben des Erlösers das menschliche und das göttliche in seiner Person abgesondert von einander dieses oder jenes thun können: so würde wol Jeder sagen, diese Worte wenigstens könnten gewiß nicht von dem was Gott in ihm war allein herrühren. Nicht das ewige Wort für sich allein, welches ja, wiewol es Fleisch geworden war um unter uns zu wohnen, doch nie aufhören konnte bei Gott zu sein, wie es von Anfang bei ihm gewesen war, nicht dieses für sich allein konnte sich selbst so dem Vater des Erlösers empfehlen, sondern eher noch allein die menschliche Seele Jesu, in der das Fleisch gewordene Wort lebte und wohnte. So verräth sich auch in diesen Worten unsers Herrn keine besondere uns etwa entzogene und in dem göttlichen das ihm einwohnte begründete Kunde von demjenigen, was des Menschen wartet, wenn Leib und Seele sich von einander lösen; sondern das göttliche Wort redet hier aus ihm ganz seiner uns gleichen menschlichen Natur gemäß. Eben so wenig klingen die Worte als die eines solchen, welcher Herr ist über den Tod, und durch sich selbst hierüber eine Gewißheit und Zuversicht hat, die kein Anderer haben könnte; sondern wir hören hier das ergebungsvolle Vertrauen eines Sterblichen sich kund geben, womit auch jeder andere Fromme sich in dem lezten Augenblikk dieses | Lebens der göttlichen Allmacht hingiebt und empfiehlt. Freilich, m. g. Fr., ist es nur diese selbige Allmacht, die auch während des irdischen Lebens den Menschen hält und trägt, und es ist nur von einer gewissen Seite angesehen wahr, wenn man es aber allgemein und ohne nähere Beschränkung behaupten will falsch und irrig, daß der Mensch so lange er lebt durch sich selbst besteht, daß er hier auf der Erde seiner eigenen Sorge vertraut ist, und wenn auch nicht der Einzelne für sich allein, doch die Menschen in Gemeinschaft sich selbst helfen können. Demohnerachtet aber fühlen wir freilich ganz anders den Uebergang von einem Augenblikk des irdischen Lebens zum andern, indem wir von einem zum andern in dem Besiz aller der Kräfte und Mittel sind und bleiben, durch welche unser eigenes Dasein mit dem Dasein der übrigen Welt zusammengehalten wird, durch welche sie auf uns wirkt, und wir wieder auf sie zurükwirken, anders freilich fühlen wir uns während dieses Lebens in das geheimnißvolle Getriebe der göttlichen Allmacht hinein-

---

25 Freilich] *Kj Absatz*

9–10 Vgl. *Joh 1,14*   10–11 Vgl. *Joh 1,1*

gesezt, als bei dem Uebergang von dem lezten Augenblikk des irdischen Lebens zu dem was darauf folgt; wenn nun alle die Bande sich lösen, die den Geist durch den menschlichen Leib mit der übrigen Welt verbinden, und mit jenem lezten Augenblikk selbst zugleich jedes Mittel verschwindet, den nächsten festzuhalten nicht nur und auf ihn einzuwirken, sondern auch schon in ihn hinüberzuschauen dem Menschen aus eignen Kräften wenigstens mit einiger Sicherheit nicht gestattet | ist, vielmehr wir fühlen, daß wir uns selbst verlieren müßten und ganz verloren gehen aus dem Zusammenhange des Daseins, wenn nicht die göttliche Allmacht uns unbekannte Veranstaltungen getroffen hätte um uns zu halten, und über das Thal des Todes hinüberzuführen. Der Erlöser aber war mit einem solchen Vertrauen ausgerüstet, wie schon die Wahl seiner lezten Worte, Vater in deine Hände befehle ich meinen Geist! zu erkennen giebt, als ob was nun vor ihm lag nichts anderes oder bedeutenderes gewesen wäre, als eben was der Uebergang aus einem Augenblikk des menschlichen Lebens in einen andern immer auch ist. Denn diese Worte sind nicht rein aus seinem Innern und für diesen Augenblikk hervorgegangen, sondern es sind ebenfalls Worte aus den Psalmen, wie auch schon jenes frühere Wort am Kreuz, Mein Gott, mein Gott, warum hast du mich verlassen! aus diesem Buch hergenommen war; es sind dort[1] die Worte eines Frommen, welcher keinesweges mit seinem Abschied aus dieser Welt beschäftigt ist, sondern noch vieles von dem Herrn des Lebens zu erwarten und zu bitten hat für den fernern Verlauf eben dieses irdischen Lebens, Worte eines solchen, der indem er schon Ursache hat inbrünstig zu danken für die Hülfe, die Gott ihm hat angedeihen lassen, doch zugleich in eine noch gefahrvolle Zukunft hineinsieht, und so in die Worte ausbricht, In deine Hände befehle ich | meinen Geist; du hast mich erlöset du treuer Gott. Und eben dieser Worte eines, der noch mitten in dem menschlichen Leben begriffen ist, der aber weiß, daß jede Erhaltung desselben unter den mancherlei Gefahren, von denen es bedroht ist, ihm nur von der Hand desselben Herrn kommen kann, der auch in Beziehung auf jeden Augenblikk seines Daseins alles geordnet hat nach seinem Wohlgefallen, der Worte eines solchen bedient sich unser Erlöser bei dem gänzlichen Abschied von dieser Welt. Liegt darin nicht ganz bestimmt dieses, daß der Erlöser keinen bedeutenden Unterschied gefunden hat zwischen dem einen und dem andern? Hier im irdischen Leben steht von jedem Augenblick zum andern der Lebenshauch, die Seele des Menschen, in der Hand des

---

[1] Psalm 31, 6.

20 Mt 27,46; Mk 15,34 mit Bezugnahme auf Ps 22,2   **28–29** Ps 31,6

Herrn; was sich aus jedem entwikkeln soll und wie, das ist in seiner Ordnung gegründet, und dem Menschen kann nur wohl sein, wenn er diesem ordnenden Herrn befohlen ist und sich ihm in jedem Augenblikk aufs neue befiehlt. Aber eben so, das ist der Gedanke des Erlösers, steht auch am Ende des Lebens, was sich aus diesem Ende entwikkeln soll, in derselben Hand und ist nach denselben Gesezen geordnet, so daß auch hier aus derselben Hingebung und Empfehlung ihm dieselbe Freudigkeit entstand; und dieselbe Stimmung ihn hinübergeleitete, die uns hier gleichmäßig durch alles hindurchführt. Scheint euch dieses zu viel, nun so bedenkt, daß freilich nicht diese ganze tröstliche Weisheit des Herrn schon in jenen Worten aus der früheren un|vollkommnen Zeit des alten Bundes liegt, welche der Erlöser hier anführt; sondern Eines, Eines sezt er hinzu, was nicht einheimisch ist im alten Bunde, nämlich das große vielumfassende Wort, Vater! Vater, dieses sezt der Erlöser von seinem eigenen hinzu, Vater in deine Hände befehle ich meinen Geist. Darin also liegt, so müssen wir wol glauben m. th. Fr., der tiefste Grund dieser heitren Zuversicht, in dem bestimmten Bewußtsein des Erlösers von seiner innigen Gemeinschaft mit dem himmlischen Vater. Auch in dem Augenblikk seines Todes fühlt er sich als der Einiggeliebte und Erstgeborne vom Vater. Daher kam ihm unter allen Umständen seines Lebens jene ungetrübte Gleichmäßigkeit der Gemüthsstimmung, die das unverkennbare Zeichen der Göttlichkeit seines Wesens ist; daher war er in keinem Augenblikk aus Furcht der Dinge die da kommen konnten auf eine knechtische Weise befangen, noch durch eine lokkende und glänzende Aussicht je auf eine eitle Weise angeregt, weil es immer in ihm rief Vater, und er sich dabei immer Eines wußte mit dem Vater. Und fragen wir nun nach dem Grunde der gleichmäßigen Stimmung und der festen Zuversicht, mit welcher der Erlöser nun aus dem menschlichen Leben scheidet, nicht anders angeregt als wie andere fromme Verehrer des Herrn von einem wohlverbrachten Abschnitt desselben scheiden, und einem bedeutenden neuen Augenblick entgegengehen: so dürfen wir auch nicht weiter nach etwas besonderem suchen, sondern die einzig richtige | Antwort liegt allein in diesem Worte, welches er zu jenen Worten aus den Psalmen hinzufügt. Er war der Sohn des Vaters; seine Gemeinschaft mit diesem war es, was ihm den Uebergang aus dem irdischen Leben in den Zustand seiner Erhöhung nicht eben anders erscheinen ließ, als jeden Wechsel wie er ihm schon oft im Leben vorgekommen war. Dieser Unterschied, der uns Allen so groß erscheint, verschwand ihm nämlich so gänzlich, weil das Eine nicht mehr und nicht weniger ist als das Andere für den, in welchem und mit welchem er allein lebte, und der mit gleicher Weisheit den

Zusammenhang des irdischen unter sich und den Zusammenhang alles irdischen mit seinem ganzen unendlichen Reiche geordnet hat.

Wie nun diese feste Zuversicht des Erlösers bei dem Abschiede aus dieser Welt damit unmittelbar zusammenhing, daß er so ganz eingetaucht war in die Gemeinschaft mit seinem Vater, daß ihn der Anblikk des Todes eben so wenig davon scheiden konnte, als irgend etwas in der Mitte dieser irdischen Dinge: so laßt uns zu unserm Troste nicht vergessen, daß der Erlöser uns in dieselbe Gemeinschaft mit seinem Vater einweiht, und daß er nur deswegen auch hierin unser Vorbild sein kann, so daß wir derselben festen Zuversicht fähig sind, wie sich denn durch diese der Christ besonders unterscheiden soll. Welche Abstufung von der knechtischen Todesfurcht derer, welche nur in ein Dunkel hineinsehen, worin ihnen nichts von dem erscheint, was allein ihre Augen auf sich gezogen hat, von der stumpfen Gleichgültigkeit, die eben so sehr in der Uebersättigung des sinnlichen Bewußtseins, als in der Aufreibung der sinnlichen Kräfte gegründet ist, zu der gefaßten Ergebung eines ernsten Gemüthes in ein unbekanntes zwar, aber eben so allgemeines als unvermeidliches Loos, aber dann noch mehr zu dieser Zuversicht, welche auf der Gemeinschaft mit Gott ruht, vermöge deren der allgemeine Ordner und Herrscher über Alles uns nicht nur ein Wesen außer uns ist dem wir vertrauen, sondern er in uns ist und wir in ihm, und wir also auch unsern Willen von dem seinigen und seinen von dem unsrigen nicht zu trennen vermögen, indem nach der großen Verheißung für den neuen Bund sein Gesez und also auch das Gesez seines Waltens und Ordnens in der Schöpfung so in unser Herz geschrieben ist, daß mit Wahrheit gesagt werden kann, wie es der Erlöser denn sagt, daß der Vater Wohnung mache in unsern Herzen. Hierin aber, m. g. Fr., giebt es keinen andern Weg, sondern Christus allein ist der Weg, wie er denn auch sagt, der Vater komme mit dem Sohne, und niemand kenne den Vater als nur der Sohn und wem er ihn offenbaren will. Aber wie er verheißen hat, daß er diejenigen die an ihn glauben nach sich ziehen wolle, wenn er werde erhöht sein von der Erde: so zieht er auch die Seinigen nach sich zu diesem festen und innigen Vertrauen, ja was mehr sagen will, zu dieser gänzlichen Willenseinheit mit dem Vater, in welcher er aus diesem irdischen Leben scheiden konnte, daß wir Alle in demselben Maaß als wir ihm dem Sohne verbunden sind, auch mit derselben einfältigen und kindlichen Zuversicht unsern Geist in die Hände dessen befehlen,

---

28 unsern] unsere

24–26 Vgl. Jer 31,33, zitiert in Hebr 8,10; 10,16   27–28 Vgl. Joh 14,23   30–31 Vgl. Mt 11,27   31–33 Vgl. Joh 12,32

dem das geistig lebendige nicht verloren gehen kann, und der wie der alleinige und ewige Herr und Erhalter aller Dinge, so auch der rechte zuverläßige Vater ist über alles was Kind heißt.

II. Dieses, m. g. Fr., ist also der eben so sanfte als erhebende Eindrukk, den das lezte Wort des Erlösers, für sich allein betrachtet, auf uns alle machen muß. Aber daß wir es recht verstehen, so laßt uns nun auch von demselben auf die früheren Worte des Herrn am Kreuze zurüksehen. Denn nichts in seinen Reden, m. g. Fr., steht für sich allein. Wie alles aus demselben Grunde seines göttlichen Wesens herkam: so ist auch alles Eins und gehört wesentlich zusammen; und nie können wir irgend etwas von ihm weder recht auffassen und verstehen, noch auch selbst nur recht genießen, als nur in Verbindung mit allem Uebrigen. Wenn wir nun doch nach unsrer bisherigen Betrachtung nothwendig fragen müssen, wie es wol bei uns selbst stehe um jene kindliche Zuversicht, mit welcher der Herr seine Seele in die Hände seines himmlischen Vaters befahl, und wir uns ohne weiteres gestehen müssen, daß wenn gleich ihm unverwandt in herzlicher Liebe zugethan, wenngleich durch alle Wohlthaten seines versöhnenden Todes, ja durch ihn den ganzen Chri|stus so beseligt, daß wir ihm wol auch hierin gleich sein sollten, wir doch gewiß, wenn jezt unsre Stunde schlüge, weit zurükstehen würden in dieser Willenseinheit: so wird es uns gar wohl thun zu fragen, was denn bei ihm selbst dieser Aeußerung unmittelbar vorherging, und wodurch seine Seele zu einem so reinen und wahrhaft himmlischen Tone gestimmt war. Wenn wir da nun an das meiste von dem was wir früher besonders betrachtet haben zurükkdenken; wenn wir uns die schönen Worte wiederholen, Vater vergieb ihnen, denn sie wissen nicht was sie thun; wenn wir uns dessen erinnern, wie er seine Mutter seinem Jünger und dem Freund seine Mutter empfahl; wenn wir bedenken, wie er sinnend über den Zusammenhang seines ganzen bisher geführten und nun zu Ende gehenden Lebens mit der ganzen Reihe der früheren Offenbarungen Gottes ausrief, Es ist vollbracht: so werden wir wol gleich inne, wie auch dieses nothwendig mit jenem zusammengehört, und daß auch bei uns dasselbe muß vorangegangen sein, wenn wir auch eben so wie unser Erlöser sollen sagen können, Vater in deine Hände befehle ich meinen Geist. Wie wäre es auch wol möglich, daß der Mensch zu dieser Wil-

---

9 Wesens] Wesen

26–27 Lk 23,34; vgl. Predigt vom 11. März 1821 früh, KGA III/6, S. 546–549   28–29 Vgl. Joh 19,26–27; Predigt vom 25. März 1821 früh, KGA III/6, S. 562–569   32 Joh 19,30; vgl. die vorangehende Predigt (oben S. 135)

lenseinheit mit Gott sollte gelangt sein, wenn er nicht in seinem Herzen Frieden gemacht hat mit der Welt, welche Gott so wie sie ist geschaffen und geordnet hat! Wie sollte der in der Uebereinstimmung mit Gott sterben können, welcher zu dieser Uebereinstimmung nicht in Beziehung auf dieses Leben ge|kommen ist! – Darum, m. g. Fr., alle Verkehrtheiten in dieser Welt, welche ein Verehrer des Herrn wol Ursache hat zu beweinen, wie hart sie auch uns selbst mögen getroffen, wie nachtheilige Wirkungen auch auf unsern Lebenskreis ausgeübt haben, das alles darf uns nur erscheinen wie der durch die fortwährende Entwiklung der göttlichen Gnade immer mehr aus der menschlichen Seele verschwindende Wahn, wie die leider in vielen unserer Brüder noch übrige Bewußtlosigkeit, welche aber das himmlische Licht von oben bald zerstreuen wird; und so müssen wir, was uns im Leben auch begegnet sein mag, wie wenig wir auch mögen unterstüzt worden sein in unsern wohlwollendsten Unternehmungen und Versuchen, wie feindselig die Welt uns mag entgegen getreten sein in unserm eifrigen Streben das Reich Gottes zu bauen, so müssen wir vorher schon gesagt haben, Vater vergieb ihnen, sie wissen nur nicht was sie thun, ehe wir unsern Geist in des Vaters Hände befehlen können. – So wie der Erlöser noch am Kreuz Jünger und Mutter einander empfahl: so müssen auch wir noch am Ende unseres Lebens in der schönen Wirksamkeit begriffen sein, einen treuen festen Bund inniger Liebe wenn nicht erst zu stiften, doch ihn aufs neue zu befestigen und inniger zu knüpfen unter denen, die uns die Nächsten sind. Sind das die Wünsche die uns erfüllen, ist dieses das liebste Wort, wozu wir auch noch im lezten Augenblick unsers Lebens unsern Mund öffnen und unsre Hände ausstrekken: dann | fehlt es uns auch nicht an dem Bewußtsein der wahren Willenseinheit mit unserm himmlischen Vater, kraft deren wir uns ihm eben so befehlen können, wie es der Erlöser that. Denn was ist doch das Wesen Gottes anders als Liebe? und welche herrlichere Kraft etwas Großes und Schönes zu bewirken in der Welt gäbe es, als diese, wenn wir durch Liebe auch Liebe gründen und befestigen. Ist nun das noch unser Geschäft am Ende des Lebens diesen göttlichen Saamen auszustreuen in die Seelen; können wir uns dann auch noch irgend einer bestimmten Wirksamkeit erfreuen, wenn sie auch nicht größer und bedeutender ist als die, welche der Erlöser in diesem Augenblick ausübte, indem er die Mutter und den Jünger, die sich ohnstreitig beide in ihm und um seinetwillen schon liebten, nur näher zusammenbrachte und auch persönlich und für das äußere Leben genauer und bestimmter an einander wies: dann haben wir ein unmittelbares Bewußtsein von der kräftigen Einwohnung der ewigen Liebe in uns, und also das Bewußtsein einer Willenseinheit mit Gott, welche noch mehr enthält als jener Friede, den wir durch eine allgemeine Vergebung mit der Ordnung in seiner Welt abgeschlossen haben. Denn wirklich das ist etwas weit Höheres und Herrlicheres, wenn wir uns einer bestimmten Mitwirkung bewußt sind zu dem, wodurch in der Welt alles besteht und gefördert wird, was wachsen und bleiben soll, indem wir nämlich die Kraft der Liebe denen einpflanzen, welche wir zurüklassen, so | daß sie immer frischer und thätiger werden zur Erreichung des Zwekkes, für welchen wir selbst nicht mehr wirken können. – Und wie der Erlöser nur um desto zuversichtlicher, je dankbarer er in jenem Worte, Es ist vollbracht, auf den ganzen Zusammenhang seines nun endenden Lebens zurükgesehen hatte, sich nun seinem himmlischen Vater befehlen konnte: so wird es auch uns am Ende des Lebens heilsam und ersprießlich sein, wenn wir in seinem Sinne in die Vergangenheit zurückschauen, dankbar uns freuend der milden göttlichen Gnade, die uns auf oft verborgenen und unerforschlichen Wegen, aber zu keinem andern als zu dem schönen Ziele des Heils hingeführt hat. Denn wenn wir so, was uns als es sich vorbereitete und kam, oft unerklärlich war in diesem Leben, am Ende besser verstehen in dem Lichte, womit Eines das Andre beleuchtet: so werden wir mit einem solchen Rükblick unser Leben beschließend auch so fest werden in der Zuversicht, daß uns niemand aus der Hand dessen reißen kann, der uns so wohl bedacht hat, daß wir eben so getrost wie der Erlöser sagen können, Vater in deine Hände befehle ich meinen Geist!

Aber keinesweges, m. g. Fr., möchte ich das so gesagt haben, als ob wir etwa nur in dem lezten Augenblikk des Lebens das wollen und thun sollten, was uns einen solchen Abschied sichert und erleichtert. Vielmehr wird gerade dadurch auf das fruchtbarste unser ganzes Leben ein Sterbenlernen sein, wenn es so ausgefüllt ist. Jeder Augenblikk | stiller Betrachtung, den uns der Herr gönnt, sei also ein solches Versenken in seine göttlichen Wege mit uns und mit dem ganzen Geschlecht der Menschen, dem wir angehören, ein solches beständiges Einstimmen in das große und herrliche Wort des Herrn, Es ist vollbracht, in dem vollen Gefühl, daß nun wirklich für uns und für unser ganzes Geschlecht Alles vollbracht ist durch ihn, durch sein Leben, seinen Tod und seine Erhöhung. In jedem Augenblikk sei auch das Leben jedes frommen und treuen Jüngers Jesu Liebe verkündend und Liebe stiftend; ach und nur vorübergehend wie ein Schatten vor der sonst heitern und milden Seele sei jedes, wenn uns ja ein solches anwandelt, doch immer leise Gefühl von Härte und Widerwillen gegen diejenigen unter unsern Brüdern, die weil sie noch fern sind von ihrem Ziele und noch in dem Schatten des Todes wallen, unsern Bestrebun-

---

32–33 *Joh 19,30*

gen für das Reich Gottes feindlich entgegentreten, und in jedem Augenblikk laßt uns bereit sein zu dem Gefühl zurükzukehren, welches der Erlöser ausdrükte in dem seligen Gebet, Vater vergieb ihnen, sie wissen nicht was sie thun. Denn so, m. g. Fr., war auch das ganze Leben des Erlösers; und in jedem bedeutenden Augenblick desselben spiegeln sich auch für uns durch das wenige, was uns davon ist offenbart worden, überall wieder diese herrlichen Worte ab, mit denen er es verließ. Darum eben konnte ihm auch das Ende des Lebens nichts anderes sein, als ihm jeder Uebergang aus einem Tage und aus ei|nem Zustande in den andern zu sein pflegte. Und was sagt er von uns? Wer da glaubt an mich, spricht der Herr, der hat das ewige Leben; und wer so aus dem Tode hindurchgedrungen ist zum ewigen Leben, für den hat auch der Tod aufgehört nicht nur etwas schrekkendes, sondern überhaupt irgend etwas besonderes und weit verschiedenes von jedem andern Uebergange zu sein. Denn jeden Augenblick flieht getrost die Seele eines solchen aus dem Irdischen und Vergänglichen in das Ewige, jeden Augenblick trennt sie sich von der Welt, um sich zu versenken in das Meer der göttlichen Liebe, jeden Augenblick übergiebt sie sich selbst und das Werk, worin sie begriffen ist oder den Theil desselben, den sie eben vollbracht hat, den Händen, in welche allein wir alles befehlen können, und so senkt sich immer der Geist in seinen ewigen Ursprung zurükk. Diesen Glauben, der uns das ewige Leben giebt, o wir finden ihn in jedem Worte des Erlösers wieder, wenn sich unsre Seele einmal mit ihm vereinigt hat; aber am herrlichsten freilich da, wo wir ihn heute feiern, indem wir ihn begleiten an das Kreuz, an welchem er sein Werk vollbracht hat, und von welchem aus, als zugleich dem Gipfel seiner Erniedrigung und dem Anfang seiner Erhöhung, er angefangen hat auch uns Alle zu sich zu ziehen. Möge er denn dieses immer kräftiger thun, daß die Segnungen seines Gehorsams bis zum Tode sich immer weiter verbreiten über das menschliche Geschlecht und sich an jedem Einzelnen immer mehr verherrlichen. | Wir aber wollen festhalten an dem Anfänger und Vollender unseres Glaubens; und je mehr wir es erfahren, wie er uns so wie zur Erlösung und zur Gerechtigkeit, so auch zur Heiligung und zur Weisheit des Lebens und des Sterbens wird, desto gläubiger wollen wir auch immer wieder aufsehn zu dem sich selbst hingebenden und für die Sünder sterbenden, aber im Tode wie im Leben gleich seligen Erlöser, um aus seiner Fülle zu schöpfen Gnade um Gnade. Amen.

3–4 *Lk 23,34*   11 *Vgl. Joh 3,36*   12 *Vgl. Joh 5,24*   32–33 *Vgl. Hebr 12,2*
33–35 *Vgl. 1Kor 1,30*

XI.

Der Tod des Erlösers das Ende aller Opfer.

Am Charfreitage.

M. a. Fr. Wie tief auch das Gemüth bewegt sein mag an einem Tage wie der heutige, wie erschüttert das Herz von dem Bewußtsein der Sünde, und wie durchdrungen zugleich von Dank für die Barmherzigkeit von oben, welche unser Heil beschlossen hat, des eigenen Sohnes nicht verschonend: immer werden wir doch nur sicher sein das Rechte und Wahre darin gefunden zu haben, wenn wir auch hier unsere Gedanken und Empfindungen abmessen an der Schrift.

Wir finden aber in dieser eine zwiefache Behandlung des über alles wichtigen Gegenstandes unserer heutigen Feier. Die evangelischen Erzählungen entfalten uns die Thatsache des Lebens und des Todes Christi, entwikkeln sie uns in ihren einzelnen Umständen, und dicht nebeneinander gestellt sehen wir in allen Zügen dieser Geschichte das hellste Licht der himmlischen Liebe und Reinheit, und den schwärzesten Schatten der Sünde und der Verkehrtheit. Wer hätte nicht gern hiebei verweilt während dieser Zeit, die besonders die Leiden Christi zu betrachten bestimmt war! und wer sollte nicht die reinigende und erhebende Kraft dieser heiligen Erzählungen auch jezt wieder aufs neue an sich selbst erfahren haben! Je mehr wir dabei das Geistige im Auge behielten, und dieses nicht verdrängen ließen durch das Aeußere, was uns freilich mit einer großen sinnlichen Stärke bewegt, desto reiner wird der Segen gewesen sein, den wir von einer solchen Betrachtung des Leidens Christi davon trugen. Aber die Apostel des Herrn in ihren Schreiben an einzelne Brüder und an christliche Gemeinden sezen diese Bekanntschaft mit der äußern Thatsache schon voraus, ergreifen aber jede Gelegenheit die Christen aufmerksam zu machen auf die tiefe geheimnißvolle Bedeutung des Todes Christi für unser Heil, auf den Zusammenhang desselben mit dem großen Zwekk und Ziel der Erlösung, mit dem ganzen Schaz unserer Hoffnungen und unseres Glaubens. Je mehr sich nun jene Betrachtung des Geschichtlichen und des Thatsächlichen für die Vorfeier dieses großen Tages eignet, und gewiß alle fromme Glieder unserer Gemein-

---

2 *Predigt zum Karfreitag am 16. April 1824 vormittags in der Dreifaltigkeitskirche zu Berlin; vgl. Predigtnachschrift und Liederblatt in KGA III/8, S. 204–216*

Predigt über Hebr 10,8–12 157

den in dieser ganzen Zeit nicht nur während unserer Versammlungen, sondern auch in der Stille der ein|samen Andacht beschäftigt hat: um desto mehr scheint es mir natürlich, daß wir uns in dieser heiligen Stunde zu einem von diesen apostolischen Aussprüchen hinwenden, und der tiefen Bedeutung des Todes Christi für das Heil der Menschen unsere Betrachtung widmen. Dazu laßt uns denn den göttlichen Segen und Beistand erflehen durch Gesang und das Gebet des Herrn.

Text. Hebräer 10, 8–12.

Droben als er gesagt hatte, Opfer und Gaben, Brandopfer und Sündopfer hast du nicht gewollt, sie gefallen dir auch nicht (welche nach dem Gesez geopfert werden); da sprach er, Siehe ich komme zu thun, Gott, deinen Willen. Da hebt er das Erste auf, daß er das Andere einseze. In welchem Willen wir sind geheiliget, einmal geschehen durch das Opfer des Leibes Jesu Christi. Und ein jeglicher Priester ist eingesezt, daß er alle Tage Gottesdienste pflege, und oftmals einerlei Opfer thue, welche nimmermehr können die Sünden abnehmen. Dieser aber, da er hat ein Opfer für die Sünde geopfert, das ewig gilt, sizt er nun zur Rechten Gottes.

M. a. Fr. Aus dem ganzen Zusammenhang dieser Worte ergiebt sich ganz deutlich, daß der heilige Schriftsteller den Tod des Erlösers als den eigentlichen Wendepunkt ansieht, mit welchem der alte | Bund zu Ende gegangen, und der neue Bund Gottes mit den Menschen seinen Anfang genommen. Indem er den Tod des Erlösers als ein Opfer darstellt für die Sünde: so stellt er ihn zugleich, indem er sagt, daß durch Ein Opfer Alle vollendet sind, als das Ende aller Opfer und alles Opferdienstes dar, wie beides in den Zeiten vor dem Erlöser sowol in den Gottesdiensten des jüdischen Volks, als auch in den mit vielem Wahn und Irrthum vermischten heiligen Gebräuchen anderer Völker das Wesentliche ausmachte. Und beides wird hier auf das schärfste gegeneinander gestellt, das Unzureichende aller früheren Opfer, und jene ewige göttliche Kraft, durch welche das Opfer des Erlösers sie alle übertrifft, aber eben deswegen auch allen Opfern ein Ende gemacht hat. So laßt uns nun in diesem Sinne gegenwärtig mit einander den Tod des Erlösers ansehen als das Ende aller Opfer.

Schon in früheren Worten dieses Kapitels, die unserem Texte vorangehen, hatte der Verfasser gesagt, die Opfer würden aufgehört haben, wenn die so am Gottesdienst sind, kein Gewissen mehr hätten von der Sünde, sondern einmal gereiniget wären; es geschehe aber

---

7 *Gemäß Liederblatt wurde das Lied „Christus ist kommen, Hier in diese Welt" gesungen, vgl. KGA III/8, S. 216* **36–2** *Vgl. Hebr 10,2–3*

durch die Opfer nur ein Gedächtniß der Sünde von einem Jahre zum andern[1], die Sünde selbst aber, sagt er in unserm Texte, könnte durch die Wiederholung der Opfer nimmermehr hinweggenommen werden. Wir werden also | den Sinn seiner Rede nicht nur treffen, sondern auch ihrem Wesen nach erschöpfen, wenn wir den Tod Christi in sofern als das Ende aller Opfer ansehen, einmal weil nun kein anderes Gedächtniß der Sünde mehr nöthig ist, welches von einem Tage und von einem Jahre zum andern müßte erneuert werden; zweitens aber, weil nun die Sünde wirklich hinweggenommen ist, und es also solcher unzureichenden stellvertretenden Hülfsmittel nicht mehr bedarf. Auf dies beides also laßt uns jezt mit einander unsere andächtige Aufmerksamkeit richten.

I. Also, m. g. Fr., Opfer waren zuerst ein Gedächtniß der Sünde, jezt aber, seitdem Christus ein Opfer geworden ist für die Sünde, ist ein anderes Gedächtniß der Sünde nicht mehr nöthig.

Wie, m. g. Fr., waren denn alle Opfer des alten Bundes ein Gedächtniß der Sünde? So daß indem durch das Opfer für die einzelnen Handlungen, welche dem Geseze des Höchsten widersprachen, eine Genugthuung sollte geleistet werden, so daß Besorgniß vor Vorwürfen und weiteren Strafen aufhörte, doch zugleich durch die Darbringung des Opfers ein Bekenntniß der strafwürdigen Handlung abgelegt wurde, und also jeder Einzelne für seine Sünden, für das was er selbst gegen das Gesez gefehlt hatte, ein Gedächtniß stiftete durch die öffentliche Darbringung des Opfers. Wir dürfen nur hierbei stehen bleiben, m. g. Fr., um schon zu sehen, welch ein unvollkommnes Wesen das war. | Denn was sind doch die einzelnen äußeren Handlungen des Menschen, in welchen sich die Sünde offenbart, im Verhältniß zur Sünde selbst? Nichts anderes als zufällige Ausbrüche des inneren Verderbens, auf tausendfältige Weise abhängig von den äußerlichen Umständen. Wenn wir Zwei nebeneinander stellen, von denen an einem und demselben Tage der Eine eine Menge von solchen äußerlichen Vergehungen zu bereuen hätte und zu büßen, und der Andere sich rühmen könnte, keine einzige der Art begangen zu haben: ist deswegen der Eine besser als der Andere? Mit nichten! sondern dem Einen hat nur eine günstige Stunde geschlagen, dem Andern hingegen eine üble; das Verderben selbst aber wohnt eben so tief und eben so fest in der Seele des Einen, als in der des Andern. Ja auch so betrachtet es! Wie vermag der Mensch wol die einzelnen Handlungen die er begeht,

---

[1] V. 2.

2–3 Vgl. Hebr 10,4.11

auszusondern und sie sich zuzueignen als die seinigen? Ach wol mag derjenige immer Recht haben, der in seinem innersten Gefühl eine sträfliche und verbrecherische That, die von ihm begangen ist, sich selbst zuschreibt, ohne sich auf einen Andern zu berufen; aber die Andern werden Unrecht thun, wenn sie ihn seine Rechnung so abschließen lassen und meinen, daß sie von aller Schuld an des Andern That rein gewaschen sind, weil er sie sich allein zuteilt; und also wird auch der immer nicht ganz unrecht haben, der näher und entfernter und oft wer weiß wie weit zurükk, Andere mit in seine Schuld hineinzieht. Nein, m. g. Fr.! | wenn wir nur irgend die Wahrheit suchen, und mit offnen Augen in die vielfältigen Verwiklungen des Lebens hineinschauen, und uns aller der offenbaren und geheimen Einflüsse bewußt werden, die der Eine auf den Andern ausübt: so werden wir gern gestehen, daß wir mittelbar oder unmittelbar jeder seinen Antheil haben an den Sünden, die in Andern zum Vorschein kommen, und daß wir keinesweges unsere Rechnung mit denen allein abschließen können, die wir selbst begehen. O gar vielfältig nicht nur durch verführerische Beispiele und durch leichtsinnige Reden, sondern auch durch gutmüthig beschönigende Urtheile, durch versäumte Zurechtweisung, und auf wie vielerlei Art nicht sonst noch, helfen wir einer dem Andern die Sünde hervorbringen, und keine wol ist Einem allein angehörig. Darum also war alles Gedächtniß der Sünde in den Opfern ein so unvollkommnes und unzureichendes, weil es auf dieser Theilung menschlicher Verantwortlichkeit beruht, weil es die Sünde nur da ergreift, wo sie äußerlich zum Vorschein kommt, mithin das Innere derselben auf diese Weise gar nicht der Wahrheit gemäß im Gedächtniß befestiget wird. Und wenn der Apostel anderwärts sagt, aus dem Gesez komme die Erkenntniß der Sünde: so hat er vollkommen Recht, weil dieses in der That das höchste Verdienst ist, welches man einem äußeren Gesez beilegen kann, wenn doch gewiß eine Kraft zur wahren Besserung niemals darin liegt; aber keinesweges kann er damit gemeint haben wollen, daß das Gedächtniß der | Sünde, welches die in dem Gesez gebotenen Opfer stifteten, jemals könnte ein vollkommnes Bewußtsein, eine wahre Erkenntniß der Sünde hervorgebracht haben. Nein auch diese kommt erst vollständig aus der Anschauung des leidenden und sterbenden Erlösers; so daß es Ein und derselbe Blikk ist, der uns in denen, welche Urheber dieses Todes sind, die ganze Tiefe des menschlichen Verderbens, und in dem der ihn erleidet die ganze Herrlichkeit des eingebornen Sohnes vom Vater zeigt, und daß wir mit vollem Rechte sagen mögen, es giebt kein anderes wahrhaftes Gedächtniß der Sünde, als den Tod des Herrn. Hier hat sie ihr größtes

---

27–28 *Vgl. Röm 3,20*   39 *Vgl. Joh 1,14*

Werk vollbracht, hier zeigt sie sich in ihrer ganzen Stärke und Vollendung. Das hat auch der Apostel Johannes wol bedacht, als er alle Sünde zusammenfaßte unter die Ausdrükke der Augenlust und der Fleischeslust und des hoffärtigen Lebens[2]. Die Augenlust, die verkehrte Neigung der Menschen, sich durch den äußeren Schein gefangen nehmen zu lassen, und nach dem das Innere zu beurtheilen, diese war der Grund, daß so Viele unter den Zeitgenossen des Herrn sich durch solche gehaltlose Urtheile irre machen ließen, Was kann aus Nazareth Gutes kommen? Was kann dieser Mensch bedeuten wollen, der die Schrift nicht gelernt hat, wie wir Andere? Die Fleischeslust, das Wohlgefallen der Menschen an den vergänglichen Gütern des zeitlichen | Lebens, das Trachten nach Ansehen und Ehre bei der Welt, nach Festhaltung und Vermehrung jedes äußeren Besizes, die Freude daran Andere von sich abhängig zu sehen und von ihnen verehrt zu werden, das war die Ursache, weshalb die Hohenpriester und Aeltesten seines Volkes den Beschluß mit einander faßten, Es ist besser daß Ein Mensch umkomme, als daß die ganze Verfassung, an welcher wir das Volk zügeln und leiten können, untergehe. Das hoffärtige Leben, auf das übermüthige Selbstvertrauen des Menschen gegründet, wenn er das beste und vollkommenste in der Einsicht und in der Lebensübung schon ergriffen zu haben wähnt, und deshalb alles für unübertrefflich hält, worauf das so ergriffene ruht, so daß nichts besseres Eingang finden kann, und in der angenehmen Dämmerung der Selbstgefälligkeit jedes reine Licht verschmäht wird und zurükgewiesen, das war der Grund, warum die Weisen und Mächtigen jener Zeit schon den Andeutungen des Johannes vom Reiche Gottes nicht glaubten, und warum ihnen auch hernach das Geheimniß der göttlichen Rathschlüsse verborgen blieb, und nur den Unmündigen konnte offenbart werden. Aber eben deshalb, weil es den Weisen und Mächtigen des Volkes aus diesem Grunde verborgen blieb, konnten sie sich an dem Gegenstand aller Verheißungen so versündigen, daß sie ihn kreuzigten. So mögen wir denn mit Recht sagen, daß wir zu allem was die menschliche Seele verfinstert, und die Menschen von dem Wege des Heils und | der Wahrheit entfernt hält, den hellsten Spiegel in dem finden, was an dem Tode des Erlösers Schuld war; so daß ein unauslöschliches Gedächtniß der Sünde für alle Ewigkeit dadurch gestiftet ist, daß unter dem einzigen Volke, in welchem sich die Erkenntniß des einigen Gottes erhalten hatte, gerade diejenigen, welche die vorzüg-

---

[2] 1 Joh. 2, 16.

8–9 *Joh* 1,46   9–10 Vgl. *Joh* 7,15   16–18 Vgl. *Joh* 11,50   25–29 Vgl. *Mt* 11,25; *Lk* 10,21

Predigt über Hebr 10,8–12 161

lichsten Inhaber und Erhalter derselben hätten sein sollen, sündig und verderbt genug waren, um den Fürsten des Lebens und den Herrn der Herrlichkeit ans Kreuz zu schlagen. Was bedürfen wir weiter eines Gedächtnisses der Sünde? Da ist es aufgerichtet ein für allemal, so wie für alle Zeiten und für das ganze menschliche Geschlecht, eben so auch für ein jedes einzelnes Gemüth. Denn was uns noch Sündliches bewege, was immer in uns dem Gehorsam gegen den Willen Gottes, von welchem er das ewige Vorbild gewesen ist, widerstrebe, wir werden es immer zurükführen können auf etwas von dem, was den Tod des Herrn verschuldet hat, und werden also alle Sünde ansehen müssen als einen Antheil an seiner Kreuzigung. Und so bedarf auch jedes künftige Geschlecht eben so wenig als wir ein anderes Gedächtniß der Sünde als dieses, welches aufgerichtet ist in dem Tode des Herrn; und er ist darum das Ende aller Opfer, weil das wehmüthige Bekenntniß der einzelnen Sünden durch solche heilige Gebräuche, ja überhaupt der Schmerz und die Reue über einzelne Ausbrüche des Verderbens, von welcher Art sie auch sein mögen, doch auf keine Weise kann ver|glichen werden mit dem Schmerz, zu welchem uns Alle, ohne Unterschied des Besseren und Schlechteren, dieses niederbeugen muß, daß es die Unsrigen waren, Menschen wie wir und wir wie sie, und durch dasselbe Verderben, welches wir in uns auch finden, welche den Herrn der Herrlichkeit gekreuziget haben. Ein Gedächtniß, welches so alles Verkehrte in der menschlichen Seele zusammenfaßt, macht jedes andere auf immer überflüssig. Aber wenn wir nun doch wieder in Beziehung auf einzelne sündliche Handlungen, die wir begangen haben, uns, seien es nun Werke der Liebe oder Uebungen der Andacht, auflegen oder auflegen lassen, welche doch auch was einmal geschehen ist nicht können ungeschehen machen, und auch nicht im Stande sind die Quellen solcher Handlungen zu verstopfen, also auch nichts anderes sein können als ein Gedächtniß der Sünden: was thun wir andres, als daß wir zu jenem unvollkommnen Zustande zurükkehren, welcher nur den Schatten hatte statt des Wesens? und was beweisen wir dadurch andres, als daß wir nicht den gehörigen Werth legen auf das Gedächtniß der Sünde, welches in dem Opfer Christi aufgerichtet ist? Und so möge auch die heutige Feier des Todes Christi uns aufs neue befestigen auf diesem Glaubensgrund unserer Kirche, daß wir auch in dieser Beziehung auf nichts anderes sehen, als auf das vollkommene Opfer Christi einmal am Kreuze geschehen. Jeder also, den sein Herz mahnt an das Verderben in der eigenen Brust zu den-

---

24 andere] Andere   31.33 andres] anders

2 Apg 3,15   2–3 1Kor 2,8

ken, und jeder dem die alte | Sünde noch wiederkehrt in einzelnen Zeichen, der werfe sich nieder vor dem Kreuze Christi, und flehe da und in dessen Namen, der das Opfer für die Sünde geworden ist, den Vater an, daß er ihn bewahre davor, nicht auch wieder den Herrn der Herrlichkeit und den Fürsten des Lebens zu kreuzigen mit seiner Augenlust und Fleischeslust oder seinem hoffärtigen Leben.

II. Jene Opfer des alten Bundes aber, wenn sie schon, so oft sie auch wiederholt wurden, immer nur als ein so unvollkommnes Gedächtniß der Sünde waren: so vermochten sie zweitens noch viel weniger die Sünde hinwegzunehmen, sondern indem sie mit dem Bekenntniß nur das Gedächtniß der Sünde zu erneuern und zu bewahren vermochten, das Leben der Sünde aber in der Seele des Menschen und ihre Kraft immer dieselbige blieb, unterhielten sie nur die Sehnsucht nach einer andern Hülfe und das Verlangen, daß ein solcher endlich erscheinen möchte, und sollte er auch vom Himmel herabkommen, welcher in der That vermöchte auch die Sünde selbst und ihre Gewalt hinwegzunehmen. Indem also der Verfasser unseres Briefes sagt, daß der Tod des Erlösers das Ende aller Opfer sei, so ist nun dieses vorzüglich seine Meinung, daß durch den Tod des Herrn, in sofern er ein Opfer war, auch die Sünde selbst hinweggenommen, und also kein Opfer weiter nöthig sei, wie er denn auch in den folgenden Worten sagt, So laßt uns nun hinzunahen | mit wahrhaftigem Herzen und in völligem Glauben, los alles bösen Gewissens und rein gemacht[3].

Wie aber nun, auf welche Weise und in welchem Sinne, durch den Tod des Erlösers die Sünde weggenommen sei, das, m. g. Fr., ist das große Geheimniß der Gemeinschaft seines Todes und seines Lebens, wie die Schrift sich ausdrükkt. Denn dieses beides, daß wir mit Christo begraben werden in seinen Tod, und daß wir mit ihm auch auferstehen zu einem neuen Leben, dieses beides, m. g. Fr., läßt sich von dem wahren Glauben an den Erlöser nicht trennen. Denn was heißt an ihn glauben, wenn es nicht wenigstens das heißt: ihn anerkennen als den verheißenen Retter der Menschen, als den der den Verirrten den richtigen Weg zeigen und den Erstorbenen das Leben bringen konnte, weil er selbst die Wahrheit war und weil in ihm die Sünde keine Stätte hatte. Erkennen wir ihn aber an als diesen: wie wäre es möglich, daß wir nicht eben durch seinen Tod auch alle dem sterben sollten, was ihn getödtet hat? Denn wir können ja dann nichts anderes

---

[3] V. 22.

4–5 1Kor 2,8   5 Apg 3,15   6 Vgl. 1Joh 2,16   22–23 Vgl. Hebr 10,22   27–29 Vgl. Röm 6,4

wollen als sein Leben, die menschliche Natur aber nur, sofern sie für die Einwirkung seiner geistigen Kraft empfänglich ist, damit diese sich verbreite auf das ganze menschliche Geschlecht. Die Gläubigen hätten den Erlöser nicht können tödten wollen; also muß mit dem Glauben – oder es ist keiner – der Mensch alle dem absagen, was den Erlöser zum | Tode gebracht hat. Und so wird also der alte Mensch, alles was die Gewalt der Sünde in uns bekundet, mit Christo gekreuziget.

Aber nicht nur dies, sondern eben so nothwendig hängt es mit dem Glauben an ihn zusammen, daß wir sein Leben in uns aufnehmen, so daß wir mit dem Apostel sagen können, Ich lebe zwar, doch nicht ich, sondern Christus lebt in mir[4]. Denn, m. g. Fr., das gehört zum Wesen des Menschen, mit dem in Gemeinschaft bleiben zu wollen, durch dessen Hauch er eine vernünftige Seele geworden ist, und mitten in den Zeiten des tiefsten Verderbens und der dichtesten Finsterniß haben sie sich dieses Verlangens, sich des höchsten Wesens bewußt zu sein und daran ihr Dasein zu knüpfen, nicht ganz begeben können, sondern weil sie einmal die rechte Spur verloren hatten, lieber, wie der Apostel sagt, an vergängliche Bilder der Geschöpfe ihre Ehrfurcht geknüpft, und also dem Geschöpfe statt dem Schöpfer gedient, als daß sie sich ganz hätten jenes wesentlichsten und höchsten Bedürfnisses entschlagen sollen. Wenn wir also auch in den leichtsinnigen Fabeln der Abgötterei, auch in dem düstersten Wahne des Gözendienstes, ja in allen menschenfeindlichen Gräueln, die sich aus diesem entwikkelt haben, dennoch dieses Streben des Menschen nach dem göttlichen Wesen nicht verkennen dürfen, müssen wir auch freilich zugeben, daß es einen tieferen Schmerz und ein grö|ßeres Entsezen für ein erleuchtetes Gemüth nicht geben kann, als das heiligste auf solche Weise verunstaltet und gemißbraucht zu sehen: – war es nicht doch ganz natürlich, daß dieses theils mißleitete theils zurükgedrängte Bestreben sich entwikkeln mußte und in den richtigen Weg hineingelenkt werden, als der Vater sich offenbarte in dem Sohne, als das göttliche Wort Fleisch ward, und als der Lehrer der den Vater zeigt in menschlicher Gestalt erschien, als die göttliche Liebe sichtbar ward in der Herrlichkeit des eingebornen Sohnes als ihres Ebenbildes, welcher ja nichts anderes kannte und in nichts anderem lebte als in dem Bestreben, alles was er empfangen hatte seinen Brüdern mitzu-

---

[4] Galat. 2, 20.

---

20 dem Schöpfer] des Schöpfers

19–21 Vgl. Apg 17,24–29; Röm 1,25   33–35 Vgl. Joh 1,14

theilen, und sie Alle zu sich und in sein mit dem Vater ganz einiges
Leben hineinzuziehen? Denn mehr freilich als Bedürfniß und Sehnsucht konnte dem Erlöser nicht zu Hülfe kommen in der menschlichen
Seele; wirkliche Einsicht in die Wahrheit, wirklicher Trieb zum Guten
war nicht vorhanden. Aber weil beides zu demjenigen gehörte, was
er mittheilte und unmittelbar erregte: so bedurfte auch seine kräftige
göttliche Wirksamkeit nicht mehr als jenes. Und so geschah es, daß
diejenigen, die ihn im Glauben erkannten, nicht nur dem alten Menschen nach mit ihm starben, sondern auch mit ihm auferstanden zu
einem neuen, nämlich seinem ihm eigenthümlichen aber von ihm gern
mitgetheilten Leben, welches dann durch jedes Wort der Weisheit von
seinen Lippen und durch jeden Blikk göttlicher Milde und Liebe aus
seinen | Augen immer aufs neue gestärkt und genährt wurde. Diese
belebenden Wirkungen aber sind nun befestigt in der christlichen Kirche durch das verkündigende Wort der Schrift und durch den göttlichen Geist, der sich mittelst desselben wirksam beweiset. Dagegen
sind die Werke der Schöpfung an und für sich betrachtet, wiewol
unsre Erkenntniß derselben bedeutend gewachsen ist, doch wie die
Erfahrung hinreichend lehrt, gar nicht mächtiger geworden uns Gott
bekannt zu machen und uns zu ihm zu führen, als sie es vorher waren;
und so geschieht es noch immer, daß nur in dem Sohne der Vater sich
uns offenbart, und das Geheimniß der Mittheilung geht auf demselben
Wege fort, daß wir auch auferstehen zu dem neuen Leben mit dem
Erlöser, aber nur nachdem wir mit ihm begraben worden sind in seinen Tod, und also immer im Zusammenhange mit diesem.

Indem wir nun, m. g. Fr., in diesem Sinne mit Christo gekreuzigt
sind und mit ihm auferstanden zu einem neuen Leben, so ist die Sünde
in Wahrheit hinweggenommen, weil nicht nur das Bewußtsein derselben, oder wie der Verfasser unseres Textes es ausdrükt, das Gewissen
der Sünde zerstört ist, sondern auch die Schuld derselben ist getilgt.

Denn was das Erste betrifft, so mögen wir wol sagen, wer der
Sünde und dem Gesez – denn beides hat den Herrn gekreuziget –
gestorben ist, der hat auch eben deswegen das Bewußtsein der Sünde
in sofern verloren, als sich sein Wille von ihrer Gewalt und von allem
Antheil an dersel|ben losgesagt hat. Und wer mit dem Erlöser auferstanden ist zu einem neuen Leben, so daß nur Christus in ihm lebt
und sich immer vollkommner gestaltet, er selbst aber, der vorige, nicht
mehr lebt, der hat das Bewußtsein der Sünde in sofern verloren, als
er ein anderes Bewußtsein bekommen hat, nämlich das von dieser

---

29–30 ausdrükt, ... Sünde] ausdrükt ... Sünde,

8–11 *Vgl. Röm 6,4*   21–22 *Vgl. Mt 11,27*   23–25 *Vgl. Röm 6,4*

Predigt über Hebr 10,8–12 165

Lebensgemeinschaft mit Christo, welcher nichts anderes wollte, als den Willen seines himmlischen Vaters thun. Wie nun in Christo selbst hiermit gar keine Sünde bestand: so besteht auch mit dem Bewußtsein, daß er in uns lebt, kein Bewußtsein der Sünde. Vielmehr so wie Christi Leben ein seliges war, so ist auch unser Bewußtsein, sofern wir mit ihm vereint sind, nur Seligkeit. Denn wo die Zusammenstimmung des innersten Willens mit dem ganzen Willen Gottes ist, so weit wir ihn irgend zu erkennen und zu ahnden vermögen, da kann auch nichts störendes und trübendes sein; indem auch was noch von Schwachheit in uns übrig ist, weil es gar keine Unterstüzung in unserm Willen findet, auch nicht mehr zu unserm eigentlichen Leben gehört, sondern zu dem übrigen außer uns, wogegen wir den guten Kampf des Glaubens zu kämpfen haben, bei dem wir uns wahrhaft selig fühlen, weil wir als Werkzeuge Gottes handeln und in seiner Kraft. Darum ist es wahr, daß wir frei sind von dem Gewissen der Sünde in eben dem Maaße, als Christus in uns lebt. Und so ist dieses freilich etwas, m. g. Fr., wovon wir auf der einen Seite wol sagen können und müssen, Nicht | daß ich es schon ergriffen hätte, aber ich jage ihm nach, ob ich es etwa ergreifen möchte; auf der andern Seite aber müssen wir doch gestehen und Gott dafür preisen, es ist die tiefste, die lauterste, die reinste Wahrheit schon jezt in dem Leben und in dem Herzen des Christen. Mit Christo vereint ist nichts anderes in uns als Seligkeit, die reine Freude an dem Herrn, die innige Gemeinschaft mit seinem und unserm Vater im Himmel.

Aber, möchte jemand sagen, dieses alles zugegeben, wie kommt es hieher? wie ist dieses erneuerte Bewußtsein, welches das Gewissen der Sünde austreibt, gerade durch den Tod des Erlösers in uns? Denn offenbar hatten doch seine Jünger den Glauben an ihn als den Sohn des lebendigen Gottes und die innige Freude an den Worten des Lebens, die ihm allein zu Gebote standen, und somit auch jene Gemeinschaft seines Lebens schon vor seinem Tode! – Aber in ihm selbst wenigstens war doch schon von Anbeginn seines öffentlichen Lebens und Wirkens die Ahndung und das Bewußtsein seines Todes, ja gerade dieses Todes, so daß wir sagen müssen, er hat immer in der Kraft seines Todes gehandelt. Was er seinen Jüngern erst nach seiner Auferstehung begreiflich machen konnte, daß Christus dieses leiden mußte um zu seiner Herrlichkeit einzugehn, das war ihm immer gleich tief eingeprägt, und redete und wirkte aus ihm sein ganzes öffentliches Leben hindurch. Und so war auch die Kraft seines Todes schon lange in seinen Jüngern, ehe sie | sich dessen deutlich bewußt waren. Denn nur indem sie ihn, der allein keinen Theil an der Sünde hatte, in die-

---

1–2 *Vgl. Lk 22,42; Joh 5,30*   18–19 *Phil 3,12*   36–37 *Vgl. Lk 24,26*

sem strengen Gegensaz gegen die Sünde der Welt erblikten, nur weil er ihnen von Anfang an gezeigt wurde als das Lamm Gottes, welches der Welt Sünde trägt, konnte dieser wahre und lebendige Glaube an ihn als den Erlöser in den Seelen seiner Jünger aufgehen; und so ist auch für uns noch viel weniger die Kraft seines Todes zu trennen von der Kraft seines Lebens.

Aber es ist nicht nur das Gewissen der Sünde, welches hinweggenommen ist, indem wir mit dem Herrn gekreuzigt und mit ihm auferstanden sind zum neuen Leben, sondern auch die Schuld der Sünde ist getilgt, auch das Urtheil Gottes über uns, das Verhältniß zu dem höchsten Wesen, in welches uns die Sünde versezt, ist ein anderes geworden. Das meint auch der Verfasser unseres Briefes, wenn er spricht, Als die Schrift sagt, Opfer und Brandopfer hast du nicht gewollt, sie gefallen dir nicht, und hinzufügt, Von mir aber steht geschrieben in deinem Buche, daß ich gekommen bin zu thun deinen Willen, da hebt der Herr, der dies redet und reden ließ, das Eine auf, und sezt das Andere ein. Denn das aufgehobene ist ja die Ordnung der Opfer, welche die Schuld der Sünde nicht zu tilgen vermochten. Diese Schuld aber besteht darin, daß fleischlich gesinnt sein eine Feindschaft ist wider Gott. Wer aber mit Christo der Sünde und dem Gesez gestorben ist und erstanden zu einem neuen Leben, | der lebt zwar noch immer im Fleische, und das kann er und wird er nicht verleugnen können sein ganzes irdisches Leben hindurch, aber fleischgesinnt ist er nicht mehr, die Feindschaft gegen Gott ist aufgehoben, und diejenigen denen der Sohn, weil sie an seinen Namen glauben, die Macht gegeben hat Kinder Gottes zu werden, die liebt nun auch Gott in dem Geliebtesten. Und wenn unser Verfasser im folgenden sagt, Das ist das Testament, welches ich mit ihnen machen will nach diesen Tagen, daß ich meinen Willen in ihr Herz gebe und in ihren Sinn schreibe[5]: so ist das nichts anderes, als die eben beschriebene natürliche und einfache Wirkung von unserer Lebensgemeinschaft mit dem Erlöser. Und wir wollen jeden bitten auf diese Worte zu merken, damit nicht jemand unsere Meinung so auslege, als könne die Schuld der Sünde hinweggenommen werden durch einen bloßen wenn auch noch so aufrichtigen Wunsch der Besserung. Denn ein Wunsch, wenn auch ohne Vorbehalt, ist doch etwas schlechthin leeres und nichtiges, und läßt alles in dem Menschen beim Alten, weshalb denn auch das Urtheil Gottes das alte bleiben muß, und die Schuld die alte; es sind

---

[5] V. 16.

2–3 Joh 1,29   14–16 Vgl. Hebr 10,7   19–20 Vgl. Röm 8,7   25–26 Vgl. Joh 1,12   28–30 Vgl. Hebr. 10,16 sowie Hebr 8,10 jeweils mit Zitat von Jer 31,33

immer nur, daß ich so sage, die Lippen der Seele, mit denen sich der Wünschende zu Gott wendet, nicht das innerste Herz. Daß aber der Wille Gottes ins Herz geschrieben ist und in die Sinne, ja das sagt viel mehr. Dann ist das | Trachten und Streben des Menschen, die von seinem Innersten ausgehende Thätigkeit auf den Willen Gottes gerichtet; und auch die Sinne wollen in der Welt am liebsten nur wahrnehmen, was sich auf diesen bezieht. Also ist dann auch alles, was noch von Schwachheit als Folge alter Sünde in dem Menschen übrig ist, nur wider seinen Willen in ihm; sein Wille aber ist ganz einig mit dem Willen Gottes gegen alle Sünde gerichtet; und wo auf diese Art der ganze Wille gegen die ganze Sünde gerichtet ist, da ist auch die Schuld hinweggenommen. Denn was wahrhaft wider Willen geschieht, wird niemanden zugerechnet. Dieser Wille ist eben die Gemeinschaft mit dem, welcher gekommen ist das Reich der Sünde zu zerstören. Zu diesem Willen kommen wir aber auch nur, indem wir uns an Christum anschließen, und sein allein reiner Wille sich uns mittheilt. Die Liebe zu Christo und der gute Kampf des ganzen Willens gegen die Sünde ist eines und dasselbe. Jeder Versuch aber uns oder Andere zu bessern auf unsere eigene Hand und anders als in der Gemeinschaft mit dem Erlöser ist nicht nur Stükkwerk, sondern bleibt auch so weit zurükk hinter dem, was wir wenigstens wollen sollen, daß das nicht zu unterscheiden ist von dem nichtigen Wunsch, der das Urtheil Gottes nicht bestimmen kann.

Wenn wir also mit unsern freilich bis dahin ganz unterdrükten Kräften – aber sie werden reich und groß durch den, der uns allein stark machen | kann – das Reich Gottes bauen und aller Sünde entgegen arbeiten in uns und außer uns: so ist die Schuld der Sünde hinweggenommen, so sieht uns nun Gott nicht mehr, wie jeder von uns in sich selbst war und geblieben sein würde, sondern nur in dem Geliebten und wie wir durch ihn geworden sind. Ja ist nach diesem neuen Testament der Wille Gottes in unser Herz gegeben und in unsern Sinn geschrieben: so kann auch er unserer Ungerechtigkeit und unserer Sünde nicht mehr gedenken; sondern er sieht nur das neue Leben als das unsrige an, welches wir führen in seinem Sohne.

Fassen wir also zusammen, m. g. Fr., was der eigentliche Sinn unseres Verfassers ist in den Worten des Textes, der Tod Christi ist ein Opfer, welches er dargebracht hat für die Sünde, weil der freie Gehorsam bis zum Tode am Kreuz der Gipfel alles Gehorsams ist. Der Gehorsam des Erlösers und das Opfer, welches er dargebracht hat, beides ist nicht verschieden, sondern es ist eins und dasselbige.

2–3 *Vgl. Hebr 8,10; 10,16 mit Zitat von Jer 31,33*   31–32 *Vgl. Hebr 8,10; 10,16 mit Zitat von Jer 31,33*   37–38 *Vgl. Phil 2,8*

Aber alles Unvollkommen in der Ansicht und Darstellung unseres Verhältnisses zu Gott, alles äußerlichen Wesens, aller sonstigen Opfer und reinigenden Gebräuche, alles dessen leztes Ende ist der heilige Tod des Erlösers. Indem wir bei seinem Tode vorzüglich in ihm die Herrlichkeit des eingebornen Sohnes vom Vater, an ihm aber die Gewalt erblikken, zu der sich die Sünde erhoben hatte als Feindschaft gegen Gott: so ist eben dadurch für uns Alle, die wir dem Unvollkommnen mit ihm gestorben | sind, das alte vergangen, und ein neues gemeinsames Leben hat begonnen, das in Gemeinschaft mit dem Erlöser nach wahrer Heiligkeit und Gerechtigkeit trachtet. Aber je mehr wir wollen, daß dieses Leben immer kräftiger wirke und sich immer weiter verbreite: um desto dankbarer kehren wir immer wieder zurükk zu dem Tode des Herrn, als dem ewigen Gedächtniß der Sünde, welches immer aufs neue Alle auffordert ihr abzusterben, zu dem Tode des Herrn, als dem einigen Opfer, wodurch alle vollendet worden sind, die da geheiligt werden. Ja, m. g. Fr., die welche geheiligt werden, alle welche in dem Leben, das der Erlöser in ihnen entzündet hat, bleiben und wachsen und gedeihen, und sich in der That und Wahrheit immer mehr lossagen von allem Antheil an der Sünde und allem Vertrauen auf Gesez und Gesezeswerk, indem sie sich unter einander immer mehr erbauen zu dem geistigen Leibe Christi, diese alle die da geheiligt werden, sind einmal vollendet durch das Opfer, welches er dargebracht hat, indem ihr wenngleich in der Erscheinung immer unvollkommner Gehorsam doch ein Ausfluß ist aus dem vollkommnen Gehorsam Christi, und mit diesem eines. Sie sind auf ewig vollendet eben dazu, daß sie nun können in einem neuen Leben geheiligt werden, seitdem das Gewissen der Sünde und die Schuld der Sünde von ihnen hinweggenommen ist, und sie der Freiheit der Kinder Gottes theilhaftig geworden sind, in welcher allein das wahrhaft Gute gedeihen kann. So ist denn | nur, wie der Apostel Paulus sagt, nichts Verdammliches an denen, die in Christo Jesu sind, und wir können Gott danken, der uns von diesem Leibe des Todes gerettet hat, und uns den Sieg gegeben durch unsern Herrn Jesum Christum[6]. Seinem Opfer, welches er Einmal für die Sünde dargebracht hat, verdanken wir es, daß Schuld und Bewußtsein der Sünde von uns hinweggenommen ist, so daß wir nun nicht mehr in der Gemeinschaft mit der Sünde, die ihn gekreuzigt hat, leben dürfen, sondern in der herrlichen und seligen Gemeinschaft mit ihm selbst.

---

[6] Röm. 8, 1. 7, 24. 25.

4–5 Vgl. Joh 1,14   30–33 Vgl. Röm 7,24–8,1; 1Kor 15,57

Was also, m. g. Fr., könnten wir anders als tiefgerührte und dankbare Herzen darbringen bei dem Gedächtniß des Todes Jesu! wie könnten wir anders, als indem wir das Opfer, welches ewiglich gilt, betrachten, uns selbst immer mehr begeben zu einem Opfer, das da sei lebendig und heilig und Gott wohlgefällig[7]! Wie könnten wir anders als durch dieses ewige und unauslöschliche Gedächtniß der Sünde uns immer fester begründen in der heiligen Feindschaft gegen alles was Feindschaft ist wider Gott, und dem Willen Gottes widerstrebt! Wie aber auch anders als immer mehr uns kleiden in die Gerechtigkeit und die Liebe dessen, der für uns alle das Leben hingegeben hat, eben da wir noch Sünder und Feinde waren, um auch mit gleicher Liebe diejenigen zu umfassen, die noch in der | Feindschaft wider Gott befangen sind, um sie zu lokken und mit hineinzuziehen in das Heil der Versöhnung! Wie könnten wir anders als Alle, die sich noch abmühen in falschem und unfruchtbarem Dienst, als Mühselige und Beladene zu ihm herberufen, wo sie Erquikkung und Ruhe finden werden für ihre Seelen, wenn sie sich in dem rechten Sinne hinweisen lassen zu dem einzigen und ewig gültigen Opfer, durch welches Alle können vollendet werden. Und so laßt uns in der That und Wahrheit denjenigen preisen, der uns gleich sehr durch Leben und Tod eben so zur Erlösung geworden ist wie zur Heiligung, und eben so zur Weisheit wie zur Gerechtigkeit. Amen.

Gebet. Ja, barmherziger Gott und Vater, der du dich nicht weggewendet hast von der sündigen Welt, sondern nach deiner ewigen Liebe alles beschlossen unter die Sünde, auf daß du dich Aller erbarmtest, Preis und Dank sei dir, daß du unserer eingedenk gewesen bist in deinem Sohne und uns durch ihn mit dir selbst versöhntest, um uns den Weg zu öffnen zu der seligen Gemeinschaft mit dir, deren wir uns in ihm erfreuen. O walte du ferner über dem Reiche deines Sohnes auf Erden, daß er noch Viele erlange zum Lohne seines Lebens und seines Todes, daß derer immer mehrere werden, die in ihm das Leben und die Seligkeit finden; und gründe Alle, die schon zu der heilsamen Erkenntniß Christi gekommen sind, immer fester in dem heiligen Bunde | des Glaubens und der Liebe, damit das Wort immer mehr wahr werde, daß wir mit ihm abgestorben sind der Sünde und dem äußeren Gesez, und sich immer herrlicher in uns allen offenbare das Leben aus Gott, welches er allein bringen konnte. Diese Früchte seines Todes

---

[7] Röm. 12, 1.

15–16 Vgl. Mt 11,28–29   20–22 Vgl. 1Kor 1,30   25–26 Vgl. Röm 11,32   35–36 Vgl. Röm 6,2; 7,6

uns genießen zu lassen, darum flehen wir dich an in kindlicher Demuth! Du wollest sie immer reichlicher gedeihen lassen auf Erden, damit der Ruhm des Gekreuzigten immer herrlicher werde, bis Alle ihre Knie beugen vor ihm um von ihm zu nehmen, was deine väterliche Liebe und Barmherzigkeit durch ihn bewirkt hat. Amen.

3–4 Vgl. Phil 2,10

XII.

Christi Auferstehung ein Bild unseres neuen Lebens.

Am Osterfest.

Preis und Ehre sei Gott und Friede sei mit allen denen, die sich freudigen Herzens einander zurufen, Der Herr ist erstanden! Amen.

Text. Römer 6, 4–8.

So sind wir je mit ihm begraben durch die Taufe in den Tod, auf daß, gleich wie Christus ist auferwekket von den Todten durch die Herrlichkeit des Vaters, also sollen auch wir in einem neuen Leben wandeln. So wir aber sammt ihm gepflanzet werden zu gleichem Tode, so werden wir auch der Auferstehung gleich sein; dieweil wir wissen, daß unser alter Mensch sammt ihm gekreuziget ist, auf daß der sündliche | Leib aufhöre, daß wir hinfort der Sünde nicht dienen. Denn wer gestorben ist, der ist gerechtfertigt von der Sünde. Sind wir aber mit Christo gestorben: so glauben wir, daß wir auch mit ihm leben werden.

M. a. Fr. Es ist natürlich, daß das herrliche Fest der Auferstehung unsers Erlösers die Betrachtung der Gläubigen in die weite Ferne hinauslokt; und daß sie sich bei demselben der Zeit freuen, wann sie bei dem sein werden, der, nachdem er auferstanden war von den Todten, zurükgekehrt ist zu seinem und unserm Vater; wie denn auch schon unser gemeinschaftlicher Gesang sich mit dieser freudenreichen Aussicht beschäftigt hat. Aber der Apostel in den Worten unsers Textes ruft uns aus der Ferne wieder in die Nähe, in die unmittelbare Gegenwart unseres hiesigen Lebens zurükk; das Unmittelbarste ergreift er, was uns jezt gleich zu Theil werden soll, und uns schon hier hineinbilden in die Aehnlichkeit mit der Auferstehung unsers Herrn. Begraben,

---

2 Predigt zum Ostersonntag am 22. April 1821 vormittags in der Dreifaltigkeitskirche zu Berlin; vgl. Liederblatt in KGA III/11, S. 589–590   23 Vgl. im nach dem Gebet gesungenen Lied „Halleluja! Preis und Stärke" (Melodie von „Wachet auf") die Strophe 4: „Ja sein Wort macht, daß wir bleiben! / Mag doch des Leibes Bau zerstäuben, / Zu Asche werden mein Gebein: / Jesus lebt, des Hauptes Glieder / Erweckt sein mächtger Ruf einst wieder, / Wie er, unsterblich dann zu sein. / Froh schwinget dann der Geist / Zu ihm sich auf, und preist / Ihn dann ewig. Wir werden sein / Uns ewig freun, / Ihn schaun und mit ihm selig sein." (KGA III/11, S. 590).

sagt er, sind wir mit ihm in den Tod, damit wir, wie er auferwekket ist durch die Herrlichkeit des Vaters, auch mit ihm in einem neuen Leben wandeln. Und dieses neue Leben, es ist das, welches, wie der Herr selbst sagt, alle die an ihn glauben, als durch den Tod zum Leben hindurchgedrungen, schon jezt besizen. Dies vergleicht der Apostel mit jenen herrlichen Tagen der Auferstehung unsers Herrn; und wie könnten wir wol dieses Fest, ein Fest, an wel|chem vorzüglich auch ein großer Theil der Christen erneute Kraft zu jenem neuen Leben in der innigsten Vereinigung mit unserm himmlischen Oberhaupte zu schöpfen pflegt, wie könnten wir es würdiger begehen, als indem wir eben dieses Unmittelbare aus den Worten des Apostels uns anzueignen trachten. Laßt uns deswegen nach Anleitung derselben das **Leben der Auferstehung unsers Herrn** betrachten, wie es uns der Apostel darstellt, **als ein herrliches, sei es auch unerreichbares, Bild des neuen Lebens**, in welchem wir alle durch ihn wandeln sollen.

I. Es gleicht aber dieses neue Leben dem unsers auferstandenen Erlösers zuerst durch die **Art seiner Entstehung**. Um in jener Verklärung, die schon die Spuren der ewigen und unsterblichen Herrlichkeit an sich trug, seinen Jüngern zu erscheinen, mußte der Erlöser durch die Schmerzen des Todes hindurchgehen. Es war nicht eine leichte Verwandlung, sondern auch er mußte, wenngleich nicht die Verwesung sehen, doch die Schatten des Todes über sich ergehen lassen; und Freunde und Feinde wetteiferten ihn in der Gewalt des Grabes zurükzuhalten, die Freunde den Stein davor wälzend, damit der geliebte Leichnam unversehrt bleibe, die Feinde die Wache davor stellend, damit er nicht hinweggenommen werde. Aber als die Stunde kam, die der Vater seiner Macht vorbehalten hatte, da erschien der Engel des Herrn und wälzte den Stein | vom Grabe, und die Wache floh, und auf den Ruf der Allmacht kehrte das Leben aufs neue in die erstorbene Hülle zurükk.

So, m. g. Fr., kennen auch wir das neue Leben, welches der Auferstehung des Herrn ähnlich sein soll. Ein früheres Leben muß ersterben; der Apostel nennt es den Leib der Sünde, die Herrschaft der Sünde in unsern Gliedern, und das bedarf wol keiner ausführlichen Erörterung. Wir wissen und fühlen alle, dieses Leben, welches die Schrift das Todtsein in Sünden nennt, wie anmuthig und herrlich es sich auch oft gestalte, es ist doch nichts anderes, als was der sterbliche Leib des Erlösers auch war, ein Ausdrukk und Zeugniß von der Macht des Todes, weil auch der schönsten und kräftigsten Erscheinung dieser

---

3–5 Vgl. *Joh* 5,24   21–22 Vgl. *Apg* 2,27   24 Vgl. *Mt* 27,60; *Mk* 15,46   25–26 Vgl. *Mt* 27,62–66   27–29 Vgl. *Mt* 28,2–4

Art das Unvergängliche fehlt. So der sterbliche Leib des Erlösers; so auch das natürliche Leben des Menschen, welches noch kein Leben aus Gott ist.

Und eines gewaltsamen Todes im Namen des Gesezes, wie der Erlöser ihn starb, muß dieser alte Mensch ebenfalls sterben, nicht ohne harte Pein und schmerzhafte Wunden. Denn wenn der Leib der Sünde in dem Menschen von selbst erstirbt aus Sättigung an den irdischen Dingen, und weil kein Reiz seine Wirkung mehr äußern will auf die erschöpften Kräfte: o das ist ein Tod, von welchem wir kein neues Leben ausgehend erblikken. Gewaltsam muß die Macht der Sünde in dem Menschen ertödtet werden; durch die Pein der Selbsterkenntniß, | die ihm den Gegensaz zeigt zwischen seinem nichtigen Zustande und dem höheren Leben, wozu er berufen ist, muß der Mensch hindurchgehen; er muß die Stimme hören, als ein unwiderrufliches Urtheil muß er sie vernehmen, daß diesem Leben ein Ende soll gemacht werden; er muß unter der Last der Voranstalten dazu seufzen und fast erliegen; alle gewohnten Lebensbewegungen müssen aufhören, er muß sich des Wunsches bewußt sein, daß es überstanden sein möge und zu Ende.

Und wenn er es hingegeben hat in den willkommnen Tod, und der alte Mensch mit Christo gekreuziget ist: so wendet die Welt, die nichts Besseres kennt als jenes frühere Leben, wenn es nur leicht und wohl geführt wird, gar mancherlei Bemühungen an, um die Entstehung des neuen Lebens zu verhindern, wohlmeinend die Einen, eigennüzig und also feindselig die Andern. Wohlmeinend, wie auch jene Freunde des Erlösers, berathen sich Einige und versuchen das Mögliche, alle fremden Einwirkungen abwehrend, wenigstens das Bild des Freundes unentstellt zu erhalten, und wenn auch keine freudige Bewegung mehr erwekkt werden kann, wenigstens die Gestalt des alten Lebens zu bewahren. Eigennüzig und selbstgefällig aber auf eine Weise, wodurch sie fast schon sich selbst verklagen, suchen Andere zu verhüten, daß nur nicht mit diesem menschlichen Zustande ein Mißbrauch getrieben werde, und das frische fröhliche Leben, welches sie selbst führen und wozu sie so gern Andere anleiten, in Gering|schäzung komme, indem nach diesem Absterben des alten Menschen von einem neuen Leben die Rede sei, da es doch kein anderes und besseres hier auf Erden gebe, sondern es sei ein eitler Betrug, wenn Einige es zu kennen vorgeben, und ein verderblicher Wahn, wenn Andere es zu erlangen streben. Darum halten sie nun überall, wo sie solche Zustände gewahr werden, ihre Späher, um jedem Betruge zuvorzukommen, der mit einem solchen neuen Leben könnte gespielt werden, oder wenigstens ihn gleich zu entdekken und kund zu machen, was für Täuschungen dabei obwalten.

Aber wenn die Stunde kommt, die der Vater seiner Macht vorbehalten hat, unter irgend einer Gestalt erscheint dann einer solchen Seele sein lebendigmachender Engel. – Wie wenig indeß wissen wir von der Wirksamkeit des Engels bei der Auferstehung des Erlösers! Wir wissen nicht, hat der Erlöser ihn gesehen oder nicht; wir können den Augenblikk, wann er den Stein vom Grabe wälzte und der Erlöser neubelebt heraustrat, nicht bestimmen; niemand war deß Zeuge, und die Einzigen, von denen uns erzählt wird, daß sie es hätten mit ihren leiblichen Augen sehen können, wurden mit Blindheit geschlagen. So auch wissen wir nicht, wie und unter welcher Gestalt der Engel des Herrn die, daß ich so sage, in dem Grabe der Selbstvernichtung ruhende Seele berührt, um das Leben aus Gott in ihr hervorzurufen. Verborgen entsteht es in dieser tiefen grabesgleichen Stille, und nicht eher als bis es da ist kann es | wahrgenommen werden; der eigentliche Anfang desselben aber verbirgt sich wie jeder Anfang gewöhnlich auch dem, welchem es geschenkt wird. Das aber ist gewiß, wie der Apostel sagt, der Herr sei erwekkt worden durch die Herrlichkeit des Vaters: so ist es auch nach den Worten des Erlösers, daß niemand zum Sohne kommt, es ziehe ihn denn der Vater, dieselbe Herrlichkeit des Vaters, welche damals den Erlöser aus dem Grabe hervorrief, und welche immer noch in der Seele, die der Sünde abgestorben ist, das neue Leben erweckt, welches der Auferstehung des Herrn gleicht. Ja unter Allem was uns Himmel und Erde zeigen, giebt es keine größere Herrlichkeit des Vaters, als eben die, daß er keinen Wohlgefallen hat an dem todesgleichen Zustande des Sünders, sondern daß irgendwann der allmächtige geheimnißvoll belebende Ruf an ihn ertönt, Stehe auf und lebe.

II. Aber nicht nur in seiner Entstehung aus dem Tode, sondern auch zweitens in seiner ganzen Beschaffenheit, Art und Weise ist dieses neue Leben jenem Urbilde, dem Leben der Auferstehung unsers Herrn ähnlich.

Zunächst darin, daß, wiewol ein neues Leben, es doch das Leben desselben Menschen ist, und in dem innigsten Zusammenhang mit dem vorigen. So unser Erlöser; er war derselbe, und ward von seinen Jüngern zu ihrer großen Freude als derselbe erkannt; seine ganze Gestalt war die nämliche; die | Mahle seiner Wunden, als Erinnerung an seine Schmerzen und als Zeichen seines Todes, trug er an sich auch in der Herrlichkeit seiner Auferstehung und die Erinnerung seines vorigen Zustandes wohnte ihm bei auf das allerinnigste und genaueste. Und eben so, m. g. Fr., ist auch das neue Leben des Geistes. Wenn der

---

18–19 *Vgl. Joh* 6,44

alte Mensch der Sünde gestorben ist, und wir nun in Christo und mit ihm Gott leben, so sind wir doch dieselben, die wir vorher gewesen sind. Wie die Auferstehung des Herrn keine neue Schöpfung war, sondern derselbe Mensch Jesus wieder hervorging aus dem Grabe, der hineingesenkt worden war: so muß auch in der Seele schon, ehe sie den Tod starb, der zu dem Leben aus Gott führt, die Fähigkeit gelegen haben, wenn der Leib der Sünde aufhören würde und ersterben, das Leben aus Gott in sich aufzunehmen; und dieses entwikkelt sich nun in derselben menschlichen Seele unter den vorigen äußeren Verhältnissen, und bei derselben Beschaffenheit ihrer übrigen Kräfte und Vermögen. Ganz dieselben sind wir, nur daß das Feuer des höheren Lebens in uns entzündet ist; und auch die Zeichen des Todes tragen wir alle, und auch die Erinnerung unseres vorigen Zustandes wohnt uns bei. Ja auf mannigfaltige Weise werden wir oft gemahnt an das was wir ehedem waren und thaten, bevor der neue Lebensruf in uns ertönte; und sie verharschen nicht so leicht die Narben der Wunden und die mannigfaltigen Spuren der Schmerzen, unter welchen der alte sündige Mensch sterben | mußte, damit der neue leben könne. Aber wie der frohe Glaube der Jünger eben darauf beruhte, daß sie den Herrn in der Herrlichkeit seiner Auferstehung als denselben erkannten, der er vorher gewesen war: so beruht auch in uns die Zuversicht zu diesem neuen Leben, als einem beharrlichen und uns nun natürlichen Zustand allein darauf, daß wir uns in demselben wieder erkennen als die vorigen, daß es dieselben niedern und höheren Kräfte der menschlichen Seele sind, die vorher der Sünde dienten, nun aber umgeschaffen sind zu Werkzeugen der Gerechtigkeit; ja in allen Spuren jenes Todes sowol, als auch des ehemaligen Lebens werden wir uns am lebendigsten der großen Verwandlung, die der belebende Ruf Gottes in uns hervorgebracht hat, bewußt und zur innigsten Dankbarkeit aufgefordert.

Wie nun aber der Erlöser in den Tagen seiner Auferstehung derselbe war, so war auch sein Leben natürlich wieder ein kräftiges und wirksames Leben; ja wir möchten beinahe sagen, es trage auch darin die Spuren des menschlichen an sich, ohne welche es kein Bild unsers neuen Lebens sein könnte, daß es allmälig erstarkt ist und neue Kräfte gewonnen hat. Als der Erlöser zuerst der Maria erschien, da sagte er, gleichsam als sei sein neues Leben noch furchtsam und empfindlich, Rühre mich nicht an, noch bin ich nicht aufgefahren zu meinem Gott und zu euerm Gott. Aber nach wenigen Tagen stellte er sich dem

---

21 Zuversicht] Znversicht

38–39 Vgl. Joh 20,17 39–3 Vgl. Joh 20,27

Thomas dar und forderte ihn auf, er solle ihn herzhaft betasten, seine Hand | in des Meisters Seite legen und seine Finger in die Mahle, welche die Nägel des Kreuzes zurükgelassen hatten, so daß er auch der empfindlichsten Stellen Berührung nicht scheute. Aber auch schon am ersten Tage, und als ob es auch mit dadurch recht erstarken sollte, sehen wir ihn wallen von Jerusalem nach Emahus und von Emahus wieder nach Jerusalem, so wie hernach vor seinen Jüngern hergehend nach Galiläa, und sie wieder zurükgeleitend nach Jerusalem, wo er dann auffuhr vor ihren Augen gen Himmel. Und wie er so unter ihnen wandelte, menschlich mit ihnen lebend in allen Stükken und menschlich auf sie wirkend: so war auch sein wichtigstes Geschäft mit ihnen zu reden von dem Reiche Gottes, die Trägheit ihres Herzens zu schelten und aufzurütteln, und ihnen die Augen des Geistes zu öffnen. So, m. g. Fr., ist nun auch unser neues Leben, das der Auferstehung des Herrn gleicht. O wie sehr es in uns nur allmälig Kräfte gewinnt, wächst und erstarkt, nur noch mehr als das neue Leben des Herrn die Spuren der irdischen Unvollkommenheit an sich tragend, darüber kann ich mich auf unser Aller Gefühl berufen, es ist gewiß in Allen dasselbe. Wie abgebrochen sind anfänglich die Erscheinungen dieses neuen Lebens, und wie beschränkt der Kreis seiner Bewegungen! Wie lange behält es nicht seine empfindlichen Stellen, die nicht ohne Schmerzen ja ohne nachtheilige Folgen berührt werden dürfen, und es sind immer die, an welchen auch der alte Mensch in den Stun|den des Todes am tiefsten ist verwundet worden! Aber in dem Maaße als es nun erstarkt ist, soll dann auch dies neue Leben nicht den Eindrukk machen, als ob es nur ein gespenstisches Leben wäre, wie die Jünger des Herrn in den ersten Augenblikken furchtsam glaubten, sie sähen einen Geist, so daß er erst das Zeugniß aller ihrer Sinne aufrufen mußte, damit sie wahrnahmen, er sei kein Geist, sondern habe Fleisch und Bein. So auch unser neues Leben aus Gott, wenn es etwa nur in inneren Gemüthszuständen und Bewegungen bestände, die gar nicht die Tüchtigkeit oder vielleicht nicht einmal die Richtung hätten in That überzugehen, die zu eigenthümlich und sonderbar wären, um sich Andern wirklich mitzutheilen und sie fruchtbar zu erregen, vielmehr sie nur kalt und schauerlich berühren könnten: was wäre es denn anders als eine gespensterartige Erscheinung, welche zwar Aufmerksamkeit erregte, aber ohne Glauben zu finden, zwar die Menschen in ihrem gewöhnlichen Gange beunruhigte, aber ohne eine Besserung darin hervorzubringen. Nein, ein wirksames Leben ist es und soll es immer mehr werden, nicht nur sich selbst nährend und immer

---

6–7 Vgl. Lk 24,13–49   7–8 Vgl. Mt 28,10.16   8–9 Vgl. Mk 16,19; Lk 24,51; Apg 1,9   26–30 Vgl. Lk 24,37–43

mehr kräftigend durch das Wort des Herrn und durch die innige Gemeinschaft mit ihm, wozu er uns auffordert und sich uns selbst hingiebt als Speise und Trank des ewigen Lebens, sondern jeder strebe auch sein neues Leben Andern die ihm nahe stehen verständlich zu machen und mit demselben auf sie zu wirken! O daß wir den erstandenen | Erlöser immer fester ins Auge faßten! daß wir ihm immer mehr ablernten den beseligenden himmlischen Hauch, durch welchen er seinen Jüngern von seinem Geiste mittheilte! o daß wir immer mehr lernten wie er die thörichten und trägen Herzen aufzufrischen zum freudigen Glauben an die göttlichen Verheißungen, zum thätigen Gehorsam gegen den göttlichen Willen ihres Herrn und Meisters, zum frohen Genuß und Gebrauch aller der himmlischen Schäze, die er uns aufgethan hat! o daß wir in Wort und That immer kräftiger redeten zu allen den Unsrigen von dem Reiche Gottes und unserm Erbtheil darin, daß sie sähen, warum Christus leiden mußte, aber auch in welche Herrlichkeit er eingegangen ist. So wünschen wir, aber nicht mit leeren Wünschen! Der lebendigmachende Geist, den er uns erworben hat, wirkt das Alles in einem jeden nach dem ihm gefälligen Maaße; und ist einmal das Leben aus Gott in der menschlichen Seele entzündet, sind wir einmal, wie der Apostel sagt, seiner Auferstehung gleich geworden: o dann beweisen sich auch seine Kräfte durch die Wirkung seines Geistes in uns immer reichlicher und herrlicher zum gemeinen Wohl.

Aber bei aller dieser Wirksamkeit und Kraft war doch das Leben des erstandenen Erlösers in einem andern Sinne auch wieder ein zurükgezogenes und verborgenes. Wol mögen ihn auch außer seinen Jüngern manche gesehen haben, denen er in seinem früheren Leben bekannt gewesen, wenn er hie | und dort um sich seinen Jüngern zu zeigen von einem Theile des Landes zu dem andern ging; wie sollte das haben anders sein können? Aber die Augen der Menschen waren gehalten, daß sie ihn nicht erkannten; und zu erkennen gab er sich nur den Seinigen, die ihm angehörten in treuer Liebe. Indeß auch zu denen sagt er, Selig sind die nicht sehen und doch glauben; und was wäre auch die kleine Zahl derer, die seines Anblikks gewürdigt waren, und wenn wir auch die fünfhundert dazunehmen, deren Paulus[1] erwähnt, gegen die große derjenigen, welche späterhin auf ihr Zeugniß von der Auferstehung des Herrn gläubig wurden. So, m. g. Fr., ist

---

[1] 1 Kor. 15, 6.

---

37 Herrn] Herrn,

7–8 Vgl. Joh 20,22   33 Joh 20,29

auch das neue Leben, in welchem wir wandeln, wenn es auch, wie es sein soll, kräftig und rüstig ist und immer wirksam für das Reich Gottes, doch zugleich ein unerkanntes und verborgenes Leben, unerkannt und verborgen der Welt, deren Augen gehalten werden; und wer darauf ausgehen wollte, ihr die Kenntniß davon aufzudringen, wer außerordentliche Anstalten treffen wollte, um ihre Aufmerksamkeit hinzulenken auf den Unterschied zwischen dem Leben der Sünde und dem Leben der Auferstehung, der würde nicht in der Aehnlichkeit der Auferstehung des Herrn wandeln. Wie die Zeitgenossen Christi Veranlassung genug hatten, sich nach seiner Auferstehung zu erkundigen, indem sie ja das fortdauernde Zusammenhalten seiner Jünger sahen: | so sehen ja auch die unsrigen unser Zusammenhalten, welches mit den Dingen dieser Welt nichts zu thun hat; und wenn sie dann nach dem Zusammenhang fragen, soll auch ihnen die Antwort nicht fehlen. Aber unsere innere Geschichte ihnen aufdringen, das wollen wir eben so wenig, als Christus der Erstandene seine Gegenwart denen aufdrang, die ihn getödtet hatten und ihn also nicht sehen wollten. Sondern wie Er nur den Seinigen erschien, wollen auch wir unser inneres Leben nur denen zu erkennen geben, die eben so die Unsrigen sind, die von derselben Liebe glühend und durch denselben Glauben erhoben auch uns wieder sagen können, wie der Herr sich ihnen offenbart hat. Keinesweges als ob wir ein geheimnißvolles Wesen treiben, und nur solche, die ganz ähnliche Erfahrungen gemacht haben, sich in ganz engen Kreisen abschließen sollten; denn auch die Tage der Auferstehung bieten uns ja das Beispiel dar von verschiedenartigen Erfahrungen und von einer innigen Gemeinschaft, die sich darauf bezieht. Aber nicht nur das, sondern auch die, welche noch gar nichts erfahren haben, gehen nicht leer aus. Nur müssen sie erst selbst aus dem, was sie sehen, ohne daß wir uns ihnen aufdringen, inne werden, daß hier ein ihnen fremder Geist wehe, daß sich hier ein ihnen noch unbekanntes Leben offenbare. Dann wollen wir sie auch, wie es damals geschah, durch das Wort des Zeugnisses hinführen auf den Grund dieses neuen Lebens; und wie damals wenn das Wort der Verkündigung in die Herzen drang, | wenn Einigen der alte Mensch als das zu erscheinen anfing was er ist, und sie die ersten Schmerzen fühlten, welche dem Tode des sündigen Menschen vorangehen, ihnen dann auch der Glaube aufging an die Auferstehung dessen, den sie selbst gekreuzigt hatten: so wird es immer auch gehen mit der Erkenntniß des von dem Erstandenen ausgehenden neuen Lebens. Darum wollen wir unbesorgt sein; immer mehr wird sich der Kreis derer erweitern, die dieses Leben erkennen, eben weil sie anfangen es

---

27 die,] die   28–29 selbst aus dem,] selbst, aus dem

zu theilen. Und sobald nur die leiseste Ahnung davon in der Seele des Menschen aufgeht, sobald ihm nur nicht mehr gefällt und genügt das vergängliche und verkehrte Wesen dieser Welt, sobald er nur den ersten Strahl des himmlischen Lichtes in seine Seele einsaugt: so öffnet sich auch das Auge, daß er dieses Leben erkennt und inne wird, wie ein Anderes es sei der Gerechtigkeit dienen, als in dem Dienst der Sünde leben.

III. Endlich aber, m. g. Fr., alles dieses Trostreiche und Herrliche, wodurch unser neues Leben der Auferstehung unsers Herrn gleicht, wir können es nicht empfinden, ohne zugleich von einer andern Seite dieser Aehnlichkeit wehmüthig berührt zu werden. Denn wenn wir zusammenhalten alles, was uns die Evangelisten und die Apostel des Herrn aufbehalten haben von dem Leben seiner Auferstehung, so sind wir nicht im Stande, uns daraus zusammenzusezen das Bild eines ganz in sich | selbst zusammenhangenden Daseins. Es sind einzelne Augenblikke und Stunden, einzelne Gespräche und Handlungen, dann verschwindet der Erstandene wieder dem forschenden Blikk, vergebens fragen wir wo er geweilt habe, wir müssen warten bis er wieder erscheint. Nicht als ob es so in ihm selbst gewesen wäre; aber für uns, m. g. Fr., ist es so, und kann es auch nicht anders sein, und vergeblich suchen wir einzudringen in die Zwischenräume dieser zerstreuten Augenblikke und Stunden. Wie nun? hat es nicht leider mit dem neuen Leben, welches der Auferstehung Christi gleicht, dieselbe Bewandniß? Nicht etwa als ob es beschränkt wäre auf die herrlichen zwar und wohlthätigen, aber doch nur wenigen Stunden der gemeinsamen Verehrung und Anbetung – denn dann wäre zu besorgen, daß es eine bloße Täuschung wäre – nicht als ob es beschränkt wäre auf das immer nur wenige und zerstreute, was wir kräftig wirkend durch die Gaben des Geistes jeder nach seinem Maaße gleichsam Sichtbares und Greifbares in der menschlichen Welt die uns umgiebt ausrichten für das Reich Gottes; sondern auf vielfältige Weise werden wir uns noch außerdem dieses neuen Lebens bewußt; viele stillere und verborgene Augenblikke giebt es, in denen es sich kräftig regt, wenn auch nur tief im Inneren. Immer jedoch werden wir, und ich glaube Alle ohne Ausnahme, gestehen müssen, daß wir uns dieses neuen Lebens keinesweges als eines ganz zusammenhangenden Daseins bewußt sind; es verschwindet viel|mehr jedem von uns nur zu oft nicht nur unter den Freuden, Zerstreuungen und Sorgen, sondern auch unter den löblichen Geschäften dieser Welt. Diese Erfahrung aber, so demüthigend sie auch ist, m. g. Fr., soll uns dennoch nicht ungläubig machen, als ob vielleicht das Bewußtsein, daß wir in

---

41–1 Vgl. 2Kor 5,17; Gal 6,15

Christo eine neue Kreatur sind, eine Täuschung wäre, und was wir als Aeußerungen dieses Lebens ansehen, nur krankhafte und überspannte Aufregungen. Wie der Herr seine Jünger überzeugte, daß er Fleisch und Bein habe: so können auch wir jeder sich selbst und uns unter einander überzeugen, daß dies wirklich ein thätiges Leben ist; aber dann müssen wir auch glauben, daß es, wenn auch verborgen und unbewußt, doch immer vorhanden sei, wie auch der Herr immer vorhanden war, und auch in der Zeit, wo er seinen Jüngern nicht erschien, weder in das Grab zurükgekehrt, noch auch schon gen Himmel gefahren war. Nur diesen Unterschied laßt uns nicht übersehen. Bei Christo begreifen wir es nicht als etwas natürliches und nothwendiges, daß er während dieser Vierzig Tage nur ein in der Erscheinung so abgebrochenes Leben geführt hat; das aber muß wol jeder begreifen, daß da die Einflüsse dieses neuen Lebens auf unser äußeres Thun nur allmählig können merklich werden, es sich uns auch oft und längere Zeit hindurch ganz verbirgt, und am meisten, wenn wir ganz mit äußerem Thun beschäftiget sind, und unsere Aufmerksamkeit darauf gerichtet. Eine Unvollkommenheit aber bleibt dies, und wir sollen je länger je mehr frei davon werden. Darum, m. g. Fr., immer wieder zu dem, der die Einige Quelle dieses neuen geistigen Lebens ist! Finden wir es dann und wann in uns selbst nicht: o wir finden es immer bei ihm, und immer aufs neue strömt es aus ihm dem Haupte uns seinen Gliedern zu. Ist jeder Augenblikk wo wir es nicht wahrnehmen, sobald wir zum Bewußtsein dieser Leerheit kommen, ein Augenblick der Sehnsucht: o so ist es auch ein Augenblikk, in welchem der Erstandene unserm Geiste erscheint, und uns aufs neue mit seiner belebenden Kraft anweht. Und so sollen wir nur aus ihm schöpfend dahin kommen, daß seine himmlische Gabe in uns immer mehr werde eine nie versiegende, eine immerfort rauschende und sprudelnde Quelle des geistigen und ewigen Lebens. Dazu ist er erstanden von den Todten durch die Herrlichkeit des Vaters, daß wir seiner Auferstehung gleich werden. Sie endete in seiner Rükkehr zum Vater; unser neues Leben soll immer mehr werden seine und des Vaters Rükkehr in die Tiefen unsers Gemüths, da wollen sie beide Wohnung machen, und immer zusammenhängender, immer regsamer und kräftiger soll sich das Leben aus Gott in uns gestalten, auf daß unser Leben im Dienste der Gerechtigkeit nach der Verheißung des Herrn hier schon ein ewiges werde und bleibe.

O dazu, du erhöhter Erlöser, hilf uns immer mehr durch die Betrachtung deiner Herrlichkeit! Wie du erhöht bist von der Erde,

---

3–4 *Vgl. Lk 24,39* 12 *Vgl. Apg 1,3*

so ziehe uns im|mer mehr nach dir! Wie du wandeltest in den
Tagen deiner Auferstehung, so laß auch uns immer mehr nur in
dem Bunde der Liebe und des Glaubens, den du unter den Deinigen gestiftet hast, leben und wandeln, und von dir immer reichlicher empfangen Nahrung und Kräfte unseres geistigen Lebens!
Und wie deinen Jüngern deine Auferstehung gesegnet war, um
dein Reich auf Erden zu befestigen, um die Kleinmüthigen zu erheben, die Verzagtheit des menschlichen Herzens auszutreiben,
und die Schrift in ihren tiefsten Geheimnissen kund zu thun: o so
sei auch durch die Kraft deines Geistes unser neues Leben immer
mehr eine Verkündigung deines Wortes und aller Geheimnisse
deiner Gnade, eine liebreiche Unterstüzung alles dessen was
schwach ist, ein kräftiger Ruf zum Leben für alles was noch
erstorben ist, ein stiller ungestörter Genuß deiner Liebe und
der seligen Gemeinschaft mit dir, in welcher die Deinigen
stehen. Amen.

XIII.

Der Zusammenhang zwischen den Wirkungen der Schrift und den unmittelbaren Wirkungen des Erlösers.

Am zweiten Ostertage.

Text. Lukas 24, 30–32.

Und es geschahe, da er mit ihnen zu Tische saß, nahm er das Brot, dankte, brach es und gab es ihnen. Da wurden ihre Augen eröffnet und sie erkannten ihn; und er schwand vor ihnen. Und sie sprachen untereinander, Brannte nicht unser Herz in uns, da er mit uns redete auf dem Wege, als er uns die Schrift öffnete?

M. a. Fr. Die eben gelesenen Worte sind die Entwiklung jener schönen Geschichte, die dem heutigen Tage auf eine vorzügliche Weise angehört. Derselbe Evangelist erwähnt in einer folgenden Er|zählung aus den Tagen der Auferstehung unseres Herrn noch einmal dasselbe, daß er seinen Jüngern in dieser Zeit vornehmlich die Schrift eröffnet habe, und ihnen aus der Schrift gezeigt, daß Christus mußte leiden, um in seine Herrlichkeit einzugehen[1]. Eben dies finden wir auch hier, indem die beiden Jünger, als sie den Herrn erkannt hatten, sich dessen erinnerten, was er auf dem Wege mit ihnen geredet, und wie ihnen dabei zu Muthe gewesen war. Wir sehen also hier zweierlei; auf der einen Seite den besondern Fleiß, den in jenen lezten Tagen seines schon unterbrochenen menschlichen Zusammenseins mit den Jüngern der Erlöser gewiß sehr absichtlich darauf verwendet hat, ihnen die Schrift, die von ihm zeugte, verständlich zu machen. Auf der andern Seite aber sehen wir zugleich, so wie fast in allen diesen Erzählungen, so auch in der unsrigen, daß es doch noch etwas anderes gab, was weder die Schrift an sich, noch auch Christi Erklärung der Schrift bewirken konnte. Denn ohnerachtet den Jüngern ihr Herz brannte auf dem Wege, als er ihnen die Schrift öffnete: so erkannten sie ihn doch nicht, sondern das geschah erst, da er mit ihnen zu Tische saß, und gewohnter Weise mit Danksagung das Brot brach und unter sie theilte; da

---

[1] Lukas 24, 44–47.

2 Predigt zum Ostermontag am 19. April 1824 vormittags in der Dreifaltigkeitskirche zu Berlin; vgl. Predigtnachschrift und Liederblatt in KGA III/8, S. 227–239   16–17 Vgl. auch Lk 24,26

erst erkannten sie ihn. Aber auch schon daß ihnen das Herz brannte, das schrieben sie nicht der Schrift zu, sondern seiner Art sie zu gebrauchen und sie aus|zulegen, da sie ja meinten, schon daraus hätten sie ihn eigentlich erkennen sollen. Wir sehen hier, m. a. Fr., also zweierlei, die Wirkungen der Schrift und die unmittelbaren Wirkungen des Herrn, die rein von seiner Person ausgingen im Zusammensein mit den Seinigen. Es kann uns aber an dieser Geschichte das bestimmte Verhältniß dieser beiden Wirkungen besonders klar werden, so daß wir versuchen können, eben dies auch auf uns und auf die gegenwärtigen Verhältnisse der christlichen Kirche anzuwenden. Darum laßt uns nach Anleitung dieser Worte mit einander den Zusammenhang zwischen den Wirkungen der Schrift und den unmittelbaren persönlichen Wirkungen des Erlösers erwägen. Laßt uns zuerst aber, denn das wird nothwendig sein, uns darüber verständigen, in wiefern unter beiden auch wirklich etwas verschiedenes gemeint ist, und dann nach Anleitung dessen, was in unserm Texte vorkommt, das Verhältniß beider gegen einander betrachten.

I. Was zuerst die Schrift sei und die Wirkungen derselben, das kann freilich scheinen wenig oder gar keiner weitern Erläuterung zu bedürfen; aber doch um das worauf es uns ankommt, in seinem ganzen Umfang zu verstehen, ist nöthig Einiges darüber zu sagen.

Zuerst, die Schrift, die der Herr den Jüngern öffnete, als er mit ihnen ging auf dem Wege, war die Schrift des alten Bundes; es waren die Weis|sagungen von dem der da kommen sollte, es waren die frommen Ahndungen der Diener Gottes aus älteren Zeiten über den Gang der göttlichen Führungen mit ihrem Volke, und durch dasselbe mit dem ganzen menschlichen Geschlecht; das war die Schrift, von welcher hier allein die Rede sein konnte. Sollen wir uns etwa auch auf diese vorzüglich beschränken und nach den Wirkungen derselben fragen? Dann würden wir, m. g. Fr., unsere Stellung und die eigenthümlichen Vorzüge derselben gar sehr verkennen. Der Apostel Paulus sagt unstreitig mit großem Recht, Christus ist geworden ein Diener des Volks Israel um der Verheißungen willen, die Gott dessen Vätern gegeben hat, aber die Heiden preisen Gott und loben ihn um der Barmherzigkeit willen[2]. Das war der göttliche Rathschluß, daß der Erlöser der Welt unter jenem dazu eigens aus einer großen Reihe von Geschlechtern ausgesonderten Volke sollte geboren werden; und eben deshalb mußte nun auch die Erfüllung den weissagenden Ahndungen entspre-

---

[2] Römer 15, 8. 9.

32–35 *Paraphrase von Röm 15,8–9*

chen. Das also darf uns nicht Wunder nehmen, daß allerdings die Mitglieder dieses Volkes eine ganz besondere Freude hatten an dieser Erfüllung der Verheißung; sie mußten sich, wenn ihnen beides vorgehalten wurde, dabei noch ganz besonders und aufs neue als ein auserlesenes und geheiligtes Volk des Herrn erscheinen. Aber die Heiden, sagt der Apostel, und dazu gehören wir alle, | die wir Christen sind aus den Heiden, loben Gott um der Barmherzigkeit willen. Denn eben jener Rathschluß Gottes war ein Rathschluß der Barmherzigkeit über das ganze menschliche Geschlecht; und für uns alle ist eben die dankbare Freude an diesem barmherzigen Rathschluß Gottes etwas weit Höheres und Größeres, als jene auf den Umfang eines einzelnen Volkes beschränkte Freude an der Erfüllung der Weissagungen, die dem Herrn vorangegangen waren. Darum mit Recht erbleicht die Weissagung, wie schön und groß, wie herrlich und den geschichtlichen Faden weiter fortführend sie auch gewesen sein mag, sie erbleicht gegen die Erfüllung. Die Schrift, die uns den Herrn in seinem Leben und Wirken auf Erden darstellt, die uns die köstlichen Worte aus seinem Munde bewahrt, die Schrift des neuen Testamentes ist für uns das bei weitem wichtigere und herrlichere, als jene älteren heiligen Schriften; uns sind diese apostolischen Schriften das feste prophetische Wort, auf welches wir uns verlassen, und welches der Grund unseres Glaubens ist.

Aber zweitens, indem der Herr seinen Jüngern die Schrift öffnete, so theilte er ihnen gewiß nicht nur das wiederholend mit, was sie auch selbst lesen konnten; sondern er suchte sie in den Zusammenhang, der ihnen verborgen geblieben war, einzuleiten, und dies eben machte, daß das Herz in ihnen brannte, als ihnen so der tiefere Sinn der Verheißungen von Christo aufgeschlossen ward. Darum bleibe auch unter uns in der christlichen Kirche über|haupt, zumal aber auch und ganz besonders in unserer evangelischen Kirche, welche sich so vorzüglich ja ausschließend auf das Wort Gottes in der Schrift stüzt und gründet, die Erklärung der Schrift immer vereint mit der Schrift selbst, auf daß sie uns niemals zum todten Buchstaben herabgewürdigt werde. Die Schrift ist ein gemeinsamer Schaz; aber weil, wie es dort Christus that, hernach und jezt immer noch der Geist Gottes ihn den Gläubigen nach seiner Weise und seinem Maaß, dem Einen dieses, dem Andern jenes, und diesem heller, jenem aber minder klar und durchsichtig offenbart und erläutert: so fühlen wir uns auch mit Recht verpflichtet, alles dieses gegeneinander auszutauschen und auszugleichen, Einer von dem Andern lernend, und Einer den Andern lehrend, wol wissend, solche Mittheilung streite nicht mit dem köstlichen Wort der Verheißung, welches der Herr selbst uns angeeignet hat, daß den Chri-

---

32 Vgl. 2Kor 3,6   41–1 Vgl. Joh 6,45 mit Bezugnahme auf Jes 54,13

sten gebühre von Gott gelehret zu sein. Denn es ist überall nicht Menschen Werk und Wort, was uns segensreich wird; sondern die Wirkung des göttlichen Geistes im Worte und durch das Wort ist es allein, wodurch wir uns einander wahrhaft bereichern und befestigen können. Wie nun gewiß in jenen Tagen der Herr, so oft er seinen Jüngern erschien, ihnen etwas neues mitgetheilt hat aus jenen Schäzen: so läßt er auch zu keiner Zeit seiner Kirche die guten zum Himmelreich gelehrten Schriftgelehrten fehlen, welchen der Geist Gottes giebt aus ihrem Schaze neben dem alten und bewährten auch | neues, was erleuchtet und das Herz entbrennen macht, hervorzubringen. Und, gel. Fr., ihr werdet mir gewiß gern bezeugen, daß von der Zeit an, wo ihr durch den ersten Unterricht im Christenthume die Milch des Evangelii empfingt, bis auf den heutigen Tag jede solche Schrifteröffnung wie eine neue erfreuliche und stärkende Erscheinung des Herrn selbst gewesen ist, und an solchen segensreichen Erfahrungen möge es uns auch in der künftigen Zeit unseres Lebens nicht fehlen!

Aber wie steht es nun mit dem andern Hauptstükk unseres Textes, mit den unmittelbaren und persönlichen Wirkungen des Erlösers? Was hiezu damals zu rechnen war, als er auf Erden wandelte sowol in den eigentlichen Tagen seines Fleisches als in diesen herrlichen Tagen seiner Auferstehung, das können wir uns leicht denken. Wenn gleich die Evangelisten aus der Zeit seines öffentlichen Lebens nicht bestimmt melden, daß er sich mit seinen Jüngern über die Schrift unterhalten, und sie ihnen im Zusammenhange gedeutet: so wird dennoch niemand bezweifeln, daß dies nicht oft der Gegenstand ihrer Fragen an ihn und seiner Reden an sie gewesen sei. Aber auch darin war dann etwas von jenem andern, ein von dem Gegenstand unabhängiger, in seinem ganzen Umgang mit ihnen unter den verschiedensten Formen und unter noch so sehr von einander abweichenden Umständen immer sich selbst gleicher Eindrukk, den seine ganze Persönlichkeit, sein eigenthümliches Wesen, wie es sich | auch äußern mochte, doch niemals verfehlte hervorzubringen. Wie durch diesen Eindrukk, vermöge dessen sie in ihm die Herrlichkeit des eingebornen Sohnes vom Vater erkannten, ihr Glaube zuerst entstanden war: so wurde er auch zunächst durch diesen erhalten und befestigt. Kam ihnen nun dieser Eindrukk, indem der Herr Worte der Lehre und der Ermahnung zu ihnen redete, die hernach die Quelle ihrer eignen Belehrungen an die Christen wurden: nun so gehört das dem Inhalt nach für uns ganz zu den Wirkungen der Schrift. Allein auch hiebei war dann das, weshalb ihnen das Herz brannte, eben jener unmittelbare Eindrukk, die Art wie sich die liebevollen Regungen des göttlichen

---

12 Vgl. 1Petr 2,2; Hebr 5,12   33–34 Vgl. Joh 1,14

Gemüthes in Jesu Aeußern spiegelten, die Kraft der Ueberzeugung, die aus dem himmlisch klaren Auge sprach, und was wir sonst noch anführen könnten als dazu gehörig, daß an ihm zu schauen war die Herrlichkeit des eingebornen Sohnes vom Vater voller Gnade und Wahrheit. Aber alles dieses hängt freilich zusammen mit seiner persönlichen Erscheinung, und scheint also jener Zeit seines Wandels auf Erden ausschließlich anzugehören, und für uns sonach gar nichts hieher gehöriges vorhanden zu sein.

Indessen, m. g. Fr., haben doch auch wir köstliche Worte der Verheißung, welche wir wol nicht werden wollen fahren lassen; dieses zuerst, Wo Zwei oder Drei versammelt sind in meinem Namen, da bin ich mitten unter ihnen, und jenes Andere, Ich | werde bei euch sein alle Tage bis an der Welt Ende. Sollte Christus hierunter nichts anderes gemeint und also auch für uns nichts anderes übrig gehabt haben als die Wirkungen, welche das ihn darstellende Wort der neutestamentischen Schriften und, ehe dieses verfaßt war, die Erzählungen derer, die mit ihm und unter ihm gelebt hatten, auf heilsbegierige Gemüther, die seiner persönlichen Bekanntschaft und Einwirkung sich nicht hatten erfreuen können, hervorbringen muß? Das können wir uns kaum denken; die Ungleichheit erscheint uns zu groß, ja unbillig! Sollen wir aber auf der andern Seite bestimmt angeben, was es, seitdem der Herr nicht mehr persönlich auf Erden wandelt, für unmittelbare Einwirkungen desselben auf die Seele geben kann, die nicht Wirkungen jenes Wortes wären: so befinden wir uns wieder in einer Verlegenheit, aus der wir keinen Ausgang sehen. Und so werden wir um so leichter begreifen, wie es zugeht, daß sich die Christen in dieser Hinsicht schon seit langer Zeit nicht grade getrennt haben in verschiedene Gemeinschaften, wie das aus andern Ursachen wol geschehen ist, aber doch getheilt, so daß es wol in allen christlichen Kirchengemeinschaften solche Christen giebt, welche viel zu rühmen wissen als Erfahrungen ihrer eigenen Seele von der geistigen Nähe, von der unmittelbaren Einwirkung des Herrn auf sie, und wiederum auch solche, denen es an dergleichen Erfahrungen gänzlich fehlt, und die im Gegentheil mancherlei Beispiele anzuführen wissen, wieviel gar Menschliches, | oder um es gerade heraus zu sagen, wie viele Täuschungen mit unterlaufen bei dem, was als solche außerordentliche und unmittelbare Wirkung des Herrn dargestellt zu werden pflegt. Und weil sie deshalb mit Recht besorgen zu müssen glauben, es könne aus solchen eingebildeten oder vorgegebenen Einwirkungen des Erlösers auch manches von seinem Geist und Sinne ganz entferntes sich einschleichen in den Glauben und das Leben der Christen: so wollen diese

---

3–5 Vgl. *Joh* 1,14   11–12 *Mt* 18,20   12–13 *Mt* 28,20

Christen alle dergleichen Hoffnungen fahren lassen, und sich lieber allein und ausschließlich an das Wort des Herrn und dessen heilsame Wirkungen halten; und sie behaupten daher, diese müßten jedem Christen vollkommen hinreichen.

Nun ist nicht zu läugnen, wenn wir näher betrachten, was der Erlöser, während er auf Erden lebte, so unmittelbar durch den Eindrukk seiner Person auf die Gemüther gewirkt hat: so ist immer darin, sofern nicht Rede und Wort das eigentlich wirksame war, etwas Aehnliches mit seinen eigentlich so genannten Wundern; es erscheint uns als eine geheimnißvolle Macht über die Seele. Daher scheint es, wenn die Wunder doch wirklich verschwunden sind aus der christlichen Kirche, und wie wir deren nicht mehr bedürfen zur Erwekkung und Stärkung des Glaubens, so auch wir sie nicht mehr erwarten: so scheint es sei auch derselbe Grund in dem Verhältniß des Erlösers zu den Gläubigen überhaupt auch nichts mehr zu erwarten, was seiner geheimnißvollen Natur wegen den Wundern am ähnlichsten ist. Ja, | könnte man sagen, wer nur den Schaz recht erkannt hat, der uns gegeben ist in dem göttlichen Worte, wer sich nur den Wirkungen desselben eben so rein und unbefangen, als treu und gehorsam hingiebt, der werde auch das Zeugniß ablegen müssen, daß er an diesem Schaz vollkommnes Genüge habe, und daß Christus so kräftig wirke durch sein Wort, daß wir auch nichts weiter bedürfen.

Sollen wir uns nun hierauf gestüzt entschließen, alle jene Erfahrungen zu verachten und geringzuschäzen? Das dürfen wir wol um so weniger, je häufiger sie sind, und je öfter wir unläugbar finden, daß auch solche Seelen sich derselben rühmen, in welchen zugleich alle herrlichen Wirkungen des göttlichen Wortes sich zeigen, so daß in ihnen und von ihnen aus sich ein wahrhaft christliches Leben zur Erbauung und Erwekkung aller, die es wahrnehmen können, gestaltet. Die Liebe also gebietet auch denen Christen, welche solcher Erfahrungen sich selbst nicht bewußt sind, sie doch nicht abzuläugnen. Sie legt ihnen auf, daß sie ihren Brüdern helfen sollen, das wahre und sichre hierin immer mehr von dem unsichern und falschen zu scheiden. Und so laßt uns denn das Wort Gottes fragen, ob wir etwas darin finden, was uns leiten kann. Die Erzählungen aus den Tagen der Auferstehung, an welche wir in dieser festlichen Zeit besonders gewiesen sind, und die auch uns um so näher liegen, weil doch die persönliche Gegenwart des Erlösers | nicht mehr dieselbe war wie sonst, bieten uns Zweierlei dar, woran wir uns vorläufig halten können.

Das Eine findet sich in der Erzählung unseres Textes. Der Herr selbst sizt mit seinen beiden Jüngern zu Tische, er nimmt das Brodt, dankt, bricht es und theilt es ihnen aus; da erkennen sie ihn, ehe er noch vor ihren Augen verschwindet. In wiefern dies nun das Brodt des freundlichen Mahles war, und sie ihn daran erkannten, daß er sich hier eben so betrug, wie sie es oft gesehen hatten bei ähnlichen Gelegenheiten: in sofern war es freilich eine Erinnerung aus seinem früheren Leben, was so auf sie wirkte. Aber erinnert uns nicht diese Erzählung ganz besonders an das heilige Mahl, welches sich an eine eben solche Mahlzeit knüpfte? Und die eigenthümliche Wirkung, welche so viele Gläubige – um nicht Alle zu sagen – dieser heiligen Handlung nachrühmen, hat sie nicht die größte Aehnlichkeit mit dem, was jene Jünger erfuhren? Ist es nicht ein wahrhaftes Wiedererkennen, nachdem oft lange genug die Augen gehalten waren? eine lebendige Vergegenwärtigung, die zugleich eine Menge früherer Augenblikke auffrischt, in welchen unser Herz in uns brannte? Und diese Verklärung Christi in der Seele, hängt sie etwa von den Worten der Einsezung ab, oder gar von den wohlgemeinten Worten der Ermahnung, welche die Diener des Wortes hinzufügen? Dann müßten wir diesen wenigstens etwas wunderbares ja zauberhaftes zuschreiben. Aber wir sehen ja auch, wie unabhängig | diese Wirkungen sind von allem, was mit dem Worte zusammenhängt, von allen Verschiedenheiten der Meinung und der Erklärungen über den Zusammenhang der Sache. Sollen wir aber etwas menschliches und einigermaßen verständliches darüber sagen: was wird uns übrig sein, als daß dieses Fortsezungen sind und Ausflüsse von der unmittelbaren persönlichen Einwirkung Christi? Wer aber alles eigenthümliche bei diesem heiligen Mahl läugnen wollte, gegen das Zeugniß des bei weitem größern Theiles der Christen, nein, dem wollen wir nicht glauben, daß sich diese Einrichtung, wenn sie an sich selbst unfruchtbar wäre, dennoch sollte erhalten haben, ohnerachtet von ihrer ursprünglichen Gestalt wenig oder nichts mehr übrig geblieben ist.

Das zweite Beispiel aus den Tagen der Auferstehung ist dieses. Der Herr trat mehrere Male zu seinen Jüngern hinein, als sie Abends versammelt waren, und rief ihnen zu, Friede sei mit Euch[3]. Und damit sie das nicht für einen gewöhnlichen Gruß halten, sondern an die Worte denken möchten, Meinen Frieden gebe ich Euch, nicht gebe ich Euch wie die Welt giebt[4]: so fügt er gleich das bedeutendere hinzu, daß er sie in Kraft dieses Friedens nun sende, wie ihn der Vater gesendet habe. Das war freilich gerade ein Wort, und nur ein Wort. Aber können wir wol glauben, daß es ein unwirksames gewesen sei, oder ist vielmehr | wirklich sein Friede über sie gekommen, als er dieses

---

[3] Joh. 20, 19. 21. 26.
[4] Joh. 14, 27.

35–36 Vgl. Joh 20,21

sprach? Und wenn wir dies wol glauben müssen, war das eine Wirkung des Wortes als solchen, so daß es das, was es anwünschte, auch selbst als Wort hervorbrachte? Niemand wird wol lieber einen solchen Zauber annehmen als eingestehen, der Friede, der über die Jünger kam, war die unmittelbare Wirkung des Herrn selbst, indem er ihnen erschien, und nur im Bewußtsein dieser Wirkung sprach er das Wort aus. Aber soll nun diese Wirkung an die leibliche persönliche Gegenwart gebunden sein? Sollten wir nicht Alle diese Erfahrung machen können in ausgezeichneten Augenblikken, eben so unabhängig von einer leiblichen Erscheinung Christi, wie auf der andern Seite auch unabhängig von jedem bestimmten Worte der Schrift, das uns vorschwebt und wovon wir einen solchen Zustand ableiten könnten? Gewiß haben alle fromme Christen solche Erfahrungen gemacht! Und wenn wir uns nun des Friedens, der in solchen seligen Augenblikken über uns kommt, als seines Friedens bewußt sind, als des Friedens seiner Erlösung, als des Friedens der Kinder Gottes, die es durch den Glauben an seinem Namen geworden sind: können wir dann wol umhin auch den ganzen Zustand als seine Gabe zu erkennen, ihn seiner Kraft und ihrer Wirksamkeit auf uns zuzuschreiben? –

Beides also, und beides sind doch nicht seltene Erfahrungen, führt uns darauf, daß es außer den unmittelbaren Wirkungen des Wortes noch eigen|thümliche Wirkungen des Erlösers giebt, die gleichsam von seinem ganzen ungetheilten Wesen ausgehen. Dies ist in seiner Wirksamkeit nicht an die leibliche Erscheinung gebunden. Die ursprüngliche geistige Wirksamkeit seines Daseins ist, freilich nur vermittelst des Wortes, aber doch in ihrer eigenthümlichen Natur, festgehalten in der Gemeinschaft der Gläubigen, und so bildet sich der ursprüngliche Eindrukk immer wieder aufs neue den einzelnen Gemüthern ein, und wird in ihnen bei besondern Veranlassungen auf ausgezeichnete Weise wirksam, in jenem Frieden der Seele, in jener Gewißheit des Herzens, daß nichts in der Welt uns scheiden kann von der Liebe Gottes, die da ist in Christo Jesu. – Und warum sollte auch der Gläubige das nicht glauben? Sollte uns ein Vorwurf der Schwärmerei treffen können, wenn wir dies von Christo behaupten, da wir ja ähnliches auf dem rein menschlichen Lebensgebiet auch erfahren, wenn wir nur tief genug in unsere Gemüthszustände hineinschauen? Wenn wir doch oft von geliebten Menschen, nicht nur aus der Ferne ohne das geschriebene Wort, sondern auch von solchen, die nicht mehr hienieden sind, doch Wirkungen in unserer Seele empfinden, abmahnende und ermuthigende, berichtigende und aufhellende, so daß wir sagen müssen, das kommt mir durch meine Verbindung mit

---

31–32 Vgl. Röm 8,39

diesem Freunde, das ist sein Wort und Werk in meinem Innern; ja wenn uns das auch mit solchen begegnet, die wir nur durch ihre Wirksamkeit in der Welt kennen, aber | die wir uns besonders aufgestellt haben zu führenden Helden und leuchtenden Vorbildern; ja wenn wir es mit zur menschlichen Größe rechnen, daß Einer auf recht Viele und in einem ausgezeichneten Grade mit seinem ungetheilten Wesen so innerlich bestimmend wirke: wie sollen wir nicht dasselbe zu der Größe dessen rechnen, der über Alle erhaben ist, und solche Wirkungen auch von dem erwarten, der unser Aller Held und Vorbild sein soll, und den wir Alle mit dem größten Recht in einem Sinn und Umfang wie keinen Andern, den Freund unserer Seele nennen dürfen!

So stehe denn dieses fest, daß wie in den Tagen des Herrn selbst, so auch jezt noch beides mit einander da ist. Wir erfreuen uns der Wirkungen der Schrift und des göttlichen Wortes in derselben; aber uns fehlen auch nicht die persönlichen Wirkungen des Erlösers, abhängig freilich von seinem früheren Dasein auf Erden, aber kräftige Fortsezungen desselben, die sich auf alle Zeiten erstrekken. Und wie es jezt ist, wird es auch bleiben; Christus wird niemals seine Kirche verlassen, weil sie sonst ganz verlassen wäre; und so wenig das göttliche Wort jemals wird von uns genommen werden, eben so wenig wird der Herr auch diese geheimnißvolleren Wirkungen jemals den Gläubigen entziehen.

II. Aber nun laßt uns fragen, in welchem Verhältniß denn wol in dem Reiche Gottes überhaupt diese beiden göttlichen Wirkungen gegeneinan|der stehen, und dann auch wie jeder Einzelne sich selbst gegen beide stellen soll? Darüber, m. g. Fr., giebt uns eben die Erzählung unseres Textes den hinreichenden Aufschluß. Denn indem sie uns zeigt, daß sowol in dem Wort als in dem persönlichen Eindrukk, in jedem eine eigenthümliche Kraft liegt, die dem andern fehlt: so lehrt sie uns eben dadurch, daß in der christlichen Kirche immer beides mit einander verbunden sein und neben einander bestehen muß, um sich gegenseitig zu ergänzen.

Denn wenngleich dieses nicht mehr ganz die Wirkung des Wortes war, daß den Jüngern das Herz brannte, sondern darin schon ihnen unbewußt die ganze Persönlichkeit ihres Meisters mitwirkte: so war doch das andere rein die Wirkung des recht aufgeschlossenen Wortes, daß sie den Trübsinn und die Hoffnungslosigkeit, um derentwillen der Erlöser sie schalt, nun fahren ließen, und ihr Gemüth sich der Einsicht öffnete, damit daß Jesus von Nazareth am Kreuz gestorben sei, könne das noch sehr gut bestehen, daß er doch derjenige sei, der Israel erlösen solle. Aber wieviel hätten sie verloren, wenn der Erlöser, nachdem er ihnen diese Ueberzeugung durch die richtig geleitete Kraft des Wortes mitgetheilt hatte, nun von ihnen geschieden wäre. Wenn sie gleich getröstet waren, wenn sie gleich, was schon nicht mehr die bloße Kraft der Gründe war, den Unbekannten wegen des liebevollen Eifers seiner Rede lieb gewannen, und ihr Herz in ihnen brannte: ihre Augen blieben dennoch gehalten, und sie erkannten | den Herrn nicht. Als er ihnen aber das Brodt brach, da vermochte die Art, wie er sich ihnen für die Stunde der Erholung, wiewol selbst Gast, doch gleichsam als ihr Wirth und Versorger hingab, daß sie ihn nun erkannten, was vorher alle Einsicht und Weisheit, die er ihnen in der Schrift eröffnete, nicht vermocht hatte. Eben so wenn er nichts gewollt hätte, als auf eine solche Weise von ihnen erkannt sein, und nur den Glauben an ihn, der sich hierauf gegründet hätte: nun so hätte er damit begonnen und geendet; aber ein Verständniß in den Zusammenhang seiner Geschichte mit der Schrift wäre ihnen dadurch allein nicht geworden. Darum schikkte er hier dieses voran und endete mit jenem, wie er in andern Fällen auch umgekehrt verfuhr. Und so, m. g. Fr., wollen wir zuerst dieses feststellen, daß beiderlei Wirkungen, die des Wortes und die der unmittelbaren geistigen Gegenwart des Herrn, in der christlichen Kirche immer müssen mit einander verbunden sein.

Wir wissen Alle, was für einen herrlichen Schaz wir an dem göttlichen Worte haben, und wir sind als Mitglieder der evangelischen Kirche ganz besonders berufen, Wächter und Hüter desselben in der Christenheit zu sein. Ja das ist und bleibt noch immer wie vom Anfang unserer Gemeinschaft an der rechte Kampf für die Wahrheit und Vollständigkeit unseres evangelischen Christenthums, wenn wir unsere gute Sache aus der Schrift erweisen, wie Paulus und vor ihm Stephanus auch in den | Schulen thaten für die gute Sache des Christenthums überhaupt. Aber wenn nun dies allein wäre, würden wir sicher sein, das wahre lebendige Christenthum unter uns zu haben und festzuhalten? Oder giebt nicht Jeder gleich zu, daß gar Viele diesen guten Streit mit uns theilen, und wie wir gegen alle Werkheiligkeit und alle Gewalt menschlichen Ansehns kämpfen, und zwar auch aus der Schrift, von denen wir aber doch sagen müssen, es ist nicht die Liebe zu Christo, welche sie drängt. Ja ich will noch mehr heraussagen. Viele giebt es, denen, wenn sie in den Geboten die Christus den Seinigen gegeben, in den Ordnungen die er in der ersten Kirche gestiftet hat, gleichsam in der Ferne das Vorbildliche seines Lebens und die Grundzüge seiner persönlichen Handlungsweise erblikken, ebenfalls das Herz brennt, daß sie etwas besonderes empfinden; aber ihre Augen werden ihnen doch gehalten, und zu der freudigen unmittelbaren Anerkennung, das ist der Herr, da ist die Herrlichkeit des eingebornen Sohnes vom Vater,

---

40–41 Vgl. Joh 21,7   41 Vgl. Joh 1,14

da allein sind Worte des Lebens, zu dieser gelangen sie doch nicht. Wenn nun auf dieser erst das eigentliche lebendige Christenthum beruht: so müssen wir wol gestehen, daß dieses sich nicht unter uns erhalten und sich immer wieder erzeugen kann, wenn nicht jene von dem lebendigen Gedächtniß, von der geistigen Gegenwart Christi ausgehenden, in der Ganzheit seines Wesens und seiner Erscheinung gegründeten Wirkungen zu dem hinzukommen, was in dem engsten und eigentlichsten Sinne Wirkung | des Wortes und der Lehre ist. Nicht gerade als ob ich behaupten möchte, abgesondert von dem persönlichen Einfluß des Erlösers werde seine Lehre, wenn wir sie wirklich aus den Worten der Schrift schöpfen, nothwendig wieder in einen todten Buchstaben ausarten müssen. Aber geschehen ist es doch; es hat häufig genug auch in unserer Kirche gegeben und giebt auch wol noch eine Beruhigung bei dem Buchstaben der rechtgläubigen Lehre, ohne daß sich dabei eine wahrhaft christliche Gesinnung recht wirksam bewiese. Wir kennen dies wol Alle aus unserer Erfahrung; bei denen aber pflegen wir es nicht zu finden, welche jenen persönlichen Einwirkungen Christi zugänglich sind. – Und außerdem wenn wir bedenken, wieviel Schwierigkeiten sich bei der Erklärung des Wortes der Schrift finden, schon deshalb weil sie aus einer uns fernen Zeit herstammt, sich auf eine uns fremde Sitte bezieht, in einer uns wenig verwandten Sprache geschrieben ist: was für ein bedenklicher Spielraum eröffnet sich da für menschliche Willkühr! und wieviel betrübte Beispiele liegen uns nicht vor Augen, daß sie sich auch wirklich dahin gewendet hat, theils das abzustumpfen und zu verdunkeln, worin sich das eigentliche Wesen des Christenthums am hellsten abspiegeln muß, theils auch wol etwas hineinzulegen in die Schrift, was mit dem ursprünglichen Geiste des christlichen Glaubens nicht zusammenstimmt. Aber alles was man in der besten Meinung versucht hat, um durch äußere Hülfsmittel diese Willkühr zu zügeln, wie ver|geblich hat es sich nicht immer bewiesen! Wie nothwendig also ist der Schrift eine andere Ergänzung, die von innen herauswirke! und was gäbe es anders als eben jene Fortwirkung des Erlösers selbst, jene lebendigen Eindrükke, die er auch jezt noch gleichsam unmittelbar hervorbringt in der menschlichen Seele! Diese sind es, welche noch immer dem Worte zu Hülfe kommen müssen in der christlichen Kirche, eben wie in dem Leben des Erlösers selbst beides immer verbunden war und sich gegenseitig unterstüzte.

Denn auf der andern Seite, wenn wir uns diesen Einwirkungen allein hingeben wollten, und neben ihnen das göttliche Wort, diesen theuren und köstlichen Schaz, gering achten: dann wären wir unstrei-

---

1 Vgl. Joh 6,68

tig eben so großen, wo nicht noch größeren Gefahren preisgegeben. Denn das ist nicht zu läugnen, daß sich von jeher gar viel Ungeregeltes, Schwärmerisches, und Ueberspannungen des menschlichen Gemüthes Verrathendes, gar häufig eingeschlichen hat unter dasjenige, was für unmittelbare Wirkungen des Herrn in der Seele ist ausgegeben worden. Sollen wir uns hier nicht selbst täuschen, so daß wir Menschliches mit Göttlichem vermischen unabsichtlich; sollen wir nicht in Gefahr gerathen denen zur Beute zu werden, die absichtlich dem Göttlichen Menschliches unterschieben, und Menschliches für Göttliches ausgeben: wohl, so muß das göttliche Wort immer das Richtmaaß bleiben, an welchem alles Andere gemessen und wornach alles beurtheilt wird. Denn anders kann doch der Herr in dem, was wirklich durch ihn in den Seelen der Gläubigen hervorgebracht wird, nicht sein, als er sich auch zeigt in seinem Wort; und wollten wir irgend etwas für eine Wirkung Christi in uns ausgeben, was da stritte mit dieser Regel des göttlichen Worts, so würden wir ihn zum Lügner machen, und eben dadurch uns selbst muthwilliger Weise von ihm scheiden. Denn wir gingen dann in der That damit um, uns selbst an seine Stelle zu sezen und uns für ihn auszugeben, und anstatt die Gläubigen an ihn gewiesen sind, wollten wir vielmehr im verkehrten Hochmuth des Herzens uns selbst nicht nur, sondern sogar ihn an uns weisen und bei uns fest halten.

Darum, m. g. Fr., wenn uns, wo und wie es auch immer sei, von einem Lichte geredet wird, welches der Sohn Gottes in der menschlichen Seele unmittelbar entzünde, und zwar so daß wir neben dieser Erleuchtung das göttliche Wort gar leicht entbehren könnten, da sich Christus auf diese Weise klarer und bestimmter in der Seele unmittelbar verherrliche und offenbare: so laßt uns hiebei jedesmal ganz unbedenklich jene Worte Christi in Anwendung bringen, Wenn sie euch sagen, hie ist Christus oder da ist er, so glaubet ihnen nicht[5]. Wir möchten sonst durch den verkehrtesten Hochmuth zur verderblichsten Losreißung von der rechten Einheit des Glaubens verleitet werden. Denn Gott, so schreibt der Apostel, ist nicht ein Gott der Unordnung, sondern der Ordnung in allen Gemeinen der Christen. Darum darf sich in denselben nichts für göttlich geltend machen, was im Widerspruch steht mit dem göttlichen Worte der Schrift. Denn dieses enthält zuerst das ursprüngliche Zeugniß von dem Leben und Dasein des Erlösers, nach welchem allein wir zu beurtheilen haben, ob etwas von dem seinigen genommen ist. Dann aber enthält es auch

---

[5] Matth. 24, 23.

33–34 Vgl. 1Kor 14,33

die ersten Grundzüge aller christlichen Ordnung des Glaubens und Lebens, und niemand kann sich losreißen von diesem Bande, welches uns mit allen vergangenen Geschlechtern der Kirche vereint, und uns auch mit den künftigen vereinen soll, ohne sich auch von der Gemeinschaft der Gläubigen zu trennen. Darum wer in dieser bleiben will, und sich viel oder wenig rühmt, was der Herr unmittelbar in seiner Seele gewirkt und wodurch er sich ihm besonders gegenwärtig erwiesen habe, der lasse es prüfen von der Gemeine nach dem göttlichen Wort, damit es ans Licht gezogen werde, ob es eingebildet ist oder wahr und recht, ob nichts daran willkührliches Menschenwerk ist, sondern es wirklich sein Gepräge an sich trägt und seine Ueberschrift ihm zukommt. Deshalb wollen wir Gott danken, wenn immer beides zusammen ist und auf einander zurükwirkt in der christlichen Kirche. Das unmittelbare Zeugniß von der Wirksamkeit des Herrn in der Seele möge die Wirkungen des Wortes immer aufs neue beleben; das heilige Ansehn des Wortes möge allem was in den Gemüthern der Christen vorgeht, die feste Regel geben, auf daß Alle zusammengehalten werden in der Einheit des Glaubens, und alles einzelne sich füge in die Uebereinstimmung mit dem gemeinsamen, und wir so Alle in der Wahrheit bleiben, die uns frei macht.

Aber freilich, m. g. Fr., noch eine andere Frage, als was in der christlichen Kirche im Ganzen heilsam ist, ist die, die wir uns nun noch zu beantworten haben. Wie hat sich nemlich jeder Einzelne für sich zu dieser zwiefachen Wirkung zu stellen, auf der unser geistiges Leben beruht? Hiebei nun laßt uns vor allen Dingen an das Wort des Apostels denken, Es ist ein Leib, aber es sind viele Glieder[6], ein jegliches in seiner Art, und Gott hat in der Gemeine den Einen gesezt zu diesem und den Andern zu jenem, und Keiner ist alles. In der christlichen Kirche muß beides vereint sein, die klare begreifliche leicht mittheilbare Wirksamkeit des Wortes; die geheimnißvollere tieferregende aber auch unmittelbare Wahrheit des Erlösers in der Seele. Aber nicht ist jedem Einzelnen von beiden ein gleiches Maaß geordnet; denn Gott ist nur ein Gott der Ordnung in der Gemeine des Herrn, eben deswegen weil er ein Gott ist, der Mannigfaltiges hervorbringt, denn nur unter dem Mannigfaltigen kann Ordnung stattfinden und aufrecht erhalten werden.

Jeder also halte sich vorzüglich an das, wozu er berufen ist. Werth seien uns diejenigen, die, | wenn auch vielleicht zu sehr mißtrauend den unmittelbaren inneren Erfahrungen des Herzens, sich mit desto

---

[6] 1 Kor. 12, 12.

19–20 Vgl. *Joh 8,32*   **26–28** Vgl. *1Kor 12,18*

lebendigerem Eifer und mit redlicher Treue an das göttliche Wort, an die klare Einsicht in die Lehre und das Vorbild des Erlösers halten, die sie aus demselben schöpfen! Mögen sie sich nur immer mehr daran nähren, so daß sich in ihrem Innern das Wort der Schrift verklärt, welches von Christo zeugt! Werth seien sie uns, und wenn wir auch auf die Frage, ob kein solches unmittelbares Verhältniß zwischen ihnen und dem Erlöser stattfindet, auch ohne besondere Vermittlung des göttlichen Wortes, keine andere Antwort erhalten, als daß sie wenigstens sich bestrebten, alle frommen Regungen der Seele und den Inhalt jedes Augenblikks, in dem sie besonders von Gott durchdrungen sind und alles auf ihn beziehen, sich immer unmittelbar aus dem heiligen Worte der Schrift zu erklären, dem vertrauen sie fest und es vergegenwärtige sich ihnen immer mehr; wenn sie uns auch nur dieses sagen, wie sollten wir uns wol berufen fühlen, sie irre zu machen auf ihrem Wege, oder wie könnten wir sie deswegen gering achten, weil ihnen etwas fehlt, was Andere erlangt haben, da sie doch nach demselben Ziele streben wie diese? Wie sollten sie uns nicht werth sein als die eifrigsten Bewahrer des großen gemeinsamen Schazes, den wir alle an dem geschriebenen Worte des Herrn besizen, und aus dem sie schöpfen, weil sie daran die Quelle erkennen, die niemals versiegt, und die das Wasser des Lebens in | sich schließt. Und wenn sie ein Mißtrauen beweisen gegen manches, dessen sich andere Christen rühmen als besonderer Gnadenbeweise Gottes: was haben wir für ein Recht, da sie doch als Glieder der Gemeine des Herrn unter derselben göttlichen Obhut stehen wie wir, dies nicht auch anzusehen als eine Stimme Gottes in ihnen und für sie? Denn wahrscheinlich haben sie bei ihrer besondern Gemüthsbeschaffenheit nöthig so gewarnt zu werden, oder vielleicht bedürfen Andere, die ihnen anvertraut sind, einer solchen mißtrauischen Vorsicht, weil sie vielleicht vor Andern geneigt wären, wenn sie solchen Erfahrungen von der unmittelbaren Wirksamkeit des Erlösers in der Seele vertrauen wollten, auf Abwege zu gerathen und sich von der Uebereinstimmung mit der Wahrheit des Evangelii zu entfernen. Darum wollen wir uns damit begnügen, daß auch auf diese Mitchristen durch die mannigfaltigen Berührungen in der Gemeinschaft der Christen der Segen wenigstens mittelbar sich verbreitet, der nur aus dieser inneren Wirksamkeit des Erlösers in der Seele hervorgehen kann. – Und eben so wollen wir es mit denjenigen halten, welche sich solcher Erfahrungen einer geistigen Gegenwart des Erlösers vorzüglich rühmen. Wenn sie nur das Richtmaaß des göttlichen Wortes halten, und ihre besonderen Erfahrungen nicht dieser Aufsicht und Beurtheilung entziehen wollen; wenn sie uns Anderen nur ihr Licht nicht aufdringen wollen, und nicht scheel sehen, wenn wir uns unserer guten Freiheit bedienen, und ihre Er|fahrungen nur so weit auch uns etwas werth sein lassen und sie uns zu Nuze machen, als wir sie in Uebereinstimmung finden mit dem göttlichen Worte: so sollen sie uns werth und willkommen sein in unserer Gemeinschaft; und wir wollen es mit Dank gegen Gott erkennen, was für gesegnete Anregungen zu einem kräftigeren Leben sie hineinbringen. Nur mögen sie sich selbst vor Schaden hüten, und sich nicht überheben der Offenbarungen Gottes, noch weniger diejenigen unter unsern Brüdern geringschäzen, die nach der göttlichen Vertheilung für sich selbst ganz vorzüglich an die Unterweisung und an den lebendigen Segen des göttlichen Wortes gewiesen sind.

Aber indem wir so jeder seines eigenen Weges gehen, und das mit Dankbarkeit annehmen, wozu Gott uns berufen und was er einem jeden besonders zugetheilt hat: so thun wir der brüderlichen Liebe dadurch noch nicht genug, daß wir Andern auch das ihrige gönnen, ohne es ihnen durch eigentliche Geringschäzung zu verkümmern. Vielmehr fordert die Liebe, daß Jeder sich auch offen erhalte für das, was das vorzügliche Gut des Andern ist. Denn nur dadurch, m. g. Fr., besteht die Gemeinschaft, nur in sofern sind die vielen und mancherlei Glieder Ein Leib, als sie sich einer solchen gegenseitigen Einwirkung hingeben, und jeder das achtet und benuzt, was aus dem eigenthümlichen Leben des Andern, und zwar auch als eine Aeußerung und Gabe des Geistes, hervorgeht. Dann wird bei aller Verschiedenheit in der inneren Führung der Ein|zelnen doch keine Trennung in der Gemeinschaft erfolgen; dann wird jeder eben sowol dasjenige, was er selbst unmittelbar erfährt, als auch das was Andere als ihren eigenthümlichen Segen rühmen, auf den Einen zurükführen, von welchem beides kommt und der in beiden geehrt sein will, wie er auch beides in seiner Kirche fruchtbar macht dazu, daß sie immer vollkommner vor ihm dargestellt werde ohne Flekken und ohne Tadel. Was aber auch jeder von uns, je nachdem er berufen ist, reichlicher erfahren mag, die Segnungen des Worts oder die unmittelbare geistige Gegenwart des Herrn in der Seele, sobald uns etwas Ausgezeichnetes geworden ist von dem Einen oder dem Andern, laßt uns nachahmen jenen beiden Jüngern, von welchen erzählt wird, nachdem sie so den Herrn erkannt und sich nun auch des vorhergehenden erinnert hatten, wie das Herz ihnen brannte schon auf dem Wege, als er ihnen die Schrift öffnete, so standen sie sofort auf von dem wahrscheinlich eben erst begonnenen Mahle, und kehrten um nach Jerusalem, um den übrigen Jüngern, welche sie dort vereint wußten, zu erzählen, der Herr sei wahrhaftig auferstanden.

28–29 Vgl. Eph 5,27   36–40 Vgl. Lk 24,33–34

So, m. g. Fr., wollten wir es immer halten, jeder seine eigenen inneren Erfahrungen und jeden Segen, den wir von dem Herrn empfangen, zu einem gemeinsamen Gut machen dadurch, daß wir umkehren und den Andern mittheilen, was und wie es uns geworden ist. Dazu sind wir Schüler Eines Lehrers, Jünger Eines Meisters, dazu sind wir | alle auf die gleiche Weise von ihm berufen, daß wir zunächst uns unter einander erbauen, stärken und gründen sollen im Glauben und in der Liebe zu dem Herrn durch Alles, was er nach seiner Gnade und Milde einem jeden von uns hingiebt aus seiner Fülle. So sei denn ihm, der es verheißen hat bis an das Ende der Welt unter uns gegenwärtig zu sein durch die Kraft seines Wortes und durch die milden Ergießungen seiner mittheilenden Liebe, ihm sei ein thätiger Dank dargebracht für alles, was auch uns schon geworden ist und immer noch wird, und was auch wir alle auf mannigfaltige Weise schöpfen aus dem Seinigen! und jeder achte sich dem Andern schuldig in herzlicher Liebe und Treue mitzutheilen alle Gaben des Geistes, auf daß in allen und durch alle der gepriesen werde, welchem allein von uns allen Ruhm und Ehre sei dargebracht jezt und in Ewigkeit. Amen.

10–11 *Vgl.* Mt 28,20

XIV.

Das Ende der Erscheinung Christi mit dem Anfang derselben zusammengestellt.

Am Himmelfahrtstage.

Text. Mark. 16, 14–20.

Zulezt, da die elf zu Tische saßen, offenbarte er sich und schalt ihren Unglauben und ihres Herzens Härtigkeit, daß sie nicht geglaubt hatten denen, die ihn gesehen hatten auferstanden; und sprach zu ihnen, Gehet hin in alle Welt und prediget das Evangelium aller Kreatur: wer da glaubt und getauft wird, der wird selig werden; wer aber nicht glaubt, der wird verdammet werden. Die Zeichen aber, die da folgen werden denen die da glauben, sind die, in meinem Namen werden sie Teufel austreiben, mit neuen Zungen reden, Schlangen vertreiben, und so sie etwas Tödtliches trinken | wird es ihnen nicht schaden; auf die Kranken werden sie die Hände legen, so wird es besser mit ihnen werden. Und der Herr, nachdem er mit ihnen geredet hatte, ward er aufgehoben gen Himmel, und sizet zur rechten Hand Gottes. Sie aber gingen aus und predigten an allen Orten; und der Herr wirkte mit ihnen und bekräftigte das Wort durch mitfolgende Zeichen.

So, m. g. Fr., endete die irdische Erscheinung unsers Erlösers auf eine wunderbare Weise, und unergründlich für uns, wie sie begonnen hatte, so endet mit dem heutigen Tage auch die Reihe von heiligen Erinnerungsfesten der Christenheit, welche sich auf die irdische Erscheinung des Erlösers und das was dieselbe am meisten auszeichnete, beziehen. Und wie es natürlich scheint in allen menschlichen Dingen, wenn man beim Ende angekommen ist zurükzusehen auf den Anfang: so giebt uns auch das verlesene Festevangelium mancherlei Veranlassung, das Ende der irdischen Erscheinung unsers Herrn mit dem Anfang derselben zusammenzustellen; und darauf laßt jezt unter dem Beistande Gottes unsere andächtige Aufmerksamkeit gerichtet sein.

---

2 *Predigt zum Himmelfahrtstag am 11. Mai 1820 vormittags in der Dreifaltigkeitskirche zu Berlin; vgl. Liederblatt in KGA III/11, S. 584–585*

Predigt über Mk 16,14–20

Wir haben dabei vorzüglich auf zweierlei zu sehen: einmal auf das Verhältniß des Erlösers zu seinen Zeitgenossen, unter denen er unmittelbar lebte und wirkte; zweitens aber auf das Verhältniß desselben zu der ganzen menschlichen Natur, und also auch zu allen Geschlechtern der Menschen in ihrer geistigen Entwiklung.

I. Wenn wir nun, m. g. Fr., zuerst in Beziehung auf das Verhältniß unsers Herrn zu den Menschen, unter denen er lebte und wirkte, das Ende seiner irdischen Erscheinung mit dem Anfang derselben vergleichen: was bietet sich uns dar? Zuvörderst, m. g. Fr., wie große Erwartungen gingen nicht der Erscheinung des Herrn auf Erden voran! Von alten Zeiten her, seit der ersten Verheißung, die Gott jenem treuen Diener gab, der auf seinen Ruf Vater und Vaterland verließ, daß nämlich in seinem Namen gesegnet werden sollten alle Geschlechter der Erde, seitdem sich das von diesem entsprossene Volk durch mancherlei Leiden hindurch zu dem höchsten Gipfel seiner Blüthe erhob, bald aber auch, wie es immer zugänglich geblieben war allen Verleitungen von dem göttlichen Geseze, von dieser Höhe wieder herabsank; diese ganze Zeit hindurch hielt sich die allgemeine Erwartung der Besseren und Frömmeren aus dem jüdischen Volke an eine herrliche noch bevorstehende Erfüllung jenes göttlichen Wortes; und mit nicht geringem Stolz rühmten sie sich Nachkommen Abrahams, unter welchen und durch welche jener dunkel geahnete göttliche Segen über das menschliche Geschlecht kommen sollte. Als endlich dieses Volk seiner Selbstständigkeit beraubt und unter Völker, denen es oft furchtbar gewesen war, schmählich zerstreut wurde, auch da ging dennoch dieser Glaube nicht unter, sondern immer sehnsüchtiger wurde die Erwartung, und immer reger und lebendiger die allgemeine Ahnung, daß sie bald würde in Erfüllung gehen. Ja es theilte sich diese Erwartung auch den Völkern umher mit, unter deren Botmäßigkeit jenes Volk Gottes theils noch zerstreut theils wieder zurükgekehrt in sein Land damals wohnte; und das allgemeine Gefühl von dem tiefen Versunkensein der Menschheit, von einem Verderben, aus welchem nach dem gewöhnlichen Gange der Dinge nicht möglich schien, daß aus der menschlichen Natur selbst noch eine Errettung kommen könnte, dieses Gefühl lokkerte die verstokkten Gemüther auf, daß der Samen einer gläubigen Hoffnung auch in ihnen bekleiben konnte. Und eben durch die Verallgemeinerung dieser Erwartung war die Zeit erfüllt, in der Gott seinen Sohn senden konnte.

---

37 bekleiben] *vgl. Adelung: Wörterbuch 1, Sp. 743–744*

13–14 *Vgl. Gen 12,3*   **38** *Vgl. Gal 4,4*

Aber als er nun erschien, m. g. Fr., wie verborgen blieb dem großen Haufen der Menschen diese göttliche Erscheinung! wie klein war die Zahl der Glükklichen, deren Glaube gleich von Anfang an auf das göttliche Kind gewiesen wurde. Und was diese in der Freude ihres Herzens über ihn verbreiteten, wie spurlos war es schon lange verschwunden, ehe es sich durch den Erfolg bewähren konnte! Eben so als der Herr öffentlich auftrat, und sein eigenthümlich von Gott ihm bestimmtes Berufsgeschäft auf Erden dadurch begann, daß er bald mehr bald weniger deutlich sich selbst als den zu erkennen gab, | auf dessen Ankunft so lange war gehofft worden: wie verschieden verhielten sich da zu ihm jene so übereinstimmend scheinenden Erwartungen der Menschen! Da sagte der eine, Was kann aus Nazareth Gutes kommen! Da stieß sich der andere daran, Jesus habe die Schrift nicht gelernt in den Schulen; da ging der dritte hinter sich, weil doch die Rettung nicht von dem ausgehen könne, der nicht hatte, wo er sein Haupt hinlege. Und wenn auch einmal in der Menge die Ueberzeugung aufkam, er sei es der da kommen sollte, wie verkehrt äußerte sie sich, wenn das Volk zusammenlief um ihn zu greifen und zum Könige auszurufen! und wie bald geschah es, wenn seine Rede ihnen irgend zu hart wurde, daß diese Ueberzeugung sich wieder verlor, wie es mit den flüchtigen und nicht recht begründeten Erregungen des Gemüths zu gehen pflegt. Und wenn wir nun sehen, m. g. Fr., wie Christus wieder von der Erde verschwindet, o freilich auf eine herrliche Weise für die gläubigen Herzen, die ihn sahen den dürftigen Schauplaz der Erde verlassen, und mit den Augen des Geistes ihm nachblickend ihm nur zur Rechten des allmächtigen Vaters einen Plaz anweisen konnten. Aber fragen wir nach dem äußerlich sichtbaren Erfolg, den sein ganzes Dasein zurükließ bei seinem Verschwinden von der Erde, was für eine geringe Zahl war es, die ihn bei diesem seinen lezten Abschiede umgab! wie wenig gegen die Menge, die ihn bald für den Messias gehalten hatte, bald für einen Propheten! wie wenig gegen | die noch größere Menge, die ihn bewundert hatte und ihm nachgegangen war, durchdrungen von dem Gefühl, er lehre ganz anders als die Schriftgelehrten und Pharisäer, er rede gewaltig und Gott sei mit ihm! Ja er hatte es wol gewußt, wie Wenige von denen, welche der eine in diesem, der andere in jenem Sinne Herr, Herr zu ihm sagten, das Leben wirklich von ihm empfangen könnten, und geschikkt wären in das geistige Reich Gottes einzugehen, welches zu stiften er gekommen war, und worin wir Alle leben sollen von der verborgenen Speise, daß wir in treuer Verbindung mit dem Erlöser

12–13 *Joh* 1,46   13–14 Vgl. *Joh* 7,15   15–16 Vgl. Mt 8,20   18–19 Vgl. *Joh* 6,15

den Willen unseres Vaters im Himmel thun. – Aber auch die Wenigen, die sich so ganz und innig mit ihm verbunden hatten, wie stand es mit ihnen noch bei seinem lezten Abschiede? Wie unser Evangelium erzählt, konnte der Herr, der in jedem Augenblikk seines Lebens die Wahrheit war, auch jezt noch, indem er ihnen auf der einen Seite den heiligen Auftrag gab, in alle Welt zu gehen, und das Evangelium zu predigen aller Kreatur, auf der andern Seite sich doch nicht enthalten, sie zu schelten über ihren Unglauben und ihres Herzens Härtigkeit. – So, m. g. Fr., so war das Wort Fleisch geworden und geblieben; so hatte vom ersten Anfang an bis zum lezten Augenblikk seines irdischen Lebens auch der Sohn Gottes Theil an dem gewöhnlichen Loose aller Menschen; und so zeigt sich auch in seinem großen Werke, so weit er es selbst persönlich fortführen sollte, eben das, was wir in allen bedeuten|den menschlichen Angelegenheiten wiederfinden, das Niederschlagende eben sowol als das Erfreuliche und Erhebende.

Nämlich, m. g. Fr., nicht sowol dieses erscheint mir als das Niederschlagende, daß das irdische Leben des Erlösers nicht gleich eine allgemeine Anerkennung gefunden und eine entscheidende Wirkung unter dem ganzen Volk hervorgebracht hat, als vielmehr dieses, und ich glaube das wird auch euer Gefühl sein, daß sowol in den frommen Wünschen und Erwartungen eines künftigen Heils, welche der Erscheinung des Erlösers schon vorangingen, als auch bei aller Bewunderung und Liebe, die er selbst hervorrief, so wenig innerer Kern war, so wenig wahre Kraft eines geistigen Lebens, sondern das meiste war wenn nicht Mißverstand und falsche Deutung, so daß Christus für etwas ganz anderes gehalten ward als er sein wollte, dann doch nur leerer Schein eines Wohlgefallens an seiner geistigen Hoheit und himmlischen Einfalt, oder wenn nicht ganz leerer Schein, doch nur eine flüchtige und oberflächliche Bewegung des Gemüthes. Denn schon unter denen, die sehnlichst der Ankunft des erwarteten Retters entgegen sahen, o wie wenige hatten den eigentlichen Sinn der göttlichen Verheißung erfaßt! wie war bei den meisten alles nur auf das Irdische und Sinnliche gerichtet! Darum waren doch nur so Wenige im Stande, das mit einander zu vereinigen, was durchaus jeder muß vereinigen können, der wahrhaft an den Erlöser glauben will, | und was jener ehrwürdige Greis, der den Erlöser gleich bei seinem ersten Erscheinen im Tempel in seine Arme schloß, so gut in seinem Gemüth zu vereinigen wußte, daß der könne ein Licht sein zu erleuchten die Heiden, dessen ganzer Lebensverlauf nicht einmal seinen Nächsten und Liebsten zur reinen Freude gereichte, vielmehr ihnen ein Schwert durch die Seele ging, und von seiner ganzen Erscheinung ein wehmü-

---

9 Vgl. Joh 1,14   36–3 Vgl. Lk 2,28–35

thiger Schmerz zurükblieb; daß derjenige könne der Verheißene sein, der in Israel selbst vielen zwar zum Aufstehen gereichte, doch aber auch vielen zum Fall! Und eben alle Bewunderung, aller Beifall, alle Verehrung und Liebe, die den Erlöser in reichem Maaße begleitete bis zum lezten Ende seines irdischen Lebens: wie wenigen kam sie doch recht aus dem innersten eines von seiner Gotteskraft ergriffenen Herzens! Bei wie wenigen gedieh diese Verehrung bis zu einer so gänzlichen Hingebung der Seele an ihn, bis zu einem so festen Glauben, daß sie sich entschlossen hätten, ihr ganzes Leben an sein großes Werk zu sezen, und sich mit ihrem ganzen Thun ihm anzuschließen! Wenn wir das ganze Volk betrachten, unter welchem der Erlöser gelebt hat: fünfhundert und etwas darüber waren die größte Zahl, von der uns erzählt wird[1], daß er sich ihr offenbaren konnte in den Tagen seiner Auferstehung; und die alten ursprünglichen Elf mit wenigen Angehörigen waren es allein, die Zeugen seines gänz|lichen Abschiedes von der Erde zu sein gewürdiget werden konnten, und denen er mit seinem Segen die lezte Verheißung hoher geistiger Gaben ertheilen konnte! So scheint denn was der Erlöser auf Erden bewirkt wenig angemessen seiner göttlichen Kraft und Würde; und niederschlagend muß es uns sein, daß, ohnerachtet so Viele nahe genug daran waren, vermittelst des der menschlichen Seele von Gott ursprünglich eingepflanzten Wahrheitssinnes, das göttliche in Christo anzuerkennen, auch in diesen größtentheils die Richtung auf das himmlische wieder überwältiget wurde durch das allgemeine Verderben, welches die Wahrheit aufhält in Ungerechtigkeit.

Dieses müßte uns demüthigen, und uns das peinliche Gefühl geben, als sei diese herrliche Erhöhung des Erlösers über die Erde, welche wir heute feiern, ein, wie es in menschlichen Dingen oft vorkommt, nicht hinreichend begründetes Siegsgepränge, wenn wir nicht auf der andern Seite auch das Erfreuliche beachteten, wodurch jenes reichlich aufgewogen wird. Und dieses finden wir gewiß, wenn wir zugleich auf das sehen, was bald nach der Himmelfahrt unsers Herrn geschah. Denn da zeigt sich, daß wenngleich die unmittelbare Wirkung von der Erscheinung des Erlösers, so weit sie noch während seines Lebens auf Erden von seinen Zeitgenossen wahrgenommen werden konnte, freilich nur ein geringer Anfang war, dennoch in demselben ein unzerstörbarer Keim eines sich immer weiter fortentwikkelnden geistigen Lebens wohnte, auf welchen alle | jene späteren Wirkungen, welche erst zum Vorschein kamen, nachdem der Herr den Schauplaz der Erde schon verlassen hatte, und welche weit größer waren als die unmittelbaren und ursprünglichen, doch müssen zurük-

---

[1] 1 Kor. 15, 6.

geführt werden. Denn, m. g. Fr., eben jene Elfe, denen der Erlöser bei seinem Scheiden das Amt ertheilte, das Evangelium zu verkündigen aller Kreatur, und auf die er nach dem Maaße ihrer Kräfte seine geistigen Gaben und Vorzüge übertrug, sind doch der Stamm geworden der jezt so weit verbreiteten christlichen Kirche auf Erden, jener in ihrer Reinheit und Vollständigkeit unsichtbaren Gemeinschaft, die in der That und Wahrheit der Leib ist, der von seinem Haupte vom Himmel aus regiert wird und geordnet, und in der sich die Kräfte und die Gaben des Geistes, der alles aus der Fülle des Erlösers nimmt, zu seiner Verherrlichung äußern. Und wenn wir, so viel uns davon mitgetheilt ist, die nachherige Geschichte der Bemühungen seiner Jünger zu diesem großen Zwekk betrachten, wie von der kleinen Anzahl der Elf und wenigen Frauen, nachdem allmälig die Schaar der Namen in der Hauptstadt des jüdischen Landes herangewachsen war bis zu einhundert und zwanzig[2], dann auf einmal durch die gesegnete Predigt des Apostels zu tausenden, nachdem sie vernommen was sie thun müßten um selig zu werden, sich taufen ließen auf den Namen Christi zur Vergebung der Sünden, und so | der Gemeine des Herrn einverleibt wurden und mit seinen älteren Jüngern ihn bekannten als den, in dessen Namen gesegnet werden sollten alle Geschlechter der Menschen – das war unverkennbar die Nachwirkung seines irdischen Daseins, seiner dem Anschein nach oft undankbar vergessenen Wunderthaten, seiner oft verschmähten Lehren, Warnungen und Einladungen. Nicht alles, was er in den Herzen der Menschen hatte niederlegen wollen, war so spurlos vergessen und verschwunden, als es schien. Zurükgedrängt freilich war vielfältig vieles von seinen Worten durch die irdischen Angelegenheiten, welche nur zu sehr die Menschen in Anspruch nehmen, entstellt vieles für den Augenblick durch die Einflüsterungen feindlicher Gemüther, und zweifelhaft geworden in den Tagen seines Leidens und seines Todes; und so ging bei Vielen der Same, den er unter ihnen wandelnd in ihre Seelen zu streuen suchte, wie er es ja selbst gelehrt hatte, auf mannichfaltige Weise wirklich verloren, und würde noch bei Mehreren verloren gegangen sein, wenn es nicht auch fruchtbareren Boden gegeben hätte, auf dem man ihn freilich auch, so lange der Erlöser lebte, kaum oder gar nicht aufkeimen sah, aus welchem er aber hernach kräftig grünend emporwuchs, und nach dem verschiedenen Maße, das Gott jedem von Anfang an zugetheilt, zehn- und hundertfältige Früchte brachte.

---

[2] Apostelgesch. 1, 15. vergl. v. 13.

17–18 Vgl. Apg 2,38.41 30–38 Vgl. Mt 13,3–8

Hieran nun erkennen wir erst vollständig den Triumph des Erhöheten. Beim äußeren Anschein stehen bleiben und bei irgend einem einzelnen Augen|blikk, das schlägt nieder. Jeder Blikk aber auf das Innere, welches schon die Keime einer reicheren Zukunft in sich schließt, muß uns erfreuen und erheben. Darum mußte auch den Jüngern, welche sich, als sie ihm nachsahen gen Himmel fahrend, und sich gering und schwach vorkommen mußten als eine kleine Heerde, die den Wölfen Preis gegeben ist in der Wüste, gleich mit verkündet werden die glorreiche Wiederkunft des Herrn, um ihre Aufmerksamkeit abzuziehen von dem gegenwärtigen Augenblikk und sie mit der sichern Erwartung dessen zu erfüllen, was nach seinen verheißungsvollen Reden noch geschehen sollte bis zu dieser Zeit.

Dessen eingedenk mögen nun auch wir an diesem Tage der Vollendung unseres Erlösers uns dessen getrösten, daß was von seiner Wirksamkeit auf Erden gegolten hat, eben so auch von allem gilt, was in dem Umfange seines Reiches Großes und Gutes und von seinem göttlichen Wesen abstammendes gewirkt wird. Was in jedem Augenblikk als Wirkung äußerlich erscheint, ist viel zu wenig für diese göttliche Abstammung; und unser Glaube würde nicht bestehen können, wenn wir nicht über jeden Augenblikk uns trösten könnten mit der Zukunft. Denn betrachten wir das näher, was in jedem Augenblikk erscheint, so ist es eben wie mit den Wirkungen des Erlösers. Klein ist der Kern, weitläuftig seine Umgebungen und Hüllen, welche abfallen und verwesen, aber doch nicht eher, bis er unter ihrem Schuz erstarkt ist und sich an ihnen hinrei|chend genährt hat. Gering ist überall der Anfang, und oft klagen wir, daß eine unter großen und günstigen Vorbedeutungen begonnene irdische Erscheinung vorübergegangen ist, ohne eine bedeutende und bestimmt zu verfolgende Spur zurükgelassen zu haben. Aber wir klagen mit Unrecht; was irgend wahrhaft gut ist, was irgend wie zu dem Werke des Erlösers auf Erden gehört, das theilt auch jenes erfreuliche Loos seines Daseins, dem folgen auch in später Zeit mittelbare Wirkungen nach, weit herrlichere und umfassendere als die unmittelbaren, daraus entwickelt sich gewiß, und wenn es auch schon untergegangen zu sein scheint, und so betrauert wird, früh oder spät der Keim, den die allmächtige Weisheit Gottes hineingelegt hat.

So, m. g. Fr., laßt uns denn in dieser Hinsicht dem von der Erde sich erhebenden Erlöser in voller Freudigkeit des Herzens nachsehen, wie er selbst freudig gen Himmel fuhr, obgleich er nur in einem geringen Anfang aber fest und unerschütterlich im Glauben, seine Gemeine auf Erden zurükließ! Laßt uns darauf achten, wie viel schon, und immer ohne alle andere Hülfe, denn von anderwärts her kann seiner Sache keine Hülfe kommen, sondern allein durch dasjenige, was er selbst der Erlöser auf Erden gewesen war und gethan hatte, allmälig zum Heil des menschlichen Geschlechtes erschienen ist; und laßt uns eben daran unsern Glauben stärken und den Mißmuth dämpfen, der uns so gern beschleicht unter den Wechseln dieses Lebens. Und wo es auch | uns mit anderm Guten und Herrlichen eben so zu gehen scheint wie mit dem irdischen Leben des Erlösers: laßt uns festhalten an dem Glauben, alles wahrhaft gute werde sich immer inniger vereinigen und immer tiefer verflechten in das unvergängliche Werk, welches er auf Erden begonnen hat, und welches auch nur durch seine geistige Gegenwart in der von ihm gestifteten Gemeinschaft immer mehr gefördert werden kann.

II. Und so laßt uns eben, um uns in diesem Glauben zu stärken, nun noch Zweitens sehen auf das Verhältniß des Erlösers zu der menschlichen Natur überhaupt, indem wir auch in dieser Hinsicht Anfang und Ende seines irdischen Daseins zusammenstellen.

Ich bin vom Vater ausgegangen und kommen in die Welt; wiederum verlasse ich die Welt und gehe zum Vater[3]. So spricht er selbst der Erlöser in seinen letzten Unterredungen mit seinen Jüngern. Er war vom Vater ausgegangen und gekommen in die Welt; seines Gleichen, das wollte er gewiß auch durch diese Worte seinen Jüngern andeuten, seines Gleichen war vorher im menschlichen Geschlechte nicht gewesen. Keiner war so wie er vom Vater ausgegangen, indem von einem Geschlechte zum andern die Sünde und das Verderben sich fortgepflanzt hatte, und die Menschen vom | Fleisch geboren nur Fleisch waren und nicht Geist. In ihm allein hatte sich nicht nur jener Hauch des göttlichen Wesens, den der Schöpfer gleich anfänglich unserer menschlichen Natur eingepflanzt hatte, zum Unterschiede von allen andern Geschöpfen, in seiner ursprünglichen Reinheit wiederholt, sondern mehr als das, auf eine solche Weise, daß er nicht wie zuerst dem Verderben unterworfen, und von der Sünde überwältigt werden konnte, hatte sich das göttliche Wesen mit ihm vereinigt und eben dadurch ihn zu der einzigen menschlichen Erscheinung ohne Gleichen gebildet. Aber wie nun der Erlöser die Welt wieder verließ und zum Vater zurükkehrte: so ist auch – und das ist nicht etwas worüber wir trauern, m. g. Fr., sondern, es ist das Herrliche unseres Glaubens selbst – so ist auch kein anderer wieder wie er vom Vater ausgegangen; und wie es vorher seines Gleichen nicht gab unter den Menschenkindern, so wird es auch nach ihm seines Gleichen nicht

---

[3] Joh. 16, 28.

25–27 Vgl. Gen 2,7

wieder geben unter denselben. Eine einzige Erscheinung, ein einziges und ach noch dazu so kurzes menschliches Leben war die herrliche Blüthe der menschlichen Natur, deren Gleichen der Stamm derselben nicht wieder tragen wird. Das ist der Gedanke, m. g. Fr., den uns schon jeder ganz empfundene Augenblik in dem irdischen Leben des Erlösers nahe bringt, wie viel mehr noch müssen wir an dem Gedenktage seiner Entfernung von der Erde, wenn wir wie die ersten Jünger, welche Zeugen derselben waren, ihm nachsehen gen Himmel, von diesem Gedanken durch|drungen sein! Was uns aber betrüben könnte ist dieses, daß der Erlöser diese großen Worte beide so einfach hinter einander ausspricht, ohne irgend etwas dazwischen zu stellen: Ich bin vom Vater ausgegangen und gekommen in die Welt, wiederum verlasse ich die Welt und gehe zum Vater. Denn das klingt fast, als wollte er uns nicht nur das recht tief einprägen, wie einzig und vorübergehend jene Erscheinung gewesen; sondern als ob er auch zu verstehen geben wollte, es sei durch seine Erscheinung nichts bewirkt worden und nichts davon zurükgeblieben, so redet er von seinem Kommen und seinem Gehen. Aber nein, so dürfen wir ihn nicht verstehen! Die einzige Blüthe der menschlichen Natur, eben weil sie die einzige sein sollte und mußte, so konnte auch und durfte sie nicht fruchtlos abfallen, wenngleich damals die Wenigsten wußten wer gekommen war und wer gegangen. Vielmehr leben wir des festen Glaubens, ja wir machen die unmittelbare Erfahrung davon, daß durch die Erscheinung des Herrn, wie kurz er auch hier verweilt hat, dennoch die menschliche Natur im Allgemeinen auf eine Weise veredelt worden ist, wie es durch kein früheres Erziehungsmittel des Höchsten möglich war. Auch war kein früheres bestimmt, diesen ewigen Rathschluß selbst zu erfüllen, sondern alle waren nur vorbereitend auf ihn.

Niemals, m. g. Fr., ist in der menschlichen Natur das Bewußtsein von ihrer Verwandtschaft mit dem höchsten Wesen ganz untergegangen; auch | die verdorbensten und versunkensten Geschlechter lauschten auf jede Spur derselben unter sich und in der Fremde, nur freilich kaum anders als mit einem mißleiteten Verstande, mißleitet durch das Verderben des Herzens. Aber untergegangen war dieses Gefühl nie; und jeder Ausgezeichnete unter den Menschen, jeder der sich rühmen konnte, daß ihn wenigstens in den herrlichsten und schönsten Augenblikken seines Lebens ein göttlicher Geist anwehe, daß ein Wort des Herrn an ihn ergehe, und durch ihn hindurch zu den übrigen Menschen gelange, jeder solcher hatte eben dieses Gefühl in seinem Herzen, das ihn auszeichnete, ermuthigte, belebte und stärkte. Aber es blieb immer eine unbefriedigte Sehnsucht. Da ward das Wort Fleisch;

11–13 *Joh 16,28*   **41** Vgl. *Joh 1,14*

Predigt über Mk 16,14–20

das Licht von oben schien in die Finsterniß hinein! Freilich er kam in sein Eigenthum, und die Seinen nahmen ihn nicht auf; das Licht schien, aber die Finsterniß wollte es nicht begreifen und einsaugen. Aber doch denen die ihn aufnahmen gab er die Macht Gottes Kinder zu werden, eine Macht, die keiner vorher den Menschen mittheilen konnte, weil keiner sie hatte, weil keiner wie er der eingeborne Sohn Gottes war, und ein solcher allein die Macht Kinder Gottes zu werden mittheilen konnte. So erhielt die ganze menschliche Natur die Fähigkeit, so weit in ihm die Herrlichkeit des eingebohrnen Sohnes vom Vater erkannt wird, durch den Glauben Theil zu nehmen an der in seiner Person vollzogenen innigeren Vereinigung des göttlichen Wesens mit der | menschlichen Natur. Diese Theilnahme ist der Tröster, den er verhieß, den er aber erst senden konnte, wenn die Gläubigen nicht mehr an seine äußere leibliche Erscheinung gewiesen waren.

Wenn auch vor der Erscheinung des Erlösers in den früheren Zeiten des alten Bundes die Rede ist von Wirkungen des göttlichen Geistes, was für ein schwacher Schimmer war das, was für ein leicht verschwebender Hauch! Hie und da sparsam und regellos widerfuhr es Einzelnen, nicht etwa daß der Geist Gottes ihnen einwohnte für ihr ganzes Leben als dasjenige, was sie leitete und beseelte, sondern nur augenblicklich wurden sie aufgeregt zu irgend einer göttlichen Sendung, aber eben so plözlich verschwand auch der erhöhete Zustand wieder, eines so unbegreiflich als das andere. Das konnte aber auch nicht anders sein, weil diese Wirkungen ihren Grund nur hatten in jener nie ganz verschwundenen aber dunkeln Ahndung von einem unmittelbaren Verhältniß zwischen Gott und den Menschen. Nach der Erscheinung des Erlösers aber ergoß der Geist Gottes und verbreitete sich über Alle ohne Unterschied, welche in Christo die Erfüllung aller göttlichen Verheißungen erkennen und den Segen derselben von ihm annehmen. Und dieser Erguß des Geistes als des großen Gemeingutes der christlichen Kirche ist nichts vorübergehendes, sondern eine bleibende Einwohnung, eine ununterbrochene Wirksamkeit durch die Fülle weislich vertheilter Gaben aller Art. So ist es demnach ein ewiger Gewinn, den | die menschliche Natur selbst von dieser ihrer vorübergehenden göttlichen Blüthe gemacht hat.

Und, m. g. Fr., was hätte es auch für einen Sinn, daß wir uns nach Christi Namen nennen, und in demselben Sinne nach keinem andern, daß wir ihn als den einigen Erlöser der Menschen preisen, wenn das nicht unser Glaube wäre, daß durch ihn, vermittelst einer von ihm ausgehenden und noch immer fortwirkenden Kraft, die menschliche

---

1 Vgl. *Joh 1,5*   1–2 *Joh 1,11*   3 Vgl. *Joh 1,5*   4–5 Vgl. *Joh 1,12*   9–10 Vgl. *Joh 1,14*   12–14 Vgl. *Joh 16,7*

Natur aus der Tiefe, in die sie durch die Entfremdung von Gott herabgesunken war, wieder erhoben und in eine selige Verbindung mit Gott gestellt worden ist, welche vor Christo und ohne die Offenbarung des Vaters in ihm nicht wäre zu erringen gewesen, aus welcher sie aber nun eben deswegen, weil ohnerachtet aller Verunreinigungen von außen und aller Verschuldungen von innen seine Gemeine doch nimmer untergehen kann, nun auch nicht wieder herausgerissen werden wird. Und das ist die Herrschaft welche Christus übt, seit er erhöhet ist von der Erde zur Rechten des Vaters.

Dies, m. g. Fr., dies war der Sinn jener großen Verheißung, die der Erlöser noch bei seinem Scheiden seinen Jüngern gab, dies war das Wesen des Amtes, womit er sie belehnte, der geistigen Kraft, womit er sie ausrüstete. Und wenn gleich, je weiter sich seine Gemeine ausgebreitet hat auf Erden, um desto mehr sowohl das Wort der Verkündigung, als auch die Zeichen, die dasselbe begleiten, in den Gang der Natur sind zurükgeführt worden: demohnerach|tet, ja wol erwogen nur um so mehr, erfreuen wir uns der vollen Früchte seiner Erscheinung auf Erden; und weit entfernt daß uns etwas verloren gegangen wäre, sind wir in der lebendigsten Verbindung mit ihm. Denn es ist derselbe Geist, der in ihm als dem Haupte und in uns als den Gliedern wohnt, der uns durch die göttliche Kraft der Wahrheit, welche in dem Sohne war, mit der Freiheit ausstattet, welche vorher keiner auch der treuesten und ausgezeichnetesten Knechte Gottes besaß, mit der seligen Freiheit der Kinder Gottes. Das ist die Macht, die er gegeben hat allen die ihn aufnehmen, Kinder Gottes zu werden, indem er den Geist in ihre Brust senkt, der gläubig emporruft durch ihn und um seinet willen: Lieber Vater.

Und so, m. g. Fr., laßt uns heute an diesem festlichen Tage Abschied nehmen in unserem Gemüthe von jener köstlichen Reihe von Tagen, die beginnend mit der Feier der Geburt des Erlösers heute mit dem frohen siegreichen Andenken an seine gänzliche Vollendung von der Erde schließt, und festen Vertrauens nur uns halten an die geistige Gegenwart, die er den Seinigen verheißen hat, bis ans Ende der Tage, wissend, daß so wir an ihm halten mit festem Glauben und ihn in uns aufnehmen mit treuer Liebe, wir dann durch ihn gerechtfertigt auch in ihm, und mit ihm auch in seinem und unserm Vater leben, weben und sind.   Amen.

---

18 wäre, sind] wäre sind

---

23 *Röm 8,21*   24–25 *Vgl. Joh 1,12*   26 *Röm 8,15; Gal 4,6*   32 *Vgl. Mt 28,20*
35–36 *Vgl. Apg 17,28*

XV.

Daß die Erhaltung der christlichen Kirche auf dieselbe Weise erfolgt, wie ihre erste Begründung.

Am Pfingstfeste.

Geist aller Geister, unerschaffnes Wesen, dein Name sei auf ewig hochgelobet; du durch deß Wort der Sünder wird geschlagen, deß Hauch im Nu verwandelt die Gottlosen, der was da lebt und webt allein umfasset, der ganze Erdkreis ist voll deiner Werke. Amen.

Text. Apostelgesch. 2, 41–42.

Die nun sein Wort gern annahmen ließen sich taufen, und wurden hinzugethan an dem Tage bei dreitausend Seelen. Sie blieben aber beständig in der Apostel Lehre und in der Gemeinschaft, und im Brotbrechen und im Gebet. |

Indem ich euch, m. a. Fr., in diesen Worten nur das Ende der Erzählung gelesen habe von den großen Begebenheiten des Tages, dessen Gedächtniß wir heute mit einander feiern: so ist meine Meinung die, daß doch auch eure Gedanken wie die meinigen dabei auf alles Vorhergehende werden gerichtet gewesen sein, wodurch eben das Gelesene bewirkt ward; wie der göttliche Geist, frisch ausgegossen aus der Höhe in den Herzen der Jünger sich wirksam erwies, durch ihr Wort in die Seelen der Menschen eindrang, und eben dadurch zuerst die christliche Kirche, von der auch wir nun, Dank sei es Gott, Mitglieder sind, gestiftet wurde. Aber besonders wollte ich zu bedenken geben, daß wenngleich diese Erzählung uns zunächst in eine ferne Vergangenheit zurükführt, zum ersten Anfange der neuen Zeit der wir angehören, sie uns doch zugleich mitten in die Gegenwart hineinzieht, in der wir selbst leben, weben und sind. Denn wie alles in der Welt nur durch dieselben Kräfte fortbesteht, denen es auch sein Dasein verdankt, so auch besonders das geistige Reich Gottes; und wie die christliche Kirche durch diese Wirksamkeit des göttlichen Geistes entstanden ist, so erhält sie sich auch und verbreitet sich über das menschliche Geschlecht, indem sie fortgepflanzt wird von einem Geschlecht auf das

---

2 *Predigt zum Pfingstsonntag am 10. Juni 1821 vormittags in der Dreifaltigkeitskirche zu Berlin; vgl. Liederblatt in KGA III/11, S. 591–592*   **17–18** *Vgl. Apg 2,1–40*
27 *Vgl. Apg 17,28*

andere und von einem Volk auf das andere nur durch dieselbe Wirksamkeit. Darauf laßt uns in dieser festlichen Stunde mit einander unsre christliche Aufmerksamkeit richten, und indem wir auf die Hauptpunkte | in der Erzählung von dem großen Tage der Pfingsten zurükgehen, das mit einander betrachten, wie eben dasselbe was damals geschah noch jezt geschieht, um die christliche Kirche in ihrem Bestand und in ihrer Verbreitung zu erhalten.

I. Das Erste aber, worauf wir, indem wir uns die Geschichte jenes Tages wiederholen, zurükzugehen haben, ist wol dies, daß, als jene große Menge Menschen, von welcher hernach dreitausend Seelen hinzugethan wurden zu dem Häuflein der Gläubigen, zusammengekommen war, sie hörten, wie die Apostel in verschiedenen Zungen die großen Thaten Gottes und seine Herrlichkeit priesen.

Das war das erste Geschäft des göttlichen Geistes damals, und eben darauf beruht vornehmlich und zuerst auch jezt noch immer, daß ein Einzelner nach dem andern, und so auch ein Volk nach dem andern und ein Geschlecht nach dem andern, hinzugethan wird zu dem Haufen der Gläubigen. Mannichfaltig sind die großen Thaten Gottes; die Himmel verkündigen seine Ehre, ein Tag erzählt sie dem andern, und eine Nacht der andern, durch alles was sich ereignet und mit einander wechselt und neben einander besteht in dem weiten Umfang der Schöpfung. Aber wie einst als einem heiligen Manne eine nähere Offenbarung des Höchsten ver|heißen ward[1], mancherlei merkwürdige und große Naturerscheinungen gewaltig vor ihm vorübergingen, aber in denen war der Herr nicht: so auch giebt es mancherlei Verkündigung der Thaten Gottes, aber jene belebende Wirkung des Geistes ist nicht in ihnen. Es waren nicht die großen Thaten der Schöpfung, nicht die unergründlichen Tiefen der körperlichen Natur, was der Geist Gottes verkündigte durch den Mund der Apostel, und was den Ungläubigen und Verstokten das Herz aufschloß; denn die Apostel waren ungelehrte Leute, unbekannt mit den Geheimnissen der Natur, von denen damals ohnehin dem menschlichen Verstande viel weniger aufgeschlossen war als jezt. – Mannichfaltig sind die großen Thaten Gottes in seinen allgemeinen Fügungen mit dem menschlichen Geschlecht, wie er zuvor versehen hat, daß von Einem Blute abstammend die Geschlechter der Menschen sich verbreiten und

---

[1] 1. Kön. 19, 11.

---

5 zurükgehen,] zurükgehen   37 19, 11.] 19, 12.

19–20 Vgl. Ps 19,2–3   23–25 Vgl. 1Kön 19,11–12

Predigt über Apg 2,41–42

auch die unwirthbarsten Gegenden der Erde nicht unbewohnt und unbeherrscht lassen sollten; dabei aber bestimmt hat wie sie dieselbe unter sich theilen sollten, und jedem seine Gränze gesezt. Aber von allen diesen merkwürdigen Wundern der Geschichte, in Bezug auf den irdischen Beruf und die geselligen Verhältnisse der Menschen wußten die Apostel des Herrn nur wenig; ihre Kenntnisse waren beschränkt auf die Geschichte ihres eigenen Stammes, wie sie in den heiligen Büchern verzeichnet | ist, und auf das was diesen zunächst berührt hatte, fremd aber war ihnen der größte Theil menschlicher Weisheit und Kunst. Auch das also waren nicht die Verkündigungen des göttlichen Geistes, indem er die großen Thaten Gottes pries.

Was ist denn übrig, m. g. Fr., wovon der Geist Gottes durch die Apostel kann geredet haben? Die allmälige Erfüllung der Einen großen Verheißung des Wortes, in welchem, als es menschlicher Weise zu reden aus dem Munde Gottes ging, schon das ganze Geheimniß der Erlösung mit eingeschlossen war, die Erfüllung des großen Wortes, Laßt uns Menschen machen, ein Bild das uns gleich sei! Diese Geschichten wußten die Apostel, wie um dies zu erfüllen der Herr sich nicht unbezeugt gelassen hatte zu irgend einer Zeit, auch nicht unter dem tief herab gesunkenen Geschlecht der Menschen, wie er, auch als das Herz derselben sich von ihm gewendet hatte, doch seine väterliche Sorgfalt und Huld nicht von ihnen wendete, sondern hier und dort auf Erden einen Hauch seines Geistes ertönen ließ, vorbereitende Stimmen mancher Art, welche warnten, ermahnten, trösteten, beruhigten, auf eine große und herrliche Zukunft hinwiesen, in welcher alle Geheimnisse der göttlichen Barmherzigkeit sollten offenbar werden. Diese großen Thaten Gottes, die sich auf die Ueberwältigung des Bösen, auf die Tilgung der Sünde, auf die Wiederbringung des menschlichen Geschlechts beziehen, das unter der Sünde und dem Gesez nur eben zusammen|gehalten war, bis die Erfüllung kommen konnte durch den Verheißenen, diese waren es, welche die Apostel predigten; sie waren der erste Ton, sie sind auch noch der beständige, ja sie bleiben gewiß der ewige Text des göttlichen Geistes.

Und eben so, m. g. Fr., geht es auch noch immer. Alle Menschen haben, wenn gleich in verschiedenem Maaße, ein geöffnetes Auge für die Wunder Gottes in seiner Schöpfung. Seine Sonne scheint ihnen allen den Guten und den Bösen, und der Regen aus seinen Wolken erquikt die durstige Erde, gehöre sie den Gerechten oder den Ungerechten; und die Himmel, denen man es ansieht, daß nur die Allmacht sie wieder zusammenrollen kann, dieselbe die sie ausgespannt hat, sie sind vor aller Menschen Augen ausgebreitet, und laden sie unter sich

---

17 Gen 1,26   36–39 Vgl. Mt 5,45   39–40 Vgl. Jes 48,13

ein zu allerlei lieblichen und geistigen Genuß. Aber wie selten redet durch solche Lobpreisungen der Geist Gottes zu dem Herzen der Menschen! wie flüchtig sind diese Regungen, wenn sie auch freilich das Dasein des Ewigen und die milde Güte eines himmlischen Wesens verkündigen! wie wenig wirken sie dauernd auf die Stimmung des Gemüths, oder augenbliklich auf die Erwekkung eines bestimmten Entschlusses. Aber wenn die großen Thaten Gottes an der unsterblichen doch tief gesunkenen Seele den Menschen verkündigt werden, das ist die kräftigste Stimme des göttlichen Geistes, das ist das Wort, durch welches die Sünder geschlagen werden und die Gottlosen umgewandelt, das ist die Lob|preisung, durch deren Inhalt jede menschliche Seele, schlägt die ihr von Gott bestimmte Stunde, kann auf immer begeistert werden und von Gott erfüllt. Dies sind nun auch die großen Thaten Gottes, die seit jenem denkwürdigen Tage auf dieselbe Weise immer weiter umher verkündigt werden unter allen Völkern der Erde. Und wie damals durch das Fest zusammengeführt Menschen von verschiedener Herkunft sich um jene ersten Werkzeuge des Geistes versammelten, und uns erzählt wird, jeder habe sie reden gehört in seiner Zunge und auf seine Weise: so erscheint nun der größte Theil der Erde als eine solche begeisternde Pfingstversammlung. Weit umher sind die Redenden verbreitet, und fast alle Völker müssen rühmen, daß sie in ihrer Sprache und so, daß sie es auffassen können, diese Thaten Gottes verkündigen hören, und die Einladung vernehmen sich auch zum Bilde Gottes bereiten zu lassen durch den, in welchem alle göttlichen Verheißungen erfüllt sind. Und keine Sprache giebt es, welche auch die entferntesten Menschenkinder reden, so ungelenk für die menschliche Weisheit, so ungebildet für die menschliche Kunst und nur für den engsten und dürftigsten Kreis irdischer Bedürfnisse berechnet auch eine sein mag, der Geist Gottes weiß doch in ihr durch menschlichen Mund diese großen Thaten Gottes auf fruchtbare Weise zu verkündigen. Ja nicht nur legen die Boten des Herrn mit ihren eignen Worten Zeugniß ab in allerlei Zungen, sondern seitdem zuerst der göttliche Geist den Gläubigen Muth und | Kraft erwekt hat, das göttliche Zeugniß an das menschliche Geschlecht in den heiligen Schriften des neuen Bundes aus der Sprache, in der es zuerst niedergeschrieben war, zu übertragen, sind nun auch alle sonst verachtete Sprachen geehrt durch den Besiz des Evangeliums. Wo nun das Wort der Schrift und des Zeugnisses erschallt, da ist es derselbe Geist, der am Pfingsttage in den mannigfaltigen Zungen redete.

Und nicht anders als eben so, m. g. Fr., wirkt der göttliche Geist auch auf das jugendliche Geschlecht, welches wir allesammt zu leiten

---

22 so, daß] so daß

haben, damit es dereinst unsre Stelle einnehme in diesem Reiche Gottes auf Erden. Führet alle Wohlthaten die ihr ihm als Eltern und Versorger erweiset, führet alle Schönheiten der Natur die es umgeben, alle heiteren Lebensgenüsse deren es sich erfreuet auf das höchste alles leitende Wesen zurükk, ihr werdet dadurch allerdings einen wohlthätigen Eindrukk auf die jungen Gemüther hervorbringen, ihr werdet ihren Blikken eine höhere Richtung geben, und also als weise Eltern und Lehrer handeln; aber mit der belebenden Kraft, welche die jungen Herzen in ihrer innersten Tiefe trifft, wird der Geist Gottes nur durch euch zu ihnen reden, wenn ihr in Beziehung auf das Verderben, das sie in sich wahrzunehmen, auf die Bedürfnisse des Gemüthes, die sich in ihnen zu entwikkeln beginnen, ihnen die großen Thaten Gottes verkündiget in seinen gebietenden Offenbarungen, in seinen reinigenden Voranstalten, in der Sendung dessen, der eine ewige Erlösung gestiftet | hat. Daß dem so ist, und daß durch diese Verkündigung am meisten die Jugend angeregt wird auf die Stimme des göttlichen Geistes zu hören, davon denke ich, führt jedes christliche Hauswesen auf eine oder die andere Art den Beweis. – Aber bemerket auch hier den Pfingstreichthum der göttlichen Gnade, und unterlaßt nicht Gott dafür zu preisen. Bedenket, wie vielerlei verschiedene Ansichten und Vorstellungsweisen entwikkeln sich nicht in jedem Geschlecht, wieviel verschiedene Richtungen der christlichen Frömmigkeit bestehen nicht neben einander; und zu dem allen liegt der Keim schon in den verschiedenen Gemüthsstimmungen des jugendlichen Alters. Wieviel verschiedener Zungen in denen geredet werde, bedarf also das heranwachsende Geschlecht! Und doch hört jeder aus dem großen Chor der christlichen Gemeine heraus, was er fassen und vernehmen kann; jeder hört in seiner Zunge reden, und alle diese verschiedenen Töne sind vor Gott Eine schöne und gesegnete Zusammenstimmung.

II. Aber es war nicht nur der Geist Gottes, der durch den Mund der Apostel zu den Seelen der Hörer redete, sondern **zweitens** auch die erste Bewegung, wodurch diese sich ihrem Ziele näherten, war ebenfalls desselben Geistes erste Regung in ihren Seelen. Er redete nicht nur durch die Apostel des Herrn, sondern das unsichtbare himmlische Feuer strömte auch durch ihr Wort in die bis dahin kalten und gleichsam erstorbenen Seelen hinein. Und | was war dieses Erste, was der göttliche Geist in ihnen hervorbrachte? So erzählt uns die Geschichte dieses Tages, Da sie das hörten, ging es ihnen durch das Herz und sie sprachen, ihr Männer lieben Brüder, was sollen wir thun, daß wir selig werden? Da sie das hörten, daß nämlich Gott Jesum von

---

38–40 Vgl. Apg 2,37   40–3 Vgl. Apg 2,22–23.36

Nazareth, der unter ihnen gewandelt war mächtig in Worten und in Thaten, den sie aber gekreuzigt hatten, daß Gott den zu einem Herrn und Christ gemacht habe; da sie das hörten und durch diese Predigt des Geistes bewegt wurden zu glauben, der den sie verworfen sei der Gesalbte des Herrn, da sie sich das Zeugniß geben mußten mittelbar oder unmittelbar, viel oder wenig, aber doch immer Antheil gehabt zu haben an seinem Tode: da drang es ihnen durch das Herz; und indem sich ihnen nun zugleich in jenen ersten Regungen des Geistes, der aus den Jüngern des Herrn sprach, die Herrlichkeit des neuen Lebens, der Bund einmüthiger Liebe und ungetrübter Freude, wenngleich nur erst im kleinen Anfang das große weissagend doch in seiner eigenthümlichen Wahrheit darstellte: so fügten sie hinzu, Was sollen wir, die wir den Gesalbten Gottes haben kreuzigen helfen, was sollen wir thun, um Theil zu haben an der Seligkeit, die wir an euch sehen, und die eben das ist, wonach unser Herz so lange schon sich sehnt?

Daß eben dieses nun auch noch heut zu Tage der Hergang der Sache ist überall, wo das Reich Gottes sich verbreitet im Großen und im Einzelnen, | das wird wol nicht leicht jemand läugnen. Denn wo in ganzen Völkern auf einmal der Sinn für die Wahrheit des Evangeliums anfängt sich zu entwikkeln: wie sollte es zugehen, wenn sie nicht unzufrieden würden mit dem Zustande, in dem sie sich bisher befunden? und wie sollten sie das, wenn ihnen nicht ein besseres Leben, ein höherer Friede, ein helleres Licht entgegenstrahlte aus denen, welche ihnen die gute Botschaft überbringen? Die Sehnsucht also nach diesem ihnen fremden und neuen Leben, wiewol es so wie sie es wahrnehmen können, nur ein schwacher Abglanz ist von dem Leben dessen, an dem die Herrlichkeit des eingebohrnen Sohnes vom Vater erschien, diese Sehnsucht muß zuerst erwachen, aber auch das Bewußtsein, daß sie selbst unvermögend sind, es hervorzubringen, daß ihnen der Weg erst gezeigt, die Quelle erst aufgeschlossen werden muß. So und nur so entsteht oft unter einer Menge von Menschen in raschem Lauf die erfreuliche Frage, Was sollen wir thun, daß wir selig werden. Aber kann es etwa anders hergehen bei einer einzelnen bisher noch von Finsterniß umfangen gewesenen Seele, auch einer solchen, die schon immer mitten unter Christen gelebt hat? Muß dieser nicht auch erst die bisherige Blindheit wie Schuppen von den Augen fallen, daß sie das anders ansehn und höher achten lernt, woran sie bisher gleichgültig vorüberging? Das Bessere muß dem Menschen erst einleuchten, ehe er zu dem Wunsch kommen kann, aus seinem bisherigen Zustande her|auszugehen. Das ist der natürliche Gang aller großen Erwekkungen und so auch aller einzelnen Führungen. Und wenn es uns

---

27 Vgl. Joh 1,14

bisweilen anders erscheint: so gehen wir nur nicht weit genug zum ersten Anfang zurükk. Nicht aus der Sicherheit und dem Wohlbehagen bei einem, wie er auch leiblich und äußerlich betrachtet beschaffen sei, doch geistig wenigstens dürftigen und armseligen Zustande, nicht von da aus kann der Mensch zum Antheil gelangen an der Seligkeit, die durch Christum an das Licht gebracht ist; sondern Verlangen muß erst in ihm erwekt werden, und zum Gefühl seines Unvermögens muß er erst gebracht werden.

Wenn nun aber Petrus diejenigen, die sich damals taufen ließen, nicht sowol auf ihr Unvermögen zurükgeführt hatte, als vielmehr auf ihre mittelbare und unmittelbare Theilnahme an demjenigen, was das größte Werk der Sünde und der höchste Gipfel des menschlichen Verderbens war: so scheint doch als ob dieses etwas ihnen eigenthümliches wäre, wovon wir keine Anwendung auf uns machen könnten; sondern hierüber könnten wol der Natur der Sache nach nur diejenigen Vorwürfe gefühlt haben, und auch sie nur in verschiedenem Maaße, welche als Zeit- und Volksgenossen des Erlösers die feindselige Bewegung, welche gegen ihn in seinem Volke entstand, getheilt hatten, sei es nun, daß sie sich unmittelbar auf die Seite seiner Widersacher gestellt, oder daß sie sich nur feigherzig zurükgezogen und jenen nicht Widerstand geleistet hatten. Aber, so | könnte man sagen, wie sollen diejenigen, welche bis zu diesem Augenblikk von dem Heil in Christo nichts vernommen hatten, also auch niemals etwas dagegen hatten thun können um es abzuwehren von dem Innern ihrer Seele; wie soll die Jugend, die unter uns aufwächst, und die so wie sie lallen gelernt hat, auch bald lernt mit Ehrfurcht und mit heiliger Scheu den Namen Jesu ausrufen, wie soll diese – und sie ist es doch vornämlich, durch welche sich die christliche Kirche in unsern Tagen erneuert und erweitert – wie soll sie zu dem Gefühl kommen, daß sie einen Antheil habe mit denen, die den Fürsten des Lebens gekreuziget haben? Und doch, m. g. Fr., doch ist es nicht anders, und es giebt keine andere tiefe und heilbringende Erkenntniß des menschlichen Verderbens als diese. Die Sünde in allen ihren mannichfaltigen Gestalten ist Eine und dieselbe; fleischlich gesinnt sein, sagt der Apostel, das ist eine Feindschaft wider Gott, und die Feindschaft wider Gott ist auch die wider seinen Gesalbten. Sie hassen beide mich und meinen Vater, sagt Christus[2]. Wer sich nicht dieses allgemeinen Zusammenhanges aller Sünde bewußt ist, wodurch sie Einen Leib des Todes[3] bildet, der

---

[2] Joh. 15, 24.
[3] Röm. 7, 24.

30 Vgl. Apg 3,15   34–35 Röm 8,7

hat noch keine rechte Erkenntniß von ihr. Wer aber diese hat, der wird auch sich selbst und allen Andern das Zeugniß geben, daß alles in Allen vorhanden sei, was unter den Zeitgenossen des Erlösers die Gleichgültigkeit und | den Haß gegen ihn erregte. Ja wir mögen wol sagen, dies sei die erste lebendige, die erste bleibende Wirkung des göttlichen Geistes, die Sünde dafür kennen daß sie Christum gekreuziget hat, und eben darum erlöst sein wollen von dem Leibe dieses Todes.

Wie es, m. g. Fr., ehe der Herr erschien unter seinem Volke, eine Reihe von begeisterten Männern gab, die des göttlichen Geistes, ehe er um beständig unter uns zu wohnen über alles Fleisch ausgegossen ward, wenigstens auf eine vorübergehende Weise theilhaftig wurden, wenn der Herr durch sie reden wollte zu seinem Volke; und wie es derselbe verderbte Sinn, der hernach den Herrn zum Tode überlieferte, war, der auch früher schon diese Propheten des Herrn verschmäht, verworfen und zum Theil auch dem Tode hingegeben hatte, so daß auch der Erlöser oft warnend sein Volk auf diese Aehnlichkeit zurükzuführen sich gedrungen fühlte: auf ähnliche Weise hat der Herr sich unter keinem Geschlecht der Menschen unbezeugt gelassen, sondern überall wird es ehe das Licht des Evangeliums zu einem Geschlecht der Menschen hindurchdringen konnte einen Anklang gegeben haben an eine solche göttliche Stimme, welche die Menschen auf einen besseren Weg führen wollte. Wenn nun diese unvollkommenen Annäherungen zu einem prophetischen göttlichen Unterricht auch schon von früheren Geschlechtern verworfen worden sind, sei es nun aus leidenschaftlicher Versunkenheit in die Dinge und die Be|dürfnisse dieser Welt, oder sei es aus Stumpfsinn und träger Taubheit des Herzens: werden da nicht überall die spätern Geschlechter, denen nun das Evangelium endlich gebracht wird, wenn es doch auch unter ihnen Viele oder Wenige giebt, welche sich gleichgültig oder ungläubig wegwenden von dem, was sie hören über den Wandel des Menschensohnes auf Erden, und über alles, was er gethan und gelitten hat, immer gestehen müssen, dies sei nichts anderes als die Fortsezung der früheren Hartherzigkeit? Werden sie nicht im Wesentlichen alles auf sich anwendbar finden müssen, was Christus selbst von der unvernehmlichen Hartherzigkeit und dem ungöttlichen Wesen seiner Zeitgenossen sagt? Und so offenbar dies ist, so gewiß ist auch, daß es in Allen keine bleibende und regelmäßige Wirksamkeit des göttlichen Geistes geben kann, wenn nicht jeder der Wahrheit geleistete Widerstand so empfunden worden ist als der Widerstand gegen den Erlöser

---

11–12 *Vgl. Apg 2,17 mit Bezugnahme auf Joel 3,1*

selbst, und also in demselben Sinne wie dort gefragt, Was soll ich thun, daß ich selig werde?

Und mit unsrer christlichen Jugend sollen wir wirklich eine Ausnahme machen, oder wollen wir nicht alles wohl überlegt von ihr doch das nämliche sagen? Ich wenigstens gestehe, und ich wünsche, daß recht Viele unter euch mir darin beistimmen mögen, mir ist nichts erfreulicher, als wenn unsre Söhne und Töchter, wie es in dieser Zeit wieder unter uns geschehen ist, nun in den Bund des Glaubens und der Liebe eintreten, der uns Alle | umschließt, und ihnen der Zutritt zu den Vermächtnissen des Erlösers eröffnet wird, dann an ihnen ein demüthiges Anerkenntniß nicht nur des Unvermögens, sondern auch der Unwürdigkeit nicht zu verkennen ist, und sie sich, wiewol sie schon von Kindheit an von ihm gehört haben, nun doch zu dem Erlöser hinwenden als zu dem, der sie erwählt hat und nicht sie ihn, als zu dem, den der Vater auch für sie hingegeben hat da sie noch Feinde waren. In solcher Gemüthsstimmung meine ich schließen sie sich uns am festesten an, wenn ihnen nicht etwa die Lehre Christi nur eine willkommene Förderung ist, sondern die Gemeinschaft mit ihm ein wahres Bedürfniß, und seine einladende Liebe eine Aufforderung, der sie nicht widerstehen können. Wie kann aber dieses Wahrheit in ihnen sein, wenn sie nicht troz ihrer Jugend schon auf der einen Seite in ihm die Herrlichkeit des eingebohrnen Sohnes vom Vater, auf der andern aber in sich selbst die Tiefe des menschlichen Verderbens geschaut haben? Gewiß wäre es sehr undankbar und sehr verkehrt, und weder in einem christlichen Hauswesen wird so etwas beggenen, noch wird sich ein Diener des göttlichen Wortes eines solchen Fehlers schuldig machen, wenn wir unsere Jugend nicht darauf zurükführen wollten, daß Gott sich auch ursprünglich schon allen Menschen offenbart habe, und daß auch sie das Vermögen haben, seine ewige Kraft und Gottheit zu erkennen, so sie deß wahrnehmen an seinen Werken, ja daß diese Erkenntniß in ihnen auch ur|sprünglich schon ein Vertrauen begründen könne, daß sie nicht bloß als schwache Wesen in der Gewalt der Natur und ihrer Kräfte sind, sondern mit diesen zugleich in der Hand des schöpferischen alles leitenden Wesens stehn. Aber indem wir sie so zum Bewußtsein ihres unsterblichen Geistes bringen, wollen wir doch nicht den Uebermuth der Vernunft in ihnen begründen, als könne sie sich selbst genügen und brauche nicht irgend eine Hülfe

---

27 Jugend] Jngend

1–2 *Apg 16,30*   7–9 Anspielung auf den Konfirmationsgottesdienst am 9. Juni 1821 mittags in der Dreifaltigkeitskirche zu Berlin; vgl. KGA III/6, S. 681–692   22 Vgl. *Joh 1,14*   28–30 Vgl. *Röm 1,19–20*

außer sich und von oben her, welche eine Erlösung zu heißen verdiente. Wie ist aber das zu vermeiden bei dem natürlichen Troz des menschlichen Herzens, wenn es von dem Besiz so herrlicher Kräfte Kunde bekommt? Wol nur wenn wir demselben Apostel folgend sie auch darauf führen, wie sie es doch mit alle dem nicht weiter bringen würden als bis zu einem nach außen nicht durchdringenden nur in dem inwendigsten des Menschen zu spürenden Wohlgefallen an dem Geseze Gottes, als bis zu einem unkräftigen Willen ohne alles Vollbringen! Wol nur wenn sie finden, daß auch sie das in sich tragen, wodurch die Wahrheit aufgehalten wird in Ungerechtigkeit; und wie könnte dies etwas anderes sein als dasselbe was der Apostel auch die Feindschaft wider Gott nennt? Das muß unser Zeugniß sein von unserer eigenen Erfahrung, und dadurch muß auch die Jugend zu einer wohlbegründeten und heilsamen Unsicherheit kommen darüber, wie weit der Keim der Sünde und des Verderbens in ihnen, wenn er außerhalb der christlichen Gemeinschaft frei hätte auf|wachsen können, sie würde entfernt haben von dem Trachten nach Erkenntniß Gottes und nach göttlichem Leben. Wenn dann in dieser Zeit der Lehre und der Ermahnung sie selbst schon anfangen, Erfahrungen davon zu machen, wie arge Gedanken aus dem innersten Herzen hervordringen und sich oft genug gleichsam durch alle Adern und Gefäße der Seele ergießen: wie sollte nicht auch in ihnen dieses die erste Regung des göttlichen Geistes sein, daß sie fragen, Was soll ich thun daß ich selig werde? –

So verläugnet sich der göttliche Geist auch an ihnen nicht, sondern zeigt sich als damals und immer derselbe. Wenn er eben so wie damals aus den Aposteln, so auch in jedem christlichen Geschlecht aus den Aelteren und Erfahrenen mit dem menschlichen Verderben auch die großen Thaten Gottes in der Erlösung durch Wort und That verkündigt: so öffnet er sich dadurch auch noch den Weg in die Herzen und regt sie zu dem Verlangen auf, sich an diesen einzig sicheren Namen des Heils anzuschließen, und es ist immer dieselbe Predigt, aus welcher derselbe Glaube kommt.

III. Wenn nun dieses Verlangen weil von Gott erwekkt auch von Gott befruchtet wird, und weil eine Regung des lebendig machenden Geistes auch bald aus der bloßen Sehnsucht in die freudige und selbstthätige Annahme übergeht, welche die Wiedergeburt der menschlichen Seele bildet; wenn nun auf dieselbige Art sowol in dem Schooße der christ|lichen Kirche selbst als auch überall, wo zu denjenigen, die

---

33 weil von] weil von von

8–9 Vgl. Röm 7,18   **12** Röm 8,7   **23** Apg 16,30

Predigt über Apg 2,41–42

noch in dem Schatten des Todes wandeln, das Wort des Evangeliums hindringt, die Seelen der Menschen bald in kleiner Anzahl, bald in großen Haufen hinzugethan werden zu den Schaaren der Gläubigen, indem die welche das Wort von der Erlösung gern annehmen, sich taufen lassen und Vergebung der Sünden empfangen in dem Namen des Jesus, den der Herr zum Christ gemacht hat: eben deswegen geschieht denn auch **drittens** überall noch das, was in den Worten unsers Textes als die nicht mehr augenblikliche sondern die mehr bleibende und dauernde Wirkung des göttlichen Geistes beschrieben wird, daß nämlich die Gläubigen einmüthiglich blieben in der Lehre der Apostel und in der Gemeinschaft und im Brodtbrechen und im Gebet.

Aber es ahndet mir, m. g. Fr., denn der Gedanke ging auch mir durch die Seele, als ich diese Worte, wie ich über sie zu euch zu reden hätte, bei mir erwog, es ahndet mir, daß mancher seufzend bei sich selbst sagen wird: Ja damals in jener Zeit der ersten Liebe, in jener frischen Kindheit des neuen Glaubens, da gab es diese schöne und erhebende Einmüthigkeit unter den Christen, die Einmüthigkeit der Lehre und der Gemeinschaft und der Sakramente und des Gebetes. Aber jezt? wie vielfältig ist die Kirche nicht getheilt, und wie viel Streit ist nicht seit Jahrhunderten geführt um dieses und jenes in der Lehre des Christenthums! | Wie hart und streng zeigen sich nicht viele Christen, besonders in Absicht auf die Gemeinschaft, gegen solche, die doch Einen und denselben Erlöser bekennen, so daß überall zwar Einige sehr genau zusammenhalten, jede solche Verbindung aber fast den Andern sogar das Recht absprechen möchte, sich nach jenem heilbringenden Namen zu nennen. Und die Sakramente, die uns Alle einigen sollen zu Einem geistigen Leibe des Herrn, sie sind selbst nicht nur eine Veranlassung zur Trennung geworden, sondern auch dasjenige, worin sie sich äußerlich am deutlichsten ausspricht. Wo ist also das einmüthige Beieinandersein der Gläubigen? Auch im Gebet ist es nicht, welches die Worte unsers Textes zulezt nennen. Denn wie viel Streit über dieses, über seine Erhörbarkeit, über seine Gegenstände, über denjenigen, an den man es richten soll und darf; so daß größtentheils auch die, welche betend bei einander sind in den Häusern der Andacht, doch nicht einmüthig beten.

Doch, m. g. Fr., laßt uns heute an dem herrlichen Feste des belebenden Geistes, der, wie wir ja gern gestehen, in allen Zweigen der christlichen Kirche waltet, und von welchem alles herrührt, was sich irgendwo in ihrem weiten Umfange wahr und recht löblich und lauter in den Menschen gestaltet und sie zu Gott hinführt, an diesem schönen Feste laßt uns nicht über die Trennungen unter den Christen seufzen! vielmehr geziemt es uns heute besonders, uns aus dieser Beschränkung loszureißen, | so daß sich eine freiere Aussicht unseren Blikken öffne und wir unsere Arme weiter ausstrekken in rein brüderlicher alles was christlich ist umfassender Liebe. Sehet einmal nur darauf, aber auf das Alles, was überall zugestanden wird und überall angestrebt, wo nur der christliche Name gilt, und vergleicht dieses Licht mit der Dämmerung der übrigen Welt, dieses große Ziel mit den engen Bahnen, in denen sich Andere bewegen, und den Reichthum in dem was uns Allen gegeben ist unzertrennlich von einander, dem Geist und dem Wort mit der Dürftigkeit der Hülfsmittel Anderer: so werdet ihr wol gestehen müssen, das was die Christen spaltet und trennt sei klein und nicht zu rechnen gegen das, was in ihnen Allen Eins und dasselbige ist und immer bleiben wird. Wo man nur Christum predigt und wo nur Christus bekannt wird; wo nur die Menschen sich wirklich vor diesem göttlichen Meister beugen als demjenigen, der ihnen zur Erlösung und zur Heiligung, zur Weisheit und zur Gerechtigkeit geworden ist, und wo nur seine Worte es sind, an welchen sich alle gebeugten Seelen wieder aufrichten: wie sollten wir da das Reich Gottes und die Einmüthigkeit seiner Unterthanen verkennen; mögen sie auch manche Worte verschieden verstehen, und der Eine sich mehr an dieses, der Andre mehr an jenes halten! Wo nur das Gebot angenommen und geübt wird, von welchem er selbst sagt, es sei das neue Gebot, welches er seinen Jüngern gebe, und daran, daß sie sich unter einander lieben, wie er sie geliebt ha|be, werde man immer erkennen wer seine Jünger sein: wie sollten wir da nicht überall Jünger Christi erkennen! Wo wir das Bestreben finden, sowol durch das Wort und das Gebet, als auch durch das von dem Herrn selbst gestiftete heilige Mahl, werde es nun so oder so verwaltet, sich mit ihm, und also auch mit den Seinigen allen, mögen sie es auch anders verwalten, immer fester zu verbinden: wie sollten wir nicht erkennen, da müsse auch der Glaube an ihn sein der selig macht, da sei auch die Einmüthigkeit in der Lehre und der Gemeinschaft, welcher die Seinigen bedürfen! Das Uebrige aber, o wir können es, wenn wir nur recht fragen, worauf denn unser eigenes Heil beruht, wenn wir uns nur von der Befangenheit im Buchstaben und der Gewohnheit losreißen wollen, nicht etwa gleichgültig übersehen, wohl aber getrost der göttlichen Weisheit anheimstellen, die Alles ordnet, und im Vertrauen auf sie alle diese einzelnen Verschiedenheiten nur als etwas untergeordnetes betrachten innerhalb der Gemeinschaft der Lehre, der Sakramente und des Gebets.

Wie alles was der Herr ordnet weislich gemacht ist, m. a. Fr., so auch diese Verschiedenheiten. Das Christenthum an sich selbst betrachtet ist eine unveränderliche Heilsordnung Gottes und ewig sich

---

14–16 Vgl. 1Kor 1,30   **21–24** Vgl. Joh 13,34–35

selbst gleich; aber nur allmälig kann es ganz von den Menschen ergriffen und erkannt werden, und bis dahin muß es also auch verschieden erscheinen. Gott hat die Menschen in jeder Hinsicht ver|schieden geschaffen; verschieden an Gaben, verschieden an Art und Weise, und eben deswegen muß das Christenthum, weil es Allen gehören soll, auch in Jedem sein können nach dem Maaße seiner Gaben, und sich in Jedem gestalten nach seiner Weise, bis das Stükkwerk verschwindet und das Vollkommene erscheint. Sollen Alle zu dem Einen und Unveränderlichen darin gelangen; soll es immer mehr alles Menschliche umwandeln in die Eine Gestalt des Menschen, der nach dem Bilde Gottes geschaffen ist, und der Gott gleich sein soll: so mußten auch alle diese Verschiedenheiten in der Gestaltung des Christenthums in ihrer Ordnung erscheinen und bestehen. Bedenkt aber doch, daß es immer nur die Liebe ist, welche die Aufmerksamkeit eines Menschen für den andern erregt und festhält, und jeden treibt, sich mit dem andern zu verständigen, wo irgend ein Mißverständniß obwaltet, und daß je wichtiger die Angelegenheit ist, die es betrifft, und je mehr dem geistigen Leben angehörig, um desto höher und geistiger auch die Liebe sein muß. Sprecht also, ist es nicht die höchste und geistigste Liebe, aus welcher aller Streit über die Gemeinschaft, über die Lehre und die Sakramente von je her entstanden ist und immer noch entsteht? Aber eben deswegen wird auch je mehr wir uns hierüber verstehen um desto mehr aller Streit der Liebe gemäß sein und ihr Gepräge tragen, die uns in Einem verbindet, so daß wir auch immer mehr vermögen, selbst im Streit die Einigkeit der Herzen zu erkennen und zu be|wahren. Wahrheit suchen in Liebe, dabei kann und soll Streit herrschen; aber kein Streit, der die Herzen von einander trennt, sondern der nur sucht die Verständigung und die Gemeinschaft. So soll es gehalten werden durch die Kraft des Geistes in den Gränzen des Christenthums, und was aus dieser Regel herausgeht, das müssen wir freilich erkennen als das Werk der menschlichen Schwachheit und des menschlichen Verderbens; aber auch davon sollen wir, wie der Apostel, der auch unter den Christen, an die er schrieb, solche erblikkte, die sich noch nicht in allem vollkommen geeiniget hatten, nur freundlich sagen, Und was euch noch fehlt, das wird euch Gott weiter offenbaren.

Eben dieses aber, m. g. Fr., spricht ja auch die große christliche Gemeinschaft überall aus in ihrem öffentlichen Leben. Ueberall wo sich um uns her das Gebiet des Christenthums erweitert, und wo es hineindringt in das künftige Geschlecht, zuerst immer werden Alle aufgenommen in die Einmüthigkeit der Lehre und der Gemeinschaft

---

7–8 Vgl. 1Kor 13,10   10–11 Vgl. Gen 1,26–27   35 Vgl. Phil 3,15

durch das Bad der Wiedergeburt in der Taufe; und erst wenn sie in diesem Besiz gestärkt sind, erst wenn das Band der Liebe fest geschlungen ist, welches sie mit allen Bekennern Jesu einigt, werden sie berufen, jeder nach seinem Maaße und nach seiner Weise theilzunehmen an demjenigen, was verschieden ist und streitig. Aber die Liebe und die Einmüthigkeit muß über allem was noch wird wie der Geist Gottes über den schöpferischen Wassern schweben; die Liebe soll und | muß in Allen sein, und alle Verschiedenheit sich immer mehr der großen Einheit unterordnen, auf daß, weil doch wer den Geist Christi nicht hat auch nicht sein ist, Ein Geist in Allen walte. Dazu möge dieses Fest des Geistes uns Alle eben so sehr stärken als ermuntern, auf daß der Geist sein Werk in uns vollende. Wird sich nur durch ihn immer fester diese Einheit gründen: so wird auch das Licht seiner Weisheit einen Streit nach dem andern ausgleichen, und die Mannichfaltigkeit der Zungen immer mehr läutern und verklären zu Einem Allen verständlichen und aus Allen harmonisch hervorgehenden Lobe und Preise Gottes im Geist und in der Wahrheit.   Amen.

---

1 *Tit 3,5*   6–7 Vgl. *Gen 1,2*   17 Vgl. *Joh 4,24*

XVI.

Der Ursprung des Geistes aus Gott ist die Gewährleistung für die Vollständigkeit seiner Wirkungen.

Am Pfingstfeste.

Text. 1 Korinth. 2, 10–12.
Der Geist erforschet alle Dinge, auch die Tiefen der Gottheit. Denn welcher Mensch weiß was im Menschen ist, ohne der Geist des Menschen der in ihm ist? Also weiß auch niemand was in Gott ist, ohne der Geist Gottes. Wir aber haben nicht empfangen den Geist der Welt, sondern den Geist aus Gott, daß wir wissen können, was uns von Gott gegeben ist.

M. a. Fr. Was wir eben vernommen haben, sind auf den Gegenstand unsrer gegenwärtigen Feier | unmittelbar sich beziehende tiefsinnige und wir können es gewiß nicht läugnen, auch geheimnißvolle Worte. Dennoch spricht der Apostel sie zu solchen, von denen er selbst sagt, er könne ihnen noch nichts anderes als die ersten und wesentlichen Anfangsgründe des Evangeliums mittheilen; demnach rechnet er doch hiezu, also zu dem was wir alle insgesammt verstehen sollen, auch diese Worte. Es giebt aber wohl keine andre, m. g. Fr., in welchen auf eine so bestimmte Weise von dem eigentlichen Wesen und der Abstammung des Geistes, welcher über die Jünger des Herrn ausgegossen ist, geredet würde, als eben diese. Den Geist aus Gott, den wir empfangen haben, vergleicht der Apostel mit des Menschen eigenem Geist, mit der innersten Kraft seines Lebens, mit demjenigen, vermöge dessen er selbst von sich selbst weiß; und er sagt, in Beziehung auf Gott sei dieser Geist aus Gott dasselbe, was der Geist des Menschen in Beziehung auf ihn selbst ist. Was läßt sich wol größeres sagen als dieses, und wie nahe den Worten eines andern Apostels[1], daß wir göttlicher Natur theilhaftig geworden sind! Wenn nun doch wie wir ja alle wissen, m. g. Fr., von jeher unter den Christen so sehr verschie-

---

[1] 2 Petr. 1, 4.

2 Predigt zum Pfingstmontag am 23. Mai 1825 früh in der Dreifaltigkeitskirche zu Berlin; vgl. Predigtnachschrift in KGA III/9   17–18 Vgl. wohl 1Kor 2,1

den über diese Gegenstände ist gedacht und geredet worden; wenn die mannigfaltigsten Vorstellungen und Ansichten neben einander bestanden und sich gegenseitig bestritten und beschränkt haben in Beziehung auf | den wahren Gehalt und den eigentlichen Zusammenhang desjenigen, worauf doch zulezt alle die eigenthümlichen Vorzüge beruhen, welche die Christen sich zuschreiben, nämlich die besondre göttliche Mittheilung an das menschliche Geschlecht sowohl in der Person des Erlösers als auch durch den Geist, der in seiner Gemeinde waltet und über die Glieder seines Leibes ausgegossen ist: woher kommt es wol, daß doch nicht wenigstens diejenigen, welche zugestehen, daß außer diesem Gebiete des Christenthumes der Mensch weder zu einem ungetrübten Frieden noch zu der höchsten Lebenskraft und Thätigkeit gelangt, sich alle dahin vereinigen konnten, alles Große und Ausgezeichnete, und immer das herrlichste am liebsten, was die Schrift über den Erlöser sowol als über den göttlichen Geist ausspricht, sich auch ohne weiteres vollkommen anzueignen? Ich meines Theils weiß einen anderen Grund nicht anzugeben, als eine gewisse Verzagtheit der menschlichen Seele, die sich nicht getraut hat das Allergrößte und Herrlichste zu glauben eben am meisten in Beziehung auf sich selbst. Wir aber wollen uns auf diese Worte des Apostels verlassen; und wie wir gestern mit einander geredet haben von dem Amt und dem Geschäft des göttlichen Geistes in den Seelen der Gläubigen, so laßt uns jezt unsre Aufmerksamkeit auf dasjenige lenken, was der Apostel von dem Ursprung und der Herkunft dieses Geistes sagt. Aber wenn wir doch alle solche Belehrungen immer vorzüglich zu gebrauchen haben zur | Erhaltung und zur Befestigung unsers Glaubens: so laßt uns auch gleich was der Apostel sagt auf diesen Zwekk verwenden; und dann werden wir sehen, daß aus demjenigen, was er von dem **innersten Wesen und dem Ursprung des Geistes aus Gott** sagt, auf der einen Seite folgt, daß **die Wirkungen desselben einzig in ihrer Art sind**, auf der andern, daß **alles was uns von ihm kommt vollkommen gewiß und zuverläßig ist**, endlich aber auch die **völlige Zulänglichkeit desselben für alle unsre geistigen Bedürfnisse**.

I. Indem der Apostel sagt, daß der Geist aus Gott, von welchem er im Vorhergehenden gerühmt hatte, daß uns durch ihn sei offenbar worden, was nie eines Menschen Auge gesehen habe und nie in eines

---

28 sehen,] sesen,

21–23 Vgl. *Predigt zum Pfingstsonntag am 22. Mai 1825 vormittags in der Dreifaltigkeitskirche zu Berlin über Röm 8,14–16*, KGA III/9   36–1 Vgl. 1Kor 2,9

Menschen Herz gekommen sei, daß dieser so sei der Geist Gottes wie der Geist des Menschen selbst das innerste Wesen des Menschen ist: so läßt er uns keinen Zweifel darüber, daß indem dieser Geist aus Gott über die Jünger des Herrn ausgegossen wurde, das göttliche Wesen selbst uns mitgetheilt worden ist. Dieses aber, m. g. Fr., ist Eines; von allem andern verschieden und über alles andere erhaben; und von diesen übergossen und durchdrungen zu werden, muß, wie es auch geschehn, eine Wirkung hervorbringen einzig in ihrer Art, und welche niemals auf irgend eine andre Weise konnte erreicht werden.

Eben dieses will uns nun auch der Apostel noch | auf eine bestimmtere Weise in den Worten sagen, Wir aber haben nicht empfangen einen Geist der Welt, sondern den Geist der aus Gott ist. Nämlich nicht immer versteht die Schrift unter Welt dasjenige, was dem Reiche Gottes entgegengesetzt ist, und also auch nicht unter dem Geist der Welt nothwendig nur den dem Geiste Gottes entgegengesezten bösen und verderblichen Geist. Und so ist es wol auch hier. Denn dieser Ausdrukk Geist der Welt bezieht sich auf dasjenige, wovon der Apostel schon früher und von Anfang an in demselben Briefe gehandelt hat, indem er nämlich sagt, nicht viele Weise nach dem Fleisch und nicht viele Vornehme und Geachtete nach dem Fleisch wären berufen worden, sondern was vor der Welt wäre unangesehen gewesen und gering geachtet, das hätte sich Gott erwählt. Vor Gott nämlich, m. g. Fr., ist freilich der Unterschied gering und für gar nichts zu rechnen, welcher in dieser Beziehung hier stattfindet, und von den Menschen oft sehr, ja wir mögen wol gestehen, zu sehr hervorgehoben wird, nämlich wie einer den andern übertrifft an natürlichen Gaben sowol als durch den Besiz der äußerlichen Hülfsmittel, welche nicht wenig beitragen auch das geistige Leben zu erweitern und zu verschönern; womit denn auch oft dieses zusammenhängt, daß sich in manchem Einzelnen eine größere Tüchtigkeit des geistigen Wesens im allgemeinen oder zu besonderen Verrichtungen und Geschäften entwikkelt als ohne solche Unterstüzungen würde geschehen sein. Aber gewiß werdet | ihr dem Apostel nicht zutrauen, daß wenn er uns freilich darauf führt, daß solche Unterschiede bei unserm Abstande von dem höchsten Wesen völlig verschwinden – so daß wir auch unmöglich uns selbst, wenn wir uns vor Gott betrachten, einer weiser vorkommen können als der andere oder von größerem Belang in seiner Schöpfung oder gar von größeren Verdiensten einer als der andere – er daraus die Folgerung ziehen wolle, daß weil einer auf der niedrigsten Stufe der geistigen Entwiklung nicht weiter von Gott absteht als der weiseste, und auch hier derselbe Maaßstab gilt, daß was in hundert Jahren

---

19–22 Vgl. 1Kor 1,26–28

von menschlicher Weisheit erworben worden ist, vor ihm nicht mehr ist als was das Werk eines Tages sein kann, so habe das höchste Wesen vielmehr eine besondere Vorliebe für diejenigen, welche unter ihres Gleichen für gering geachtet werden und in geistiger Entwiklung zurükstehen. Die Sache ist vielmehr nur diese, daß in den Einen gar leicht das Bewußtsein ihres bedürftigen Zustandes rege zu erhalten ist, und daß sie dann weil sie gestehen müssen, daß sie nicht im Stande sind, sich selbst herauszuhelfen, auch geneigter sein werden, die dargebotene Hülfe anzunehmen. Je mehr aber die Andern sich selbst gefallen, und aufzuzählen wissen, wie sie schon ein Trefliches nach dem andern erlangt haben, was sie sich wünschten, und je leichter sie sich einbilden, auch schon von vielem allmählig durch ihre eigne Anstrengung befreit zu sein, was unvollkommen und fehlerhaft war oder unbequem und | widerwärtig war, um desto zufriedner sind diese mit ihrem Zustande, gewinnen immer mehr Zuversicht zu sich selbst, und befestigen sich in dem hochmüthigen Wahn, es könne ihnen kein geistiges Bedürfniß entstehen, was sie nicht auf dieselbe Weise wieder zu befriedigen wissen, und kommen darum weit schwerer dahin, eine besondere Hülfe von oben her zu glauben oder zu suchen.

Alles aber, wozu der Mensch auf diesem Wege, den ich eben beschrieben habe, gelangen, alles was er so und mit einer solchen Hülfe von seines Gleichen in sich ausbilden kann, das kommt ihm nirgend anders her als aus der Welt; der menschliche Geist ist ein Theil der Welt, und alle Werke der Schöpfung, mit denen er sich beschäftigen kann ebenfalls, alle seine Forschungen sind mithin aus dem Geiste der Welt; die menschliche Gesellschaft ist ein Theil der Welt, und alle ihre Ordnungen und Sitten sind also ebenfalls aus dem Geist der Welt. Was also die Menschen auf diesem Wege bereits gewonnen haben oder noch jemals gewinnen können, das gehört zum Geist der Welt. Nicht als ob dies alles gar nichts gutes enthielte; nicht als ob es wesentlich und ganz und gar zu dem an und für sich verkehrten gehörte, was dem göttlichen Geiste widersteht; sondern es ist darin eine Befriedigung geistiger Bedürfnisse, aber nur stükweise; es gehört alles zur Entwiklung der menschlichen Natur, aber es ist nicht ihre Vollendung; und Antheil freilich hat es ohne Ausnahme an der menschlichen Unvollkommenheit | und dem menschlichen Verderben. Eben deswegen ist es ganz geschieden von dem göttlichen Geiste, der hieran keinen Theil hat; und so hat der Apostel, indem er alles, was innerhalb dieser natürlichen Hülfsmittel liegt und durch sie erworben werden kann, als den Geist der Welt bezeichnet, ganz recht zu sagen, indem wir den Geist Gottes empfangen haben, haben wir nichts empfangen von dem

---

39–40 kann, ... bezeichnet,] kann ... bezeichnet

Geiste der Welt. Wenn er also hinzufügt, wir haben nicht empfangen den Geist der Welt, sondern den Geist aus Gott, so daß wir vernehmen können, was Gott uns gegeben hat: so giebt er uns dadurch auch noch dieses als seine Meinung zu erkennen, daß der Mensch, der nur den Geist der Welt hat, der lediglich mit den natürlichen Hülfsmitteln – wären sie auch so, wie nur die vollkommenste Entwiklung des irdischen Lebens sie darbieten kann – ausgestattet ist, dadurch noch keinesweges in Stand gesezt wird, zu vernehmen, was Gott uns gegeben hat. Ist es also nur der Geist Gottes, der uns hiezu die Augen öffnet, daß wir Gottes Handlungsweise gegen uns, daß wir seinen gnädigen Rathschluß über uns verstehen: welche Erkenntniß wäre mit dieser von den unmittelbaren Beziehungen zwischen Gott und uns wol zu vergleichen; und wie wahr ist es alsdann, daß seine Wirkung in unsern Seelen eine ganz einzige ist und durch nichts anderes zu ersezen.

Gewiß ist auch das unser Aller innigste Ueberzeugung, ja wir können nicht anders als anneh|men, alle welche an den Erlöser glauben, müssen auch, wenn sie sich nur selbst über ihren Glauben klar werden, diese Ueberzeugung mit uns theilen, und es fehlt Vielen wol nur, so lange sie sich noch nicht recht besonnen haben an dem Muth, es bestimmt auszusprechen, daß nämlich der Geist der Welt, als der Inbegriff aller menschlichen Weisheit, wie weit sie sich auch noch entwikkeln mag, und die zusammenwirkende Kraft menschlicher Einrichtungen und menschlicher Ordnungen, wie sehr sie sich auch noch vervollkommnen mögen und in ihren Einflüssen, die allerdings wohlthätig sind, sich verstärken, uns dasjenige doch nicht ersezen können, was uns durch die Mittheilung des Geistes aus Gott geworden ist. Wenn nun der Geist der Welt in diesem besseren Sinne des Wortes sich immer reichlicher offenbart; wenn durch das erweiterte Verkehr mit allen Welttheilen unsere Kenntniß von der Erde diesem uns von Gott besonders übergebenem Theile seiner Schöpfung sich immer mehr erweitert; wenn durch fortgesezte Beobachtung, durch scharfsinnige Versuche immer mehr Irrthümer in Beziehung auf die Kräfte der Natur verschwinden und dumpfer Aberglaube seine Stüzen verliert, die Herrschaft des Menschen aber über alle Kräfte, die sich in der ihm untergebenen Welt regen, sich immer mehr befestiget: so mögen wir dann mit der Zeit dahin kommen, mit mehrerem Recht als frühere Geschlechter zu sagen, der Geist der Welt, der in uns als den begeisteten Theilen der Welt wohnt, habe die Tiefen der | Welt erforscht. Ja wenn wir auch immer mehr eindrängen in das Innere des menschlichen Geistes, dieser edlen und höchsten aller irdischen Kräfte; wenn uns das Geheimniß des Zusammenhanges aller seiner Wirkungen ganz durchschaulich würde: so dürften wir dann sagen, der Geist des Menschen habe endlich seine eignen Tiefen erforscht:

aber das sind nicht die Tiefen der Gottheit. Ja es wäre möglich gewesen, daß schon in dem Zeitalter einer früheren Weisheit die Tiefen der Welt und die Tiefen des menschlichen Geistes wären aufgedekt worden, und daß Alle schon damals eingesehen hätten, was nur ein Geheimniß unter Wenigen war, das göttliche Wesen, diese höchste Quelle alles Daseins und aller Kräfte könne nicht unter viele Einzelne zerspalten sein, sondern nur Eines; doch hätte noch viel gefehlt, daß der Geist der Welt die Tiefen der Gottheit erforscht hätte, wenn er auch die Einheit und die Neidlosigkeit des höchsten Wesens ahnden konnte. Wenn auch Recht und Ordnung sich unter den Menschen immer weiter verbreiten und alles unwürdige immer mehr verschwindet; wenn Gewalt und Unterdrükkung aufhören und nur Weisheit und Billigkeit gelten; wenn man von keinem blutigen Zwist mehr hörte, sondern Friede waltete von einem Ende der Erde zum andern über dem ganzen menschlichen Geschlecht: o das wäre der höchste Triumph des Geistes im Menschen, der aus dem Geiste der Welt ist. Aber wäre diese Eintracht schon dieselbige, welche da ist wo der Geist Gottes in dem Menschen | empor ruft, Lieber Vater? Welch ein Unterschied, wenn wir uns durch den Geist der Welt unserer gemeinsamen Verhältnisse zu derselben und also auch des Berufs zum ungestörtesten vielseitigen Zusammenwirken bewußt werden, und wenn wir uns mit brüderlicher Liebe in Gott dem gemeinsamen Vater lieben! Ja zu allem andern kann uns die Welt erwekken mittelst der gemeinsamen Vernunft; aber die Tiefen der Gottheit erforschen und Abba lieber Vater rufen, welches Beides nicht eins ohne das andere gedacht werden kann, das vermag nur der Geist aus Gott, wenn er in den Geist des Menschen herabgestiegen ist, ihm zu geben.

Lehrt uns nun unser Herz und unser Gewissen dieses beides sehr genau unterscheiden, und daran vorzüglich erkennen, ob wir in irgend einem Augenblikk von dem Geist der Welt bewegt werden oder von dem Geiste Gottes, wenn auch die vorherrschende Richtung unseres Gemüths auf die Tiefen der Gottheit hingeht und wenn die Liebe zu Gott das tiefste und ursprünglichste ist was uns erregt; müssen wir gestehen, daß soviel löbliches Aufstreben auch sein mag außer der Gemeine, in welcher der Geist Gottes waltet, doch dieses Leben in den Tiefen der Gottheit, doch diese Seligkeit des kindlichen Hinaufrufens zum Vater nirgend anders gefunden worden ist: wie leid muß es uns nicht thun, wenn es dennoch unter unsern Brüdern solche giebt, welche diesen Unterschied zwischen dem Geiste der Welt und dem

---

15 Triumph] Triumpf

18 Röm 8,15; Gal 4,6   24 Röm 8,15; Gal 4,6

Predigt über 1Kor 2,10–12

Geist aus Gott verkennen! Ent|ziehen sie nicht wirklich Gotte den Dank der ihm gebührt, wenn sie das der unvollkommneren und gemeineren Gabe Gottes der Vernunft zuschreiben, wovon doch in der That auch sie ihren Theil nur durch das höhere und noch nicht überall verbreitete Geschenk, durch den Geist aus Gott besizen? Denken sie nicht eigentlich zu gering von dem Menschen, dessen Natur sie doch vielmehr erheben und verherrlichen wollen, wenn sie glauben, daß die außerordentlichen göttlichen Veranstaltungen zu seinem Wohl nur eine Hülfe waren für die früheren kindischen und unvollkommenen Zeiten der Menschheit, daß aber der Mensch, wenn reifer und entwikkelter, wieder in eine größere Entfernung von dem höchsten Wesen zurüktreten müsse, um abgesehen von jeder besonderen göttlichen Mittheilung dasselbige alles noch klarer und kräftiger aus seinem eignen Innern zu schöpfen? Wenn uns dies als ein bedenklicher Abweg erscheint, eben so sehr in dem Troz als in der Verzagtheit des menschlichen Herzens gegründet, bedenklich für diejenigen selbst die ihn einschlagen, aber noch bedenklicher durch ihren Einfluß auf die Jugend, wenn sie doch ein Geschlecht erzielen möchten, welches ohne Zusammenhang mit der göttlichen Offenbarung in Christo eine größere Vollkommenheit aus sich selbst darstellen soll: was sollten wir nicht gerne thun, um davon wen wir nur können abzubringen, und zu der rechten uns Allen von Gott gegönnten und bereiteten Freude an der göttlichen Offenbarung hinüber zu lenken! Aber glaubt mir, | m. gel. Fr., wie gern wir für dies Kleinod unseres Glaubens eifern, die Worte werden es selten thun, und kräftiger wird die That reden müssen. Wenn wir in seinem Kreise jeder ihnen beweisen, wie sehr wir alles zu schäzen wissen und zu gebrauchen, was der Geist der Welt in dem Menschen löbliches und brauchbares hervorbringt, gar nicht solchen ähnlich, die alles für gering und leicht entbehrlich ausgeben, was ihnen zu hoch ist zu erreichen; und wenn sie dabei eben so deutlich sehen, daß dennoch unsere Zufriedenheit nur auf dem beruht, was wir auf einem andern Wege von den Tiefen der Gottheit erforschen, und daß diese Zufriedenheit sich als eine unerschütterlichere und an sich selbst seligere bewährt als die ihrige ist: dann kommt ihnen vielleicht eine Ahndung davon, wie es sich eigentlich verhält mit dem Geiste der Welt und dem Geist aus Gott. Wenn wir treulich mit ihnen zusammenhalten in allem, was das Wohl der Menschen bezwekkt und sich auf die Verbesserung der menschlichen Angelegenheiten bezieht, gar nicht denen ähnlich, welche nichts der Mühe werth finden, weil sie nicht Lust haben, sich mit etwas anzustrengen; wenn sie aber zugleich sehen, daß nicht nur die tadellose Treue ganz unabhängig ist vom Erfolg

---

10–11 entwikkelter,] entwikkelter

und auch im Mißgeschick unermüdlich, sondern auch daß wir dabei eine Liebe im Herzen tragen, welche eben so sehr der Sünden Menge bedekt, als sie das Band ist aller Vollkommenheit: dann mag ihnen vielleicht etwas dämmern von einem wesentlichen Unterschied | zwischen ihrer Bewunderung der göttlichen Weisheit und Ergebung in die göttlichen Fügungen, und dem kindlichen Verhältniß derer, welche in Christo Söhne sind und nach der Verheißung Erben, und welche, weil es immer in ihnen ruft Lieber Vater auch mit Christo in des Vaters Hause treu sind wie Söhne. Ja, m. gel. Fr., möchten wir gern Allen die um uns her leben den Glauben mittheilen, daß alles was wir mit dem Geist aus Gott und durch ihn empfangen einzig auf diese Art und nirgend anderswo her zu erhalten ist: so laßt uns ihnen auch überall die Frucht des Geistes auf solche Weise offenbaren, daß unser Licht wirklich als ein himmlisches leuchtet, und daß sie unsere guten Werke preisen müssen als wirklich in Gott gethan.

II. Wenn ich nun zweitens angekündigt habe, in den Worten des Apostels über das Wesen und den Ursprung des Geistes aus Gott liege auch dieses, daß alles unumstößlich und zuverlässig sei, was durch diesen Geist aus Gott in unserm Innern erwekt wird: so zeigt sich das vorzüglich in den Worten des Apostels, Niemand weiß was in dem Menschen ist, denn nur der Geist des Menschen der in ihm ist; so auch weiß niemand was in Gott ist, denn nur der Geist Gottes. Wenn also das untrüglich ist und unumstößlich gewiß, was nur der Geist des Menschen weiß von demjenigen was in ihm ist: so wird auch das eben so zuverläßig sein, was nur der Geist Gottes uns von Gott offenbart. |

So laßt uns denn zuerst fragen, Was ist denn dasjenige, was von dem Menschen niemand wissen kann als der Geist des Menschen, der in ihm selbst ist? Gewiß sind es nicht die äußeren Erfahrungen und Ereignisse seines Lebens, denn von diesen weiß er viele gar nicht, sondern kennt sie nur aus den Erzählungen Anderer; ja auch seine späteren Begebenheiten kennen oft Andere eben so gut als er selbst, und Jeden erinnern wol oft Andere an manches, was aus seinem eigenen Gedächtniß schon verschwunden ist. Auch nicht dasjenige weiß der Geist des Menschen allein, was er selbst gethan und ausgerichtet hat in der Welt. Denn wie Vieles und oft nicht das kleinste kommt durch uns ohne unser Wissen zu Stande, oder wird wenigstens in seinen

---

13 Frucht] Furcht

2–3 Vgl. 1Petr 4,8; Jak 5,20   3 Vgl. Kol 3,14   7 Gal 3,29   13 Vgl. Gal 5,22; Eph 5,9

ersten Keimen auf diese Art angeregt; aber auch von demjenigen, was uns nicht entgeht, gilt doch eben dieses, daß je mehr es schon in anderen Menschen ein Inneres geworden ist, desto mehr werden auch diese besser als wir selbst wissen, was wir in ihnen und an ihnen bewirkt haben. Und dies führt uns schon darauf, daß es am meisten das Innerste eines Jeden ist, seine eigenste Gesinnung, das woraus alle einzelnen Handlungen hervorgehen, die Art und Weise wie jeder das, was ihm von außen her kommt und begegnet, in sich selbst verarbeitet, dieser innerste Zusammenhang, dieser tiefste Grund des Gemüths, und mithin auch aller verschiedenen Gestaltungen seines Lebens in den verschiedenen Augenblikken desselben, das ist das eigentlichste Bewußt|sein von sich selbst, welches nur der eigene Geist des Menschen selbst haben kann; jeder außer ihm vermag nur zu einer immer unsichern und nie der Wahrheit vollkommen entsprechenden Ahndung davon zu gelangen. In einzelnen Fällen wol trifft mancher den Zusammenhang der Handlungen und der Gedanken eines Anderen richtig; über die innerste Einheit, aus der Alles hervorgeht, bleibt er immer ungewiß. Führen mehrere ein gemeinsames Leben; nun so wissen sie gegenseitig um dieses gemeinsame, weil es in Allen dasselbe ist: aber nur in den innigsten Verbindungen derer, die Eines sind durch die gemeinsame Abstammung oder Eins geworden durch die heiligste Liebe, giebt es ein die Wahrheit treffendes Wissen des Einen um das Innerste des Andern; sonst ist dies nur dem Geist eines jeden Menschen selbst vorbehalten. Dieses eigne Wissen des Menschen von sich selbst aber ist dann auch die unmittelbarste und zuverlässigste Wahrheit seines Daseins, das untrügliche sich immer aufs neue bewährende, in jedem Augenblikk die ganze Vergangenheit und die ganze Zukunft dem Wesen nach in sich tragend.

Kaum scheint es mir nöthig, m. a. Fr., Rüksicht darauf zu nehmen, daß vielleicht mancher hiegegen einwenden möchte, woher denn doch so viel Klage komme über den eingewurzelten Eigendünkel der Menschen, wenn ihr Urtheil über sich selbst die vollkommenste Wahrheit enthält, und warum wir doch glauben Andere nicht ernsthaft und dringend genug | warnen zu können, daß sie doch sich selbst nicht täuschen möchten über sich selbst! Soviel sagt ihr euch wol schon selbst, daß dies nicht erst von heute sei sondern schon immer so gewesen, so daß es auch dem Apostel nicht entgangen sein könne; und dennoch vergleicht er so das Wissen des Geistes im Menschen von dem Menschen selbst mit dem Wissen des Geistes aus Gott um die Tiefen der Gottheit, und hat gewiß von diesem nicht geglaubt, daß es voll Täuschung sei, und zwar nicht nur unwillkührlicher, sondern auch selbst hervorgebrachter, wie wir glauben, daß die Menschen nicht immer ganz unwillkührlich sich über sich selbst täuschen. Eben so wenig auch wird er geglaubt haben, daß der Geist aus Gott etwan erst in irgend einer Zukunft das rechte wissen werde von den Tiefen der Gottheit, wie wir glauben, daß erst an jenem Tage der Mensch sich selbst recht offenbar werden wird. Aber wenn wir es genauer betrachten, wie steht es eigentlich um diese Selbsttäuschungen? Selten sind sie freilich nicht, sondern häufig genug, und viel Trug läuft überall mit unter. Der Dünkel aber ist ein so kleinliches Wesen, daß er immer am einzelnen haftet. Auf einzelnes thun sich die Menschen etwas zu gut, wie es auch einzelne Handlungsweisen und Lebensregeln waren, welche jener dünkelhafte Pharisäer in der Lehrrede Christi dem Herrn im Gebet vorrechnete; und eben so ist es einzelnes, worin sie sich gern täuschen, das gute noch mehr verherrlichend, das tadelnswerthe bemäntelnd und | beschönigend, oder so lange herumdrehend, bis sie ihm eine wohlgefälligere Seite abgewinnen. Und wenn sie sich über einzelnes mit Andern vergleichen, das ist jenes täuschungsreichen Dünkels gewinnvollstes Spiel, wo es gilt sich so zu stellen, daß man selbst groß erscheine, der Andere hingegen klein. Aber in diesen Grenzen ist auch alle Selbsttäuschung eingeschlossen. Hingegen in das innerste seiner Seele schaut der Mensch entweder gar nicht hinein, weil er sich nemlich scheut; und das ist selbst ein Zeugniß davon, daß er an die Wahrheit eines solchen Bewußtseins glaubt. Sieht er aber dorthin, so kann er sich auch nicht anders sehen als er wirklich ist; da kann er sich nicht höher schäzen als er wirklich reicht; da weiß er bestimmt was ihn bewegt und was nicht. Wenn wir von allem Einzelnen absehend nach dem Gesez fragen, welches das Maaß alles unseres Handelns ist; wenn wir nicht einen einzelnen Augenblikk ganz verstehen, nicht eine einzelne Handlung ins Auge fassen wollen, sondern uns in der Einheit unseres ganzen Wesens betrachten, da ist und bleibt das, was der Geist des Menschen ihm von ihm selbst sagt, die ganze und zuverläßige Wahrheit.

Eben so nun, sagt der Apostel in unserm Texte, ist es auch mit Gott; niemand als der Geist Gottes durchforscht die Tiefen seines Wesens. Wäre nun dieser nicht zugleich in uns, sondern Gott ganz außer uns: so stände es auch mit unserer Erkenntniß Gottes nicht besser als mit der Erkenntniß an | derer Menschen von uns im Vergleich mit dem was eines jeden eigner Geist ihm von sich selbst sagt. Eine unsichere Ahndung über das höchste Wesen aus einer abgerissenen Erkenntniß seiner Werke hergenommen, eben wie wir auch unzureichend und unsicher den Menschen aus seinen Handlungen und Werken beurtheilen und doch immer wieder fühlen, daß die Sicherheit der Wahrheit nicht darin ist, und immer wieder schwanken aus scheinbar entgegengesez-

---

10–11 Vgl. Lk 18,11–12

ten Anzeigen zu entgegengesezter Meinung: so wäre unsere Gotteserkenntniß! Möchten auch diese Ahndungen etwas klarer sein bei Einigen; möchten auch der Schwankungen etwas weniger vorkommen bei standhafteren Geistern; aber wenn einer glaubte, die ganze Wahrheit des höchsten Wesens gefaßt zu haben, und in vollkommner Sicherheit festzustehen mit seiner Gotteserkenntniß: so wäre das gewiß ein solcher, der sich über dies Eine in ihm selbst täuschte, und der seinen eignen Geist noch nicht über die Wahrheit seines eignen geistigen Vermögens ernsthaft befragt hätte. Und was ist auch alle rein menschliche Weisheit von Gott anders als ein mannigfaltiges Gebilde von solchen unsichern an einander vorüberziehenden Ahnungen. Bei dem Einen ballen sich diese Gedankennebel zusammen zu fast greiflichen Gestalten, bis er davor schaudert, das höchste Wesen mit solchem Maaße messen zu wollen, bei dem andern verflüchtigen sie sich immer feiner, bis er zu seinem Schrekken gewahr wird, daß ihm nichts mehr vor Augen schwebt. Darum hat | Paulus recht zu sagen, daß niemand weiß was in Gott ist, ohne der Geist Gottes. Was dieser weiß das ist wahr und zuverlässig wie das innerste geheimste Wissen des Menschen um sich selbst; und daß dieser Geist der Wahrheit in uns ist, das ist die große That der göttlichen Mittheilung, wodurch die innerste Wahrheit des göttlichen Wesens auch in unsere Seele hineingepflanzt ist. Nur so ist uns in unserm Innern und in der genauesten Verbindung mit unserm innersten Bewußtsein von uns selbst offenbar geworden, was auf keine andere Weise je hätte können in eines Menschen geistiges Ohr oder Auge dringen, und von irgend einem vernommen und gefaßt werden, so faßlich und vernehmlich es auch jezt seit dieser Mittheilung jedem erscheint. Darum glaube ich kaum, daß Einer unter Euch fragt, was denn nun dieses sei in unserer Gotteserkenntniß, dem weil es durch den Geist Gottes in uns gekommen ist, eine solche unumstößliche Gewißheit beiwohnt; ich glaube nicht, daß Einer, wenn er etwa zum Ueberfluß fragte, eine andere Antwort erwarten könnte, als die eine, Gott ist die Liebe. Nirgend hat der Geist gesagt, Gott ist die Gerechtigkeit oder er ist die Allmacht oder er ist die Weisheit; aber Gott ist die Liebe, das sagt er durch den Mund des Apostels, dessen Reden der getreueste Nachhall sind von den Reden des Erlösers, das sagt er noch immer durch uns Alle, indem er in uns ruft, Abba der Vater, denn wo ein Vater ist, ist auch Liebe. |

Wo nun der Geist aus Gott nicht redet, da ist auch diese Ueberzeugung nicht. Der Gott Israel, welcher die Missethat der Väter heimsuchen wollte an den Nachkommen bis ins dritte und vierte Glied, wurde nicht als Vater erkannt. Und unter den Heiden, wo wäre an

---

32.34 1Joh 4,16   39–40 Vgl. Ex 20,5; 34,7; Dtn 5,9

eine väterliche Liebe des höchsten Wesens zu denken gewesen bei der vielfältigen Zerspaltung desselben, da schon einträchtige Väter nicht mehrere sein können in Einem Hauswesen, vielweniger diese sogenannten Gottheiten, von denen immer eine gegen die anderen stand. Ja auch was die weisesten, für welche jene Zerspaltung eine Thorheit war, zu erreichen wußten, war immer nur, daß das höchste Wesen neidlos sei und keine Mißgunst kenne, aber wie weit noch von da zu diesem Vertrauen auf eine väterliche Liebe! – Und gewiß ist dieses das am meisten zuverlässige und wahrhaft unumstößliche in unserer Gotteserkenntniß. Denn wie könnten wir in der Freiheit der Kinder Gottes bestehen, wenn wir aus Furcht wieder Knechte sein müßten wie ehedem? Würden wir aber wankend in der Ueberzeugung, daß Gott die Liebe ist: so müßte sogleich die Furcht vor einer Allmacht, über deren Gesinnung es keine Sicherheit gäbe, die leergewordene Stelle des Herzens einnehmen. Dann schleicht auch statt der Anbetung Gottes im Geist und in der Wahrheit, eben weil sich die beseligende Wahrheit verdunkelt, wieder ein gesezlicher Dienst des Buchstaben ein, der allemal ein Kind der Furcht ist. Giebt es aber etwas wankenderes und unsich|reres als den Dienst des Buchstaben und des Gesezes? Hier eine Regel und da eine Regel; hier ein Verbot und dort ein Verbot; hier wollen sich menschliche Zusäze überbieten, und dort zerstören klügelnde Auslegungen um die Wette, gleichviel ob es ein Buchstabe der Vorschrift ist oder ein Buchstabe der Lehre. Und wie die Welt hievon immer voll war in den mannigfaltigsten Gestalten und die menschliche Schwachheit sich immer wieder dazu neigt: wie bald würde das Christenthum das Reich der Gnade und der Freiheit sich wieder zurükverwandelt haben in jene alten Formen, wenn es nicht auf dieser unumstößlichen Gewißheit ruhte! Und unzertrennlich ist dieses beides von einander; niemand nennt Gott Vater, als nur durch den heiligen Geist, denn niemand kennet den Vater als nur der Sohn und wem es der Sohn will offenbaren, und wiederum wo der Geist Gottes ist, da ruft er auch Vater. Was auch selbst in dem Schooß der Christenheit sich sonst wandeln möge in unserer Gotteserkenntniß, wie es menschlicher Beobachtung und menschlichem Nachdenken auch über die Offenbarungen und Wirkungen des Geistes nicht anders ziemt als wandelbar zu sein: diese Ueberzeugung, daß Gott die Liebe ist, bleibt ausgenommen von allem Wandel; sie ist nicht von Menschen her, sonst freilich entginge sie dem nicht, sondern sie ist das ursprüngliche und wesentliche Wort des Geistes in unserer Seele; und als das auf uns übertragene Wissen des Geistes Gottes um das was in Gott ist, so ewig und un|wandelbar wie der Geist Gottes selbst, wird

10–11 Vgl. Röm 8,21   15–16 Vgl. Joh 4,23   30–31 Mt 11,27

sie auch die innerste und zuverläßigste Wahrheit unseres Daseins, und in der That das, worin wir leben, weben und sind.

III. Eben so gewiß aber ist wol auch, daß was der Geist Gottes uns mittheilt von seinem Wissen dessen was in Gott ist, das muß auch vollkommen hinreichend sein für uns. Muß es nicht frevelhaft erscheinen und zugleich verworren und widersprechend, etwas anderes auch nur denken zu wollen, wenn wir angefüllt sind von dem inhaltschweren Worte des Apostels? Wenn auch das nicht hinreichend wäre, was der Geist Gottes uns zu vernehmen giebt, so müßten wir ja noch einer andern Offenbarung harren oder wir wären die unglükseligsten Menschen! Aber wo sollte es herkommen, wenn doch aus dem Menschen selbst nur geringeres kommen kann? Dennoch glaube ich werden Viele, wenn sie redlich sein wollen, gestehen, daß allerdings, wenn das bisher auseinander gesezte alles sein solle, was der Geist Gottes uns mittheilbares erforsche von den Tiefen der Gottheit, so genüge ihnen dieses nicht; Bedürfnisse entständen ihnen tief aus dem Herzen, Wünsche gingen ihnen auf mitten im Leben, die in jener Gewißheit ihre Befriedigung nicht fänden. Darum thut es wol Noth zu fragen, Ob diese Ungenügsamkeit auch wol begründet sei, ob es sich nicht zeigen wird, daß weß den Menschen zwar gelüstet, was ihm aber nicht gegeben ist, ihm auch nicht würde zu seinem Heil gereicht haben.

Und so laßt uns denn zunächst zusehn, ob es sich in Beziehung auf das menschliche nicht eben so verhält. Der Apostel scheint auch das, was der Geist des Menschen der in ihm ist allein weiß von dem Menschen, für die höchste Kenntniß des Menschen zu halten; aber Viele befriedigt doch auch dieses nicht. Unsere innerste Gesinnung kennen, wissen was sich in uns regt und uns kräftig beweget, das Grundgesez und das Maaß unsres geistigen Lebens erforscht haben, das ist schön. Es ist uns auch heilsam; denn je gegenwärtiger uns dieses ist, desto weniger werden wir versäumen uns zu hüten, wo uns Gefahr droht. Aber wie dankenswerth dieses auch sei, gar Wenige werden daran genug haben. Sie möchten gern in den unerforschlichen Zusammenhang zwischen dem leiblichen und geistigen unsrer Natur eindringen; sie möchten den ersten bewußtlosen Anfang des irdischen Daseins, diesen bedeutenden Theil unseres Lebens erforschen, der sich jedem in ein unwiederbringliches Vergessen hüllt, und von dem wir auch durch Andere nur den äußerlichsten Theil kennen lernen; sie

---

19 begründet] bebegründet   20 Menschen] Menschen ihn

2 Vgl. Apg 17,28   20 Vgl. 1Tim 6,10

möchten ausspüren, wie sich von diesen leisen Anfängen an das geistige Leben allmählig gestaltet hat; sie möchten wo möglich über die Grenzen des irdischen Lebens hinüber schauen, um zu erfahren, wie es mit diesem Geiste des Menschen in ihm stand, ehe diese irdische Wirksamkeit desselben begann, und eben so, nachdem dieser | Zustand durchlaufen ist, auf welche Weise wol und in welchem Verhältniß zu ihm die schönen und tröstlichen Verheißungen des göttlichen Wortes dann werden zur Erfüllung gelangen. Von dem allen aber sagt dem Menschen der Geist der in ihm ist nichts; und darum klagen so Viele, wie unzureichend die Kenntniß sei, welche der Mensch von sich selbst habe. Aber wozu unzureichend? Würden wir irgend einen Theil der Aufgabe unseres Lebens besser lösen? würde irgend etwas von dem, wogegen wir zu kämpfen haben, unkräftiger werden und leichter zu besiegen? würden wir die Wechsel des irdischen Lebens deshalb anders ansehen? Wer der die menschliche Seele irgend kennt möchte es wagen auch nur eine von diesen Fragen zu bejahen! So ist es nun auch mit dem was der Geist Gottes, der auch in uns ist, uns offenbart von den Tiefen der Gottheit. Der Apostel sagt, wir hätten ihn empfangen, damit wir wissen könnten was uns Gott gegeben, oder vielmehr wie es eigentlich heißen sollte was er uns zu Liebe und zu Gefallen gethan hat. Das ist nun nichts anderes, als wovon wir vorher schon geredet haben, ja statt mehr scheint es sogar weniger zu sein und ist noch ein beschränkender Ausdrukk. Denn ist Gott die Liebe: so ist auch seine schöpferische Allmacht nichts anders als der Umfang seiner Liebe; so muß auch alles was zu dem Werke der Schöpfung und zu dem Geschäft der Vorsehung gehört, vornämlich aus dieser Liebe zu erklären sein. Davon haben wir freilich auch ein bestimmtes Gefühl, wenn der Geist in uns Vater | ruft: aber in das einzelne dieser Einsicht führt er uns nicht hinein; sondern was wir wissen können ist nur das, was Gott uns zu Liebe gethan hat. Es beschränkt sich also alles, was uns der Geist von den Tiefen der Gottheit mittheilt auf das kündlich große Geheimniß seiner Offenbarung im Fleisch. Der ewige Rathschluß der göttlichen Liebe zum Heil und zur Verherrlichung des Menschen durch die Sendung desjenigen, durch dessen Gerechtigkeit die Rechtfertigung des Lebens über alle Menschen kommen sollte[2], weil Gott selbst in ihm war, um die Welt mit sich zu versöhnen[3]; das

---

[2] Röm. 5, 18.
[3] 2 Kor. 5, 19.

---

38 5, 19.] 5, 8.

36–2 Vgl. Mt 16,18

Predigt über 1Kor 2,10–12   237

Dasein eines Reiches Gottes, welches die Pforten der Hölle nicht sollen überwältigen können; das Herabsteigen des Vaters mit dem Sohne, um Wohnung zu machen in den Herzen der Menschen; die Anschauung des Vaters in dem Sohne, welcher das Ebenbild seines Wesens ist
5 und der Abglanz seiner Herrlichkeit: sehet da dieses und was daran hängt ist die unsern Kräften und unserm Wesen angemessene Entwiklung des Einen großen, daß Gott die Liebe ist; und dieses sind die Tiefen der Gottheit, welche der Geist aus Gott uns eröffnet, daß wir wissen können, was Gott uns zu Liebe gethan hat. Aber freilich es
10 giebt andere Tiefen der Gottheit, welche uns der Geist Gottes nicht offenbart, nach denen uns aber eben so gelüstet wie nach dem, was der Geist des Menschen in ihm uns auch nicht offenbart über uns | selbst; Geheimnisse der Schöpfung, in welche einzudringen der Geist 414
Gottes uns gar nicht anleitet, sondern dem menschlichen Forschen
15 überläßt, um wie weniges in einer Reihe von Jahrhunderten unser Verstand dem unendlichen Ziele noch näher kommen wird; Geheimnisse des unzugänglichen Lichtes, in welchem nun einmal die menschliche Vernunft sich nicht baden, und welches unser Verstand nicht in seine Eimer schöpfen und in seine Formen ausgießen kann – denn
20 wer möchte wol von unserm menschlichen Reden über das höchste Wesen entscheiden, wie nahe es der eigentlichen Wahrheit seines Daseins kommt? – Geheimnisse der Einwohnung, indem es nicht nur von denen, welche das Wehen und Brausen des göttlichen Geistes nur von außen her vernehmen, sondern auf mancherlei Weise auch von
25 denen gilt, welche sein Treiben und Walten in sich haben und kennen, daß sie nicht immer wissen, woher er kommt und wohin er fährt. Ueber alles dieses hat der Geist für uns nur unausgesprochene Seufzer; und wie wir uns müssen genügen lassen in Beziehung auf die Tiefen unseres eigenen Wesens, so mögen wir auch zufrieden sein, in die
30 Tiefen und den Reichthum der göttlichen Gnade hineinzuschauen, ohne zu begehren, daß unser Unvermögen die Tiefen des göttlichen Wesens zu ergründen möge von uns genommen werden. Ja ohne daß seine Offenbarungen sich weiter erstrekken, können wir die gesegnetesten Werkzeuge des göttlichen Geistes sein. So ausgerüstet vermögen
35 wir nach dem | Worte des Erlösers in der Kraft des Geistes zu zeugen 415
von ihm, die Welt zu strafen um die Sünde und ihr dies darzustellen als den Inbegriff der Sünde, daß sie nicht glaubet an ihn; wir vermögen ihr zu verkündigen, daß nun alle Gerechtigkeit erfüllt ist und alle Mängel ergänzt sind, indem seit der Erlöser zurükgekehrt ist zum Va-
40 ter, nun sein Geist in der Gemeinschaft der Gläubigen wohnt, ihr auf-

3 Vgl. Joh 14,23   4–5 Vgl. Hebr 1,3   7 Vgl. 1Joh 4,16   26 Vgl. Joh 3,8
27 Vgl. Röm 8,26   35–36 Vgl. Joh 15,26   37 Vgl. Joh 16,9   38 Vgl. Röm 8,4

munternd zuzurufen, daß nun das Reich Gottes befestiget und der Eingang dazu Allen eröffnet, der Fürst dieser Welt aber gerichtet ist. Dies Wort zu predigen, diese Ueberzeugung zu verbreiten, das ist unser Aller gemeinsames Tagewerk in dem Weinberge des Herrn; und es fehlt uns nichts um es zu verrichten, denn wir können wissen, was Gott uns zu Liebe gethan hat. Sehen wir aber nicht auf das Werk, welches wir zu verrichten haben, sondern auf den Frieden, welcher uns verheißen ist: o wir können ihn in Fülle genießen durch das, was uns der Geist Gottes offenbart von den Tiefen der Gottheit. Es fehlt uns nichts zu der seligsten Gemeinschaft, in welcher wir mit Gott stehen, wenn uns der Geist aus Gott die Liebe Gottes als die innerste Tiefe seines Wesens offenbart; es fehlt uns nichts, wenn uns klar geworden ist der liebevolle Rathschluß, der sein väterliches Herz bewegt hat gegen das menschliche Geschlecht von Anfang an; es fehlt uns nichts, wenn doch alle Gebrechen unserer Natur geheilt werden können durch die Fülle der Gottheit, die in Christo, der gleicher Natur mit | uns theilhaftig ist, wohnte; wenn doch durch ihn der Geist aus Gott als eine belebende und stärkende Kraft sich über alle, die an Christum glauben, verbreitet, ihnen den Erlöser verklärt, und ihnen in ihm den Vater vergegenwärtigt. Wie sollte ein solcher Zustand nicht die vollkommenste Befriedigung des Gemüthes sein, so daß uns kein wesentlicher Mangel in unserm geistigen Leben zurükbleibt, da doch aus dieser Gemeinschaft mit Gott alle die herrlichen Früchte des Geistes hervorgehen müssen, an denen sich die Aehnlichkeit mit Gott ausspricht! Wie sollten wir mit dem Bewußtsein dieser Gemeinschaft nicht auch getrost aus diesem irdischen Leben, da wir das ewige schon in uns tragen, zur bestimmten Stunde scheiden, und uns mit voller Zuversicht in die Arme der ewigen Vaterliebe werfen, die wir lebendig erkennen, oder vielmehr die uns anerkannt hat und uns den Geist gegeben als das Unterpfand für alles was wir noch zu erwarten haben.

So dürfen wir denn nach nichts weiter verlangen; der Rathschluß Gottes ist erfüllt; was die ewige Liebe den Menschen geben konnte, ist uns geworden durch den Erlöser und durch den Geist der Wahrheit und des Trostes, den er ausgegossen hat über die Seinigen. Diesen festhalten, auf daß er sich auf das innigste vermähle mit dem Geist des Menschen der in ihm ist, und uns eben sowohl die Tiefen unseres eigenen Wesens gründlicher und tröstlicher als jener enthülle, als er uns die | Tiefen der Gottheit aufthut, welche auszuspüren der eigne Geist in uns zu schwach gewesen wäre; diesen Geist aus Gott gewäh-

---

19 glauben,] glauben

---

2 Vgl. Joh 16,11   16–17 Vgl. Kol 2,9–10

ren lassen, daß er sich alle unsere Kräfte zu seinen Werkzeugen ausbilde, damit wir selbst in seinem Lichte alles sehen, und mit demselben alles um uns her erleuchten, und damit die Liebe zu Gott und Christo, welche er ausgießt in unsre Herzen, sich auch überall als geistig hülfreiche und beseligende Liebe zu unsern Brüdern erweise, und so das Reich Gottes, dessen Bild als eines Reiches der Wahrheit und der Liebe er in unsern Seelen verzeichnet und immer wieder auffrischt und erneuert, auch von uns ins Leben eingeführt und immer weiter gefördert werde: gewiß eine größere Aufgabe können wir uns nicht stellen und also auch nicht lösen in unserm ganzen irdischen Leben! Darin haben wir den Frieden und die Seligkeit, welche der Herr den Seinigen verheißen hat; darin hört alles Mühseligsein und Beladensein auf, welches wol unstreitig der rechte Ausdruk ist für den früheren Zustand der Menschen, betrachten wir ihn nun als einen Zustand unter dem Gesez oder unter der Sünde; dadurch ist alles Verlorne gefunden und wiedergebracht in die lebendige Gemeinschaft mit dem, der sich uns offenbart hat in seinem Sohn, und dem mit diesem Geiste aus Gott, den er uns gegeben hat, sei Preis und Ehre und Herrlichkeit in Ewigkeit. Amen.

3–4 *Vgl. Röm 5,5*   18–19 *Vgl. 1 Tim 1,17*

XVII.

Wer und was gehört in das Reich Gottes?

Am Trinitatisfeste.

M. a. Fr. Seitdem wir das Fest der Auferstehung unsers Herrn begingen, haben wir gesehen, wie er in der Zeit, die ihm bis zu seiner gänzlichen Erhebung von dieser Erde noch übrig blieb, darauf bedacht war, seinen Jüngern noch Unterweisungen mitzutheilen für den großen Beruf, zu welchem er sie erwählt hatte, für alles Uebrige aber sie an den Geist verwies, der über sie sollte ausgegossen werden, und der es von dem Seinigen nehmen würde und ihnen verklären. Dieses Fest der Ausgießung des Geistes über die Jünger des Herrn und durch sie über seine ganze Gemeine haben wir in den lezten Tagen mit einander gefeiert, und so den Kreis unserer kirchlichen Feste geschlossen. Der heutige Sonntag ist gleichsam ein Anhang zu demselben, | dazu bestimmt, daß wir in dem Bewußtsein, daß Gott in Christo war, und daß der Geist, den der Erlöser den Seinigen ertheilt hat, aus Gott ist, alles was uns an jenen Tagen Großes bewegt hat, zusammenfassen, und so in die zweite nicht durch so bedeutende Tage ausgezeichnete Hälfte unsers kirchlichen Jahres überzugehn, um alles was wir aus dem Worte Gottes schöpfen, unmittelbarer auf unsern gemeinsamen Beruf anzuwenden. Dies ist aber kein geringerer: derselbe in welchem vom Tage der Pfingsten auch die Jünger des Herrn beschäftigt waren, nämlich seiner Anweisung gemäß sein Reich auf Erden zu gründen, und Allen die da herzukommen wollten zu verkündigen Vergebung der Sünden in seinem Namen. Wie sie dabei zu Werke gehen sollten, das hat eben jener Geist ihnen eingegeben, indem er sie erinnerte alles dessen, was ihr Herr und Meister ihnen gesagt hatte, und indem er ihnen das was sie oft in jener Zeit nicht genugsam verstanden hatten, näher erklärte. Wie nun dieses heilsame Geschäft des Geistes ununterbrochen seinen Fortgang hat, so daß er von Zeit zu Zeit Christum mehr verherrlicht, und immer, was Manche unrichtig verstehen von den uns aufbehaltenen Worten Christi, Anderen genauer erklärt: so wird nun auch immer noch von Allen dasselbe gefordert, nur daß Einige den Schauplaz ihrer Wirksamkeit mehr öffentlich haben und

---

2 *Predigt zum Sonntag Trinitatis am 17. Juni 1821 vormittags in der Dreifaltigkeitskirche zu Berlin; vgl. Predigtnachschrift und Liederblatt in KGA III/6, S. 702–714*

Predigt über 1Kor 12,3–6

im Großen, Andre aber auf einen engeren Kreis beschränkt sind. Immer bleibt es doch dabei, Wir sind der Jünger Mitgenossen | geworden nicht nur, um die Gaben des Reiches Gottes zu genießen, sondern auch um es wie sie an unserm Theil zu fördern und auszubreiten. In diesem Sinne hat auch der Erlöser in dem Gebet, womit er selbst seine öffentliche Wirksamkeit beschloß, seinem und unserm himmlischen Vater nicht nur seine damaligen Jünger anbefohlen, sondern Alle die, welche durch ihr Wort an ihn gläubig werden würden. Soll nun dieses Gebet immer mehr an uns in Erfüllung gehen, und fühlen wir uns hierzu gestärkt durch den aufs neue vollbrachten Kreislauf unserer Feste: so ist natürlich, daß wir uns für unsere beginnenden unfestlichen Betrachtungen die Frage vorlegen, was wir im Reiche Gottes zu leisten haben. Um uns nun diese zu beantworten, müssen wir auf alles zurükgehen, was wir in den Reden des Herrn an seine Jünger als Anweisung für ihr großes Geschäft, daß sie das Reich Gottes bauen sollen, anzusehen haben. Das soll mit Gott der Inhalt unsrer vormittäglichen Betrachtungen während des übrigen Theiles dieses kirchlichen Jahres sein. Aber sollen wir die einzelnen Vorschriften, die darüber der Herr seinen Jüngern gegeben hat, zu unsrer Erbauung und zur wahren und ihm gefälligen Förderung unseres Tagewerkes benuzen: so ist uns wohl vorher ein allgemeiner Unterricht über das Wesen des göttlichen Reiches nothwendig; wir müssen uns darüber verständigen, wo es ist und wo es nicht ist, wir müssen diejenigen zu unterscheiden wissen, deren Mitwirkung wir uns zu erfreuen | haben, und diejenigen die wir selbst erst herzubringen sollen zu dem Reiche Gottes; wir müssen bei der großen Mannigfaltigkeit menschlicher Thätigkeiten nicht in Gefahr kommen, diejenigen, durch welche das Reich Gottes gefördert wird, mit solchen zu verwechseln, welche demselben fremd sind, und sich nur auf die Dinge dieser Welt beziehen. Einen solchen allgemeinen Unterricht laßt uns heute in den Worten der Schrift aufsuchen, und sie zum Grunde aller unsrer folgenden Betrachtungen nehmen.

Text. 1. Korinth. 12, 3–6.
Darum thue ich euch kund, daß niemand Jesum verfluchet, der durch den Geist Gottes redet; und niemand kann Jesum einen Herrn heißen, ohne durch den heiligen Geist. Es sind mancherlei Gaben, aber es ist Ein Geist. Und es sind mancherlei Aemter, aber es ist ein Herr. Und es sind mancherlei Kräfte; aber es ist ein Gott, der da wirket Alles in Allen.

5–6 Vgl. Joh 17   16–18 Vgl. die Predigten dieser Themareihe bis 18. November 1821 in KGA III/6

Es ist wohl leicht zu sehen, daß die verlesenen Worte des Apostels einen solchen allgemeinen Unterricht über das Reich Gottes enthalten, wie wir ihn vorher gewünscht haben. Denn überall ist das Reich Gottes, wo der Geist Gottes redet und wirkt; und indem also der Apostel uns genauer unterrichtet, wer durch den Geist Gottes redet und wer nicht, so erfahren wir dadurch zugleich, wer schon dem Reiche Gottes angehört, und dessen Wohlfahrt | im Auge hat bei allen Handlungen und Beschäftigungen, welche irgend eine nähere Beziehung haben auf Gott und auf seine Offenbarungen im Evangelio. Erinnert uns also der Apostel an die Gaben, für welche es in aller ihrer Mannigfaltigkeit nur Einen und denselben Geist giebt, an die Aemter, die uns alle auf Einen und denselben Herrn zurükweisen, an die Kräfte, welche alle Gott allein in Allen wirkt: so bezeichnet er uns dadurch alles dasjenige, was zu dem Reiche Gottes gehört, in seinem Unterschiede von allem, was sonst die Menschen in dieser Welt thun und treiben. Und unstreitig sind dies die beiden Punkte, die das Wesen eines solchen **allgemeinen Unterrichts von dem Reiche Gottes** ausmachen, **der erste,** daß wir wissen, wer in demselben sei und wer nicht, und **der andere,** daß wir wissen, was für Thätigkeiten und Geschäfte zu dem Reiche Gottes gehören und welche nicht. Auf dies beides laßt jezt nach Anleitung unsers Textes unsre andächtige Aufmerksamkeit richten.

I. Wie lautet nun der Unterricht des Apostels über den ersten Punkt, **wer nämlich den Geist Gottes schon habe und aus ihm rede und wer nicht?** Niemand kann Jesum einen Herrn heißen ohne durch den heiligen Geist. Wer also Jesum einen Herrn heißt, der hat den Geist Gottes und gehört seinem Reiche an. Niemand verflucht Jesum, der durch den Geist Gottes redet; | wer sich also von Jesu trennt und lossagt ganz oder theilweise, durch äußerliches Bekenntniß oder durch bewußten innern Widerspruch, der hat den Geist Gottes nicht und gehört also auch nicht zum Reiche Gottes; das ist in der Kürze der Unterricht des Apostels. Sehet da, wie innig und genau er verbindet den Gegenstand unserer früheren auf die Person des Erlösers und den unseres lezten auf den göttlichen Geist bezüglichen Festes! Christus aber hat uns den Vater kund gemacht, und der Geist verklärt uns Christum, also auch die wahre Kundmachung des Vaters; und so finden wir hier was die Bezeichnung des heutigen Tages begründet als den Kern alles Unterrichtes darüber, wer zum Reiche Gottes gehört oder nicht.

---

35 Vgl. Joh 17,26   35–36 Vgl. Joh 16,14

Aber wie es gewiß unter unsern Mitchristen gar viele geben wird, so vielleicht auch unter uns doch Manche, die sich in diese schlichte Kürze, in diese weite Umschließung nicht finden können, sondern fürchten werden, wenn diese Worte sollten eine zureichende, nemlich die ganze Unterscheidung aussprechen: so würden wir gar vieles Unkraut nicht nur stehen lassen unter dem Waizen, denn das hat der Herr selbst geboten, sondern auch für Waizen ansehn. Wie, so höre ich Manchen bei sich selbst zweifeln, der Herr selbst hat gesagt, Wer nicht für mich ist, der ist wider mich; wer nicht mit mir sammelt, der zerstreuet[1]; und wir sollten sagen, schon | wer ihm nicht fluche, wer keine entschiedene in ihm selbst ausgesprochene Widrigkeit gegen ihn hege, sei für ihn, und sende mit ihm in das Reich Gottes? Der Herr selbst hat gesagt, Nicht Alle die zu mir sagen Herr Herr werden in das Himmelreich kommen, sondern die den Willen thun meines Vaters im Himmel[2], und wir sollten sagen, Wer nur Jesum einen Herrn heißt, der ist schon im Reiche Gottes? Bevölkern wir es nicht auf diese Weise mit Allen, die von einer Erlösung nichts wissen wollen, und sich nur gegen Jesum der gewöhnlichen Achtung, die uns jeder erleuchtete und geisteskräftige Mann einflößt, nicht erwehren können? nicht mit Allen, die gar vielem von Herzen fluchen, was sich aus der Lehre und dem Wirken Christi auf die natürlichste Weise entwikkelt hat, und nur grade in seinen eignen Worten und Handlungen, soviel sie deren für rein und sicher überliefert halten, nichts finden, was sie mit einem deutlichen und unverkennbaren Widerwillen erfüllt?

Wie nun, m. gel. Fr., wenn wir zu diesen wohlmeinenden aber ängstlichen Brüdern sagten, Wohl! entschließt euch nur immer dem Worte des Apostels, der soviel für das Reich Gottes gewirkt hat, schlicht und einfältig zu folgen! Oefnet die Thüren und laßt diese insgesammt hinein; je weniger wir sie ausschließen, um desto sicherer werden sie früher oder später in einem noch höheren Grade | die Unsrigen werden, als sie es schon sind. Wäre das wol etwas anderes als ein Wort der Liebe, das von Gott nicht könnte ungesegnet bleiben? Und gäbe es wol einen natürlicheren Fortgang der Sache, als daß wenn wir sie nun in Liebe aufgenommen hätten, wir dann auch mit ihnen gemeinschaftlich in Liebe die Wahrheit suchten? und die Wahrheit werde dann gewiß Alle immer mehr frei machen, also auch die Einen von ihrem ängstlichen Wesen und die andern von ihren schwachgläubigen Zweifeln. Eine solche Zuversicht ist gewiß mit dem

---

[1] Matth. 12, 30. Luk. 11, 23.
[2] Matth. 7, 21.

5–7 Vgl. Mt 13,28–29   35–36 Vgl. Joh 8,32

Glauben an den Erlöser in keinem Widerstreit, und ein solches Bestreben kann keines seiner Worte gegen sich haben. Denn wir sammeln ja auf diese Weise für ihn und verhüten die Zerstreuung, und können mithin auch gewiß sein, daß wir daran den Willen seines himmlischen Vaters vollbringen.

Wenn aber doch ein Schein wenigstens vorhanden ist, als ob die Worte des Apostels den eignen Worten des Erlösers widersprächen: so laßt uns genauer zusehn, wie es damit steht. Hat der Herr freilich gesagt, Wer nicht für mich ist, der ist wider mich: so hat er selbst bei einer andern Gelegenheit auch zu seinen Jüngern gesagt, Es ist niemand, der eine That thue in meinem Namen, und möge bald übel von mir reden. Wer nicht wider uns ist, der ist für uns[3]. Dies hat er, wie ihr wißt gesagt, als Johannes ihm meldete, es habe einer in seinem | Namen böse Geister ausgetrieben, und die Jünger hätten ihm wehren wollen, weil er nicht mit ihnen gewandelt sei. Und dies findet gewiß hier seine Anwendung, denn wie manche böse Geister werden nicht schon ausgetrieben in dem Namen Jesu auch durch einen solchen halben Glauben, und von solchen die nicht in allen Stükken mit uns wandeln! Jenes aber, Wer nicht für mich ist, der ist wider mich, sagte er, als ihn seine Widersacher beschuldigten, er treibe die Teufel aus durch den Obersten der Teufel[4]. So war denn in demselben Sinn, in welchem diese wider ihn waren, der für ihn und sammelte mit ihm, der die Geister in seinem Namen austrieb, und gehörte mit zu denen Kindern des Volkes Gottes, welche die Richter sein sollten von jenen Lästerern[5]. Und so stimmt denn auch dieses Wort des Herrn gar wohl mit dem Worte des Apostels, Wer Jesu fluche, der rede nicht durch den Geist Gottes. Wenn aber Christus selbst sagt, daß nicht Alle ins Himmelreich kommen werden, welche Herr Herr zu ihm sagen, sondern nur die den Willen seines Vaters im Himmel thun: so sagt er anderwärts, Das sei der Wille des Vaters, daß sie an den glauben sollten, den er gesandt habe. Und wenn es freilich in den Tagen, wo Christus auf Erden wandelte, eine Achtung gegen ihn geben konnte als einen mit wunderthätigen Kräften ausgerüsteten Tröster der Leidenden, als einen großen | und gewaltigen Lehrer, als einen Nachhall oder Wiederbringer der ehemaligen Gabe der Weissagung: so kann doch jezt, da wir nicht mehr an jenes vereinzelte und beschränkte persönliche Wirken gewiesen sind, sondern in der Gesammterfahrung

---

[3] Mark. 9, 39. 40.
[4] Matth. 12, 24.
[5] Matth. 12, 27.

9 *Mt 12,30; Lk 11,23*   13–15 *Vgl. Mk 9,38*   27–29 *Vgl. Mt 7,21*   30–31 *Vgl. Joh 6,29*

Predigt über 1Kor 12,3–6 245

der Gläubigen und in dem Fortbestehen der christlichen Kirche das zusammenhängende Ergebniß vor uns haben, und bei uns, die wir uns nicht leicht, sondern immer nur in besonderen Beziehungen nach dem Namen eines andern Menschen nennen, eine solche Achtung wie jene nicht der Grund sein, daß wir uns nach Christi Namen nennen; also giebt es auch jezt, wie Paulus sagt, kein Jesum einen Herrn nennen, wenn doch irgend ein Gedanke dem Wort entsprechen muß, dem nicht ein wenngleich oft unvollkommner Glaube an ihn zum Grunde läge. Denn fragen wir uns nur, woher kann es denn ein Mensch haben, daß er Jesum einen Herrn nennt in diesem auch von Paulus schon gemeinten Sinne, daß er sich durch ihn will bestimmen lassen? Muß nicht auf jeden Fall das schon in ihm geschwächt sein, weshalb von Anfang an das Kreuz Christi Einigen ein Aergerniß war und Andern eine Thorheit? Denn dies beides verträgt sich doch nicht mit den Regungen einer demüthigen Ehrfurcht. Die veränderliche und ihrem Ansehn nach vergängliche Weisheit einer bestimmten Zeit ist es nicht. Die in ihrer Allgemeinheit sich selbst verherrlichende menschliche Vernunft ist es auch nicht, denn diese sucht vielmehr Christum zu sich selbst herabzuziehen. So | ist es also nur, wenngleich noch nicht recht verstanden, noch nicht in seinem ganzen Umfange aufgefaßt, immer aber doch das Zeugniß des göttlichen Geistes. Lebt dieser nun auch in uns wie in dem Apostel, so werden wir auch dessen Ausspruch beistimmen. Es ist das demüthige Bewußtsein, wie selbstgenügsam der Mensch ist, so lange er sich selbst überlassen bleibt, es ist die dankbare Anerkennung dessen, was wir nur durch diesen Geist vermögen, wenn wir mit Paulus sagen, wer Jesum einen Herrn nennt, der redet durch den Geist Gottes, und ist nicht mehr fern von dem Reiche Gottes. Ja je mehr wir mit liebevoller Aufmerksamkeit in diesem Reiche Gottes umherschauen, desto mehr werden wir bezeugen können, wieviel schon auf die Mitwirkung eines solchen zu rechnen ist, der Jesum einen Herrn nennt, und also durch sein Zeugniß dieselbe Ehrfurcht auch in Andern zu erwekken sucht, nicht zerstreuend in der That, sondern sammelnd. So stimmen also auch hier Christus und Paulus, der Jünger und der Meister vollkommen wohl mit einander überein, und Paulus hat Recht zu sagen, wer Christum einen Herrn nenne, sofern es nicht ein ganz leeres Wort ist, und mit solchen hat der Geist Gottes überall nichts zu thun, der thue es durch den heiligen Geist.

Und konnten wir auch wol mit Recht von dem Apostel oder von dem Erlöser etwas anderes erwarten als eine solche Milde, eine solche Nachsicht und Freigebigkeit in der Bestimmung, wer zum Reiche | Gottes gehöre und wer nicht? Oder ist etwa von eben dieser Milde

---

13–14 Vgl. 1Kor 1,23

der geringste Nachtheil zu befürchten, wenn wir nur das festhalten, was wir ja immer und bei jeder feierlichsten Gelegenheit am lautesten bekennen, daß niemand sich einen Christen nennt weil er vollkommen ist, sondern nur weil er es in der Gemeinschaft mit Christo immer mehr werden will. – Aber freilich ein anderes ist die Frage, ob ein Mensch ganz und gar mit allem was er ist und thut dem Reiche Gottes angehöre. Denn da könnte uns die Milde und die Nachsicht höchst verderblich sein, wenn wir gleichviel ob uns selbst oder Andere in Beziehung auf solche Augenblicke der Schwäche oder des Widerspruchs, wo das Fleisch einen Vorwand genommen hat und wir uns irgendwie der Welt gleich gestellt haben, zu nachsichtig und gelinde beurtheilen, als ob auch dieses alles den Ordnungen des göttlichen Reiches gemäß sei. Wenngleich nun dieses eigentlich dem zweiten Theil unserer Betrachtung angehört: so vergönnt mir doch hier zur Stelle einige Worte darüber, daß die Milde in jener Hinsicht, und zwar grade so wie sie sich in den Worten unseres Textes ausspricht, dieser heilsamen Strenge gar nicht in den Weg tritt, sondern vielmehr die Grundzüge zu derselben schon in sich schließt.

Höret noch einmal den Apostel, wie er sagt, Niemand der durch den Geist Gottes redet verflucht Jesum! Fluchen wir aber nicht allem in dem Maaß als wir, sei es nun mit Recht oder Unrecht, | meinen, daß unser Wohlsein dadurch gefährdet werde? So oft wir also eine Forderung Christi eine harte Rede schelten, weil sich etwas in unserm Innern dagegen empört, mit ihm zu leiden: so steht es in einem solchen Augenblikk nicht besser mit uns als mit jenem Jünger, zu welchem der Herr sagen mußte, Hebe dich weg von mir, denn du suchest nicht was göttlich sondern was menschlich ist[6]. So oft wir trägen Herzens genug sind um uns zu ärgern und, wäre es auch nur eine vorübergehende Verstimmung, deshalb nicht mehr mit ihm wandeln zu wollen, weil es uns noch nicht gelungen ist den rechten Geist und das volle Leben in manchen seiner Worte zu entdekken, da wir doch nur nicht ablassen sollten zu fragen und zu forschen: so sind wir schon nicht mehr davon erfüllt, daß er allein Worte des Lebens hat, wir sind also auch nicht mehr von dem Gefühl seiner Gewalt über uns als einem seligen durchdrungen, sondern wir tragen sie unwillig als ein Joch, dem wir uns gern entzögen; wir segnen ihn also nicht in solchen Augenblikken, sondern es lebt und wirkt etwas in uns außer dem Geiste Gottes. Wenn also der Apostel weiter sagt, Niemand kann Jesum einen Herrn nennen ohne durch den heiligen Geist, nun so sagt er auch, daß wenn

---

[6] Matth. 16, 23.

33 Vgl. Joh 6,68

Predigt über 1Kor 12,3–6

wir irgend einmal in irgend einer Beziehung ihn nicht einen Herrn nennen, wenn wir etwas für uns haben möchten in unserer Seele und unserm | Leben, als ob sich darauf seine Herrschaft nicht erstrekke, so hänge diese Unfähigkeit Jesum einen Herrn zu nennen mit einem Schweigen des göttlichen Geistes zusammen, der also in solchen Augenblikken uns nicht treibt, sondern eher von uns gewichen ist, ohne den wir aber doch keine Wirksamkeit in dem Reiche Gottes ausüben und also auch nicht eigentlich in demselben sein können. Wenn wir ihm, der uns doch so herrliche Verheißungen ausgesprochen hat, daß ohne den Willen seines Vaters kein Haar von unserm Haupte fallen könne, daß was er den Vater bitten werde, der Vater ihm auch gewähre, und daß er als ein guter Hirte, wie er sein Leben für seine Schaafe gelassen, so auch noch jezt auf nichts anders als nur auf ihr Wohl bedacht sei, wenn wir ihm nun dennoch nicht vertrauen, sondern ihn meistern wollen, und bald dieses bald jenes in der Art, wie er die ihm übergebene Gewalt gebraucht, uns nicht recht ist: so nennen wir ihn nicht unsern Herrn, weil wir uns ja beurtheilend über ihn stellen, und auch das ist dann nicht durch den heiligen Geist geredet, wie es auch gewiß unserer Wirksamkeit in der Gemeine des Herrn nicht förderlich ist.

Dieses ernste Wort der Warnung, diese strenge Regel der Selbstprüfung hat der Apostel in seine Worte hineingelegt. Wie stärkend und demüthigend zugleich, daß er alles, was in unserm Leben die ehrfurchtsvolle Hingebung an den Erlöser ausdrükkt, nicht uns selbst sondern dem göttlichen Geiste zu|schreibt! wie ähnlich dem Erlöser selbst, der als Petrus im Namen der übrigen Jünger das Bekenntniß ablegte, Wir glauben du bist Christus der Sohn des lebendigen Gottes, zu ihm sprach, Das hat Fleisch und Blut dir nicht offenbart, sondern mein Vater im Himmel. Demüthigend, aber deshalb auch immer fester uns an die Hülfe anlehnend die Allen schon immer bereit ist, wirkt die Ueberzeugung, daß auch zu diesem aber freilich höchst fruchtbaren und alles Andere aus sich entwikkelnden Anfang der christlichen Gottseligkeit der Mensch nicht anders gelangt als durch den Geist Gottes. Stärkend und ermuthigend wirkt das Bewußtsein, daß es der unendlich reiche unerschöpfliche Geist aus Gott ist, von dem uns dieses kommt, und daß vom ersten Anbeginn an alles, was er in uns wirkt, uns als ein Unterpfand gegeben ist für das größere und vollkommnere, was er noch wirken wird. Wie abschrekkend, aber eben deshalb wie heilsam, daß er uns für alles, was nicht aus dieser einen göttlichen Quelle entspringt, gleich das schauderhafte Ziel der Tren-

---

9–11 Vgl. Apg 27,34 sowie Mt 10,29–30   11–12 Vgl. wohl Joh 11,22   12–13 Vgl. Joh 10,11   27–29 Vgl. Mt 16,16–17

nung und des Abfalls vorhält, und uns eben deshalb auch auf denselben Grund des Verderbens zurükführt, welcher auch in den Tagen des Erlösers die Wirkung hervorbrachte, daß der Fürst des Lebens getödtet, der Fels des Heils verworfen, der immer segnende mit Bann und Fluch belegt ward! Ist eine Lust und Liebe in dir, welche mit deinem heiligen Verhältniß zu Christo, mit deiner treuen Theilnahme an seinem Werk, mit der Freude deiner | Seele an ihm sich nicht verträgt: hüte dich und nimm dein selbst wahr! Du bist auf dem Wege dem zu fluchen den du jezt noch segnest, aber von dem du dich doch in diesen unglükklichen Augenblikken noch fern fühlst.

Und in der Verbindung dieser Strenge mit jener Milde müssen wir ja wol recht den Sinn und die Weise des Apostels erkennen, der so ausgezeichnet viel zur Gründung und Verbreitung der christlichen Kirche gewirkt hat; den Sinn also auch und die Weise, welche unserm erhaltenden und berichtigenden Handeln in derselben zum Grunde liegen müssen. Er ist, daß ich so sage, geizig auch auf das kleinste, was aber doch eine Wirkung des göttlichen Geistes in den menschlichen Seelen ist; er will uns lehren auch das geringste dieser Art zu beachten und zu Rathe zu halten, damit wir nicht als faule Knechte erfunden werden, denen es ein zu geringes war über weniges getreu zu sein. Ein mit Unterscheidung von jedem bloß menschlichen Ansehn ausgesprochenes ehrfurchtsvolles Bekenntniß seines Namens, ein demüthiges Ergriffensein von dem erhabenen in seinem persönlichen Leben und Wirken, ein dankbares Anerkennen der segensreichen Erfolge des Amtes, das die Versöhnung predigt, und der großen Wirkungen, welche die Gemeinschaft der Christen in dem menschlichen Geschlecht hervorgebracht hat; wenn auch dies alles noch so unvollkommen wäre, daß es uns keineswegs genügen kann, um uns von Herzen und ungetrübt daran zu er|freuen; es ist doch schon eine Wirkung und ein Zeugniß des göttlichen Geistes, es ist uns hingegeben in den Kreis unseres Wirkens und Lebens, um mehr daran zu knüpfen und besseres daraus zu gestalten. Wir sollen einen solchen in dem der Geist Gottes sich schon wirksam bewiesen hat nicht loslassen, damit er noch mehr mit uns sammle, indem er diejenigen bekämpft, die auch er schon bekämpfen kann; in seiner eigenen Seele und in dem großen Zusammenhange des christlichen Lebens sollen wir etwas aufzuweisen haben, wenn der Herr kommt, was erworben ist durch unsere Verbindung mit denen, die wir so an der Schwelle und in der Vorhalle

---

25 predigt,] predigt

3–4 Vgl. Apg 3,15   19 Vgl. Mt 25,26   20–21 Vgl. Mt 25,21.23   25 Vgl. 2Kor 5,18

des göttlichen Tempels finden. Aber mit dieser die Menschen freundlich umfassenden und eben so reifen und fruchtbaren Sparsamkeit verbindet er nun eine scharfe Unterscheidung der menschlichen Zustände, und lehrt uns auch in dem unchristlichen und fremdartigen, welches, weil es unbedeutend erscheint, nur zu leicht unerkannt mit durchläuft, die Aehnlichkeit mit dem gefährlichsten und verderblichsten erkennen und herausschmekken. Und wie wir nun einander empfohlen sind zu der gleichen Liebe, mit welcher Christus uns Alle geliebt hat, und also trachten sollen, uns mit einander für ihn immer mehr zu reinigen: so sollen wir nichts an einander dulden oder es gleich zu bestreiten suchen, was einer Verringerung des Ansehns Christi, einer Verkleinerung seiner Herrschaft auch nur von fern ähnlich sieht. Auch das geringste der Art, wovon unser in|nerstes Gefühl uns sagt, es sei nicht nach dem Willen und aus dem Geiste Gottes gethan, soll uns erscheinen als ein herannahendes Fluchen Christo. Und dieses beides, jene umfassende Liebe auf der einen Seite und diese Strenge, die sich um desto mehr bewährt, je mehr sie dieselbe ist gegen uns selbst und gegen die, welche wir als uns selbst zu lieben berufen sind; dies beides zusammen ist die richtige Erkenntniß und Bestimmung der Grenzen des Reiches Gottes auf Erden, in welcher allein wir zugleich den richtigen Maaßstab finden für unsern Dienst in demselben. Keinen ganz davon ausschließen der Jesum einen Herrn nennt, Jeden aber nur in so weit für schon demselben angehörig ansehen, als der Geist Gottes in ihm wirksam ist, sofern er aber nicht darin ist, ihn hineinzubringen suchen, das ist, jenes der Grund und dieses das Ziel unserer Thätigkeit. – Und nun fehlt uns nur noch

II. Auch die Frage aus den Worten des Apostels zu beantworten, ob alle menschliche Thätigkeiten, oder welche nur und welche nicht, in einer Beziehung stehen zu dem Reiche Gottes.

Gewiß, m. gel. Fr., werden wir Alle geneigt sein zu antworten, daß auch hier nichts auszuschließen sei und wegzuwerfen, sondern wenn nur auf die rechte Art verrichtet alles, was dem Menschen im wahren Sinne des Wortes natürlich ist, auch in das Reich Gottes auf Erden gehöre. Denn | wäre es anders, müßte dann nicht der Geist Gottes wenn er einen Menschen regieren will damit anfangen, die menschliche Natur in ihm zu verstümmeln? Und das ist ein finstrer Wahn, den wir ja bekennen lange abgeworfen zu haben. Und daß wir auch darin die Meinung des Apostels theilen, sehen wir ganz deutlich aus einem andern Worte desselben, Alles was ihr thut das thut zur

---

7–9 Vgl. Joh 13,34   18 Vgl. Mt 19,19; 22,39; Mk 12,31; Lk 10,27; Röm 13,9 mit Zitat von Lev 19,18

Ehre Gottes.[7] So meint er also, es lasse sich alles was es auch sei, und er schließt auch Essen und Trinken, das alltäglichste und untergeordnetste nicht aus, zur Ehre Gottes thun, und es kommt ihm nur auf die Art an wie alles geschieht. Was aber zur Ehre Gottes geschehen kann, das soll auch in seinem Reiche geschehen, denn dies ist ja vorzüglich der Ort, wo seine Ehre wohnt. Nichts menschliches also soll so wie es zur Ehre Gottes geschehen kann aus seinem Reiche ausgeschlossen sein, damit sich die Fülle seiner Ehre darin offenbare, wie es auch hernach heißt, Daß alle Gaben sich erweisen sollen zum gemeinen Nuz. Wir sollen also diesem Reiche angehören mit unserm ganzen Leben, mit allen seinen Geschäften und Freuden, ohne irgend etwas davon auszunehmen, was nicht eben deshalb unserer unwerth ist, weil es zur Verherrlichung Gottes so nicht gereichen kann. Und mit diesem Ausspruche des Apostels werden wir auch die Worte unsres Textes in Uebereinstimmung finden, und sie werden uns | näher betrachtet die rechte Anleitung geben, jenen Ausdrukk richtig zu verstehen und gehörig anzuwenden.

Laßt uns zuerst merken, was der Apostel meint wenn er sagt, Es sind vielerlei Gaben, aber es ist Ein Geist. Was also eine wirkliche Gabe ist, worin der eine Geist sich zeigt, das soll auch alles sein in dem Reiche Gottes. Wenn er aber Gabe sagt, so meint er natürlich Gottes Gabe. Nun ist freilich alles was der Mensch zu seinem Gebrauch empfangen hat Gottes Gabe, auch die äußeren Dinge, die er sich aneignen und zurichten kann; hier aber in Verbindung mit dem Geist kann doch nur die Rede sein von den eigenen Kräften und Vermögen des Menschen selbst, welche auch über die äußeren Dinge schalten. Warum nennen wir sie aber so oft Naturgaben, m. gel. Fr., als weil wir nicht immer und überall den Muth haben, sie Gottesgaben zu nennen! Wol wissend, daß so wie was im wahren und vollen Sinne des Wortes ein Gotteswort sein soll auch ein wirksames, schaffendes und hervorbringendes sein muß, so auch was im höchsten Sinn eine Gottesgabe sein soll ein wahrhaftes und unzweideutiges Gut sein muß. Und dürften wir das wol behaupten von diesen natürlichen Gaben und Kräften des Menschen, wie wir sie überall zerstreut antreffen? Können wir oft etwas anderes darin entdekken als eine sinnliche Gewalt? Sehen wir nicht oft die edelsten doch nur auf das niedere gewendet oder gar dem Bösen zugekehrt? Aber in | diesem Zustande

---

[7] 1 Kor. 10, 31.

---

38 10, 31.] 10, 3.

9–10 Vgl. 1Kor 12,7

freilich sind sie auch nicht die Gaben, in denen ein und derselbe Geist lebt, sondern gar verschiedene Geister sind in ihnen zum Streit gegen einander gekehrt. Nicht etwa nur auf dem großen Schauplaz aufgeregter Leidenschaften, wo Gewalt und List sich gegenseitig bekämpfen, wo Hoffart und Niederträchtigkeit entgegengesezte Künste aufbieten, um einander das gemeinschaftliche Ziel abzugewinnen. Sondern denkt euch immer das bessere und schönere, keine zerstörende Feindseligkeit, keine verzehrende Selbstsucht, nicht einmal die gewöhnliche kleinliche Plage empfindlicher Eitelkeit, doch werdet ihr euch einen eifersüchtigen Wettstreit nicht hinwegdenken können. Wo ihr einen seht mit einer Gabe vorzüglich ausgestattet, welcher Art sie auch immer sei, da werdet ihr auch eine partheiische Vorliebe finden. Auf dieser Eigenschaft soll dann vorzüglich das Gedeihen des Guten und Schönen beruhen, ihr sollen überwiegend alle Hülfsmittel im Ueberfluß zugewendet werden, ihren Erweisungen und Erzeugnissen vor allen andern Lob und Beifall gezollt. Ist nicht jede solche ausschließende Anlage eine Geringschäzung der übrigen? Und wenn wir auch nicht selten Menschen finden, die mannigfaltiger ausgerüstet und auf mehreres gestellt sich mit wechselndem Geschmakk jezt auf dieses dann auf jenes werfen, sind sie etwa zu irgend einer Zeit wieder einseitig, ist es nicht vielmehr jedesmal ein anderer Geist, der das vorige verläugnend in ihnen waltet? Da ist also in dem mancherlei nicht Ein | Geist, sondern in jedem ein besonderer und einer wider den andern. Darum geschieht auch was so gethan wird, wie schön und ausgezeichnet es auch ins Auge falle, nicht zur Ehre Gottes, weil es manchem andern, das auch von demselben Gott herkommt, zur Verunehrung geschieht, und was nicht zur Ehre Gottes geschieht, das gehört auch nicht in das Reich Gottes. Darum sind die Gaben der Natur nur Gaben auf Hofnung, bis der Eine Geist komme, der Geist von oben, der allein sie alle gleichmäßig beseelen kann, indem er sie erst zu Einem bindet durch die Liebe, die da ist das Band der Vollkommenheit. Als Gott der Herr mit allen jenen mannigfaltigen Anlagen den Menschen erschaffen hatte zur lebendigen und vernünftigen Seele, konnte er doch nur sagen, daß alles gut sei, weil er schon vorher versehen hatte das Werk der Erlösung von allem Zwiespalt und der Ausgießung des Geistes, der allem in allem, was erst durch ihn eine wahre Gabe wird, einer und derselbige ist, wie zerstreut und vertheilt sie auch seien in dem weiten Gebiet der menschlichen Natur. Nichts giebt es in derselben, was dieser Geist sich nicht aneignen könnte und was durch ihn

---

5 Hoffart] Hoffarth   17 übrigen?] übrigen.

---

31 *Kol 3,14*   39–1 Vgl. *1Kor 12,7*

nicht eine Gabe würde zum gemeinen Nuz in dem Reiche Gottes. Da wird nichts übersehen und nichts verschmäht; die Freude an dem Reiche Gottes, und der Trieb und Drang es zu bauen vereinigt alles; keine Gabe spricht zu der andern, ich bedarf dein nicht, jede bereitet der andern den Weg, damit sie sich zeigen könne zum gemeinen | Nuz, vielmehr späht das Auge der Liebe auch was unscheinbar und verborgen ist auf; und weil Jeder habe er auch nur die kleinste, doch die Freude an allen anderen theilt, indem derselbe Geist sich und sein Werk in allen wiedererkennt: so ist jeder zufrieden mit seinem bescheidenen Theil, ohne durch kleinliche Vorliebe in dem Mitgenuß und Mitbesiz aller anderen gestört zu werden.

Eben so nun sagt zweitens der Apostel, Es sind viele Aemter, aber es ist Ein Herr. Damit bringt er uns freilich das weltliche Regiment in Erinnerung, womit es ein ganz anderes und viel verworreneres Wesen ist. Da hat der Herr zwar seine Diener, unter welche er die Aemter welche zu verwalten sind vertheilt nach Geschikk und Bedürfniß; aber deren sind doch nur Wenige im Vergleich mit seinen Unterthanen, welche alle ihre Kräfte und Hülfsmittel in ihrem eignen Nuzen verwenden. Da ist also gar vieles in dem Umfange eines solchen Reiches, was doch bei weitem nicht auf dieselbe Weise dem Herrn zu Gebote steht wie die Thätigkeiten seiner Diener in den verschiedenen Aemtern. So ist es nun nicht in dem Reiche Gottes, wo kein solcher Unterschied stattfindet. Zu oft schon habe ich das eingeschärft, als daß ich nöthig haben könnte, es auch heute noch in Erinnerung zu bringen, daß keinesweges in der christlichen Kirche wir Diener des Wortes in einem andern und höheren Sinne Beamte Gottes sind als alle anderen Christen; sondern wie sie alle Priester sind, so sind sie auch alle | Diener, Alle dem Einen Herrn auf gleiche Weise verpflichtet zum gleichen Gehorsam, und was sie thun und verrichten, das thun und verrichten sie Alle auf gleiche Weise ihm, und die noch nicht seine Diener sind, die sind auch noch nicht seine Unterthanen. Was aber jeder hat, das hat er von ihm, und in einem ganz andern Sinne, als es die weltlichen Herren von sich sagen können, ist dieser Herr die einzige Quelle alles Eigenthums und Besizes. Und was er austheilt, damit sollen auch Geschäfte verrichtet werden und Nuzen gebracht, so daß was wir nur haben an uns und um uns, das ist auch Werkzeug zu dem uns angewiesenen Amt. Wie äußerlich auch ein Geschäft erscheine nur auf die irdischen Verhältnisse des Menschen bezogen und ihnend dienend; dem wahren Christen ist es ein ihm vom Herrn anvertrautes Amt, und er stellt sich damit allen andern Dienern desselben gleich. Ist und bleibt doch das erste und wichtigste Amt, was jeder zu versehen hat, die Stelle die er einnimmt in einem christlichen Hauswesen, und was jeder beizutragen hat um dieses aufrecht zu halten in Kraft und Freudigkeit, sei er nun der Hausvater oder der Diener, das gehört zu seinem Amt im Reiche Gottes, und darum weiß der Apostel von nichts anderem als von den vielen Aemtern und dem Einen Herrn. Was wäre also hier wol ausgeschlossen, so es nur ohne Beschämung kann genannt werden? Aber freilich wenn im weltlichen Regiment Manche sich ausbilden zu geschikkten Dienern, aber nicht um | des Herrn oder seines Reiches willen, sondern nur ihres eigenen Nuzens wegen, weil sein Dienst ein bequemeres und einträglicheres, oder ein sichreres und ehrenvolleres Gewerbe ist als andere, so ist alsdann auch der eifrigste und pünktlichste Gehorsam, weil doch die Pflicht nicht um des Herrn willen erfüllt wird, eigentlich nur Eigennuz; denn ein solcher Diener würde auf dieselbe Weise jedem Andern dienen, wenn der erste Herr verunglükkte. Was nun in solchem Sinne gethan wird, wie genau und mühsam es auch sei, das geschieht doch eigentlich nie zur Ehre des Herrn, und darum findet das auch nicht Statt im Reiche Gottes, und dessen der da weiß was in dem Herzen des Menschen; sondern wie scheinbar treflich und verdienstliches die Menschen auch thun, aber nur irgend eines Lohnes wegen, den sie von Gott erwarten, das geschieht nicht auf die rechte Art, nämlich nicht zur Ehre Gottes, und ist ausgeschlossen aus seinem Reiche. Und eben so kann es im weltlichen Regimente, wenn es gleich immer ein gefährliches Spiel bleibt, doch wol oft gut sein und heilsam, weil der Herr nicht immer von selbst schon derjenige ist, der sich auf das Wohl des Ganzen das ihm untergeben ist am besten versteht, daß hier der Eine und dort der Andre unvermerkt und unter der Hand selbst den Herrn spielen, so daß im Namen und unter dem Ansehn des Herrn eigentlich ihr Wille geschieht. Aber wie das doch niemals zur Ehre des Herrn geschieht, sondern bei Allen die es gewahr werden | ihm zur Herabwürdigung gereicht, so ist aus dem Reiche Gottes auch dieses gänzlich ausgeschlossen. Ja wie uns nicht entgehen kann, daß die Neigung, eine eigne Herrschaft in dem Reiche Gottes aufzurichten und eigne Willkühr hineinzuschwärzen, von jeher das Verderben der Christenheit gewesen ist, so wollen wir auch keine solche Regeln für unsere Wirksamkeit in demselben annehmen, wodurch dieses gänzlich ausgeschlossen bleibt. Wie könnte auch anderes als verderbliches daraus entstehen, wenn Menschen in das Recht des Herrn eingreifen wollen? Endlich wie auch im weltlichen Regiment, ohnerachtet jeder sein fest bestimmtes Amt hat, doch Jedem zur Pflicht gemacht wird, als gehöre das mit zu seinem Amt und zu der Würde eines Dieners, auch außerhalb des bestimmten Kreises wo er nur kann das Beste des Herrn wahrzunehmen, und denen die es wahrzunehmen haben auf alle Weise behülflich zu sein, oder wer das unterließe, von dem würde man glauben, daß es ihm auch bei seinem Amte nicht um den Herrn zu thun wäre, sondern nur um sich selbst: eben dasselbe gilt auch von dem Reiche Gottes. Wie der Apostel sagt, Etliche sind gesezt zu Aposteln, etliche zu Propheten, etliche zu Evangelisten, etliche zu Hirten und Lehrern, Andere zu Wunderthätern, gesund zu machen, in Sprachen zu reden[8]; aber auch die Apostel thun Wunder, auch die Propheten machen gesund, auch die Evan|gelisten und die Lehrer reden in Zungen und legen aus, und so gehört es zu eines jeden Amt, auch außer seinem bestimmten Beruf und Geschäftskreise zu fördern und hülfreich zu sein im Reiche Gottes, wie er nur kann, und jede Gabe wirksam sein zu lassen zum gemeinen Nuz. Wie sollte also nicht so aufgefaßt unser amtliches Verhältniß in dem Dienste Christi einen gerechten Anspruch aufzuweisen vermögen auf alles was wir sind und haben, und wie sollten wir nicht alles gebrauchen können zur Ehre Gottes und also auch zur Förderung seines Reichs.

Und eben dieses muß uns, wenn noch irgend ein Bedenken obwalten könnte, vollkommen klar werden aus dem lezten Worte des Apostels, Es sind mancherlei Kräfte, aber es ist Ein Gott der da wirket alles in Allen. Denn eben diese Worte richtig verstanden gehen auf die vorigen zurükk und vollenden sie. Nämlich Kraft heißt in unsern heiligen Büchern nicht nur, was wir im eigentlichen Sinne so nennen, sondern sehr oft auch die Aeußerung der Kraft, woraus ein Erfolg hervorgeht. Wenn von Christo gesagt wird, Er merkte daß eine Kraft von ihm ausging[9]: so verließ ihn doch die Kraft nicht, sondern blieb bei ihm, aber eine Thätigkeit derselben ging von ihm aus und bewirkte eine Heilung. Wenn gesagt wird, Gott habe der | Seligkeit des Evangeliums Zeugniß gegeben mit mancherlei Kräften[10], so heißt das eben so viel als mit mächtigen Thaten, denn nur durch diese können die Kräfte ein Zeugniß geben, wie es auch vorher heißt mit Zeichen und Wundern. So ist auch in unserer Stelle die Meinung die, es gebe vielerlei gedeihliche Verrichtungen, schöne und glänzende Erfolge; aber diese insgesammt wirke Gott in Allen. Die natürlichen Anlagen des Menschen sind die köstlichste Ausstattung, die ein lebendes Wesen auf Erden ursprünglich empfangen, aber sie vermögen nichts für das Reich Gottes, und es könnte durch sie nicht hervorgebracht werden. Nachdem aber der Herr erschienen und uns seinen Geist zurükgelassen, wenn der sich eines Menschen bemächtigt: so werden nun diese Anlagen veredelt zu einem Abbilde der reinen Menschheit Christi, und

---

[8] 1 Kor. 12, 28–30. Ephes. 4, 11.
[9] Luk. 8, 46.
[10] Ebr. 2, 4.

9–10 Vgl. 1Kor 12,7

so sind sie denn und werden immer mehr Gaben Gottes schön und gut an sich und so auch gutes und schönes hervorzubringen fähig; und das gilt ohne Ausnahme von allen Kräften des Menschen, welche überhaupt einer Beseelung durch den göttlichen Geist empfänglich sind. Wie wir nun durch den heiligen Geist Jesum einen Herrn nennen: so sind denn auch diese Gaben, wie wir sie dafür erkennen, sein Eigenthum, und nach Maaßgabe derselben theilt er einem jeden sein Amt aus; und wiederum giebt es nichts, | ist es nur irgend eine lebendige Kraft in uns oder irgend ein dem Menschen schon dienstbares oder in der Bearbeitung begriffenes äußeres Hülfsmittel, was nicht jeder auf seine Weise mittelbar oder unmittelbar brauchen könnte in seinem Amte. So fehlt es uns denn nicht an Uebung, und wir lernen immer mehr schäzen was uns anvertraut ist und wie jedes kann gebraucht werden zum gemeinen Nuz. Das könnte uns nun genügen, und je treuer wir wären, desto zufriedener würden wir auch sein; und wenn wir bei aller Treue und Thätigkeit wenig Gewinn sehen: so würden wir gewissermaßen mit Recht denken, es liegt doch nicht an dem der da säet, noch an dem der da pflanzet, noch an dem der da begießt, sondern an dem der das Gedeihen geben kann oder auch nicht geben. Aber was für ein Maaß würden wir unserer Thätigkeit anlegen? Das offenbar würden wir dran wenden, wovon wir einsähen, wozu und weshalb es grade jezt wirksam und zwekkmäßig ist, das übrige aber würden wir ruhen lassen. Deswegen nun sagt der Apostel, die vielerlei großen und schönen Thaten geschähen dadurch, daß Gott selbst alles wirke in Allen; und führt uns auf das große Geheimniß aller natürlichen Dinge zurükk, indem er uns auch in Beziehung auf das Reich Gottes dasselbige lehrt. Dieses nämlich, daß alles was geschieht dadurch so und nicht anders wird, daß Gott die verschiedenen Wirkungen der Dinge zusammenleitet zu Einem | Zwekk. So wie nichts erfolgt durch unsere That allein, sondern nur dadurch, daß so und nicht anders zugleich hier und dort gewirkt wird: so wird auch alles was wir irgend thun, weil der Eine Geist uns dazu treibt, weil wir es zu dem Amte rechnen müssen, was unser Herr uns zugetheilt hat, indem es zu anderem uns vielleicht unbekanntem mitwirkt, etwas beitragen zur Förderung des Reiches Gottes, wenn es auch uns ganz vergeblich erscheint. Und so gehört also zu dem Reiche Gottes, daß wir alles thun, wozu wir uns um Christi willen, wenn wir ihn im vollen Sinne des Wortes unsern Herrn nennen, getrieben fühlen, und in seinem Geiste getrieben fühlen, auch wenn wir keinen Erfolg davon absehn. Denn schuldig waren wir dieses zu thun, und können durch unser Unterlassen verhindert haben wir wissen nicht was.

Auf diese Weise, m. gel. Fr., führen uns auch in dieser Beziehung die Worte unseres Textes zurükk auf die Fülle der göttlichen Offenbarung, welche der festliche Gegenstand des heutigen Tages ist. Wenn der Sohn, in dessen Leben und ganzem Wesen sich uns die Herrlichkeit des Eingebohrnen vom Vater offenbart, uns wirklich zum Herrn geworden ist, wenn der Geist, der nun ausgegossen wird über alles Fleisch, auch die Regeln für unser Leben und die Antriebe zu unsern Handlungen von Ihm hernimmt und uns verklärt: nun dann ist uns um ganz im Reiche Got|tes zu sein und zu leben nur übrig, daß wir bei Allem auf den sehen, aber auch auf ihn rechnen, der Tag und Stunde zu Allem seiner Macht allein vorbehalten hat. Dann werden, so wie diese Eines sind, so auch wir Eines sein unter einander und mit ihnen, und alles was wir thun wird zur Ehre Gottes gethan sein, und gesegnet für sein Reich. Das verleihe uns der, welcher wirket beide das Wollen und das Vollbringen jezt und immerdar. Amen.

2–3 Vgl. Joh 1,14   4–5 Vgl. Apg 2,17 mit Bezugnahme auf Joel 3,1   8–9 Vgl. Apg 1,7   12–13 Vgl. Phil 2,13

Predigten

Sechste Sammlung
1831

*Predigten in Bezug auf die Feier
der Übergabe der Augsburgischen Konfession*

Predigten
in Bezug auf
die Feier der Uebergabe der
Augsburgischen Confession

von

Dr. F. Schleiermacher

Berlin, 1831.
Gedruckt und verlegt
bei G. Reimer.

Predigten

von

Dr. F. Schleiermacher

Sechste Sammlung.

Berlin, 1831.
Gedruckt und verlegt
bei G. Reimer.

Predigten

von

Dr. F. Schleiermacher.

Sechste Sammlung.

Berlin, 1831.
Gedruckt und verlegt bei G. Reimer.

Predigten

in Bezug auf

die Feier der Uebergabe der Augsbur=
gischen Confession

von

Dr. F. Schleiermacher.

Berlin, 1831.
Gedruckt und verlegt bei G. Reimer.

Vorrede.

Sehr spät freilich erscheinen diese Vorträge, die sich sämmtlich auf das Fest beziehen, welches unsere deutsche evangelische Kirche vor nun schon fünf Vierteljahren gefeiert hat, und deren öffentliche Bekanntmachung mir gleich damals und seitdem öfter von Vielen war abgefordert worden. Habe ich nun nicht eher dazu kommen können, diesem Wunsch zu genügen, so daß kaum noch ein leiser Nachklang jener festlichen Stimmung, in der sie gehalten und aufgenommen wurden, jezt diesen Reden bei ihren Lesern zu statten kommt: so steht allerdings zu besorgen, daß sie sich ohne eine solche Hülfe nur in so weit werden geltend machen können, als sie einen Werth haben auch abgesehen von ihrer nächsten Veranlassung. Demohnerachtet muß ich die Leser bitten wenigstens so weit jenes Fest im Sinne zu behalten, daß sie durch den hie und da stark hervortretenden dogmatischen Gehalt weniger befremdet werden, | der sich freilich sonst in meinen Kanzelvorträgen nicht auf diese Art herauszusondern pflegt. Auf der andern Seite kann ich jezt eine unbefangenere Aufnahme für diese Mittheilung erwarten, da wir uns zur Zeit jenes Festes durch ein besonderes Ereigniß in unserm kirchlichen Leben in einer Spannung befanden, welche sich seitdem man darf wol sagen zur vollkommnen Befriedigung aller Leidenschaftslosen von beiden Seiten glükklich gelöst hat; und ich muß nur wünschen, daß die Andeutungen auf jenes Ereigniß, die wol auch in diesen Vorträgen nicht fehlen mögen, auch innerhalb solcher Schranken geblieben sind – denn ich habe darin nichts ändern wollen – daß sie auch jezt noch, ohne geradezu Erinnerungen hervorzurufen, welche besser begraben werden, doch zur Begründung eines ächt evangelischen Sinnes gereichen können.

Wenn übrigens dasjenige, was ich anderwärts[1] auch auf Veranlassung jenes Festes und in Bezug auf dieselbe Angelegenheit gesagt habe, von den entgegengeseztesten Seiten aus ich weiß nicht ob überall mehr mißverstanden oder mißdeutet worden ist: so werden über das erste, wogegen Bedenken erhoben worden sind, nämlich wie ich es mit dem

---
[1] Studien und Kritiken, Jahrg. 1831, erstes Heft.

3–4 *Das 300jährige Jubiläum der Übergabe der Augsburger Konfession wurde am 25. Juni 1830 gefeiert; vgl. die zweite Predigt (unten S. 293).* **18–20** *Anspielung auf den Halleschen Theologenstreit 1830, vgl. KGA I/10, S. LXXXIX–XCII* **33** *Vgl. KGA I/10, S. 395–426*

262 Sechste Sammlung

V Ausdrukk gemeint, daß der eigentliche Gegen|stand unseres lezten Jubelfestes mehr die That der Uebergabe des Bekenntnisses sei, als das Werk oder der Inhalt jener Schrift selbst, und über manches verwandte diese Predigten selbst die beste Erläuterung geben; doch will ich die gute Gelegenheit wahrnehmen, noch folgendes hierüber zu bemerken. Diese Ansicht der Sache ist nämlich großentheils daraus bei mir entstanden, daß ich mir Rechenschaft darüber geben wollte, wie sich dieses Fest unterscheiden müsse von dem Jubelfest, welches wir im Jahr 1817 gefeiert hatten. Dieses hatte doch keinesweges dem Inhalt der damals angeschlagenen Thesen gegolten; sondern wir hatten dem Beispiel der beiden früheren Jahrhunderte folgend in dieser Handlung den Anfang der Reformation gefeiert. Fragen wir uns aber mit welchem Rechte? da doch Luther damals weit entfernt war, den Entschluß zu einer solchen Umwälzung der kirchlichen Verhältnisse in sich zu tragen: so läßt sich die Ungeduld, welche diesen frühesten Moment wählte, um eine solche Feier daran zu knüpfen, streng genommen nur durch die Voraussezung rechtfertigen, daß in jenem Thesenanschlag schon der Keim zu den Grundsäzen der Reformation gelegen habe. Ist nun aber der Hauptinhalt der Augsburgischen Bekenntnißschrift nichts anderes als die Darlegung dieser Grundsäze,
VI wie denn wol die meisten nicht nur damals, sondern | auch überall, wo dies Gedächtniß jährlich gefeiert wird, jedesmal gehaltenen Predigten eben hierauf gehen: so ist dieser schon im Jahr 1817 mitgefeiert worden. Daher blieb mir als das unterscheidende dieses Festes nur übrig die Uebergabe der Confession, als diejenige That, wodurch der Verein der in der Reformation begriffenen Stände des deutschen Reichs als solcher in das öffentliche deutsche Staatsleben eintrat; und dies wird der Leser auch leicht für meinen Hauptgesichtspunkt bei der Behandlung des Festes selbst erkennen. Hiemit aber haben Melanchthons briefliche Aeußerungen über Zwingli's Schrift gar nichts zu

---

1–3 Vgl. *An die Herren D.D. D. von Cölln und D. Schulz. Ein Sendschreiben von Dr. Fr. Schleiermacher*, in: Theologische Studien und Kritiken, Jg. 4, Bd. 1, H. 1, Hamburg 1831, S. 3–39, hier S. 7, KGA I/10, S. 401,9–14   **8–9** *Zum Reformationsjubiläum und der in Berlin erstmalig vollzogenen gemeinsamen Abendmahlsfeier der lutherischen und reformierten Geistlichen am 30. Oktober 1817* vgl. KGA I/9, S. LIV–LXII   **29–30** Vgl. Daniel von Cölln / David Schulz: *Zwei Antwortschreiben an Herrn D. Friedr. Schleiermacher*, Leipzig 1831, S. 27–28, wo Melanchthons briefliche Polemik gegen Zwingli angesprochen wird. Philipp Melanchthon ging in seinem Brief vom 14. Juli 1530 an Martin Luther knapp auf die Bekenntnisschrift ein (vgl. Luther: Werke. Kritische Gesamtausgabe, Briefwechsel, Bd. 5, Weimar 1934, Nr. 1646, Z. 8–14), die Huldreich Zwingli unter dem Titel „Fidei ratio" (ausführlich: *Ad Carolum Romanorum imperatorem Germaniae comitia Augustae celebrantem, Fidei Huldrychi Zuinglii ratio*) mit Datum 3. Juli 1530 drucken und am 8. Juli in Augsburg an den Kaiser überreichen ließ (vgl. Zwingli: Sämtliche Werke, Bd. 6,2, Corpus Reformatorum, Bd. 93,2, Zürich 1968, Nachdruck 1982, S. 753–817).

schaffen. Diese hatte meines Erachtens als die Schrift eines Einzelnen, der überdies der Reichsversammlung völlig fremd war, keinen Anspruch an eine ähnliche Oeffentlichkeit zu machen; auch hat es mir nie so erscheinen wollen, doch will ich mich hierüber gern belehren lassen, als ob durch die Confession der Zwiespalt zwischen den Sachsen und Schweizern vor Kaiser und Reich recht wäre an das helle Tageslicht gekommen. Daher fand ich auch gar nicht, daß ich deshalb, weil ich zur reformirten Schule gehöre, in einem anderen Verhältniß zu diesem Fest stände, als meine Amtsbrüder aus der lutherischen, ohnerachtet Churfürst Sigismund und mit ihm die märkischen Reformirten sich nur zu der veränderten Confession bekannt haben. Wenn | nun, abgesehen von dieser Frage, Einige entdekkt haben wollen, in jenem Sendschreiben sei nur die Heuchelei und der Jesuitismus, der lange in mir gestekkt habe, endlich, ich weiß nicht recht soll es unvorsichtigerweise geschehen sein oder absichtlich, ans Tageslicht gekommen: so kann ich diese zwar sehr gern stillschweigend ihrem erfreulichen Fund überlassen. Wenn aber auch die beiden von mir sehr hoch geachteten Männer, an welche ich jenes Sendschreiben gerichtet, sich in meine dortigen Aeußerungen nicht haben finden können, weil sie Widersprüche zwischen diesen und früheren zu finden glaubten, so daß sie meinen, einen früheren und einen späteren Schleiermacher unterscheiden zu müssen: so wende ich sehr gern einige Zeilen daran, mich mit ein Paar Worten hierüber zu erklären. Denn eine besondere Schrift zu persönlicher Vertheidigung abzufassen, schien mir nicht der Mühe werth; auch war mir die Sache nicht eilig, indem ich die Wahrheit zu sagen nicht glaube, daß Viele von denen, die mich einigermaßen kennen oder die mein öffentliches Leben begleitet haben, es sollten wahrscheinlich gefunden haben, weder daß ich mich in Widersprüche verwikkelt hätte, noch daß ich frühere Grundsäze und Ueberzeugungen zurükkgenommen haben sollte ohne es grade heraus zu sagen, vielmehr so daß ich nun die neuen Ueberzeugungen wie verbotene Waare heim|lich einzuschleppen suchen müßte. Daher konnte ich gern bis auf diese Gelegenheit warten. Indeß muß ich allerdings meine freundlichen Leser aufmerksam darauf machen, daß ich mich für meine Erklärung in einer sehr nachtheiligen Stellung finde, aber

---

10 Vgl. *Confessio Sigismundi* (1614), in: *Die Bekenntnisschriften der reformierten Kirche*, ed. E. F. Karl Müller, Leipzig 1903, S. 835–843, hier S. 836,31–34   11 Vgl. *Repetitio confessionis Augustanae seu Confessio doctrinae Saxonicarum ecclesiarum (1551)*, *Die drey ökumenischen Symbola, die Augsburgische Confession, und die repetitio confessionis Augustanae*, ed. A. Twesten, Kiel 1816 [SB 562], S. 123–212   12–16 Zur öffentlichen Aufnahme von Schleiermachers Sendschreiben an Cölln und Schulz vgl. KGA I/10, S. XCVII–CXII   20–22 Vgl. Cölln / Schulz: *Zwei Antwortschreiben*, S. 7–13

ohne meine Schuld. Das erste jener beiden Sendschreiben – ich kann sie nur so bezeichnen, da ich nicht weiß wer Verfasser eines jeden ist – sagt S. 8. nach etlichen Stellen des meinigen ließe ich mir gefallen, daß die herkömmliche Verpflichtung der Geistlichen auf symbolische Schriften fortbestehe; aber diese Stellen sind gar nicht nachgewiesen, und ich weiß sie nicht zu finden. Wenn eine solche unter uns herkömmlich wäre: so müßte ich es mir wol gefallen lassen, daß sie fortbestehe; nämlich so, wie ich mir alles in der Welt gefallen lasse, was ich nicht ändern kann. Aber in meinem Sendschreiben kommt nichts dergleichen vor, und ich hatte nach der ganzen Anlage desselben keine Veranlassung, von diesem Fall zu reden. Da aber mein ganzes Sendschreiben nichts anderes ist als eine Protestation gegen etwanige Einführung einer solchen Verpflichtung, ich auch gleich anfangs S. 6. ausdrükklich erklärt habe, daß ich so weit als irgend jemand davon entfernt sei, eine Verpflichtung auf irgend ein Bekenntniß zu unterschreiben: so müßte ich mir nun erst eine Nachweisung erbitten, woher gegen diese höchst deut|liche Erklärung dem Herrn Verf. jener Schein eines Sichgefallenlassens entstanden sei. Denn in den angeführten Worten liegt ja wol bestimmt genug auch dieses, daß ich eine solche bis jezt nicht übernommen[2] habe. Das zweite Sendschreiben sagt S. 46.

---

[2] Mich wunderte vielmehr fast, daß keines von beiden Sendschreiben mir dieses als eine falsche Angabe aufgerükkt hat, da ja die beiden Herren wissen konnten, daß ich bei meiner Ordination als reformirter Prediger die Confession des Churfürsten Siegismund unterschrieben habe. Allein sie wußten gewiß auch, daß diese Unterschrift den Zusatz hat „so weit sie mit der heiligen Schrift übereinstimmt" wodurch jede lästige Verpflichtung wieder aufgehoben wird.

---

6 solche] *zu ergänzen wohl* Verpflichtung

1–2 *Den beiden namenlosen Schreiben ist eine auf den 26. März 1831 datierte gemeinsam unterzeichnete „Vorerinnerung" vorangestellt, in der sich die beiden Verfasser folgendes Zeugnis geben: „Einig und fest in ihren evangelischen Grundsätzen gestatten sie sich und Andern gern völlige Freiheit in der Auffassung und Behandlung. Aus diesem Gesichtspuncte werden die geneigten Leser auch diese Doppelantwort zu beurtheilen ersucht, deren Inhalt die Verfasser gemeinsam vertreten, obwohl Farbe, Ton, Auffassung und Behandlung die individuelle Verschiedenheit beider Schreiben nicht verleugnen." (Zwei Antwortschreiben, S. IV). Das erste Schreiben (S. 3–39) verfasste vermutlich Cölln, das zweite (S. 40–79) Schulz.* 2–5 *Vgl. Cölln / Schulz: „Nach etlichen Stellen des Sendschreibens lassen Sie sich's indeß gefallen, daß die herkömmliche Verpflichtung der Geistlichen (wie solche nun immer geschehen mag,) auf dergleichen Bekenntnisse fortbestehe, indem jene Verpflichtung nicht weiter sei, als eine Formalität, durch die Keiner weder gebunden werde, noch sich für verpflichtet halten könne." (Zwei Antwortschreiben, S. 8)* 13–15 *Vgl. KGA I/10, S. 399,29–31* 19–3 *Vgl. Cölln / Schulz: „Doch eben dieß, wiefern Sie nämlich zu den Bekennern der augsburgischen Confession jetzt wollen gerechnet sein, läßt Ihr Sendschreiben in einem Helldunkel, welches aufklären zu können wir uns nicht zutrauen." (Zwei Antwortschreiben, S. 46)* 21–23 *Schleiermacher wurde am 6. April 1794 (Sonntag Judica) in Berlin ordinirt; vgl. seine Ordinationspredigt KGA III/3, S. 90–97. Zur Confessio Sigismundi von 1614 vgl. oben die Sachanmerkung zu S. 263,10.*

Mein Sendschreiben ließe es in einem nicht aufzuklärenden Helldunkel, in wiefern ich jezt wolle zu den Bekennern der Augsburgischen Confession gerechnet sein. Allein da eben dieses zweite Sendschreiben vorher festgestellt hat, daß ich ein solcher Bekenner bisher nicht gewesen: so müßte ja mein Sendschreiben eine Ungewißheit hierüber, denn das soll doch wol der Ausdrukk Helldunkel bedeuten, erst hervorgebracht haben, und dann müßte auch nachzuweisen sein wo und wodurch; aber es wird keine bestimmte Stelle hierüber angeführt. Da nun aber mein Sendschreiben S. 6. deutlich sagt, daß ich weit entfernt sei, jenes Bekenntniß in allen Stükken zu billigen oder ihm unbedingt beizutreten, sonst aber nirgends in meinem Sendschreiben etwas über | meine persönliche Uebereinstimmung oder Abweichung von der Augsburgischen Confession vorkommt, – wozu auch der Ort gar nicht war – jeder aber, der meine Glaubenslehre anders als nur dem Titel nach kennt, sich dort aufs genaueste darüber unterrichten kann: so weiß ich auch wieder nicht, wo ich dieses Helldunkel suchen soll. Ich bin auch überzeugt, daß Jeder, der in Bezug auf diese und die andern Anklagen mein Sendschreiben durchlesen wollte, sich nur vergeblich abmühen würde leeres Stroh zu dreschen, und weder hievon noch von den aufgeführten Widersprüchen ein Körnchen finden wird. Ich kann daher auch nur ein ganz abgekürztes Verfahren einschlagen, um zu versuchen, ob ich mir und Andern deutlich machen kann, wie zwei solche Männer dazu gekommen sind, Widersprüche zu sehen wo ich keine sehe, und ob sich der Grund dieses Scheines vielleicht auffinden läßt. Es sind vornämlich zwei Punkte, worüber meine neuesten Aeußerungen den früheren widersprechen sollen, nämlich Verpflichtung auf symbolische Bücher und Gebrauch liturgischer Formulare. Was nun den ersten Punkt betrifft: so habe ich mich darüber zuerst und ausführlicher ausgesprochen in dem Reformations-Almanach vom Jahr 1819; und indem ich jezt diesen Aufsaz hervorhole, schäme ich mich fast, wie ich in meinem Sendschreiben so sehr habe dasselbe noch einmal sa|gen können, was dort von S. 346 ab zu lesen ist. In sofern muß ich also freilich meinen Herren Gegnern, wenn ich sie anders so nennen soll, danken, daß sie mir die Entschuldigung zu

---

3–5 Vgl. Cölln / Schulz: „Denn daß die Union Sie zum Bekenner dieser augsburgischen Confession sollte gemacht haben, konnten wir uns um so weniger denken, da wir bisher nur von einer liturgischen nicht aber von einer symbolischen Union der evangelischen Gemeinden des preußischen Staates vernommen haben." (Zwei Antwortschreiben, S. 46)   9–11 Vgl. KGA I/10, S. 400,1–3   17.25 Schleiermacher zeigt hier den Sinnabschnitt nicht durch Absatz an.   28–30 Vgl. Ueber den eigenthümlichen Werth und das bindende Ansehen symbolischer Bücher, in: Reformationsalmanach, Jg. 2, Erfurt 1819, S. 335–381; KGA I/10, S. 117–144   32–33 Vgl. besonders Ueber den eigenthümlichen Werth, S. 346–364; KGA I/10, S. 125,24–135,22   34–3 Vgl. Cölln / Schulz: Zwei Antwortschreiben, S. 15

Gute kommen lassen wollen, daß mir meine früheren Aeußerungen nicht gegenwärtig gewesen seien bei der Abfassung des Sendschreibens; ich hätte mich sonst eben so gut nur auf jenen Aufsaz berufen oder ihn stellenweise ausziehen dürfen. Indessen hat diese sonst unangenehme Entdekkung – denn wer wiederholt sich gern gar zu genau? – doch das tröstliche bei sich, daß die Widersprüche wenigstens nicht statt finden zwischen dem früheren und dem späteren, sondern daß der erstere eben so muß damit behaftet gewesen sein wie der andere, wodurch sich die Sache schon bedeutend ändert. Aber welches sind nun die Widersprüche? Ein großer Theil meines Sendschreibens ist ja deutlich genug eine nach Vermögen kräftige Warnung gegen jeden Versuch, eine solche Verpflichtung in unserer Kirche einzuführen; aber nicht so, daß ich Principien aufstelle, sondern indem ich darzustellen suche, was für Folgen eine solche Maaßregel haben würde. Wenn ich nun hier wie dort sage, bei jedem neuen Versuch dieser Art würde es nur wieder eben so ergehen, wie es schon seit langer Zeit überall ergangen ist, wo eine solche Verpflichtung bestand, daß nämlich viele unterschreiben würden, die doch nicht | übereinstimmten: folgt daraus, daß ich es eben so machen würde, oder auch nur, daß ich das, was schon immer geschehn ist, billige und lobe? Wenn ich sage, die That zeige, daß beide Theile die Sache als eine bloße Förmlichkeit behandeln: folgt daraus, daß ich sie auch so angesehen wissen will? oder daß ich sie selbst so behandeln würde? Wenn ich sage, ich würde einen Mann nicht verdammen, der bei mancherlei Abweichungen doch unterschriebe, wenn er nur nicht in offenbarer Polemik gegen den Geist[3] des fraglichen Bekenntnisses stehe: folgt daraus,

---

[3] Das heißt, wie es auch das zweite Sendschreiben S. 49. richtig erklärt das Wesentliche des Inhaltes, wogegen man die genaueren Bestimmungen, und die unwesentlichen Einzelheiten im Gegensaz zu jenem den Buchstaben nennt. Was mir nun der wesentliche Inhalt jenes Bekenntnisses ist, der gar nicht in seinem doctrinellen Theil allein gesucht werden darf, darüber berufe ich mich auf diese Predigten. – Und offenbar ist dieses mit dem Geist des Bekenntnisses übereinstimmen, und in einzelnem abweichen, etwas ganz anderes als nur in einem und dem anderen übereinstim-

15–18 Vgl. An Cölln und Schulz, S. 32; KGA I/10, S. 421,4–10 sowie Ueber den eigenthümlichen Werth, S. 347; KGA I/10, S. 126,16–19   20–22 Vgl. An Cölln und Schulz, S. 16; KGA I/10, S. 408,36–409,2   23–26 Vgl. An Cölln und Schulz, S. 33; KGA I/10, S. 421,35–39   27–28 Vgl. Cölln / Schulz: „Aber auch das Wesentliche des Inhaltes oder der Geist des Bekenntnisses stellt sich Ihnen von Ihrem Gesichtspuncte aus in einem Lichte dar, in welchem wir von unserm historischen Standpuncte aus denselben nicht erblicken können" (Zwei Antwortschreiben, S. 49).   33–20 Vgl. Cölln / Schulz: „Könnte nicht sonst eben so gut jedes andre, von dem Augsburgischen verschiedene, ja diesem entgegengesetzte Bekenntniß, wofern es nur Eins und das Andre darin gäbe, womit man übereinstimmte, zum Gegenstande einer Festfeier gemacht werden, die Tridentinische Confession selbst nicht ausgenommen?" (Zwei Antwortschreiben, S. 33)

daß ich eben so auch den entschuldigen würde, der wirklich entgegengesezte Ueberzeugungen hätte? Wenn ich sage, ich würde in einer solchen | Handlung keinen Treubruch⁴ finden und keine reservatio mentalis: folgt daraus, daß ich sie überhaupt für tadelfrei erkläre? In der That, je gegenwärtiger mir meine beiden verehrten Amtsgenossen waren, indem ich an sie schrieb, um desto wunderlicher würde es mir vorgekommen sein, wenn ich darüber noch hätte Worte machen wollen, daß ich eine solche Handlungsweise als feigherzig und von aller männlichen Würde entblößt weit von mir weisen würde. Und eben so wenig glaubte ich das wiederholen zu müssen – denn dies hatte ich schon zu oft gesagt – daß diejenigen die meiste Schuld trügen an der auf diese Weise sich einschleichenden Herabwürdigung des geistlichen Standes, an dem daraus nothwendig folgenden kläglichen Zustand der | Kirche, welche solche Verpflichtungen wieder einführen wollten. Allein wenn ich auch dieses diesmal nicht gesagt: so kann ich doch zwischen dem was ich gesagt und diesem nicht den mindesten Widerspruch finden. Vielmehr kann ich mir alles aneignen, was darüber in den Sendschreiben S. 17 so schön gesagt ist, nur

---

men, so daß man (S. 33.) allenfalls auch als Protestant das Tridentinische Concilium feiern könnte. Diese und einige ähnliche Folgerungen hätte ich, das gestehe ich gern, lieber nicht gesehen in dem Schreiben der würdigen Männer, offenbar nicht meinetwegen, denn mich treffen sie nicht, sondern ihretwegen.

⁴ In dieser Beziehung bitte ich, um die Vergünstigung noch etwas nachzuholen. Wenn man Geistlichen, die ohne eine solche Verpflichtung ins Amt gekommen sind, sie hernach auflegen will, so giebt man ein Gesez mit rükwirkender Kraft. Geht dies nun von einer Instanz aus, die eine höhere über sich hat, nun so ist Jedem der Weg gewiesen. Wo aber nicht, so begeht der den Treubruch, welcher fordert, wo er nichts zu fordern hat, und ich werfe wieder nicht den ersten Stein auf den, der sich in seinem wohlerworbenen Besiz zu schüzen sucht, wenn gleich durch eine Handlung die im höchsten Grade verwerflich wäre, wenn der andere Theil nicht durch Gewaltthat seine Ansprüche auf offene und redliche Behandlung verwirkt hätte. Aber ich bitte auf das dringendste diese Worte recht genau zu nehmen.

2–4 Vgl. An Cölln und Schulz, S. 33; KGA I/10, S. 421,29–34   28 Vgl. Joh 8,7
18–2 Vgl. Cölln / Schulz: „Wir unseres Ortes wollen Ihnen nicht bergen, daß diese leichte Fassung der Sache uns im höchsten Grade bedenklich erscheint und die größte Besorgniß um das Wohl der evangelischen Kirche einflößt. Gefährdet sie nicht den Charakter der Geistlichen und verdunkelt die schönen Tugenden der evangelischen Wahrheitsliebe und Treue? Wie könnte bei jener Betrachtungsweise das gegenseitige Vertrauen zwischen Regierung, Kirche, Gemeinen auf der einen, der Geistlichen auf der andern Seite bestehen? Mag eine kirchliche Obrigkeit den Geistlichen bei seinem Amtsantritt verpflichten oder die weltliche, allemal wird dabei vorausgesezt, daß der Verpflichtete von dem, was er gelobt, auch überzeugt und dasselbe treu zu beobachten entschlossen sei. Nur unter dieser Voraussetzung kann sie der Gewissenhaftigkeit der berufenen Lehrer vertrauen. Welche Folgen aber könnten unter Umständen daraus erwachsen, daß die Oberbehörde selbst in gedachter Verpflichtung nur eine leere Formalität fände und selbige unter Betrachtungen fortbestehen ließe, wie etwa diese: Solches

nicht den Schein, den jene Stelle hat, als ob mir das solle zu meiner Belehrung vorgehalten werden. – Wenn ich früherhin die Rüge mit unterzeichnet, daß reformirte Prediger, welche damals die Agende angenommen hatten, dem Standpunkt ihrer Kirchengemeinschaft und der Confessio Sigismundi nicht treu geblieben wären: so wiederhole ich diese Rüge, wenn anders der Fall vorgekommen ist, auch jezt noch auf das unumwundenste. Ich weiß, daß sie, in denen Stükken worauf es hier ankam, und die allerdings mit zum Geist jenes Bekenntnisses gehören, wenn sie gleich auch nicht eigentlich doctrinell sind, ganz mit demselben übereinstimmten; und wenn ich also von ihnen fordere, daß sie eine so höchst günstige Lage wie diese, da sie sich, um eine unwillkommene Zumuthung von der Hand zu weisen, nur auf eine früher eingegangene ihrer ganzen Denkweise angemessene Verpflichtung zu berufen brauchten, auch hätten benuzen sollen, so erweise ich ihnen noch keine besondere Ehre. Aber denselben Männern würde ich, wenn sie in | den Fall kämen, daß ihnen die Unterschrift eines Bekenntnisses, wenngleich es doch immer ein protestantisches sein mußte, aufgedrungen werden sollte, dieselbe Entschuldigung angedeihen lassen, die ich Allen zu gute schreibe, welche vereinzelt, wenigstens von keiner organisirten Gemeinschaft unterstüzt, und mit wenigem persönlichen Muth ausgerüstet einen Streit mit der Gewalt bestehen sollen, von welchem damals aber gar nicht die Rede war. Auch hierin also finde ich keine Spur eines Widerspruchs. – Was aber eine künftige in Zeiten größerer Uebereinstimmung abzufassende Bekenntnißschrift unserer evangelischen Kirche betrifft: so hat es mir

---

verspricht und beschwört jener zwar, aber er hält sich dadurch weder für gebunden, noch ist er es: seine Ueberzeugung kann auch die entgegengesetzte sein: er kann die Worte des Gelöbnisses nach seinem Glauben umdeuten, nach seinem Sinn erklären, und etwas ganz Anderes dabei denken, als wir. Oder wenn die Gemeine, indem sie ihren Geistlichen den Altardienst verrichten sieht, sich sagen müßte: Ja, das lieset Er uns da freilich vor, aber er selbst glaubt nichts davon; was er hersagt, steht mit seiner ganzen Geistesrichtung im Widerspruch, er denkt sich bei den vorgelesenen Worten das Gegentheil. Wir halten dafür, entweder müssen dergleichen Verpflichtungen aufgehoben werden, (und das wäre freilich das Beste), oder wenn sie gefordert und eingegangen werden, muß man sie nicht wie ein leeres Gaukelspiel, wie eine wirkungslose Formalität betrachten. Was feierlich ist angelobt worden, muß gehalten, oder es muß aufrichtig erklärt werden, daß man es nicht weiter halten könne: widrigenfalls ist der gefährlichsten Täuscherei und grenzenlosem Unfug mit heiligen Dingen Thür und Thor geöffnet. Bleibt immerdar das höchste Interesse das für die Wahrheit, so darf auch in der evangelischen Kirche kein anderes in Rücksicht kommen, noch geltend gemacht werden. Es bleibe stets dabei: Was nicht aus dem lautern Streben nach der Wahrheit hervorgeht, ist Sünde und darum verderblich." (Zwei Antwortschreiben, S. 17–19) 2– 5 Vgl. Protestschreiben der zwölf unterschriebenen Berliner Prediger vom 27. Juni 1826 an den Staatsminister Freiherrn von Altenstein, KGA I/9, S. 361–379, hier S. 369,10–16 sowie Cölln / Schulz: Zwei Antwortschreiben, S. 16

auch über diesen Punkt nicht gelingen wollen, anderer Meinung zu werden. Oefter wol habe ich die Frage aufwerfen hören, ob nicht eine solche nothwendig wäre für die unirte Kirche, und aus allen Kräften habe ich mich immer dagegen gestemmt, weil mir immer, wie weitschichtig sie auch gestellt werden, wie wenig sie auch enthalten sollte, doch bange wurde für unsere wohlerworbene Freiheit. Und doch ließe sich jezt noch dafür sagen, daß nicht minder Vorurtheile gegen die Union zu besiegen und falsche Vorstellungen von ihr zu berichtigen sind, als damals von der Reformation. Dennoch glaube ich wird uns besser gerathen sein, wenn jeder kleinere Kreis von Gemeinen für sich Rede steht wo es Noth thut, als | wenn etwas allgemeines aufgestellt würde, auch wenn von gar keiner Verpflichtung darauf die Rede sein sollte. Eine solche wünschen die beiden würdigen Männer gewiß auch nicht, und schmeicheln sich schwerlich mit der Hoffnung, daß unsere Kinder oder Enkel besser als wir im Stande sein sollten, etwas aufzustellen, was die Mitlebenden befriedigte und für die Nachkommen nicht veraltete. Eine Bekenntnißschrift aber, die weder ein erstes Zeugniß ist noch eine fortwährende Verpflichtung in sich schließt, erscheint mir als etwas ganz leeres, und schon darum fürchte ich mich davor; denn was nicht fördert, wird immer schaden. Das gebe ich zwar gern zu, daß eine Uebereinstimmung, die sich nicht ausspricht, auch keine ist; nur möchte ich behaupten, daß es eine Uebereinstimmung im Handeln – und Lehren ist doch auch ein Handeln – gar nicht geben kann, ohne daß sie sich von selbst und unmittelbar ausspricht durch die That. Kommt also eine Zeit, wann unsere Geistlichen in einem befriedigenderen Grade übereinstimmend denken: so werden sie auch übereinstimmend lehren; und geschieht dies schon von selbst, wer sollte dann eine Bekenntnißschrift vermissen, wie bündig und vortrefflich sie auch sein möchte? Denn die Uebereinstimmung wird sich ja viel reichlicher und auf eine viel erfreulichere und lebendigere Art kund geben in den mannigfaltigen Formen der Lehre selbst, | in welchen sie als die individuellen Verschiedenheiten beherrschend erscheint, wogegen der absichtlich abgemessene sich immer gleichbleibende Buchstabe eines Bekenntnisses doch nur einen trokknen Eindrukk macht.

21–22 Vgl. Cölln / Schulz: „Die evangelischen Christen werden demnach in Allem, was zu der christlichen Heilslehre gehört, auch jederzeit einig sein. Um nun ein Zeichen dieser Einigkeit, an welchem sich die Richtigkeit ihres Grundsatzes darlege, aufzustellen, sprechen sie dasselbe Bekenntniß aus. So lange sie aber über ein solches Zeichen der Einigkeit nicht einig sind, findet sicher auch die Einigkeit selbst nicht Statt, und der Grundsatz, welcher, wenn er richtig wäre, zur Einigkeit führen müßte, kann entweder nicht richtig sein, oder die evangelischen Christen entsprechen nicht den Voraussetzungen desselben; sie wenden sich nicht als Heilsbegierige zu den heiligen Schriften." (Zwei Antwortschreiben, S. 74)

Der zweite Hauptpunkt nun, worin es Widersprüche geben soll zwischen dem früheren und dem späteren Ich, ist das Verhältniß des Geistlichen zu den liturgischen Formularen. Hierüber habe ich in meinem Sendschreiben, aber freilich als etwas ganz bekanntes wogegen ich gar keinen Widerspruch erwartete, den Grundsaz aufgestellt, daß nicht der Geistliche, der solche Formulare gebraucht, sie zu vertreten habe, sondern die kirchliche Autorität, welche sie anordnet und einführt. Dies soll nun in Widerspruch stehen mit dem, was ich früher gesagt, daß ein evangelischer Geistlicher sich die Gedanken müsse aneignen können, welche er auch in solchen Formularen der Gemeine vorträgt. Ehe ich nun diesen Widerspruch auseinanderseze, möchte ich auch hier das Zeitverhältniß berichtigen. Nämlich wie ich jenen Saz, den die Sendschreiben nur dem späteren Schleiermacher zuschreiben wollen, als etwas ganz bekanntes vortrug in meinem Sendschreiben, so war er mir wenigstens längst geläufig und von mir anerkannt. Denn seitdem ich als Universitätslehrer Vorträge halte über praktische Theologie, und | das wird ziemlich ein Vierteljahrhundert her sein, habe ich nie anders als so gelehrt, also auch zu der Zeit, da ich den zweiten Saz niederschrieb. Widersprechen also beide einander: so ist der Widerspruch auch ein gleichzeitiger, und ich bin eben schon längst in demselben befangen. Müßte ich nun diesen Widerspruch eingestehen: so wäre ich in der That in die größte Verlegenheit gebracht, weil ich keinen von beiden Säzen aufgeben wüßte anders als mit meinem Amte zugleich. Aber ich sehe freilich auch nicht ein, wie man jenen ersten Saz läugnen will, ohne entweder das liturgische Element im Gottesdienst ganz fallen zu lassen oder eine vollkommne Anarchie einzuführen. Unter dem Ausdrukk etwas vertreten verstehe ich nämlich dieses, daß ich ein Werk oder eine Handlung adoptire, sie auf meine eigne Rechnung nehme, mithin auch als meine eigene rechtfertige. Verstehen die Herren Verfasser der beiden Sendschreiben etwas anderes unter diesem Ausdrukk: so sind wir vielleicht nur in einem Wortstreit begriffen; ich glaube aber kaum, wenigstens ist mir eine andere Gebrauchsweise nicht vorgekommen. Sollte nun jeder Geistliche die liturgischen Formulare vertreten: so würde dazu offenbar weit mehr gehören, als nur daß er sich die Gedanken aneignen könne. Gesezt es würde ein Gebet für irgend ein bestimmtes Ereigniß von der

---

5–8 *Vgl. An Cölln und Schulz*, S. 15; KGA I/10, S. 407,33–36   9–11 *Vgl. Erklärung des Unterzeichneten vom 13. September 1825 wegen der Agende*, KGA I/9, S. 285–294, hier S. 292,24–26   13–14 *Vgl. Cölln / Schulz: Zwei Antwortschreiben*, S. 8   16–17 Schleiermacher hielt Vorlesungen über Praktische Theologie erstmals im Sommersemester 1812.

kirchlichen Behörde vorgeschrie|ben, nun so werde ich mich nicht verpflichtet finden, weil ich es gebraucht habe es auch zu vertheidigen, wenn Tadler dies und jenes dagegen ausstellen. Aber wenn es nur nichts meiner Ueberzeugung zuwiderlaufendes enthält, ich mir also die Gedanken aneignen kann, gesezt auch die ganze Anordnung gefiele mir nicht, und der Styl noch weniger: so werde ich mich deshalb nicht für berechtigt und noch weniger für verpflichtet halten, es ehe ich Gebrauch davon mache nach meiner Weise umzuarbeiten, und mir dadurch das Ansehn zu geben, als müßte ich die Arbeiten der Behörden erst corrigiren. Ja es kann auch wol ein einzelner Gedanke mit meiner besonderen Ueberzeugung nicht übereinstimmen, ohne daß ich deshalb Protestation einlegen würde, da derselbe vielleicht vielen Anderen zusagt. Kann ich ihm durch eine leichte Aenderung eine Wendung geben, die mir genehm ist: so bediene ich mich meiner Freiheit. Ist das nicht thunlich, so werde ich die nächste Gelegenheit wahrnehmen, mich über das, was mir darin bedenklich erscheint, so zu erklären, daß sich meine Gemeine bei den betreffenden Stellen des Gebetes auch meiner Berichtigung erinnern kann. Und in solchen Fällen wird allerdings Jeder seinen Maaßstab haben in seinem Gewissen, wie weit er sich solche einzelne Abweichungen von den Ueberzeugungen, die er selbst vorträgt, in einem kirchlich vorgeschrie|benen Formular gefallen lassen kann. Eben so wenig aber kann irgend jemand einen Anderen hierüber nach einem äußeren Buchstaben richten, als man voraussezen kann, daß einer eine solche Vorschrift ganz vertrete. Verallgemeinert man nun dieses Beispiel meinetwegen bis zu einer ganzen Sammlung liturgischer Formulare, werden etwa dann beide Säze einander mehr widersprechen? Vielmehr begrenzt nur der eine den andern, und aus beiden zusammengenommen entsteht folgender Kanon, der evangelische Geistliche kann liturgische Formulare gebrauchen, wenn sie auch nicht von der Art sind, daß er sie vertreten möchte, sofern sie nur so beschaffen sind, daß er sich die darin enthaltenen Gedanken aneignen kann, und sofern – wie dies schon anderwärts bevorwortet ist – die Gebrauchsweise ihn nicht nothwendig in einen tödtenden Mechanismus hineinzieht. Nur wenn ich irgendwo die eine Hälfte dieses Kanons so gebraucht hätte, daß sie mit der andern, und dann also das Ganze in sich im Widerspruch wäre, dann nur wäre ich mit mir selbst im Widerspruch. Dies ist mir nun in zwei Fällen Schuld gegeben worden; ehe ich mich aber hierauf einlasse, seien mir noch ein Paar Worte über die Nothwendigkeit des Sazes vergönnt, daß der Geist-

---

32–33 Vgl. *Vorstellung der unterschriebenen Berlinischen Prediger vom 7. Oktober 1825 an das Konsistorium der Provinz Brandenburg*, KGA I/9, S. 295–334, hier S. 323,14–17

liche die liturgischen Formulare nicht zu vertreten braucht. Denken wir uns, ein solches sollte von | Mehreren gemeinschaftlich ausgearbeitet werden – und dies ist doch eigentlich die günstigste Voraussezung, denn wieviel weniger kann Einer es Allen recht machen! – so wäre für ein Wunder zu achten, wenn das Werk zu Stande käme, ohne daß hier der Eine dort der Andere etwas nachlassen müßte von dem, was allein ihn vollkommen befriedigt, so daß sie sich also gegenseitig Concessionen machen. Aber dann vertritt auch keiner mehr für sich allein das Ganze, sondern nur gemeinschaftlich vertreten sie es. Wäre es nun nicht der günstigste Fall für ein liturgisches Werk, wenn es von Allen gemeinsam herrührte, die es gebrauchen sollen? und doch würde alsdann kein Einzelner es ganz vertreten wollen. Wer also diese Forderung aufstellt, der hebt das liturgische Element gänzlich auf, und fodert für den Fall, daß die kirchliche Autorität es dennoch feststellen will, zu einer allgemeinen Anarchie auf. Je freier aber in einer kirchlichen Gemeinschaft die Entwiklung ist, um desto mannigfaltigere Differenzen werden auch hervortreten, und um desto weniger werden Einzelne alles liturgische vertreten wollen. Ob es nun unter solchen Umständen doch ein liturgisches Element im Gottesdienst geben soll, oder ob es bis auf andere Zeiten besser wegfällt, das ist eine Frage, welche aufgeworfen werden könnte. Faktisch war sie gegen das Ende des vori|gen Jahrhunderts von Vielen für das Wegfallen entschieden worden; und ich möchte keineswegs einen Geistlichen verdammen, der, wenn es ihm freistand, das liturgische lieber beseitigt hat, welches ihm nicht zusagte. Aber eben so wenig glaube ich, daß eine kirchliche Gemeinschaft wie die unsrige liturgischer Formeln und Vorschriften im Cultus entrathen kann. Daß ich sie nicht sehr hervortretend wünsche, schon an sich vornehmlich aber auch damit es keinem zu schwer werde, sich in seinem Gewissen zu entscheiden, ferner daß ich keine Verpflichtung zur Buchstäblichkeit dabei gelten lassen kann, daran erinnere ich nur als an meine zu allen Zeiten gleichmäßig geäußerte Meinung. Wenn nun aber die Differenzen sich so ausbilden, daß Partheiungen in der Kirche entstehn, und die Leitung der Kirche kommt in die Hände der einen Partei: dann freilich können liturgische Formeln zum Vorschein kommen, welche Gedanken enthalten, die ein Geistlicher von der andern Partei sich nicht aneignen kann. Dies führt mich nun auf den einen Fall, wo man mir einen Widerspruch von der oben bezeichneten Art vorgeworfen hat. Hätte ich nun im allgemeinen gesagt, daß weil kein Geistlicher das liturgische zu vertreten brauche, jeder neologische Geistliche sich auch jeder altgläubigen

---

1.36 *Schleiermacher zeigt hier den Sinnabschnitt nicht durch Absatz an.*

Liturgie, und umgekehrt jeder orthodoxe Geistliche sich auch jeder neologischen Agende unbe|denklich bedienen könne: so wäre der Tadel gerecht. Denn es gehört wenig Kunst dazu, ein Formular so einzurichten, daß die Meisten von der anderen Partei sich bewußt sein müßten, das Gegentheil von dem zu denken, was sie lesen. Aber dieses steht nirgend weder in meinem Sendschreiben noch sonst wo bei mir. Die beiden Antwortschreiben scheinen dies zwar zu folgern; allein es ist nur ihre Folgerung und nicht meine. Ich habe, wie es auch der Ort dazu nicht war, weder etwas allgemeines dieser Art ausgesprochen, noch irgend die Erlaubniß ertheilt von dem besonderen auf das allgemeine zu schließen; und von selbst versteht sich das doch nicht. Denn in meinem Sendschreiben ist nur von einem speciellen Falle die Rede, nämlich von dem Verhältniß sogenannter rationalistischer Geistlichen zu unserer neuen preußischen Agende, und zwar so wie sie jezt ist und damals schon war, als ich mein Sendschreiben abfaßte, mit allen anheim gegebenen Freiheiten mit allen Abwechselungen zur Auswahl. Von dieser nur habe ich gesagt, es sei eine falsche Ausrechnung[5], daß die Annahme derselben den ratio|nalistischen Christen unter unsern Geistlichen ihre Amtsführung verleiden werde. Dieses hat seinen Grund in der besondern Beschaffenheit unserer Agende, und zwar in einer solchen, welche ihr großentheils zum Ruhme gereicht. Eine Liturgie nämlich, die so störend auf die von der entgegengesezten Partei wirken sollte, müßte reichlich ausgestattet sein mit scharfen einseitigen dogmatischen Ausdrükken; und dies wäre ein Fehler, da solche Ausdrükke immer polemisch sind, und das polemische eigentlich nicht erbaulich ist. Unsere Agende hingegen hält sich großentheils an biblische oder ältere ascetische Ausdrükke; und wenn auch Elemente vorkommen, die man hierhin nicht rechnen kann, so haben diese eher etwas unbestimmtes und schwebendes, und überhaupt mehr einen ascetischen Charakter, als daß sie harte dogmatische Drukker hineinbrächten. Nun ist es ja von den biblischen Ausdrükken bekannt, daß die Theologen aller Schulen sie nach ihrer Weise auslegen; wer eine Liturgie abfaßt oder anordnet, weiß das auch, und je mehr er sich

---

[5] Ob ich diese mit Recht oder Unrecht schlau genannt habe, darauf kommt mir gar nichts an. Ich dächte aber es wäre deutlich genug, daß ich diesmal nur die wohlbekannte Schlauheit des Vogel Strauß im Sinn hatte, der nur in der Meinung die Jagd sei vorüber den Kopf etwas zu zeitig wieder hervorgesteckt hat.

13–15 *Vgl. An Cölln und Schulz, S. 14. 15; KGA I/10, S. 406,28–30. 408,2–5*
34 *An Cölln und Schulz, S. 13; KGA I/10, S. 406,22; vgl. dazu Cölln / Schulz: Zwei Antwortschreiben, S. 62*

XXV in diesem Gebiet hält, desto mehr Recht hat auch jeder Geistliche vorauszusezen, daß eben dieser Zustand berüksichtigt worden sei. Wäre es nun nicht völlig grundlos anzunehmen, ein Geistlicher werde sich, oder müsse sich vielmehr wenn er ehrlich sein wolle, bei denselben Ausdrükken in der Liturgie etwas anderes den|ken als das, was er für den wahren Sinn derselben in den Schriftstellen hält, worin sie ursprünglich vorkommen, und von woher sie in die Liturgie übernommen sind? Zum Ueberfluß wollte ich auch noch darauf hindeuten, daß es zu diesem Behuf, wenn die Sache sich nur so verhielte, nicht erst der Agende bedurft hätte, sondern nur der biblischen Lectionen. Denn begeht der Geistliche, indem er die apostolischen Texte liest, keine reservatio mentalis, wenn er sich den Sinn dabei denkt, der das Resultat seiner exegetischen Bestrebungen ist: so begeht er auch keine, wenn er denselben biblischen Ausdrükken in der Agende auch denselben Sinn unterlegt. Soll aber der Grundsaz feststehn, daß er sich durch den Gebrauch auch auf die Auslegung des Patrons der Liturgie verpflichtet, nun so ist er auch bei Lesung der biblischen Abschnitte auf Luthers Auslegung verpflichtet. Der Ordner der Liturgie müßte denn selbst diesem Grundsaz zuwider gehandelt und sich selbst nicht auf die Auslegung, die Luthers Worten zum Grunde liegt, verpflichtet, doch aber seine Worte beibehalten haben. Dies ist das Thörichte in jener Schlauheit, welches ich eben auseinandersezen wollte, und vornehmlich S. 14 meines Sendschreibens zu zeigen suchte, kein rationalistischer Geistlicher werde jemals in die Verlegenheit kommen, in dem

XXVI was er liest das Gegentheil von dem zu finden was er denkt, | sondern höchstens einen unbequemeren Ausdrukk dafür, den er selbst nicht gewählt haben würde, den er also auch nicht vertreten will, aber mit dem er sich doch vertragen kann. Allein hierbei ist freilich dem ersten von den beiden Sendschreiben etwas begegnet, was ich anderwärts leicht versucht sein könnte für eine grobe absichtliche Verfälschung zu halten. Ich entschuldige S. 14 denjenigen, der sich bei den Ausdrükken in einer Liturgie dasselbe denkt, was er anderwärts dabei zu denken gewohnt ist; ich entschuldige auch den S.15, der bei Ausdrükken, bei welchen er nichts bestimmtes denken kann, sich am liebsten seine eigne Meinung über den Gegenstand vergegenwärtigt: aber das erste

---

7 ursprünglich vorkommen,] ursprüng- vorkommen,   10 Agende] Ageude

31–33 Vgl. KGA I/10, S. 407,1–7   33–35 Vgl. KGA I/10, S. 407,26–29   35–5 Vgl. Cölln / Schulz: Zwei Antwortschreiben, S. 14, wo zitiert wird Schleiermacher: An Cölln und Schulz, S. 14; KGA I/10, S. 406,30

Sendschreiben fragt nach S. 14 nicht nur, warum ich mir selbst früher nicht eben diese Entschuldigungen habe zu gute kommen lassen – worauf ich bereits geantwortet habe – sondern auch, warum ich mir selbst nicht entschuldigend gesagt, „Dies liesest du nun, du denkst dir aber das Gegentheil." Muß nun nicht, indem diese Worte neben jene gestellt werden, jeder Leser glauben, ich hätte, troz des himmelweiten Unterschiedes zwischen beiden Fällen, dies lezte wenigstens an Andern eben so entschuldigt wie jenes, und eben so behauptet, dabei sei keine reservatio mentalis wie bei jenem? Und doch steht davon kein Wort in meinem Sendschreiben! sondern diese lez|ten Worte kommen nur vor als solche, welche die von mir so genannten Schlauen dem rationalistischen Geistlichen in den Mund legen; ich aber thue dar, daß er nicht in den Fall kommen werde, sich dieses zu sagen. Ich bin wie gesagt weit entfernt, hiebei eine unschöne Absicht zu ahnen, denn ich kenne die beiden Männer besser; aber das wage ich doch zu bemerken, daß auch der redlichste und scharfsinnigste Mann, wenn er sich eben in einer Stimmung befindet, worin es ihm begegnen kann, solche Unterschiede zu übersehen und solche Zusammenstellungen zu machen, nicht sehr geeignet ist eine richtige Kritik auszuüben. Daher ist das auch die einzige Vermuthung, bei der ich habe stehen bleiben können, und ich weiß auch die Leser nicht weiter als bis hieher zu führen, daß nur diese ungünstige Stimmung Schuld an dem verwirrenden Schein von Widersprüchen ist. Und die Spuren einer solchen werden auch wol keinem aufmerksamen Leser ganz entgangen sein. Bin ich es nun selbst gewesen, der eine solche Stimmung in diesen beiden würdigen Männern, ohnerachtet ich ihnen in meinem Sendschreiben gar nichts widerwärtiges gesagt habe, doch unschuldigerweise hervorgerufen hat: so kann es mir freilich leid thun, daß ich ihnen unbequem geworden bin dadurch, daß ich mein Schreiben an sie | gerichtet habe[6], da ich eben so leicht irgend eine andere Form

---

[6] Auch das schreibe ich wohl mit Recht dieser Stimmung zu, daß die Sendschreiben – was mir sonst nicht recht Sitte zu sein scheint – aus meinem handschriftlichen Begleitungsbriefe eine Stelle mitgetheilt haben. Wiewol nun auch diese, so herausgerissen leicht mißverstanden werden kann, lohnt es mir doch nicht sie auch zu erläutern.

13–14 Vgl. An Cölln und Schulz, S. 14; KGA I/10, S. 406,34–407,1   31–33 Vgl. Cölln / Schulz: „das Ihrer gedruckten Zuschrift an uns beigefügte freundschaftliche Begleitschreiben giebt uns beruhigend zu erkennen, daß Ihnen unser Büchlein nur die Veranlassung dargeboten habe, um Ihr Herz auch auszuschütten über das ungeschlachte, verkehrte Treiben der jetzigen Zeit, und daß Sie sich als unsern Gegner mehr anstellen, als Sie es sind." (Zwei Antwortschreiben, S. 4)

hätte wählen können. Allein mein Sendschreiben selbst seinem gesammten Inhalte nach steht mir noch völlig unerschüttert. Ich kann nichts davon zurüknehmen, ich finde alles völlig in sich zusammenstimmend, ohne Widerspruch mit irgend welchen früheren Säzen oder Handlungen; ja ich glaube, es ist auch nicht ohne Nuzen gewesen, daß ich es geschrieben habe, und alles dagegen erhobene Geschrei von Jesuitismus kann ich gänzlich unbeachtet lassen. Hier würde ich abbrechen mit dieser Vertheidigung, wenn ich nicht eben angekündigt hätte, auch über einen andern Punkt, der heftig angegriffen und als Widerspruch ausgelegt worden ist, noch ein Paar Worte zu sagen. Dies ist nämlich das, man sollte denken wer weiß wie schaudervolle, Geständniß, daß ich immer mitlese „empfangen von dem heiligen Geist," und daß ich noch nicht gelernt habe, mir etwas bestimmtes dabei zu denken. Es war ja gar nicht nothwendig dieses zu sagen; alle Säze meines Sendschreibens konnten sich vor|trefflich behelfen ohne dieses Beispiel; aber ich habe es absichtlich gewählt, weil es so sehr schlagend ist für die Beschaffenheit liturgischer Formeln, worauf es mir hier ankam, und auch für die von Bekenntnißformeln, denn das römische Symbolum ist beides. Auch habe ich keinesweges mich allein gemeint, sondern allgemein gefragt, ob sich Jemand etwas bestimmtes dabei denkt. Meine Herren Antwortsteller haben sich nichts dergleichen merken lassen; irgendwo habe ich zwar ein sehr zuversichtliches Ja gelesen, aber herausgekommen ist nichts weiter, und wird auch nicht[7]. Denn das einzige, was einer den Worten gemäß dabei denken

---

[7] Erst seitdem ich dieses schrieb, habe ich an einem achtungswerthen Ort gelesen, was sich ein Glücklicherer als ich bestimmtes bei diesen beiden Formeln denkt. Ich kann diese Erklärung hier ganz auf ihrem Werth beruhen lassen; aber sie ist grade eine solche, daß ich von diesen Gedanken mit jenen Formeln verbindet, sich sehr bestimmt sagen muß, daß er sich seine Meinung von dem Gegenstand dabei denkt, daß aber die Urheber der Formel diesen Gedanken, wenn sie ihn gehabt hätten, eben so wenig durch jene Worte würden ausgedrükt haben, wie der Verfasser ihn in eigner Rede gewiß auch anders ausdrüken würde. Ich begrüße also den trefflichen Recensenten als meinen Vertheidiger wider Willen, und – wenn er auch ein Geistlicher ist – als ein unverwerfliches Beispiel für meine Behauptung.

---

7 *Schleiermacher zeigt hier den Sinnabschnitt nicht durch Absatz an.* 8–9 Vgl. oben S. 271,37–38   9–12 Vgl. Cölln / Schulz: Zwei Antwortschreiben, S. 12–13   12–14 Vgl. An Cölln und Schulz, S. 14; KGA I/10, S. 407,14–22   20–21 Vgl. An Cölln und Schulz, S. 14; KGA I/10, S. 407,15–16   25–32 Vgl. Karl Rosenkranz: *„Wollte Schl. aber fragen, was denkst du denn bei jenen für mich leeren Worten? so würde Rec. kürzlich antworten, wie er bei der Empfängniß Christi durch den heiligen Geist denke, daß das einzige Princip des Lebens Christi der göttliche Geist war, der seinen Willen und durch seinen Willen auch seine Natur bestimmte; und bei dem Niedergefahrensein zur Hölle, daß alles Böse, auch vor Christi Erscheinung, nur durch Entgegensetzung gegen ihn Realität hat, denn in sich ist es nichts. Die einzige Bedeutung hat es*

kann, ist grade das, was die Kirche verworfen hat, daß nämlich Jesus der Sohn des heiligen Geistes ist. Giebt Jemand etwas anderes bestimmtes an, was er da|bei denkt, so wird er zugeben müssen, daß mit demselben Recht ein Anderer sich den Sinn anders bestimmen kann; und dann tritt ja schon der Fall ein, den ich bevorworten wollte. Die Sendschreiben aber machen es mir zum Vorwurf, daß ich ausspreche, wobei ich gestehe, mir nichts bestimmtes zu denken, da ich mich doch so bestimmt gegen alle Verpflichtungen zur Buchstäblichkeit erklärt, da ich doch den Geist protestantischer Gottesverehrung, welcher dergleichen nicht leidet, selbst so scharf gezeichnet habe. Das klingt theoretisch sehr schön, aber praktische Dinge wollen praktisch gerichtet sein. Zuerst ist auch hier nicht die Rede von einem früheren oder späteren Schleiermacher; denn ich habe es mit dieser Stelle so gehalten diese sieben und dreißig Jahre hindurch, seit ich das Predigtamt bekleide. Auch von keiner Verpflichtung auf Buchstäblichkeit kann die Rede sein, denn eben so lange her habe ich mich auch an andern Stellen eben dieser Formel nicht an die üblich gewordene und in allen unsern Agenden abgedrukkte, sondern an die ältere Leseart gehalten; nur war gar keine Veranlassung, dies in meinem Sendschreiben zu erzählen! Diese Stelle aber habe ich, in der Ueberzeugung, daß alle gewissenhafte Geistliche unserer Kirche sich in demselben Falle befinden wie ich, angeführt, um zu zeigen, wie schwierig es ist, über die Behand|lung liturgischer Formeln aus solchen Principien zu ur-

---

durch das Gute, was es negiren will, und zugleich ist das Gute das einzige Wesen, wozu das Böse, seiner Hölle zu entfliehen, sich aufheben kann; Christus aber als der, welcher in seinem Willen nur das Gute wollte, ist es, welcher auch in dem Bösen niederfährt, um in ihm durch die Qual der Entgegensetzung die Freiheit aus dem Gefängniß des bösen Willens zu erlösen und dem Willen seinem wahrhaften Wesen zurückzugeben. Wollte nun Schl. sagen: siehe, da gibst du mir ja eine ganz rationalistische Auslegung der Dogmen, denn weder an eine sinnliche Erscheinung des heil. Geistes, noch an eine sinnlich existirende Hölle scheinst du zu glauben, sondern du verstehst die Empfängniß wie die Höllenfahrt so, daß jene sagen wie, wie Christi Wille absolut und von Angebinn das heilige gewesen; diese aber bedeuten soll, daß nur Christus wie von der Sünde so von den Schmerzen, welche sie als Negation der Freiheit sich erzeugt, zu befreien im Stande ist und daß schon vor der Stiftung des Christenthums als Erscheinung dies Verhältniß zwischen dem Guten und Bösen da war; – so würden wir erwidern, daß dem allerdings so sei, daß wir aber damit in jenen Vorstellungen, wie uns schiene, ohne Künstelei und Zwang, etwas sehr Bestimmtes ausgedrückt zu finden so glücklich wären; wolle er ein solches Verfahren, den Inhalt jener Vorstellungen mit Klarheit denken, ein Bedürfniß, was wir so dringend hätten, wie er, wolle er dies Rationalismus benennen, so hätten wir nichts dawider, weil wir der festen Ueberzeugung wären, daß das wahre Christenthum vernünftig und die wahre Vernunft Christlich sei." (Rezension von „Schleiermacher, Sendschreiben an die Herrn von Cölln und Schulz", in: Jahrbücher für wissenschaftliche Kritik, Stuttgart / Tübingen 1831, Nr. 49–51, Sp. 388–398. 401–408, hier Nr. 51, September, Sp. 405–406) theilen, wie jene Schlauen sie gegen rationalistische Geistliche geltend machen wollten. Das Niedergefahren zur Hölle kann weggelassen werden ohne großes Bedenken; und wenn wir die Gemeinschaft der Heiligen nicht noch anführen hinter der christlichen Kirche, so wundert sich niemand. Hätte ich aber jene Worte weglassen wollen: so würde ich für die meisten Zuhörer etwas ganz anderes gethan haben, als was ich wollte. Denn ein großer Theil unserer evangelischen Christen denkt sich diese Worte mehr im allgemeinen als ein Zeugniß für die Ursprünglichkeit der höheren Natur in Christo; und sie würden daher nicht nur dieses ihnen wichtige Zeugniß vermißt, sondern Viele auch das Auslassen als ein Abläugnen des Bezeugten angesehen haben. Hätte sich nun dieser Anstoß einmal für alle mit einer öffentlichen Belehrung oder mit einer gesprächsweisen Erörterung beseitigen lassen: so würde ich diesen Ausweg ergriffen haben; allein für uns hiesigen Ortes, ja wir dürfen wol sagen für die meisten evangelischen Geistlichen, ist ein solcher nicht vorhanden, da ihnen die Taufzeugen gar häufig von außerhalb ihrer Gemeine herkommen. Darum habe ich mich selbst zu dieser Buchstäblichkeit verurtheilt, die mir allerdings durch das Bewußtsein erleichtert wird, daß jedesmal die Meisten doch nichts anderes bei diesen Worten denken, als was auch meine Ueberzeugung ist; aber unerwünscht bleibt sie immer. Indeß so lange mir nicht etwas allgemeines zu Hülfe kommt, muß es bei dem Spruch sein Bewenden haben, Ich habe es alles Macht, aber es frommt nicht alles. Und so finde ich denn freilich auch zwischen diesem Geständniß und meinen sonst ausgesprochenen Grundsäzen und Behauptungen nicht eine Spur von Widerspruch. Aber so geht es bisweilen mit den besten menschlichen Absichten! Ich wollte gern an diesem Beispiel beiläufig zweierlei in Erinnerung bringen, einmal daß liturgische Nöthe für den evangelischen Geistlichen nicht erst mit neuen oder erneuerten älteren Agenden eintreten, sondern schon mit dem ältesten dieser Art; daher auch das älteste noch einer gemeinsamen Sichtung bedarf, um soviel möglich die Gewissen zu erleichtern. Dann aber, daß dies zarte Gegenstände sind, auf die nicht mit derben allgemeinen Sprüchen grob losgeschlagen werden darf. Nun aber ist es mir grade zum Gegentheil ausgeschlagen, und mich selbst hat der Stich getroffen, den ich von Andern um so besser abwenden zu können glaubte,

---

2 Vgl. *An Cölln und Schulz*, S. 15; *KGA* I/10, S. 407,23   23–24 1Kor 6,12, *Biblia, das ist die gantze Heilige Schrifft Alten und Neuen Testaments, nach der Uebersetzung und mit den Vorreden und Randglossen D. Martin Luthers, mit neuen Vorreden, Summarien, weitläuffigen Anmerckungen und geistlichen Abhandlungen, auch Gebeten auf jedes Capitel, wobey zugleich noethige Register und eine Harmonie des Neuen Testaments beygefueget sind,* ed. C. M. Pfaff, *Die Heilige Schrift Neuen Testaments,* ed. J. C. Klemm, Tübingen 1729 [SB 206], S. 396

weil ich als ein bekannter Gegner alles Buchstabendienstes außerhalb des Stoßes im sichern stände. Doch wenn durch diese erläuternden Worte meine Ansicht über diese Gegenstände deutlicher geworden ist als durch mein Sendschreiben: so | soll mir auch das Dazwischenliegende nicht leid sein, wenn es mich gleich bisweilen als eine unverdiente Verunglimpfung gemahnt hat. Und nun auch kein Wort weiter hierüber! denn was sonst noch mit diesen beiden Hauptpunkten nicht zusammenhängend in jenen Sendschreiben gegen mich gesagt ist, lasse ich gern auf seinem Werthe beruhn, und wünsche nur, daß sie recht vielen Lesern mögen lehrreich geworden sein.

Den folgenden Vorträgen aber bin ich noch das Vorwort schuldig, daß man sie nicht etwa, weil sie mir Veranlassung zu den obigen Erörterungen gegeben haben, in Zusammenhang bringe mit diesem ohnedies ganz gegen meine Absicht entstandenen theologischen Streit. Demnächst möchte ich noch um Nachsicht bitten, wenn sie nicht Jedem überall scheinen auf der uns hier etwas fein gezogenen und allerdings schwer zu haltenden Linie festen Schrittes sich zu bewegen. Denn ein solches Fest gehörig feiern und ihm sein volles Recht wiederfahren lassen, auf der andern Seite alles vermeiden, was in das Gebiet der Controverse hinüberstreift, das ist schwierig und Tadel nach beiden Seiten hin kaum zu vermeiden. Endlich möchte ich auch noch dieses verbitten, daß man nicht etwa diese Vorträge als ein systematisches Ganze über das Augsburgische Bekenntniß beurtheile. Es würde mir | nicht einmal zwekkmäßig erscheinen, einer Reihe von Predigten ein solches Ziel zu stekken; allein es hätte auch nicht in meinem Vermögen gestanden, da ich zur Zeit des Festes noch nicht übersehen konnte, wieviel Sonntage ich diesem Plan würde widmen können. Vielmehr gestehe ich gern, daß ich noch mehreres nach beiden Seiten hin gern herausgehoben hätte, worüber sonst nicht leicht Veranlassung entsteht auf der Kanzel zu reden. Allein nach meiner Rükkunft von einer in diesen Zeitraum fallenden Reise war es zu spät, indem ich der Adventszeit ihre eigenthümlichen Rechte nicht verkürzen wollte. Haben indeß doch alle diese Vorträge eine sehr bestimmte Beziehung auf jenes Säcularfest: so können sie immer einigen Anspruch darauf machen, auch als Festpredigten angesehen zu werden, und dürfen nicht als eine ganz fremdartige Unterbrechung erscheinen, indem sie sich in der Reihe der Sammlungen zwischen die erste schon erschienene und die zweite noch zu liefernde Sammlung von eigentlichen

---

30–31 *Anspielung auf Schleiermachers Reise vom 29. August bis 7. Oktober 1830 in die Schweiz*

Festpredigten gleichsam eindrängen. Wenigstens soll diese zweite nun, wenn Gott Leben und Gesundheit verleiht, zunächst als die siebente erscheinen.

Berlin, im October 1831.

Fr. Schleiermacher.

1–3 *Schleiermachers zweiter Band „Christliche Festpredigten (Predigten. Siebente Sammlung)" erschien am 15. November 1833.*

I.

Warnung vor selbstverschuldeter Knechtschaft.

Am Sonntag vor dem Jubelfeste.

Text. 1 Cor. VII, 23.
Ihr seid theuer erkauft, werdet nicht der Menschen Knechte.

M. a. Fr. Ich war im Begriff, wie ich oft in diesem Theile des kirchlichen Jahres zu thun pflege, eine genauer zusammenhängende Reihe von Betrachtungen für unsere vormittägige Andacht zu beginnen. Aber da mahnte mich das Fest, das wie Euch allen bekannt ist, uns in diesen Tagen bevorsteht, daß es wohl wichtig sei und rathsam, unsere Gedanken schon jezt auf dasselbe vorbereitender Weise zu richten. Denn wie es ein großes und herrliches Fest ist, so ist es doch ein solches, das seine besondern Bedenklichkeiten hat und Gefahren; und das sind gerade die, in Beziehung auf welche uns die vorgelesenen Worte des Apostels warnen und den richtigen Weg zeigen. Schon wenn wir bedenken, was wir feiern sollen, sei die Uebergabe einer Schrift: so muß uns das den Eindrukk geben von einem großen Werth, der auf den Buchstaben gelegt wird. | Diese Schrift nun sollte eine Darstellung der Lehre enthalten, wie sie in den Kirchen der deutschen sich evangelisch bildenden Christenheit getrieben wurde; sie war bestimmt für die versammelten Fürsten unsers Volkes, und rührte her von denen, die zuerst vorangegangen waren auf dem Wege der gemeinsamen Erleuchtung aus dem göttlichen Wort. Wie natürlich also, daß sich hernach fast alle die, denen durch die göttliche Gnade das Licht des Evangeliums in demselben helleren Sinne aufging, mehr oder weniger an dieses Bekenntniß angeschlossen haben! Aber bedenken wir, wie wir uns eben deshalb noch immer in allen Verhandlungen und Streitigkeiten unter uns, so oft jemand einer Abweichung von der rechten Einfalt des Glaubens beschuldigt wird, auf dieses Bekenntniß zu berufen pflegen: so ist allerdings die Gefahr nicht gering, da doch diese Darstellung nur ein menschlicher Ausdrukk der christlichen Lehre ist, daß wir uns in eine Knechtschaft des Buchstaben begeben, und aufs neue, wovor uns der Apostel warnt, Knechte der Menschen werden. Nur wenn wir uns bei dieser Feier hievon ganz frei wissen,

---

2 *Predigt zum 2. Sonntag nach Trinitatis am 20. Juni 1830 vormittags in der Dreifaltigkeitskirche zu Berlin; vgl. Predigtnachschrift und Liederangaben in KGA III/12, S. 217–227*   9–10 *Vgl. die folgende Predigt (unten S. 293)*

nur wenn wir sowol in unserer Dankbarkeit gegen Gott für diese That unserer Kirche als auch in unserer Ehrfurcht gegen die, welche in diesem Glauben unsere Vorgänger geworden sind, die kräftige Richtung auf die Freiheit der Kinder Gottes festhalten, zu welcher wir berufen sind, und nicht der Menschen Knechte werden: nur dann werden wir dieses Fest zu unserm eignen Segen begehen, würdig der Erinnerung und Nachfeier der folgenden Geschlechter, auf daß es diesen auch wiederkehre in gleicher Dankbarkeit gegen Gott, in einem gleich würdigen Genusse der nur noch weiter ausgebildeten evangelischen Freiheit. |

3 Der unmittelbare Zusammenhang der verlesenen Worte, m. Fr., hat es freilich zu thun mit den äußeren, irdischen Verhältnissen derer, die in die Gemeinde Christi aufgenommen waren. Der Apostel sagt, ein jeder bleibe in dem Beruf, darin er berufen ist; ist einer als Knecht berufen, so sorge er nicht, denn er ist ein Befreiter Christi. Wenn er aber nun hinzufügt, Ihr seid theuer erkauft, werdet nicht der Menschen Knechte! so kann er das nicht mehr in demselben Sinne nehmen; denn davor hatte es keine Gefahr damals, daß sich einer sollte freiwillig in das harte Joch der Knechtschaft des Einzelnen gegen den Einzelnen begeben haben. Aber vorher schon in diesem Briefe hatte der Apostel davon geredet mit großem Schmerz und starker Mißbilligung, daß sich so viele in jener Gemeinde an Einzelne, die ihnen Diener des göttlichen Wortes geworden waren, fast ausschließend festhielten, der Eine an diesen der Andere an jenen, und darüber des gemeinsamen Herrn, dessen Diener alle waren, fast zu vergessen schienen, so daß sie statt der Einheit des Geistes und Glaubens in allerlei Spaltungen zu gerathen in Gefahr waren. Und so groß war das Gewicht dieser Sorge bei ihm, daß er auch hier, obwohl er von etwas Anderm redet, doch wieder hierauf zurükkommt, und denen, welche gelöst vom Dienst der Sazungen zu Kindern Gottes berufen waren, zuruft, sie sollten bedenken, daß sie nicht wieder Knechte der Menschen würden, da sie so theuer erkauft seien.

So laßt uns denn, m. Fr., diese **Warnung des Apostels vor selbstverschuldeter Knechtschaft** recht zu Herzen nehmen und zwar so, daß wir uns erstlich den **Inhalt** derselben recht vor Augen halten, und dann auch | besonders auf den **Beweggrund**, den der Apostel seiner Warnung hinzufügt, unsere Aufmerksamkeit richten.

4

I. Wir werden aber, was das Erste betrifft, die Warnung, daß wir nicht möchten wieder der Menschen Knechte werden, nur dann

---

13 als] ein   14 Befreiter] Gefreiter

4–5 *Vgl. Röm 8,21 zusammen mit Gal 5,13*   12–14 *1Kor 7,20–22 (mit Auslassungen)*   20–26 *Vgl. 1Kor 1,10–13; 3,3–6*

Predigt über 1Kor 7,23   283

in ihrem ganzen Umfange verstehen, wenn wir uns auch die vorhergehende Belehrung aneignen. Wer ein Freier berufen ist, der ist ein Knecht Christi; denn so, m. Fr., sind wir alle berufen, Knechte Christi zu sein. Wenn ich sage, wir alle, so meine ich jezt uns, die wir im Begriff sind, dieses schöne Fest der Erinnerung und des Dankes zu begehen, uns, die wir der erneuerten evangelischen Kirche angehören, die sich von Anfang an auch hingestellt hat als eine freie Kirche, um überall eine würdige und zuverläßige Stüze für die Freiheit der Kinder Gottes zu sein.

Laßt uns doch um uns hievon zu überzeugen zunächst darauf zurükkgehen, wie wir alle in diese Gemeinschaft berufen worden sind. Welches ist das Bekenntniß, das uns vorgelegt wurde, als wir in den Tagen unserer Jugend aufgenommen wurden in die Gemeinschaft evangelischer Christen? wovon handelt es? Es ist nichts als die Geschichte Christi, seine Thaten und sein Werk. Der ganze Kern dieses Bekenntnisses handelt nur von dem Erlöser, welchen wir alle erkannt haben in der Herrlichkeit des eingebornen Sohnes vom Vater, von dem Gott, den er uns selbst zuerst als seinen und unsern himmlischen Vater geoffenbart hat, von dem Geist, den er uns erst erbeten hat von seinem Vater, daß er ausgegossen würde über die Seinigen, von Christi Geschichte, seiner Geburt, seinen Thaten | und seinen Leiden – an nichts anderes wurden wir erinnert, und nichts anderes wurden wir etwa verpflichtet zu glauben, weil Andere es glaubten, oder als zu glaubendes aufstellten und anbefahlen; an keines Menschen Namen sind wir jemals gebunden worden, nach keinem Menschen haben wir uns jemals nennen wollen. Und wenn dies doch hier und da im gemeinen Gebrauch des täglichen Lebens vorzukommen pflegt, daß wir unserm Bekenntniß den Namen jenes göttlichen Rüstzeuges, jenes tapferen Streiters in diesem Kampfe des Lichts und der Wahrheit hinzufügen: so wissen wir wohl, daß dieses nie etwas anders hat bedeuten sollen als eine geschichtliche Erinnerung, nicht so, daß wir uns dadurch auf ihn oder gegen ihn auf irgend eine Weise hätten verpflichten sollen und wollen; denn das würde ganz gegen seinen und gegen jedes andern Dieners des Evangeliums Dank und Willen geschehen sein. Was ferner ist uns ausgehändigt worden, als wir in diese Gemeinschaft der Gläubigen aufgenommen worden sind? Nur das Wort Gottes in der Schrift ist uns überwiesen worden zum freien Gebrauch nach bester Ueberzeugung und als treuen Haushaltern über die Geheimnisse Gottes. Dieses Wort ist freilich ausgegangen von seinen ersten Augenzeugen, von denen, welchen er selbst seine Aufträge gege-

---

2–3 *1Kor 7,22*   **17** *Vgl. Joh 1,14*   **28–29** *Anspielung auf Martin Luther (1483–1546)*   **38–39** *Vgl. 1Kor 4,1*

ben hatte, um seine Gemeinde zu sammeln und zu ordnen. Aber wie sie sie nur in seinem Namen, nicht in dem ihrigen leiten sollten und weiden: so ist auch dieses Wort der Schrift nicht unser Richtmaaß, sofern es das ihrige ist, sondern sofern der Geist, der sie trieb, es aus der Fülle Christi genommen hat.

Zu solcher Freiheit von allem menschlichen Ansehen sind | wir aufgenommen in diese Gemeinschaft der evangelischen Christen. Aber zu welchem Ende? Auf daß wir Alle Knechte Christi seien, mit allen denen die gleich uns frei von jedem andern Dienst berufen sind zu dieser edlen Knechtschaft.

Worin aber besteht nun diese? Der Erlöser äußert sich selbst über dieses Verhältniß auf so mannigfaltige Weise, daß es nicht leicht ist zu sehen, wie seine Ausdrükke zusammenstimmen. In wie mancher Gleichnißrede führt er seine Jünger darauf, daß sie Knechte sind, die sich nicht einmal rühmen dürften, wenn sie gethan hätten was sie schuldig waren[1], warnt sie, daß sie ja möchten wachend erfunden werden, wenn der Herr käme[2], und dieser Herr ist des Menschen Sohn. Wie sagt er ihnen voraus, sie würden gehaßt werden um seines Namens willen, und fügt hinzu, der Knecht sei nicht über seinen Herrn[3]. Dann aber auch ganz entgegengesezt verheißt er, die Wahrheit mache frei, und giebt sich mit Recht das Zeugniß, daß er die Wahrheit geredet habe[4]. Und die sollten nicht frei geworden sein, bei denen doch seine Rede gefangen hatte, und nicht leer zurükkgekommen war? Aber ja, er sagt ihnen auch anderwärts, sie seien nun nicht mehr Knechte sondern Freunde, denn er habe ihnen kund gethan alles was er von seinem Vater gehört[5]. So stimmt nun freilich dieses beides, der Sohn hat sie frei gemacht durch die Wahrheit, und weil diese sein innerstes Wesen ist, das | er ihnen zu erkennen gegeben, so sind sie nun seine Freunde. Wie stimmt aber dieses zusammen genommen mit dem ersten? Schwerlich wird wol jemand sagen wollen, damals als Christus das erste gesagt, seien seine Jünger noch Knechte gewesen, weil seine Rede noch nicht gefangen hatte unter ihnen; als er aber das lezte gesagt, seien sie schon Freunde gewesen. Denn wie hätte er dann ihr ganzes Verhalten als Knechte vorstellen können als den Gegenstand ihrer Rechenschaft bei seiner Wiederkunft? Sondern es verhält sich so. Jene ersten Reden sollen erinnern an den großen Abstand

---

[1] Luk. 17, 10.
[2] Luk. 12, 37.
[3] Matth. 10, 24.
[4] Joh. 8, 32. 36. 40.
[5] Joh. 15, 15.

18–19 Vgl. Mt 10,22

zwischen dem Meister und den Jüngern, gegen welchen jeder andere verschwand, damit sie die Gleichheit unter sich recht vollkommen feststellen möchten. Denn ein Knecht konnte viel scheinbare Vorzüge haben vor dem Andern, er konnte auch gesezt sein in mancher Hinsicht über die Andern; aber das Loos war und blieb dasselbe, die Knechtschaft. So sollten auch sie alle sich für gleich halten, jeder Vorzug des einen vor dem andern verschwinden, keiner sollte sich Meister nennen lassen, Einer nur ist der Meister, Christus. Die andern Reden aber sind die Zeugnisse, welche Christus ablegt von sich selbst, von seiner Art und Weise mit den Menschen zu handeln, an welche sein Wort ergeht, und von seinen Leistungen für uns. Ihr höchster Gipfel ist in dem Wort, daß der Sohn frei macht, und daß nur diejenigen recht frei sind, die der Sohn frei gemacht hat[6]. Recht frei ist aber nur der, welcher auch frei bleibt. Der Sohn, wenn er uns frei gemacht, hält er uns auf keine äußerliche Weise fest. Wir gehören ihm an, | aber nur vermöge eines geistigen Bandes, welches nur fort besteht, sofern es sich durch unser Verlangen und unsere Zustimmung immer wieder erneuert. Wie es damals war[7] als der Herr bemerkte, daß Viele nicht mehr mit ihm wandelten sondern hinter sich gegangen waren, weil seine Rede ihnen zu hart war: so ist es auch noch. Er fragte seine Jünger, ob sie ihn auch verlassen wollten? darin lag also die Anerkennung, daß auch sie ihre volle Freiheit hätten; und sie fragten ihn dagegen, wohin sie wol gehen sollten da er Worte des Lebens habe? und darin lag, daß sie nichts besseres begehrten als in der beseligenden Verbindung mit ihm zu bleiben. Das ist die Geschichte, die sich immer wieder erneuert. Nie fehlt es an Menschen, welche ihm bis auf einen gewissen Punkt gefolgt waren, aber dann der eine aus diesem der andere aus jenem Grunde ihre eignen Wege gehen. Hören wir dann auch die Frage nicht aus Christi eignem Munde: so tritt sie uns aus der Sache entgegen. Wir können uns in die Stelle derer versezen, wenn uns anders nichts menschliches fremd ist, welchen seine Rede hie und dort zu hart erscheint, wir fühlen die Spuren von ähnlichen Regungen wenigstens lange Zeit in uns, wir sind uns eben darin unserer vollen Freiheit bewußt zu bleiben oder zu gehen, und wissen daher auch, es ist unser eigner Wille, der uns bei ihm festhält; es ist unser innerstes Selbst, welches sich nicht von ihm trennen kann. Ein anderes Band giebt es nicht zwischen ihm und den Menschen, als diese geistige Anziehung. Zu diesem Bande hat er freilich als der Ursprung solcher Liebe zuerst den Knoten geschürzt; | aber wider unsern Willen kann er uns nicht umschlingen, vielmehr mußte er ihn mit unserm Willen

---

[6] Joh. 8, 36.
[7] Joh. 6, 66 flgd.

befestigen. Grade so singen wir das auch in einem unserer schönen Lieder, Aber wen die Weisheit lehrt, Freiheit sei der Christen Theil, der sucht allein ohne Schein Christi freier Knecht zu sein. Zu einer solchen freien Knechtschaft Christi sind wir also berufen, daß, nachdem er uns frei gemacht hat von jeder andern, wir nun nicht anders wollen können als bei ihm bleiben um seines Lebens durch sein Wort mitgetheilt zu erhalten, und dafür auch ihm zum Dienst gewärtig zu sein. An dieser Freiheit sollen wir denn festhalten, und nichts dürfe sich zwischen ihn und uns stellen! Unmittelbar müssen wir immer schöpfen können aus der Quelle des Lebens, ohne daß sie uns erst durch irgend etwas Anderes getrübt werde, und von irgend einer Vermittlung zwischen ihm und uns weiß er nichts. An ihm sollen wir bleiben wie die Reben am Weinstokk, zwischen diese stellt sich nichts; wie die Reben durchdrungen werden von der lebendigen Kraft des Stokkes, an dem sie sind, so auch wir von Christi lebendiger Kraft, ohne daß einer zu theilen hätte den Dank gegen ihn, ohne daß eine fremde Kraft dabei dürfe zu Hülfe kommen uns im Empfangen oder ihm im Geben.

So, m. th. Fr., sind wir als Freie berufen zu der edlen Knechtschaft Christi! Wohlan, laßt uns die Warnung des Apostels zu Herzen nehmen, Werdet nicht der Menschen Knechte! Meint ihr nicht auch, der Apostel würde diese Worte nicht gesprochen haben, wenn nicht schon damals Gefahr gewesen wäre vor einer solchen Menschenknechtschaft? Wo war sie denn? Auf allen Blättern fast | der Geschichte der Apostel, fast in allen Briefen der Apostel vornehmlich dieses Apostels sehen wir sie. Wie klagt er nicht, daß es manche falsche Brüder gäbe, welche nur kämen die Freiheit der Kinder Gottes auszukundschaften um sie zurükkzuführen zur Knechtschaft. Solche, die sich auf große Namen, auf die Namen der Apostel, die den Herrn gesehen und gehört beriefen, und indem sie doch nur ihre eignen Lehren verkündigten, fälschlich vorgaben, so habe Petrus gelehrt, so Jakobus, diese ersten Säulen der Kirche, so hätten diejenigen es gehalten in Lehre und Leben, welche die Angelegenheiten der ersten Mutterkirche leiteten! Aber wofür erklärt der Apostel dieses? Für eine gefährliche Antastung der Freiheit der Kinder Gottes. Diese sollen nicht gebunden werden durch irgend ein Ansehen. Es sei Petrus oder Paulus, sagt er, es sei Leben oder Tod, Gegenwart oder Zukünftiges, es ist Alles euer, ihr

---

2–3 *Gesangbuch zum gottesdienstlichen Gebrauch für evangelische Gemeinen, Berlin 1829, Nr. 450 „Auf, ihr Christen, Christi Glieder" (Melodie von „Meine Hoffnung steht"), Strophe 6: „Aber wen die Weisheit lehret, Freiheit sey des Christen Theil, wessen Herz zu Gott sich kehret, seinem allerhöchsten Heil, sucht allein ohne Schein Christi freier Knecht zu seyn." (unten S. 968)* **13** *Vgl. Joh 15,5* **26–28** *Vgl. Gal 2,4*

aber seid Christi⁸. Alles, was der Geist Gottes bewirkt in seinen ausgezeichneten Rüstzeugen ist unser! Nicht daß wir ihnen dienen sollten; sondern wir sollen uns des ihrigen gebrauchen in der Freiheit der Kinder Gottes! nicht daß wir uns durch das Wort ihrer Lehre durch das Vorbild ihrer Thaten sollten binden lassen, sondern daß wir, was geistig ist, uns auch geistig aneignen und zu unserm eignen geistigen Leben ausbilden und entwikkeln. Was war das Ende, als die Apostel sich beriethen über die, welche den Christen aus den Heiden wollten die Last der Geseze des alten Bundes auflegen, hier eine Regel und dort eine Regel, hier eine Vorschrift und dort eine, hier ein Ge|bot und dort eins? Sie sagten einmüthig das solle nicht geschehen, denn der Herr habe die Seinigen zur Freiheit berufen vom Gesez, weil er das Ziel und Ende des Gesezes sei; und jenen solle nichts auferlegt werden, als was nothwendig sei, um das Band der Liebe unverlezt zu halten. So ist es also von Anfang an der Wille derer gewesen, welche sich des größten Ansehens unter den Gläubigen mit Recht erfreuten, daß keine Knechtschaft und kein Dienst entstehen solle. Und so aus dem Munde des Herrn⁹ nimmt es der Apostel, welcher sagt¹⁰ die Heerde Christi solle nicht geweidet werden nach Art einer Herrschaft über das Volk, sondern Vorbilder der Heerde sollten sie sein und Diener der Gemeine, Haushalter der Geheimnisse Gottes zum Nuz und Frommen derer, die da schöpfen wollen aus der einen Quelle, aus der ihnen alle Wahrheit fließt, nämlich aus der Offenbarung Gottes in seinem Sohne.

Darum, m. g. Fr., hat es auch nicht leicht ein größeres Beispiel gegeben von solcher Freiheit als das des Mannes, welcher zuerst in unsern Gegenden das Licht des reinen Evangeliums aufgestekkt hat. Ja wir dürfen es sagen und wollen es nicht bergen, daß er sehr weit gegangen ist im Gebrauche dieser Freiheit, und er hat sich der Worte des Apostels wohl bemächtigt, Es ist Alles euer, es sei Petrus oder Paulus, und so gebraucht er auch das Wort Gottes, insofern es enthalten ist in den Worten derer, welche Jünger des Herrn waren. Ohne Umschweif und ohne seine Worte sehr zu verzieren oder zu verwahren, sagt er von dem einen Buche, sein Geist könne sich nicht darin |

---

⁸ 1 Kor. 3, 22.
⁹ Matth. 20, 25. 26.
¹⁰ 1 Petr. 5, 2. 3.

7–15 Vgl. Apg 15,1–29; Gal 2,1–10   26–27 Anspielung auf Martin Luther   30–31 Vgl. 1Kor 3,21–22   34–1 Vgl. Martin Luther: Vorrede auf die Offenbarung Sanct Johannis, Das Neue Testament Deutsch. 1522, Werke. Kritische Gesamtausgabe, Die Deutsche Bibel, Bd. 7, Weimar 1931, S. 404,25–26

schikken, und von einem anderen, es bedünke ihm strohern zu sein. Mag er sich darin geirrt haben, aber dieser Freiheit hat er sich bedient, und hat auch nicht von den Aposteln sich wollen binden lassen; sondern nur was er deutlich sah als von Christo kommend, betrachtete er als Wort Gottes, das war der Führer seines Weges, das die Leuchte seines Fußes; und diese Freiheit war es, wofür er sein ganzes Leben einsezte, um sie, wie er selbst sich ihrer gebrauchte, auch Andern wieder zu gewinnen und sicher zu stellen. Wenn wir, m. a. Fr., den Zustand, in welchem die christliche Kirche damals war, noch von einer andern Seite betrachten, wie nämlich ein großer wesentlicher Theil dieses Bekenntnisses, auf dessen Feier wir uns vorbereiten, dahin ging, daß die Christenheit sollte frei gemacht werden von der Knechtschaft der äußeren Werke, daß die Einbildung, als ob durch diese todten Werke ein Verdienst bei Gott erworben würde, zerstört und so alles zurükkgeführt werden müßte auf die lebendige Kraft des Glaubens, der in der Liebe thätig ist um die Menschen recht zu befreien von dem Joche der Knechtschaft, welches Menschen ihnen aufgelegt hatten: so können wir nicht läugnen, die waren Knechte der Menschen, welche sich die Last solcher todten Werke auflegen ließen von ihren Seelsorgern und Hirten. Wenn sie auch in ihnen die Vertreter der gesammten Kirche Christi, deren Kraft ihnen vorzüglich einwohne, zu sehen glaubten: so machten sie sich doch eben dadurch zu Knechten der Menschen, daß sie nicht wagten, sich jenen gleichzustellen. Denn nur Einer ist unser Herr und Meister, wir alle sind seine Diener und unter einander Brüder. Wohl! gesezt nun, wir wären von dieser Knechtschaft todter | Werke zurükkgekommen, wir ließen diese auch nicht wieder aufleben, aber wir ließen uns auflegen ein Joch todter Worte und eines todten Glaubens, wir ließen uns binden von einem der da sagte, so nur und nur so muß über dieses geredet werden, und wer anders redet und glaubt, sei Anathema; das wäre nicht eine mindergefährliche, ja ich muß es grade heraussagen, eine schlimmere Knechtschaft als jene. Denn je edler das ist, was verdorben wird, um desto schädlicher ist auch das Verderbniß; nun ist aber das Wort Christi die Quelle des Lebens geworden, und so muß auch dieses vornehmlich rein erhalten werden. Die Worte, welche ich rede, sind Geist und Leben, sagt er; aber wenn das Wort, welches Geist und Leben sein soll, gebunden wird im Buchstaben der da tödtet, wenn das freie Wort des Geistes, der sich in den Christen bei treuer Erwägung der Schrift hier und dort

---

1 Vgl. *Luther zum Jakobusbrief: Vorrede auf das Neue Testament Deutsch. 1522,* Sämtliche Schriften, ed. Johann Georg Walch, Bd. 1–24, Halle 1740–1753 (SB 1190), hier Bd. 14, 1744, Sp. 105 (Textquelle von 1524); Werke. Kritische Gesamtausgabe, Die Deutsche Bibel, Bd. 6, Weimar 1929, S. 10,33–34   5–6 Vgl. Ps 119,105   35 Vgl. Joh 6,63   37 Vgl. 2Kor 3,6

anders äußert, gehemmt werden soll durch irgend eine menschliche Regel, die doch auch nur aus der Schrifterwägung anderer Einzelnen hervorgegangen ist; wenn uns befohlen werden kann, so und nicht anders unsere Vorstellungen über die Angelegenheiten des Heils auszudrükken, da dieses doch eben so wenig als irgend etwas anderes von Allen gleich aufgefaßt werden kann; wenn uns solche Lehren zugemuthet werden anzunehmen, von denen doch diejenigen, die so den Glauben beherrschen wollen, weder sich selbst noch Andern bestimmte Rechenschaft geben können, was sie sich dabei denken: so ist das ein desto gefährlicheres Verderbniß, weil es uns die Quelle des geistigen Lebens selbst verdirbt. Das, m. th. Fr., ist die Warnung des Apostels, daß wir nicht sollen werden der Menschen Knechte, die wir frei berufen sind um nur Knechte | Christi zu sein in der Freiheit des Geistes. Und nun, m. th. Fr., laßt uns auch miteinander noch unsere Aufmerksamkeit richten auf den Beweggrund, den der Apostel seiner Ermahnung hinzufügt.

II. Ihr seid theuer erkauft, sagt er, darum werdet nicht der Menschen Knechte, theuer erkauft aus jenem Zustande der Knechtschaft, in dem so viele Geschlechter der Menschen geseufzt haben; das ist sein einer Grund und sein einziger statt aller. Aber laßt uns ihn auch recht erforschen in seinem ganzen Umfange, was er damit meint, Ihr seid theuer erkauft, werdet nicht der Menschen Knechte. An nichts anders können wir dabei denken als an den, welcher uns und das ganze Geschlecht der Menschen sich selbst erkauft hat zum Eigenthum. Aber wodurch, wodurch hat er uns erkauft? Nämlich wodurch hat er uns erkauft aus diesem Zustande der Knechtschaft, um uns zu versezen in das Reich der Freiheit der Kinder Gottes? Wodurch hat er uns erkauft aus dem Reich der Finsterniß, um uns zu versezen in das Reich des Lichts? Er sagt es uns selbst, daß die Freiheit kommt aus der Wahrheit, und die Wahrheit aus dem Worte seines Mundes. Davon legte er seinem Vater Rechenschaft ab in seinem lezten großen Gebet, er habe ihnen Alles kund gemacht was der Vater ihm gegeben, sein Wort habe er ihnen gegeben und sein Wort sei die Wahrheit, in der und durch die sie immer mehr sollten geheiligt werden, sie und alle, die durch ihr Wort an ihn glauben. Und, m. th. Fr., wäre es so gegangen, nur daß es immer thöricht ist, wenn wir uns etwas im göttlichen Rathschluß vereinzeln, und also scheiden wollen, | was Gott zusammengefügt hat, aber wäre es so gegangen, daß ohne alles andere er sein Wort den Menschen habe mittheilen können, so hätte auch können sein Wort die Menschen frei machen; aber es hat ihn gekostet

---

29–30 Vgl. Joh 8,32.31 31–35 Vgl. Joh 17

theure Kämpfe, sein Leben hat er einsezen und lassen müssen, um alle die Kraft des Lebens kund zu thun, die ihm sein Vater mitgetheilt hatte. Denn auch das war eine Wirkung seiner Kraft und seines Lebens, daß er sein Leben ließ, weil es eine freie That seiner Liebe war, und eine Aeußerung seines göttlichen Wesens. Aber in demselben Sinne, m. g. Fr., sagt unser Apostel an einem andern Ort, daß er durch das, was er leide, ergänze was noch mangle an den Trübsalen Christi für dessen Leib[11]. Zu dem Worte des Herrn, das die Menschen frei macht, braucht nichts hinzuzukommen, erlöst aus der Knechtschaft sind durch ihn Alle, die sein Wort annehmen und sich von ihm segnen lassen mit der Freiheit der Kinder Gottes, und mit dem göttlichen Lichte der Wahrheit: aber damit dieses Reich der Freiheit und des Lichts bestehe, damit dieser geistige Schaz bewahrt bleibe und nicht untergehe, dazu hat es nicht nur der Leiden des Herrn bedurft, sondern auch der Leiden und Kämpfe aller derer, die von Anfang an Märtyrer Christi und Zeugen der Wahrheit geworden sind. So lange Licht und Finsterniß mit einander kämpfen, kämpfen auch die Kinder dieser Welt mit den Waffen dieser Welt gegen das geistige Schwerdt, dem sie sich nicht unterwerfen; und daher sind denn bald am Anfang der Kirche gekommen, und wir wissen nicht, ob nicht noch immer wieder entstehen | können, Kämpfe und Leiden solcher, die es für ihren Beruf achten die Segnungen des Reiches Gottes auf Erden zu verkünden und zu bewahren. Dieser Kampf mit den Waffen des Geistes ist ein ungleicher Krieg. Mit den Waffen, womit sie angegriffen werden, sei es die Gewalt sei es die List, das Schwerdt oder der Spott, können sich die Diener Christi nicht vertheidigen und dürfen es nicht, denn sein Reich ist nicht von dieser Welt: aber leiden können sie durch diese Waffen; verwundet können sie werden, das irdische Leben können sie verlieren. Und wenn der Apostel sagt, ihr seid theuer erkauft, so hat dem, der da sagt, Alles ist euer, das Gegenwärtige und Zukünftige, auch gewiß vorgeschwebt, daß er nicht der einzige sei, der da zu ergänzen habe durch seine Leiden die Trübsale Christi, bis sein Reich feststehe, ohne daß einer mit den Waffen dieser Welt und der Finsterniß dawider kämpft. Solche Kämpfe haben denn auch zu bestehen gehabt, die in jenen Tagen der Reinigung und Besserung der Kirche sich dieser hingaben zu Werkzeugen, um die Einfalt des Evangeliums den Gemüthern der Menschen wieder nahe zu bringen; manches edle Blut ist geflossen in jenen Kämpfen, und hat auch noch ergänzen müssen, was da fehlte an den Trübsalen Christi. So theuer sind wir er-

---

[11] Kol. 1, 24.

27 Vgl. Joh 18,36   30–31 Vgl. 1Kor 3,22   32 Vgl. Kol 1,24

kauft! Darum, m. g. Fr., laßt uns nicht wieder Knechte der Menschen werden. Jeder Schritt in dieser Richtung ist gleichsam eine neue Herausforderung, daß noch mehrere Kämpfe müssen gekämpft werden, daß noch mehrere Leiden müssen ergänzen das Leiden Christi, daß noch mehrere müssen Märtyrer werden für die Wahrheit. Denn obwohl der Sieg nicht aus|bleiben kann, so wird er doch, je mehr die Wahrheit verdunkelt wird, um so mehr erschwert.

Und so laßt uns auch das nicht übersehen, m. th. Fr., daß wir selbst auch mit in diesem Kampfe stehen, und daß uns auch gebühret, den Preis mit zu bezahlen, für welchen Andere erkauft werden sollen, die mit uns leben und nach uns leben werden, nicht freilich von der Knechtschaft der Sünde, aber zu ruhigem, heiterm, wo möglich ungestörtem Genuß aller Segnungen des Reiches Gottes. Was ist der Preis den wir zu bezahlen haben? Stehen uns Leiden und Trübsale bevor? Nein. Haben wir zu fürchten vor denen, die nicht den Namen Christi bekennen? Nein. Haben wir zu fürchten vor denen unserer christlichen Brüder, welche sich leider nicht desselben Lichtes wie wir erfreuen, sondern noch immer an den alten Mißbräuchen und Menschensazungen haften, gegen die unsere Vorfahren gekämpft haben? Was wir von ihnen vielleicht zu besorgen haben können, das mag wohl nicht der Mühe werth sein es hier zu erwähnen. Aber doch bezahlen wir einen theuern Preis und wir sollen ihn gern bezahlen, damit das Reich des Lichts und der Wahrheit fortbestehe. Wäre es möglich, daß wir, die wir berufen sind als Freie zu der edlen Knechtschaft Christi, daß wir alle könnten übereinstimmen in dem Ausdrukk unseres Glaubens, in den Gebräuchen unseres Gottesdienstes, in der Sitte und Anordnung des christlichen Lebens: dann möchten wir vielleicht frei sein und keinen Preis zu bezahlen haben. Aber wie viel Zertrennung der Gemüther, wie viele wenn auch mehr scheinbare als das innere Leben berührende Abweichungen in der Lehre, wie viele verschiedene Ansichten, die sich unter einan|der reiben, so daß sie sich fast entzünden zu einem bedenklichen Feuer! Wie viele sorgliche ängstliche Gemüther, die sich noch nicht gewöhnen können an die Freiheit der Kinder Gottes! Wie viele, deren Gang noch nicht so sicher geworden ist, daß sie nicht immer geneigt wären sich umzusehen nach äußern Stüzen, die doch nur gebrechlich sind und keine Sicherheit gewähren! Wie viel Anlaß zu großen Besorgnissen entsteht nicht hieraus in dieser unsrer freien christlichen Gemeinschaft! Soll uns das nicht zu Herzen gehen? Soll es uns nicht betrüben und schmerzen, wenn wir die, welche die heitere Luft der Freiheit athmen könnten, sich vergeblich abquälen sehen in ängstlichem Wesen? wenn wir sehen, wie die, welche sich frei und fest an die Kraft des Wortes Gottes halten könnten, sich selbst wieder einem menschlichen Joch darbieten, und so in dem gemeinsamen Gebiet unserer Kirche für sich die Knechtschaft wieder hervorrufen, die ja unter uns aufgehoben ist? O! wie muß uns das betrüben; zumal es kein Mittel dagegen giebt und keines geben darf als liebende Nachsicht. Und dieses schmerzliche Mitgefühl, diese scheinbar unthätige Geduld ist der Preis, den wir zu bezahlen haben. Denn wollten wir uns das Leben bequemer machen dadurch, daß wir die Freiheit beengen, indem wir entweder die aussondern, welche nicht mit uns übereinstimmen, oder indem wir durch äußere Gewalt diese Verschiedenheit zur Einheit zu zwingen suchten: o wieviel mehr würde dadurch verloren gehen für das Reich Gottes! Wie bedenklich würde das allgemeine Wohl der Christenheit bedroht sein! Welchen gefährlichen Stoß würde der Gesammtzustand unserer Kirche erleiden? Darum lasset uns um so mehr als wir ja doch nicht äußerlich zu kämpfen haben, diese inneren Kämpfe und Leiden gern als unsern Preis bezahlen! Lasset uns in jener liebenden Geduld ausharren um eine Zeit der Gährung zu überwinden, durch welche die Herzen immer mehr auseinandergerissen zu werden drohen: so werden wir unsererseits dafür sorgen, daß das Band der Einigkeit des Geistes nicht aufgelöst werde durch diese Verschiedenheit der Richtungen. Lasset uns diesen Preis bezahlen, so werden wir mit Allen verbunden bleiben, die wie wir nach nichts Anderm streben, als zu beharren in der rechten Freiheit der Kinder Gottes, die nichts anderes ist als die edle geistige Knechtschaft Christi, so daß sie weder jemals wollen Knechte der Menschen werden, noch weniger je selbst Andere machen wollen zum Knecht irgend eines menschlichen Wortes, irgend einer menschlichen Sazung. Denn das ist unsere Freiheit, daß Alles unser ist, wir aber sind Christi.

In diesem Geiste dann laßt uns dem festlichen Tage entgegengehen, und uns durch ihn stärken zu der rechten Kraft des Glaubens, zu der rechten Freudigkeit derer, welche die Süßigkeit des Lichts, des geistigen Lebens gekostet haben, und sich nicht wieder entfernen wollen von der Quelle, aus welcher es ihnen strömt; dann wird dies Fest ein herrlicher und heiliger Tag sein, und nichts anderes als segensreiche Früchte werden uns und unsern Nachkommen daraus erwachsen. So gebe es der Herr! Amen.

26–27 Vgl. 1Kor 3,22–23

II.

Die Uebergabe des Bekenntnisses als Verantwortung über den Grund der Hofnung.

Am Jubelfeste den 25sten Junius.

Text. 1 Petr III, 15.
Seid aber allezeit bereit zur Verantwortung jedermann, der Grund fordert der Hofnung, die in euch ist.

Die Begebenheit, deren Andenken wir heute feiern, und die ein sehr bedeutender Schritt war zu der festen Gründung unsrer gereinigten evangelischen Kirche, war nichts anders, als eine in dem rechten Geiste der Schrift und des christlichen Glaubens gemachte Anwendung von den Worten unsers Textes. Die Fürsten und Stände des deutschen Reichs, in deren Gebiet am meisten der erneuerte Geist des reinen Evangeliums sich verbreitet hatte, und die sich in ihrem Gewissen gedrungen fühlten, das Werk Gottes ge|währen zu lassen, und die Reinigung der Lehre und des Gottesdienstes zu beschüzen, waren aufgefordert nach so vielen Mißdeutungen, nach so vielen Verläumdungen, wie sie bei solchen Gelegenheiten nicht ausbleiben können, nun einmal ein öffentliches Bekenntniß abzulegen, auf dessen Inhalt man sich verlassen könnte als Darlegung von dem, was bei ihnen abweichend von der römischen Kirche gelehrt und geübt werde. Und sie verbanden sich und legten ein solches Bekenntniß ab an dem heutigen Tage vor dreihundert Jahren in der allgemeinen Versammlung der Fürsten und Stände, vor dem Kaiser als dem Oberhaupt des damaligen deutschen Reichs.

Aber die Ermahnung des Apostels ist eine allgemeine; und wenn wir sie nun so betrachten als auch uns angehend, so ist die heute zu feiernde Begebenheit für uns Alle von solcher Wichtigkeit, wir stehen mit ihr, weil sie das erste und das am meisten geltende und öffentliche Bekenntniß und Zeugniß der evangelischen Wahrheit zu Tage geför-dert hat, in einem so genauen Zusammenhang, daß auch wir, wenn wir uns die Ermahnung unsers Textes aneignen wollen, an dieses Bekenntniß denken müssen, und wenn wir die Ablegung dieses Bekennt-

---

2 Predigt zum Säkularfest am Freitag 25. Juni 1830 vormittags in der Dreifaltigkeitskirche zu Berlin; vgl. Predigtnachschrift und Liederangaben in KGA III/12, S. 228–243

nisses feiern wollen, auch besonders auf die Erwähnung unseres Textes Rükksicht zu nehmen haben. Darum wird mein Vortrag zum Gedächtniß dieses großen Ereignisses in zwei verschiedene Theile zerfallen. Laßt uns zuerst jene Begebenheit selbst in Beziehung auf den apostolischen Ruf des Textes ins Auge fassen, und dann unser Verhältniß zu der Ermahnung des Textes in Beziehung auf jene Begebenheit vor Augen haben. |

I. Was nun die heute gefeierte Begebenheit betrifft, so ist es wohl nicht nothwendig über das Werk selbst etwas zu sagen; wir können diese Schrift als allen Christen bekannt voraussezen und auch in neuester Zeit ist dieses Bekenntniß so oft öffentlich dargeboten, und so oft mündlich und schriftlich darauf zurükkgewiesen worden, daß wohl jeder, der an dem heutigen festlichen Tage zu reden hat, sich mit gutem Grunde hierauf beziehen kann. Aber was nun das Verhältniß derselben zu der apostolischen Regel unsers Textes betrifft: so müssen wir zweierlei wohl unterscheiden und jedes für sich betrachten, einmal das damals verfaßte Werk, die in Worten abgefaßte Schrift, und dann die That, durch welche dieselbe als eine öffentliche Verantwortung von dem Grunde der evangelischen Hoffnung zu Stande kam.

Sehen wir nun zuerst auf das Werk dieses Tages, nämlich die Schrift des Bekenntnisses: so dürfen wir es wol in gewisser Beziehung nicht anders als mit großer Nachsicht beurtheilen. Wir haben seitdem vielfältige Erfahrungen davon gemacht, wie schwierig es ist, wenn streitige Punkte in der Lehre des Glaubens auseinander gesezt werden sollen, alsdann Ton und Ausdrukk in Worten und Formeln so zu treffen, daß einer die Zuversicht haben kann, er selbst und Andere werden sich lange daran halten können; so daß ein solches Bekenntniß das Wesen unseres Glaubens in dem rechten Licht der Wahrheit und im Zusammenhang mit allem, was uns eben so wichtig ist, möglichst rein und vollständig darstellt, und so daß die Beschäftigung damit selbst eine Erwekkung zu solchem Glauben sein kann. Diese Aufgabe kann an und für sich sehr leicht erscheinen, wenn wir bedenken, daß, wessen das Herz | voll ist, davon der Mund übergeht, und daß jedes solche Bekenntniß doch nur ein Sichaufthun des Herzens ist; sie zeigt sich aber doch als sehr schwierig, wenn wir auf die Geschichte der christlichen Kirche zurüksehen. Da hat es von Anfang an nicht an Streitigkeiten gefehlt; und die meisten bestimmt abgefaßten Punkte der christlichen Lehre sind nur in Folge solcher Streitigkeiten festge-

---

10–12 Vgl. *Friedrich Wilhelm Philipp von Ammon: Denkmal der dritten Säcularfeier der Uebergabe der Augsburger Confession in den Bundesstaaten, Erlangen 1831, S. 1– 21 Literaturübersicht* **33** Vgl. Mt 12,34; Lk 6,45

stellt worden. In Streitigkeiten sind aber immer die Leidenschaften aufgeregt, und wenn wir auch annehmen, dort habe immer nur ein sanftmüthiger Eifer gewaltet, so ist doch der Ausdrukk des Glaubens nie ein unmittelbarer, sondern bezieht sich auf den vorangegangenen oder noch schwebenden Streit, und muß Anderer Meinungen und Gedanken verneinen oder widerlegen; und diese Beziehungen werden, ohnerachtet sie nur einen so vorübergehenden Werth haben, mit in das Bekenntniß verflochten, was eigentlich nur ein durch den Mund in der schlichten Einfalt des Glaubens hervorbrechender Ausdrukk dessen sein soll, weß das Herz voll ist. Und doch war es nicht möglich auf die so entstandene Gestaltung der christlichen Lehre nicht Rükksicht zu nehmen, als ein neues Bekenntniß des Glaubens vorgelegt werden sollte. Nimmt man nun dazu, daß von diesen Vorstellungen viele sich gar nicht mehr im Leben der Christen bewegten, sondern veraltet waren: wie schwierig mußte es nicht sein zu sondern was bleiben konnte und was einer Umänderung bedurfte um nicht sich selbst und Andere mehr zu binden als billig war und recht! – Hätten nun noch diejenigen Männer Gottes, die damals unser Bekenntniß abfaßten, schon lange Zeit gehabt alles nach allen Seiten abzuwägen und abzumessen! Aber es war erst eine kurze | Reihe von Jahren verstrichen seit dem Anfange der evangelischen Lehre; schnell hatte sich das Werk verbreitet, die Darlegung der bedenklichen Irrthümer und der gottesdienstlichen Mißbräuche hatte viele Gemüther ergriffen. Da hatten dann ganz andere Dinge Noth gethan, als auf Bekenntnisse zu sinnen. Da that es Noth, das von seinen Hirten verlassene Häuflein der Gläubigen zu ordnen; da gab es große Sorge um die richtige Auswahl der Lehrer für die neuen Gemeinden und um die ernstliche Aufsicht über sie; da mußte das große Geschäft so schnell als möglich vollendet werden, die heiligen Schriften in deutscher Zunge dem Volke zugänglich zu machen. Bedenken wir die wenigen Jahre, die vom Beginnen der Kirchenverbesserung bis zur Abfassung jenes Bekenntnisses verflossen waren, und die verhältnißmäßig geringe Anzahl derjenigen, die eigentlich an der Spize dieses Unternehmens standen; bedenken wir, wie sie Rükksicht nehmen mußten auf die vorher schon gegen sie eingenommenen Widersacher: so ist es nicht anders möglich, als daß, wie groß auch ihr Eifer gewesen sein möge, und wie sehr sie darnach strebten, den göttlichen Geist und ihre eigene Erfahrung von dem Wesen des christlichen Glaubens walten zu lassen, manche Unvollkommenheiten darin zum Vorschein kommen mußten.

8–10 *Vgl.* Röm 10,9–10, *auch* Mt 12,34; Lk 6,45

Allein wenn wir dies auch zugeben und sagen, daß nicht Alles in diesem Bekenntniß der Einsicht entsprechen kann, die wir jezt nach einer so langen ruhigen Zeit, die der Betrachtung der heiligen Schrift gewidmet war, besizen: so können wir uns doch, wenn wir uns nur an die Hauptsache halten, der großen Trefflichkeit des Werkes erfreuen. Diese ist eine zwiefache, einmal, es war eine mit | großer Umsicht und aus reicher christlicher Erfahrung abgefaßte Erklärung gegen alle das christliche Leben verderbende Mißbräuche im öffentlichen Gottesdienst und in der Lehre. Ja so stark und kräftig und dabei doch so wahr und besonnen und von aller Uebertreibung fern war diese Erklärung, daß sie der Sache viel Gemüther gewann und viel dazu beitrug, überall umher unter dem deutschen Volk immer mehrere der evangelischen Wahrheit zuzuführen, und der Tag eine reiche Erndte ward für die Verkündigung des Evangeliums. Die zweite Trefflichkeit ist die, daß diese Schrift mit rechter Klarheit, mit dem größten Ernst, Demuth und Treue des Herzens den einen großen Hauptpunkt des Glaubens aufgefaßt und dargelegt hat, daß nicht unvollkommenes äußeres Werk, nicht eigenes Verdienst den Frieden mit Gott bringen könne, sondern daß die Gerechtigkeit vor Gott dadurch erlangt wird, wenn wir im herzlichen Glauben den in uns aufnehmen, den Gott gesandt hat, auf daß wir in der Gemeinschaft mit ihm das Leben mögen haben, und wenn wir nun erwarten, daß aus dieser Gemeinschaft alles Gute entspringen müsse, ohne daß wir ja doch auf dieses Gute als solches einen verdienstlichen Werth legen. Dies ist der Hauptpunkt, der zu allen Zeiten die rechten evangelischen Christen zusammenhält; dagegen, wenn wir dies fahren lassen, wenn jemand in Bezug auf sein Heil sich auf sich selbst und auf seine Vernunft so verlassen will, daß er die Unterstüzung der göttlichen Gnade in Christo von sich abweist und sich von dem Erlöser ablöst, dann hat alle sonstige äußere Uebereinstimmung keinen Werth. Diesen lebendigen Glauben an den Erlöser festhalten als an denjenigen, in welchem wir schauen | die Herrlichkeit des eingebornen Sohnes vom Vater, und in welchem wir haben Frieden mit Gott und das Leben, und dagegen alles, worauf der Mensch sonst geneigt ist, einen Werth zu legen, von sich weisen, das ist der wahre Geist dieses Bekenntnisses.

Ist nun also schon das Werk ein solches, dessen wir uns, wenn wir billig sein wollen, in hohem Maaße erfreuen, und das wir uns seinem Wesen und Geiste nach immer noch aneignen müssen, mit dem Vorbehalt jedoch allerdings, daß uns der Buchstabe desselben nie den Weg zum Weiterfortschreiten in der Erkenntniß verschließen darf: vielmehr noch ist die That eine solche, deren wir uns von ganzem

---

31–32 Vgl. Joh 1,14   33 Vgl. Röm 5,1

Predigt über 1Petr 3,15

Herzen rühmen können. Es war aber jene That nichts anderes als jener Männer Bereitwilligkeit, Verantwortung zu geben von dem Grunde der Hoffnung, die in ihnen war. Wenn wir bedenken, wie es damals schon eine ziemliche Anzahl von deutschen Fürsten und Ständen gab, deren Unterthanen dem größten Theile nach dieser erneuerten Lehre des Evangeliums zugethan waren, und man die erfreuliche Hoffnung hegen durfte, daß sich dieselbe noch weiter verbreiten werde; wenn wir ferner bedenken, wie der Kaiser diese Sache ins Reine zu bringen suchte, um über eine desto größere Macht gegen einen auswärtigen Feind schalten zu können: so müssen wir freilich sagen, ein solcher Muth gehörte nicht zu dieser That, wie der den Luther zu Worms bewies. Aber laßt uns desto mehr in allen Aeußerungen der Fürsten und Stände in Beziehung auf ihr Verhältniß zum Kaiser, der immer noch ihr Oberherr war, die Art bewundern, wie sie zu Werke gingen in ihrer Verantwortung. Sehr loben und preisen müssen wir die hohe | Bescheidenheit, die mit ihrem kräftigen Muthe verbunden war. Daher ists auch eine That, würdig an der Spize unserer Gemeinschaft zu stehen, da sie so deutlich zeigt, wie Unrecht die Gegner unsrer Kirche haben, wenn sie vorgeben, daß sie den Keim in sich enthielte zu verderblichen Neuerungen in der bürgerlichen Welt und zum Ungehorsam gegen die Fürsten. Denn es stand damals schon so, daß die Oberherrschaft des Kaisers über die Fürsten nicht mehr so streng und fest war, als ehedem. Dennoch ließen sich diese angesehenen Fürsten nicht verleiten zu irgend einer unehrerbietigen Aeußerung; nicht mit einem Worte überschritten sie das Verhältniß, in dem sie zu ihrem selbstgewählten Haupte standen. Und darin sind sie uns ein Vorbild geworden, und wir mögen diese That ansehen als eine solche, die den Geist der evangelischen Kirche ausspricht. – Die That war ferner deswegen so trefflich, weil wir in diesem Schritt überall die Neigung deutlich ausgesprochen finden, so viel an ihnen war, die beginnende Spaltung aufzuheben, sofern sie nur davor bewahrt bleiben konnten, daß sie ihr Gewissen nicht brauchten binden zu lassen durch Menschensazungen. In dieser Gesinnung spricht sich deutlich der Geist der evangelischen Kirche aus, und die That kann daher auch hierin ein Vorbild sein für alle Zeiten. Es ist gewiß eine richtige Ansicht dieses Schrittes, wenn man sagt, daß diejenigen, welche jene Mißbräuche rügten, doch nicht darnach strebten eine neue abgesonderte Gemeinschaft zu bilden, sondern nur ihr Gewissen nicht gebunden wissen wollten. Und dies bleibt immer der Geist und Sinn der

---

10 *Anspielung auf die türkischen Angriffe gegen Mitteleuropa (türkische Belagerung Wiens 1529)*   11–12 *Zu Martin Luthers Rede am 18. April 1521 auf dem Reichstag zu Worms vgl. unten die Sachanmerkung zu S. 378,12–14*

evangelischen Kirche. Es war der göttlichen Weisheit nicht angemessen, jene Bemühungen mit einem glükklichen Er|folge zu krönen, aber auch dadurch segnete der Herr, daß er wohlgemeinte Bemühungen scheitern ließ. Die römische Kirche, welche ihrerseits die Gemeinschaft mit den Anhängern der Reformation aufhob, hat es seitdem oft ihrem Interesse angemessen gefunden, fernliegenden einzelnen Gemeinden Abweichungen in der Lehre und den Gebräuchen zu gestatten, wenn sie nur die äußere Einheit mit der Kirche festhielten, und das Oberhaupt der Kirche zu Rom anerkannten. Hätte es so die römische Kirche auch damals gemacht in Bezug auf dieses Bekenntniß des Glaubens, so wären wir keine besondere Kirche geworden, und wären in jener Gemeinschaft geblieben; aber auf vielfache Weise wären wir dann dort gebunden geblieben, und unter vielen Fesseln hätte der forschende Geist geseufzt. Dank und Preis gebührt Gott, daß er es so geschikkt hat und nicht anders. Aber denselben Trost wollen wir uns auch bewahren in Bezug auf alle künftige Zeiten. Laßt uns dies festhalten, daß wir zu keiner Spaltung jemals anreizen, sollte denn nach Gottes Willen dennoch eine erfolgen, so können dann wir unser Gewissen beruhigen, die wir sie nicht gewollt haben; die andern aber, die darauf ausgingen eine Spaltung hervorzurufen, werden sich eines Segens daraus nicht zu rühmen haben, denn sie haben das Band der Gemeinschaft gelöst und ihr Gewissen verlezt.

Das dritte Preiswürdige an dieser That war nun der Entschluß, welcher unter den Theilnehmern feststand nicht anders von dem, was sie gelehrt und in der Kirche geordnet hatten, abzugehen, es sei denn, daß sie widerlegt würden aus Gottes Wort, das nun wieder, nachdem es lange Zeit wenig beachtet gewesen, an die Spize alles christlichen Lebens ge|stellt wurde. Doch um allem Mißverstande auszuweichen muß ich meinen eigentlichen Sinn euch deutlicher erklären. Wenn wir die Schrift, wie man sich ja oft genug ausdrükkt, ansehen wollen als die Quelle des wahren Glaubens, so ist dies nicht ohne Irrthum; denn der Glaube ist älter als die Schrift. Aber freilich ist die Schrift das erste auf uns gekommene Zeugniß des Glaubens. Der Glaube an Christum entstand durch Christum selbst, wie er lebte, redete und wirkte; und nachher erst entstand die Schrift, die aus dem Glauben hervorging. Immer also bleibt Christus die Quelle des Glaubens, auch jezt noch; und daran müssen wir festhalten. Entsteht aber ein Streit darüber, ob etwas im Einzelnen richtig gelehrt und geordnet ist in der christlichen Kirche oder nicht: so giebt uns die apostolische Schrift das Maaß, nach welchem dies beurtheilt werden kann, sofern sie zeigt, daß dasselbe von Anfang an aus dem christlichen Geist und Glauben hervorgegangen ist. In sofern also ist es eine große Sicherstellung für alle Zeiten, darüber daß wir wahrhaft nur im Glauben an Christum zusammenhalten, wenn, alles menschliche Ansehen verschmähend, in der ganzen Entwikkelung der Lehre und der Anordnung des Lebens kein anderes Zeugniß gelten darf, als was sich in diesen Schriften ausspricht. Und so haben wir seit jenem Bekenntniß dieses gewonnen, daß wir frei bleiben von allen Banden irgend eines menschlichen Ansehens. Darum aber stehen auch Alle, die ausgehen vom lebendigen Worte des Erlösers und vom lebendigen Glauben an ihn, mit uns auf demselbigen Grunde; und es kann niemals eine Ursache geben, uns der Gemeinschaft mit ihnen zu entziehen. Daß aber die Erklärung der Schrift selbst oft streitig ist, dies soll kein neues menschliches Ansehn be|gründen, als ob dieser oder jener allein sie recht zu erklären wüßte, und wir sollen dem Geiste Gottes nicht vorgreifen, noch ihm Maaß und Ziel stekken, sondern das Wort des Apostels bedenken, Wenn aber einer anders hält, so wird es ihm Gott weiter offenbaren[1]. So wird unsere Kirche fest und sicher stehen, so wird durch den Eifer für christliche Wahrheit nie die christliche Liebe unterdrükkt und durch diese nicht jener gelähmt werden. – Endlich ist noch ein Stükk trefflich und erquikklich bei jener That, nämlich das Verhältniß zwischen den Fürsten und Obrigkeiten, welche die Gemeinden vertraten, zwischen den Lehrern, welche das Wort des Bekenntnisses aussprachen, und zwischen den Gemeinden, die sich zu Gott mit Gebet und Flehen wandten um Segen zu diesem Unternehmen. Nichts konnte wol damals stärker die Gemüther erregen als diese Angelegenheit; und gar leicht will dann Jeder mehr thun als das seinige, und greift ein in das Werk des Andern. Hier aber geschah es nicht so. Die Fürsten mischten sich nicht darein, wie die Lehrer das Bekenntniß stellen und anordnen sollten, die Art und das Maaß des Ausdrukks überließen sie ihnen als den Sachkundigen gern. Aber die Pflicht, mit der ihnen verliehenen Macht diese Lehre zu vertreten für ihre Unterthanen gegen Kaiser und Reich, sich allein auf Gott verlassend, der sein Werk werde zu schüzen wissen, diesen Beruf haben sie festgehalten und so das ihrige treulich erfüllt. Die Gemeinden, die es wußten, daß das Licht des Glaubens ihnen geschenkt war durch diese Lehre, die es dankbar anerkannten, daß durch dieses Wort ihnen die Augen des Geistes geöffnet waren, verließen sich auch im festen Vertrauen darauf, | daß der Herr die Lehrer auch bei diesem Werke mit Weisheit erfüllen werde; und ohne Besorgniß, ob sie nicht doch aufs neue die Gewissen würden beherrschen wollen, zweifelte niemand, daß er sich würde bekennen können zu dem, was jene als Bekenntniß aufstellten. Das war die schöne

---

[1] Phil. 3, 15.

1 wenn, alles] wenn alles

Frucht der Einigkeit des Geistes! Die Lehrer aber gingen mit Gebet und Flehen und großer Demuth an dies Werk, forschend stets, ob noch etwas dabei zu berichtigen sei, stets entschlossen zu bessern, wenn es nöthig sei, wie es auch nachher geschah. Sehet da, m. Fr., die schöne Gesinnung in allen damals wesentlichen Theilen unsrer evangelischen Kirche! ein recht von Gott gesegnetes Werk, wo jeder seine Stelle einnahm und sie erfüllte, ohne in das Werk des Andern einzugreifen. Möchte doch dies rechte Maaß, dies gegenseitige Vertrauen, wie es kein anderes ist, als das Vertrauen auf den Geist Gottes von dem alle Erleuchtung in der Christenheit ausgeht, nie weichen von unsrer evangelischen Kirche! Dann würde sie ruhig fortschreiten, fruchtbar sein in guten Werken, und unter dem göttlichen Segen sicher gestellt bleiben gegen alle Anfechtungen für alle Zeiten.

II. Laßt uns nun sehen, wie nun nach solchem Vorgange wir selbst uns verhalten müssen zu jener Ermahnung des Apostels, daß wir sollen bereit sein Verantwortung zu geben gegen Alle, die da fragen nach dem Grunde der Hofnung, die in uns ist. Wir müssen hierbei zweierlei unterscheiden, einmal unser Verhältniß zu demjenigen Theil der Christen, der nicht mit eingegangen ist in diese Reinigung des Glaubens und der Lehre und an welchen besonders auch damals dies Bekenntniß gerichtet war, und dann unser Verhältniß unter einander. |

Laßt uns was das erste betrifft dahin sehen, daß wir in demselben Maaß, als wir uns jenes Bekenntniß seinem Geist und Wesen nach aneignen, auch immer auf dieselbe Weise Verantwortung abzulegen im Stande seien von dem Grunde unsrer Hoffnung. Wenn zuerst seit jener Zeit immer bestimmter unter uns ausgesprochen wurde, daß keine Versammlung der Kirche befugt sei, das Gewissen des Einzelnen zu binden, ausgenommen sofern sie ihn bindet durch das göttliche Wort: so laßt uns doch ja darauf achten, daß die Zeit nicht wiederkomme, wo die Mitglieder der römischen Kirche uns mit Recht den Vorwurf machen können, daß auch wir Gehorsam forderten gegen etwas von Menschen Festgestelltes. Daß sie nicht wiederkomme, sage ich; denn leider dagewesen ist eine solche Zeit, wo man die Worte dieser Lehrer dieses unseres Bekenntnisses und dann auch besonders Luthers selbst hat gleichstellen wollen den Worten der Schrift, und dadurch den Geist, der in der Schrift forschen wollte, binden an menschliches Ansehen. Wenn zweitens damals so laut und besonnen ist ausgesprochen worden, daß wir uns auf nichts verlassen wollen in Bezug auf den Frieden unsrer Seele mit Gott, was äußerlich wäre, sondern nur auf das, was das Geistigste ist von allem, nämlich den

---

1 Vgl. Eph 4,3   36 Vgl. Apg 17,11

Glauben: so laßt uns darauf feststehen, daß jene nie mögen sagen können, wir seien ihnen doch wieder gleich geworden, wenn auch auf etwas andere Weise; denn auch wir legten ja Werth auf äußerliches, Worte und Handlungen, und gründeten darauf unsere Sicherheit bei Gott. Große Ursache haben wir darauf zu achten, daß der Geist der Gemeine hierin feststehe. Welchen Theil der Geschichte unsrer Kirche wir auch betrachten | mögen, so hat es an Abweichungen nicht gefehlt. Daher laßt uns in diesem Hauptstükk uns an dem heutigen Tage aufs neue an jene Bekenner anschließen, daß wir durch die Gnade Gottes immer mehr suchen wollen von allem falschen Vertrauen auf gute Werke frei zu werden, von welcher Art sie auch sein mögen, gute Werke frommer Meinung, gute Werke äußerer Sitte, gute Werke des natürlichen Gesezes. Nichts dieser Art hat bei Gott einen Werth, sondern nur diejenige Gesinnung, welche dasselbe ist mit dem lebendigen Glauben an Christum. Wollen wir aber wieder ein äußerliches Maaß stellen für Worte oder Thaten: so sind wir dem Irrthum wieder anheim gefallen, von dem unsere Kirche bei ihrer Entstehung sich losgemacht hat. Es ist gewiß ein großer Segen, wenn die Christen übereinstimmen in der Art, wie sie ihren Glauben ausdrükken; aber das darf nicht erzwungen werden, sondern muß frei sein, wenn es einen Werth haben soll. Eben so gern müssen wir es sehen, wenn etwas Neues entsteht, so es nur festgehalten wird als begründet in der Schrift; denn dies veranlaßt zu neuem Forschen in der Schrift. Nur so können wir unsere Stellung behaupten gegen den andern Theil der Kirche, welcher damals das Werk der Verbesserung zurükkwies.

Und damit hängt nun genau das andere zusammen, wie wir unter einander zu dieser Begebenheit stehen. Wir sollen Rechenschaft ablegen von dem Grunde der Hoffnung. Aber keiner wolle doch die Worte jenes Bekenntnisses selbst für den Grund unsrer Hoffnung halten. Nur Christus ist der Grund unsrer Hoffnung; ob nun der von Allen auf die gleiche Weise ausgedrükkt wird oder anders von Anderen, darin | laßt uns Freiheit gestatten. Kommen wir immer wieder einstimmig auf ein und dasselbe zurükk: so sei uns das ein neues Zeugniß, wie richtig schon Jene gesprochen haben, die zuerst die Fahne des Glaubens wieder aufpflanzten. Kommen wir auf etwas anderes: – nun, Jene bildeten sich auch nicht ein schon vollkommen zu sein. Daß aber dasselbe Verhältniß des Vertrauens, dieselbe Gemeinschaft des Geistes, dieselbe Mittheilung unter denen, die berufen sind im Worte Gottes zu forschen, bleiben möge unter uns, das ist der große Gegenstand unsrer Sorge, damit wir ebenfalls nicht nur jeder für sich, sondern auch als Eine Gemeinde bereit sein können zur Verantwortung. Wir haben in dieser Beziehung größeres zu leisten als damals zu leisten war. Klein war damals die Gemeinde, und neu der Geist derselben, und nicht so viele Veranlassung neben der Hauptsache weg auf vielerlei einzelnes zu sehen. Und doch waren auch damals schon Spaltungen, die lange fortdauerten; und schon damals bildeten sich nicht alle Christen, die gleichmäßig der römischen Kirche gegenüberstanden, zu Einer Gemeinschaft. Die eine uns zunächst betreffende dieser Spaltungen ist nun aufgehoben; aber eben deshalb haben wir auch noch größeres zu leisten, wenn wir feststehen wollen in diesen vorgezeichneten Grenzen. Daher laßt uns nicht besorgt sein, wenn wir auch noch Fehler finden an jenem Werk; denn so lange die evangelische Kirche nur festhält allein an Christo dem Anführer unsers Glaubens: so werden wir auch ganz einig sein im Geist mit unsern Vorgängern.

So laßt uns denn nach unserer heutigen apostolischen Lection der Lehrer gedenken, die auch unsere Nachkommen noch sollen in Ehren halten als theure Rüstzeuge Gottes. | Aber wie es damals schon etwas Wesentliches in dem Bekenntnisse der evangelischen Kirche war, daß sie kein Priesterthum gelten ließ, wie es sich nach jüdischer und heidnischer Weise allmählig auch in der Christenheit gestaltet hatte, sondern alle Christen sollten Priester seien; und die Diener des Wortes Gottes nicht Beherrscher der Gewissen, sondern nur dazu berufen, um das Wort Gottes recht auszutheilen zum freien Gebrauch für einen Jeden: so ist auch seitdem in unserer Kirche der Unterschied zwischen denen, die das Wort Gottes verkündigen und denen, die es hören, immer geringer geworden. Darum wenn wir auch jener theuren Männer Gottes gedenken: so laßt uns das ja nicht vergessen, daß sie sich nach dieser Gleichheit selbst gesehnt und sie nach Kräften vorzubereiten gesucht haben. Und so gestalte sich unter uns immer mehr das ächt evangelische Verhältniß, daß die Diener des Wortes nur Haushalter seien der Geheimnisse Gottes um, wie es auch damals geschah, im Namen Aller das Bekenntniß des Glaubens auszusprechen und es auf das gemeinsame Leben anzuwenden. Dann brauchen wir auch nicht

---

23 theuren] theurrn

5–6 *Anspielung auf die 1817 in Preußen begonnene Vereinigung der lutherischen und reformierten Kirche* **12–13** *Im „Circular-Rescript des Königl. Ministeriums der Geistlichen, Unterrichts- und Medizinal-Angelegenheiten an sämmtliche Königl. Konsistorien und Provinzial-Schul-Kollegien, so wie abschriftlich an sämmtliche Königl. Regierungen, die dritte Säkular-Feier der Uebergabe der Augsburgischen Konfession betreffend" hatte der Minister Altenstein (Karl Sigmund Franz Freiherr vom Stein zum Altenstein) am 8. Mai 1830 festgesetzt: „Als Evangelium für diesen Gottesdienst aber sind die Verse 12–16. Kap. 10 des Evangelii Johannis zu verlesen, und als Epistel: Ebräer 13, V. 7. und 8." (Annalen der Preußischen innern Staats-Verwaltung 14, Berlin 1830, Heft 2, S. 321–323, hier 322; beigefügt die Kabinettsordre Königs Friedrich Wilhelm III. vom 4. April 1830, S. 323–324).* **14** *Vgl. Apg 9,15* **27–28** *Vgl. 1Kor 4,1*

Predigt über 1Petr 3,15

unser Vertrauen auf den oder jenen Namen zu sezen, sondern halten uns getrost an das Wort des Apostels, alles ist euer, ihr aber seid Christi. Dieser hat damals seine Heerde wohl geleitet; und das Werk, dessen Erinnerung wir heute begehen, wie unvollkommen es auch war, doch reichlich gesegnet. Er wird auch ferner nicht nur über unserer evangelischen Kirche wachen, sondern auch diejenigen, deren Christenthum noch unter den Verunstaltungen leidet, welche unsere Vorgänger damals abgethan haben, immer näher hinzuführen, daß sie sich des Lichtes erfreuen und an der Freiheit der Kinder Gottes | Theil nehmen. Wir aber wollen, unwissend dessen, was der Herr über die Zukunft beschlossen hat, ungetheilt feststehen und unsere Kraft vereinigen zu ächter Treue und zu wahrem Bekenntnisse des Herrn vor aller Welt, damit er sich auch zu uns bekenne, nicht nur an jenem Tage des Gerichts, sondern auch hier schon, auf daß auch wir dazu beitragen, daß ihm immer vollkommner das Geschlecht gehöre, das er sich erworben hat. Dieses Berufes laßt uns würdig sein, so werden wir in derselben Freiheit und demselben Gehorsam des Glaubens feststehen, wie jene Männer, und den Bau fördern der sich in unserm Vaterlande seit jenem Tage so sichtbar erhoben hat. Amen.

2–3 *1Kor 3,22–23*   12–13 *Vgl. Mt 10,32; Lk 12,8*   13–14 *Vgl. Mt 12,36*   15–16 *Vgl. Apg 20,28*

III.

Das Verhältniß des evangelischen Glaubens zum Gesez.

Text. Gal. II, 16–18.

Doch weil wir wissen, daß der Mensch durch des Gesezes Werke nicht gerecht wird, sondern durch den Glauben an Jesum Christum; so glauben wir auch an Christum Jesum, auf daß wir gerecht werden durch den Glauben an Christum, und nicht durch des Gesezes Werke; denn durch des Gesezes Werke wird kein Fleisch gerecht. – Sollten wir aber, die da suchen, durch Christum gerecht zu werden, auch noch selbst Sünder erfunden werden, so wäre Christus ein Sündendiener. Das sei ferne! – Wenn ich aber das, so ich zerbrochen habe, wiederum baue: so mache ich mich selbst zu einem Uebertreter. |

M. a. Fr. Wir haben neulich mit einander das Gedächtniß eines großen und für unsere ganze kirchliche Gemeinschaft bedeutenden Tages gefeiert; die Uebergabe eines öffentlichen Bekenntnisses, in welchem Rechenschaft abgelegt wurde, vorzüglich von den Abweichungen in christlichen Lehren und christlichem Leben, wozu sich die damaligen Diener des göttlichen Wortes von denen die Kirchenverbesserung ausging in Verbindung mit mehreren christlichen Gemeinen in ihrem Gewissen gedrungen fühlten. Wenn nun in dem Sinn dieses Bekenntnisses ein neues christliches Leben sich gestaltet und nun weiter um sich gegriffen hat; wenn die aus dem alten Verbande gewaltsam abgetrennten Gemeinden nach dem was damals schon ausgesprochen wurde nur die Erbauung aus dem göttlichen Wort als das Wesen unseres christlichen Gottesdienstes unter sich aufgerichtet und zu großem Segen getrieben haben; wenn deshalb schon Alle nach Vermögen, vorzüglich aber die mit dem Lehramt beauftragten und deshalb vorzüglich als Diener des göttlichen Wortes bezeichneten Glieder der Gemeine von einem Geschlechte zum andern immer aufs neue mit dem größten Eifer in der heiligen Schrift geforscht haben, um unter des göttlichen Geistes Beistand in den Sinn des göttlichen Wortes immer tiefer einzudringen: wie wäre es nicht dem Lauf aller menschlichen Dinge gemäß und an und für sich gar nicht als ein Uebel anzuse-

---

2 *Predigt zum 4. Sonntag nach Trinitatis am 4. Juli 1830 vormittags in der Dreifaltigkeitskirche zu Berlin; vgl. Predigtnachschrift und Liederangaben in KGA III/12, S. 254–267* **14–16** *Vgl. die vorige Predigt (oben S. 293)* **31** *Vgl. Apg 17,11*

Predigt über Gal 2,16–18

hen, wenn unter vielen Christen unserer Gemeinschaft jenes Bekenntniß selbst seinem buchstäblichen Inhalt nach außer Uebung und darum fast in Vergessenheit gekommen wäre! So nur der Glaube selbst als der Grund unserer Gemeinschaft, so wie das ächt | evangelische Bestreben, alles nach dem Geist und Worte des Herrn zu richten, unverrükt dasselbe geblieben ist, könnte uns jenes gar nicht irren. Wir dürfen uns also keinesweges scheuen, wenn jene Feier uns antreibt auf dies erste evangelische Bekenntniß auch einmal genauer zurükkzugehn; vielmehr habe ich darum geglaubt, es werde nüzlich und vielen von uns genehm sein, daß wir eine Zeit dazu verwendeten, um bei den Hauptpunkten desselben ausführlicher als an jenem Tage möglich war zu verweilen; und zwar nicht etwa behutsam nur dasjenige auswählend, womit wir erwarten dürfen, daß Alle aus vollem Herzen noch immer übereinstimmen, sondern, wie es sich darbieten wird, das sowol was uns noch auf dieselbe Weise wahr und gültig ist, aber nicht minder auch das, was sich uns schon mehr entfremdet hat. Und einer von den Hauptpunkten dieses Bekenntnisses war, daß es keine Gerechtigkeit des Menschen vor Gott, und das heißt doch kein Wohlgefallen Gottes an dem Menschen, gebe durch Werke – und wir können gleich hinzufügen des Gesezes, weil Werke nicht anders geschäzt werden können als nach einem Gesez – sondern nur durch den Glauben. Nun aber wäre es, dieses ganz zusammenzufassen, viel zu viel für eine solche Rede und Betrachtung; wir wollen also nur stehen bleiben bei dem einen Theile von dem, worauf uns unser Text hinweist, nämlich dem Verhältnisse des Gesezes zu dem rechten christlichen Glauben. Das spricht nun der Apostel aus in den Worten unseres Textes auf zwiefache Weise, erstens nämlich, daß alle, die an Christum glauben, nicht der Meinung sein können, gerecht vor Gott zu werden durch Werke des Gesezes; zweitens daß, | wenn wir unter uns das Gesez wieder aufrichten, wir dadurch uns selbst als Uebertreter bezeichnen. Das sei es also, m. g. Fr., worauf wir unter dem Beistande Gottes unsere Aufmerksamkeit richten wollen.

I. Der Apostel also sagt erstens, und das sagt auch jenes Bekenntniß mit klaren Worten, daß kein Fleisch vor Gott gerecht werden könne durch Werke des Gesezes. Aber freilich würden ja wir uns selbst betrügen, wenn wir dieses so zum Gegenstande unserer Betrachtung machen wollten, daß wir nur irgend etwas wahres und richtiges

---

17–22 Vgl. *Confessio Augustana*, Art. 4, *Die drey ökumenischen Symbola, die Augsburgische Confession, und die repetitio confessionis Augustanae*, ed. A. Twesten, Kiel 1816 [SB 562], S. 23–24; *Die Bekenntnisschriften der Evangelisch-Lutherischen Kirche, Vollständige Neuedition*, ed. Irene Dingel, Göttingen 2014, S. 98/99

nachwiesen, was wir uns bei diesen Worten denken, sondern es muß uns vielmehr darauf ankommen, ob das, was wir nach unserer Ueberzeugung wahres bei diesen Worten denken, auch dasselbe ist, was damals dabei gedacht wurde. Es könnte ja wohl sein, daß sie uns nicht mehr dasselbe bedeuten, was sie zu den Zeiten des Bekenntnisses sagen wollten, oder daß man sich damals schon unter den Werken des Gesezes etwas anderes dachte, als der Apostel damit gemeint hatte; und dann wären wir also immer in Gefahr eine falsche Anwendung von den Worten des Apostels zum Besten der Lehre zu machen, auf welche jene Lehrer ganz vorzüglich die Verbesserung der Kirche gegründet haben. Darum laßt uns vor allen Dingen sehen, ob der Sinn den wir diesen Worten beilegen, wenn wir uns die Ausdrükke unseres Bekenntnisses aneignen, auch mit dem zusammentrifft, wovon der Apostel in seinem Briefe reden wollte.

Es ist nämlich bekannt, m. Fr., daß der Apostel diesen Brief an die Christen in Galatien vornehmlich deswe|gen geschrieben, weil sich nach der Zeit seiner Verkündigung Lehrer in diesen Gemeinen eingefunden hatten, welche behaupteten, Alle, die durch den Glauben an Christum der Seligkeit theilhaftig werden wollten, müßten sich dennoch auch dem Gesez Mosis verpflichten, und es beobachten. Daher ist freilich nicht zu läugnen, daß der Apostel bei diesem Wort vorzüglich das Gesez Mosis im Auge hatte. Davon konnte nun zu den Zeiten unserer Kirchenverbesserung nicht mehr die Rede sein; sondern wogegen diese unsere Vorgänger eiferten, wenn sie neben dem lebendigen Glauben von keinen gesezlichen Werken wissen wollten, das war die große Menge von äußerlichen Handlungen, bald waren es Gebete und Wallfahrten, bald Fasten und Kasteiungen, bald wieder Spenden an Dürftige und kostbare Geräthschaften zur Ehre Gottes, welche die geweiheten Diener der Kirche den ihnen anvertrauten Seelen auflegen mußten, um dadurch Genugthuung zu leisten, und dann gerecht zu sein vor Gott. Gegen diese Sazungen und gegen das trügerische Vertrauen, welches dadurch genährt wurde, eiferten die christlichen Lehrer, welche unsere Kirchenverbesserung begründeten. Aber die Opfer und Gaben, die Gebräuche und Gebete, welche das Gesez Mosis und noch mehr die Sazungen der Väter verordneten, und diese Vorschriften des altkirchlichen Gesezes und der priesterlichen Vollmacht sind in der That nicht zweierlei, sondern Eins und dasselbe. Laßt uns nur dazu nehmen, was der Apostel an einer andern Stelle unsers Briefes[1] in ähnlichem Zusammenhange sagt, Wenn ein Gesez gegeben wäre, das | da könnte lebendig machen, dann käme in der

---
[1] Gal. 3, 21.

40 könnte] konnte

Predigt über Gal 2,16–18 307

That die Gerechtigkeit aus dem Gesez. Wenn er also hier sagt, es gebe keine Gerechtigkeit aus dem Gesez: so hat dies eigentlich darin seinen Grund, weil das Gesez nicht lebendig machen kann, und mithin alle Werke eines jeden Gesezes ihrer Natur nach todte Werke sind.

Um nun dies in seiner ganzen Allgemeinheit aufzufassen, m. a. Fr., laßt uns zuerst bedenken, daß jedes Gesez zu einer Gemeinschaft gehört, die es ordnet, und in der es waltet. Zuerst also alle die Gemeinschaften einzelner Völker um ohne Störung im freien Gebrauch und der zwekkmäßigen Vereinigung ihrer Kräfte zusammen zu leben, in denen waltet das bürgerliche Gesez. Aber außerdem gab es auch schon vor Christo unter den Menschen Gemeinschaften, die sie vereinigten in Beziehung auf ihr Verhältniß zu Gott, und diese hatten auch ihre Geseze. Ist nun der Inhalt solcher gottesdienstlichen Geseze freilich ein anderer, als der der bürgerlichen: so sind doch beide als Gesez von derselben Natur. Mit dem Geseze nun, welches durch Moses dem jüdischen Volke gegeben war, hatte es die besondere Bewandtniß, daß es beides war ungetrennt und in ungetheiltem Zusammenhange. Gott Jehovah war der König des Volkes, und ließ ihm als solcher Geseze bekannt machen, für die äußeren Verhältnisse seines Lebens; aber derselbe König, welcher die Angelegenheiten des Volkes ordnete, war Gott, und ließ bekannt machen, wie er und wodurch er wolle verehrt und angebetet sein. Was also der Apostel von dem Gesez Mosis sagt, das muß eben deshalb von beiden Arten des Gesezes gelten, weil in jenem beide vereinigt waren. Aber er giebt auch noch auf an|dere Weise zu erkennen, wie allgemein er dies verstanden wissen will. Denn in dem Briefe an die Römer, wo er ebenfalls davon handelt, daß die Menschen nicht konnten gerecht werden vor Gott durch die Werke des Gesezes, stellt er in dieser Hinsicht Juden und Heiden einander völlig gleich, indem wenn die Heiden auch kein Gesez empfangen hätten, sie sich doch selbst Gesez geworden wären. Wodurch er dann deutlich zu erkennen giebt, daß bei aller Verschiedenheit des Inhaltes doch die bürgerlichen sowol als die gottesdienstlichen Geseze der Juden in Beziehung auf eine Gerechtigkeit, die daraus entstehen könnte, um nichts besser wären als die der Heiden.

Der Apostel läugnet aber die Gerechtigkeit aus dem Gesez nicht ohne uns zugleich einen anderen Nuzen des Gesezes klar zu machen, und auf einen andern Zwekk desselben hinzuweisen, als Gerechtigkeit und Seligkeit. Und freilich nur unter der Voraussezung können wir ihm folgen, daß es doch irgend einen andern Grund und Zwekk des Gesezes geben muß, wenn es nicht die Seligkeit verschafft. Bedenken wir nun, daß jedes Gesez Belohnungen und Strafen ausspricht, und

---

26–28 Vgl. Röm 3,20 29–30 Vgl. Röm 2,14

sehen zunächst auf das bürgerliche Gesez: so finden wir sehr leicht den Zwekk desselben in dem Schuz, den es den Guten verleiht gegen die Bösen. Aber zugleich sehen wir auch ganz allgemein, daß Alle, denen das Gesez gegeben ist, und die Gebrauch von demselben machen, nicht gerecht sind vor dem der das Gesez giebt. Denn dieser würde nicht drohen und verheißen, wenn er nicht Unlust voraussezte an dem, was er will, und Lust zu dem, was er nicht will; und wer in solchem Widerspruch ist mit ihm, der kann nicht gerecht sein vor ihm. Ja auch jeder, | der das Gesez als solches erfüllt, bezieht doch seine Handlung auf das verheißene und angedrohte; mithin lebt nicht der Wille des Gesezgebers in ihm, sondern sein Leben ist nur in dem fremden, was jener zu Hülfe nimmt. Darum ist es auch so leicht, zwei Aussprüche des Apostels mit einander zu verbinden, die man auf den ersten Anblikk gar nicht leicht zusammen reimen kann. An dem einen Orte läugnet er, daß es ein Gesez gebe, welches lebendig machen kann, gerade in Beziehung auf das, was der Gegenstand desselben ist; auf der andern Seite behauptet er ausdrükklich, das Gesez sei Geist. Nun aber ist Geist und Leben dasselbe; ist also das Gesez Geist, so muß es auch Leben sein. Aber die Meinung die dabei zum Grunde liegt ist diese: Das Gesez ist geistig seiner Natur nach; es ist das innerste geistige Leben dessen, von welchem es ausgeht; das beste, was er weiß und will, hält er Andern vor und stellt es ihnen dar; und also, wenn er die Macht dazu hat, verpflichtet er sie auch dazu. So weit freilich ist das Gesez Geist; und wenn wir uns denken den oder die, welche Geseze geben in dem bürgerlichen Verhältnisse: so glauben wir, daß sie es in der That nur dadurch vermögen, daß sie den Geist des Ganzen in sich tragen, und von dem Leben und den Bedürfnissen desselben das klarste und reinste Bewußtsein haben. In denen ist also das Gesez allerdings Geist. Wenn sie nun aber finden, daß das, was sie als zu dem Wohle des Ganzen nothwendig und gehörig erkennen, auch von Andern schon von selbst gethan wird, daß Lust dazu und Freude daran schon verbreitet ist unter denen, welche sie zu leiten haben: so werden sie sich der Uebereinstimmung zwischen ihnen den Leitenden und denen | die geleitet werden von Herzen freuen; warum aber sollten sie das Soll erst über das aussprechen, was schon ohnedies geschieht? warum Belohnungen und Bestrafungen damit verbinden, deren niemand bedarf? Darum in denen, von denen das Gesez ausgeht, ist es allerdings Geist und Leben; aber für die, an welche es gerichtet ist, ist es nur ein Buchstabe, der weil er sie an dem fremden, an Lohn

---

21 ausgeht;] ausgeht

15–16 *Vgl. Gal 3,21*   17 *Vgl. Röm 7,14*   38 *Vgl. Joh 6,63*

und Strafe festhält, nicht vermag, sie lebendig zu machen. Sucht man aber irgend sonstwie ihnen Lust beizubringen, zu dem, worauf das Gesez geht, und gelingt es sie von der Heilsamkeit desselben so zu überzeugen, daß ihr Wille ergriffen wird: dann hat das Gesez ein Ende, sie aber fangen dann erst an gerecht zu werden vor dem, der das Gesez giebt, wenn sie seinen Willen thun von innen heraus ohne das Gesez, dessen Kraft nur besteht in Furcht und Hofnung. Darum können wir mit Recht mit dem Apostel sagen, daß der Mensch nicht gerecht wird durch die Werke des Gesezes; denn so lange sie Werke des Gesezes sind, sind sie auch todte Werke, weil das Leben nicht in dem ist, was gethan wird, sondern es wird gethan um eines anderen willen.

Dasselbe, m. a. Fr., erkennen wir auch hieran. Das Gesez in dem umfassenderen Sinne des Wortes besteht überall aus einer Menge von einzelnen Sazungen, seien es nun Vorschriften oder Verbote. Aber wenn es nur auch in diesem Sinn wirklich eins ist, so muß doch dieses viele einzelne unter sich in genauem Zusammenhange stehn, das eine muß nicht gethan werden können ohne das andere, das eine nichts nüzen ohne das andere. Kurz, für die, in welchen der Geist des Gesezes ist, muß es auch eins sein; | warum also wird es nicht auch so ausgesprochen? Eben weil vorausgesezt wird, daß dieser innere Zusammenhang in denen, welchen das Gesez gegeben wird, nicht ist; darum kann es nur ausgesprochen werden in einer Mannigfaltigkeit von Geboten, und man hält das Gesez für desto vollkommner, je mehr auf die verschiedensten Fälle und die mannigfaltigsten Umstände Rükksicht genommen ist. Wie wäre das wol nothwendig, wenn das Gesez in denen, welchen es gegeben wird, Geist und Leben wäre? Dann würde man es ihnen selbst überlassen, die Anwendung auf die einzelnen Fälle zu finden, und sich selbst zu bestimmen, wie sie jedesmal von dem Geiste des Gesezes aus handeln müssen.

Mag man also auf das erste sehen, daß das Gesez überall Unlust an dem gebotenen voraussezt, und nur unter dieser Voraussezung gegeben wird, oder daß in einer Gesezgebung das, was in sich Eines ist und auch so gefaßt sein will, sich doch in eine große Mannigfaltigkeit von einzelnen Geboten und Verboten zerlegt: so folgt aus beiden zusammen, und aus einem wie aus dem anderen, daß das Gesez als solches kein Leben in sich hat, welches mitgetheilt werden könnte; und wie könnte es also eine Gerechtigkeit geben aus dem Gesez? Ist in uns jener Widerspruch: so ist unser Wille gegen das Gesez, und

---

39 Widerspruch] Wiederspruch

27 Vgl. Joh 6,63

wir sind also nicht gerecht vor demselben. Befolgen wir die einzelnen Vorschriften als solche: so haben wir den Zusammenhang derselben nicht in uns, der doch das eigentliche Wesen des Gesezes ist. Daher auch selbst in der bürgerlichen Gesellschaft genau betrachtet kein Gesezgeber jemals zufrieden sein kann mit seinen Untergebenen, wenn sie auch das Gesez auf das | genaueste befolgen. Sondern da sie ja doch gleicher Art und Natur mit ihm sind, wird er immer bei sich selbst denken, Solche Untergebene möchte ich haben, daß ich nicht nöthig hätte meinen Vorschriften Verheißungen und Drohungen anzuhängen und sie also zum Gesez zu machen. Sie können freilich, weil sie nicht wie ich in den Mittelpunkt gestellt sind, auch nicht so wie ich erkennen, was ersprießlich ist für das gemeine Wesen; aber ich wollte, ich hätte nur nöthig ihnen zu sagen, Das ist heilsam, und sie thäten es, Das ist verderblich, und sie unterließen es. Solche nun handelten aus reiner Lust und Liebe zum Guten, und ständen nicht mehr unter dem Gesez, sondern nur unter der höheren Weisheit; und die Gerechtigkeit vor dem Gesezgeber, der diese Weisheit darstellt, fängt also auf alle Weise erst an, wenn die eigentliche Herrschaft des Gesezes zu Ende geht.

Und nun kann ich vielleicht mit wenigen Worten eine Frage beseitigen, die wol den Meisten schon lange auf der Zunge schwebt, nämlich ob nicht außer dem bürgerlichen Gesez und dem geoffenbarten Gesez auch die Rede sein müsse von dem Gesez der Vernunft, und ob es nicht auf diesem Gebiet wenigstens eine Gerechtigkeit gebe aus den Werken des Gesezes. Wir sind gewiß Alle darüber einig, daß das Wesen dessen, was wir so nennen, nichts anderes ist, als das Forschen des inwendigen Menschen nach dem Guten, das Fragen desselben nach Gott und einem göttlichen Willen. Diese Frage beantwortet Jeder sich, wie er kann, und sezt voraus, daß die Andern sie eben so beantworten, wo nicht, so sucht er sich mit ihnen auszugleichen. So ist es geschehen, daß die Heiden ihnen selbst ein Gesez gewor|den sind, und die reinste Antwort auf jene Frage hat sich überall geltend gemacht als eine göttliche Anweisung. Und eben diese Frage und Anerkennung ist auch überall die Quelle des bürgerlichen Gesezes. Aber außer diesem bestimmten Kreise, in welchen Fällen tritt dann jene innere Stimme als Gesez auf? Gewiß doch indem sie uns sagt, Wenn du so nicht handelst ja selbst so nicht gesinnt bist: so wird dein und der Andern innerstes Bewußtsein dich strafen, und indem diese Betrachtung uns trifft und bewegt. Heißt das nun nicht abermals, nur da wo der Widerspruch ist, und wo fremdes muß zu Hülfe genommen werden? Werden wir also nicht auch hier gestehen müssen, der Mensch sei zwar gerecht, sofern er sich das Gesez giebt, aber nicht sofern er es befolgt? Denn wenn das Fragen nach dem göttlichen Willen ihn so

Predigt über Gal 2,16–18 311

innerlich und ursprünglich bewegte, daß er, was er immer thut, nur Kraft dessen thäte, dann wäre er gerecht, selbst wenn er es nicht richtig getroffen hätte; aber dann wäre auch von dieser geistigsten Strafe und Belohnung nicht die Rede, sondern sein Thun wäre davon ganz unabhängig. Daher gilt es denn auch hier nicht minder, daß so lange das Gesez noch als Gesez geübt wird, es keine Gerechtigkeit giebt aus der Befolgung des Gesezes. Dies ist also dasselbe auf jedem Gebiet, wo es ein Gesez giebt, und mit Recht sagt daher Paulus, daß in diesem Sinne keiner gerecht sei vor Gott, auch nicht Einer.

Wenn daher die Worte unseres Bekenntnisses sich hierüber so ausdrükken, daß der Mensch nicht könne durch das Gesez gerecht werden, weil er nicht vermöge das Gesez Gottes zu halten, noch auch Gott von Herzen zu lieben: so ist offenbar das erste nicht die Hauptsache, sondern das zweite. | Denn wenn er auch noch so sehr vermöchte, das Gesez zu halten, sofern sich dieses nämlich aussprechen läßt in einer Menge von aufgestellten Vorschriften, von denen er sich wie Jener das Zeugniß geben könnte, daß er keine jemals übertreten habe: so wäre er doch aller Gerechtigkeit baar, so das Andere fehlte – Gott von Herzen lieben. Und so ist es überall. Denn unsere evangelischen Lehrer geben zwar zu, der Mensch könne aus eigenen Kräften die bürgerliche Gerechtigkeit erfüllen und also gerecht werden vor diesem Gesez. Allein auch das gilt nur von dem einen Theil, nämlich so weit kann er gerecht werden, daß er nicht gestraft werden kann nach dem Gesez, und so weit gilt es auch von jenem Gesez der Vernunft. Aber daß er auch ein Gegenstand des Wohlgefallens werde für den Gesezgeber, diese vollkommnere Gerechtigkeit kann nicht mehr erreicht werden durch des Gesezes Werke, sondern nur dadurch, daß der Mensch das Ganze, über dem das Gesez waltet, von Herzen liebt. Die Liebe aber kennt kein Gesez; denn weder steht sie unter der Willkühr des Menschen, daß er sich entschließen könnte zu lieben oder auch nicht, noch kann sie erwekkt werden oder gehemmt durch Hofnung oder Furcht, wie das Gesez den Menschen antreibt und abhält. Darum ehe die Liebe Gottes ausgegossen war, herrschte mit Recht das Gesez, nicht, wie auch der Apostel sagt, daß die Menschen dadurch gerecht würden, sondern nur, damit das Bewußtsein in ihnen erhalten würde, daß dieser Zustand nicht der rechte sei, und das Verlangen genährt nach einem besseren. Nun aber die Liebe Gottes ausgegossen ist in die Herzen der Gläubigen, seitdem Gott durch die Sendung sei-

---

34 nicht, wie] nicht wie

9 Vgl. Röm 3,10 zu S. 305,17–22)   11–13 Vgl. *Confessio Augustana 4 (oben die Sachanmerkung zu S. 305,17–22)*   34–36 Vgl. Röm 3,20   37–38 Vgl. Röm 5,5   38–1 Vgl. Röm 5,8

nes Sohnes seine Liebe verkündigt hat und gepriesen, | ist durch den Glauben an ihn eine andere Gerechtigkeit aufgerichtet. Darum, sollen wir uns in der That dieses vollkommenen Zustandes erfreuen und in demselben gefördert werden: so ist nothwendig, daß wir beiderlei Zeiten genau unterscheiden, die Zeit der Vorbereitung unter dem Gesez und die Zeit der Erfüllung über dem Gesez; denn die der Geist regiert, die sind nicht unter dem Gesez[2].

Darum wurde es mit Recht zur Zeit unsrer Kirchenverbesserung als ein großes Verderben des Christenthums empfunden, daß eine Aehnlichkeit mit jener Gefangenschaft unter den Sazungen immer mehr seit mehreren Jahrhunderten eingeschlichen war, und daß die Häupter der Kirche, die Lehrer der Gemeinen ihre anvertraute Heerde wieder zurükkführten in jene Zeit der Unmündigkeit. Denn es lag zu Tage, daß der größere Theil der Christen durch das Vertrauen auf diese äußere Genugthuungen zurükkgekommen war in der lebendigen Gottseligkeit, und daß der wahre Glaube an Christum in Schatten gestellt war, während ein nur äußerlicher Glaube mit zu den äußeren Werken gehörte. Darum that es noth, die Christen darauf zurükkzuführen, daß kein Fleisch gerecht werden kann durch äußere Werke, sie mögen sein, welche sie wollen; und daß beides nicht mit einander bestehen kann, in Christo eine neue Kreatur sein, und doch noch eine Nothwendigkeit äußerer Werke annehmen.

II. Darum wollen wir als evangelische Christen uns besonders jenes zweite Wort des Apostels zu Herzen neh|men, daß, so wir wieder aufbauen was wir zerstört haben, wir uns selbst für Uebertreter erklären. So wir, die wir jene Lehre von der Gerechtigkeit aus dem Glauben aufgebaut haben, doch wieder die Werke eines äußeren Gesezes aufrichten: so gerathen wir in einen neuen Widerspruch mit uns selbst. Entweder haben wir Unrecht gehabt, den Glauben an Christum wieder als den einigen Grund der Gerechtigkeit hervorzuheben, oder wir haben Unrecht, wieder zu äußeren Werken zurükkzukehren. Denn wenn man auch sagen wollte, der Glaube solle ja bleiben als der erste Grund, und niemand könne einen anderen legen; aber außer dem seien doch noch diese und jene Werke und Uebungen nöthig und heilsam: wohl, so ist uns doch Christus nicht genug; denn er hat dergleichen nicht aufgelegt. Ist Er uns aber nicht genug zur Gerechtigkeit und zur Seligkeit; trägt er auch nur dazu bei wie Andere, sei es auch noch so viel mehr: so ist doch der wesentliche Unter-

---

[2] Gal. 5, 18.

33 Vgl. 1Kor 3,11

schied zwischen ihm und allen anderen Menschen aufgehoben; und dann giebt es auch einen Glauben an ihn nur in dem Sinn, wie man auch an Andere glaubt. Dies Wort der Ermahnung wollen wir uns einander also zurufen, festzuhalten an jenem Hauptstükke des Bekenntnisses, und kein Gesez äußerer Werke wieder unter uns aufzurichten.

Wir müssen uns dazu um so dringender aufgefordert fühlen, als es nur zu gewiß ist, daß schon zu derselben Zeit, als unser Bekenntniß abgelegt wurde, Viele sich zu der neuen Gemeinschaft hielten, die sich doch keinesweges ganz losgemacht hatten von der Anhänglichkeit an äußere Werke, und auch seitdem bis auf den heutigen Tag hat es nie gefehlt an Solchen nicht nur nicht in verwandten Kirchen|gemeinschaften, die sich gleichfalls von der römischen abgesondert haben, sondern auch unter uns selbst. Wie viel Vorschub muß also diese Neigung in der menschlichen Seele finden! wie schwer muß sie zu überwinden sein! Darum laßt uns zunächst nur darauf halten, daß nicht solche gesezliche Werkheiligkeit durch öffentliches Anerkenntniß unter uns wieder aufgerichtet werde. Unmittelbar so wie es damals gewesen war, kann das nun nicht leicht unter uns geschehen, weil die Diener des göttlichen Wortes keine Gewalt haben, die Vergebung der Sünden oder die Theilnahme an irgend einem geistlichen Gut an äußere Werke zu knüpfen. Aber was diese nicht von ihres Amtes wegen vermögen, das vermag der herrschende Sinn in unseren evangelischen Gemeinen selbst, und also auch alle diejenigen, Jeder in seinem Maaß, auf welche die Andern halten, und welche Einfluß ausüben können auf die Gemüther. Darum möchte ich Alle bitten zweierlei wohl zu beachten, woraus in unserer evangelischen Kirche solche Ansäze entstehen, Werke des Gesezes öffentlich aufzurichten, das Eine, wenn wir Andere nach ihren äußeren Handlungen beurtheilen, das Andere, wenn wir über die Lehre ein Gesez aufstellen, und durch gesezmäßige Reinheit der Lehre gerecht werden wollen. Diese beiden Stükke sind es vornehmlich, welche wir zu verhüten haben, wenn das Wesen unserer evangelischen Gemeinschaft ungefährdet bleiben soll.

Was das Erste betrifft, so weiß ich wol, daß Manche sagen werden, es sei doch nothwendig auf die Handlungen der Menschen zu merken, weil wir nur so allmählig zu einem Bilde von ihnen gelangen können, welches nicht zu weit von der Wahrheit entfernt ist; nur wenn wir Achtung geben, | wie ihre Handlungen in ihnen entstehen, lernen wir allmählig mit einiger Wahrscheinlichkeit berechnen, worin und bis wie weit wir auf sie bauen können, und was wir hier und dort von ihnen zu erwarten haben, und auf dieser Kenntniß beruhe doch zum

---

8 Zeit,] Zeit

großen Theil unsere Sicherheit im eignen Handeln. Das alles ist richtig, und das gehe auch ungestört seinen Gang! Aber gerade damit es ungestört bleibe und unverfälscht: so laßt uns Lob und Tadel immer nur austheilen nach den Gesinnungen der Menschen, so weit wir bis zu denselben hindurchdringen können. Ob die Liebe Christi sie drängt und treibt, oder ob sie noch befangen sind von der Liebe zur Welt; wenn wir das zu ergründen vermögen, so muß es freilich unsere Meinung von ihnen bestimmen: aber niemals laßt uns aus äußeren Werken und Thaten einen Maaßstab machen um ihr Christenthum darnach zu schäzen. Sagen wir, wer unsere frommen Versammlungen nicht fleißig besucht, wer an gewissen Werken christlicher Wohlthätigkeit nicht theilnimmt, wer sich gewisser Vergnügungen nicht enthält, der ist auch kein guter Christ: so richten wir wieder ein Gesez der Werke auf. Nur wenige Menschen von einigem Einfluß dürfen darüber einig sein, und streng und scharf ihr Urtheil laut aussprechen, so werden schon immer Mehrere sich demselben unterwerfen; und wenn sie das lange genug gethan haben, so überreden sie sich auch selbst von dem Gesez, und legen das Joch auch auf Anderer Nakken, und immer weiter greift der Schaden um sich. Ja der Schaden! denn solche Gesezlichkeit kann nur die Oberhand gewinnen auf Kosten der inneren Wahrheit, und der Reinheit des evangelischen Sinnes. Haben solche Urtheile erst eine öffentliche Geltung: | so können wir von Andern gar nicht mehr wissen, ja bald wissen wir es kaum von uns selbst, was aus dem freien innern Triebe hervorgegangen ist, oder was die Macht und das Ansehn des öffentlichen Urtheils uns abgedrungen hat. Auf alle Weise aber sind wir dann Uebertreter, wie auch der Apostel sagt, indem wir wieder aufbauen, was wir niedergerissen haben. Regiert uns der Geist noch nicht so, daß wir uns nur an den Früchten des Geistes erfreuen, und in froher Zuversicht wissen, er werde uns gestalten von einer Kraft in die andere: so hat auch der Glaube uns nicht frei gemacht, sondern wir sind als Uebertreter ohne Fug und Recht dem Zuchtmeister entlaufen, und unser frevelnder Sinn hat nur Spott getrieben mit dem Glauben. Ist es aber wahr, daß der Geist Gottes über uns ausgegossen ist durch die Predigt vom Glauben; lebt eben dieser Glaube in uns, der durch die Liebe thätig ist, und wir wollen doch daneben ein Gesez der Werke aufrichten: so sind wir Uebertreter, weil wir fleischlich vollenden wollen was wir geistig begonnen haben, weil wir soviel an uns ist die Freiheit der Kinder Gottes beeinträchtigen. Soll man auch von unserer evangelischen Kirche sagen können, Ihr liefet fein, wer hat euch aufgehalten, daß ihr nicht länger der Wahrheit folgt? – Wie aber solches unter uns geschehen

---

35 Vgl. Gal 5,6   40–41 Gal 5,7

kann, das ist leicht zu sehn. Denn wenn von der Freiheit wirklich Mißbrauch gemacht, und Vieles als unbedenklich geübt wird, womit doch die Richtung des Gemüthes auf Gott und die wahre Besonnenheit und Freiheit desselben nicht bestehen kann, oder wenn wir gar glauben, daß sich viele falsche Brüder eingeschlichen haben, welche vom Gesez zwar los sein wollen, aber nicht weil sie vom | Geist regiert werden, sondern um die Werke des Fleisches ungestört zu treiben: so meinen wir nicht schnell genug gegenwirken zu können, und suchen ein Maaß geltend zu machen als öffentliche Sitte; wodurch wir zwar beide Theile wenn es gelingt in Schranken halten, aber gebessert wird dadurch niemand, wol aber werden die Gewissen verwirrt und der evangelische Geist getrübt. Darum laßt uns statt solcher wolgemeinten Ungeduld lieber der Gerechtigkeit aus dem Glauben in der Stille warten. Laßt uns der ersten als schwacher Brüder wahrnehmen und sie aufmerksam darauf machen, wo sie sich selbst schaden, damit sie nicht sich selbst betrügen, aber nicht laßt uns ihnen ein Gesez stellen, welches ihnen nur sie selbst verbirgt. Laßt uns die Andern lieber fleißig ermahnen, wenn sie sich ihrer Macht so bedienen, wie es schwerlich immer frommen kann, daß sie uns um desto reichlicher zeigen müßten von den ächten und reifen Früchten des Geistes, damit wir nicht versucht würden, das für Werke des Fleisches zu halten, was wir nach ihrem Wunsch nur für Zeichen der Freiheit halten sollen. Aber laßt uns nicht um Einer Unvollkommenheit zu begegnen eine andere hervorrufen, die um so schlimmer ist, weil sie sich mit einem größeren Schein des Guten festsezt, und tiefer noch den Gemeingeist verdirbt.

Das Zweite nun, wovor wir uns zu bewahren haben, ist dieses, daß wir uns einen festen Buchstaben der Lehre zum Gesez machen, und so den evangelischen Christen ein anderes nicht minder hartes Joch auflegen. Es ist ein arges Mißverständniß, wenn man Lehre und Glaube nicht gehörig von einander unterscheidet. Der Glaube, auf den es uns ankommt, ist ganz einfach nichts anders als die | sich immer wieder erneuernde Bewegung des Gemüths, welche die uns von Christo angebotene Lebensgemeinschaft annimmt. Wer nun diesen hat, der muß freilich auch ein Bewußtsein davon haben, was diese Lebensgemeinschaft ihm gewährt: aber einer, der kaum soviel hierüber zu stammeln weiß, daß wir ahnden können, er stehe im Frieden Gottes, er genieße die Freude im heiligen Geist, er wirke in der Liebe mit der Christus uns geliebet hat, kann eben so kräftig in dieser Gemeinschaft leben als ein Anderer, der uns hierüber mit den schönsten und genauesten Reden erfreuen und erquikken kann; nur in der Lehre ist dieser besser beschlagen als jener. Und nun gar wenn wir rükkwärts sehen! Was für Bestimmungen sind in dem christlichen Lehrgebäude zusammengehäuft darüber, wie der Zustand der Menschen muß gewesen sein um solcher Hülfe zu bedürfen, und wie ein solcher Zustand muß entstanden sein! Eben so auf der andern Seite, wie Christus muß gewesen sein, um diese Hülfe leisten zu können, wie sich das göttliche in ihm zu dem menschlichen muß verhalten haben, und was noch alles sonst an diesem beiden hängt. Kann nun wol die Kräftigkeit des Glaubens, wie fest wir an Christo hangen, davon abhängen, wie weit sich Einer in solche Gedanken zu vertiefen versteht? Kann die Reinheit des Glaubens, wie ausschließend wir uns auf Christum verlassen, davon abhängen, daß sich in unsere Vorstellungen hierüber nirgend ein menschlicher Irrthum einschleiche? Kann nun das nicht sein: so sind ja Glaube und Lehre auf jeden Fall ganz verschiedene Dinge! Aber doch hat auch jenes gefeierte Bekenntniß zu einer Verwechselung beider Veranlassung gegeben. Man sagte den Gemeinen, das sei nun das | Bekenntniß ihres Glaubens, über dem müßten sie halten. Und als die darin enthaltene Lehre von manchen Seiten angegriffen ward, da wurde der behutsam abgewogene Buchstabe noch genauer gewogen und hier hinzugefügt und dort beschränkt; und indem man die genaue Lehrrichtigkeit, wenn sie es anders gewesen ist, die auf diese Weise entstand, fälschlich Rechtgläubigkeit nannte, so forderte man sie natürlich von Jedem, weil ja der rechte Glaube die Hauptsache unter uns sein sollte, und machte sie zum Maaß des evangelischen Christenthums. Hieß das nicht das Gesez eines Buchstaben aufrichten, der eben so todt ist, wie jene Werke des Gesezes? Denn muß er nicht todt sein für Jeden, der nicht alle die Streitigkeiten, worauf die Lehrbestimmungen ruhten, selbst mit durchleben kann? der sich nicht das Verhältniß der verschiedenen Lehrfassungen zu der einfachen Grundwahrheit des Glaubens klar vor Augen zu stellen weiß. Und ein solches Gesez aufstellen, hieße das nicht doch wieder die meisten Christen verpflichten zu einer blinden Annahme dessen, was die Gemeinschaft der Lehrer gesezt hat, was die Kirche befiehlt zu glauben? und wenig Gewinn blieb davon, daß man die äußern Werke, welche jene geboten hatte, verachtete! Denn was geschah? Andere von uns merkten es wol, daß es bei diesen vielen Mühen um die Lehre doch an der Kraft des lebendigen Glaubens fehle, und wollten nun das Wort geltend machen, Zeigt uns euren Glauben durch eure Werke. Und deshalb wurden die, welche nur auf die Kraft des Glaubens drangen, beschuldigt, sie wollten ihrerseits ein Gesez der Werke aufrichten, so daß der rechte evangelische Sinn überall theils verdunkelt war, theils unter Verdacht gestellt. Aber abgesehen | auch hiervon, wie weit mußte unsere Kirchengemeinschaft abirren von dem ursprünglich eingeschlagenen Wege durch diese Aufstellung eines Gesezes der Lehre! Wie unfruchtbar für die Gottseligkeit wurde die erneuerte Bekanntschaft mit dem göttlichen Wort, welche so segensreich hätte sein sol-

Predigt über Gal 2,16–18

len, wenn doch alle Aussprüche desselben nur darauf angesehen wurden, ob und wie sie gebraucht werden könnten, um die gestellte Lehre zu vertheidigen, oder wie man sie umschanzen müsse, damit nicht ein Anderer sie gebrauche für diese oder jene abweichende Meinung! Und die große Verbesserung, daß wieder nur ursprünglich die Erklärung des göttlichen Wortes das wesentliche sein sollte in unsern gottesdienstlichen Versammlungen – wie ist der Nuzen derselben fast zu nichts zusammengetrokknet in dem Maaß, als man sie nur darauf richtete, den Buchstaben der Lehre richtig und unverfälscht einzuschärfen und fortzupflanzen. Ja auch unsere Kirchengesänge, von Anfang an ein so kräftiges Zeugniß von dem Wehen des Geistes in unserer Gemeinschaft, vertrokkneten unter diesem Gesez des Buchstaben. – Doch was soll ich diese untröstliche Abbildung noch weiter ausmalen. Denn das versteht sich wol von selbst, daß, wo man anfing dieses Joch abzuschütteln, dadurch allein nicht auch schon die Kraft des Glaubens wieder erstand, und der lebendige Geist die Stelle des todten Buchstaben einnahm; sondern nur allmählig konnten beide, wie sie, Gott sei Dank, nie verschwunden waren aus der evangelischen Kirche, ihre Stelle wieder einnehmen.

Diese wenigen Züge, m. g. Fr., werden es hoffentlich Allen deutlich gemacht haben, wie diese beiden Verwirrungen nach der Seite des Gesezes hin, immer vorzüglich die|jenigen sein werden, gegen welche wir uns zu verwahren haben. Die Neigung zu beiden hat tiefe Wurzeln in der menschlichen Natur! Konnte nahe genug hinter der schönen Glaubensthat, die wir neulich gefeiert haben, und in unmittelbarer Beziehung auf ein solches Bekenntniß, welches selbst und die nächsten Erklärungen darüber sich so kräftig äußerte gegen jede Gerechtigkeit aus dem Gesez, dennoch dieses zwiefache Verderben unter uns Raum gewinnen: wie werden wir nicht zu jeder Zeit aufmerksam auf dasselbe sein müssen! ja wer darf sich abläugnen, daß in geringerem Maaßstabe es uns in mannigfaltigen Erscheinungen immer umgiebt! Wollen wir aber, um uns desto besser dagegen zu verwahren, nach der Ursache desselben forschen: wir werden sie in nichts anderm finden, als darin, daß wir doch wieder Menschen stellen zwischen uns und den, mit welchem wir in einer unmittelbaren Lebensgemeinschaft stehen sollen durch den Glauben. Er hat keine andere Lehre verkündet, als den Glauben an ihn, den der Vater in die Welt gesendet; und Er selbst hat sich für den einzigen Meister erklärt, wir aber sollen unter einander Brüder sein, als seine Jünger und Diener. Bauen wir nun nicht selbst wieder ein menschliches Ansehn auf, und sezen uns selbst andere Meister neben ihm: wer könnte uns binden an einen Buchstaben der

---

36–37 Vgl. Joh 6,29; 17,18   38–39 Vgl. Mt 23,8

Lehre? Mag Einer mit noch so großer Zuversicht auftreten mit seiner Erklärung des göttlichen Wortes und Jünger und Schüler um sich sammeln wollen: wenn wir ihn nicht selbst zum Meister machen, so kann er uns auch nicht erwerben für sich, sondern er bleibt unser, daß Alle sich seiner wie jedes Andern gebrauchen können nach der | Ordnung, die der Apostel Paulus aufstellt. Aber freilich, wollen und müssen wir mehr Meister haben: nun dann freilich hilft es nicht, wenn auch jeder beste und einsichtigste mit der größten Demuth auftritt, wie ja auch Luther sich selbst gar nicht aufstellen wollte und geltend machen; er wird doch wider Willen auf den Stuhl gehoben. – Christus hat kein Gebot gestellt als das Eine, daß wir uns lieben sollen mit der Liebe, womit Er uns geliebt hat; und weder viel noch wenig einzelne Vorschriften lassen sich an die Stelle dieses Gebotes sezen, weder so daß wir ohne diese Liebe zu haben, doch das thun könnten, was durch dieses Gebot bewirkt werden muß, noch auch so daß wir das ganze Werk der Liebe in eine Anzahl bestimmter Handlungen fassen, und uns nach diesen prüfen und messen könnten. Bleiben wir also bei Christo, wer will uns wieder ein Gesez der Werke stellen? Wenn uns die Liebe zu ihm, in welchem wir den Vater schauen, drängt und treibt, so werden wir auch in jener Liebe wirksam sein; und wenn sich unser Glaube in der Liebe zeigt, was für eine Furcht und Sorge sollte uns befallen können, daß wir ein Gesez der Werke errichten müßten! Aber freilich, wenn wir auf Menschenwort hören, und uns Menschen zu Vorbildern nehmen, die etwa Vorliebe haben für dieses und Abneigung gegen jenes: mögen diese nun selbst daran arbeiten, auch Andere an ihre Lebensordnung zu binden oder nicht, immer richten wir uns dadurch wieder ein Gesez auf. Und wenn wir irgend etwas aufstellen zwischen Christo und uns, woher es auch sei, immer wird dadurch die Kraft des Glaubens | geschwächt. Darum laßt uns nicht wieder Uebertreter werden und in die Knechtschaft menschlicher Sazungen zurükkkehren, sondern auf dem Grunde des Glaubens unsere evangelische Kirche fortbauen, auf daß wir uns recht erfreuen im Geist der wahren und lebendigen Freiheit der Kinder Gottes. Amen.

4–6 Vgl. wohl 1Kor 3,21–23   10–12 Vgl. Joh 15,9–12

IV.

Von der Gerechtigkeit aus dem Glauben.

Text. Gal. II, 19–21.

Ich bin aber durchs Gesez dem Gesez gestorben, auf daß ich Gott lebe. Ich bin mit Christo gekreuzigt, ich lebe aber; doch nun nicht ich, sondern Christus lebt in mir. Denn was ich jezt lebe im Fleisch, das lebe ich im Glauben des Sohnes Gottes, der mich geliebt hat, und sich selbst für mich dargegeben. Ich werfe nicht weg die Gnade Gottes; denn so durch das Gesez die Gerechtigkeit kommt, so ist Christus vergeblich gestorben.

M. a. Fr. Diese Worte sind der unmittelbare Verfolg derer, die wir neulich zum Gegenstand unserer Betrachtung gemacht haben. Der Apostel sezt einander entgegen das Streben gerecht zu werden durch das Gesez, was er als ein nichtiges bezeichnet, indem er sagt, kein Fleisch wird | gerecht durch des Gesezes Werk, und das Streben gerecht zu werden durch den Glauben an Jesum Christum. Wie nun diese Worte sich jenen anschließen, so auch unsere heutige Betrachtung der neulichen. Von jenem nichtigen haben wir neulich gehandelt, und ich habe dabei dieses als bekannt vorausgesezt, was Paulus sich und den Seinigen als das Wesen des Christenthums beilegt, das gerecht werden wollen durch den Glauben. Von diesem Wesen des Christenthums, worauf unsere Vorfahren in jenem Bekenntniß, welches immer noch der Gegenstand unserer christlichen Aufmerksamkeit in diesen Versammlungen ist, aufs neue zurükgegangen waren, nachdem mannigfaltige Verirrungen davon in der christlichen Kirche überhand genommen hatten, enthalten die verlesenen Worte die eigentliche Beschreibung des Apostels. Er stellt ihr das gleichsam als Einleitung voran, daß er durch das Gesez dem Gesez gestorben und mit Christo gekreuzigt sei. Damit deutet er ja offenbar auf das gänzliche Ende seines frühern gesezlichen Lebens hin, und spricht sich also aufs bestimmteste darüber aus, wie unverträglich beides mit einander sei, dem Gesez leben, auf das Gesez hoffen, durch des Gesezes Werke gerecht werden wollen auf der einen Seite, und Gott leben, gerecht werden wollen durch den Glauben, und Christum in sich leben haben

---

2 *Predigt zum 6. Sonntag nach Trinitatis am 18. Juli 1830 vormittags in der Dreifaltigkeitskirche zu Berlin; vgl. Predigtnachschrift in KGA III/12, S. 277–286*   12 *Vgl. die vorige Predigt (oben S. 304)*   14–15 *Vgl. Röm 3,20; Gal 2,16*

auf der andern. Ehe dieses beginnen konnte, mußte jenes erst völlig aufhören. Durch das Gesez, sagt er, bin ich dem Gesez gestorben, indem ich mit Christo gekreuzigt bin. Diese Einleitung zu der eigentlichen Beschreibung der Gerechtigkeit aus dem Glauben dürfen wir nicht übersehen, m. g. Fr. Freilich ist dieser Ausdrukk des Apostels etwas schwierig; Ich bin durch das Ge|sez dem Gesez gestorben. Wenn wir uns aber den ganzen Zusammenhang seiner Gedanken, wie er ihn in diesem Briefe und von einer andern Seite im Briefe an die Römer auseinandersezt, vergegenwärtigen: so sehen wir sehr leicht, daß seine eigentliche Meinung diese ist. Christus war durch das Gesez gestorben; denn diejenigen, welche ihn zum Tode brachten, hatten dies nur im Namen des Gesezes gethan, wie denn auch der Apostel ihnen das Zeugniß giebt, daß sie nichts anderes seien, als Eiferer um das Gesez, aber nicht mit dem rechten Verstande. Und schlimmer bezeichnet sie auch unser Erlöser selbst nicht, indem er von ihnen sagt, Sie wissen nicht, was sie thun. Sie beriefen sich auch ausdrükklich auf das Gesez, indem sie sagten: Wir haben ein Gesez und nach diesem Gesez muß er sterben. Weil nun diejenigen, die das Gesez verwalteten, als solche seinen Tod verursachten: so konnte der Apostel mit Recht sagen, daß Christus durch das Gesez gestorben sei. Wenn er nun sagt, er selbst sei durch das Gesez dem Gesez gestorben, indem er mit Christo gekreuzigt sei: so meint er dies so, Weil das Gesez den Tod Christi habe hervorbringen können, und es also im Wesen des Gesezes liege, daß, wiewol es seinem Ursprung nach geistig ist, dennoch in der Anwendung desselben das wahre geistige Leben, welches der Gegenstand des göttlichen Wohlgefallens ist, gänzlich verkannt werden könne: so habe er sich eben durch das Gesez von demselben losgesagt, sich durch dasselbe mit Christo kreuzigen lassen, und sei so ihm gestorben. Wie nun Paulus dem Gesez gestorben war, das wissen wir von anderwärts her. Sofern es für alle Nachkommen Israels die Bedingung war, unter der sie wohnen sollten in dem | Lande, das ihnen Gott gegeben, insofern beobachtete er es, wenn er im Lande war, wie er auch jedes menschliche Gesez der Ordnung in weltlichen Dingen ehrte, und Gehorsam gegen die Obrigkeit lehrte: aber gerecht zu machen vor Gott, das stehe in der Macht keines Gesezes. Wie nichtig nicht nur das mosaische Gesez sondern jedes in dieser Hinsicht sei, das geht auch am klarsten aus solchen Beispielen hervor. Man sieht wie tiefes inneres Verderben sich doch kann in die Gesezlichkeit kleiden; und da jedes

---

30 war,] war

16 Lk 23,34   17–18 Joh 19,7; vgl. auch Joh 5,18; 10,33   29–30 Vgl. Gal 1,11–24; Apg 9,1–18

Gesez nur Handlungen fordern kann, so müßte Gott, wenn er nach dem Gesez richtete, auch solche gelten lassen, die aus einem Gemüth kommen, dem jede gottgefällige Gesinnung fremd ist. Darum wie man auf der einen Seite sagen konnte, kein Fleisch würde gerecht durch des Gesezes Werke, weil niemand vermochte das Gesez vollkommen zu halten: so konnte man auf der andern Seite dasselbe auch deshalb sagen, weil einer es konnte vollkommen erfüllt haben, und doch von allen Ansprüchen auf Lob und Billigung vor Gott ganz entblößt sein. Und dies war nun der natürliche Uebergang von dem einen zu dem andern. Diese Ansprüche sah Paulus in höchster und einziger Vollkommenheit in dem, den das Gesez getödtet hatte; darum starb er mit ihm dem Gesez, und suchte gerecht zu werden durch diesen. Diese Gerechtigkeit aus dem Glauben beschreibt er nun so. Ich lebe zwar nach jenem Tode, aber eigentlich nicht ich, sondern Christus lebt in mir. Denn was ich jezt lebe im Fleische, das lebe ich im Glauben des Sohnes Gottes, der mich geliebt hat und sich selbst für mich dargegeben. Aus dieser Beschreibung nun, m. g. Fr., können wir ganz vorzüglich erkennen lernen, was wir unter der **Gerechtigkeit aus dem Glauben** zu verstehen haben, die als ein so wichtiges Hauptstükk in jenem Bekenntniß aufgestellt wird. Wenn wir zu diesen Worten noch die folgenden ebenfalls verlesenen hinzunehmen: so ist es zweierlei, worin das Wesen dieser Gerechtigkeit aus dem Glauben zusammengefaßt wird; erstlich, daß wir **das Leben Christi in uns haben**, das sagt der Apostel in den Worten, Ich lebe, doch nun nicht ich, sondern Christus lebt in mir; und dies stellt er dem gleich, Was ich lebe im Fleische, das lebe ich im Glauben des Sohnes Gottes. Zweitens, daß nur, **wenn wir uns mit gänzlichem Ausschluß des Gesezes hierauf allein verlassen**, wir die dargebotene göttliche Gnade wirklich annehmen. Dies sagt der Apostel ganz vornehmlich in den Worten, Ich werfe nicht weg die Gnade Gottes; denn so durch das Gesez die Gerechtigkeit kommt, so ist Christus vergeblich gestorben.

I. Vielleicht ist es nicht ohne Schwierigkeit zu behaupten, das Wesen der Gerechtigkeit aus dem Glauben bestehe darin, daß wir **das Leben Christi in uns haben**. Jeder gewiß denkt sich etwas, und zwar was jeder Christ haben muß unter dem Ausdrukk an Christum glauben; auch wol dabei, daß Christus in uns lebt, etwas das wenigstens die weiter gediehenen Christen von sich rühmen könnten: daß

---

2 richtete,] richtete

18–20 Vgl. *Confessio Augustana* 4 (oben die Sachanmerkung zu S. 305,17–22)

aber dieses dasselbe sei mit der Gerechtigkeit aus dem Glauben, das wird nicht leicht klar sein.

Zunächst haben wir uns nur darüber zu verständigen, daß sich niemand nach dem Gebrauch dieses Wortes im gewöhnlichen Leben unter dem Glauben etwas weit geringeres denke als der Apostel, und wozu seine kurze und ker|nige Beschreibung, daß im Glauben leben und Christum in sich lebend haben, einerlei sei, gar nicht passe! Denn fangen wir damit an, uns bei dem Glauben zu denken irgend ein Anerkennen oder Wissen um das, was Christus gewesen ist: so dürfen wir doch dabei nicht stehen bleiben; sonst kommen wir wieder zurükk auf das, was der Erlöser selbst sagt[1], Nicht alle, die zu mir Herr, Herr sagen, werden ins Himmelreich kommen, sondern die, welche den Willen meines Vaters im Himmel thun. Ein jedes Anerkennen Christi mit unserm Verstande, mögen wir ihm nun mehr oder weniger zuschreiben oder unumwunden das größte, wodurch wir seine eigenthümliche Würde zu bezeichnen pflegen, wenn es nur das ist, so ist es nur ein solches Herr, Herr sagen, welches niemanden in das Himmelreich bringt, und also auch keinen gerecht macht. Wenn aber nun der Erlöser sagt, Sondern die, welche den Willen meines Vaters thun: so erklärt er sich oft darüber, daß der Wille seines Vaters sei, daß wir glauben sollen an den, den er gesandt hat. Folgt also nicht hieraus ganz deutlich, daß wenn wir auch zu jenem Anerkenntniß noch hinzurechnen, was, wo ein ausgezeichneter Werth anerkannt wird, nothwendig damit verbunden ist, nennen wir es nun Wohlgefallen und Freude an dem Gegenstand oder Bewunderung und Verehrung desselben, wir doch weder den Glauben noch das Leben Christi in uns damit schon ergriffen haben. Der Unterschied zwischen beiden wird niemanden unter Euch entgangen sein, wer das mensch|liche Leben in der Nähe eines ausgezeichneten Geistes beobachten konnte. Wieviel Anerkennung findet Jeder, ursprüngliche und solche, die sich in Andern wiederholt, weil sie einmal in das gemeinsame Leben eingegangen ist, wieviel Bewunderung auch für jede eigenthümliche That für jedes ausgezeichnete Wort: aber wie Wenige sind es immer nur, die ein solcher in eine mit ihm übereinstimmende und doch freie Bewegung sezt, die sich so seinem Einfluß hingeben! So auch mit dem Erlöser! So, aber freilich in einem so ungeheuer anderen Maaßstab, daß eigentlich keine Vergleichung statt findet. Jene Anerkennung, die lebendigere sowol als die mehr überkommne sind etwas, sie haben auch eine Wahrheit, aber wenn es dabei bleiben kann, auch eine sich vor ihm beugende Verehrung mit dazu gegeben: so ist das nicht der Glaube. Der Glaube ist nur jenes sich seinem Einfluß hingeben; und

---
[1] Matth. 7, 21.

er wäre also gar nicht, wenn Er ihn nicht hervorriefe. Weil er aber sich unser bemächtigen will, weil er diese Gewalt jezt noch mittelbar eben so übt, wie er sie persönlich übte, als er auf Erden wandelte: so entsteht nun in denen, die sich diesem Einfluß hingeben, sein Leben. Mit einer solchen Kraft und mit diesem Willen in Andern zu leben, mußte der Sohn Gottes angethan sein, und sich den Menschen darbieten, wie er es auch von Anfang seines öffentlichen Lebens an immer gethan hat. Er bietet sich an als das Brodt des Lebens, und die ihn genießen, das sind die Gläubigen; er ladet zu sich ein, als zu einer Quelle lebendigen Wassers, und die aus ihm schöpfen sind die Gläubigen. So entsteht und gedeiht sein Leben in uns; was hieran Werk ist und That, das ist sein, nur das Aufnehmen ist unser. Und dieses sich immer | erneuernde Aufnehmen ist der Glaube, von dem Paulus sagt, daß er nun in ihm lebe, nachdem er mit Christo dem Gesez gestorben ist.

Wie wir nun häufig genug auch unter unsern evangelischen Christen solche Vorstellungen vom Glauben finden, wie wir sie eben beschrieben und wie sie der Rede des Apostels nicht genügen können: so giebt es auch Viele, die sich nur etwas sehr einseitiges und unvollkommnes denken unter der Gerechtigkeit vor Gott, welche wie der Apostel sagt, nur aus dem Glauben kommen kann. Viele nämlich halten das beides für einerlei, gerecht sein vor Gott und Vergebung der Sünden haben. Nun ist Vergebung der Sünden in dem vollen Sinne des Wortes freilich auch nur in der Gemeinschaft mit Christo. Denn was der Apostel Johannes sagt[2], So wir unsere Sünde bekennen, so ist Er treu und gerecht, daß er uns die Sünde vergiebt und reinigt uns von aller Untugend, das sagt er nicht von den Menschen im allgemeinen, sondern nur von denen, die Gemeinschaft mit Ihm haben und im Lichte wandeln. Und gewiß da Vergebung ein Bedürfniß des Menschen ist und nicht Gottes, so kann sie auch nur dem werden, der das Bedürfniß empfindet, welches ja schon das Aussprechen desselben vor Gott in sich schließt; und empfinden wiederum kann es nur der, welcher die Sünde für das erkennt, was sie ist. Was nun die Erkenntniß der Sünde betrifft, so sagt Paulus freilich, daß sie aus dem Gesez kommt, und dem stimmen wir wol Alle bei. Aber wenn er sagt, das Gesez vermöge nichts zu bewirken als Erkenntniß der Sünde: | so sagt er damit nicht zugleich, daß es die ganze Erkenntniß der Sünde be-

---
[2] 1 Joh. 1, 9.

---
37 Erkenntniß] Erkennniß

---
8 Vgl. Joh 6,35   10 Vgl. Joh 4,14   33–35 Vgl. Röm 3,20

wirke. Denn das Gesez selbst ist unvollkommen, und bringt nur die Sünde, welche ihm geradezu durch die That widerspricht, zum Bewußtsein; und die Sünde kann mächtig genug sein, ohne daß sie auf solche Weise ans Licht tritt. Aber in Christo ist die vollkommne Erkenntniß der Sünde. Denn weil in ihm die Vollkommenheit ist: so wird uns, je mehr Er uns gegenwärtig ist, auch alles Sünde, was wir uns in ihm nicht denken können, was seiner Vollkommenheit unähnlich ist; und so ist Er auch in dem Sinne das Licht, daß Er uns die ganze Sünde zeigt. Aber wenn wir nun auch durch solches Bekenntniß Vergebung haben, das heißt die Sünde übersehen wird: sind wir dadurch allein auch schon gerecht, und haben alle Forderungen erfüllt, welche Gott an uns machen kann? sind wir reich weil wir keine Schulden mehr haben? Werden wir nicht vielmehr gestehen müssen, daß wenn alles an unserm eigenen Thun übersehen werden soll, was mit der Sünde behaftet ist, dann gar nichts übrig bleiben wird, was wir aufweisen könnten? So ist es. Wenn freilich nur der Vergebung hat, der in der Gemeinschaft Christi steht, so hat auch nur der Vergebung, der gerecht ist vor Gott; aber keinesweges ist jenes schon an und für sich auch dieses. – Eine nicht minder unzureichende Vorstellung von der Gerechtigkeit vor Gott ist die, daß ja kein mit der Sünde behafteter Mensch vollkommen sein könne und heilig, und also auch keiner in Wahrheit gerecht vor Gott; unser Heil könne also auch nur darin bestehen, daß uns Gott für gerecht achte und uns dafür erkläre, wiewol wir es nicht sind. Und dazu habe er nun als Bedingung | den Glauben an Christum gestellt. Allein wenn es gleich wahr ist, daß gerecht machen und für gerecht erklären an und für sich nicht bestimmt unterschieden werden kann: so lehrt der Zusammenhang ganz deutlich, daß der Apostel hier nicht eine solche Erklärung gemeint haben kann. Denn er schließt damit, Wenn – nicht etwa die Rechtfertigung oder Gerechtsprechung, sondern – die Gerechtigkeit käme aus dem Gesez, so wäre Christus umsonst gestorben; mithin ist auch vorher seine Meinung nicht, daß er wolle für gerecht erklärt, sondern daß er wolle gerecht gemacht werden durch den Glauben. Und wenn der Apostel anderwärts sagt, die Menschen außer Christo wären alzumal Sünder, und mangelten des Ruhms, den sie bei Gott haben sollten[3]; hier aber sagt, daß die, welche gerecht zu werden suchen durch den Glauben, nur als Sünder erfunden würden, wenn sie das Gesez wieder aufbauten[4]: so muß doch seine Meinung sein, daß, die sich an

---

[3] Röm. 3, 23.
[4] Gal. 3, 17.

6 uns, je] uns je

den Glauben allein halten, auch jenen Ruhm bei Gott wirklich haben. Und wie könnte auch wol jene Meinung, daß wir nur für gerecht erklärt würden, zusammenstimmen mit unserm innersten Bewußtsein von Gott! Ist er nicht der wahrhaftige? Kann er also Einen für etwas ausgeben oder erklären, was er nicht ist? Kann er sagen, er wolle uns für gerecht erklären um des Glaubens willen, wenn der Glaube in gar keinem wesentlichen Zusammenhang steht mit der Gerechtigkeit, und also so wenig Wahrheit ist an dem Aufstellen dieser Bedingung, daß er eben so gut jede andere hätte aufstellen können? Nein! sondern giebt es eine Gerechtigkeit aus dem Glau|ben vor Gott: so muß der Glaube auch wirklich gerecht machen. Allein freilich, denkt man sich den Glauben erst als ein solches Wissen und Annehmen, welches nichts in dem Menschen bewirkt: dann wol kann man sich auch nur eine solche willkührlich eingerichtete Gerechtsprechung durch den Glauben denken. Der Glaube aber, welcher das Leben Christi in uns ist, vermag gar wohl gerecht zu machen. Denn Christus ist gerecht; und lebt Er in uns, so müssen dann auch wir gerecht sein durch sein Leben in uns. Allerdings sind und bleiben wir auch in der Gemeinschaft mit Gott schwache Menschen, und diese Schwachheit offenbart sich täglich in der Unvollkommenheit unserer Werke ja auch unserer Gedanken und unserer einzelnen Vorsäze. Aber seitdem Christus erschienen ist, hält Gott nicht mehr den Menschen das Gesez der Werke vor, und richtet also auch nicht mehr nach dem, was äußerlich an das Licht tritt; also nur nach dem tiefsten innersten, da aber lebt Christus in uns, da werden wir von ihm bewegt, da ist unsere Gerechtigkeit. Und dies Leben Christi in uns ist nicht unser Maaß, so wie es sich in einem einzelnen Augenblikk zeigt, bald mehr bald weniger, sondern wie es im innersten, weil es die Kraft Christi ist, auch ganz ist und eines und dasselbe. Das wechselnde das verschiedene rührt nur von dem her, was nun nicht mehr lebt an und für sich, und also auch kein Gegenstand ist für das göttliche Urtheil. Auch hier gilt, daß vor dem Herrn ein Tag ist wie tausend Jahre und tausend Jahre wie ein Tag. Der Gegenstand seines Wohlgefallens ist das neue Leben, welches durch Christum über das menschliche Geschlecht gekommen ist. Wo dies ist, da ist auch die Gerechtigkeit, die vor ihm gilt, da | sieht das göttliche Auge in dem gegenwärtigen das künftige, in dem Theil das Ganze. Denn wo Christus lebt, da gewinnt auch sein Leben immer mehr Kraft; das Ich aber, das nicht mehr lebt, der Leib des Todes, von dem uns alle Kämpfe herrühren, die wir zu bestehen haben, von dem wir seufzen ganz erlöst zu werden, der stirbt auch immer mehr; und dieses Wachsthum des Lebens Christi in uns, dieses Absterben des

---

31–32 2Petr 3,8

alten Menschen, das ist unsere Gerechtigkeit. Sie ist aber die Gerechtigkeit aus dem Glauben, weil das einzige was dabei als unsre ursprüngliche Lebensthätigkeit anzusehen ist, wodurch wir unsererseits die Verbindung mit Christo eingehen, nämlich daß wir ihn ergreifen, daß wir ihn in uns aufnehmen, sich auch immer erneuern muß.

So dreht sich also alles um dieses eine, daß Christus in uns lebt. Wenn Er in uns lebt, und sein Licht in die Finsterniß der sündigen Natur überhaupt und unseres einzelnen Wesens insonderheit hineinleuchtet: so haben wir darin erst die ganze Erkenntniß der Sünde, und unser Mißfallen an der Finsterniß, die noch nicht von jenem Licht durchdrungen ist, wird unser Bekenntniß vor Gott; und dann ist es nicht etwa eine neue besondere einzelne Gnadenbezeugung, sondern es ist, wie Johannes sagt, nur die Treue und Gerechtigkeit Gottes, daß er uns die Sünde vergiebt, das Festhalten an dem Wort, mit dem er seinen Sohn in die Welt gesandt hat, es ist die Gerechtigkeit Gottes, die nun offenbart ist außerhalb des Gesezes in dem Uebersehen der vorhergeschehenen Sünden an denen die aus dem Glauben sind[5]. | Lebt Christus in uns, so sind wir gerecht durch den Glauben, mit welchem wir dieses Leben begehren und festhalten; wir sind gerecht vermöge des Gehorsams des Einen, der auch in uns und durch uns wirkt das Werk, welches Gott ihm gezeigt hat, nämlich daß er die Welt selig mache. Meinen wir Vergebung der Sünden zu haben ohne das Leben Christi in uns: so täuschen wir uns selbst, und auch die Wahrheit ist noch nicht in uns, welche die Sünde recht erkennt. Meinen wir die Gerechtigkeit aus dem Glauben zu haben, ohne daß Christus in uns lebt: so täuschen wir uns selbst. Wir glauben nicht, denn wir haben ihn nicht aufgenommen, wie sehr wir auch Herr, Herr zu ihm sagen; wir sind nicht gerecht, denn nur in denen ist nichts verdammliches, die in Christo Jesu sind[6].

II. Sollte es in der That nun noch nöthig sein, m. g. Fr., daß ich mich ausführlich über das herauslasse, was ich als den zweiten Theil unserer Betrachtung im voraus hingestellt habe, nämlich daß wir nun auch auf nichts anderes uns verlassen sollen, als auf dies Leben Christi in uns? Kaum sollte ich es glauben! Zumal wir schon neulich gesehen haben, wie wir uns selbst als Uebertreter bezeichnen, wenn wir neben dem Glauben auch das Gesez wieder aufbauen; und nachdem wir uns überzeugt haben, wie das nicht nur von jedem Gesez der

---

[5] Röm. 3, 21. 25.
[6] Röm. 8, 1.

13–14 Vgl. 1Joh 1,9   34–36 Vgl. oben S. 312. 315–317

Werke gilt, sondern auch von jedem Gesez der Worte und der Lehre. Aber doch wiederholt sich die Erfahrung zu oft, daß in diesem schönen Tempel Gottes auch wieder allerlei morsche und | gebrechliche Stüzen aufgeführt werden, als ob das feste Gewölbe, das auf solchem Grunde ruht, den Einsturz drohte, und als ob, wenn dies der Fall wäre, irgend ein Menschenwerk vermöchte dasselbe zu stüzen! zu oft wiederholen sich diese Erfahrungen, als daß ich ganz schweigend vorübergehen könnte an dem gewichtigen Wort des Apostels, Ich werfe nicht weg die Gnade Gottes! und wie? weil nämlich, wenn ich irgend einer andern Gerechtigkeit nachtrachtete, Christus vergeblich gestorben wäre. Stärker läßt sich wol die ausschließende Wahrheit die unumstößliche Alleinherrschaft dieser Gerechtigkeit aus dem Glauben nicht bezeichnen, und darum laßt uns noch ein wenig bei diesen beiden Aeußerungen des Apostels verweilen.

In dem ersten, m. a. Z., liegt also offenbar dieses, Wer an der Gerechtigkeit aus dem Glauben nicht genug hat, der entsagt sich ihrer ganz, und wer sich dieser entsagt, der verwirft die Gnade Gottes überhaupt. – Es kann wol sein, daß ich Manchem unter Euch scheine hier mehr in die Worte des Apostels hineingelegt zu haben, als darin liegt. Denn der Apostel stellt immer nur Glauben an Christum und Gesez einander gegenüber; wenn ich hingegen im allgemeinen sage, Wer an der Gerechtigkeit aus dem Glauben nicht genug hat, so schließe ich zugleich alles andere aus, was jemand neben ihr suchen könnte. Wohl! aber glaubt Ihr, daß Paulus etwas von seinem Wort würde zurükkgenommen haben, wenn wir etwas anderes vorgeschlagen hätten, was wir neben den Glauben stellen wollten? Vielleicht wol, wenn es etwas gewesen wäre, was er nicht auch würde Fleisch genannt haben. Denn so | spricht er zu den Galatern[7]: Seid ihr so unverständig? Im Geist habt ihr es angefangen, wollt ihr es denn nun im Fleisch vollenden? Also, was er auch hätte Fleisch nennen müssen, davon würde er auch dasselbe gesagt haben. Können wir nun wol irgend etwas aufzeigen, was er auch würde Geist genannt haben, und was doch nicht der Geist wäre, der durch Christum ausgegossen ist? Wohl erkennt er so etwas an, wenn er im allgemeinen sagt, daß in dem Menschen noch etwas ist außer dem Fleisch und außer der Sünde die in ihm wohnt, ein inwendiger Mensch, der Wohlgefallen hat an dem Gesez und Willen Gottes[8]. Den würde er also wol auch

---
[7] Gal. 3, 3.
[8] Röm. 7, 23.

4–5 das feste Gewölbe ... den Einsturz drohte,] vgl. Adelung: Wörterbuch 1, Sp. 1420–1421

ausdrükklich Geist und geistig nennen, wenn er etwas vollenden könnte oder auch nur anfangen! aber jener erstrekkt sich nicht weiter als auf ein unkräftiges Wohlgefallen. Und hiebei laßt uns stehen bleiben und fragen, ob es sich seitdem gebessert hat mit dem Menschen, wie er an und für sich ist, so daß er etwas mehr in seinem eigenen Bereich hat, als jenes unkräftige Wohlgefallen, ohne welches er freilich weder ein Bedürfniß haben könnte nach dem Leben Christi, noch eine Empfänglichkeit für dasselbe. Doch nothwendig gehört dazu noch eine andere Frage, nämlich wie wir doch dazu kommen sollen, daß uns das Leben Christi in uns nicht mehr genügte? Freilich haben sich seitdem er auf Erden lebte die menschlichen Dinge gar sehr verändert; wie hat sich der Wirkungskreis des menschlichen Geistes erweitert! welche Fülle von neuen Verhältnissen hat sich nicht entwikkelt! Sehr wahr! aber läßt uns Christus, wenn er in uns lebt, | irgendwo im Stich? Bedürfen wir einer größeren Kraft als der, die Er uns gewiß mittheilt, wenn er in uns lebt, nämlich daß wir jedes Werk Gottes thun, welches uns gezeigt wird? Ist die Liebe, mit der Er uns geliebt hat, die ganz geistige, ganz uneigennüzige, ganz sich selbst hingebende, nicht hinreichend, um überall das Böse mit Gutem zu überwinden, überall das Beste zu thun und nach Vermögen das Reich Gottes zu fördern? Das ist es also nicht, daß wir ein Bedürfniß haben könnten über ihn hinauszugehen; sondern wenn Einigen die Gerechtigkeit aus dem Glauben nicht mehr genügt, so kommt es wol daher, daß ihnen doch diese Einwirkung Christi das Bewußtsein von etwas fremdem giebt. Und das scheint wol sehr zusammenzuhängen mit dieser großen Erweiterung der menschlichen Dinge, daß Jeder gern alles, dessen er sich bedienen muß, was zum Leben nothwendig gehört, auch will zu eigen haben. Dann freilich muß es sich gebessert haben mit dem inwendigen Menschen. Seid ihr nun etwas mehreren mächtig in euch als des unkräftigen Wohlgefallens, daß ihr hoffen könnt für euch allein zu bestehn im geistigen Leben: so gedenkt ihr eigentlich nichts aufzurichten neben der Gerechtigkeit aus dem Glauben, wie jene Lehrer, gegen welche Paulus in unserm ganzen Briefe warnt. Denn diese hielten fest an dem Glauben, daß Jesus der Christ sei, aber sie meinten, neben demselben sei doch auch nothwendig das Gesez zu halten. Und wenn nun Paulus doch schon von diesen sagt, daß sie die Gnade Gottes wegwerfen: wie vielmehr muß es dann von Euch gelten! Denn Ihr müßt des Lebens Christi ganz entbehren wollen, wenn Ihr glaubt aus eigner Kraft bestehn zu können, und nur | von da empfangen wollt, wohin ihr auch wieder vergelten könnt. Aber woher soll diese Verbesserung entstanden sein? ist sie auch unabhängig von dem Leben Chri-

---

17–18 Vgl. Joh 15,9   19–20 Vgl. Röm 12,21

sti und von dem Geist, den er ausgegossen hat auf die Seinigen? Soll neben ihm her das menschliche Geschlecht sich selbst erzogen haben gebessert und gekräftigt, und Er wäre eben auch nur zwischen eingekommen wie früher das Gesez, um diese innere Entwicklung zu beschleunigen und zu fördern? Sollte Jemand so kühn sein, ihm alles zurükzugeben was von ihm herrührt, und doch bestehen zu wollen in einem Gott gefälligen und ihn selbst befriedigenden geistigen Leben? Das nun wagt wol keiner; aber wenn auch nicht ohne seine Mitwirkung, so seien nun doch höhere geistige Kräfte wirklich entwikkelt in der menschlichen Natur, sie eigneten ihr und brauchten nicht mehr auf sein Leben und seine Einwirkung zurükkgeführt zu werden. Nun ja, das heißt die Gnade Gottes ganz wegwerfen; aber seht wohl zu, was ihr übrig behaltet! Wenn ihr den Ursprung dessen, was ihr als euer Eigenthum in Anspruch nehmen wollt, verläugnet, werdet ihr bald auch nicht mehr haben was ihr hattet; wenn ihr Bild und Ueberschrift austilgt, werdet ihr bald selbst irre werden an dem Werth eurer Münze. Brecht ihr den Zusammenhang mit Christo ab, so wird bald die Natur wie sie war zum Vorschein kommen; das reine Ziel werdet ihr nicht mehr erblikken, die Liebe wird zusammenschrumpfen, das Reich des Geistes wird in sich zerfallen. Und wenn ihr meint im Geist fortzufahren ohne ihn und von einer Klarheit zur andern zu steigen: so werdet ihr plözlich merken, daß ihr nur im Begriff seid euch im Fleisch zu vollenden. Die Natur ist unverändert ge|blieben; nimmt sie nicht Christum immer wieder auf, so zeigt sie sich bald wieder als die Finsterniß, welcher nicht gegeben ist das Licht zu begreifen. Die Zeit der Unmündigkeit unter den Sazungen ist freilich vorüber; aber mündige Kinder Gottes zu sein, diese Macht erhalten und behalten wir nur, wenn wir ihn aufnehmen. Die Zeit dessen, der da kommen sollte, ist die lezte Zeit; wenn ihr euch von ihm abwendet in der Meinung noch eine andere Zeit, eine schönere Zeit größerer Selbständigkeit und also auch größerer Freudigkeit des menschlichen Geistes herbeizuführen, so irret ihr euch; denn es steht nun keine neue Zeit weiter bevor. In ihm ist alles vollendet, aus ihm soll sich alles entwikkeln. Brecht ihr mit Ihm, so kann euch nichts übrig bleiben als ein schrekkliches Warten des Gerichts[9] und des Feuereifers, der die Widerwärtigen verzehren wird. Aber wir versehen uns besseres zu Allen, und

---

[9] Hebr. 10, 27.

---

22 euch im] auch im

3–4 Vgl. Röm 5,20   15–17 Vgl. Mt 22,19–21   24–25 Vgl. Joh 1,5   28 Vgl. Mt 11,3

daß vielmehr die Seligkeit näher ist[10]. Denn was von dem Gerechten überhaupt gilt, daß sein Recht immer wieder aufgeht wie der Mittag[11], das gilt noch viel mehr von dem Einen, der allein nicht nur gerecht ist, sondern auch gerecht macht. Oft schon hat sich der Himmel verdunkelt und Gewölk hat sich gehäuft; aber der Herr bringt sein Recht immer wieder hervor wie den Mittag.

Und damit wir nicht aufhören, alles von ihm zu erwarten und nichts neben ihm zu suchen, so laßt uns auch noch an das andere Wort des Apostels gedenken, Wenn die Gerechtigkeit aus dem Gesez kommt, sagt er, wenn sie irgend anders woher kommt: so ist Christus vergeblich ge|storben. Fragen wir uns nun, wie der Apostel dazu kommt, hier gerade nicht im allgemeinen zu sagen, Christus ist vergeblich in die Welt gekommen, sondern so bestimmt er ist vergeblich gestorben? Da er hierüber gar nichts erklärend hinzufügt: so müssen wir es uns offenbar aus dem erklären, was er kurz vorher über den Tod Christi gesagt hatte. Seine Meinung ist also, Christus sei vergeblich gestorben, wenn wir dem nicht gestorben blieben, wodurch Er gestorben ist. Und das ist freilich nicht das Gesez allein, sondern alles wodurch überall ein Gesez nothwendig wird, alle Sünde und Unvollkommenheit, alles selbstsüchtige beschränkte Wesen. Dem allen sterben wir auch gewiß immer ab, wenn Christus in uns lebt, weil er nicht in uns leben kann, ohne daß wir alles eben so auf das allgemeine Heil Aller beziehen, und für die große Gemeinschaft derer leben, die seinen Namen bekennen und noch bekennen sollen. Wer will es wagen sich von dieser zu trennen, und doch sicher sein, in demselben Gang fortzugehen, den Er sie führt. Wer, der es einmal recht empfunden hat, mag es wagen das fahren zu lassen als etwas fremdes das ihn nicht angeht, daß Christus um der Sünde willen gestorben ist, und doch sicher zu sein, daß er ihr nicht nachgeben wird hier oder da? Oder wer vermag eine Gerechtigkeit aufzurichten, die reiner wäre und größer als dessen, der gekommen ist, auf daß er Allen diene, und sich hingebe für Alle? Nein, weder laßt uns eine Gerechtigkeit der Werke des Gesezes aufrichten, noch eine Gerechtigkeit aus eigner sittlicher Kraft, damit uns Christus nicht vergeblich gestorben sei! Laßt uns festhalten mit unsern Vorfahren an dieser Gerechtigkeit aus dem Glauben, damit wir | auf das innigste mit dem in Verbindung bleiben, der uns zum Eigenthum erworben hat. Alle falschen Stüzen niederzureißen, auf die sich sonst noch mißleitete Christen verlassen hatten,

---

[10] Hebr. 6, 9.
[11] Ps. 37, 6.

31–32 Vgl. Mt 20,28

und diese Gerechtigkeit aus dem Glauben allein wieder aufzurichten, das war eine der Haupttriebfedern jener Erneuerung der Kirche, die auf dieses Bekenntniß gegründet ist. Dazu wollen auch wir Mitarbeiter sein, sicher daß wenn Christus in uns lebt, wir und unsre Nachkommen aus seiner Fülle nehmen werden Gnade um Gnade.   Amen.

———————— |

---

5 Vgl. Joh 1,16

V.

Das vollendende Opfer Christi.

Text. Hebr. X, 12. 14.

Dieser aber, da er hat ein Opfer für die Sünde geopfert, das ewiglich gilt, sizt er nun zur Rechten Gottes. Denn mit Einem Opfer hat er in Ewigkeit vollendet, die geheiliget werden.

M. a. Fr. Das neutestamentische Buch, woraus diese Worte genommen sind, beschäftigt sich größtentheils damit, eine Vergleichung auszuführen zwischen dem neuen Bunde und dem alten, also daß der Verfasser den alten als einen Schatten und ein Vorbild den neuen aber als das eigentliche Wesen darstellt. Und wie nun das Vertrauen der Mitglieder des jüdischen Volkes im alten Bunde vorzüglich auf der ganzen Ordnung des Gottesdienstes und der priesterlichen Einrichtung beruhte: so hat er es auch vorzüglich mit diesen zu thun, und stellt den Erlöser dar als den einzigen wahren Hohenpriester des Menschengeschlechts, und | sein Opfer als das einzige, welches auf alle Zeiten gilt für alles, was die Menschen entfernen könnte von Gott. Für uns, denen diese ganze Einrichtung so ferne liegt, und daher auch schon für die Christen überhaupt seit vielen Jahrhunderten, seitdem der jüdische Gottesdienst mit seiner Herrlichkeit verschwunden ist, für uns hat das immer etwas fremdes, daß wir uns den Erlöser denken sollen als einen Priester und zugleich als das Opfer, das er darbringt. Daher wäre es nicht zu verwundern gewesen, wenn wir in unsern Mittheilungen über die Angelegenheiten des Heils diese bildliche Darstellung, weil sie sich nur auf jene öfter im neuen Testament vorkommende Vergleichung bezieht, ganz verlassen und uns für diese so wichtige christliche Lehre lieber ausschließlich an solche Ausdrükke gehalten hätten, wodurch der Erlöser selbst sie in seinen Reden oft und vielfach bezeichnet hat. Dies, sage ich, könnte uns viel weniger befremden; aber wer von uns, wenn wir es nicht schon wüßten, würde sich so leicht entschließen zu glauben, man sei in der christlichen Kirche bei jener auf das jüdische bezugnehmenden Darstellung geblieben, wolle aber doch das Opfer,

---

3 X, 12. 14.] X, 12.

---

2 *Predigt zum 8. Sonntag nach Trinitatis am 1. August 1830 vormittags in der Dreifaltigkeitskirche zu Berlin; vgl. Predigtnachschrift und Liederangaben in KGA III/12, S. 296–304*   10 *Vgl. Hebr 10,1*

wovon unser Verfasser redet, nicht als ein solches gelten lassen, das allein und in Ewigkeit für alles genüge, sondern habe ohnerachtet der deutlichen Erklärung unseres Textes doch noch andere Opfer und andere Priester, die Opfer darbringen müssen für die Sünden der Menschen, als etwas nothwendiges aufgestellt. Dieses nun ist einer von den wichtigen Punkten, in welchen unser Bekenntniß den Mißbräuchen der Zeit entgegengetreten ist, und festgehalten hat an den Worten der Schrift, daß das Opfer Christi das einige sei, was in Ewigkeit gilt, wovon die Opfer des alten | Bundes nur ein Schatten gewesen, und durch welches alle vollendet sind, die da geheiligt werden. Darum laßt uns nun dieses **heiligende und vollendende Opfer unsers Erlösers** zum Gegenstande unserer Betrachtung machen. Es kommt vorzüglich auf zweierlei an, **erstens** nämlich wie es zu verstehen sei, daß die, die da geheiligt werden, durch das Opfer Christi vollendet sind; und **zweitens**, was für Folgen nothwendig daraus entstehen müssen, wenn man neben diesem Opfer noch andere Opfer in das Gebäude des neuen Glaubens einführt.

I. Wenn wir uns nun fragen, wie das Opfer Christi, das er dargebracht, das Opfer, einmal geschehen am Kreuz, der Grund unserer Seligkeit geworden sei, **wie denn durch dasselbe diejenigen, die da geheiligt werden, vollendet sind**: so giebt es freilich darüber auch unter den Christen unsers Bekenntnisses sehr verschiedene Vorstellungen, was natürlich damit zusammenhängt, daß der ganze Begriff des Opfers etwas fremdes und daher auch unbestimmtes und vieldeutiges für uns ist. Ohne uns daher über diese Verschiedenheiten ausführlich auszulassen, wollen wir lieber dabei stehen bleiben, was theils in unserm Texte selbst, theils im nächsten Zusammenhang mit diesen Worten in demselben Kapitel unseres Briefes über diesen Gegenstand gesagt ist, um uns mit dieser Behandlungsweise genauer zu befreunden, und uns über das Wesen der Sache auch so zu verständigen. Unser Verfasser fängt damit an, daß er als bezüglich auf die Erscheinung des Erlösers in dieser Welt Worte des alten Testamentes anführt, die der Erlöser gleichsam selbst müßte gesprochen haben bei seinem Eintritt in | die Welt. Darum, sagt er, da er in die Welt kommt, spricht er: Opfer und Gaben hast du nicht gewollt, den Leib aber hast du mir zubereitet. Brandopfer und Sündopfer gefallen dir nicht, da sprach ich: Siehe ich komme, im Buche steht vornehmlich von mir geschrie-

---

6–9 Vgl. *Confessio Augustana* 24. *Von der Meß (Messe), Die drey ökumenischen Symbola, die Augsburgische Confession, und die repetitio confessionis Augustanae*, S. 60–66; BSELK VN, S. 140/141–146/147   9–10 Vgl. Hebr 10,1   34–1 Hebr 10,5–7 mit Bezugnahme auf Ps 40,7–9

ben, daß ich thun soll Gott deinen Willen. Wir dürfen diese Worte selbst, und die weitere Erklärung die unser Verfasser hinzufügt, nur einer flüchtigen Aufmerksamkeit würdigen, um zu sehen, daß, indem er sie auf den Erlöser bezieht, seine Meinung keinesweges die sein konnte, daß der Leib des Erlösers auf dieselbe Weise ein Opfer gewesen sei, wie die Thiere, welche nach dem jüdischen Gesez geschlachtet und dargebracht wurden. Sonst hätte er sagen müssen, Weil du Opfer und Gaben willst, aber die früheren nicht hingereicht haben: so hast du mir den Leib bereitet, damit dieser nun das vollkommene Opfer werde. Dasselbe erhellt schon daraus hinreichend, daß er mehr als einmal ausdrükklich behauptet, die alttestamentischen Opfer hätten nicht gekonnt die Sünde wegnehmen, sie seien auch dazu nicht geordnet gewesen, sondern nur ein Gedächtniß der Sünden zu stiften; als den Zwekk des Opfers Christi aber giebt er eben diesen an die Sünden wegzunehmen. Es kommt also darauf an, wie er das meint, daß durch das Opfer Christi die Sünden weggenommen werden. Die Worte, Opfer und Gaben hast du nicht gewollt, erläutert der Verfasser hernach aus den folgenden Worten desselben Psalms[1], denen er auch dieselbe Beziehung auf den Erlöser beilegt, Da sprach ich, siehe ich komme zu thun o Gott deinen Willen; und diese | erklärt er nun so, Da hebt er das erste auf, daß er das andere einseze. Was ist also seine Meinung, wozu Gott dem Erlöser den Leib bereitet habe, d. h. ihn auf Erden habe erscheinen lassen? daß er kommen solle zu thun seinen Willen; als eine solche heilige Stätte habe Gott den Leib des Erlösers bereitet, wo der heilige Wille Gottes erfüllt werden sollte. Wenn er nun fortfährt, Durch welchen Willen wir sind geheiligt, einmal geschehen durch das Opfer des Leibes Jesu Christi, an welche Worte sich denn – nur daß er noch einmal die täglichen Opfergottesdienste diesem einmaligen Opfer entgegenstellt – die Worte unsers Textes anschließen: so ist der Sinn unseres Verfassers also der. Wir werden geheiligt dadurch, daß der Erlöser sein ganzes Leben hindurch den Willen Gottes erfüllt, und seinen Leib, wie er dazu bereitet war, auch dazu geopfert hat. Eben so wird auch anderwärts in unserm Briefe das Leben des Erlösers so beschrieben, daß er Gehorsam gelernt an dem das er litt[2]; so sagt auch Paulus[3], er sei gehorsam gewesen bis zum Tode am

---

[1] Ps. 40, 7 flgd.
[2] Hebr. 5, 8.
[3] Phil. 2, 8.

---

34 das er] *Kj* daß er

19–21 *Ps 40,8 „Da sprach ich" wird im Zitat von Hebr 10,9 umformuliert in „Da sprach er".*   26–27 *Hebr 10,10*

Predigt über Hebr 10,12.14

Kreuze, und noch an einer andern Stelle unser Verfasser, er sei durch Leiden vollendet worden[4]. Seht da, m. Fr., das ist die Vorstellung, die sich dieser heilige Schriftsteller von dem Opfer des Erlösers macht. Er nennt es ein Opfer, nicht nur weil es ein Tod sondern auch überhaupt weil es eine Hingabe war; aber den Werth desselben sucht er darin, daß es die Krone des Gehorsams Christi war, weil er überall vollkommen den Willen Gottes gethan und so ist er eine Ursache | geworden der Seligkeit allen denen, die ihm gehorsam sind[5].

Dies ist also der Zusammenhang, in welchen der ungenannte Verfasser unsers Briefes uns einführt. Alles frühere, was Frieden stiften sollte zwischen Gott und den Menschen, ist nur ein Schatten gewesen und ein Vorbild dessen, was da kommen sollte. Als aber die Zeit erfüllt war, da sandte Gott seinen Sohn, da bereitete er diesen Leib des Wohlgefallens, damit in demselben und durch denselben die heilige Seele des Erlösers den heiligen Willen Gottes vollbrächte. Aber damit wir dieses ganz und vollkommen sähen, so war das der Wille Gottes, diesen seinen Sohn hinzugeben in den Tod, weil eben dieses, in der Erfüllung des göttlichen Willens auch das Leben zu lassen, der höchste Gipfel des Gehorsams ist. Darum sagt er, ist er durch diesen Tod am Kreuze vollendet worden. Aber nun sollen wir uns eben so an ihn reihen durch unsern Gehorsam gegen ihn; und dann wird er, nachdem er selbst vollendet ist, auch uns Ursache der Seligkeit. Und so wie Gott ihm den Leib bereitet hat, damit in diesem Leibe durch ihn der ganze Wille Gottes geschehe: so sind wir alle zu Einem Leibe verbunden, welcher deshalb der seinige ist, weil wir in demselben gemeinsam, indem wir uns als Glieder unterstüzen in den mancherlei Aemtern, die der Eine Herr[6] austheilt, ebenfalls den Willen Gottes thun. So, sagt er, hat er mit Einem Opfer alle vollendet, die da geheiligt werden. Erwägen wir nun diesen ganzen Zusammenhang, so kann daraus wol kein schädliches Mißver|ständniß entstehen, daß Er uns mit diesem Einen Opfer, welches freilich das Opfer seines ganzen Lebens war, vollendet hat, als wären wir etwa nun schon ihm gleich. Was bedeuteten sonst auch wol alle die schönen Ermahnungen zur Beständigkeit, alle die ernsten Warnungen vor dem Gegentheil, die unser Brief enthält! Aber doch hat Er uns mit diesem Einen Opfer vollendet, sein Dienst an uns ist vollbracht; weder braucht Er wieder zu erscheinen, noch bedürfen wir irgend eines Anderen. Aus dem, was

---

[4] Hebr. 2, 10.
[5] Hebr. 5, 9.
[6] 1 Kor. 12, 4.

12–13 Gal 4,4

Er gethan, entwikkelt sich nun alles andere in denen und für die, welche ihm gehorsam sind. Er ist uns geworden eine Ursache der ewigen Seligkeit, oder Er hat uns vollendet, das ist eines und dasselbe. In der Fülle seines durch Leiden und Tod gekrönten Gehorsams schämt er sich nicht uns Brüder zu heißen; und in dieser Gemeinschaft mit Ihm sind wir los von dem bösen Gewissen[7], denn wir sind ihm ja nicht gehorsam, wenn nicht die Liebe, die Er zu uns trug, auch uns bewegt und regiert. In seiner Gemeinschaft haben wir Freudigkeit ins Heiligthum einzugehn, das heißt vor die Gegenwart Gottes zu treten, in welche er diejenigen bringt, die der Vater ihm gegeben hat. So ist er uns geworden die Ursache der ewigen Seligkeit, als welche ja nothwendig anhebt in diesem Heiligthum. Zu diesem also hat er uns hingebracht, und uns so vollendet, als die da geheiligt werden. Denn so ist es! Nicht etwa geht die That vorher, nämlich die Heiligung, und die Seligkeit folgt erst nach; sondern wie es anderwärts heißt, daß Gott uns die Sünde vergiebt und reinigt uns von Untugend, so daß die Vergebung vorangeht und die Reinigung folgt, so auch hier vollendet Er uns erst zur Seligkeit mit ihm, und die Heiligung folgt, das heißt er hat uns vollendet als solche, die geheiliget werden. Und könnt Ihr ein Bedenken haben auch in den Ausdrukk einzustimmen, er hat uns durch dies eine Opfer vollendet, in welchem er von Anfang an sich selbst Gott dargebracht? Hat Johannes, wenn er sagt[8] Christus sei erschienen, daß er die Sünde wegnehme, er der doch öfter auch des Blutes Christi erwähnt, weniger auch an seinen Tod gedacht, als unser Verfasser – wenngleich das Opfer uns vorzüglich seinen Tod ins Gedächtniß ruft, – zugleich auch an sein ganzes sich uns hingebendes Leben gedacht hat? Und wie? werden wir etwa geheiliget, ehe Er uns auf diese Weise vollendet hat? Heiligung ist nur, wo der Geist Gottes wirkt; aber wo der wirkt, da ist auch schon Friede und Freude. So ermahnt auch der Verfasser unseres Briefes diejenigen, welche schon vollendet sind, nun auch fortzuschreiten in der Heiligung; sie möchten, sagt er, nicht verlassen die Versammlungen, sondern sich unter einander ermahnen und gegenseitig einer des andern wahrnehmen mit Reizen zur Liebe und guten Werken[9]. Und darauf war auch jene Verbesserung der Kirche gerichtet, ein neues Band der Liebe und des Eifers um die Christen zu schlingen. Denn ist es nicht so? Je allgemeiner

---

[7] Hebr. 10, 22.
[8] 1 Joh. 3, 8.
[9] Hebr. 10, 23–25.

---

7 trug,] trug

15–16 1Joh 1,9

und ungetrübter die Freudigkeit ist zum Eingang in das Heiligthum der Gegenwart Gottes, je schöner die Gemeine sich erbaut, je besser das Werk der Heiligung gedeiht: um desto fester wird auch unsere Ueberzeugung davon, daß wir in Wahrheit voll|endet sind durch dies Eine Opfer. Müssen wir uns also nicht verwundern, wenn doch behauptet wird, es müsse noch etwas anderes hinzukommen? Muß uns nicht bange werden, dann müßte jene schöne Zuversicht unsers Textes zu dem Einen Opfer wieder verschwunden sein? Ja so ist es, und nicht anders; und dies wollen wir im zweiten Theil unserer Betrachtung noch näher erwägen.

II. Wenn ich mir denke, daß es in unsern Tagen leicht viele evangelische Christen geben kann, die nicht Veranlassung genommen haben, die Lehren und Einrichtungen der römischen Kirche kennen zu lernen: so muß es große Schwierigkeiten haben diesen deutlich zu machen, wie man auf diese Vervielfältigung des Opfers Christi verfallen ist. Was aber doch alle wissen ist, daß schon seit mehreren Jahrhunderten die Meinung in der Kirche allgemein geworden war, daß bei dem Mahle des Herrn Brodt und Wein in den Leib und das Blut Christi verwandelt werden; und hieraus läßt sich ohngefähr ahnden, wenn wir uns daran erinnern, daß wir in diesem Mahle zugleich den Tod Christi feiern, daß jene Verwandlung jedesmal als eine neue Hingebung Christi in den Tod angesehen werden kann. Diese wiederum konnte doch nicht umsonst erfolgen; und so hat sich jene Lehre gebildet, das Opfer Christi sei nur mit diesen immer fortgehenden Erneuerungen desselben zusammengenommen vollkommen hinreichend. Das ursprüngliche wirklich am Kreuz geschehen gelte nur für die innere allgemeine Sündhaftigkeit, welche wir auch die Erbsünde nennen; da aber nun, nachdem jenes gebracht worden, die wirklichen Sünden der Menschen sich immer er|neuerten: so müsse auch das Opfer immer erneuert werden, und das geschähe nun bei der Zurichtung des heiligen Mahles. Wie wenig Grund dieses in der Schrift hat, so daß wir mit der größten Zuversicht behaupten können, die ersten Jünger des Erlösers und die ältesten Gemeinen des christlichen Glaubens haben an so etwas auch im entferntesten nicht gedacht, das bedarf wol keines Beweises. Aber daher kam es nun, daß wiewol die Abweichung Luthers von jener Verwandlungslehre die geringste mögliche war, sie doch hinreichte um diesen Gedanken von einer Erneuerung des Opfers Christi für immer unter uns auszutilgen. Und daß wir von diesem Verderbniß frei geworden sind, müssen wir mit dem innigsten Dank erkennen, weil durch jene Lehre unser ganzes Verhältniß zum Erlöser

---

16 seit] seid

theils unmittelbar theils vermöge der Ungleichheit, welche sie zwischen den Christen hervorruft, gänzlich verschoben und verworfen wird.

Unmittelbar gefährdet jener Opferglaube unser ganzes Verhältniß zum Erlöser, weil uns die Kraft aus den Augen gerükkt wird, um derentwillen wir an ihn glauben, und weil die Sünde uns ganz anders erscheint, um derentwillen wir seiner bedürfen. Ist das nicht die gemeinschaftliche Wahrheit unseres inneren Bewußtseins, m. th. Fr., daß die menschliche Natur, wie wir sie überall finden, wo sie noch nicht unter dem Einfluß des Erlösers steht, nicht vermag sich zum Siege des Geistes über das Fleisch zu erheben, wie dies der Apostel Paulus recht aus unserm innersten Gemüth heraus darstellt? Kann nun einem solchen Mangel an Kraft, wie er sich kundgiebt in unserm nichts vollbringenden Wollen, in unserm unkräftigen Wohlgefal|len an dem reinen und vollkommenen Gotteswillen, wenn er ganz allgemein ist in dem menschlichen Geschlecht, anders geholfen werden, als dadurch daß unter eben diesem Geschlecht eine höhere Kraft ans Licht geboren wird, die sich, wie wir das in beschränkterem Maaße täglich erfahren, durch lebendige Gemeinschaft über die bedürftigen Theile ausgießt und unter denselben weiter verbreitet? Dazu nun war der Sohn des Wohlgefallens geordnet von Ewigkeit, und erschien, als die Zeit erfüllt war, mit der Fülle der göttlichen Kraft ausgerüstet, aus welcher nun alle diejenigen, die ihn aufnehmen, Gnade um Gnade schöpfen. Aber damit wir ihn ganz aufnehmen als der er ist, mußte er erst indem daß er litt Gehorsam beweisen, und durch Leiden des Todes in seiner Vollkommenheit dargestellt und mit Preis und Ehre gekrönt werden; und so konnte er nur mit seinem Opfer uns vollenden. Wie greift, wenn wir so in diesen göttlichen Rathschluß hineinschauen, alles ineinander! wie klar erkennen wir die Beziehung eines jeden! aber wie verwirrt sich plözlich alles, was sich so klar auseinander legen ließ, wie verschwindet uns plözlich aller Zusammenhang, wenn wir den Tod Christi von seinem Leben trennen, damit er so gesondert unzählige Male in einer bedeutsamen Handlung könne wiederholt werden! Kann nun der Tod für sich allein dem Leben die Kraft mittheilen, die ihm fehlt? oder soll die Nachbildung des Opfers nicht nur den Tod wiederholen, sondern auch das Leben? Wer unter uns möchte wol behaupten, es gebe in jener Kirche keine lebendige Gemeinschaft mit dem Erlöser, keinen geistigen Genuß seines Fleisches und Blutes! Das sei ferne von uns. Ja wer wollte leugnen, daß dieser sich auch dort verbinden | könne mit dem Genuß des wenngleich verunstalteten Sakramentes! Auch das sei ferne von uns. Aber gewiß muß, damit es

---

8–12 Vgl. wohl Röm 7,14–25   20–21 Vgl. Mt 3,17   38–39 Jos 22,29

Predigt über Hebr 10,12.14

geschehe, das Gemüth sich wieder in die Ursprünglichkeit der Sache zurükkversezen, und sich von dem entfernen was die Lehre der Kirche ist. Die Anbetung des Nichtmehrbrodtes, an dessen Stelle der Priester opfernd den Leib Christi herbeigeführt hat, welcher nun harrt genossen zu werden, das Ringen des Glaubens gegen das Zeugniß der Sinne, um sich von dem Genuß dieses Leibes unter der täuschenden Gestalt des Brodtes zu versichern – nein, das ist zu weit entfernt von dem mächtigen Wort, welches Geist und Leben ist, um eine Förderung im Heil der Seele in sich zu schließen. Vielmehr je eifriger sich das Vertrauen auf diese Handlungen richtet, desto mehr muß das Bestreben erkalten, das Leben Christi geistig in sich aufzunehmen. Oder sollen wir eine andere Trennung zugeben, nemlich daß wir zwar leben durch das Leben Christi in uns, aber daß der Tod Christi uns vor dem Tode bewahren müsse, nämlich vor der Strafe der Sünde? und daß hiezu nicht nur das ursprüngliche Opfer Christi nöthig sei, sondern auch das wiederholte? Aber kann es denn etwas anders bedürfen um uns vor jenem Tode zu bewahren als das ewige Leben, welches wir ja mit dem Leben Christi besizen? Ist es nicht genug, daß wir mit Christo gekreuzigt sind, und so derjenige, welcher gestraft werden sollte, gar nicht mehr vorhanden ist, sondern nur der neue Mensch, in welchem sich nichts verdammliches findet? Kann etwas anderes nöthig sein um uns von der Furcht zu befreien als die Liebe? Ja auf jede Weise muß, wer jener Lehre wirklich Raum giebt, irre werden an den Verheißungen, die der Erlöser selbst | gegeben, und an den mit diesen zusammenhängenden Erfahrungen des gläubigen Gemüthes.

Und dasselbe geschieht auch auf der andern Seite, wenn so von einander geschieden werden soll die angestammte Sündhaftigkeit und die wirkliche Sünde, daß das ursprüngliche Opfer Christi sich nur auf jene bezieht, und die Wiederholung desselben nöthig wäre wegen dieser. Welche gefährliche Verwirrung nach allen Seiten hin! Ist jene angestammte Sündhaftigkeit, oder wenn ihr so lieber wollt jene Erbsünde, durch den Tod Christi durch jenes ursprüngliche Opfer ganz abgethan: so werden wir durch dasselbe vollendet nicht als solche die geheiliget werden, sondern als solche die schon geheiliget sind; denn wo sollte noch die wirkliche Sünde herkommen, wie sollte noch etwas anderes als der reine Gotteswille sein in allen unsern Werken, wenn jener innere Grund nicht mehr vorhanden wäre? Er bleibt also, aber er wird nicht mehr gestraft? Allein geht nicht so alle unmittelbare Beziehung des Todes Christi zu uns verloren, wenn wir den Werth desselben hierauf beschränken? Denn wir sind uns ja leider jenes innern Grundes der Sünde bewußt als eines Zustandes, der über unser

---

8 *Vgl.* Joh 6,63   21–22 *Vgl.* 1Joh 4,18

Bewußtsein hinausreicht, der uns Allen schon mitgegeben ist in dieses Leben; und so muß das auch nur ein todter Buchstabe für uns bleiben, es kann keine innere Wahrheit für uns haben, daß wir für diesen Zustand, in dem wir uns finden, hätten gestraft werden müssen, wenn auch keine wirklichen Sünden sich daraus entwikkelten. Ist doch dieser Zustand nur da für uns, eben sofern er sich in der wirklichen Sünde offenbart. Wenn nun diese uns immer zu jenem nachgebildeten Opfer hintreibt, wie ganz | muß dann das ursprüngliche zurükktreten! und wie wenig daher von der unmittelbaren Beziehung zwischen dem Erlöser und dem einzelnen Christen übrig bleiben! Und wie gefährlich ist es anderntheils, wenn wir uns gewöhnen die wirklichen Sünden abgesondert von der angestammten Sündhaftigkeit als ihrem inneren Grunde für sich allein zu betrachten! gefährlich für die Einen, weil es zum frevelnden Leichtsinn auffordert; gefährlich für die Andern, weil sie Jedem preisgegeben sind, der es darauf anlegt ihr Gewissen zu beengen. Denn wie steht es doch mit unsern einzelnen Sünden? Müssen wir das bei näherer Betrachtung zugeben, daß in einem engverbundenen gemeinsamen Leben der Einzelne nur in einem sehr entfernten und untergeordneten Sinn ein besonderes Verdienst für sich haben kann – denn je vollkommner in der Ausführung je fruchtbarer in ihren Folgen eine Handlung ist, um desto leichter finden wir auch jedesmal wieviel wir dazu empfangen haben von Andern: so gilt dasselbe gewiß eben so sehr von unsern Sünden. Keiner kann als der alleinige Schuldner angesehen werden, für das was er thut: sondern je verdammlicher es erscheint, um desto leichter wird sich in den meisten Fällen nachweisen lassen, wie vielfältig der Thäter von Andern ist versucht und gereizt, und wie lange das Böse in ihm durch die Sünden Anderer ist genährt worden. Mithin sind auch alle sündlichen Handlungen gemeinsames Werk und gemeinsame Schuld; und werden wir so sehr aufgefordert von dem innern Grund der Sünde in uns selbst abzusehen: so können wir gar leicht die Schuld ganz auf Andere werfen! Und was sich als eigner Antheil nicht ableugnen ließ an unsern und fremden Sünden: wie leicht läßt sich | der Leichtsinnige darüber durch die Theilnahme an der Wiederholung des Opfers beschwichtigen! Dagegen auch auf der andern Seite, sind wirkliche Sünden etwas abgesehen von ihrem Zusammenhang mit der innern Sündhaftigkeit: so ist auch nicht eines jeden eignes Gewissen der einzige Richter darüber. Es bedarf dann einer äußeren Bestimmung darüber, was Sünde ist; und wie ungeheuer können dann ängstliche Gewissen beschwert werden, und wie ganz der Wahrheit zuwider, wenn bald dies bald jenes zur Sünde gemacht wird, was in der That gar kein Zeugniß von der inneren Sündhaftigkeit ablegt. Und beweist nicht schon dieses Schwanken deutlich genug, daß durch eine solche Trennung auch das wahre Bewußtsein der Sünde ganz verloren geht? Denn da ist keine Wahrheit, wo sich eine solche Leichtigkeit zeigt von einem entgegengesezten zum andern überzugehn; da fehlt es an der rechten Kraft das Herz fest zu machen, wo mit demselben Recht ängstliche Gemüther Furcht und Schrekken einsaugen, und leichtsinnige Beschwichtigung für alles zu finden wissen. Und erwägen wir es genau, was für ein Schaden es ist dem innersten Grunde nach, welcher der christlichen Frömmigkeit erwachsen mußte durch einen solchen Zusaz zu dem vollendenden Opfer Christi, und wovon wir also wieder frei geworden sind: so ist es dieser, daß sowol was die Sünde als was die Erlösung betrifft, überall Willkühr an die Stelle der innern Wahrheit und des naturgemäßen Zusammenhanges tritt, den wir uns eben wieder vergegenwärtigt haben. Menschliche Willkühr kann auf diese Weise bestimmen, was Sünde ist und was nicht: und die Art, wie das Opfer Christi mit allen seinen tausend und aber tausend Erneue|rungen uns vollendet, ist nicht mehr das, was der Natur der Sache nach geschehen müßte der Sünde wegen, sondern es muß uns gemahnen wie eine Einrichtung göttlicher Willkühr, an deren Stelle wol auch andere könnten gedacht werden. Und wieviel verliert unser Verhältniß zu dem Erlöser, wenn er uns so erscheint, wie ein Fremdling willkührlich in die Gesellschaft der Menschen hineingeworfen, und unser Heil nicht nach den natürlichen Gesezen des Lebens bewirkend, sondern auf eine unbegreifliche und ganz fremdartige Weise.

Mittelbar aber müßte unser Verhältniß zu ihm auch noch dadurch leiden, daß diese Wiederholung seines Opfers und die damit verbundene Wirksamkeit menschlicher Willkühr eine Ungleichheit unter den Christen hervorbringt, welche den größten Theil derselben nur zu weit von dem Erlöser entfernt. Denn wenn es wegen unserer wirklichen Sünden dieser Wiederholung seines Opfers bedarf: welcher gewaltige Unterschied zwischen allen übrigen und denen, welchen Er das Recht ausschließend verliehen haben soll ihn darzubringen! und wie natürlich, wenn es an ihnen hängt die wirklichen Sünden durch ihre Darbringung zu tilgen, daß auch sie, wenn eine solche Unsicherheit einmal eingerissen ist, allein bestimmen müssen, was wirkliche Sünde ist, und dann auch, denn das hängt nothwendig zusammen, was wahrhaft gutes Werk ist, also auch was für Denken und Glauben gut ist und heilsam und welches sündlich ist und verderblich. So haben denn diese die Gewissen der Andern in ihrer Hand, und nur sie sind eigentlich die Kirche, in welcher die Gabe des Geistes ruht, die Andern müssen Gebot und Lehre von ihnen annehmen; | und so giebt es denn nicht mehr Einen Meister, dessen Jünger alle unter einander Brüder sind,

---

3–4 Vgl. Hebr 13,9   41 Vgl. Mt 23,8

sondern unter seinen Jüngern viele Meister, deren Untergebene zuviel auf sie zu achten haben, als daß sie noch könnten viel unmittelbar von dem Erlöser empfangen. Solchem Verderben ist nun unser Christenthum glükklich entronnen dadurch, daß unsere Vorgänger im Glauben jenes Gewebe von Menschenerfindung zerrissen haben, und zu dem Einen vollendenden Opfer Christi als allein genügend für die, welche geheiligt werden, einfältig zurükkgekehrt sind.

Laßt uns denn an diesem Beispiel ganz besonders erkennen, daß jene Zeit unserer Kirchenverbesserung und der Ablegung unseres Bekenntnisses eine solche gewesen ist, wie ein alter Lehrer der Kirche sich jene merkwürdige Gleichnißrede unseres Erlösers vom Unkraut auf dem Akker erklärt. Er sagt nämlich jenes Unkraut solle nicht sowol die bösen Menschen bedeuten – und dafür läßt sich wol sagen, daß kein Mensch aus anderem Samen entsprossen ist als der andere – sondern es seien die verkehrten und verderblichen Gedanken. Und das ist wenigstens dem ganz gemäß, daß in andern Gleichnissen der gute Same ganz bestimmt das Wort Gottes und also die guten und göttlichen Gedanken bedeutet. Doch dem sei nun, was jene bildliche Rede des Erlösers betrifft, wie ihm wolle, jener Erklärung entspricht wenigstens die Geschichte gut genug. Denn es schießt von Zeit zu Zeit auch auf dem Boden der christlichen Kirche solches Unkraut verkehrter Gedanken auf, dessen Samen der göttliche Säemann nicht mit ausgestreut hat; sondern theils ruhte er noch von früher her in dem Boden, theils gehen ja aus dem trozigen und verzagten Herzen arge Gedanken | hervor. So waren es bald jüdische Menschensazungen und heidnische Erfindungen, die in anderer Gestalt wieder aufkeimten, bald ersann das beflekkte Gewissen falschen Trost, weil doch der menschliche Geist noch nicht ganz in das beseligende Geheimniß der Erlösung eingedrungen war. Und so war denn jene große Zeit der Kirchenverbesserung eine solche Zeit der Erndte, wo viele von den köstlichen Wahrheiten des Glaubens in die Scheuern gerettet wurden, wo sie nun sicher aufbewahrt liegen für alle künftigen Zeiten, und so wurde auch vielerlei Unkraut dafür erkannt was es war, also ausgejätet und verbrannt, daß seine Spur unter uns nicht mehr gefunden wurde. Dafür haben wir nun dem Herrn der Erndte Lob und Dank zu sagen, der damals seine Schnitter aussandte. Aber laßt uns auch

---

10–15 *Vgl. die Auslegung von Mt 13,24–30.36–43, besonders von Mt 13,38 bei Origenes: Commentaria in Evangelium secundum Matthaeum, Tomus X,2, Opera omnia, ed. C. Delarue, Bd. 3, Paris 1740, S. 443–444; Werke, Bd. 10, Die griechischen christlichen Schriftsteller der ersten drei Jahrhunderte, Bd. 40, [Matthäus-Erklärung, Bd. 1, Die griechisch erhaltenen Tomoi], ed. Erich Klostermann, Leipzig 1935, S. 2–3, hier 2,15–27, vorzüglich Z. 22 und 27* **16–17** *Vgl. Mt 13,19; Lk 8,11* **30–35** *Vgl. Mt 13,30*

wohl bedenken, daß es nicht die lezte alles ans Licht bringende und alles entscheidende Erndte war. Oder wer möchte sich noch einbilden – denn freilich es gab Zeiten, wo diese hochfahrende Meinung sehr weit verbreitet war unter uns; aber jezt, wer möchte sich noch einbilden, daß das Feld unserer evangelischen Kirche ganz rein sei, und nur der himmlische Waizen auf demselben wachse und gedeihe! Darum laßt uns immer noch wachsam sein und die Regel, die uns der Erlöser in jenem Gleichniß giebt, nicht außer Acht lassen. Diejenigen berathen unsere Gemeinschaft übel, welche zu jeder Zeit alles, was ihnen als Irrthum erscheint, auch sogleich ausjäten wollen. Nicht nur daß manche noch nicht festgewurzelte Pflanze, die auch dem göttlichen Samen entsprossen ist, Schaden leidet und vergeht unter diesen voreiligen Bestrebungen des Unkrauts Meister zu werden und es zu entfernen; sondern die darauf ausgehn alles, was | nicht guter Waizen ist, gleich im ersten Aufkeimen aus dem Boden zu reißen, die vergreifen sich auch, von ihrem Eifer verblendet, an manchem Waizenpflänzchen, das sie verkennen, das aber mit der Zeit schöne Frucht würde getragen haben. Darum laßt uns nicht in unverständigem Eifer dem Herrn anders dienen wollen, als er es begehrt. Er selbst will die Zeit der Erndte bestimmen, wir sollen uns nicht anmaßen sie zu kennen, und sollen nicht zu jeder Zeit im Felde rühren und stören um des Unkrauts willen. Laßt uns Alle, die mit uns ihr Heil in Christo allein suchen, und als durch sein einmaliges Opfer vollendet im Gehorsam gegen ihn geheiligt werden wollen, gern als Brüder und Genossen unseres Glaubens in herzlicher Liebe umfassen, und was uns als Irrthum in ihnen erscheint so in Liebe tragen, nicht daß wir ihnen unsere Meinung verhehlen, aber daß wir weit entfernt die Gemeinschaft mit ihnen aufzuheben, wenn sie nicht gleich das ihrige aufgeben wollen gegen das unsrige, fleißig gemeinsam mit ihnen die Wahrheit suchen: so wird uns auch der Herr einen durch den andern immer mehr erleuchten, und nichts wird uns mehr trennen von der lebendigen Gemeinschaft mit ihm, der allein, die er vollendet hat, auch heiligen kann zur reinen Anbetung Gottes im Geist und in der Wahrheit.   Amen.

1–2 Vgl. Mt 13,39–40   9–10 Vgl. Mt 13,28   19–22 Vgl. Mt 13,29–30   33 Vgl. Joh 4,24

VI.

Ermunterung zum Bekenntniß der Sünden.

Text. Jak. V, 16.
Bekenne einer dem andern seine Sünden und betet für einander.

M. a. Fr. In jenem ersten Bekenntniß unsrer evangelischen Kirche, mit dessen einzelnen bedeutendsten Lehren und Anordnungen wir uns jezt beschäftigen, ist auch eine wichtige und uns von der römischen Kirche unterscheidende Bestimmung in Bezug auf unser gemeinsames kirchliches Leben enthalten, welche sich auf denselben Gegenstand bezieht wie die verlesenen Worte der Schrift. Es bestand nämlich seit langer Zeit eine Nothwendigkeit für alle Christen in unsrer abendländischen Kirche, ehe sie zum Tische des Herrn gingen, denjenigen von dem sie sich wollten dieses heilige Mahl der Liebe darreichen lassen, eine so viel sie nur immer konnten vollständige Aufzählung der begangenen Sünden zu geben, also diesen ihre Sünden zu bekennen. Dieses nun ist schon damals als eine Quelle von mancherlei | Verirrungen und Verkehrtheiten angesehen worden, und es gehört zu dem, was abgestellt wurde beim ersten Anfang der evangelischen Gemeinschaft und dahin geändert, daß zwar allerdings der Natur der Sache gemäß zum Genuß des Mahles unsers Erlösers als einer neuen Versicherung der göttlichen Vergebung auch das Bekenntniß der Sünden gehöre, daß aber keinesweges von den Christen solle verlangt werden eine Aufzählung der einzelnen Vergehungen. Dies nun ist es, was wir heute zum Gegenstand unsrer Betrachtung machen. Die verlesenen Worte des Apostels aber enthalten eine Aufforderung und Ermunterung zum Bekenntniß der Sünden, und es ist darin allerdings, wie es die Worte selber und der ganze Zusammenhang angeben, das einzelne gemeint. Denn daß wir Alle die Sünde in uns tragen, das bedarf keiner erst dem andern zu bekennen, weil jeder wie er es an sich selbst weiß, so es auch von dem andern voraussezt. Hier also finden wir eine Ermunterung zum Bekenntniß der einzelnen Sünden, die wir wirklich begangen haben einer gegen den andern, und zwar damit sie

---

2 *Predigt zum 10. Sonntag nach Trinitatis am 15. August 1830 vormittags in der Dreifaltigkeitskirche zu Berlin; vgl. Predigtnachschrift und Liederangaben in KGA III/12, S. 313–323* 5–23 *Vgl. Confessio Augustana 11. 25. Von der Beicht, Die drey ökumenischen Symbola, die Augsburgische Confession, und die repetitio confessionis Augustanae, S. 28–29. 67–69; BSELK VN, S. 104/105. 146/147–150/151*

ein Gegenstand des Gebetes werden können. Denn so verbindet sich beides mit einander in unserm Text. Ich will nun in Beziehung auf diese Worte und auf jene Einrichtung in unsrer Kirche zuerst von dem Segen des Bekenntnisses, von welchem der Apostel hier redet, meine Meinung auseinandersezen, und zweitens damit vergleichen jene in unsrer evangelischen Kirche im Widerspruch mit der bisher bestandenen gemachte Einrichtung.

I. Was nun das Erste betrifft, m. a. Fr., so vergönnt mir etwas weiter, als vielleicht unumgänglich nöthig | zu sein scheint, in das ganze Verhältniß des Menschen als eines sündigen Wesens einzugehen. Zu dieser Sündhaftigkeit gehört unstreitig auch sehr wesentlich und leider sehr allgemein eine innere Unwahrheit im Menschen, die sich auf die mannigfaltigste Weise zeigt. Zuerst und am allgemeinsten alsdann, wenn er seine eigne Sünde als solche nicht anerkennt. Dies war derjenige Zustand des Verderbens, welcher dem Apostel Paulus, als er seine Briefe an die Römer schrieb, in der ursprünglichen und ausgebildetsten Gestalt vor seinem geistigen Auge schwebte. Er erklärt ausdrükklich jene so allgemeine Verkehrung der natürlichen Gotteserkenntniß, in welcher sich das höhere Vermögen der menschlichen Vernunft kund geben sollte, nämlich die Vielgötterei so, daß schon die früheren Geschlechter der Menschen, statt in seinen Werken den einen Schöpfer und dessen allmächtige Kraft und Gottheit zu erkennen, sich das göttliche Wesen in eine Mehrheit zerspalten und zersplittert hatte, wohlbedächtig in eine Mehrheit von solchen Wesen, an welche sie zugleich alles verkehrte Tichten und Trachten der Menschen vertheilen konnten, um es eben dadurch zu heiligen, daß sie es auch höheren Wesen beilegten. Das ist der Sinn des Apostels, wenn er sagt, die Menschen hätten die Wahrheit aufgehalten in Ungerechtigkeit, sich selbst die Wahrheit verdunkelt, Gott nicht erkannt und nicht gepriesen, nur deswegen, weil sie, wenn sie sich dem Reinen gegenübergestellt hätten, auch ihr eignes Verderben hätten erkennen müssen. Wie sie aber dies hinübertrugen auf die höheren Wesen, so waren sie dessen überhoben die Sünde als Sünde zu erkennen. Es gab für sie nur eine Mannigfaltigkeit von Trieben und Richtungen in der menschlichen Natur, | und jede wurde durch ein solches Wesen vertheidigt, wiewol sie doch alle nichts Göttliches an sich trugen. Dies unstreitig können wir als die vollkommenste Ausbildung dieser innern Unwahrheit ansehn, gesezt auch alle jene Wesen wären nicht absichtlich hierzu

---

6 Widerspruch] Wiederspruch   20 Vielgötterei so,] Vielgötterei, so

21–23 Vgl. Röm 1,20   25 Vgl. Gen 6,5   28–29 Vgl. Röm 1,18

erfunden, aber doch immer dazu gebraucht worden. Und nicht geringer fast prägte sich diese innere Unwahrheit aus bei dem jüdischen Volk, wenn es sich schon damit beruhigte, ein treuer Bewahrer des Gesezes zu sein. Darum nun, weil so die Menschen ihr geistiges Auge abgewandt hatten von der Sonne der Gerechtigkeit und nicht im Stande waren hineinzuschauen, sandte Gott seinen Sohn, um sie von diesem Verderben zu retten, damit sie Reinheit und Vollkommenheit in menschlicher Gestalt vor Augen sähen, und, indem er ihnen so vor Augen trat, genöthigt würden die Herrlichkeit des eingebornen Sohnes vom Vater zu erkennen. Wer ihn aber so erkannt hat, der kann nicht mehr in der Unwahrheit wandeln, sondern die Wahrheit, und wenn es auch nur unter tausend Schmerzen geschehen könnte, muß ihn frei machen. Daher können wir das voraussezen, wo nun lebendige Erkenntniß und Anerkenntniß des Erlösers ist, da ist auch eine Anerkenntniß der Sünde, da muß im Allgemeinen jene Unwahrheit des menschlichen Herzens besiegt sein, und der Gegensaz zwischen dem heiligen Willen Gottes, der dann auch den Menschen mit dem Bilde Christi ins Herz geschrieben ist, und dem, was sie immer noch innerlich bald treibt bald hemmt, dieser Gegensaz muß von ihnen erkannt werden. Aber auch das nur im Allgemeinen, m. g. Fr. Denn wenngleich Paulus zunächst nur von den Heiden sagt, um zu beweisen, daß auch sie das | Wesen des Gesezes in sich trügen, daß ihre Gedanken sich untereinander bald entschuldigen bald verklagen[1]: so kennt auch Jeder dasselbe aus seiner eignen Erfahrung, und weiß, daß der verklagende Gedanke gewöhnlich recht hat. Das Entschuldigen ist ein Verderben der menschlichen Seele, das nie ein Ende nimmt; auch nicht mit der vollständigsten Anerkenntniß der Sündhaftigkeit im allgemeinen. Unter Allen, denen es gar nicht schwer ankommt sich als Sünder zu bekennen, die mannigfaltig fehlen, werden nur Wenige sein, die sich nicht am liebsten in allen einzelnen Fällen, ausgenommen etwa, wo die Uebereilung ganz klar zu Tage liegt, doch noch vertheidigten. Denn in allen andern Fällen will doch jeder richtig geurtheilt haben, und keiner will es auf sich kommen lassen, daß alte Gewöhnungen, die er doch für sündlich anerkennen muß, noch eine Macht in ihm hätten. Und doch ist es nicht möglich, daß es eine zusammenhängende Wirksamkeit des göttlichen Geistes, daß es ein wahres Leben Christi im Menschen gebe, wenn nicht die Neigung wenigstens zu dieser Unwahrheit gebrochen ist und überwunden, wenn es nicht das beständige Flehen des Herzens ist, daß der Herr uns die Augen

---

[1] Röm. 2, 15.

5 Vgl. Mal 3,20   9–10 Vgl. Joh 1,14   11–13 Vgl. Joh 8,32

öffne für Alles, was Sünde ist, damit auch überall im einzelnen wir uns selbst recht erkennen, und auch das sündliche, was dem Guten, das hell genug in die Augen der Welt scheint, beigemischt ist, uns nicht entgehe. Was bleibt sonst unser Loos, als selbst in der Blindheit
5 hingehen, und als blinde Leiter der Blinden uns vergeblich aufblähen. Wo aber diese Wahrheit im Herzen so befestigt ist, daß die Stimme Got|tes im Innern nicht mehr schweigt, oder zum Schweigen gebracht wird, wenn Unreines sich regt: da erst beginnt eigentlich der redliche Kampf des Menschen gegen die Sünde, da wiederholt sich in ihm diese
10 ganze Geschichte, die Paulus so lebendig darstellt in jenem Briefe[2], daß er den Willen Gottes erkennt in seinem Innern, aber daß er immer noch findet das andere Gesez in seinen Gliedern, welches ihn hindert das Gute, was er will und begehrt, zu vollbringen, und ihn nöthigt das zu thun was er nicht will, sondern verabscheut. Wenn nun der
15 Apostel, nachdem er diesen innern Kampf des Menschen dargestellt, und die Frage aufgeworfen hat, Wer wird mich erretten vom Leibe dieses Todes? keine andere Antwort giebt, als, Ich danke Gott, der uns den Sieg gegeben hat durch Jesum Christum: so stimmen wir darin gewiß alle mit ein, daß wie auch dieser Kampf sich in Jedem
20 anders gestalte, wie er sich verlängere und immer wieder erneuere, es einen andern Sieg in demselben immer nicht giebt, als durch den, der uns allen gemacht ist zur Weisheit, Gerechtigkeit, Heiligung und Erlösung. Ja das sollte die höchste Wahrheit eines jeden christlichen Gemüthes sein, und dem Wesen nach werden auch Alle in jenem einfa-
25 chen Ausdrukke derselben übereinstimmen, Fällt mir etwas Arges ein, denk' ich gleich an deine Pein, diese wehret meinem Herzen mit der Sünde Lust zu scherzen. Denn wenn wir uns den Erlöser immer lebendig vergegenwärtigen könnten, dann würde gewiß auch der Kampf immer glükklich enden, und so würde sich dann in Wahrheit zeigen,
30 daß nichts Verdammliches in uns ist, | wenn wir nur in Christo sind. Und freilich sollen wir auch keine andere Hülfe suchen neben dem Erlöser, wie keine andere Götter neben dem Vater! Aber eben deswegen, weil wir uns doch gestehen müssen, daß er, indem er nicht mehr leiblich unter uns wandelt, auch nicht immer so innerlich gegen-
35 wärtig ist, wie es sein sollte, eben deswegen hat der Apostel diese Worte unsers Textes geredet zu allen und für alle, welche in Christo Jesu sind, und ihnen gesagt, Bekennet einer dem andern eure Sünden

---

[2] Röm. 7, 14–24.

16–17 *Röm 7,24*   17–18 *Vgl. Röm 7,25*   25–27 *Gesangbuch zum gottesdienstlichen Gebrauch für evangelische Gemeinen, Berlin 1829, Nr. 182 „Jesu, deine tiefe Wunden" (in eigener Melodie), Strophe 1 (unten S. 841)*   32 *Vgl. Gen 20,3; Dtn 5,7*

und betet für einander. Und ich kann es nicht aussprechen, wie sehnlich ich wünsche daß recht Viele unter uns aus eigner Erfahrung ein Zeugniß davon mögen ablegen können, was für ein Segen in allen inneren Kämpfen, in denen wir so gern Sieger sein möchten, und in den schwersten am meisten auf einem solchen Bekenntniß ruht. Die schwierigsten aber sind die, welche Andern am meisten verborgen bleiben. Denn gegen eine äußerlich hervorbrechende Schwachheit haben wir immer schon Bundesgenossen an denen, welche ihrer inne werden, mögen sie uns nun freundlicher oder rauher zurechtweisen oder uns durch stille Theilnahme beschämen. Aber warum wollen wir bei allem, was wir nur innerlich durchkämpfen müssen, freiwillig allein stehen, da wir doch ein Recht haben auf brüderlichen Beistand von denen, welche Glieder sind an demselben Leibe. Freilich gehn wir gar ungern daran, Schwachheiten zu offenbaren, die niemand an uns kennt; und wenn der Erlöser mit uns wandelte, der immer schon wußte was in des Menschen Herzen war: so bekämen wir auch ohne Bekenntniß einen Blikk, wie Petrus ihn bekam. Aber eben weil ihm dieser Blikk soviel war: sollten wir nicht eilen durch redliches Be|kenntniß uns einen Bruder zum Freunde zu gewinnen, der ähnliches an uns thue wie Er am Petrus? Ach schon ein solches Bekenntniß, das freie Hervortreten der Wahrheit aus unserm eigenen Munde, wodurch wir uns nicht öffentlich aller Welt preisgeben, denn das kann nur selten frommen, aber in der Stille uns einem befreundeten Auge hingeben wie wir sind, schon das hat eine unbeschreiblich erleichternde reinigende und stärkende Kraft. Und dann das herzliche Mitgefühl eines engverbundenen Gemüthes, die besonderen Tröstungen der göttlichen Gnade aus einem freundlichen Munde, ein strafender Blikk ein warnendes Wort im Augenblikk der Gefahr, was für reiche gesegnete Hülfsleistungen für alle Wechselfälle unseres ringenden Lebens.

Und wenn nun unser Text außer jenen heilsamen Anregungen, die uns aus dem Bekenntniß von selbst hervorgehen, noch hinzufügt, Und betet für einander: so stellt er uns dadurch erst die Kraft dieses Hülfsmittels der lebendigen Gemeinschaft auf ihrem Gipfel vor Augen. Denn gewiß, wenn wir wissen, daß ein Bruder die ihm bekannte Noth unsers Gemüthes wie seine eigne nicht nur in seinem Herzen bewegt, sondern auch sie Gott vorträgt in seinem Gebet, wie sehr muß das den gebeugten Muth wieder erheben! Auch ohne daß wir an irgend eine übernatürliche Wirkung solchen Gebetes denken, wie muß nicht unsere Freude an der Theilnahme unserer Brüder erhöht werden, und

---

35 Gemüthes] Gemüthes,

---

13 Vgl. Eph 5,30   17 Vgl. Lk 22,61

also auch unser Wunsch gesteigert, daß ihre Hofnung nicht möge getäuscht werden! Wie zeigt sich uns erst dadurch die Liebe in ihrer ganzen Herrlichkeit, wenn sie fremde Schwachheit wie eigne vor Gott bringt! und wie | muß es unsern Eifer im Kampf erhöhen, wenn wir wissen, daß wir mit solcher Liebe umfaßt werden!

Diesen Segen, m. g. Fr., der uns aus dem besonderen Bekenntniß der Sünden an eine vertraute Seele entsteht, sollte sich keiner entgehen lassen; und sind wir nun Alle unter einander Brüder in Christo: so kann auch wol keinem, dem es Ernst darum ist, ein solches Verhältniß fehlen. Auch der erfahrenste und geübteste wird freilich mehr Vertrauen zu empfangen haben als zu geben; aber auch er wird nicht nur lehrreich werden und erbaulich durch sein besonderes Bekenntniß, sondern auch sich selbst wird er noch dadurch fördern. Diese Allgemeinheit liegt in der Absicht unseres heiligen Schriftstellers, der in einem ganz allgemein an alle Christen gerichteten Briefe diese Vorschrift ertheilt. Und auch eine solche Gegenseitigkeit hat er sich gedacht. Denn er sagt nicht, Ihr Vielen bekennet eure Sünde den Wenigen auserwählten, auch nicht, Ihr Gemeinden bekennet eure Sünde den Aeltesten, sondern unter einander. So ist es dann für uns Alle ein gemeinsamer Beruf, Bekenntniß zu geben und anzunehmen, und sollte daher auch eine allgemeine Ordnung und Uebung unter uns sein, die, wenn sie auch äußerlich gar nicht hervorträte, sich doch in ihren segensreichen Folgen bemerklich machen würde. Ja überall ist es ein großer Beweis von zunehmendem christlichem Sinne, wenn sich ein solches christliches Vertrauen weiter verbreitet, und ein großer Beweis von der Wahrheit, mit welcher wir dem Ziel der Heiligung nachjagen; ja ein großer Fortschritt muß daraus der Gemeine des Herrn erwachsen, die sich ja nur in dem Maaß vor ihm ohne Tadel darstellen kann, als ihre einzelnen Glieder rein sind. |

II. Und nun nachdem wir den großen Segen des einzelnen Bekenntnisses uns so deutlich vor Augen gestellt, laßt uns zweitens übergehen zur Betrachtung der in dieser Hinsicht durch die Kirchenverbesserung für uns eingetretenen Aenderung.

Zuerst warum ist in dieser Beziehung das Band zwischen den Gliedern unserer Gemeinen und den Dienern des göttlichen Wortes gleichsam mehr gelöst worden? Gewiß soll dadurch nicht gesagt werden, daß sie in den christlichen Gemeinden unsers Bekenntnisses etwa weniger als andere diejenigen sollten sein können, zu welchen die einzelnen Glieder der Gemeinden das Vertrauen hegen dürften, ihnen das innere des Gemüthes aufzuschließen und sich durch ihre Ermahnung

---

9 ist, ein] ist ein

und ihr Gebet zu stärken. Vielmehr sind sie auch dazu als Seelsorger gesezt, und Jeder kann Gehör und Zuspruch von ihnen verlangen. Es ist keineswegs die Absicht gewesen den heiligen Dienst im Worte so zu begrenzen in unsern Gemeinden, daß er sich nur auf die öffentliche Verkündigung des göttlichen Wortes in unsern Versammlungen und auf die Darreichung der Sakramente erstrecke; sondern die Diener des Wortes sollen einem jeden zum Trost und zur Hülfe bereit sein bei allem, was ihm auf seinem geistigen Lebensgange begegnen kann. Und wenn es eine allgemeine Erfahrung wäre, daß ein solches Verhältniß des Vertrauens zwischen beiden Theilen gar nicht Statt fände: so wäre das allerdings ein trauriges Zeichen, theils schon an sich, indem dann offenbar das Verhältniß ein nachtheiliges und unnatürliches sein muß, und gar viele Glieder des geistlichen Standes ihrem Beruf nicht gewachsen und von geringer Beschaffenheit, wenn sie nicht | verstehen sich die Gemüther zu befreunden, theils auch besonders, weil gar viele unserer Glaubensgenossen, wenn ihr Geistlicher nicht kann ihr Seelsorger sein, einen anderen besonderen Vertrauten für das Bedürfniß ihres Herzens schwerlich finden werden. Denn erfordert gleich dieses Vertrauen nicht eine besondere Würde, eine eigenthümlich höhere Stufe: so giebt es doch Jeder nur da, wo er eine reichere Erfahrung eine geübtere Kraft anerkennt. Wo also außer dem Diener des Wortes Alle einander ziemlich gleich sind auch in den Mängeln und Gebrechen, und Alle noch mit der Milch des Evangeliums genährt werden müssen: da werden sich solche Verhältnisse zwischen einzelnen Gemeingliedern nicht leicht ausbilden können. Allein wie sehr es auch zu wünschen ist, daß jeder Diener des Wortes recht Vielen seiner Gemeinglieder ein solcher vertrauter Herzensfreund sein möge: so durfte doch die Meinung nicht stehen bleiben, daß gerade sie es sein müßten, oder sie allein es sein dürften, an welche unsere Christen sich zu wenden haben. Nein! das war ein zu hartes Bedrängniß der christlichen Freiheit, zumal es an so manchen Veranlassungen nicht fehlt, um in das Verhältniß zwischen Geistlichen und einzelnen Gemeingliedern eine Verstimmung zu bringen. Darum ist es so wichtig, daß wir beides von einander getrennt haben. Mit diesem Bedürfniß des Bekennens soll niemand an einen Einzelnen gewiesen sein, sondern Jeder nur an seine freie Wahl aus der Gemeine. Und wenn es gar kein Amt des Wortes gäbe, wie es denn sehr geförderte Christen giebt, die ein solches nicht anerkennen: so müßte doch jeder einen Bruder finden können, in dessen Herz er sein Bekenntniß niederlegte. Ja sollten wir nicht | behaupten dürfen, dies sei ein trefflicher Maaßstab um darnach zu beurtheilen, wie weit unser kirchliches Leben gediehen sei?

23–24 Vgl. 1Kor 3,2; Hebr 5,12–13

Bedenkt wieviel herzliche Annäherungen es für uns giebt im gesellschaftlichen Leben, wieviele Vereinigungen zu gottgefälliger Thätigkeit, wobei wir einander genauer in unserer eigenthümlichen Art und Weise unterscheiden lernen; bedenkt wie oft wir einander an merkwürdigen Stellen auf dem Wege durch dieses Leben begegnen, wie oft wir von einerlei Empfindungen bewegt werden, und wie sich bei solchen Gelegenheiten das Herz aufthut; wenn dies alles doch nicht dahin führen sollte, daß Jeder auch einen Ort fände für solches Vertrauen: so müßte uns doch noch etwas sehr wesentliches abgehen!

Wenn nun das einzelne Bekenntniß etwas so wünschenswerthes und heilsames ist, und wenn doch immer auch unter uns Viele sich damit vornehmlich an die öffentlichen Diener des Wortes wenden: so fragt sich zweitens, warum haben wir dies besondere Bekenntniß getrennt von der Feier des heiligen Mahles, mit der es seit mehreren Jahrhunderten schon war verbunden gewesen? Auf diese Frage, m. a. Z., sollte wol die einfache Antwort schon genügen, daß diese beiden Stükke, wie wichtig auch jedes für sich ist, doch gar nicht zusammen gehören, und daß es nirgend – zumal aber in geistlichen Dingen nicht – ohne Bedenken sein kann, willkührlich zu verknüpfen was der Wahrheit nach nicht zusammenhängt. Und so ist es doch mit diesen beiden. Das Bedürfniß des Bekenntnisses kann uns im Leben jederzeit entstehen, und nur wenn es im rechten Augenblikk geschieht, ist es wirksam, darum kann es nicht warten auf das Mahl des Herrn, zu dem wir uns doch nur zu bestimmten Zeiten vereinigen. Und unser Text weiß auch hievon eben so wenig, als der Apostel Paulus bei seinen Anweisungen über das heilige Mahl dem Wort der Mensch prüfe sich selbst[3] noch irgend etwas von einem Bekenntniß an einen Andern hinzufügt. Und das liegt ja Allen zu Tage, daß diese willkührliche Verbindung das meiste beigetragen hat, um jene drükkende Herrschaft über die Gewissen zu begründen, unter welcher die Christenheit damals seufzte, und dadurch zugleich denjenigen, die nichts sein sollten als Verkündiger des göttlichen Wortes und Diener der gemeinsamen Andacht, einen Einfluß in weltlichen Dingen einzuräumen, welcher lange Zeit die Christenheit mit immer neuen Verwirrungen angefüllt hatte. Und leider war es natürlich genug, so wie diese Verbindung einmal bestand, daß die Christenheit sich an dieses Joch gewöhnte. Denn weshalb hätten die Sünden sollen vor dem heiligen Mahle bekannt und gerade denen bekannt werden, die diesem Mahle seinen geheimnißvollen Gehalt geben und es verwalten, wenn diese nicht das Recht haben sollten, die Sünden zu vergeben oder nicht zu vergeben, und somit auch zum Sakrament zuzulassen oder es zu

---

[3] 1 Kor. 11, 28.

verweigern? Darum haben wir das zwar behalten, daß die zugleich das Mahl des Herrn genießen, auch mit einander vorher sich die Gewißheit der Vergebung der Sünde erneuern, um sich dort als solche zusammenzufinden, die sich dieser göttlichen Gnade in frischer Erinnerung erfreuen; aber wir knüpfen diese Versicherung nur an ein solches allgemeines Bekenntniß der Sünde, dem sich kein Christ zu irgend einer Zeit | entziehen kann, weil wir ja wissen, daß wir nicht in der Wahrheit sind, wenn wir sagen, wir haben keine Sünde. Und wer wollte nicht Allen zur Beruhigung vor solchem heiligen Werk auch gern von dieser Lüge sich feierlich lossagen? Vielmehr ist dies das natürliche Streben eines christlich frommen und liebenden Herzens. Betrachten wir aber die Sache von dieser wichtigen Seite: so giebt wol auch Jeder zu, daß die vollkommenste Sicherheit dagegen, daß keine solche ungebührliche Herrschaft über die Gewissen sich wieder einschleiche, in derjenigen Form dieser Handlung liegt, die jezt auch in unserer Gemeine üblich ist, daß nicht die Christen auch nur dieses allgemeine Bekenntniß ihrem Seelsorger ablegen, sondern daß er selbst es in Aller Namen thut vor Allen, und dann in des Herrn Namen die Vergebung ankündigt. Und wie freundlich schließt sich hier an, daß er sich Allen bereit erklärt, die seines Rathes und Trostes begehren möchten für irgend etwas, was sie innerlich beunruhigt! Wie schön und klar tritt uns hier das Verhältniß des allgemeinen Bekenntnisses der Sünde vor Gott und der einzelnen vertrauten Mittheilung an einen Mitchristen vor Augen!

Und nun habe ich nur noch wenige Worte über das dritte zu sagen, weshalb wir nämlich in unserer evangelischen Kirche überhaupt eine Aufzählung der Sünde gar nicht für nothwendig erachten, und keinen Christen dazu auffordern. Denn es muß Jedem bald einleuchten, daß ein solches Gebot der einzelnen Aufzählung der Sünden vielerlei Mißverständnisse hervorrufen und eine Quelle mannigfacher Verderbniß werden mußte, sowol in Beziehung auf das Bewußtsein der Sünde, als auf die Art und Weise uns von derselben zu lösen. Zuförderst, m. G., seid Ihr gewiß darin mit mir einig, nur das sei das richtige Bewußtsein, | mithin auch das wahre Bekenntniß der Sünde, nicht daß wir viel oder wenig einzelne Sünden begangen haben, sondern daß wir, wenn wir doch die Sünde haben, sie auch überall haben. Was kann es dann aber helfen, die einzelnen Sünden aufzählen, da wir ja, wenn wir es irgend genau nehmen wollten, alle unsere Handlungen aufzählen müßten, diejenigen gar nicht ausgenommen, von denen wir uns mit voller Wahrheit das Zeugniß geben können, daß sie von der

---

15–21 *Vgl. Unierte Agende der Dreifaltigkeitskirche zu Berlin (1822), KGA III/3, S. 1005–1009*

Predigt über Jak 5,16 353

Liebe zu Gott und zum Erlöser ausgegangen sind? Denn überall ist es ja nur die Sünde, wie sie sich in einem jeden besonders gestaltet, welche die Vollkommenheit unserer einzelnen Handlungen hindert, und eben in diesen Unvollkommenheiten werden wir am sichersten die Spur der Sünde auffinden, auch der die sich in besonderen Handlungen nicht zeigen würde. Darum ist das ganz gewiß ein wahres Wort, Wer kann wissen wie oft wir fehlen? und darum hat auch der Psalmist schon das Gebet und die Hofnung, daß Gott auch die verborgenen Fehler verzeihen werde[4]. Wozu daher die quälende Mühseligkeit die einzelnen Sünden aufzuzählen? Die Aufgabe wäre doch eine unendliche, der wir nie Genüge leisten könnten. Es könnte sich dabei ja gar nicht handeln um einzelne Thaten, sondern es müßte eine Aufzählung des ganzen Lebens sein, so wie sie wahrlich wenige von uns selbst würden geben können. Aber das ist auch gar nicht der Wille Gottes; das Leben mit seinen Unvollkommenheiten und Mängeln soll nur einmal gelebt sein. Sollen wir wahrhaft vergessen was dahinten ist, so müssen wir auch das unvollkommne | und sündliche darin vergessen, und wir dürfen es in dem redlichen Bewußtsein, daß die Gewalt des Fleisches von einer Zeit zur andern gedämpft worden ist, und daß wir wahrhaft streben nach dem, was da vor uns liegt. Aber immer wieder so genau in die Vergangenheit zurükgehen, gleichsam Jagd machen auf alle einzelne Spuren des Verderbens, das wir doch in seinen großen Zügen kennen, das gewährt keinen wahren Wachsthum an Selbsterkenntniß; nur der Schein davon wird zu unserm großen Schaden eine Nahrung für eine neue falsche Selbstzufriedenheit. Denn wie leicht kann es Zeiten geben, wo wir weniger Handlungen aufzuzählen wissen, wegen deren unser Gewissen uns gestraft hat; und doch sind es Zeiten der Geistesträgheit und Stumpfsinnigkeit gewesen, Zeiten, wo wir schliefen und der Feind Unkraut säen konnte in die Seele. Wie wird also nicht die Aufmerksamkeit durch diese scheinbare Gründlichkeit in vielen Fällen nur abgelenkt von dem, was uns eigentlich Noth thäte zu wissen! und noch dazu wie leicht schmeichelt sich ein eitles Gemüth damit, als ob die Aufrichtigkeit und Leichtigkeit des Bekenntnisses selbst ein glükkliches Zeichen wäre von dem Ernst in der Heiligung, während doch der Inhalt des Bekenntnisses sich immer gleich bleibt, und keinen Fortschritt bekundet. – Und nun was dies andere betrifft, wie wurden durch diese Anordnungen die Christen irre geführt in Hinsicht des Loskommens von der Sünde! Welche Abwege eröffnen sich nach beiden Seiten hin! Wenn nun die Gewißheit

116

---

[4] Ps. 19, 13.

16 Vgl. Phil 3,13   **20** Vgl. Phil 3,13   **28–29** Vgl. Mt 13,25

der Vergebung abhängt von der Richtigkeit der Aufzählung, und der würdige Genuß des Sakramentes von der Vollständigkeit der erhaltenen Vergebung: welche Quaal wird ängstli|chen Gemüthern bereitet, die sich nicht so leicht bei den verschiedenen Abstufungen, die unter den Sünden gemacht werden, beruhigen können. Und auf der andern Seite, welch ein gefährlicher Reiz für die Leichtsinnigen! wie bewußtlos kann die Sicherheit, daß auf das Bekenntniß auch die Vergebung erfolge, doch darauf wirken, daß sie der Versuchung eher nachgeben, im Widerstande eher ermüden, und sich demnach in eine bedenkliche Ruhe einwiegen! Nehmen wir noch hinzu, wie genau dies beides zusammenhängt, die Sünde nur in den einzelnen Handlungen suchen, und die Vergebung derselben durch andere einzelne Handlungen bedingen wollen, welche jenen gleichsam das Gegengewicht halten sollen: so können wir uns freilich nicht wundern, wie auch dieser Wahn allgemein geworden war von dem genugthuenden Werth äußerer Werke. Aber das muß uns einleuchten, wie fast unvermeidlich hiedurch die Christen zu einer verderblichen Sicherheit über ihren innern Zustand mußten verleitet werden; und indem sie fast angewiesen wurden in solchen Werken ihre Beruhigung zu finden, die von gar keinem Einfluß auf das innere sein konnten, wie leicht sie mußten von dem rechten Wege der Heiligung abkommen. Darum laßt uns Gott danken, daß wir in unserer evangelischen Kirche gelöst sind von diesem gefährlichen Gebot einer Aufzählung der begangenen Sünden, und daß wir um so mehr zurükgeführt werden auf den innersten Grund des Herzens. Prüfen wir den fleißig vor Gott, suchen wir ihn immer mehr zu reinigen, und uns, wie es uns vorgehalten wird, wenn wir gemeinsam unsere Sünde bekennen, der Hülfe Christi recht zu getrösten und unser Leben immer mehr Gott zu heiligen: so bedürfen wir | weder eines Bekenntnisses noch einer Vergebung einzelner Sünden vor Andern und von Andern, außer insofern wir gegen sie gefehlt haben, sei es unmittelbar oder sei es durch Anstoß und Aergerniß. Vielmehr haben wir, was Vergebung des einzelnen betrifft, genug daran, wenn nur unser Herz uns streng und rechtschaffen verdammt[5]. Denn daran merken wir, daß wir aus der Wahrheit sind, und erfahren zugleich, daß Gott größer ist als unser Herz, und bedürfen keines Menschen weiter um wieder Freudigkeit zu Gott zu haben und unser Herz vor ihm zu stillen. Sind wir aber darin fest geworden, daß sich was unsre Vergebung und unser Heil betrifft, kein Mensch zwischen uns und unsern wahren Hohenpriester stellen darf, und daß wir für keinen Segen, der irgend in Christo ist, noch eines Menschen bedürfen; sind wir fest geworden in dieser rechten Freiheit der Kinder Gottes, daß

---

[5] 1 Joh. 3, 19–21.

Jeder für sich und Jeder für Alle freien Zugang hat zu dem unvergänglichen Gnadenstuhl: dann hebt sich auch der Segen in seinem unverfälschten eigenthümlichen Werth um desto herrlicher hervor, der auf einem freien Bekenntniß ruht, welches wir in ein festeres und kräftigeres Herz niederlegen. Und wie genau gehört beides zusammen! Habt ihr euch frei gemacht vom Wahn der Menschensazungen; ist es deutlich zu erkennen, daß ihr euch auf den einen Grund Christum allein erbauen wollt: wie sollte nicht Jeder desto bereitwilliger sein Euch in treuer christlicher Liebe anzufassen, und euer Vertrauen mit Trost und Beistand zu krönen, wo Ihr dessen nur irgend bedürft? Wenn unsere gesellschaftli|chen Gewöhnungen auf so vielfältige Weise Menschen trennen, und statt daß das Gemüth sich nur nach eigner Wahl anschließen will oder absondern, mit eiserner Gewalt nach einem ganz andern Maaßstab Menschen zusammenschmieden oder voneinander scheiden, so zeigt sich die einigende Kraft des christlichen Glaubens nicht stärker als in Verbindungen, die über alle jene Einhegungen hinschreitend nur durch das Vertrauen des Bekenntnisses und durch die Hülfsleistungen des Gebetes und der Ermahnung bestehen. Möge dieser Segen des Bekenntnisses sich unter uns immer reichlicher erweisen, und sich so bewähren als die heilsame Frucht jener Befreiung von drükkenden Banden! Möge nun jedes Mitglied unserer Gemeinschaft rechten Fleiß daran wenden, sich entweder mit denen, welche ihm dazu als Diener des Wortes zunächst zugewiesen sind, auf eine solche Weise zu verständigen, daß sie mit Nuzen seiner Seele wahrnehmen können, oder den zu suchen in der Gemeine der Gläubigen, der ihm für sein geistiges Bedürfniß am besten den gemeinsamen und höchsten Freund der Seele, der nicht mehr unter uns wandelt, nicht ersezen aber doch vergegenwärtigen kann: dann würde sich kein Schaaf mehr verirren von der Heerde, sondern alle würden in jedem bedenklichen Augenblick seine Stimme hören und ihr folgen, und so die ganze Gemeine sich immer mehr gestalten zu seinem Wohlgefallen. Amen.

---

30 Vgl. Joh 10,27

VII.

Vom öffentlichen Dienst am göttlichen Wort.

Text. Eph. IV, 11–12.

Und er hat Etliche zu Aposteln gesezt, Etliche aber zu Propheten, Etliche zu Evangelisten, Etliche zu Hirten und Lehrern; daß die Heiligen zugerichtet werden zum Werk des Amts, dadurch der Leib Christi erbauet werde.

M. a. Fr. Das, was wir eben mit einander gesungen haben[1], scheint mit diesen Worten des Apostels auf den ersten Anblikk in einem sonderbaren Widerspruch zu stehen. Unser Gesang verkündigt das volle, freudige Bewußtsein des Antheils an dem göttlichen Geist, dessen sich alle Christen erfreuen; das Bewußtsein der seligen Gemeinschaft, zu der sie vereinigt sind unter dem Schirm und der Leitung des göttlichen Wortes, welches in ihnen allen wirksam geworden ist zu einem wahren geistigen Leben. Wenn wir nun Alle in dieser Gemeinschaft stehen, wenn das in uns allen | Wahrheit geworden ist, was wir gesungen haben; wenn wir uns so unter einander begrüßen, so oft wir uns sehen, am meisten aber hier, wo wir uns als Glieder dieser Gemeinschaft versammeln: so werden wir zwar glauben, was der Apostel in den Worten unseres Textes sagt, sei ohne Zweifel eine weise Einrichtung gewesen für jene erste Zeit der christlichen Kirche; daß sie aber auch jezt noch unter uns heilsam oder gar nothwendig sein solle, das scheint sich mit jenem Bewußtsein nicht wohl zu reimen. Wozu Apostel und Propheten, wenn in uns allen schon das göttliche Wort lebt? Wozu Evangelisten, wenn wir uns aus dem geschriebenen Worte Gottes das Leben des Erlösers und sein ganzes heiliges Bild überall vergegenwärtigen können? Wozu Hirten und Lehrer, wenn Alle des göttlichen Geistes theilhaftig und durch denselben von Gott gelehrt sind, wie der Herr selbst[2] uns dieses, als die ganze, volle Herrlichkeit des neuen Bundes darstellt? Aber jenes Bekenntniß, welches am Anfange

---

[1] Lied 315.
[2] Joh. 6, 45.

---

2 *Predigt zum 12. Sonntag nach Trinitatis am 29. August 1830 vormittags in der Dreifaltigkeitskirche zu Berlin; vgl. Predigtnachschrift und Liederangaben in KGA III/ 12, S. 333–345* 31 *Gesangbuch zum gottesdienstlichen Gebrauch für evangelische Gemeinen, Berlin 1829, Nr. 315 „Uns bindet, Herr, dein Wort zusammen" (Melodie von „Mein Jesu, dem"), unten S. 901*

unserer kirchlichen Vereinigung abgelegt worden ist, und mit dem wir uns seit der Jubelfeier desselben immer noch beschäftigt haben, stellt sich auf die Seite des Apostels. Es ordnet an, daß es auch in unserer Kirchengemeinschaft einen regelmäßigen Dienst des göttlichen Wortes, ein Amt der Hirten und Lehrer geben solle, und wer nicht auf die gehörige und ordentliche Weise zu diesem Amt berufen sei, der solle und dürfe auch nicht öffentlich das Wort Gottes auslegen, oder die heiligen Pfänder der Verheißung austheilen. So lasset uns dann, m. a. Fr., heute von diesem **öffentlichen Dienst am göttlichen Wort** mit einander reden, und zwar so daß wir uns **zuerst** überzeugen, wie wohlthätig und heilsam eine solche Ordnung auch jezt noch ist, ohnerachtet wir Alle Theil haben an dem göttlichen Geiste, und deshalb zu einer freien nur auf brüderlicher Gleichheit ruhenden Gemeinschaft verbunden sind. Dann aber wollen wir uns auch **zweitens** zu überzeugen suchen, daß als diese Ordnung in jenen Tagen aufs neue für die eben entstehende Kirchengemeinschaft eingerichtet wurde, hinreichende Gründe vorhanden waren, von der Gestalt abzuweichen, welche das Amt der Hirten und Lehrer schon seit langer Zeit in diesen westlichen Gegenden unseres Welttheils angenommen hatte, damit wir uns mit der eigenthümlichen Gestaltung desselben in unserer Kirche um desto besser befreunden.

I. Zuerst, m. a. Fr., lasset uns fragen, **weßhalb auch jezt noch ein solches ordentliches Amt der Hirten und Lehrer in unserer Kirche eingesezt und für nothwendig erklärt ist.** Ich sage ausdrükklich das Amt der Hirten und Lehrer, indem ich dasjenige beseitige, was der Apostel vorher nennt. Der Name der Apostel ist in der christlichen Kirche untergegangen nach jenen ersten Tagen derselben. Außer den Zwölfen, denen der Herr selbst wegen ihres innigeren Verhältnisses zu ihm und wegen des ihnen vorzüglich anvertrauten Berufs diesen Namen seiner Ausgesandten gegeben, theilten nur noch wenige theils auch auf eine besondere Weise berufene, theils vor allen anderen ausgezeichnete Lehrer und Verkündiger des göttlichen Wortes diesen Namen. Aber diese Wenigen waren noch Zeitgenossen der Apostel, und Keiner hat seitdem gewagt, sich dieselbe Würde anzumaßen, so daß die Besizer dieses Namens ohne Nachfolger geblieben sind, wie sie ohne Vorgänger waren; denn auch Johannes der Täufer ist desselben nicht theilhaft gewesen. Auf die Apostel nun läßt unser Text die Propheten und Evangelisten folgen. Die ersten gab es wol

---

3–8 Vgl. *Confessio Augustana 5. 14, Die drey ökumenischen Symbola, die Augsburgische Confession, und die repetitio confessionis Augustanae,* S. 24–25. 31; BSELK VN, S. 100/101. 108/109

nicht ganz in demselben Sinne wie die alttestamentischen so heißen; nicht nur weil das Weissagen für uns ja viel weniger Bedeutung hat, da wir nicht nach irgend einem Erfolg unsre Handlungen einzurichten haben, sondern auch weil jene sich in großen gemeinsamen Angelegenheiten an das Volk und seine Fürsten wendeten, die Christenheit aber noch aus zerstreuten Häuflein bestand. Aber wol mag man mit diesem Namen solche begabte Christen bezeichnet haben, die, eben so wenig als jene ein bestimmtes Amt bekleidend, ihnen ähnlich waren in Gottbegeisterter Rede, durch welche sie hinrissen zu dem Glauben, daß Jesus der Christ sei und in ihm alle Gottesverheißungen Ja und Amen. In diesem Sinne hat es in der Kirche Christi nie an Propheten gefehlt: aber sie gehören nicht zu dem regelmäßigen Dienste des Wortes. Evangelisten endlich sind wol solche genannt worden, welche theils selbst noch als Augenzeugen manches einzelne mit erlebt hatten in dem Leben des Erlösers, theils Gelegenheit gehabt vieles von andern Augenzeugen zu erfahren, und sichs nun zu einem lieblichen und heilsamen Geschäfte machten, dieses aufzubewahren, und dadurch, daß sie dies – auch weniger an einen bestimmten Ort gebunden – hie und da, wo die Verkündigung der Apostel wirksam gewesen war, den Neubekehrten mittheilten, die Lehre der Apostel gar wesentlich unterstüzten, indem ihre Erzählungen den Glauben belebten, und ein bestimmteres | Bild des Erlösers in den Seelen befestigten. Mögen wir nun den späterhin schriftlich verfaßten Erzählungen Solcher zum Theil wenigstens unsere Evangelienbücher verdanken oder auch nicht: so haben wir doch an diesem schriftlichen Schaze genug; denn für hinreichend hat ihn die christliche Kirche, als sie die Sammlung unserer heiligen Schriften beschloß, dadurch erklärt, daß sie viele andere Erzählungen, welche noch vorhanden waren, nicht mit aufnam. Und möchten wir gern, wie denn die Liebe selten genug hat, noch weit mehr wissen von seinem Leben auf Erden: so müssen wir doch selbst dem Zeugniß des Johannes beistimmen, daß die Welt zu klein wäre für unser Verlangen[3], und daß wir doch auch an dem vorhandenen genug haben zur Befestigung unseres Glaubens. So gab es denn Apostel nur unter dem ersten Geschlecht der Christen, so verlor sich der Unterschied zwischen Propheten und anderen Lehrern allmählig; so gab es Evangelisten nur bis die Erzählungen aus dem Leben Christi in schriftlicher Fassung zusammengestellt und in den Gemeinen verbreitet waren, so daß sie hernach mit übergehen konnten in die Sammlung der Schriften des neuen Bundes. Aber die Hirten und Lehrer, die Aeltesten und Diener, sind seit dem ersten Anfange an zu allen Zeiten geblieben, und so hat dann auch die evangelische Kirche dieses Amt

---

[3] Joh. 21, 25. vergl. 20, 31.

nicht verstören wollen, sondern es in seiner Heilsamkeit anerkannt, und es, um diese sicher zu stellen und zu erhöhen, einer festen Regel und Ordnung unterworfen.

Wenn wir nun freilich, wie wir vorher schon gethan, darauf hinsehen, was der Erlöser selbst aus dem alten pro|phetischen Wort als das unterscheidende Zeichen des neuen Bundes von dem alten darstellt, daß nämlich Keiner werde nöthig haben, daß sein Bruder ihn lehre, sondern daß Alle würden von Gott gelehrt sein[4]: so stellen uns diese Worte ein solches Ziel der Vollkommenheit vor Augen, bei welchem angelangt wir eines solchen besonderen Amtes wol gewiß sollten entbehren können. Wenn nun die evangelische Kirche dessen ungeachtet geglaubt hat, gleich von ihrem Anfange an erklären zu müssen, daß sie diese Ordnung, nur nicht gerade so wie sie damals war, sondern möglichst so wie sie von den Aposteln des Herrn gesezt und ursprünglich in der Kirche eingerichtet gewesen ist, auch unter sich bewahren wolle: hat sie dadurch zugleich erklären wollen, daß ihre Einrichtung auch nur etwas vorübergehendes sei, und nur so lange gut als wir an diesem Ziel noch nicht angelangt sind? M. g. Fr., ich bin weit davon entfernt behaupten zu wollen, daß in unserer kirchlichen Gemeinschaft alles so bleiben werde und müsse, wie es jezt ist. Aber ehe wir zugeben, daß der öffentliche Dienst am göttlichen Wort zu den Mängeln derselben gehöre, laßt uns doch ja die Sache genauer betrachten, ob denn das eine von beiden dem andern irgend Eintrag thut? ob unser evangelisches Lehramt voraussezt, daß nicht Alle von Gott gelehrt sind, oder vielleicht gar umgekehrt? und ob, wenn alle von Gott gelehrt sind, dann für dieses Amt nichts mehr zu thun bleibt, oder ob sich vielleicht auch dieses umgekehrt verhält? Gewiß werden wir finden, m. G., daß sich beides nicht nur sehr wohl mit einander verträgt, son|dern daß, wo die wahre christliche Vollkommenheit sein soll, beides sich mit einander vereinigen muß.

Nehmt nur gleich das erste, worauf der Name Lehramt uns hinführt. Unsere Jugend ist freilich in einem gewissen Sinn auch ursprünglich von Gott gelehrt, weil der lebendige Keim der Erkenntniß des Guten und Bösen in ihr ruht, weil auch sie das geistige Auge hat, welchem sich Gott durch seine Werke kund giebt. Aber wie viele Hülfe und Pflege bedürfen diese Keime! Und dem Erlöser muß sie doch immer besonders zugeführt werden! Wenn nun Eltern recht von

---

[4] Joh. 6, 45. vergl. Jes. 54, 13. u. Jerem. 31, 34.

11–16 Vgl. *Confessio Augustana* 15, *Die drey ökumenischen Symbola, die Augsburgische Confession, und die repetitio confessionis Augustanae*, S. 31–32; BSELK VN, S. 108/109–110/111

Gott gelehrt sind: wie sorgsam werden sie ihre Kinder vorbereiten! Wie rein und geistig werden sie das Bewußtsein des höchsten Wesens, als der Alles ordnenden, der über Alles waltenden ewigen Liebe in ihren zarten Gemüthern erwekken! wie liebevoll, und doch wie wahr und streng werden sie sie allmählig aufmerksam machen auf alle Theile des menschlichen Verderbens! wie zeitig werden sie ihnen das reine und unbeflekkte Bild des Erlösers vorhalten, auf daß eine zarte Liebe zu ihm im voraus, ehe noch das Bedürfniß seiner Hülfe ihnen recht lebendig geworden ist, entstehe in ihrem Herzen! Aber wird es nicht hiemit sein, wie mit allem anderen, daß die Eltern selbst nur den ersten Grund legen, hernach aber ihre Kinder Andern zur Lehre hingeben? Lassen ihnen in dieser Beziehung unsere bestehenden Lebensverhältnisse mehr Muße als in anderer? Und giebt es nicht auch hier, wenn doch unsere Jugend selbstständig werden soll in dem Gebrauch des göttlichen Wortes, manches worin Andere ihr reichlicher aushelfen und sie sichrer fördern können als Vater und Mutter? Und dies also ist das erste Geschäft für unser öffent|liches Lehramt. Wir Diener des Wortes treten dann ein, recht so wie der Erlöser sagt, Dieser säet, der andere schneidet. Ich habe euch gesandt zu schneiden, das ihr nicht gearbeitet habt; Andere haben gearbeitet, und ihr seid in ihre Arbeit gekommen[5]. Aber wie auch ihre treuste Vorbereitung nicht unsre Fortsezung überflüssig macht, indem wir doch, wenn nicht einer ein ganz fauler Knecht ist, sondern auch wir von Gott gelehrt sind, besser im Stande sein müssen sie gehörig zu üben in dem Verständniß der Schrift, und ihnen den ganzen Zusammenhang der göttlichen Ordnung des Heils zu klarem Bewußtsein zu bringen, als auch die treusten selbstdenkenden Eltern es vermögen: so bekennen wir auch gern, daß wenn die Eltern uns nicht als von Gott gelehrt vorgearbeitet haben, oder gar durch ihre Denkungsart und Lebensweise uns im voraus entgegengearbeitet, wir dann zu wenig schaffen können um das Bedürfniß der Erlösung in ihnen zu wekken, und das theure Wort Gottes in ihren Herzen zur Wahrheit zu machen. Und so erscheint hier beides mit einander. Der gottgelehrten Eltern Arbeit genügt nicht, wenn wir nicht in ihre Arbeit kommen, und unsre Arbeit fördert nicht, wenn sie nicht als von Gott gelehrte uns mit ihrer Wirksamkeit vorangegangen sind.

Ist nun dieses Geschäft so vollendet, wie es unter Gottes Segen immer sein sollte, wenn wir unsere Jugend in die Gemeinschaft der Christen aufnehmen, wiewol freilich zu wünschen wäre, daß dies im

---

[5] Joh. 4, 37. 38.

23 Mt 25,26   **23–24** *Vgl. Joh 6,45 mit Bezugnahme auf Jes 54,13*

Allgemeinen in einem etwas reiferen Alter geschähe, als es die äußeren Umstände | nicht selten dringend verlangen, dann sollte die Jugend auch von Gott gelehrt sein. Denn was wir Gutes an ihnen geschafft haben, ist doch nicht unser Werk, sondern das Werk des göttlichen Geistes an ihnen. Kein Bruder soll sie dann weiter lehren müssen, wenn sie in dem Verständniß des göttlichen Wortes nach der rechten Art und Weise unterrichtet worden sind, und es ihnen nun zum freien gewissenhaften Gebrauch übergeben ist. Denn sie haben nun ihren Lehrer in sich; und mit Recht können wir von ihnen fordern, daß sie das Bewußtsein der seligen Gemeinschaft, zu welcher wir mit einander verbunden sind, in sich lebendig erhalten, und in dem Geist dieser Gemeinschaft auch ihr ganzes Leben in seinen mannigfaltigen äußerlichen Verhältnissen ordnen und behandeln sollten. Wenn wir uns aber fragen, ob wir wohl erwarten dürfen, daß sie alle dies leisten werden, auch wenn ihnen jede weitere Anleitung jede kräftige Anfassung versagt ist: so wird uns doch bange werden für sie, wenn sie sollten ganz für sich allein auf dieses oft so tobende und so stürmische Meer des Lebens hinausgesezt werden; wenn es ihnen ganz überlassen sein sollte, so oft es ihnen noth thut, selbst und für sich allein zu dem Worte des Herrn zurückzukehren, um neue Kräfte des geistigen Lebens zu sammeln.

Aber auch wir Anderen, die wir reifere Glieder der Gemeine sind, fühlen wir nicht alle das natürliche Bedürfniß der Mittheilung? Liegt es nicht in der Natur des Menschen, daß er sich aussprechen muß vor Andern, und über das wichtigste am meisten? Wenn wir auch die vollkommenste Gewißheit hätten von unserer ungestörten sich immer schöner erneuernden Gemeinschaft mit dem Erlöser, | ja wenn wir auch, was so natürlich damit zusammenhängt, zu mancherlei gemeinsamen Thaten und Werken der Gottseligkeit mit Andern verbunden wären: würden wir nicht doch noch immer eine bedeutende Lükke empfinden? Ja auch in dem Worte, in der lebendigen Rede, wollen wir uns dessen, was in unser Aller Herzen lebt, zu unserer Freude bewußt werden, und fühlen uns dadurch inniger vereint, und zu unserm gemeinsamen Ziele gefördert. Aber ist Jeder gleich geschikkt, das, was wirklich Allen eignet, auszusprechen? und können Alle so gewekkt und gebildet werden zur Fertigkeit in zusammenhängender Mittheilung durch die Rede, daß jeder in dieser großen Gemeine sich es könnte zumuthen öffentlich aufzutreten, um seine Erfahrung vom christlichen Leben, seine Ansicht bald von diesem bald von jenem Stükke des Glaubens, auf eine Allen lehrreiche und heilsame Weise mitzutheilen? Im Gespräch freilich verständigt sich wol Jeder einigermaßen über das, was ihn eben bewegt: aber wie wenig zusammenhängendes und ineinander greifendes nur kann dieses darbieten! Wie vielen Mißverständnissen ist auch dieses ausgesezt, wieviel Streit erregt es immer, so daß deshalb solche vertraute Kreise sich auch gewöhnlich bald aufs neue theilen und in kleinere zerfallen. So entstehen dann aus selbstgefälliger Verschmähung jenes öffentlichen Amtes, indem sie glauben reicher zu werden durch das vertraute Gespräch mit Gleichgesinnten, diejenigen, welche wir tadelnd als Separatisten, als Ausscheidlinge bezeichnen. Aber gesezt auch dieses Zerfallen wäre nicht nothwendig, und vertraute Kreise, die sich zu frommen Gesprächen vereinigen, könnten sich auf lange Zeit in Ruhe und Frieden erhalten: könnte es uns wol genügen, wenn | die Verbindung die sich auf unsern Glauben bezieht, nur in einer solchen Menge von kleinen wenig zahlreichen Gemeinschaften sich gestaltete, während wir in Beziehung auf das bürgerliche Leben in einer Gemeinschaft von Millionen stehen? Und wiederum, sollte in größeren Gemeinen ohne Ordnung und Auftrag jeder sich mittheilen, weil und wann er selbst sich am geschikktesten dazu hält: wie leicht könnte das eine Quelle von Streit und Eifersucht werden, wie sie es auch ehedem schon gewesen ist; und wie schwer würde es nicht zu vermeiden sein, daß Gott nicht als ein Gott der Unordnung erschiene in den Gemeinen[6]? Darum, wo eine solche Ungleichheit ist unter den Gemeingliedern, wie sie bei uns besteht: da muß, damit eine größere Gemeinschaft sich erhalten könne, dieses hochwichtige ja unentbehrliche Geschäft der öffentlichen christlichen Rede mit allem was daran hängt, nur Einigen übertragen sein und auf bestimmte Weise geordnet.

Deshalb, m. g. Fr., haben wir große Ursache dem Himmel zu danken, daß diese Ordnung in unserer evangelischen Kirche gleich von Anfang an aufgestellt wurde. Denn wie viele Zeiten einer größeren geistigen Aufregung sind nicht seitdem schon vorübergegangen; und in keiner hat es an solchen gefehlt, welche diese Einrichtung verschmähten, und darauf sich stüzend, daß Jeder von Gott gelehrt sein sollte, die Gemeine so gestalten wollten, daß Jeder der zu ihr gehört sie auch sollte öffentlich erbauen können. Das aber kommt daher, weil in solchen Zeiten auch die wahrhaft geistig bewegten doch nicht ohne Selbstgefälligkeit ih|ren Zustand beschauen; und in solcher Stimmung überfliegt nur gar zu leicht das menschliche Herz das gehörige Maaß. Haben sich nun von Zeit zu Zeit von solcher Eitelkeit verführt, einzelne Häuflein von der großen Gemeinschaft gesondert: so blieb doch in dieser das natürliche Verhältniß fest, zu welchem sich Jeder zu jeder Zeit wieder zurecht finden konnte. Und darum war es

---

[6] 1 Kor. 14, 33.

15–16 geschikktesten] geschikltesten

Predigt über Eph 4,11–12   363

ein preiswürdiges Werk des göttlichen Geistes, die Gemüther der ersten Ordner unserer Gemeinschaft zu einer solchen Besonnenheit zu erheben, daß sie diesen stürmischen Anläufen vorbauten, und die gute ursprüngliche Ordnung festhielten, welche Einige zu Hirten und Lehrern bestellt, und zwar ohne daß der Werth dieses Amtes deshalb überschäzt wurde. Denn auch der Apostel, wenn er in den Worten, die wir vorher in unserer heutigen Sonntagsepistel vernommen haben, von diesem Amte der Hirten und Lehrer sagt – denn er redet zwar von sich und von den Aposteln, aber doch nur in Beziehung auf dieses Amt der Lehre, wie es Eins und dasselbe ist für Alle – wenn er von diesem sagt, es sei ein Amt, welches den Geist austheilt[7]: so meint er dies allerdings so, wie er sich anderwärts äußert, der Glaube kommt aus der Predigt und der Geist kommt aus dem Glauben; die Predigt aber geht nur von denen aus, welche des Geistes theilhaftig sind, und ist das Werk des Geistes, welcher also selbst sich mittheilt und verbreitet durch das Wort. Aber ihr werdet wohl gemerkt haben, daß er dies keineswegs so sagt, als sollte das Wort den Geist denen mittheilen, welche schon Glieder der Gemeine waren, denn von diesen wußte er, daß sie den Geist schon empfangen hatten: sondern er vergleicht nur hier den neuen Bund mit dem alten; das Amt, das den Geist mittheilt und belebt mit jenem Amte des Priesterthums im alten Bunde, welches durch den Buchstaben tödtet, und welches weil es nur Verdammniß predigt, indem daß es die Sünde nur zur Erkenntniß bringt, sich auch nicht konnte im Leben erhalten, sondern aufhören mußte. Auch er also hat eben so wenig als die Gründer unserer Gemeinschaft einen solchen Unterschied aufrichten wollen, als ob die, welche zu diesem Amte berufen wären, gleichsam Eigenthümer wären und Besizer des Geistes für sich allein, die andern Christen hingegen ihn nur empfingen durch sie. Nein! sondern wer Christum einen Herrn nennt, ihn also wahrhaft bekennet, in dem lebt auch der Geist Gottes, weil Keiner dies thun kann als nur durch den heiligen Geist. Darum wenn wir mit einander uns versammeln, die wir Alle schon Christum bekennen, so wird der Geist nicht erst ausgetheilt durch das Wort. Aber wie er nicht in Allen, in welchen er lebt, dieselben Gaben wirkt, sondern andere in Anderen: so ist nun dies die Gabe, um derentwillen Einige zu Hirten und Lehrern gesezt werden in der Gemeine, daß sie das Zeugniß des Geistes, wie es sich in den Worten der Apostel und der

---

[7] 2 Kor. 3, 8.

---

7 *Die Perikopenordnung für die älteren preußischen Lande bestimmte 2Kor 3,4–11 zur Epistellesung für den 12. Sonntag nach Trinitatis.*   **12–13** *Vgl. Röm 10,17*   **13** *Vgl. Gal 3,14*   **19–22** *Vgl. 2Kor 3,6*   **29–31** *Vgl. 1Kor 12,3*

älteren Lehrer kund gegeben, aufs neue lebendig machen und in den Gemüthern der Christen die Freude daran, daß sie Kinder Gottes sind, in den Stunden der Ruhe und der Sonderung von den Geschäften des äußeren Lebens zu einer neuen Verklärung bringen, eben so aber auch aussprechen öffentlich und einzeln, wo der heilige Geist ist betrübt worden, und dann die Traurigkeit wirken, welche keinen gereuet. |

II. Aber nun lasset uns, m. g. Fr., auch zweitens sehen, daß indem die evangelische Kirche bei der Einrichtung des öffentlichen Lehramtes durch das Wort des Apostels geleitet wurde, daß Gott nicht sei ein Gott der Unordnung, sondern ein Gott der Ordnung und des Friedens in der Gemeine der Heiligen, doch zugleich hinreichende Ursache vorhanden war von der Art und Weise, wie dieses Amt damals in der Kirche bestand, gänzlich abzuweichen. Es ist wol eben so wenig nothwendig als es mir auch rathsam erscheinen würde, m. a. Fr., Euch ausführlich zu erinnern an die den Meisten ja doch bekannten großen Mißbräuche, an das mannigfaltige öffentliche und häusliche Unheil, welches die frühere unrichtige Gestaltung dieses heiligen Amtes in der christlichen Kirche hervorgebracht hat; Verwirrungen und Verderbnisse, durch welche die Welt zerrissen worden war, alle Grundsäulen des öffentlichen Wohls und der gesezlichen Ordnung zerstört, alle Gewissen auf der einen Seite verwirrt, und auf der andern unter tyrannische Gewalt gebeugt, Verwirrungen, welche diejenigen mit dem tiefsten Schmerz erfüllen mußten, welche die Gemeine Gottes gern wieder in ihrer ursprünglichen Gestalt darstellen wollten, so daß sie auch eine große Veränderung, deren schnelle Verbreitung leicht mancherlei bedenkliches herbeiführen konnte, doch nicht scheuten, um nur dieses Uebel sobald als möglich an der Wurzel anzugreifen. Aber sie fanden dazu auch kräftigen Beistand an der heiligen Schrift. Denn es ist sonderbar und merkwürdig, daß diejenigen, welche an der Spize jener großen Abstufung von Leitern und Hirten der Heerde standen, sich Nachfolger des Apostels Petrus nannten, und daß sich gerade in den Worten eben dieses | Apostels ganz deutlich das Gegentheil von dem darstellt, was damals allgemein in der Kirche galt; und daß also grade bei ihm der Grund nachgewiesen werden kann zu derjenigen Gestaltung dieses Amtes, welche sich in der evangelischen Kirche überall geltend gemacht hat. So nämlich sagt Petrus in seinem ersten Briefe, Die Aeltesten ermahne ich als ihr Mitältester – wo er sie also sich gleichstellt und nicht etwa von ihnen und zu ihnen redet als solchen, die ein untergeordnetes Geschäft führen, und über denen er stände – also er verkündigt ihnen als Mitältester, daß sie die Heerde weiden

---

6 Vgl. 2Kor 7,8–11   9–11 Vgl. 1Kor 14,33–34

sollen nicht um Gewinnes willen, sondern von Herzensgrunde, und nicht über das Volk herrschen, sondern Vorbilder sein der Heerde[8].

Wohlan, auf eine zwiefache Weise stand die damalige Gestaltung des geistlichen Amtes in Widerspruch mit diesen Worten des Apostels. Einmal war eine Herrschaft über die Gewissen des Volkes daraus zubereitet, wovon wir schon neulich mit einander gehandelt haben, weil nämlich den Hirten und Lehrern alle Christen ihre Sünde bekennen mußten, und von ihnen die Anweisung empfangen, was sie zu thun hatten um zum Frieden der Vergebung zu gelangen. Da gab es kein eignes heilsames Verkehr der Christen mit dem Worte Gottes. Ja, so waren die Gewissen von diesen Banden umstrikkt, daß ihnen auch zugemuthet werden konnte, was dem göttlichen Wort am meisten zuwider läuft, daß die Unterthanen entbunden wurden von der Treue, die sie der Obrigkeit geschworen hatten. Da gab es auch keine freie Wirksamkeit der Liebe in dem schönen Kreise des häuslichen Lebens, denn überall waren die|selbigen als Richter und Leiter auch in dieses stille Heiligthum des häuslichen Lebens eingedrungen, so daß nichts geschehen durfte, als was ihnen genehm war, und alles geschehen mußte, was sie verlangten. Auf der andern Seite war es eben diesem Stande der Seelsorger unmöglich gemacht das zu werden, was sie doch sein sollten, nämlich Vorbilder der Heerde; indem er in ganz andere Verhältnisse gestellt war als die Glieder der Gemeinden, und aus der natürlichen Ordnung des menschlichen Lebens ganz hinausgerükkt. Wer möchte demohnerachtet behaupten, daß diese Verunstaltungen in allen Gliedern des kirchlichen Lehrstandes den guten Geist des Christenthums unterdrükkt hätten! Nein, immer gab es viele würdige Geistliche, welche durch die treuste und strengste Uebung aller Tugenden, wozu ihnen die Gelegenheit nicht abgeschnitten war, doch so verehrte Vorbilder ihrer Heerde wurden, daß ihr Rath und Zuspruch nun leicht das fehlende ergänzen konnte. Und eben so gewiß hat es immer Viele gegeben, welche die Heerde geweidet nach der Anweisung des göttlichen Wortes ohne Nebenabsichten und weltliche Zwekke, und welche keinen Mißbrauch gemacht von der gefährlichen ihnen übertragenen Herrschaft über die Gewissen. Aber weil doch auch Viele nicht stark genug waren diesen Versuchungen zu widerstehen, und nicht weit genug vorgeschritten in der Heiligung, um troz der gänzlichen Verschiedenheit der Verhältnisse doch erregende und

---

[8] 1 Petr. 5, 1–3.

---

10 eignes heilsames Verkehr] *vgl. Adelung: Wörterbuch 4, Sp. 1453*

---

6 *Vgl. oben S. 351,10–352,24*

Ehrfurcht gebietende Vorbilder zu sein für ihre Heerden; und weil kein Grund war zu hoffen, daß es sich von selbst in Zukunft besser stelle: so war es nothwendig das Uebel bei der Wurzel anzugreifen. Und hieraus, m. g. Fr., ist nun zuerst das gegenwärtige Verhältniß der Seelsorger zu ihren Gemeinden in unserer | Kirche entstanden. Denn ist nun auf der einen Seite das einzelne Bekenntniß der Sünde erlassen, so daß auf das allgemeine einem jeden die Gewißheit der göttlichen Vergebung verkündigt wird, ohne daß der Seelsorger etwas aufzulegen oder anzuordnen hätte, woraus wieder eine Herrschaft über das Volk hervorgehen könnte: so geben auf der andern Seite die Seelsorger selbst den jungen Christen, nachdem sie sie unterrichtet, das Wort Gottes in die Hände und legen es ihnen ans Herz, daß sie selbst daraus die Regeln ihres Lebens entnehmen, und an dem Lichte, welches überall darin von Christo ausstrahlt, sich selbst sollen prüfen und erkennen lernen. Wie genau hängt nun nicht damit zusammen, daß sie die so ausgerüsteten Christen nicht als Unmündige behandeln, sondern Achtung hegen vor deren eignem Urtheil; und daß sie deshalb zwar Jedem bereit sind zu Rath und That nach bester Einsicht, aber daß sie in das häusliche Leben ihrer Gemeinglieder keine Einmischung ausüben, als welche entweder von den Einzelnen selbst gewünscht wird, oder als öffentlich durch die Ordnung, welche die Gemeine sich selbst gegeben, bestimmt ist. – Zu eben dem Zwekk sind sie nun auch zweitens auf eine andere Art unter Aufsicht gestellt. Einmal in allen Dingen, welche nicht ihr Amt betreffen, stehn sie überall mit allen Andern unter denselben Gesezen und derselben Obrigkeit, und können nun auch in diesem Gehorsam Vorbilder sein der Heerde. Die heilsame Aufsicht aber über ihre Amtsführung, welche hindert, daß die Hirten nicht selbst wie Schaafe in der Irre gehen, ist in unsern Gemeinden auf eine zwiefache Weise geordnet; die eine überwiegt in einigen die andere in anderen Gegenden der Kirche, und so nimmt | auch jede hie und da dies und jenes von der andern an. Bei beiden und bei allen ihren Vermischungen, wie sie sich hie und da gestalten, befinden sich unsere Gemeinden wohl; und so mögen immer die in der einen Verfassung leben, sich auch des Wohlseins der Anderen freuen, und überall gern auffassen, wo sie etwas finden, das zur Verbesserung ihres eignen Zustandes dienen kann. Was für eine wohlthätige Sache ist es doch überhaupt in allen menschlichen Dingen um ein wachendes Auge! Wie ist doch der am meisten zu beklagen, dem viel obliegt, und der für alles die Verantwortung allein auf sich hat! Wie unrecht haben die, welche solche Einrichtungen immer nur ansehen, als wären sie aus Mißtrauen und Argwohn entstanden, da sie doch

---

14 ausstrahlt,] ausstrahlt

Predigt über Eph 4,11–12 367

ein solches Werk der Liebe sind, und eine so heilsame Vereinigung der Kräfte, wie alles was vom Geiste Gottes in der christlichen Kirche ausgeht. Der Hauptunterschied aber hierin ist dieser. Als zu jener Zeit diejenigen, die nach der damaligen Weise Aufseher waren oder Bischöfe, sich jeder Verbesserung entzogen, und also Andere mußten zur Aufsicht bestellt werden: da ist dies in einigen Gegenden so geschehen, daß die Hirten und Lehrer selbst in Verbindung mit der Gemeine oder deren Aeltesten diejenigen wählten unter sich, welche in einem bestimmten Kreise der Kirche für eine gewisse Zeit diese Aufsicht führen sollten. So blieben also die Lehrer in dieser Beziehung einander gleich, wie der Herr selbst es geordnet hatte für seine Apostel, daß sie alle unter einander sollten Brüder sein, und keiner des andern Meister. Denn diese beaufsichtende Amtsführung währte nur eine gewisse Zeit, und Jeder konnte so gut dazu berufen werden, wie der Andere. Die andere | Ordnung bildete sich vorzüglich da, wo der größte Theil eines deutschen Landestheiles und der Beherrscher desselben gleichfalls dem evangelischen Glauben angehörten, so nämlich daß dann der Fürst die Aufsicht ordnete über das Amt der Hirten und Lehrer. Müssen wir uns nicht freuen, daß das so hervorging aus dem gegenseitigen herzlichen Vertrauen zwischen Fürst und Volk, wenn sie gleichen Kampf zu bestehen hatten gegen alte Verderbnisse, und gleiche Freude empfanden an einer reineren Gemeinschaft? und daß es sich für Alle so leicht verstand, der Mitgenosse der neuen Gemeinschaft, wenn er auch schon das weltliche Regiment führe, werde deshalb nicht auch geistig über das Volk herrschen wollen, sondern als der wahre Vertreter seiner Landesgemeine von Solchen und auf solche Weise Aufsicht über das Amt der Lehrer halten lassen, wie sie es selbst nur aufs beste hätte ordnen können? Auf beiderlei Weise aber, auf diese und auf jene, war nun dafür gesorgt, daß nicht eine Herrschaft über die Gewissen die weltliche Gewalt unter die geistliche bringen könne, so daß desto ruhiger und sicherer auf dem Wege der Belehrung und durch den freien Gebrauch des göttlichen Wortes das Evangelium seine Macht beweisen kann auch in denen, die das weltliche Regiment haben. Wieviel Unheil auf diese Weise schon unter uns ist verhütet worden, was sonst nicht würde ausgeblieben sein, das kann niemand übersehen. Aber große Ursache haben wir Gott zu danken, daß diese Gefahr nun für immer abgelenkt ist, und daß unsere kirchlichen Ordnungen jede Verbesserung aufnehmen können, welche der Zustand unsrer Gemeinschaft fodern kann.

Das dritte endlich was geändert worden ist, ist dieses, | daß die Diener des göttlichen Wortes unter uns von dem Verbot befreit wor-

---

12–13 Vgl. Mt 23,8

den sind, welches sie von dem ehelichen Glükk und der Vollständigkeit des häuslichen Lebens ausschloß. Ich weiß, m. Gel., daß ich nicht nöthig habe, vor Euch mancherlei erst widerlegend zu beleuchten, was zu Gunsten jenes Verbotes ist gesagt worden, wie ich denn auch vielerlei üble Folgen übergehe, die demselben zugeschrieben worden sind, sei es mit mehr oder weniger Recht. Nur dabei laßt uns stehen bleiben, daß das ein gar großes Hinderniß war für die Hirten und Lehrer, theils in dem Theil ihres Berufes, daß sie sollten Vorbilder der Heerde sein, theils auch in dem andern, was wir als ein Hauptstükk dieses Amtes ansehn, nämlich in der wirksamen Predigt des Evangeliums. Denn vergeblich würde man, was das erste betrifft, sagen, es mache wenig Unterschied, ob die Diener des Wortes auch ein häusliches Leben hätten oder nicht, da sie ja doch nicht den Gliedern ihrer Gemeine ein unmittelbares Vorbild sein könnten in den so sehr weit auseinander gehenden Gebieten ihres Berufes in der Gesellschaft. Was sind doch diese Verschiedenheiten geringfügig! nichts als verschiedene Anwendungen oft nur derselben Gaben; aber wenn auch verschiedener: so ist doch dabei das Gottgefällige, worin einer dem andern Vorbild sein kann, nur die Treue der Haushaltung mit dem Anvertrauten, und darin kann der Diener des Wortes gar wol ein gutes Vorbild sein für alle Glieder seiner Gemeine, von welcher Art ihr Beruf auch sei. Aber zeigt sich nicht die ganze Kraft der Gottseligkeit in einem vollständigen häuslichen Leben und den Verhältnissen die sich daran knüpfen? Waltet hier nicht die Liebe in allen ihren Gestalten? | als der Ernst und die Strenge, welche das Ganze zusammenhält, als die Geduld, welche den Schwachen trägt, als die Sanftmuth, welche jede Anstekkung leidenschaftlicher Aufregungen fern hält, als die Freundlichkeit, welche den Müden erquikkt, als die Hofnung, welche den Gedrükkten erhebt, als das herzliche Vertrauen, welches Alle immer wieder zusammenbindet. Und vorzüglich überlegt auch noch dieses. Worauf gründet sich die Stärke eines großen Gemeinwesens, als auf die Hausväter die mit den Ihrigen fest gewurzelt sind in seinem Boden? Wo erzeugt sich die Liebe zum Vaterlande, als in dieser festen Ordnung des häuslichen Lebens? Und wo anders her erwarteten wol die Leiter der menschlichen Dinge ein neues Geschlecht bürgerlicher Tugenden und geistiger Kräfte? Darum ist es auch ein so natürliches Gefühl, daß diejenigen, die sich fern halten von eigner Häuslichkeit, und gleichsam loser stehen auf dem Boden, leichter sowol einem gemeinsamen Ungemach sich durch die Flucht entziehen, als auch sich mit fremdem ver-

---

11 betrifft,] betrifft

8 Vgl. 1Petr 5,3

Predigt über Eph 4,11–12 369

wikkeln und ihre Befriedigung darin finden können. Darum, wenn es auch gewiß viele treue Seelsorger gab, die mit rühmlichem Beispiel ihrer Heerde vorangingen, so weit ihr engbeschränkter Lebenskreis es zuließ: so konnten sie doch von den Erweisungen der Gottseligkeit im häuslichen Leben und in den bürgerlichen Verhältnissen immer nur in trokknen Worten reden, die wenig Eindrukk machen, weil sie nämlich keine begleitenden Werke zu zeigen hatten, welche auf ihre Worte ein helleres Licht werfen konnten, weil jeder wußte, daß ihre Zusprache nicht auf eigner Erfahrung ruhte, welche Geist und Leben hätte hineinbringen können. Deshalb hing auch dies beides so na|türlich zusammen, daß es wieder eine wesentliche Bestimmung des geistlichen Amtes wurde, die Christen aus dem Worte Gottes zu belehren über das christliche Leben, und es ihnen unter allen schwierigen und bedenklichen Umständen zuzurichten und zur Hand zu geben, daß es ihrem Fuß eine Leuchte sein kann auf einem Wege voller Anstoß und voll von mancherlei Hindernissen, dieses sage ich hing auf das natürlichste damit zusammen, daß nun auch den Mitgliedern des Lehrstandes der Eintritt in die natürlichen Verhältnisse des häuslichen Lebens wieder mußte eröffnet, und eben damit auch eine eigne lebendige Theilnahme an den großen Angelegenheiten des bürgerlichen Lebens in ihnen wieder erwekkt werden mußte. Denn nur zu oft hatten sie freilich bald mit mehr bald mit weniger Grund gestritten gegen diejenigen, in deren Händen die weltliche Gewalt war; aber das Wort Gottes recht auszutheilen zwischen denen, welche zu gebieten und denen welche zu gehorchen hatten, dazu mußte ihnen sowol die rechte innere Aufforderung fehlen, als auch die rechte Weisheit des Lebens, die sie nicht Gelegenheit gehabt hatten, sich zu erwerben, wenngleich eben jener Streit um die Herrschaft sie nur zu sehr mit der Klugheit dieser Welt befreundet hatte. Aber nicht nur um der Lehre willen war diese Wiederherstellung nothwendig, sondern eben so heilsam auch in Beziehung auf das Vorbild. Denn außer den eigentlichen Verrichtungen des Amtes, in denen freilich die Reinheit und Vollkommenheit der Gesinnung zur Erbauung Anderer sich beweisen kann, konnten die Seelsorger immer nur Vorbilder werden in der Ausübung der einzelnen und zerstreuten vorkommenden Pflichten, die sich auf vorübergehende Ver|hältnisse eines Einzelnen zu einem andern beziehen; denn ein zusammenhängendes Leben und feste Verhältnisse hatten sie außerhalb ihres Amtes nicht. Was konnte daraus anders entstehen, als – wie es auch die Erfahrung sattsam bewiesen hat – eine ganz falsche Schäzung der Bestandtheile des menschlichen Lebens. Denn was ist natürlicher, als daß Christen diejenigen Erweisungen christli-

---

14–15 *Vgl. Ps 119,105*

cher Gottseligkeit für die wichtigsten halten, wozu ihr Seelsorger am meisten die Zeit und Kräfte anwendet, welche ihm von seinem Amt übrig bleiben, ohne daß ihnen das immer gehörig gegenwärtig wäre, daß er sich an diese halten muß, weil die andern ihm verschlossen sind. Daher eben wurden so sehr die Werke der zerstreuten Wohlthätigkeit an Einzelnen überschäzt; ohnerachtet sie um desto leichter wirklich Schaden stiften und die zwekmäßige Anwendung menschlicher Kräfte hindern, je mehr ein so großer Werth darauf gelegt wird. Hingegen wurden die Pflichten des Hausstandes und des Bürgerthums theils nur als eine Sache der Noth angesehen, die für die größere Heiligkeit jenes Standes zu geringfügig wäre, theils wurden sie aus demselben Grunde dafür angesehen, daß Jeder dabei mehr auf das seine sehen dürfe, und weniger verbunden sei das zu suchen, was des Anderen ist. Darum, auf welches von beiden wir auch sehen, müssen wir diese Veränderung segnen, und die Kirche, wenn sie gleich auch hieraus kein nothwendiges Stükk gemacht hat, erwartet deshalb auch von Jedem, der in diesen Beruf eintritt, daß er sich dieser wieder errungenen Freiheit auch gebrauche. Und wem zum größeren Segen wird das wol geschehen, als Jedem selbst. Gewiß ist es schon eine große Sache, daß wir soviel Antriebe | haben zur Beschäftigung mit dem Worte Gottes in unserm stillen Kämmerlein: aber wieviel mangelhafter müßte doch das Verständniß desselben sein, wenn wir nicht Alle, ich will nicht sagen Vorbilder der Heerde wirklich wären, aber doch die Richtung hätten es von allen Seiten zu werden, und theilnähmen an Allem, worin sich die rechte Kraft des christlichen Lebens offenbaren soll; wenn wir nicht auch im Verlauf eines reichhaltigen Lebens unser Theil erhielten an den mannigfachen Sorgen und Schmerzen, welche die Andern auf der Bahn des Lebens finden! Welch ein trokkenes, wie wenig aus dem inneren Leben hervorgehendes, und also auch wenig uns selbst erquikkliches oder Andere ergreifendes Geschäft könnte es sein, von dieser Stätte zu den Christen davon zu reden, wie die Kraft des Glaubens uns überall aufrecht halten und leiten soll, wenn uns selbst das meiste fremd wäre! Nein, nicht in einer Ungleichheit zwischen dem Hirten und der Heerde, die man erst künstlich hervorrufen muß, liegt die Kraft seines Berufs, sondern in der Gleichheit, welche beide mit einander vereinigt, daß sie dieselben Pflichten erfüllen sollen, daß sie denselben Versuchen widerstehen sollen, daß sie an dieselbe Ordnung des Lebens gebunden sind, daß sie von demselben mit leiden und durch dasselbe mit erfreut werden. Oder wer möchte sich wol herausnehmen, wenn er in dieser Hinsicht eben so zu den Ausnahmen gehörte, wie der Apostel Paulus, doch eben so wie dieser von sich zu sagen, daß er mit ungeschwächter Theilnahme alle Lebensverhältnisse seiner Mitchristen umfaßt, wie Paulus sich in jenen herrli-

Predigt über Eph 4,11–12

chen Worten ausspricht, daß er angelaufen werde täglich und Sorge trüge für alle Gemeinen. Wo, spricht er, ist einer | schwach, und ich werde nicht mit schwach! wo wird Einer geärgert und ich brenne nicht[9]? Und das uns freuen mit den Fröhlichen und weinen mit den Weinenden, worin sich doch so sehr die wohlthätige Kraft christlicher Liebe nicht nur zum Trost und zur Erquikkung Anderer, sondern auch zur seligen Bereicherung des eignen Lebens erweist: wie weit werden wir darin hinter Andern zurükkbleiben, wenn das meiste, was sie am innersten bewegt, uns ganz fremd bleiben müßte? Und wenn, damit ich alles zusammenfasse, dieses Amt der Hirten und Lehrer eingesezt ist, daß die Heiligen zugerichtet werden sollen zum Werk der Dienstleistung, zur Erbauung des Leibes Christi bis wir Alle gelangen zur Einigkeit des Glaubens und der Erkenntniß des Sohnes Gottes[10]: wie können wir zweifeln, daß wenn das Ende dieses Geschäftes sein soll, daß Ihr und wir zu der gleichen Vollkommenheit gelangen sollen, da wir uns ja nicht anmaßen, dieselbe schon mitzubringen zu diesem Amt, dann auch der ganze Verlauf unseres Geschäftes nichts anderes sein kann, als ein gemeinsames Wachsthum in der Heiligung, wir durch Euch und Ihr durch uns. Aber wie soll uns das Wachsthum in der Heiligung kommen, wenn nicht von daher, daß wir uns redlich bemühen alle uns mitgetheilte Gaben getreulich zu gebrauchen zu eurer Förderung, und daß sie uns durch den Gebrauch erhöht werden nach der Regel unsers Herrn, Wer da hat dem wird gegeben? Und wie können wir zu einer Förderung wirksam sein, wenn wir nicht wissen wessen Ihr bedürft? aber wie können wir das wissen, als nur wenn Ihr euch uns mit herzlichem Ver|trauen hingebt? Und worauf anders kann dieses Vertrauen ruhen, als wenn Ihr voraussezen könnt, daß uns nichts menschliches fremd ist? Darum ist nur unter dieser Voraussezung alles unter uns auch auf solche Weise gemein, daß selbst das, was die Diener des göttlichen Wortes jeder seiner Gemeine leisten, eben so sehr das Werk der Gemeine ist als das ihrige. Und diese Weise ist doch die rechte, wenn ja auch wir nicht etwa außerhalb des Leibes

---

[9] 2 Kor. 11, 28. 29.
[10] Ephes. 4, 12. 13.

---

9 bewegt,] bewegt

4–5 Vgl. Röm 12,15   23 Mt 13,12; 25,29   27–28 *Sprichwörtlich gebrauchtes Zitat aus der 163 v. Chr. aufgeführten Komödie „Heauton Timorumenos / Der Büßende" von Terenz (Publius Terentius Afer): „Homo sum: humani nil a me alienum puto. Ein Mensch bin ich: nichts Menschliches glaub ich mir fremd." (Komödien. Lateinisch und deutsch, übersetzt und kommentiert von Peter Rau, Bd. 1–2, Darmstadt 2012, hier Vers 77, Bd. 1, S. 196/197)*

Christi stehen, welcher erbaut werden soll, sondern auch Glieder desselben sind, und kein Glied des andern entbehren kann. Wieviel haben wir nun nicht in dieser Hinsicht gewonnen durch die Zurükkführung der ganzen Weise unseres Dienstes zu der ursprünglichen Einfalt! Wie gern entbehren wir sowol den Schein größerer Heiligkeit, der nur aus der Absonderung von den gewöhnlichen menschlichen Verhältnissen entstehen konnte, als auch das strengere gebietende Ansehen, welches aus der Herrschaft über die Gewissen hervorging! Denn so wie dies Amt jezt unter uns besteht, ist dieses beides, was anfänglich einander zu widersprechen schien, nur Eins und dasselbe, daß der Herr gesezt hat Einige zu Hirten und Lehrern, und daß doch Alle von Gott gelehrt sind, daß der Leib des Herrn erbauet wird durch den Dienst Einzelner, und daß doch diese nichts vermögen ohne die Mitwirkung derer, zu deren Dienst sie gesezt sind. Denn sie vermögen freilich alles durch den, der sie mächtig macht; aber eben er, der die Seinigen zusammenbinden will zu einer solchen Einigkeit des Geistes, macht sie nicht anders stark und mächtig als durch das Vertrauen und die Liebe ihrer Brüder. So ist denn alles so gemein, wie der Apostel es meint, wenn er die Christen warnt, sie | sollten sich nach keinem Menschen nennen, und auf keinen Menschen halten. Denn, sagt er, Alles ist euer. Nicht nur euer, weil es zu eurem Besten da ist, und weil ihr Freiheit habt Gebrauch davon zu machen für euch nach eurer besten Ueberzeugung; sondern es ist auch von Euch her, wie jedes Gliedes Kraft und gute Verrichtung aus der Lebenseinheit und dem Zusammenwirken aller anderen hervorgeht. Das bleibe in unserer evangelischen Kirche immer anerkannt, und die erstarrende Trennung, die sonst obwaltete, aufgehoben. Und so möge diese selige Gemeinschaft des Leibes Christi sich immer mehr verklären auch durch den treuen Dienst der Hirten und Lehrer! mögen diese immer mehr durch die ermunternde Liebe der Gemeinen gestärkt die Kirche fördern! mögen sie immer mehr das große Amt, das ihnen aufgetragen ist, auch zur Reinigung des Lebens und der Lehre verwalten! möge sich so in seliger Gemeinschaft der Leib des Herrn immer mehr erbauen, und in inniger Verbindung bleiben mit dem Haupte, das ihn allein beleben und regieren kann. Amen.

19–20 Vgl. 1Kor 3,4   20 Vgl. 1Kor 3,21

VIII.

Von dem Verdammen Andersgläubiger in unserm Bekenntniß.

Text. Luc. VI, 37.
Richtet nicht, so werdet ihr nicht gerichtet, verdammet nicht, so werdet ihr auch nicht verdammet.

M. a. Fr. Wir haben seit dem großen gemeinsamen Fest, das wir mit der ganzen deutschen evangelischen Kirche feierlich begingen, eine Reihe von unsern Betrachtungen dazu verwendet, das Große und Wesentliche in jenem Bekenntnisse, welches damals die Vorgänger in diesem unserm erleuchteten und gereinigten Glauben abgelegt haben, uns aufs neue zu vergegenwärtigen, und uns der ganzen Zustimmung unsrer Herzen dazu bewußt zu werden. Daraus wollte ich aber, wie ich auch gleich anfangs sagte, keineswegs gefolgert haben, daß wir etwa jenes Werk anders ansehen sollten, wie jedes andere menschliche Werk; sondern nur eben so, daß es auch seine Mängel und Gebrechen hat, und ebenfalls einen | Beweis davon giebt, daß alles Menschliche immer noch übrig läßt der Wirksamkeit des göttlichen Geistes in der Gemeinde des Herrn von dem guten zum besseren, von dem reinen zu dem noch mehr geläuterten und vollkommneren vorzuschreiten. Darum schien es mir nun nothwendig, damit wir das rechte Gleichgewicht auch in dieser Hinsicht beobachten, nun noch auf der andern Seite aufmerksam zu machen auf einiges von dem mangelhaften und unvollkommnen, das jenem Werke anhängt.

Wir finden nun gleich am Anfang desselben, daß die damaligen Verbesserer unseres kirchlichen Lebens sich zu einer Menge von Bestimmungen der christlichen Lehre unbedingt bekannten, welche aus längst vergangenen Jahrhunderten herrühren, und daß sie zu gleicher Zeit, wie es damals auch geschehen war, alle diejenigen, welche damit nicht übereinstimmten, laut und öffentlich verdammten. Sehet da, m. g. Fr.! hiergegen erklärt sich nun eben so deutlich als bestimmt das Wort unsers Erlösers, das ich in dieser besondern Beziehung zum Ge-

---

2 *Predigt zum 18. Sonntag nach Trinitatis am 10. Oktober 1830 vormittags in der Dreifaltigkeitskirche zu Berlin; vgl. Predigtnachschrift und Liederangaben in KGA III/ 12, S. 346–357* 14 *Vgl. oben S. 301,35–36* 25–30 *Vgl. besonders Confessio Augustana 1–2, Die drey ökumenischen Symbola, die Augsburgische Confession, und die repetitio confessionis Augustanae, S. 20–22; BSELK VN, S. 92/93–96/97*

genstande unserer Betrachtung gewählt habe. Es wird wol niemand daran zweifeln, daß eben deswegen, weil hier von dem Verhalten eines Jüngers Jesu zu andern Menschen, also auch gegen die andern welche denselben Herrn bekennen, die Rede ist, die Warnung vor dem Richten und Verdammen eben so sehr gehe auf das, was wir als irrig in den Vorstellungen und Meinungen eines Andern ansehen, als auf das, was wir für verkehrt halten müssen in der Führung seines Lebens und in seinen darin sich offenbarenden Gesinnungen. Wie nun also der Erlöser auf ganz allgemeine Weise sagt, Richtet nicht, so werdet ihr nicht gerichtet; verdammet nicht, so | werdet ihr nicht verdammet: so können wir wohl nicht anders als wünschen, daß jene erleuchteten Männer Gottes, jene auserwählten Werkzeuge in der großen Sache des Evangeliums sich von diesem Richten und Verdammen auch hätten frei gehalten; und wir müssen uns selbst mahnen, ihnen darin nicht nachzufolgen, sondern was sie noch von den Mängeln der früheren Zeit theilten, durch den Beistand des göttlichen Geistes von uns zu entfernen. Um nun dieses, daß wir Andersgläubige nicht verdammen sollen, uns allen eben so klar und gewiß zu machen, wie es mir selbst ist in meinem Innern: so laßt mich euch erstlich darauf aufmerksam machen, wie wenig hinreichenden Grund jene Männer hatten, allen solchen früheren Bestimmungen der Lehre, wie sie sie vorfanden, beizupflichten; dann aber zweitens, wie sehr sie dennoch Ursache hatten, wenn sie auch dem Allen mit voller Ueberzeugung beigestimmt hätten, doch sich an dieses Wort des Erlösers zu erinnern und sich des Verdammens zu enthalten.

I. Indem ich mich nun, m. g. Fr., zu dem ersten Theile unserer Betrachtung wende, um darauf aufmerksam zu machen, wie wenig ein hinreichender Grund vorhanden war, alle hergebrachten Bestimmungen der Lehre und alle Ausdrükke aus längst vergangenen Jahrhunderten aufs neue und ohne weitere Prüfung in das neue Bekenntniß des Glaubens aufzunehmen: so ist es keinesweges meine Meinung, euch auf den Inhalt aller jener Bestimmungen im einzelnen hinzuweisen. Denn darauf kommt es hierbei in der That gar nicht an, sondern | nur auf die Art, wie sie in der christlichen Kirche waren aufgestellt worden, welche Art aber jenen ersten Bekennern unsers Glaubens aus der Geschichte der Kirche ganz wohl und genau bekannt war. Zuerst nämlich waren fast ohne alle Ausnahme alle jene Bestimmungen der Lehre, welche sie sich beeilten wieder aufzunehmen, aus einem heftigen und leidenschaftlich geführten Streite hervorgegangen. Muß nun nicht einem Jeden, wenn wir auch nur hierbei stehen bleiben wollen, sein gesundes und richtiges Gefühl deutlich genug sagen, es sei wohl schwerlich im voraus anzunehmen, daß die

Predigt über Lk 6,37

Wahrheit sich auf eine solche Weise Bahn gemacht, und daß sie auf diesem Wege habe in ihr richtiges Licht gesezt werden können. Es ist vielleicht nicht das erstemal, m. g. Fr., aber das schadet nicht, wenn es auch schon in derselben Beziehung geschehen wäre, daß ich euch an eine Erzählung aus den Zeiten des alten Bundes erinnere[1], wo ein Mann Gottes ein Gebot erhielt, daß er vor den Herrn treten sollte auf einem Berge. Und er stieg hinauf, und siehe ein Sturmwind zerriß die Berge und spaltete die Felsen, aber er spürte nicht, daß der Herr in dem Sturm sei oder in dem Erdbeben, welches folgte. Dann ward ihm die Erscheinung eines heftigen Feuers; aber er fand auch in dem Feuer nicht den Herrn. Aber als er ein stilles sanftes Säuseln vernahm: da spürte er in dem lieblichen Wehen, in dem freundlich belebenden Hauche die Nähe des Herrn. So, m. g. Fr., ist es auch mit der Wahrheit in der christlichen Kirche. Wer sie sucht, was sucht er anders in ihr als den Herrn? was sieht er als den Preis seiner Bestrebungen an, als daß sich ihm eben | der Ewige, und die Verwandtschaft mit demselben, deren wir in unserm Geist und Gemüth inne werden, anschaulicher offenbare? Aber wie dort der Herr nicht im Feuer kam noch im Sturme – und womit wollen wir das Zusammenstoßen aufgeregter Gemüther, womit das Aufbrausen eines leidenschaftlichen Eifers besser vergleichen, als mit Sturm und Erdbeben und Feuerflammen? – so offenbart er sich auch den Menschen in diesen Zuständen nicht als die ewige Wahrheit. Je genauer man nun die Geschichte jener Zeit der christlichen Kirche kennt, um desto mehr findet man überall diese Aufgeregtheit der Gemüther, diesen leidenschaftlichen hitzigen Eifer; und wir dürfen, was daraus hervorgegangen ist, eben so wenig als ewige Wahrheit ansehen, als wir solche Zustände selbst für das Werk des Geistes Gottes halten. Doch Ihr fragt vielleicht, Soll es keinen Eifer geben für das Haus des Herrn? Ist uns der Erlöser nicht darin vorangegangen mit seinem Beispiele, so daß auch seine Jünger sich nicht enthalten konnten eben jenes Wort des alten Bundes auf ihn anzuwenden, der Eifer um das Haus des Herrn hat ihn verzehrt?[2] Ihn freilich hat sein Eifer nicht verzehrt; der Erlöser blieb immer sich selbst gleich, immer derjenige, der den Frieden bringen wollte, wenn er gleich wohl wußte, daß er oft nicht anders könne als das Schwert bringen; immer derjenige, der wie auch die Menschen sich gegen ihn

---

[1] 1 Kön. 19, 11–13.
[2] Joh. 2, 17.

32-33 verzehrt?[2] ... verzehrt;] verzehrt? ... verzehrt[2];

29-30 Vgl. Mt 21,12–17; Mk 11,15–19; Lk 19,45–48; Joh 2,13–16   31 Vgl. Ps 69,10   34-36 Vgl. Mt 10,34

betrugen, in ungeschwächter Kraft aus seinem Innern heraus das Wesen und Wirken Gottes, den Glanz des ewigen Lichts und die Macht der ewigen Liebe offenbarte. Aber uns kann und darf wol der Eifer um das Haus des Herrn | gewissermaßen verzehren. Ja wenn wir sehen, daß die, welche in Liebe und Treue im gemeinsamen Glauben mit einander verbunden sein und bleiben sollten, sich unter einander, wie der Apostel sagt, beißen und verzehren[3]: dann kann wol eine innerlich verzehrende Trauer das Gemüth des wahren Christen ergreifen; da ja keiner von uns so in sich selbst gegründet ist wie der Erlöser, und jeder krankhafte Zustand in seiner Gemeine auch auf uns nachtheiligen Einfluß ausüben muß in dem Maaß, als wir nicht im Stande sind ihn zu heilen. Aber wenn der Eifer des Herrn in jenem Augenblikk, worauf die Jünger jenes Wort der Schrift anwandten in That ausbrach: so waren es doch nicht Irrende, gegen welche er sich kehrte, sondern es waren die, welche die Richtung der Gemüther auf Gott in jenem besondern Heiligthum des Herrn, auf das sie in den Zeiten des alten Bundes vorzugsweise gewiesen waren, durch das Getümmel irdischer Geschäfte zu stören suchten. Wo wir also dasselbige wahrnehmen, wo unsern Brüdern die Erbauung und Stärkung durch die Gemeinschaft mit der Quelle des Heils verkümmert wird und gestört; wenn muthwillig ein Zunder der Zwietracht unter diejenigen geworfen wird, die in Friede und Liebe vereint waren um gemeinschaftlich ihre Seligkeit zu fördern, und die Zwietracht entbrennt wirklich: dann soll auch unser Eifer hervorbrechen. Aber wenn er doch auch hier nicht leidenschaftlich sein darf, wofern er christlich sein will: so darf er sich noch weniger auf leidenschaftliche Weise einmischen, weder in die Untersuchung dessen, was wahr ist, noch in die Aus|mittelung dessen, was gut ist und gottgefällig. Diese kann nur das Werk des göttlichen Geistes sein, wenn sie gedeihen soll, und der wirkt einmal nicht in einem leidenschaftlich bewegten Gemüthe. So aber waren jene Bestimmungen der Lehre entstanden, und schon das allein hätte Grund genug sein müssen, ihnen wenigstens in so weit zu mißtrauen, daß man nicht diejenigen verdammte, welche dieselben nicht annähmen. – Aber ein Zweites, und eben so bekannt, war dieses, daß jede solche Bestimmung das lezte Ergebniß war von einer zahlreichen Versammlung christlicher Lehrer, wo die verschiedenen und entgegengesezten Meinungen sich gegen einander erklärten. Aber wie kam nun der leztliche Beschluß zu Stande? Wie wurde nun das festgestellt, was hernach als Wahrheit des Glaubens in der Kirche geachtet und ver-

---

[3] Gal. 5, 15.

12–14 Vgl. Joh 2,14–16

Predigt über Lk 6,37

breitet ward? Nicht dadurch, daß es etwa den Einen gelungen wäre, die Andern zu überzeugen! sondern dadurch, daß sich am Ende die Mehrheit der Stimmen geltend machte, und die Minderheit den Plaz räumen mußte. Wie wenig giebt das überhaupt schon Bürgschaft für die Wahrheit! Aber leider gesellte sich noch ein drittes Uebel dazu, daß nämlich gar nicht selten diese Mehrheit dadurch bestimmt wurde, zu welcher Seite sich diejenigen Glieder der Gemeine schlugen, welche die weltliche Macht in Händen hatten. Das zeugt freilich von wenig Muth und Wahrheitsliebe, und noch trauriger ist es, wenn so die Wahrheit auch durch Menschenfurcht und Menschengefälligkeit getrübt wird. Wie leicht konnten grade die edelsten eben schon dadurch abgeschrekt werden einer Lehre beizupflichten, weil sie sichtlich nur auf einem solchen Wege die Oberhand bekommen hatte! Deshalb nun haben | späterhin jene Männer Gottes, aus deren Eifer und Bekenntniß unsere evangelische Kirche hervorgegangen ist, selbst diesen Saz aufgestellt, daß keine Versammlung von Christen, wie erleuchtet sie auch wären, wie viel Vertrauen man auch haben könnte zu ihrer richtigen Einsicht, befugt sein könne Glaubenslehren aufzustellen durch Mehrheit der Stimmen. Was sollen wir also sagen, als daß sie schon damals widerriefen, was sie hier sezten? Denn waren jene Versammlungen nicht berufen und befugt, durch Mehrheit der Stimmen die christliche Wahrheit festzustellen; so durften auch die ersten Verbesserer der Kirche jene Lehrbestimmungen nicht deswegen annehmen, weil sie Festsezungen solcher Versammlungen waren; und doch haben sie es nur hierauf hin gethan! Sie hatten, seitdem der Herr sie zu dem großen Werke der Verbesserung berief, keine Zeit gehabt sich in eine neue Untersuchung aller jener früher streitig gewesenen Punkte zu vertiefen; sie haben vor Abfassung unseres Bekenntnisses nicht aufs neue, was für die eine und was für die andere Parthei zu sagen oder was vermittelndes aufzustellen gewesen wäre, gegeneinander abgewogen. Sie haben nicht mit der höheren Erleuchtung des Geistes, die ihnen geworden war, aufs neue geforscht in der Schrift, ob das, was diese über den Gegenstand sagt, mit der einen oder der andern Fassung der Lehre besser stimme; oder da sich die Schrift über viele von diesen Lehrpunkten gar nicht ausdrükklich äußert, wie sich diese streitigen Sazungen zu dem gesammten Inhalt unsrer heiligen Schriften verhalten. Daher können wir es ihnen nur als eine wohlgemeinte Bedächtigkeit hingehen lassen, wenn sie nur nicht zu viel auf einmal anregen wollten; wir dürfen uns auch nicht wun|dern, wenn sie im Drang ihrer Arbeiten weder Zweifel bekamen gegen Lehren, die sie

---

16–19 *Die Reformatoren lehnten eine unbedingte dogmatische Bindekraft der mehrheitlich gefassten Konzilsbeschlüsse ab.*   32 Vgl. Apg 17,11

von Jugend auf angenommen hatten und gegen die sich nicht zugleich ihr Gewissen regte, noch auch fern liegende Untersuchungen wieder aufnahmen, die nur bei großer Ruhe gedeihen konnten: aber das können wir ihnen nur als eine menschliche Schwäche verzeihen, daß sie, indem sie sich aufs neue zu jenen Lehren bekannten, auch zugleich das Verdammungsurtheil über alle Andersdenkenden wiederholten. Und dies muß uns um so mehr auffallen, als sie ja ihr eignes Werk in ganz entgegengeseztem Sinn einleiteten. Denn als die weltliche Macht jenem theuern Werkzeuge Gottes, unserm Luther drohte, wenn er nicht widerriefe, wolle sie ihn ihre ganze Gewalt fühlen lassen: da zog er sich auf jenes große und herrliche Wort des Apostels zurükk, man müsse Gott mehr gehorchen als den Menschen, und sagte, er könne nicht anders widerrufen, als wenn er widerlegt würde aus heiliger Schrift oder menschlicher Vernunft. Aber jene früheren Andersdenkenden hatten sich nicht für überwunden erkannt durch die Gründe aus der Schrift und Vernunft, deren sich die Mehrheit bediente, und also hätte auch keine Macht geistliche oder weltliche sich herausnehmen sollen, sie auszuschließen oder zu verdammen; und so hätten auch unsere Lehrer dies nicht wiederholen sollen, da sie ja selbst das gute Recht in Anspruch nahmen nicht verdammt zu werden, wenn sie nicht überzeugt waren.

Wenn wir nun, m. g. Fr., auf den gegenwärtigen Zustand der Dinge in der christlichen Kirche sehen: so müssen wir freilich sagen, das eine von diesen Uebeln scheint verschwunden, aber es scheint nur; das Andere übt noch | immer natürlicher Weise seinen Einfluß aus, und das kann auch nicht anders sein. Ich sage, das eine scheint verschwunden, weil es ja solche Versammlungen der Lehrer der christlichen Kirche zur Bestimmung dessen, was für wahr und recht gehalten werden soll, nicht mehr giebt; und eben zufolge dessen, was späterhin als allgemeiner Grundsaz unserer Kirche ausgesprochen worden ist, auch nicht mehr geben kann. Aber was haben wir statt dessen? Vergegenwärtigt euch doch diesen großen für Jeden zugänglichen Kampfplaz der Oeffentlichkeit in Rede und Schrift, wo sich alle einander widersprechenden Meinungen vernehmen lassen auch über die Angelegenheiten unseres Glaubens, wo Jeder sich hinstellt seinen Saz zu

---

9 drohte,] drohte.

11–12 *Vgl. Apg 5,29*   12–14 *Zu seiner Rede am 18. April 1521 auf dem Reichstag zu Worms vgl. Martin Luther: Sämtliche Schriften, ed. Johann Georg Walch, Bd. 15, Halle 1745, Sp. 2307–2308 [dt.]; Werke. Kritische Gesamtausgabe, [Schriften], Bd. 7, Weimar 1897, S. 838 [lat.] sowie Deutsche Reichstagsakten, Jüngere Reihe, Deutsche Reichstagsakten unter Kaiser Karl V., Bd. 2, ed. Adolf Wrede, Gotha 1896, S. 581–582*

behaupten, und seine Gegner gleichsam herausfordert. Welches Durcheinandertönen von mißhelligen Stimmen! welche eben so widersprechende begleitende Aeußerungen von Beifall und Tadel, welche sich einen Nachhall bilden nicht immer in dem Verhältniß wie der Anführer sich des Gegenstandes kundig zeigt! Spielen nicht auch hier die Leidenschaften ihre große Rolle? machen sich nicht auch hier unreine und fremdartige Einflüsse geltend, wenn der Eine trefflich versteht durch die Kunst der Rede zu blenden und zu täuschen, und der Andere durch Schüchternheit oder Unbeholfenheit der besten Sache schadet? Und übt nicht doch auch hier die Zahl oder die Stärke der Stimmen ein entscheidendes Uebergewicht aus? nur daß freilich die Entscheidung zum Glükk nicht mehr Jahrhunderte lang geltend bleibt, sondern der Kampf sich gar bald wieder erneut! Aber ist es wol möglich, daß innerhalb dieses Strudels etwas könne erbaut werden, was wirklich feststeht? Und doch ruft jede Parthei | ihren Anführern und Bundesgenossen den Sieg zu, und verdammt den Widerpart, indem sie ihm sei es nun den gesunden Verstand abspricht oder den frommen Sinn! Könnte wol denen, welchen es um reinere Einsicht zu thun ist, ein besserer Rath gegeben werden, als fern von diesem Getümmel die Worte des Herrn in der Stille zu erwägen, und Gott um die Erleuchtung seines Geistes zu bitten für ein Herz, welches nur begehrt in Demuth die Wahrheit zu suchen und sich ihrer in Liebe und Frieden zu erfreuen? Kann es für unsere große Gemeine wol eher eine Sicherheit geben, nicht etwa daß sie für das Geheimniß des Glaubens das Wort gefunden habe, worin es ewig kann gebunden und zusammengefaßt bleiben, sondern nur, daß sie einen neuen Gewinn gemacht habe in dem Gebiet der christlichen Wahrheit, als bis diese Stürme sich wieder legen und diese Flammen verlöschen, und man nur das sanfte Säuseln vernimmt von friedfertiger Forschung und freundlichem Gespräch, wie es sein muß, wo Brüder einträchtig bei einander wohnen, und eine und dieselbe gemeinsame Sache jeder an seinem Theil zu fördern begehren, keiner aber dazwischen tritt, der sich selbst und das seinige sucht.

Doch, m. g. Fr., was sollen wir erst dazu sagen, daß auch das andere Uebel jener früheren Zeiten auch in unserer evangelischen Kirche sich von Zeit zu Zeit noch wieder gezeigt hat? Bald ist in solchem Streit der Meinungen geselzliche Bestätigung für die Einen und Verdammung für die Anderen gesucht worden bei der weltlichen Obrigkeit, bald hat sie es sich selbst zugesprochen die Entscheidung zu geben. Unmöglich kann der natürliche Lauf der Dinge fremdartiger gehemmt werden; und niemand kann an einem | solchen Verfahren

28–29 Vgl. 1Kön 19,12   30 Ps 133,1

theilnehmen, der von dem Geist unserer evangelischen Kirche durchdrungen ist. War es nicht von Anfang an ihr ausgesprochener Grundsaz, daß die kirchliche Gemeinschaft sich alles Einflusses auf die Führung des bürgerlichen Regimentes entschlagen wolle, aber daß auch dieses wiederum dem geistlichen Schwert, nämlich der Verkündigung des göttlichen Wortes solle freien Lauf lassen? Und wie ganz übereinstimmend hiemit ist auch erklärt worden, ohnerachtet der innigsten Ueberzeugung von der Allgemeinheit und Größe des menschlichen Verderbens, daß dennoch auch der natürliche Mensch im Stande sei, die bürgerliche Gerechtigkeit zu erfüllen, und also auch den heiligen Pflichten der Obrigkeit zu genügen, während allerdings eben dieser natürliche das heißt zu der Erleuchtung des göttlichen Geistes noch nicht gelangte Mensch nicht vermöge auch nur im geringsten in den Angelegenheiten des Heils das Wahre zu finden und in der rechten Liebe zu Gott zu wandeln. Ist nun dieses unser Bekenntniß, und soll es auch bleiben: so können wir niemals in Gefahr kommen wegen irgend einer wenn auch noch so großen Verschiedenheit des Glaubens lau zu werden im Gehorsam gegen die Obrigkeit – und wie wichtig ist nicht dieses für unser und unsrer Nachkommen ganzes Leben! – aber eben so wenig können wir ja dann jemals ohne den schreiendsten Widerspruch gegen uns selbst auf den Gedanken kommen, der Obrigkeit als solcher die Entscheidung anheim zu geben in Angelegenheiten des Glaubens und der Lehre. Denn auch die gesegnetste Regierung der weltlichen Dinge enthält ja keine Bürgschaft dafür, daß diejenigen, die am Ruder sizen, sich auch der Erleuchtung des göttlichen Geistes in einem höhe|ren Grade erfreuen. Kann es daher auch unter uns noch solche Christen geben, die von einem nicht sehr verständigen Eifer für die göttliche Wahrheit getrieben in solchem Streit, der nur mit dem göttlichen Wort ausgefochten werden darf, mittelbar oder unmittelbar die weltliche Macht zu Hülfe zu rufen geneigt sind: so wird es ein großer Segen von der näheren Betrachtung unseres Bekenntnisses sein, wenn wir hiegegen unsere Ueberzeugung befestigen, sollten wir auch gestehen müssen, daß die Verfasser unsers Bekenntnisses, wenn wir den Grundsaz in seiner ganzen Strenge nehmen, selbst dagegen gefehlt haben, indem sie sich in ihrer Beipflichtung mancher Lehrbestimmungen auf jene Zusammenkünfte beriefen, deren Entscheidungen immer unter den Einflüssen der weltlichen Macht standen.

2–6 Vgl. *Confessio Augustana 28, Die drey ökumenischen Symbola, die Augsburgische Confession, und die repetitio confessionis Augustanae*, S. 95–118; BSELK VN, S. 186–220   **9–15** Vgl. *Confessio Augustana 18, Die drey ökumenischen Symbola, die Augsburgische Confession, und die repetitio confessionis Augustanae*, S. 35–37; BSELK VN, S. 112/113–114/115

II. Und nun, m. g. Fr., laßt uns in dem zweiten Theil unserer Betrachtung dem entscheidenden in den Worten unsers Textes näher treten, um, indem wir sie auf unsern heutigen Gegenstand anwenden, uns zu überzeugen, daß und in wie fern diejenigen, welche Andere verdammen, eben dadurch sich selbst verdammen. Wir müssen uns aber freilich zuvörderst über den Sinn dieses Wortes einigen, wie der Erlöser es gebraucht, und wie es in den Formeln und Säzen unseres und der älteren Bekenntnisse gemeint gewesen ist. Gewiß wohl nicht allgemein, sondern nur aus Mißverstand von Einzelnen in dem härtesten Sinn, daß denen, die anders dächten und meinten als festgesezt wurde, aller Antheil an dem Heil in Christo, und an der durch ihn erworbenen Seligkeit, hier nicht nur, sondern auch dort sollte abgesprochen werden. Nicht, sage ich, haben es alle | in diesem Sinne gemeint; und wir wollen uns gern an das gelindeste halten, was dabei gedacht werden konnte. Aber dies war gewiß auch nicht allein ein Mißbilligen, sondern es lag immer darin eine Aufhebung der Gemeinschaft. Blieben die Vertheidiger einer Lehre bei derselben, auch nachdem die Mehrzahl einer solchen Versammlung sie verworfen und eine andere aufgestellt hatte: so wurde alle Verbindung mit ihnen abgebrochen; und wenn sie nun nothgedrungen eine Gemeinschaft unter sich stifteten, so wurde diese angesehen als ganz außerhalb der Kirche des Herrn gelegen, in welcher allein der Geist Gottes sich geschäftig erweiset. Allerdings nun hat nicht Jeder ein Recht an die Gemeinschaft der Christen; und der Erlöser selbst, der hier sagt, Verdammet nicht so werdet ihr nicht verdammt, hat uns doch mehrere herrliche und lehrreiche Gleichnisse hinterlassen, die sich eben damit endigen, daß indem die Einen zu dem Mahl des Königs oder in die Freude des Herrn hineingerufen werden als würdige Gäste oder um den Lohn zu empfangen für ihre Treue, Andere im Gegentheil nach derselbigen Regel ausgeschlossen bleiben und hinausgeworfen werden in die Finsterniß; und solches Ausschließen ist allerdings das Verdammen. Wenn wir nun, m. g. Fr., das Herz haben wollen, auch nur in diesem Sinn Andere zu verdammen, deswegen weil sie anders lehren als wir: welcher Dünkel liegt denn nicht darin in Beziehung auf uns selbst? Oder wäre das nicht Dünkel, wenn wir uns einbildeten, die Wahrheit so gefunden zu haben, daß wir vollkommen sicher sind, sowol daß kein Anderer uns auf dieselbe Weise auch verdammen könnte, als auch, daß wir durch unser Zusammensein mit denen, die anders meinen, | die wir aber verdammen, nichts mehr gewinnen können, weder indem sie auf uns einwirken, noch indem wir auf sie? Oder hat eine solche Einbildung irgend einen Grund in der Verheißung, die der Erlöser den

---

25–31 Vgl. Mt 22,1–14; 25,14–30; Lk 14,16–24; 19,12–27

Seinigen gegeben hat in Beziehung auf die Erkenntniß der Wahrheit? der Geist der Wahrheit, der Tröster, sagt er, der nach mir kommen wird, der wird euch in alle Wahrheit leiten[4]. Dieses Leiten nun, m. g. Fr., ist keine plözliche Mittheilung, schließt vielmehr eine fortgehende Thätigkeit nothwendig in sich, und der Erlöser hat nirgend auch nur im entferntesten eine Aeußerung gethan, die uns schließen ließe, daß so lange seine Gemeinde hier auf Erden wandelt, jenes Werk des göttlichen Geistes je würde vollendet sein. Nicht nur deshalb, weil immer wieder ein neues Geschlecht geboren wird, welches seiner Anleitung bedarf; sondern auch für keinen Einzelnen kommt eine Zeit, wo er dieser Anleitung entbehren könnte, weil er nämlich im vollen Besiz der Wahrheit für sich allein stände. Verhält es sich nun so, wie können wir besseres wünschen, als daß uns immer Gelegenheit gegeben werde, uns in der Erforschung der Wahrheit fleißig zu üben, und daß wir diese Gelegenheit benuzen? Schließen wir aber die, welche in einigen Stükken anders lehren, als wir, von unserer Gemeinschaft aus: so haben wir zugleich auch unsere Wirksamkeit auf sie aufgegeben. Natürlich beschäftigen wir uns dann auch nicht mehr mit ihnen, und so bleibt uns das größtentheils fremd, was mit ihren Lehren als Grund oder Folgerung zusammenhängt. Welche Uebung in der Erforschung der Wahrheit ist es aber nicht | immer, wenn wir die Gedanken Anderer an dem Licht des göttlichen Wortes betrachten! Wieviel Erleuchtung entsteht uns daraus, wenn wir mit dem Blikk der Liebe untersuchen, mit welcher Wahrheit wol der Irrthum unserer Brüder zusammenhängt, um uns selbst diese recht anzueignen und zu befestigen, wie wir ja zumal in der Christenheit immer voraussezen müssen, daß der Irrthum sich nur an das Wahre anhängt. Haben wir aber einmal verdammt: so ist diese Voraussezung aufgehoben, so liegt jenes Werk der Liebe nicht mehr in unserm Kreise.

Darum wie solches Verdammen nur von dem Dünkel ausgeht, als habe der Geist Gottes sein Werk an uns schon vollendet: so verdammen wir dadurch zugleich uns selbst, weil wir dieses Werk des göttlichen Geistes in unserm Gemüth stören, und ihn der Mittel es in uns weiter zu fördern muthwilliger Weise berauben. Wir verdammen uns selbst; denn wir entziehen uns den heilsamen Wirkungen des göttlichen Lichts in demselben Maaß, als wir uns den Kreis der christlichen Liebe muthwillig verengen, indem wir Andere verdammen. Denn diese beide sind immer neben einander, sie sind für ewige Zeiten auf das genaueste an einander gebunden, das göttliche Licht der Wahrheit

---

[4] Joh. 16, 13.

2–3 *Vgl. Joh 14,16–17; 16,13*   39–1 *Vgl. 1Joh 2,9–10*

und die göttliche Kraft der Liebe. Verhärtet sich das Herz und weicht die Liebe daraus, so erblindet auch das Auge gegen die Wahrheit; denn da alles in der Liebe des Höchsten seinen Grund und Zusammenhang hat, so kann es auch nur durch die Liebe erkannt werden. Verschließen wir das Auge des Geistes gegen die ewige Wahrheit, ja auch nur gegen irgend einen Strahl derselben: so muß auch aus dem falschen Schein, den wir dann erblikken, ir|gend eine verkehrte Lust entstehen, welche sich auf Unkosten der wahren Liebe nährt, und diese beschränkt und erkältet. Daher erkennen wir denn auch dies als die Folge, die überall aus einem solchen lieblosen Verdammen hervorgegangen ist, daß nämlich der Lauf der Wahrheit durch eben dasselbe ist gehemmt worden, dem doch nichts als Eifer für die Wahrheit zum Grunde zu liegen schien. Denn eben der Buchstabe, den die Verdammenden aufstellten, als ein Zeichen des Heils das ewig gelten sollte und dem niemand widerstreiten dürfe, der mußte nothwendig versteinern, der Geist, der ihm allein Leben giebt, mußte entweichen, weil das Leben nicht mehr gepflegt und unterhalten wurde, und nur das tödtende des Buchstaben konnte zurükkbleiben. Das, m. g. Fr., ist die Verdammniß, in welche unausbleiblich die Verdammten sich selbst stürzen. Solche Gewaltsamkeit zerstört das geheimnißvolle Band zwischen dem Geist, der nur recht lebendig machen kann durch den Buchstaben, und dem Buchstaben, der nur dann nicht tödtet, wenn er nichts sein will als die Hülle dieses Geistes. So ist es denn auch geworden in den Fällen, von welchen hier die Rede ist. Schlagt das gefeierte Bekenntniß unserer Kirche auf und leset alle die Sazungen und Formeln, neben welchen ihr dieses findet, daß die anders lehrenden verdammt werden. Der Buchstabe, der dort aufgestellt wurde, ist noch vielen unserer Christen heilig; aber der eigentliche Sinn derselben kann sich immer nur denen aufschließen, welche sich die alten Geschichten jener Streitigkeiten zu vergegenwärtigen wissen. Auf welchen engen Kreis ist also der Werth dieses Buchstaben beschränkt! und wie wenig unmittelbar hängt dieser geschichtliche Werth mit unserer | christlichen Frömmigkeit zusammen! Alle andern Christen aber, wie heilig ihnen auch jener Buchstabe sei: mit wie geringer Theilnahme lesen sie ihn! Und wie natürlich ist dies auch, da ja, wenn wir in unsern Versammlungen oder auch unter uns die Liebe Gottes in Christo preisen und uns der Herrlichkeit des eingebornen Sohnes freuen, von diesen Ausdrükken und Formeln doch kein Gebrauch jemals gemacht wird. Der Buchstabe also, der in solchem Triumph aufgestellt worden ist, was ist er anders als ein todter für die große Gemeine? Ja auch diejenigen, welche bewandert sind in den feineren

---

13–18 Vgl. 2Kor 3,3.6–9   36–37 Vgl. 1Joh 4,9   37 Vgl. Joh 1,14

Unterscheidungen der Lehre, finden ihn nicht mehr tauglich um ihre eigenen Lehrverschiedenheiten daran zu messen. Wäre aber nicht verdammt worden: so wäre auch der Buchstabe nicht starr geworden, auf dem jezt solche Finsterniß lagert, der Gedanke hätte sein Kleid wechseln können nach dem Bedürfniß, wie ja auch sonst die Sprache wechselt, und der Buchstabe wäre dann immer die klare durchsichtige Hülle des Geistes geblieben, und hätte nicht soviel von unserm christlichen Leben in seinen Tod mit hineingezogen. Das ist der Unsegen des Verdammens, der sich in jedem ähnlichen Falle immer wieder erneuern wird. Und die um einen so nachtheiligen Erfolg herbeizuführen sich durch Verdammen den Kreis ihrer Liebe und Wirksamkeit verengen: wie sollten sie nicht nach dem Wort des Herrn in unserm Text sich selbst verdammen? Wenn doch der Erlöser in seinem Gleichniß den verwirft, welcher sein Pfund vergraben hatte statt damit zu erwerben: wie wollen sie sich vertheidigen gegen die Anklage, daß ihnen ein großes Gebiet von Gemeinschaft anvertraut gewesen, und daß sie es, nicht etwa wie jener unvermehrt zwar aber doch | unversehrt, sondern gar verringert und zerbrochen hinterlassen haben? Wie gegen die, daß ihnen ein freudiger Gang christlicher Forschung überliefert worden; aber weit entfernt davon ihn seinem guten Ende näher zu bringen, sei es nun durch Uebereinstimmung Aller oder durch friedlichen Vertrag bis auf weiteres über das, worüber man sich jezt noch nicht einigen kann, hätten sie ihn vielmehr auf rohe und gewaltsame Weise abgebrochen. Und dieser Vorwurf trifft allerdings nicht nur diejenigen, welche in leidenschaftlichem Eifer zuerst solche Verdammungen aussprechen, sondern auch die Urheber unseres Bekenntnisses, welche sie übereilter Weise wiederholt haben. Denn dadurch haben sie im Voraus verhindert, daß nicht neues Gespräch und neue Untersuchung über diese Gegenstände in der evangelischen Kirche entstehen konnte, und haben also das innere Leben derselben gehemmt. Und indem sie diejenigen, die sich doch in ihrem Gewissen gegen jene Bestimmungen gebunden fühlten, schon im voraus von der Gemeinschaft der evangelischen Kirche trennten: so haben sie auch den Umfang derselben zu unserm nicht geringen Schaden beschränkt. Denn wir sind nun von gar vielen wahren und frommen Christen, die uns fördern könnten, wie wir auch sie, um solcher einzelnen Lehrbestimmungen willen ganz geschieden.

So lasset uns denn, m. g. Fr., die wir auch selbst noch in mancherlei ähnlichen Streit gestellt sind, wenn es auch unter uns eine große

---

6–7 durchsichtige Hülle] durchsichtige Helle   36 könnten,] konnten,

13–15 Vgl. Mt 25,24–30; Lk 19,20–24

Verschiedenheit der Lehrmeinungen giebt, hiedurch gewarnt ein Beispiel nehmen und uns hüten vor einem solchen Verdammen, wodurch wir uns selbst verdammen; lasset uns recht zu Herzen nehmen, daß es, in Beziehung darauf mit wem wir in Gemeinschaft ste|hen sollen oder nicht, bei allen Bestimmungen über die Lehre uns genau genommen nur wenig auf den Inhalt ankommen kann. Denn das wissen wir doch, daß kein menschlicher Buchstabe die ewige Wahrheit erschöpft und ganz umfaßt; aber auch das wissen wir, daß, was aus guter Gesinnung doch gefehlt worden ist, am sichersten in der brüderlichen Gemeinschaft gebessert werden kann. Darum nun muß uns alles vielmehr darauf ankommen, woher unsern Mitchristen ihre Lehrmeinungen kommen, und wohin sie sie führen. Viele von denen, die damals verdammt wurden von jenen allgemeinen Versammlungen der Kirche, und deren Verdammung durch unser Bekenntniß wiederholt wurde, begehrten doch nichts anderes als Gott zu verherrlichen und ihre Ausdrükke so zu stellen, wie ihnen die Verherrlichung Christi am reinsten mit der Verherrlichung Gottes zusammenklang. Und solche müssen ja immer empfänglich bleiben für freundliche Belehrung derer, die eben so gesinnt sind. Besteht unter Gleichgesinnten einmal eine solche Verschiedenheit der Meinung, daß der Eine Unrecht haben muß, wenn der Andere recht hat: so liegt die Sache auch allemal so, daß der Eine mit seiner Meinung vereinigen kann, was der Andere mit derselben nicht zu vereinigen weiß. Sehen wir nur, daß es Einem von Herzen geht, Christum einen Herrn zu nennen in der That und Wahrheit, was nach dem Wort des Apostels nur geschehen kann durch den Geist Gottes; und was er sagt, erscheint uns falsch: so müssen wir ja voraussezen, er wisse seine Darstellung mit seiner frommen Gesinnung zu vereinigen, und so lange er diese Voraussezung durch seine Beharrlichkeit in christlicher Frömmigkeit rechtfertigt, haben wir keine Ursache unsere Gemeinschaft mit | ihm abzubrechen, wegen dessen, was doch höchstens eine Schwäche seines Verstandes sein kann. Aber freilich, wenn Einer davon ausgeht oder seine Säze ihn selbst dahin bringen, daß er die Herrlichkeit des eingebornen Sohnes nicht ertragen, sondern ihn allen Andern gleichstellen will, also auch möglicher Weise Andere über ihn hinaussezen: nun der freilich rechnet sich selbst nicht mehr zu uns, sofern wir eine Gemeinschaft von Christen bilden. Aber soweit er sich noch mit uns einlassen will, haben wir nicht Ursach ihm zu wehren; ja es muß uns lieb sein, wenn auch ein solcher sich nicht ganz von uns trennt, weil wir ihn dann noch anfassen und einen wohlthätigen Einfluß auf ihn üben können. Und eben so wenn einen seine Säze dahin führen, daß er den Glauben

---

24–26 Vgl. 1Kor 12,3 in Verbindung mit 1Joh 3,18   33 Vgl. Joh 1,14

der Christen auf Leichtsinn zieht, und statt des Ernstes der Heiligung vielmehr dem Fleisch Raum giebt: dann freilich werden wir ihm widerstehen müssen, und wohl Acht haben, daß ein solcher, der gar nicht dem selbigen Ziele zustrebt, dem wir, nicht Andere verführe mit seiner falschen Weisheit. Aber eben dieser Widerstand kann ihm zur Züchtigung gereichen und also auch zur Besserung, wenn er in unserer Gemeinschaft bleibt; und darum wäre es auch nur eine unbrüderliche Trägheit, wenn wir ihn aus unserer Zucht entlassen wollten. Wie viel weniger also noch werden wir einen Grund zum Verdammen finden, wenn Behauptungen, die uns unverständlich sind oder mißfällig, doch Andere dahin führen, daß sie fest an dem Herrn und seinem Bekenntniß halten, wenn sie sie an nichts hindern, was zur christlichen Gottseligkeit gehört, vielmehr sie selbst ihnen das Zeugniß einer reinigenden und stärkenden Einwirkung geben. Nein, wie wenig uns auch solche Lehren | begründet erscheinen in dem Wort Gottes, auf welches sie sich doch berufen: immer haben doch solche Christen denselben Geist empfangen wie wir, immer streben sie ja zu demselben Ziele wie wir; wie sollten wir einen Mitknecht verdammen wollen, von dem wir hoffen dürften, daß sein Herr ihn immer werde wachend finden? wie sollten wir nicht gern mit ihm zu der Gemeinschaft der Lehre und der Untersuchung, der Liebe und des Gebetes verbunden bleiben?

Wenn wir die menschlichen oft so willkührlichen und wenig begründeten Trennungen in den Angelegenheiten des Heils aus diesem Gesichtspunkte betrachten: wie wahr werden wir dann das Wort des Erlösers finden, daß wer andere verdammt, sich selbst verdammt! wie wahr werden wir es finden, was er sagt gerade in dieser Beziehung, wer nur nicht wider ihn ist, wer nicht ohne ihn sein Heil suchen will sondern mit ihm und durch ihn, der ist auch für ihn! und wie gern werden wir dann alle die so gesinnt sind pflegen mit Liebe und Treue, und mit ihnen gemeinsam die Wahrheit suchen. Das war aber auch der innerste Geist derer, die Gott der Herr zur Verbesserung der Kirche berufen hatte; es waren nur vorübergehende Mängel, Verirrungen in Bezug auf das, worauf sie nicht hinreichende Aufmerksamkeit hatten wenden können, was sie in dieses Richten, in dieses Verdammen hineinführte. Wir mögen sie entschuldigen; aber wir dürfen ihnen nicht folgen. Wir können es ihnen vergeben, daß sie sich nicht gleich von Allem losmachen konnten, was das Werk einer so langen Zeit war; aber wir müssen nicht überschätzen, was das Werk menschlicher Unvollkommenheit und Schwäche war. Und dazu haben sie uns selbst das Recht gegeben; sie haben | keinen auf ihr Wort verpflichten wol-

---

28–29 Vgl. Mk 9,40; aber Mt 12,30; Lk 11,23

len, sie haben nur das Werk des Herrn gesucht, und das lasset uns mit ihnen suchen und uns nur da zu ihnen gesellen, wohin sie von dem Geist der Gemeinschaft geführt sind. Aber haben sie etwas gethan, wodurch das Band der Liebe gelöst, und das Ganze zerspaltet und
5 getheilt wurde: so kann doch darin nur menschliche Schwäche und Irrthum vorgewaltet haben, wovon wir immer mehr suchen müssen uns zu reinigen. Darum Wahrheit mit einander suchen in Liebe, ohne Störung des Friedens dem Heil entgegengehen, und das Wort des Herrn unter einander reichlich austheilen, damit es sich Allen immer
10 deutlicher offenbare, das sei das schöne Werk der Gemeinschaft, zu der wir mit einander verbunden sind durch den Gnadenruf unsers Gottes und Heilandes. Amen.

IX.

Daß wir nichts vom Zorne Gottes zu lehren haben.

Text. 2 Cor. V, 17. 18.

Darum ist Jemand in Christo, so ist er eine neue Creatur; das Alte ist vergangen, siehe es ist Alles neu geworden, aber das Alles von Gott, der uns mit ihm selber versöhnt hat durch Jesum Christum und das Amt gegeben, das die Versöhnung predigt.

M. a. Fr. Es ist bei unserer heutigen Betrachtung nicht eigentlich mein Zwekk uns in den ganzen reichen Inhalt dieser Worte des Apostels zu vertiefen; obgleich freilich so wie er uns allen bekannt und eigen sein muß auf der einen Seite, so doch auf der andern er nie aufhören kann der Gegenstand unserer beständigen Vertiefung im Geiste und unseres Lobes und Preises gegen Gott zu sein. Ich habe vielmehr im Zusammenhange mit demjenigen, womit | wir uns seit einer Reihe dieser Vorträge beschäftigt haben, nur eure Aufmerksamkeit überhaupt darauf lenken wollen, wie der Apostel das Christenthum beschreibt als das Amt, welches die Versöhnung predigt und zwar die von Gott in Christo gestiftete Versöhnung, um nicht sich mit der Welt, sondern die Welt mit sich zu versöhnen, wie das ja so deutlich ist in den folgenden Worten, wo der Apostel hinzufügt, Gott war in Christo und versöhnte die Welt mit ihm selber, noch einmal wiederholend was er schon gesagt hatte, daß Alles dieses von Gott ausgehe, der uns mit ihm selber versöhnt hat durch Jesum Christum. Nun, m. a. Fr., gehört zu denjenigen Unvollkommenheiten unseres Glaubensbekenntnisses, weswegen ich nicht gerade wünschte, daß wir es gleichsam aufs Neue seinem ganzen wörtlichen Inhalt nach als unser eignes annähmen und bestätigten, auch dieses, daß darin noch viel zu viel die Rede ist von einem Zorne Gottes, was sich doch mit dieser vom Apostel selbst uns gegebenen Darstellung des Christenthums gar nicht verträgt, sondern mit derselben in offenbaren Widerspruch steht. Daher möchte ich die-

---

15 haben,] haben

---

2 Predigt zum 20. Sonntag nach Trinitatis am 24. Oktober 1830 vormittags in der Dreifaltigkeitskirche zu Berlin   20–21 Vgl. 2Kor 5,19   27–28 Vgl. besonders in Confessio Augustana 2–3, Die drey ökumenischen Symbola, die Augsburgische Confession, und die repetitio confessionis Augustanae, S. 22; BSELK VN, S. 96,3 und 96,14 [nur im deutschen Text]

ses zum Gegenstand unserer heutigen Betrachtung machen, daß wir gar keine Veranlassung haben und gar keine Anweisung diese Vorstellung von einem Zorne Gottes als in dem Christenthum begründet, als ein wesentliches Stükk unseres Glaubens, als eine eigenthümliche Lehre aufzustellen; vielmehr, daß je mehr wir unsere und anderer Aufmerksamkeit darauf hinlenken, wir uns um so weiter von dem wahren Geist des Christenthums entfernen. Lasset uns zu dem Ende zuerst sehen, wie wir in dem Berufe, den uns der Apostel vorhält, nämlich alle zu diesem Amte, das die Versöhnung predigt, zu gehören und darin zu arbeiten, gar keine Veranlassung finden können, von einem Zorne Gottes zu reden. Dann aber zweitens, wie in der That je mehr wir uns selbst und Andere damit beschäftigen, wir auch gewiß sind uns um so weiter von dem wahren Geiste des Christenthums zu entfernen.

I. Wenn wir nun zuerst uns überzeugen wollen, daß wir durchaus keine Veranlassung haben den Zorn Gottes den Menschen vorzuhalten, und daß Christen auf keine Weise durch irgend eine Lehre die vom Zorne Gottes handelt gefördert werden können: so müssen wir uns vor allen Dingen daran erinnern, daß der Erlöser selbst dieses niemals gethan hat, daß es kein einziges uns von ihm aufbehaltenes Wort giebt, worin von dem Zorn Gottes die Rede wäre. Allerdings finden wir eines und anderes, was man dahin ziehen könnte, wol hie und da in seinen Reden, und so auch in unserm heutigen Sonntagsevangelium[1], und ich habe eben deswegen lieber dieses zu unserer heutigen Vorlesung erwählt. Der Erlöser freilich sagt, Als der König den sah, der kein hochzeitliches Kleid anhatte, ward er zornig und sprach zu ihm, Wie bist du hinein gekommen? Aber es wird uns auch allen aus dieser Vorlesung erinnerlich sein, wie diese Gleichnißrede des Herrn ganz besonders und vor anderen ähnlichen reich ist an mancherlei Ausschmükkungen, ich meine an solchen Ausdrükken, die nicht zu der Lehre gehören, die er uns geben, nicht zu den Gedanken, die er mittheilen wollte; sondern nur zur Anschaulichkeit des Bildes, in welches er seine Lehre und Gedanken eingekleidet und verwebt

---

[1] Am 20. Sonnt. n. Trin. Matth. 22, 1–14.

---

22 könnte,] könnte

23–25 Die Perikopenordnung für die älteren preußischen Lande bestimmte Mt 22,2–14 zur Evangeliumslesung für den 20. Sonntag nach Trinitatis. Schleiermacher war an die Perikopenordnung amtlich nicht gebunden.   25–27 Paraphrase des Textes Mt 22,11–12; die Formulierung „ward er zornig" stammt aus Mt 22,7.

hatte, gehört das, wenn er sagte, | Der König wurde zornig. Aber dasjenige was diesen Zorn veranlaßte und daraus hervorging, das sollte als der eigentliche Mittelpunkt seiner Rede wohl beherzigt werden – wie er auch selbst darauf hindeutet, wenn er am Ende derselben sagt, Viele sind berufen aber wenige sind auserwählt – dieses nämlich, daß einer sich äußerlich schon da befinden kann, wo die Gaben der Milde des Königs gespendet werden, aber doch von der wahren Theilnahme daran hinweggewiesen werden dahin, wo von dem Allen nichts zu finden ist, wenn er nämlich nicht das hochzeitliche Kleid anhat. Wollen wir aber, was er von dem Zorne des Königs sagt, buchstäblich auf Gott übertragen: so müssen wir auch alles Andere, was hier vorkommt, daß der König seine Heere ausgeschikt und viele Städte zerstört habe, eben so auf ihn anwenden. Nun ist freilich nicht zu leugnen, in den Schriften der Apostel, und eben auch des Apostels Paulus, der uns in den Worten unseres Textes das Christenthum darstellt als das Amt der Versöhnung, ist an mehreren Stellen vom Zorne Gottes die Rede. Lasset uns aber nicht übersehen, wie dies damit zusammenhängt, daß die Apostel zu solchen redeten, welche entweder unmittelbar dem Volk des alten Bundes angehörten, oder wenigstens durch ihre wenn auch entferntere Gemeinschaft mit demselben zu der Erkenntniß des Christenthums gelangt waren. In dem alten Bunde nun wissen wir, daß gar viel die Rede ist von dem Eifer und dem Zorne Gottes; das Gesez und die Propheten sind voll von Vorstellungen dieses Eifers und Zorns, und von Drohungen, welche davon ausgehen. Aber davon sagt der Apostel in den Worten unseres Textes; Wer in Christo ist, der ist eine neue Creatur; das Alte ist | vergangen, es ist Alles neu geworden. Und zu diesem Alten, das vergangen ist für alle diejenigen, die in Christo eine neue Creatur geworden sind, gehört vor allen Dingen jede solche Vorstellung von einem Zorne Gottes. Damit aber hängt es genau betrachtet so zusammen, daß dies zu den Mitteln gehört, deren sich Gott bei dem damaligen Zustand der Welt und des menschlichen Geschlechts bedienen mußte. Es giebt einen natürlichen Zusammenhang, und die Menschen haben ihn von jeher von einer gewissen Seite betrachtet richtig, aber doch auch wieder gar leicht zu mancherlei Schaden aufgefaßt, nämlich die Verbindung zwischen der Sünde, das heißt dem was Gott mißfällt, und den Uebeln des menschlichen Lebens, d. h. dem was den Menschen mißfällig ist. Diesen hat Gott zu einem Uebergang gebraucht, damit sie von dem was Gott mißfällig ist, durch eine bestän-

---

37 mißfällt,] mißfällt

---

1 Vgl. Mt 22,7   5 Mt 22,14   12–13 Vgl. Mt 22,7

dige Furcht vor dem, was ihnen selbst mißfällig ist, wenigstens äußerlich abgehalten würden. So war nun das eine gewöhnliche Vorstellung des alten Bundes, daß alles Uebel Folge der Sünden sei, daß Jeder jedes Uebel, das ihn trifft, abzuleiten habe aus einer begangenen Sünde; daß der Mensch bei jeder Sünde im voraus denken solle an die Uebel, die sie nach sich ziehen werde, um schon von dem ersten Augenblikk an kräftig gewarnt und für die Zukunft abgehalten zu werden von dem Bösen. Aber womit, m. Fr., hängt dieses genau genommen zusammen? Damit, was der Apostel selbst sagt, und auch der Erlöser öfter andeutet, daß das Gesez nur vermochte die Erkenntniß der Sünde zu geben, aber nicht die Kraft sie zu überwinden. Sollte also die Gewalt der Lüste und Begierden und alles dessen, was aus der Selbstsucht des Menschen hervorgeht, nicht das ganze menschliche Leben zerstören: so mußte von außen dagegen gewirkt werden, und das geschah nun durch die Einsezung der eben deshalb das Gesez begleitenden und seine Ohnmacht ergänzenden Androhung von Strafen. Aber hiervon sagt ebenfalls der Erlöser selbst, der neue Bund, den er aufzurichten, festzustellen und zu besiegeln gekommen sei, bestehe darin, daß das Gesez des Herrn nicht mehr äußerlich den Menschen vorgeschrieben werde, nicht auf Stein, nicht auf Tafeln, nicht in Buchstaben, sondern daß es in ihr Herz und in ihren Sinn geschrieben sei, d. h. daß sie innerlich eine Kraft haben, welche sie von dem Bösen zurükkhält und zum Guten treibt, das Alles aber, wie der Apostel sagt, von Gott, der in Christo war uns mit Gott zu versöhnen, nicht aus uns selbst, sondern durch den, der uns Christum gegeben hat als die Quelle des geistigen Lebens. Seitdem wir den aber haben, und wenn er in uns lebt, so daß der Wille Gottes der unsrige ist, wie er der seinige war, ist alles Alte vergangen, und wir haben nicht nöthig eines Zornes Gottes zu gedenken um uns abzuhalten von der Sünde. O! wie viel herrlicher finden wir die Abhaltung von der Sünde in dem neuen Bunde und in dem Erlöser selbst! Das wissen wir, daß er unsere Sünden geopfert hat an seinem Leib am Kreuz. So wir nun die Sünde wieder herrschen lassen in unserm Leben: so verachten wir dieses Opfer und machen es für uns vergeblich. Das wissen wir, daß wir in der Taufe begraben sind in seinen Tod dem alten Menschen nach um mit ihm aufzustehen zu einem neuen Leben. Aber so wir der Sünde leben, kreuzigen wir den Herrn aufs neue, indem wir den Lüsten und Begierden, die er ans Kreuz getragen hat, und denen wir mit ihm sterben sollen, eine Gewalt einräumen in unserm Leben. Da brauchen wir also nichts anderes als die Liebe zu Christo, und das Andenken an ihn, der

---

10–11 Vgl. Röm 3,20; 7,5–7   31–32 Vgl. 1Petr 2,24   34–36 Vgl. Röm 6,4; Kol 2,12   37–39 Vgl. Gal 5,24

uns mit Gott versöhnet hat, um uns zu einer neuen Creatur zu machen, damit das alte Leben der Sünde für uns ganz vergangen sei, und alles neu geworden und umgestaltet zu einem Leben, wie es dem Herrn gefällt. Nichts bedürfen wir als die Liebe Christi, die uns dränget zu dem Amt, das die Versöhnung predigt, und zu dem auch wir berufen sind, und diese allein kann uns auf die rechte Weise von dem Bösen abhalten und auf den Weg der göttlichen Gerechtigkeit führen.

Darum können wir auch nicht einmal als eine Vorbereitung um die Menschen zu Christo gleichsam hinzutreiben die Darstellung des Zornes Gottes, also die Furcht vor göttlichen Strafen gebrauchen. Denn die Furcht soll doch ausgetrieben werden durch die Liebe, also könnte auch der Glaube an Christum, der auf der Furcht beruhte, nicht bleiben, sondern ein anderer müßte erst an seine Stelle treten, und jener muß erst untergehen mit dem alten Menschen zugleich.

Ueberhaupt aber, m. g. Fr., laßt uns ganz im allgemeinen erwägen, daß diese Vorstellung von einem Zorne Gottes in der fruchtbaren Erkenntniß der Christen von Gott durchaus keinen Raum finden kann. Denn was sagt der Erlöser in dieser ganz eigenthümlichen Beziehung, als seine Jünger ihn fragten, woher er ihnen denn eine solche Kenntniß von ihrem Vater zutraue, wie er in seiner damaligen Rede an sie vorauszusezen schiene? Da antwortete der Herr dem | Frager, Du kennst mich so lange, und kennst den Vater nicht? Wer mich kennet, der kennet den Vater; denn der Vater ist und wohnet in mir[2]. In ihm also, m. g. Fr., sollen wir den Vater schauen. Ja, ohne ihn, sagt er, komme niemand zum Vater. Und eben dieses ist das Größte und Herrlichste in der Erkenntniß Christi, nicht etwa daß sie die Erkenntniß Gottes überflüßig macht; eben dies das Herrlichste in der Liebe zu Christo, nicht etwa, daß sie die Liebe zu Gott überflüßig macht: sondern daß wir beides auf das vollkommenste in einander finden in der Liebe zu dem Sohn die Liebe zu Gott der ihn gesandt hat, und darin seine Liebe verkündet, daß Christus für uns gestorben ist, da wir noch Feinde waren; die Erkenntniß des Vaters in der Erkenntniß des Sohnes, in dem er sich uns allen offenbart hat. Aber wer weiß von einem Zorne Gottes, der sich in Christo offenbart hätte? Er sagt auf das bestimmteste, der Sohn sei nicht dazu gesandt, daß er die Welt richte, sondern daß die Welt durch ihn selig werde[3]. Er kennt nur Kranke, die er zu heilen wünscht, solche, die nicht wissen was sie thun, und denen er Vergebung erbittet, und solche, die nicht glauben, und eben deshalb

---

[2] Joh. 14, 7–10.
[3] Joh. 3, 17.

11 Vgl. 1Joh 4,18   24–25 Vgl. Joh 14,6   31–32 Vgl. Röm 5,10

schon durch sich selbst gerichtet sind ohne ihn. Indem er nun nicht richten will: so weist er auch alles das weit von sich ab, was am meisten als das eigentliche Werk und die Folge des göttlichen Zorns pflegt angesehen zu werden. Sehen wir also den Vater in ihm, und bleiben dabei, daß wir in ihm ihn sehen wollen, daß unsere Erkenntniß seines unsichtbaren Wesens nicht nur die sein soll, welche uns vermittelt ist durch | die Anschauung seiner Werke, denn das ist nur die Erkenntniß seiner ewigen Allmacht, sondern die, welche uns vermittelt ist durch die Erkenntniß des Sohnes, in dem wir erkennen das herrlichste und größte, nämlich den Abglanz der göttlichen Liebe; finden wir aber weder in dem was Christus uns überliefert hat, und was die Apostel als ihre eigenthümliche von ihm überkommene Lehre vortragen, noch in unserer Anschauung von ihm selbst, seinem Wesen und Wirken, ja nirgend in dem Bedürfniß und der Befriedigung unseres eigenen Herzens, insofern wir freilich immer noch zu kämpfen haben gegen die Regungen des Fleisches aber doch kämpfen in dem Gebiet der göttlichen Gnade; finden wir in keinem von diesen etwas, was uns auf die Vorstellung von dem Zorn Gottes hinführt: wo sollen wir denn in dem Umfang der christlichen Frömmigkeit einen Ort suchen, woher uns eine solche Lehre kommen, oder ein Gut welches sie uns verschaffen könnte?

II. Um uns aber desto anschaulicher zu überzeugen, daß es dergleichen nicht giebt, so lasset uns zweitens sehen, wie wir in der That, je mehr wir irgend eine Vorstellung vom Zorne Gottes in uns aufnehmen, und ihr Raum und Einfluß gönnen, um desto sicherer uns vom rechten Geist des Christenthums entfernen, und in den alten Zustand, wie er war ehe das Amt der Versöhnung von Gott gegeben wurde, zurükkehren.

Freilich, m. Fr., kann ich nun eine Schwierigkeit nicht länger bergen oder umgehen, die wir vielleicht gleich anfangs hätten aufregen sollen. Wir müssen uns nämlich jezt möglichst genaue Rechenschaft davon zu geben suchen, | was denn nun eigentlich bei dieser Zusammenstellung von Ausdrükken, wenn wir Gott einen Zorn zuschreiben, wirklich gedacht werden soll oder kann. Aber ich kann auch nichts anderes sagen, als daß diese Frage meiner Ueberzeugung nach, wenn man es genau nehmen will, gar nicht zu beantworten ist, weil nämlich in diesem Wort, wie wir es sonst im menschlichen Leben kennen und uns seiner gebrauchen, indem wir von menschlichen Dingen reden, gar nichts ist, dem in dem göttlichen Wesen irgend etwas entsprechen könnte. Es ist freilich unser gutes Recht, weil es unser Bedürfniß ist,

---

22 anschaulicher] anschanlicher

daß wir dürfen von Gott nach menschlicher Weise reden, und mit Worten, welche menschliche Eigenschaften bezeichnen; aber wie leicht wir dabei auch Gefahr laufen uns aus den rechten Grenzen hinaus zu verirren und das Wahre ganz zu verfehlen; das zeigt sich gewiß hierin vorzüglich. Denn wir können dieses Wort nicht hören in menschlichen Dingen, ohne uns dabei eine Aufwallung des Gemüths zu denken, die freilich mehr oder weniger leidenschaftlich sein kann, nie aber hiervon ganz frei ist. Aber wie käme wohl in das höchste Wesen ein solcher Gegensaz oder Wechsel, wie der zwischen besonnener Ruhe und leidenschaftlicher Aufregung? Also dieses können wir nicht auf Gott übertragen. Denken wir ferner uns selbst dem Zorn eines Anderen ausgesezt: so wird wol immer einer von diesen zwei Fällen eintreten. Wir waffnen uns auf irgend eine Weise gegen denselben, wenn wir hoffen können den Kampf zu bestehen; wie könnten wir aber das gegen Gott? oder wir fürchten uns, wenn es eine überlegene Macht ist, der wir uns nicht entziehen können: aber wie könnten wir als Christen Gott so denken, daß wir Ur|sache hätten ihm gern zu entfliehen oder uns vor ihm zu fürchten? Was bleibt also übrig, das wir uns denken können bei einem solchen Ausdrukk wie Zorn Gottes, als zweierlei, was aber freilich schon sehr abweicht von dem Gebrauch des Wortes in menschlichen Dingen, nämlich entweder die Mißbilligung der Sünde, die wir uns ja nothwendig in Gott denken, aber nur ganz entfernt von Aufwallung und Leidenschaft denken dürfen, und warum sollten wir sie dann Zorn nennen? Gewiß um so weniger als wir ja auch uns selbst unter einander tadeln, wenn diese Mißbilligung auch nur anfängt sich als Leidenschaft zu gestalten. Denn wenn wir dem Zorn eines Bruders zutrauen, daß seine Persönlichkeit gar nicht dabei ins Spiel kommt, sondern daß er ganz von der Mißbilligung des Unrechts ausgeht: so behandeln wir ihn doch nur als eine menschliche Schwäche, mit der wir freilich Geduld haben müssen, weil sie sich in vielen edlen Gemüthern findet; aber wir achten und lieben diese doch nicht wegen solcher Leidenschaftlichkeit in ihrem Unwillen, sondern nur ohnerachtet derselben, und so müssen wir uns also billig scheuen auch in diesem Sinne den Ausdrukk Zorn Gottes zu gebrauchen, damit sich nicht doch etwas von jener Art mit in unsere Vorstellung mische. Zu einer solchen rein geistigen göttlichen Mißbilligung des Bösen bekennen wir uns freilich öffentlich und feierlich, so oft wir einander bei dem heiligen Mahle ans Herz legen, daß Gott die Sünde nicht konnte ungestört herrschen lassen, und daß er nur deshalb alles unter die Sünde beschlossen hatte, damit die Verheißung käme durch

---

37–39 *Vgl. Unierte Agende der Dreifaltigkeitskirche zu Berlin (1822), KGA III/3, S. 1007,22–23*

den Glauben[4]. Sein Unwillen gegen die Sünde | und die Liebe, welche Christum in die Welt gesandt hat, sind unzertrennlich. Je mehr uns daher dieser göttliche Unwille auf die göttliche Liebe in Christo zurükkführt: desto weniger werden wir im Stande sein uns dafür den Ausdrukk göttlicher Zorn anzueignen, um uns nicht von dem rechten Geist des Christenthums zu entfernen. Das zweite was noch übrig bleibt zu denken ist eben jenes alttestamentische Verhängen der Strafen, daß Gott die Sünden der Väter heimsucht auch an den Kindern und Kindeskindern. Uebersehen wir nun auch dieses, daß wenn göttliche Strafen und göttlicher Zorn vermischt werden, dabei immer ursprünglich eine gar unvollkommne Erkenntniß Gottes zum Grunde gelegen hat; geben wir zu, daß sich diese kann gereinigt haben, und der Ausdrukk doch beibehalten worden sein: werden wir wol selbst in diesem Sinn unter uns Gebrauch machen können von der Erinnerung an den Zorn Gottes, ohne uns ganz von dem Geist des christlichen Glaubens zu entfernen? Daß nun, ohnerachtet wir immer noch gegen die Sünde zu kämpfen haben, wir dennoch einer solchen Erinnerung nicht bedürfen, weil die göttlichen Kräfte des neuen Bundes uns Unterstüzung genug geben in diesem Kampf, das habe ich auch heute schon gesagt. Aber hier ist der Ort noch einen Schritt weiter zu gehen und uns zu fragen, ob wir wol eine Erinnerung an göttliche Strafen auch nur zu Hülfe nehmen dürfen in diesem Kampf, ohne auch schon dadurch abzuweichen von dem Geist des Evangeliums? Und ganz gewiß werdet auch Ihr es so befinden, daß wir es nicht dürfen. Gedenkt nur auf der einen Seite der apostolischen Ermahnung, Betrübet nicht den heiligen Geist, | mit welchem ihr versiegelt seid[5]; vergegenwärtigt euch die Schaam, die euch diese erregt, wenn Ihr sie euch aneignen müßt, die heilsame Traurigkeit, die euch überfällt, die neue Anstrengung, die daraus hervorgeht: und bekennt, ob Euch nicht das alles verunreinigt werden würde und in seiner heiligsten Kraft geschwächt, wenn Euch nun noch einer dazwischen träte mit der Erinnerung an göttliche Strafen, und wäre auch die Veranlassung dazu noch so sehr verwandt mit denselben Verirrungen, von denen die Schrift sagt, daß um ihrentwillen der Zorn Gottes komme über die Kinder des Unglaubens[6]. Fragt Euch selbst, ob ihr weniger heilsam erschüttert werdet durch das Bewußtsein den heiligen Geist betrübt, Christum noch einmal gekreuziget zu haben, wenn Ihr dabei

---

[4] Gal. 3, 22.
[5] Ephes. 4, 30.
[6] Ephes. 5, 6.

1–2 Vgl. 1Joh 4,9   8–9 Vgl. Ex 34,7   20 Vgl. oben S. 391,39–392,7   37 Vgl. Hebr 6,6

an gar keinen Zorn Gottes denkt, ja wenn Ihr auch ganz klar darüber seid, daß der Zorn Gottes nur auf die Kinder des Unglaubens komme. Denen also überlassen wir auch allein die Furcht, die sich immer mit dieser Vorstellung verbindet; uns würde sie nur die rein geistige Kraft einer göttlichen Traurigkeit durch eine sinnliche Beimischung schwächen, und wo wir einer solchen Raum gönnen, entfernen wir uns von der rechten Freiheit der Kinder Gottes, und kehren – gleichviel ob es Hofnung ist oder Furcht, die auf uns wirkt, in den alten knechtischen Zustand zurükk. – Bedenkt auf der andern Seite das herrliche Wort desselben Apostels, daß denen die Gott lieben alle Dinge zum besten dienen müssen[7]. Muß das nicht auch von dem sündlichen in unsern Handlungen gelten? Ja gewiß! denn wen unter uns sollte es nicht zum besseren führen, wenn das innere zum Vorschein kommt, das ihm vielleicht lange verborgen geblieben war? Und je gewisser das ist, um desto weniger brauchen wir diesen Spruch vorzüglich und eigenthümlich auf die widrigen Folgen unserer Sünde, die man gewöhnlich die natürlichen Strafen derselben nennt, anzuwenden. Denn wir werden schon zur Buße und Besserung geführt sein, ehe diese eintreten; und nur wenn wir auf diesem Wege schon vorher wandeln, können auch jene Folgen der Sünde uns rein und sicher mitwirken zum Guten, wogegen wenn sie uns erst zur Heiligung hinführen sollten, sie diese verunreinigen würden schon indem sie sie erwekkten.

Und nun laßt uns eben so auch mit dem andern, was wir schon besprochen, einen Schritt weiter gehen. Denn ich hoffe, Ihr werdet gern mit mir behaupten, daß wir einer Lehre von göttlichem Zorn nicht nur nicht bedürfen um Andere zu Christo zu führen; sondern daß wir dadurch etwas dem Geist des Christenthums widersprechendes erst in sie hineinbringen würden. Es kann zwar sehr ansprechend klingen, wenn gesagt wird, je stärker wir die Sünder einschrekken durch Darstellung des göttlichen Zornes wider sie: um desto sicherer werden wir Gehör finden, wenn wir ihnen sagen, es gebe keine andere Rettung vor diesem Zorn, als in den Schooß des eingebornen Sohnes zu fliehen; je näher die Seele der Verzweiflung über ihren Zustand gebracht sei, um desto gewisser ergreife sie die dargebotene Hülfe; aber welch ein mißliches und gewagtes Spiel ist dies, wie die Erfahrung deutlich lehrt! Wer kann sich zutrauen den Geist der Furcht wieder zu bannen, wenn er ihn einmal in die Seele hinein beschworen hat! Wie oft kehrt er unerwartet zurükk, und bringt andere Geister mit, die schlimmer sind als er! Welche nagende und herzzerreißende Zweifel bemächtigen sich nur zu oft wieder eines so vom Schrekk durchzogenen Gemüthes, ob auch die Gewißheit über die göttliche

---

[7] Röm. 8, 28.

Predigt über 2Kor 5,17–18 397

Gnade und Vergebung, die es schon zu haben geglaubt hatte, nicht eine Täuschung gewesen, ob der Zorn Gottes auch wirklich gestillt sei; und so wandeln diejenigen noch in der Unsicherheit nächtlicher Dämmerung, die sich schon lange an dem vollen Licht des Evangeliums erfreuen könnten. Und die Apostel des Herrn sind uns mit einer solchen Seelenleitung nicht vorangegangen. Petrus hat diejenigen vor sich, denen er sagen konnte, Ihr, ihr seid es gewesen, die den, welchen Gott so unter euch erwiesen hatte, durch die Hände der Ungerechten erwürgt habt. Aber nicht ihnen zum Schrekken, sondern als tröstliche Einladung sagt er ihnen, daß Gott eben diesen zu einem Herrn und Christ gemacht hat. Und sobald die Rede ihnen zu Herzen ging, fügt er auch hinzu, sie dürften nur jezt noch ihren Sinn umwenden, diesen Christ Gottes annehmen und sich auf seinen Namen taufen lassen, so hätten sie sogleich Theil an den eben ausgegossenen Gaben des Geistes[8]. Paulus hat solche vor sich, von denen er anderwärts sagt, daß sie die Wahrheit in Ungerechtigkeit aufgehalten und in Lügen verwandelt haben, daß sie wegen Vernachläßigung Gottes ganz vereitelt und verfinstert und zu Narren geworden seien, und dahin gegeben in verkehrtem Sinn und schändliche Lüste[9]. Aber wie spricht er zu diesen Abgöttern in | Athen[10]? Er tadelt ihren Aberglauben und verkündigt ihnen den unbekannten Gott: aber nicht als einen vor dessen Zorn sie erschrekken müßten, sondern als denjenigen, der freundlich von jeher alle menschlichen Dinge versehen, der auch bei ihnen die Zeiten der Unwissenheit übersehen wolle, und indem er sie zur Buße ruft, ihnen den Glauben vorhält. Bei keinem von beiden Aposteln finden wir also eine Vorbereitung durch den Zorn Gottes; sondern denjenigen, welche sie in das Nez des Reiches Gottes zu lokken wünschen, zeigen sie gleich den Gott der Liebe als einen und denselben von den ersten Anfängen des menschlichen Geschlechts an, und glauben nicht den Eindrukk dieser ihrer wahren und eigentlichen Verkündigung durch eine solche Drohung verstärken zu dürfen. Und doch war beiden dieser Ausdrukk nicht fremd; aber sie machen keinen Gebrauch davon, als nur wenn sie zu Christen redeten, die sich schon des Genusses der Liebe Gottes erfreuten, um sie an ihren früheren Zustand zu erinnern. Und sollten wir uns ein anderes Muster wählen als diese, wenn es darauf ankommt die Menschen zuerst herbeizulokken, damit sie die süße Stimme des Erlösers vernehmen? sollen wir uns sicherer dünken

---

[8] Ap. Gesch. 2, 22–38.
[9] Röm. 1, 21–32.
[10] Ap. Gesch. 17, 22–31.

4–5 Evangeliums] Evungeliums

als sie, und es dreist darauf wagen die Seele erst mit Schrekken vor dem Zorne Gottes zu erfüllen, als ob es uns nicht fehlen könnte ihn, sobald wir wollen, wieder auszutreiben? Wie milde redet Paulus hier wenn wir vergleichen, was ich vorher aus dem Briefe an die Römer in Erinnerung gebracht habe, über die Vergangenheit des ganzen menschlichen Geschlechtes bis zur Erscheinung Christi! | Und haben wir Ursache die Vergangenheit einer einzelnen menschlichen Seele anders zu behandeln? Selbst wenn sie bisher unter Christen gelebt hat, aber fern geblieben ist von dem göttlichen Heil: ist es nicht grade dasselbe für sie, als wenn Christus noch gar nicht erschienen wäre? Und kann es also auf etwas anderes ankommen, als frischweg Christum ihr vor Augen zu mahlen, so daß sie ihn nothwendig erkennen muß, und daß es ihr durchs Herz geht, daß sie den so lange übersehen hat und gering geschäzt, dessen Herrlichkeit und göttliche Bewährung in Wort und That ihr doch nahe genug gestellt war. So wollen wir es halten mit unserer Jugend, so mit allen, die auch einen größeren Theil ihres Lebens schon hinter sich haben ohne zu lebendiger Erkenntniß Christi gelangt zu sein. Und möge unsere evangelische Kirche um so weniger jemals diesen Weg verlassen, als sie ja das Verdienst hat, das Amt, welches die Versöhnung predigt, wieder in sein volles Recht eingesezt zu haben!

Aber, werdet Ihr vielleicht fragen, soll denn dieser Ausdrukk, dessen sich die Apostel doch so oft bedienen, gar keine Wahrheit in sich schließen, und soll es gar keinen Gebrauch davon geben? Freilich ist die Wahrheit desselben der göttliche Unwille gegen die Sünde, der ja aber eben sich äußerte als das göttliche Erbarmen, welches Christum sendete den Sündern zum Heil; aber wie leicht mischen wir etwas anderes hinein! und darum wählen wir lieber minder gefährliche Ausdrükke. Freilich ist die Bedeutung desselben auf der andern Seite die, daß der Zustand der Menschen, welche fern sind von Gott, so beschrieben wird, daß sie unter dem Zorn Gottes stehen. Wie auch Johannes | sagt[11], Wer das Zeugniß von Christo annimmt, der versiegelt es, daß Gott wahrhaftig sei, dem wird damit zugleich der Zusammenhang aller göttlichen Verheißungen und Anstalten, die rechte Wahrheit Gottes klar. Wer an den Sohn glaubt der hat das ewige Leben; wer an den Sohn nicht glaubt der wird das ewige Leben nicht sehen, sondern der Zorn Gottes bleibt über ihm. Da sehen wir es deutlich, wie dies beides dasselbe sagen wolle, daß einer, so lange er nicht glaubt, auch das ewige Leben nicht sieht, und daß der Zorn Gottes

---

[11] Joh. 3, 33. 36.

40 3, 33. 36.] 3, 33–36.

über ihm bleibt. Aber nicht als ob es einen solchen Grund dazu gebe in Gott, wie das was wir Zorn nennen bei uns, sondern nur weil die Wirkung uns dieselbe erscheint, weil ein solcher des Genusses der göttlichen Gnade und Liebe ganz entbehrt, und weil er eben deshalb in dem Maaß, als er ein Bewußtsein von Gott hat, auch alle Unseligkeit in seinem Leben immer dieser Entfernung zuschreibt. Wir aber wissen, daß in dem Menschen, der das Zeugniß von Christo nicht annimmt, an dem das Amt, welches die Versöhnung predigt, immer noch vergeblich seinen Dienst thut, ohnerachtet es nichts anderes darbietet, als die Fülle des Guten und Wahren, und die Kraft beides zu erlangen und festzuhalten, nothwendig etwas sein muß, was sich gegen das Gute und Wahre empört; das ist, was der Apostel sagt, Fleischlich gesinnt sein ist eine Feindschaft gegen Gott[12]. Es läßt sich nicht denken, daß der Mensch sich gegen das Wahre auflehnt, wenn nicht die fleischliche Gesinnung, in welcher Weise es auch immer sei, Augenlust oder Fleischeslust oder hoffährtiges Wesen ihre ganze Macht hat in dem Menschen, und das ist immer Feindschaft gegen Gott. Wer aber Feindschaft gegen einen Andern hegt, der kann nicht an die Liebe desselben glauben; sonst würde die Freude an dieser Liebe seine Feindschaft überwinden. Feindschaft gegen Gott ist also Unglaube an die Liebe Gottes, und diese nothwendig Ahndung von dem Zorn Gottes über die Feindschaft, die in dem Menschen ist. Was wir also verstehen können unter dem Bleiben des Zornes Gottes über dem, der nicht an Christum glaubt, und eben deshalb auch, so lange er nicht glaubt, noch nicht das Leben haben kann, das ist nur ein Zustand, der aus seiner eignen Feindschaft gegen Gott hervorgeht. Und wenn in einer solchen Seele recht oft von selbst, oder grade aus der Wahrnehmung wie wir in der Freude am Herrn und in dem Genuß der göttlichen Gnade selig sind, das beugende Bewußtsein entsteht, daß sie selbst keine Ursache hat, auch nicht das erfreulichste, was ihr begegnet, als ein Zeichen des göttlichen Wohlgefallens anzusehen; wenn sie in diesem Sinne durchzukt wird von einer Ahndung des göttlichen Zornes, das kann jedesmal eine heilsame Vorbereitung sein, um sie aus ihrem Zustand herauszureißen. Aber keinesweges dürfen wir uns schmeicheln, dieselbe Wirkung hervorzubringen oder gar die Feindschaft wider Gott dadurch auslöschen zu können, weder wenn wir einer noch gar nicht innerlich aufgeregten Seele den Zorn Gottes als eine Wahrheit in Gott selbst verkündigen wollten, oder auch eine schon aufgeregte künstlich in diesem Zustande zu erhalten suchten, als wüßten wir, daß sie noch mehr müßte gebeugt und zerknirscht werden. Gar leicht könnten wir auf diese Weise dahin kommen, die

---

[12] Röm. 8, 7.

189 Trennung zwischen Men|schen und Gott wieder aufzurichten, die vielmehr aufzuheben unser Herr und Meister gekommen war! Daß sich doch keiner verleiten lasse durch die vergängliche unächte Klarheit des Amtes, welches durch den Buchstaben tödtet und die Verdammniß predigt, da wir doch alle sollten tüchtig gemacht sein das Amt des neuen Testamentes zu führen, in welchem sich des Herrn Klarheit spiegelt, und welches sich großer Freudigkeit gebraucht, weil es den Geist giebt, der sich durch den Dienst desselben mittheilt[13]! Denn alle Verkündigung göttlichen Eifers und Zornes hängt zusammen mit dem Gesez des Buchstaben, und wie auch damals aus solcher Verkündigung keine Seligkeit entstehen konnte, weder unter denen, die das Gesez empfingen unter Begleitung furchtbarer Zeichen, noch unter denen, die sich selbst ein Gesez aber auch ein Gesez des Buchstaben wurden: so kann sie auch jezt nicht die Grundlage der Seligkeit werden; denn das alte ist alles vergangen, und alles ist neu worden. Jezt ist die Zeit der Boten, die mit süßer Stimme den Frieden verkündigen und die Liebe Gottes, welche darin gepriesen wird, daß der Vater seinen Sohn in die Welt gesandt hat, auf daß wir durch ihn zum Vater kommen. Jezt ist die Zeit die Menschen aufzufordern, nicht daß sie sich vor dem Zorne Gottes flüchten sollen in den Schooß des Sohnes, sondern nur daß sie die Augen öffnen mögen, um in Christo die Herrlichkeit des eingebornen Sohnes vom Vater, und also im Sohne den Vater zu schauen, und von dem Sohne die Macht zu empfangen, daß
190 sie Kinder Gottes werden. | Durch solche Verkündigung predigen wir das Amt der Versöhnung in der That, und nehmen Theil an diesem herrlichen allgemeinen Beruf aller Christen. Und so wird denn die rechte Kraft des Christenthums immer heller scheinen, je mehr sich alle falsche Furcht vor dem Zorne Gottes verliert, je mehr wir allen die allein seligmachende Erkenntniß öffnen davon, daß Gott die Liebe ist. Amen.

---

[13] 2 Kor. 3, 6–18.

---

15 Vgl. 2Kor 5,17   17–18 Vgl. 1Joh 4,9   21–22 Vgl. Joh 1,14   22–23 Vgl. Joh 14,9   23–24 Vgl. Joh 1,12   29–30 Vgl. 1Joh 4,8.16

X.

Das Ziel der Wirksamkeit unserer evangelischen Kirche.

Text. Phil. I, 6–11.

Und ich bin desselbigen in guter Zuversicht, daß, der in euch angefangen hat das gute Werk, der wird es auch vollführen bis auf den Tag Jesu Christi. Wie es denn mir billig ist, daß ich dermaßen von euch allen halte; darum daß ich euch in meinem Herzen habe in diesem meinem Gefängniß, darinnen ich das Evangelium verantworte und bekräftige, als die ihr alle mit mir der Gnade theilhaftig seid. Denn Gott ist mein Zeuge, wie mich nach euch allen verlanget von Herzensgrund in Jesu Christo. Und darum bete ich, daß eure Liebe mehr und mehr reich werde in allerlei Erkenntniß und Erfahrung, daß ihr prüfen möget, was das Beste sei, auf daß ihr seid lauter und unanstößig bis auf den Tag Christi, erfüllet mit Früchten der Gerechtigkeit, die durch Jesum Christum geschehen zur Ehre und Lobe Gottes.

M. a. Fr. Indem mich die Zeit mahnt, diese Reihe von Betrachtungen zu schließen, welche durch das große kirchliche Fest veranlaßt worden sind, das wir in der Mitte dieses Jahres mit einander begangen haben: so konnte ich wohl nicht anders, als von dem Anfange dieser unserer evangelischen Kirche bei jenem ersten Auftreten derselben auf das Ende unseres großen Berufes in der Vollkommenheit eines christlichen Lebens hinaus schauen. Je aufmerksamer wir jenes Bekenntniß der Wahrheit, welches damals abgelegt ward, mit einander betrachtet haben, um desto mehr mußten wir uns auf der einen Seite freuen, wie doch damals so viele Christen mit ihrer Frömmigkeit zurükkgingen auf den rechten einigen Grund des Glaubens, den die Menge der Menschensazungen verdunkelt hatte, auf welchem aber allein das Herz fest werden kann, nämlich auf die Gnade Gottes in Christo, welcher theilhaft geworden zu sein der Apostel auch in unserm Text jener Gemeine nachrühmt. Aber auf der andern Seite mußten wir allerdings auch gestehen, jenes Bekenntniß, und alles was im Zusammenhange mit demselben damals geschehen, sei doch auch nur ein unvollkommenes Werk, wie es ja dem Anfange der Rükkehr zu dem rechten

---

34 Werk,] Wer

2 Predigt zum 22. Sonntag nach Trinitatis am 7. November 1830 vormittags in der Dreifaltigkeitskirche zu Berlin 28–29 Vgl. Hebr 13,9

Geiste des Christenthums nach dem Geseze aller menschlichen Dinge ange|messen war. So bleibt es denn unser und unserer Nachkommen gemeinsamer Beruf, das Werk fortzusezen und seinem Ziele näher zu führen; und dazu geben uns die gelesenen Worte des Apostels, die aus der heutigen epistolischen Lection[1] entnommen sind, eine ganz besondere Veranlassung. Er äußert hier das Vertrauen, welches wir in eben dieser Beziehung auch haben müssen, daß das gute Werk, welches Gott angefangen hat, derselbe Gott auch vollführen werde bis auf den Tag Jesu Christi. Wie jene Stifter unserer evangelischen Kirche nichts anderes begehrten, als nur, mit Verlassung aller menschlichen Sazungen und so mannigfaltigen sonst noch eingeschlichenen Verderbens, zurükzukehren zu dem ursprünglichen Geist und der einfachen Wahrheit des Evangeliums: so ist also auch die Fortsezung ihres Bestrebens, worin wir begriffen sind, kein anderes Werk, als eben das, von welchem der Apostel hier redet. Und so wie wir gewiß sind, es ist von Anfang an in der Person unseres Erlösers, der nicht nur dazu gekommen war, es zu beginnen, sondern der die Vollendung desselben in sich selbst trug, ein Werk Gottes gewesen: so sind wir auch gewiß, daß nur derselbe, der es angefangen hat, es auch eben so, Gott durch Christum, vollenden kann. Wie Alles in der geistigen Welt nur durch dieselben Kräfte fortbesteht, denen es auch seinen Ursprung verdankt: so kann auch die christliche Kirche, wie sie als ein Werk Gottes angefangen hat, auch nur als ein Werk Gottes vollendet werden; und er allein ist es, der sie vollenden kann. Aber so wie das Wort Fleisch werden mußte, damit das Werk | Gottes geschähe, und es nur in dieser menschlichen Gestalt und Weise beginnen konnte: so kann es auch nur in menschlicher Gestalt und Weise vollendet werden. Und wenn der Erlöser, als er von dieser Erde schied, seinen Jüngern den Tröster, den Geist der Wahrheit als seinen Stellvertreter zurükließ: so ist es eben dieser Geist, der dasselbe Werk, wie es in Christo begonnen hat, zu seiner Vollendung führt. Aber er wirkt nicht anders, und ist nirgend anders als in den Gläubigen, er zeugt und sie zeugen auch[2], denn er zeugt durch sie; er wirkt und sie wirken auch, denn er wirkt durch sie. Und so ist denn die göttliche Vollendung dieses Werkes doch immer zugleich eine menschliche; nur durch den Dienst der Menschen, nur durch das was der göttliche Geist in den Gläubigen wirkt, kann das Werk des Herrn seiner Vollendung näher gebracht werden. Wenn

---

[1] Am 22. Sonnt. n. Trin.
[2] Joh. 15, 26. 27.

5.38 *Die Perikopenordnung für die älteren preußischen Lande bestimmte Phil 1,3–11 zur Epistellesung für den 22. Sonntag nach Trinitatis.* **24–25** *Vgl. Joh 1,14* **28–29** *Vgl. Joh 14,26*

wir also sagen mit dem Apostel, daß Gott es vollenden wird: so will das nicht sagen, daß wir irgend etwas von außen erwarten, oder gar unsere Hofnung auf irgend etwas Außermenschliches sezen sollen, sondern Hand anlegen sollen wir. Freilich die Menschen sind schon, wenn sie zuerst das Licht der Welt erblikken, verschieden bereitet, nicht nur ihrem Leibe sondern auch ihrer Seele nach, indem Einer vor dem Andern schon ursprünglich begabt ist mit einem andern bald größeren bald kleineren Maaße geistiger Kräfte; und diese Mannigfaltigkeit geistiger Kräfte steht vor allem unter der höchsten und eigenen Leitung dessen, der, wie er ursprünglich Alles geschaffen hat, auch jezt noch fortfährt Alles ans Licht zu bringen. Keine menschliche | Kraft würde vermögen, zu einer Zeit, wo es besonders Noth thut, auch vorzügliche Kräfte hervorzurufen, wenn es nicht der Herr wäre, der sich in jeder Zeit die Werkzeuge im voraus zu bereiten weiß, deren er bedarf. Sind aber die Menschen gegeben, und wir fragen, welcher Mittel – daß ich auf menschliche Weise rede – Gott sich bedient, um an diesen Menschen sein Werk zu fördern, und es so allmählig zur Vollendung zu bringen: so müssen wir immer wieder stehen bleiben bei menschlichen Gesinnungen, bei menschlichen Thaten und Werken; aber freilich nur bei solchen, die Gott durch seinen Geist in den Menschen wirkt, damit allerdings Alles sei sein Werk, aber vollbracht durch die, welche er bereitet hat ihm zu dienen. Und in diesem Sinne, m. a. Fr., lasset uns denn auf das Ziel des Glaubens und der Wirksamkeit unserer evangelischen Kirche hinsehen, als auf die Vollendung dieses Werkes Gottes. Wir finden dazu in unserem Texte eine zwiefache Anweisung, einmal indem der Apostel uns diese Vollendung selbst beschreibt, dann aber auch, indem er uns den Weg angiebt, auf dem allein wir, und die uns folgen werden als Arbeiter an diesem Werke, etwas beizutragen vermögen zu dessen Vollendung. Und das sei es, worauf wir mit einander unsere Aufmerksamkeit in dieser Stunde richten wollen.

I. Der Apostel, m. a. Fr., beschreibt uns also zuerst die Vollendung dieses Werkes Gottes, welches er selbst angefangen hatte, indem er sagt, Auf daß ihr seid lauter und unanstößig bis auf den Tag Christi, erfüllet mit Früchten der Gerechtigkeit, die durch Jesum Christum | geschehen, zur Ehre und zum Lobe Gottes. Dieses beides zusammen, m. a. Fr., ist die vollständige Beschreibung der Vollendung, aber nicht der Einzelnen allein jeden für sich betrachtet; denn der Apostel schreibt an eine Gemeine, die wiederum nur ein Abbild ist von der ganzen Kirche des Herrn. Also damit diese, der herrliche

---

40–2 Vgl. 1Petr 2,5

geistige Tempel, an welchem die Einzelnen nur die lebendigen Steine sind, sich vollende, müssen die Einzelnen so sein, wie Paulus hier vertraut.

Zuerst also werden sie dann sein lauter und unanstößig. Das lautere, m. g. Fr, wissen wir alle, daß es das ist, dem nichts fremdes nichts ungehöriges anhaftet. Nur laßt uns das so genau nehmen, wie wir auch anderwärts gewohnt sind; nicht nur was verunreinigt, was überhaupt nirgend erträglich wäre oder zuläßig, sondern auch wogegen an und für sich nichts zu sagen wäre, dadurch kann doch jedes Verhältniß und jede Handlung unlauter werden, wohin eben dieses nicht gehört. Und nun das unanstößige, ach, wie schwer ist das nicht zu entscheiden, ob alles auch unanstößig ist, woran niemand Anstoß nimmt; denn wie oft pflanzt sich nicht etwas verderbliches von einem zum anderen fort, dem bald würde gesteuert worden sein, wenn nur irgend Jemandes Gefühl dadurch wäre verlezt worden! Hat aber auf der andern Seite jemand Anstoß genommen, wie schwer ist es auch da die Schuld richtig zu theilen! wie leicht kann es auch nur seine Verkehrtheit gewesen sein, die sich aus einer unschuldigen Blume Gift bereitete! wie oft kann die Gesinnung rein gewesen sein und die Meinung treu, und nur ein leichtes Versehen in der Ausführung hat doch einem Andern Anlaß ge|geben zu einer falschen Auffassung, die ihn mißleitet und in Schuld geführt hat! Darum ganz lauter sein, wessen vorüberziehende Gedanken mögen wol diese Prüfung bestehen! in der That und Wahrheit unanstößig sein, was für ein vollkommner Mann gehört dazu! noch viel mehr als der auch nicht mit Einem Worte mehr fehlt. Aber wir dürfen uns auch gestehen, m. th. Fr., daß wir es, mit allem was aus der Wirksamkeit des göttlichen Geistes in unserer Seele hervorgeht, und mit allem, was wir an einander thun und arbeiten, in diesem zeitlichen Leben doch zu dieser Vollendung nicht bringen können. Vollkommen unanstößig sein und ganz lauter, das heißt ohne Sünde sein; und so wir sagen, wir haben keine Sünde, so verführen wir uns selbst und die Wahrheit ist nicht in uns[3]. Darum lasse sich niemand von Einigen bethören, welche behaupten, der wahre Christ könne schon hier ohne Sünde sein! Denn auch der Apostel, von welchem die Worte unseres Textes herrühren, wußte das nicht anders wie wir, indem er ja sagt, dieses Werk, welches Gott angefangen hat müsse fortgeführt werden bis an den Tag Jesu Christi. Er selbst will also weder sich noch Andern damit schmeicheln, daß diese Vollendung des göttlichen Werkes in irgend einem früheren Zeitpunkt werde erreicht sein; sondern so lange wir und unsere Nachkommen nach uns noch

---

[3] 1 Joh. 1, 8.

40–1 Vgl. 1Petr 1,17

Predigt über Phil 1,6–11

hier wallen, wie weit auch schon vorgedrungen, werden wir immer dieses noch als unser Ziel vor uns haben. Aber das soll es auch bleiben! Und niemand verführe sich selbst auf die entgegengesezte Weise unter dem Vorwand einer falschen | Bescheidenheit, als ob jeder Einzelne zu wenig wäre um etwas dazu beizutragen! Nein, weder ein eitles Wohlgefallen an dem was schon geleistet ist, darf uns bethören, noch soll uns an dem Streben nach dem, was noch vor uns liegt, eine träge Verzagtheit hinderlich werden. Laßt uns vergessen was dahinten ist, damit wir desto weniger in Versuchung kommen still zu stehen oder müde zu werden. Denn auch was wir erreicht haben bleibt uns nur, inwiefern wir damit weiter streben, weil es nur insofern Geist und Leben in uns ist. Und wen reizte auch nicht diese Vollendung, der sie einmal recht ins Auge gefaßt hat, als die Aufgabe des Lebens für sich selbst, für alle Einzelnen die seine Brüder sind in dem Herrn, und noch mehr für das Ganze, dem wir Alle angehören, so Christi sein und Christum darstellen, daß wir alles fremde abgethan haben, so ganz dem Geist und nur ihm freien Lauf lassen, daß aller Anstoß aus dem Wege geräumt ist!

Laßt uns nun aber der Sache näher treten und fragen, was ist denn das fremde, m. g. Fr., das wir von uns thun sollen? Ich denke, wir mögen auf unser einzelnes Menschenleben sehen oder auf den geistigen Leib Christi, das gute Werk, welches Gott angefangen hat, und welches er auch vollführen wird, ist die Schöpfung des neuen Menschen im einzelnen und im großen. Darum ja heißt auch der Erlöser zugleich der Erstgebohrene vor aller Kreatur[4], weil sein Leben und Wirken der Anfang sein mußte von diesem neuen Leben in dem menschlichen Geschlecht. Da ist nun leicht zu scheiden, was diesem ange|hört und eignet, und wiederum was ihm fremd ist und ungehörig. Denn außer dem neuen Menschen, der geschaffen ist zur Heiligkeit und Gerechtigkeit, die immer mehr wachsen und gedeihen sollen, giebt es nur noch den alten Menschen. Wie nun der neue Mensch von Christo her ist, denn nur wer in Christo ist, ist die neue Kreatur: so eignet auch alles dem neuen Menschen und ist ihm angemessen und gehörig, was aus der Fülle Christi kann genommen werden, alles was der Geist der Wahrheit aus derselben nimmt, und immer mehr verklärt; und je mehr sich diese Gaben und Kräfte entwikkeln und ausbilden, je ungehemmter und genauer sie zusammenwirken und einander dienen, um desto kräftiger wächst der ganze Leib zur Aehnlichkeit mit dem vollkommnen Mannesalter Christi empor. Aber alles, was

---

[4] Koloss. 1, 15.

7–9 Vgl. Phil 3,13   32 Vgl. 2Kor 5,17

von dem alten Menschen her ist, das ist das fremde und ungehörige. Nun sagt zwar derselbe Apostel, welcher diese vollkommne Lauterkeit nur als eine Hofnung ausspricht auf den Tag Christi, daß Alle, die in Jesum Christ getauft sind, auch mit ihm begraben sind in den Tod[5]; und das kann doch nur von dem alten Menschen gemeint sein, denn er fügt hinzu, daß wie Christus auferwekkt ist, so auch wir in einem neuen Leben wandeln sollen: aber doch meint er keinesweges, daß die noch übrige Unlauterkeit anderswo herrühre als von dem alten Menschen. Denn er ermahnt ja auch eben da, daß dieselben Christen nun nicht sollten die Sünde herrschen lassen, welches ja allerdings noch auf einen Zustand der Unlauterkeit hindeutet, und daß sie sollten sich dafür halten, also aus dieser Voraussezung handeln, | daß sie der Sünde gestorben seien; welches ja deutlich zeigt, daß auch nach seiner Meinung mit jenem Begrabensein noch nicht alles abgethan ist, sondern wir hier Alle auf einen Kampfplaz gestellt sind, und dies auch so bleiben wird bis auf den Tag Jesu Christi, indem Alle, die jemals hier der Gemeine der Christen einverleibt werden, nur auf dieselbe Weise begraben werden in seinen Tod, nämlich daß dadurch der alte Mensch anfängt zu sterben, und das Leben des neuen beginnt. Aber dieser muß wachsen und jener muß abnehmen, und immer noch weiß er das Geschäft des göttlichen Geistes, der den neuen Menschen zur Vollendung bereiten will, zu stören und zurükkzuhalten. So finden wir Alle noch vieles, was von dem alten Menschen her ist, jeder in sich selbst, jeder in seinem nächsten Kreise, Alle im gemeinsamen Leben, und nach der Lauterkeit dürfen wir nicht aufhören zu ringen. – Aber wie verhält sich nun zu dieser Lauterkeit das Unanstößigsein, welches der Apostel hinzufügt? Soviel ist gewiß, wenn alles in unserer Gemeinschaft ganz lauter wäre: so könnte niemand an etwas darin Anstoß nehmen, außer mit seiner eigenen Schuld; aber die kleinste Unlauterkeit kann einen Vorwand geben, und dann theilen wir die Schuld. Nur giebt nicht jede Unlauterkeit Anstoß; die widerstrebenden Bewegungen des schon im Sterben begriffenen alten Menschen haben keinen Reiz. Ja was jemand ohne volle Zustimmung seines innersten Gefühls, wider besser Wissen oder auch nur Ahnden dennoch thut, das ist durch seine ganze Art und Weise eben so warnend, als es an sich verführerisch sein könnte. Aber was wir ohne allen innern Widerspruch thun, worin aber doch eine Unlauterkeit ist, das giebt Anstoß, wenn es | Andere reizen kann zur Nachahmung, ohne daß sie ihren innern Widerspruch ganz überwunden hätten. Davon hatte

---

[5] Röm. 6, 3–12.

20 Vgl. Joh 3,30

der Apostel Erfahrung genug gemacht; seine Briefe an die Korinther sind voll davon, und auch andere Stellen geben deß Zeugniß. Darum giebt er so oft die Regel in solchen Dingen, wo wir nicht gebunden sind in unserm Gewissen, uns lieber unserer Freiheit nicht zu bedienen als unsern Brüdern Aergerniß zu geben. Und schon diese einzige Erinnerung muß uns überzeugen, wie zumal bei großer Ungleichheit der Einsicht unter den Gliedern einer Gemeinschaft die ganze Fülle christlicher Weisheit dazu gehört unanstößig zu sein. Der Herr weiß zwar auch dieses im Großen immer zum Guten zu lenken; aber es steht auch geschrieben, Es müssen Aergernisse kommen; aber wehe dem, durch welchen sie kommen. Und doch müssen wir auf der andern Seite wünschen, daß jeder erleuchtete Christ in solchem Ansehn stehe um sich her, daß er mit jeder Schwachheit eines unbewachten Augenblicks auch Anstoß giebt. Und es bedarf wol nicht mehr als dies um uns zu überzeugen, daß vollkommen unanstößig zu sein ebenfalls ein Ziel ist, welches wir immer vor Augen behalten werden.

Wir wollen es aber dankbar anerkennen, daß durch die Reinigung der Kirche, welche sich in unserm Bekenntniß ausgesprochen hat, in beider Beziehung ein großes geschehen ist. Welche reiche Quelle von Unlauterkeit war nicht jenes Streben der Kirche nach weltlicher Macht, nicht nur für diejenigen, welche die Heerde weiden sollten, sondern auch für alle Christen in ihrem Verhältniß zu ihnen! Wie schwer wurde es dadurch bis auf den Grund des Herzens zu sehen, was Eifer war für die Sache Christi und was Menschenfurcht oder Menschengefälligkeit, was treuer Gehorsam war gegen die Stimme, der den Willen Gottes zu verkündigen oblag, und was Eigennuz der sich einen mächtigen Schuz suchen wollte, was Sorge für das Heil der Seelen war, und was Eitelkeit und Hochmuth thaten um das Nez, unter welchem die Gewissen gefangen waren, nur noch enger zuzuziehen. Und wenn wir bedenken, wie weit verbreitet damals das falsche Vertrauen auf äußerliche Werke war, und auf welche Weise jene herrliche Gemeinschaft guter Werke, die überall unter den Christen aufgerichtet werden soll, gemißbraucht wurde um zuzudekken auch den offenbarsten Widerspruch des Fleisches gegen den Geist: wie kann dieser Zustand entstanden sein, als durch immer erneuertes Aergerniß! wie viel einfältige Gemüther mögen lange Zeit redlich gekämpft haben für ihre bessere Ueberzeugung, sind aber doch allmählig durch solches Beispiel mit ins Verderben gezogen worden, und haben sich endlich doch auf diesem Ruhekissen eines falschen Vertrauens niedergelassen! Und wie mußte die ohnedies zum Leichtsinn geneigte Jugend auf ihrem schon so schlüpfrigen Pfade, auch wenn sie bessere Ein-

---
5 Vgl. Röm 14,13   10–11 Vgl. Mt 18,7

drükke in der Stille des häuslichen Lebens empfangen hatte, doch fast unvermeidlich zum Fallen gebracht werden durch diesen sich immer erneuernden Anstoß, und so das Uebel ärger werden von einem Geschlecht zum andern! Wohl uns daher, daß unter uns kein Gedanke mehr daran aufkommen kann, als ob um nicht verdammlich zu sein noch etwas anderes nöthig wäre, als nur daß wir in Christo Jesu sind, oder als ob auch dieses allenfalls ersezt werden könnte durch Gehorsam gegen menschliche Sazungen, oder durch Handlungen die ihren Werth nicht davon ableiten, daß sie frisch aus | dem Herzen hervorgehn. Dadurch ist viel Anstoß aus dem Wege geräumt. Wohl uns, daß diejenigen, welche das Wort Gottes auszutheilen haben, nicht auch Gewalt besizen in den Dingen dieser Welt; dadurch ist eine Fülle von Unlauterkeit abgeschnitten! Aber doch laßt uns nicht glauben, daß wir es schon ergriffen hätten! auch wir haben das Ziel noch vor uns. Immer noch fehlt es nicht, daß solche, die in einem andern Gebiet Macht besizen und in Ansehn stehn, doch einen Werth darauf legen, Andere auf ihren Weg der Frömmigkeit hineinzuleiten, woraus wieder unlauteres Wesen entsteht. Immer noch haben wir im allgemeinen nicht Achtung genug vor der Ueberzeugung und dem Gewissen des Einzelnen, sondern jeder soll mit dem Strom der Meinung und der Sitte schwimmen, in welcher Richtung er grade fließt; und so wird noch Anstoß genug gegeben, und die Schwachen werden geärgert.

Aber wenn wir auch dies schon erreicht hätten, die rechte Fülle der Vollendung, das eigentlich wahre Wesen derselben, stellt uns der Apostel doch erst in den folgenden Worten dar, Erfüllet mit Früchten der Gerechtigkeit, die durch Jesum Christum geschehen. Denn unlauter und anstößig dürfen freilich die nicht sein, welche sollen die Vollendung in sich tragen: aber wenn wir sehen, daß Einer dies nicht ist, so giebt uns das doch noch kein Bild von der Vollendung selbst, was sie ist; das erkennen wir nur an der Fülle von Früchten der Gerechtigkeit. Nun laßt uns also recht den Sinn dieses Ausdrukks erschöpfen, der selbst eine solche Fülle ist, daß wir kein Wort darin übersehen dürfen, sondern jedes von allen Seiten betrachten müssen.

Zunächst nun findet Jeder von selbst dieses darin, daß | unsere ganze Erscheinung, alles was sich an uns gestaltet, alles was aus uns hervorgeht, jeder Gedanke und jede That eine Frucht der Gerechtigkeit sei. Wenn wir nun bedenken, wie Paulus überall dieses beides einander entgegensezt, die Gerechtigkeit und die Sünde: so ist bei dem, welcher erfüllt ist mit Früchten der Gerechtigkeit, kein Raum weder für die trügerische Blüthe noch für die schmachvolle Frucht der Sünde. Also zeigt sich auch nirgend bei ihm das Ende von dieser, nämlich der Tod, sondern er ist lauter geistiges Leben; jeder Augenblikk seines zeitlichen Daseins auf die gehaltvollste und würdigste Weise erfüllt, alles aus derselben Quelle des Lebens hervorgesproßt, alles dieselbe Gerechtigkeit, die vor Gott gilt, darstellend, alles fähig und bestimmt dasselbe Leben auch anderwärts zu erwekken und zu unterhalten. Beziehen wir aber eben dieses Wort des Apostels, wie er ja an eine christliche Gemeine schrieb, auch auf unsere kirchliche Gemeinschaft, die ja von solchem Umfange ist, daß alle bedeutenden Aufgaben des menschlichen Lebens in ihr vorkommen, und sie also mit ihrem Pfunde nach allen Seiten hin zu arbeiten und zu wuchern hat: so werden wir gewiß auch dieses darin finden, daß in derselben auch die ganze Gerechtigkeit muß zum Leben kommen, so daß keine wahre Frucht der Gerechtigkeit unter uns fehlen darf. Der Einzelne freilich trachtet auch nach allem was löblich ist und wohllautet, aber er kann doch nur thun und wirklich machen, was ihm vorhanden kommt, und sein Leben bleibt in dieser Beziehung immer nur ein zufälliges Bruchstükk; vieles was auch eine köstliche Frucht der Gerechtigkeit ist, liegt doch ganz außer seinem Bereich, und er kann nur auf eine sehr mittelbare und ent|fernte Weise dazu mitwirken. Unsere kirchliche Gemeinschaft hingegen, wie sie ein vollständiger Leib ist, dem kein wesentliches Glied fehlt: so soll sie auch eine vollständige Entwikkelung der Gerechtigkeit sein, und alle noch so verschieden gearteten und gestalteten Früchte derselben müssen in ihr gefunden werden. Ja wie der Reichthum der Natur sich in einer unendlichen Mannigfaltigkeit von Erzeugnissen offenbart, in denen man aber doch dieselben Geseze, dieselben großen Züge, dasselbe Muster das allen zum Grunde liegt, mit Leichtigkeit wieder erkennt: so auch in unserer Gemeinschaft Ein Geist aber viele Gaben desselben, Ein Geist aber eine reiche Fülle mannigfaltiger Früchte des Geistes, durch welche sich der Geist ganz und nach allen Seiten hin offenbart. Wo eine Wirksamkeit des Geistes sein muß, ja wo überall eine solche sein kann, da ist sie auch wirklich, falls die Gemeine in Wahrheit erfüllt ist mit Früchten der Gerechtigkeit.

Und in demselben Sinne müssen wir auch ferner noch die folgenden Worte des Apostels verstehen, daß er ihnen nämlich nur von solchen Früchten der Gerechtigkeit wünscht erfüllt zu sein, welche geschehen durch Jesum Christum. Denn sonst könnte uns dieser Zusaz leicht verwirren, als müßten wir, wenn in diese christliche Vollendung nur solche Werke gehörten, welche durch Christum geschehen, auch noch Vollendung suchen in einer Menge von andern menschlichen Vollkommenheiten, welche ganz außer Verbindung stehen mit den Früchten der Gerechtigkeit, welche durch Christum geschehen. Denn, könnte man sagen, Christus sage ja selbst, sein Reich sei nicht von

---

41–1 Vgl. Joh 18,36

dieser Welt, und so kümmere er sich auch nicht um die Dinge dieser Welt; wir aber | müßten ja, wie wir nicht aus der Welt hinausgehen sollen, doch auch die Dinge dieser Welt besorgen. Wenn wir nun in der That so nach einer zwiefachen Vollendung zu streben hätten, und doch immer zugleich nur auf eine Seite sehen und achten könnten: so müßte uns das in immerwährenden Zwiespalt verwikkeln. Aber der Apostel weiß nichts von einer solchen Trennung. Er giebt alle seine Vorschriften nur den Christen als solchen; und doch sagt er, auch die Knechte unter ihnen sollten ihren Herren den schuldigen Dienst leisten nicht als den Menschen sondern als dem Herrn[6], und erklärt also auch dieses für eine Frucht der Gerechtigkeit, welche durch Christum geschieht. Und wenn er sagt, sie sollten das ihre schaffen, und mit ihren Händen arbeiten[7]: so stellt er auch das dar, als zu der Ehre der Gemeinen nach außen hin gehörig, und also soll auch das um Christi willen geschehen, und ist also auch eine Frucht der Gerechtigkeit, die durch Christum geschieht. Und in demselben Sinne sagt er auch, sie sollten alles was sie thun im Namen des Herrn Jesu thun[8], und eben so auch alles zu Gottes Ehre[9]. Alles also was von den Gliedern der Gemeine geschehen kann, alle Thätigkeit im bürgerlichen Beruf, alles gesellige Verhalten gegen Andre soll dieses beides vereinigen; es soll sein eine Frucht der Gerechtigkeit, die durch Christum geschieht, und es soll geschehen zur Ehre und zum Lobe Gottes. Bezeigen aber manche von den angeführten Ausdrükken, daß die Christen, an die er schrieb, es nur mit Geschäften von geringerer Art | und Bedeutung zu thun hatten, wie es ja jezt auch der Fall ist: sollen wir deshalb glauben, daß diese allein sich einer so glükklichen Einheit ihres Lebens erfreuen, die es aber mit größeren und wichtigeren Dingen in dieser Welt zu thun haben, die grade sollten, wenn sie zugleich der Gemeine Christi angehören wollen, in nothwendigem Zwiespalt sein mit sich selbst? Das sei ferne! Hat Christus wol jemals den ursprünglichen Beruf des Menschen, daß er soll ein Herr sein über alles was auf Erden ist, aufgehoben? Vielmehr, ist er uns in allem gleich geworden, ausgenommen die Sünde: so hat er auch diesen Beruf mit uns getheilt; und der Mensch Gottes soll auch geschikkt sein zu jedem guten Werke, was hiezu gehört. Der Mensch wird aber nur Herr auf Erden, indem

---

[6] Koloss. 3, 22. 23.
[7] 1 Thessal. 4, 11. 12.
[8] Kol. 3, 17.
[9] 1 Kor. 10, 31.

---

37 1 Thessal.] Thessal.

---

30 *Jos* 22,29   31–32 *Vgl. Gen* 1,28   32–33 *Vgl. Phil* 2,7; *Hebr* 4,15   34 *Vgl. 2Tim* 3,17

Predigt über Phil 1,6–11

er die Werke und Einrichtungen Gottes immer genauer kennen lernt, und indem er an ihnen seine geistigen Kräfte entwikkelt und übt; er wird nur Herr, indem er auch die menschlichen Zustände recht ins Auge faßt, um aufs beste zu gebrauchen was da ist, und zu bessern was fehlt. Heißt das nicht auch sich immer größere Werke Gottes zeigen lassen, wie Christus von sich sagt? Heißt das nicht auch gekommen sein um zu dienen, wie es von ihm gesagt ist? So würde denn gar vieles fehlen in der Gemeine des Herrn, wenn diese Früchte der Gerechtigkeit fehlten; und viel unvollkommner würde das Ebenbild Gottes unter uns aufgerichtet werden, zu welchem ja diese Herrschaft wesentlich mitgehört, und viel unvollkommner würde die Gemeine der Leib Christi sein, wenn alle die Gaben des Geistes sich nicht in ihr erweisen könnten, die nur vermittelst dieser Herrschaft über die irdischen Dinge, vermittelst dieser Entwikkelung unserer geisti|gen Natur hervorbrechen können. Aber diejenigen haben Verwirrung angerichtet, welche beides sondern wollten, und in der Zurükkziehung von den Geschäften dieser Welt ja gar in der Entsagung auf den Mitbesiz aller geistigen Schäze derselben eine höhere christliche Vollkommenheit gesucht haben. Vielmehr soll sich immer völliger unter uns bewähren, daß Christus jenes ursprüngliche und älteste Gesez nicht nur nicht aufgehoben hat, sondern daß er gekommen ist um es erst recht zu erfüllen. Alle menschliche Weisheit und Kunst gereicht erst dann recht zur Ehre und zum Lobe Gottes, wenn auch sie eine Frucht der Gerechtigkeit ist, die durch Christum geschieht, wenn sie auf das Heil in Christo auf das Reich Gottes durch ihn bezogen wird und verwendet, wenn, was das Streben danach in Bewegung erhält und ihm seine Richtung giebt, nichts anderes ist als dieselbe Liebe, die uns auch lauter und unanstößig macht, und aus der alle Früchte der Gerechtigkeit hervorgehen, welche durch Christum geschehen. Diese Vereinigung aller andern Tugenden und Vollkommenheiten in der christlichen Gottseligkeit ist das Ziel, welches vor uns liegt. Nur so werden alle jene guten Eigenschaften, alles löbliche und wohllautende, erst lauter und unanstößig, frei von Eitelkeit und Hochmuth und nicht verführend dazu; und nur so werden wir die Gemeine Christi ganz erfüllen mit allen Früchten der Gerechtigkeit, so daß alle durch Christum geschehen und alle zur Ehre und zum Lobe Gottes gereichen unter uns und überall in der Welt.

II. Wohl, m. g. Fr., dieser Reichthum an Früchten der Gerechtigkeit, diese Fülle der Vollendung ist nun unser | Ziel, ist das gute Werk,

---

5–6 Vgl. *Joh 5,20*   6–7 Vgl. *Mt 20,28*   9–10 Vgl. *Gen 1,27*   20–22 Vgl. *Mt 5,17*

welches Gott vollführen wird bis auf den Tag Jesu Christi. Er kann es aber nur fördern an denen, die schon mit dem Apostel derselben Gnade theilhaftig worden sind, daß sie nämlich dem Gesez mit Christo durch das Gesez gestorben sind[10], und die Gerechtigkeit angenommen haben, die Gott jezt darbietet ohne Zuthun des Gesezes, und die vor ihm gilt, daß er nämlich die gerecht macht, die da sind in dem Glauben an Jesum[11], und die nicht mehr unter dem Gesez stehen, die aber der Geist regiert[12], und die daher, weil das Fleisch gelüstet wider den Geist, nun auch den alten Menschen ertödten, und seinem Widerstreben gegen den uns in das Herz geschriebenen Willen Gottes ein Ende zu machen suchen. Und wol müssen wir gestehen, daß gedeihliche Fortschritte in diesem allen hervorgegangen sind aus der Reinigung der Kirche, welche sich durch unser Bekenntniß befestiget hat. Aber nicht alles ist doch ein solcher Fortschritt gewesen, was seitdem unter uns geschehen ist. Sollen wir also nicht stehen bleiben, sondern, obschon wissend die gänzliche Vollendung dieses Werkes Gottes sei aufgespart bis auf den Tag Jesu Christi, doch dieser Vollendung immer näher kommen, sollen wir die Fehler der Vergangenheit gut zu machen suchen, und soll sie uns selbst nüzlich werden: so müssen wir zweitens fragen, wie müssen wir zu Werke gehen um auch an unserm Theil immer reichlicher erfüllt zu werden mit solchen Früchten der Gerechtigkeit? Wir finden in den Worten unseres Textes zu diesem Behuf einen zwiefachen Rath des Apo|stels. Denn für ganz dasselbe dürfen wir es doch nicht halten, wenn er einmal sagt, daß eure Liebe je mehr und mehr reich werde in allerlei Erkenntniß und Erfahrung, und dann noch hinzufügt, daß ihr prüfen mögt, was das beste sei.

Offenbar also stellt er das Reich werden an Erkenntniß als ein unerläßliches Mittel auf, wenn wir in jenem Werke Gottes fortschreiten wollen; und dagegen wird wol niemand einen Einwurf machen. Denn wer nicht sieht wohin er geht, der wird auch gewiß nicht ankommen; und wie sollten Früchte der Gerechtigkeit zur Reife kommen ohne gesunde Erkenntniß von dem, was Jedem vorhanden kommt zu thun? Nun wird auch niemand leugnen, daß die Verbesserer unserer kirchlichen Angelegenheiten von Anfang an ganz vorzüglich auf Erwerb und Verbreitung grade derjenigen Erkenntniß ausgegangen seien, welche der Apostel hier am unmittelbarsten im Auge

---

[10] Gal. 2, 19.
[11] Röm. 8, 21. 26.
[12] Gal. 5, 18.

8–9 *Gal* 5,17   10 Vgl. *Röm* 2,15

hat. Welcher Eifer und welche Thätigkeit wurde nicht sogleich darauf gewendet unsere heiligen Bücher, aus denen allein sich jeder mit Sicherheit das geistige Bild des Erlösers vergegenwärtigen kann, den nach Erleuchtung begierigen Christen durch Uebertragung in die Muttersprache zugänglich zu machen! mit welchem Heißhunger wurden die verdeutschten Bibelbücher genossen, und mit welchem gesegneten Erfolg wurden die darin enthaltenen Anweisungen mit der damals gewöhnlichen Ausübung des Christenthums verglichen! wieviel geschah nicht um die Christen über den Ursprung aller jener bedauernswürdigen Verderbnisse zur Erkenntniß zu bringen! Aber wie bald wurde man auch inne, daß, wenn nicht bald wieder alles zurükksinken sollte auf den vorigen | Stand, theils überhaupt im Volk die geistigen Kräfte mehr gewekkt und besser entwickelt werden müßten, theils diejenigen, welche vor den Riß treten sollten, mit unverkürzter Freiheit und immer zunehmender Gründlichkeit weiter forschen müßten. Und wie vieles ist nicht von diesem Antriebe aus geschehen um immer reicher zu werden an Erkenntniß! Schon in den einfachen Worten jenes Bekenntnisses und der zunächst dadurch veranlaßten Schriften, welche Fülle von herrlichen Zeugnissen aus den heiligen Schriften und aus den ältern Lehrern der Kirche liegen nicht darin, um zu zeigen, mit welchem Recht sich jene Bekenner des Glaubens losmachten von einer Menge menschlichen Wahnes, der in die Lehre des Evangeliums eingedrungen war! wie deutlich wurde die Vergeblichkeit äußerer Werke zur Rechtfertigung des Menschen dargelegt, und wie siegreich der Wahn einer Genugthuung durch dieselben niedergeschlagen! wie trat immer heller Christus in seiner ihn von Allen unterscheidenden Würde als der einige, auf den wir unser Vertrauen sezen können, hervor, nachdem die Nebelgestalten sogenannter Heiligen, die ihn nur zu dicht umdrängt hatten, vor dem Licht der Wahrheit verschwanden! Wie ist dadurch der einige Grund, auf den gebaut werden kann in dem Reiche Gottes, aufs neue zur klarsten Anschauung gebracht worden! Und seitdem, wie vieles ist nicht in der evangelischen Kirche in demselben Sinne geschehen! und wie ist nicht vorzüglich durch die Allen Christen erleichterte Bekanntschaft mit dem Leben und den Worten unseres Herrn das heilsame Band zwischen dem Erlöser und den Seinigen befestigt worden! wie wird durch das immer erneuerte Zurükkgehn auf die Lehren des | Herrn und seiner Jünger der rechte Ernst in der Heiligung gefördert, und das Licht der Wahrheit in alle Verhältnisse des Lebens hineingetragen! Und doch muß ich es wiederholen, nicht alles, was geschehen ist um uns reicher zu machen an Erkenntniß, ist auch ein wahrer Fortschritt gewesen zur Vollendung dieses göttlichen Werkes. Wie oft ist man nicht dahin gerathen auch auf dem Gebiet des Glaubens die Entwikklung der Gedanken für etwas hohes und wichtiges zu halten ganz unabhängig von den Früchten der Gerechtigkeit, ja sogar ganz unabhängig von der beseligenden Kraft des Glaubens, welcher doch der Gegenstand jener Gedanken war. Denn was hilft es noch so genau beschreiben zu können, wie göttliches und menschliches in Christo vereinigt war, wenn es doch nicht zu der lebendigen Gemeinschaft mit ihm gedeiht, in welcher allein seine göttlichen Kräfte uns zu Nuze kommen? Wie hat man immer aufs neue die Worte gespalten und zusammengesezt! welchen Werth hat man nicht auf die feinstgesponnenen Unterschiede gelegt, so daß man fast diejenigen nicht für Glieder unserer kirchlichen Gemeinschaft erklären wollte, die sich dies und jenes nicht auch grade unter gewissen bestimmten Ausdrükken am liebsten denken wollten! In welcher Menge von eitlen und unfruchtbaren Wortstreitigkeiten hat man Zeit und Kräfte verschwendet, wie oft um solcher willen den Frieden der Kirche gestört! wieviel Eitelkeit und Selbstsucht, wieviel Eigendünkel und geistlicher Hochmuth hat sich dabei zu Tage gelegt! Aus wieviel wiederholten beschämenden Erfahrungen haben wir immer wieder lernen müssen, als ob es für sich nicht deutlich genug wäre, daß wer sich darauf etwas einbildet, daß er dies und jenes | weiß, gewiß noch nichts, aber am wenigsten was mit den Angelegenheiten unseres Heils zusammenhängt, so weiß wie er es wissen soll; daß das Wissen für sich allein nur aufbläht, und nur die Liebe bessert[13]! Aber eine solche Vermehrung der Erkenntniß war auch gar nicht in dem Sinn des Apostels, der von einer solchen Trennung nichts weiß, sondern um das Band recht fest zu knüpfen zwischen diesen beiden, die nirgend getrennt sein sollten am wenigsten aber hier, ausdrükklich sagt, die Liebe soll reich werden an Erkenntniß und Erfahrung. Fragen wir uns nun, wie die Liebe reich wird an Erfahrung: so ist die Antwort darauf sehr leicht. Denn wenn gleich wir vielleicht Alle auch das Wort wahr finden, daß die Liebe blind ist, so gilt doch das nur von einer sinnlichen leidenschaftlichen Liebe. Die Liebe hingegen, welche das geistige Wohl Anderer sucht, ist scharfsichtig, und wohl allein geschikkt dazu auf dem Gebiet des menschlichen Lebens reich zu werden in wahrer Erfahrung, weil sie nicht verblendet wird von sinnlicher und leidenschaftlicher Selbstliebe. Und sie will auch nothwendig Erfahrung sammeln, weil sie ja ohne diese ihrem Gegenstand nicht hülfreich sein kann; die sie aber gesammelt hat, sind auch für sie ein wahrer Reichthum, weil sie sie immer in Bereitschaft hält um Gebrauch davon zu machen. Kann es nun wol mit der Erkenntniß, an der die Liebe auch reich werden muß, eine andere Bewandtniß haben? Gewiß nicht. Eine Erkenntniß, von der die Liebe keinen Ge-

---

[13] 1 Kor. 8, 1. 2.

brauch machen könnte, würde der Apostel auch nicht zu ihrem Reichthum gerechnet haben. Der Gebrauch aber ist der, daß alle | Gaben sich bewähren sollen zum gemeinen Nuz. Je weniger nun eine Erkenntniß beitragen kann zum gemeinen Wohl im Reiche Gottes, je weniger sie dazu führt, die Früchte der Gerechtigkeit zu pflegen und zu zeitigen, desto demüthiger wird die Liebe sie verwalten; und so würde es auch mit jenen Kenntnissen gegangen sein, wenn sie im Besiz der Liebe gewesen wären. Aber wie soll die Liebe dazu kommen, reich zu werden an Erkenntniß? Soll sie sie an sich reißen von anderwärts her, sie, deren Wahlspruch ja ist, Geben ist seliger denn nehmen? oder sollen sie ihr in den Schooß geworfen werden, ihr, die immer zu schaffen hat, und nie müßig sein kann und warten? Nein! gewiß, wenn der Apostel gebetet hat, die Liebe möge reich werden an Erkenntniß, hat er auch an nichts anderes gedacht, als daß dieser Reichthum auch aus ihrer eignen Thätigkeit und ihrem Fleiß hervorgehen solle. Wenn der Apostel sagt, Wenn ich alle Erkenntniß hätte und hätte der Liebe nicht, so wäre ich nichts: so meint er das nicht nur so einfach, daß die Erkenntniß nichts ist wenn die Liebe fehlt, sondern ganz streng und vollständig so, Wenn ich alle Erkenntniß hätte, aber die Liebe hätte mich nicht gedrängt und getrieben sie zu erwerben; wenn ich alle Geheimnisse wüßte, aber die Liebe hätte sie mir nicht aufgeschlossen; wenn ich weissagen könnte, aber mein Blikk in die Zukunft wäre nicht der Blikk der Liebe gewesen; wenn ich mit Menschen- und mit Engelzungen redete, aber die Liebe redete nicht durch mich: so wäre ich nichts, nichts als ein tönendes Erz und eine klingende Schelle, wie leider so viele von denen schon immer aber auch in unserer erneuerten Kirche gewesen sind, die mit dem Geschrei von ihrer Er|kenntniß die Gassen und die Märkte erfüllt haben. Und das können wir schon von jeder Erkenntniß sagen, welche Stelle sie auch in dem Tichten und Trachten des menschlichen Geistes einnimmt. Ist nicht alles Sinnen und Denken nur Vorbereitung, stille innere Vorfreude, bis es wirklich Wort wird, und ist Wort etwas anderes als Mittheilung? Und wessen Ohr nur irgend geistig vernimmt, wer sich nur irgend selbst in der Schule der Liebe befindet, der sollte nicht an dem Ton dieser Mittheilung unterscheiden, den der nur sich selbst in seiner Weisheit verkündigen will und preisen, und den der sich selbst in seiner geistigen Thätigkeit und deren Früchten als eine Gabe darbringen will dem menschlichen gemeinen Wesen? Und wirkt nicht Jener immer nur wie das ermüdende und bald vorübergehende Geräusch der klingenden Schelle, und erkennt nicht hingegen Jeder an diesem den wohlthuen-

10 Apg 20,35   16–17 Vgl. 1Kor 13,2   25 Vgl. 1Kor 13,1   29–30 Vgl. Gen 6,5

den belebenden Ton der Liebe? Vor allem aber und am unmittelbarsten gilt dasselbe von der Erkenntniß auf dem Gebiet unseres Glaubens und unserer christlichen Gemeinschaft. Und gewiß gar deutlich wird jeder, der Muße und Aufforderung hat, sei es die frühere Geschichte oder den dermaligen Zustand unserer Kirche genauer zu betrachten, auch beides finden und beides unterscheiden, die Erkenntniß, zu welcher die Liebe Christi gedrängt hat, wie zu allem andern wodurch sein Werk gefördert werden kann, und durch solche Erkenntniß wird auch die erhaltende einigende Liebe reich geworden sein, und diejenige Erkenntniß, durch welche in der Kirche nur Gezänk aufgeregt und unterhalten wird, diejenigen aber, welche sie besizen, zu ihrem eigenen Schaden aufgebläht, und Andere nur zu leicht irre geleitet werden, daß | sie das Heil in Worten suchen, und statt des lebendigen Glaubens, der eine innere Bewegung des Gemüthes ist, sich mit einer Genauigkeit der Ausdrükke begnügen. Dürfen wir uns nun die Thatsache nicht abläugnen, daß auch unsere Kirche oft erkrankt ist an dieser Ueberschäzung unfruchtbarer Erkenntniß: so laßt auch durch diese Erfahrung unsre Liebe reich werden, indem sie uns zur Warnung dient. Denn es liegt klar genug zu Tage, daß durch ein solches Streben nach Erkenntniß, welches nicht von der Liebe ausgeht, allemal auch der Freiheit Eintrag geschieht. Denn es ist doch immer darauf abgesehen, ein Menschenwort geltend zu machen vor andern, und so werden wir wieder durch Sazungen der Menschen Knechte, da doch alles unser sein soll, wir aber keinem gehören und uns keines Menschen in diesem Sinne rühmen sollen. Und wie leicht ist es doch auch in dieser Beziehung den rechten Weg einzuschlagen für Alle, welche unmittelbar nur danach streben und das immer obenan stellen, daß Christus in uns lebe. Was also ihn in seiner Beziehung zu uns verklärt, was uns seine Worte verherrlicht und sie in ihrem ganzen Umfang deutlich macht, das wird uns auch fördern in dem Leben, welches von ihm ausgeht; was aber darüber hinausgeht, wie tiefer Forschungsgeist auch dafür in Bewegung sei, wie reine Wahrheitsliebe dabei zum Grunde liege, es wird doch nur in dem Maaß unschädlich sein, als wir es nicht für nothwendig und unentbehrlich halten, als wir ihm nur seine gehörige Stelle anweisen in dem ganzen Zusammenhang aller Früchte der Gerechtigkeit.

Warum nun der Apostel noch den zweiten Wunsch hinzufügt, daß ihr prüfen möget, was das beste sei, dies | m. g. Fr. bedarf wol keiner großen Erörterung. Denn wieviel Verwirrungen und Mißverständnisse sind nicht, wo alles eben und klar hätte bleiben können, aus der Versäumniß dieser Regel entstanden. Wie oft quälen uns die ernsthafte-

---

23 Vgl. 1Kor 7,23; Kol 2,8.20   24–25 Vgl. 1Kor 3,21   28 Vgl. Gal 2,20

sten Besorgnisse, wenn einer zuzugreifen und zu entscheiden hat in schwierigen Fällen, dem wir nicht zuzutrauen geneigt sind, daß er werde zu prüfen wissen, was das beste sei! Wie oft kommt uns nicht in unsern kirchlichen Angelegenheiten dasselbe vor, was der Apostel anderwärts von seinem Volk sagt, es eifere zwar um Gott, aber nicht mit Verstand. Wenn auch nicht dieselbe Leidenschaftlichkeit seines Volkes, die der Apostel bei diesen Worten im Sinne hat, wenn auch nicht dieselbe Vermischung bürgerlicher Verhältnisse mit den Bestrebungen für das Reich Gottes: so finden wir doch nur zu häufig, daß die Liebe unverkennbar wirksam ist, aber sowol in der Leitung Einzelner als in der Richtung, die sie dem Ganzen giebt, nicht das beste wählt, weil sie blind zugreift und nicht wohlbedächtig geprüft hat. Ist nun die Erkenntniß für uns von keinem Werth, wenn sie nicht aus der Liebe hervorgegangen ist: so wird auch die Liebe, wenigstens nicht auf dem graden Wege zu dem Ziele führen was vor uns liegt, wenn wir nicht prüfen was das beste sei. Deshalb eben sollen wir trachten, daß wir reich werden an Erkenntniß und Erfahrung. Aber dennoch, wenn der Apostel geglaubt hätte, daß dieses so einfach folge, daß wer diesen Reichthum besizt, dann auch gewiß prüft und richtig wählt was das beste sei: so würde er dies nicht noch als einen besonderen Gegenstand seines eifrigen Wunsches und seines Gebetes dargestellt haben. Und gewiß wird auch niemand unter | uns die große Kluft, die zwischen beiden noch befestiget ist, übersehen. Viele besizen einen reichen Schaz von Erkenntniß und Erfahrung, und die auch durch die Liebe erworben sind; aber wenn der Augenblikk drängt zu handeln, dann schwanken Einige unentschlossen, indem die Gedanken ihnen in Menge aufsteigen aber auch schnell wieder verbleichen, so daß sie keinen festhalten können, Andere hingegen werden von dem ersten was ihnen in den Sinn kommt, und was nicht immer das beste sein kann, so hingerissen in übereilter Vorliebe, daß auch das bessere, wenn sie es gewahr werden, sich nicht mehr geltend machen kann. Und auf wie vielfältige Weise wird nicht noch sonst im entscheidenden Augenblick das Geschäft der Prüfung erschwert oder gar verhindert, und sonach das rechte verfehlt, auch da wo es an Einsicht und Erfahrung gar nicht mangelte! Das weiß wol Jeder aus seinem eignen Leben, und die Geschichte unserer Kirche ist voll davon! Und doch ist es eigentlich so leicht solche Fehltritte zu vermeiden. Jenes sorgsame Abwägen des verschiedenen, welches für sich allein in Unentschlossenheit ausgeht, und dann als ein Fehler erscheint; diese Wärme für einen plözlich aus der Tiefe des Inneren hervorgetauchten Gedanken, woraus für sich allein Uebereilung entsteht, und die wir dann mit

---

5–6 Vgl. Röm 10,2

Recht tadeln: wenn diese beiden Raum haben auf einander zu wirken, wird sich dann nicht jede dieser Eigenschaften als eine heilsame Gabe des Geistes bewähren zum gemeinsamen Nuz? So ist denn dieses gewiß das richtige Verhältniß zwischen den beiden Rathschlägen des Apostels. Soll jeder Einzelne trachten nach Vermögen reich zu werden an Erkenntniß und Erfahrung durch die Liebe und um der Liebe willen: so | soll das prüfen, was das beste sei, sich immer mehr unter uns zu einem gemeinsamen Geschäft gestalten. Wie viele Verirrungen würden vermieden werden, wieviel vergebliche Schritte unterbleiben, von wieviel falschen Maaßregeln würde nicht die Rede sein, wenn im einzelnen Jeder gleich bereit wäre Rath zu nehmen und zu geben; je mehr aber, was geschehen soll, von Einfluß ist auf die gemeinsamen Angelegenheiten der Kirche, um desto weniger auch der Beste in den Fall käme, für sich allein prüfen zu sollen oder zu dürfen, welches das beste sei, sondern dann immer diejenigen gemeinschaftlich prüfen müßten, welches das beste sei, die am reichsten sind an Einsicht und Erfahrung.

Dies, m. a. Z., ist der Weg, den uns der Apostel vorzeichnet, um zu dem ganzen Reichthum aller Früchte der Gerechtigkeit zu gelangen, welche durch Christum geschehen. Er ist um so mehr unserer evangelischen Kirche besonders vorgezeichnet, als es in dem Wesen derselben liegt, keinen Einzelnen weiter zu binden als sein eigenes Gewissen ihn bindet unter dem Worte Gottes, auf daß wir uns der Freiheit der Kinder Gottes in ihrer ganzen Kraft erfreuen. Desto nothwendiger ist unter uns, daß keiner sich selbst vertraue, daß Jeder die Sicherheit seines Wandels, die Festigkeit seines Herzens, die Ruhe seines Gewissens in der Zustimmung derer suche, die ruhig sein konnten wo er aufgeregt war, die nach allen Seiten schauen konnten während sein Blikk nur nach Einer gewendet bleiben mußte. Desto nothwendiger ist, weil es keine Herrschaft über die Gewissen giebt, daß wie es schon zur Zeit der Apostel geschah, daß, was sich in Einem oder Mehreren zum Heil der Gemeine regt, erst gemeinsam geprüft werde und berathen, damit nichts noth|wendiges unterbleibe, nichts heilsames leichtsinnig verworfen, nichts verkehrtes eigenmächtig ins Leben gerufen werden könne, und überall in unsern Gemeinen Gott sich offenbare als einen Gott nicht der Unordnung, sondern des heilbringenden Friedens.

Auf diesem Wege möge unsere Kirche fortwandeln, so wird sie, was für Stürme ihr auch bevorstehen mögen, sich immer mehr befestigen! So werden wir am besten immer mehr lernen, und es wird uns immer leichter werden, einer den andern zu vertragen in der Liebe

---

35–37 Vgl. 1Kor 14,33

mit aller Demuth und Sanftmuth und Geduld[14]! So werden wir – nicht thörichterweise bald so bald anders uns trennend und scheidend – Ein Leib und Ein Geist fleißig sein zu halten die Einigkeit nicht im Buchstaben sondern im Geist durch das Band des Friedens!
5 So werden wir in allen Stükken wachsen an dem, der das Haupt ist, Christus, bis daß wir Alle hinankommen zu einerlei Glauben und Erkenntniß des Sohnes Gottes, und zum vollkommnen Mann werden nach dem Maaße des vollkommenen Alters Christi.   Amen.

---

[14] Ephes. 4, 2–15.

Predigten

Siebente Sammlung
1833

Christliche Festpredigten
Zweiter Band

Christliche Festpredigten

von

Dr. F. Schleiermacher

Zweiter Band.

Berlin, 1833.
Gedruckt und verlegt
bei G. Reimer.

Predigten

von

Dr. F. Schleiermacher

Siebente Sammlung.

Berlin, 1833.
Gedruckt und verlegt
bei G. Reimer.

Predigten

von

Dr. F. Schleiermacher.

Siebente Sammlung.

Berlin, 1833.
Gedruckt und verlegt
bei G. Reimer.

Christliche Festpredigten

von

Dr. F. Schleiermacher.

Zweiter Band.

Berlin, 1833.
Gedruckt und verlegt
bei G. Reimer.

Vorrede.

Daß aus der kurzen Zeit, binnen welcher ich hoffte diese zweite Sammlung Festpredigten auf die erste folgen lassen zu können, sogar noch etwas mehr als sieben Jahre geworden sind, gereicht mir jezt selbst zur Verwunderung, und ist um so mehr ein warnendes Beispiel von der Mißlichkeit solcher Versprechen, als weder dem Publicum ein hinreichender Grund zu dieser Verspätung vor Augen liegt, noch auch ich selbst mir bestimmte Rechenschaft davon zu geben weiß.

Aber nicht nur später erscheint diese Sammlung, als ich gerechnet hatte, sondern sie ist auch stärker geworden; vorzüglich freilich deshalb, weil ich die in der ersten übergangenen Feste zweiter Ordnung nachholen wollte, aber nicht so, daß die eigentlich kirchlichen Festtage und Zeiten darunter litten. Das gemeinschaft|liche nach den Festen geordnete Inhaltsverzeichniß über beide Sammlungen wird den Lesern hoffentlich angenehm sein.

Manche von den Predigten dieses Bandes haben schon in dem Magdeburgischen Magazin gestanden, dessen Herr Verleger sich aber mit der Aufnahme derselben einverstanden erklärt. Ein paar andere sind früher gelegentlich einzeln gedrukt worden, werden aber in dieser Gestalt wol schwerlich weit über unsere Stadt hinausgekommen sein; und so wird sich hoffentlich niemand darüber beschweren, wenn er sie hier wieder findet.

Was ich übrigens bei dem ersten Bande bevorwortet, gelte auch für diesen; und es bleibt mir nur zu wünschen, daß auch dieser noch Leser finde, welche, an den in vorgerükkterem Alter nicht mehr zu verbessernden Mängeln meiner Art und Weise weniger Anstoß nehmend, sich doch durch den Inhalt erbaut und auch mit Rükksicht auf das, was die jezt in der Kirche obwaltenden Umstände vorzüglich erheischen, in wahrer christlicher Gottseligkeit gefördert finden.

Berlin, im November 1833.

Fr. Schleiermacher. |

2–3 Vgl. oben S. 5,3   4 *Der erste Band von Schleiermachers Festpredigten erschien im September 1826.*   13–15 Vgl. unten S. 426–428   16–21 *Im „Magazin von Fest-, Gelegenheits-, und anderen Predigten und kleineren Amtsreden" (Bd. 1–6, Magdeburg 1823–1829) erschien die Predigt Nr. 10 (unten S. 554), als Einzeldrucke im Berliner Verlag G. Reimer die Predigten Nr. 7 (unten S. 514) und Nr. 24 (unten S. 731). Außerdem waren folgende Predigten bereits in den über die Kirchengemeinde vertriebenen Predigtreihen veröffentlicht: Nr. 1. 3. 5–6. 11. 15. 17. 21–23. 25.*
23 Vgl. oben S. 5–6

Inhalts - Verzeichniß
für beide Bände der Festpredigten.

I. Adventspredigten.
1. Christus der da kommt im Namen des Herrn. . . Th. I. S. 1.
2. Christus der Befreier von der Sünde und vom Gesez. . . . . – S. 28.
3. Was in der Seele dem Eingange des Herrn vorangehen muß. . . . . – S. 54.
4. Unser Blikk in die Zukunft verglichen mit dem des Abraham. . . . . Th. II. S. 1.
5. Johannis Zeugniß von Christo ein Vorbild des unsrigen. . . . . – S. 23.
6. Der Unterschied zwischen dem Wesen des neuen und des alten Bundes an ihren Stiftern dargestellt. – S. 48.

II. Am Weihnachtsfest.
1. Daß der Erlöser als der Sohn Gottes geboren ist. Th. I. S. 87.
2. Die Freude an der Erscheinung Christi bei der Betrachtung, daß er gekommen ist das Schwerdt zu bringen. . . . . – S. 111.
3. Die Veränderung, welche seit der Erscheinung des Erlösers auf der Erde begonnen hat. . . . . Th. II. S. 74. |
4. Die verschiedene Art, wie die Kunde von dem Erlöser aufgenommen wird. . . . . Th. II. S. 100.
5. Die Erscheinung des Erlösers als der Grund zur Wiederherstellung der wahren Gleichheit unter den Menschen. . . . . – S. 123.

III. Am Neujahrstage.
1. Gott, der allen Dingen ihr Maaß bestimmt. . . . . Th. I. S. 138.
2. Eine Anweisung das Gute unter uns immer vollkommner zu gestalten. Th. II. S. 147.
3. Der Lohn des Herrn. – S. 170.

IV. Passionspredigten.
1. Der Anfang des Leidens Christi sein steigender Sieg über die Sünde. . . . . Th. I. S. 171.

2. Die tröstliche Verheißung Christi an seinen Mitgekreuzigten. .... – S. 204.
3. Der lezte Blikk auf das Leben. .... – S. 230.
4. Welchen Werth es für uns hat, daß das Leiden des Erlösers vorher gesagt ist. .... Th. II. S. 195.
5. Ueber den Gemüthszustand des Erlösers in seinen lezten Stunden. .... – S. 217.
6. Die Gesinnung, in welcher Christus seinem Leiden entgegenging. .... – S. 248.

V. Am Charfreitag.
1. Christi leztes Wort an seinen himmlischen Vater Th. I. S. 252.
2. Christi Tod das Ende aller Opfer. .... – S. 269.
3. Ueber das Geheimniß der Erlösung in ihrem Verhältniß zur Sünde und zur Unwissenheit. .... Th. II. S. 269.
4. Betrachtung der Umstände, welche die lezten Augenblikke des Erlösers begleiteten. .... – S. 289.

VI. Am Osterfest.
1. Christi Auferstehung ein Bild unseres neuen Lebens. .... Th. I. S. 295. |
2. Der Zusammenhang zwischen den Wirkungen der Schrift und den unmittelbaren Wirkungen des Erlösers. .... Th. I. S. 314.
3. Wie das Bewußtsein des unvergänglichen den Schmerz über das Ende des vergänglichen besiegt. Th. II. S. 306.
4. Weshalb die Apostel sich besonders Zeugen der Auferstehung Christi nennen. .... – S. 330.

VII. Am Bußtage.
1. Die Trennung der Gemüther ein Vorzeichen des göttlichen Gerichts. .... Th. II. S. 350.
2. Zwei Beispiele davon, wie, wenn die Gerechtigkeit ein Volk nicht erhöht, die Sünde das Verderben desselben wird. .... – S. 369.

VIII. Am Himmelfahrtstage.
1. Das Ende der Erscheinung Christi mit dem Anfang derselben zusammengestellt. .... Th. I. S. 343.
2. Was Christus nach seiner Erhöhung für uns ist. Th. II. S. 392.
3. Die Verheißungen des Erlösers bei seinem Scheiden. .... – S. 417.

IX. Am Pfingstfest.
1. Daß die Erhaltung der christlichen Kirche noch
auf dieselbe Weise erfolgt wie ihre erste Begründung.   Th. I. S. 363.
2. Der Ursprung des Geistes aus Gott als die Gewährleistung für die Vollständigkeit seiner Wirkungen. .   – S. 388.
3. Das Ende der wunderbaren Aeußerungen des gött-
lichen Geistes in der christlichen Kirche. . . . . . .   Th. II. S. 439.
4. Wie der Geist der Wahrheit den Erlöser verklärt.   – S. 467.

X. Am Trinitatisfest.
1. Wer und was gehört in das Reich Gottes? . . . . .   Th. I. S. 418. |
2. Wie wir in der Ordnung des Heils die göttliche
Weisheit bewundern müssen. . . . .   Th. II. S. 489.

XI. Am Erndtefest.
1. Warnung vor Selbstsucht und Eigennuz bei der
Erndtefreude. . . . .   Th. II. S. 509.

XII. Am Gedenktag der Verstorbenen.
1. Unser Verhältniß zu denen, welche aus dieser irdischen Gemeine hinweggenommen worden sind. . . .   Th. II. S. 529.
2. Vorschriften für den Schmerz bei dem Verlust un-
serer Brüder. . . . .   – S. 549.

I.

Unser Blikk in die Zukunft verglichen mit dem des Abraham.

Adventspredigt.

Text. Joh. 8, 56.

Abraham, euer Vater, ward froh, daß er meinen Tag sehen sollte; und er sah ihn, und freuete sich.

M. a. Fr. Zugleich beginnen wir heute mit der Zeit, welche auf eine besondere Weise der Bereitung unseres Gemüthes zur würdigen Feier der Geburt unsers Erlösers gewidmet ist, auch wieder ein neues Jahr unserer kirchlichen Versammlungen und unseres kirchlichen Lebens überhaupt. Und gewiß eben so natürlich als zwekkmäßig ist beides mit einander verbunden. Gehen wir in einen neuen Abschnitt unseres Lebens hinein: so thut es uns Noth, daß wir theils den Zwekk unseres Daseins, sei es im allgemeinen oder in einer bestimmten Beziehung, theils dasjenige, was uns obliegt, um uns selbst zu genügen und Rechenschaft geben zu können denen, die sie zu fordern haben, theils endlich die Mittel, die uns gegeben sind, um eben jenes zu thun und dieses zu erreichen, daß wir dies alles aufs neue fest ins Auge fassen. Was aber wäre als Christen unser gemeinsames Ziel, als daß wir nach dem Worte des Herrn an seine ersten Jünger, daß Er sie sende gleichwie ihn sein Vater gesandt habe[1], eben so wie sie als seine Gesandte sein Wort verkündigen, sein Reich fördern und mehren, und das Heil, welches Er den Menschen gebracht hat, nicht nur selbst genießen, sondern auch den künftigen Geschlechtern sicher stellen und den Genuß desselben im menschlichen Geschlecht immer weiter verbreiten. Wollen wir nun in dieser Beziehung in die Zukunft hineinsehen, ja dann müssen wir uns bewußt werden, wer derjenige ist, auf den und auf dessen Zwekk alle unsere Bemühungen gerichtet sind; da müssen

---

[1] Joh. 20, 21.

---

5 8, 56.] 8, 9.

---

2 *Predigt zum 1. Sonntag im Advent am 27. November 1831 vormittags in der Dreifaltigkeitskirche zu Berlin; vgl. Predigtdruck und Liederangaben in KGA III/12, S. 783–795*

wir ihn, sein Wirken, sein Heil aufs neue ins Auge fassen. Und wenn wir die Mittel überschlagen wollen, die uns dazu gegeben sind: worauf haben wir zu sehen, als wieder auf ihn? auf sein Wort, das auch in uns Geist und Leben werden soll, auf das Gebot, welches Er uns Allen hinterlassen hat, auf den Geist, den Er als den Stellvertreter seiner leiblichen Gegenwart auf Erden ausgegossen hat, und ihm festen Siz gegeben in der Gemeinde der Gläubigen. |

In den Worten unseres Textes, m. a. Fr., führt uns der Erlöser zurükk in eine weite Vergangenheit, die unser Ohr nur als eine ganz fremde berührt; aber freilich denen, zu welchen Er redete, war sie auf das unmittelbarste angehörig. Er weiset zurükk auf den eigentlichen Ursprung seines Volks, auf die ersten Anfänge der Vorbereitung desselben zu dem besondern Zwekk, zu welchem es sich Gott geheiliget hatte; und indem Er uns den ersten Stammvater desselben in Erinnerung bringt, stellt er ihn zugleich dar als in die Zukunft hineinsehend, so daß schon bei diesem Blikk in die Zukunft seine einzige Freude doch gewesen sei der Tag des Herrn. Lasset uns denn, m. a. Fr., dies Wort nicht umsonst geredet sein; und indem wir der natürlichen Richtung unseres Gemüths beim Anfang eines neuen Jahres nachgehen, so lasset uns unser Schauen in die Zukunft mit dem jenes Erzvaters vergleichen, an den uns der Erlöser in den Worten unsers Textes erinnert.

I. Zuerst, m. a. Fr., wollen wir zu diesem Ende unsere Aufmerksamkeit überhaupt auf das Verlangen des Menschen richten, aus der Gegenwart in die Zukunft hinauszusehen. Dieses finden wir in dem ganzen Umfang des menschlichen Geschlechts; ja wir mögen wol sagen, daß es zu der ursprünglichen Ausstattung desselben gehört. Wir sind auch nicht leicht im Stande in dieser Beziehung unsern Blikk höher hinauf zu er|heben, um uns etwa mit solchen Arten des Daseins und des geistigen Lebens zu vergleichen, die weit über unser Loos hinausgehen; denn von dergleichen haben wir nur wenige, oder gar keine Kenntniß. Wenn wir aber das Leben auf seinen niederen Stufen betrachten: so finden wir es ganz in die Gegenwart, ja in den Augenblikk versenkt, wenig Erinnerung und auch wenig Blikk in die Zukunft. Und was uns hier und da auch bei den untergeordneten Geschöpfen von der ersten oder der andern Art entgegentritt, wir können es nur fassen als einen dunklen Trieb der Natur, als ein bewußtloses Regen eben desselben Lebens, welchem die augenblikkliche Gegenwart genügt; aber keinesweges scheinen irgend Aeußerungen dieser Art dazu geeignet, solchen Geschöpfen wirklich die Vergangenheit

---

3–4 *Vgl. Joh 6,63*   4–5 *Vgl. Joh 13,34*

oder Zukunft vor Augen zu bringen. Und eben so finden wir, daß auch in dem menschlichen Geschlecht diese Neigung in die Zukunft zu schauen sich erst allmählig mit den andern geistigen Kräften entwikkelt. Je mehr noch auf die Befriedigung der nächsten Bedürfnisse beschränkt, um so mehr ist auch der Mensch als das Kind der Erde in der Gegenwart befangen. Wenig Erinnerung bleibt haften, alles vergangene verliert sich bald in dunkle und ungewisse Sage, von welcher eher ein lehrreicher Blikk in das menschliche Leben überhaupt der wahre Gewinn und Ertrag ist, als daß sie eine bestimmte Kunde von der Vergangenheit gewährte; und eben so ist es nur eine höchst beschränkte Zukunft, welche | die Theilnahme und Sorge des Menschen auf dieser Stufe in Anspruch nimmt, das Geschikk der unmittelbaren nächsten Nachkommen ist der einzige Gegenstand seiner Sorge. Laßt aber die geistigen Kräfte des Menschen sich freier entwikkeln: so wird er auch gleich die Vergangenheit fester halten. Nun sucht er das Leben der früheren Geschlechter in das seinige zusammenzudrängen; er zieht Lehre und Genuß aus der ganzen Vorzeit, so weit irgend das ihm aufgeschlossene Gebiet der Geschichte reicht. Eben so aber öffnet sich dann vor ihm eine weitere Zukunft; und wie das Auge anfänglich nur die nächste Umgebung durchläuft, und erst allmählig auch in weiterer Ferne erkennt und unterscheidet: so auch wird, je mehr sich die Wirksamkeit des Menschen erweitert, desto größer das Gebiet der Zukunft, welches er zu durchdringen strebt; ja bis in die weiteste Ferne hinaus möchte er noch unterscheiden, wo und wie die Bewegung, an der er theilgenommen hat, sich fortpflanzen werde. Nur daß freilich nicht alle Zeiten gleich gut geeignet sind dies Verlangen des Menschen zu befriedigen, nicht alle so gleichmäßig lehrreich, daß wir mit gleicher Sicherheit erkennen könnten, was für Folgen sich in Zukunft daraus entwikkeln werden. Ja es giebt auch hier eine Rükkkehr in den ursprünglichen Zustand. Je mehr der Mensch selbst in dem edleren Sinne des Wortes von der Gegenwart umstrikkt ist; je mehr nämlich das, was er unmittelbar zu thun und zu schaffen hat, alle seine Kräfte in An|spruch nimmt, je weiter sich der Kreis seiner Liebe mit dem Kreise seiner Pflichten ausdehnt: um desto mehr scheint er mit der Gegenwart zufrieden nicht nur zu sein, sondern es auch sein zu sollen, weil er durch jede Beschäftigung mit der Zukunft etwas verlöre für die Gegenwart. Aber unaustilgbar bleibt dennoch dies Verlangen in der menschlichen Seele, und deshalb vorzüglich sehen wir im Leben solche Abschnitte geordnet, wie der heutige Tag einer ist, wo uns die Gegenwart gleichsam verschwindet, und unser Blikk sich theilt rükkwärts auf die Vergangenheit, vorwärts auf die Zukunft. Denken wir nun an jenen in die ersten Anfänge der Geschichte des alten Bundes gestellten Mann Gottes, den der Erlöser uns durch die Worte des Textes in Erinnerung bringt: so müssen wir gestehen, an ihm erscheint es uns noch besonders natürlich, daß er ein außerordentliches Verlangen hatte, ja daß es ihm ein tiefes, inneres Bedürfniß war, in die Zukunft zu sehen. Denn welches war sein Beruf auf Erden? Nichts wäre er gewesen, sein Gedächtniß wäre verschwunden, und hätte auch das Andenken seiner Vorfahren mit in die Vergessenheit hinabgezogen, wenn nicht das Wort des Herrn[2] an ihn ergangen wäre, Gehe aus von deinem Vaterlande und von deiner Freundschaft und aus deines Vaters Hause in ein Land, das ich dir zeigen werde. Und gehorsam war er, und folgte der göttlichen Stimme, | und dieser Glaube ward ihm gerechnet zur Gerechtigkeit. Wohl ihm, daß er das konnte! denn er hatte auch während seines ganzen Lebens keinen andern Gewinn von diesem Gehorsam, als eben seinen Glauben. Immer erneuerte sich ihm das Wort der Verheißung; aber in der Gegenwart ward ihm nichts verliehen. Er wandelte unter mannigfaltigen Sorgen des Lebens; umgeben von feindseligen Menschen mußte er bald streiten und Krieg führen, bald konnte er sein und seiner Freunde Leben nur schüzen auf eine nicht eben so ehrenvolle als glükliche Weise, bald mußte er, unvermögend die ungünstigen Umstände zu besiegen, die Gegend, die er eine Zeit lang bewohnt hatte, wieder meiden und in ein anderes Land ziehen. Und wie lange harrete er, ohne daß sich eine Spur von der Wahrheit der göttlichen Verheißung zeigte, daß Gott ihn wolle zum Vater eines großen Volkes machen! Ja obgleich ihm gesagt worden war, daß er nur gen Himmel sehen und die Sterne zählen solle, denn so zahlreich werde seine Nachkommenschaft sein: so war ihm doch immer noch kein einziger geworden, und er sprach voll Mißmuth[3], So soll denn der Sohn meines Knechtes mein Erbe sein, weil ich keinen Erben habe? Nicht als ob er damit die Hofnung auf eine zahlreiche Nachkommenschaft aufgegeben hätte; vielmehr wäre dies nur eine andere Art gewesen sie zu erfüllen. Denn machte er seines Knech|tes Sohn zu dem seinigen, so war er dadurch auch sein Sohn. Aber bei einer solchen Erfüllung wäre ihm doch die gehoffte Freude des väterlichen Herzens verkümmert worden; und darum wundert sich gewiß niemand, daß Abraham hierüber so wehmüthig zu Jehova redet. Aber was ward ihm nun zuerst gegeben? statt des Sohnes seines Knechtes der Sohn seiner Magd; und so sah er sich noch immer entfernt von der Erfüllung, die er sich ursprünglich gedacht hatte. Doch

---

[2] 1 Mos. 12, 1.
[3] 1 Mos. 15, 3.

10–11 Vgl. Röm 4,3.5; Gal 3,6 mit Bezugnahme auf Gen 15,6   **16–17** Vgl. Gen 14,14–16   **17–18** Vgl. Gen 12,11–20   **18–21** Vgl. Gen 12,10; 20,1   **22–23** Vgl. Gen 12,2   **24–25** Vgl. Gen 15,5   **35–36** Vgl. Gen 16

wollte er sein Herz auch so beruhigen, und bat den Herrn, Ach, daß Ismael leben möchte vor dir[4]! damit er doch durch diesen der Stammvater eines großen Volkes würde, noch nicht ahnend, daß sich das Wort der Verheißung dennoch auch in dem genauesten Sinne bestätigen werde; und so blieb natürlich sein Blikk immer auf die Zukunft gerichtet.

Wie aber, m. g. Fr., steht es um uns, wenn wir uns mit diesem Vater des Glaubens vergleichen? Warum sollen wir in die Zukunft blikken? wir, die wir uns in dem vollen Genuß dessen befinden, was jener nur in der Ferne sah, in dem reichen Besiz von allem was Gott jemals verheißen? Was nur dunkel geahndet jenen Erzvater jauchzen machte, und der freudige Lohn seines treuen Ausharrens war, das ist uns schon gegeben; wir können uns dessen in jedem Augenblikk unsers Lebens bewußt werden mit einer Klarheit, gegen welche | seine Ahndung wie ein unsicherer farbloser Schatten verschwindet. Wir haben die Fülle des Heils in dem göttlichen Frieden, den niemand von uns nehmen kann; und wenn wir die Wahrheit des Wortes inne werden, daß mit dem Sohn auch der Vater Wohnung macht in unsern Herzen, so liegt darin zugleich die vollkommenste Sicherheit eines keiner Gefahr unterworfenen Besizes. Wie kann es also zugehen, daß doch auch wir, und gerade auch in unserm Verhältniß als Christen, ebenfalls trachten in die Zukunft hinauszublikken? Und wenn wir uns auch Alle eben so wie jener Apostel des Herrn zu beklagen hätten über eine schmerzliche Mitgabe, die er uns auferlegt für unsre Wallfahrt durch dieses Leben, und wir wüßten auch im voraus, daß wir nur dieselbe Antwort bekämen, Laß dir an meiner Gnade genügen[5]: müßten wir nicht gestehen, daß seine Gnade uns auch immer genügen wird? Sollten also wir wenigstens nicht zurückgekehrt sein in jenen ursprünglichen Zustand, in welchem der Mensch allein der Gegenwart lebt, und die Zukunft für sich sorgen läßt? nicht wie damals, weil er nicht auch für sie zu sorgen vermöchte; sondern theils wegen seines Reichthums in der Gegenwart, theils weil ihm eine eben so reiche Zukunft auch ohne alle Sorge sicher genug ist.

Diese Frage nun, m. Th., führt uns darauf, wie von einer andern Seite her der Gedanke an | die Zukunft uns nothwendig ist, und die Richtung auf dieselbe zu der wesentlichen Ausstattung unserer Natur gehört. Denn wenn wir allein an Genuß und Besiz denken dürften: so könnten wir ihr Lebewohl sagen, und hätten in jedem Augenblikk der

---

[4] 1 Mos. 17, 18.
[5] 2 Kor. 12, 9.

18–19 Vgl. Joh 14,23   23–25 Vgl. 2Kor 12,7–8   30 Vgl. Mt 6,34

Gegenwart genug an dieser selbst. Aber wir sind dazu berufen, daß wir handeln sollen; und fast immer erstrekkt sich unsere Thätigkeit über die jedesmalige Gegenwart hinaus. Wir müssen auf das Ende sehen, wenn wir uns nicht verwikkeln wollen. Wenn uns nicht der nächste Augenblikk wieder zerstören soll, was wir in den früheren gearbeitet haben: so müssen wir den Zusammenhang zwischen Vergangenheit und Gegenwart festhalten, und ahnden was uns daraus zunächst entstehen wird. Das können wir nicht anders, und sollen es auch nicht anders. Scheint uns nun dieses freilich nur auf diejenige Zukunft hinzuweisen, die unmittelbar mit unserm Handeln zusammenhängt: so müssen wir auf der andern Seite auch bedenken, daß wir ja nicht für uns allein abgeschlossen und gesondert da stehen. Wie uns überhaupt Gott unser Heil nicht so geordnet hat, daß Jeder es für sich allein haben sollte in der seligen Gemeinschaft mit dem Erlöser; sondern dieser die Seinigen selbst zu Einem lebendigen Ganzen verbunden, und alle Mittheilung seiner Herrlichkeit daran geknüpft hat, daß sie vollkommen eins sein sollen[6]: so ist uns auch unsere | Thätigkeit nicht so geordnet, daß irgend Einer etwas ausrichten könnte für sich allein in dem Reiche Gottes, sondern was wir vermögen, das vermögen wir nur in dieser Gemeinschaft. Deshalb also muß auch unser Blikk in die Zukunft weiter reichen als nur auf das, was in den Umkreis eines einzelnen, wenn auch noch so thätigen Lebens hineinfällt.

II. Und nun, m. g. Fr., lasset uns zweitens in unserer Vergleichung dazu fortschreiten, daß wir sie auch auf den Umfang und den Inhalt dieses Blikkes in die Zukunft beziehen. Wenn wir den Stammvater des jüdischen Volks auf seiner eben so bunten als mühevollen Wanderung durch das Leben betrachten, wie er überall als Fremdling nur durch das feste Vertrauen auf die Verheißung Gottes, daß er ihn wolle zum großen Volke machen und daß alle Geschlechter der Erde in ihm sollten gesegnet werden, in seinen Irrsalen und Widerwärtigkeiten gestärkt und getröstet wurde: wie vieles mußte an seinem geistigen Auge vorübergehen, wenn der Herr so gnädig sein wollte, bestimmte Bilder von dem Inhalt jener Verheißungen vor ihm erscheinen zu lassen! Hätte er ihm gleich den Tag des Herrn gezeigt in seiner Wahrheit: unmöglich hätte Abraham verstehen können, was er sah. Er mußte zuvor seiner Nachkommen Knechtschaft und Verwilderung sehen, und die Strenge des Gesetzes, dessen Erfüllung und Ende der Erlöser sein sollte. Er konnte die gegenwärtige Zeit

---

[6] Joh. 17, 22.

29–30 Vgl. Gen 12,2–3   37–38 Vgl. Mt 5,17; Röm 10,4

eines Israels | nach dem Geist zu einem geistigen Tempel Gottes bereitet nicht erkennen, ohne die vorige auch gesehen zu haben, den leiblichen Israel unter den Geboten, und an ein einziges herrliches aber doch vergängliches Gebäude als an den bestimmten Punkt der Anbetung des Höchsten gewiesen. Was für Zeiten, was für Veränderungen mußten also an ihm vorbeigeführt werden, auf wie vieles mußte er erst hinsehen, was doch wieder vor seinem Auge verschwinden mußte, um dem Einen Plaz zu machen! Aber auch David in seiner Macht auch Salomon in seiner Herrlichkeit, dies alles rief nicht das Jauchzen aus seiner Brust hervor, regte nicht sein Herz zur Freude auf. Daß sein Volk wuchs, daß es gewürdigt wurde die Offenbarung des Höchsten festzuhalten mitten unter andern Völkern, die sämmtlich versunken waren in die Nacht der Abgötterei, dieses befestigte seinen Glauben; aber nichts erfreute sein Herz, bis er den Tag des Herrn sah.

Wie nun sah er ihn? Wir, m. a. Fr., sind immer gewohnt, unter dem Ausdrukk, der Tag des Herrn, vornehmlich oder wenigstens zugleich zu begreifen das Ende der irdischen Dinge, den Uebergang des gesammten menschlichen Geschlechts aus diesem Schauplaz seines irdischen Daseins in einen andern. Hat das durch die göttliche Gnade geschärfte Auge jenes Erzvaters auch bis in jene Ferne getragen? ist er gewürdigt worden, mehr und genaueres von dieser überirdischen Zukunft zu erfahren, als wir? Wir haben keine Ursache, dies zu | glauben, m. g. Fr., wenn wir die Absicht erwägen, in welcher der Herr diese Worte sprach, und welche sich so deutlich und bestimmt in dem Ausdrukk ausspricht, Abraham, euer Vater, ward froh, daß er meinen Tag sehen sollte, und er sah ihn, und freuete sich. Seine Zuhörer sollten das offenbar auf sich selbst anwenden; sie wollte der Erlöser durch diese Worte zur Rede darüber stellen, daß sie seinen Tag sahen, und sich doch nicht freuten, vielmehr dem größten Theile nach darnach trachteten, ihn unter die Füße zu treten, und über ihn weg ihren nichtigen Weg weiter zu wandeln. Daher verstand der Herr in dieser Rede unter seinem Tage nur die damalige Zeit, sein Auftreten und seinen Wandel auf Erden, den großen Wendepunkt der Geschichte, an dem alles alte verging und ein neues ward, ja der Mensch selbst als eine neue Kreatur dastehen sollte, um schon hier aus dem niedern Zustand empor gehoben zu werden in ein höheres Dasein. Wohl, m. G.! wenn also Abrahams Blikk auf unsere Gegenwart beschränkt war: so müssen ja wol wir auch genug haben an diesem Tage des Herrn, der uns schon lange leuchtet, und haben um so mehr Ursache eben so wie Abraham darüber zu jauchzen und uns zu freuen, da wir ja diese

---

9 Vgl. Mt 6,29   30 Vgl. Joh 13,18 mit Bezugnahme auf Ps 41,10; auch Mi 7,19; Röm 16,20   33–35 Vgl. 2Kor 5,17

große Verbreitung des göttlichen Lichtes, die ihm nur in weiter Ferne noch dargestellt werden konnte, selbst unmittelbar zu genießen haben. So sollten also eigentlich diese Worte des Herrn unserm Verlangen in die Zukunft zu sehen eher zur Beschwichtigung | dienen als dasselbe aufs neue reizen; wir sollen uns freuen an der Gegenwart und jauchzen über die Gegenwart, wenn doch das, was damals noch ferne Zukunft war, nun in so großer Ausdehnung vor uns liegt. Was für ein Bedürfniß können wir also haben, weiter als es für die Aufgaben unseres eigenen Lebens jedesmal nöthig ist, in die Zukunft zu sehen? Haben wir unsre nächsten Verhältnisse, das ganze uns ursprünglich angewiesene Dasein zum Opfer gebracht um heimathlos umherzuirren? werden wir durch Verheißungen hingehalten, die sich immer nicht erfüllen wollen? Wenn also demohnerachtet auch wir noch ein solches Verlangen in uns finden: würden wir es auch nur entschuldigen können, wenn es irgend einen anderen Grund hätte als eben unsere Liebe zum Erlöser, die ja jede andere Liebe in sich schließt? Zuerst nun, m. G., führet uns ein solches Verlangen gewiß nicht über diesen irdischen Schauplaz der Verherrlichung Christi durch sein Werk hinaus! Manche haben freilich von den wenigen Worten des Herrn, in denen er sich hierüber äußert, Veranlassung genommen, hinauszuschauen in das überirdische Gebiet; und so sind vielerlei wohlgemeinte Bilder unter den Christen in Umlauf gekommen, um uns deutlich zu machen, was uns noch bevorstehe jenseit dieses Lebens. Aber immer können doch diese Bilder nur hergenommen sein von irdischer Natur, weil sie uns sonst fremd sein würden und unverständlich. Und wie kann nun, was mit irdischen Augen gesehen ist und in mensch|licher Sprache geredet, überirdisches erklären? Was sind alle diese nach Art des prophetischen Blikkes alter Zeiten gestalteten Bilder gegen das Eine Wort der Liebe, das uns der Apostel zurükkgelassen hat, wenn er sagt, Es ist noch nicht erschienen, was wir sein werden; wir wissen aber, wenn es erscheinen wird, daß wir ihm gleich sein werden; denn wir werden ihn sehen, wie er ist[7]. Das ist die wahre Auslegung des Einen Wortes unsers Herrn und Meisters selbst, Vater, ich will, daß, wo ich bin, auch die bei mir seien, die du mir gegeben hast[8]. Was folgt aber hieraus weiter für uns, m. th. Fr.? Wenn wir selbst von jener Zukunft nie etwas anderes erblikken könnten, als was wir jezt schon durch seine Gnade erfahren, daß wir ihn immer deutlicher sehen, wie Er ist, daß sich uns immer mehr sondern wird, was wesentlich zu seiner Würde gehört und was sich nur zufällig unsern Vorstellungen von ihm beige-

---

[7] 1 Joh. 3, 2.
[8] Joh. 17, 24.

Predigt über Joh 8,56

mischt hat, so daß wir immer mehr eindringen in die Herrlichkeit des eingebornen Sohnes vom Vater: so können wir von einer irdischen um desto weniger etwas größeres erwarten. Warum sollte uns also nicht genügen, daß wir wissen, so wie es jezt unter manchen Abwechselungen geht, so werde es für immer fortgehen, und alles, was noch folgen kann, sei dasselbe hier wie dort, jezt und zu jeder Zeit, nämlich immer dasselbe ewige Leben, welches wir durch ihn schon haben? |

Nur eben diese Abwechselungen, nur die uns verborgene Ordnung in den Fortschritten, durch welche Er selbst in dieser irdischen Welt das höchste Ziel seiner Verherrlichung immer mehr erreichen wird, das regt unser theilnehmendes Verlangen auf. Noch wollen sich nicht alle Kniee der Menschen vor ihm beugen und ihn als Herrn anerkennen; darum fragen wir, wenn wir bei einem solchen Wendepunkt angelangt sind wie der heutige Tag, wo zunächst wird das Feuer aufschlagen, welches er zu entzünden gekommen ist? Noch sehen wir das christliche Leben um uns her voll Mängel und Gebrechen. Darum fragen wir, wie und wann wird der Herr seine Tenne fegen? Darum freuen wir uns nicht genügsam der Gegenwart, sondern strekken unsern Blikk weit hinaus und freuen uns, nicht etwa, daß noch ein neues größeres Heil bevorsteht, noch ein anderes Reich Gottes zu erwarten ist, aber doch nach vielleicht noch mancherlei Stürmen ein festeres ungetrübteres, minder durch das Widerstreben des alten Menschen wie überhaupt durch die noch nicht ganz erstorbene Macht der Sünde gehemmtes Fortschreiten, eine ruhigere Entwikkelung ohne Reibungen, welche die Liebe bedrängen, ein innigeres Zusammenwirken, welches durch keine Verwirrung der Sprachen zerfällt. Erinnern wir uns nun noch einmal, m. a. Z., wie Abrahams Blikk ursprünglich zwar um seiner Nachkommen willen aufgefordert war nach der Zukunft zu fragen, wie er so viel anderes wenigstens seinen wichtigsten und größten | Zügen nach mußte gesehen haben, um dann auch den Tag des Herrn zu sehen; und wie dieser ihn, wenn er ihn recht sah, weit über seine Nachkommenschaft hinausführte, und vergleichen wir dann unsern Blikk mit dem seinigen! Sind wir nun zuerst auch in dem Fall wie Abraham, daß wir um den fernen herrlicheren Tag des Herrn zu verstehen noch manches zu schauen haben, was erst eingetreten aber auch wieder verschwunden sein muß? Und dann, wenn doch auch unserer Nachkommen Geschikk unter dieser verborgenen Ordnung steht, und jenen Abwechselungen mit ausgesezt ist: haben wir auch ein festes Wort der Verheißung für sie, und führt uns ein prophetischer Blikk dann zugleich auf ein noch größeres Feld der Freude,

---

1–2 *Vgl. Joh 1,14* **11–13** *Vgl. Phil 2,10–11* **15** *Vgl. Lk 12,49* **17** *Vgl. Mt 3,12; Lk 3,17* **25–26** *Vgl. Gen 11,6–8*

welches erst das Gebiet unserer Nachkommen wäre? Neues, das wieder verschwinden müßte, kann nicht wieder eintreten, wie die Knechtschaft, wie das Gesez war zwischen Abraham und Christus; denn wir leben schon in der lezten Zeit. Keine Knechtschaft, denn die Freiheit der Kinder Gottes kann nicht untergehen. Und so tief ist das Evangelium eingedrungen in das Leben, die Ehrfurcht vor der durch die Menschwerdung des eingebornen Sohnes geheiligten menschlichen Natur so festgewurzelt, daß sich alles immer mehr regeln muß unter die Ordnung auch jenes göttlichen Wortes, Bist du als Knecht berufen, und kannst frei werden: so gebrauche dich deß viel lieber[9]. Kein Gesez kann weiter gegeben werden, das da gerecht | machen sollte vor Gott! denn der Geist läßt sich nicht wieder dämpfen, und welche der Geist regiert, die stellen sich nicht unter solches Gesez. So gänzlich also kann der Gang der großen Angelegenheit unsers Heils nicht mehr gehemmt werden. Verdunkeln kann sich das Licht hie und da, dürftiger kann hie und da die geistige Freiheit eine Zeit lang erscheinen: aber was für Wechsel dieser Art der Gemeine Christi auch noch bevorstehen, nicht in etwas neuem, das erst kommen sollte, können die trüben Zeiten ihren Grund haben, sondern nur in dem was immer schon da ist, in der Sünde; diese allein wird auch jezt noch der Leute Verderben. Aber alles böse wird immer wieder und immer kräftiger überwunden werden durch das gute. Und nichts neues bedürfen wir, damit es an dem siegreichen guten nie fehle; denn alles ist uns schon gegeben in dem Einen. Auch die Fortschritte in menschlicher Weisheit und Erkenntniß, auch die zunehmende Macht des Menschen in dem Gebiet der Natur, auch die festeren und freudigeren Gestaltungen des gemeinsamen Lebens, alles muß ausgehen von dem höheren Leben das uns mitgetheilt ist durch den Einen, welcher herrschen soll in der Schöpfung Gottes, und sich nur immer mehr verherrlichen wird bei allem Wechsel irdischer Dinge. Und über unsere Nachkommen, sofern wir der geistige Israel sind, führt uns kein Blikk auf den Tag des Herrn hinaus. Unter allen Zonen von allen Farben sind Alle unsere Nachkommen, die unsere Nachfolger sind im Glauben, | wie wir Alle zu den Söhnen der Verheißung Abrahams gehören[10]. Und das ist die größte Herrlichkeit unsers Blikkes in die Zukunft, daß immer mehr alle Scheidewände verschwinden werden und aller Zwiespalt aufhören, und Alle zusammenwachsen zu Einem Volk von Brüdern, die einträchtig bei einander wohnen.

---

[9] 1 Kor. 7, 21.
[10] Gal. 3, 29.

4–5 *Vgl. Röm 8,21*   20 *Vgl. Spr 14,34*   37–38 *Vgl. Ps 133,1*

III. Und nun lasset uns, m. g. Fr., noch zulezt vergleichen den Nuzen und Gewinn von diesem Blikk in die Zukunft, den Abraham hatte und den wir haben sollen. Was er bedurfte, und was er auf diesem Wege auch erhielt, das war Trost für alle Entbehrungen seines Lebens, das war ein Schimmer wenigstens von Hoffnung, daß alle seine Entsagungen, alle seine Mühen, und die mannigfachen Windungen seines Lebensganges nicht würden vergebens sein; wohingegen selbst etwas thun um die Zukunft herbeizuführen, an der sein Herz sich freute, das vermochte er nicht.

Wie steht es aber in dieser Beziehung mit uns, m. a. Fr.? Wir, die wir im Besiz des göttlichen Heils und seines Friedens sind, bedürfen keines Trostes für irgend etwas, was wir entbehren oder aufopfern; sondern wie verschieden wir auch, wenn wir uns in der Gegenwart umsehen, den äußeren Gehalt derselben finden bei dem einen und dem andern, der innere geistige Gehalt ist derselbe für Alle, dasselbe ewige Leben, woran wir volle Ge|nüge haben sollen. Und wenn Abraham nichts thun konnte um die Zukunft herbeizuführen, die er sah: so giebt es im Gegentheil für uns keinen Blikk in die Zukunft der uns nicht unser eignes Werk zeigte, und daher keinen Gedanken an dieselbe, der nicht eine bestimmte Aufforderung zum Handeln in sich schlösse. Können wir etwas erspähen in der Ferne, das ein Rückschritt wäre oder abführte von unserm Ziel: gewiß, wenn es geschieht, wird auch unsere Schuld dabei gewesen sein. Verweilt unser Auge auf einem frischen fröhlichen Gedeihen: dies wird immer das Werk der göttlichen Gnade sein; aber so gewiß wir es im voraus sehen, so ist es uns auch ein Zeichen, daß wir berufen sind dazu mitzuwirken. Und so laßt uns, so oft wir aufgefordert sind in die Zukunft zu sehen, uns auch dazu fördern, daß wir nicht laß werden und müde, sondern fortfahren in dem Werke des Herrn. Das ist uns auch in der heutigen Sonntagsepistel gesagt. Da redet der Apostel auch zu den Christen in Rom[11] von Tagen des Heils, die ihnen nun schon näher wären, als da sie gläubig geworden; und das solle sie ermuntern, daß es Zeit sei aufzustehen vom Schlaf und würdiglich zu wandeln um dies Ziel zu erreichen. Wie unscheinbar uns daher auch das Leben des Einzelnen vorkommen mag, wenn wir auch nur an die nächste Zukunft denken, daß wir gar leicht sagen könnten, Alles wird doch gehen, wie der Herr

---

[11] Röm. 13, 11 folgd.

---

28 laß] vgl. Adelung: Wörterbuch 3, Sp. 58–59

16 Vgl. Joh 10,10 (früher als 10,11 gezählt)   29–34.37 Die Perikopenordnung für die älteren preußischen Lande bestimmte Röm 13,11–14 zur Epistellesung für den 1. Sonntag im Advent.

es beschlossen hat, deine Thätigkeit mag dabei sein | oder nicht, dein Wandel weiser oder nachläßiger, deine Treue größer oder geringer, das einzelne Leben verschwindet doch ganz in dem großen Gange der menschlichen Dinge: gewiß bethören wir uns selbst, wenn wir so urtheilen, m. g. Fr. Fest bleibt der Unterschied, wie ihn der Herr selbst gestellt hat, zwischen dem, wonach wir trachten sollen, und dem was uns zufallen muß. Wir können es mit dem ersten nicht halten wie mit dem andern. Es ist nicht für uns da, unser eignes Gewissen läßt es uns nicht mitgenießen, wenn wir nicht auf irgend eine Weise thätig dazu gewesen sind. Und Keiner hat auch das Recht sich für so überflüssig zu halten, daß, was zum Reiche Gottes gehört, eben so gut zu Stande kommen könne ohne seine Mitwirkung. Denn Jeder kann sich selbst als den Maaßstab ansehen für viele Andere; ist Einer schlaff und gleichgültig, so wirkt gewiß auch in Andern der Geist nicht kräftig genug, und das gemeinsame Werk bleibt liegen. Darum sei es uns immer eine kräftige Ermunterung zum Widerstand, so oft wir Zeichen davon sehen, daß irgendwo das Gesez in den Gliedern die Oberhand erlangen will, damit wir nach unsern besten Kräften dem gemeinsamen Wesen zu Hülfe kommen; und kräftige Ermunterung zum Beistand sei uns jedes Bild einer segensreicheren Wirksamkeit des Geistes, welches wir in der Ferne erblicken, damit wir helfen es zur Wahrheit machen. So werden wir gestärkt für die Gegenwart dadurch, daß wir in die Zukunft schauen; und | unsere treue Thätigkeit giebt uns immer mehr Recht das beste von der Zukunft zu erwarten.

Nur lasset uns, m. th. Fr., nichts gering achten! und je natürlicher es uns ist mit schönem und vollem Vertrauen in den Tag des Herrn hinaus zu schauen, und der Hofnung zu leben daß der Geist des Herrn alle seine Werke immer Gott wohlgefälliger gestalten werde: um desto thätiger lasset uns sein in der Gegenwart. Das Ganze besteht durch das Einzelne, und wenn es wahr ist, daß der Herr alle Haare auf unserm Haupte gezählet hat, daß er alle Thränen der Frommen aufzeichnet: wie sollten wir glauben, daß es etwas geringfügiges sei, einen einzigen Augenblikk früher Tod und Sünde überwunden zu haben? Darum lasset uns schaffen im einzelnen mit Treue und immer froher in die Zukunft blikken, – denn anders als froh können wir nie hinein schauen in den Tag des Herrn, wenn seine Kraft uns treibt, immer mehr Gott wohlgefällig zu werden, der jeden seiner Knechte, wenn er ruft, wachend zu finden wünscht, und im Stande Rechenschaft zu geben von seinem Wirken. Und mit diesem Vorsaz wollen wir in unsern neuen Lebensabschnitt hineingeben: dann wird auch unser

---

5–7 Vgl. Mt 6,33   17–18 Vgl. Röm 7,23   30–31 Vgl. Mt 10,30; Lk 12,7   31–32 Vgl. Ps 56,9   37–38 Vgl. Lk 12,37   38–39 Vgl. Mt 25,19

heutiger Blikk in die Zukunft uns wahrhaft erfreuet und erfrischt haben, und das innere Jauchzen des Herzens wird niemals aufhören, welches immer nur den frohen, schönen, seligen Tag des Herrn schaut. Amen.

―――――― |

II.

Johannis Zeugniß von Christo, ein Vorbild des unsrigen.

Adventspredigt.

Text. Joh. 1, 19–28.
Und dies ist das Zeugniß Johannis, da die Juden sandten von Jerusalem Priester und Leviten, daß sie ihn fragten, Wer bist du? Und er bekannte und leugnete nicht; und er bekannte, Ich bin nicht Christus. Und sie fragten ihn, Was denn? Bist du Elias? Er sprach, Ich bin es nicht. Bist du ein Prophet? Und er antwortete, Nein. Da sprachen sie zu ihm, Was bist du denn? daß wir Antwort geben denen, die uns gesandt haben; was sagst du von dir selbst? Er sprach, Ich bin eine Stimme eines Predigers in der Wüste. Richtet den Weg des Herrn, wie der Prophet Jesaias gesagt hat. Und die gesandt waren, die waren von den Pharisäern, und fragten ihn und sprachen zu ihm, Warum taufest du denn, so du nicht Christus bist, noch Elias, noch ein Prophet? Johannes antwortete ihnen und sprach, Ich taufe mit Wasser, aber er ist mitten unter euch getreten, den ihr nicht kennet; der ist es, der nach mir kommen wird, welcher vor mir gewesen ist, deß ich nicht werth bin, daß ich seine Schuhriemen auflöse. Dies geschah zu Bethabara jenseit des Jordans, da Johannes taufte.

M. a. Fr. Wenn die Apostel in den ersten Anfängen der christlichen Kirche das Wort des Herrn verkündigten, und der göttliche Segen dabei sich dadurch zeigte, daß ihre Zuhörer mit dem Geiste Gottes erfüllt wurden: so machte sich dies oft unmittelbar dadurch bemerklich, daß die Versammelten sogleich als begeisterte Redner oder Sänger auftraten, und anfingen die großen Thaten Gottes zu preisen. Keine anderen gewiß, wie es denn auch keine preiswürdigern für den Menschen giebt, als die Thaten, welche Gott durch sein Kind Jesum vollbracht hat, nämlich die Erlösung und Wiedererhebung des menschlichen Geschlechtes. Wie nun aber dies damals das erste Werk des göttlichen Geistes an den Neubekehrten war: so soll es auch sein Werk sein und

---

2 *Predigt zum 4. Sonntag im Advent am 22. Dezember 1822 vormittags in der Luisenstadtkirche zu Berlin; vgl. Predigtnachschrift und Liederangaben in KGA III/7, S. 486–497*

bleiben an uns allen. Wie es gleich damals die erste Regung einer Seele war, welche dieser Geist erfüllte, daß sie die Herrlichkeit Gottes in der Erlösung pries: so bezeugt nun der Geist Gottes | noch immerfort sein Leben in uns dadurch, daß er auch uns erwekkt ein Zeugniß abzulegen von dem, der uns wiedergebracht hat von der Finsterniß zu seinem wunderbaren Lichte. Denn das alte Wort bleibt immer gültig, Ich glaube darum rede ich[1]. Ganz besonders also müssen wir solcher Verkündigung als unseres Berufs gedenken in dieser Zeit unsers kirchlichen Jahres, wo die freudige Dankbarkeit gegen Gott für die Sendung seines Sohnes auf Erden der gemeinsame Eindrukk ist, von dem wir erfüllt sind. Und was ist auch besonders unsre gemeinsame Andacht jezt anders als ein Zeugniß, das wir ablegen wollen von dem Heil, welches allen Menschen geworden ist, ihnen aber auch nur werden konnte durch den, den Gott zu einem Herrn und Christ gemacht hat. Leben wir also auf vorzügliche Weise in dieser Zeit dem hohen Beruf der Zeugen Christi: so muß es uns dabei eine besonders wichtige Angelegenheit sein, zu wissen, wie menschliches Zeugniß von ihm soll beschaffen sein. Zu dieser Betrachtung fordert uns auch unser heutiges Sonntagsevangelium auf, welches wir vorher vernommen haben, indem uns darin der Evangelist einen Bericht erstattet von dem Zeugniß, des Johannes als dem ersten, welches überhaupt in der Sache des Erlösers abgelegt ward, seitdem er unter seinem Volke öffentlich aufgetreten war. Wie nun eben dieses die eigenthümliche Bestimmung des Jo|hannes war, und er dazu ganz besonders von Gott ausgerüstet war: so können wir wol mit Recht sein Zeugniß von dem Erlöser als ein Vorbild dessen ansehen, welches auch wir ablegen sollen; und es wird nur darauf ankommen, daß wir das wichtigste und bedeutendste in diesem Zeugniß des Johannes recht ins Auge fassen. Dieses nun wird uns nicht entgehen, wenn wir vorzüglich auf zweierlei merken. Das Beispiel des Johannes nämlich lehrt uns, zuerst, daß menschliches Zeugniß von dem Erlöser desto wirksamer ist, je weniger derjenige, der es ablegt, von sich selbst hält; dann aber auch zweitens, daß ein recht wirksames Zeugniß von dem Erlöser vorzüglich dasjenige darstellen muß, was noch durch ihn bewirkt werden soll.

I. Was nun das Erste betrifft, daß menschliches Zeugniß von dem Erlöser desto wirksamer ist, je weniger derjenige

---

[1] 2 Kor. 4, 13.

7 2Kor 4,13 mit Bezugnahme auf Ps 116,10   14–15 Vgl. Apg 2,36   18–19 Die Perikopenordnung für die älteren preußischen Lande bestimmte Joh 1,19–28 zur Evangeliumslesung für den 4. Sonntag im Advent.

der es ablegt von sich selbst hält, davon kann es wol kein besseres Beispiel geben, als hier Johannes darstellt. Denn von welcher großen Kraft und Wirksamkeit sein Zeugniß gewesen, das liegt in der Geschichte zu Tage. Der Herr erhielt durch dasselbe zunächst seine ersten und liebsten Jünger gleichsam aus den Händen seines Vorläufers. Aber dann verdankte Christus auch diesem Zeugniß eine Menge von den wechselnden Zuhörern, die sich um ihn sammelten da wo er eben war. Denn aus mancherlei Andeutungen in unseren Evangelisten können wir | mit Sicherheit schließen, daß Johannes auf mannigfaltige Weise die Aufmerksamkeit des Volkes auf den Erlöser hinlenkte. Ja als der Herr einst in die Gegend kam, wo Johannes sich am längsten aufgehalten hatte, während er taufte, wahrscheinlich dieselbe wo auch dieses Zeugniß war abgelegt worden, da sagten die Einwohner, Johannes hat keine Wunder gethan wie dieser, aber alles was er von diesem gesagt hat das ist wahr[2]. Wie wenig aber Johannes, indem er dieses Zeugniß ablegte, von sich selbst gehalten, das ist in unserer Erzählung auf das deutlichste ausgedrükkt, und kann uns um so weniger entgehen, wenn wir seine Aeußerungen mit den Aeußerungen des Erlösers selbst vergleichen. Das Erste zwar, daß er grade heraus sagte, er sei nicht Christus, das freilich versteht sich von selbst. Er wußte es, daß er nicht derjenige sei, der das Heil der Menschen bewirken konnte; und das ist für uns alle ebenfalls der tiefste Grund unsers gemeinsamen christlichen Bewußtseins. Wie viel auch irgend einer, der dem Reiche Gottes die wichtigsten Dienste geleistet, es von Mißbräuchen gereinigt und weiter verbreitet hat, von sich selbst hätte halten mögen, das hat doch jeder immer gewußt und bezeugt, daß das Heil nicht von ihm ausgehe, sondern er selbst es empfangen habe durch die göttliche Gnade; und alle Apostel des Herrn, alle Zeugen der Wahrheit von dem ersten Anfang seines | Reiches auf Erden an haben darin übereingestimmt. Und nur ein solches Zeugniß, welches Christum als den einzigen Urheber des Heils darstellt, also auch alle Anderen als seiner bedürftig, und also im Vergleich mit ihm als nichts, nur ein solches kann zu irgend einer Zeit ein wahrhaft wirksames sein.

Aber als nun diejenigen, die gesandt waren, den Johannes fragten, bist du Elias? von welchem eine herrschende Meinung war, daß er wieder erscheinen und vor dem Erlöser der Welt hergehen werde; und als sie ihn fragten, bist du ein Prophet? so verneinte er beides. Hieraus sehen wir, daß er in der That auch das nicht von sich hielt, was er wohl hätte veranlaßt sein können von sich zu halten, und was Chri-

---

[2] Joh. 10, 41.

4–6 *Vgl. Joh 1,35–42*   11–15 *Vgl. Joh 10,40–41*

stus selbst wirklich von ihm aussagte. Denn der Erlöser sagte zu einer andern Zeit, als er von ihm redete, Wenn ihr es wollt annehmen, dieser ist Elias, der da soll zukünftig sein; und eben damals, Johannes sei der größte unter den Propheten, ja mehr als ein Prophet[3]. Er selbst aber leugnete eben beides; und gab sich für nichts weiter aus, als daß er sagt, Ich bin eine Stimme in der Wüste welche rufet, Bereitet den Weg des Herrn, wie der Prophet Jesaias gesagt hat. Nicht also für einen Propheten hielt er sich, sondern nur für einen, der den alten Propheten des Herrn nachspräche, und ihre Worte näher auf das anwendete, was unmittelbar zum Heil der Menschen bevorstand. |

Hier nun könnte wol leicht jemand sagen, wenn doch das nothwendig der Wahrheit gemäß sein müsse, was der Herr, der die Wahrheit selbst ist, vom Johannes sagte, er sei mehr als ein Prophet, und wirklich sei er eben der Elias, der da kommen sollte: so könnte doch das unmöglich ein Gewinn gewesen sein für das Zeugniß des Johannes von Christo, daß er damit ein Zeugniß von sich selbst verbunden habe, welches so weit hinter der Wahrheit zurükkblieb. Vielmehr sei es nicht nur schon natürlich zu glauben, sein Zeugniß würde noch wirksamer gewesen sein, wenn er jene Fragen der Wahrheit gemäß dreist bejaht, und also diejenigen, die ihn hörten, verantwortlich dafür gemacht hätte, daß wenn sie ihm nicht glaubten, sie einen Propheten verachteten, und eben so hinter einem Baal gingen, wie die Gegner des Elias; ja nicht nur natürlich sei es schon dies zu glauben, sondern es sei auch unserer Ehrfurcht gegen den Erlöser gemäß, indem das wirksamste ja immer das sein müsse, was seinen Worten und Thaten am nächsten komme, also auch die beglaubigende Aussage des Johannes von sich selbst am wirksamsten würde gewesen sein, wenn er das von sich gesagt hätte, was der Erlöser von ihm sagte. Und dasselbige gilt gewiß auch von allen Christen, welche, indem sie ein Zeugniß ablegen von der göttlichen Gnade in Christo, dabei weit weniger von sich selbst aussagen als der Wahrheit gemäß ist, daß offenbar eine solche Aussage eben weil sie nicht mit dem übereinstimmt, was der Er|löser von ihnen sagen würde, auch unmöglich zu der Wirksamkeit ihres Zeugnisses von Christo etwas beitragen könne. Denn wenn wir, die wir die Gnade Gottes in Christo schon jeder an sich selbst erfahren haben, uns doch immer noch den Verworfensten unter den Sündern gleich stellen: so ist dies eben so unwahr, als wenn Johannes von sich bezeugt, er sei weder Elias noch ein Prophet; und also auch nicht nur

---

[3] Matth. 11, 9. 14.

2–3 *Mt 11,14*   3–4 *Vgl. Lk 7,28.26; auch Mt 11,11.9*   12–13 *Vgl. Joh 14,6*
13 *Vgl. Mt 11,9; Lk 7,26*   14 *Vgl. Mt 11,14*

eben so natürlich, sondern auch eben so mit unserer Ehrfurcht für den Erlöser übereinstimmend zu glauben, unser Zeugniß für den Erlöser müsse desto wirksamer sein, nicht je weniger wir von uns selbst hielten, sondern je genauer wir von uns selbst soviel hielten, als der Wahrheit gemäß ist. – Hierauf nun, m. g. Fr., weiß ich nichts zu antworten, als daß ich dieses lezte ohne weiteres zugebe. Denn wenn Johannes unwahr geredet hätte, indem er sagte, er sei weder Elias noch ein Prophet: so würde eine wissentliche Selbstverkleinerung, wie liebenswürdig sie sich auch als Bescheidenheit herausstelle, doch gewiß zu der Wirksamkeit seines Zeugnisses von dem Erlöser nichts haben beitragen können, indem nur die Wahrheit eine reine und unüberwindliche Kraft über die menschliche Seele ausübt. Eben deshalb aber ist es wichtig, daß wir uns darüber Auskunft geben, wie denn das, was Johannes von sich selbst sagt, und das, was der Erlöser von ihm sagt, neben einander bestehen kann. Hiemit nun, meine ich, verhält es sich folgendermaßen. Wenn der Erlöser sagt, Johannes sei der | Elias, der da kommen sollte: so meint er damit, was an jener auf die Deutung dunkler Weissagungen gegründeten Meinung wahr sei, das sei in der Person des Johannes wirklich erfüllt worden. Wenn Johannes sagt, er sei nicht Elias: so meint er, daß er in sich selbst weder diejenigen Eigenschaften fühle, welche die Geschichte jenem großen Propheten beilegt, noch weniger von irgend einer andern Einerleiheit mit demselben einige Kenntniß habe. So war denn jenes richtig im Munde des Erlösers, dieses eben so richtig im Munde des Johannes. Wenn der Herr sagt, Johannes sei der größte unter den Propheten, ja mehr als ein Prophet: so hat er Recht insofern, als aller Propheten Bestimmung war, in dunklern oder deutlichern Bildern vorherzusagen ein reineres und geistigeres Heil, welches der Welt aufgehen werde durch den Sohn Gottes. Keiner aber hat ihn so gesehen, und stand ihm so nahe, wie ihm Johannes stand; und keiner konnte so unmittelbar gleichsam mit Fingern auf ihn hinweisen, wie Johannes bald nach der Erzählung unsers Textes that, als er Jesum wandeln sah und sprach, Siehe das ist Gottes Lamm, welches der Welt Sünde trägt! Und so konnte der Erlöser mit Recht von Johannes sagen, er sei der größte unter den Propheten, weil keinem auf eine solche Weise war gegeben worden ihn den Menschen zu zeigen. Wenn hingegen Johannes von sich selbst sagt, er sei kein Prophet: so meint er dies so, daß er keinesweges alle die Merkmale in sich selbst finde, | welche den Propheten des alten Bundes zukamen; denn Wunder that er nicht. An diejenigen besonders, welche die Schikksale der Völker in ihrer Hand haben, ward er nicht gesandt, wie doch die meisten und größten Propheten

---

33 Joh 1,29

Predigt über Joh 1,19–28 447

oftmals an die Könige von Juda und Israel gesandt wurden. Einzelne wichtige Erfolge vorherzusagen, war ihm auch nicht gegeben; wie wir denn nicht eine Spur in der Schrift finden, daß er irgend vorhergesagt oder bestimmt dagegen gewarnt hatte, das Volk möge seinen Retter doch nicht verwerfen. Wie also jenes in dem Munde des Erlösers wahr gewesen ist: so war dieses in dem Munde des Johannes wahr.

Hiernach nun, m. g. Fr., werden wir leicht sehen, wie es sich auf dieselbe Weise auch damit verhält, daß auch unser Zeugniß von dem Erlöser desto wirksamer sein werde, je weniger wir dabei von uns selbst halten und aussagen. Ist dies etwa so zu verstehen, daß wir der Gnade Gottes, die sich an uns bewiesen hat, ihren verdienten Ruhm entziehen sollen? Sollen wir uns selbst für so wenig oder gar nichts halten, daß wir uns von denjenigen nicht unterscheiden, welche die Gnade Gottes erst zu erfahren anfangen müssen? Sollen wir, wenn wir bei unserm Zeugniß von dem Erlöser gefragt werden, wer denn wir selbst sind, und was wir von uns selbst halten, dann immer nur dasjenige in uns sehen, was wir gewesen sind, und auch immer nur geblieben sein würden ohne den Erlöser? Dann allerdings, m. g. Fr., wäre unser Zeugniß unwahr, | und mit solcher Unwahrheit verbunden könnte es auch unmöglich die rechte lebendige und dauernde Wirksamkeit haben. Aber wenn wir nun ein Zeugniß von dem Erlöser ablegen, welches doch nichts anderes sein kann als einestheils ein Zeugniß von der Gewalt, die ihm Gott gegeben hat im Himmel und auf Erden, anderntheils ein Zeugniß von seiner eignen Herrlichkeit als des eingebornen Sohnes vom Vater, und davon wie wir in ihm den Abglanz des göttlichen Wesens erblikken, welches nichts ist als Liebe, eine solche Liebe aber, die sich in ihm dadurch ausdrükkt, wie er selbst sagt, daß er alle von der Erde zu sich hinaufzieht; wenn wir, sage ich, dieses Zeugniß von dem Erlöser ablegen, und dann von den Menschen gefragt werden, Wie? seid ihr denn nun von der Erde durch ihn hinaufgezogen? und ist euer Wandel im Himmel? strahlt denn nun der Glanz, der sich von dem Sohne, in dem ihr die Herrlichkeit des Vaters schauet, verbreitet, von euch selbst wieder? und seid ihr in seine Gestalt und in sein Ebenbild gekleidet? wenn wir so gefragt werden, was sollen wir sagen? wie könnten wir wol anders als alle hochklingenden Ansprüche abweisend und alle dahin gerichtete Fragen verneinend mit den Worten jenes großen Apostels antworten, Ich schäze mich selbst nicht, daß ich es schon ergriffen habe, aber ich jage ihm nach und strekke mich nach dem Kleinod der himmlischen Berufung Gottes in

---

23 Vgl. Mt 28,18   24–25 Vgl. Joh 1,14   26 Vgl. 1Joh 4,8.16   27–28 Vgl. Joh 12,32   34 Vgl. Röm 8,29

Christo Jesu[4]. Freilich wol wenn wir darauf sehen, wie | es anderwärts geht, könnten wir vielleicht meinen, unser Zeugniß würde wirksamer sein, wenn wir mehr von uns selbst aussagten, und die Menschen überreden könnten, daß es besser um uns stehe, damit deshalb auch unser Ansehn mehr bei ihnen gälte: allein in der Sache verhält es sich nicht so. Von der Bahn der Wahrheit dürfen wir ja doch nicht weichen, eben weil unser Zeugniß nur von der Wahrheit seine Wirksamkeit erhalten muß, oder sie wäre nicht die rechte. Haben wir also kein anderes Bewußtsein, als daß der Mensch Gottes in uns noch lange nicht zu jedem guten Werke geschikkt ist, daß noch immer nicht erschienen ist, was wir sein werden, sondern unser Ziel noch weit vor uns liegt: so können wir ja wol den Menschen, wenn sie uns fragen, wer wir denn wären, daß wir zeugen wollten für Christum, nur nach Art des Johannes antworten, daß sie nur auf unsere Stimme hören sollen, und daß hiebei nichts darauf ankomme, wer wir sind, die ihnen ja doch schon bekannten, sondern nur wer der ist, den sie immer noch nicht kennen.

Wie aber der Erlöser dem Johannes ein besseres Zeugniß gab als das war, welches er selbst von sich auszusprechen vermochte, und zwar eben so wahr jenes als dieses, nur aus einem andern Gesichtspunkte, indem der Erlöser vom Johannes urtheilte, wie nur er ihn erkennen konnte in dem ganzen Zusammenhang mit der noch bevorstehenden Entwikklung der göttlichen Fügungen: so dürfen auch wir nicht fürchten, daß wenn wir von uns selbst | das Zeugniß ablegen, welches nach unserm Gefühl das wahre ist, wir dadurch unserm Zeugniß von Christo schaden würden. Denn auch von uns wird mehr und besseres anderwärts ausgesagt, als wir selbst von uns auszusagen vermögen. Nicht zwar thut es der Erlöser selbst, der nicht mehr leiblich unter uns ist; aber wenn diejenigen, die eines Zeugnisses von Christo bedürfen, sich nicht allein dabei begnügen von Einzelnen zu erkunden, was diese von sich halten; sondern nachdem sie von diesen immer nur – denn anderes können sie nirgend hören – das Zeugniß eines demüthigen Herzens und eines zerknirschten Gewissens vernommen haben, dann von uns und allen Einzelnen hinweg auf das ganze Leben der christlichen Kirche sehen und auf den ganzen Zusammenhang des Heils, welches der Erlöser schon auf Erden hervorgebracht hat: so finden sie, wenn die Augen des Geistes auch nur anfangen ihnen aufzugehen, in sich selbst das Zeugniß, welches dem Zeugniß des Erlösers von Johannes gleicht. Denn sie werden eingestehen müs-

---

[4] Phil. 3, 13. 14.

9–10 Vgl. *2Tim 3,17*   **10–11** Vgl. *1Joh 3,2*

sen, daß hier ein neues Leben aufgegangen ist, und ein anderer Geist weht, daß hier schon mehr erfüllt ist als die Propheten sich bewußt waren zu weissagen, und daß der Kleinste, der der heiligen Gemeine des Herrn angehört, wie wenig er auch von sich selbst mit Grund der Wahrheit halten kann, mehr ist als jeder aus einer andern noch so herrlichen Ordnung menschlicher Dinge. Ja welches neue Licht muß denen, die nach dem Christenthume fragen, dadurch aufgehn, wenn sie die|sen Eindrukk, den die ganze Gemeine des Herrn ihnen erregt, mit der Einzelnen deutlich ausgesprochenem Gefühl und Urtheil über sich selbst vergleichen. Denn es muß ihnen um so gewisser werden, wie wir an Christum als an die unversiegliche Quelle einer immer wachsenden Seligkeit glauben, wenn wir uns bei keiner schon vorhandenen Herrlichkeit begnügen, sondern nach immer vollkommnerer Gerechtigkeit und Seligkeit in dem Reiche Gottes trachten. Es muß ihnen um so gewisser werden, daß wir alles Gute ihm zuschreiben, von dem wir zeugen, weil wir aller Beschränkung aller Unvollkommenheit aller Sünde Grund in uns allein suchen, und eben deswegen selbst – und zwar jeder nicht nur von sich sondern auch von allen Andern – kein besseres Zeugniß ablegen können als eben jenes.

II. Und so sind wir nun von selbst bei dem angekommen, was ich als den zweiten Theil unsrer Betrachtung ausgezeichnet habe, nämlich daß unser Zeugniß von Christo vorzüglich dasjenige angeben muß, nicht, was von ihm schon geschehen ist, sondern was erst noch durch ihn geschehen soll. Zwar das glauben wir einmüthig, und ich will keinesweges so verstanden sein, als wollte ich es leugnen, daß der Erlöser alles eigentlich schon vollbracht hat. Seitdem er um unserer Sünde willen gestorben und um unserer Gerechtigkeit willen auferwekkt ist[5], können wir von | ihm in demselben Sinne sagen, daß er zur Rechten des Vaters von allen seinem Streben ruhe, diesem überlassend alle seine Feinde zum Schemel seiner Füße zu legen[6], wie die Schrift von dem Vater selbst sagt, daß er geruht habe am siebenten Tage. Allein m. g. Fr. an diese Augenblikke des Todes der Auferstehung und der Himmelfahrt des Herrn knüpft unser Glaube die Vollendung des Erlösungswerkes doch nur in so fern, als

---
[5] Röm. 4, 25.
[6] 1 Kor. 15, 25.

9 der Einzelnen deutlich ausgesprochenem] Kj dem von Einzelnen deutlich ausgesprochenen   36 15, 25.] 15, 26.

3–6 Vgl. Mt 11,11; Lk 7,28   30–31 Vgl. 1Kor 15,25 mit Bezugnahme auf Ps 110,1
31–32 Vgl. Gen 2,2-3

die göttliche Erscheinung des Erlösers in ihnen vollendet ward. Die Versöhnung selbst aber ist in dem Willen und der Liebe des göttlichen Wesens schon von Ewigkeit her geschehen; und nur in Beziehung auf sie konnte Gott der Herr von dieser menschlichen Welt sagen, daß alles gut sei[7]. Diese ewige Versöhnung ist uns gewiß in unserm Innern, sie ist der lebendige Glaube unseres Herzens zu dem wir uns auch bekennen vor aller Welt. Zeugniß kann aber nur von dem gegeben werden, was als Thatsache heraustritt; und dafür soll nun dieses unsere Regel sein, dasjenige, was schon erschienen ist nicht an und für sich zu preisen, sondern vielmehr auf dasjenige hinzuweisen was noch bevorsteht. Denn so war auch das Zeugniß des Johannes beschaffen, er sagt von dem Erlöser: Er ist mitten unter euch getreten, den ihr nicht kennt. Ich taufe mit Wasser; er aber – nämlich so ergänzt eine andere Stelle der Schrift die Worte unsers Textes – wird euch mit Feuer taufen. Dies | alles war noch nicht geschehen; Johannes aber redete mehr hievon als von dem, was schon geschehen war, worauf er sich doch auch hätte berufen können, und wahrscheinlich auch das nicht ohne bedeutenden Erfolg. Denn wenn wir auch das ganz bei Seite stellen wollen, daß nach den Nachrichten, die uns der Evangelist Lukas giebt, die Mutter des Johannes eine vertraute Freundin und Verwandte der Mutter Jesu war: so ist doch kaum zu glauben, daß nicht, nachdem Johannes jene göttliche Kundmachung über diesen bei seiner Taufe erhalten hatte, ein näheres Verhältniß zwischen ihm und dem Erlöser entstanden sein sollte; und dies mußte ihm Veranlassung genug geben weiter in der Geschichte dessen zurükkzugehen, der ihm als das erwartete Licht der Welt war bezeichnet worden; und so wird ihm wol bekannt geworden sein die ganze Reihe früherer Zeichen, welche schon die erste Erscheinung des Herrn begleitet hatten. Aber auch ohne dieses würde schon bei dem großen Ansehn, welches der Täufer genoß, für Viele hinreichend gewesen sein, wenn er ihnen nur das mitgetheilt hätte, was in Beziehung auf den Erlöser ihm selbst begegnet war. Das thut er aber nicht, sondern, als ob dieses nur für ihn allein etwas gelten könne, kündigt er, indem er sein Zeugniß ablegt, ausschließend dasjenige an, was sich in Zukunft noch durch den Erlöser entwikkeln werde, wie er diejenigen die sich zu ihm hielten, mit dem Feuer des göttlichen Geistes taufen, und wie er sich überall als denjenigen beweisen werde, dem kein an|derer Diener Gottes werth sei auch nur die Dienste des geringsten Schülers zu leisten.

---

[7] 1 Mos. 1, 31.

14–15 Vgl. Mt 3,11   20–21 Vgl. Lk 1,36   22–23 Vgl. Mt 3,17; Mk 1,11; Lk 3,22; auch Joh 1,32–34

Warum nun Johannes so handelte m. g. F. das ist nicht schwer zu erklären. Alle jene Zeichen waren nur zur Kunde weniger Menschen gekommen, und stellten noch nichts öffentliches und zusammenhängendes dar; sie gehörten theils in den stillen Kreis der Familie, theils bezogen sie sich auf die geheimen Wünsche und Gebete einzelner frommer Seelen. Wenn nun Johannes diese bekannt gemacht, und auf sie vorzüglich sein Zeugniß gegründet hätte: so würde dadurch unstreitig die Aufmerksamkeit sich auf Jesum gelenkt haben, und etwas außerordentliches wäre von ihm erwartet worden; allein diese unbestimmte Erwartung konnte sich eben so gut auf alle falschen Vorstellungen richten, welche die Zeitgenossen des Erlösers von dem hatten, der da kommen sollte, als auf das wahre. Darum weil Johannes Christum bekannt machen sollte als den, der ein solches Reich Gottes stiften werde, zu welchem er durch die Predigt der Buße einlud, indem er bezeugte, es sei nahe herbeigekommen; und weil für ein solches der Sinn erst recht geöffnet werden konnte durch das Leben des Erlösers selbst: so konnte nun auch Johannes nicht anders als auf eben dieses zukünftige – denn bisher war das Leben des Erlösers noch verborgen gewesen – die Aufmerksamkeit der Menschen hinlenken. Soll nun aber, möchte man sagen, Johannes auch hierin uns ein Vorbild sein können? sollten wir nicht vielmehr, anstatt die | Menschen, vor denen wir ein Zeugniß ablegen wollen, an irgend eine ferne, und für sie wenigstens noch ungewisse Zukunft zu verweisen, mit noch größerem Fug, als Philippus dem Nathanael zurief, Komm und siehe, ihnen dasjenige zu Gemüthe führen, was schon wirklich vor ihren Augen steht? Denn wenn wir ihnen den Erlöser auch nicht persönlich darstellen können: so können wir doch gerade von dem zeugen, was er in der Welt bereits hervorgebracht hat. Ist es doch immer am meisten der Erfolg, woran sich die Menschen halten; und wenn man etwas ungewöhnliches von ihnen fodert, oder ihnen etwas neues vorhält, so findet man am meisten Glauben, wenn man ihnen Nuzen und Erfolg gleichsam mit Händen zu greifen giebt. Nun sind aber unläugbar schon lebendige und herrliche Beweise vorhanden von dem was Christi Erscheinung in der Menschheit bewirkt hat.

Und doch ist es nicht anders m. g. Fr., als daß wir auch hierin dem auf die Zukunft verweisenden Johannes gleichen müssen. Ja wenn wir es genauer betrachten, so finden wir, daß auch die Jünger des Herrn schon derselben Regel gefolgt sind. Sie die ihn mit Augen gesehen hatten als er auf Erden im Fleische wandelte, und unerschütterlich in

---

35 Fr.,] Fr.;

14–15 Vgl. Mt 3,2   24 Vgl. Joh 1,46

dem Glauben befestiget waren, er sei der Sohn des lebendigen Gottes; sie, in denen die Worte des Lebens, die sie von ihm empfangen hatten, selbst Geist und Leben geworden waren; die den ersten Grund der christlichen Kirche gelegt, und die, welche durch | ihr Wort gläubig geworden, zu einer Gemeine gesammelt hatten, welcher sie selbst das Zeugniß gaben, sie sei der Leib des Herrn, und werde von ihm selbst dem Haupte von oben herab regiert; – was finden wir doch häufiger in allen ihren Reden und Schriften, als daß sie die Menschen, welchen sie ihr Zeugniß ablegen, von dem der da gekommen ist, darauf hinweisen, daß derselbe noch wiederkommen werde mit den Engeln des Himmels, und daß erst alsdann seine Gemeine von ihm werde dargestellt werden seinem himmlischen Vater ohne Flekken und ohne Tadel. Und Paulus, als er zuerst den Heiden bezeugte, wie Gott die Zeiten der Unwissenheit übersehen habe, nun aber allen Menschen vorhalte den Glauben, deutet auch gleich darauf hin, daß Gott durch eben den, an welchen sie glauben sollten, beschlossen habe, den Erdkreis zu richten mit Gerechtigkeit. So haben von Anfang an auch die Apostel des Herrn, um die Herzen der Menschen recht tief zu treffen, sich nicht auf das berufen, was schon geschehen war durch Christum, sondern was noch geschehen sollte. Wie Johannes von sich selbst sagte, er taufe mit Wasser, aber der nach ihm komme, werde mit dem heiligen Geist und mit Feuer taufen: eben so wußten auch die Apostel, wie herrlich auch dasjenige sei, was die göttliche Gnade durch ihren Dienst ausgerichtet habe, wie denn der göttliche Geist durch sie wirkend und von ihnen ausgehend sich schon über eine große Menge von Menschen ergossen hatte, und wenngleich die von ihnen gesam|melte Gemeine der erste Anfang seines ewigen Lohnes war, und ihm ähnlich in allen wesentlichen Zügen, daß dennoch der Herr nicht genug geehrt wurde, sondern ihr Zeugniß ihm zu nahe trete, wenn sie nur auf das vorhandene hinweisen wollten. Ihr Werk, wenn sie es gleich nicht als ihr eigenes ansahen, sondern als das Werk der göttlichen Gnade, welche sich in schwachen Werkzeugen mächtig erwiesen hatte, erschien ihnen doch ebenfalls in Vergleich mit dem, wozu die schöpferische Kraft in Christo lag, wie Wasser gegen Feuer, wie das irdische gegen das himmlische, wie das unvollkommene gegen das vollendete. Darum, wie sie selbst mit unermüdetem Eifer, vergessend was da hinten ist, sich strekten nach dem, was vor ihnen lag: so auch konnten sie im allgemeinen nicht anders als das schon erschienene gering achten, und hatten nur das große herrliche flekkenlose Reich Gottes im

---

1 *Vgl. Mt 16,16*   **2** *Vgl. Joh 6,68*   **3** *Vgl. Joh 6,63*   **6–7** *Vgl. Eph 1,22–23; Kol 1,18*   **11–12** *Vgl. Eph 5,27; Kol 1,22*   **13–17** *Vgl. Apg 17,30–31*   **21–22** *Vgl. Mt 3,11*   **36–37** *Vgl. Phil 3,13*

Auge, das in seiner ganzen Vollendung die Herrlichkeit des Herrn sein würde. Als den Stifter eines solchen wollten sie ihn den Menschen verkündigen, weniger sie hinweisend auf das, was schon geschehen war, als ihre Aufmerksamkeit davon ablenkend auf das größere. Wenn nun dies auf der einen Seite allerdings seinen Grund hatte in des Erlösers Vorhersagungen von der Zukunft, wodurch er ihrem eignen Gemüth diese Richtung gegeben: so war es doch auf der andern Seite zugleich gegründet in jenem demüthigen Zeugniß, welches sie der Wahrheit gemäß, zugleich von sich selbst ablegten, indem sie Zeugniß von dem Erlöser gaben. |

Was nun uns betrifft, m. g. Fr., so hält auch uns der Geist das reine und unbeflekte Kleinod als das noch unerreichte Ziel der himmlischen Berufung in Christo vor[8]; auch wir wissen, daß noch nicht erschienen ist, was wir sein werden[9], sondern daß die rechte Herrlichkeit der Kinder Gottes noch bevorsteht. Innerlich freilich haben auch wir herrliches und wahrhaft göttliches erfahren; aber es hat damit dieselbe Bewandtniß wie mit dem, was Johannes der Täufer schon von Christo wußte. Wir haben ein ganz versöhntes Bewußtsein, wir genießen eines reinen Friedens, weil wir wissen, daß nichts mehr uns scheiden kann von der Liebe Gottes: aber diese Seligkeit hat ihren Siz in unserem Innern; und die Mittheilung solcher Erfahrungen ist tausendfältigen Mißverständnissen ausgesezt, von denen immer desto mehrere entstehen, je kühner, wenn auch noch so rein und wohlmeinend, eine solche Mittheilung versucht wird. Was aber von diesem inneren auch äußerlich hervortritt, so daß wir die Menschen darauf einladen können, daß sie kommen sollen und sehen, nachdem wir ihnen nur bezeugt, daß was sie sehen werden, wirklich aus dieser Quelle entsprungen ist und nirgend anders her: so ist freilich wahr, wir sind nicht mehr so, wie Johannes, nur eine Stimme eines Rufers in der Wüste. Denn in der Wüste leben wir nicht mehr; wo das Wort Gottes ist, wo der unerschöpfliche Born des ewigen | Lebens quillt, da hat die Wüste aufgehört, da giebt es ein reiches und fruchtbares Feld, voll Blumen schöner geschmükkt als die Lilien auf den Wiesen, da ist ein wohlgepflegter Garten, in welchem die Früchte des Geistes sich immer erneuern zum Beweise was das Wort Gottes in den Herzen der Menschen gewirkt hat. Aber wir wissen wohl, wie unvollkommen das irdische Reich Gottes noch ist; und wenn wir wollen daß die Men-

---

[8] Phil. 3, 14.
[9] 1 Joh. 3, 2.

19–20 Vgl. Röm 8,38–39   26 Vgl. Joh 1,39   33 Vgl. Mt 6,28

schen den Erlöser schauen sollen in seiner Herrlichkeit als des eingebornen Sohnes vom Vater, dürfen wir sagen, daß sich diese schon in der Gemeine des Herrn zeige, so wie diese äußerlich schon jezt ist? dürfen wir sagen daß diese jezt schon würdig ist ihrer Abkunft von ihm, und daß man ihr ansehe, damit sie so sein könnte wie sie ist, durfte der, welcher sie gestiftet hat, nichts geringeres sein als der Abglanz des göttlichen Wesens, der eingeborne Sohn vom Vater, das Fleisch gewordene Wort Gottes? Nein m. g. Fr. das fühlen wir, daß wir ihm so bei weitem nicht genug Ehre erweisen würden, weil wir ihm noch nicht genugsam Ehre machen, und daß so die Menschen den rechten Eindrukk von seiner Herrlichkeit noch immer nicht erhalten würden. Darum müssen wie Johannes und die Apostel so auch wir die Menschen auf dasjenige hinweisen, was kommen wird. Aber laßt uns dieses immer thun mit aller Begeisterung, die der Glaube hervorbringt, und mit der Gewißheit und Zuversicht, die sein innerstes Wesen ausdrükkt. Unbefangen und ohne das Lächerliche zu fürchten | laßt uns den Menschen sagen, was sie jezt erblikken von dem Werke des Herrn, sei zwar noch unvollkommen und geringe, aber in ihm, ohne den auch dies nicht würde erschienen sein, liege die Kraft, das noch viel herrlichere hervorzubringen, was wir erwarten, wenn er kommt. Ja wir können gewiß sein, daß grade ein solches Zeugniß das wirksamste sein wird. Denn wer sich irgend an den edelsten menschlichen Dingen gesättiget hat, dem muß grade dieses, daß ein unendliches Verlangen in uns gewekkt ist, welches bei nichts erscheinendem sich beruhigen kann, grade dieß muß ihm ein Zeichen sein, daß die Erscheinung des Erlösers, welche dieses Verlangen gewekkt hat, eine göttliche gewesen ist. Und wer sich an den sinnlichen Genüssen des Lebens genügen ließ, bis endlich ein Verlangen in ihm entstand höheres zu suchen, für den kann es keine bessere Bürgschaft geben, daß dasjenige, was ihm dargeboten wird, wirklich das größte und schönste sei, als eben die, daß keine Übersättigung damit möglich ist, sondern nur Verlangen nach mehrerem und höherem zurükkbleibt, welches innerhalb der Schranken dieses Lebens nie kann gestillt werden.

Darum ist auch billig diese Zeit, in der wir uns an die Zukunft des Herrn in das Fleisch mit besonderer Freude erinnern, zugleich die, in welcher uns jene herrlichen Weissagungen der Schrift von der zweiten Zukunft des Herrn besonders vor Augen stehen. Wenngleich diese Zukunft, die dem Anschein nach in manchen Worten der Jünger des Herrn | so nahe dargestellt wird, immer weiter zurükkzutreten scheint: so bleibt doch unser Auge billig darauf gerichtet; dieses Ziel

---

1–2 *Vgl. Joh* 1,14   7–8 *Vgl. Joh* 1,14

Predigt über Joh 1,19–28 455

zeigen wir Allen, und wollen die schöpferische und bildende Kraft des Erlösers nach keinem geringeren Maaßstabe geschäzt wissen.

Aber dieser Glaube kann nur lebendig bleiben und das auf ihn gegründete Zeugniß nur kräftig, wenn auch wirklich jedes neue Jahr der christlichen Kirche, ein Uebergang ist von dem, was schon da war, zu dem was noch kommen soll; wenn sie in jedem wirklich zunimmt an Aehnlichkeit mit dem, dessen Züge sich in ihr darstellen; wenn auch wirklich, indem er mitten unter Streit und Kämpfen sich immer mehr in ihr verklärt, seine Kraft immer tiefer in denjenigen wurzelt, sich immer lebendiger in denen ausbildet, welche einmal von ihr sind ergriffen worden.

Zu solchem Wachsthum und Gedeihen wollen wir uns also ihm hingeben, und uns auch für dieses Jahr unsers kirchlichen Lebens seiner Huld empfehlen, so lieb es uns ist mit allen seinen Jüngern den Beruf zu theilen, Ihr aber sollt meine Zeugen sein. Denn von seiner Macht und Herrlichkeit zeugt nicht das was wir in der vergangenen Zeit schon dem menschlichen Auge sichtbar dargestellt haben; nicht die Reinheit und Wahrheit unserer Gedanken, nicht die Tüchtigkeit und Dauerhaftigkeit unserer Werke, sondern nächst dem innersten Grunde, aus welchem alle Herrlichkeit der Kinder Gottes hervorgehen kann, und in welchem das Herz durch den | göttlichen Geist vertreten 47 wird vor Gott mit unausgesprochenen Seufzern, zeugt von derselben nur das rastlose Fortstreben und Bilden, nur die ungestillte Sehnsucht, nur der immer wiederkehrende Durst der uns festhält an der unversieglichen Quelle. So wir auf irgend etwas schon vorhandenes und wahrnehmbares hinweisen als auf das rechte und befriedigende: so betrögen wir uns selbst, und die Wahrheit wäre nicht in uns[10]. So wir aber von ihm zeugen, als von dem, welcher die Unvollkommenheit und Sinnlichkeit alles vorhandenen vergiebt, weil wir glauben, daß wir aus seiner Fülle nehmen können Gnade um Gnade, wenn wir nur bereit sind immer mehr zu empfangen: alsdann wandeln wir nicht nur selbst im Lichte der Wahrheit, sondern auch unser Zeugniß wird dann mit der Kraft dieses Lichtes in die Herzen der Menschen dringen. Und je mehr wir, mäßig von uns selbst haltend, auch davon ihm allein die Ehre geben, weil eigentlich immer nur Er selbst von sich zeugt und der Vater, und nur sein Geist auch diese Zeugnisse verklärt: desto mehr wird er auch uns mit allen den Seinigen führen von einer Klarheit zur andern und von einer Vollkommenheit zur andern, und in

---

[10] 1 Joh. 1, 6.

---

15 *Vgl. Apg 1,8*   21–22 *Vgl. Röm 8,26*   37–38 *Vgl. 2Kor 3,18*

uns die Hoffnung befestigen, daß wenn erscheinen wird, was wir sein sollen wir ihm gleich sein werden – so sehr als der Mensch, der nicht ohne Sünde ist – es vermag, weil wir ihn sehen und erkennen werden, wie er ist. Amen.

1–4 Vgl. 1Joh 3,2

III.

Der Unterschied zwischen dem Wesen des neuen und des alten Bundes an ihren Stiftern dargestellt.

Adventspredigt.

Text. Hebr. 3, 5–6.

Und Moses zwar war treu in seinem ganzen Hause als ein Knecht zum Zeugniß deß das gesagt werden sollte: Christus aber als ein Sohn über sein Haus, welches Haus sind wir, so wir anders das Vertrauen und den Ruhm der Hofnung bis an das Ende fest behalten.

M. a. Fr. Wenn wir in einigen unserer Adventsbetrachtungen[1] aufmerksam darauf gemacht worden sind, wie unser Erlöser niemals etwas äußerliches bezwekkte, noch weniger sich damit begnügte; vielmehr in allen seinen eignen Anordnungen und | Einrichtungen auf dergleichen gar keinen Werth legte, sondern allein darauf sah, was im Innern des Menschen lebt und aus diesem hervorgeht; wenn wir in unserer neulichen Betrachtung[2] gesehen haben, wie Er, um der Erlöser der Welt zu sein, freilich mußte versucht werden gleich wie wir, aber ohne die Sünde: so finden wir in den Worten unsers heutigen Textes zu beidem, wie es sich gegen einander verhält, den eigentlichen Schlüssel. Hier nämlich wird uns die gesammte Thätigkeit des Erlösers deutlich gemacht in ihrem Verhältniß zu dem, was in dem alten Bunde statt fand; Er als Stifter des neuen wird gegenübergestellt dem Stifter des alten, und zwar so, daß wir aus dieser Entgegensezung begreifen, wie der Eine nur konnte äußerliches begehren, einrichten, vollbringen,

---

[1] über Mark. 7, 5–17 u. 17–23.
[2] über Hebr. 4, 15. Siebente Samml.

---

26 17–23.] 17–32.

---

2 *Predigt zum 4. Sonntag im Advent am 23. Dezember 1832 vormittags in der Dreifaltigkeitskirche zu Berlin; vgl. Predigtdruck und Liederangaben in KGA III/13, S. 573–586* **11–16** *Vgl. Predigt vom 2. Dezember 1832 über Mk 7,6–13 und die vom 16. Dezember 1832 über Mk 7,14–23, beide in KGA III/13, S. 549–556. 566–572* **16–19.27** *Vgl. Predigt vom 9. Dezember 1832, KGA III/13, S. 557–565. Die Predigt wurde nicht in die Siebente Sammlung aufgenommen, sondern findet sich in der Vierten Reihe unter Nr. VIII.*

der Andere aber nothwendig mußte und nur konnte auf das innere sehen. Aber wie uns dabei zugleich bemerklich gemacht wird, daß dieser Unterschied in dem genauesten Zusammenhang damit steht, daß Christus in dem Hause seines Vaters walten konnte, wie der Sohn; Moses aber nur als ein Knecht: so laßt uns heute unsere Adventszeit mit dieser Betrachtung beschließen, daß wir, den Worten unsers Textes nachgehend, das Wesen des neuen mit dem des alten Bundes vergleichen. Indem aber dieses hier zurükkgeführt wird auf die Stifter von beiden, und einerseits ohnerachtet jener Verschiedenheit an beiden ihre | Treue gerühmt, andrerseits aber auch die Verschiedenheit selbst nachgewiesen wird an ihren Geschäften: so lasset uns denn auf beide Stükke mit einander achten, zuerst wie der Eine und wie der Andere, jeder auf seine Weise treu gewesen ist, zweitens aber, was eben deswegen nur der Eine und was nur der Andere auszurichten vermochte.

I. Dies nun ist das Erste, was unser Text, aus einem Buch genommen, in welchem überall die Vergleichung zwischen dem neuen und alten Bunde das wesentliche des Inhalts ausmacht, von Mose rühmt, er sei treu gewesen als ein Knecht; von Christus aber sagt er, Er sei treu gewesen als der Sohn. Lasset uns zuerst, m. a. Fr., in dem Sinn und Geist jener Zeit das Verhältniß eines Knechts zu seinem Herrn ins Auge fassen. Das war dabei eine Regel, von welcher fast keine Ausnahme vorkommt, der Knecht war dem Herrn ursprünglich fremd, größtentheils von anderer Abstammung und aus anderem Volk, zum wenigsten aber aus einem ganz andern Lebenskreise her, und also auch mit ganz andern Einsichten ausgestattet und bei sehr verschiedenen Gewöhnungen in allen Beziehungen und Gebieten des menschlichen Lebens hergekommen. Aber dazu nun kam noch eine solche Ungleichheit, daß in ihrem Zusammenleben nur der Wille des Einen galt, der Andere aber gar nichts zu wollen hatte, sondern nur auszuführen. Hieraus folgt schon im allgemeinen nothwendig, was unser | Erlöser selbst in einer Rede an seine Jünger, als Er ihnen die tröstliche Zusicherung giebt, daß sie nicht mehr Knechte seien, mit den Worten ausdrükkt, Der Knecht weiß nicht, was sein Herr thut[3]. Und das haben wir nicht etwa nur auf das übrige Leben und Wirken des Herrn zu beziehen, dem der Knecht so ganz fern stand, daß er überhaupt nur das wenigste davon sehen konnte; sondern es ist vorzüglich von demjenigen zu verstehen, was der Herr gerade in Beziehung auf seinen Knecht thut, daß er ihm nämlich gebietet, und daß er ihm Aufträge giebt. Dies hat der Erlöser im Sinn, wenn

---

[3] Joh. 15, 15.

er sagt, ein Knecht weiß nicht, was sein Herr thut, das heißt, der Grund, welchen die Befehle, die er empfängt, im Gemüthe und Verstande seines Herrn haben, die Absichten, welche dadurch erreicht werden sollen, der Zusammenhang, in welchem sie unter einander stehen, das alles bleibt ihm fern und verschlossen; und so ist seine Treue nicht sowol die Treue eines lebendigen selbstthätigen Wesens, als vielmehr nur die Treue eines freilich lebendigen, aber, wie auch schon in alten Zeiten das Wesen der Knechtschaft bezeichnet wurde, nur eines Werkzeuges in der Hand eines Andern. Dasselbe spricht sich denn auch natürlicher Weise aus in dem Verhalten des Herrn gegen seinen Knecht. Er betrachtet ihn nämlich auch gar nicht anders als so; er schäzt seine Eigenschaften nicht nach dem, was sie in dem | Menschen und für den Menschen an sich selbst werth sind, sondern nur nach dem, wozu gerade er sie in seinem Dienst gebrauchen kann. Und eben so ist deswegen auch der Knecht gar nicht ein Gegenstand der Liebe und des Wohlgefallens für seinen Herrn; sondern dieser rühmt sich seiner freilich, wenn er treu ist, wie hier gesagt wird, aber nur in demselben Sinn und auf dieselbe Weise, wie wir uns auch eines brauchbaren, wohlgearbeiteten Werkzeuges rühmen, und uns des Besizes, den wir daran haben, erfreuen, aber ohne ein solches Wohlgefallen oder eine Liebe von der Art, wie sie nur statt finden kann zwischen denen, welche in Beziehung auf die Gemeinschaft, in welcher sie mit einander stehen, auch gleicher Art sind und gleiches Wesens.

Lasset uns nun sehen, m. a. Fr., wie sich dies zeigt in dem Verhältniß, in welchem Moses stand zu dem Gott seines Volks. Was wollte der Höchste mit ihm? Der Vater aller Menschenkinder, dessen allmächtige Liebe auf Alle gerichtet ist, für den kein Einzelner im voraus irgend einen besondern Werth haben kann, was kann der eigentlich gewollt und beabsichtigt haben mit solcher Auswahl, wie er sie machte an den Nachkommen des Abraham? Wir freilich haben den Schlüssel dazu, wir sehen es ein; er wollte, daß ihm mitten unter dem Verderben der Welt, mitten unter der Verfinsterung des Geistes, mitten unter dem Versunkensein der Menschen, von aller lebendigen Erkenntniß und aller lebendigen Beziehung auf Gott weit hinweg in das nichtige und | irdische dieses Lebens, an diesem Volk dennoch ein Saame übrig bleiben sollte, aus welchem dereinst ein besseres hervorgehen könnte. Nicht als ob dieses Volk wesentlich selbst besser gewesen wäre als die übrigen, oder als ob in dem alten Bunde das irgend

---

23 gleiches Wesens] *vgl. Adelung: Wörterbuch 2, Sp. 703–707, hier 704*

8–9 *Vgl. Aristoteles: Politica I,4, Opera, Akademie-Ausgabe, Bd. 1–3, ed. Immanuel Bekker, Berlin 1831, hier Bd. 2, S. 1253b–1254a, besonders 1254a,14–17*

schon wirklich enthalten gewesen wäre, was Gott zur Offenbarung bringen wollte im menschlichen Geschlecht! Denn wie könnten wir auch nur wenige Blätter in jenen Büchern lesen, ohne lebhaft davon getroffen zu werden, wie unvollkommen die Erkenntniß Gottes noch war selbst in denen, die in seinem Namen zum Volke redeten, wie fern auch diese von einem solchen Verhältniß zu ihm waren, wie das dessen wir uns jezt rühmen? Das, wie gesagt, kann uns nicht verborgen bleiben! Unvollkommen und Schattenwerk war eben auch dies alles; aber doch wollte der Höchste, daß das Volk zusammengehalten werden sollte in einer, wenn auch nur unvollkommenen, wenn auch in mancher Hinsicht nur äußerlichen Erkenntniß Gottes, damit aus diesem – denn unter gözendienerischem Wahn konnte er nicht entsprießen – geboren werden könnte derjenige, welcher das göttliche Leben über Alle bringen sollte. Um dieses einzigen Nachkommen Abrahams willen war die ganze Nachkommenschaft desselben heilig; als die Umgebung, aus welcher dieser hervorgehen könnte, sollte jene geschont werden und ein eigenthümliches Dasein behalten. Das war die Führung Gottes mit dem jüdischen Volk, das war der Sinn, in welchem allein es sein auserwähltes war, | das die Richtung aller Gebote, welche er ihm geben ließ, aller Einrichtungen, die unter ihm gemacht wurden, und der ganzen Art wie er es führte durch eine Reihe von Verirrungen hindurch. Aber wie war es mit Moses? Der war ganz seinem Volke angehörig, in diesem lebend, so wie es damals schon einen Gegensaz bildete zu allen andern; und das war die Eigenschaft, um welcher willen Gott ihn erwählt hatte zum Führer dieses Volkes. Gerade dadurch, daß er, erzogen an dem königlichen Hofe Aegyptens, doch durch keine Hoffnung auf irdischen Glanz und äußere Hoheit hatte abwendig gemacht werden können von dem Sinn, der ihn seinem Volke verband, dadurch hatte er sich bewährt als ein solcher, welcher im Stande sein würde, es eben in diesem Gegensaz zu allen andern in dem Wahn des Gözendienstes versunkenen Völkern mit den Ueberlieferungen seiner Vorfahren von Gott und göttlichen Dingen zusammenzuhalten; und ein solcher war er, den Gott brauchen konnte an der Spize dieses Volks. Aber wie weit war dennoch der sonst große Mann, man kann wol sagen eben deswegen, davon entfernt, den eigentlichen Zusammenhang und den wahren Grund der göttlichen Führungen zu begreifen! Nur in diesem Sinne, daß es die Heiden austreiben, und mitten unter ihnen als dem Gott seiner Väter dienend leben solle, leitete er das Volk, das ihm anvertraut war; in diesem

---

33 er] es

8–9 Vgl. Hebr 8,5; 10,1   26 Vgl. Ex 2,10

Predigt über Hebr 3,5–6 461

Sinne schärfte er den Eifer desselben gegen die Völker, die Gott vor Israel hertreiben und in dessen Gewalt geben wollte, | in eben diesem Sinne vertrat er das Volk bei Gott, wenn er es ihm, um nur eines zu erwähnen, als eine Sache vorhielt, welche seine eigene Ehre beträfe, daß das Volk nicht deshalb zu Schanden würde, weil es seine Stelle in Aegypten verlassen hatte, wenn es nun in der Wüste verschmachtete, ohne einen bessern Zustand erreicht zu haben[4]. Das war Moses Treue in dem Dienst, zu dem er sich seinem Gott einmal hingegeben hatte; und wenn er alle die Vorschriften ordnete, die er einzeln von Gott bekam: so hatte er immer nur die Zeit im Auge, wenn endlich das Volk angelangt sein würde in dem Lande, das ihm der Herr gelobt hatte, und keine erwekkte in ihm das Bedürfniß, über diesen engen Kreis hinaus zu sehen. Von jenem größern Zwekke der Auswahl dieses Volks, aus welchem eben der Sohn, der ganz anders im Hause seines Vaters schalten sollte, geboren werden könnte, davon wußte er nichts; sondern wenn wir ihm das zuschreiben, so sind wir nicht in der Wahrheit Christi und in der Uebereinstimmung mit den Worten unsers Textes. Denn wie wäre Christus darauf gekommen, seinen Jüngern zu sagen, sie wären nicht mehr Knechte, da sie es im eigentlichen Sinne nie gewesen waren, und ihr Verhältniß zu ihm unverändert immer dasselbe geblieben war. Nur weil Moses und die Propheten so bezeichnet wurden, und er sie mit diesen vergleichen wollte, und in die|sem Sinne sagt er, daß der Knecht nicht weiß, was sein Herr thut. Und wenn zugleich unser Text sagt, daß Moses treu war als ein Knecht: so ergiebt sich aus beidem zusammen nur dieses, daß er weiter nicht um sich gewußt hat; wenn auch vielleicht von solchen, die mehr in den heiligen Büchern zu suchen gewohnt sind als darin liegt, einzelne Andeutungen derselben, wiewol auch das nur auf erkünstelte Weise, so können erklärt werden, als hätte Moses eine Einsicht gehabt in diesen Zusammenhang der göttlichen Fügungen, und den schon seinem Wesen nach im Geiste gesehen, der ganz anders als er walten sollte im Hause seines Vaters.

Und nun fragen wir billig, ob denn auch die Art wie Moses handelte wirklich dem entsprach, und ob wir darin erkennen, daß seine Treue allerdings nur die Treue eines Knechtes im Hause seines Herrn gewesen ist. Einzeln empfing er des Jehovah Gebote gleichsam von außen her; so wurden sie gegeben. Auch wenn er rathlos war in sich

---

[4] 4 Mos. 14, 13–16.

1–2 *Vgl. Dtn 4,38; 9,4–5*   19 *Vgl. Joh 15,15*   26–27 *Anspielung vermutlich auf Ernst Wilhelm Hengstenberg: Christologie des Alten Testaments und Commentar über die Messianischen Weissagungen der Propheten, Bd. 1–3 in 5, Berlin 1829–1835, hier 1–2 in 4, 1829–1832*

selbst, ging er in die Hütte, welche die Wohnung des Höchsten darstellte, und da kam denn, wir wissen wieder nicht auf welche Weise, der Wille Gottes ihm zu; was ihm so zugekommen war, das richtete er dann aus, und in dieser Vollziehung des einzelnen oft wol selbst nicht eingesehen bestand seine Treue, offenbar die eines Knechtes, und darüber hinaus konnte er es nicht bringen. Darum war es aber auch nicht gut möglich, so treu er auch war, so sehr auch der Herr ihm dies Zeugniß gab schon während seines | Lebens, so sehr es ihm gegeben worden ist in dem Gedächtniß seines Volks und noch aufs neue wiederholt in diesen Blättern des neuen Bundes, es konnte doch nicht fehlen, daß er mit seinem Hinsehen auf das Wohl seines Volkes als eines im Gegensaz gegen andere Theile des menschlichen Geschlechts stehenden, nicht doch bisweilen hätte in irgend einen Zwiespalt gerathen müssen mit dem, dessen Knecht er war. Und so lesen wir denn auch, der Herr sprach, Das ganze Volk, welches gegen mich gemurrt hat und mir nicht gehorchen wollte, soll in der Wüste umkommen, und das Land, das ich ihren Vätern verheißen habe, nicht sehen, alles was zwanzig Jahr ist und darüber[5]. Moses nun hatte zwar damals nicht mitgemurrt, aber auch er kam doch nicht mit in das Land hinein, sondern mußte sich versammeln zu seinen Vätern deswegen, weil er obgleich nicht gegen den Herrn gemurrt, aber sich doch beklagt hatte, daß er ihn an die Spize dieses halsstarrigen Volks und dieses verkehrten Geschlechts gesezt, und daß er selbst ihn am Ende nicht werde schüzen können vor ihrer blinden Wuth, sondern sie würden seinem Leben ein Ende machen[6]. Das waren freilich nur Augenblikke des Zwiespalts, aber sie zeigen dennoch, wie wenig die Treue, die er in seinem ganzen Leben bewiesen hatte, in einer wahren Uebereinstimmung seines Willens mit dem richtig erkannten göttlichen Willen gegrün|det war, sondern in entscheidenden Augenblikken mußte sich vielmehr aufs deutlichste kund geben, daß es ihm an einer solchen fehle. Darum weil doch ein Knecht nur kann geachtet werden nach seinem Verhalten, und die Unangemessenheit desselben nicht darf ungestraft bleiben, durfte auch Moses das Land nicht sehen, welches Gott von Anfang an dem Volke bestimmt hatte, sondern mußte mitbegriffen werden in jenes große göttliche Strafwort, welches über sie alle ausgesprochen wurde. Und dieser Zwiespalt hing nicht von einem besondern Umstande ab; er war vielmehr unvermeidlich, er hatte ir-

---

[5] 4 Mos. 14, 29.
[6] 4 Mos. 11, 11 folgd.

7–8 Vgl. *Num 12,7*   22–25 Vgl. *Num 11,10–15*   33–34 Vgl. *Num 20,12*   35–36 Vgl. *Num 14,29–30*

gend wann, irgend wie zum Vorschein kommen müssen, weil Mosis Treue nur war und sein konnte die Treue eines Knechtes. Noch viel weniger konnte sich zu damaliger Zeit irgend ein anderer als grade er höher emporschwingen; es war nicht möglich, daß irgend ein Menschenkind in einem andern Verhältniß hatte zu Gott stehen können als in diesem, ehe denn der Sohn auf Erden erschienen war. Denn auch diejenigen, welche im alten Bunde Propheten des Höchsten waren, an die das Wort des Herrn geschah, wußten keinen größern Ehrentitel für sich, noch konnte man ihnen einen anderen beilegen, als daß sie seien Knechte des Herrn; und dem lag allerdings das dunkle Bewußtsein zum Grunde von der großen Scheidewand zwischen der Menschen Sinn und Geist und dem Sinn und Geist Gottes, davon, daß ihr äußerliches Thun seinen Geboten gemäß nicht seinen Grund hatte in ihrer Einsicht in | seinen Willen und in den Zusammenhang seiner Führungen. Wenn aber auf der andern Seite auch die Diener Christi in dem neuen Bunde sich in ihren Briefen und sonst Knechte nennen: so meinten sie das gewiß nicht im Widerspruch mit jenem großen Wort des Herrn, als Er zu seinen Jüngern sagte, Ihr seid nun nicht mehr Knechte. Dieses wußten sie vielmehr wohl in seinem ganzen Werth zu schäzen, und eine solche Benennung war bei ihnen nur die Nachwirkung von jenem Geist, der auch ihre Zeit noch beherrschte, und sie wollten sich dadurch nur über ihren Beruf und über ihr genaues Verhältniß zu dem, in dessen Namen sie handelten, auf die Weise ausdrüken, wie es auch allen denen verständlich sein mußte, die das neue Leben in ihren Geist noch nicht aufgenommen hatten.

Aber wie war es nun im Gegentheil mit Christo? welches ist die Treue des Sohnes? Lasset uns, m. a. Fr., hier zuerst, damit wir uns nicht verwirren, den Unterschied nicht übersehen, der öfters in unserer heiligen Schrift vorkommt, zwischen Kind und Sohn. Denn von dem Kinde zwar sagt der Apostel Paulus, So lange der Erbe ein Kind ist, ist kein Unterschied zwischen ihm und einem Knecht; und so, sagt er, waren auch wir, so lange wir Kinder waren, gefangen unter den Sazungen; aber von dem Sohn, dem erwachsenen selbständig gewordenen, kann das nicht gelten. Knecht und Sazungen, knechtischer Zustand und Gefangensein unter Sazungen, das ist ihm eins und dasselbe und | hängt wesentlich zusammen. Der Knecht empfängt den Willen seines Herrn einzeln und von außen, und dieser einzelne Wille wird ihm eben Sazung und Gebot. Der Herr hingegen, als er zu seinen Jüngern sagte, Ihr seid nun nicht mehr Knechte, fügte Er hinzu, Ihr seid meine Freunde: denn ich habe euch alles kund gethan, was mir

---

15–16 Vgl. *beispielsweise Apg 4,29; Tit 1,1*   18–19 Vgl. *Joh 15,15*   30–31 *Gal 4,1*
31–33 Vgl. *Gal 4,3*   39–1 Vgl. *Joh 15,15*

der Vater offenbaret hat, und nun seid ihr meine Freunde, so ihr das thut und dem gemäß handelt. Als Freunde hat Er sie behandelt, indem Er ihnen den göttlichen Willen, wie Er ihn erkannte, kund gab und mittheilte, nicht in einzelnen Vorschriften und Geboten als eine Sazung, sondern als den Geist, als die eigenthümliche Art und Weise seines ganzen Lebens. Aber immer hatte Er ihnen denselben doch kund gethan, und wenn auch nicht als Sazung, hatten sie doch alles von außen empfangen durch ihn; so daß, wenn wir es genau nehmen, daß sie sich nun nicht mehr hätten sollen im Sinne des alten Bundes Knechte nennen, ihre Treue zu beschreiben wäre als die Treue eines Freundes gegen seinen ihm befreundeten Oberherrn. Aber anders noch ist es mit der Treue des Sohnes: denn dieser, von seinem Vater erzogen und in seine Bestimmung eingeleitet, muß, ist er anders rechter Art, wenn die Zeit seiner Mündigkeit herannaht, durch das lange Leben mit dem Vater und unter dessen Augen auch den Willen desselben in Beziehung auf alle seine Verhältnisse in sich aufgenommen haben; und der Vater sendet ihn nun in seinen Geschäften, auch | ohne ihm besondere Vorschriften zu geben oder ihn nun noch durch beschränkende Sazungen zu leiten, in sein Haus, damit er darin schalte als derjenige, in dessen Willen und Gebot alle Andern den Willen und das Gebot des Vaters erkennen sollen. Dieses, m. a. Fr., ist die Art und Weise der Treue des Sohnes; so schaltete Christus im Hause des Vaters! Was Er sagte, das war der Wille Gottes. Und den empfing Er nicht von außen, und konnte ihn auch nicht von außen empfangen weder einzeln noch im ganzen, er war ihm angeboren; und so wie diese ihm einwohnende Fülle göttlicher Kraft allmählig in den vollen Besiz seiner menschlichen Kräfte gekommen war, so daß er in seinem männlichen Alter da stand, konnte er mit allen seinen Kräften nichts anders thun als den Willen seines Vaters, weil nichts anderes in ihm lebte als dieser. Das ist es, was Er selbst von sich sagt, das ist das große in den Worten, daß Er nichts vermöge von ihm selber zu thun, weil Er sein ganzes Wesen und sich selbst in seinem ganzen Dasein nicht trennen konnte oder scheiden von dem Wesen seines Vaters: denn Er war Eins mit ihm. Darum brauchte Er nicht zu hören auf irgend ein Gebot, in keinem Augenblikk zu warten, daß der Wille des Vaters, in dessen Hause Er schaltete, ihm auf irgend eine Weise erst kund würde, sondern Er trug ihn in sich; sowol was Er selbst that, indem er seine Bestimmung erfüllte, als was er als Gesez des Lebens, als Bestimmung des Menschen aussprach, das | war der lebendige Ausdrukk des göttlichen Willens. Darum war es auch nicht möglich, daß Er jemals, wie Moses, hätte in Widerspruch gerathen können mit

---

1–2 Vgl. Joh 15,14   31 Vgl. Joh 5,19   34 Vgl. Joh 10,30

Predigt über Hebr 3,5–6 465

dem Willen seines himmlischen Vaters. Wenn er selbst von sich sagt, daß er dieses oder jenes von dem Willen seines Vaters nicht wisse: so war das niemals der Wille, den er zu thun hatte, – denn den wußte er immer, – sondern es war der allmächtige Wille, nach welchem der Vater die äußerlichen Begebenheiten und Erfolge der Welt leitet. Von diesem wol sagt er, daß er ihn nicht wisse, sondern Zeit und Stunde, und was sie herbeiführen werden, habe der Vater seiner Macht vorbehalten: aber den Willen Gottes, den er zu thun hatte, den wußte er immer; der lebte in jedem Augenblikk, sobald er in irgend ein Verhältniß kam, in ihm, und nichts anderes als dieser, und darum konnte er auch niemals in Widerspruch mit demselben gerathen. Darum war auch ein sei es noch so vorübergehender Zwiespalt zwischen ihm und dem Vater, zwischen der Richtung seines Willens und dem, was der Vater ihm zumuthete, nicht möglich; und auch sein Gehorsam bis zum Tode war, eben so sehr wie er Gehorsam war, doch zugleich eine freie That aus dem eignen freien Willen hervorgehend, wie er denn sagt, Ich habe Macht mein Leben zu lassen und es zu behalten. Und hieran ohnstreitig erkennen wir am deutlichsten, wie wenig es möglich war, daß irgend ein Zwiespalt sein konnte zwischen ihm und dem Willen des Vaters. Eine solche Thätigkeit fern von aller Aengst|lichkeit, und vollkommen frei, auf der einen Seite anzusehen wie der richtigste und genaueste Gehorsam gegen den Willen des Vaters, auf der andern Seite nicht anders als wie das ruhigste unbefangenste sich hingehn lassen in allem wozu das eigne Herz ihn trieb, eine solche Thätigkeit im väterlichen Hause, die weder gebunden war an irgend einen Buchstaben noch zu harren brauchte auf ein Zeichen des göttlichen Befehls, und doch immer sicher war dessen, was sie zu leisten hatte, eine solche war die Treue des Sohnes.

II. Wohlan! so lasset uns nun auch sehen, welches denn die **Werke und Geschäfte** waren, die jeder von beiden, der eine als Knecht und kraft einer solchen Treue, der andere kraft seiner Treue als Sohn, mithin auch vermittelst der in ihm wohnenden Herrlichkeit, zu vollbringen hatte. Es könnte freilich auf den ersten Anblikk scheinen, als sei es kaum möglich, beide mit einander zu vergleichen. Länger hat Moses sein Volk geführt, als das ganze irdische Leben des Erlösers gewährt hat; er hat seinem Volke die ganze Gesezgebung vollendet und alle Einrichtungen begründet, deren es bedurfte; der Erlöser hingegen mußte sein Werk im Stich lassen zu einer Zeit, wo er selbst sagt, Ich habe euch noch vieles zu sagen, aber ihr könnt es noch nicht tragen. Und dennoch können wir behaupten, daß Moses noch weniger

---

6 Vgl. Mt 24,36   6–8 Vgl. Apg 1,7   17 Vgl. Joh 10,18   39–40 Vgl. Joh 16,12

das Werk, wozu er gesandt war, selbst vollbracht hat als der Erlöser, selbst wenn wir | bei den Tagen seines irdischen Lebens stehen bleiben. Denn jener mußte ja versammelt werden zu den Vätern, ehe das Volk auch nur in das Land geführt werden durfte, welches der Herr den Vätern desselben gelobt hatte. Die Geseze hatte Moses seinem Volk gegeben ausdrükklich für jenes Land, damit es nach denselben bewohnt würde, und hatte vorher gesagt, es würde ihnen wohlgehen, wenn sie diese Geseze hielten, aber wenn sie es nicht thäten, würde der Fluch des Herrn sie begleiten. Das Gesez war also gegeben eben für jenes Land, in welches hernach das Volk einzog, er aber nicht mit; er sah nur von fern von dem Berge an den Grenzen desselben das schöne Land, wo die Einrichtungen gelten sollten, die er gegeben, aber das eigentliche Leben darin erblikkte er nicht. Darum können wir wohl in dieser Hinsicht beide mit einander vergleichen. Aber was hat nun Moses mit seiner Treue als ein Knecht des Herrn hervorgebracht? Nicht, m.a.Fr., als ob ich den alten Bund herabsezen wollte! er war eine nothwendige Vorbereitung, und ohne ihn hätte die Herrlichkeit des neuen nicht erscheinen können; davon sind alle Blätter der heiligen Bücher des neuen Bundes voll, das erkennen diejenigen unter den Jüngern des Herrn am meisten an, die am lebendigsten erfüllt sind von der Herrlichkeit des neuen, und die den großen Unterschied am bestimmtesten erkennen zwischen beiden; darum wollen wir uns auch buchstäblich halten an das, was die Schrift selbst hierüber sagt. Moses gab seinem Volke Ge|bote, wie er sie einzeln für dasselbe von dem Herrn empfing, der zu ihm sprach, Das sage dem Volk, daß sie es thun sollen; und so finden wir, ohne daß eine bestimmte Ordnung in die Augen fiele, als ob es zufällig wäre, wie Gott ihm eines nach dem andern klar machte, die einzelnen Formeln des Gesezes, bald dies bald jenes, die äußerlichsten Gebote unter einander gemischt mit dem, was noch am kräftigsten als Zaum und Zügel wirken konnte gegen die zerstörenden Kräfte, die sich im Innern des noch ungeheilten Menschen regen. Aber was wird von diesen Gesezen gesagt? Daß sie eine unerträgliche Last gewesen seien für das Volk, so daß niemand im Stande gewesen sei sie zu erfüllen. Eben deswegen mußte der Gott immer aufs neue versöhnt werden, der ihnen mit solchem Ernst und solcher Strenge befohlen hatte, von keinem Buchstaben zu weichen in diesen Büchern des Gesezes. Je genauer sie es aber befolgten, um desto

---

2 stehen] steben

3–5 Vgl. Dtn 32,49–52; 34,4   5–9 Vgl. Dtn 11,8–28   11–12 Vgl. Dtn 34,1–5
25–26 Vgl. beispielsweise Ex 25,2; 27,20; 31,13; Lev 1,2; 4,2; 7,23; Num 28,2; 30,2
32–33 Vgl. Mt 23,4; Lk 11,46   35–37 Vgl. beispielsweise Dtn 4,2

weniger fanden sie doch eine Befriedigung darin, weil sie sich immer noch bewußt sein mußten auch ungekannter und ungesühnter Schuld; und alle Opfer und sonstigen heiligen Gebräuche konnten nichts anders bewirken, als daß sie ein Gedächtniß stifteten der Sünde. Solches Umherirren, daß ich so sage, in den Wüsten des Gesezes, befolgen und nicht befolgen desselben, dabei aber im beständigen Bewußtsein der Sünde leben, das war der Wechsel, in dem die Zöglinge Mosis ihr irdisches Leben vollbrachten, und darum seufzten sie auch alle nach einer Zeit, wo | diese unerträgliche Last von ihnen würde genommen werden, ohne daß sie jedoch den Geist und das Wesen derselben irgend bestimmt zu erkennen im Stande gewesen wären.

Christus, waltend mit der Treue des Sohnes, hat kein Gebot gegeben, auch nicht ein einziges. Denn wenn er zu seinen Jüngern sagt, Ein neues Gebot gebe ich euch, nämlich daß ihr euch unter einander lieben sollt mit der Liebe, mit welcher ich euch geliebt habe: so sieht wol jeder gleich, daß er nur das Wort entlehnt aus den Blättern des alten Bundes, eben um auf jenen Unterschied aufmerksam zu machen zwischen beiden. Denn wer vermag Liebe zu gebieten? Versuchet es! sie hängt weder von der Willkühr ab noch kann sie erzwungen werden; auch die sinnlichste am wenigsten des Menschen würdige vermöget ihr nicht zu gebieten, und noch weniger gewiß die Liebe, mit welcher er uns geliebet hat! Aber indem er dies sein einziges neues Gebot nennt, hat er eben zu erkennen gegeben, daß er kein Gebot zu geben gekommen sei. Und wenn er sagt, daß er das Gesez des alten Bundes ergänzen wolle: so geschieht auch dieses nur so, daß es dann nicht mehr als Sazung beobachtet werden kann, sondern nur um den Geist zu enthüllen, in dem es gegeben ist. Nicht als ob es nicht in seiner Macht gestanden hätte als Sohn auch Gebot und Sazung zu geben; aber nur nicht wenn wir von ihm die Macht erhalten sollten Kinder Gottes zu werden, nicht wenn wir auch die | Sohnschaft empfangen sollten. Denn um ein solches Verhältniß zu gründen, in welchem nur die Liebe gilt, mußte er die Feindschaft überwinden und die Liebe in uns erwekken durch die Kraft der seinigen. Das war das Werk, wozu er sich seine Jünger erwählte um es zuerst an ihnen zu vollbringen; und das war das Vermächtniß, welches er ihnen hinterließ, daß sie sich mit derselben Liebe unter einander lieben sollten, mit welcher er sie geliebt hatte. Das sollte die Frucht seiner Wahl sein; dazu hatte er sie an sich gezogen, und sie mit dem Geist und der Kraft seines Lebens gleichsam erfüllt. Dazu können auch wir, wie die Reben aus dem

---

4 Vgl. Hebr 10,3   14–15 Vgl. Joh 13,34; 15,12   24–25 Vgl. Mt 5,17   29–30 Vgl. Joh 1,12   30–31 Vgl. Gal 4,5   35–37 Vgl. Joh 13,34; 15,12   39–1 Vgl. Joh 15,4–5

Weinstokk, Kraft und Leben von ihm einsaugen! Solches Vermächtniß zurükkzulassen, solche Gaben von oben herabzubringen, dazu war er gekommen, aber nicht wieder mit Gebot und Sazung.

Und Moses errichtete dem Herrn ein Zelt, wozu er die bestimmten Maaße empfing, und mit der Treue des Knechts arbeitete er so, wie es ihm vorgeschrieben war. In diesem Zelt war ein kleines Heiligthum, worin er die Lade des Bundes und die Zeugnisse verwahrte; und wenn er in Verlegenheit war um den göttlichen Willen, und nicht wußte, was er zu thun hatte, so ging er in dies Zelt hinein, und nie kam er zurükk ohne Rath und Vorschrift über den einzelnen Fall, um dessentwillen er hineingegangen war, ja wenn er herauskam, glänzte sein Antliz von der Nähe des Herrn. Aber obgleich dies glänzte, so daß er es bedekken mußte, weil die | Kinder Israels nicht hineinschauen konnten[7]: so blieb er selbst doch in dem nämlichen Dunkel wie vorher, eben so wenig gänzlich eins mit seinem Herrn, wie ein Knecht überhaupt dies niemals sein kann. An die Stelle dieser Hütte trat hernach ein Tempel, ein prachtvolles Meisterstükk alter Kunst, aber auch natürlich ausgesezt allen menschlichen Geschikken. Dieser war in der Zeit seines Glanzes der Mittelpunkt für das öffentliche Leben, erst des ganzen Volkes und dann wenigstens des kleineren treu gebliebenen Theiles. Denn an den festlichen Zeiten versammelten sich um denselben die Verehrer des Jehovah; und wie sie sich dann unter sich aufs neue fester verbanden, so befestigten sie sich auch immer wieder in dem Widerwillen gegen die andern Völker, welche den Gözen huldigten, und die Verehrung des Unsichtbaren nicht mit ihnen theilten. Aber eben dieser Geist der Absonderung, in welchem das Volk leben, und unter welchem es zusammengehalten werden sollte, bis die Zeit käme, in welcher die Verheißungen Gottes in Erfüllung gehen konnten, mußte es immer aufs neue in Zwiespalt mit andern Geschlechtern der Menschen verwikkeln; und so trat nach vielen Erschütterungen eine gänzliche Auflösung ein, in welcher auch dies heilige Gebäude zerstört und das Volk auf lange Zeit auseinander gesprengt wurde. Doch nach langer Zeit wendete sich noch einmal das Geschikk; das Volk | durfte sich zum Theil wieder sammeln in seinen Grenzen, und auch der Tempel erstand in neuer Pracht. Endlich aber kamen die Tage des Erlösers und mit ihnen die Verkündigung, Es kommt die Zeit und sie ist schon da, daß man weder hier anbeten

---

[7] 2 Mos. 34, 34. 35.

---

38 34, 34. 35.] 30, 34. 35.

4–7 Vgl. Ex 25–26   11–14 Vgl. Ex 34,29–35   16–17 Vgl. 1Kön 6

wird zu Jerusalem, noch da, wo ihr Samariter meint, daß es recht sei, sondern, wer Gott anbeten will, der wird ihn anbeten im Geist und in der Wahrheit; denn solche Anbeter will Gott haben[8]. Wenn wir nun die große Menge von heiligen Gebräuchen und schwierigen Einrichtungen betrachten, die für jene Hütte und für jenen Tempel gemacht wurden: so ist nichts natürlicher, als daß wir uns in einem dumpfen Erstaunen und einer unfruchtbaren Verwunderung befangen finden über ein so zusammengesezetes, ein so genau abgemessenes Gebäude, über so schwer zu enträthselnde Vorschriften zu Opfern und Reinigungen und allerlei äußerem Verhalten, wodurch freilich immer aufs neue und in andern Gestalten das Verhältniß des Volkes zu Gott zur Anschauung kam. Und diese Anstalt hat freilich unter mancherlei Abwechselungen und Störungen, und wol nie so vollkommen als es sein sollte, in dem ganzen Zeitraum zwischen Moses und Christus das Volk des alten Bundes beherrscht, gewiß von dem größten Theil wenig verstanden, aber doch von allen denen mit Genauigkeit ausgeübt, die ihren Ruhm darin sezten, dem, der ihnen diese Ordnungen ge|bracht hatte, nachzufolgen in der Treue des Knechts. Aber was war doch dieses ganze Werk und Wesen anders, als, wie die Schrift des neuen Bundes auch sagt, ein Gesez, das doch nicht konnte lebendig machen, ein Gehorsam, der den Menschen doch nicht konnte mit Gott befreunden, sondern immer nur wieder ein Zeugniß war von der Sünde und außerdem höchstens ein Ausdrukk eines ungestillten Verlangens!

Christus waltend im Hause des Vaters mit der Treue des Sohnes hatte nicht wieder den Auftrag einen festen Tempel zu bauen oder auch nur ein tragbares Zelt. Das eine wie das andere kann nur der Mittelpunkt sein für einen ziemlich beschränkten Theil des menschlichen Geschlechtes; und nicht sollte es wieder ein heiliges Volk geben in jenem Sinn und eine Auswahl nach der Geburt, sondern allgemein sollte die Gnade sein, und alle, die an ihn glauben würden, die Macht bekommen Kinder Gottes zu werden. Der Bund aber, den der Erlöser gekommen war zu stiften in der Vereinigung, die er den Gläubigen empfahl als das Vermächtniß und die Frucht seines Lebens und Daseins, dieser wird uns auch häufig in der Schrift dargestellt als ein Tempel Gottes, aber als ein geistiger lebendiger Tempel, zu welchem, wie jener aus Holz und Steinen gebaut war, vielmehr wir zusammen-

---

[8] Joh. 4, 21. 23.

---

32 er] r

---

20 Vgl. Gal 3,21   30–31 Vgl. Joh 1,12   35 Vgl. beispielsweise 1Kor 3,16; 2Kor 6,16; Eph 2,21–22

gefügt sind, in dem auch Opfer dargebracht werden, aber nur die geistigen eines Gehorsams, der Gott wohlgefällt, in dem auch Ordnungen wal|ten, aber äußerliche nur so weit es nothwendig ist, damit menschliche Dinge bestehen können. Was aber eigentlich darin waltet, das sind die Ordnungen in dem Gebrauch der geistigen Gaben, wie sie aus dem Geist der Liebe entspringen, das ist der den Menschen durch den Sohn, dem er ursprünglich einwohnte, nun auch so mitgetheilte Wille Gottes, daß sie ihn jezt eben so in sich haben können, wie er ihn in sich hatte, so sie nur merken auf den Geist, den er ihnen gesendet hat um ihn zu verklären. Und der Erlöser selbst ist in diesem geistigen Tempel jenem Heiligthum zu vergleichen; denn so sagt die Schrift, daß ihn Gott aufgestellt habe zum Gnadenstuhl[9], das heißt, als den Ort in dem geistigen Tempel Gottes, der die Zeugnisse seiner Liebe und Treue in sich schließt – denn dadurch hat Gott seine Liebe bezeugt, daß er seinen Sohn gegeben hat für das Leben der Welt – und als den Ort, der ganz besonders Gottes Gegenwart bezeichnet. Denn wer mich sieht, so sagt er selbst, der sieht den Vater, und mit ihm kommt der Vater Wohnung unter uns zu machen. Und wie wir jezt Alle Priester sind, und den freien Zugang ins Heiligthum haben: so ist keiner, der, ungewiß in sich selbst darüber, was der Wille Gottes sei, wenn er in diese Hütte hineintritt, wenn er sich in die geistige Gegenwart des Erlösers vertieft, wenn er ihn sucht mit den Augen des Geistes, nicht sollte | Rath und Vorschrift finden, und zwar nicht nur wie Moses für den einzelnen Fall, sondern so daß ihm durch jedes einzelne immer aufs neue der Erlöser verklärt, und er mit demselben Geist immer aufs neue getränkt und übergossen wird, der uns führt von einer Klarheit zur andern. Dieser unzerstörbare geistige Tempel, diese ungeschwächt fortbestehende Heilsordnung ist das Werk des Erlösers, der allein schalten konnte mit der Treue des Sohnes, nicht zu vergleichen mit dem, was hervorgebracht werden konnte durch die Treue des Knechts, nicht äußerlich, sondern innerlich, nicht vergänglich, sondern ewig, nicht zurükklassend irgend ein ungestilltes Bedürfniß, sondern daß keiner wieder hungern darf und dürsten, nicht nur ein Zeugniß von der Entfernung des Menschen von Gott, sondern das Wiederbringen der seligsten Gemeinschaft mit ihm, und das ewige Bewußtsein seiner Liebe, welche er dadurch bewiesen hat, daß er den Sohn für uns gegeben hat, da wir noch Sünder waren.

---

[9] Röm. 3, 25.

1–2 Vgl. beispielsweise Röm 12,1; 1Petr 2,5   9–10 Vgl. Joh 16,13–14   14–15 Vgl. Joh 3,16   17 Vgl. Joh 14,9; auch 12,45   18–19 Vgl. 1Petr 2,9   25–26 Vgl. 1Kor 12,13   26–27 Vgl. 2Kor 3,18   33 Vgl. Joh 6,35   36–37 Vgl. Röm 5,8

Predigt über Hebr 3,5–6

So denn, m. g. Fr., wollen wir ihn aufs neue aufnehmen als den Sohn, den Gott uns gegeben, als den, der für immer schaltet mit der Treue des Sohnes im geistigen Hause des Vaters! Und wir können und sollen dies Haus sein, so wir anders den Glauben und den Ruhm der Hoffnung festhalten, und nicht lassen und wanken von dem, der uns dargestellt ist als der Gnadenstuhl von Gott, und der nicht wieder nur ein neues Gedächtniß der Sünde stiftet, sondern der uns frei gemacht hat, wie er selbst sagt, daß nur der Sohn uns frei machen kann, durch den auch wir nun nicht mehr Knechte sind, auch nicht mehr unmündige Kinder, sondern indem wir seine Freunde geworden sind, auch von ihm die Sohnschaft empfangen haben, auf daß wir in der Kraft seines Geistes immer mehr den Willen des himmlischen Vaters nicht nur erkennen, sondern ihn auch wie Er in unserm Herzen finden, und mit kindlicher Treue ausüben im ganzen Leben, auf daß auch wir etwas seien zum Lobe seiner Herrlichkeit. Amen.

5–6 Vgl. Röm 3,25; Hebr 4,16   6–7 Vgl. Hebr 10,3   7–8 Vgl. Joh 8,36   9–10 Vgl. Joh 15,14–15

IV.

Die Veränderung, welche seit der Erscheinung des Erlöser auf der Erde begonnen hat.

Weihnachtspredigt.

Ehre sei Gott in der Höhe, und Friede auf Erden, und den Menschen ein Wohlgefallen. Amen.

Text. Apostelgesch. 17, 30. 31.
Und zwar hat Gott die Zeit der Unwissenheit übersehen; nun aber gebietet er allen Menschen an allen Enden Buße zu thun, darum daß er einen Tag gesezt hat, auf welchen er richten will den Kreis des Erdbodens mit Gerechtigkeit durch einen Mann, in welchem ers beschlossen hat, und jedermann vorhält den Glauben, nachdem er ihn hat von den Todten auferwekket.

Diese Worte des Apostels, m. a. Fr., aus dem bekannten uns aufbewahrten Eingang der Rede, die | er an die Athener hielt, scheinen vielleicht auf den ersten Anblikk nicht besonders dazu geeignet, heut unsre festliche Andacht zu beschäftigen. Sie handeln zwar von der Wirksamkeit des Erlösers; aber weit mehr scheinen sie uns auf die lezte noch bevorstehende Offenbarung derselben hinauszuweisen, als daß sie uns zu seiner Geburt zurükkführten, deren Andenken doch dieses schöne Fest geweiht ist. Ja schon bei dem Anhören derselben, mögt Ihr euch in einen ganz andern Ton umgestimmt finden, als in dem ihr hieher kamt, und der dem heutigen Fest zu gebühren scheint. Wir wollen uns, so denkt ihr, bei der Feier der Geburt Christi als solche, die sich schon mitten im Genuß seiner Wohlthaten befinden, über sein erstes Erscheinen als den Anfang dieses ganzen seligen Genusses erfreuen, und suchen uns also auch für unsre gemeinsame Erbauung am liebsten das auf, wodurch uns entweder seine erste Erscheinung auf Erden namhaft vergegenwärtigt oder wodurch uns die Segnungen derselben in ihrer ganzen Fülle anschaulich dargestellt werden. Wie soll nun diesem Wunsch wie herrlich sie auch sei, jene Rede an Heiden genügen, die noch gar nichts von ihm wußten, und worin der Apostel noch überdieß, gewiß ihrem Bedürfniß ganz ange-

---

2 Predigt zum 1. Weihnachtstag am 25. Dezember 1820 vormittags in der Dreifaltigkeitskirche zu Berlin   5–6 Lk 2,14   15 Vgl. Apg 17,22–31

messen, Christum gleich in der strengen Gestalt des Richters, und nicht unter dem erfreulichen Bilde des Seligmachers darstellt. So denkt wol mancher unter Euch. Allein, wie wohlthuend es auch sein mag, wenn wir uns an diesem herrlichen Feste gemeinsam in das frohe Be|wußtsein des Segens vertiefen, den jeder von uns für sich schon seinem Verhältniß zu dem Erlöser und seinem Antheil an allen Wohlthaten desselben verdankt: so laßt uns doch nicht vergessen, daß es der Weltheiland ist, dessen Ankunft wir feiern, und daß also unsere Betrachtung nur sehr einseitig wäre und unvollkommen, und auch unser Dank nur als ein halber Dank unserm Gott dargebracht würde, wenn wir uns nicht über das kleine Gebiet des einzelnen Lebens zu dem großen und allgemeinen erheben wollten. Denn wir wissen es ja, nicht in dem Verhältniß der Einzelnen zum Erlöser besteht das Reich Gottes, nicht als ein solcher ist der Erlöser gekommen, der nur in einzelner Menschen Herz hinabstiege, und so Jeden Einzelnen für sich selig machte, sondern auch selig machen kann er sie nur, indem er sie sammlet in eine große Gemeine; ein neues allgemeines Leben auf Erden mußte er entzünden und so die ganze Welt durch sein Dasein umwandeln und sie mit seinem Geiste neu beleben. Und was sind die Worte des Apostels anders als, wie es sich auch ziemte, indem er solchen, die nie davon waren unterrichtet worden, den großen Rathschluß der Erlösung kund thun wollte, was sind sie anders als eine kurze Darstellung der großen Veränderung, die durch den Erlöser in der menschlichen Welt bewirkt wurde. Und auf dieser Wirkung des Erlösers, m. g. Fr., muß ja wol in dieser festlichen Zeit am liebsten unsere Freude und unsre Andacht ruhen, indem wir seine Ankunft mit einander feiern. Eine neue | Welt ist aufgegangen, seitdem das Wort Fleisch wurde, und der Sohn Gottes in menschlicher Gestalt auf Erden erschien. Seine Erlösung ist nicht wie alles vorige eine Hülfe auf eine Zeitlang, bis wieder eine andre Hülfe Noth thut gegen das wieder mächtig gewordene Verderben. Sondern darum ist uns seine Erscheinung der große Wendepunkt in der ganzen Geschichte des menschlichen Geschlechts, weil wir inne geworden sind und einsehen, es ist eine neue Erde und eine neue menschliche Welt geworden durch ihn; es ist alles umgewandelt, das Alte ist vergangen, und ein Neues ist erschienen. Darum auch macht unser Gefühl die strengsten Ansprüche an die christliche Welt, der wir angehören, und es empört sich bei allem was nicht ihr, sondern nur jenen früheren Zeiten gemäß ist, welche nun vergangen sein sollen. Wo wir jezt dergleichen finden,

---

30 Zeitlang] *vgl. Adelung: Wörterbuch 5, Sp. 358*

27–28 Vgl. Joh 1,14   35–36 Vgl. 2Kor 5,17

da drükken wir uns so aus, das sei unwürdig unter Christen zu geschehen; wogegen wenn uns aus jenen Zeiten irgend etwas würdiges und herrliches entgegentritt, da führen wir es doch auf den Erlöser zurükk und bezeichnen es als dessen Eigenthum, von dem der neue Geist und die Kraft eines neuen Lebens ausgegangen ist. Indem wir mit unsern festlichen Gedanken auf den ersten Ursprung dieser neuen Welt bei der Erscheinung des Erlösers zurükkgehen, fragen wir uns billig, worin besteht denn die große Veränderung, durch die sich so streng scheiden die alten Zeiten und die, welche nun begonnen haben seit Christi Erscheinung auf Erden? Auf diese | Frage geben uns die Worte des Apostels eine befriedigende Antwort; und sie sei daher der Gegenstand unsrer heutigen andächtigen Betrachtung. Laßt uns zuerst erwägen, wie der Apostel das Alte darstellt was nicht mehr ist, und zweitens, wie er das Neue bezeichnet, wofür wir Gott Lob und Dank sagen, daß er um es zu erwekken seinen Sohn gesandt hat.

I. Das Alte also zuerst bezeichnet der Apostel mit den kurzen Worten, und zwar hat Gott die Zeit der Unwissenheit übersehen; und so faßt er alles Verderbliche in den Beschäftigungen der Menschen, alles Verkehrte in ihrer Denkungsweise und Sinnesart, ja überhaupt alle Unvollkommenheiten worunter sie seufzten vor der Erscheinung des Erlösers, alles dies faßt er zusammen in die Worte, die Zeit der Unwissenheit. Recht als wollte er das Wort des Erlösers wiederholen, der auch den Zustand derer, welche ihn zum Tode brachten, nur als Unwissenheit bezeichnete. Wohl! aber auf der andern Seite, wenn wir auf jene Zeiten zurükksehen, denen wir selbst so vieles verdanken, können wir uns wol nicht enthalten zu fragen, Wie, gab es denn damals nur Unwissenheit? Finden wir nicht in jener Zeit wenigstens schon die Keime aller Erkenntniß, die sich nachher nur weiter entwikkelt hat, so wie aller Ordnungen ohne welche die menschliche Gesellschaft nicht bestehen kann? Ja, gab es nicht weit und breit fast unter allen Völkern in je|nen Zeiten, die der Erscheinung des Erlösers vorangingen, gar viel Schönes und Herrliches? ja hie und da auf manchen einzelnen Gebieten des menschlichen Lebens eine Entwikkelung geistiger Kräfte von solcher Trefflichkeit, an welche kaum hinanzureichen wir uns bescheiden? Gewiß war es so, und dies war auch dem Apostel nicht unbekannt! Dennoch sprach er so, und zwar an dem Ort, wo viele dieser Vorzüge am meisten ihren Siz gehabt hatten, und gewiß nicht ohne Absicht; und so ist auch uns seine Rede aufbewahrt, damit wir bei seinen Worten desto sicherer an eine andere Unwissenheit denken sollen, als an die Unwissenheit in diesen oder jenen

---

23–24 Vgl. Lk 23,34

menschlichen Dingen. Zeiten also höchster Blüthe der Wissenschaft und der Kunst, aber freilich einer Wissenschaft die nicht den Höchsten suchte oder von ihm ausging, und einer Kunst die nur das sinnliche zu vergöttern strebte, Zeiten die die größten Anstrengungen und Aufopferungen der Vaterlandsliebe gesehen hatten, aber freilich einer Liebe die immer zugleich durch gemeinsamen Haß oder Verachtung gegen Andre zusammengehalten wurde, diese nannte Paulus, der selbst jene zu solchem Zauber ausgebildete Sprache kaum fehlerlos geschweige anmuthig zu reden wußte, der selbst zu einem Wissenschaft und Kunst wenig achtenden ganz zerfallenen und herunter gekommenen Volk gehörte, Zeiten der Unwissenheit! Aber laßt uns sehen, wie der Apostel selbst diesen hier nur flüchtig hingeworfenen Ausspruch anderwärts rechtfertigt, wo er uns jene | vergangenen Zeiten ausführlicher beschreibt, wie sie waren sowol unter den heidnischen Völkern als auch unter dem Volke des alten Bundes. Von jenen nämlich sagt er, daß sie die ihnen angeborne Offenbarung dessen der die Welt geschaffen hat, in allerlei Bilder eines vergänglichen Daseins verunstaltet und zersplittert hatten, um durch solche die geheime Ahndung von einem höchsten Wesen gleichsam verläumdende Erdichtung ihre eignen verderblichen Lüste und ihr ungerechtes Wesen zu entschuldigen; durch welche Ungerechtigkeit sie eben wieder die Wahrheit in ihrem natürlichen Lauf hemmen mußten, also daß sie sich ihnen nicht enthüllen konnte. Von den Kindern Israel aber sagt er, daß sie nicht begriffen hätten den Sinn der göttlichen Verheißungen, sondern ganz gegen denselben hätten sie gemeint gerecht zu werden vor Gott durch die todten Werke des Gesezes; weshalb sie denn auch die ihnen gewordenen und von Zeit zu Zeit wieder belebten Verheißungen von dem der da kommen sollte, sich nach demselben kärglichen Maaße zugeschnitten und nichts davon erwartet hatten als eine Wiederkehr ihrer alten äußeren Herrlichkeit.

So war demnach die Unwissenheit, die Paulus hier meint, die Unwissenheit von der er das eigne Bekenntniß der Athener fand in dem Altar, der einem unbekannten Gott geweiht war, die Unwissenheit über das göttliche Wesen und die höheren Ordnungen, nach denen der Herr das Werk seiner Hände regiert, und durch die er sich zuerst dem menschli|chen Gemüthe kund gab, von denen der Apostel auch im Anfang dieser Rede gesprochen hatte, wie Gott nämlich vorher versehen habe und verordnet, wie die Geschlechter der Menschen auf den ganzen Erdboden vertheilt wohnen sollten. Es war die Unwissenheit, daß ich mich so ausdrükke, von dem liebevollen Gemüthe Gottes

---

16–23 *Vgl. beispielsweise* Röm 1,19–32   23–26 *Vgl. beispielsweise* Röm 9,3–12
32–33 *Vgl.* Apg 17,23

und der Art, wie er belebend und wohlthuend den menschlichen Seelen nahe sein wollte; indeß die Menschen nicht nur verkehrter Weise glaubten, die göttliche Nähe sei gebunden an Tempel, die sie mit ihren Händen aufgeführt, und eingeschlossen in Bilder, die sie mit eigner Kunst verfertigt hatten, sondern auch noch weit mehr verkehrter Weise glaubten sie, das höchste Wesen sei neidisch auf der einen Seite, und lasse deshalb kein irdisches Glükk länger ungetrübt fortdauern, auf der andern aber sei es theils zornig und vergelte mehr nach Art einer unverhältnißmäßigen Rache als einer heilsamen Strafe, theils auch wieder leicht bestechlich durch Opfer und Gaben. In diese Unwissenheit von der göttlichen Liebe und von der göttlichen Weisheit schließt der Apostel denn wol mit Recht alles Verderben der alten Zeiten ein; und von den Tagen dieser Unwissenheit sagt er, sie sollten nicht mehr sein. Und wollen nicht auch wir ihm hierüber beistimmendes Zeugniß geben, indem wir bekennen, jene Zeiten würden noch sein, wenn der nicht erschienen wäre, dessen Ankunft wir heute feiern, und durch den der Vater sich uns Menschen vollkommen offenbart hat? Denn indem der Sohn | alles that, was er in dem innersten seiner heiligen Seele den Vater thun sah: so offenbarten sich uns in ihm die herrlichen und sonst unerforschlichen Wege Gottes, daß er sich die Menschen verbinden will durch eine Anbetung im Geist und in der Wahrheit. Indem Christus in seinem ganzen irdischen Leben nichts anders that als die Mühseligen und Belasteten zu sich einladen, nicht etwa um sie auf irdische Weise an sich zu ziehen, sondern um sie mit seiner geistigen Kraft zu erquikken und neu zu beleben: so hat sich der Reichthum der göttlichen Liebe in ihm offenbart, welche die Menschen zu einer geistigen Gemeinschaft verbinden wollte, in welcher jeder stärkere dem schwächeren dient und ihm emporhilft, und in welcher sie als Werkzeuge zur Verbreitung der geistigen Wohlthaten Gottes diese seine Liebe selbständig in sich wohnen haben sollten. Und indem er sein Leben ließ eben in dem Streit gegen die sich zusammendrängenden Kräfte jener Zeiten der Unwissenheit, so daß in seinem Leiden und in seinem Tode mehr noch als irgend sonst wo der Sieg der göttlichen Liebe und Weisheit über die Macht der Sünde sich verklärte: so ist von dem ersten Anfang bis zu dem lezten Ende sein irdisches Leben nur eine zusammenhängende, immer steigende und sich immer kräftiger entwickelnde Offenbarung dessen gewesen, worüber die Menschen vorher in trauriger Unwissenheit befangen waren. Hätten wir aber nicht den Sohn geschaut und in ihm die Herrlichkeit des Eingebornen vom Vater erkannt; dürften wir nicht mehr | aus

---

20 *Vgl. Röm 11,33*   21–22 *Vgl. Joh 4,24*   23–25 *Vgl. Mt 11,28*   39–40 *Vgl. Joh 1,14*   40–1 *Vgl. Joh 1,16*

seiner Fülle nehmen Gnade um Gnade: o wie würde sich die menschliche Seele hülflos ringend mit sich selbst und mit allem was sie umgiebt, bald und immer wieder von neuem verstrikken in die Bande der alten Unwissenheit, die durch den Erlöser vernichtet werden soll! Woher wäre ihr die Kraft gekommen, die sich ja sonst nirgend geltend gemacht hat, den Vater so zu schauen, wie wir ihn in dem Sohne kennen gelernt haben? Woher hätte sie, welche Zwist und Hader nicht nur nicht zu beseitigen und zu vermeiden wußte, sondern sich vielfältig darin wohlgefiel, die Fähigkeit genommen, die Ordnung der göttlichen Weisheit und Liebe so zu verstehen, wie sie sich in dem großen Gesez offenbart, welchem sein Sohn die lebendige Gemeinschaft der Geister unterworfen hat, deren Haupt und innerstes Leben er ist? Und eben so hängt auch alles, woran wir leiden, alle arge Gedanken, die, wie der Herr selbst sagt, aus dem innersten des menschlichen Herzens hervorgehen, alles nichtige Verkehr mit dem vergänglichen Wesen der Welt immer wieder zusammen mit dieser Einen Unwissenheit von Gott und von unserm wahren Verhältniß zu ihm; so daß, wenn diese geblieben wäre, alle jene Uebel nie hätten können beseitigt werden. Diese Zeiten der Unwissenheit nun sind nicht mehr.

Aber laßt uns auch wohl darauf merken, daß der Apostel sagt, Die Zeiten der Unwissenheit hat Gott übersehen. Ist also nun die Unwissenheit nicht mehr: so hat mit ihr zugleich auch das göttliche Uebersehen ein Ende, dessen einziger Gegenstand sie war. Und eben deßwegen, weil der Apostel dies so heraus hebt, und an die Stelle des göttlichen Uebersehens nun das göttliche Gericht treten läßt, als mit der Erscheinung des Erlösers beginnend, und von da an sich immer weiter verbreitend bis zur allmäligen Vollendung – denn anders kann ja auch die Unwissenheit nicht als nur allmählig vertrieben werden – deswegen klingt uns durch seine Worte ein Ton der Strenge hindurch, der sich weniger zu schikken scheint für eine fröhliche Festbetrachtung wie die gegenwärtige. Wolan, m. g. Fr., um desto mehr müssen wir suchen ihn auch hierüber recht zu verstehen.

Offenbar aber könnte dieser Eindrukk nur ein richtiger sein, wenn, abgesehen für jezt von der andern Frage, ob das Gericht etwas ist, was wir könnten zu fürchten haben, wenigstens das göttliche Uebersehen etwas wünschenswerthes wäre, das wir ungern verloren geben möchten. Aber dasselbe ist wol, genauer betrachtet, nichts, wornach wir uns sehnen und was wir zurükk wünschen dürften, eben weil es der Natur der Sache nach nur für die Zeiten der Unwissenheit

---

15 alles nichtige Verkehr] *vgl. Adelung: Wörterbuch 4, Sp. 1453*

14–15 *Vgl.* Mk 7,21

gehört. So zusammengehörig erscheint uns auch beides überall im Leben; und wir empfinden es auf das schmerzlichste, sowol wenn beides getrennt wird, als wenn beides kein Ende nehmen will. Für unsre Jugend giebt es überall eine Zeit der Unwissenheit; und die übersehen wir ihr auch, weil sie noch nicht vermag, den Gegensaz des | guten und bösen, des richtigen und des verkehrten in einem klaren Gedanken und einem richtigen Gefühl aufzufassen. Wir müssen übersehen, weil die Stunde noch nicht geschlagen hat, wo ihr Lust und Liebe zum guten und rechten kann mitgetheilt werden; aber wie oft wünschen wir nicht diese Stunde herbei! Aus denselben Ursachen nun übersah auch der Herr die Zeiten der Unwissenheit vor der Erscheinung des Erlösers als Zeiten der Kindheit des menschlichen Geschlechts.

Sollten wir nun etwa trauern, daß wir dieser entwachsen sind, und also auch die Zeit des Uebersehens vorübergegangen ist? Vielmehr betrübt es uns ja von Herzen, wenn wir es zu lange üben müssen an unsrer Jugend; wir trauern, wenn sich das Gefühl für das rechte, gute und schikkliche noch immer nicht in ihr entwikkeln will, wenn wir einem Alter in dem wir längst sollten voraussezen können, daß sie zum vollen Bewußtsein ihres Wesens erwacht sei, doch immer noch übersehen müssen; wenn wir strafen müssen aus Noth, dabei aber doch immer noch den innern Zustand als einen Zustand geistiger Stumpfheit und Bewußtlosigkeit übersehen, und in Geduld harren bis es besser werde. So mit der Jugend, so auch mit den mehr zurükkgebliebenen Theilen des Volkes. Denn wenn wir auf die größeren Lebensverhältnisse sehen, wie erscheint uns das, wenn zu einer Zeit, wo wir in andern Gegenden schon hellere Einsichten und höheres Gefühl verbreitet sehen, bei uns immer noch aus Mangel an Gefühl für das wahre Recht | und das was eigentlich Ordnung ist in dem bestehenden Zustande, dagegen verstoßen wird, und so immer wieder übersehen werden muß, daß alle Bande der Gesellschaft ihrer Auflösung sich nahen, statt sich im gemeinsamen klaren Bewußtsein immer mehr zu befestigen? Wie erscheint uns das, wenn auch da, wo es an richtiger Einsicht gar nicht fehlt, die Zeit der Unwissenheit also längst vorüber ist, dennoch aus sträflicher Gleichgültigkeit verkehrte und den gemeinsamen Frieden störenden Handlungen vorkommen, und übersehen und immer wieder übersehen werden? Wie erscheint uns auf der andern Seite dieses, wenn überall das härteste und strengste Gericht gehalten wird über vieles was nur in kindischer Unwissenheit geschehen ist, für die billig noch eine Zeit des Uebersehens hätte fortdauern sollen? Wie erscheint es uns, wenn mitten in einer hellen und erleuchteten Zeit grade was zur Beförderung des öffentlichen Wohls gemeint ist auf die verkehrteste Weise geschieht, aber so daß die christliche Liebe doch nur Unwissenheit und Verblendung darin sieht, und also

Predigt über Apg 17,30–31

auch noch übersehen muß? Gewiß wären uns das alles keine erfreulichen Erscheinungen! Also gehört immer beides zusammen Unwissenheit und Uebersehen, so daß es uns ein empörendes Gefühl giebt, wenn beides getrennt wird. Aber eben so betrübt es uns auch immer, wenn die Zeit der Unwissenheit zu lange währt, und wir verlangen mit Schmerzen, daß endlich doch einmal eine Zeit komme, wo man nicht mehr werde nöthig haben zu übersehen, sondern wo ein strenges | und gerechtes Gericht ergehen könne über alle verkehrte und dem guten widerstrebende Handlungsweisen.

Darum kann es auch nicht anders sein, m. a. Fr., und es ist nicht zu bedauern, sondern im Gegentheil ein wesentlicher Bestandtheil unserer Weihnachtsfreude, daß mit der Erscheinung des Erlösers das göttliche Uebersehen zu Ende geht. Er ist das Licht, welches in der Finsterniß scheint, und sie vertreibt. Dieses Licht will uns alle erleuchten, und so sollen wir auch alle gern an dieses Licht kommen, daß unsere Werke offenbar werden. Und das ist es nun, was der Apostel in unserm Texte sagt. Das göttliche Uebersehen war nur für den kindischen Zustand der Welt die angemessene Erweisung der göttlichen Liebe und Barmherzigkeit, nur darauf sich gründend, daß die Menschen noch nicht hatten reif werden können zur wahren Freiheit des Geistes, und erstarken zu einem festen Willen, dem etwas konnte zugemuthet und abgefordert werden. Auf die Zeit dieses göttlichen Uebersehens folgt nun die Zeit des Gerichtes! – Aber so streng dies Wort auch klingt, m. g. Fr., so fröhlich und herrlich ist es doch seinem wahren Inhalte nach. Denn wer wird gerichtet, als derjenige, dem man schon einen freien Willen zutraut und eine reife Erkenntniß? wer wird gerichtet, als der schon herangewachsen ist in das männliche Alter, und zum vollen Besiz und Bewußtsein seiner Kräfte gelangt? So ist also dies ein erfreuliches Zeichen der Fortschritte, welche das | menschliche Geschlecht durch diese höchste Entwikkelung der göttlichen Rathschlüsse, ich meine durch die Erscheinung des Erlösers gemacht hat; es ist ein hoher Vorzug der neuen Welt, worin sie die alte weit hinter sich zurükkläßt, daß ihr der Herr nicht mehr wie einem kindischen Geschlecht zu übersehen braucht, sondern daß von nun an in ihr immer fort geht das Gericht, in welchem alle Gesinnungen und alle Werke offenbar werden an dem Licht der Erkenntniß, welches Christus angezündet hat. Ehe diese reine Erkenntniß, dies klare Bewußtsein des göttlichen Willens aufgegangen war, gab es auch statt des Gewissens nur ungewisses in dem innern des Menschen; statt der Sünde nur Schwachheiten, die man sich einander gegenseitig gestand und übersah, und die also auch immer wiederkehrten; statt des Guten

---

13–14 Vgl. Joh 1,5   15–16 Vgl. Joh 3,21

nur glükkliche Neigungen, weniger als andere mit dem Interesse der Anderen streitend und durch günstige Umstände in einem leidlichen Maaß gehalten. Darum drehte sich auch das Leben nur immer in demselben Kreise umher. Denn auch das Volk des alten Bundes war nicht gewisser in sich; in seinem Gesez war das äußerlichste dem wesentlichsten gleich gestellt, und auf der einen Seite der Herzenshärtigkeit nur zuviel nachgegeben, auf der anderen der eitelste Dünkel reichlich genährt. Wenn aber die Sünde gewiß geworden ist und das Ebenbild Gottes anschaulich: dann ergeht über alles menschliche Thun das Gericht, weil wir uns nun erhoben fühlen über die Schwachheiten und Unvollkommenheiten der Vor|zeit durch den, der erst den menschlichen Geist zur Reife gebracht und den Willen frei gemacht hat, wie er selbst sagt, Recht frei ist nur der, den der Sohn frei macht[1]. Und zwar macht er ihn frei durch die Wahrheit, die an die Stelle der Unwissenheit treten muß, welche in dem kindischen Zustande die Augen des Geistes verdunkelte. So könnten wir uns gewiß die ganze herrliche Gestalt der neuen Welt eben daraus entwikkeln, daß der Apostel sagt, sie sei die Zeit des Gerichts. Und unbedenklich könnten wir es, da wir ja wissen, daß, wer da glaubt, der kommt nicht ins Gericht! Jedoch wir finden in unserm Text noch andere uns näher liegende, mit unserm eigenen innersten Bewußtsein genauer verbundene Worte, durch die uns noch außerdem der Apostel das Neue der christlichen Welt bezeichnet, welches wir nun in dem zweiten Theile unsrer Betrachtung näher mit einander erwägen wollen.

II. Dasselbe nämlich, was der Apostel auf der einen Seite so ausdrükkt, der Herr habe nun beschlossen den Kreis der Erde mit Gerechtigkeit zu richten durch den, den er dazu bestimmt hat, dasselbe ist auch der Sinn jener andern Worte, daß der Herr nunmehr allen Menschen an allen Enden gebiete Buße zu thun, und daß er ihnen vorhalte den Glauben.

Das erste nun, die Buße, hat auch einen her|ben Klang, und scheint nicht viel Weihnachtsfreude darin zu sein. Allein es hängt auf das innigste mit jenem zusammen, was uns auch schon aus dem strengen ein fröhliches und heiteres geworden ist, daß nämlich die Zeit des neuen Bundes die ist, in der das Gericht anhebt über alle Menschen. Denn wie überhaupt Gericht nicht eher gehalten werden kann, bis zuvor ein Maaßstab aufgestellt und anerkannt worden ist, nach welchem gerichtet werden soll: so konnte auch in diesem mehr geistigen

---
[1] Joh. 8, 36.

8–9 Vgl. 2Kor 4,4; Kol 1,15   13–14 Vgl. Joh 8,32   19 Vgl. Joh 5,24 und innerlichen Sinn nicht eher die Rede sein von einem Gericht, bis die Zeit der Unwissenheit vorüber war und der Wille Gottes geoffenbart durch den, den er eben so sehr dazu ausgerüstet hatte, daß er seinen Willen kund thue als daß er ihn selbst erfülle. Der Uebergang nun aus jenem Zustande der Unwissenheit in den worin der Mensch fähig ist gerichtet zu werden, dieser Uebergang ist das, was der Apostel durch das Wort Buße bezeichnet, wenn er sagt, Nun gebietet Gott allen Menschen an allen Enden Buße zu thun, dieweil die Zeit der Unwissenheit, welche er allein übersehen konnte, vorüber ist. Dieses Nun, m. g. Fr., ist nun eben das fröhliche und herrliche Nun, seit dem Tage, dessen glorreiches und schönes Fest wir heute mit einander begehen, das Nun seit der Erscheinung des Erlösers. Und die Aufforderung zur Buße ist nichts anderes als der Ruf, So erwache nun der du schläfst, so wird dich Christus erleuchten[2], nichts anderes als die Stimme | des Sohnes Gottes, welche hören die in den Gräbern sind und aufstehen zum Leben[3]. Denn das rechte Hauptstükk bei der Buße ist, daß der Mensch seinen Sinn ändere. So lange nun die Menschen in jener Unkenntniß des göttlichen Willens lebten, und also auch ohne ein reines und lebendiges Gefühl von der gänzlichen, innern Verschiedenheit dessen, was der göttliche Wille gebietet, von dem was die göttlichen Rathschlüsse vertilgen wollen aus der Welt der vernünftigen Wesen: so lange konnte sich nun auch das menschliche Herz nicht seinem wahrhaftigen und einzigen Ziele, der Gemeinschaft mit dem, den es nicht kannte, entgegenstrekken. Weil es aber doch nicht ruhen kann, sondern immer streben und begehren muß: so waren die Menschen während jener Zeit der Unwissenheit in eitlen Richtungen mancherlei Art und in der Lust an dem vergänglichen Wesen dieser Welt befangen. Diesen Sinn, der bei dem jüdischen Volke auch die göttlichen Offenbarungen verdunkelte, ändern, von solchem kindischen Spiel mit den vergänglichen Dingen der Erde sich losmachen, und nachdem die Seele sich der Erkenntniß des göttlichen Willens geöffnet, nun auch das Herz auf den einzigen der Bestrebungen und der Liebe jedes geistigen Wesens würdigen Gegenstand hinlenken, das ist die Buße, zu welcher der Apostel auffordert. Eine solche aber war nicht möglich vor der Erscheinung des Herrn. Darum | auch in jenem Volk, welches sich eben deßwegen einer besondern göttlichen Obhut erfreute, weil aus demselben der Erlöser der Welt geboren werden sollte, auch in diesem ertönte der Ruf zur Buße nicht eher mit rechter Gewalt, als bis die Ankunft des Herrn nahe war, und diejenigen, welche

---

[2] Ephes. 5, 14.
[3] Joh. 5, 25.

39–2 Vgl. Mt 3,2; 4,17

zur Buße aufgefodert wurden, auch zugleich auf das nahe herbeigekommene Himmelreich hingewiesen werden konnten. Für beide also Juden und Heiden war dieser Ruf eine Aufforderung sich loszureißen, und alles Losreißen ist schwer, auch das von der Sünde die unter göttlicher Geduld geblieben war[4], auch das vom eiteln Wandel nach väterlicher Weise und von dem todten Buchstaben der äußeren Sazung, und es bleibt schwer, wenn auch bevorsteht die Gerechtigkeit zu erwerben, die vor Gott gilt, und einzugehen in die Freiheit der Kinder Gottes. Aber doch ist solche Buße eben deshalb auch etwas fröhliches und herrliches, weil wir uns in ihr einem andern und seligen Zustande nahe fühlen. Sei sie auch mit einem schmerzlichen Rükkblikk auf die vorige Zeit verbunden: so ist das nur die Traurigkeit die niemandem gereut; es sind die flüchtigen Schmerzen der Gebährerin, die bald in Freude verkehrt werden. Allein freilich ist sie nicht möglich gewesen in den Zeiten der Unwissenheit, wo dieser bessere Zustand verborgen war; und nur seitdem der Vater sich geoffenbart hat in dem Sohn, gebietet Gott | allen Menschen an allen Enden diese Buße. Er gebietet! der gebietet dessen Wort That ist, und von dem es heißt, So er spricht so geschieht es; und so er gebeut, so stehet es da[5]. Er gebietet nicht etwa gleich einem menschlichen Herrn mit einem schrekklichen vielleicht und drohenden oft aber doch unfruchtbaren Worte, denn so ließe sich nicht einmal die Buße gebieten, sondern durch die einladende und erquikkende Stimme seines Sohnes selbst; er gebietet durch die gnädigen Zeichen, welche er uns giebt, indem er über uns durch den Sohn seinen Geist ausgießt. So gebietet er demnach auch hier mit einem kräftigen Worte, dem die That nicht fehlt. Ja, wo die Zeit der Unwissenheit wirklich ein Ende nimmt, wo die Erkenntniß Gottes durch sein Ebenbild den Sohn wirklich vermittelst der Predigt in das Herz dringt, daß es zum Bewußtsein der göttlichen Liebe und der göttlichen Weisheit kommt, und ihm göttliches Licht und Recht aufgeht: o da ist jene Buße auch unausbleiblich das erste Werk des göttlichen Geistes in dem Menschen; und dieses die Buße gebietende Wort, welches eigentlich die neue geistige Welt schafft, indem Jeder nur durch die Buße in derselben zum Dasein kommt, ist eben so kräftig und wirksam wie das gebietende Wort, welches die äußere Welt um uns her ins Dasein gerufen hat.

Welche Freude also, daß mit dieser Buße das Werk des Erlösers beginnt! Dem Herzen können, | wenn es Gott gefällt seinen Sohn zu

---
[4] Röm. 3, 25.
[5] Ps. 33, 9.

7–8 Vgl. Röm 1,17; 3,21–25; 2Kor 5,21   8–9 Vgl. Röm 8,21   13–14 Vgl. Joh 16,21   24–25 Vgl. Apg 2,17 mit Bezugnahme auf Joel 3,1

offenbaren, weder die Werke irgend eines äußeren Gesezes genügen, noch mag es sich länger von den Trebern des sinnlichen Genusses nähren mit den Andern. Und wenn sich ein solcher im Begriff umzukehren das vergangene weniger zu übersehen getraut, weil er doch bisweilen eine wenngleich unsichere und immer wieder bestrittene und beschwichtigte warnende Stimme vernommen: so sagt ihm dieselbe Predigt, daß Gott auch diese Stimme, durch die er sich selbst habe ein Gesez sein wollen, unter dieselbe Unwissenheit wie den Ungehorsam gegen dieselbe begreift, um dieses insgesammt zu übersehen, damit die neue Gerechtigkeit aufgerichtet werden könne, die allein gelten soll. Welche Freude, daß das, wenn ein höheres werden sollte, unerläßliche aber immer schwere Umkehren und sich losreißen für Alle vermittelt ist durch eine so belebende und erfrischende Erscheinung, als die des Sohnes, in dem wir den ewigen Vater des Lebens wirken sehn. Wie konnten die Menschen besser und leichter gereinigt werden, als wenn sie gleichsam genöthigt werden in dem Erlöser den Sohn Gottes zu erkennen, durch den wir, weil wer ihn sieht, auch den Vater sieht, zur Erkenntniß Gottes und zur Gemeinschaft mit ihm sollen geführt werden. Denn unmittelbar vermag seine Erscheinung und sein Wort die Zeit der Unwissenheit wirklich zu vertreiben; und bei wem dies geschieht, in dessen Herzen macht er Wohnung und erfüllt es mit der Offenbarung des Vaters die in seinem Wesen liegt. Da vergeht denn das kin|dische Wesen, in welchem der Mensch ohne ihn begriffen ist, und erscheint in seiner Nichtigkeit; da wird der menschliche Geist zur rechten Mannheit erstarkt, und der welcher vorher den Dingen dieser Welt diente, ist frei geworden durch die Kraft der Wahrheit, umgekehrt ist der innerste Sinn des Gemüthes und alle Handlungsweisen und Ordnungen des Lebens – und das ist die Buße.

Aber, m. g. Fr., die Buße gebietet Gott auf diese selbst vollziehende und kräftige Weise, indem er den Menschen vorhält den Glauben. Dieses Wort nun klingt uns gleich fröhlicher und erquiklicher, und gern rechnen wir es in unsre Weihnachtsfreude hinein. Aber mit Recht erinnern uns die Worte des Apostels daran, wie genau beides zusammenhängt, die Buße und der Glaube. Denn auch der Glaube war verborgen in jenen Zeiten der Unwissenheit, die der Herr übersehen hat. In Zweifeln schwankte die menschliche Seele hin und her, ohne eine feste Zuversicht, welche die Stüze ihrer Freiheit sein konnte. Jedes Wort der Wahrheit, welches unter den Menschen ertönte, jeder Strahl

---

12 sollte, ... losreißen] sollte ... losreißen,

2–3 Vgl. Lk 15,16   17–18 Vgl. Joh 14,9; auch 12,45   21–22 Vgl. Joh 14,23 des Lichtes den die göttliche Milde in irgend eine menschliche Seele senkte, um sie und Andere über das vergängliche und nichtige zu erheben, ach manchem blendeten sie die Augen, daß er doch nur die Finsterniß erkannte, in welcher er wandelte, und allen gingen sie vorüber als ein flüchtiger Schein! Nur jezt erst haben wir ein festes prophetisches Wort, seitdem alle diese vereinzelten Strahlen ge|sammelt sind in dem Einen Licht, welches in die Welt gekommen ist um alle Finsterniß zu erleuchten. Wie nun die Erscheinung des Erlösers das Gebot der Buße ist, indem wir erst an ihm die Herrlichkeit eines göttlichen Lebens schauen und darnach verlangen lernen: so wird auch durch ihn allen Menschen vorgehalten der Glaube. Wem der Erlöser selbst so vorgehalten wird, daß er in ihm erkennt die Herrlichkeit des eingebornen Sohnes, der gewahrt auch die Fülle, aus welcher er nehmen kann Gnade um Gnade. Und so fest ist auch der Erlöser von dem Entstehen und der Kraft dieses Glaubens überzeugt, daß er nur sorglos lächelt über einzelne vorübergehende Augenblicke der Kleingläubigkeit bei denen, die ihn erkannt haben, und daß er immer gewiß ist, der Vater habe ihn erhört, wenn er für die Seinigen bittet, daß ihr Glauben nicht verloren gehe.

Dieser Glaube nun, den Gott allen Menschen vorhält, ist zunächst zweierlei, die Zuversicht auf die ewige Wahrheit und Untrüglichkeit des göttlichen Lebens, welches sich in dem Erlöser offenbart, dann aber auch die Zuversicht auf das heilige Band der Gemeinschaft, welche er gestiftet hat unter denen, die ihn für ihren Herrn und Meister anerkennen. In dieselbe unerschütterliche Zuversicht, deren seine Jünger sich seit der Auferstehung des Herrn erfreuten, nachdem alle Nebel sich zerstreut hatten, die ihre Seele wol noch umzogen während seines irdischen Daseins, und die sich in der Stunde seines | Todes zu einer dichten Finsterniß zusammenzudrängen drohten, dieselbe Zuversicht daß Er Unsterblichkeit und Leben so ans Licht gebracht habe, daß wem es einmal durch ihn aufgegangen ist, es auch nicht wieder untergehen kann, da jeder ja nur immer wieder aus der unendlichen Fülle dessen nehmen darf, der das Leben hat in ihm selbst. Das ist der Glaube, den Gott allen Menschen vorhält seit der Erscheinung des Erlösers. Aber es gehört dazu auch der Glaube an die geistige Gemeinschaft, die Christus unter den Seinigen gestiftet hat. Dazu ist er auf Erden erschienen, daß er das Haupt werde seiner Gemeine, und alle, die an ihn glauben, auch unter einander verbinde in Einheit des Geistes. Und anders als in dieser vereinigenden Kraft, in dieser verbinden-

---

7–8 *Vgl. Joh 1,9; 8,12*   12–13 *Vgl. Joh 1,14*   13–14 *Vgl. Joh 1,16*   18–19 *Vgl. Lk 22,32; Joh 17,15.20*   33 *Vgl. Joh 5,26*   37 *Vgl. Eph 1,22; 5,23*

den Liebe, welche für jeden Verlust vielfältigen Ersaz⁶ und für jeden Wechsel der uns Gefahr droht, dem der Einzelne für sich unterworfen ist, hinreichende Gewähr leistet; anders nicht als so kann der Erlöser der menschlichen Seele erscheinen, wenn ihr wirklich der unumstößliche Glaube vorgehalten wird. Da ist denn gut Buße thun, wo zugleich solcher Glaube das Herz tröstet; da ist gut allem vergänglichen, allem unwürdigen in dem innersten des Gemüths entsagen, wo so die Gewißheit das Höchste zu besizen den gedemüthigten Geist wieder erhebt.

Und so, m. g. Fr., kommen wir wieder dahin | zurükk, wovon wir ausgegangen sind. Es ist dasselbe wodurch sich der Erlöser in der einzelnen Seele des Menschen verklärt, und wodurch er die ganze Welt umgestaltet und neu geschaffen hat. Jeder Einzelne, der die Kraft des ewigen Lebens in ihm und durch ihn empfängt, wird und gedeiht eben so wie die ganze neue Welt, die neue Welt der Buße, welche, indem sie sich hinkehrt zum Unvergänglichen die Unwissenheit hinter sich wirft, und die neue Welt des Glaubens, der den Sohn erkennt, und mit sicheren Schritten den ewigen und unvergänglichen Kronen, die allein in der lebendigen Gemeinschaft mit dem Erlöser durch die Liebe zu ihm in der festen Verbindung mit den Seinigen errungen werden, entgegen geht. Das ist die herrliche neue Welt, die Gott den Frommen nicht bloß vorbehält, die wir nicht erst erwarten dürfen, sondern die schon da ist mitten unter uns; das ist die herrliche neue Welt, in welcher er der erste ist und der lezte; der erste, weil sie begonnen hat mit seiner Erscheinung, und der lezte, weil er nicht aufhört mit seiner Kraft in ihr zu wirken, bis er das ganze Geschlecht zu sich gezogen und das Dunkel der Unwissenheit auf dem ganzen Erdenrund vertrieben, sich selbst aber dadurch bewährt hat als denjenigen, welcher der Weg ist und die Wahrheit und das Leben. Ihm sei ewig Preis und Lob von uns allen, ihm der auch uns frei gemacht hat von den Banden der Unwissenheit und dem wir bezeugen müssen, daß er allein wahrhaft frei machen kann. Amen. |

Ewig sei dir Lob und Preis gesagt, gnädiger Vater der Menschen, für diese größte deiner Gaben. Was anders wären wir Menschen ohne deinen Sohn und ohne die Hülfe seiner Erlösung als ein sündiges und versunkenes Geschlecht, gefangen unter den Banden der Finsterniß! Du aber der du uns durch ihn erleuchtet hast, mögest uns auch durch ihn immer enger und immer inniger mit

---

⁶ Matth. 11, 9. 14.

1 *Der Bibelstellennachweis in der Fußnote ist rätselhaft.*   18 *Vgl. 1Kor 9,25*
24 *Vgl. Offb 1,11; 22,13*   28–29 *Vgl. Joh 14,6*

dir selbst verbinden. O daß er den Herzen der Menschen immer näher träte, und sie alle zu sich zöge von der Erde! o daß sein Wort immer reichlicher und herrlicher unter uns wohnte und viele Früchte brächte! o daß alle den Glauben in sich aufnähmen, den du ihnen vorhältst, damit keiner gerichtet werde, sondern alle Theil erhalten an allen Segnungen und Gaben, für welche wir dich heute besonders preisen. Dir empfehlen wir, was dein Sohn der Erhöhte auf Erden zurükkgelassen hat, den geistigen Leib, den er, nachdem du ihn selbst erhöht hast, von oben regiert, die Gemeine der Gläubigen. Laß sein Licht immer reichlicher unter den Seinigen walten und wirken, und binde sie immer inniger zusammen nach deiner Weisheit mit dem Bande der Liebe als mit dem lebendigen Gesez, welches er selbst gegeben hat.   Amen.

———|

2 Vgl. Joh 12,32   2–3 Vgl. Kol 3,16

V.

Die verschiedene Art wie die Kunde von dem Erlöser aufgenommen wird.

Weihnachtspredigt.

Text. Ev. Luk. 2, 15–20.

Und da die Engel von ihnen gen Himmel fuhren, sprachen die Hirten unter einander, Laßt uns nun gehen gen Bethlehem und die Geschichte sehen, die da geschehen ist, die uns der Herr kund gethan hat. Und sie kamen eilend, und fanden beide Mariam und Joseph, dazu das Kind in der Krippe liegend. Da sie es aber gesehen hatten, breiteten sie das Wort aus, welches zu ihnen von diesem Kinde gesagt war. Und alle, vor die es kam, wunderten sich der Rede, die ihnen die Hirten gesagt hatten. Maria aber behielt alle diese Worte, und bewegte sie in ihrem Herzen. Und die Hirten kehreten wieder um, priesen und lobten Gott um alles, das sie gehöret und gesehen hatten, wie denn zu ihnen gesagt war. |

M. a. Fr. Dieser weitere Verfolg der evangelischen Erzählung von der Geburt des Erlösers beschreibt uns den Eindrukk den die erste Kunde davon hervorgebracht hat, und natürlich machen die verschiedenen Gemüthsstimmungen, welche diese Erzählung vor uns entwikkelt, auch einen sehr verschiedenen Eindrukk auf uns. Aber nur zu gern und vielleicht auch zu leicht gleiten wir über diejenigen, die sich nur nach dem Thatbestand der Sache erkundigen wollten, über diejenigen, welche sich der Rede, die sie vernahmen, nur verwunderten, hinweg, und bleiben ausschließend bei der Einen stehen, von welcher nun freilich das Ausgezeichnete gesagt wird, daß sie alle diese Worte in ihrem Herzen bewegte. Alles zusammengenommen aber giebt uns diese Erzählung gleichsam einen **kurzen Inbegriff überhaupt von der verschiedenen Art, wie die Menschen die Nachricht vom Erlöser aufgenommen haben**, von dem verschiedenen Eindrukk, den dieselbe auf sie zu machen pflegt, und dem Antheil, den sie daran

---

18 Erlösers] Erlösers,   27–28 Erzählung] Erzählung,

2 *Predigt zum 2. Weihnachtstag am 26. Dezember 1831 früh in der Dreifaltigkeitskirche zu Berlin; vgl. Predigtdruck und Liederangaben in KGA III/12, S. 834–845*

nehmen; ja auf gewisse Weise können wir sagen, daß sich dasselbe Verhältniß, wie wir es hier finden, fast überall und zu allen Zeiten in der Welt, wohin nur die Verkündigung von Christo gekommen ist, auch eben so fortgesezt hat. Allein, wenn wir wollen gerecht und billig sein gegen die Menschen auf der einen Seite, auf der andern aber auch den göttlichen Rathschluß doch in seinem ganzen Zusammenhange und seiner Ausfüh|rungsweise verstehen: so müssen wir doch überall nicht nur bei dem stehen bleiben, was unmittelbar in die Augen fällt, oder nur dem Eindrukke folgen, den die Art, wie der Erlöser aufgenommen wurde, unmittelbar auf uns macht; sondern wir müssen alles in seiner Verbindung mit dem übrigen und in dem Verhältniß, so wie jedes sich, wenn wir es recht betrachten, zum Ganzen stellt, in unser Gemüth aufnehmen. Darum, m. a. Fr., laßt uns zuerst **diese Verschiedenheiten einzeln betrachten, und dann sie in ihrem Verhältniß zu der jezigen Gestalt der christlichen Gemeinschaft ins Auge fassen.**

I. Freilich ist das eine ganz gewöhnliche Rede, daß man sagt, es gebe unter allen denen, welche sich Christen nennen, immer nur eine kleine Anzahl solcher, von denen gesagt werden könne wie von der Maria, daß sie diese Worte in ihrem Herzen bewegen, Mehrere allerdings, denen man das Zeugniß nicht versagen dürfe, daß sie Antheil nehmen an der Sache, wie eben jene Hirten, und daß sie es sich nicht verdrießen lassen, sich nach den Geschichten zu erkundigen und den eigentlichen Thatbestand davon ins Auge zu fassen: aber die Meisten waren immer solche, die sich der Rede nur verwunderten, die zu ihnen gesagt wird. Und gewiß ist auch in dieser Bemerkung viel wahres; aber sie würde doch ein ganz unrichtiges Urtheil aussprechen, wenn wir von der Voraussezung ausgingen, | diese Abstufung käme nur bei dieser größten Angelegenheit in einem solchen Maaßstab vor, während es sich doch vielleicht überall eben so verhielte. Damit wir uns also nicht zu früh einer ungegründeten Klage überlassen: so laßt uns zuvörderst zusehn, ob wir nicht in allen andern menschlichen Dingen ähnliches wahrnehmen? Und das wird sich wol zeigen, wir mögen sehen wohin wir wollen.

Laßt uns mit dem beginnen, was gewiß uns Allen das geringste und unbedeutendste ist, und das ist doch die Art, wie sich dem Einen so dem Andern anders die äußere Seite des irdischen Lebens in seinen verschiedenen Verhältnissen gestaltet; oder laßt uns weiter fortschreiten zu dem, was ja uns Allen schon weit wichtiger ist, schon deshalb weil es genauer mit dieser größten Angelegenheit unseres Heils zusam-

---

12 betrachten,] betrachten

menhängt, nämlich auf die Entwikkelung der geistigen Kräfte des Menschen in unserm Kreise, woran freilich Alle theilnehmen aber doch in sehr verschiedenem Grade der Eine und der Andere: überall finden wir es eben so wie hier. Laßt auf einem von diesen Gebieten etwas bedeutendes neues erscheinen: wie vortrefflich es auch sei, immer wird es deren nur sehr wenige geben, die es sofort mit richtigem Sinn so auffassen, wie es sich der Wahrheit nach auf ihren Lebenskreis bezieht, und es sonach mit freudiger Zuversicht in ihre Entwürfe verweben, diese danach aufs neue prüfen, und so in der richtigen Anwendung des dargebotenen ungestört fortschreiten. Der große Haufen erscheint uns immer | höchstens denen in unserm Texte ähnlich, von welchen gesagt wird, daß sie die Rede vernahmen und sich darüber wunderten. So geht auch auf jenen Gebieten der größte Theil der Menschen entweder in stumpfer Gleichgültigkeit hin, wie es auch in dem Falle unseres Textes gewiß viele solche gegeben hat, in so unbestimmten, unsichern Bewegungen des Gemüths, wie die Verwunderung ist, durch das Leben – ohnerachtet aller neuen Aufregungen, die es bringt – sich mehr hindurch träumend, als mit klarem Bewußtsein und festem Willen hindurchschreitend. Geringer schon der Zahl nach, aber freilich bei weitem bedeutender sind die, welche durch alles neue, was im menschlichen Leben vorkommt, zur Betrachtung und zur Forschung aufgeregt werden, so wie hier von den Hirten gesagt wird, daß sie hingehen und sehen wollten, wie es stände mit der Geschichte, die sie von den Engeln vernommen hatten. Und wie es von den Hirten heißt, nachdem sie den Thatbestand mit der Beschreibung übereinstimmend gefunden hatten, seien sie umgekehrt und hätten Gott gelobt und gepriesen: so findet es sich auch bei vielen von jenen forschenden. Wenn ihnen etwas neues nach gründlicher Untersuchung so bedeutend und heilsam erscheint, als es ihnen zuerst angepriesen wurde: so wenden sie sich dankend nach oben, und erwarten freudig die weitere Entwickelung. Ja auch das fügen sie nicht selten, wie die Hirten unseres Textes, hinzu, daß sie Andere auf die Sache aufmerksam machen, und so wie sie es gefunden Zeugniß | davon ablegen. Nur deren sind immer die Wenigsten, die von dem, was ihnen neues und gutes kund geworden, auch bald so innig in ihrem Gemüth durchdrungen werden, daß es in ihr Leben übergeht, daß sie es mit allem, was sie sonst bewegt, in Berührung bringen, daß es überall mit berükksichtigt wird, und sie mit bestimmen hilft, kurz daß es sofort anfängt in ihnen fest zu werden und zu bekleiben. Wenn wir also sehen, m. g. Fr., daß sich durch alle menschlichen Verhältnisse eine solche Ungleichheit hindurchzieht, ja daß selbst in den äußerlichen

---

39 bekleiben] *vgl. Adelung: Wörterbuch 1, Sp. 743–744*

Beziehungen des Menschen zu den Gütern und Kräften dieser Erde, wobei es sich doch am ersten denken ließ, doch die bei weitem meisten Menschen nicht zu dem vollen Besiz dessen, was doch Allen zu gebühren scheint, und noch weniger zu dem rechten Bewußtsein davon, wie es auch in dieser Beziehung stehen sollte, gelangen: wie dürfen wir uns wundern, daß auch auf diesem geistigsten Gebiet wo es sich um das Bewußtsein der Menschen von ihrem Verhältniß zu Gott handelt, dieselben Abstufungen statt finden? Auch zu klagen ist nicht darüber; wir müssen uns vielmehr überzeugen, daß das so der Rathschluß Gottes sei, und daß es zu der Stufe, auf welcher der menschliche Geist in diesem Leben steht, wesentlich gehöre. Das beste und vortreflichste bedarf hier einer großen Unterlage; gar Viele müssen vorhanden sein, damit nur einige Wenige sich bis auf einen gewissen Gipfel über die andern erheben, um von da aus nun den Reichthum | der Güter, welche ihnen zu Theil geworden sind, wieder über die Gesammtheit zu ergießen.

Nun aber lasset uns, nachdem wir dies im allgemeinen als den göttlichen Rathschluß und als unser menschliches Loos auf Erden ins Auge gefaßt haben, eben diese Verschiedenheit noch besonders in Beziehung auf die neue Kunde von der Geburt des Erlösers, so wie der Hergang dabei in unserer Erzählung dargestellt wird, näher betrachten. Diejenigen, welche scheinen am wenigsten Gewinn von der Verkündigung des Erlösers gehabt zu haben, sind unstreitig die, von welchen gesagt wird, daß sie, als die Hirten die Uebereinstimmung der Begebenheit mit der Botschaft der Engel ausbreiteten, solches vernahmen und sich verwunderten. Aber, m. G., wenn wir es näher betrachten, so werden wir doch sagen müssen, nicht nur, daß wir sehr unrecht thäten, wenn wir diese verurtheilen wollten und verdammen, weil sie nun nicht auch dasselbe gethan hätten wie Jene, nämlich hingegangen wären um sich umzusehen nach dem Kinde und die Nachricht von ihm noch weiter zu verbreiten. Laßt uns vielmehr zuerst eingestehen, daß diese bei weitem noch nicht die Schlimmsten sind. Wäre es nicht natürlich genug gewesen, wenn sie alle bei sich gedacht hätten, das sei nur wieder eine von den Thorheiten, wie deren in jener Zeit schon öfter zum Vorschein gekommen waren, leere Hoffnungen, wie die Menschen sie sich damals häufig machten? wie es ja vor und nach den Zeiten Christi gar Viele unter | dem Volk gegeben hat, die die Weissagungen des alten Bundes nicht mit rechtem Verstand auslegten! Hätten nicht gar Viele denken können, was geht uns doch das an, was für ein Kind izt geboren ist! Und wäre es auch der, von welchem die Weissagungen des alten Bundes reden, ehe das Kind groß wird und ein Mann, ehe es auftreten kann und zeigen, auf welche Weise es zum König im Namen des Höchsten bestimmt ist, in welchem Sinn es ein

Predigt über Lk 2,15–20

Retter des Volkes werden, sind wir schon lange nicht mehr auf Erden; warum sollen wir uns also weiter um etwas kümmern, wobei wir doch gar nichts zu thun haben, und was immer nur unsern Nachkommen kann zu Gute kommen? Die nun so dachten, hätten sich auch nicht einmal verwundert. Das sich verwundern ist also schon immer eine Hinneigung des Gemüths zu dem Gegenstand, es bezeugt wenigstens einen offenen Sinn und zwar ohne alle eigennüzige Beziehung auf sich selbst offen für alles das, was dem Menschen überhaupt bedeutend ist, und das ist doch schon eine löbliche Erhebung über das gewöhnliche. Darum ehe wir diese Menschen verdammen, lasset uns fragen, was würde wohl der Erlöser von ihnen gesagt haben? Und das wird uns nicht schwer zu finden sein, wenn wir ein Wort bedenken, welches Er einst sagte, als einer von seinen Jüngern einen fremden strafen wollte, der in dem Namen Jesu zwar Geister ausgetrieben hatte, aber ihm doch nicht nachfolgte. Da sprach er, Es kann nicht leicht einer eine That thun in | meinem Namen und hernach Uebles von mir reden; wer nicht wider uns ist, der ist für uns[1]. Diese Worte können wir gar füglich auch auf solche Menschen anwenden, wenn wir sagen, es kann nicht leicht einer, der doch so bewegt worden ist von einer solchen Erzählung, daß er ihr seine Aufmerksamkeit schenkt, daß er sich darüber wundert, der kann nicht, wenn seine Verwunderung einmal laut geworden ist, bald darauf den Gegenstand seiner Theilnahme lästern; denn er würde damit seine eigene Aufregung lästern, verhältnißmäßig nicht minder als wenn einer den lästern wollte, dessen Namen er gebraucht hat, um etwas großes und bedeutendes damit auszurichten. Ja Alle, die es auch nicht weiter bringen mit dem Evangelio und der Verkündigung von Christo, als nur daß eben diese ganze göttliche Veranstaltung, die Art, wie es damit zugegangen ist, der weitere Verfolg der Begebenheit, die Gestaltung der menschlichen Dinge durch dieselbe ein Gegenstand der Verwunderung für sie ist, die sind doch immer Träger des Worts, und also wenn auch nur auf mittelbare Weise Werkzeuge des göttlichen Geistes. Das Wort kommt durch sie in Bewegung; denn das, worüber man sich wundert, verschweigt man nicht, es kommt einem oftmals wieder in den Sinn, und wenn es gilt, etwas bedeutendes daran zu knüpfen, so steht es auch gleich wieder vor der Seele. Und so ist | dies Verwundern für jeden Einzelnen eine Stufe der Vorbereitung sowohl auf die Anknüpfung eines nähern Verhältnisses mit dem Erlöser, als auch um eine nach Maaßgabe der Art, wie jeder in seiner Gesammtheit steht, mehr oder minder bedeutsame Wirksamkeit auf sie auszuüben.

---

[1] Mark. 9, 38–40.

Gehen wir nun weiter und sehen auf die Hirten, von welchen zuerst gesagt wird, daß sie mit einander sprachen, Lasset uns gehen nach Bethlehem und sehen die Geschichte, von der zu uns geredet ist, ob sie sich auch so verhält, und dann wie sie sie hernach ausbreiteten, und Gott lobten und priesen über alles das, was sie gehört und gesehen hatten: so können wir wol nicht leugnen, diese sind weiter gediehen als jene; aber mehr als nun diese geleistet haben war auch unter den gegebenen Umständen nicht zu verlangen. Freilich, m. g. Fr., wenn wir uns und unser Verhältniß zum Erlöser betrachten: so erscheint uns dieses insgesammt allerdings noch als ein gar geringes. Das war wohl etwas löbliches, daß jene Hirten nun das Wort der Engel nicht gleich wieder vernachläßigten, wodurch sie es gleichsam ungeschehen gemacht hätten, sondern daß sie nun forschen wollten, nachdem sie selbst ein Zeichen empfangen hatten, dem sie nachgehen konnten um zu sehen, ob es sich dem gemäß verhielte, und daß sie nun auch gleich, nachdem sie es so fanden, die Aufmerksamkeit Anderer auf diese Geschichte lenkten, und der Botschaft der Engel zu Hülfe kamen, indem sie zunächst denen davon erzählten, die sich | in der unmittelbaren Umgebung des Kindes befanden, dann aber auch Anderen das Wort brachten. Und daß sie die Sache nicht etwa für etwas Gleichgültiges angesehen haben, sondern im innern ihres Gemüthes davon ergriffen wurden, daß sie wirklich großes für ihr ganzes Volk davon erwarteten, das sieht man daraus, daß von ihnen gesagt wird, sie hätten Gott gelobt und gepriesen. Nur freilich thut ihrer keine weitere Erzählung unserer Evangelienbücher irgend wieder Meldung, ob sich einer oder der andere von ihnen hernach unter den Jüngern des Herrn befunden hat, ob überhaupt zu der Zeit, wo der Erlöser öffentlich auftrat, noch jemand vorhanden gewesen ist, der darauf aufmerksam machte, daß Jesus derselbe wäre, von dem gleich bei seiner Ankunft in der Welt auf solche Weise geredet worden. Das wirft dem Anschein nach ein nachtheiliges Licht auf sie; aber wie bald wurde nicht der Erlöser ihnen aus den Augen gerükkt, wie wenig waren sie im Stande, von da an seinen weitern Führungen in der Welt zu folgen! Und wenn nun auch der eine oder der andere noch lebte zur Zeit, als der Erlöser öffentlich auftrat: wie wenig Veranlassung hatten sie doch, auch nur zu vermuthen, er sei derselbe, von welchem damals so zu ihnen geredet worden war. Denn er kam ja aus einer ganz andern Gegend, aus Galiläa, und es wurde allgemein geglaubt, er sei auch daher gebürtig; auch trat er gar nicht so auf, wie sie nach jener Verkündigung geneigt gewesen sein würden zu erwarten, sondern nur | als ein Lehrer, wie es deren mehrere gab im Volke! Da müssen wir also gestehen, es wäre eine unbillige Zumuthung, von ihnen mehr zu verlangen als sie thaten; und wir würden kein Recht haben sie deshalb zu tadeln, oder ihr Gott loben und preisen deshalb geringer anzuschlagen, weil sie nachher in keinen näheren Zusammenhang mit dem Erlöser gekommen sind.

Ach! m. g. Fr., wenn wir uns das Loos solcher Menschen in der damaligen Zeit recht vor Augen stellen: wir müssen wol gestehen, daß der Engel des Herrn mit seiner Verkündigung grade an diese gewiesen wurde, das zeige sich als eine gar weise Auswahl. Wie viele Andere in derselben Lage würden ganz gleichgültig geblieben sein, und bei sich gesagt haben, mag auch ein König geboren sein für künftige Geschlechter, uns wird doch davon nichts gutes zu Theil werden, wir werden doch nach wie vor unser Leben zubringen bei unsern Heerden, unser Loos wird kein anderes werden, als das bisherige; und in dieser Kälte gegen alles, was sie nicht selbst betraf, sich der frohen Verkündigung entziehend würde dies Wort derselben leer an ihnen vorübergegangen sein! Wie müssen wir es nicht schon hochachten, wenn der Mensch in eine solche Lage gestellt, wie diese Hirten, sich erhebt über das unmittelbar nächste, Antheil nimmt an den allgemeinen Angelegenheiten, und sich auch an dem freut, was Menschen überhaupt, wenn auch schon ihm selbst auf gar keine Weise, zu Gute kommen soll. | Dies sich erheben über die Gegenwart und über das unmittelbar persönliche ist schon eine schöne und edle Stufe, auf welcher eine menschliche Seele steht; in einer solchen hat schon das göttliche Wort einen Zugang, der ihm bei gar vielen andern fehlt. Denn da ist auch schon eine Richtung auf das Göttliche vorauszusezen, wo eine solche Erhebung über das unmittelbar gegenwärtige und sinnliche wahrgenommen wird. Und daß es ihnen dennoch nicht möglich war, diese Geschichte, nach der sie mit solcher Theilnahme forschten, von welcher sie so ergriffen redeten, die sie zu solchem Lobe Gottes begeisterte, auch in ihrer weiteren Entwickelung zu verfolgen; können wir ihnen das zur Schuld anrechnen? müssen wir nicht sagen, das hing ab von der göttlichen Ordnung in der Art, wie ihr Leben und wie das Leben des Erlösers geführt wurde, daß ihnen ein näherer und unmittelbarer Zusammenhang mit ihm in Folge dieser Verkündigung nicht vergönnt war?

II. Und nun laßt uns von hier aus diese verschiedenen Auffassungen in ihrem Zusammenhang betrachten mit der Art, wie sich im ganzen die christliche Gemeinschaft jezt unter uns gestaltet. Allerdings giebt es in derselben sehr Viele, die den Namen der Christen zwar mit uns theilen, eigentlich aber doch nur zu denen zu gehören scheinen, die sich über diese ganze Sache nur wundern. Ein Gegenstand der

---

14–15 Vgl. Jes 55,11

Verwunderung ist es für sie, wie doch eine so gänzliche Umgestaltung der menschlichen | Dinge wenn auch nur allmählig hat ausgehen können von einem so unscheinbaren Punkt, aus einem Volke, welches schon seit lange her ein Gegenstand der Geringschäzung für die andern war, welches sich selbst durch sein Gesez von dem unmittelbaren Einfluß auf andere Völker auszuschließen schien, und deswegen auch von ihnen bald mehr verachtet, bald mehr gehaßt wurde. Wie nun ein einzelner Mensch aus diesem Volk ein solcher Gegenstand allgemeiner Verehrung für so viele Völker habe werden können; wie der Glaube an ein ganz besonderes nahes Verhältniß zwischen Gott und ihm entstehen, wie sich diese Lehre so weit unter den verschiedensten Menschen verbreiten konnte; am meisten aber wie dieser Glaube auch jezt noch bestehe, ungeachtet es deutlich genug zu Tage liege, daß theils unter denen, welche den Namen dieses Erlösers bekennen, doch dieselben Schwächen und Unvollkommenheiten im Schwange gehen, und die Gläubigen daher auch von denselben Bedrängnissen und Beschränkungen des Lebens wie Andere getroffen werden, theils auch bei den Meisten von ihnen gar keine wirkliche Spuren eines höhern Lebens zu finden sind: dieses wie gesagt, ist für Viele, die sich doch ebenfalls Christen nennen, auch izt noch nur ein Gegenstand der Verwunderung. Das ist freilich wenig, wenn sie Christen sein wollen! und dennoch möchte ich Euch gern überzeugen, daß auch diese Verwunderung doch schon etwas sehr wahres an der Sache ergriffen hat. Offenbar liegt ja dabei die Vermuthung zum Grunde, wenn es | sich mit Christo so verhielte, wie wir glauben, wenn ein solcher Unterschied zwischen ihm und allen andern Menschen wirklich bestände: so müßte auch schon viel größeres im menschlichen Geschlecht bewirkt worden sein durch diese Gemeinschaft, wenn nur das Verhältniß der Christen zu Christo die rechte Kraft und Innigkeit hätte – dieses richtige Gefühl liegt offenbar jener Verwunderung zum Grunde. Und müssen wir nicht gestehen, daß dies schon eine höchst wirksame Vorbereitung ist, und daß solchen nur grade noch die höchste Erleuchtung des göttlichen Geistes fehlt, um nicht mehr nur zu sagen, wenn es sich so verhielte um die Sache, wie geglaubt wird, so müßte es anders in der Welt stehen, sondern zu sagen, Ja, es verhält sich dennoch so, daß es aber doch nicht besser steht, das ist nur ein Zeichen davon, wie wenig Menschen und wie langsam dazu gelangen, daß sie ihre wahre Bestimmung auf Erden finden und erfüllen, also auch ein Zeichen davon, wie unermeßlich der Abstand in der That ist zwischen dem, welcher uns diese Fahne des Heils aufgestekkt hat, und denen, welche derselben zwar gleichsam unwillkührlich folgen, aber doch an dem Ruhm und Preis des Erlösers an der Herrlichkeit des innern Lebens, welches in ihm war und von ihm ausgehen soll, nicht selbst bestimmten Theil nehmen? Müssen wir also nicht sagen, daß eine solche Verwunderung schon die Erregung in sich trägt, die den Menschen zum wahren Heil führen kann, ja daß es nur ein weniges ist, um welches | diese noch entfernt sind von dem wahren vollen Genuß des Reiches Gottes?

Gehen wir also jezt weiter, und sehen auf diejenigen Glieder der christlichen Gemeinschaft, die sich uns eben wie jene Hirten als solche darstellen, die fleißig forschen nach den Geschichten, auf welche sich der Glauben der Christen bezieht, und Alles, was darüber zu uns geredet ist als von oben herab, auch zum Gegenstand ihres Nachdenkens machen. Dazu gehört doch nothwendig, daß sie dieses Ereigniß auf eine sehr bestimmte Weise unterscheiden von allen andern auch wichtigen Begebenheiten, wenn sie doch vor allen nach dieser so fleißig forschen, wie glaubwürdig alles überlieferte sei, und ob nicht dem wahren vielleicht doch falsches sei beigemischt worden. Die nun, wenn sie den Thatbestand doch so finden, daß der geschichtliche Grund unerschüttert bleibt, die Rede ausbreiten helfen, Jeder nach seiner Weise die Geschichten von Jesu als hochwichtig und bedeutend ohne Vergleich mit anderen darstellen, und Gott dafür loben und preisen, indem sie alles, was sie in der Welt unter christlichen Völkern Gutes entwikkelt sehen, auf den Einen, von dem es seinen Ursprung hat, zurükkführen, solche haben wir in der evangelischen Kirche von Anfang an gar viele gehabt. Aber wie wird gewöhnlich über sie geurtheilt? Wie wir auch vorher über die Hirten geurtheilt haben. Daß man doch, heißt es, diese innere Bewegung des Herzens, wie von der Maria gesagt wird, daß sie alle diese | Worte im Herzen bewegte, an ihnen vermisse. Freilich nicht unwirksam sei zu ihnen Allen das Wort geredet; haben sie es doch aufgenommen, sezen sich auch in Bewegung für dasselbe, erforschen die Geschichte und theilen Andern davon mit, loben auch Gott dafür: aber daß in ihnen selbst ein anderes Leben daraus entstanden sei, daß sie in das innigste persönlichste Verhältniß mit dem Erlöser getreten wären, das bemerke man doch nicht genug bei ihnen. Wohl mag diese Anschuldigung auf gewisse Weise von sehr Vielen wahr sein, die eine bedeutende Stelle einnehmen unter den forschenden nachdenkenden Gemüthern. Aber wenn sie doch diese Sache vorzüglich zum Gegenstand ihrer Forschung machen, als eine besonders wichtige; wenn sie sich doch alles wichtige nicht anders denken können, als im Zusammenhang mit dem Rathschluß Gottes: müssen sie dann nicht doch inne geworden und auf ihre Weise gewiß darüber sein, daß diese Sache auch ganz vorzüglich aus Gott ist? Und auf wie vielerlei Weise sind nicht Menschen dieser Art zu

---

9–10 Vgl. Joh 3,31

allen Zeiten Werkzeuge des göttlichen Geistes! Wie wichtig ist nicht insonderheit der Dienst von solchen gewesen für das Werk der Verbesserung der christlichen Kirche! Wieviel haben sie beigetragen zu unserer Rükkehr von den Menschensazungen, durch die es entstellt war, zur Reinheit des Evangeliums! Wie viel eine solche redliche und treue Nachforschung über den eigentlichen Thatbestand der Geschichte des Christenthums überhaupt beigetragen habe zu dieser | Wiederherstellung der christlichen Wahrheit, so daß der einfache evangelische Glaube ohne diese Geistesrichtung nie eine rechte Sicherheit hätte erreichen können: wer kann das übersehen? Ist nun solche Thätigkeit so hülfreich dazu gewesen, daß der rechte Genuß des göttlichen Heils den Menschen wieder hat werden können; sind die, welche sich mit diesen Forschungen beschäftigen, so wichtige Werkzeuge, daß sich Gott ihrer bedient zur Aufrechthaltung der göttlichen Wahrheit: dürfen wir dann glauben, daß ihnen in ihrem eigenen inneren Leben nichts davon zu gute komme? Gewiß, so wie der einzelne Mensch kann mehr oder weniger unmittelbar ein Werkzeug des göttlichen Geistes sein: so kann es auch ein weniger oder mehr unmittelbares Bewußtsein und mithin einen verschiedenen Genuß der göttlichen Gnade geben. Alles, was Lob und Preis Gottes ist, muß es nicht von Gott kommen? Alles, was Lob und Preis Gottes ist wegen Christi, muß es nicht auf Christum zurükkführen? Und wenn also auch Manche den Erlöser der Welt vorzüglich in der Geschichte, wie sie sich durch ihn entwikkelt hat, wenn sie ihn auch vorzüglich in dem reinen Gedanken von der höheren Bestimmung des Menschen in dieser Welt, in der reinen geistigen Liebe, die er gegen uns gehegt und uns eingeflößt hat, in dem Streben nach höherem Frieden, nach seligem Genuß der Gegenwart Gottes, wenn sie ihn auch nur darin vornehmlich anerkennen und verehren: sollen wir nicht doch gern gestehen, daß sie ihm anhängen, wenn auch nicht | in einem eben so unmittelbaren persönlichen Verhältniß der Liebe und Zuneigung wie wir und manche Andere? Und so erscheint uns doch, und wir müssen uns darüber freuen, die Ungleichheit unter den Bekennern Christi geringer, als wir sie uns anfänglich vorstellten!

Und nun lasset uns zulezt auch noch mit wenigen Worten auf die Maria sehen, von der gesagt wird, daß sie alle diese Worte bei sich behielt und in ihrem Herzen bewegte, und auf diejenigen, die ihr am meisten entsprechen in der christlichen Gemeinschaft. Ja Maria war freilich eine vorzugsweise begnadigte unter den Weibern! Es gab mehr Jungfrauen in Israel, und auch mehr Jungfrauen aus dem Stamm Davids – wenn es ja nöthig war, daß aus diesem mußte der Heiland

---

38–39 Vgl. Lk 1,42

geboren werden – als sie; aber sie war die von Gott erwählte. Daß sie die Worte in ihrem Herzen bewegte, ach! das war sehr natürlich und leicht zu erklären, weil es sie persönlich ja so nahe anging, weil zu dem, was sie schon selbst auf ähnliche Weise erfahren hatte, nun noch eine andere solche englische Botschaft hinzukam. Und doch, m. g. Fr., wenn wir uns nun fragen, war denn dieses, daß sie die Worte im Herzen bewegte, schon der rechte seligmachende Glaube? war es schon ganz der fruchtbare Keim eines solchen persönlichen Verhältnisses zum Erlöser, wie wir es uns, wenn es uns geworden, als das höchste denken? war denn Maria schon in dem Glauben, sie sei gewürdigt worden, daß der Hei|land der Welt durch sie das Licht dieser Erde erblikken solle, fest und unerschütterlich? Unsere Evangelienbücher lassen uns nur zu deutlich das Gegentheil merken. Es gab lange hernach, als der Erlöser schon lehrte, eine Zeit, wo sie schwankte zwischen ihm und seinen Brüdern, die nicht an ihn als Erlöser glaubten, wo sie mit diesen ging, in der Absicht ihn aus seiner Laufbahn herauszureißen, um ihn in ihren engeren häuslichen Kreis zurükkzuziehen, als einen der außer sich selbst sei[2]. So war denn ohnerachtet dieser bei ihr soviel tieferen und innigern Bewegung der Seele über die Worte, die geredet wurden in Bezug auf das Kind, das durch sie das Licht der Welt erblikkt hatte, ihre persönliche Seligkeit noch keinesweges fest gegründet. – Und so, m. g. Fr., steht es, wir werden wol immer sagen müssen, um alle die, die eines solchen nähern innigen persönlichen Umganges mit dem Erlöser gewürdigt werden. Die Festigkeit des Herzens ist auch bei ihnen nur ein Werk der Zeit, sie geht auch bei ihnen durch mancherlei Anfechtungen und Schwankungen hindurch; und was wir vorher schon sagten, gilt von allen diesen, wie von der Maria, es ist eine besondere Begnadigung, daß sie in ein näheres Verhältniß zu dem Erlöser im Leben gestellt sind, daß sie durch alles, was sie betrifft, immer wieder aufs neue erwekkt und dazu angetrieben werden, auch die Worte immer aufs neue im Herzen zu bewegen. | Aber doch ist der Keim des Unglaubens auch bei ihnen, und wird auch bei ihnen nur nach und nach überwunden, und allmählig erst der Glaube in ihnen so fest, daß das ganze Leben als ein würdiges Zeugniß dieses festgewordenen Glaubens erscheint.

Und welches, m. g. Fr., ist nun wol der Schluß, zu dem wir mit unsern Betrachtungen kommen? Dieser, der Erlöser ist der Welt, das heißt dem menschlichen Geschlecht, gegeben; und das Heil dieses Ge-

---

[2] Mark. 3, 21. 32.

4 Vgl. Lk 1,26–38   11 Vgl. Joh 4,42   15–16 Vgl. Joh 7,5   16–17 Vgl. Mk 3,31–32   18 Vgl. Mk 3,21

schlechts wird ganz gewiß immer nur von ihm ausgehen und durch ihn gefördert werden: aber es ist eine mißliche Sache, wenn wir den Antheil, den der Einzelne daran hat, messen, und so den Einen mit dem Andern vergleichend ein festes Urtheil aussprechen wollen, welches nur zu leicht auf der einen Seite ein hartes, auf der andern ein partheiisches sein wird. Der einzelne Mensch steht nie und nirgend allein; es ist göttliche Gnade, wenn er früher und näher zum Erlöser berufen wird: aber wir müssen auch alles für göttliche Gnade, alles für wahren Nuzen und Segen achten, der dem Menschen wiederfährt, was nur seine Aufmerksamkeit hinlenkt auf dies unvergängliche Erbe, was ihn nur über das irdische erhebt, und ihn auf irgend eine Weise in dem Kreise festhält, in welchem das Wort des Erlösers wirksam und lebendig ist. Eben so aber soll auch auf der andern Seite Keiner seinen Theil an den Segnungen des Erlösers für ein Eigenthum halten, das er für sich allein haben könnte! So wie alles dieser Art ein Werk der göttlichen | Gnade ist: so haben wir es auch alles nicht für uns, sondern für Alle. Wenn wir nun seine Ankunft auf Erden feiern, wenn wir diese Worte im Herzen bewegen: so lasset uns damit niemals bei uns allein stehen bleiben, sondern bedenken, daß Er das Heil der Welt ist, und daß wir alles, was dieses in unserm Gemüth wirkt, auch wirksam zu machen haben auf Andere. Und so möge denn niemals aufhören in der christlichen Kirche die rechte Verwunderung über diese unerforschliche Führung des menschlichen Geschlechts; denn dadurch wird auch die Aufmerksamkeit Anderer gewekkt! nie möge aufhören das Forschen nach diesen Geschichten, die doch die größten sind, die sich im menschlichen Geschlecht ereignet haben; denn dadurch wird immer die Wahrheit in helleres Licht gestellt! Nie lasset uns aufhören, davon zu reden und das Wort zu verbreiten, auf daß es, wo wir sind und wirken, überall lebendig bleibe! Nie lasset uns aufhören, Gott zu loben und zu preisen auch um das, was zu Jedem von uns besonders geredet ist, ich meine um unsere eigene Erfahrung und Kenntniß, die wir von der Sache haben, aber dann auch freilich die Worte Gottes immer bewegen in unserm Herzen. Damit wir nämlich für uns selbst das rechte Ziel treffen, laßt uns fleißig fragen, wie diese Worte wirksam sind, und welchen Gebrauch wir davon machen; wie wir das zu schäzen wissen, daß wir in der Gemeinde des Herrn geboren und erzogen sind, und daß daher sein Name so oft vor unsern Ohren ist und so oft na|türlicher Weise in unserm Munde sein muß, daß sein Bild nicht vergehen kann vor unsern Augen, ob wir auch durch alles dieses immer mehr geläutert und geheiligt werden. Alles Heil aber, das uns selbst zu Theil wird, lasset uns achten als gemeinsames Gut, wie der Apostel Paulus sagt, daß alle Gaben sich sollen wirksam erweisen zu

---

42–1 *Vgl. 1Kor 12,7*

gemeinsamem Nuzen. Damit wir aber auf der andern Seite auch den gemeinsamen Zustand der menschlichen Dinge richtig ins Auge fassen, so laßt uns nicht sowol jeden einzelnen Menschen darauf ansehen, ob er das höchste schon errungen habe, sondern auf der einen Seite uns an den unverkennbaren Wirkungen des Evangeliums im großen erfreuen, auf der andern von unserem eigenen Antheil an den göttlichen Segnungen einen freudigen Gebrauch machen, so weit Jeder reichen kann in seinem Kreise. Denn das ist der einzige richtige Weg des fröhlichen Glaubens, durch welchen wir das unsrige thun können, um das Wort zu verbreiten und Lob und Preis dessen zu vermehren, von welchem wir wissen und bekennen, daß in der That in seinem Namen allein das Heil ist, und vor ihm sich alle Kniee beugen müssen derer, die auf Erden sind, um an ihm zu erkennen die Herrlichkeit des eingebornen Sohnes vom Vater.   Amen.

11–12 Vgl. Apg 4,12   **12–13** Vgl. Phil 2,10   **13–14** Vgl. Joh 1,14

VI.

Die Erscheinung des Erlösers als der Grund zur Wiederherstellung der wahren Gleichheit unter den Menschen.

Weihnachtspredigt.

Ehre sei Gott in der Höhe und Friede auf Erden unter den Menschen seines Wohlgefallens. Amen.

Text. Galater 3, 27. 28.

Denn wie viele euer getauft sind, die haben Christum angezogen. Hier ist kein Jude noch Grieche, hier ist kein Knecht noch Freier, hier ist kein Mann noch Weib; denn ihr seid allzumal Einer in Christo Jesu.

M. a. Z. Was wir hier izt mit einander vernommen haben, erinnert uns an die unter den Menschen statt findende mannigfaltige Ungleichheit, von welcher wir wol sagen müssen, nicht minder als der Tod hängt auch sie mit der Sünde zusammen; | sie ist deren Werk und ihr Sold, um so mehr als sie fast überall der Tod des Friedens wird, welcher so genau zusammenhängt mit der Verherrlichung Gottes, und der Tod der Liebe, durch welche sich am meisten sein Segen offenbart. Je mehr sich die Menschen denjenigen Arten des Verderbens hingeben, die am meisten Einfluß auf das gemeinsame Leben ausüben, wie Eigennuz Herrschsucht Eitelkeit: um desto mannigfaltiger verzweigt sich auch die Ungleichheit, und um desto drükkender lastet sie fast ohne Ausnahme auf Allen, nicht minder auf denen, welche erhoben, als auf denen, welche niedergehalten werden. Und wo wohlwollende menschliche Einbildungskraft träumt von einem bessern Zustand der Dinge auf Erden, zugleich aber einen hohen Grad von dieser Ungleichheit wahrnimmt, da richtet sie auch gleich ihren Blikk auf dieselbe als auf ein Uebel, welches erst aus dem Wege geräumt werden müsse, ehe das bessere eintreten könne; und jeder Entwurf zur Vervollkommnung der menschlichen Dinge gestaltet auch als einen wesentlichen Bestandtheil bald so bald anders eine Umwandlung jener Verhältnisse

---

2 *Predigt zum 2. Weihnachtstag am 26. Dezember 1832 vormittags in der Dreifaltigkeitskirche zu Berlin; vgl. Predigtdruck und Liederangaben in KGA III/13, S. 596–608*
6–7 Lk 2,14   **15–17** Vgl. Röm 6,23

um sie der brüderlichen Gleichheit näher zu bringen, welche denen so wohl ansteht, welchen Gott die Erde gegeben hat, daß sie sie beherrschen sollen.

Die Worte unsers Textes nun reden auch von einer Aufhebung dieser Ungleichheit, indem sie diejenigen Gestaltungen derselben herausheben, welche den Lesern des Apostels als die größten erscheinen mußten. Hier ist kein Jude, keiner der als dem von | Gott auserwählten Volke angehörig besser wäre als ein anderer, und hier ist kein Grieche, keiner der als bei dem verderblichen Wahn des Aberglaubens und Gözendienstes hergekommen, tief unter jenem stände; hier keiner ein Freier, gewohnt über andere zu gebieten, und keiner ein Knecht und darum verachtet und gering geschäzt als ein lebendiges Werkzeug nur für den Willen Anderer; hier ist keiner ein Mann, damals mit einer fast unbegrenzten Willkühr gebietend auch über die Gefährtin seines Lebens, hier keiner ein Weib, der Willkühr eines Mannes unterworfen, und deshalb auch in dem Reiche Gottes weniger als jene: in Christo Jesu seid ihr Alle Eins. Und dies, m. a. Fr., wird in den Worten des Apostels nicht bezogen auf irgend etwas einzelnes oder besonderes, was der Erlöser dazu gethan hätte, sondern nur auf das, was er gewesen ist, auf unsern Glauben an ihn als den ins Fleisch gekommenen Sohn Gottes, darauf, daß wir ihn anziehen und unser Leben in das seinige hingeben. Aber die Art, wie dies auf solche Weise in der Gemeine des Herrn bewirkt wird, ist auch freilich verschieden genug von dem, was soviel wohlgesinnte Menschen auch unserer Zeit so schmerzlich vermissen und so sehnsüchtig herbeiwünschen. Daher werden wir wol nicht zweifeln, sehen wir auf die Wichtigkeit der Sache und zugleich darauf, wie das, was der Apostel behauptet, mit dem eigenthümlichen Wesen des Erlösers mit unserm Grundverhältniß zu ihm zusammenhängt, daß wir auch eine so festliche Stunde, | wie unsere weihnachtlichen sind, auf eine würdige und angemessene Weise ausfüllen, wenn wir mit einander betrachten, wie **die Erscheinung des Erlösers in der Welt der rechte Grund zur Wiederherstellung der wahren Gleichheit unter den Menschenkindern sei**. Laßt uns **zuerst** uns die Frage beantworten, wie und wodurch der Erlöser der Grund einer solchen Wiederherstellung ist; und dann **zweitens**, wie und auf welche Weise sich nun auch die rechte Gleichheit unter den Menschen in der Erscheinung darstellt. Das sei es, wozu der Herr uns seinen Segen verleihen wolle in dieser Stunde der Betrachtung.

2–3 *Vgl. Gen 1,28* **12–13** *Vgl. Aristoteles: Politica I,4, Opera, Akademie-Ausgabe, Bd. 2, 1831, S. 1253b–1254a, besonders 1254a,14–17* **20–21** *Vgl. Röm 8,3; 1Joh 4,2*

I. Wenn wir, m. a. Z., zuerst fragen, wie und wodurch ist die Erscheinung des Erlösers ein solcher Grund zur Wiederherstellung der Gleichheit unter den Menschen? und uns dabei eben diese mannigfaltige vielgestaltige Ungleichheit vor Augen schwebt: so werden wir leicht darüber einig werden, daß wir sie gewöhnlich auf zweierlei zurükkführen, wenn wir nämlich von demjenigen absehen, was seinen unmittelbaren Grund in der Einrichtung der menschlichen Natur hat, und mehr eine Verschiedenheit ist als eigentlich eine Ungleichheit, welche einen Vorzug des Einen vor dem Andern begründete. Jugend und Alter, was ist das anders als eine Verschiedenheit des Ortes, welchen verschiedene Menschen zu derselbigen Zeit auf unserer Laufbahn einnehmen? Aber wo jezt der Eine ist, da war der | Andere vorher; und jener kommt hin, wo dieser früher gewesen ist. Die Mannigfaltigkeit, in welcher sich der Mensch nach Leib und Seele verschieden in verschiedenen Gegenden der Erde darstellt, was ist sie anders als nur ohne wesentliche Ungleichheit eine Abwechselung in der Art und Weise, wie sich der menschliche Geist, das menschliche Leben, auf diesem ihm jezt beschiedenen Wohnplaz offenbart? Mann und Weib, was sind das anders als zwei von Gott zum Fortbestehen des menschlichen Daseins auf Erden geordnete Gestaltungen, die eine eben so unentbehrlich und wesentlich als die andere, und jede ausgerüstet mit eigenen gottgefälligen Kräften! Alles andere aber führen wir zurükk einestheils auf Vorzüge, die dem Menschen einwohnen durch seine Geburt, anderntheils auf solche, welche er sich während seines Lebens erwirbt, auf welche Weise es auch sei, der eine mehr durch eigene Thätigkeit der Andere mehr durch die Arbeit Anderer. Aber wenn wir beides genau ins Auge fassen wollen: wie wenig vermögen wir das eine vom andern zu unterscheiden! wie uneinig sind wir immer selbst darüber, und können zu keiner festen Entscheidung kommen, was von den Vorzügen, welche der einzelne Mensch in seinem Leben darstellt, nun wirklich schon als Keim in seinem ersten Dasein eingeschlossen sein Eigenthum war, und was ihm erst in seinem Leben zugebracht wurde durch Erziehung und durch Verkehr mit andern Menschen. Doch mögen wir beides unterscheiden können oder nicht; mag beides sich | auf klare und bestimmte oder auf uns verborgene Weise mit einander verbinden: auf dies beides führen wir alles zurükk. Nun wohl! und wenn wir uns nun fragen, wie und wodurch ist der Erlöser der Grund, daß diese Ungleichheit aufhören soll? was können wir anders als die einfache Antwort geben, Er hatte einen Vorzug durch die Geburt vor allen Menschen, gegen welchen alle andern Vor-

---

39–40 Vgl. Lk 1,31–35

züge dieser Art verschwinden und nicht mehr in Betracht gezogen werden können, so daß sie von der Geburt wegen einander Alle gleich sind ihm gegenüber; und er hatte einen Vorzug in der Entwikklung seines ganzen menschlichen Lebens bis zur Vollkommenheit seines männlichen Alters, welcher nirgend anders als bei ihm gefunden wird, so daß auch deswegen unter ihm alle einander gleich sind. Wie wäre es möglich, m. a. Fr., daß wir das Fest der Geburt des Erlösers feiern könnten, seine Erscheinung wirklich in das innere des Gemüths aufs neue aufnehmen, ohne hiervon durchdrungen zu sein!

Allerdings das ist unser gemeinsamer Glaube, daß er geboren ist als derjenige, welcher von Gott den Menschen gegeben war zum Heil und zwar als der einige seiner Art, daß er geboren ist als der eingeborne Sohn Gottes, als das Fleisch gewordene Wort, als der, in welchem, so lange er auf Erden leben und wandeln sollte, die Fülle der Gottheit wohnete. Allein, so könnte jemand sagen, gehörte er nicht doch einem einzelnen Volke besonders an? war dies nicht eben deswegen das Volk der göttlichen Wahl, weil der Erlöser der Welt aus demselben sollte geboren werden? Und ist daraus nicht erst eine neue Ungleichheit erwachsen? Denn standen nicht, eben weil er diesem Volke besonders angehörte, auch alle, die seines Stammes und ihm so viel näher verwandt waren nach der menschlichen Natur, auch ihm dem göttlich bevorzugten eben so viel näher, und hatten mithin einen großen Vorzug vor allen übrigen? Der Erlöser selbst scheint dies ja zuzugestehen und zu bestätigen, indem er nicht nur sagte, sondern auch darnach handelte und lebte, daß er selbst nur gesandt sei zu den verlorenen Schaafen vom Hause Israel. Aber, entgegne ich, wie sah er selbst dies an? nur als eine nothwendige in dem göttlichen Willen gegründete Beschränkung seiner persönlichen Wirksamkeit auf Erden, als eine Beschränkung, die eben darin ihren natürlichen Grund hatte daß seine Verhältnisse sollten rein menschliche und sein ganzes Leben allen Gesezen des menschlichen Daseins sollte unterworfen sein. Nur als solche Beschränkung sah er es an, daß er für seine Person auch unter seinem Volk bleiben sollte; denn seinen Jüngern gab er, als er von der Erde schied, den Auftrag, sie sollten sich in dieser Beschränkung nun nicht mehr halten, sondern sich vertheilen und ausgehen unter alle Völker, und sie zu Jüngern machen und sie lehren das zu thun, was er gelehrt und befohlen hatte. Ja nur diejenigen aus dem Volke des alten Bundes, welche fähig waren sich zu eben dieser Ansicht zu erheben, konnten gläubig werden an den | Erlöser, und mußten immer zugleich darüber zur Klarheit kommen, daß dies, zum Volk des alten

---

4–5 Vgl. *Eph 4,13* **12–13** Vgl. *Joh 1,14* **14–15** Vgl. *Kol 2,9* **25–26** Vgl. *Mt 15,24* **34–37** Vgl. *Mt 28,19–20 entschränkend Mt 10,5–6*

Bundes zu gehören, gar kein Vorzug sei, der ihnen an und für sich einen besonderen Werth gebe, sondern daß sie als solche nur unter derselben Sünde, der alle Menschen unterlagen, zusammengehalten waren, damit und weil aus ihnen sollte der Sohn Gottes geboren werden.

Aber noch ein anderes scheint uns als eine erst durch den Erlöser entstandene wesentliche Ungleichheit übrig zu bleiben. Wenn irgendwo unter einem Geschlecht der Menschen das Wort des Lebens schon seit langem eingewohnt ist; wenn der mildernde göttliche Geist unter einem Volke schon von einem Geschlecht zum andern sich wirksam bewiesen hat; wenn die schönen Ordnungen des geistigen Tempels Gottes das menschliche Leben auf vielfältige Weise gereinigt haben und veredelt: erfreuen sich dann nicht diejenigen eines wahren Vorzuges durch ihre Geburt, welche sogleich in einen solchen Zusammenhang treten, wenn sie das Licht der Welt erblikken? ist diesen nicht schon vor ihrem Eintritt in die Welt ein Segen bereitet, von dem alle diejenigen weit entfernt sind, – wir haben hier von denen nicht zu reden, zu welchen das Wort Gottes noch gar nicht durchgedrungen ist, – aber auch die welche eben erst den göttlichen Schein desselben aufgefangen haben, die zu welchen erst seit kurzem die erfreulichen Töne der Boten, welche den Frieden bringen, gekommen sind? So scheint es uns freilich, m. a. Fr.! aber wer von | uns wird sich nicht auch zu erinnern wissen, daß wir uns, wenn uns so vielerlei Mängel überall in der irdischen Kirche des Erlösers entgegentreten, mit rechter Inbrunst zurükgesehnt haben nach jenen Zeiten der ersten Liebe! Wie oft wenden wir uns nicht mit eben soviel Beschämung als ehrfurchtsvoller Bewunderung jenen Anfängen des Evangeliums zu, worin sich uns ein solcher Eifer zeigt, von dem wir das gleiche vergeblich unter uns suchen, eine solche Gewalt des göttlichen Wortes die Menschen frei zu machen, welche leicht auch die am meisten verführerischen Bande löst, durch welche die Menschen zurükgehalten werden könnten, die Worte des Friedens nicht zu vernehmen, noch das Leben aus Gott zu ergreifen! wie scheint uns da die Kraft des Evangeliums so viel größer, so viel reiner, so viel stärker, als ob es in diesen späteren Zeiten vor Alter geschwächt wäre! Aber das eine ist eben so einseitig als das andere. Wie das Wort des Herrn ewig ist: so ist auch seine Wirkungsart eine ewige; und die Zeit für sich allein kann sie weder erhöhen noch herunterbeugen. Ja wenn das göttliche Leben dem Menschen angeboren werden könnte, dann möchte etwas

---

15 treten] treren   18 durchgedrungen] durchdrungen

20–21 Vgl. Röm 10,15 mit Bezugnahme auf Jes 52,7   36 Vgl. 1Petr 1,25

sein an dem ersten; und wiederum wenn dasselbe veralten könnte und abnehmen, wie die irdische Erscheinung des Menschen am Ende aus Schwäche vergeht, dann wäre etwas wahres an dem andern: aber das eine ist eben so wenig wahr als das andere. Alles Leben, welches aus der Fülle des Erlösers entsprießt, ist ewig jung und frisch; | die Aeußerungen desselben können erleichtert werden durch Uebung, und auch wieder erschwert, wenn die irdischen Werkzeuge ihre Beweglichkeit verlieren: aber was uns auf diese Weise alt zu sein scheint auf der einen oder unreif auf der andern Seite, das ist nicht das seinige sondern das unsrige. In uns ist und bleibt die Ungleichheit, in ihm ist sie nicht, vielmehr auch diese soll in ihm und durch ihn verschwinden; ja in sofern wir in ihm sind, ist sie auch gewiß verschwunden. Sind nun diese durch die Geburt bedingten Ungleichheiten, wiewol sie in dem nächsten Bezug auf unser höheres geistiges Leben stehen, dennoch für nichts zu achten, wenn wir sie mit dem Geburtsvorzug des Erlösers vor allen Menschen vergleichen: wie verschwinden doch alle die anderen, deren Einfluß sich nur auf das äußerliche erstrekkt!

Und was sollen wir von der ausschließlichen Vollkommenheit sagen, welche sich uns in der Erscheinung des Erlösers darstellt? wenn wir sie vergleichen mit dem so großen Abstand zwischen den weisesten Menschen und den thörichtsten, zwischen den am meisten geläuterten und den verkehrtesten, wie erscheint dagegen sein Abstand von uns allen? Laßt uns nur seine Vollkommenheit verfolgen von den ersten Anfängen seines Lebens an bis zu seinem öffentlichen Wirken und zur Vollendung seines irdischen Berufs. Ich sage, von den ersten Anfängen des Lebens an; denn wenn uns auch von diesen keine einzelnen Züge überliefert sind, o wie leicht und gern ergänzt sich der Glaube diesen Mangel, | indem er sich an die Worte hält, daß das Kind zunahm an Weisheit und Gnade bei Gott und den Menschen! In welches liebliche Bild kindlicher Reinheit und Unschuld, freudiger Entwikklung seiner geistigen Lebenskraft gestalten wir uns das Heranwachsen des Erlösers, als der nicht sowol vermöge reinerer Umgebung beschüzt blieb gegen alles störende und verführerische von einer Stufe zur andern, sondern vielmehr schon von innen her alles von sich weisen mußte, was auch nur äußerlich den Hauch der Sünde an die Oberfläche seines Lebens bringen konnte. Und sehen wir erst auf sein reiferes Alter: welche Vollkommenheit könnten wir der seinigen vergleichen, die er auf das allereinfachste ausdrükkt, wenn er sagt, Ich und der Vater sind eins; oder was eins und dasselbige ist, wenn er von

---

14 stehen,] stehen

28–29 Vgl. Lk 2,52 mit Bezugnahme auf 1Sam 2,26   38–39 Joh 10,30

sich sagt, Der Sohn kann nichts thun von ihm selber, aber die Werke, die ihm der Vater zeigt, die thut er, und der wird ihm immer größere zeigen. So war sein ganzes Leben von der ersten Entwikkelung an bis zu seiner vollen Kraft und Reife nichts als ein immer weiteres, immer helleres Umherschauen und Arbeiten von einem Augenblikk zum andern an dem geheimnißvollen ewigen Werke Gottes, welches zu vollbringen er gekommen war. Mit dieser Reinheit und Wahrheit, mit dieser Lebendigkeit der Einsicht, die gleich in That überging, was will sich damit vergleichen? Wenn uns diese Gestalt vor Augen schwebt, wie sie den Grund und die Kraft eines solchen Lebens vom ersten Anfang ihrer Erscheinung | an in sich trug: als wie unbedeutend verschwindet uns dann die sonst scheinbar so große Ungleichheit der Menschen in Absicht auf die Entwikklung und Ausbildung ihrer geistigen Kräfte! Im Vergleich mit dieser Unfähigkeit den Irrthum in sich aufzunehmen, wie erscheint doch die menschliche Weisheit, die so leicht und so begeistert ihre Einfälle über die Natur und den Zusammenhang der Dinge für Wahrheit hält, ohnerachtet gewöhnlich schon das nächste Geschlecht sie wieder umstößt! Gewiß wie der Apostel sagt, Hier ist kein Jude, kein Grieche, kein Freier, kein Knecht, kein Mann und kein Weib: so hätte er auch sagen können, hier ist kein Weiser und kein Einfältiger, sondern in Christo Jesu seid ihr auch darin alle Einer. Oder erscheint uns die menschliche Weisheit jemals größer, als indem sie bekennt, etwas vollkommneres laße sich nicht denken als dies reine Gemüth, welches sich selbst Gott darbringt für die Sünden der ganzen Welt, als diese heiligende Liebe, welche das ganze menschliche Geschlecht umfaßt, um es mit ewiger Wahrheit zu durchdringen und zu sättigen, als die Stiftung dieses allgemeinen Bundes des Glaubens und der Brüderschaft, der nur auf ihn geschloßen werden konnte!

Wenn wir nun die Frage, welches denn der richtige Maaßstab sei für die Jünger des Herrn, insofern auch sie noch ungleich sind, nicht anders beantworten können als so, Jeder ist in der Wahrheit so viel, und so viel wird mit seiner geistigen Kraft auch jeder wirken in seinem irdischen Leben, | als er das Leben des Erlösers in sich wirken läßt, und als er zugleich von Andern wirklich anerkannt wird als ein wahrer Jünger dessen, den Gott zum Heil der Welt gesandt hat: so ist ja eben damit schon gesagt, daß der Erlöser auch hier der Grund der Gleichheit ist; denn die Ungleichheit liegt nur in uns. Er ist für Alle derselbe, allen gleich sich darbietend, gleich sich hingebend. Darum mögen wir sagen, in ihm sind alle mündig geworden, und der Unterschied zwischen den Weisen und Unmündigen hat aufgehört. Er

---

1–3 Vgl. *Joh* 5,19–20

Predigt über Gal 3,27–28

konnte in den Tagen seines Fleisches wol sagen, Ich danke dir Vater, daß du es den Weisen verborgen hast, und hast es den Unmündigen offenbart; denn da redet er nur von der nichtigen und falschen Weisheit dieser Welt, wie er sie an seinen Zeitgenossen vor Augen sah: aber durch ihn werden die Unmündigen mündig, wie er selbst sagt, daß er sie durch die Wahrheit frei macht; denn wo die Wahrheit ist, da ist auch die Mündigkeit des Geistes. So ist denn keiner, der sich über den andern erheben könnte und dürfte; denn nur durch ihn sind alle von Gott gelehrt; und keiner ist, der etwas wäre durch sich selbst, sondern alle empfangen nur aus derselben Quelle den Geist, jeder nach dem Maaß, wie Gott es beschlossen hat.

Sehet da, m. chr. Z., das ist der Grund, das ist die Kraft, vermöge deren der Erlöser die Ungleichheit unter den Menschen aufheben und die wahre Gleichheit unter ihnen wiederherstellen kann und soll. Aber was sollen wir sagen? Die Ursach ist da; | wir müssen sie anerkennen in dem, dessen Geburt wir als die freudigste Erscheinung, seitdem der Herr das menschliche Geschlecht auf Erden gepflanzt hat, in diesen Tagen feiern: aber wie sieht es aus um die Wirkung? Besteht denn nun durch ihn auch wirklich eine Gleichheit unter den Menschen? Sehen wir nicht noch überall, auch da wo man sich zu dem Evangelium bekennt, immer wieder denselbigen Gözendienst, welchen die einen im Staube kriechend verrichten vor den andern, welche durch einen jener scheinbaren Vorzüge über sie erhöht sind? Sehen wir nicht immer noch, vermöge derselben Eitelkeit wie sonst, einen äußerlich sehr gewichtigen Theil der Menschenkinder auf den großen Haufen herabsehn, als ob nur dieser der Nichtigkeit des irdischen Lebens verfallen wäre, sie aber nicht, da sie doch gewiß, wenn sie auf den wahren Grund ihrer in der Gesellschaft hergebrachten Erhöhung zurükgehen wollten, sich selbst als ganz nichtig und als gar nichts anerkennen müßten? Und nicht nur zeigt sich das in dem geselligen Leben der Menschen und in ihren äußern Verhältnissen; sondern wie steht es, wenn wir auf die Gesammtheit derer sehen, welche den Namen des Erlösers bekennen, auch um das kirchliche Zusammenleben und Wirken? Er freilich hat zu seinen Jüngern gesagt, Ihr sollt euch nicht lassen Meister nennen, Einer ist euer Meister, Christus; ihr aber seid unter einander Brüder, und ihr sollt keinen Vater nennen auf Erden; denn Einer | ist euer Vater, der im Himmel ist[3]. Aber was hören wir?

---

[3] Matth. 23, 9. 10.

1–3 *Vgl. Mt 11,25*   6 *Vgl. Joh 8,32*   8–9 *Vgl. Joh 6,45 mit Bezugnahme auf Jes 54,13*   15 *Vgl. Joh 12,27*   34–35 *Mt 23,10*   35–36 *Vgl. Mt 23,8*   36–37 *Mt 23,9*

Giebt es nicht überall solche, die sich Meister nennen lassen und zwar eben Meister in Christo, und werden sie nicht nur gar zu bereitwillig als solche anerkannt und geehrt? Und die höheren Vorsteher der Gemeinden bis zu dem hinauf, welcher sich anmaßt geehrt werden zu müssen als der Statthalter Christi, lassen sie sich nicht Väter nennen, Väter des Glaubens, verehrungswürdige Väter, als wenn das Wort Christi nicht wäre, das doch gerade für sie geredet ist? Wie weit sind wir also davon entfernt, daß die Erscheinung des Erlösers jene Ungleichheit aufgehoben hätte, und die brüderliche Gleichheit wiederhergestellt auf Erden! Und doch, wo eine Ursache ist, muß auch eine Wirkung sein; und so lasset uns demnach fragen, wie stellt sich durch Christum die Gleichheit wieder her?

II. Zuerst, was der Apostel sagt, in Christo, das heißt, in der Gemeinschaft der Gläubigen als solcher; aber dann auch zweitens, wie bedenklich es auch in mancher Hinsicht scheinen könnte davon zu reden, in unsern irdischen und gesetligen Verhältnissen; denn das erste für sich allein, m. a. Z., bietet freilich keine bedeutende Schwierigkeit dar. In Christo ist zuerst deswegen keine Ungleichheit, weil keine Vergleichung ist: denn ohne diese, was will recht die Ungleichheit bedeuten? | Werde ich es nicht inne, fühle ich es nicht, daß ein anderer über mir steht, daß seine Erhabenheit mich drükkt: wo wäre dann für mich die Ungleichheit? Und eben so auf der andern Seite, werde ich es selbst nicht inne; ist es nicht Sache meines Bewußtseins, daß ich über dem andern stehe: so ist auch in mir nicht die Ungleichheit, sondern ich stelle mich ja dem andern gleich. Aber in Christo ist keine Vergleichung und darum auch keine Ungleichheit. Denn das ist kein christliches Werk, m. a. Z., wenn wir uns einander gegenüberstellen, um uns zu messen in Christo! Nur die Kinder legen Maaß und Gewicht an das, was sie empfangen haben, und schäzen sich danach höher oder geringer. Und dasselbe wäre ja dann auch unser Fall. Denn wessen freuen wir uns am meisten einer an dem andern, und was sind wir vorzüglich geneigt zu bewundern einer an dem andern? Doch nur das, was der Mensch ist durch die Hülfe Gottes? also das empfangene! Darüber freuen wir uns so gern, wenn die Gnade Gottes mächtig ist in den Schwachen; das bewundern wir am liebsten, wenn der göttliche Geist einige unter uns zum besten Aller von einer Klarheit zur andern führt, und der Schwäche des menschlichen Geistes aufhilft. Und wenn wir auf den Andern sehen, und uns so seiner freuen, und das mit dem Geist der brüderlichen

---

35 Vgl. 2Kor 12,9   36–37 Vgl. 1Kor 12,7   37 Vgl. 2Kor 3,18   37–38 Vgl. Röm 8,26   39–1 Vgl. Röm 12,10; Hebr 13,1

Predigt über Gal 3,27–28

Liebe thun: so sehen wir dann nicht zu gleicher Zeit auf uns selbst, oder fragen, ob in uns von dieser göttlichen Gabe mehr ist oder weniger. Christi freuen wir uns in den An|dern, und ihn sehen wir in ihnen; und eben dies Sehen Christi in den Menschenkindern, das füllt in solchem Augenblikk unser ganzes Dasein aus, so daß wir um uns selbst weiter nicht wissen. Hingegen wenn wir ein andermal auf uns selbst sehen, und das sollen wir doch? Ja wohl, m. a. Fr., dann sollen wir aber allein auf uns selbst sehen, und nicht auf Andere; dann freilich sollen wir uns vergleichen, aber nicht mit Andern und nach menschlichem Maaß, denn das giebt dem trägen Herzen nur Gelegenheit zu tausend Entschuldigungen, sondern allein mit dem Erlöser. An ihm haben wir uns zu messen, nicht aber zu fragen, wieviel vom göttlichen Leben schon andere in sich aufgenommen haben, ob mehr oder weniger, sondern nur, ob wir auch wirklich uns ihm hingegeben haben, ob es eine Gemeinschaft des Lebens zwischen ihm und uns giebt. Diese ist an und für sich ein Gegenstand des Dankes ohne Maaß; und zu messen haben wir nur an uns selbst, ob wir darin zugenommen haben oder nicht, und wie. So giebt es denn keine Vergleichung zwischen einem von uns und Andern; und wo keine Vergleichung ist, da ist auch keine Ungleichheit. So ist denn in dem wahren Leben der Christen als solcher, wie sie Brüder geworden sind durch ihn, und von ihm allein die Macht bekommen haben Kinder Gottes zu sein, die Ungleichheit immer schon aufgehoben, weil es an allem Anlaß fehlt sie wahrzunehmen.

Aber eben so auf der andern Seite kann keine | Ungleichheit sein, wo keiner von dem andern streng abgesondert und getrennt werden kann; und so ist es unter den Christen. Sie sind nicht nur einander gleich als viele, sondern, wie der Apostel sagt, sie sind alle Einer in Christo; keiner kann sich gänzlich von den übrigen trennen, so daß er sich ihnen gegenüberstellte für sich allein, keiner kann etwas sein ohne die andern oder sie ohne ihn. Diese beiden Worte des Apostels, das, was wir hier in unserm Texte lesen, Ihr seid alle Einer in Christo, und was er bei einer andern Gelegenheit sagt, Keiner rühme sich eines Menschen, also keiner möge sagen, ich gehöre zu Petrus, ich zu Paulus, sondern alles ist euer[4], diese gehören wesentlich zusammen. Denn so ist unter den Christen alles Ein gemeinsames Leben und Wirken, Ein gemeinsames Werk und Ein gemeinsamer Besiz, und eben deshalb auch Ein gemeinsames Verdienst und Eine gemeinsame Schuld. Darum wo keine Sonderung ist, da ist auch keine Ungleichheit. Aber

---

[4] 1 Kor. 3, 22.

33–35 *Vgl. 1Kor 3,21–22*

freilich wenn dieser unselige Geist der Sonderung, des etwas für sich allein sein wollens, wenn dieser eitelste Hochmuth des menschlichen Gemüthes wieder anfängt sich der Gemüther zu bemächtigen, so daß beides entsteht, die Trennung und die Vergleichung: dann tritt auch Zwiespalt ein, und dann ist das schöne Werk des Erlösers vernichtet. Wo er ist, da ist diese Gleichheit, bei welcher jene Sonderung nicht bestehen kann. Wo seine Liebe waltet, wo die einzige Regel, die er den Seinigen hinterläßt, befolgt wird, daß wir uns unter einander lieben mit der Liebe, mit welcher er uns geliebet hat: o da giebt es keine Betrachtung über irgend eine Ungleichheit, kein Bewußtsein von irgend einem minder oder mehr, sondern die Gleichheit eines seligen Friedens.

Aber nun laßt uns auch noch fragen, wie es in Beziehung auf dies Werk des Erlösers steht, wenn wir nun auf die Gesammtheit der menschlichen Verhältnisse sehen? Denn wir sollen doch nicht, sagt der Apostel, aus dieser Welt hinausgehen wollen[5], sondern in dieser Welt soll das Reich Gottes gegründet werden; und wir vermögen wahrlich nicht eben jenes geistige Dasein, jenes innere göttliche Leben, von den mannigfaltigen Werken, zu welchen der Mensch in dieser Welt berufen ist, so wie von den Ordnungen, unter deren Schuz diese allein gedeihen können, zu trennen. Fragen wir nun, auf welche Weise sich denn hier aus demselben Grunde die Gleichheit wiederherstellt: so müssen wir freilich darauf zurükksehen, was ich vorher schon in Erinnerung gebracht habe, daß das göttliche Leben ja keinem unter uns angeboren ist. Wie sehr auch im Schooß der christlichen Kirche geboren und erzogen, jeder muß es sich doch immer erst besonders aneignen; der Glaube muß ein lebendiges Ereigniß im Gemüth des Menschen werden, und mit demselben das göttliche Leben in jedem beginnen, und für Jeden giebt es eine Zeit, wo er hiezu erst vorbereitet wurde, als es aber erschien, da wurde ihm seine Berufung klar. Und nun laßt uns auch noch an ein anderes Wort des Apostels[6] denken, Jeder bleibe in dem, worin er berufen ist; bist du ein Knecht, so bleibe ein Knecht, aber wisse, du bist ein Gefreiter Christi; dabei aber sagt er, Kannst du indeß frei werden, so gebrauche deß viel lieber. Wenn der Knecht ein Gefreiter Christi ist, dann ist ja die Gleichheit wieder hergestellt aus der Ungleichheit. Aber nicht etwa nur auf dies nämli-

---

[5] 1 Kor. 5, 10.
[6] 1 Kor. 7, 20–22.

---

37 5, 10.] 5, 30.

8–9 *Vgl. Joh 13,34; 15,12*   23–25 *Vgl. oben S. 504,38–39*

che Verhältniß allein laßt uns dies Wort des Apostels anwenden! Denn der gesagt hat, Ihr seid Einer in Christo, der hat auch in der Gesammtheit der menschlichen Verhältnisse diese Gleichheit gesehen und gefaßt, wenn er gleich damals noch keine Veranlassung hatte, davon zu reden, deswegen nicht, weil zu den Hohen und Gewaltigen der Erde das Evangelium noch nicht hindurchgedrungen war. Aber worauf beruht denn hier alles? nicht auf den Ordnungen der menschlichen Gesellschaft? Diese stellt aber der Apostel dar als ein göttliches Werk, wenn er sagt, die Obrigkeit ist von Gott geordnet. Also, ist einer darin berufen, so bleibe er auch darin; das gilt von dem einen, wie von dem andern! Eben so wie er gesagt hat, die Obrigkeit ist von Gott verordnet, und trägt das Schwert der Gerechtigkeit | zum Schuze der Guten gegen die Bösen[7]: so sind auch alle Gewaltigen auf der Erde, die Ansehn haben, um so mehr, als sie das rechte Maaß gebrauchen, und dasjenige beschüzen, was zu beschüzen recht und gut ist, sich auch keiner Ungleichheit bewußt vor ihren Brüdern in Beziehung auf den Herrn. Denn wenn sie zum Schuze der Guten gesezt sind: so dienen sie diesen, und sind sich ihres rechten Verhältnisses zu ihren Brüdern ganz so bewußt, daß sie das vollkommen auch auf sich anwenden können und müssen, was der Erlöser selbst von sich sagt, Er sei gekommen zu dienen, und der, welcher der vornehmste sein will unter euch, der diene den andern. Und so ist auch jenes Wort des Apostels, Kannst du aber frei werden, so gebrauche deß viel lieber, nicht zu den Knechten allein gesagt: nein, es gilt den Gewaltigen und Hohen eben so gut, wie den Niedrigen. Denn wahrlich, was kann es drükkenderes geben für ein von Gott erleuchtetes Gemüth, welches sich also auch dessen bewußt ist, die Gleichheit aller Menschen nicht nur vor dem, der seinen Thron im Himmel hat, sondern die Gleichheit aller Menschen in dieser Gemeinschaft des Erlösers auf Erden anzuerkennen und nach Vermögen zu pflegen, was kann es, sage ich, drükkenderes geben für einen solchen, als wenn er inne wird, daß ein falsches Gefühl der Ungleichheit das Leben der Menschen noch beherrscht, und daß deshalb eine schüch|terne Unterwürfigkeit so manche schöne Kräfte von recht freier Wirksamkeit für das geistige Leben zurükkhält? Darum gilt auch ihnen dies Wort, auch ihnen ist gesagt, Kannst du frei werden von solcher Last, so gebrauche deß viel lieber; glaubt ihr, daß die Zeit gekommen ist, diese einengenden Schranken, die auf viel verzweigte Weise euch trennen von euern Brüdern, um ein weni-

---

[7] Röm. 13, 1–4.

9 Vgl. *Röm 13,1*   20–21 Vgl. *Mt 20,28; Mk 10,45*   21–22 Vgl. *Mt 20,26–27; Mk 10,43–44*   23 *1Kor 7,21*   28 Vgl. *Ps 11,4; 103,19*   35–36 Vgl. *1Kor 7,21*

ges zu erweitern oder hie und da niederzureißen und eure Brüder euch näher zu bringen: o so gebrauchet deß viel lieber! Und wollten wir, könnten wir es läugnen, daß diese Verringerung der Ungleichheit ein seliges Werk ist, welches von einer Zeit zur andern unter christlichen Völkern immer weiter fortschreitet? Das Verhältniß zwischen Herrn und Knechten, wie hat es sich gemildert im Laufe der Zeiten! wie viel Raum findet unter uns schon das Bewußtsein einer brüderlichen Gleichheit zwischen denen, die im Hauswesen herrschen und denen, die da dienen! Und jene große Kluft zwischen der Gewalt, welche die Geseze giebt und aufrecht hält, und denen, die sie befolgen und gehorchen, wie weit ist sie nicht schon ausgefüllt worden, seitdem die christliche Demuth nicht aufhört zu lehren, daß auch die Weisheit in den Dingen dieser Welt keinem angeboren sei, und keiner allein der Träger derselben! Denn daraus folgt ja, je mehr jeder davon bedarf, um den ihm von Gott angewiesenen Plaz würdig auszufüllen, desto fleißiger muß er auch um sich her schauen nach Weisheit, und diejenigen an sich ziehen, bei denen er sie | findet. Kann nun auch im bürgerlichen Leben das wahrhaft gute und eine gleichmäßig verbreitete Zufriedenheit nur durch eine solche Vereinigung bewirkt werden: so müssen auch alle menschlichen Kräfte und Tugenden, die dazu beitragen, ihre Anerkennung finden; wenn anders diejenigen, welche zur Leitung der menschlichen Dinge berufen sind, über das ihnen anvertraute vor Gott eine fröhliche Rechenschaft sollen ablegen können. Wird aber so alles Gute geschäzt, nicht nach dem Ort woher es kommt sondern nach seiner Wirksamkeit: so muß ja jede Ungleichheit immer bedeutungsloser werden.

So geht es fort unter christlichen Völkern, und so soll es fortgehn von einem Geschlecht zum andern. Und sollte je wieder eine Zeit kommen, wo um uns her menschliche Ordnung aufgelöst, und dadurch auch für uns Ruh und Friede gefährdet würde: dann würde die höhere geistige Kraft, die wir dem Evangelium verdanken, und die reinere brüderliche Liebe, welche das Christenthum uns eingepflanzt hat, sich zu unserm Schuz und unserer Bewahrung entwikkeln; und an ihren Früchten werden wir es dann mit dankbarer Freude erkennen, daß der Erlöser in Wahrheit auch gekommen ist um die Ungleichheit und ihre unseligen Folgen aufzuheben dadurch, daß Er allein es ist, der gleichmäßig über Allen steht. Und so sei er als solcher uns aufs neue willkommen, und gefeiert daß er sich nicht schämte uns Brüder zu heißen! Wie wir nun alle unter einander gleich sind, weil wir nur etwas sein | können durch ihn: so ist es seine mittheilende Liebe, die uns Alle zu ihm hinanziehen will, so wie sie uns unter einan-

---

34–35 Vgl. Mt 7,16   38–39 Vgl. Mt 12,49–50; Lk 8,21

der zusammenhält und jeden einzelnen trägt. Und wenn Er uns Brüder nennt: so ist das die Versicherung, daß wir durch ihn auch wie Er dieselbe Gemeinschaft haben mit seinem und unserem Vater im Himmel. Amen.

VII.

Eine Anweisung das Gute unter uns immer vollkommner zu gestalten.

Neujahrspredigt.

Gnade sei mit Euch und Friede von Gott dem Vater und von unserm Herrn Jesu Christo, Amen.

Text. Hebräer 10, 24.
Lasset uns unter einander unsrer selbst wahrnehmen, mit Reizen zur Liebe und guten Werken.

M. a. Fr. Schon vor dem fröhlichen Feste, welches wir in diesen Tagen begingen, haben wir unser kirchliches Jahr mit einander begonnen. Die heutige Feier ist mehr eine bürgerliche und gesellige, den Angelegenheiten unsers äußern gemeinsamen Lebens und den sich darauf beziehenden Verhältnissen gewidmet. Aber wenn wir doch an diesem Tage auch hier zusammen kommen: so können wir ja nicht anders als den Glauben mit zur Stelle bringen, daß alles anmuthige und erfreuliche in unserm thätigen und geselligen Leben, wofür wir Gott in dem vergangenen Jahre zu danken hatten, seinen Grund in nichts anderem gehabt habe, als in dem geistigen Guten, welches der Herr nach seiner Gnade in den Herzen der Menschen durch das Wort und die Lehre Christi und durch die Gaben seines Geistes wirkt; und daß eben so alle Fortschritte und Verbesserungen, die wir für die Zukunft von ihm zu erbitten haben, so wie die Heilung aller Mängel und Gebrechen, die uns bei dem Rükkblikk auf das vergangene Jahr noch in die Augen fallen, ebenfalls von nichts anderm abhängen kann, als davon, daß in uns allen in immer reicherem Maaße alles Gute sich gestalte, welches unter den Jüngern des Herrn soll anzutreffen sein. Eben hierüber nun finden wir in den biblischen Worten, welche wir jezt gehört haben, eine freilich sehr allgemeine Regel, aber eine solche doch, die wir besonders auch am Anfange eines neuen Jahres zu Herzen zu nehmen haben; und auf diese laßt uns jezt mit einander unsre Gedanken richten. Wir werden aber in diesen Worten zuerst aufmerksam

---

2 Predigt zum Neujahrstag am 1. Januar 1825 früh in der Dreifaltigkeitskirche zu Berlin; vgl. Predigteinzeldruck und Predigtnachschrift in KGA III/9   5–6 Röm 1,7
10–11 Anspielung auf das Weihnachtsfest und die Adventszeit

gemacht auf das wahre Bedürfniß für uns in dem jezt beginnenden Jahre; dann aber auch **zweitens** auf die Art, wie dasselbe allein kann befriedigt werden.

I. Zuerst also, m. g. Fr., laßt uns dieses festhalten, daß es, auf welches Gebiet unseres Lebens wir auch sehen mögen, auf das wirksame und | geschäftige oder auf das gesellige und genießende, überall kein anderes Bedürfniß für uns in irgend einer Zukunft geben kann, als immer nur dieses, daß Liebe und gute Werke unter uns immer reichlicher mögen zu finden sein. Vielleicht denkt mancher von Euch, m. g. Fr., darin liege zwar vieles, aber doch nicht alles; nicht alles liege darin, was uns wünschenswerth ist in unsern häuslichen und bürgerlichen Angelegenheiten, nicht ganz hänge auch davon ab das Maaß von Wohlbefinden oder Leiden, welches jedem in seinen Verhältnissen entstehen wird: allein beachten wir nur diese Dinge mit wahrhaft christlichem Sinn, so wird sich bald zeigen, daß doch zulezt hierauf allein alles ankommt.

Wir haben gestern gewiß alle noch einmal zurükkgesehen auf das abgelaufene Jahr – denn ich hoffe auch die lautere Fröhlichkeit, in der Viele es zu beschließen pflegen, wird diesem ernsten Geschäft keinen Eintrag gethan haben – und ich kann nicht anders glauben, als daß Jeder in der Gesammtheit seiner Verhältnisse viel Ursach gefunden haben wird zur Dankbarkeit gegen Gott. Aber eben so zuversichtlich möchte ich auch auf der andern Seite behaupten, wenn wir uns erinnern an alle Gemüthsstimmungen, in denen wir uns während desselben befunden haben, daß es noch gar mancherlei Klage und Unzufriedenheit unter uns gegeben hat. Wenn nun dem soll abgeholfen werden, so daß in jedem neuen Jahre dessen, was uns drükkt und mißvergnügt macht, weniger wird: was können wir an|ders dabei zu thun haben, als nur dieses, daß wir zunehmen an Liebe und guten Werken? Und eben so, wenn wir heute in die Zukunft hinaus sehen, und uns alles vorschwebt, was irgend einem unter uns in dem neuen Jahre, welches wir beginnen, mit mehr oder minder Wahrscheinlichkeit auf der Bahn seines Lebens vorgezeichnet liegt, finden wir gewiß darunter auch mancherlei störendes und betrübendes, wie es denn daran auf diese oder jene Weise in keinem Jahre des menschlichen Lebens fehlt. Fragen wir uns nun, Ei, was wird wol jeder am besten thun können, um sich das zu lindern oder zu mäßigen; was müssen wir uns wol wünschen um es recht leicht zu ertragen: gewiß m. g. Fr. zunächst nichts anderes als ein Herz, das noch mehr erfüllt wäre von Liebe. Denn das ist doch gewiß wahr, daß nichts den Menschen mehr erfreut, nichts ihn mehr sowol in sich selbst beglükkt und beseligt, als auch ihn in den Stand sezt, alles auch das schwere Aeußere leicht zu tragen, als wenn das Herz recht überquillt von Liebe. Wir dürfen wol nur an einen Theil der herrlichen Lobrede gedenken, die der Apostel Paulus der Liebe gehalten hat, um hiervon ganz durchdrungen zu sein. Die Liebe ist langmüthig und freundlich, die Liebe eifert nicht, sie bläht sich nicht auf, sie stellet sich nicht ungebehrdig, sie verträgt alles, sie glaubt alles, sie hofft alles, sie duldet alles[1]. Hier lehrt uns der Apostel, wie | einem Menschen zu Muthe ist, welcher der Liebe vollen Raum gegeben hat in seiner Seele; und wir müssen gestehen, eine reichere Quelle von Freude und Seligkeit kann es nicht geben, so daß ein solcher keiner äußeren Begünstigungen bedarf, und doch, es mag ihm äußerlich begegnen was da wolle, nicht wird Ursache zu klagen finden. Denn m. g. Fr. woher kommen dem Einzelnen die Uebel des Lebens? Sofern sie uns in unseren mancherlei Verhältnissen mit Andern aus den Fehlern derselben entstehen und aus ihren verkehrten Handlungsweisen, die unsere gesezmäßigen Bestrebungen durchkreuzen und uns das wohl begonnene Werk verderben; nun so ergiebt es sich von selbst, daß die Liebe in einem solchen Fall weniger Kummer fühlt über den eigenen Verlust, als Mitleid mit dem Fehler des Nächsten, so daß dieses Mitgefühl die Klage nicht aufkommen läßt, und es kaum der Sanftmuth noch besonders bedarf um alles Ungebehrdige zu verhindern, ja daß ein Herz voll Liebe allen Leiden weniger zugänglich ist, welche aus Mängeln und Fehlern, oder auch, wenn es das noch geben kann unter Christen, aus absichtlichen Mißhandlungen Anderer zu entstehen pflegen. – Aber in allen solchen Fällen bedürfen nicht eben diejenigen am meisten der Hülfe, welche Andern Uebel bereiten durch ihre Fehler? und welcher Hülfe bedarf denn derjenige, der, weil er nach ungöttlicher Lust trachtet und die vergänglichen Dinge dieser Welt an sich zu reißen sucht, seinem Bruder Leiden bereitet? oder derjenige, der des Nächsten | Werke stört, weil er zu sehr nur auf sich selbst bedacht ist, als daß er umhersehen könnte, wie er sich zu den Geschäften eines Andern verhält? Nichts anders bedürfen beide, als daß sie gereizt werden zur Liebe! denn m. g. Fr. warum schließt der Mensch sich ab in sich selbst und liebt nur sich, da wir doch zu einem Erbe berufen sind, das uns Allen gemeinsam ist? warum klebt er an der irdischen Freude, auf welche immer nur zu bald das irdische Leiden folgt, da sich ihm doch alles vergeistigen sollte und eine himmlische Geltung erhalten, wie ja unser Aller Wandel schon hier im Himmel sein soll? Das irdische ist ja ein wandelbares, das wir doch nie befestigen können in unserm Besiz; mit einem

---

[1] 1 Kor. 13, 4–7.

4–5 *1Kor 13,4–5 mit Auslassung*   5–6 *1Kor 13,7*   37–38 *Vgl. Phil 3,20*

Predigt über Hebr 10,24

flüchtigen Rausch begnügt sich doch nur, wer keine höheren Freuden kennt; und die Selbstsucht ist ja eine Beschränkung, in der keiner verweilen wird, dem ein größerer Kreis geöffnet ist. Die Liebe aber öffnet ihn; wo sie ist, da erscheint alles selbstsüchtige in seiner Leerheit und Nichtigkeit, daß das Herz nicht mehr dabei verweilen kann; sie ist es, durch die alles an sich vergängliche sich in ein unvergängliches und himmlisches verwandelt, indem ihr Thun daran ihm ihr eignes göttliches Gepräge aufdrükkt. Für alle solche Verirrte ist also das die einzige wahre Hülfe, daß wir sie zu reizen suchen zur Liebe, um den göttlichen Funken derselben in der Seele anzufachen, damit sie aus dem irdischen Nebel hervortauche, und ihre Bestrebungen einen höheren Flug nehmen. |

Wenn aber nun verborgene Schikkungen, an welchen menschliche Handlungen keinen Theil haben, sondern die wir nur als von der Hand des Höchsten über uns kommend ansehen dürfen, uns ungünstig sind: müssen wir nicht auch in Beziehung auf diese gestehen, daß je mehr durch die Kraft der Liebe das Herz des Menschen in sich selbst rein und ruhig ist, voller Gnade und voll Friedens, desto leichter er auch alles trägt und überwindet, was ihm so von außen kommt, weil die Leiden dieser Zeit nicht verglichen werden können mit der Seligkeit, die in einem liebenden Herzen ist? Und finden wir nun, daß es Einem an der rechten Kraft fehlt zu überwinden was ihm schon in den Weg getreten ist, oder dem ruhig entgegen zu sehen, was ihm noch drohen mag; so ist freilich immer das nächste, daß wir einem solchen das Vertrauen auf Gott anwünschen und empfehlen. Aber wie können wir wol lebendiges Vertrauen auf Gott haben, wenn er uns nicht nahe und gegenwärtig ist in unserer Seele, das heißt, wenn wir nicht sein göttliches Wesen in dem Inneren unseres Gemüthes wahrnehmen als das des starken und hülfreichen Gottes? Nun aber ist Gott die Liebe, wir können ihm also auch nur nahe sein in der lebendigen Kraft der Liebe. Der liebende Mensch allein wird also der sein, der wahrhaft auf Gott vertraut; und wenn, unter welchen Umständen es auch sei, unser Bewußtsein Gottes ein anderes Gepräge hat als das eines kindlichen Vertrauens: so kann der Grund davon nur der sein, | daß das Herz noch der Liebe verschlossen und die harte Rinde desselben noch nicht so erweicht ist von dieser durchdringenden Kraft, daß ihr göttliches Feuer sich nach allen Seiten verbreiten und alles Schöne und Gute hervorlokken und nähren kann.

Bleiben wir nun aber nicht bei dem einzelnen Menschen und dem, was zu seinem Wohl gehört, allein stehen, sondern sehen eben so auch

---

39 Menschen und dem,] Menschen, und dem

29–30 Vgl. 1Joh 4,8.16

auf das wichtigere, auf den Gesammtzustand unsers gemeinsamen Lebens in allen seinen verschiedenen Beziehungen, ein Gegenstand der jedem Wohldenkenden an Tagen wie der heutige vorzüglich am Herzen liegt: so müssen wir ebenfalls sagen, wir würden nicht so viel in dieser Beziehung zu klagen gehabt haben, als unstreitig auch in dem vergangenen Jahre geschehen ist, wenn das andere, wovon unser Text redet, nämlich ein größerer Reichthum von guten Werken unter uns wäre zu finden gewesen. Das sehen wir schon daraus, daß wir auf diesem Gebiet nicht leicht eine Klage hören ohne einen Tadel. Mag nun der Tadel auch oft ungerecht sein und unberufen: so liegt doch darin das allgemeine Zugeständniß, daß zu jeder solchen Klage auch der Natur der Sache nach ein Tadel gehört; weil hier alles von Redlichkeit und Wohlwollen, so wie von Einsicht und Sachverständniß abhängt. Wenn also jeder, so wie er es könnte und sollte, nicht das seinige suchte, sondern was aller Andern ist, das heißt, was zum gemeinen Nuzen gereichen kann; wenn jedem lebendig genug vorschwebte, worauf es | in allen seinen Verhältnissen vorzüglich ankömmt, damit das rechte geschehe und das gute gefördert werde unter den Menschen, und damit alle Unvollkommenheiten und Unebenheiten immer mehr weggeschliffen und ausgeglättet würden, so daß wir uns das Leben gegenseitig immer leichter machten: dann würde es keinen Grund geben zu klagen. Was aber hiezu führt, das sind eben die guten Werke, welche der Apostel so beschreibt, Ist irgend eine Tugend, ist irgend ein Lob, was lieblich ist und wohllautet, dem trachtet nach[2]. Nicht also etwa nur für einen noch so sehr unvollkommenen Zustand, als der unsrige uns wol mit Recht erscheint, gilt dieses; sondern wenn wir auch schon viel weiter fortgeschritten wären, und folglich auch viel weniger zu klagen hätten als jezt, würden wir doch immer sagen müssen, wo es noch mit Recht etwas zu klagen giebt, da hat es auch an den guten Werken gefehlt. Hätten diese nicht gefehlt an dem schikklichen Ort und zur rechten Stunde: so würde nichts übles entstanden sein, worüber wir klagen dürften. Wie könnte es auch wol für das gemeinsame Leben der Menschen eine andere Regel und einen größeren Segen geben, als wenn böses überwunden wird mit gutem? Aber das Ueberwinden sezt eben Thätigkeit und Anstrengung voraus; soll also böses mit gutem überwunden werden, so kann das nicht anders geschehen als durch angestrengten Fleiß in guten |

---

[2] Phil. 4,8.

14–15 Vgl. 1Kor 10,24   23–25 Vgl. Phil 4,8 mit Umstellung   34–35 Vgl. Röm 12,21

Werken. So daß wir mit Recht sagen können, dieses allein sei es, dessen wir für unser gemeinsames Leben bedürfen.

Wenn also dies beides, Liebe und gute Werke in einem reichen Maaße unter uns und in uns wohnten: so würden wir nicht nur alle fröhlich sein und wol zufrieden, weil jeder wohlthätig und belebend in allen seinen Verhältnissen wirken würde: sondern alles was löblich ist und wohllautet vor Gott und Menschen, würde auch in der reichsten Fülle unter uns aufblühen. Erblikken wir also bei dem Uebergang in ein neues Jahr noch irgend etwas trübes und hemmendes, wie es auch immer beschaffen sei: so dürfen wir uns auch nicht leugnen, es hat an der rechten Kraft der Liebe und an dem rechten Fleiß in guten Werken gefehlt. Die Liebe ist der Balsam, mit welchem wir jedes verwundete Gemüth erquikken sollen, sie ist der Wein, den wir jedem reichen sollen, welchen wir traurig sehen. Der Fleiß in guten Werken ist das beständige Opfer, aber auch das einzige, welches wir dem Gemeinwesen darzubringen haben, damit die Unehre, daß wir langsamere Fortschritte zu dem Ziele machen, welches uns Allen vorschwebt, immer mehr von uns genommen werde. Laßt uns beides mit einander verbinden: so wird bald alles aufgehoben sein, worüber wir klagen, und eben so alles erreicht, was wir wünschen und hoffen. Und wie nicht nur jedes von diesen beiden für sich ein wahres Bedürfniß ist, sondern beide zusammen in der That das einzige, wo|durch alles gestillt wird: so hängt auch beides so genau mit einander zusammen, daß eines auch wieder das Zunehmen des andern fördert. Wie sollte nicht die Fülle der Liebe auch überall den Reichthum der guten Werke mehren! und wenn wir überall umgeben wären von guten Werken aus reinem Herzen gethan: wie sollte dann nicht die Liebe auch immer mehr frei werden in jeder Brust, und so alles zusammenstimmen, auf daß wir uns alle immer mehr freuen könnten in dem Herrn.

II. Nun aber m. g. F. wird uns in den Worten unsers Textes auch zweitens gesagt, wie wir denn dieses gemeinsame Bedürfniß zu befriedigen haben. Wir sollen nämlich einander gegenseitig wahrnehmen durch Reizungen zur Liebe und guten Werken; wir sollen jeder sich selbst und jeder den andern zur Liebe und zu guten Werken immer stärker und dringender auffordern; und diese Reizung soll davon ausgehen, daß wir einander wahrnehmen. Nämlich dieser Ausdrukk, daß wir unser unter einander wahrnehmen sollen, geht allerdings, auch unserm Sprachgebrauch gemäß, zulezt darauf hinaus, daß wir für einander sorgen sollen in der angegebenen Beziehung: aber er giebt auch sehr bestimmt an, unser Sorgen solle damit beginnen, daß

---

16 Unehre,] Unehre

wir jeder den Andern wohl beachten, daß wir uns darum bekümmern und uns eine anschauliche Kenntniß davon erwerben sollen, wie es um ihn steht, indem wir aufmerksam auf seinen Zu|stand sind und besonders seine Bedürfnisse recht erkennen. Sehet da, m. g. Fr., so schenkt der Verfasser unsers Briefes in dieser schönen Ermahnung, daß ich mich so ausdrükke, uns Alle einander zum neuen Jahre, jedem die Andern als ein ihm anvertrautes Gut, wofür er zu sorgen hat. Wir sollen einander wahrnehmen, das ist das Werk der christlichen Gemeinschaft; wir sollen jeder für den andern sorgen in dem rechten christlichen Sinne, das heißt in Beziehung auf das Reich Gottes und dessen Förderung; und wo wir einander sehen, da soll das der Gesichtspunkt sein, aus welchem jeder den Andern betrachtet. Wenn wir nun zunächst fragen m. g. Fr. wie wir es denn anfangen sollen, Andere zur Liebe zu reizen: so werden gewiß die Meisten finden, daß die Forderung unausführbar sei, wenn sie so allgemein gestellt wird. Allein wir machen in der heutigen Welt einen viel zu großen Unterschied zwischen den entfernteren und näheren Verhältnissen, in denen wir mit Andern stehen, viel größer, als der Christ ihn machen sollte. Denn das leidet wohl keinen Zweifel, je mehr wir uns in dem rechten christlichen Sinne stärken, um desto mehr verringert sich auch dieser Unterschied; die Entfernteren rükken uns näher, und der Abstand erscheint uns bei weitem nicht so groß als unsere Behandlung desselben im gewöhnlichen Leben allerdings voraussezt. Nämlich für den wahren Jünger des Herrn, m. g. Fr., giebt es durchaus keinen Menschen, der ihn nichts anginge; sondern jeder Mensch, | der uns irgend einmal auf der Bahn unsers Lebens begegnet, ist entweder ein solcher, der sich mit uns der Wohlthaten der Erlösung schon freut, der mit uns denselben Herrn bekennt und preiset, oder ein solcher, den wir suchen sollen, und uns des Berufs bewußt sein, ihn dieser Wohllthaten theilhaftig zu machen. Es giebt also keinen, der uns fremd wäre; sondern wenngleich in einem verschiedenen Sinn und Maaße sind alle doch immer unsre Brüder. Und eben so müssen wir auf der andern Seite sagen, es giebt keinen, der irgend einem unter uns ausschließend angehörte; sondern wir sind für einander ein gemeinsames Gut. Jeder hat, da wir ja alle zu einer großen Gemeinschaft berufen sind, Rechte der Liebe auf jeden, und Ansprüche an jeden zu machen, so fern nur irgend das Leben des Andern ihn berührt, und aus dem Gemüth desselben etwas in das seinige übergehen kann. Indessen bleibt allerdings ein solcher Unterschied immer übrig, daß wir gegen Einige viele Gelegenheit haben diese Pflicht zu erfüllen, gegen Andre weniger, daß es uns bei Einigen leicht gemacht wird, ihrer wahrzunehmen, bei Anderen nicht. – In den engeren Verhältnissen des Lebens nun, m. gel. Fr., da ist von selbst klar und bedarf keiner weiteren Ausführung, wie es geschieht, daß wir untereinander uns wahrnehmen, und wie das rechte christliche Leben in jedem sich dadurch aussprechen soll, daß jede Beachtung der Andern diesen ein Reiz zur Liebe wird. Aber ist es nicht auch bei entfernteren Verhältnissen möglich, | wenn wir nur die zärtliche Sorge eines liebenden Gemüths überall hin bringen? Können wir nicht auch derer, die uns nicht so unmittelbar umgeben, wenn nur unser Wille darauf lebendig gerichtet ist, ebenfalls so wahrnehmen, daß wir bemerken was jedem fehlt? Und soll wol irgend Einer, wenn wir sein Bedürfniß erkannt haben, von uns gehen, ohne eine geistige Gabe empfangen zu haben nach dem Maaße unserer Kräfte? O wie beschränkt wird unsere schönste Wirksamkeit auf einen geringen Theil unseres Lebens, und wie leer also das ganze übrige, wenn wir uns dieses erlassen!

Also bleibt uns immer nur die Frage übrig: Wenn wir nun Andere zur Liebe reizen sollen, wie kann das geschehen? Wohl nicht anders als so. Denkt Euch, in einer menschlichen Brust solle die Liebe erst entstehn; einer habe die Quelle derselben nicht lebendig in ihm selbst: so müßte ja, damit diese Quelle in ihm entspringen könne, die Liebe ihm erst von aussen mitgetheilt und gleichsam eingeimpft werden? Dies aber, m. g. Fr., kann nicht anders geschehn, als so, es muß eine andere Liebe da sein, damit die Liebe, welche entstehn soll, anfangen könne als Gegenliebe. Wie könnten wir auch anders als dies aus dem innersten Grunde unsers Herzens zugeben, da es der Grund unsers ganzen gemeinsamen Glaubens ist! Was fehlte dem menschlichen Geschlecht anders als die Gemeinschaft mit Gott, das heißt die Liebe zu ihm? Die natürliche Anlage zu dieser schlummerte tief im in|nersten; und wie anders hat Gott dieselbe aus dem Herzen des Menschen herauszulokken gewußt, als daß seine Liebe erschien in seinem Sohne, und nun eine Liebe in dem Menschen entstand als Gegenliebe zu der, die in seinem Sohne erschienen war, zu dieser ursprünglichen, das wahre geistige Leben in dem Menschen entzündenden Liebe, eine nun himmelwärts aus dem Menschen hervorströmende Gegenliebe. Und ebenso, m. g. Fr., geschieht auch in jedem einzelnen menschlichen Leben die erste Erwekkung der Liebe. Wo nun Liebe zwar nicht überhaupt erst zu entstehen braucht, sondern schon da ist, wie sie in jedem christlichen Gemüthe immer schon sein muß, wenngleich noch ungenügend in ihren Wirkungen, so daß sie einer Verstärkung bedarf: da soll doch ebenfalls eine Liebe hervorgebracht werden, die noch nicht da ist; und das wird auf keine andere Weise geschehen können, als wie auch eben jene ursprüngliche Erwekkung derselben geschieht. Wie können wir also einander reizen zur Liebe? Nicht anders als da-

---

28 Vgl. 1Joh 4,9

durch, daß wir selbst Liebe demjenigen, den wir reizen wollen, beweisen. Wenn es herzliche Bruderliebe ist, mit der wir eines jeden wahrzunehmen und ihn zu erkennen suchen, ohne ungünstigen Vorurtheilen Raum zu geben, so daß von uns kein anderer Blikk als der Blikk einer heilbringenden Liebe auf irgend einen Bruder fällt: so kann es nicht fehlen, daß auch jeder unserer Liebe inne wird, wie sie strebt sein wahrzunehmen, und seinem Zustande gemäß ihm etwas zu leisten; und wird er | so unsrer Liebe gewahr, so wird sie auch nicht leer zurükkkommen zu uns, sondern irgend eine Frucht bringen in seinem Herzen. Als der Herr, m. g. Fr., seine Jünger zum erstenmal aussandte, um sein Wort zu verkündigen und vom Reiche Gottes zu predigen, da rüstete er sie auch auf den Fall, daß ihr Wort nicht Wurzel fassen würde in den menschlichen Gemüthern, und er sagte ihnen, daß der Segen ihrer Predigt dann zurükkkommen würde auf sie selbst. Aber, m. g. Fr., von der Liebe an und für sich, und in ihrer ganzen Wirksamkeit haben wir das nicht zu befürchten; es ist nicht möglich, daß sie jemals sollte ganz unfruchtbar bleiben. Das Herz des Menschen kann verhärtet sein gegen das göttliche Wort und gegen die Stimme der Wahrheit; aber daß es sich gegen reine Liebe jemals sollte ganz verhärten können, das ist nicht zu denken. Ist sie da, regt sie sich lebendig in der Seele, spricht sie sich aus in Wort und That: so muß sie auch aufgenommen werden, sie muß ergreifen und bewegen, irgend etwas muß anders durch sie werden. Und wie sie nicht anders als wohlthätig wirken kann, weil sie ja sanftmüthig und langmüthig ist, auch wo sie straft und betrübt: so kann sie auch nicht anders als zur Gegenliebe das menschliche Herz bewegen. Und so wir nur nicht nachlassen in den Aeußerungen der Liebe: so werden wir uns auch dessen zu erfreuen haben, daß sie in dem Herzen des Bruders fängt, und die Reizungen derselben werden nicht vergeblich sein. Aber anders als so, | m. g. Fr., ist es nicht zu machen. – Haben wir uns nun vielleicht aus der vergangenen Zeit das Zeugniß zu geben, daß wir mehr gesucht haben durch strenge Worte, Urtheile und Lehren, oder durch Vorhaltung von guten Folgen, die daraus entstehen, und von Nachtheilen, die dadurch zu vermeiden sind, das Herz der Menschen zu stärkeren Erweisungen der Liebe zu bewegen: so gehe das vorüber mit andern Irrthümern! Vielleicht daß doch auch von solchen Worten, wenn sie nur wohl gemeint waren, ein Segen wenigstens auf uns selbst zurükkkommt; in der Zukunft aber wollen wir es besser machen. Denn nichts bringt Liebe hervor als Liebe selbst. Wollen wir zur Liebe reizen, so laßt uns selbst recht von Liebe erfüllt sein, daß jedes Wort und jede That von ihr zeuge. Das wird gewiß eine reiche Frucht tragen,

---

8–9 Vgl. Jes 55,11   **13–14** Vgl. Mt 10,13

Predigt über Hebr 10,24   523

und die Reizungen zur Liebe, die aus Liebe hervorgehen, werden nicht vergeblich sein.

Aber eben so, m. g. Fr., sollen wir nach der Vorschrift unseres Textes gegenseitig unser wahrnehmen, durch Reizungen zu guten Werken. – Freilich, wenn doch der Glaube durch die Liebe thätig ist; wenn dieser thätige Glaube nichts anderes ist, als der durch die Predigt des Wortes in dem menschlichen Herzen fest gewordene göttliche Geist, alle Tugenden aber und alles was lieblich ist und wohl lautet, also auch alle gute Werke, nichts anderes sind als Früchte des Geistes: so scheint es, als ob die Liebe und die guten Werke von einan|der unzertrennlich wären. Aber doch ist die Liebe mehr das innere der guten Gesinnung, und die guten Werke sind mehr das äußere der That; und wenn wir die Erfahrung fragen, müssen wir wohl gestehn, daß beides nicht immer gleichen Schritt hält. Woher das, und also die Nothwendigkeit, daß außer den Reizungen der Liebe es noch besondere Reizungen geben muß zu guten Werken? Deshalb, weil die Liebe, um die rechte Fülle guter Werke hervorzubringen, daß ich mich so ausdrükke, erst zu Verstande kommen muß. Denn so die Liebe zwar da ist, wir vermissen aber doch die guten Werke: woher anders kann es kommen, als daß es an der rechten Einsicht fehlt, theils an der, worin doch für jeden Augenblikk das gute und gottgefällige bestehe, theils an der, wie eben dieses ins Werk zu richten sei. Woher kämen sonst, oft bei dem besten Willen und der größten Treue, so viele Mißgriffe und Verkehrtheiten? Wie können wir also einander reizen zu guten Werken? Nicht anders, als indem wir in unserm Bruder die lebendige Einsicht des Guten zu erwekken, und ihm den rechten und wahren Zusammenhang der Dinge ins Licht zu sezen suchen nach unserm Vermögen. Und das kann geschehen ohne irgend eine Selbstgefälligkeit. Denn da wir in jedem Christen Liebe voraussezen müssen, bis uns der Mangel daran in die Augen leuchtet: so dürfen wir ja, wenn wir finden, daß es ihm fehlt an den guten Werken, dies nicht im voraus in ihm aus dem Gegentheil der Liebe erklären; denn | dies würde selbst mit der Liebe streiten. Sondern, wie der Herr selbst that bei dem Werke, welches am meisten ein Werk der Finsterniß war, als seine Feinde ihn mißhandelten und unschuldig dem Tode überlieferten, daß er nämlich aus der vollen Wahrheit seines Bewußtseins zu seinem himmlischen Vater sprach, Sie wissen nicht was sie thun: eben so müssen auch wir alles mangelhafte in guten Werken, und alles verkehrte, was auch jezt noch in der Gemeinschaft der Christen vorkommt, nur dem zuschreiben, daß auf irgend eine Weise diejenigen, die zum Handeln berufen sind, nicht wissen was sie thun. Wissen wir

---

5 Vgl. Gal 5,6   37 Vgl. Lk 23,34

nun selbst etwas davon, so sind wir ja schuldig mitzutheilen von unsrer Gabe; wo nicht, wenigstens Andere darauf aufmerksam zu machen, daß ihnen die Einsicht fehlt, und ihnen dann helfen, sie zu suchen, wo sie zu finden ist. Eine andere Reizung aber zu guten Werken giebt es nicht, als daß jeder suche, das Maaß richtiger Einsicht und wahrer Erkenntniß zu mehren, wo und wie er kann. Denn ist der Wille da, gutes zu wirken: so ist die Einsicht, durch welche dies innere Streben sich verklärt, und das gewollte gute in seiner ganzen Würde und Schönheit vor Augen gestellt wird, die kräftigste Reizung, der dann auch niemand widerstehen kann. Thut diese nicht ihre Wirkung: dann gewiß fehlt noch etwas anderes, und das kann nur die Liebe sein, zu der wir dann freilich zuerst reizen müssen, um sie anzuregen, damit aus ihr gute Werke hervorgehen. Aber finden wir ein Mißver|hältniß zwischen der Liebe, die wir in dem Herzen des Andern wirklich erkannt haben, und zwischen den guten Werken, so daß die leztern zurükkbleiben hinter der erstern: ja so kann das keinen andern Grund haben als den Mangel an richtiger Einsicht; und die wird dann gewiß gern angenommen von jedem, der sie darbieten kann.

Aber, m. g. Fr., laßt uns in diesem Punkte besonders recht ehrlich gegen uns selbst sein und uns fragen, wie treu wir in dieser Hinsicht wol gewesen sind in dem vergangenen Jahre? Ich fürchte, wir haben es hieran gar sehr fehlen lassen, so daß, wenn wir auch Andern mit den Reizungen zur Liebe entgegengekommen sind, wir doch ihrer nicht wahrgenommen haben mit Reizungen zu guten Werken. Denn ich meine, wenn dem nicht so wäre, müßten wir unter uns noch einen viel größern Reichthum an gottgefälligen Thaten aufzuweisen haben. Und glaubt nur nicht, daß ich euch zum neuen Jahre tadeln will über die löbliche Bescheidenheit, welche nicht schnell herfahrend urtheilen mag über den Nächsten, und noch weniger im voraus anzunehmen geneigt ist, ein Anderer wisse sich nicht selbst zu helfen, in dem was ihm doch obliegt! Denn diesen Vorwand nimmt nur die Eitelkeit gern, um sich aufdrängen zu können mit der eigenen Weisheit. Nein, die löbliche Bescheidenheit wollen wir in Ehren halten; aber wenn wir redlich sein wollen, werden wir gestehen müssen, hinter dieser Bescheidenheit verstekkt sich gar oft ein unbrüderliches | Mißtrauen, der Andre möchte uns nicht das Recht einräumen, so weit es doch jeder Christ dem andern mit Freuden einräumen muß, in den innern Zusammenhang seines Lebens zu schauen, daß wir sein wahrnehmen könnten mit Reizungen zu guten Werken. Es verbirgt sich dahinter eine träge Gleichgültigkeit, als ob wir nicht berufen wären, Andern das Licht der Wahrheit anzuzünden, und durch Mittheilung richtiger Einsicht ihnen zu zeigen, was sie schönes und gutes thun könnten an dem Werke Gottes. Eine Gleichgültigkeit, die um so sträflicher ist, wenn wir nachher nur zu gern tadeln, wo wir vorher nicht erleuchten wollten. Ja ich fürchte, hierüber werden wir kein reines Bewußtsein aus dem vergangenen Jahre unsers Lebens mit hinübernehmen können in das neue. Freilich es ist auch hiebei schwer, mit Worten das richtige Maaß anzugeben; aber doch, wenn unsre eigene Einsicht lebendig ist und klar, und unsere innere Gewißheit aufrichtig, und wir wissen, daß und wie die Thätigkeit unseres Bruders und sein Beruf mit unsrem eigenen, von dem wir ja Rechenschaft geben müssen, zusammenhängt: so können wir wohl gewiß sein, daß wenn wir unterlassen, unsere Ansicht der seinigen gegenüberzustellen, Licht in seine dunkle Stellen hineinzutragen, und zu versuchen, ob er uns auch welches mittheilen kann, damit wir, wo möglich, zu einer gemeinschaftlichen Ueberzeugung und einer übereinstimmenden Thätigkeit gelangen, alsdann nicht ächte Bescheidenheit der Grund einer solchen Vernachlässigung ist, durch welche wir ein gemeinsames Gut veruntreuen, und allemal auch mittelbar oder unmittelbar unsern eigenen Wirkungskreis gefährden. Gewiß aber werden wir diese Pflicht am besten erfüllen, und auf das erfreulichste wird uns die Reizung zu guten Werken gedeihen, wenn sich in uns die ächte Bescheidenheit, welche demüthig zu Werke geht, und keine Veranlassung giebt zu denken, wir wollten nur, mit eigener Weisheit prunkend, lehren um uns über Andre zu erheben, wenn diese sich verbindet mit dem natürlichen Eifer und der frischen Begeisterung für alles, was jeder als wahr und recht erkannt hat. Dann kann es nicht fehlen, daß die Liebe zur Wahrheit, die wir in uns tragen, und der unverkennbare Eifer für das Gute nicht sollte eine Reizung werden zu guten Werken, und daß nicht durch frisches Zusammenwirken in offener Mittheilung und gegenseitiger Unterstüzung ein immer größerer Reichthum derselben sich in unserm gemeinsamen Leben entwikkeln sollte.

Und wenn wir so immer mehr Einer des Andern wahrnehmen durch Reizungen zur Liebe und zu guten Werken: o welch ein schönes Jahr werden wir dann verleben! wie vieles wird dann eher und leichter unter uns eine beßre Gestalt gewinnen! Wie vieles wird dann verschwinden, worüber wir jezt noch zu klagen haben! und in einer Fülle von Freude und Zufriedenheit, wie viel schöner und tadelloser wird die Gemeine des Herrn sich darstellen! wie viel Festigkeit und Sicherheit werden wir erlangt haben, jeder in seinem Beruf, und mit viel größerer Freudigkeit des Herzens werden wir dann auf das jezt beginnende Jahr zurükksehen, wenn es vorüber ist!

So laßt uns denn diese Worte der Schrift zu Herzen nehmen; und möge das unser gemeinsamer Sinn werden, daß wir, wie der Herr uns verbunden hat und zusammengestellt, überall unsrer selbst unter einander wahrnehmen durch Reizungen zur Liebe und zu guten Werken. Dann werden wir immer würdiger dessen sein, der selbst in seinem ganzen Leben die erste Quelle aller Reizungen zur Liebe und zu guten Werken gewesen ist, indem die Fülle seiner göttlichen Liebe die reinste Gegenliebe, die dankbare, in uns erregt, und seine Erkenntniß, die lebendige Erkenntniß des Vaters, mit welchem er Eins war, auch uns zur Wahrheit geworden ist, und uns die Werke gezeigt hat, welche wir verrichten, und zu welchen wir einander ermuntern müssen. – So muß es denn immer seine Kraft sein, in welcher wir einander reizen zur Liebe und zu guten Werken. Es ist nur die Gnade Gottes in ihm, die wir immer besser erkennen und immer lebendiger verbreiten müssen unter den Menschen, um dadurch, daß der Mensch Gottes geschikkt sei zu guten Werken und reich an ihnen, ihm die Herrschaft zu bereiten, die ihm gebührt. So wird unser ganzes Leben ein wahrhaft christliches sein, das heißt ein von Gott gesegnetes und wahrhaft himmlisches. Amen.

11–12 Vgl. *2Tim 3,17*

VIII.

Der Lohn des Herrn.

Neujahrspredigt.

Text. Offenb. Joh. 22, 12.

Siehe ich komme bald und mein Lohn mit mir, zu geben einem jeglichen wie seine Werke sein werden.

M. a. Fr. Als wir vor wenigen Wochen unser kirchliches Jahr mit dem besonderen Andenken an diejenigen, welche während desselben von uns geschieden waren, hier beschlossen, verweilte unsere Betrachtung auch bei einem Worte der Schrift, welches die Erwartung einer baldigen Wiederkunft des Herrn ausspricht; und wir nahmen damals Gelegenheit, die Anwendung davon auf den Beschluß dieses irdischen Lebens zu machen, wie er uns allen bevorsteht. Auch in den verlesenen Worten ist auf ähnliche Weise von einer baldigen Wiederkunft | des Herrn die Rede. Aber wollen wir bei dem Anfang eines neuen Jahres unseres Lebens uns wieder in dieselbe Gedankenreihe vertiefen und, wie es freilich einem jeden nahe genug liegt, uns damit trösten, daß, wenigstens wenn das Ende unseres Lebens gekommen ist, dann auch der Lohn des Herrn kommen werde, je nachdem unsere Werke gewesen sind? Nein, m. g. Fr., sehen wir noch eine irdische Zukunft vor uns, möge sie nun nach dem Rathe Gottes lang oder kurz sein für einen jeden: so wollen wir heute auch bei dieser verweilen, denn so geziemt es diesem Tage. Aber auch auf diese irdische Zukunft, die uns noch bevorsteht, läßt sich das Wort unseres Textes anwenden; auch noch innerhalb dieses Lebens, und zwar ohne Unterschied, zu jeder Zeit kann man von dem Herrn sagen, Er kommt bald und sein Lohn mit ihm, zu geben einem jeglichen, wie seine Werke sein werden. Und das ist es, worauf ich jetzt unser Nachdenken hinlenken will, auf daß wir auch dieses neu angehende Jahr bewillkommnen mögen als

---

28 auf daß] auf, daß

---

2 *Predigt zum Neujahrstag am 1. Januar 1827 vormittags in der Dreifaltigkeitskirche zu Berlin; vgl. Predigtnachschrift und Liederblatt in KGA III/10* 7–13 *Vgl. Predigt zum 27. Sonntag nach Trinitatis (Gedächtnis der Verstorbenen) am 26. November 1826 vormittags über 1Thess 5,1–11 in der Dreifaltigkeitskirche zu Berlin; vgl. Predigteinzeldruck und Liederblatt in KGA III/10*

ein solches, welches unfehlbar einem jeden den Lohn des Herrn bringen wird, je nachdem seine Werke werden gewesen sein. Laßt uns zu dem Ende zuerst nur uns davon überzeugen, daß überhaupt die verlesenen Worte der Schrift eine solche Anwendung leiden; aber dann zweitens mit einander betrachten, welches nun, wenn wir sie auf diese Weise ansehen, der eigentliche und wahre Sinn derselben ist. |

I. Zuerst also, m. g. Fr., wiewol nicht leicht jemand sich mit Recht rühmen mag den Sinn dieses Buches der Offenbarung, wie wir es zu nennen pflegen, genau erforscht zu haben, leidet doch soviel keinen Zweifel, daß sich dasselbe überhaupt mit der weiteren Entwikkelung der Wege Gottes in und mit der christlichen Kirche beschäftigt; und es ist wohl höchst wahrscheinlich, daß sich nahes und fernes in den Gedanken oder vielmehr Bildern des Sehers gar mannigfaltig mit einander vermischt hat, um so mehr als gewiß auch er von der damals sehr allgemein unter den Christen verbreiteten Erwartung erfüllt war, der Herr werde bald zur Beendigung der menschlichen Dinge sichtbar wiederkommen. Wie nun aber diese Erwartung in ihrem buchstäblichen Sinne nicht in Erfüllung gegangen ist: so liegt nun die eigentliche und wesentliche Wahrheit aller darauf bezüglichen Aussprüche, und so auch dieses Wortes darin, daß es immerfort und immer mehr in Erfüllung gehet. Sind nun auch wir von Jugend an bei einer ähnlichen Ueberlieferung hergekommen, so daß wir ohne grade eine bestimmte Zeit dabei zu denken, doch immer noch auf gewisse Weise die Erwartung der ersten Christen theilen, in so fern wir von der ersten Ankunft des Herrn auf Erden, als er nämlich erschienen war um uns allen die Erlösung zu bringen, welche Gott dem menschlichen Geschlecht zugedacht hatte, noch eine zweite zu unterscheiden gewohnt sind, welche Allen erst bevorsteht, und welche wir ganz besonders | als seine vergeltende Zukunft zu betrachten pflegen: so laßt uns dabei doch immer zugleich auf jene seine erste Ankunft auf Erden zurükksehen, und darauf merken, wie auch damals als der Herr erschienen war, sehr bald sein Lohn mit ihm kam. Oder m. g. Fr. war das kein Lohn, wenn er zu seinen Jüngern sagte, Das hat euch Fleisch und Blut nicht offenbart, sondern der Vater im Himmel[1], und er also ihre Seelen mit dieser fröhlichen Gewißheit der wiedergekehrten Gemeinschaft Gottes mit den Menschen, der Wohnung Gottes in der menschlichen Seele erfüllte? war das kein Lohn, als er ihnen den Auftrag gab,

---
[1] Matth.

34–35.39 Vgl. Mt 16,17 (Jesu Wort an Petrus nach dessen Christusbekenntnis)

Predigt über Offb 22,12

So gehet nun hin in alle Welt und machet Jünger unter allen Völkern und taufet sie[2], wodurch er ja seine Jünger zu seinen Gehülfen bei dem großen göttlichen Werke machte, welches auszuführen er selbst gekommen war? Doch was sollen wir bei einzelnem stehen bleiben! Giebt es einen größeren und herrlicheren Lohn als den, welcher schon von Anfang an der erste Lohn des noch jungen und, daß ich so sage, unerfahrnen Glaubens war, den Johannes der Jünger des Herrn mit den Worten ausdrükkt, Und denen, die an ihn glaubten gab er die Macht, Kinder Gottes zu werden[3]. Ja, kann es etwas größeres geben als dieß? Wir werden die Frage so gewiß verneinen müssen, als wir die Erfahrung haben von der Se|ligkeit des Bewußtseins, durch Christum und mit ihm Kinder Gottes geworden zu sein.

Wenn der Erlöser also m. g. Fr. auch schon während seines irdischen Lebens nicht da sein konnte, ohne daß auch sein Lohn bald mit ihm kam, und er selbst den Seinigen verheißt, er werde bei ihnen sein alle Tage bis an der Welt Ende, wie denn auch wir uns immer mit einander dieser seiner geistigen Gegenwart als unseres größten und köstlichsten Gutes erfreuen: können wir es uns irgend als möglich denken, daß diese geistige Gegenwart jemals gleichsam gehaltloser sei oder gewesen sei, als seine leibliche Gegenwart war? Und folgt also nicht, daß auch jezt, wo er einmal überhaupt nur ist, er auch immer bald kommt um seinen Lohn mit sich zu bringen? Wo unser Erlöser sich in seinen Gleichnißreden so darstellt, daß er Gaben austheilt um damit thätig zu sein, und dann Rechenschaft fordert, Werke und Ertrag verlangt und demgemäß Lohn austheilt: da geschieht es immer so, daß er sich als einen Herrn kenntlich macht, der es mit seinen Knechten zu thun hat. Dieses also, daß er einem jeden seinen Lohn bringt, je nachdem seine Werke gewesen sind, muß wesentlich mit zu der Herrschaft gehören, die wir ihm beilegen. Können wir nun wol glauben, daß jemals diese Herrschaft ruhe, seitdem sie durch die Stiftung seiner Gemeine auf Erden einmal aufgerichtet ist? Können wir glauben, daß er auf diesen Theil derselben irgendwann Verzicht leiste, und sich dessen entschlage? Muß er doch zu aller Zeit Ga|ben austheilen, giebt es zu aller Zeit Werke für ihn zu thun: so muß er auch zu allen Zeiten Lohn auszutheilen haben für das, was geschehen ist; sonst käme er wenigstens nicht bald und sein Lohn mit ihm. Ja, so

---

[2] Matth. 28, 19.
[3] Joh. 1, 12.

---

37 28, 19.] 28, 18.   38 1, 12.] 1, 14.

1-2 *Vgl. Mt 28,19*   8-9 *Vgl. Joh 1,12*   15-16 *Vgl. Mt 28,20*

gewiß wir überzeugt sind, daß sein und unser himmlischer Vater immerdar mit allen seinen Kräften ungetheilt waltet, und daß nichts, was wir zu dessen ewigen und unerforschlichen Gottheit rechnen, jemals ruht; so gewiß wir es sogar an dem sterblichen Menschen nur für eine Unvollkommenheit halten, wenn er in irgend einem Augenblikk seines thätigen Lebens nur einseitig mit dieser und jener, nicht aber mit allen seinen Kräften wenn gleich in verschiedenem Maaße wirksam ist: wie könnten wir von dem, der auf der einen Seite zwar ein Menschensohn war wie wir, in dem sich aber auf der anderen Seite der Abglanz des göttlichen Wesens zu erkennen gab, grade das glauben, was in uns allen immer nur eine Unvollkommenheit ist? Anders also kann es nicht sein m. g. Fr. als so. So gewiß er immer der Sohn Gottes und als solcher auch der Herr ist: so gewiß auch kommt er in Beziehung auf jegliches, was in jeglicher Zeit geschieht, bald und sein Lohn mit ihm, um einem jeden zu geben, wie seine Werke erfunden werden. Doch ich darf nicht zweifeln, daß es nicht auch unter uns vielleicht nicht wenige giebt, welche sich lieber auf die auf der einen Seite wenigstens von der Erfahrung bestätigten, und daher auf der andern als desto zuversichtlichere Hoffnung unter den mei|sten Christen geltenden Vorstellungen zurükkziehen, zufolge welcher in diesem irdischen Leben überhaupt kein Lohn erwartet werden soll, sondern es ganz und gar nur anzusehen ist als eine Zeit der Saat; die Ernte aber suchen sie erst jenseits. Denn was ist die Ernte anders, als der Lohn dessen, der die Erde baut, für die Mühe und Arbeit, welche er daran wendet? Und wie genau scheint nicht diese Vorstellung mit jener andern zusammenzuhängen, daß dieses Leben nichts anderes ist, als eine Zeit der Prüfung und der Vorbereitung, und erst jenes Leben uns verheißen ist als eine Zeit der Herrlichkeit und des Genusses. Denn was ist der Lohn für die Treue in der Vorbereitung, was ist der Lohn für die Bewährung unter dem prüfenden Feuer, als die Verherrlichung in einem seligen Genuß? Aber m. g. Fr., wie wahr das auch sein möge, so dürfen wir doch, daß auch hier schon ganz dasselbe statt finde, nicht übersehen. Was wäre denn dieses große Werk, in welches alle Mühen aller Menschengeschlechter verarbeitet werden, dieses Reich Gottes auf Erden, welches nun schon so viele Völker umfaßt, die ihre Knie beugen vor dem Namen dessen, in welchem allein Heil zu finden ist, was wäre denn diese weite Verbreitung des göttlichen Wortes und diese Anerkennung der göttlichen Liebe und Gnade, wie sie über dem menschlichen Geschlecht waltet, als der Lohn derer, die

---

24 baut,] baut

36–37 Vgl. Phil 2,10

Predigt über Offb 22,12

treu in der Arbeit, welche ihnen der Herr anvertraut hatte, Boten des Friedens gewesen sind? Und wenn sie auch diese Zukunft zum größ|ten Theil nur gesehen haben mit dem Auge des Glaubens: so waren sie doch eben so froh wie Abraham, daß er den Tag des Herrn sehen sollte; und die Gewißheit in dieser Freude war ihr Lohn. Ja wie könnte es etwas geben, woran wir mit ganzem Herzen hängen, dessen wir uns mit der ganzen Zustimmung unseres inneren Gefühls freuen, wenn wir es nicht in Zusammenhang bringen könnten mit unserem Wirken; wenn wir es nicht ansehen könnten als eine Erndte, für welche wir berufen waren zu säen und zu arbeiten, und also wenn wir es nicht genießen könnten als einen Lohn, der uns gegeben ist für das, was wir gethan haben? Nein auf diese Weise beides, Saat und Erndte, Werke und Lohn gänzlich auseinander halten wollen, dieses für das eine jenes für das andere Leben, das kann nur der über sich gewinnen, dessen geistiges Auge noch nicht hell genug siehet, um überall in dem zeitlichen das ewige zu erblikken, nur derjenige, der noch nicht vollkommen eingeweiht ist in das Geheimniß des neuen Bundes, welcher eben so wenig Dürftigkeit kennt als Furcht, sondern überall Seligkeit und Fülle hat und giebt. So gewiß sich beides auf die schönste Weise vereint, daß der Mensch aus dem Tode hindurch dringen muß durch die Kraft des Glaubens, aber dann auch, wie der Herr sagt, alle diejenigen, welche an ihn glauben, das ewige Leben schon haben; so gewiß als, wenn wir durch die Prüfung hindurchgehen, die Prüfung Geduld erzeugt, und die Geduld Erfahrung, und die Erfah|rung Weisheit und die Weisheit ein herrlicher Lohn ist: so gewiß sind auch hier Saat und Ernte, Prüfung und durch dieselbe Bewährung und Lohn immer miteinander verbunden, und gehen Hand in Hand.

Allein ich höre schon die Einwendung, daß, wenn wir in diesem Sinne bei dem jezigen irdischen Leben zunächst stehen bleiben wollen, was den Lohn des Herrn betrifft, die Erfahrung uns auch hiervon eben so oft das Gegentheil zeigt. Wenn wir allerdings nicht selten wahrnehmen, daß der Herr große Dinge herbeiführt, daß bedeutende Veränderungen in menschlichen Verhältnissen, Umgestaltungen dessen, was im Laufe der Zeit veraltet war, unausbleiblich bevorstehen: geschieht es wol immer auf solche Weise, daß wir den Erfolg, wie er sich vor unsern Augen gestaltet, mit unsern Werken in Verbindung bringen möchten als den Lohn für dieselben? Wenn der Herr, was veraltet ist, zerstören will; treten da nicht alle die traurigen Zeichen ein, die auch in den Schilderungen des Herrn selbst dem Gericht Gottes über sein Volk vorangehn? kehrt sich da nicht der Sinn der Men-

---

4–5 Vgl. *Joh 8,56*   20–22 Vgl. *Joh 5,24*   23–25 Vgl. *Röm 5,3–5*   38–40 Vgl. beispielsweise *Mt 24,1–41; Mk 13,1–32; Lk 21,5–36*

schen wider einander, Vater gegen Sohn und Bruder gegen Bruder? werden da nicht alle feindseligen Leidenschaften entfesselt, daß kaum das drohende Schwert des Gesezes sie zurükkzuhalten vermag? Ja auch der Glanz des Reiches Gottes scheint er sich nicht oft ganz zu verdunkeln, daß neue Geschlechter sich wieder zurükkbegeben, sei es nun unter die Gewalt zügelloser Sinnlichkeit oder in den Gehorsam gegen einen tod|ten Buchstaben und unter den eitlen Schuz todter Werke? Geht nicht oft aus solchen Kämpfen das böse siegreich hervor, und sind nicht häufig Jahrhunderte verstrichen, ohne daß sich das Geschikk eben da wieder zum besseren gewendet hätte? Ja noch schlimmer als in jenem Traume, den ein von Gott geliebter Seher deutete, wo einer Reihe von mageren Jahren herbeigeführt aus dem Schooße der Zukunft doch eben so viel andere gesegnete vorangegangen waren, zeigt uns die christliche Geschichte solche Fälle, wo eine viel längere Zeit hindurch Dürftigkeit des Lebens und Verkrüppelung des Geistes das um so herbere Loos ganzer Völker wird, als früherhin unter denselben nicht nur der Segen einer schönen Entwikkelung der menschlichen Kräfte gewaltet, sondern auch das Licht des Evangeliums hell und glänzend geschienen hatte. Und soll nun diese Verdüsterung der Nachkommen etwa der Lohn sein für diejenigen, welche das Wort des Herrn trieben zu ihrer Zeit? oder ist die Unwissenheit, daß solche Zeiten kommen werden, ihr Lohn? Doch, m. Gel., wer je in solchen Zeiten gelebt hat, wer sie sich auch nur lebhaft vorstellen kann, der wird über die Antwort nicht verlegen sein. Die Tapferkeit mit welcher die Treuen, welche ausharrten bis ans Ende, dem hereinbrechenden Strom Widerstand leisteten; der gute Saame der übrig geblieben ist für bessere Zeiten, das Verlangen nach diesen, welches unterhalten wird durch würdige Erinnerungen, und welches doch immer die Wirksamkeit des bösen hemmt; | ist das nicht etwas großes? Und die treuen Diener des Herrn, welche noch die früheren besseren Zeiten sahen, sollten sie nicht, da es doch nie in der christlichen Kirche gefehlt hat an weissagenden Ahndungen, wenn sie sich auch nur die Möglichkeit eines Abfalls oder eines Verderbens dachten, jene trostreiche Gewißheit in sich getragen haben, und diese ihr Lohn gewesen sein? und warlich ein großer und reicher Lohn! Gewiß also, wenn wir nur unsern Blikk nicht durch das äußere gefangen nehmen lassen, sondern ihn mehr auf das innere richten, welches doch die eigentliche Wahrheit des menschlichen Lebens ist, werden wir uns dazu bekennen

---

22 werden,] werden

---

1 Vgl. Mt 10,21   11–14 Vgl. Gen 41,15–36

müssen, daß es unter allen Umständen auch von diesem Leben schon gilt, Der Herr kommt bald und sein Lohn mit ihm.

Und so laßt uns jezt in dem zweiten Theile unserer Betrachtung suchen noch genauer in den Sinn dieser Worte einzudringen.

II. Mein Lohn, so spricht der Herr, kommt mit mir, um einem jeden zu geben, wie seine Werke sein werden. Lohn und Werk, dies beides freilich m. g. Fr. bezieht sich natürlich auf einander; und sobald von einem Verhältniß zwischen Menschen und Menschen und von einem menschlichen Maaß in Beziehung auf dasselbe die Rede ist: so ist auch, sobald uns nur überhaupt bekannt ist, wovon es sich handelt, und ob der, welcher arbeiten und der welcher lohnen soll, einander gleich sind oder ungleich, | nichts leichter zu erkennen, als welches das Werk ist, und welches der dafür gebührende Lohn. Aber denken wir uns nun den Herrn kommen in dem Namen seines und unsers Vaters im Himmel und werfen also die Frage auf, Was ist denn Werk und was ist Lohn in dem Verhältniß des Menschen zu Gott? so scheint uns der Unterschied zwischen beidem und das Verhältniß beider zu einander gar nicht mehr so klar zu sein; unsere Gedanken verwirren sich, und es sieht aus, als ob uns von der ganzen Rede nur ein sehr unbestimmtes und schwankendes Bild übrig bleiben wollte. Ja Paulus, grade der Apostel, dem wir so vorzüglich viel verdanken, was die Klarheit unserer christlichen Erkenntniß betrifft, will gar nicht, daß wir uns irgend an diesen Ausdrukk halten sollen. Er sagt mit Recht, Lohn sei nur da, wo es ein Gesez gebe und einen Vertrag; wo aber die Gnade walte, da sei kein Lohn. Laßt uns das wohl erwägen! Denn was ist wol unser köstlichstes Kleinod, wenn wir in das innerste unseres Bewußtseins zurükkgehen, was ist das eigenthümlichste Wesen unserer christlichen Seligkeit, was ist der Grund unserer Hoffnung, was ist die Lebensluft unserer Liebe zu Gott und Menschen, als immer nur dieß, daß wir leben in dem Reiche der Gnade, daß wir nichts mehr wissen von einem gesezlichen Zustand in Beziehung auf Gott, von einem Vertrage zwischen dem Höchsten und uns, daß wir nicht wieder ein gesezliches Volk sind, sondern in dem höheren Sinne des Wortes ein Volk des Eigenthums und zwar | als ein geistiges Volk. Ist es nun so immer nur das Reich der Gnade, in welchem wir leben auch mit allen unsern Werken: was kann der Lohn für dieselben sein?

Aber was sollen wir erst sagen, m. g. Fr., wenn wir dieses bedenken. Das Wesen unseres Glaubens besteht doch darin, daß wir sagen

---

11 soll,] soll

24–25 *Vgl. Röm 4,4; 11,6*   34 *1Petr 2,9*

können mit dem Apostel, nicht ich lebe sondern Christus in mir. Und weshalb sollten wir uns wol auch freuen, so oft sich in diesem Leben wieder ein neues Jahr an die bisherigen anreihet, wenn wir nicht wüßten, daß sofern nur dieses Leben Christi in uns waltet und regiert, sofern uns dieses nur erbaut zu einem lebendigen Tempel Gottes, dann auch gewiß eine Fülle von Friede und Freude in unserem Herzen sein wird. Aber lebt Christus in uns, sind wir in der That zu dieser Einheit des Lebens mit ihm gediehen, ist er uns in diesem Sinne schon immer nahe in unserem innern: wie kann er dann erst kommen und mit ihm sein Lohn? Er in uns, das sind wir selbst; wie ist es also möglich, wenn doch der Mensch sich selbst nicht lohnt, daß eben der in uns lebende Christus kommen kann um uns zu lohnen?

So laßt uns denn versichert sein, daß es sich hiemit nicht anders verhalten kann als so. Es giebt nämlich für uns allerdings keinen anderen Lohn, als eben diese Gemeinschaft des Lebens mit dem Herrn; wir können keinen anderen begehren, und Er könnte uns keinen anderen bringen. Daß wir uns aber dieser | einzigen, alles in sich begreifenden göttlichen Gnade als in uns und durch uns wirkend, auch von einem Augenblikk zum andern immer inniger bewußt werden, das ist der Lohn, mit welchem der Herr immer bald kommt. Und müßte das nicht, wenn wir auch nach einem Lohn in diesem Leben gar nicht fragen wollten, eben so auch der einzige mögliche Lohn sein in jenem Leben? Wenn wir uns mit Recht daran freuen, daß der alte Mensch hier immer mehr abstirbt: können wir ihn dann wol in jenem Leben wieder erwekken wollen? Und wenn das nicht: so müßte doch auch dort dasselbe gelten wie hier, daß wir alles für Schaden achten um nur Christum zu gewinnen; daß wir also gar nichts anderes begehren, und an nichts anderem Freude haben könnten, so lange es möglich wäre, Christum noch reichlicher zu gewinnen. Immer also und auf alle Weise hier wie dort ist Er selbst unser Lohn, und darum auch kann er nicht anders kommen als so, daß, wenn er kommt, auch bald sein Lohn mit ihm kommt; wie denn auch alles, was wir vorhin angedeutet haben als den Lohn der Gläubigen, immer nichts anderes war als Christus und sein Leben in uns.

Wenn nun aber dieß der Lohn sein soll, wie es denn freilich der herrlichste Lohn ist; der Herr aber ihn doch nur gibt, wie er selbst sagt, einem jeden, je nachdem seine Werke sein werden: was für Werke müssen wir denn aufzuzeigen haben, wenn uns der Lohn werden soll? was sollen wir uns zu | sammen suchen aus den Früchten und Handlungen des vergangenen Jahres, wofür uns der Herr bald und

---

1 Vgl. Gal 2,20   **5** Vgl. 2Kor 6,16   **23–24** Vgl. Röm 6,2–6   **26–27** Vgl. Phil 3,7–8

unverzüglich den Lohn geben könnte, der da sein wird, wie unsere Werke waren?

M. g. Fr., wie wenig der einzelne Mensch irgend ein Werk aufzuzeigen vermag, welches er sich selbst ausschließend zuschreiben kann, das wissen wir wol Alle. Nicht will ich uns darauf hinführen, wie viel dabei, ob irgend etwas, was wir unternehmen, auch wirklich gelingt und sich vollendet oder nicht, auf die äußeren Umstände ankomme, wieviel dabei von demjenigen abhängt, was in der gewöhnlichen Sprache des Lebens, weil es durch menschliche Weisheit nicht berechnet werden kann, das zufällige genannt wird. Nein, nicht daran wollen wir jezt denken, m. g. Fr., sondern daran, daß alle Werke – und von welchen könnte hier die Rede sein, als von den Werken, die in Gott gethan sind? – daß alle nicht nur ein gemeinsames Gut und ein gemeinsamer Segen, sondern in der That auch gemeinsame Handlungen aller derer sind, die im Glauben an den Erlöser und in der Liebe zu ihm mit einander verbunden sind; keiner wird, wenn er sich recht besinnt, sagen können, dieß oder jenes sei sein Werk, denn nichts hat Einer allein gewirkt. Darum sind wir jeder nur ein anderes Glied an dem einen geistigen Leibe Christi, weil jeder des andern bedarf auch zu seiner eigenthümlichen Thätigkeit; und überall fühlen wir daher das Gelingen | und das Gedeihen nur im Zusammenwirken mit unseren Brüdern.

So könnte also auch von einem Lohn nur die Rede sein für die ganze Gemeinschaft der Christenheit, weil überall nur aus ihrem Zusammenwirken etwas bestehendes und lebendiges hervorgeht, und alle Werke ihr zuzuschreiben sind und nicht dem Einzelnen. Der Herr aber redet doch grade von dem Einzelnen, wenn er sagt, einem jeglichen werde er geben, je nachdem seine Werke sein werden. Ja sonst überall drükkt er sich auf dieselbe Weise aus, Du getreuer Knecht, sagt er, gehe ein in deines Herrn Freude. So muß es also doch noch außer jenem ein Werk geben, welches jeder Einzelne vor ihn bringen kann, und worauf sich der Lohn beziehen soll, den er jedem Einzelnen allerdings zwar in der Verbindung der Christen, denn außer dieser könnten wir nicht sein wollen, aber doch jedem für sich selbst und als sein eigenes Theil darreichen will. Wir finden ein solches aber auch angegeben in jenen Worten des Herrn, wenn er sagt, also werde er einst sprechen, Gehe ein du getreuer Knecht in deines Herrn Freude, du bist über weniges getreu gewesen. So laßt uns denn auch dieses feststellen, daß es kein anderes Werk giebt, wofür Christus einem jeden einzelnen sich selbst darbietet zum Lohn als eben dieses, die Treue. Das ist das einzige Werk, welches wir, jeder einzeln für sich,

---

29–30 Vgl. Mt 25,21.23   37–38 Vgl. Mt 25,21.23

vor ihn bringen können; und je nachdem wir werden treu gewesen sein, je nachdem wird auch unser Lohn sein. |

Und die Treue wird in der heiligen Schrift besonders dargestellt als die Tugend des Haushalters, ja sie rühmt den Erlöser selbst in demselben Sinne, daß er sei treu gewesen als der Sohn in des Vaters Hause[4]. Und stellt er sich nicht selbst so dar, wenn er sagt, er thue nichts von ihm selber, sondern der Vater zeige ihm die Werke? Eben so sagt Paulus von sich und allen Verkündigern des Evangeliums, sie seien Haushalter über Gottes Geheimnisse. Wolan! dasselbe können wir von uns allen sagen. Denn das große Geheimniß, welches so lange verborgen war, ist eben dieses von einem solchen rein geistigen Reiche Gottes, in dem wir nun Alle leben. Wir sind treu, wenn wir da die Stelle ausfüllen, die jedem angewiesen ist, wenn wir unsern Ueberzeugungen, welche die Stimme Gottes an uns sind, so wir sie anders rein aus dem Worte Gottes geschöpft haben, ohne Menschenfurcht und Menschengefälligkeit folgen. Wir sind treu, wenn wir keine antreibende Stimme unseres Gewissens, durch die uns der Geist Gottes mahnt, überhören, weil wir etwa in Trägheit versunken sind, wenn wir keiner warnenden Stimme leichtsinnig zuwiderhandeln, weil uns etwa ein eigner Vortheil reizt, oder eine sinnliche Lust uns verlokkt. Wir sind treu, wenn wir der Wahrheit immer die Ehre geben, und uns weder durch falsche Schaam, noch durch eitle Ruhmsucht von ihr abwendig machen lassen, und wenn | demnach unser ganzes äußeres Leben der Spiegel unseres innern ist. – Wir sind treu, wenn wir, ohne je daran zu denken, was der Herr aus unseren Handlungen machen werde, wie viel oder wenig davon zum wesentlichen Gedeihen kommen wird, die Gaben, die uns der Herr verliehen, die Schäze des Geistes, womit er uns ausgerüstet hat, immer nur in seinem Werke anwenden nach unserer besten Einsicht. – Solche Treue, m. g. Fr., ist das Werk, worauf der Herr sieht, und wonach er einem jeden einzeln seinen Lohn geben wird. Und so laßt uns denn in dieser Beziehung noch einmal, wie wir hier als eine Gemeine Christi versammelt sind, unsere gemeinsamen Verhältnisse überblikken um danach unsere Erwartungen von der Zukunft zu ordnen.

Wo der Herr noch gar nicht wäre, wo er noch nicht mit seiner geistigen Gegenwart thronte, da wäre auch noch kein Werk, wofür er lohnen könnte, weil noch gar kein Verhältniß zu ihm besteht. Wenn sich nun viele Menschen auch unter uns in ernstlicher Treue und mit

---

[4] Hebr. 4, 8.

5–6 Der Bibelstellennachweis in der Fußnote ist rätselhaft.   6–7 Vgl. Joh 5,19–20
8–9 Vgl. 1Kor 4,1

achtbarer Anstrengung abmühen an allerlei Werken, wie schön und herrlich diese dann auch glänzen mögen vor der Welt, und wie mancherlei wohlthätigen Einfluß sie auch auf die menschlichen Angelegenheiten ausüben; und sie versichern uns zwar ehrlich und glaubhaft, daß sie nichts um des Lohnes willen thäten, sondern alles nur um des Guten willen; wir finden sie aber doch schwankend in ihren Erwartungen, ob die Treue im Guten ihren Lohn finde oder nicht: so wollen | wir ihnen sagen, Ist eure Treue keine Treue gegen Christum, so wirkt ihr auch nicht für das Reich Gottes, und Er wenigstens kann für euch nicht kommen mit seinem Lohn; jeder andere Lohn aber, wie gewiß er auch wäre, würde euch immer nur als ungenügend und eitel erscheinen. Ist aber nur überhaupt der Herr zu euch gekommen, thut ihr, was ihr thut, in seinem Namen: nun dann kommt auch bald sein Lohn mit ihm. Und das können wir bis in die ersten Anfänge verfolgen. Wie schwach und unvollkommen auch in Manchen zuerst das Bewußtsein von dem Heil in Christo und in der christlichen Gemeinschaft erwachte, wenn nur Jeder diesen ersten Regungen treu ist: so kommt auch bald der Lohn des Herrn mit ihm in reicherer Erkenntniß in kräftigerer Liebe und froherem Muthe zu seinem Werk. Und darin fühlt sich denn bald, was es sagen will, und welch ein Lohn darin liegt, daß wir die Macht haben Kinder Gottes zu werden. Je mehr wir dann durch den einigen Sohn des Wohlgefallens erfahren von den Werken die ihm sein Vater gezeigt hat, je mehr uns der Geist Gottes auch unsere Bahn erleuchtet: desto mehr haben wir worin wir treu sein können, und sind und bleiben dann in dem Zustand, wo es gemeinsame Werke giebt, die der Herr auch wie sie sind dem Ganzen lohnt, und wo jeder einzeln mit seiner Treue vor den Herrn treten kann in jedem Augenblikk der Prüfung und des Gerichts, und je nachdem sie gewesen ist, auch bald seinen Lohn empfangen wird. |

O m. g. Fr., laßt uns doch in diesem Sinne das Wort, Siehe ich komme bald, als die kräftigste Ermunterung beim Anfang eines neuen Jahres in unsere Herzen aufnehmen. Was wollen doch alle Sorgen bedeuten, mit denen vielleicht einer oder der andere von uns in dieses neue Jahr des irdischen Lebens hineingeht, wenn wir doch der frohen Zuversicht leben können, daß so wir nur dies eine thun, treu sein, uns der Lohn nicht fehlen werde, daß wir immer reichlicher Theil nehmen an allen Segnungen des Reiches Gottes und der Friede Gottes sich immer mehr befestigen werde in unsern Herzen! Wie könnten irgend eitle Hoffnungen unter noch so günstigen Umständen uns von dem rechten Wege verlokken, wenn wir die Aussicht festhalten, daß, weil unbezweifelt der Herr bald kommt mit seinem Lohn, auch wir werden

---

12–13 Vgl. Kol 3,17   21 Vgl. Joh 1,12   22 Vgl. Mt 3,17   23 Vgl. Joh 5,20

in Stand gesezt werden, immer mehr dazu beizutragen, daß die Stimme der Wahrheit von einer Zeit zur andern deutlicher vernommen werde, daß das Böse immer kräftiger überwunden werde durch das Gute, und die Kraft des Guten immer tiefer gegründet durch den heilbringenden Glauben. Sehet da, so erfrischt und ermuntert uns der Herr zu diesem neuen Abschnitt unserer Wallfahrt mit dem Worte, Siehe, ich komme bald! Ja und zu jeder Zeit erscheint er bald und sein Lohn mit ihm. Wie auch in dem nächsten Jahr auf Erden unaufhörlich immer wieder ein Mensch in das zeitliche Leben geboren wird: so auch verbreitet sich die geistige Gegenwart des Herrn | immerfort bald hier bald da in der Nähe und in der Ferne, und jeden Augenblikk erscheint er irgendwo und bringt seinen Lohn und seinen Frieden mit.

Aber, m. g. Fr., laßt uns nicht nur dabei stehen bleiben, daß für seine persönliche Treue auch jeder einzeln seinen eigenen Lohn erhält; sondern laßt uns auch ja bedenken, daß doch auch jeder Einzelne immer seinen Antheil hat an den gemeinsamen Werken, und also auch an dem gemeinsamen Lohn. Wir können treu sein unserer Ueberzeugung und die Treue ist dann immer ihres Lohnes gewiß; aber die Ueberzeugung kann unrichtig sein. Ist das Gemüth noch nicht rein genug: so kann sich die Stimme Gottes darin nicht deutlich aussprechen; sie kann auch nicht richtig aufgefaßt werden, wenn sie uns von außen entgegen schallt. Wie gedeihen dann für unser Theil die Werke? Der Apostel sagt, Ein Grund ist gelegt und keiner kann einen anderen legen. Alles was Werk sein soll im wahren Sinne des Wortes, das muß auf diesen Grund gebaut werden. Aber spricht er, wie baut der eine doch mit vergänglichem und leicht zerstörbarem Stoffe, der andere aber mit festen und haltbaren Steinen! Und was sagt er von dem erstern? Wo einer mit Stroh und Stoppeln gebaut hat, und es kommt an das Feuer, so wird das Werk zwar zerstört; aber er selbst wird doch gerettet werden wie aus dem Feuer. Das selbst gerettet werden ist dann der Lohn der Treue; aber das Werk, welches das Kind des Irrthums ist, kann keinen Theil an dieser Erhaltung | nehmen. So ist es, m. g. Fr.! wären wir alle vollkommen in der Einheit des Lebens mit dem Erlöser; hätten wir jenen großen und seligen Lohn ganz in Besiz: o dann würde keiner unter uns auf andere Weise bauen, als mit festen Steinen; und wie der Grund so würde auch das Werk sein, sich überall gleich aus einer und derselben Kraft hervorgegangen, einen und denselben Geist darstellend. Aber was ist der Menschensohn, daß er dieß von sich hoffen dürfte? wie schwach sind unsere Anfänge in der Erkenntniß der göttlichen Wahrheit! wie oft verdunkelt sich unser geistiger Blikk, wenn wir befangen werden von den irdischen Dingen! Wie

---

3–4 Vgl. Röm 12,21   23–24 Vgl. 1Kor 3,11   25–30 Vgl. 1Kor 3,12–15

vieles von demjenigen, was dem nichtigen und vergänglichen angehört, trübt unsere Einsicht und lähmt unseren Willen! So entsteht denn freilich nur ein vergängliches Gebäude, von vergänglichem Stoffe gebaut. Wohl denn, m. g. Fr., laßt uns auch hier uns freuen, daß wir sagen können, der Herr kommt bald und sein Lohn mit ihm! Denn was könnten wir besseres wünschen, wenn wir in dem vergangenen Jahr unseres Lebens irgend etwas gebaut haben mit Stroh und Stoppeln, sei es in der Kirche, sei es im Staat, sei es in der Wissenschaft, sei es im Hause, als daß das verzehrende Feuer nur recht bald kommen möge von dem Herrn, und alles zu nichte machen, was so gebaut ist, daß es doch nicht bestehen könnte, aber daß doch unsere Seele wie aus dem Feuer gerettet werde. Das ist der dankenswertheste Lohn, den uns in diesem Falle | der Herr bringen kann. Auch ein solches verzehrendes Feuer ist ein Licht vom Herrn, bei welchem wir die Nichtigkeit unseres Werkes erblikken, und wenn wir doch nur in der höheren göttlichen Führung das förderliche für sein Reich erblikken können: kann es wohl etwas anderes für uns sein, als eine wahre, ja eigentlich ganz ungetrübte Freude, wenn der Herr dasjenige, was doch nichts ist vor ihm, und in seinen Rath nicht eingeht, durch das Feuer wieder zerstört, welches er hie und da als Läuterung in seinem Reich ausbrechen läßt? Ja er komme bald auch mit diesem Lohn, damit alles, was wenn auch wohlgemeint, doch auf menschlichen Wahn beruhte, wieder vergehe und nur das bleibe, was vor der göttlichen Wahrheit und Weisheit besteht. Wenn wir so das unsrige gar nicht suchen und geltend machen wollen, werden wir immer mehr geläutert werden zu der rechten Kraft der alles gute verbindenden und alle Gläubigen beseligenden Liebe, und immer ernster wünschen und zu bewirken suchen, daß alles, was verunstaltet ist durch menschliches und irdisches, immerhin vergehe je eher je lieber.

Gewiß aber haben wir doch nicht alle nur so verzehrbares gebaut; sondern bisweilen doch werden wir, wenn auch nur ein weniges, bleibend gefördert haben an dem Werke des Herrn; und so auch in Zukunft wird es uns doch hier und da gelingen, einen festen Stein hineinzufügen in das große Gebäude. Dafür nun gewiß kommt auch der Herr bald und sein Lohn mit ihm. Wollen wir nichts | anderes als ihn und sein Werk: nun so wird um desto mehr auch dieses Jahr unseres Lebens reich sein an Freude für uns, wenn wir nämlich immer mehr dahin kommen, daß wir uns an nichts anderem freuen, als an demjenigen, was von ihm kommt und sein Gepräge an sich trägt. So gewiß er als der verklärte und erhöhte Heiland der Welt zur Rechten seines und unseres Vaters sizt: so gewiß muß sein Reich, dann der einzige Gegenstand unserer liebenden Sorge und unseres thätigen Eifers, sich fort und fort mehren, und sich wohl geschüzt gegen jede verderbliche

Gewalt als das unüberwindliche darstellen. Und so gewiß wir in der Treue verharren, wird er uns auch immerdar nahe sein mit dem herrlichsten Lohn, so daß wir in der lebendigen Gemeinschaft mit ihm auch mehr und mehr erleuchtet werden, und zu immer tüchtigeren Werkzeugen seiner Gnade uns ausbilden. Das sei unser Ziel, und nirgend anders wollen wir unsere Blikke hinwenden auch in diesem neuen Jahre unseres Lebens, als hierauf! Laßt uns immermehr von dem eitlen und vergänglichem uns reinigen! laßt uns danach ringen, daß das Schwert des göttlichen Wortes in unser inneres eindringe, um alles wenn auch mit Schmerzen abzusondern, was uns auf eine andere Weise bewegen und anders in uns wirken will. Ihn wollen wir anrufen um seine Gnade, daß er auch uns gebrauchen möge nach unserer Schwachheit, um seinen Weinberg anzubauen und den geistigen Tempel Gottes höher hinauf zu führen. O | dann wird unser Leben nichts anderes sein, als ein freudiger und schöner Kranz von Werk und Lohn, die stille Seligkeit des göttlichen Friedens im Herzen und das einfache Verdienst der Treue, unscheinbar beides vor der Welt und oft nicht wahrgenommen, aber doch die Fülle des göttlichen Segens, doch allein das ewige in der Hülle des zeitlichen und vergänglichen, doch allein die volle Genüge, die der Herr uns Allen geben möge.   Amen!

---

20 Vgl. Joh 10,11

IX.

Welchen Werth es für uns habe, daß das Leiden des Erlösers vorhergesagt ist.

Passionspredigt.

Text. Markus 9, 12.
Er antwortete aber und sprach zu ihnen, Etwas soll ja zuvor kommen und alles wieder zurecht bringen; dazu des Menschen Sohn soll viel leiden und verachtet werden, wie denn geschrieben steht.

M. a. Fr. Wir finden sowol in unsern Nachrichten von dem Leben Christi als in den Verkündigungsreden der Apostel viele Stellen, welche wie die eben verlesene darauf aufmerksam machen, daß das Leiden des Erlösers vorher verkündigt und beschrieben worden ist; und auch die Evangelisten selbst gehen oft bei ihren Erzählungen von dem Leiden des Herrn in diesem Sinn auf einzelne Stellen des al|ten Testamentes zurükk, daß sie das geschehene als die Erfüllung derselben darstellen. Hierauf haben nun von Anfang an, und das ist gewiß sehr natürlich und leicht zu begreifen, fast alle Gläubigen einen großen Werth gelegt; und bis auf den heutigen Tag ist viel unter uns die Rede hievon, wenngleich nicht immer auf die gleiche Weise. Daher habe ich es für wohl geeignet gehalten, unsre diesjährigen Andachten über das Leiden des Herrn durch eine Betrachtung über den Zusammenhang derselben mit dem, was vor alten Zeiten erst mündlich kund gemacht, dann auch durch die Schrift mitgetheilt worden war, einzuleiten; damit wir uns unter den vielen so sehr verschiedenen Aeußerungen über diesen Gegenstand, die uns gewiß allen vorkommen, um so leichter zurechtfinden lernen. Allein um nicht zuviel für einmal zu unternehmen, will ich mich auf die Frage beschränken, was für einen Werth dies für uns habe, daß das Leiden des Erlösers schon vorher ist geweissagt gewesen. Aber auch diese Frage läßt sich nicht einfach beantworten, sondern ganz anders verhält es sich, wenn von den einzelnen Umständen dieses Leidens, und ganz anders wenn von dem Zustand des Leidens überhaupt und in seiner Allgemeinheit die Rede ist. Nach diesen beiden Fällen laßt uns also unsre Betrachtung eintheilen.

---

2 *Predigt zum Sonntag Reminiscere am 27. Februar 1831 vormittags in der Dreifaltigkeitskirche zu Berlin*

I. Zu dem ersten giebt unser Text uns freilich keine unmittelbare besondere Veranlassung, außer in sofern, daß vieles leiden allerdings auf eine | Menge von Einzelheiten hinweiset; aber der Ausdrukk, wie denn geschrieben steht, erinnert gewiß jeden an viele Stellen unserer heiligen Bücher, wo bei solchen einzelnen Umständen auf Ausdrükke in den Schriften des alten Bundes zurükkgewiesen, und oft genug sogar gesagt wird, dies sei geschehen, damit das erfüllt würde, was geschrieben steht.

In Beziehung nun auf diese Weissagungen, wenn wir sie so nennen dürfen, von bestimmten Einzelheiten in dem Leiden des Erlösers ist große Vorsicht nöthig, damit nicht das, was dem Glauben zur Bestätigung dienen soll, ihm eher Schaden bringe.

Denn zunächst wenn wir die auf solche Weise angeführten Stellen aus den Büchern des alten Testamentes aufmerksam betrachten, und sie mit dem, was geschehen ist, vergleichen: so werden wir gestehen müssen, daß es keinesweges in allen Fällen dieselbe Art ist, wie das geschriebene in dem geschehenen seine Erfüllung gefunden hat; ja nicht selten scheint beides, genau betrachtet, gar nicht dasselbige zu sein. Und nicht nur dies, sondern in demselben Zusammenhang, wohin wir als auf solche einzelne Weissagungen verwiesen werden, finden sich andre Beschreibungen, die entgegengesetztes von dem enthalten, was dem Erlöser wirklich begegnet ist. Ich will, um dies zu erläutern, nur an zwei ausgezeichnete Beispiele erinnern. Zuerst ist der zwei und zwanzigste Psalm voll von solchen Einzelheiten. Wenn wir aber in demselben unter andern lesen, Sie theilen meine Kleider unter sich und werfen das Loos | um mein Gewand; aber du Herr sei nicht ferne, meine Stärke, eile mir zu helfen[1]: so werden wir wenig dagegen einwenden können, wenn jemand sagt, so wie dieses Wort hier auf jenes erste bezogen werde, sei das erste offenbar eine sprichwörtliche Beschreibung von der Sicherheit, mit welcher die Gegner jenes Bedrängten ihn schon in ihrer Gewalt zu haben glaubten, er aber hoffte noch, indem er jenes aussprach, auf Hülfe von oben; und so wäre dieses erfüllt worden an dem Erlöser, wenn auch buchstäblich nicht seine Kleider wären vertheilt worden. Betrachten wir aber den ganzen Zusammenhang, so erscheint dieser Psalm vielmehr als die Darstellung einer durch göttliche Hülfe glükklich überstandenen Gefahr. Das unmittelbar auf die vorher angeführten Worte folgende Gebet, Errette meine Seele vom Schwerdt, hilf mir aus dem Rachen des Löwen! zeigt sich in allem folgenden als unmittelbar erhört; daß aber

---

[1] Ps. 22, 19. 20.

28–29 Vgl. Mt 27,35   38–39 Vgl. Ps 22,21–22

zwischen die Bitte und die Erhörung erst noch der Tod zwischen eingetreten sei, davon kann aus dem Psalm selbst kein Unbefangener eine Ahndung bekommen. Er erscheint also, wenn man das einzelne betrachtet als Weissagung, wenn aber das ganze, dann nicht. – Zweitens erinnert euch an die bekannte Weissagung in dem Propheten Jesaias[2], wie bestimmt sehen wir hier doch Christum vor uns stehen in einer Menge von einzelnen Zügen! Aber wenn wir nun finden, daß der Evangelist dasselbe, | was wir durch das Leiden des Erlösers erfüllt halten, wenn es nämlich heißt, Er nahm unsre Krankheit auf sich und trug unsre Schmerzen[3] durch die heilenden Wunderthaten des Herrn erfüllt glaubt[4]: so werden wir doch wankend, welches das richtige sei. Und wenn wir in dem Propheten zugleich lesen, Weil seine Gestalt häßlicher ist denn anderer Leute, und Er hatte keine Gestalt noch Schöne[5]: so denken wir hiebei nicht an eine vorübergehende Entstellung durch Schmerz und Wunden, sondern die Worte erscheinen wie die Beschreibung der ganzen Person; und so haben wir doch gar keine Ursache uns den Erlöser vorzustellen. Lesen wir endlich mitten unter den sprechendsten Zügen auch dieses, Und er ist begraben wie die Gottlosen und gestorben wie ein Reicher[6]: so ist dies das grade Gegentheil von dem, was dem Erlöser begegnet ist; und wenn man auch die Worte allerdings etwas anders fassen kann, die Erwähnung des Gegenstandes bleibt, aber eine ähnliche Beschreibung kommt nicht zu Stande. Auch hier also finden wir in demselben ununterbrochenen Zusammenhang neben dem ähnlichsten auch das ganz unähnliche und fremde.

Deshalb thut wol vor allen Dingen Noth uns darin festzusezen, daß von dem Dasein solcher Weissagungen und von ihrer Erfüllung unser Glaube nicht darf abhängig gemacht werden. Oder sollte | wol einer gefunden werden, der da behauptete, die Vergleichung solcher Stellen habe ihn zum Glauben an Christum bekehrt? Gewiß nicht! Oder auch nur einer, welcher im Ernst besorgte seine Ueberzeugung von Christo würde an Festigkeit verlieren, wenn es solche Stellen nicht gäbe? oder wenn es sie zwar gäbe aber das buchstäblich entsprechende dazu fände sich nicht im Leben des Erlösers? Gewiß nicht! denn nicht alles geschriebene ist ja genau und buchstäblich erfüllt; und viel wichtigeres als das geschriebene ist doch gar nicht vorhergesagt. Steht aber dies einmal fest: nun dann können wir alles, was sich als eine solche Zusammenstimmung ankündigt, ruhig betrachten, und

---
[2] Jes. 52, 12–53, 12.
[3] Jes. 53, 4.
[4] Matth. 8, 16. 17.
[5] Jes. 52, 14 u. 53, 2.
[6] Jes. 53, 9.

ruhig unterscheiden, wie dieses und wie jenes gemeint, und auch wie das eine und das andere erfüllt ist. Bliebe nun auch wenig dergleichen übrig, so würde uns deshalb nichts abgehn; was uns aber bleibt, deß werden wir uns auf die richtigste Weise erfreuen.

Und so werden wir auch am sichersten vor einem Nachtheil bewahrt bleiben, der nur zu vielen Christen aus der Beschäftigung mit dieser Art von weissagenden Aussprüchen entsteht. Nämlich legen wir einmal einen hohen Werth auf solche einzelne Vorherverkündigungen: so ist es auch natürlich, daß wir alle Spuren von Aehnlichkeiten zwischen alttestamentischen Erzählungen oder Sprüchen und dem, was sich bei dem Leiden des Erlösers zugetragen, fleißig und mühsam aufsuchen, um nur wo möglich noch hier eine Weissagung, dort ein Vorbild, min|destens eine Anspielung mehr zu finden. Aber kann dies anders geschehen, als indem wir bei unserer Betrachtung der Leiden Christi grade am meisten auf die Nebendinge uns richten, die uns weder den hohen Zwekk derselben vergegenwärtigen, noch uns die göttliche Heiligkeit des Erlösers vor Augen bringen? Wenn wir uns nun an solche kleine Umstände hängen, die sich eben so leicht, und ohne daß in der Sache selbst das geringste wäre geändert worden, auch ganz anders hätten ereignen können: wenden wir uns dann nicht in der That von der Sache selbst ab? Wenn wir unsre Aufmerksamkeit mit solchen äußerlichen Dingen beschäftigen: so muß der heiligende Einfluß darunter leiden, den diese Betrachtungen ausüben sollen! Wie das Leiden des Herrn mit der Natur und dem Wesen der Sünde zusammenhängt; wie sich in demselben seine göttliche Kraft und Liebe offenbart: daran gehn solche Forscher nach kleinen Einzelheiten oft nur zu gleichgültig vorüber; sie bereiten sich einen ganz andern Gemüthszustand, als der dieser heiligen Zeit angemessen ist. Und wenn sie für sich und andere auch noch mehr solcher alttestamentischen Stellen zusammenbringen, die dies und jenes auf verschiedene Weise andeuten: was für ein zweifelhafter Vortheil, was für ein kleinlicher Ruhm im Vergleich mit dem Segen, auf welchen sie Verzicht leisten! – Aber es kommt noch eines hinzu, was mit der Sache selbst zwar nicht so genau zusammenzuhängen scheint, aber von sehr großer Wichtigkeit ist für uns Alle | und für die ganze Sache der evangelischen Kirche. Es ist nämlich eine allgemeine Erfahrung, welche sich durch alle Zeiten hinduchzieht, daß eben dies Suchen und Haschen nach alttestamentischen Sprüchen oder Thatsachen, welche auf Begebenheiten in der Geschichte des Herrn als Vorbilder oder Weissagungen passen sollen, auch viele redliche und wohlmeinende Christen dazu gebracht hat an der Auslegung der heiligen Schrift zu künsteln. Und das ist auch so

---

10 dem, was] dem was

Predigt über Mk 9,12 545

sehr natürlich! Wir dürfen nur bei den wenigen angeführten Beispielen stehen bleiben, um uns zu überzeugen, wie häufig es bei einem solchen Unternehmen darauf ankommt, daß hier ein kleiner Widerspruch aus dem Wege geräumt werden muß, dort etwas leise umzudeuten ist, wenn es genauer stimmen soll; bald ist es zu klar, daß die Worte in ihrem Zusammenhang einen andern Sinn haben, und man muß sie zweierlei zugleich bedeuten lassen. Aber wir, die wir mit allen Erklärungen über unsern Glauben, mit allen Gründen für unsere kirchlichen Einrichtungen allein auf das Wort der heiligen Schrift gestellt sind, wie wollen wir bestehen, wenn aus unsern Beschäftigungen mit der Schrift der Geist der schlichtesten Wahrhaftigkeit einmal verschwunden ist? Als der Erlöser selbst seine Zeitgenossen aufforderte in der Schrift zu forschen, weil sie Zeugniß von ihm gebe, hat er gewiß nur das reine Forschen mit einfältigem Sinne gemeint, und zu keiner Künstelei irgend einer Art ermuntern wollen. Gestatten wir uns das einmal um eines sol|chen Gewinnes willen: hat dann nicht auch jeder das Recht seine eignen vielleicht eben so wohlgemeinten aber doch unbedeutenden und unrichtigen Einfälle durch Deuteln in die Schrift hineinzulegen, als ob sie die Wahrheit derselben wären? Und wird nicht das menschliche Herz, welches in seiner Schwäche so gern sich selbst täuscht, eben so bereitwillig sein zu andern Künsteleien, um solche Worte aus ihrer einfachen Kraft herauszudeuteln, von denen grade seine Schwäche mit der größten Schärfe getroffen wird? Was kann daraus entstehn, als daß wir auf die bedenklichste Weise aller Willkühr die Thore öffnen, und daß das Wort, welches uns zur Leuchte auf unserm Wege gegeben ist, uns vielmehr in die Irre führt, und zum Fallstrikk gereicht. Nein, lieber möchte von allen diesen Weissagungen auf einzelnes in dem Leiden Christi keine einzige stehen bleiben, als daß wir von unserer einfachen Treue gegen die Schrift auch nur im mindesten abwichen.

Aber dahin, sie alle aufzuheben, führt meine Rede nicht; da sei Gott für, daß ich das sagen sollte! Unsere Evangelienbücher selbst beziehen alttestamentische Stellen auf einzelnes in dem Leiden des Erlösers; diese Beziehungen können nicht falsch, leer oder vergeblich sein. Denn wie stände es um das Ansehn der Schrift, um den Antheil des göttlichen Geistes daran, wenn darin falsches mit wahrem vermischt wäre? Wir können auch die unläugbaren Zusammenstimmungen nicht für zufällig erklären; denn wie könnten wir zufälliges annehmen | in irgend etwas, was mit dem größten Rathschluß Gottes

---

8 Glauben,] Glauben

12–13 Vgl. wohl Joh 5,39   25–26 Vgl. Ps 119,105

zusammenhängt! Es kommt nur darauf an, daß wir dieses ganze Verfahren mit den Stellen des alten Testamentes richtig auffassen: so wird uns auch der wahre Werth dieser Beziehungen nicht entgehen. Denkt euch, m. a. Z., wie die Augen- und Ohrenzeugen des Kreuzes Christi schon immer zu denen gehört hatten, welche auf den Gesalbten des Herrn warteten; wie sie ihn gesucht hatten in allen hohen Schilderungen der Zukunft, welche ihre heiligen Bücher enthielten, aber auch in allem, wovon nicht anderwärts her bekannt war, daß es schon erfüllt und vorübergegangen sei; wie aber nun, seit sie seine Jünger geworden, diese Schriften keinen höheren ja wol gar keinen andern Werth für sie hatten, als ihr Zeugniß von ihm. Und nun denkt sie euch in der Nähe seines Kreuzes, wie achten sie auf alles! wie prägt das ganze Bild des Leidenden sich ihrem Gemüth ein! aber wenn sie nun wiedergeben sollen, wo anfangen und enden? Müssen wir es nicht natürlich finden, daß ihnen da, außer den Worten des Herrn selbst wie jeder sie vernahm, solche Umstände am meisten hervortraten, welche ihnen Worte heiliger Männer, wenn auch ganz abgesehen von ihrem ursprünglichen Zusammenhang, aus dem Schaz ihres Gedächtnisses zurükkgerufen hatten? Und eben so natürlich ist wol, daß sie alle diese Beziehungen, wie nahe und wie entfernt sie auch sein mochten, durch die eine Formel ausdrükkten; dadurch ist das erfüllt worden, oder das ist geschehen damit jenes | Wort erfüllt würde. Und so haben wir denn alle Ursache uns zu freuen, daß jene in den Verhältnissen begründete Stellung der ersten Jünger des Herrn zu den Büchern des alten Bundes dazu geholfen hat, daß uns um so mehr einzelne Züge aus diesen lezten Zeiten unseres Herrn und Meisters aufbewahrt geblieben sind, und eben dadurch ein reicheres anschauliches Bild unter den Gläubigen erhalten bleibt von einem Geschlecht zum andern. Das ist denn der eigentliche Werth jener einzelnen bestimmten Weissagungen, deren wir freilich als Stüzen unseres Glaubens auf keine Weise sollen benöthiget sein. Aber wenn auch nur wenige einzelne Striche in dem Bilde des Herrn uns auf diesem Wege erhalten worden wären: so würden wir das immer mit inniger Dankbarkeit und Freude erkennen.

II. Aber freilich etwas größeres und wichtigeres ist es um das zweite, nämlich um die allgemeine Vorhersagung, die sich wol durch alle Schriften des alten Bundes hindurchzieht, welche einen Theil ha-

---

4 Augen-] Augen

21 Vgl. beispielsweise Mt 2,17; 27,9; Mk 15,28   21–22 Vgl. beispielsweise Mt 1,22; 21,4; 26,56

Predigt über Mk 9,12

ben an dem Geist der Weissagung, daß nämlich der Verheißene, der von Gott würde gesandt werden als der Begründer einer besseren Zukunft, durch viele Leiden müsse hindurchgehen und von den Menschen verkannt werden und verachtet. Dieses allgemeine, daß des Menschen Sohn vieles leiden müsse und verachtet werden, führt denn der Erlöser selbst auch in den Worten unseres Textes als die eigentliche Zusammenfassung dessen an, was | von ihm geschrieben stehe, und auch anderwärts sucht er eben so seinen Jüngern die Schrift aufzuschließen. Und eben dieses ist uns allerdings von großer Wichtigkeit. Laßt uns doch fragen, wie kommen solche Züge in jene Weissagungen, und warum hebt der Erlöser sie vorzüglich heraus? Dachten sich nicht jene alten Seher als Freunde ihres Landes und Volkes den, der da kommen sollte, als einen Retter aus einem Zustande des Elendes und der Unterdrükkung? und war es also nicht weit natürlicher zu denken, er werde auch überall freudig aufgenommen werden und von Allen mit Preis und Ehre gekrönt? Woher also diese Ahndung, die schon in der ersten Weissagung an den Stammvater der Menschen sich vernehmen läßt? Wir kommen doch auf das eine nur zurükk, daß auch damals den besten schon dieses vorgeschwebt haben muß, daß wer ein wahrhafter und vollkommner Retter sein wolle, nicht so gut könne aufgenommen werden, sondern die Menschen auf mancherlei Weise gegen sich haben müsse. Denn wer nicht wieder nur ein Stükkwerk an die Stelle des andern sezen solle, nicht wieder nur beim äußerlichen stehen bleiben und noch ein vergängliches aufrichten solle, der könne die Uebel nur beseitigen mit dem bösen zugleich, und müsse also alles, was fleischlich gesinnt ist, gegen sich auflehnen. Dessen zeihen ja auch die Propheten ihr Volk überall, und sind Vorgänger dessen gewesen, welcher gesagt hat, sie seien allzumal Sünder und ermangelten des Ruhms, den sie bei Gott haben | sollten[7]. Und weil sie auch davon ein klares Bewußtsein hatten, welches oft genug in ihren Reden hervortritt, daß wie der Apostel Paulus ganz unumwunden ausspricht, Fleischlichgesinntsein eine Feindschaft wider Gott ist[8], so mußten sie wol voraus sehen, es werde auch eine Feindschaft sein gegen den von Gott zu sendenden wahrhaften Retter. Und so angesehen liegt in diesen Weissagungen jene richtige Erkenntniß der Sünde

---

[7] Röm. 3, 23.
[8] Röm. 8, 7.

---

32 ist[8], so] ist[8] so   37 Röm. 8, 7.] Matth. 28, 18.

16–18 *Vgl. Gen 3,17–19*   32.37 *Die hier irrtümliche Nachweisangabe* Matth. 28, 18. *gehört vermutlich unten zu S. 550,38*

und ihrer Gewalt, welche allerdings lebendig aufgefaßt dem Glauben zu einer kräftigen Vorbereitung dienen mußte.

Aber nun laßt uns auch sehen, wie denn in diesen Weissagungen der Erlöser selbst erscheint. Wieviel darin immer die Rede ist sowol von der Weisheit dessen, der da kommen sollte, als auch von seiner Macht und seinen Siegen, das kann ich als bekannt voraussezen. Wollten wir aber nur auf die Blätter sehen, welche solche Lobpreisungen enthalten: so würde wol immer zweifelhaft bleiben, ob sie nicht weltliche Macht und Siege und also auch eine solche Weisheit im Sinne gehabt hätten. Nehmen wir aber die Ankündigung des Leidens und der Verachtung mit hinzu, und vereinigen diese Züge zu Einem Bilde: dann tritt es der Wahrheit seines geistigen Gehaltes bei weitem näher. Denn wer leidend und verachtet vorgestellt wird, der kann nicht zugleich in äußerer Macht und Herrlichkeit gedacht | werden, er müsse denn so weit abweichen von dem göttlichen Willen – und das konnte hier unmöglich vorausgesezt werden – daß auch die Hoheit ihn nicht schüzen konnte vor der Verachtung. Doch es ist nicht dieses allein; sondern wer so gleichsam unbedingt als Gegenstand der Feindschaft und der Verachtung aller fleischlich gesinnten dargestellt wird, von dem kann ja weder geglaubt werden, daß er dasselbige wolle wie jene, denn das erzeugt ja Wohlgefallen und Freundschaft, wenigstens bis etwas besonderes dazwischen tritt, noch auch daß er den so gesinnten dienen wollte, denn sonst würden sie ihn ja pflegen und unterstüzen. Werden ihm also Macht und Weisheit dennoch zugeschrieben: so muß es eine Weisheit von oben sein und eine geistige Macht. Ja wir können noch weiter gehen und sagen, hat ihnen gar nicht vorgeschwebt, daß doch Einige ohnerachtet ihrer fleischlichen Gesinnung es mit ihm halten, und ihn unterstüzen würden; läßt sich davon keine Spur entdekken, und sie sind sich klar gewesen in ihrem Bilde und ihrer Ahnung: dann haben sie ihn selbst auch gewiß ganz frei gedacht nach allen Seiten hin von jedem Antheil an solcher Gesinnung, und also auch ganz als den Sohn des göttlichen Wohlgefallens. Sehet da, m. gel. Fr., das ist der Geist und die Kraft jener Weissagungen! Wie das ganze Volk bis auf die Erscheinung Christi sollte unter der Sünde zusammengehalten werden durch das Gesez: so sollte durch die Propheten sowol die wahre Erkenntniß der Sünde lebendig erhalten werden, die | in dem Hochmuth auf die göttlichen Offenbarungen so leicht verloren ging, als auch auf der andern Seite das feste Vertrauen genährt auf die

---

30 dann] denn

---

5 Vgl. Jes 9,5; 11,2   5–6 Vgl. Mi 5,3   10–11 Vgl. Jes 53,2–10   25 Vgl. Jak 3,17   32 Vgl. Mt 3,17; Mk 1,11; Lk 3,22

vollkommne Entwikklung des göttlichen Rathschlusses durch einen solchen Helfer, von dem in göttlicher Kraft ein Licht ausgehen solle, das alle Völker erleuchtet. Und beiden Aufgaben wird nun am vollständigsten genügt, durch die Hindeutung auf den leidenden Erlöser. Denn wodurch kann die Sünde besser zur Anerkennung gebracht werden, als indem sie zeugen, daß der göttliche Gesandte selbst, der nur weislich handeln werde und den Rath Gottes in Kraft hinausführen, doch werde der Gegenstand der Feindschaft der einen und der Geringschäzung der andern werden? Und wie konnte die Beschaffenheit seines Reiches deutlicher bezeichnet werden, als indem es dargestellt wird als durch sein Leiden begründet! Durch solche prophetische Worte wurden die verborgenen Keime des Glaubens gepflegt; ihnen ist es zuzuschreiben, daß es bis auf die Zeiten des Erlösers hin immer einige gab, deren Hofnungen nicht lediglich wieder auf irdisches und äußerliches gerichtet waren, und daß sich, als er nun auftrat, doch einige fanden, die es verstehen konnten, wenn Johannes ihnen das Lamm Gottes anpries. Und dies ist denn auch der Werth, den diese Weissagungen für uns haben. Sie bereiteten in der That dem Herrn den Weg, durch sie waren die Gemüther derer gewekkt, die sich ihm zuerst im Glauben zuwendeten; und lange Zeit lehnte sich bei vielen der noch | schwache Glaube an den Erlöser an diesen älteren Glauben an, und fand unter demselben Schuz gegen die Angriffe der fleischlichgesinnten. Wo aber wären wir ohne jene Vorgänger?

Daß aber der Herr diese Weissagungen auf sich anwendete, das war zugleich seine eigene Vorhersagung; denn er hat es gethan, als die Verhältnisse, aus denen sein Leiden hervorging, sich noch nicht sichtbar gestaltet hatten! Und diese seine eigene Weissagung von sich hat erst jenen früheren die Krone aufgesezt. Bald in entfernteren, bald in bestimmteren Andeutungen hat er sich zu verschiedenen Zeiten darüber geäußert, so daß ein aufmerksamer beständiger Begleiter es nicht hätte übersehen können, daß Christus von dem Leiden, welches ihm bevorstand, ein immer gegenwärtiges Bewußtsein hatte; und dieses sein eignes Vorhersehen und sagen hat freilich für uns noch einen weit höheren Werth. Denn wenn wir uns denken müssen, der Erlöser, wie er ganz seinem Beruf lebte, die Worte verkündend die sein Vater ihm ins Herz gelegt hatte, die Werke thuend, die dieser ihm zeigte, habe auf alles andere um ihn her weiter nicht geachtet, also auch von den

---

25 gethan,] gethan

2–3 Vgl. Lk 2,31–32; Joh 1,9   6–7 Vgl. Jes 9,5; 11,2   10–11 Vgl. Jes 53,2–10
15–17 Vgl. Joh 1,29.35–37   18–19 Vgl. Mt 3,3; Mk 1,3; Lk 3,4; Joh 1,23 mit Zitat von Jes 40,3

Gesinnungen der Menschen gegen ihn, wenn sie sie ihm selbst nicht unmittelbar äußerten, keine Kenntniß genommen, und die Besorgnisse, die seinetwegen entstanden, die Entwürfe die gegen ihn geschmiedet wurden, wären ihm verborgen geblieben, so daß sein Leiden ihn dann unerwartet überrascht hätte: gesezt auch er hätte dann dieselbe Ruhe und | Gleichmüthigkeit entwickelt, eben so das Widersprechen der Sünder geduldet und dabei seine höhere Würde unverlezt behauptet, eben so körnig geantwortet und weise geschwiegen; würden wir nicht dennoch etwas wesentliches vermissen? Der Unglaube der überall auf der Lauer liegt, der gern an dem reinsten doch Flekken aufsucht, wie er nur zu geschäftig ist das unreine zu beschönigen, würde er uns nicht zuflüstern, Wer kann doch Bürge sein dafür, daß der Erlöser, auch wenn er sein Leiden vorausgesehn hätte, doch die Kraft gehabt haben würde, mit derselben Sicherheit und Ruhe den einmal eingeschlagenen Weg zu verfolgen! und freilich nur der schon wohlbegründete Glaube wäre im Stande diese Einflüsterungen ohne weiteres abzuweisen. Nun Christus aber sein Leiden und seinen Tod schon immer vorher gewußt, ist er eben dadurch nicht nur auf unerreichbare Weise der Anfänger und Vollender unseres Glaubens geworden, sondern er hat eine Kraft und Freiheit des Geistes bewährt, die uns mit der vollkommensten Zuversicht erfüllen muß, in Bezug auf alles sowol was er darbietet, als was er fordert. Immer hat er gewußt, was für Gefahren ihm drohen, und nie ist ihm in den Sinn gekommen ein falsches Verhältniß anzuknüpfen, das ihm zu einer äußeren Stüze hätte dienen können. Nie hat er die, vor denen er warnen mußte, vorsichtig geschont, ohnerachtet ihr beleidigter Stolz am meisten beitragen mußte, die feindliche Stimmung zu erhöhen. Immer wußte er, wo ihm bestimmt war zu leiden, | und nie hat er darauf gesonnen, sein äußeres Leben so zu ordnen, daß er ohne allen Vorwurf hätte entfernt bleiben können von der Hauptstadt seines Volkes. Immer hat er gewußt wie kurz sein Tagewerk sei, und doch hat er das große Werk nicht nur begonnen mit so wenigen und solchen, sondern ohnerachtet er wissen mußte, wie unvorbereitet sie noch sein würden bei seinem Hinscheiden für ihren Beruf, ist er doch von seinem allmähligen Fortschreiten nicht gewichen, und hat sich nicht übereilt ihnen auch das schon zu sagen, wovon er wußte, sie könnten es noch nicht tragen. Und mit welcher Zuversicht redet er von dem Gelingen seines Werkes eben durch sie, von der Macht die ihm gegeben ist, von der Herrschaft die sie mit ihm theilen sollen. Diese Kraft der Zuversicht,

---

19 Vgl. Hebr 12,2   **35–37** Vgl. Joh 16,12   **38** *Der Nachweis* Matth. 28, 18. *in der Fußnote Nr. 8 zu S. 547 sollte vermutlich hier platziert sein.*

daß alles was er that Gottes Werk war, daß die geistig belebende Kraft die von ihm ausging, auch in dieser kurzen Zeit Wurzeln genug schlagen würde, um nicht wieder zu verschwinden; diese Freiheit des Geistes, mit der er über sich und sein Leben schaltet, das Bewußtsein in sich tragend, daß der Weg des Heils für die Menschen der Weg des Todes für ihn selbst sei: von diesem Theil seiner Herrlichkeit könnten wir eine so klare Anschauung gar nicht haben, wenn er nicht an jene alten Weissagungen sich anlehnend auch selbst sein Leiden und seinen Tod vorhergesagt hätte.

Wie er nun aber hiedurch auf eigenthümliche Weise der Anfänger und Vollender unseres Glaubens geworden ist: so sollten seine Jünger ihm auch darin ähnlich sein, und nicht minder klar und wissend ihren Weg wandeln. Darum dehnt er nun seine Weissagung auch auf sie aus, und sagt ihnen, wie der Knecht nicht größer sei denn sein Herr, so werde es auch den Jüngern nicht besser gehen als dem Meister; auch sie würden überantwortet werden vor die Rathsversammlungen und gegeisselt in den Schulen und vor Fürsten und Könige geführt und gehaßt um seines Namens willen[9]; wie das Volk den alten Propheten gethan habe, so werde es auch seine Propheten und Weisen und Schriftgelehrten geisseln und verfolgen, und etliche kreuzigen und tödten[10]. Das hat sich auch an ihnen erfüllt, und hat eine weit größere Reihe von Menschengeschlechtern hindurch sich wiederholt, als diejenigen, welche die Weissagung vernahmen, auch nur zu denken vermochten: aber für immer konnte es nicht gelten, und war auch nicht so ausgesprochen. Bleibt das Ziel unverrükt dasselbe, daß das böse überwunden werden soll mit gutem[11], und soll auch das ein wahres Wort bleiben, daß die Mächte der Finsterniß die Gemeine, welche der Erlöser gestiftet hat, nicht überwältigen sollten[12], so müssen wir uns diesem Ziel immer mehr nähern. Und wenn so nach der Weise unserer zeitlichen irdischen Welt diese Gemeine sich allmählig immer mehr erweitert: so kann auch jene Weissagung sich nur immer sparsamer erfüllen; denn das böse hört auf eine Macht zu sein, in demselben Maaß als die Kräfte des Guten sich ordnen und gestalten. Viele Jahrhunderte sind so vorübergegangen, viel Blut der Bekenner ist geflossen, der Widerstand der Fleischlichgesinnten hat eine große Anzahl von scheinbaren Siegen erfochten: aber immer ist das Reich Gottes

---

[9] Matth. 10, 17–25.
[10] Matth. 23, 34.
[11] Röm. 12, 21.
[12] Matth. 16, 18.

10–11 Vgl. Hebr 12,2   14–15 Vgl. Joh 13,16

erstarkt, und hat sich weiter verbreitet. So daß, wenn wir fragen, was denn auch wir noch zu erstatten haben an unserm Fleisch als noch mangelnd an den Trübsalen in Christo[13], und wie viel denn auf uns noch komme von jener Weissagung: so scheint alle Aehnlichkeit mit jenen Zuständen für diejenigen, die in der Mitte der christlichen Welt leben, verschwunden, und nur noch für die ein weniges davon übrig zu sein, welche über die Grenzen derselben hinaus das Evangelium in noch dunklere Gegenden tragen. Aber laßt uns deshalb weder, wie einige thun, Leiden zurükkwünschen oder gar aufsuchen, zu denen keine Veranlassung mehr vorhanden ist, noch auch wie es Andern begegnet, deshalb mißtrauisch sein gegen die Art, wie die Gemeine des Herrn sich erbaut, weil sie dabei der Segnungen des Kreuzes entbehrt. Vielmehr wollen wir nur, was es auch für uns noch schweres und schmerzliches wirklich giebt, wenn es gleich ganz anderer Art ist, doch mit gleicher Willigkeit tragen, wie jene unsere Vorgänger in die Leiden gingen, welche Christus ihnen verheißen hatte. | Der Kampf scheint sich in einen engeren Kreis zusammengedrängt zu haben; aber er ist wesentlich derselbe. Wo es in der Gemeine selbst Mißverständnisse zu beseitigen giebt, Irrthümer aus dem Wege zu räumen, wo die reine Sitte des christlichen Lebens gefährdet erscheint: da ist es dieselbe Schlange, die auch den triumphirenden Menschensohn noch in die Fersen stechen will; da ist die Sünde wirksam, die ja der Wahrheit nach nicht in der Gemeine Christi ist sondern außerhalb derselben. Ja wo in einem jeden von uns das Fleisch noch gelüstet wider den Geist, da ist jenes, weil es nicht gehorsam ist, auch noch nicht eingefügt in die Gliederung des Leibes Christi, sondern es steht außerhalb, und auch dieser Kampf wird nach außen geführt, und seine Schmerzen kommen aus derselben Quelle wie die Leiden Christi. Und in allen solchen Fällen gilt es, dieselbe Willigkeit zu beweisen wie die ersten Jünger Christi, keine weichliche Schonung weder unserer selbst noch Anderer walten zu lassen, wenn wir nur erst beim Lichte des göttlichen Wortes richtig erkannt haben, was in uns und Andern Freund ist oder Feind. Soll aber allmählig immer mehr die Erfüllung jener Weissagung sich verringern: so möge doch zuerst des Menschensohn nur nicht mehr verachtet werden, als zeige er sich ohnmächtig in diesem Streit, wenn er auch in demselben noch manches zu leiden hat. Darin mögen wir Treue bewähren, und unsre Kräfte gemeinschaft|lich redlich gebrauchen: so wird auch immer mehr alles was

---

[13] Kol. 1, 24.

21–22 Vgl. Gen 3,15   24 Vgl. Gal 5,17

zuvor geschehen muß ein vergangenes werden, und wir der Vollendung seines Reiches und der ganzen Offenbarung seiner Herrlichkeit freudig entgegensehen. Amen.

X.

Ueber den Gemüthszustand des Erlösers in seinen lezten Stunden.

Passionspredigt.

Text. Matthäi 27, 46.
Und um die neunte Stunde schrie Jesus laut und sprach, Mein Gott, mein Gott, warum hast du mich verlassen.

M. a. Fr. Es ist gewiß vielen aufmerksamen Christen immer schwer geworden, sich diese Worte in dem Munde des Erlösers zu denken. Er, der zu derselben Zeit, denn welches von diesen Worten genau das frühere sei ist nicht so leicht zu entscheiden, sich seiner göttlichen ihm von oben gegebenen Macht so deutlich bewußt war, daß er dem Sünder neben ihm mit der festesten Ueberzeugung, als derjenige, der den Ausgang der Menschen bestimmt, zurufen konnte, Heute wirst du mit mir im Para|diese sein; er, in dessen Innerem zu derselben Zeit das göttliche Wesen – denn Gott ist ja die Liebe, wie uns Johannes sagt – sich so kräftig bewies, daß er zu eben dem Vater, den er auch jezt anredet, um Vergebung für seine Feinde bat; er, der in seinen lezten Abschiedsreden mit seinen Jüngern in dem vollen Gefühl dessen, was ihm bevorstand, sie selbst tröstend über die menschliche Schwachheit, die sie zeigen würden, gesagt hatte, Wenn ihr mich auch verlasset, so bin ich doch nicht allein, denn der Vater ist bei mir, – der sollte nun plözlich so umgewandelt gewesen sein, daß er sich von eben dem Vater, über dessen Nähe und Anwesenheit in seinem Innern er sich dort freut, mit dem er sich immer als völlig eins dargestellt hatte, von eben dem sich jezt verlassen gefühlt hätte, und das in demselben Augenblikk, wo er im Begriff war, durch seinen Tod das große Werk der Beseligung der Menschen zu vollenden, wozu der Vater ihn in die Welt gesandt, und wozu er sich auch immer des unmittelbaren Beistandes desselben erfreut hatte? und bald darauf sollte diese Gottesverlassenheit wieder so verschwunden gewesen sein, daß er, voll von dem Gefühl sein Werk vollendet zu haben, mit der größten Freu-

---

2 Predigt zum Sonntag Laetare am 1. April 1821 vormittags in der Dreifaltigkeitskirche zu Berlin; vgl. Predigtzeugen und Liederblatt in KGA III/6, S. 570–587   14–15 Lk 23,43   16–17 Vgl. 1Joh 4,8.16   17–18 Vgl. Lk 23,34   21–22 Vgl. Joh 16,32   24–25 Vgl. Joh 15,9–11   25–26 Vgl. Joh 10,30; 17,11.21–23

Predigt über Mt 27,46 555

digkeit zurükkblikkend auf sein ganzes irdisches Leben ausrufen konnte, Es ist vollbracht! und in die Hände des Vaters, von dem er sich nun eben sollte verlassen gefühlt haben, seinen Geist, indem er die irdische Hülle verließ, befehlen? Wie können wir uns in dem, der immer so ganz sich | selbst gleich blieb, dessen innige Gemeinschaft mit seinem Vater im Himmel in keinem Augenblikk des Lebens unterbrochen war, und auch nicht unterbrochen werden durfte, wenn er in jedem Augenblikk seines Lebens unser Erlöser, und also der wohlgefällige Sohn seines Vaters sein sollte, – wie können wir uns in dem einen solchen Wechsel und ein solches Herabsinken seines Gemüthes von dem festen Vertrauen zu dem verzagten Gefühl der Gottverlassenheit erklären? Ja, wenn wir, auch abgesehen von den besonderen Umständen, deren ich so eben erwähnt habe, die Sache an und für sich betrachten: ist denn, und kann denn etwas wahres daran sein, daß Gott jemals den Menschen, der nach seinem Bilde gemacht ist, verließe? Der Gott, welcher dem Führer seines sündigen Volkes die Verheißung gab, Ich will dich nicht verlassen, noch von dir weichen[1], derselbe sollte den einigen Menschen ohne Sünde, der eben so gut in dem Augenblikk seines Todes als irgend jemals der Abglanz seiner Herrlichkeit war, den sollte er haben verlassen können? Und wenn dieses doch nicht möglich ist: kann denn wohl in der Seele des Erlösers, welcher von sich selbst so oft gesagt hatte, er rede nichts und thue nichts, als was er von dem Vater gesehen und gehört habe, jemals ein Bewußtsein von Gott sich geregt haben, dem nichts wahres in dem göttlichen Wesen entsprochen hätte, auf welches | er doch in diesem Augenblick mit seinem ganzen Gemüth gerichtet war, so wie seine Worte an dasselbe gerichtet sind? Unmöglich, m. g. Fr., können wir uns das denken! Sondern das scheint mir auf das wesentlichste und innigste mit unserm Glauben an den göttlichen Erlöser zusammen zu hangen, daß er immer und ununterbrochen, ja wenn wir hierin dürften ein mehr und weniger nach menschlicher Weise unterscheiden, gewiß ganz vorzüglich in dem Augenblick der einiggeliebte seines Vaters im Himmel gewesen ist, als er seinem Berufe gemäß sein menschliches Leben für das sündige Geschlecht der Menschen ließ. Und der einfache Sinn der Christen findet gewiß wenig Befriedigung in der gekünstelten Erklärung, diese Gottverlassenheit habe zu dem gehört,

---

[1] Jos. 1, 5.

---

18 einigen] *vgl. Adelung: Wörterbuch 1, Sp. 1571–1574, hier 1571–1572*

---

2 *Joh 19,30*   **2–4** *Vgl. Lk 23,46*   **8–9** *Vgl. Mt 3,17; Mk 1,11; Lk 3,22*   **15** *Vgl. Gen 1,27*   **18** *Vgl. Hebr 4,15*   **19–20** *Hebr 1,3*   **22–23** *Vgl. Joh 5,19; 8,28.38*

was Christus für uns leiden mußte. Denn wenn er sich auch theilnehmend in den Zustand solcher Sünder versezte, wie einer neben ihm am Kreuze hing, und so viele um ihn her auf und ab gingen: so mußte er, wenn er auch in dem Augenblikk unser Erlöser und also von den Sündern abgesondert sein sollte, von diesem Mitgefühl doch sein eigenes Bewußtsein von sich selbst unterscheiden; und auch jenes durfte sich in ihm nicht so gestalten, als ob Gott ihn verlassen hätte, weil ja Gott auch den Sünder nicht wirklich verläßt, und weil zu unserer Erlösung unmöglich erforderlich gewesen sein kann, daß Christus etwas unwahres in sich aufnehme.

Vielmehr finden wir den wahren Aufschluß über alles dieses, m. g. Fr., allein darin, daß un|sere Textesworte nicht eigene Worte des Erlösers sind, nicht unmittelbar und ursprünglich der Ausdrukk seines eigenen Zustandes, sondern es sind fremde Worte, die er nur auf sich überträgt und anwendet hergenommen aus dem zwei und zwanzigsten Psalm, der, ein Ausdrukk tiefen menschlichen Leidens, mit diesen Worten anfängt; und nur in Verbindung mit dem ganzen Inhalte des Psalms, aus welchem sie genommen sind, und indem wir immer vor Augen haben, daß der Erlöser sie auf sich nur überträgt, können wir seinen Sinn dabei richtig verstehen. Darauf also wollen wir zurükkgehen, und, so durch den eigentlichen Ursprung unserer Textesworte geleitet, mit einander betrachten, was sie uns von dem Gemüthszustande des Erlösers in diesen seinen lezten Augenblikken kund thun.

I. Das Erste nun, worauf ich in dieser Beziehung eure christliche Aufmerksamkeit lenken will, ist dieses, daß wenn wir den vorliegenden Psalm genauer betrachten, schon aus der Anwendung, die der Erlöser von demselben macht, offenbar zu ersehen ist, wie wenig der Tod, den er jezt zu leiden im Begriff stand, eigentlich für ihn bedeutete, und wie geringen Einfluß das Bewußtsein, daß der lezte Augenblick herannahe, auf seine Gemüthsstimmung hatte, wenig das Gefühl von dem Herannahen desselben das Vorherrschende in seiner Gemüthsstimmung war.

Denn in diesem Psalm, wie sehr er auch, wie | ich vorher sagte, ein Ausdrukk tiefen menschlichen Leidens ist, giebt doch nichts zu erkennen, daß der heilige Sänger, welcher seinen Zustand beschreibt, den Tod unmittelbar vorausgesehen, oder ihn für überwiegend wahrscheinlich gehalten habe; sondern von vielen Gefahren bedroht, von

---

32 wenig] *Kj* wie wenig   32 desselben] desselben,

1–3 Vgl. Lk 23,42–43   4–5 Hebr 7,26   16–17 Vgl. Ps 22,2

mächtigen Feinden dicht umgeben, mannigfaltig geängstet und verspottet, und allem menschlichen Ansehen nach im Begriff in die Gewalt dieser Feinde zu gerathen, äußert er doch in dem Verfolge seiner Klagen die lebendige Hoffnung, der Herr werde seine Seele erretten von dem Schwert, und er werde ihn noch preisen können in der großen Gemeine. Wenn nun, m. g. Fr., der Erlöser irgend von der menschlichen Furcht des Todes bei dieser Nähe desselben wäre ergriffen gewesen: so würden, wenn er sich auch in solchem Zustande dieses Psalmes erinnert hätte, doch die einzelnen Umstände aus demselben, die sich allerdings auf die übrigen Verhältnisse, in denen er sich eben jezt befand, sehr wohl anwenden ließen, ihm ganz in den Hintergrund zurükkgetreten sein vor dem großen Unterschiede, der darin lag, daß für jenen Sänger noch eine Hoffnung des Lebens übrig blieb, und sich mächtig in seiner Seele regte, für ihn selbst aber der Augenblikk des Abschiedes von der Erde unmittelbar gewiß und nahe herbei gekommen war; und er würde mithin entweder gar nicht, oder wenigstens nicht ohne diese Verschiedenheit recht hervorzuheben, die Worte unseres Textes auf sich be|zogen haben. Das ist gewiß die Weise, welche wir alle an uns kennen, die wir solcher Eindrükke fähig sind. Je tiefer wir unser Leid fühlen, desto mehr triumphiren wir gleichsam bei der Vergleichung mit solchen, welche auch klagen, aber doch weniger zu leiden haben, als wir. Denken wir nur uns selbst in der Nähe des Todes, ich will gar nicht sagen trauernd gleich denen, welche keine Hoffnung haben, sondern wohl durchdrungen mögen wir immer sein von dem freudigen Glauben, dereinst mit dem vereint zu werden, der hingegangen ist uns die Stätte zu bereiten; und denken wir uns auch menschlich fühlend, was der Abschied zu bedeuten habe aus diesem irdischen so reichlich von Gott gesegneten Leben, in welchem all unser Denken und Tichten auch das auf das Ewige gerichtete zusammengedrängt gewesen ist; denken wir uns dabei von dem natürlichen Schauer vor dem Tode ergriffen, der uns oft schon bei der lebendigen Vorstellung desselben anweht: gewiß werden wir gestehen müssen, wir würden dann zum Ausdrukk unseres inneren Zustandes nicht solche Worte eines Anderen wählen, die zwar an und für sich auch den Kummer eines gebeugten Gemüthes darstellen, so aber, daß der Zusammenhang der ganzen Rede verräth, der Leidende sei durch die Hoffnung einer Wiederherstellung in das Leben und in das Wohlsein des Lebens mächtig aufgerichtet worden. Darum, m. g. Fr., dürfen wir aus der Anwendung, welche der Erlöser von jenem heiligen Gesange

---

31 lebendigen] ledendigen

5–6 Vgl. Ps 22,26   25–26 Vgl. Joh 14,2–3

auf sich selbst macht, mit | Sicherheit schließen, daß dieser Unterschied für ihn gar nicht von derselben Wichtigkeit gewesen ist, wie für uns, und daß er auch in diesem Augenblicke vorzüglich schmerzlich die Feindseligkeit der Menschen gefühlt, über seinen Tod aber eben so hell und heiter gedacht und empfunden hat, wie wir es überall finden in jenen lezten Reden, durch welche er seine Jünger auf seinen Tod vorzubereiten suchte. Ich verlasse die Welt, und gehe zurükk zum Vater, wie ich vom Vater ausgegangen bin und gekommen in die Welt[2]. Ueber ein kleines, so werdet ihr mich nicht sehen; und aber über ein kleines, so werdet ihr mich sehen, denn ich gehe zum Vater[3]. So ruhig über sein Hinscheiden von dieser Erde war der Herr noch kurz zuvor, so für gar nichts achtete er den Tod in dem Bewußtsein der lebendigen Gemeinschaft, in welcher er mit seinem himmlischen Vater stand, und in welcher auch der Tod keine Aenderung machen konnte; und da diese sein eigentliches höheres Leben war, so mußte er auch in diesem Augenblicke über seinen Tod eben so ruhig sein, wie er es immer vorher gewesen war. Und Er freilich kann nicht anders, als immer sich selbst gleich gewesen sein, auch in dieser Beziehung wie in jeder andern. Denn wenn in uns das menschliche Herz auch in Beziehung auf den Tod wie in so mancher andern in dem wohlbekannten Schwanken begriffen ist zwischen Troz und Verzagtheit, wenn | wir uns bei dem Gedanken an unser Hinscheiden bisweilen eines ängstlichen Gefühls nicht erwehren können, das nahe genug an Verzagtheit grenzt, bald auch wieder dem Tode mit einer schönen Freudigkeit entgegen sehen, die nur alsdann trozig wird, wenn wir glauben, die entgegengesezte Stimmung könne nun nicht wiederkehren: woher kommt diese Ungleichheit unseres Gemüthszustandes, als eben davon, daß in uns auch die Gemeinschaft der Seele mit Gott nicht immer sich gleich und dieselbige ist, und wir uns auch in dieser Hinsicht von dem Erlöser nur zu sehr noch unterscheiden, daß das himmlische Licht von oben bald heller in unseren Geist hineinscheint, bald wiederum die menschliche Schwachheit es mehr verdunkelt. Aber dieser Wechsel selbst steht wieder in einem innigen Zusammenhange mit der Sünde, unter der wir Alle beschlossen sind, und darum konnte er den nicht treffen, der ohne Sünde war. Sondern indem sein Mund klagte, wie der leidende Mensch zu klagen pflegt, so war ihm ver-

---

[2] Joh. 16, 28.
[3] Joh. 16, 16.

---

37 16, 28.] 6, 28.

---

34 Vgl. Gal 3,22   35 Vgl. Hebr 4,15

gönnt, sich der Klage eines solchen, dem der Tod noch fern schien, zu bedienen, um auch dadurch zu erkennen zu geben, daß die Ferne wie die Nähe desselben seine Seele gleich wenig bewegte.

O, m. g. Fr., ein großes Gut ist es für den sterblichen Menschen, wenn er täglich gleichmüthiger wird in Bezug auf dieses allgemeine menschliche Loos, und nach Maaßgabe wie er seinem Ende näher kommt, auch mit zunehmender Ruhe und Heiterkeit der Seele dem Abschied aus dieser Welt ent|gegen sehen lernt; nicht etwa undankbarerweise gleichgültig gegen die wahren Güter und Freuden derselben, in welchen sich uns ja die allmächtige Liebe Gottes überall zu erkennen giebt, wohl aber alles, was dahinten ist, also auch jeden reinen und geistigen Genuß des Lebens, immer gern zurükklassend, und mit allen Gedanken der Seele und allem Tichten und Trachten des Herzens nach dem sich strekkend, was noch vor uns liegt, welches da ist der wohlgefällige Wille Gottes, nämlich unsere Heiligung[4]. Gleichen wir nun unserm göttlichen Erlöser immer mehr in der Treue, mit der er in jedem Augenblikk seines Lebens den Willen seines himmlischen Vaters erfüllte; kommen wir dann eben dadurch immer mehr zu dem ruhigen und ungestörten Besiz der innigen Gemeinschaft mit ihm, indem nach seiner heiligen Verheißung, wenn wir sein Wort halten, er mit seinem Vater kommt Wohnung zu machen in unserm Herzen: o dann wird, wie alles zeitliche was vergeht, so auch unser eigenes zeitliches Vergehen selbst auch für uns immer mehr seine große Bedeutung verlieren, und wir werden auch an ruhigem Gleichmuth unserm heiligen Erlöser immer ähnlicher werden.

II. Zweitens laßt uns aus diesen Worten ersehen, auf welche Weise der Erlöser das Gefühl menschlicher Schmerzen und Leiden mit uns getheilt | hat, wie er denn alles mit uns gemein haben wollte was zur menschlichen Schwachheit gehört, jedoch immer nur ohne Sünde.

Indem nämlich der Erlöser diese Anfangsworte des zweiundzwanzigsten Psalmes aussprach, war unstreitig seiner Seele dieser ganze heilige Gesang gegenwärtig, wiewohl er wegen zunehmender körperlicher Schwäche nur den Anfang desselben laut konnte vernehmen lassen. Denn den Meisten unter uns ist es wohl sehr gewöhnlich, uns einzelne Aussprüche der Schrift zu vergegenwärtigen, ohne zugleich den Zusammenhang, in welchen sie gehören, bestimmt im Sinne zu haben; und auch so bringt uns das göttliche Wort der Schrift gewiß vielfältigen Segen. Aber immer ist doch dies ein sehr unvollkommener

---

[4] 1 Thess. 4, 3.

11–14 *Vgl. Phil 3,13*   **20–21** *Vgl. Joh 14,23*   **28–29** *Vgl. Hebr 4,15*

Gebrauch, den wir davon machen, und ein weit vollkommneres Verständniß wäre es, also auch, da jedes Wort nur nach Maaßgabe seiner Verständlichkeit Segen bringen kann, gewiß ein weit gesegneteres, wenn auch wir jede uns erhebende und belehrende Stelle der Schrift immer in ihrem ganzen Zusammenhange auffaßten. Dem Erlöser nun können wir nur das vollkommenste Verständniß der Schrift und die lebendigste Erinnerung daran zuschreiben. Er wußte also auch, indem er die Worte unseres Textes aussprach, daß sie, nach dem ganzen Inhalte jenes Psalms, auch dort nicht die Klagen eines ungläubig Verzagten sind, welcher auch in seinem innern Gott den Herrn ferne von sich fühlte. Ein solches Wort der Klage hätte schon | an und für sich keinen Plaz gefunden in den heiligen Büchern auch des alten Bundes, in denen nur solcher Männer Lehren, Ermahnungen und Gesänge aufgenommen sind, deren Wandel vor dem Herrn war, und die sich bei den Widerwärtigkeiten des menschlichen Lebens, sowohl denen die ihnen allein als auch denen die ihrem Volke begegneten, mit seiner Hülfe zu trösten wußten. Und so lesen wir auch, daß dieser heilige Sänger unmittelbar nach den Worten unseres Textes und einigen ähnlichen Ausrufungen so fortfährt, Doch bist du heilig, der du wohnst unter dem Lobe Israels. Wenn er nun mitten in seinen Leiden sich Gottes als des heiligen bewußt war, und an die Lobgesänge aller derer gedenken konnte, die von den ältesten Zeiten her den Namen ihres rettenden und aushelfenden Gottes gepriesen hatten: so konnte er sich nicht zugleich, wenn schon die Worte für sich allein gehört so lauten, einer Verlassenheit von Gott bewußt sein. Vielmehr dürfen wir seine Worte nur auf irgend eine besondere Verwikkelung in seinem Leben beziehen, daß nämlich dieser Mann Gottes sich in seinen menschlichen Erwartungen von dem Verlaufe irgend eines Verhältnisses getäuscht fand, indem er hart bedrängt wurde von seinen Feinden, und nicht nur für den Augenblikk außer Stand gesezt war, seine gewohnte Wirksamkeit zum Preise des Herrn auszuüben, sondern auch für die nächste Zukunft noch schlimmeres erwarten mußte. Darüber also klagt er, daß Gott sein wiederholtes Flehen um Beistand | in dieser Noth nicht erhört hatte, und das drükkt er so aus, daß ihn sein Gott verlassen habe. Ist nun dies nach dem ganzen Zusammenhange und der in diesem Psalme herrschenden Gemüthsstimmung der eigentliche Inhalt unserer Worte; und hat der Erlöser sich dieselben auch nur in diesem Sinne angeeignet: so öffnet uns dies einen tiefen Blikk in seinen eigenen Gemüthszustand, als er sie sprach.

---

21 heiligen] heiligen,

19–20 Ps 22,4

Wir haben nämlich gewiß Alle schon die Erfahrung gemacht, daß wir von den Klagen leidender Mitbrüder auf sehr verschiedene Weise bewegt werden. Oft genug leider vernehmen wir von unsern Brüdern solche Klagen, die ein tiefes Bedauern in uns erwekken; aber der Gegenstand desselben ist weniger das Leiden selbst, als die unedlere Art es zu ertragen. Dies ist ein Beileid, welches nicht wahres Mitgefühl werden kann; und wo es uns erregt wird, müssen wir uns nur hüten, daß es nicht in Geringschäzung übergehe. Dagegen giebt es auch andere Klagen, die uns, wo wir sie vernehmen, nicht sowol darniederdrükken, als vielmehr erheben; so daß wir darin weniger das Leiden als vielmehr den Triumph des Geistes über alles Leiden dieser Zeit in seiner Herrlichkeit mitfühlen. Fragen wir uns nun, worauf denn dieser Unterschied unserer Empfindung beruht: so laßt uns jezt davon absehen, was uns in dem ersten Falle so unangenehm berührt, und nur dabei stehen bleiben, daß uns der Erlöser die andere Art das Leiden zu ertragen in ihrer allerhöchsten Vollkommenheit darstellt, weit | vollkommener noch als der Psalmist, von dessen Worten er Gebrauch macht. Denn das ist unstreitig das erste und wesentlichste in dieser würdigen Art zu leiden, daß in der Seele das ewige die Oberhand behält über das vergängliche; daß sie weder verzagterweise den Glauben an denjenigen fahren läßt, der sie äußerlich scheint verlassen zu haben, noch trozigerweise wähnt, den Kampf mit dem Leiden auch ohne ihn bestehen zu können; daß der körperliche Schmerz oder der Drukk äußerer Umstände nicht vermag den Gedanken an den Höchsten zu verdrängen, sondern vielmehr die Seele auch mitten im Leiden durch das Bewußtsein Gottes und seiner Herrlichkeit erfreut und gestärkt wird. So jener Psalmist, welcher, indem er klagt, daß der äußere Beistand Gottes ausgeblieben sei, auf den er gerechnet hatte, sich doch darüber freut, daß der Heilige wohne unter den Lobgesängen Israels. Denn gewiß folgen diese beiden Ausrufungen nicht in der Absicht auf einander, als ob die erste sollte durch die zweite widerlegt werden; sondern wie der Gedanke immer schneller ist als die Hand, so hatte der Sänger, als er die erste niederschrieb, auch die zweite schon im Sinne, so daß Klage und Freude nicht von einander zu trennen sind. Weit gewisser also können wir noch davon sein, daß der Erlöser, in welchem nie ein Gedanke den andern widerlegen konnte oder verbessern, indem er jene ersten Worte allein aussprach, schon ebenfalls die ganze Gedankenreihe des Psalmisten so im Sinne hatte, wie sie in sich zu|sammenhängt, und wie er sie sich aneignen konnte. Wenn nun der Psalmist sich die Herrlichkeit Gottes vergegenwärtiget durch die täglichen Lobgesänge des Volkes, zu dem er auch gehörte, und wel-

---

27–29 Vgl. Ps 22,2–4

ches den Vorzug genoß, den Einen Gott zu erkennen, obgleich mit der Dekke Mosis vor dem Angesicht: so konnte Christus viel herrlicheres bei sich denken; zuerst und namentlich daß der Vater throne unter den Verklärungen des Sohnes, wie er sich ja kurz vorher das Zeugniß gegeben hatte im Gebet an seinen Vater, daß er ihn verkläret habe auf Erden, und seinen Namen geoffenbaret den Menschen[5]. Aber auch Er hörte Lobgesänge Israels; er hörte die dankbaren Lobpreisungen Gottes für alles, was von jeher nach seinen ewig weisen Rathschlüssen geschehen mußte, damit die Zeit erfüllt wurde, in welcher das Wort Fleisch werden, damit auch dieser Augenblikk erfüllt wurde, in welchem der Erlöser sein Leben lassen konnte für das Heil der Welt. Alles dieses, der Dank Abrahams, welcher froh ward, daß er seinen Tag sehen sollte[6], die heiligen Gesänge der Propheten, welche von ihm gezeugt, und Gott gelobt hatten um den, der da kommen sollte, der rührende Ton jenes Simeon, welcher sprach, Nun läßt du deinen Diener in Frieden fahren, denn meine Augen haben deinen Heiland gesehen[7], das Frohlokken des Johannes, der sich hoch erfreute über des Bräutigams Stimme, wie der Freund des | Bräutigams, und gern abnehmen wollte, damit dieser zunähme[8]: dies waren die Lobgesänge des geistigen Israel, unter welchen der Erlöser seinen Vater thronend dachte, auch mitten in diesem Augenblikke der Klage. – Und wenn der Psalmist in dem bitteren Gefühl, er sei mehr ein Wurm als ein Mensch, und unter den Klagen über die Verhöhnungen, die er zu erdulden hatte, und über die Gefahren die ihn umringten, doch gern gedenkt an die alten Wohlthaten Gottes, indem er sagt, Unsere Väter hofften auf dich, und du halfest ihnen aus; zu dir schrieen sie, und wurden errettet! und also Ruhe genug hatte, auf der Geschichte alter Zeiten zu verweilen: wieviel mehr wird der Erlöser, wenn gleich klagend, daß er seinen Widersachern gegenüber als der von Gott verlassene erschien, doch in diesem Augenblikk, der nicht im Laufe der menschlichen Begebenheiten spurlos verschwinden sollte wie das Leiden des Psalmisten, sondern der der höchste war in der menschlichen Geschichte, ein Weltalter schließend und ein neues beginnend, ohnstreitig auch daran gedacht haben, daß alle Wohlthaten, die Gott jemals irgend einem Theile des gefallenen menschlichen Geschlechtes

---

[5] Joh. 17, 4. 6.
[6] Joh. 8, 56.
[7] Luk 2, 29–32.
[8] Joh. 3, 29–30.

---

39 3, 29–30.] 3, 29–32.

1–2 Vgl. Ex 34,33–35   22–23 Vgl. Ps 22,7   25–27 Vgl. Ps 22,5–6

erwiesen hatte, doch nichts als nur höchstens Vorbereitungen waren zu dieser Einen, in Beziehung auf welche er bald darauf das besiegelnde Wort aussprach, Es ist vollbracht. – Und wenn der Psalmist, eben im Vertrauen auf die als | unerschöpflich bewährte Barmherzigkeit Gottes, auch mitten im Gefühl der Verlassenheit schon von trostreicher Hoffnung ergriffen, ausruft, Dich will ich preisen in der großen Gemeine! und hinzufügt, des Herrn solle gedacht werden an aller Welt Ende, und vor ihm anbeten alle Geschlechter der Heiden: wie sollte nicht noch vielmehr der Erlöser in demselben geistigen Sinne auch in diesem Augenblick der herrlichen Zukunft gedacht haben, die ihm bevorstand, nämlich nicht nur aufzufahren zu seinem und unserm Gott und Vater, sondern auch hernach in den Seinigen wohnend und unter ihnen geistig gegenwärtig der unerschöpfliche Urquell zu sein alles geistigen Lebens und aller Verherrlichung Gottes in der Gemeine der Gläubigen, durch deren Dienst eine, wie der Sand am Meere und wie der Thau in der Morgenröthe, unzählbare Menge Kinder Gottes zur Herrlichkeit eingeführt wurden aus allen Geschlechtern der Heiden.

So, mitten im Gefühl auch der peinigendsten Schmerzen und der tiefsten Erniedrigung, doch erfüllt sein von Gott und der Herrlichkeit seines himmlischen Reiches: das ist die vollkommene Reinigung aller Schmerzen, indem hier auch die kleinste Spur der Sünde verschwindet, und jede Gewalt der Sinnlichkeit gebrochen wird, so daß das Auge des Geistes frei bleibt und das Herz offen für den großen Zusammenhang aller seligen Führungen Gottes, in welchem das eigene Leiden verschwindet wie der Tropfen im Meere. Das war der Gemüthszustand | des Erlösers, indem er diese Worte des Psalmisten zu seinen eigenen machte; und zu der Aehnlichkeit mit diesem Zustande sollen wir uns auch erheben. Das fordert auch der Apostel von uns, indem er uns zuruft, Freuet euch in dem Herrn allewege[9]! Denn allerlei Leiden waren den Christen damals so wenig fern, wie denn er selbst als ein Gefangener litt, daß er bei diesem allewege nothwendig auch an die Zeit der Trübsale muß gedacht haben. Wie können wir uns aber leidend des leidenden Erlösers freuen, wenn wir nicht auch in der Art zu leiden ihm suchen ähnlich zu werden!

Es gehört aber zur vollkommenen Reinheit des Schmerzes noch etwas, wovon uns der Erlöser auch das Vorbild giebt. So wie nämlich

---

[9] Phil. 4, 4.

---

9 vielmehr] vgl. Adelung: Wörterbuch 4, Sp. 1592

---

3 Joh 19,30   6–7 Ps 22,26   7–8 Vgl. Ps 22,28   11–12 Vgl. Joh 20,17
15 Vgl. Hos 2,1   16 Vgl. Ps 110,3

die Liebe zu Gott bewirkt, daß wir auch im Leiden eines beseligenden Andenkens an ihn voll sind: so muß auch die Liebe zu unsern Brüdern bewirken, daß uns mitten im Leiden auch das Mitgefühl für ihre Zustände, welcher Art sie auch sein mögen, nicht erstirbt. Denn wenn jemand im eigenen Leiden den Sinn ganz verliert für das, was um ihn her vorgegangen ist und noch vorgeht; wenn auch die lebhafteste Erinnerung an große Ereignisse der Vorzeit, zu welcher er auf die natürlichste Weise veranlaßt wird, nicht vermag ihn dem verzehrenden Brüten über seinen eigenen Schmerz zu entreißen; wenn er das Weinen mit den Weinenden von sich weist, | weil er nämlich genug zu tragen habe an seinem eigenen Leiden, und das Fröhlichsein mit den Fröhlichen, weil man ihm nicht zumuthen könne, daß die Glükkseligkeit Anderer irgend einen Eindrukk auf ihn mache, bis die Last, die ihn selbst drükkt, würde von ihm genommen sein: von einem solchen urtheilen wir gewiß mit Recht, daß sein Wesen allzutief in das irdische versenkt sei; und wenn er versichert, in seinem Leiden Gottes zu gedenken, und sich an ihn zu wenden, so besorgen wir nicht ohne Grund, daß auch dies doch kein rechtes Gebet im Geist und in der Wahrheit sei. Denn wenn wir im Leiden Gott im Herzen haben: so müssen wir auch die Liebe darin haben, weil Gott die Liebe ist, und unser Herz muß der ganzen Welt offen stehen, weil diese ja nichts anderes ist, als die Summe der Offenbarungen göttlicher Liebe, und so müssen wir uns also auch in alle Freuden und Schmerzen Anderer versenken können.

Wie sich nun der Erlöser während der Stunden seines Leidens in dieser Hinsicht bewiesen hat, davon legen auch andere Worte desselben das rührendste Zeugniß ab; aus unseren Texteswortern erhellt es aber zunächst schon dadurch, daß es nicht seine eigenen Worte sind, sondern Worte eines Anderen. Wer in das sinnliche Gefühl des Leidens auf eine selbstische Weise verloren ist, dem wird nicht leicht einfallen, sich etwas anzueignen, was ein anderer Leidender gesagt hat; denn er meint mit seinem Leiden könne doch kein anderes derselben Art | verglichen werden, und immer weiß er, wenn ihm eine Vergleichung dargeboten wird, bei den Leiden Anderer erleichternde Umstände, erschwerende aber bei dem seinigen aufzufinden. Der Erlöser aber eignet sich gern an, was der Psalmist geklagt hatte, und geht, denn sonst hätte er sich grade diese Worte nicht aneignen können, in den ganzen Zusammenhang der Klage und des Leidens, so weit es ihm bekannt war, hinein, ohnerachtet er gewiß sagen konnte, das Leiden dieses Sängers sei mit dem seinigen nicht zu vergleichen; und so erscheint er schon hiedurch jener selbstsüchtigen Neigung ganz entgegengesetzt. –

9–12 Vgl. Röm 12,15   **18–19** Vgl. Joh 4,23–24   **20** Vgl. 1Joh 4,8.16

Noch mehr aber erkennen wir dasselbige daran, daß der Leidende selbst, dessen Worte der Erlöser sich aneignet, auch derselben Gesinnung war, und sich das Gefühl seines eigenen Zustandes zu lindern suchte, indem er der Geschichten seines Volkes gedenkt, und fremde Erfahrungen neben die seinigen stellt. Diesen Gedanken ging also auch der Erlöser nach, und indem er selbst von Gott verlassen erschien, freuete er sich, daß Gott sich der Menschen überhaupt durch ihn erbarmt habe, und gewiß, indem er hier und dort einzelne von den Seinigen erblikkte, freuete er sich auch, daß ihm gelungen war, diesen ihre Freiheit zu erhalten, während Er selbst von seinen Feinden ergriffen ward.

Um aber das liebende Mitgefühl in der Seele des Erlösers recht zu würdigen, laßt uns ja nicht vergessen, welcher Art sein Leiden war. Schon wenn menschliches Leiden in den natürlichen Un|vollkommenheiten des irdischen Lebens seinen Grund hat, erfreuen und erbauen wir uns daran, wenn der Leidende einerseits noch nach den Glükklichen fragt, und, theilnehmend an ihrer Freude, durch ein heiteres Lächeln seinen Schmerz unterbricht, andererseits aber auch, indem ihm selbst liebende Menschen den Kummer des Herzens zu erleichtern, oder die Schmerzen eines zerstörten Körpers zu lindern suchen, in wehmüthiger Theilnahme derer gedenkt, welche vielleicht unter denselben Leiden seufzend alles Trostes, den menschlicher Beistand, aller Stärkung, die zärtliche Liebe gewährt, entbehren müssen. Noch schöner aber und ein noch reinerer Beweis von Frömmigkeit erscheint uns diese ungeschwächte Theilnahme im Leiden, wenn dasselbe durch den bösen Willen der Menschen herbeigeführt ist, wie unstreitig das Leiden jenes heiligen Sängers war; denn nur allzuleicht entsteht in solchem Falle eine Erkältung und wohl gar Erbitterung des Herzens, wenn nicht gegen die Menschen überhaupt, doch gegen Alle, die in einer näheren Beziehung stehen mit denen, welche uns weh gethan. Darum freuen wir uns, daß der Psalmist mit Wohlgefallen erwähnt, daß Gott unter dem Lobe Israels wohne, und daß der Herr auch seine Väter errettet und ihnen ausgeholfen habe. Denn gehörten die Feinde, die ihn bedrohten, zu seinem Volke selbst: wie natürlich wäre dann die Aeußerung gewesen, daß die Nachkommen unwürdig wären der Hülfe, die Gott den Vätern erzeigt, und daß das Volk den Vorzug, dem wah|ren Gott geweihet zu sein, nicht verdiene. Waren seine Feinde aber auch Fremde, also Heiden: so ist nur um so rührender, daß er, weit entfernt nach der Weise seines Volkes noch üble Wünsche auf ihre Nachkommen zu häufen, sich vielmehr der fernen Zeiten freut, wo auch die Heiden würden Gott anbeten. Ja, wie natürlich

---

32–33 Vgl. Ps 22,4–6   41 Vgl. Ps 22,28

wäre auch in diesem Falle Gleichgültigkeit und Härte gegen sein Volk gewesen, da die auswärtigen Feinde ihn schwerlich so hart bedrängen konnten, wenn er bei den Seinigen Bereitwilligkeit und Unterstüzung genug gefunden hätte! – Aber wie weit wird noch alles dieses überstrahlt durch die Menschenfreundlichkeit des Erlösers in seinem Leiden! Denn gegen ihn hatten sich nicht nur die Oberen seines Volkes vereinigt mit den Heiden; sondern auch das Volk, so oft voll Bewunderung seiner herrlichen Thaten und voll Begeisterung über seine Lehre, hatte das Kreuzige über ihn ausgerufen. Dennoch, indem er diesen Psalm nachempfand, freuete er sich der allgemeinen göttlichen Erbarmung über das ganze Geschlecht, welche durch seine damalige Gottverlassenheit besiegelt wurde, und freiwillig mit einem Herzen voll Liebe litt er für eben diejenigen, durch die er litt.

So laßt uns denn, m. g. Fr., wenn wir zu leiden haben, auch hierin nach der Gemeinschaft der Leiden Christi streben. Was uns begegnet als Bewohnern dieser unvollkommenen Welt, das sind die Leiden dieser Zeit nicht werth jener Herrlichkeit: aber | jene Herrlichkeit kann nur die unsrige sein, wenn wir uns schon hier nicht mit einem armseligen vereinzelten Dasein begnügen, sondern wenn, indem wir in Andern und für Andere leben, das göttliche Wesen, welches die Liebe ist, uns wahrhaft zu seinem Tempel gemacht hat. Was wir aber unverschuldet von der Welt zu leiden haben als Christen, das kann als Fortsezung und Ergänzung der Leiden Christi unser Schmukk und unsere Krone werden, wenn wir leiden, wie Er, das heißt ohne Gott aus dem Herzen zu verlieren, und ohne daß die Bosheit und der Hohn der Welt im Stande wäre die Kraft der Liebe in uns zu erschöpfen.

III. Laßt uns nun endlich auch noch darauf sehen, wie sich uns in diesen Worten des Erlösers seine vertraute Bekanntschaft mit den heiligen Schriften seines Volkes zu erkennen giebt. Denn, wie ich schon vorher gesagt habe, die wesentlichsten Umstände in den Leiden des Erlösers waren auf jeden Fall sehr verschieden von dem Leiden Davids, als er diesen Psalm dichtete, in welchem Theile seines Lebens dies auch mag geschehen sein; und es waren zunächst nur minder bedeutende äußere Umstände, welche dem Erlöser jenen Psalm, aus dem er unsere Texteswort hernahm, in Erinnerung bringen konnten. Der Psalmist sagt, daß mächtige Feinde ihn umgeben hätten, und ihr Haupt über ihn schüttelnd sprächen, Er klage es dem Herrn, der helfe ihm aus, und errette ihn, hat er Lust zu ihm! | Und eben so, nur gewiß weit mehr in unmittelbarer leiblicher Nähe, sah der Erlöser,

---

9 Vgl. Mt 27,22–23; Mk 15,13–14; Lk 23,21; Joh 19,6.15   21 Vgl. 1Kor 3,16
22–23 Vgl. Kol 1,24   37–38 Ps 22,9

Predigt über Mt 27,46

aber mit einem ganz besänftigten Gemüth – denn er hatte ja selbst Vergebung für sie von seinem Vater erfleht – auch seine Feinde unter seinem Kreuze umher gehen und seiner spotten, daß alles Vertrauen auf Gott, welches er immer bewiesen, und die innige Gemeinschaft mit dem Vater, deren er sich immer gerühmt hatte, doch einen solchen Ausgang seines Unternehmens nicht hatte verhüten können. Der Psalmist klagt, wie dem Drukk des irdischen Leidens seine Kraft erliege, und die Seele ihm gleichsam ausgetrokknet und verdorret sei in seinem Leibe; und so, nur gewiß weit eigentlicher, fühlte der Erlöser, nachdem er bereits längere Zeit am Kreuze ausgespannt gehangen hatte, daß seine feineren Säfte in ihren der gewohnten Bewegung beraubten Kanälen wie eintrokkneten, und seine Lebenskräfte sich allmählig erschöpften. Der Psalmist stellt bildlich die Sicherheit dar, mit der seine Feinde sich schon ihren siegreichen Hoffnungen überließen, indem er sagt, Sie haben meine Kleider unter sich getheilt, und das Loos geworfen um mein Gewand; und eben dieses sah der Erlöser buchstäblich an sich in Erfüllung gehen durch die Hand jener rohen Kriegsknechte, welche die Wache unter seinem Kreuze hatten, und nun, hergebrachter Sitte gemäß, die kleine Beute unter sich theilten. Alles dieses war in Bezug auf den Ursprung und die Art und Weise des Leidens Christi nur geringfügig, und die Uebereinstimmung dieser Zufälligkei|ten mit den Ausdrükken jenes Psalms würde übersehen worden sein, wenn nicht mitten in dem Gefühle seines Leidens doch in der Seele des Erlösers die Erinnerung an alle herrlichen Worte in jenen alttestamentischen heiligen Schriften so lebendig gewesen wäre, daß schon diese einzelnen Umstände hinreichten, ihm das Klagelied jenes heiligen Sängers so in das Gemüth zurükkzurufen, daß er nun die Worte desselben ganz zu seinen eigenen machte.

M. g. Fr., der Geist Gottes hat sich nie und nirgend unbezeugt gelassen; unter allen Völkern, wie fern sie auch sein mögen von der Reinheit unserer Erkenntniß, und der Festigkeit unseres Glaubens, hat es immer einzelne Ausdrükke des göttlichen im Menschen gegeben, die sich von einem Geschlechte zum andern erhalten haben, so daß noch späte Nachkommen aus ihnen Weisheit lernen und Muth schöpfen konnten. Ja auch heidnische Aussprüche dieser Art haben die ältesten Lehrer der christlichen Kirche sich nicht gescheut als einen wenn gleich leisen Hauch des Geistes von oben in Ehren zu halten, und mit den Sprüchen der heiligen Schrift zugleich anzuführen. So durchdrungen waren sie von dem Gefühl, daß wenn ein altes Wort auch in ganz

---

1–2 *Vgl. Lk 23,34*   3–5 *Vgl. Mt 27,43 mit Bezugnahme auf Ps 22,9*   7–9 *Vgl. Ps 22,16*   15–16 *Ps 22,19*   16–19 *Vgl. Mt 27,35 (mit Zitat von Ps 22,19); Mk 15,24; Lk 23,34*

veränderten Zeiten seine gute Kraft noch bewährt, in einem solchen gewiß etwas göttliches sei, welches verdiene, auch nach Jahrhunderten noch die Gemüther zu leiten und zusammenzuhalten. – Wir Christen aber, die wir nach des Herrn Verheißung des göttlichen Geistes theilhaftig geworden sind, | freuen uns zwar der Gewißheit, daß jeder unter uns von diesem Geiste vertreten wird mit unausgesprochenen Seufzern, wenn irgend etwas uns innerlich so bewegt, daß die Kräfte des menschlichen Wortes nicht hinreichen um es auszudrükken. Viel aber ist uns auch dieses werth, daß es von je her nicht wenige gegeben hat, welche wenigstens in den gelindern und daher mehr mittheilbaren Bewegungen des Gemüthes fähig waren, sowohl das rechte Maaß derselben in lehrreichen Worten uns Anderen zu beschreiben, als auch aus einem so wohlgeordneten Herzen dem Herrn zu singen und zu spielen, und geistreich und gemüthvoll das schöne Feld seines gemeinsamen Preises zu bauen. Einen großen, herrlichen Schaz köstlicher Lieder und Worte dieser Art – wie könnten sie ohne den göttlichen Geist gedichtet und geredet sein! – besizt und verwahrt die christliche Kirche, und vorzüglich unsere evangelische vermehrt ihn zum gemeinsamen Gebrauch von Jahrhundert zu Jahrhundert. Welch reichen Genuß haben wir nicht alle von diesem Schaz, jeder, nachdem er mehr oder weniger davon im guten Gedächtniß aufbewahrt, und sich in der Stunde, wo er dessen bedarf, lebendig zu vergegenwärtigen weiß. Aber doch werden wir darüber Eines Sinnes sein, das Wort des Herrn, welches in unsern heiligen Büchern zusammengefaßt, und nun seit so langer Zeit allen evangelischen Christen zugänglich gemacht ist, dieses hat doch noch eine weit höhere Kraft, und ragt auf eine ganz eigene Weise über alles | ähnliche hervor. Für jene schönen Erzeugnisse christlicher Frömmigkeit ist der Sinn getheilt; jedes gefällt Einigen, und ist ihnen heilsam, Anderen aber will es nicht gedeihen. Der Schrift aber geben alle christlich frommen Gemüther einstimmig Zeugniß, und rühmen sich der Erfahrungen, die sie von der heiligenden Kraft derselben unter den verschiedensten Umständen gemacht haben, von einer Kraft, mit welcher sich die Kraft keines menschlichen Wortes vergleichen läßt. Ja wir alle bestätigen immerfort dieses Zeugniß durch die That, und hegen dasselbe Vertrauen. Denn wenn einer den andern unterstüzen will mit Rath und Trost in den bedrängten Augenblikken des Lebens: so weiß Keiner etwas besseres zu thun, als daß wir unserm Bruder vor die Seele zu bringen suchen irgend eines von den herrlichen Worten der Schrift.

Unser Erlöser nun hatte nur die Schriften des alten Bundes vor sich, welche doch einer unvollkommenen Zeit angehören, in welcher

---

5–7 Vgl. Röm 8,26

der Geist Gottes, zu unempfänglicheren Menschen durch unvollkommnere Werkzeuge redend, nur auf eine sinnliche und bildliche Art die göttlichen Geheimnisse enthüllen, und den Menschen das göttliche Wesen offenbaren konnte; wir aber besizen eine weit reinere Kunde göttlicher Geheimnisse, und einen ganz unmittelbaren Ausdrukk göttlicher Weisheit und Liebe in dem, was Christus das fleischgewordene Wort selbst geredet hat, und an dem was seine treuen und äch|ten Jünger in seinem Sinne und wie unmittelbar aus seinem Munde ihren Zeitgenossen wiedergegeben haben. Wenn nun der Erlöser nicht nur, ohnerachtet er das Zeugniß seines Vaters für sich hatte, und keines anderen bedurfte, sich doch in seinen Reden oft auf die heiligen Schriften berief, sondern auch, ohnerachtet er doch gewiß, aus der eigenen Fülle der Gottheit schöpfend, am besten sich selbst trösten und aufrichten, und auch für und zu sich selbst gottgefälligeres und seiner würdigeres reden konnte, als irgend sonst zu finden war, dennoch in den Augenblikken seines schwersten Leidens sich mit einem klagenden aber zugleich lobpreisenden und ermunternden Gesange aus den heiligen Büchern des alten Bundes aufrichtete, und sich auch darin auf ein fast wunderbar herablassende Weise uns gleich stellen wollte, daß er ebenfalls auch für sich selbst auf jene vaterländischen Schriften, die schon seit Jahrhunderten ein geheiligtes Gemeingut aller frommen Verehrer seines Vaters gewesen waren, einen so besonderen Werth legte, daß er es nicht verschmähte, noch im Angesichte des Todes seinen Vater mit Worten aus diesen Schriften anzurufen: wie sollten nicht wir durch dieses große Beispiel noch immer fester an unsere heiligen Schriften des neuen Bundes geketet werden, welche ja nicht nur den Schatten künftiger Güter enthalten, wie die jenes alten Bundes, sondern das Wesen selbst, welche sich schon so viel länger als die kräftigste Stärkung und das | reinste Läuterungsmittel heilsbegieriger Seelen bewährt haben, so daß auf jeden Spruch derselben, da die Gläubigen sich immer wieder bei dieser Quelle gelagert haben, ein besonderer Segen dankbarer Erinnerung ruht, und auch wir selbst einzeln sowohl als in Gemeinschaft, weit entfernt eben so wie der Erlöser uns selbst genügen zu können, nur allzuleicht in Gefahr kommen, das Gleichgewicht zu verlieren und Schiffbruch zu leiden, wenn es uns nicht zu rechter Zeit gelingt in dem festen Grunde jenes göttlichen Wortes einen zuverläßigen und schüzenden Anker zu werfen.

Möchte daher doch uns Allen des sterbenden Erlösers Beispiel ein neuer Antrieb sein, unsere Bekanntschaft mit der Schrift immer lebendig zu erhalten, ja sie mehr und mehr zu erweitern, damit wir nicht

---

6–7 Vgl. Joh 1,14   10 Vgl. Joh 5,37   12–13 Vgl. Kol 2,9

nöthig haben, wie es die Weise vieler frommen Christen ist, es auf den Zufall ankommen zu lassen, was er uns zuführt, wenn wir einen Trost aus der Schrift brauchen, sondern es uns leicht werde, aus dem Schaze unserer eigenen Erinnerung uns jedesmal dasjenige zu vergegenwärtigen, was uns am meisten Trost und Erbauung oder Belehrung und guten Rath gewähren kann. Sehet da, das gesegnete Wort des Herrn beginnt jezt einen neuen freudigen Flug, in fremde größtentheils noch rohe ungeglättete Sprachen übertragen, eilt es zu Völkern hin, die zwar wohl den heiligen Namen des Erlösers gehört, und einzelne | Laute des Christenthums vernommen haben, aber noch nie die Geschichte des Erlösers, und die göttlichen Tröstungen seiner Lehre in diesem ursprünglichen Zusammenhange konnten kennen lernen. Daß doch dieses ja nicht den Schein gewinne, als wollten wir vielleicht gar nicht etwa nur mittheilen, sondern die heilige Schrift als etwas, das nur für die ersten Zeiten des Glaubens seinen ganzen Werth hätte, gänzlich Anderen überlassen, als ob wir ihrer nicht mehr bedürften, weil nämlich unser inneres Christenthum so fest begründet und so vollkommen entwikkelt sei, daß wir des äußeren Wortes leicht entbehren könnten! Möge es auch nicht den Schein gewinnen, als sehne sich das göttliche Wort selbst von uns, die wir nicht fleißig und ernstlich genug Gebrauch davon machten, hinweg und zu Anderen, welche diesen Schaz köstlicher bewahren würden, und denen es wieder alles sein könne, was es unsern Vorfahren gewesen ist. Nein, m. Gel., so möge sich diese Sache nicht wenden zu einem Wechsel, bei dem wir nur verlieren könnten! Tragen wir unser Scherflein dazu bei, daß die heilige Schrift über alle Länder und Völker der Erde verbreitet werde: so müsse sie zugleich unter uns selbst immer reichlicher wirken, damit auch jene löblichen Bestrebungen stets von dem rechten Antrieb, nämlich der überströmenden eigenen Erfahrung, ausgehen. Darum laßt uns auch hierin dem Beispiel Christi folgen, am meisten aber uns an die Schriften des | neuen Bundes halten, damit sowol die einzelnen Züge des Bildes Christi als auch seine Anweisungen für die Seinigen sich uns immer wieder auffrischen, und so das geschriebene Wort lebendig werde in unseren Seelen, und nach seiner Verheißung Frucht trage hundertfältig und tausendfältig. Amen.

34–35 Vgl. Mt 13,8.23; Mk 4,20

XI.

Die Gesinnung in welcher Christus seinem Leiden entgegenging.

Passionspredigt.

Text. Johannes 14, 30. 31.
Ich werde hinfort nicht mehr viel mit Euch reden; denn es kommt der Fürst dieser Welt, und hat nichts an mir. Aber auf daß die Welt erkenne, daß ich den Vater liebe, und ich also thue, wie mir der Vater geboten hat, stehet auf und lasset uns von hinnen gehen.

M. a. Fr. In unserer ersten Leidensbetrachtung haben wir uns Worte des Herrn zum Gegenstand gemacht aus den Tagen seiner Auferstehung[1], als Er sein Leiden hinter sich hatte, und als Sieger des Todes auf dasselbige zurüksehen konnte; und | haben erwogen, wie Er damals seinen Jüngern den Zusammenhang und die Nothwendigkeit dieses göttlichen Rathschlusses aus einander gesezt hat. Die heutigen Worte unsers Textes sind Worte des Erlösers mitten aus dem Zusammenhang seiner lezten Reden genommen, als Er seine Jünger auffoderte aufzustehen von dem Ort, wo sie so eben das Mahl des Abschiedes mit ihm gehalten hatten, indem Er im Begriff war, mit ihnen dahin zu gehen, wo Er wußte, daß diejenigen ihn erwarteten, welche ausgesandt waren, um ihn gefangen zu nehmen. Und hier, m. g. Fr., giebt Er uns nun in den Worten die wir vernommen haben, die Gesinnung zu erkennen, in welcher er dem Leiden, das ihm nun bevorstand, entgegen ging; indem Er nämlich sagt, es solle der Welt zur Erkenntniß davon gereichen, daß Er den Vater liebe, und daß Er also thue, wie ihm der Vater geboten hat. Daran also, daß er seinem Leiden, so wie Er es that, entgegen ging, sollten sie erkennen zuerst

---

[1] Ueb. Luk. 24, 26.

---

24 bevorstand,] bevorstand

---

2 Predigt zum Sonntag Oculi am 25. März 1832 vormittags in der Dreifaltigkeitskirche zu Berlin; vgl. Predigtdruck und Liederangaben in KGA III/13, S. 142–153   10–15 Vgl. Predigt zum Sonntag Invocavit am 11. März 1832 vormittags in der Dreifaltigkeitskirche zu Berlin über Lk 24,25–26; vgl. Predigtdruck und Liederangaben in KGA III/13, S. 121–133   16–17 Vgl. Joh 13,31–16,33

seinen Gehorsam gegen seinen Vater, **zweitens** aber auch, was noch mehr ist als das, den ganzen Umfang und die ganze Innigkeit seiner Liebe zu seinem Vater. Dies beides laßt uns denn jezt zum Gegenstand unserer andächtigen Betrachtung machen.

I. Der Erlöser also sagt zuerst, m. a. Z., die Welt solle erkennen, **daß Er also thue, wie ihm sein Vater geboten habe**, und darum, sagt Er, lasset uns aufstehen und von hinnen gehen. |

Wie dies beides mit einander zusammenhängt, das geht aus den gesammten übrigen Umständen dieser Geschichte deutlich genug hervor. Der Gehorsam nämlich kann sich zunächst und unmittelbar immer nur in demjenigen zeigen, was man zu thun hat; nicht in demjenigen können wir ihn eigentlich beweisen, was uns nur begegnet. Wenn also der Erlöser irgendwo, wo Er es nicht erwartete und ohne etwas davon zu wissen, von seinen Verfolgern wäre überrascht worden, wie sie wohl glaubten, daß es der Fall sein würde: so wäre ihm das nur begegnet; Er hätte nichts dabei selbst zu thun gehabt, und also hätte Er auch darin unmittelbar seinen Gehorsam nicht beweisen können. Nun aber sagt Er, Lasset uns aufstehen und von hinnen gehen; denn der kommt, der mich verräth. Aber freilich so deutlich das auf der einen Seite ist, daß, wenn die Welt an seinem Leiden erkennen sollte, daß der Erlöser thue, wie ihm sein Vater geboten habe, Er auch wirklich etwas dabei mußte zu thun haben: so voll von mancherlei Schwierigkeiten ist eben dies auf der andern Seite. Ist nicht, so fragen wir uns billig selbst, jeder Mensch von Gott seiner eigenen Sorgfalt, seinem Verstande, seiner Ueberlegung anvertraut in Beziehung auf alles, was zur Erhaltung seines Lebens und seiner Wirksamkeit gehört? Hat der Erlöser nicht an andern Orten deutlich genug zu erkennen gegeben, wie gern Er seine Wirksamkeit noch länger fortgesezt hätte, wie schwer es ihm wurde, sich nun schon von seinen Jüngern | zu trennen? wie Er, sobald er ihrer gedachte, wünschen mußte, daß dieser Kelch wenigstens diesmal noch an ihm möge vorübergehen? Wenn Er also nun denen, die da kamen ihn gefangen zu nehmen, entgegen ging, statt daß Er ihnen hätte ungehindert entkommen können: will es nicht das Ansehen gewinnen, als ob Er diese allgemeine Pflicht, daß wir uns unserm Beruf erhalten sollen, vernachlässigt habe? eine Pflicht, welche doch Gott uns Allen aufgelegt hat, indem er uns Rechenschaft abfordern wird nicht nur von dem, was wir wirklich gethan haben, sondern auch von der Art, wie wir uns die theure, ohnehin so kurze Zeit des

---

30 Er, sobald] Er sobald

30–31 Vgl. Mt 26,39.42; Mk 14,36; Lk 22,42

irdischen Lebens aufgespart haben, um, so lange es nur gehen will, etwas zur Erfüllung seines Willens beizutragen? Will es nicht das Ansehen gewinnen, als ob der Erlöser dieses Gebot vernachlässigt habe, und also nicht so thue, wie auch ihm Gott unser Vater gebot? Daher haben denn auch, zum Theil vorzüglich um dieser Schwierigkeit zu entgehen, viele Christen sich die Vorstellung gemacht, als ob der Erlöser unter einem andern Gesez gestanden habe als wir übrige Menschen; als ob eine dunkle Nothwendigkeit obgewaltet habe, eine nicht nur so über ihm, sondern auch gewissermaßen über seinem und unserm Vater im Himmel stehende, – denn auch dieser sei gebunden gewesen durch das große Gesez der Gerechtigkeit, da er doch die Quelle aller Gerechtigkeit ist – und vermöge dieser Nothwendigkeit also habe Christus so und nicht anders leiden müssen, und | daher sei, wie sehr uns auch das Gegentheil als das einzig richtige erscheinen möchte, doch dieses, daß Er selbst sich nicht länger habe erhalten wollen, sein wahrer Gehorsam gegen seinen Vater gewesen. Aber auch dies, m. g. Fr., bringt uns nur in neue Verlegenheit; denn es streitet ja deutlich genug damit, daß der Erlöser überall das Vorbild sein soll, dessen Fußtapfen wir nachzufolgen haben. Nun wissen wir ja überdies, wie Er selbst früher hin auch nach jenem allgemeinen Gesez gehandelt und sein Leben geschont hat, und mehr als einmal hat er sich der Wuth seiner Feinde entzogen. Oder wie? lesen wir nicht zu verschiedenen Malen, daß das Volk ergrimmte über seine Rede und ihn steinigen wollte, und daß Er mitten durch sie hindurch ging, und sich ihnen entzog, wenn sie sein Leben suchten? Wie leicht hätte er sich auch diesmal seinen Feinden entziehen, und so auch hernach immer auf dieselbe Weise wie vorher handeln können! Statt dahin zu gehen, wo Judas mit seiner Schaar ihn erwartete, stand ihm jeder andere Weg offen. Er hatte mit seinen Jüngern das Passahmahl gefeiert – wie uns die andern Evangelien erzählen, obgleich wir bei dem unsrigen es nicht finden – und so waren auch die Pflichten, welche ihn in die heilige Stadt gerufen hatten, erfüllt, und Er hätte können, zu einem ganz entgegengesezten Ende hinausgehend, sie jezt wieder verlassen, und wäre so auch seinen Feinden entgangen. Warum hat Er in diesem Fall ganz anders gehandelt? warum ist Er ihnen entge|gegen gegangen, gerade dahin wo sie ihn suchten, wo Er in ihre Gewalt fallen mußte, und also selbst einen thätigen Theil habend an dieser Entscheidung seines irdischen Lebens? Dazu, m. g. Fr., liegt nun der

---

15 habe erhalten] erhalten

18–19 Vgl. 1Petr 2,21   23–24 Vgl. Joh 8,59; 10,31.39   24–25 Vgl. Lk 4,28–30
29–30 Vgl. Mt 26,17–30; Mk 14,12–26; Lk 22,7–23

Schlüssel in den vorangehenden Worten des Erlösers, Der Fürst dieser Welt kommt, und hat nichts an mir; denn der war bisher noch nicht gekommen um etwas an ihm zu suchen. Wenn es ein wilder Auflauf des Volks gewesen war, welcher sich gegen ihn erregte, so war das eine ungesezmäßige Gewalt, gegen welche Er nicht nur das Recht hatte sich ihr zu entziehen, wie Er denn auch that, sondern es war auch seine Pflicht. Wenn Einzelne von den Hohenpriestern oder den Mitgliedern des hohen Raths ihre Diener aussandten um ihn zu greifen, denen hielt Er schon Stand und entzog sich ihnen nicht; aber seine Stunde war noch nicht gekommen, und darum wagten diese es nicht, ergriffen von der Gewalt seiner Rede, Hand an ihn zu legen. Nun aber war es in der That der Fürst dieser Welt, welcher kam; es war die bestehende über alles was den Gottesdienst und das Gesez und die heilige Lehre der göttlichen Offenbarung betraf, geordnete Gewalt, welche ihn suchen ließ. Diese hatte den Beschluß gefaßt, daß Jesus von Nazareth solle gefangen genommen und vor Gericht gestellt werden; und darum eben sagt Er, Der Fürst dieser Welt kommt, aber er soll nichts an mir haben. Er soll nichts an mir haben oder er hat nichts an mir, d. h. er vermag nichts gegen mich, | nämlich in der Beziehung, in welcher er ein Recht über mich hat; er vermag nichts, sofern er nur vermöge dieser Gewalt handeln will, welche die göttlichen Ordnungen und Geseze beschüzen soll. Hätte aber nun Christus auch diesmal so gehandelt, wie er früher unter andern Umständen gethan, und hätte er sich auch diesen Abgeschikten entzogen: nun wohl, so würde Er das Ansehn gehabt haben von Einem, welcher sich weigert sich zu stellen vor Gericht, wenn er gefordert wird, und sein Leben vergleichen zu lassen mit dem Gesez, unter welchem er doch steht; und an einem solchen hätte der Fürst dieser Welt allerdings etwas gehabt. Wie er nun gesandt war nach seinem eigenen Zeugniß nur zu den verlorenen Schaafen aus dem Hause Israel, mithin durch die ihm gewordene Bestimmung nicht befugt war die Grenzen des Gebiets, in welchem jene Gewalt gültig war und herrschte, zu übertreten: so hätte Er sich ihr zwar für diesmal wol entziehen können; aber wohin Er auch gegangen wäre, innerhalb der Grenzen die seine Berufung ihm stekkte, wo Er sich auch hätte aufhalten wollen, diese Gewalt würde ihn immer gefunden haben. Daher auch die Thatsache, daß er sich den Ansprüchen derselben habe entziehen wollen, immer als ein Vorwurf auf ihm würde lasten können; und dann hätte auch der Fürst dieser Welt in der That etwas an ihm gehabt. Denn diese Säule aller menschlichen Ordnung den Gehorsam gegen die Vorgesezten darf niemand wan-

---

7–9 Vgl. *Joh* 7,30.32.44; 8,20   **9–10** Vgl. *Joh* 2,4; auch 7,6.8   **15–17** Vgl. *Joh* 11,53   **28–30** Vgl. *Mt* 15,24

kend machen, auf ihr muß jedes menschliche Wohl|ergehen ruhen; ohne das heilige Ansehn wohlbegründeter Gewalten, ohne die Macht des Gesezes, ohne das alles andere überwältigende Gefühl, daß der sich jeder fügen müsse, giebt es auf keine Weise ein geordnetes Leben der Menschen. Wo aber eine solche Gewalt besteht, da hat sie etwas gegen jeden, sei er auch noch so unschuldig, welcher sich dem Recht entziehen will, das sie hat, sein Betragen zu prüfen, an seine Handlungen den Maaßstab des Gesezes zu legen und Recht zu sprechen über seine Thaten. Der Erlöser hatte das volle Bewußtsein seiner Unschuld, Er wußte auch wohl, daß seine aufgebrachten Widersacher die Macht, welche das Gesez ihnen gab, mißbrauchen würden, – denn das lag schon in jenem Beschluß, welchen sie über ihn gefaßt hatten, und von dem Er Kunde hatte, wie wir aus früheren Stellen unseres Evangeliums sehen: aber davon lag die Verantwortung nicht auf ihm; seine Pflicht war, sich diesem Ansehn zu fügen, und das heilige Antliz des Gesezes und derer, welche dasselbe handhaben sollten, nicht zu scheuen. Denn so, m. G., war Er unter das Gesez gethan, wie der Apostel Paulus es ganz richtig ausdrükkt in seinem Brief an die Galater, Als die Zeit erfüllet war, sandte Gott seinen Sohn unter das Gesez gethan[2]. In diesem Sinn hatte Er sein ganzes öffentliches Leben geführt, das war der göttliche Rathschluß über ihn, der sich schon darin zu | erkennen gab, daß er unter diesem Volk Gottes geboren war; und wie nothwendig dies war, das ist wohl nicht nöthig aus einander zu sezen, und würde auch dieses Ortes nicht sein. In diesem Sinn hat Er beständig das Gesez befolgt, hatte sich darin unterweisen lassen in den Jahren seiner Kindheit und seines Knabenalters wie Andere aus seinem Volk, und nach Maaßgabe als Er darin unterwiesen war, hat Er es auf das getreulichste befolgt; ja auch noch als Lehrer sagte er beständig, Er sei nicht gekommen, das Gesez aufzulösen, sondern zu erfüllen, denn Er war unter dasselbige gethan. In diesem Gehorsam hat Er sich so gehalten und so gelebt, daß Er auch ganz im Sinn und Geist seines Volkes, das heißt in Beziehung auf das göttliche Gesez, nach welchem das Leben desselben geordnet wurde, sagen konnte, Wer unter euch kann mich einer Sünde zeihen? Aber in eben diesem Gehorsam hatte Er auch alle menschlichen Sazungen, welche später diesem Gesez waren angehängt worden, hintenangestellt. Denn das gehörte zu seiner Treue, die Er bewies, wie es an einem andern Ort der Schrift heißt, als ein erwachsener Sohn in dem Hause seines Va-

---

[2] Gal. 4, 4.

12 Vgl. Joh 11,53   12–14 Vgl. Joh 12,23; 13,1   29–30 Vgl. Mt 5,17
34 Joh 8,46

ters[3], daß Er die Ordnungen seines Vaters aufrecht hielt und sich ihnen fügte als ein Beispiel für Alle, aber daß Er auch nicht gestatten konnte, daß irgend ein menschliches Ansehen sich seinem Vater gegenüber und dessen Gebo|ten gleich stellen wollte. Darum läßt Er eben dieses überall so stark und deutlich hervortreten, daß Er an jene Menschensazungen sich nicht gebunden hielt; und wiewohl es ihm ein leichtes gewesen wäre, auch sie zu beobachten, hat er doch, ohnerachtet Er wußte, daß Er gerade durch diese Geringschäzung den Haß der Mächtigen auf sich zog, es sogar für seine Pflicht gehalten nicht nur für sein Recht, sich durch die Sazungen der Väter nicht einengen zu lassen und sich ihnen nicht zu fügen, auf daß das göttliche Gesez allein die Schranke und Ordnung seines Lebens sei und nicht ein menschliches Wort. In eben diesem Sinne hatte Er immer jene Mächtigen getadelt, welche die Sazungen der Menschen dem göttlichen Gesez gleich stellen wollten, hatte sie gescholten über die Last, welche sie dem Volke auflegten gegen das Gesez seines Vaters, da doch das Gesez selbst schon Last genug war, indem sehr viele von den Verhältnissen nicht mehr vorhanden waren, auf welche sich jene alten Ordnungen bezogen. So hat Er sich gehalten, und konnte mit Recht sagen, der Fürst dieser Welt hat keine Sache zu mir; aber damit das vollkommen wahr sei, durfte Er sich auch nicht der Prüfung derer, die das Gesez zu handhaben hatten, entziehen wollen. Nachdem also einmal ein solcher Beschluß gegen ihn gefaßt war, konnte es ihm auch kein Gewinn sein, die Ausführung hinauszuschieben, indem Er eine Unwissenheit von dem, was gegen ihn beschlossen war, vorgab; sondern so mußte Er sich zeigen, | daß, als sie nachher kamen um ihn zu greifen, Er zu ihnen sagen konnte, wozu sie denn diese Gewalt aufgeboten, da Er ja immer da gewesen sei um sich ihnen zu stellen. Darum war es nichts als der reine Gehorsam gegen den göttlichen Rathschluß, der ihn innerhalb des Gebietes dieser ihm feindselig gewordenen Macht festhielt, also der reine Gehorsam gegen seinen Vater, daß der Erlöser aufstand denen entgegen, die gekommen waren ihn seiner Freiheit zu berauben, daß Er sich dem, was ihm bevorstand, nicht entzog, weil es eben ausging von dem Ansehn, welches auch über ihn geordnet, und unter welches auch Er menschlicher Weise und als Glied seines Volkes gestellt war. Es würde also ganz überflüssig sein, wenn wir noch irgend woher glaubten, daß wir noch etwas anderes aufsuchen müssen um uns zu erklären, wie der Erlöser dies Entgegengehen als

---

[3] Hebr. 3, 6.

15–16 *Vgl. Lk 11,46; auch Mt 23,4*   **27–28** *Vgl. Mt 26,55; Mk 14,48–49; Lk 22,52–53*

einen Gehorsam ansah, den er bewies, und wie Er sagen konnte, die Welt solle hieran erkennen, daß er so thue, wie ihm der Vater geboten hat. Dieser, dachte er, hat mich unter das Gesez gestellt, ich habe das Gesez bewahrt und gehalten, ich habe das Ansehn desselben geschüzt nach meinen Kräften, ich will mich nun auch jeder Prüfung, die es über meine Handlungsweise anstellen will, offen hingeben.

II. Und nun lasset uns zum zweiten Theil unserer Betrachtung übergehen und fragen, wie denn also der Erlöser eben darin auch zeigte, daß Er | seinen Vater liebe. Wodurch, m. th. Fr., offenbart sich denn in diesem Verhältniß, welches der Erlöser hier selbst in Anspruch nimmt, außer durch den Gehorsam die Liebe noch auf eine andere und besondere Weise? was ist noch außer dem Gehorsam das Wesen der kindlichen Liebe? denn der eigentliche, nächste, unmittelbarste Ausdrukk derselben ist ja allerdings der Gehorsam! Aber es ist wohl etwas anderes, gehorchen mit einem über die Heilsamkeit dessen, was geboten wird, nur aus Mangel an Einsicht unentschiedenen Gemüth; und gehorchen, wenn auch nicht gerade aus Furcht sondern aus wahrem treuem Gehorsam, aber doch mit einem deshalb noch widerstrebenden Gemüth, weil Sinn und Lust auf etwas anderes gerichtet ist als auf das gebotene. Ist nun auch das lezte doch immer Gehorsam, und gehört zu dem Gehorsam allein nicht mehr als das erste: wohl, so zeigt sich auch in diesem Verhältniß außer dem Gehorsam die Liebe ganz vorzüglich durch das Vertrauen, durch die Zuversicht, der Wille des Gebietenden sei gewiß gut, er könne nichts anders wollen als Heil und Segen. Also auch die Liebe des Erlösers zeigte sich durch die frohe Zustimmung, mit welcher er in dies Gebot seines Vaters einging, und den Weg antrat, der ihn zum Tode führte; an dieser sollte die Welt erkennen, daß er den Vater liebe. Und den ganzen Inhalt dieser Zustimmung werden wir am besten einsehen können, wenn wir uns zuförderst erinnern, wie der Apostel Paulus sich über den göttli|chen Rathschluß des Leidens und Todes Christi in Beziehung auf eben das Gesez äußert, auf welches sich ja auch diese Worte unsers Erlösers beziehen; und wenn wir dann von da aus noch einmal auf den ganzen Zusammenhang, in welchem die Worte unsers Textes geredet wurden, zurükksehen.

Was war nun nach dem Apostel Paulus der Rathschluß Gottes in Beziehung auf das Gesez des alten Bundes, vermöge dessen der Erlöser durch dieses Gesez und in dessen Namen leiden mußte und sterben? Dies, m. th. Fr., ist uns, wenn wir auch die Worte des Apostels hierüber wohl im Gedächtniß haben, vielleicht deshalb doch nicht so unmittelbar deutlich, weil jenes Gesez uns nun schon so fern liegt, und uns ganz fremd geworden ist. Aber wenn wir uns in jene Zeit versezen, und uns in den Sinn aller derjenigen hineindenken, die auf der einen Seite mit herzlicher Treue, Liebe und Gehorsam an dem Erlöser hingen, auf der andern aber auch um so mehr dem Gesez unterthan blieben, als sie auch von ihm sahen, daß Er sich bezeigte als einer, der unter das Gesez gethan war, und daß Er sich aus den Grenzen desselben niemals entfernte; und es soll doch auch dabei bleiben, wie der Erlöser selbst sagt, daß ihre Bestimmung sei, unter alle Völker zu gehen und sie zu Jüngern zu machen, wobei sie es mit dem Gesez unmöglich genau nehmen konnten: so müssen wir fragen, wie konnte denn dieser Uebergang zu Stande kommen? wie konnten die Jünger des Herrn, die unter dasselbige Gesez gethan waren | wie Er, sich doch auf ganz andere Weise von demselben lösen als Er? Ja, wenn der Erlöser selbst es gethan hätte, wenn der ihnen mit seinem Beispiel vorangegangen wäre, wenn Er öfter bezeugt und gelehrt hätte, die Zeiten des Gesezes seien vorüber, das Maaß desselben sei erfüllt, jezt gehe ein anderes Leben an: dann würden sie ihm freilich leicht gefolgt sein! Aber Er sollte unter das Gesez gethan sein und bleiben; sie hingegen sollten sich und alle die, welchen der Wille Gottes sollte und konnte ins Herz geschrieben werden, von diesem Bann des Gesezes lösen. Wie konnte das mit einander bestehen? das ist eben die göttliche Ordnung, von welcher der Apostel Paulus an so vielen Stellen sagt, sie sei ein Geheimniß gewesen bis auf diesen Tag, in diesen Tagen aber sei es offenbar worden[4]. Das ist die göttliche Ordnung, welche er uns aus der Erfahrung seines eigenen Herzens, aber indem er zugleich im Namen aller Jünger redet, so beschreibt, daß er sagt, Ich bin durch das Gesez dem Gesez gestorben, und bin mit Christo gekreuzigt; und was ich nun lebe, das lebe nicht ich, der alte Mensch, der auch unter das Gesez gethan war, das lebe ich nicht mehr, sondern Christus in mir[5]. Das war der göttliche Rathschluß in Beziehung auf dasselbe Gesez, von welchem und dessen Werkzeugen der Erlöser in unserm Texte sagt, Der Fürst der Welt kommt, und hat nichts an mir; und eben dieser | göttliche Rathschluß und der Rathschluß seines Leidens und Todes war dasselbe. Nur dadurch, daß Er durch das Gesez starb, konnten seine Jünger sich von dem Gesez los machen, indem sie nämlich ihr Leben so ganz als das seinige ansahen, als ob sie mit ihm gekreuzigt wären, und daß eben deswegen nun die Gewalt des Gesezes über sie aufgehört hätte, auf daß die Verheißung, die Gott schon vor alten Zeiten gegeben hatte, nun käme nicht durch das zwi-

---

[4] Röm. 16, 25. Kol. 1, 26. 27.
[5] Gal. 2, 19. 20.

7–8 Vgl. Mt 28,19   18–19 Vgl. Hebr 8,10 mit Zitat von Jer 31,33   38–1 Vgl. Gal 3,19

scheneingetretene Gesez sondern durch den Glauben[6], durch das lebendige Festhalten an dem, in welchem sie erkannt hatten die Herrlichkeit und Seligkeit des eingebornen Sohnes vom Vater. So wußte der Erlöser also, daß Er durch das Gesez fallen müsse um die Gewalt des Gesezes zu brechen, um zu zeigen, wie wenig die wahre göttliche Gerechtigkeit aufgerichtet werden könne durch eine Ordnung, in welcher ein solcher Widerspruch möglich war zwischen dem Geist und dem Buchstaben, um dadurch zu zeigen, nun sei die Zeit des alten Bundes verflossen, und diejenige gekommen, wo Gott einen neuen machen wolle nicht mit einem einzelnen Volk sondern durch den, der von ihm dem ewigen Vater ausgegangen war, mit dem ganzen Geschlecht der Menschen. Das war der göttliche Rathschluß von jeher, nur war er verborgen; das Volk Gottes mußte zusammengehalten werden im Gehorsam und der Erkenntniß des Einen Gottes durch dies Gesez, | welches wahrlich in seiner ganzen Buchstäblichkeit gefaßt ein schweres Joch war – wie sie sich ihm ja auch oft genug zu entziehen suchten, und sich umwandten zum Gözendienst – aber nur durch ein solches konnten sie so bewahrt und von andern Völkern rein geschieden bleiben. Als aber nun die Zeit erfüllet war, und Gott seinen Sohn senden konnte, unter eben diesem Volke geboren und unter eben dies Gesez gethan; als dieser sein Werk so weit fortgeführt hatte, daß, wenn das Waizenkorn nun in die Erde bestattet wurde, es nicht anders konnte als viele Frucht bringen: nun welkte das Gesez und fiel ab, und das Ansehn desselben verlor sich mehr und mehr von einem Tage zum andern. Nun konnten die, deren Herr und Meister durch die Sazungen gestorben war, sich von denselben lösen, und den Anfang machen mit der lebendigen Freiheit der Kinder Gottes, bis unter dem verblendeten Volk die Verwirrung immer mehr zunahm, und endlich auch die äußere Stätte jenes alten Bundes verfiel, der Tempel zerstört wurde, und die Unmöglichkeit eintrat, daß das Gesez länger konnte beobachtet werden. Diesem göttlichen Rathschluß nun gehorchte der Erlöser nicht nur, sondern Er gab demselben seinen ganzen aufrichtigen Beifall, und freute sich der göttlichen Weisheit, daß Er sollte für die Seinigen ein Fluch werden, und den Fluch des Gesezes tragen, auf daß sie von den Banden desselben gelöst würden; und auch dieser seiner lezten Aufgabe fügte Er sich mit der freudigsten Zustimmung | zu diesem verborgenen Rathschluß seines himmlischen Vaters.

---

[6] Gal. 3, 13. 14.

2–3 Vgl. Joh 1,14   19–21 Vgl. Gal 4,4   22–23 Vgl. Joh 12,24   33–35 Vgl. Gal 3,13

Wie erkennen wir dieses, m. g. Fr., wenn wir auf den ganzen Zusammenhang sehen, aus welchem die Worte unsers Textes genommen sind! Der Erlöser mußte ordentlich wie gewaltsam den Strom seiner Rede hemmen; aus einer Fülle von freundlichen tröstlichen Versicherungen seiner Liebe von schönen und rührenden Darstellungen der Zukunft mußte Er sich nun plözlich herausreißen, um zu seinen Jüngern zu sagen, Jezt ist es Zeit, daß wir aufstehen und von hinnen gehen, weil der Fürst dieser Welt kommt, der jedoch nichts an mir hat, auf daß die Welt erkenne, daß ich den Vater liebe, und ich also thue, wie mir der Vater geboten hat. Und als Er nun aufgestanden war, und die Stätte mit ihnen verließ, ließ Er auch gleich wieder dem Strom seiner Rede freien Lauf, und fuhr auf dieselbe Weise fort wie vorher. Was hat Er nicht in dieser lezten Stunde seines Umganges mit ihnen für herrliche Worte gesprochen! wie hat Er ihnen nicht zugeredet sowol vor den Worten unsers Textes als nach denselben, um ihnen das herrliche der Zeit zu zeigen, welche nun angehen würde, wenn Er nicht mehr da wäre, sondern das Gebot seines Vaters würde erfüllt und das Ende seiner irdischen Wirksamkeit gefunden haben! wie erregte er ihr Verlangen nach der siegreichen Kraft des Geistes, welcher über sie ausgegossen werden sollte, und von welchem er sagt, eher könnten sie nicht in den Besiz | desselben kommen, bis Er hingegangen sei; eher könnten sie sich der selbstständigen Kraft, mit der sie wirken sollten für sein Reich, nicht erfreuen; darum wäre es auch für sie gut, daß Er hinginge, abgesehen von jenem Grund der in den Verhältnissen des Gesezes lag. Denn seine Rede hatte bei ihnen gefangen, nun sollten sie sich auch frei äußern, seine Lehre entwikkeln, als seine Jünger und Diener auftreten; daher mußten sie seiner äußern Gegenwart nicht mehr bedürfen, aber des Geistes, der über sie ausgegossen war, sollten sie als seiner geistigen Gegenwart wahrnehmen, und sich darin seiner in einem weit höheren Sinn erfreuen. Und wie thut Er nicht auf der andern Seite in eben dieser Rede alles, um sie ganz und gar auf ihn selbst, auf die göttliche Kraft des ewigen Lebens, die von ihm ausging, hinzuweisen und sie eben dadurch zu lösen von jedem Vertrauen auf irgend etwas anderes, von jeder falschen Hoffnung auf irgend etwas außer ihm und vor ihm, die vielleicht noch in ihrem Herzen sein könnte.

Als Er nun aufgestanden war, und die Stätte verlassen hatte in der späten Abendstunde, waren es wahrscheinlich die auf dieser lezten Wanderung sie umgebenden Gegenstände, welche die Veranlassung gaben zu jenem herrlichen Gleichniß, daß Er der Weinstok sei und sie die Reben, daß sie ganz abhängig wären von ihm, daß sie ihre Kraft

---

11–13 *Vgl. Joh 15,1–16,33*   20–24 *Vgl. Joh 16,7*   40–1 *Vgl. Joh 15,1–8*

nur im Zusammenhange mit ihm erhalten könnten. Wie sagt Er ihnen nicht, sie könnten keine gottgefälligen Werke thun, keine Frucht bringen als nur durch | ihn! wie mahnt Er sie dadurch nicht ab von jedem falschen Vertrauen, von welchem noch Spuren in ihnen hätten übrig sein können, von jedem Vertrauen auf eben jenes alte Gesez, welches nun die Quelle des Todes für ihn wurde! wie wies Er sie ganz hin auf jenes geistige Leben, welches die menschliche Welt zu einem ganz neuen reicheren und umfassenderen Schauplaz der göttlichen Gegenwart gestalten sollte! Und in dieser Erkenntniß, die in ihm lebte, die Er auf sie zu übertragen suchte, die Er ihnen in dieser Stunde, welche ja wohl ihnen Allen unvergeßlich bleiben mußte, so tief in das Herz redete und pflanzte, in dieser lag denn doch, sollte ich meinen, der ganze volle Erguß seiner Liebe zum Vater. Denn als dessen Ebenbild, als der Abglanz seines Wesens war Er der, als welcher Er sich ihnen zu erkennen gab; auf das, was ihm sein Vater gezeigt hatte, auf die Art, wie Er eins war mit dem Vater, und den Vater in sich hatte, so daß dieser in ihm zu schauen war, darauf ja wies Er sie hin als auf die Quelle ihres künftigen neuen Lebens. Und indem Er nun übersah, was aus diesem hervorgehen würde: wie leicht mußte es für ihn sein, in die Stunde seines Todes zu gehen! wie wenig mußte das für ihn sein, daß Er nun sterben, daß das Waizenkorn in die Erde gelegt werden solle, indem sein ganzes liebendes Gemüth erfüllt war von den Ahndungen der herrlichen Früchte seines Todes!

Aber die Welt freilich hat dies damals nicht erkannt! das wußte Er auch wohl, und doch sprach | Er, Lasset uns aufstehen und von hinnen gehn, auf daß die Welt erkenne, daß ich den Vater liebe und also thue, wie mir der Vater geboten hat! Und daß wir es erkennen, das verdanken wir denn vorzüglich, m. g. Fr., dem Jünger des Herrn, der uns allein diese köstlichen, süßen Reden des himmlischen Erlösers bewahrt hat; und wohl uns, daß von ihm in diesem Sinne auch besonders wahr geworden ist, was der Erlöser in den Tagen seiner Auferstehung von ihm sagte, Wenn ich will, daß dieser bleiben soll, bis ich komme[7], was willst du dagegen sagen? Denn sie bleiben uns ja die Erzählungen dieses Jüngers, der an der Brust des Herrn lag, und haben von Anfang an allen Christen immer das lebendigste Bild gegeben von der vollen göttlichen Kraft, welche in dem unmittelbaren Leben mit dem Erlöser aus seinem Munde ging. Und so haben auf der andern Seite die theuren Worte jenes andern Apostels, der ihn wahr-

---

[7] Joh. 21, 22.

13–14 Vgl. Hebr 1,3   **15** Vgl. Joh 5,20   **16** Vgl. Joh 10,30   **17** Vgl. Joh 14,9
21–23 Vgl. Joh 12,24   **34** Vgl. Joh 13,23.25; 21,20   **38–4** Anspielung auf Paulus

scheinlich in seinem irdischen Leben nicht gesehen, wenigstens damals in ihm nicht den Herrn erkannt hatte, der sich nachher seines Geistes so ganz bemächtigte, von jeher den Christen den klarsten Aufschluß gegeben über den Zusammenhang des göttlichen Rathschlusses, so daß wir mit ihm über den Reichthum der Weisheit und der Erkenntniß in dieser göttlichen Führung erstaunen. Auf diesem Wege hat nun doch die Welt immer mehr erkannt, wie Christus den Vater | geliebet und gethan hat, was ihm derselbe geboten hatte zu thun; und so ist die Liebe, mit der er uns geliebt hat bis zum Tode am Kreuz, in der That nun die Quelle geworden aller wahren menschlichen Liebe zum Vater. Ja Er hat dem Vater die Kinder wieder zugeführt, Er, der Aelteste, der Erstgeborne aller Kreatur, Er, der durch Leiden des Todes mußte gekrönt werden, um den Weg der Seligkeit zu eröffnen für das ganze menschliche Geschlecht. Und so wollen denn auch wir, dieser Welt angehörig, die durch ihn beseligt ist, immer mehr erkennen lernen in seinem Thun, in seiner Liebe, in seinem Sterben die wahre Liebe zu seinem Vater und den treuen Gehorsam, in welchen beiden wir denn immer mehr durch die Kraft seines Geistes seine Nachfolger werden mögen, wir selbst und die, welche uns folgen, bis an das Ende der Tage.   Amen.

---

6 göttlichen Führung] göttllichen Führung

4–6 *Vgl. Röm 11,33*   **12** *Vgl. Kol 1,15*   **12–13** *Vgl. Hebr 2,9*

XII.

Ueber das Geheimniß der Erlösung
in ihrem Verhältniß zur Sünde und zur Unwissenheit.

Am Charfreitag.

Text. Lukas 23, 33. 34.
Und als sie kamen an die Stätte die da heißet Schädelstätte, kreuzigten sie ihn daselbst und die Uebelthäter mit ihm, einen zur rechten und einen zur linken. Jesus aber sprach, Vater vergieb ihnen, denn sie wissen nicht was sie thun.

M. a. Fr. Wir haben in unsern bisherigen Betrachtungen während der segensreichen Zeit, welche dem Andenken des Leidens Christi besonders gewidmet ist, von verschiedenen Punkten aus darauf gesehen, wie sich überall während seines irdischen Lebens, wo er nur in seinem göttlichen Beruf auftrat, | auch wo, wenn nicht alle doch wenigstens ein großer Theil der Menschen ihm wirklich Achtung und Beifall zollte, selbst wo er durch wunderbare Thaten seine göttliche Sendung kund machte, überall doch zugleich sein Beruf zu leiden offenbart. Eben so wahr ist aber auch auf der andern Seite, und wir haben wol sonst schon auch hierauf näher gemerkt, daß da, wo er im eigentlichen Sinn und so wie es alle Welt versteht, leidend war, sich eben so stark und deutlich nicht nur seine göttliche Würde sondern auch seine göttliche Herrlichkeit, und seine über alles erhabene und alles kräftig beherrschende Macht zu erkennen gab. Und eben daß dieses beides so unzertrennlich ist, m. a. Fr., in jedem einzelnen Zuge einander begleitet, die Offenbarung Jesu als Gottes Sohn und Gesandter auf Erden, und sein erlösendes Leiden für die Welt, daß jeder fühlen muß, er konnte nicht Gottes Sohn sein ohne zu leiden, und sein Leiden konnte nicht erlösend sein, als nur weil er der Sohn Gottes war, eben dieses ist das große Geheimniß der Erlösung, auf welches unsere Betrachtungen eigentlich alle zurükkommen, auf welchem unser Glaube und unser Gehorsam als auf seinem lezten Grunde ruht, an

---

2 *Predigt zum Karfreitag am 27. März 1812 nachmittags in der Dreifaltigkeitskirche zu Berlin; vgl. Predigtnachschrift in KGA III/4, S. 474–481* 10–17 *Vgl. die Predigten zu den Sonntagen Invocavit, Oculi und Judica am 16. Februar, 1. März und 15. März 1812 vormittags in der Dreifaltigkeitskirche zu Berlin über Joh 7,40–53, Mt 20,20–28 und Mt 21,10–16, KGA III/1, S. 468–507, besonders S. 468–469*

dem wir deshalb auch immer zu lernen haben und immer uns an ihm stärken und erbauen, wenngleich eine Zeit vor der andern bestimmt ist unsre Augen ausdrükklich auf diesen großen Zusammenhang unserer Heilsordnung hinzulenken. Und wol mit Recht ist dies Geheimniß der Erlösung auch ein jährlich wiederkeh|render Gegenstand unserer Betrachtungen; denn von wie vielen Seiten auch schon angesehn, es erscheint uns immer unendlich und unerschöpflich in seiner Fülle; so daß, wie man gesagt hat, die Engel Gottes gelüste hineinzuschauen, wol jeder fühlt, daß das Auge des Menschen immer nur einen kleinen Theil davon zu übersehen vermag. Mehr werden wir auch jezt in dieser der Feier des Todes Jesu gewidmeten Stunde nicht können und nicht wollen. Unser Text aber macht uns auf eine besondere Seite dieses Geheimnisses aufmerksam. Denn für wen bittet der Erlöser hier? Nicht wie vielleicht viele glauben für die untergeordneten Diener der öffentlichen Gewalt, die ihn eben an das Kreuz befestigt hatten. Diese bedurften keiner Vergebung. Ihnen lag gar nicht ob zu wissen was sie thaten; denn sie thaten nur ihre Pflicht, und waren außer aller Kenntniß der Sache gestellt, um die es sich hier handelte. Die Fürbitte Christi kann daher nur den eigentlichen Urhebern seines Todes gegolten haben.

Wie können wir also anders m. Fr. als auch an diesen Worten in dem leidenden Erlöser den göttlichen, den Sohn des Allerhöchsten erkennen! Er der Verurtheilte, der eben ans Kreuz geschlagene tritt hier auf als der Anwalt und Fürbitter für diejenigen, die ihm die Stunde des Todes bereitet hatten; nicht nur als ein wohlwollender Fürbitter, der gern Uebles abwenden möchte von Andern, sondern als ein kundiger unterrichteter Anwald, der auch als Richter auftreten könnte, wie Er denn auch | Richter sein wird, weil er nemlich den Menschen durchforscht hat, und wohl zu ergründen weiß, wovon die Sünde in ihm ausgegangen, und welches der Siz seiner Verschuldungen ist. Indem er ihnen also Vergebung erfleht, erkennt er an, daß sie gesündiget haben; indem er hinzufügt, sie wissen nicht was sie thun, führt er zugleich ihre Sünde auf irgend eine Unwissenheit zurükk. Daher können auch wir diese Worte des Herrn nicht anders richtig erwägen, als indem wir von seinem Leiden einerseits auf die Sünde als die Quelle desselben zurükksehen – wie Er denn nicht leiden kann, als nur wo Sünde ist, wo es etwas zu vergeben giebt; andererseits aber von dieser ersten Fürbitte des leidenden Erlösers auf den Zustand des allgemeinen Vergebens der allgemeinen Unterjochung der Sünde, wel-

---

24 Anwalt] Anwald

8 *Vgl.* 1Petr 1,12   22 *Vgl.* Lk 8,28

che die glükkselige Folge seiner Erscheinung werden sollte, hinblikken. Aus diesem Gesichtspunkte also laßt uns jezt das Geheimniß der Erlösung ins Auge fassen, indem unser Text uns vorzüglich zuerst darauf hinweiset, wie das erlösende Leiden Jesu das Werk der Sünde war, zweitens aber darauf, wie die erlösende Erleuchtung die von ihm ausgeht, jene Entschuldigung der Sünde, die der Erlöser denen die ihn leiden machten in den Worten, Denn sie wissen nicht was sie thun, angedeihen ließ, je länger je mehr aufheben soll. Dies ist es was wir jezt in christlicher Andacht näher erwägen wollen. |

I. Zuerst also, das erlösende Leiden unseres Heilandes war und mußte sein das Werk der Sünde.

Es ist uns allen natürlich, m. a. Fr., zumal wenn sich etwas großes oder für uns bedeutendes in der Welt ereignet, daß wir hin und her sinnen, wie dieses wol hätte anders ablaufen können, und wie als dann wol alles sein, wie alles um uns her oder in uns aussehen würde, wenn dieses einen andern Ausgang genommen hätte; und nur die Weisesten sind es, die immer darauf zurükkommen, daß jedes um gut zu sein so sein mußte, wie es wirklich geschehen ist. Aber in Bezug auf die größte aller Begebenheiten auf die entscheidendste für unser ganzes Dasein, nämlich das Leiden und den Tod Christi, sind wir wol Alle reif in derselben Weisheit. Wir wissen es wol im allgemeinen, daß überhaupt nichts willkührlich ist in den ewigen Rathschlüssen des Herrn; aber nirgends fühlen wir diese ewige Nothwendigkeit und Bestimmtheit so lebendig, als in allem was sich mit dem Erlöser ereignete. Wagen wir es uns den Ausgang seines Lebens anders zu denken; bilden wir uns einen nicht leidenden Christus, oder einen leidenden zwar, der aber durch innere Kraft oder mit Hülfe der Legionen Engel über seine Feinde triumphirt hätte, für den also in beiden Fällen Achtung und Ehrfurcht immer allgemeiner geworden wären in der Welt, dem sich immer mehr geöffnet hätten die verstopften Ohren, der durch die Offenbarungen seiner göttlichen Kraft und Würde allmäh|lig alle Gemüther unter seine Lehre und seine Befehle versammelt hätte, und der sich so in lauter Ehre, Freude und Glükk ein Reich Gottes gebildet hätte, wie er es sich in der Wirklichkeit nur durch Leiden und Tod erworben hat, so daß er dann entweder auf eine glorreiche Weise der Welt entrükkt oder eines sanften und ruhigen Todes gestorben wäre: so vermag das Keiner im rechten Ernst auszudenken; sondern es bleibt uns nur ein leeres Spiel. Denken wir uns das Leiden und Sterben Christi hinweg: so verliert unser Glaube seine festeste Stüze seine himmlische Sicherheit; ja auch das Bild menschlicher Tugend selbst, was durch diesen Glauben in unserm Herzen lebt, das

Bild einer gottgefälligen Christo ähnlichen Führung verliert seine höchste Würde und seinen schönsten Schmukk. Denn daß in dem Menschen nichts stärker ist als die Liebe zu Gott, das wissen wir nur, wenn wir sehen, daß er um sich in derselben zu erhalten alles andere ja sich selbst hinzugeben vermag. Diese höchste Stärke der gehorsamen Liebe mußten wir in Christo sehen; der Anfänger und Vollender unseres Glaubens mußte durch Trübsal zur Herrlichkeit eingehn, mußte gehorsam sein bis zum Tode. Gewisser ist uns nichts, als daß Jesus leiden mußte, wenn er der war, der er sein sollte.

Gehen wir aber nun auf die Urheber seines Leidens zurükk, m. Gel., so mögen wir uns wohl in Acht nehmen. Wie wir nur zu sehr geneigt sind, menschliche Handlungen nach dem Erfolge zu | beurtheilen, und selbst dasjenige, was, wie wir gar wohl wissen, aus einem verderbten Gemüth hergekommen ist, leichter zu entschuldigen, wenn etwas heilsames die zufällige Folge davon geworden ist: so laßt uns ja nicht auch unser Gefühl über diesen heiligsten Gegenstand durch einen solchen Irrthum verunreinigen! Je inniger wir davon durchdrungen sind, daß es nichts heilsameres und beglükkenderes für das ganze Geschlecht der Menschen giebt, als das Leiden und den Tod des Erlösers; um desto mehr haben wir uns vorzusehen, daß wir nicht anders als mit unpartheiisch freiem und strengem Auge auf die sehen, welche ihm dies Leiden zugezogen haben! laßt uns keinen andern Maaßstab anlegen bei unserm Urtheil über sie, als den uns Christus selbst an die Hand gegeben hat in den Worten, Des Menschen Sohn gehet zwar dahin, doch wehe dem Menschen, durch welchen er verrathen wird; und anderwärts, Es muß Aergerniß kommen, aber wehe dem durch welchen es kommt. Und das haben wir nicht nur auf den Jünger zu beziehen, der ihn verrieth, sondern auch auf die, ohne deren Gebot und Beschluß ihm dieses nicht hätte in den Sinn kommen können, und auf die ohne deren Zustimmung das eine wie das andere ohne Wirkung geblieben wäre. Wenn wir auch da um des Erfolges willen entschuldigen wollen, wo der Heiligste und Reinste verkannt, verläugnet, angefeindet wird: wo soll dann der Unwille gegen das Böse, der uns doch eben so unentbehrlich ist und eben so göttlichen Ursprungs | in uns als die Liebe zum Guten, wo soll er noch einen Gegenstand finden? wie müßten wir nicht ganz in die verderblichste und sträflichste Gleichgültigkeit versinken? nicht ganz verlernen noch etwas anderes an menschlichen Handlungen zu sehen als nur den Erfolg? Und

---

19 den Tod] der Tod

6–7 Vgl. Hebr 12,2   8 Vgl. Phil 2,8   24–25 Vgl. Mt 26,24   26–27 Vgl. Mt 18,7

Predigt über Lk 23,33–34

m. Fr. wenn wir in denen, welche den Erlöser leiden machten, nicht die Sünde sehen: wie versündigen wir uns dadurch an ihm selbst! Denn so war es ja auch nicht die Sünde, durch welche er litt. Und wodurch denn? Wenn wir von dem Leiden seines ganzen Lebens reden, meinen wir die Entbehrung des irdischen Genusses und der Freuden dieser Welt? so daß wir ihm also ein Verlangen nach diesen zuschreiben, dessen Nichtbefriedigung ihn geschmerzt hätte? Wenn wir von den Leiden seiner lezten Tage reden, meinen wir den plözlichen Wechsel von der allgemeinen Verehrung zur Herabsezung in die Reihe der Verbrecher, und wollen wir ihm ein Trachten nach der Ehre dieser Welt zuschreiben, dessen Mißlingen ihn verwundet habe? Oder meinen wir den vorübergehenden körperlichen Schmerz, und wollen ihm das als ein bitteres Leiden anrechnen, worüber sich schon jeder tapfere Mann ohne viel davon zu leiden soll hinwegsezen können? Oder meinen wir den Tod als Tod, und wollen die natürliche Liebe zum Leben so stark bei ihm annehmen, daß dessen plözliche Unterbrechung in der Blüthe der Jahre sein eigentliches Leiden gewesen wäre? Wir fühlen wol, das alles kann es nicht sein: sondern so gewiß Christus leiden mußte, | so gewiß konnte dies alles für ihn nicht an sich ein Leiden sein, sondern nur sofern es von der Sünde hervorgebracht wurde. Es konnte für ihn keine andere Quelle des Schmerzes geben als die Gewalt der Sünde an dem menschlichen Geschlecht, das Uebergewicht, welches sie im allgemeinen ausübte über jene guten Regungen, welche in den Menschen erwachten, wenn ihnen das Reich Gottes verkündigt wurde, er kannte keinen andren Schmerz als den glükklichen Widerstand, den die Sünde seinen Bemühungen entgegenstellte, die Menschen mit göttlicher Liebe an sich zu ziehen und zu beseligen. Ja man kann sagen, ehe der Zeitpunkt kommen konnte, wo eine ewige Erlösung von der Sünde und ihrer Gewalt sich offenbaren sollte; ehe derjenige erscheinen konnte, der die Fülle der Gottheit an sich trug, mußte die Sünde so stark geworden sein und so mächtig, daß sie nicht nur Weise und Propheten wie sonst, sondern ihn selbst den heiligen und göttlichen, die Liebe und die Weisheit selbst, aus Preis und Ehre in Schmach und Verachtung und vom Leben zum Tode bringen konnte. Und daß aus dieser Gewalt der Sünde die Erlösung von derselben unmittelbar hervorwuchs, das ist das Geheimniß der göttlichem Gnade die alles unter die Sünde beschlossen hatte.

M. Fr., als einst die Mutter zweier Jünger Jesu zu ihm trat, und ihn für sie bat, daß er sie in seinem Reich möge sizen lassen den einen zu seiner rechten und den andern zu seiner linken, war die erste Frage,

---

30–31 Vgl. Kol 2,9   37 Vgl. Gal 3,22   38–40 Vgl. Mt 20,20–21

278 die der Erlöser an diese beiden rich|tete die, Könnt ihr auch den Kelch trinken, den ich trinken werde, und euch taufen lassen mit der Taufe da ich mit getauft werde? – Auch ohne daß wir es uns beikommen ließen in seinem Reiche die nächsten nach ihm sein zu wollen; ja selbst wenn wir uns fern von aller eitlen Anmaßung gleichsam an dem niedrigsten und entferntesten Plaze in demselben wollen genügen lassen: so müssen wir dennoch im Stande sein, auf diese Frage, wenn er sie an uns richtet, wenn unser Inneres sie uns vorlegt, mit Ja zu antworten. Diejenigen welche würdig sein wollen in sein Reich einzugehn, müssen, da die Theilnahme an seinem Reich nur der Lohn ist für die Theilnahme an seinem Werk, auch bereit sein eben so zu leiden durch die Sünde und im Kampf gegen die Sünde wie Christus selbst. Wie die Erlösung angefangen hat, so geht sie auch fort; was auch sonst gutes und herrliches in uns wäre, nur in wie fern die göttliche Kraft in uns sich beweiset als selbstverläugnendes hingebendes Ausharren im Kampf gegen das Böse, können auch wir dazu weiter wirken, oder vielmehr sie thut es durch uns, Menschen dem Reiche Gottes zu gewinnen, und sie zu heiligen. Darum m. Fr. lasset uns immer bereit sein diesen Kelch zu trinken, aber auch nur diesen. Das Leiden des Erlösers, das nur von der Sünde herrühren konnte, läutere unser Herz dahin, daß auch wir uns über jeden andern Schmerz je länger je mehr erhaben fühlen, und nur den einen kennen, den die Sünde uns erzeugt.

279 Will uns irgend et|was zum wahren bleibenden Leiden, zum stechenden Schmerz gerathen, was Gott über uns verhängt nach den ewigen Gesezen der Natur und vermöge der Art wie wir ihnen unterworfen sind, was über uns kommt nach seinen unerforschlichen Wegen, wie wir sie auch in demjenigen anerkennen müssen, was wir als Folgen des sündlichen Thuns und Treibens der Menschen betrachten: so laßt uns bedenken, daß bald dieses Gefühl selbst uns zur Sünde werden wird, über die wir leiden müssen, daß Christus unser Vorbild zwar alle Tage seines Lebens aber nur durch die Sünde außer ihm gelitten hat, und daß auch in uns nichts sein soll, was den Frieden zwischen Gott und uns und die reine Freude unseres Herzens an allen Werken und Wegen unseres himmlischen Vaters zu stören vermöchte. Das aber, was die Sünde uns leiden macht, finde uns nie in feigherziger Unterwürfigkeit, die sich unter ihrer Gewalt beugt um nicht noch mehr zu leiden, sondern immer im tapferen Streit für die Sache Gottes. Lernen wir an dem Leiden des Erlösers diese Kraft und diese unbesiegbare Freudigkeit des Herzens: dann dürfen wir auch hoffen, daß, was wir leiden durch die Sünde, ebenfalls beitragen werde zur Erlösung von derselben, daß auch durch unsere Einwirkung wenigstens in eini-

---

1–3 Mt 20,22   26 Vgl. Röm 11,33

gen menschlichen Gemüthern das Reich des göttlichen werde gestärkt und ausgebildet werden, daß, da wir durch die Sünde mittelbar oder unmittelbar nur um des Guten willen leiden, eben dieses nicht nur in uns selbst die Kraft zur Ueber|windung der Sünde stärken und mehren werde, sondern auch daß unser Beispiel dieselbe Kraft auch in Andern hervorrufen werde, um so die Sache Gottes auf demselben Wege zu fördern auf dem sie begonnen hat.

II. Zweitens müssen wir aus den Worten unseres Textes entnehmen, wie eben die Erlösung Jesu Christi der Entschuldigung die er seinen Feinden unter seinen Zeitgenossen angedeihen ließ, je länger je mehr ihre Kraft nehme, der Entschuldigung in den Worten, Vater vergieb ihnen, denn sie wissen nicht, was sie thun.

Ehe der Erlöser erschien, und sein großes Werk ausführte, da war auf Erden das Reich der Unwissenheit, wie auch fast auf allen Blättern unserer heiligen Bücher die Jünger unseres Herrn den damaligen Zustand der Welt ansehn, da gab es eine dichte Nacht der Finsterniß, in welcher Gott die Geschlechter der Menschen hingehen ließ ohne Ziel und Leitung, und welche nur bisweilen von einigen durchblizenden Strahlen eines Lichtes, das noch keine bleibende Stätte finden konnte, unterbrochen ward. Wenn der Mensch nicht weiß was er thut, nicht erkennt wie sich das, was er beginnt, zu dem verhält, was er als seine Bestimmung ansieht: so kommt das nur daher, weil die lebendige Erkenntniß Gottes seinem Herzen fremd ist. Freilich hat sich der Ewige von je her den Geschlechtern der Menschen offenbart, freilich ist die Unmöglichkeit irgend etwas | wahrhaft menschliches zu denken oder zu thun, ohne daß dabei das Bewußtsein des ewigen Wesens mit wirkte, so entschieden, daß dieses nie ganz kann verloren gegangen sein, weil sonst die menschliche Natur völlig hätte herabsinken müssen zur thierischen. Aber wie verunstaltet und verkehrt war überall vor der Erscheinung des Erlösers dieses innere Bild und Bewußtsein Gottes! wie geneigt das menschliche Herz sich ihn so zu zeichnen, wie es selbst war! Darum wurde jede irdische Gewalt, jede sinnliche Lust, jede verkehrte Leidenschaft sogar, wodurch der Mensch beherrscht zu werden vermag, in die Gestalt eines höheren Wesens verklärt und vergöttert, so daß nicht mehr der Mensch aus diesen Bildern des hohen und göttlichen die Erkenntniß herzunehmen vermochte, was für ihn verwerflich sei oder beifallswürdig. Ja selbst das auserwählte Volk, welches die ihm allein anvertraute Lehre immer unter sich fortgepflanzt hatte, daß nicht Gott nach irgend einem Bilde des Menschen gedacht und dargestellt werden müsse, sondern der Mensch nach dem Bilde Gottes sich gestalten, selbst dieses war derselben Verkehrtheit nicht entgangen; eben so lieblos gegen die fremderen Brüder, eben so streng und hart vergeltend, eben so mehr auf das äußere und scheinende haltend, als auf das innere, wie es selbst war, so dachte es sich auch seinen Gott. Anders seit der Zeit des Erlösers. Die Zeit der Unwissenheit ist vorüber, die Erkenntniß Gottes ist für alle Ewigkeit hinaus in der menschlichen Brust verklärt durch himmlisches Licht, | seit wir gelernt haben Gott und das göttliche Wesen zu erkennen in dem ewigen Sohne, und selbst von ihm als Brüder anerkannt, was Gott sei und göttlich in der eigenen Brust wiederzufinden. Wie Jeder eingepflanzt ist in das Reich Gottes, so sind auch jedem eingepflanzt die Geseze desselben; zu einer festen und unumstößlichen Gewißheit ist jedem geworden was gut sei, Gott ähnlich und Gott wohlgefällig, und keiner ist mehr unter denen, welche Christum anerkannt haben, welcher sagen dürfte, er wisse nicht was er thue.

M. Fr. Nicht lange nachdem der Erlöser gelitten hatte für die Sünden der Welt, und seine Aufgabe auf dieser Erde vollbracht, begann, wie er es schon lange vorausgesehn und vorausgesagt hatte, das Leiden jenes ganzen Volkes für und durch dessen eigene Sünde, und die von ihm geschilderte gräuliche Verwüstung brach ein. Und seitdem Er den Grundstein gelegt hat zur Erlösung der Welt, erneuert sich bald stärker hervortretend bald mehr sich verbergend unter mancherlei Gestalten derselbe Wechsel in dem immerwährenden Kampf der Diener des Herrn mit der Sünde der Welt. Jezt leiden diejenigen, die der Sünde Widerstand leisten nach der Aehnlichkeit ihres Herrn und Meisters; dann aber wenn noch eine Zeitlang die, welche die Sache der Sünde treiben, in Lust und Freude dahingegangen sind, kommt eine Zeit, wo nun sie noch weit mehr und weit bitterer und verworrener leiden müssen für ihre eignen Sünden. Und wie vielfältig haben wir | dieses auch erfahren, welche endlose Verwirrungen hat es nicht schon gegeben in den Tagen unseres Lebens! welch ein schwerer Kampf wird den Freunden des Guten von Zeit zu Zeit auferlegt! welch ein Drukk häuft sich oft für lange über die, welche das Werk des Herrn treiben! wie gebunden sind oft ihre Hände, wie gering geschäzt ihr Wort, wie verachtet ihre Gesinnung, und wie laut überall das Jauchzen und Frohlokken der Kinder der Welt über sie! Und dies vielfache erlösende Leiden wird noch eben so hervorgebracht wie das Leiden Christi. Da ist ein Haufe Kurzsichtiger, die sich nicht trennen wollen von der gewohnten Art und Weise ihres Treibens in der Welt; da ist ein Haufe Verblendeter, die sich vielfach mühen für das, was äußerlich die Ehre Gottes zu befördern scheint, in ihrem innern aber fern sind von dem,

---

7 Brüder] Bürder

3–4 Vgl. Apg 17,30

was Gott wohlgefällt; ein Haufe Feigherziger, welche, obwol sie wissen was gut und recht ist, gegen jede Anforderung in diesem Sinne kräftig zu handeln, mit dem Vorrecht der menschlichen Schwäche und Gebrechlichkeit sich schüzend bald wieder ablassen und in den Zustand der Unthätigkeit oder Dienstbarkeit zurückfallen; und nur ein kleines Häuflein Böser ist, die dies alles leiten und benuzen. Aber auch unter jenen allen ist keiner, von dem mit vollem Recht könne gesagt werden, er wisse nicht was er thue, und den also nicht noch vielmehr als jene das gerechte Leiden für seine Sünde erwartete. Denn sie alle sind beschienen von dem Licht des Evangeliums, | sie alle können sich den allgemeinen Einflüssen desselben nicht entziehen, ihnen allen ist dasselbe Maaß menschlicher Kraft und Größe aufgestellt, sie alle haben das Wort vernommen, Wer sein Leben behalten will, der wird es verlieren, wer es aber um seinetwillen verlieren will, der wird es in ihm finden und behalten. Keiner welcher der Sünde dient, welcher Jesum zum zweiten Male kreuziget, indem er sein Werk gefährdet oder sich feigherzig davon los sagt, kann sagen, er wisse nicht was er thue: denn er weiß es wol in den ohnfehlbar öfter wiederkehrenden Augenblikken eines helleren Bewußtseins. Der Erlöser hat diese Entschuldigung mit sich ans Kreuz genommen, und sie kann nun nicht mehr gelten für die, welche sich nach seinem Namen nennen.

Aber hart kann dennoch diese Rede erscheinen in einer zwiefachen Hinsicht. Wenn wir nun leiden durch die Sünde Anderer: sollen wir, die Schwächeren, der Linderung ganz entbehren, die Jesus, der stärkere, genoß? Denn was vermag wol mehr das stechende Gefühl des Leidens durch Menschen zu lindern, als die milde schonende Liebe, welche Vergebung selbst ertheilt und Fürbitte ausspricht? und worauf kann Vergebung und Fürbitte sich gründen wenn nicht auf das Wort, Sie wissen nicht was sie thun? Wodurch muß solches Leiden mehr geschärft werden, als wenn die harte Ueberzeugung, daß den Sündern keine Entschuldigung zu statten kommt, noch das Gemüth nicht nur niederdrükkt, | sondern vielleicht auch erbittert, so daß wol gar eine Anwandlung von Haß gegen die Bösen den Frieden des Herzens trübt? Und doch dürften wir auch jene Linderung uns nicht gestatten wenn sie so gar nicht mit der Wahrheit übereinstimmte! Das ist das eine; das andere aber dieses. Wenn nun wir selbst sündigen, wir die wir in der Klarheit des Evangeliums wandeln; wenn auch uns die Entschuldigung nicht zu statten kommt, daß wir nicht wissen was wir thun: woher sollen wir denn den Muth nehmen Vergebung für uns zu bitten und zu hoffen? – O. m. Fr., beruhige sich über das lezte jeder unter uns, der redlich und streng ist gegen sich selbst! Immer

---

13–15 *Vgl. Mt 16,25; Mk 8,35; Lk 9,24; auch Mt 10,39; Lk 17,33; Joh 12,25*

kommt sie uns nicht zu statten diese Entschuldigung! Es giebt Fälle, wo auch wir im Augenblikk der Sünde selbst die Erkenntniß des Besseren tief im innern tragen, und nur nicht den Muth haben sie hervorzuziehn, oder wo wir kämpfen gegen alte Gewöhnungen und sinnliche Reize, und doch unterliegen. Dann freilich können wir uns nicht darauf berufen, daß wir nicht wissen was wir thun, und können unsere Ansprüche auf Vergebung nur darauf gründen, daß wir uns selbst streng und scharf richten, daß wir, ganz so wie es sich gebührt, fühlen, was wir gethan haben, und daß auch beim Unterliegen dennoch immer mehr abgestumpft wird die Kraft der Sünde an dem Widerstand des göttlichen Geistes. Aber sie kommt uns zu statten für alle vorübergehenden Irrthümer und Schwachheiten, für alles wovon eben der, welcher sich selbst | streng zu richten gewohnt ist, sich auch bezeugen kann, daß es in gutem Willen und in der Meinung dem Herrn zu dienen, daß es in wahrem Eifer für das Reich Gottes, aber mit mangelhafter Einsicht, daß es ohne Einrede eines dennoch nicht verstokten Gewissens begonnen und ausgeführt worden ist. Denn wenngleich wir uns des vollen Lichtes der Wahrheit erfreuen, so gewöhnt sich doch unser Auge nur allmählig daran, und nur allmählig erhellet es alle Winkel unseres Herzens und alle Gegenden unseres Lebens. – Was aber das erste betrifft, m. Fr., wohl dem der den edlen Durst fühlt sich durch Milde und Liebe das Leiden zu erleichtern! denn dieser Durst soll gestillt werden. O wir haben es desto nöthiger, daß diese Erleichterung uns gestattet sei, als wir ja meistens von Natur nur zu geneigt sind in der eignen Sache eher zu strenge zu richten. Und wie sollten wir nicht dürfen entschuldigen und um Vergebung bitten für die, welche uns hassen und verfolgen! Wenn wir in uns selbst die verschiedenen Abstufungen fühlen von der Unwissenheit bis zum wissentlichen Lug und Trug des Herzens: wie sollten wir sie nicht auch in denen voraussezen, welche wir in der Liebe zum Guten uns selbst nicht gleich stellen können? Wenn auch seit den Zeiten des Erlösers die Sünde nie mehr nur Unwissenheit ist: Unwissenheit ist dennoch immer in der Sünde. Wir aber sind nicht die Richter, wir nicht die untrüglichen Herzenskündiger, wir vermögen selten zu bestimmen, wie groß die Ver|schuldung des Menschen in dieser und in jener Art, wieviel in seiner Sünde gewußtes und gewolltes sei, und wieviel unbewußtes und doch nicht schuldloses. Können wir daher auch selten bestimmt sagen, sie wissen nicht was sie thun: so können wir doch allem bittern Gefühl Einhalt thun, indem wir uns selbst fragen, Weißt du, ob sie wissen was sie thun? so können wir doch, bedingt freilich, wie wir alles bitten sollen, auch dieses bitten, Vater vergieb ihnen, wiefern

---

34 Vgl. Apg 15,8   38 Vgl. Lk 23,34   41–1 Vgl. Lk 23,34

sie doch nicht wissen, was sie thun. Ja eines können wir sehr vermuthen, daß sie selten wissen, wenn sie es thun. Sie wissen selten, daß, was sie uns thun, sie dem Erlöser thun; sie erkennen selten an uns, indem sie uns leiden machen, die Jünger die die Stelle ihres Meisters vertreten. Wir dürfen nur uns selbst ansehn, wie unscheinbar unser hochzeitliches Kleid ist, wie wir öfter gar nicht damit angethan sind; und leicht werden wir dann zugestehen, es sei wol möglich, daß Andere uns nicht für Jünger Christi ansehen. Aber will jemand gern so sehr als möglich in diesem Stükk in das Verhältniß des Erlösers treten; wohlan, der trachte darnach recht weit allen seinen Brüdern voran zu gehen. Es wird eine ziemlich allgemeine Erfahrung sein, daß wir vorzüglich bei denen, welche uns gleich sind an Einsicht, in allem ihren Thun mehr den Willen beurtheilen; wir wagen es minder bei denen, auf die wir als höher erleuchtete hinaufsehn, weil wir ihre Ansicht und Absicht nicht zu schäzen vermögen; und in denen, die wir tief unter uns se|hen erscheint uns alles Unrecht mehr als Verfinsterung, als Unkunde seiner selbst und der Dinge. Laßt uns recht tief eindringen in den Abgrund der Weisheit und Gnade Gottes, in das einige Ebenbild seines Wesens, in den großen Zusammenhang seines Reiches, in das Geheimniß der seufzenden Kreatur: o welches böse, welches verkehrte sollte uns von einem so hellen Standpunkt aus dann wol nicht als Dunkelheit erscheinen! wie sollten wir dann nicht über Alle mit voller Wahrheit ausrufen, Vergieb ihnen! denn sie wissen nicht, was sie thun. Wie sollten dann nicht auch wir unter denen, durch die wir leiden, liebevoll umherblikken, sorgfältig lauschend ob nicht Einer da sei, der jezt eben einer höheren Wahrheit empfänglich ist, dem wir abwischen können den Rost des Irrthums von der Oberfläche seines edlen Geistes, und ihn dem Licht und Recht gewinnen, eben wie es zu den lezten Thaten des Erlösers gehörte noch eine einzelne verlorene Seele zu erleuchten und zu begnadigen.

Ja m. Fr. so tapfer und beharrlich dem Bösen Widerstand leisten wie Er, so wie Er dem erkannten Recht treu und gehorsam sein auch bis zum Tode, so wie in der Liebe zu Gott und Christo, auch in der Liebe zu den verlorenen Brüdern nicht müde werden, das laßt uns, jezt wie immer, aber besonders jezt lernen unter dem Kreuze des Erlösers. Amen.

5–6 Vgl. Mt 22,11–12   18–19 Vgl. Hebr 1,3   29–30 Vgl. Lk 23,40–43

XIII.

Betrachtung der Umstände, welche die lezten Augenblikke des Erlösers begleiteten.

Am Charfreitag.

Preis und Dank sei dem, der den Erlöser an das Kreuz erhöht hat, zu einem heilbringenden Zeichen, um ihn auch so zu verklären mit himmlischer Klarheit! Preis und Ehre sei dem, welcher der Anfänger des Glaubens geworden ist durch seinen Gehorsam bis zum Tode, auf daß er diejenigen, welche er sich nicht schämt Brüder zu heißen, als ein treuer Hoherpriester vertreten könne bei Gott. Amen.

Text. Lukas 23, 44–49.

Und es war um die sechste Stunde, und es ward eine Finsterniß über das ganze Land bis an die neunte Stunde. Und die Sonne verlor ihren Schein, und der Vorhang des Tempels zerriß mitten entzwei; und Jesus rief laut und sprach, Vater ich befehle meinen Geist | in deine Hände; und als er das gesagt, verschied er. Da aber der Hauptmann sah was da geschah, pries er Gott und sprach, fürwahr dieser ist ein frommer Mensch gewesen. Und alles Volk das dabei war und zusah, da sie sahen was da geschah, schlugen sie an ihre Brust und wandten wieder um. Es standen aber alle seine Verwandten von ferne und die Weiber, die ihm aus Galiläa waren nachgefolgt, und sahen das alles.

M. a. Fr. Die Neigung große Ereignisse auch von auffallenden Zeichen begleitet zu finden, ist so alt und so allgemein, daß wenn es auch unsern Glauben nicht stören dürfte, uns doch eine gewisse Befriedigung fehlen, und es uns Wunder nehmen würde, wenn nicht alles, was sich bei dem großen Gegenstand unserer heutigen Feier zutrug, ebenfalls bedeutungsreich für den ganzen Zusammenhang des Werkes Christi und für die große Absicht, die Gott der himmlische Vater durch seinen Tod erreichen wollte, gewesen wäre. Aber so finden wir es auch! Betrachten wir das traurige und schmerzliche Schauspiel des

---

21 wandten wieder um.] *vgl. Adelung: Wörterbuch 4, Sp. 1207–1208*

2 Predigt zum Karfreitag am 20. April 1821 vormittags in der Domkirche zu Berlin

Predigt über Lk 23,44–49

Todes Christi, sehen wir ihn dabei umgeben von rohen Feinden bis zu seinem lezten Augenblikk: so strahlt dennoch dem aufmerksamen Auge überall das große und erhabene entgegen, und das gläubige Herz empfängt Fingerzeige von oben zu seiner Beruhigung und Erquikkung. In diesem Sinne laßt uns denn in der gegenwärtigen heiligen Stunde auch die | Umstände, von denen die lezten Augenblikke des Erlösers begleitet waren, mit einander betrachten, damit auch uns dadurch der Trost und die Hoffnung aus seinem Tode aufs neue gestärkt, und der zuversichtliche Blikk auf die seligen Folgen desselben erweitert werde. Wir sondern uns aber zuerst die äußern den Tod des Erlösers begleitenden Zeichen für unsere Betrachtung ab, und sehen dann auf dasjenige, was unsre evangelische Erzählung uns von den Wirkungen desselben auf die Gemüther der Menschen berichtet. Das seien die beiden Theile unserer Betrachtung, wozu ihr mir eure christliche Aufmerksamkeit schenken wollet.

I. Wenn wir, m. g. Fr., auf die begleitenden Zeichen bei dem Tode unsers Erlösers sehen, so bemächtigt sich unser eine Ahnung von einem großen geheimnißvollen Zusammenhang zwischen dem Reiche der Natur und dem Reiche des Geistes und der Gnade. Auf einen solchen Zusammenhang achten wir bei allem großen, was sich in der menschlichen Welt ereignet. Ihn aufzusuchen ist freilich eine gefährliche Neigung für diejenigen, die mit der Natur der Dinge noch wenig bekannt sind, und bei allen fremderen Naturereignissen in eine besorgliche Spannung gerathen, worauf in der geistigen Welt sie wol deuten mögen. Aber mit wie vielem Recht man auch hiegegen warne, es ist ganz anders mit dem umgekehrten Wege und für diejenigen, welche gewekkt sind für alles, was dem geistigen Leben angehört. | Dann ist es die Regung des feinsten Gefühls, wenn wir nach begleitenden Zeichen in der Natur spähen, welche dem Werth des geistigen Ereignisses entsprechen. Diesen Zusammenhang im großen Gange der Weltregierung aufzudekken ist das lezte und höchste Ziel der tiefsten menschlichen Erkenntniß und Weisheit. Aber auch im einzelnen, wenn sich großes, sei es nun gut oder verderblich, auf dem Gebiet des Geistes ereignet, ist es nur das zarteste Gewissen, was uns lehrt bedeutsame Zeichen in der Natur aufzusuchen. War es nicht eben dieses Bewußtsein von dem göttlichen in Christo, welches so Viele gleichsam nöthigte an den wunderbaren Thaten, welche er vollbrachte, ein Zeugniß seiner höheren Würde und Bestimmung zu erkennen? Dieser Zusammenhang erscheint uns nun auch hier bei seinem Tode bedeutsvoll, einmal in der Finsterniß, durch welche die

---

11 Zeichen] Zeichen,

Sonne ihren Schein verlor, und dann in dem Zerreißen des Vorhanges im Tempel.

Es war um die sechste Stunde, schreibt der Evangelist, da entstand eine Finsterniß über das ganze Land bis um die neunte Stunde, und die Sonne verlor ihren Schein. Diese Finsterniß war nicht eine von denjenigen, welche regelmäßig aus dem Laufe unsrer Erde und der ihr zugehörigen Gestirne hervorgehen, es war eine außerordentliche Erscheinung der Natur, und das ganze Land ward mit Finsterniß bedekkt, und die Sonne verbarg oder verlor ihren Schein bis an die neunte Stunde, in welcher der Erlöser verschied. Da also und das ist eigentlich das bedeutsamste, da also hörte diese Finsterniß auf, und die erloschene Sonne strahlte wieder in ihrem Glanz und verbreitete wieder ihren wohlthätigen Schein. O, m. th. Fr., was die Erscheinung des Erlösers auf der Erde unentbehrlich machte, das war die allgemeine traurige Verfinsterung des menschlichen Geistes durch den Irrthum, den Wahn und die Sünde; aber es war noch eine besondere nicht so leicht aus den Gesezen der menschlichen Natur zu erklärende und überall vorkommende, sondern eine außerordentliche Verfinsterung menschlicher Geister, welche den Mann mächtig in Worten und Thaten, der da lehrte im Geist und in der Kraft, und umherging die zu lösen, deren Geist gebunden war, und die Kranken wunderthätig zu heilen, dennoch unter dem Vorwand des göttlichen Gesezes zum Tode brachten; und auf diese Verfinsterung deutete nun auch die umgebende Natur dadurch, daß die Sonne auf eine ungewöhnliche Weise ihren Schein verlor. Aber daß sie indem der Erlöser verschied wieder hervorbrach: o das sei uns nun ein Zeichen, ein herrlicheres als der Bogen des Friedens, den Noah in den Wolken erblikkte, nachdem die Wasser der Sündfluth sich verlaufen hatten! Wie dort der Herr sprach, Das sei ein Zeichen zwischen mir und dir, daß ich nicht wieder verderben will das Geschlecht der Menschen: so spricht der Ewige hier zu uns, indem die verfinsterte Sonne nach dem Tode des Erlösers wieder hervorbricht, Das sei ein Zeichen zwischen mir und euch, daß die Verfinsterung der menschlichen Seele jezt gelöst ist und vorüber. Das Licht kam vom Himmel und schien in die Finsterniß; aber wiewohl die Finsterniß es noch nicht aufnahm, wiewohl eine Menge grade der verdunkeltsten Gemüther um das Kreuz des Erlösers herumstanden, doch war das himmlische Licht nun bleibend eingebohren in die menschliche Natur, sein Reich war gegründet, und durch den gnädigen Rathschluß Gottes war bestimmt, daß dieses himmlische Licht von einem damals so unscheinbar gewordenen Punkte ausgehend sich immer weiter verbreiten sollte über das Geschlecht der Menschen, und

---

19–20 *Vgl. Lk* 24,19   26–30 *Vgl. Gen* 9,12–17   33–35 *Vgl. Joh* 1,5

die Kraft des von diesem Lichte erwärmten und entzündeten Glaubens überwinden sollte die Welt mit aller ihrer Finsterniß. Oft noch, m. Gel., haben sich freilich in der Geschichte des Evangeliums und des Reiches Gottes Zeiten der Verfinsterung wiederholt; ja oft sind von den Kindern der Finsterniß die Bekenner des Lichtes, welches in Christo Jesu erschienen war, eben so wie er zum Tode gebracht worden. Aber dem Diener konnte es nicht besser ergehen als dem Herrn; und geringer müssen wir diese Verfinsterung achten, die ihr Werk übte an den zwar auserwählten aber doch immer schwachen und sündigen Werkzeugen des Höchsten, als die war, welche es übte an dem Gesalbten des Herrn. Darum bleibt es dabei, das Aufhören dieser Finsterniß war der große Wendepunkt in der Geschichte der Menschen und in der Entwicklung ihres Geistes. Von Adam an hat der Geist gewaltet zunehmend und wachsend vermöge | der angebornen Offenbarung Gottes in den Herzen der Menschen; aber dennoch vermochte er nicht die Finsterniß ganz zu vertreiben. Denn das Fleisch gelüstete von Anbeginn gegen den Geist, und gefiel sich in der Finsterniß, und hielt die Wahrheit auf in Ungerechtigkeit. In diesem sich immer erneuernden Kampf kamen immer dem menschlichen Geist göttliche Stimmen zu Hülfe: aber der Sieg des Lichts über die Finsterniß wurde erst in dem Tode des Herrn entschieden, das Reich des Lichtes gegründet, und so das Werk des Herrn vollbracht. Die nun mit ihm begraben werden in seinen Tod, die stehen auch mit ihm auf zu einem neuen Leben; die der Finsterniß der Sünde absagen, welche den Fürsten des Lebens an das Kreuz geschlagen hat, in denen verherrlicht sich sein Leben von einer Klarheit zur andern.

Und der Vorhang im Tempel zerriß mitten entzwei. Dieser Vorhang, m. g. Fr., verbarg die Geheimniße des alten Bundes vor den Augen aller Menschen, den Einen ausgenommen, der aber auch nur einmal im Jahre eingehen durfte in das Allerheiligste um das Blut des Bundes dorthin zu sprengen. Dieser Vorhang schied, so wie der äußere die Priester des Herrn von der Gesammtheit des Volks, so dieser innere das Oberhaupt der Priesterschaft von den übrigen Genossen derselben. Indem nun dieser Vorhang entzwei riß, so ward dadurch bezeichnet auf der einen Seite, daß nun alle Geheimnisse Gottes enthüllt wären, und alles ver|borgene solle aufgedeckt sein; und nicht mehr auf geheimnißvolle Weise von einem dunkeln Orte her besondere göttliche Rathschlüsse und Willenserklärungen den Menschen kund werden, sondern Ein Rathschluß des Heils über Alle sollte offen gepredigt

---

7 Vgl. Joh 15,20   16–17 Vgl. Gal 5,17   22–23 Vgl. Röm 6,4   24–25 Vgl. Apg 3,15   25–26 Vgl. 2Kor 3,18   27–29 Vgl. Ex 26,31–33; 2Chr 3,14   29–31 Vgl. Lev 16,2.12–17

werden. Auf der andern Seite ward dadurch bezeichnet, daß es nun keine Unterschiede und Abstufungen weiter geben sollte unter denen, die Gott in seinem Sohn und durch ihn verehrten, sondern die Zeit sei gekommen wo Jeder in Christo freien Zutritt habe zu Gott, wo Alle Gläubigen Priester des Höchsten wären, Alle von Gott gelehrt und gegenseitig jeder des andern Diener in dem Herrn. Dieses beides, m. a. Fr., daß alles besondere Priesterthum aufhörte, und daß uns nun der ganze Wille Gottes kund geworden ist, kann nicht von einander getrennt werden; und nur in der Vereinigung von beidem haben wir den völligen Trost aus der Kraft des Evangeliums von der Erlösung. Konnte sich Christus, ehe er in die Hände seiner Feinde gerieth das Zeugniß geben, welches er sich selbst gegeben hat, daß er den Seinigen alle Worte mitgetheilt, die er von seinem Vater empfangen hatte: wie konnte die Gewißheit darüber, daß er als der Sohn des Wohlgefallens auch die ganze Fülle göttlicher Mittheilung empfangen habe, welche dem menschlichen Geist eine selige Gemeinschaft mit Gott sichert, deutlicher ausgedrükkt werden, als dadurch daß jener Vorhang zerriß, so daß es nun keinen verborgenen Wohnsiz Gottes unter den Menschen mehr giebt, wie bis dahin der Glaube die | Gegenwart des Höchsten ganz vorzüglich suchte über dem Dekkel der Allen verborgenen Lade des Bundes! Sondern, wie Christus in das wahre Allerheiligste eingegangen ist nach der Vollendung seines Werkes durch sein am Kreuz vergossenes Blut: so ist nun sein Reich das unbeschränkte geistige Gotteshaus, und in diesem er selbst aufgestellt als der Gnadenstuhl, als der Ort der vollen Gegenwart Gottes unter den Menschen. Und wenn es während seines Lebens auch seinen Jüngern noch als etwas fremdes klang, daß sie in dem Sohne sollten den Vater schauen: so erkennen wir, nachdem er durch seinen Gehorsam bis zum Tode am Kreuz vollendet und erhöht worden ist, in Ihm das wahre Ebenbild des göttlichen Wesens und den Abglanz der ewigen Liebe. Wozu also noch irgend eine menschliche Vermittlung oder Vertretung? Hier ist nichts, was nur Einem gebühren könnte zu schauen! zu diesem Gnadenstuhl kann jeder hinzutreten. Und wie Christus unser Bruder geworden ist dadurch, daß er zu uns herabstieg und Fleisch und Blut an sich nahm: so werden wir jezt seine Brüder dadurch, daß er uns zu sich hinaufzieht in dieselbe geistige Nähe des Vaters. Also daß wir durch ihn alle Gottes Hausgenossen und als solche alle einander gleich sind, alle durch ihn Kinder dessen, dem er uns versöhnt

---

5 *Vgl. Joh 6,45 mit Bezugnahme auf Jes 54,13* 6 *Vgl. Mt 20,26–28* 12–13 *Vgl. Joh 17,8* 14 *Vgl. Mt 3,17; Mk 1,11; Lk 3,22* 20–21 *Der auf der Bundeslade stehende Gnadenthron wurde als Ort der rituellen Jahwe-Erscheinung vorgestellt (vgl. Lev 16,2).* 26–28 *Vgl. Joh 14,8–11* 30–31 *Vgl. Hebr 1,3* 37 *Eph 2,19*

hat, alle durch seinen Geist, den er sendet in die Herzen der Gläubigen, Glieder an seinem geistigen Leibe. So ist denn, m. g. Fr., jeder Vorhang zerrißen, und so ist es der Erlöser am Kreuz, auf den alle denselben zuversichtlichen | Blikk des Glaubens richten können; der erhöhte Erlöser ist es, von welchem wir alle unmittelbar den Segen in geistigen Gütern empfangen, den die Priester des alten Bundes zwar wünschen aber nicht geben konnten.

Das, m. th. Fr., das sind die tröstlichen Zeichen, die unser Glaube erblickt bei dem Tode des Herrn. Aber in Erfüllung gehen konnten diese Zeichen des Friedens und der Gnade nur durch die seligmachende Kraft des Evangeliums in den Herzen der Menschen. Wie diese sich verbreitet hat von jenem ewig bedeutungsvollen Augenblikk an, dessen erfreuen wir uns getröstet, wenn wir auf die Geschichte der christlichen Kirche sehen bis auf den heutigen Tag. Nur noch zu langsam für unsere frommen Wünsche geht immer die Verbreitung dieses seligen Reiches vor sich; zu viel Finsterniß sehen wir noch auf dieser Erde, in welche das Licht nicht gedrungen ist. Aber auch in Bezug auf diese langsamen Fortschritte sehen wir beruhigende und heitere Zeichen, wenn wir auf das merken, was bei dem Tode des Erlösers in den Gemüthern der Menschen vorging; und darauf laßt uns jezt noch unsere Aufmerksamkeit richten.

II. „Und der Hauptmann, der die Wache hielt unter dem Kreuz, als er sah was da geschah, rief er aus, Fürwahr dieser ist ein frommer Mensch gewesen!" Was geschah denn vor seinen Augen, m. g. Fr., was diesen Ausruf veranlassen konnte? | Er sah, daß die Finsterniß hereinbrach, und die Sonne ihren Schein verlor, er sah wie unerwartet schnell derjenige vollendete, der noch langen Qualen aufgespart zu sein schien; er sah und hörte, wie der, welcher solcher Verbrechen beschuldigt war, die alle Ruhe und allen Frieden unter den Menschen am meisten stören, in vollkommner Ruhe der Seele seinen Geist in die Hände des himmlischen Vaters befahl – da sprach er, Fürwahr dieser ist ein frommer Mensch gewesen. Wie wenig gewiß hatte wol dieser rauhe Krieger sich vorher um die Bewegungen bekümmert, welche die Erscheinung des Herrn unter dem ihm ganz fremden und von ihm verachteten Volk der Juden gemacht hatte!

Hier sehen wir also, und sollte auch die Wirkung nur eine vorübergehende gewesen sein, ein aus der rohesten Gleichgültigkeit durch den Tod des Erlösers zur Anerkennung der Würde desselben aufgeregtes Gemüth. Ein anderer Evangelist berichtet die Worte des Mannes

---

24 gewesen!"] gewesen!

so, Fürwahr dieser ist Gottes Sohn gewesen! wie nämlich die Hohenpriester ihn auch vor dem römischen Landpfleger beschuldigt hatten, er habe sich selbst dazu gemacht. Da ihm nun dieses gewiß bekannt geworden war, dürfen wir, beides zusammengenommen, wol schließen, daß, seit er bei der Hinausführung Christi sein Amt zu verwalten gehabt, in seiner Seele ein Schwanken gewesen ist, zwischen dem Eindrukk den das Ansehn der Ankläger, und dem welchen die Person des Erlösers machte, aber, als dieser lezte siegte, auch noch darüber, ob er ein | frommer Mensch gewesen und schuldlos von seinen Feinden dem Tode übergeben, oder ob er, nun er unter so bedeutungsvollen Zeichen und auf eine so herrliche Weise dies irdische Leben verließ, nicht der Wahrheit nach der Sohn Gottes gewesen sei. O seliger Zweifel, der da aufsteigt in einer bis dahin verfinstert gebliebenen Seele! o schnelles Erwachen des Geistes von der tiefsten Dunkelheit zu dem Insichsaugen des himmlischen Lichtes, welches in dem Glauben liegt, daß das Wort Fleisch geworden, und der Sohn des Höchsten in menschlicher Gestalt erschienen ist! Und eben so, m. g. Fr., so wirkt – Dank sei es Gott – noch immer auf eine eigenthümliche Weise die Verkündigung von dem Tode unsers Herrn. Wo ganz verfinsterte Seelen sollen eingeweiht werden in die Geheimnisse des Reiches Gottes; wo denen, die noch in dem Schatten des Todes wallen, das Himmelreich soll erschlossen werden: da gilt es nichts anderes als den sterbenden Erlöser den Menschen zu verkündigen. Das Bild seines Todes ist von jeher das kräftigste Wort des Lebens gewesen; und wo ein selbst vom Glauben ergriffenes Gemüth dieses Bild zeichnet, da werden oft auch die gleichgültigen Seelen erwekkt. Und sagen sie nur erst, Fürwahr dieser ist ein frommer Mensch gewesen, und hören hernach seine eigenen Worte von der Herrlichkeit, die er von jeher gehabt hat bei dem Vater, hören sie die Geschichten seines Lebens und die Wirkungen seiner Auferstehung: dann | sprechen sie bald auch mit uns allen, Fürwahr dieser ist Gottes Sohn gewesen.

Und alles Volk, welches umherstand, als sie sahen was geschah, schlugen sie an ihre Brust und wandten um. Das war dasselbe Volk, welches geschrien hatte, Kreuzige, kreuzige ihn! welches sich verschworen hatte mit den Worten, Sein Blut komme über uns und über unsere Kinder! Da sie aber nun sahen was geschah, schlugen sie an ihre Brust und wandten um. Etwa nur weil durch den Tod des Herrn das Schauspiel beendet war, an welchem sie gekommen waren sich zu weiden? Nein! denn da der Evangelist sagt, sie schlugen an ihre Brust, so muß er dieses und ähnliche Zeichen davon gesehen haben, daß

---

1 Mt 27,54; Mk 15,39   1–3 Vgl. Lk 23,2   16 Vgl. Joh 1,14   21 Vgl. Mt 4,16 mit Bezugnahme auf Jes 9,1   34 Lk 23,21   35–36 Mt 27,25

noch etwas anderes in ihren Seelen vorging, daß der Tod des einigen Gerechten sie wankend gemacht hatte in ihrer Geringschäzung oder ihrem Haß, daß sie ungewiß geworden bei sich selbst, ob es ihnen etwas geholfen, daß sie den Fürsten des Lebens zum Tode gebracht. Mag denn immer nicht zu leugnen sein, daß dies bei den meisten nur eine vorübergehende Regung des Gemüths war: so waren doch wol auch manche von diesen hernach dabei am Tage der Pfingsten, und hörten Petrum reden, wie er öffentliches Zeugniß gab von dem Fürsten des Lebens, und auch wol manche unter diesen schlugen da zum zweitenmal und noch ganz anders an ihre Brust und riefen, Ihr Männer lieben Brüder, was sollen wir nun thun? M. g. Fr., möge dieser Tag an dem wir | das Andenken des Todes Christi feiern alljährlich in allen Gemeinen der Christen, in allen Landern wo der christliche Name blüht, ein so gesegneter Tag sein! und gewiß er ist es auch. Denn bis jezt sind sie noch nicht ganz ausgestorben unter dem Volke der Christen, die mit verflochten sind in das Aergerniß des Kreuzes, ja sich nicht entblöden des Gekreuzigten zu spotten, wenn sie es gleich nicht verschmähen äußerlich seinen Namen zu tragen. Ja man kann sagen, manche wenden sich so gänzlich von ihm ab mit ihrem Gemüth, daß sie sich auf alle Weise dagegen sträuben ergriffen zu werden, weder von allen bedeutenden Zeichen, welche sein Leben und seinen Tod begleiteten, noch von dem Geist und der Kraft, welche in seinen Worten walten, noch von den Wirkungen, welche sein Name seitdem in der ganzen Welt hervorgebracht hat. Aber auch diese, wenn sie selbst die Gläubigen sehen in der Andacht ihrer dankbaren Herzen sich beugen vor dem Kreuze des Erlösers, wenn sie uns hören wie wir untereinander den Bund erneuern die Segnungen seines Todes zu verkündigen bis daß er kommt: o manches in solcher Widrigkeit gegen den Erlöser verstokkte Gemüth wird dann doch wankend, und schlägt an seine Brust. Und kommt eine neue und wieder eine neue Anregung des Geistes, klopft und schlägt immer wiederholt das Wort des Herrn an ihre Ohren und ihr Herz: o so wenden sie sich auch am Ende wol gänzlich ab von dem Wege des Verderbens, und werden sein und unser. |

Und seine Verwandte standen von ferne, und die Frauen die ihm gefolgt waren aus Galiläa, und sahen das alles. Nahe unter seinem Kreuze standen nur seine Mutter, und der Jünger den er lieb hatte. Zerstreut, wie er es ihnen geweissagt hatte, hatten sich die übrigen, und fanden sich erst später zu denen, welche unmittelbar Zeugen seines Todes gewesen waren. Und diese seine Verwandten, seine treuen

---

4 Vgl. Apg 3,15 10–11 Apg 2,37 36–37 Vgl. Joh 19,25–27 38 Vgl. Joh 16,32

Dienerinnen und Freundinnen standen von ferne, und sahen das alles. Auf ähnliche Weise begann die Wirkung des Erlösers auf Erden an dem Gemüth seiner eignen Mutter, als sie in stiller Betrachtung, während sie ihn darbrachte im Tempel, alle die Worte bei sich erwog, die da von ihm geredet wurden; so standen auch jezt seine treuen Dienerinnen in stiller Betrachtung das entschwindende Leben ihres theuern Meisters von ferne beobachtend und sich erbauend an seinem Hingang zum Vater, indem sie alles in das Innerste ihrer Seele aufnahmen, was da geschah. Aber warum standen sie von ferne? O, m. th. Fr., so mögen wir auch jezt noch von einem großen Theile der Christen fragen! Derer die sich eng und dicht an das Kreuz des Erlösers anschließen, derer die dort wie Maria und Johannes einander von ihm selbst zugeführt wurden zu dem innigsten und genauesten Bunde der Herzen, solche sind verhältnißmäßig immer nur wenige. Aber laßt uns auch die nicht gering achten, die mehr von ferne stehen, sondern laßt uns diese Jüngerinnen des Herrn, die auch von ferne standen, als ein | günstiges Zeichen für sie betrachten. Auch viele, die nicht nach einer näheren, gewissermaßen persönlichen Verbindung mit Christo streben, werden doch heilsam ergriffen in dem Innersten ihres Gemüths von dem Eindrukk seines aufopfernden Todes wie von der stillen Größe seines Lebens, und werden davon, bald mehr bald minder bewußt bisweilen gleich bisweilen später, befruchtet. Auch von denen, die sich nicht so dicht wie andere um das Kreuz des Erlösers versammeln, wissen wir wol Alle aus mannichfaltigen Erfahrungen, daß die Betrachtung seines Todes nicht ungesegnet ist an ihren Herzen. Aber doch wollen wir ihnen zurufen, wie wir diesen Jüngerinnen des Herrn zurufen möchten, Warum steht ihr von ferne? tretet doch näher hinzu, daß ihr noch mehr inne werdet, wie die Herrlichkeit des eingebornen Sohnes sich auch in dem Gekreuzigten offenbart. Je genauer ihr seine lezten Worte vernehmet, von je näher ihr, daß ich so sage, den Blikk seines scheidenden Auges auffaßt, je mehr ihr gläubige Zeugen seines Todes seid: um desto sicherer werdet ihr auch frohe Zeugen seiner Auferstehung werden, und sein ganzes Wesen wird euch schneller, lebendiger und tiefer ergreifen und zum ewigen Leben fortreißen. Ja es ist immer noch Raum da! Alle, welche schon aufgeregt sind zum Glauben, alle, welche die Herrlichkeit dieses Tages schon ergriffen hat, dieses Verschwinden der Finsterniß, und das Licht, welches nun für immer hereingebrochen ist, dieses Zerreißen des Vorhanges und die Segnungen des | geistigen Heiligthums, welches nun Allen für im-

---

31–32 seines Todes] seiner Todes

3–5 Vgl. Lk 2,33   28–29 Vgl. Joh 1,14

Predigt über Lk 23,44–49 603

mer offen steht, Alle mögen sich nun immer näher sammeln um das Kreuz dessen, der an diesem Tage verschied um zum Himmel zurükkzukehren von der Erde, auf welche er zum Heil der Menschen gekommen war. Sein Kreuz ist das Zeichen, in welchem allein wir alle überwinden können. Wie er der Herzog unserer Seligkeit überwunden hat eben damit, daß er gehorsam war bis zum Tode: so können auch wir nur überwinden, wenn wir sein Kreuz auf uns nehmen, und ihm nachfolgen, wenn auch wir es nicht scheuen durch Trübsal einzugehen in das Reich Gottes, das er uns bereitet hat, wenn auch wir nicht scheuen wie er durch Kreuz und Leiden vollendet zu werden. Diese Treue sei ihm von uns allen aufs neue gelobt, und nimmer wird er aufhören uns wie von seinem Kreuze herab zu segnen.   Amen.

———— |

5 *Vgl. Hebr 2,10*   6 *Vgl. Phil 2,8*   7–8 *Vgl. Mt 10,38*   8–9 *Vgl. Apg 14,22*

XIV.

Wie das Bewußtsein des unvergänglichen den Schmerz über das Ende des vergänglichen besiegt.

Am Osterfest.

Preis und Ehre sei dem, der auferstanden ist von den Todten, und der Unsterblichkeit und ewiges Leben gebracht hat allen, die an ihn glauben. Amen.

Text. Luc. 24, 5 u. 6.
Da sprachen sie zu ihnen, was suchet ihr den Lebendigen bei den Todten? Er ist nicht hier, er ist auferstanden.

M. a. F. Was diese Worte, als jene Frauen, welche den Leichnam des Herrn suchten, sie an seinem leeren Grabe vernahmen, für einen Eindrukk auf ihre Gemüther gemacht haben müssen; wir können es fühlen, aber es ist nicht unser eigenes Ge|fühl. Wir sind nicht, wie jene es waren, niedergebeugt von Schmerz über den Tod des Erlösers; denn wir wissen, daß eben dieser Tod die Quelle eines ewigen Heils geworden ist für alle, die an seinen Namen glauben. Und wir werden bei jeder erneuerten Betrachtung immer mehr inne, wie auch im Sterben seine göttliche Natur sich kräftig bewiesen, und er sich als den Sohn Gottes den Menschen dargestellt hat. Auch kann unser Glaube an das, was der Erlöser in der Welt auszurichten bestimmt war, nie so geschwächt, oder so ganz dem Erlöschen nahe sein, wie es der Fall war bei den meisten Jüngern des Herrn, als seine Feinde den Sieg über ihn errungen hatten, der ihn an das Kreuz brachte; und bei uns hat die frohe Kunde seiner Auferstehung also auch nicht den Werth einen erlöschenden Glauben in uns aufs neue anzufachen. Denn unser Glaube ruht auf der langen Geschichte so vieler Jahrhunderte, in denen er sich immer aufs neue, und nur um so mehr, je mehr die Versuche ungläubiger Menschen gegen ihn gerichtet waren, offenbart hat, daß in keinem andern als in seinem Namen den Menschen Heil gegeben ist, daß aber auch alles gute, dessen wir bedürfen, uns aus der innigen geistigen Vereinigung mit dem verklärten und erhöhten Erlö-

---

2 *Predigt zum Ostersonntag am 2. April 1820 vormittags in der Dreifaltigkeitskirche zu Berlin* 5 2Tim 2,8 6 Vgl. 2Tim 1,10 17 Vgl. Joh 1,12 30–31 Vgl. Apg 4,12

ser entgegen tritt. Darum, m. g. Fr. ist das nicht unser eigenes Gefühl, was jene Frauen empfanden, als die Engel zu ihnen sprachen, Was suchet ihr den Lebendigen bei den Todten? Er ist nicht hier, er ist auferstanden. |

Wenn wir also das nicht mitempfinden können: was bedeutet denn doch dieses mächtige und frohe Gefühl, das uns alle erfüllt, so oft wir dieses Fest mit einander begehen? Es ist freilich zunächst die Freude darüber, daß der Heilige Gottes die Verwesung nicht sehen durfte; die andächtige bewunderungsvolle Freude darüber, daß das Ende seines irdischen Lebens ebenso in ein geheimnißvolles Dunkel für das menschliche Auge gehüllt ist, wie der erste Anfang desselben, nur in ein hoffnungsvolles, erfreuliches, erhebendes Dunkel. Aber wenn eben jenes Gefühl der ersten Jünger des Herrn bei der ersten Freude seiner Auferstehung nicht unmittelbar unser eigenes ist: so können wir doch neben dieser uns vorzüglich geziemenden Freude auch jenes einigermaßen nachfühlen. Denn was war es anders, als daß auf einmal das tiefe Gefühl des Schmerzes über die Vergänglichkeit auch dieser himmlischen Erscheinung überwältigt wurde durch die frohe Hoffnung dessen, was ihnen verkündet war, ohnerachtet sie es damals noch nicht sahen? O, m. g. Fr., diesen Wechsel erfahren auch wir oft in unserm Leben, und nicht nur in Beziehung etwa auf die irdischen Dinge, sondern eben auch in Beziehung auf unser Leben mit dem Erlöser! Und wir dürfen nur genauer hineinschauen in den Gemüthszustand seiner niedergeschlagenen Freunde und Verehrer; wir dürfen uns nur die Bewegungsgründe ihres Kummers näher vor Augen halten, und dann in unsere eigenen Erfahrungen zurückgehen, um inne zu werden, wie | auch uns so oft Noth thut, daß der **Schmerz über das Ende des Vergänglichen in uns überwältigt werde durch das frohe Bewußtsein des Unvergänglichen und der Erneuerung.** Darauf denn laßt unsere andächtige Festbetrachtung in dieser Stunde gerichtet sein; und gebe Gott, daß auch diese gereichen möge zur Befestigung unserer frohen und christlichen Hoffnung.

I. Fragen wir nun, m. g. Fr., was war es denn, weshalb der Tod des Erlösers seine Jünger und Freunde so tief erschütterte, und worüber sie so reichlich getröstet wurden durch die Kunde seiner Auferstehung, so ist das erste wohl dieses. Sie fühlten es tief, daß der Mund nun verstummt sei, aus welchem sie so lange gewohnt gewesen

---

15 Freude] Freude,

8–9 *Vgl. Apg 2,27; 13,35 mit Zitat von Ps 16,10*

waren, Worte der himmlischen Weisheit zur Erleuchtung ihres eigenen Geistes zu vernehmen. Aber er war nicht verstummt; die Auferstehung des Herrn war zu gleicher Zeit die erste Verklärung seiner Lehre. Denn wo er in den Tagen seiner Auferstehung seinen Jüngern erschien, da redete er mit ihnen vom Reiche Gottes, da legte er ihnen die Schrift aus, daß sie verstehen lernten, wie er durch Leiden hatte müssen eingehen zu seiner Herrlichkeit.

Wohlan, eine ähnliche Besorgniß, m. g. Fr., beschäftigt und beängstigt gar oft auch unter uns manche christliche Gemüther, als ob nemlich das Wort der Lehre, welches uns als ein herrliches Gnadenmittel gegeben ist, seitdem der Herr von der Erde | hingegangen ist, auf die eine oder die andere Weise verstummen wolle. Aber gehen wir in den Geist des Erlösers und seines Fortwirkens auf Erden tiefer hinein: so finden wir uns auch über solche Besorgnisse hinreichend getröstet durch die Aehnlichkeit dessen, was seinem Worte begegnet, mit der Auferstehung des Herrn selbst. So lange der Erlöser auf Erden wandelte, m. g. Fr., wurde noch wenig oder gar nicht daran gedacht, die Worte des Lebens, die aus seinem Munde gingen, in einem geschriebenen also bleibenden Buchstaben zusammenzuhalten. Sie gruben sich tief ein in die verlangenden und durstenden Seelen, und diese fühlten ja schon, wie sein lebendiges Wort in ihnen wurde eine Quelle des ewigen Lebens, die immer reicher und reicher fortströmen würde, auch von ihnen übergehend auf Andere. Aber als der Herr diesem irdischen Schauplaz entnommen war, als allmälig auch diejenigen hingingen, die unmittelbar aus eigner Kenntniß das Bild seines Lebens, den Nachhall seiner Worte den Gläubigen wiederbringen konnten; da ward es nothwendig, das Wort des Lebens in die Hülle des geschriebenen Buchstabens einzuschließen, damit es auch den künftigen Geschlechtern aufbewahrt bleibe. Als der Herr nur noch dem Geiste nach unter seinen Jüngern war, wie er es auch jezt noch ist und bleibt bis an der Welt Ende, und sie sich ihre Gemeinschaft mit ihm durch eine innige Gemeinschaft der Liebe unter einander darstellen mußten und versinnlichen: da war es nothwendig eben dieser Ge|meinschaft des Glaubens und der Liebe eine äußere Gestalt zu geben. Dazu aber bedurfte das geschriebene Wort der Jünger des Herrn, wenn gleich eingehaucht von seinem sie beseelenden Geiste, doch immer mancherlei Erläuterung und Erklärung, weil es je länger je mehr nur aus einer fernen und unbekannten Zeit in fremde und spätere Geschlechter hin-

---

24 allmälig] allmälich   36 beseelenden] beselenden

6–7 *Vgl. Lk 24,26*   17–18 *Vgl. Mt 4,4 mit Zitat von Dtn 8,3*   30–31 *Vgl. Mt 28,20*   31–33 *Vgl. Joh 13,34–35; 15,9–12*

Predigt über Lk 24,5–6

einschallte. Jede Erläuterung und Erklärung des göttlichen Wortes aber, welche an menschlicher Sprache und an menschlichen Gedanken hängt, ist auch mit diesen der Veränderung unterworfen; und alle äußeren Handlungen, wodurch wir uns die Gemeinschaft des Glaubens und der Liebe theils überhaupt vergegenwärtigen, theils sie wirklich einander darreichen, weil sie immer zusammenhängen mit menschlichen Sitten und mit der übrigen Beschaffenheit des menschlichen Lebens, sind sie ebenfalls mancherlei Veränderungen ausgesetzt, und alles veränderliche ist auch dem Tode unterworfen. Und so geschieht es allgemein, daß die menschlichen Worte, in welche die Grundzüge des Glaubens gefaßt sind, die menschlichen Handlungen, in denen sich seine heilige Liebe vergegenwärtigt, allmählig anfangen ihre Kraft zu verlieren. Allmählig geschieht dies freilich nur, und sofern auch unvermerkt; endlich aber kommt doch die Zeit, wo wir es gewahr werden, daß so manches schöne Wort seine frühere Kraft und Bedeutung verloren hat, daß so manches, woran die Christen sich sonst erkannten, und was ihnen das heiligste ihres Glaubens nahe brachte, für die meisten erstorben und zum | todten Buchstaben versteinert ist, es regt den Geist nicht mehr auf, es bildet nichts ewiges und wahres mehr lebendig in uns ab. So auch viele ehrwürdige Gebräuche alter Zeiten! Wir erhalten sie als ein theures Vermächtniß der Vorfahren; aber ihre Bedeutung ist den Meisten bis auf die Kunde davon verloren gegangen. Also thun sie auch von selbst keine Wirkung mehr auf uns; weil wir aber nicht von ihnen lassen wollen: so künsteln wir uns etwas hinein, der eine dieses der andere jenes. Wenn wir das denn inne werden, m. g. Fr., und wir uns darüber besinnen: so merken wir, daß wir mit todtem ein ungedeihliches Verkehr treiben, und daß wir eben so erstorbenes durch künstliche Mittel aufzubewahren und wenigstens das Andenken seiner früheren Wirkungen zu schüzen suchen, wie in ähnlichem Sinne jene liebevollen Frauen zum Grabe des Erlösers kamen, um den Leichnam desselben durch köstliche Specereien gegen die Verwesung zu schüzen. Wir trauern wie sie, um so mehr wenn wir selbst noch, was jezt gestorben ist, in seiner Blüthe gekannt, oder wenigstens an unsern unmittelbaren Vorfahren die Früchte davon gesehen haben. Aber mitten in diesem Schmerz laßt uns auf das himmlische Wort hören, Was suchet ihr den Lebendigen bei den Todten? er ist nicht hier, er ist auferstanden! Ihr sucht doch Christum – so möchte ich zu allen sagen, welche auf eine ungebührliche Weise an frommen Ausdrükken und Redensarten hangen, die sie aber doch

---

27 ein ungedeihliches Verkehr] *vgl. Adelung: Wörterbuch 4, Sp. 1453*

30–32 *Vgl. Mk 16,1; Lk 24,1*

nicht mehr verstehen, an kirchlichen | Gebräuchen und gottesdienstlichen Einrichtungen, denen in ihrem übrigen Leben nichts mehr entspricht – ihr suchet doch Christum selbst; was suchet ihr denn den Lebendigen in dem, was gestorben ist, was unverkennbar vor euren Augen als entseelte Hülle daliegt? Da ist er nicht, aber er ist auferstanden, und wird euch wieder begegnen; in anderen Gestaltungen, unter anderen Formen wird sich dieselbe beseligende Richtung des menschlichen Gemüthes verherrlichen. In anderen Worten wird doch dieselbe Kraft der Erlösung gepriesen; in anderen Sitten und Gebräuchen werdet ihr dieselbe Liebe, die er als das unverkennbare Zeichen der Seinigen angegeben hat, wieder antreffen. Und wie auch Maria den Erlöser, als sie ihn zuerst auferstanden erblickte, nicht gleich wieder erkannte: so wird auch euch mehreres auf den ersten Anblikk fremd sein, was doch nichts anderes ist als wahrhaft seine Erscheinung, nichts anderes als die lebendige Aeußerung seiner geistigen Gegenwart und seines beseligenden Wortes. Aber wie der Erlöser, als Maria ihn eben nicht kannte, sie bei ihrem Namen anredete, und ihr nun gleichsam die Augen geöffnet wurden, daß sie ihren Herrn und Meister erkannte: o so kann es nicht fehlen, unter den mannichfaltigen Ausdrükken, in denen der Eine Glaube verkündigt wird, unter den mancherlei Weisen, wie christlicher Sinn gebildet und christliche Frömmigkeit geübt wird, muß jeder eine finden, die ihn gleichsam bei seinem Namen anredet, und ihm als das wohlbekannte aber längst gesuchte und verloren | geglaubte erscheint: und so möge niemand mehr den Erstandenen den Lebendigen nur bei den Todten suchen, sondern sich freuen daß er lebt, und daß er sich auch immer wieder finden läßt.

Aber eben, m. g. Fr., wie die Jünger des Herrn, wenn gleich in dem ersten Augenblick ihn nicht erkennend, doch gewiß dem Irrthum nicht wären ausgesezt gewesen, daß sie einen anderen für den Auferstandenen würden gehalten haben: so ist es auch eine leere Furcht, mit der dennoch oft gläubige Herzen sich quälen, wenn nicht derselbe Buchstabe, wenn nicht dieselbe Ordnung äußerer Gebräuche mehr aufrecht erhalten werden könne, dann würde sich leeres und unerbauliches den Beifall einer getäuschten Menge erwerben; fremdes, unchristliches, ja widerchristliches möchte die Gestalt des Erlösers annehmen, und so auch die Auserwählten verführt werden. Nein, solchem Irrthume kann das gläubige Herz nicht preisgegeben sein. In jedem unter uns, der den Herrn aus Erfahrung kennt, ist eine Stimme, die ihn nicht trügt, wenn sie ihm zuruft „das ist der Herr." Und jeder von uns traut auch nur insofern seinem eignen Urtheil, als sich wirk-

---

10–11 Vgl. Joh 13,35   **11–12** Vgl. Joh 20,14–15   **16–18** Vgl. Joh 20,16
39 Joh 21,7

lich in ihm ein richtiges Gefühl entwikkelt hat, welches ihn hindert etwas fremdartiges mit dem zu verwechseln, wodurch Christus bekannt und verherrlicht wird. Daher sollten alle Christen, so oft sie schon bei dem gewöhnlichen Wechsel des menschlichen Lebens, noch mehr aber im Uebergange von einem Zeitalter zum andern in eben diesen Schmerz versinken möchten, | auf das tröstliche Wort hören, Was suchet ihr den Lebendigen bei den Todten? er ist nicht hier, er ist auferstanden; er wird euch erscheinen, wenn ihr ihn sucht.

II. Laßt uns aber zweitens bei den Worten Christi auch gedenken an jene beiden Jünger, die auch voll wehmüthigen Gefühles über den Tod des Erlösers am Abend seiner Auferstehung aus Jerusalem zurükkkehrten in ihre Heimath. Diese, als der Herr sich zu ihnen gesellte, und nach der Ursache ihrer Betrübniß fragte, erzählten ihm, verwundert darüber daß er gar nichts zu wissen scheine von Jesu von Nazareth, wie sie mit vielen Andern geglaubt hätten, dieser solle Israel erlösen. Das war also ihr Schmerz, die Hoffnung auf das Reich Gottes, welches sich durch ihn hätte erheben sollen, schien ihnen zertrümmert; aber sie war es nicht. Vielmehr war der Tod des Herrn erst der Anfang des Himmelreiches, welches er zu begründen berufen war, und welches, weit entfernt von seiner leiblichen Erscheinung auf Erden so abzuhangen, daß es hätte untergehen müssen, weil diese so schnell vorüberging, vielmehr allein auf dem Leben und Wirken seines Geistes in den Herzen der Gläubigen beruhen sollte. Wenn gleich also der Erstandene diese Jünger dem Anschein nach härter anredete mit den Worten, Ihr Thoren und trägen Herzens zu glauben dem was geschrieben steht! Mußte nicht Christus leiden und so in seine Herrlichkeit eingehn? so sagte er doch eigentlich, indem | er ihnen seine Herrlichkeit verkündigte, auch ihnen dasselbe tröstende Wort, was die Engel zu den Frauen gesprochen hatten, Was suchet ihr den Lebendigen bei den Todten? er ist nicht hier, er ist auferstanden. Die zeitliche Erscheinung war freilich vorüber gegangen, und in dieser sollte der Herr nicht mehr wirken auf die Welt. Aber auf seine irdische Erscheinung sollten sie auch nicht ihr Vertrauen sezen, und nicht ihre Hoffnung unter den Todten suchen.

Der Glaube war zu der Zeit, wo der Erlöser auf Erden erschien, mächtig vorbereitet durch die Noth der Zeit, durch das Gefühl der Erniedrigung, in der dennoch bei den frommen Israeliten das Vertrauen auf die göttliche Erwählung des Volkes und auf die ewige Zu-

---

35 erschien,] erschien

10–12 Vgl. Lk 24,13–35   15–16 Vgl. Lk 24,21   25–27 Vgl. Lk 24,25–26

verlässigkeit der göttlichen Verheißungen nicht verschwinden wollte. In diese Zeit der Sehnsucht trat die irdische Erscheinung des Erlösers mitten hinein; und Tausende, als der Mann Gottes groß und kräftig in Wort und That das Reich Gottes verkündigte, lebten nun der Hoffnung, er sei es, den Gott berufen habe, Israel zu erlösen. Aber dieser Glaube war insofern eitel, als er in den Meisten sich auf eine solche Weise gestaltete, nicht wie es den Reden und Andeutungen des Erlösers selbst, sondern wie es den beschränkten Vorstellungen der Menschen der damaligen Zeit, wie es der Richtung auf das Sinnliche und der wehmüthigen Anhänglichkeit an die frühere weltliche Herrlichkeit des Volkes angemessen war. So etwas falsches und ver|kehrtes, was sie durch den Tod Jesu verloren glauben mußten, war wol auch in der Hoffnung jener Jünger gewesen, und diese Hoffnung freilich war getäuscht worden, und im Schmerz darüber, daß sie ihnen fehlgeschlagen, gingen sie nun zurükk in ihre Heimath. In diesem Schmerz wollte sie der Erlöser nicht lassen: er wollte ihnen zeigen, daß was sie geglaubt hatten, nicht der Wille Gottes bei der Sendung seines Sohnes gewesen war, sondern etwas Höheres; und eben dieses Höheren sollten sie sich nun freuen, den Lebendigen nicht suchend bei den Todten, sondern auf den Erstandenen und sein geistiges Leben sehend.

In einen ähnlichen Fehler, m. g. Fr., fallen wir alle sehr oft, von demselben niederdrükkenden Gefühl, von derselben frommen Sehnsucht, von demselben Glauben an die göttlichen Verheißungen erfüllt. Ja, wie oft geschiehet es uns nicht, daß uns mitten aus der tiefsten Noth die frohe Hoffnung besserer Zeiten aufgehet, alle Umstände sich vereinigen den Glauben recht lebhaft hervorzurufen, nun sei die Zeit gekommen, daß irgend eines von den mannichfaltigen Uebeln, die gleich sehr eine Folge und Quelle der Sünde das menschliche Geschlecht drükken, könne und gewiß auch werde hinweggenommen werden. Bald gewinnt dann auch eine solche Hoffnung irgend eine bestimmte Gestalt; wir rechnen, so und nicht anders werde sie nun in Erfüllung gehn, und hängen uns oft mit fast kindischem Vertrauen an jedes Zeichen, welches darauf zu deuten scheint. | Wie fest aber auch durch die Anhäufung solcher Zeichen unsere Zuversicht geworden sein mag: doch tritt nicht selten ein Wechsel ein, welcher ganz dieselbe Wirkung auf uns hervorbringt, wie der Tod des Erlösers auf diese Jünger. Wir müssen die so bestimmt ins Auge gefaßte, so sicher geglaubte Hoffnung aufgeben, und gerathen in denselben vergeblichen Schmerz, als ob es nun auch ganz oder auf lange Zeit aus sei mit der schönen Aussicht auf ein sich herrlicher entfaltendes Reich Gottes auf Erden. O wie Noth thut uns dann, daß wir uns recht fest an jenes tröstliche Wort halten, Was suchet ihr den Lebendigen bei den Todten? er ist nicht hier, er ist auferstanden! Ja, m. g. Fr., so oft eine theure Hoffnung, mag sie nun mehr die allgemeinen geselligen Angelegenheiten der Menschen zum Gegenstand haben, und also unser christliches Leben nur mittelbar betreffen, oder ganz unmittelbar auf das Wohl der christlichen Kirche selbst gerichtet gewesen sein, so oft eine solche, ihrer Erfüllung dem Anschein nach schon ganz nahe, uns unerwartet wieder zerstört wird, so sollten wir zu uns sagen, Das bestimmte Ereigniß worauf du voreilig schon gerechnet hattest, ist also für jezt der Wille Gottes nicht gewesen. Das gute aber, um dessentwillen du es eigentlich gewünscht hattest, das ist gewiß Gottes Wille; und du darfst nicht trauern, als ob das, was du eigentlich hofftest, unwiederbringlich verloren wäre. Darum sollen wir uns, wenn uns Gott auf diese Weise prüft, niemals vom Schmerz niederdrükken lassen, | sondern die Augen des Geistes froh und getröstet erheben, und hoffnungsvoll umherschauen, wann und wie der Herr das, was wir vereitelt und verloren wähnten, in einer schöneren Gestalt unter uns aufrichten und vollenden werde. Denn was irgend wirklich und wesentlich zusammenhängt mit dem Werke des Heiligen, der selbst die Verwesung nicht sehen durfte, das kann nicht ersterben; sondern wenn wir es uns in einer unvollkommneren Gestalt gedacht, wie jene Jünger sich die Erlösung dachten, so kann diese vielleicht schon ehe sie ans Licht kommt sterben, aber in der Hand Gottes wird unser gutgemeinte Gedanke sich verwandeln und zu einer schöneren Gestalt veredeln. Und wie die irdische Erscheinung des Herrn, so kurz sie auch währte, doch keineswegs entbehrt werden konnte für sein geistiges Reich auf Erden, und wir nicht sagen dürfen, da wir Alle uns doch wahrhaft selig fühlen in seiner geistigen Gegenwart, so sei die irdische Erscheinung überflüssig gewesen, und der Erlöser habe gleich seine beseligende Wirksamkeit beginnen können mit dieser geistigen Gegenwart, die er nach seiner Erhebung von der Erde den Seinen verliehen: eben so wenig auch dürfen wir sagen, daß irgend etwas vergeblich gewesen sei, worauf nicht nur die frommen Wünsche gläubiger Gemüther gerichtet gewesen sind, sondern woran sie auch gearbeitet haben mit Zuversicht und Liebe. Denn nicht nur die Thränen der Gerechten zählt der Herr, und läßt keine verloren gehn, sondern noch weit mehr gilt das von ihren Bestrebun|gen, und dem was sie in demüthigem Glauben und treuem Gehorsam für sein Reich auf Erden gewirkt haben. Vielmehr, wie die Erscheinung des Erlösers nothwendig gewesen war auf der einen Seite um das kleine Häuflein seiner näch-

---

11 unwiederbringlich] unwiderbringlich   22 gutgemeinte] gutgemeintere   35 Bestrebungen, und dem] *Kj* Bestrebungen und dem,

17–18 Vgl. Apg 2,27 mit Zitat von Ps 16,10   33–34 Vgl. Ps 56,9

sten Jünger zu sammeln und zusammenzuhalten in unzertrennlich fester Liebe, und auf der andern Seite um in einen möglichst weiten Umkreis hinaus wenigstens die ersten Schimmer des göttlichen Lichtes hinzuwerfen, welches hernach aber freilich erst durch die treue Verkündigung der Boten, durch den beharrlichen Fleiß der Arbeiter, durch das Beispiel der Märtyrer zur hellen Flamme aufgehen sollte, bis der Name des Herrn nirgends mehr fremd wäre, und die christliche Kirche einen großen Theil des menschlichen Geschlechtes schon in ihren Schooß würde aufgenommen haben: eben so ist es auch mit jeder einzelnen und vorübergehenden Erscheinung des guten und besseren im menschlichen Leben. O was jemals im Glauben gethan ist, das kann nie vergeblich sein; aber hängen sollen wir an keiner vergänglichen Erscheinung, an keiner irdischen Gestalt des Guten, sondern immer unter der sterblichen Hülle den lebendig machenden Geist suchen; und ist jene erstorben, dann doch diesen Geist fest halten im Gemüth, und nach ihm umschauen. Und finden wir – wie wir denn, seit Gott uns seinen Sohn geschenkt, die göttliche Verheißung haben, daß auch alles andere ins Leben kommen soll, was zum wahren Wohlergehn der Menschen gehört – finden wir, daß dasselbige gute, | welches wir beabsichtiget hatten, nur in einer andern Gestalt anfängt sich zu entwikkeln: wolan, so laßt uns ja nicht deswegen, weil es nicht unser Gepräge an sich trägt, glauben es sei nur ein unwesentliches Gespenst, dem kein beharrliches Dasein zukommen könne; sondern eben so bereit sein es für dem Wesen nach dasselbige zu erkennen, wie die Jünger den auferstandenen Herrn für denselben erkannten. Und wie Gott allein weiß, was uns frommt: so laßt uns, wo wir etwas gutes sehen, diesem unsre Kräfte widmen und dem Wink von oben folgen, wenn der Herr es auch anders gefügt hat als wir meinten. O daß wir uns immer auch in diesem Sinne an das tröstliche Wort halten möchten, Suchet nicht den Lebendigen bei den Todten, er ist nicht hier, er ist auferstanden! Wie frei werden wir dann bei allem, was sich in der Welt verändert, von dem Kleinmuthe sein, der, wie der Erlöser schon zur Zeit seines irdischen Lebens sagte, seinen Jüngern nicht ansteht. Stürmt es, und scheint das kleine Schiff seinem Untergange nahe: der Herr befindet sich mitten auf demselben, vor dem alle Stürme doch schweigen müssen. Ihr Kleingläubigen, was zaget ihr! Erhebt euch vom sinnlichen zum geistigen, vom zeitlichen zum ewigen, vom menschlichen zum göttlichen, haftet nicht mit ängstlichen Blikken auf irgend etwas einzelnem, denn alles einzelne ist irdisch und

---

2 weiten] weitem

11–12 Vgl. 1Kor 15,58   **36** Vgl. Mt 14,31

sterblich. Aber suchet ihr Christum und das ewige Leben: o dann sucht nicht den Lebendigen bei den Todten! er ist immer schon auferstanden, | den Augen eures Glaubens wird er begegnen, und der Blikk seiner Liebe wird euern erstorbenen Muth wieder anfachen.

III. Aber laßt uns noch etwas hinzufügen, was unsrem eignen Herzen und den Beziehungen, in die wir so oft die Auferstehung unseres Herrn zu sezen pflegen, sehr nahe liegt, aber sich freilich nicht so unmittelbar an den Frauen zeigt, zu denen das tröstende Wort unseres Textes geredet wurde. Denn als diese tief betrübt waren über den Tod desjenigen, den sie über alles verehrten: so erquikkte er sie unmittelbar, indem er ihnen leiblich erschien als der Erstandene; wie er denn der Erstling unter den Todten sein mußte, und es ihm geziemte der erste zu sein, der in der That die Macht des Todes besiegte, und unmittelbar von einem irdischen in ein höheres Dasein überging. Uns aber, die wir seiner leiblichen Gegenwart uns nie erfreut haben, und sie also auch nicht vermissen, indem wir nur an jene geistige Gegenwart des Herrn gewiesen sind, vermöge deren er verheißen hat unter uns zu sein bis an der Welt Ende, uns sind nun die liebste und theuerste Erscheinung auf Erden diejenigen unserer Brüder, in denen sein Geist am kräftigsten lebt, in denen sich sein Bild am reinsten gestaltet, die sich bewähren als die Starken unter den Schwachen, als die christlich Weisen unter den noch auf mannichfache Art in ihrem Gemüth unklaren und verworrenen, als diejenigen welche, soviel sie vermögen, jedermann durch die Kraft | ihres geistigen Lebens zu dem Urheber desselben hinzuleiten suchen. Wenn aber ein solcher aus den näheren Kreisen unsres Lebens das Loos aller Irdischen erfährt, und seine zeitliche Erscheinung aus der Mitte seiner Lieben zurükktritt: so ist es freilich nicht ganz derselbe – denn wer dürfte sich ihm vergleichen? – aber es ist ein dem Schmerz jener heiligen Frauen sehr verwandter und ähnlicher Schmerz, mit welchem wir dann bei der entseelten Hülle stehen. Und eben wie jene Frauen, die den Leichnam des Erlösers salben wollten, ebenso suchen wir dann auch das Andenken der hingegangenen Geliebten auf alle Weise zu befestigen in unsrer Seele, es uns einzuprägen durch jedes sinnliche Hülfsmittel, welches uns zu Gebote steht, es festzuhalten in wenn auch unvollkommenen Zügen eines äußeren Bildes, und jedes theure Andenken an den Hingeschiedenen sorgfältig zu bewahren. Aber das geschieht uns nicht, was jenen Frauen geschah. Wieviel Achtung sich unser Schmerz auch erwirbt; wie viele auch uns ihre Theilnahme schenken über unsern Verlust: niemand ist der uns so tröstend erscheinen könnte wie jener

---

17–18 Vgl. Mt 28,20

Engel den Frauen, und in demselben buchstäblichen Sinne uns zurufen, Was suchet ihr den Lebendigen unter den Todten? Er ist nicht hier, er ist auferstanden; sehet euch um, er wird vor euch hergehen. Wenn es uns nun aber so gut nicht wird: so sollten wir doch in jedem solchen Falle uns unter einander ermuntern, wie löblich auch unser Schmerz sei, uns doch in das Gefühl des Verlustes, den wir | erlitten, nicht allzutief zu versenken, sondern, nur in einem mehr geistigen und weniger unmittelbaren Sinne, uns dennoch auch an dem tröstlichen Worte erquikken, Was suchest du den Lebendigen bei den Todten? er ist nicht hier, er ist auferstanden! Ja, das ist wahr und gewiß, zu einer geistigen Wirksamkeit in unserer Seele und auf unser Leben, die von allen leiblichen Schranken und Zufälligkeiten befreit ist, ersteht ein jeder von unseren dahingegangenen Freunden uns auch gleich unmittelbar nach seinem Tode wieder. Darum haftet nicht an der entseelten Hülle, hanget auch nicht an den sinnlichen Zeichen und an der leiblichen Erinnerung: sondern eben, wie jene Engel den Frauen geboten, sie sollten seinen Jüngern sagen, er werde vor ihnen hergehen in Galiläa, da würden sie ihn sehen; eben das sollen auch wir uns gebieten.

Galiläa nämlich war der Schauplaz der größten und erhabensten Wirksamkeit des Erlösers, es war die Gegend, wo sich die näheren Verhältnisse mit den meisten seiner Jünger angeknüpft oder befestigt hatten. Wie nun die Jünger des Herrn angewiesen wurden dorthin zu gehen: o so laßt auch uns das Bild des Todes verlassen, und im Geiste hineilen zu dem Schauplaz der ausgezeichnetesten Thätigkeit unserer vor uns hingegangenen theuren Brüder; dahin wo sich das Verhältniß der Liebe und Theilnahme mit ihnen angeknüpft hat, dahin laßt uns gehen, alle schönen Erinnerungen auffrischen und uns das Bild ihres Lebens und ihrer Wirk|samkeit zurükkrufen! dann werden auch sie unter uns sein mit ihrem Geiste und mit der Kraft, womit sie auf uns gewirkt haben. – Aber freilich wie es nur Vierzig kurze Tage waren, während deren unser Erlöser, und zwar immer unterbrochen und nur auf kurze Zeit unter seinen Jüngern sich sehen ließ, und mit ihnen redete vom Reiche Gottes: so wird auch uns, verdrängt von mancherlei andern Verhältnissen, das Bild unserer theuren Entschlafenen allmählig erbleichen und sich tiefer in das Innere unseres Gemüthes zurükkziehn, so daß es immer seltner und nur bei besonderen Veranlassungen hervortritt. Und wie nach jenen Vierzig Tagen der

---

16 jene Engel] *Schleiermacher formuliert gemäß dem lukanischen Bericht, der aber keine Galiläa-Erscheinung kennt; die herangezogene markinisch-matthäische Darstellung lässt nur einen Engel auftreten.*

---

3 Vgl. Mt 28,7; Mk 16,7   17–18 Vgl. Mt 28,7; Mk 16,7   30–33 Vgl. Apg 1,3

Herr leiblich gar nicht mehr auf Erden zu finden war: so kommt menschlicherweise wenigstens in vielen Fällen zulezt auch für diese geistige Gegenwart unserer Verstorbenen eine Zeit, wo sich uns ihr Bild nicht mehr unmittelbar darstellt, eine Zeit scheinbarer Vergessenheit. Wir wissen, daß wenige Menschen dieser ganz entgehen, ja warum sollen wir nicht sagen, sie kommt für Alle, auch für die deren Thaten die Geschichte erzählt, auch für die deren Rede sich durch die Schrift auf ferne Geschlechter fortpflanzt, nur die heiligen Schriftsteller ausgenommen, die auf eine für alle Zeiten gültige Weise die Rede des Erlösers verklärt haben; und welche ihnen hierin am nächsten stehen, für die kommt auch jene Zeit am spätesten. Darüber dürfen wir uns nicht wundern; denn es ist nur der Erlöser, mit welchem wir in einem unauflöslichen Verhältniß stehen; jedes andere kann uns früher oder später ent|fremdet werden. Wenn uns nun dieses geschieht, daß wir an geliebte Todte selten oder gar nicht mehr auf bestimmte Weise denken, und es scheint, als müßten wir sie nun wieder bei den Todten suchen: so laßt uns bedenken, daß doch auch dies eine Täuschung ist. Denn die Wirkung, welche unsere dahingegangenen Brüder auf unsere Seele ausgeübt haben, hört nicht auf; vielmehr ist ihr Geist und ihre Kraft dadurch in unsre eigene Seele gleichsam übertragen, und sie sind und leben in uns und mit uns. Und wie der Zustand des Erlösers in den Tagen seiner Auferstehung die Bürgschaft war, daß, wie er noch nicht aufgefahren war zu seinem Vater im Himmel, so er doch gewiß auffahren werde, weil er hinfort nicht mehr verwesen sollte:[1] eben so ist jene fortwährende Wirksamkeit unserer schon länger entschlafenen Brüder uns die sicherste Bürgschaft, daß eine Kraft, deren Wirkungen immer noch fortdauern auch ohne alle äußere Hülfe und Vermittlung, daß diese auch selbst nicht erstorben ist, als ihre äußere Hülle starb, sondern daß sie, wenn gleich auf eine uns undenkbare und unbegreifliche Weise zusammengehalten wird und bewahrt von dem Ewigen, der sie mit den Gütern des Heils ausgestattet und zu seinem Werkzeuge bereitet hat. So laßt uns also auch in diesem Sinne an jenem tröstenden Worte festhalten, Was suchet ihr den Lebendigen bei den Todten? er ist nicht hier, er ist auferstanden! Sie gehen vor | euch hin, folgt ihnen mit dem Auge des Glaubens und der Liebe.

Und so, m. g. Fr., hängt es in Beziehung auf alles, was wir in unserer Betrachtung zusammengefaßt haben, nur von uns ab, nämlich von der Kraft des Glaubens und der Liebe in unserer Seele, deren wir uns freilich nur durch die Gnade Gottes in Christo erfreuen, daß wir schon hier, noch mitten in den Gefilden des Todes, denn so ist diese

---

[1] Apostelgesch. 13, 34.

irdische Welt, auch solche Augenblicke leben, wie die Jünger in den Tagen der Auferstehung des Herrn. Der lebendige Glaube ist es, vor dessen Blikken alles vergängliche zurükkweicht, weil er nur das ewige festhält, durch dessen Kraft aber auch alles geistige sich aus einer Klarheit zur andern verherrlicht und erneuert. Die himmlische beseligende Liebe, von welcher der Erlöser getrieben war, und welche auch die Seinigen beseelen muß, soll anders sein Reich gebaut werden, diese ist es, welche sich durch ihre eigenthümliche höhere Kraft immer mehr befreit von allen Beschränkungen durch das äußere und sinnliche, denen jede unvollkommnere Liebe unterworfen bleibt. Und wie nur der göttliche lebendigmachende Geist ihr Gegenstand ist, der unter allem Wechsel immer derselbe bleibt: so ist ihr auch dieser immer gleich willkommen, und sie wird gleich geistig und kräftig von ihm bewegt, unter welcher Gestalt er ihr auch zu verschiedenen Zeiten erscheine. Das ist der Seegen, welcher sich unter uns bei jeder Feier der Auferstehung des Herrn erneuert; das ist das herr|schende Gefühl, welches sich in uns regt, so oft wir den Auferstandenen begrüßen, daß wir durch ihn unabhängig geworden sind, und erhoben über die Schranken des vergänglichen Lebens und über die Schrekknisse des Todes, daß seine Auferstehung unter der Gemeine seiner Gläubigen nicht nur eine frohe Ahnung der Unvergänglichkeit gewirkt hat, sondern das unmittelbare Gefühl derselben und die feste Zuversicht, daß wir den Erlöser nicht nur schauen werden nach unserer Auferstehung, sondern daß wir, wie er von der Erde erhöht ist, schon jezt mit ihm aufstehen zu dem neuen Leben des Geistes, kraft dessen jeder Tod verschlungen ist in den Sieg des Glaubens und des Reiches Gottes über alle Gewalt der Welt und des Fleisches, und kraft dessen wir ihn unmittelbar in unsere Seele aufnehmen, und volle Genüge haben an dieser inneren geistigen Wirksamkeit des Herrn, mit der er unter uns sein möge alle Tage bis an der Welt Ende.

Mit diesem Leben Christi in uns, mit dieser geistigen Wirksamkeit des Herrn in unserer Seele steht denn in einer ganz besonderen Beziehung auch das heilige Mahl seines Gedächtnisses und seiner Liebe, welches Einige unter uns jezt begehen wollen. In diesem giebt er sich uns aufs neue, verbindet sich immer inniger mit den gläubigen Seelen, und giebt uns darin als die geistige Kraft seiner Auferstehung jenes höhere Leben zu genießen, welches Er ans Licht gebracht hat, und zu welchem wir alle berufen und unter einander vereinigt sind in dem seligen Bunde | der Christen, welcher unumschränkt vertraut auf die

---

4–5 Vgl. 2Kor 3,18   25–26 Vgl. 1 Kor 15,55 mit Bezugnahme auf Jes 25,8   29–30 Vgl. Mt 28,20

Predigt über Lk 24,5–6 617

Macht, mit welcher der Herr von oben her das Reich regiert, welches ihm sein Vater beschieden hat.   Amen.

Ja Preis und Dank sei dir, ewiger Vater, der du durch deinen Sohn Unsterblichkeit und ewiges Leben ans Licht gebracht hast. O laß uns dieses immer reichlicher genießen, daß es immer kräftiger unser ganzes irdisches Dasein beherrsche und heilige. Erfülle uns mit der tröstlichen Gewißheit von der geistigen Gegenwart dessen in unserer Seele und in der Mitte unserer Versammlungen, der leiblich nicht mehr unter uns ist; daß der geistige Leib, an welchem Er das Haupt ist, immer mehr erstarke und sich verschöne, und aus demselben die Züge dessen, welcher der Abglanz deiner Herrlichkeit ist und das Ebenbild deines Wesens, allen denen entgegenstrahle, welche geschikkt sind von deinem Licht erleuchtet zu werden.

(Folgen die gewöhnlichen Fürbitten.)

———

3–4 *Vgl. 2Tim 1,10*   11–12 *Vgl. Hebr 1,3*

XV.

Weshalb die Apostel sich so besonders Zeugen der Auferstehung Christi nennen.

Am Osterfest.

Text. Apostelgeschichte 3, 13–15.
Der Gott Abrahams und Isaaks und Jakobs, der Gott unserer Väter, hat sein Kind Jesum verkläret, welchen ihr überantwortet und verleugnet habt vor Pilato, da derselbige urtheilte ihn los zu lassen. Ihr aber verleugnetet den Heiligen und Gerechten, und batet, daß man euch den Mörder schenkte: aber den Fürsten des Lebens habt ihr getödtet. Den hat Gott auferwekket von den Todten, deß sind wir Zeugen.

M. a. Z. Die eben verlesenen Worte haben eine große Verwandtschaft mit dem, was wir bereits vor|her in unserer epistolischen Lection gehört haben[1]. Sie sind aus einer früheren Rede desselbigen Apostels, die er vor dem Volke hielt, als es sich voll Verwunderung um ihn her versammelte wegen des Zeichens, welches er im Namen Christi gemeinschaftlich mit dem Johannes an einem gelähmten Menschen verrichtet hatte. Diesen wunderbaren Erfolg führt er hier zurükk auf seinen Herrn und Meister, damit nicht jemand irre geleitet werde, als ob er selbst oder der Genosse seiner Verkündigung dies vermocht hätte, sondern nur durch den Namen Jesu sei es geschehen. Aber noch bestimmter als in den Worten unserer epistolischen Lection tritt auch hier und in andern Reden desselben Apostels wie auch anderer dies hervor, daß die Apostel in ihrer Verkündigung des Evangeliums sich mit einem vorzüglichen und ausgezeichneten Nachdrukk, ja gewissermaßen ausschließend, Zeugen der Auferstehung Christi nennen. Sie

---

[1] Apostelgesch. 10, 34–41.

---

15 haben[1].] haben[1],

---

2 Predigt zum Ostermontag am 8. April 1833 vormittags in der Dreifaltigkeitskirche zu Berlin; vgl. Predigtzeugen und Liederangaben in KGA III/14   14 Die Epistellesung Apg 10,34–41 gehört zur Rede des Petrus Apg 10,34–43.   15–17 Der Predigtbibeltext gehört zur Rede des Petrus Apg 3,12–26.   17–19 Vgl. Apg 3,1–11   22 Vgl. Apg 3,16   23–27 Vgl. Apg 2,32; 3,15; 10,40–41; 13,30–31

sollten doch nun eigentlich seine Zeugen sein, Zeugen der göttlichen Kraft, die in ihm wohnte, und der göttlichen Wirksamkeit, die von ihm ausging; aber von beiden war doch seine Auferstehung nur ein Theil, nur ein einzelner Ausdrukk: wie kommen sie dazu, sich gerade an diesen auf eine so ausgezeichnete Weise zu halten? Diese Frage, m. a. Fr., verdient es sehr wohl, uns an einem solchen Festtage wie der heutige zu beschäftigen, indem sie uns zu gleicher Zeit die wahre Bedeutung der Be|gebenheit, welche wir feiern, und die Richtung unserer eigenen Gedanken und Empfindungen in Beziehung auf dieselbe angiebt. So laßt uns also die Frage uns vorlegen und zu beantworten versuchen, **Weshalb auf solche ausgezeichnete Weise die Apostel des Herrn sich Zeugen seiner Auferstehung nennen?** Es hat aber diese Frage zwei Seiten: die eine bezieht sich auf sie selbst, die andere auf denjenigen, von welchem sie reden und Zeugniß geben.

I. Wenn wir diese Frage also zuerst betrachten in Beziehung auf die Apostel des Herrn selbst, da sie doch vorher schon als seine Zeugen gelebt und gewirkt hatten, namentlich auch vorher schon noch während seines irdischen Lebens unter ihnen von ihm ausgesandt waren, um das Reich Gottes zu verkünden: wie kommt es, daß sie das alles hintansezen, als ob nun etwas ganz neues angegangen wäre und von dem vorigen verschiedenes, weshalb sie sich nur Zeugen seiner Auferstehung nennen? War der Glaube an ihn, den sie vorher schon gehabt und bekannt hatten, nicht der rechte gewesen? Das können wir unmöglich annehmen; denn der Erlöser gab ihnen das Zeugniß, Fleisch und Blut habe ihnen das nicht offenbart, sondern sein Vater im Himmel[2], und also muß ihr Bekenntniß doch das wahre und wesentliche der Sache enthalten haben. Nun scheint | es freilich wohl, als ob dieser Glaube, wenn man allerdings zugeben muß, er sei schon der rechte und also auch ihr Zeugniß von ihrem Herrn und Meister eben auch das wahre gewesen, jezt durch den Tod des Herrn, wenn nicht verloren gegangen doch gar sehr verdunkelt worden wäre. Nämlich das sagt ihnen allerdings der Erlöser selbst in seinen lezten Reden mit ihnen, aber zu gleicher Zeit fügt er doch immer hinzu, er habe für sie gebetet, und sein Gebet sei auch hier, wie das immer geschah, erhört worden, so daß ihr Glaube nicht verloren gehen werde. Wie sollte es auch möglich sein, daß ihnen ihre eigene innere Erfahrung hätte verloren gehen können durch sein Leiden und seinen Tod? Wie?

---
[2] Matth. 16, 17.

18–20 Vgl. Mt 10,5–15; Lk 10,1–12   **32–36** Vgl. wohl Lk 22,32–34

die ganze Zeit ihres Zusammenlebens mit ihm sollte wie weggewischt worden sein, so daß sie aus dem höheren Leben, in welches sie durch ihn eingeweiht worden waren, plözlich wieder zurükkgesunken wären in das vorige? Die Wirkungen seiner Worte, von deren Kraft sie so oft schon Zeugniß gegeben hatten, sollten plözlich verschwunden sein aus ihrer Seele, wie genau sie auch schon mit ihrem ganzen Leben zusammenhingen? Nein, das können wir nicht glauben! wie sollten wir sonst irgend ein Vertrauen behalten zu unserm eigenen Glauben? wie sollten wir sonst sicher sein können, daß Wahrheit sei in dem, was das Gemüth bewegt, wenn es sich auf den Erlöser hinwendet, und die Kraft seines Lebens erfährt? Nein! so gewiß sie im ganzen Sinne des Wortes gläubig an ihn gewesen waren: so gewiß | würden sie auch seine Jünger geblieben sein, auch wenn er nicht auferstanden wäre. Aber freilich, was sie selbst bestimmt genug sagen, ist dieses. Sie hatten gehofft, er sollte Israel erlösen; und diese Hoffnung war ihnen untergegangen durch seinen Tod. Das heißt, daß sie auch nun noch Gehör finden würden bei seinem und ihrem Volke, wenn sie fortführen zu predigen im Namen Jesu von Nazareth, das konnten sie nicht mehr hoffen, nachdem eben dieses Volk ihn, den Fürsten des Lebens, den Händen der Sünder überantwortet, an ein Holz gehängt und getödtet hatte; sie konnten nicht hoffen, daß sie mit ihrem Zeugniß für den Getödteten das Aergerniß des Kreuzes überwinden würden. Deshalb also, können wir wol behaupten, nennen sie sich so vorzüglich die Zeugen seiner Auferstehung, weil, ohnerachtet sie freilich auch nach derselben nicht im Stande waren ihn Anderen zu zeigen – denn er offenbarte sich ja nur ihnen, wie der Apostel in unserer heutigen epistolischen Lection sagt, nur ihnen, den vorher erwählten und bestimmten Zeugen – sie doch, wie es hier geschah, im weiteren Verlauf der Erzählung, aus der unser Text genommen ist, im Namen des Auferstandenen Buße predigten, und nicht nur Vergebung sondern auch eine Zeit der Erquikkung verkündigten, und in seinem Namen Zeichen und Wunder thaten. Denn dadurch ging ihnen die zuversichtliche Hoffnung auf, daß ein so beglaubigtes Zeugniß davon, daß er wieder gelebt hatte nach seinem Tode, das Aergerniß des Kreuzes wenn auch | nicht bei allen doch bei einigen werde überwinden können! Thaten sie nun etwa dieser so entscheidenden Begebenheit mehr Ehre an, als sie verdient, wenn sie deshalb sich selbst in Beziehung auf ihren Beruf von vorn herein Zeugen seiner Auferstehung nennen? Waren sie dies nicht sogar der Sache, der sie dienten, schuldig, um dadurch den für die gewöhnliche Meinung der Menschen widrigen und herabwürdi-

---

14–15 Vgl. Lk 24,21   **19–20** Vgl. Mt 26,45   **20** Vgl. Apg 5,30; 10,39   **22** Vgl. Gal 5,11   **26–28** Vgl. Apg 10,41   **30–31** Vgl. Apg 3,19–20

Predigt über Apg 3,13–15 621

genden Eindrukk des Todes, den er erlitten hatte, zu überwältigen, und zugleich ihn darzustellen als den Ueberwinder des Todes?

Allein wenn wir dies auch alle natürlich finden, m. a. Z.: werden wir nicht doch genauer erwogen sagen müssen, eben dieses, daß sie seiner Auferstehung nöthig hatten, wenn auch nur dazu, um wiederum in zuversichtlichem Muthe Zeugniß von ihm zu geben, sei doch zu gleicher Zeit ein Zeichen, wenn auch nicht davon, daß ihr Glaube ihnen verloren gegangen sei, doch von einer gewissen Schwachheit desselben, doch davon, daß er auch noch behaftet gewesen mit allerlei menschlicher Gebrechlichkeit? Wenn wir die Reden der Apostel erwägen, wie sie seit dem Tage der Pfingsten das öffentliche Zeugniß von dem Evangelium ablegten, indem sie das Volk zunächst immer darauf hinführten, wie schwer es sich an demjenigen versündigt hatte, den es nie auf eine andere Weise gekannt, als daß er umhergegangen um zu lehren und wohlzuthun; wenn sie ihren Zuhörern, so müssen wir wohl denken, eben diese Kraft seiner Lehre, eben diese Fülle seiner wundervollen | Wohlthaten gegen alle Leidende in seinem Volke, auch ganz abgesehen von seiner Auferstehung recht vor Augen gemahlt und ins Gedächtniß zurükkgebracht hätten; wenn sie die innere Stimme des Gewissens recht erwekkt hätten durch die Kraft des Wortes, die ihnen ja, seitdem sie beseelt waren von dem göttlichen Geiste, in so außerordentlichem Maaße zu Gebote stand: o, würden sie es nicht doch eben dahin gebracht haben, daß die Herzen der Menschen zerknirscht worden wären, wenn sie sie auch nur erinnern konnten an den Getödteten, und nicht an den Auferstandenen? hätte nicht der Zauber ihres Mundes so groß sein müssen, daß ihre Rede den Menschen auch ohne dieses Zeugniß von dem, was sie doch nicht sehen konnten, sondern immer nur glauben mußten, dennoch durchs Herz gegangen wäre, so daß sie zu Petro und den andern Aposteln dasselbe gesprochen hätten, Ihr Männer, lieben Brüder, was sollen wir thun, daß wir selig werden? würde nicht die Ueberzeugung, es müsse wol Wahrheit sein, was diese verkündigen, sich ihren Zuhörern dennoch aufgedrängt haben, wenn sie nun die Apostel mit gleichem Muthe das Werk Christi unter ihnen fortsezen sahen, um seinen Auftrag zu erfüllen? sollten die Jünger nicht mit diesem Muthe Glauben gefunden haben, auch ohne die Auferstehung des Herrn, auch ohne sein sichtbar geworden sein vor ihnen? Wir können wohl, m. a. Z., nicht anders glauben! Wenn wir dies verneinen wollten, das wäre unstreitig ein Zweifel an der allmächtigen Kraft | des göttlichen Wortes selbst. Was sollen wir also anders sagen, als freilich so ist es; in Beziehung auf die Apostel ist dies, daß sie sich auf eine so ausschließende Weise Zeugen

---

21 Vgl. Joh 20,22   30–31 Apg 2,37 in Verbindung mit Apg 16,30

seiner Auferstehung nennen, zugleich ein Bekenntniß von der Schwachheit, mit welcher ihr Glaube noch behaftet war. Aber was doch auch daneben? Gewiß doch zugleich auch ein frohes Zeugniß davon, wie mitleidig der Vater im Himmel der menschlichen Schwachheit zu Hülfe kommt! Denn das that er auf eine ausgezeichnete Weise zuerst durch die Auferstehung des Herrn selbst, dann aber auch dadurch, daß er seinen Jüngern, da der Erlöser sich nicht mehr selbst mit der Welt einlassen, sondern nur für seinen engeren Kreis leben konnte, die Kraft gab ihrem Zeugniß Glauben zu verschaffen durch die mitfolgenden Wunder, die sie dann verrichteten im Namen dessen, den die Welt verworfen und getödtet, den aber Gott auferwekkt und zum Herrn und Christ gemacht hatte.

Wenn uns nun die Auferstehung des Herrn in diesem Lichte erscheint: was ist sie anders, m. a. Z., als das erste Glied einer großen, langen Reihe von ähnlichen Erweisungen der göttlichen Gnade und Milde? Alles wodurch Gott in dem Verfolg der Ausbreitung des Christenthums der Schwachheit des menschlichen Glaubens zu Hülfe kommt, es ist eben dasselbige, was in jenen ersten Tagen des Evangeliums die Auferstehung des Herrn war; und dieselbe Dankbarkeit sind wir Gott für alles übrige hieher gehörige schuldig, wie für die Auferstehung des Herrn | selbst. Und wie ist Gott dieser Schwachheit des Glaubens zu Hülfe gekommen? Durch das unscheinbarste und das widerwärtigste, wie durch das glänzendste und erhebendste. Durch das unscheinbare, daß es nämlich lange Zeit so blieb, wie der Erlöser einst zu seinem Vater im Himmel redete, Ich danke dir Gott, daß du es verborgen hast den Weisen dieser Welt, und hast es offenbart den Unmündigen[3]. Daß die Verkündiger des Reiches Gottes solche waren, die sonst wenig oder nichts galten in menschlichen Dingen, die unbekannt geblieben wären ihr ganzes Leben hindurch, wenn Gott sie nicht erwählt hätte zu Zeugen seines heilsamen Wortes, das mußte ja gewaltig unter den Menschen wirken, und den an sich schwachen Glauben daran befestigen, daß dieser Lehre eine göttliche Kraft einwohnen müsse, da sie ja durch so schwache Werkzeuge und doch mit solchem Erfolge verkündigt wurde. Durch das widerwärtige, wenn wir bedenken, wie das Evangelium sich nicht etwa nur unter Martern und Verfolgungen, sondern unter bitterem Spott und kalter Verachtung, ja unter den demüthigsten Quälereien, welchen sich die unterwerfen mußten, welche das Kreuz annahmen, dennoch fortgepflanzt hat. Daß es sich unter solchen Demüthigungen dennoch so schnell ausbreitete: wie mußte das nicht zum Glauben aufregen, und der Schwachheit desselben zu Hülfe kommen? Aber eben so auch durch

---
[3] Matth. 11, 25.

das glänzendste und erhe|bendste. Wenn wir, m. a. Fr., die menschliche Welt jezt betrachten, wie sie sich schon seit einer Reihe von Jahrhunderten gestaltet hat: wo sonst finden wir alle Wirkungen der geistigen Entwikkelung in solcher Pracht und Fülle, wo sonst die Herrschaft des Menschen über die Kräfte der Natur auf dieser Erde zu gleichem Gipfel gesteigert, so daß man kaum glauben sollte, es könne noch etwas größeres erreicht werden, und dennoch erhebt sie sich immer höher! Und wo hat sich das menschliche Leben von allem unwürdigen in der äußeren Sitte, in den gegenseitigen Verhältnissen der Menschen sowol den häuslichen als den öffentlichen, im Ausdrukk der Gedanken und Empfindungen mehr gereinigt als unter christlichen Völkern? Wie sehr ist dadurch Gott der Herr der Schwachheit des menschlichen Glaubens zu Hülfe gekommen, und hat auch für diejenigen gesorgt, die nicht umhin können, wenn ihnen das ewige verkündet wird, hinter sich zu sehen auf das nichtige und vergängliche, die, wenn sie auch zur guten Stunde in den geheimnißvollen Ort eintreten, wo sich des menschlichen Geistes Zusammenhang mit seinem ewigen Urquell darstellt, doch da nicht weilen können, wenn sie nicht zugleich gewahr werden, was ihnen von dannen herkommt im menschlichen Leben. Denn auch diesen in der sinnlichen Schwachheit des menschlichen Geistes befangenen muß es durch solche Beweise seiner Gnade deutlich in die Augen leuchten, daß diejenigen die Lieblinge des Höchsten sein müssen, über die er die Fülle solcher Wohlthaten aus|gießt, und in demselben Maaße ausgießt, als sie das Ewige suchend auch alle äußere Herrlichkeit immer nur wieder für dieses gebrauchen. Und eben in diesem ausschließenden Gebrauch, dessen wir uns freilich immer mehr befleißigen müssen, wenn auch wir jenem göttlichen Zeugniß Kraft geben wollen durch unsern Wandel, in diesem ausschließenden Gebrauch aller unserer Gaben und Güter zur Förderung des Reiches Gottes, darin sind wir auf eigene Weise das Abbild des erstandenen Erlösers, der, so wie er wiedererwacht war zu diesem neuen Leben, nur für den kleinen Kreis der Seinigen lebte, alle Augenblikke, die ihm gegeben waren, für sie benuzte, und sich um die Welt nicht ferner bekümmerte, weil er ihr einmal abgestorben war am Kreuz. So, m. a. Z., konnten sich denn wohl die Apostel des Herrn mit Recht in dem Bewußtsein ihrer Schwachheit und überhaupt der menschlichen Schwachheit, aber eben deswegen auch in der dankbaren Erhebung der Milde, mit welcher der himmlische Vater dieser Schwachheit zu Hülfe kam, durch die sichtbare Auferwekkung des Herrn aus dem Grabe, vor allem Zeugen seiner Auferstehung nennen.

II. Aber laßt uns nun zweitens fragen, was diese Benennung Zeugen der Auferstehung für eine Bedeutung hat in Bezug auf den

Erlöser selbst? Da finden sich freilich in denselbigen ersten Verkündigungsreden der Apostel mancherlei Aeußerungen, die, wenn wir sie nicht richtig verstehen, uns leicht | könnten auf einen falschen Weg verleiten. Gleich in seiner Pfingstrede drükkt sich der Apostel Petrus, nachdem er ebenfalls zuerst von der Verwerfung und Verurtheilung des Erlösers und dann von der Auferwekkung desselben geredet hatte, so aus, Diesen Jesum, den ihr getödtet habt, hat Gott zu einem Herrn und Christ gemacht. Sollte das seine Meinung haben sein können, daß der Erlöser erst durch die Auferstehung ein Herr und Christ geworden wäre? So kann es wol im Zusammenhange manchem klingen; allein, m. a. Fr., dies würde gewiß eine sehr unrichtige Anwendung der Worte des Apostels sein. Der Herr und Christ ist Jesus von Nazareth gewesen von Anfang seiner Erscheinung an; als das Fleisch gewordene Wort Gottes hat er das Licht der Welt erblikkt, und überall in seinem ganzen öffentlichen Leben hat er sich bewiesen als den Herrn und Christ. Ja die Apostel selbst hätten ihren früheren Glauben an ihn als solchen dadurch verleugnet, wenn sie jezt hätten behaupten wollen, er sei erst ein Herr und Christ geworden durch seine Auferstehung. Und er selbst, der Erlöser, hat er nicht schon während seines irdischen Lebens vor seinem Tode eben so große Worte von sich selbst geredet, als die lezten, die er zu seinen Jüngern sprach, indem er ihnen sagt, Mir ist alle Gewalt gegeben im Himmel und auf Erden?[4] Hat er nicht schon immer gesagt, der Vater habe dem Sohne gegeben das Leben zu haben | in ihm selber?[5] der Sohn habe die Kraft, die Todten zu erwekken, und sie zum Leben hinzuführen?[6] und das sei der Wille seines himmlischen Vaters, daß sie glauben sollten an den, den er gesandt hat?[7] Wenn diejenigen, die ihn hörten, damals hätten an seine Auferstehung, auf die auch nicht die leiseste Anspielung vorkommt, denken sollen, um ihn recht zu verstehen: wie gegründete Ursache hätten sie gehabt zu klagen über die Dunkelheit seiner Worte! Auf der andern Seite aber konnte er eben dieses, daß er der Herr und Christ, der zum geistigen Herrscher gesalbte, der über alle früheren weit erhabene Gesandte Gottes sei, konnte er dies stärker als in solchen Worten ausdrükken? So hätten also die Apostel ihn selbst und seine Worte verleugnen müssen, wenn ihre Meinung gewesen wäre, daß er dies erst

---

[4] Matth. 28, 18.
[5] Joh. 5, 26.
[6] Joh. 5, 21. 25.
[7] Joh. 6, 29.

15 den Herrn] *vgl. Adelung: Wörterbuch 1, Sp. 869–870*

7–8 Apg 2,36

durch die Auferstehung geworden sei! Wenn wir nun fragen, ob denn eben dies, daß seine Apostel sich so ausgezeichnet die Zeugen seiner Auferstehung nennen, weil es diese Anwendung auf ihn selbst nicht haben kann, gar keine habe: so müssen wir zweierlei in Betrachtung ziehen; einmal den natürlichen Zusammenhang zwischen der Auferstehung des Herrn und seinem Tode, und dann den anderen, zwischen der Auferstehung des Herrn und seiner Himmelfahrt. Wenn ich aber hier sage, den natürlichen Zusammenhang, so kann ich darunter nur das | verstehen, was natürlich ist in dem ewigen Rathschluß Gottes.

Auf die Frage nun, was denn die Auferstehung des Herrn in Beziehung auf seinen Tod gewesen sei, werden wir wol keine andere Antwort geben können als diese. Sie war das gleichsam laut ausgesprochene göttliche Urtheil über diejenigen, die ihn zum Tode gebracht hatten, eine außerordentliche göttliche That, wodurch eben jene menschliche Handlung widerrufen und aufgehoben wurde; also diejenige That, durch welche sich Gott nach menschlicher Weise und für die Schwachheit der Menschen freilich, aber so deutlich und bestimmt wie es für diese wohl auf andere Weise nicht hätte geschehen können, zu dem aufs neue bekannte, den die Menschen, an die er gesandt gewesen war, verworfen hatten und getödtet. Die Auferwekkung Christi war in dieser Beziehung, daß ich so sage, die lezte göttliche Stimme, welche ausrief, Das ist mein lieber Sohn, an dem ich Wohlgefallen habe; und indem sie so den Sieg des Erlösers über den Tod darstellte, den die Menschen ihm zugefügt hatten, war sie die Vollendung seines irdischen Werks. Eben deswegen aber reden die Jünger des Herrn von seiner Auferwekkung auch oftmals so, als schließe sie die ganze göttliche Absicht mit dem Erlöser in sich; und gebrauchen eben denselben Ausdrukk, Gott habe ihn erwekkt, für den ganzen göttlichen Rathschluß in Beziehung auf seine Person. So der Apostel Petrus am Ende derselbigen Rede, aus welcher die | Worte unsers Textes genommen sind, als er seine Zuhörer, nachdem er sie niedergeschlagen, nun auch wieder aufrichten will, spricht er so zu ihnen, Nun euch zuvörderst hat Gott erwekket sein Kind Jesum und hat ihn zu euch gesandt, euch zu segnen[8]. Hier macht, wenn wir auch auf das vorhergehende gar nicht zurüksehen, schon die ganze Stellung deutlich, daß unter den Worten, er hat Jesum auferwekket, die ganze Ankunft Jesu in die Welt zu verstehen sei, indem der Apostel erst hernach

---

[8] V. 26.

---

31 seine] sein

22–23 Mt 3,17   32–34 Apg 3,26

hinzusezt, er hat ihn zu euch gesandt mit seinen Segnungen, mit seinen Wunderthaten. Wird also jenes vorausgestellt, so kann es nur die ganze Sendung des Herrn und sein gesammtes Verhältniß zur Welt bedeuten. Und auch in dieser Beziehung nennen sich die Jünger Zeugen seiner Auferstehung. Dadurch daß er den Tod nicht nur gelitten, sondern auch besiegt hatte, erschien er erst in dem vollen Glanz seiner Bestimmung, und ging ihm selbst auch erst das Bewußtsein der vollen Zuversicht auf, die er erwekkte; und dadurch wurde er erst verklärt, wie Petrus in der heutigen epistolischen Lection sagt, Gott hat sein Kind Jesum verkläret, diese seine Verklärung war äußerlich erst vollendet durch seine Auferstehung. Und das ist nun die Ursache, warum dies Fest der Auferstehung des Herrn von Anfang an, seitdem es in der christlichen Kirche als ein besonderes Fest ist gefeiert worden, auch als das haupt|sächlichste und erste aller Feste angesehn worden ist; es führt zunächst zurükk auf den Tod des Herrn, indem das göttliche Werk, das die Menschen vernichtet hatten, wieder aufgerichtet wurde, ja es ist das Fest des Herrn schlechthin von dessen erstem Anfang bis zu seinem lezten Ende, die ganze göttliche Führung mit ihm und alles, was der Herr selbst durch diese geleistet hat, in sich schließend.

Aber es giebt zweitens auch einen Zusammenhang der Auferwekkung mit der Himmelfahrt des Herrn. Denn dieser erwähnen die Apostel auch nach dem Tage der Pfingsten in ihren Verkündigungsreden gar nicht besonders, sondern übergehen sie ganz mit Stillschweigen, oder reden nur beiläufig davon, aber nicht als von etwas, das sichtbar zu erkennen gewesen, und wovon sie eben so Zeugen wären, nicht als von einer anschaulich zu erfassenden Thatsache. So sagt Petrus, diesen Jesus hat Gott auferwekket und nun, nachdem er erhöhet ist, hat er ihn gesezt zu einem Richter der Lebendigen und der Todten[9]. Was Christus gestorben ist, sagt der Apostel Paulus, das ist er einmal gestorben der Sünde, und was er nun lebt, das lebt er Gotte[10]. Der Auferstandene konnte nicht wieder sterben, und so verstand es sich gleichsam von selbst, daß er erhöht werden mußte von der Erde auf eine andere verborgene, unbegreifliche Weise; verborgen sage ich, denn sichtbar und anschaulich konnte immer nur der An|fang dieser Erhöhung sein, das Ende nicht. Darum erwähnen auch die Apostel dieser nicht anschaulichen Handlung nicht, aber die Auferstehung des Herrn war ihnen zugleich schon seine Erhöhung, der Sieg über den

---

[9] Apostelgesch. 10, 40–42.
[10] Röm. 6, 10.

9–10 *Apg 3,13, nicht in Apg 10,34–41*

Tod auch zugleich der Anfang seiner himmlischen Herrlichkeit. Eben darum sagt Petrus, dadurch hat Gott ihn zu einem Herrn und Christ gemacht: nicht als ob er es geworden wäre, sondern durch seine Auferstehung habe Gott ihn den Menschen als solchen dargestellt, die Thatsache seiner Herrschaft beweise und bewähre sich erst von da an. Indem also nun die Auferstehung des Herrn den Anfang seiner höheren Macht darstellt, den Anfang der Herrschaft, welche er von oben herab über seinen geistigen Leib und durch denselben führt: mit wie großem Rechte erst haben sich, wenn wir dies erwägen, die Apostel die Zeugen seiner Auferstehung genannt! Seine Auferstehung aus dem Grabe und das Leben mit seinem geistigen Leibe, der lebendigen Gemeinschaft der Gläubigen, das gehört wesentlich zusammen; eine und dieselbe himmlische Macht, eine und dieselbe Herrlichkeit des Vaters, die er dem Einen und dem andern bereitet hat, in Einem und dem andern wieder zu erkennen und zu schauen.

Und dieses, m. a. Z., ist denn auch ganz vorzüglich die eigenthümliche Kraft, welche auch für uns in der frommen Feier der Auferstehung des Herrn liegt. Ich habe das in meiner gestrigen Frühbetrachtung von der Seite angedeutet, wie uns aus | diesem erneuerten menschlichen Leben in den Tagen der Auferstehung auf eine ganz besondere Weise die vollkommene Lauterkeit und Wahrheit entgegenleuchtet, in welcher alle Christen die festliche Zeit des Daseins seines geistigen Leibes auf Erden begehen sollen. Aber wohin wir auch sehen mögen, überall finden wir in dem, was uns die heiligen Bücher von den Tagen seiner Auferstehung erzählen, und zwar mit einem ganz eigenthümlichen geheimnißvollen Reiz aber zugleich auf die klarste und anschaulichste Weise das reine, göttliche, von der Welt gesonderte, von dem innern und unzerstörbaren ewigen Frieden erfüllte Dasein, in allen Erzählungen davon, wie der Erlöser in diesen Tagen mit seinen Jüngern zusammen gewesen, überall wird uns dies ganz augenscheinlich dargestellt. O da zeigt sich offenbar, wenngleich noch unter leiblicher Hülle, aber doch seine geistige Gegenwart auf Erden, wie sie kein Ende nehmen soll außer am Ende der Tage! da zeigt sich der Einfluß, den diese geistige Gegenwart auf uns ausüben soll, wie er ihn damals auf den kleinen Kreis seiner Jünger ausübte, wie sie da in herzlicher Liebe, aber zugleich in scheuer Ehrfurcht um ihn waren, wie er sie mit Schonung zurechtwies aus dem göttlichen Wort und alle Irrthümer von ihnen nahm, aber wie er sie eben so auch mit dem göttlichen Frieden erfüllte; das ist die Kraft des Einflusses seiner Gegenwart auf die Christenheit! |

2–3 Vgl. Apg 2,36   18–19 Vgl. die Predigt zum Ostersonntag am 7. April 1833 früh in der Dreifaltigkeitskirche zu Berlin über 1Kor 5,6–8, KGA III/14

348   Und so, m. a. Fr., soll es dabei bleiben, daß in diesem Sinne wir alle, wir und unsere Nachkommen bis ans Ende der Tage, Zeugen sind von der Auferstehung des Herrn; Zeugen von dieser seiner geistigen von aller Gemeinschaft mit irdischer Gesinnung, von allem Widerstände des bösen wesentlich befreiten, das ganze Werk Gottes an dem menschlichen Geiste vollendenden Wirksamkeit, Zeugen von dieser sollen wir sein: dann sind wir auch unsererseits Zeugen seiner Auferstehung. Und wenn dann der Herr fortfährt, wie er es ja sichtbarlich thut, auch jezt noch durch Zeichen und Wunder, wenn gleich anderer Art wie ich es vorher erinnert habe, mit denen zu sein, die Zeugen seiner Auferstehung sind; wenn alle geistigen Gebrechen, alle Rohheit und Ungeschlachtheit immer mehr verschwinden, wo das ewige Wort des Lebens, von seinem heiligen Namen getragen, sich vernehmen läßt, und also Gott auf alle Weise dem Zeugniß von der Auferstehung des Herrn zu Hülfe kommt: so wird sich der Glaube auch immer mehr so verklären zu seiner vollen Reinheit, daß wir von Zeit zu Zeit weniger Unterstüzung dieser Art bedürfen, bis zulezt wie ganz von selbst das menschliche Leben verherrlicht ist zu der Gleichheit mit dem vollkommenen Mannesalter Christi, zu der Aehnlichkeit mit jener Lauterkeit und Wahrheit seiner menschlichen Erscheinung in den Tagen seiner Auferstehung, zur gänzlichen Befreiung von allem
349 Zusammenhange mit dem eitlen und nich|tigen, wie in jenen vierzig Tagen seine Jünger frei davon waren; und so werden wir uns seiner geistigen Gegenwart, seines Lebens in uns und für uns freuen können immerdar.   Amen.

XVI.

Die Trennung der Gemüther, ein Vorzeichen des göttlichen Gerichts.

Am jährlichen Bußtage.

Text. Matthäi 24, 37–42.
Gleich aber wie es zu der Zeit Noah war, also wird auch sein die Zukunft des Menschensohnes. Denn gleich wie sie waren in den Tagen der Sündfluth, sie aßen, sie tranken, sie freiten und ließen sich freien, bis an den Tag, da Noah zu der Arche einging, und sie achteten es nicht, bis die Sündfluth kam, und nahm sie alle dahin: also wird auch sein die Zukunft des Menschensohnes. Dann werden zween auf dem Felde sein, einer wird angenommen, und der andere wird verlassen werden; zwo werden mahlen auf der Mühle, eine wird angenommen und die andere verlassen werden. Drum | wachet; denn ihr wisset nicht, welche Stunde euer Herr kommen wird.

M. a. Fr. Diese ernsten Worte unsers Herrn sind aus einer Rede genommen, in welcher er seine Jünger unterrichtet über das bevorstehende Verderben des Volks, welches seinen und der Welt Erretter verschmäht und verleugnet hatte, und über die Zukunft des Menschensohnes und die Zeichen, die derselben vorhergehen sollten. Wenn wir nun jährlich nach Anordnung unserer christlichen Obrigkeiten einen besondern Tag der Buße und des Gebets mit einander feiern, weshalb geschieht es als nur eben in Beziehung auf das Wort unsers Erlösers, Darum wachet, denn ihr wisset nicht, welche Stunde euer Herr kommen wird! Damit wir einander die große Verkündigung, Thut Buße, denn das Himmelreich ist nahe herbeigekommen, immer aufs neue wiederholen, und unseren Herzen die Worte des Erlösers immer tiefer einprägen, Wer da glaubt an mich, der hat das ewige Leben, wer aber nicht glaubt, der ist schon gerichtet[1]; damit

---

[1] Joh. 3, 18.

---

5 24, 37–42.] 24, 32–42.   9 Tag,] Tag

---

2 *Predigt zum Bußtag am 16. Mai 1821 früh in der Dreifaltigkeitskirche zu Berlin*
17–21 Vgl. Mt 24–25   27 Mt 3,2; 4,17   29 Statt „an mich" in Joh 3,18 „an ihn" [d.i. an den Sohn Gottes]

die Herzen der Menschen aufs neue erfüllt werden mit heiliger Scheu vor jedem, sei es nun gänzlichen oder sei es theilweisen, Gerichte des Höchsten, und sich immer aufs neue in die Gesinnung hinein retten mögen, unter deren Schuz der Mensch allein sicher und aller Gerichte enthoben ist. Was ziemt also einem solchen | Tage besser, wenn wir doch der göttlichen Gerichte gedenken sollen, als daß wir untersuchen, ob etwa schon Zeichen ihres nahen Bevorstehens unter uns wahrgenommen werden, damit wir uns nicht etwa in leere Sicherheit einwiegen.

Was führt uns aber in den verlesenen Worten unser Erlöser hierüber zu Gemüthe? Wenn er sagt, Zween werden auf dem Felde sein, einer wird angenommen, und der andere wird verlassen werden; zwo werden mit einander mahlen auf einer Mühle, die eine wird angenommen und die andere verlassen werden: welches traurige Bild der Entfremdung bei aller scheinbaren Nähe der Zertrennung der Gemüther, die doch in einem gemeinsamen Geschäfte begriffen sind, stellt uns in diesen Worten der Erlöser vor Augen, als das uns allen bedeutendste Vorzeichen der Gerichte des Herrn. Denn als eine reine Willkühr die von oben her waltet, sollen wir uns das doch nicht vorstellen, daß über zweie, die sonst unter ganz gleichen Verhältnissen leben, in allen augenfälligen Beziehungen einander so gleich sind, ohne allen inneren Grund an einem Tage des Gerichtes auf so entgegengesezte Weise sollte entschieden werden, daß nur der eine könnte angenommen, der andere aber müsse verworfen werden. Ja auch ein innerer Grund läßt sich bei so naher Gemeinschaft kaum denken, wenn nicht ihre Gemüther einander entfremdet und ohnerachtet der leiblichen Nähe geistig weit von einander geschieden wären. Hierüber, m. g. Fr., über die Zertrennung der | Gemüther in den wichtigsten Angelegenheiten des Menschen, laßt uns jezt zu unserer Warnung mit einander nachdenken, als über ein Vorzeichen des göttlichen Gerichts. Laßt uns **erstlich** näher mit einander erwägen, welches die Art und Weise der Zertrennung ist, welche dieser Beschreibung zum Grunde liegt; und dann **zweitens**, wie natürlich ja nothwendig eine solche ein Vorzeichen ist von dem Gerichte des Herrn.

I. Wenn wir uns nun diese Zertrennung der Gemüther bestimmter vorstellen wollen: so müssen wir uns zunächst darüber verständigen, daß die Äußerungen des Erlösers allerdings eine Beschäftigung mit den für alle gleich großen und bedeutenden Gegenständen und zwar, genauer angesehen, bei beiden Theilen voraussezen. Denn wiewol er die Zeiten, von denen er redet, mit den Tagen des Noah vergleicht, als die Menschen, wie er sagt, sich aller Erwägung ernster und geistiger Dinge entschlugen, und nur in dem sinnlichen Genuß des irdischen Lebens begriffen waren: so dürfen wir doch die Aehnlichkeit beider nicht bis auf diesen Punkt ausdehnen; sondern nur das unerwartete und unabwendbare der vorhergesagten Gerichte Gottes, und die Unaufmerksamkeit der Menschen auf das, was in und vor ihnen vorhergeht, hat er im Auge, wenn er die Zukunft des Menschensohnes den Tagen der Sündfluth gleichstellt. Denn wenn von zweien, die auf dem Felde sind, der eine angenommen wird, und | der andere verworfen: so kann nicht jener so gut wie dieser sich aller Theilnahme an den wichtigen und heiligen Gegenständen des geistigen Lebens entschlagen haben, denn wie müßte er sonst nicht auch verworfen werden? Soll also von zweien auch nur einer angenommen werden an einem Tage, wenn der Herr seinen Stuhl auf eine ausgezeichnete Weise aufgeschlagen hat zum Gericht: so muß überhaupt doch eine Beschäftigung eine Theilnahme eine Richtung des Gemüthes auf das große und bedeutende auf das geistige und ewige in den menschlichen Dingen schon immer stattgefunden haben. Aber wie weit müssen die Gemüther von einander entfernt gewesen sein, wenn einer, dessen Tichten und Trachten in diesen Dingen Gott so geleitet hat und gesegnet, daß er angenommen wird am Tage des Gerichts, auf diejenigen gar nichts hat wirken können, die so eng mit ihm verbunden sind, daß es weder an Gelegenheit dazu fehlen konnte, noch die Befugniß zu freundlicher Zusprache und gemüthlicher Anfassung in Zweifel gestellt werden darf. Und eben dies, m. g. F., ist es vorzüglich, worauf der Erlöser uns als auf ein warnendes Zeichen in seiner Rede aufmerksam machen will. Denn waltet in einem, und es macht keinen Unterschied, ob es auch einer von den Geringen ist, die im Feld und auf der Mühle arbeiten, waltet in einem der Geist zu seiner eigenen Erleuchtung und Erbauung für das ewige Leben, hat er in einem den Sinn gewirkt, um des willen allein wir insgesammt können für frei erklärt werden an dem Tage | des Gerichts: so ist es nicht möglich, daß diese Gottesgabe sollte in dem einzelnen Gemüthe einsam verschlossen bleiben wollen, sondern sie strebt nothwendig sich der nächsten Umgebung mitzutheilen; sie hat ein inniges Verlangen die Finsterniß zu durchdringen, die in einem nahe verbundenen Herzen wohnt. Und giebt es in der Nähe eines schon geistig belebten Menschen noch Träge in diesem Sinne und Schläfrige, die ganz den irdischen Dingen dahingegeben sind: er muß sich bemühen sie gleichfalls aufzuregen, wenn nicht das natürliche Band der Liebe und Anhänglichkeit schon zerrissen ist, wenn nicht die freundlichen Verhältnisse

---

2 beider] leider   29 insgesammt] ins gesammt

12–13 Vgl. Ps 9,8   **17–18** Gen 6,5

gegenseitiger Anerkennung und Hingebung schon aufgehoben sind, unter denen allein auf eine fruchtbare Weise ein Mensch auf den andern geistig einwirken kann. Ja gewiß, m. g. Fr., wir können uns unter Personen, die in immerwährendem Verkehr stehen, einen solchen Zustand der Abgeschlossenheit nicht denken, ohne wenigstens bei dem einen eine weit gediehene Verhärtung des Herzens, ein gänzliches Erkalten der Liebe vorauszusezen, welches unmöglich ohne nachtheilige Einwirkung auf den andern bleiben kann. Und was lesen wir hierüber in derselben Rede des Erlösers, aus der die Worte unsers Textes genommen sind? Weil die Ungerechtigkeit überhand nehmen wird, sagt er[2], darum wird die Liebe in vielen erkalten. Ist nun die Liebe erkaltet, dann freilich, dann ist die Wirkung des ei|nen auf den andern aufgehoben, dann ist Gleichgültigkeit oder Abneigung die unvermeidliche Folge. Aber ist wol die erste viel besser als die andere? und muß nicht die Liebe, mit der wir ja jedes menschliche Verhältniß beginnen sollen, schon im Uebergange zum Widerwillen begriffen sein, wenn ein so leerer todter Zwischenzustand, wie die Gleichgültigkeit ist, eine Stelle finden soll? Aber so ist es leider, m. g. Fr.! Wenn sich die Menschen mit den wichtigsten Gegenständen ihrer großen Bestimmung auf Erden am eifrigsten beschäftigen, entdekken sich natürlicher Weise am leichtesten die großen Verschiedenheiten ihrer Ansichten und Bestrebungen. So lange sie noch in dem Schatten des Todes wandeln; so lange ihnen, wenn auch nicht mehr jedes nächste genügt, doch überhaupt die sinnlichen Genüsse der irdischen Welt allein am Herzen liegen, sehen wir aus den natürlichen Verschiedenheiten der Neigungen weit weniger Entfernung entstehen. Keinen hindert der verschiedene Geschmakk des Andern; in kindlicher, sinnlicher Unschuld leben sie, ehe die höheren Kräfte des Menschen erwacht sind, größtentheils ruhig und ungestört neben einander; aber mit dem höheren Leben, mit der Erweiterung ihres Gesichtskreises entwikkelt sich aus den verschiedenen Richtungen Widerspruch und Streit. Allein kommt nur die Liebe dadurch nicht zum erkalten: unmöglich kann es dann in den engeren Kreisen der menschlichen Gesellschaft so stehen, daß wenn ein Tag des Herrn kommt, der eine angenommen wird und der andere verworfen; das | kann es nicht, m. g. Fr., so lange wir uns noch einander, so lange wir noch gemeinschaftlich die Wahrheit suchen in Liebe. Ist das Herz noch von Liebe erwärmt, hat noch keiner das Vermögen verloren, dem andern anzumerken, daß auch er im Suchen seines Heils begriffen ist, daß auch er mit einem unverschlossenen Ohr die

---

[2] V. 12.

---

22 Vgl. Mt 4,16 mit Bezugnahme auf Jes 9,1

Stimme Gottes vernommen hat, daß auch er das große Werk der Erlösung genießen und fördern will nach seinen Kräften; ist die Liebe noch nicht so erkaltet, daß wir, um an das Gute in Andern zu glauben, es in seiner vollen siegreichen Kraft müssen erst nach außen hervortreten sehen, vermögen wir vielmehr noch es zu ahnden, wenn es sich auch nur in den besten Augenblikken des Lebens aus der verborgenen Stille des Herzens kaum hervorwagt, und uns auch an seinen leisen Aeußerungen zu freuen: so lange kann sich auch keine Gleichgültigkeit unserer bemächtigen, vielweniger ein Widerwille sich festsezen. Hielten sich also alle in diesem Zustande, daß noch für jeden das geistige Wohl des Andern einen Werth hätte: so wäre es nicht möglich, daß diejenigen, die soviel Gelegenheit haben einander zu beobachten, so genau wissen können, wo der andere am meisten eines Wortes der Ermahnung bedarf, und auf welche Weise er am leichtesten dahin zu bringen ist ein Wort der Warnung nicht übermüthig von sich zu weisen, nicht sollten einander so förderlich sein können zur Seligkeit, daß sie mit einander angenommen würden am Tage des Gerichts. Also freilich die Liebe muß schon | gelitten haben. Wie kann es aber geschehen, daß sie so weit erkaltet, so weit, daß auch die beseligende Gabe des göttlichen Geistes, daß auch das himmlische Licht der Wahrheit durch sie nicht mehr übertragen werden kann von einem auf den andern, auch nicht zwischen solchen, welche im Leben einander am nächsten stehn, und an einander auch im geistigen gewiesen sind? Wenn die Ungerechtigkeit überhand nimmt, dann erkaltet in vielen die Liebe; und beides verhält sich gegenseitig zu einander wie Ursach und Wirkung, und beides ist daher auch in gewisser Beziehung nur eins und dasselbige. Ohne das Erkalten der Liebe kann die Ungerechtigkeit nicht überhand nehmen, denn die Liebe läßt sie nicht gewähren; hat aber die Ungerechtigkeit überhand genommen, dann muß auch wiederum die Liebe immer mehr erkalten, und aller belebende Geist, alle heilsame Wärme aus einem solchen menschlichen Kreise entfliehen. Was für eine Ungerechtigkeit aber meint Christus hier? Gewiß hat er das Wort in demselben allgemeinen und weitschichtigen Sinn genommen, in welchem der Apostel sagt[3], daß die Wahrheit durch Ungerechtigkeit aufgehalten wird. Denn, m. g. Fr., wo in dem Gemüth auch nur Gleichgültigkeit eingekehrt ist, wir wollen nichts von Widerwillen sagen: da muß die Selbstsucht schon ihren Wohnsiz haben, und alle Selbstsucht ist Ungerechtigkeit, eben deshalb weil sie nicht in der Wahrheit besteht. Denn die Wahrheit | unseres Daseins

---

[3] Röm. 1, 18.

24–25 Vgl. Mt 24,12

ist die, daß kein Einzelner etwas für sich allein sein oder thun kann. Wir haben gar nicht nöthig dem Apostel in jener Auseinandersezung zu allem Wahnsinn und allen Gräueln des Heidenthums zu folgen, wir dürfen nur bei dem stehen bleiben, was sich unter uns oft genug als reinen Eifer für das rechte und gute, ja auch für die göttliche Wahrheit geltend machen will. Ist es nicht die Ungerechtigkeit eines ungetreuen Haushalters, der sein Pfund vergräbt, wenn so Manche sich gleich kalt und stolz von jedem zurückziehen, aus dessen Aeußerungen sie zu merken glauben, daß er die tiefen Gründe ihrer eigenen Weisheit nicht noch würde auffassen können, wenn es sich doch um gemeinsame Angelegenheiten handelt, oder um dasjenige besonders, worüber alle Menschen ihre Erkenntniß nur aus derselben Quelle schöpfen können? Ist es nicht die Ungerechtigkeit eines Richters in eigener Sache, wenn wir Andern ihre Abweichungen von unserer Handlungsweise und unsern Vorstellungen von vorn herein auf das übelste auslegen, oft ohne daß ihr Leben oder ihre übrigen Verhältnisse die geringste Veranlassung dazu geben, da wir vielmehr das gute und wahre, wovon sie ausgegangen sind, nicht nur anerkennen, sondern wenn sie selbst es nicht zur Darstellung zu bringen vermögen, es lieber unsrerseits geflissentlich aufsuchen sollten, um uns desto besser mit ihnen zu verständigen, nicht aber uns erlauben sollten, schon den Irrthum oder die einseitige Übertreibung – und wer wäre dem nicht ausgesezt im Streit der Mei|nungen – ihnen ungehört zur Sünde anzurechnen. Gewiß wenn sich niemand unter uns, sei es durch gereizte Persönlichkeit oder durch geistlichen Hochmuth, zur Ungerechtigkeit verleiten ließe: so würde bei aller Verschiedenheit der Standpunkte und der Betrachtungsweisen, doch das gemeinschaftliche alles verbindende und erleuchtende die Wahrheit suchen in Liebe niemals unter uns aufhören können; dann würde die Mannigfaltigkeit, welche der Herr so weislich geordnet hat, und welche ganz besonders geeignet ist, die Liebe, weil sie ihr immer neue Gegenstände und neue Veranlassung darbietet, am kräftigsten aufzuregen, nicht so häufig dahin führen sie erkalten zu machen! – So erkennen wir denn freilich, m. g. Fr., in diesem Zustand der Zertrennung der Gemüther, wie ihn uns der Erlöser schildert, ein tiefes Verderben, welches, wenn es einmal entstanden ist, auch immer weiter um sich zu greifen droht unter den Menschen. Denn ist einmal eine Trennung der Gemüther da: so ist in demselben Maaß der Wirkungskreis eines jeden verringert, und das gute kann sich nicht verbreiten. Aber in demselben Maaß ist auch der Kreis beschränkt, woher ein jeder Hülfe empfangen kann, mithin auch jeder allem feindseligen ohne Schuz Preis gegeben. Und je weniger

---

2–3 Vgl. Röm 1,18–32   6–7 Vgl. Mt 25,18.25; Lk 19,20

einer dem andern leisten kann, desto mehr werden sie auch einander gleichgültig und entfremdet; und um desto weniger ist jeder dann im Stande, oft selbst diejenigen, die ihm am nächsten im Leben stehen, vor dem Verworfenwerden am Tage des Ge|richts zu bewahren, und sie in dem schüzenden Bunde des Glaubens und der Liebe zu fördern.

II. Und so wird es denn freilich uns ein leichtes Geschäft sein, uns zweitens davon zu überzeugen, wie ein solcher Zustand nothwendig ein Vorzeichen sein muß des göttlichen Gerichts. Denn worin besteht das göttliche Gericht? Bemerkt nur, m. g. Fr., um den Sinn davon recht zu fassen, wie genau in dieser Rede unsers Erlösers, sowol wie wir sie hier lesen, als wie die andern Evangelisten sie mittheilen, die Beschreibung von allem, was sich auf den großen Tag des Herrn bezieht, mit demjenigen zusammenhängt, ja kaum davon zu unterscheiden ist, was an und für sich betrachtet doch nur von jenem besonderen Gericht handelt, welches eben wegen der Verwerfung des Herrn nicht lange nach seiner Entfernung von der Erde dem jüdischen Volk bevorstand. Dieses aber, worin bestand es? Unheil und Zerstörung tritt uns freilich, wenn wir daran denken, zunächst vor Augen; aber doch machen diese nicht das Gericht aus. Gott führt große Verwikklungen in den menschlichen Verhältnissen herbei, ein drohendes Zeichen folgt dem andern, eine Verwirrung thürmt sich auf die andere; aber alles geschieht nur, damit der verborgene Rath der Herzen offenbar werde, nicht wie im täglichen Leben einzeln zerstreut, den meisten verborgen oder unentschieden, sondern in großen Massen Allen in die Augen leuchtend unverkennbar. Daß so das verborgene ans Licht gezogen | wird durch den unwiderstehlichen Arm des Herrn, und endlich an ihren Früchten jede bittere Wurzel des Verderbens für das erkannt wird, was sie ist, das ist das Gericht des Herrn. Denn eben diese Verwikkelungen in den gemeinsamen menschlichen Dingen, diese Reibungen der Völker und der Stände, dieser Kampf der Meinungen, wenn sie dort theils ein inneres verzehrendes Feuer entzünden, theils die zerfallene Menge jedem äußeren Feinde zur Beute ausliefern: wie leicht zertheilen sich auf der andern Seite diese drohenden Ungewitter, wie bald löst sich alles auf in fruchtbaren Regen, dem heiterer Sonnenschein folgt, wie endet alles in neue und edlere Gestalten des Guten, und gereicht zu einer schöneren Entwikkelung des Reiches Gottes, wenn die Gemüther nicht getrennt sind, sondern die Herzen der Menschen in Liebe verbunden, wenn nicht die Erschütterung der Selbstsucht ihre natürlichen Kräfte lähmt, sondern die erhebende Kraft des Glaubens in ihnen waltet. Alles nun wodurch der

---

11–12 *Vgl.* Mk 13; Lk 17,20–37; 21,5–36   **22–23** *Vgl.* 1Kor 4,5

Unterschied zwischen beiden in ein so helles Licht tritt, daß jeder sehen muß, welches der Weg des Lebens sei, und welcher Weg zum Tode führe, das ist das göttliche Gericht. Aber das geschieht nur, indem die Folgen der Sünde im großen hereinbrechen, und es so zur sinnlichen Gewißheit wird – wie dies das Wesen aller Bilder und Darstellungen des göttlichen Gerichtes ist – daß die Sünde der Leute Verderben ist. Solcher Gerichte Vorzeichen, an denen man erkennt die entscheidenden Momente könnten nicht | mehr fern sein, sind offenbar die Zustände, welche der Erlöser hier beschreibt. Denn wenn auch die engeren Lebensverhältnisse die Menschen nicht mehr zusammenhalten, wenn auch die gleiche Geschäftsführung ihnen keine Veranlassung giebt sich einander zu nähern und sich freundlich zu verständigen; wenn dies nicht etwa einzeln als Ausnahme vorkomme, sondern es ist der herrschende Zustand: dann lauert auch schon ein feindseliges Geschikk, indem entweder von innen die Zwietracht gewaltsam ausbricht, oder indem die Schwäche, welche sich hierdurch verkündigt, einen Widersacher von außen reizt und ihm Vorwand giebt. Denn wenn diejenigen, welche einander gegenseitig von Gott besonders anvertraut sind, anstatt daß sie diesem Beruf folgen und einander sollten zu erkennen suchen, damit sie auch wissen, wie einer dem andern zu helfen hat, vielmehr gleichgültig und entfremdet neben einander hingehen, und voreilig der eine über den andern urtheilt und den Stab bricht, so daß dann natürlich Mistrauen und Argwohn an die Stelle der Liebe tritt: wie will dann eine Gemeinschaft den großen Unglükksfällen, den schwierigen Verwirrungen, die der Herr zur Prüfung und Läuterung der Welt sendet, einen ihr Dasein bewährenden Widerstand leisten? Denn es ist nicht genug, daß nur äußerlich noch eine Einheit vorhanden sei; sondern allem, was ihm mächtig entgegentritt, vermag der Mensch nur zu widerstehen durch eine wahre Vereinigung der Kräfte. Schwach fühlt und soll sich fühlen jeder vereinzelt. Offen|bart sich da, wo großes überstanden und großes ausgerichtet werden soll, eine solche Trennung der Gemüther: dann rollt das Unglükk mit leichter Mühe zerstörend über die Menschen her, und was groß und mächtig, was wohlthätig und sicher zu sein schien, zeigt sich in seiner ganzen Schwachheit Nichtigkeit und Leere. Laßt uns daher denken an das bedeutungsvolle Wort, welches der Herr zu seinem Apostel sagte, Der Satan hat euer begehret, daß er sichte das gute und tüchtige Korn von der unnüzen und leeren Spreu; und ich habe gebeten, daß euer Glaube nicht aufhöre! Ja wenn die Zeit kommt, wo die Men-

---

36 bedeutungsvolle] bedeutunsvolle

---

6 Vgl. Spr 14,34   37–39 Vgl. Lk 22,31–32

schen gesichtet werden sollen durch das Gericht des Herrn, daß dann der Glaube und also auch die Liebe nicht aufhöre! sonst wird alles in der Sichtung als leichte flüchtige Spreu verweht werden.

Aber gesezt auch solche Gerichte des Herrn ständen nicht bevor, als von der göttlichen Vorsehung ausdrükklich veranstaltet, um die Menschen zu prüfen und zu läutern: ganz von selbst müßte doch ein solcher Zustand die Gerichte des Herrn herbeiführen. Denn, m. g. Fr., wenn in den Verbindungen der Menschen die Ungerechtigkeit immer mehr überhand nimmt durch das Erkalten der Liebe, und die Liebe immer mehr erkaltet, weil die Ungerechtigkeit überhand nimmt: so kann Gott der Herr unter solchen Verhältnissen seine großen und heiligen Absichten durch die Menschen nicht mehr erreichen, und ihre Verbindungen müssen sich ihrer Natur nach von selbst auflösen, sie sterben den | Tod der Schwäche und der Nichtigkeit auch ohne alle äußere Veranlassung. Denn, m. g. Fr., überlegt nur wozu uns der Herr überhaupt auf Erden geordnet, und wozu er uns in seinem Sohn sein Heil offenbart hat, und bedenkt dabei, wie jedesmal aufs neue der menschliche Geist diesen irdischen Schauplaz betritt, und wie verschieden er auch in der Reife des Lebens in den verschiedenen Theilen der Erde erscheint. Wie kann es geschehen, daß das Wort des Herrn den neuen Geschlechtern immer wieder eingepflanzt wird, daß es allmählig zu den entfernten hindurchdringt, daß es in den Zurükkbleibenden immer mehr alle Sorgen und allen Wahn in heitres Gottesbewußtsein und klares Gottvertrauen auflöst, wenn nicht durch die einträchtige Stimme der Liebe den Menschen die Wahrheit empfohlen wird? Und die dem Menschen bestimmte Herrschaft über die Erde, wie will sie unter so viel Hindernissen nicht nur bestehen, sondern auch gefördert werden, wenn nicht helfend und mittragend einer den andern unterstüzt, wenn nicht was jedem für sich zu groß wäre durch die lebendige frohe und sich frei immer weiter ausdehnende Vereinigung menschlicher Kräfte bezwungen oder erreicht wird? Und der Streit, der noch immer wieder entsteht, sei es nun aus eingewurzelten Irrthümern oder aus Mißverstand der göttlichen und menschlichen Ordnungen, wie will er geschlichtet werden, wenn nicht solcher noch genug vorhanden sind, welche selbst erleuchtet durch die göttliche Gnade, sich auch von einer Liebe beseelt fühlen, der die ent|brannten Leidenschaften nicht widerstehen können, und wenn diese nicht auch immer bereit sind, den Streit gegen verwirrende Irrthümer mit aller Kraft des Geistes zu führen? Hat aber die Ungerechtigkeit zu sehr

---

5 veranstaltet] veranstalttet

---

26 Vgl. Gen 1,28   39–1 Vgl. Mt 24,12

überhand genommen, und ist die Liebe bei zu vielen erkaltet: dann freilich sind alle Bestrebungen der Wenigen, die von diesem Verderben frei geblieben sind, vergeblich, und in dem Gefühl ihrer Vergeblichkeit lassen dann auch diese die Hände sinken, und verlieren den Muth. Und wie natürlich! denn giebt es nicht mehr dieses gegenseitige Anfassen und Tragen, besteht nicht mehr diese natürliche Verbindung der Stärkern und Schwächern, nicht mehr diese innige Gemeinschaft auf die heiligsten göttlichen Wohlthaten gegründet: was kann weiter geschehen in einer solchen Verbindung der Menschen? Wird da nicht das ganze Werk der Erlösung vergeblich? ist da nicht Christus umsonst gestorben? ist da nicht sein Geist umsonst gesendet und ausgegossen? Was bleibt also übrig, als daß das, was schon todt ist, auch wirklich sterbe, was schon in sich ganz leer ist und unkräftig, auch äußerlich verwese und nicht mehr da sei, wie der Herr warnend sagt am Ende seiner Rede, Wo das Aas ist, da sammeln sich die Adler.

Aber, m. g. Fr., daß nur keiner unter uns, indem wir dieses traurigen Zustandes gedenken, und die Spuren desselben nicht selten wiewol nur zerstreut auch in unserm gemeinsamen Leben finden, daß nur keiner denke, sollte es ja geschehen, wenn ich mit einem andern wenn auch nur äußerlich verbunden bin | zu gleichem Dienst und Geschäft, daß von uns zweien der eine angenommen würde und der andere verworfen: so werde ich doch wenigstens – Dank sei es Gott und seiner Gnade – der Angenommene sein, und auch gewiß nichts versäumt haben, sondern meine Hände in Unschuld waschen können über den, der verloren geht. Daß nur keiner so denke! denn wie sollte der nichts versäumt haben, der an einem ihm so nahe stehenden gar nichts gewonnen hätte mit dem anvertrauten Pfunde! Kann einer so sich selbst beschwichtigen: so sucht er schon nicht mehr mit einem reinen Sinn die Tiefe der Wahrheit in seinem inneren auf. Und wer sich den Fall, daß von zweien nur er angenommen würde, so ruhig denken kann: wie sollte in dem nicht die Liebe schon im Erkalten begriffen sein! Nein alle müssen wir uns das Wort der Warnung gesagt sein lassen, und alle müssen wir Buße thun, wenn wir finden, daß zu einem so trüben und wehmüthigen Bilde, wie es uns der Erlöser hier aufstellt, sich auch in unserm Leben die Züge wiederfinden. Denn das ist nicht der Sinn dieses Tages, daß er uns so vorbereiten soll für die Zeit, wenn etwa die Gerichte des Herrn heran nahen und wir sie erkennen, daß wir dann uns selbst rechtfertigen wollten, so viele wir uns für besonders erleuchtet halten und erwärmt, um die Schuld auf diejenigen abzuwerfen, mit denen wir uns nicht hatten verständigen können, wie nahe sie uns auch standen! Vielmehr, indem dieser Tag

---

15 Mt 24,28; Lk 17,37   **24** Vgl. Ps 26,6; 73,13; Mt 27,24

Allen gemeinsame Buße zumuthet, mahnt er uns auch an gemeinsame | Schuld, und nur indem wir diese anerkennen, ehren wir ihn, wie es sich gebührt; wer sich hingegen diese ableugnen will, der gehört selbst unter diejenigen, in welchen die Liebe erkaltet, und die Ungerechtigkeit überhand nimmt. Darum gebührt uns Treue zu beweisen in der Strenge, womit wir alle Spuren dieses Verderbens in unserer Mitte aufsuchen, und die ganze Kraft unseres Gemeingeistes dagegen richten. Dann nur kann uns ziemen, uns auch zu dem zweiten Hauptstükke dieses Tages zu wenden, und das Anliegen betend vor Gott zu bringen, daß die erkannten Verirrungen, von denen wir uns gänzlich zurükkgezogen, nun auch, nachdem sie uns zur Warnung und zur Züchtigung in der Gottseligkeit gereicht, im übrigen ins Meer der Vergessenheit versenkt werden mögen. Wenn nun zugleich wir insgesammt uns desto tiefer versenken in den Glauben, von dem geschrieben steht, wer da glaubt, der kommt nicht ins Gericht, und uns aus diesem Glauben die ungefärbte Bruderliebe hervorgeht, die es wohl weiß, daß unter der Zucht des heiligen Geistes keiner des andern und seiner Hülfe entbehren kann, wenn anders reine Selbsterkenntniß, wenn ungeheuchelte Wahrheit sein Leben erleuchten sollen, und wir dadurch in den Stand gesezt werden, die Stimme des göttlichen Wortes reiner fortzupflanzen, und das Band der Einigkeit des Geistes fester zu knüpfen: dann, m. g. Fr., ist gewiß uns allen dieser Tag der Buße und des Gebetes zum Segen gewesen. Amen.

---

15 Vgl. Joh 3,18; 5,24

XVII.

Zwei Beispiele davon, wie, wenn die Gerechtigkeit ein Volk nicht erhöht, die Sünde das Verderben desselben wird.

Am Bußtage.

Text. Spr. Salom. 14, 34.
Gerechtigkeit erhöhet ein Volk, aber die Sünde ist der Leute Verderben.

Diejenigen unter Euch, m. chr. Z., die sich öfter hier mit mir zu versammeln pflegen, wissen es wol, daß ich selten etwas anderes als Worte aus unseren im engeren Sinne christlichen heiligen Büchern, Worte aus den Schriften des neuen Bundes, unseren Betrachtungen zum Grunde lege; aber es hat in dieser Hinsicht eine besondere Bewandniß mit einem Tage wie der heutige. Er ist ein festlicher Tag nicht aus der inneren Geschichte der christlichen Kirche, nicht aus einem besonderen Bedürfniß des | christlichen Glaubens, welches sich an eine bestimmte Zeit knüpfte, hervorgegangen, sondern ein festlicher Tag eingesezt von christlicher Obrigkeit für ein christliches Volk; und eben diese Richtung desselben auf den Verein, welchen wir unter einander als ein Volk bilden, macht, daß die Bücher des alten Bundes für einen solchen Tag reicheren Stoff enthalten und angemessener sind, weil jene älteren heiligen Schriften sich ganz und gar auf das gemeinsame Leben desjenigen Volkes, welches Gott zu einer besonderen Bestimmung auserwählt hatte, beziehen.

Finden wir nun solche Tage vornehmlich eingesezt unter denen christlichen Völkern, welche durch das Licht des Evangeliums vermittelst der Kirchenverbesserung noch mehr sind erleuchtet worden; rühmen wir uns Alle solche zu sein, die einen freien Besiz an dem göttlichen Worte haben jeder Einzelne für sich: so ziemt uns auch an einem solchen Tage nicht nur nicht bei unsern äußeren Handlungen für sich stehen zu bleiben, vielmehr sie im Zusammenhang mit unsern Gesin-

---

7–8 Gerechtigkeit ... Verderben.] „Gerechtigkeit ... Verderben."

---

2 *Predigt zum Bußtag am 16. Mai 1832 vormittags in der Dreifaltigkeitskirche zu Berlin; vgl. Predigtdruck und Liederangaben in KGA III/13, S. 224–236*

nungen zu betrachten, sondern wir dürfen auch den Werth unserer Gesinnungen nicht schäzen lassen nach irgend einer menschlichen Willkühr, vielmehr sollen wir unser Gewissen nur schärfen und unser Leben nur richten nach dem göttlichen Wort. Wenn wir nun diesen Tag einen Tag der Buße und des Gebetes nennen: so führet das erstere uns mehr in die Vergangenheit zurükk, das andere mehr in die Zukunft hinaus. Das eine richtet mehr unsern Blikk nach innen, das andere | lenkt ihn mehr nach außen; aber beides in beiderlei Beziehung steht mit einander in der genauesten Verbindung. Wir sollen an diesem Tage auf die Vergangenheit zurükksehn, wie uns unser gegenwärtiger Zustand aus derselben als das Ergebniß unserer eigenen Handlungen entstanden ist. Wenn wir dabei unseren Blikk nach innen richten, dann wird uns dieses Zurükksehen zur heilsamen Erkenntniß der Sünde; dann sehen wir, aus welchem inneren Grunde, was irgend mangelhaft ist in unserem Leben und Wirken, was wir als Gott mißfällig verdammen müssen, hervorgegangen sein möge, und der Tag wird uns ein Tag der Buße. Wenn wir aber unseren Blikk nach außen richten, so wendet er sich zugleich in die Zukunft, so ahnden wir, was aus der bitteren Wurzel des Verderbens, welche sich schon in der Gegenwart zu Tage gelegt hat, noch für verderbliche Früchte hervorgehen werden, und dann wird uns natürlich der Tag der Buße ein Tag des Gebets. Von dieser Empfindung sind die Worte unseres Textes der natürliche Ausdrukk; sie stellen uns in der Kürze die Verbindung dar, auf welche ich eben hingewiesen habe. Gelangen wir zu der Erkenntniß der Sünde, so ahnden wir auch, daß sie das Verderben der Völker sein werde, und werden fester in dem Glauben, daß nur die Gerechtigkeit ein Volk erhöhen kann. Aber dieses lezte Wort, m. a. Fr., scheint freilich mehr der ganzen Art und Weise des alten Bundes anzugehören. Gerechtigkeit und Gesez, das stehet beides in einem genauen Ver|hältniß zu einander. Das Gesez steht vor dem Menschen als ein äußerer Buchstabe, der ihm gegeben ist; und wie er sich auch danach abschäzen möge, weil eben dieser Werth weniger eine Sache des Herzens und des Gemüthes ist, so läßt ihn auch ein solches Urtheil über sich selbst und über Andere kalt. Wir, unter den Segnungen des neuen Bundes lebend, wissen, daß die, welche der Geist Gottes regiert, in Beziehung auf alles, was mit ihrem inneren Leben zusammenhängt, nicht unter dem Geseze stehen[1]; wir wissen, daß wir nur Christen sind, in sofern der Wille Gottes in unser Herz geschrieben und in demselben wirksam ist. Und wie wir in diesem Bewußtsein leben, und an diesen warmen Ton der Liebe, welche eben der uns in das Herz geschriebene Wille Gottes ist, in allen unseren Gedanken und allen unseren Aeußerungen

---

[1] Gal. 5, 18.

gewöhnt sind, scheint uns jenes Wort Gerechtigkeit nicht zu befriedigen. Aber laßt uns nur bedenken, m. th. Z., daß die Liebe recht verstanden auch der innerste und lezte Grund alles Rechtes ist. Es gäbe keine solche äußere Verbindung der Menschen wie diese auf das Recht gegründete und dasselbe auch wieder bewahrende und erläuternde, wenn ihr nicht die Liebe voranginge; und somit gehört für uns auch die bürgerliche Gerechtigkeit mit zu der vollen Erweisung derselben Liebe in diesem Gebiet unserer Lebensverhältnisse. In diesem Sinne also lasset uns in gegen|wärtiger Stunde der Andacht uns mit dem Saz beschäftigen, daß, wenn **solche Gerechtigkeit nicht ein Volk erhöht, dann gewiß die Sünde das Verderben desselben wird.**

Aber wie vermöchten wir wol in einer kurzen Rede einen Saz wie diesen zu erschöpfen! Das kann daher auch gar nicht meine Meinung sein. Aber jedem Volke jeder Zeit jedem besonderen Zustande eines Volkes sind auch besondere Mängel und Gebrechen aufgedrükt; es ist izt dieser izt ein anderer Zweig der Gerechtigkeit, welcher kränkelt, es ist izt diese izt eine andere Sünde, welche am meisten Verderben bringt. Darum will ich mich darauf beschränken unseren Saz nur zu erläutern an einem **Paar Beispielen**, welche in dieser Zeit unserem Zustande und unseren Verhältnissen ganz besonders Gefahr zu drohen scheinen.

I. Das Erste, m. a. Fr., was ich Euch in dieser Beziehung warnend vor Augen stellen und ans Herz legen möchte, ist der **Argwohn**. Die Neigung bei dem, was außerhalb unserer Weise mithin auch anders als in dem Sinn und Geist unseres nächsten Lebenskreises geschieht, immer schlimmeres vorauszusezen als wirklich zu Tage liegt, diese vielfach unter uns verbreitete Neigung, sage ich, ist in unserm gemeinsamen Leben eine solche Sünde, die uns gewiß Verderben droht, wenn wir uns nicht zurükkwenden zu der Gerechtigkeit, welche das rechtliche das gesezmäßige bei Jedem im voraus annimmt, | bis das Gegentheil offenbar wird. Zwar, m. th. Fr., scheint die angedeutete Neigung, in so üblem Ruf sie auch überall steht, doch auf der andern Seite genau zusammenzuhangen mit einer Lehre, zu welcher wir uns ja Alle in unserem christlichen Glauben bekennen, nämlich der Lehre von dem natürlichen Verderben des menschlichen Herzens. Wir fühlen es tief, wenn wir das ganze Gebiet der Sünde in ihren verschiedenen Gestaltungen überschauen, daß der Keim zu einer jeden in dem inneren eines jeden Gemüthes mithin auch des unsrigen verborgen liegt. Sind wir nun so wachsam auf uns selbst, so meinen wir auch vorsichtig sein zu dürfen ja zu müssen in Beziehung auf Andere; und je mehr jeder wacht über denjenigen Kreis des menschlichen Le-

Predigt über Spr 14,34

bens, welcher besonders seiner Sorgfalt anvertraut ist, um desto mehr glaubt er sich rechtfertigen zu können, wenn er das schlimmste erwartet und vermuthet von allem, was auf irgend eine seinem Einfluß entgegengesezte Weise auf diesen Kreis einzuwirken droht. Aber demungeachtet ist doch gewiß diese Neigung des menschlichen Herzens Sünde, vorzüglich Sünde unter einem christlichen Volke, weil sie einen Unglauben in sich schließt an die Wirkungen der göttlichen Gnade, auf welche wir ja Alle vertrauen. Traget ihr euch umher in eurem Sinn mit einem Bilde des menschlichen Herzens, wie man es ja auch nicht selten in den Händen unserer Christen sieht, die scheußlichen Gestalten aller jener Thiere, die ihr eigentliches Wesen haben das eine in dieser | das andere in jener von den ausschweifenden sinnlichen Neigungen, die auch in der menschlichen Seele keimen, diese insgesammt Besiz ergriffen habend von dem Herzen des Menschen, und sich darin wohlgefällig umherbewegend, geleitet, aufgeregt, zusammengeführt von dem bösen Geiste, in dessen Gewalt sie stehen: wieviel wahres auch in dieser Schilderung sei, lasset uns nie vergessen, daß sie immer nur einseitig ist! Ist in keiner Seele kein Verderben schon jemals vollkommen ertödtet, so daß sie jeder Befürchtung gänzlich enthoben wäre: so kann es auf der andern Seite doch eben so wenig eine menschliche Seele unter uns geben, in welche nicht der göttliche Säemann auch den Samen des göttlichen Wortes gestreut hätte! Woher also sollten wir das Recht haben von einem der Unsrigen zu glauben, sein Herz sei so ganz verhärtet wie der Weg in der Gleichnißrede des Herrn, so daß der göttliche Same gar nicht hineingestreut werden könnte mit irgend einer Hoffnung, daß er da Leben gewinnen werde. Wie wahr es auch sei, daß dem Menschen in diesem Leben noch überall entgegentreten die Verlokkungen der Lust: doch kann auch wieder keine menschliche Seele unter uns leben, die niemals wäre angewht worden von dem Frieden Gottes, welcher ja überall in dem Reiche des Herrn wohnt! Keinen kann es unter uns geben, welcher niemals des Unterschieds sollte inne geworden sein und ihn tief in sein Bewußtsein aufgenommen haben zwischen dem Gehorsam gegen den göttlichen Willen und den wil|den aufrührerischen Wogen einer Herrschaft der sinnlichen Lust. Und haben wir zu so allgemeinen nachtheiligen Voraussezungen kein Recht: dann dürfen wir auch nicht irgend etwas einzelnes bestimmtes voraussezen, ohne daß wir es wahrnehmen und eher als es sich wirklich zeigt. Und achten wir dennoch überwiegend auf die nachtheilige Seite Anderer, so lasset uns auch die gute

---

8 Traget ihr euch umher] *vgl.* Adelung: *Wörterbuch 4, Sp. 1020–1023, hier 1022*

24–25 *Vgl. Mt 13,4.19; Mk 4,4.15; Lk 8,5.12*

nicht übersehen! zeigt uns das Auge des Glaubens überall das Verderben, um dessentwillen wir Alle des Erlösers bedürfen: das Auge der Liebe wird uns sicher überall auch die Wirkungen der Erlösung zeigen, die uns in dem guten Glauben an die Kraft der göttlichen Gnade befestigen.

Und ist diese argwöhnische Neigung eben deswegen eine Sünde, weil sie so sehr den Unglauben an die göttliche Gnade und ihren heilsamen Einfluß unter christlichen Völkern im christlichen Leben und Wandel ausspricht und nährt: wie sollten wir uns dagegen verwahren können, daß eben diese Neigung auch eine Ungerechtigkeit wird? Laßt uns nur die Art und Weise unseres Zusammenlebens in diesem Verein zu bürgerlichem Recht und Ordnung mit der Art vergleichen, wie der Apostel Paulus uns das höhere Urbild dieses Vereins, nämlich die christliche Kirche darstellt. Da hält er uns vor die Verschiedenheit der Gaben und der Geschäfte, wie sie doch alle wesentlich zusammen gehören; und gewiß kann das nicht in höherem Grade wahr sein in dem Gebiete des geistigen Lebens, als es gelten muß von diesem mehr äußerlichen Verein, durch welchen al|lein die große Bestimmung allmälig erreicht werden kann, die uns Gott für dieses Leben angewiesen hat, nämlich die Herrschaft des Menschen über die Erde und ihre Güter sicher zu stellen und zu erhöhen. Da ist kein Geschäft, das entbehrt werden könnte, keine Gabe, die überflüssig wäre; alles, was Gott gegeben hat, muß zusammenwirken zu dem gemeinsamen Zwekk. Was aber der Apostel in jenem Bilde als das Verderben darstellt, welches er von der Gemeine Gottes entfernen möchte, das ist nur der Wahn, wenn etwa ein Glied glaubt des anderen entbehren zu können, wenn eines sich einbildet, es könne selbst und allein das Leben des Ganzen erhalten und schüzen; aber daran hat er wol nicht gedacht, daß ein Glied glauben könnte, irgend ein anderes sei ihm feindselig und verderblich. So läßt er nicht die Hand zu dem Auge reden oder den Mund zu dem Ohr; sondern schon jene Gleichgültigkeit und Geringschäzung des einen gegen das andere Glied stellt er uns als das Verderben dar. Aber worauf anders beruht jene verkehrte Neigung, als auf einer solchen Voraussezung? Wenn einem unter uns irgend etwas unserem gemeinsamen Leben angehöriges anvertraut ist, daß er es schüze versorge fördere, dem ist es anvertraut als Theil des Ganzen, in dessen Sinn und Geist es soll behandelt werden. Glauben wir aber in blindem Eifer für dieses Anvertraute, daß Andere, die von ihrem Standpunkte aus nach ihrer Weise handeln, aber nicht so handeln konnten wie wir, eben weil der ihnen anvertraute Theil ein an|derer ist, in einer Feindschaft gegen das unsrige begriffen wären: so han-

---

14–16 Vgl. Röm 12,3–8; 1Kor 12,4–31   19–21 Vgl. Gen 1,28

deln wir nicht nur nicht mehr im Geist des Ganzen, sondern auch von der gemeinen Gerechtigkeit haben wir uns losgesagt. Aber eben darum, m. th. Fr., ist auch, wo der Argwohn einwurzelt, das Verderben nicht fern. Wie kann ein Hauswesen bestehen, wenn Argwohn einreißt zwischen dem einen Gatten und dem andern, als ob jeder Theil nur seinen besonderen Vortheil suche auf Kosten des andern? oder Argwohn zwischen Eltern und Kindern, Argwohn zwischen denen, die da gebieten, und denen die da dienen, als hätten jene am stärksten Drukk die größte Freude, oder als wäre alle Sorgfalt und Treue bei diesen nur heuchlerischer Eigennuz? Sehen wir aber auf das größere, wenn Argwohn einreißt unter einem Volke, die Herrscher von den Unterthanen glauben, diese sehnten sich immer danach die Bande der Ordnung zu lösen, die Unterthanen fürchten, daß die Führer uneingedenk der künftigen Zeit nur für sich die Bequemlichkeit des alten liebten; Argwohn der Jugend, als ob das Alter ihr mißgönnte besser zu werden als es selbst sein konnte, und es besser zu haben als ihm seine Zeit darbot; Argwohn des Alters, als sei die Jugend nur voll Dünkels und voll verzehrenden Feuers; Argwohn der Armen gegen die, welche die Güter dieser Welt besizen, als ob sie sie immer nur durch steigende Unterdrükkung vermehren wollten; Argwohn der Reichen gegen die Dürftigen, als ob sie immer im Begriff ständen ihre Mehrzahl geltend zu machen als das Recht des Stärkeren, und alle anderen noch so | heiligen und wohl erworbenen Rechte zu ihrem Vortheil mit Füßen zu treten; wenn so jeder Stand von dem andern nicht nur glaubt, er sei überflüssig oder weniger werth, sondern auch er sei der eigentliche Siz des unmittelbar drohenden Verderbens: dieses äzende Gift kann sich verbergen in Zeiten der äußeren Ruhe und des Friedens; aber wie viel es im Verborgenen schon zerstört hat, das wird sich zeigen am Tage der Gefahr.

Die Aelteren unter uns, m. th. Fr., bewahren die Erinnerung einer Zeit, wo weniger aus diesem Grunde als vielleicht aus einem Mangel an gehöriger und gesunder Gemeinschaft, oder vermöge einer durch eine lange Zeit der Ruhe und des Wohllebens herbeigeführten Erschlaffung unser ganzes öffentliches Leben auseinander zu fallen im Begriff war, und daher das gemeine Wesen leicht überwältigt ward von einer fremden Uebermacht. Wie gelangten wir aber da zu der Erkenntniß dessen, was allein uns wieder erheben konnte! Wie erwuchsen aus dieser Erkenntniß alle die herrlichen Tugenden der Selbstverleugnung des Muthes der Hingebung! Welche Kraft gegensei-

---

30–1 *Anspielung auf die katastrophale Niederlage, die Preußen im Vierten Koalitionskrieg 1806–1807 gegen Napoleon erlitt, die anschließenden Stein-Hardenbergschen Staatsreformen und den siegreichen Ausgang der Befreiungskriege 1813–1815.*

tiger Unterstüzung, durch welche das Uebel überwunden wurde! Lasset uns daher nicht dem gegenwärtigen Verderben zusehen, daß es ruhig Wurzel fasse, bis eine Zeit der Gefahr über uns kommt; denn in einer solchen Stimmung würde auch die gleiche Gefahr nicht mehr dieselbe Wirkung hervorzubringen vermögen. Dazu diene uns denn izt die Einkehr in uns selbst, die uns geboten wird an einem Tage wie der heutige! | Möchten deshalb nur Alle bei sich feststellen, das sei die heiligste Pflicht eines Jeden gegen alle Anderen, daß er keinem Vorurtheil der Art Raum gebe, als könne das wahre Wohl eines Einzelnen oder eines bestimmten Theils der Gesellschaft im Streit sein mit dem Wohl des Ganzen, als könne ein Theil das Verderben eines anderen suchen müssen um sich selbst aufrecht zu halten! Je freudiger wir uns in das Bewußtsein versenken, daß unser gemeinsames Leben ein Ganzes bildet; je mehr wir suchen, alle die verschiedenen Theilungen, die unter uns stattfinden, in ihrer Nothwendigkeit ins Auge zu fassen: um desto sicherer werden wir jeden verderblichen Argwohn aus unsern Herzen entfernen. Und lasset uns nicht vergessen, welches Beispiel auch in dieser Beziehung uns unser Herr und Heiland gegeben hat. Auf wem ruhte so sehr das Wohl und Heil aller Völker und aller Geschlechter? Wer hätte mehr Recht gehabt als Er, diejenigen, die ihm feindselig gegenüber traten in seinem Leben und Wirken, für Feinde Gottes zu achten und für Feinde der Menschen? Aber nachdem er sich ihnen wiederholt wiewol immer vergeblich mit Liebe genähert, nachdem er ihnen wiederholt die Schäze seiner Weisheit geöffnet hatte, auf daß sie erkennen möchten, was ihnen Noth that: wie jammerte er immer nur darüber, daß sie doch nicht hätten bedenken wollen, was zu ihrem Frieden dient! und wie weiß er auch, nachdem sie ihn dazu bestimmt hatten zu sterben, damit das Volk, vornehmlich aber sie selbst, im al|ten Zustande blieben, doch nichts schlimmeres bei ihnen vorauszusezen als eine Verblendung ihres geistigen Auges, daß sie nicht wüßten, was sie thaten! Diesem Beispiele lasset uns nachfolgen, überall nicht an bösen Willen im voraus glauben, sondern mehr auf wohlmeinenden Irrthum rechnen, überall auch dem, was uns als selbstsüchtige Verwirrung erscheint, mit Liebe und Wahrheit entgegentreten, damit die Liebe überall den Sieg gewinne. Dann werden wir so fest und in solchem Geiste vereint bleiben, daß wir mit Zuversicht erwarten können, unter allen Umständen, die Gott uns zusendet, werde die Gerechtigkeit uns erhöhen.

II. Das Zweite, m. a. Fr., was ich noch als ein Beispiel hinzufügen will, wie die Sünde das Verderben eines Volkes wird, mag vielen

---

31 Vgl. Lk 23,34

unter Euch vielleicht als etwas geringes und unbedeutendes erscheinen; aber ich wollte, ich könnte in dieser Kürze der Rede und mit wenigen Zügen Euch den gänzlichen Widerwillen meines Gemüths dagegen, so wie die ängstliche Furcht, die mich dabei befällt, vor Augen bringen und mittheilen. Was ich meine, ist jener **rechthaberische Eigensinn**, den wir bei Allen finden, welche sich in dem Streite der Meinungen verhärten. Wie reichlich sehen wir nicht diesen überall unter uns, sowol wenn wir denken an die Angelegenheiten der christlichen Kirche als an die unseres bürgerlichen Gemeinwesens! Zu häufig zeigt er sich an beiden Orten, als daß man ihn | genauer betrachtet für unbedeutend halten könnte. Viele aber, fürchte ich, werden sagen, ist denn das Bestehen auf seiner Meinung etwas anderes als die Liebe zur Wahrheit und die Festigkeit der Ueberzeugung? Wer sich bewußt ist die Wahrheit zu besizen, kann der wol anders handeln? und was aus einem solchen Grunde hervorgeht, kann das unter die Sünde gerechnet werden, und als solche die Erhöhung des Volkes durch die Gerechtigkeit hindern, oder wol gar unmittelbar Verderben bringen? Es ist eine große Sache um die Wahrheit, m. a. Fr., in dem ganzen vollen Sinne des Worts: die ungetheilte reine Wahrheit aber ist das unzugängliche Licht, in welchem der Ewige wohnt; es bricht sich in dem menschlichen Geist in mancherlei Strahlen. Jeder hat etwas von ihr – ja, das müssen wir wohl behaupten, seitdem der, welcher die Wahrheit und das Leben war, unter uns gewohnt hat – aber Keiner hat sie ganz. Wie sollte es nun nicht Sünde sein, wenn wir uns, sobald unserer Ueberzeugung eine andere entgegentritt, um so leichter je wichtiger der Gegenstand ist, überreden, die unsrige sei lauter Wahrheit, die des anderen sei nichts als Irrthum? Und wer sich erst durch eine solche Voraussezung an seinem Bruder versündigt, wie nahe liegt dem auch das, ja wie fast unvermeidlich wird er dahin geführt, daß er seinen eigenen Irrthum auch da für Wahrheit hält, wo das wesentliche seiner Ueberzeugung irrig ist? Ist aber das nicht der sträflichste Hochmuth, und muß der nicht Sünde | sein? Bedenket den Apostel, der so vieles gethan hat zur Erbauung der christlichen Kirche, in welchem sich auf eine so kräftige Weise alle Gaben des Geistes bekundeten, der von sich selbst sagen mußte der Wahrheit gemäß, er habe mehr gethan oder vielmehr Gott durch ihn als die Andern, der sagt von sich, Ich glaube doch auch den Geist Gottes zu haben[2]. Aber wer sich in seiner Meinung einer entgegengesezten gegenüber so rechtha-

---

[2] 1 Kor. 7, 40.

19–20 *Vgl.* 1Tim 6,16   22–23 *Vgl.* Joh 14,6   23 *Vgl.* Joh 1,14   35–36 *Vgl.* 1Kor 15,10; *auch* 2Kor 12,23–28

berisch und eigensinnig verhärtet, glaubt der nicht den Geist Gottes den Geist der Wahrheit allein zu haben? Muß nicht solcher Hochmuth, ja kann er wol irgend anders als vor dem Falle kommen? Giebt es ein stärkeres Betrüben des göttlichen Geistes, wovor uns die heilige Schrift so ernstlich warnt, als wenn wir ihn selbst, der sich verbreiten soll über den ganzen Umfang des menschlichen Geschlechts, als unser Eigenthum und unsern Besiz in die engen Kammern unseres eigenen Herzens und Gehirns ausschließlich mit Abweisung der Anderen gleichsam festbannen wollen? wenn wir diesen Geist, der sich von Anfang an in so vielerlei Sprachen zeigte, gleichsam ausschließend nur unsere Sprache wollen reden hören? Und wie sollte nicht dieser gefährliche Hochmuth auch ungerecht sein! Wenn wir an unser gemeinsames Leben denken, so kann es doch nur bestehen durch das Zusammenwirken aller geistigen Kräfte; keiner darf sich allein vertrauen, keiner sich selbst allein genügen wollen. Aber eben des|wegen ist auch das die erste Pflicht eines jeden, daß er sich den Andern dazu hingebe, daß sie versuchen können nach Vermögen ihren Antheil an der Wahrheit auch in seinem Gemüthe geltend zu machen; und die andere Verpflichtung ist der gleich, die nämlich, daß jeder sich gegen Alle, von denen er umgeben ist, in einem solchen Verhältniß erhalte, daß er auch wieder seinerseits im Stande bleibt, der Wahrheit Dienste zu leisten bei den Anderen. So wir aber jeder in seiner eigenen Ueberzeugung uns verhärten, uns abwenden von den entgegengesezten Meinungen, weil wir im voraus schon geurtheilt haben, sie seien falsch: wie schließt das nicht die größte Ungerechtigkeit in sich! wie unüberlegt und hartherzig sprechen wir nicht dadurch den Anderen ab, was wir schuldig sind einem Jeden zuzutrauen! Nämlich dieses sind wir schuldig jedem zuzutrauen, mit welchem wir in einer Gemeinschaft des Lebens stehen, daß auch er der Wahrheit nachstrebe, und also den Keim derselben in sich trage; daß auch er im Stande sei mitzuwirken zu der gemeinsamen Erleuchtung Aller. Wem wir das im voraus absprechen, mit dem könnten wir auch unmöglich in irgend einer Gemeinschaft des Wirkens bleiben wollen; denn er müßte uns ja ein Hinderniß unseres Wirkens sein! Ruht nun darauf alle Gemeinschaft: o wie versündigen wir uns nicht gegen Alle diejenigen, mit denen wir nicht wollen in eine friedliche, freundliche Auseinandersezung der Meinungen eingehen! wie versündigen wir uns nicht gegen das gemeinsame Wesen, indem wir | auf diese Weise die Erleuchtung, mit der der Eine auf den Anderen wirken soll, aufheben und hemmen! Wer aber so den Gang des Lichtes aufhält, der ist zugleich Schuld an

---

2–3 Vgl. Spr 16,18   4–5 Vgl. Eph 4,30   9–10 Vgl. Apg 2,4–6 der Verbreitung der Finsterniß, und gehört auch unter diejenigen, welche die Wahrheit aufhalten in Ungerechtigkeit. Und so lehrt es auch die Erfahrung, daß diejenigen, welche sich solchergestalt gegen die Ueberzeugung Anderer verschließen, und sich nur in ihrem eigenen Gedankenkreise verhärten, selbst immer mehr dem anheim fallen, was in ihrer eigenen Ueberzeugung nicht von der Wahrheit ist sondern aus dem Irrthum. Denn wie die Wahrheit wesentlich ein Gemeingut ist, so kann sie auch nur durch die Gemeinschaft fortbestehen; der Irrthum ist nothwendig das Kind der Selbstsucht, und wer sich aus der Gemeinschaft ausschließt, der nährt ihn geflissentlich, und räumt ihm immer größere Herrschaft über sein Inneres ein.

Solches kann uns indeß immer noch als ein geringes und unbedeutendes erscheinen, wenn wir an den großen Abstand zwischen Wort und That denken. So lange nur dies beides von einander entfernt bleibt, könnten wir uns wol über jene Unvollkommenheit trösten. Mag es doch immer sein, wollten wir sagen, daß auch in den heiligsten Angelegenheiten des Glaubens die Christen so weit mit ihren Vorstellungen auseinander gehen, sich so sehr gegenseitig abstoßen, daß sie nicht mehr eingehen können in irgend einen bedeutenden Austausch ihrer Gedanken! wenn nun auch jeder in der Rede und | Zunge seines eigenen Kreises bleibt, die ursprüngliche Gabe des Geistes aber, daß alle Zungen geredet und verstanden werden in der Gemeinschaft der Gläubigen, für uns verloren gegangen ist; sind wir nur sicher, daß sich auch die verschieden denkenden vereinigen können, wo es auf thätige Liebe und auf Beförderung des Evangeliums, in welcher Weise es auch sei, ankommt; bleibt das nur ungefährdet, daß dann wenigstens jeder in seinem Kreise treu und fröhlich mitwirkt, mag es auch der eine so der andere anders thun: so können wir uns bei allen diesen Verschiedenheiten ja Gegensäzen leicht beruhigen; die Uebereinstimmung liegt in dem, der alles leitet. Dasselbe könnte man auch sagen in Beziehung auf unser bürgerliches Gemeinwesen. Mag doch immer der Eine diese, der Andere eine entgegengesezte Meinung darüber haben, wie das gemeinsame Ziel soll gefördert werden; ja wenn sie sich auch in ihren Ueberzeugungen so weit von einander trennen, daß zulezt gar keine Gemeinschaft der Rede statt findet, weil jeder denkt, es sei besser darüber nicht erst zu sprechen, worüber man sich ja doch nicht einigen kann; wenn sie nur Alle dem Geseze gehorchen, das über sie Alle waltet, wenn nur Keiner dem Winke der schüzenden und leitenden Hand seinen Gehorsam versagt: so kann jenes ohne allen Schaden vorübergehen. Aber die Entfernung zwischen Wort und That ist eine sehr ungleiche in verschiedenen Zeiten des Lebens. Liegt nicht darin

---

1–2 Vgl. Röm 1,18   21–23 Vgl. Apg 2,1–11

schon immer der Keim zu entgegengesezten Thaten, wenn | der Eine für gut hält was der Andere für verderblich? Ja ist nicht fast immer, wenn wir es genau betrachten, das Wort selbst schon That, und oft sehr folgenreiche gewichtige That? Sind nicht die Geseze des bürgerlichen Lebens Worte, und schließen sie nicht Thaten in sich und rufen sie hervor? Wenn es darauf ankommt, Geseze zu berathen und zu Stande zu bringen, und die liebevolle Mittheilung der Ansichten ist dann aufgehoben: wo kann die Vereinigung herkommen, aus der das Bessere hervorgehen soll? Sind nicht schon zu sehr die Einen gegen die Andern erbittert, als daß ein herzliches Zusammenwirken zu erwarten wäre? Darum auch von da droht unheilbares Verderben, wenn wir nicht dieser Veruneinigung Grenzen sezen, wenn wir uns nicht auch denen Ansichten von der Einrichtung des Lebens und der Schäzung seiner Güter liebend öffnen, welche den unsrigen am meisten entgegengesezt zu sein scheinen, wenn wir nicht der Pflicht treulich nachkommen, auch in alle dem, was sich uns als verderblicher Irrthum darstellt, doch den Keim der Wahrheit aufzusuchen.

Ach wissen wir es denn nicht, m. g. Fr., daß in uns selbst doch auch immer noch viel Irrthum wohnt? und muß nicht Jeder gestehen, daß der Streit, wenn sich einmal die Leidenschaft eingemischt hat, uns unfähiger macht selbst in unseren schon befestigten Ueberzeugungen noch mehr aber in den noch einzeln stehenden flüchtigen Gedanken Wahrheit und Irrthum bestimmt zu unterscheiden? Desto mehr Ur|sache haben wir ja aber, wenn uns in einem andern Gemüth etwas anderes mit eben so kühner Sicherheit entgegentritt, vorauszusezen, darin sei einerseits gewiß auch Wahrheit, die uns über einen von unseren eigenen Irrthümern erleuchten kann, andererseits vielleicht auch Mißverständniß, welches wir zu beseitigen vermögen. Und ebenso in Beziehung auf das vorige. Wenn in anderen Gemüthern Argwohn entsteht gegen unsere Bestrebungen und unsere Handlungsweise, so laßt uns gewiß sein, wir haben eine Veranlassung dazu gegeben; und gehen wir nur in unser Inneres ein, so werden wir auch das auffinden, was ihn veranlaßt hat, und werden es abthun können. Werden wir hingegen selbst angestekkt von dieser verderblichen Neigung, und hegen Argwohn gegen Andere: ach, dann laßt uns nur gleich bei uns feststellen, daß das nicht von reinem Eifer für das gemeinsame Wohl herrührt; es hat unfehlbar seinen Keim in irgend einer verborgenen Selbstsucht, und die müssen wir aufsuchen und entfernen.

Doch lasset uns nicht vergessen, m. chr. Fr., daß ich dieses nur angeführt habe als ein paar Beispiele, als einzelne Fälle, deren Berichtigung auch zu dem großen Geschäfte eines solchen Tages wie der heutige gehört. Wo unter unsern Glaubensgenossen ein solcher Tag öffentlich nicht gefeiert wird, da müssen christliche und den Willen

Gottes suchende und liebende Gemüther sich ihn selbst machen. Aber eben so müssen wir unsererseits diesen Tag mit seiner Aufgabe in unser ganzes Leben hinüberführen; | denn Ein Tag genügt derselben nicht. Ueberall lasset uns fleißig forschen in jeder Stunde der Betrachtung, an jedem Abend wann wieder das Werk eines Tages vor uns liegt; lasset uns forschen, wo die Sünde sich geregt hat, wo wir uns einen Mangel an der höheren Gerechtigkeit vorzuwerfen haben, die in der Vollständigkeit der Erweisungen der Liebe besteht, welche in dem Glauben ihren Grund hat; denn das allein ist die Gerechtigkeit, die vor Gott gilt. Möge doch kein Tag vorübergehen, an dem wir nicht auch an das Verderben dächten, welches die Sünde nothwendig mit sich bringt! denn gewiß vergeht doch keiner, wo uns nicht die Sünde vor Augen träte. Dann wird auch wol keiner vergehen, an dem wir nicht eben so, wie wir heute dazu aufgefordert werden, unsere gemeinsamen und die Angelegenheiten des Reiches Gottes dem ans Herz legten mit Gebet und Flehen, der allein die menschlichen Dinge regiert, und von dem alle Förderung des guten unter uns ausgeht. Nur in dieser ununterbrochenen Fortsezung hat ein solcher Tag der Buße und des Gebets seinen Werth; aber so muß er uns auch Gewinn bringen. Denn nehmen die Glieder eines Gemeinwesens in rechter Erkenntniß desselben zu: so werden sie sich auch kräftiger anfassen in Liebe, und werden immer aufs neue erbaut werden zu der wahren christlichen Demuth, ohne welche kein Heil ist; so werden wir uns immer enger zusammenschließen zu einer Gott wohlgefälligen Vereinigung der Kräfte, um mit einander sein Reich zu bauen.   Amen. |

Heiliger barmherziger Gott, Vater des Lichts, Du Urquell der Wahrheit, Du gnädiger Vater auch Deiner sündigen und gefallenen Kinder! Wir erkennen mit einander in Demuth die menschliche Gebrechlichkeit, welche sich auch unter uns offenbart; und wissen, daß wir nicht würdig gewandelt sind des Namens, der uns gegeben ist, indem wir uns nennen dürfen nach Deinem Sohne! Wir bekennen, daß uns Noth ist die Zucht Deines Geistes, der uns strafe, warne, reinige. O daß wir uns Alle ihm immer mehr hingeben möchten! o daß wir den Geist der Wahrheit nicht überhören möchten und nicht betrüben, auf daß Dein himmlisches Licht uns immer mehr erleuchte, auf daß das Leben Deines Sohnes in uns immer mehr Gestalt gewinne, auf daß alle unsere

---

5 wann] *vgl. Adelung: Wörterbuch 5, Sp. 65–66*

9–10 *Vgl. Röm 1,17*   36–37 *Vgl. Gal 4,19*

irdischen Verbindungen würdig seien und immer würdiger werden zugleich Bestandtheile zu sein Deines ewigen geistigen Reiches! Dazu lasse Du denn gesegnet sein die Verkündigung Deines Wortes in der Gemeine der Christen. O die Predigt desselben werde doch unter uns immer mehr eine Predigt des Friedens, auf daß sich Alle vereinigen in dem Gehorsam gegen das heilbringende Wort, auf daß wir immer mehr unsere eigenen besonderen Meinungen gering achten lernen und nur das reine Licht, welches von oben kommt, aufzufassen streben[3]. Und was sollten wir nun in Demuth noch bitten als die Gnade, daß Keiner unter uns sein möge, | den Du nicht würdigest, dazu beizutragen, daß wir unter allen Schwächen und Verirrungen unseres Lebens nie das Bewußtsein unseres großen Berufs, Kinder Gottes zu sein, verlieren mögen. Ja dazu laß Deine Gnade mächtig sein unter uns. Und wenn es kaum der Mühe werth ist, indem wir um das geistige bitten, auch des leiblichen zu gedenken: so sind wir doch uns unserer Schwäche bewußt, und bitten Dich um Trost und Beistand für die, welche sich unter den wenngleich vergänglichen Trübsalen ihres Lebens zu Dir wenden, damit Deine Gnade sich in uns mächtig zeige, und wir in wahrer fröhlicher Buße, in treuem Ringen immer näher kommen dem Ziele, welches Du uns Allen gestellt hast. Amen.

---

[3] Hier schlossen sich die Hauptpunkte aus dem Kirchengebet an.

|

---

14 Vgl. Röm 5,20–21   **23** Vgl. *Agende für die evangelische Kirche in den Königlich Preußischen Landen, 1829, Teil 1, S. 8–10, Teil 2, S. 65–70; KGA III/3, S. 1026–1027, 1094–1096.* Schleiermacher schilderte seinen Umgang mit der neuen Agende brieflich im Frühling 1829: „Nach der Predigt nehme ich, wie ich auch sonst immer that, einen Auszug aus dem auch in den Nachtrag aufgenommenen alten Kirchengebet." (*Fr. Schleiermacher's Briefwechsel mit J. Chr. Gaß, ed. W. Gaß, Berlin 1852, S. 213*). Demnach dürfte hier das Kirchengebet des Agendennachtrags in Teil 2 gemeint sein.

XVIII.

Was Christus nach seiner Erhöhung für uns ist.

Am Himmelfahrtstage.

Text. Ebräer 8, 1 u. 2.
Wir haben einen solchen Hohenpriester, der da sizet zu der Rechten auf dem Stuhl der Majestät im Himmel, und ist ein Pfleger der heiligen Güter und der wahrhaftigen Hütte, welche Gott aufgerichtet hat und kein Mensch.

M. a. Fr. Was wir vorher in unserer apostolischen Lection vernommen haben, daß die Jünger, als der Herr vor ihren Augen aufgenommen wurde, ihm nachsahen wie er gen Himmel fuhr, das war ein vergebliches Unternehmen; weswegen sie auch davon abgemahnt und hinweggelenkt wurden. Für | menschliche Sinne war da nichts mehr wahrzunehmen, ja was geschah war auch nicht mehr in unsere sinnliche Vorstellungsweise als etwas bestimmtes aufzufassen. Der Himmel, dies Wort bezeichnet keinen bestimmten Ort, es ist das unendliche, überall ausgebreitet überall eins und dasselbe. Die Rechte Gottes, zu welcher er sizt, bezeichnet keinen Ort; denn wie Gott überall ist, so ist auch da überall seine Rechte, wo seine Macht ist, und wo seine Liebe waltet. Aber auch das, worauf die Jünger damals hingelenkt wurden von jenem ab, nämlich fest zu vertrauen, daß dieser Jesus wiederkommen werde, wie sie ihn gesehen hätten gen Himmel fahren, auch das war eben so wenig für die sinnliche Vorstellungsart, die uns eigen ist, etwas befriedigendes. Denn indem diese Wiederkunft an das Ende der Tage, an die Grenze der Zeit gestellt wird: so zeigt sich ebenfalls der Wunsch und das Verlangen uns ein sinnliches Bild davon zu vergegenwärtigen bei jedem Versuch als nichtig. Darum thun wir besser, wenn wir uns mit unserer Festbetrachtung an solche Worte halten, wie wir sie eben aus einem andern Buche der Schrift vernom-

---

5–8 Wir ... Mensch.] „Wir ... Mensch." 9 apostolischen] *oder* epistolischen
15 Vorstellungsweise] Vorstellungweise

2 *Predigt zum Himmelfahrtstag am 20. Mai 1830 vormittags in der Dreifaltigkeitskirche zu Berlin; vgl. Predigtdruck und Liederangaben in KGA III/12, S. 175–187* 9–22 *Die Perikopenordnung für die älteren preußischen Lande bestimmte Apg 1,1–11 zur Epistellesung für den Tag der Himmelfahrt Christi.*

men haben; denn diese lenken unsere ganze Aufmerksamkeit von allem sinnlichen hinweg ausschließend auf das geistige. Was unser Erlöser, nachdem er von der Erde erhoben worden ist, noch immer für uns ist und uns leistet, darauf wird hier unser geistiges Auge gerichtet, wie es selbst denn auch nur geistiges ist und sein kann; und so laßt uns denn diese Beziehung, welche hier | zwischen Christo dem zum Himmel erhöhten und uns gesezt wird, mit einander näher erwägen. Zuvor aber bedenkt, m. th. Fr., wie der Verfasser dieses Briefes die Christen, an welche er ihn gerichtet hat, schildert. Er sagt von ihnen, sie wären noch nicht so weit zur Vollkommenheit der Erkenntniß durchgedrungen, als sie es der Zeit nach wohl sein könnten, sie hätten immer noch das Bedürfniß, daß ihnen die Milch des Evangeliums gereicht würde; aber, fährt er fort, wir wollen nun einmal versuchen von jenen ersten Anfangsgründen des Glaubens absehend, mit einander zur Vollkommenheit zu fahren[1], und eben das ist die Einleitung zu dieser ganzen Darstellung des Erlösers, daß er nämlich, nachdem er mit seinem eigenen Blute eingegangen in das Heiligthum, das nicht mit Händen gemacht ist, sondern in den Himmel selbst, nun unser ewiger Hoherpriester sei. Gehört nun dieses so sehr zur christlichen Vollkommenheit: so ist wol möglich, daß auch wir, um es richtig zu fassen, vielen unserer gewohnten Vorstellungen wenigstens für jezt und in dieser Beziehung den Abschied werden geben müssen, und uns ganz an das geistige halten, um uns zu dem hinzuwenden, was dieser heilige Schriftsteller im Auge hat. Laßt uns daher zuerst die Frage beantworten, was es denn sei, dessen Pfleger unser Hoherpriester zur Rechten des Stuhls der Majestät genannt wird, und zweitens wie er nun eben zu | Folge dieser Beziehung der Pfleger dieser heiligen Güter und dieser wahrhaftigen Hütte ist.

I. Zweierlei also ist es, wovon unser Text sagt, daß der Erlöser als unser Hoherpriester zur Rechten Gottes der Pfleger davon sei, heilige Güter und eine wahrhaftige Hütte. Was aber von ihm selbst in Beziehung auf diese geheimnißvollen Ausdrücke gesagt wird, das hat ein gar bescheidenes Ansehn, daß er der Pfleger, der Verwalter dieser heiligen Güter ist, daß er den Dienst verrichte in dieser wahrhaftigen Hütte, und doch ist eben dieses das höchste und vollkommenste, was der heilige Schriftsteller von ihm zu sagen wußte. So ist es denn zuerst nothwendig, daß wir das recht ins Auge fassen, welches da seien die heiligen Güter und welches da sei die wahrhaftige Hütte.

---

[1] Kap. 6, 1.

12–13 Vgl. Hebr 5,12   16–19 Vgl. Hebr 9,11–12

Predigt über Hebr 8,1–2

Dieser ganze neutestamentische Brief, und noch ganz vorzüglich dieser Theil desselben, der die Darstellung des Erlösers als unseres Hohenpriesters enthält, geht aus von einer Vergleichung des alten Bundes mit dem neuen, und eben darin finden wir auch allein den Schlüssel zu den Ausdrükken, deren sich der Verfasser in den Worten unseres Textes bedient. Er sagt an einer anderen Stelle, der alte Bund habe nur gehabt den Schatten der Güter, welche verordnet waren, daß wir sie besizen sollten, und nicht das Wesen selbst. Der alte Bund bestand in einer Menge von heiligen Rechten und Gebräuchen; das hauptsächlichste derselben waren die | mannigfaltigen Opfer, die dem Höchsten in verschiedenen Fällen mußten dargebracht werden, und was dadurch erreicht werden sollte war die Vergebung der Sünden. Aber eben hiervon hatte der alte Bund, wie unser heiliger Schriftsteller sagt, nur den Schatten; indem durch alle jene Opfer und Gebräuche und Sühnungen nie etwas anders bewirkt werden konnte, als daß das Gedächtniß der Sünde beständig und noch auf eine vorzügliche Weise jährlich erneuert wurde; aber das Wesen, daß nämlich das Bewußtsein der Sünde selbst hinweggenommen würde, das fehlte ihm. Jezt aber heißt es, Ihr seid mit Christo lebendig gemacht und in das himmlische Wesen versezt[2], und damit verträgt sich kein unseliges Bewußtsein der Sünde; Wir sind geschaffen in Christo zu guten Werken, zu welchen Gott uns zuvorbereitet hat, daß wir darin wandeln sollen[3], und damit verträgt sich keine neue Gewalt der Sünde. In beider Hinsicht ist der alte Mensch begraben, und wer in Christo ist, eine neue Kreatur; und das ist das Wesen zu jenem Schatten. Das Volk des alten Bundes hielt sich vermöge der Rechte und Geseze, die es von Gott, von dem Jehovah seinem Herrn und Beschüzer, empfangen hatte, für ein auserwähltes Volk Gottes; aber diese göttliche Wahl wurde doch von dem größten Theil desselben vorzüglich nur so aufgefaßt, daß Gott es selbst übernommen habe das Volk durch dieses irdische Leben zu | leiten, es auf beschwerlichen Wegen und Wanderungen zu dem Ziele zu führen, das er ihm auf Erden bereitet hatte, es da zu schüzen und aufrecht zu halten gegen alle Völker, welche als Feinde des Jehovah seinen Auserwählten drohten, und diese zu bewahren, bis die Verheißungen, die er ihrem Stammvater gegeben hatte, in Erfüllung gehen könnten, daß in ihm sollten gesegnet sein alle Geschlechter der Erde. Das war,

---

[2] Ephes. 2, 5. 6.
[3] Ephes. 2, 10.

---

1 neutestamentische] neu-testamentische

6–8 *Vgl. Hebr 10,1*   15–17 *Vgl. Lev 16; 23,26–32; Num 29,7–11*   36 *Vgl. Gen 12,3; 22,18*

weil nur etwas irdisches, darum nur ein Schatten der ewigen Güter. Aber was ein Apostel des Herrn sagt, Ihr seid das auserwählte Geschlecht, das königliche Priesterthum[4], und ein anderer auf ähnliche Weise, Wir sind nun wahrhaftig Hausgenossen Gottes und Bürger seines Reiches[5]; diese lebendige Gemeinschaft mit Gott, dieses beständige Bewußtsein des innigsten Verhältnisses, in dem wir mit ihm stehen, und die Theilnahme an ewiger selbstständiger Seligkeit, welche davon die nothwendige Folge ist, das ist das Wesen zu jenem Schatten, das ist das heilige Gut. So, m. th. Fr., ist es gemeint, was der Verfasser unseres Textes sagt, daß unser Hoherpriester der Pfleger wäre der ewigen Güter. Ja noch mehr, indem er den alten Bund, welcher nur den Schatten derselben hatte, mit dem neuen vergleicht, so erinnert er uns daran, daß jener nicht nur etwas unvollkommenes gewesen sei, sondern er sagt noch ausdrükklich, Gott selbst habe ihn getadelt[6], und | eben deshalb verheißen und errichtet ein neues Testament. Er habe ihn getadelt, weil er doch nicht habe bestehen können, und verheißen, er wolle thun nicht wie ehedem, nicht nach dem früheren Bunde, denn sie wären in demselben nicht geblieben, und so habe auch er ihrer weiter nicht achten wollen, eben vermöge dieses Bundes; aber ein neues Testament, habe er gesagt, will ich errichten, ich will meinen Willen und mein Gesez in ihren Sinn und ihr Herz schreiben, auf daß er in ihnen lebendig herrsche und walte. Es war nur ein Schatten, als sie ein Gesez empfingen, selbst durch den Dienst der Engel von dem Himmel herab; denn es war ihnen nur äußerlich gegeben als ein feststehender Buchstabe, und sie zu der Haltung desselben äußerlich verpflichtet, indem ihnen Belohnung und Segen vorgehalten wurde auf der einen Seite, Fluch und Strafe auf der andern; das war nur der Schatten des beseligenden göttlichen Willens. Das heilige Gut ist nun dieses, daß wir jezt den Willen Gottes geschrieben tragen mit unauslöschlichen Buchstaben in unserem innersten Sinn und Gemüth und in der Tiefe unseres Herzens, und daß da eben dieser Wille Gottes unser eigener Wille, dieses Gesez das Gesez unseres eigenen Lebens ist. Das ist die Summa der heiligen Güter, über die unser Verfasser redet, und von denen er sagt, daß unser Hoherpriester der Pfleger derselben sein soll zur Rechten der Majestät Gottes.

Und was ist nun das andere, nämlich die ewige Hütte? Der Ausdrukk erinnert uns an jenes | erste bewegliche Heiligthum des Jeho-

---

[4] 1. Petr. 2, 9.
[5] Ephes. 2, 19.
[6] Hebr. 8, 7–10.

15–22 *Vgl. Hebr 8,8–12 mit Zitat von Jer 31,31–34*   26–27 *Vgl. besonders Dtn 28*

Predigt über Hebr 8,1–2 657

vah, wie es Moses auf göttlichen Befehl für die Zeit errichten mußte[7] während der das Volk hin und her wandern sollte durch die Wüste. Späterhin aber, nachdem das Volk zum ruhigeren Besiz gelangt und in festere Ordnung gebracht war, wollte sich dieses einem so viel besseren Zustand nicht mehr angemessen zeigen; und an dessen Stelle trat hernach jener vielbewunderte Tempel, an dessen Fortdauer auch der Bestand aller eigenthümlichen Einrichtungen des Volkes gebunden war. Das war die Hütte, aber nicht die wahrhafte Hütte, sondern nur gemacht, wie unser Verfasser sagt, nach dem Bilde, das dem Gesezgeber des Volkes droben auf dem Berge gezeigt worden war. Also nicht als die wahrhaftige Hütte selbst, sondern nur nach dem Bilde der wahrhaftigen Hütte war dieser Tempel nicht von Gott selbst, welcher nur das Bild gezeigt hatte, erbaut, sondern von Moses aufgerichtet. Also auch nur Schatten; worin besteht nun aber das Wesen dazu, in Beziehung worauf unser Verfasser doch sagen konnte, daß sie nach dem Bilde, was droben ist, gemacht war?

Erinnert euch an die Mannigfaltigkeit von unterschiedenen und unter sich abgeschlossenen Räumen, aber auch an die noch strengere Abgeschlossenheit des Ganzen von allem was zu dem gewöhnlichen alltäglichen irdischen Treiben und Geschäft der Menschen gehört; eine Mannigfaltigkeit von Räumen, allein | dem Dienst, welchen das Volk dem Jehovah darbringen sollte, gewidmet, aber nicht für alle gleichmäßig, sondern nach verschiedenen Abstufungen; die einen für die Gesammtheit des ganzen Volkes, die andern für den Stamm, welchen sich der Herr ausersehen um den großen Dienst in seinem Heiligthum zu verrichten, der allerinnerste aber war der wohin nur Einer, der Hohepriester, und auch der nur einmal des Jahres einging, um das Volk mit Gott zu versöhnen, in dem aber zugleich die heiligen Zeugnisse von dem Bund der zwischen Gott und dem Volke bestand, niedergelegt waren, so lange jene erste Hütte und jener erste Tempel stand. So der Schatten und das Bild. Welches nun ist die wahrhaftige Hütte? Die ist, wie ein anderer Apostel sagt, das geistige Haus, zu welchem wir Menschen uns als lebendige Steine erbauen[8], zu dem wir alle die wir Christo angehören in einander gefügt sind, und wachsen zu einem heiligen Tempel in dem Herrn[9], der sich immer höher und

---

[7] 2. Mos. 25, 1 folgd.
[8] 1. Petr. 2, 5.
[9] Ephes. 2, 21.

---

9 sagt,] sagt

5–8 Vgl. besonders 1Kön 6; 7,13–8,66; 2Chr 3,1–7,10   9–10 Vgl. Hebr 8,5 mit Zitat von Ex 25,40

herrlicher erheben soll ohne jemals zerstört zu werden, wie es jener ersten Hütte begegnete, ja auch ohne jemals von frevelnder Hand entweiht werden zu können, wie es dem späteren Tempel so oft unter den schweren Bedrängnissen des Volkes ergangen ist, ohne jemals ein Raub der Zeit werden zu können, so daß dadurch zugleich auch der Bund der zwischen Gott und den Menschen bestehen soll, aufgehoben würde. Sehet da den wah|ren geistigen Tempel Gottes, allen solchen äußerlichen Schikkungen, wie sie immer mit dem menschlichen Verderben zusammenhangen und der irdischen Vergänglichkeit angehören, unzugänglich und davon abgeschlossen, diesen geistigen Tempel Gottes, in welchem Gott auch ein Dienst dargebracht wird, aber nicht mehr ein Dienst der Lippen und Hände, nicht mehr ein Dienst der Opfer und Gaben, nicht mehr ein Dienst äußerlicher Gebräuche, sondern geistliche Opfer, die Gott angenehm sind in Christo[10], ein Dienst der Anbetung im Geist und in der Wahrheit[11]. Ja, auch abgeschlossen von allem, was dem irdischen Leben angehört, erscheint uns dieser geistige Tempel Gottes; denn wir können und dürfen nichts dazu rechnen, als nur das allein, was zu jener Anbetung Gottes im Geist und in der Wahrheit gehört; aber wie er selbst Geist ist, so sind auch seine Schranken nur geistig, und nichts ist aus seinem Umfang ausgeschlossen aus irgend äußerlichen Gründen. Und wie die Anbetung Gottes im Geist und in der Wahrheit nichts anderes ist, als der Glaube, welcher sich durch die Liebe thätig erweist: so gehört auch wieder zu diesem geistigen Tempel jede Dienstleistung der Gläubigen zur Verherrlichung Gottes und zur Erweiterung seines Reiches; so nimmt er auch wieder das ganze menschliche Leben, wie es ja diesem Dienst geweiht ist, in seine heiligen Räume auf; und was in ihn gar nicht Eingang finden könnte, wofür die|ser Tempel fester verschlossen wäre und strenger abgesondert als jene heiligen Mauern durch ihre köstlichen Thüren und unverlezlichen Vorhänge, das soll auch gar nicht und nirgend sein in dem Leben der Menschen.

Das, m. th. Fr., ist die wahrhaftige Hütte, welche Gott selbst erbaut hat und kein Mensch! Kein Mensch hätte vermocht den Gedanken dazu zu fassen, keine menschliche Kraft hätte ein solches geistiges Gebäude errichten können, noch könnte sie es erhalten. Es besteht aber dieser geistige Tempel diese wahrhafte Hütte, weil der Geist Gottes darin wohnt, weil unser ewiger Hoherpriester im Himmel der Pfleger davon ist. Aber war auch das nach dem Bilde dieser wahrhaften

---

[10] 1. Petr. 2, 5.
[11] Joh. 4, 24.

22–23 Vgl. Gal 5,6

Hütte, daß jene vergängliche in so viel verschiedene Räume abgetheilt war? so daß, wie einer, der überhaupt nicht zu dem auserwählten Volk des Herrn gehörte, auch in die äußersten Ringmauern keinen Eingang fand, so auch alle, die nicht zu dem auserwählten priesterlichen Stamme gehörten, ausgeschlossen waren aus dem innern, und in das allerinnerste nur der Eine, der Hohepriester, hineinkam, war auch diese Einrichtung nach dem Bilde der wahrhaften Hütte? Giebt es hier auch solche Abstufungen der Rechte und solche den Andern verschlossene Heiligthümer, wohin nicht jeder von uns, die wir zu diesem auserwählten Volk zu diesem königlichen Priesterthum gehören, dringen können? Nein, jeder Vorhang ist zerrissen, jede Scheidewand ist niedergestürzt, und darum nennt der Apo|stel die gesammten Gemeinen des Herrn das königliche Priesterthum, weil kein Unterschied mehr sein soll zwischen Volk und Priester, weil alle ohne Ausnahme Zugang haben sollen zu dem Heiligthum. Aber wo bliebe die Aehnlichkeit, wenn es in dieser wahrhaftigen Hütte nicht wenigstens ein innerstes Heiligthum gäbe, wohin nur der Hohepriester und nur einmal eingeht, um das große Werk der Versöhnung zu vollbringen? Ja, m. th. Fr., als unser Erlöser Mensch ward und auf der Erde erschien, da konnte man sagen, und so singen wir ja auch oft an unserem weihnachtlichen Fest, So ist denn nun die Hütte aufgebauet, die rein des Höchsten Ebenbild uns zeigt! und sie ist keine andere, als eben die Menschheit Christi selbst und allein. Das ist ein Raum von allen andern abgeschlossen, das ist das wahre und einzige Heiligthum, in dem alle Geheimnisse verschlossen sind alle Siegel und Zeugnisse des ewigen göttlichen Bundes mit dem menschlichen Geschlechte niedergelegt. Aber auch diese Hütte ist wir könnten sagen abgebrochen, seitdem der Erlöser nicht mehr als Mensch auf der Erde lebt; aber warum sollen wir nicht lieber sagen, nur der Vorhang ist auch zerrissen, der diesen Raum von allen übrigen gesondert hielt. Denn wenn gleich Christus allein die Fülle der Gottheit in sich trug: so wissen wir doch, daß er jezt in uns allen lebt und wirkt, und daß wir durch die Gemeinschaft mit ihm auch dieses die Gottheit in uns tragens theilhaft werden. Und so soll denn freilich und kann in der wahrhaf|ten Hütte, deren Pfleger unser ewiger Hoherpriester ist, keine Sonderung stattfinden. Verschiedenheiten sind darin, mehr oder weniger erweiset sich die Herrlichkeit, welche dieser wahrhaften Hütte eigen ist, hier oder dort; nicht gleich kostbar sind alle die lebendigen Steine, welche hier

---

9–10 Vgl. 1Petr 2,9   11 Vgl. Mt 27,51; Mk 15,38   12–13 Vgl. 1Petr 2,9
21–22 *Gesangbuch zum gottesdienstlichen Gebrauch für evangelische Gemeinen*, Berlin 1829, Nr. 153 (unten S. 827); zitiert ist der Liedanfang.   27 Vgl. Mt 26,61; Mk 14,58
29 Vgl. Mt 27,51   31 Vgl. Kol 2,9   38–1 Vgl. 1Petr 2,5; Eph 2,21

zusammengefügt sind zu diesem ewigen Bau: aber gesondert ist nichts. Alle sind zusammengefügt, und sollen es sein und bleiben, durch das Band der Liebe in der Einigkeit des Geistes. O welche große herrliche Güter, allein werth heilig genannt zu werden! o welcher Bau, welcher Tempel der Gemeinschaft des menschlichen Geistes mit Gott, welche nun nie wieder unterbrochen werden soll und nie aufhört! welche wahrhaftige Hütte, die Gott allein erbauen konnte und kein Mensch!

II. Wohlan, so lasset uns nun sehen, wie ist der Erlöser als unser Hoherpriester, als der, der da eingegangen ist in das Heiligthum das nicht mit Händen gemacht ist, wie ist er nun der Pfleger dieser heiligen Güter und dieser wahrhaftigen Hütte? Als derjenige ist er es, der da sizet zur Rechten des Stuhls der Majestät im Himmel. In diesen Worten, m. a. Z., wird uns, wie ich auch schon vorher gesagt habe, kein Ort bezeichnet; sondern vielmehr alle Bestimmtheit und aller Unterschied des Orts hinweggenommen. Und wenn der Verfasser unseres Textes sagt, daß der Erlöser als unser Hoherpriester zur Rechten des Stuhls der Majestät im Himmel, | der Pfleger der heiligen Güter und der wahrhaftigen Hütte sei, so kann er damit nur sagen wollen, er sei es nicht anders als auf eine ewige Weise.

Allein wie weniges, m. th. Fr., steht uns zu Gebot, um uns den unerforschlichen geheimnißvollen Sinn dieses Ausdrukks zu vergegenwärtigen und an menschlichen Dingen auf menschliche Weise klar und deutlich zu machen! Zweierlei indeß können wir wohl sagen, der Hohepriester zur Rechten des Stuhls der Majestät im Himmel ist auf dieselbe Weise der Pfleger der heiligen Güter und der wahrhaftigen Hütte, wie auf dem Stuhl der Majestät Gott selbst der Ordner und Lenker der ganzen Welt ist. Das ist das eine; das andere aber dieses. Wenn der Erlöser als der Hohepriester, der da eingegangen ist in das Heiligthum, das nicht mit Händen gemacht ist, der Pfleger dieser Güter und dieser Hütte ist: so kann er das nicht mehr auf dieselbe Weise sein, wie er es war, ehe er in das Heiligthum eingegangen war, als er auf Erden lebte und wandelte, sondern nach der Aehnlichkeit mit dem, wie er es schon von Ewigkeit her konnte gewesen sein vermöge der Herrlichkeit, die er, wie er selbst sagt[12], bei Gott hatte, ehe denn der Welt Grund gelegt war. Nur dieses beides weiß ich zu sagen, um den Sinn des Ausdrukks in unserem Texte deutlich zu machen.

Wenn wir sagen zuerst, m. th. Fr., daß Gott das ewige allmächtige Wesen noch jezt alles in der | Welt lenkt und ordnet, daß alles nur

---

[12] Joh. 17, 5.

28–29 *Vgl.* Hebr 9,11   34–35 *Vgl.* Eph 1,4

geschieht nach seinem Willen, dem nichts widerstreben kann, und der immer und ganz in Erfüllung geht, und wir bedienen uns dabei solcher menschlichen Ausdrükke, denen nothwendig das zeitliche anhaftet und die sich eben deshalb auch auf das zeitliche beziehen; wenn wir z. B. sagen, der Herr werde dieses nicht zulassen, oder er werde jenes wol thun: so denken wir dabei doch immer in unserem tiefsten Herzen, daß das nur menschliche Rede ist, daß die Wahrheit dadurch nicht erreicht wird. Denn Gott ist außer allem Mittel und Gelegenheit der Zeit; er beschließt nichts und thut nichts erst in diesem und jenem Augenblikk, und er wird also auch niemals etwas thun; aber alles zeitliche geschieht nur so und in dem Zusammenhang, wie er es auf ewige Weise gewollt und geordnet hat. So kommt alles von ihm her; so fließt alles aus derselben Quelle und Fülle seiner ewigen Allmacht und Liebe; so ist alles nur aus seinem Willen und durch seinen Willen begreiflich, und der ist die ewige Kraft, welche alle Dinge trägt und alles leitet. Aber es ist bei ihm, wie kein Wechsel von Finsterniß und Licht, so kein Wechsel von Thätigkeit und Ruhe kein Wechsel der Zeiten und Verhältnisse; alles ist in ihm, und alles ist nur in ihm ewig. Als nun der Herr auf dieser Erde wandelte, und, weil das Licht der Welt erschienen war, die Finsternisse anfingen sich zu verlieren, und statt der bisherigen Schatten nun endlich das Wesen der heiligen Güter zu erscheinen begann: da war der Er|löser wirksam als Mensch, den Gesezen der Natur getreu und unterworfen auf zeitliche Weise. So wirkte er auf die einzelnen Menschen, mit denen er lebte; so förderte er überall in menschlicher Liebe und Freundlichkeit das Gedeihen der ersten Aussaat seiner himmlischen Wahrheit das Gedeihen der schwachen Anfänge des Glaubens in den Gemüthern; und so wurde auf zeitliche Weise zeitlich der Grund gelegt zu der wahrhaften Hütte, und eben so gingen auf zeitliche Weise zeitlich auf die ersten Keime der heiligen Güter. O wie sollte es da nicht ein großer und herrlicher Vorzug gewesen sein in der Nähe dessen zu leben und zu wirken, der allein solches hervorbringen konnte, weil er ein solcher war! was für einen größeren Unterschied könnte es gegeben haben, als den zwischen den Menschen, welchen vergönnt war in seiner Nähe zu leben, und welche also auch die Möglichkeit hatten in ihm die Herrlichkeit des eingebornen Sohnes vom Vater zu erkennen, und zwischen denen, welchen diese himmlische Erscheinung fremd blieb, welche des Jesu von Nazareth nicht ansichtig wurden, zu denen der Ruf von seinem Dasein nie drang! Aber eben deswegen, damit die heiligen Güter nicht wiederum, indem sie zeitlich blieben, sich in Schatten verwandelten, und dem Wechsel des Lichts und der Finsterniß unterworfen würden,

---

16–17 Vgl. Jak 1,17   35–36 Joh 1,14

damit die wahrhafte Hütte nicht auch auf zeitlichem Grunde beruhte: darum mußte auch diese zeitliche Erscheinung des Herrn aufhören. Und nun, in das Heiligthum eingegangen, nachdem er | durch seinen blutigen Tod sein Werk auf Erden vollendet hatte, nun ist er dort der Pfleger der heiligen Güter und der Pfleger der wahrhaftigen Hütte. Er verrichtet den Dienst in ihr, aber nur auf jene ewige Weise. Einzeln zeitlich in den unmittelbaren Verhältnissen des irdischen Lebens haben wir nichts mehr von ihm zu erwarten; er ist für immer den menschlichen Dingen auf Erden entzogen, und er kommt nicht wieder, so lange dieses menschliche Leben als dasselbe fortwährt, was es gewesen ist. Einzeln ist er nun nirgends mehr, und einzeln ist in keinem Augenblikk irgend eine Wirksamkeit von ihm zu erlangen; einzeln theilt er sich keinem Menschen mit, aber daher auch keinem vor dem andern. Einzeln und besonders auf zeitliche Weise kann keiner etwas von ihm haben und sich seiner rühmen. Aber er sagte, Es ist euch gut, daß ich hingehe und daß dieses zeitliche Verhältniß aufhöre; denn so ich nicht hinginge, so käme der Geist der Wahrheit, welcher euch in alle Wahrheit leiten wird, der Tröster der Geist der Selbstständigkeit und der eigenen freien Thätigkeit des Glaubens durch die Liebe, dieser käme nicht zu euch. Indem er aber kommt, um euer geistiges Leben in dieser Zeit zu leiten, zeitlich die Mannichfaltigkeit der Gaben zu entwickeln, in allen Räumen die Schaaren der Gläubigen mit einander zu verbinden, und indem er so alle eure wesentlichen zeitlichen Verhältnisse ordnet, bin und bleibe ich auf ewige Weise euer Hoherpriester, so wie der Pfleger eurer heiligen Güter, und verrichte eben so den Dienst in | der heiligen Hütte. Das will aber soviel sagen, alle jene heiligen Güter, in deren Besiz wir uns wohl befinden, wie wir sie uns vorher in den wesentlichsten Umrissen entworfen haben, wie sie insgesammt nur von ihm herstammen ursprünglich, so wird auch alles, was wir zu unserem geistigen Leben rechnen, immer wieder aufs neue von ihm abgeleitet; wie alles, was Friede, alles, was Seligkeit, alles, was lebendige gottgefällige Thätigkeit heißt, nur aus seiner Fülle in unser Leben übergegangen ist, so besteht auch alles dieses immer nur durch seine Kraft, und es ist ein ewiges Verhältniß zwischen ihm und uns, daß er der Grund und der Urheber die Quelle und die Fülle unseres Heils ist. Keiner hat eine wahre und lebendige Gemeinschaft mit Gott, seinem und unserm Vater, als nur durch ihn; durch seine Art die Gottheit und Menschheit auf ewige Weise zu vereinen, sind wir alle aufgenommen in die ewige und lebendige Gemeinschaft Gottes: aber auf zeitliche Weise durch die Rede seines Mundes durch besondere Offenbarungen, wie in jenen herrlichen Tagen seines Lebens, wirkt er nicht

---

15–20 *Vgl. Joh 16,7*

mehr; so sind wir seiner nicht mehr theilhaftig, die zeitliche Pflege der heiligen Güter und der wahrhaftigen Hütte überläßt er jezt seinem Wort und Geist. Aber der Geist nimmt es nur aus seiner Fülle, und darum bleibt er der ewige Pfleger der heiligen Güter und der wahrhaftigen Hütte; denn beides hat seinen Grund nur in ihm, und beider Vollendung ist sein eigenes Wesen. Ja wie alles in der Welt von Gott geord|net ist, alles an seinem Willen hängt und nach seinem Willen verläuft: so in der geistigen Welt erfolgt alles nur nach der Ordnung, welche durch die Art und Weise dieses ewigen Hohenpriesters, der zur Rechten der Majestät im Himmel sizt, bedingt ist. Wie wir unter einander unser Heil schaffen und uns darin fördern, es geschieht nur in Gemäßheit des einigen Gebotes, welches er den Seinigen gegeben hat, daß wir uns unter einander lieben sollen, mit der Liebe, mit welcher er uns geliebt hat. Wird in seinem Namen gepredigt: so sendet er freilich nicht mehr zeitlich jezt den einen und dann den andern; aber es ist alles noch die ununterbrochene Fortwirkung des ersten Anstoßes, den er seinen Jüngern gab, und es geschieht fort, wie er es bedacht hat. Finden wir bei Ihm Ruhe und Friede unter allem Leid und Hader: so spricht er freilich nicht mehr einzeln und zeitlich diesem und jenem zu; aber es ist doch alles die Wirkung desselben ungetheilten Daseins derselben in ihrer Kraft unvergänglichen Lebenseinheit; und eben deswegen kommt ihm der Name zu, der über alle Namen ist.

Aber wir können auch zweitens sagen, auf dieselbe Weise, wie er schon vor seiner Erscheinung auf Erden der Pfleger der heiligen Güter und der wahrhaftigen Hütte war, so ist er es auch jezt wieder. Als die Welt geschaffen war, und das Entstehen dieser unserer Erde vollendet dadurch, daß Gott den Menschen geschaffen hatte nach seinem Bilde: da sprach der ewige, wie er ansah alles, was er gemacht, Es | ist alles gut. War damals etwa vor den Augen des Ewigen verschlossen und verborgen der Fall und das Elend der Menschen, das Entstehen und die Gewalt der Sünde? Gewiß nicht! und doch sprach er, Es ist alles gut. Ja, er sprach es eben wegen der Herrlichkeit, die der Erlöser bei ihm hatte, ehe der Welt Grund gelegt war, in Beziehung auf ihn, der schon damals der einige Gegenstand des göttlichen Wohlgefallens war, und das wahre Ebenbild, zu dem die Menschen geschaffen waren, in welchem schon damals die Sünde so aufgehoben war für das höchste Wesen, daß Gott ohnerachtet derselben und alles Elendes, das sie herbei führen sollte, dennoch sagen konnte, Es ist alles gut. Wenn also

---

13–14 *Vgl. Joh 13,34; 15,12* **22–23** *Vgl. Phil 2,9* **28** *Vgl. Gen 1,27* **29–30** *Vgl. Gen 1,31* **33–34** *Vgl. Joh 17,5; Eph 1,4* **39–4** *Vgl. Hebr 9,7; auch Ex 30,10; Lev 16*

der Hohepriester einmal des Jahres in jenem Heiligthum den Dienst so verrichtete, daß er vor Gott erschien, um das Volk zu vertreten, die Vergebung der Sünden auch der unbekannten und ungebüßten von ihm zu erbitten, und seine Segnungen auf das Volk herabzuflehen: so hat auch der Herr denselben Dienst einmal auf zeitliche Weise geleistet, so lange er während seines irdischen Lebens in der sündigen Gemeinschaft der Menschen vor Gott gestanden hat, wie unser Verfasser sagt an einer anderen Stelle, mit heißem Flehn und lautem Geschrei; ja alles, was er that, um die Sünden der Welt hinwegzunehmen, ging aus von diesem Mitgefühl der Sünde, vermöge dessen er sein konnte ein mitleidiger Hoherpriester. Eben diesen Dienst verrichtet er auch jezt in der wahrhaften Hütte, und vertritt uns bei Gott; | aber nicht auf zeitliche Weise, noch durch einzelnes Gebet, wie er denn sagt, Ich bitte den Vater nicht für euch, denn der Vater hat euch selbst lieb, darum daß ihr mich liebt und glaubt, daß ich von Gott ausgegangen bin[13]. Wohl aber vertritt er uns durch das Sein und Wohnen der ewigen Liebe in ihm, durch die Beziehung, welche in alle Ewigkeit von Gott gegründet war zwischen ihm und dem Geschlecht der Menschen. Denn in ihm sind wir von Anbeginn an Gott angenehm gewesen; und nur in ihm dem Unsündlichen dem Vollkommnen konnte der sündige Mensch Gott angenehm sein, ja nur in ihm hat Gott uns geliebt, und so vertritt er uns immerdar, und immerdar bleiben die, welche ihm angehören, Gott lieb und angenehm durch seinen Sohn. Durch ihn und unsere Verwandtschaft mit ihm sind wir Kinder Gottes, wie er der Sohn Gottes ist, und haben Theil an allen den Gütern, welche von seiner Herrlichkeit ausströmen.

Aber freilich, wäre er nicht erschienen auf der Erde, hätte er nicht gewandelt unter den Menschen: was wüßten wir davon, daß wir Gott angenehm sind durch ihn! wie könnte es daher je solch ein Verhältniß zwischen Gott und den Menschen geben, wie hätte jemals die Scheidewand, welche die Sünde zwischen Gott und den sündigen Menschen gezogen hat, fallen können, wie würden die Menschen je haben weiter kommen können als nur zu | dem Schatten der heiligen Güter und immer wieder nur zu einer vergänglichen Hütte, worin sein Dienst sollte verrichtet werden! Erscheinen mußte er, nicht um Gottes willen, denn der liebte die Welt ewig in ihm, aber um unsretwillen, damit auch in uns die Liebe Gottes ausgegossen würde. Sobald aber durch sein Dasein die heiligen Güter auf Erden gepflanzt waren und der Grund gelegt zu der wahrhaftigen Hütte: so konnte auch sein zeitli-

---

[13] Joh. 16, 26. 27.

8 Vgl. Hebr 5,7   10–11 Vgl. Hebr 4,15; 5,2   36–37 Vgl. Röm 5,5

ches Leben wieder aufhören; aber ewig bleibt er der Pfleger dieser geistigen Güter und dieser wahrhaftigen Hütte. In ihm wird uns alle Wahrheit gewiß und deutlich, indem der Geist Gottes uns an alles das erinnert und es uns verklärt, was sich in seinem zeitlichen Leben göttliches offenbart hat. So verrichtet er die Fürbitte und den Dienst der Vertretung in der wahrhaftigen Hütte, indem er die Gemeinschaft der Menschen mit Gott auf ewige Weise darstellt und erhält; aber zeitlich mußte er uns erscheinen und durch sein Blut eingehn in das Heiligthum, damit das Bewußtsein der Sünde ganz weggenommen würde, indem wir der Sünde gekreuziget werden in Christo, und alles uns gekreuzigt wird, was uns von Gott und Christo scheiden kann.

So lasset denn uns an unserm Theil, m. th. Fr., zeitliche Pfleger sein derselben heiligen Güter und derselben wahrhaftigen Hütte, lasset uns in der Gemeinschaft des Geistes, der in uns alle ausgegossen ist, seitdem er unser ewiger Hoherpriester ist zur Rechten Gottes, alle heiligen Güter pflegen und be|wahren, lasset uns in der lebendigen Gemeinschaft mit dem Erlöser mit vereinter Kraft die wahrhaftige Hütte unversehrt und rein erhalten, daß alles, was Fleisch ist, aus ihr entfernt werde, und nur die Anbetung Gottes im Geist und in der Wahrheit in ihr walte. So allein werden wir auch geschikkt sein frei von dem tödtenden Dienst des Buchstaben und von jeder Ueberschäzung des zeitlichen und veränderlichen in der ewigen Gemeinschaft mit dem ewigen Hohenpriester zu stehn, und werden uns dieses geheiligten Verhältnisses als der Quelle der Seligkeit bewußt werden, damit wir so hinanreifen jeder für sich und alle in Gemeinschaft zu der Gleichheit des vollkommenen Mannesalters Christi. So werden die heiligen Güter auch den künftigen Geschlechtern unversehrt übergeben werden, und die wahrhaftige Hütte wird nicht wieder in die Ähnlichkeit mit dem irdischen Bilde zurükkfallen, sondern wir werden, alles, was nur ein äußerliches ist, der Veränderlichkeit aller menschlichen Dinge ruhig überlassend, in der gemeinsamen Kraft des Glaubens und der Liebe im Geist und in der Wahrheit den anbeten, der uns seinen Sohn gesandt hat, um die lebendige Gemeinschaft mit ihm zeitlich zu begründen, wie sie ewig bestimmt war, welcher nun, indem er uns auf ewige Weise bei dem Vater vertritt, den Geist über uns ausgegossen hat, in dem wir Gott dienen auf zeitliche Weise, damit die wahrhaftige Hütte sich auch zeitlich erhalte als der unvergängliche Bau, und so für uns der Unterschied des zeitlichen und ewigen schwinde, und es unsere | tägliche Erfahrung werde, daß wir durch den Glauben aus dem Tod hindurchgedrungen sind und das ewige

---

3–5 Vgl. Joh 14,26   **8–9** Vgl. Hebr 9,12   **10** Vgl. Röm 6,6   **19–20** Vgl. Joh 4,23–24   **39–1** Vgl. Joh 5,24

Leben schon jezt haben mit ihm unserem ewigen Hohenpriester. Amen.

Ja barmherziger gnädiger Gott und Vater! Dein ewiger gnädiger Rathschluß war es, daß du uns, diese menschliche Natur dieses vergängliche Geschlecht, begnadigen wolltest in deinem Sohn! Darum hat uns nicht schaden können das Gift der Sünde, wie tief auch eingewurzelt in der menschlichen Seele; denn groß genug ist die Kraft dieser ewigen Erlösung, um auch das Bewußtsein der Sünde hinwegzunehmen. Dein gnädiger Rathschluß war es dich uns zu offenbaren in deinem Sohn, auf daß uns in ihm erschiene die Herrlichkeit deines Eingebornen als das fleischgewordene Wort. Dein gnädiger Rathschluß war es, daß nur durch Leiden und Tod der durfte und konnte vollendet werden, der viele hinführen sollte zur Seligkeit. O gieb, daß nun, nachdem er vollendet ist, und wie er ewig bei dir das Geschlecht der Menschen vertritt, nicht nur Viele, sondern Alle beseligt werden durch ihn, gieb, daß wir nicht müde werden die heiligen Güter weiter zu verbreiten und sie fortzupflanzen von einem Geschlecht zum andern, daß wir nicht müde werden deine wahrhaftige Hütte immer fester zu erbauen, immer mehr zu erweitern, alle Völker der Erde in sie einzuladen, damit alle den erkennen, der uns ewig bei dir vertritt, und so in seinem Namen selig werden. Ja er walte ewig in | dem Geschlecht, das er dir gleichsam aufs neue erworben hat durch sein Blut zu einem königlichen Priesterthum. O daß wir immer vollkommner würden in dieser hohen Würde, uns immer mehr von allem losmachten, wodurch wir dessen unwürdig sind, welchem ähnlich zu sein unser höchster Preis ist, weil, wenn es auch noch nicht erschienen ist, was wir sein werden, wir doch wissen, wenn es erscheint, daß wir ihm gleich sein werden, weil wir ihn dann ganz erkennen, wie er ist.   Amen.

11–12 Vgl. Joh 1,14   **23–24** Vgl. 1Petr 1,18–19; 2,9   **27–30** Vgl. 1Joh 3,2

XIX.

Die Verheißungen des Erlösers bei seinem Scheiden.

Am Himmelfahrtstage.

Text. Apostelgesch. 1, 6–11.

Die aber, so zusammengekommen waren, fragten ihn und sprachen, Herr wirst du auf diese Zeit wieder aufrichten das Reich Israel? Er sprach aber zu ihnen, Es gebühret euch nicht zu wissen Zeit oder Stunde, welche der Vater seiner Macht vorbehalten hat. Sondern ihr werdet die Kraft des heiligen Geistes empfahen, welcher auf euch kommen wird, und werdet meine Zeugen sein zu Jerusalem und in ganz Judäa und Samaria und bis an das Ende der Erde. Und da er solches gesagt, ward er aufgehoben zusehends, und eine Wolke nahm ihn auf vor ihren Augen weg. Und als sie ihm nach sahen gen Himmel fahrend, siehe, da standen bei ihnen zween | Männer in weißen Kleidern, welche auch sagten, Ihr Männer von Galiläa, was stehet ihr und sehet gen Himmel? Dieser Jesus, welcher von Euch ist aufgenommen gen Himmel, wird kommen, wie ihr ihn gesehen habt gen Himmel fahren.

Die große Begebenheit, m. a. Fr., deren Gedächtniß wir heute feiern, war freilich für die damaligen Jünger des Erlösers etwas ganz anderes, als sie für uns ist. Bei seinem Tode hatten sie den Zustand der ersten Betäubung noch kaum überwunden, waren noch kaum zum ruhigen Bewußtsein des Schmerzes über seine Trennung von ihnen gekommen, gewiß wenigstens hatten sie diese noch nicht richtig ansehn gelernt, weil sie sie zugleich für die Zerstörung seines ganzen Werkes auf Erden hielten, als schon seine freudige Auferstehung sie tröstend und belehrend überraschte. Jezt aber, nachdem er vor ihren Augen gen Himmel erhoben denselben entrükkt wurde, sahen sie ruhig und besonnen und gewiß mit einem sehr gereinigten Schmerz, wie man das Ende eines völlig vollendeten Lebens betrachtet, das Ende ihres bisherigen Verhältnisses zu ihrem theuren Herrn und Meister vor sich. Für uns hingegen steht diese Begebenheit nur da als der Anfang desjenigen Verhältnisses Christi zu den Seinigen, welches seitdem immer bestanden hat, des einzigen, welches wir aus der unmittelbaren Erfahrung

---

2 *Predigt zum Himmelfahrtstag am 7. Mai 1812 nachmittags in der Dreifaltigkeitskirche zu Berlin; vgl. Predigtnachschrift in KGA III/4, S. 504–510*

kennen. Wir können daher den Schmerz der Jünger zwar mitfühlen, aber | nicht unmittelbar als unsern eignen; und widernatürlich wäre es, wenn wir uns zu einer Empfindung hinaufspannen wollten, als vermißten wir etwas dadurch, daß uns der persönliche Umgang mit dem Erlöser nicht vergönnt ist. Darnach aber fragen wir billig heute besonders, ob wir wol alles gute und schöne dieses Verhältnisses, wie es zwischen dem Erlöser und den Seinigen nun seit seiner Erhöhung von der Erde besteht, recht im Herzen tragen und es in seiner ganzen Fülle, wie er es uns zugedacht hat, genießen. Gewiß hat dieses gute der Erlöser recht herausgehoben in den tröstlichen Verheißungen, die er seinen Jüngern gab, so oft er sich schon im Geiste zur Rechten seines Vaters erhöht erblikkte. Wenn es überhaupt wenig oder nichts giebt, selbst von dem, was Christus im vertrautesten Umgange mit den Jüngern geredet, das nicht auch auf uns seine Anwendung fände; wenn wir fast alle Rechte, die er ihnen gegeben, wie alle Pflichten, die er ihnen auferlegt, mit ihnen theilen: wievielmehr werden wir das auf uns anzuwenden haben, was er zu ihnen geredet, um sie auf den Zustand vorzubereiten, welchen wir mit ihnen gemein haben. Wenn wir die bedeutungsvollen sich immer verständlicher entwikkelnden Aeußerungen über den Geist und die Art seines Reiches, die innigen Ergießungen seiner herrlichen Liebe im Vorgefühl seines Scheidens, die ernsten Ermahnungen und Warnungen an ihr unbefestigtes Herz gerichtet, wenn wir dieses alles auch uns gesagt sein lassen, die er mit gleicher Liebe umfaßt, und für die | er eben wie für jene, durch deren Wort wir glauben, gebeten hat; wie viel mehr noch dürfen wir unsern Theil hinnehmen von den erhebenden Verheißungen, durch welche er die Jünger über ihren Verlust beruhigen und ihnen ihren neuen Zustand werth machen wollte.

Diese Verheißungen des Erlösers an seine Jünger in Bezug auf sein gänzliches Scheiden von ihnen finden sich zerstreut in seinen Reden, und aus vielen Stellen derselben müßten wir sie zusammensuchen, wenn wir sie einzeln und vollständig übersehen wollten. Aber wie die Gewohnheit unserer öffentlichen Vorträge erheischt Eine zusammenhängende Stelle der Schrift zum Leitfaden derselben zu nehmen: so befriedigt die verlesene Erzählung von der Himmelfahrt eben in so fern unser Bedürfniß, als sie uns bestimmt an diejenigen Verheißungen erinnert, auf welche ich vornehmlich eure Aufmerksamkeit hinlenken möchte, und welche wir uns am unmittelbarsten zueignen können. Denn freilich, wenn der Erlöser den Aposteln sagt, sie sollten warten, bis sie angethan würden mit Kraft aus der Höhe, und dann seine Zeugen sein: so können wir uns das besondere und eigenthümliche

---

39–40 Vgl. Lk 24,49

der Pfingstgabe, worauf Christus hier ohnstreitig zielt, nicht aneignen. Aber jene Kraft aus der Höhe war ja auch nicht der Geist Gottes überhaupt, mit welchem Jesus die Apostel schon in den ersten Tagen seiner Auferstehung angehaucht hatte, ja welchen er ihnen schon früher zuschreibt, wenn er sagt, daß sie ihn für Christum | erkenneten, habe Fleisch und Blut ihnen nicht offenbart, sondern der Vater im Himmel; denn wenn dieser einem etwas offenbart, so geschieht dies eben durch den heiligen Geist, wie auch anderwärts gesagt wird, Niemand kann Jesum einen Herrn heißen, denn nur durch den heiligen Geist. Bedenken wir nun noch wie hernach Viele seine Zeugen geworden sind, die an jener außerordentlichen Pfingstgabe keinen Theil hatten, wie auch wir es sind jeder nach seiner Art: wie soll uns eben diese Aufforderung seine Zeugen zu sein nicht an die herrliche Verheißung erinnern, ohne welche Niemand diesen Auftrag zu erfüllen vermöchte, an die Verheißung, die ein anderes Mal der Erlöser demselben Auftrage, gehet hin und lehret alle Völker, hinzufügte, indem er sprach, Und ich will bei Euch sein alle Tage bis an der Welt Ende. Die Worte derer aber, welche, nachdem der Herr hinweggenommen war, zu den Aposteln traten, worauf anders konnten sie sich beziehen, als auf die Verheißung, welche der Herr in den lezten Tagen öfter und unter verschiedenen Gestalten ausgesprochen hatte, daß des Menschensohn wiederkommen werde in aller Herrlichkeit des Vaters, ein Herr und König ein Richter über alles, was da lebet. Wenn wir nun in dieser Stunde gemeinschaftlich der Verheißungen des scheidenden Erlösers gedenken wollen, so sind es eben diese beiden, die wir ins Auge zu fassen haben, erstlich daß Er bei uns sein will bis an das Ende der Tage, und zweitens daß Er wiederkommen wird | zum Gericht. Aber, m. a. Fr., laßt uns mit diesen Verheißungen auch gleich umgehn, mit einer wie mit der andern! Wenn keine Zeit zu spät ist für die eine: so laßt uns auch glauben daß keine zu früh sei für die andere. Wenn wir uns der einen als eines unmittelbaren lieben Besizes erfreuen: so laßt uns auch die andere nicht nur ansehn wie eine kaum kenntliche Gestalt, die aus dunkler Ferne sich wenig sichtbar nähert. Sondern auf gleiche Weise wollen wir beide uns zueignen, nicht als etwas fremdes und fernes, sondern als etwas, was da ist, worin das Wesen seines lebendigen Verhältnisses zu seiner Kirche, seines wirklich schon aufgerichteten Reiches besteht, wovon er auch deshalb sa-

---

5 erkenneten] *vgl. Adelung: Wörterbuch 2, Sp. 1550 (reguläre Konjunktivform)* 21 des Menschensohn] *Kj* des Menschen Sohn *oder* der Menschensohn

3–4 Vgl. Joh 20,22   5–7 Vgl. Mt 16,17   8–10 1Kor 12,3   16 Mt 28,19
17 Mt 28,20

gen konnte, Es gebührt euch nicht Zeit und Stunde zu wissen, weil es gar nicht an Zeit und Stunde hängt, sondern immer da ist von jener Zeit an, von einer Zeit zur andern aber immer mehr zur Vollendung kommen muß. Auf diese Weise also laßt uns über beide mit einander reden.

I. Zuerst laßt uns gedenken der Verheißung des Erlösers, Ich bin bei euch alle Tage bis ans Ende der Welt. Ja, m. Fr., das muß unser eigenes Bewußtsein, das muß unsere christliche Erfahrung uns sagen. Er ist bei uns immerdar und auf mancherlei Weise. Er ist bei uns in der Schrift, er ist bei uns in den heiligsten und erhebendsten Aufregungen des Gemüthes, er ist endlich bei uns in Gestalt derer, die sein Ebenbild tragen und mit Recht und Ehren seinen Namen führen. |

Er ist bei uns in der Schrift. Was Er selbst schon von den Büchern des alten Bundes sagt, Ihr forschet in der Schrift, weil ihr meinet, ihr habt das ewige Leben darin, und sie ist es, die von mir zeuget, wie viel herrlicher und in wie viel größerem Sinne ist dies wahr geworden, seitdem die Schrift des neuen Bundes vorhanden ist, seitdem die Erzählungen von seinen Thaten und Leiden von den Seinigen sind aufgezeichnet, seitdem die in dem Umgange mit Ihm gesammelten Lehren und Vorschriften von den Aposteln in seinem Geist dargestellt und angewendet der Christenheit sind hinterlassen worden. Wo wir auch suchen in diesen Büchern, wenn es mit reinem Herzen geschieht, überall kommt Er uns daraus entgegen, überall ist er vorgebildet, überall finden wir ein heiliges Vermächtniß, das Er uns zurükkgelassen. Ja wie es Gemälde giebt, in denen alles Licht, durch welches die übrigen Gegenstände sichtbar werden, von Christo ausgeht: so ist die Schrift ein solches Gemälde, in welchem sein Bild alles andere, was sonst dunkel sein würde, mit einem himmlischen Glanze bestrahlt. Denn wie vieles in der Schrift findet man nicht unverständlich, bedenklich in seinen Folgen, oder übertrieben und unnatürlich, wenn man es aus dem gewöhnlichen Standpunkt der Menschen als allgemeinen Sittenspruch oder Lehre betrachtet, was ganz deutlich wird, wenn man es nur in Beziehung auf ihn auf sein Werk und sein Reich sezen will, wie das vom Vertrauen auf Gott vom Entschlagen aller Sorgen von der | Kraft des Gebetes vom ruhigen Erdulden. Und manches, was uns zu hoch sein würde ohne ihn, vom Versöhnen Gottes von dem erbarmenden Reichthum der Gnade von der innigen Gemeinschaft der Menschen mit Gott und dem Wohnen Gottes unter uns: wie nahe tritt uns alles dieses, wie lebendig ergreift uns, was hiervon sich jedesmal mit

---

6–7 *Mt* 28,20   15–16 *Joh* 5,39

den heiligen Zügen seiner Gestalt verbindet, so daß sein Thun es uns anschaulich macht, und es gleichsam aus seinem Munde in unser Gemüth hineinströmt. Und viel mag es noch zu erforschen geben in diesen Büchern für redliche Schriftgelehrte, was sie aber auch entdekken mögen, das Bild Christi kann dadurch immer nur heller werden; nie wird es sich verdunkeln oder verändern. Das Bedürfniß Christum auf diese Weise nahe und gegenwärtig zu haben wurde gefühlt, man kann sagen von dem Tage an, wo er hinweggenommen war. Nun sie Ihn selbst nicht mehr sehn und hören konnten, wurden die Gläubigen begierig aus den Erzählungen Anderer auch das zu erfahren, was sie nicht selbst gesehn und gehört hatten, und jeder wollte festhalten und mittheilen, was er besaß; und so entstanden auch bald die schriftlichen Aufsäze, aus denen die Lebensgeschichten Jesu in unsern heiligen Büchern erwachsen sind. Wer fühlt es nicht, wie wichtig für unser lebendiges Verhältniß zu ihm dies heilige Besizthum ist, wie unentbehrlich allen folgenden Geschlechtern dieser Ersaz war! wer fühlt es nicht, welchen Halt Glauben und Liebe gewinnen an diesen vielseitigen | Offenbarungen des Herrn! Und darum wird dieser Schaz uns auch bleiben, wie Er es verheißen hat; Er bleibt bei uns in der Schrift bis ans Ende der Tage. Wie sehr auch der dem Christenthum feindselige Geist diese Bücher hat zu verunstalten und herabzuwürdigen gesucht: sie werden wie bisher so auch künftig alles überstehen. Das Wort sie sollen lassen stahn, und keinen Dank dazu ha'n.

Er ist ferner bei uns in den heiligsten und erhebendsten Aufregungen unseres Gemüthes. – Viele freilich sagen bedenklich, es sei nur eine Schwärmerei, wenn man in diesem Sinne von einer besonderen Nähe und Gegenwart des Erlösers redete, und wir hätten mit jener in der Schrift vollkommen genug. Es mag auch sein, daß Einige schwärmen; aber wir wollen doch wünschen, daß auch jenen bedenklichen das nicht fehle, was an diesem Ausdrukk wahr ist; wir wollen nicht vergessen, daß ohne solche Augenblikke auch die Schrift selbst, und also auch unsere Art Jesum in der Schrift nahe zu haben nicht da sein würde. Wir kennen ja den Wechsel des menschlichen Lebens, daß auch ohne unmittelbaren Einfluß äußerer Umstände eine Stunde nicht gleich ist der andern, in mancher das Leben stumpfer gehaltloser, andere mit reicherem Segen begabt von Gott. Und gewiß nicht in den gleichgültigeren dürftigeren Stunden haben die Jünger des Herrn sich getraut etwas niederzuschreiben über sein Leben oder seine Lehre; sondern wenn Er ihnen in irgend einer Beziehung besonders lebhaft

---

22–23 *Martin Luther: Ein' feste Burg ist unser Gott, Strophe 4*, in: *Gesangbuch zum gottesdienstlichen Gebrauch für evangelische Gemeinen, Berlin 1829, Nr. 296 (unten S. 892). Q bietet „kein'n Dank dazu haben" statt „keinen Dank dazu ha'n".*

vor Augen stand, | und die göttliche Gestalt immer mehr in Licht und Glanz verklärt in ihrem Gemüth hervortrat; den Inhalt solcher reichen Augenblikke suchten sie durch die Kraft des Wortes aufzubewahren. Eben darum ist die Schrift ein solcher Schaz, weil der Segen der ausgezeichneten Augenblikke der Gläubigen in ihr zusammengedrängt ist. Und einen solchen Unterschied sollte es für uns nicht mehr geben? nur deshalb vielleicht nicht, weil ein leibliches Bild des Erlösers, da wir ihn nie mit leiblichen Augen gesehen haben, auch nicht unserm innern Sinne sich darstellen kann? Wir sehen an den ersten Zeiten der Kirche, wie natürlich und gleichsam unmerklich das eine in das andere überging, und also auch beides im Wesen Eins und dasselbe sein muß. So erschien Christus lange nach seiner Himmelfahrt dem Paulus, den er aussenden wollte zu erleuchten die Heiden, der ihn im Leben des Leibes vielleicht nie gewiß nur flüchtig und ferne gesehn hatte, der aber selbst diese Erscheinung als die lezte an die Erscheinungen Jesu in den Tagen seiner Auferstehung anreiht. So sah ihn Stephanus und nach ihm gewiß noch mancher Andere, ungewiß ob mit leiblichem oder geistigem Auge in der Begeisterung des Märtyrerthums zur Rechten des Vaters sizen. So erscheint er auch uns gewiß nur im geistigen Glanz seines friedebringenden Daseins oft in vorzüglicher Nähe und lebendiger Gegenwart, entweder ersehnt und erbetet bei besonderen Bedürfnissen des Herzens, oder auch gleichsam von selbst und unerwartet, wenn das | Leben uns unbemerkt wieder emporgestiegen und herangereift ist zu einem höheren Genuß. Und wie diese sichere Gegenwart Christi bei jenen mit den wichtigsten Augenblikken des Lebens zusammenhing; wie sie den Paulus aus einem obgleich wohlmeinenden Verfolger Christi und der Seinigen in seinen eifrigsten Verkündiger verwandelte, der hernach mit Recht von sich sagen konnte, er habe mehr gearbeitet, denn die andern alle; wie Stephanus entzükkt den Herrn in seiner Herrlichkeit schaute, eben als ihm die Krone des Märtyrerthums dargereicht ward: eben so wird diese unmittelbare Nähe des Erlösers auch bei uns bald die bedeutendsten Augenblikke hervorbringen, bald sie verherrlichend begleiten. Wenn wir redlich forschend lange gezweifelt haben, was hie oder da recht sei und wahr: dann wird in demselben Augenblick der Zweifel sich lösen, und Christus wird uns besonders nahe sein zur Gewährleistung, daß das Herz fest geworden ist in Ihm und durch Ihn, daß, was wir gefunden oder beschlossen haben, seinem Geist und Sinn gemäß ist. Wenn wir irgend einer Versuchung glükklich widerstanden haben in der Kraft des Glaubens und des Gebetes, dann wird uns auch Christus besonders

---

12 Vgl. Apg 9,3–6   **15–16** Vgl. 1Kor 15,8   **16–19** Vgl. Apg 7,55   **29** Vgl. 1Kor 15,10   **29–31** Vgl. Apg 7,55   **36–37** Vgl. Hebr 13,9

klar sein und uns zurufen, Gehe hin in Frieden dein Glaube hat dir geholfen; oder auch noch im harten Kampf wird sein plözlich hervortretendes Bild uns mahnen, daß er gestorben ist um uns von der Sünde zu befreien, und das wird den Ausschlag geben für den guten Geist in uns. Wenn wir in uns fühlen eine | allen irdischen Schmerz besänftigende Ruhe, wenn wir mit einer höheren Gewalt der Liebe hingezogen werden zum Ganzen oder zu Einzelnen: dann ist uns auch Christus besonders nahe, der das Band aller Liebe ist, und der uns über alles irdische erhebt und zu sich zieht. Oder auch wenn wir uns seufzend befangen fühlen im irdischen, wird es ein sehnsuchtsvoller Blikk auf Ihn sein, der uns zuerst wieder zu jener reineren heiligen Stimmung emporhebt. Wie könnten wir sonst sagen, daß ein lebendiges Verhältniß zwischen ihm und uns besteht? wie könnten wir sagen, daß wir Theil haben an dem Segen, den Er doch auch uns besonders erbeten hat, daß wir in Ihm leben sollen und Er in uns? Diese seligen Augenblikke sind die Würze des Lebens, sie sind es, die Glauben und Liebe in uns fortleiten, und an denen sich das übrige Leben hält und stärkt; ja sie sind die zusammenhaltende Kraft der ganzen christlichen Gemeinschaft, denn nur durch sie vermag irgend jemand auch Andere zu stärken und zu beleben.

Daher ist Christus uns eben so auch nahe in der Gestalt derer, die sein Ebenbild tragen und mit Ehre und Würde seinen Namen führen. Je mehr nämlich jeder von uns solcher höheren Lebensaugenblikke sich erfreut, als wir hier beschrieben haben: um desto mehr wird er denen, die mit ihm leben, Christum zurükkrufen. Denn diese Augenblikke sind es, durch welche das geistige Leben fortschreitet; jede reine Gesinnung wird durch sie gestärkt, jede Tugend belebt; jedes Gute aber in uns, es trägt je mehr wir | Christen sind, je mehr es auf solche Weise durch die Gemeinschaft mit Christo entstanden ist, auch Christi Bild und Ueberschrift; freilich in Vergleich mit ihm selbst nur schwach und in getrübtem Glanze, aber doch hilft es uns die wahren unverfälschten Züge seiner Gestalt festzuhalten. Jeder Einzelne freilich zeigt uns nur einzelne Züge des Urbildes, in welchem sich alle Vollkommenheit spiegelt; denn jeder von uns ist nur nach der einen oder der andern Seite hin frei ausgebildet zur Aehnlichkeit mit ihm, von andern Seiten ist wieder diese Ausbildung gehemmt durch die Kraft der mitgebornen Sündlichkeit oder durch Blindheit und Trägheit. Aber eben darum ist so Christus, wie Er auch selbst verheißen, am vollkommensten unter uns, wo zwei oder drei oder mehrere versammelt sind in seinem Namen, wo wir uns getrieben von dem Eifer Ihm die Ehre zu

---

1–2 *Lk 7,50 (veränderte Satzreihung)*   14–15 *Vgl. Joh 14,19–20; 17,20–21*   38–40 *Vgl. Mt 18,20*

geben dankbar für alles, was wir durch Ihn haben, gegen einander aussprechen, wo die brüderliche Liebe gern alles andere vergißt, und den Blikk nur auf dasjenige richtet, worin Er sich verherrlicht hat. O gewiß, diese Offenbarung Christi in seinen Ebenbildern ist ganz wesentlich für unser Verhältniß mit ihm. So ist es uns augenscheinlich gegeben, daß er fortlebt und fortwirkt unter den Seinigen; so befestigt sich in uns, was auch die Welt sage, was sie auch mit höhnischem Frohlokken von der Ausartung des Christenthums von dem allmähligen Absterben seiner Kraft entgegne, dennoch die tröstliche Ueberzeugung, daß seine Gemeine unerschütterlich steht | und sein Bund derselbe bleibt, wieviel sich auch vielleicht in den äußeren Formen desselben ändern mag. Und das ist der Glaube, der die Welt überwindet, und der uns zu keiner Angst kommen läßt, ohnerachtet wir leiblich ganz von unserm schüzenden Herrn und Meister getrennt sind.

So, m. Fr., ist Christus auch nach seiner Entfernung von der Erde und ohne leibliche Gestalt den Seinigen nahe. Jeder Christ fühlt dies, und es wird eben so erfahren werden auch bis ans Ende der Tage.

II. Wenn wir aber nun auch noch zweitens der Verheißung gedenken, daß Er wiederkommt zum Gericht: so habe ich es freilich schon bevorwortet, daß Ihr sie jener gleich stellen, und sie eben so als schon unmittelbar gegenwärtig und in der Erfüllung begriffen ansehn möget: aber die wenigsten werden dazu so leicht geneigt sein. Es gemahnt uns immer, als habe der Herr seinen Stuhl noch nicht aufgeschlagen zum Gericht; und wenn wir auch endlich wissen, daß das Reich Gottes nicht kommt mit äußerlichen Geberden, so sind wir doch gewohnt von dem Gericht Gottes zu erwarten, daß es so kommen werde. Aber welches Recht haben wir eigentlich diesen Unterschied zu machen? Wie das Reich Gottes noch nicht vollendet ist, sondern immer herrlicheres bevorsteht, und noch nicht erschienen ist, was wir sein werden: so freilich ist auch das Gericht Gottes noch nicht vollendet. Dürfen wir es aber deshalb als etwas ganz fernes und nur | als ein künftiges ansehen? Die Schrift verbindet immer beides das Reich Gottes und sein Gericht; wie es um das eine steht, so auch um das andere. Der Erlöser selbst stellt es uns als etwas gegenwärtiges dar, indem er sagt, Wer an mich glaubt, der hat das ewige Leben und kommt nicht in das Gericht; wer aber nicht glaubt, der ist schon gerichtet. Denn ich bin nicht kommen die Welt zu richten sondern selig zu machen. Was wollen wir also warten auf künftiges? Wer unter

---

12–13 *Vgl. 1Joh 5,4*   23–24 *Vgl. Ps 9,8*   25 *Vgl. Lk 17,20*   29–30 *Vgl. 1Joh 3,2*   35–36 *Joh 6,47 verbunden mit Joh 5,24*   36–37 *Joh 3,18*   37–38 Vgl. Joh 12,47*

Predigt über Apg 1,6–11

dem Gericht steht, der ist auch schon gerichtet. Seitdem dies Wort gilt, ist Er auch da zum Gericht, wenn er auch nicht selbst richtet, und seitdem werden gerichtet die Geschlechter der Menschen. Dies Gericht besteht darin, daß zuerst kenntlich gemacht werden die Guten und Bösen, dann daß sie ihren Lohn davon tragen, und endlich daß sie hingehen jeder an seinen Ort.

Der Herr also kommt auch jezt schon wieder zum Gericht, in wiefern es zuerst darin besteht, daß die Guten und Bösen kenntlich gemacht werden.– Es wird freilich viel geredet von der Kunst, mit welcher die Bösen sich zu verschleiern wissen, dem, was sie thun, überall einen guten Schein umzuhängen, und in ihren Reden sich als eifrige kräftige Verehrer alles guten und als Hasser des bösen darzustellen. Allein ich glaube nicht zu viel zu wagen, wenn ich behaupte, diese Kunst kann nur diejenigen täuschen, welche selbst das gute nicht fest und lebendig in sich haben. Das wahre und gute erkennt überall sich selbst, und so unterscheidet es auch | sein Gegentheil. Der Herr wußte, was in einem Menschen war, so daß, wenn auch viele an ihn zu glauben schienen, er ihnen doch nicht traute; und auch wir, je näher wir ihm sind, und je mehr wir schon von ihm empfangen haben, sollen und können das ebenfalls wissen. Freilich nicht im Augenblikk und in der Ferne schon; und wer sich heraus nimmt voreilig zu urtheilen, oder gar über Menschen, die ihm nicht nahe genug stehn, und nicht so viel Einfluß auf sein eigenes Leben haben, daß er nöthig hat über sie zu urtheilen, der trägt seine eigene Schuld, wenn er bethört wird, und selbst durch Verbreitung eines falschen Scheines dazu beiträgt den Bösen ihren Wirkungskreis zu vergrößern und ihr Ansehn zu erhöhen. Aber von Menschen die uns nahe genug stehn, deren Leben wir beachten können, so daß ein falsches Unheil über sie uns nothwendig Schaden bringen müßte, von denen sollten wir nicht wissen können, ob sie gut sind oder böse, ob für den Herrn, dem wir folgen, oder wider ihn? Das einwohnende böse sollte sich nicht, wenn auch Lüge und Verstellung sich alles großen bemeistert hätten, doch desto sicherer im kleinen verrathen? nicht in einer Menge von unbewachten Aeußerungen, die ihnen vielleicht selbst ganz inhaltlos und unbedeutend erscheinen, die aber die sicherste Kunde geben von dem Inneren des Herzens? Gewiß, wandeln wir in solcher Dunkelheit: so thun wir es nicht schuldlos; jeder Tag muß uns hierin weiser machen, wenn anders das Wort des Herrn immer in uns wirkt, und wir uns Ihn | immer mehr aneignen. Was wäre es sonst, daß sein Licht uns erleuchtet, wenn es uns nicht kenntlich machte, wo im Menschen Licht ist und wo Finsterniß? Was wäre es, daß wir seine Stimme hören

---

2 *Vgl. Joh 9,39*   41–1 *Vgl. Joh 10,27*

und ihr folgen, wenn wir nicht auch wahrnehmen könnten, wer ihr nicht mit uns folgt? Und wenn so jeder selbst in seinem Kreise zu unterscheiden weiß die Guten und die Bösen; und wir uns zugleich auf das wohlabgewogene Urtheil auf das sichere Gefühl unserer Brüder verlassen, wo es Noth und wie es recht ist: sind dann nicht überall, wo der Herr seinen Stuhl aufgerichtet hat, auch schon jezt kenntlich gemacht die Guten und die Bösen?

Und eben so kommt er auch schon jezt wieder zum Gericht, in sofern es darin besteht, daß die Guten und Bösen geschieden werden. Freilich sind dem Raume nach beide unter einander gemischt, wir finden uns, und noch öfter scheint es uns so als es wirklich ist, auf allen Seiten umgeben von den Kindern der Welt und der Finsterniß, wir fühlen uns von ihnen gedrängt; ihr Anblikk betrübt uns, ihre Nähe ist uns nicht selten gefährlich, ihre entgegengesezte Thätigkeit hemmt die unsrige. Und diejenigen dagegen, die eigentlich zu uns gehörten, wie ferne stehen sie uns oft, daß es kaum möglich scheint einem von ihnen die Hand zu reichen! wie oft fehlt uns ihre Unterstüzung, wie scheint vorzüglich deswegen, weil sie ihre Kräfte nicht genug vereinigen können, das Werk Gottes auf Erden so langsam zu gedeihen! Das alles ist freilich wahr. Aber auf | der andern Seite, erfahren wir nicht immer, daß jeder, der wie wir dem Herrn angehört, uns nahe steht wie kein anderer? Haben wir einmal einen recht erkannt und ins Herz geschlossen: so trennt kein Raum mehr die Geister, keine Zeit verlischt das liebe Bild oder schwemmt den Segen hinweg, den seine Nähe unserm Leben gebracht. Die unsichtbare Kirche Christi ist wahrhaft überall Eine, eine lebendige Gemeinschaft ist unter allen ihren Gliedern gestiftet, in welche nichts fremdartiges sich hineindrängen kann. Denn was vermögen die Bösen noch weiter, als daß sie unsere äußere Wirksamkeit anders bestimmen, als sie sich ohne sie und ohne ihr Zuthun würde bestimmt haben? Oder könnten sie wirklich unser inneres Leben stören, den geistigen Genuß, den Christus und der Bund der Seinigen uns gewährt und verbürgt, den Frieden Gottes, das stille Vertrauen, die innige Liebe uns verkümmern? Gewiß wenigstens nur in so fern, als noch etwas ihnen gleichartiges in uns ist: sind wir aber ganz Christi, so hat auch nichts was ihm entgegengesezt und feindselig ist eine Gewalt über uns so wenig als ein Recht an uns; denn hat er gesiegt, so muß er gewiß dem bösen diese Macht genommen haben. Was aber nicht auf mich wirkt, das ist von mir geschieden. Und wie gänzlich sind wir es auch in allem! Wie nahe uns auch einer von den doch nur wenigen ganz undankbaren Verläugnern oder Feinden Christi stehe: giebt es wol etwas wor-

---

6 Vgl. Ps 9,8

Predigt über Apg 1,6–11

über wir uns mit ihm verständigen könnten, irgend ein wenn | nur nicht ganz geringfügiges und äußerliches Unternehmen, was wir mit ihm theilen möchten, oder worüber wir, wenn wir eine Gemeinschaft versucht hätten, nicht gleich wieder zerfielen? Kann er uns, uns ganz wie wir sind, zu irgend etwas gebrauchen oder wir ihn? versteht er sich in uns, in unsere Freuden und Leiden, in unsere Ansichten und Gedanken, oder wir in die seinigen? Nein, Gemeinschaft ist uns nicht verliehen, eine Kluft ist zwischen uns befestiget, welche eigentlich durch keine räumliche Scheidung größer werden kann! kein Wort kommt in der That von jenen zu uns herüber noch von uns zu ihnen; wir können nicht von ihnen sie nicht von uns irgend etwas Einzelnes annehmen, bis sie wirklich zu uns herüber kommen, bis sie das eine große von uns angenommen haben, was wir sie immer bitten an Christi Statt, daß sie sich sollen versöhnen lassen mit Gott.

Aber endlich, was zu diesem Gerichte gehört, ja als die Hauptsache angesehen wird, daß nemlich die Gerechten eingehen in ihres Vaters Reich, und die Bösen gleichfalls an den Ort, der ihnen beschieden ist, auch das laßt uns nicht lediglich als eine Verheißung ansehen, die erst auf jenen Tag wartet. Greife vielmehr jeder in seinen Busen und schaue um sich her, daß und wie der Herr auch jezt schon richtet. Manche freilich meinen, dies liege sehr nahe und sei sehr leicht zu finden. Die Tugend, sagen sie, sei ihr eigener Lohn, der Fromme allein sei in sich selig, er fühle sich sicher unter Gottes Schuz, | ihm fehle nicht, auch in den Stürmen der Welt, der Friede des Höchsten; der Böse hingegen werde auch seines Glükkes nicht froh, ihm sei bange vor der Vergänglichkeit seiner Genüsse, seine Erinnerungen seien zernagt von dem Stachel des Gewissens, kurz überall sei inwendig der Wurm, der nicht stirbt. Aber wenn wir dann näher zusehn, so finden wir oft, daß die Kinder der Finsterniß, wie sie denn klug sind in ihrer Art, sich vor allem Schaden wohl zu hüten wissen, daß sie in natürlichem oder angelerntem Leichtsinn der Furcht vor der Zukunft entgehen, daß sie in der Gewohnheit des Ungehorsams verstokkt bald im innersten des Gemüthes keine Stimme mehr hören, die sie verdammt, so daß sie in ungetrübter Fröhlichkeit aus dem Becher ihrer unwürdigen Lüste schlürfen. Und eben so sehen wir, wie freilich der Fromme den Frieden Gottes in sich hat, aber wie dieser oft höher ist als die menschliche Natur, und das Herz sich sehnt nach einem Tage der Offenbarung des Herrn, an dem es auch sein Recht erhalte. Und sehen wir wie viele Thränen der Fromme weint um mißlungene Versuche das Gute auszubreiten und zu fördern, wie er sich verzehrt unter dem Hohn und Spott der Widersacher im oft vergeblichen Widerstand ge-

---

13–14 *Vgl.* 2Kor 5,20

gen sie: dann können wir doch nicht läugnen, daß noch nicht erschienen ist was wir sein werden, und daß der Herr seinen Stuhl noch nicht aufgerichtet hat zum Gericht. Darum laßt uns noch einen andern Standpunkt nehmen als diesen gewöhnlichen, einen solchen, den | uns der Erlöser selbst anweiset, wenn er sagt, Ei du getreuer Knecht gehe ein in deines Herrn Freude, du bist über weniges treu gewesen, ich will dich über viel sezen; und wenn er sagt, Dem faulen Knecht aber nehmet was er hat, und werfet ihn hinaus in die äußerste Finsterniß, da wird sein Heulen und Zähnklappen. Was ist die Verdammniß des Gottlosen, in die er schon jezt eingeht? Daß er immer mehr verliert von dem, was ihm ursprünglich gegeben war, von dem allen Menschen angebornen göttlichen Ebenbilde, daß der göttliche Funke in ihm immer mehr verlischt, und er aus dem Reiche der geistigen Freiheit unter die Botmäßigkeit der Naturgewalt hinausgestoßen wird. Wollen wir noch eine ärgere Verdammniß für ihn begehren? Was hingegen ist das Reich, das uns beschieden ist, auf daß wir es ererben sollen, und in welches der getreue Knecht schon jezt eingeführt wird von seinem Herrn? Es ist eben das geschäftige wirksame Leben, in dem wir schon immer begriffen sind; in dem geht diese Verheißung Jesu in Erfüllung. Unter jenen Thränen und Seufzern verdienen wir doch immer etwas für unsern Herrn, und er sezt uns über mehr. Unter dem Widerstand und im Streit wächst uns die geistige Kraft, gestaltet sich herrlicher in uns sein Bild, sehen wir Ihn immer mehr wie Er ist, und werden immer mehr Ihm gleich. Wollen wir, denen es um keinen der Sache selbst fremden äußerlichen Ruhm zu thun ist, sondern nur um das Wohl|gefallen unseres Herrn und die frohe Gemeinschaft mit Ihm, wollen wir noch mehr?

So waltet der siegreiche Herr, der sich gesezt hat zur Rechten Gottes! so segnet beglükt und leitet Er nicht ferne sondern nahe und gegenwärtig alle, die seine Stimme hören und ihr folgen; und so läßt Er die Ungläubigen sich selbst richten jezt und immerdar! Laßt uns daher die Ermahnung zu Herzen nehmen, die jene Männer den Jüngern ertheilen, nicht in ungeduldiger Sehnsucht gen Himmel zu schauen; sondern mit den Jüngern laßt uns umkehren von der Betrachtung seiner Himmelfahrt zur lebendigen Anbetung im Geist und in der Wahrheit, und einmüthig bei einander sein wie sie: so wird Er auch uns begegnen in seiner Liebe und seiner Macht, so wird auch an uns in Erfüllung gehen, was Er seinen Jüngern verheißen hat; wir wer-

---

1–2 *Vgl. 1Joh 3,2* 2–3 *Vgl. Ps 9,8* 5–7 *Mt 25,21 (veränderte Satzreihung)* 7–9 *Vgl. Mt 25,28–30* 35–36 *Vgl. Joh 4,23–24* 36 *Vgl. Apg 1,14* 38–1 *Vgl. Ps 34,9*

den schmekken und sehen, wie freundlich Er uns gegenwärtig ist, und wir werden mit Ihm sizen, und nach Seinem Sinn und Gesez richten die Geschlechter der Menschen.   Amen.

2–3 *Vgl.* Mt 19,28; *auch* Lk 22,30

XX.

Das Ende der wunderbaren Aeußerungen des göttlichen Geistes in der christlichen Kirche.

Am Pfingstfest.

Text. 1. Korinth. 12, 31.
Strebet aber nach den besten Gaben; und ich will euch noch einen köstlicheren Weg zeigen.

M. a. Fr., diese Worte sind das Ende eines Unterrichts, welchen der Apostel Paulus dieser Gemeine gab über den richtigen Gebrauch aller der Gaben, welche als Wirkung und Ausströmung des göttlichen Geistes in der christlichen Kirche zu betrachten sind. Sie führen uns in jene Zeit zurükk, wo auf den Aposteln des Herrn, wie wir aus vielen Erzählungen in der Geschichte der Apostel ersehen, die nämliche Wunderkraft ruhte, mit welcher | der Erlöser selbst ausgerüstet gewesen war, um Krankheiten zu heilen und menschliche Leiden aller Art zu lindern. Aber auch auf andere Weise scheinen in der neuen christlichen Gemeinschaft damals die Gränzen der Natur gleichsam verrükkt und erweitert gewesen zu sein. Außerordentliche auch das seltnere Maaß ausgezeichneter Menschen überschreitende Erweisungen geistiger Kräfte, Macht über das Gemüth und den Willen ja auch über die leibliche Natur anderer Menschen, welche, wenn wir auch nicht geradezu behaupten können, daß sie als Wunder in dem höchsten Sinne des Wortes angesehen werden müßten, doch dem Wunderbaren so nahe liegen, daß sie sich jeder bestimmten Erklärung entziehen, von dem allen war damals eine Fülle in der christlichen Kirche verbreitet. Das begann mit dem Tage, dessen Andenken wir jezt wieder mit einander feiern, als zuerst der Geist des Herrn ausgegossen wurde über die versammelten Jünger. Jezt aber, m. g. Fr., ist auch der Geist Gottes mit seinen Wirkungen in der menschlichen Seele mehr in die Schranken der Natur und in die gewöhnliche Ordnung des Lebens zurükkgetreten; nichts was ein Wunder oder etwas übernatürliches in

---

6 und ich] und und ich

2 *Predigt zum Pfingstmontag am 15. Mai 1826 vormittags in der Dreifaltigkeitskirche zu Berlin; vgl. Predigtnachschrift und Liederblatt in KGA III/10* 8–11 Vgl. 1Kor 12,1–31 27–28 Vgl. Apg 2,1–4

Predigt über 1Kor 12,31

diesem äußerlichen Sinne des Wortes wäre kommt uns mehr in der christlichen Kirche entgegen; ja was Vielen so erscheint, das schreiben wir doch nicht dem göttlichen Geiste zu, sondern natürlichen Kräften, die nur noch nicht erkannt und erforscht sind. Zwar freilich giebt es eine Sage, in einem großen Theil der Kirche ge|glaubt, als ob noch lange nach den Zeiten der Apostel ähnliche übernatürliche Erscheinungen auf eine besondre Weise das fortwährende Walten des Geistes bewiesen hätten, als ob noch bisweilen im Einzelnen die wunderbaren Kräfte wiederkehrten zur Ehre und zur Verherrlichung der christlichen Kirche. Uns aber, m. g. Fr., sind diese Sagen zu ungewiß und zu schwankend, zu verdächtig die menschlichen Zeugnisse, die darüber zusammengesucht werden, zu finster größtentheils die Jahrhunderte, aus welchen uns diese Zeugnisse herüberkommen; und was noch in neueren uns näher liegenden Zeiten geschehen sein soll, ist zu sehr aus allem Zusammenhange herausgerissen mit dem, was wir als den eigentlichen innersten Geist und als die göttliche Kraft des christlichen Lebens zu betrachten haben, als daß unser Glaube daran mit Zuversicht haften könnte. Wenn nun aber denjenigen Christen, welche glauben, daß ihre kirchliche Gemeinschaft sich noch in dem Besiz solcher Kräfte befinde, dies als ein großer Schaz und als ein eigenthümliches Geschenk des Höchsten erscheint: so könnte doch sehr leicht auch in uns der Gedanke entstehen, als ob wir durch den Mangel derselben vernachlässigt wären und zurükkgesezt, ja als ob überhaupt der jüngere Theil der Kirche des Herrn nicht mehr auf dieselbe Weise ausgestattet wäre als die frühere, und als ob der göttliche Geist, wenn auch nicht ganz von ihr gewichen, doch nicht mehr in der alten Fülle in ihr vorhanden wäre. Zu solchen Klagen könnte die Erinnerung an jenen außerordent|lichen Tag göttlicher Gnadenbezeugungen, den wir jezt mit einander feiern, manchen unter uns verleiten. Darum habe ich uns allen in den verlesenen Worten den Trost des Apostels vorhalten wollen, den er schon während dieser Zeit der wunderbaren Gaben, indem er diese selbst recht zu würdigen gebietet, und auch seine Zeitgenossen auf etwas höheres hinwies, uns und allen künftigen Christen für diese Zeit, wo jene Wundergaben gänzlich fehlen würden, aufgestellt und als ein schönes Vermächtniß zurükkgelassen hat. So laßt uns denn aus seinen Worten lernen, **wie wir uns darüber zu beruhigen haben, daß die wunderbaren Aeußerungen des göttlichen Geistes in der christlichen Kirche ihr Ende erreicht haben.** **Laßt uns zuerst** mit einander auf die Ursachen dieser Veränderung Achtung geben, ob nicht auch in ihnen schon etwas beruhigendes liegt; dann aber **zweitens** vorzüglich aus den Worten des Apostels lernen, daß das köstlichere uns geblieben ist, und auch seiner Gemeine immer bleiben wird, bis an das Ende der Tage.

I. Diese erste Frage aber, m. g. Fr., die ich uns vorgelegt habe, nämlich welches denn wol die Ursachen sein mögen, warum diese Wundergaben in der Gemeine des Herrn aufgehört haben, besorge ich, könnte wol manchem als eine überflüssige und vorwizige erscheinen. Denn wer giebt uns ein Recht nach den Ursachen zu fragen, wenn der Höchste | etwas giebt und wenn er etwas entzieht? wer leistet der Wißbegier, oder dürfen wir nicht in solchem Falle füglich sagen der Neugierde unsers Verstandes, wenn sie auch aus guter Meinung und aus einem gläubigen Gemüth hervorgeht, wer leistet ihr dafür Gewähr, daß sie werde Befriedigung finden bei dieser so allgemein anerkannten Schwachheit und Kurzsichtigkeit unsers Urtheils? Allein, m. g. Fr., wie richtig dieses auch sei, und wie wohl angebracht die Warnung in vielen andern Fällen: wenn das Herz beunruhigt ist und bekümmert, dann sucht es eben nach Ruhe und Trost auf allen Seiten; und überall finden wir, daß es eine Erleichterung ist, wenn wir in den wahren Zusammenhang dessen, was uns trifft, hineinschauen, eine Erleichterung wenigstens für jeden, dem es um Licht und Klarheit auf dem Wege dieses Lebens zu thun ist. Darum wollen wir die Frage nicht scheuen. Soll aber die Antwort gegeben werden, nun wohl, so stellt der Erlöser selbst, m. g. Fr., uns oft in seinen herrlichen Reden das Reich der Natur neben das Reich der Gnade, nicht nur als das herrliche Gebiet, woraus er seine kräftigen Gleichnißreden hernimmt, sondern auch unmittelbar, wo er uns irgend aufmerksam macht auf die Erweisungen des göttlichen Wesens und auf die Geseze des göttlichen Willens, als welche dieselben sind in dem einen wie in dem andern. So laßt uns denn sehen, wie es wol in dieser Beziehung in dem Reiche der Natur steht? Wollen wir da das Wunder suchen in seiner ganzen Fülle: so werden wir zurükkgeführt | in ferne Zeiten, von denen wir theils nur noch dunkle Spuren erblikken in den Ueberbleibseln von dem, was früher entstanden ist als die jezige Oberfläche der Erde, theils auch nur Kenntniß haben aus überlieferten Sagen ausgestorbener Völker, und aus den uns von oben gewordenen Offenbarungen. Kurz und mit einem Wort, die Zeit der Schöpfung, das ist genau genommen die Zeit der Wunder. Daß der Herr alles, was wir sehen, aus nichts hervorgerufen hat, damit es sei, das, m. g. Fr., ist im Grunde genommen der Inbegriff alles wunderbaren. Daß in uns ganz fremden Gestaltungen in scheinbarer Verwirrung die ursprünglichen Kräfte der Natur unter einander gegohren haben und gestürmt, bis das bleibende Werk hervorging, in welchem sich die göttliche Allmacht und die göttliche Weisheit kund giebt durch regelmäßige Ordnung und durch wiederkehrende gesezmäßige Bewegungen, das ist das Wunder, in welchem sich alle übrigen verlieren. Und erscheine uns noch etwas wunderbar: so denken wir entweder, es hat schon immer zur Natur der Dinge gehört, und ist uns nur verborgen geblieben; oder wir betrachten es als eine neue Entwikklung als einen gleichsam verspäteten Theil der Schöpfung. Die Zeit der Erhaltung hingegen ist auf dieselbe Weise die Zeit, wo das Wunder sich stillt und verliert, und wo die regelmäßige Ordnung der gesezmäßige Gang der Natur eintritt. Das Wunder schafft; was aber erhalten wird was besteht, ist die Natur ist das Reich der Geseze, welche wir, wenn auch noch weit davon ent|fernt sie erforscht zu haben doch nothgedrungen überall voraussezen, und welche allein uns Gewähr leisten für einen bestehenden festen Zusammenhang, den wir, reicht nur dereinst das Auge unsers Geistes weit und tief genug, auch überall verstehen werden. Was indeß noch immer jeden nachdenkenden, der seine Freude hat am Leben, am wunderbarsten ergreift in diesem großen Gebiet der Natur, der Anfang eines jeden Lebens, welcher Art es auch sei, ja auch nur die Wiederbelebung des scheinbar erstorbenen, wie sie uns auch jezt wieder vorzüglich entzükkt in dem was sich frisch um uns her regt und zu neuer Schönheit entfaltet: wie deutlich erkennen wir nicht darin die eine hervorbringende Kraft, wie viel Aehnlichkeit von einer neuen Schöpfung trägt es nicht in sich! Wolan, m. g. Fr., wenn wir hievon die Anwendung machen wollen auf unser eignes Gebiet, was ist denn das große Werk, um deswillen zuerst der Fürst des Lebens erschien, und dann der Geist Gottes ausgegossen ward über alles Fleisch? Es ist kein geringeres als eine neue Schöpfung. Da sollte werden, was noch nicht gewesen war, das ewige Leben sollte an die Stelle treten des vergänglichen und alles der Sinnlichkeit unterordnenden; eine Lebensgemeinschaft mit Gott sollte entstehen, die sich doch aus der bisherigen Furcht und dem Zittern des Menschen vor einem unbekannten Wesen nicht entwikkeln konnte. Die Sicherheit des Heils in einem festen prophetischen Wort konnte nicht natürlicherweise entstehen aus dem man|nigfaltigen Umherirren in verkehrtem Wahn und dem fruchtlosen Umhersuchen in den eigenen Tiefen des menschlichen Geistes. Diese Zeit, m. g. Fr., war also mit Recht die Zeit des Wunders; damals regte sich die schaffende Kraft des Geistes. Darum war der Herr als derjenige, durch welchen und zu welchem alles gemacht ist in dieser geistigen Welt, mit so wunderbaren Kräften ausgestattet, die seine höhere schaffende Macht beurkundeten; darum regte sich der Geist in seinen ersten Aeußerungen überhaupt als die eine höhere Natur und ein höheres gemeinsames Leben hervorbringende Kraft. Wenn

---

3 Erhaltung] Erhallung

21 Vgl. Apg 3,15   22 Vgl. Apg 2,17 mit Bezugnahme auf Joel 3,1   34 Vgl. Kol 1,16

wir also auch in der ersten Gestaltung der christlichen Kirche, als der geistige Leib des Herrn erst in seiner Erscheinung an das helle Licht treten sollte, ähnliche geheimnißvolle Kräfte sehen: so geschah das mit Recht, und wir dürfen uns wenig darüber wundern. Wenn uns da Aeußerungen des neuen Lebens entgegentreten, welche alle menschliche Fassung übersteigen, so darf uns das kein Erstaunen erregen. Aber als der neue Mensch Gottes an das Licht geboren war; sein Athem in der Gemeinschaft mit Gott, daß ich mich so ausdrükke, in eine feste Ordnung gebracht, und der Umlauf seiner Säfte, damit er sich nähren und nach allen Seiten hin kräftigen könne, wohl geregelt: so war eine Kreatur fertig und eine höhere Natur geworden; so stand die neue Welt da zu ihrer weiteren Entwikklung bereit, wie Gott der Herr sie gedacht hatte in seinem ewigen Rath, und nun begann das Werk seiner gnädi|gen Behütung, seiner segensreichen Erhaltung über dieses neue Leben, und immer mehr nahm dasselbe die Gestaltung einer in Ordnung fortschreitenden gesezmäßig zu geschichtlichem Gedeihen sich entwikkelnden und wachsenden geistigen Natur an. Sollen wir also glauben, daß wir etwas verloren haben, indem unser Dasein in diese Zeit fällt, wo von jenen wunderbaren Aeußerungen des Geistes keine Spur mehr übrig ist? Nein, m. g. Fr.! Aus dem Anfang sind wir weiter vorgerükkt in die regelmäßige Fortsezung des göttlichen Werkes; und das ist kein Uebel. Wir gehören derselben Welt an, welche damals auf jene wunderbare Weise entstanden ist, und, wie wir glauben müssen, auch nicht anders als so entstehen konnte. Wir athmen dieselbe Luft, wir werden von denselben Kräften bewegt, aber nachdem sie nun in diese regelmäßige Ordnung gebracht sind. Wir genießen die Früchte jener wunderbaren Zeit; und so ist es unser Theil und recht, daß wir uns ohne Neid und Klagen an jenen Erscheinungen erquikken. Wir können mit Zuversicht sagen, die Kirche des Herrn, welche jezt unter den Segnungen des göttlichen Wortes und im Gebrauch der heiligen Ordnungen, die in derselben gestiftet sind, ihren heilbringenden Gang geht, so daß die Kraft des göttlichen Lebens sich immer segensreicher in derselben entwikkelt, jeder Schwächere von dem Stärkeren gehalten und geleitet wird, der Schall des göttlichen Wortes sich fortpflanzt von einem Ort und von einem Geschlecht zum andern, und immer weiter sich ver|breitet über die ganze Erde, diese naturgemäß fortschreitende Kirche des Herrn, in welcher nichts mehr wunderbar erscheint, ist dieselbe und keine andre, in welcher früher jene wunderbaren Kräfte gewaltet haben. Jenes war ihre Geburt und Kindheit; dieses ist ihr kräftiges, selbstbewußtes und selbständiges Leben.

Aber doch, m. g. Fr., können wir uns nicht enthalten von einer andern Seite her einen besondern Werth zu legen auf jene Zeit der

Wunder, deshalb nämlich, weil sie Zeichen waren, leuchtende Zeichen, welche unwiderstehlich das geistige Auge der Menschen trafen, um sie aufzuschütteln aus dem verderblichen Schlummer, in welchem sie lagen; Zeichen, die ihnen helfen sollten in jener Verwirrung des Streites zwischen den Verkündigern und den Feinden des göttlichen Wortes das wahre und heilsame zu erkennen. Und die menschliche Seele, ist sie nicht noch immer eben so schwach? bedürfte sie nicht auch noch in der gegenwärtigen Zeit und unter andern Verwirrungen derselben Zeichen um richtig geleitet zu werden? Und sind nicht, wenn auch bei dieser Veränderung diejenigen nicht zu kurz kommen, welche schon eingeschritten sind in das Leben der christlichen Kirche, dafür doch diejenigen sogar noch übler daran, die noch ungewiß außerhalb derselben umherirren, und zu dem Entschluß nicht gedeihen können sich in ihren Schooß zu retten? Diese Frage ist freilich natürlich genug; aber laßt uns, damit ihr volles Recht ihr widerfahre, zweierlei unterscheiden, zuerst das Bedürfniß der einzelnen Seele, | dann das gemeinsame Bedürfniß aller der Menschen, die noch außerhalb der christlichen Kirche sind.

Was sagt der Herr in Beziehung auf das Bedürfniß der einzelnen Seele, welche ungewiß schwankt, ob sie der Lehre vom Kreuze, der immer wieder aufs neue so vielfältig angefochtenen, vertrauen soll oder nicht, welche sich nicht entscheiden kann, ob diese Lehre von Gott gekommen ist oder ein leerer menschlicher Wahn, welchen fruchtlos sein würde gegen einen andern einzutauschen? was sagt der Herr? Wer da versuchen wird diese Lehre zu thun, der wird erfahren, daß sie von Gott ist. An dieses Wort können wir mit Zuversicht eine jede bekümmerte Seele verweisen; und wohl ihr, wenn sie den Versuch wirklich macht, und dann die Gewißheit sich selbst verdankt, und mit jenen Samaritern sagen kann, ich glaube nun nicht mehr um deiner Rede willen, sondern aus der eigenen Erfahrung! Aber, möchte man vielleicht sagen, das hieße der menschlichen Schwachheit spotten. Können denn wir uns rühmen, daß wir die Lehre, die wir bekennen, thun, thun in ihrem ganzen Umfange? ruht nicht unsere Seligkeit darauf, daß unser Glaube, unser kindliches Vertrauen der Erfüllung vorangeht, in der wir noch so sehr zurückstehen? Ganz richtig wohl! aber was heißt das, m. g. Fr., die Lehre Christi thun? Das Erste ist ja dies, der liebreichen Stimme des Herrn folgen, welche ruft, Kommt her zu mir, die ihr mühselig und beladen seid, ich will euch erquikken. Und wie leicht folgt sonst jeder einer solchen Stimme! Dieser Stimme

---

37 ruft,] ruft

25–26 Vgl. Joh 7,17   29–30 Vgl. Joh 4,42   37–38 Mt 11,28

folgen aber, das | heißt schon die Lehre des Herrn in so weit thun, daß dann jeder erfahren kann, sie sei in der That von Gott. Andrer Zeichen also bedarf es nicht als dieser. So verherrlicht sich der göttliche Geist noch immer an jeder Seele, so mächtig ist er noch immer in den Schwachen, und wird nicht aufhören es zu sein: so daß, wenn der müde und beladene Mensch zu dem seine Zuflucht nimmt, der sich als Heiland den Verirrten und als Arzt den Kranken anbietet, er dann auch den Trost der göttlichen Gnade schon wirklich erfährt, und das wunderbarste sich in dem Innern seiner Seele bereitet ohne irgend ein äußerliches Zeichen und Wunder.

Aber zweitens, der Gesammtheit derer, welche noch in der Entfernung von der christlichen Kirche leben, denen von einzelnen Zeugen das Wort der Wahrheit gebracht wird, warum dauert nicht wenigstens zum Besten dieser der Segen jener wunderbaren Zeichen fort, da sie sich in demselben Falle befinden wie die ersten Christen, die aus den Heiden gesammelt wurden, ja noch in einem höheren Grade als jene neues und unerhörtes vernehmen? Wie kommt es, daß Gott nicht wenigstens diese Boten des Friedens auch jezt noch ausstattet mit der Kraft solcher sie begleitenden Zeichen, wie der Herr sie bei seinem Abschiede den erstern Verkündigern verhieß? Wohl! allein auch jene haben ein Zeichen und bedürfen keines andern, nämlich daß das wirklich geschehen ist, was der Herr damals den Seinigen verhieß. Er verhieß den Boten seiner Lehre und seines Friedens, | daß nichts, was sonst den Menschen Gefahr bringe, ihnen schaden werde in ihrem Beruf[1], daß sie alle Hindernisse bekämpfen und durch alle feindselige Bestrebungen sich hindurcharbeiten würden. Das verhieß er ihnen, und er hat Wort gehalten. Darum nun ist eben dieses, daß der Herr jenes Wort gelöst hat, indem in der That den Jüngern des Herrn nichts auch Verfolgung und Tod nicht schadet, denn sie haben ihren Zwekk erreicht, daß das Zeichen des Kreuzes siegreich aufgerichtet ist unter so vielen Geschlechtern der Menschen, dieses ist das Zeichen für diejenigen, welche draußen sind. Daß alle Hindernisse bekämpft sind, die der Kirche des Herrn entgegentraten, daß ihr alles auch das größte und herrlichste zu Theil ward, daß die mannigfaltigsten geistigen Gaben, die sich freilich auch unter andern Menschengeschlechtern entwikkeln, doch in der größten Fülle ausschließlich in ihr versammelt sind, und daß in ihr immer reicher und schöner ein Gottes und seiner

---

[1] Mark. 16, 17. 18.

---

20 ersten] erstern

4–5 *Vgl. 2Kor 12,9*   18 *Vgl. Jes 33,7*   19–20 *Vgl. Mk 16,17–18*

Predigt über 1Kor 12,31

Gemeinschaft würdiges Leben sich gestaltet, o, wie sehr wir auch alle Unvollkommenheiten, die in der christlichen Kirche und in ihren einzelnen Gliedern zu finden sind, erkennen, und ohnerachtet unserer noch nicht befriedigten sondern immer weiter gehenden Hoffnungen und Erwartungen von den Wirkungen des göttlichen Geistes: deutlich genug ist dennoch dieses alles, so daß auch die noch fern sind keines andern Zeichens bedürfen als dieses Zeugnisses der Geschichte, welches | immer heller vor ihnen sich entfaltet; und wir erfahren auch, es wirkt auf sie wie ein Wunder, und in nicht geringerem Maaß als damals.

Wollen wir also, m. a. Z., in eines zusammenfassen, was für eine Beruhigung unsere bisherige Betrachtung uns gewährt über den Verlust der Zeichen und Wunder, welche die ersten Anfänge der Kirche verherrlichten: so werden wir sagen können, der Grund, warum sie aufgehört haben, hängt genau damit zusammen, ja beides ist nur eins und dasselbe, daß jene Wunder aufgehört haben, und daß die Gemeine zu ihrer vollen selbständigen Kraft gelangt ist. Und auch das größere, das eigentlich durch die Sendung des Herrn und seines Geistes bezwekkte Wunder, ich meine das, welches an jeder einzelnen Seele geschehen muß, wenn jener Zwekk erreicht werden soll, nämlich des alten Menschen Kreuzigung mit Christo, und des neuen Auferstehung mit ihm, beide derselbe und doch jeder von beiden ein andrer, auch dieses größte Wunder, die Aufhebung der Entfernung des Menschen von Gott und sein Eintritt in eine friedfertige und die Seligkeit der Menschen begründende Gemeinschaft der Liebe mit Gott, wird seit eben der Zeit immer mehr bewirkt ohne alles äußere Zeichen und Wunder. Ja diese große Veränderung verliert sogar selbst je länger je mehr das äußerlich wunderbare, oder es wird wenigstens überflüssig. Denn jezt, wenn auch keiner mehr anzugeben vermöchte, welches eigentlich die Stunde oder der Tag, ja sogar das Jahr seines Lebens sei, wo der alte Mensch | gestorben ist und der neue sein Leben begonnen hat, weil sich nämlich die Kraft des göttlichen Wortes innerhalb der christlichen Kirche auf eine so sanfte so allmälige so milde und doch den ganzen Menschen durchdringende Weise zu ihm bewegt und ihre Wirkung hervorgebracht hat, daß er selbst nicht vermag Zeit und Stunde davon anzugeben; dennoch, folgt er nur dem Zuge des göttlichen Wortes, ist er zum Gehorsam des Glaubens gelangt, ist er sich der innigsten Gemeinschaft mit denen bewußt, die den Namen des Herrn bekennen: so kann er die gewisse Sicherheit haben, daß er Theil hat an den Gaben des göttlichen Geistes, und mit eingewachsen ist in den geistigen Leib des Herrn. Und was könnten wir uns schöneres

---

21–22 *Vgl.* Röm 6,4–6

denken als ein immer weiteres Fortschreiten auf diesem Wege einer regelmäßigen und sich natürlich entwikkelnden Ordnung in der Verbreitung und Fruchtbarkeit der göttlichen Gaben, so daß die Fülle der Gnade des Höchsten in der Sendung seines Sohnes, wie es denn sein soll, je länger je mehr offenbar daliegt vor den Augen der Menschen, damit jedes Zeitalter in seinem eignen Sinne sagen könne, bisher ist es verborgen gewesen, nun aber ist das Geheimniß geoffenbaret, und also immer mehr der Schein des wunderbaren verschwinde, und die heilige Natur des höheren göttlichen Lebens in der Ordnung und Gesezmäßigkeit desselben hervortrete als die wahre Tiefe des Reichthums und der Erkenntniß Gottes[2]. |

II. Wiewol also diese Betrachtung uns genügen sollte, um doch, m. g. Fr., alles zu beseitigen, was in dieser Beziehung unsere Pfingstfreude stören könnte: so laßt uns noch zweitens das Wort des Apostels seinem eigentlichen Inhalt nach näher betrachten, und uns von der lebendigen Ueberzeugung durchdringen, die es uns gewährt, daß wir auch schon deswegen nicht Ursache haben, jene Zeiten der Wunder mit Bedauern unsrer selbst zu betrachten oder ihrem Verlust nachzuklagen, weil was der Apostel selbst für das weit köstlichere erklärt uns wirklich geblieben ist. Der Apostel sagt, Strebet nach den besten Gaben. Welches sind nun diese? Wenn Euch, m. a. Z., die ganze Stelle seines Briefes einigermaßen gegenwärtig ist, von der ich nur den Schluß als am meisten mit unsrer Betrachtung zusammenhangend vorgelesen habe: so werdet Ihr wissen, wie er da viele sehr verschiedene Aeußerungen und Gaben des Geistes aufzählt durch einander ohne bestimmte Ordnung ohne merkliche Sonderung dessen, was uns als ganz natürlich erscheint, und dessen, was mehr oder weniger für wunderbar gelten kann. So wie in dem Gesezbuch des alten Bundesvolkes diejenigen Ordnungen, welche sich auf das Innere eines gottgefälligen Lebens beziehen, und solche Sazungen, welche nur äußere Gebräuche bestimmen, und solche, die um verständlich zu sein noch einer besonderen Erklärung bedurften, weshalb sie wol mit zu der Ordnung des Gottesdienstes gehörten, alles unter einander verzeichnet | stehen, nirgend gesondert und keine unter oder über die andre gestellt: eben so finden wir dort in der Aufzählung des Apostels die verschiedenen Gaben des Geistes gleichsam unter einander geworfen. Fragen wir ihn

---

[2] Röm. 11, 33.

---

20 sagt,] sagt

6–7 Vgl. Kol 1,26

aber, welchen er den Vorzug gegeben, und welche er auch in dem Sinn für die bedeutendsten erklärt, daß auch wir ihnen vorzüglich nachstreben sollen: so waren es die Gaben der Lehre und keine anderen; und auch unter diesen, wie sie sich damals nach dem Bedürfniß und den Zuständen mannigfaltig gestalteten, stellt er offenbar diejenigen, welche durch einen Schein des Wunderbaren zwar vorzüglich in die Augen fielen, aber doch eine minder bestimmte und gleichmäßige Wirkung hervorzubringen geeignet waren, denjenigen nach, welche es mit der ruhigeren und tieferen Betrachtung und der gemein verständlichen Erörterung der heilsamen Lehre vom Glauben zu thun hatten. Diese Gaben der Lehre, m. g. Fr., welche der Apostel über alle Wundergaben stellt, sie sind uns geblieben; ja wir haben uns diese köstliche Gabe des Geistes nicht nur erhalten, und fast jeder besizt und übt sie auf seine Weise, sondern das prophetische Wort, dessen wir uns erfreuen, hat auch so feste Wohnung in unserer Gemeinschaft genommen, ist so hoch und sicher bei uns gestellt, und die Ordnungen in Bezug auf die Fortpflanzung desselben von einem Geschlecht auf das andere sind so begründet und geschüzt und von dem göttlichen Geiste so geleitet und gesegnet, die Anstalten zu einem immer tieferen Forschen in diesen ursprüng|lichen Aeußerungen des Geistes, in deren Tiefen ja nur eben dieser Geist selbst eindringen kann, sind so weit verzweigt, daß wir fest vertrauen dürfen, sie werden unter uns fortbestehen, wenn wir nicht selbst dieses köstliche Werk einer regen begeisterten Zeit, dem Jahrhunderte lang vorgearbeitet worden war unter mancherlei Hindernissen, und welches sich durch blutige Verfolgungen durch harte Bedrängnisse durch wilde Zerstörungen glükklich hindurchgekämpft hat, muthwillig zertrümmern. Ja, m. g. Fr., wir dürfen es getrost rühmen, wir Genossen der evangelischen Kirche, wir sind vorzüglich die Wächter dieser köstlichen Gabe der Lehre. Nicht als ob ich sagen wollte, in dem Schooße unsrer Gemeinschaft wäre dieselbe nothwendig und allgemein in einem höheren Maaße, oder ausschließend wären bei uns die Mittel vorhanden, durch welche wir vermögen immer tiefer in das segensreiche Geheimniß des göttlichen Wortes einzudringen. Mit nichten, und keinen leeren und unbegründeten Hochmuth will ich in Euch als meinen Kirchgenossen erwekken. Der Geist waltet wie und wo er will, und Gott vertheilt seine Gaben nach dem Maaße, das ihm gefällt, hier und dort; und so gewiß wir die für Christen anerkennen, welche, wenn gleich nicht unsrer Gemeinschaft angehörig, doch den Namen des Erlösers mit uns bekennen, so freudig wollen wir ihnen zugestehen, daß dieser sie nicht leer ausgehen läßt, und daß auch sie mit allen diesen Gaben des Geistes

---

20–21 Vgl. 1Kor 2,10   36 Vgl. Joh 3,8

gesegnet werden können in ihrer Gemeinschaft, weil sie | alle nur Früchte sind der Liebe zu Christo. Wir aber sind vorzüglich deshalb die Wächter der heilsamen Lehre, weil wir durch die Ordnungen unsrer Kirche darauf gewiesen sind, durch das Wort unsern Glauben, durch den Glauben unsre Liebe, und durch die Liebe die Schäze aller christlichen Tugenden und aller wahrhaft guten Werke zu stärken und zu mehren. Wie könnten wir also versucht sein, unsere Blikke sehnsuchtsvoll nach dem geringeren zu richten, da das, was von dem Apostel selbst als das größere anerkannt ist, uns nicht nur bleibt, sondern wir auch vor Andern zu Hütern desselben bestellt sind. Darum, m. g. Fr., laßt uns festhalten über dem herrlichen Kleinod, welches uns überliefert ist von unsern Vätern. Immer bleibe uns die Erbauung aus dem göttlichen Wort das wichtigste Geschäft unsers kirchlichen Gemeindelebens. Von nichts anderm laßt uns je Kräfte zur Heiligung und den Segen einer wirksamen Anbetung Gottes erwarten, als indem wir uns nähren sei es nun von der Milch des Evangeliums oder von der festeren Speise desselben, jeder nachdem er geartet ist und nachdem er es bedarf und benutzen kann. Dann werden wir jedem, der fortwährende Wunder von der christlichen Kirche verlangt, mit bestem Gewissen das Wort des Apostels vorhalten, und ihm antworten, hier ist mehr denn Wunder, denn hier ist die göttliche Heilslehre in ihrer vollen Kraft und steten Entwikklung.

Aber könnte nicht doch mancher denken, wieviel Ruhe und Stille in den Angelegenheiten des Glau|bens herrscht doch unter den Christen da, wo in der Ueberzeugung von den fortwährenden Wundergaben jeder sich dem höheren Ansehn dem Wort der Kirche gläubig fügt! Unter uns hingegen wie erregt nicht diese freie Beschäftigung mit dem göttlichen Wort immer wieder neuen Streit und Zwistigkeiten, so daß wir nicht absehen können, woher uns Schlichtung und Einigkeit kommen soll, da wenn eine Verschiedenheit beseitigt ist immer wieder eine neue entsteht. Ich glaube es nicht, daß einem unter uns die Sache so erscheint; aber doch, damit die Antwort, die wir einem solchen zu geben haben, daß nämlich der Streit, wenn er nur mit rechter Gesinnung geführt wird, kein Uebel sei, damit diese ihre gehörige Stüze erhalte, so laßt uns auch die lezten Worte unseres Textes noch besonders erwägen.

Nämlich nachdem der Apostel gesagt hat, Befleißiget euch der besten Gaben, so fügt er hinzu Und ich will euch noch einen köstlicheren Weg zeigen. Welches ist der? Er fährt unmittelbar nach den Wor-

---

37 hat,] hat

15–17 *Vgl. Hebr 5,12–14* 21 *Vgl. Mt 12,41–42*

Predigt über 1Kor 12,31 691

ten unsers Textes wie Ihr wissen werdet fort, Wenn ich mit Menschen- und mit Engelzungen redete, also wenn ich auch diese Gabe des Wortes und der Lehre diese größte unter allen im höchsten Maaße besäße, aber ich hätte der Liebe nicht: so wäre ich nur ein tönendes Erz und eine klingende Schelle. Das also ist der köstlichere Weg, den er den Christen zeigt. Und ja, das müssen wir gestehn, der Glaube soll durch die Liebe thätig sein, der Glaube soll aus der Predigt hervorgehen; die Liebe also zu erwekken | ist das eigentliche Ziel alles Predigens; und in ihrem Reiche uns bewegen, so daß ihr Gesez über uns waltet, und wir sie überall in unserm Leben darzustellen suchen, das ist der köstlichere Weg, das ist dasjenige, wozu alles andere sich vereinigen muß, um uns dahin zu führen und dabei zu erhalten. Manches freilich wird mit demselben Worte bezeichnet, was sehr weit entfernt ist von der Meinung des Apostels. Demohnerachtet aber erwartet Ihr nicht, m. g. Fr., daß ich hinter dem Apostel eine Beschreibung eben dieser Liebe machen soll. Denn seine Worte lassen sich durch keine anderen überbieten, und sie sind so klar sie gehen aus solcher Fülle eines Gemüthes hervor, welches alle Segnungen der Liebe eben so erfahren hat als die belebenden Kräfte des Glaubens in ihm vereinigt waren, daß nichts sich hinzusezen läßt. Gehet zu diesem Kapitel hin, wenn Ihr lernen wollt was Liebe sei, und Ihr bedürft keines anderen Lehrers. Haben wir nun diesen köstlicheren Weg auch betreten : so kann auch der Streit, gesezt sogar er müßte sich immer wieder erneuern in der Kirche, doch kein Uebel sein. Denn nicht nur kann alles, was diese Liebe thut, nur Segen sein: sondern Liebe und Wahrheit stehen in so genauer Verbindung, daß die Wahrheit das höchste ist, was die Liebe dem Anderen gönnt, und daß keiner kann die Wahrheit für sich allein suchen, sondern immer auch für die Andern aus Liebe. Daher ist nun dieses die wichtigste Frage an einem Tage wie der heutige, und zumal in einem Zusammenhange wie der unserer Rede. Aber frei|lich viel Klage ist seit dem Anfang der christlichen Kirche hierüber gehört worden. Von jenem heiligen heute gefeierten Tage an, wo zuerst die Liebe Christi die Schaar seiner Jünger drängte, daß sie vor einer fremden und ihnen größtentheils unbekannten Menge das Wort des Friedens verkündigten, von jenem Tage an habe die erste Liebe nur so lange gewährt, als die Christen den Weg der Verkündigung und des Bekenntnisses muthig gingen, wenn er auch in das Thal des Todes führte; seit der herrlichen Zeit des Märtyrerthums aber sei die Liebe lau geworden in der Gemeine des Herrn. Aber wie? Sollte die Kraft der Erlösung und der Geistesbegabung davon abhangen, daß das Häuflein

1–5 *1Kor 13,1 (mit Einschub „also wenn ... besäße,")*   6–7 *Vgl. Gal 5,6*   7 *Vgl. Röm 10,17*   20–21 *Vgl. 1Kor 13*

der Gläubigen immer ein kleines bliebe und ein unterdrükktes? Wie könnten wir das reimen mit den großen Verheißungen, die auf der Sendung Christi ruhen! Indeß jede warnende Stimme verdient besonders beherzigt zu werden, und darum laßt uns zusehen! Daß es nun unter uns überhaupt an Liebe fehlen sollte, wird wohl niemand zu behaupten wagen. Ob aber überall die Liebe walte, welche der Apostel im Sinne hat, die reine brüderliche Liebe des Christen, welche eines sein muß mit der Liebe zu dem himmlischen Vater selbst und zu dem Erlöser, den er gesandt hat, das freilich ist eine andere Frage, und die möchten wir uns vielleicht nicht zu bejahen getrauen. So viele Liebe ist das reine Werk der Natur, und wäre auch mit Gewalt nicht zu unterdrükken, so viele entwikkelt sich von selbst aus dem gemeinsamen irdischen Leben | der Menschen; und wie viele entspringt nicht aus dem mannigfaltigen Verkehr der Geister: aber wer wollte behaupten, daß alle Treue die in diesen Verhältnissen bewiesen wird, alle Dienste, welche wir mit Eifer ja bis zur Hingebung leisten, als Werke der wahren christlichen Liebe gelten können, und gleichsam das Zeichen des Kreuzes als des Ursprungs derselben an sich tragen! Finden wir doch das alles auch bei solchen, welche nicht einmal äußerlich den Namen Christi bekennen. Aber auf der andern Seite, wenn wir deshalb alles dieses bei Seite stellen wollen als in ein anderes Gebiet gehörig, oder gar als von dem natürlichen Menschen her und nur aus seiner verfeinerten Eitelkeit aus seiner wohlberechneten Selbstsucht abzuleiten: was würden wir dann übrig behalten, woran sich die christliche Liebe, und wenn sie auch in der größten Fülle vorhanden wäre, wirksam erweisen könnte! Immer nur in Gesprächen über das göttliche Wort und in gemeinsamen Erbauungen? immer nur im Aufmerken auf die geringsten Bewegungen des Gemüths und in vertrauten Mittheilungen darüber? Wie sollte das nicht viel zu wenig sein! Darum laßt uns freilich vorsichtig sein im Leben nicht nur des Einzelnen sondern auch der Gemeinschaft selbst; aber, m. g. Fr., laßt uns auch dem Geiste Gottes, der unter uns waltet, nicht unrecht thun durch strenge Scheidung eines geistlichen und eines weltlichen Gebietes! Nein, das ganze Leben der christlichen Kirche ist eines, und ganz und in allen Beziehungen wird es beseelt von dem gött|lichen Geiste! Nicht nur da waltet er, wo man die Worte vernimmt, welche das Wesen und die Geheimnisse des Glaubens aussprechen, sondern im ganzen Leben. Oder wie? giebt es unter uns eine Liebe zwischen Eltern und Kindern, oder in irgend einem häuslichen Verhältniß, welche gar kein Zeugniß gäbe von einem auf Gott und den Erlöser gerichteten Sinn? Wie? giebt es unter uns ein gesellschaftliches Verkehr, von wel-

---

41 gesellschaftliches Verkehr,] vgl. Adelung: Wörterbuch 4, Sp. 1453

chem wir sagen müßten, es sei darin keine Spur von einem Trachten nach dem höheren Leben im Reiche Gottes? Dieser Unglaube sei fern von uns. Freilich, wie auch den Frommen in einzelnen Augenblikken noch die Sünde beschleicht, so kommt sie auch im Ganzen noch zum Vorschein an Einzelnen, welche aus der Art schlagen, und nicht nach derselben Regel wandeln wollen. Betrachten wir aber im großen das Leben der christlichen Völker in seinen verschiedenen Richtungen und Verzweigungen, und vergleichen damit, wie es sich da gestaltet hat, wo der Name des Erlösers nicht genannt wird, – und ich meine nicht nur die rohen und wilden Stämme unseres Geschlechtes, sondern auch die, welche sich einer reicheren Ausstattung des Geistes und einer weit gediehenen Bildung erfreuen: wer könnte sich wol einen Augenblick bedenken zu gestehen, daß unter uns überall ein höheres Ziel angestrebt wird, von dem Anderen noch keine Ahndung aufgegangen ist; so daß wir auch da, wo nicht jedes Lob und jede Tugend auf den ersten Anblikk scheint mit dem Bilde des Erlösers gestempelt zu sein, überall die Ge|schäftigkeit des göttlichen Geistes in der Entwikklung alles dessen, was zur Gemeinschaft eines der wahren Weisheit nachtrachtenden und in der Kraft ächter inniger Liebe geführten Lebens gehört, dankbar anzuerkennen haben. Aber wir brauchen auch nicht bei dem Leben stehn zu bleiben, welches wir unter uns gleichsam abgeschlossen führen, noch auch bei dem Einfluß den unsere Verbindung zu einer Gemeinde des Herrn auf unser bürgerliches und gesell̈iges Leben ausübt, und bei der Art wie unser Urtheil über alle menschlichen Dinge durch die mittheilende Liebe der Besseren erleuchtet wird: erschallt nicht auch jezt noch immer das Wort des Herrn in die weiteste Ferne hinaus um unsre noch in der Finsterniß lebenden Brüder an den Segnungen des himmlischen Lichtes theilnehmen zu lassen? o dies alles sind ja Werke, denen niemand bestreiten kann, daß sie Früchte der christlichen Liebe sind, und die aus demselben Geist hervorgehn, der auch in den ersten Anfängen der christlichen Kirche alle jene Abstufungen von Gaben hervorgerufen hat, welche walteten und sich verbreiteten fern von allen feinen Berechnungen des Eigennuzes, und eben so von aller kleinlichen Eitelkeit menschlicher Ruhmbegierde. Wie wollten wir leugnen, daß wo dies alles geschieht, die Liebe unter uns mächtig ist! Ja, m. g. Fr., so ist es, und wir dürfen es auch gewiß erkennen und bekennen, weil es ja nicht unser Werk ist sondern Gottes, und weil wir darin keine Aufforderung finden auf den Lorbeeren zu ruhen, die wir uns etwa schon erworben haben. Denn | wir bekennen uns ja dazu, daß es unser Aller Beruf ist immer weiter zu streben, um dieses gemeinsame Leben immer mehr

---

1–2 Vgl. Mt 6,33

zu vervollkommnen und zu läutern, damit auch zu unserer Zeit überall in der Liebe, die unter uns waltet, der Geist Gottes erkannt und verherrlicht werde.

Aber auch in dieser Beziehung, m. g. Fr., ruht mit einem besondern Segen auch eine besondere Aufgabe auf unserer evangelischen Kirche. Denn weil die Erkenntniß unter uns vorzüglich feststeht, daß alle menschlichen Werke von außen betrachtet immer zweideutig sind, wir aus dem, was sie leisten, nie, und aus der Art wie sie verrichtet werden nur selten mit Sicherheit auf den Geist schließen können, von welchem sie ausgehen; eben deshalb weil wir wissen, daß sie nur einen Werth haben, wenn sie von dem Glauben ausgehen, der durch die Liebe thätig ist, und weil bei uns feststeht, daß eben so wenig durch äußerliche Werke, wie wohlthätig sie auch für Andere seien, als durch Vollziehung äußerlicher gottesdienstlicher Gebräuche, in welchem Gesez sie auch vorgeschrieben seien, irgend ein Mensch gerecht werden kann vor Gott: deshalb sind wir auch besonders zu Wächtern der Reinheit der christlichen Liebe in der großen Gemeinschaft der Christen gesezt. Darum möge es nie unter uns Gebote geben, denen auch ohne Liebe genügt werden kann, sondern alles sei ein solches freies Walten des Geistes, woran sich Andre auch unwillkührlich messen und schäzen müssen. Dabei laßt uns bleiben und darüber halten, daß es | nur der Glaube ist, das lebendige Bewußtsein von der segensreichen Gemeinschaft des Herzens mit dem Erlöser und durch ihn mit Gott, wodurch der Mensch gerecht wird vor diesem, und daß alles gute ein freies Werk des eigenen göttlichen Triebes sei, und der eigenen Einsicht überlassen bleiben muß, wo und wie es zu schaffen ist, ohne daß wir dabei irgend ein menschliches Ansehn anerkennen oder einem menschlichen Buchstaben etwas einräumen. Darüber laßt uns halten, daß die Wirksamkeit der Liebe frei bleibe von gesezlichem Wahn und blinder Nachahmung und so gedeihe als die freie und lebendige und je reifer desto gewürzreichere Frucht des Geistes. – Ruhen wir nun in diesen beiden, in der Kraft der Lehre und in dem Walten der Liebe: so besizen wir die köstlichsten und herrlichsten unter allen Gaben des Geistes, und keiner darf sich Sorge machen, daß es nichts äußerlich wunderbares mehr giebt in der Gemeinschaft der Christen. Keiner möge mit ängstlichem Gewissen auf Zeichen harren; denn deren bedarf niemand, der irgend an dem regelmäßigen Gang unsers geordneten geistigen Lebens Antheil hat. Keiner kann von hieraus Veranlassung haben zu wünschen, daß sich ihm irgend übernatürliches zeigen möge! Und wohl uns deshalb; denn solche Irrlichter machen nur abgleiten von dem ebenen Wege und verleiten in den Sumpf des Wahns,

---

11–12 Vgl. Gal 5,6 **21–24** Vgl. Röm 3,22

Predigt über 1Kor 12,31 695

aus welchem schwer wieder herauszukommen ist! Ja wohl uns, daß der Geist Gottes unter uns sich kräftig beweiset zur Gestaltung eines wohlgeordneten christlichen Lebens zur Förderung des | richtigen christlichen Denkens durch gemeinsames Forschen, und daß er uns verbindet auf Wahrheit und Liebe! Dafür laßt uns Gott preisen, aber auch eifrig sorgen, wie wir diese Schäze den künftigen Geschlechtern erhalten, damit die christliche Kirche sich immer herrlicher und flekkenloser darstellen möge vor dem, der sie sich erworben hat.   Amen.

Heiliger Gott und Vater, wir sagen dir Lob und Dank, daß du auch uns gegeben hast den Geist, der uns in alle Wahrheit leitet, den Geist der in uns ruft Abba lieber Vater. Beides ist Eines und dasselbige. Denn das ist die ewige Wahrheit, daß du der Vater Aller bist in deinem Sohne; und das ist der kindliche Sinn des Glaubens, daß wir durch ihn zu dir kommen, und als Glieder seines geistigen Leibes uns deiner Liebe und deines Schuzes zu freuen haben. Verleihe uns nur immer weiter fortzuschreiten auf dieser Bahn zur christlichen Vollkommenheit, daß der Sieg des Geistes über das Fleisch immer vollständiger werde, und immer wahrer das große Wort, daß der Glaube der Sieg ist, der die Welt und alle ihre Eitelkeit überwindet.   Amen.

7–8 Vgl. Apg 20,28   **10** Vgl. Joh 16,13   **11** Vgl. Röm 8,15   **19–20** Vgl. 1Joh 5,4

XXI.

Wie der Geist der Wahrheit den Erlöser verklärt.

Am Pfingstfest.

Text. Joh. 16, 13. 14.

Wenn aber jener, der Geist der Wahrheit, kommen wird, der wird euch in alle Wahrheit leiten. Denn er wird nicht von ihm selbst reden; sondern was er hören wird, das wird er reden; und was zukünftig ist, wird er euch verkündigen. Derselbige wird mich verklären.

M. a. F. Die unmittelbare Abzwekkung dieser Worte des Erlösers ist freilich sehr klar und verständlich. Er wußte es, und sagte es auch in diesen seinen lezten Reden selbst seinen Jüngern, daß sie noch nicht zu der vollen Erkenntniß alles dessen was er ihnen mitzutheilen habe, hindurchgedrungen seien. Da aber doch der Grund dazu durch sein Leben mit ihnen gelegt war, und auf diesen weiter | fortgebaut werden mußte: so verheißt er ihnen, wenn nach seinem Hingange aus dieser Welt der Geist der Wahrheit kommen werde, der werde sie des alles aufs neue erinnern, und ihnen das zerstreute zusammentragen, so daß eines das andere erhelle, damit hiedurch Er selbst, ihr Herr und Meister, ihnen immer heller und deutlicher werde. Aber nicht nur über sie sollte der Geist der Wahrheit kommen, vielmehr sollte er eine von diesem Augenblikke an für immer verliehene allen Menschen zugängliche und über alle sich erstrekkende Gabe von oben sein. Deshalb nun müssen wir diese Worte des Herrn nicht nur in ihrer nächsten Beziehung auf die kleine Schaar der Jünger, welche ihn damals umgaben, zu verstehen suchen; sondern sie sind von Anfang an dahin gemeint gewesen, daß sie uns das ganze fortwährende Werk des göttlichen Geistes unter allen verschiedenen Stämmen des menschlichen Geschlechts auf Erden deutlich machen sollen. Und wenn wir uns nun diese lange Reihe von Jahrhunderten vor Augen stellen, und denken dabei an die unmittelbar unserm Texte folgenden Worte des Herrn,

---

19–20 und Meister,] uud Meister,

2 Predigt zum Pfingstmontag am 11. Juni 1832 vormittags in der Dreifaltigkeitskirche zu Berlin; vgl. Predigtdruck und Liederangaben in KGA III/13, S. 291–302   12–14 Vgl. Joh 16,12   16–18 Vgl. Joh 14,26

Von dem meinen wird er es nehmen, und wird es euch verkündigen: so werden wir freilich nicht sagen, wie lange sollte eigentlich schon diese Fülle des seinigen erschöpft sein! Nein, für unerschöpflich wollen wir sie anerkennen! aber wenn der Geist der Wahrheit immer wäre ununterbrochen wirksam gewesen: wie vollkommen müßte dann der Herr schon überall verklärt sein! wie müßte die hellste Einsicht in sein Wesen | in die Absicht Gottes mit ihm und eben dadurch in den ganzen Zusammenhang der göttlichen Rachschlüsse so lange schon ein gemeinsames Gut Aller geworden sein, so daß alle Zweifel verschwunden alle Nebel zergangen wären, und Alle in dem vollen Glanze des himmlischen Lichtes wandelten! Und wie weit erscheint die ganze christliche Welt wie weit jedes einzelne auch das am meisten erleuchtete und beseligte Gemüth noch von diesem Ziele entfernt!

Das, m. th. Fr., das ist die wehmüthige Seite dieser Worte unseres Erlösers. Aber wie es gewiß wahr ist, was wir eben mit einander gesungen haben, daß der Geist der Wahrheit auch ein Geist der Freude ist: so laßt uns nur diese Wehmuth, welche uns ergreifen will, recht fest ins Auge fassen und uns zu unserem Trost und zu unserer Freude die Frage beantworten, wie verklärt denn der Geist der Wahrheit den Menschen den Erlöser der Welt? Dreierlei ist es, was ich als eine wenngleich unzureichende aber doch alles wichtigste wenigstens berührende Antwort auf jene Frage eurem frommen Nachdenken in dieser Stunde empfehlen will. Zuerst der Geist verklärt den Erlöser dadurch, daß er uns immer aufs neue und immer heller mit dem Bewußtsein der göttlichen Würde desselben erfüllt; er verklärt ihn zweitens dadurch, daß er uns immer vertrauter macht mit seinem segensreichen Leben; er verklärt ihn endlich dadurch, daß er uns die geistigen Schäze, welche der Erlöser uns zurükkgelassen hat, immer mehr aufschließt, und uns | in den rechten Gebrauch derselben immer tiefer einweiht.

I. Aber wenn wir nun unsere Betrachtung gleich mit dem zuerst genannten Stükk unserer Antwort beginnen, wie wir denn nicht leugnen können, das muß von dem großen Werk des göttlichen Geistes den Erlöser zu verklären der erste Anfang sein, daß er uns immer heller mit dem Bewußtsein der Würde desselben erfüllt: wie weit scheint uns dieses Geschäft des göttlichen Geistes wol vorgeschritten zu sein? Wenn diejenigen, welche etwas vertrauter mit dem

---

1 *Joh* 16,14.15   16–17 *Vgl. Gesangbuch zum gottesdienstlichen Gebrauch für evangelische Gemeinen, Berlin 1829, Nr. 286 „Zeuch ein zu deinen Thoren" (unten S. 888), Strophe 5: „Du bist ein Geist der Freuden, das Trauern liebst du nicht, erleuchtest uns in Leiden mit deines Trostes Licht; nimm ferner mein dich an, wie du im heilgen Worte mir oft schon hast die Pforte des Himmels aufgethan."*

Gegenstande sind, sich die Geschichte der christlichen Kirche in dieser Hinsicht vergegenwärtigen: welch eine Reihe fast von Jahrhunderten stellt sich ihnen dar, wo eben diese höhere diese göttliche Würde des Erlösers der Gegenstand eines fortwährenden Streites unter den Christen war, eines Streites, welcher nicht immer nur mit dem Schwerte des Geistes geführt wurde, wie es sich doch für die Angelegenheiten der Wahrheit allein geziemt, sondern welcher nur zu oft ausartete in fleischlichen bittern Haß in wilde Verfolgung. Was aus einem solchen Streite zulezt siegreich hervorging, haben wir wol den Muth uns selbst und Andere zu überreden, daß dieses ein reines Werk des göttlichen Geistes sein könnte, der doch nicht ist in solch einem Sturm und Ungewitter eines leidenschaftlichen Eifers und einer herben Erbitterung der Gemüther? Aber wie ist es auch allen diesen Wor|ten Formeln und Bestimmungen über die Würde des Erlösers ergangen, die uns aus solchem Streite übrig geblieben sind? Sie stehen in unseren Bekenntnißschriften, sie sind verzeichnet in den Büchern, welche die Geschichte der christlichen Lehre enthalten; aber wenn wir uns fragen, wie tief sie denn in das Leben der Gläubigen eingreifen, wie stetig wir uns ihrer bewußt sind, oder wie hülfreich sie sich zeigen für unsere Erkenntniß des Erlösers: so müssen wir gestehen, sie sind schon lange ein todter Buchstabe für uns geworden. Und wenn wir den gegenwärtigen Zustand der Christen betrachten: wie sind sie getheilt unter sich in zwei heftig mit einander streitende Heere! die Einen auf das eifrigste bemüht die göttliche Würde des Erlösers hervorzuheben dadurch, daß sie jenen alten Ausdrükken und Formeln wieder aufs neue eine Geltung zu verschaffen suchen in den Gedanken der Christen; die Anderen darauf bedacht ihn darzustellen rein als einen Menschen unter den Menschen wandelnd, und nur als einen solchen zu dem allgemeinen Besten von Gott gesandt. Und wie spricht jede Partei sich selbst zu, sie allein sei im Besize der Wahrheit, welche den Erlöser verklärt! die eine beruft sich darauf, daß sie ihn über alles andere erhebe, die andere darauf, daß sie ihn so geltend mache, wie er selbst habe gelten wollen, und daß also erst sie seine Wahrheit recht an das Licht bringe. Und wie jeder Theil nur sich selbst die Wahrheit zuschreibt: so beschuldigt auch jeder den andern nicht etwa nur eines unwillkührlichen | Irrthums, nicht einer unverschuldeten Verblendung; sondern dafür hält jeder den anderen, daß er sich von dem Geiste der Wahrheit losgesagt habe, und nun hingegeben sei dem Geiste der Lüge, daß er das Auge dem Licht der Wahrheit verschlossen habe, und in selbst

---

21 geworden] gewordrn

5–6 *Vgl. Eph* 6,17

gewählter Finsterniß wandle. Und das wäre nun, wenn wir doch jezt in den lezten Zeiten leben, auch das lezte Werk des Geistes, der den Erlöser verklären soll? das wäre nun alles, dessen wir uns von ihm rühmen können, daß wir am Schluß einer langen und oft durchlaufenen Bahn der Untersuchung über eben diese Würde zulezt in einen solchen Zustand des Unfriedens und des Streites gerathen sind?

Wohl, m. th. Fr.! Versuchen wir uns zu denken, daß einst dieser Streit ganz und gar vorüber sei, und kein Ton dieser Art mehr unter uns gehört werde; aber so wäre alles geschlichtet, daß diejenigen die Oberhand gewonnen hätten, welche auch jezt mitten unter diesem Streite wandelnd nur immer bedauern, wie sehr sich so viele ihrer Brüder erhizen und erbittern um etwas, das der Mühe nicht werth ist, welche die Einen sowol als die Andern ihres Wahnes wegen beklagen, weil ja doch beide einer solchen Richtung folgen, die, indem sie den Menschen von der Erde abzieht, ihn auch von seiner wahren Bestimmung von dem bescheidenen Theil, welches ihm hier für sein Leben auf Erden geworden ist, nur ablenken kann, und ihm nur den Genuß der Güter, welche ihm wirklich zugedacht sind, verküm|mert, indem sie ihn mit einer Sehnsucht nach dem unerreichbaren erfüllt. Wie sehr wir unser Ohr auch gegen diese Stimme verstopfen wollten, hören wir sie nicht dennoch wenn gleich einzeln und zerstreut immer wieder, so oft sich jener Streit unter den Christen vernehmen läßt? das, m. Th., ist die bittere Wurzel des Unglaubens, welche tief in der menschlichen Brust wohnt! Wem verdanken wir es, wenn wir alle göttlichen Rathschlüsse zusammennehmen, daß diese nicht schon längst unter uns aufgeschossen ist zu einem Baume, unter dessen vergiftendem Schatten wir nun Alle säßen und dem Tode des Geistes entgegen siechten? Ja gesegnet sei uns jener Streit und willkommen als ein großes köstliches Gut, welches Gott uns mitgegeben hat auf unsern Lebensgang! denn er hält uns rege und lebendig, daß wir immer aufs neue inne werden müssen, wie tief in unsern Herzen die Sehnsucht nach Gemeinschaft mit dem Ewigen wohnt, daß wir uns dessen, was das höchste Ziel der menschlichen Bestrebungen ist, immer bewußt bleiben, und die sich immer erneuende Beschäftigung mit theuren Wahrheiten, wenn auch nur im Streit um sie, uns bewahrt, daß wir nicht einschlummern inmitten des betäubenden Wesens dieser Welt.

Aber noch mehr, wenn wir nun die Lage dieses Streites und dessen ganze Beschaffenheit in Bezug auf seinen Gegenstand betrachten: ei wie zeigt es sich da so deutlich, daß schon durch den Streit selbst der Erlöser verklärt wird. Denn welches von | den beiden, worüber dieser Streit entbrennt, möchten wir wol missen? Wäre uns der Erlöser et-

---

1–2 *Vgl.* 1Tim 4,1

was, wenn er nicht unter den Menschen gewandelt wäre rein als Mensch? wäre er uns etwas, wenn wir nicht immer in ihm und immer aufs neue sowol mit der tiefsten Bewunderung als mit der innigsten Liebe die Herrlichkeit des eingeborenen Sohnes vom Vater schauten, das heißt, wenn wir ihn nicht immer zugleich in dem Glanz seiner himmlischen Würde erblikkten? Darum fragte jemand, worin zeigt sich nun die in alle Wahrheit leitende Kraft des göttlichen Geistes, wenn wir auf diesen Theil der Verklärung des Herrn sehen: so antworte ich, wie der Apostel sagt, Ein Herr ist es, aber es sind viele Gaben; ein Geist ist es, welcher das Ganze beseelt, aber es sind viele Glieder. Das ist es, was sich hier jedem zeigt, der nur nicht vergißt, daß dieser Streit ein Streit der Gläubigen ist, ein Streit zwischen denen, welche den Namen Christi bekennen, und welche, denn anders können sie es nicht als in der Kraft des göttlichen Geistes, ihn einen Herrn nennen; und darum lasset uns nichts anderes darin sehen als eine von den mancherlei Arten, wie der göttliche Geist der Geist der Wahrheit sich vertheilt unter die Menschen. Dem Einen erhellt er das eine dem Andern mehr das andere von dem, was nothwendig ist zur Erkenntniß des Heils; und indem so beides gegen einander gestellt wird, muß auch beides in das stärkste Licht treten. Aber wie dann, wenn sich leider die geistige Art und Weise, welche dieser | Streit sofern er in der That das Werk des göttlichen Geistes wäre an sich tragen müßte, in die Aehnlichkeit eines Streites um irdische Dinge verkehrt? wenn was heiliger Eifer sein sollte sich gebehrdet wie eine thörichte und wilde Leidenschaft? Wolan, m. G., das ist das, was der Apostel sagt, Das Fleisch gelüstet wider den Geist! So gelüstet auch das Fleisch des Einen wider den Geist in dem Andern, weil jeder, und das kommt doch immer aus verstekkter Selbstsucht her, dasjenige, was ihm vielleicht nothwendig oder wenigstens heilsam ist zum Verständniß, auch von Andern eben so will anerkannt haben, als sei es ganz und ausschließend das Werk des Geistes selbst. Darum sollten wir in dieser Beziehung nur alle vornehmlich danach streben, wie wir den Streitenden Christum verklären können als den, welcher sein Geschrei nicht hören ließ auf den Gassen, ob wir sie etwa dadurch retten aus diesen Verirrungen, und ihnen deutlich werde, daß die Leidenschaft, in der sie entbrennen, nichts anderes ist als das Werk des Fleisches in ihnen, der Geist aber in beiden nur dieselbe Richtung wirkt, die ihnen gemein-

---

12 ist, ein] ist ein

---

4 Vgl. Joh 1,14   9–10 Vgl. 1Kor 12,4–5   10–11 Vgl. 1Kor 12,12–13   14–15 Vgl. 1Kor 12,3   25–26 Gal 5,17   33–34 Vgl. Mt 12,19 mit Zitat von Jes 42,2

same Sehnsucht nach vollkommner Erkenntniß, das Verlangen sich in Liebe und Friede einander mitzutheilen, und so Einer den Andern zu ergänzen.

Aber doch wollen wir es erkennen und Gott dankend dafür preisen, wie mitten in diesen scheinbaren Verirrungen der Geist der Wahrheit nie aufgehört hat den Erlöser zu verklären, wie sich aus jedem Streit doch immer ein klares Bewußtsein von | der himmlischen Würde unseres Herrn als eine friedsame Frucht der Gerechtigkeit und der Frömmigkeit in den Gemüthern aller derer gestaltet, welche aus diesem Streit ein immer mehr verklärtes in ihnen Eins gewordenes Bild des Erlösers davon tragen.

II. Wenn ihr nun zweitens hört, m. Th., der Geist der Wahrheit verkläre den Erlöser, indem er uns immer vertrauter macht mit seinem segensreichen Leben: ach so fürchte ich, ihr werdet auch hier nur zu sehr geneigt sein dieselbe Klage voranzuschikken. Wie wenig ist es doch, was uns von den großen Begebenheiten der Zeit, als das Wort Fleisch geworden war und auf Erden wandelte, überliefert worden ist! welch eine kleine Zahl einzelner größtentheils zerstreuter Züge, auch schöner zwar und herrlicher Reden, von denen uns aber nicht selten so manches entgeht, weil wir nicht immer den Zusammenhang und die Veranlassung wissen, bei welcher sie gesprochen sind. Wenn wir dagegen betrachten, wieviel oft menschliche Liebe und Verehrung in dieser Beziehung geleistet hat für das Andenken einzelner ausgezeichneter Menschen, wie unsäglich viel Fleiß und Mühe daran gewendet ist einzelne Aussprüche derselben und einzelne Züge aus ihrem Leben nicht nur zu sammeln sondern sie auch in ihrem ursprünglichen Zusammenhang darzustellen, und alle Lükken zu ergänzen, so daß auch dasjenige, was für sich allein vieldeutig oder unverständlich sein würde in sein rechtes Licht gestellt wird: wie träge | und lässig, möchte ich sagen, erscheint uns dann hiemit verglichen der Geist der Wahrheit, welchem doch oblag den Erlöser auch so zu verklären. Wie hätte er aller Jünger Erinnerungen zu der Zeit, da es noch möglich war, vereinigen müssen, ja auch von Andern, die aber doch den Erlöser selbst gesehen und gehört hatten, alles zusammenholen und zu einem Ganzen verbinden, was auch uns sein ganzes Leben in voller Klarheit zur Anschauung bringen könnte! Aber auch das wenige, was wir noch haben, von welcher schwer zu behandelnden Beschaffenheit ist es! wie wird jeder nur irgend Sachkundige je mehr er sich damit beschäftigt immer mehr inne, wie gar vieles uns fehlt, wie nach verschiedenen Seiten schillernd dieses und jenes erscheint, so daß immer noch mehr Wissenschaft von ausgestorbenen

---

17 Vgl. Joh 1,14

Sprachen noch mehr Kenntniß verflossener Zeiten dazu gehören wird, um auch nur mit irgend überwiegender Wahrscheinlichkeit sagen zu können, das war Christi Meinung als er dieses sagte, das beabsichtigte er als er jenes that. Ja statt sich der ganzen Christenheit immer mehr zu verklären scheint vielmehr, als ob was wir von dem Erlöser überliefert haben immer dunkler und unzugänglicher werden wollte. Auch wenn wir nun die etwas späteren Zeiten betrachten: ach, während jener Streit am heftigsten geführt wurde über die göttliche Würde des Erlösers, wie ganz unfruchtbar und ungenossen blieb da sein irdisches Leben! wie ging das ganze Bestreben vieler Geschlechter nur in dergleichen Wortbestimmungen auf! | wie Wenige mögen in dieser allgemeinen Verwirrung auch nur zu dem Gedanken an eine fruchtbare Betrachtung seines Lebens gekommen sein! Und als in der Folge das Christenthum ausartete in eine Fülle von einzelnen Vorschriften und äußerlichen Gebräuchen: wie wurden da abermals die Bestrebungen der Gläubigen auf ganz andere Dinge abgelenkt von der Betrachtung seines Lebens, mit dem sie übrigens dem ihrigen auch gar keine Aehnlichkeit einzuprägen suchten. Ja auch wo dieser Gegenstand nicht ganz vernachläßigt wurde, welche Einseitigkeit hat nicht auch hiebei unter einem großen Theil der Christen fast immer stattgefunden! wie ist nicht vielen sein ganzes übriges Leben, man darf wol sagen in hohem Grade gleichgültig gewesen, weil sie mit ihrer Sehnsucht nach einer gänzlichen Befriedigung des Gemüthes sich ausschließlich nur in der Betrachtung seines Leidens und Todes verloren, aber auch diesen nicht so zu Herzen nehmend, wie er seine That war wie sich darin seine kindliche Ergebung in den Willen des Vaters seine Zuversicht, daß sein Werk vollbracht sei, offenbarte, sondern immer betrachteten sie seinen Tod als eine mehr oder minder willkührliche Anstalt Gottes zu dem Heile der Menschen. Ja freilich wenn wir dieses alles zusammennehmen; so erscheint es uns, als ob der Geist Gottes zu allen Zeiten nur ein weniges gethan habe, um das Leben des Herrn zu verklären, und uns mit der Kraft und dem Sinne desselben vertrauter zu machen. |

Aber vergessen wir auch nicht, wie doch alles dieses zum großen Theile anders geworden ist, seitdem die unscheinbaren schlichten Bücher, welche die uns aufbewahrten Züge aus dem Leben des Erlösers enthalten, allen Christen in der jedem angeborenen und geläufigen Sprache sind zugänglich geworden. Wie viel leichter kann sich jedes einzelne Gemüth nun aus dem Getümmel jenes unfruchtbaren Streites retten, um sich in den stillen Genuß dessen zu vertiefen, was diese wenigen aber segensreichen Blätter enthalten von dem Leben des Herrn, und so den Segen empfangen, der in dem Dienst menschlicher

---

26 Vgl. Mt 26,39.42; Mk 14,36; Lk 22,42   27 Vgl. Joh 19,30

Sazungen nothwendig verloren gehen mußte. Ja nehmen wir dazu, wie in den neusten Zeiten auch in den rohesten Sprachen in Zungen von denen man nicht glaubte, es sei möglich in ihnen von göttlichen Dingen zu reden, doch Jesus von Nazareth genannt wird, und sein Leben den Menschen vor Augen gestellt, so daß sie in diesen Zügen sich und ihn erkennen, und den Fürsten des Friedens in ihm finden: o wunderbare und verschlungene Wege sind es, auf denen der Geist der Wahrheit sein Werk vollbringt; aber er vollbringt es!

Und über jenen scheinbaren Mangel werden wir uns noch leichter beruhigen können, wenn wir bedenken, daß doch auch das Einzelne in dem Leben des Erlösers uns nicht das wesentliche ist. Denn freilich, je weiter die Verhältnisse des menschlichen Lebens sich von denen seiner Zeit entfernten, so daß nun kaum mehr eine Vergleichung stattfinden kann, | um so geringeren Werth würde für uns ein großer Schaz von einzelnen Zügen haben, wenn wir sie eben nur in ihrer Besonderheit betrachten wollten. Jeder Augenblikk in dem Leben eines Menschen ist an und für sich vergänglich und eigentlich sogleich im Verschwinden begriffen; wir können ihn vorher nicht mit Sicherheit zeichnen, und bald verlischt uns auch wieder das vollständige Bild desselben. Jeder ist nur in dem Maaß etwas wahres, ein Zuwachs für unsere Kenntniß des Menschen, als er uns an dem einzelnen den inneren Grund unseres Wesens zeigt, und wir dieses solchergestalt immer bestimmter kennen lernen. Haben wir aber erkannt, wie sich dieses in einem Einzelnen gestaltet hat: dann mögen wir getrost sagen, daß wir ihn ganz besizen; und wenn wir auch fortan gänzlich ausgeschlossen davon wären ihn irgend in einem einzelnen Augenblikk wirken und handeln zu sehen. So ist es auch mit dem Leben des Erlösers! Die einzelnen Züge desselben sind nichts an und für sich; und darum ist es gleichgültig, ob uns deren viele oder wenige aufbehalten worden sind. Wie ja auch der Evangelist Johannes sagt, daß, wenn sie alle sollten aufgezeichnet werden, die Bücher nicht würden Raum finden in der Welt; aber es geschehe uns daran kein Schaden, ob wir deren mehr oder weniger besizen, denn schon in dem, was er geschrieben, sei genug enthalten, um in jenem Jesu den Erlöser zu erkennen. Jeder einzelne Zug aus seinem Leben, in welchem wir ihn erkennen in seiner Vereinigung mit | dem göttlichen Wesen als denjenigen, welcher den Vater in sich trug, giebt uns die zu unserem Heile genügende Erkenntniß, und offenbart uns den ganzen Geist seines Lebens. Und so können wir denn auch hier sagen, der Geist hört nicht auf den Herrn zu verklären; er zeigt uns, wenn wir von seiner Wahrheit erleuchtet sind, in einem jeden einzelnen Zuge ihn immer als denselben Herrn und

---

6 Vgl. Jes 9,5   30–32 Vgl. Joh 21,25   41–1 Vgl. Joh 13,13

Meister. Und um in ihm die göttliche Gesinnung zu finden, in welcher er der Abglanz des ewigen Vaters und das Ebenbild des Höchsten war, dazu sind auch diese wenigen Züge genügend. Wenn uns nur der Geist der Wahrheit und der Treue in der Liebe zu ihm festhält, so daß wir nichts anderes suchen als ihn in uns zu gestalten: o dann werden wir auch immer, indem wir in das einfache Bild seines Lebens hineinschauen, mit Sicherheit erkennen, wie wir selbst gestaltet sind sowol unserer besonderen Natur nach als auch sofern wir als seine Jünger sein Leben in uns tragen; und so wird immer mehr Christus in uns Gestalt gewinnen, welches ja doch der wesentliche Segen ist, den wir durch die Betrachtung seines Lebens auf Erden erlangen können.

Aber erst wenn die ganze Welt so erleuchtet wäre von der Erkenntniß Jesu, wie er der Christ wie er der Sohn des lebendigen Gottes ist; wenn er so mit der Kraft seines Lebens uns offenbar wäre in dem ganzen vollen Umfange des Wortes, und also in dieser Beziehung der Geist der Wahrheit ihn ganz verklärt hätte; dieses erst wäre seine Herrschaft, | die ihm werden soll; und er ist erhöht zu dem Throne des Höchsten, bis sie ihm vollständig werde, und alle seine Feinde zu dem Schemel seiner Füße gelegt sind. Bis dahin aber bleibt das seine herrlichste Verklärung, wenn der göttliche Geist ihn uns so verklärt, wie er selbst von sich sagt, er sei nicht gekommen, um zu herrschen und um sich dienen zu lassen, sondern um zu dienen. So aber verklärt er ihn uns, wenn er uns fähig macht von ihm zu empfangen, von ihm die Gaben hinzunehmen, welche er von oben gebracht hat; und also wenn er uns zu dem seligen Besiz und Genuß dieser geistigen Gaben immer vollständiger verhilft.

III. Welches sind aber diese, und welches ist das Maaß derselben, m. a. Fr.? Wie könnten wir hiebei wol ein anderes Wort des Herrn zu Rathe ziehn wollen, da wir eines haben, in welchem er auf das vollständigste sich allem anderen in der Welt gegenüberstellt, als er nämlich sagt. Nicht gebe ich euch, wie die Welt giebt, meinen Frieden gebe ich euch[1]. Hieran also müssen wir uns halten. Dies, m. G., dies ist die große die alles andere in sich schließende Gabe, welche er gekommen ist den Menschen von oben her mitzutheilen. Er ist unser Friede geworden, indem er uns zurückgeführt hat zu Gott, von welchem wir entfernt waren in unserem eitlen und sündlichen Wandel; er ist unser Friede geworden, indem er uns aus der Finsterniß und dem

---

[1] Joh. 14, 27.

2 Vgl. *Hebr 1,3*   9–10 Vgl. *Gal 4,19*   12–14 Vgl. *Mt 16,16; Joh 6,69*   17–19 Vgl. *Mt 22,44; Mk 12,36; Lk 20,42–43; Apg 2,34–35 mit Zitat von Ps 110,1*   21–22 Vgl. *Mt 20,28; Mk 10,45*   24 Vgl. *Jak 1,17*   31–32 *Joh 14,27 (veränderte Satzreihung)*   34–35 Vgl. *Eph 2,14*

Tode der Sünde auf den hellen Weg des geistigen Lebens | geleitet hat. Daß eben hiedurch seine Gewißheit von der Liebe des Vaters auch die unsrige geworden ist, so wie auch wir uns beständig der in unsere Herzen ausgegossenen Liebe zu Gott bewußt sind, das ist der Friede, den die Welt mit allem, was sie uns darbietet, nicht geben kann. Aber dieser Friede soll er nicht nur sein für diesen oder jenen, nicht etwa nur für dieses oder jenes kleine Häuflein, welches sich in selbstgefälligem Wesen eines besonderen Verhältnisses zu ihm rühmt; sondern er soll es sein für Alle. Denn Gott hat seinen Sohn in die Welt gesendet um die Welt selig zu machen; und diesen Frieden muß er geben, nicht gleichsam launenhaft und verkümmert wie die Welt giebt, sondern aus seiner ihm eigenthümlichen Fülle Allen ohne Unterschied. Was war das schon für ein heller Blikk, welchen der Apostel Paulus in diese allgemeine Bestimmung des Erlösers that, als er das Wort aussprach, In Christo Jesu gilt nicht dieses oder jenes, in ihm sind wir Alle gleich, Knechte oder Freie, Juden oder Griechen! Und doch in welchem engen Kreise menschlicher Verhältnisse bewegte sich damals noch die göttliche Wahrheit! wie viel weiter ist sie izt verbreitet, so daß keinem Geschlecht der Menschen, wie tief es gesunken oder wie wenig es auch noch hinaufgestiegen sei auf der Stufenleiter der geistigen Entwikkelung, dieser Friede unzugänglich ist, welchen er bringt. Wie viele Erfahrungen hiervon haben wir seit dem lezten Jahrhundert und namentlich in den neuesten Zeiten gemacht! | wie viele von den unscheinbarsten verachtetsten Geschlechtern der Menschen erfreuen sich mit uns derselben Liebe Gottes, so daß sie, wiewol aller anderen geistigen Gaben, welche wir erlangt haben, untheilhaftig und fern von aller Wissenschaft und Kunst so wie von allem, was wir sonst noch als zu den höheren Gütern des Lebens gehörig preisen, und kaum über die niedrigsten Stufen des menschlichen Daseins emporgestiegen, dennoch zu dem Besiz dieses Friedens gelangt sind! Und wie wenig unter solchen auch das menschliche Verderben ausgebildet sein kann, vielmehr nur in ganz einfachen Zügen sich gestaltet: doch lernen sie an diesen die Sünde in sich erkennen, aber auch die Gnade in ihm, und werden also desselben Friedens auf demselben Wege theilhaftig wie wir. Und je mehr wir nun wissen, daß hiezu nichts anderes erfordert wird als nur Hinwendung des Herzens zu Gott, Auffassen der Liebe des Vaters in seinem Sohne, Willigkeit diesen aufzunehmen, auf daß er uns zu seinem Vater hinführe; je gewisser wir sind, daß nichts äußerliches dazu nöthig ist; je weniger wir deshalb an einem vergänglichen menschlichen Buchstaben hangen, sondern nur rein dieses innerste Wesen der Erlösung diese Fülle der göttlichen Liebe auffassen: o desto mehr hat ja der Geist uns den Erlöser verklärt.

9–10 Vgl. Joh 3,17   15–16 Vgl. Gal 3,28; auch 1Kor 12,13

Aber freilich, sagt man, wenn, obgleich die Liebe immer thätig sein muß, doch an den Handlungen der Menschen nicht immer wahrgenommen werden kann, ob sie in dieser Liebe ihren Ursprung haben, und der göttliche Friede selbst etwas so ganz innerliches ist: wer schaut in die innersten Tiefen des Gemüthes, wer weiß es wie Viele oder wie Wenige sich in Wahrheit dieses göttlichen Friedens erfreuen, ohnerachtet sie den Namen des Herrn bekennen? Freilich können wir zu einer Gewißheit hierüber nur bei den wenigen gelangen, zu denen uns ein näherer Zugang vergönnt ist, deren inneres sich uns selbst aufschließt: aber gebührt uns deshalb daran zu zweifeln, hochmüthiger Weise diesen Frieden nur da vorauszusezen, wo wir ihn mit denselben Worten mit denselben Redensarten rühmen hören, deren wir selbst uns auch bedienen, und wo die einzelnen Bezeugungen der Liebe zu dem Erlöser und zu seiner Gemeinschaft dieselben sind, welche unter uns obwalten? Vielmehr laßt uns voraussezen, weil es ja der Geist der Wahrheit ist, den er gesendet, und weil er von diesem gesagt hat, er werde uns in alle Wahrheit leiten, daß dieser Geist auch in denen Wahrheit wirke, die sich in vielem von uns unterscheiden, aber doch den Herrn bekennen; und laßt uns glauben, auch wo wir nicht sehen. Das ist ja die zu diesem Frieden gehörige Seligkeit, wie der Erlöser sagt, Selig sind die doch glauben, obgleich sie nicht sehen. Aber wo es uns so nicht klar werden will, und wir doch einer größeren Gewißheit bedürfen, um zu wissen, wie wir uns zu verhalten haben gegen Andere in Bezug auf dieses Geschäft des göttlichen Geistes den Erlöser zu verklären? Dieser, m. a. Z., hat ein Wort geredet, welches uns hierüber aller Sorge überhebt. Er sagt,[2] Der Geist der Wahrheit wird zeugen von mir, und ihr werdet auch zeugen. Also laßt uns immer zeugen, ohne, wie auch der Apostel sagt,[3] zu fragen, ob es zur Zeit ist oder zur Unzeit. Haben diejenigen, welche uns hören, den Frieden des Herrn schon gefunden: so schließt sich ihnen eben durch dieses Zeugniß unser inneres auf, und sie erkennen uns. Auf der andern Seite aber, je weniger wir glauben, daß der Friede des Herrn schon verbreitet sei unter den Menschen: desto mehr ja gebührt uns von ihm zu zeugen. Nur freilich zeugt man von diesem Frieden weder in vielen zudringlichen Worten noch in wildem Sturm und unbesonnenem Eifer; sondern unter Menschen, die einzeln des Zurufes, Laßt

---

[2] Joh. 15, 26. 27.
[3] 1 Tim. 4, 2.

---

14 Gemeinschaft] Gemeinschafr   38 1 Tim.] Tim.

---

21 *Vgl. Joh 20,29*   26–27 *Vgl. Joh 15,26–27*   28–29 *Vgl. 1Tim 4,2*   36–1 *2Kor 5,20*

euch versöhnen mit Gott, nicht mehr bedürfen, zeugen wir von seinem Frieden nur, indem wir den Geist seiner Liebe bewähren in unserem ganzen Leben, und indem wir von allem guten in der christlichen Welt ihm die Ehre geben. Damit uns aber nichts in diesem ruhigen Gange weiter störe: so lasset uns auch diesen lezten Gedanken, welcher uns freilich in dieser Beziehung sehr nahe liegt, noch genauer beleuchten.

Bedenken wir, was das Evangelium von Jesu Christo schon unter den Menschen gewirkt hat, wie vieles von dem schon abgefallen ist, was die Herrlichkeit des menschlichen Geistes sonst verdunkelte, wie viele Wahrheit seit langer Zeit ein gemeinsames | Gut geworden ist: so seufzen wir leicht darüber, daß es so viele giebt, welche sich der Gabe zwar erfreuen, aber sie wollen den Geber nicht gehörig anerkennen; welche ebendeswegen gegen die durch den Geist bewirkte Verklärung der hohen Würde des Erlösers streiten, weil sie meinen behaupten zu können, wenn Er auch nicht gesandt wäre, hätten wir doch dieselben Gaben gefunden in der Tiefe unserer Natur. Damit nun auch das uns nicht störe in unserem Frieden, noch uns in dem großen Geschäft hindere, diesen Frieden als Werkzeuge des Geistes zu verkündigen und zu fördern, so erinnert euch, was der Erlöser that, als er zehn geheilt hatte von dem Aussaze, und nachdem sie sich dem Priester gezeigt und ihrer Heilung gewiß geworden waren, Einer nur umkehrte um ihm zu danken. Da sprach er, Ist keiner da, der Gott die Ehre geben will, als nur dieser Eine? Aber so wenig er seinen Jüngern folgte, als sie wollten Feuer vom Himmel regnen lassen auf die, welche sich weigerten ihn aufzunehmen: eben so wenig nahm er auch hier seine Gabe zurükk. Die ihm nicht als dem Geber danken wollten, geheilt waren auch diese und blieben es; ebenso bleiben auch in der christlichen Welt die Gaben des Erlösers, und werden sich immer mehr verbreiten unter den Menschen, wenn auch noch so viele ihn nicht als den Geber anerkennen. Wir aber, je mehr wir Dankbarkeit gegen ihn fühlen, je weniger wir dieses persönliche Verhältniß zu ihm missen möchten: um so bereitwilliger laßt uns seine Zeugen sein, um wo | möglich Alle zu vereinigen auch in derselben Liebe und in derselben Dankbarkeit. So helfen denn auch wir dem Geist der Wahrheit sein Geschäft verrichten; er aber wird es hindurchführen immer herrlicher von einer Zeit zur andern, bis das Wort wahr geworden ist, daß alle Kniee sich beugen vor dem, der gesendet ist zu unserem Heil, und dessen Name über alle Namen ist und bleiben wird in Ewigkeit. Amen.

———————— |

19–22 Vgl. Lk 17,11–19   23–24 Vgl. Lk 9,52–56   36–37 Vgl. Phil 2,9–10

XXII.

Wie wir in der Ordnung des Heils die göttliche Weisheit bewundern müssen.

Am Trinitatisfest.

Text. Röm. 11, 32. 33.
Denn Gott hat alles beschlossen unter den Unglauben, auf daß er sich Aller erbarme. O welch eine Tiefe des Reichthums beides der Weisheit und Erkenntniß Gottes!

M. a. F. Diese Worte mit dem, was als unmittelbare Fortsezung noch daran hängt, beschließen den ersten und reichhaltigsten Theil dieses so wichtigen neutestamentischen Briefes. Der Apostel hatte darin, um den göttlichen Rathschluß zum Heil der Menschen gehörig auseinander zu sezen, zuerst von der Gewalt der Sünde gehandelt, wie sie, vom ersten Adam ausgegangen, sich über das ganze Geschlecht der Menschen so verbreitet hat, daß Alle | dem Tode verfallen waren, dann von der Kraft des Glaubens in der Wiederbelebung, welche von dem andern Adam ausgeströmt ist, und in der Herrlichkeit, welche für die Menschen wieder aufging durch die Sendung des Geistes, den Gott in ihre Herzen ausgießt, auf daß sie nicht mehr Knechte der Sünde sein dürften, sondern Knechte der Gerechtigkeit würden und Kinder Gottes. Zulezt hatte er noch sein Herz ausgeschüttet über die Anordnung der Art und Weise, wie das Heil sich über das menschliche Geschlecht verbreiten sollte, und hatte gleichsam Thränen des Mitleids geweint vor den Augen seiner Leser über die Verblendung seines Volkes, welches den Herrn verwarf. Aber theils erkennt er auch hierin die Weisheit und Liebe Gottes, indem er zeigt, wie das Evangelium grade dadurch, daß es da nicht haftete, wo es zuerst gepredigt wurde, sich desto eher über andere Völker der Erde verbreiten konnte; theils stärkt ihn dies zu dem Vertrauen, daß auch jenes Volk, welchem ja der Herr selbst angehört hatte, wenn auch zulezt unter allen doch endlich ebenfalls werde versammelt werden zu ihm. Diese ganze Dar-

---

2 Predigt zum Sonntag Trinitatis am 29. Mai 1831 vormittags in der Dreifaltigkeitskirche zu Berlin; vgl. Predigtdruck und Liederangaben in KGA III/12, S. 529–539
9–10 Vgl. Röm 11,33b–36   13 Vgl. Röm 1,18–3,20   14–15 Vgl. Röm 5,12
16–17 Vgl. Röm 3,21–6,11   17–21 Vgl. Röm 8,1–30   19–20 Vgl. Röm 6,18
21–31 Vgl. Röm 9,1–11,31

stellung der göttlichen Ordnung des Heils war es, welche der Apostel mit den eben verlesenen Worten beschließt.

Wie nun diese Worte, m. a. Z., sehr schikklich haben gewählt werden können zur Betrachtung der Christen für den heutigen Tag, das fühlt wohl ein Jeder. Die festliche Hälfte unseres kirchlichen Jahres, beginnend mit der Vorbereitung auf die Er|scheinung des Erlösers und mit der Feier seiner Geburt, nach nicht langer Zeit an diese anknüpfend die Betrachtung seines Leidens und Todes, dann die Freude an seiner Auferstehung und Verherrlichung hinzufügend und zulezt die Erfüllung des großen Wortes in festlicher Dankbarkeit begehend, daß der Geist des Sohnes solle ausgegossen werden in die Herzen der Gläubigen, diese Hälfte ist izt vorüber; und alle jene festlichen Gegenstände fassen wir noch einmal zusammen an diesem Fest der Dreieinigkeit, wie die kirchliche Sprache den heutigen Tag benennt. Das wesentliche nun an diesem späteren und unsern heiligen Büchern selbst fremden Ausdrukk kann nur das sein, daß Gott in der That in Christo war um die Welt mit sich zu versöhnen und daß es kein anderer als der Geist Gottes ist, der in unsere Herzen ausgegossen ruft, Abba, lieber Vater! Eben dieses aber ist ja der weise Rathschluß Gottes in Beziehung auf welchen der Apostel sagt, daß Gott alles beschlossen hat unter den Unglauben, damit er sich Aller erbarme. Indem uns also heute gebührt alles, was diesem göttlichen Rathschluß angehört, uns noch einmal vorzuhalten, wollen wir uns zugleich in die Gemüthsstimmung des Apostels versezen und erwägen, wie die Betrachtung jener Ordnung des Heiles auch uns nothwendig zur Bewunderung der göttlichen Weisheit wird. Lasset uns zuerst näher ins Auge fassen, wie es zum Wesen dieser göttlichen Ordnung des Heils und der Erlösung durch | Christum gehört, daß Gott alles beschlossen hat unter den Unglauben, und zweitens wie hierin am allermeisten die göttliche Weisheit anzuerkennen und zu bewundern ist.

I. Was das Erste anbetrifft, m. g. Fr., so stellen uns die Worte des Apostels auf der einen Seite eine allgemeine Erniedrigung der menschlichen Natur in unserm ganzen Geschlecht vor Augen, auf der andern die erbarmende Hand Gottes, welche sich gegen die Gefallenen ausstrekkt um sie wieder aufzuheben. In diesem Zusammenge-

---

9 Auferstehung] Anferstehung

3–4 *Die Perikopenordnung für die älteren preußischen Lande bestimmte Röm 11,33–36 zur Epistellesung für das Trinitatisfest.* **10–12** *Vgl. Apg 2,17 mit Bezugnahme auf Joel 3,1* **16–17** *Vgl. 2Kor 5,19* **17–19** *Vgl. Gal 4,6; Röm 8,15*

faßtsein der Menschen unter den Unglauben, und dieser Erbarmung Gottes in seinem Sohne ist die ganze Anstalt der Erlösung unsers Geschlechts beschlossen. Bleiben wir bei den gelesenen Worten stehen, so erinnern wir uns an das Wort des Apostels: Wie sollen sie anrufen, an den sie nicht glauben[1]? Und anrufen sollen wir doch den Vater, wenn wir wollen selig sein. So muß freilich alles beschlossen werden unter den Glauben. Aber warum auch eben so allgemein vorher unter den Unglauben? Allein das Wort, dessen sich der Apostel bedient, und für welches wir in unserer Sprache kein genau entsprechendes haben, bedeutet nicht den Unglauben allein, sondern faßt beides Unglauben und Ungehorsam so unzertrennlich zusammen, daß wir dabei immer an beides denken müssen. Und beides verbindet sich ja | auch in unsern Gedanken sehr genau, wenngleich die Sprache es bestimmter trennt. Denn die Sünde wäre kein Ungehorsam ohne die Gewißheit des göttlichen Willens; und auch der Unglaube ist nur sündlich und verwerflich als Unkräftigkeit der Ueberzeugung selbst oder des Bestrebens zur Ueberzeugung zu gelangen. An dieser Stelle nun führt uns der Zusammenhang mehr auf den Ungehorsam; und das schikkt sich auch besonders für den Theil dieses apostolischen Briefes, auf welchen unsere Worte als der Schluß desselben zurükksehen. Das hatte der Apostel immer festgestellt, daß der Mensch nirgend ohne Gesez sei, da die, welche keines von Gott empfangen, sich selbst zum Gesez geworden wären: aber sie hätten Alle des Ruhmes ermangelt, weil sie ungehorsam geworden. In dem Bewußtsein dieses Ungehorsams ist eine Stimme Gottes, welche den Menschen zum gottgefälligen Leben ruft, dieser Ungehorsam selbst aber ist das, worunter Gott alles beschlossen hat. Nirgend, so sagt der Apostel, denn um den Sinn unseres Textes zu ergründen brauchen wir uns nur an das vorhergehende zu erinnern, nirgend war der Mensch ohne Gesez; aber neben diesem Gesez, welches er als das Werk Gottes erkannte an und für sich, und woran er Wohlgefallen hatte nach dem inneren Menschen, fand er auch ein anderes Gesez in seinen Gliedern, welches nicht litt, daß er jenem gehorchte. Diesen Kampf zwischen beiden Gesezen stellt er auf die anschaulichste Weise dar; und indem er Alle in solchem Kampf begriffen wußte, konnte er sagen, | Gott habe alles beschlossen unter den Unglauben, auf daß er sich aller erbarme. Damit wir aber nicht in Gefahr kommen, zu viel in diese kurzen Worte des Apostels zusammenzuzwängen, dürfen wir auch nur das hineinlegen, worauf sein Ge-

---

[1] Röm. 10, 14.

8 ἀπείθεια   21–23 Vgl. Röm 2,14–15   23 Vgl. Röm 3,23   29 Vgl. Röm 2,14–15   31–33 Vgl. Röm 7,22–23   33–34 Vgl. Röm 7,14–25

Predigt über Röm 11,32–33

dankengang ihn führte. Er hat nämlich hier nur im großen die Schikksale des gesammten menschlichen Geschlechts im Auge, nicht den einzelnen Menschen; und so wollen auch wir den Unglauben nur, wie er dem ganzen menschlichen Geschlecht im großen anhaftet, betrachten um zu sehen, wie Gott alles unter den Unglauben beschlossen hat, damit er sich Aller erbarme. Was der Apostel hierüber aus seiner Kenntniß der Menschen sagt, müssen wir, ohnerachtet wir in so viel größerem Umfange das Leben der Menschen übersehen können, doch noch immer unbedingt zugestehn. Denn wie viel Unglauben erblikken wir nicht auch in dem Theil des menschlichen Geschlechts, dessen Kenntniß der Apostel nicht haben konnte! Nirgend, wo wir auch hinsehen, finden wir menschliches Leben ohne Gesez; es gestaltet sich kein gemeinsames Dasein auch nicht das unvollkommenste ohne ein Gefühl von Recht, und was sich als solches in dem menschlichen Leben feststellt und forterbt, das wird zum Gesez: überall aber, wo Gesez ist, da zeigt sich auch die Uebertretung. Denn wo sich in menschlichem Bewußtsein gutes und böses scheidet, da ist auch gewiß in dem tiefsten Inneren ein Wohlgefallen an dem guten: aber Lust zu dem bösen findet auch jeder in seinen Gliedern, und keiner vermag diesen Zwiespalt zu heben; solche Lust aber ist Widerstreben gegen das Gesez. So stellet jedes Geschlecht seiner heranwachsenden Jugend das erkannte gute als das Ziel vor, welches sie erreichen soll; aber überall entwikkelt sich auch in Allen wieder die Neigung, nach mancherlei vergeblichen Versuchen sich für unfähig zu erklären zu dem, was sie thun sollen. Das stellt der Apostel in diesem Briefe dar! das Wohlgefallen des inwendigen Menschen an dem Gesez, wie es immer vorhanden ist, aber sobald es zur That werden soll, nur zu oft Uebertretung wird; denn da tritt das Gesez der Glieder ein, und überwältigt das Wohlgefallen des inwendigen Menschen. So hat Gott alles beschlossen unter diesen ungläubigen Ungehorsam; denn so finden wir es unter allen Völkern. Ist der Mensch noch wenig entwickelt; sind seine Kräfte noch nicht recht herausgetreten, so daß er sich des Unterschiedes von den niedrigeren Geschöpfen der Erde, der in der Erkenntniß des göttlichen Willens liegt, noch nicht recht bewußt geworden: so weiß er auch noch nicht viel von dem Gegensaz zwischen dem Wohlgefallen des inwendigen Menschen und der Gewalt des Gesezes in den Gliedern. Da ist ihm noch wenig Sünde, weil ihm noch wenig Gesez ist. Je höher ihr ihn hinaufstellt: um desto stärker findet ihr neben der

---

19 und keiner] nnd keiner

25–29 Vgl. Röm 7,22–23

Erkenntniß das zerstörende Treiben der Leidenschaft und den Kampf zwischen dem guten und rechten, was erkannt ist, und zwischen dem, wohin | das Gesez in den Gliedern des Menschen ihn drängt. Und wie richtig beschreibt der Apostel dieses als das Gesez in den Gliedern! Nicht als ob der Leib, den uns Gott gegeben, der Siz und die Quelle desselben wäre! Sondern so wie der inwendige Mensch, in welchem das göttliche Gesez seinen Siz hat, die höchste Einheit unseres Wesens ist: so versteht der Apostel unter dem Fleisch oder den Gliedern jene ganze Mannigfaltigkeit von Gewöhnungen und Neigungen, die sich aus dem, durch das was wir Sinnlichkeit nennen vermittelten, Zusammenhang unseres Wesens mit allem was außer uns ist, bilden; und auf diesem Wege zwischen dem äußern Eindrukk und dem innersten Bewußtsein, zwischen dem ursprünglichen Gedanken und der äußeren That entwikkelt sich der Widerstand gegen das Gesez des inwendigen Menschen. Und so sehr stellt der Apostel dieses als das allgemeine Loos der Menschen dar als die Ordnung, unter welche Alle beschlossen sind, daß er ganz und gar den Vorzug aufhebt, welchen sich das Volk des Herrn anmaaßte als Bewahrer des göttlichen Gesezes, indem er sagt, daß die Juden das ihnen gegebene Gesez eben so übertreten hätten, wie die Heiden das ihrige, welches sie sich selber geschaffen; und so sind denn Alle Uebertreter geworden, und ermangeln des Ruhms, den sie bei Gott haben sollen, und alle sind sie gleich geworden vor Gott in ihrer Verwerflichkeit nach dem Gesez.

Aber, sagt er, Gott hat alles beschlossen unter | den Unglauben, damit er sich aller erbarme; und da schwebt ihm vor, was wir als einen tröstlichen Ausspruch des Herrn betrachten, und als einen heiligen Schaz bewahren, nämlich daß Ein Hirt werden soll und Eine Heerde, mithin alle Menschen gesammelt werden in den Lebenszusammenhang des Sohnes Gottes mit denen, die an ihn glauben alle gesammelt werden in das Reich Gottes, welches eben wegen der Sünde nur das Reich des Erbarmens und der Gnade sein kann. Das haben die Jünger von Anfang an so aufgefaßt, und das hat sie gedrängt auch unter den schwierigsten Verhältnissen das Licht des Evangeliums, soviel an ihnen war, an alle Orte hinzutragen; und dieses Verlangen finden wir noch überall bis auf den heutigen Tag. Der natürliche Trieb des Menschen, die ganze Erde kennen zu lernen als das allen gemeinsam von Gott verliehene Gebiet ihrer Thätigkeit und überall seines gleichen aufzusuchen, um sich mit allem zu befreunden, was ein menschliches Antliz trägt, dieser Trieb hat sich nirgend stärker entfaltet als unter christlichen Völkern; und wo durch diesen Zug

---

16–21 Vgl. Röm 2,11–15   21–22 Vgl. Röm 3,23   27–28 Vgl. Joh 10,16 der Natur menschlicher Geist sich mitgetheilt und menschliche Gemeinschaft sich verbreitet hat über die Erde, da ist auch das Evangelium von der erbarmenden Gnade Gottes mitgezogen; so daß, wie alle gleich waren darin, Sünder zu sein vor Gott, so auch alle auf gleiche Weise Antheil bekommen haben an der göttlichen Gnade und dem göttlichen Erbarmen. Kein Volk ist zu gering gewesen, als daß ihm die Verkündigung des Heils hätte gebracht werden können. Darum war es fast das erste Geschäft des heiligen Geistes das Vorurtheil in den Aposteln wegzuräumen, als ob nur die Juden berufen wären zu der Gemeinschaft mit dem Erlöser, wie Petrus sagt[2], als er zuerst Heiden bekehrt hatte, Nun sehe ich, daß Gott nicht die Person ansieht, sondern unter allem Volk, wer Recht thut, und nicht aufgehört hat den Ewigen zu suchen, der sich kund gegeben in seinen Werken, der ist ihm angenehm, so daß er dadurch, daß ihm die Botschaft des Heils gebracht wird, berufen werden soll zur Theilnahme an dem Reich Gottes. Und nicht vergeblich. Denn überall hat die Stimme des Evangeliums bald schneller bald langsamer Eingang gefunden, überall hat sich das Wort des Erlösers bewährt als für alle Zeiten des Menschengeschlechtes gültig. Ueberall aber, wo das Evangelium Wurzel gefaßt hat, steigert sich dann auch das Wirken des inwendigen Menschen, nimmt der Streit zwischen Fleisch und Geist eine andere Wendung; und bald giebt sich zu erkennen, daß nichts verdammliches mehr ist an denen, welche in Christo Jesu sind[3]. Und indem immer weiter in dem Reich des Ungehorsams das Reich Gottes sich erhebt, offenbaret sich auch immer mehr die göttliche Erbarmung. Das, m. Fr., ist der Rathschluß des Höchsten mit dem menschlichen Geschlecht, das ist der Geist der Geschichte, wie wir ihn erkennen, die wir von oben erleuchtet sind! Und das ist das Geheimniß aller würdigen menschlichen Bestrebungen, welche alle dahin führen sollen, daß dieses Reich des Gehorsams und die Erlösung, die durch Christum Jesum den Menschen geworden ist, sich immer weiter verbreiten, und in immer würdigerem der Auferstehung Christi ähnlichem Leben sich offenbaren.

II. Aber nun lasset uns, m. Fr., zweitens dem Apostel auch darin nachgehen, daß wir mit ihm ausrufen, O welch eine Tiefe des Reichthums beides der Weisheit und Erkenntniß Gottes! Nicht ohne

---

[2] Ap. Gesch. 10, 34. 35.
[3] Röm. 8, 1.

11–14 Vgl. Apg 10,34–35   22–23 Vgl. Röm 8,1

Schmerz für den natürlichen Menschen können wir das hören, daß der Unglaube, unter welchen Alle beschlossen gewesen, auf keine andere Weise aufhören konnte als durch das göttliche Erbarmen; wir fühlen uns gedemüthigt, daß es nichts anderes sein soll als Erbarmen und Gnade, was der Gewalt der Sünde ein Ende macht: indessen darin erkennen wir bald nur wieder die Sünde, und lernen immer mehr uns gern darin fügen, daß alles nur Gnade ist von oben. Allein wenn wir hören, daß Gott Erbarmen und Barmherzigkeit zugeschrieben wird: so wird das für unseren inneren Menschen selbst noch auf andere Weise ein Räthsel, weil es scheint, als würden Gott auf diese Weise gleichsam späterhin Empfindungen beigelegt, welche er früher nicht gehabt, und als sei er später gegen seine Geschöpfe anders gesinnt als vorher. Aber da der Apostel das Erbarmen als eine unergründliche Tiefe der Weisheit betrachtet, so kann das seine Meinung | nicht gewesen sein; er will damit sagen, daß jener frühere Beschluß unter den Unglauben nicht etwas bleibendes habe sein sollen, sondern der Unglaube und Ungehorsam habe nur vorangehen müssen in der Entwikkelung der menschlichen Natur, damit das zweite erfolgen konnte, daß Gott sich aller annimmt in seinem Sohn, und in allen bereit ist Wohnung zu machen als der Geist, welcher in ihre Herzen ausgegossen ist. Wenn aber der Apostel dieses als eine unergründliche Tiefe der göttlichen Weisheit ansieht, so können wir uns in seine Gedanken nur hineinversezen, wenn wir das, was nach diesem göttlichen Rathschluß geworden ist, mit dem vergleichen, was ohne denselben hätte sein können. Wie oft hört nicht wol jeder unter uns solche Aeußerungen, Gott würde gnädiger und liebreicher das menschliche Geschlecht geführt haben, wenn er es bewahrt hätte vor der Sünde; dann wäre kein Erbarmen nöthig gewesen, da kein Fall vorangegangen wäre. Dieser Gedanke muß nicht in der Seele des Apostels gewesen sein, oder wenn er ihm auch gekommen ist, so hat er ihn gleich im Augenblikk verworfen, um sich desto vertrauensvoller in die Arme Gottes zu werfen, und desto freudiger auszurufen, O welch eine Tiefe des Reichthums beides der Weisheit und Erkenntniß Gottes. So wollen wir denn sehen, wie viel höher die Weisheit Gottes gewesen ist, indem er uns mit so umfassender Liebe durch die Sünde hindurch zu Christo geführet hat, als wenn wir so weit ohne Sünde geblieben wären, | daß wir Christi nicht bedurft hätten. Denn ganz sündlos, m. th. Fr., können wir uns den Menschen gar nicht vorstellen. Sollen wir uns in dem Leben des ersten Menschen den Zeitraum vergegenwärtigen, ehe die Sünde eingetreten war, wir könnten ihn wenigstens nur als ein noch

---

19–20 Vgl. Joh 14,23   **20–21** Vgl. Röm 5,5

ganz unentwikkeltes und dürftiges Leben vorstellen, in welchem das volle Bewußtsein noch kaum erwacht ist. Denn alsdann muß gedacht werden ehe gehandelt wird; und sobald wir uns dieses als die Regel denken, daß die Erkenntniß der Ausführung voraneilt, so haben wir eben damit zugleich auch schon die Sünde gedacht. Denn jenes Vorauseilen der Erkenntniß ist eben das Gesez, und wo das Gesez ist als die Anerkennung eines guten, da ist, so lange die That nicht dem Vorsaz und der Vorsaz nicht dem anerkannten guten entspricht, mit beidem zugleich in dem Menschen auch das Bewußtsein der Sünde. Ohne diese Ungleichheit aber in dem Menschen, ohne dieses treibende Voraneilen des inneren und dieses träge oder widerstrebende Zurükkbleiben des äußeren Menschen, können wir uns keine menschliche Entwikkelung denken. Mithin war es die ursprüngliche also auch gewiß weise Absicht Gottes den Menschen so zu schaffen! als ein solcher Herr der Erde sollte er nicht nur die früheren Zeiten durchleben, sondern auch in der lezten sollte über ihn der Geist Gottes ausgegossen werden auch nicht anders als in demselben Wechsel von Fallen und Aufstehen, in derselben Ungleichheit seiner Kräfte, so daß er immer der Sünde unterworfen bleibt. Aber, sagt man, soll dieses das allgemeine Gesez der menschlichen Natur sein: so könnte ja der Erlöser kein Mensch gewesen sein; er selbst aber giebt sich nicht anders, und wir vermögen auch nicht ihn anders aufzunehmen. Wenn es uns die theuerste Wahrheit ist, daß er uns Brüder nennt, weil er selbst und ganz die menschliche Natur angenommen hat: so kann er auch der Sünde in derselben nicht ganz fremd gewesen sein. So ist es auch: nur hat er sie nicht anders gekannt, als durch ein solches Mitgefühl mit derselben, dessen eine andere als menschliche Natur nicht wäre fähig gewesen. In diesem Sinne war auch sein Erscheinen bedingt durch die Sünde Aller, und er erschien nicht eher, als die Zeit erfüllet war, nämlich bis das Maaß der Sünde voll war, und die Sehnsucht der Menschen nach Erlösung den Gipfel erreicht hatte, so daß der Saame, welcher nun in die Herzen der Menschen gestreut wurde, tausendfältige Frucht bringen konnte. War nun sein einzelnes Leben unterschieden von dem aller anderen eben dadurch, daß Gott in ihm war um die Welt mit sich zu versöhnen: so haben wir auch unsererseits davon das Mitgefühl in unserem Glauben, welches wir freilich einerseits nicht haben könnten, wenn nicht in unserer Natur die Möglichkeit läge zu solcher Vereinigung, aber welches wir doch anderseits nie wür-

---

16–17 Vgl. Apg 2,17 mit Bezugnahme auf Joel 3,1   23 Vgl. Lk 8,21; Joh 20,17   29 Vgl. Gal 4,4   31–33 Vgl. Mt 13,8.23; Mk 4,8.20; Lk 8,8   34–35 Vgl. 2Kor 5,19

den gehabt haben, wenn nicht die Erscheinung des eingebornen Sohnes nothwendig geworden wäre durch die Sünde. Darum nun giebt, | indem wir diese Vereinigung in Christo anerkennen, der Geist Gottes auch unserem Geist das Zeugniß, daß wir Gottes Kinder sind. Um uns zu solchen zu bilden, konnte Ein solcher Sohn Gottes erscheinen auf Erden! So begreifen wir Ein solches Leben als den größten Beweis des göttlichen Erbarmens und als die höchste Blüthe der menschlichen Natur, als den, durch welchen Alle können geboren werden zu einem neuen ihm ähnlichen Leben. Denken wir uns ihn hinweg: so bliebe es zwar dabei, daß Gott alles beschlossen hat unter den Unglauben; aber das Erbarmen Gottes ginge uns verloren. Wollten wir hingegen unser ganzes Geschlecht rein denken und ohne Sünde, daß wir seiner nicht bedurften, mögen wir unsere eigene Einbildungskraft dazu anstrengen, oder den Erzählungen älterer Völker nachgehen um uns von einer solchen Gestalt des geistigen Daseins ein Bild zu machen: so wären wir dann ohngefähr das, was wir unter Engel verstehen, und es bliebe bei dem, was ein heiliger Schriftsteller sagt[4], die Natur der Engel hat der Sohn Gottes nicht angenommen, sondern die menschliche, und darum ist die menschliche Natur um so viel höher als die der Engel. – Hat nun also in der Verbindung mit dem Erlöser jeder von uns an dem Mitgefühl der reinen Vollkommenheit des Erlösers ein höchstes, welches der Menschheit immer fehlen müßte, wenn nicht Ein solcher an der Spize | des ganzen stände: so laßt uns auch noch fragen, ob nicht auch ein solches wenn gleich die Sünde voraussezendes gemeinsames Leben, wie es in Christo geführt wird, ebenfalls reicher und besser sei als ein Leben ohne Sünde zwar aber auch ohne Christum.

Denkt euch jedes Geschlecht der Menschen habe sich auf die Schultern dessen gestellt, welches ihm voranging, der Boden für jedes sei gedüngt worden durch die Leiden der früheren, und jedes möge neue geistige Kräfte gesogen haben aus ihren Erfahrungen und ihrem Nachdenken: so habt ihr es freilich auf eine reiche Entwicklung der Menschen zu immer höheren Stufen angelegt, wenn diejenigen, welche fast nur aus der reinen Kraft des guten handeln, unausgesezt an allen Andern arbeiten, und Alle sich redlich abmühen mit den lezten, die uns überall fast nur die thierische Rohheit oder die ausgebildete Gewalt der Sünde darstellen. Aber an jenem *fast* finden auch die angestrengtesten Bestrebungen ihre Grenze; das reine und vollkom-

---

[4] Hebr. 2, 16.

---

1 nicht die] uicht die

3–4 Vgl. Röm 8,16   17–18 Vgl. Hebr 2,14–18

men gute kommt nicht zur Anerkennung, geschweige denn zur Ausführung. Denn weiter können die schwächeren nicht gebracht werden als zur möglichsten Gleichheit mit den stärksten, wenn diese sich auch durch besondere göttliche Begünstigung in jedem Geschlecht wieder fänden oder die früheren ununterbrochen fortwirkten. Und je mehr dies der Fall wäre, um desto mehr würden auch um jeden solchen Mittelpunkt die Menschen sich zusammenthun und ihre Kräfte vereinigen, um größeres in Gemeinschaft zu erreichen: aber daß Ein Hirt würde | und Eine Heerde, dazu wäre alle Aussicht verschwunden. Denn jene Anführer auseinander gehalten durch den Raum und durch die Verschiedenheit der Sprachen würden entweder nicht um einander wissen, und so ginge jede Gemeinschaft ihres eigenen Weges einem andern Urbilde nach; oder sie wären als gleiche in einem Verhältniß des Wettstreites und der Eifersucht. So wäre uns denn nur eine beschränkte Liebe geworden, welche einen Geist der Spaltung nicht entbehren könnte; die Einheit des Menschengeschlechts wäre nicht, und kaum würden wenige einzelne in ihrem innersten Bewußtsein danach verlangen. In Christo allein ist diese Einheit, er allein war es, der Alle in Eins versammeln konnte, weil derjenige in ihm war, unter dem alle Eins sind; und das war die erste Verherrlichung des Herrn, daß er für seinen Bund jede Scheidewand des Orts der Sprache der Abstammung im voraus niederriß, auf daß Ein Band der Einigkeit im Geist Alle umschlänge in ihm. O welch eine Tiefe des Reichthums, mögen wir also wol rufen, beides der Weisheit und der Erkenntniß Gottes, die es also unter den Ungehorsam beschloß um uns also zu erlösen.

Aber laßt uns noch eines erwägen! Alle diejenigen Geschlechter, welche der Apostel in seinem Briefe mit den kurzen Worten darstellt, daß sie die Wahrheit aufgehalten haben in Ungerechtigkeit, welche sich das höchste Wesen zerspalten hatten in eine Menge von mannichfaltigen Einzelheiten, führten alles, was | bedeutend geworden war für die Begründung der erfolgreichen menschlichen Thaten, auf solche Urheber zurükk, denen sie eine göttliche Abstammung beilegten. Wie unrichtig dies war, es war doch ihre erfrischendste Ahndung von dem höchsten Wesen, daß es sich so mit dem menschlichen vereinigte. Und das Volk des alten Bundes selbst, seufzend unter der Last des Buchstaben, der kein inneres Leben bringen konnte, welche profetische Stimmen hatten sich unter demselben erhalten, und waren der schönste Trost aller guten, von Einem, der da kommen sollte um alles wiederzubringen, und von seiner alles menschliche übersteigenden Würde. Denken wir uns, dieser Ahndung hätte nichts entsprochen, die Zeit,

8–9 Vgl. Joh 10,16   22–23 Vgl. Eph 4,3   28 Vgl. Röm 1,18   28–30 Vgl. Röm 1,21–23

auf welche alle Stimmen deuteten, wäre verstrichen, aber das Wort der Verheißung wäre nicht in Erfüllung gegangen und Wahrheit geworden in dem Einen: wie niedergedrükkt durch getäuschte Hoffnung wäre das menschliche Geschlecht, wie entnervt würde es sein durch die ungestillte Sehnsucht, verurtheilt zum vergeblichen Hinanklimmen und immer wieder herabgleitend ohne die Höhe zu erreichen. Darum lasset uns mit dem Apostel ausrufen, O welch eine Tiefe des Reichthums beides der Weisheit und Erkenntniß Gottes. Weislich hat er alles beschlossen unter den Ungehorsam; dieser ist und bleibt die Schule des menschlichen Geschlechts bis auf den heutigen Tag; durch diese muß jeder hindurchgehen, um durch Reue und Verlangen empfänglich zu werden für den Geist, der in ihm lebendig werden und | Lieber Vater rufen soll! Ja, mit Recht können wir sagen, welch eine Tiefe des Reichthums der Weisheit und der Erkenntniß. Wohl hat der Herr es gemacht, daß er alles beschlossen unter den Unglauben, damit er sich Aller erbarme! Seine Liebe und seine Weisheit seine Macht und seine Herrlichkeit können sich uns nicht glänzender offenbaren, als wenn wir aus der Nacht der Sünde an das Licht des Erlösers kommen.

Denn das hatte der Apostel auch schon vorangeschikkt und versehen, daß nicht etwa jemand sagen dürfe, Wenn dem doch so ist, daß der Herr Alles unter die Sünde beschlossen hat, wenn seine Weisheit sich erst durch Sünde enthüllt, so könnten wir ja in der Sünde bleiben, damit die Gnade durch Christum desto größer sei. Und nur nachdem er dies sicher gestellt, konnte er in den Ausruf unseres Textes ausbrechen. Erkennen wir den, in welchem die Sehnsucht des menschlichen Geistes sich erfüllet hat, der die Scheidewand zwischen Himmel und Erde niedergerissen hat, und den Vater in die Herzen eingeführt: dann können wir nicht in der Sünde bleiben wollen, um derentwillen Er dahingegeben ist, nicht mehr fleischlich gesinnt sein, welches eine Feindschaft ist gegen Gott, nicht mehr unter dem Gesez stehen wollen, dem wir vielmehr absterben mit ihm. Wir suchen nichts, als was uns in ihm gegeben ist! Er lebt in uns, und wir trachten nur danach unverrükkt erfunden zu werden in der Gemeinschaft mit ihm. Das ist die Gnade, an der wir uns mö|gen genügen lassen, und wer sie erfahren hat, weiß, daß es kein höheres Gut geben kann, als die Gemeinschaft mit dem Sohne Gottes. An dieser Fülle der göttlichen Gnade uns erfreuend, können wir voll des Lobes Gottes durch das Leben wandeln; und was noch wider unsern Willen übrig ist von Spuren der Sünde, wird uns nur immer dahin führen, den Namen dessen zu verherrli-

---

11–13 Vgl. Röm 8,15; Gal 4,6   20–23 Vgl. Röm 6,1   28–29 Vgl. Röm 4,25
29–30 Vgl. Röm 8,7   31 Vgl. Röm 7,6; Gal 2,19   32 Vgl. Gal 2,20   33–34 Vgl. 2Kor 12,9

chen, welcher die Freiheit von der Herrschaft der Sünde und das Leben wiedergebracht hat. Mögen wir alle ihn, wie es nur durch den Geist geschehen kann, einen Herrn nennen, ihn, der allein die Feindschaft aufheben und uns wieder einführen konnte in die selige Gemeinschaft mit Gott, die da ist ohne Ende. Amen.

2–3 Vgl. Joh 13,13; 1Kor 12,3

XXIII.

Warnung vor Selbstsucht und Eigennuz bei der Erndtefreude.

Am Erndtefest.

Text. Luk. 12, 16–21.

Und er sagte ihnen ein Gleichniß und sprach; Es war ein reicher Mensch, deß Feld hatte wohl getragen. Und er gedachte bei ihm selbst und sprach, Was soll ich thun? ich habe nicht, da ich meine Früchte hinsammle. Und sprach, Das will ich thun; ich will meine Scheunen abbrechen und größere bauen, und will darein sammeln alles, was mir gewachsen ist, und meine Güter. Und will sagen zu meiner Seele, Liebe Seele, du hast einen großen Vorrath auf viele Jahre; habe nun Ruhe, iß, trink und habe guten Muth! Aber Gott sprach zu ihm, Du Narr, diese Nacht wird man deine Seele von dir fordern; und weß wird sein, das du be|reitet hast? Also gehet es, wer ihm Schäze sammelt, und ist nicht reich in Gott.

M. a. Fr. In unserm ganzen Lande wird heute das Fest der Erndte begangen; und billig ist das ein großer und feierlicher Tag des Dankes für alle Bewohner desselben. Wenn gleich die in dieser Stadt und eben so in den andern größern Städten des Landes zusammengehäuften zahlreichen Menschenmassen nur wenige unmittelbare Theilnehmer an diesem großen Geschäft des Akkerbaues unter sich zählen: so wissen wir doch Alle, daß dieses der erste Grund unsres gemeinsamen Wohlstandes, ja auch die erste Bedingung der Entwikkelung unserer geistigen Kräfte ist. So sehr wissen wir dies, daß, was auch immer jemand unter uns als seinen besondern Beruf und Geschäft betreibt, um dadurch das gemeinsame Wohl zu fördern und damit zugleich sein eigenes zu schaffen, dieses überall in der gemeinen Rede mit gutem Bedacht und großem Recht sein Akker und Pflug genannt wird. Und so ist es! Alle menschlichen Geschäfte, die sich auf unser Dasein und Leben auf dieser Erde beziehen, bilden ein großes unzertrennliches ganzes; jedes ist durch die anderen gestüzt, jedes Mißlingen in dem einen breitet weit umher seine Folgen aus, wie im Gegentheil über

---

2 *Predigt zum Erntefest (18. Sonntag nach Trinitatis) am 2. Oktober 1831 vormittags in der Dreifaltigkeitskirche zu Berlin; vgl. Predigtdruck und Liederangaben in KGA III/12, S. 709–720*

jedes Gelingen und noch mehr über jede Verbesserung Freude und Dankbarkeit laut wird unter allen Verständigen, auch unter denen die keinen unmittelbaren Theil daran haben. |

In den Worten unseres Textes, m. a. Fr., finden wir nun auch eine Erndtefreude, die Freude eines Menschen über einen reichen und gesegneten Jahresertrag seines Grund und Bodens; aber es ist eine solche Freude, die der Herr eine Thorheit schilt. Sollen wir glauben, er habe überhaupt die Freude getadelt oder verdammt? er habe mithin auch den Dank für irgend eine göttliche Wohlthat und Segnung zurükkdrängen wollen, der doch nur aus der Freude hervorgeht? Das können wir uns nicht denken! Aber die Art und Weise dieser Freude kann es wol sein, die er getadelt hat. Und dazu finden wir den Schlüssel in den lezten verlesenen Worten, Also gehet es denen, die sich Schäze sammeln, die sich über den irdischen Reichthum freuen, und sind nicht reich in Gott; wir finden ihn zugleich in den Worten, die unmittelbar vor den verlesenen vorhergehen, wo der Erlöser sagt, Hütet euch vor dem Geiz! Derjenige indeß, den uns die Worte unsers Textes in seiner Erndtefreude darstellen, wir können von ihm nicht sagen, daß er geizig gewesen sei in dem nächsten und unmittelbarsten Sinne des Worts; denn er wollte nicht nur sammeln, sondern er wollte das Gesammelte genießen. Aber daß er alles, was ihm Gott gegeben hatte, nur auf sich selbst bezog; daß seine ganze Freude eine eigennüzige und selbstsüchtige war, das ist es, weshalb ihn der Erlöser der Thorheit zeiht. Lasset uns aber auch das nicht übersehen, daß der Herr diese Thorheit in der Seele jenes Menschen – wenn gleich er uns nicht dar|stellt, was weiter in ihm vorgegangen – dadurch recht ans Licht bringt, daß er erzählt, er sei durch eine göttliche Stimme an das erinnert worden, was auch uns Allen izt so nahe liegt[1], an die Unsicherheit und Vergänglichkeit des irdischen Lebens, Diese Nacht wird man deine Seele von dir fordern! Und so wollen wir denn sehen, m. G., wie der Erlöser gerade dieses, die Erinnerung an die Vergänglichkeit des irdischen Lebens, gebraucht, um uns in der Freude und der Dankbarkeit über die irdischen göttlichen Segnungen zu warnen gegen die Selbstsucht und den Eigennuz, und unserer Freude und unserm Dank eine andere und höhere Richtung zu geben.

---

[1] Berlin war von der Cholera heimgesucht, als diese Predigt gesprochen wurde; was auch bei andern Stellen derselben nicht aus den Augen zu lassen ist.

---

31 m. G.,] m. G.

16–17 Lk 12,15

I. Das Erste nun, m. g. Fr., was wir in dieser Beziehung in den Worten unsers Textes zu merken haben, ist eben dies, daß jener bei sich selbst sagte, Liebe Seele, du hast einen großen Vorrath auf viele Jahre; habe nun Ruhe, iß, trink, und habe guten Muth! Diese Worte, m. G., erinnern uns, wenn wir es genau damit nehmen, unmittelbar an einen noch sehr kindischen und mit unserer Art und Weise verglichen rohen Zustand der menschlichen Dinge. Der, welcher eine so reiche Erndte gemacht hatte, wird uns dargestellt, als wenn er nur darauf dächte, wenngleich freilich in einer langen Reihe von Jahren, innerhalb seines eigenen Hausstandes selbst zu ver|brauchen und zu verzehren, was er gewonnen hatte; er betrachtete es als seinen eigenen unmittelbar nur für ihn bestimmten Vorrath. Weit sind wir hierüber hinausgeschritten, seitdem die menschliche Gesellschaft sich größer und kräftiger entwikkelt hat; was einer gewinnt, was einer hervorbringt, auf welche Weise und in welchem menschlichen Geschäft es auch sei, das bleibt nicht innerhalb seines Hauses, es geht in das allgemeine Verkehr. Aber deswegen giebt es etwas und muß etwas geben, was statt aller andern Vorräthe statt der Dinge selbst ist, die wir gebrauchen; und darauf geht nun unter uns das ganze Bestreben der Menschen, die eben so gesinnt sind, als jener. Was wird dir das bringen, fragt sich jeder derselben, was du gewonnen hast? wieviel nämlich von dem, wofür du alles andere haben kannst. Und ist es reichlich und viel: so sagt er ebenfalls, Liebe Seele, du hast großen Vorrath an dem vielgepriesenen Stellvertreter aller Dinge; nun bedenke, wozu du deine Schäze gebrauchen willst, gebrauche sie ganz nach der Lust deines Herzens, iß und trink und habe guten Muth! Das, m. g. F., das sind die beiden großen Hebel des menschlichen Eigennuzes und der Selbstsucht, und das ist der Streit, in welchem sie in einem Jeden selbst verflochten sind! Erwerben und genießen, sammeln und verzehren, wie jeder das gegen einander stellt, daran offenbart sich in dieser Beziehung sein Sinn! und lange sind die meisten unentschlossen, und wissen nicht, wohin sie sich wenden sollen. Den größten Theil des Lebens | immer sammeln, immer erwerben, aber doch in der Hoffnung, daß sie zulezt werden in behaglicher Ruhe genießen können; für jezt sich ihres wachsenden Erwerbes freuen, und dann endlich, wenn sie genug haben, allen Trieben und Lüsten ihrer Seele Raum lassen und sie erfüllen: das ziehn die Einen vor. Andere wieder, – und es scheint, als seien das die, denen schon etwas mehr ahndet von dem Wort des Herrn, die schon in der Ferne wenigstens jene göttliche Stimme vernehmen, diese Nacht noch wird man deine Seele von dir

---

13 seitdem] seidem   16–17 das allgemeine Verkehr.] *vgl. Adelung: Wörterbuch 4, Sp. 1453*

fordern! – diese Anderen stellen Erwerb und Genuß näher zusammen, nach dem Maaß der Natur in dem kurzen Raum eines Jahres sammelnd erwerbend, so viel sie können, um auch gleich zu genießen; das nächste Jahr, sagen sie, bringe dann neue Thätigkeit und nach derselben neuen Genuß. Aber die eine Entscheidung ist nicht besser als die andere; denn wenn man diesen sagte, es handelt sich nicht um den Lauf des Jahres, diese Nacht wird man deine Seele von dir fordern, dann wäre auch ihre Rechnung eben so falsch als die andere.

Weiter aber, wie auch jeder diesen Streit bei sich entscheiden möge, hat er einmal eine Regel angenommen, hat er sich wie auch immer sein Maaß für beides gestekkt: dann wird er harthörig gegen alle anderen Anforderungen, die seiner Rechnung zuwider sind. Gesammelt hat er und hat es sich sauer werden lassen, er hat gearbeitet und geschafft nach allen seinen Kräften für sich und für den Kreis, den er sich bestimmt | hatte; soll er aber noch außerdem etwas anderwärts hinlenken, werden Anforderungen an ihn gemacht von dem Seinigen auch hülfreich zu sein gegen solche, die zu diesem Kreise nicht gehören; soll er Abbruch leiden an seinem Genuß, den er sich vorgesezt hat als das ganze Ziel seiner Thätigkeit: alles dieser Art sucht er sich so viel als möglich abzuwehren, damit er nicht gestört werde in dem Lebenslauf, den er sich eingerichtet hat. Aber hört er einmal die Stimme, Diese Nacht wird man deine Seele von dir fordern: wie wenig hat ihm dann die Härtigkeit seines Herzens geholfen! wie falsch ist dann alles, was er sich für dieses Leben versprochen, wie vergeblich alles, was er für dasselbe gethan hat! So, m. g. Fr., züchtigt der Erlöser den Menschen, der nicht nach dem Reiche Gottes trachtet, dessen ganzer Sinn nur auf heiteren Genuß dieser kurzen Spanne irdischen Lebens gerichtet ist! er züchtigt ihn, indem er ihn an das Ende desselben mahnt. Wer nichts anderes weiß und nichts anderes kennt, als jenen Wechsel zwischen erwerben und genießen; wie ehrenvoll auch immer sein Erwerb sei, wie ausgesucht, wie veredelt auch immer sein Genuß: immer ist es er selbst, auf den sich alles bezieht, er selbst in diesem seinem irdischen Leben, mit dieser Fähigkeit das zeitliche zu genießen, mit diesem Festhalten an dem vergänglichen Besiz! Und da er sich doch nicht verhehlen kann, daß es auch für ihn etwas besseres giebt: so schilt jeder Gedanke an das Ende dieses Lebens ihn wegen seiner Thorheit. |

II. Doch, m. g. Fr., das war immer nicht das einzige, was demjenigen im Sinne lag, den der Erlöser uns darstellt. Vorher schon sprach er zu sich selbst, Was willst du thun? du hast nicht, da du deine

---

26 Vgl. Mt 6,33

Früchte hinsammelst! wolan, dachte er, ich will meine Scheunen abbrechen und größere bauen, und in die will ich dann sammeln alles, was ich gewonnen habe und alle meine Güter; und dann erst sollte es angehen mit jenem ruhigen Genuß. – Für eine einzelne reichliche Erndte wäre schon das eine Thorheit gewesen, die Scheunen abzubrechen und größere zu bauen; er muß also auf ähnliche folgende gerechnet haben. Er war also einer von denen, die das Gewerbe, mit dem sie es zu thun haben, wohl verstehen; er hatte seinen Grund und Boden verbessert, er hatte seine Kräfte an sein Geschäft gewendet: nun fingen diese Bemühungen an ihre Früchte zu tragen, nun konnte er mit Wahrscheinlichkeit erwarten, daß es so fortgehen werde, und wollte daher seine Anstalten treffen um sein ganzes Dasein nach dem Maaß dieses erweiterten Besizes einzurichten. Da nun aber nicht leicht jemand eher als schon in der Mitte des Lebens dahin gelangt, solche Früchte von lang angewandter Mühe zu schauen; und also, was einer dann baut, nach der natürlichen Ordnung der Dinge ihn auch überleben wird: so denkt er auch, wenn er baut, nicht mehr bloß an sich selbst, sondern an die, welche nach ihm da wohnen werden, wo er gebaut hat, und nach ihm da ihre Erndten in die Scheuern sammeln werden, die | er aufgerichtet hat; er denkt an die folgenden Geschlechter, die ihm entsprießen, er schließt das Leben seiner Nachkommen in das seinige mit ein. So betrachtet, m. a. Fr., erinnern uns diese Worte an die große Geschichte des menschlichen Lebens, wie sie auch unter uns vorgegangen ist. Wie weit hat sich seit der Zeit der ältesten Vorfahren, von denen wir wissen, das Geschäft des Menschen an dem mütterlichen Boden, der ihn trägt, durch die sich immer erneuernde Arbeit aufeinander folgender Geschlechter erweitert! bis zu welcher Höhe hat es sich gleichsam vor unsern Augen vervollkommnet! Aber wie vieles trat auch von Zeit zu Zeit dazwischen, wodurch diejenigen, die sich mit ihres Lebens Mühe und Arbeit ganz auf einen solchen Kreis beschränken, in ihrer Thorheit erscheinen mußten! Wir können in der Geschichte der Gegend, die wir selbst bewohnen, alles unberührt lassen, was jenseit jenes grausamen Krieges liegt, der vor zweihundert Jahren diese Länder verwüstet hat; aber nach dessen Beendigung mußten alle Bemühungen des Menschen mit der mütterlichen Erde gleichsam von neuem beginnen. Da entstanden von neuem Dörfer und Städte, andere hingegen blieben in der Verwüstung liegen, weil nicht Menschen genug vorhanden waren um sie mit Nuzen wieder anzubauen. Und wie vieles ist, nachdem jene Schrekkenszeit überwunden war, eben so guten Muthes, wie er in unserm Text erscheint, ge-

---

33–34 *Brandenburg war ab 1626 vom Dreißigjährigen Krieg (1618–1648) wachsend in Mitleidenschaft gezogen worden.*

Predigt über Lk 12,16–21

baut worden für die künftigen Geschlechter! wie deutlich verkündigt sich in den Denkmalen jener Zeit die Hoff|nung, daß, wo der Erbauer wohnte und einsammelte, in unvermindertem Wohlstand auch seine spätesten Nachkommen wohnen und sammeln würden. Aber späterhin kamen wieder solche Zeiten des Krieges; Jahre lang durchzogen feindliche Schaaren das Land, und in solchen Stürmen mußte vieles wieder untergehen von den Mühen der älteren Geschlechter! Wie wenig hat uns die Geschichte aufbewahrt von denen, die zwischen jenen beiden verhängnißvollen Zeiten gelebt gearbeitet gesammelt und gebaut haben! Die Namen fast aller derer, die in der Zwischenzeit das Land getheilt die Früchte desselben genossen hatten, sind verschollen; und wenn man auch hier und da weiß, von wem ein edler und stattlicher Siz erbaut worden ist, die Nachkommen des Erbauers finden wir selten noch darin wohnen. Aber nach der Zerstörung der sieben Jahre begann auch wieder eine neue glänzende Zeit des Bauens; da wurden Gegenden, die vorher dem Menschen noch nicht zinsbar gemacht waren, von den Furchen des Pfluges gezähmt und begannen Früchte zu tragen; da wurden die alten Wälder umgehauen, damit der Boden seine jährige Erndte brachte, da wurden faule Gewässer abgeleitet, und Gegenden, die vorher noch ungesunde Dünste verbreitet hatten, wurden fruchtbar und blühend; Fremdlinge wurden herbeigelokkt, die zu Hause nicht Raum hatten, und wir bewillkommneten sie, damit unser gemeinsame Wohlstand durch ihre Hülfe sich vergrößere. Sehet da, m. th. Fr., so ist es mit dem Bauen um zu sammeln! | Wie hat sich immer mehr die Herrschaft des Menschen über den mütterlichen Boden auch unter uns vervollkommnet! wieviel kunstmäßiger und segensvoller wird dies große Geschäft izt unter uns betrieben! Und wenn nun ungleich mehr Menschen auf demselben Raum leben und wandeln als sonst: so haben sich auch immer mehr geistige Kräfte entwikkelt, und das ganze Leben hat seitdem eine vollere und edlere Gestalt gewonnen. Wohl nun denen damals und jezt, die an diesen Fortschritten irgend thätigen Theil genommen, und sich dabei mehr der Verherrlichung des Menschen erfreut haben als des steigenden Wohlstandes ihrer Nachkommen, mehr daran gedacht, daß in würdigeren äußeren Zuständen auch die Empfänglichkeit für das Reich Gottes sich erhöht, als an den äußeren Besiz! Aber, m. th. Fr., wenn es hiermit nur so steht, wie der Erlöser es in unserm Texte darstellt; wenn jeder

---

1 verkündigt] veründigt   **22** bewillkommneten] bewillkommeten   **24** sammeln!] sammeln;

5–6 *Brandenburg war im Siebenjährigen Krieg (1756–1763) durch eine Reihe von Kampfhandlungen betroffen.*   **19–21** *Das Warthebruch wurde 1763–1767, das Netzebruch 1763–1769 trockengelegt.*

nur baut für sich und seine Nachkommen, jeder alle Früchte seines Fleißes nur auf sich und sein Geschlecht beziehen will: ich habe schon genug darüber angedeutet, wie sich die Thorheit dieses Beginnens straft. Wie mancher in jenen Zeiten, als er baute für sich und seine Nachkommen, mag sich in die Zukunft vertieft und zu seiner Seele gesprochen haben, sie möge ruhig sein und gutes Muthes, der Name seines Geschlechts werde nicht vergehen; schon was er selbst gethan, werde hinreichen, um denselben bei Glanz und Ehren zu erhalten; wo er gebaut, da würden auch seine Enkel und die Enkel seiner Enkel wohnen, und | immer steigend würde der Ruhm eines Geschlechtes von solchem Ahn entsprossen sich fortpflanzen; alle Rechte die er überkommen und selbst erworben über Andere, und die ihn so reichlich in Stand sezen, nicht nur seine eigenen sondern noch weit mehr Anderer Kräfte zu seinen Zwekken zu benuzen, werden auch ihnen dasselbe leisten, das alles sei heiliges Gebiet, und werde bleiben, wie es gewesen ist! – Aber der Mensch ist wie ein fallend Laub, er blüht wie eine Blume auf dem Felde, der Wind wehet darüber, und sie ist nicht mehr da; und das gilt nicht nur von dem einzelnen Menschen, es gilt auch von den Geschlechtern der Menschen, es gilt von allen menschlichen Einrichtungen. Die berühmtesten Namen vergehen, und die Stätte ihres Glanzes wird nicht mehr gefunden; die reichsten Geschlechter verarmen, und oft in weiter Ferne von den Palästen der Vorfahren, aller Auszeichnungen und Vorrechte, mit denen jene geschmükkt waren, beraubt, müssen die dürftigen Nachkommen ihr kümmerliches Brod suchen in der Fremde!

III. Das, m. g. Fr., führt uns erst recht auf den ganzen vollen Sinn der Frage, die der Erlöser von der himmlischen Stimme an jenen Menschen ergehen läßt. Weß wird es sein, das du bereitet hast? Ja, weß wird es sein! Das ist die Frage, die immer alle irdische Klugheit der Menschen in ihrer Nichtigkeit darstellt, weil keiner ist, der sie beantworten kann. Betrachten wir sie in dem | Sinn, der jedem zunächst in die Augen springt, und in ihrer unmittelbaren Beziehung auf das strenge Wort, Diese Nacht wird man deine Seele von dir fordern: so mahnt sie uns daran, wie ohnerachtet jeder gar wohl weiß, daß es nur eine kurze und unsichere Spanne irdischen Lebens für ihn giebt, und daß der einzelne nicht für sich allein gearbeitet haben soll, sondern auch für die, die nach ihm kommen, dennoch so viele, auch die Grund und Veranlassung genug dazu hätten, es unterlassen zu bestimmen, wessen das sein soll, was hinter ihnen zurükkbleibt. In

---

16 Vgl. *Gesangbuch zum gottesdienstlichen Gebrauch für evangelische Gemeinen*, Berlin 1829, Nr. 661, Strophe 3 (unten S. 1070)   **16–18** Vgl. Ps 103,15–16

der thörichtsten Furcht des Todes verwünscht so mancher jeden Gedanken dieser Art; und wenn er sich überwinden soll eine solche Ordnung aufzurichten, so meint er, er höre schon die Schläge derer, die an seinem Sarge hämmern und klopfen, er höre schon den Tod die Sense wezen, die sein Leben abmähen soll. Thörichter Mensch! da es doch nichts giebt, keine Bewegung der Sinne und keine Befriedigung derselben, keinen Hunger und Durst, so wie keine Sättigung und Erquikkung, nichts, was uns nicht schon von selbst mahnte an die Vergänglichkeit des menschlichen Lebens! Dieses Gedankens also sollte doch jeder mächtig sein für sich selbst! – Aber das ist es nicht allein, sondern die Frage hat einen größeren und tieferen Sinn. Weß wird das sein, das du gesammelt hast? Diese Worte erinnern uns ferner an alle unser Eigenthum und unsern Besiz im weitesten Umfang des Wortes schüzenden Verhältnisse menschlicher Ordnung und mensch|lichen Rechts. Auf diesen beruht zulezt alles, was heute unsere Aufmerksamkeit auf sich zieht; sie sind die Angeln für alle menschliche Arbeit und Geschäftsführung auf der Erde. Im Vertrauen darauf, daß alles in dieser Beziehung so bleiben werde, wie es damals war, haben die meisten von denen gebaut, welche gebaut haben für ihre Nachkommen, haben die meisten gearbeitet und erworben, die auf einen fröhlichen Genuß des Lebens wollten rechnen können für die, von welchen sie hofften als treue und sorgsame Vorfahren geehrt zu werden. Aber wie weit haben sie die Wahrheit verfehlt! Wie überrascht uns auch auf diesem Gebiet die Vergänglichkeit aller irdischen Dinge, ja wie erscheint sie hier in ihrem größten Maaßstab! Wir dürfen ja nur zurükkgehen in einen kurzen Raum der Geschichte; denn wie wenig sind doch ein paar hundert Jahre nicht nur für das menschliche Geschlecht, sondern schon für ein einzelnes Volk! und welche große Veränderungen haben seit dieser Zeit fast alle Völker unseres Welttheils in ihren Rechtsverhältnissen erfahren! Freilich ist es nicht möglich, daß alles immer so bleiben kann, wie es gewesen ist. Haben sich doch jene Verhältnisse gegründet auf eine überwiegende Ungleichheit unter den Menschen, und können daher nicht mehr dasselbe sein und leisten wie sonst, sobald diese nicht mehr da ist; und was Recht war, kann unter veränderten Umständen bitteres Unrecht werden. Wird nun eine solche Veränderung von dem Einen behauptet, von dem Andern bestritten: ach, | welche traurige Entzweiung zusammengehöriger Kräfte entsteht da, welch gährender Streit zwischen denen, die doch nicht ohne einander bestehen können! Aber woher? Eben deswegen nur, weil jeder alles auf sich selbst bezieht und auf das seinige. Der Eine weiß, daß seine Vorfahren für ihn gebaut haben, und er wenigstens will auch gesammelt haben für seine Nachkommen. Will er nun das Werk seiner Vorfahren dankbar überliefern; soll seine eigene Mühe und Arbeit nicht vergeblich sein: wie verkehrt wäre doch alles angefangen, wie falsch berechnet, wenn die Nachkommen nicht dieselben Rechte behielten in Beziehung auf Andere, deren er selbst sich erfreut hat! Die Andern dagegen wissen, daß die ungünstigen Verhältnisse, unter denen ihre Vorfahren seufzten, nicht mehr sind, wie sie waren; sie finden in den menschlichen Dingen eine Neigung sich zu ihren Gunsten zu ändern, und darin eine Aufforderung sich hinaufzuarbeiten zu einem besseren Zustande. Und so treten beide Theile gegen einander, und Streit entbrennt und Zwietracht. Die Einen wollen bewahren, was sie gehabt haben, die Andern wollen neues erringen; aber wenn die Einen jenes nur wollen, weil sie sich berufen glauben, einen besondern Stand in der Gesellschaft zu vertreten und dessen Gut zu bewahren; wenn die Andern meinen, sie seien dazu gesezt, um jener Einseitigkeit entgegentretend auch ein anderes besonderes neu zu schaffen, was vorher nicht gewesen war: was ist das anders, als bitterer Streit, als thörichte Zwietracht? was anders als die näm|liche Selbstsucht, die der Herr verdammt, indem er sagt, So gehet es denen, die sich Schäze sammeln, und sind nicht reich in Gott! Denn wo Streit ist und Zwietracht, ein anderer Streit, als der durch welchen wir in der Kraft der Liebe das Wahre suchen: da ist auch Eigennuz und Selbstsucht, und da ist auch die Thorheit, von welcher der Herr sagt, Du Narr, diese Nacht wird man deine Seele von dir fordern, und weß wird dann alles sein, was du bereitet hast? Vernehmt es wohl, es ist nur wie über Nacht, so treten große Aenderungen in den menschlichen Dingen vor euch, die aus einem alten Zustand einen neuen hervorrufen, ohne euch zu fragen; und jeder, der, statt sich in das ganze menschliche Leben eingetaucht zu haben und sich als einen Theil von diesem anzusehen, sich nur an einen bestimmten Kreis angeschlossen hat, welcher doch wieder irgend einem andern feindlich gegenüber tritt, jeder solche hat ja eine Seele, die mit aller ihrer Lust und Freude mit ihren Schäzen und ihrer Habe über Nacht kann von ihm gefordert werden! Und je heftiger die Zwietracht entbrannt ist, desto weniger kann menschliche Weisheit irgend festen Boden gewinnen und den Ausgang sicher stellen; desto thörichter wäre es, wenn wir unternehmen wollten, die Frage zu beantworten, Weß wird es sein, das du bereitet hast, oder das du bereiten wolltest? Aber wo statt der Zwietracht und des Haders statt der Selbstsucht und des Eigennuzes die Gesinnung herrscht, die die Menschen reich macht in Gott, in dem | Gott, der seine Sonne scheinen läßt über böse und gute und regnen läßt über gerechte und ungerechte, in dem Gott, vor dem Alle gleich sind, wie er seine väterliche Liebe über Alle erstrekkt, dessen Weisheit und

---

38–40 Vgl. Mt 5,45

Predigt über Lk 12,16–21 729

Rathschlüsse uns freilich im einzelnen so verborgen sind, daß wir niemals auch nur auf einen kurzen Augenblikk den Schleier lüften können, der sie uns verbirgt, dessen Gesez und Wille aber offenbar sind, und uns, die wir den Namen seines Sohnes bekennen, ins Herz geschrieben sein sollen: da hat es mit jener Thorheit ein Ende; jeder ist willig sich seine Seele abfordern zu lassen in jedem Augenblikk, und weiß, wessen das sein wird, was er bereitet hat.

M. th. Fr. Mit diesem allem, mit dieser Arbeit und Geschäftigkeit, die einen Tag wie den anderen ein Jahr wie das andere vor sich geht, mit jenem weiteren Umfassen menschlicher Dinge, welches sich von einem Geschlecht auf das andere erstrekkt, mit der liebevollen Weisheit, welche die Frage, Weß wird es sein, das wir bereiten, ohne Eigennuz dem göttlichen Sinn gemäß zu beantworten, und alle Verhältnisse des Rechts so sei es zu bewahren oder aufs neue festzustellen sucht, daß gemeinsame Liebe über alles waltet, und Alle sich des gemeinsamen Zustandes erfreuen können ohne Hader und Zwietracht, mit allem dem sind wir nichts anders als Haushalter der irdischen Gaben Gottes. Was sind wir als Christen? Haushalter seiner Geheimnisse. Aber der Erlöser in den Worten unsers Tex|tes lehrt uns beides nicht von einander zu trennen. Als Haushalter der irdischen Gaben Gottes sammeln wir Schäze, und sollen Schäze sammeln: aber jeder nicht für sich, nicht für seine Nachkommen, nicht für den Kreis der Gesellschaft, dem er zunächst angehört, sondern jeder für Alle, jeder für das ganze, jeder sich selbst ansehend als dem großen Geschlecht der Menschen angehörig, welches Eine Heerde werden soll unter Einem Hirten. Und nur so können wir treue Haushalter der irdischen Gaben Gottes sein, wie wir zugleich Haushalter seiner Geheimnisse sind, die, weil sie aus dem Tode zum Leben hindurchgedrungen sind durch den lebendigen Glauben, auch in der Mühe und Arbeit an dem zeitlichen doch nur das ewige suchen. Und so ist eine reine durch keine Todesfurcht zu störende Freude an den irdischen Segnungen Gottes nur das Antheil derer, welche in der Liebe wandeln, die alle Menschen mit einander befreundet, und welche daher bereit sind, jeder das seinige hintanzusezen, damit das beste geschehe. So allein werden wir im Stande sein Rechenschaft darüber zu geben, wie wir unseres Ortes die Entwikkelung der menschlichen Kräfte gefördert, und wie jeder an dem seinigen und durch dasselbe nur das gemeinsame Wohl gesucht habe. Aber wer kann es finden als der, der über dieses irdische Leben hinaussieht, und das ewige fest im Auge hält? So, m. g. Fr., so wird es sein und bleiben. Alles ist Thorheit, außer der einfachen himmlischen

---

18 Vgl. *1Kor 4,1* 25–26 Vgl. *Joh 10,16* 28–29 Vgl. *Joh 5,24* 34 Vgl. *Phil 1,10*

Weisheit, die der uns gelehret hat, der | der Weg und die Wahrheit und das Leben ist. Nicht lehrt er uns die irdischen Dinge verschmähen, nicht lehret er uns, daß wir uns zurükziehen sollen von den Geschäften der Welt; denn Gott hat uns in die Welt gesetzt, um ihn zu offenbaren. Tausende von Welten rollen um uns her, aber wir wissen es nicht, wir vermuthen es nur, daß da auch geistiges Leben waltet; auf diese Welt aber ist der Mensch gesetzt, um Gott immer herrlicher zu offenbaren, um den, zu welchem und durch welchen er erschaffen ist, in seinem Leben und seiner Liebe zu verherrlichen. Dazu soll alles dienen und führen, was wir auf dieser Erde thun; und wer es um deß willen thut, der thut es nicht für sich, der thut es nicht für diesen und jenen, der thut es aus dem ewigen Grund der Liebe auch für das ewige. Möge denn jede Erneuerung der göttlichen Gaben, die wir aus der Hand der Natur empfangen, uns immer wieder darauf führen, daß das irdische nur da ist um des ewigen willen, damit das göttliche Wesen sich in den Menschen, die seines Geschlechtes sind, immer deutlicher offenbare, und die Herrlichkeit seines eingebornen Sohnes, das freudige Leben seines Geistes immer mehr aus jeder menschlichen Thätigkeit hervorleuchte. Brauchen wir dazu seine Gaben nicht, so haben wir sie gemißbraucht; haben wir ein anderes Ziel als dies im Auge, so sind wir mit aller menschlichen Weisheit nur Thoren, Thoren, die sich immer darob ängstigen müssen, weß das sein werde, was sie bereitet haben, die immer an dem hangen, als ob es | kein Ende habe, dessen Ende doch so bald erscheint. Zu dieser Weisheit wolle er uns leiten, und alles, was uns in der Geschichte mahnt, alles was um uns her vor unsern Augen vorgeht, alles was uns in der Nähe umgiebt, jede Gefahr des Todes wie jedes frohe Gefühl des Lebens, möge uns dazu immer kräftiger hindrängen, damit wir immer mehr auch diese göttliche Stimme verstehen, und sie nicht nöthig habe uns Thoren zu schelten, sondern der Geist Gottes auch hierin Zeugniß geben könne unserm Geist, daß wir seine Kinder sind.   Amen.

1–2 *Joh 14,6*   16 Vgl. *Apg 17,28*   17 Vgl. *Joh 1,14*   30–31 Vgl. *Röm 8,16*

XXIV.

Unser Verhältnis zu denen, welche aus dieser irdischen Gemeine hinweggenommen worden sind.

Am Todtenfest.

Text. Philipper 3, 20. 21.

Unser Wandel aber ist im Himmel, von dannen wir auch warten des Heilandes Jesu Christi, des Herrn, welcher unsern nichtigen Leib verklären wird, daß er ähnlich werde seinem verklärten Leibe nach der Wirkung, damit er kann auch alle Dinge ihm unterthänig machen.

M. a. Fr. Unsere Versammlungen an dem heutigen Tage haben in zwiefachem Sinn eine besondere Bedeutung. Zuerst beschließen wir wiederum unser kirchliches Jahr, indem wir nächstens mit der Vorbereitung auf die würdige Feier der Erscheinung dessen auf der Erde, welcher der Mittelpunkt unse|res Glaubens unserer Freude und unserer Liebe ist, den Kreislauf unserer Betrachtungen von neuem beginnen werden. Dann ist aber auch für unsere Gemeinen dieser Tag eben als das Ende eines Jahres besonders bestimmt zum Andenken an diejenigen, die uns in dem Laufe desselben vorangegangen und aus dieser Zeitlichkeit geschieden sind. Das erste ist etwas der gesammten christlichen Kirche in diesen Gegenden gemeinsames; das leztere ist eine neue unserm Lande noch eigenthümliche aber gewiß uns allen schon sehr theuer gewordene Einrichtung. Nur jenes als das ältere und allgemeinere soll nicht leiden unter diesem. Beides aber, m. g. Fr., lenkt einerseits unsere Gedanken auf die Zeit, die nicht mehr ist. Ist unser Kirchenjahr abgelaufen, so rufen wir uns ja billig zurükk, wie wir unsere kirchlichen Tage und unsere schönen Feste heilsam begangen

---

2 Predigt zum Totensonntag (23. Sonntag nach Trinitatis) am 21. November 1824 vormittags in der Dreifaltigkeitskirche zu Berlin; vgl. zwei Predigtzeugen und Liederblatt in KGA III/8, S. 665–686   21–23 König Friedrich Wilhelm III. von Preußen bestimmte mit Kabinettsordre vom 17. November 1816, deren kirchliche Bekanntmachung durch das Konsistorium der Provinz Brandenburg vom 2. Dezember 1816 öffentlich im Amts-Blatt der Königlichen Regierung zu Potsdam am 17. Januar 1817 mitgeteilt wurde, für die beiden evangelischen Kirchen den letzten Sonntag im Kirchenjahr als „jährliches allgemeines Kirchenfest zur Erinnerung an die Verstorbenen" (Jg. 2, Nr. 3, S. 32–33, hier 32); am 23. November 1817 wurde dieses Gedächtnis erstmals gefeiert.

haben. Und dann, zusammenleben im Glauben an den Herrn, zusammenwirken für sein Reich, das thaten wir, die wir noch übrig sind, mit denen welche uns vorangingen; aber getrennt worden zu sein von ihnen, das ist es nun, was der Himmel manchem unter uns aufgelegt hat. Auf der andern Seite aber, m. th. Fr., weiset uns auch beides auf die Zukunft hinaus. Denn wofür immer wir Gott zu danken haben mögen in dem vergangenen Jahre, es hat seinen Werth nur dadurch, daß es nicht mit vergeht, sondern bleibt; und indem wir derer gedenken, die nicht mehr unter uns sind, so richtet sich unser Blikk auf die Gemeine der Vollendeten, der | wir auch werden einverleibt werden, jeder zu der Zeit die ihm der Herr bestimmt hat. Beides aber zusammenzufassen, m. g. F., dazu finden wir eine schöne und vortreffliche Anleitung in unserm Texte. So laßt uns denn mit einander **über diesen jezt vergangenen Theil unsres gemeinsamen christlichen Lebens nachdenken in Beziehung auf unser Verhältniß zu denen, welche die irdische Gesellschaft der Gläubigen verlassen haben.** Es sind aber zwei hieher gehörige Fragen, worauf wir ganz besonders die Antwort in unserem Texte finden. Zuerst, Was ist denn wol dasjenige gewesen in unserm Leben, wodurch uns die Vereinigung mit denen gesichert ist, die uns vorangegangen sind? Und dann, Was ist dasjenige, wodurch wir nun auch denen immer näher kommen, welche aus dieser irdischen Beschränktheit schon hinweggenommen sind? Diese beiden Fragen, m. g. Fr., laßt uns zu unserer Erbauung nach Anleitung unseres Textes in dieser festlichen Stunde mit einander betrachten.

I. Fragen wir also zuerst, m. g. Fr., was doch, unter allem was wir als den eigentlichen Gehalt dieses vergangenen Jahres ansehen können, dasjenige ist, wodurch und worin wir immer vereint bleiben mit denen, die vorher dieses Leben mit uns theilten, jezt aber nicht mehr unter uns sind: so antwortet uns darauf der Apostel in unserem Texte mit den Worten, Unser Wandel ist im Himmel. Ja, | m. g. Fr., das sagt er uns allen auf gleiche Weise! Selbst diejenigen, welche der Herr dieses Jahr über von uns genommen hat, können wir nur insofern als uns vorangegangen ansehen, als auch ihr Wandel schon hier im Himmel gewesen ist; sonst wären sie vielmehr auf eine betrübende Art hinter uns zurükkgeblieben. Was uns also wirklich mit ihnen vereint hat, so lange sie noch unter uns lebten, und wodurch wir mit ihnen vereint bleiben, auch nachdem sie nicht mehr unter uns sind, es ist nur dieses, daß auch unser Wandel im Himmel ist. Was heißt aber das, m. g. Fr.? Wir wissen es recht wohl, wenn wir Himmel sagen, daß wir darunter keinen irgendwo nachzuweisenden bestimmten Ort verstehen. Der Himmel ist uns nicht mehr das feste über unserm Weltkörper ausgespannte Gewölbe, an welchem die glänzenden Punkte, die die Nacht erleuchten, angeheftet sind; er ist uns auch nicht mehr der Ort, an welchem das ewige und höchste Wesen einen besondern Siz und Wohnplaz hätte. Die lichten Punkte haben sich der Einsicht des Menschen erweitert und vergrößert zu einer unendlichen Menge von Körpern wie der hier, den wir bewohnen; ob größer oder geringer, auch an Kraft und Herrlichkeit der Geschöpfe die auf ihnen leben: wir wissen es nicht. Mit dieser erweiterten Vorstellung von den Gestirnen ist uns nun auch das Gewölbe selbst, an dem sie uns erscheinen, auseinander gegangen zu einem unermeßlichen unbekannten Raum. Nur das wissen wir, daß das ewige und höchste Wesen eben so we|nig diesen als irgend einen anderen besondern Ort haben kann, an welchem es wohne, weil es dann immer wenn auch nicht auf irgend eine Weise in demselben eingeschlossen sein, doch wenigstens sich anders zu demselben verhalten müßte als zu anderen Oertern. Das können wir aber nicht mehr denken; sondern gleich allgegenwärtig ist uns Gott, und seine Wohnung ist überall. Seitdem aber der Mensch zu dieser Einsicht sich erhoben hat, m. g. Fr., mußte er nothwendig eine andere geistige Haltung gewinnen, wenn er sich selbst und sein besseres Leben nicht verlieren sollte. Würde uns nicht unser ganzes Geschlecht als unendlich klein und unbedeutend in der Schöpfung erscheinen gegen die ganze unübersehbare Zahl der Welten, und noch viel mehr jeder Einzelne für sich? Wenn wir uns erheben zu dem Gedanken einer ungezählten Menge von Weltkörpern, alle beseelt und belebt von Geschöpfen Gottes: möchten wir nicht daran verzagen, daß wir, die wir vielleicht noch auf einer gar niedrigen Stufe stehen, vielleicht kaum besondere Gegenstände wären für seine väterliche Sorge und Obhut? Und seitdem wir nicht mehr zu jenem blauen Himmel emporsehen wie zu einem besondern Wohnsiz Gottes, sondern diesen als allgegenwärtig erkennen: o dem Menschen, der sich doch über das sinnliche niemals ganz erheben kann, wie viel leichter kann es ihm begegnen, daß er das überall verbreitete Wesen aus seinen Gedanken und seinen Empfindungen verliert, weil er überall von dem irdischen umgeben ist und bleibt, aber nun nicht mehr | glaubt, daß er sich von diesem erst abwenden müsse, um sich Gott zu nahen. Denn so wirkt das Wissen, welches aufbläht; und mit der erweiterten Erkenntniß der Welt hat sich viel Gleichgültigkeit gegen ihren Urheber eingeschlichen. Darum, m. th. Fr., mußte in dem Fortschritte der Entwikkelung des menschlichen Geistes nun der ewige heilsame Rathschluß Gottes von unserer Erlösung erfüllt, und diese mußte sicher gestellt werden unter den Menschen; derjenige mußte erscheinen, der uns einen neuen Himmel als Wohnsiz Gottes auf der Erde zeigen konnte, derjenige, in welchem, weil die Fülle der Gottheit in ihm wohnte, auch die Herrlichkeit des Vaters und sein göttliches Wesen zu schauen war. Er mußte erscheinen, damit wir wieder wie die älteren kindlichen Geschlechter eine Hütte Gottes, ein besonderes Heiligthum unter uns hätten, in welchem das ewige Wesen thront. So hat es denn gewohnt in dem, der Unsterblichkeit und ewiges Leben an das Licht gebracht hat, nicht in ihm eingeschlossen sondern sich von ihm aus verbreitend in der Menge seiner Gläubigen als der ihnen einwohnende Geist, damit wir das höchste Wesen weder an einem bestimmten weit von uns entfernten Orte zu suchen brauchten, noch auch es etwa überall zwar aber doch immer nur außer uns hätten, sondern in uns selbst sollten wir es finden haben und genießen können.

Dies nun, m. g. Fr., dies ist der Himmel, von welchem der Apostel hier redet. Der von der Kraft | Gottes erfüllte und bewohnte Erlöser, die geistige Nähe und Gegenwart des Erlösers in seiner Gemeine durch den Geist, den er verheißen und von seinem Vater erbeten hat, m. gel. F., das ist der Himmel, in welchem unser Wandel sein soll. Was aber der Apostel, m. a. F., unter dem Wandel in diesem Himmel versteht, das ist nach dem Gebrauch jener Sprache ein zwiefaches. Zuerst nämlich die öffentliche Verfassung, die gemeinsamen Geseze, welche einer Gesellschaft von Menschen für ihr Leben und ihre Handlungen gestellt sind, heißen ihr Wandel; dann aber auch die ganze Summa dieser ihrer Lebensbewegungen, ihrer Gedanken Empfindungen und Handlungen selbst, wie sie sich auch zu jenen Gesezen verhalten mögen, heißt ihr Wandel. Dies also ist das Zeugniß, welches der Apostel im Namen der ganzen Christenheit von ihr ablegt, wenn er sagt, Unser Wandel ist im Himmel. Die Geseze unseres Lebens Seins und Wirkens, die Verfassung dieser Gemeinschaft des Glaubens und der Liebe, worin wir mit einander stehen, das alles ist nirgend anders her als aus dem Himmel, den Christus der Sohn des Höchsten uns hier dargestellt hat. Daß wir alles, was eine Ordnung unseres Lebens sein soll, auf den Höchsten und Ewigen beziehen, wie er sich uns in seinem Sohne offenbart hat; daß der Himmel, zu welchem wir unser ganzes Dasein hinlenken wollen, nichts anderes ist als die ununterbrochene geistige Gemeinschaft mit Gott durch seinen Sohn und in ihm; und daß wir uns nach | diesen heiligen Ordnungen und Gesezen auch wirklich bewegen, und allem irdischen Streben und Genießen, was sich nur auf das vergängliche Dasein in dieser Welt bezieht, entsagend nichts anderes wirklich thun als an dem Reiche Gottes auf Erden an dem heiligen Tempel bauen, in welchem der Höchste wirklich wohnen

---

1–2 Vgl. Kol 2,9   6–7 Vgl. 2Tim 1,10   16 Vgl. Joh 14,16–17   30 Vgl. Lk 1,32   40–3 Vgl. 1Kor 3,16–17; 2Kor 5,1

will und leben, weil er kein irdisches mit Händen gemachtes Haus ist sondern der geistige Wohnsiz des ewigen Geistes in seinen geistigen Geschöpfen: dieses Leben und Wirken, Tichten und Trachten, das ist unser Wandel im Himmel.

Und, m. g. Fr., wo in jenen unendlichen Räumen wir diejenigen suchen mögen, die uns vorangegangen sind aus diesem irdischen Leben, denken wir sie wieder in einer Welt, wie herrlich die auch ausgeschmükkt sein möge, die ihnen zu bewohnen und zu beleben gegeben ist, und ihr Leben bezöge sich nur auf ihr äußeres Dasein in ihrer Welt: so wäre es immer wieder, wie viel edler und weniger vergänglich auch die dortige Lust sein möge im Vergleich mit der hiesigen, doch wäre ihr Leben nur ein Wandel nicht im Himmel sondern auf Erden. Denn alles, was am Stoff hängt und am Raum, das ist vergänglich seiner Natur nach und irdisch, und alles von dieser Art, was die menschlichen Seelen an sich zieht, das hat auch die Möglichkeit in sich sie wieder abzuziehen von dem ewigen dem allein wahren und würdigen Gegenstand ihrer Freude und ihrer Liebe. Auch für sie also giebt es einen | Wandel im Himmel eben so wie der unsrige, der unterschieden ist von jedem zeitlichen und irdischen Leben; und diesen Wandel im Himmel können auch sie nicht anders führen, wie wir; auch ihr höchstes kann nur sein den Herrn zu erkennen wie er ist, und ihm dadurch und in sofern gleich zu sein, daß sie ihn wieder darstellen in ihrem Sein und Thun. Und so sind und bleiben wir vereint mit ihnen, wenn wir zu demselben Ziele wallen, und nach denselben Gesezen und Ordnungen leben. Denn, m. g. F., eine andere oder eine höhere Erkenntniß Gottes kann es für den menschlichen Geist nicht geben, davon sind wir wol alle so gewiß überzeugt, als wir von Herzen den Glauben der Christen mit einander theilen, eine andere und höhere nicht als diejenige, welche dem Sohne Gottes einwohnte, der sich ja das Zeugniß geben konnte, als er seine irdische Laufbahn beschloß, daß er den Seinigen alles gesagt habe und mitgetheilt, was ihm der Vater gegeben, und was er von dem Vater gehört hatte. Also auch ihre Erkenntniß und unsere kann nur eine und dieselbige sein, und auch sie wie wir können nichts höheres wissen von dem ewigen Schöpfer und Vater aller Wesen, als was der Jünger des Herrn uns gelehrt hat, Gott ist die Liebe. Und die Liebe Gottes, die überall und immer der Himmel in unserem Herzen sein soll, kann nicht dort eine andere sein als hier, sondern sie ist eine und dieselbige. Indem also sie die Vorangegangenen und wir die Zurükkgebliebenen in dieser Liebe Gottes | leben, und das ist die Summa des einzigen wahren Wandels im Himmel, so sind sie mit uns und wir mit ihnen vereint; ein und

---

3 Vgl. Gen 6,5   31–32 Vgl. Joh 8,26; 17,8   36 1Joh 4,8.16

derselbe Geist ist es, der in ihnen und in uns waltet, ein und dasselbe Reich der Liebe, dem sie angehören und wir, ein und derselbe Himmel, in dem sie wandeln und wir.

Aber, m. g. Fr., wenn wir mit inniger Dankbarkeit einstimmen können in das Zeugniß des Apostels, und es uns für unser Theil aneignen, daß auch wir durch die Gnade des Herrn zu dem Wandel im Himmel gelangt sind, und unser Erbtheil dort gefunden haben mit den Heiligen: müssen wir nicht doch gestehen, daß wir hier in diesem irdischen Leben unter denen, die mit einander den Wandel im Himmel führen, ach eine nur zu große Verschiedenheit finden? Oder findet nicht jeder, wenn wir nun auf das vergangene Jahr zurükksehen, einen bedeutenden Unterschied zwischen diesen und jenen Zeiten und Stunden, einmal sich selbst rasch und munter im himmlischen Wandel und noch hülfreiche Hände habend für die, welche straucheln, dann wieder sich selbst träge und läßig und fremder Hülfe bedürftig? Und werden wir nicht eine eben so große Verschiedenheit wahrnehmen, wenn wir uns mit anderen und andere unter einander vergleichen? Wie der heitere Himmel, der uns jezt wieder scheint, bei weitem erfreulicher ist, als wenn finstere unbewegliche Wolken uns das schöne Blau verdunkeln, oder wenn zerstörende Stürme nur auf Augenblikke Sonne und Himmel sehen lassen, und dann wieder | auf lange Zeit ängstliche Nacht um uns her verbreiten: so, m. g. Fr., so ist der Unterschied zwischen den herrlichsten und den getrübten Stunden auch eines wahrhaft christlichen Lebens; und so verschieden von einander sind diejenigen, die den Wandel im Himmel als Anfänger führen, von denen, die zu einer gleichmäßigeren Vollkommenheit darin gelangt sind. Ach nur zu oft verdunkelt ist der Himmel, indem sich das irdische lagert vor dasjenige, was der Wohnsiz Gottes in unserer Seele ist, so daß dieser Himmel unserem Bewußtsein für den Augenblikk entzogen ist, und wir nicht in ihm wandeln können; nur zu oft unterbrochen ist dieser Wandel von leidenschaftlichen Stürmen, welche die nie ganz bezwungene Verwandtschaft unserer Sinnlichkeit mit dem vergänglichen Wesen dieser Welt erregt. Diesen Unterschied unter uns, die wir hier auf Erden sind, immer mehr zu verringern, wenn wir ihn doch nicht ganz aufheben können, damit, da wir ihn noch nicht sehen können wie er ist, wir doch als von Gott gelehrte Alle von ihm und dem Bewußtsein seiner innern Nähe und Kraft durchdrungen seien, wie es der Herr als dem neuen Bunde, den Gott mit den Menschen schließen wollte, geziemend darstellt, dies, m. g. Fr., muß das höchste und

---

12 und jenen] nnd jenen

---

36 Vgl. Joh 6,45 mit Bezugnahme auf Jes 54,13   38–39 Vgl. Jer 31,31–34

schönste Ziel unserer Bestrebungen sein. Wenn wir nun derer gedenken, die den Wandel im Himmel führend von uns geschieden sind, müssen wir uns nicht diese Veränderung wenigstens als eine große und bedeutende Stufe der Entwikklung vorstellen, durch welche sie | der Herrlichkeit, die an den Kindern Gottes offenbart werden soll, so nahe gebracht sind, daß sie wol über allen Stürmen und Wolken in einem reinen Himmel wandeln? Ja, die Gemeine der Christen hier auf dem Schauplaz des Kampfes zwischen Licht und Finsterniß, hier wo sie noch immerfort zu streiten hat mit den dunklen Mächten, nicht nur die sich von außen her gegen sie lagern, sondern die auch immer noch in den Herzen der Gläubigen selbst sich regen, diese hier und die Gemeine der Vollendeten auf der andern Seite: wir können nicht anders als einen großen Unterschied denken zwischen dieser und jener, und eine Kluft befestigt zwischen beiden. Aber daß wir diese wollen auszufüllen suchen und ihnen immer näher kommen durch eine höhere Vollendung und Thätigkeit unsers Wandels im Himmel, darauf müssen wir uns auch das Wort geben, so oft wir ihrer in Glauben und Liebe gedenken. Wie geschieht das? Diese Frage laßt uns nun noch mit einander beantworten in dem zweiten Theile unserer Betrachtung.

II. Der Apostel sagt aber außer dem, was wir schon näher erwogen haben, in den Worten unseres Textes nur noch dieses, Von wannen wir auch warten des Erlösers Jesu Christi des Herrn, welcher unsern nichtigen Leib gleichförmig machen wird seinem verklärten Leibe nach seiner alles beherrschenden Kraft. Also, m. g. Fr., auf das Warten verweiset uns der Apostel, und zwar | scheint es ein Warten auf etwas, wozu wir selbst nichts beitragen können, daß nämlich der nichtige irdische Leib gleichförmig gemacht werde dem verklärten Leibe des Herrn. Das können wir doch wol ganz so nicht denken. Nämlich, m. g. Fr., wir hören gar oft von einem zwiefachen Warten; das eine wird uns beschrieben, daß es aus der Thorheit und dem Wahn der Menschen entsteht, und sie immer mehr zu Thoren macht, indem sie sich dadurch nur zu oft um die köstliche Zeit des Lebens betrügen; das andere aber rühmt man uns als ein Hoffen, welches nicht zu Schanden werden läßt. Vor dem ersten wollen wir uns allewege hüten, das lezte hingegen kann freilich oft sehr heilsam sein. Worin besteht aber dieses rühmliche Warten, dieses ausharrende Hoffen, welches nicht zu Schanden werden läßt? Wenn wir uns diese Frage auch jezt nicht im allgemeinen zu beantworten im Stande sind: so wissen wir doch, daß hier nicht die Rede sein kann von einem Hoffen und Harren des Fleisches in uns, m. g. Fr., sondern nur des Geistes; der Geist aber

---

33–34 *Vgl. Röm 5,5*

ist nichts anderes als Kraft und Leben, und also Thätigkeit. Nicht unthätig also, sondern thätig soll auch unser Warten und Harren sein auf den Erlöser, den Herrn, der den nichtigen Leib verklären soll zur Gleichförmigkeit mit ihm. Wenn ihr mich nun fragt, was wir denn hiebei können zu thun haben: so frage ich euch zuerst wieder, m. g. Fr., was könnte es uns an und für sich wol helfen, wenn unser nichtiger Leib zu einem noch | so schönen und herrlichen verklärt würde? O laßt uns doch die Sache nehmen, wie sie uns hier im irdischen Leben täglich vor Augen liegt. Auch hier schon giebt es ja eine verschiedene Schönheit und Herrlichkeit der Gestalt auch in jener edleren Beziehung, in welcher alles leibliche nur der Ausdrukk und Abdrukk des Geistes ist. Was aber könnte es irgend einem unter uns helfen, wenn seine äußere Gestalt plözlich verwandelt würde in die eines Menschen, viel vollkommner und edler als er selbst, in dessen Gesicht wir überall den herrlichen Ausdrukk der reinen Liebe erkennen, in dessen Bewegungen überall die Festigkeit des Herzens und der Muth des lebendigen Glaubens sich ausdrükkt, was würde das dem helfen, in dessen Innern diese Reinheit der Liebe und diese Kraft des Glaubens doch nicht wäre? Alle Verklärung des leiblichen wäre nur ein leerer Schein, und könnte nur als ein Trug wirken, also der Wahrheit entgegen, wenn nicht der Geist zugleich veredelt wäre und würdig geworden der neuen Bekleidung. Das aber geschieht durch unthätiges Harren eben so wenig als durch zauberische Einwirkungen; sondern es ist für alle, die eine neue Kreatur geworden sind, nur das Werk der Treue in dem Werke des Herrn, und beständiger unausgesezter Übungen in allen guten Werken, wozu der Mensch Gottes soll geschikkt sein. Aber, m. g. Fr., der Apostel redet auch wol nicht, wenn wir seine Worte recht vernehmen, von dem Leibe eines jeden Einzelnen unter uns, der da jedem besonders ange|hört; er sagt nicht, Wir warten des Herrn, der unsere nichtigen Leiber gleichförmig machen wird, sondern unsern nichtigen Leib, sagt er, und redet also von nur Einem also gemeinschaftlichen Leibe. Das ist aber nicht ein Leib, den wir haben, denn wir haben nicht zusammen Einen; sondern es ist der Leib, der wir zusammen genommen sind; es ist, wie derselbe Apostel uns so oft und schön darüber belehrt, der Leib Christi des Herrn, sein geistiger Leib, die Kirche, an welcher wir Glieder sind. Dieses also, daß der Herr diesen unsern gemeinschaftlichen Leib, wie er noch nichtig ist hier auf der Erde, wo er mit allen übrigen das irdische Loos theilt, immer mehr reinigen und verklären werde zur Schönheit der Vollendeten, und so ihn gleichförmig machen werde jenem seinem verklärten Leibe, nämlich der Gemeine der Vollendeten,

---

26–27 Vgl. 2Tim 3,17   35–36 Vgl. beispielsweise Röm 12,5; 1Kor 12,27; Eph 5,30

zu welcher wir in Glauben und Liebe emporblikken, dies, m. g. Fr ist es, worauf der Apostel uns vertröstet, und dessen wir auf die beschriebene Weise warten sollen, nämlich mit jener ausharrenden thätigen Hofnung, welche, weil sie als ein lebendiges Trachten der Seele auch ein eifriges und wahrhaftes Verlangen derselben nach der Vollendung voraussezt, die nur durch von dem göttlichen Geist geleitete Thätigkeit gefördert werden kann, eben deswegen auch nicht zu Schanden werden läßt.

In jenen Tagen nun hatte der Apostel wol Ursache den Leib des Herrn, wie er damals sich auf der Erde gestaltete, noch einen dürftigen niedrigen | und unscheinbaren zu nennen. Nicht allein weil es nur ein so kleines Häuflein war, welches sich zu dem Wege des Lebens bekannte, sondern auch weil unter diesen die meisten noch an dürftigen Anfängen hingen, und sich nicht losmachen konnten von dem Dienste des Buchstaben und der äußern Gebräuche, in welchen sie bisher gewandelt hatten, so daß die Freiheit der Kinder Gottes und die Anbetung Gottes im Geist und in der Wahrheit nur sehr unvollkommen hervortrat. So dürfen wir denn sagen, nicht vergebens hat der Apostel diese Worte ausgesprochen, und sich und seine Zeitgenossen damit getröstet. Denn wie viel vollständiger hat sich schon seitdem der irdische Leib des Herrn ausgebildet, daß wir Glieder desselben bewillkommen aus fernen Ländern und unter Völkern, von deren Dasein man damals noch nichts wußte! Wieviel schöner hat er sich nicht schon verklärt, indem durch die beständige Wirkung des göttlichen Geistes, durch das immer wieder erneute Tönen seiner ersten Ausbrüche in dem geschriebenen Worte des Herrn, das ganze Geheimniß des geistigen Lebens so viel heller ins Licht getreten ist. Ja wohl, nicht vergebens hat der treue Diener des Herrn gewartet auf den verklärenden Erlöser! Und wir besonders, m. g. Fr., wenn wir ein Jahr unseres kirchlichen Lebens beschließen, müssen ja mit inniger Dankbarkeit daran denken, daß wir derjenigen Gemeine der Christen angehören, welche von dem verdunkelnden und verunstaltenden, was lange diesen irdischen Leib des Herrn verhüllt hatte, | vieles schon von sich geworfen hat, und sich dessen rühmt und erfreut, daß in reinerem Lichte das Evangelium bei uns erkannt wird. Aber ist auch unser kirchlicher Zustand noch unvollkommen, weil ja noch so große Ungleichheiten unter uns sind; und müssen also auch wir noch mit dem Apostel warten: so müssen wir auch mit ihm sagen, Nicht daß ich es schon ergriffen hätte, vielmehr jage ich ihm nach, ob ich es ergreifen möchte; ich vergesse was da hinten liegt, und strekke mich nach dem,

---

16 *Vgl. Röm 8,21*   16–17 *Vgl. Joh 4,23*   27–29 *Vgl. Lk 2,25–35*   38–1 *Phil 3,12–13 (mit Auslassungen)*

was da vorne ist[1]. Denn nur wer so nachjagt und sich strekkt nach dem, was vor ihm liegt, kann auch so warten wie der Apostel mit derselben Zuversicht und demselben Erfolg.

So sei denn dies das herrliche Ziel, dem wir nachjagen, daß die Gemeine sich immer mehr möge tadellos darstellen können vor dem Herrn! Prüfe jeder immer gründlicher, welches da sei der wohlgefällige Wille Gottes, und spüre nach, wo sich noch etwas unter uns findet von dem alten äußern Dienst todter Werke oder von der menschlichen Fessel des Buchstaben, damit wir dahin gelangen Gott anzubeten nur im Geist und in der Wahrheit, rein in dem Geist, welcher, indem er in uns lieber Vater ruft, uns auch treibt unter einander unsere Schwachheiten zu tragen und uns aufzunehmen in Liebe, wie der Vater uns alle trägt und aufnimmt in seinem Sohne; ihn anzubeten rein in der Wahrheit, die der Sohn Gottes, indem er uns den von ihm | allein recht gekannten Vater offenbarte, ans Licht gebracht, und ihr dadurch ein Reich gestiftet hat, daß wir verbunden sind unter einander sie immer mehr zu suchen in Liebe.

Trachten und ringen wir nun danach, zu wachsen in solcher Verehrung Gottes nicht nur mit Worten und unausgesprochenen Seufzern, mit denen der Geist uns vertritt, wenn wir selbst unsere gemeinsamen Bedürfnisse nicht deutlich zu fassen vermögen, sondern auch mit ununterbrochenen guten Werken eines wahrhaft christlichen Lebens; und beweiset jeder hiebei dieselbe Hingebung seiner Kräfte, mit welcher uns der Erlöser der Welt vorangegangen ist, und bei der gleichen Treue, die keinen Augenblikk verloren gehen läßt, so lange es noch Tag ist und noch gewirkt werden kann, dieselbe demüthige Anheimstellung, wann und wie es Gott wohlgefällig sein werde den Rath seiner Weisheit und Liebe an unserer Gemeinschaft in immer höherem Grade zu erfüllen: dann dürfen wir auch erwarten, daß der Herr unserm Streben nach Reinigung und Verherrlichung seiner Gemeine wird Gedeihen geben; und dies ist das Warten auf den Erlöser den Herrn, welcher den nichtigen Leib gleich machen wird dem verklärten Leibe. Und wer wollte zweifeln, daß wir auf diese Weise dem herrlichen Glanze der Gemeine der Vollendeten nicht immer näher kommen sollten, und daß nicht unser ganzes Leben und jede Darstellung unseres Glaubens in Wort und That immer freier werden sollte von dem, was dem Staube | angehörend nach dem vergänglichen Wesen dieser

---

[1] Phil. 3, 12. 13.

6–7 Vgl. Röm 12,2; Eph 5,10   9–10 Vgl. Joh 4,23   10–11 Vgl. Röm 8,15; Gal 4,6   19–20 Vgl. Röm 8,26   37–1 Vgl. 1Kor 7,31

Predigt über Phil 3,20–21 741

Welt schmekkt, und immer reiner zugleich das höhere Licht glänzen sowol erleuchtend als erwärmend.

Aber, m. g. Fr., so möchte jemand sagen, haben wir hierüber nicht eine Verheißung des Erlösers selbst, die weit herrlicher ist als die Vertröstung des Apostels, wenn doch der Apostel nur sagt, daß wir zu diesem Ende des Herrn unseres Erlösers warten sollen; er selbst aber gesagt hat, Ich bin bei euch alle Tage bis an der Welt Ende? Ja, m. th. Fr., was ihn betrifft und so viel es an ihm liegt, brauchen wir auch nicht zu warten. Er ist da, und wie er das Ebenbild des göttlichen Wesens, der Abglanz seiner Herrlichkeit ist: so müßte auch seine Gegenwart immer und unausgesezt die Reinheit und Herrlichkeit seines Leibes fördern. Dieses wird aber auch keinem unter uns fehlen, der seine Gegenwart auch immer wirklich genießt; ja wir dürfen wol sagen, jeder Augenblikk, wo irgend einer ihn recht mit Glauben und Liebe umfaßt, trägt auch bei zur Verklärung der ganzen Gemeine, und möchten wir alle recht viel schöner Erinnerungen dieser Art aus dem vergangenen Jahre aufbewahren! Nur weil so viele seine Gegenwart vernachläßigen, und ihm, wenn er gleichsam anklopft, keinen Einlaß geben in das innerste ihres Herzens und Lebens: so geht es langsam mit dem ganzen; und wir sollen auch fühlen, daß es unserer Sehnsucht zu langsam geht, und daß wir warten. So stimmt demnach die Vertröstung des Jüngers zusammen mit der Ver|heißung des Meisters, und beide auf einander bezogen stellen uns am besten dar, was wir zu thun haben, um denen näher zu kommen, die uns dorthin vorangegangen sind. O daß wir immer mehr uns der lebendigen Gegenwart des Herrn erfreuten! o daß er immer kräftiger waltete und wirkte, das heißt, daß wir ihn nur ließen ungestört walten und wirken, daß wir nur immer lauschten auf sein Wort, und unser sehnsüchtiges Auge seinem Blikk entgegentrügen und seine erfreuende und erquikkende Liebe in uns aufnähmen! Daß wir nur immer bereit wären mit allen Gliedmaßen unseres Geistes das leichte herrliche Joch zu tragen, welches er den seinigen auflegt, und ohne außer ihm einen anderen zu suchen, ohne je der Menschen Knechte zu werden, mit vereinter Kraft hindurchdrängen zur Freiheit der Kinder Gottes: dann würde auch hier schon der Leib des Herrn gleich werden seinem verklärten Leibe. Amen.

548

---

7 Mt 28,20   9–10 Vgl. Hebr 1,3   18 Vgl. Offb 3,20   31–32 Vgl. Mt 11,29–30
33 Vgl. 1Kor 7,23   34 Vgl. Röm 8,21

XXV.

Vorschriften für den Schmerz bei dem Verlust unserer Brüder.

Am Todtenfest.

Text. Ev. Joh. 11, 16.
Da sprach Thomas, der da genannt ist Zwilling, zu den Jüngern, Lasset uns mit ziehen, daß wir mit ihm sterben.

M. a. Z. An einem Tage wie der heutige findet ohnfehlbar gerade in Beziehung auf denselben eine sehr große Verschiedenheit Statt unter denen, welche sich in den Häusern unserer christlichen Andacht versammeln. Gewiß sind immer so manche darunter, welche in dem kirchlichen Jahre, das wir heute beendigen, irgend ein herber und schwerer Verlust getroffen hat, denen irgend ein geliebtes Haupt geschieden ist, das sie vermissen, sei es nun in dem Kreise ihres häuslichen, oder sei es in den Geschäften ihres öffentlichen Lebens. Eben so fehlt es auch | gewiß nirgend an solchen, welche in das nun beginnende Jahr mit banger Erwartung hinaussehen, weil es ihnen wahrscheinlich ist, sie werden am Ende desselben nicht alle mehr in ihrer Mitte haben, mit denen sie auf das innigste verbunden gewesen sind. Und diejenigen, die sich in einem von beiden Fällen befinden, wie verschieden werden sie sich nicht zeigen, wenn wir auf die Abstufungen in den Bewegungen ihres Gemüthes sehen, sowol auf den verschiedenen Grad als auf die mannigfaltigen Gründe und die oft so sehr verschiedenen Wirkungen solcher schmerzlichen Gefühle. Aber eben deswegen, weil diese so verschieden sind, so ist eine Feier wie die heutige auch wichtig und bedeutend für viele, welche in dem unmittelbar sich abschließenden Zeitraume verschont geblieben sind in ihrem nächsten Kreise von den Pfeilen des Todes. Wie viele giebt es nicht, die nur vor längerer Zeit ähnliches erfahren haben, aber mögen sie auch jedesmal wenn dieser Tag wiederkehrt weiter zurükksehen müssen, doch noch in ihrem Herzen den Stachel tragen, den ihnen ein solcher Verlust verursacht, so daß sie, wenn gleich immer wieder verschont geblieben, doch diesen Tag nie begehen können, ohne daß

---

2 *Predigt zum Totensonntag (23. Sonntag nach Trinitatis) am 25. November 1832 vormittags in der Dreifaltigkeitskirche zu Berlin; vgl. Predigtdruck und Liederangaben in KGA III/13, S. 537–548*

die Wunde ihres Herzens aufs neue aufreißt. Darum muß es uns Allen etwas sehr wichtiges sein, diese Feier dafür zu benuzen, daß wir uns verständigen aus dem göttlichen Wort sowol über das rechte Maaß als über die rechte Art und Weise unserer Empfindungen bei dem Abscheiden unserer Brüder. |

Dazu nun geben uns die verlesenen Worte der Schrift eine besondere Veranlassung. Der Schmerz, den der Tod des Lazarus verursachte, war wegen seiner Wiedererwekkung zwar nur vorübergehend aber deshalb in der Zwischenzeit nicht minder tief. Und es ist doch der einzige Todesfall, der uns erwähnt wird aus den Zeiten des Lebens unseres Erlösers in dem Kreise der seinigen. Diesen hatte der Erlöser seinen Jüngern angekündigt; und als er das unumwunden gethan hatte, sprach Thomas die Worte, welche wir mit einander vernommen haben. Wir können sie indeß nicht ganz und nicht sicher verstehen, wenn wir uns nicht etwas weiter zurükk des ganzen Zusammenhanges erinnern. Als der Erlöser die Nachricht von der Krankheit des Lazarus erhielt, blieb er noch da, wo er eben war, aber nach wenigen Tagen sprach er zu seinen Jüngern, Lasset uns wieder nach Judäa ziehen. Und als sie ihn warnten und sprachen, Wie? als du zum lezten Mal da warest, wollten sie dich steinigen, und nun willst du doch wieder hinziehen? da gab er ihnen das geschehene zuerst noch umwunden und dunkel zu verstehen, Lazarus schliefe, und er müsse hin und ihn aufwekken. Aber als sie ihn auch da noch abhalten wollten, sagte er es ihnen endlich deutlich heraus; und so beziehen sich denn diese Worte seines Jüngers auch mit auf die Gefahren, denen sie alle entgegen zu gehen fürchten mußten, wenn ihr Meister nach Judäa in die Nähe von Jerusalem zurükkkehren wollte. Auf jeden Fall aber war doch die | Stimmung, die uns Johannes hier darstellt, zunächst durch diese Nachricht von dem Tode des Lazarus hervorgerufen, und so lasset uns denn die Worte izt nur in dieser Beziehung näher erwägen.

Freilich alle Lehre, die wir daraus schöpfen können, kann nicht alle verschiedenen Fälle auf gleiche Weise umfassen, die gewiß in diesen Tagen so manches Gemüth bewegen. Denn sie beschränkt sich doch unmittelbar nur auf das Hinscheiden derjenigen, welche schon unsere Mitarbeiter sind an dem Werke des Herrn; nicht erstrekkt sie sich auf die, welche wir selbst erst anleiten sollen, um wirklich in diesen heiligen Kreis zu treten, nicht auf die große Zahl derjenigen, welche jährlich aus diesem Leben scheiden, ohne noch zu der ersten

---

2 wir uns] wis uns

12–13 Vgl. Joh 11,14–15   17 Vgl. Joh 11,6   18 Joh 11,7   19–21 Vgl. Joh 11,8   22–23 Vgl. Joh 11,11   23–24 Vgl. Joh 11,14

Erkenntniß Gottes zu dem ersten kindlichen Bilde des Erlösers in ihrer Seele gelangt zu sein. Aber wenn jenes doch immer das wichtigste und bedeutendste ist, so mögen wir uns füglich für unsere heutige Betrachtung hierauf beschränken; und darum lasset uns sehen, was wir aus jenen Worten des Thomas in Beziehung auf den Grad und die Art und Weise unseres Schmerzes bei dem Verluste unserer Brüder lernen können.

I. Was zuerst darin unverkennbar ist, m. a. Z., sie sind der Ausdrukk eines gewissen Verlangens abzuscheiden aus diesem Leben, eines gewissen Ueberdrusses an demselben, welcher durch einen so schmerzlichen Todesfall verursacht wurde. Wenn wir | uns eine solche Aeußerung als den augenblikklichen Ausbruch eines von einem großen Verluste tief bewegten Gemüthes denken, dem vielleicht durch ein einziges von denen, die ihm lieb und werth sind, doch viele Fäden seines Lebens abgeschnitten sind, dem sich nun kein Bild der nächsten Zukunft gestalten will, weil es in so vieler Hinsicht dem unmittelbar vorangegangenen nicht mehr ähnlich sein kann: so mögen wir es wol verzeihen und entschuldigen; ja wir können wol auch das Stillschweigen sowol des Erlösers als der anderen Jünger zu diesem Ausruf des Thomas als eine solche Billigung oder wenigstens Entschuldigung ansehen. Aber was natürlich sein kann und eben deswegen auch vergönnt als eine augenblikkliche Bewegung des Gemüthes, das bekommt doch einen ganz anderen Werth und eine ganz andere Bedeutung, sobald es sich in demselben festsezt. Empfinden wir nun auf diese Weise bei dem Dahinscheiden der Unsrigen; wird uns so dadurch das ganze Bild des Lebens getrübt, daß wir den Zusammenhang mit demselben verlieren und glauben uns nicht mehr hineinfinden zu können: so lasset uns ja fragen, was wohl die natürliche Folge davon sein muß, wenn sich eine solche Verwirrung in dem Innern unsers Gemüthes befestigt. Auf der einen Seite freilich werden wir alle eine große Wahrheit darin erkennen, daß, je mehrere von denen vor uns dahinscheiden, mit denen zusammenzuwirken und in den liebsten und theuersten Beziehungen alles zu theilen wir gewohnt gewesen sind, auf de|ren Thätigkeit sich überall in allem, was uns das wichtigste im Leben sein muß, die unsrige bezog, um desto weniger Wohlgefallen wir dann noch an unserem eigenen Leben haben können. So daß sich unser wol ganz mit Recht die Empfindung bemeistert, daß es auf der einen Seite je länger je mehr an seinem Werthe für das menschliche Wohl für die gemeinsame Thätigkeit, in die wir mit verwebt sind, verliert; und daß auf der andern, je mehr uns diejenigen fremd sind, die nun in die menschlichen Dinge am meisten eingreifen, je weniger von denen nur noch übrig sind, welche lange Gewohnheit genaue Uebereinstimmung auf eine innige Weise mit uns verband, um desto eher auch wir selbst uns gefallen lassen können nun abgerufen zu werden aus diesem irdischen Schauplaz.

Dieses, m. a. Fr., ist gewiß ein sehr richtiges Gefühl eben deswegen, weil es der Abdrukk ist von der göttlichen Ordnung in diesem menschlichen Leben. Denn so ist es ja der Wille Gottes, daß ein Geschlecht nach dem anderen aufgeht, erblüht, zu seinen vollen Kräften gelangt, nach Maaßgabe der verschiedenen Witterung, die den menschlichen Dingen auf Erden begegnet, reichere oder sparsamere Früchte bringt, und dann auch wieder verwelkt und abstirbt, während ohnedies schon wieder ein anderes zu der frischen Blüthe und in die Zeit der Fruchtbarkeit gelangt ist. Wenn mit dieser göttlichen Ordnung unsere eigene Empfindung nicht übereinstimmte, sondern in Widerspruch wäre: so könnte ja auch | unser Wille nicht mit dem göttlichen Willen übereinstimmen; so würden wir uns ja auch sträuben dieses Leben zu verlassen, um desto mehr, je mehr es in der natürlichen Ordnung der Dinge liegt, daß es nicht mehr lange währen kann. Und darum ist auch alles wahr und richtig, was uns auf diesen Punkt führt, darum ist auch jede Empfindung wahr, die wir, wenn einer aus dem Kreise unserer Wirksamkeit dahinscheidet, davon bekommen, daß von der Kraft unseres eigenen Lebens etwas verloren geht.

Das also ist Wahrheit, m. g. Fr., in dem, was dieser Jünger aussprach, als die Nachricht gekommen war aus dem Munde des Herrn, daß ein so theures Glied, wenn auch nicht zu dem engeren apostolischen Kreise gehörend, aus ihrer Mitte geschieden war; es ist Wahrheit, ohnerachtet Thomas mit den andern noch in der kräftigsten Zeit des Lebens stand.

Aber, m. g. Z., eine jede Empfindung, die wahr ist und übereinstimmend mit der göttlichen Ordnung, muß auch eben deswegen die Ruhe des Gemüthes den Frieden des Herzens erhöhen und nicht stören. Wenn wir uns in den göttlichen Willen bei einer jeden solchen Veranlassung so fügen, daß wir ihn in seiner ganzen Wahrheit erkennen, daß wir dabei den Eindrukk davon immer aufs neue in unser Herz fassen, wie auch unsere ganze Wirksamkeit in dem Reiche Gottes auf Erden und in allen menschlichen Dingen an gewisse Bedingungen | der Zeit gebunden ist, und natürlich aufhören muß, wenn diese nicht mehr vorhanden sind: so darf sich doch dieses nie auf solche Weise festsezen, daß es sich in ein sehnsüchtiges Zurükkwünschen dessen, was nicht mehr da ist, verwandelt; so soll es nicht in ein niederdrükkendes Gefühl übergehen, welches eine Klage gegen die göttliche Ordnung selbst in sich schließt, so daß wir auf die Vergangenheit als auf ein Gut zurüksehen, das wir nie hätten verlieren sollen, weil es unersezlich ist. Denn wie dieses doch nichts anderes ist als Mißmuth über die göttliche Ordnung und Unzufriedenheit mit Gottes Wegen: so muß es unsere Lebensfrische und Thätigkeit schwächen, und alle Triebfedern zu gottgefälligen Handlungen lähmen und abspannen. Denn diese alle gehen nur hervor aus dem herzlichen Wohlgefallen an dieser Welt Gottes, wie er sie eingerichtet hat. Und was in seinem Grunde dem entgegen wirkt, das kann auch seiner Natur nach nicht recht sein. Bringt der Schmerz eine solche Verstimmung hervor, so ist er auch nicht rein gewesen, sondern von Selbstsucht getrübt. Wie tief ein reines Gefühl erlittenen Verlustes auch in das Herz schneide: nicht nur darf es unsern eigenen Lebensgehalt nicht schwächen, sondern es muß auch beitragen in anderen fromme Ergebung in den göttlichen Willen und heitere Thätigkeit unter den Bedingungen, unter die Gott uns gestellt hat, hervorzubringen oder zu erhalten. |

II. Allein in den Worten dieses Jüngers Christi liegt, wenn wir auf den ganzen Zusammenhang derselben sehen, noch etwas **anderes**. Sie hatten vorher ihren Herrn und Meister gewarnt, er solle nicht nach Judäa gehen, weil man ihm da nach dem Leben stehe, und dieses wird uns dargestellt als ihre gemeinsame Stimme, als eine Empfindung, die sie alle theilten. Nun sagt ihnen der Herr, Lazarus sei gestorben, und fährt fort, Lasset uns zu ihm gehen, und darauf sagt Thomas, Ja, lasset uns mit gehen, auf daß wir mit ihm sterben. Es kann sein, daß er bei diesen Worten mit ihm nur an den eben entschlafenen Freund gedacht hat, aber dann war doch unter seinem Zuruf der Erlöser mit begriffen; und wie hätte dieser und seine Jünger dazu kommen können mit Lazarus zu sterben, wenn nicht durch eben die feindseligen Gesinnungen, deren Ausbrüche ihnen früher schon dort gedroht hatten, und so wie sie vorher den Erlöser gewarnt hatten, daß er sie und sich nicht solle in diese Gefahr geben. Also in diesem Ausdrukke lag zugleich wenn auch nicht ein Entschluß doch ein Wunsch wenigstens, daß alle nun möchten desselben Weges gehen. Das war also in der damaligen Gesinnung der Jünger und auf der Stufe der Einsicht, worauf sie standen, nichts anderes, als eben so Entschluß oder Wunsch ihre bisherige Arbeit aufzugeben, und die bisherigen Bestrebungen fahren zu lassen, also auch auf die Hoffnung Verzicht zu leisten, daß durch die Thätigkeit des Erlösers und | durch ihre Theilnahme daran ein Reich Gottes auf Erden sich bauen werde. Denn freilich, wären damals sie alle mit ihm gestorben: wo wäre die Predigt des Evangeliums hergekommen? welcher Mund hätte sich dazu geöff-

---

14 den Worten] deu Worten

16–17 Vgl. Joh 11,8   19–20 Vgl. Joh 11,14–15

Predigt über Joh 11,16

net, und wie wäre eine richtige Darstellung von dem großen Werk Gottes durch Christum unter den Menschen entstanden? In dieser Aeußerung also zeigt sich eine Richtung und ein Uebermaaß des Schmerzes, wofür wir uns nicht genug hüten können! Damit die Jünger nicht fürchten möchten, nun der Erlöser selbst gestorben war, sei ihre Hoffnung, daß er Israel erlösen sollte, vergeblich, dazu vornämlich mußte er sichtbar wieder auferstehen von den Todten, zu ihnen reden und sie belehren über diesen ihnen noch unbekannten Zusammenhang der göttlichen Wege; dazu mußte die Kraft aus der Höhe über sie kommen, damit sie den Muth bekämen auch des Gekreuzigten Zeugen zu werden und ihn zu predigen bis an das Ende der Tage. Wenn nun selbst der Tod des Erlösers kein Grund sein durfte das gemeinsame Werk aufzugeben die Hoffnungen, welche auf ihn sich begründet hatten, fahren zu lassen: wieviel weniger noch der Hintritt irgend eines andern! Wenn Johannes der Täufer zu seinen Zeitgenossen sagt, sie sollten nicht bei sich selbst denken, sie hätten den Abraham zum Vater, um darauf die Hoffnung zu gründen, es dürfe ihnen nicht fehlen an den Segnungen des neuen Reiches Theil zu haben, denn, sprach er, Gott kann dem Abraham aus diesen Stei|nen Kinder erwekken; wenn nun dies von jenen gilt: wie sollten jemals wir Christen, wie groß auch der Verlust sei, welchen die Gemeine des Herrn erleiden kann an einem einzelnen, wie sollten wir jemals die Hoffnung aufgeben, daß das Werk des Herrn fortgehen werde und herrlicher wachsen von einem Tage zum andern, da wir hier die lebendigen Steine sind, die sich immer mehr aufbauen durch den Geist zu einem immer wachsenden und herrlicher sich erhebenden Tempel Gottes.

Es ist wahr, m. a. Fr., auch das ist ebenfalls die göttliche Ordnung, daß unter den Menschenkindern ein großer, ja oft sehr großer Unterschied Statt findet, sowol was die geistigen Gaben betrifft, mit denen Gott sie ausgerüstet hat, als auch in Beziehung auf die Stelle, welche er ihnen angewiesen hat, und auf die äußern Bedingungen der Wirksamkeit, durch die der eine vor dem andern begünstigt erscheint. Dieser Unterschied ist da, und wir dürfen ihn uns nicht leugnen, so daß wenn wir die menschlichen Dinge im allgemeinen betrachten, wir auch nicht sagen können, ein menschliches Leben habe denselben Werth wie das andere. Und diese göttliche Ordnung, wo hätte sie sich wol heller gezeigt, welches wäre der stärkste Ausdrukk derselben als der Unterschied zwischen dem Erlöser dem eingebornen Sohn, und allen anderen Menschenkindern! Das war der höchste Gipfel, auf welchen sich diese Verschiedenheit der Menschen steigern sollte, daß in

---

5–6 Vgl. Lk 24,21   9–10 Vgl. Lk 24,49   10–11 Vgl. Lk 24,47–48; Apg 1,8
19–20 Lk 3,8; vgl. Mt 3,9   24–26 Vgl. 1Petr 2,5

dem sündigen Geschlecht der Menschen das Wort | Fleisch werden und das Ebenbild Gottes unter ihnen wandeln sollte. Gegen diesen Unterschied verschwindet wol gewiß jeder andere, und dennoch sollte auch der so ausgezeichnete in seiner persönlichen Wirksamkeit kaum die Blüthe des männlichen Alters erreichen, und dann wieder von hinnen genommen werden! Und was sandte er an seine Stelle? Wodurch sollte nun das weiter gefördert werden, was er begonnen hatte? Den Geist der Wahrheit sandte er, und goß ihn aus über die seinigen, der es von dem seinigen nahm und ihnen verklärte, der die Gaben vertheilte und sich nach seinem Wohlgefallen in einem größeren oder geringeren Maaß nicht unbezeugt ließ an dem und jenem. Und ähnlich verhält es sich auch in allen menschlichen Dingen. O freilich, wenn wir uns das aus vielfältigen Verwikkelungen bunt zusammengesezte Gewebe unserer gemeinsamen Angelegenheiten vergegenwärtigen im großen und im einzelnen: wieviel scheint da nicht oft auf einem einzigen theuren Haupt zu ruhen! wie oft wiederholt sich die Erfahrung, daß von einem Entschluß eines einzigen, ob er zur Reife kommt oder nicht, ein großer Theil von dem nächst bevorstehenden Verlauf der menschlichen Dinge abhängt, Krieg und Friede, Ordnung oder Zerstörung, Heil oder Verderben! So geht es in Beziehung auf die bürgerlichen Angelegenheiten der Menschen; dasselbe ist auch der Fall, wenn wir auf den Anbau ihrer verschiedenen geistigen Kräfte sehen, wo auch oft einer vorleuchtet mit einem großen Beispiel, Bah|nen ebnet, die vorher verschlossen waren; aber er muß eine Zeit lang in seiner Wirksamkeit geschüzt sein, soll nicht das neu geöffnete Feld wieder verschüttet werden und nichts anderes bleiben, als was vor ihm auch war. Jedoch laßt uns nicht vergessen, der Erlöser war auf der einen Seite die Spize der höchste Gipfel dieser göttlichen Ordnung; aber er war auch auf der andern Seite der, durch welchen das in Erfüllung gehen soll, daß alle Thäler müssen gefüllt, und alle Höhen geebnet werden. Und je mehr die Gemeinschaft der Menschen sich entwikkelt, je weiter sich die freundlichen Berührungen erstrekkten, welche alle als ein gemeinsames Band umschlingen, je größer die Einwirkungen sind, die sich von jedem Ort aus überall hin verbreiten: desto mehr verringert sich der Einfluß einzelner Menschen. Am meisten soll ja das der Fall sein, und ist es auch, in der Gemeine des Herrn in Bezug auf alles, was zu den Angelegenheiten des Heils gehört. Auch hier sehen wir freilich, wie zunächst an die Stelle des Erlösers der Geist, welchen er ausgegossen hatte, sich nur seine Apostel und wenige andere einzelne gestaltete zu besonderen Rüstzeugen; und auch

---

1 Vgl. *Joh 1,14*   2 Vgl. *Hebr 1,3*   7–9 Vgl. *Joh 16,14*   30–31 Vgl. *Lk 3,5* mit Zitat von *Jes 40,4*

späterhin sehen wir von Zeit zu Zeit, daß auch die Kirche Christi in solche Verwikkelungen nach außen oder in solche Verfinsterungen in sich selbst geräth, daß der Geist Gottes eine vorzügliche Kraft in einzelne legen mußte, ein vorzüglich helles Licht in einer oder in wenigen Seelen anzünden, damit so von einzelnen Punkten aus ein neues Leben entstehe, welches | sich immer weiter verbreite, die Finsterniß durchdringe, und, die da todt waren, in dem Namen des Herrn wieder erwekke zu einem neuen und frischen Leben. Aber das ist ja unsere wahre Zuversicht zu dem Reiche Gottes und seinem Bestehen, daß dieser Störungen immer weniger werden, und deshalb auch immer seltener die Nothwendigkeit, daß einzelne hervorragen in dem Reiche des Herrn. Wenn der Geist Gottes sein Werk in dem menschlichen Geschlechte immer mehr vollbringen soll: so muß er immer mehr allseitig in demselben walten, so muß sein Dasein und Wirken erkannt werden können in jedem menschlichen Leben; und in demselben Maaß muß die Ungleichheit abnehmen unter denen, die das Heil in dem Namen des Herrn gefunden haben, und es nun auch weiter fortpflanzen wollen in der Welt. Darum so oft wir von irgend einem einzelnen aus seinem Leben und Wirken das Gefühl bekommen, er sei in einem größeren oder geringeren Maaße immer doch ein besonderes Werkzeug Gottes und seines Geistes: so kann uns dann freilich wol, wenn wir denken, daß die Zeit seines Wirkens zu Ende geht, eine Bangigkeit aufsteigen in unserem Herzen; aber sie ist nicht das Werk des Glaubens. Dieser soll es wissen, daß der Herr, wenn er abruft, auch wieder beruft und einsezt, daß es ihm nie fehlen wird an Werkzeugen um das zu vollbringen, was in seinem Sohn und durch ihn ewig schon vollbracht ist, und in dem Laufe der Zeit immer mehr vollbracht werden soll durch das immer gleichmäßigere Zusammenwirken | menschlicher von Gott erleuchteter und von Gott geleiteter Kräfte. Und sehen wir nun gar auf die kleineren Kreise innerhalb der christlichen Gesellschaft: was wäre dann diese Verbindung der Gemüther in einer Liebe, welche der Liebe Christi ähnlich ist, wenn nicht durch ihren Einfluß jeder einzelne Verlust sich bald ersezen sollte? wenn das nicht wahr würde, was der Herr seinen Jüngern gesagt hat, Ihr mögt verlieren um meinetwillen oder durch mich, und wir mögen dann immer auch sagen durch die von Gott gesezte Ordnung der Dinge, Vater Mutter Bruder und Schwester, ihr findet es alles hundertfältig wieder in dem Reiche Gottes[1]! Das lasset uns nur immer mehr wahr machen, und laßt uns weder Fleiß noch Treue sparen an diesem

---

[1] Mark. 10, 29. 30.

35–38 *Neben Mk 10,29–30 vgl. auch Mt 19,29; Lk 18,29–30*

Werk des Herrn, daß durch die gemeinsame Liebe möglichst bald jede Thräne getrokknet werde und jeder Schmerz sich lindere, auf daß nichts die Freude an dem Herrn und die Dankbarkeit gegen ihn, nichts die Zufriedenheit mit allen seinen heiligen Ordnungen, auch mit denen die uns schmerzlich betrüben, stören möge. Das ist das Werk der christlichen Liebe, welche nicht nur im einzelnen durch besonderen Zuspruch sondern weit mehr noch durch heilsame Ordnungen, durch öffentliche Anstalten, welche sowol in der Gemeine des Herrn als auch in dem bürgerlichen Leben getroffen werden müssen, immer mehr daran arbeitet, daß der Gang des menschlichen Lebens ruhiger werde und ungestör|ter, daß wir, ohne aus dem Gleichgewicht unseres innern gerissen zu werden, alles aufnehmen können, was der Herr, der denen, die ihn lieben, alles zum besten lenken will, über uns verhängt.

III. Aber, m. a. Fr., wenn wir so auf der einen Seite freilich zugeben müssen, daß sich in diesen Worten des Jüngers unseres Herrn eine solche Bewegung des Gemüthes zu erkennen giebt, welche nicht von völliger Ruhe und Festigkeit seines Glaubens zeugt, sondern vielmehr von einer zu großen Weichheit seines Gemüthes: so müssen wir doch auf der andern Seite gestehen, die rechte Art, wie das menschliche Gemüth bewegt werden soll bei solchen Veranlassungen, die finden wir doch in ihm; und wenn sich die nicht auch in seinen Worten zeigte, so wäre er nicht ein solcher Jünger des Herrn. Denn was wir wissen von dem, dessen Tod ihn auf solche Weise bewegte, das ist doch nur dieses, Lazarus und die seinigen standen in einer genauen Verbindung mit dem Erlöser, sie waren seine nächsten Gastfreunde in den unmittelbaren Umgebungen von Jerusalem; so daß er gewöhnlich bei ihnen wohnte, wenn er in jene Gegenden kam, und von ihrem Orte und ihrem Hause aus dann täglich den Tempel besuchte, um da zu lehren. Dieses Verhältniß war allerdings für den Erlöser und seine Jünger in ihrer Lage etwas wichtiges und großes; aber es war doch immer nur etwas äußerliches, was leicht ersezt werden konnte auf andere Weise; und so wa|ren die Jünger nicht verwöhnt durch ihren Herrn und Meister, daß sie Anspruch darauf gemacht hätten, es solle ihnen gehen einen Tag wie den andern, und die Verhältnisse ihres äußern Lebens sich ununterbrochen gleich bleiben, so daß es ihnen als etwas unmögliches erschienen wäre einen solchen Verlust zu ertragen oder zu ersezen. Vielmehr hatte er sie so gewöhnt an die mannigfaltigsten Wechselfälle, bald hier zu sein bald dort, bald Mangel zu haben bald Ueberfluß, je nachdem es ihm heilsam schien oder die Verbreitung seines Wortes Veränderungen forderte, oder je nachdem

---

12–13 Vgl. Röm 8,28

Predigt über Joh 11,16

es Gründe gab, die ihn ausschlossen von dieser oder jener Gegend seines Landes. Zu solcher Unabhängigkeit von allen äußern Dingen waren sie gebildet, daß aus diesem Grunde der Tod des Lazarus sie nicht so hätte bewegen können. Und so sollen auch wir in dieser Beziehung urtheilen und empfinden. Alles, was einem einzelnen Leben einen großen Werth geben kann über andere hinaus, in denen dasjenige, was doch allein den Werth des Menschen ausmacht, eben so wirksam ist, ja auch das, was den einen so vor anderen auszeichnet als Beförderer des Wohls der Gemeine, kann doch auch nur immer wieder etwas äußerliches sein. Und in diesem Glauben sollen wir fest stehen, daß allem, was, wenn dieser oder jener nicht mehr da ist, auch nicht in derselben Gestalt fortdauern kann, der Herr eine andere Gestalt anweisen werde, und daß sich dafür immer ein Weg und ein Ort auf eine andere Weise finden müsse. So kann es denn | nur der Werth gewesen sein, den dieser Jünger persönlich hatte in dem kleinen Kreise der gläubigen, als einer der mit großer Liebe an dem Herren hing, weswegen die Nachricht von seinem Tode einen solchen Eindrukk auf das kleine Häuflein machte.

Und, m. th. Fr., ist es nicht so? Wenn alle unsere Empfindungen über das Hinscheiden einzelner Menschen rein sein sollen und gottgefällig; wenn sie nicht sollen uns selbst auf einen falschen Weg leiten und zur Störung unseres Friedens führen: so dürfen wir keinen andern als diesen Maaßstab anlegen. Viele große und herrliche Eigenschaften giebt es, die wir mit Freuden wahrnehmen an einzelnen Menschen; und wie vieles wissen sich nicht manche anzueigen, was im Zusammenleben mit ihnen das Dasein erheitert und verschönert: aber alles dessen müssen wir uns in jedem Augenblikk entschlagen können, und dürfen keinen solchen Werth darauf legen, als ob, wenn uns solche hernach genommen werden, nun auch der Werth unseres eigenen Lebens verringert wäre. Das einzige, wonach wir den Menschen schäzen müssen, das einzige richtige Maaß für unseren Schmerz, wenn einer aus dem Kreise unserer Wirksamkeit scheidet, kann immer nur der Antheil sein, den jeder hatte an dem göttlichen Geist, welchen Christus gesendet hat den seinigen. Von allen noch so glänzenden Eigenschaften und Erwerbungen des menschlichen Geistes, fragen wir, was sie leisten in der Welt, so bleibt es, daß ich mich so menschlich und alltäglich darüber ausdrükke, oft | nur zufällig, ob sie gutes bewirken oder übles. Die Quelle der Wahrheit ist nur der Geist der Wahrheit, die Quelle der Liebe nur der Geist der Liebe, den Christus über die seinigen ausgegossen hat. Was jeder durch diesen und für diesen ist, das allein bestimmt seinen Werth; und wie sehr einer geglänzt habe durch Thaten von anderer Art, und wieviel Ruhm er anderwärts her bei den Menschen gewonnen habe: das alles wird an dem Lichte der

Wahrheit erbleichen und unscheinbar werden, wenn wir es vergleichen mit dem, was ein Gemüth auch auf der bescheidensten Stelle in diesem menschlichen Leben wirkt, wenn es recht durchdrungen ist von jenem göttlichen Geist der Wahrheit und Liebe. Die Gaben, welche aus diesem kommen, vermögen allein etwas wahres und bleibendes in dem Leben der Menschen zu bewirken, was auf alle Weise verdient als ein gemeinsames Gut geachtet zu werden. Anders wissen wir nichts von Lazarus, als daß er, weil er ein Freund des Herrn war, in diesem Geist der Liebe und Wahrheit wandelte; und nie ist ein tieferer Schmerz ausgesprochen worden, als hier der über seinen Verlust.

Doch, wie ich auch gleich anfangs gesagt habe, m. a. Z., noch ein anderes ist es mit denen, die Gott in den unmittelbaren Kreis unseres Lebens gestellt hat. Denn diese sind uns nicht nur dazu gegeben, daß sie uns helfen und beistehen sollen, sondern eben so sehr auch dazu, daß wir auf sie wirken und ihnen helfen sollen; und wenn sie von uns ge|nommen werden und scheiden, und es bleibt uns das Bewußtsein zurükk, daß wir nicht an ihnen gewirkt haben, was wir gesollt und gekonnt hätten, daß wir nicht auch für sie und an ihnen Werkzeuge des göttlichen Geistes gewesen sind, und ihnen nicht auf alle Weise beigestanden und sie unterstüzt haben in dem Werke des Herrn, welches sie trieben, nach allen unseren Kräften, das ist dann freilich ein Schmerz anderer Art.

Mögen wir, m. a. Fr., so zunehmen in der wahren Weisheit, die allein von oben kommt, daß wir uns diesen Schmerz mit jedem Jahre unseres Lebens immer weniger bereiten, und immer vollkomner die Stelle ausfüllen, auf die Gott uns gestellt hat; aber dann auch so, daß immer unbegrenzter werde unser Vertrauen auf die Weisheit dessen, der alles leitet, daß wir es ihm gern anheim geben, wann und wie er diesen und jenen hinwegrufen wird aus unserem Kreise. Und gewiß, hören wir nur auf sein Wort, merken wir nur auf die Stimme seines Geistes, ehren und lieben wir die Menschen nur recht von Herzen in dem Maaße, als dieser in ihnen wirkt: o dann werden wir nicht murren, wenn nach der göttlichen Ordnung bald dieser bald jener abgerufen wird; sondern werden fest vertrauen, daß jedes theure Haupt der gemeinen Sache und uns wieder ersezt wird, wenn auch nicht immer durch ein einzelnes andere, so doch gewiß durch das Zusammenwirken der Kräfte, die nach demselben geistigen Ziele hinsteuern, durch die gemeinsamen Werke der Liebe, | die aus derselbigen geistigen Quelle fließt. In diesem Sinn also lasset uns des Todes gedenken, auf daß wir weise werden; weise, um die Wirkungen desselben in unserem

---

24–25 Vgl. Jak 3,17   40–41 Vgl. Ps 90,12

Leben mit vollkommener Ergebung in den göttlichen Willen zu schauen und zu empfinden, und weise, um nach seinem Willen auch selbst gern zu scheiden, wenn unsere Stunde schlägt, und er uns Ruhe geben will von der irdischen Arbeit. Amen.

Anhang

Gesangbuch

zum

gottesdienstlichen Gebrauch

für

evangelische Gemeinen.

Mit Genehmigung
Eines hohen Ministerii der geistlichen Angelegenheiten.

Berlin.
Verlag von G. Reimer. |

Gesangbuch

zum

gottesdienstlichen Gebrauch

für

evangelische Gemeinen.

Mit Genehmigung

Eines hohen Ministerii der geistlichen Angelegenheiten.

Berlin.
Verlag von G. Reimer.

Vorrede.

Seit geraumer Zeit hat sich namentlich in der hiesigen Hauptstadt ein beharrliches Verlangen ausgesprochen, daß aus dem reichen Liederschatze, welcher ein eigenthümliches und ausgezeichnetes Besitzthum der deutschen evangelischen Kirche ist, eine dem gegenwärtigen Bedürfnisse angemessene Auswahl getroffen werden möchte, die das Vorzügliche der einzelnen vorhandnen Liedersammlungen möglichst in sich vereinigte. Dieses Verlangen wurde auf Veranlassung der obersten geistlichen Behörde von der im Jahre 1817 hier versammelten Kreis-Synode ernstlich erwogen; demzufolge aus den Mitgliedern dieses Vereins unter höherer Genehmigung eine besondre Commission gebildet und beauftragt wurde, nach Maßgabe der allgemeinen, von der Synode festgestellten Grundsätze, den vorliegenden Liederstoff jenem Zweck gemäß zu bearbeiten, worauf die Commission ihr Geschäft sofort mit Freudigkeit begann. Sie erlitt während ihrer Arbeit durch das Ausscheiden der in das Land der Vollendeten abgerufnen Pröpste Hanstein und Ribbeck einen tiefbetrauerten Verlust, suchte solchen jedoch durch die Wahl andrer Theilnehmer zu ersetzen, und ihr gegenwärtiger Bestand ist aus den Namen der Unterzeichneten zu ersehen.

Unter die Aufgaben selbst, welche der Commission gestellt waren, und die sie zu lösen wenigstens mit | anhaltendem Fleiße bemüht gewesen ist, gehört zunächst eine sorgfältige Berücksichtigung der älteren Kirchengesänge aus dem Zeitraume von der Reformation an, bis in die Mitte des vorigen Jahrhunderts, von denen in möglichst beträchtlicher Anzahl diejenigen ausgewählt werden sollten, welche sich durch Tiefe der Empfindung und kräftigen Ausdruck der frommen Gesinnung auszeichnen, und besonders in der hiesigen Stadt und Provinz unter die bekannten und geschätzten Kernlieder gerechnet werden. Eine gleiche Rücksicht war ferner der Commission auf diejenigen neuern Kirchengesänge empfohlen worden, die wegen ihrer weiten Verbreitung bereits eine Art von Bürgerrecht haben, vorausgesetzt, daß es ihnen nicht an allem dichterischen Werthe mangle, noch die darin enthaltene Moral zu abgeschlossen und unverbunden mit der christlichen Glaubenslehre erscheine, noch diese Lieder sich mehr für die häusliche Erbauung, als für den kirchlichen Gebrauch eignen, in welchen Fällen der Commission unbenommen blieb, den Ausfall derselben durch andere weniger bekannte Lieder neuerer Zeit zu ergänzen, denen eine günstige Aufnahme gewünscht werden mußte.

8 vereinigte.] vereinigte

Fürs Dritte lag den Unterzeichneten ob, von den verschiednen Auffassungsweisen der christlichen Glaubenslehre keine ausschließlich zu begünstigen, aber auch keiner ihre Stelle zu verweigern, die als Aeußerung des frommen Gefühls sich mit der evangelischen Wahrheit und mit dem Wesen eines kirchlichen Buches in Einklang bringen läßt. Was Viertens die Melodien betrifft, so sollte das neue Gesangbuch dazu beitragen, den vorhandenen großen Reichthum musterhafter Choräle in Gebrauch zu erhalten, und es sollte zugleich da, wo zu demselben Liede mehrere Melodien gesungen werden können, jederzeit diejenige vorgezeichnet werden, welche für den Inhalt, die Zeit, und | den Ort die angemessenste ist. Zuletzt lag es keineswegs in der Ueberzeugung der Synode, daß in Gesangbüchern dieser Art, welche nicht den Bedürfnissen der wissenschaftlichen Forschung, sondern allein der öffentlichen Erbauung sowohl der jetzt lebenden, als der nächstfolgenden Geschlechter, gewidmet sind, an den aufgenommenen Liedern durchaus nichts geändert werden dürfe. Vielmehr sollte zwar jedem Liede sein eigenthümliches Gepräge gelassen, aber die schonend bessernde Hand unbedenklich angelegt werden, wenn die natürliche Gedankenfolge in einem Liede zu auffallend vernachlässiget war, und dennoch der Inhalt auf eine leichtere und einfachere Weise geordnet werden konnte; wenn die Melodie nothwendig einen Ruhepunkt gebot, wo im Texte die Periode oder der Satz noch keinen Schluß enthielt, – auf welchen dem Gefühle so unangenehmen und für die Andacht beim Gesang so störenden Uebelstand auch die vorzüglichsten Liederdichter nicht sorgsam genug geachtet haben, und dessen Entfernung eben so nothwendig, als meistens sehr schwierig ist, – endlich wenn der Ausdruck sprachwidrig, oder für den guten Geschmack anstößig, oder nicht verständlich genug gefunden ward.

Diese Grundsätze hat die Commission bei der Vollziehung ihres Auftrages zwar beständig vor Augen gehabt, aber auch die Ueberzeugung erlangt, daß jedes Unternehmen dieser Art noch weit von der beabsichtigten Vollkommenheit entfernt bleiben, und nimmermehr den so sehr verschiedenen Anforderungen und Erwartungen aller einzelnen Beurtheiler entsprechen werde.

Nach vollendeter Arbeit ist die Handschrift dem Königlichen Consistorio der Provinz Brandenburg übergeben, von demselben geprüft und mehrere Monate hindurch in dessen Geschäfts-Locale zur Einsicht der Sachverständigen ausgelegt, hernach aber dem Königl. Ministerio der geistlichen Angelegenheiten überreicht | worden. Nachdem nun diese hohe Behörde zum kirchlichen Gebrauch dieses Gesangbuches die erbetene Genehmigung ertheilt hat, so erscheint es

---

8 in] iu

hiermit in Druck, und es bleibt uns daher nur noch die eifrige Bitte zu Gott übrig, daß er den vieljährigen auf dieses Gesangbuch verwendeten Fleiß nicht ungesegnet lassen, dieser in der Lauterkeit der Liebe dargebotnen Gabe die Herzen der Glaubensgenossen zuwenden, und, wo sie Eingang und Annahme findet, unter christlichen Gemeinden dazu reiches Gedeihen geben wolle zur Beförderung des Reiches Christi und zum Preise seines hochgelobten Namens.

Berlin, den 25. August 1829.

Brescius. Küster. Marot. Neander. Ritschl. Schleiermacher. Spilleke. Theremin. Wilmsen.

I. Allgemeine Bitten.

1.   Eigene Mel.
Ach bleib mit deiner Gnade bei uns, Herr Jesu Christ! daß uns hinfort nicht schade des Bösen Macht und List.
    2. Ach bleib mit deinem Worte bei uns, Erlöser werth! daß uns in diesem Horte sey Trost und Heil beschert.
    3. Ach bleib mit deinem Glanze bei uns, du himmlisch Licht! den Glauben in uns pflanze, damit wir irren nicht.
    4. Ach bleib mit deinem Segen bei uns, du reicher Herr! gieb Wollen und Vermögen zu deines Namens Ehr!
    5. Ach bleib mit deinem Schutze bei uns, du starker Held! daß wir dem Feind zum Trutze besiegen Sünd' und Welt.
    6. Ach bleib mit deiner Treue bei uns, Herr, unser Gott! Beständigkeit verleihe, hilf uns aus aller Noth!

2.   Mel. Kommt her zu mir etc.
Ach Gott, gieb du uns deine Gnad', all' unsre Sünd' und Missethat reumüthig zu erkennen, zu glauben fest an Jesum Christ, der unser Herr und Meister ist, und uns will Brüder nennen.
    2. Hilf, daß wir auch nach deinem Wort gottselig leben immerfort zu Ehren deinem Namen; daß uns dein guter Geist regier', auf ebner Bahn zum Himmel führ' durch Jesum Christum. Amen.

3.   Mel. O Gott, du frommer Gott etc.
Ach Gott, verlaß mich nicht, reich' du mir deine Hände, daß ich die Pilgerschaft im Glauben wohl vollende. Hier in dem finstern Thal sey du mein helles Licht, mein Stecken und mein Stab; ach Gott, verlaß mich nicht!
    2. Ach Gott, verlaß mich nicht, lehr' deinen Weg mich wallen, und laß mich nimmermehr in Sünd' und Thorheit fallen. Verleih mir deinen Geist, gieb Glaubenszuversicht; und wenn ich straucheln will, dann, Gott, verlaß mich nicht!
    3. Ach Gott, verlaß mich nicht in Nöthen und Gefahren; wo niemand schützen kann, kannst du mich wohl bewahren. Wenn sich Versuchung naht, und Stärke mir gebricht: so weiche nicht von mir, verlaß mich Schwachen nicht.
    4. Ach Gott, verlaß mich nicht; gieb Wollen und Vermögen, in allem meinem Thun begleite mich dein Segen. Was mein Beruf verlangt, was mir gebeut die Pflicht, vollbringt nur deine Kraft; drum, Gott, verlaß mich nicht!
    5. Ach Gott, verlaß mich nicht, daß ich mich dir ergebe, voll Lieb' und Hoffnung sey, recht glaub' und christlich lebe. Bereite mich schon hier, zu schau'n dein Angesicht, und auch im Tode noch, mein Gott, verlaß mich nicht!

4.   Mel. Nun sich der Tag etc.
Allgütiger, allein bei dir steht aller Menschen Heil. Nur du kannst segnen; gieb auch mir an deinem Segen Theil.
2. Erleuchte du mir den Verstand, was gut ist einzusehn, und leite mich an deiner Hand, den Weg des Heils zu gehn.
3. Zeuch meine Seele ganz zu dir und deiner Liebe hin; und mehr sey deine Gnade mir, als irdischer Gewinn.
4. Lockt mich die schnöde Lust der Welt, dann steh mir Schwachen bei, daß ich in dem, was dir gefällt, fest und beharrlich sey.
5. Gieb mir zu jeder guten That von oben her Gedeih'n, und reize mich, mit Hülf' und Rath den Nächsten zu erfreun.
6. Die Sorge für mein irdisch Glück werf' ich allein auf dich; auf mir auch ruht dein Vaterblick; ich weiß, du sorgst für mich.
7. Gieb mir ein immer fröhlich Herz, das dich für Alles preist; erfülle selbst im größten Schmerz mit Frieden meinen Geist.
8. Verleih' mir bei des Lebens Last den Trost der Ewigkeit, bis mich, wie du verheißen hast, vollkommne Wonn' erfreut.

5.   Mel. Ich dank' dir schon etc.
Allmächtiger, der seinen Thron im Himmel hoch erhöhet; erhöre mich, der Erde Sohn, der betend vor dir stehet!
2. Aus Staube schufst du mich, der Staub soll sich zu dir erheben; ich, der Verwesung sicherer Raub, soll ewig bei dir leben.
3. Was ist der Mensch! wie arm, wie bloß, wie elend hier auf Erden! was ist der Mensch! wie frei, wie groß, wie selig soll er werden!
4. Welch einen Vorzug gabst du mir, da du Vernunft mir schenktest, und einen Strahl des Lichts von dir in meine Seele senktest!
5. Ja, du hast mir das höchste Pfand von deiner Huld gegeben; da du auch mir den Sohn gesandt, und in ihm Heil und Leben!
6. Darum, Herr, beug' ich meine Knie vor dir, der mich erhoben! den Engeln gleich, soll ich, wie sie, anbeten dich und loben.
7. Verleih mir nur die Wissenschaft, mein wahres Glück zu finden; und gieb mir Willen, Muth und Kraft, mich selbst zu überwinden. |
8. Was das Gewissen mir verbeut, lehr' mich voll Abscheu fliehen, und sein Gebot mit Freudigkeit und heil'gem Ernst vollziehen.
9. Zum Mitgefühl erweck' mein Herz, wenn meine Brüder leiden; und laß an meines Feindes Schmerz sich nie mein Auge weiden.
10. Im Glück und Unglück frommen Muth, das ist's, was ich erflehe. Was du, mein Vater, willst, ist gut, und was du willst, geschehe!
11. Nichts hilft mir aller Menschen Gunst, den Himmel zu erwerben; drum lehre du mich selbst die Kunst, einst froh in dir zu sterben.

6.   Mel. Nun lob' mein Seel etc.
Dein Name werd' erhoben, Gott, Vater der Barmherzigkeit! du, der mir stets von oben auf meine Bitte Kraft verleiht! Mein Wollen und Vollbringen kommt, Höchster, nur von dir; o send' in allen Dingen auch ferner Hülfe mir, daß ich das Meine thue im Namen Jesu Christ, bis deines Volkes Ruhe mein Theil auf ewig ist.

I. Allgemeine Bitten

7.   Mel. O Gott, du frommer Gott etc.
Dich, Vater, ruf' ich an um Gnade, Licht und Stärke! Dein Segen aus der Höh'
begleite meine Werke. Gehorsam sey mir süß; und gieb mir dies dabei, daß
ich in allem Thun bei dir im Geiste sey.
   2. Voll wahrer Demuth sey und freundlich, was ich sage; und fällt mir
etwas schwer, gieb, daß ich's still ertrage, und ich durch Unmuth nicht dem
Nächsten sey zur Last, so daß du Freud' und Ruhm an deinem Kinde hast.
   3. Wie du auch, Herr, mich führst, laß mich dein Reich ausbreiten, lehr'
mich auf Jesum seh'n, laß seinen Geist mich leiten, der dir getreu zu seyn
mich allewege lehrt, und mehr und mehr in mir das Bild des Herrn verklärt.

8.   Mel. Herr Jesu Christ, dich etc.
Für unsre Brüder beten wir mit frommer Inbrunst, Gott, zu dir; gieb, der du
Aller Vater bist, gieb Jedem, was ihm heilsam ist.
   2. Du sandtest deinen ein'gen Sohn für Alle von des Himmels Thron; verbreite, Herr, sein Licht und Recht im ganzen menschlichen Geschlecht.
   3. Bring' alle Völker in dein Reich; die Letzten mach' den Ersten gleich,
und schaffe so zu deinem Ruhm dir überall ein Heiligthum.
   4. Auch die Verirrten führe du der Heerde Christi wieder zu, mach' sie im
Glauben fest und treu, daß auch ihr Wandel lauter sey.
   5. Ach, viele, viele tragen noch des Sündendienstes schweres Joch. Gieb
ihnen, Herr, zur Buße Zeit, zu schaffen ihre Seligkeit. |
   6. Schenk' allen Frommen freud'gen Muth, gern zu entbehren zeitlich Gut,
und lenke ihres Geistes Blick hin auf des ew'gen Lebens Glück.
   7. Hör' unser brünstiges Gebet, das allen Brüdern Heil erfleht. Laß sie gesegnet seyn in dir, dann preisen wir dich für und für.

9.   Mel. Sey Lob und Ehr' dem etc.
Gott, deine Güte reicht so weit, so weit die Wolken gehen, du krönst uns mit
Barmherzigkeit, und eilst, uns beizustehen. Herr, meine Burg, mein Fels, mein
Hort, vernimm mein Flehn, hör' auf mein Wort, denn ich will vor dir beten.
   2. Ich bitte nicht um Ueberfluß, um Schätze dieser Erden; laß mir, so viel
ich haben muß, nach deiner Gnade werden. Gieb mir nur Weisheit und Verstand, dich, Gott, und den, den du gesandt, und mich selbst zu erkennen.
   3. Ich bitte nicht um Ehr' und Ruhm, so sehr sie Menschen rühren; des
guten Namens Eigenthum laß mich nur nicht verlieren. Mein wahrer Ruhm
sey meine Pflicht, der Ruhm vor deinem Angesicht, und frommer Freunde
Liebe.
   4. So bitt' ich dich, mein Herr und Gott, auch nicht um langes Leben; im
Glücke Demuth, Muth in Noth, das wollest du mir geben. In deiner Hand
steht meine Zeit, laß du mich nur Barmherzigkeit vor dir im Tode finden.

10.   Mel. Schmücke dich etc.
Gott, vor dem die Engel knieen, und in hoher Andacht glühen! du erlaubst
auch mir, zu beten, kindlich vor dich hinzutreten. Und du blickst, wie Väter
pflegen, liebreich deinem Kind entgegen; ja, du giebst, noch eh' ich flehe, mir
schon mehr, als ich verstehe.

2. Dennoch höre, Vater, höre, was ich demuthsvoll begehre! eifriger möcht' ich entbrennen, dich zu suchen, dich zu kennen; daß mich, wo ich immer lebe, deine Herrlichkeit umschwebe, und ich dich bei Freud' und Schmerzen immer hab' in meinem Herzen.

3. Christus bleibe meine Freude, daß ich nie von ihm mich scheide, der durch Leben und durch Sterben mich erlöste vom Verderben; daß auch, wenn der Frevler Rotten über seine Lehre spotten, niemand je den Ruhm mir raube, daß ich treulich lieb' und glaube.

4. Deinen Geist, der Gläub'gen Führer, gieb auch mir, Gott, zum Regierer, daß ich stets den Pfad erwähle, der zum Heil führt meine Seele; daß ich ernst nach Wahrheit ringe, und der Sünde Macht bezwinge, in des Geistes Kraft und Freude fröhlich sey, auch wenn ich leide.

5. Willst du, Herr, in diesem Leben auch noch Irdisches mir geben: so erhalt' mir Muth und Kräfte, segne des Berufs Geschäfte, daß ich, Dürftige zu laben, ferner mög' ein Scherflein | haben, und im Kreise deiner Treuen Friede mich und Lieb' erfreuen.

11. Mel. Aus tiefer Noth schrei' ich etc.
Herr, wie du willst, so schick's mit mir im Leben und im Sterben; mein Herz verlangt allein nach dir, Herr, laß mich nicht verderben! Erhalt mich nur in deiner Huld, und gieb im Leiden mir Geduld; dein Will' ist doch der beste.

2. Zucht, Ehr' und Treu' verleihe mir, und Freud' an deinem Worte; hilf, daß ich wanke nie von dir, dem wahren Seelenhorte. Gieb, was mir dient zur Seligkeit, und laß mich meine Lebenszeit in deiner Furcht vollbringen.

3. Wenn ich einmal nach deinem Rath von dieser Welt soll scheiden, verleihe dann mir deine Gnad', daß es gescheh' mit Freuden. Herr, Seel' und Leib befehl' ich dir; ein sel'ges Ende gieb du mir durch Jesum Christum. Amen.

12. Mel. Herr Jesu Christ, meins etc.
Ich komme vor dein Angesicht, verwirf, o Gott, mein Flehen nicht: vergieb mir alle meine Schuld, du, Gott der Gnade und Geduld.

2. Schaff' du ein reines Herz in mir, ein Herz voll Lieb' und Furcht zu dir, ein Herz voll Demuth, Preis und Dank, ein ruhig Herz mein Lebelang.

3. Sey mein Beschützer in Gefahr; ich harre deiner immerdar. Ist wohl ein Uebel, das mich schreckt, wenn deine Rechte mich bedeckt?

4. Ich bin ein Werk von deiner Hand, von dir empfing ich den Verstand; erleucht' ihn durch dein göttlich Wort, führ' ihn zur Wahrheit immer fort.

5. Daß ich mich deiner mög' erfreu'n, woll'st du mir, Herr, stets nahe seyn; um meines Glaubens mich zu freu'n, laß ihn durch Liebe thätig seyn.

6. Was du mich lehrst, das ist mein Heil, dir folgen, sey mein bestes Theil; nach deines Reichs Gerechtigkeit, laß, Herr, mich trachten allezeit.

7. Ich bin zu schwach aus eigner Kraft zum Kampf mit meiner Leidenschaft, drum ziehe du mit Kraft mich an, daß ich den Sieg erlangen kann.

8. Gieb von den Gütern dieser Welt mir, Herr, so viel, als dir gefällt; gieb deinem Knecht ein mäßig Theil, in seinem Fleiße Glück und Heil.

9. Schenkt deine Hand mir Ueberfluß, so mach' mich weise im Genuß, und laß', die Dürft'gen zu erfreu'n, mich einen frohen Geber seyn.

10. Giebst du Gesundheit, so verleih', daß ich sie deinem Dienste weih', und daß aus Sorgsamkeit für sie, ich niemals mich der Pflicht entzieh'.

11. Erwecke mir stets einen Freund, der's treu mit meiner Wohlfahrt meint, mit mir in deiner Furcht sich übt, mir Rath und Trost und Beispiel giebt. |

12. Bestimmst du mir ein längres Ziel, und werden meiner Tage viel: so bleibe meine Zuversicht, verlaß mich auch im Alter nicht!

13. Und wird sich einst mein Ende nah'n, so nimm dich meiner gnädig an, und sey durch Christum, deinen Sohn, mein Schirm, mein Schild, mein großer Lohn!

13. In eigner Mel.

Ich ruf' zu dir, Herr Jesu Christ! Ich bitt', erhör' mein Flehen. Laß gnädig doch zu dieser Frist mich deine Hülfe sehen: den rechten Glauben, Herr, ich mein', und daß ich möge streben, dir zu leben, dem Nächsten nütz zu seyn, das wollest du mir geben.

2. Ich bitte mehr noch, Herr, mein Gott! du wirst mir's nicht versagen, daß ich nicht sey der Frevler Spott, die nicht nach Christo fragen. Und wenn ich scheiden soll, mich stärk', daß ich auf dich mög' bauen, und nicht trauen auf mein Verdienst und Werk, sonst werd' ich dich nicht schauen.

3. Verleih, daß ich aus Herzensgrund den Feinden mög' vergeben; verzeih mir auch zu dieser Stund, schaff' mir ein neues Leben. Dein Wort laß meine Speise seyn, die Seel' damit zu nähren, mich zu lehren, wie ich, im Herzen rein, dich würdig soll verehren.

4. Laß weder Lust noch Furcht mich hier von deiner Liebe scheiden; Beständig seyn verleihe mir im Glück und auch im Leiden. Aus freier Gnade segnest du; es mag niemand ererben noch erwerben ohn' dich die wahre Ruh' und Seligkeit im Sterben.

5. Ich lieg' im Streit und widerstreb', hilf, o Herr Christ, mir Schwachen! in deiner Gnad' allein ich leb', du kannst mich stärker machen. Laß in dem bösen Stündlein mich, will Muth und Kraft mir schwinden, Stärkung finden, und dann zuletzt durch dich in Allem überwinden.

14. Mel. Herzlich thut mich etc.

Laß mich dein seyn und bleiben, du treuer Gott und Herr! Von dir laß nichts mich treiben, halt' mich bei reiner Lehr'! Laß, Herr, mich ja nicht wanken, verleih Beständigkeit. Dafür will ich dir danken jetzt und zu aller Zeit.

15. Mel. Ich dank' dir schon etc.

Mein Aug' und Herz erhebe sich zu deines Himmels Höhen! Hier, wo ich bete, siehst du mich, und hörest auf mein Flehen.

2. Laß mich mit Herzensreinigkeit, Herr, vor dein Antlitz treten, und zu dir, wie dein Wort gebeut, in Geist und Wahrheit beten!

3. Doch du kannst nicht ein sündlich Flehn, o Heiligster, erhören; vor dir kann kein Betrug bestehn, dich täuschen keine Zähren. |

4. Das Herz muß ohne Heuchelschein nach deinem Reiche streben, voll Demuth, Reu' und Einfalt seyn, und kindlich dir ergeben.

5. Ach, schaff' ein solches Herz in mir, und mach' es rein von Sünden! ich suche dich mit Heilsbegier; Gott, laß mich bald dich finden!
6. Ja, mach' durch deinen Sohn mich frei vom Joche dieser Erde; durch deinen Geist erschaff' mich neu, auf daß ich heilig werde.
7. Dein Wort, Herr, hilf mir recht verstehn zu meinem Heil und Segen, daß ich nicht möge irre gehn von deiner Wahrheit Wegen.
8. Den Himmel und die Ewigkeit laß mich im Geist umfassen, und was mich einst im Tode reut, von ganzer Seele hassen.
9. Dies ist mein Flehn, erhöre mich um deines Sohnes willen! Mit wahrer Inbrunst bitt' ich dich; du wirst es, Herr, erfüllen!

16.   Mel. O daß ich tausend etc.
Mein Gott, du weißt am allerbesten, was mir zu meinem Heil gereicht, deß müsse sich mein Herz getrösten, so oft dein Rath mich niederbeugt. Auf dich allein, Herr, laß mich bau'n und dir mit ganzem Herzen trau'n.
2. Reiß' Alles weg aus meiner Seele, was dich nicht sucht und deine Ehr'; wenn ich mir meine Schuld verhehle, so prüfe mich je mehr und mehr; zeig' mir, wie ich beschaffen bin, und gieb mir meines Heilands Sinn.
3. Daß ich in Wahrheit könne sprechen: du bist mein Vater, bist mein Heil, voll Gnade heilst du mein Gebrechen, und schenkest mir an Christo Theil; du bist mein allerbester Freund, der's all'zeit herzlich mit mir meint.
4. Denn darf ich dich nur Vater nennen, o Abgrund der Barmherzigkeit, so wird mir nichts mehr schaden können, so dient zum Heil auch Kreuz und Leid. Mir wird das Bitterste versüßt, wenn du in meinem Herzen bist.
5. Drum gieb, daß ich recht kindlich glaube, in dir getrost und unverzagt, und nichts den sel'gen Trost mir raube, den mir dein Wort hat zugesagt. Dein Geist erkläre meinem Geist, was Gnad' und Vatertreue heißt.
6. Du, unerschaffnes höchstes Wesen, hast vor der Welt an mich gedacht, und schon, da ich noch nicht gewesen, zum Erben deines Heils gemacht; ich sollte dein in Christo seyn, und frei von aller Schuld und Pein.
7. Dein Kind, mein Jesu, hat vollendet, was du beschlossen vor der Zeit, hat Schuld und Strafen abgewendet, erworben mir die Seligkeit. Dein Geist macht mir dieß Heil bekannt, sein Zeugniß ist mein Unterpfand.
8. Was soll ich von der Güte sagen, die ich auch sonst bisher gespürt, mit der du mich in meinen Tagen so wunderbar, doch treu geführt, und welche mir in | Ewigkeit hält unvergänglich Gut bereit.
9. Weil ich denn auf so viele Weise, mein Vater, bin dein Eigenthum: so gieb, daß ich dich würdig preise, und freudig mehre deinen Ruhm; laß mich dir dienen allezeit in Unschuld und Gerechtigkeit.

17.   Mel. Wer nur den lieben Gott etc.
Mein lieber Gott, gedenke meiner, sey mit mir jetzt und allezeit. Denn außer dir ist nirgend einer, der mich mit Rath und Trost erfreut. Dein Wort macht mich voll Zuversicht und sagt mir: du vergißt mein nicht.
2. Gedenke meiner, wenn ich höre dein süßes Evangelium, und mach' durch diese Himmelslehre mein Herz zu deinem Heiligthum: so wird dein Wort in mir gedeih'n und reich an guten Früchten seyn.

I. Allgemeine Bitten

3. Gedenke meiner, wenn ich bete, und laß dein Ohr mir offen stehn, wenn ich in Christo vor dich trete, laß gnädig, was ich bat, geschehn; was sonst ich fleh', wollst du verleihn, wenn mir's kann gut und selig seyn.

4. Gedenke meiner, wenn ich falle, und gieb mich nicht der Sünde hin. Weil ich, so lang' ich hier noch walle, zum Guten schwach und träge bin: so stärke mich in meinem Lauf, hilf gnädig meiner Schwachheit auf.

5. Gedenke meiner, wenn ich leide; wen hab' ich sonst, als dich allein, der bei der Menschen Haß und Neide, mein Freund und Tröster könnte seyn? Ich harre dein mit frohem Muth, auch wenn die Welt mir wehe thut.

6. Gedenke meiner, wenn ich sterbe, und mich die ganze Welt vergißt; versetze mich in jenes Erbe, wo du mein Theil und Leben bist; denn bliebst du nicht im Himmel mein, so würd' er mir kein Himmel seyn.

18.   In eigner Melodie.

O Gott, du frommer Gott, du Brunnquell guter Gaben, in dem wir Alle sind, von dem wir Alles haben; gieb mir gesunden Leib, und daß in solchem Leib ein' unverletzte Seel' und rein Gewissen bleib.

2. Verleih mir Lust und Kraft, zu thun, was mir gebühret, wozu mich dein Befehl in meinem Stande führet. Gieb, daß ich's thue bald, zu der Zeit, da ich soll, und was in dir gethan, das laß gelingen wohl.

3. Hilf, daß ich rede nur, womit ich kann bestehn; laß kein unnützes Wort aus meinem Munde gehen; und wenn in meinem Amt ich reden soll und muß, so gieb den Worten Kraft und Nachdruck ohn' Verdruß.

4. Wenn Trübsal bricht herein, so laß mich nicht verzagen; gieb einen Heldenmuth, das Kreuz hilf selber tragen. Bedarf ich Rath und Trost, so schenk' mir einen Freund, der in Gefahr und Noth es treulich mit mir meint. |

5. Laß mich in Christi Sinn mit Jedem freundlich leben, doch auch mit festem Muth dem Bösen widerstreben. Um Reichthum bitt' ich nicht; doch, segnest du mein Thun, so laß auf meinem Gut nur nie ein Unrecht ruhn.

6. Soll ich auf dieser Welt mein Leben höher bringen, mit manchem sauren Tritt hindurch in's Alter dringen: so gieb mir, Herr, Geduld, vor Sünd' und Schand bewahr', auf daß ich tragen mag mit Ehren graues Haar.

7. Laß mich auf Christi Tod einst froh von hinnen scheiden, die Seele nimm zu dir hinauf zu deinen Freuden. Dem Leib ein Räumlein gönn bei frommer Christen Grab, auf daß er seine Ruh an ihrer Seite hab.

8. Wenn deine Stimm', o Herr, die Todten einst erwecket: so öffne auch die Gruft, die mein Gebein bedecket. Durch deiner Allmacht Wort ruf' meinen Leib hervor, und führ' ihn schön verklärt zu deiner Engel Chor.

19.   Mel. In allen meinen Thaten etc.

Vor dich, Herr, will ich treten, um glaubensvoll zu beten; mein Heil kommt nur von dir. Ich suche nichts hienieden, als, Vater, deinen Frieden; du giebst ihn gern, verleih ihn mir.

2. Ob ich begabt soll werden mit Gütern dieser Erden, leg' ich in deine Hand. Laß mir nur das gelingen, daß ich hindurch mag dringen zu jenem ew'gen Vaterland.

3. Auch unter bangem Sehnen, auch unter heißen Thränen hoff' ich auf dich, mein Gott! Ich will mein ganzes Leben dir kindlich übergeben und treu dir seyn bis in den Tod.

4. Du, Vater, sollst mich führen, mir Herz und Sinn regieren durch deines Geistes Zug. Steh' ich bei dir in Gnaden, was könnte mir dann schaden? Du bist mir Schutz und Schirm genug.

5. Dein Wort voll Treu' und Wahrheit sey meiner Seele Klarheit, und meines Pfades Licht. Es soll mein Sehnen stillen und meine Brust erfüllen mit froher Glaubenszuversicht.

6. Zu dir führt mich vom Staube einst der, an den ich glaube, mein Heiland, Jesus, ein; da werd' ich, rein von Sünden, bei dir und ihm mich finden, und ewig deiner Huld mich freu'n.

20.   Mel. O wie selig sind die etc.

Wer auf seinen Heiland trauet, hat auf einen Fels gebauet, und besitzt den Himmel schon. Ob er gleich muß zeitlich leiden, einst genießt er ew'ge Freuden dort vor seines Jesu Thron.

2. Herr, du wollest mich bereiten zu des Himmels Seligkeiten, die mein sehnend Herz begehrt. Du kannst kräft'gen, stärken, gründen, daß den Gnadenlohn wir finden, den dein Wort uns hoffen lehrt.

3. Schreibe, Herr, auch all' die Meinen in die sel'ge Zahl der | Deinen. Laß sie in der Irre nicht. Ziehe sie nach oben kräftig, sey durch Deinen Geist geschäftig, bringe sie zum wahren Licht.

4. Ja, laß auch die andern Heerden bald herzugeführt werden durch der Wahrheit hellen Schein, daß sie Alle dich erkennen, dich den ein'gen Hirten nennen, gehn in deinen Himmel ein.

II. Vom christlichen Gottesdienste.

21.   Mel. Wach' auf, mein Herz etc.

II. Vom christlichen GottesdiensteAuf, auf, ihr meine Lieder! auf, Herz und Geist und Glieder, dem Höchsten Lob zu singen und Opfer ihm zu bringen.

2. Er hat die Nacht gewendet, das Licht herabgesendet; ich schlief ohn' alle Sorgen, erwachte froh am Morgen.

3. Nun sey Leib, Seel' und Leben ihm ferner auch ergeben! Laß gnädig dir vor allen dies Opfer, Herr, gefallen.

4. Vor Sünden mich behüte nach deiner großen Güte, so, daß ich ewig bleibe ein Glied an Christi Leibe!

5. Gieb Hoffnung und Vertrauen, getrost auf dich zu bauen. Dein Geist mich hilfreich stärke zur Förd'rung guter Werke.

6. Erhör' die frommen Beter, bekehr' die Uebertreter, sey gnädig mir und Allen nach deinem Wohlgefallen.

22.   Mel. Die Tugend wird durchs etc.

Beschwertes Herz, leg' ab die Sorgen, erhebe dich, gebeugtes Haupt! es kommt der angenehme Morgen, da Gott zu ruhen uns erlaubt. Die Ruhe hat er vorgeschrieben, und selbst den Ruhetag geweiht; auf, auf! des Herrn Gebot zu üben, zu seinem Dienst sei gern bereit!

2. Auf! laß die Welt aus deinem Sinne, dein irdisch Werk muß ferne stehn, du sollst zu höherem Gewinne in deines Gottes Tempel gehn, ihm zu bezahlen deine Pflichten, froh zu vermehren seinen Ruhm, in tiefster Demuth zu verrichten dein geistlich Werk und Priesterthum.

3. So bin ich, Gott, vor dir erschienen, und fleh' um deines Geistes Kraft, wie kann ich dir wohl würdig dienen, wenn er nicht in mir wirkt und schafft? Wie soll ich freudig vor dich treten, wenn er nicht stillt der Sünden Schmerz? Wie kann ich gläubig zu dir beten, wenn er nicht stärkt mein blödes Herz?

4. Kann meines Herzens Harfe klingen, wenn sie dein Finger nicht berührt? Kann ich zu dir empor mich schwingen, wenn nicht dein Arm mich aufwärts führt? Kann ich ein reines Opfer werden, wenn nicht dein Feuer auf mich fällt, in mir verzehrt die Lust der Erden, und mich belebt für jene Welt?

5. Erkauft hat Jesus mich so theuer, zu seinem Tempel mich | geweiht. Hier sey dein Heerd, hier sey dein Feuer, die Fülle deiner Herrlichkeit! Vollführe, was du angefangen, neig' auch zu mir dein Angesicht, dann ist der Seele aufgegangen des Sabbaths rechtes Freudenlicht.

23. Mel. Ach bleib mit deiner etc.

Der Herr, an dessen Güte sich Erd' und Himmel freun, der segne, der behüte dich, seines Volks Verein.

2. Der Herr, reich ohne Grenzen an Gnad' und an Geduld, laß hell und mild dir glänzen das Antlitz seiner Huld.

3. Der Herr dein Gott erhebe den Blick voll Freundlichkeit, daß er dir Frieden gebe, wie keine Welt ihn beut.

4. Gesegnet bleib im Namen des dreimal heil'gen Herrn! sein ganzes Volk sprech' Amen; uns segnet Gott so gern.

24. Mel. Herzliebster Jesu, was hast etc.

Dies ist der Tag, zum Segen eingeweihet! ihn feiert gern, wer deiner, Gott, sich freuet. O laß auch mich mit Freuden vor dich treten, dich anzubeten.

2. Dich rühmt der Lobgesang der Himmelsheere! auch dieses Haus erschall von deiner Ehre! auch unser Dank und unsers Geistes Flehen soll dich erhöhen.

3. Wie freu' ich mich, die Stätte zu begrüßen, wo Dürstenden des Lebens Bäche fließen, und wo dein Heil von der Erlösten Zungen froh wird besungen.

4. Vergebens lockt die Welt zu ihren Freuden; mein Geist soll sich auf Gottes Auen weiden, ich will an seines Wortes Gnadengaben die Seele laben.

5. O laß auch heute deinen Geist mich lehren, mich immer mehr vom Eitlen abzukehren, regiere mich, daß meine ganze Seele nur dich erwähle.

6. Dein Tag sey mir ein Denkmal deiner Güte. Er bringe Trost und Ruh in mein Gemüthe, den Trost, den Christus Allen hat erworben, da er gestorben.

7. Dich bet' ich an, du Todesüberwinder! der heut' erstanden ist zum Heil der Sünder, die in des Todes finstern Schatten saßen, von Trost verlassen.

8. Dein Siegstag ist ein Tag des Heils der Erde, gieb, daß er mir zum wahren Sabbath werde! Lob sey, Erlöser, deinem großen Namen auf ewig, Amen!

25. Mel. Nun danket alle Gott etc.
Dir, unserm Gott, sey Lob für deines Wortes Lehren! den Sündern riefst du zu, sich ernstlich zu bekehren; Betrübten gabst du Trost, den Schwachen Muth und Kraft, und Lust zur Heiligung in ihrer Pilgerschaft.

2. O segne nun dein Wort, daß es uns ganz durchdringe, und durch des Geistes Kraft auch reiche Früchte bringe; daß unser Glaube dir bis in den Tod getreu, die Liebe unverfälscht, und fest die Hoffnung sey. |

3. Gieb, daß wir immerdar dich kindlich fürchten mögen, daheim und in der Welt, auf allen unsern Wegen! Dein Segen sey mit uns, den uns dein Wort verheißt, dein Fried' in Ewigkeit, o Vater, Sohn und Geist!

26. Mel. Komm, heiliger Geist etc.
Erheb' uns zu dir, du, der ist und war und seyn wird, Ewiger! Du Unerforschter und Bekannter! du aller Himmel Erstaunen! Vor dem sein Knie der Cherub beugt, und nieder seine Krone wirft! O du, vor dem bald Sünder weinen, bald Lobgesang zu stammeln wagen, Unendlicher, Unendlicher!

2. Entreiß' uns der Welt, weck' uns auf von unsrer Eitelkeiten Traum! Es ruh' auf uns des Sabbaths Stille, damit im Himmel wir wandeln! O sey, wie du verheißen hast, Versöhner, mitten unter uns! Denn sieh, in deinem großen Namen sind wir versammelt, anzubeten, Erhabener, Erhabener!

3. Laß fern von uns seyn, heil'ger Gott, was irdisch und nicht himmlisch ist! Zu klein sey hier im Heiligthume uns jeder Erdengedanke! Hier fühl' es unser Herze ganz, daß es im Staub ein Fremdling ist! Laß, Herr, zu unserm Vaterlande hinauf die gläub'ge Seele steigen, hinauf zu dir, hinauf zu dir!

27. Mel. Mache dich, mein Geist etc.
Froh versammelt sind wir hier, Vater! als die Deinen. Heil uns, wenn wir oft vor dir andachtsvoll erscheinen. Du erfreust unsern Geist, wenn wir vor dich treten, Herr! dich anzubeten.

2. Deines großen Namens Ruhm ist nicht auszudenken; keines Tempels Heiligthum kann dich, Herr, umschränken; doch auch hier strömt von dir Gnad' und reicher Segen deinem Volk entgegen.

3. Von dem Weltgeräusch entfernt, das den Geist zerstreuet, sammelt er sich hier, und lernt, was in dir erfreuet. Eitles Glück weicht zurück vor den höhern Gaben, die uns wahrhaft laben.

4. Unser Herz erweitert sich, wenn wir Brüder sehen, die hier still und feierlich mit uns vor dir stehen. Jeder nennt und bekennt ihn, den du zum Leben hast der Welt gegeben.

5. Fest verknüpft der Liebe Band hier uns mit den Brüdern; alle fühlen sich verwandt, Hohe mit den Niedern. Haß und Streit wird bereut, wir verzeihn dem Feinde, werden Alle Freunde.

6. Hier wird Freudigkeit geweckt, Licht und Trost verbreitet, Sünder werden aufgeschreckt und zu dir geleitet; Noth und Schmerz lernt das Herz hier gestärkt ertragen, ohne zu verzagen.

7. Ja, dein Wort, das hier ertönt, ist das Wort des Lebens; er, der uns mit dir versöhnt, bracht' es nicht vergebens. Selig ist jeder Christ, der es achtsam höret und durch Thaten ehret.

8. Gott, wir wollen oft und gern hier vor dir erscheinen und | mit Jesu, unserm Herrn, fester uns vereinen. Er allein soll es seyn, den sich unsre Seele stets zum Führer wähle.

28. Mel. Wunderbarer König etc.
Gott ist gegenwärtig, lasset uns anbeten, und in Ehrfurcht vor ihn treten! Gott ist in der Mitten; Alles in uns schweige, und sich innigst vor ihm neige! Wer ihn kennt, wer ihn nennt: fallt in Demuth nieder, gebt das Herz ihm wieder!

2. Gott ist gegenwärtig, dem die Cherubinen Tag und Nacht gebeuget dienen; heilig, heilig, heilig singen ihm zur Ehre aller Engel hohe Chöre. Herr, vernimm unsre Stimm', wenn auch wir Geringen unser Opfer bringen.

3. Wir entsagen willig allen Eitelkeiten, die mit deinem Dienste streiten. Wir geloben heilig, Seele, Leib und Leben dir zum Eigenthum zu geben. Du allein sollst es seyn, den wir liebend ehren, dem wir angehören.

4. Majestätisch Wesen! möchten wir dich preisen, und im Geist dir Dienst erweisen! möchten wir wie Engel, immer vor dir stehen, und dich gegenwärtig sehen! Laß uns dir für und für trachten zu gefallen, heil'ger Gott, in Allen.

5. Geist, der Alles füllet, aller Dinge Leben, du, in dem wir sind und weben! Meer ohn' Grund und Ende, dich erforscht kein Denken, in dich wollen wir uns senken. Nur nach dir trachten wir, laß nur dich uns finden, ganz in dir verschwinden.

6. Du durchdringest Alles, laß dein Licht uns spüren, kräftig unser Herz berühren, wie die zarten Blumen willig sich entfalten, und der Sonne stille halten, daß wir so, still und froh deine Strahlen fassen, und dich wirken lassen.

7. Mach' uns nur einfältig, innig abgeschieden, sanft und still in deinem Frieden! Mach' uns reines Herzens, daß wir deine Klarheit völlig schau'n in Geist und Wahrheit. Laß das Herz himmelwärts wie ein Adler schweben, und in dir nur leben.

8. Komm, in uns zu wohnen! Schon auf dieser Erden möchten wir dein Tempel werden. Komm, du gütig Wesen, dich in uns verkläre, deine Lieb' in uns vermehre. Wo wir gehn, wo wir stehn, laß uns dich erblicken, ganz zu dir uns schicken.

29. Mel. Liebster Jesu, wir sind hier etc.
Gott sey Dank, der mit uns war an der Andacht heil'gem Orte; reiche Nahrung bot er dar unserm Geist aus seinem Worte; unser Beten, Hören, Singen ließ er uns zum Heil gelingen.

2. Freudig gehn wir jetzt hinaus, wandeln heim auf unsern Wegen. Nun begleit' in unser Haus uns der hier empfange Segen, daß wir bleiben in dem Lichte von des Herren Angesichte.

3. Unsern Ausgang segne Gott, unsern Eingang woll' er segnen; rufen wir zu ihm in | Noth, woll' er uns mit Trost begegnen, und uns einst nach sel'gem Sterben zählen zu des Himmels Erben.

---

5 lasset] Lasset

30.   Mel. Werde munter, mein etc.
Hehr und heilig ist die Stätte, wo die Christen zu dir flehn. Laß, so oft ich sie betrete, mich, o Herr, dein Antlitz sehn. In der Welt ist Sorg' und Streit, all' ihr Glück ist Eitelkeit. Hier find' ich, von ihr geschieden, deine Ruh und deinen Frieden.

2. Heil'ges Wort der ew'gen Wahrheit, das dem Irrthum uns entriß, du erhellst durch deine Klarheit unsres Geistes Finsterniß. Meine Schuld enthüllst du mir, jeder Trug entflieht vor dir; wo du, heil'ges Wort, erklungen, hast du Mark und Bein durchdrungen.

3. Weinend und mit bangem Zagen trat ich oft ins Heiligthum. Doch, bald stillte meine Klagen, Herr, dein Evangelium. Ich gab mich in Gottes Hand, und zum Mittler hingewandt, hab' ich, ganz in ihn versunken, gern den Leidenskelch getrunken.

4. Knie' ich an des Altars Stufen, ein gebeugter Sünder, hin, hör' ich heil'ge Stimmen rufen: sey getrost, dir ist verziehn! Hoch begnadigt steh' ich auf, fröhlich fördr' ich meinen Lauf, und mein Herz ist voll Vertrauen, was ich glaube, dort zu schauen.

5. Sieht mein Auge, naß von Thränen, der Geliebten Stellen leer, hier stillt sich mein banges Sehnen bei dem Zuruf: weint nicht mehr! Aus der Welt voll Kampf und Streit zu des Himmels Herrlichkeit, zur Gemeine sel'ger Frommen hat der Herr sie aufgenommen.

6. Bin auch ich dereinst verschwunden aus der frommen Hörer Zahl, werd' ich einst nicht mehr gefunden bei des Herrn geweihtem Mahl: dann ins höh're Heiligthum ging mein Geist mit Preis und Ruhm, daß er ewig sich vereine mit der himmlischen Gemeine.

31.   Mel. Ach, was soll ich Sünder etc.
Herr, es ist der Tag erschienen, der mich dein gedenken heißt, und mich zu dem Himmel weist; sieh', ich komme, dir zu dienen an dem Tage deiner Ruh'; gieb mir Schwachen Kraft dazu.

2. Halte fern an diesem Morgen von mir das Geräusch der Welt, die mir nur zu leicht gefällt. Brich die Macht der eitlen Sorgen, daß ich heut', von Allem frei, dir allein ergeben sey.

3. Schmücke mich mit deinen Gaben, stärke mich mit deiner Kraft, die den neuen Menschen schafft. Welche Wonne werd' ich haben, wenn in heiliger Begier ich mich freue, Herr, in dir!

4. Gieb, daß mich dein Wort durchdringe, steh mit deinem Geist mir bei, daß es in mir kräftig sey. Wenn ich bete, wenn ich singe, siehe du mich gnädig an, und laß mich dein Heil empfahn. |

5. Laß mich nicht in Sünde fallen, laß mich fest im Glauben steh'n, voll Vertrauen auf dich seh'n. Lieber Vater, hilf uns Allen, daß der Ruhe heil'ger Tag uns ein Segen werden mag.

32.   Mel. Liebster Jesu, wir sind hier etc.
Herr, vor deinem Angesicht hat die Andacht uns versammelt; o verwirf die Bitten nicht, die dein Volk in Demuth stammelt; siehe gnädig auf uns nieder, und nimm an des Dankes Lieder.

2. Laß das Wort, das hier erschallt, tief in unsre Seelen dringen, und mit göttlicher Gewalt jeden Widerstand bezwingen; daß es unsern Sinn erneue, und das Herz mit Trost erfreue.

3. Dein Gebot, das wir erkannt, hilf du selbst uns treulich üben, dich und den du uns gesandt, Jesum Christum, herzlich lieben. O daß weder Leid noch Freude je von deiner Lieb' uns scheide!

33.   Mel. Herr Jesu Christ, dich zu uns etc.
Hier sind wir, Gott, und flehn um Licht, versage deinen Geist uns nicht; lehr uns dein heilig Wort verstehn, und freudig deine Wege gehn.

2. Mach' uns von allem Irrthum frei, erhalt' im Glauben uns getreu, daß wir dir dienen allezeit in Wahrheit und Gerechtigkeit.

3. Erhöre uns von deinem Thron durch Jesum Christum, deinen Sohn! Auf Erden preis't dich unser Dank, und dort ein ew'ger Lobgesang.

34.   Mel. Liebster Jesu, wir etc.
Jesus, wir erscheinen hier, deine Süßigkeit zu schmecken! deine Gnad' erflehen wir, Herz und Ohren zu erwecken; daß wir deine Himmelslehren uns zum Trost mit Freuden hören.

2. Oeffne deines Dieners Mund, gieb ihm deines Geistes Gaben, daß er mög' aus Herzensgrund mit des Wortes Kraft uns laben, und daß uns die Himmelsspeise stärk' auf unsrer Pilgerreise.

3. Dir, dem Vater und dem Geist, soll das Herz geheiligt werden! hilf nur, daß wir allermeist uns erheben von der Erden, um mit innigem Verlangen deine Gaben zu empfangen.

35.   In eigner Melodie.
Liebster Jesu, wir sind hier, dich und dein Wort anzuhören! Lenke Sinnen und Begier auf die süßen Himmelslehren, daß die Herzen von der Erden ganz zu dir gezogen werden.

2. Unser Wissen und Verstand ist mit Finsterniß umhüllet, wo der Geist, den du gesandt, nicht mit Klarheit uns erfüllet. Gutes denken, thun und dichten, mußt du selbst in uns verrichten.

3. O du Glanz der Herrlichkeit, Licht von Licht aus Gott geboren, mach uns allesammt bereit, öffne Herzen, Mund und Ohren; unser Beten, Flehn und | Singen laß, Herr Jesu, wohl gelingen.

36.   Mel. Ich danke dir, o Gott etc.
Nimm jetzt hinweg, o Gott, was uns kann stören, was hindern kann den Einfluß deiner Lehren, daß bei der Erde Sorgen nicht verweilen Gedanken, die gen Himmel sollen eilen; laß Herz und Sinne ganz zu dir sich kehren, so kann im Segen uns dein Diener lehren.

37.   Mel. O daß ich tausend Zungen etc.
Noch sing' ich hier aus dunklen Fernen, Herr meines Lebens, dir mein Lied, bis einst, weit über allen Sternen, dich mein verklärtes Auge sieht; dann schallet dir im Jubelklang mit allen Sel'gen mein Gesang.

2. Wohl mir, du schauest auf mich nieder, steigt mein Gebet zu dir hinan; du hörst den Dank der schwachen Lieder, und nimmst mein Flehen gnädig an. Wenn sich mein Herz zu dir erhebt, fühl' ich mich neu durch dich belebt.

3. Wie selig war't ihr, stille Stunden, da ich das Lob des Höchsten sang; Entzückung hab' ich da empfunden, die durch die frohe Seele drang. Indem dir, Gott, mein Dank erscholl, ward ich der reinsten Wonne voll.

4. Hab' ich mir nicht die Last der Leiden oft durch ein Trostlied leicht gemacht? Nicht, statt des Kummers, Ruh' und Freuden in mein beklommnes Herz gebracht? Klagt' ich mein Leid, o Vater, dir; so sandtest du auch Hoffnung mir.

5. Doch höher ward mein Geist erhoben in meiner Miterlösten Schaar, wenn sie, gemeinsam dich zu loben, im Heiligthum versammlet war, und in Begeistrung sich ihr Chor zu deinem Throne schwang empor.

6. Drum will ich mit den frommen Schaaren zu deinem Tempel freudig gehn, wo einst auch die versammelt waren, die nun vor deinem Throne stehn; sie schauten auch im dunklen Wort, von Angesicht schaun sie dich dort.

38.   Mel. Herr Jesu Christ, dich etc.

O Vater, send' uns deinen Geist, den uns dein theures Wort verheißt! er dring' in unsre Herzen ein, daß sie dein heil'ger Tempel seyn.

2. Entzünd' in Andacht unser Herz, lenk' unsre Sinnen himmelwärts, und mach' uns allesammt bereit, zu hören, was dein Wort gebeut.

3. Erfüll' uns ganz mit deinem Licht, gieb uns des Glaubens Zuversicht, daß wir in Jesu Namen flehn und würdiglich dein Lob erhöhn.

4. Dir, Gott, den Erd' und Himmel preist, dir, Vater, deinem Sohn und Geist, erschalle hier Lob, Preis und Ruhm, wie in des Himmels Heiligthum.

39.   Mel. Wie schön leucht't uns etc.

Sey uns gesegnet, Tag des Herrn! zu Gottes Preise nah und fern erwacht der | Christen Menge. Ihr Lobgesang tönt spät und früh; zum Heiligthume wallen sie in festlichem Gedränge. Froher schallen hier die Lieder, wo die Brüder, anzubeten, sind vereint vor Gott getreten.

2. Komm, Geist der Andacht und der Ruh'! auch unsern Tempel weihe du zu feierlicher Stille. Mach' unser Herz vom Irrthum los; uns werde Gottes Name groß, sein Wille unser Wille. Fromme Liebe, Brudertreue mög' aufs neue uns beleben, Jesu Vorbild nachzustreben.

40.   Mel. Lobe den Herren, den etc.

Vater, erhöre das Flehn der vereinten Gemeine, daß uns das Licht der Erkenntniß in Klarheit erscheine; und nicht zu spät, wer deine Wahrheit verschmäht, seine Verblendung beweine!

2. Möge die Predigt die Herzen der Sünder gewinnen, und nicht vergeblich die Thräne der Rührung verrinnen! Wo nicht dein Licht mächtig das Dunkel durchbricht, kann nicht das Schauen beginnen.

3. Laß uns, die wir nach dem Namen des Heilands uns nennen, ihn als die Quelle des Lichts und des Lebens erkennen. Ihm, der uns lehrt, wie dein Volk würdig dich ehrt, ihm laß die Herzen entbrennen!

41.   Mel. O daß ich tausend Zungen etc.
Wie lieblich ist doch, Herr, die Stätte, wo deines Namens Ehre wohnt! Wenn ich voll Andacht sie betrete, wie reichlich werd' ich dann belohnt! ich kann mich deines Wortes freun, und in dir froh und selig seyn.
   2. Wohl dem, der kommt zu deiner Hütte, und dich mit ganzer Seele preist! Du hörst sein Lob und seine Bitte, und stärkst mit neuer Kraft den Geist, daß er auf deiner Wahrheit Bahn unsträflich vor dir wandeln kann.
   3. Dein Wort bleibt niemals ohne Segen dem, der es recht zu Herzen nimmt; es giebt den Trost auf Trübsalswegen, daß du sie uns zum Heil bestimmt; verleiht im Kampfe Muth und Kraft, und ist ein Schwert, das Sieg verschafft.
   4. Gott, laß auch mir dein Antlitz scheinen; dein Sabbath bring' auch mir Gewinn, wenn andachtsvoll ich mit den Deinen vor dir an heil'ger Stätte bin; laß unser Lob, das wir dir weihn, ein dir gefällig Opfer seyn.
   5. Ja, du bist Sonn' und Schild den Frommen, du bist ihr Segen und ihr Heil; wenn sie im Glauben vor dich kommen, wird Gnad' um Gnad' ihr selig Theil. Was du verheißest, stehet fest; wohl dem, der sich auf dich verläßt.

42.   Mel. Schmücke dich, o liebe Seele etc.
Zeige dich uns ohne Hülle, ström' auf uns der Gnaden Fülle, daß, o Herr, an deinem Tage unser Herz der Welt entsage; daß wir uns zu dir erheben durch die Macht, die | dir gegeben; daß die glaubende Gemeine mit dem Vater sich vereine.
   2. O daß wir entladen würden von der Erde schweren Bürden, und des Sabbaths sanfte Stille auch die Seele ganz erfülle! daß von fern aus deinen Höhen wir des Lichtes Aufgang sehen, das uns völlig einst verkläret, wenn der Sabbath ewig währet.
   3. Was ich strahlen seh' am Throne, ist es nicht der Sieger Krone? Was von dort herab ich höre, sind's nicht Überwinders Chöre? Feiernd tragen sie die Palmen, ihr Triumph erschallt von Psalmen! Herr! du selber wollst mich weihen diesem Sabbath deiner Treuen.
   4. Möge dein Verdienst bedecken meiner Seele Schuld und Flecken, daß ich dort kann mit den Deinen würdig und geschmückt erscheinen; dort, wo du voll Huld und Gnaden uns zu deinem Mahl geladen, wo die Streiter nicht mehr ringen, wo sie Siegeslieder singen.

III. Bekenntniß des Glaubens an Gott den Dreieinigen.

43.   In eigner Melodie.
Allein Gott in der Höh' sey Ehr' und Dank für seine Gnade, darum, daß nun und nimmermehr uns rühren kann kein Schade; ein Wohlgefall'n Gott an uns hat. Nun ist groß Fried' ohn' Unterlaß, all' Fehd' hat nun ein Ende.
   2. Wir loben, preis'n, anbeten dich für deine Ehr', wir danken, daß du, Gott Vater, ewiglich regierst ohn' alles Wanken. Ganz unermess'n ist deine

Macht, fort geschieht, was dein Will' hat bedacht; wohl uns des feinen Herren!

3. O Jesu Christ! Sohn eingebor'n deines himmlischen Vaters, Versöhner der'r, die waren verlor'n, du Stiller unsers Haders; Lamm Gottes, heil'ger Herr und Gott, nimm an die Bitt' von unsrer Noth, erbarm' dich unser aller.

4. O heil'ger Geist, du höchstes Gut, du allerheilsamster Tröster! vor's Teufels Gewalt fortan behüt', die Jesus Christus erlöste durch große Marter und bittern Tod. Abwend' all' unsern Jammer und Noth, dazu wir uns verlassen.

44.   Mel. Herzlich lieb hab' ich dich etc.

Du riefst mich, Vater, aus dem Nichts zum frohen Anschaun deines Lichts, dich soll mein Herz erheben! Schon hier im Laufe dieser Zeit hat deine Huld und Freundlichkeit viel Gutes mir gegeben. Doch nicht allein für diese Welt, die kein vollkommnes Glück enthält, zur Wonne, die kein Ende nimmt, hat mich dein Gnaden|rath bestimmt. O Vater, Gott, wie liebst du mich, wie liebst du mich! Dein freuet meine Seele sich.

2. Sohn Gottes, uns zum Heil gesandt, Erlöser, der mit treuer Hand zu Gott die Seinen leitet! Für mich auch gabst du dich dahin, und hast, wenn ich dein Jünger bin, mir ew'ges Heil bereitet. Zwar seh' ich jetzt des Himmels Glück von ferne nur mit schwachem Blick; doch schon entzückt mich jene Welt, die Gott den Gläub'gen vorbehält. Einst preis' ich dich, o Gottes Sohn, o Gottes Sohn, im höhern Licht vor deinem Thron.

3. Geist Gottes, unsre Zuversicht! verlaß, verlaß uns Schwache nicht, und stärk' uns unsern Glauben. Zeuch uns zu Gott und seinem Sohn, und laß durch nichts den Gnadenlohn der künftgen Welt uns rauben. Lenk von dem Eitlen dieser Zeit uns auf das Heil der Ewigkeit; Sinn und Gemüth ergeben wir im Leben und im Sterben dir. O Gottes Geist, das Heil des Herrn, das Heil des Herrn, zeig' uns, so sterben wir einst gern.

4. Dreieiniger! sind wir ganz dein, wie selig können wir dann seyn! Lehr' uns dies Glück recht achten. Was diese Welt beut, sättigt nicht, stets trügt uns ihrer Weisheit Licht: nach dir nur laß uns trachten. Dir, Schöpfer, und, Erlöser, dir, und dir, Geist Gottes, bringen wir gemeinsam in dem Heiligthum mit Freuden Preis und Dank und Ruhm. Dreieiniger! in Ewigkeit, in Ewigkeit sey unsre Seele dir geweiht.

45.   In eigner Melodie.

Gott, der Vater, wohn' uns bei, und laß uns nicht verderben, mach' uns aller Sünden frei, und hilf uns selig sterben! Vor dem Bösen uns bewahr', mit Glauben und Vertrauen laß fest auf dich uns bauen, bis wir dein Heil dort schauen. In Versuchung und Gefahr laß alle rechte Christen mit deiner Kraft sich rüsten und trotzen Satans Listen. Amen, Amen, dies sey wahr, so singen wir Hallelujah!

2. Jesus Christus wohn' uns bei etc.
3. Heilger Geist, uns wohne bei etc.

---

6 heil'ger] heilger
31 dir, und] dir und

46.   Mel. Allein Gott in der Höh' sey etc.
Gott in der Höh' sey Ehr' und Ruhm und Dank für seine Gnade. Wir sind sein Volk und Eigenthum, was ist's, das uns nun schade? Sein Rath ist unsre Seligkeit, zu segnen ist er stets bereit, erhebet seinen Namen.
  2. Gott Vater, wir erheben dich mit freudigem Gemüthe, du herrschest unveränderlich mit Weisheit und mit Güte. Unendlich groß ist deine Macht, und stets geschieht, was du bedacht; wohl uns, daß du regierest.
  3. O Jesu Christ, des Höchsten Sohn, für uns ein Mensch geboren, du kamst von deines | Vaters Thron, zu suchen, was verloren. Du Mittler zwischen uns und Gott, hilf uns im Leben und im Tod, erbarm' dich unser Aller.
  4. O heil'ger Geist, du Geist von Gott, erleuchte, beßre, tröste uns, die der Herr durch seinen Tod vom Sündendienst erlöste! Steh' du mit deiner Gnad uns bei, daß unser Herz dein Tempel sey' und wir einst selig sterben.

47.   Mel. Wie schön leucht't uns etc.
Hallelujah, Lob, Preis und Ehr' sey unserm Gott je mehr und mehr für alle seine Werke. Sein ist das Reich, die Herrlichkeit, weit über alle Himmel weit herrscht er mit Huld und Stärke. Singet, bringet frohe Lieder, fallet nieder, zu erheben ihn, durch den wir sind und leben.
  2. Hallelujah, Dank, Preis und Ruhm sey von uns, deinem Eigenthum, Sohn Gottes, dir gesungen. Du Mittler zwischen uns und Gott, hast durch Gehorsam bis zum Tod das Leben uns errungen. Heilig selig ist die Freundschaft und Gemeinschaft aller Frommen, die durch dich zum Vater kommen.
  3. Hallelujah, du Geist des Herrn, sey nie von unserm Geiste fern, mit Kraft ihn auszurüsten; du machst uns gläubig, weis' und rein, hilfst uns getrost und siegreich seyn im Kampf mit unsern Lüsten. Leit' uns, stärk' uns, daß in Freude wie im Leide Gott ergeben, wir zu seiner Ehre leben.

48.   Mel. Komm, heiliger Geist etc.
Lob, Preis und Ehre bringen wir, Herr, unser Gott und Vater, dir. Wie groß und viel sind deine Werke, du Gott der Macht und der Stärke. Dein ist der Erdkreis und in dir, o Höchster, sind und leben wir; du trägst uns alle voll Erbarmen auf deinen treuen Vaterarmen. Hallelujah! Hallelujah!
  2. Lob, Preis und Ehre, Heiland, dir! Verlorne Sünder waren wir; du bist am Kreuz für uns gestorben, hast ew'ges Heil uns erworben. Wer zu dir kommt, wer an dich gläubt, und in Versuchung treu dir bleibt, der soll, befreit vom Fluch der Sünden, Erbarmung, Gnad' und Leben finden. Hallelujah! Hallelujah!
  3. Lob, Ehr' und Preis dir, Geist des Herrn. Wir waren einst von Christo fern, entfremdet von dem wahren Leben, mit Finsterniß ganz umgeben. Du hast durch deines Wortes Macht auch uns zum Licht aus Gott gebracht; du lehrst uns leben, lehrst uns sterben, und weihest uns zu Himmelserben. Hallelujah! Hallelujah !
  4. Lob, Preis und Ehre bringen wir, Dreieiniger, in Demuth dir. Es müsse jedes Land der Erden voll deiner Herrlichkeit werden. Wie selig, wie begnadigt ist ein Volk, deß Zuversicht du bist. Anbetungswürd'ger, deinem Namen sey ewig Ruhm und Ehre. Amen. Hallelujah! Hallelujah! |

49.
Mel. Es woll' uns Gott etc.

O Gott, wir ehren deine Macht, wir preisen dein Erbarmen, daß gnädig du an uns gedacht' und Heil gesandt uns Armen: Du bist voll Gnade, wir voll Schuld, wir todt, du bist das Leben; hast dich nach deiner großen Huld zu eigen uns gegeben; o Abgrund aller Liebe!

2. Wir beten dich als Vater an, du liebest uns als Kinder, das hat dein Wort uns kund gethan zum Heil und Trost der Sünder. Wie ist doch voller Lieb' und Huld dein väterlich Gemüthe! Du bist voll Langmuth, übst Geduld, Erbarmen, Treu und Güte; o Vaterherz voll Gnade!

3. O Jesu, theurer Gottessohn! du Licht vom wahren Lichte! Vor dir, dem rechten Gnadenthron, wird Sünd' und Tod zu nichte; du bist der Grund der Seligkeit, das Heil, darauf wir hoffen; dein Gnadenbrunn steht allezeit für unsre Seelen offen; du Urquell alles Segens!

4. O heil'ger Geist, du Geist von Gott! wehr' in uns dem Verderben, laß uns durch Christi Kreuzestod der Sünd' und Welt absterben; zerstöre du des Bösen Reich, schlag' seine Macht darnieder, damit wir Jesu Christo gleich und seines Leibes Glieder in Wahrheit seyn und bleiben.

50.
Mel. Gelobet seyst du, Jesu Christ etc.

Preis ihm! Er schuf' und er erhält seine wundervolle Welt! Du sprachst, da wurden, Herr, auch wir; wir leben und wir sterben dir! Hallelujah!

2. Preis ihm! Er liebt von Ewigkeit! wird ein Mensch, stirbt in der Zeit. Erlöst, erlöst hast du uns dir; dir leben und dir sterben wir! Hallelujah!

3. Preis ihm! Er führt auf steiler Bahn, führt zum Himmel uns hinan. Geheiliget hast du uns dir; dir leben und dir sterben wir! Hallelujah!

4. Sing' Psalter! Freudenthränen, fließt! Heilig, heilig, heilig ist Gott, unser Gott! Jehovah dir, dir leben und dir sterben wir! Hallelujah!

51.
In eigner Melodie.

Wir glauben all' an einen Gott, Schöpfer Himmels und der Erden, der sich zum Vater geben hat, daß wir seine Kinder werden; er will uns allzeit ernähren, Leib und Seel' auch wohl bewahren, allem Unfall will er wehren, kein Leid soll uns widerfahren; er sorget für uns, hüt't und wacht, :‚: es steht Alles in seiner Macht.

2. Wir glauben auch an Jesum Christ, seinen Sohn und unsern Herren, der ewig bei dem Vater ist, gleicher Gott von Macht und Ehren; von Maria, der Jungfrauen, ist ein wahrer Mensch geboren, durch den heilgen Geist im Glauben, für uns, die wir war'n verloren, am Kreuz gestorben und vom Tod :‚: wied'r auferstanden ist durch Gott. |

3. Wir glauben auch an heilgen Geist, Gott mit Vater und dem Sohne, der aller Blöd'n ein Tröster heißt, uns mit Gaben zieret schöne: die ganze Christenheit auf Erden hält in einem Sinn gar eben. Hier all' Sünd' vergeben werden; das Fleisch soll uns wieder leben: nach diesem Elend ist bereit't :‚: uns ein Leben in Ewigkeit.

52.
In eigner Melodie.

Wir glauben all' an Einen Gott, Herrn und Vater aller Welt, der durch sein mächtiges Gebot uns erschuf und uns erhält, der voll Weisheit, Güt' und Macht stets für Alles sorgt und wacht.

2. Wir glauben auch an Jesum Christ, Gottes eingebornen Sohn, der Mensch für uns geworden ist, und nun herrscht auf Gottes Thron; der, indem er litt und starb, Heil und Leben uns erwarb.

3. Wir glauben an den heilgen Geist, dessen gnadenvolle Kraft an unserm Herzen sich erweist, Rath und Trost und Hülf' uns schafft. Gott, für Zeit und Ewigkeit segne deine Christenheit!

IV. Preis der göttlichen Eigenschaften.

53. Mel. Komm, heiliger Geist etc.

Allseliger Gott, vor der Zeit war deine Macht und Herrlichkeit, und wird in Ewigkeit bestehen, wenn Welten untergehen. Beseligt fühlet sich mein Geist, so oft er deinen Namen preist. Wie köstlich ist mir's, dir lobsingen, dir danken, Herr, dir Ehre bringen. Hallelujah!

2. Groß ist dein Name, wunderbar, du, der da ist und der da war! Wer kann sich bis zu dir erheben, dein Antlitz schaun und leben? Kein Bild ist, das dir, Höchster gleicht, so weit auch deine Schöpfung reicht. Du bist ein Geist; nur Geister können dich fühlen und dich Vater nennen. Hallelujah!

3. Du bist's allein, Herr, dem kein Tod durch alle Ewigkeiten droht. Kein Andrer konnte je dir Leben, du Lebensurquell, geben. Du bist durch dich; dein Daseyn ist ein Strom, der unversieglich fließt, die Fülle aller Seligkeiten in deine Welten zu verbreiten. Hallelujah!

4. Allwissender Gott, helles Licht umstrahlt dein göttlich Angesicht! Du bist's, der Alles kennt und siehet; nichts ist, was dir entfliehet. In die Vergangenheit zurück schaust du mit sonnenhellem Blick; und was die Zukunft einst erfüllet, das liegt schon deinem Aug' enthüllet. Hallelujah!

5. Herr, was dein Wille uns gebeut, ist Wahrheit und Gerechtigkeit. Nie kann dein weiser Rathschluß fehlen, das Beste stets zu wählen. So oft ich dir auf deiner Bahn von ferne nach|seh', bet ich an; und fromme Zuversicht im Leiden erfüllt mein Herz mit sanften Freuden. Hallelujah!

6. O seliger Geist, führe du uns deinem Lichte wieder zu, die du nach deinem Bilde schufest, in Christo uns berufest! O, welche Seligkeit, welch' Heil wird unser aller Erb und Theil, wenn wir im Sohn dich recht erkennen, und gläubig unsern Vater nennen! Hallelujah!

54. Mel. Wachet auf, ruft uns etc.

Auf, erwacht, ihr heilgen Triebe! Gelobt sey Gott, Gott ist die Liebe, und wird es seyn in Ewigkeit. O wie soll ich Worte finden, den Ruhm der Liebe zu verkünden, die ewig segnet und erfreut. Wer bin ich, Herr, vor dir? Nur fühlen kann ich hier: du bist Liebe. Wie selig ist, wer nie vergißt, daß du, o Gott, die Liebe bist.

2. Wundervoll sind deine Werke; ich sehe Weisheit, Macht und Stärke, und meine Seele beuget sich. Doch, wo Macht und Weisheit wohnen, da seh' ich auch die Liebe thronen, und voll Vertraun erheb' ich mich. Was ist, das mich

noch schreckt? Mein Glaubensblick entdeckt nichts als Liebe. Des Tages Pracht, die dunkle Nacht preist deiner Liebe Wundermacht.

3. Freude strömet mir und Segen mit jedem Morgen neu entgegen, du, Gott der Liebe, sendest sie. Trüben sich auch meine Tage, so linderst du doch jede Plage, und Trost und Hoffnung fehlt mir nie. In Freude wie in Schmerz erfähret stets mein Herz deine Liebe. Ob alles bricht: ich zage nicht, du bleibest meine Zuversicht.

4. Bin ich gleich befleckt von Sünden, doch lässest du mich Gnade finden durch den, in welchem du uns liebst. Du willst aller Sünder Leben, und hast uns deinen Sohn gegeben, mit dem du uns nun Alles giebst. Gott, mein erstaunter Geist freut deiner sich und preist deine Liebe. Dir soll allein mein Herz sich weih'n und dir in Liebe eigen seyn.

55.   Mel. Sey Lob und Ehr' dem etc.
Der Herr ist Gott und keiner mehr! Frohlockt ihm, alle Frommen! Wer ist ihm gleich? wer ist, wie er, so herrlich, so vollkommen? Der Herr ist groß, sein Nam' ist groß, er ist unendlich, grenzenlos in seinem ganzen Wesen.

2. Ihn trifft kein Wechsel flücht'ger Zeit in seines Himmels Höhen, und seine Größ' und Herrlichkeit wird ewiglich bestehen. Wir Menschen sind von gestern her; eh' Erd' und Himmel ward, war er, und ewig wird er bleiben.

3. Des Ew'gen Thron umgiebt ein Licht, das ihn vor uns verhüllet. Ihn fassen alle Himmel nicht, die seine Kraft erfüllet! Er bleibt derselbe immerdar, verborgen und doch offenbar in seiner Werke Wundern! |

4. Wo wären wir, wenn seine Kraft uns nicht gebildet hätte? Er kennet Alles, was er schafft, der Wesen große Kette. Bei ihm ist Weisheit und Verstand, und er umspannt mit seiner Hand die Erde sammt dem Himmel.

5. Ist er wohl Einem von uns fern? Weiß er nicht Aller Wege? Wo ist die Nacht, da sich dem Herrn ein Mensch verbergen möge? Die Finsterniß ist vor ihm Licht, Gedanken selbst entfliehn ihm nicht, er sieht sie schon von ferne.

6. Wer hält den Weltbau ohne dich? Wer schützt ihn vor dem Falle? Allgegenwärtig breitet sich dein Fittig über Alle! Du bist voll Freundlichkeit und Huld, barmherzig, gnädig, voll Geduld, bist unser Gott und Vater.

7. Du Höchster, du allein bist gut, gerecht in deinen Wegen! Wohl dem, der deinen Willen thut, ihm nur folgt Heil und Segen! Du hast Unsterblichkeit allein, bist selig, wirst es ewig seyn, du Urquell aller Freuden.

8. Dir nur gebühret Lob und Dank, Anbetung, Preis und Ehre. Kommt, werdet Gottes Lobgesang ihr alle seine Heere! Der Herr ist Gott und keiner mehr! Wer ist ihm gleich? wer ist wie er, so herrlich, so vollkommen?

56.   Mel. Straf mich nicht in etc.
Dir strebt meine Seele zu, Gott, mein Heil, mein Leben! Alles, was mir fehlt, hast du und willst gern mir's geben. Ja, es kommt, was mir frommt, was ich bin und habe, mir als deine Gabe.

2. Wie von dir die Liebe stammt, womit Väter lieben, die in Mutterherzen flammt, und die Brüder üben: so weckt auch nur dein Hauch all' die edlen Triebe treuer Freundesliebe.

IV. Preis der göttlichen Eigenschaften 783

3. Und in jede Seele, Gott, senkst du milde Güte, daß sie bei der Brüder Noth Hülf' und Rettung biete. So verband deine Hand alle Millionen, die auf Erden wohnen.

4. Und was wirst du denen nicht, Gott der Liebe, schenken, die sich voller Zuversicht ganz in dich versenken! deine Huld tilgt die Schuld, und mit ew'gen Freuden wird sie Christus weiden.

5. Wer in ihm dir wohlgefällt' und dich Vater nennet, was der theure Nam' enthält, alles fühlt und kennet, den erhebt und belebt Glauben ohne Wanken stets zu Trostgedanken.

6. Ja, wie wird mein Herz erquickt, wenn ich dir nur klage, was mir fehlt, was mich drückt, jede Sorg' und Plage. Auch die Noth, die noch droht, zeigt sich gleich mir kleiner, denk' ich, Vater, deiner.

7. O wer giebt, wie du, so viel, wer so überschwänglich! Freuden ohne Maß und Ziel hier schon unvergänglich. Und enthält diese Welt so viel für die Deinen, was wird dort erscheinen. |

57. Mel. Ein Lämmlein geht etc.
Getreuer Gott! wie viel Geduld erzeigest du uns Armen! wir häufen täglich Schuld auf Schuld; du häufest dein Erbarmen. Was ist des Menschen Lebenslauf? Er ist verderbt von Jugend auf, sein Sinn ist dir entgegen: und doch, o Vater, suchst du ihn von seinen Sünden abzuziehn, zur Besserung zu bewegen.

2. Du willst die Menschen väterlich durch Wohlthun zu dir locken; der Menschen Elend jammert dich, selbst wenn sie sich verstocken; zur Buße giebst du ihnen Raum, und läßt den unfruchtbaren Baum nicht ohne Pflege stehen, du wartest sein, du suchest Frucht, und auch wenn du umsonst gesucht, läßt du ihn nicht vergehen.

3. Beweisest du so große Huld selbst an den frechen Sündern; um wie viel mehr trägst du Geduld mit deinen schwachen Kindern; du warnest sie vor der Gefahr, reichst ihnen deine Hülfe dar, vom Fall sich zu erheben; du lockest sie voll Freundlichkeit, und bist, als Vater, stets bereit, in Christo zu vergeben.

4. Laß diese Langmuth und Geduld, Gott, unsre Herzen rühren; nie müsse deine Vaterhuld zur Sicherheit uns führen! Trag' uns erbarmend fernerhin; doch gieb uns auch dabei den Sinn, daß wir die Sünde hassen, und uns noch in der Gnadenzeit den Reichthum deiner Gütigkeit zur Buße leiten lassen.

58. Mel. Liebster Jesu, wir etc.
Gott, Allweiser, wer bin ich, deine Weisheit zu ergründen? Alle Himmel rühmen dich, jeder Wurm kann dich verkünden; doch welch' Auge kann erspähen Gottes Tiefen, Gottes Höhen!

2. Deiner Welten weites All rühmt im ungemessnen Kreise, aller Himmel Wiederhall jauchzt zurück: der Herr ist weise, und in seiner Weisheit Händen ruhn getrost der Himmel Enden.

3. Und der Mensch, der Erdenstaub, will den Rathschluß Gottes sichten? Er, des kleinsten Lüftchens Raub, wagt des Ew'gen Weg zu richten? So dürft' er sich je vergessen, Gott nach seinem Maß zu messen?

4. Was dein Rath, o Herr, beschleußt, wohl mir, kann kein Thor verhindern. Walte fort, und sey gepreist demuthsvoll von deinen Kindern! Ob sie's oft nicht fassen mögen, dennoch all' dein Thun ist Segen.

5. Du führst mich dem Himmel zu, deinem Arm darf ich vertrauen! Ew'ge Weisheit, rede du! auf dein Zeugniß kann ich bauen! Bleibst du heute mir verborgen, dich verklärt der nächste Morgen.

6. Einst erscheint mir sonnenhell, was hier Dunkel noch umhüllet, und an deinem ew'gen Quell wird des Geistes Durst gestillet. Jetzt verleihe mir, auf Erden weise durch dein Wort zu werden. |

59.   In eigener Mel.
Gott ist mein Lied! er ist der Gott der Stärke; groß ist sein Nam', und groß sind seine Werke; und alle Himmel sein Gebiet.

2. Er will und spricht's, so sind und leben Welten. Und er gebeut, so fallen durch sein Schelten die Himmel wieder in ihr Nichts.

3. Licht ist sein Kleid, und seine Wahl das Beste. Er herrscht als Gott, und seines Thrones Feste ist Wahrheit und Gerechtigkeit.

4. Unendlich reich, ein Meer von Seligkeiten, ohn' Anfang Gott, und Gott in ew'gen Zeiten! Herr aller Welt, wer ist dir gleich?

5. Was ist und war, im Himmel, Erd' und Meere, das kennet Gott und seiner Werke Heere sind ewig vor ihm offenbar.

6. Er ist um mich, schafft, daß ich sicher ruhe; er wirkt und schafft, was früh und spät ich thue, vor ihm verbirget keiner sich.

7. Er ist mir nah', wohin ich immer gehe; ob ich an's Meer, ob ich gen Himmel flöhe, so ist er allenthalben da.

8. Er kennt mein Flehn und jeden Wunsch der Seele. Er weiß, wie oft ich Gutes thu' und fehle, und eilt mir gnädig beizustehn.

9. Er wog mir dar, was er mir geben wollte, schrieb auf sein Buch, wie lang' ich leben sollte, da ich noch unbereitet war.

10. Nichts, nichts ist mein, das Gott nicht angehöre. Herr, immerdar soll deines Namens Ehre, dein Lob in meinem Munde seyn.

11. Wer kann die Pracht von deinen Wundern fassen? Ein jeder Staub, den du hast werden lassen, verkündigt seines Schöpfers Macht.

12. Der kleinste Halm ist deiner Weisheit Spiegel. Du, Luft und Meer, ihr Auen, Thal und Hügel, ihr seyd sein Loblied und sein Psalm.

13. Du tränkst das Land, führst uns auf grüne Weiden; und Nacht und Tag, und Korn und Wein und Freuden empfangen wir aus deiner Hand.

14. Kein Sperling fällt, Herr, ohne deinen Willen; sollt' ich mein Herz nicht mit dem Troste stillen, daß deine Hand mein Leben hält?

15. Ist Gott mein Schutz, will Gott mein Retter werden, so frag' ich nichts nach Himmel und nach Erden, und biete selbst der Hölle Trutz.

60.   Mel. Auferstehn, ja auferstehn etc.
Gott ist treu, und alle Morgen neu ist seine ew'ge Treu. O daß ihm glühte mein Dank für seine Güte, tagtäglich neu wie seine Treu.

2. Gott ist treu; er hält, was er verspricht; er läßt die Seinen nicht. In banger Stunde, treu seinem Segensbunde, eilt er herbei und macht uns frei.

3. Gott ist treu; und was er will und thut, ist immer recht und gut. Nie droht die Stimme des Herrn in Zorn und Grimme; | nur Liebe spricht, drum beb' ich nicht.

4. Gott ist treu; er sorget väterlich für sein Geschöpf, für mich. Zum Heil der Seele lenkt er selbst Schwäch' und Fehle, daß seine Treu vollkommen sey.

5. Gott ist treu; uns stärket seine Macht, und nimmt uns wohl in Acht. Und senkt der Glaube uns leicht noch hier im Staube, er richtet auf und stärkt zum Lauf.

6. Gott ist treu. O süßes Gnadenwort, sey du mein Fels und Hort! Ob Alles scheide, bleibst du doch meine Freude. Die Welt vergeht, dies Wort besteht.

61. Mel. O Gott, du frommer Gott etc.

Gott ist und bleibt getreu! Er hört nicht auf zu lieben, pflegt er gleich oft und tief die Seinen zu betrüben. Er prüfet durch das Kreuz, wie rein der Glaube sey, wie standhaft die Geduld. Gott ist und bleibt getreu!

2. Gott ist und bleibt getreu! Er hilft ja selber tragen, was er uns auferlegt, die Last der schweren Plagen. Er übt oft strenge Zucht, und bleibet doch dabei ein Vater, der uns liebt. Gott ist und bleibt getreu!

3. Gott ist und bleibt getreu! Er weiß, was wir vermögen, und nie wird er zu viel uns Schwachen auferlegen. Er macht sein gläubig Volk von allen Banden frei, und rettet aus der Noth. Gott ist und bleibt getreu!

4. Gott ist und bleibt getreu! Er tröstet nach dem Weinen, und läßt aus trüber Nacht die Freudensterne scheinen. Der Trübsal heft'ger Sturm geht auf sein Wort vorbei. Sey, Seele, nur getrost! Gott ist und bleibt getreu!

5. Gott ist und bleibt getreu! Er stillet dein Begehren; er will dein Glaubensgold in Trübsalsglut bewähren. So nimm den Kreuzeskelch von ihm ohn' alle Scheu! Der Lebensbecher folgt. Gott ist und bleibt getreu.

62. Mel. Werde munter mein etc.

Gott, vor dessen Angesichte nur ein reiner Wandel gilt! Ew'ges Licht, aus dessen Lichte stets die reinste Wahrheit quillt! Heilig und gerecht bist du, und dein Wort ruft Allen zu, heilig und gerecht zu werden, sey auch unser Zweck auf Erden.

2. Heilig ist dein ganzes Wesen, und kein Böses ist an dir. Ewig bist du so gewesen, und so bleibst du für und für. Was dein Wille wählt und thut, ist unsträflich, recht und gut, und mit deines Armes Stärke wirkst du stets vollkommne Werke.

3. Herr, du willst, daß deine Kinder deinem Bilde ähnlich seyn. Nie besteht vor dir der Sünder; denn du bist vollkommen rein. Nur der Fromme kann sich dein, Heiliger, in Demuth freu'n. Wer beharrt in seinen Sünden, kann vor dir nicht Gnade finden.

4. O so laß uns nicht verscherzen, was dein Rath uns zuge|dacht. Schaff' in uns, Herr, reine Herzen! töd' in uns der Sünde Macht; denn was sind wir, Gott, vor dir? wie so leicht ach! fallen wir? Wer kann merken, wer kann zählen, Heiligster, wie oft wir fehlen?

5. Uns von Sünden zu erlösen, gabst du deinen Sohn dahin; o so reinige vom Bösen durch ihn unsern ganzen Sinn. Gieb uns, wie dein Wort verheißt, gieb uns deinen guten Geist, daß er unsern Geist regiere, und zu allem Guten führe.

6. Keiner sündlichen Begierde bleibe unser Herz geweiht! Unsers Wandels größte Zierde sey wahrhafte Heiligkeit. Mach' uns deinem Bilde gleich! denn zu deinem Himmelreich willst du, Herr, nur die erheben, die im Glauben heilig leben.

63.   Mel. In dich hab' ich gehoffet etc.
Gott, wie du bist, so warst du schon, noch ehe du von deinem Thron sprachst dein allmächtig „Werde," und riefest aus dem Nichts hervor den Himmel und die Erde.

2. Du wirst auch bleiben, wie du bist, wenn längst die Erde nicht mehr ist mit ihren Herrlichkeiten; wenn längst die Kämpfer nicht mehr hier um jene Krone streiten.

3. Wie du, so bleibet auch dein Wort, und wird in Kraft sich fort und fort unwandelbar erhalten, wenn alle Welten, die du schufst, wie ein Gewand veralten.

4. Und stürzen Felsen sich ins Thal, so daß von ihrem mächt'gen Fall die Erde weit erzittert: bleibt deiner Liebe Bund mit mir doch ewig unerschüttert.

5. Was klag' ich denn voll Traurigkeit, daß alle Güter dieser Zeit schnell wie ein Hauch vergehen? da du das Gut der Güter bist, das ewig wird bestehen.

6. Was ist's, daß meine Seele zagt, wenn mein Gewissen mich verklagt, daß ich an dir gesündigt? Bleibt ewig doch dein theures Wort, das Gnade mir verkündigt.

7. Was klag' ich? Liebest du mich doch mit aller deiner Liebe noch, und wirst mich ewig lieben; hast selber meinen Namen dir in die Hand geschrieben.

8. Ja, ich bin Gottes, Gott ist mein, und ewig, ewig wird er's seyn; nichts kann mich von ihm scheiden! Die Welt vergeht mit ihrer Lust; Gott bleibt mit seinen Freuden!

64.   In eigner Melodie.
Herr, du erforschest mich; mein Ruhen und Bewegen ist besser dir als mir bewußt; du siehst es, wenn in meiner Brust sich, wie der Wellen Sturm, empörte Lüste regen. Schon eh' die Zunge spricht, ist dir mein Wort bekannt, und was ich denk' und thu', das steht in deiner Hand.

2. O Allmacht, die kein Mensch auf Erden kann verstehen! Wo ist der Ort, der mich versteckt, den nicht alsbald dein Aug' entdeckt? | Führ' ich gen Himmel auf zu den gestirnten Höhen: mein Gott, so bist du da; läg' ich im tiefsten Grund: auch dort thust du dich mir als Gott und Herrscher kund.

3. Könnt' ich den Himmelskreis, der Sonne gleich, durchstreichen bis dahin, wo sich ihre Gluth löscht in der letzten Meeresfluth: so würde mich auch da dein starker Arm erreichen. Die Hülle finstrer Nacht deckt meine Sünden nicht, vor deiner Klarheit Glanz wird Finsterniß zum Licht.

4. Und, Herr, wie sollte dir verborgen seyn mein Leben, der du, eh' ich das Licht geschaut, den Leib mir künstlich hast gebaut, und den lebend'gen Geist, der in ihm wirkt, gegeben; der du zuvor bestimmt, seit aller Ewigkeit, was mir begegnen soll im Laufe meiner Zeit?

IV. Preis der göttlichen Eigenschaften

5. So wunderbar bist du! dies muß mich überzeugen, daß ich mit unverfälschtem Sinn dir Dank und Ehrfurcht schuldig bin, da Erd' und Himmel nicht von deinen Kräften schweigen; so daß man eh den Sand der Wüsten zählen kann, als was du, großer Gott, für Wunder hast gethan.

6. Mein Herz ist dessen voll; und das ist mein Vergnügen, daß ich mit Ernst den ganzen Tag dein göttlich Thun betrachten mag, und wie sich Alles muß nach deiner Ordnung fügen. Ja, wenn die Sinne sich vom Schlafe losgemacht; so merk' ich, daß ich auch im Traum an dich gedacht.

7. Wie aber? fehlt es dir vielleicht an Donnerschlägen, dem Sünder, der sich widersetzt, und frevlend dein Gebot verletzt, zu zeigen, daß du ihn bald in den Staub kannst legen? Und würde kühner noch sein stolzer, frecher Sinn: bald wirft ihn deine Hand tief in den Abgrund hin.

8. Ich hass' im rechten Ernst, die dich, den Höchsten, hassen, und wenn ich seh, wie trotziglich sie sich empören wider dich, so kann ich kaum den Zorn in seine Grenzen fassen. Schon lodert er empor, doch um Erbarmen fleht für sie sogleich zu dir mein brünstiges Gebet.

9. Erforsche mich, mein Gott, und prüfe, wie ich's meine; sieh, ob ich noch in Heuchelei, ob ich auf bösem Wege sey, und hilf mir, daß ich rein vor dir dereinst erscheine. Weil aber hier mein Fuß gar leicht noch straucheln kann, so leite du mich selbst die schmale Himmelsbahn.

65.   Mel. Herzliebster Jesu etc.
Jauchzt unserm Gott mit freudigem Gemüthe! Er ist barmherzig und von großer Güte; er sorgt, daß uns im Schutze seiner Gnade kein Unfall schade.

2. Er handelt nicht mit uns nach unsern Sünden, läßt nicht die schweren Strafen uns empfinden, die wir durch Mißbrauch der empfangnen Gaben verdienet haben.

3. So hoch und weit, wie seine Himmel reichen, so groß sind | seiner Macht und Gnade Zeichen bei denen, die in heil'ger Furcht ihn lieben und Gutes üben.

4. So ferne, wie der Abend steht vom Morgen, nimmt er hinweg der Seele Angst und Sorgen, und schenket nach der Sünde bittern Schmerzen Trost unserm Herzen.

5. Wie sich erbarmt ein Vater seiner Kinder, so gern erbarmt der Herr sich aller Sünder, wenn sie auf seine Gnadenstimme hören, und sich bekehren.

6. Er schlägt und heilt, verwundet, läßt genesen; er weiß, der Mensch ist ein gebrechlich Wesen; und das Geschöpf, genommen von der Erden, muß Erde werden.

7. Wie Gras verwelkt, so müssen wir vergehen, wie Blumen, wenn die Stürme drüber wehen, und unsre Stätte wird nach wenig Stunden nicht mehr gefunden.

8. Von Ewigkeit zu Ewigkeit bewähret sich Gottes Huld an Jedem, der ihn ehret. O leite du auch mich auf ebnem Pfade, du Gott der Gnade!

9. So werd' ich deinen Frieden hier genießen, mein Leben wird in Hoffnung froh verfließen, und dort werd' ich mit deiner Engel Chören dich ewig ehren.

66.   Mel. Mach's mit mir etc.
Nie bist du, Höchster! von uns fern, du wirkst an allen Enden. Wo ich nur bin, Herr aller Herrn, bin ich in deinen Händen. Durch dich nur leb' und athme ich, und deine Rechte schützet mich.
2. Des Herzens Tiefen kennest du, du prüfest meine Seele. Du siehest, was ich Gutes thu, du siehst auch, wenn ich fehle. Nichts, nichts kann deinem Aug' entfliehn, und nichts mich deiner Hand entziehn.
3. Wenn ich in stiller Einsamkeit mein Herz zu dir erhebe, und über deine Huld erfreut, mich gänzlich dir ergebe, so hörst du es, und stehst mir bei, daß ich dir immer treuer sey.
4. Du merkst es, wenn des Herzens Rath verkehrte Wege wählet; du kennest auch die böse That, die sich der Welt verhehlet. Mit Ernst und Liebe strafst du mich zu meiner Beßrung väterlich.
5. Du hörest meinen Seufzern zu, daß Hülfe mir erscheine; mit Vaterliebe zählest du die Thränen, die ich weine. Du siehst und wägest meinen Schmerz, und stärkst mit deinem Trost mein Herz.
6. O drück', Allgegenwärtiger, dieß tief in meine Seele, daß sie nur dich, mein Gott und Herr, zu ihrer Zuflucht wähle, und stets dein heilig Auge scheu, dir treu, und dir gehorsam sey.
7. Laß überall gewissenhaft nach deinem Wort mich handeln, und stärke mich mit Muth und Kraft, getrost vor dir zu wandeln. Daß du, o Gott, stets um mich seyst, das tröst' und beßre meinen Geist. |

67.   In eigner Melodie.
Wie groß ist des Allmächt'gen Güte! Ist der ein Mensch, den sie nicht rührt, der mit verhärtetem Gemüthe den Dank erstickt, der ihm gebührt? Nein, seine Liebe zu ermessen, sey ewig meine größte Pflicht. Der Herr hat mein noch nie vergessen, vergiß, mein Herz, auch seiner nicht.
2. Wer hat mich wunderbar bereitet? Der Gott, der meiner nicht bedarf. Wer hat mit Langmuth mich geleitet? Er, dessen Rath ich oft verwarf. Wer stärkt den Frieden im Gewissen? Wer giebt dem Geiste neue Kraft? Wer läßt mich so viel Heil genießen? Ist's nicht sein Arm, der Alles schafft?
3. Blick, o mein Geist, in jenes Leben, zu welchem du geschaffen bist, wo du, mit Herrlichkeit umgeben, Gott ewig sehn wirst, wie er ist. Du hast ein Recht zu diesen Freuden, durch Gottes Güte sind sie dein. Sieh', darum mußte Christus leiden, damit du könntest selig seyn.
4. Und diesen Gott sollt' ich nicht ehren, und seine Güte nicht verstehn? Er sollte rufen, ich nicht hören, den Weg, den er mir zeigt, nicht gehn? Sein Will' ist mir ins Herz geschrieben; sein Wort bestärkt ihn ewiglich: Gott soll ich über Alles lieben, und meinem Nächsten so wie mich.
5. Dies ist mein Dank; dies ist sein Wille, ich soll vollkommen seyn, wie er. So lang' ich dies Gebot erfülle, stell' ich sein Bildniß in mir her. Lebt seine Lieb' in meiner Seele, so treibt sie mich zu jeder Pflicht; und ob ich schon aus Schwachheit fehle, herrscht doch in mir die Sünde nicht.
6. O Gott, laß deine Güt' und Liebe mir immerdar vor Augen seyn. Sie stärk' in mir die guten Triebe, mein ganzes Leben dir zu weihn; sie tröste mich in Noth und Schmerzen, sie leite mich zur Zeit des Glücks; und sie besieg' in meinem Herzen die Furcht des letzten Augenblicks.

68.   Mel. Die Tugend wird etc.
Wo sind die Weisen, die mich lehren, wie unser Gott allwissend ist? Wer kann mir den Verstand erklären, deß Wissen keine Grenz' umschließt? Wer schauet ihn von Angesichte, wenn er auch noch so hoch sich schwingt? Der Höchste wohnt in einem Lichte, zu dem kein sterblich Auge dringt.

2. Könnt' ich das Heer der Sterne zählen, der Erde Staub, den Sand am Meer, und die Gedanken aller Seelen von ihrem ersten Ursprung her: so wär' ich weiser, als auf Erden ein Mensch ist, als am Strom des Lichts vielleicht selbst Engel jemals werden, doch gegen Gott wüßt' ich noch nichts.

3. Nichts gegen ihn, der sie durchschauet, die Tiefe der Unendlichkeit, und alle Welten, die er bauet, die Zeiten und die Ewigkeit! O du, der Alles weiß und | nennet, was ist und werden soll und war, wie bist du Jedem, der dich kennet, unendlich groß und wunderbar!

4. Ja, dich bewundern, dir vertrauen, ist meinem Geiste Lust und Pflicht! Mit Ehrfurcht darf ich nach dir schauen, doch dich begreifen kann ich nicht. Gott, nach dem Licht, in dem du wohnest, forsch' ich mit heiliger Begier; du siehst es gnädig und belohnest mit Weisheit meinen Durst nach dir.

5. Die Weisheit warnet mich vor Sünden, vor Selbstbetrug und Heuchelei. Ich denke stets, Gott kann mich finden, wie tief verborgen ich auch sey. Kein Weltmeer kann vor ihm mich decken, kein falscher Schein betrüget ihn; mir folgten seines Zornes Schrecken, könnt' ich gleich aus der Welt entflieh.

6. Wer kennt der Seele dunkle Tiefen? Wer darf dem eignen Herzen traun? Allwissender, du wollst mich prüfen, du wollest ganz mein Herz durchschaun! Erblickst du mich auf bösen Wegen, so führe mich auf deine Bahn, und laß mich einst am Ziel den Segen der Frömmigkeit von dir empfahn!

V. Von der Schöpfung, Erhaltung und Regierung.

69.   Mel. Sey Lob und Ehr' etc.
Dem Menschen glänzt, o Gott, dein Licht in himmlischen Gedanken; er naht sich dir, ihn hemmen nicht der niedern Wesen Schranken. Hoch steht er über ihrem Heer; dein Ebenbild besitzt nur er, Vernunft, die höchste Gabe.

2. Mit ihr empfing er auch von dir die Herrschaft dieser Erde, und Sinn und Kraft, daß Alles hier durch ihn geordnet werde. Vernunft macht Müh' und Arbeit leicht, wohin das Auge nicht mehr reicht, das kann doch sie ergründen.

3. Sie führt vom Schauplatz der Natur zu dir uns über Sterne, zeigt uns im Kleinsten deine Spur, wie in der Welten Ferne. Das Leben schmückt ihr Unterricht, sie bringt ein hoffnungsreiches Licht auch in die Nacht der Leiden.

4. Durch sie erkennt der Mensch das Band der reinen Bruderliebe, liebt nun ein größres Vaterland, und fühlet höhre Triebe. Auch Muth verleiht sie uns und Kraft im Kampfe mit der Leidenschaft, lehrt uns nach Freiheit ringen.

5. Allein dies Licht versank in Nacht, getrübt ward seine Klarheit; des Irrthums und der Sünde Macht hielt auf die Macht der Wahrheit, da lockt'

uns falscher Weisheit Wahn hin auf der schnöden Lüste Bahn, da herrschte das Verderben. |
  6. Doch nun, in Jesu – rühmt es laut – stieg uns das Wort hernieder; von ihm belehrt, auf ihn erbaut, schaun wir das Licht nun wieder. Wir haben Theil an seinem Geist, der dem Verderben uns entreißt, und uns zum Vater leitet.
  7. Dank dir, der uns so herrlich schuf, so gnädig uns erneuet! O folgten stets wir deinem Ruf, und würden ganz befreiet! Gehorsam sey uns heilge Pflicht, daß wir durch Sinnentaumel nicht zurück ins Elend sinken.
  8. Daß wir der Wahrheit Quell uns rein in Christi Lehr' erhalten, voll Wachsamkeit und Muthes seyn im Kampf mit Truggestalten! Nicht Unglaub' oder Heuchelei, nicht Aberglaub' und Schwärmerei soll je von dir uns scheiden.

70.   Mel. Die Tugend wird etc.
Der Herr ist gut! Ihr Himmel höret, und jauchzt mir nach: der Herr ist gut! Er hat mein Leid in Lust verkehret; Gott ist's, der große Wunder thut. Wer zu ihm naht mit gläub'gem Beten, dem wendet er sich freundlich zu; wer auf ihn baut in seinen Nöthen, der findet Rettung, Trost und Ruh.
  2. Ich sah den Himmel schwarz umzogen, und bald umfing mich finstre Nacht. Hoch thürmten sich des Meeres Wogen, empört von wilder Stürme Macht. Wie konnt' ich Armer Hoffnung fassen, da keine Hand mir Hülfe bot? Ich war allein, doch nicht verlassen: Gott half mir gnädig aus der Noth.
  3. Gott ist mit mir! Was kann mir schaden? Was kann die Welt mir Uebles thun? Wie gut ist's, aller Sorg' entladen, Herr, unter deinen Flügeln ruhn. Ich preise dich, Fels meiner Stärke, Gott, meine Zuflucht, mein Panier! Wenn ich auf deine Führung merke, wie weis' und gut erscheint sie mir.
  4. Du führtest mich auf dunkeln Wegen, verbargst vor mir dein Angesicht, und kamst mir doch mit Huld entgegen, warst in der Finsterniß mein Licht. Ihr güldnen Seile treuer Liebe, zieht mich zu meinem Schöpfer hin! Wie schäm' ich mich der niedern Triebe, der ich so hoch begnadigt bin!
  5. Ich fliehe des Verächters Pfade, den eitle Weltlust ganz umstrickt; ich suche Gott und seine Gnade, die mich so oft der Noth entrückt. Ich will bis zu der letzten Stunde mich meines Gottes dankbar freun; sein Lob soll stets in meinem Munde, sein Ruhm in meinem Herzen seyn!

71.   Mel. O daß ich tausend etc.
Der Himmel Ruf erzählt und ehret des Höchsten Weisheit, Lieb' und Kraft, die ausgespannte Veste lehret: groß ist der Herr, der Alles schafft, und alle Welten weit und breit verkünden seine Herrlichkeit.
  2. Von einem Tag zum andern klinget laut ihr gedanken|volles Wort, von einer Nacht zur andern dringet ihr Zeugniß unaufhaltsam fort; das Ohr hört nicht der Stimme Schall, das Herz versteht sie überall.
  3. Das Loblied aller Weltenkreise geht mächtig aus in jedes Land, und macht, zu seines Namens Preise, ihn auch der fernsten Welt bekannt, und der Gestirne hehrer Lauf hebt unser Herz zu Gott hinauf.
  4. Sein Arm bereitete der Sonne hoch an dem Himmel ihr Gezelt; sie geht heraus mit Freud' und Wonne, läuft ihren Weg gleichwie ein Held; ihr Glanz zerstreut die finstre Nacht, und strömt hernieder Licht und Pracht.

V. Von der Schöpfung, Erhaltung und Regierung

5. Wie deiner Sterne Heer dort oben verkündigt deines Namens Ruhm, so soll auch unser Herz dich loben, voll Ehrfurcht in dem Heiligthum. Mehr noch, als dich der Himmel preist, preist dich durch Christum unser Geist.

72. *In eigner Melodie.*

Die Himmel rühmen des Ewigen Ehre; ihr Schall pflanzt seinen Namen fort. Ihn rühmt der Erdkreis, ihn preisen die Meere; vernimm, o Mensch, ihr göttlich Wort!

2. Wer trägt der Himmel unzählbare Sterne? Wer führt die Sonn' aus ihrem Zelt? Sie kommt und leuchtet und wärmt uns von ferne, und läuft den Weg, gleich als ein Held.

3. Vernimm's und siehe die Wunder der Werke, so die Natur dir aufgestellt! Verkündigt Weisheit und Ordnung und Stärke dir nicht den Herrn, den Herrn der Welt?

4. Kannst du der Wesen unzählige Heere, den kleinsten Staub fühllos beschaun? Durch wen ist Alles? O gieb ihm die Ehre! Mir, ruft der Herr, sollst du vertraun.

5. Sein ist die Kraft, sein ist Himmel und Erde, mit seiner Rechten schützt er dich. Der Alles schuf durch sein mächtiges Werde, Gott bleibt dein Vater ewiglich.

6. Er ist dein Schöpfer, ist Weisheit und Güte, dein Schirm und Schild, dein Hort und Heil! O lieb' und ehr' ihn von ganzem Gemüthe, und nimm an seiner Gnade Theil!

73. *Mel. Alle Menschen müssen etc.*

Dir, dem weisesten Regierer, tönt der Welten Preisgesang! Dir, du meines Lebens Führer, singt auch meine Seele Dank! Unter allen Millionen, die dein weites Reich bewohnen, siehst du huldreich auch auf mich, sorgest für mich väterlich.

2. Auf der Menschheit hohe Stufe stellte, Herr, mich deine Hand, daß von deinem Gnadenrufe ich den tiefen Sinn verstand. Aus unendlichem Erbarmen zogst du mich mit Vaterarmen in der Kindheit schon zu dir, gabst in Christo Alles mir.

3. Täglich warest du mir nahe, deine Weisheit lehrte mich; was ich hörte, was ich sahe, zeigte mir, o Vater, dich. Ja, du kamst mit neuem Segen jeden Morgen mir entgegen; was der Seele heilsam war, bot dein Geist mir reichlich dar.

4. Darum will ich dir mit Freuden dankbar und ergeben seyn, will auch unter Kreuz und Leiden dir ein Herz voll Demuth weihn. Dich, o Herr, dich laß ich walten, du wirst mich stets aufrecht halten; sende Freude, sende Schmerz: immer preiset dich mein Herz.

5. Herr, das höchste Gut im Leben ist und bleibt mir deine Huld; sie nur kann mir Frieden geben, und bedecken meine Schuld. Anders hab' ich kein Verlangen, als nur treu an dir zu hangen, fest mit dir vereint zu seyn, um mich deiner ganz zu freun.

6. O der seligen Verbindung, du in mir und ich in dir! Deiner Vaterhuld Empfindung werde täglich neu in mir; bis ich rein und ganz vollkommen dich einst schau mit allen Frommen, dort, wo ich bin allezeit bei dir in der Herrlichkeit.

74.   Mel. wie schön leucht't etc.

Fleug auf, mein Psalm, mein Lobgesang, Anbetung unserm Gott und Dank vor seinen Thron zu bringen. Er hört der Menschen Loblied gern, wenn höh're Geister auch dem Herrn erhabne Psalmen singen. Darum sind auch mit den Heeren, die ihn ehren, wir gerufen hin zu seines Thrones Stufen.

2. Wie groß ist Gottes Herrlichkeit! Allmächtig, sprach er: „Himmel, seyd!" Zum Erdball sprach er: „Werde!" Und gleich, zum Preise seiner Macht, stand Alles da voll Reiz und Pracht, der Himmel und die Erde. Schaffend sprach er's; da begonnen tausend Sonnen und erhellten ein unzählbar Heer von Welten.

3. Wie sie so herrlich sind, so schön, einträchtig alle Gott erhöhn, und seine Größe preisen! Wie sind sie alle Lob und Dank, Ein hoher jubelnder Gesang dem Gütigen, dem Weisen! Dabei sollt' ich fühllos schweigen? Solcher Zeugen Loblied hören, und nicht Gottes Ruhm vermehren?

4. Für uns auch schuf der Herr die Welt, für uns auch hat er das Gezelt des Himmels ausgebreitet. Dem Herrn gebührt auch unser Preis; für uns hat er den Erdenkreis zum Wohnplatz zubereitet. Felder, Gärten streuen Segen uns entgegen, Wald und Fluren zeigen seiner Güte Spuren.

5. Und immer scheint der Sonne Licht, und die Natur ermüdet nicht, für uns sich schön zu schmücken; sie beut der Freuden viele dar, bleibt herrlich stets und wunderbar, mein Auge zu entzücken. Gott laßt nimmer diese Werke seiner Stärke hier veralten, bis er kommt, Gericht zu halten.

6. So hat mein Gott an mich gedacht, so hat mich seine Huld und Macht begnadigt und erhoben! Des Höchsten Lob sey meine | Lust; strömt hin aus meiner vollen Brust, ihr Lieder, Gott zu loben! Seele, rühm ihn, und es schalle von dem Halle deiner Lieder Gottes Erd' und Himmel wieder.

75.   Mel. Vater unser im Himmelreich etc.

Gott, deine Güt' und Macht erhält, was lebt und webt in deiner Welt; und aller Augen harren dein, du mögest sie mit Speis' erfreun; und deine Hand, Herr, öffnet sich, und sättigt Alles väterlich.

2. Auch mir gabst du, mein Gott und Heil, noch immer mein bescheiden Theil; du schenktest mir voll Freundlichkeit mein täglich Brod zu jeder Zeit. Kein Vaterherz, an Liebe reich, ist dir an Huld und Gnade gleich.

3. Ich weiß, Herr, deine Hand gewährt auch künftig mir, was mich ernährt. Ich glaube fest, du thust mir wohl, so lang ich hier noch leben soll, und giebst mir bis an meinen Tod ohn' Unterlaß mein täglich Brod.

4. Der Vogel bauet nicht das Land, du nährst ihn doch mit milder Hand. Du schmückst die Blume königlich, die keine Sorge kennt für sich. Wie sollt' ich sorgen spät und früh? Bin ich vor dir nicht mehr, als sie?

5. Mich schufst du nicht für diese Zeit, mein Ziel ist in der Ewigkeit. Mein Geist kann sich in dir erfreun, und deinem Bilde ähnlich seyn. Dein heil'ger Sohn ward Mensch, wie wir, und einigt, Vater, uns mit dir.

V. Von der Schöpfung, Erhaltung und Regierung

6. Von dir, der dies an mir gethan, werd' ich auch Speis' und Trank empfahn. Ist gleich mein Herz nicht frei von Schuld, doch trau ich deiner Vaterhuld. Der du des Segens Quelle bist, du giebst auch mir, was heilsam ist.

7. Verleih mir nur Genügsamkeit mit dem, was deine Hand mir beut! Die kleinste Gabe weck' in mir ein kindlich dankbar Herz zu dir, und lenke mich, du treuer Gott, hin zu dem ew'gen Lebensbrod!

76. Mel. Aus meines Herzens etc.

Gott, der an allen Enden viel große Wunder thut, du bist's, in dessen Händen mein ganzes Schicksal ruht; für diese Prüfungszeit hast du, Herr meiner Tage, mein Glück und meine Plage bestimmt von Ewigkeit.

2. Eh' ich das Licht erblickte, und deine Huld verstand, da schon, o Gott, beglückte mich deine Vaterhand. Mein Lob ist zu gering, das Gute zu erheben, was ich in meinem Leben, o Herr, von dir empfing.

3. Drückt mich auf meinen Wegen gleich manche Last und Müh; so führt sie doch zum Segen, und du erleichterst sie. Du bleibst erbarmungsvoll, willst liebreich deinen Kindern des Lebens Noth vermindern, und förderst gern ihr Wohl.

4. Dies war in meinem Leben mir immer Trost und Licht, und | hat mir Kraft gegeben und frohe Zuversicht. Wenn ich bekümmert war, so seufzt' ich und war stille, und dann entriß dein Wille mich immer der Gefahr.

5. Dein Name sey gepriesen, du Retter aus Gefahr, der sich an mir erwiesen so herrlich immerdar. Mit Freuden will ich dir des Dankes Opfer bringen, und deiner Güte singen von Herzen für und für.

77. Mel. Ringe recht, wenn etc.

Gott der Macht, in deinem Ruhme keinem, als dir selbst bekannt; aus verborgnem Heiligthume waltest du mit starker Hand.

2. Sterne glänzen und erblinden, Berge wehst du weg wie Spreu; Völker werden und verschwinden; alles Fleisch vergeht wie Heu.

3. Reiche schmetterst du zur Erde; Königsstühle stürzen ein; Hirten rufst du von der Heerde, Herrscher ihres Volks zu seyn.

4. Wenn du anfängst auszugleichen, Herr, was kann vor dir bestehn? Alle Berge müssen weichen, alle Thale sich erhöhn.

5. Was der Menschen Kunst erhoben, ist auf leichten Sand gestellt: du gebeutst, es ist zerstoben, wie das Laub im Herbste fällt.

6. Aber wo auf Felsengründen deines Tempels Mauer ruht, droht von Fluthen und von Winden fruchtlos die vereinte Wuth.

7. Und ob Alles sich empöret, ringsum Alles untergeht: dieser Bau bleibt unversehret, und die Stadt des Herrn besteht.

8. Selbst der Feinde Trotz und Mühe muß dir ebnen deinen Pfad; darum komm', o Herr, und ziehe ein in deine Gottesstadt.

78. Mel. Jesu, meine Freude etc.

Gott der wird's wohl machen, dem ich alle Sachen allzeit heimgestellt. Er hat mich erkoren, eh' ich war geboren an das Licht der Welt; hat mir auch nach seinem Brauch, was vonnöthen, stets gegeben hier in diesem Leben.

2. Gott der wird's wohl machen! Oftmals Freud' und Lachen hat er mir beschert, hat mich nie vergessen, stets mir zugemessen, was mich stärkt und nährt. Auch, wenn fast die Kreuzeslast seine Kinder hart gedrücket, hat er mich erquicket.

3. Gott der wird's wohl machen! Laß die Wetter krachen und die Stürme wehn. Wenn mit großem Grausen alle Welten brausen, will er bei dir stehn. Gott ist da mit Hülfe nah. Schlägt dich Unglück auch darnieder, Gott erhebt dich wieder.

4. Gott der wird's wohl machen! Mächtig in dem Schwachen ist er allezeit. Wem hat's je gefehlet, der zum Trost ihn wählet in dem größten Leid? Drum, mein Herz, vergiß den Schmerz. Alles steht in seinen Händen. Gott kann Alles wenden.

5. Gott der wird's wohl machen, gnädig bei dir wachen, will | dein Stündlein nahn. Wenn des Lebens Jahre enden an der Bahre, führt er himmelan. Festen Grund hat dieser Bund: Alle, die in Christo sterben, sind des Himmels Erben.

79. Mel. Nun danket Alle Gott etc.

Herr! ew'ger Gott, wie du, ist ewig deine Gnade, die unermüdet wacht ob deiner Frommen Pfade. Wie in der Mutter Arm das Kind vertrauend ruht, so sind wir, treuer Gott, in deiner sichern Hut.

2. Du, Herr, bist unser Schirm, wenn Angst uns will erschrecken, dann eilt dein starker Arm, uns gnädig zu bedecken. Zu rechter Sache Schutz führst selber du den Krieg; zerstreust der Feinde Schaar, und krönst dein Werk mit Sieg.

3. Du bist die feste Burg, der Hort, dem wir vertrauen; der starke Felsengrund, auf den wir sicher bauen; sey unsre Zuversicht und Zuflucht für und für. Ob Erd' und Himmel weicht, doch halten wir an dir.

80. Mel. In dich hab' ich gehoffet etc.

Ich freue mich, mein Gott, in dir. Du bist mein Trost, und was kann mir bei deiner Liebe fehlen? Du, Herr, bist mein und ich bin dein; was mangelt meiner Seelen?

2. Du hast in Christo mich erwählt, und deinen Kindern zugezählt; wer kann die Gnade lassen! Wie sollt' ich nicht voll Zuversicht mich stets auf dich verlassen.

3. Du trägst mich Sünder mit Geduld, und tilgst aus Gnaden meine Schuld, weil ich an Christum glaube. Du giebst mir Theil an seinem Heil; wer ist, der mir es raube?

4. Du bist mein Leben, Trost und Licht, hab' ich nur dich, so frag' ich nicht nach dieser Erde Schätzen. Doch ohne dich kann niemals mich ein zeitlich Gut ergötzen.

5. An dir hab' ich den besten Freund, der's immer treulich mit mir meint; wo find' ich deines Gleichen? Mit deiner Treu stehst du mir bei, wenn Berg und Hügel weichen.

6. Ich fürchte nicht der Feinde Drohn, ich achte nicht der Spötter Hohn, nicht alles Leid der Erden. Von dir gelenkt, muß, was mich kränkt, mir doch zum Segen werden.

7. Du willst mein ew'ges Wohlergehn; einst werd' ich dich noch näher sehn, du Ursprung wahrer Freuden. An dir wird sich dann ewiglich dort meine Seele weiden.

81.   Mel. In dich hab' ich gehoffet etc.

Ich weiß, daß all' mein Werk und Thun, o Gott, in deinem Willen ruhn, von dir kömmt Glück und Segen; was du regierst, das steht und geht auf rechten, guten Wegen.

2. Es steht in keines Menschen Macht, daß Alles, was sein Rath | bedacht, sich auch des Fortgangs freue; des Höchsten Rath macht es allein, daß Menschenrath gedeihe.

3. Oft denkt der Mensch in seinem Muth, dies oder jenes sey ihm gut, und ist doch weit gefehlet, oft sieht er auch für schädlich an, was Gott doch selbst gewählet.

4. Es fängt sein Werk wohl Mancher an so wohlbedächtig, als er kann, und bringt's doch nicht zu Stande; erbaut ein Haus und festes Schloß, doch nur auf losem Sande.

5. Wie Mancher ist in seinem Sinn schon über Berg und Klippen hin, und eh' er sichs versiehet, liegt er darnieder und sein Fuß hat sich umsonst bemühet.

6. Drum, Vater, schenke mir das Licht, das stets von deinem Angesicht in fromme Seelen dringet und sie durch deines Geistes Kraft zur rechten Weisheit bringet.

7. Gieb mir Verstand aus deinen Höh'n und laß mich nicht mit Trotz bestehn auf meinen eignen Willen; sey du mein Freund und treuer Rath, was gut ist, zu erfüllen.

8. Ist's Werk von dir, so gieb nur Glück, ist's Menschenthun, so treib's zurück, und ändre du mein Sinnen; was du nicht wirkest, pflegt von selbst in Kurzem zu zerrinnen.

9. Gieb du mir ein, was recht und gut, damit ich nicht auf Fleisch und Blut bei meinem Wollen höre; mein höchster Zweck, mein bestes Theil sey deine Lieb' und Ehre.

10. Tritt du zu mir und mache leicht, was mir sonst fast unmöglich däucht, und bring's zum guten Ende; was du selbst angefangen hast, vollbringen deine Hände.

11. Ist gleich der Anfang noch so schwer, und scheint's, ich müsse durch ein Meer von bittern Sorgen gehen; so lehr' in meiner Schwachheit mich mit Inbrunst zu dir flehen.

12. Wer fleißig betet, dir vertraut, wird alle Noth, vor der ihm graut, mit tapferm Muth bezwingen; im schwersten Kampfe hilfst du ihm zuletzt den Sieg erringen.

13. Du bist mein Vater, ich dein Kind, was ich in mir nicht selber find', hast du in voller Gnüge; so hilf nun, daß ich meinen Stand wohl halt' und herrlich siege.

14. Dein soll seyn aller Ruhm und Ehr', ich will dein Thun je mehr und mehr aus hocherfreuter Seelen vor deinem Volk und aller Welt, so lang' ich leb', erzählen.

82.   Mel. Vom Himmel hoch etc.
Mein Auge sieht, o Gott, zu dir! Von deinem Throne hilf du mir! Mein Heil kommt nur von deiner Macht, die diese Welt hervorgebracht.

2. Getrost, mein Herz, dein treuer Hirt schafft, daß dein Fuß nicht gleiten wird. Der dich be|hütet, schlummert nicht; in Finsterniß ist er dein Licht.

3. Kein Uebel sey dir fürchterlich, denn Gottes Rechte schützet dich. Durch seine treue Vaterhand wird aller Schaden abgewandt.

4. Sein Schutz gewährt dir Sicherheit; sein Trost füllt dich mit Freudigkeit; er leitet dich auf ebner Bahn, und nimmt dich einst mit Ehren an.

5. Herr, segne und behüte mich! Du bist mein Heil, ich hoff' auf dich; dein Segen folg' aus dieser Zeit mir bis in jene Ewigkeit.

83.   Mel. Alles ist an Gottes etc.
Meine Seele, laß Gott walten, der dich kann und will erhalten, der die Seinen gnädig führt. Was dich auch bisweilen plaget, trag' es gern, sey unverzagt, denn der große Gott regiert.

2. In des Himmels weiter Ferne schau das helle Heer der Sterne auf und ab von Gott geführt. Schau das Meer, empört von Winden, sieh der Wogen Aufruhr schwinden, weil der höchste Gott regiert.

3. Sollte denn in Menschendingen etwas seinen Lauf vollbringen anders, als der Herr es führt? Nein! fürwahr, es muß geschehen, was er für uns ausersehen, denn der starke Gott regiert.

4. Sterben, leben, weinen, freuen muß zum Besten dem gedeihen, den die Liebe Gottes führt. Weil er ist bei Gott in Gnaden, kann ihm keine Trübsal schaden, denn der treue Gott regiert.

5. Was für Angst in ihrem Herzen über ihres Kindes Schmerzen eine treue Mutter spürt; solches Mitleid, solch Erbarmen ist bei Gott; getrost, ihr Armen! denn der fromme Gott regiert.

6. Nun, so tritt, um fest zu stehen, auf des Glaubens Felsenhöhen, glaub' und lieb', wie sich's gebührt! so wird Alles wohl gelingen, und du wirst mit Freuden singen, daß dein Herr und Gott regiert.

84.   Mel. Sey Lob und Ehr' dem etc.
Wenn ich, o Schöpfer, deine Macht, die Weisheit deiner Wege, die Liebe, die für Alle wacht, anbetend überlege: so weiß ich, von Bewundrung voll, nicht, wie ich dich erheben soll, mein Gott, mein Herr und Vater.

2. Mein Auge sieht, wohin es blickt, die Wunder deiner Werke. Der Himmel, prächtig ausgeschmückt, preis't dich, du Gott der Stärke! Wer hat die Sonn' an ihm erhöh't? wer kleidet sie mit Majestät? Wer ruft dem Heer der Sterne?

3. Wer mißt dem Winde seinen Lauf? Wer heißt die Himmel regnen? Wer schließt den Schooß der Erde auf, mit Gütern uns zu segnen? Du bist es, Gott der Herrlichkeit, und deine | Güte reicht so weit, so weit die Wolken gehen.

4. Dich predigt Sonnenschein und Sturm, dich preis't der Sand am Meere. Bringt, ruft auch der geringste Wurm, bringt meinem Schöpfer Ehre! Mich, ruft der Baum in seiner Pracht, mich, ruft die Saat, hat Gott gemacht, bringt unserm Schöpfer Ehre!

5. Der Mensch, ein Leib, den deine Hand so wunderbar bereitet; der Mensch, ein Geist, den sein Verstand dich zu erkennen leitet; der Mensch, der Schöpfung Ruhm und Preis, ist sich ein täglicher Beweis von deiner Güt' und Größe.
6. Erheb' ihn ewig, o mein Geist, erhebe seinen Namen! Gott, unser Vater, sey gepreis't, und alle Welt sag Amen! und alle Welt fürcht' ihren Herrn und hoff' auf ihn und dien' ihm gern! Wer wollte Gott nicht dienen?

85.   Mel. In allen meinen Thaten etc.
Wer zählt der Engel Heere, die du zu deiner Ehre, Herr aller Welten, schufst? Sie freun sich, deinen Willen gehorsam zu erfüllen, zum Dienst bereit, wenn du sie rufst.
2. Sie eilen, in Gefahren den Frommen zu bewahren in seiner Pilgerzeit. Sie freun an deinem Throne sich einst auch seiner Krone, wie ihrer eignen Seligkeit.
3. Bekehren sich die Sünder und werden deine Kinder durch Christum, deinen Sohn, dann jauchzen ihre Lieder, daß ihre neuen Brüder dem Untergange sind entflohn.
4. In solcher Geister Chören dich ewig zu verehren, Gott, welche Seligkeit! Der wird sie einst empfinden, der frei vom Dienst der Sünden, sich ihnen gleich zu werden freut.
5. Drum laß mich schon auf Erden den Engeln ähnlich werden, die selig vor dir stehn; damit ich ihnen gleiche in deinem Himmelreiche und dort dein Antlitz möge sehn.
6. Dann lehren sie mich droben, um würd'ger dich zu loben, des Himmels höhern Dank. In deinem Heiligthume wird dann zu deinem Ruhme der ganze Himmel ein Gesang.

86.   Mel. Jehovah ist mein Licht etc.
Wie führst du doch so selig, Herr, die Deinen! Ja, selig führst du sie, doch wunderbar. Du kannst es niemals böse mit uns meinen; du bist getreu, dein Wort bleibt ewig wahr. Verschlungen oft, doch richtig ist der Pfad, auf dem du deine Kinder heißest gehn; wo unsre Augen nur Verwirrung sehn, da triumphirt zuletzt dein weiser Rath.
2. Du darfst dich nicht an solcher Ordnung halten, wie uns Vernunft aus guter Meinung stellt. Dein Schwert kann jeden Knoten rasch zerspalten, und sanft wird er gelöst, wenn's dir gefällt. Die stärksten Bande trennt dein mächtig Wort. Was | dir entgegen strebt, das sinket hin; ein Wink von dir bricht auch den härtesten Sinn und ungehemmt geht stets dein Rathschluß fort.
3. Was Menschenklugheit will zusammenfügen, zerstreust du weit umher in Ost und West; was unter's Joch die Starken wollen biegen, das stellest du zum Zeichen frei und fest. Du knüpfest, was die Welt zerreißt, in Kraft; bricht sie, du baust; baut sie, du reißest ein. Ihr hellster Glanz erbleicht zum matten Schein und Leben wird aus Todesgraun geschafft.
4. Wen unsre Meinung fromm und selig preiset, der ist oft längst aus deinem Buch gethan; wem Niemand Zeugniß giebt noch Ehr' erweiset, den führst du in der Stille himmelan. Der Pharisäer Tisch läßt Christus stehn und

speiset mit den Sündern ohne Scheu. Wer weiß, was immer deine Absicht sey? Wer kann der Weisheit tiefsten Grund erspähn?

5. O Vater, sey von uns gebenedeiet, der du uns aus dem Tod lebendig machst! Wenn uns dein Geist von oben Licht verleihet, dann sehn wir erst, wie wohl du für uns wachst. Von je war unser Elend dir bekannt, der blöde Sinn, das zagend trotz'ge Herz, und klar geschrieben stand es allerwärts, wie es mit schwachen Kindern sey bewandt.

6. Drum scheinst du bald uns härter anzugreifen, bald fährst du wieder mit uns säuberlich. Gelüstet uns, vom Wege abzuschweifen, so weist die Zucht uns wieder hin auf dich. So leitest du zuerst den Kinderschritt; dann kommt die Zeit, wo du uns Größres schenkst, dich in das Herz als deine Wohnung senkst und uns der Weisheit Gaben theilest mit.

7. So gehst du mit uns nicht gemeine Wege; oft scheint es uns, als sey das Ziel verfehlt. Doch weißt du wohl, was sich im Herzen rege, und was uns frommt, wird stets von dir gewählt. Du hältst und trägst und greifest hülfreich zu, übst Vatertreu und brauchst dein Vaterrecht, und so gelangt dein auserwählt Geschlecht zum Geist der Kindschaft und zur sel'gen Ruh.

8. O Auge, das nicht Trug noch Heucheln leidet, gieb mir die Klugheit, die mir noch gebricht, die recht Natur von Gnade unterscheidet, das eigne Licht von deines Geistes Licht. Nie will ich dich zu meistern mich getraun; drum brich den Willen, der sich selber liebt, weck' auf den Sinn, der ganz sich dir ergiebt und sich genügen läßt, dir nachzuschaun.

9. So ziehe mich hinein in deinen Willen und führ' und hege selbst dein armes Kind! Den Zweifel wird des Geistes Zeugniß stillen, sein Antrieb macht mich Christo gleich gesinnt. Mein ist nun Alles; denn dein Sohn ist mein, und mir zu dienen schämt kein Engel sich; die Geister, mir verwandt, erwarten mich, und in das ew'ge Leben geh' ich ein.

10. Bis dahin stets von deinem Licht erquicket, bin ich schon | selig, weil dein Geist mich treibt, weil jedes Herzens Anblick mich beglücket, das in der Treu und in der Liebe bleibt. Gott, du mein Alles, fülle ganz mein Herz! Ist's möglich, daß noch etwas den betrübt, der dich allein und in dir Alles liebt? Nein, Freudenquell! auf ewig weicht der Schmerz.

87. Mel. Nun danket Alle Gott etc.
Wie herrlich ist, o Gott, dein Nam' in allen Landen! Die Himmel und ihr Heer sind durch dein Wort entstanden. Du sprichst, und es geschieht; gebeutst du, so stehts da! Auch mich riefst du an's Licht und bist mit Huld mir nah.

2. Du bist der Gott der Kraft, dich preisen Erd' und Meere! Die Himmel ohne Zahl verkünden deine Ehre! Auch ich erhebe dich: mein Heil kommt nur von dir; du hörest auf mein Flehn und sendest Hülfe mir.

3. Schau ich die Himmel an, die du, Herr, ausgebreitet, der Sonne Glanz und Pracht, den Mond, den du bereitet: was ist der Mensch vor dir, daß du, Herr, sein gedenkst und ohne Unterlaß uns Heil und Segen schenkst?

4. Bald theilst du Glück mir zu, bald Leiden, die mich üben, und meiner Tage Zahl ist in dein Buch geschrieben. Du dachtest gnädig mein, eh' ich ins Leben kam; sahst mich, eh' diese Welt noch ihren Ursprung nahm.

V. Von der Schöpfung, Erhaltung und Regierung

5. Was Leib und Seel' erquickt, das schenkst du gnädig Allen, und sättigst, was da lebt, mit Freud' und Wohlgefallen. Du giebst den Schwachen Kraft und den Beladnen Ruh, und deckest unsre Schuld um Christi willen zu.

6. Was frag' ich außer dir nach allem Glück der Erde, wenn ich nur deiner Huld, o Gott, gewürdigt werde? Wie sanft ist dein Befehl: „Gieb mir dein Herz, mein Sohn, und wandle meinen Weg; ich bin dein Schild und Lohn!"

88.   Mel. Freu dich sehr, o meine etc.
Wunderbar ist Gottes Schicken, wunderbarlich ist sein Rath; doch ist herrlich sein Erquicken, dies erweis't zuletzt die That. Die er liebt, betrübt er auch; dieses ist sein alter Brauch; laß dein Herz nur nimmer wanken, du wirst ihm dereinst noch danken.

2. Sieh auf deine vor'gen Tage, sieh, was dich dein Leben lehrt: wie so manche Noth und Plage hat dein Gott in Heil verkehrt. In der dunklen Kreuzesnacht hast du oft voll Angst gedacht: ich muß hülflos untergehen, doch ließ Gott dich Rettung sehen.

3. Höre, was dir Gott versprochen, was dir zugesagt sein Mund; nie hat er sein Wort gebrochen, fest bleibt seiner Gnade Bund. Erd' und Himmel wird vergehn; Gottes Wort bleibt ewig stehn, darauf kannst du voll Vertrauen, als auf einen Felsen bauen. |

4. Hält es Gott dir gleich verborgen, wann und wie er helfen will: mach' dir darum keine Sorgen, sey in deinem Gott nur still. Er will prüfen, ob auch fest sich dein Herz auf ihn verläßt, ob du seinen Sinn wohl kennest und ihn kindlich Vater nennest.

5. Ja, mein Gott, dich laß ich walten, dich, der du mein Vater bist; deine Huld wird mich erhalten, mir verleih'n, was heilsam ist. Stärke meine Zuversicht, daß ich hoff' und zweifle nicht: wunderbar wirst du's noch schicken, um mich herrlich zu erquicken.

89.   Mel. wie schön leucht't etc.
Zu dir schwingt sich mein Geist empor, o Schöpfer, den im Jubelchor die höhern Geister loben! Auch mich hast du hervorgebracht, auch uns hat deine Huld und Macht gleich ihnen hoch erhoben. Vater! Vater! so dich nennen, so dich kennen und erheben, was kann höh're Würde geben?

2. Mein Leben ist in dieser Zeit die Reise nur zur Ewigkeit auf prüfungsvollen Wegen; doch weißt du wohl, wie schwach wir sind, und führst auch mich, dein schwaches Kind, dem Ziele mild entgegen. Vater! Vater! Alles leitest und bereitest du mit Liebe; o daß ich dir folgsam bliebe!

3. Bewundernd seh' ich überall des Segens Quellen ohne Zahl in deiner Welt mir fließen. Da strömen tausend Freuden hin für meinen Geist, und jeder Sinn kann deine Huld genießen. Vater! Vater! ja, dein Wille reicht die Fülle guter Gaben hier schon reichlich, uns zu laben.

4. Zwar ist es deiner Weisheit Brauch, dem Kelch der Erdenfreuden auch oft Bittres beizumischen. Doch ist die Trauerstunde da, so ist uns auch dein Beistand nah', die Seele zu erfrischen. Vater! Vater! mein Gemüthe soll die Güte nie vergessen, die sich nimmer läßt ermessen.

5. Auch wenn mich Trug der Welt verwirrt und sich mein Herz von dir verirrt: doch übst du Vatertreue. Denn deine grenzenlose Huld vergiebt den Reuigen die Schuld und stärkt sie dann aufs neue. Vater! Vater! dein Erbarmen mit uns Armen ist unendlich! Wären wir nur stets erkenntlich.

6. Und geb' ich dir mein ganzes Herz, so wird einst über jeden Schmerz mich deine Gnad' erheben. Bald ist das Erdenthal durchreist, verherrlicht schwingt sich dann mein Geist empor zum höhern Leben. Vater! Vater! welch Entzücken, zu erblicken, was den Deinen dort wird ohne Hüll' erscheinen.

7. Daß solches Lob mein Herz dir bringt und solche Hoffnung mich durchdringt, das dank ich deinem Sohne. Dein holder Vaternam' ertönt, seitdem er uns mit dir versöhnt, bei uns wie dort am Throne. Dort ja werden ewig schallen, nie verhallen unsre Chöre, dir und deinem Sohn zur Ehre. |

VI. Von Christo dem Erlöser im Allgemeinen.

90.   In eigner Melodie.
Ach, mein Herr Jesu, dein Nahesein bringt großen Frieden ins Herz hinein, und dein Gnadenanblick macht uns so selig, daß Leib und Seele darüber fröhlich und dankbar wird.

2. Wir schau'n dein freundliches Angesicht voll Huld und Gnade wohl leiblich nicht; aber unsre Seele kann dich gewahren, du kannst ihr fühlbar dich offenbaren, auch ungesehn.

3. O wer nur immer bei Tag und Nacht dein sich zu freuen recht wär' bedacht, der hätt' ohn' Ende von Glück zu sagen, und seine Seele müßt' immer fragen: wer ist wie du?

4. Barmherzig, gnädig, geduldig seyn, uns stets voll Langmuth die Schuld verzeihn, heilen, stillen, trösten, erfreu'n und segnen, und unsern Seelen als Freund begegnen, ist deine Lust.

5. Ach gieb an deinem köstlichen Heil uns alle Tage reichlichen Theil, und laß unsre Seele sich immer schicken, aus Noth und Liebe nach dir zu blicken ohn' Unterlaß.

91.   Mel. Valet will ich dir geben etc.
Aus irdischem Getümmel, wo nichts das Herz erquickt, wer zeigt den Weg zum Himmel, wohin die Hoffnung blickt? Wer leitet unser Streben, wenn es das Ziel vergißt? Wer führt durch Tod zum Leben? Der Weg heißt Jesus Christ.

2. Hier irren wir und fehlen, gehüllt in tiefe Nacht. Durch wen wird unsern Seelen ein wahres Licht gebracht? Von oben kommt die Klarheit, die Alles uns erhellt, denn Christus ist die **Wahrheit**, er ist das Licht der Welt.

3. Wer giebt uns hier schon Freuden, die Niemand rauben kann? Wer zeiget uns im Leiden den Himmel aufgethan? Wenn vor dem Tod wir beben, wer giebt dem Herzen Ruh? Heil! Christus ist das **Leben**, führt uns dem Vater zu.

92.   Mel. Mir nach, spricht etc.

Du Urbild aller Frömmigkeit, Herr, wer kann dich erreichen? Mit dir, der ganz sich Gott geweiht, ist keiner zu vergleichen! Auf deinem Wandel, frei von Schuld, ruht, Jesu, deines Vaters Huld.

2. Wer lebte treuer wohl, als du, für Gottes heil'gen Willen? Das war dein Ruhm und deine Ruh, ihn freudig zu erfüllen. Nicht Ehr' und Herrschaft war dein Ziel, du suchtest nur, was Gott gefiel.

3. Wenn irgendwo sein Wort geschah, quoll Freud' aus deinem Herzen; wenn Irrende dein | Auge sah, empfandst du tiefe Schmerzen. So hing an Gott dein ganzer Sinn und immer sahst du nur auf ihn.

4. Ihn priesest du durch Wort und That vor aller Welt mit Freuden; du warst bereit, nach seinem Rath zu unserm Heil zu leiden, so daß, wie Gott die Liebe ist, du seines Wesens Abglanz bist.

5. Du zeigtest, daß des Frommen Noth ihn nie zum Bösen reize; du wardst gehorsam bis zum Tod, ja bis zum Tod am Kreuze. Stets bleibt Gott deine Zuversicht und dein Vertrauen wankte nicht.

6. Auch als du riefst: mein Gott, mein Gott, wie hast du mich verlassen! Auch da wußt' unter bitterm Spott dein Herz sich doch zu fassen; und was du hofftest, ist geschehn, Gott ließ dich seine Hülfe sehn.

7. Nun hat dich Gott, dein Gott erhöht, ein Nam' ist dir gegeben, der über alle Namen geht, voll Kraft und Heil und Leben. Durch alle Himmel tönt dein Ruhm, die Herrschaft ist dein Eigenthum.

8. Doch wird einst ewig bei dir seyn, wer dir ist nachgewandelt; zu deiner Freude gehen ein, die hier wie du gehandelt. O laßt uns Gottes Willen thun und ganz in seiner Fügung ruh'n.

93.   Mel. Ich dank' dir schon etc.

Gedanke, der uns Leben giebt, wer kann dich ganz durchdenken: also hat Gott die Welt geliebt, uns seinen Sohn zu schenken!

2. Gedanke voller Majestät! Umringt von Finsternissen, hoch über die Vernunft erhöht, stillst du doch mein Gewissen.

3. Ich kann der Sonne Wunder nicht, noch ihren Bau ergründen, und doch kann ich der Sonne Licht und ihre Kraft empfinden.

4. So kann ich auch nicht Gottes Rath von Jesu Tod ergründen, allein das Göttliche der That, das kann mein Herz empfinden.

5. Nimm mir den Trost, daß Jesus Christ der Sünder Schuld getragen, daß er mein Gott und Heiland ist, so werd' ich angstvoll zagen.

6. Ist Christi Wort nicht Gottes Sinn, so werd' ich irren müssen, und wer Gott ist und was ich bin und werden soll, nicht wissen.

7. Nein, diesen Trost der Christenheit soll mir kein Spötter rauben, ich fühle seine Göttlichkeit, und halte fest am Glauben.

8. Des Welterlösers Eigenthum, durch ihn des Himmels Erbe, dieß bin ich und das ist mein Ruhm, auf den ich leb' und sterbe.

9. Er hat mir seinen Geist gesandt, im Glauben mich zu stärken, und bildet mich durch seine Hand zu allen guten Werken.

10. So lang' ich seinen Willen gern mit reinem Herzen thue, so fühl' ich eine Kraft des Herrn und schmecke Fried' und Ruhe. |

11. Und wenn mich meine Sünde kränkt und ich zum Kreuze trete, so weiß ich, daß er mein gedenkt und thut, warum ich bete.

12. Ich weiß, daß mein Erlöser lebt und ich ihn schauen werde, daß er mich einst zu sich erhebt vom Staube dieser Erde.

13. Erfüll' mein Herz mit Dankbarkeit, so oft ich dich nur nenne, und hilf, daß ich dich allezeit treu vor der Welt bekenne.

14. Soll ich dereinst noch würdig seyn, für dich hier Schmach zu leiden, so müsse mich nicht Schmach noch Pein von deiner Liebe scheiden.

15. Hat Gott uns seinen Sohn geschenkt, will ich noch sterbend denken, wie sollt' uns der, der ihn geschenkt, mit ihm nicht Alles schenken!

94.   Mel. Herr Gott, nun loben alle etc.
Gott wollte nicht des Sünders Tod, gab ihm sein Wort und sein Gebot, that ernstlich seinen Willen kund, rief Israel in seinen Bund.

2. Im Donner bebte Sinai, als sein Gesetz der Herr verlieh; er grub's in Felsentafeln ein; doch auch des Volkes Herz blieb Stein.

3. Da sprach voll Huld des Vaters Mund: Gestiftet werd' ein neuer Bund, kein todter Buchstab' auf dem Stein, die Liebe schreib' in's Herz ihn ein.

4. Dann herrscht mein Zepter väterlich, sie sind mein Volk, ihr Gott bin ich, die Liebe lehr' und treibe nun, daß gern sie meinen Willen thun.

5. So sandte Gott von seinem Thron den eignen eingebornen Sohn; der Vater thut durch Christi Mund sein Wort und seine Liebe kund.

6. Des Sohnes Ruf ist: Menschen, hört, was euch der Gott der Liebe lehrt, liebt den, der euch zuvor geliebt und euch den Sohn zum Heiland giebt.

7. Mit meiner Liebe liebet euch. Ihr seyd durch mich einander gleich, und weiht die neuen Kräfte gern dem Reiche Gottes, eures Herrn.

8. Gott, der du selbst die Liebe bist, die keines Menschen Sinn ermißt, gieß aus den Geist der Liebe nun, daß Alle deinen Willen thun.

95.   Mel. Wachet auf, ruft uns etc.
Heil'ger Jesu, Heil'gungsquelle, wie strahlt dein Glanz so rein und helle! wie leuchtet deine Heiligkeit! Aller Glanz der Seraphinen, die Heiligkeit der Cherubinen, ist gegen dich nur Dunkelheit. Ein Vorbild bist du mir! o bilde mich nach dir, du mein Alles! Jesu, hilf du auch mir dazu, daß ich auch heilig sey, wie du!

2. Frommer Jesu, dessen Leben dem Willen Gottes ganz ergeben, der bis zum Tod gehorsam war: lehr' auch mich des Vaters Willen still und ergeben zu erfüllen, ihm zu gehorchen immerdar! Mach' dir mich gleich | gesinnt, wie ein gehorsam Kind, fromm und stille! Jesu, hilf du auch mir dazu, daß ich sey fromm und still, wie du!

3. Güt'ger Jesu, o wie milde, wie ähnlich deines Vaters Bilde, wie freundlich warest du gesinnt! Deiner Güte Glanz scheint Allen, du richtest freundlich auf, die fallen, du suchest, die verloren sind. O neig' auch meinen Sinn zur wahren Liebe hin, die nicht wanket! Jesu, hilf du auch mir dazu, daß ich auch gütig sey, wie du!

4. Sanfter Jesu, wie geduldig trugst du die Schmach und littst unschuldig und sprachst kein Wort der Drohung aus! Wer kann deine Sanftmuth messen,

VI. Von Christo dem Erlöser im Allgemeinen

bei der du dennoch nie vergessen den Eifer für des Vaters Haus! Herr, mach vom Zorn mich frei! Gieb Sanftmuth, und verleih' frommen Eifer! Jesu, hilf du auch mir dazu, daß ich sanftmüthig sey, wie du!

5. Jesu, du mein Heil und Leben! Du wollest selbst die Kraft mir geben, zu werden deinem Vorbild gleich! Gieb, daß mich dein Geist durchdringe, daß ich viel Glaubensfrüchte bringe und tüchtig sey zu deinem Reich. Ach zeuch' mich ganz zu dir und lebe selbst in mir, treuer Heiland! Jesu, hilf du auch mir dazu, daß ich bei dir einst finde Ruh.

96.   Mel. Herzliebster Jesu etc.

Ich bin gewiß, daß weder Tod noch Leben, nicht Engel, die des Höchsten Thron umgeben, nicht Arglist noch Gewalt, nicht Freud' und Leiden von Gott mich scheiden.

2. Der Ew'ge, der hoch über Sonnen thronet, hat, uns zum Heil, auch nicht des Sohns verschonet, er hat aus Huld, damit wir konnten leben, ihn hingegeben.

3. Wie sollt' er uns mit ihm nicht Alles schenken, wenn wir in seine Gnad' uns nur versenken? Ja, Alles schenkt aus ewigem Erbarmen der Herr uns Armen!

4. So knieet denn, ihr theu'r erlösten Brüder, voll heißen Danks vor seinem Throne nieder, bereit und freudig, ihm das ganze Leben zum Dienst zu geben!

5. Wir preisen dich, o Gott, der uns Verlornen herabgesandt hat seinen Eingebornen, und bringen dankbar dir aus reinem Triebe ein Herz voll Liebe.

97.   Mel. Jesus, meine Zuversicht etc.

Jesus nimmt die Sünder an! Saget doch dies Trostwort Allen, die fern von der festen Bahn auf verkehrten Wegen wallen. Hier ist, der sie retten kann: Jesus nimmt die Sünder an.

2. Keiner Gnade sind wir werth, doch er beut in seinem Worte, was ein reuig Herz begehrt, offen steht die Gnadenpforte; Allen ist sie aufgethan. Jesus nimmt die Sünder an.

3. Wenn ein Schaf verloren ist, führet es der treue Hirte, Jesus, der uns nie vergißt, suchet | treulich das Verirrte, daß es nicht verderben kann. Jesus nimmt die Sünder an!

4. Kommet Alle, kommt herzu, kommet, ihr betrübten Sünder! Er verheißt der Seele Ruh, macht aus Sündern Gottes Kinder. Ungesäumt laßt uns ihm nah'n! Jesus nimmt die Sünder an!

5. Ich Betrübter komme hier und bekenne meine Sünden. Laß, mein Heiland, mich bei dir Gnade und Vergebung finden! Eins ist, was mich trösten kann: Jesus nimmt die Sünder an!

6. Mein Gewissen zaget nicht; wer will mich vor Gott verklagen? Der mir einst das Urtheil spricht, hat auch meine Schuld getragen, daß mich nichts verdammen kann. Jesus nimmt die Sünder an!

7. Jesus nimmt die Sünder an! Mich auch hat er angenommen, mir den Himmel aufgethan, selig werd' ich zu ihm kommen. Furchtlos end' ich meine Bahn: Jesus nimmt die Sünder an!

98.   Mel. Lobt Gott, ihr Christen etc.
Ihr Völker, höret Christi Wort, das laut zu euch erschallt; es geht durch alle Zeiten fort und wirkt mit Allgewalt.

2. Die Stimme Jesu rufet euch, die ihr mühselig seyd, sie ladet ein zu seinem Reich, sie tröstet, stärkt, erfreut.

3. Die Stimme Jesu Christi sprach am Kreuz: Es ist vollbracht! Des ew'gen Todes Kette brach, besiegt war seine Macht.

4. Die Stimme schallt; schon wird die Welt von ihrem Ruf erfüllt, und jeder Götzentempel fällt und jedes Götzenbild.

5. Die Stimme des Erlösers tönt: der Sünder horcht und bebt; er hört, er sey mit Gott versöhnt, er staunt, und glaubt, und lebt.

6. Dereinst, wenn diese Stimme ruft, gehorchen Erd' und Meer und es erhebt sich aus der Gruft der Todten großes Heer.

7. Die Stimme Christi spricht alsdann: Ihr Frevler, weicht von mir! Ihr Frommen, euch sey aufgethan des Paradieses Thür.

8. Die Stimme Jesu Christi schallt durch Erd' und Himmel fort. Sie wirkt mit Gottes Allgewalt: o, merket auf sein Wort!

99.   Mel. Vater unser im Himmelreich etc.
Kein Lehrer ist dir, Jesu, gleich, wie du an Lieb' und Weisheit reich; du, ein Prophet in Wort und That, verkündigst uns des Ew'gen Rath; du bist gesalbt von Gottes Hand, der dich vom Himmel hat gesandt.

2. Du wiesest uns die wahre Spur zu Gott, dem Schöpfer der Natur; du hast den rechten Weg gezeigt, auf dem der Geist zum Himmel steigt. Was du vom Vater selbst gehört, das hast du unverfälscht gelehrt.

3. Du bist das wahre Licht der Welt! so hat Gott selbst dich dar|gestellt; so haben dich bekannt gemacht die Wunder, die du hast vollbracht; du hast besiegelt durch den Tod, was du gelehret, sey von Gott.

4. Nachdem du eingegangen bist, wo aller Weisheit Urquell ist, machst du durch deiner Boten Mund noch jetzt dein Heil den Menschen kund; du bist es, Herr, von dem das Amt, das die Versöhnung predigt, stammt.

5. Noch immer hilfst du deinem Wort in seinen Siegen mächtig fort; du sendest, wie dein Mund verheißt, noch immer deinen heil'gen Geist, durch den du Kraft zum Glauben schenkst und unser Herz zum Guten lenkst.

6. O sende deinen Geist auch mir, daß er mich zu der Wahrheit führ', daß ich, von Eigendünkel frei, nur deinem Wort gehorsam sey! Du, Sohn des Höchsten, sollst allein mein Lehrer und mein Meister seyn.

100.   Mel. Schmücke dich, o liebe Seele etc.
König, dem kein König gleichet, vor dem jeder Glanz erbleichet, du, des Vaters Eingeborner und zum Herrschen Auserkorner, der zu eigen uns erworben, da du bist für uns gestorben, der nun ewig triumphiret und des Reiches Zepter führet!

2. Himmel, Erde, Luft und Meere sind, o Herr, voll deiner Ehre; über Lebende und Todte herrschen deine Machtgebote; Alles steht in deinen Händen, daß du magst dein Werk vollenden, und auf wunderbaren Wegen führst du uns dem Ziel entgegen.

3. Größre Wunder sieht man glänzen in des Gnadenreiches Grenzen. Wer vermag sie wohl zu zählen, die von dir erlösten Seelen, die das Wort aus deinem Munde heiligt in dem Gnadenbunde, die gern Alles für dich lassen und, wie du, die Sünde hassen?

4. In dem Reiche deiner Ehre dienen dir des Himmels Heere; durch frohlokkende Gesänge preiset dich der Sel'gen Menge, die dort in des Himmels Auen dein verklärtes Antlitz schauen und dich unermüdet loben, der zum Himmel sie erhoben.

5. Herr, in allen diesen Reichen! dir ist Niemand zu vergleichen an dem Ueberfluß der Schätze, an der Ordnung der Gesetze, an der Dauer der Regierung, an der Weisheit in der Führung, an den Siegen über Feinde, an Beseligung der Freunde.

6. Herrsch' auch, Herr, in meinem Herzen, überwinde Furcht und Schmerzen, steh' mir bei, wenn ich muß kämpfen, hilf mir alles Böse dämpfen, lehre mich, dich recht zu lieben, freudig dein Gebot zu üben, daß ich mit dir muthig streite und einst herrsche, dir zur Seite.

101.   Mel. Preis, Lob, Ehr', Ruhm etc.
Komm, beuge dich, mein Herz und Sinn, vor Christi Throne tief darnieder! Zu seinen Füßen sinke | hin und bring' ihm deines Dankes Lieder! Erkenne, wie du selbst aus dir nichts bist, wie Gott allein in dir nur Alles ist!

2. Wo wär' in dir ein Funken Kraft, wenn du sie nicht erlangt von oben? Wer hat dir Schutz und Ruh geschafft vor deiner Feinde List und Toben? Wer bändigte des Bösen finstre Macht? Wer hat der Wahrheit Glanz ans Licht gebracht?

3. Wer hat dich aus der Noth befreit, dein Leben der Gefahr entrissen? Wer krönt dich mit Barmherzigkeit? wer läßt dich seine Rechte wissen? Ist er es nicht, der unerschöpfte Quell, der täglich noch uns zuströmt rein und hell?

4. Ja, deine Hand hat uns gefaßt und über all Verdienst und Hoffen hinweggethan der Sünden Last, daß nun der Himmel uns steht offen. Du machst das Herz von Furcht und Zweifel leer, und sel'ger Friede waltet um uns her.

5. Was zwischen uns sich drängen will, hat deine Kraft gar bald vernichtet; du hältst den Tempel rein und still, den du dir selbst in uns errichtet. Ja, fest bestehet deine Herrlichkeit, die dir in uns der Vater hat geweiht.

6. Du überschüttest uns mit Lieb' und reinigst Herzen, Mund und Sinnen, daß wir aus deines Geistes Trieb dich immer lieber noch gewinnen. Du drückst dem Geist der Reinheit Siegel auf, daß unbefleckt wir enden unsern Lauf.

7. So nimm dafür zum Opfer hin uns selbst mit Allem, was wir haben; nimm Leib und Seel, nimm Herz und Sinn zum Eigenthum, statt andrer Gaben. Bereite selbst dir aus der Schwachen Mund ein würdig Lob, mach deinen Namen kund.

8. Hierzu gieb Einen Sinn und Muth, halt deine Gläub'gen fest zusammen, daß unser Herz von heil'ger Glut entbrenn' in deiner Liebe Flammen. Zu deinem Thron steigt unser Dank empor, bis würd'ger er erschallt im höhern Chor.

102.   Mel. Ein Lämmlein geht etc.
Lob, Ehre, Preis und Dank sey dir, o Jesu, unser Leben. Preiswürdig bist du für und für, wer kann dich gnug erheben? Eh noch die Welt ward, warst du schon groß, herrlich und des Höchsten Sohn, ein Erbe seiner Ehre. Dein ist das Reich, die Herrlichkeit, und du beherrschest weit und breit der Kreaturen Heere.
    2. Dein sind sie, denn durch wessen Kraft ward Himmel, Meer und Erde? Wer hat das Leben uns verschafft? Wer sprach zum Engel: werde! Du bist das Wort, durch welches Gott der ganzen Welt zu seyn gebot, du bist's, der Alles träget, was sichtbar und unsichtbar ist, was Erd' und Himmel in sich schließt und was im Meer sich reget.
    3. Und dennoch bist du uns zu gut in diese Welt gekommen' und hast selbst unser Fleisch und | Blut freiwillig angenommen. Als Opfer brachtest du dich dar, zu retten, was verloren war, wardst du ein Fluch auf Erden. O Huld, die sonst nichts Gleiches hat! Du starbst für unsre Missethat, ein Heiland uns zu werden.
    4. Du wardst es uns und bist es noch jetzt auf des Himmels Throne; nimmst liebreich weg der Sünde Joch sammt ihrem schnöden Lohne. Von ihrem Dienst uns zu befrein, betrübter Herzen Trost zu seyn, ist deines Herzens Freude. Du giebst den müden Seelen Ruh, und wer dich liebt, den stärkest du, daß nichts ihn von dir scheide.
    5. Du hörst der Deinigen Gebet und endest ihre Plage. Du bleibst, bis Zeit und Welt vergeht, bei uns noch alle Tage. Heil uns, wir sind dein Eigenthum! Herr, dir sey ewig Dank und Ruhm für alle deine Liebe! Dir geb' ich mich zu eigen hin. Gieb mir, daß ich, so lang ich bin, in deinem Dienst mich übe.

103.   Mel. Mein Salomo, dein etc.
Mein Lebensfürst! dein freundliches Regieren stillt alles Weh, das sonst den Geist beschwert. Wenn sich zu dir die Seel' in Sehnsucht kehrt, so wird sie bald den wahren Frieden spüren. Dein Gnadenblick nimmt Furcht und Unmuth hin, zerschmilzt in Freud' und Liebe meinen Sinn.
    2. Mein Seelensfreund! wie wohl wird dem Gemüthe, das am Gesetze sich ermüdet hat, wenn es zu dir, dem wahren Leben, naht, und schmeckt in dir des ew'gen Vaters Güte! Da wird der Sündennoth nicht mehr gedacht; zur sichern Ruh' ist dann das Herz gebracht.
    3. Und nun, je mehr es sich zum Vater kehret, je sel'ger wird's und wächst an Heil'gungskraft, durch die das Eitle wird hinweggeschafft, was sonst den Geist gedämpfet und beschweret. Je gläub'ger es sich der Vergebung freut, um desto kräftiger wird es erneut.
    4. Wenn so in mir sich deine Klarheit spiegelt und mich umglänzet deines Lichtes Schein: dann kann das neue Leben recht gedeihn; der Weisheit Tiefen werden mir entsiegelt. Ich weiß, ich bin durch dich mit Gott verwandt, und einst erkenn' ich, wie ich bin erkannt.
    5. Was dem Gesetz unmöglich war zu geben, mit Lieb' und Lust, was Gott gebeut, zu thun, das wirket leicht in mir die Gnade nun: sie heiligt immer mehr das ganze Leben. Von Kraft werd' ich zu neuer Kraft geführt, und mit Geduld und Langmuth stets regiert.

VI. Von Christo dem Erlöser im Allgemeinen

6. Das ist die Fülle von des Geistes Gaben, die niemals mir die Welt verleihen kann. Für Tand nur seh' ich ihren Reichthum an; er kann nicht die bedürft'ge Seele laben. Nur Jesus kann es! Ihm gebührt der Ruhm, und Jeder werde gern sein Eigenthum. |

7. Drum will ich ihm auch nur allein vertrauen! O such mich heim, du Aufgang aus der Höh, daß ich mein Heil in deinem Lichte seh', und immer mög' auf deine Gnade bauen, und wenn mich meine Schwachheit niederschlägt, dann werde stets mir neuer Muth erregt.

8. So ruh ich denn, mein Heil, in deinen Armen! Du selbst sollst mir mein ew'ger Friede seyn. In deine Huld, o Herr, hüll' ich mich ein: ich leb' und athme nur durch dein Erbarmen. Und da du mir mein Ein und Alles bist, hab' ich genug, wenn dich mein Geist genießt.

104.   Mel. Herr, ich habe mißgehandelt etc.
Ohne dich, was sind wir, Jesu? dürftig, arm und jämmerlich! Ja, wir sind nur voller Elend; drum erbarm, o Jesu, dich! Laß dich unsre Noth bewegen, die wir dir vor Augen legen.

2. Ohne dich, du Helfer Jesu, kommen wir nicht durch die Welt, weil sie fast auf allen Wegen unsern Füßen Netze stellt. Hilf uns alle Stricke meiden, daß wir uns von dir nicht scheiden.

3. Laß den Geist der Kraft, Herr Jesu, unserm Geiste Kraft verleihn, daß wir eifrig dir nachwandeln bei des Wortes hellem Schein. Mache du, Herr, selbst uns tüchtig, so wird unser Wandel richtig.

4. Gieb die Feinde, starker Jesu, unter unsern schwachen Fuß! Du kennst unser Unvermögen; schenk uns deines Heils Genuß, daß wir deine Kraft verspüren, nie im Kampf den Muth verlieren.

5. Dann wird Lob und Dank, Herr Jesu, schallen aus des Herzens Grund! Dann wird Alles jubiliren, und dir singen Herz und Mund, und einst überall auf Erden Jesus hochgelobet werden.

105.   Mel. Preis, Lob, Ehr, Ruhm etc.
Sey hochgelobt, barmherz'ger Gott, daß du dich unser angenommen und daß in unsrer Seelennoth du uns zur Hülfe bist gekommen; du schenkest uns von deinem Himmelsthron das ew'ge Wort, den eingebornen Sohn.

2. Du segnest uns in ihm, dem Herrn, mit überschwänglich reichem Segen, und unsrer Armuth gehst du gern mit deiner theuern Gnad' entgegen. Was sind wir doch, du allerhöchstes Gut, daß deine Treu so Großes an uns thut?

3. Was dringet dich? Wir sind ja nur ein arm Geschlecht, verlorne Kinder; wir sind ja alle von Natur verderbte Menschen, alle Sünder; entfremdet allesammt, o Gott, sind wir dem wahren Leben, das da quillt aus dir.

4. Allein du, Vater, reich an Huld, trägst Lieb' und Mitleid mit uns Armen, und offenbarst bei unsrer Schuld in deinem Sohne dein Erbarmen. In ihm sind wir, wie du zuvor bedacht, | mit dir versöhnt, dir angenehm gemacht.

5. Du hast uns deinen Gnadenrath durch Jesum Christum wissen lassen, erbaut durch ihn die Gottesstadt, die alle Völker soll umfassen. Er ist der Grund, auf welchem Alles steht, der Fels des Heils, der ewig nicht vergeht.

6. Du lässest uns in Jesu Blut Heil, Leben und Versöhnung finden; sein bittrer Tod kommt uns zu gut und reinigt uns von unsern Sünden. O tiefe Lieb', o Wundergütigkeit, die unsre Seele von der Schmach befreit.

7. Mit dir hat Frieden er geschafft, da wir noch deine Feinde waren, und Frieden wird uns seine Kraft auch mitten in der Welt bewahren. O Herrlichkeit, daß wir in Frieden stehn, nun können wir getrost zum Vater gehn.

8. Durch Jesum Christum, unsern Hort, erkennen wir den Weg der Wahrheit und wachsen immer fort und fort im Lichte zur vollkommnen Klarheit. Du selber bist das glänzend helle Licht, das in dem Sohn die Finsterniß durchbricht.

9. Lebt in uns Christi Sinn und Geist, dann sind wir auch mit dir verbunden; was ist noch, das uns dir entreißt? wir haben volle Gnüge funden. In ihm sind wir voll Ruh' und Sicherheit und schmecken schon des Himmels Seligkeit.

106.   Mel. Allein zu dir, Herr J. C. etc.

Um Zion, Jesu, flossen einst von deinem Auge Zähren, wie du stets um die Sünder weinst, wenn sie sich nicht bekehren. Wer reuevoll vor dir erscheint und über seine Sünden weint, dem strömest, treuer Heiland, du Gewissensruh aus deiner Gnadenfülle zu.

2. Herr, deine Thränen mache mir zu reichem Heil und Segen, daß sie, hab' ich gefehlt vor dir, zur Buße mich bewegen. Du hast, o heil'ger Menschenfreund, für fremde Sünden einst geweint; wie könnt' ich meine eignen seh'n, ohn' hinzugehn zu dir und Gnade zu erflehn.

3. Hier muß ich oft in tiefstem Schmerz viel bittre Thränen weinen; wie oft drückt eigne Noth mein Herz, wie oft die Noth der Deinen! Doch legt des Vaters Wille mir das Kreuz auf, dann schau ich nach dir, der du in Noth gewesen bist, Herr Jesu Christ, dies tröstet mich zu aller Frist.

4. Herr, du siehst meine Thränen an und du hast sie gezählet, wenn ich sie selbst nicht zählen kann, daß dir nicht eine fehlet; sie bleiben immerdar vor dir und neigen bald dein Herz zu mir, daß du erbarmend auf mich blickst und gnädig schickst, wodurch du wahrhaft mich erquickst.

5. Wer in Geduld hier Thränen sä't und seinem Gott hält stille, der erntet, wenn er aufersteht, der Freuden reichste Fülle. Was dort an ihm wird offen|bar, ist hier noch keinem Auge klar; allein der Erde Kreuz und Leid wird nach der Zeit den Frommen Himmelsseligkeit.

6. Für deine Thränen dank' ich dir; sie sind mir Trost im Leiden, auch noch im Tode sind sie mir die Bürgschaft sel'ger Freuden. Mein Herr und Gott, wenn du dereinst in deiner Herrlichkeit erscheinst, und führest zur Verklärung mich, dann preis' ich dich für deine Thränen ewiglich.

107.   Mel. Mein Jesu, dem die etc.

Von meinem Jesu will ich singen! Aus Liebe kam er in die Welt, die ew'ge Wahrheit uns zu bringen, die alle Finsterniß erhellt. Er kam, als noch des Irrthums Schatten rings auf dem ganzen Erdkreis lag, und auch die Weisen keinen Tag, kaum eine schwache Dämmrung hatten.

VI. Von Christo dem Erlöser im Allgemeinen 809

2. Vom Himmel kommt er, uns zu lehren; seht, wie vor ihm die Erde schweigt! Die Heiden drängen sich, zu hören, da sich der große Lehrer zeigt. Er lehret uns die Gottheit kennen, und ladet uns zum neuen Bund, durch ihn darf unser blöder Mund Gott wieder unsern Vater nennen.

3. Dem schwer verschuldeten Geschlechte, das ganz von Gott gewichen war, stellt sich der einzige Gerechte zum Opfer der Versöhnung dar. Verloren waren Adams Kinder, versunken in die tiefste Noth, er giebt sich in den Kreuzestod und stirbt für abgefallne Sünder.

4. Er stirbt! – Ist der aus Gott geboren, der an dem Kreuze neigt sein Haupt? Was klügelt ihr, ungläub'ge Thoren? Weg, Zweifel, der mir Jesum raubt! Ich bete, Herr, vor dir im Staube! Du redest, und ein himmlisch Licht strahlt siegend mir in's Angesicht: du redest, und, o Gott, ich glaube!

5. Ja, Herr, du kannst dich nicht verhehlen, du bist der Sohn von Ewigkeit. So glaubten auch die großen Seelen, die Märtyrer der alten Zeit, die sich nach deinem Namen nannten, und mit erhab'nem Heldenmuth auch auf der Folter, in der Glut dich, ihren Herrn und Gott, bekannten.

6. Verehrt, verehrt ihn alle Lande! der Jesus, der im Grabe liegt, zerbricht des Todes eh'rne Bande, lebt ewig, und der Glaube siegt. Der Glaube, diese zarte Pflanze, grünt aus der Zeugen Blut hervor, und hebt im Sturm das Haupt empor mit immer ungeschwächtem Glanze.

7. Drum lehnt nicht mehr, ihr Nationen, euch gegen Christi Predigt auf; ihr Völker und ihr auf den Thronen, am Kreuze sammelt euch zu Hauf! Wo sind die Feinde? Schon verschwunden! Ja, alle Völker müssen sehn, daß Menschen Gott nicht widerstehn, und Christi Reich hat überwunden. |

108. Mel. Mir nach, spricht Christus etc. 56
Welch hohes Beispiel gabst du mir, mein Heiland, durch dein Leben! Sollt' ich mit heiliger Begier nicht dir zu folgen streben? Nicht gehn den Weg, den du betratst, nicht freudig thun, so wie du thatst?

2. Dein Herz, von Sünden nie entweiht, war rein, wie deine Lehre; dein ganzer Wandel Heiligkeit, dein Ziel war Gottes Ehre; du gabst mit stillem, frommem Sinn dich in des Vaters Willen hin.

3. Der Kummervollen Trost zu seyn, zu wehren jedem Leide, stets wohlzuthun und zu erfreun, war deine Sorg' und Freude, und eines jeden Menschen Schmerz durchdrang dein liebevolles Herz.

4. Du trugst mit Sanftmuth und mit Huld die Schwachheit deiner Freunde; mit Sündern hattest du Geduld, und batest für die Feinde; du warst gehorsam bis zum Tod, und ehrtest selbst im Tode Gott.

5. Dies große Beispiel hast du mir, mein Heiland, hinterlassen, damit ich, voll Vertrauen zu dir, es in mein Herz soll fassen. Nimm, sprichst du, meine Last auf dich, komm, folge mir und sieh' auf mich.

6. Ich komme, Herr! gieb Licht und Kraft, daß sich mein Glaube mehre, und durch die Früchte, die er schafft, sich immerdar bewähre. Hilf, daß ich deinem Vorbild treu, auch Andern stets ein Vorbild sey.

---

28 thatst?] thast?

109. Mel. Wie schön leucht't uns etc.
Wie groß, wie angebetet ist dein Nam', o Heiland Jesu Christ! wie theuer deinem Volke! Du hast durch deines Vaters Macht des Vaters Rath an's Licht gebracht, zerstreut des Irrthums Wolke. Taube hörten, Blinde sahen, es geschahen Wunderwerke, Zeichen deiner Gnad' und Stärke.
2. Verbreitet wurde, Herr, dein Licht durch Schwache nur, durch Weise nicht, dir folgten nicht die Hohen. Ist durch der Großen mächt'ge Hand des Götzendienstes Gräul verbannt, sein eitler Wahn entflohen? Dein Werk war es, deine Gaben, Mittler, haben dich verkläret, uns den Weg zu Gott gelehret.
3. Wir werden deinen Ruhm erhöhn, wir werden deinen Himmel sehn, den Preis für deine Leiden, der du für uns am Kreuze starbst, du theilst uns zu, was du erwarbst, des ew'gen Lebens Freuden. Welche Gnade, daß wir Sünder Gottes Kinder werden sollen, wenn wir an dich glauben wollen.
4. Vom Aufgang bis zum Niedergang erschallet dir der Lobgesang der Treuen, der Erlösten. Unzählbar sind die Schaaren schon, die deiner sich, o Gottes Sohn, im Glauben froh getrösten. Alle Völker, Jesu, werden noch auf Erden dir lobsingen, Preis und Dank und Ruhm dir bringen.
5. Wie groß, wie angebetet | ist dein Name, Heiland, Jesu Christ! wie herrlich bei den Deinen! Führst du uns einst zu deiner Ruh', o, wie weit herrlicher wirst du den Frommen dann erscheinen. Ewig müsse dir zur Ehre ihrer Chöre Lob erschallen, durch die Himmel wiederhallen.

110. Mel. Wie schön leucht't uns etc.
Wie herrlich strahlt der Morgenstern! O welch' ein Glanz geht auf vom Herrn! Wer sollte sein nicht achten? Glanz Gottes, der die Nacht durchbricht, du bringst in finstre Seelen Licht, die nach der Wahrheit schmachten. Dein Wort, Jesu, ist voll Klarheit, führt zur Wahrheit und zum Leben. Wer kann dich genug erheben?
2. Du, hier mein Trost und dort mein Lohn, du, Gottes eingeborner Sohn, der du im Himmel thronest, aus vollem Herzen preis' ich dich! Wenn ich dich habe, fühle ich, wie du den Deinen lohnest. Zu dir komm' ich; wahrlich keiner tröstet deiner sich vergebens, wer dich sucht, du Brod des Lebens.
3. In dir nur kann ich selig seyn. O geuß tief in mein Herz hinein die Flammen deiner Liebe; daß ich voll heil'ger Inbrunst sey, dein Kreuz zu tragen mich nicht scheu, und dein Gebot gern übe. Treuer Heiland, den ich fasse, und nicht lasse, ach erwähle dir zu eigen meine Seele.
4. Von Gott strahlt mir ein Freudenlicht, so oft ich kann sein Angesicht im Glauben recht erblicken. O Jesu, du mein höchstes Gut, dein Wort, dein Geist, dein Leib und Blut kann meine Seel' erquicken. Stärke du mich, mein Erbarmer, daß ich Armer auf der Erde schon voll Himmelsfreude werde.
5. Und wie, Gott Vater, preis' ich dich, daß du von Ewigkeit auch mich in deinem Sohne liebest! Als Sünder war ich noch dein Feind, da hat er mich mit dir vereint, der du durch ihn vergiebest. In ihm hab' ich schon hienieden deinen Frieden; meinem Glauben kann nichts seine Krone rauben.

---

19 Ruh',] Ruh;

6. Ihm, welcher Sünd' und Tod bezwang, ihm töne froher Lobgesang von seinen Gläub'gen allen. Dem Lamme, das erwürget ist, dem Lebensfürsten Jesu Christ soll Ruhm und Preis erschallen. Schallet freudig, Jubellieder, hallet wieder, daß die Erde voll von seinem Ruhme werde.

111. Mel. Die Tugend wird durchs etc.
Wie sollen wir dir, Vater, danken? Nein, deine Lieb' ist viel zu groß, ist unaussprechlich, ohne Schranken, du giebst den Sohn aus deinem Schooß. Du sendest uns den Eingebornen von deinem Thron zum Staub herab, zu uns Gefallnen, uns Verlornen, und weihest ihn für uns dem Grab.
2. Frohlocket ihm! Er steigt | hernieder, ein Mensch, gleich uns ein Mensch zu seyn; er nennet Sünder seine Brüder, und macht sie von der Sünde rein. Damit wir wieder Gott gefallen, vergießet er sein theures Blut; er bringt Unsterblichkeit uns Allen und Lieb' ist Alles, was er thut.
3. O Liebe, Liebe, deines Gleichen ist in der ganzen Schöpfung nicht. Kein Lobgesang kann sie erreichen, nicht, was der Engel Zunge spricht. Des Himmels Herrlichkeit verlassen, um hier verfolgt, erwürgt zu seyn, wer kann die Huld, die Demuth fassen? So lieben kann der Sohn allein.
4. Nun wissen wir, Gott voll Erbarmen, daß ewig du die Liebe bist. Zu deinen offnen Vaterarmen führt uns Erlöste Jesus Christ. Nun fließt von dir nur Heil und Leben, nur Seligkeit kommt her von dir. Der Gott, der seinen Sohn gegeben, giebt mit dem Sohn auch Alles mir.
5. Ach daß wir ganz in Liebe brennten zu dir, dem Herrn in Knechtsgestalt! Ach daß wir besser danken könnten! Die wärmsten Herzen sind zu kalt! O möcht' uns doch dein Geist entzünden, gäbst du uns göttliches Gefühl! Kein Mensch kann würdig sie empfinden, die Liebe ohne Maaß und Ziel.
6. O habe Dank für deine Liebe! Ich lebe dir allein, mein Heil! Wer jetzt, auch jetzt noch Sünder bliebe, Gericht und Elend wär' sein Theil. Denn auf den Wolken wirst du kommen, Sohn Gottes und des Menschen Sohn, die Sünder richten und die Frommen erhöhn zu dir an deinen Thron!

VII. Von der Erscheinung und Geburt Jesu Christi.

112. Mel. Lobt Gott, ihr Christen etc.
Also hat Gott die Welt geliebt, die Welt von Sündenschuld, daß er den ein'gen Sohn ihr giebt; wie groß ist Gottes Huld!
2. Was sein erbarmungsvoller Rath beschloß von Ewigkeit, die große wundervolle That vollführt er in der Zeit.
3. Er, unser Heil und höchstes Gut, der Alle segnen kann, nimmt, wie die Kinder, Fleisch und Blut, doch ohne Sünde an.
4. Ich freue mich, o Herr, in dir! Du wirst ein Mensch, wie ich. Was fehlt mir nun? Ist Gott mit mir, wer ist dann wider mich?

5. Was mir zur Seligkeit gebricht, das, Herr, erwarbst du mir. Versöhnung, Leben, Trost und Licht, das hab' ich nur in dir.

6. Dein Mangel wird mein Ueberfluß, dein Leiden stillt mein Leid, dein Niedrigseyn schafft mir Genuß der höchsten Herrlichkeit.

7. Gelobt sey Gott! gelobt sein Sohn in dieser Freudenzeit! Lobt, Engel, ihn vor seinem Thron, erheb' ihn, Christenheit!

113.   Mel. O Jesu Christ, dein Kripplein etc.
Auf, Christenheit, sey hoch erfreut! denn Gottes Sohn ist für uns Mensch geboren. Nimm freudig Theil an seinem Heil; wer an ihn glaubt, wird nimmermehr verloren.

2. O große That! Nach seinem Rath hat Gott uns seinen ein'gen Sohn gegeben; als Gnadenpfand ward er gesandt und bracht uns Allen Trost und ew'ges Leben.

3. O Seligkeit! der Sünde Leid nimmt er von uns, die wir von Adam stammen. Mit uns ist Gott in aller Noth! Wer will die, so in Christo sind, verdammen?

4. Auch mein Gesang, Herr, bringt dir Dank; du siehest auch auf mich voll Huld hernieder. Auf, Christenheit! sey hoch erfreut, des Höchsten Sohn bringt das Verlorne wieder.

114.   Mel. Allein Gott in der etc.
Auf! freuet euch von Herzens Grund, ihr, die ihr war't verloren! Nun wird das große Wunder kund, der Herr ist Mensch geboren! Uns Allen kommt dies so zu gut, daß nun auch unser Fleisch und Blut durch Christum wird erneuet.

2. Er ist das Wort, das Alles schafft, das Alles hebt und träget, der reine Glanz, die ew'ge Kraft, durch die sich Alles reget, die sich in unsre Schwachheit hüllt, auf daß nun Gottes Ebenbild könn' in uns sichtbar werden.

3. Die Welt lag tief in finst'rer Nacht, in Furcht und Todesschrecken; sie konnte nicht aus eigner Macht sich Heil und Licht erwecken; nun kommt das unumschränkte Licht, und will mit hellem Angesicht in alle Herzen leuchten.

4. Drum irre, Mensch, nicht ferner blind auf des Verderbens Wegen! Umfasse den, der treu gesinnt dir gnädig kommt entgegen. Ergieb dich ja der Trägheit nicht, Christ will dir Leben, Kraft und Licht aus seiner Fülle schenken.

5. So nimm mein Herz, Herr Jesu Christ, mein Heiland, Licht und Leben! gestalt' es so, wie deines ist, dazu sey dir's gegeben, treib aus die alte Finsterniß, und heil' der Sünden Schlangenbiß; dann bist du mir geboren.

115.   Mel. Wir Christenleut' etc.
Auf, schicke dich, recht feierlich des Heilands Fest mit Danken zu begehen! Lieb' ist der Dank, der | Lobgesang, durch den wir ihn, den Gott der Lieb', erhöhen.

2. Sprich dankbar froh: Gott hat also die Welt in seinem ein'gen Sohn geliebet! O wer bin ich, daß Gott für mich selbst seinen Sohn aus Huld und Gnade giebet!

VII. Von der Erscheinung und Geburt Jesu Christi

3. Im Fleisch erscheint er, unser Freund, zur Zeit, da wir noch Gottes Feinde waren; er wird uns gleich, um Gottes Reich und seiner Liebe Rath zu offenbaren.

4. An ihm nimm Theil! er ist das Heil; bekehre dich und glaub' an seinen Namen. Ihn ehret nicht, wer zu ihm spricht: Herr, Herr! und doch nicht sucht ihm nachzuahmen.

5. Aus Dank will ich in Brüdern dich, o Gottes Sohn, bekleiden, speisen, tränken; der Frommen Herz in ihrem Schmerz mit Trost erfreun, und dein dabei gedenken.

6. Rath, Kraft und Held, durch den die Welt und Alles ist im Himmel und auf Erden! Die Christenheit preist dich erfreut, und Aller Knie soll dir gebeuget werden.

7. Erhebt den Herrn! Er hilft uns gern, und wer ihn sucht, den wird sein Name trösten. Hallelujah! Hallelujah! Freut euch des Herrn und jauchzt ihm, ihr Erlösten!

116.   Mel. Wir Christenleut' etc.
Bringt frohen Dank und Lobgesang dem Herrn, der uns zum Heile ward geboren! Sein Licht erhellt die dunkle Welt; des Lichtes Kinder gehen nicht verloren.

2. Welch eine Nacht! Der Sterne Pracht wich vor dem Glanz der frohen Himmelschöre. Die Erd' erklang vom Lobgesang, der jauchzend rief: Gott in der Höh' sey Ehre!

3. So tönt es laut; der Vater schaut versöhnt herab, auf Erden herrscht sein Friede. Wem schlägt die Brust nicht jetzt voll Lust, voll Seligkeit bei diesem Segensliede?

4. So singt auch ihr und danket hier dem, dessen Ruhm die Himmel wiederhallen, und lebt hinfort nach seinem Wort; dann ruht auf euch sein gnädig Wohlgefallen.

5. Auch mein Gesang, Herr, bringt dir Dank, denn mir auch bringt dein Sohn des Himmels Segen. Tod und Gericht erschreckt mich nicht, der Zukunft Nacht geh' ich getrost entgegen.

117.   Mel. Wie wohl ist mir etc.
Dein Mittler kömmt; auf, blöde Seele, die des Gesetzes Donner schreckt, die trauert, daß so schwere Fehle dich, die Gott rein erschuf, befleckt. Der Fluch erlischt, die Bande springen, es lösen sich die festen Schlingen, die den befangnen Geist beklemmt. Nun kannst du Heil und Freiheit hoffen. Gott ist versöhnt, sein Himmel offen, dein gnadenreicher Mittler kömmt. |

2. Dein Lehrer kömmt! Laß deine Ohren auf seinen Mund gerichtet seyn. Er zeigt den Weg, den du verloren; er flößt dir Licht und Wahrheit ein. Was tief in Schatten war gestellet, hat dein Prophet dir aufgehellet, und die Gewalt der Nacht gehemmt. Er macht dir kund des Vaters Willen, und giebt dir Kraft, ihn zu erfüllen; dein weisheitsreicher Lehrer kömmt.

3. Dein König kömmt, doch ohne Prangen, an Armuth nur zeigt er sich reich. Auf, deinen Fürsten zu empfangen, der dir an Schwachheit wurde gleich. Komm, lege dich zu dessen Füßen, der so dich wird zu schützen wissen,

daß dich kein Angststrom überschwemmt. Komm, schwöre hier zu seinen Fahnen, so ziemt es treuen Unterthanen; dein längst ersehnter König kömmt.

4. Dein Alles kömmt, dich zu ergötzen, dein höchstes Gut ist vor der Thür. Wer dieses Gut recht weiß zu schätzen, vertauschet gern die Welt dafür. Ergreif es dann mit Glaubenshänden, da dich, mein Geist, von allen Enden der Gnaden Fülle überströmt; eröffne deines Herzens Thüren, ihn in sein Eigenthum zu führen; dein unvergänglich Alles kömmt.

118. Mel. Sey Lob und Ehr etc.
Dem Erdkreis strahlt ein Licht vom Herrn, das ihn soll offenbaren. Es leuchtet nah, es leuchtet fern zahllosen Völkerschaaren; den Götzen dienen sie nicht mehr, sie geben Gott allein die Ehr', der sie im Licht läßt wandeln.

2. Kaum war erschienen Gottes Sohn, des Bundes Volk zu weiden, so sammelt er sich selber schon die Erstlinge der Heiden. Der Wahrheit Bild, ein heller Stern, führt sie zu Christo, ihrem Herrn; sie kommen, anzubeten.

3. Wär' unsern Vätern nicht, o Gott, dein himmlisch Licht erschienen: wir würden, der Vernunft zum Spott, noch falschen Göttern dienen. Nur deine Huld hat uns befreit von jenem Dienst der Eitelkeit; gepriesen sey dein Name!

4. O mache du uns selbst bereit, im Licht vor dir zu wallen, und lehr' uns thun zu jeder Zeit nach deinem Wohlgefallen; denn wer in Christo dich erkennt, und sich nach seinem Namen nennt, darf nicht im Finstern wandeln.

5. Noch ist das Licht, das er gebracht, nicht Allen aufgegangen; viel Tausende sind von der Nacht des Irrthums noch umfangen; auch ihnen geh' im Siegeslauf das Sonnenlicht der Wahrheit auf, daß sie zum Heil gelangen.

119. Mel. Der Tag, der ist so etc.
Der Heiland, dessen sich im Geist die Schaar der Väter freute, der Heiland, welcher Jesus heißt, ist uns geboren heute. Wär' er uns Sündern nicht gebor'n, wir | wären allzumal verlor'n, nun bringt er Heil uns Allen. Gottes Sohn, Herr Jesu Christ, der du Mensch geworden bist, dein Lob soll stets erschallen!

120. Mel. Wie schön leuchtet der etc.
Der Heiland kommt, lobsinget ihm, dem Herrn, dem alle Seraphim das Heilig, Heilig singen! Er kommt, der eingeborne Sohn, verläßt des Himmels hohen Thron, um Heil der Welt zu bringen. Preis dir, daß wir von den Sünden Rettung finden, Gnad' empfangen, und zum Himmelreich gelangen.

2. Willkommen, Friedensfürst und Held, Erlöser, Mittler, Heil der Welt, willkommen hier auf Erden! du kommst der sünd'gen Welt zu gut, du kleidest dich in Fleisch und Blut, willst unser Bruder werden. Ja du, Jesu, kommst uns Armen voll Erbarmen mild entgegen, wandelst unsern Fluch in Segen.

3. Du bringst uns Trost, Zufriedenheit, Heil, Leben, ew'ge Seligkeit; sey hoch dafür gepriesen! O Herr! zu arm und schwach sind wir, die Treue zu vergelten dir, die du an uns erwiesen! Da wir allhier im Verderben müßten sterben, bringst du Leben; o was kannst du Größres geben?

4. Wir bringen dir ein dankbar Herz, und wollen fromm in Freud' und Schmerz nach deinem Vorbild wandeln! Verwirf dies unser Opfer nicht, und

VII. Von der Erscheinung und Geburt Jesu Christi

gieb uns deines Geistes Licht, wie dir's gefällt, zu handeln; zeig dich freundlich, hilf uns Schwachen, daß wir wachen, beten, ringen, und zu deinem Reiche dringen.

121. Mel. Vom Himmel hoch da etc.

Dies ist der Tag, den Gott gemacht; sein werd' in aller Welt gedacht! Ihn preise, was durch Jesum Christ im Himmel und auf Erden ist!

2. Die Väter haben sein geharrt, bis daß die Zeit erfüllet ward: da sandte Gott von seinem Thron das Heil der Welt, den ew'gen Sohn.

3. Wenn ich dies Wunder fassen will, so steht mein Geist vor Ehrfurcht still. Kein endlicher Verstand ermißt, wie groß die Liebe Gottes ist.

4. Damit der Sünder Gnad' erhält, erniedrigt sich der Herr der Welt, nimmt selbst an unsrer Menschheit Theil, erscheint im Fleisch zu unserm Heil.

5. Dein König, Zion, kommt zu dir. Er spricht: Im Buche steht von mir; Gott, deinen Willen thu' ich gern, drum, Zion, preise deinen Herrn!

6. Herr, der du Mensch geboren wirst, Immanuel und Friedefürst, auf den die Väter hoffend sahn, dich, Gott, mein Heiland, bet' ich an.

7. Du, unser Heil und höchstes Gut, vereinest dich mit Fleisch und Blut, wirst unser Freund und Bruder hier, und Gottes Kinder werden wir.

8. Gedanke voller Majestät, | du bist es, der das Herz erhöht! Gedanke voller Seligkeit, du bist es, der das Herz erfreut!

9. Durch Eines Sünde fiel die Welt! ein Mittler hat sie hergestellt. Nun schreckt uns nicht mehr das Gericht, da er beim Vater für uns spricht.

10. Ihr Himmel, singt im Jubelton, daß uns erschien des Höchsten Sohn! Du, Erde, bet' in Ehrfurcht an dies Wunderwerk, das Gott gethan.

11. Dies ist der Tag, den Gott gemacht, sein werd' in aller Welt gedacht. Ihn preise, was durch Jesum Christ im Himmel und auf Erden ist!

122. Mel. Mach's mit mir, Gott etc.

Dies ist der Tag der Fröhlichkeit, den Gott selbst hat erkoren; dies ist die gnadenreiche Zeit, da Jesus ward geboren. Drum singen wir jetzt hocherfreut: Herr, dir sey Preis in Ewigkeit!

2. Heut' hat der Herr den Sündenstand der ganzen Welt gewendet, und gnädig zum Erlösungspfand ihr seinen Sohn gesendet. Drum singen wir jetzt hocherfreut: Herr, dir sey Preis in Ewigkeit!

3. Was vor der Zeit beschlossen war, ist in der Zeit erfüllet; in Christo beut das Heil sich dar, das alle Sehnsucht stillet. Drum singen wir jetzt hocherfreut: Herr, dir sey Preis in Ewigkeit!

123. Mel. Wer nur den lieben Gott etc.

Dies ist die Nacht, da mir erschienen des großen Gottes Freundlichkeit. Das Kind, dem alle Engel dienen, bringt Licht in meine Dunkelheit; und dieses Welt- und Himmels-Licht weicht hunderttausend Sonnen nicht.

2. Du darfst, o Seele, nicht versäumen, zu suchen solchen Gnadenschein; der Glanz in diesen niedern Räumen dringt weit in alle Welt hinein; er treibet weg der Höllen Macht, der Sünden und des Todes Nacht.

3. In diesem Lichte kannst du sehen das Licht der klaren Seligkeit; einst werden Sonn' und Mond vergehen, dies strahlt in alle Ewigkeit, und wird mit seinem hellen Schein dein Himmel und dein Alles seyn.

4. Laß nur indessen heller scheinen dein Glaubens- und dein Liebes-Licht. Mit Gott mußt du es treulich meinen, sonst hilft dir diese Sonne nicht. Willst du genießen ihren Schein, so mußt du selbst nicht dunkel seyn.

5. Drum, Jesu, schöne Weihnachts-Sonne, bestrahle mich mit deiner Gunst! Dein Licht sey meine Weihnachts-Wonne, und lehre mich die Weihnachts-Kunst, wie ich im Lichte wandeln soll, und sey des Weihnachts-Glanzes voll!

124. Mel. Helft mir Gottes Güte etc.
Dir Jesu, tönt vom Staube mein Lied hinauf zum Thron; in dir erkennt der Glaube des ew'gen Vaters Sohn. Du Glanz der Herrlichkeit! um unser Heil zu | gründen, zu retten uns von Sünden, erschienst du in der Zeit.

2. Was läßt sich dir vergleichen, du unerschaffnes Wort? Wer kann dein Lob erreichen? Herr, keiner hier und dort! Du, dem sich demuthsvoll der höchste Seraph beuget und tief verhüllt dir schweiget, wer preist dich, wie er soll?

3. Du kamst; die Nacht muß schwinden, uns glänzt ein reines Licht, in welchem wir empfinden der Kinder Recht und Pflicht. Nun sehn wir hocherfreut, wie Gott uns zärtlich liebet, im Sohn, den er uns giebet, sich uns zum Vater beut.

4. Uns Ruh' und Trost zu geben, zu tilgen unsre Schuld, zu Gott uns zu erheben, littst du, Herr, mit Geduld. Du starbst, doch hielt dich nicht der Tod in seinen Banden; jetzt, da du auferstanden, erschreckt uns kein Gericht.

5. Dein ist das Reich der Wahrheit, wo sich die Deinen freun in immer höh'rer Klarheit, von Sünd' und Mängeln rein. O seliger Gewinn! dich, Heiland, innig lieben, treu deinen Willen üben, das führt zum Himmel hin.

125. Mel. Vom Himmel hoch etc.
Empor zu ihm, mein Lobgesang, dem einst das Lied der Engel klang! Der hohe Freudentag ist da, lobsinget, Gottes Heil ist nah.

2. Geboren ward in dunkler Nacht, der uns des Lebens Licht gebracht! Nun leuchtet uns im tiefen Thal der ew'gen Morgenröthe Strahl.

3. Er kam, des Vaters Ebenbild, in menschliche Natur gehüllt, damit auch wir ihm würden gleich auf Erden und im Himmelreich.

4. Der jetzt im Himmel herrlich thront, hat unter uns als Mensch gewohnt, und führt uns mit sichrer Hand, ein treuer Hirt, ins Vaterland.

5. Empor zu ihm, mein Lobgesang, dem schon der Engel Lied erklang. Welch hoher Freudentag ist da. Ihr Christen, singt Hallelujah.

126. Mel. Von Gott will ich nicht etc.
Erhebt den Herrn, ihr Frommen! er hält, was er verspricht. Der Heiland ist gekommen, der Völker Trost und Licht! Gott will nicht unsern Tod; er hat den Sohn gegeben, damit wir durch ihn leben, erlöst von Sünd' und Noth.

2. O sehet, welche Liebe hat uns der Herr erzeigt! mit welchem Vatertriebe das Herz zu uns geneigt! sein eingeborner Sohn kommt, Rettung aus Verderben uns Sündern zu erwerben, herab vom Himmelsthron.

VII. *Von der Erscheinung und Geburt Jesu Christi* 817

3. Er kam zu uns auf Erden zu der bestimmten Zeit, trug Mühe und Beschwerden in tiefer Niedrigkeit. Der ihm gegebnen Macht enthielt er sich mit Freu|den, bis er durch Todesleiden sein großes Werk vollbracht.
4. Er hat's vollbracht! O bringet Gott euern Lobgesang! Erlöste Menschen, singet dem Mittler ewig Dank. Wo Niemand helfen kann, da hilft er gern aus Gnaden, heilt unsrer Seele Schaden. O nehmt ihn gläubig an!
5. Du Freund der Menschenkinder, verwirf uns, Jesu, nicht. Dein Name, Heil der Sünder! ist unsre Zuversicht. Wir sind auf ewig dein! Hilf du die Macht der Sünden uns kräftig überwinden und dir gehorsam seyn.
6. Ja, Heiland, wir ergeben uns dir zum Eigenthum! schon hier soll unser Leben verkünden deinen Ruhm; und wenn wir dort dich sehn, soll in der Engel Chören dich unser Loblied ehren, und ewig dich erhöhn.

127.   Mel. Lobt Gott, ihr Christen etc.
Er kommt, er kommt, der starke Held voll göttlich hoher Macht; sein Arm zerstreut, sein Blick erhellt des Todes Mitternacht.
2. Wer kommt, wer kommt, wer ist der Held voll göttlich hoher Macht? Messias ist's, lobsing' ihm, Welt, dir wird dein Heil gebracht.
3. Dir, Menschgewordner, bringen wir Anbetung, Preis und Dank. An deiner Krippe schalle dir der Erde Lobgesang.

128.   Mel. Nun lob' mein Seel' etc.
Er kommt, und Seraphinen verhüllen ihm ihr Angesicht; sie eilen, ihm zu dienen, und scheuen Bethlems Armuth nicht. Wie herrlich glänzt die Erde aus dunkler Nacht hervor! Ihr Hüter dieser Heerde, hört ihr der Engel Chor? Mit euch zu jener Krippen naht sich mein Geist entzückt; begeistert singt, ihr Lippen, dem Herrn, den ich erblickt.
2. Mit euch, ihr Engelchöre, vereint sich unser Lobgesang, ja, Erd' und Himmel höre und theile der Erlösten Dank. Anbetung sey auf Erden dem Sohn, der ewig war, den, unser Heil zu werden, ein sterblich Weib gebar. Hier fließen Freudenzähren, ein Zoll der Lieb' und Treu; wir huldigen und schwören, und weihn uns ihm aufs neu.
3. O du, durch den ich lebe, du öffnetest den Himmel mir; nimm du mein Herz, ich gebe den letzten Hauch noch freudig dir! Wie selig kann ich sterben, mich hält das Grab ja nicht; den Himmel soll ich erben, und fürchten kein Gericht. Ihr seyd wohl heilig, Engel; doch ward er euch nicht gleich. Ich kämpfe mich durch Mängel, doch dring' ich in sein Reich.

129.   In bekannter Melodie.
Ermuntre dich, mein schwacher Geist, und trage groß Verlangen, den Heiland, den der Himmel preist, mit Freuden zu empfangen. Dieß ist die Nacht, in der er kam, und menschlich Wesen an sich nahm. Er will durch sein Er|scheinen uns ganz mit Gott vereinen.
2. Willkommen, Held aus Davids Stamm, du König aller Ehren! Willkommen, Jesu, Gottes Lamm! ich will dein Lob vermehren: ich will dir all' mein Lebelang von Herzen sagen Preis und Dank, daß du, da wir verloren, für uns bist Mensch geboren.

3. O wie ist deine Huld so groß, ich kann sie nimmer fassen! Du hast dich aus des Vaters Schooß zu uns herabgelassen! Hier warteten dein nichts als Noth, Verachtung, Kummer, Schmerz und Tod; und doch kamst du auf Erden, der Menschen Heil zu werden.

4. O große That! o Wundernacht, von Engeln selbst besungen! du hast den Helfer uns gebracht, der Sünd' und Tod bezwungen, und jetzt, zur Herrlichkeit erhöht, herrscht auf dem Thron der Majestät, um Heil und ew'ges Leben den Gläubigen zu geben.

5. O du, des Vaters ein'ges Kind! du Hoffnung aller Frommen! durch den nun Gottes Kinder sind, die dich, Herr, aufgenommen! Komm, Jesu, in mein Herz hinein, und laß es deine Wohnung seyn; dahin geht mein Verlangen, dich würdig zu empfangen.

6. Du, deß sich meine Seele freut, mein höchstes Gut, mein Leben! was soll ich dir aus Dankbarkeit für deine Treue geben? Herr, was ich hab' und was ich bin, das geb' ich dir zu eigen hin; mich soll kein Glück, kein Leiden von deiner Liebe scheiden.

7. Noch sieht dich zwar mein Auge nicht, doch du wirst wieder kommen! dann schauen dich von Angesicht, Herr, alle deine Frommen; dann werd' auch ich, Herr Jesu Christ, dich sehn, so herrlich, wie du bist, und ewig dich dort oben mit allen Sel'gen loben.

130.   Mel. Nun ruhen alle etc.
Erweitert Thor und Thüren! Laßt schön die Straßen zieren! Empfangt ihn in der Welt! Jauchzt eurem Herrn entgegen, der jetzt zum Heil und Segen als König seinen Einzug hält.

2. Wer ist's? wer läßt sich hören als König aller Ehren? Der Herr der Herrlichkeit. Der Herr kommt stark und mächtig, er zeigt sich groß und prächtig, der Herr, der kräftig ist im Streit!

3. Erhöhet Thor und Thüren, den Helden einzuführen! Wer ist's, der Einzug hält? Der König aller Ehren, der Herr von allen Heeren, der Ehrenkönig aller Welt!

131.   Mel. Lasset uns den Herren etc.
Ewig sey dir Lob gesungen hier und einst vor deinem Thron, daß du uns das Heil errungen, Mensch geword'ner Gottessohn! Uns zu gut in's Fleisch gekommen bist du voller Freundlichkeit; ja du hast vor aller Zeit dich schon unsrer angenommen. Sey gelobt, Herr | Jesu Christ, daß du unser Bruder bist.

2. Sey gelobt, Herr, dir gebühret unser Dank in Wort und That; herrlich hast du ausgeführet deines Vaters Gnadenrath. Huldreich hast du dich vermählet unsrer menschlichen Natur, und vor aller Kreatur sie allein dir ausgewählet. Du erhobst sie, Gottes Sohn, mit dir auf der Gottheit Thron.

3. Du erschienest hier auf Erden, Mittler zwischen uns und Gott, unser Friedensfürst zu werden, Retter aus der Sündennoth. Herr, du hast das Kreuz geduldet, hast mit Gott uns ausgesöhnt, und mit seiner Huld gekrönt uns, die wir so viel verschuldet. Dies ist unsre Zuversicht einst im Tod und im Gericht.

4. Nein, Gott kann mich nimmer hassen, ob ich gleich ein Sünder bin. Nimmer kann mein Gott mich lassen, denn er heget Vatersinn. Gnade schenkt

VII. Von der Erscheinung und Geburt Jesu Christi

er seinen Knechten in dem Sohne, der mich kennt, und mich seinen Bruder nennt. Christus sitzt zu Gottes Rechten; durch ihn bin ich Gott vereint, Gott mein Vater, Gott mein Freund!

5. Wird das Leben doch mein Leben, leuchtet mir doch selbst das Licht. Alles Heil ist mir gegeben; was ist, das mir noch gebricht? Seht, es fleußt der Quell der Freuden aus dem hohen Himmelssaal in das niedre Erdenthal, und erquickt mich unter Leiden. Meine Lieb' und Seligkeit, Christus, ist geboren heut.

6. Du, o Gottes höchste Gabe, du, des Vaters ein'ger Sohn, du, der Seelen reichste Habe und des Glaubens größter Lohn! Laß mich neu geboren werden, bilde mich nach deinem Sinn, nimm mich ganz zu eigen hin, daß ich dein schon sey auf Erden; dann lobsingt mein Leben dir, treuer Heiland, für und für.

132.   *In eigener Melodie.*

Freuet euch, ihr Christen alle, freue sich, wer immer kann, Gott hat viel an uns gethan! Freuet euch mit Jubelschalle, Gottes Sohn hat uns gebracht, was die Sünder selig macht! Freude, Freude über Freude, Christus wehret allem Leide, Wonne, Wonne über Wonne, Jesus ist die Gnadensonne!

2. Sieh, o siehe, meine Seele, wie dein Heiland kommt zu dir, brennt in Liebe für und für. Daß kein himmlisch Gut dir fehle, läßt er Hoheit und Gewalt und erscheint in Knechtsgestalt. Freude, Freude etc.

3. Jesu, wie soll ich dir danken, daß du mich vom Tod befreit, mir gebracht die Seligkeit? Ach, laß mich von dir nicht wanken, nimm mich dir zu eigen hin, gieb mir deinen Geist und Sinn. Freude, Freude etc.

4. Jesu, nimm dich deiner Glieder ferner auch in Gnade an, schenke, was uns trösten kann! Komm, erquicke deine Brü|der, gieb der ganzen Christen-Schaar Frieden und ein sel'ges Jahr! Freude, Freude über Freude etc.

133.   *Mel. Ach, was soll ich Sünder etc.*

Freuet euch, ihr lieben Brüder, denn vom Himmel strahlt ein Licht, das durch unser Dunkel bricht; nun bringt das Verlorne wieder, der in unser Fleisch sich hüllt, Gottes Sohn und Ebenbild.

2. Seine Zukunft wird besungen von den Engeln, die entzückt auf dies Wunder hingeblickt; und es preisen ihre Zungen, daß der Herr an uns gethan, was kein Engel fassen kann.

3. O wie mußtest du uns lieben, da du aus des Vaters Schooß kamst zu theilen unser Loos, und dich fühltest angetrieben, uns, die wir im Staube gehn, gleich den Engeln zu erhöhn.

4. Werde auch in uns geboren, und durchleuchte du uns ganz, o du himmlisch reiner Glanz; Gottes Bild, das wir verloren, sey durch dich, du Heil der Welt, wieder in uns hergestellt.

5. Ja, du wollest, Herr, uns führen durch der Liebe Wunderkraft zu des Lichts Genossenschaft, und uns hier schon lassen spüren, daß uns knüpft ein festes Band an das ew'ge Vaterland.

6. Nun, dein paradiesisch Leben dringt mit deinem Gnadenschein wieder mächtig in uns ein, und wir werden uns erheben zu der göttlichen Natur, wenn wir folgen deiner Spur.

134. *In eigener Melodie.*
Gelobet seyst du, Jesu Christ, daß du Mensch geboren bist, von einer Jungfrau, ja fürwahr! deß freuet sich der Engel Schaar. Hallelujah!
 2. Des ew'gen Vaters ein'ger Sohn kommt herab von seinem Thron; mit unserm armen Fleisch und Blut bekleidet sich das ew'ge Gut. Hallelujah!
 3. Den aller Weltkreis nie beschloß, liegt dort in Mariens Schooß; er ward ein Kindlein, der die Welt mit seinem Wort allein erhält. Hallelujah!
 4. Das ew'ge Licht dringt nun herein, giebt der Welt ein'n neuen Schein; es leuchtet mitten in der Nacht und uns des Lichtes Kinder macht. Hallelujah!
 5. Der Sohn verläßt des Himmels Zelt, wird ein Gast in dieser Welt, und führt uns aus dem Jammerthal als Erben in den Freudensaal. Hallelujah!
 6. Er ist auf Erden kommen arm, daß er unser sich erbarm', uns in dem Himmel mache reich und seinen lieben Engeln gleich. Hallelujah!
 7. Das hat er Alles uns gethan, seine Lieb' zu zeigen an; deß freut sich alle Christenheit, und dankt es ihm in Ewigkeit. Hallelujah! |

135. *Mel. Gott sey Dank in aller etc.*
Heiland, den uns Gott verhieß, den der Himmel jauchzend pries, als den Sündern du zum Dienst huldreich auf der Erd' erschienst.
 2. Wie dein Nam' ist auch dein Ruhm hier in deinem Eigenthum. Du kamst, unser Heil zu seyn, uns von Sünden zu befrein!
 3. Stark in deines Vaters Kraft, hast du Leben uns verschafft. Wir, von Rath und Hülf' entblößt, sind nun, Herr, durch dich erlöst.
 4. Auf, die ihr erlöset seyd, preiset ihn in Ewigkeit; rühmt ihn, der aus Liebe starb, und den Himmel uns erwarb.
 5. Nimmer sey durch unsre Schuld fruchtlos deine Gnad' und Huld; das durch dich erworbne Heil bleibe ewig unser Theil.
 6. Dein freu' unsre Seele sich! Unser Leben preise dich! Und dein Geist, du Heil der Welt, lehr' uns thun, was dir gefällt.

136. *Mel. Valet will ich dir geben etc.*
Herr Jesu, Trost der Heiden, der Völker Heil und Licht, wir suchen dich mit Freuden und frommer Zuversicht; nach Simeons Exempel zieht heilige Begier in diesen deinen Tempel, o Heiland, uns zu dir.
 2. Du wirst noch jetzt gefunden, o Herr, an jedem Ort', wo Gläub'ge sind verbunden auf dein Verheißungswort; vergönnst noch alle Tage, daß man dich, Gott zum Preis, auf Glaubensarmen trage, wie dort der fromme Greis.
 3. Sey unser Glanz in Wonne, sey Trost uns in der Pein, im Dunkeln unsre Sonne, im Kreuz ein Gnadenschein. Will uns der Muth entschwinden, sey unser Hoffnungsstrahl, ein Stern, der uns läßt finden den Weg durch's Todesthal.
 4. Herr, laß es uns gelingen, wenn unser Leben flieht, mit Simeon zu singen das frohe Abschiedslied: Nun werden mir in Frieden die Augen zugedrückt, nachdem ich schon hienieden den Heiland hab' erblickt.
 5. Ja, ja, ich hab' im Glauben, mein Jesu, dich geschaut; kein Feind kann dich mir rauben, dich, dem mein Herz vertraut. Du wohnst in meinem Herzen und in dem deinen ich, auch in des Todes Schmerzen bau ich getrost auf dich.

VII. Von der Erscheinung und Geburt Jesu Christi

6. Hier will es oft mir scheinen, du sähst mich strafend an, daß ich vor Angst und Weinen dich kaum erkennen kann; dort aber wird's geschehen, daß in des Himmels Licht ich ewig werde sehen dein freundlich Angesicht.

137.   Mel. Gottes Sohn ist kommen etc.

Jauchzet all', ihr Frommen! Christus ist gekommen! Er, dem Engel dienen, ist im Fleisch erschienen, daß er von der Sünde gnädig uns entbinde.

2. Er kommt auch noch heute, | steht uns treu zu Seite, stillet gern die Schmerzen der zerbrochnen Herzen, will uns von dem Bösen heilen und erlösen.

3. Seines Wortes Weide füllet uns mit Freude; seine Gnadenzeichen will er dar uns reichen. Sein Geist soll uns stärken zu des Glaubens Werken.

4. O wohl allen denen, die nach ihm sich sehnen, ihn im Glauben fassen, nimmer von ihm lassen, nie sich seiner schämen, sein Kreuz auf sich nehmen.

5. Er, dem sie hier dienen, wohnt und lebt in ihnen, läßt, was sie erflehen, in Erfüllung gehen, führt nach allem Leiden sie zu ew'gen Freuden.

6. Jauchzet all', ihr Frommen! Er wird wieder kommen in der Hoheit Lichte zu dem Weltgerichte; dann wird er die Seinen um sich her vereinen.

7. Jesu, unser Leben, du wollst gnädig geben, daß wir alle Stunden werden treu erfunden, und nach sel'gem Sterben deinen Himmel erben.

138.   Mel. Es ist gewißlich an der Zeit etc.

Ich steh' an deiner Krippe hier, o Jesu, du mein Leben; zu dir komm' ich und schenke dir, was du mir hast gegeben. Nimm hin, es ist mein Geist und Sinn, Herz, Seel' und Muth, nimm Alles hin, und laß dir's wohl gefallen.

2. Du hast mich ganz und gar erfüllt mit deiner Lieb' und Güte; dein hoher Glanz, dein göttlich Bild liegt stets mir im Gemüthe. Und wie könnt' es auch anders seyn? Wie könnt' ich deinen Gnadenschein aus meinem Herzen lassen?

3. Da ich noch nicht geboren war, bist du mir schon geboren, und hast mich dir zu eigen gar, eh' ich dich kannt', erkoren. Noch war ich nicht an's Licht gebracht, da hast du schon bei dir bedacht, wie du mein wolltest werden.

4. Ich lag in tiefer Todesnacht, du wurdest meine Sonne, die mir im Herzen angefacht Licht, Leben, Freud' und Wonne. O Sonne, die des Glaubens Licht in meinem Herzen aufgericht't, wie schön sind deine Strahlen!

5. Mit Freuden blick' ich auf dich hin, und kann nicht satt mich sehen. Doch nimmer wird mein blöder Sinn dein Wesen ganz verstehen. O daß mein Geist ein Abgrund wär' und meine Seel' ein tiefes Meer, daß ich dich möchte fassen.

6. Wenn bitterlich mein Herze weint, und keinen Trost kann finden, dann rufst du mir: Ich bin dein Freund, ich tilge deine Sünden. Was trauerst du in deinem Sinn, da ich dein Bruder worden bin, die Kindschaft dir zu geben?

7. So hoff' ich denn, du werdest mir dies Eine nicht versagen, daß ich dich möge für und für in meinem Herzen tragen. In mir soll deine Wohnung seyn; komm, komm und kehre bei mir ein mit allen deinen Freuden! |

139.   Mel. Jesu, meine Freude etc.

Jesus ist gekommen! danket ihm, ihr Frommen, dankt ihm, daß er kam! daß er hier auf Erden, unser Heil zu werden, seine Wohnung nahm. Mensch, wie wir, erschien er hier, um des Vaters gnäd'gen Willen an uns zu erfüllen.

2. Laßt uns niederfallen, danken, daß er Allen Freund und Bruder ist! Gott auf seinem Throne liebt uns in dem Sohne, hilft durch Jesum Christ. Welch ein Heil, an Christo Theil und durch seiner Sendung Gaben an Gott selbst zu haben!

3. Keine Macht der Sünden wird uns überwinden; er bleibt ewig treu. Dort wird er vom Bösen gänzlich uns erlösen, hier steht er uns bei. Unser Freund, mit Gott vereint, wird uns immer Hülfe senden, daß wir siegreich enden.

4. Auf dem Richterthrone werden wir im Sohne unsern Retter schaun. Heil und ewig Leben wird er Allen geben, die ihm fest vertraun. Er ward hier versucht, wie wir, drum wird er der Schwachheit schonen, und aus Gnaden lohnen.

140.   Mel. Nun danket alle Gott etc.

Im Dunkeln lag die Welt mit Sünd' und Fluch beladen, da offenbarte Gott die Fülle seiner Gnaden; des Höchsten Sohn erscheint, ihm gehet der voran, der in des Geistes Kraft ihm ebnen soll die Bahn.

2. Seht, wie die Hand des Herrn ihn in die Wüste leitet, wo er das Wort vernimmt, das ihn zum Dienst bereitet. Begeistert als Prophet steht er am Jordan da, und ruft: bekehret euch, das Himmelreich ist nah.

3. Er predigt allem Volk, der Buße strenger Lehrer, ein brennend scheinend Licht, ein mächtiger Bekehrer, des heil'gen Eifers voll, der ohne Schonung straft, auf seiner Seele ruht Elias Geist und Kraft.

4. Im Jordan weihet er, die sich zum Herrn bekehren, auch Jesus tritt zu ihm, die Taufe zu begehren. Der Geist läßt sich herab, des Vaters Ruf ertönt, und zeigt den Heiland an, der alle Welt versöhnt.

5. Allein zu Jesu hin verweist er seine Jünger, allein auf Jesum zeigt sein ausgestreckter Finger, und laut verkündigt er, was ihm das Herz bewegt: seht, das ist Gottes Lamm, das unsre Sünde trägt.

6. Wohl dem, der dieses Lamm, auf das Johannes weiset, im festen Glauben faßt und auch im Leben preiset. Wer seinem Taufbund treu, sich Jesu ganz ergiebt, der ist in ihm von Gott begnadigt und geliebt.

7. Dazu erweckt auch uns Johannes Amt und Lehre, zu unserm wahren Heil und unsers Mittlers Ehre. Wer Buße thut und glaubt, hat Frieden alle|zeit; wer Buße thut und glaubt, ererbt die Seligkeit.

141.   Mel. Ach, was soll ich Sünder etc.

Kommst du, kommst du, Licht der Heiden? Ja, du säumest länger nicht, denn du weißt, was uns gebricht, o du starker Trost im Leiden! Komm, o Jesu, auch zu mir, offen ist des Herzens Thür.

2. Ja du bist bereits zugegen, du, Weltheiland, Gottes Sohn! Meine Seele labt sich schon an dem gnadenvollen Segen, welchen deine Wunderkraft durch den Glauben in uns schafft.

3. Heil'ge mich durch deine Liebe, die dem Eitlen mich entreißt, und gieb Gnade, daß mein Geist sich in deinem Lieben übe! Recht dich lieben, o mein Licht, kann aus eigner Kraft ich nicht.

4. Jesu, rege mein Gemüthe, Jesu, öffne mir den Mund, daß ich aus des Herzens Grund innig rühme deine Güte, die auch mir, Herr Jesu Christ, lebenslang geworden ist.

5. Gieb mir deines Geistes Gaben, Liebe, Glauben und Geduld, daß ich einst durch deine Huld, über Sünd' und Welt erhaben, mit den Sel'gen singe dir: Hosianna für und für.

142. Mel. Nun danket alle Gott etc.
Komm, Tochter Zion, den König zu empfangen, der unser Heiland ist und aller Welt Verlangen. Erhebe seinen Ruhm, stimm' Hosianna an, bring', was zu seinem Dienst die Liebe bringen kann.

2. Statt ihm den Weg zu streun mit grünem Laub der Palmen, empfang' ihn hocherfreut mit deines Dankes Psalmen, und sprich: Gepriesen sey der Heiland Jesus Christ, der aus des Vaters Schooß auf Erden kommen ist.

3. Wir danken dir, o Herr, daß du zu uns gekommen, daß du hast Fleisch und Blut, wie Kinder angenommen. Sanftmüthig kamst du, arm, ein König ohne Pracht, und doch der ew'ge Sohn, voll Herrlichkeit und Macht.

4. Erscheinst du, Gottes Sohn, als Mensch auf dieser Erden, muß dann nicht unser Herz voll Trost und Frieden werden? Drum hast du deinen Glanz in Niedrigkeit gehüllt, daß unsre Angst und Furcht auf ewig sey gestillt.

4. Erscheinen wirst du einst zum großen Weltgerichte; o, laß uns wandeln stets in deiner Wahrheit Lichte, daß wir dann auch getrost dir, unserm Richter, nahn, und unsern Gnadenlohn aus deiner Hand empfahn.

6. Das Hosianna wird alsdann von Neuem klingen, dann werden wir vereint mit Engelschaaren singen: Gelobt sey Gottes Sohn, der ewig war und ist, gelobet sey der Herr, der Heiland Jesus Christ! |

143. Mel. Nun preiset Alle etc.
Laßt ihn uns preisen den Friedefürst und Held, schon früh verheißen ward er der sünd'gen Welt. Die Völker sahn ihm lang' entgegen, hoffend auf Heil und auf ew'gen Segen.

2. „Zerreiß den Himmel!" so flehten brünstig sie unterm Getümmel irdischer Lebensmüh': „Erscheine endlich hier auf Erden, der du uns Rettung und Trost sollst werden!"

3. Nun ist erfüllet die Zeit, die Gott ersehn; nun ist enthüllet das Heil aus seinen Höh'n; gestillt das sehnliche Verlangen, ewiges Licht ist uns aufgegangen.

4. Nun wird gepredigt des Höchsten gnäd'ges Jahr; Alles erledigt, was noch gebunden war; belohnt der Dulder treues Hoffen; Gläubigen steht nun der Himmel offen.

144. In eigener Melodie.
Lob sey dem allerhöchsten Gott! Erbarmend sah er unsre Noth und sandte Jesum, seinen Sohn, zu uns von seiner Himmel Thron.

2. Ihn sandt' er, unser Trost zu seyn, vom Sündendienst uns zu befrei'n, mit Licht und Kraft uns beizustehn, und uns zum Himmel zu erhöhn.
3. O welch ein liebevoller Rath! Welch unaussprechlich große That! Welch Gnadenwerk, dem keines gleicht, das nie der Menschen Lob erreicht.
4. Was sind wir, daß das höchste Gut so große Dinge an uns thut? Was sind wir, daß uns Gott so liebt, uns seinen Sohn zum Heiland giebt?
5. So nimm ihn denn mit Freuden an, mach ihm zu deinem Herzen Bahn, gieb dich ihm ganz zu eigen hin und lebe stets in seinem Sinn.
6. Bei solcher Treu giebt er dir Theil an dem von ihm erworbnen Heil; doch hörst du seine Stimme nicht, so wartet deiner das Gericht.
7. Wie er voll Huld und Freundlichkeit erscheint in dieser Gnadenzeit, so kommt er einst mit Majestät, zum Richter aller Welt erhöht.
8. Dann trifft die Sünder ew'ge Pein; die Frommen gehn zum Leben ein, und in des Vaters ew'gem Reich macht er sie seinen Engeln gleich.
9. Gelobt sey von uns Jesus Christ, der uns zum Heil erschienen ist! Gelobt sey Gott, der ihn gesandt; sein Ruhm erfülle jedes Land.

145. *In eigener Melodie.*
Lobt Gott, ihr Christen, allzugleich in seinem höchsten Thron! Er schleußt uns auf sein Himmelreich und schenkt uns seinen Sohn.
2. Der Sohn kommt aus des Vaters Schooß, ein Heiland uns zu seyn, er wird ein Mensch, wird arm und bloß, uns ewig zu erfreun. |
3. Der alle Dinge trägt und hält, mit göttlicher Gewalt, kommt arm und niedrig in die Welt, erscheint in Knechtsgestalt.
4. Er wechselt mit uns wunderbar, nimmt unsre Armuth an, uns aber beut er Güter dar, die Niemand schätzen kann.
5. Er wird ein Kind, um uns das Recht der Kindschaft zu verleihn. Preis' ihn, begnadigtes Geschlecht, das ew'ge Erb' ist dein.
6. Heut' ist des Paradieses Thor uns wieder aufgethan, der Cherub steht nicht mehr davor: kommt, kommt, und betet an.

146. *Mel. Vater unser im Himmelreich etc.*
Macht hoch das Thor, die Pforten weit! Er kommt, der Herr der Herrlichkeit! Der Himmel ist sein Königreich, und alle Welt dient ihm zugleich. Er ist's, der Heil und Leben bringt, dem laut die Schaar der Frommen singt.
2. Er ist gerecht, wie Keiner mehr, Sanftmüthigkeit geht vor ihm her; sein Scepter ist Barmherzigkeit, und seine Kron' ist Heiligkeit. Er wendet alle unsre Noth, und macht uns frei von Sünd' und Tod.
3. O wohl dem Land, o wohl der Stadt, die diesen König bei sich hat! Wohl allen Herzen insgemein, da dieser König ziehet ein! Ein unvergänglich Freudenlicht strahlt aus von seinem Angesicht.
4. Macht hoch das Thor, die Pforten weit, ihn zu empfangen seyd bereit, und öffnet eure Herzen gern dem Ehrenkönig, eurem Herrn! So kommt er freundlich auch zu euch, und mit ihm Glück und Heil zugleich.
5. Ja, komm, mein Heiland, auch zu mir, geöffnet ist des Herzens Thür; ach zeuch mir deiner Gnade ein, erfüll' uns ganz mit ihrem Schein; dein Geist regier' uns allezeit und führ' uns einst zur Seligkeit!

VII. Von der Erscheinung und Geburt Jesu Christi

147. Mel. Von Gott will ich nicht lassen etc.

Mit Ernst, ihr Menschenkinder, bestellt das Herz in euch, es kommt das Heil der Sünder, der Held, an Wundern reich; er, den aus Gnad' allein, der Welt zum Licht und Leben, der Vater hat gegeben, will bei uns kehren ein.

2. Bereitet doch fein tüchtig den Weg dem großen Gast; macht seine Steige richtig, räumt fort, was ihm verhaßt; die Thäler füllet aus, erniedriget die Höhen, und laßt ihm offen stehen ein jedes Herz und Haus.

3. Ein Herz, das Demuth liebet, das will der Herr erhöhn; ein Herz, das Hochmuth übet, das wird zu Grunde gehn; ein Herz, das lauter ist, und folget Gottes Leiten, das kann sich recht bereiten, zu dem kömmt Jesus Christ.

4. Ach mache du mich Armen in dieser Gnadenzeit, aus Güte | und Erbarmen, Herr Jesu, selbst bereit; zeuch' in mein Herz hinein; o komm mit deinem Segen! Ich harre dir entgegen, dein ewig mich zu freun.

148. Mel. Wachet auf etc.

Nacht umhüllte rings die Erde, da sprach noch einmal Gott: es werde! und Licht entströmte seinem Thron. Christus kam, das Licht der Heiden, der Hirt will selbst die Heerde weiden, als Mensch erscheinet Gottes Sohn. Er hat in uns're Nacht der Wahrheit Licht gebracht. Jauchzt ihm Alle! In seinem Schein sollt ihr euch freun und schon auf Erden selig seyn.

2. Dieses Licht erlischt nie wieder, sein Glanz strahlt herrlich zu uns nieder, und Gottes Heil ist uns bekannt. Tragt es nun von Volk zu Volke, zerstreut des Irrthums düstre Wolke, erleuchtet werde jedes Land. Ihr Völker, nehmt ihn auf, und richtet euern Lauf froh gen Himmel! Er geht voran, und macht euch Bahn, am Ziel die Krone zu empfahn.

3. Hört im Geist der Engel Chöre, Gott in der Höh' sey Preis und Ehre, stimmt ein in ihren Lobgesang! Kommet zu dem Mahl der Gnaden, zu dem auch ihr seyd eingeladen, und bringt ihm ewig Preis und Dank; entbrennt in Sinn und Muth von heil'ger Liebe Gluth. Glaub' und Hoffnung trägt euch empor zum Himmelsthor, hinauf zu dem, der euch erkor.

149. Mel. Wie schön leucht't etc.

Nun ist die Finsterniß entflohn: die Heiden sehn den Morgen schon, und finden den Erretter. Du, den Gott in die Welt gesandt, zerstörtest mit gewalt'ger Hand die Tempel falscher Götter. Du selbst sammelst deine Heerde; Himmel, Erde, sahn mit Freuden Gottes Sohn die Menschen weiden.

2. Der Gottheit Fülle wohnt in dir; Gott kommt durch dich, mein Heil, zu mir und zeigt mir seine Liebe. Du nimmst mein sterblich Wesen an, und brichst zum Leben mir die Bahn, daß ich nicht hülflos bliebe. Ewig, Herr, soll mein Gemüthe deine Güte hoch erheben; du, mein Heiland, bist mein Leben.

3. Ein Herz, das deine Wahrheit liebt, und dir sich kindlich übergibt, das kannst du nicht verschmähen. Wer sich zu deinen Füßen setzt, und sich an deinem Wort ergötzt, wird, wie du bist, dich sehen. Bei dir bleib' ich trotz dem Spötter! Sonst kein Retter ist auf Erden, durch den Sünder selig werden.

4. Ich will mich dir zum Opfer weih'n, und so dir ewig dankbar seyn, mein Licht! mein Heil! mein Tröster! Ich bete dich in Demuth an! Wer ist, der mich verdammen kann; ich bin ja dein Erlöser. Von dir nehm' ich Gnad' in Fülle; Fried' und Stille, Freud' und Segen find' ich, Herr, auf deinen Wegen. |

150.   Mel. Erschienen ist der herrliche etc.

Nun kommt das neue Kirchenjahr; deß freue sich der Christen Schaar. Dein König kommt, drum freue dich, und nimm ihn auf herzinniglich. Hallelujah.

2. Von einem Jahr zum andern fort vernehmen wir sein Gnadenwort, das uns den Weg zum Leben weist; Gott sey dafür von uns gepreist. Hallelujah.

3. Gott, was uns deineWahrheit lehrt, und was den Glauben in uns mehrt, das laß zu unserm Heil gedeihn; dir sey Lob, Ehre, Preis allein. Hallelujah.

151.   Mel. Es traure, wer da will etc.

O komm, du Trost der Welt, hör' unser Flehen! komm, Rath und Kraft und Held aus Gottes Höhen! Gesalbter, komm herab, dein Volk zu führen, komm, Friedensfürst, dein Stab soll uns regieren!

2. So sang der Väter Mund, die Gott sich weihten und sich im alten Bund des neuen freuten. Sie sah'n manch hundert Jahr dem Herrn entgegen, der längst verheißen war der Welt zum Segen.

3. Froh ward, wer seinen Tag im Geist gesehen, des Glaubens Auge mag, was fern, erspähen. Doch der Erwartung Schmerz stieg immer höher, da rief Gott Trost in's Herz der frommen Seher.

4. Auf Erden herrscht die Nacht, die Völker schlafen; kaum, daß ein Hirt noch wacht bei seinen Schafen. Da seht! ein neues Licht in Juda's Grenzen! So kann am Mittag nicht die Sonne glänzen.

5. Triumph, der Herr ist da, auf den sie harrten! Ihr dürft, Hallelujah! nun nicht mehr warten. Vom Himmel kommt der Held euch mild entgegen; hier ist das Heil der Welt, der Völker Segen.

152.   Mel. Mein Freund zerschmelzt etc.

Sohn Gottes, der vom Himmel sich gesenket, der du zu mir herab in's Elend kamst; was für ein mächt'ger Trieb hat dich gelenket, daß niedre Knechtsgestalt du an dich nahmst? Die Liebe hat's allein gethan, sie sah erbarmend mich in meinem Jammer an.

2. Die Liebe ist so groß in deinem Herzen, daß du für mich das größte Wunder thust. Die Liebe bringt dir Kämpf' und bitt're Schmerzen, da, mir zu gut, du unter Dornen ruhst. O unerhörte Liebesglut, da selbst das ew'ge Wort nahm an sich Fleisch und Blut!

3. Der Sohn des Höchsten ist mir gleich geworden, ein Mensch, wie wir, der Herr der Herrlichkeit. Die Gottheit selbst tritt in der Menschen Orden, die Ewigkeit vermählt sich mit der Zeit. Das Leben kehret bei uns ein; es wohnt das Licht der Welt bei uns mit seinem Schein.

4. So wird in ihm die Mensch|heit ausgesöhnet, die Reinigkeit der Seelen wiederbracht. Wir sind in ihm mit Ehr' und Ruhm gekrönet, da er uns von der Sünde frei gemacht. Die Erde wird durch ihn erneu't; sie wird zum reinen Thron der Gottheit eingeweiht.

5. Die Weisheit wohnt nun wieder auf der Erden, ein neues Paradies hebt für uns an. Nun können wir aus Gott geboren werden, wenn wir dem Menschgebornen gläubig nah'n. Die neugeschaff'ne Seele spürt, daß sie ein höh'rer Geist aus Nacht und Tod geführt.

6. Kein Elend kann nun meiner Seele schaden; Immanuel ist bei mir in der Noth. Ich darf zu ihm nur geh'n, dem Quell der Gnaden, so hab' ich Trost für Elend, Schmerz und Tod. Der Jammer, der noch an mir klebt, kann nicht verderblich seyn, weil Christus in mir lebt.

7. Die Sünde kann mich auch nicht mehr verdammen, denn meines Heilands Tod kommt mir zu gut; und drohen mir verderblich ihre Flammen, so lösch' ich sie mit Christi theurem Blut. Mein Jesus dämpft den bösen Trieb; er läßt die Seele nicht, er hat sie viel zu lieb.

8. Durch ihn hab' ich ein ewig Leben funden, das mir viel Reichthum, Lust und Ehre schafft. Er ist mit mir, ich bin mit ihm verbunden, und fühle täglich seiner Liebe Kraft. Ich bin vergnügt und ganz gestillt, weil mich der laut're Strom aus seiner Lieb' erfüllt.

9. Auf, auf, mein Geist, stimm' an die Freudenlieder, erhebe dich durch seiner Gnade Macht! Des Himmels heller Glanz bestrahlt dich wieder; was du verlorst, ist völlig wiederbracht. O welchem überschwänglich Heil! Die Kindschaft Gottes wird durch Christum mir zu Theil.

153.   Mel. Mein Salomo etc.

So ist denn nun die Hütte aufgebauet, die rein des Höchsten Ebenbild uns zeigt, vor der das Heer des Himmels tief sich neigt, und sie mit freudiger Bewund'rung schauet, weil ihres Gleichen diese weite Welt an Pracht und Herrlichkeit nicht in sich hält.

2. Doch der weiß hier nichts Herrliches zu preisen, der das nur sieht, was sich von außen zeigt; der fasset nicht, was in den Staub uns beugt, der Alles richtet nach gewohnten Weisen; vor ihm bleibt diese Trefflichkeit versteckt, die nur durch Gottes Licht wird aufgedeckt.

3. Vollendet ist die Hütte, die ich meine, in deiner Menschheit, ew'ger Gottes Sohn! Du kamst herab von deines Vaters Thron, daß deine Herrlichkeit in ihr erscheine; und so hat Gottes hohe Majestät den Tempel unter uns, der ewig steht.

4. O großes Werk! Geheimniß sonder gleichen! Wer hat wohl je so Herrliches gehört, daß in der Menschheit Gott ist einge|kehrt! Anbetend schweigt, ihr werdet's nicht erreichen; verehrt still die unumschränkte Kraft, die euch zum Heil dies große Wunder schafft.

5. Durch Christum wohnt der Gottheit ganze Fülle nun allezeit im menschlichen Geschlecht, und nimmer weicht von uns sein Licht und Recht; das ist des Vaters gnadenvoller Wille. Schwand uns die Hütte gleich aus dem Gesicht, doch weicht die Gottheit aus der Menschheit nicht.

6. Und Christus bleibt erhöht, ein Thron der Gnaden, den Engel auch gelüstet anzuschaun; ihm nah'n die Gläubigen sich voll Vertrau'n und werden ihrer Schuld von ihm entladen; Versöhnung, sonst in Bilder eingehüllt, ist uns in ihm wahrhaftig nun erfüllt.

7. Sohn Gottes, du, der vormals angenommen zu unserm Trost die menschliche Natur, die nur in dir nicht zeigt der Sünde Spur; du, aus der Höh' zu uns herab gekommen, nimm unser Herz zu deiner Hütte hin, bis du auch uns hinauf kannst zu dir zieh'n.

154.   Mel. Nun lob' mein Seel' etc.

Von dieser Erden Staube steigt auf zu dir mein Lobgesang; dir, Herr, an den ich glaube, bringt meine Seele Preis und Dank. In dir, dem Menschgebornen, soll alle Welt sich freun, und jeder der Verlornen sey froh, erlöst zu seyn. Uns Sündern ward gegeben zum Retter Gottes Sohn; mit ihm erschien das Leben, mit ihm des Himmels Lohn.

2. Kommt, laßt uns niederfallen vor unserm Mittler Jesus Christ, ihn preisen, daß er Allen Erretter, Freund und Bruder ist. Er gleicht der Morgensonne in ihrem ersten Strahl, verbreitet Licht und Wonne und Leben überall. Von ihm strömt Heil und Gnade auf unsre Welt herab; er führt auf lichtem Pfade uns über Tod und Grab.

3. Frohlockt, ihr Mitgenossen der Sünde und der Sterblichkeit, nun ist nicht mehr verschlossen der Eingang zu der Herrlichkeit. Zu unsrer Erde nieder kommt Gottes ew'ger Sohn und hebet seine Brüder empor zu Gottes Thron. Er ward das Heil der Sünder und der Verlornen Hort; hier sind wir Gottes Kinder, und Gottes Erben dort.

4. Du, dem die frohe Menge der Engel und Verklärten singt, vernimm die Lobgesänge, die dir dein Volk im Staube bringt. Auch du warst hier auf Erden, was deine Brüder sind, erduldetest Beschwerden wie jeglich Menschenkind. Was du nun bist, das werden einst deine Brüder seyn, wenn sie entrückt der Erden sich deines Anschauns freun.

5. Schmückt uns die Siegerkrone, wenn wir zum Himmel sind erhöht, dann stehn wir nah' am Throne und schauen deine Majestät. Nicht mehr aus dunkler Ferne steigt dann das Lob zu | dir, weit über Sonn' und Sterne erhaben jauchzen wir; und mit des Himmels Heere schallt unser Lobgesang: dem Ewigen sey Ehre, dem Welt-Versöhner Dank.

155.   Mel. Lobt Gott, ihr etc.

Was in der heil'gen Nacht erklang aus sel'ger Geister Heer, das sey auch unser Lobgesang, Gott in der Höh' sey Ehr'!

2. Von aller Welt erschalle dir, o Jesu, Dank und Lob! dich, unsern Retter, preisen wir, der uns vom Staub' erhob.

3. Du sprachst zur Finsterniß: entweich! da floh des Irrthums Nacht. Du hast das lichte Gottesreich in Herz und Welt gebracht.

4. Nun bürgen Sorge selbst und Schmerz für uns'rer Kindschaft Recht. Zum Vater hebt sich unser Herz; wir sind ja sein Geschlecht.

5. Dank dir, daß du uns Brüder nennst! darauf ruht unser Heil; wen du als Bruder anerkennst, hat ewig an dir Theil.

156.   Mel. Nun ruhen alle etc.

Wie lieblich tönt die Kunde, sie geht von Mund zu Munde, daß ein Erlöser ist! Ja lieblich und erquickend, beseligend, entzückend ist schon dein Name, Jesu Christ!

2. Wie süß ist deine Lehre, wie groß ist deine Ehre, wie heilig ist dein Wort! Wie ist dein Blut so köstlich! Wie ist dein Tod so tröstlich, du Fels des Heils, du Lebenshort.

VII. Von der Erscheinung und Geburt Jesu Christi

3. Wie glorreich – von den Banden des Todes auferstanden – hast du den Tod besiegt! bist herrlich aufgefahren, thronst unter Himmelsschaaren, bis Alles dir zu Füßen liegt!

4. Wie groß sind deine Werke! Wie preis' ich deine Stärke! Wie herrschest du allein! Wer wäre nicht, o König, dir treu und unterthänig, um stets in deiner Huld zu seyn.

157.   Mel. Valet will ich dir geben etc.

Wie soll ich dich empfangen und wie begegn' ich dir, o aller Welt Verlangen, o meiner Seelen Zier! O Jesu, Jesu, zünde dein Licht der Seele an, daß sie erkenn' und finde, was dir gefallen kann.

2. Dein Zion streut dir Palmen und grüne Zweige hin; ich will in Freudenpsalmen ermuntern meinen Sinn. Mein Herze soll dir grünen in stetem Lob und Preis, und deinem Namen dienen, so gut es kann und weiß.

3. Was hast du unterlassen zu meiner Seligkeit, da über alle Maßen mich drückte Schmerz und Leid? Als mir das Reich genommen, da Fried' und Freude lacht, da bist, mein Heil, du kommen, und hast mich froh gemacht.

4. Ich lag in schweren Banden: du kommst und machst mich los; ich stand in Spott und Schanden: du kommst und machst mich groß. Du hebst mich hoch zu Ehren, schenkst große Gü|ter mir, die nimmer sich verzehren, und bleiben für und für.

5. Nichts, nichts hat dich getrieben zu mir vom Himmelszelt, als dein getreues Lieben, du Heiland aller Welt. Du littest tausend Plagen, du trugst der Sünde Last, und Keiner darf verzagen, den du erlöset hast.

6. Das schreib dir in dein Herze, du hochbetrübtes Heer, bei deinem Gram und Schmerze, der sich häuft mehr und mehr. Seyd unverzagt, ihr habt die Hülfe vor der Thür; der eure Herzen labet und tröstet, steht allhier.

7. Ihr dürft euch nicht bemühen, noch sorgen Tag und Nacht, wie ihr ihn wollet ziehen mit eures Armes Macht. Er kommt, er kommt mit Willen, ist voller Lieb' und Lust, all' Angst und Noth zu stillen, die ihm an euch bewußt.

8. Schreckt euch der Feinde Tücke, und ihr vermeßnes Dräun: in einem Augenblicke wird sie der Herr zerstreun. Er kommt, er kommt, ein König, dem alle Macht und List der Hölle viel zu wenig zum Widerstande ist.

9. Einst wird er wiederkommen, den Bösen zum Gericht, den Schaaren seiner Frommen mit Gnad' und süßem Licht. Komm, Jesu, unsre Sonne, und leit' uns allzumal zu ew'ger Freud' und Wonne in deinen Himmelssaal.

158.   Mel. Vom Himmel hoch etc.

Willkommen, gnadenvolle Nacht! Wie glänztest du in Himmels Pracht! Wie freute sich der Engel Schaar, als Jesus Christ geboren war.

2. Bewundernd beteten sie an, da sie den Trost der Völker sahn. Voll Ehrfurcht hört der Hirten Ohr, was jauchzend sang des Himmels Chor.

3. Allein Gott in der Höh' sey Ehr' und Fried' auf Erden weit umher! Sein Wohlgefallen habe nun der Herr auch an der Menschen Thun.

4. Die Hirten beten an, und gehn, in Bethlehem ihr Heil zu sehn, und wer den Neugebornen sah, sprach hocherfreut: der Herr ist da.

5. Wer ist wohl diesem Kinde gleich? Er bringt der Gnade sel'ges Reich. Wie hoch sind wir von Gott geliebt, daß er den ein'gen Sohn uns giebt.

6. Der Sohn, der Alles trägt und hält, kam uns zu gut in unsre Welt; auf Erden hat, wie wir, gewohnt, der in dem höchsten Himmel thront.

7. Ja, Gottes Lieb' ist unbeschränkt. Der Gott, der seinen Sohn uns schenkt, giebt Alles, was uns heilsam ist, auf ewig nun durch Jesum Christ. |

VIII. Vom Leiden und Tode Jesu.

159.   Mel. Dir, dir, Jehovah, will etc.
Ach, sieh ihn' dulden, bluten, sterben! O meine Seele, sag' ihm frommen Dank! Sieh Gottes ein'gen Sohn und Erben, wie mächtig ihn die treuste Liebe drang! Wer hat wohl je so heiß wie er geliebt, der auch sein Leben für die Feinde giebt?

2. Wie dunkel waren jene Stunden, o Herr, und welche Lasten drückten dich! Wie quoll das Blut aus deinen Wunden! und, ach! es floß zum Heil und Trost für mich; noch heute ruft es mir ermunternd zu, daß du mich liebst, du heilger Dulder du.

3. So sollt' es seyn. Du mußtest leiden; dein Tod macht mir des Vaters Liebe kund. Er wird für mich ein Quell der Freuden, ein Siegel auf den ew'gen Friedensbund. So wahr dich Gott zum Opfer gab für mich, so feste steht's, er liebt mich väterlich.

4. Nun bin ich dein und Gottes Erbe, nun seh ich in sein Vaterherz hinein. Wenn ich im Glauben leb' und sterbe, dann ist die Seligkeit des Himmels mein. Ob Sonn' und Mond und Erde untergehn: mir bleibt doch ewig Gottes Gnade stehn.

5. Ja, mir zum Trost und dir zur Ehre gereicht dein Leiden und dein Kreuzestod; bestätigt hat er deine Lehre, die nie vergeht, wenn gleich die Hölle droht. Der Unschuld Frieden und ihr hoher Ruhm blieb auch im schwersten Kampf dein Eigenthum.

6. Herr, dies dein Beispiel soll mich lehren, des Lebens Unschuld sey mein Ehrenkleid. Gern will ich deine Stimme hören und freudig thun, was mir dein Wort gebeut. Die Dankbarkeit dringt innigst mich dazu; wer hat es mehr um mich verdient, als du?

7. Nie will ich mich am Feinde rächen: für deine Mörder flehte dein Gebet; nie Gottes Führung widersprechen, wenn sie auch durch die Nacht der Trübsal geht. Auf Dornen gingst du selbst zum Ziele hin; ich folge dir, weil ich dein Jünger bin.

8. Was fürcht' ich noch des Grabes Schrecken? dein Tod nahm ja dem Tode seine Macht. Mag meinen Leib die Erde decken; zum Leben bist du, Lebensfürst, erwacht, zum Leben geh' auch ich aus meiner Gruft verklärt hervor, wenn deine Stimme ruft.

9. Nimm hin den Dank für deine Plagen, den dir, mein Retter, treue Liebe bringt. Noch heißern Dank will ich dir sagen, wenn dir mein Geist im Chor der Engel singt. Dann stimmen alle Sel'gen jauchzend ein; der ganze Himmel wird dann Zeuge seyn.

VIII. Vom Leiden und Tode Jesu

160. Mel. O Traurigkeit, o etc.
Am Kreuz erblaßt, der Marterlast nach | schwerem Kampf entnommen, ist im Grabe Jesus nun erst zur Ruh gekommen.
2. Ein heil'ger Schmerz durchdringt mein Herz; o Herr, was kann ich sagen? Nur an meine Brust kann ich voller Wehmuth schlagen.
3. Du schirmest mich und über dich gehn aller Trübsal Wetter. Sterben wolltest du für mich, göttlicher Erretter!
4. Du hast's gethan, dich bet' ich an, du König der Erlösten! Dein will ich im Tode mich glaubensvoll getrösten.
5. Es ist vollbracht, riefst du mit Macht; du zeigst, daß du dein Leben, mein Versöhner, göttlich frei, für uns hingegeben.
6. Hochheil'ge That! Des Höchsten Rath fass' ich hier nicht im Staube. Dort schau ich in hellem Licht, was ich fromm hier glaube.
7. Als er gebot, gab einst der Tod zurück, was er bezwungen. Leicht hat sich der Lebensfürst selbst dem Grab entschwungen.
8. Des Todes Thal will ich einmal durchwandeln ohne Grauen; denn es wird durch deinen Tod mir ein Weg zum Schauen.
9. Ich preise dich; erforsche mich, und siehe, wie ich's meine; ja, du siehst es, wenn ich still meinen Dank dir weine.
10. Herr, ich bin dein; du wollest mein in Ewigkeit gedenken. Ganz will ich aus Herzensgrund mich in dich versenken.

161. Mel. Nun laßt uns den Leib etc.
An deine Leiden denken wir, Herr Jesu Christ, und danken dir, daß du so willig ihre Last zu unserm Heil getragen hast.
2. Wir folgen dir im Geiste nach zu jeder Stufe deiner Schmach; wir schaun zu deinem Kreuz hinan, und beten dich bewundernd an.
3. Wir segnen, Herr, den Dornenpfad, den, uns zu gut, dein Fuß betrat; uns strömet Kraft und Trost und Ruh aus deinem bittern Leiden zu.
4. Daß Gott uns als ein Vater liebt, den Reuigen die Schuld vergibt, den starken Trost in aller Noth erwarb, Erlöser, uns dein Tod.
5. Daß ewig unsre Seele lebt, und sich zur bessern Welt erhebt, die Lehre muß nun fest bestehn, dein heil'ges Reich kann nicht vergehn.
6. Mit ungewissen Schritten geht auf eigner Bahn, wer dich verschmäht. Wir glauben dir und zweifeln nicht, du bist uns Leben, Trost und Licht.
7. Voll Dank und Freude folgen wir dir, unserm Herrn und Retter, hier; dort führst du, nach vollbrachter Zeit, uns zu des Himmels Herrlichkeit.

162. Mel. Wie wohl ist mir, o etc.
Bereite dich, o Christ, wir gehen im Geist hinauf gen Golgatha, auf dessen blutgetränkten Höhen, was nie ein Engel faßt, geschah! Ver|nimm an diesem heil'gen Orte des sterbenden Erlösers Worte, und eigne ihre Kraft dir an! Sie können reichen Trost im Leben und einst im Tode Trost dir geben, wenn sonst dich nichts mehr trösten kann.
2. Er läßt mit liebevollem Herzen den Blick auf seinen Feinden ruhn; vergieb, ruft er in seinen Schmerzen, sie wissen, Herr, nicht, was sie thun! Der menschenfreundlichste der Beter fleht noch am Kreuz für Missethäter, die auf

ihn häufen Pein und Schmach. O Mensch, den Rach' und Zorn verführen, laß dich durch dieses Beispiel rühren, und bete dem Erlöser nach.

3. Welch Beispiel kindlich frommer Triebe, als unter Leiden ohne Zahl der Herr dem Jünger seiner Liebe die Mutter sterbend noch empfahl! Ach, seh' ich einst um mich die Meinen in meiner letzten Stunde weinen, so soll dies Wort mir Trost verleih'n: den tief der Seinen Schmerz betrübte, der auch im Tode sie noch liebte, wird auch der Meinen Helfer seyn.

4. Verzagt nicht, reuige Verbrecher! Wer glaubet, kommt nicht ins Gericht. Hört, was zu dem gebeugten Schächer der Mund des Weltversöhners spricht! Er ruft ihm tröstend zu: noch heute wirst wahrlich du an meiner Seite mit mir im Paradiese seyn! O Herr, laß an des Todes Pforte einst diese gnadenvollen Worte auch mich im letzten Kampf erfreun.

5. Wer kann die hohen Leiden fassen, als Christus an dem Kreuze rief: warum, Gott, hast du mich verlassen! Wie beugt ihn unsre Schuld so tief! Doch selbst in diesen dunklen Stunden, da er das Schrecklichste empfunden, bleibt Gott noch seine Zuversicht. Muß ich den Kelch des Leidens trinken, will meine Seele ganz versinken, dann, Gott, mein Gott, verlaß mich nicht!

6. Mich dürstet! klagt, erschöpft von Schmerzen, entblößt von Allem, was erquickt, der Göttliche, der aller Herzen mit Trost und Hülfe gern beglückt. Noch immer ruft er um Erbarmen aus tausend hülfsbedürft'gen Armen, die Blöße, Durst und Hunger drückt! O selig, wer den Ruf erfüllet! denn wer der Armen Klagen stillet, der hat den Heiland selbst erquickt.

7. Nun enden sich die schweren Leiden, der Heiland spricht: es ist vollbracht! O Wort des Sieges, Wort der Freuden! du nimmst dem Tode seine Macht. Heil uns! wer darf es nun wohl wagen, uns, die Erlösten, zu verklagen? Er starb für uns und wir sind sein! Gieb, daß am Ende meiner Tage auch ich, o Herr, mit Freuden sage: es ist vollbracht! ich bin nun dein!

8. Das letzte Wort aus deinem Munde, als schon dein Aug' im Tode brach, sprech' ich in meiner letzten Stunde, dir, mein Erlöser, gläubig nach! Du riefest: Vater, ich befehle in deine Hände meine Seele! und sterbend | neigte sich dein Haupt. Auch ich befehl' an meinem Ende einst meinen Geist in Gottes Hände! Dann schau' ich, was ich hier geglaubt.

163.   In eigner Melodie.
Christe, du Lamm Gottes, der du trägst die Sünde der Welt, erbarm dich unser!

2. Christe, du Lamm Gottes, der du trägst die Sünde der Welt, erbarm dich unser.

3. Christe, du Lamm Gottes, der du trägst die Sünde der Welt, gieb uns deinen Frieden. Amen!

164.   Mel. Freu dich sehr, o meine etc.
Der am Kreuz ist meine Liebe, meine Lieb' ist Jesus Christ! Weichet, all' ihr eitlen Triebe, fern sey, was nicht himmlisch ist. Lust der Welt ist nicht von Gott, ihre Liebe bringt den Tod. Meinen Jesum nur zu lieben, dazu fühl' ich mich getrieben.

VIII. Vom Leiden und Tode Jesu

2. Der am Kreuz ist meine Liebe! Spötter, was verlachst du mich, daß ich mich im Glauben übe? Starb mein Heiland nicht für mich? Jesus ist mein Friedensschild, Jesus ist mein Lebensbild: meinen Jesum will ich lieben, und mich stets im Glauben üben.

3. Der am Kreuz ist meine Liebe! Sünde, du besiegst mich nicht! Weh mir, wenn ich den betrübe, der für mich ging in's Gericht! Kreuzigt' ich nicht Gottes Sohn? sprach ich seinem Blut nicht Hohn? Nein, ich will ihn einzig lieben, meinen Jesum nie betrüben.

4. Der am Kreuz ist meine Liebe! O mein Herz, was zagest du? Sieh, aus heil'gem Mitlers-Triebe schafft dir Jesus sterbend Ruh. Wer verdammt mich? Gott ist hier, Gott verzeiht durch Christum mir, drum, aus dankbar reinen Trieben, will ich Jesum wieder lieben.

5. Der am Kreuz ist meine Liebe! Prüft mich beide, Lust und Schmerz, ob ich ihm wohl treu verbliebe. Von ihm scheidet nichts mein Herz, keine Macht, kein Gold, kein Ruhm, keine Schmach, kein Marterthum: dem bisher ich treu verblieben, Jesum will ich ewig lieben.

165.   Mel. Christus der ist mein etc.
Die Sonne stand verfinstert, der Mittag ward zur Nacht; nun hat er überwunden, und spricht: es ist vollbracht!

2. Des Tempels Gründe wankten, der Vorhang riß entzwei; so wird der Welt verkündet, der Zugang sey nun frei.

3. Denn er ist durchgedrungen für uns zu Gottes Thron, der ew'ge Hohepriester, des Allerhöchsten Sohn.

4. Kein Opfer mehr darf bluten, der Fried' ist nun gemacht' und aller Welt Erlösung durch seinen Tod vollbracht.

5. O du, der mich versöhnte dem Richter aller Welt, du hast | das Heil der Sünder auf ewig hergestellt.

6. Nun wohnt in sich'rer Ruhe das menschliche Geschlecht; dein Volk regierst du herrlich nach deinem heil'gen Recht.

7. Einst führest du die Deinen in deines Vaters Reich, und machst an Ehr' und Würde sie seinen Engeln gleich.

8. Den Tod darf ich nicht fürchten, der mich von hinnen rafft; er ist schon überwunden durch deines Todes Kraft.

9. Durch ihn komm' ich zum Ziele, vollbracht ist dann mein Lauf; dann nimmt in seine Hände auch mich der Vater auf.

166.   Mel. Jesu, meines Lebens etc.
Du, der Menschen Heil und Leben, deß sich meine Seele freut, der für mich sich hingegeben, Ursprung meiner Seligkeit; du, der lieber wollte sterben, als mich lassen im Verderben; ach, wie dank', wie dank' ich dir, mein Erlöser, gnug dafür!

2. Gottes Rathschluß zu erfüllen, gingst du deine Leidensbahn; ja, du stiegst um unsertwillen gern den Todesberg hinan; du vergaßest eigne Schmerzen, trugst nur unsre Noth im Herzen; diese Liebe preisen wir, ewig sey dir Dank dafür.

3. Frevler krönten dich zum Hohne, o du König aller Welt, und im Schmuck der Dornenkrone wurdest du zur Schau gestellt. Das hast du für mich gelitten, mir die Ehrenkron' erstritten; Preis, Anbetung, Dank sey dir lebenslang, mein Heil, dafür.

4. Herr, der tausendfache Schmerzen mir zur Liebe gern ertrug, deinem mitleidsvollen Herzen war mein Friede Lohn genug. Trost in meinen letzten Stunden floß auch mir aus deinen Wunden; Herr, ich dank', ich danke dir einst im Tode noch dafür.

5. Ruh im Leben, Trost am Grabe, welch' ein seliger Gewinn, den ich dir zu danken habe, dir, deß ich auf ewig bin. Dir mein ganzes Herz zu geben, deinem Vorbild nachzustreben, und dereinst zu sterben dir, Herr, dies sey mein Dank dafür.

167.   Mel. O Haupt voll Blut etc.

Du, dessen Augen flossen, sobald sie Zion sahn, zur Frevelthat entschlossen, sich seinem Falle nahn: wo ist das Thal, die Höhle, die, Jesu, dich verbirgt? Verfolger seiner Seele, habt ihr ihn schon erwürgt?

2. Welch ängstlich banges Klagen hörst du, Gethsemane! Wer ist der Mann der Plagen, der langsam Sterbende? Es ist das Heil der Sünder, der Mittler für die Welt, der, statt der Menschenkinder, hier in's Gericht sich stellt.

3. Seht, wie er tief im Staube, bedeckt mit Angstschweiß liegt, und doch sein starker Glaube im heißen Kampfe siegt! Schon naht die freche Rotte, die | kein Erbarmen rührt, die unter Hohn und Spotte ihn zu dem Richtstuhl führt.

4. Sein Volk im wilden Grimme erweicht sein Anblick nicht, und nicht des Mitleids Stimme, die aus dem Heiden spricht. Mit frechem Hohngelächter ruft ihre blinde Wuth: auf unsre Söhn' und Töchter komm, wie auf uns, sein Blut!

5. Sie häufen seine Plagen noch auf der Todesbahn; er wird an's Kreuz geschlagen; o Seele, bet' ihn an! Ihn höhnt in Wort und Mienen sein Volk bei seinem Schmerz; er ruft: vergieb es ihnen! in Liebe bricht sein Herz.

6. Bald nahet sich sein Scheiden, des Todes stille Nacht; nun enden seine Leiden, er stirbt, es ist vollbracht. Es hat nun überwunden aus Juda's Stamm der Held; Versöhnung ist gefunden für die gefallne Welt.

7. Der du zum Heil der Sünder dein Haupt am Kreuz geneigt, du Freund der Menschenkinder, hier liegen wir gebeugt. Dir danken wir im Staube, dir, der uns Heil gewann; dich preist der Deinen Glaube: nimm unser Opfer an.

168.   Mel. O daß ich tausend etc.

Du gehst zum Garten, dort zu beten; ich geh im Geist, mein Jesu, mit. Laß mich an deine Seite treten; ich weiche von dir keinen Schritt. Dein Beispiel zeige mir dabei, welch ein Gebet gesegnet sey.

2. Du gehest zitternd und mit Zagen, und bist bis in den Tod betrübt; wie sollte mir das Herz nicht schlagen, der ich der Sünden viel verübt? Mir ziemt es, daß ein Herz voll Reu stets meines Betens Anfang sey.

3. Du meidest selbst der Jünger Blicke, und suchest fern die Einsamkeit; so zieh' auch ich mich still zurücke und fliehe, was mein Herz zerstreut. Mit dir laß mich alleine seyn, wenn betend ich vor Gott erschein'.

VIII. Vom Leiden und Tode Jesu

4. Du wirfst dich knieend hin zur Erden, fällst nieder auf dein Angesicht; so soll die Demuth sich geberden, wenn sich das Herz mit Gott bespricht. Tief beug' ich vor ihm meinen Sinn, ich, der ich Staub und Asche bin.

5. Du rufest zu dem lieben Vater, greifst voll Vertrauen ihm an's Herz; dein Vater ist auch mein Berather, drum ruf' ich mit dir himmelwärts. Ach Glaub' und Liebe sind mir noth, sonst ist mein Beten kalt und todt!

6. Geduld'ger Jesu, du bleibst stille, dreimal erneut die Bitte sich; gewiß ist auch an mich dein Wille, ich soll anhalten kräftiglich. Find' ich nicht Ruh' beim ersten Mal, so ruf' und bet' ich ohne Zahl.

7. Dein Wille senkt sich in den Willen des ewig weisen Vaters ein; so soll auch mein Gemüth sich stillen, dann wird mein Flehn erhöret seyn. Auch ich bet' in Gelassenheit: dein Will', o Gott, gescheh allzeit.

8. Du, Herr, erlangtest so | im Flehen Trost, Kraft, Sieg, Leben, Herrlichkeit; und so soll es auch mir ergehen in dieser meiner Gnadenzeit; auf gleiches Beten folgt auch mir der gleiche Segen, Herr, wie dir.

169.   In eigner Melodie.

Ein Lämmlein geht und trägt die Schuld der Welt und ihrer Kinder; es geht und büßet in Geduld die Sünden aller Sünder. Es gehet mit gelaß'nem Sinn und schweigend seinen Weg dahin, begiebt sich aller Freuden; es sieht die Marter, die ihm droht, und will die Schmerzen und den Tod doch gern aus Liebe leiden.

2. Dies Lamm ist Jesus, unser Freund, der Retter vom Verderben, der nach des Vaters Rath erscheint, am Kreuz für uns zu sterben. O Wunderlieb', o Liebesmacht, Gott hat, was nie ein Mensch gedacht, uns seinen Sohn geschenket. O unerhörte Liebesthat, daß, der in sich das Leben hat, sich in den Tod gesenket.

3. So lang' ich lebe, will ich dich aus meinem Sinn nicht lassen; mit starker Liebe hältst du mich, so will auch ich dich fassen. Nur dir gefallen sey mein Ruhm; ich will mich dir zum Eigenthum auf ewig übergeben; nur du bist meine Zuversicht, und wenn mein Aug' im Tode bricht, bist du auch dann mein Leben.

4. Ich will von deiner Freundlichkeit, mein Jesu, täglich singen, und mich dir selbst zu aller Zeit zum Freudenopfer bringen. Mein ganzes Leben weih' ich dir, es soll nun dankbar für und für in deinem Dienst verfließen; und was du mir zu gut gethan, das will ich stets, so tief ich kann, in mein Gedächtniß schließen.

5. Wohl auf, mein Herz, und öffne dich! Dir soll ein Kleinod werden; kein Schatz, wie dieser, findet sich im weiten Schooß der Erden. Weg Ehr und Lust der eitlen Welt! Was vor dem allen mir gefällt, hat nun mein Herz gefunden. Dies ist mein Schatz und höchstes Gut: Versöhnung, Jesu, durch dein Blut, und Heil aus deinen Wunden.

6. Dies theure Gut soll allezeit zum Segen mir gedeihen, mich kräftigen in jedem Streit, in Trübsal mich erfreuen; und naht die Todesstunde sich, so schau ich glaubensvoll auf dich, und werde selig enden. Ich trete dann zu deinem Thron, und den verheißnen Gnadenlohn nehm' ich aus deinen Händen.

170.   Mel. Ein Lämmlein geht etc.
Erforsche mich, erfahr' mein Herz, und sieh', Herr, wie ich's meine; ich denk' an deines Leidens Schmerz, an deine Lieb', und weine. Dein Kreuz sey mir gebenedeit! Welch' Wunder der Barmherzigkeit hast du der Welt erwiesen! Hab' ich dies wohl genug bedacht, und dich aus aller meiner Macht genug dafür gepriesen?

2. Rath, Kraft und Friede|fürst und Held, in Fleisch und Blut gekleidet, wirst du das Opfer für die Welt, und deine Seele leidet. Du zagest in Gethsemane, fühlst unsrer Sünden schrecklich Weh, die Strafen sonder Ende; auf dich nimmst du der Menschen Schuld, und giebst, mit göttlicher Geduld, dich in der Sünder Hände.

3. Erniedrigt bis zur Knechtsgestalt, voll Krankheit und voll Schmerzen, ertrugst du Spott, Schmach und Gewalt mit Gott ergebnem Herzen. Wir sah'n dich, der Verheißung Ziel, doch da war nichts, was uns gefiel, und nicht Gestalt noch Schöne. Vor dir, Herr, unsre Zuversicht, verbarg man selbst das Angesicht, dich schmähn des Bundes Söhne.

4. Ein Opfer nach dem ew'gen Rath, beschwert mit unsern Plagen, und deines Volkes Missethat, gemartert und zerschlagen, still und geduldig wie ein Lamm, gehst du den Weg zum Kreuzesstamm, um Seelen zu erretten. Dein Leben gabst du auch für mich, denn Gott warf aller Sünd' auf dich, damit wir Friede hätten.

5. Du neigst dein Haupt, es ist vollbracht; du stirbst, die Erd' erschüttert. Die Arbeit hab' ich dir gemacht, Herr, meine Seele zittert. Was ist der Mensch, den du befreit! o laß in heißer Dankbarkeit mich deine Gnad' empfinden und deine Liebe dringe mich zur Gegenliebe, daß ich dich nie kreuzige mit Sünden.

6. Welch Warten einer ew'gen Pein für den, der dich verachtet, nicht solcher Gnade werth zu seyn in wahrem Glauben trachtet, der dein Verdienst zwar eingesteht, dich aber durch sein Leben schmäht, durch seine Laster höhnet. Wer dich nicht liebt, kommt ins Gericht; wer nicht dein Wort hält, liebt dich nicht, ihn hast du nicht versöhnet.

7. Du hast gesagt, du wirst die Kraft zur Heiligung mir schenken; dein Blut ist's, das mir Trost verschafft, wenn mich die Sünden kränken. Laß mich im Eifer des Gebets, laß mich in Lieb' und Demuth stets vor dir erfunden werden. Dein Heil sey mir ein Schirm in Noth, mein Stab im Glück, mein Schild im Tod, mein letzter Trost auf Erden.

171.   Mel. Wie wohl ist mir, o etc.
Erhabner Dulder, deine Liebe vollbringt ihr Werk im Todesschmerz, du folgest der Erbarmung Triebe, bringst Frieden in des Sünders Herz. Du bist die Wahrheit und das Leben; um uns zur Kindschaft zu erheben, betrittst du deine Leidensbahn; wer dich im Glauben angenommen, darf als ein Kind zum Vater kommen, und soll der Gnade Trost empfahn.

2. Verkläret hast du Gott auf Erden, verherrlicht seines Namens Ruhm; du hast durch Martern und Beschwerden uns dir erkauft zum Eigenthum. Wir sollten frei vom Dienst der | Sünden, geheiligt deinen Tod verkünden, und deinem Bilde ähnlich seyn. Welch hohes Ziel, wonach wir streben! O laß uns nie in unserm Leben dein heiliges Verdienst entweihn.

VIII. Vom Leiden und Tode Jesu

3. Verleih' uns Weisheit, Kraft und Stärke, uns deinem Dienste ganz zu weihn, und durch Vollbringung guter Werke stets wirksam für dein Reich zu seyn. Gieb, daß wir freudig von dir zeugen, damit sich alle zu dir neigen, die jetzt noch ferne von dir stehn. Bald sey auf dieser ganzen Erde ein Hirte nur, und eine Heerde, dies ist, o Vater! unser Flehn.

4. Oft geht der Weg durch nächtlich Grauen, auf dem uns Gott zum Ziele führt, doch wollen wir fest darauf bauen, daß er uns väterlich regiert. „Mein Vater! es gescheh' dein Wille," sprachst du in demuthsvoller Stille, als du zum Tode warst betrübt. O Herr, der uns vorangegangen, laß uns den Kindessinn erlangen, der sich in deinen Rath ergiebt.

5. In deinem segensvollen Leben war dir kein irdisch Glück gewährt; du hast, von Dürftigkeit umgeben, der Erde Güter gern entbehrt. Des Vaters gnadenreichen Willen durch Thun und Leiden zu erfüllen, war deine Speise, Gottes Sohn! Auch uns, wenn Noth und Mangel drücken, wird Gott mit reichem Trost erquicken, du selbst, Herr! bist der Deinen Lohn!

6. Und kein Erlöster darf verzagen, der ernstlich seine Schuld bereut. Der Herr hat unsre Last getragen, Gott ist ein Vater, der verzeiht. Nur laßt uns wandeln in der Liebe, daß wir aus dankbar frommem Triebe auch unsern Brüdern gern verzeihn. Wenn Rach' und Zorn das Herz entzünden, wer kann des Herren Lieb' empfinden, und seines Heiles sich erfreun?

7. Der Herr hat mächtig überwunden, und giebt uns seinen guten Geist, der uns in der Versuchung Stunden den sichern Weg zum Leben weist. Getrost ging er dem Tod entgegen, weil ihn sein Gott, der Welt zum Segen, als Sühnungsopfer dargestellt. Stärk' uns, Herr! in Versuchungszeiten, auf daß wir wachen, beten, streiten, und siegen über Sünd' und Welt.

8. Ja, hilf uns Alles überwinden, was unserm wahren Leben droht, erlös' uns von der Macht der Sünden, bewahr' uns vor dem ew'gen Tod! Laß wandeln uns in deinem Lichte, vor deinem heil'gen Angesichte, fern von der Sünde finstrer Nacht. O hilf, daß in der letzten Stunde der Siegesruf aus deinem Munde der unsre sey: es ist vollbracht.

9. Dein ist das Reich, die Macht und Ehre, das Richteramt an Gottes Thron. Dich preisen aller Engel Chöre, du bist wahrhaftig Gottes Sohn! Nimm auch von unserm schwachen Herzen den Dank für deine Todesschmerzen, bis unser sterbend Auge bricht, und wir in jenen | Himmelshöhen dich, unsern Herrn und Heiland, sehen von Angesicht zu Angesicht.

172.   Mel. Es ist genug etc.

Es ist vollbracht das Opfer für die Welt; das Licht der Wahrheit siegt. Nun endlich wird des Irrthums Nacht erhellt, die auf der Menschheit liegt. Der Welterlöser hat vollendet, wozu der Vater ihn gesendet. Es ist vollbracht!

2. Es ist vollbracht! Durch Leiden ohne Zahl that er für uns genug. Er ruhet nun von aller bittern Qual, die er aus Liebe trug. Sein Geist, entnommen dem Getümmel, steigt triumphirend auf zum Himmel. Es ist vollbracht!

3. Es ist vollbracht! des Vaters Rath erfüllt zu seinem Preis und Ruhm! Der Vorhang riß, auf ewig ward enthüllt der Liebe Heiligthum. Der seinen Mördern auch vergeben, bringt Allen Heil und neues Leben. Es ist vollbracht!

4. Es ist vollbracht! Wer sah nicht Gottes Spur, als er am Kreuz entschlief? Die Sonn' erlosch, verhüllt war die Natur, die Erd' erbebte tief. Zerrissen wurden Felsenwände bei des erhabnen Mittlers Ende. Es ist vollbracht!

5. Es ist vollbracht! Wie blieb' ein menschlich Herz wohl kalt und ohne Dank an dessen Kreuz, der unterm tiefsten Schmerz für uns zum Tode sank! Wer sollte nicht mit heißen Zähren ihm heute Lieb' und Treue schwören? Es ist vollbracht!

6. Es ist vollbracht! Herr, ewig feierlich sey mir dein Todestag, dich preis' ich jetzt, und einst noch preise dich mein letzter Herzensschlag! Hinauf zu dir blick' ich am Ziele, und ruf' in freud'gem Dankgefühle: Es ist vollbracht!

173.   Mel. Wer nur den lieben Gott etc.
Es ist vollbracht! so ruft am Kreuze des sterbenden Erlösers Mund. Dieß Wort voll Trost und Leben reize zur Freude mich aus Herzensgrund. Was Gott auch mir zum Heil bedacht, das große Opfer ist vollbracht.

2. Mein Jesus stirbt. Die Felsen beben, verdunkelt wird der Sonne Schein; in Todte dringt ein neues Leben, sie sollen Wunderzeugen seyn; der Vorhang reißt; die Erde kracht, und die Versöhnung ist vollbracht!

3. Wie viel, mein Heil, hast du erduldet, als dir das Herz im Tode brach! Du hast den Fluch hinweggewendet, der auf der Welt voll Sünden lag; verschwunden ist des Todes Nacht, seitdem du riefst: es ist vollbracht!

4. Ich sehe den am Kreuze hangen, der mich vom ew'gen Tod befreit. Netzt, fromme Thränen, meine Wangen, seyd Zeugen meiner Dankbarkeit! Er, den mein Gott zum Heil | gemacht, rief auch für mich: es ist vollbracht!

5. O hilf mir nun auch, Herr, vollbringen, was wahre Dankbarkeit begehrt, laß nach der Heiligung mich ringen, zu der dein Tod mir Kraft gewährt. Mich dir zu weihn, bin ich bedacht, bis einst mein Leben ist vollbracht.

6. Und hat mein Gott gehäufte Schmerzen zu meiner Prüfung ausersehn, so will ich, mit ergebnem Herzen, durch alle Noth und Trübsal gehn. Dann ruf' ich in der Leidensnacht voll Hoffnung aus: es ist vollbracht!

7. Fühlt einst mein Herz des Todes Schrecken, dann, Herr, erleichtre mir die Last: auch sterbend laß den Trost mich schmecken, daß du den Tod besieget hast. So tret' ich in des Todes Nacht mit dem Triumph: es ist vollbracht!

174.   Mel. Jerusalem, du etc.
Es ist vollbracht! so ruft des Heilands Mund; o triumphirend Wort! Es macht auch mir der Schuld Vergebung kund, es gilt noch fort und fort. Vollbracht ist nun sein Leben, das er auch mir geweiht, für mich auch hingegeben zu meiner Seligkeit.

2. Es ist vollbracht! Das Leiden ist vollbracht, nun sinkt er in den Tod; da hat er auch an meine Schuld gedacht, getilgt auch meine Noth. Wie hat der Held gerungen mit Schmerzen, Angst und Schmach, ihm ist der Sieg gelungen, indem das Herz ihm brach.

---

37 Seligkeit.] Seligkett.

VIII. Vom Leiden und Tode Jesu 839

3. Es ist vollbracht! Nun ferner nicht geweint, in dir vollend' auch ich; bin ich mit dir, bist du mit mir vereint, so sieg' ich, Herr, durch dich. Ich werde meine Sünden, des bittern Todes Macht durch dich bald überwinden, dann ruf' auch ich: vollbracht!

175.   Mel. Die Seele Christi heil'ge etc.
Herr Jesu Christ, dein theures Blut ist meiner Seelen höchstes Gut, das tröstet, stärkt und macht allein vor Gott mich aller Sünden rein.
2. Dein Blut, mein Schmuck und Ehrenkleid, dein' Unschuld und Gerechtigkeit, macht, daß ich kann vor Gott bestehn, und in des Himmels Freud' eingehn.
3. O, Jesu Christe, Gottes Sohn, mein Trost, mein Heil, mein Gnadenthron, dein Blut, das in mir Leben schafft, erfülle mich mit neuer Kraft.
4. Herr Jesu, in der letzten Noth, wenn mich erschrecket Sünd' und Tod, dann laß mich diesen Trost erfreun: dein Blut macht mich von Sünden rein.

176.   Mel. Mir nach, spricht etc.
Herr Jesu Christ, du Gottes Lamm, der du viel Angst und Plagen für meine Schuld am Kreuzesstamm geduldig hast getragen, | verleih' auch mir in Leidenszeit Geduld und wahre Tapferkeit.
2. Ich kann nicht ohne Kreuz und Leid zur Freude dort gelangen; du selbst bist zu der Herrlichkeit nur durch das Kreuz gegangen: drum will auch ich in Noth und Pein, wie du, mein Herr, geduldig seyn.

177.   Mel. Herzliebster Jesu etc.
Herr, stärke mich, dein Leiden zu bedenken, mich in das Meer der Liebe zu versenken, die dich bewog, von aller Schuld des Bösen uns zu erlösen.
2. Du, Gottes Sohn, wirst Mensch, gleich uns, auf Erden, willst bis zum Tod am Kreuz gehorsam werden, an unsrer Statt, gemartert und zerschlagen, die Sünde tragen.
3. O wunderbarstes aller Gnadenwerke! Es zu ergründen fehlt dem Geist die Stärke; mein Herz erbebt, ich seh' und ich empfinde den Fluch der Sünde.
4. Gott ist gerecht, ein Richter alles Bösen; Gott ist die Lieb' und läßt die Welt erlösen. Dieß kann mein Geist mit Schrecken und Entzücken am Kreuz erblicken.
5. Es schlägt den Stolz und mein Verdienst darnieder; es beugt mich tief und es erhebt mich wieder, entsündigt mich, macht mich aus Gottes Feinde zu Gottes Freunde.
6. O Herr, mein Heil, an dessen Blut ich glaube, ich liege hier vor dir gebückt im Staube, verliere mich mit dankendem Gemüthe in deine Güte.
7. Sie übersteigt die menschlichen Gedanken; allein sollt' ich darum im Glauben wanken? Ich bin ein Mensch, darf der sich unterwinden, Gott zu ergründen?
8. Nichts Größres ist in Gott, als Lieb' erweisen, und uns gebührt, sie demuthsvoll zu preisen, und zu bewundern, wenn Gott Gnad' erzeiget, wie hoch sie steiget.

9. Mein Herz ergreift, Herr, dein Verdienst im Glauben, nichts soll den Trost, den du erwarbst, mir rauben. Du starbst für mich; nun bin ich, wenn ich sterbe, des Himmels Erbe.

178. In eigner Melodie.
Herzliebster Jesu, was hast du verbrochen, daß dir das Todesurtheil ward gesprochen? was ist die Schuld, wofür so harte Strafen dich, Heil'ger, trafen?
2. Du wirst gegeisselt und zur Schmach gekrönet, in's Angesicht geschlagen und verhöhnet, und, wie es Missethätern nur gebühret, zum Kreuz geführet.
3. Was ist doch wohl die Ursach solcher Plagen? Ach, meine Sünden haben dich geschlagen; ich selbst, Herr Jesu, habe das verschuldet, was du erduldet.
4. Wie wunderbarlich ist doch diese Strafe! Der gute Hirte leidet für die Schafe, die Schuld bezahlt der Herr für seine Knechte, er, der Gerechte. |
5. O große Lieb', o Lieb' ohn' alle Maßen, daß du dich also für uns martern lassen! Was kann ich dir dafür, o Herr, mein Leben, zum Opfer geben?
6. Ich will stets dankvoll deine Huld betrachten, will dich nur lieben und der Welt nicht achten, nur deinen Willen thun, mich selbst bekämpfen, die Lüste dämpfen.
7. Zu deiner Ehre will ich Alles wagen, kein Kreuz mehr achten, keine Schmach noch Plagen, nichts von Verfolgung, nichts von Todesschmerzen nehmen zu Herzen.
8. Dieß Alles wollest du, Herr, nicht verschmähen, auf mein geringes Opfer gnädig sehen, durch deinen Geist mich Schwachen täglich stärken zu guten Werken.
9. Wenn dort, Herr Jesu, einst vor deinem Throne auf meinem Haupte glänzt die Ehrenkrone, dann soll mein Lied mit aller Engel Chören dich ewig ehren.

179. Mel. Wenn meine Sünd' mich etc.
Hin an dein Kreuz zu treten, Versöhner, stärke mich! Dich gläubig anzubeten, sehnt meine Seele sich. Laß mich mit Zittern und Vertraun, was du für uns erlitten, in heil'ger Andacht schaun.
2. Des großen Dulders Seele ist bis zum Tod betrübt; So innig, meine Seele, hat Jesus dich geliebt! In heißen Aengsten schwebt er da, mit uns'rer Schuld beladen, dem Opfertode nah.
3. Fallt nieder, bebt, ihr Sünder, verhüllt das Angesicht! Jetzt ist für Adams Kinder der Mittler im Gericht. Wer nun der Sünden Gräul nicht haßt, häuft auf den Tag des Zornes sich selbst des Zornes Last.
4. Es präge eurem Herzen sich tief und kräftig ein: Der Preis so vieler Schmerzen soll eure Rettung seyn. O nehmt an seiner Gnade Theil, erkennet seine Liebe, verwerft nicht euer Heil.
5. Vernehmt es auch, ihr Spötter, die ihr den Mittler schmäht: er ist auch euer Retter, ach, höret sein Gebet! Sie wissen nicht, was sie begehn; vergieb, o Vater, ihnen, war auch für euch sein Flehn.
6. Ihr, eurer Brüder Feinde, o schlagt an eure Brust, und werdet Menschenfreunde, verdammt der Rache Lust; vergeltet euren Hassern nie, selbst denen, die euch fluchen, vergebt und segnet sie.

VIII. Vom Leiden und Tode Jesu

7. Noch währen seine Qualen, noch trägt er unsre Schuld; er trinkt die vollen Schalen des Leidens mit Geduld. So hoch hat Gott die Welt geliebt, daß in den Tod am Kreuze er Jesum Christum giebt.

8. Vor deines Todes Schrecken erblaßt der Sonne Licht, und Finsternisse decken des Himmels Angesicht. Nun sinkt er in des Todes Nacht; erbarm, o Gott, | dich unser! Er stirbt: Es ist vollbracht.

180.
Mel. Es ist genug etc.

Ich bin erlöst durch meines Mittlers Blut, durch seines Kreuzes Tod; mit Gott versöhnt, fühl' ich nun Trost und Muth und fürchte keine Noth. Die Weisheit hat mein Heil erfunden, der Tod ist siegreich überwunden; ich bin erlöst!

2. Ich bin erlöst! Mich trifft des Donners Spruch vom Sinai nun nicht; mein Heiland nahm von mir den schweren Fluch, befreit mich vom Gericht. Mich schrecken nicht mehr meine Sünden, der Vater läßt mich Gnade finden; ich bin erlöst!

3. Ich bin erlöst! Was ist noch, das mich schreckt? Licht wird die Todesnacht, aus der mich bald der Herr des Lebens weckt zu der Verklärung Pracht. Werd' ich ins stille Grab getragen, so ruh' ich nur von Prüfungstagen; ich bin erlöst.

4. Ich bin erlöst! In Friede fahr' ich hin, ist meine Stunde da. Der Tod wird mir zum seligsten Gewinn, mein Retter ist mir nah; er wird zu einem bessern Leben dann den befreiten Geist erheben; ich bin erlöst!

181.
Mel. Aus tiefer Noth etc.

Ich danke dir für deinen Tod, o Herr, und für die Schmerzen, die du in deiner letzten Noth gefühlt in deinem Herzen. Laß das Verdienst von solcher Pein ein Labsal meiner Seele seyn, wann mir die Augen brechen.

2. Ich danke dir für deine Huld, die du mir hast erzeiget, da du zur Tilgung meiner Schuld dein Haupt am Kreuz geneiget. Ach neige dich, mein Herr und Gott, zu mir auch in der Todesnoth, auf daß ich Gnade finde.

3. Erhalt' in deinem Dienst mich treu, bis Leib und Seele scheiden, daß nicht an mir verloren sey dein theures, werthes Leiden. Und wenn mein Lauf vollendet ist, nimm mich hinauf, Herr, wo du bist, daß ich dort mit dir lebe.

182.
In eigner Melodie.

Jesu, deine tiefe Wunden, deine Qual und bittrer Tod geben mir zu allen Stunden Trost in meiner Seelennoth; fällt mir etwas Arges ein, denk' ich bald an deine Pein, diese wehret meinem Herzen, mit der Sünde je zu scherzen.

2. Will sich an der Weltlust weiden mein verderbtes Fleisch und Blut, so gedenk' ich an dein Leiden, dieses dämpft die böse Glut; will sich der Versucher nah'n, schau ich deine Martern an, halt' ihm vor die Gnadenzeichen, bald muß er von dannen weichen.

3. Auch für Alles, was mich kränket, geben deine Wunden | Kraft, wenn darein mein Herz sich senket, wird mir Ruh und Heil geschafft; deines Trostes Süßigkeit wendet jedes bittre Leid. Alles hast du mir erworben, da du bist für mich gestorben.

4. Auf dich setz' ich mein Vertrauen, du bist meine Zuversicht! Mir erregt der Tod kein Grauen, mich erschreckt nicht das Gericht; durch dich, Fürst der Seligkeit, sieg' ich auch im letzten Streit; wer da ruht in deinen Wunden, der hat ew'ges Leben funden.

183.   Mel. Liebster Jesu, wir etc.

Jesus Christus, Gottes Lamm, ist für unsre Schuld gestorben, hat gebüßt am Kreuzesstamm und die Freiheit uns erworben. Wer die Sünde nun bereuet, wird durch Christi Tod erfreuet.

2. Gott, der selbst die Liebe ist, zeigt, wie hoch er uns geliebet, da sich willig Jesus Christ in den Tod für Sünder giebet, uns, bisher des Todes Knechte, zu verwandeln in Gerechte.

3. Sind wir nun versöhnt mit Gott, weil sein Sohn sich hingegeben, wie vielmehr bringt aus dem Tod der Erstandne uns zum Leben; selig macht er seine Brüder, heilig seines Leibes Glieder.

4. Sind mit Christo wir vereint, so liebt Gott uns in dem Sohne; wer in ihm gerecht erscheint, darf sich nahn des Vaters Throne. Freudig rühmen sich die Sünder, daß sie nun sind Gottes Kinder.

5. Aber auch die Sünde weicht niemals ganz aus unsern Herzen, und bis wir das Ziel erreicht, fehlt es nicht an bittern Schmerzen. Du mußt, Vater, uns Gedeihen durch des Geistes Kraft verleihen.

184.   Mel. O Traurigkeit etc.

Ihr Augen, weint! der Menschenfreund, der Heil'ge, der Gerechte wird verachtet, wird verschmäht, stirbt den Tod der Knechte.

2. Ihr Augen, weint! der Menschenfreund trägt unerhörte Plagen. Ach, für unsre Missethat wird er so geschlagen.

3. Ihr Augen, weint! der Menschenfreund beschließt sein theures Leben. Wer wird nun den Leidenden Trost und Hülfe geben?

4. Ihr Augen, weint! der Menschenfreund sinkt in des Grabes Höhle; Finsterniß und Gram bedeckt seiner Jünger Seele.

5. O weint nicht mehr! Kann wohl der Herr je die Verwesung sehen? Nein, er wird nach kurzer Ruh siegreich auferstehen.

185.   Mel. Mein Jesu, dem die etc.

Kommt, die ihr Jesu Kreuz erhebet, heut' ist des Heilands Todestag! Schaut ihn, durch dessen Tod ihr lebet, auf dem auch eure Sünde lag! Ihr Christen, | laßt der Erde Freuden und ihre Kümmerniß zurück, und richtet eures Geistes Blick auf eures Heilands Todesleiden.

2. Wir bringen Dank aus frommen Herzen in Lieb' entbrannt, erfüllt von Schaam, dir, der die Last der bittern Schmerzen als unser Mittler auf sich nahm. Heil dir, der uns das Heil errungen im bangen, schweren Todesstreit! Lamm Gottes, bis in Ewigkeit sey auch von uns dein Ruhm gesungen.

3. Wenn uns die Schuldgefühle drücken, ist's Golgatha, wohin wir fliehn, und dort des Blutes Ström' erblicken, die auch für uns um Gnad schrie'n! Wir wollen, wo für unsre Sünden du dich am Kreuz geopfert hast, die Freiheit von der Sünde Last und von der Sünde Herrschaft finden.

VIII. Vom Leiden und Tode Jesu

4. Dahin, wo uns dein Blut erstritten, gehn wir, dir unser Blut zu weihn: Wo du für uns den Tod gelitten, werd' unser Leben gänzlich dein! Wie du, o Herr, um unsertwillen gehorsam wurdest bis zum Tod, so wollen freudig dein Gebot auch wir treu bis zum Tod erfüllen.

5. Dein Leidenskampf, o Heiland, stärke, dein Sieg befeure Muth und Kraft zum Glaubenskampf, zu jedem Werke, das Ehre dir und Freude schafft! Wie uns durch Lust die Sünd' auch reize, sie hat an uns nicht weiter Theil; wir fliehn zu dir, zu deinem Heil, und holen Kraft von deinem Kreuze.

6. Wir sollten Stolz und Unrecht üben, und du trägst Elend, Kreuz und Schmach? Wir sollten die nicht herzlich lieben, für die dein Herz in Liebe brach? Der Rachsucht sollten wir nicht wehren, nicht auch dem Feinde gern verzeihn? Versöhner, o der ist nicht dein, den nicht dein Tod kann Liebe lehren.

7. Wir sollten je in Trübsal klagen, da wir dich schweigend dulden sehn? wenn uns Verfolgung droht, verzagen, da Leiden deinen Sieg erhöhn? Befiehlst, in dunkler Nächte Grauen, von Gott verlassen, du dich Gott, so wollen wir in Schmach und Spott, wie du, des Vaters Herz vertrauen.

8. Auch in den bängern Todesstunden bliebst du, Herr, unsre Zuversicht, im Glaubensblick auf deine Wunden erschreckt des Grabes Nacht uns nicht. Wenn sich das Auge schon verdunkelt, so sey des Geistes Aug' erfüllt von deines Heldentodes Bild, das wie der Morgenstern uns funkelt.

186.   Mel. Herzliebster Jesu etc.

Laß deinen Geist mich stets, mein Heiland, lehren, dein göttlich Kreuz im Glauben zu verehren, daß ich getreu in dem Beruf der Liebe mich christlich übe.

2. Das Gute thun, das Böse fliehn und meiden, Herr, diese Pflicht lehrt mich dein heilig Leiden. Könnt' ich zugleich das Böse mir erlauben, und an dich glauben?

3. Da du dich selbst für mich dahingegeben, wie dürft' ich noch nach meinem Willen leben, und nicht vielmehr, weil ich dir angehöre, zu deiner Ehre?

4. Wie sollt' ich nicht des Lebens Kreuz und Plagen mit stiller Demuth und Geduld ertragen, da du so viel für uns, die wir's verschuldet, liebreich erduldet?

5. Wie sollt' ich meine Miterlösten hassen, für welche du dein Leben selbst gelassen? Ich will für Alle, die mich untertreten, gleich dir noch beten.

6. Ich will nicht Haß mit gleichem Haß vergelten, wenn man mich schilt, nicht rächend wieder schelten; du, Heiliger, du Herr und Haupt der Glieder, schaltst auch nicht wieder.

7. Ein reines Herz, gleich deinem reinen Herzen, dies ist der Dank für deine Todesschmerzen, und Gott giebt Kraft, flehn wir in deinem Namen, dir nachzuahmen.

8. Welch großes Heil! du littest uns zu Gute, ich bin versöhnt in deinem theuren Blute. Du hast auch mir, da du für mich gestorben, dies Heil erworben.

9. So bin ich denn schon selig hier im Glauben, so wird mir nichts, nichts meine Krone rauben; so werd' ich dort, von Herrlichkeit umgeben, einst ewig leben.

10. Ja, wenn ich stets der Tugend Pfad betrete, im Glauben kämpf', im Glauben wach, und bete, so darf auch ich des Heiles der Erlösten mich sicher trösten.

11. Lockt böse Lust mein Herz mit ihrem Reize, so schrecke mich dein Wort, das Wort vom Kreuze; und werd' ich matt in Uebung guter Werke, so sey mir's Stärke.

12. Seh' ich dein Kreuz den Klugen dieser Erden ein Aergerniß und eine Thorheit werden, so sey's doch mir, trotz alles frechen Spottes, die Weisheit Gottes.

13. Wenn mich im Sterben meine Sünden kränken, so laß dein Kreuz mir wieder Ruhe schenken; dein Kreuz sey, wenn ich einst den Tod erleide, mir Fried' und Freude.

187.   Mel. Die Tugend wird durch's etc.
Laß mir die Feier deiner Leiden, erhabner Mittler, heilig seyn! Sie lehre mich die Sünde meiden und dir mein ganzes Leben weihn! Ich seh auf dich, der so entschlossen für mich die Last des Kreuzes trug, der mir zum Heil sein Blut vergossen, deß Herz noch sterbend für mich schlug.

2. Mir sollen diese Feierzeiten nicht ohne reiche Frucht entfliehn; zum Kreuze will ich dich begleiten, und eitlen Freuden mich entziehn. Ich will gerührt die Huld ermessen, womit dein Herz die Welt umfaßt; wie könnt' ich undankbar vergessen, was du für mich erduldet hast? |

3. So will ich in der Andacht Stunden dich, Herr, im Geiste leiden sehn, für dein Verdienst und deine Wunden mit Dank und Thränen dich erhöhn. Dein Leiden sey mein höchster Segen, dein Tod mein seligster Gewinn; mein gläubig Herz schlägt dir entgegen, weil ich durch dich gerettet bin.

4. Seyd jetzt, seyd mir auf immer theuer, Gethsemane und Golgatha, ihr Stätten, wo die Welt die Feier der wundervollsten Liebe sah! Dorthin will ich voll Andacht schauen, wo mein Erlöser litt und starb, und noch im Tode dem vertrauen, der mir die Seligkeit erwarb.

188.   Mel. Christus, der uns selig etc.
Mein Erlöser, Gottes Sohn, der du für mich littest und erhöht auf Gottes Thron jetzt noch für mich bittest! Welche Wohlthat, Herr, ist mir dein versöhnend Leiden! O wie dank' ich würdig dir, Ursprung meiner Freuden!

2. Dir, dem Herrn der Herrlichkeit, war es ja gegeben, ohne Schmerzen, ohne Leid ewig froh zu leben. Aber, o der großen Huld! daß ich selig würde, übernahmst du in Geduld schwerer Leiden Bürde.

3. Nun kann meine Missethat noch Vergebung finden; denn du starbst nach Gottes Rath für der Menschen Sünden. Unsre Lasten trugest du, uns von Fluch zu retten, daß wir im Gewissen Ruh, mit Gott Friede hätten.

4. Was ein neues Leben schafft und zur Beßrung leitet, hat uns deines Leidens Kraft und dein Kreuz bereitet. Stark im Glauben kann ich nun nach der Tugend ringen, Gottes Willen freudig thun, Sünd' und Welt bezwingen.

---

26 theuer,] so OD *München*; OD *Halle*: theuer;

VIII. Vom Leiden und Tode Jesu

5. Froh kann ich dem Todesthal nun entgegensehen und zu jener Welt einmal ohne Schrecken gehen; denn du hast aus aller Noth Rettung mir errungen und durch deinen Kreuzes-Tod meinen Tod bezwungen.

6. Herr, was bin ich, daß du mein so dich angenommen? Laß die Frucht von deiner Pein nun auf mich auch kommen! Gieb mir Weisheit, gieb mir Kraft, du hast es in Händen, was du mir zum Heil verschafft, gläubig anzuwenden.

7. Gieb, daß mich das Wort vom Kreuz stets mit Muth belebe; daß ich jedem Sündenreiz standhaft widerstrebe. Treib' mich mächtig dadurch an, Gottes Ernst zu scheuen, und was unrecht ich gethan, innig zu bereuen.

8. Stärke mich durch deinen Tod in den letzten Stunden. Du hast deines Todes Noth siegreich überwunden. O, so hilf dazu auch mir, laß mich fröhlich scheiden; Herr, dann dank' ich ewig dir für dein bittres Leiden. |

189.   Mel. Herzliebster Jesu etc.

Mein Herr und Heiland, laß mir's gehn zu Herzen, wie hoch du mich geliebt in deinen Schmerzen. Gieb, daß ich mög des Fleisches Lüste dämpfen; hilf selbst mir kämpfen!

2. Der du im Grabe Ruhe hast gefunden, nachdem für uns am Kreuz du überwunden, gieb Ruhe, wenn man mich nach meinen Tagen ins Grab wird tragen.

3. Gieb süße Ruhe durch dein bittres Leiden; nimm auf die Seele zu des Himmels Freuden, die du, o Herr, auf ewig mir erworben, da du gestorben.

190.   Mel. Ich hab mein' Sach' etc.

Nun ist es Alles wohl gemacht; mein Jesus ruft: es ist vollbracht! Er neigt sein Haupt, o Mensch, und stirbt, der dir erwirbt das Leben, welches nie verdirbt.

2. Der Herr der Herrlichkeit erbleicht, der Lebensfürst, dem Niemand gleicht. Welch Wunder zeigt uns Gottes Macht: in dunkle Nacht verhüllet sich der Sonne Pracht!

3. Die Erde bebet fürchterlich! der Heil'gen Gräber öffnen sich! der Vorhang reißt von oben an, daß Jedermann das Heiligthum nun schauen kann!

4. Weil denn die Creatur sich regt, so werd' auch du, o Mensch, bewegt. Ein Fels zerreißt und du wirst nicht durch dies Gericht erschüttert, daß dein Herze bricht?

5. Dein ist die Schuld, nimm dies in Acht; du hast den Herrn ans Kreuz gebracht, ihm, der für dich sein Leben gab, folg' in das Grab, und stirb dem Sündenleben ab.

6. Ach Vater! unter Pein und Hohn erblaßt am Kreuz dein einger Sohn; da dies geschieht für meine Schuld, trägst du Geduld, und schenkst in ihm mir deine Huld.

7. Ertödte selbst in meiner Brust, mein Heiland, jede böse Lust; dein Tod, der mir das Leben schafft, verleih mir Kraft, zu üben gute Ritterschaft.

8. Ich will zu deinem Kreuze gehn, und fest im Glauben auf dich sehn; dein Tod soll meine Zuflucht seyn, auf ihn allein schlaf ich einst sanft und selig ein.

9. Ich danke dir, Herr Jesu Christ, daß du für mich gestorben bist; ich preise dich hier in der Zeit, und nach dem Streit voll Freud' und Wonn' in Ewigkeit.

191.   Mel. Herzlich thut mich etc.

O Haupt voll Blut und Wunden, voll Schmerz und voller Hohn! o Haupt zum Spott gebunden mit einer Dornenkron! o Haupt, das sonst getragen die höchste Ehr' und Zier, doch schimpflich nun geschlagen, gegrüßest seyst du mir!

2. Du edles Angesichte, das sonst, der Sonne gleich, gestrahlt | im hellsten Lichte, wie bist du nun so bleich; dein Blick mit Kraft gefüllet, der sonst die Welt geschreckt, wie ist er jetzt verhüllet, mit Dunkel ganz bedeckt!

3. Die Farbe deiner Wangen und deiner Lippen Roth ist hin und ganz vergangen in deiner Todesnoth. Was hat dem Tod gegeben, o Jesu, diese Macht, daß er dein heilig Leben versenkt in seine Nacht?

4. O Herr, was du erduldet, ist alles meine Last: ich, ich hab' es verschuldet, was du getragen hast. Schau her, hier steh' ich Armer, der Zorn verdienet hat; gieb mir, o mein Erbarmer, den Anblick deiner Gnad!

5. Erkenne mich, mein Hüter, mein Hirte, nimm mich an. Du hast, Quell aller Güter, viel Gutes mir gethan. Oft hast du mich gelabet, mit Himmels-Brod gespeist, mit Trost mich reich begabet durch deinen freud'gen Geist.

6. Ich will hier bei dir stehen, verachte mich doch nicht; von dir will ich nicht gehen, wenn dir dein Herze bricht. Dich halt' ich noch umschlungen in meinen Armen fest, wenn von dem Tod bezwungen das Leben dich verläßt.

7. Es dient zu meinen Freuden, und thut mir herzlich wohl, daß ich mich in dein Leiden, mein Heil, versenken soll. Ach könnt' ich, o mein Leben, an deinem Kreuze hier, mein Leben von mir geben, wie wohl geschähe mir!

8. Ich danke dir von Herzen, o Jesu, liebster Freund, für deine Todes-Schmerzen, da du's so gut gemeint. O gieb, daß ich mich halte zu dir und deiner Treu, und wenn ich nun erkalte, in dir mein Ende sey.

9. Wenn ich einmal soll scheiden, so scheide nicht von mir; wenn ich den Tod soll leiden, so tritt du dann herfür; wenn mir am allerbängsten wird um das Herze seyn, so reiß mich aus den Aengsten Kraft deiner Angst und Pein.

10. Erscheine mir zum Schilde, zum Trost in meinem Tod, und laß mich sehn dein Bilde, in deiner Kreuzesnoth: da will ich nach dir blicken, da will ich glaubensvoll fest an mein Herz dich drücken: wer so stirbt, der stirbt wohl!

192.   Mel. Christus, der uns selig etc.

O hilf, Christe, Gottes Sohn, durch dein bittres Leiden, daß nicht Kreuz, nicht Spott und Hohn uns von dir mag scheiden, daß wir deines Kreuzes Schmach fruchtbarlich bedenken, dafür, wiewohl arm und schwach, dir Dankopfer schenken.

193.   Mel. Herzliebster Jesu, was etc.

O Lamm, das keine Sünde je beflecket, das nie die Schuld getheilt, die uns bedecket und reiner ist, als alle Seraphinen, die jetzt dir dienen!

2. Warum muß ich dich sehn am Kreuze schweben, von | Schmach und Hohn und bittrer Qual umgeben? Warum mußt du den Tod sogar empfinden, den Sold der Sünden?

3. Fürwahr, du trugest meine Noth und Schmerzen, die Strafe lag auf dir und deinem Herzen; mich wolltest du durch deine Wunden heilen, mir Ruh ertheilen.

VIII. Vom Leiden und Tode Jesu

4. O habe Dank für dein unendlich Lieben, das dich für mich in Noth und Tod getrieben, daß du den Zorn, der über mich sollt kommen, auf dich genommen.

5. Ich nehm es an, das Heil, so du erworben, da du für mich am Kreuze bist gestorben; der Tod kann mir, weil ich der Schuld entladen, nun nicht mehr schaden.

6. Ach, stärke nur durch deine Kraft den Glauben, daß er sich diesen Schatz nicht lasse rauben, der nimmer mag mit allem Gut der Erden erworben werden.

7. Laß deines Leidens Frucht mich stets genießen, laß seinen Trost auf mein Gewissen fließen, dein Sterben sey zu steter Lust und Freude des Geistes Weide.

8. Der Sünde, die dich hat ans Kreuz geschlagen, will ich von ganzem Herzen nun entsagen; es soll forthin in mir sich nichts erkühnen, ihr noch zu dienen.

9. Nur dir, nur dir, Lamm Gottes, sey mein Leben zum Eigenthum auf ewig hingegeben, wozu du mich durch deinen Tod und Wunden so hoch verbunden.

10. Nichts kann und soll hinfort von dir mich scheiden; ich bleibe dein, bis du mich dort wirst weiden, wo deine Liebe wird mit Engelzungen von uns besungen.

194.   In eigener Melodie.
O Lamm Gottes unschuldig, für uns am Kreuze gestorben! den Tod littst du geduldig, und hast uns Leben erworben. Die Sünd' hast du getragen, sonst müßten wir verzagen. Erbarm dich unser, o Jesu.

2. O Lamm Gottes etc. Gieb uns deinen Frieden, o Jesu!

195.   Mel. Auf meinen lieben etc.
O welch ein herber Schmerz, mein Jesu, für dein Herz! Ihn hast du mehr empfunden, als Banden, Spott und Wunden; die kleine Zahl von Freunden kränkt dich gleich deinen Feinden.

2. Kaum naht sich die Gefahr, so zagt der Jünger Schaar; sie fliehn, die sich vermaßen, dich nimmer zu verlassen; die Schwüre sind gebrochen, die kaum ihr Mund gesprochen.

3. Dein Petrus selbst erschrickt, der kühn das Schwerdt gezückt. Er flieht, eh' Bande drohen; doch, da er feig entflohen, geht er zurück verwegen dem tiefern Fall entgegen.

4. Wo ist sein hoher Sinn! Sein Eifer ist dahin; er, der dich frei bekannte, dich Gottes Sohn einst nannte, läßt sich durch | Furcht bethören, dich treulos abzuschwören.

5. Wie schwach ist Fleisch und Blut! Traut niemals kühnem Muth! bald liegen wir im Staube, erloschen ist der Glaube und unser Muth gedämpfet: ach, Christen, wacht und kämpfet!

---

35 eh'] eh

6. Doch, Herr, dein Liebesblick bringt Petrum bald zurück; er fühlet tief im Herzen der Reue bange Schmerzen und weinet bittre Thränen, die sich nach Gnade sehnen.
7. Er sucht und findet sie; drum, Sünder, zaget nie! Die Reue muß euch beugen, doch laßt die Zweifel schweigen: so groß sind keine Sünden, sie können Gnade finden.

196.　　　　　　Mel. Nun ruhen alle Wälder etc.
O Welt, sieh hier dein Leben am Stamm des Kreuzes schweben, dein Heil sinkt in den Tod; der große Fürst der Ehren läßt willig sich beschweren mit Banden, Schlägen, Hohn und Spott.
2. Tritt her und schau mit Fleiße, wie ist mit blut'gem Schweiße des Mittlers Leib bedeckt! Welch unerhörte Schmerzen fühlt er in seinem Herzen, da er den Kelch des Leidens schmeckt!
3. Wer hat dich so geschlagen? wer ist's, der diese Plagen dir aufgebürdet hat? Du bist ja nicht ein Sünder, wie andre Menschenkinder, und nicht befleckt von Missethat.
4. Ich bin's, ich sollte büßen, ich hätte leiden müssen, den Tod hatt' ich verdient. Die Martern und die Banden hast du, Herr, ausgestanden, auf daß ich sey mit Gott versühnt.
5. Du gingest mir zum Segen dem Todeskampf entgegen mit starkem Heldenmuth; du starbst, daß ich nicht sterbe, noch ewiglich verderbe; o unerhörte Liebesglut.
6. Hoch bin ich dir verbunden, mein Heil, für deine Wunden, für deine Angst und Pein; was Seel' und Leib vermögen, das will ich dankbar legen an deinen Dienst und Ruhm allein.
7. Ich kann zwar nicht viel geben in diesem armen Leben, eins aber will ich thun: es soll dein Tod und Leiden, bis Seel' und Leib sich scheiden, mir tief in meinem Herzen ruhn.
8. An dich will ich stets denken, und meine Augen lenken auf deinen Kreuzestod; er ist des Glaubens Siegel, der Unschuld heller Spiegel, mein bester Trost in aller Noth.
9. Ich will darin erblicken, wie ich mein Herz soll schmücken mit stillem sanften Muth, und wie ich mich soll üben, aus Herzensgrund zu lieben, wenn mich verfolgt der Feinde Wuth.
10. Wenn gift'ge Zungen stechen, wenn Spötter Hohn mir sprechen und meines Falls sich freun: will ich das Unrecht dulden und alle ihre Schulden, wie du, mein Heiland, gern verzeih'n.
11. Wofür du mußtest leiden, | das will ich ernstlich meiden, will thun, was dir gefällt; ich will der Sünd' entsagen, ans Kreuz die Lüste schlagen; gekreuzigt soll mir seyn die Welt.
12. Es ström' aus deinen Wunden in meinen letzten Stunden mir Trost und Frieden zu! Nimm mich an meinem Ende, o Herr, in deine Hände und führe mich zur ew'gen Ruh.

197.　　　　　　Mel. Freu' dich sehr, o meine etc.
Richtet auf des Heilands Leiden die Vernunft ihr Denken hin, so will sie allein sich weiden an des Dulders hohem Sinn; sie verdammt der Feinde Wuth, die

vergoß des Heil'gen Blut, und klagt über Christi Schmerzen; doch es heiligt nicht die Herzen.

2. Aber meines Geistes Sehnen sucht den höheren Gewinn: zum Ersterben zu gewöhnen meinen tief verderbten Sinn. Mir soll Christi Schmach und Pein nicht ein rührend Bild nur seyn; nein, ins Herz will ich ihn schließen, seines Todes Kraft genießen.

3. Dieß Geheimniß seiner Schmerzen, das verborgen ist der Welt, hat der Glaube meinem Herzen in das hellste Licht gestellt. Alle sündliche Begier tödtet Christi Tod in mir, und durch ihn wird mir gegeben, aufzustehn zum neuen Leben.

4. Drum, in meines Herzens Grunde trag ich ihn, den Seelenfreund, der zum ew'gen Gnaden-Bunde mit den Gläub'gen sich vereint; seines Sterbens Wunderkraft, die in Todten Leben schafft, wird mir Schmerz und Freude geben, wird mich beugen und erheben.

5. Alle Hoffart drückt sie nieder, hebt in Kleinmuth mich empor, giebt in Schwachheit Stärke wieder, zieht aus Zweifeln mich hervor, hält mich zwischen Lust und Leid in der rechten Mäßigkeit; ja, mir ist der höchste Frieden durch des Heilands Kreuz beschieden.

6. O geheimnißreiche Liebe, die sich mir im Glauben schenkt! wecke neue Lebenstriebe, wenn mein Blick zum Kreuz sich lenkt. Alle Kraft und alles Heil deines Leidens sey mein Theil; alles Andre mag vergehen, bleibet mir dein Kreuz nur stehen.

198.   Mel. O Gott, du frommer Gott etc
Seht, welch ein Mensch ist das! Kommt Menschen hier zusammen! Ihr Ungerechten, seht die Unschuld hier verdammen! Unheil'ge, sehet hier den Heiligsten verhöhnt, mit Dornen nur zum Spott des Himmels Herrn gekrönt.

2. Seht, welch ein Mensch ist das in Schmach und Schmerz und Wunden! Hat eure Knechtschaft nicht den Freiesten gebunden? Hat eure Lust nicht ihm der Schmerzen Füll' erregt? Ist's eure Bosheit nicht, die an das Kreuz ihn schlägt?

3. Seht, welch ein Mensch ist das! Ja, opfert Thränen|fluthen; denn eure Blutschuld macht des Heilands Herz verbluten! Geht nicht vorüber hier! Doch seht durch allen Schmerz, seht durch die offne Brust in eures Jesu Herz.

4. Seht, welch ein Mensch ist das! Kommt, Menschen, hier zusammen, zergeht in Dankbarkeit, erglüht in Liebesflammen! So lang das Auge blickt, sey nie der Wunsch gestillt, die Herrlichkeit zu schau'n, die ihn am Kreuz erfüllt.

5. Seht, welch ein Mensch ist das, wie reich an Trost und Gnaden! Seht, welche Segensfüll' aus ihm sich will entladen, seit sein vergoßnes Blut der Sünde Macht bezwingt, so oft sein Blick vom Kreuz in eure Seele dringt.

6. Seht, welch ein Mensch ist das! Zieht er nicht von der Erden euch nach? Fühlt ihr euch nicht zu Gott erhoben werden? Sterbt nicht der Sünd' ihr ab, indem das Haupt er neigt? Lebt ihr nicht himmlisch auf, wenn er zum Himmel steigt?

199.   Mel. Aus tiefer Noth etc.
Seht, welch ein Mensch, wie liegt so schwer auf ihm die Last der Sünder! Wie unaussprechlich duldet er für euch, ihr Menschenkinder! Des ewgen Vaters heil'gen Sohn trifft wilder Feinde Spott und Hohn und tausendfache Plagen.

2. Du denkest ohne Schaudern nie an diese Wuth der Sünder. Du sprichst: die Rache strafte sie, und straft noch ihre Kinder! O Seele, denkst du auch dabei an deine Sünden? Bist du frei von Schuld am Tode Jesu?
3. Wird er nicht auch für deine Schuld verschmähet und zerschlagen? Muß Jesus nicht voll Lieb' und Huld auch deine Sünden tragen? Ja, er versöhnt durch seinen Tod auch dich mit dem gerechten Gott und stirbt, damit du lebest.
4. O Jesu, Jesu, Gottes Sohn, du Tilger meiner Sünden! vertritt mich an des Vaters Thron und laß mich Gnade finden. Laß deines Todes Schmach und Pein Gerechtigkeit und Heil mir seyn um deiner Liebe willen.
5. Ich schwöre, Weltversöhner, dir, und ewig will ich's halten: So wahr du lebest, soll in mir nie deine Lieb' erkalten. Ich will nicht scheuen deine Schmach, ich will das Kreuz dir tragen nach, nur dir zur Ehre leben.

200.   Mel. O Traurigkeit etc.
So ruhest du, o meine Ruh', in deiner Grabeshöhle und erweckst durch deinen Tod die erstorbne Seele.
2. Man senkt dich ein nach vieler Pein, du meines Lebens Leben; dich hat jetzt ein Felsengrab, Fels des Heils, umgeben.
3. Doch Preis sey dir, du | konntest hier nicht die Verwesung sehen; bald hieß dich des höchsten Macht aus dem Grab' erstehen.
4. O Lebensfürst! ich weiß, du wirst auch mich zum Leben wecken. Sollte denn mein gläubig Herz vor der Gruft erschrecken?
5. Hier werd' ich einst, bis du erscheinst, in stillem Frieden liegen: denn durch deinen Tod kann ich Tod und Grab besiegen.
6. Nein! nichts verdirbt, der Leib nur stirbt, doch wird er auferstehen und in der Verklärung Glanz aus dem Grabe gehen.
7. Indeß will ich, mein Jesu, dich in meine Seele senken und an deinen bittern Tod bis zum Tode denken.

201.   Mel. Herzlich lieb hab' ich dich etc.
Um Gnade für die Sünderwelt ruft Gottes Sohn, am Kreuz gequält, als er die Welt versöhnet. Wie tief verwundet es sein Herz, daß ihn bei seinem herben Schmerz ihr Spott so frech verhöhnet. Er schaut auf sie mit mildem Sinn und wendet sich zum Vater hin, der seine Bitten stets gewährt, ruft, daß es Erd' und Himmel hört: vergieb, o Gott, und führe nicht sie in's Gericht, denn was sie thun, versteh'n sie nicht.
2. Bewundernd seh' ich diese Huld! Wie göttlich groß ist die Geduld, die Mördern so begegnet. Ihr, die ihr euern Heiland ehrt, fühlt seiner Liebe hohen Werth, die selbst die Feinde segnet. Auch uns hat er durch sein Gebet des ew'gen Richters Gnad' erfleht. Zu unsers Herzens Trost und Ruh' sagt er auch uns Vergebung zu. Herr Jesu Christ, gelobt seyst du für deinen Tod, der uns versöhnt mit unserm Gott.
3. Das ist der Segen deiner Huld, daß Gott auch bei gehäufter Schuld die Sünder gern verschonet, daß er so liebreich ihrer denkt und ihnen Frist zur Buße schenkt, nicht nach Verdienst belohnet. Wohl mir, daß ich auch rühmen kann: auch mich, mich Sünder nimmt Gott an; dieß Heil hat deines Todes

VIII. Vom Leiden und Tode Jesu

Kraft, mein treuer Heiland, mir verschafft. O Jesu Christ, mein Herr und Gott, durch deinen Tod vertrittst du mich bis an den Tod.

4. Wird je mein Herz von Troste leer, weil meiner Sünden großes Heer auf's Neue mich erschrecket: o dann versichre mich auf's Neu, du stehest mir als Mittler bei, der meine Schuld bedecket. Blick' ich dann glaubensvoll auf dich, so tröste deine Gnade mich und stärke mich mit deiner Kraft am Ziele meiner Pilgerschaft. Herr Jesu Christ, der letzte Kampf wird mir versüßt, weil du mein Trost im Tode bist.

5. Den sanften, liebevollen Sinn, daß ich ein Freund der Feinde bin, flöß', Herr, in mei|ne Seele. Gieb, daß bei der Verfolgung Schmerz ich dir des Feindes hartes Herz und meine Sach' empfehle. Entflammet mich der Rache Gluth, o so besänft'ge meinen Muth. Erinn're kräftig mich daran, was du zum Vorbild mir gethan, Herr Jesu Christ, als du am Kreuz durch dein Gebet selbst deinen Mördern Gnad' erfleht.

6. Mich heil'ge dein Versöhnungstod, daß ich befolge dein Gebot und ganz dir ähnlich werde. Ja, ziehe mich, erhöhter Held, zu dir hinauf von dieser Welt zum Himmel von der Erde. Du bist der Deinigen Panier, zeuch uns dir nach, wir folgen dir und können dann ohn' Ende dein und deiner Fürsprach' uns erfreun. Herr Jesu Christ, Herr Jesu Christ, wie selig ist ein Mensch, dem du ein Heiland bist.

202.   Mel. Wie wohl ist mir, o Freund etc.
Voll Liebe war, o Herr, dein Leben, von Liebe zeugte jede That; zum Opfer dich für uns zu geben, war deines Vaters heil'ger Rath. Ihn zu vollziehn mit will'gem Herzen, betratest du den Weg der Schmerzen und gingst in tausendfache Noth; warst voll Erbarmen gegen Feinde, du liebtest deine schwachen Freunde, und liebtest sie bis in den Tod.

2. O Liebe, Liebe sonder Gleichen, wie göttlich groß, wie wunderbar! Kein Sterblicher kann dich erreichen und keiner aus der Engelschaar. Des ew'gen Vaters Thron verlassen, um hier am Kreuze zu erblassen, und uns vom Tode zu befrein; des Himmels unnennbare Freuden vertauschen mit der Erde Leiden: kann eine Liebe größer seyn?

3. Wer diese Liebe kennt, der bete sie mit der tiefsten Ehrfurcht an. Wir wollen deiner Todesstätte, o Herr, uns gläubig dankbar nahn. Hier stehn wir unter deinem Kreuze, daß uns dein hohes Vorbild reize, zu thun, was Liebe uns gebeut; du lehrst uns, ohne Drohn und Klagen die Lasten unsrer Brüder tragen, wir sind zu folgen dir bereit.

4. Das Herz zur Liebe zu entzünden, blick' ich hinauf nach Golgatha; der Kränkung Schmerz zu überwinden, erwäg' ich fromm, was dort geschah. Auch meine Feinde will ich lieben, der Brüder keinen je betrüben, für welche du gestorben bist; auch unter Opfern und Beschwerden will ich des Nächsten Helfer werden: hilf mir dazu, Herr Jesu Christ.

203.   Mel. Wenn meine Sünd' etc.
Von Furcht dahingerissen, verleugnet Petrus dich, bald straft ihn sein Gewissen, da weint er bitterlich. Dein Blick, o Jesu, rührt sein Herz, er fleht zu dir um Gnade, und du stillst seinen Schmerz. |

---
13 dein] *so OD München; OD Halle:* sein

2. Betrübt ist meine Seele, mit Reu' und Schmerz erfüllt. Wenn ich es auch verhehle, dir ist es doch enthüllt. Bekennen will ich es vor dir: oft hab' ich dich verleugnet! Vergieb, vergieb es mir!

3. Oft hat mich Furcht gebeuget, ich ward der Menschen Knecht, wenn ich nicht laut gezeuget von dir und deinem Recht. Ja, brach ich je die Christenpflicht, so sprach auch ich mit Petrus: ich kenne Jesum nicht!

4. Ich seh' jetzt, ich empfinde die Größe dieser Schuld! Vergieb auch diese Sünde nach deiner großen Huld! Erbarmend sahst du Petrum an, auch mich laß diese Gnade, o Herr, mein Heil, empfahn!

5. Laß dieses Herz voll Reue von nun an stärker seyn, und mit erneuter Treue sich deinem Dienste weihn; daß auch in Trübsal und in Noth ich, Herr, getreu dir bleibe, getreu bis in den Tod.

6. Bewahr' ich deine Gnade, folg' ich dir standhaft nach; wer ist dann, der mir schade? Was fürcht' ich Hohn und Schmach? Die Spötter mögen mich verschmähn, sie werden mich mit Ehre von dir verherrlicht sehn.

7. Nichts soll von dir mich trennen, ich will es gern und frei vor aller Welt bekennen, daß ich dein Jünger sey; dann tret' ich freudig vor Gericht, und du, o Herr, verleugnest mich vor dem Vater nicht.

204. *Mel. Herzlich thut mich verlangen etc.*
Weg, Welt, mit deinen Freuden, und dem, was dir gefällt! Dich, Jesu, seh' ich leiden, du Opfer für die Welt! Du hast durch tausend Schmerzen und deines Todes Kraft den Frieden meinem Herzen, und ew'ges Heil verschafft.

2. Weil dich die Welt verachtet, werd' ich mit Ruhm geschmückt; weil du am Kreuz geschmachtet, darum werd' ich erquickt; dein Gott, der dich verlassen, tritt näher nun zu mir, ich darf ihn gläubig fassen: dies, Heiland, dank' ich dir.

3. Die ausgestreckten Hände, sie segnen den, der glaubt; daß ich einst selig ende, neigst du am Kreuz dein Haupt. In deiner offnen Seite seh' ich dein liebend Herz; das giebt mir Kraft zum Streite, und Ruh' in jedem Schmerz.

4. Mag denn die Welt dein Leiden und seinen Trost verschmähn: ich bleibe voller Freuden an deinem Kreuze stehn. O Jesu, deine Liebe trieb dich in Tod und Grab; Ich sterb' aus gleichem Triebe der Sünde gänzlich ab.

205. *In eigner Melodie.*
Wenn mich die Sünden kränken, o mein Herr Jesu Christ, so laß mich wohl bedenken, wie du gestorben bist, und alle meine Schuldenlast am Stamm des heil'gen Kreuzes auf dich genommen hast.

2. O Wunder ohne Maßen! betracht' es, Seele, recht! Es hat sich martern lassen der Herr für seinen Knecht; der, welcher ist mein Herr und Gott, hat sich für mich Verlornen gegeben in den Tod.

3. Was kann mir denn nun schaden die Schuld, die mich betrübt? Ich bin bei Gott in Gnaden, der seinen Sohn mir giebt; der mich erlöst durch Christi Blut, daß ich nicht mehr darf fürchten der Höllen Qual und Glut.

4. Drum sag' ich dir von Herzen, jetzt und mein Leben lang, für deine Pein und Schmerzen, o Jesu, Lob und Dank, für deine Noth und Angstgeschrei, für dein unschuldig Sterben, für deine Lieb' und Treu.

VIII. Vom Leiden und Tode Jesu

5. Herr, laß dein bittres Leiden mich reizen für und für, mit allem Ernst zu meiden die sündliche Begier, daß mir nie komme aus dem Sinn, wie viel es dich gekostet, daß ich erlöset bin.

6. Mein Kreuz und meine Plagen, der Menschen Spott und Hohn, hilf mir geduldig tragen, o Gottes ew'ger Sohn! Laß mich verleugnen diese Welt, und folgen dem Exempel, das du mir vorgestellt.

7. Laß mich an Andern üben, was du an mir gethan, und meinen Nächsten lieben, selbst Feinden hülfreich nah'n. Ohn' Eigennutz und Heuchelschein laß mich den Brüdern dienen aus reiner Lieb' allein.

8. Laß endlich deine Wunden mich trösten kräftiglich, wenn in den letzten Stunden mein Auge blickt auf dich. Auf dein Verdienst nur will ich traun, dann wirst du mich annehmen, dich ewiglich zu schaun.

206.   Mel. Nun ruhen alle etc.
Wer kann die Leiden fassen, die du, Herr, so gelassen für mich erduldet hast! Daß ich gerettet würde, trugst du die schwerste Bürde, und nahmst auf dich auch meine Last.

2. Laß deine letzten Stunden, die Qual, die du empfunden, mich trösten und erfreun. Es lehre mich dein Leiden den Dienst der Sünde meiden, und ganz mich deinem Dienste weih.

3. Du starbst mit einem Herzen, das selbst in Todesschmerzen für deine Feinde bat. So will ich mich nun üben, den, der mich kränkt, zu lieben; oft wußt' auch er nicht, was er that.

4. Du gabest Trost dem Armen, der sich auf dein Erbarmen am Kreuze erst verließ. Wenn ich im Glauben sterbe, bin ich des Himmels Erbe und folge dir ins Paradies.

5. Du sorgtest für die Deinen, die du um dich sahst weinen, gabst ihrem Herzen Ruh. So send' auch, wenn ich scheide, in ihrem bittern Leide den Meinen Trost und Frieden zu. |

6. Du mußtest, matt von Plagen: mich dürstet, schmachtend klagen und keiner labte dich; doch ich kann nie verschmachten, denn du wirst meiner achten, du labest und erquickest mich.

7. Du riefst mit Angst und Beben, von Todesnoth umgeben: Verläßt du mich, mein Gott? Werd' ich dereinst erblassen, du wirst mich nicht verlassen; du fühltest selbst des Todes Noth.

8. Du sprachst an deinem Ziele im freudigen Gefühle des Siegs: Es ist vollbracht! Lehr' mich mein Werk vollbringen, und einst zum Ziele dringen durch deines Sieges Kraft und Macht.

9. Du gabst am Leidensende in deines Vaters Hände getrost den Geist dahin. Wenn ich auch meine Seele ihm einst, wie du, befehle, o dann ist Sterben mein Gewinn.

207.   Mel. Nun laßt uns den Leib etc.
Wir danken dir, Herr Jesu Christ, daß du für uns gestorben bist, und unsrer Sünden schwere Last am Kreuz auf dich genommen hast.

2. Sohn Gottes und des Menschen Sohn, verherrlicht nun nach Schmach und Hohn, erlös' uns von dem ew'gen Tod, und tröst uns in der letzten Noth!

3. O reich' uns deine starke Hand in unserm Kreuz und Prüfungsstand, damit auch wir geduldig seyn, uns trösten deiner Kreuzespein.

4. Zu dir steht unsre Zuversicht, du werdest uns verlassen nicht, mit deiner Gnade bei uns stehn, bis wir zu deinem Reich eingehn.

208. Mel. Freu' dich sehr etc.
Wir sind alle Jesu Glieder und mit seinem Blut erkauft; darum komm auf uns hernieder, Geist, der uns mit Feuer tauft! Lenke du den ernsten Sinn auf des Heilands Leiden hin; hilf, daß wir es würdig feiern, sein Gedächtniß fromm erneuern.

2. Stell den Mittler unsres Bundes uns in seiner Würde vor; bring die Reden seines Mundes vor das aufgeschloßne Ohr! Führ' uns nach Gethsemane, daß dort unser Aug' ihn seh', wie des Todes Nacht ihn schrecket, und ihn blut'ger Schweiß bedecket.

3. Zeig uns ihn, den Sanften, Reinen unter seiner Mörderschaar! Ach, es gab auf Erden keinen, welcher so verachtet war! Doch er hat der Frevler Hohn, Purpurmantel, Dornenkron, alle Qual, die er empfunden, siegreich duldend überwunden.

4. Geh' mit uns dem Opferlamme auf dem blut'gen Pfade nach; zeig' uns an dem Kreuzesstamme seine Hoheit, seine Schmach! Um sein festes Gottvertraun und des Heil'gen Tod | zu schaun, trag' uns auf der Andacht Flügel zu dem nachtbedeckten Hügel.

5. Seine letzten Worte schreibe uns ins Herz mit Flammenschrift, daß nun keiner trostlos bleibe, den das Loos des Todes trifft; seit „es ist vollbracht" ertönt, sind wir nun mit Gott versöhnt, sind bestimmt, bei dem zu leben, der den Geist Gott übergeben.

6. Du begnadigte Gemeinde, blick zu deinem Haupt empor, zu dem göttlich großen Freunde, den zum Retter Gott erkohr. Schöpfe Wonn' und Seligkeit dir aus seiner Leidenszeit! Reiß dich los von dem Getümmel, und dein Wandel sey im Himmel.

IX. Von der Auferstehung Christi.

209. Mel. Christ lag in Todesbanden etc.
Ach Gott! mich drückt ein schwerer Stein, wer will ihn von mir nehmen? Du kennest meines Herzens Pein und mein geheimes Grämen. Jesus lebt und ich bin todt, wer rettet mich aus dieser Noth, daß ich ihn nicht kann finden vor Sünden.

2. Wer wälzet diesen Stein von mir, der mich so hart beschweret? Wann öffnet sich die Grabesthür? Wann wird mir Trost gewähret? Soll ich aus dem Tode nicht durchbrechen zu dem Himmelslicht? Wer will mich von den Ketten erretten?

3. Betrübtes Herz, verzage nicht! dein Jesus ist erstanden, der Tod und Höllenmacht zerbricht und lös't der Sünde Banden; er wird auch durch seinen Tod dich reißen aus der Sünden-Noth und zu dem Geistes-Leben erheben.

IX. Von der Auferstehung Christi

4. Er ist nun erstanden heut, daß du mögst auferstehen durch seine Kraft zur Seligkeit und fröhlich mit ihm gehen, durch viel Trübsal, Angst und Qual, und durch das finstre Todesthal, zur Freud' und Wonn erhoben dort oben.

5. Dein Jesus läßt dich nicht zurück, weil er vorangegangen, so du nur mit dem Glaubensblick willst immer an ihm hangen. Er wird dich dem Grab' entziehn, ohn' all dein Sorgen und Bemühn und nehmen deine Schmerzen zu Herzen.

6. Die Engel Gottes sind bei dir, die dich zu Jesu leiten, und auf dem Weg zur Lebensthür mit Flammen für dich streiten. Suchst du deinen Seelenfreund? Mit seinen Jüngern geh vereint, wo er von Todesbanden erstanden.

7. Such' ihn nicht mehr in seinem Grab, nein, wer mit ihm erstanden und folget seinem Hirtenstab, bei dem ist er vorhan|den. Darum prüf', o Mensch, dein Herz, thu Buß' in wahrer Reu und Schmerz, so ist der Stein gehoben von oben.

8. Flieh aus dem Grab ins Himmelszelt, dein Leben dort zu finden; geh aus im Glauben von der Welt, laß alles Eitle schwinden; so wird Jesus dir zum Heil erscheinen, als dein bestes Theil, du wirst ihn nach Verlangen umfangen.

9. O Jesu, laß mich auferstehn im Geist, und mit dir leben, bis du mich selig wirst erhöhn und mir die Krone geben, die du mir nach dieser Zeit bereitet in der Herrlichkeit, wo deiner die Erlösten sich trösten.

210.
Mel. Sollt' ich meinem Gott etc.

Amen, deines Grabes Friede wird auch unser Grab durchwehn, wenn wir, von der Wallfahrt müde, ruhn, um froher zu erstehn. Amen, Fürst der Auferstehung, der des Grabes Siegel brach, zeuch' durch Grab und Tod uns nach zu des Wonnereichs Erhöhung, wo dem Tod, der uns versöhnt, aller Himmel Loblied tönt.

2. Großer Erstling deiner Brüder, ja, du ziehest uns nach dir; du, das Haupt, ziehst deine Glieder, und wie du, so leben wir. Ja, wir werden auferstehen, weil du auferstanden bist; Werden dich, Herr Jesu Christ, einst in voller Klarheit sehen. Jetzt, o Herr, und ewiglich leben wir allein durch dich.

211.
In eigner Melodie.

Auf, auf, mein Herz, mit Freuden nimm wahr, was heut geschehn! Gott läßt nach großem Leiden ein großes Licht uns sehn. Mein Heiland war gelegt da, wo man uns hinträgt, wenn der befreite Geist der Erde sich entreißt!

2. Er war ins Grab gesenket, man hört ein Hohngeschrei; doch, eh' der Feind es denket, ist Christus wieder frei. Er tritt als Held herfür, und schwingt sein Siegspanier. Wer ihn am Kreuze sah, ruft jetzt: Hallelujah!

3. Nun dräun der Hölle Rotten vergebens mir Gefahr; kühn darf ich ihrer spotten, sie krümmen mir kein Haar. Nun wird des Todes Macht getrost von mir verlacht. Wie er auch schreckt, er gilt mir als ein Schattenbild.

4. Nun mag die Welt mich hassen, mit ihrem Zorn mir drohn, und, bin ich ganz verlassen, mich schmähn mit bittrem Hohn. Die Trübsal trübt mir nicht mein Herz und Angesicht; das Unglück ist mein Glück, die Nacht mein Sonnenblick.

5. An Christo bleib' ich hangen, als seines Leibes Glied, wohin der Herr gegangen, er mich auch nach sich zieht. Er bricht durch Welt und Noth, besieget Sünd' und Tod, ich bin in seinem Schutz und biete Allem Trutz! |

6. Er bringt mich an die Pforten, die in den Himmel führt, daran mit goldnen Worten der Spruch gelesen wird: wer dort wird mit verhöhnt, wird hier auch mit gekrönt; wer dort mit sterben geht, wird hier auch mit erhöht.

212.   Mel. Sollt' ich meinem Gott etc.

Auferstanden, auferstanden ist der Herr, der uns versöhnt! Seht, wie hat nach Schmach und Banden Gott mit Ehren ihn gekrönt! Dort auf seines Vaters Throne, über Schmerz und Tod erhöht, herrscht er nun in Majestät. Fallet nieder vor dem Sohne, der uns einst zu sich erhebt! Hallelujah! Jesus lebt.

2. Singt dem Herrn! er ist erstanden, der da starb auf Golgatha. Rühmt es laut in allen Landen, was sein Mund verhieß, geschah. Wer kann ihm noch widerstreben? Mächtig steigt der Held empor; im Triumph bricht er hervor. Seht des Abgrunds Pforten beben, da ihr Sieger sich erhebt: Hallelujah! Jesus lebt.

3. Uns vom Tode zu befreien, sank er in des Grabes Nacht; uns zum Leben zu erneuen, steht er auf durch Gottes Macht. Tod, du bist in Sieg verschlungen, deine Schrecken sind gedämpft, deine Herrschaft ist bekämpft und das Leben ist errungen; ob man unsern Leib begräbt! Hallelujah! Jesus lebt.

4. Aus dem Grab uns zu erheben, ging er zu dem Vater hin; laßt uns ihm zur Ehre leben, dann ist Sterben uns Gewinn. Haltet unter Lust und Leiden im Gedächtniß Jesum Christ, der vom Tod erstanden ist; unvergänglich sind die Freuden des, der nach dem Himmel strebt. Hallelujah! Jesus lebt.

5. Freut euch seiner, Gottes Kinder! Er sey euer Lobgesang! Bringt dem Todesüberwinder ewig Ehre, Preis und Dank! Rühmt es in Versuchungsstunden, wenn euch Sünd' und Elend droht, rühmt es in der Todesnoth: unser Herr hat überwunden! Der uns einst zu sich erhebt, Hallelujah! Jesus lebt.

213.   Mel. Wachet auf, ruft uns etc.

Auf, ihr Christen, laßt uns singen und unserm Heiland Ehre bringen, der aus dem Grabe steigt empor! Jesus Christus ist erstanden, und hat den Tod gemacht zu Schanden, geöffnet ist des Grabes Thor! O Glanz der Herrlichkeit! der ewig uns erfreut! Hallelujah! der starke Held gewinnt das Feld und sieget über Tod und Welt.

2. Ob wir endlich müssen sterben, wir werden darum nicht verderben, der Tod ist uns des Lebens Thür. Denn weil Christus auferstanden, bleibt Keiner in des Todes Banden, mit unserm Haupte leben wir. Den Leib zerstört der Tod! den Geist trifft keine Noth! Hallelujah! | Von allem Leid sind wir befreit, und gehen ein zur Seligkeit.

214.   Mel. Jesus, meine Zuversicht etc.

Auf, mein Herz! des Herren Tag hat die Nacht der Furcht vertrieben. Christus, der im Grabe lag, ist im Tode nicht geblieben. O, wie hoch sind wir getröst't! Jesus hat die Welt erlöst.

2. Er, der ewge Gottes-Sohn, sey nun ewig auch gepriesen! seiner Feinde Schaar zum Hohn hat er siegreich sich erwiesen, hat erfüllet durch die That, was sein Mund geredet hat.

3. Unsre Schuld ist freilich groß, doch wir dürfen nicht verzagen, denn der Bürg' ist frei und los, der sie büßend hat getragen. Jesus ist mit Preis gekrönt, und wir sind nun Gott versöhnt.

4. Sterben war der Sünde Sold; nun ist Christus unser Leben, der das Lösegeld gezollt und sich selber hingegeben, er hat aus des Grabes Nacht neues Leben mitgebracht.

5. Tod, wo ist nun deine Kraft? Grab, wo sind nun deine Ketten? Hier ist Gott, der Hülfe schafft; hier ist Jesus, der kann retten, muß gleich unser Fleisch und Bein erst in Staub verwandelt seyn.

6. Herr, dies glaub' ich dir zum Ruhm, und mein Trost ist nicht vergebens. Ich bin nun dein Eigenthum, du, mein Herr, du Fürst des Lebens! Hoch erfreuet sing' ich dir jetzt und ewig Dank dafür.

215. Mel. Christ lag in Todesbanden etc.
Bringt Preis und Ruhm dem Heiland dar, frohlockt ihm, alle Frommen! Er, der für uns getödtet war, ist dem Gericht entnommen. Sey gelobt, Herr Jesu Christ, daß du für uns gestorben bist, und siegreich auferstanden! Hallelujah!

2. Dein Leben in der Majestät befestigt unsern Glauben. Wer kann, da dich dein Gott erhöht, uns nun den Trostgrund rauben: daß du von der Sünde Macht Befreiung hast an's Licht gebracht, den Himmel aufgeschlossen! Hallelujah!

3. Gott selbst hat dich dem Grab' entrückt, dich, seinen Sohn, zu ehren; der Wahrheit Siegel aufgedrückt hat er auf deine Lehren. Deines Todes hohen Werth hat er auf's herrlichste erklärt, da er dich auferwecket. Hallelujah!

4. Erstandner, ich frohlocke dir! Mein ist dein Sieg und Leben. Du lebst und herrschest, um auch mir dein ew'ges Heil zu geben; meiner Seele Trost zu seyn, zum Guten Kraft mir zu verleih'n und mich zu Gott zu führen. Hallelujah!

5. Mein Herr, mein Gott, hilf mir dazu, befreie mich von Sünden. Im Frieden Gottes laß mich Ruh für meine Seele finden. Schaffe deinen Sinn in mir, damit ich, Gott ergeben, hier als dein Erlöster wandle. Hallelujah!

6. Dein ist das Reich, dein | ist die Macht, die Todten zu erwecken. Du rufest und der Gräber Nacht wird uns nicht länger decken. Wie du auferstanden bist, so werd' auch ich, Herr Jesu Christ, durch dich einst auferstehen. Hallelujah!

7. O laß mich, weil ich hier noch bin, im Glauben an dich wandeln, und jederzeit nach deinem Sinn und heil'gem Vorbild handeln; daß ich, wenn ich aufersteh, und dich, des Todes Sieger, seh, vor dir dann nicht erschrecke. Hallelujah!

8. Da, wo du bist, da soll auch einst dein Jünger mit dir leben. Du wirst ihn, wenn du nun erscheinst, zu deiner Freud' erheben. Laß dies auch mein Erbtheil seyn, so werd' ich ewig deß mich freu'n, daß du vom Tod erstanden. Hallelujah!

216.
In eigner Melodie.

Christ ist erstanden von der Marter alle. Deß soll'n wir alle froh seyn. Christus will unser Trost seyn! Hallelujah!

2. Wär' er nicht erstanden, so wär' die Welt vergangen. Seit er auferstanden ist, erhöhn wir den Herrn Jesum Christ. Hallelujah!

3. Hallelujah! Hallelujah! Hallelujah! Deß soll'n wir alle froh seyn. Christus will unser Trost seyn. Hallelujah!

217.
Mel. O daß ich tausend etc.

Der Tod entflieht, nun siegt das Leben, die Macht des Grabes ist gedämpft; seht Jesum hier sein Haupt erheben, nun er den Sieg auch uns erkämpft! Er läßt uns dieß zur Losung hier: ich leb', und ihr lebt auch mit mir.

2. Und wie der Tod zu seinen Füßen, liegt auch die Sünde hingestreckt; er weiß die Gräber aufzuschließen, er stürzet Alles, was mich schreckt! Drum steht auf seinem Siegspanier: ich leb', und ihr lebt auch mit mir.

3. Mein Jesu, Wahrheit, Weg und Leben, der Leben giebt und leben lehrt, wie soll ich jenen Sieg erheben, der ganz der Feinde Macht zerstört? Sie liegen dort, du rufest hier: ich leb', und ihr lebt auch mit mir!

4. Wohlan, belebe deine Glieder, erstorben bleibe keins zurück. Die Lebenssonne leuchte wieder, verklär' uns zu des Himmels Glück! Dein Wort bestehe für und für: ich leb', und ihr lebt auch mit mir.

218.
Mel. Erschienen ist der herrlich' etc.

Erinn're dich, mein Geist, erfreut des hohen Tags der Herrlichkeit; halt' im Gedächtniß Jesum Christ, der von dem Tod erstanden ist! Hallelujah!

2. Entbrenn' in Lieb' und Dank für ihn, als ob er heute dir erschien, als spräch' er: Friede sey mit dir! So freue dich, mein Geist, in mir. Hallelujah! |

3. Schau über dich, und bet' ihn an, der Erdkreis ist ihm unterthan. Er lebt und herrscht, mit Gott vereint, und ist dein König und dein Freund. Hallelujah!

4. Macht, Ruhm und Hoheit immerdar dem, der da ist und der da war! sein Name sey gebenedeit von nun an bis in Ewigkeit. Hallelujah!

5. O Glaube, der das Herz erhöht! Was ist der Erde Majestät, wenn sie mein Geist mit dem vergleicht, was ich durch Gottes Sohn erreicht? Hallelujah!

6. Vor seinem Thron, in seinem Reich, unsterblich, heilig, Engeln gleich, und ewig, ewig selig seyn, Herr, welche Herrlichkeit ist mein! Hallelujah!

7. Du, der du in den Himmeln thronst, ich soll da wohnen, wo du wohnst, und du erfüllest mein Vertraun, dich in der Herrlichkeit zu schaun. Hallelujah!

8. Dereinst, wenn du, o Lebensfürst, die Welt zu richten kommen wirst, soll ich aus meinem Grabe gehn, und rein zu deiner Rechten stehn. Hallelujah!

9. Mit deiner heil'gen Engel Schaar soll ich dich loben immerdar, mit allen Frommen aller Zeit soll ich mich freun in Ewigkeit. Hallelujah!

10. O welch ein Ruhm, o welch ein Heil wird, Mittler, uns durch dich zu Theil. Wer mit dir stirbt, o Gottes Sohn, ist mit dir auferstanden schon. Hallelujah!

IX. Von der Auferstehung Christi

11. Nie komm' es mir aus meinem Sinn, was ich dir, Heiland, schuldig bin; verleih mir Kraft, dir treu zu seyn, in dir mich täglich zu erneun. Hallelujah!

12. Du bist's, der Alles in uns schafft, dein ist das Reich, dein ist die Kraft. Gelobet seyst du, Jesus Christ, der von dem Tod erstanden ist. Hallelujah!

219. *Mel.* Erschienen ist der etc.
Er lebt, der Herr der Herrlichkeit! Er lebt, frohlocke, Christenheit! Das Grab ist leer, der Sieg ist sein, und des Triumphes Segen dein. Hallelujah!

2. O feire diesen großen Tag! Er lebet, der im Grabe lag; er hat der Feinde Schaar bekriegt, und in dem Kampfe obsiegt. Hallelujah!

3. Gelobt, gelobt sey Jesus Christ, daß er vom Tod erstanden ist! Kann noch des Todes Pfeil uns drohn? Des Grabes Schrecken sind entflohn. Hallelujah!

4. Er lebt! dies stärket mein Vertraun; auf diesen Felsen will ich baun. Der Herr hat aus des Grabes Nacht Unsterblichkeit ans Licht gebracht. Hallelujah!

5. Verheißen hat er, unser Hort: auch ihr sollt leben; welch ein Wort! Das Haupt läßt seine Glieder nicht; dies bleibet meine Zuversicht. Hallelujah!

220. *Mel.* Ein' feste Burg etc.
Er lebt, o Freudenwort, er lebt, der | Heiland aller Sünder; der Feinde Heer erschrickt und bebt vor seinem Ueberwinder. Er stritt mit Heldenmuth, vergoß für uns sein Blut; durch seinen Kreuzestod erwarb er uns bei Gott Vergebung unsrer Sünden.

2. Er lebt, des Vaters ew'ger Sohn, erhöht zu seiner Rechten. Er herrscht und hilft von seinem Thron auch seinen schwachen Knechten. Er lebt nun ewiglich und ewig schützt er mich; er thut mit starker Hand den Feinden Widerstand; sie können mir nicht schaden.

3. Er lebt, Gott hat ihn auferweckt, Gott wird auch mich erwecken. Der Tod, der Aller Herzen schreckt, kann mich nicht mehr erschrecken. Sein Stachel, seine Kraft, die Sünd' ist weggeschafft; der treue Zeuge spricht: Wer glaubt, der stirbet nicht; deß tröst' ich mich von Herzen.

4. Er lebt, der unbezwungne Held; besingt, ihr Engelchöre, besingt, ihr Völker aller Welt, des Mittlers Ruhm und Ehre! Erhebt des Siegers Macht, der von dem Tod erwacht, der unsern Tod bezwingt, der uns das Leben bringt und mächtig für uns streitet.

5. Er lebt, o Christen, laßt uns heut' frohlockend ihn erheben! Laßt uns von nun an jederzeit ihm wohlgefällig leben! Wir sind sein Eigenthum, erkauft zu seinem Ruhm; sein wollen wir allein todt und lebendig seyn, und sein auch ewig bleiben.

221. *Mel.* Wachet auf, ruft uns etc.
Feiert, Christen, diese Stunden, denn unser Herr hat überwunden; Heil dem, der sich zu ihm bekennt! Christus hat den Tod bezwungen; nun sey ihm Lob und Dank gesungen, nun jauchze, wer nach ihm sich nennt! Er sank zur Gruft

---

30 tröst'] *so OD München; OD Halle:* tröst

hinab, doch er verließ das Grab triumphirend. Das Reich ist sein, durch ihn allein gehn wir zu seiner Freude ein.

2. Du, mein Glaube, lehrst mich siegen; vor dir muß Furcht und Gram erliegen, du Glaube der Unsterblichkeit! Drücken mich der Erde Leiden, sie weichen vor des Himmels Freuden; ich kämpfe hier nur kurze Zeit. Geht vor mir hin ein Freund: dort werd' ich neu vereint mit ihm leben. Bei jedem Schmerz erhebt mein Herz sich, freudig hoffend, himmelwärts.

3. Daß ich nicht im Tode zage, laß jeden meiner Lebenstage an guten Werken fruchtbar seyn. Meinem Heiland schon auf Erden im Sinn und Wandel ähnlich werden, dies führt mich zum Himmel ein. So leb' ich in der Zeit schon für die Ewigkeit, und mein harret an Gottes Thron die Ehrenkron', die mir verheißt des Ew'gen Sohn.

222. Mel. Lasset uns den Herren etc.

Fest des Lebens, sey willkommen! heil'|ges Fest, sey uns gegrüßt! Also jauchzt die Schaar der Frommen, die aus Gott geboren ist. Aus der Gottheit ew'ger Fülle wogt ein tiefes Lebensmeer in dem Weltkreis weit umher, dringt auch in des Grabes Stille. Aller Christen Preisgesang tönt dir, Gott des Lebens, Dank.

2. Siegreich trat zurück ins Leben Jesus aus des Grabes Nacht, und es ist ihm nun gegeben alle Herrlichkeit und Macht. Ueber unsre Erde wehte wunderbare Himmelsluft aus der aufgesprengten Gruft, als Gott seinen Sohn erhöhte. Nun schafft er die Menschheit um durch sein Evangelium.

3. Heil uns! wir auch werden leben, ob das Herz im Tode bricht, werden siegreich uns erheben zu des Himmels ew'gem Licht. Des verklärten Lebens Sonne heilt dann jeden Erdenschmerz, und des müden Pilgers Herz fühlet sel'ger Geister Wonne. Dann erst wird uns offenbar, welch ein Gut dieß Leben war.

4. Auf! nach jenem höhern Leben laßt uns in der Prüfungszeit duldend, kämpfend, wirkend streben, stark durch Lieb' und Heiligkeit. Wer da hat, dem wird gegeben; jedes Werk in Gott gethan treibt mit neuer Kraft uns an, fröhlicher in Gott zu leben. Wer so geistlich aufersteht, wird mit Christo einst erhöht.

223. Mel. Sey Lob und Ehr etc

Freiwillig hast du dargebracht für uns, o Herr, dein Leben; du hattest, es zu lassen Macht, Macht, wieder dir's zu geben. Und darum liebte dich dein Gott, weil du es willig in den Tod für deine Feinde gabest.

2. Du warst nur eine kleine Zeit von deinem Gott verlassen. Er krönte dich mit Herrlichkeit, die Engel selbst nicht fassen. Das Kreuz, daran man dich erhöht, wird das Panier der Majestät, denn du gingst aus dem Grabe.

3. Nun irren mich nicht Schmach und Spott, noch deines Kreuzes Schanden. Du bist mein Herr, du bist mein Gott, denn du bist auferstanden. Du bist mein Heil, mein Fels, mein Hort, der Herr, durch dessen mächtig Wort auch ich einst ewig lebe.

4. Wir sind nun göttlichen Geschlechts, durch dich des Himmels Erben. Süß ist die Hoffnung deines Knechts, in dieser will ich sterben. Wie du vom Tod erstanden bist, so werd' auch ich, Herr Jesu Christ, durch dich einst auferstehen.

IX. Von der Auferstehung Christi

224.   Mel. Erschienen ist der herrlich' etc.
Früh Morgens, da die Sonn' aufgeht, mein Heiland Christus aufersteht; die Erde bebt, es bebt das Grab, den Stein wälzt Gottes Engel ab. Hallelujah!
  2. Vertrieben ist der Sünden Nacht, des Todes und der Höllen Macht; o Wunder groß! | o starker Held! wo ist ein Feind, den er nicht fällt! Hallelujah!
  3. Herr, der du aus dem Grabe dringst, die Siegesfahne glorreich schwingst, auch mich weckst du zum Leben auf, mein Ostertag ist schon im Lauf. Hallelujah!
  4. Lebt Christus, was bin ich betrübt? Ich weiß, daß er mich herzlich liebt, und stürb' auch alle Welt mir ab, gnug, daß ich Christum bei mir hab'. Hallelujah!
  5. Er weidet, schützt und tröstet mich; sterb' ich, nimmt er mich auf zu sich. Wo er jetzt lebt, da komm' ich hin, weil seines Leibes Glied ich bin. Hallelujah!
  6. Durch seiner Auferstehung Kraft komm' ich zur Himmels-Bürgerschaft; durch ihn nimmt Gott mich gnädig an, wer ist, der mich verdammen kann? Hallelujah!
  7. Für solchen Trost, Herr Jesu Christ, lobsingt dir, was auf Erden ist; wir werden würd'ger dich erhöhn, wenn wir dereinst dein Antlitz sehn. Hallelujah!

225.   Mel. Wachet auf, ruft uns etc.
Hallelujah! jauchzt, ihr Chöre, singt Jesu Christo Lob und Ehre! sein herrlich großer Tag ist da. Er zerriß des Todes Banden, der Held ist aus dem Grab erstanden, der nimmer die Verwesung sah. Sein ist Gewalt und Macht; er hat sein Werk vollbracht. Hallelujah! des Menschen Sohn trägt nun davon des herben Kampfes reichen Lohn.
  2. Glorreich hat der Held gerungen, der Hölle finstre Macht bezwungen, und uns von Straf' und Schuld befreit. Wir, die tief gefallnen Sünder, sind nun durch Christum Gottes Kinder, und Erben seiner Seligkeit. Wir sind durch ihn versöhnt, den Gott mit Preis gekrönt. Hallelujah! wir sind nun sein und ihm allein soll unser ganzes Herz sich weihn.
  3. Nun kann uns der Tod nicht schrecken, einst wird der Herr uns auferwecken durch seiner Stimme Wundermacht. Er wird unvergänglich Leben und Herrlichkeit den Seinen geben, die ihren Lauf in ihm vollbracht. Wir werden auferstehn, zu seiner Freud' eingehn. Hallelujah! o Siegesheld, in jene Welt zeuch uns dir nach, wann dir's gefällt.

226.   Mel. Wachet auf, ruft etc.
Hallelujah! Jesus lebet! Auf, ihr Erlösten, und erhebet des großen Mittlers Majestät! Hört's, betrübte Sünder! gebet der Freude Raum, denn Jesus lebet; Gott hat ihn aus dem Staub erhöht. Ihm jauchze Preis und Dank, o Seele, dein Gesang! Hallelujah! dich, großer Held, erhebt die Welt, weil deine Hand den Sieg erhält.
  2. Jesu Jünger, wehrt dem Leide! Lobsinget ihm, und | nehmt voll Freude am Siege Theil, den er erstritt. Seht, der Tod ist überwunden, die ganze Hölle ist gebunden; er herrscht, der für euch starb und litt. Laßt seine Feinde dräun!

ihr könnt getrost euch freun! Jesus lebet von Ewigkeit zu Ewigkeit, derselbe gestern und auch heut.

3. Ihr auch dürft nicht trostlos beben, ihr Sünder, Gott will euch vergeben, wenn ihr die Schuld mit Ernst bereut. Durch des Todes Ueberwinder ist er versöhnt, und gegen Sünder ein Vater der Barmherzigkeit. Der Heiland steigt empor, nun ist des Himmels Thor Allen offen! Gott ist versöhnt! Vom Himmel tönt der Freudenruf: Gott ist versöhnt!

4. Tod, wo sind nun deine Schrecken? Nicht ewig wird das Grab uns dekken, verwest der Leib gleich in der Gruft. Einst wird er zum bessern Leben sich aus des Todes Staub erheben, wenn Jesus den Entschlaf'nen ruft. Dann wird des Todes Feld zu einer regen Welt; Alles lebet, so wie erneut zur Frühlingszeit sich Alles regt und Alles freut.

5. Wandeln wir auf deinen Wegen, o Auferstandner! welch ein Segen erwartet uns am Ziel der Bahn! Nach des Lebens Kampf und Leiden erhebst du uns zu ew'gen Freuden, die uns dein Kampf und Sieg gewann. Bald sind sie unser Theil; bald krönet uns das Heil deines Lebens. Hallelujah! der Herr ist nah, bald ist der Tag des Sieges da!

227. Mel. Lobt Gott, ihr Christen etc.
Hört's alle, hört's, daß Jesus lebt, von Todesbanden frei; daß er nun ewig um uns schwebt, so nah, so mild und treu.

2. Er lebet, der im Grabe war, er lebt für uns fortan; nun geht das große Gnadenjahr für all' die Seinen an.

3. Versiegelt ist der Friedensbund, der uns mit Gott vereint. Nun thut ein Tag dem andern kund: Gott selbst ist unser Freund.

4. Entsündigt dürfen Alle nun gen Himmel fröhlich schaun, und an dem Vaterherzen ruhn mit Herzen voll Vertraun.

5. Uns schreckt nicht mehr des Grabes Nacht. Wo ist des Todes Sieg? Das Leben ist ans Licht gebracht, seit er dem Grab entstieg.

6. Das Himmelreich, neu aufgethan, wird uns zum Vaterland; uns führt des Vaters Sohn heran mit treuer Bruderhand.

7. Drum zagen wir um keinen mehr, dem hier das Auge bricht; bald wirft er neue Blick' umher im ew'gen Freudenlicht.

8. Verloren ist ihm keine Saat, mit Thränen hier gestreut; die Ernte jeder guten That reift dort in Herrlichkeit. |

9. Und wenn wir nach einander fort von hier nach Hause gehn, Gott, welch ein Schaun empfängt uns dort und welch ein Wiedersehn!

10. Für Jeden, der darnieder lag, von Gram und Schuld gepreßt, sey Christi Auferstehungstag ein Auferstehungsfest!

228. Mel. Herzlich thut mich verlangen etc.
Ich geh zu deinem Grabe, du Siegesfürst und Held; die Hoffnung, die ich habe, ist nur auf dich gestellt. Du lehrst mich fröhlich sterben und fröhlich auferstehn und, mit den Himmelserben ins Land des Lebens gehn.

---

29 uns führt] *so* OD *München;* OD *Halle:* und führt

IX. Von der Auferstehung Christi

2. Du hast geweiht die Erde, in die man dich gelegt, daß mir nicht bange werde, wenn meine Stunde schlägt. Was an mir ist von Staube, geb' ich dem Staube gern, weil ich nun freudig glaube: die Erde ist des Herrn!
3. Du schlummerst in dem Grabe, daß ich auch meine Ruh im Schooß der Erde habe, schließt sich das Aug' einst zu. Nun soll mir gar nicht grauen, wenn mein Gesicht vergeht; ich werde den wohl schauen, der mir zur Seite steht.
4. Dein Grab schließt Stein und Siegel, und du bist dennoch frei; auch meines Grabes Riegel bricht deine Macht entzwei. Du wirst den Stein schon rükken, der mich im Tode deckt, dann werd' ich dich erblicken, der mich vom Tode weckt.
5. Du fährst zu Himmelshöhen, und reichst mir deine Hand, daß ich dir nach kann gehen in's rechte Vaterland. Da ist es sicher wohnen im Glanz der Herrlichkeit, da warten mein die Kronen, die deine Hand mir beut.
6. O meines Lebens Leben, o meines Todes Tod! dir will ich mich ergeben auch in der letzten Noth. Dann schlaf' ich ohne Kummer in deinem Frieden ein, und wach' ich auf vom Schlummer, wirst du mein Loblied seyn.

229.   Mel. Was Gott thut, das ist etc.
Ich weiß, daß mein Erlöser lebt, er ist schon hier mein Leben; wer gläubig sich zu ihm erhebt, darf vor dem Tod nicht beben. Ich folg' ihm nach, der Bahn mir brach; auf Todesnacht und Grauen folgt sel'ges Licht und Schauen.
2. Du lebst, du lebst, du starker Held, du Todesüberwinder; du bist das Heil der ganzen Welt, du bist der Trost der Sünder. Wer dich umfaßt, dem wird die Last der Sünden abgenommen, der darf zum Vater kommen.
3. Du lebst, mein Arzt, du heilest noch und täglich mein Gebrechen; du stärkest mich, was zag' ich doch bei meiner Seele Schwächen. O leb' in | mir, daß ich in dir auch selig leben möge und wandeln deine Wege.
4. Du lebst, du bist in Nacht mein Licht, mein Trost in Noth und Plagen; du weißt, was Alles mir gebricht, du wirst mir's nicht versagen. In Zweifeln Rath und Kraft zur That, im Tode sel'ges Leben wirst du den Deinen geben.
5. Bereite dich noch mehr, mein Herz, für deine Seligkeiten, so lang' ich gegen Lust und Schmerz in dieser Welt muß streiten. Gieb, daß ich treu im Kampfe sey, dann wird auch mir zum Lohne der Ueberwinder Krone.

230.   In eigner Melodie.
Jesus Christus, unser Heiland, der glorreich überwand, ist auferstanden und frei von Todesbanden. Preis dem Auferstandnen!
2. Christus, aller Sündenschuld rein, litt für uns Straf' und Pein, hat uns versöhnet, mit Gottes Huld gekrönet. Preis dem Auferstandnen!
3. Christus siegt durch Gottes Allmacht, ist aus dem Grab' erwacht; schenkt Allen Leben, die ihm sich ganz ergeben. Preis dem Auferstandnen!

231.   Mel. Fahre fort, Zion etc.
Jesus lebt! Christen, hört es, Jesus lebt! und auch ihr sollt mit ihm leben; der zu Gott sich jetzt erhebt, wird euch einst zu sich erheben. Giebt's ein Herz, das nicht vor Freuden bebt? Jesus lebt!

2. Jesus lebt! Fürchtet euch, ihr Christen, nicht! Christus will die Seinen schirmen. Aus der Nacht führt er zum Licht; Freude folgt den Leidensstürmen. Giebt's ein Herz, das muthlos noch erbebt? Jesus lebt!

232.   Mel. Jesus, meine Zuversicht etc.
Jesus lebt, mit ihm auch ich; Tod, wo sind nun deine Schrecken? Jesus lebt, und wird auch mich von den Todten auferwecken. Er verklärt mich in sein Licht, das ist meine Zuversicht.

2. Jesus lebt, ihm ist das Reich über alle Welt gegeben; mit ihm werd' auch ich zugleich ewig herrschen, ewig leben. Gott erfüllt, was er verspricht, das ist meine Zuversicht.

3. Jesus lebt, wer nun verzagt, raubt dem Mittler seine Ehre. Gnade hat er zugesagt, daß der Sünder sich bekehre. Gott verstößt in Christo nicht, das ist meine Zuversicht.

4. Jesus lebt, sein Heil ist mein, sein sey auch mein ganzes Leben. Reines Herzens will ich seyn, allem Bösen widerstreben. Er verläßt die Seinen nicht, das ist meine Zuversicht.

5. Jesus lebt, ich bin gewiß, nichts soll mich von Jesu scheiden, keine Macht der Finsterniß, keine Herrlichkeit, | kein Leiden. Er giebt Kraft zu jeder Pflicht, das ist meine Zuversicht.

6. Jesus lebt, nun ist der Tod mir der Eingang in das Leben. Welchen Trost in Todesnoth wird es meiner Seele geben, wenn sie gläubig zu ihm spricht: Herr, Herr, meine Zuversicht!

233.   Mel. Es ist das Heil uns etc.
Kommt, betet an bei Christi Gruft, ihr tiefbetrübten Herzen; schöpft Muth und frische Lebenslust und stillet eure Schmerzen; denn Jesus, der im Grabe lag, ist auferstanden diesen Tag, und hat den Tod besieget.

2. Ihm, der den ew'gen Gnadenbund gegründet durch sein Leiden, ihm danket heut mit Herz und Mund für diesen Tag der Freuden. Er nahm dem Tode nun die Macht; das Leben ist uns wiederbracht, und unvergänglich Wesen.

3. Nun treten, die den Herrn erkannt, in Glaubenskraft zusammen, weil aus dem Grab er auferstand, kann Niemand sie verdammen. Durch ihn gehn wir nun insgemein zum neuen Leben fröhlich ein; das hat er uns erworben.

4. Sey hochgelobt in dieser Zeit von allen Gotteskindern, und ewig in der Herrlichkeit von allen Ueberwindern. Gieb uns, Erstandner, Muth und Kraft, daß wir den Kampf der Ritterschaft im Glauben gut vollenden.

5. Gott, unserm Gott, sey Lob und Dank, der uns den Sieg gegeben, und was in Sünd' und Tod versank, hat wiederbracht zum Leben. Der Sieg ist unser; Jesus lebt, der uns zur Herrlichkeit erhebt. Gebt unserm Gott die Ehre!

234.   Mel. Sollt' ich meinem Gott etc.
Lasset uns den Herren preisen, o ihr Christen überall! Kommet, laßt uns Dank erweisen unserm Gott mit frohem Schall, der da lag in Todesbanden, weil er sich für uns verbürgt. Gottes Lamm, am Kreuz erwürgt, Jesus Christus ist erstanden! Weicht nun, Gram und Traurigkeit! Freue dich, o Christenheit!

IX. Von der Auferstehung Christi

2. Mußte gleich der Held auch sterben, sank er in des Grabes Nacht; hatte doch, ihn zu verderben, die Verwesung keine Macht. Da der Erde Pfeiler beben, steigt er aus der Erd' empor, bricht ins Leben neu hervor, Leben uns und Heil zu geben; obgesiegt hat er im Streit! Freue dich, o Christenheit!

3. Wo sind nun des Todes Waffen? wo des Höllenrufs Triumph? Was kann nun der Feind noch schaffen? Seine Pfeile wurden stumpf. Christus ist der Angst entnommen, und mit Ehren angethan, daß er selig machen kann, die durch ihn zum Vater kommen. Sein ist Macht | und Herrlichkeit; freue dich, o Christenheit!

4. Solches sind die edlen Gaben, die sein Auferstehn uns schafft, daß wir volle Gnüge haben in des neuen Lebens Kraft. Seines Sieges Preis und Früchte theilet er den Seinen zu, Hoffnung, Trost, Gewissensruh, Freudigkeit einst im Gerichte, und des Himmels Seligkeit. Freue dich, o Christenheit!

5. Sehnsuchtsvoll laßt uns verlangen nach dem Herrn und seinem Heil. Auch wir werden dann empfangen unser theu'r erworbnes Theil. Er geht auf in unserm Herzen, laßt uns mit ihm auferstehn, mit ihm ein zum Himmel gehn, wo er stillet alle Schmerzen. Wonne wird dann alles Leid; freue dich, o Christenheit!

6. Meinen Leib wird man begraben, doch er schläft auf ewig nicht; neues Leben wird er haben, schön verklärt in Glanz und Licht. Das Verwesliche muß sterben, irdisch wird es ausgesä't, bis es himmlisch einst ersteht, um das Reich des Herrn zu erben, ihn zu schauen allezeit. Freue dich, o Christenheit!

235. Mel. Nun lob, mein Seel' etc.

Lobsinge, meine Seele, dem Welterlöser, bet ihn an! Lobsing ihm und erzähle, was er zu deinem Heil gethan! Er hat für dich gerungen, und hat durch seine Macht des Todes Macht bezwungen, das Leben wiedergebracht. Des Grabes furchtbar Grauen entweicht, der Herr erstand; durch ihn läßt Gott uns schauen der Frommen Vaterland.

2. Froh führte Gottes Sonne den festlich hohen Tag herauf; da stand er, meine Wonne, mein Gott und mein Versöhner, auf. Gedanke, der zu Freuden des Himmels uns erhebt! Gedanke, der im Leiden mit reichem Trost belebt! Des höhern Lebens Quelle! mein Schild in jeder Noth! Wo ist dein Sieg, o Hölle? wo ist dein Stachel, Tod?

3. Der Felsen Grund erbebet; die Wächter fliehn, das Grab ist leer. Der todt war, sieh, er lebet! er lebt und stirbt hinfort nicht mehr. Der Jünger Herzen wanken, schwach ist ihr Glaubenslicht; sie sehn ihn, freun sich, danken, sind nun voll Zuversicht. Sie sehn empor ihn steigen, und gehn, wie er gebot, mit Freuden hin, und zeugen von ihm bis in den Tod.

4. Herr, deine Boten siegen, von dir und deinem Geist gelehrt. Die Götzentempel liegen; der Erdkreis wird zu Gott bekehrt. Ich weiß, an wen ich glaube, bin freudenvoll ein Christ. Ihn bet' ich an im Staube, ihn, der mein Retter ist. Ihn werd' ich ewig schauen, wenn er auch mich erhebt. Der Herr ist mein Vertrauen, er starb für mich und lebt.

236. Mel. O daß ich tausend etc.

Mein Jesus lebt! Mag ich doch | sterben, hier steht mein Haupt und triumphirt. Nun muß auch ich das Leben erben, weil Noth und Tod die Macht verliert. Mich schreckt nun keine Zukunft mehr: mein Jesus lebt; sein Grab ist leer.

2. Mein Jesus lebt! er hat bezwungen, was mir das Leben rauben kann; er hat mir Heil und Sieg errungen, und Alles ist ihm unterthan. Der Hölle tiefster Abgrund bebt, denn überall schallt's: Jesus lebt!

3. Mein Jesus lebt! Das Grab ist offen, so geh' ich freudig in die Gruft. Nun kann ich auch im Tode hoffen, daß mich sein Wort in's Leben ruft. Wie lieblich schallt die Stimme hier: ich leb' und ihr lebt auch mit mir!

4. Mein Jesus bleibe denn mein Leben, der Tod soll mir nicht schrecklich seyn; ihm will ich mich getrost ergeben, mich seiner noch im Tode freu'n, weil er zum Himmel mich erhebt, so wahr er Jesus ist und lebt.

237.　　　　　　Mel. Was Gott thut, das etc.
O auferstandner Siegesfürst, dich wollen wir erheben, der du auf's neu gegeben wirst auch uns zum neuen Leben! Durch unsre Noth gebracht zum Tod, bist du nun auferstanden und frei von Todesbanden.

2. Daß wir nun geistlich auferstehn aus unserm Sündengrabe, daß wir das ew'ge Leben sehn, ist deine theure Gabe; was deine Kraft für uns geschafft, deß wollen wir uns trösten sammt unsern Miterlösten.

3. Erschein' uns nur mit deiner Huld, so oft wir vor dir flehen, daß Frucht wir bringen in Geduld, bis wir dein Antlitz sehen. So werden wir, o Herr, mit dir die rechten Ostern feiern, und uns im Geist erneuern.

238.　　　　　　Mel. Allein Gott in der etc.
O Tod, wo ist dein Stachel nun, wo ist dein Sieg, o Hölle? Was kann forthin der Feind uns thun, wie grausam er sich stelle? Geendet ist der große Streit: Gott sey gelobet, der uns heut durch Christum Sieg gegeben!

2. Denn aus des dunkeln Grabes Thor und aus des Todes Banden geht Christus lebend nun hervor; der Herr ist auferstanden! Nichts hält in seinem Siegeslauf des Lebens mächt'gen Fürsten auf; der Held hat überwunden!

3. Der Arm des Herrn hat obgesiegt, er ist mit Glanz erhöhet, und unter seinem Arm erliegt, was ihm entgegen stehet. Der Tod hat ferner keine Macht, das Leben ist uns wiederbracht und unvergänglich Wesen.

4. Es war getödtet Jesus Christ, und sieh, er lebet wieder. Weil nun das Haupt erstanden ist, erstehen auch die Glieder. Wer Jesu Christi Worten gläubt, im Tod und Grabe der nicht bleibt, er lebt, ob er gleich stirbet.

5. Das ist die große Seligkeit, der wir theilhaftig werden: Heil | Frieden und Gerechtigkeit im Himmel und auf Erden. Still warten wir bis auf den Tag, wo wir, wie Christus uns versprach, auf ewig bei ihm leben.

239.　　　　　　Mel. Jesu, meiner Seele etc.
Trauernd und mit bangem Sehnen wandelt dort ein Jünger-Paar; Jesu fließen ihre Thränen, der ihr Freund und Lehrer war. Doch eh sie's zu hoffen wagen, nahet er, um den sie klagen, ihr Begleiter ist er schon; schnell ist nun ihr Gram entfloh'n.

2. Ach, es gehn noch manche Herzen ihrem stillen Kummer nach; sie bejammern, voll von Schmerzen, ihre Noth, ihr Ungemach; manches wandelt

ganz alleine, daß es in der Stille weine: aber Jesu tröstend Wort scheuchet jeden Kummer fort.

3. Oft schon hab' auch ich empfunden: Jesus läßt mich nie allein, in den trüben Unglücksstunden stellt er unverhofft sich ein. Wenn ich traurig mich beschwere, als ob er zu ferne wäre, o so ist er mir schon nah, und mit seiner Hülfe da.

4. Treuster Freund von allen Freunden, bleibe ferner nah bei mir! Sucht die Welt mich anzufeinden, o so wend' ich mich zu dir. Wenn mich Trübsals-Wetter schrecken, wollst du mächtig mich bedecken; hab' ich zum Gefährten dich, ist kein Feind mir fürchterlich.

5. Bin ich traurig und betrübet, dann ruf' du mir in den Sinn, daß mich deine Seele liebet, und daß ich der Deine bin. Laß in dir mich Ruhe finden, auf dein Wort die Hoffnung gründen: Wer die Thränensaat gestreut, erntet einst die Seligkeit.

6. Tröst' auch Andre, die voll Jammer einsam durch die Fluren gehn, oder in der stillen Kammer tiefbekümmert zu dir flehn. Wenn sie von der Welt sich trennen, daß sie satt sich weinen können, so sprich ihrer Seele zu: Zagender, was trauerst du?

7. Wenn es einst will Abend werden, und der Lebenstag sich neigt, wo dem blöden Aug' auf Erden nirgends sich ein Helfer zeigt: bleibe dann an meiner Seite, gieb mir Sieg im letzten Streite, daß ich bis ans Ende treu, jener Krone würdig sey.

240.   Mel. Wie schön leucht' t uns etc.
Triumph! Triumph! bringt Lob und Dank dem, der des Todes Macht bezwang, den herrlich Gott erhöhte. Der hohe Sieger überwand; Nacht war um ihn und sie verschwand in helle Morgenröthe. Bebet, gebet, stolze Spötter, unserm Retter Preis und Ehre; glaubt an ihn und seine Lehre.

2. Heil uns! Triumph! das Grab ist leer. Fest stehet, wie ein Fels im Meer, das Wort, das er gesprochen. O selig, wer sich ihm vertraut! Er hat den Tempel aufgebaut, den blinde Wuth gebrochen. Keine Macht hält die|sen Sieger, Gottes Krieger ist erstanden, macht der Hölle Wuth zu Schanden.

3. Leer ist die Gruft, die ihn umgab. Sey mir gegrüßt, mein künftig Grab, du Wohnung ernster Stille. Nach wen'ger Tage schnellem Lauf nimmst das Verwesliche du auf, des Geistes morsche Hülle. Herrlich werd' ich auferstehen, einzugehen zu dem Leben, das mein Heiland mir wird geben.

241.   Mel. Triumph, Triumph des etc.
Triumph, Triumph dem Herrn! Er lebt, er lebet! Wir sind und leben auch in ihm. Triumph, er siegt! der Feinde Schaar erbebet, und ihm lobsingen Seraphim.

2. Der Tod und seine Macht ist überwunden, des Todes Stachel ist entzwei; der Sünde Schrecken sind für uns verschwunden, und wir sind ihrer Banden frei.

3. Wir sind in ihm versöhnet und entsündigt, getilget ist nun unsre Schuld; in seinem Tod ist uns das Heil verkündigt, die Klage weichet seiner Huld.

4. Ihr Christen, freuet euch mit Jubelschalle, lobt euern König, euern Hort! Erhebt den Retter, ihr Erlösten alle, jauchzt mit dem Himmel, fort und fort.

5. Mit unserm Herrscher herrschen wir nun fröhlich, und sind von dem Gesetze los; geliebt in dem Geliebten sind wir selig und ruhen in des Vaters Schooß.

6. An dich, an dich, mein Jesu, will ich glauben, in dir allein bin ich gerecht, und bin ich dein, wer könnte dir mich rauben? Du schirmst dein auserwählt Geschlecht.

7. Ich lebe nicht, weil Christus in mir lebet; der alte Mensch muß untergehn. Der Tag bricht an, die dunkle Nacht entschwebet; der neue Mensch muß auferstehn.

8. So steh ich auf, und fühle Christi Kräfte, was ich gesehn, das zeuge ich. Ich schmeck' im Geist des Lebensbaumes Säfte, und find' im Paradiese mich.

9. Der erste Himmel ist nunmehr veraltet, die erste Erde fleucht dahin; für mich ist Erd' und Himmel neu gestaltet, seit ich erneut in Christo bin.

10. Triumph, Triumph! Ich sehe Siegespalmen, die Schaar der Sel'gen zeigt sich schon; mein Ohr vernimmt die hohen Jubelpsalmen an meines ew'gen Königs Thron.

242.   *Mel. Sollt' ich meinem Gott etc.*

Ueberwinder, nimm die Palmen, die dir Zion heute bringt, das mit frohen Osterpsalmen deinen großen Sieg besingt. Du hast dich emporgeschwungen aus der dunkeln Grabesnacht, hast dein hohes Werk vollbracht, und der Feinde Wuth bezwungen. An dem Tag, wo dies geschah, singen wir Hallelujah! |

2. Pflanze deine Siegspaniere auf das Grab zu deinem Ruhm; großer König, komm, regiere nun die Welt, dein Eigenthum. Du, den alle Himmel loben, unterwirf der Erde Kreis, und es diene dir zum Preis auch der Höllenmächte Toben. Uns sey stets als Helfer nah; dann ertönt's: Hallelujah!

3. Theile, großer Fürst, die Beute deiner armen Heerde mit, die in froher Sehnsucht heute vor den Thron der Gnade tritt. Gieb uns Allen deinen Frieden, gieb uns Kraft und frohen Muth: dann ist uns ein herrlich Gut und ein lieblich Loos beschieden; nichts erschreckt dann fern und nah, und man singt: Hallelujah!

4. Laß o Sonne der Gerechten, deinen Strahl ins Herze gehn; gieb Erleuchtung deinen Knechten, daß sie geistig auferstehn; hält der Schlaf uns noch gefangen, o so fördre unsern Lauf. Rufe fleißig: wachet auf! denn die Schatten sind vergangen, und der helle Tag ist da! Gott sey Dank, Hallelujah!

5. Zeige, wenn der blöde Kummer über Gruft und Bahre weint, wie die Schwachheit nach dem Schlummer dort in voller Kraft erscheint. Deines geist'gen Leibes Glieder bleiben nicht des Todes Raub; selbst des Erdenleibes Staub wird verklärt und grünet wieder, denn dein Aug' bewacht ihn ja; Gott sey Dank, Hallelujah!

6. Tilge das verzagte Grauen, wenn die letzte Stunde schlägt, laß den Geist die Krone schauen, die uns schon ist beigelegt. Laß in unsern höchsten Nöthen, laß in unsrer Todespein felsenfest den Glauben seyn, daß der Tod uns

nicht kann tödten; denn du, Herr, bezwangst ihn ja; Gott sey Dank, Hallelujah!

7. Neige deines Scepters Spitze uns voll Gnad' und voller Huld einst von deinem Richtersitze, und sieh nicht auf unsre Schuld. Gieb uns dann das ew'ge Leben, und die ganz befreite Brust wird in engelgleicher Lust ewig deinen Ruhm erheben; denn wir singen auch allda: Gott sey Dank, Halleluja!

243. Mel. Wenn mein Stündlein etc.

Wenn der Gedanke mich erschreckt, daß dieser Leib von Erde im Grabe einst, mit Staub bedeckt, selbst Erd' und Asche werde, dann stärkst du, mein Erlöser, mich, dann giebt mir Muth der Glaub' an dich, der du bist auferstanden.

2. Du konntest durch der Gottheit Macht aus deinem Grabe gehen, und aus der kurzen Todesnacht zum Trost mir auferstehen. Der dir das Leben wiedergab, wird einst auch mich aus meinem Grab zum Leben auferwecken.

3. Der Tod zerstöre mein Gebein, du hast ihn ja bezwungen, da du nach bittrer Todespein zum Leben durchgedrungen. Nun hoff' ich, daß Gott aus der Gruft | auch mich dereinst ins Leben ruft, wenn gleich mein Leib verweset.

4. Du sprichst ja: Friede sey mit euch, ich leb, und ihr sollt leben; mir ist die Macht, mir ist das Reich vom Vater übergeben. Welch tröstend Wort! mein Herr und Gott, nun fürcht' ich nicht mehr Grab und Tod, du wirst mich zu dir ziehen.

5. Ich weiß, daß du verherrlicht lebst, so werd' auch ich dich sehen, wenn du zum Schauen die erhebst, die hier im Glauben stehen. Dich, den ich hier im Glauben sah, dich schau ich dort und bin dir nah in deinem ew'gen Reiche.

6. Wie werd' ich da mich deiner freun an deines Vaters Throne! dann wirst du mein Vollender seyn, und reichen mir die Krone; dann wird ein höh'rer Lobgesang von dir, der Tod und Grab bezwang, durch alle Himmel dringen.

244. Mel. Dir, dir, Jehova etc.

Wie jauchzt mein Geist schon hier im Staube, wenn er an dich, Erstandner, innig denkt! Wie triumphirt mein Christenglaube, wenn er sich in dein offnes Grab versenkt. Ich schaue nun getrost ins eigne Grab, aus deiner Gruft erblüht der Hoffnung Stab.

2. Ich seh' den Frühling jetzt erwachen, ein frohes Bild der Auferstehung mir! Ich darf des Todes Drohn verlachen, Erstandner, neues Leben strahlt von dir. In jenes ew'gen Lebens Herrlichkeit bin ich von aller Todesqual befreit.

3. Hier ist noch Dunkel, dort ist Helle, hier wein' ich manche bittre Thräne noch, dort aber strömt die Freudenquelle, denn dort bin ich erlöst vom Sündenjoch. Brich, morsche Hütte, brich nur immer ein, mein Geist wird dort verklärt und selig seyn.

4. Dir dank' ich dieser Hoffnung Freude, Erstandner, weil du lebst, so leb' auch ich. Wenn ich in dir die Seele weide, Verklärter! dann verklärt sie sich durch dich; die Hoffnung seliger Unsterblichkeit wirkt hier schon himmlische Zufriedenheit.

245. Mel. Christus der ist mein etc.
Willkommen nach dem Streite, Held, aus der Grabeskluft! Wir triumphiren heute an deiner leeren Gruft.

2. Du hast nun überwunden der Feinde Macht und Spott: wir haben Trost gefunden; mit uns ist unser Gott.

3. Der Fried' ist uns erstritten, und jeder Schrecken flieht. In der Gerechten Hütten erschallt das Siegeslied.

4. Theil' uns des Sieges Beute, den Trost nun reichlich aus; wir Alle kommen heute voll Hoffnung in dein Haus.

5. In deines Grabes Staube liegt unsre Schuld bedeckt; dein tröstet sich der Glaube, daß uns kein Tod mehr schreckt.

6. Du hast das Heil erwor|ben, wir preisen dich dafür. Sind wir mit dir gestorben, so leben wir mit dir.

7. Wir wollen sonder Grauen mit dir zum Grabe gehn; da wir, um dich zu schauen, einst selig auferstehn.

8. Schwing' deine Siegesfahnen auch über unser Herz, und zeig uns einst die Bahnen vom Grabe himmelwärts.

9. Was kann uns wohl noch schaden? des Todes Pfeil ist stumpf; wir sind bei Gott in Gnaden, und rufen schon: Triumph!

X. Von der Himmelfahrt Jesu Christi.

246. Mel. Nun freut euch, lieben etc.
Auf Christi Himmelfahrt allein will ich mein Hoffen gründen, und allen Zweifel, Angst und Pein im Glauben überwinden. Denn weil das Haupt im Himmel ist, wird seine Glieder Jesus Christ aus Gnaden nach sich ziehen.

2. Gen Himmel fuhr mein Heiland auf, um Gaben zu empfangen. Zu ihm blickt nun mein Geist hinauf mit sehnendem Verlangen. Denn wo mein Schatz, ist auch mein Herz. Es schwingt zu ihm sich himmelwärts vom Staube dieser Erde.

3. Du, Herr, der Gutes in uns schafft, hilf uns den Lauf vollbringen, und stark in deines Geistes Kraft dir nach zum Himmel dringen; dann scheiden wir, wann dir's gefällt, mit Freuden einst von dieser Welt. Erhöre, was wir flehen!

247. Mel. Zerfließ, mein Geist, in etc.
Auf, singt mit uns, ihr hohen Himmelsschaaren, dem Herrn, der sein Triumphfest hält! Mit großer Pracht ist er hinaufgefahren, und unter ihm liegt nun die Welt. Er fährt dahin, wo er sonst war, und ist verherrlicht wunderbar vom Vater, der ihn zu der Erden gesandt, ein Opfer uns zu werden.

2. Dein Haupt hat nun der Herr, dein Gott, gekrönet mit Glanz und Ehre, Preis und Ruhm. Sie stehen tief beschämt, die dich verhöhnet, als du kamst in dein Eigenthum. Es hat dich Gott, dein Gott, erhöht; dein Name über Alles geht, was in den Himmeln und auf Erden nur Großes mag genennet werden.

X. Von der Himmelfahrt Jesu Christi

3. Hast du uns gleich dein Angesicht entzogen, so leuchtet doch auch uns dein Licht, so bleibst du doch den Deinen stets | gewogen, vergissest ihrer nimmer nicht. Du ziehest uns an deine Brust voll Lieb' und es ist deine Lust, dich uns zu nahn zu allen Stunden; Heil Allen, welche dich gefunden.

4. Wie gut, daß du zum Vater bist gegangen; dein Hingang schaffet große Frucht. Wer durch des Glaubens Band an dir bleibt hangen, der findet bei dir, was er sucht. Ins Heiligthum, wo man dich ehrt, ist ihm der Eingang nicht verwehrt; der Vorhang ist schon längst zerrissen, wer will, kann deiner ganz genießen.

5. Die Hoffnung bleibt auf festem Grunde stehen, daß wir nach wohl vollbrachtem Lauf in deiner Majestät dich werden sehen; dahin blickt unser Auge auf. Wir stehen dann an deinem Thron und nehmen unsers Glaubens Lohn, die Seligkeit, die wird nie enden, Vollendeter, aus deinen Händen.

248.   Mel. Christ ist erstanden etc.
Christ fuhr gen Himmel. Was sandt' er uns hernieder? Den Tröster, den heiligen Geist, zum Trost der armen Christenheit. Gelobt sey Gott!

2. Hallelujah! Hallelujah! Hallelujah! Deß solln wir alle froh seyn. Christus will unser Trost seyn. Gelobt sey Gott!

249.   Mel. Wie wohl ist mir, o etc.
Dein Werk, Erlöser ist vollendet, vollendet ist auch unser Heil. Uns liebt der Gott, der dich gesendet, und seine Huld wird uns zu Theil. Verklärt erhebst du dich vom Staube; dir nach schwingt sich der Deinen Glaube, und dringet bis zu Gottes Thron. Dort, steht er, krönt nach allen Leiden dein Gott mit Sieg und ew'gen Freuden dich, Gottes und des Menschen Sohn.

2. Du scheidest, und die Jünger fallen anbetend auf ihr Angesicht. Sie sehn die Wolken dich umwallen in Majestät voll Himmelslicht. Noch segnest du die treu Geliebten, du senkest Trost auf die Betrübten, strömst frohe Hoffnung in ihr Herz. Sie sehn, wie du von Gott gekommen, wirst du nun wieder aufgenommen, zu hoher Wonne wird ihr Schmerz.

3. Auch ich seh' auf, du mein Vertreter! Und bet' in Freudenthränen an. Ich weiß, daß auch ein schwacher Beter im Staube dir gefallen kann. Gieb meinem Glauben Muth und Leben, zu dir sich immer zu erheben, zu dir, der uns mit Gott vereint. Ja du, des künft'gen Lebens Sonne, des Himmels und der Erde Wonne, du bist mein Bruder und mein Freund.

4. Einst wirst du herrlich wiederkommen. Erlöser, komm! so rufen wir. Im Thränenthal schaun deine Frommen voll heißer Sehnsucht auf zu dir. Mit Wonne sehn sie dir entgegen, erwarten Heil von dir und Segen, und Theil an deiner Herr|lichkeit; du wirst den Gläub'gen, die hier weinen, vom Himmel als ihr Freund erscheinen, in Freude wandeln alles Leid.

250.   Mel. Von Gott will ich nicht etc.
Der Herr fährt auf gen Himmel mit frohem Jubelschall, mit prächtigem Getümmel und mit Posaunenhall. Lobsingt, lobsinget Gott! lobsingt in frohen Chören dem Könige der Ehren, dem Herren Zebaoth.

2. Der Herr wird aufgenommen in Himmelsglanz und Pracht. Um ihn stehn alle Frommen, die er hat frei gemacht. Es holen Jesum ein die hohen Seraphinen; den hehren Cherubinen muß er willkommen seyn.

3. Auch wir gehn von der Erden, der Heiland ging voran; wir sollen himmlisch werden, er bricht uns selbst die Bahn. Ihr Herzen, macht euch auf! Wo Jesus hingegangen, dahin kehrt das Verlangen, dahin nehmt euern Lauf.

4. Fahr hin mit deinen Schätzen, du trügerische Welt. Sollt uns dein Glanz ergötzen? dort ist, was uns gefällt. Der Herr ist unser Ruhm, der Herr ist unsre Freude und köstliches Geschmeide das ew'ge Eigenthum.

5. Wann soll es doch geschehen, wann kommt die frohe Zeit, daß wir ihn werden sehen in seiner Herrlichkeit? O Tag, wann wirst du seyn, da wir den Herrn begrüßen und fallen ihm zu Füßen? Komm, stelle dich doch ein!

251.   Mel. Nun lob' mein Seel etc.

Du gingst zum höchsten Lohne ins Haus des ew'gen Vaters ein; nun ist des Siegers Krone und Ruhm und Herrlichkeit ist dein. Wir aber, voll Verlangen, schaun dir, o Jesu, nach, und hoffen zu empfangen, was uns dein Mund versprach. Die Stätt uns zu bereiten, gingst du, o Herr, voran; auch uns zum Himmel leiten willst du auf sichrer Bahn.

2. Die Qual, die du empfunden, des Erdenlebens bittres Leid, wie sind sie jetzt entschwunden vor Himmelsglanz und Herrlichkeit. So sind auch unsre Leiden bald wie ein Traum entflohn, und ewge Himmelsfreuden sind dann der Frommen Lohn. Was sollten wir denn zagen? Wir blicken himmelwärts, und sind bereit, zu tragen des Lebens kurzen Schmerz.

3. Einst wird die Wahrheit siegen; du, ew'ge Wahrheit, siegtest ja! Wenn Feinde sie bekriegen, bist du mit deinem Schutze nah. Wird auch ein Ziel des Spottes, wer dich im Glauben ehrt: er steht im Schutze Gottes, der sichern Sieg gewährt. Wer freudig hier gestritten für Wahrheit, Recht und Licht, schaut in den ew'gen Hütten dich einst von Angesicht.

4. Voll heil'ger Rührung wal|len wir an der Frühentschlafnen Grab, und minder brennend fallen der Wehmuth Thränen drauf herab. Du willst ja, daß die Deinen dort ewig bei dir sey'n; uns mit dir zu vereinen, gingst du zum Himmel ein. Die hier von uns geschieden, sind dort im Vaterland; einst winkt zum ew'gen Frieden auch uns des Vaters Hand.

252.   Mel. Alle Menschen müssen etc.

Großer Mittler, der zur Rechten seines großen Vaters sitzt, und die Schaar von seinen Knechten in dem Reich der Gnaden schützt, dir auf dem erhabnen Throne in der königlichen Krone bringet aller Engel Heer tief anbetend Preis und Ehr.

2. Was vollendet sollte werden, wie es Gottes Rath bedacht, dein Geschäft auf dieser Erden und dein Opfer ist vollbracht. Da du bist am Kreuz gestorben, ist uns Gnad' und Heil erworben, und dein siegreich Auferstehen läßt auch unsern Sieg uns sehn.

---

8 ergötzen] ergözzen

3. Nun, o Herr, ist dein Geschäfte in des Himmels Heiligthum, zu verbreiten Lebenskräfte durch dein Evangelium. Allen willst du Gnad' ertheilen, die zu dir im Glauben eilen, und dein Geist macht Allen kund deinen hohen Gnadenbund.

4. Deines Volkes theure Namen trägst du stets in deiner Brust; welche jemals zu dir kamen, sind und bleiben deine Lust. Du vertrittst, die an dich gläuben, daß sie dir vereinigt bleiben, in des Vaters Haus theilst du jedem seine Wohnung zu.

5. Doch vergißt du auch der Armen, die der Welt noch dienen, nicht, weil dein Herz dir aus Erbarmen über all ihr Elend bricht. Daß dein Vater ihrer schone, daß er nicht nach Werken lohne, daß er ändre ihren Sinn, darauf geht dein Bitten hin.

6. Einst in deines Fleisches Tagen hast du dich vor Gott gestellt, als auf dir, Versöhner, lagen schwer die Sünden aller Welt. Wie hast du geweint, gerungen, bis dein Flehn zu Gott gedrungen; wie batst du zu jener Zeit, Herr, in deiner Niedrigkeit.

7. Jetzt ist kräftiger dein Flehen, seit du Sieger wardst im Streit, und verklärt in jenen Höhen thronst in voller Herrlichkeit. Nun kannst du des Feindes Klagen majestätisch niederschlagen, und es redet uns zu gut kräftig dein vergossnes Blut.

8. Großer Mittler, sey gepriesen; dir sey Ehre, Dank und Ruhm für die Treu, die du bewiesen, hier und dort im Heiligthum! Dein Verdienst wird uns vertreten, wenn wir zu dem Vater beten; wenn der Tod den Mund uns schließt, sprich für uns, Herr Jesu Christ.

253.   Mel. Freu dich sehr, o meine etc.

Herr, du fährst in Glanz und Freu|den auf zu deiner Herrlichkeit, und mich drücken noch die Leiden dieser unvollkommnen Zeit. Gieb mir, Jesu, Muth und Kraft, hier in dieser Pilgrimschaft so zu wandeln meine Wege, daß ich dein stets bleiben möge.

2. Laß mir deinen Geist zurücke, ziehe ganz mein Herz zu dir, daß ich nach dem Himmel blicke mit der sehnlichsten Begier. Ja, laß deine Kraft allein in mir Schwachen mächtig seyn; und du selber wollst im Beten bei dem Vater mich vertreten.

3. Lehre mich die Welt verachten, und was in ihr Eitles ist; nach dem Reiche lehr' mich trachten, dessen Herr und Haupt du bist. Hier schon in der Prüfungszeit sey mein Ziel die Ewigkeit, daß, wenn ich dorthin gelange, ich des Glaubens Lohn empfange.

4. Ruft mein Gott früh oder späte mich zu meines Grabes Ruh: so bereite mir die Stäte in des Vaters Hause zu, und erleuchte mir die Nacht, die dem Herzen bange macht. Du hast ja den Tod bezwungen, und für uns den Sieg errungen.

5. Kommst du endlich glorreich wieder als der Richter aller Welt, dann belebe diese Glieder, die das Grab umschlossen hält. Ja, verkläre du mich ganz, schmücke mich mit Himmelsglanz, stelle mit den treuen Knechten mich, o Herr, zu deiner Rechten.

254. Mel. Wie schön leuchtet der etc.

O wundergroßer Siegesheld! wie herrlich, Heiland aller Welt, hast du dein Werk vollendet! Nun reicht der Vater dir den Lohn, und du nimmst wieder ein den Thron, von dem er dich gesendet. Mächtig, prächtig triumphirest und regierest du, o König; Alles ist dir unterthänig!

2. Dich soll die Schaar der Cherubim und aller heil'gen Seraphim mit lauter Stimme loben; dich, der uns selig hat gemacht, und nun mit Majestät und Pracht zum Himmel sich erhoben. Singet, bringet, Engelchöre, Ruhm und Ehre! ihm vor Allen lasset Dank und Preis erschallen!

3. Du bist das Haupt, die Glieder wir; zu uns herab kommt nur von dir Licht, Freude, Trost und Leben. Des heil'gen Geistes Wunderkraft, die alles Gute wirkt und schafft, wird uns durch dich gegeben. Dringe, zwinge mein Gemüthe, deine Güte hoch zu preisen, Ehr' und Dank dir zu erweisen.

4. Zeuch uns, o Jesu, ganz zu dir, hilf, daß wir Alle für und für nach deinem Reiche trachten. Laß suchen uns, was dir gefällt, und gieb, daß wir die ganze Welt mit ihrer Lust verachten. Nähre, mehre deiner Liebe heil'ge Triebe, daß kein Leiden je uns könne von dir scheiden. |

255. Mel. Was Gott thut, das etc.

Triumph! Ihr Himmel, freuet euch, lobsinget Gottes Sohne! Er ziehet ein zu seinem Reich, empfängt des Siegers Krone. Mit Majestät wird er erhöht, und herrscht nach Kampf und Leiden, umstrahlt von Himmelsfreuden.

2. Doch schließet ihn kein Himmel ein, er wirkt noch fort auf Erden; noch sollen, die ihr Herz ihm weihn, durch ihn beseligt werden. Mit Muth hinan die steile Bahn! Uns lohnt nach Kampf und Leiden der Herr mit ew'gen Freuden.

3. So wahr, als Jesus Christus spricht: ich leb' und ihr sollt leben, erhebt sich einst zum ewgen Licht der Geist, von Gott gegeben. Still sinkt ins Grab der Leib hinab, da ruht er aus von Leiden; einst theilt er Himmelsfreuden.

4. Triumph! ihr Christen, freuet euch! der Tod ist nun bezwungen; wir haben Theil an Jesu Reich, er hat es uns errungen. Auf, bringt ihm Dank und Lobgesang! Wir gehn durch Kampf und Leiden mit ihm zu seinen Freuden.

256. Mel. Komm, o komm, du etc.

Zu dem Vater hingegangen bist du glorreich aus der Zeit; Herr, du hast die Kron' empfangen, herrschest nun in Ewigkeit. Groß und herrlich ist dein Reich; nichts ist deiner Herrschaft gleich.

2. Nur mit liebevollem Herzen, nicht mit Strenge herrschest du; linderst unsrer Seelen Schmerzen, giebst dem müden Herzen Ruh. Selig, wer zu dir sich kehrt, wenn er deine Stimme hört.

3. Mag der Krieg die Welt zerrütten, Friede schwebt um deinen Thron; in Palästen und in Hütten ist er deiner Frommen Lohn, bist du Sonne, Schirm und Schild dem, der dein Gesetz erfüllt.

4. Reiche dieser Welt verschwanden, Kronen sanken in den Staub; nur dein Reich, Herr, ist bestanden, nie wird es der Zeiten Raub; nimmer wird es untergehn, ewig wird's durch dich bestehn.

5. Mehre stets die Zahl der Frommen, Herr, erweitre dein Gebiet; laß die Menge zu dir kommen, die noch deine Herrschaft flieht; führ uns alle nach der Zeit ein zu deiner Herrlichkeit.

257. *Mel. O daß ich tausend Zungen etc.*
Zum Himmel bist du eingegangen, mit Preis gekrönt, Herr Jesu Christ! wie sollte mich nun nicht verlangen, auch dort zu seyn, wo du nun bist? Ich bin ja nur ein Pilgrim hier; nimm in die Heimath mich zu dir.
2. Vom Tode standst du auf zum Leben, du gingst verklärt zum Himmel ein; so muß sich auch mein Geist erheben; ich darf nicht todt in Sünden seyn. | Ein neues Leben wirk' in mir, so komm ich einst gewiß zu dir.
3. Am Oelberg fingen deine Leiden mit bittern Todesängsten an, am Oelberg gingst in hohen Freuden du siegreich deine Himmelsbahn. So folgt auf Leiden Herrlichkeit; zu beiden mache mich bereit.
4. Du bist von uns zwar aufgefahren, doch ist dein Wort noch immer hier. Laß dieses Kleinod mich bewahren; im Worte redest du zu mir, dieß leitet meines Lebens Lauf, und schließt mir deinen Himmel auf.
5. Du hobest segnend deine Hände beim Scheiden von den Deinen auf; o hilf, daß einst auch ich vollende, von dir gesegnet, meinen Lauf! Wenn ich von dir gesegnet bin, dann fahr in Frieden ich dahin.
6. Ich sehe dir mit Glaubensblicken in deinen Freuden-Himmel nach; mein Herz soll sich an dir erquicken, der mir die Bahn zum Himmel brach. Sieht dich auch hier mein Auge nicht, bleibst du doch meine Zuversicht.
7. Einst wirst du herrlich wiederkommen, gleichwie du aufgefahren bist; dann werd ich völlig aufgenommen, wo mir bereit mein Erbtheil ist. So leb' ich nun im Glauben hier, im Schauen aber dort bei dir.

XI. Von dem heiligen Geist.

258. *Mel. Auf meinen lieben Gott etc.*
Auf meinen Gott verläßt mein gläubig Herz sich fest. So oft ich im Gebete hin vor sein Antlitz trete, will er sich zu mir wenden, mir Licht und Hülfe senden.
2. Der Geist, den er verheißt, giebt Zeugniß meinem Geist, daß Gott mir, seinem Kinde, vergeben alle Sünde, und steht mir bei auf Erden, gerecht vor ihm zu werden.
3. Schwächt nur nie frevelhaft mein Herz der Gnade Kraft; beharr ich im Bestreben, wie er mich treibt, zu leben: so kann ich überwinden den stärksten Reiz der Sünden.
4. Dann steh' ich fest im Streit, und überwinde weit, erneut zu Gottes Bilde, bedeckt mit seinem Schilde; und wann dereinst ich sterbe, werd ich des Himmels Erbe.
5. O du, des Vaters Geist, den Jesus uns verheißt, o sey auch mir gewähret, der betend dein begehret! regiere meine Seele, daß sie nicht wank' und fehle.

6. Versiegelt bin auch ich, o Geist des Herrn, durch dich; du führst nach Kampf und Leide mich ein zu jener Freude, die Jesus Allen giebet, die ihn hie treu geliebet. |

259. Mel. Ein Lämmlein geht etc.

Dich, Vater, preist mein Lobgesang, daß du den Sohn gegeben, der uns das ew'ge Heil errang und unvergänglich Leben! Ich danke dir, daß du den Geist, der uns den Weg zur Wahrheit weist, den Gläubigen gesendet! Auf Jesu Wort kam er herab, der seinen Boten Stärke gab, daß sie dein Werk vollenden.

2. Erfüllt von seiner Wunderkraft, gehn sie, die Welt zu lehren, durch ihn, der neue Herzen schafft, die Sünder zu bekehren; die Völker hören hoch erfreut die Botschaft ihrer Seligkeit, Vernunft und Wahrheit siegen; der Sünde finstre Nacht entfleucht, wo sich der Finger Gottes zeigt, und Satan muß erliegen.

3. Umsonst, daß wilder Eifer tobt, und droht mit Blutgerüsten; dein Name, Jesus, wird gelobt, es siegt die Treu der Christen. Dein Geist, o Vater, stärket sie, und die Bekenner wanken nie, selbst nicht in Todesleiden. Sie bleiben ihrem Herrn getreu und zeugen von ihm ohne Scheu, nichts kann von ihm sie scheiden.

4. Noch jetzt bist du der Geist der Kraft, noch jetzt der Menschen Lehrer, der Wollen und Vollbringen schafft, des Höllenreichs Zerstörer. O wirk' in Sündern Reu und Leid, in frommen Seelen Fried und Freud und Muth im Kampf der Sünden; in Trübsal sprich du Trost uns zu, im Tode schenk' uns Seelenruh, und hilf uns überwinden.

260. Mel. O Ewigkeit, du etc.

Dies ist der Tag, da Gottes Sohn dich sandte von des Vaters Thron, o Geist der Kraft und Stärke! Du gossest aus der Liebe Glut, gabst Jesu Jüngern Heldenmuth zu ihrem heil'gen Werke. Groß war die Erndte, schwer die Müh', doch, Geist des Herrn, du stärktest sie.

2. Da machte seiner Zeugen Mund die großen Thaten Gottes kund, die Heiden zu bekehren; die Götzentempel wurden leer, es schwand der falschen Götter Heer sammt Opfern und Altären. So siegreich war der Zeugen Muth, und schwiegen sie, so sprach ihr Blut.

3. Wie Gottes Blitze ging ihr Wort bis an der Erde Grenzen fort, die Nacht wich vor dem Lichte. Den beteten die Heiden an, von dem wir einst die Kron' empfahn, wenn er kommt zum Gerichte. Das Kreuz des Mittlers überwand, und ward des Heiles Unterpfand.

4. Die Kirche, die ihm angehört und die du, Geist des Herrn, gemehrt, wird ewiglich bestehen. Aus ihrer Mitte weichst du nie, mit neuer Kraft belebst du sie, sie kann nicht untergehen. O mach' uns nur in deinem Reich den ersten Boten Christi gleich. |

261. Mel. Wie schön leuchtet etc.

Dir jauchzet froh die Christenheit, du, Geist der Kraft und Herrlichkeit, du, aller Geister Leben. Als unsers Erbes Unterpfand bist du vom Vater ausgesandt, zum Tröster uns gegeben. Jesu Glieder wirst du führen und regieren; deine Gnade leit' auch uns auf unserm Pfade.

2. O welch ein großer Tag erschien, als man die Flammen sah erglühn hell über jedem Haupte. Im Sturmwind thatest du dich kund, dein Zeugniß heiligte den Bund der Schaar, die freudig glaubte. Mächtig kamst du, um die Schwachen stark zu machen, und erklungen ist das Heil in allen Zungen.

3. O Dank für so viel göttlich Licht, das jede Finsterniß durchbricht, für himmlische Belebung! Den Menschenherzen, alt und jung, schaffst Kräfte du zur Heiligung, zu stiller Gottergebung. Preis dir, Dank dir, daß du kräftig und geschäftig uns belehrest, Jesum Christum uns verklärest.

4. Auch wir, die Christus sich erkauft, wir sind mit deiner Kraft getauft, die Welt zu überwinden. Wirk in uns Allen Lieb und Zucht, und laß in uns des Glaubens Frucht sich hundertfältig finden. Gnädig hilf du Gottes Erben einst im Sterben, daß sie droben ewig deine Wunder loben.

5. Wir beugen unsern Geist vor dir, Geist Gottes! Alle flehen wir: du wollest bei uns bleiben. Geh' ferner aus in alle Welt, damit, von deinem Licht erhellt, die Völker alle gläuben. Führe gnädig sie zur Wahrheit und zur Klarheit, daß die Erde, Geist des Herrn, dein Tempel werde.

262.   Mel. Ach! Alles, was Himmel etc.
Ein heiliges Feuer durchdrang und beseelte die Männer, die Jesus zu Jüngern sich wählte, um auszugehn unter die Völker der Erden, und Boten des ewigen Heils uns zu werden.

2. Ein heiliger Lichtstrahl umfloß sie mit Klarheit, nun sahen sie heller die himmlische Wahrheit; nun zeugten voll göttlichen Muthes die Frommen: der Herr ist erschienen, sein Reich ist gekommen!

3. Nun lockten umsonst die vergänglichen Freuden; nun schreckten vergebens die zeitlichen Leiden; nun scheuten sie nicht mehr Verspottung und Schande, nicht Todesgefahren, nicht Marter und Bande.

4. Die Kraft aus der Höhe erfüllte die Herzen. Sie predigten Jesum in Trübsal und Schmerzen, getreu bis zum Tode mit freudigem Muthe, versiegelnd ihr theures Bekenntniß mit Blute.

5. Auch uns sey die Wahrheit so heilig und theuer; Geist Gottes! beseel' uns mit himmlischem Feuer! Gieb standhaften Muth uns, des Heilandes Lehren im Le|ben, im Leiden und Sterben zu ehren.

263.   Mel. Danket dem Herrn, denn etc.
Geist aller Geister, unerschaffnes Wesen, dein Name sey von Allen hochgelobet.

2. Du Geist vom Vater, ewger Quell des Lebens, das klar und unerschöpflich sich ergießet.

3. Du gehest aus vom Sohn, ein Geist des Mundes, und salbest reichlich, die sich Gott erwählet.

4. Was lebt und webet, hat von dir das Leben, der ganze Erdkreis ist voll deiner Güte.

5. Der Sünder wird durchs Wort von dir geschlagen, dein Hauchen tödtet plötzlich die Empörer.

6. Du rührst und schreckest Herzen und Gewissen, wer deinem Finger folget, ist genesen.

7. Das Licht, die Weisheit und die Kraft des Lebens schenkst du dem, der an Christi Namen glaubet.

8. Du lehrst uns kindlich rufen: Lieber Vater! Wir wissen es, daß wir sind Gottes Kinder.

9. Du, Geist des Herrn, giebst Zeugniß unserm Geiste, vertrittst uns auch durch unaussprechlich Seufzen.

10. Das Fleisch ertödtest du und stärkst die Seele; die Todten alle wirst du einst erwecken.

11. Herr, unser Herrscher, herrlich ist dein Name in allen Landen; dir dankt man im Himmel.

12. Lob, Ehr und Preis sey dir, o Gott, gesungen, dem Vater, Sohn und heil'gen Geiste. Amen.

264. Mel. Liebster Jesu, wir sind etc.
Geist der Wahrheit, lehre mich aller Weisheit Quelle kennen, Jesum kann ich nur durch dich meinen Herrn und Heiland nennen. Du nur kannst ihn mir verklären, und mein Herz zu Gott bekehren.

2. Du nur machst das Herz gewiß, und erleuchtest meine Seele, daß ich in der Finsterniß nicht den Weg des Heils verfehle; du führst mich auf Gottes Pfade, zeugst von Wahrheit und von Gnade.

3. Unser Tröster heißest du, überschwänglich kannst du trösten, du erfüllst mit Himmelsruh die Gemüther der Erlösten, daß sie nach der Angst der Sünden Gottes Vaterhuld empfinden.

4. Mächtig stärkst du zum Gebet, weckst in uns inbrünst'ges Sehnen, das mit stillen Seufzern fleht und zur Wonne führt durch Thränen. Hoffnung und Geduld im Leiden ist dein Werk, du Geist der Freuden.

5. Heiligung und Reinigkeit und ein gottgefällig Leben, selige Zufriedenheit, wahre Weisheit kannst du geben. Selig, die an deinen Gaben Theil durch Lieb und Glauben haben.

6. Was mir fehlt, find' ich | bei dir, nur durch dich kann ich genesen. Komm, und wohne selbst in mir, schaffe neu mein ganzes Wesen; dann wird meine Schwachheit Stärke und ich wirke Gottes Werke.

7. Sieh, ich öffne dir mein Herz, läutre du es auch durch Leiden, mache mich durch Noth und Schmerz würdig deiner Himmelsfreuden. Hilf mir, Vater! beten, ringen, und hindurch zum Ziele dringen!

265. Mel. Wie wohl ist mir, o etc.
Geist Gottes, aus des Ew'gen Fülle in unsern Geist herabgesenkt, der auch in unbemerkter Stille des Herzens Trieb gen Himmel lenkt! du, der einst Davids Psalm beflügelt, den Sehern Aug und Mund entsiegelt, uns auch noch jetzt mit Gluth durchdringt, auch jetzt uns Gottes Weisheit lehret, und Christi Wahrheit uns verkläret, wer ist's, der würdig dich besingt?

2. Du Quell der reinsten Himmelsliebe, die in das Herz lebendig quillt, und so des neuen Menschen Triebe mit heil'ger Gotteskraft erfüllt, du bist es der die Schwachheit stützet, im Pilgerlauf sie stärkt und schützet, wenn sich die

XI. Von dem heiligen Geist

Seel' in Schlummer neigt, der – o geschäh' es nicht vergebens! – als Unterpfand des ewgen Lebens uns hier des Himmels Krone zeigt.

3. Du bauest aus lebend'gen Steinen der Kirche reines Heiligthum, erhöhest durch des Herrn Gemeinen des Kreuzes unbesiegten Ruhm. Und wo du sprichst mit Feuerzungen, beugst du zu sel'gen Huldigungen der Heiden überwundne Kraft. Der Hölle Reich muß dir mit Beben die Schaar Gefangner wiedergegeben, die es in Sünden hingerafft.

4. Wer kann, wie du, mit Donnern reden, wenn du im Schlaf den Sünder schreckst? Wer tröstet so, wie du, die Blöden, wenn du die neue Sehnsucht weckst? Wenn sie in ihr Verderben schauen, so lehrst du sie dem Ruf vertrauen, der sie mit Gottes Frieden grüßt; wenn sich der Geist zwar willig zeiget, doch ihn des Fleisches Schwachheit beuget, bist du es, der das Leid versüßt.

5. Du drückest der Bewährung Siegel den wohlgeprüften Seelen auf, du giebst den Zeugen Glaubensflügel, und führst sie im Triumph hinauf. In aller Trübsal lehrst du beten, du selbst willst unsre Noth vertreten, auch ohne Wort, mit starkem Flehn. Die Liebe führest du zum Throne, und ihren Werken wird zum Lohne die Kraft, in Demuth fest zu stehn.

6. Wenn Christus einst herniederschwebet auf das geschloßne Todtenfeld, mit mächt'gem Wort es neu belebet zum Erbtheil in der bessern Welt: dann trägt in deiner Kraft die eine bewährte heilige Gemeine zum Throne Herz und Psalm empor; dann ströme du durch alle Glieder die | höh're Gluth der Himmelslieder zum Preise dem, der uns erkohr.

266.   Mel. Wie wohl ist mir, o etc.

Geist Gottes, wer kann dich verstehen? Wer wandelt schon in deinem Licht? Wer klimmt zu deiner Weisheit Höhen? der selbst sich weise dünket, nicht. Ein Licht bist du; doch nur den Blinden. Wer noch bei sich weiß Rath zu finden, dem ist dein reicher Trost noch fern. Du wirst nur dem des Lebensquelle, der, an des Unterganges Schwelle, an sich verzagend ruft zum Herrn.

2. Dann wirkest du, und schmelzest Herzen, in Sünden todt und felsenhart; erregst in ihnen selge Schmerzen und Traurigkeit der rechten Art. Du stellst im göttlichen Gerichte dem Sünder kräftig vor's Gesichte, was Gott, Gesetz und Sünde sey. Erneurung will das Herz begehren, da fließen einsam bittre Zähren, die Zeugen wehmuthsvoller Reu.

3. Wenn Seelen so mit Noth beladen nur sehnlich um Errettung flehn, enthüllet sich der Thron der Gnaden; du lässest sie den Mittler sehn. Dann wandelt sich das bange Sehnen in einen Guß von Freudenthränen, die Trauernacht in helles Licht. Der Schuldbrief zeigt sich zerrissen, es schweigt das richtende Gewissen, da Jesu Blut Vergebung spricht.

4. Nun machst du mir, o Geist der Wahrheit, den Pilgerschritt fest und gewiß; du leitest mich in Kraft und Klarheit durch Fährlichkeit und Finsterniß. Du bist der Beistand meines Lebens und niemals ruf ich dir vergebens, wenn je mein Fuß den Pfad verliert. Dein Wort kann jeden Wahn besiegen, dein Trost läßt niemals mich erliegen, du bist es, der mich richtig führt.

5. Und will mich ja der Trübsinn beugen, daß mehr und mehr der Muth entsinkt: wenn Seufzer dann zum Himmel steigen, bist du's gewiß, der Hülfe

bringt. Was auch in meiner Brust will wanken, du hältst lebendig den Gedanken, daß ich ein Kind der Gnade sey. Will meine Schwachheit mich beschämen, und mir der Kindschaft Zeugniß nehmen: du machst mich von mir selber frei.

6. Auch schlägt mir wohl die Prüfungsstunde, vor der ein Heilger selbst erbebt; wenn aus des Abgrunds dunklem Schlunde Angst und Verzweiflung sich erhebt. Doch du trittst mir voll Trost zur Seiten; von dir gestärket kann ich streiten, du reichst mir Wehr und Rüstung dar. Dann kann ich den Versucher dämpfen, den Kampf des Glaubens siegreich kämpfen; bald wird die Seele wieder klar.

7. So hältst du mich mit dem verbunden, an welchen meine Seele glaubt; ich feire sel'ge Freudenstunden, wenn nichts mich trennt von meinem Haupt. In heiliger und sichrer Stille schöpft dann mein Geist aus jener Fülle, wo Gnad' aus Gnade sich ergießt. In der Begeist'rung Augenblik|ken gewährest du mir ein Entzücken, das mir des Himmels Vorschmack ist.

267.   Mel. Freu' dich sehr, o etc.
Geist vom Vater und vom Sohne, du, der unser Tröster ist, und von Gottes ew'gem Throne auf die Gläub'gen sich ergießt; steh mit deiner Kraft mir bei, daß ich Gott geweiht sey, und mein Herz schon hier auf Erden mög ein Tempel Gottes werden.

2. Laß auf jedem meiner Wege deine Weisheit mit mir seyn, wenn ich bange Zweifel hege, deine Wahrheit mich erfreun. Lenke kräftig meinen Sinn auf das Wohl der Seele hin; lehrst du mich das Rechte wählen, werd ich nie das Heil verfehlen.

3. Heilige des Herzens Triebe, durch die Gnade schaff es neu, daß ich Gott vor allem liebe, und ihm kindlich dankbar sey. Voll Vertraun auf ihn zu sehn, seinen Namen zu erhöhn, seinen Willen zu vollbringen, müsse mir durch dich gelingen.

4. Warne mich, so oft zu Sünden mein Gemüth versuchet wird; laß mich bald den Rückweg finden, hab ich mich von dir verirrt. Nimm in deine Zucht mein Herz, wirk in mir der Reue Schmerz, daß ich mich in Demuth beuge und den Sinn zur Beßrung neige.

5. Treib mich kräftig zum Gebete, wenn mir Hülfe nöthig ist, daß zu Gottes Thron ich trete durch den Mittler, Jesus Christ; hilf mir gläubig auf ihn schaun, und auf sein Verdienst nur baun, daß ich mög auf mein Verlangen Gnad um Gnad von ihm empfangen.

6. In des Lebens Müh und Leiden steh mit deinem Trost mir bei, daß ich überall mit Freuden Gottes Führung folgsam sey. Gieb mir ein gelaßnes Herz, laß mich selbst im Todes-Schmerz deines Trostes Kraft empfinden, und einst siegreich überwinden.

268.   Mel. Nun kommt der Heiden etc.
Geist vom Vater und vom Sohn, weihe dir mein Herz zum Thron, schenke dich mir immerdar, so wie heut der frommen Schaar.

2. Geist der Wahrheit, leite mich! Eigner Wille täuschet sich, daß er leicht des Ziels verfehlt, und statt Heil sich Unglück wählt.

XI. Von dem heiligen Geist

3. Geist des Trostes, tröste mich durch dein Zeugniß innerlich. Wenn mir mein Gewissen droht, hilf mir aus der Seelennoth.

4. Geist des Betens, steh mir bei, wenn ich um Errettung schrei; mach mein Bitten freudig, rein, so wirds auch erhörlich seyn.

5. Geist der Heiligung, verklär' Jesum in mir mehr und mehr! Mindre stets, was mich befleckt, mehre, was du selbst erweckt.

6. Geist des Glaubens, stärk in mir solchen Glauben für und für, der mich Christo einverleibt und zu guten Werken treibt.

7. Geist der Lieb', erweck in | mir guter Gaben Füll und Zier, daß ich hülfreich, mild und treu deiner Gnade Werkzeug sey.

8. Geist der Hoffnung, rufe du meiner Seel' ermunternd zu; daß ich deiner stets mich freu, und in Hoffnung selig sey.

269.   Mel. Liebster Jesu, wir sind etc.

Gott, du hast in deinem Sohn mich von Ewigkeit erwählet, sende nun von deinem Thron, was zu meinem Heil noch fehlet; gieb mir deines Geistes Gaben, durch sie werd ich Alles haben.

2. Heil'ger Geist, mein Herr und Gott! mache du mich neugeboren; sonst bleib ich in Sünden todt, und bin ewiglich verloren; rette mich von dem Verderben, laß mich nicht in Sünden sterben.

3. Treib hinweg des Zweifels Nacht, halte die Vernunft in Schranken; wenn die Welt mich irre macht, laß mich nicht im Glauben wanken. Von dir will ich Weisheit lernen, und mich nie von dir entfernen.

4. Wecke auf mein sichres Herz, daß ich stets mein Heil bedenke, und mich oft mit Reu und Schmerz über meine Sünden kränke; doch nach solchen Trauerstunden tröste mich durch Jesu Wunden.

5. Glaube, Lieb' und Hoffnung sey stets das Kleinod meiner Seele! steh im Kampf mir mächtig bei, daß der Sieg mir niemals fehle. Gieb, daß ich einst selig sterbe, und das Himmelreich ererbe.

270.   Mel. Warum sollt' ich mich etc.

Höchster Tröster, komm hernieder! Geist des Herrn, sey nicht fern, stärke Christi Glieder! Er, der nie sein Wort gebrochen, Christus hat deinen Rath seinem Volk versprochen.

2. Geist der Wahrheit, gieb uns Allen durch dein Licht Unterricht, wie wir Gott gefallen. Laß uns freudig zu ihm treten; sey uns nah und sprich: ja! wenn wir gläubig beten.

3. Hilf den Kampf des Glaubens kämpfen, und mit Muth Fleisch und Blut, Welt und Sünde dämpfen. Stärke uns in allen Leiden, daß uns Noth, Schmerz und Tod nicht von Jesu scheiden.

4. Hilf nach Gottes Reich uns streben, und verleih, daß wir treu unserm Heiland leben. Laß uns niemals stille stehen, treib uns an, seine Bahn festen Muths zu gehen.

5. Sey in Schwachheit unsre Stütze; labe du uns mit Ruh in der Prüfungshitze; und, wenn Gott uns nach dem Leide sterben heißt, führ' den Geist in des Himmels Freude.

---

7 solchen] *so* OD *München;* OD *Halle:* sotchen

271.   Mel. Komm, heiliger Geist etc.

Hör' unser Gebet, Geist des Herrn! Du hörst der Gläub'gen Bitten gern. Wir wollen unser Herz dir geben, o lehre heilig uns leben! | Der alles Gute in uns schafft, rüst uns mit Stärke, Muth und Kraft, daß nicht die List und Macht der Sünde uns, Christi Jünger, überwinde. Wir flehn zu dir, wir flehn zu dir!

2. Du, heiliges Licht, starker Hort! Erleucht' uns durch der Wahrheit Wort. Du wollest immerdar uns leiten, daß unsre Füße nicht gleiten: treib fern von uns des Irrthums Nacht, laß siegen deiner Wahrheit Macht, daß Jesus auf der ganzen Erde bekannt und angebetet werde. O hilf dazu! O hilf dazu!

3. Laß, freudiger Geist, voll Vertraun in Noth auf deine Hülf' uns schaun! Lehr' uns, wenn wir zum Vater treten, mit froher Zuversicht beten! Mach uns durch deine Kraft bereit zum Sterben und zur Ewigkeit, daß wir mit frohem Muthe ringen, durch Tod und Leben zu dir dringen! Erhöre uns! Erhöre uns!

272.   Mel. Die Tugend wird durchs etc.

Ihr Christen, rühmt, erhebt und preiset aus einem Herzen, einem Mund die Gnade, die der Herr erweiset in seinem neuen, ew'gen Bund. Er tränkt mit Himmelskraft die Seelen und gießt den Geist der Kindschaft aus, zum Tempel will er sie erwählen, und weihen sie zum Gotteshaus.

2. Der Heiland strömt auf seine Glieder das Salbungsöl, die Feuertauf, bringt die zerstreuten Seelen wieder aus der verworrnen Welt zu Hauf; schlingt um sie seiner Liebe Netze, mit ihm ein Geist und Leib zu seyn, und schreibt des Himmelreichs Gesetze mit Gottes Kraft in sie hinein.

3. Auf, auf, ihr Herzen und ihr Zungen, verkündigt Gottes hohen Ruhm! sein Name werde stets besungen von seinem heilgen Eigenthum. O daß ein Geist des Lebens wehe, und was nur Athem hat, erfüll, daß alle Welt die Wunder sehe, die Gott in Christo schaffen will.

4. Im Geiste laßt uns Pfingsten halten, geheiligt werde unser Sinn. Denn ließt ihr noch die Sünde walten, wo bliebe dann des Heils Gewinn? Nur das heißt neu geboren werden, wenn Christi Geist auch in uns lebt, und unser Sinn, schon hier auf Erden, durch himmlisch Thun zum Himmel schwebt.

5. Laß, Jesu, nichts in uns vermindern des Glaubens hohe Zuversicht; o mach uns ganz zu Gottes Kindern durch deines Geistes Kraft und Licht. Ach zünde deine reine Liebe in unser Aller Herzen an, und schaffe, daß mit heil'gem Triebe, was lebt, dich ewig lieben kann.

273.   Mel. Lobe den Herrn, den etc.

Ihr, durch die Taufe dem heiligen Geiste geweihet, preiset den Tröster, der kräftig die Herzen erfreuet! den uns der Sohn sendet vom | ewigen Thron, Weisheit durch ihn uns verleihet.

2. Wenn die Propheten das Dunkel der Zukunft enthüllet, wenn sie gezeigt, was den Tiefen der Gottheit entquillet, war's nicht der Geist, den unser Lobgesang preist, der sie mit Weisheit erfüllet?

3. Er hat geleitet die Schwachen, von Jesu Erwählten, wenn sie die Thaten und Lehren des Meisters erzählten, hat sie gelehrt, und ihnen Jesum verklärt, daß sie nicht irrten noch fehlten.

4. Ach! und auch uns noch bedeckte die Blindheit der Heiden, unbekannt wären auch wir mit der Seligkeit Freuden, lernten wir nicht durch sein untrügliches Licht Irrthum und Wahrheit zu scheiden.

5. Pflegen doch Väter auf Erden sich innig zu freuen, flehenden Kindern, was nützt und erquickt, zu verleihen: Vater! vielmehr gieb du der Bitte Gehör, uns durch den Geist zu erneuen.

6. Ja, uns erleucht' er in Christo, dich recht zu erkennen. Treib uns, in Liebe für dich und den Heiland zu brennen, dich und den Sohn trotz aller Lästerer Hohn frei vor der Welt zu bekennen.

7. Freudigkeit geb' er uns, dir, was uns quälet, zu klagen, auch wenn die Hülfe verziehet, nicht muthlos zu zagen! Schenkst du Gedeihn, lehr er uns, fromm uns zu freun, würdigen Dank dir zu sagen.

274.   Mel. Ein' feste Burg ist unser etc.

Komm, Geist des Herrn, kehr bei mir ein, nach dir steht mein Verlangen; ich kann aus deiner Füll' allein, was mir gebricht, empfangen. Schaff Herz und Sinn mir neu, weck' in mir wahre Reu, sey meiner Seele Ruh, sprich mir Betrübtem zu, schenk Weisheit, recht zu wandeln!

2. Laß mich mein Heil und Gottes Huld durch Sünden nicht verscherzen; gieb Glauben, Liebe und Geduld und Hoffnung meinem Herzen! Vertritt beim Beten mich mit Seufzen kräftiglich, regiere meinen Sinn, und richt ihn nur dahin, wo mein Erlöser lebet.

275.   Mel. Wie schön leuchtet der etc.

Komm, Gottes Geist, komm, höchster Gast, du, den der Himmel nicht umfaßt, noch dieser Kreis der Erde! komm, offenbare dich auch mir, Gott, heil'ger Geist, daß ich in dir Ein Geist mit Christo werde. Leite heute Geist und Sinnen, mein Beginnen und mein Leben, deiner Liebe nachzustreben.

2. Erquicke mich, du Friedens-Geist, du Brunn, draus Lebenswasser fleußt, du süße Freudenquelle, die allen Durst der Seele stillt, und aus der Gottheit Tiefe quillt ganz rein und ewig helle. Fließe, gieße deine Gaben, zu erlaben alle Mü|den, daß sie schmecken Trost und Frieden.

3. Sey meiner Ohnmacht Kraft und Macht, mein helles Licht in dunkler Nacht, das mich stets sicher führet, mein starker Hort zur bösen Zeit, mein kräftger Beistand in dem Streit, bis mich die Krone zieret. Schütze, stütze, Herr, mich Schwachen, stark zu machen meinen Glauben, laß mir nichts die Krone rauben.

4. Hilf mir in meiner letzten Noth, versüße mir den bittern Tod, wenn Herz und Auge brechen. Sey meines Lebens Heil und Licht, laß, wenn die Zunge nicht mehr spricht, dein Seufzen für mich sprechen. Laß mich endlich selig scheiden zu den Freuden aller Frommen; ach, wann werd' ich dahin kommen?

276.   In bekannter Melodie.

Komm, heiliger Geist, Herre Gott, erfüll' mit deiner Gnaden Gut deiner Gläubigen Herz, Muth und Sinn; entzünde deine Lieb in ihn'n. O Herr, durch deines Lichtes Glanz zu dem Glauben versammelt hast das Volk aus aller Welt Zungen, das sey dir, Herr, zu Lob gesungen. Hallelujah! Hallelujah!

2. Du, heiliges Licht, edler Hort, laß leuchten uns des Lebens Wort, und lehr' uns Gott recht erkennen, von Herzen Vater ihn nennen. O Herr, behüt vor fremder Lehr, daß wir nicht Meister suchen mehr, denn Jesum Christ mit rechtem Glauben, und ihm aus ganzer Macht vertrauen. Hallelujah, Hallelujah!
3. Du heilige Glut, süßer Trost, nun hilf uns fröhlich und getrost in deinem Dienst beständig bleiben, daß Trübsal' uns nicht abtreiben. Durch deine Kraft, Herr, uns bereit, und stärk' des Fleisches Blödigkeit, daß wir hier ritterlich ringen, durch Tod und Leben zu dir dringen. Hallelujah! Hallelujah!

277.   Mel. Komm, heiliger Geist etc.
Komm, Kraft des Höchsten, komm herab, Pfand, das uns Gottes Gnade gab; du Segensquell, Born aller Gaben, nichts kann, wie du, die Seele laben. Komm, Gottes Geist, in unsern Geist wie Himmelsthau hernieder fleußt; komm mit der Friedenstaube Schweben, und ruh auf uns, so lang wir leben. Hallelujah!
2. Komm, Geist der Wahrheit, Gottes Licht; wo du fehlst, ist die Wahrheit nicht. Komm, uns mit Weisheit zu erfüllen, und unsers Geistes Durst zu stillen. Komm, leuchte du mit Hellem Schein bis in des Herzens Grund hinein. O warn und strafe, wenn wir fehlen, und läutre aller Christen Seelen. Hallelujah! Hallelujah!
3. Komm, milder Tröster, wer, als du, bringt bangen Herzen Trost und Ruh, und Balsam für die innern Wunden, und | Himmelsthau in heißen Stunden? Komm, gieb zu unsrer Ritterschaft uns Heldenmuth und Glaubenskraft; und rüste selbst zum Gotteswerke Geist, Seel und Leib mit deiner Stärke. Hallelujah! Hallelujah!
4. Komm, Quell der Liebe, geuß sie aus ins Herz und über Gottes Haus. Gieb, daß wir Gott mit reinen Trieben, und Christum in den Brüdern lieben. Entflamm in Leid und Freude stets die Glut des Dankes und Gebets. Erhöh uns vom Gewühl der Erde, daß unser Wandel himmlisch werde. Hallelujah! Hallelujah!
5. Weih uns zu deinem Tempel ein; was unrein ist, das mache rein. Was nah am Staube kriecht, erhebe; was schon erstorben ist, belebe. Erwärme jedes kalte Herz, lenk alle Seelen himmelwärts. Vereine die zerstreuten Glieder, und bringe das Verlorne wieder. Hallelujah! Hallelujah!
6. Wenn du nicht Beistand ihm verleihst, so strebt umsonst des Menschen Geist. Laß auf uns deine Gnade regnen, komm, uns mit deiner Kraft zu segnen. Dann sind der guten Saat wir gleich, und bringen Frucht zum Himmelreich. Dann führt zum Leben uns das Sterben, und ewig sind wir Gottes Erben. Hallelujah! Hallelujah!

278.   In eigner Melodie.
Komm, o komm, du Geist des Lebens, wahrer Gott in Ewigkeit! Unser Flehn sey nicht vergebens, komm, erfüll' uns jederzeit: so wird Licht und heller Schein in dem dunkeln Herzen seyn.
2. Gieb in unser Herz und Sinnen Weisheit, Rath, Verstand und Zucht, daß wir anders nichts beginnen, als nur, was dein Wille sucht; dein Erkenntniß werde groß, und mach uns vom Irrthum los.

3. Zeig uns an die rechten Stege, führ' uns stets auf eb'ner Bahn, räume ferner aus dem Wege, was im Lauf uns hindern kann. Und wer doch gestrauchelt hat, dem gieb Reue nach der That.

4. Laß uns stets dein Zeugniß merken, daß wir Gottes Kinder sind, daß wir unsern Glauben stärken, wenn sich Noth und Drangsal find't; lehr uns, daß des Vaters Zucht einzig unser Bestes sucht.

5. Reiz uns, daß wir zu ihm treten, frei mit aller Freudigkeit; seufz auch in uns, wenn wir beten, und vertritt uns allezeit: so wird unser Flehn erhört, und die Zuversicht gemehrt.

6. Wird uns auch nach Troste bange, daß das Herz oft rufen muß: ach! mein Gott, mein Gott, wie lange? mach' doch endlich den Beschluß! Dann sprich du uns tröstlich zu, und gieb Muth, Geduld und Ruh!

7. O du Geist der Kraft und Stärke, du gewisser, neuer Geist, fördre in uns deine Werke, | leite, wie der Herr verheißt; gieb uns Waffen in dem Krieg und erhalt uns in dem Sieg!

8. Wenn wir endlich sollen sterben, so versichr' uns mehr und mehr, daß wir dort das Reich ererben jener Herrlichkeit und Ehr', die Gott giebt durch Jesum Christ und die unaussprechlich ist.

279.   Mel. Nun sich der Tag etc.

Nicht um ein flüchtig Gut der Zeit, ich fleh um deinen Geist, o Gott, den mir zur Seligkeit dein theures Wort verheißt.

2. Die Weisheit, die vom Himmel stammt, o Vater, lehr er mich, die Weisheit, die das Herz entflammt zur Liebe gegen dich.

3. Dich lieben, wie dein Wort gebeut, gern thun, was dir gefällt, wirkt reinere Zufriedenheit, als alles Glück der Welt.

4. Alsdann hab ich zu dir Vertraun durch deinen freudgen Geist; er lehret mich fest darauf baun, daß du mir gnädig seyst.

5. Er leite mich zur Wahrheit hin, zur Tugend stärk er mich, und zeige, wenn ich traurig bin, auch mir als Tröster sich.

6. Er schaff in mir ein reines Herz, besiegle deine Huld, und waffne mich in jedem Schmerz mit Muth und mit Geduld.

280.   In eigner Melodie.

Nun bitten wir den heilgen Geist um den rechten Glauben allermeist, daß er uns behüte an unserm Ende, wenn wir heimfahr'n aus diesem Elende. Erbarm dich, Herr!

2. Du werthes Licht, gieb uns dein'n Schein, lehr uns Christum erkennen allein, daß wir an ihn glauben, den treuen Heiland, der uns gebracht zum rechten Vaterland. Erbarm dich, Herr!

3. Du süße Liebe, du himmlisch Gut, laß uns empfinden der Liebe Glut, daß wir uns von Herzen einander lieben, eines Sinnes des Herrn Gebot ausüben. Erbarm dich, Herr!

4. Du höchster Tröster in aller Noth, hilf, daß wir nicht fürchten Schand und Tod, daß uns Herz und Sinnen nicht gar verzagen, wenn unsre Sünden uns wollen verklagen. Erbarm dich, Herr!

281.
Mel. Wie schön leuchtet der etc.

O heiliger Geist, kehr bei uns ein, und laß uns deine Wohnung seyn, o komm, du Herzens-Sonne! Du Himmelslicht, laß deinen Schein in unsern Seelen kräftig seyn zu steter Freud' und Wonne. Klarheit, Wahrheit, himmlisch Leben willst du geben, wenn wir beten und in Demuth zu dir treten.

2. Du Quell, draus alle Weisheit fleußt, die sich in fromme Seelen geußt, laß uns dein Trostwort hören; daß wir auch aller Christenheit in wahrer Glaubens-Einigkeit dein Zeug|niß können lehren. Hör' uns, lehr' uns! Hilf uns Allen, die noch wallen hier auf Erden, daß wir Zeugen Christi werden.

3. Steh uns stets bei mit deinem Rath, und führ uns selbst den rechten Pfad, die wir den Weg nicht wissen. Gieb Kraft uns und Beständigkeit, dir treu zu bleiben allezeit, auch wenn wir leiden müssen. Walte, halte über denen, die sich sehnen, Theil zu haben an der Fülle deiner Gaben.

4. Stärk uns mit deiner Gotteskraft, zu üben gute Ritterschaft in Drangsal und Beschwerden; auf daß wir unter deinem Schutz begegnen aller Feinde Trutz mit freudigen Geberden. Lindre, mindre Furcht und Grauen, daß wir schauen auf die Krone, die dem Sieger wird zum Lohne.

5. Weich nicht von uns, du Lebenshort, und schaffe, daß bei Jesu Wort stets unsre Herzen brennen. So werden wir uns nimmermehr von seiner Weisheit reichen Lehr und seiner Liebe trennen. Neue Treue gieb den Schwachen, daß sie wachen und verlangen, nur dem Heiland anzuhangen.

6. Du Himmelsthau, ergieße dich in unsre Herzen kräftiglich und mach uns sanft und milde daß unser Herz mit Lieb und Treu dem Nächsten stets verbunden sey nach unsers Heilands Bilde. Kein Neid, kein Streit dich betrübe. Fried und Liebe müsse walten; Freude wollest du erhalten.

7. Gieb, daß in wahrer Heiligkeit wir führen unsre Lebenszeit, sey unsers Geistes Stärke; daß uns forthin sey unbewußt die eitle Welt, der Sinnen Lust und alle todte Werke. Rühre, führe unser Sinnen und Beginnen von der Erden, daß wir Himmelserben werden.

282.
In eigner Melodie.

O heiliger Geist, o heiliger Gott! du Tröster werth in aller Noth, dich hat gesandt vom Himmelsthron der Vater und sein ein'ger Sohn. O heiliger Geist, o heiliger Gott!

2. O heiliger Geist, o heiliger Gott! wirk in uns Allen fort und fort; entzünd in uns der Liebe Kraft, die Eintracht, Heil und Frieden schafft. O heiliger Geist, o heiliger Gott!

3. O heiliger Geist, o heiliger Gott! mehr unsern Glauben immerfort; wer sich will Jesu Christo nahn, der muß von dir die Hülf empfahn. O heiliger Geist, o heiliger Gott!

4. O heiliger Geist, o heiliger Gott! Erleucht uns durch dein göttlich Wort, mach uns den Vater recht bekannt, und Jesum, den er uns gesandt. O heiliger Geist, o heiliger Gott!

5. O heiliger Geist, o heiliger Gott, du zeigest uns die Himmelspfort; auf dass wir kämpfen ritterlich, zum Himmel drin|gen, stark durch dich. O heiliger Geist, o heiliger Gott!

---

11 dir treu] die treu

XI. Von dem heiligen Geist

6. O heiliger Geist, o heiliger Gott! Verlaß uns nicht in Noth und Tod; wir weihn uns dir zum Eigenthum, und bringen dir Lob, Ehr und Ruhm. O heiliger Geist, o heiliger Gott!

283.   Mel. Ich ruf zu dir, Herr etc.

O hochgelobter Gottesgeist, komm mir mit Gnad entgegen; sey du, den Jesus uns verheißt, mit mir auf allen Wegen. Mit meiner Kraft ist nichts gethan; du mußt mir Gnade geben, fromm zu leben, und wenn ich selbst nicht kann, mein Herz zu dir erheben.

2. Geist Gottes, ach, was wäre ich, der Gottes Bild verloren, wenn du nicht durch die Taufe mich von neuem hätt'st geboren! Du hast durch deine Gnad in mir den Glauben angezündet und gegründet, daß nun mein Herz in dir Trost, Fried und Freude findet.

3. Herr, meine Kraft kommt nur von dir; hilf mir im Kampfe ringen, zu allem Guten schenke mir das Wollen und Vollbringen. Wenn ich aus Schwachheit irre geh, gieb, daß ich's bald empfinde, und der Sünde mit Eifer widersteh, das Böse überwinde.

4. Du weißt es ja, wie schwach ich bin; du kannst, du wirst mich stärken; erneure täglich meinen Sinn zum Fleiß in guten Werken; laß deines Wortes Kraft und Licht zur Leitung im Gewissen mich genießen, so werd ich sicher nicht zum Falle fortgerissen.

5. Und fühl ich, was mir noch gebricht, dringt mich mein Herz, zu beten, so laß mit Kindeszuversicht mich zu dem Vater treten. Ach, laß, du werther Geist von Gott, mich deinen Trost erblicken und erquicken, so wird die größte Noth mich nie zu Boden drücken.

6. Ich achte nicht den Trost der Welt, der nur zu bald verschwindet; dein Trost ists, der mich aufrecht hält, der meine Hoffnung gründet. Du bist mir Siegel, bist mir Pfand, daß ich als Kind und Erbe selig sterbe, hingeh ins Vaterland, und nimmermehr verderbe.

7. Nun die Verheißung ist geschehn, wenn wir in Christi Namen um Gottes Geist zum Vater flehn, ist Alles Ja und Amen. Wir flehen, Herr, um deinen Geist, du wirst um Christi willen das erfüllen, was uns dein Wort verheißt, und unsre Sehnsucht stillen.

284.   Mel. Komm, heiliger Geist etc.

O Welterlöser, sey gepreist, du sandtest uns den heil'gen Geist, der uns in alle Wahrheit leite, und uns zum Himmel zubereite. Er schenket uns zum Guten Kraft, stärkt uns auf unsrer Pilgerschaft, hilft uns den Lauf zum Ziel vollbringen, und einst des | Lebens Kron' erringen. Hallelujah! Hallelujah!

2. Die Schaar der Boten wagt den Streit, durch deines Geistes Kraft erneut, kämpft gegen falscher Götter Heere, siegt durch die Wahrheit deiner Lehre. Gewaltig geht des Lebens Wort bis an der Erde Grenzen fort, erleuchtet alle Nationen, dringt von den Hütten zu den Thronen. Hallelujah! Hallelujah!

3. Zu uns auch send ihn, deinen Geist, der uns den Weg der Wahrheit weist; sind dunkel unsers Lebens Pfade, erleucht er sie durch deine Gnade. Er lehr uns Gottes Heil verstehn, er leit uns, wenn wir irre gehn, und sind wir in Gefahr zu fallen, lehr er uns festen Schrittes wallen. Hallelujah! Hallelujah!

4. Wo wir vereint sind vor dem Herrn, Geist Gottes, sey von uns nicht fern! Auf uns, die wir sind Christi Glieder, komm deine Segensfüll' hernieder. Gieb dem Verstande helles Licht, dem Herzen feste Zuversicht, daß uns von dem, den wir bekennen, nie weder Glück noch Leiden trennen. Hallelujah! Hallelujah!

5. Geöffnet ist dir unser Herz, zeuch ein, und lenk es himmelwärts. Wir wollen nimmer widerstreben, regiere unser ganzes Leben; und endet sich einst unsre Bahn, dann nimm dich unsrer Schwachheit an, daß wir in Christo freudig sterben, mit ihm das Himmelreich ererben. Hallelujah! Hallelujah!

285.   Mel. Dir, dir, Jehovah, will etc.

Von dir, mein Gott, kommt Licht und Leben, der du das Licht und Leben selber bist; ich bin mit Dunkel noch umgeben, und weiß nicht, was dir wohlgefällig ist. O sende mir der Wahrheit hellen Schein, belebe mich, daß ich dir leb' allein.

2. Du sprachst, und aus den Finsternissen ging auf dein Wort des Lichtes Strahl hervor, nun ward die Welt der Nacht entrissen, die Sonne stieg in vollem Glanz empor. So sey durch deines Schöpferwortes Macht der Wahrheit Licht auch in mir angefacht.

3. Dich hat noch Niemand je gesehen, dein ewger Sohn nur hat dich uns verklärt; doch wie kann ich sein Wort verstehen, wenn nicht dein Geist den rechten Sinn mich lehrt? Drum gieb mir, Gott, von oben deinen Geist, der mich in aller Wahrheit unterweist.

4. Dann werd ich, Herr, dich recht erkennen, dich, der in Christo uns so hoch geliebt, und froh dich meinen Vater nennen, weil mir dein Geist der Kindschaft Zeugniß giebt; dann wird mir erst das Heil in Christo klar, das deiner Gnade ewger Rathschluß war.

5. Ergreife, Herr, mit deiner Wahrheit die, so noch wandeln in der Sünde Nacht; sie leuchte hier mit sanfter Klarheit, sie schrecke dort mit deines Donners Macht, daß die verstockten | Sünder in sich gehn, und wahrer Reue voll um Gnade flehn.

6. Und merk ich selbst mit bangem Herzen, daß ich bethört vom Weg des Heiles wich, dann stille meine bittern Schmerzen das theure Wort: der Mittler starb für dich, daß ich Vergebung find in Jesu Blut; du aber gieb zur Bess'rung Kraft und Muth.

286.   Mel. Von Gott will ich nicht etc.

Zeuch ein zu deinen Thoren, mein Herz steht dir bereit, der du mich neu geboren und meinem Gott geweiht! Du hochgelobter Geist, vom Vater und vom Sohne, o komm und in mir wohne, wie Christi Wort verheißt!

2. Zeuch ein, laß mich empfinden und schmecken deine Kraft, die Kraft, die uns von Sünden Hülf und Errettung schafft. Entsünd'ge meinen Sinn, daß ich mit reinem Geiste dir den Gehorsam leiste, den ich dir schuldig bin.

3. Ich glich den dürren Reben, war todt und ohne Kraft, du hast das neue Leben in Christo mir verschafft, du wirkest mehr und mehr, daß ich stets an ihm bleibe, und edle Früchte treibe zu Gottes Ruhm und Ehr.

4. Du bist ein Geist, der lehret, wie man recht beten soll; solch Beten wird erhöret, macht reicher Gaben voll; o lenke himmelan mein Flehn voll Glaubensstärke, bis ich die Hülfe merke von dem, der helfen kann.

5. Du bist ein Geist der Freuden, das Trauern liebst du nicht, erleuchtest uns in Leiden mit deines Trostes Licht; nimm ferner mein dich an, wie du im heilgen Worte mir oft schon hast die Pforte des Himmels aufgethan.

6. Du bist ein Geist der Liebe, ein Freund der Freundlichkeit, willst nicht, daß uns betrübe Zorn, Zwietracht, Haß und Neid: o mach' mich sanft und mild, daß ungefärbte Liebe ich an den Brüdern übe, verklärt in Christi Bild.

7. Du, Herr, hast selbst in Händen die ganze weite Welt, kannst Menschenherzen wenden, wie dir es wohlgefällt: leit uns den Friedenspfad, verknüpf in allen Landen durch sanfte Liebesbanden, was sich getrennet hat.

8. Erhebe dich, und steure auf Erden allem Leid, bring wieder und erneure das Heil der Christenheit. Laß steigen neu empor, was blinder Wahn verheeret, was Zweifelsucht zerstöret; es blühe, wie zuvor.

9. Regier in allen Reichen, bau unsers Königs Thron, und laß nie von ihm weichen der Weisheit Ruhm und Lohn! dem Alter gieb Verstand, gieb Frömmigkeit der Jugend, durch Gottesfurcht und Tugend besel'ge jeden Stand.

10. Erfülle die Gemüther mit reiner Glaubenszier, mach uns der ewgen Güter theilhaftig für und für; vertreib den bösen Geist, der sich dir widersetzet, und, was | dein Herz ergötzet, aus unserm Herzen reißt.

11. Richt unser ganzes Leben allein nach deinem Sinn, und laß nach dem uns streben, was ewig bringt Gewinn; und kommt einst unsre Zeit, so hilf uns fröhlich sterben, und nach dem Tod ererben des Himmels Herrlichkeit.

287. Mel. Komm, Gott Schöpfer, etc.
Zu dir, Geist Schöpfer, flehen wir, der neue Herzen in uns schafft; des Segens Fülle kommt von dir, durchdring' uns ganz mit deiner Kraft!

2. Du bist, das ist dein Nam und Ruhm, der Tröster, uns von Gott gesandt, salbst uns zu seinem Eigenthum, wirst unsers Erbes Unterpfand.

3. Erleucht uns mit der Wahrheit Licht, entzünd in uns der Liebe Glut; schenk uns in Schwachheit Zuversicht, und stärk im Kampfe unsern Muth.

4. Gieb uns des Glaubens Freudigkeit, den Frieden, den die Welt nicht kennt; verbanne von uns Haß und Streit, und was uns von den Brüdern trennt.

5. Ja, wohn in uns, du Geist des Herrn, weih uns zu deinem Tempel ein; wir folgen deinem Zuge gern, und wollen dir gehorsam seyn.

XII. Von der christlichen Kirche.

288. Mel. Kommt her zu mir etc.
Auf Leiden folgt nach kurzem Streit Sieg und Triumph voll Herrlichkeit! so singt die kleine Heerde, die bald der allertreuste Hirt mit großer Kraft erlösen wird von jeglicher Beschwerde.

2. Er ruft: Seyd, Kinder, wohlgemuth, weil Gott, der große Wunder thut, für euch und mit euch streitet, ich bin der Herr, Immanuel, und gehe her vor Israel, mein Auge wacht und leitet!

3. Schaut in der Einfalt nur auf mich, die Meinen führ ich wunderlich, vertraut der Allmacht Händen! Das Leiden währet kurze Zeit, bis zum Triumph der Herrlichkeit, dann soll es selig enden.

289.   Mel. Herr Jesu Christ, dich etc.
Das Amt der Lehrer, Herr, ist dein; dein soll auch Dank und Ehre seyn, daß du der Kirche, die du liebst, noch immer treue Lehrer giebst.

2. Gesegnet sey ihr Amt und Stand! Sie sind, o Herr, von dir gesandt, und pflanzen, durch dein heilig Wort, auf Erden Licht und Wahrheit fort.

3. Wir wollen ihres Amts uns freun; das Herz soll ihnen offen seyn; dann wird, was ihre Rede | lehrt, in uns durch deinen Geist verklärt.

4. Ermahnen, warnen, strafen sie, so fehle der Gehorsam nie; was uns dein Mund durch sie gebeut, das bringt uns Heil und Seligkeit.

5. Des treuen Lehrers schwere Pflicht erschwere Hohn und Undank nicht; denn das ist wahrlich uns nicht gut, wenn er sein Amt mit Seufzen thut.

6. Nein, fromme Lehrer zu erfreun, soll unsers Herzens Freude seyn. O führe du, Herr, uns zugleich mit ihnen in dein Himmelreich.

290.   Mel. Sey Lob und Ehr etc.
Dein ist das Licht, das uns erhellt, dein ist das Amt der Lehrer. Gott, welch Geschenk für deine Welt, für deines Worts Verehrer! Du sprichst durch deiner Boten Mund, damit dein Reich uns werde kund, der Weg zum ewgen Leben.

2. Welch Amt, zu dämpfen jeden Wahn, das Laster zu bestreiten, und Seelen auf der rechten Bahn zu Jesu hinzuleiten! Wie heilig, aber auch wie schwer! laß, die es führen, immer mehr des Amtes Würde fühlen.

3. Gieb ihnen deiner Weisheit Licht und deines Geistes Gaben, daß sie durch ihren Unterricht viel fromme Seelen laben. Laß ihre Lehre wahr und rein, fest ihren eignen Glauben seyn, ihr Leben fromm und heilig.

4. Erfülle sie mit Freudigkeit, wenn sie dein Wort verkünden; gieb ihnen Unerschrockenheit, zu strafen unsre Sünden; tröst' uns durch sie in aller Noth, ihr Wort lehr uns, auf Christi Tod einst sanft und selig sterben.

5. Trifft sie Verfolgung oder Hohn, so hilf es ihnen tragen; bist du ihr Schild und großer Lohn, wie dürften sie verzagen? Du sandtest sie; sie ehren dich. Umsonst empören Frevler sich, die Wahrheit zu vertilgen.

6. Vergilt du ihnen, Herr, schon hier mit deinem reichen Segen; sey ihre Zuflucht für und für, ihr Licht auf allen Wegen; und einst vor deinem Angesicht laß sie für treu erfüllte Pflicht des Himmels Kron ererben.

291.   Mel. Nun sich der Tag etc.
Der du noch in der letzten Nacht, eh du für uns erblaßt, den Deinen von der Liebe Macht ins Herz geredet hast!

2. Erinnre deine kleine Schaar, die sich so leicht entzweit, daß deine letzte Sorge war der Glieder Einigkeit.

292.	Mel. Herzliebster Jesu, etc.
Des Herrn Gesetz verkündet den Gemeinen, sich hier in Lieb und Frieden zu vereinen, daß unter Einem Hirten Eine Heerde aus Allen werde.
 2. Mit Einem Opfer sind wir Gott erkaufet, und dazu All' auf Eines Tod getaufet, | daß Jeder nun mit ernstem, heilgem Triebe den Nächsten liebe.
 3. Die ja zu Einem Meister sich bekennen, die darf kein Streit um die Erkenntniß trennen; die Herzen, die sich Eines Heilands freuen, kein Haß entzweien.
 4. Laßt uns wie Brüder bei einander wohnen, und, irrt ein Bruder, seine Schwäche schonen; denn uns gelingt nur durch vereinte Kräfte des Herrn Geschäfte.
 5. Wer Gaben hat, der hat sie, Gott zu preisen; sie sollen sich zu Aller Wohl erweisen, wer selbstgefällig ist, der ist nicht besser, wär' er auch größer.
 6. Wer heller sieht, sey stärker auch in Liebe, auf daß sich gern der Schwache mit ihm übe, zur rechten Freiheit frei sich lasse leiten ohn alles Streiten.
 7. Wie wir zuerst die Sonn' im Morgen sehen, eh sie hinaufsteigt zu des Mittags Höhen: so soll der Glanz, den Kinder Gottes zeigen, stets höher steigen.
 8. So wollen wir in Liebe weiter dringen, und harren auf des Gotteswerks Gelingen, daß unter Einem Hirten Eine Heerde aus Allen werde.

293.	Mel. Nun freut euch etc.
Dich, Herr, dich loben herzlich wir, trotz wilder Trübsalswetter! Wir stehn, du fester Fels, auf dir, du bist uns Schutz und Retter! Von dir allein kommt unser Heil; du bist der Deinen sichres Theil, der Hort, auf den wir trauen.
 2. Dich preisen wir, du großer Gott, mit Loben und mit Beten; dadurch wird unser Feind zu Spott, du wirst ihn niedertreten. Nimm uns als wie dein Aug' in Acht, mit starken Flügeln deiner Macht beschirme die Verlassnen.
 3. Wir danken, Gott, von Herzen dir für deine Wunderwerke; was du gethan, verkünden wir und rühmen deine Stärke. Wie du uns gnädig angeblickt, wie du uns schon so oft erquickt, deß freun wir uns ohn Ende.
 4. Dort Jene trotzen ohne Scheu auf ihre Roß' und Wagen; uns aber stehst du, Höchster, bei, den Feind in Flucht zu schlagen. Im Namen deiner Majestät wird uns das Siegspanier erhöht: Israels Hüter wachet.
 5. Du deckst uns vor der bösen Welt in deinen sel'gen Hütten, du nimmst uns auf in dein Gezelt, wenn tapfer wir gestritten. Stets bleibst du unser Licht und Heil, und wo es Noth, wirst du in Eil in deiner Macht erscheinen.
 6. So hältst du stets durch deine Kraft die fest, die nach dir fragen, und Trost und Ruhe wird geschafft nach herber Noth und Plagen; die Rechte Got|tes bricht hervor, die Rechte Gottes schwebt empor, die Rechte Gottes sieget.

294.	Mel. Dir, dir, Jehovah etc.
Dich, Jesu, preisen unsre Lieder, dich, Herr, der seine Kirche stets regiert! du gabst uns einen Hirten wieder, du hast ihn dieser Heerde zugeführt. Heil uns, daß du so treu die Deinen liebst, und fromme Hirten deiner Heerde giebst!

2. Sey auch mit diesem deinem Knechte; mach offenbar durch ihn dein theures Wort, dein Licht und deine heilgen Rechte, und wie du lohnst den Deinen hier und dort: so wird die Heerde, die er weiden soll, durch seinen Dienst des wahren Glaubens voll.

3. Verleih ihm Muth und Geistesstärke, erhalt in ihm den frommen Hirtensinn, daß er in seinem Amt und Werke seh unverwandt, Herr, auf dein Vorbild hin. Ihn rühre weder Menschengunst noch Dräun, sein Hoffen gehe stets auf dich allein.

4. Verleih, daß tief in's Herz uns dringen des Lebens Worte, die sein Mund uns lehrt, so werden wir viel Früchte bringen, so wird durch ihn dein göttlich Reich gemehrt. Sey hier, o Herr, sein Schild und großer Lohn, dort preis' er dich, sammt uns, vor deinem Thron.

295.   Mel. Sey Lob und Ehr etc.
Die Feinde deines Kreuzes drohn dein Reich, Herr, zu zerstören; du aber, Mittler, Gottessohn, kannst ihrem Trotze wehren. Dein Thron bestehet ewiglich; vergebens wird sich wider dich die Macht der Hölle rüsten.

2. Dein Reich ist nicht von dieser Welt, kein Werk von Menschenkindern; drum konnt auch keine Macht der Welt, Herr, seinen Fortgang hindern. Dein Erbe bleibt dir immerdar, und wird selbst durch der Feinde Schaar zu deinem Ruhm sich mehren.

3. Du wollest deine Herrschaft noch auf Erden weit verbreiten, und unter deinem sanften Joch zum Heil die Völker leiten! Vom Aufgang bis zum Niedergang bring' alle Welt dir Preis und Dank und glaub an deinen Namen.

4. Auch deine Feinde, die dich schmähn, die frevelnd sich empören, laß deiner Gnade Wunder sehn, daß sie sich noch bekehren! Lehr sie mit uns gen Himmel schaun, und unerschüttert im Vertraun auf deine Zukunft warten!

5. Uns, deine Gläub'gen, wollest du fest in der Wahrheit gründen, daß wir für unsre Seelen Ruh in deiner Gnade finden! Mach unsers Glaubens uns gewiß! Vor Irrthum und vor Finsterniß bewahr uns bis an's Ende.

6. Dein Geist führ uns auf | ebner Bahn und heilge unsern Willen; so wird dein Volk, dir unterthan, gern dein Gesetz erfüllen, bis du erscheinest zum Gericht, und dann vor deinem Angesicht die Menschenkinder sammelst.

7. Voll Zuversicht erwarten dich, Herr, alle deine Frommen, und freun des großen Tages sich, da du wirst wiederkommen. Dann werden wir, o Gottessohn, den uns verheißnen Gnadenlohn, dein Himmelreich ererben.

296.   In eigner Melodie.
Ein' feste Burg ist unser Gott, ein' gute Wehr und Waffen, er hilft uns frei aus aller Noth, die uns jetzt hat betroffen. Der alte böse Feind mit Ernste er's jetzt meint: groß Macht und viele List sein' grausam Rüstung ist, auf Erden ist nicht seines gleichen.

2. Mit unsrer Macht ist nichts gethan, wir sind gar bald verloren; es streit't für uns der rechte Mann, den Gott selbst hat erkoren. Fragst du, wer er ist?

---

7 Menschengunst] *so* OD Halle; OD München: Menschengunst,

XII. Von der christlichen Kirche

Er heißet Jesus Christ, der Herre Zebaoth, und ist kein andrer Gott, das Feld muß er behalten.

3. Und wenn die Welt voll Teufel wär' und wollten uns verschlingen, so fürchten wir uns nicht so sehr, es soll uns doch gelingen; der Fürste dieser Welt, wie sauer er sich stellt, thut er uns doch nichts, das macht, er ist gericht't, ein Wörtlein kann ihn fällen.

4. Das Wort sie sollen lassen stahn, und kein'n Dank dazu haben. Er ist bei uns wohl auf dem Plan mit seinem Geist und Gaben. Nehmen sie uns den Leib, Gut, Ehre, Kind und Weib, laß fahren dahin, sie haben's kein'n Gewinn, das Reich Gottes muß uns bleiben.

297. *In eigner Melodie.*

Erhalt uns, Herr, bei deinem Wort, sey deinem Volk ein starker Hort, wenn deines Sohnes Feinde drohn, zu stürzen ihn von seinem Thron.

2. Beweise deine Macht, Herr Christ, du, der du Aller Herrscher bist, und schirme deine Christenheit, daß sie dich lob in Ewigkeit.

3. Gieb, heil'ger Geist, du Tröster werth, uns Einen Sinn hier auf der Erd', und hilf uns in der letzten Noth, leit uns zum Leben durch den Tod.

298. *Mel. Dir, dir, Jehovah, will etc.*

Erhöre gnädig unser Flehen für deinen Knecht, den du uns zugesandt. Stärk ihn mit Kraft aus deinen Höhen, und rüst' ihn aus zu seinem Amt und Stand. Durch deinen Geist nur wird er recht belehrt, und seines Glaubens Zuversicht gemehrt.

2. Zu seinem Säen, Pflanzen, Bauen gieb dein Gedeihn, | o Herr, von oben her, und laß ihn reiche Früchte schauen zu unserm Heil und deines Namens Ehr. Was er verkündiget aus deinem Wort, das bleib' und wirke bei uns fort und fort.

3. Bewahre ihm die ganze Heerde, die seiner Hirtentreu du willst vertraun, daß keiner je verloren werde, daß Alle dort dein Antlitz mögen schaun. Laß deine Weisheit reichlich auf ihm ruhn, so wird ein leuchtend Vorbild uns sein Thun.

4. Dein Wort in seinem Munde gleiche dem Strom, der jeden Widerstand zerstört; vor seiner ernsten Rede weiche, was gegen Gottes Wahrheit sich empört. Sie sey ein Schwerdt, das in die Herzen dringt. und die Verstockten auch zur Buße zwingt.

5. Verleih ihm deines Geistes Waffen, dem Spott und Drohn der Welt zu widerstehn, und wenn er unser Heil soll schaffen, laß ihn auf Lohn und Menschengunst nicht sehn. Gieb, wenn er lehrt und warnt, ihm Kraft und Licht, und wenn er tröstet, feste Zuversicht.

6. Wohlan! wir baun auf deine Gnade, laß seinen Eingang hier gesegnet seyn. Leit ferner ihn auf ebnem Pfade, und laß sein Werk zu deinem Ruhm gedeihn. Sey mit uns, Herr, wir sind auf dich getauft, mit deinem Blut hast du uns All' erkauft.

299. *In eigner Melodie.*

Es wolle Gott uns gnädig seyn, und seinen Segen geben, sein Antlitz uns mit hellem Schein erleucht zum ewgen Leben, daß wir erkennen seine Werk', und was er schafft auf Erden, und Jesu Christi Heil und Stärk bekannt den Völkern werden und sie zu Gott bekehren.

2. So danken dir und loben dich, Herr Gott, die Völker alle, der ganze Weltkreis freuet sich, und singt mit großem Schalle, daß du auf Erden Richter bist, und lässest Sünd nicht walten. Dein Wort die Hut und Weide ist, die alles Volk erhalten, in rechter Bahn zu wallen.

3. Es preise, Gott, und lobe dich dein Volk in guten Thaten, das Land bring Frucht und bessre sich, dein Wort laß wohl gerathen. Uns segne, Vater, Sohn und Geist, daß Gottes Reich sich mehre, den alle Welt in Demuth preist, und ihm allein thut Ehre. Nun sprecht von Herzen: Amen.

300.   Mel. Jesu, der du meine etc.
Ewig weis' und ewig milde leitet Gott die Christenheit, deckt mit seiner Allmacht Schilde seine Kinder weit und breit. Stehn sie mit entschlossnem Muthe fest im Kampfe für das Gute: o dann dürfen sie vertraun und voll Hoffnung vorwärts schaun. |

2. Alles Gute muß ja siegen durch des Ewgen starken Schutz. Scheint es oft auch zu erliegen; allen Feinden beut es Trutz. Gott wird in den wildsten Stürmen mächtig Licht und Recht beschirmen. Eine feste Burg ist Gott, aller Frevel wird zu Spott.

3. Menschen können den verdammen, der die Wahrheit liebt und thut: doch sie selbst stirbt nicht in Flammen, sinkt nicht unter in der Fluth. Und kein frecher Spott wird hindern, daß sich ihre Feinde mindern: wenn man wähnt, sie sey entehrt, wird sie herrlicher verklärt.

4. Wie des Goldes ächte Währung sich im Feuer erst ergiebt, so tritt aus des Streites Gährung auch die Wahrheit ungetrübt. Fruchtlos strebten oft Tyrannen, durch Gewalt sie zu verbannen; fruchtlos nahm oft Menschenwahn selbst den Schein der Wahrheit an.

5. Gott hilft seinem Reiche siegen, er, der selbst die Wahrheit ist; mag der Irrthum es bekriegen, oder Bosheit, Trug und List. Und nichts hat es mit den Waffen irdischer Gewalt zu schaffen, weil es nur den Sieg erringt, wenn das Wort zum Herzen dringt.

6. Auf denn! weihet euch dem Wahren, bleibt dem Guten immer treu! Drohten ferner auch Gefahren: der Befreier kommt herbei. Suchet, Brüder, nur hienieden Christi Wahrheit, Licht und Frieden, bis euch in der bessern Welt ganz das ew'ge Licht erhellt.

301.   Mel. Nun lob mein etc.
Fest steht zu Gottes Ruhme die Kirche, die geweihte Stadt, die ihm zum Heiligthume des Menschen Sohn gebauet hat. Er wohnt mit seiner Wahrheit in ihren Mauern gern; sie glänzt in hoher Klarheit, und freut sich ihres Herrn. Oft stürmten schon die Wogen des Krieges gegen sie: umsonst, die Feinde zogen zurück, und siegten nie.

2. Auf Felsengrund erbaut, ist sie zur Gottesstadt erhöht, die ihm allein vertrauet, und ewig, durch sein Wort besteht. Von ihren Bergen funkelt der Wahrheit Sonnenlicht, das, niemals mehr verdunkelt, durch alle Nebel bricht.

So bleibt dem Wahn entrissen die gläub'ge Schaar des Herrn; sie reinigt ihr Gewissen, gehorcht und dient ihm gern.
  3. Die Krone der Belohnung winkt jedem Bürger dieser Stadt, der hier sich seine Wohnung erwählt, und treu gestritten hat. Er fürchtet kein Verderben, bleibt hier in sichrer Ruh, und eilet einst im Sterben froh seiner Heimath zu. Vom Vater aufgenommen, wird er ganz selig seyn mit den verklärten Frommen, die ihres Lohns sich freun. |
  4. Frohlocke denn und singe, Stadt Gottes, deines Königs Ruhm! Breit aus sein Reich, und bringe, die draußen sind, in's Heiligthum, daß Alle selig werden, von seinem Wort belehrt, und freudig thun auf Erden, was seinen Namen ehrt; bis alles Volk erneuert und in sein Licht verklärt ein Fest des Friedens feiert, das ewig, ewig währt.

302.   Mel. Straf mich nicht in etc.
Geist des Herrn, dein Licht allein muß der Kirche leuchten, sonst wird eignen Wahnes Schein uns wie Wahrheit däuchten. Dann entzweit leerer Streit, die auf deine Lehren einzig sollen hören.
  2. Lehr uns treu, du Geist des Herrn, nach der Wahrheit ringen, alle Menschenmeinung gern dir zum Opfer bringen. Wer sind wir? Drum nur dir bleibe Kraft und Ehre reiner Gotteslehre.
  3. Lehr uns auch bei deinem Schein unsre Schwäche prüfen; ohne dich dringt Niemand ein in des Herzens Tiefen. Nur die hier schon aus dir sind aufs Neu geboren, öffnen Aug' und Ohren.
  4. Was den Frieden Gottes mehrt, das mach Allen wichtig; was den Stolz des Wissens nährt, sey uns klein und nichtig. Eins ist Noth! Himmelsbrod laß uns niemals fehlen; wohl dann unsern Seelen!
  5. Der das Haupt der Kirche ist, ihn hilf uns bekennen, und ihn unsern Herrn und Christ vor der Welt auch nennen. Wahr und frei, stark und treu müssen sich die Seinen All' um ihn vereinen.
  6. Ihn verklär in deiner Kraft seiner Boten Lehre, daß als Christi Jüngerschaft sich sein Volk bewähre. Aller Welt Bau zerfällt; Himmel selbst vergehen; Christi Kreuz muß stehen.

303.   Mel. Es woll' uns Gott etc.
Gott, dir sey ewig Preis und Ruhm, daß du uns hast erkoren zu deinem Volk und Eigenthum, und aus dem Geist geboren. Du hast uns deines Worts Licht durch deinen Sohn gegeben; die, so ihm folgen, irren nicht; sie werden ewges Leben und volle Gnüge finden.
  2. Wie du durch treuer Knechte Mund geredet hast vor Zeiten, so mach dein Wort auch ferner kund, laß es sich weit verbreiten. Gieb treue Hirten, die ihr Werk in deiner Furcht vollbringen, durch reine Lehr' mit Geist und Stärk' tief in die Herzen dringen, und sie zu dir bekehren.
  3. Gieb, daß sie mit gottselgem Sinn ermahnen, strafen, trösten und führen treu zu Jesu hin, die von ihm theu'r Erlösten. Laß uns des Wortes Thäter seyn, und nicht nur träge Hörer. Mit deinem Geist kehr bei uns ein, daß wir und unsre Lehrer des Glaubens Ziel erlangen. |

11 bis] Bis

304.   Mel. Nun lob meine Seel etc.

Gott ist ein Schutz in Nöthen, und seiner Kirche Zuversicht; wenn wir um Hülfe beten, versagt er seine Hülf' ihr nicht. Wenn gleich an allen Orten Gefahren sie bedräun; wenn gleich der Hölle Pforten stets ihren Kampf erneun, wenn Macht und List verbündet sich rüsten gegen sie, der Herr, der sie gegründet, der Herr verläßt sie nie.

2. Sie ist ein Fels im Meere, es stürme wilder Wogen Fluth; doch bricht sich, Gott zur Ehre, an diesen Felsen ihre Wuth. Sie ist das Licht der Erden, vom Himmel uns gebracht, das nicht verlöscht kann werden in finstrer Mitternacht. Sie ist auf Bergeshöhen die fest gebaute Stadt, Gott läßt sie nicht vergehen, der sie gegründet hat.

3. Der Stadt geweihte Mauern sind auf des Glaubens Grund erhöht, und darum wird sie dauern, ob Erd und Himmel untergeht. Wenn Alles wankt und weichet, der Erde Bau zerbricht, wenn schauervoll erbleichet der Sonne strahlend Licht, dann endlich wird vollführet, was Gottes Rath erdacht; die Kirche triumphiret dann ob der Hölle Macht.

4. Bis dahin, wie viel Kinder, die für den Himmel sie gebiert, wie viel bekehrte Sünder, die sie zu ihrem Heiland führt! Ihr, die ihr sie bekrieget, ihr schaffet euch nur Pein! zu ihr, die doch einst sieget, geht bald im Glauben ein; dann könnt ihr noch entrinnen dem Abgrund, der euch dräut, könnt Kronen noch gewinnen in einem bessern Streit.

305.   Mel. Einer ist König etc.

Großer Immanuel, schaue von oben deiner Gemeinde Bedrängniß und Noth; sieh deiner Feinde vermessenes Toben und die Gefahr, die dein Erbtheil bedroht; wie sie noch immer bekämpfen den Glauben, wollen dein Wort und dich selber uns rauben!

2. Ist nicht die Macht des Verderbens gedrungen bis in der Deinen geheiligten Kreis? Seelen, die früher so eifrig gerungen, lassen jetzt nach in gottseligem Fleiß. Statt des Verlangens nach ewigen Gütern herrschet die Welt in den schwachen Gemüthern.

3. Oft wird im Herzen der Glaube geboren, aber er stirbt, weil ihm Nahrung gebricht; lebt er auch, hat er die Kraft doch verloren, völlig zu dringen durchs Finstre zum Licht, freudigen Muthes dich, Herr, zu bekennen. Menschenfurcht höret man Weisheit jetzt nennen.

4. Tief ist in Trauer die Kirche versenket, die uns als geistige Mutter gebiert, tief durch die Trennung so Vieler gekränket; Einheit im Geiste sich täglich verliert. Viele sich scheiden und Viele sich spalten, weil man die Liebe so lässet erkalten.

5. Du, der da sitzet dem Vater zur Rechten, herrschend und waltend aus himmlischer Höh, gieb, daß im Kampf mit den feindlichen Mächten Glauben und Liebe und Kirche besteh! Kräftig und freudig die Wahrheit zu lehren, laß uns gelingen dem Vater zu Ehren.

6. Gieb, daß der Glaube mit himmlischer Klarheit dring in das Dunkel der Seelen hinein, daß sich die Liebe entzünd' an der Wahrheit, enger sich schließe der Christen Verein. Du bist der einzige Hirte der Heerde: gieb, daß sie selber auch Eine nur werde!

XII. Von der christlichen Kirche

306.   Mel. Ein' feste Burg etc.
Herr, deine Kirche danket dir, noch wohnt dein Wort im Lande; von deiner Gnade haben wir noch deinen Geist zum Pfande. Und kommt sie in Gefahr durch der Feinde Schaar, dann hilf, o Jesu Christ! Besiege Macht und List durch deiner Allmacht Walten!
 2. Ja, deine Kirche streitet noch, hilf du ihr mächtig siegen! Nimm ganz von ihr der Knechtschaft Joch, laß sie nicht unterliegen! Auf einen Felsengrund, so verheißt dein Mund, soll sie gebauet seyn, trotz selbst der Hölle Dräun; deß wollen wir uns trösten.
 3. Eins ist, was schmerzlich uns bewegt: die Menge falscher Christen, die deinen Heilgen Namen trägt. und doch nur dient den Lüsten. Nur auf das Eitle hin steht ihr Herz und Sinn; ach, sie bedenken nicht, was für ein schwer Gericht der sichern Seelen wartet.
 4. Laß Alle, die noch draußen stehn, Herr, deine Stimme hören, und die noch in der Irre gehn, sich bald zu dir bekehren! Du, der das Gute schafft, gieb uns Lieb und Kraft; verleih uns tapfern Muth, zu wagen Gut und Blut zu deines Namens Ruhme!
 5. Die Zwietracht tilg' an jedem Ort, erhalt' uns Ruh und Frieden! Laß uns, gestärket durch dein Wort, im Guten nie ermüden! Du, der uns ging voran, ebne selbst die Bahn; und nach der Prüfungszeit führ uns zur Seligkeit der himmlischen Gemeine!

307.   Mel. Mach's mit mir etc.
Hört, die ihr der Gerechtigkeit, die ihr des Herrn begehret! Zu ihm, der Hülf' und Rettung beut, sey euer Herz gekehret. Schaut an den Hort der Zuversicht, das Heil des Helfers säumet nicht.
 2. Der Herr wird Zions Herz erfreun, und seine Wüsten bauen; die Oeden werden Fluren seyn, ein Paradies die Auen. Erschallen wird im Freudenklang ihr Dank, ihr heilger Lobgesang.
 3. Merkt auf, die ihr den Arm erkannt, der aller Enden schaltet! Die Völker sind in dessen Hand, der hehr und heilig waltet. Seht Land und Inseln | nah und fern! Sie harren auf den Arm des Herrn.
 4. Schaut aufwärts zu des Himmels Höhn, blickt zu der Erde Gründen! Der Himmel wird wie Rauch vergehn, wie Dampf die Erde schwinden; das Heil des Herrn bleibt allezeit: nie wankt des Herrn Gerechtigkeit.
 5. O fürchtet nicht der Menschen Schmähn, laßt euch ihr Drohn nicht schrecken! Der Bösen Rath wird nicht bestehn, bald wird das Grab sie dekken. Des Herrn Gerechtigkeit steht fest! Wohl dem, der sich auf ihn verläßt.
 6. Ist er's nicht, der im Meere Bahn dem Bundesvolk bestellte, den Stolz zerschlug in seinem Wahn, des Argen Trotz zerschellte? Ist er's nicht, dessen Gnadenruf sein Gottesreich durch Christum schuf?
 7. Auf, Arm des Herrn, und waffne dich mit deiner alten Stärke! des Feindes Rath und Willen brich, zerstöre seine Werke! Ja, Glaub und Hoffnung ruhn auf dir; Herr, auf dein Heil vertrauen wir.

---

14 Alle,] *so OD München; OD Halle:* alle,

308. In eigner Melodie.
Ihr Kinder des Höchsten, wie stehts um die Liebe? Gehorchet ihr willig dem heiligen Triebe? Ist keine Zertrennung der Geister geschehn? Bleibt fest ihr im Bunde der Einigkeit stehn? Der Vater im Himmel kann Herzen erkennen; wir dürfen vor ihm ja uns Brüder nur nennen, wenn Alle in herzlicher Liebe entbrennen.
2. Wie nah' uns auch stehn die natürlich Verwandten: uns bleiben die Brüder die nächsten Bekannten. Wer noch ist bethört von der Liebe zur Welt, wenn er sich auch fälschlich als Bruder verstellt, den können wir nicht zum Genossen uns nehmen; er muß sich zur Reu' erst und Buße bequemen, und darf des gekreuzigten Herrn sich nicht schämen.
3. Wer aber für Christum aufs neu ist geboren, der ist uns von ihm auch zum Bruder erkoren. Ein Vater, Ein Glaub, Eine Taufe, Ein Geist, der Jesum als einigen Heiland uns preist: das ist es, was Herzen kann selig verbinden, daß Argwohn und Eifersucht müssen verschwinden; nur Friede ist in der Gemeinde zu finden.
4. Wir sind ja desselbigen Reiches Genossen; dasselbige Blut ist für Alle geflossen; drum Jeder mit Allen zum Vaterland dringt, für welches die Kirche stets kämpft und ringt. Und Jeder auch fühlet des Andern Verderben, hilft gerne den Brüdern die Krone erwerben, wie Jeder bereit ist, für Alle zu sterben.
5. So halte der Geist uns von oben zusammen, durch Alle vertheil' er die himmlischen Flammen! wenn Demuth die Herzen vereiniget hat, dann findet kein Unterschied weiter hier Statt. Hier kann nicht mehr Streitsucht und Hassen regieren; der Trieb ist gemeinsam in Allen zu spüren, uns näher zur Wahrheit in Liebe zu führen.
6. Drum lasset uns freudig uns lieben von Herzen, einander versüßen der Pilgerschaft Schmerzen, uns kräftig ermuntern auf schwieriger Bahn, und muthiger klimmen zum Ziele hinan. Ja betet, daß Beistand der Vater uns sende, vereiniget brüderlich Herzen und Hände, so mehret die Liebe sich bei uns ohn' Ende.

309. Mel. Herzliebster Jesu, was etc.
Laß doch, o Jesu, laß dein Reich auf Erden unter den Sündern ausgebreitet werden. Auch ihnen schenke, deiner Leiden wegen, Leben und Segen.
2. Gieb ihnen Gnade, dich recht zu erkennen, daß sie dich gläubig ihren Heiland nennen; gieb ihnen Eifer, daß sie deinen Willen treulich erfüllen.
3. Weck' ihre Herzen, auf die Schrift zu hören, die uns verkündigt deines Mundes Lehren. Wer sie nicht kennt, der suchet stets vergebens Worte des Lebens.
4. Erbarmer, steure deiner Feinde Grimme, die Deinen warne vor des Irrthums Stimme. Hilf ihnen prüfen und das Heil der Seelen weislich erwählen.
5. Sey du ihr Licht in allen Finsternissen, heile selbst ihr verwundetes Gewissen. Beugen hier Leiden ihren Muth darnieder, stärke sie wieder.
6. Und schütz' uns mächtig mitten unter Bösen, bis du von ihnen ganz uns wirst erlösen, bis wir zu dir und den verklärten Frommen frohlockend kommen.

310. Mel. Jesu, hilf siegen etc.
Mitten in Stürmen und tobenden Wellen, Christen, vertraut der allmächtigen Hand! Die unter Christi Befehle sich stellen, rettet er bald an das sichere Land. Wenn euch die dunkelsten Nächte bedecken, kann doch ihr Grauen euch wenig erschrecken.
  2. Toben die Feinde zur Rechten und Linken, wüthet verheerend das blinkende Schwert: laßt nur, o Christen, die Häupter nicht sinken, da sich im Herzen euch Christus verklärt. Stets kann die Seele den Frieden erhalten, wenn sie den Schöpfer in Allem läßt walten.
  3. Darum verzehrt nicht im ängstlichen Sorgen Kraft und Gesundheit und flüchtige Zeit, bleibt doch im Rathe des Höchsten verborgen, wann einem Jeden sein End ist bereit. Christen, es sind ja unnöthige Schmerzen, die sich bereiten die thörichten Herzen.
  4. Gottes allmächtige Stärke beweiset auch in den Schwachen die siegende Kraft, dadurch wird herrlich sein Name gepreiset, daß er den Zagenden Freudigkeit schafft. Auf dann, erhebt euch zum muth'gen Vertrauen, wenn | ihr die Hülfe des Höchsten wollt schauen.

311. Mel. O du Liebe meiner etc.
Durchbrecher aller Bande, der du Welt und Tod bezwangst, und aus der Erniedrung Stande dich empor zum Himmel schwangst! Um die Deinen zu erretten, willst du immer bei uns seyn: so zerbrich denn unsre Ketten, ende unsrer Knechtschaft Pein.
  2. Daß du nichts von dem verlierest, was der Vater dir geschenkt; daß du uns zur Ruhe führest, aus dem Kampf, der uns bedrängt: dazu wohnt in dir die Fülle aller Weisheit, Lieb und Macht. Deines Vaters heilger Wille sey durch dich an uns vollbracht.
  3. Schau hernieder, wie wir ringen, wie wir seufzen immerdar. Laß zu dir die Bitte dringen, uns zu schützen vor Gefahr; uns allmächtig zu erlösen von dem Dienst der Eitelkeit, von der List und Macht des Bösen, welches stets den Kampf erneut.
  4. Herr, zermalme, Herr, zerstöre diese Macht der Finsterniß; der preist nicht mehr deine Ehre, den sie fort zum Tode riß. Heb uns aus dem Staub der Sünden, treib die Lust der Welt hinaus, laß uns wahre Freiheit finden in des ewgen Vaters Haus.
  5. Wir verlangen keine Ruhe für das Fleisch in dieser Zeit; soll es leiden: wohl, so thue, was uns frommt zur Seligkeit. Doch mit gläubigem Vertrauen hält der Geist sich an dir fest, und will die Erlösung schauen, die uns nicht mehr sünd'gen läßt.
  6. Herrscher, herrsche, Sieger, siege, König, brauch dein Regiment! führe deines Reiches Kriege, mach der Sclaverei ein End. So treibt uns der Geist, zu rufen: nimm dich unsrer Schwachheit an! Zeig uns nur die ersten Stufen der gebrochnen Freiheitsbahn!
  7. Hast du uns dir doch erworben durch die bittre Kreuzespein; drum so wahr du bist gestorben, mußt du uns auch machen rein. Rein ist, frei und ganz vollkommen, ähnlich deinem heilgen Bild, wer die Gnade hat genommen, die aus deiner Fülle quillt.

8. Zeuch uns mit dir in dein Sterben, laß uns mit dir auferstehn, was dein Reich nicht kann ererben, das laß in uns untergehn. Herr, schon hebst du deine Rechte, doch wir müssen wacker seyn. Sehet, aus dem Schooß der Nächte bricht der Freiheit Morgenschein.

312.　　　　　　　　Mel. Herzliebster Jesu etc.
Schütze die Deinen, die nach dir sich nennen, und dich, o Jesu, vor der Welt bekennen; laß deinen Händen, wie du selbst verheißen, nichts sie entreißen.
2. Laß deine Wahrheit rein verkündigt werden, mach' ihre Siege herrlicher auf Erden, gieb Muth und Weisheit denen, die | sie lehren, dein Reich zu mehren.
3. So lange noch die Deinen müssen streiten, steh' ihnen, Herr, mit deiner Kraft zur Seiten, und führ sie endlich aus dem Kampf hienieden zum ew'gen Frieden.
4. Einst werden wir mit den verklärten Schaaren, die vor uns hier getreue Kämpfer waren, dich, der zur Rechten Gottes ist erhoben, auf ewig loben.

313.　　　　　　　　Mel. Ich bin ja, Herr etc.
Seht, was der Herr der Kirche thut; er giebet seinen Knechten Muth und reiche Kraft, von ihm zu zeugen. Sie gehen aus, die er gesandt, und machen uns den Herrn bekannt, vor dem sich Aller Kniee beugen; sein ew'ges Evangelium verkünden sie zu deinem Ruhm.
2. Der Sünde Reich wird untergehn; dein Reich, o Jesu, wird bestehn, und deine Herrschaft ewig währen. Du bist der Kirche starker Schutz, und diesen Felsen wird kein Trutz der Höllenpforten je zerstören. Erhalte sie dir stets getreu, daß sie dein Ruhm und Erbe sey!

314.　　　　　　　　Mel. Freu' dich sehr, o meine etc.
Treuer Hirte deiner Heerde, bleibe deiner Kirche Schutz, daß sie nicht erschüttert werde durch der Feinde Macht und Trutz; wenn sie uns vermessen drohn, dann hilf du uns, Gottes Sohn, daß sie nicht dein Reich zerstören und dein Erbe frech verheeren.
2. Es gilt deines Namens Ehre, deiner Wahrheit Heiligthum, es gilt, Jesu, deine Ehre, deines Leidens Kraft und Ruhm; deiner Auserwählten Schaar sieht ihr Kleinod in Gefahr: dazu kannst du, Herr, nicht schweigen; deine Macht wirst du bezeigen.
3. Wo die Kirche ward bestürmet, warst du allezeit ihr Hort; du bist's auch, der sie beschirmet heute noch und immerfort. Sey auch der Verfolgung viel, du bestimmest ihr das Ziel, du zerstreust der Frevler Rotten, die es wagen, dein zu spotten.
4. Herr! bekehre deine Feinde, daß sie folgen deinem Licht; stärk im Glauben die Gemeinde, mehre ihre Zuversicht; nimm dich der Verirrten an, führ sie auf die rechte Bahn; die sich um ihr Heil betrügen, führ zur Wahrheit von den Lügen.
5. Laß uns recht und redlich handeln, fliehen auch den bösen Schein; fromm in Taubeneinfalt wandeln, und doch klug wie Schlangen seyn; mache

du uns selbst bereit, uns zu schicken in die Zeit, gieb uns Weisheit, daß wir meiden, je durch eigne Schuld zu leiden.

6. Laß uns beten, laß uns wachen, immer stehn auf unsrer Hut! Sey du mächtig in uns Schwachen; hilfst du, so wird Alles gut! Kämpfe du für uns im Streit, und verleih uns Tüchtigkeit, daß wir deine Waffen | führen, bis wir herrlich triumphiren.

315.   Mel. Mein Jesu, dem etc.

Uns bindet, Herr, dein Wort zusammen, in der Gemeinschaft fest zu stehn, so daß der Liebe heilge Flammen stets in den Gläub'gen sind zu sehn. Wir werden durch dies Wort der Gnaden auch zur Gemeinschaft jener Schaar, die längst vor uns hienieden war, gelockt und kräftig eingeladen.

2. Der Glaubensgrund, auf dem wir stehen, ist Christus und sein theures Blut; das einz'ge Ziel, worauf wir sehen, ist Christus, unser höchstes Gut. Die einz'ge Regel, die wir kennen, ist sein lebendig kräftges Wort; nach keinem Mann, nach keinem Ort soll je sich die Gemeinde nennen.

3. Was für ein reich beseligt Leben, mit Gott und seinem heilgen Geist durch Christum in Gemeinschaft schweben, und haben, was er uns verheißt! Was glühen da für sel'ge Triebe! hier schüttet in sein geistlich Haus Gott seine Gnadenfülle aus; hier wohnet er, die ewge Liebe!

4. Ja, uns liebt Gott als seine Kinder, schenkt uns den Geist, der Vater! schreit; des Sohnes Treue schmückt uns Sünder mit ewiger Gerechtigkeit. Und tritt der Geist mit seinem Oele des Friedens und der Freud' hinzu: o, dann erquickt uns Trost und Ruh; und neue Kraft stärkt Leib und Seele.

5. Die sich nach Einem Meister nennen, stehn Alle auch für Einen Mann; vergebens will der Feind sie trennen; in Einem greift er Alle an. Sie fallen betend Gott zu Füßen, und siegen in des Heilands Kraft; denn er will von der Brüderschaft der Heilgen auch nicht Einen missen.

6. So wallen die verbundnen Herzen durchs Thränenthal ins Vaterland, versüßen sich der Erde Schmerzen, Eins reicht dem Andern seine Hand. Und wollen sie einander dienen, so sehn sie mit des Glaubens Blick auf Jesum und ihr wahres Glück: sie sind in ihm, er ist in ihnen.

316.   Mel. Dir, dir, Jehovah etc.

Wach auf, du Geist der ersten Zeugen, der Wächter, die auf Zions Mauern stehn, die Tag' und Nächte nimmer schweigen, und unverzagt dem Feind entgegengehn; ja, deren Ruf die ganze Welt durchdringt, und, Herr, der Völker Schaaren zu dir bringt!

2. Wer sendet uns so treue Knechte, von seiner Liebe Feuer ganz entbrannt? Noch sind dein Licht und deine Rechte, noch ist dein Heil nicht überall bekannt. Das Feld ist weit, die Erndte groß und reich; Arbeiter sende du, den ersten gleich!

3. Breit' aus dein Wort durch große Schaaren, die in der Kraft Evangelisten sey'n. Laß alles Volk dein Heil erfahren, füll jedes Land mit deiner Wahrheit | Schein. Weck Israel aus seinem Schlaf mit Macht, die Heiden reiß aus ihrer Blindheit Nacht.

4. Herr, beßr' auch deines Zions Stege, und ebne deinem Worte Lauf und Bahn. Was hindern kann, räum' aus dem Wege, dämpf und zerstör den falschen Glaubenswahn. Von Miethlingen mach deine Heerde frei, daß Kirch und Schul ein Garten Gottes sey.

5. Du selber hast in deinem Worte uns diese Bitte in den Mund gelegt; du siehst, wie sie an jedem Orte die Herzen deiner Gläubgen tief bewegt: drum neige dich zu unserm heißen Flehn; erhör uns, Herr, und sprich: es soll geschehn!

317. Mel. Wie schön leucht't uns etc.
Was rührt so mächtig Sinn und Herz? Was hebt die Blicke himmelwärts? Wem schallen die Gesänge? Zu dir drängt sich aus fernem Land, vereinigt durch des Glaubens Band, der Völker frohe Menge. Heiland! Retter! deine Wahrheit füllt mit Klarheit unsre Erde, daß der Sünder selig werde.

2. Ein himmlisch Feuer ist entflammt durch dich, der aus dem Himmel stammt, und uns zum Himmel leitet. Es glüht gewaltig fort und fort, wo sich dein seligmachend Wort in Lauterkeit verbreitet. Glaube, Liebe füllt die Seelen, die dich wählen, läutert, reinigt, bis in dir sich Alles einigt.

3. Herr! du giebst Sieg, dich preisen wir, der kalte Nordpol glüht von dir, o Licht, das Allen scheinet. Des Negers Sclavenkette bricht, der Inseln Menge jauchzt dem Licht, das alle Völker einet. Falscher Götter Tempelhallen sind zerfallen; auf den Trümmern siehet man das Kreuz nun schimmern.

4. Des blut'gen Halbmonds Licht erbleicht, des Ostens falscher Schimmer weicht vor deiner Wahrheit Sonne! Schon blickt mit reuiger Begier ein Häuflein Jakobs, Herr! nach dir, ahnt der Vergebung Wonne. Ist die Fülle aller Heiden einst mit Freuden eingegangen, wird auch Jakob Heil erlangen.

5. Dein Geist erfüll' die Boten all, laß ihres Wortes Freudenschall durch alle Länder dringen. Mit Kraft von oben angethan, laß sie bekämpfen Sünd und Wahn, und Heil den Völkern bringen. Dieß nur wolle ihre Seele, und befehle voll Vertrauen dir das Werk, an dem sie bauen.

6. Vertilge alle Eigensucht, Gemächlichkeit und Leidensflucht, und heil'ge dir die Herzen. Verleih zu jedem Opfer Muth, für dich zu wagen Gut und Blut, zu dulden Hohn und Schmerzen. Hilf uns, Heiland, und vermehre dir zur Ehre deine Heerde, bis dein Reich vollendet werde. |

318. Mel. Eine feste Burg etc.
Wenn Christus seine Kirche schützt, so mag die Hölle wüthen; er, der zur Rechten Gottes sitzt, hat Macht, ihr zu gebieten. Er ist mit Hülfe nah; wenn er gebeut, steht's da. Er schützt zu seinem Ruhm sein Volk und Eigenthum; mag doch die Hölle wüthen!

2. Gott sieht's, wenn Fürsten auf dem Thron sich wider ihn empören, und den Gesalbten, seinen Sohn, nicht wollen gläubig ehren. Dein theures Gotteswort, dein Kreuz, Herr, unser Hort, ist ihrem Wahn ein Spott, doch richtet sie einst Gott, sie mögen sich empören.

3. Der Spötter mag die Wahrheit schmähn, uns kann er sie nicht rauben. Der Frevler mag ihr widerstehn, wir halten fest am Glauben. Gelobt sey Jesus

Christ! wer hier sein Jünger ist, sein Wort von Herzen hält, dem kann die ganze Welt die Wahrheit nimmer rauben.

4. Auf, Christen, die ihr ihm vertraut, laß euch kein Drohn erschrecken. Der Gott, der von dem Himmel schaut, wird uns gewiß bedecken. Der Herr, der starke Gott, hält über sein Gebot, giebt uns Geduld in Noth, und Kraft und Muth im Tod; was will uns dann erschrecken?

XIII. Vom göttlichen Worte.

319. Mel. Es ist das Heil uns etc.

Dein Recht, o Gott, und dein Gebot ist heilig, hehr und richtig; wir Menschen sind im Geiste todt, und es zu thun nicht tüchtig; wir wissen's und verstehen's nicht, wenn uns dein göttlich Wort und Licht den Weg zu dir nicht zeiget.

2. Drum hast du vormals ausgesandt Propheten, deine Knechte; sie machten dein Gebot bekannt, und lehrten deine Rechte. Zuletzt kam selbst dein ein'ger Sohn zu uns herab von deinem Thron, uns Gnade zu verkünden.

3. Für solches Heil sey hoch gepreist, laß uns dabei verbleiben, und gieb uns deinen guten Geist, daß wir dem Worte gläuben, und es annehmen jederzeit mit Sanftmuth, Ehrfurcht, Lieb' und Freud, als Gottes, nicht der Menschen.

4. Hilf, daß der Frevler frecher Spott uns nicht vom Wort abwende, denn wer dich lästert, nimmt fürwahr mit Schrecken einst ein Ende. Gieb du selbst deiner Wahrheit Kraft, daß sie, die Licht und Leben schafft, die Seelen ganz durchdringe.

5. Herr, öffne du Verstand und Herz, daß wir dein Wort recht fassen, in Lieb und Leid, in Freud und Schmerz es aus | der Acht nicht lassen; daß wir nicht Hörer nur allein, nein, auch des Wortes Thäter seyn, Frucht hundertfältig bringen.

6. Der Sam' am Wege wird sofort vom Feinde weggenommen; in Fels und Steinen kann das Wort die Wurzel nicht bekommen, und wenn der Sam' in Dornen fällt, hat Sorg' und Wollust dieser Welt bald seine Kraft ersticket.

7. Hilf, daß wir Alle werden gleich, o Herr, dem guten Lande, mach' uns an guten Werken reich in unserm Amt und Stande! laß Frucht uns bringen in Geduld, bewahren deine Lehr' und Huld in reinem, gutem Herzen.

8. Hilf uns, so lang wir leben hier, den Weg der Sünder meiden, daß wir nur halten fest an dir in Anfechtung und Leiden; rott' aus, Herr, was dir nicht gefällt, hilf uns die Sorge dieser Welt und ihre Lüste dämpfen.

9. Dein Wort, o Herr, sey immerdar ein Licht auf unsern Wegen; erhalt' es bei uns rein und klar, und mach' es uns zum Segen; es sey uns Trost in aller Noth, daß wir im Leben und im Tod beständig darauf trauen.

10. O Vater! laß zu deiner Ehr dein Wort sich weit verbreiten: hilf, Jesu, daß uns deine Lehr' erleuchten mög' und leiten. O heilger Geist, dein göttlich Wort laß in uns wirken fort und fort Glaub, Lieb, Geduld und Hoffnung.

320. Mel. Wer nur den lieben etc.

Dein Wort, o Höchster, ist vollkommen, es lehrt uns unsre ganze Pflicht; es weckt den Sünder, stärkt den Frommen, reicht Alles dar, was uns gebricht! O selig, wer es achtsam hört, bewahrt und durch Gehorsam ehrt.

2. Es leuchtet uns auf unsern Wegen, zerstreut des Irrthums Finsterniß; es führt uns unserm Ziel entgegen, und macht uns unsers Heils gewiß; es lehrt uns, daß durch Jesum Christ du unser Gott und Vater bist.

3. Dein Wort erweckt uns, dich zu lieben, dich, der so väterlich uns liebt, mit Freuden dein Gebot zu üben, so wie dein Sohn es hat geübt; es zeiget uns den Gnadenlohn, der unsrer harrt an deinem Thron.

4. Ja, deine heiligen Gesetze sind unsrer ganzen Liebe werth, sind köstlicher, als alle Schätze, und was die eitle Welt begehrt; was aller Menschen Weisheit spricht, muß weichen, Herr, vor deinem Licht.

5. Drum soll das Wort, das du gegeben, stets meines Fußes Leuchte seyn, zu dir soll es mein Herz erheben, mich stärken, trösten und erfreun; noch sterbend will ich darauf baun; was es verheißt, werd' ich einst schaun.

321. Mel. O daß ich tausend etc.

Du hast mir, Gott, dein Wort gegeben; von Herzen preis' ich dich dafür. Es bringt mir Trost | und Heil und Leben; durch Christum schenktest du es mir. Wo strahlte mir der Wahrheit Licht, hätt ich des Heilands Lehre nicht.

2. Auf ungewissem finstern Pfade würd' ich ein Raub des Irrthums seyn; fern von der Hoffnung deiner Gnade müßt' ich in dir den Richter scheun; mir fehlte Muth in jeder Noth, und stündlich schreckte mich der Tod.

3. Von allen jenen Finsternissen hat, Herr, dein Wort mich frei gemacht, der Sünde Herrschaft mich entrissen, zerstreut der Zweifel dunkle Nacht. Nun weiß ich, daß durch dich allein ich kann gerecht und selig seyn.

4. Ich weiß, wozu mich Gott erkoren; mein Glaube giebt mir Zuversicht; im Tode geh ich nicht verloren, und komme nicht in das Gericht. Durch dein Verdienst werd ich bestehn und mich zu deiner Rechten sehn.

5. Laß mich gehorchen deiner Lehre mit wahrem Ernst und heilger Lust, und keines Spötters Trug zerstöre des Glaubens Trost in meiner Brust. An deinem Worte halt' ich fest, das auch im Tod mich nicht verläßt.

322. Mel. Helft mir Gotts etc.

Erkenne, mein Gemüthe, den reichen Segen wohl, den dir aus Gottes Güte die Schrift gewähren soll. Der wahre Unterricht kommt nur durch Geistesgaben, wie Christi Jünger haben, durch die er zu uns spricht.

2. Wie stürzt des Wortes Stärke das Reich des Bösen um! wie baut es neue Werke durchs Evangelium! Wirft auch die Schrift das Herz erst fast zur Hölle nieder, erhebt sie es doch wieder, und lenkt es himmelwärts.

3. Sie trägt der Weisheit Tiefen in schlichter Einfalt vor; sie weckt die, welche schliefen, führt sie zu Gott empor. Sie hilft dem Schwachen flehn, thut auf des Geistes Augen, um Himmelslicht zu saugen, und Gott ins Herz zu sehn.

4. So weiß sie zu bewähren, daß sie vom Himmel sey; wer auf den Geist will hören, erfährt es täglich neu. So haben hier und dort Blutzeugen sie gepriesen, und durch den Tod bewiesen, sie sey das Lebenswort.

5. Die Schrift kann uns nicht lügen, wie Gott uns niemals täuscht; sie kann in dem nicht trügen, was sie von uns erheischt. So nimm ihr Zeugniß an, o hülfsbedürft'ges Herze, ergreif die Himmelskerze, die stets dir leuchten kann.

323.   Mel. Liebster Jesu, wir etc.

Ewig wesentliches Licht, Gott, der du im Lichte lebest, aber auch dein Angesicht leuchtend über uns erhebest, Dank dir, daß den Finsternissen du so gnädig uns entrissen.

2. Deines Ebenbildes Licht ging durch unsre Schuld verloren, deine Stimme hörten nicht, | die vom Fleische sind geboren, so daß sie dich nicht mehr kannten, und die Thorheit Weisheit nannten.

3. Hüter, ist die Nacht dahin? Ja, der Tag soll sie vertreiben! drum ermuntre dich, mein Sinn! wolltest du im Dunkeln bleiben? Gottes Gnad ist nun erschienen, und will dir zum Leitstern dienen.

4. Ja, erfüllet ward die Zeit uns zur ewgen Freud und Wonne! schaut den Glanz der Herrlichkeit, Jesum, der Gerechten Sonne! „Werde Licht!" hat er gesprochen, und der Tag ist angebrochen.

5. Er durchdrang mit seinem Schein die von ihm gesandten Lehrer; dieser strahlt noch hell und rein durch die Schrift ins Herz der Hörer. Wer zu diesem Licht sich wendet, wird vom Irrthum nicht geblendet.

6. So seh ich in mir mein Nichts, und zugleich in Gott mein Alles, meinen Mangel alles Lichts, das Verderben meines Falles, und wie Jesus mir auf Erden will ein Licht zum Himmel werden.

7. Du, mein Licht, erleuchte mich, daß ich mich und dich erkenne, und durch deinen Geist nur dich meinen Herrn und Heiland nenne; tödte selbst des Fleisches Dichten, lehr mich Alles geistlich richten.

8. Dann glänzt mir im Himmelslicht Gottes Gnad' und deine Liebe, dann merk' ich mit Zuversicht auf des guten Geistes Triebe. O daß stets im finstern Thale mir des Lichtes Fülle strahle!

9. Herr, erhalt uns stets dein Wort, daß dein Geist es uns verkläre! Führ' in deinem Licht uns fort, daß dein Heil sich bei uns mehre, bis vor deinem Angesichte wir uns freun im reinsten Lichte.

324.   Mel. Ach Gott und Herr etc.

Gott ist mein Hort, und auf sein Wort soll meine Seele trauen. Ich wandle hier, mein Gott, vor dir im Glauben, nicht im Schauen.

2. Dein Wort ist wahr; laß immerdar mich seine Kräfte schmecken. Laß keinen Spott, o Herr, mein Gott, vom Glauben mich abschrecken.

3. Wo hätt ich Licht, wofern mich nicht dein Wort die Wahrheit lehrte? Gott, ohne sie verstand ich nie, wie ich dich würdig ehrte.

4. Dein Wort erklärt der Seele Werth, Unsterblichkeit und Leben, daß diese Zeit zur Ewigkeit mir sey von dir gegeben.

5. Den ewgen Rath, die Missethat der Sünder zu versühnen, den kenn ich nicht, wär mir dieß Licht nicht durch dein Wort erschienen.

6. Nun darf mein Herz in Reu und Schmerz der Sünden nicht verzagen; nein, du verzeihst, mich lehrt dein Geist im Glauben Vater! sagen. |

7. Mich zu erneun, mich dir zu weihn, ist meines Heils Geschäfte; durch eigne Macht wird's nicht vollbracht, dein Wort allein giebt Kräfte.
8. Herr, unser Hort, bewahr dieß Wort, das du uns hast gegeben. Es sey mein Heil, mein bestes Theil, und führe mich zum Leben.

325. Mel. Liebster Jesu, wir sind etc.

Herr, mein Licht, erleuchte mich, daß ich mich und dich erkenne; daß ich voll Vertrauen dich meinen Gott und Vater nenne; durch dein Wort laß mich auf Erden weise zu dem Himmel werden.
2. Lauter Wahrheit ist dein Wort, lehre mich, es recht verstehen; in dem Forschen hilf mir fort, und laß mich nicht irre gehen; daß ich lern, was mir gebühret, und was mich zum Heile führet.
3. Doch laß nicht nur den Verstand in den Sinn des Wortes dringen; ist dein Wille mir bekannt, so hilf mir ihn auch vollbringen; sonst würd ich bei meinem Wissen doppelt Strafe leiden müssen.
4. Gieb, daß ich den Unterricht deines Wortes treu bewahre; daß ich, was es mir verspricht, reichlich an mir selbst erfahre. Ja, es sey in meinen Leiden mir ein Quell von Trost und Freuden.
5. Bei dem Licht, das es mir beut, laß sich mein Erkenntnis mehren. Stärke mich, wo Dunkelheit in mir will den Glauben stören, daß ich Zweifelsucht entferne, und in Demuth glauben lerne.
6. Laß mich glaubensvoll im Geist jenes Himmels Erbe schauen, das dein heilig Wort verheißt Allen, die auf Christum bauen; daß ich eifrig darnach trachte, und die Lust der Welt verachte.
7. O, verleihe mir die Kraft, deinem Wort gemäß zu handeln, und vor dir gewissenhaft, stets auf richt'ger Bahn zu wandeln; so wird einst in jenem Leben mich ein hellres Licht umgeben.

326. Mel. Liebster Jesu, wir sind etc.

Höchster Gott, dir danken wir, daß du uns dein Wort gegeben; innig bitten wir von dir: hilf uns heilig darnach leben; gieb dem Glauben solche Stärke, daß er thätig sey durch Werke.
2. Uns, o Vater, lehrest du, was wir thun und glauben sollen; schenk uns deine Kraft dazu, gieb zum Wissen uns das Wollen und zum Wollen, das Vollbringen, so wird Alles wohlgelingen.

327. Mel. Gott des Himmels und etc.

Theures Wort aus Gottes Munde, das mein ganzes Herz bewegt, dich allein hab ich zum Grunde meiner Seligkeit gelegt. In dir treff ich Alles an, was zu Gott mich führen kann. |
2. Will ich einen Vorschmack haben von des Himmels Seligkeit: du kannst mich mit Manna laben, das des Geistes Kraft erneut; du bist mir zum Quell geschenkt, der die durstge Seele tränkt.
3. Geist des Herrn, der ohne Wanken durch das Wort mich heilgen will, lenke gnädig die Gedanken, mache ruhig mich und still, daß die Welt mich niemals stört, wenn mein Herz dich reden hört.

4. Gieb dem Samen einen Acker, der die Frucht nicht schuldig bleibt; mache mir die Augen wacker, wo dein Licht die Nacht vertreibt. Glauben präg dem Herzen ein, fern laß jeden Zweifel seyn.
5. Was ich höre, laß mich merken, was du sagest, laß mich thun. Wird sich die Erkenntniß stärken, laß die Liebe auch nicht ruhn, daß ich fest im Glauben steh, bis ich einst zum Schauen geh.

328.   Mel. Wach auf, mein Herz etc.
Wer Ohren hat, der höre die reine Gotteslehre, in Geist und Kraft verkündigt durch den, der uns entsündigt.
2. Aus Gottes Wort erfahret, wie Gott sich offenbaret dem, der ihn sucht und gläubet, und in der Liebe bleibet.
3. Wir müssen Kinder werden! Die Weisheit dieser Erden kann nicht vor Gott bestehen auf ihren stolzen Höhen.
4. Nicht nur der Geist der Weisen, die Einfalt soll Gott preisen; den Blöden und den Schwachen will er sich kennbar machen.
5. Der Demuth stilles Sehnen, der Andacht brünstge Thränen eröffnen uns die Pfade der Wahrheit und der Gnade.
6. Ein Grundstein ist geleget, der das Gebäude träget; Er ist der Weg, das Leben, der Weinstock, wir die Reben.
7. O laß an ihm uns bleiben, auf daß wir Blüthen treiben, von ihm die Kraft empfangen, mit edler Frucht zu prangen.

329.   Mel. Jesus, meine Freude etc.
Wort aus Gottes Munde, Wort vom neuen Bunde, Evangelium! Bald, da wir gesündigt, wurdest du verkündigt zu der Gnade Ruhm. Welches Heil ward uns zu Theil durch die Botschaft, daß vom Bösen Gott uns will erlösen.
2. Was sein höchster Wille in der Gnaden Fülle hat zuvor versehn, was der Opfer Schatten vorgebildet hatten, das ist nun geschehn; Gottes Rath wird nun zur That, ist in Jesu Ja und Amen, Preis sey seinem Namen!
3. Alles ist vollendet, uns ist zugewendet reiche Gnad und Huld. Jesus ist gestorben, Jesus hat erworben Tilgung unsrer Schuld. Jesus lebt, | und er entschwebt, um auf Gottes Thron zu sitzen, und sein Reich zu schützen.
4. Uns, in Sünden Todten, machen Jesu Boten Heil und Leben kund. Hehr und lieblich klinget, Geist und Herz durchdringet, was uns sag ihr Mund; alle Welt wird nun erhellt, daß man glaub und sich bekehre, heißt die Himmelslehre.
5. Kommt, zerknirschte Herzen, denen bittre Schmerzen das Gesetz erregt. Er hat euch geladen, der aus lauter Gnaden eure Schmerzen trägt. Jesu Blut stärk euren Muth! Gott ist hier, der euch geliebet, und die Schuld vergiebet.
6. Dieser Grund bestehet; wenn die Welt vergehet, fällt er doch nicht ein, darauf will ich bauen, so soll mein Vertrauen wahrhaft christlich sein. Auch will ich nun würdiglich in der Kraft, die mir gegeben, wahrhaft christlich leben.

XIV. Vom Gebet.

330.   Mel. Auf meinen lieben Gott etc.

Ach ewig heil'ger Gott, mich drückt des Zweifels Noth, ob nicht die viele Sünde, die ich in mir noch finde, dir gänzlich wird verwehren, mein Beten zu erhören.

2. Doch warum bet ich nicht mit beßrer Zuversicht? Du, Herr, willst ja das Flehen der Sünder nicht verschmähen, du lockest sie, mit Beten vor deinen Thron zu treten.

3. Wer nur es muthig wagt und eilet unverzagt, die Hulfe zu begehren, die du nur kannst gewähren, der soll von deinen Gaben, so viel ihm nützet, haben.

4. Darum fleh ich zu dir: Verzeih, o Vater, mir, daß sündliche Gedanken und hin und wieder Wanken im Glauben mich gestöret, dem Gnadenstrom gewehret.

5. Gieb du mir Zuversicht, daß ich, wenn mirs gebricht, vor dir, dem treuen Vater, dem freundlichen Berather, in frommen Kindesbitten mein Herze mög ausschütten.

331.   In eigner Melodie.

Dir, dir, Jehovah, will ich singen! denn wo ist doch ein solcher Gott, wie du? Dir will ich meine Lieder bringen, ach? gieb mir deines Geistes Kraft dazu, daß ich es thu im Namen Jesu Christ, so wie es dir durch ihn gefällig ist.

2. Zeuch, Vater, mich zu deinem Sohne, damit dein Sohn mich wieder zieh zu dir! dein Geist in meinem Herzen wohne, und Sinnen und Verstand allein regier, daß ich des Himmels Frieden schmeck und fühl, und dankbar dir im Herzen sing und spiel.

3. Erfüllt mich, Höchster, dieser Friede, so ist vor dir mein Singen recht gethan; so klingt es schön in meinem Liede, ich bete dich in Geist und Wahrheit an; so hebt dein Geist mein Herz zu dir empor, daß ich dir Psalmen sing' im höhern Chor.

4. Denn er kann mich bei dir vertreten mit Seufzern, die ganz unaussprechlich sind; er lehret mich recht gläubig beten, giebt Zeugniß meinem Geist, ich sey dein Kind; Miterbe meines Herren Jesu Christ, durch den du mein versöhnter Vater bist.

5. Wohl mir, daß ich dies Zeugniß habe, drum bin ich voller Trost und Freudigkeit, und weiß, du giebst mir jede Gabe, die jetzt und ewig mir zum Heil gedeiht. Ja, Vater! du thust überschwänglich mehr, als ich verstehe, bitte und begehr.

6. Wohl mir! ich bitt in Jesu Namen, der mich zu deiner Rechten selbst vertritt! In ihm ist Alles Ja und Amen, was ich von dir im Geist und Glauben bitt. Wohl mir, den deine Huld so hoch erfreut! Preis und Anbetung dir in Ewigkeit!

332.   Mel. Herr Jesu Christ, dich zu etc.

Du, deß sich alle Himmel freun, auch unsre Seele freut sich dein, daß du, deß Macht unendlich ist, daß du, Gott, unser Vater bist.

XIV. Vom Gebet

2. Weit über unser Denken, weit, geht deines Namen Herrlichkeit! Ihn heilige, wer dich bekennt, und dich durch Christum Vater nennt.
3. Breit aus dein Reich und seinen Ruhm durch Jesu Evangelium; mach unser Herz ihm unterthan, so beten wir dich freudig an.
4. Nur das ist Heil und Seligkeit, was uns dein Wille, Herr, gebeut; gieb, daß auf Erden er gescheh, so wie in deiner Himmelshöh.
5. Du, Vater, weißt, was uns ist noth, gieb uns heut unser täglich Brod; doch gieb uns auch ein Herz dabei, das dankbar und genügsam sey.
6. Vergieb, vergieb uns unsre Schuld; trag unsre Schwachheit mit Geduld, so wie, von Rachbegierde rein, auch wir dem Bruder gern verzeihn.
7. Zu schwer sey die Versuchung nicht; Herr, stärk uns, wenn uns Kraft gebricht, steh uns zum Siege mächtig bei, mach uns im Guten fest und treu.
8. Erlös' uns, o du treuer Gott, nach deinem Rath aus aller Noth; nimm nach vollbrachtem Prüfungslauf uns zu dem höhern Leben auf.
9. In deines Himmels Heiligthum, auf deiner Erd' er|schallt dein Ruhm! Dein ist die Macht, die Herrlichkeit, von Ewigkeit zu Ewigkeit.

333. Mel. Aus tiefer Noth etc.

Gott, der du unser Vater bist, in Himmel hoch erhoben, und schauest, was auf Erden ist, von deinem Throne droben; Herr, unser Trost und Zuversicht! verwirf das Flehn der Deinen nicht, erhör uns, deine Kinder.
2. Preis dir, deß Name heilig ist, laß uns ihm Ehre geben, wie groß und wunderbar du bist, mit Freudigkeit erheben, erkennen deine Macht und Treu, dir dienen ohne Heuchelei im Geist und in der Wahrheit.
3. Gieb uns in deinem Gnadenreich des heilgen Geistes Gaben, daß wir mit deinem Wort zugleich Glaub, Lieb und Hoffnung haben. Der Sünde Reich und Macht zerstör, schütz deine Kirch und sie vermehr in Einigkeit und Frieden.
4. Wie in dem Himmel für und für, gescheh dein Will auf Erden, daß unser Wille und Begier dadurch gebrochen werden; verleih uns, Herr, in Freud und Leid ein ruhig Herz, daß jederzeit dein Rath uns wohlgefalle.
5. Gieb unser täglich Brod uns heut durch Arbeit unsrer Hände, und was hier wahrhaft uns erfreut, uns mildiglich zuwende; gieb fromme Obern, Fried und Heil, auch Jedem sein bescheiden Theil, und daß daran uns gnüge.
6. Vergieb uns gnädig alle Schuld, womit wir sind beladen, trag fernerhin mit uns Geduld, und nimm uns an zu Gnaden; hilf uns, daß wir dir ähnlich seyn, von ganzem Herzen auch verzeihn dem Nächsten seine Fehler.
7. Herr, in Versuchung führ uns nicht, laß uns nicht unterliegen; gieb uns die Kraft, die uns gebricht, das Böse zu besiegen; doch ist die Prüfung für uns gut, so gieb durch deinen Geist uns Muth, gieb Freudigkeit und Stärke.
8. Von allem Uebel, aller Noth wollst du uns, Herr, erlösen; hilf uns im Leben und im Tod, befrei uns von dem Bösen; und wenn uns Kreuz und Trübsal plagt, gieb, daß wir froh und unverzagt des Glaubens Ziel erreichen.
9. Dieß Alles, Vater, werde wahr, du wollest es erfüllen: erhör und hilf uns immerdar um Jesu Christi willen! Denn dein, o Herr, ist allezeit von Ewigkeit zu Ewigkeit das Reich, die Macht, die Ehre.

334. Mel. Straf mich nicht in etc.
Mache dich, mein Geist, bereit, wache, fleh' und bete, daß dir nicht die böse Zeit plötzlich nahe trete; unverhofft ist schon oft über viele Frommen die Versuchung kommen. |

2. Säume nicht und wache auf von dem Sündenschlafe, sonst ereilt mit schnellem Lauf dich Gericht und Strafe. Sieh, es droht dir der Tod; laß dich nicht in Sünden unbereitet finden.

3. Wache, daß dich nicht die Welt durch Gewalt bezwinge, oder, wenn sie sich verstellt, listig an sich bringe; wach und sieh, daß dich nie falscher Brüder Lügen um dein Heil betrügen.

4. Wache, hab' auf dich wohl Acht, trau nicht deinem Herzen; leicht kann, wer es nicht bewacht, Gottes Huld verscherzen. Ach es ist voller List, weiß sich selbst zu schmeicheln, frommen Schein zu heucheln.

5. Aber bet auch stets dabei, bete bei dem Wachen, denn der Herr nur kann dich frei von der Trägheit machen; seine Kraft wirkt und schafft, daß du wacker bleibest und sein Werk recht treibest.

6. Glaube nur, in seinem Sohn wird er dich erhören, und dir deines Glaubens Lohn auf dein Flehn gewähren. Er verheißt seinen Geist, mit ihm Kraft und Leben, auf dein Flehn zu geben.

7. Drum so laßt uns immerdar wachen, flehn und beten, und vermehrt sich die Gefahr, brünst'ger vor ihn treten; denn die Zeit ist nicht weit, da von allem Bösen Gott uns wird erlösen.

335. Mel. Zeuch meinen Geist etc.
Mein Gott, ich klopf an deine Pforte, und halte mich an deine Worte: Klopft an, so wird euch aufgethan! Ach, nimm mein Seufzen gnädig an!

2. Wer kann durch sich das Gute haben? du bist der Geber aller Gaben, du bist der Brunn, der immer quillt, das Gut, das alles Sehnen stillt.

3. Drum nah ich dir mit meinem Beten, mein Jesus heißt mich zu dir treten; dein Geist, der in mir Abba spricht, ist ja ein Geist der Zuversicht!

4. Was ich bedarf in diesem Leben, das wollst du deinem Kinde geben; doch sorge, Vater, allermeist für das, was noth ist meinem Geist.

5. Stärk in mir Hoffnung, Liebe, Glauben, daß mir kein Feind sie könne rauben, und rüste mich mit starkem Muth, zu siegen über Fleisch und Blut!

6. O, laß mich allezeit genießen, Herr, deinen Frieden im Gewissen; hab ich gefehlt, so decke du die Schuld um Christi willen zu.

7. Mach dankbar mich in guten Tagen, gieb mir Vertraun in Noth und Plagen, daß ich in deiner Frucht mich freu, und voll Geduld im Kummer sey.

8. Das Andre alles wirst du fügen, und deine Huld soll mir genügen, sie macht mir Glück und Unglück gleich, durch sie ist auch die Armuth reich. |

9. So lang' ich walle hier im Leben, laß mir den Tod vor Augen schweben, damit mein Wandel christlich sey, und ich mich meines Endes freu!

336. Mel. Auf meinen lieben Gott etc.
O welche Seligkeit, daß wir zu aller Zeit mit unserm Flehn und Beten zum Vater dürfen treten, der hoch im Himmel thronet, im reinsten Lichte wohnet.

2. Und wer nur im Gebet in Jesu Namen fleht, wird nicht vergeblich bitten; Gott wird ihn überschütten mit seinem reichen Segen, des frommen Betens wegen.

3. Ein stiller Seufzer schon dringt zu des Höchsten Thron, entquoll er dem Gemüthe, das tief in Andacht glühte; nie ist er unerhöret von Gott zurückgekehret.

4. Ja, Himmelstrost und Ruh strömt jedem Beter zu. Er siehet Jacobs Leiter, wo Engel als Begleiter sein gläubig Flehn und Singen zum Stuhle Gottes bringen.

5. Er steigt in kühnem Lauf zum Throne Gottes auf und Gott steigt liebreich wieder zu seinem Knechte nieder, und lindert die Beschwerde und Sorge dieser Erde.

6. Gott hat ja zugesagt: wer ihm sein Leiden klagt, den will er auch erhören, ihm Hülf und Trost gewähren; an seines Thrones Stufen soll er umsonst nicht rufen.

7. So steig ich denn die Bahn des Betens da hinan, wo Gnad auf Gnade fließet, und sich auf uns ergießet. Ach, höre, Gott des Bundes, die Rede meines Mundes!

8. Thu' auf, ich klopfe an! hilf, daß ich finden kann, wonach ich sehnlich trachte, was ich am höchsten achte, was ich vor Allem wähle, die Wohlfahrt meiner Seele.

9. O Gott, du hörst mein Flehn; es wird gewiß geschehn. Du wirst mit Vaterhänden, was ich hier bat, mir senden, du thust auf unser Flehen ja mehr, als wir verstehen.

337.   Mel. Nun freut euch, lieben etc.
Sollt ich verzagt von ferne stehn? mich fürchten, dir zu nahen? Nein! freudig darf ich zu dir flehn, und werde Hülf empfahen. Du warest unser Vater schon, eh noch dein eingeborner Sohn uns Alle dir versöhnte.

2. Du schufst uns, deine Kinder, dir, um unser dich zu freuen; in deiner Liebe sollten wir erwachsen und gedeihen. Du wolltest uns schon in der Zeit, und mehr noch in der Ewigkeit mit sel'gem Frieden segnen.

3. Weh uns, wir brachen dein Gebot, und wurden alle Sünder! Nun traf Verdammnis, Qual und Tod die abgefallnen Kinder! und doch, wie groß war deine Huld! du wolltest | selbst für unsre Schuld Erlösung uns bereiten.

4. Dein Sohn, von aller Sünde rein, versöhnte dir uns wieder, nahm auf sich unsre Straf und Pein, und nannt' uns seine Brüder. Dem ganzen menschlichen Geschlecht ließ er, zu dir erhöht, sein Recht an deine Vaterliebe.

5. Nicht zittern darf ich nun vor dir, bin ich gleich schuldbeladen; in Christo bist du Vater mir, und nimmst mich an zu Gnaden. Ich darf mit freudger Zuversicht dir kindlich nahn, und zweifle nicht, daß du mich, Gott, erhörest.

6. Kommt, Christen, unser Vater ruft uns All' zu seinem Throne! vernichtet ist die weite Kluft, Gott liebt uns in dem Sohne. O betet, betet zu dem Herrn; er hört auf uns und ist nicht fern von denen, die ihn bitten!

338.   Mel. Die Tugend wird etc.
Welch Glück, so hoch geehrt zu werden, und im Gebet vor Gott zu stehn! der Herr des Himmels und der Erden vergönnet uns, zu ihm zu flehn. Drum,

willst du nicht dies Heil verscherzen, o Christ, sey wachsam zum Gebet! des Christen Flehn aus reinem Herzen hat Gott, dein Vater, nie verschmäht.

2. Spricht er nicht: bittet, daß ihr nehmet? ist des Gebetes Frucht nicht dein? Wer sich zu Gott zu beten schämet, der schämt sich Gottes Kind zu seyn. Wer, was zu seinem Frieden dienet, im Glauben sucht, der ehret Gott; doch wer zu bitten sich erkühnet, was eitel ist, der treibt nur Spott.

3. Nahst du zu Gott in deinen Freuden, so schmeckst du, wie er freundlich ist; rufst du ihn an in Schmerz und Leiden, so fühlst du, wie er Leid versüßt. Flehst du, wenn innrer Trost dir fehlet, bald findst du neue Stärk' und Kraft; betst du, wenn dich Versuchung quälet, Gott ists, der hört und Hülfe schafft.

4. Betst du mit heiterem Gemüthe, voll Dank für seiner Führung Rath, so freust du dich aufs neu der Güte, womit er dich geleitet hat. Schaust du mit gläubger Andacht Blicken hin in des Ewigen Gezelt, so schmeckst du hier schon mit Entzücken die Kräfte der zukünftgen Welt.

5. So steh vor Gottes Angesichte in Christi Namen oft und gern, und prüfe dich in seinem Lichte, und klage deine Noth dem Herrn. Er höret dich an jeder Stätte, wohnt nirgend minder oder mehr; wo dich dein Herz nur drängt, da bete! du findest stets bei ihm Gehör.

6. Doch säum auch nicht, in den Gemeinen und öffentlich Gott anzuflehn, denn selig ist es, mit den Seinen, mit deinen Brüdern ihn erhöhn. Wo fromme Herzen sich entdecken, da reget eins das andre auf, und | betend Beter zu erwecken, das fördert All' in ihrem Lauf.

339.   Mel. An Wasserflüssen Babylon etc.
Wenn ich mein Herz vor dir, mein Hort, in meiner Noth ausschütte, und voll Vertrauen auf dein Wort um deine Hülfe bitte; wenn meine Seele zu dir schreit, und dir, o Gott, das schwere Leid mit Flehn und Seufzen klaget; wenn sich mein Geist zum Himmel schwingt, und gläubig durch die Wolken dringt, dann bin ich unverzaget.

2. Ja ich werd' aller Freuden voll, und selig im Gemüthe, und weiß nicht, wie ich preisen soll die Wunder deiner Güte, die sich tief in mein Herze drückt, und mich gleich einem Thau erquickt, der von dem Himmel quillet; ja, wie du in der Kreuzeslast des Segens viel verborgen hast, das wird mir dann enthüllet.

3. Da wird mein Herz ein Gotteshaus, und deines Geistes Kammer, mein Jammer bricht in Thränen aus, und ist mir doch kein Jammer; die Wehmuth stärket meinen Geist, so daß sie kaum noch Wehmuth heißt, weil alle Pein verschwindet, und ich auch in dem größten Weh wie unter lauter Rosen geh, wo nichts als Lust sich findet.

4. So merk ich denn und bin gewiß, daß du, mein Gott, mich liebest, weil du selbst in der Finsterniß mir Licht und Freude giebest; ich merke, daß mein Angstgeschrei bei dir in Christo kräftig sey, dein Herz zu mir zu wenden; sonst würdest du mir nimmermehr so reichen Trost und süße Lehr, mein Gott, ins Herze senden.

5. So spür ich, daß dein tröstlich Ja die Seele schon vergnüget, und ist auch nicht gleich Hülfe da, mein Glaube dennoch sieget. Wie in Geduld ein Ackersmann mit Zuversicht erwarten kann, die schöne Frucht der Erden: so

harr' ich, bis dein Trost, mein Gott, nach überstandner Angst und Noth, mir offenbar wird werden.

6. O Vater! hilf nach deiner Macht, schaff Rettung, Trost und Frieden, und gieb, daß ich nicht Tag und Nacht im Beten mög' ermüden; so will ich, bis dein Morgenlicht hervor aus dunkeln Schatten bricht, vor dir mit Beten ringen; ich halte fest an deinem Wort, bis ich einst freudig werde dort dir Dank und Ehre bringen.

340.   Mel. Dir, dir, Jehovah etc.
Wer ist wohl würdig, sich zu nahen zu Gottes hocherhabner Majestät? Wie darf der Mensch sich unterfahen, den Ewgen anzurufen im Gebet? Die Finsterniß erbebet vor dem Licht; das Herz will beten, und vermag es nicht.

2. Doch Christus hat uns ausgesühnet, als er für uns vergoß sein theures Blut. Er hat uns Gottes Huld verdienet, und uns | gebahnt den Weg zum höchsten Gut. Das Heiligthum ist uns jetzt aufgethan; in Christi Namen dürfen wir uns nahn.

3. Er selbst ist uns vorangegangen, vertritt beim Vater seine Gläubgen nun. Seht, wie er brennet vor Verlangen, was sie in seinem Namen flehn zu thun. In reicher Fülle beut er ewig dar des Heiles Güter groß und wunderbar.

4. Nun kann und darf ich nimmer zagen, mein Sündenelend machet mich nicht scheu. Im Glauben will ichs fröhlich wagen; Gott selber steht durch seinen Geist mir bei. Und ruf ich: Abba! gläubig in dem Herrn, so höret und erhöret Gott mich gern.

5. Stets lehre du mich also beten, wie es, o Gott, dir wohlgefällig ist. Laß mich nie anders vor dich treten, als daß ich hab im Herzen Jesum Christ. Ach mache mich nur von mir selber frei, daß Christus Alles mir in Allem sey.

6. Sein Nam sey mir ins Herz geschrieben; mein Werk sey nichts, das seine nur sey groß. In Christi Schmuck mußt du mich lieben; ohn' ihn steh ich vor dir beschämt und bloß. Mit ihm steht offen deines Hauses Thür; ohn ihn verschließt sie sich auf ewig mir.

7. Nun, Vater, fülle meine Hände, zu dir heb ich sie gläubig betend auf. Aus deines Sohnes Fülle sende, was mächtig ist, zu fördern meinen Lauf. Hier ist mein Geist dir im Gebete nah, einst schaut mein Auge dich: Hallelujah!

XV. Von der Taufe und Confirmation.

341.   Mel. Wer nur den lieben etc.
Dir sey dies Kind, Herr, übergeben, dir, dessen Treu unwandelbar. Wir bringen es zum ewgen Leben dir in der heilgen Taufe dar. O segn' es, Heiland Jesu Christ, der du ein Freund der Kinder bist.

2. Laß durch dies Siegel deiner Gnade sein Christenrecht bestätigt seyn, und weih' es in dem Wasserbade zum Erben deines Himmels ein. Nimm du dich seiner Seele an, und führ es stets auf ebner Bahn!

342.   Mel. Komm, heiliger Geist etc.
Erhör, o Vater, du das Flehn der Kinder, die hier vor dir stehn! Erbarmend blick auf sie hernieder, denn sie sind Christi Glieder. Gieb ihnen, Vater, Sohn und Geist, den Segen, den dein Wort verheißt, erfülle sie mit deinen Gaben, daß sie mit dir Gemeinschaft haben. Er|hör uns, Gott! Erhör uns, Gott!

2. Sie wollen den Bund heut erneun, ihr Herz und Leben dir zu weihn; sie wollen treu am Glauben halten, nicht in der Lieb erkalten, auf Christi hohes Vorbild sehn, und fest in ihrer Hoffnung stehn. Dreieiniger, sprich du das Amen zu dem Gelübd auf deinen Namen. Erhör uns, Gott! Erhör uns, Gott!

3. O mache zum Kampf sie bereit, schenk ihnen Kraft und Freudigkeit, daß sie des Bösen Macht bezwingen, des Glaubens Ziel erringen. Auch wir erneun mit Herz und Mund des Glaubens und der Treue Bund: daß Alle, die vereint hier flehen, auch dort vereint dein Antlitz sehen. Erhör uns, Gott! Erhör uns, Gott!

343.   Mel. Meinen Jesum laß etc.
Ewig, ewig bin ich dein, theuer dir, mein Gott, erkaufet; denn ich ward, um dein zu seyn, einst auf Christi Tod getaufet. Dessen soll mein Herz sich freun; ewig, ewig bin ich dein.

2. Daß ich Gottes Kind schon bin, ist der Taufe selge Gabe. Welch ein herrlicher Gewinn, daß ich Gott zum Vater habe! einst werd ich von Sünden rein; doch schon jetzo bin ich sein.

3. Das ist Gottes Bund mit mir; das hat Jesus mir verheißen. Darum tracht ich eifrig hier, mich der Sünde zu entreißen. Fromm und heilig will ich seyn; Jesus und sein Geist ist mein.

4. Deine Hülfe ruf ich an, lehre, Herr, mich deine Wege! Leite mich auf ebner Bahn, daß ich richtig wandeln möge. Ja, du wirst mir Kraft verleihn, treu bis in den Tod zu seyn.

344.   Mel. Vom Himmel hoch etc.
Für diese Kinder beten wir, mit heißer Inbrunst, Gott, zu dir, nimm du dich ihrer gnädig an und leite sie auf ebner Bahn.

2. Erhalte sie vom Irrthum frei, und mache sie im Glauben treu, und wenn Versuchung ihnen naht, sey du ihr Helfer, Schutz und Rath.

3. In Schmerz und Kummer tröste sie, und in der Noth verlaß sie nie! Gieb ihnen hier Zufriedenheit, und dort des Himmels Seligkeit.

345.   Mel. Die Tugend wird etc.
Getauft seyn auf des Vaters Namen, und auf den Sohn und heilgen Geist, welch hohes Gut, zu dem wir kamen, noch eh wir wußten, was es heißt! Nun, in der Wahrheit unterwiesen, empfinden dankbar wir dies Heil, wir rufen aus: Gott sey gepriesen! auch uns, auch uns ward es zu Theil.

2. Du nahmst schon in der Kindheit Tagen zu deinen Kindern, Herr, uns auf, und, daß wir nicht in Zweifel zagen, | gabst du uns Wort und Siegel drauf! In dieser Welt, noch voll des Bösen, versprichst du Vater uns zu seyn, dein Sohn will uns vom Tod erlösen, dein Geist zum Guten Kraft verleihn.

XV. Von der Taufe und Confirmation

3. Versöhnt sind wir und neu geboren durch deinen Geist von oben her. Ging uns in Adam viel verloren, in Christo giebst du uns weit mehr: hier schon im Glauben ewges Leben, und Vorschmack künftger Seligkeit, dort wirst du uns die Fülle geben, zum Erbtheil ewge Freudenzeit.

4. Und ist gleich hier noch nicht erschienen, was Gott den Seinen zugedacht, scheints oft, als fragt' er nicht nach ihnen, indem der Frevel sie verlacht: doch steht des ewgen Vater Kindern stets alles Gute zu Gebot. Der uns den Sohn schon gab als Sündern, läßt die Erlösten nicht in Noth.

5. Einst gleichen sie dem Erstgebornen, der gern die Jünger Brüder nennt, der sich zu seinen Auserkornen in Huld und Liebe stets bekennt. Und mit ihm werden sie einst prangen, weit über aller Engel Glanz; wer denkt es aus, was sie erlangen, wer faßt die Kindschaft Gottes ganz!

6. Sie ist auch uns, auch uns erworben! wir sagen laut vor aller Welt, daß unser Herz, der Sünd' erstorben, Gott lebt, und sich an Christum hält. Wir wollen, Vater, vor dir wandeln, wie deinen Kindern es gebührt, und Zeugniß gebe unser Handeln, daß uns dein heilger Geist regieret.

7. O reinige durch deine Kräfte schon hier die sündige Natur! denn dieses heilige Geschäfte gelingt mit deiner Hülfe nur. Du hast in uns gewirkt das Wollen; erhalt uns diesem Willen treu! vollende, was wir werden sollen; dein Werk in uns sey täglich neu.

346. Mel. Nun lob, mein Seel etc.

Geweiht zum Christenthume, sind wir, o Vater, dir geweiht, daß wir zu deinem Ruhme hier führen unsre Lebenszeit. Wir sollen deiner Liebe in Christo uns erfreun, und deines Geistes Triebe allein gehorsam seyn; damit wir hier auf Erden, und dort vor deinem Thron des Heils theilhaftig werden, das uns erwarb dein Sohn.

2. Auf dieses Lebens Pfade fing kaum sich unsre Wallfahrt an, da hat schon deine Gnade unendlich viel an uns gethan; da zeigtest du uns Armen den Pfad zum ewgen Heil, und gabst uns aus Erbarmen am Reiche Christi Theil. Du führtest unsre Seelen schon früh zur Wahrheit hin, und lehrtest uns erwählen, was ewig bringt Gewinn.

3. Für diese große Güte gebührt dir unser Lobgesang, aus freudigem Gemüthe erschallt dir unser Preis und Dank! Das Wasserbad im Worte hat Christo uns geweiht, und offen steht die | Pforte zur ewgen Seligkeit. Gieb, daß wir stets ermessen, was uns dein Wort verspricht, und nimmermehr vergessen die dir gelobte Pflicht.

4. Ja, Vater, hilf uns Allen in deinem heilgen Willen ruhn, und dir zum Wohlgefallen nach deines Sohnes Lehre thun. Nimm dich, so lang wir leben, Herr, unsrer Seelen an, du nur vermagst zu geben, was wahrhaft gnügen kann. Und wenn dereinst wir sterben, so laß durch Jesum Christ das Kleinod uns ererben, das unvergänglich ist.

347. Mel. Wer nur den lieben etc.

Ich bin getauft auf deinen Namen, Gott Vater, Sohn und heil'ger Geist, und so ist alles Ja und Amen, was mir dein theures Wort verheißt; ich bin in Christum eingesenkt, der mich mit seinem Geist beschenkt.

---
43 deinen] deinem

2. Du hast zu deinem Kind und Erben, mein lieber Vater, mich erklärt; du hast die Frucht von deinem Sterben, mein treuer Heiland, mir gewährt. Du willst in Noth und Seelenpein o guter Geist, mein Tröster seyn.

3. Ich aber hab mich dir verschrieben, und angelobt, mich dir zu weihn, dich als mein höchstes Gut zu lieben, treu und gehorsam dir zu seyn. Dem Dienst der Sünde sagt' ich ab, da ich mich dir zu eigen gab.

4. Mein treuer Gott! auf deiner Seite bleibt dieser Bund wohl feste stehn, wenn aber ich ihn überschreite, so laß mich nicht verloren gehn; wo ich verließ die rechte Bahn, nimm wieder mich zu Gnaden an.

5. Ich gebe dir, mein Gott, aufs neue Leib, Seel und Geist zum Opfer hin! erwecke mich zu steter Treue, dein Geist regiere meinen Sinn. Weich', eitle Welt, du Sünde weich', Gott hört es, jetzt entsag ich euch.

6. Befestige dies mein Versprechen, mein Vater, und bewahre mich, daß ich es niemals möge brechen. Mein ganzes Leben preise dich! Gott meines Heils, sey ewig mein, und laß mich stets den Deinen seyn.

348.   Mel. Mitten wir im Leben etc.
Stärke, Jesu, stärke sie, deine theu'r Erlösten, daß sie sich mit Zuversicht deiner Huld getrösten. Wach über ihre Seelen! hier stehn sie, und geloben dir: Herr, dein Eigenthum sind wir! du, Gottes ewger Sohn! du, Heiland aller Welt! du, der Deinen Haupt und Beschüzer! du, Herr, treuer Hirt! laß sie nicht vergessen, ihrem Bunde treu zu seyn bis an ihren Tod!

2. Viele schon gelobten auch, fest an dir zu halten: aber treulos ließen sie ihre Lieb' erkalten. Verderben ward ihr Ende. Die heut ihr Leben dir geweiht, schütze sie vor Sicherheit! du, Gottes ewger Sohn! du Heiland aller Welt! du der Deinen Haupt und Beschützer. Du, | Herr, treuer Hirt! leite diese Kinder, daß sie niemals irre gehn von dem Weg des Heils.

3. Lockt sie nun die arge Welt hin zu ihren Lüsten, Herr, dann wollst du sie mit Kraft aus der Höhe rüsten. Sey mächtig in den Schwachen! zum Kampf mit ihrem Fleisch und Blut schenk auch ihnen freudgen Muth. Du, Gottes ewger Sohn! du, Heiland aller Welt! du, der Deinen Haupt und Beschüzer! du, Herr, treuer Hirt! hilf du ihnen streiten, und des Bösen Macht und List siegreich widerstehn.

4. Laß auch in der lezten Noth sie dein Antlitz schauen, und auf deines Todes Kraft ihre Hoffnung bauen. Laß sie in Frieden fahren, und nimm sie auf mit uns zugleich in dein himmlisch Freudenreich. Du, Gottes ew'ger Sohn, du, Heiland aller Welt! du, der Deinen Haupt und Beschützer! du, Herr, treuer Hirt! sieh voll Huld hernieder, hör' auf unser heißes Flehn, und erhöre uns!

(Bei der Taufe eines Erwachsenen.)
349.   Mel. Wachet auf ruft uns etc.
Unserm Gott laßt uns lobsingen, Jehova unser Opfer bringen, nur ihm gebühret Ruhm und Ehr. Wie im Himmel, so auf Erden müss' er von uns verherrlicht werden, der Herr ist Gott und keiner mehr. Er ists, deß ew'ger Rath uns

All' erwählet hat in dem Sohne. Durch ihn allein will er verzeihn und allen Sündern gnädig seyn.

2. Preis sey Jesu, Gottes Sohne, der uns am Kreuz des Lebens Krone, und unvergänglich Heil errang. Alle Völker müssen kommen, ihn anzubeten mit den Frommen vom Aufgang bis zum Niedergang. Wohl dem, der ihn bekennt, ihn seinen Heiland nennt voller Glauben! dem drohen nicht Tod und Gericht; er dringt aus Finsterniß zum Licht.

3. Gottes Geist werd' hoch erhoben, der unsre Herzen zeucht nach oben, und reiche Gaben uns verleiht. Licht und Kraft strömt er hernieder auf Jesu Christi heilge Glieder, die er zum Tempel sich geweiht. Er pflanzt des Lebens Wort in Christi Kirche fort bis ans Ende. Und sie besteht, von Gott erhöht, ob Erd' und Himmel untergeht.

350.   Mel. Seelenbräutigam etc.

Von des Himmels Thron sende, Gottes Sohn, deinen Geist, den Geist der Stärke! gieb uns Kraft zum heilgen Werke, dir uns ganz zu weihn, ewig dein zu seyn.

2. Mach uns selbst bereit, gieb uns Freudigkeit, unsern Glauben zu bekennen, und dich unsern Herrn zu nennen, dessen theures Blut floß auch uns zu gut.

3. Richte Herz und Sinn zu dem Himmel hin, wenn wir unsern Bund erneuern, und ge|rührt vor dir betheuern: deine Bahn zu gehn, Weltlust zu verschmähn.

4. Wenn wir betend nahn, Segen zu empfahn, wollest du auf unsre Bitten uns mit Gnade überschütten; Licht und Kraft und Ruh ströme dann uns zu.

5. Gieb auch, daß dein Geist, wie dein Wort verheißt, unauflöslich uns vereine mit der gläubigen Gemeine, bis wir dort dich sehn, und dein Lob erhöhn.

351.   Mel. Jesu, der du meine etc.

Wandelt glaubend eure Wege! Gott sey eure Zuversicht! Seyd befohlen seiner Pflege, scheut auch seine Prüfung nicht! Treffen Schmerzen euch und Leiden; trübt euch schwerer Kampf die Freuden: seyd voll Glaubens! Kampf und Leid führen euch zur Seligkeit.

2. Wandelt liebend eure Wege! Lieb' ist Christi neu Gebot. Daß sie stets in euch sich rege, schaut auf seinen heilgen Tod! Schaut der Liebe Sieg im Sohne; denkt der euch verheißnen Krone, die aus lichter Ferne schon beut der treuen Liebe Lohn.

3. Wandelt hoffend eure Wege in des Geistes Freudigkeit! und daß niemand Zweifel hege, ob sein Wirken wohl gedeiht! treu nur müßt ihr seyn und beten, und der Geist wird euch vertreten. Glaubend, liebend, hoffend lebt, bis euch Gott zu sich erhebt!

---

30 Treffen] treffen

352.
Mel. Zeuch meinen Geist etc.

Wie heilig ist mir diese Stunde! Sie führt mich, Gott, zu deinem Bunde, und dir gelob' ich treu zu seyn, mein ganzes Leben dir zu weihn.

2. Dich will ich über Alles lieben, mit Eifer deinen Willen üben, doch ach! du weißt, wie schwach ich bin, drum stärk in mir den frommen Sinn.

3. Und dir, mein Heiland, der sein Leben für mich am Kreuz dahin gegeben, verpflicht ich mich, mein Herr und Gott! getreu zu seyn bis in den Tod.

4. Doch wenn ich jemals mich verirrte, so suche mich, mein guter Hirte, mit deinem treuen Liebesblick, und bring zur Heerde mich zurück.

5. Geist Gottes, Geist der Kraft und Liebe! dir weih' ich alle meine Triebe; erleuchte mich in Finsterniß, und mach im Glauben mich gewiß.

6. Erinn're du mich, wenn ich fehle, und stärk im Kampfe meine Seele; damit von allem Bösen frei, mein Herz dein heilger Tempel sey.

7. So sey denn Treue dir geschworen, Dreieiniger, der mich erkoren; und bis zum letzten Herzensschlag sey heilig mir mein Bundestag.

353.
Mel. Es ist das Heil uns etc.

Willkommen sey uns insgesammt, geliebtes Kind, will|kommen! mit Liebe, die von Christo stammt, sey von uns aufgenommen! Ins Leben tratst du ein, wie wir; das Recht an Christo ward auch dir, du bist wie wir berufen.

2. Empfange von der Christenheit des Glaubens hohen Segen! geweiht sey nun zur Seligkeit, und wandl' auf Jesu Wegen! dazu geleit auf deinem Pfad dich treuer Liebe Trost und Rath bis an des Lebens Ende.

3. Es gehet dir, wie Gott es fügt, was dir auch sey beschieden; drum sey mit deinem Loos vergnügt, im Mangel auch zufrieden. Und trifft dich Leiden; Gott ist gut, er giebt dir zum Ertragen Muth, durch seines Sohnes Frieden.

4. In ihm freu deines Lebens dich; es sey ein Christenleben! empor zum Himmel müsse sich dein Geist und Herz erheben! Dann stirbst du gern, wenn Gott dich ruft, und ruhst so sanft in deiner Gruft, wie jetzt in Mutterarmen.

354.
Mel. Jesus, meine Zuversicht etc.

Zu dir, Vater, beten wir für dies Kind auf unsern Armen; flehen voll Vertraun zu dir, du wollst seiner dich erbarmen. Es ist dein und lebt durch dich, schütz und segn' es väterlich.

2. Schwach und hülflos liegt es da! sey du seine Kraft und Stärke; bleib ihm huldreich immer nah, daß es deine Hülfe merke, wenn auf seiner Lebensbahn es sich selbst nicht leiten kann.

3. Gott! es ward zu seinem Heil in der Christenheit geboren; zu der Christen Erb und Theil hast du selbst es auserkoren; zu der Christen Seligkeit weihet es die Taufe heut.

4. Segne, Vater, dieses Kind, daß es dich von Herzen ehre, daß es, Jesu gleich gesinnt, nur auf deine Stimme höre, und, der Taufe Bund getreu, folgsam deinem Geiste sey.

5. Stärk es unter Lust und Schmerz, unter Arbeit und Beschwerde, gieb, daß rein und fromm sein Herz, und sein Leben fruchtbar werde, führ es einst zum Himmel ein, laß es ewig selig seyn.

XVI. Vom heil. Abendmahl.

355. In eigner Melodie.
Auf, auf, mein Geist, erhebe dich zum Himmel, entreiße dich dem eiteln Weltgetümmel, mein Jesus ladet mich zu seinem Mahl. Ich habe nun vom Himmelsbrod gegessen, bin an des guten Hirten Tisch gesessen, und schmecke selge Freuden ohne Zahl.

2. Ich werde nun in Ewig|keit nicht dürsten, mir gnügt die Gnade meines Himmelsfürsten; er tränket mich, der selbst das Leben ist. Kein Hunger wird die Seele jemals drücken, des Himmels Manna wird mich stets erquicken, und das bist du allein, Herr Jesu Christ.

3. Ich lebe nun, und will mich Gott ergeben, doch ich nicht selbst, nein, Christus ist mein Leben; so lebe denn in mir, o Gottes Sohn! Ich bin gewiß, daß Segen hier auf Erden, und ewges Heil auch dort mir folgen werden, als ein vom Lamme mir erworbner Lohn.

356. Mel. Freu dich sehr etc.
Bang und doch voll selger Freuden, komm ich, Herr, auf dein Gebot, und gedenk an deine Leiden und an deinen Kreuzestod. Mittler, der du für uns starbst, uns ein ewig Heil erwarbst, komm mit deines Todes Segen meiner Seele jetzt entgegen.

2. Nimmer könnt ich Gnade finden vor des Heilgen Angesicht; du nur tilgest meine Sünden, und befreist mich vom Gericht. Und dies Mahl aus deiner Hand ist mir stets ein neues Pfand, daß mein Herz darf mit Vertrauen fest auf Gottes Gnade bauen.

3. Möcht ich, Jesu, nicht vergebens mich zu deinem Tische nahn! Möcht ich dieses Brod des Lebens nicht mir zum Gericht empfahn! Nein, dies Mahl erwecke mich, inniger zu lieben dich, und mit heilgem Ernst zu meiden, was mich je von dir kann scheiden.

4. Diesen Vorsaz, den ich fasse, präge tief dem Herzen ein, daß ich nimmer von dir lasse, Keinem folg, als dir allein. Ziehe selbst mich ganz zu dir; deine Gnade sey mit mir, daß ich alle Macht der Sünde als dein Jünger überwinde.

5. Sollt ich dennoch wieder fehlen, wollst du mir zur Seite stehn; sollt ich falsche Wege wählen, eile dann, mir nachzugehn. Suche den Verirrten auf, lenk zur Buße meinen Lauf, daß ich in des Vaters Armen Gnade finde und Erbarmen.

6. Ewig, Herr, will ich dir danken, daß dein Tod mein Leben ist; daß auch, wenn wir Schwache wanken, du der Deinen Stärke bist. Dir, der Keinen je verläßt, dir vertrau ich froh und fest, du wirst mich stets freundlich leiten, und zum Himmel zubereiten.

357. Mel. Wer nur den lieben Gott etc.
Dank, Dank sey dir für dein Erbarmen, o mein Erlöser, Jesu Christ! Du, der du einst auch für mich Armen den Tod am Kreuz gestorben bist! Was wär ich, Heiland, ohne dich? Nur deine Leiden trösten mich. |

2. Du hast mir Lebensbrod geschenket; nun weiß ich, ich bin ewig dein. Ich ward mit deinem Blut getränket; dies Blut macht meine Seele rein, befreiet mich von Sünd und Schuld, erwirbt mir Gottes Gnad und Huld.

3. Nun laß mich sterben oder leben; Herr, wie du willst, ich folge gern. Von Schmerz gequält, mit Angst umgeben, freut sich mein Geist nur seines Herrn. Durch dich versöhnt, erschreckt mich nicht des Grabes Graun, nicht das Gericht.

4. Im Glauben will ich dich umfassen, gewiß, daß du mein Retter bist. Du wirst mich Schwachen nicht verlassen, mir geben, was mir heilsam ist. Wenn du gebeutst, so endet sich mein Jammer, und ich preise dich.

5. Und kommt sie dann, die ernste Stunde, die mich dem Irdischen entreißt, da hör ich auch aus deinem Munde das Urtheil, das dein Wort verheißt: du treuer Knecht, komm, nimm nun Theil an meiner Auserwählten Heil!

358. Mel. Wie schön leuchtet uns etc.
Dank, Jesu, dir! Ach, sind wirs werth, daß so viel Heil uns widerfährt, du unser so gedenkest; daß bis zum Tode du uns liebst, nun solch ein Gnadenpfand uns giebst und dich so ganz uns schenkest? Heil uns Allen! Wir empfinden rein von Sünden Gottes Frieden. Mehr noch ist uns dort beschieden.

359. Mel. Ach, schönster Jesu, mein etc.
Dank, Jesu, dir, daß du beim Scheiden in deiner letzten Trauernacht uns hast die Früchte deiner Leiden zu seligem Genuß vermacht! Dich preisen gläubige Gemüther, den Stifter solcher hohen Güter.

2. So oft uns dieses Mahl erquicket, wird dein Gedächtniß bei uns neu, und jede Seele fühlt entzücket, wie brünstig deine Liebe sey. Dein blutger Tod mit seinen Schmerzen erneuert sich in unsern Herzen.

3. Hier wird dem zagenden Gewissen versiegelt deiner Gnade Bund; daß unser Schuldbrief sey zerrissen, thust du im heilgen Mahle kund, machst uns gewiß, daß unsre Sünden durch deinen Tod Vergebung finden.

4. Das Band wird fester hier geschlungen, das uns mit dir zusammenfügt, und inniger das Herz durchdrungen von Himmelslust, die ganz genügt. Wir werden neu in solchen Stunden zu einem Geist mit dir verbunden.

5. Dies Brod kann wahre Nahrung geben, und dieser Kelch erfrischt den Geist; es mehret sich das innre Leben, wenn unser Glaube dich geneußt. Wir fühlen neue Kraft und Stärke zu jedem Kampf im Glaubenswerke. |

6. Wir werden fester hier vereinet mit deinen Gliedern insgesammt; so weit der Glanz des Kreuzes scheinet, sind wir von Einer Lieb' entflammt. Dies Bündniß muß sich fester schließen, wenn wir von Einem Brod genießen.

7. Dein Leib soll uns zum Pfande dienen, daß unser Leib auch aufersteht; er wird einst aus dem Staub ergrünen, zur Unverweslichkeit erhöht. Du, Herr, willst uns ein wenig Leben in himmlischer Verklärung geben.

8. O Gottes Sohn, wie edle Gaben hast du in dieses Mahl gelegt! Nun wir dich selbst zur Speise haben, wie wohl ist unser Geist gepflegt! Wir finden hier bei allem Leiden den rechten Vorschmack selger Freuden.

XVI. Vom heiligen Abendmahl

360.   Mel. Nun lob mein Seel etc.

Dem Worte deines Mundes will ich, o Herr, gehorsam seyn; zum Mahle deines Bundes stell ich auf dein Gebot mich ein. Die längste deiner Nächte schwebt meinem Geiste vor; das Brod brach deine Rechte, den Kelch hielt sie empor. Deß will ich jetzt gedenken, o du mein höchstes Gut; du willst mich speisen, tränken mit deinem Leib und Blut.

2. Heil mir, ich soll genießen die Speise, die der Heiland beut, und Labung soll mir fließen aus jenem Kelch, den er geweiht. Laß, Herr, mich nicht vergebens empfangen am Altar das wahre Brod des Lebens, das du mir reichest dar; laß mir die heilge Schaale mit deines Bundes Wein bei diesem Glaubensmahle Trost und Erquickung seyn.

3. Wie kann ich wohl ergründen die Wunder deiner Lieb und Huld! Du selbst willst dich verbinden mit mir, der ich voller Schuld. Du, der da ewig lebet, du kommst, an Gnade reich, zu mir, der bald verschwebet, dem flüchtgen Schatten gleich. Du lässest dich hernieder, ziehst mich zu dir hinan; was geb ich, Herr, dir wieder, das dir gefallen kann?

4. Ein Herz, von Reu zerschlagen, das sich an deiner Gnade hält, das freudig will entsagen der Sünd', und aller Lust der Welt: das wirst du nicht verachten, das bring und geb ich dir. Nach deinem Reiche trachten hilf du nun selber mir; dann darf ich fest vertrauen, daß ich nach dieser Zeit dein Antlitz werde schauen dort in der Ewigkeit.

5. Hierauf will ich empfangen das Himmelsbrod, den Himmelstrank; laß, Herr, zu dir gelangen des demuthsvollen Herzens Dank. Hinweg das Weltgetümmel mit seinem eitlen Tand! ich wandle schon im Himmel, der Frommen Vaterland. Vereint mit dir zu werden, dies ich mein heißes Flehn; o Herr, laß hier auf Erden mich schon dein Antliz sehn. |

361.   Mel. Nun ruhen alle etc.

Dir schwör ich ewge Treue, ich gebe, Herr, aufs neue mich dir zum Dienste hin; laß nie mich treulos brechen dieß heilige Versprechen, es komme nie aus meinem Sinn.

2. Damit ich treu dir bliebe, nahmst du mit reiner Liebe dich meiner Seele an. Weit mehr, als ich verstehe, mehr als ich weiß und flehe, hast du, o Herr, für mich gethan.

3. Für mich hast du gerungen, für mich den Tod bezwungen, verscheucht des Grabes Nacht; du hast durch deine Leiden die Hoffnung ewger Freuden in meinem Herzen angefacht.

4. O Leben aller Leben! Was hab ich dir zu geben? Was forderst du von mir? Du willst, daß meine Seele nur dich zum Führer wähle; o Herr, mit Freuden folg ich dir!

5. In manchen stillen Stunden hat schon mein Herz empfunden, wie viel es dir verdankt. Nun stärke seine Triebe, so daß in ihm die Liebe zu dir, Erlöser, niemals wankt.

6. Nach deinem Wohlgefallen will ich hienieden wallen, du bist mein treuer Hirt. Zu dir will ich mich halten, bis einst mein Leib erkalten, und in dem Grabe ruhen wird.

7. So oft ich deiner Treue bei deinem Mahl mich freue, soll dieß mein Vorsatz seyn: Ich will dich nie betrüben, wie du die Brüder lieben, und ernstlich jede Sünde scheun.

8. Zu welchen Seligkeiten wirst du, o Herr, mich leiten, bleib ich mit dir vereint. Ich werde zu dir kommen mit allen deinen Frommen, wenn einst dein großer Tag erscheint.

362. Mel. Herzliebster Jesu etc.
Erlöser, der du selbst uns hast gerufen, hier stehen wir an deines Altars Stufen. Mühselig und voll Reu, voll tiefer Schmerzen sind unsre Herzen.

2. Du hast verheißen, Müde zu erquicken, und uns zu laben, wenn uns Lasten drücken. Du willst, wenn wir jetzt würdig dein gedenken, dich selbst uns schenken.

3. Wir kommen, Herr, und nehmen deine Speise und deinen Trank zu deines Todes Preise. Nun sind wir dein, und bleiben dir ergeben in Tod und Leben.

363. Mel. Nun laßt uns den Leib etc.
Herr, der du als ein stilles Lamm gelitten an des Kreuzes Stamm, und auch für meine Sündenlast aus Liebe dich geopfert hast!

2. Ich feire jetzt auf dein Gebot voll Reue deinen Mittlertod, und preise deine Gnad und Huld, durch die getilgt ist meine Schuld.

3. Hier schenkst du mir ein theures Gut, labst mich mit dei|nem Leib und Blut. O Liebe, welcher keine gleicht! O Wunder, das kein Geist erreicht!

4. Ich soll mich deinem Mahle nahn, das Pfand der Seligkeit empfahn; Erhabner, du willst nicht verschmähn, zu meinem Herzen einzugehn.

5. Bin ich, ein sündger Mensch, wohl werth, daß so viel Heil mir widerfährt? Mach selbst mein Herz von Flecken rein, und richt es dir zur Wohnung ein.

6. Du kommst; gesegnet seyst du mir! Du bleibst in mir und ich in dir. Ich schmecke deine Freundlichkeit, und weiß nichts mehr von Kampf und Streit.

7. Nichts scheidet ferner dich und mich; mich liebest du, ich liebe dich. Die Stärkung, die du mir gereicht, macht mir dein Joch gar sanft und leicht.

8. Ich lebe dir nur, meinem Herrn, und folge deinem Vorbild gern; mich locket nicht die ganze Welt; mein Will ist nur, was dir gefällt.

9. Und wenn du mich, o Lebensfürst, zur Seligkeit vollenden wirst, dann labt mit Freuden ohne Zahl mich dort dein ewges Abendmahl!

Chor.
364. Mel. Wachet auf, ruft uns etc.
Herr, du wollst sie vorbereiten zu deines Mahles Seligkeiten, zeuch ihre Seelen himmelwärts! Gieb, daß sie sich würdig nahen, das Brod des Lebens zu empfahen, zum Labsal für ihr schwaches Herz! Der ganzen Welt zu gut vergossest du dein Blut, Mittler Gottes. Auch die hier stehn, und zu dir flehn, laß dein Erbarmen reichlich sehn.

Gemeinde.
Mel. Jesus, meine Zuversicht etc.
2. Die ihr theuer seyd erkauft, gläubge, miterlöste Brüder, All auf Christi Tod getauft, Alle seines Leibes Glieder! kommt, Versöhnte, kommt, erneut hier den Bund der Seligkeit!

XVI. Vom heiligen Abendmahl

3. Nehmt und esst in diesem Brod Christi Leib, für uns gegeben! Nehmt und trinkt auf sein Gebot diesen Kelch zum ewgen Leben! Rein durch ihn von aller Schuld, preiset dankbar seine Huld.

4. Gieb, daß sie voll Zuversicht deines Heils, o Herr, sich freuen, und erleuchtet durch dein Licht, deinem Dienste ganz sich weihen; laß ihr Herz von Stolze rein, voll von deiner Demuth seyn.

5. Lehre sie, in böser Zeit über ihre Seelen wachen; bei des Lebens Kampf und Streit sey du mächtig in den Schwachen. Die gebeut von ferne stehn, laß sie unerhört nicht flehn!

6. Nehmt und esst in diesem Brod Christi Leib, für uns gegeben! Nehmt und trinkt auf sein Gebot diesen Kelch zum ewgen Leben! Rein durch ihn von aller Schuld, preiset dankbar seine Huld. |

7. Hoherpriester, der du bist in das Heiligthum gegangen, sprich sie los, Herr Jesu Christ, wenn sie jetzt dein Mahl empfangen. Stärk du ihre Zuversicht, daß sie frei sind vom Gericht.

8. Augenblick voll heilgen Grauns, voller Wonn und süßen Lebens! Theures Pfand des künftgen Schauns, Vorschmack jenes höhern Lebens! Selig, wer, vom Geist bewegt solchen Trost im Herzen trägt!

9. Nehmt und esst in diesem Brot Christi Leib, für uns gegeben! Nehmt und trinkt auf sein Gebot diesen Kelch zum ewgen Leben! Rein durch ihn von aller Schuld, preiset dankbar seine Huld.

Chor.
Mel. Wachet auf etc.

10. Esst das Brod, das euch gegeben, und trinkt den Kelch zum ewgen Leben, der Friede Christi sey mit euch! Einigt euch mit ihm im Glauben, und laßt sein Heil euch nimmer rauben, dann führt er euch zu seinem Reich. Wacht, eure Seele sey bis in den Tod getreu! Amen, Amen! Der Weg ist schmal; bleibt in der Zahl, die dort empfängt sein Abendmahl!

365.   Mel. Mein Jesu, dem die etc.

Hier bin ich, Jesu, zu erfüllen, was du in deiner Leidensnacht, nach deinem gnadenvollen Willen, zur segensreichen Pflicht gemacht. Du willst, daß deiner ich gedenke, drum gieb zur Uebung dieser Pflicht mir deines Geistes Kraft und Licht, daß ich mich ganz in dich versenke.

2. Bewundernd denk ich an die Liebe, womit du unser Heil bedacht, an des Erbarmens starke Triebe, die dich bis an das Kreuz gebracht. O du, der starb, damit ich lebe, gieb selbst von deinem Todesschmerz heut solchen Eindruck in mein Herz, daß er mir stets vor Augen schwebe.

3. Ich übergebe mich aufs Neue, o du mein Herr und Heiland, dir, gelobe dir beständge Treue bei deinem heilgen Mahle hier. Auf deinen Tod bin ich getaufet, du starbst für mich, drum bin ich dein dein eigen will ich ewig seyn, weil du mich durch dein Blut erkaufet.

4. Nie will ich vor der Welt mich schämen, zu preisen deinen Kreuzestod, und will mit Freuden auf mich nehmen um deinetwillen jede Noth; dich will ich immer frei bekennen, und bis zum Tode mich nicht scheun, ein Herold deines Ruhms zu seyn; nichts soll mich, Heiland, von dir trennen.

5. Ich will mit Ernst den Nächsten lieben, wie du, mein Jesus, mich geliebt; Versöhnlichkeit und Sanftmuth üben, wie du an Feinden sie geübt. An deine Milde will ich denken, und an die schwere Schuldenlast, die du mir, Herr, erlas|sen hast, das soll zur Liebe Kraft mir schenken.

6. Heut stärk' sich in mir der Glaube, daß meine Seele ewig lebt, und daß einst aus des Grabes Staube dein Ruf, Erlöser, mich erhebt. Ich seh dich auf des Vaters Throne, ich glaube, daß du, Lebensfürst, von dort einst wiederkommen wirst, zu reichen mir des Lebens Krone.

366.   Mel. Nun freuet euch, lieben etc.
Ich komme als ein armer Gast, o Herr, zu deinem Tische, den du für mich bereitet hast, daß er mein Herz erfrische; und wenn mein Sehnen ist gestillt, daß auch der Dank, der mich erfüllt, in Aller Dank sich mische.

2. Du selber sprichst in deinem Wort: ich bin das Brod zum Leben, dies Brod treibt auch den Hunger fort, den sonst nichts mochte heben; ich bin der Trank, wer glaubt an mich, dem will ich jetzt und ewiglich der Labung Fülle geben.

3. Ach, führe mich, du treuer Hirt, auf deine Himmelsauen; ich gehe trostlos und verirrt, wenn ich dich nicht kann schauen. Laß strömen deine Gütigkeit, die du für Alle hältst bereit, so deiner Hut vertrauen.

4. Herr, mit Verlangen such' ich dich auf deiner grünen Weide, dein Lebensmanna speise mich zum Trost in allem Leide. Es tränke mich dein theures Blut, daß mich kein falsches Erdengut von deiner Liebe scheide.

5. Wie sich des matten Wandrers Herz der frischen Quelle freuet, so werd ich von der Seele Schmerz in deinem Mahl befreiet. Du linderst meiner Sünden Pein, du flößest deinen Trost mir ein, so bin ich ganz erneuet.

6. Vor Allem aber wirk in mir den Ernst wahrhafter Reue, auf daß mein Herz sich für und für vor aller Sünde scheue. Fach in mir, Herr, den Glauben an, der dein Verdienst ergreifen kann, damit mein Geist sich freue.

7. Entzünd in Andacht mein Gemüth, daß von der Welt ich lasse, und deine Bruderlieb' und Güt' in dieser Speise fasse, daß durch dein Lieben Lieb in mir zu meinem Nächsten wachs' herfür, ich auch den Feind nicht hasse.

8. So komm nun, treuer Seelenfreund, laß in mein Herz dich schließen! Mit dir bin ich nun ganz vereint; ich will von Keinem wissen, als nur von dir, o Gotteslamm, der du auch mich am Kreuzesstamm aus Noth und Tod gerissen.

9. O liebster Heiland, habe Dank für deine Gnadengaben, für deine Speise, deinen Trank, die mich erquicket haben; mit Himmelsgütern wirst du mich, o Lebensfürst, einst ewiglich in deinem Reiche laben. |

367.   Mel. An Wasserflüssen etc.
Ich komme, Herr, und suche dich, mühselig und beladen. Gott, mein Erbarmer, würdge mich des Siegels deiner Gnaden. Ich liege hier vor deinem Thron, Sohn Gottes und des Menschen Sohn, ach laß mich Tröstung finden. Ich fühle meiner Sünden Pein; ich suche Ruh, du, Herr, allein kannst mich der Schuld entbinden.

2. Ich bete dich im Glauben an, du bist das Heil der Sünder; weil du für uns genug gethan, sind wir nun Gottes Kinder. Ich denk an deine Leidens-

nacht, und an dein Wort: „Es ist vollbracht," das uns mit Gott versühnet. Du warst gehorsam bis zum Tod, und trugst unschuldig Schmach und Noth, die wir allein verdienet.

3. Nun darf mein Herz nach Trost und Ruh vergebens nicht verlangen; in deinem Mahle lässest du mich Gnad um Gnad empfangen. Ich rufe, du erhörst mich schon, sprichst liebreich: „sey getrost, mein Sohn, die Schuld ist dir vergeben!" Wie sollt ich dir, der für mich starb, und mir so großes Heil erwarb, nicht ganz zur Ehre leben?

4. Mein ist das Glück der Seligkeit, ich halt es fest im Glauben, und nimmer müsse Sicherheit mir dieses Kleinod rauben. Du bist der Weinstock und mit dir bleib ich vereint als Rebe hier, um gute Frucht zu bringen. Du kräftigest und stärkest mich, und durch die Liebe gegen dich wird mir der Sieg gelingen.

5. Ja, Herr, ich kenne dein Gebot und will es treu erfüllen. Verleih mir Kraft durch deinen Tod, und heilge meinen Willen. Hilf, daß ich möge eifrig seyn, mit Freuden dir mein Herz zu weihn, und deinen Tod zu preisen. Laß mich den Ernst der Heiligung durch eine wahre Besserung zu deinem Ruhm beweisen.

368.   Mel. Es ist gewißlich an der etc.

Ich preise dich, o Herr, mein Heil, für deine Todesleiden. Hab ich an ihren Früchten Theil, so schmeck ich selge Freuden! Du wardst ein Opfer auch für mich; o gieb, daß meine Seele sich deß ewig freuen möge.

2. Du lässest mich in deinem Tod das wahre Leben finden. Erlösung aus der größten Noth, Vergebung aller Sünden, Gewissensruh, zur Beßrung Kraft, das hast du, Herr, auch mir verschafft, da du am Kreuz gestorben.

3. Ein Pfand ist mir dein Abendmahl von deiner großen Liebe. Du trugest willig Angst und Qual, daß ich nicht elend bliebe. O, stärke mein Vertraun zu dir, daß ich, so lang ich lebe hier, auf deine Gnade baue.

4. Ich fühle, Herr, voll Reu und Schmerz die Bürde meiner Sünden; laß mein vor dir gebeugtes Herz nur deinen Trost empfinden, den Trost, daß du aus freier Huld auch mir Vergebung meiner Schuld beim Vater hast erworben.

5. Die Stärkung, die dein Mahl verschafft, werd ewig mir zum Segen; es rüste mich mit neuer Kraft, zu gehen auf deinen Wegen, zu wirken, was dir wohlgefällt, und alle Furcht und Lust der Welt, voll Muth zu überwinden.

6. Laß deiner Leiden Zweck und Frucht mir stets vor Augen schweben; nimm weg, was mich zu hindern sucht, für deinen Ruhm zu leben; nur auf dein Vorbild laß mich sehn, und immer fest im Glauben stehn, der mich zum Himmel führt.

369.   Mel. Aus tiefer Noth etc.

Ich will, Herr, meine Zuversicht, bei deinem Mahl erscheinen, bei dir zu finden Trost und Licht, mit dir mich zu vereinen. Ich seh in diesem Augenblick auf meinen Lebensweg zurück, seh in mein Herz, und weine!

2. Ich fühle, daß verbotne Lust mit Macht in mir regieret, bin manches Fehltritts mir bewußt, wozu sie mich verführet. Mein Innres ließ ich unbewacht; die Sünde war, wo nicht vollbracht, im Innern doch begangen.

3. Von oben ward mir Kraft zu Theil, und Licht ward mir gesendet: wie weit gefördert wär mein Heil, hätt' ich sie angewendet! O Herr, ich hab es nicht gethan, steh noch am Anfang jener Bahn, die zu dem Leben führet.

4. Dich, der mich je und je geliebt, sollt ich von Herzen lieben; die Vorschrift, die dein Wort mir giebt, sollt ich mit Eifer üben. Doch nicht von Herzen liebt ich dich, und nicht verherrlicht ward durch mich dein Ruhm und heilger Name.

5. O Herr, ich schäme mich vor dir, ich sehe meine Sünden. Ach! möchte sich mein Herz in mir zur Buße recht entzünden! möcht ich mit solcher Traurigkeit, die keinen Sünder je gereut, der Sünden Schuld bereuen!

6. O du, der Bund und Treue hält, laß, Jesu, mirs gelingen; das Opfer, das dir wohlgefällt, laß mich zum Altar bringen. Mein Opfer sey ein solches Herz, das ganz zerknirscht von Reu und Schmerz nach deinem Trost sich sehnet.

7. Wer gläubig, Jesu, dich umfaßt, und wünscht in dir zu leben, der ist dir ein willkommner Gast, dem willst du Gnade geben. Mein Glaube hält sich fest an dich; ich bin gewiß, es habe mich dein Tod mit Gott versöhnet.

370.   Mel. O Gott, du frommer etc.

Ich will, o Jesu, dich und deinen | Tod bekennen. O möchte doch mein Herz von Dank und Liebe brennen; ich komme glaubensvoll, mich deinem Mahl zu nahn, ich will jetzt deinen Leib, ich will dein Blut empfahn.

2. Herr, diese Güter sind mein inniges Verlangen. Bereite du mein Herz, sie würdig zu empfangen; mir soll dein Abendmahl ein rührend Denkmal seyn von deiner Lieb und Treu, von deiner Angst und Pein.

3. Aus Liebe kamst du, Herr, und hast dein theures Leben für meine Seligkeit zum Opfer hingegeben. Du starbst und schenktest mir dies unschätzbare Gut, du hast es mir erkauft mit deinem theuren Blut.

4. Dir, Heiland, will ich mich mit Seele, Leib und Leben, mit Allem, was ich bin, zum Opfer wiedergeben. O nimm, mein Herr, mich ganz zum Eigenthume hin, der ich so theuer dir zum Dienst erkaufet bin.

5. Laß wahre Liebe mich an meinem Nächsten üben, und wie du mich geliebt, selbst meine Feinde lieben; wir sind ja insgesammt auf deinen Tod getauft, und Alle durch dein Blut zum ewgen Heil erkauft.

6. Hilf, daß ich als ein Christ nur dir zu Ehren lebe, dir gleich gesinnt sey und nach dem Himmel strebe. Gieb durch dein Abendmahl mir dazu Lust und Kraft; gieb mir den Himmel einst am Ziel der Pilgerschaft.

371.   Mel. Schmücke dich, o liebe etc.

Jesu, Freund der Menschenkinder, Heiland der verlornen Sünder, der zur Sühnung unsrer Schulden Kreuzesschmach hat wollen dulden: wer kann fassen das Erbarmen, das du trägest mit uns Armen? In der Schaar erlöster Brüder fall ich dankend vor dir nieder.

2. Ja, auch mir strömt Heil und Segen, Herr, aus deiner Füll entgegen; in dem Elend meiner Sünden soll bei dir ich Hülfe finden: meine Schulden willst du decken, mich befrein von Furcht und Schrecken, willst ein ewig selges Leben als des Glaubens Frucht mir geben.

3. Mich, den Zweifelnden, den Schwachen, willst du fest im Glauben machen, ladest mich zu deinem Tische, daß mein Herz sich dort erfrische. So gewiß ich Wein genossen, ist dein Blut für mich geflossen; so gewiß ich Brod empfangen, werd ich Heil in dir erlangen.

4. Ja, du kommst, dich mit den Deinen in dem Nachtmahl zu vereinen. Du, der Weinstock, giebst den Reben Muth und Kraft zum neuen Leben. Durch dich muß es mir gelingen, reiche, gute Frucht zu bringen, und durch Frömmigkeit zu zeigen, daß ich gänzlich sey dein eigen.

5. Nun, so sey der Bund erneuet, und mein Herz dir ganz geweihet! Auf dein Vor|bild will ich sehen, und dir nach, mein Heiland, gehen. Was du hassest, will ich hassen, stets von dir mich leiten lassen; was du liebest, will ich lieben, nie durch Untreu dich betrüben.

6. Doch ich kenne meine Schwäche; schwer ist, was ich dir verspreche. Werd' ich dir auch Glauben halten, und im Guten nie erkalten? O, steh du mir bei und stärke mich zu jedem guten Werke. Hilf, daß ich die Lust zur Sünde durch dich kräftig überwinde.

7. Gieb, daß ich und alle Christen sich auf deine Zukunft rüsten, daß, wenn heut der Tag schon käme, Keinen, Herr, dein Blick beschäme. Schaff ein neues Herz den Sündern, mache sie zu Gottes Kindern, die dir leben, leiden, sterben, deine Herrlichkeit zu erben.

8. Großes Abendmahl der Frommen, Tag des Heils, wann wirst zu kommen, daß wir mit der Engel Chören, Herr, dich schaun und ewig ehren! Hallelujah, welche Freuden sind die Früchte deiner Leiden! Danket, danket, fromme Herzen, ewig ihm für seine Schmerzen!

372.   Mel. Wer nur den lieben Gott etc.
Könnt ich doch, Herr, mit meinen Brüdern in deinem Tempel dich erhöhn, und andachtsvoll mit deinen Gliedern das heilge Bundesmahl begehn; mit welcher Freude wollt ich nahn, das Brod des Lebens zu empfahn!

2. Ach, hier auf meinem Krankenbette feir' ich dein Abendmahl allein! Doch, Herr, ich weiß, an jeder Stätte willst du den Deinen nahe seyn. Wo je ein Frommer seufzt und weint, erquickst du ihn, o Menschenfreund.

3. Um Trost ist meinem Herzen bange; ich suche, Herr, dein Angesicht; o du, an dem ich gläubig hange, entzeuch mir deine Hülfe nicht! Ach, stärke bei des Leibes Schmerz mein banges und verzagtes Herz!

4. Laß das Gedächtniß deiner Leiden mir Schwachem Trost und Kraft verleihn, mir eine Quelle selger Freuden, und jenes Lebens Vorschmack seyn; dein Leiden, dein Versöhnungstod erquicke mich in meiner Noth.

5. Ich sehe schon den Himmel offen, und fühle Himmelsseligkeit! Nun darf ich Alles, Alles hoffen von dem, der mir die Schuld verzeiht! Umringt mich auch der Leiden Heer, mein Herz erbebt davor nicht mehr.

6. Und naht der Tod mit seinen Schrecken, ich bin getrost und zage nicht! Vom Tode wirst du mich erwecken; ich komme nicht in das Gericht. Wohl mir, daß ich dein eigen bin! Nun ist auch Sterben mein Gewinn! |

373.   Mel. Freu dich sehr, o meine etc.
Kommt und eßt das Brod des Bundes, kommt und trinkt von diesem Wein! Dem Gebote deines Mundes, Herr, will ich gehorsam seyn. Du gabst in den

Tod dich hin, mir zum ewigen Gewinn, willst mir Gnad um Gnade schenken, und ich sollte dein nicht denken?

2. Nein, dich soll mein Mund bekennen vor der Welt bis in den Tod; nichts soll je von dir mich trennen, weder Glück, noch Angst und Noth. Meiner Seele Ruhm bist du, meines Herzens Trost und Ruh; denn ich kann für meine Sünden nur durch dich Vergebung finden.

3. Unter meinen Miterlösten komm ich, Herr, zu deinem Mahl, hier mich deiner zu getrösten mit der treuen Jünger Zahl. Alle, die sich dir geweiht, bist zu segnen du bereit; freundlich willst du mit den Deinen dich im Abendmahl vereinen.

4. Ja, dem Wort, das du gesprochen, glaub ich fest und preise dich: für mich ward dein Leib gebrochen, und dein Blut floß auch für mich. Sollt ich Gott noch ängstlich scheun? Nein, ich darf mich seiner freun; der den Sohn für mich gegeben, giebt mit ihm mir Heil und Leben.

5. Nie vergiß es, meine Seele, was der Herr an dir gethan; dank ihm innig und erwähle seines Lebens heilge Bahn. Glaube fest, sein guter Geist, den sein theures Wort verheißt, wird zu allen guten Werken dich bei deiner Schwachheit stärken.

374.   Mel. Dir, dir, Jehovah will etc.

Nun habe Dank für dein Erbarmen, Sohn Gottes, heilger Mittler, Jesu Christ! Versöhnt mit Gott hast du mich Armen, da du für mich am Kreuz gestorben bist! Laß deines bittern Leidens Angst und Pein bis an mein Ende mir vor Augen seyn.

2. Heil mir, mir ward dein Brod gebrochen, mir ward gereicht, Herr, deines Bundes Wein! Aus Herzensgrund hab ich versprochen, dir, treuster Heiland, ewig treu zu seyn. Gerühret schwör ich nun noch einmal dir, schenk zur Erfüllung deine Gnade mir.

3. Im Streite hilf mir überwinden, und gieb mir Kraft auch zu der schwersten Pflicht, bewahre mich vor neuen Sünden; naht sich Versuchung, so verlaß mich nicht, und dein für mich am Kreuz vergoßnes Blut schenk mir im Todeskampfe Trost und Muth.

4. Und euch, ihr seines Leibes Glieder, die des Erlösers Heil, wie mich, erfreut, euch lieb' ich stets als meine Brüder, als Mitgenossen seiner Herrlichkeit. Wir Alle haben einen Herrn | und Gott; uns Alle speist und tränkt ein Wein, ein Brod.

5. Wie jetzo wir versammelt waren, um seine Gnade dankbar zu erhöhn, so werden mit der Engel Schaaren wir einst vor seinem Thron anbetend stehn, und preisen, als sein Erb und Eigenthum, ohn Ende seines Namens hohen Ruhm.

6. Mit euch vor ihm einst zu erscheinen zum sel'gen Anschaun seiner Herrlichkeit, will ich mich hier mit euch vereinen, treu zu vollbringen, was sein Wort gebeut: dann geh' ich freudig im Triumph mit euch, ihr Auserwählten, in sein Himmelreich.

7. So soll denn weder Spott noch Leiden, nicht Ehr und Freude, nicht die Lust der Welt mich, Herr, von deiner Liebe scheiden, die selbst im Tode noch mich schützt und hält! Du, Herr, du bist und bleibest ewig mein! o laß auch ewig mich dein eigen seyn!

XVI. Vom heiligen Abendmahl

375. Mel. Wach auf, mein Herz etc.
O Jesu, meine Wonne, du meiner Seelen Sonne, du Freundlichster von Allen, laß dir mein Lob gefallen.

2. Wie kann ich würdig schätzen das himmlische Ergötzen, womit die theuern Gaben in deinem Mahl mich laben?

3. Du hast dich mir geschenket, gespeist mich und getränket, geheilt hast du mich Kranken, wie soll ichs dir verdanken?

4. Ich preise dich von Herzen für alle deine Schmerzen, und für dein theures Leiden, du Ursprung meiner Freuden.

5. Dir dank ich für dein Lieben, das dich ans Kreuz getrieben, du wolltest für mich sterben, daß ich dein Reich sollt erben.

6. Jetzt schmecket mein Gemüthe den Reichthum deiner Güte; das heilge Pfand der Gnaden tilgt meiner Seele Schaden.

7. Du wollest nun die Sünde, die ich noch in mir finde, aus meinem Herzen treiben, und kräftig in mir bleiben.

8. Laß stets mich mit Verlangen an deiner Liebe hangen; gieb mir Geduld im Leiden, laß mich von dir nichts scheiden.

9. So fürcht ich kein Verderben; in dir werd ich einst sterben, und fröhlich auferstehen, um ewig dich zu sehen.

376. In eigner Melodie.
Schmücke dich, o meine Seele, laß die dunkle Trauerhöhle, komm ans helle Licht gegangen, fange herrlich an zu prangen! denn der Herr, voll Heil und Gnaden, will zu seinem Tisch dich laden; der den Himmel kann verwalten, will jetzt Wohnung in dir halten.

2. Froh, wie treue Freunde pflegen, eile deinem Freund entgegen, der mit seinen Gnadengaben jetzt dein armes Herz will laben. Oeffn' ihm schnell die Geistespforten, sprich zu ihm | mit süßen Worten: Komm, ich will dich mit Verlangen als den liebsten Gast empfangen!

3. Wer ein Kleinod will erringen, pflegt sonst Gold dafür zu bringen; doch für diese theuern Gaben will er irdisch Gold nicht haben. In der Berge tiefsten Gründen ist kein solcher Schatz zu finden, den man könnt als Zahlung reichen, für dies Kleinod sonder Gleichen.

4. Ach wie verhungert mein Gemüthe nach des Menschenfreundes Güte! Ach wie pfleget mich zu dürsten nach dem Quell des Lebensfürsten! Nimmer hör' ich auf, mit Thränen mich nach seinem Mahl zu sehnen, daß in diesem Brod und Weine Christus sich mit mir vereine.

5. Ja, auf wunderbare Weise wird dies Mahl mir Seelenspeise. Christus selbst will, mir zum Leben, sich darin als Nahrung geben! Wo ist wohl ein Mensch zu finden, der dies Wunder kann ergründen? O der großen Heimlichkeiten, die nur Gottes Geist kann deuten!

6. Jesu, meines Lebens Sonne! Jesu, meine Freud und Wonne! den allein ich mir erwähle, Hort des Heils und Licht der Seele! Sieh mich hier zu deinen Füßen, laß mich würdiglich genießen diese deine Himmelsspeise, mir zum Heil und dir zum Preise.

7. Jesu, wahres Brod des Lebens, deine Huld sey nicht vergebens, daß ich, mir zum Heil und Frommen, sey zu deinem Tisch gekommen. Laß dies heilge Mahl mich stärken zu des Glaubens guten Werken, daß ich auch, wie jetzt auf Erden, mög' ein Gast im Himmel werden!

377.   Mel. Gelobet seyst du etc.
                                    Chor.
Verkündigt alle seinen Tod! Jesu Leib ist dieses Brod, des Mittlers Blut ist dieser Wein; empfangt es, und gedenket sein, der für euch starb.
                                  Gemeinde.
2. Herr, wir empfahn mit Preis und Dank diese Speis' und diesen Trank, und glauben, daß du, Jesu Christ, für unsre Schuld geopfert bist am Kreuzesstamm.
                                    Chor.
3. Verkündigt Alle seinen Tod! Er ist unser Herr und Gott. Sagts euern Brüdern, daß er kam, und alle Sünden auf sich nahm aus Gnad' und Huld.
                                  Gemeinde.
4. Die ganze Welt hast du befreit von der Ungerechtigkeit. Dein Blut macht uns von Sünden rein, deß wollen wir auch Zeugen seyn vor aller Welt.
                                    Chor.
5. Verkündigt Alle seinen Tod! haltet willig sein Gebot: sein göttlich Vorbild schauet an | und folgt ihm standhaft auf der Bahn, die er betrat.
                                  Gemeinde.
6. Herr, wir sind ganz dein Eigenthum; unser Wandel sey dein Ruhm. Durch gute Werke danken wir, Vollender unsers Glaubens, dir für deinen Tod.
                                    Alle.
7. Vom Aufgang bis zum Niedergang bringet dem Versöhner Dank, und machet in der Gnadenzeit euch würdig jener Seligkeit, die er erwarb.

378.   Mel. Wer nur den lieben etc.
Vollendet ist die Bundesfeier, verkündigt wurde, Herr, dein Tod! Stets bleib uns dein Gedächtniß theuer, und unvergeßlich dein Gebot; dann freuen wir, o Gottes Sohn, uns deiner einst vor deinem Thron.

379.   Mel. Allein Gott in der etc.
Wie heilig ist die Stätte hier, wo ich voll Andacht stehe! sie ist des Himmels Pforte mir, den ich jetzt offen sehe. O Lebensthor, o Tisch des Herrn, vom Himmel bin ich nicht mehr fern, und fühle Gottes Nähe.
2. Wie heilig ist dies Lebensbrod, dies neue Gnadenzeichen, vor dem des Herzens Angst und Noth und alle Qualen weichen! O Brod, das meine Seele nährt, o Manna, das mir Gott gewährt, dich will ich jetzt genießen.
3. Wie heilig ist doch dieser Trank, der mein Verlangen stillet, der mein Gemüth mit Lob und Dank und heilger Freud erfüllet! O Lebenstrank, o heilges Blut, das einst geflossen mir zu gut, dich will ich jetzt empfangen.

---

26 Aufgang] Anfang

4. Welch Glück und welch ein Ruhm ist mein, welch Heil hab ich gefunden! mein Jesus kehret bei mir ein, mit ihm werd ich verbunden. Wie ist mein Herz so freudenvoll, daß ich in Jesu leben soll, und er in mir will leben!

5. O wär doch auch mein Herz geweiht zu einer heilgen Stätte, damit der Herr der Herrlichkeit an mir Gefallen hätte! O wäre doch mein Herz der Ort, an welchem Jesus fort und fort aus Gnaden Wohnung machte!

6. Mein Jesu! komm und heilge mich, was sündlich ist, vertreibe, damit ich nun und ewiglich dein Tempel sey und bleibe. Von dir sey ganz mein Herz erfüllt, und laß dein heilig Ebenbild beständig an mir leuchten.

7. Nun, du hast himmlisch mich erquickt, du hast dich mir ergeben. In dir, der mich so hoch beglückt, will ich nun immer leben. Laß mich, mein Heiland, allezeit, von nun an bin in Ewigkeit mit dir vereinigt bleiben. |

XVII. Von der Buße.

380.   In eigner Melodie.
Ach, Gott und Herr, wie groß und schwer sind meine viele Sünden! wie drückt mich doch ihr hartes Joch; wo kann ich Rettung finden?

2. Wohin ich flieh, verfolgen sie mit ihrer Pein mich Armen. In dieser Noth kenn ich, o Gott, kein Heil, als dein Erbarmen.

3. Ich flieh zu dir, sey gnädig mir, ob ichs gleich nicht verdienet. Geh mit mir nicht, Gott, ins Gericht, dein Sohn hat mich versühnet.

4. Soll's ja so seyn, daß Straf und Pein auf Sünden folgen müssen; o so verleih mir doch dabei den Frieden im Gewissen.

5. Verfahr mit mir, wie's dünket dir, ich will demüthig leiden; nur wollst du mich nicht ewiglich von den Erlösten scheiden.

6. Das thust du nicht, mit Zuversicht darf es mein Glaube hoffen. Mir steht, o Gott, durch Christi Tod ja auch dein Himmel offen.

7. Nur daß ich treu dem Heiland sey, gieb mir bis an mein Ende, und daß den Lauf zu dir hinauf im Glauben ich vollende.

8. Dir, Gott, sey Ruhm! dein Eigenthum bleib ich in Jesu Namen. Ich zweifle nicht, denn Jesus spricht: Wer glaubt, wird selig. Amen.

381.   Mel. Auf meinen lieben etc.
Ach, Herr, dir ist bewußt die innre böse Lust, die Quelle meiner Sünden, die Niemand kann ergründen, der Same, der stets bleibet, und alles Unkraut treibet.

2. Des Herzens böser Grund wird oft durch Thaten kund; der Funke wird zu Flammen, sie schlagen hell zusammen, eh' ich erwach und merke des alten Menschen Werke.

3. So hab' ich wider dich, den Nächsten und auch mich vielfältig, Herr, mißhandelt, bin oft den Weg gewandelt, der ab vom Ziel sich wendet, und in Verdammniß endet.

4. Doch du, mein Jesu, hast der Schulden schwere Last auf dich allein genommen. Wie du dich allein genommen. Wie du für mich gekommen, komm ich nun schuldbeladen zur Fülle deiner Gnaden.

5. Vergieb, Erlöser, mir, verwirf mich nicht von dir! Kann ich die Schuld nicht zählen, will ich doch nichts verhehlen, weil du allein vom Bösen mich kräftig kannst erlösen.

6. Hart drückt der Sünde Joch, doch mächtger wirken noch die Kräfte deiner Gnade; es weichet jeder Schade, willst | du aus deinem Leben die rechte Kraft mir geben.

382. Mel. Herr, ich habe etc.
Ach mein Jesu welch Verderben wohnet nicht in meiner Brust! wie regt doch in Adams Erben immer sich die böse Lust! Ja ich muß es wohl bekennen, ich bin Fleisch von Fleisch zu nennen.

2. Wie verkehrt sind meine Wege! wie verderbt ist doch mein Sinn, der ich zu dem Guten träge, aber schnell zum Bösen bin. Du nur kannst mich von den Ketten und vom Tod der Sünde retten.

3. Hilf mir durch den Geist der Gnaden von der angestammten Noth, und den tiefen Seelenschaden heile, Herr, durch deinen Tod! Was dein Reich nicht kann ererben, laß in deinem Tod ersterben.

4. Denn hier unten von der Erden kam mir keine Hülfe mehr; sollt' ich frei und lebend werden, mußts geschehn von oben her, nur dein Geist kann mich erneuen, und mit Lebenskraft verleihen.

5. Schaffe, Herr, ein reines Herze, einen neuen Geist in mir, daß ich nun nicht länger scherze mit der sündlichen Begier. Hilf mir selber muthig kämpfen, und die Macht des Feindes dämpfen.

6. Laß durch Wachen, Beten, Ringen stark mich werden, Fleisch und Blut in des Geistes Joch zu zwingen, bis der Feind doch endlich ruht, reize mich durch jene Krone, daß ich meiner niemals schone!

7. Wenn ich aber unterliege, so hilf du mir wieder auf, daß durch deine Kraft ich siege, und vollbringe meinen Lauf; mich befehlend deinen Händen, mög' ich ritterlich einst enden.

383. Mel. Du, o schönes etc.
Ach wann werd ich von der Sünde, Gott, mein Vater, völlig frei, daß ich ganz sie überwinde, ganz dir wohlgefällig sey? Noch nicht, ich gesteh's mit Zähren, kann ich ihrer mich erwehren; sie versucht mich wider dich, und noch oft besiegt sie mich.

2. In der Andacht sel'gen Stunden, wenn ich, Herr, dein Wort gehört, hab ich oft das Glück empfunden, das die Frömmigkeit gewährt. Nichts wünscht ich alsdann hienieden mir so sehr, als innern Frieden, als ein Leben, dir geweiht in des Glaubens Seligkeit.

3. Mit beruhigtem Gewissen der Erlösung mich zu freun treu den heiligsten Entschlüssen, folgsam deinem Wort zu seyn, meines Glaubens Frucht zu zeigen, in der Heiligung zu steigen, ach du weißt, wie immerdar dieser Wunsch im Herzen war.

4. Doch die Sehnsucht wird zerstöret und der heiße Eifer kalt, wenn sich Leidenschaft empöret, und die Lust im Herzen wallt. Leichtlich bin ich zu verleiten durch den Reiz der Eitelkeiten, | der mich überall umringt, und mein schwaches Herz bezwingt.

5. Weh mir, daß ich deinen Willen, den ich doch so lieb gewann, nicht mit Freudigkeit erfüllen, nicht beständig halten kann! Ach wer wird mich von dem Bösen, von der Sünde ganz erlösen! O ich Armer, wer befreit mich vom Dienst der Sinnlichkeit.

6. Doch du lässest Heil versprechen unsrer sündigen Natur, tilgst durch Christum ihr Gebrechen, zeigt sich wahre Reue nur. Ohne diese Hoffnung würde allzuschwer mir meine Bürde, und ich könnte niemals dein, o du höchstes Gut, mich freun.

7. Laß mich merken, wo ich wanke, daß ich strebe, fest zu stehn, und mich stärke der Gedanke, meinem Heiland nachzugehn. Führe, Gott, mich täglich weiter, und dein Geist sey mein Begleiter, bis ich in der Ewigkeit dringe zur Vollkommenheit.

384.   In eigner Melodie.
Allein zu dir, Herr Jesu Christ, steht freudig mein Vertrauen. Ich weiß, daß du mein Heiland bist; auf wen sollt ich sonst bauen? Von Anbeginn ist nichts erkohrn, auf Erden ist kein Mensch geborn, der aus der Noth mir helfen kann; dich ruf ich an, von dir nur kann ich Hülf empfahn.

2. Herr, meine Schuld ist übergroß, und reuet mich von Herzen; erbarme dich, und sprich mich los, Kraft deiner Angst und Schmerzen; nimm meiner dich beim Vater an, der du für mich genug gethan: so werd ich los der Sündenlast. Mein Glaube faßt, was du mir zugesaget hast.

3. Verleih mir aus Barmherzigkeit des Glaubens Kraft und Stärke, auf daß ich deine Freundlichkeit im Geiste fühl und merke; vor allen Dingen liebe dich, und meinen Nächsten gleich als mich. Hilf mir in meiner letzten Noth, mein Herr und Gott! der du für mich besiegt den Tod.

4. Preis sey Gott auf dem höchsten Thron, dem Vater, reich an Güte, und Jesu Christo seinem Sohn, der gnädig uns behüte, und seinem werthen heilgen Geist, der uns den Weg zum Himmel weist! So singet alle Christenheit hier, in der Zeit, und dort in selger Ewigkeit.

385.   In eigner Melodie.
An dir allein, an dir hab ich gesündigt, und übel oft vor dir gethan. Du siehst die Schuld, die mir den Fluch verkündigt; sieh, Gott, auch meinen Jammer an.

2. Dir ist mein Flehn, mein Seufzen nicht verborgen, und meine Thränen sind vor dir. Ach Gott, mein Gott, wie lange soll ich sorgen? Wie lang verbirgst du dich vor mir?

3. Herr, handle nicht mit | mir nach meinen Sünden, vergilt mir nicht nach meiner Schuld. Ich suche dich, laß mich dein Antlitz finden, du Gott der Langmuth und Geduld.

4. Früh wollst du mich mit deiner Gnade trösten, Gott, Vater der Barmherzigkeit. O schenke mir den Frieden der Erlösten; du bist ein Gott, der gern erfreut.

5. Laß deinen Weg mich wieder freudig wallen, und lehre mich dein heilig Recht; laß stets mich thun nach deinem Wohlgefallen; du bist mein Gott, ich bin dein Knecht.

6. Herr, eile du, mein Schutz, mir beizustehen, und leite mich auf ebner Bahn. Er hört mein Schrein, der Herr erhört mein Flehen, und nimmt sich meiner Seele an.

386.   Mel. Aus meines Herzens etc.

Auf, auf, an diesem Morgen schwing dich, mein Herz, empor! Um für dein Heil zu sorgen, tritt an das Licht hervor! Wohl ist es endlich Zeit, den Abgrund zu verlassen, die Finsterniß zu hassen, die dir Verderben dräut.

2. Dieß ist ein Tag der Reue, bekenne deine Schuld mit Thränen, komm und schreie zu Gott um Gnad und Huld. Wie lange schliefst du doch! Wach auf, und treib von hinnen die Nacht aus deinen Sinnen, jetzt heißt es heute noch.

3. Noch läßt der Herr dich leben, und trägt Geduld mit dir, ob du nicht wollest streben nach reiner Seelen Zier. Entsage nun der Welt! Er will dir Heilung schenken, dein Herz und Sinnen lenken auf das, was ihm gefällt.

4. Ja, Herr, die Last der Sünden drückt mich mit herber Pein. Wie soll ich Ruhe finden, als nur durch dich allein! Mir droht, was ich verdient! Verklagt von meinen Thaten, kann das allein mir rathen, daß mich dein Sohn versühnt.

5. Mit diesem starken Glauben tret ich vor deinen Thron; du wirst mich nicht berauben des Heils in deinem Sohn. Ein flehend Angesicht, ein Herz, in Reu gebrochen, da dir sich neu versprochen, verachtest du ja nicht.

6. So sey in deinem Namen gesegnet dieser Tag! Sprich auf mein Bitten Amen, daß ich mich trösten mag! Laß deinen guten Geist das Herz mit Glauben schmücken, mit Freuden es erquicken, das jetzt in Thränen fleußt.

387.   Mel. Herzliebster Jesu, was etc.

Aus einem tief vor dir gebeugten Herzen, ruf ich zu dir in meinen Sündenschmerzen. O mache mich, Gott, meines Kummers ledig, und sey mir gnädig.

2. Beschämt erkenn und fühl ich meine Sünden. Laß, Vater, mich Erbarmung vor dir finden. Willst du auf Schuld | und Uebertretung sehen, wer wird bestehen?

3. Bei dir allein, Herr, steht es, zu vergeben. Du willst nicht, daß wir sterben, sondern leben; uns soll die Größe deiner Liebe lehren, dich treu zu ehren.

4. Verzeihe mir in Christo meine Fehle; dein harrt im Glauben meine müde Seele! Laß Trost und Ruh, um des Versöhners willen, mein Herz erfüllen.

5. Vom Abend an bis zu dem frühen Morgen, hoff ich auf dich; o stille meine Sorgen! Du schenkest ja Beladenen und Müden gern deinen Frieden.

6. Ja hoffe nur, mein Herz, auf Gottes Gnade! sie ist viel größer, als dein Seelenschade, und endlich wird sie dich von allem Bösen gewiß erlösen.

388.   In eigner Melodie.

Aus tiefer Noth ruf ich zu dir, Herr Gott! erhör mein Flehen, nicht ins Gericht wirst du mit mir, der Gnade suchet, gehen. Denn wolltest du das sehen an, was Sünd und Unrecht ist gethan, wer könnte vor dir bleiben!

2. Bei dir gilt nichts, denn Gnad und Gunst, die Sünde zu vergeben. Es ist all unser Thun umsonst auch in dem besten Leben; vor dir sich Niemand rühmen kann, es muß dich fürchten Jedermann, und deiner Gnade leben.

3. Darum auf Gott will hoffen ich, auf mein Verdienst nicht bauen. Auf dich verlassen will ich mich, auf dich mein Herz soll trauen. Was mir verheißt dein werthes Wort, das ist mein Trost und treuer Hort, deß will ich allzeit harren.

4. Und ob es währt bis an die Nacht und wieder an den Morgen, doch soll mein Herz an Gottes Macht verzweifeln nicht, noch sorgen. So ist des rechten Christen Art, der aus dem Geist geboren ward, und seines Glaubens lebet.

5. Ob bei uns ist der Sünde viel, bei Gott ist viel mehr Gnade. Sein' Macht, zu helfen, hat kein Ziel, wie groß auch sey der Schade. Er ist allein der gute Hirt, der einst sein Volk erlösen wird von allen Sünden. Amen.

389.   Mel. Die Tugend wird etc.

Christ, prüfe dich an jedem Tage mit Ernst vor Gottes Angesicht! Hör, was der innre Richter sage, verachte seine Warnung nicht! Prüfst du dich streng, so wirst du finden, wie viel noch deiner Tugend fehlt; daß du noch oft den Weg der Sünden, und nicht den Weg des Heils erwählt.

2. So lernest du dein Herz bewahren, dies Herz, das dich so oft betrügt. Nun schaut dein Auge die Gefahren, die nur ein tapfrer Kampf besiegt. Für jeden Tag, der dir verliehen, ruft Gott dich einst zur Rechenschaft. Laß nicht die Gnadenzeit entfliehen, und beßre dich durch Gottes Kraft.

3. An jedem Abend, jedem Morgen bedenke, was dir Gott gebeut; vergiß nicht über eitlen Sorgen das Trachten nach der Seligkeit! Einst würdest du zu spät beklagen, wenn du die Warnung nicht gehört, daß dir von allen Erdentagen kein einziger zurückkehrt.

4. Drum prüfe heute noch dein Leben: denn noch ist diese Stunde dein; wird dich des Todes Nacht umgeben, dann ist nicht Zeit mehr, zu bereun. Ihn, dessen Augen Alles prüfen, ihn täuscht der Trug des Heuchlers nicht; er schauet in des Herzens Tiefen, und bringt einst Alles an das Licht.

390.   Mel. Alle Menschen etc.

Du, der Herz und Wandel kennet, Ewiger, erforsche mich! Ach ich war von dir getrennet, aber du erbarmtest dich. Du vernahmst mein Flehn und Sehnen, sahst auf meiner Reue Thränen; da vergabst du mir die Schuld, nahmst mich auf mit Vaterhuld.

2. Forsche selbst in meinem Herzen, sieh, es fehlt und wanket noch, fühlt noch unter Sorg und Schmerzen oft der Sünde schweres Joch. Strauchelnd, ungewiß und träge wandl' ich auf dem schmalen Wege, und zu oft noch sieht mein Blick auf die breite Bahn zurück.

3. Als zuerst ich voll Entzücken, Vater, dich im Sohne fand, und mit andachtsvollen Blicken deinem Throne nahe stand, wie war da der Reiz der Sünden mir so leicht zu überwinden, wenn ich dachte, wie du liebst, der du so die Schuld vergiebst.

4. Welche Ruhe, welcher Friede wohnte da in meiner Brust! Alles Eitlen war ich müde, und verschmähte niedre Lust. Um nur deine Huld zu haben,

mißt ich gern des Glückes Gaben, und ein Herz, das dich verehrt, war mir mehr, als Alles werth.

5. Doch der Andacht heilge Stunden, reich an himmlischem Gewinn, ach wohin sind sie geschwunden? Wo die selge Ruhe hin? Wenn ich jetzt auch im Gebete hin vor Gottes Antlitz trete, wird des Herzens Innigkeit durch der Welt Geräusch zerstreut.

6. Wenn die spöttisch auf mich sehen, denen Beten Thorheit däucht, wenn sie mein Vertrauen schmähen, wird es bald aus mir verscheucht. Macht die Menge der Verächter meinen Glauben zum Gelächter: so vergeß ich leicht der Pflicht, und bekenne Christum nicht.

7. Und doch bebten Christi Zeugen vor der Wahrheit Feinden nie, seine Lehre zu verschweigen, zwangen keine Schrecken sie. Auf des Martertodes Wegen | gingen sie dem Lohn entgegen, durften froh im Geiste sehn Christum Gott zur Rechten stehn.

8. Der du sie mit Kraft von oben so zum Kampfe stark gemacht, und in jene Welt erhoben, wo ihr Lauf nun ist vollbracht, hilf auch mir den Spott bezwingen, um zum Siege durchzudringen! Vater, bis ans Ende sey dir mein ganzes Herz getreu.

391.   Mel. An Wasserflüssen etc.

Erbarm dich, Herr! schwach ist mein Herz, geneigt zu Eitelkeiten, läßt bald durch Freude, bald durch Schmerz sich auf den Irrweg leiten. Gleich einem Rohr, vom Wind bewegt, wankt, durch der Lüste Reiz erregt, auch oftmals meine Seele. Wann komm ich zu der wahren Ruh, daß ich stets sichre Tritte thu, und nur das Gute wähle?

2. O laß mein Herz nicht fernerhin in seiner Neigung wanken. Erhebe den verirrten Sinn zu himmlischen Gedanken. Wenn deines guten Geistes Kraft den neuen Menschen in mir schafft, so wird es mir gelingen. Ich will mich deinem Dienste weihn, gieb du von oben mir Gedeihn, von dir kommt das Vollbringen.

3. Und wenn ich auf der Tugend Bahn auch oft noch gleitend walle; so nimm dich meiner Schwachheit an, und hilf, daß ich nicht falle. Wenn sich die Lust in mir erhebt, die deinem Willen widerstrebt, so hilf mir redlich kämpfen, und stärke meinen schwachen Muth, daß ich der Leidenschaften Glut durch dich, Herr, möge dämpfen.

4. Ich bin ein Mensch; du kennest mich; wie schwach sind meine Kräfte! doch meine Seele hofft auf dich beim Heiligungsgeschäfte. Du wirst mir gnädig Kraft verleihn, mein Herz je mehr und mehr erneun, vor dir gerecht zu leben. Dafür will ich, dein Eigenthum, o Vater, deines Namens Ruhm in Ewigkeit erheben.

392.   Mel. Herzlich lieb hab ich etc.

Gott, der du unsre Zuflucht bist! Herr, unser Mittler, Jesu Christ! Geist Gottes, Geist der Gnaden! o Heiliger! wir flehn zu dir, dein Gnadenantlitz suchen wir, mühselig und beladen. Nimm von uns unsre Sündenschuld, du Gott der Langmuth und Geduld! erhöre gnädig unser Flehn, daß der Versöhnung Heil wir sehn. Herr, unser Gott! verbirg uns nicht dein Angesicht, und geh mit uns nicht ins Gericht.

2. Wir haben unsern Bund entweiht, gebrochen unsern theuern Eid, und deinen Weg verlassen. Doch reuig kehren wir zurück; o richt auf uns der Gnade Blick, zu der wir Hoffnung fassen. Sie leit uns auf den ebnen Pfad, den uns dein Wort bezeichnet hat, daß nie Versuchung oder Wahn | der Sünd uns mache unterthan. Herr, unser Gott, groß von Geduld! vor aller Schuld behüt uns deine Vaterhuld!

3. Schütz uns vor Irrthum und Gefahr; erhalte deiner frommen Schaar der Glaubenseintracht Segen. Uns leite, Gott, dein guter Geist, wie uns dein theures Wort verheißt, auf allen unsern Wegen. Laß auch in Lehr und Wandel rein die Diener deines Wortes seyn, und gieb an deiner Wahrheit Heil auch Irrenden und Zweiflern Theil. Herr, unser Gott! breit aus dein Wort an jedem Ort, und laß es wachsen fort und fort.

4. Dein Segen komm auf unser Land, daß wir, beschirmt von deiner Hand, des Friedens Glück genießen. Wend ab von uns durch deine Hut der Fluthen und der Flammen Wuth, des Krieges Blutvergießen. Noch lange sey der Vaterblick des Königs seiner Völker Glück; o schütt auf ihn und auf sein Haus die Fülle deines Segens aus! Herr, unser Gott! schütz unser Land mit starker Hand, beglück und segne jeden Stand.

5. Vernimm der Leidenden Gebet, und wer zu dir im Glauben fleht, dem hilf aus seinen Nöthen! Gieb Kranken Linderung und Ruh; die Sterbenden erlöse du, erhör ihr letztes Beten. Mach alle Unterdrückten frei; steh Wittwen, Herr, und Waisen bei; vernichte der Verfolger Rath, und wehre jeder bösen That. Herr, unser Gott, durch Freud und Leid der Pilgerzeit führ uns zu deiner Herrlichkeit.

393.   Mel. Zion klagt mit Angst etc.

Gott, ich will mich ernstlich prüfen, ob ich lauter bin vor dir. Du kennst meines Herzens Tiefen, ach, entdecke sie auch mir. Laß durch deinen Geist mich sehn, ob ich kann vor dir bestehn, ob ich auch aus reiner Liebe deinen Willen treulich übe.

2. Vor der schwachen Menschen Augen gnüget äußrer Werke Schein. Was vor dir, o Herr, soll taugen, muß aus dir geboren seyn. Nicht nur das, was wir gethan, auch die Absicht siehst du an. Deine Liebe muß uns dringen, gute Werke zu vollbringen.

3. Ach! dem Nebel gleich verschwinden meine guten Thaten mir! denn forsch ich nach ihren Gründen, so steh ich beschämt vor dir. Deine Liebe trieb mich nicht zur Erfüllung meiner Pflicht; nichtig ist, was ich vollbrachte, ohne daß ich dein gedachte.

4. Oft nahm schnöde Eigenliebe meine ganze Seele ein; folgend meiner Ehrsucht Triebe strebt ich nur nach eitelm Schein. Und was ist nun mein Gewinn? Meinen Lohn hab ich dahin; auf die Krone jenes Lebens harren Miethlinge vergebens.

5. Herr, vor deinem heilgen Throne gilt nur lautre Fröm|migkeit. Ach, vergieb in deinem Sohne, was mein Herz so tief bereut! Ich bekenne meine

Schuld, decke sie mit deiner Huld; alles Eigne, Herr, zerstöre, daß ich ganz dir angehöre!

6. Ja, laß alle meine Werke Früchte deiner Liebe seyn! Sie verleih mir Kraft und Stärke, Seel und Leben dir zu weihn; daß ich als dein Eigenthum treulich fördre deinen Ruhm, und von deiner Huld getrieben dich auf ewig möge lieben.

394.   Mel. Die Tugend wird etc.

Gott, welcher Kampf in meiner Seele, welch steter Widerspruch in mir! Der Geist will, daß ich Gutes wähle, er sehnt sich heiß, o Gott, nach dir. Das Fleisch strebt gegen diesen Willen, es ringt nach Sinnenlust allein; und werd ich sein Gesetz erfüllen, so wird nicht fern die Sünde seyn.

2. Von doppeltem Gesetz regieret, wie ist mein Wesen räthselhaft! Wenn mich der Wahrheit Strahl berühret, so schmeck ich Frieden, fühle Kraft; doch wenn des Irrthums dunkle Schatten mir rauben dieses reine Licht, gleich fühl ich mich im Lauf ermatten, ich will, doch ich vollbringe nicht.

3. Der beste Vorsatz, den ich fasse, verfliegt oft wie ein Traumgesicht. Ich thu das Böse, das ich hasse, das Gute, das ich liebe, nicht. Getrieben wie ein Schiff vom Winde, wenn Mast und Steuerruder brach, fall ich in die Gewalt der Sünde, zu späte Thränen folgen nach.

4. Wer löst mich von den Sklavenketten, wer schafft in meinem Innern Ruh? Nur du, Erlöser, kannst mich retten; ich eile deiner Gnade zu. Mit dir, du Gottes Sohn, verbunden, ist nichts verdammlich mehr an mir! Ich wandl' im Geist, und kann gesunden, lebst du in mir, und ich in dir.

395.   Mel. Schmücke dich etc.

Herr, du wollest meiner schonen! Nicht nach meinen Werken lohnen! Wer vermag wol zu bestehen, wenn du ins Gericht willst gehen? Keiner, keiner ist zu finden, rein vor dir, und frei von Sünden; Alle müssen flehend sprechen: Herr, du wollst die Schuld nicht rächen!

2. Sündlich bin ich ja geboren, habe, Herr, dein Bild verloren; wo ist Rettung nun zu finden aus dem schnöden Joch der Sünden? Sieh mich hier zu deinen Füßen Zähren bittrer Reu vergießen; Heil und Hülfe kommt mir Armen nur aus göttlichem Erbarmen.

3. Mit Maria Magdalenen dank ich dir, o Herr, in Thränen; will, wie Petrus, heilsam weinen, mich aufs Neu mit dir vereinen. Ja, die Sünd ist mir vergeben, Christus hat geschenkt das Leben! ja, es schwinden Angst | und Leiden, Christus schenkt mir Himmelsfreuden.

396.   Litanei.
                        Chor.

Herr, Herr Gott!

                        Gemeinde.

Erbarme dich.

                        Chor.

Jesu Christ!

XVII. Von der Buße

Gemeinde.
Erbarme dich.
Chor.
5 Herr, Herr Gott!
Gemeinde.
Erhör uns.
Chor.
Herr Gott, Vater im Himmel!
Gemeinde.
10 Erbarm dich über uns.
Chor.
Herr Gott, Sohn, der Welt Heiland!
Gemeinde.
Erbarm dich über uns.
Chor.
15 Herr Gott, heiliger Geist!
Gemeinde.
Erbarm dich über uns.
Chor.
20 Sey uns gnädig.
Gemeinde.
Verschon uns, Herr, Herr unser Gott!
Chor.
Sey uns gnädig.
Gemeinde.
25 Hilf uns, Herr, Herr unser Gott!
Chor.
Vor allen Sünden,
Vor allem Irrthum,
30 Vor allem Uebel:
Gemeinde.
Behüt uns, Herr, Herr unser Gott!
Chor.
Vor Pest und theurer Zeit,
35 Vor Feur und Wassersnoth,
Vor Aufruhr und Zwietracht,
Vor Krieg und Feindes Wuth.
Gemeinde.
Behüt uns, Herr, Herr unser Gott!
Chor.
40
Vor Satans Trug und List,
Vor bösem schnellen Tod,
Vor ewger Höllenpein:
Gemeinde.
45 Behüt uns, Herr, Herr unser Gott!
Chor.
Durch Christi heilge Zukunft in das Fleisch,
Durch sein unschuldig Leben und Verdienst,

Durch seinen letzten Kampf und Kreuzestod,
Durch sein Erstehn und seine Himmelfahrt!
      Gemeinde.
Hilf uns, Herr, Herr unser Gott! |
      Chor.
Wir arme Sünder bitten:
      Gemeinde.
Du wollest uns erhören, Herr, Herr unser Gott!
      Chor.
Christi heilige Kirche schützen und regieren,
Treue Knechte stets in deine Erndte senden,
Christi Reich in aller Welt verbreiten,
Deines Geistes Kraft zum Worte geben,
Alle Diener deiner Kirch in Lehr und Leben rein erhalten,
Aller Aergerniß und Spaltung wehren,
Alle Abgefallne und Verführte wiederbringen,
Alle Schwache und Verzagte stärken.
      Gemeinde.
Erhör uns, Herr, Herr, unser Gott!
      Chor.
Allen christlichen Regenten wollst du Fried und Eintracht geben,
Unsern König leiten, und samt seinem Hause schirmen,
Allen Obrigkeiten Kraft und Weisheit schenken,
Unsere Gemeinden segnen und behüten,
In den Ehen Fried und Treu verleihen,
In den Schulen fromme Lehr und Zucht erhalten.
      Gemeinde.
Erhör uns, Herr, Herr unser Gott!
      Chor.
Wachsthum und Gedeihen wollest du der Frucht des Feldes geben,
Alles ehrliche Gewerbe fördern,
Allen in der Noth mit Hülf erscheinen,
Alle Schwangere und Gebährende bewahren,
Alle Kranke pflegen und erquicken,
Alle Wittwen und Verwaiste schützen und versorgen,
Die ohn ihre Schuld Gefangnen bald erlösen,
Unsern Feinden gnädiglich verzeihn, und sie bekehren,
Allen Sterbenden ein selig Ende geben,
Aller Menschen dich erbarmen.
      Gemeinde.
Erhöh uns, Herr, Herr unser Gott!
      Chor.
O Jesu Christe, Gottes Sohn!
      Gemeinde.
Erbarm dich über uns.
      Chor.
O du Gotteslamm, das der Welt Sünde trägt!

XVII. Von der Buße

Gemeinde.

Erbarm dich über uns.

Chor.

O du Gotteslamm, das der Welt Sünde trägt!

Gemeinde.

Erbarm dich über uns. |

Chor.

O du Gotteslamm, das der Welt Sünde trägt!

Gemeinde.

Gieb deinen Frieden uns.

Chor.

Jesu Christ!

Gemeinde.

Erhöre uns.

Chor.

Herr, Herr Gott!

Gemeinde.

Erbarme dich.

Chor.

Christe!

Gemeinde.

Erbarme dich.

Chor und Gemeinde.

Herr, Herr Gott! Erbarme dich. Amen.

397.   *In eigner Melodie.*
Herr, ich habe mißgehandelt, und mich drückt der Sünden Last; ich bin nicht den Weg gewandelt, den du mir gezeiget hast; jetzt möcht ich vor deinem Schrecken gern die bange Seele decken.

2. Aber wohin sollt ich fliehen! du wirst allenthalben seyn. Wollt ich über Meere ziehen, stieg ich in die Gruft hinein, hätt ich Flügel, gleich den Winden: dennoch würdest du mich finden.

3. Drum muß ich es nur bekennen: Herr, ich habe mißgethan, darf mich nicht dein Kind mehr nennen. Ach, nimm mich zu Gnaden an, richte nicht der Sünden Menge, Herr, nach des Gesetzes Strenge.

4. Siehe, wie mein Auge thränet, über meine Sündenschuld; siehe, wie mein Herz sich sehnet, Gott, nach deiner Vaterhuld. Willst du nicht mein Flehn erhören, und mir Gnad und Trost gewähren?

5. Ja, ich hoffe; hingegeben hat sich Christus in den Tod, mir zur Rettung und zum Leben, hat mich dir versöhnt, o Gott! seines Heils darf ich mich trösten mit den Schaaren der Erlösten.

6. Laß nun deinen Geist mich leiten, stets zu thun, was dir gefällt; laß mich unermüdet streiten mit der Sünde, mit der Welt; nimmer laß mich wieder wanken, so will ich dir ewig danken.

---

14 uns.] uns

398. In eigner Melodie.
Herr Jesu Christ, du höchstes Gut, du Brunnquell aller Gnaden! ich komme mit gebeugtem Muth, mühselig und beladen; denn meiner Sünden großes Heer belastet mein Gewissen schwer, und beugt mich tief darnieder.
2. Erbarm dich mein in solcher Noth, nimm sie von meinem Herzen, du hast sie ja durch deinen Tod gebüßt mit bittern Schmerzen. Hilf, daß ich nicht vor Angst und Weh in meinen Sünden untergeh, noch ewiglich verzage.
3. Fürwahr, gleich einem | schweren Stein drückt mich die Last der Sünden; wer rettet mich aus dieser Pein, wo soll ich Ruhe finden? Bei dir, mein Heiland, nur bei dir! Verloren wär ich dort und hier, wenn ich dein Wort nicht hätte!
4. Doch durch dies theure Wort erwacht mein Herz zu neuem Leben, Erquickung hat es mir gebracht, ich darf nicht trostlos beben, denn Gnad und Seligkeit verheißt dein Wort, wenn mit zerknirschtem Geist ich, Herr, zu dir mich wende.
5. So fleh ich denn zu deiner Huld: laß mich Vergebung finden; du wollest von der Sündenschuld aus Gnaden mich entbinden, auf daß ich, aller Unruh frei, mit Gott versöhnt und selig sey, und dir zu Ehren lebe.
6. Herr, der du mir dies Heil verleihst, durch den ich Trost gefunden, stärk mich mit deinem Freudengeist auch in den letzten Stunden, und nimm mich dann, wenn dirs gefällt, im Glauben selig, von der Welt zu deinen Auserwählten.

399. Mel. Eins ist Noth; ach, Herr etc.
Herr, wie mancherlei Gebrechen mußt du stets an mir noch sehn! Täglich hörst du mein Versprechen, täglich siehst du mein Vergehn! Ach daß ich doch erst unerschütterlich stände, nicht mehr das ermattende Wanken empfände! Ach würd ich im Glauben ein männlicher Held, ein Sieger im Kampf mit dem Fleisch und der Welt!
2. Noch will Feind mit Feind verbunden meiner Seele Sieger seyn; ist ein Anfall überwunden, bald stellt sich ein andrer ein. Stets wissen sie dahin die Waffen zu kehren, wo ich noch am schwächsten bin, ihnen zu wehren; und wähnt ich, ich wäre dem Einen entflohn, so war ich verwundet vom Anderen schon.
3. Muß sich denn mein Herz nicht scheuen, so zum Gnadenstuhl zu gehn, da des innern Richters Dräuen mich nicht mehr läßt kindlich flehn? Ich beb, ich erröthe; doch, weil ich nicht siege, ists anders denn möglich, als daß ich erliege? Ich fürchte den Ausgang, der Kampf ist zu schwer; ich Armer, ich hoffe auf Rettung nicht mehr.
4. Doch zur Welt kann ich nicht treten, sie gewährt mir keine Ruh. Drum, o Gott, mit bangem Beten sag ich neuen Ernst dir zu. Ich spüre ja deine verborgenen Triebe; mich ziehet erbarmend die ewige Liebe; ich wag es von Neuem, zum Vater zu gehn, aufs Neue um Gnad und um Hülfe zu flehn.
5. Herr, wie tief muß ich mich beugen, daß du mich noch immer liebst! O ich kann vor Schaam nur schweigen, daß du mir so viel vergiebst! Ich kann aus den Augen dies nimmer | mehr setzen, ich will dich durch Sünde nicht

wieder verletzen. O göttliche Liebe, besitze mein Herz! Dich je zu betrüben, nur dies sey mein Schmerz.

6. Dein, o Vater, stets zu bleiben, darauf ist mein Sinn gestellt. Möge nur dein Geist mich treiben, daß ich thu, was dir gefällt. Ach gründe, befestige, stärke, vollende mich unter dem Kampfe zum seligen Ende! Gieb du mir aus göttlicher Fülle die Kraft, die endlich die Krone des Sieges mir schafft.

400.   Mel. Herr Gott, dich loben alle etc.

Hier bin ich, Herr, du rufest mir; du ziehest mich, ich folge dir, betrete freudig deine Bahn; ach Heiland! nimm mich gnädig an!

2. Ich fühl es tief: ich komme spät, lang hab ich deinen Ruf verschmäht, und doch trugst du mich mit Geduld, und gingst mir nach mit Gnad und Huld.

3. Nun aber säum ich länger nicht, zu suchen, Herr, dein Angesicht. Ich komm, erfüllt von wahrer Reu, hilf, daß ich auch beständig sey.

4. Noch bin ich wie auf wildem Meer zu oft nur braust ein Sturm daher; leicht stürzt mich schnöder Lüste Macht tief in des Abgrunds finstre Nacht.

5. O reiche deine Hand mir dar, daß ich entrinne der Gefahr! Du weißt, o Herr, wie schwach ich bin; hältst du mich nicht, so sink ich hin.

6. Dein Ruf hat mich zu dir gebracht, wie selig hast du mich gemacht! Und nun erhalte deine Hand mich auch in meinem Gnadenstand!

401.   Mel. Zion klagt mit Angst etc.

Höchster, denk ich an die Treue, die du mir bisher erzeigt, o dann fühlt von Schaam und Reue sich mein Herz vor dir gebeugt. Dich, der du mich stets geliebt, hab ich oft und schwer betrübt; oft folgt ich dem eignen Willen, statt den deinen zu erfüllen.

2. Alle Kraft, die ich besitze, ist, o Herr, dein Eigenthum; und du willst, daß ich sie nütze mir zum Heil und dir zum Ruhm. Doch bethört von Eitelkeit hab ich oftmal sie entweiht, und zum schnöden Dienst der Sünden ließ ich leicht mich willig finden.

3. Deine Huld war jeden Morgen über mir, o Vater, neu; von wie manchen schweren Sorgen machtest du das Herz mir frei! Was mir fehlte, gabst du mir; aber ach, wie dankt ich dir? Deiner hab ich oft vergessen, deine Liebe nicht ermessen.

4. Meine mir verborgnen Fehle zog dein göttlich Wort ans Licht; warnend mahnt es meine Seele an das End und das Gericht. Doch umsonst war dein Bemühn, mich durch Ernst zu | dir zu ziehn; ja selbst deiner Güte Zeichen konnten nicht mein Herz erweichen.

5. Jetzt erkenn ich meine Sünden, beuge mich, o Gott, vor dir. Laß mich bei dir Gnade finden, neige, Herr, dein Ohr zu mir! Ach vergieb, was ich gethan, nimm mich aus Erbarmen an, führe mich vom Sündenpfade auf den selgen Weg der Gnade!

6. Ja, du siehest meine Reue, siehst mein gläubiges Vertraun, o so laß mich denn aufs Neue, Herr dein freundlich Antlitz schaun! Was dein Sohn am Kreuz erwarb, als er für die Sünder starb, Frieden, Heil und ewges Leben, wollst du mir aus Gnade geben.

7. Stärke selbst in meiner Seele den Entschluß, mich dir zu weihn! Gieb, daß mirs an Kraft nicht fehle, folgsam deinem Wort zu seyn! Rüste mich zum ernsten Streit, schenke mir Beharrlichkeit, daß ich mög ans Ziel gelangen, und das Kleinod dort empfangen.

402.　　　　　　　　In eigner Melodie.

Hüter, wird die Nacht der Sünden nicht verschwinden? Ist nicht diese Nacht bald hin? Wird das Dunkel vor den Sinnen nicht zerrinnen, womit ich umhüllet bin?

2. Wir sind ja der Nacht entnommen, seit du kommen! Doch ich weile noch in Nacht! Darum wollst du mir, dem Deinen, auch erscheinen, dem du Licht und Recht gebracht.

3. Kann ich wohl durch eigne Stärke Lichteswerke in der Finsterniß vollziehn? Kann ich Liebe selber üben, Demuth lieben, und die dunkeln Wege fliehn?

4. Möcht ich wie das Rund der Erden lichte werden! Seelensonne, geh mir auf, mir, der kalt sich fühlt und trübe! Jesu Liebe, komm, beschleunige den Lauf!

5. Daß sich länger nicht die Seele in mir quäle, zünde du dein Feuer an! Laß mich finstern Sohn der Erden helle werden, daß ich Gutes wirken kann.

6. Eignes Licht kann wahres Leben mir nicht geben; Jesus muß die Sonne seyn! Auf mein Herz muß Jesus blicken, es erquicken mit dem wahren Himmelsschein.

7. Nur daß Keiner möge säumen, wegzuräumen, was sein Angesicht verhüllt. Und soll Jesu Licht den Seinen heller scheinen, sey das Auge rein und mild.

8. Drum weil hierzu blöde Augen doch nicht taugen, rühre du sie, Heiland, an. Denn das ist die größte Plage, daß am Tage ich das Licht nicht sehen kann.

403.　　　　　　　　Mel. Erbarm dich mein, etc.

Ich Staub vom Staube, wer bin ich, Herr, daß du mein erbarmest dich, daß du mich Sünder noch verschonst, und | mir nicht nach Verdienste lohnst. Zum Glauben und zum Thun zu schwach, geb ich gar leicht der Sünde nach, und oft entsinkt mir Kraft und Muth im schweren Kampf mit Fleisch und Blut.

2. Wie schnell ist von der rechten Bahn zum Irrweg oft der Schritt gethan! Mein ganzes Herz, o Gott, erschrickt, wenn es in diesen Abgrund blickt; wie bald folgt neue Missethat der Schuld, die Gott verziehen hat. Herr! Herr! mein ganzes Herz erschrickt vor dieser Tief, in die es blickt.

3. Vertreib, o Gott, des Irrthums Macht, entreiße mich der Sünde Macht! Wie glänzet deiner Streiter Schaar, die einst im Kampfe standhaft war, und die nun, weil sie überwand, den Lohn empfing aus deiner Hand. Sie ist gekrönt, ich bin im Streit, o gieb auch mir Beständigkeit!

4. Schmal ist der Weg zu deinen Höhn, und Wenige sind, die ihn gehn. Die Pfort ist eng, und der nur dringt durch sie zu Gott, der muthig ringt. Ich komme vor dein Angesicht, und fleh um deiner Gnade Licht. O laß, mein Vater, laß mich dein im Leben und im Tode seyn!

XVII. Von der Buße

5. Der mir in Christo Alles gab, mit Gnade blick auf mich herab, auf mich, der Sünde schnellen Raub, den Himmelserben und den Staub. Sink tief, o Seele, nieder tief vor dem, der stets dich zu sich rief. Sink in den Staub vor ihm hinab, der in dem Sohn dir Alles gab.

6. Ja, du erbarmst, Versöhnter, dich in dem Versöhner über mich! Vom Leibe dieses Tods befreit, schau ich einst deine Herrlichkeit. Ob Angst des Todes in mir bebt, sterb ich doch dem, der ewig lebt. Verdammt mich auch noch oft mein Herz, ist größer Gott doch, als mein Herz.

404.
Mel. Es ist gewißlich etc.

Ich will von meiner Missethat mich zu dem Herrn bekehren, du wollest selbst mir Hülf und Rath, o treuer Gott, bescheeren, und deines guten Geistes Kraft, der neue Herzen in uns schafft, aus Gnaden mir gewähren.

2. Der Mensch kann von Natur ja nicht sein Elend selbst empfinden; entbehrt er deines Geistes Licht, so bleibt er todt in Sünden; verkehrt ist Wille und Verstand, er kann, wie viel er sonst erkannt, sich doch nicht selbst ergründen.

3. Aus Gnaden klopfe bei mir an, und führe mir zu Sinnen, was Böses ich vor dir gethan, so kann mein Heil beginnen; so wird erweicht mein hartes Herz, ich bin zerknirscht in Reu und Schmerz, und heiße Thränen rinnen.

4. Wie hast du doch auf mich gewandt den Reichthum deiner Gnaden, den rechten Arzt hast du gesandt für meiner Seele Schaden; du hast in dieser Gnadenzeit mich bald durch Freude, bald durch Leid zu seinem Heil geladen.

5. Bisher, wenn deine Stimme rief, hab ich sie überhöret, ich lag in Sicherheit, und schlief, von Erdenlust bethöret. So hätt ich durch gehäufte Schuld beinah ermüdet deine Huld, mein ewges Heil zerstöret.

6. Doch endlich aus dem Schlaf erwacht, will mir das Herz zerspringen, ich sehe des Gesetzes Macht und Schrecken auf mich dringen; des Todes und der Hölle Reich regt sich, sie wollen mich zugleich schier zum Verzagen bringen.

7. Nimm du, Herr Jesus, mich in Schutz, ich flieh zu deinen Wunden, so biet ich Tod und Hölle Trutz, ich hab Erlösung funden. Damit ich möchte selig seyn, hast du der Sünde Kraft und Pein am Kreuzesstamm empfunden.

8. So will ich denn mein Leben lang mit Ernst die Sünde meiden; dieß, mein Erlöser, sey der Dank für deine Lieb und Leiden. Steh du mit deinem Geist mir bei, erhalte deinem Dienst mich treu, laß mich einst selig scheiden.

405.
Mel. Kommt her zu mir, etc.

Ihr armen Sünder, kommt zu Hauf, zu Jesu lenket euern Lauf, mühselig und beladen! Er öffnet sein erbarmend Herz für Alle, die in Reu und Schmerz erkennen ihren Schaden.

2. Es heißt: Er nimmt die Sünder an! Drum komm zu dem, der helfen kann, such Ruh in seinen Armen! Komm weinend, komm in wahrer Buß, und fall im Glauben ihm zu Fuß, er wird sich dein erbarmen!

3. Verlässet wohl ein treuer Hirt sein Schäflein, wenn es sich verirrt? Er sucht es mit Verlangen; er läßt die Andern alle stehn, dem Einen sorglich nachzugehn, das Eine zu umfangen.

4. So sucht der Heiland, Jesus Christ, die Seele, die verloren ist, bis daß er sie gefunden. Ach, laß dich finden, wenn er lockt, o Sünder, bleibe nicht verstockt, nah sind die Gnadenstunden.

5. O Jesu, deine Lieb ist groß! Mühselig komm ich, arm und bloß, ach, laß mich Gnade finden! Verloren war ich und verirrt; Herr, nimm mich auf, du treuer Hirt, und tilge meine Sünden.

6. Dem Bösen will ich sterben ab, und aus der Sünde finsterm Grab erstehn zum neuen Leben. Ich will in wahrer Heiligkeit dir dienen noch die kurze Zeit, die mir zum Heil gegeben.

406. *In eigner Melodie.*

Mein Heiland nimmt die Sünder an, die unter ihrer Last | der Sünden kein Mensch, kein Engel trösten kann, die nirgend Ruh und Rettung finden. In ihrer tiefen Seelennoth, wenn das Gesetz Verdammniß droht, wenn sie verklaget das Gewissen, und sie der Gnade Kraft vermissen, sehn sie die Freistatt aufgethan: mein Heiland nimmt die Sünder an.

2. Sein überschwänglich liebend Herz trieb ihn von seinem Thron zur Erden. Ihn drang der Sünder Weh und Schmerz, ein Tilger ihrer Schuld zu werden; er senkt sich ganz in ihre Noth und schmeckt für sie den bittern Tod. Nun, da er hat sein eigen Leben, sie zu versöhnen, hingegeben und für die Welt genug gethan, so heißts: er nimmt die Sünder an!

3. Nun nimmt er auf in seinen Schooß die bangen und verzagten Seelen; er spricht sie von dem Urtheil los, und endet bald ihr ängstlich Quälen; es wird ihr ganzes Sündenheer wie in ein unergründlich Meer durch sein Verdienst hinabgesenket, sein Geist wird ihnen dann geschenket zum Führer auf den Gnadenbahn: mein Heiland nimmt die Sünder an!

4. So bringt er sie dem Vater hin, trägt sie in seinen treuen Armen, das neiget dann den Vatersinn zu lauter herzlichem Erbarmen. Er nimmt sie an an Kindesstatt, und Alles, was er ist und hat, wird ihnen eigen übergeben, die Pforte zu dem ewgen Leben wird ihnen fröhlich aufgethan! Mein Heiland nimmt die Sünder an!

5. O solltest du sein Herze sehn, wie sichs nach allen Sündern sehnet, wenn sie noch in der Irre gehn, wenn schon ihr Auge vor ihm thränet! Er streckt die Hand nach Zöllnern aus, er scheut nicht ihr verachtet Haus; den reuevollen Magdalenen stillt er so mild die heißen Thränen, gedenkt nicht, was sie sonst gethan. Mein Heiland nimmt die Sünder an!

6. Wie freundlich blickt er Petrum an, obgleich sein Fall ihn tief betrübet. Seht, wie er Feinde lieben kann, da seinen Mördern er vergiebet! Wie huldvoll macht am Kreuz sein Mund dem Schächter Gnad und Leben kund! Obgleich die Jünger ihn verlassen, eilt er, sie liebend zu umfassen; sie dürfen dem Erstandnen nahn! Mein Heiland nimmt die Sünder an!

7. Und dieß hat er nicht nur gethan, da man ihn sah auf Erden wallen; noch jetzt nimmt er die Sünder an, und läßt sein Gnadenwort erschallen, denn ewig bleibet er sich gleich, an Lieb und an Erbarmen reich! Wie er war unter Schmach und Leiden, so ist er auf dem Thron der Freuden den Sündern liebreich zugethan! Mein Heiland nimmt die Sünder an!

XVII. Von der Buße

8. So komme mit gebeugtem Geist, wen seine Sünde tief betrübet, zu ihm, der keinen von sich weist, der reuevolle Sün|der liebet! Wie? willst du nicht dein Heil verstehn, muthwillig noch verloren gehn, nachdem der Retter dir erschienen? willst du noch jetzt der Sünde dienen? O nein, verlaß die Sündenbahn! Mein Heiland nimmt die Sünder an!

9. Komm nur mühselig und gebückt, komm nur, wie er dich heißet kommen; wenn auch die Last dich niederdrückt, du wirst doch gnädig angenommen. Sieh, wie sein Herz dir offen steht, und wie er dir entgegengeht! Wie hat er dich gelockt mit Flehen, wie lang sich nach dir umgesehen! So komm denn, Sünder! komm heran! Mein Heiland nimmt die Sünder an!

10. Sprich nicht: ich sündigte zu schwer, ich bin zu sehr mit Schuld beladen! Für mich ist keine Rettung mehr! Mich nimmt der Herr nicht an zu Gnaden? Wenn du es jetzt nur redlich meinst, nur ernstlich deinen Fall beweinst; so laß die bangen Zweifel schwinden, du wirst vor ihm noch Gnade finden! Er hilft, wenn Niemand helfen kann! Mein Heiland nimmt die Sünder an!

11. Doch sprich auch nicht: Es ist noch Zeit, jetzt muß ich noch der Welt genießen; Gott wird ja eben nicht gleich heut die offne Gnadenpforte schließen! Nein, weil er ruft, so höre du, und tritt zum Gnadenstuhl hinzu! Wer auch das Heute nur verträumet, hat leicht die Gnadenzeit versäumet. Ihm wird hernach nicht aufgethan! Heut komm! heut nimmt dich Jesus an.

12. O zeuch uns Alle recht zu dir, holdselger Heiland aller Sünder, erfüll mit himmlischer Begier uns, die von Gott gewichnen Kinder! Zeig uns bei unserm Seelenschmerz dein unaussprechlich liebend Herz, und wenn wir unser Elend sehen, so laß uns ja nicht stille stehen, bis daß ein Jeder sagen kann: Gottlob! auch mich nimmt Jesus an!

407.   Mel. Jesu, der du meine Seele etc.

O du majestätisch Wesen, dessen Glanz die Himmel füllt; der du mich hast auserlesen, daß ich sey dein Ebenbild! Wenn ich dich, des Lichtes Quelle, mir im Geist vor Augen stelle: ach wie finster, arm und klein, schein ich dann mir selbst zu seyn!

2. Meinem sündigen Gemüthe fehlt der ersten Schönheit Spur; lautre Wahrheit, reine Güte, sind in mir nicht von Natur; was ich in mir selber finde, ist nur Elend, Tod und Sünde, mein von dir entfernter Sinn neigt sich zum Verderben hin.

3. Was ich Gutes an mir habe, ist ein Werk von deiner Hand; eine freie Gnadengabe, mir durch Christum zugewandt. Zu dem Heiligungsgeschäfte | giebt dein Geist allein mir Kräfte; nähmest du zurück, was dein, ach, was würde übrig seyn!

4. Selbst die Menge deiner Gaben macht nur meinen Undank kund; denn wie oft hab ich vergraben das mir anvertraute Pfund; oftmals hab ich es verschwendet, selten treulich angewendet: o wie häuft sich meine Schuld durch Verachtung deiner Huld.

---

21 holdselger] holdseliger   21 erfüll] erfüllt

5. Sieh, ich liege hier im Staube tief vor dir, mein Gott, gebeugt; mich erhebet nur mein Glaube, der mir den Erlöser zeigt, durch ihn hoffet mein Gemüthe fest auf deine Vatergüte; stärke meine Zuversicht, Gott, mein Gott, verwirf mich nicht.

408.   Mel. Durch Adams Fall ist etc.
O Jesu, meine Zuversicht, mein Heiland und mein Leben, verstoße du mich Sünder nicht, für den du dich gegeben; du starbst für mich den bittern Tod, mir Gnade zu erwerben, drum hilf mir aus der Sünde Noth, und laß mich nicht verderben.

2. Es fehlet meinem Geiste Licht, mein Elend einzusehen, und aus mir selber weiß ich nicht den rechten Weg zu gehen; im Herzen regt sich Eitelkeit, Stolz, Weltlust, Eigenliebe, das Glück, das mir die Erde beut, entzündet meine Triebe.

3. Die Macht der Sünde herrscht in mir, und schwächt der Seele Kräfte, das Fleisch verhindert für und für der Heiligung Geschäfte; das Gute, das ich lieben soll, wird von mir unterlassen, mein Herz ist ganz des Bösen voll, das ich soll fliehn und hassen.

4. O treuer Hort, was fang ich an bei so verderbtem Wesen? Wo find ich, was mir helfen kann? Wie soll ich doch genesen? Ach in mir selbst ist keine Kraft, zur Buße mich zu führen, wo nicht dein Geist, der Alles schafft, mein schwaches Herz will rühren.

5. Steh du in dieser Noth mir bei, du Urquell aller Gnaden! und mach durch deine Kraft mich frei, heil meiner Seele Schaden; gieb mir dein Licht, daß ich durch dich mich selber kann verstehen, durch deine Wahrheit lehre mich erkennen mein Vergehen.

6. Erweiche du mein hartes Herz, daß es vor dir sich beuge, daß es, erfüllt von Reu und Schmerz, zu deinem Recht sich neige; ach mach es durch den Glauben rein, und gieb gerechte Werke; ja kehre du selbst bei mir ein, o meiner Seelen Stärke.

7. Zerstör in mir die Eitelkeit, brich meinen bösen Willen, und laß mich, was dein Wort gebeut, durch deinen Geist erfüllen; laß in mir Demuth, Mäßigkeit, des Geistes Früchte prangen, erfülle du mich jederzeit mit heiligem Verlangen.

8. Du, Vater, bist's, der in uns schafft das Wollen und Voll|bringen, verleih zur Heiligung mir Kraft, und laß es mir gelingen; laß deinen Frieden auf mir ruhn, gieb Trost, gieb Muth, gieb Stärke, dann kann ich deinen Willen thun, dann wirk ich deine Werke.

409.   Mel. O Gott, du frommer etc.
O Jesu, sieh darein und hilf mir Armen siegen! Mein Herz fühlt nichts, als Tod, mein Geist muß unterliegen. Das Wollen hab ich wohl, doch das Vollbringen nicht, weil es dem matten Geist an aller Kraft gebricht.

2. Die Sünd hat mich bestrickt, der Tod hat mich gefangen. Wohin ich wende mich, nichts stillet mein Verlangen. Vermein ich hoch zu stehn, so lieg ich tief im Staub, und mein gehoffter Ruhm wird nun des Spottes Raub.

XVII. Von der Buße

3. Zwar lauf ich immerdar, doch kann ich Ruh nicht finden. Nichts kann des Armen Herz von seiner Last entbinden. Es deckt mir das Gesetz nur meine Sünden auf, und reicht mir doch nicht dar die Kraft zum Himmelslauf.

4. Du, Jesus, du allein kannst meinen Jammer wenden; mein Können stehet nur in deinen starken Händen. Geußt du mir nicht die Kraft zu neuem Leben ein, so wird mein Sehnen selbst zu nichts, als lauter Pein.

5. Drum, Herr, erbarme dich, ich liege dir zu Füßen. Laß in mein schwaches Herz den Strom der Gnade fließen. Ich fleh, ich laß dich nicht, bis deine Segenskraft in mir den Tod besiegt, und neues Leben schafft.

6. Du hast es zugesagt, du willst mich gern erquicken, wenn mein verkehrter Sinn sich nur zu dir will schicken; wenn er dir opfert auf, was ihm für Freude galt, daß deine Liebe nur gewinn in mir Gewalt.

7. So nimm denn Alles hin, ich will mir nicht mehr leben, ich will mich ganz und gar in deine Führung geben. Ach, fasse mich nur fest, mach mich von Sünden frei, damit forthin mein Herz dein reiner Tempel sey.

410. Mel. Aus tiefer Noth etc.

O Mensch, ermuntre deinen Sinn, wie lange willst du schlafen? Auf, auf, die Stunden gehn dahin, schon nahen Gottes Strafen! Vor ihm bestehet der Sünder nicht, und geht er mit dir ins Gericht, wo willst du Rettung finden?

2. Das eitle Wesen dieser Zeit hat dich mit Nacht bedecket, daß aus dem Schlaf der Sicherheit dich keine Warnung wecket. Du freuest dich der trägen Ruh, und drückest gern die Augen zu, dem Lichte zu entweichen.

3. Gott rufet laut: du schlummerst fort; er droht dir: doch vergebens. Er zeiget dir | in seinem Wort die Strafe jenes Lebens: du aber merkest wenig drauf, fährst fort in deinem Sündenlauf, willst keinen Führer leiden.

4. Dein Heiland weinet über dich: du lachst in deinen Sünden; er sucht und locket dich zu sich: du läßt dich nimmer finden. Er fleht: du nimmst kein Bitten an; er thut mehr, als ein Bruder kann: du spottest seiner Liebe.

5. Du siehst, wie mancher Sünder fällt, wenn Gott die Strafe sendet: doch bleibest du ein Kind der Welt, von ihrem Tand verblendet. Des Nächsten Sturz erschreckt dich nicht; du glaubst, daß Gottes Zorngericht dich niemals treffen werde.

6. Gott, laß in mir nach deiner Huld der Gnade Licht entbrennen, damit ich meiner Sünden Schuld recht gründlich mög erkennen. O Jesu, Glanz der Herrlichkeit, durchleuchte meine Sicherheit, daß ich mein Elend schaue.

7. O heilger Geist, laß deinen Strahl durch meine Seele dringen; hilf, daß ich endlich mög einmal den Sündenschlaf bezwingen. Gott, thu mir Herz und Augen auf, daß mich der sichre Sündenlauf nicht zur Verdammniß führe.

411. Mel. Mein Jesu, dem die etc.

O reines Wesen, lautre Quelle, o Licht, das nie in Nacht zerrinnt, du, dessen Augen klar und helle, ja, heller als die Sonne sind; dir ist mein Herz ganz aufgedecket, mit Allem, was es in sich trägt, mit jedem Trieb, der es bewegt, mit jeder Lust, die es beflecket.

2. Nur reine Herzen sollen schauen, o Heiliger, dein Angesicht; drum überfällt mich Angst und Grauen, seh ich mich in der Wahrheit Licht. Mit Weh-

muth fühl ich mein Verderben, doch ruf ich voll Vertraun zu dir: schaff, Gott, ein reines Herz in mir, das Böse laß in mir ersterben.

3. Ist es der Sünde gleich gelungen, von dir, mein Gott, mich abzuziehn, so laß von nun an unbezwungen mich ihrer Macht und List entfliehn. O waffne mich mit Kraft und Stärke durch den gewissen neuen Geist, den uns dein Wort erbitten heißt, in dir zu thun des Glaubens Werke.

4. Durch meine Schuld und Uebertreten bin ich ganz unwerth deiner Huld; doch nah ich, Herr, mich dir mit Beten und seufz: ach, habe du Geduld! Vergieb, was ich gesündigt habe, verwirf, verwirf mich Sünder nicht, o Herr, von deinem Angesicht ein Gnadenblick mich wieder labe.

5. Dein Geist, den du mir hast geschenket, als deiner Liebe Unterpfand, der jedes Herz mit Wonne tränket, in dem er seine Wohnung fand: er werde nie von mir genommen; laß | mich mit ihm versiegelt seyn, bis meiner Hütte Bau fällt ein, und ich zu dir, Herr, werde kommen.

6. Weil aber sich in mir noch findet das Zagen, das die Sünde bringt, wenn sie im Kampf uns überwindet, und unter ihre Herrschaft zwingt: so wollest du mit süßer Freude, die aus dem Born der Liebe fleußt, erquicken meinen matten Geist, und ihn befrein von seinem Leide.

7. Ich bleib an deiner Gnade hangen, und falle nicht aus ihrem Bund; des Herzens innerstes Verlangen ist dir, dem Herzenskündger, kund. So sende mir nun zum Vollbringen den Geist der Freud und Willigkeit; dann werd ich jetzt und allezeit dir meines Dankes Lieder singen.

412.   Mel. Aus tiefer Noth schrei etc.

O Vater der Barmherzigkeit, ich falle dir zu Füße, der du mich in der Gnadenzeit noch immer rufst zur Buße. Was ich begangen wider dich, vergieb mir alles gnädiglich, durch deine große Güte.

2. Durch deiner Allmacht Wunderthat nimm von mir, was mich quälet; durch deiner Weisheit heilgen Rath zeig an, was mir noch fehlet; lenk meinen Willen, gieb mir Kraft! du bist's allein, der in uns schafft das Wollen und Vollbringen.

3. O Jesu, der am Kreuze starb aus Liebe zu uns Armen, und uns ein ewges Heil erwarb; du wollst dich mein erbarmen. Auch mich hast du versöhnt mit Gott, hilf mir aus meiner Seelennoth und gieb mir deinen Frieden.

4. Fest trau ich auf dein theures Blut, auf dein unschuldig Sterben, dieß kömmt mir kräftiglich zu gut, und läßt mich nicht verderben. Vertritt du bei dem Vater mich, damit ich jetzt und ewiglich mich deiner Gnade freue.

5. O heilger Geist, du wahres Licht, Regierer der Gedanken, wenn die Versuchung mich anficht, so laß mein Herz nicht wanken. Daß unbefleckt mein Wandel sey, steh du mit deiner Kraft mir bei, und wohn in meinem Herzen.

6. Und wenn mein letztes Stündlein schlägt, so hilf mir treulich kämpfen, daß ich die Furcht, die dann sich regt, durch Christum möge dämpfen: so wird mir Krankheit, Angst und Noth, ja selbst der letzte Feind, der Tod, die Thür zum ewgen Leben.

413.   Mel. Aus tiefer Noth etc.

Schaff ihn mir, Gott, ein reines Herz, noch ist's nicht rein von Sünden, noch muß ich oft mit bitterm Schmerz des Bösen Macht empfinden. Viel Unrecht hab ich schon gethan; ach nimm dich meiner gnädig an, entreiß mich dem Verderben.

2. Gieb mir auch einen neuen | Geist, der dich in Wahrheit liebe, und deinen Willen allermeist mit Lust und Freuden übe. Hilf mir verleugnen Fleisch und Blut, und gieb, daß ich mit Kraft und Muth die Lust der Welt bekämpfe.

3. Verwirf von deinem Angesicht mich nicht, wie ich's verdienet; entzeuch mir deine Gnade nicht, dein Sohn hat mich versühnet. In Christo darf ich mich dir nahn, in ihm nimm du mich wieder an, und zähl mich zu den Deinen.

4. Den heilgen Geist nimm nicht von mir, den bösen Geist vertreibe, auf daß ich, nie entfernt von dir, dein eigen sey und bleibe. Dein Geist regiere meinen Sinn, dann hab ich seligen Gewinn im Leben und im Sterben.

5. Mit deiner Hülfe tröste mich, vergieb mir meine Sünden, und suchet meine Seele dich, so laß dich von ihr finden; und dein Verdienst, Herr Jesu Christ, darinnen Trost und Leben ist, das komm' auch mir zu Gute.

6. Dein Freudengeist erhalte mich, und stärke meine Seele, damit sie nicht ohn Ende sich mit Furcht und Zweifeln quäle. Sey du mein Hort, o Herr, allein! Ach laß mich deine Freude seyn, und führe mich zur Freude.

414.   Mel. Auf, hinauf zu deiner etc.

Schwing dich auf, o meine Seele, aus dem Staube, steig empor! Auf, verlaß die dunkle Höhle; glänzend bricht dein Licht hervor. Hier ist dein Heil, welches lauter Freude bringet, daß dein Lobgesang erklinget: Gott ist mein Theil.

2. Fühlst du dich beschwert von Sünden, nagt dich des Gewissens Schmerz: Gnade, Gnade ist zu finden für ein reuerfülltes Herz. Hier ist der Held, der die Sünde überwunden, und Erlösung hat erfunden für alle Welt.

3. Alles, Alles ist besieget, was Verdammniß dir gedroht; Christi Leiden überwieget aller Sünde Angst und Noth. Nun schreckt kein Tod. Darum wehre deinem Zagen; denn du kannst frohlockend sagen: versöhnt ist Gott!

4. Siehst du nur auf deine Sünden, so glänzt dir kein Gnadenschein; willst du fröhlich überwinden, so muß Christus in dir seyn. Er ist das Licht, von ihm strahlt der Glanz der Freuden, an ihm muß das Herz sich weiden, drum laß ihn nicht.

415.   Mel. Freu dich sehr, o meine etc.

Sieh, mein Heiland, wie ich wanke, sieh, wie mir die Kraft gebricht! Mancher zweifelnde Gedanke trübet mir der Hoffnung Licht; träge schleich ich auf dem Pfad, den ich muthig | erst betrat, und ich wende fast die Blicke zur verlassnen Welt zurücke.

2. Was willst du dich fruchtlos quälen, spricht in mir der Zweifel oft; wirst du dennoch nicht verfehlen, was du übereilt gehofft? Wird wohl Gottes Gnad und Huld tilgen deine Sündenschuld? Wird wohl seine Kraft dich Schwachen jemals frei von Sünden machen?

3. Gieb mir andere Gedanken, gieb, Herr, meiner Seele Ruh, laß mich wallen ohne Wanken meinem Ziel im Himmel zu. Laß mich baun auf deine Kraft,

---

36 zurücke.] zurücke

die ein festes Herz uns schafft; laß mich deine Lieb empfinden, die versöhnet alle Sünden.

4. Herr, du hast, da du gelitten, uns bis in den Tod geliebt; hast den Deinen Sieg erstritten, da Gehorsam du geübt. Der du hast die Welt besiegt, gieb mir Kraft, die nicht erliegt; wie du Alles überwunden, sieg auch ich mit dir verbunden.

416. Mel. Vater unser im Himmelreich etc.
So wahr ich lebe, spricht dein Gott, mir ist nicht lieb des Sünders Tod, vielmehr ist dies mein Wunsch und Will, daß in der Sünd er stehe still, von seiner Bosheit wende sich, und lebe mit mir ewiglich.

2. Dies Wort bedenk, o Menschenkind, verzweifle nicht in deiner Sünd, hier findst du Trost und Heil und Gnad, die Gott dir zugesagt hat durch einen heilgen, theuren Eid; o selig, dem die Sünd ist leid!

3. Doch hüte dich vor Sicherheit, denk nicht: noch hab ich lange Zeit; ich will mich erst des Lebens freun, und werd ich dessen müde seyn, alsdann will ich bekehren mich, Gott wird wohl mein erbarmen sich.

4. Wahr ist es, aus Barmherzigkeit ist zur Vergebung Gott bereit; doch wer auf Gnade sündigt hin, und bleibt bei seinem bösen Sinn, wer seiner Seele selbst nicht schont, dem wird einst nach Verdienst gelohnt.

5. Gnad hat dir zugesagt Gott durch Jesu Christi Blut und Tod; doch sagen hat er nicht gewollt, ob du bis morgen leben sollt; daß du mußt sterben, ist dir kund, verborgen ist die Todesstund.

6. Heut lebst du, heut bekehre dich; eh morgen kommt, kanns ändern sich; wer heut ist frisch, gesund und roth, ist morgen krank, vielleicht auch todt. Stirbst du nun ohne Reu und Leid, so büßest du in Ewigkeit.

7. Hilf, o Herr Jesu, hilf du mir, daß ich noch heute komm zu dir, und mich bekehre unverweilt, eh mich mein Ende übereilt, auf daß ich heut und jederzeit zu meiner Heimfahrt sey bereit. |

417. Mel. Herzlich lieb hab ich dich etc.
Vor dir, Herr Jesu, steh ich hie, und beug in Demuth meine Knie, vernimm mein ängstlich Klagen: für meine Sünd und Missethat find ich auf Erden keinen Rath, doch will ich nicht verzagen. Herr Jesu Christ, dein Blut allein macht mich von allen Sünden rein; dies Wort, Herr, glaub ich zweifelsfrei; und trag im Herzen wahre Reu. Herr Jesu Christ, Herr Jesu Christ, ich flieh zu dir, und will mich bessern, hilf du mir!

418. Mel. O Gott, du frommer etc.
Was kann ich doch für Dank, o Herr, mein Gott, dir sagen, daß du mich mit Geduld so lange hast getragen, da ich, von Sündenlust und Eitelkeit bethört, auf deinen Gnadenruf, o Vater, nicht gehört!

2. Unendlich große Gnad erwiesest du mir Armen; ich häufte meine Schuld, du mehrtest dein Erbarmen; ich widerstrebte dir, die Buße wollt ich nicht, du schontest meiner noch, und gingst nicht ins Gericht.

31–32 keinen] ‚keinen

3. Durch dich bin ich bekehrt, und deinem Dienst ergeben, dir dank ich nun gerührt, Herr, für das neue Leben. So weit die Wolken gehn, reicht deine Güt und Macht, sie hat mein Herz erweicht, und mich zu dir gebracht.

4. Verscherzen konnt ich wohl mein Heil durch meine Sünden, doch Gnade konnt ich nicht aus eignen Kräften finden. Selbst fallen konnt ich wohl, und ins Verderben gehn, doch nur durch deine Kraft konnt ich vom Fall erstehn.

5. Du richtetest mich auf, du stärktest meine Seele, du zeigtest mir den Weg, daß ich des Ziels nicht fehle. Gott sey gelobt, daß ich der Sünde nun entsagt, und todter Werke Dienst mich nicht bei dir verklagt.

6. Nun fleh ich, Herr, zu dir: laß mich nie wieder fallen, so lang ich hier noch soll nach deinem Rathe wallen. Verleih mir deinen Geist, der in mir mächtig sey und täglich mein Gemüth zu deinem Dienst erneu.

7. Ach leit und führe mich, du treuer Gott! auf Erden, ich kann durch dich allein hier recht geführet werden. Will ich mein Führer seyn, so werd ich bald verführt, ich finde nur mein Heil, wenn mich dein Geist regiert.

8. Mein Vater und mein Gott, erhör mein brünstig Flehen; mein Heiland, Gottes Sohn, laß deine Kraft mich sehen; o werther heilger Geist, regier mich allezeit, so bin ich selig hier, und dort in Ewigkeit.

419.   Mel. Ihr Seelen, sinkt etc.

Wer bin ich, Herr, in deinem Licht? | Erkennst du mich, wie ich mich kenne? Und wenn ich mich den Deinen nenne, ist nichts in mir, das widerspricht?

2. Ist mir dein Joch ein sanftes Joch? Ist dein Gesetz mir heilges Sollen? Wie, oder gnügt für festes Wollen ein leerer Wunsch dem Schwachen noch?

3. Schein ich das immer, was ich bin, und bin ich immer, was ich scheine? Weiß ich stets selbst, wie ich es meine, und ist einfältig stets mein Sinn?

4. O Herr, beschäme mich vor dir, wenn mich dein Geist nicht treu erfindet! Du, der des Herzens Tief ergründet, nimm alle Falschheit weg von mir.

5. Daß ich auf deinem Prüfungsheerd dereinst besteh der Läutrung Feuer, und draus hervorgeh als ein Treuer, an Sinn und Zweck vor dir bewährt.

6. Dieß Ziel ist, ach! noch fern von mir! Zu wankelmüthig und zu träge ist noch mein Herz auf deinem Wege! Nein, noch besteh ich nicht vor dir.

7. Erhalte mir die Augen wach, und meinen Fußtritt unverdrossen. Der Geist ist willig und entschlossen, doch bleibt das Fleisch noch immer schwach.

8. Der du im Helfen Meister bist, du wirst den Schwachen nicht verlassen, wirst mich mit starkem Arme fassen, bis fest mein Gang und sicher ist.

9. Ja, laß mich, stark in deiner Kraft, der Welt geheimstem Zug entfliehen, des Geistes Odem in mich ziehen, der mich zum neuen Menschen schafft.

10. Dir sey zum vollen Eigenthum, Herr, Leib und Seel und Geist gegeben! Nicht ich, du müssest in mir leben, zum Heile mir und dir zum Ruhm.

11. Komm, sey du meines Geistes Geist, sey meines Lebens innres Leben! Kein Wunsch soll dem mehr widerstreben, daß du im Herzen König seyst.

420.   Mel. Was mein Gott will etc.

Wer in der Schwachheit sicher ist, und bleibt in Sünden liegen, und meint, er sey ein guter Christ, den wird sein Wahn betrügen. Den Himmelsweg, den

9 Dienst] Dieust   25 einfältig] einfältig,

schmalen Steg hat nie sein Fuß betreten, auch sieht er nicht in Gottes Licht, was Kämpfen sey und Beten.

2. Was gern die Welt nur Schwachheit heißt, ist ihrer Bosheit Stärke, dadurch vermehrt der böse Geist gar mächtig seine Werke. Lenk deinen Lauf, mein Herz, hinauf, zu Gott steh dein Verlangen! Des Heilands Hand zerreißt das Band, womit du bist gefangen.

3. Der erste Schritt im Chri|stenthum ist: von der Sünde scheiden; strebst du nach wahrem Glaubensruhm, so mußt du Weltlust meiden. Wenn Christi Geist die Seele reißt aus ihren Todesbanden, so spürt sie Kraft, die Jesus schafft, mit dem sie auferstanden.

4. Mein Jesu, steh mir mächtig bei, laß mich bekräftigt werden, Gerechtigkeit und Stärke sey in dir mein Theil auf Erden. Uns, dein Geschlecht, machst du gerecht, und willst die Schwachen stärken, daß sie in dir, Herr, für und für die Macht der Gnade merken.

5. Brich durch, o starker Gottessohn, und laß auch uns durchbrechen, uns freudig nahn dem Gnadenthron, nicht mehr von Schwachheit sprechen. Denn deine Hand hat ja das Pfand des Geistes uns gegeben, dadurch wir frei von Furcht und Scheu im Streite siegreich leben.

6. Gieb Kraft, wo keine Kraft mehr ist, daß wir das Fleisch bekämpfen, und hilf uns Satans Macht und List, und alle Feinde dämpfen; daß, wenn die Welt uns Netze stellt, sie uns doch nicht berücke, vielmehr in Noth, ja selbst im Tod uns deine Kraft erquicke.

421.   Mel. Die Tugend wird durch etc.
Wir fürcht ich mich, mein Herz zu prüfen, mich zu erforschen wer ich bin! Wie blick ich über seine Tiefen bald lässig, bald mit Vorsatz hin! Mich warnt im Stillen mein Gewissen: betrüg, o Mensch, dich selber nicht! Geneigt, mein Unrecht nicht zu wissen, vergeß ich, was mein Innres spricht.

2. Ich wandle ruhig auf dem Pfade des Leichtsinns und der Eitelkeit; ein falsches Baun auf Gottes Gnade vermehret meine Sicherheit. Ich denke nach vollbrachten Sünden, doch ohne Buß an Jesum Christ; Vergebung hoff ich leicht zu finden, weil er für mich gestorben ist.

3. So bleiben unrein meine Triebe, und unerleuchtet mein Verstand; leer ist mein Herz von Gottes Liebe, und nur dem Eitlen zugewandt. Mein Glaub ist todt und ohne Früchte, mein Wandel ohne Besserung, und dennoch hoff ich im Gerichte, o Gott, von dir Begnadigung.

4. Weh mir Verblendetem! wie lange werd ich mich selber hintergehn! Ich nahe mich dem Untergange, und will doch die Gefahr nicht sehn. Erwecke, Gott, mich aus dem Schlafe, zeig mir die Größe meiner Schuld! Ach, eile nicht mit mir zur Strafe, und hab, o Vater, noch Geduld!

5. Sieh, in der Tiefe meiner Seele ist Alles deinen Augen Licht. Was ich auch vor mir selbst verhehle, verbirgt sich deinen Blicken nicht. Reiß mich aus meinen Finsternissen, entfalte du mein Herz vor mir! | und mächtig treibe mein Gewissen zur Buße mich, und, Gott, zu dir!

6. Der du die Herzen prüfst, bekehre, erleuchte, beßre, leite mich, daß ich auf deine Stimme höre, und traue gläubig dann auf dich! Laß fest in deiner Furcht mich stehen, vor dir sey Herz und Wandel rein, so werd ich der Gefahr entgehen, betrogen von mir selbst zu seyn!

XVII. Von der Buße

422.   Mel. Aus tiefer Noth etc.
Wie ist mein Herz so fern von dir, du Urquell alles Lebens! Dein Friede wohnt noch nicht in mir, und Ruh such ich vergebens; verlaß mich, Gott, mein Vater, nicht, verbirg mir nicht dein Angesicht, um deiner Gnade willen.

2. Umhüllt von Dunkelheit bin ich, mich fasset Angst und Beben; mein Herz sucht Licht, und ängstet sich, doch fruchtlos ist sein Streben. Der Kampf, der täglich sich erneut, die Bürde meiner Sterblichkeit beugt in den Staub mich nieder.

3. Ich bin zu schwach, aus eigner Macht zu dir mich aufzuschwingen, und durch der Anfechtungen Nacht zum Licht hindurch zu dringen. Du, Herr, mußt meine Stärke seyn, nur du kannst Trost und Kraft verleihn, auf dich steht mein Vertrauen.

4. Mit festem Glauben an dein Wort will ich dich kräftig fassen; ich will von dir, mein Fels und Hort, nicht weichen, dich nicht lassen. Wie viel auch meiner Fehle sind: bin ich durch Christum doch dein Kind, du mein versöhnter Vater.

5. Wohl mir! so fürcht ich keinen Streit; du kannst mich sieghaft machen; du giebst den Bangen Freudigkeit, und Kraft und Muth den Schwachen. Du, Gott, bist meiner Seele Licht; hab ich nur dich, so frag ich nicht nach Himmel und nach Erde.

423.   Mel. Mein Jesu, dem etc.
Wie oft hab ich den Bund gebrochen, den ich, o Gott, mit dir gemacht! Wie oft dir treu zu seyn versprochen, und des Versprechens nicht gedacht! Jetzt nah' ich bange mich aufs Neue dir, Herr, vor dem ich strafbar bin; ich wein' und sinke vor dir hin, durchdrungen ganz von Schaam und Reue.

2. Die Angst ist groß, die ich empfinde, denn dein Gesetz verdammet mich; wie ein Gebirge liegt die Sünde auf mir, und drückt mich fürchterlich. Die ganze Reihe von Vergehen, die mich beflecken, zeigt sich mir; wohin entflieh' ich, Gott, vor dir? Wie soll ich Schuldiger bestehen?

3. Groß ist die Schuld, doch dein Verschonen ist größer noch, als meine Schuld. Nicht nach Verdienst, nach Gnade lohnen | willst du dem Sünder, Gott der Huld! Sieh in mir Armen und Verlornen nicht meine Schuld und Missethat! In dem, der mich versöhnt hat, sieh mich, in deinem Eingebornen!

4. Heil mir! durch ihn wird mir vergeben, sein Blut tilgt allen meinen Schmerz; und Wonne Gottes, neues Leben durchströmt nun mein beklommnes Herz. Ihr Kummerzähren, werdet Thränen, wie sie die Freude weinen lehrt; mein banges Seufzen ist erhört, statt Klagen soll nun Jubel tönen.

5. Du, dessen mächtiges Durchdringen in Sündern neue Herzen schafft, und, deine Werke zu vollbringen, sie himmlisch stärkt, o Geist der Kraft! So lang ich Schwacher wall' auf Erden, stärk mich, daß deine Gnade nicht mir einst zum schrecklichen Gericht durch neues Sünd'gen möge werden.

424.   In eigner Melodie.
Wie schnell verstrich, o Herr voll Mild und Huld, ein großer Theil mir schon von diesem Leben! Sollt' ich von deinem Gut dir Rechnung geben, mit Seel und Leib blieb' ich in deiner Schuld.

---

43 und Huld,] und, Huld

2. O Herr, mein Gott und Vater, deine Treu hat reichlich mir und unverdient geschenket; und hat ein Leid zuweilen mich gekränket, du wolltest nur, daß ich nicht sicher sey.

3. Ja, du hast deine Vaterzärtlichkeit noch nie verletzt; nur ich hab' oft gebrochen, was ich mit Mund und Herzen dir versprochen. Vergieb! du weißt ja, wie ich es bereut.

4. In so viel Zeit, als du mir hier verleihst, wie weit müßt' ich im Heil schon seyn gekommen! Und doch, wie wenig hat noch abgenommen des Fleisches Macht, wie schwach ist noch der Geist!

5. Oft denk' ich: könnt' ich die vergangne Zeit, die mir so ohne Nutzen ist verlaufen, ach könnt' ich die noch einmal wieder kaufen; nun würde sie weit besser dir geweiht!

6. Doch, kann ich deiner Hülfe mich nicht freun, so hoff' ich meine Heiligung vergebens, und auch der Ueberrest des kurzen Lebens, wird besser nicht als das vergangne seyn.

7. Willst du noch Frucht vom dürren Baume sehn, so mußt du Kräfte mir von oben senden. Mein ganzes Heil ist, Herr, in deinen Händen, nach Seel' und Leib, mein Leben und Bestehn.

8. Doch, bin ich durch Erfahrung gnug belehrt, daß, auch beim längsten Leben hier auf Erden, das niemals kann von mir errungen werden, was dir genügt, mir wahre Ruh' gewährt.

9. So flieht, ihr Tage, denn nur immer fort! führt mich zum Ziel, verdoppelt euer Eilen! Mich lüstet nicht, auf Er|den länger weilen; nur bald von hier und desto eher dort!

10. Dort ist der Hafen der gewünschten Ruh, dort wird der müde Streiter einst bekränzet! Dort, wo der Preis für seine Pilger glänzet, reicht Jesus mir die offnen Arme zu!

11. Doch, wenn ich länger hier noch wallen soll, so gieb, o Herr, daß ich mich wach erhalte, daß nie in Sicherheit mein Muth erkalte, und mache mich des rechten Eifers voll!

12. O, möcht' ich als dein theures Eigenthum, Geist, Seel' und Leib von Flecken rein bewahren! Doch soll ich strauchelnd neue Schuld erfahren: laß mich nicht sinken, stärk mich wiederum!

13. Je länger ich auf deinem Wege geh, je voller gieb dein Licht mir zu erkennen, und auch mein Licht laß immer heller brennen, bis ich verklärt vor deinem Throne steh!

425. Mel. O Gott, du frommer etc.
Woran liegt's doch, mein Herz, daß dich der Unmuth quälet, und daß dir immer noch die Kraft zum Guten fehlet? Auf, prüfe dich vor Gott, geh in den innern Grund, durch ernstes Forschen nur wird dir die Ursach kund.

2. An Gott liegt's wahrlich nicht, denn er ist ja die Liebe, sein Herz ist immerdar voll süßer Liebestriebe; er ist getreu und fromm, sein Bund steht ewig fest, er theilt sich selber mit, dem, der ihn wirken läßt.

3. Nach seinem Ebenbild schuf Gott der Menschen Seele, daß sie zu ihrem Ziel die Heiligung erwähle; in unsre Herzen schrieb er das Gesetz des Rechts; der Geist, der in uns denkt, ist göttlichen Geschlechts.

4. Hat er nicht seinen Sohn für dich dahin gegeben, auf daß du ewiglich durch ihn sollst selig leben? Belastet hatte dich der Sünde schwerer Fluch, da kam dein Seelenfreund, und that für dich genug.

5. Ist, wie von Anbeginn, nicht Gottes Geist noch kräftig, ist er nicht immerdar zu unserm Heil geschäftig? Nimmt er sich, wenn wir fleh'n, nicht unsrer Schwachheit an, und weiset durch das Wort uns auf die rechte Bahn?

6. Ach ja, mein treuer Gott, du willst mich zu dir ziehen, ich aber suchte nur dein Gnadenwerk zu fliehen; es lieget nicht an dir, der es gar treulich meint, ich bin mir heimlich selbst der allerärgste Feind.

7. Nun, Herr, erforsche mich, und prüfe meine Wege, bewahre meinen Fuß vor jedem falschen Stege, erleuchte meinen Sinn, und stehe du mir bei, daß deine Gnade nicht an mir vergeblich sey.

8. Der Seelen Auge laß in mir einfältig werden, es blicke nicht zugleich gen Himmel und zur Erden, vollbringe selbst dein Werk, du fingst es an in mir, | so freuet sich mein Geist auf ewig, Herr, in dir.

426.   Mel. Auf meinen lieben Gott etc.
Wo soll ich fliehen hin, da ich beschweret bin, und tief gebeugt von Sünden? Wo soll ich Rettung finden? Ach, aller Welt Erbarmen giebt keinen Trost mir Armen.

2. Du, Jesu, rufest mir; drum flieh ich, Herr, zu dir. Zu deiner großen Güte kommt mein betrübt Gemüthe; laß du auf mein Gewissen den Trost der Gnade fließen.

3. Wie groß die Schuld auch sey, du machst mich von ihr frei, wenn ich dein Kreuz umfasse, und mich auf dich verlasse. Sprichst du: dir ist vergeben! so fühl ich neues Leben.

4. Zwar viel noch mangelt mir, doch bin ich reich in dir, von dir kommt jede Gabe, die ich noch nöthig habe; der Sünde Reiz zu dämpfen, hilfst du mir siegreich kämpfen.

5. Darum allein auf dich, Herr Christ, verlaß ich mich; nun kann ich nicht verderben, dein Reich muß ich ererben, denn du hast mirs erworben, da du für mich gestorben.

6. O führe Herz und Sinn durch deinen Geist dahin, das alles zu vermeiden, was mich von dir kann scheiden, daß ich an deinem Leibe ein Glied auf ewig bleibe.

XVIII. Vom Glauben.

427.   Mel. Du, o schönes Weltgebäude etc.
Auf, du zagendes Gewissen! sey getrost und fasse Muth; deiner Noth bist du entrissen durch des Mittlers theures Blut. Laß dein Trauern, laß dein Weinen, denn Gott läßt dir Gnad' erscheinen; du bist frei und sollst allein deines Jesu ewig seyn.

2. Drücket dich die Last der Sünden, zitterst du, beladnes Herz, kannst du nirgends Ruhe finden, stillet Niemand deinen Schmerz, kann gleich aus den Sündenketten dich kein Mensch, kein Engel retten; Heil dir! Jesus rettet dich und nimmt deine Schuld auf sich.

3. Ja, mein Heiland, du mein Leben, du, der Seele bestes Theil, du hast Ruhe mir gegeben, und in dir find' ich mein Heil. O wie groß ist dein Erbarmen, das du zugewandt mir Armen! Wie vergelt' ich deine Huld, die vertilgt meine Schuld?

4. Herr! mein Heil ist deine Gabe, hilf, daß ich dir dankbar sey; nimm mein Alles, was ich habe, nimm es hin für deine Treu! Richte Sinne und Gemüthe auf den Reichthum deiner Güte; du sollst ewig und allein meines Herzens Freude seyn. |

428. Mel. Wer nur den lieben Gott etc.
Aus Gnaden soll ich selig werden, und nicht durch meiner Werke Werth. Welch Heil, daß Gott mich schon auf Erden gerecht und für sein Kind erklärt! Durch meinen Heiland soll ich rein, aus Gnaden ewig selig seyn.

2. Aus Gnaden! denn wer kann verdienen, was Sündern Gottes Sohn erwarb, als er zu ihrem Heil erschienen, den Opfertod am Kreuze starb; der keine Sünde je gethan, betrat freiwillig diese Bahn.

3. Aus Gnaden that er's; freut euch, Sünder! ihr werdet rein in seinem Blut, ihr werdet durch ihn Gottes Kinder, wenn ihr nur glaubt und Buße thut. Welch Heil, das er nur geben kann! aus Gnaden nimmt er Sünder an.

4. Wohlan, mit freudigem Gemüthe erkenn und preise Gottes Huld; doch trotze nicht auf seine Güte, daß du nicht häufest Schuld auf Schuld; denn wer auf sie zu freveln wagt, dem ist ihr reicher Trost versagt.

5. Hilf du aus Gnaden, Herr, mir streiten, und werd ich matt, so steh mir bei; damit, wenn meine Füße gleiten, ich vor dem Fall behütet sey. Durch deine Kraft nur kann ich steh'n, und der Versuchung Macht entgehn.

6. Aus Gnaden einst zu dir erhoben, bet' ich mit allen Seel'gen an, und will, Herr, deine Gnade loben, mehr, als ich sie hier preisen kann; dort bin ich ganz gerecht und rein, und ewig selig, ewig dein.

429. Mel. Es ist das Heil etc.
Der Glaube ist die Zuversicht zu Gottes Gnad' und Treue, daß ihn der Tod des Sünders nicht, vielmehr sein Leben freue; er ist der Kindschaft sicher Grund, auf Gottes Wort und seinen Bund, auf Jesum selbst gegründet.

2. Und dieser Glaub' ist der Beweis, daß Gott nicht gern betrübe; vielmehr, zu seiner Güte Preis, in seinem Sohn uns liebe. Denn durch ihn ist mein Herz gewiß, daß Jesus mich dem Fluch entriß, dem ich entgegen eilte.

3. Er richtet auf und giebt mir Muth, zum Vater mich zu nahen, Vergebung durch des Sohnes Blut, und Gnade zu empfahen. Und was Gott weiter noch verheißt, das sieht mit Zuversicht mein Geist, als wär' es gegenwärtig.

4. Er kräftiget mir Herz und Sinn, daß ich zum Ewgen dringe, schon hier in Hoffnung selig bin, und nach dem Himmel ringe. Gott ist mein Hort, sein Sohn mein Heil, sein Geist das Pfand, ich habe Theil an Gottes Vaterliebe.

5. Ich fürchte nicht der Hölle Heer, die Pein von ihren Flammen; ich bin kein Kind des Zornes mehr, Gott kann mich | nicht verdammen. Mein Theil ist an dem Friedensort, ich höre meines Heilands Wort: die Sünd' ist dir vergeben.

6. Und stürmen Sorgen auf mich zu, verwirrende Gedanken: der Geist des Herrn gewährt mir Ruh, und läßt mein Herz nicht wanken. Der Glaube fürchtet keinen Schmerz; ich weiß, daß Gottes Vaterherz das Beste stets nur meinet.

7. Er übt durch solche Kämpfe mich, um mein Vertraun zu stärken, und durch die Trübsal mehret sich der Fleiß in guten Werken. Verehr' ich Christum, meinen Herrn, folg ich ihm nach, und dien' ihm gern, so werd' ich überwinden.

8. Ich weiß, auf wen ich bauen kann, ich weiß, an wen ich glaube; der Vater nimmt als Kind mich an, und hebt mich aus dem Staube. Die Welt mag um mich her vergehn: ich falle nicht, ich bleibe stehn; ich glaube seinem Worte.

430.   Mel. Was mein Gott will etc.
Der Glaube ist's, der Wunder schafft, kanns gleich die Welt nicht fassen. Was Gott gefällt, wirkt seine Kraft, wenn wir ihn walten lassen: wer nur recht freudig glauben kann, der wird sein Ziel erreichen; denn ihm ist Alles unterthan, ihm müssen Berge weichen.

2. Der, deß die Welt nicht würdig war, hat selbst am Kreuz gehangen; doch ist er siegreich seiner Schaar zu Gott vorangegangen. Ihm gehn die Glaubenshelden nach, die seine Zeugen waren, sie stehen muthig in der Schmach, in Trübsal und Gefahren.

3. Ja kühn und sicher wandelt der, der Christo sich ergeben, voll Zuversicht im wilden Meer, im Tod noch voller Leben. Froh schauen wir die Tapferkeit der Streiter für den Glauben, und spotten der Verwegenheit, die droht, ihn uns zu rauben.

4. So laßt auch uns in Christi Schutz, der Feinde Heer vertreiben; und allem Hohngeschrei zum Trutz, mit unsern Vätern gläuben. Wer unsern Herrn zum Beistand hat, das Herz voll seiner Freuden, der wird auch gern durch seine Gnad um seinetwillen leiden.

431.   Mel. Preis, Lob und Ehr etc.
Der Grund, auf dem mein Glaube ruht, ist fest, mag auch die Welt vergehen. Sein Siegel ist des Mittlers Blut und dessen glorreich Auferstehen. O Glaube, du, des Christen schönster Ruhm! Wie selig, wer dich hat zum Eigenthum!

2. Ich kannte nicht den Weg zum Heil, mein Auge deckten dichte Hüllen, nur Wahn und Irrthum war mein Theil; nichts konnte meine Sehnsucht stillen, bis ich das Wort des ew'gen Lebens fand, das Him|melslicht, vor dem die Nacht entschwand.

3. Daß mich bei meiner Sünden Schuld nicht Furcht und Zweifel ganz verzehren; daß ich vertrau des Vaters Huld, dies dank ich Jesu heilgen Lehren. Ich weiß, ich bin versöhnet durch sein Blut, und fühl im Herzen Zuversicht und Muth.

4. Ich war betrübt bis in den Tod, von Leid und Sorgen rings umgeben; mich konnte nicht aus tiefer Noth der Freunde Rath und Trost erheben. Der Glaube nur hat stets mit seiner Macht ein neues Leben in mir angefacht.

5. Erhalte mir, o Gott, dein Wort als meines Lebens höchste Freude; es sey mein Trost, mein Licht, mein Hort, mein letztes Labsal, wenn ich scheide. Dort oben noch will ich dich, Herr, erhöhn, daß mir so großes Heil durch dich geschehn.

432.   Mel. Herzliebster Jesu, was etc.

Der Werke Ruhm muß vor der Gnade schwinden; Verdienst kann nicht den Weg zum Himmel finden; dem Gläubgen nur will Gott das ewge Leben durch Christum geben.

2. Wer zählet sie, die Flecken unsrer Seele? Wer merket wohl, wie oft er täglich fehle? Wer darf, als Lohn den Himmel zu verdienen, sich wohl erkühnen?

3. Nie kann ich vor dem Heiligen bestehen, wenn er mit mir in das Gericht will gehen. Das Beste selbst, was ich je unternommen, bleibt unvollkommen.

4. Und wenn gleich Gott der guten Werke denkt, und reichlich uns dafür Belohnung schenkt, so thut er's doch allein aus freiem Triebe, aus Gnad und Liebe.

5. Nur du, o Jesu, tilgest meine Sünden; bei dir nur kann die Seele Frieden finden. Auf dein Verdienst, mein Heiland, will ich bauen, dir ganz vertrauen.

6. Doch wehe mir, wollt ich zum Dienst des Bösen die Gnade brauchen, die mich soll erlösen, und dich, den Liebe in den Tod getrieben, nicht wieder lieben!

7. Nein, falscher Trost soll nimmer mich verführen; Gottseligkeit soll meinen Glauben zieren; dir, Jesu, will ich ganz mein Herz ergeben, in dir nur leben.

433.   Mel. Alle Menschen müssen etc.

Du sollst glauben, und du Armer giebst dich bangen Zweifeln hin? Du sollst beten zum Erbarmer, und dir fehlt der Kindessinn? Kindlich mußt du hier vertrauen, dort wirst du den Ausgang schauen. Jesu Ausgang ward erst klar, als er auferstanden war.

2. Glaube giebt der Andacht Flügel, Glaube hebt zu Gott empor, Glaube bricht des Gra|bes Riegel, selbst der Ewigkeiten Thor; Glaube geht durch Flamm und Fluthen, ließ die Zeugen freudig bluten, und sie überwanden weit, sicher ihrer Seligkeit.

3. Glaube hilft die Welt besiegen, macht die schwerste Prüfung leicht; ihm muß Alles unterliegen, selbst die Macht der Sünde weicht. Ob du schon im Kampf erlagest, und nun an dir selbst verzagest, kämpfe stärker, kämpfe fort, denn der Herr ist Schutz und Hort.

4. Darfst du im Vertraun ermüden, wenn die Hülfe noch verzieht? Stehe fest in Gottes Frieden, der die rechte Zeit ersieht. Den hat Täuschung nie betroffen, der gehorsam blieb im Hoffen. Glaube fest: der Alles schafft, giebt dir auch zum Glauben Kraft.

5. Hast du nicht schon oft erfahren, wie er dir zur Seite stand? Hast du nicht des Wunderbaren Wunderausgang oft erkannt? Mußt du denn ihn immer sehen, ganz des Ewgen Rath verstehen? Selig, selig, die nicht sehn, und doch fest im Glauben stehn.

434.   Mel. Werde munter, mein etc.
Gottes Mund hat uns verheißen, und sein Wort ist uns ein Pfand, daß uns keine Macht soll reißen aus des treuen Vaters Hand. Darum fürchten wir uns nicht, ob auch Erd und Himmel bricht; seine Treu kann ihr Versprechen nicht vergessen oder brechen.

2. Mögen auch die Berge weichen, und die Felsen untergehn; unser Fels ist sonder Gleichen, Gottes Bund bleibt ewig stehn. Fallt, ihr Hügel, immer hin! Unsers Gottes Vatersinn kann kein Fall, kein Schlag erschüttern, wenn auch alle Welten zittern.

3. Er hat sich mit uns verbunden durch den Bund, der ewig gilt; dieser Bund wird fest erfunden, ist uns ewig Schirm und Schild. Nichts vermag der Feinde Pfeil, Gott bleibt ewig unser Theil, dies hat uns sein Mund geschworen, als sein Geist uns neu geboren.

4. Drum sey ruhig, meine Seele! Trau auf Gott, der für dich wacht, daß kein Zweifelmuth dich quäle in des Kummers finstrer Nacht. Wer sich ganz auf Gott verläßt, der steht unbewegt und fest; dein Erbarmer wird dich stützen; seine Treue dich beschützen.

435.   Mel. Preis, Lob, Ehr etc.
Herr, du bist unsre Zuversicht, die starke Feste deiner Frommen! Wer auf dich traut, der wanket nicht, kein Uebel darf ihm nahe kommen. Denn stark bist du und weis' und gnadenreich und lauter Lieb', o Gott, wer ist dir gleich!

2. Wer zagte denn in Zweifelmuth, ungläubig und mit trägem Herzen? Nein! was du | thust, ist Alles gut; Kraft sprießt aus überwundnen Schmerzen, und Jüngerkraft zu Jüngerkraft gefügt wird eine Macht, die Höll' und Tod besiegt.

3. O welch ein ewig fester Grund, auf den dein Volk den Glauben gründet! Und welch ein freudger Liebesbund, der Seel' und Seel' auf dich verbindet! Wo Liebe wohnt, da fliehen Sorg' und Pein; sie flößet Trost den wunden Herzen ein.

4. Drum fest, o Gott, auf dich gebaut, steh' unser Glauben, Lieben, Hoffen! Wer heldenmüthig dir vertraut, dem stehn des Himmels Schätze offen. So weiche denn auch Furcht und Kümmerniß! Dem Glaubenskampf sind Sieg und Preis gewiß.

436.   Mel. O daß ich tausend Zungen etc.
Ich habe nun den Grund gefunden, der meinen Anker ewig hält; wo anders, als in Jesu Wunden? Da lag er vor Beginn der Welt. Ob Erd und Himmel untergehn, der Grund bleibt unbeweglich stehn.

2. Es ist das ewige Erbarmen, das alles Denken übersteigt; der Herr ists, der mit Vaterarmen sich gnädig zu uns Sündern neigt; er will den Tod des Sünders nicht, weil ihm sein Herz vor Mitleid bricht.

---

5 munter, mein] munter mein,

3. Wir sollen nicht verloren werden; Gott will, uns soll geholfen seyn, drum kam sein Sohn herab zur Erden, und nahm darnach den Himmel ein. Von dannen sandt er nun den Geist, der uns den Weg zum Leben weist.

4. O Abgrund, welcher alle Sünden in Christi Tod verschlungen hat! Nun wir durch ihn Vergebung finden, nun findet kein Verdammen statt; denn Christi Blut hat uns befreit, und rufet laut: Barmherzigkeit!

5. Wird nun auch Alles mir entrissen, was Leib und Seel erquicken kann; muß ich auch jeden Trost vermissen, und nimmt kein Freund sich meiner an, scheint die Errettung noch so weit: mir bleibt des Herrn Barmherzigkeit.

6. Es gehe mir nach dessen Willen, bei dem so viel Erbarmen ist; er wird mein Herz gewißlich stillen, wenn es nur seiner nicht vergißt. So steh ich fest in Freud und Leid, mich hält des Herrn Barmherzigkeit.

7. An diesem Grunde will ich halten, wie mich auch Sturm und Meer bewegt; ich lasse seine Gnade walten, so lang in mir das Herz noch schlägt. So ruf ich immer hocherfreut: O Abgrund der Barmherzigkeit!

437.   Mel. O Ewigkeit, du Donnerwort etc.
Ich schäme mich des Heilands nicht, vor dem voll froher Zuversicht mein Knie sich dankbar beuget. Gott! welch ein theures, werthes Wort: ich, hier dein Kind, dein Erbe dort, wie mir dein Geist bezeuget; ich soll durch | Jesum Christum rein, durch ihn gerecht und selig seyn.

2. Froh fühlt mein Herz die Gotteskraft, die in der sel'gen Wissenschaft von dem Erlöser lieget, die alle Kenntniß dieser Welt, und was sie Reizendes enthält, unendlich überwieget. Mein größtes Glück, mein höchster Ruhm ist Jesu Evangelium.

3. Auf ewig ist's mein bestes Theil; in keinem Andern hab' ich Heil und Kraft zum ew'gen Leben; Vergebung meiner Sündenschuld, der Beifall Gottes, seine Huld, ist mir durch ihn gegeben. Ich steh im Glauben, bin ein Christ, an dem nun nichts verdammlich ist.

4. Mir widerfuhr Barmherzigkeit; mit himmlischer Zufriedenheit lohnt Gott mich schon hienieden. Ich bete, voll von Zuversicht, mich schreckt kein Tod und kein Gericht, mein Geist fühlt Gottes Frieden. Gott, ewig ist mein Herz nun dein und ewig deine Gnade mein.

5. Ich weiß, worauf mein Glaube ruht; nichts raubt mir meinen Trost und Muth, nicht Leiden, nicht Gefahren. Durch den ich Alles hier vermag, du, Gott, wirst bis auf jenen Tag mein Erbtheil mir bewahren. Ja du, der mich berief, bist treu: hilf, daß ich's auch im Glauben sey.

438.   Mel. Valet will ich dir geben etc.
Ist Gott für mich, so trete gleich Alles wider mich; so oft ich sing und bete, stärkt meine Seele sich; hab ich das Haupt zum Freunde, bin ich geliebt von Gott, was schaden mir die Feinde, was acht ich ihren Spott?

2. Ich weiß und glaub' es feste, ich rühm' es ohne Scheu, daß Gott, der Höchst' und Beste, mein Freund und Vater sey. Weil er in schweren Fällen mir will zur Rechten stehn, so werd in Sturm und Wellen ich niemals untergehn.

3. Der Grund, drauf ich mich gründe, ist Christus und sein Blut, bei ihm allein ich finde das ew'ge wahre Gut. An mir und meinem Leben ist nichts auf dieser Erd', was Christus mir gegeben, das ist der Liebe werth.

4. Er ist mein Ruhm und Ehre, mein Glaub' und helles Licht; wenn er in mir nicht wäre, hätt' ich den Frieden nicht; in ihm kann ich mich freuen, hab einen Heldenmuth, darf das Gericht nicht scheuen, wie sonst ein Sünder thut.

5. Sein Geist wohnt mir im Herzen, regieret meinen Sinn, vertreibt mir Sorg und Schmerzen, nimmt allen Kummer hin; und wenn sich hier und dorten Gefahr und Schrecken find't, vertritt er mich mit Worten, die unaussprechlich sind.

6. Sein Geist spricht meinem Geiste manch süßes Trostwort zu, wie Gott dem Hülfe leiste, der bei ihm suchet Ruh; und wie er hat erbauet dort eine neue | Stadt, wo Aug und Herze schauet, was es geglaubet hat.

7. Da ist mein Theil und Erbe mir prächtig zugericht't, wenn ich einst fall und sterbe, fällt doch mein Himmel nicht. Verseufz ich auch hienieden mit Thränen manche Zeit, mein Jesus und sein Frieden durchsüßet alles Leid.

8. Mag denn die Welt vergehen mit ihrer Pein und Lust; ich werde Christum sehen, deß bin ich mir bewußt; nichts kann von ihm mich scheiden, nicht Leben und nicht Tod, mich ruft zu seinen Freuden dereinst mein Herr und Gott.

9. Mein Herz ist voller Freude, und kann nicht traurig seyn, ich weiß von keinem Leide, seh lauter Sonnenschein. Die Sonne, die mir lachet, bist du, Herr Jesu Christ, und was mich fröhlich machet, ist, was im Himmel ist.

439.   Mel. Herr Jesu Christ, ich etc.
O Gottes Sohn, Herr Jesu Christ, du meiner Seele Leben! Was mir zum Glauben nöthig ist, kann ich mir selbst nicht geben; drum hilf du mir von oben her, den wahren Glauben mir gewähr, und laß mich drin beharren.

2. Lehr du und unterweise mich, daß ich den Vater kenne, daß ich mit Freuden, Jesu, dich den Sohn des Höchsten nenne, und den, der uns zum Himmel weist, des Vaters und des Sohnes Geist, mit gleicher Ehrfurcht preise.

3. Laß von dem großen Gnadentheil den rechten Sinn mich fassen, daß der nur an dir habe Theil, dem du die Schuld erlassen. Hilf, daß ich geh' auf richtgem Steg; du selbst, Herr Jesu, bist der Weg, die Wahrheit und das Leben.

4. Ist auch mein Glaube noch so klein, ein Senfkorn, kaum zu merken; wollst du doch wirksam in mir seyn, und seinen Wachsthum stärken. Das schwache Rohr zerbrichst du nicht, verlöschest kein noch glimmend Licht, bist mächtig in den Schwachen.

5. Herr, durch den Glauben wohn' in mir, daß er, zu deinem Preise, in guten Werken für und für sich fruchtbar hier erweise; daß ohne Trug und Heuchelei er durch die Liebe thätig sey, dem Nächsten treu zu dienen.

6. Insonderheit gieb mir die Kraft, daß einst an meinem Ende ich übe gute Ritterschaft, in dir den Lauf vollende. Was du begonen hast, vollführ, daß sich mein Glaube dort bei dir verwandle, Herr, in Schauen.

440.   Mel. Du, o schönes etc.
Schweiget, bange Zweifel, schweiget, mein Erbarmer ist getreu, und sein Geist in mir bezeuget, daß ich Gott versöhnet sey. Mir drohn nicht der Hölle Flam-

---

9 erbauet] erbauet,

men, und will mich mein Herz verdammen, täuschen soll mich | nicht sein Schmerz; Gott ist größer, als mein Herz!

2. Er, der das Verborgne kennet, schaut auch in mein Herz hinein, weiß, wie es vor Sehnsucht brennet, ganz sich seinem Dienst zu weihn; sieht den Kummer meiner Seele, der mich beugt, so oft ich fehle; und nicht meiner Zweifel Wahn, meinen Glauben sieht er an.

3. Und wie nie sein Urtheil wanket, wankt auch nie sein ewger Rath. Rühmet, Christen, danket, danket! groß ist, was er an uns that. Und den Sündern, den Verlornen, gab er seinen Eingebornen; wahrlich, wahrlich, Alles giebt Gott, der in dem Sohn uns liebt.

4. Mir auch ist sein Sohn gegeben, durch den Glauben ist er mein. Ja, ich weiß, ich werde leben, und in ihm einst selig seyn. Mich sah Gott von seinem Throne, mich erwählt' er in dem Sohne, eh' noch seiner Allmacht Ruf mich und alle Wesen schuf.

5. Wer will ferner den verklagen, den Gott selber auserwählt? Wer darf zu verdammen wagen, den er zu den Seinen zählt? Hier ist Gott, nichts kann mich schrecken, seine Gnade will mich decken; war ich gleich der Sünde Knecht, er, mein Gott, spricht mich gerecht.

6. Theuer bin ich ihm erworben, Heil mir, hier ist Jesus Christ, er, der auch für mich gestorben, auch für mich erstanden ist; der zur Rechten Gottes sitzet, auf mich sieht, mich mächtig schützet, mich vertritt, mich nie verstößt, mich aus aller Noth erlös't.

7. Fest am Glauben will ich halten, wird auch Alles mir geraubt; Gottes Gnade laß ich walten, und erhebe froh mein Haupt. Mich soll keine Schmach, kein Leiden je von seiner Liebe scheiden. Darauf steh ich felsenfest, daß Gott nimmer mich verläßt.

441. *Mel. Freu dich sehr, o meine etc.*
Seyd gesegnet, heil'ge Stunden, wo mich meine Schuld betrübt, wo ich blick' auf Jesu Wunden, fühle, wie er mich geliebt! Dann entweicht der Zweifel Heer, Furcht bedränget mich nicht mehr, und der Geist der Kraft und Wahrheit naht sich mir in Himmelsklarheit.

2. Dann entwind' ich mich dem Staube, schaue sehnend himmelwärts; auf zu Gott schwingt sich mein Glaube, betend öffnet sich mein Herz; Christi Geist durchdringet mich, und vertritt mich kräftiglich. Bald strömt Friede, Heil und Segen mir von Gottes Thron entgegen.

3. Aber der verlornen Tage sind noch immer gar zu viel, wo ich müd' am Abend klage: Heute keinen Schritt zum Ziel! Das ist noch der Geist der Welt, der mich so gefangen hält. Diese Knechtschaft, Herr, zerstöre, daß ich ganz dir angehöre. |

442. *Mel. Wie wohl ist mir, o etc.*
So hab ich nun den Fels erreichet, worauf mein Glaube sicher ruht; den Fels, der keinen Stürmen weichet und keiner wilderregten Fluth. Er kann vor der Gewalt der Wellen, selbst vor der ganzen Macht der Höllen mir Schutz und Sicherheit verleihn. Mein Herz, verbanne Furcht und Grauen! Hier kannst du dir nun Hütten bauen, nur hier muß deine Wohnung seyn.

XVIII. Vom Glauben

2. Mich warf die Menge meiner Sünden wie ein empörtes Meer herum; ich ward ein traurig Spiel den Winden, ward des Verderbers Eigenthum. Mir drohte furchtbar mein Gewissen mit grauenvollen Finsternissen, mit ew'ger Qual und Seelennoth. Ich sah mich schon mit Angst und Beben der offnen Hölle hingegeben, und rang mit Leben und mit Tod.

3. Doch mitten in des Todes Nöthen erblickte Jesus meinen Schmerz; es drang mein thränenvolles Beten in sein erbarmend Mittlerherz. Er hielt mir vor sein Kreuz und Sterben und sprach: ich laß dich nicht verderben, tritt nur im Glauben kühn herzu. Geheilt bin ich durch seine Wunden, ich habe Trost bei ihm gefunden, und für mein Herz die wahre Ruh.

4. Und wie so wohl ist meiner Seelen nun, treuer Seelenfreund, bei dir! Was könnte mich noch länger quälen? Der größte Schmerz liegt hinter mir. Bei solchem Reichthum deiner Güte, wie wird mein lechzendes Gemüthe mit Kräften jener Welt erfüllt! O Herr, ich bin viel zu geringe, zu unwerth solcher hohen Dinge! Ich habe nichts, was vor dir gilt.

5. Nun laß die Tiefen immer brausen; es wüthe ungestüm das Meer! Ich sehe ohne Furcht und Grausen auf aller finstern Mächte Heer. Der Tod selbst kann mich nicht erschrecken, mein Fels, mein Heiland wird mich decken, auch in der allerbängsten Zeit. Ihr Berge möget untergehen, mein Fels bleibt ewig ewig stehen, auf ihm ruht meine Seligkeit.

443.   Mel. Kommt her zu mir etc.
So hoff ich denn mit festem Muth auf Gottes Gnad' und Christi Blut; ich hoff ein ewig Leben. Gott ist ein Vater, der verzeiht, hat mir das Recht zur Seligkeit in seinem Sohn gegeben.

2. Herr, welch ein unaussprechlich Heil, an dir und deiner Gnade Theil, Theil an dem Himmel haben; im Herzen durch den Glauben rein, dich lieben, und erfüllet seyn von deines Geistes Gaben.

3. Dein Wort, das Wort der Seligkeit, wirkt himmlische Zufriedenheit, wenn wir es treu bewahren. Es spricht uns Trost im Elend zu, es giebt dem müden Herzen Ruh, und stärkt uns in Gefahren.

4. Erhalte mir, o Herr, mein | Hort, den Glauben an dein göttlich Wort, um deines Namens willen; laß ihn mein Licht auf Erden seyn, ihn täglich mehr mein Herz erneun, und mich mit Trost erfüllen.

444.   Mel. O daß ich tausend etc.
Sollt er was sagen und nicht halten? Sollt er was reden und nicht thun? Kann je der Wahrheit Kraft veralten, sein liebewallend Herz je ruhn? O nein, sein Wort steht felsenfest; wohl dem, der sich auf ihn verläßt!

2. Drum sucht bei dir die Seele Frieden, verleih ihn du, o Jesu, mir! Und trifft mich Prüfung noch hienieden, behalte du mich fest an dir, daß ich mit Glaubensfreudigkeit in dir vollende meine Zeit.

445.   Mel. Jesus, meine Zuversicht etc.
Stark ist meines Jesu Hand, und er wird mich ewig fassen, hat zu viel an mich gewandt, um mich wieder loszulassen. Mein Erbarmer läßt mich nicht, das ist meine Zuversicht.

2. Sieht mein Kleinmuth auch Gefahr, fürcht ich auch zu unterliegen; Christus beut die Hand mir dar, Christus hilft dem Schwachen siegen. Daß mich Gottes Held verficht, das ist meine Zuversicht.

3. Wenn der Kläger mich verklagt, Christus hat mich schon vertreten; wenn er mich zu sichten wagt, Christus hat für mich gebeten. Daß mein Mittler für mich spricht, das ist meine Zuversicht.

4. Würd' es Nacht vor meinem Schritt, daß ich keinen Ausgang wüßte, und mit ungewissem Tritt ohne Licht verzagen müßte: Christus ist mein Stab und Licht, das ist meine Zuversicht.

5. Mag die Welt im Mißgeschick beben, oder ängstlich klagen; ohne Halt ist all ihr Glück, wahrlich, sie hat Grund, zu zagen. Daß mein Anker nie zerbricht, das ist meine Zuversicht.

6. Will der Herr durch strenge Zucht mich nach seinem Bild gestalten, dennoch will ich ohne Flucht seiner Hand nur stiller halten. Er übt Gnad' auch im Gericht, das ist meine Zuversicht.

7. Seiner Hand entreißt mich nichts; wer will diesen Trost mir rauben? Mein Erbarmer selbst verspricht's; sollt ich seinem Wort nicht glauben? Jesus läßt mich ewig nicht, das ist meine Zuversicht.

446.　　　　　　　Mel. O Gott, du frommer etc.

Versuchet euch doch selbst, ob ihr im Glauben stehet, ob ihr auf Christum nur, und auf sein Vorbild sehet. Versuchet euch doch recht, ob Christus in euch lebt, denn Christi Leben ists, wonach der Glaube strebt.

2. Der Glaube ist ein Licht, im Herzen tief verborgen, bricht als ein Glanz hervor, scheint | als der helle Morgen, erweiset seine Kraft, macht Christo gleich gesinnt, und wer ein Sünder war, wird durch ihn Gottes Kind.

3. Er schöpft aus Christo Heil, Gerechtigkeit und Leben, und will, was er empfing, gern Andern wiedergeben. Dieweil er überreich in Christo worden ist, preist er die Gnade hoch, bekennet Jesum Christ.

4. Er nimmt mit Freuden an, was Gott im Wort verkündet; der Zweifel muß entfliehn, die Hoffnung wird begründet; die hält in jeder Noth sich an dem Worte fest, daß Gott uns alle Ding zum Besten dienen läßt.

5. Im Glauben wissen wir, daß Gott den Sohn gegeben, der uns dem Tod entreißt, und führt zum ewgen Leben. Und weil wir Gottes Lieb in seinem Sohn erkannt, so ist von Gegenlieb auch unser Herz entbrannt.

6. Die Liebe dringt empor, mit Gott sich zu verbinden, sie kann in ihm allein, was sie verlanget, finden. Den Nächsten liebet sie, wie Gott uns hat geliebt, und fluchet uns der Feind, sie segnet und vergiebt.

7. Gieb diesen Glauben mir, o Herr, verleih ihm Stärke; er bringe stets in mir die Frucht der guten Werke! Da, wo ein Feuer brennt, strahlt auch des Lichtes Schein; wo wahrer Glaube ist, da müssen Werke seyn.

447.　　　　　　　Mel. Wer nur den lieben etc.

Wenn heiße Thränen mir entfließen, mein Herz mit Angst und Schmerzen ringt, dann sink ich, Herr! zu deinen Füßen, und finde, was mir Tröstung bringt; dann wird der Glaube mir ein Licht, das meines Kummers Nacht durchbricht.

2. Du Heiland bietest jedem Müden Erquickung, Muth und Hoffnung an, und schenkest ihm den innern Frieden, den ihm die Welt nicht geben kann. Durch dieses Friedens Kraft erfreut, wird ihm der Glaube Seligkeit.

3. Auch wenn wir zweifelnd oft uns grämen, wenn Kleinmuth unsern Geist verstimmt, willst du uns Schwache nicht beschämen, so lang' ein Funke Glaubens glimmt; du fachst ihn an, du nährest ihn, und bald wird er von Neuem glühn.

4. Du stärkst die schon gesunk'nen Hände, du stärkst des matten Kämpfers Fuß, giebst der Versuchung solch ein Ende, daß unser Dank dich preisen muß, und führest durch die Prüfungszeit uns hier zu deiner Herrlichkeit.

5. Des Glaubens Kraft ist unsre Stärke, er überwindet eine Welt, und wirket in uns Gottes Werke, und Tugend, die ihm wohlgefällt; und jeder Sieg, den er uns schafft, belebt das Herz mit neuer Kraft.

6. Verleih, o Herr, mir diesen Glauben, laß ihn in Liebe | thätig seyn; nichts müsse dieses Heil mir rauben, fern bleibe jeder Heuchelschein; dann werd auch ich in jener Welt den Auserkohrnen zugesellt.

448.   Mel. Aus tiefer Noth schrei etc.
Wo soll ich hin? Wer nimmt mich an? Wer führet mich zum Leben? Wo Niemand, Herr, mir helfen kann, kannst du mir Frieden geben. Die sich verirrten, suchest du; den Müden schenkst du wahre Ruh: hilf, Jesu, dem Verlass'nen.

2. Des Todes Leib beschweret mich, die Sünde macht mich zagen; o Lebensfürst, erbarme dich, nimm weg der Seele Plagen. Du weißt gar wohl, was mir gebricht; ich bin entfernt von deinem Licht: hilf, Jesu, dem Beladnen.

3. Du bist der Arzt, der Kranke heilt, und treulich ihrer pfleget; der Hirt, der zu den Schäflein eilt, und sie zur Heerde träget. Krank und ermattet fühl ich mich; o heile, stärk' und weide mich: hilf, Jesu, hilf dem Schwachen.

4. Du rufst uns zu: ich bin das Licht! du sprichst: ich bin das Leben! die an dich glauben, dürfen nicht in Noth und Tod erbeben. O Herzog meiner Seligkeit, steh' auch mir bei im letzten Streit: hilf, Jesu, mir im Sterben.

XIX. Vom christlichen Leben und Wandel im Allgemeinen.

449.   Mel. Wachet auf, ruft etc.
Auf, erhebet euch, ihr Christen! zum Streit müßt ihr euch mächtig rüsten; denn euer hat der Feind begehrt. Waffnet euch mit Gottes Worte, und Jeder kämpf' an seinem Orte, damit ihr bleibet unversehrt. Drängt euch die Uebermacht, nehmt Christi Fahn' in Acht! Ihm die Ehre! mit diesem Held, trotz aller Welt, behaltet ihr gewiß das Feld.

---

30 Streit:] Streit

2. Laßt euch nicht die Lust bethören, die ihr dem Herrn wollt angehören, und stehet fest in seiner Kraft! Strauchelt nicht hier in den Schranken! Ungläubge nur bringt Furcht zum Wanken; Muth ist des Glaubens Eigenschaft. Und wer ermüden will, schau unverwandt aufs Ziel. Da ist Freude! wohlan, so seyd zum Kampf bereit, dann krönet euch die Ewigkeit.

3. Dorthin führt die Todesbahre: drum streitet recht die wen'gen Jahre; wie kurz ist dieses Lebens Lauf! Wenn die Todten einst erstehen, die Sünder ihren Richter sehen, steht ihr zu ewgen Freuden auf. Ja, ihr seyd Gott versöhnt; daß | euch die Welt noch höhnt, währt nicht lange, und Gottes Sohn hat längstens schon euch beigelegt die Ehrenkron.

4. Jesu, mächtger Ueberwinder! dir nach zeuch die verlornen Kinder, die du erkauft mit deinem Blut! Stärk' in uns das neue Leben, daß wir uns stets zu dir erheben, wenn uns entfallen will der Muth. Geuß auf uns deinen Geist, durch den die Liebe fleußt in die Herzen! So halten wir getreu an dir in Tod und Leben für und für.

450.   Mel. Meine Hoffnung steht etc.
Auf, ihr Christen, Christi Glieder, hanget fest an euerm Haupt. Auf! wacht auf! ermannt euch wieder, eh' der Feind die Seele raubt; denn er beut Kampf und Streit Christo und der Christenheit.

2. Folgt des Heilands Kreuzesfahne, trauet seinem starken Arm! Tobt auch auf des Kampfes Plane seiner Feinde wilder Schwarm; Christi Heer kann viel mehr wenn es stehet um ihn her.

3. Nur auf Christi Wort gewaget, mit Gebet und Wachsamkeit; dies allein macht unverzaget, und recht tapfre Kriegesleut; Christi Wort ist der Hort, der uns schirmet fort und fort.

4. Seine Kraft hat schon empfunden vieler Heilgen starker Muth, da sie haben überwunden fröhlich durch des Lammes Blut. Sollten wir nun allhier nicht auch streiten für und für?

5. Wer der Sünde Knechtschaft liebet, der hat wenig Lust zum Streit; wer sich ihrem Dienst ergiebet, der versäumt die Gnadenzeit; Sündennacht, Höllenmacht hat ihn in den Schlaf gebracht.

6. Aber wen die Weisheit lehret, Freiheit sey des Christen Theil, wessen Herz zu Gott sich kehret, seinem allerhöchsten Heil, sucht allein ohne Schein Christi freier Knecht zu seyn.

7. Gott giebt seinen frommen Knechten dort der Treue Gnadenlohn. In den Hütten der Gerechten schallet dann ihr Siegeston, wo fürwahr Gottes Schaar Christum lobet immerdar.

451.   Mel. Ach, was soll ich etc.
Auf, ihr Streiter, durchgedrungen, auf, und folgt dem Heiland nach, selbst durch Marter, Tod und Schmach. Wie er sich hat aufgeschwungen, ringt ihm nach in seiner Kraft; er ists, der den Sieg verschafft.

2. Kein Erlöster müsse sagen: ihm gebreche Kraft und Muth zu dem Kampf mit Fleisch und Blut. Alles soll der Jünger wagen, weil der Herr die Wunden heilt, und den Schwachen Kraft ertheilt.

XIX. Vom christlichen Leben und Wandel im Allgemeinen

3. Sind wir schwach: bei ihm ist Stärke; sind wir arm: der Herr ist reich; wer ist unserm Führer gleich? Seine Macht | thut Wunderwerke; sagt, ob der nicht helfen kann, dem der Himmel unterthan?

4. Ja, er kann und will uns schirmen; höret auf, verzagt zu seyn, auf den Feind dringt muthig ein, mag er drohen, mag er stürmen; wißt, der Weg zur Seligkeit fordert Muth, Geduld und Streit.

5. Nun so wachet, kämpft und ringet, bleibet wacker im Gebet, bis ihr auf der Höhe steht. Wenn ihr Siegesfahnen schwinget, wenn der Erde Werk gethan, hebt des Himmels Wonne an.

452.   Mel. Von Gott will ich etc.

Auf, Pilger! laßt uns eilen, Gefahr ist im Verzug; wozu das träge Weilen? die Zeit enteilt im Flug! Auf! stärket euren Muth, zur Ewigkeit zu wandern, von einer Kraft zur andern, und denkt: das End' ist gut.

2. Es kann uns nie gereuen, sey noch so rauh der Pfad, wir kennen ja den Treuen, der uns gerufen hat. Getrost sey Herz und Sinn, und jeder Pilger richte mit heiterm Angesichte den Lauf zur Heimath hin.

3. Daß wir der Welt nicht dienen, deß wollen wir uns freun; hier ist noch nicht erschienen, was wir einst werden seyn. Ihr Lieben, seyd nicht bang! verachtet tausend Welten, ihr Toben und ihr Schelten, und geht nur euren Gang.

4. Der Weg ist oftmals enge, ist einsam, rauh und steil; ihn deckt der Dornen Menge, doch führet er zum Heil; er bringt uns ja an's Ziel! So wandeln wir denn weiter, und folgen unserm Leiter, mit ihm gelingt uns viel.

5. Ja, laßt getrost uns gehen, der Heiland gehet mit; er selbst will bei uns stehen bei jedem sauern Tritt. O, habt nur Glaubensmuth, dann wird mit Gnadenblicken er euer Herz erquicken, ihr seyd in treuer Hut.

6. Auf! laßt uns fröhlich wallen, eins durch der Liebe Band, dem Herrn zum Wohlgefallen in diesem Pilgerland. Wir wollen friedsam seyn, nicht auf dem Wege streiten, und uns in bösen Zeiten einander gern erfreun.

7. Und sollt ein Schwacher fallen, so tritt der Stärkre zu. Die Liebe dient gern Allen, und schaffet Trost und Ruh. Schließt euch nur fester an, so wird es euch gelingen, das Schwerste zu vollbringen auf eurer Lebensbahn.

8. Es wird nicht lange währen, drum haltet muthig aus; bald gehn wir ein mit Ehren in unsers Vaters Haus. Dort sollt ihr Müden ruhn, Gott schaun, mit allen Frommen zu eurem Heiland kommen; wie wohl, wie wohl wird's thun!

453.   Mel. Es wolle Gott uns etc.

Bewahr, o Gott, mich, daß der | Wahn nie mein Gemüth bethöre, als habe der schon g'nug gethan, der dir giebt äußre Ehre. Du, Ew'ger, bist ein reiner Geist, in dir ist lauter Klarheit! Drum gieb, daß, wie dein Wort uns heißt, im Geist und in der Wahrheit wir gläubig dich anbeten.

2. Die kommen nicht ins Himmelreich, die Herr! zu Jesu sagen, und nicht mit rechtem Ernst zugleich der Heiligung nachjagen. Nur die nach deinem Willen thun, sind wahrhaft deine Kinder, sie lässest du in Frieden ruhn, wenn heuchlerische Sünder von dir verworfen werden.

3. Darum laß mich vom Glauben nicht ein heil'ges Leben trennen; durch treue Uebung meiner Pflicht laß Jesum mich bekennen. Gieb, daß mein Glaube thätig sey, und reiche Früchte bringe; daß ich, vom Joch der Sünde frei, mit Eifer darnach ringe, das Kleinod zu erlangen.

454.   Mel. Auf meinen lieben Gott etc.
Bist du ein Freund des Herrn, so folg' ihm treu und gern! Einst schmückt er dich zum Lohne mit jener Ehrenkrone, die in dem ewgen Leben er wird den Seinen geben.

2. Doch weichen darfst du nicht, dies fordert deine Pflicht; dich hat er sich erworben, als er für dich gestorben. Die Liebe muß dich treiben, auf ewig sein zu bleiben.

3. Wohin, wohin von dir, o Jesu, gingen wir? Nein, Geber ewgen Lebens, die Welt lockt uns vergebens; sie kann mit allen Schätzen, was du giebst, nicht ersetzen.

4. Wie Manche zwar sind schon von dir hinweggeflohn! Erst schwuren sie mit Freuden, sich nie von dir zu scheiden: doch in der Trübsal Tagen sahn wir sie dir entsagen.

5. Wißt, daß ihr selbst euch haßt, wenn ihr von Christo laßt. Hier wird es euren Seelen an wahrer Ruhe fehlen; dort werdet ihr mit Grauen den ernsten Richter schauen.

6. Herr, stärke meine Treu, und mach sie täglich neu, daß keine Last noch Mühe mich deinem Dienst entziehe; dann leb' ich ungeschieden von dir in ewgem Frieden.

455.   Mel. Wer nur den lieben etc.
Blick' hin in die vergangnen Zeiten, o Christ, mit ernstem, frommen Sinn! in der Erinnrung noch bereiten sie dir den köstlichsten Gewinn, wenn sie dich lehren, daß allein die Heilgung soll dein Streben seyn.

2. Gedenke dankbar aller Freuden, womit dich Gottes Huld erquickt, doch dank' ihm auch für jedes Leiden, das er dir weislich zugeschickt, denn Alles, was er an dir thut, ist ewig weise, ewig gut. |

3. Vergiß nicht, wie er dich beschützte, wenn sich Gefahren dir genaht, dir schenkte, was dir wahrhaft nützte, oft eh' es noch dein Flehn erbat, und wie er oft dir mehr gewährt, als je dein Wunsch von ihm begehrt.

4. Denk' an die große Zahl der Stunden, die Gott zu deinem Heil dir gab; sind sie in seinem Dienst verschwunden, dann schrecken dich nicht Tod und Grab, dann ist die hingeschwundne Zeit gewonnen für die Ewigkeit.

5. Denk an die gottgefällgen Werke, die du im Glauben hast gethan, dank' ihm für die verliehne Stärke, und wandle fort auf seiner Bahn; dann giebt dir Zeugniß Gottes Geist, daß du ein Kind des Höchsten seyst.

6. Doch sieh dabei auch voller Reue zurück auf deiner Sünden Schuld, such' für die oft verletzte Treue Vergebung in des Mittlers Huld, und laß die Fehler, die dich reun, nun Mittel dir zur Weisheit seyn.

7. O säume nicht, dieß kurze Leben dem weisesten Gebrauch zu weihn, es ward vom Schöpfer dir gegeben, hier guten Samen auszustreun. Dort reift die Frucht von deiner Saat, Vergeltung folgt der guten That.

8. Dann blickst du an des Lebens Ziele mit Ruh' auf das Vergangne hin, bist selig schon im Vorgefühle, und Sterben wird dir zum Gewinn. Du gehst zu dem, der ewig liebt und ewges Heil den Seinen giebt.

456. Mel. O daß ich tausend etc.
Dem Heiland folgt, wer hier auf Erden mit Eifer nach dem Guten strebt, und daß er möge selig werden, hienieden schon dem Himmel lebt, stets vorwärts dringt, und nie vergißt, wozu er auserkoren ist.
2. Wie Jesus seines Vaters Willen mit Lust und Freude hat gethan, so wirkt bald sichtbar, bald im Stillen der Fromme Gutes, wo er kann; er nutzet jeden Augenblick zu Gottes Ruhm und Andrer Glück.
3. Ihn schrecken keine Hindernisse, durch Glaub und Hoffnung stärkt er sich, und seine heiligen Entschlüsse stehn fest und unerschütterlich; auf Jesum sieht er unverwandt, und thut, was er für recht erkannt.
4. Er kämpft entschlossen für das Gute, gleich ihm, der für das Gute starb, und uns am Kreuz mit seinem Blute zum Kampfe Muth und Kraft erwarb. Die Liebe Christi, die ihn dringt, stärkt ihn, daß er den Sieg erringt.
5. Und steht er einst am großen Ziele, wo herrlich sein Erlöser thront, dann zählet er der Siege viele, und alle werden ihm belohnt. Herr, unser Heiland, | führe du uns Alle diesem Ziele zu.

251

457. Mel. Von Gott will ich etc.
Die Fülle guter Gaben wohnt, Gott, bei dir allein, und was wir sind und haben, ist, Vater, Alles dein. Du Ursprung alles Lichts! du wollest Licht und Leben auch mir von oben geben. Giebst du, so fehlt mir nichts.
2. Seit ich, durch deine Gnade, mein Elend tief erkannt, hat sich vom Sündenpfade mein Herz zu dir gewandt. O daß mich deine Kraft befestge nun und gründe, bis ich das Leben finde, das Jesus mir verschafft.
3. Laß niemals mich vergessen die Größe meiner Schuld, auf daß ich mög ermessen die Tiefe deiner Huld. Entflamme Herz und Sinn, nach dir nur zu verlangen, dir einzig anzuhangen, durch den ich selig bin.
4. Gieb mir den Geist der Liebe, der Sanftmuth und der Treu, daß ich aus reinem Triebe dem Nächsten hülfreich sey. Vor Allem gieb Gedeihn, die, so dich jetzt noch fliehen, zu dir, o Herr, zu ziehen, daß sie sich ganz dir weihn.
5. Versucht zu neuen Sünden mich Satans Macht und List, so hilf du überwinden, der in mir mächtig ist. Mit dir kann ich voll Muth um jene Krone ringen; mit dir muß mirs gelingen, der große Wunder thut.
6. Ich Erdenpilger walle hier oft in finstrer Nacht; ach hilf, daß ich nicht falle, hab immer auf mich Acht! Wenn ich im Straucheln bin, halt mich in deinen Schranken; wenn meine Schritte wanken, gieb du mich nicht dahin!
7. Laß du mein letztes Scheiden in Frieden, Herr, geschehn, und zu des Himmels Freuden dereinst mich auferstehn. Auf ewig einst mit dir! – o schenk mir, Lebenssonne, aus Gnaden diese Wonne! Ja, du gewährst sie mir!

458. Mel. Nun ruhen alle etc.
Du sollst in allen Sachen mit Gott den Anfang machen aus treuer Schuld und Pflicht. Wem hast du Dank zu geben für alles Heil und Leben? Nur ihm; von dir entspringt es nicht.

2. Der Mensch mit seinem Tichten weiß wenig auszurichten, was gut zu heißen sey. Was will dein eitles Sinnen, du armer Staub, beginnen, steht dir nicht seine Hülfe bei?

3. Drum sey nicht zu verwegen auf deines Amtes Stegen, und fleuch den eignen Ruhm. Dir sollst du nicht vertrauen, auf deine Kraft nicht bauen, sie ist ja nicht dein Eigenthum.

4. Schlag an die Himmelspforten mit starken Glaubensworten, da bitte Kraft dir aus; | daher wird Segen fließen, und reichlich sich ergießen auf dich und auf dein ganzes Haus.

459.   Mel. Was Gott thut, das etc.

Ein Christ, ein tapfrer Kriegesheld, voll Geist, voll Kraft und Stärke, verleugnet sich, bezwingt die Welt, zerstört des Satans Werke, kämpft innerlich und äußerlich; wo sich auch Feinde finden: er kann sie überwinden.

2. Ich habe fruchtlos mich gequält, und gab mich fast verloren, bis ich den Helfer mir erwählt, deß Geist mich neu geboren. Wer will die Kraft, die Alles schafft, wer Christi Macht ergründen, durch die wir überwinden?

3. Auf Eitles war mein Sinn gestellt, auf falsche Lust und Ehre, ich lebte nach dem Lauf der Welt, und nicht nach Christi Lehre. So ists nicht mehr; Gott sey die Ehr! Ich streite mit den Sünden, und will sie überwinden.

4. Die Menschen flößten Furcht mir ein, gefallen wollt ich Allen; jetzt aber fürcht ich Gott allein, und will nur ihm gefallen. Der Menschen Gunst ist eitler Dunst. Mag sich ihr Haß entzünden, doch werd ich überwinden.

5. Die Welt mit ihrem Spott und Hohn erhebet mich zu Ehren, sie muß an meiner Himmels-Kron die Edelsteine mehren. Der Herr ertrug, daß man ihn schlug, er ließ sich schmähn und binden; auch ich will überwinden.

6. Leb ich in steter Traurigkeit, sind wenig gute Stunden in meiner kurzen Lebenszeit: ich habe Gott gefunden! der tröstet mich gar süßiglich, will mich vom Schmerz entbinden; drum kann ich überwinden.

7. Und wie ich immer führte Krieg mit meinen Glaubenswaffen, so werden sie den letzten Sieg im Sterben mir verschaffen. Ob Grab und Tod auch furchtbar droht, die Schrecken bald verschwinden, und ich werd überwinden.

8. Das Kleinod ist mir vorgesteckt, ich soll nur tapfer kämpfen. Drum bleibt mein Arm stets ausgestreckt, mit Gott den Feind zu dämpfen. Nur unverzagt und frisch gewagt; ich seh die Krone binden, drum will ich überwinden.

460.   Mel. Nun ruhen alle etc.

Einst selig dort zu werden, das ist und bleibt auf Erden mein heiliger Beruf. Gott, dem ich freudig glaube, weckt mich einst aus dem Staube, er, der aus Staube mich erschuf.

2. Die Erde, da wir wallen, oft straucheln, stehn und fallen, ist nur ein Pilgerland; zum Himmel soll uns leiten, zur Ewigkeit bereiten der Frommen kurzer Uebungsstand.

3. So soll nicht Lust noch Leiden von meinem Gott mich | scheiden, der ich unsterblich bin. Was ist mein irdisch Leben? Wozu ist mirs gegeben? Wie lange währts, so ists dahin!

XIX. *Vom christlichen Leben und Wandel im Allgemeinen* 973

4. Einst selig dort zu werden, das ist und bleibt auf Erden mein heiliger Beruf. So sey all mein Bestreben, nur ihm allein zu leben, ihm, der zur Ewigkeit mich schuf.

461.   Mel. Ich dank dir schon etc.
Erhebet, Christen, euren Sinn; was hangt ihr an der Erden? Schaut fest nach eurem Ziele hin; ein Christ muß himmlisch werden.
2. Was beut die Welt euch lockend an? Nur Tand und nichtge Dinge! Wer einen Himmel hoffen kann, schätzt irdisch Gut geringe.
3. Wer Gott erkennt, der suchet ihn, kann nicht an Eitles denken, lernt sich dem Joch der Sorg entziehn, und sich zum Ewgen lenken.
4. Auch wenn die Last der Erd ihn drückt, wird er nicht muthlos zagen, er kennt ja den, der ihn erquickt, und weiß sein Leid zu tragen.
5. Wo uns kein Schmerz mehr treffen kann, wo Lebensströme fließen, dort schaut er hin, schaut himmelan, den Schmerz sich zu versüßen.
6. Dort haben wir ein ewges Haus, die Stätt ist uns bereitet; dort theilt Gott seine Kronen aus: wohl dem, der tapfer streitet!
7. Dort ist der Engel schönes Theil, Gott ewig Lob zu singen: so sey auch hier schon unser Heil, für Alles Dank zu bringen.
8. Dort wird das große Ziel erreicht, vor unserm Herrn zu stehen; wer hier ihm als sein Jünger gleicht, soll, wie er ist, ihn sehen.
9. Drum hilf, Erlöser, uns schon hier, das Herz zu dir erheben, daß wir entschlafen einst in dir, und ewig mit dir leben.

462.   In eigner Melodie.
Es glänzet der Christen inwendiges Leben, ob hier auch von außen kein Schimmer sie schmückt; was ihnen der König des Himmels gegeben, das wird nur vom Auge des Geistes erblickt; was Viele verachten bei irdischem Trachten, hat ihre erleuchteten Sinnen gezieret, und sie zu der himmlischen Würde geführet.
2. Sie gleichen im Aeußern den Kindern der Erde, und tragen auch an sich des Irdischen Bild, sie fühlen wie Andre der Menschheit Beschwerde, oft sehn sie die Sonne der Freude verhüllt; sie stehen und wandeln, sie reden und handeln, wie Jeder es treibet in zeitlichen Dingen, doch kann sie die weltliche Lust nicht bezwingen.
3. Denn innerlich sind sie von göttlichem Stamme, geboren aus Gott durch sein mächtiges Wort; es lodert in ihnen die himmlische Flamme, ent|zündet von oben, genähret von dort; die Engel, als Brüder, erfreun sich der Lieder, die hier von den Lippen der Frommen erklingen, und bis in das himmlische Heiligthum dringen.
4. Sie wandeln auf Erden und leben im Himmel, sie bleiben ohnmächtig und schützen die Welt, sie schmecken den Frieden bei allem Getümmel, sind arm, doch sie haben, was ihnen gefällt; sie stehen im Leiden und bleiben in Freuden, sie scheinen ertödtet den äußeren Sinnen, und führen das Leben des Glaubens von innen.
5. Wenn Christus, ihr Leben, sich wird offenbaren, wenn er sich einst Allen in Herrlichkeit zeigt, dann wird auch den frommen und gläubigen Schaaren

die Krone des ewigen Lebens gereicht; sie werden regieren, mit ihm triumphiren, wie leuchtende Sterne des Himmels dort prangen, wenn aller Welt Schimmer in Nacht ist vergangen.

6. O Jesu, verborgenes Leben der Seelen, du ewige Sonne der inneren Welt, laß deinen verborgenen Weg uns erwählen, wie oft auch die Menge für thöricht ihn hält. Hier wenig geschätzet und oftmals verletzet, hier stille mit Christo im Vater gelebet, das ist es, was einst uns zum Himmel erhebet.

463.   Mel. Es kostet viel etc.

Es ist nicht schwer, ein Christ zu seyn, und nach des reinen Geistes Sinn zu leben, zwar der Natur geht es gar bitter ein, sich immerdar in Christi Tod zu geben; doch führt die Gnade selbst zu aller Zeit den schweren Streit.

2. Du darfst nur werden wie ein Kind, du darfst ja nur die Liebe kindlich üben. O blöder Geist, wie gut ist Gott gesinnt! das kleinste Kind kann ja die Mutter lieben; drum zage nicht, und fürchte nicht so sehr, es ist nicht schwer.

3. Dein Vater fordert nur das Herz, daß er es selbst mit seiner Gnade fülle; der fromme Gott will ja nicht deinen Schmerz, die Unlust schafft in dir der Eigenwille; drum übergieb ihn willig in den Tod, so hats nicht Noth.

4. Wirf nur getrost den Kummer hin, der ja das Herz vergeblich schwächt und plaget; erwecke nur zum Glauben deinen Sinn, wenn Furcht und Weh an deinem Herzen naget; sprich: Vater, schau mein Elend gnädig an, so ists gethan.

5. Faß nur die Seele in Geduld, wenn du nicht gleich des Vaters Hülfe merkest, und fehlest du noch oft aus eigner Schuld, so sieh, daß du dich durch die Gnade stärkest, dann ist vor Gott dein kindliches Versehn als nicht geschehn.

6. Laß nur dein Herz im Glauben ruhn, wenn Nacht und Finsterniß dich wird umgeben; dein Vater wird dir nichts zu Leide thun, du brauchst niemals vor einem Sturm zu beben; ja, siehst du auch von Hülfe keine Spur, o glaube nur!

7. So wirst du bald den Morgen sehn, du wirst dein Heil in voller Klarheit schauen; wie du geglaubt, wird dir alsdann geschehn, und Gott erfüllt dein kindliches Vertrauen. O Seele, sieh, wie doch ein wahrer Christ so selig ist!

8. Auf, auf, mein Geist, was säumest du, dich deinem Gott ganz kindlich zu ergeben? Geneuß, o Herz, der süßen Himmelsruh, im Frieden sollst du bei dem Vater leben. Drum sey dies deine Sorg' und Müh allein, ein Christ zu seyn.

464.   In eigner Melodie.

Es kostet viel, ein Christ zu seyn und nach des reinen Geistes Sinn zu leben; denn der Natur geht es gar bitter ein, sich immerdar in Christi Tod zu geben; auch ists mit Einem Kampf, den wir vollbracht, nicht ausgemacht.

2. Auf Schlangen müssen Christen gehn, wohin sie ihren Fuß hienieden setzen; da kostets Müh, auf seiner Hut zu stehn, soll tödtlich nicht der giftge Stich verletzen. Wer hier nicht wacht und betet immerdar, kommt um fürwahr.

3. Doch ist es wohl der Mühe werth, wenn man mit Ernst die Herrlichkeit erwäget, die hier und ewiglich ein Mensch erfährt, der reinen Himmelssinn im Herzen träget. Sey hoch das Ziel, die Gnade macht es leicht, daß mans erreicht.

4. Schon hier wirst du den Vater sehn, in seinem Anschaun selge Lust empfinden, wirst über Zeit und Welt erhaben stehn, und dich mit Gott zu Einem Geist verbinden; schon hier erglänzet dann dein Angesicht im Himmelslicht.

5. Dort schaust du einst die Weisheit ganz, die dich mit Mutterliebe stets geführet; dich krönet Gott mit jenem Perlenkranz, der Christi Streiter nach dem Kampfe zieret. Was nie ein menschlich Auge hier gesehn, wird dort geschehn.

6. Auf, auf, mein Geist, ermüde nicht, dich aus der Nacht der Finsterniß zu reißen. Was sorgest du, daß dirs an Kraft gebricht? Bedenke, was für Kraft dir Gott verheißen. Wie gut wird sichs doch nach der Arbeit ruhn, wie gut wirds thun!

465.   Mel. Herr, nicht schicke deine etc.
Folget mir, ruft uns das Leben, was ihr bittet, will ich geben. Gehet nur den rechten Weg, folget, ich bin selbst der Weg. Mich müßt ihr zum Führer wählen, sucht ihr Ruh für eure Seelen; lernt von mir im Herzen rein, sanft und reich an Demuth seyn.

2. Ja, Herr Jesu, deinen Willen sollt' ich freudiglich erfüllen, denn der Weg zur Seelenruh und die Wahrheit selbst bist du; sollte nimmermehr mich schämen, deine Last auf mich zu nehmen, folgen sollt' ich, doch wer schafft dazu mir, dem Schwachen, Kraft?

3. Herr, du selbst giebst Kraft und Stärke zur Vollbringung guter Werke, drum kann ich dir folgen nach, bin ich von Natur gleich schwach. Will mich auch die Welt umstricken, und dir, Heiland, mich entrücken: täuscht mich ihre List doch nicht, denn du leuchtest mir, mein Licht.

4. Niemals will ich, Herr, dich lassen, fest im Glauben dich umfassen, deine Gnade stärket mich in der Treue gegen dich. Gern laß ich die Weltlust schwinden, um in dir mein Heil zu finden; was die Welt giebt, ist Betrug, wer dich hat, der hat genug.

5. Du bist vor uns hergegangen ohne Stolz und eitles Prangen, reich an Freundlichkeit und Huld, unter Sündern voll Geduld; ja, dich hat dein treues Lieben gar bis in den Tod getrieben, als der sünd'gen Welt zu gut floß am Kreuz dein theures Blut.

6. Laß auch uns in solchen Schranken freudig laufen sonder Wanken, daß uns Lieb und Freundlichkeit fest verbind' in dieser Zeit, laß uns selbst in Kreuz und Leiden nicht von deiner Liebe scheiden, daß wir, Herr, auf dein Gebot treu dir folgen in den Tod.

7. Laß, o Herr, es uns gelingen, unsern Lauf so zu vollbringen, daß wir froh dem Ziel uns nahn, um das Kleinod zu empfahn. Hier laß uns dir gläubig trauen, dort dein Antlitz selig schauen; jenes gieb uns in der Zeit, dieses in der Ewigkeit.

466.   Mel. Mach's mit mir Gott etc.
Früh oder spät des Todes Raub wird dieser Leib verderben: doch er allein sinkt in den Staub, mein Geist wird nimmer sterben. Dort wartet mein nach dieser Zeit Verdammniß oder Seligkeit.

2. Mit Furcht und Zittern soll der Christ nach seinem Heile ringen, nicht suchen, was auf Erden ist, hinauf zu Gott sich schwingen, getrost den Pfad der Trübsal gehn, und der Versuchung widerstehn.

3. Ich weiß, daß ich noch laufen muß, noch bin ich in den Schranken; das Ziel ist fern, mein schwacher Fuß beginnet oft zu wanken. Herr, stärke mich durch deine Kraft auf meiner schweren Pilgerschaft.

4. So lang ich noch ein Fremdling hier in diesem Leibe walle, so schaff' ein reines Herz in mir, ein Herz, das dir gefalle, und lenke meines Lebens Bahn durch deinen Geist zu dir hinan!

5. Es sey mein Ruhm, dein Kind zu seyn, und dein Gebot zu üben; mein höchstes Gut, mich dein zu freun, von Herzen dich zu lieben, mein Trost, auf deinen Schutz zu baun; | mein Hoffen, dich dereinst zu schaun.

6. Und dieser Hoffnung helles Licht soll mir kein Zweifler rauben; was meines Heilands Wort verspricht, das halt ich fest im Glauben; die er als Jünger hier erkannt, die reißet nichts aus seiner Hand.

7. Heil mir, daß ich dein eigen bin, nichts kann von dir mich scheiden; der Tod auch ist für mich Gewinn, er führt zu ewgen Freuden. Gieb, daß ich, dir im Leben treu, durch dich im Tode selig sey.

467.   Mel. Aus meines Herzens etc.
Geh hin nach Gottes Willen in Demuth und Vertraun, lern das Gebot erfüllen, sein großes Feld zu baun! Frag nach der Erndte nicht! Du darfst den Lohn nicht messen, mußt Freud', und Lust vergessen, nur sehn auf deine Pflicht.

2. Willst du nur seyn geborgen und vor der Welt geehrt, so kannst du nicht besorgen, was deinem Herrn gehört. Sieht Jemand auf Gewinn, und trachtet hier auf Erden nur glücklicher zu werden, der hat den Lohn dahin.

3. Doch hast du deine Gaben dem Dienst des Herrn geweiht, so wirst du Augen haben, zu sehn, was er gebeut. Das thue still und gern! Du darfst nicht zaudernd wählen, nicht rechnen und nicht zählen; er ruft, du folgst dem Herrn.

4. Nur frisch an allen Enden die Arbeit angefaßt! Mit unverdroßnen Händen sey wirksam ohne Rast! Das ist der rechte Muth. Streu aus den edlen Samen, arbeit' in Gottes Namen, so keimt und wächst es gut.

5. So wird von Stund zu Stunde das Feld des Herrn gedeihn, und bald auf seinem Grunde kein Unkraut sichtbar seyn. Schlag Alles aus dem Sinn, was sonst dich hielt gefangen, dein Wünschen und Verlangen, und gieb dich gänzlich hin.

468.   Mel. Nun ruhen alle etc.
Gieb, Gott, wenn ich dir diene, daß ich mich nie erkühne, darüber stolz zu seyn! Wer kann bei seinen Werken, wie oft er fehlet merken? Wer ist von Mängeln völlig rein?

XIX. Vom christlichen Leben und Wandel im Allgemeinen

2. Such ich stets deinen Willen so eifrig zu erfüllen, als es dein Wort gebeut? Fühl ich der Tugend Würde, und trag' ich ihre Bürde auch immer mit Zufriedenheit?
3. Entzieh ich mich den Sünden auch stets aus rechten Gründen, aus wahrer Frömmigkeit? Oft sind die guten Triebe nicht Früchte deiner Liebe, nur Früchte der Natur und Zeit.
4. Der Sünden meiner Jugend, der Mängel meiner Tugend, o Herr, gedenke nicht! Willst du mit deinen Knechten, | wie sie's verdienen, rechten, so trifft sie alle dein Gericht.
5. Doch wenn auch, dir zur Ehre, rein meine Tugend wäre: weß ist dies Eigenthum? Wer ließ mich unterrichten? Wer ließ in meinen Pflichten mein Glück mich sehn und meinen Ruhm?
6. Wer gab mir, dich zu lieben, und dein Gebot zu üben, die Lust und Freudigkeit? Wer stärkte meine Kräfte im Heiligungsgeschäfte? Wer gab mir Muth und Sieg im Streit?
7. Du schaffst, daß ich dich wähle, du lehrest, wenn ich fehle, mich meine Schuld bereun; du ziehst mich ab von Sünden, und läßt mich Gnade finden, und giebst zur Bess'rung das Gedeihn.
8. Sollt' ich mich deß erheben, was du mir, Herr, gegeben? Hab' ich zum Lohn ein Recht? Könnt ich auch Alles üben, was du mir vorgeschrieben: wer bin ich? ein unnützer Knecht.

469.   Mel. O Ewigkeit, du etc.
Gott, der du selbst die Wahrheit bist, vor dir, der rein und heilig ist, soll ich nur Wahrheit sprechen. Dich täuschet nie ein falscher Mund, des Lügners Frevel ist dir kund, und einst wirst du ihn rächen; laß darum stets mein Ja und Nein aufrichtig und voll Wahrheit seyn.
2. Gott, wenn ich schwörend vor dir steh, hinauf zu deinem Himmel seh, und meine Hand erhebe; wenn ich zum Zeugen feierlich anrufe, Hocherhabner, dich, durch den ich bin und lebe: dann sey von Trug und Heuchelei mein Herz und meine Zunge frei.
3. Wenn Frevler auch noch da dich schmähn, und frech mit Lügen vor dir stehn, dann laß mein Herz erschrecken! Weh' dem, der wähnt, durch falschen Eid die Schmach der Ungerechtigkeit hier vor der Welt zu decken! Weh' ihm, er stürzet freventlich in ewiges Verderben sich.
4. O Seele, wenn du noch dich liebst, bedenk, was du zum Pfande giebst: dein Glück, dein ew'ges Leben! Verwirf nicht mit Verwegenheit dein Theil an Gott und Seligkeit; wer kann dir's wiedergeben? Was hilft dir dann die ganze Welt? Nichts hat sie, das dich schadlos hält.
5. Gott, wenn du nicht mein Gott mehr bist, dein Sohn nicht mehr mein Heiland ist, dein Himmel nicht mein Erbe; wenn bei den Leiden dieser Zeit dein Trost nicht mehr mein Herz erfreut, dein Trost nicht, wenn ich sterbe: wer wird mich dann von Qual befrein? Dann besser, nie geboren seyn!

---

8 verdienen,] verdienen

6. Drum soll nicht Ehre, Gut und Geld, und nicht die Macht der ganzen Welt mich blenden und verführen; und drohte mir auch Schmerz und Leid, ich will doch meine Seligkeit muthwillig nicht verlieren. Es gilt kein | Leid kein Glück der Zeit, nein, es gilt Gott und Ewigkeit.

470. Mel. Nun freut euch, lieben etc.
Gott ist's, der das Vermögen schafft, das Gute zu vollbringen; er giebt zur Arbeit Lust und Kraft, und läßt sie wohl gelingen. Was mit des Höchsten Willen stimmt, wird, wenn man's freudig unternimmt, nicht ohne Fortgang bleiben.

2. Gott segnet den, der eifrig strebt, vor ihm gerecht zu werden, und treu nach seinem Willen lebt, schon gnädig hier auf Erden; er reicht ihm dar mit milder Hand in seinem Amt, Beruf und Stand, was ihm wahrhaftig nützet.

3. Gott ist der Frommen Schild und Lohn, er krönet sie mit Gnaden; was sollte ihrer Feinde Hohn und Mißgunst ihnen schaden? Mit seinem Schutz bedeckt er sie, und stärket bei des Lebens Müh ihr Herz mit Trost und Hoffnung.

4. Drum gieb, o Gott, daß ich auf dich bei meiner Arbeit sehe. Mit Licht und Weisheit segne mich, daß deinen Weg ich gehe. Laß mich, wie mir's dein Wort gebeut, nach deines Reichs Gerechtigkeit vor allen Dingen trachten.

5. Mein Vater, ich befehle dir die Werke meiner Hände! Sey überall, mein Gott, mit mir, daß ich sie wohl vollende! O hilf, zu deines Namens Preis, daß mir die Frucht von meinem Fleiß in jenes Leben folge.

471. Mel. Sollt ich meinem Gott etc.
Heilig, heilig ist dein Wille; heilig, Vater, dein Gebot! Dir gehorcht in tiefer Stille deine Schöpfung, großer Gott! Die im Himmel dir lobsingen, stehn um deinen Thron bereit, freuen sich der Seligkeit, deinen Willen zu vollbringen. Nur der Mensch erkennt es nicht für sein Heil und seine Pflicht.

2. Dir gehorchet nah und ferne aller deiner Welten Heer, deine Sonnen, deine Sterne, Sturm und Donner, Erd und Meer! Alles dienet deinem Willen! Alles, Schöpfer, was du schufst, eilt und drängt sich, wenn du rufst, dein Gebot, Herr, zu erfüllen. Nur des Menschen Herz allein will dir nicht gehorsam seyn!

3. Oft empört sich seine Seele stolzen Muthes wider dich; deine göttlichen Befehle wirft er frevelnd hinter sich. Du sollst ihn nicht mehr regieren! Klug genug nach seinem Wahn, wählt er selbst sich eine Bahn, die ihn soll zum Heile führen, und geht mit bethörtem Sinn auf verkehrten Wegen hin.

4. Vater, lehr' uns All' empfinden, wohin eigner Wille führt! Lenk uns ab vom Pfad der Sünden, deren Lust nur Tod gebiert! Mach uns deinen Willen wichtig! Jeden Irrweg hilf uns fliehn, der uns könnte | dir entziehn, denn dein Weg allein ist richtig! Mach' im Geist uns täglich neu, und in guten Werken treu!

5. So wird hoch verherrlicht werden deine Weisheit, Huld und Macht, und dein Wille hier auf Erden wie im Himmel froh vollbracht! Alle Werke deiner Hände werden unterthan dir seyn, alle deinem Dienst sich weihn bis an deiner Schöpfung Ende, bis die Fülle dieser Zeit eingeht in die Ewigkeit.

472. Mel. Seelenbräutigam etc.
Herr, du gingst voran auf der Lebensbahn, und wir wollen nicht verweilen, dir getreulich nachzueilen; hin zum Vaterland leit uns deine Hand.

2. Soll es hart ergehn, hilf uns feste stehn, daß wir nie in schweren Tagen unter'm Kreuze muthlos klagen; denn durch Trübsal hier geht der Weg zu dir.

3. Rührt ein eigner Schmerz irgend unser Herz; kümmert uns ein fremdes Leiden: Herr, gieb du Geduld zu beiden! Richte du den Sinn auf das Ende hin!

4. Ordne lebenslang also unsern Gang! Halt uns auch auf rauhem Wege stets in deiner treuen Pflege! Und nach solchem Lauf thu dein Reich uns auf.

473. Mel. Vater unser im etc.
Herr, führe mich auf guter Bahn zu deinem Himmelreich hinan! Erhalt in Gnaden meinen Gang gewiß und fest mein Lebenlang, daß unverführt vom Weltverkehr ich wall auf deiner Spur einher.

2. Denn ohne dich und deinen Geist bin im Gedräng' ich hier verwaist. Wohl mir, wenn ich nach deinem Sinn mit Gottes Freunden selig bin, und fern mich halte von der Schaar, die meiner Seele droht Gefahr.

3. Ein Umgang, welcher schuldlos schien, zog Manchen zum Verderben hin. Ein Augenblick Ergötzlichkeit stürzt oft in grenzenloses Leid. Herr, hilf mir, daß ich wachsam sey, und schütze mich vor später Reu.

4. Zu leicht erstirbt im Weltgewühl des Herzens besseres Gefühl. Des Geistes Ruf wird überhört, des Wortes Saat im Keim zerstört. Und wer verbürgt die künft'ge Zeit, die uns Ersatz des Schadens beut?

5. Wie Mancher strauchelt, wankt und fällt durch Beispiel, Witz und Spott der Welt! Durch sie gewinnt das Böse Muth, und leichter siegen Fleisch und Blut. Der Afterweisheit frecher Scherz verführt durch Hohn manch züchtig Herz.

6. Entwöhne mich dem Weltgewühl, richt' Aug' und Herz aufs ewge Ziel, das nur der reine Sinn erreicht, der nicht zum breiten Weg entweicht, und der vom Geist der argen Welt durch deinen Geist sich rein erhält. |

7. O wer, von dir als dein erkannt, in dir sein Heil und Leben fand, dem fehlt nie Licht in Dunkelheit, der Freund nicht in der Einsamkeit. Verließ' ihn gleich die ganze Welt, du, du bist's, der ihn schadlos hält.

474. Mel. Meinen Jesum laß ich etc.
Herr, ich hab' aus deiner Treu, mir zum Heil, noch Zeit in Händen. Gieb, daß ich beflissen sey, sie auch weislich anzuwenden; denn wer weiß, wie bald zur Gruft deiner Vorsicht Wink mich ruft!

2. Unaussprechlich schnell entfliehn die mir zugezählten Stunden! Wie ein Traum sind sie dahin, und auf ewig dann verschwunden; nur der Augenblick ist mein, deß ich mich noch jetzt kann freun.

3. Laß mich dieser Flüchtigkeit meiner Tage nie vergessen! O wie wichtig ist die Zeit, die du mir hast zugemessen, da, was hier von uns geschieht, ewge Folgen nach sich zieht!

4. Reize mich dadurch zum Fleiß, jede Stunde auszukaufen, und zu wirken dir zum Preis, eh die Zeit des Heils verlaufen, die zu meiner Seligkeit deine Gnade mir verleiht.

5. Deine schonende Geduld trage mich hier nicht vergebens; nein, mich weise deine Huld auf den ernsten Zweck des Lebens, daß für meiner Seele Wohl ich stets sorge, wie ich soll.

6. Laß mich meine Besserung über Alles wichtig achten, und nach meiner Heiligung mit dem regsten Eifer trachten; denn mein harrt vielleicht noch heut das Gericht der Ewigkeit.

7. Deine Gnade steh mir bei, so zu wandeln auf der Erde, daß ich reich an Früchten sey und einst reif zum Himmel werde; und ist einst mein Ende da, o so sey mit Trost mir nah!

475.   In eigner Melodie.
Herr Jesu, Gnadensonne, wahrhaftes Lebenslicht, gieb Leben, Licht und Wonne dem blöden Angesicht. Nur du kannst mich erfreuen, und meinen Geist erneuen, o Herr, versag mirs nicht.

2. Vergieb mir meine Sünden, demüthig bitt' ich dich; laß Trost bei dir mich finden, und hilf mir gnädiglich. Laß deine Friedensgaben die bange Seele laben; mein Jesu, höre mich.

3. Vertreib aus meiner Seele den alten bösen Sinn, daß ich nur dich erwähle zum seligen Gewinn. Dir will ich mich ergeben, und dir zu Ehren leben, weil ich erlöset bin.

4. Befördre dein Erkenntniß in mir, mein Seelenhort, und öffne mein Verständniß durch dein heilsames Wort, damit ich an dich gläube, in deiner Wahrheit bleibe, und wachse fort und fort.

5. Ach zünde deine Liebe in meiner Seele an, daß ich aus | innerm Triebe dich ewig lieben kann, und dir zum Wohlgefallen beständig möge wallen auf rechter Lebensbahn.

6. Nun, Herr, verleih mir Stärke, verleih mir Kraft und Muth; das sind die Gnadenwerke, die dein Geist in mir thut; mein eigenes Beginnen, mein Denken und mein Sinnen ist nimmer recht und gut.

7. Du Geber aller Gnaden, du Brunnquell aller Treu, wend allen Seelenschaden, und mach mich täglich neu; gieb, daß ich deinen Willen beständig mög erfüllen, und steh mir kräftig bei.

476.   Mel. Mein Salomo, dein etc.
Herr, lehr mich thun nach deinem Wohlgefallen, dein guter Geist führ' mich auf ebner Bahn, daß ich dich mehr und mehr erkennen kann, und mit dem Sinn schon hier im Himmel wallen. Hilf, daß ich fort und fort im Glauben stark und treu, und rein von Eigenlieb' und schnöder Weltlust sey.

2. Kein Heuchelschein, kein kalt noch laulich Wesen beflecke mich, dir sey mein Herz geweiht, und rechter Ernst sey meine Frömmigkeit. Zu deinem Dienste hast du mich erlesen, drum leuchte mir, o Herr, dein Licht auf meinem Gang, daß ich durch Sinn und That dich preise Lebenslang!

3. Gieb, daß ich stets mein Sorgen darauf lenke, ob deine Ehr allein mein Endzweck sey, ob, was ich thu, auch niemals mich gereu, und ob ich stets an meinen Taufbund denke, ob ich auch heilger werd', und reich an frommer That, und völlig sey bereit, wenn sich mein Ende naht.

XIX. Vom christlichen Leben und Wandel im Allgemeinen

4. Du bist, mein Gott, nicht ferne von uns Allen, erfüllst mit deiner Gegenwart die Welt; dieß reize mich, zu thun, was dir gefällt, dieß warne mich, in Sünden nicht zu fallen; dein heilges Recht sey stets vor meinem Angesicht, und deine Gnade sey mein Trost, mein Heil, mein Licht.

5. Mein Seligseyn laß mich mit Zittern schaffen, was eitel ist mit allem Ernste fliehn; und kann ich mich dem Kampfe nicht entziehn, so reiche du mir deines Geistes Waffen, und in Versuchung steh mit deiner Kraft mir bei, daß ich nicht zaghaft bald, und bald vermessen sey.

6. Was du verhängst, davor soll mir nicht grauen, ich scheue nichts, kein Leiden, keine Noth; ich will getreu dir seyn bis in den Tod; ich darf ja dir und deiner Kraft vertrauen: die Sorge, die uns drückt, den Kummer, der uns plagt, kennst du, und hilfst gewiß, wie du uns zugesagt.

7. Laß mich schon hier von deinen Gütern schmecken, schon hier empfinden deine Hülf und Macht, bis du hindurch zum Himmel mich gebracht, dann wird ein Lob das andere erwecken; und selig schauet dann in | deines Himmels Licht auch mein verklärtes Aug' dein herrlich Angesicht.

477.   Mel. Kommt her zu mir etc.
Herr, meiner Seele großen Werth, den mir dein heilges Wort erklärt, laß mich mit Ernst bedenken, daß ich sie ehre, wie ich soll, und auf die Sorge für ihr Wohl mög allen Eifer lenken.

2. Welch Heil hast du ihr zugedacht; wie viel hat deine Gnad und Macht schon hier an sie gewendet! Du schufst sie, Herr, dein Bild zu seyn, und hast uns, um es zu erneun, den Sohn herabgesendet.

3. Drum aufwärts richte sich mein Sinn, weil ich ja nur ein Pilger bin für kurze Zeit auf Erden. Durch Glauben und Gottseligkeit soll größerer Vollkommenheit ich einst theilhaftig werden.

4. Zu solchem Ziele willst du mich durch dieses Leben väterlich nach kurzer Mühe führen. O laß mich nicht durch eigne Schuld die Frucht von deiner Lieb und Huld, das ewge Heil verlieren.

5. Wer böse ist, bleibt nicht vor dir; drum schaff', o Gott, ein Herz in mir, das alle Sünde hasset, die Schuld vor dir mit Ernst bereut, und dann mit voller Freudigkeit auf Christum Hoffnung fasset.

6. So leb ich denn im Glauben schon an meinen Heiland, deinen Sohn, was ich im Fleisch noch lebe. Er ist zum Vorbild mir gestellt, ich sterbe mit ihm dieser Welt, weil ich mich ihm ergebe.

7. Durch ihn kann ich mich dein erfreun, und ewig dir vereint zu seyn zum höchsten Gut mir wählen. Mich stärket deines Geistes Kraft; im Kampfe meiner Ritterschaft kann mir der Preis nicht fehlen.

478.   Mel. Eins ist Noth, o Herr etc.
Herzog unsrer Seligkeiten, führ uns in dein Heiligthum, hilf, daß wir uns recht bereiten, zu verkünden deinen Ruhm. Laß unsere Bitte dein Herze jetzt rühren, du hast uns erkauft, du wirst uns auch führen; wir wollen dem Vater zum Opfer dastehn, und mit dir durch Leiden zur Herrlichkeit gehn.

2. Er hat uns zu dir gezogen, und du zogst zu ihm uns hin; so hat Liebe überwogen unsers Herzens starren Sinn. Drum wollen wir freudig in dir auch

absterben der Welt, und des eigenen Herzens Verderben; in deinen Tod, Herr, laß gepflanzet uns seyn, sonst dringen wir nimmer zum Leben hinein.

3. Denn noch immer sucht die Sünde so viel Ausflucht überall, wie sie unsern Willen binde, und bereite uns den Fall. Es bleibet das Herz an dem Kleinsten noch kleben, und will sich nicht völlig zum Sterben ergeben, es wendet Entschuldigung | überall vor, wir leihen der Täuschung ein williges Ohr.

4. Drum, du Todesüberwinder, nimm dich unsrer mächtig an, greife du ins Herz der Sünder, reiß heraus den falschen Wahn. O laß sich dein neues erstandenes Leben in unsern erstorbenen Herzen erheben, laß deine vollkommene Klarheit uns sehn, auf daß wir als neue Geschöpfe erstehn.

5. Kehre die zerstreuten Sinnen aus der Vielheit in das Ein', daß sie wieder Raum gewinnen, nur von dir erfüllt zu seyn. Ach wirf du die Mächte der Finsterniß nieder, erneue die Kräfte des Geistes uns wieder, daß er aus der Fülle der Gnaden sich nähr', und muthig sich gegen die Anfechtung wehr.

6. Lebensfürst, so lieb' und labe die begnadigte Natur; wirke fort mit deiner Gabe in der neuen Creatur! Dein Eden erblüh in den Seelen der Deinen, und bald laß die selige Stunde erscheinen, wo du dich in allen Erlösten verklärst, und Allen auch hier schon das Leben gewährst.

479.   Mel. Zeuch meinen Geist etc.
Hier legt mein Sinn sich vor dir nieder, mein Geist sucht seinen Ursprung wieder; Herr, dein erfreund Angesicht verbirg vor meiner Armuth nicht.

2. Schau her, ich fühle mein Verderben, laß mich in Christi Tode sterben; o möchte doch in seiner Pein mein ganzes Selbst ertödtet seyn.

3. Ich fühle wohl, daß ich dich liebe, und mich in deinem Willen übe, jedoch ist von Unlauterkeit die Liebe noch nicht ganz befreit.

4. Ich muß noch mehr auf dieser Erden durch deinen Geist geheiligt werden, der Sinn muß tiefer in dich gehn, und unbeweglich muß ich stehn.

5. Ich weiß mir zwar nicht selbst zu rathen, hier helfen nichts der Menschen Thaten; wer macht sein Herz wohl selber rein? Es muß durch dich gewirket seyn.

6. Doch kenn' ich wohl dein treues Lieben, du bist noch immer treu geblieben; ich bin gewiß, du stehst mir bei, und machst mich von mir selber frei.

7. Indessen will ich treulich kämpfen, und stets die falsche Regung dämpfen, bis du ersiehest deine Zeit, und giebst mir Frieden nach dem Streit.

8. Drum will die Sorge meiner Seelen ich dir, mein Vater, ganz befehlen; ach, drück es fest in meinen Sinn, daß ich in dir nur selig bin.

9. Wenn ich mit Ernst hieran gedenke, und mich in deine Tiefe senke, so werd ich von dir angeblickt, und in des Herzens Grund erquickt.

10. So wächst der Eifer mir im Streite; ich habe schon des Sieges Beute, und fühle, daß es Wahrheit ist, daß du die Liebe selber bist. |

480.   Mel. Meinen Jesum laß ich etc.
Himmelan geht unsre Bahn, wir sind Gäste nur auf Erden, bis wir dort zum Kanaan durch die Wüste kommen werden. Hier ist unser Pilgrimsstand, droben unser Vaterland.

XIX. Vom christlichen Leben und Wandel im Allgemeinen

2. Himmelan schwing dich, mein Geist, denn du bist ein himmlisch Wesen, und du kannst, was irdisch heißt, nicht zu deinem Ziel erlesen. Wer da weiß, woher er stammt, ist fürs Ewge nur entflammt.

3. Himmelan! ruft Gott mir zu in des heilgen Wortes Lehren; das weis't mir den Ort der Ruh, dem ich einst soll angehören. Wähl ich dies zur Leuchte mir, wandl' ich schon im Himmel hier.

4. Himmelan! Mein Glaube zeigt mir das schöne Loos von ferne, daß mein Herz schon aufwärts steigt, über Sonnen, über Sterne; denn ihr Licht ist viel zu klein gegen jenen Glanz und Schein.

5. Himmelan wird mich der Tod in die rechte Heimath führen, da ich über alle Noth ewig werde triumphiren. Jesus geht mir selbst voran, daß ich freudig folgen kann.

481. *Mel. Liebe, die du mich etc.*
Hört das Wort voll Ernst und Liebe, das zu euch der Heiland spricht; hörts und prüft des Herzens Triebe bei des Wortes hellem Licht! Was der Mund des Herrn gebeut, das ist eure Seligkeit.

2. Nicht aus Sinais Gewittern donnert hier des Herrn Gebot, daß die Herzen bang erzittern, weil es Zorn und Strafe droht. Selig preisend thut sein Mund euch den Sinn des Vaters kund.

3. Selig sind die geistlich Armen, denn das Himmelreich ist ihr; ihnen öffnet voll Erbarmen Gott der ewgen Gnaden Thür. Da wird ohne Maaß gewährt, was ihr sehnend Herz begehrt.

4. Selig sind, die Leid empfinden auf des Lebens schmaler Bahn. Ihre Traurigkeit wird schwinden, reicher Trost wird sie umfahn; denn sie wirkt zur Seligkeit Reue, welche nie gereut.

5. Selig sind, die sanften Muthes, und in Demuth milde sind; sie erfreuen sich des Gutes, das kein Trotz und Streit gewinnt. Durch der Sanftmuth stille Macht wird das Schwerste leicht vollbracht.

6. Selig sind, die hier mit Schmachten dürsten nach Gerechtigkeit; die nach Gottes Reiche trachten, nicht nach Gütern dieser Zeit. Wo der Born des Lebens quillt, wird ihr Seelendurst gestillt.

7. Selig sind, die voll Erbarmen auf der Brüder Leiden sehn, und den Schwachen, Kranken, Armen freudig eilen beizustehn. Noch vor Gottes Thron erfreut einst auch sie Barmherzigkeit. |

8. Selig sind die reinen Herzens, die nicht Sünd und Welt umstrickt, die mit schnöder Lust nicht scherzen, weil nur Heilges sie entzückt. Einst im reinen Himmelslicht schaun sie Gottes Angesicht.

9. Selig sind, die Frieden bringen, Schuld und Kränkung übersehn, Feindeshaß mit Huld bezwingen, für Verfolger segnend flehn. Trifft sie auch der Menschen Spott: seine Kinder nennt sie Gott.

10. Selig sind, die als Gerechte dulden Kreuz, Verfolgung, Schmach, als des Herrn getreue Knechte bis zum Tod ihm folgen nach. Groß ist dort, vor Gottes Thron, seiner Ueberwinder Lohn.

11. Seyd ein Salz, ein Licht der Erde, laßt der Wahrheit Früchte sehn, daß durch euch verherrlicht werde euer Vater in den Höhn. Ob der Erdball untergeht, sein Gebot, sein Wort besteht.

482. Mel. Wie schnell verstrich etc.
Ich fühle wohl, ich selbst verdient' es nicht, daß du, Gott, dem Verderben mich entrissest; denn wenn du mir nach meinen Thaten missest, spricht mich des Todes schuldig dein Gericht.

2. Die Gnade nur in Christo macht mich frei; nun kann ich dich in guten Werken preisen, und durch den Fleiß der Heiligung beweisen; wie hoch ich dir, o Gott, verbunden sey.

3. Dein Sohn hat mich mit seinem Blut erkauft, nicht daß ich nur der Hölle möcht' entgehen: dein Ebenbild soll nun in mir entstehen, dazu bin ich mit deinem Geist getauft.

4. Mein Leib und Seel soll als dein Eigenthum von dir, o Gott, und deiner Gnade zeugen; der Mund soll nimmer meinen Dank verschweigen, der Thaten Stimm' erhebe deinen Ruhm.

5. Möcht' ich zu meinem Trost des Glaubens Kraft an seinen Früchten doch beständig merken, so reizt ich Andre auch zu guten Werken, erbaute sie durch das, was ich geschafft.

6. So leb' ich ganz in deines Sohnes Reich, wenn ich nicht Herr zu meinem Herrn nur sage, nein auch sein Joch und seine Lasten trage, ihm an Geduld und auch an Treue gleich.

7. Nimm Alles weg, was dir, o Gott, mißfällt, was mich noch kann aus deinem Himmel schließen, und laß mich reichlich alles Heil genießen, was der erfährt, der an dein Wort sich hält.

483. Mel. Valet will ich dir geben etc.
Ich soll zum Leben dringen, das ist hier mein Beruf, soll nach dem Himmel ringen, für welchen Gott mich schuf. In dieser Welt voll Sünden soll ich nur ihm mich weihn, im Glauben überwinden, und dann erst selig seyn.

2. Das hat in frühen Jahren mich Gottes Wort gelehrt, und bald hab' ich erfahren, nur das | sey meiner werth. Ich sah im herbsten Leide bewährt der Gläubgen Muth, sah, welche reine Freude auf dem Gehorsam ruht.

3. Ich sah die Streiter Gottes, die sich der Lust entsagt, Trotz alles frechen Spottes in Kämpfen unverzagt; ich sah, wie jener Krone schon hier ihr Herz sich freut, vertrauend reichem Lohne nach treu vollbrachter Zeit.

4. O Gott, auch mich verlanget in deinem Reich zu seyn; doch meine Seele hanget noch nicht an dir allein. Den Himmel möcht' ich erben, doch lieb' ich noch die Welt. O Herr, welch ein Verderben, das mich gefangen hält!

5. Ich wandl' auf deinem Wege, doch unstätt ist mein Sinn; bald werd' ich matt und träge, bald schleich' ich muthlos hin. Zum Ziele möcht ich dringen, doch schlummr' ich oftmals ein; ich lasse nach, zu ringen, und will doch Sieger seyn.

6. Möcht' ich an dir nur hangen, o Gott, allein an dir! du hast es angefangen das gute Werk in mir; o möchtst du mir nun senden zur Hülfe deinen Geist, und gnädig so vollenden, was mir dein Wort verheißt.

484. In eigner Melodie.
Jesu, hilf siegen, du Fürste des Lebens; sieh, wie ich schweb' in Gefahren und Noth; schwach ist mein Wollen, mein Ringen vergebens, furchtbar die Macht,

die mich täglich bedroht. Stehst du mir, Jesu, nicht schützend zur Seite, wie könnt' ich kämpfen und siegen im Streite?

2. Jesu, hilf siegen; ein sündlich Verlangen kämpfet in mir mit des Höchsten Gebot. Nimm du den Willen des Fleisches gefangen, bring durch dein Sterben der Sünde den Tod. Und daß mir möge, was gut ist, gelingen, gieb du das Wollen und gieb das Vollbringen!

3. Jesu, hilf siegen, sonst muß ich verzagen, wenn mein Gewissen das Urtheil mir spricht, wenn mich die Sünden der Jugend verklagen, und ich erbebe vor Gottes Gericht. Wenn solche Schrecken die Seele bestürmen, wollest du mich, o Versöhner, beschirmen.

4. Jesu, hilf siegen; wer mag sonst bestehen wider den trüglich verschlagenen Feind? Wer mag dem Vater der Lügen entgehen, wenn er als Engel des Lichtes erscheint? Du bist die Wahrheit, mein göttlicher Meister; lehr mich sie finden, und prüfen die Geister!

5. Jesu, hilf siegen, hilf wachen und beten! Herr, durch dein Flehen, das Alles vermag, wollest du mich bei dem Vater vertreten! Hüter, dein Auge bleibt immerdar wach; wenn mich der Schlummer der Trägheit befallen, laß, mich zu wecken, dein Rufen erschallen!

6. Jesu, hilf siegen, wenn Alles verschwunden, was ich auf | Erden mein eigen genannt; wenn auch die Freunde, sonst treu mir verbunden, kalt und entfremdet sich von mir gewandt. Dennoch soll nimmer mein Herz sich betrüben, bist du, o Jesu, mein Theil nur geblieben.

7. Jesu, hilf siegen, wenn einst ich soll sterben, mache von Furcht vor dem Tode mich frei, zeige das Reich mir, das der soll ererben, der bis ans Ende geblieben dir treu. Laß auch zuletzt mich im Kampf nicht erliegen, reiche die Hand mir, o Jesu, hilf siegen!

485.   Mel. Was mein Gott will etc.
Ihr Mitgenossen, auf zum Streit, damit uns Gott belohne! Es gilt das Reich der Herrlichkeit, der Ueberwinder Krone. Der Weichende wird nicht gekrönt; wie hat der Herr gestritten! Die Sieger nur hat er versöhnt, als er für uns gelitten.

2. Miterben, haltet an und seht empor zum großen Lohne; denn nur durch unsre Feinde geht der Weg zu jener Krone. Ob tausend auch zur Rechten euch, zur Linken tausend sänken: getrost, ihr kämpft für Gottes Reich; er wird die Kraft euch schenken.

3. Zwar groß ist unsers Kampfs Gefahr, doch laßt uns nicht erschrecken. Mit uns ist Gott, und wunderbar wird uns sein Schild bedecken. Er stärkt, der mächtig stärken kann, wenn wir um Hülfe flehen; er reicht den Harnisch: legt ihn an, so könnt ihr muthvoll stehen.

4. Mit seiner Hölle Graun umhüllt, schießt Satan Flammenpfeile. Ergreift, ergreift des Glaubens Schild, schützt euch mit Christi Heile. Mit diesem Helm deckt euer Haupt, kämpft mit des Geistes Schwerte; das ist es, was kein Tod euch raubt, das mächtige, bewährte.

---

5 gut ist,] gut, ist

5. Wer überwindet, soll den Tod, den ewgen Tod nicht sehen; verging er auch in seiner Noth, dort wird er nicht vergehen. Nach dieses Lebens kurzem Streit, nach seinen kurzen Leiden, wird euch der Unschuld weißes Kleid, Gerechtigkeit, bekleiden.

6. Ach Hüter, ist die Nacht bald hin, die dunkle Nacht der Erden? Wenn ich einst Ueberwinder bin, wird Licht das Dunkle werden. Dann seh ich in dem Lebensbuch, Dank sey dir! meinen Namen. Des Kampfs, des Leidens ist genug, erlöset bin ich, Amen!

486.   Mel. Herzliebster Jesu etc.
In deiner Liebe, Gott, nicht zu erkalten, will ich mich stets zu deinen Freunden halten; gestärkt, ermuntert wird mein Herz mit ihnen dir froher dienen.

2. Ein reger Trieb zur Heiligung verbinde uns in dem Kampfe wider Welt und Sünde, daß der Versuchung Keiner unterliege, daß Jeder siege.

3. Laß ihren Eifer in der Tu|gend Werken auch meinen Fleiß und meinen Eifer stärken, um nicht, wenn sie dein Werk mit Freuden treiben, zurück zu bleiben.

4. Laß mich mit Lust den Rath der Weisen hören; gieb, daß sie gern und freundlich mich belehren, und brauch' ich Trost, mich, ihren Miterlösten, voll Mitleid trösten.

5. Gieb, daß sie warnend mir zur Seite gehen, und, fall' ich, bald mir helfen aufzustehen, daß deine Bahn mit neuem Muth ich walle, und dir gefalle.

6. Sind wir nicht darum Eines Leibes Glieder, nicht Alle deine Kinder, Alle Brüder, daß wir einander fördern in dem Streben, dir, Herr, zu leben?

7. O darum laß, die du gefügt zusammen, einander stets zur Heiligung entflammen, und so einst Alle durch vereintes Ringen zum Himmel dringen.

487.   Mel. Freu dich sehr etc.
Kommt und laßt den Herrn euch lehren, kommt und lernt aus seinem Wort, welche Christo angehören, als die Seinen hier und dort: die im Glauben fest bestehn, freudig Gottes Wege gehn, in des Heilands Liebe brennen, und ihn ohne Scheu bekennen.

2. Selig sind, die Demuth haben, und sich fühlen arm im Geist, sich nicht rühmen ihrer Gaben, daß Gott werd' allein gepreist: Heil folgt ihnen für und für, denn das Himmelreich ist ihr; die sich selbst gering hier schätzen, wird Gott einst zu Ehren setzen.

3. Selig sind, die Leide tragen, daß sie täglich sich vergehn, die voll Wehmuth es beklagen, wenn sie Andre straucheln sehn: Gott, voll Langmuth und Geduld, decket ihre Sündenschuld, und sie sollen hier auf Erden, mehr noch dort getröstet werden.

4. Selig sind die frommen Herzen, die, mit Sanftmuth angethan, willig Hohn und Trotz verschmerzen, auch dem Feind' in Liebe nahn: Gott, der mächtig helfen kann, nimmt sich ihrer Sache an; Allen, die zum Schutz ihn wählen, wirds an keinem Gute fehlen.

5. Selig sind, die eifrig streben nach des Herrn Gerechtigkeit, daß ihr ganzes Thun und Leben nie von Unrecht sey entweiht; deren Herz nichts mehr be-

gehrt, als was Gottes Ruhm vermehrt: Gott wird ihr Verlangen stillen, sie mit seiner Gnad erfüllen.

6. Selig sind, die voll Erbarmen mitempfinden fremde Noth, gern sich wenden zu dem Armen, brechen freundlich ihm ihr Brod, und, wo Rath und That gebricht, im Gebet ermüden nicht. Solche werden Hülf empfangen und Barmherzigkeit erlangen.

7. Selig sind, die funden werden reines Herzens jederzeit, die in Werken und Gebehrden, | lieben Zucht und Heiligkeit: solchen, denen nicht gefällt die unreine Lust der Welt, sondern die sie ernstlich meiden, werden schauen Gott mit Freuden.

8. Selig sind, die friedlich leben, und in frommer Einigkeit; die, wo Streit sich will erheben, ihn zu schlichten sind bereit: wer den Brüdern Liebe lehrt, ist dem Gott des Friedens werth; drum, die Friedens sich befleißen, werden Gottes Kinder heißen.

9. Selig sind, die still erdulden Schmach, Verfolgung, Angst und Pein, die hier leiden ohn' Verschulden und das Kreuz des Herrn nicht scheun: sey der Trübsal noch so viel, setzet Gott doch Maaß und Ziel, herrlich wird er sie belohnen, mit des ewgen Lebens Kronen.

10. Leite mich zu allen Zeiten, Herr, und steh mir kräftig bei, daß so hoher Seligkeiten, ich aus Gnaden fähig sey. Vater, hilf von deinem Thron, daß ich glaub an deinen Sohn, und durch deines Geistes Stärke mich befleiße guter Werke.

488. Mel. Sollt' ich meinem etc.
Lasset uns mit Jesu ziehen, seinem Vorbild folgen nach, in der Welt der Welt entfliehen, auf der Bahn, die er uns brach! Lasset uns zum Himmel reisen, irdisch noch schon himmlisch seyn, glauben recht und leben rein, Glauben in der Lieb erweisen. Treuer Jesu, bleib bei mir, geh voran, ich folge dir.

2. Lasset uns mit Jesu leiden, seinem Vorbild werden gleich! Nach dem Leide folgen Freuden, Armuth hier macht dorten reich; Thränensaat bringt Heil und Wonne, Hoffnung tröstet mit Geduld, denn es scheint durch Gottes Huld nach dem Regen bald die Sonne. Jesu, hier leid ich mit dir, dort gieb deine Freude mir!

3. Lasset uns mit Jesu sterben; sein Tod wehrt dem ewgen Tod, rettet uns von dem Verderben, das dem sichern Sünder droht. Laßt uns sterben, weil wir leben, sterben unsern Lüsten ab: so wird er uns aus dem Grab in des Himmels Leben heben. Jesu, sterb ich, sterb ich dir, daß ich lebe für und für.

4. Lasset uns mit Jesu leben; weil er auferstanden ist, muß das Grab uns wieder geben. Jesu, unser Haupt du bist; wir sind deines Leibes Glieder! Wo du lebst, da leben wir, ach, erkenn uns für und für, Seelenfreund, für deine Brüder. Jesu, dir ich lebe hier, dorten ewig auch bei dir.

489. Mel. O wie selig seyd ihr doch etc.
Lebet, Christen, so allhier auf Erden daß ihr Christo möget ähnlich werden, der aus dem Leiden ging zum Vater in das Reich der Freuden.

2. Seht auf die mit eifrigem | Verlangen, die ihm nach und euch sind vorgegangen; schaut an ihr Leben und das Beispiel, das sie euch gegeben.

3. Uebet willig eures Meisters Lehren; folgt ihm nach, wollt ihr ihm angehören, entsagt dem allen, was der eitlen Welt nur kann gefallen.

4. Opfert ihm euch auf und eure Glieder, fallet unterm Kreuze vor ihm nieder, im Kreuzesorden seyd ihr seine Knecht und Ritter worden.

5. Haltet euch an ihn, da ihr müßt streiten, bleibt beständig, er steht euch zur Seiten, er hilft euch ringen, giebt euch Kraft, den Sieg davon zu bringen.

6. Er giebt auch, wenn ihr dereinst sollt scheiden, seinen Frieden in den letzten Leiden, und läßt euch hoffen, was auf Erden Niemand angetroffen.

7. Nur daß ihr im Glauben muthig kämpfet, und in seiner Kraft die Sünde dämpfet, die sich stets reget, und der Seele heimlich Schlingen leget.

8. Wer nun glücklich diesen Kampf geendet, und den schweren Lauf zum Ziel vollendet, dem wird die Krone der Gerechtigkeit zum Gnadenlohne.

9. Also lohnt der Richter allen denen, die ihn lieben und sich nach ihm sehen; er kennt die Seinen, die drauf warten, daß er wird erscheinen.

490.   Mel. Zeuch meinen Geist etc.
Mein Gott, ach lehre mich erkennen, wer Jesu Jünger sey zu nennen; und wirk in mir zu deinem Ruhm das ächte, wahre Christenthum.

2. Hilf, daß ich dir mich ganz ergebe, daß ich mir sterb und dir nur lebe; vom Eigenwillen mach mich frei; und mach in mir, Herr, Alles neu.

3. Entreiße du mein Herz der Erden, laß einen Geist mit dir mich werden; nimm mich zu deinem Opfer hin, und gieb mir meines Jesu Sinn.

4. Regiere, Vater, meine Seele, daß ich den schmalen Weg erwähle, dem Heiland folge treulich nach, und Ehre such in Christi Schmach.

5. Verleih mir zur Entsagung Kräfte, daß ich an Christi Kreuz mich hefte, daß mir die Welt gekreuzigt sey, und ich dir immer bleibe treu.

6. Stärk in mir Glauben, Hoffnung, Liebe, und gieb, daß ich sie thätig übe, daß ich entfernt von Heuchelei, ein wahrer Jünger Jesu sey.

7. Gieb, daß ich so auf dieser Erde des Christen Namens würdig werde; und wirk in mir zu deinem Ruhm das ächte, wahre Christenthum.

491.   Mel. Nun sich der Tag etc.
Mein Gott, das Herz ich bringe dir zur Gab und zum Geschenk; du forderst dieses ja von mir, deß ich bin eingedenk. |

2. Gieb mir, mein Sohn, dein Herz, sprichst du. O welch ein heilsam Wort! Es zeigt den Weg zur wahren Ruh, zum Frieden hier und dort.

3. So nimm mein Herz, o Vater, an, verschmäh die Gabe nicht, obgleich dem, was ich geben kann, der Werth vor dir gebricht.

4. Noch ist dies Herz voll Eitelkeit, und nicht vom Bösen frei; noch ist es mit sich selbst im Streit, und fühlt nicht wahre Reu.

5. O beuge meinen starren Sinn, erweich dies harte Herz, daß es vor dir sich werfe hin in Thränen und im Schmerz.

6. Dann rein'ge du, Herr Jesu Christ, mich durch dein theures Blut, weil du am Kreuz gestorben bist, mir und der Welt zu gut.

7. Gieb mir nach deiner Mittlerhuld an deiner Gnade Theil; es ist zur Tilgung meiner Schuld doch außer dir kein Heil.

XIX. Vom christlichen Leben und Wandel im Allgemeinen 989

8. Mit dir, o heilger Geist, laß mich auch in Gemeinschaft seyn; ergieß um Christi willen dich tief in mein Herz hinein.
9. Hilf, daß ich sey im Glauben treu an Christum, Gottes Sohn, und ihn bekenne sonder Scheu, trotz seiner Feinde Hohn.
10. Hilf, daß ich sey im Hoffen fest, voll Demuth und Geduld; daß ich, wenn Alles mich verläßt, vertraue Gottes Huld.
11. Hilf, daß mein Lieben lauter sey, und wachse immer mehr, dem Nächsten dien ohn Heuchelei, zu Gottes Preis und Ehr.
12. So nimm mein Herz zum Tempel ein, o Gott, schon in der Zeit, und laß es deine Wohnung seyn auch in der Ewigkeit.
13. Dir geb ich mich zu eigen hin, zu thun, was dir gefällt. Ich weiß, daß ich der Deine bin, der Deine, nicht der Welt.

492. Mel. Wer nur den lieben etc.
Mein Gott, du prüfst des Herzens Triebe, dringst in der Seele Tiefen ein; du weißt, ob ich dich wahrhaft liebe, und hassest allen falschen Schein. Du bringest Alles an den Tag, was noch so tief verborgen lag.
2. Bet ich in deinem Heiligthume, so darf nicht bloß die Lippe flehn; und sing ich, Herr, von deinem Ruhme, muß es aus Herzensgrund geschehn. Wenn sich mein Blick zum Himmel lenkt, sey auch der Geist in dich versenkt.
3. Die Frömmigkeit flieht jeden Schimmer, und sie bedarf des Scheines nicht. Der Fromme täuscht und heuchelt nimmer, und scheuet nie der Wahrheit Licht. Wer Gottesfurcht im Herzen hat, beweist es auch in Wort und That.
4. Nicht ungestraft wird deiner spotten, wer heuchelnd spricht, er sey ein Christ. Du hast gedrohet, auszurotten, was von dem Geist der Lügen ist; die sich durch frommen Schein | erhöhn, die werden dort mit Schmach bestehn. 273
5. Was hilft es, vor den Menschen prangen, wenn mir dein Wohlgefallen fehlt? Drum gieb, o Herr, daß mein Verlangen die lautre Wahrheit nur erwählt. Wer böse ist, bleibt nicht vor dir, o schaff ein reines Herz in mir!
6. Giebt mir doch nur ein gut Gewissen in Trübsal Trost und Freudigkeit, läßt mich getrost die Augen schließen, hinübergehn ohn' Angst und Leid. Schlaf ich mit reinem Herzen ein, so werd' ich bei dir selig seyn.

493. Mel. Der Tag ist hin, mein etc.
Mein Vater, laß mich deine Gnade merken, und steh mir bei in allen meinen Werken. Gieb immerdar, daß ich auf dich nur seh, damit durch mich dein Wille stets gescheh.
2. Du wirkest selbst das Wollen und Vollbringen, durch dich allein kann mir mein Werk gelingen. Fang ichs nur recht in deinem Namen an, so ist zum Ziel der größte Schritt gethan.
3. Laß mir den Strom der Gnade reichlich fließen, und deinen Geist sich in mein Herz ergießen. O laß dies Herz nicht mehr auf sich beruhn; in dir allein kann ich das Gute thun.
4. Wenn so mich nur dein heilger Geist regieret, und meinen Geist in alle Wahrheit führet; dann schreit ich fort auf der gewissen Bahn aus Kraft in Kraft, und täglich himmelan.

5. Dir bleib ich dann getreu im Thun und Leiden, und werde Sünd und Unrecht ernstlich meiden. Mich fesselt nicht die schnöde Lust der Welt, ich suche nur, was, Heilger, dir gefällt.

6. Wie selig dann, wenn ich nichts mehr begehre, als einzig nur, Herr, deines Namens Ehre. Des Nächsten Glück, und mein zukünftges Heil ist dann die Frucht der Arbeit, und mein Theil.

7. Laß Alles wohl zu seiner Zeit geschehen, und hin aufs Ziel, das vor mir steht, mich sehen, daß gute Saat zur frohen Ewigkeit durch all mein Thun von mir werd ausgestreut.

8. Wie fröhlich wird mein Herz, wenn jenes Leben den Glauben krönt, mein Vater, dich erheben! Wie sanft werd ich dort nach der Arbeit ruhn, wie wohl wird mir die Freudenerndte thun!

494.   Mel. Machs mit mir etc.
Mir nach, spricht Christus, unser Held, folgt meinem Vorbild, Christen; verleugnet euch, verlaßt die Welt mit ihren eitlen Lüsten; nehmt auf euch Kreuz und Ungemach, und folgt meinem Wandel nach.

2. Ja, Herr, dein Vorbild leuchtet mir zu einem heilgen Leben. Wem anders sollt ich wohl, als dir, zu folgen mich bestreben? Du zeigst den Weg zum wahren | Wohl, und wie ich richtig wandeln soll.

3. Dein Herz ist ganz von Lieb erfüllt, von Sanftmuth und von Güte; das Wort, das deinem Mund entquillt, erquicket das Gemüthe; und dein erbarmend Herz entbrennt selbst für den Feind, der dich nicht kennt.

4. Du zeigst, was wahrhaft schädlich ist, lehrst uns die Sünde meiden, und von des Herzens Trug und List uns reinigen und scheiden. Du bist der Seelen Fels und Hort, und führst uns zu der Himmelspfort.

5. Fällt's uns zu schwer, du gehst voran, stehst helfend uns zur Seite; du kämpfest selbst, und brichst die Bahn, bist Alles in dem Streite. Ein Kriegsmann darf nicht stille stehn, sieht er voran den Feldherrn gehn.

6. Wer mehr, als dich, sein Leben liebt, wirds ohne dich verlieren; wer's ganz in deinen Dienst ergiebt, wirds hier schon himmlisch führen; wer dir nicht folgt in Kreuz und Leid, ist unwerth deiner Herrlichkeit.

7. So laßt uns denn mit unserm Herrn, wohin er führet gehen, und wohlgemuth, getrost und gern bei ihm im Leiden stehen. Denn wer nicht kämpft, trägt auch zum Lohn des Lebens Krone nicht davon.

495.   Mel. Jesu, der du meine Seele etc.
Möchten wir, aus Gott geboren, wahre Jünger Christi seyn, die sich ihn zum Herrn erkohren, daß sie seinem Dienst sich weihn. Dazu weck in unsern Herzen, Gott, der Buße selge Schmerzen; mach uns durch den Glauben neu, seine Frucht sey Lieb und Treu.

2. Immer sey die Hoffnung sehnlich, das Gebet an Andacht reich, unsre Sanftmuth Jesu ähnlich, ihm das Herz an Demuth gleich; die Geduld unüberwindlich, das Vertraun zum Vater kindlich. So bild' uns zu Christi Ruhm, als sein theures Eigenthum.

XIX. Vom christlichen Leben und Wandel im Allgemeinen

3. Unser Herz sey stets im Himmel, denn auch unser Schatz ist da. Wir entziehn uns dem Getümmel, sey in heilger Still uns nah! Laß sich unsern Sinn gewöhnen, sich nach jener Welt zu sehnen, denn dein auserwählt Geschlecht hat des Himmels Bürgerrecht.

496.   Mel. Aus tiefer Noth etc.

Nach meiner Seelen Seligkeit laß, Herr, mich eifrig ringen. Sollt ich die kurze Gnadenzeit in Sicherheit verbringen? Wie würd' ich einst vor dir bestehn? Wer in dein Reich wünscht einzugehn, muß reines Herzens werden.

2. Wer erst am Schluß der Lebensbahn auf seine Sünden siehet, und wenn er nicht mehr sündgen kann, zu deiner Gnade fliehet, der geht den Weg zum Leben nicht, den uns, o Gott, dein Unterricht in deinem Wort bezeichnet. |

3. Du rufst uns hier zur Heiligung, drum laß auch hier auf Erden des Herzens wahre Besserung mein Hauptgeschäfte werden. Daß ich auf deinen Wegen geh, und im Gericht dereinst besteh, sey meine größte Sorge.

4. Was eitler Sinnenlust gefällt, kann nie uns wahrhaft nützen. Was hülfe mirs, könnt ich die Welt, und all' ihr Gut besitzen, wenn ich dafür an meinem Heil, an meines Wesens besserm Theil auf ewig Schaden litte?

5. Was führt uns zur Zufriedenheit schon hier in diesem Leben? Was kann mir Trost und Freudigkeit auch selbst im Tode geben? Nicht Menschengunst, nicht irdisch Glück, nur Gottes Gnade, nur der Blick auf jenes Lebens Freuden.

6. O laß mich, Herr, der Erde Tand und ihre Lüste fliehen, und jenem Ziel sey zugewandt mein eifrigstes Bemühen. O stärke mich, mein Gott, dazu, so find' ich hier schon wahre Ruh, und dort das ewge Leben.

497.   In eigner Melodie.

Nicht diese Welt, die in ihr Nichts vergeht, nicht Güter, die vor ihr als köstlich gelten, nicht eitles Glück hat sich mein Wunsch erfleht. Ich bin ein Christ, ich suche bess're Welten!

2. Ich bin bestimmt, des Königs Knecht zu seyn, vor welchem sich der Erde Fürsten neigen. Die Welt verlangt, mich ihrem Dienst zu weihn; ich bin ein Christ, darf ich mich sclavisch beugen?

3. Es braust der Sturm, der Tag der Noth erscheint, und Tausend seh' ich schreckenvoll erzittern. Ich bebe nicht, im Himmel ist mein Freund; ich bin ein Christ, mich kann kein Leid erschüttern.

4. Mir naht die Schaar, die sich von Gott verlor, ich soll mit ihr zu wandeln mich entschließen. Sie lockt und droht, ich schenk ihr nicht mein Ohr. Ich bin ein Christ, ich bleib' zu Jesu Füßen.

5. Dort naht sich mir des Kreuzes Christi Feind, hier locken mich der Spötter freche Rotten. Sie rufen laut, doch mir, mir winkt mein Freund. Ich bin ein Christ, sollt' ich mit ihnen spotten?

6. Zwar thränenvoll ist meiner Wallfahrt Bahn, und reich an Pein und arm an Glück und Freuden; doch tröst' ich mich: mein Herzog geht voran. Ich bin ein Christ, ich will mit Christo leiden.

7. Und wird mich einst, wenn es der Herr gebeut, mein letzter Tag zur Ruh' des Grabes bringen, so sterb' ich dann mit Muth und Heiterkeit. Ich bin ein Christ, ich kann den Tod bezwingen.

8. Dann, wenn dereinst beim großen Weltgericht der Sünde Knecht' und Christi Feinde beben, so tröstet mich des Glaubens Zuversicht: Ich bin ein Christ, ich werde ewig leben! |

498. Mel. Alle Menschen müssen etc.
Nicht nur streiten, überwinden muß, wer nach der Krone ringt! Mühvoll ist der Kampf der Sünden! Selig, wem der Sieg gelingt! Ihn empfangen Jubellieder, freudig schaut am Ziel er nieder auf des heißen Streits Gefahr, der sein Loos hienieden war.

2. Glorreich, Herr, hat überwunden, deiner Zeugen glänzend Heer; und sie sahen dunkle Stunden, und ihr Kampf war heiß und schwer, schwerer, als im Lauf der Zeiten ich ihn jemals werde streiten: denn das Schwert der Feinde ruht, trieft nicht mehr von Christenblut.

3. Ueberwunden, überwunden hast du, Herr der Herrlichkeit! Todesschweiß und Blut und Wunden zeugen von dem ernsten Streit. Tausendfache Angst und Schmerzen lasteten auf deinem Herzen: dennoch unterlagst du nicht selbst dem härtesten Gericht.

4. Wer kann das Geheimniß fassen? Wer? Wie hoch er sich auch schwingt! Gott hat seinen Sohn verlassen, welcher mit dem Tode ringt! Dennoch ist Triumph sein Ende; er giebt sich in Gottes Hände; schon umhüllt von Todesnacht, ruft er aus: Es ist vollbracht.

5. Was sind meine kurzen Leiden gegen die, so Christus litt! und was gegen jene Freuden, die mir Christi Tod erstritt! Und doch folg' ich dir mit Beben! Hilf mir dringen in dein Leben, du, der mir zum Heile starb, und mir Kraft zum Kampf erwarb!

499. Mel. O daß ich tausend etc.
O daß von meinen Lebenstagen doch keiner ganz verloren geh! Die unbenutzten Stunden nagen das Herz noch spät durch Gram und Weh; und den entflohnen Augenblick bringt dann kein leerer Wunsch zurück.

2. Laß jeden Theil des kurzen Lebens, o Gott, mir werth und theuer seyn! Die Zeit verschwinde nicht vergebens, die meinem Heil ich sollte weihn! Die kurze Lust der Eitelkeit wird sonst zu spät von mir bereut.

3. Vom schnöden Dienst der Nichtigkeiten, die Schaden bringen, nicht Gewinn, die gegen deinen Willen streiten, befreie gnädig Herz und Sinn! Ja, Herr, dein Diener will ich seyn; der Erde Tand ist mir zu klein.

4. Wenn mich die Last der Arbeit drücket, und Undank meiner Mühe lohnt, das Auge matt nach Ruhe blicket, und Sorg' und Kummer bei mir wohnt: so ist, zu thun, was Gott gebeut, doch ein Gedanke, der erfreut.

5. Noch ist es Tag; du wollst mich stärken in rechter gläubger Christentreu, auf daß ich zeig' in meinen Werken, wie heilig dein Gebot mir sey. Viel ist für mich noch hier zu thun; ich darf nicht, eh es Nacht wird, ruhn. |

6. Ich fasse Muth, es eilt die Stunde: sie soll nicht ungenutzt entfliehn! Es sey gelobt mit Herz und Munde, kein Leichtsinn störe mein Bemühn! Dem Herrn der Zeit und Ewigkeit sey jeder Augenblick geweiht.

7. Dann seh ich von der Laufbahn Ende einst froh auf meine Tage hin, und sage: Herr, durch deine Hände empfing ich, was ich hab und bin; auch was ich that, ist ja nicht mein, dein sey der Ruhm, die Ehre dein!

500. Mel. Der Tag ist hin etc.
O Menschenkind, was trägst du in Gedanken? Nichts Sterbliches füllt ja der Seelen Schranken! Nur dem, der recht an Jesum Christum denkt, wird, was sein Herz ersehnt, von Gott geschenkt.
  2. Er müsse stets dir im Gedächtniß schweben, der Spiegel seyn, darin du schaust dein Leben! Dein Herz und Sinn sey ganz zu ihm gewandt; durch ihn erst wird dir dein Beruf bekannt.
  3. Da Christus ist zu deinem Heil geboren, so bleibe nicht im Irdischen verloren; so mußt auch du, durch ihn von Sünden rein, ein neuer Mensch, vom Geist gezeuget seyn.
  4. Wie dir zu gut sein Leben er geführet, so folge du mit Geist und Kraft gezieret, in stillem Sinn, wie er in Demuth ging, und liebevoll, wie er die Welt umfing.
  5. Für dich hat er die Schmerzen und die Banden, und alle Angst des Todes überstanden; so ist gewiß, daß, wer nicht mit ihm stirbt, auch nicht die Frucht des Lebens mit erwirbt.
  6. Wie er empor zur himmlischen Erhöhung als Sieger drang nach seiner Auferstehung: so dringst auch du einst in sein himmlisch Reich, hängst du nur treu an ihm, und wirst ihm gleich.
  7. Was ist es denn, daß wir uns seiner schämen, nicht seine Schmach mit Freuden auf uns nehmen? Er sendet uns, wie Gott ihn hat gesandt; was er empfing, wird uns auch zugewandt.
  8. Wie unser Herr und Heiland hat gewandelt, nach welcher Art die Welt mit ihm gehandelt, das bleibt mit Recht auch seiner Knechte Zier, ihr höchster Ruhm, ihr Heil und ihr Gebühr.
  9. Was er gethan in dem Erlösungswerke, das that der Held aus eigner Gottesstärke: Wir wirken auch, von seinem Geist beseelt; wir leiden mit, durch seine Kraft gestählt.
  10. Durch seinen Sieg sind wir nun Gottes Kinder, der Sünde feind, des Fleisches Ueberwinder; durch seinen Geist verkünden wir sein Wort, und fahren hin zum selgen Friedensport.

501. In eigner Melodie.
Ringe recht, wenn Gottes Gnade | sich erbarmend zu dir kehrt, daß dein Geist sich ganz entlade von der Last, die ihn beschwert.
  2. Ringe, denn die Pfort ist enge, und der Lebensweg ist schmal, immer stehn hier im Gedränge Christi Streiter allzumal.
  3. Kämpfe bis aufs Blut und Leben, dring hinein in Gottes Reich; will dir Satan widerstreben, werde weder matt noch weich.
  4. Ringe, deine Lieb' erglühe, halbe Liebe hält nicht Stand, daß dein Herz der Welt entfliehe, sey es ganz für Gott entbrannt.
  5. Hast du nun die Perl' errungen, denke nicht, nun ists gethan; noch ist Alles nicht bezwungen, was der Seele schaden kann.
  6. Schaffe ja mit Furcht und Zittern deiner Seelen Seligkeit, laß dein Herz durch nichts erschüttern, wenn der Feinde Macht dir dräut.
  7. Deine Krone halte feste, halte männlich, was du hast, recht beharren ist das Beste, Rückfall bringt dir neue Last.

8. Wahre Treu liebt Christi Wege, steht beherzt auf ihrer Hut, suchet Ruhe nicht und Pflege, hält sich selber nicht zu gut.

9. Wahre Treu kommt dem Getümmel eitler Weltlust niemals nah; ist ihr Schatz doch in dem Himmel, darum ist ihr Herz auch da.

10. Wahre Treu führt mit der Sünde bis ins Grab beständig Krieg, sorgt nur, wie sie überwinde, kämpft, bis sie erlangt den Sieg.

11. Drum wohlauf, ihr tapfern Streiter! kämpfet recht, und macht euch Bahn, geht auf Christi Wegen weiter, denn so geht ihr himmelan.

12. Eilet, zählet Tag und Stunden, bis euch der Erlöser winkt, und wenn ihr nun überwunden, euch zum Schauen Gottes bringt.

13. Einst die Hülle abzulegen, sey euch Ruf zur Seligkeit, eilet freudig ihm entgegen, sprechet: Herr, wir sind bereit.

502. Mel. Freu dich sehr, o meine etc.
Schaffet, o ihr Menschenkinder, schaffet eure Seligkeit! Bauet nicht, wie sichre Sünder, auf die ungewisse Zeit; unverweilt bekehret euch, ringet nach dem Himmelreich, und bemüht euch hier auf Erden, wie ihr möget selig werden.

2. Soll nun dies an euch geschehen, so bekämpfet Fleisch und Blut; und der Welt zu widerstehen, rüstet euch mit Kraft und Muth; Gottes Wille muß allein eures Lebens Richtschnur seyn, mag es eurem schwachen Herzen Freude bringen oder Schmerzen.

3. Selig, wer im Glauben kämpfet; selig, wer im Kampf besteht, wer in sich die Sünde dämpfet, und den Reiz der Welt verschmäht! Unter Christi Kreuzesschmach jaget man dem Frie|den nach. Wer den Himmel will ererben, muß zuvor mit Christo sterben.

4. Werdet ihr nicht treulich ringen, sondern träg und lässig seyn, so kann es euch nicht gelingen, nie kann euch der Sieg erfreun. Ohne tapfern Streit und Krieg folgt nimmer Ruhm und Sieg; nur dem Sieger reicht zum Lohne dort der Herr die Ehrenkrone.

5. An der Welt Gefallen tragen, findet nicht bei Christen statt; nach der Lust der Sinne jagen, macht des Geistes Kräfte matt. Wer sich nicht verleugnen kann, der gehört nicht Christo an; Christen müssen sich bequemen, Christi Joch auf sich zu nehmen.

6. Wollt ihr werden Christi Glieder, die sein reiner Geist bewegt, so schlagt Alles in euch nieder, was sich noch von Sünde regt; was euch ärgert, senkt ins Grab, was euch hindert, werfet ab; denket stets an Christi Worte: Gehet durch die enge Pforte.

7. Amen! es geschehe, Amen! Gott, versiegle dieß in mir, auf daß ich in Jesu Namen so den Kampf des Glaubens führ. Er verleihe Kraft und Stärk, und regiere selbst das Werk, daß ich wache, bete, ringe, und empor zum Himmel dringe.

503. Mel. Zeuch meinen Geist etc.
Sollt' ich aus Furcht vor Menschenkindern des Geistes Trieb in mir verhindern; nicht, fern von allem Heuchelschein, ein treuer Zeuge Jesu seyn?

---

14 Menschenkinder,] Menschenkinder

XIX. Vom christlichen Leben und Wandel im Allgemeinen

2. Sollt' ich des Höchsten Wort verschweigen, nicht meinen Glauben offen zeigen, nicht vor der Welt bekennen frei, daß ich ein Jünger Christi sey?

3. Die sollt' ich Gottes Kinder nennen, die weder Gott noch Christum kennen? Nicht strafen sollt' ich unverstellt, was ihm, dem Heiligen, mißfällt?

4. Ja, mag die Welt mich schmähn und hassen, mich hart verfolgen, mich verlassen: ich achte ihrer Bosheit nicht, weil Gottes Stimme in mir spricht.

5. Sein ist das Amt, das ich verwalte; er treibt mich, daß ich nicht erkalte; er ist es, der mich wirken heißt, und Kraft giebt mir sein Freudengeist.

6. Die Liebe Christi, die mich dringet, sie ists, die mich im Geiste zwinget, mit Rufen, Locken, Bitten, Flehn der Menschen Seelen nachzugehn.

7. Für dich, o Herr, will ich mit Freuden die tiefste Schmach der Welt erleiden; mir bleibet bei der Bösen Hohn doch deiner Gnade reicher Lohn.

8. Hier ist mein Blut, hier ist mein Leben, es sey dir Alles hingegeben! Dein Wille soll an mir geschehn, laß mich nur deinen Ruhm erhöhn!

504.   Mel. Meinen Jesum laß etc.

Steil und dornig ist der Pfad, welcher zur Vollendung leitet; selig | ist, wer ihn betrat, und mit frohem Muthe streitet! Selig, wer den Lauf vollbringt, und das hohe Ziel erringt.

2. Den am Kreuz wir bluten sehn, Jesus hat dieß Ziel errungen, und sich zu des Himmels Höhn triumphirend aufgeschwungen; als er rief: es ist vollbracht! war besiegt des Todes Macht.

3. Preis, du hoher Sieger, dir! Zieh dir nach die Schaar der Streiter! Wandeln sie durch Stürme hier, jenseit ist es still und heiter. Unsrer Hoffnung winkt der Lohn, Heiland, dort an deinem Thron.

4. Auf dann, Streitgenossen, geht muthig durch des Lebens Wüste! Seht auf euren Führer, fleht, daß er selbst zum Kampf euch rüste! Seine Gotteskraft allein kann in Schwachen mächtig seyn.

505.   Mel. Dir, dir, Jehovah etc.

Was bring' ich dir, o Gott, für Gaben, wenn mich dein Wohlgefallen soll erfreun? Gehorsam willst du von mir haben, kein Opfer sonst soll angenehm dir seyn. Du bist der Herr; o wär' ich ganz dein Knecht! Was du gebeutst, ist Alles gut und recht.

2. Ja, Gott, dein Recht ist, zu befehlen, und mir gebührt, gehorsam dir zu seyn. Laß mich das beste Theil erwählen, mein Wille stimme mit dem deinen ein. Der wahre Christ gehorcht dir ohne Zwang; er hält dein Wort aus reiner Liebe Drang.

3. Wie treu vollbrachte deinen Willen dein Sohn, der mir zum Muster vorgestellt! O möcht' auch ich ihn so erfüllen, und gern mich selbst verleugnen sammt der Welt! Wie Jesus bis zum Tod gehorsam war, bringt, wer dich liebt, sich selbst zum Opfer dar.

4. Doch, soll ich dein Gebot vollbringen, darf ich mit Fleisch und Blut zu Rath nicht gehn; dieß hat nur Lust an irdschen Dingen, und will dem Trieb des Geistes widerstehn. Denn, ach! in unsern Gliedern findet sich nur ein Gesetz, was streitet wider dich.

5. Drum grabe du, Herr, dein Gesetze dem innern Menschen tief und kräftig ein, daß ich nie deinen Bund verletze, und mich von Untreu immer halte rein. Laß mich an deinem Joch mit Freuden ziehn, den Reiz der Welt mit weiser Vorsicht fliehn.

6. Sobald ich deine Stimme höre, sey auch mein Herz auf ihren Ruf bereit, daß ich dein Wort in Demuth ehre, und klügle nicht, wo es mir klar gebeut. Du willst, ich soll ein Hörer nicht allein, nein, auch des Worts getreuer Thäter seyn.

7. Und endlich gieb mir auch im Kreuze ein Herz, das deine Lasten willig trägt, daß ich dich nicht zum Zorne reize durch Murren, wenn du Leiden auferlegt. Und züchtigst du: ich | sink an deine Brust, und alle Last wird mir zur Himmelslust.

506.   Mel. Herr ich habe etc.
Weg mit dem, was Klugheit scheinet der bethörten, eitlen Welt, wenn's mich nicht mit ihm vereinet, dem ein kindlich Herz gefällt, und der nur sich offenbaret, wo die Einfalt wird bewahret.

2. Was mich nicht zu Gott kann führen, was nicht ihn in mir verklärt, soll nicht meine Seele rühren, wie es auch die Welt verehrt; mit der wahren Weisheit Schätzen kann nur Jesus mich ergötzen.

3. Böses meiden, Gutes lieben, trachten nach Gerechtigkeit, Selbstverleugnung redlich üben, Christo folgen allezeit, das heißt wahre Weisheit haben, welche Seel' und Geist kann laben.

4. Darum sollst du niemals trauen jener falsch berühmten Kunst, nie auf eitle Weisheit bauen, die vergehet wie ein Dunst; ach wie bald, wie bald verschwindet, was sich nicht auf Jesum gründet.

507.   Mel. O wie selig sind die etc.
Weiter mußt du kämpfen, ringen, willst du durch zum Lichte dringen; also, Seele, muß es seyn! Doch durch alle Dunkelheiten wird dein Heiland dich begleiten, Muth flößt er dem Schwachen ein.

2. Viele sind hervorgezogen aus der Drangsal wilden Wogen durch der Allmacht treue Hand. Nie zu kurz ist Gottes Rechte; wo ist einer seiner Knechte, der bei ihm nicht Rettung fand?

3. Scheinst du gleich von ihm verlassen, doch wird seine Hand dich fassen; glaube nur, und zweifle nicht! Kämpfe standhaft ohne Wanken, bald wirst du ihm freudig danken, bald durchströmt dich Kraft und Licht.

4. Wende von der Welt die Blicke, schau nicht seitwärts, nicht zurücke, nur auf Gott und Ewigkeit. Nur zu deinem Helfer wende Herz und Augen, Sinn und Hände, bis er himmlisch dich erfreut.

5. Schließ dich in die stille Kammer, schütte deines Herzens Jammer in das treue Vaterherz. Weißt du Worte nicht zu finden; kannst du nur dein Leid empfinden, klag' auch schweigend ihm den Schmerz!

6. Kräftig ist ein solches Schweigen; Gott wird sich als Vater zeigen, glaube, daß er dich erhört, weil dein Heiland dich verstehet, und zum Vater für dich flehet, der dem Sohn sein Flehn gewährt.

XIX. Vom christlichen Leben und Wandel im Allgemeinen

7. Nun, so will ich nie verzagen, will vor Gottes Thron mich wagen, kindlich und voll Zuversicht! Kämpfen will ich ohne Wanken, bald wird froh mein Herz ihm danken, bald durchströmt mich Kraft und Licht. |

508.   Mel. Machs mit mir, Gott etc.
Wer Gottes Wort nicht hält, und spricht: ich kenne Gott! der lüget; in solchem ist die Wahrheit nicht, die durch den Glauben sieget. Wer aber sein Wort glaubt und hält, der ist von Gott, nicht von der Welt.
2. Der Glaube, den sein Wort erzeugt, muß auch die Liebe zeugen. Je höher dein' Erkenntniß steigt, je mehr wird diese steigen. Der Glaub' erleuchtet nicht allein, er stärkt das Herz, und macht es rein.
3. Durch Jesum rein von Missethat, sind wir nun Gottes Kinder. Wer solche Hoffnung zu ihm hat, der flieht den Rath der Sünder, folgt Jesu Vorbild gern und treu, und ringt, daß er ihm ähnlich sey.
4. Nur dann thu ich, was Gott gefällt, wenn ich Gehorsam übe; wer die Gebote treulich hält, in dem ist Gottes Liebe. Ein täglich thätges Christenthum, das ist des Glaubens Frucht und Ruhm.
5. Der bleibt in Gott, und Gott in ihm, wer in der Liebe bleibet. Die Lieb ist's, die die Cherubim Gott zu gehorchen treibet. Gott ist die Lieb; an seinem Heil hat ohne Liebe Niemand Theil.

509.   Mel. Liebster Jesu, wir sind etc.
Wer nach seines Herrn Gebot und gottselig hier will leben, ist von mancher Angst und Noth, von Verfolgung oft umgeben, weil die Welt auf allen Wegen seinem Lauf sich setzt entgegen.
2. Unser Heiland, Jesus Christ, hat des Kreuzes Last getragen. Wer sein wahrer Jünger ist, darf nicht vor dem Kreuze zagen: denn der höchste Ruhm auf Erden ist, dem Heiland ähnlich werden.
3. Die Propheten allesamt, die nunmehr den Himmel zieren, wurden von der Welt verdammt, eh sie konnten triumphiren. War nicht der Apostel Leben aller Marter hingegeben?
4. Wandelt auf dem engen Steg, der euch zu dem Leben führet! Weichet von dem breiten Weg, der ins Elend sich verlieret! Wer sich trennt von Gottes Sohne, hat Verdammniß einst zum Lohne.
5. Ueberschwänglich ist das Heil, das nach dieses Lebens Schmerzen dort bei Christo wird zu Theil den bewährt erfundnen Herzen. Solchem Heile kann auf Erden nie ein Kreuz verglichen werden.

510.   Mel. Seelenweide, meine etc.
Wer sich dünken läßt zu stehen, hüte wohl sich vor dem Fall; es umschleicht uns, wo wir gehen, die Versuchung überall.
2. Falsche Freiheit bringt Verderben, Knechtschaft ist ihr sichrer Lohn; wahre Freiheit zu erwerben, sprich nie dem Gewissen Hohn. |
3. Sicherheit wird dich betrügen, Lässigkeit thut nimmer gut; läßt du in den Schlaf dich wiegen, so mehrt sich des Feindes Muth.
4. Petrus, welcher sich vermessen, bis zum Tode treu zu seyn, hat der Warnung kaum vergessen, so muß er den Fall bereun.

5. Ist der Geist auch noch so willig, bleibt das Fleisch doch immer schwach; giebst du nach, so trifft dich billig deiner Feigheit bitt're Schmach.

6. Unser Feind ist stets in Waffen, nie ficht ihn der Schlummer an; willst im Eifer du erschlaffen, o dann ist's um dich gethan.

7. Wohl dem, der stets wacht und flehet, der sein Heil mit Zittern schafft! Wenn er unbeweglich stehet, wird der Sich're weggerafft.

8. Wohl dem, der mit Glaubensöle seine Lampe früh versieht! das errettet seine Seele, wenn auch lang der Herr verzieht.

9. Hüter deiner Menschenheerden, der du schläfst und schlummerst nicht, laß mich täglich wackrer werden, wandeln stets in deinem Licht.

10. Stärke du die trägen Sinnen, halte fertig mich zum Streit, daß ich, rufst du mich von hinnen, wachend sey und wohl bereit.

511.   Mel. Wer nur den lieben Gott etc.
Wohl dem, der sich mit Ernst bemühet, daß er ein Jünger Christi sey, der unverwandt auf Christum siehet, daß er in Wahrheit werde frei; der stark in Christo muthig kämpft und Welt und eignen Willen dämpft.

2. Wohl dem, der ihn erwählt zum Wege, zum Lichte, dem er folget nach, der wandelt auf dem schmalen Stege, und auf sich nimmt des Heilands Schmach! Wer nicht mit ihm zum Oelberg steigt, dem wird nicht Tabors Glanz gezeigt.

3. Was hilft's, daß Christus ist geboren, und uns die Kindschaft wieder bringt? Dem bleibt das Himmelreich verloren, der nicht hinein durch Buße dringt, daß Gottes Geist ihn neu gebiert, und er ein göttlich Leben führt.

4. Was helfen dem des Heilands Lehren, der die Vernunft zum Meister nimmt, auf eigne Weisheit nur will hören, und nur nach ihr sein Thun bestimmt? Wem Christi Wort nicht Alles gilt, deß Sehnsucht wird auch nicht gestillt.

5. Was hilft uns Christi heil'ges Leben, an Demuth, Lieb' und Milde reich, wenn wir, der Selbstsucht hingegeben, nicht wandeln seinem Vorbild gleich. Der bloße Glaub' ist leerer Schein, er muß durch Liebe thätig seyn.

6. Was hilft dem Christi Angst und Leiden, der nicht mit ihm ins Leiden geht? Nur der hat Theil an seinen Freuden, | der auch am Kreuze bei ihm steht. Wer hier noch scheuet Spott und Hohn, empfängt dort nicht die Ehrenkron.

7. Was hilf uns Christi Tod und Sterben, wenn wir uns selbst nicht sterben ab? Du liebst dein Leben zum Verderben, legst du die Lust nicht in sein Grab. Umsonst gab Christus sich dahin, stirbt nicht in dir der alte Sinn.

8. Was hilft dir Christi Auferstehen, bleibst du noch in den Sünden todt? Was hilft dir sein gen Himmel gehen, macht dir die Welt noch Sorg' und Noth? Was hilft dir sein Triumph und Sieg, führst du nicht mit dir selber Krieg?

9. Wohlan, so lebe, thu' und leide, wie Christus dir ein Vorbild war. Nimm seine Unschuld dir zum Kleide, so bleibst du in der Seinen Schaar. Wer Christum liebt, der strebt allein, in Allem Christo gleich zu seyn.

512.   Mel. Ich dank dir, lieber etc.
Wollt ihr den Heiland finden, so suchet ihn noch heut; eilt, ihm euch zu verbinden, noch ist die Gnadenzeit. Wollt ihr die Kron empfangen, dringt eifrig hin zum Ziel; wer Großes will erlangen, der mühet gern sich viel.
2. Soll er sich zu euch neigen, so sucht ihn in Geduld; gelassen seyn und schweigen erwirbt euch seine Huld. Soll er sich euch vereinen, sucht ihn in Niedrigkeit; die hoch zu stehen meinen, verfehlen seiner weit.
3. Drückt euch das Kreuz hienieden, sucht ihn in eurer Pein; leicht sind von ihm geschieden, die mit der Welt sich freun. Und kommt's mit euch zum Sterben, sucht ihn mit gläubgem Sinn, er läßt euch nicht verderben, der Tod ist euch Gewinn.
4. Sucht ihn im Himmel droben, im Chor der Seraphim; die ihn hier liebend loben, sind dort auch nah bei ihm. Sucht ihn im tiefsten Herzen, dies ist sein Heiligthum; so preist ihr, frei von Schmerzen, auf ewig seinen Ruhm.

XX. Liebe zu Gott und zu Christo.

513.   Mel. O daß ich tausend etc.
Ach! wenn ich dich, mein Gott, nur habe, nach Erd und Himmel frag' ich nicht. Nichts ist, das meine Seele labe, als du, mein Gott, mein Trost, mein Licht. Rühmt sich die Welt mit ihrer Lust: mir ist ohn' dich kein Heil bewußt.
2. Soll Leib und Seele mir verschmachten, ich hoffe doch getrost auf dich. Nichts will ich Schmerz und Plagen achten; | dein tröstet meine Seele sich. Und stünd' auch Alles wider mich, hab' ich, Allmächtiger! doch dich.
3. Dich haben, Gott, heißt Alles haben, was nur die Seele wünschen kann. An dir will ich mich ewig laben, nimm dich nur meiner gnädig an. Dann sprech ich: du bist, Herr, mein Theil und meines Herzens Trost und Heil.

514.   Mel. Du, o schönes etc.
Alle Christen hören gerne von dem Reich der Herrlichkeit, und wie Allen nah und ferne Christus seine Gnade beut. Aber wenn sie hören sagen: du mußt Christi Kreuz auch tragen, wenn du willst sein Jünger seyn, stimmen Wenige mit ein.
2. Lieblich ist es wohl, zu hören: ihr Beladnen, kommt zu mir! Aber das sind harte Lehren: gehet ein zur engen Thür! Fröhlich jauchzend folgen Alle, bei des Hosiannah Schalle, doch will bis in Tod und Pein Keiner sein Begleiter seyn.
3. Jesum treu und einzig lieben, darum, weil er Jesus ist, Alles, was er fordert, üben, das kann nur der wahre Christ. Sollt auch Alles von ihm fliehen, jeder Trost sich ihm entziehen, wird er sagen für und für: dennoch bleib ich stets an dir.
4. Ja, Herr, nur um deinetwillen bist du werth, geliebt zu seyn; mein Verlangen kannst du stillen, du bist gütig, heilig, rein. Mag drum Seel und Leib verschmachten, dich will ich stets höher achten; was auf Erden ich verlier, find ich besser doch in dir.

515.   Mel. Helft mir Gott's etc.

An dich, mein Gott, gedenken, ist Freud und Trost für mich; wenn Gram und Angst mich kränken, so blickt mein Aug auf dich; dann mindert sich der Schmerz, dann fliehn die bangen Sorgen, wie Nebel vor dem Morgen, und leichter wird mein Herz.

2. Denk ich an deine Liebe, wie werd ich dann entzückt! ich fühl in heilgem Triebe mich ganz zu dir entrückt; dir, Herr, mein Herz zu weihn, dich kindlich zu erheben, zur Ehre dir zu leben, soll meine Wonne seyn.

3. Mit hoffendem Gemüthe gedenk ich deiner Treu, und harre deiner Güte, sie ist mir täglich neu. Werf ich die Last auf dich, so wird die Arbeit süße, in der ich Schweiß vergieße; du unterstützest mich.

4. Du gabst mir aus Erbarmen den Sohn, der für mich starb, und gnadenvoll mir Armen auf ewig Trost erwarb. Du bist in Christo mein, nun kann ich Hoffnung fassen, du kannst dein Kind nicht lassen, wirst stets mein Helfer seyn.

5. Wie gut ist's, dein gedenken mit frommem Christensinn! Das Herz auf's Eitle len|ken, bringt nimmermehr Gewinn. Ich halte mich an dich! dies giebt, auch wenn ich leide, dem Herzen Trost und Freude, dies stärkt im Tode mich.

6. Drum will ich an dich denken, so lang' ich denken kann; mag man in's Grab mich senken, der Geist geht himmelan. Vergißt auch mein die Welt, gedenkst du, Herr, doch meiner, wenn auch auf Erden Keiner mich im Gedächtniß hält.

516.   Mel. Lobe den Herren, den etc.

Christe, mein Leben, mein Hoffen, mein Glauben, mein Wallen, der du uns giebest, was Christen kann einzig gefallen, Heiland, dahin lenke der Gläubigen Sinn, Ruhm dir zu bringen vor Allen.

2. Dich, meine Wonne, dich will ich mit Freuden erheben, will mich auf ewig zum Eigenthum gänzlich dir geben. Bin ich nur dein, das ist Gewinn mir allein, dann ist gesegnet mein Leben.

3. Laß nur das Eine, was Noth ist, stets in mir bestehen, mag dann auch immer das Eitle und Nichtge vergehen. Himmlische Lust senkest du mir in die Brust, sie nur hab ich mir ersehen.

4. Herzog des Lebens, du wollest mich selber regieren, so daß ich heilig und selig mein Leben kann führen. Laß auch den Geist, den du den Deinen verleihst, reichlich im Herzen mich spüren!

5. Friedefürst, laß mich im Glauben dir treulich anhangen, eile, zu stillen mein Wünschen, mein höchstes Verlangen! Tilge in mir, was mich kann scheiden von dir, nimm mich dir selber gefangen.

6. Alles, was irdisch ist, trachtet, die Christen zu plagen; centnerschwer werden die Bürden, wenn du nicht hilfst tragen. Stehe mir bei, mache von Schwachheit mich frei, mit dir darf nimmer ich zagen.

7. Was dir entgegen, das will ich auf immer nun hassen, will dich mit Liebe, mein Heiland, auf ewig umfassen. Du sollst mir seyn Reichthum und Alles allein; wer wollte je, Herr, dich lassen?

517.   Mel. Wie wohl ist mir etc.

Dich will ich immer treuer lieben, mein Heiland, gieb mir Kraft dazu! will mich in deinen Wegen üben, denn nur bei dir ist wahre Ruh; die Ruh, mit der nichts zu vergleichen, der alle Herrlichkeiten weichen, die uns schon hier den Himmel giebt! Ach nimm für alle deine Treue mein Herz, das dir allein ich weihe, und ewig bleib's von dir geliebt!

518. Mel. Valet will ich etc.
Du, der sein Blut und Leben für mich so williglich am Kreuz dahin gegeben, wie lieb ich, Jesu, | dich! Dir ewig anzuhangen, das ist mein Wunsch allein. O möchte dies Verlangen doch ganz gestillet seyn!

2. Des Reichthums Glanz und Schätze, der Ehre Schmeichelei, und was mich sonst ergötze, wird leicht mir ungetreu. Die Großen, die mich schützen, sie sinken bald in Staub; und will ein Freund mich stützen, er wird des Todes Raub.

3. Nur deine Lieb und Güte läßt keinen Wechsel zu, drum findet mein Gemüthe bei dir nur wahre Ruh! Gern theilt die Himmelsfreuden mit mir dein treues Herz; und wie bei Freundes Leiden, weinst du bei meinem Schmerz.

4. Und bei so viel Gebrechen, wie übest du Geduld! du heilest unsre Schwächen, und tilgest unsre Schuld. Ich preise dein Erbarmen, das meine Mängel sieht, und liebevoll mich Armen für jene Welt erzieht.

5. Verlockt mich falscher Schimmer noch von der rechten Bahn; du lässest mich doch nimmer, und nimmst dich meiner an. Wo du mich weißt zu finden, sucht deine Treue mich, und lockt vom Weg der Sünden mich wieder hin zu sich.

6. So werf ich denn mit Freuden die Lust der Erde hin, und such im Thal der Leiden den rechten Himmelssinn. Wohl dem, der deinem Walten sich gänzlich übergiebt! Die Krone wird erhalten, wer bis ans Ende liebt.

519. Mel. Freu dich sehr, o meine etc.
Durch des Mittlers Blut und Leiden sind wir aller Sünden frei, können unsre Herzen weiden an des Vaters Lieb und Treu. Gottes Friede strömt uns zu, füllt das Herz mit selger Ruh; alle Angst, die wir empfunden, ist getilgt durch Jesu Wunden.

2. Wenn ich meinen Heiland sehe, geb ich alles Andre hin, denn ich find' in seiner Nähe unaussprechlichen Gewinn. Was mich wahrhaft kann erfreun, hab ich nur bei ihm allein; wenn ich mich mit ihm vereine, bleibt er ewig auch der Meine.

3. Ihn, ihn selber will ich haben, nur in ihm erfunden seyn. Sagt mir nichts von hohen Gaben, noch von guter Werke Schein! Zu des Himmels Heiligthum führt mich nicht der eigne Ruhm; nichts giebt mir ein Recht zum Leben, er muß mirs aus Gnaden geben.

520. Mel. O daß ich tausend etc.
Du, Vater deiner Menschenkinder, der du die Liebe selber bist, und dessen Herz auch gegen Sünder voll Langmuth und Erbarmen ist: laß mich von ganzem Herzen dein in wahrer Gegenliebe seyn.

2. Verleih, daß ich als Kind dich liebe, da du als Vater mich geliebt, und mich in | jeder Tugend übe, die hier mein Heiland hat geübt. Was dir gefällt, gefall auch mir; nichts scheide mich, mein Gott, von dir.

3. Durch deine Liebe, Herr, befreie mich von der Liebe dieser Welt, und mach mich fest in meiner Treue, wenn Fleisch und Blut mir Netze stellt. In mir wohn deine Liebe nur, nicht Liebe zu der Creatur.

4. Laß mich um deiner Liebe willen gern üben, was dein Wort gebeut; kann ich's nicht, wie ich soll, erfüllen, so sieh auf meine Willigkeit. O rechne mir nach deiner Huld die Schwachheit, Vater, nicht zur Schuld.

5. Hilf, daß aus Lieb ich Alles leide, was mir dein weiser Rath bestimmt. Du führst durch Trübsal den zur Freude, der Christi Kreuz gern auf sich nimmt. Ihm trägt das Leiden dieser Zeit einst Früchte der Gerechtigkeit.

6. In deiner Liebe laß mich sterben, dann ist auch Sterben mein Gewinn; dann werd ich deinen Himmel erben, wo ich dir ewig nahe bin. Dort lieb ich reiner noch, als hier, dich, Gott der Liebe, für und für.

521. In eigner Melodie.
Eins ist Noth, o Herr, dies Eine lehre mich erkennen doch; Alles Andre, wie's auch scheine, ist ja nur ein schweres Joch; darunter die Seele mit Sorgen sich plaget, und dennoch kein volles Genügen erjaget; erlang ich dies Eine, das Alles ersetzt, so werd ich mit Allem in Einem ergötzt.

2. Seele, willst du dieses finden, suchs bei keiner Creatur, laß nichts Irdisches dich binden, schwing dich über die Natur, wo Gott und die Menschheit in Einem vereinet, wo alle vollkommene Fülle erscheinet, da, da ist das beste, nothwendige Theil, dein Ein und dein Alles, dein ewiges Heil.

3. Dir ist auch das Glück beschieden, das Maria sich erlas, als, erfüllt von selgem Frieden, sie zu Jesu Füßen saß. Ihr brannte das Herz, um die heiligen Lehren von Jesu, dem himmlischen Meister, zu hören; ihr Geist war allein nur in Jesum versenkt, so wurde ihr Alles in Einem geschenkt.

4. Also richt auch mein Verlangen, treuer Heiland, nur nach dir; laß mich innig an dir hangen, schenke dich zu eigen mir. Wie viele dem Eitlen begierig anhangen, ich richte auf dich nur mein sehnlich Verlangen; denn dein Wort, o Jesu, ist Leben und Geist; was ist, das in dir nicht die Seele geneußt?

5. Aller Weisheit höchste Fülle in dir ja verborgen liegt; gieb nur, daß sich auch mein Wille gern in solche Schranken fügt, daß immer die Demuth und Einfalt regieret, die mich zu der Weisheit, die himmlisch ist, führet. Ach wenn ich dich, Jesu, recht kenne und weiß, so | hab ich der Weisheit vollkommenen Preis.

6. Ist denn auch mein Herz oft trübe, zagend über seine Schuld, so gedenk ich deiner Liebe, denke, Herr, an deine Huld. Durch dich sind die Deinen von Sünde entbunden, als du hast die ewge Erlösung gefunden; du bist zur Gerechtigkeit Allen gemacht, als du dich am Kreuze zum Opfer gebracht.

7. Und so gieb, daß meine Seele auch zu deinem Bild erwacht; du bist, Herr, den ich erwähle, mir zur Heiligung gemacht. Was dienet zum göttlichen Wandel und Leben, das ist, mein Erlöser, in dir mir gegeben; entreiße mich aller vergänglichen Lust, dein Leben sey, Jesu, mir einzig bewußt.

8. Ja, mein Jesu, du alleine, sollst mein Ein und Alles seyn, prüf, erforsche, wie ichs meine, tilge allen Heuchelschein; sieh, ob ich auf bösem, betrüglichem Stege, und leite mich selber auf richtige Wege; laß Schmach mich nicht achten, nicht Leiden, nicht Tod, um dich zu gewinnen, dieß Eine ist Noth.

522. Mel. Nun lob den Herrn etc.
Gott ist die wahre Liebe, weil Liebe nur ohn End ihn treibt; was ist, das den betrübe, der sie umfaßt und in ihr bleibt? Dazu ist sie erschienen, uns Kindern kund gemacht, daß wir dem freudig dienen, der uns so wohl bedacht. Sie leuchtet aus dem Sohne, den er uns zugesandt von seines Himmels Throne, als seiner Gnade Pfand.

2. Uns ward als Mensch geboren des ewgen Vaters einges Kind, sonst gingen wir verloren, die allzumal gefallen sind. Wir sollen durch ihn leben, mit Gott versöhnet seyn, und ihm uns wiedergeben, das ganze Herz ihm weihn. Er will uns nicht nur retten, er schenkt auch seinen Geist, damit wir Alles hätten, was uns sein Bund verheißt.

3. Der lebt nach Gottes Willen, der gegen ihn in Lieb entbrannt; er kann die Glut nicht stillen, bis sie zum Nächsten sich gewandt. Die Armen muß er speisen, Verlaßnen Helfer seyn, Verirrte unterweisen, selbst Feinde gern erfreun. Es ist ein kindlich Zeichen, wenn man die Brüder liebt; der Vater thut desgleichen, der alles Gute giebt.

4. O laßt auf ihn uns sehen, und folget ihm mit Eifer nach! bedenket, was geschehen, zu tilgen unsre Sünd' und Schmach. Wir trugen kein Verlangen, doch hat er uns befreit; er ist uns nachgegangen aus lauter Gütigkeit. Wir gingen wüste Pfade, verirrten Schafen gleich, da rief uns seine Gnade zum selgen Himmelreich.

5. Nun hat er uns gefunden, wir haben ihn im Sohn erkannt, er hat sich uns verbunden, wir fühlen uns mit ihm | verwandt. O lasset uns ihn lieben, der uns zuerst geliebt, und stets ist treu geblieben, wie sehr wir ihn betrübt. Wollt ihr ihn Alle kennen, so thut, was ihm gefällt. Ach! laßt in Liebe brennen das Herz vor aller Welt.

523. Mel. Alles ist an Gottes etc.
Großer König, den ich ehre, der durch seines Geistes Lehre mir sein Licht hat angezündt, der itzt und zu allen Zeiten durch viel tausend Gütigkeiten alle Herzen sich gewinnt.

2. Sieh, auch meins will ich dir geben, dir soll es aufs Neue leben, lebe du dann auch in mir! Dir soll es sich ganz verbinden, und zugleich den alten Sünden ewiglich entsagen hier.

3. Möge mich dein Geist erneuen, und mich dir zum Tempel weihen, der dir ewig heilig sey; laß die Herrschaft mich gewinnen über Lust und Furcht der Sinnen, reinge mich und mach mich frei.

4. Laß in meines Herzens Garten aller Tugend schönste Arten blühn in Kraft und Lieblichkeit! Oeffne drin die Lebensquelle, die ohn Ende rein und helle strömet in die Ewigkeit.

524. Mel. Es ist das Heil etc.
Halt im Gedächtniß Jesum Christ, den Heiland, der auf Erden vom Thron des Himmels kommen ist, dein Bruder hier zu werden; vergiß sein nicht, denn dir zu gut verband er sich mit Fleisch und Blut, dank ihm für diese Liebe.

2. Halt im Gedächtniß Jesum Christ, der für dich hat gelitten; da er am Kreuz gestorben ist, hat er dir Heil erstritten, besieget hat er Sünd, und Tod und dich erlöst aus aller Noth, dank ihm für diese Liebe.

3. Halt im Gedächtniß Jesum Christ, der aus des Todes Banden als Held hervorgegangen ist, mit ihm bist du erstanden; das Leben hat er wiederbracht, und uns gerecht vor Gott gemacht, dank ihm für diese Liebe.

4. Halt im Gedächtniß Jesum Christ, der nach den Leidenszeiten gen Himmel aufgefahren ist, die Stätte zu bereiten, da du sollst bleiben allezeit, und schauen seine Herrlichkeit, dank ihm für diese Liebe.

5. Halt im Gedächtniß Jesum Christ, der einst wird wiederkommen, zu richten, was auf Erden ist, die Bösen und die Frommen; o sorge, daß du dann bestehst, und mit ihm in sein Reich eingehst, ihm ewiglich zu danken.

6. Gieb, Jesu, daß ich dich fortan mit wahrem Glauben fasse, und nie, was du an mir gethan, aus meinem Herzen lasse, daß dessen ich in aller Noth mich trösten mög' und durch den Tod zu dir ins Leben dringe. |

525.   Mel. Herzlich lieb hab ich dich, etc.

Herr Jesu Christ, mein höchstes Gut, in dem allein mein Glaube ruht, du, meines Herzens Freude! ich bleibe fest und treu an dir, so ist auch nichts, was dich von mir, was unsre Liebe scheide. Du machst mir deinen Weg bekannt, hältst mich bei meiner rechten Hand, regierest meines Lebens Lauf, hilfst gnädig meiner Schwachheit auf. Herr Jesu Christ! Herr Jesu Christ, du bist mein Licht; ich folge dir, so irr ich nicht.

2. Du leitest mich nach deinem Rath, der anders nichts beschlossen hat, als was mir Segen bringet. Gehts gleich zu Zeiten wunderlich, so weiß ich dennoch, daß durch dich der Ausgang wohl gelinget. Nach schwerem Gang auf rauher Bahn nimmst du mich dort mit Ehren an, wo mich vor deinem Thron erfreut die Krone der Gerechtigkeit. Herr Jesu Christ! Herr Jesu Christ, bei dir allein wünsch ich mir ewiglich zu seyn.

3. Mein Sinn ist ganz zu dir gericht't, hab ich nur dich, so frag ich nicht nach Himmel und nach Erden. Denn wär der Himmel ohne dich, so könnte keine Lust für mich in tausend Himmeln werden. Wärst du nicht schon auf Erden mein, möcht ich auch nicht auf Erden seyn, denn auch die ganze weite Welt hat nichts, was mir wie du gefällt. Herr Jesu Christ! Herr Jesu Christ, wo du nicht bist, ist nichts, das mir erfreulich ist.

4. Und ob mir unter Kreuz und Noth, und unter Marter, Angst und Tod auch Seel und Leib verschmachten, ja, gäb es auch der Qual noch mehr, die schrecklich, gleich der Hölle wär, mein Glaube wird nichts achten. Du bist und bleibest doch mein Heil, und meines Herzens Trost und Theil; so wird und muß durch dich allein auch Leib und Seele selig seyn. Herr Jesu Christ! Herr Jesu Christ, ich hoffe fest, daß deine Kraft mich nicht verläßt.

5. Nun, Herr, ich halte mich zu dir, du aber hältst dich auch zu mir, und das ist meine Freude. Ich setze meine Zuversicht auf dich, mein Fels, der nicht zerbricht, in noch so großem Leide. Dein Thun soll Alles und allein in meinem Mund und Herzen seyn, bis ich dich werd im Himmel sehn, wo alle Selgen um dich stehn. Herr Jesu Christ! Herr Jesu Christ, ich warte drauf, du kommst, und nimmst mich zu dir auf.

526.   In eigner Melodie.

Herzlich lieb hab ich dich, o Herr, verleihe du mir immer mehr die Fülle deiner Gaben. Die ganze Welt erfreut mich nicht, nach Erd und Himmel frag

XX. *Liebe zu Gott und zu Christo* 1005

ich nicht, wenn ich nur dich kann haben. Auch wenn mein Herz im | Tode bricht, bist du doch meine Zuversicht, du meines Herzens höchstes Gut, der mich erlöst hat durch sein Blut. Herr Jesu Christ, Herr Jesu Christ, mein Gott und Herr, verlaß, verlaß mich nimmermehr!
2. Es ist ja dein Geschenk und Gab, Leib, Seel und Alles, was ich hab' in diesem armen Leben. Daß ich es brauch zum Lobe dein, zum Nutz und Frommen der Gemein, wollst du mir Gnade geben. Behüt mich, Herr, vor falscher Lehr, in mir den rechten Glauben mehr, in allem Kreuze stärke mich, daß ich es trage williglich. Herr Jesu Christ! Herr Jesu Christ, mein Herr und Gott! hilf mir auch in der letzten Noth!
3. Laß deinen Engel bei mir seyn, der mich nach überstandner Pein zur Ruh des Himmels trage. Den Leib laß sanft im Grabe ruhn, bis du erscheinst, es aufzuthun, an jenem großen Tage; alsdann erweck vom Tode mich, daß meine Augen schauen dich, in selger Ruh, o Gottes Sohn, mein Mittler und mein Gnadenthron. Herr Jesu Christ, Herr Jesu Christ, erhöre mich, ich will dich preisen ewiglich.

527.   Mel. Was mein Gott will etc.
Hier ist mein Herz, Herr, nimm es hin, dir hab ich mich ergeben! Hinweg, o Welt, aus meinem Sinn, mit deinem schnöden Leben. Dein Thun und Tand hat nicht Bestand, deß bin ich worden innen, drum schwingt aus dir sich mit Begier mein freier Geist von hinnen.
2. Du, Gott, du bist das höchste Gut, nach dir steht mein Verlangen. Ach, möcht' ich doch mit festem Muth dir immerfort anhangen! O wäre doch das Sündenjoch von mir hinweggenommen, damit einmal ich zu der Zahl der Sel'gen möchte kommen.
3. Ich seh, es kann die ganze Welt mit allen ihren Schätzen, und was den Sinnen wohlgefällt, die Seele nicht ergötzen; ihr Glanz verschwind't wie Rauch im Wind, und Alles muß zerstieben; nur Gott allein wird ewig seyn: wohl Allen, die ihn lieben!
4. Wie konnt es doch zuvor geschehn, daß ich gefolgt den Lüsten? Wie konnt ich so weit irre gehn, o Welt, in deiner Wüsten? Nun seh ich ein, es war nur Schein, was ich mir Glück ließ dünken; ich lief fürwahr dabei Gefahr, in ewgen Tod zu sinken.
5. Gieb, daß ich meinen Sinn zu dir hinauf gen Himmel schwinge, mit Lieb und herzlicher Begier nach deiner Gnade ringe, und mich allein in dir mag freun, Gott, meiner Seele Leben! Du allermeist kannst meinem Geist die beste Fülle geben.
6. Drum schwinde hin, was | nichtig ist, ich will es lassen fahren. Du, Gott, der du mein Alles bist, du wirst mein Herz bewahren, daß es nicht acht' auf Lust und Pracht, nur dich allein verlange, und bis zum Tod dir, Herr und Gott, mit wahrer Treu anhange.

528.   Mel. Aus meines Herzens etc.
Ich habe den gefunden, der wahrhaft segnen kann; ihm bleib ich fest verbunden, trotz Hohn und Druck und Bann. Welch Heil ist meinem gleich? Ich bin der Welt entkommen; er hat mich aufgenommen in Gottes Bund und Reich.

2. O, kommt zu ihm gegangen, der Keinen von sich stößt! Ich war mit Noth umfangen, und er hat mich erlöst. Mein Loos war Sclaverei, gebunden Herz und Leben; er hat mich frei gegeben, nun bin ich wahrlich frei.

3. Nun sey mein Loos auf Erden, von Welt und Weltglück fern sein treuer Knecht zu werden, werth dieses treuen Herrn. Das ist mein Ehrenstand, daß ich ihm angehöre. O, daß ich nie verlöre, was ich in Christo fand!

4. Mir fließe keine Stunde von meiner Zeit vorbei, daß ich in seinem Bunde nicht stillglückselig sey. So nah mit ihm vereint als Reb und Stamm zu werden, das ist das Glück auf Erden, was meine Sehnsucht meint.

5. In lauter Paradiesen leb ich um meinen Herrn. Sonst fühlt ich mich verwiesen, und meiner Heimath fern. Weg, was sonst Freuden schafft, die er nicht mit mir theilet! Weg, was sonst Wunden heilet, als seiner Liebe Kraft.

6. Mein Herr, mein Licht, mein Leben läßt mich nicht untergehn, und ich bleib ihm ergeben, schon selig ohne Sehn. Einst aber seh ich ihn; sein bin ich, er der Meine, zum ewigen Vereine wird er mich zu sich ziehn.

529.   In eigner Melodie.

Ich habe gnug, mein Herr ist Jesus Christ, mein Herr ist er allein; wer nur sein Knecht und treuer Jünger ist, darf ohne Sorgen seyn. Ich will ganz meinem Gott anhangen, und nicht mehr nach der Welt verlangen, so hab ich gnug.

2. Ich habe gnug, ich bin der Sorgen los, und kränke nicht mein Herz; ich bin vergnügt, und sitz in Gottes Schooß, der lindert allen Schmerz; ich sorge nicht mehr für mein Leben, der Höchste kann mir Alles geben: ich habe gnug.

3. Ich habe gnug, und sorge für den Geist, das Andre fällt mir zu; nur Gottes Reich, das Jesus suchen heißt, das giebt mir wahre Ruh. Ich trachte nur, des Vaters Willen in Kraft des Geistes zu erfüllen: drum hab' ich gnug. |

4. Ich habe gnug; ich lieg' an Jesu Brust, da schwindet aller Schmerz. Was will ich mehr? Dort find ich Himmelslust, dort stillt sich ganz mein Herz; im Vorschmack weiß ich schon auf Erden, was mir im Himmel einst soll werden: ich habe gnug.

530.   In eigner Melodie.

Ich will dich lieben, meine Stärke, dich, meiner Seele Ruhm und Zier; ich will dich lieben durch die Werke, und mit der heiligsten Begier; ich will dich lieben, schönstes Licht, bis mir das Herze bricht.

2. Ich will dich lieben, o mein Leben, dich, meiner Seele besten Freund, ich will dich lieben und erheben, so lang dein Gnadenglanz mir scheint; ich will dich lieben, Gottes Lamm, das litt am Kreuzesstamm.

3. Ach daß ich dich so spät erkannte, du hochgelobter Heiland du! daß ich nicht früher mein dich nannte, du höchstes Gut und wahre Ruh! O wie ist tief mein Herz betrübt, daß es dich spät geliebt!

4. Ich ging verirrt und war verblendet, ich suchte, doch ich fand dich nicht, ich hatte mich von dir gewendet, und liebte das geschaffne Licht; doch nun ist es durch dich geschehn, daß ich mein Heil gesehn.

5. Ich danke dir, du wahre Sonne, daß du dem Geiste Licht gebracht; ich danke dir, du Himmelswonne, daß du mich froh und frei gemacht; ich danke dir, du Gotteskraft, die neues Leben schafft.

6. Erhalte mich auf deinen Stegen, und laß mich nicht mehr irre gehn; laß meinen Fuß in deinen Wegen nicht straucheln oder stille stehn; erleuchte meine Seele ganz, du reiner Himmelsglanz!

7. Gieb meinen Augen süße Thränen, gieb meinem Herzen fromme Glut; vermehre stets nach dir mein Sehnen, du einzig Heil und höchstes Gut; laß meinen Sinn Geist und Verstand stets seyn zu dir gewandt.

8. Ich will dich lieben, meine Krone, dich, meinen Herrn und meinen Gott, dich lieben auch bei Schmach und Hohne, und in der allergrößten Noth; ich will dich lieben, schönstes Licht, bis einst das Herz mir bricht.

531.   Mel. Trau auf Gott in allen etc.
Jesu, der du deine Liebe lässest durch des Geistes Triebe in die Herzen sich ergießen und im Glauben dich genießen:

2. Wer kann sagen und beschreiben, was es sey, in dir stets bleiben, stets im Glauben dir anhangen, und in Liebe dich umfangen?

3. Gieb uns Kraft, die Seligkeiten deiner Lieb uns zu bereiten, und zu stillen Schmerz und Thränen derer, die nach dir sich sehnen.

4. O unendlich hohes We|sen, in dem wir allein genesen, mach uns würdig, dich zu sehen, in den Himmel einzugehen.

5. Daß, wenn wir dich freudig schauen in den schönen Himmelsauen, wir dir Hallelujah singen: hilf, Herr, laß es wohl gelingen.

532.   In eigner Melodie.
Jesu, meine Freude, meines Herzens Weide, Jesu, meine Zier! ach wie lang, wie lange, ist dem Herzen bange, wie verlangt's nach dir! Ich bin dein, und du bist mein; Gottes Lamm, mir soll auf Erden nichts sonst lieber werden.

2. Unter deinem Schirmen bin ich vor den Stürmen aller Feinde frei. Laß die Felsen splittern, laß den Erdkreis zittern, mir steht Jesus bei. Ob die Welt in Trümmer fällt, ob auch Tod und Hölle schrecken: Jesus will mich decken.

3. Donnert auch im Grimme des Gesetzes Stimme; Jesus stillet sie. Mag der Tod sich nahen, mich das Grab umfahen; Jesus läßt mich nie. Mich schreckt nicht das Weltgericht, freudig, daß ich Jesum sehe, blick' ich auf zur Höhe.

4. Weg mit allen Schätzen, du bist mein Ergötzen, Jesu, meine Lust! Weg, ihr eiteln Ehren, die gar leicht bethören, bleibt mir unbewußt! Elend, Noth und Schmach und Tod soll, wie viel ich auch muß leiden, mich von dir nicht scheiden.

5. Du vergänglich Wesen, das die Welt erlesen, ich entsage dir. In mir sollt ihr Sünden keine Stätte finden, bleibet fern von mir. Gute Nacht, du Stolz und Pracht; ganz sey dir, ungöttlich Leben, gute Nacht gegeben!

6. Weicht, ihr Trauergeister, denn mein Herr und Meister kehret bei mir ein. Was mich auch betrübe, wenn ich ihn nur liebe, muß mir Freude seyn. Duld' ich schon hier Spott und Hohn, dennoch bleibst du, auch im Leide, Jesu, meine Freude.

533.   Mel. Alle Menschen müssen etc.
Jesus schwebt mir in Gedanken, Jesus liegt mir stets im Sinn; von ihm will ich nimmer wanken, sänk auch Alles um mich hin. Er ist meine Seelenweide,

meines Herzens höchste Freude, meines Lebens schönste Zier, Jesum lieb' ich für und für.

2. Jesu hab ich mich ergeben, denn ich bin auf ihn getauft. Ihm zu Ehren will ich leben, der mich durch sein Blut erkauft. An ihm will ich treulich halten, nur sein Geist soll in mir walten; seinem Vorbild folg' ich gern, Jesus steht mir nimmer fern.

3. Jesus soll in allen Leiden mein getreuster Beistand seyn. Nichts, nichts soll mich von ihm scheiden, keine Qual noch Seelenpein. Keine Trübsal, keine Schmerzen reißen ihn aus meinem Herzen; wenn | mich alle Welt verläßt, Jesum halt ich immer fest.

4. Jesus soll auch einst im Sterben meiner Seele Labsal seyn. Jenes selge Reich zu erben, dazu hilft nur er allein. Durch ihn sollen alle Frommen zu des Himmels Klarheit kommen. Jesus hält, was er verspricht, Jesum laß ich ewig nicht.

534.   Mel. Herzlich thut mich etc.
In meines Herzens Grunde, Herr, wohne du allein, zu jeder Zeit und Stunde kann ich dann fröhlich seyn. Wenn Alles um mich trübe, umwölkt und finster ist, so strahlt doch deine Liebe in mir, o Jesu Christ.

2. Du bist die Himmelswonne, die mein Verlangen stillt, du bist mir Licht und Sonne, du bist mir Hort und Schild. Wen dieser Schild beschirmet, wem diese Sonne scheint, der ruht, auch wenn es stürmet, ist froh, auch wenn er weint.

3. Mit Kraft und Muth beseelet dein Gnadenschimmer mich; doch Muth und Stärke fehlet, wenn dieser Schein erblich. O wenn mirs an Vertrauen, an Licht und Kraft gebricht, dann laß aufs Neu mich schauen dein gnädig Angesicht.

4. So oft vor meinen Blicken erscheint dein theures Bild, stets werd ich mit Entzücken, und reichem Trost erfüllt; doch präge meinem Herzen vor Allem tief sich ein das Bild von deinen Schmerzen und deiner Kreuzespein.

5. Dies Bild, o Herr, zerstreuet die Nacht, die mich bedeckt, wenn das Gewissen dräuet und das Gericht mich schreckt. Dies Bild laß vor mir schweben in meiner letzten Noth; wie in dir war mein Leben, sey auch in dir mein Tod.

6. In diesem theuren Bilde laß dann dich von mir schaun, auf deine Gnad und Milde im Glauben fest mich traun. Auch in der Todesstunde kann ich noch fröhlich seyn, wenn in des Herzens Grunde du wohnest, Herr, allein.

535.   Mel. Mein Jesu, dem die etc.
In Thorheit ist ein Herz befangen, das außer Gott die Ruhe sucht; gejagt von irdischem Verlangen irrt es umher, als auf der Flucht! Wer für das Eitle nur entbrennet, bald dies, bald jenes sich erwählt, hat seines wahren Ziels verfehlt, weil er nicht seinen Ursprung kennet.

2. Du, der du bist von Gott gekommen, ein Hauch und Strahl von seinem Geist, hast nicht der Wahrheit Ruf vernommen, wenn du dich mit der Welt noch freust. Hier auf der Erde willst du finden, was dir allein der Himmel giebt; ach glaube, wer die Welt nur liebt, des Thorheit ist nicht zu ergründen.

3. Wie kann das Sterbliche vergnügen die Seele, die un|sterblich ist? Soll denn das Ewge unterliegen dem, was besteht so kurze Frist? Wie kann, was irdisch ist, ergötzen den, der dem Himmel angehört? Du bist von Gott so hoch geehrt, und weißt nicht deinen Werth zu schätzen?

4. O Schmach, so giebst du deine Würde und deine Herrlichkeit dahin; erliegst der selbst erwählten Bürde, und bleibest fern von Gottes Sinn! Gott hat zum Tempel dich erkoren; bist du es nicht, welch große Schuld! Verscherzest du des Schöpfers Huld, dann besser, du wärst nie geboren.

5. Dring ein zu Gott, verlaß die Sünden, sag ab der Thorheit dieser Welt! Dein Herz kann dann erst Ruhe finden, wenn nur der Himmel dir gefällt. Dein Weg ist schlüpfrig, du wirst gleiten, wenn du recht fest zu stehen meinst; doch wenn du dich mit Gott vereinst, dann stehst du fest zu allen Zeiten.

6. Das Kindlein ruht in sichrem Frieden gar sanft auf seiner Mutter Schoß; der Wandrer wird nach dem Ermüden des Tages Last und Hitze los; die Fesseln werden abgenommen, die den Gefangnen sonst gedrückt; das Schifflein ist dem Sturm entrückt, und in dem Hafen angekommen.

7. Es finden unter dem Gefieder der Mutter ihre Küchlein Ruh; das Schäflein kennt den Hirten wieder, er führt es der Heerde zu; der Sohn, der thöricht sich verloren, und in die Ferne hingewandt, wird von dem Vater froh erkannt, und wie von Neuem ihm geboren.

8. Zu Gott, o Seele, mußt du dringen; ach, geh zu deiner Ruhe ein. Dein heißer Wunsch wird dir gelingen, ergiebst du dich dem Herrn allein. Du schmeckst schon hier den innern Frieden, den dir die Welt nicht geben kann; dort fängt die Seligkeit erst an, da du von Gott nie wirst geschieden.

536.   Mel. Wie wohl ist mir etc.
Lebst du in mir, o wahres Leben, so sterb' in mir, was du nicht bist. Ein Blick von dir kann Bess'res geben, als was der Welt das Beste ist. O Jesu, du sollst mein verbleiben; nichts soll mich von der Liebe treiben, die du mir zugesagt hast. O sel'ge Fülle, die mich tränket, wenn sich mein Herz in dich versenket, und deine Gnade mich umfaßt.

2. Aus Liebe, Herr, bist du gestorben, damit wir nicht verloren gehn. O laß mein Herz, das du erworben, nun auch für dich in Flammen stehn. Laß mich im Kampf nicht unterliegen, laß mich in deiner Liebe siegen, ja, siege du nur selbst in mir: so werd' ich fröhlich triumphiren, so wird dein Todessieg mich zieren, so leb und leid und sterb ich dir.

3. Zünd auch in mir der Liebe Flammen zum Dienste | deiner Glieder an. Halt uns in einem Leib zusammen, daß keine Macht uns trennen kann. Wenn ich nur bin wie du gesinnet, dein Bild in mir Gestalt gewinnet, und dein Gebot mir heilig ist; so werd' ich Freund' und Feinde lieben, so wird ihr Kummer mich betrüben, wie du mir vorgegangen bist.

4. Gieb mir des Glaubens Licht und Kräfte, daß er die rechten Früchte zeigt. Mach mich zur Rebe voller Säfte, die fest an ihrem Weinstock bleibt. Du bist der Fels, auf den ich baue; du bist mein Heiland, dem ich traue, du bist des Glaubens fester Grund. Wenn sich die Zweifelsstunden finden, so laß dein Licht mir nicht verschwinden, und mach den kranken Geist gesund.

5. Laß meine Hoffnung nicht erliegen, hilf, daß dein Kreuz ihr Anker sey; mit dir kann ich dir Furcht besiegen, dein Tod macht mich von Schrecken frei. Die Welt mag auf das Eitle bauen, ich aber will auf dich nur schauen, o Jesu, wahrer Hoffnung Licht; ich will in Trübsal dich umfassen, du wirst den Schwachen nicht verlassen, denn deine Liebe wanket nicht.

537. Mel. Komm, o komm, du Geist etc.
Liebe, die du mich zum Bilde deiner Gottheit hast gemacht; Liebe, die du mich so milde nach dem Fall mit Heil bedacht; Liebe, dir ergeb' ich mich, dein zu bleiben ewiglich.

2. Liebe, die mich hat erkoren, eh ich noch ins Leben kam; Liebe, welche Mensch geboren meine Schwachheit an sich nahm; Liebe, dir ergeb' ich mich, dein zu bleiben ewiglich.

3. Liebe, die durch Tod und Leiden für mich hat genug gethan; Liebe, die mir ewge Freuden, Heil und Seligkeit gewann; Liebe, dir ergeb' ich mich, dein zu bleiben ewiglich.

4. Liebe, die mit Kraft und Leben mich erfüllet durch das Wort; Liebe, die den Geist gegeben mir zum Trost und Seelenhort; Liebe, dir ergeb' ich mich, dein zu bleiben ewiglich.

5. Liebe, die hat überwunden meinen harten, stolzen Sinn; Liebe, die mich hat gebunden, daß ich ganz ihr eigen bin; Liebe, dir ergeb' ich mich, dein zu bleiben ewiglich.

6. Liebe, die, zu Gott erhöhet, mir erhält, was sie erstritt; Liebe, die stets für mich flehet, und mich kräftiglich vertritt; Liebe, dir ergeb' ich mich, dein zu bleiben ewiglich.

7. Liebe, die mich schützend decket, wenn des Todes Macht mir dräut; Liebe, die mich auferwecket, und mich führt zur Herrlichkeit; Liebe, dir ergeb' ich mich, dein zu bleiben ewiglich.

538. Mel. Meinen Jesum etc.
Meinen Jesum laß ich nicht! Was könnt ich wohl Bessres haben? | Niemand kann mit Trost und Licht, so wie er, die Seele laben. Alles, was mir Freude giebt, hab ich, weil mich Jesus liebt.

2. Er ist mein und ich bin sein! Liebe hat uns fest verbunden, gegen alle Seelenpein find ich Trost in seinen Wunden. Auf ihn bau ich felsenfest voller Hoffnung, die nicht läßt.

3. Ohne Jesum würde mir schon die Welt zur Hölle werden; mit ihm aber hab ich hier schon den Himmel auf der Erden. Mangel kenn ich nicht und Noth; er speist mich mit Himmelsbrod.

4. Eine Stunde, wo ich ihn suche recht ins Herz zu schließen, giebt den seligsten Gewinn, läßt mich wahre Lust genießen; ein zu ihm gewandter Blick bringt mir tausend Heil zurück.

5. Schickt der Vater Kreuz und Schmerz, Jesus soll sie selbst besiegen, spricht: „O du zerschlagnes Herz, meine Gunst laß dir genügen!" Also stärkt er die Geduld durch Versichrung seiner Huld.

6. Niemals zeigt sich Unbestand, Jesu, mir in deiner Gnade; du hältst mich an deiner Hand, daß nichts meiner Seele schade; und so geht die Prüfungsbahn immer sicher himmelan.

539.   In eigner Melodie.
Meinen Jesum laß ich nicht, weil er sich für mich gegeben; sollt' ich nicht aus Dank und Pflicht an ihm hangen, in ihm leben? Er ist meines Lebens Licht, meinen Jesum laß ich nicht.

2. Jesum laß ich nimmer nicht, bis an meines Lebens Ende, und voll Glaubenszuversicht geb ich mich in seine Hände; Herz und Mund mit Freuden spricht: Meinen Jesum laß ich nicht.

3. Laß vergehen mein Gesicht, aller Sinnen Kraft entweichen, laß das letzte Tageslicht dem gebrochnen Aug' erbleichen! wenn des Leibes Hütte bricht, meinen Jesum laß ich nicht.

4. Ich werd' ihn auch lassen nicht, wenn ich bin dahin gelanget, wo vor seinem Angesicht aller Frommen Glaube pranget; ewig glänzt mir dort sein Licht, meinen Jesum laß ich nicht.

5. Nicht nach Welt, nach Himmel nicht, nur nach ihm mein Herz sich sehnet; Jesum such' ich und sein Licht, ihn, der mich mit Gott versöhnet; er befreit mich vom Gericht, meinen Jesum laß ich nicht.

540.   Mel. Ach Gott und Herr etc.
Mein Freund ist mein, und ich bin sein, ihm hab ich mich ergeben. Ich bin bereit, in Freud und Leid, o Jesu, dir zu leben.

2. Du riefest mich, ich glaubt' an dich, nun will ich nie dich lassen. Und immer wirst, du Lebensfürst, mich gnadenreich umfassen. |

3. Mir zum Gewinn gabst du dich hin, zu leiden und zu sterben. Durch dich versöhnt, werd ich gekrönt zum rechten Himmelserben.

4. Einst werd' ich gleich in deinem Reich den frohen Engeln werden; wo ich forthin gesichert bin vor dieser Welt Beschwerden.

5. Drum, o Herr Christ, du einzig bist mein höchster Schatz auf Erden! Mein Lebenslicht, o laß mich nicht von dir geschieden werden.

541.   Mel. Mein Vater, zeuge mich etc.
Mein Heiland, bilde du mich ganz nach deinem Bilde, und schaffe selbst in mir die neue Creatur, auf daß ich heilig sey, demüthig, weis' und milde, und in mir ausgetilgt des alten Menschen Spur.

2. Mein Licht, erleuchte mich, führ' mich in alle Wahrheit, und bringe meinen Sinn zur rechten Lauterkeit; vertreib den Lügengeist durch deines Wortes Klarheit, damit ich wacker sey in jedem Kampf und Streit.

3. Mein Leben, leb in mir und laß in dir mich leben; ich bin ja ohne dich zum Guten gänzlich todt. Du bist das Lebensbrod, du kannst mir Nahrung geben, und laben meinen Geist in aller seiner Noth.

4. Mein König, schütze mich, so oft noch Welt und Sünde mit ihrer List und Macht auf meine Seele stürmt. Sey du mein starker Hort, bei dem ich Zuflucht finde, denn der ist sicher nur, den deine Hand beschirmt.

5. Mein Hirte, weide mich auf deinen grünen Auen, und führe mich zum Quell lebendgen Wassers hin; verirr' ich mich von dir in Wüsten voller Grauen, dann bringe mich zurück, weil ich dein eigen bin.

6. Mein Ein und Alles du, mit dir laß Eins mich werden; so wird mir Alles nichts, du wirst mir Alles seyn; und ist die Stunde da, zu scheiden von der Erden, dann geh in Frieden ich zu deinen Freuden ein.

542.   In eigner Melodie.
Mein Jesu, dem die Seraphinen, wenn dein Befehl an sie ergeht, nur mit verdecktem Antlitz dienen im Glanze deiner Majestät: wie sollten meine blöden Augen, die der verhaßten Sünde Nacht noch so viel trüber hat gemacht, dein helles Licht zu schauen taugen?

2. Doch gönne meines Glaubens Blicke den Eingang in dein Heiligthum, daß deine Gnade mich erquicke zu meinem Heil und deinem Ruhm! Von fern steht die beschämte Seele; doch wenn sie reuevoll sich beugt, bist du es, der sich gnädig neigt und spricht: „du bists, die ich erwähle."

3. Ja zeige, Jesu, dich voll Güte dem Herzen, das nach Gnade lechzt! Hör auf das sehnende Gemüthe, wie es „Gott | sey mir gnädig!" ächzt. Dein Blut ist schon für mich geflossen, um wegzunehmen Schuld und Pein; wie sollt'st du mir nicht gnädig seyn? Nein, Herr, du kannst mich nicht verstoßen.

4. Ich bin geheilt durch deine Wunden, mit Gott versöhnt gehör' ich dir; und bleib ich fest mit dir verbunden, so ist verdammlich nichts an mir. Laß nun in deinem Licht mich wandeln, daß ich in Herzensfreudigkeit, Herr, als dein Jünger allezeit nach deinem Worte möge handeln.

5. Reich mir die Waffen aus der Höhe, und stärke mich durch deine Macht, daß ich den guten Kampf bestehe, wenn deiner Feinde Haß erwacht; dann wird dein Gnadenreich auf Erden, worin dein heilges Recht regiert, und uns zu Fried und Freude führt, auch durch mich ausgebreitet werden.

6. So will mein Herz dich, Herr, umfassen, bereit es dir zu deinem Thron! Du hast aus Liebe ja verlassen den Himmel einst, o Gottes Sohn! So laß denn jetzt die gläub'ge Seele dir Freudenthron und Himmel seyn, daß sie, geheiliget und rein, vor deinem Vater dir nicht fehle.

7. Ich steig' hinauf zu dir im Glauben, steig du in Lieb' herab zu mir! Laß nichts mir diese Freude rauben; erfülle ganz mich nur mir dir! Ich will dich lieben, dich verehren, so lang in mir das Herz noch schlägt; und wenn es einst sich nicht mehr regt, soll immer doch die Liebe währen.

543.   Mel. Die lieblichen Blicke etc.
Mein thörichtes Herz, warum schwankest du noch? Was hilfts dir, zu ringen nach irdischen Dingen, und immer zu ziehen am sündlichen Joch? Das nöthigste Theil ist Jesus, dein Heil. Drum lenke den Sinn auf Jesum nur hin.

2. In ihm ist die Fülle von Allem, was gut; was fleischlich vergnüget, das schadet und trüget, es schwächet den Glauben, entkräftet den Muth. Wer Alles verläßt, und hanget nur fest an Jesu allein, kann wahrhaft sich freun.

3. Er ist uns der treuste und innigste Freund. Schon hier will er laben mit himmlischen Gaben das Herz, das in Liebe mit ihm sich vereint. Wie einst er beglückt, wenn er uns entrückt zum himmlischen Licht, das fassen wir nicht!

4. So ziehe, mein Jesu, mich gänzlich zu dir, laß in mir zerrinnen die Täuschung der Sinnen, ertödte des sündlichen Fleisches Begier. Dein himmlischer Glanz durchleuchte mich ganz, hinführo allein dein eigen zu seyn.

5. Mein Wille sey gänzlich in deinen versenkt! Mein Wirken, mein Leiden, die Schmerzen, die Freuden, nach deinem Gefallen sey Alles gelenkt! Dir geb' ich mich hin mit liebendem | Sinn; ach lebe in mir, so leb ich in dir.

XX. Liebe zu Gott und zu Christo

544. Mel. Mein Salomo, dein etc.

Mir wallt das Herz, so oft es sein gedenket, den Lieb und Huld von seinem Throne drang, und unsre Niedrigkeit zu theilen zwang. Gedanke, der mich ganz auf Jesum lenket! Ist mir's im Ernst um Seligkeit zu thun, kann ich getrost in seiner Liebe ruhn.

2. Ich mag kein Heil, als nur in Jesu haben; ich mag kein Licht, das nicht aus Jesu strahlt; der Friede, den sein theures Blut bezahlt, ist nirgends sonst; er muß damit begaben, mein Jesus, der für mich am Kreuze starb und mir dadurch die Seligkeit erwarb.

3. Wie hoch der Geist der Jünger auch gestiegen, ihr höchstes Wissen blieb das Kreuz des Herrn: so finden auch die Gläub'gen nah und fern in seinem Kreuz das seligste Genügen; wer in ihm einzig sucht der Seele Heil, dem wird die höchste Weisheit auch zu Theil.

4. Wir sehen ja die Schaaren seiner Zeugen, wir kennen den, der uns erkauft sich hat; er that, er litt, er büßt' an unsrer Statt, wir müssen uns vor seinem Scepter beugen; er ist so groß und ist zugleich so gut, wir opfern ihm von Herzen Gut und Blut.

545. Mel. Schmücke dich, o liebe etc.

Nein, nichts Höh'res kennt mein Glaube, nichts erhebt mich mehr vom Staube, als daß mir zum Heil und Leben Gottes Sohn sich hingegeben. Daß ich einen Heiland habe, mich an seinen Gütern labe, und in sein Verdienst mich kleide, dies ist meiner Seelen Freude.

2. Sein will ich mich gläubig freuen, meinen Bund mit ihm erneuen; denn auf meiner Pilgerreise nährt er mich mit Himmelsspeise. Daß ich einen Heiland habe, der mit treuem Hirtenstabe mich zu grünen Auen leitet, dies hat Liebe mir bereitet.

3. Ewge Liebe, sey gepriesen, die sich hülfreich mir erwiesen, die den Mittler hat getrieben, mich bis in den Tod zu lieben. Daß ich einen Heiland habe, der mich liebte bis zum Grabe, der nun lebt als Ueberwinder, dies gewähret Trost dem Sünder.

4. Trotzge und verzagte Herzen achten nicht des Heilands Schmerzen, können, ach, so leicht vergessen, was sie ernstlich nie ermessen. Daß ich einen Heiland habe, an dem ich mich weid und labe, ginge mir dies Heil verloren, wär ich besser nie geboren.

5. Fehlt er mir, so weicht mein Friede; ohn ihn ist die Seele müde, Licht und Trost bleibt mir verschwunden, bis ich wieder ihn gefunden. Daß ich einen Heiland habe, reich an je|der Himmelsgabe; dieß allein erweckt aufs neue meinen Muth und meine Treue.

6. Sollte jemals meiner Seelen Kraft und Ruh und Freude fehlen, will ich flehend zu ihm blicken, und er wird mein Herz erquicken. Daß ich einen Heiland habe, deß ich bleibe bis zum Grabe, der mich macht zum Himmelserben, darauf will ich freudig sterben.

546. Mel. Die Tugend wird etc.

O daß ich Gott erkennen lernte, und wandelte den Weg des Rechts, daß ich vom Eitlen mich entfernte, denn ich bin göttlichen Geschlechts. Der Herr ist über alle Schätze, er ist und bleibt das höchste Gut; und wenn ich mich an ihm ergötze, so fühl ich, wo man sicher ruht.

2. Denn was hier herrlich scheint auf Erden, ist wie ein Rauch, der schnell vergeht; ein Reichthum, der geraubt kann werden, ist Lust, die nur im Traum besteht. Ein solcher Schatz wird nicht besessen, und solcher Trost schwächt nur den Muth; die irdsche Freud' ist leicht vergessen, Gott aber ist ein ewges Gut.

3. Und dieses Gut ist lauter Liebe, das rufet alle Kreatur. Gott schuf in heißem Liebestriebe die ganze herrliche Natur. Sie soll zu ihm hinauf uns ziehen, uns Zeuge seyn von seiner Kraft, vor der das Dunkel muß entfliehen, die Alles aus dem Nichts erschafft.

4. Durch Lieb' allein ward er bewogen, daß sich zum Bild' er Menschen schuf, und, als die Sünd uns ihm entzogen, uns wieder rief mit heilgem Ruf. So, Seele, sucht er auch noch heute, wie er mit Liebe dich umsah, schenkt gern dich seinem Sohn zur Beute, und bleibt dir dann in Gnaden nah.

5. Er überschüttet dich mit Segen, er speiset dich mit Himmelsbrod, er ist dein Licht auf deinen Wegen, und führt dich mächtig aus dem Tod, er tränkt dich aus den Lebensbächen, in Nöthen stehet er dir bei, im Kreuz wird er dir Heil versprechen und stets bleibt seine Liebe neu.

6. O Seele, die dies Gut darf schmecken, und seine Kraft erfahren hat, laß immer stärker dich erwecken, und such' es eifrig früh und spat! O ringe drum mit heißen Thränen, nichts halte dein Verlangen auf! beginne stets mit neuem Sehnen, nichts locke dich vom rechten Lauf.

7. Kein Kreuz und keine Lust soll stören die Liebe zu dem ewgen Gut: nein, Alles muß die Glut vermehren, und stärken unsern Glaubensmuth, und Alles muß zu ihm uns treiben, der Andacht Feuer fachen an, uns Christo inn'ger einverleiben, der unsre Seelen sich gewann. |

547. *Mel. Wie wohl ist mir, o etc.*

O höchstes Gut, o Licht und Leben, o treuer Hirt, o Vaterherz! nur dir hab' ich mich übergeben, mein Geist und Sinn strebt himmelwärts. Ich will mich nicht mehr selber führen, der Vater soll sein Kind regieren, so geh' ich mit ihm aus und ein. Ach Herr, erhöre meine Bitte, und lenke gnädig meine Tritte, ich gehe keinen Schritt allein.

2. Wenn du mich führst, kann ich nicht gleiten, dein Wort muß ewig feste stehn; du hast versprochen, mich zu leiten, zu meiner Seite stets zu gehn. Du wirst nicht mein Vertraun beschämen; will ich dich nur zu Allem nehmen, so willst du mir auch Alles seyn. Ach laß mich niemals von dir irren, dann wird mein Sinn sich nie verwirren, dann blendet mich kein falscher Schein.

3. Herr, mache mich recht treu und stille, daß ich dir immer folgen kann. Nur dein, nur dein vollkommner Wille sey für mich Schranke, Ziel und Bahn. Mich soll nichts ohne dich vergnügen; laß mir nichts mehr am Herzen liegen, als deines großen Namens Ruhm; der sey allein mein Ziel auf Erden, ach laß mirs nie verrücket werden, denn ich bin ja dein Eigenthum.

4. Laß deinen Geist mich täglich treiben, Gebet und Flehen dir zu weihn. Dein Wort laß mir im Herzen bleiben, und in mir Geist und Leben seyn; daß ich nach deinem Wohlgefallen in Ehrfurcht möge vor dir wallen, zeuch mein

Herz völlig zu dir hin; laß mich in Worten und in Werken auf deinen Wink und Willen merken, und tödt' in mir den eignen Sinn.

5. Dich lob' und lieb' ich fromm und stille, und ruh als Kind in deinem Schooß. Ich schöpfe Trost aus deiner Fülle, mein Herz ist aller Sorgen los. Ich sorge nur vor allen Dingen, daß ich zum Himmel möge dringen, zu deinem Dienst bin ich bereit. Ach zeuch mich, zeuch mich weit von hinnen; was du nicht bist, laß ganz zerrinnen, und dein mich seyn in Ewigkeit.

548.   Mel. Ich ruf zu dir, Herr etc.

O Jesu Christ, mein höchstes Gut, du treuster Freund der Seelen, deß Liebe so viel an mir thut, daß ich es nicht kann zählen: gieb, daß mein Herz dich wiederum mit Lieben und Verlangen mög umfangen, und als dein Eigenthum an dir nur einzig hangen.

2. Hilf, daß sonst nichts in meiner Seel, als deine Liebe wohne; gieb, daß ich deine Lieb' erwähl als meine Zierd' und Krone. Rott Alles aus, nimm Alles hin, was mich und dich will trennen, und nicht gönnen, daß Herz, Gemüth und Sinn in deiner Liebe brennen.

3. Wie freundlich, selig, süß und schön ist, Jesu, deine Liebe! Wo diese wohnt, kann nichts entstehn, was meinen Geist betrübe. Drum laß nichts Anders denken mich, nichts sehen, fühlen, hören, nichts verehren, als deine Güt' und dich, der du sie noch kannst mehren.

4. Du bist allein die wahre Ruh, in dir ist Fried und Freude, drum wendet sich mein Herz dir zu, daß es an dir sich weide. Du bist das rechte Himmelsbrod, durch das ich Stärkung finde, und die Sünde, sammt aller Angst und Noth, im Glauben überwinde.

5. Du hast mich je und je geliebt, und mich zu dir gezogen. Eh' ich noch etwas Gut's geübt, warst du mir schon gewogen. Ach, laß doch ferner, edler Hort, mich diese Liebe leiten, und begleiten, so daß sie immerfort mir kräftig steh zur Seiten.

6. Sie müsse, wo ich irre geh, alsbald zurecht mich führen, und in dem Amt, worin ich steh, mein ganzes Thun regieren; daß ich auch Andre deinen Rath, und gute Werke lehre, Sünden wehre, und den, der Böses that, mit Ernst zu dir bekehre.

7. So sey denn meine Freud im Leid, in Schwachheit mein Vermögen, bis ich dereinst nach Kampf und Streit mich kann zur Ruhe legen. Alsdann laß deine Liebestreu, Erquickung mir zuwehen, mir beistehen, daß ich getrost und frei mög in dein Reich eingehen.

549.   Mel. Valet will ich dir geben etc.

O Jesu, Freund der Seelen, wie herzlich lieb ich dich! Wenn mich die Sorgen quälen, stärkst und erquickst du mich; dann schwinden alle Leiden der kurzen Pilgerzeit vor den vollkommnen Freuden der nahen Ewigkeit.

2. Nichts, nichts soll meinem Herzen so theuer seyn, als du; denn deinen Todesschmerzen verdank ich Trost und Ruh. Dir will ich angehören mit Allem, was ich bin, dich über Alles ehren mit dankerfülltem Sinn.

3. Was kann mein Herz beglücken, als deine Huld allein? Wer da mein Tröster seyn? Nur du kannst Alles geben, was wahrhaft mich erfreut; bei dir ist ewges Leben, ist Heil und Seligkeit.

4. Was soll ich trostlos klagen? Du bist ja, Herr, bei mir; muß ich das Kreuz auch tragen, ich folge freudig dir. Geduldig will ich leiden Verfolgung, Schmerz und Hohn; nichts soll von dir mich scheiden, von dir, o Gottes Sohn.

5. Du Herrlichkeit der Erden, vergebens lockst du mich; kann ich einst selig werden, wie gern entbehr ich dich! Wo Jesus Hütten bauet, da, da ist gut zu seyn; wenn ihn mein Aug einst schauet, wie will ich dann mich freun!

6. Sey denn in jedem Leide, im Tode sey mit mir, und führ, | o meine Freude, mich näher dann zu dir. Wenn mich kein Leid mehr rühren, kein Tod mehr tödten kann; wie werd ich triumphiren, wie selig bin ich dann!

550.   Mel. Wie schön leucht't uns etc.

O Jesu, Jesu, Gottes Sohn, mein Heiland und mein Gnadenthron, du weißt, daß ich dich liebe, vor dir ist Alles sonnenklar, dir ist mein Herz auch offenbar mit jedem seiner Triebe; herzlich such ich dir vor allen zu gefallen, nichts auf Erden kann und soll mir lieber werden.

2. Das ist mein Schmerz und kränket mich, daß ich nicht so kann lieben dich, wie ich dich lieben wollte. Je mehr die Lieb in mir entbrennt, um so viel mehr mein Herz erkennt, wie es dich lieben sollte! Laß mich innig deine Güte im Gemüthe oft empfinden, ganz für dich mich zu entzünden.

3. Durch deine Kraft gelingt es mir, daß, wie mein Herz sich sehnt nach dir, ich auch an dir kann hangen. Nichts auf der ganzen weiten Welt, nichts, was den Sinnen wohlgefällt, stillt jemals mein Verlangen. Nur du, Jesu, kannst mich laben, ich muß haben für die Triebe meiner Sehnsucht, reine Liebe.

4. Denn wer dich liebt, den liebest du, schaffst seinem Herzen Fried und Ruh und tröstest sein Gewissen; ob er auch wird vom Kreuz gedrückt, so fühlt er dennoch sich erquickt, weil er kann dein genießen. Endlich zeigt sich nach dem Leide volle Freude, und die Stunden alles Trauerns sind verschwunden.

5. Kein Auge hat jemals gesehn, noch kann ein Mensch es hier verstehn, und würdig gnug beschreiben, was denen dort für Herrlichkeit bei dir und von dir ist bereit, die in der Liebe bleiben; freudig werd ich dort erfahren mit den Schaaren der Gerechten, wie du lohnst den frommen Knechten.

6. Drum laß ich billig dies allein, o Jesu, meine Freude seyn, daß ich dich herzlich liebe, daß ich in dem, was dir gefällt, was mir dein Wort vor Augen stellt, aus Liebe mich stets übe. Bis ich endlich werde scheiden, und voll Freuden zu dir kommen, aller Trübsal ganz entnommen.

7. Da wird in der Verklärung Licht dein gnadenvolles Angesicht mir keine Hülle decken; da werd ich deine Süßigkeit, die mich hienieden schon erfreut, in reiner Liebe schmecken. Ewig bin ich dann erquicket und geschmücket mit der Krone, die dem Glauben wird zum Lohne.

551.   Mel. Alle Menschen müssen etc.

Quelle der Vollkommenheiten, Gott, mein Gott, wie lieb ich dich, und mit welchen Seligkeiten segnet deine Liebe mich! Seel und Leib mag mir ver|schmachten; hab ich dich, darf ich's nicht achten, mir wird deine Lieb allein mehr, als Erd und Himmel seyn.

XX. *Liebe zu Gott und zu Christo*

2. Denk ich deiner, wie erhebet meine ganze Seele sich; wie getröstet, wie belebet fühl ich mich, o Gott, durch dich! Jeder Blick auf deine Werke, deine Weisheit, Huld und Stärke, wie befreiet er mein Herz von Bekümmerniß und Schmerz!

3. Floß aus deiner Gnadenfülle mir nicht tausend Gutes zu? Daß ich ward, gebot dein Wille, daß ich noch bin, wirkest du. Daß ich denke, daß ich wähle, dafür dankt dir meine Seele, dankt dir, daß sie dich erkennt, und in Christo Vater nennt.

4. Du entrissest dem Verderben mich durch deinen Sohn, o Gott, ließest den Gerechten sterben, und zum Heil ward mir sein Tod. Ewig dort mit ihm zu leben, hast du mir durch ihn gegeben, ewig soll ich dein mich freun, soll dein Kind und Erbe seyn.

5. Heil mir, wenn ich es empfinde, welcher Liebe werth du bist, und mein Herz vom Haß der Sünde inniglich durchdrungen ist. Wenn auf dein Gebot ich achte, nur nach deinem Beifall trachte; dann strahlt mir der Freude Licht, und ich bin voll Zuversicht.

6. Noch lieb ich dich unvollkommen, meine Seel erkennt dies wohl, dort im Vaterland der Frommen lieb ich dich, Herr, wie ich soll. Ganz werd ich dort deinen Willen kennen, ehren und erfüllen, und du reichst an deinem Thron mir der treuen Liebe Lohn.

552. Mel. Mein Heiland nimmt etc.

Sagt immer, Weise dieser Welt, man sey nur Freund von seines Gleichen, und leugnet, daß sich Gott gesellt mit denen, die ihn nicht erreichen. Ist Gott schon Alles, und ich nichts, ich Schatten, er der Quell des Lichts, er noch so stark, ich noch so blöde, er noch so rein, ich noch so schnöde, er noch so groß, ich noch so klein: mein Freund ist mein, und ich bin sein!

2. Gott, welcher seinen Sohn mir gab, gewährt mir Alles mit dem Sohne, nicht nur sein Leiden, Kreuz und Grab, auch seinen Thron und seine Krone. Ja, was er redet, hat und thut, sein Wort und Geist, sein Fleisch und Blut, was er gewonnen und erstritten, was er geleistet und gelitten, dies Alles will er mir verleihn: mein Freund ist mein, und ich bin sein.

3. Mein Freund ist meiner Seelen Geist, mein Freund ist meines Lebens Leben; nach ihm, der mich den Seinen heißt, und sonst nach Keinem will ich streben. O wohl der Wahl, die uns gefügt! Sie reut mich nie, ich bin vergnügt in ihm, der auch mit mir zufrieden. Drum | bleibt bei Leiden ungeschieden Ein Herz und Mund, Ein Ja und Nein! Mein Freund ist mein, und ich bin sein!

4. Der Himmel ist ohn' ihn getrübt, die Hölle nur fand ich auf Erden; nun aber muß, seit er mich liebt, die Wüste mir ein Eden werden. Ohn' ihn ist in der frohsten Meng' die weite Welt mir doch zu eng, ich bin, wenn alle Freunde fliehen, wenn selbst die Brüder sich entziehen, zwar einsam, aber nicht allein: mein Freund ist mein, und ich bin sein.

5. Sein ist mein Werk, sein ist mein Ruhm, seitdem ich mich von ihm ließ finden; ich hatte sonst zum Eigenthum nur Sünd' und Tod, den Sold der Sünden. Doch hat mein Freund auch diese Last zusammt dem Kreuz auf sich gefaßt, er nimmt die aufgehäuften Strafen, die nach des Richters Spruch mich

trafen, und senkt sie in sein Grab hinein: mein Freund ist mein, und ich bin sein!

6. Vergeblich zürnt und stürmt der Feind, wenn die Posaunen Alles wecken, dann ist der Richter selbst mein Freund, wie sollte sein Gericht mich schrekken? Ob Erd' und Himmel bricht und kracht, ob Leib und Seele mir verschmacht't, muß mein Gebein dann auch verwesen, bin ich doch ewig dann genesen; man les' auf meinem Leichenstein: Mein Freund ist mein, und ich bin sein.

553.   Mel. Jesus meine Zuversicht etc.
Seele, was ermüdst du dich in den Dingen dieser Erden, die doch bald verzehren sich, und zu Staub und Asche werden? Suche Jesum und sein Licht, alles Andre hilft dir nicht.

2. Sammle den zerstreuten Sinn, laß ihn sich zu Gott aufschwingen; richt' ihn stets zum Himmel hin, laß die Gnade dich durchdringen. Suche Jesum und sein Licht, alles Andre hilft dir nicht.

3. Du verlangst oft süße Ruh, dein verschmachtet Herz zu laben; eil der Lebensquelle zu, da kannst du sie reichlich haben. Suche Jesum und sein Licht, alles Andre hilft dir nicht.

4. Fliehe die unselge Pein, so das finstre Reich gebieret, laß nur den dein Labsal seyn, der zur Glaubensfreude führet. Suche Jesum und sein Licht, alles Andre hilft dir nicht.

5. Weißt du nicht, daß diese Welt ein ganz ander Wesen heget, als dem Höchsten wohlgefällt, und dein Ursprung in sich träget? Suche Jesum und sein Licht, alles Andre hilft dir nicht.

6. Du bist ja ein Hauch aus Gott, und aus seinem Geist geboren, bist erlöst durch Jesu Tod, und zu seinem Reich erkoren. Suche Jesum und sein Licht, alles Andre hilft dir nicht.

7. Zu dem Strome mußt du nahn, der vom Thron des Lammes fließet, Gnad um Gnade zu empfahn, die sich reichlich | dort ergießet. Suche Jesum und sein Licht, alles Andre hilft dir nicht.

8. Laß dir seine Majestät immerdar vor Augen schweben; laß mit brünstigem Gebet sich dein Herz zu ihm erheben. Suche Jesum und sein Licht, alles Andre hilft dir nicht.

9. Geh einfältig stets einher, laß dir nichts das Ziel verrücken; Gott wird aus dem Liebesmeer ewig deinen Geist erquicken. Suche Jesum und sein Licht, alles Andre hilft dir nicht.

554.   In eigner Melodie.
Sieh, hier bin ich, Ehrenkönig, lege mich vor deinen Thron; schwache Thränen, kindlich Sehnen, bring' ich dir, du Menschensohn. Laß dich finden, laß dich finden, bin ich auch nur Erd und Thon.

2. Sieh doch auf mich, Herr, das bitt' ich, leite mich nach deinem Sinn, dich alleine ich nur meine, dein erkaufter Erb' ich bin. Laß dich finden, laß dich finden, gieb dich mir, und nimm mich hin.

3. Herr, erhöre, ich begehre nichts, als deine freie Gnad', die du giebest, den du liebest, und der dich liebt in der That. Laß dich finden, laß dich finden, der hat Alles, der dich hat.

4. Hör', wie kläglich und beweglich dir die treue Seele singt! wie demüthig und wehmüthig deines Kindes Stimme klingt! Laß dich finden, laß dich finden, denn mein Herze zu dir dringt.

5. Dieser Zeiten Eitelkeiten, Reichthum, Weltlust, Ehr' und Freud', sind nur Schmerzen meinem Herzen, welches sucht die Ewigkeit. Laß dich finden, laß dich finden, großer Gott, ich bin bereit.

555.   Mel. Wer nur den lieben etc.
Was giebst du denn, o mein Gemüthe, Gott, der dir täglich Alles giebt? Womit vergiltst du seine Güte, mit der er dich von je geliebt? Es muß das Allerbeste seyn; dem Herrn genügt das Herz allein.

2. Du mußt, was Gottes ist, ihm geben; der Welt gebühret nicht dein Herz. Bei Gott allein ist wahres Leben, und bei der Welt nur Angst und Schmerz. Ja, dir, o Gott, dir soll allein mein ganzes Herz gewidmet seyn.

3. So nimm nun hin, was dir gehöret, das Herz, das sich dir ganz geweiht; und dieser Bund bleib' ungestöret von nun an bis in Ewigkeit. Dir geb' ich Alles, es ist dein, nie will ich eines Andern seyn.

556.   Mel. Die Tugend wird etc.
Was wär ich ohne dich gewesen, und ohne dich, was würd' ich seyn? Ich könnte nie von Angst genesen, in weiter Welt ständ ich allein. Nichts wüßt' ich sicher, was ich liebte, die Zukunft wär ein dunkles Grab; und wenn mein Herz sich tief betrübte, wer senkte Trost auf mich herab?

2. Hast aber du dich kund gegeben, ist ein Gemüth erst dein gewiß: wie schnell verzehrt dein Licht und Leben dann jede öde Finsterniß. Mit dir bin ich aufs Neu' geboren, die Welt wird mir verklärt durch dich; das Paradies, das mir verloren, blüht herrlich wieder auf für mich.

3. Ja, du mein Heiland, mein Befreier, du Menschensohn voll Lieb' und Macht, du hast ein allbelebend Feuer in meinem Innern angefacht. Durch dich seh ich den Himmel offen, als meiner Seele Vaterland; ich kann nun glauben, freudig hoffen, und fühle mich mit Gott verwandt.

4. O gehet aus auf allen Wegen, und ruft die Irrenden herein; streckt allen eure Hand entgegen, und ladet froh sie zu uns ein! Der Himmel ist bei uns auf Erden, das kündigt ihnen freudig an, und wenn sie unsers Glaubens werden, ist er auch ihnen aufgethan.

557.   Mel. Befiehl du deine Wege etc.
Wenn Alle untreu werden, erhalte mich dir treu, daß Dankbarkeit auf Erden nicht ausgestorben sey. Für mich umfing dich Leiden, du starbst für mich in Schmerz; drum geb' ich dir mit Freuden auf ewig hin mein Herz.

2. Oft möcht' ich bitter weinen, daß Mancher dich vergißt, der du doch für die Deinen am Kreuz gestorben bist. Von Liebe nur durchdrungen, hast du so viel gethan, hast Heil der Welt errungen, und ach! wer denkt daran?

3. Du stehst voll treuer Liebe noch immer Jedem bei; und wenn dir Keiner bliebe, du bleibst doch stets getreu. O diese Liebe sieget, und sie ergreifet mich; das Herz voll Rührung schmieget sich inniger an dich.

4. Ich habe dich gefunden! Laß du auch nicht von mir! Laß ewig mich verbunden, eins ewig seyn mit dir! Einst schauen Alle wieder voll Glaubens himmelwärts, und sinken liebend nieder, und fallen dir ans Herz.

558. Mel. Herr, ich habe mißgehandelt etc.
Wenn ich nur den Heiland habe, wenn er nur mein eigen ist, wenn mein Herz nur bis zum Grabe seiner Treue nicht vergißt; o dann weiß ich nichts von Leide, fühle nichts, als Lieb und Freude.
 2. Wenn ich nur den Heiland habe, laß ich Alles Andre gern, folg an meinem Pilgerstabe treugesinnt nur meinem Herrn, mögen immerhin die Andern auf dem breiten Wege wandern.
 3. Wenn ich nur den Heiland habe, schlaf' ich sanft und selig ein; ewig wird die höchste Gabe mir sein treues Lieben seyn. Mir kann vor dem Tod nicht | grauen, jenseit werd ich Jesum schauen!

559. Mel. Seelenbräutigam etc.
Wer ist wohl, wie du, Jesu, süße Ruh? Von dem Vater auserkoren, Leben derer, die verloren; von dir strömt uns zu Licht und süße Ruh.
 2. Glanz der Herrlichkeit! Du bist vor der Zeit zum Erlöser uns geschenket, und in unser Fleisch versenket, in der Füll' der Zeit, Glanz der Herrlichkeit!
 3. Großer Siegesheld! Sünde, Tod und Welt hast du mächtig überwunden, und ein ewges Heil erfunden für die sündge Welt, durch dein Blut, o Held!
 4. Höchste Majestät, König und Prophet! ich will demuthsvoll dich ehren, und auf deine Stimme hören, denn dein Reich besteht, höchste Majestät!
 5. Laß mich deinen Ruhm, als dein Eigenthum, durch des Geistes Licht erkennen, stets in deiner Liebe brennen, als dein Eigenthum, du mein höchster Ruhm.
 6. Zeuch zu dir mein Herz, daß ich jedem Schmerz deine Kraft mich ganz erfülle, und mein banges Sehnen stille! zeuch mein gläubig Herz zu dir himmelwärts.
 7. Deiner Sanftmuth Schild, deiner Demuth Bild mir anlege, in mich präge, daß kein Zorn noch Stolz sich rege; mach mich sanft und mild, daß ich sey dein Bild.
 8. Sucht mein eitler Sinn in der Welt Gewinn, o dann lenke die Gedanken, daß sie nimmer von dir wanken; sey du mein Gewinn, gieb mir deinen Sinn.
 9. Wecke mich recht auf, daß ich meinen Lauf möge sichern Schritts vollbringen, und die Sünd in ihren Schlingen mich nicht halte auf; fördre meinen Lauf!
 10. Deines Geistes Trieb in die Seele gieb, daß ich wachen mög und beten, freudig vor dein Antlitz treten; ungefärbte Lieb in die Seele gieb.
 11. Wenn der Wellen Macht in der trüben Nacht will des Herzens Schifflein decken, wollst du deine Hand ausstrecken; hab' auf mich dann Acht, Hüter in der Nacht.
 12. Einen Heldenmuth, der da Gut und Blut gern um deinetwillen lasse, und des Fleisches Lüste hasse, gieb mir, höchstes Gut, durch dein theures Blut.
 13. Solls zum Sterben gehn, willst du bei mir stehn, mich durchs Todesthal begleiten, und zur Herrlichkeit bereiten; laß mich dann dich sehn, dir zur Rechten stehn.

560. Mel. Mein Jesu, dem die etc.
Wie dank ichs, Heiland, deiner Liebe, daß du, des Höchsten einger Sohn, für mich aus | gnadenvollem Triebe verließest deinen Himmelsthron? Wie dank ichs deinem treuen Herzen, daß du vom Tode mich befreit, und mir die ewge Seligkeit erworben hast durch Todesschmerzen?

2. Du hast dich meiner angenommen, durch dich allein ist es geschehn, daß ich der Finsterniß entkommen, um in dein helles Licht zu sehn. Du hast mir köstliches Geschmeide, das Kleid des Heiles zugewandt, mir mitgetheilt der Kindschaft Pfand, des Geistes sel'ge Ruh und Freude.

3. Doch wär' es, daß mein Geist noch hinge durch manche Fäden an der Welt, und sein Verlangen worauf ginge, das dir, o Heilger, nicht gefällt: ach, wäre dies, o du mein Leben, so komm mit liebender Gewalt, zerreiße diese Fäden bald; dir sey mein Wille ganz ergeben.

4. Hier ist mein Herz und meine Seele, ach, nimm sie dir zu eigen hin, daß sie dein Geist zum Tempel wähle, und walte fort und fort darin. Aus Liebe kamst du einst hernieder, die Liebe, die dich zu uns zog, und Mensch zu werden dich bewog, die zieh auch jetzt zu mir dich wieder.

5. Zerbrich, vernichte und zermalme, was deinem Willen nicht gefällt! Ob mich die Welt an einem Halme, ob sie an Ketten fest mich hält; das gilt ja gleich in deinen Augen, da nur ein ganz befreiter Geist, der alles Eitle von sich weist, und nur die lautre Liebe taugen.

6. Ich heb empor zu dir die Hände, auf's Neue sey dirs zugesagt: Ich will dich lieben sonder Ende, für dich sey Alles dran gewagt. Ach, laß, o Herr, mir deinen Namen, und das Verdienst von deiner Pein im Herzen eingegraben seyn, so lang ich hier noch walle. Amen.

561. Mel. O daß ich tausend etc.
Wo find ich Gott, den meine Seele mit Inbrunst über Alles liebt? Gott, den ich mir zum Ziel erwähle, deß Lieb' allein mir Freude giebt? Wann kommt die Zeit, da er als Freund noch inn'ger sich mit mir vereint?

2. Wie hocherfreut wollt ich dich preisen, lernt ich dich kennen, wie du bist! Zwar deine Werke schon beweisen, wie hoch und hehr dein Wesen ist; doch selbst ihr wunderbarster Glanz zeigt deine Herrlichkeit nicht ganz.

3. Ich schaue hier dich nur im Spiegel, und nur in Schwachheit bet' ich an! O hätte meine Seele Flügel, sich dir, Erhabner, mehr zu nahn! Wie würde sie sich deiner freun! Wie selig, wie verherrlicht seyn!

4. Dürft' ich am Fuße deines Thrones mit deinen Engeln, Herr, dich sehn! Könnt' ich Erlöster deines Sohnes mit seinen | Sel'gen dich erhöhn: welch hohes Loblied stimmt ich an, ich, der ich hier nur stammeln kann!

5. Doch hör ich andachtsvoll und stille auf jedes Loblied der Natur, und richtet kindlich sich mein Wille auf deines Wortes Stimme nur dann geht mir hier das Licht schon auf, das sicher leitet meinen Lauf.

6. Wie eifrig werd' ich dann mich üben, daß ich dir wohlgefällig sey! Wie immer inniger dich lieben, und lauter preisen deine Treu! Und wie entweicht die eitle Lust dann immer mehr aus meiner Brust!

7. Noch hab' ich nicht dies Ziel erreichet, noch dien' ich oft der Eitelkeit; wenn auch nicht ganz die Liebe weichet, von Lauheit bin ich oft nicht weit. O mache mehr und mehr mich frei, daß ich nur dir gehorsam sey.

8. Ja, heil'ge mich in deiner Wahrheit, und mehr' in mit der Liebe Glut, bis ich dich schau in voller Klarheit, dich, meiner Seele höchstes Gut! Dann lieb' ich dich, o Gott, allein, wie selig werd' ich dann nicht seyn!

562.　　　　　　Mel. Wir Christenleut etc.
Wohin, wohin, mein Herz und Sinn? wo quillt der Born, der matte Seelen labe? Wo suchest du die wahre Ruh? Den Schatz ergräbt kein Fleiß, wie tief er grabe!

2. Die Welt verspricht und hält doch nicht; die Weisheit lehrt, und kann's doch nimmer lehren. Vom Himmel kommt, was Seelen frommt; nur Gottes Herz kann Herzen Heil gewähren.

3. Vom Himmelsthron kam Gottes Sohn, von Gott gesandt, mit Gott uns zu verbinden. Du, Jesu, du rufst Allen zu: Kommt her zu mir! so sollt ihr Ruhe finden.

4. Und Liebe spricht dein Angesicht: Heil Gottes spricht aus jedem Wort' und Werke. Und eine Schaar, die elend war, kommt her, von dir verneut mit Gottes Stärke.

5. Hier komm auch ich; ich glaub an dich; ich komm, ich komm, o Jesu, Trost der Müden! Was alle Welt mir vorenthält, gieb du mir, Gottes Sohn, den Gottesfrieden!

XXI. Vertrauen auf Gott.

563.　　　　　　Nun ruhet in den etc.
Ach, Vater, Vater, höre, was ich von dir begehre, und sieh mich gnädig an! Du bist die Kraft der Schwachen, kannst Todte lebend machen; laß deinen Trost auch mich empfahn.

2. Wie viele tausend Herzen hast du von bittern Schmerzen und großer Noth befreit! Stets halfst du den Betrübten, die | dich voll Inbrunst liebten; zu dir halt ich mich allezeit.

3. O Allmacht, Weisheit, Güte, erquicke mein Gemüthe, du bist ja stets dir gleich. An Mitteln und an Wegen zu meinem Heil und Segen bist du, Herr, unaussprechlich reich.

4. Oft läßt du mich empfangen weit über mein Verlangen, weit mehr, als ich versteh; und jetzt wär es vergebens, wenn ich zum Herrn des Lebens, zu meinem Gott und Helfer fleh?

5. Nein, ich will dich nicht lassen, im Glauben dich umfassen, als ständest du vor mir. Ich weiß, du hörst mein Sehnen; ich weiß es, meine Thränen sind alle, Herr, gezählt von dir.

6. Du sprichst in deinem Worte: klopft an die Gnadenpforte, so wird sie aufgethan! Du hältst, was du versprochen, hast nie dein Wort gebrochen, und hilfst, wo Niemand helfen kann.

23–24 deinen ... empfahn.] dei nen ... emfahn

7. Sollt ich denn dir nicht trauen, nicht kindlich zu dir schauen, nicht frei von Zweifeln seyn? Ja, Retter aller Frommen, von dir wird Rettung kommen, du wirst mich Armen bald befrein!

8. An dir halt ich mich feste; ich weiß, du willst das Beste; o Gott, erbarme dich! nimm von mir, was mich drücket, gieb mir, was mich erquicket, erhör um Christi willen mich!

564.   Mel. Du, o schönes Weltgebäude etc.

Ach, wie hat mein Herz gerungen! wie gefleht am Gnadenthron! Bist du, Seele, durchgedrungen durch die Angst und siegest schon? oder säumt des Helfers Rechte? werden dunkler noch die Nächte, noch der bittern Thränen mehr? häuft sich stets der Leiden Heer?

2. Nah ist meines Helfers Rechte, sieht sie gleich mein Auge nicht; weiterhin im Thal der Nächte strahlt mir meines Retters Licht. Gott, mein Gott wird mir begegnen, und sein Antlitz wird mich segnen, jetzt noch ist die Prüfungszeit, jetzt sey, Seele, stark zum Streit.

3. Was hat Abraham empfunden, als das Opfer Gott befahl, und er in den Prüfungsstunden stieg zum Berg in Todesqual? Drum, wenn eben so erschüttert meine Seele schmachtend zittert, harr ich, Vater, gleichfalls dein; mir auch wirst du gnädig seyn.

4. Abraham! so scholl die Stimme in des Ueberwinders Ohr; Herr, mit solcher Gnadenstimme ruf auch meine Seel empor! sieh, wie ich hier lieg und flehe, und vor Trauern fast vergehe! in der trüben Stunde Graun lehre mich gen Himmel schaun.

5. In der Kirche ersten Tagen, welch ein hehrer Lobgesang, der auch unter Todesplagen aus der Zeugen Mund erklang! Und nicht Jeder ward erquicket, und wie Stephanus entzücket, der den Herrn in je|nen Höhn sah zu Gottes Rechten stehn.

6. Dennoch stritten sie mit Muthe, wenn die trübe Stunde kam, priesen den in ihrem Blute, der sie so der Erd entnahm. Bracht auch nicht ein schnelles Ende sie in ihres Vaters Hände, starben sie auch Tage lang: dennoch scholl ihr Lobgesang.

7. Schaue solcher Helden Glauben, meine Seele, glaubend an! Laß nichts dir die Krone rauben! leid, und klimme stets hinan! Laß kein Trübsal und kein Leiden dich von Gottes Liebe scheiden! nichts, was jetzt und künftig ist, scheide dich von Jesu Christ.

565.   Mel. Ach was soll ich etc.

Ach, wie ist der Menschen Liebe so veränderlich, so kalt! wie erstirbt sie doch so bald! Setze nie auf diese Liebe, die nicht hält, was sie verspricht, Seele, deine Zuversicht!

2. Aber deiner Liebe trauen, Vater, das gereuet nie, denn ein starker Fels ist sie; die auf diesen Felsen bauen, wohnen unverletzt, und sehn ruhig selbst die Welt vergehn.

---

22 Trauern] Trauren

3. Täglich sag ich meiner Seelen Gottes Lieb und Vatertreu wird mit jedem Morgen neu; ihn, den Ewigen, erwähle dir zum Freund und jauchze dann, daß kein Feind dir schaden kann!

4. Ja, ich will nur dich erwählen, treuer Vater, dir allein will ich mein Vertrauen weihn; aber ach! die Kräfte fehlen, und wie treu du bist und gut, das vergißt oft Fleisch und Blut.

5. Plötzlich überfällt mich wieder Sorge der Vergänglichkeit, irdisch Hoffen, irdisch Leid; und dann sink ich muthlos nieder, suche bei den Menschen Ruh, und mein Helfer bist doch du.

6. Ach, vergieb mir, wenn dem Staube sich mein leicht gebeugter Geist immer noch so schwer entreißt! Ach, vergieb mir, wenn mein Glaube oft noch wanket, und nicht fest sich auf deine Treu verläßt!

7. Täglich laß mein Herz empfinden, wenn es sich auf Menschen stützt, daß nicht Menschenhülfe nützt. Allen Trost laß mir verschwinden, bis ich wieder flieh zu dir; und dann, Vater, hilf du mir!

566. In eigner Melodie.
Alles ist an Gottes Segen, und an seiner Huld gelegen, Gott ist unser höchstes Gut; wer auf ihn die Hoffnung setzet, der bleibt ewig unverletzet, und hat immer frohen Muth.

2. Du, der mich bisher ernähret, so viel Wohlthat mir gewähret, bist und bleibest ewig mein. Du, der meinen Lauf regieret, und mich wunderbar geführet, wirst mein Schutz auch ferner seyn.

3. Soll ich ängstlich seyn um Sachen, die nur Sorg und Unruh machen und vergebliches Bemühn? Nein, ich will nach Gütern streben, die dem Herzen Frieden geben, und im Tode nicht entfliehn.

4. Hoffnung kann das Herz erquicken; was mir gut ist, wirst du schicken, wenn es deinem Rath gefällt. Dir will ich mich ganz ergeben, Leid und Freude, Tod und Leben, Alles sey dir heimgestellt.

5. Ist mein Wunsch nach deinem Willen, o so wirst du ihn erfüllen ganz gewiß zu seiner Zeit. Dir hab ich nichts vorzuschreiben; wie du willst, so muß es bleiben; wann du willst, ich bin bereit.

6. Soll ich hier noch länger leben, wollst du Kraft und Trost mir geben, und zum Himmel mich erziehn! Nur, was himmlisch ist, bestehet; alles Irdische vergehet, fährt gleich wie ein Strom dahin!

567. Mel. Nun ruhen alle Wälder etc.
Auf deine Weisheit schauen, und deiner Güte trauen, Gott, welche Seligkeit! Dies mildert alle Leiden, schafft mir die reinsten Freuden und führt mich zur Zufriedenheit.

2. Dir, Herr, ist nichts verborgen, du kennst auch meine Sorgen, da du mein Vater bist. Du schenktest mir das Leben, du wirst mir Alles geben, was mir zum Heile nöthig ist.

3. Wir streben oft nach Dingen, die, wenn wir sie erringen, des Unglücks Quelle sind. Vom falschen Schein geblendet, dem Eitlen zugewendet, sind wir für wahre Güter blind.

4. Auf deinen Willen achten, nach deinem Reiche trachten, gewährt mir wahre Ruh. Dies Theil will ich erwählen, was könnte dann mir fehlen? Mein höchstes Gut, o Gott, bist du.

5. Dein ewiges Erbarmen, dein Beistand wird mir Armen in Trübsal Muth verleihn. Dein Rathschluß sey mein Wille; laß mich in frommer Stille, Herr, deiner Führung mich erfreun.

6. Laß mich nicht zagend wanken, wenn zweifelnde Gedanken mir deinen Trost entziehn. Auch dann, Herr meines Lebens, laß niemals mich vergebens zu dir, dem treuen Helfer, fliehn.

7. Versüße meine Leiden durch deines Geistes Freuden, dein Friede wohn in mir; drückt mich die Last der Schmerzen, dann sprich zu meinem Herzen: ich, dein Erretter, bin bei dir.

8. Was sollt ich mich betrüben? Muß denen, die dich lieben, doch Alles Segen seyn. Ich bin ja dein Erlöster; sonst weiß ich keinen Tröster, sonst keinen Schutz, als dich allein.

568.　　　　　　Mel. Singen wir aus etc.
Auf den Nebel folgt die Sonn, auf das Trauern Freud und Wonn; auf die schwere, bittre Pein stellt sich Trost und Labsal ein. Meine | Seele, die zuvor sich in finstre Nacht verlor, dringt zum Lichte jetzt empor.

2. Gott läßt Keinen traurig stehn, noch im Elend ganz vergehn, der sich ihm zu eigen schenkt, und in ihn sich ganz versenkt. Wer auf Gott sein Hoffen setzt, der gewinnet doch zuletzt, was in Ewigkeit ergötzt.

3. Ach! wie oft gedacht ich doch, als das schwere Trübsals-Joch hart auf meinen Schultern lag, manche Nacht und manchen Tag: Nun ist alle Hoffnung hin, nichts erfreut mehr meinen Sinn, nur der Tod ist mein Gewinn!

4. Aber Gott erbarme sich, heilt' und hielt mich väterlich, daß ich, was sein Arm gethan, nie genugsam preisen kann. Da ich weder hier noch da einen Weg zur Rettung sah, war mir seine Hülfe nah.

5. Nun, so lang es Gott gefällt, daß ich leb in dieser Welt, soll mir seiner Wunder Schein stets vor meinen Augen seyn. Ich will all mein Lebelang meinem Gott mit Lobgesang dafür bringen Preis und Dank.

6. Ich will gehn in Angst und Noth, ich will gehn bis in den Tod, ich will gehn ins Grab hinein, und doch allzeit fröhlich seyn. Wem der Stärkste bei will stehn, wen der Höchste will erhöhn, der kann nicht zu Grunde gehn!

569.　　　　　　Mel. Was Gott thut, das ist etc.
Auf Gott und nicht auf meinen Rath will stets mein Glück ich bauen, und dem, der mich erschaffen hat, mit ganzer Seele trauen. Er, der die Welt allmächtig hält, wird mich in meinen Tagen als Gott und Vater tragen.

2. Er sah von aller Ewigkeit, wie viel mir nützen würde, bestimmte meine Lebenszeit, mein Glück und meine Bürde. Was zagt mein Herz? Ist auch ein Schmerz, der zu des Glaubens Ehre nicht zu besiegen wäre?

3. Gott kennet, was mein Herz begehrt, er merkt auf meine Bitte, und hätte gnädig sie gewährt, wenn's seine Weisheit litte. Er sorgt für mich recht väterlich. Nicht, was ich mir ersehe, sein Wille nur geschehe.

4. Ist nicht ein ungestörtes Glück weit schwerer oft zu tragen, als selbst das widrige Geschick, bei dessen Last wir klagen? Die größte Noth hebt einst der Tod; und Ehre, Glück und Habe verläßt uns doch im Grabe.

5. An dem, was Seelen glücklich macht, läßt Gott es Keinem fehlen. Gesundheit, Reichthum, Ehr und Pracht sind nicht das Glück der Seelen. Wer Gottes Rath vor Augen hat, dem wird ein gut Gewissen die Trübsal auch versüßen.

6. Was ist des Lebens Herrlichkeit? Wie bald ist sie verschwunden! Was ist das Lei|den dieser Zeit? wie bald ists überwunden! Hofft auf den Herrn! er hilft uns gern; seyd fröhlich, ihr Gerechten! der Herr hilft seinen Knechten.

570.　　　　　In eigner Melodie.
Auf meinen lieben Gott trau ich in Angst und Noth. Er kann mich allzeit retten aus Trübsal, Angst und Nöthen. Mein Unglück kann er wenden; es steht in seinen Händen.

2. Wenn mich die Sünd anficht, verzagt mein Herz doch nicht. Auf Christum will ich bauen, und ihm allein vertrauen; in ihm ist Kraft und Leben, ihm will ich mich ergeben.

3. Nimmt auch der Tod mich hin; ist Sterben mein Gewinn, und Christus ist mein Leben; er wird sein Reich mir geben. Ich sterb heut oder morgen, dafür laß ich Gott sorgen.

4. Du, mein Herr Jesu Christ, der du aus Liebe bist am Kreuz für mich gestorben, du hast das Heil erworben, und schaffst nach kurzem Leiden den Deinen ewge Freuden.

5. Amen aus Herzens Grund sprech ich zu aller Stund. Du wollst, Herr Christ, uns leiten, uns stärken, vollbereiten, auf daß wir deinen Namen ohn Ende preisen. Amen!

571.　　　　　Mel. Meinen Jesum laß ich etc.
Auf, mein Herz, sey unverzagt, unterwirf dich Gottes Willen; welcher Kummer dich auch plagt, Gott wird deine Unruh stillen; traue seiner Vaterhuld, er giebt Tröstung und Geduld.

2. Mußt du gleich auf rauher Bahn durch viel Kreuz und Trübsal wallen; nimm es nur geduldig an, also hat es Gott gefallen. Glaube, das ist recht und gut, was dein treuer Vater thut.

2. Bleibe deinem Gott getreu, sucht er dich auch heim mit Schmerzen; halte dich von Unmuth frei, dulde mit gelaßnem Herzen; über jede Noth der Welt sieget, wer an Gott sich hält.

4. Füge dich in Gottes Brauch: Christen müssen dulden, hoffen. Hat nicht deinen Heiland auch hier viel Leid und Kreuz getroffen? Folg in Demuth deinem Herrn; was Gott auflegt, trage gern.

5. Kronen folgen auf den Streit, kämpfe nur mit festem Glauben; keine Leiden dieser Zeit können Gottes Heil dir rauben. Leide, bet und lebe rein, selig wird dein Ende seyn.

572.　　　　　Mel. Wer nur den lieben Gott etc.
Befiehl dem Höchsten deine Wege, und mache dich von Sorgen los, vertraue seiner Vaterpflege; für ihn ist nichts zu schwer und groß, das er zu seines Namens Preis nicht herrlich auszuführen weiß.

XXI. *Vertrauen auf Gott* 1027

2. Wo du ihn nur hast walten lassen, da hat er Alles wohl | gemacht, und was dein Denken nicht kann fassen, das hat er längst zuvor bedacht. Wie es sein Rath hat ausersehn, so, und nicht anders muß es gehn.

3. Wie werden deine Lebenstage von Angst und Kummer seyn befreit; wie leicht wird alle Noth und Plage dir werden in der Prüfungszeit, wenn du nichts wünschest auf der Welt, als was Gott will, und ihm gefällt.

4. In wahrem Glück wird dirs nicht fehlen, wenn du dein Herz gewöhnst und lehrst, nur das, was Gott will, zu erwählen, und deinem eignen Willen wehrst. Gott ist voll Weisheit und Verstand; du irrest leicht, und baust auf Sand.

5. Gieb meinem Herzen solche Stille, mein Jesu! daß ich sey vergnügt mit Allem, was des Vaters Wille mit mir und meinem Leben fügt. Nimm dich nur meiner Seele an, so hab ich, was ich wünschen kann.

6. Ich weiß, du thusts, sie ist die deine, und kostet dir dein theures Blut; o mache sie von Sünden reine, Gott wohlgefällig, fromm und gut. Ja, laß mich dir empfohlen seyn, so trifft mein ganzes Wünschen ein.

7. Indeß sey stets, mein Gott, gepriesen für alle Sorgfalt, die du mir noch eh ich war schon hast erwiesen. Du hast ja, treuer Hirte, dir zum Eigenthum auch mich erwählt und mich den Deinen zugezählt.

8. Dir sey auch Dank und Lob gegeben, daß du oft unvermuthet hast für mich gesorgt in meinem Leben, und mich befreit von mancher Last. Ach! Alles ist ja nütz und gut, was deine Fügung mit mir thut.

9. Dort werd ich deiner Liebe Thaten erst preisen in Vollkommenheit. Dort läßt du mir den Wunsch gerathen, daß ich im Licht der Ewigkeit erkenne, wie mich hier dein Rath aufs Seligste geführet hat.

573. *Nach eigner Melodie.*
Befiehl du deine Wege, und was dein Herze kränkt, der allertreusten Pflege deß, der den Himmel lenkt; der Wolken, Luft und Winden giebt Wege, Lauf und Bahn, der wird auch Wege finden, da dein Fuß gehen kann.

2. Dem Herrn mußt du vertrauen, wenn dirs soll wohlergehn, auf sein Werk mußt du schauen, wenn dein Werk soll bestehn. Mit Sorgen und mit Grämen, und mit selbsteigner Pein läßt Gott sich gar nichts nehmen, es muß erbeten seyn.

3. Dein ewge Treu und Gnade, o Vater, weiß und sieht, was gut sey oder schade dem sterblichen Geblüt; und was du dann erlesen, das treibst du, starker Held, und bringst zum Stand und Wesen, was deinem Rath gefällt.

4. Weg hast du allerwegen, an Mitteln fehlt dirs nicht, dein Thun ist lauter Segen, | dein Gang ist lauter Licht, dein Werk kann Niemand hindern, dein Arbeit kann nicht ruhn, wenn du, was deinen Kindern ersprießlich ist, willst thun.

5. Und obgleich alle Teufel hier wollten widerstehn, so wird doch ohne Zweifel Gott nicht zurücke gehn; was er sich vorgenommen, und was er haben will, das muß doch endlich kommen zu seinem Zweck und Ziel.

37–38 allerwegen, ... nicht, ... Segen,] allerwegen ... nicht ... Segen   39 ist,] ist

6. Hoff, o du arme Seele! hoff und sey unverzagt, Gott wird dich aus der Höhle, da dich der Kummer plagt, mit großen Gnaden rücken; erwarte nur der Zeit, so wirst du schon erblicken die Sonn der schönsten Freud.

7. Auf, auf, gieb deinen Schmerzen und Sorgen gute Nacht, laß fahren, was die Herzen betrübt und traurig macht; bist du doch nicht Regente, der Alles führen soll, Gott sitzt im Regimente, und führet Alles wohl.

8. Ihn, ihn laß thun und walten, er ist ein weiser Fürst, und wird sich so verhalten, daß du dich wundern wirst, wenn er, wie ihm gebühret, mit wunderbarem Rath das hat hinausgeführet, was dich geängstet hat.

9. Er wird zwar eine Weile mit seinem Trost verziehn, und thun an seinem Theile, als hätt in seinem Sinn er deiner sich begeben, und sollst du für und für in Angst und Nöthen schweben, frag er doch nicht nach dir.

10. Wirds aber sich befinden, daß du ihm treu verbleibst, so wird er dich entbinden, da du es immer gläubst; er wird dein Herz erlösen von der so schweren Last, die du zu keinem Bösen bisher getragen hast.

11. Wohl dir, du Kind der Treue, du hast und trägst davon mit Ruhm- und Dankgeschreie den Sieg, die Ehrenkron; Gott giebt dir selbst die Palmen in deine rechte Hand, und du singst Freudenpsalmen dem, der dein Leid gewandt.

12. Mach End' o Herr, mach Ende mit aller unsrer Noth, stärk unsre Füß und Hände, und laß bis in den Tod uns allzeit deiner Pflege und Treu empfohlen seyn, so gehen unsre Wege gewiß zum Himmel ein.

574. Mel. Mein Salomo, dein etc.
Beklommnes Herz! was willst du bange sorgen, und willst dich ängstigen bei Tag und Nacht um das, was doch nicht steht in deiner Macht? Oft kommt aus Sturmes Nacht ein schöner Morgen, daß, wer am Abend kläglich trauernd singt, des Morgens schon Gott Jubellieder bringt.

2. Ermüdet Herz! du mußt dich nicht verlieren. Gedenke nur des ewgen Vaters Treu. | Der deinen Kummer kennt, der macht dich frei; sieh durchs Gewölk im Himmel ihn regieren! Der Alles ihm zum Wohlgefallen schafft, deß Anblick giebt dir neue Lebenskraft.

3. Erniedrigt Herz! erhebe nur die Schwingen des Glaubens und der Hoffnung da hinauf, wohin der Fromme richtet seinen Lauf! Mit Gottes Hülfe wird es dir gelingen! Bald ziehst du aus das traurige Gewand, und trittst in den erhöhten Freudenstand.

4. Verstummend Herz, laß durch das Kreuz dich trösten! Dein Jesus auch verstummte wie ein Lamm; doch siegt' er sterbend an des Kreuzes Stamm, und zieht empor zu sich einst die Erlösten. Drum weiche nicht von seinem Kreuz zurück; du wirst erquickt durch manchen Gnadenblick.

5. O selig Herz, so bist du wohl beglücket; denn hast du hier an Jesu Leiden Theil, so strömt dir dort aus seiner Fülle Heil, wenn du gen Himmel wirst zu ihm entrücket. Das ist der Glaube, der besieget weit die Angst, die uns auf Erden ist bereit.

575. Mel. Befiehl du deine Wege etc.
Christ, Alles, was dich kränket, befiehl getrost dem Herrn; er, der die Himmel lenket, ist auch von dir nicht fern. Warum willst du verzagen? zu Gott erhebe dich. Er höret deine Klagen, und liebt dich väterlich.

XXI. *Vertrauen auf Gott* 1029

2. Wenn dich die Sünden schmerzen, so fühle deine Schuld; doch trau mit ganzem Herzen auf deines Mittlers Huld. Zu wahrer Ruhe führet die Reu, die Gott gefällt; allein den Tod gebieret die Traurigkeit der Welt.
3. Wenn deine Feinde wüthen, wie groß ihr Zorn auch sey, dein Gott wird dich behüten, bleibst du nur ihm getreu. Gehorchen seinen Winken nicht immer Erd' und Meer? Laß deinen Muth nicht sinken; dein Schirm und Schild ist er.
4. Auch in den bängsten Leiden sey stark in seiner Kraft! Ergieb dich ihm mit Freuden, er ists, der Hülfe schafft. Er weiß ja, was dir fehlet, in jedem Augenblick; und was dein Vater wählet, führt dich zum wahren Glück.
5. Der Gott, auf dessen Segen dein ganzes Wohl beruht, ist stets in seinen Wegen gerecht und weis' und gut. Will auch dein Herz oft wanken, als dächt er deiner nicht, wirst du ihm doch einst danken; er hält, was er verspricht.
6. Denk jenes Worts, und weine voll Freud und Dank, o Christ: Ist auch der Mütter eine, die ihres Sohns vergißt? Und könnt sie sein vergessen, vergess ich doch nicht dein. Wer könnte dies ermessen, und dennoch trostlos seyn?
7. Ergreif in festem Glauben | den Trost der Ewigkeit; wer kann das Heil dir rauben, das Gott den Frommen beut? Auf kurze Prüfungstage folgt ewger Preis und Dank; dann schweiget jede Klage, und wird ein Lobgesang. 322

576.   Mel. Jesu meine Freude etc.
Christ, aus deinem Herzen banne Sorg und Schmerzen, schöpfe neuen Muth! Wenn dich Leiden drücken, wird dich Gott erquicken, was er schickt, ist gut. Wenn dich Noth ringsum bedroht, Sorgen stets mit dir erwachen, wohl wird's Gott doch machen.
2. Bricht mit jedem Tage eine neue Plage über dich herein: drängen dich die Feinde, treten fern die Freunde, und vergessen dein: zagend Herz, zähm deinen Schmerz, und befiehl Gott deine Sachen, denn er wird's wohl machen.
3. Du führst Christi Namen; Christum nachzuahmen, das ist deine Pflicht. Dulde und sey stille, deines Vaters Wille führt durch Nacht zum Licht. Der steht fest, der Gott nicht läßt; Gott ist mächtig in den Schwachen und er wird's wohl machen.
4. Herrlich ist die Krone, die der Christ zum Lohne seiner Treu empfängt. Nur nichts selbst verschuldet, und dann froh erduldet, was dein Gott verhängt. Kämpf als Held! Mag doch die Welt deiner Hoffnung spöttisch lachen, wohl wird's Gott doch machen.
5. Dabei soll's denn bleiben! ich will nie mich sträuben, folgsam Gott zu seyn. Stets, in Tod und Leben, bleib' ich ihm ergeben; ich bin sein, er mein. Ihm, dem Herrn, vertrau ich gern; wunderbar mag Gott es machen, wohl wird er's doch machen.

577.   Mel. Von Gott will ich nicht etc.
Dein harr' ich, und bin stille, getrost, o Gott! in dir; dein väterlicher Wille geschehe stets an mir! Du bist mein bestes Theil; was könnte mich betrüben? Bringt denen, die dich lieben, nicht selbst ihr Leiden Heil?

---
26 zähm] zahm

2. Dein heilig-weises Walten bleibt meine Zuversicht; du wirst mich aufrecht halten, wenn jede Stütze bricht. Mein Flehen hörest du, wenn in der stillen Kammer mein Herz in seinem Jammer bei dir sucht Trost und Ruh.

3. Du wirst mich nicht versäumen, ob auch dein Arm verzeucht, und, wie in schweren Träumen, mir Kraft und Hülf' entweicht. Du prüfst mich nur, mein Gott, daß sich die Treu bewähre, und zu des Heilands Ehre besiege jede Noth.

4. Du giebst mir Kraft zum Siege, und stehst mir mächtig bei, daß ich nicht unterliege, wie schwach ich immer sey. Du nimmst mein krankes Herz in deine Hut und Pflege, und bah|nest mir die Wege zur Freude durch den Schmerz.

5. Du, du bist meine Freude, mein Helfer in der Noth! Von deiner Liebe scheide nicht Leben mich, noch Tod! Dein Antlitz leuchte mir in meiner bängsten Stunde! Ich bin mit dir im Bunde, ich leb' und sterbe dir!

578. Mel. Der lieben Sonne Licht etc.
Dem Heiland nach, mein Geist und Herz, auf seinen Dornenwegen! Bekämpfe muthig Leid und Schmerz, dem Siege folget Segen. Nur fröhlich aufgefaßt die leichte Liebeslast! Sind doch die Leiden dieser Zeit nicht werth der künftgen Herrlichkeit.

2. Du, Herr, siehst meine Schwachheit an, du kennest mein Vermögen, und mehr, als ich ertragen kann, wirst du nicht auferlegen. Leg auf, ich halte still, denn was dein Rathschluß will, das ist mein allerbestes Theil, du willst der Deinen wahres Heil.

3. Du selber gingst zu Ehren ein durch Schmerz und bittres Leiden, wie könnt ich wohl dein Jünger seyn, wollt ich in Rosen weiden? Der Himmelslilien Glanz wächst aus dem Dornenkranz; dem, der die Schmach des Kreuzes trägt, wird Herrlichkeit dort beigelegt.

4. Wie stünd es um der Gärten Pracht, wenn alle Lüste schliefen? Nur Sturm und sanftes Wehen macht, daß sie von Balsam triefen. Doch selbst im Sturm bist du, Herr, meine Sonn' und Ruh, die mich recht mildiglich ergötzt, wenn mich des Kreuzes Druck verletzt.

5. Ja, Heiland, du bist Sonn' und Schild den Gläubigen auf Erden, die deinem frommen Leidensbild hier sollen ähnlich werden, eh sie die Herrlichkeit der künftgen Welt erfreut, die dem die Siegespalme reicht, der dir im Kampf des Leidens gleicht.

6. Mein Herz kann diese Leidensehr, o Jesu, kaum recht fassen; doch reiche mir die Bürde her, wer kann sein Heil wohl hassen? Mit Jesu hier gehöhnt mit Jesu dort gekrönt; mit Jesu hier vom Kreuz gedrückt, mit Jesu ewig dort erquickt.

7. Wohlan, so will ich in Geduld nach deinem Willen leiden, den bittern Kelch füllt deine Huld zuletzt mit süßen Freuden. Im Kreuz erblick ich schon die mir verheißne Kron'; du leuchtest in Geduld mir vor, ich folge dir zum Sternenthor.

579. Mel. Herzliebster Jesu, was etc.
Der Weg ist gut, der durch das Leiden führet. Man findet Gott, wenn man sich selbst verlieret. Gefahr und Noth treibt die beherzten Streiter beständig weiter.

XXI. *Vertrauen auf Gott* 1031

2. Gott, welcher stets nach Lieb und Weisheit handelt, macht daß der Mensch durch | rauhe Wege wandelt, wenn sein Gemüth das Glück in guten Tagen nicht weiß zu tragen.
3. Der Herr will nicht die schon geplagten Seelen durch neue Lasten nur noch härter quälen; er will auch nicht gewaltsam zu sich ziehen, die vor ihm fliehen.
4. Ist aber wo ein Herz, das ihm gehöret, und das sich noch mit halbem Willen wehret, das rettet er, denn Seelen sind ihm theuer, als aus dem Feuer.
5. Er zieht von dieser Erde nichtgen Freuden den schwachen Geist zurück durch harte Leiden; er selbst erweckt bei Seufzen, Schmerz und Thränen ein himmlisch Sehnen.
6. O seyd gesegnet mir, ihr selge Schmerzen! Dies Sehnen wecktet ihr in meinem Herzen; kein Leid kann nun den freien Geist ermüden, er lebt im Frieden.
7. Nichts wird mir schwer, bleib ich mit Gott verbunden, ich fühle keinen Schmerz in Leidensstunden, und wandle, dankbar für des Höchsten Gnade, durch rauhe Pfade.
8. So wird das Gold von Schlacken mehr gereinigt, das Herz mit Gott noch inniger vereinigt; die ihm ergebne stille Glaubenstreue stärkt sich aufs Neue.
9. Durch Finsterniß, die unsern Weg umdunkelt, sehn wir das Kleinod, das von oben funkelt. Solch selge Hoffnung, solchen festen Glauben kann Niemand rauben.
10. Ja, solltest du auch ohne dein Verschulden um Jesu willen Schmach und Tod erdulden: verzage nicht, Gott läßt die Kraft dich finden, zu überwinden.
11. Der Herr ist selbst den Todesweg gegangen; wer mit ihm duldet, wird die Kron empfangen; der Herr wird, die ihm Alles hingegeben, zu sich erheben.
12. Blick auf die Wolke der verklärten Zeugen, die jetzt vor seinem Thron die Palmen neigen. Wie kamen sie zur Fülle jener Freuden? Wars nicht durch Leiden?

580.   Mel. Was Gott thut etc.
Die Bahn ist rauh, auf der ich hier zu meiner Heimath walle. Wie viel Gefahren drohen mir! Oft bin ich nah dem Falle. Gott, wärst du nicht mein Trost und Licht, mein Heil in finstern Tagen, wie ängstlich würd' ich zagen!
2. Wie oft muß das bekomne Herz vor Menschen sich verschließen! Vor dir darf der geheimste Schmerz sich im Gebet ergießen; dann schaffest du mir Trost und Ruh aus deiner Gottesfülle und meine Seel ist stille.
3. Ich glaube, was dein Wort verspricht: du sorgst für meine Tage; dein Auge schläft und schlummert nicht, dein Ohr | hört meine Klage. Du krönst mich einst, wenn du erscheinst, in deinem Heiligthume mit Wonne, Preis und Ruhme.
4. O dann wird alle Traurigkeit aus meinem Herzen schwinden; vergessen werd ich alles Leid, und nur dein Heil empfinden; mein Lobgesang, voll Preis und Dank, wird dir zum Wohlgefallen durch deinen Himmel schallen!
5. Mich kann, bin ich der Erd' entrückt, nicht mehr die Sünd' entweihen; mit Unschuld steh ich dann geschmückt in deiner Selgen Reihen. Ich schau

im Licht dein Angesicht, und ewger Himmelsfrieden ist mir durch dich beschieden.

6. Drum will ich dieses Lebens Schmerz, mein Gott, geduldig tragen; beruhigt soll mein gläubig Herz nicht mehr voll Unmuth klagen. Du bist bereit, zur rechten Zeit, o Gott, von allem Bösen mich herrlich zu erlösen.

581.   Mel. Nun ruhen alle etc.
Dir hab' ich mich ergeben, mein Gott, im ganzen Leben, im Unglück wie im Glück; dir dank ich meine Freuden, dich preis' ich auch im Leiden bis an den letzten Augenblick.

2. Du bist's, der für mich wachte, noch eh' ich war und dachte, mich führte deine Hand; du hast mich treu geleitet, auch da mein Glück bereitet, wo ich nur Schmerz und Leiden fand.

3. Was helfen meine Sorgen? Ist mir mein Glück verborgen; dir, Herr, verbirgt sich's nicht. Dir, dir will ich vertrauen, auf deine Liebe bauen, du, Vater, weißt, was mir gebricht.

4. Warum ich heute flehe, das möchte, wenns geschähe, schon morgen mich gereun. Nur einen Wunsch vor allen laß dir, o Herr, gefallen, den Wunsch: zufrieden stets zu seyn.

5. Wenn ich verlassen scheine, im Leiden zag' und weine, was wünscht mein schwaches Herz? Es will dir nicht vertrauen, den Ausgang will es schauen, und trägt mit Ungeduld den Schmerz.

6. Drum will ich kindlich schweigen, mich deinem Willen beugen bei Allem, was du schickst; dich will ich glaubend fassen, du kannst mich nicht verlassen, der du die Deinen gern beglückst.

7. Nicht das, warum ich flehe, dein Wille nur geschehe, und was mir selig ist; drum will ich, dir ergeben, getrost und ruhig leben, bis einst der Tod mein Auge schließt.

582.   Mel. Herzlich lieb hab' ich etc.
Dir trau ich, Gott, und wanke nicht, wenn mir gleich von der Freude Licht der letzte Schimmer schwindet. Mein Helfer und mein Gott bist du, durch den mein Herz doch endlich Ruh und wahre Freude findet. Von | jeher hast du mich geführt, und meines Lebens Lauf regiert; du hast mit treuer Vaterhand mir alle Noth zum Heil gewandt. Mein Herr und Gott, ich trau auf dich! ich trau auf dich! Ich kämpf und siege, Gott, durch dich!

2. Wird mir der Leiden Last zu schwer, und fühl ich keine Stärke mehr, sie länger noch zu tragen; dann blickt mein Auge himmelwärts, und neu gestärkt fühlt sich mein Herz, im Leid nicht zu verzagen. Bald ist der Thränen Maaß erfüllt, und meiner Seele Schmerz gestillt; bald hast du, Gott, mein Flehn erhört, mein Herz geprüft und mich bewährt. Du treuer Gott, ich danke dir! ich danke dir! dich preist mein Loblied für und für.

3. Was sind die Leiden dieser Zeit, Gott, gegen jene Herrlichkeit, die du willst offenbaren! Auch mir reichst du an deinem Thron mit Allen einst der Dulder Lohn, die treu im Leiden waren; zum höhern Lichte dort verklärt, erkenn' ich ganz der Prüfung Werth, genieße froh der Leiden Frucht, womit du hier mich heimgesucht. O Herr, mein Gott! dir will ich traun! dir will ich traun! denn einst werd ich dein Antlitz schaun.

583.   Mel. Was mein Gott will etc.
Du bist ein Christ, was klagest du, und kränkest deine Sinnen? Willst du auch sorgen ohne Ruh, du wirst doch nichts gewinnen. Wird nicht gewährt, was du begehrt, sollst du darum dich grämen? Gott lebet noch, dem traue doch, er wird es auf sich nehmen.

2. Dort oben herrscht der Herr der Welt, der immer wohl regieret, der Alles schützet, trägt, erhält, und voller Weisheit führet. Der Herr bewacht mit Vorbedacht der Menschen ganzes Leben. Gott herrschet noch, das glaube doch, er wird das Beste geben.

3. Die Gaben seiner Gütigkeit vertheilt er nach Gefallen; sein Rathschluß will Verschiedenheit, er giebt nicht Alles Allen. Hier giebt er viel, dort setzt er Ziel der Fülle seiner Gaben. O, glaube doch, Gott schenket noch was du wirst nöthig haben.

4. Nur fordert er den rechten Brauch der anvertrauten Gaben, und will des Menschen Arbeit auch in seinem Dienste haben. Auf treuen Fleiß zu seinem Preis läßt er Gedeihen kommen; Gott segnet noch, das glaube doch, das Wirken seiner Frommen.

5. Gehts gleich den Frommen oftmals schlecht, und freuen sich die Bösen; gilt Unrecht gleich oft mehr, als Recht: laß mich dies christlich lösen. Gott ordnet schon den Gnadenlohn, die Frommen einst zu zieren. Drum glaub ich doch | Er liebt mich noch, und künftig werd ichs spüren.

6. So leg ich denn mein ganzes Thun, o Herr, in deine Hände; ich lasse Angst und Sorgen ruhn, mein Kummer hat ein Ende. Ich bleibe still, nur wie Gott will, mag künftig Alles gehen. Gott hilft mir doch, das glaub ich noch; sein Wille muß geschehen.

584.   Mel. Wer weiß, wie nahe mir etc.
Du, der einst unsre Trauer theilte, der weinte an des Freundes Grab, der einer Mutter Schmerzen heilte, und ihren Sohn ihr wieder gab, erschein, erschein als Tröster und als Freund, auch jetzt noch, wo ein Auge weint.

2. Wenn trostlos in der stillen Kammer ein Armer, ein Verlaßner bebt, und jedes Bild von seinem Jammer mit tausend Schrecken vor ihm schwebt: dann komm, dann komm mit mildem Angesicht, und ruf ins Herz ihm: Weine nicht!

3. Wenn Unterdrückte zu dir flehen, die Feindes Haß darniederbeugt, wenn sie bekümmert um sich sehen, und sich kein Retter ihnen zeigt; o dann, ja dann erbarm dich ihrer Pein, dann wolle du ihr Retter seyn!

4. Die Mutter, welche dich geboren, empfahlst du deines Freundes Treu. Der Wittwe, die den Sohn verloren, steh auch mit gleicher Liebe bei. Sey du, sey du ihr Helfer und ihr Schild; sieh in ihr deiner Mutter Bild.

5. Ist von dem Freund der Freund geschieden, und weint der Hinterlaßne laut, dann, Herr, gieb seiner Seele Frieden, mach mit dem Himmel ihn vertraut; er lern, er lern es, daß Gott wieder giebt, was wir in dir und ihm geliebt.

6. Nimm auf die Waise, die im Sterben der Vater glaubend zu dir wies; laß sie den letzten Segen erben, den er ihr scheidend hinterließ. Ja laß, ja laß sie thun, was sie versprach, als ihm das Aug im Tode brach.

7. Du hast geweint; wir müssen weinen, und Schmerzen dulden bis ans Grab, doch einst versammelst du die Deinen, und trocknest ihre Thränen ab. Dort wird, dort wird kein Jammer, keine Pein, kein Weinen und kein Schmerz mehr seyn.

585.   Mel. Wie groß ist des etc.
Du klagest über die Beschwerden des Looses, das dir Gott verliehn; ganz glücklich wünschest du zu werden, und siehst dies Ziel dir stets entfliehn. O wehre mißvergnügten Zähren, besinne dich, und sieh zurück! Ist denn das Glück, das wir begehren, für uns auch stets ein wahres Glück?

2. Nicht hoher Stand, nicht äußre Güter sind Quellen der Zufriedenheit: die wahre Ru|he der Gemüther gedeiht nur bei Genügsamkeit. Genieße, was dir Gott beschieden, entbehre gern, was du nicht hast! Denk, jeder Stand hat seinen Frieden, und jeder Stand auch seine Last.

3. Gott, unser Herr, vertheilt den Segen uns väterlich mit milder Hand, nicht stets, wie wir zu wünschen pflegen, doch stets, wie er es heilsam fand. Willst du vermessen ihn verklagen, daß seine Liebe dich vergißt? Er ist auch liebreich im Versagen, er weigert nur, was schädlich ist.

4. Verzehre nicht des Lebens Kräfte in träger Unzufriedenheit. Besorgst du des Berufs Geschäfte, so nützest du die Lebenszeit. Bei regem Fleiß sich Gott ergeben, das ewge Heil in Hoffnung sehn, das ist der Weg zu Ruh' und Leben; Herr, lehre diesen Weg uns gehn!

586.   Mel. Herzliebster Jesu, was etc.
Ein Herz, o Gott, in Leid und Kreuz geduldig, das bin ich dir und meinem Heile schuldig. Laß mich die Pflicht, die wir so oft vergessen, täglich ermessen.

2. Wie oft, o Gott, wenn wir das Böse dulden, erdulden wir nur unsrer Thorheit Schulden, und Christenkreuz dünkt uns der Fluch der Sünden, den wir empfinden.

3. Ist deren Qual, die deinen Rath verachtet, nach Gottesfurcht und Tugend nie getrachtet, und die nun büßen für der Weltlust Freuden, ein christlich Leiden?

4. Doch selbst, wenn du uns strafst, will deine Gnade zurück uns führen zu des Heiles Pfade; du willst uns wecken aus dem Sündenschlafe durch Schmerz und Strafe.

5. Jag' ich nur nach dem Frieden im Gewissen, wird Alles mir zum Besten dienen müssen. Du, Herr, regierst und ewig wirkt dein Wille Gutes die Fülle.

6. Ich bin ein Gast und Pilger auf der Erden, nicht hier, erst dort soll ich ganz glücklich werden; und was sind gegen euch, ihr ew'gen Freuden, des Lebens Leiden!

7. Und wenn ich nicht mein Elend selbst verschulde, wenn ich als Christi Jünger leid' und dulde, so kann auch ich des Heiles der Erlösten mich sicher trösten.

8. Ich bin ein schwacher Mensch, den Leiden kränken; doch in der Noth an Gott, den Helfer, denken, dies wirkt Vertraun, und stärket unsre Herzen in allen Schmerzen.

9. Schau' über dich! wer trägt der Himmel Heere? Merk auf! wer spricht: bis hieher zu dem Meere? Ist er nicht auch dein Helfer und Berather ewig dein Vater?

10. Willst du so viel, als der Allweise, wissen? Jetzt weißt du nicht, warum du leiden müs|sen; allein du wirst, was seine Wege waren, nachmals erfahren.

11. Er züchtigt uns, damit wir zu ihm nahen, die Heiligung des Geistes zu empfahen, und mit dem Trost der Hülfe, die wir merken, Andre zu stärken.

12. Das Kreuz des Herrn wirkt Weisheit und Erfahrung; Erfahrung giebt dem Glauben Muth und Nahrung. Ein starkes Herz steht in der Noth noch feste. Hoffe das Beste!

587.　　　　　　Mel. Werde munter, mein etc.
Einst ist alles Leid vergangen, wie ein kurzer Traum der Nacht, wenn der Herr, die hier gefangen, ihrer Bande ledig macht. Dann wird unser Herz sich freun, unser Mund voll Dankes seyn, jauchzend werden wir erheben ihn, der Freiheit uns gegeben.

2. Herr, erhebe deine Rechte, richt auf uns den Vaterblick, aus der Fremde ruf' die Knechte in die Heimath bald zurück. Unser Loos ist Kampf und Leid, kürz' uns ab die Prüfungszeit, führ' uns, wenn wir treu gestritten, in des sel'gen Friedens Hütten.

3. Erndten sollen wir mit Freuden, was wir weinend ausgesä't; jenseits reift die Frucht der Leiden, und des Sieges Palme weht; Gott reicht uns des Glaubens Lohn gnädig dar durch seinen Sohn; die ihm lebten, die ihm starben, bringen jauchzend ihre Garben.

588.　　　　　　Mel. Die Tugend wird durchs etc.
Entehre nicht mit bangen Klagen den Gott, der dich aus Liebe schuf. Des Lebens Mühe zu ertragen, und froh zu seyn, ist dein Beruf. Erdulde standhaft die Beschwerden auf deiner kurzen Lebensbahn; sieh nur, daß sie dir heilsam werden, und bete Gottes Rathschluß an.

2. Gott selbst hat dir dein Loos beschieden; nimms dankbar an aus seiner Hand; erfülle jede Pflicht zufrieden, die er mit diesem Loos verband. Gott schenket gnädig dir die Kräfte, erhält und stärkt sie väterlich; sie brauchen, das ist dein Geschäfte, und ihr Gebrauch ist Heil für dich.

3. Sind Andern durch des Himmels Segen mehr Güter anvertraut als dir, soll doch kein Neid in dir sich regen; denk, wer ist Gott? und wer sind wir? Was dir, was deinem Nächsten nützet, weiß er dies besser nicht, als du? wenn er dich nährt, regiert und schützet, was fehlt dann noch zu deiner Ruh?

4. Du prangest nicht mit hohen Würden; beneide nicht der Großen Glück! Sie seufzen unter schweren Bürden, und oft stürzt sie ein Augenblick. Dir ward kein Ueberfluß gewähret; – ihn wünschen, das ist Selbstbetrug! Wer | gern, was Gott versagt, entbehret, der ist beglückt und reich genug.

5. Herr, der du mir zum frohen Leben, was ich bedarf, und mehr verliehn, du wollst Zufriedenheit mir geben, und eitlen Sorgen mich entziehn! In Demuth laß mein Herz sich üben, und stets sich deiner Güte freun; dich fürchten, dir vertraun, dich lieben, soll ewig meine Freude seyn.

589.   Mel. Wer nur den lieben etc.
Entschwinge dich, mein Geist, den Nächten, in welche dich die Schwermuth hüllt! Willst du mit deinem Schöpfer rechten, daß er nicht jeden Wunsch erfüllt? Du kennest, was dir gut ist, nicht, fleug auf zu seinem höhern Licht!
    2. In Finsternissen irrt hienieden des schwachen Sterblichen Verstand; er faßt nicht, daß zu seinem Frieden auch Trübsal ihm ward zugesandt; erst an dem Ziel von seinem Lauf klärt sich ihm Gottes Rathschluß auf.
    3. Dort findest du, von Licht umflossen, auch deiner Erdenthränen Lohn. Schau! ihre Saat ist aufgeschossen, und blüht in reicher Fülle schon. Im Kummer ward sie ausgestreut, bald reift sie für die Ewigkeit.
    4. Drum heb empor die trüben Blicke, wenn sich dein Weg in Nacht verliert. Dich leitet Gott! O denk zurücke, wie gnädig er dich stets geführt; wie oft, wenn Dunkel um dich lag, aus Nacht hervor das Licht dir brach.
    5. Gott, gnädig, wenn du uns erhörest, und giebst, was unser Wunsch erbat; oft gnädiger, wenn du zerstörest der eigenwillgen Thorheit Rath: Ich harr auf dich mit festem Muth, denn was du sendest, ist mir gut.
    6. Die Lieb' hat mir den Pfad bestimmet, den ich auf Erden wandeln soll. Ob er sich auch durch Dornen krümmet, ich geh in hoher Ahnung voll. Einst werd ich in des Himmels Höhn ganz deiner Führung Weisheit sehn.

590.   Mel. Es kostet viel, ein Christ etc.
Er wird es thun, der treue Gott, dich über dein Vermögen nicht versuchen; er bleibt dir noch ein Vater in der Noth, sein Segensmund wird seinem Kind nicht fluchen; vernimm es nur, wie er so freundlich spricht: verzage nicht, verzage nicht!
    2. Bedenk, daß du berufen bist, in Gottes Reich durch Trübsal einzugehen. Du glaubest ja, du seyst ein wahrer Christ, so laß nun auch die Probe davon sehen; dein Christenthum wird erst in der Gefahr recht offenbar, recht offenbar.
    3. Du hast genug vom Kreuz gehört, genug gerühmt des Kreuzes reichen Segen, doch | haftet mehr, was die Erfahrung lehrt; drum laß es gern auf deine Schultern legen, trags in Geduld, so wird dir Kraft und Heil, ja Kraft und Heil zuletzt zu Theil.
    4. Dein Herr geht dir als Beispiel vor; wie vieles mußt auf Erden Christus leiden, eh er sich hob zur Herrlichkeit empor, wo er nun hat und giebt die ewgen Freuden. Wer treulich kämpft, empfängt an Gottes Thron, des Sieges Lohn, den ewgen Lohn.
    5. Drum hoff auf den, der Vater heißt, er meint es gut in allen deinen Leiden; was dich betrübet, was dein Herz zerreißt, soll niemals dich von seiner Liebe scheiden; sey wohlgemuth, der Hülfe Stund ist da, dein Gott ist nah, dein Gott ist nah.
    6. Es bricht sein Herz ihm gegen dich; er spricht: ich will mich über dich erbarmen; du, liebes Kind, hast Niemand sonst als mich, drum halt ich dich in meinen Vaterarmen. Vernimm, o Christ, was er so freundlich spricht, und zage nicht, nein, zage nicht.

591.　　　　　　　　　Mel. Es ist das Heil uns etc.
Es ist gewiß ein köstlich Ding, recht in Geduld sich fassen, und Gottes heilgem Rath und Wink sich willig überlassen, wie in dem heitern Sonnenschein, so auch bei trüber Noth und Pein: Geduld erhält das Leben.

2. Drum auf, mein Herz, verzage nicht, wenn Sorg und Leid dich drücket! Auf, fliehe zu dem ewgen Licht, das kräftiglich erquicket! Halt in Geduld dem Vater still, wenn er durch Zucht dich läutern will. Geduld bringt Muth und Kräfte.

3. Erwarte nur die rechte Zeit, so wirst du wohl empfinden, wie Gott in Lieb und Freundlichkeit sich wird mit dir verbinden. Er wird, nach ausgestandner Pein, dein Labsal unaufhörlich seyn. Geduld wird nicht zu Schanden.

4. Nur frisch im Glauben fortgekämpft, bis sich die Stürme legen, durch Kreuz wird alle Lust gedämpft, die sich im Fleisch will regen, der Geist vom Eitlen abgelenkt, daß er sich ganz in Gott versenkt. Geduld erringt dir Gnade.

5. Vom Herrn wird Keiner dort gekrönt, der nicht für ihn gestritten, der, wenn die Spötter ihn verhöhnt, nicht gern mit ihm gelitten; wer aber Jesu Kreuz hier trägt, dem wird sein Schmuck dort angelegt. Geduld erlangt die Krone!

592.　　　　　　　　　Mel. Jesu, meine Freude etc.
Es ist Gottes Wille! Banges Herz, sey stille in der Traurigkeit. Was dir Gott beschieden, dient zu deinem Frieden, beides, Lust und Leid. Er verhängt, was uns bedrängt; schlägt er uns | auch ganz darnieder, doch erhebt er wieder!

2. Es ist Gottes Wille! leide nur und hülle in Geduld dich ein. Sein Rath ist verborgen, aber laß ihn sorgen, bis es Zeit wird seyn. Endlich scheint, wie ers gemeint, nach dem Regen hell die Sonne; auf die Angst folgt Wonne.

3. Es ist Gottes Wille! liegt doch Lust die Fülle in des Kreuzes Last. Schau nur unbeweget auf die Hand, die schläget, bis du sie gefaßt. O sie heilt, ob sie auch weilt, reicht nicht stets den Kelch der Leiden, tränket auch mit Freuden.

4. Es ist Gottes Wille! drum, o Herz, sey stille auch in Kreuzes Pein. Mag es bitter scheinen, muß es doch den Seinen lauter Labsal seyn. Folgte Noth mir bis zum Tod, tröst ich mich doch in der Stille: es ist Gottes Wille!

593.　　　　　　　　　Mel. Preis, Lob, Ehr, etc.
Geduld! wie sehr der Sturm auch weht; Geduld! wenn Trost und Hoffnung schwindet, wenn Alles scheinbar rückwärts geht, und Gottes Hand sich nirgend findet! Er schützt dich doch mit unsichtbarer Hand, und führt dich treu bis in das Vaterland.

2. Geduld! nach manchem sauern Schritt wird deine Bahn von Segen triefen. Der Glaube wagt auch kühnen Tritt, durchwandelt muthig Höhn und Tiefen; er steigt ins Thal der Niedrigkeit hinab, und harrt getrost dem Herrn Erhöhung ab.

3. Geduld, mein Herz, bis Er dir winkt, zu ihm ins Freudenreich zu treten. Und wenn auch Alles bricht und sinkt, Geduld im Leiden, Wachen, Beten! Nicht lange mehr, dann ist das Dulden aus; mit jedem Schritt nahst du dem Vaterhaus.

594. *Mel. Ermuntre dich, mein etc.*

Getrost! mein Leiden hat ein Ziel; ich darf nicht muthlos trauern; ist auch der Trübsal noch so viel, sie wird nicht ewig dauern. Wer glaubensvoll mit Thränen sät, der wird, wenn reif die Erndte steht, auch seine Garben bringen, und Freudenlieder singen.

2. Den Abend lang weint oft mein Herz, am Morgen kommt die Freude, die Stunde bringt und nimmt den Schmerz, die Ruhe folgt dem Leide. Ich weiß, daß Leiden dieser Zeit nicht werth sind jener Herrlichkeit, die nach dem Kampf auf Erden mir offenbar soll werden.

3. Der Himmel droht nicht immerdar mit Sturm und Ungewittern; so läßt auch Gott nicht in Gefahr die Seinen immer zittern. Wer heute noch in Thränen schwimmt, das Brod des Elends seufzend nimmt, kann morgen sich schon laben an Gottes Gnadengaben.

4. Drum fürcht ich nicht, | du könnest mein, o Vater, ganz vergessen, und habest mir nur Angst und Pein auf Erden zugemessen. Du bist getreu, dein Angesicht verbirgst du deinem Kinde nicht, mit gnadenvollen Blicken kommst du, mich zu erquicken.

5. Getrost! mein Glaube sieget schon, das Joch seh ich zerbrochen; wie eine Mutter ihrem Sohn, hast du mir zugesprochen. Ich eile wie dein Kind zu dir, und du, Erbarmer, reichest mir zur Hülfe deine Hände; so hat die Noth ein Ende.

595. *In eigner Melodie.*

Gieb dich zufrieden und sey stille in dem Gotte deines Lebens; in ihm ruht aller Freuden Fülle, ohn ihn mühst du dich vergebens. Er ist der Quell der reinsten Wonne, macht Alles hell, ist deine Sonne; gieb dich zufrieden.

2. Der Gott des Trostes und der Gnaden liebt mit treuem Vaterherzen; steht er bei dir, wird dir nichts schaden, auch die Pein der größten Schmerzen. Kreuz, Angst und Noth kann er bald wenden, ja selbst den Tod hat er in Händen. Gieb dich zufrieden.

3. Wie dirs und Andern oft ergehe, ist ihm wahrlich nicht verborgen; er sieht und kennet aus der Höhe des betrübten Herzens Sorgen, er fasset auf die heißen Thränen, zu ihm hinauf dringt all dein Sehnen; gieb dich zufrieden.

4. Laß dich dein Elend nicht bezwingen, halt an Gott, so wirst du siegen, ob alle Fluthen dich umringen, du wirst doch nicht unterliegen. Gott ist nicht fern, steht in der Mitten, und höret gern der Armen Bitten. Gieb dich zufrieden.

5. Verzieht die Hülfe gleich sehr lange, endlich wird sie dennoch kommen; macht dir das Harren oftmals bange, glaub, es dient zu deinem Frommen. Kein Heil gedeiht in kurzen Stunden, nur mit der Zeit wird es gefunden. Gieb dich zufrieden.

6. Es kann und mag nicht anders werden, alle Menschen müssen leiden; was lebt und webet auf der Erden, kann die Trübsal nicht vermeiden. Wo ist ein Haus, das könnte sagen: ich weiß durchaus von keinen Plagen? Gieb dich zufrieden.

7. Ein Ruhetag ist noch vorhanden, unser Gott wird uns erlösen, er wird zerbrechen unsre Banden, uns befrein von allem Bösen. Einst kömmt der Tod, von Gott gesendet, und alle Noth ist dann geendet. Gieb dich zufrieden.

8. Der Herr führt dich zu jenen Schaaren der Erwählten und Getreuen, die hin mit Frieden sind gefahren, und sich nun in Frieden freuen. Wer mit Geduld das Kreuz getragen, hört einst die Huld des | Höchsten sagen: Gieb dich zufrieden.

596. *Mel. Was Gott thut etc.*
Gott lebt! Wie kann ich traurig seyn, als wär kein Gott zu finden? Er weiß gar wohl von meiner Pein, die ich hier muß empfinden. Er kennt mein Herz und meinen Schmerz: ich kann ihm Alles klagen, und darf nun nicht verzagen.
2. Gott hört, wenn Niemand hören will! Wie sollte mich denn bangen, als könnt an der Erhörung Ziel mein Seufzen nicht gelangen! Ruf ich empor, so hört sein Ohr, sein Amen schallet wieder, und Hülfe steigt hernieder.
3. Gott sieht! Wie klaget denn mein Herz, als säh' er nicht mein Weinen! Vor ihm muß der geheimste Schmerz ganz offenbar erscheinen. Zur Erde fällt nicht ungezählt die kleinste meiner Zähren, er wird mir Trost gewähren.
4. Gott führt! So geh' ich immer fort auf allen meinen Wegen. Mag mir die Welt bald hier, bald dort arglistig Schlingen legen, so wird er mich zwar wunderlich, doch selig immer leiten, daß nie mein Fuß kann gleiten.
5. Gott giebt! Er wird mein täglich Brod für heut und morgen geben; ich werd' auch in der größten Noth durch seine Gnade leben. Wär ich auch arm, fern sey der Harm; müßt ich durch Wüsten reisen, doch würde Gott mich speisen.
6. Gott lebt! Wohlan, ich zage nicht! Gott hört, ihm will ich klagen. Gott sieht, ich such' sein Angesicht. Gott führt, er wird mich tragen. Gott liebt und giebt; nur unbetrübt! er wird mir endlich geben, auch dort mit ihm zu leben.

597. *In eigner Melodie.*
Gott will machen, daß die Sachen gehen, wie es heilsam ist. Laß die Wellen um dich schwellen, wenn du nur bei Jesu bist.
2. Wolltst du denken, Menschen lenken, und dein Helfer schliefe fest: würdst mit Klagen du dich plagen, wenn der Wind dir widrig bläst.
3. Doch wer Leiden gern will meiden, häufet leicht sich Schuld auf Schuld. Darum trage deine Plage fein getrost und mit Geduld.
4. Um zu stillen eignen Willen, leidet wohl noch Mancher gern. Du sollst tragen Noth und Plagen, weißt du auch, dein Wunsch bleibt fern.
5. Glaube feste, daß das Beste über dich beschlossen sey. Ist dein Wille nur fein stille, wirst du ganz von Kummer frei.
6. Drum wohl denen, die sich sehnen nach des Willens Still und Ruh. Wirst du wollen, was wir sollen, kommt auch bald die Kraft dir zu.
7. Rühm' und preise die als | weise, die in solcher Uebung stehn, und auf Freuden, wie auf Leiden nur mit Hiobs Augen sehn.
8. Mag Gott eilen, mag er weilen, fühle stets sein Vaterherz! Den laß sorgen, der auch morgen Herr ist über Freud' und Schmerz.
9. Es gerathen Menschenthaten immer nur wie ers verhängt. Solche Wunder sind der Zunder, dran der Glaube Funken fängt.

---

6 wär] war

10. Wenn die Stunden sich gefunden, dann bricht mächtig Hülf' herein, und dein Grämen zu beschämen, wird es unversehens seyn.

11. So seys Amen! In dem Namen unsres Jesu halte still. Es geschehe und ergehe, was und wie dein Gott es will.

598.   Mel. Wer nur den lieben etc.
Halt an, mein Herz, in deinem Glauben, Beständigkeit ist Kronen werth; wer diesen Anker sich läßt rauben, der bleibt im Sturm nicht unversehrt; wer aber fest an Jesu hält, der steht, wenn Erd' und Himmel fällt.

2. Halt ein mit deines Unmuths Klagen, ein köstlich Ding ist die Geduld; wenn wir das Leid gelassen tragen, gewinnen wir des Vaters Huld; wer Gott sich murrend widersetzt, hat seine Kindespflicht verletzt.

3. Halt aus, die Prüfung währt nicht immer, die Hoffnung sieget ganz gewiß. Auf Sturm folgt heitrer Sonnenschimmer, der Kreuzweg führt ins Paradies. Zu Gott sey deine Seele still, es gehe dir, wie Gott es will.

599.   Mel. Wer nur den lieben etc.
Herr, mache meine Seele stille bei jedem Leiden, das mich kränkt; denn es geschieht ja nur dein Wille, der Alles mir zum Besten lenkt. Du bists, der Alles ändern kann, und was du thust, ist wohlgethan.

2. Du führst uns auch auf rauhen Wegen zu deiner Kinder Seligkeit; von jeder Trübsal erndt ich Segen, ist dir nur, Gott, mein Herz geweiht. Der Ausgang wird stets herrlich seyn, siehts gleich der blöde Geist nicht ein.

3. Drum laß mich stille seyn und hoffen, wenn du mir Prüfung hast bestimmt; dein Vaterherz steht Jedem offen, der seine Zuflucht zu dir nimmt. Wer still in deiner Fügung ruht, mit dem machst du es immer gut.

4. Uns bleibt oft, was uns frommt, verborgen; genug für uns, daß du's erkannt. Wie oft sind unsre Wünsch' und Sorgen voll Thorheit und voll Unverstand. Du leitest uns auf ebner Bahn, und lässest uns kein Unheil nahn.

5. Nur du erkennst, o Gott, das Beste, und dies erwählt dein Vaterherz. Mach mich in diesem Glauben feste, dann | überwältigt mich kein Schmerz. Ich dulde mit Gelassenheit; was Gott will, das gescheh allzeit.

6. Die Stunde wird doch endlich kommen, die mich von aller Noth befreit; denn einmal führst du deine Frommen zur völligen Zufriedenheit, und dann wird ihnen offenbar, daß nur dein Rath der beste war.

7. Dort erndt' auch ich von meinen Plagen auf ewig selge Früchte ein, dort wird mein Herz, statt aller Klagen, nur voll des frohen Lobes seyn: der Herr, der für mein Heil gewacht, hat Alles mit mir wohlgemacht.

600.   Mel. Herzliebster Jesu etc.
Herr, unser Gott, laß nicht zu Schanden werden die Frommen, die in Nöthen und Beschwerden, bei Tag und Nacht auf deine Hülfe bauen, und dir vertrauen.

2. O wehre, Herr, den Stolzen, die dich hassen, und sich allein auf ihre Macht verlassen; ach, wende doch mit gnädigem Erbarmen dich zu uns Armen.

3. Sey unser Beistand wider unsre Feinde; sprichst du ein Wort, so werden sie bald Freunde; sie müssen Wehr uns Waffen, uns zum Segen, schnell niederlegen.

4. Wir haben Niemand, dem wir uns vertrauen, es ist umsonst, auf Menschenhülfe bauen; mit dir nur wolln wir Thaten thun und kämpfen, die Feinde dämpfen.

5. Du bist der Held, du kannst die Mächt'gen zwingen, du kannst den Schwachen Hülf und Rettung bringen; wir trau'n auf dich, und fleh'n in Jesu Namen: hilf, Helfer! Amen.

601.   Mel. Herzlich thut mich etc.

Hier lieg ich, Herr, im Staube vor deinem Angesicht! Wo ist mein froher Glaube, wo meiner Hoffnung Licht? Wo sind die heitern Stunden, da dich mein Auge sah? Ach, Alles ist verschwunden, und nur mein Schmerz ist da.

2. Ich fühle Furcht und Schrecken, wenn mich Gefahr bedroht, als könnte mich nicht decken dein Arm in jeder Noth; als wäre dir verborgen, was meine Seele quält; als wolltest du nicht sorgen, wo mirs an Hülfe fehlt.

3. Kann deine Macht nicht wenden, was unabwendbar scheint, und Licht und Hülfe senden dem, der im Dunkeln weint? Bist du nicht, der du warest? Ists nicht dein heilig Wort, wo du dich offenbarest, als unser Schild und Hort?

4. Sieh, Vater, auf mich Armen herab voll Gnad und Huld; vergieb mir aus Erbarmen des Zweifelmuthes Schuld. Geängstet und zerrissen siehst du, o Gott, mein Herz; gieb | Frieden dem Gewissen, und stille meinen Schmerz.

5. Du hast ja nur Gedanken des Friedens über mich; dein Rath wird niemals wanken, bau ich nur fest auf dich. Du wirst mir Alles geben, was mir dein Wort verspricht; dein Wort führt mich zum Leben, drum wank und weich ich nicht.

6. Laß Berg und Hügel weichen, dein Friedensbund steht fest. Der wird das Ziel erreichen, der still sich führen läßt. Wie sich die Bahn auch wende, die ich hier wandeln soll, getrost ruf ich am Ende: der Herr macht Alles wohl!

7. Drum fasse dich, o Seele, und traure nicht so sehr; was dich auch immer quäle, bald klagest du nicht mehr. Er kommt, er kommt, dein Retter, er kommt und zögert nicht; durch Wolken, Sturm und Wetter dringt seiner Gnade Licht.

602.   Mel. Christus, der uns selig etc.

Ich bin Gottes, Gott ist mein, wer kann uns wohl scheiden? Dringet auch das Kreuz herein, und das bitt're Leiden; laß es dringen, kommt es doch von geliebten Händen, und eh' ich's geahnet noch, wird Gott Alles wenden.

2. Gottes Kinder säen zwar traurig und in Thränen, aber endlich bringt das Jahr, wonach sie sich sehnen; denn es kommt die Erndtezeit, da sie Garben binden, da wird all' ihr Kreuz und Leid Ziel und Ende finden.

603.   Mel. O daß ich tausend etc.

Ich bin in Allem wohl zufrieden, und bleibe ruhig und vergnügt, weil Gottes Huld mir ist beschieden, weil Jesus mir im Herzen liegt, weil Gottes Geist, dem ich geweiht, mit seinem Wort mein Herz erfreut.

2. Wird mir für Freude Leid gesendet, und für das Leben einst der Tod: ich bin zufrieden, Alles wendet zu meinem Heil der treue Gott. Was Gott gebeut, das ist mein Will, und wie er's fügt, so schweig ich still.

3. Um mich hab ich mich ausgekümmert, die Sorg' ist ganz auf Gott gelegt! Ob Erd' und Himmel gleich zertrümmert, so weiß ich doch, daß Er mich trägt. Und halt ich fest an meinem Gott, so frag ich nichts nach Noth und Tod.

4. Mit deinen Leid- und Freudensgaben, wie du sie giebst, zufrieden seyn: Gott, möcht ich solchen Sinn stets haben, führt' er mich bis ins Grab hinein! Das schafft die rechte Heiterkeit, in Lebens- und in Sterbenszeit.

604. Mel. Was mein Gott will etc.
Ich habe Gottes Weg gesehn, mein Herz ist froh und stille, und gern, wie er mich führt, zu gehn, ist nun mein fester Wille. Er stand ja doch mir immer bei, merkt ich nur auf sein Winken; | ihm will ich folgsam seyn und treu, bis meine Tage sinken.

2. Oft schien mir wohl die Last zu schwer, die mich danieder drückte; dann ging ein Engel vor mir her, der tröstend nach mir blickte. So kommt in schwache Seelen Muth! Ich folgte, statt zu fliehen; mir ahnte, Leiden sey mir gut, ich sah den Lohn erblühen.

3. Nun seh ich ein, wie gut es war, daß Gott mich oft betrübte; ich weiß, wie Sorgen und Gefahr des Geistes Kraft mir übte. Ging ich in steter Lust nur hin, was wäre mir geblieben? Am Schmerzenstag hat Christi Sinn sich mir ins Herz geschrieben.

4. So lern ich in das beßre Land des Herzens Hoffnung leiten, geschieden von der Erde Tand und ihren Nichtigkeiten. Ich lerne so mit richtgem Blick der Erde Güter schätzen, und über alles äußre Glück die Ruh der Seele setzen.

5. So wirk' ich bei des Tages Schein, freu mich an Gottes Segen, und bricht des Todes Nacht herein, geh ich ihr froh entgegen. Beruhigt kann ich rückwärts sehn auf dieses Lebens Mühen, und voll Vertraun hinübergehn, wo ewge Freuden blühen.

605. Mel. Was mein Gott will etc.
Ich hab in Gottes Herz und Sinn mein Herz und Sinn ergeben; was böse scheint, ist mir Gewinn, der Tod selbst ist mein Leben. Denn Gott ist mein, und ich bin sein, was ist wohl, das mir schade; Ob er gleich schlägt, und Kreuz auflegt, bleibt doch sein Thun voll Gnade.

2. Das kann mir fehlen nimmermehr, mein Vater muß mich lieben; schickt er auch Trübsal groß und schwer, so will er mich nur üben, will mein Gemüth in seiner Güt' gewöhnen, fest zu stehen; halt ich dann Stand, weiß seine Hand mich wieder zu erhöhen.

3. Ist, was ich bin und habe, mein? gab ich mir selbst das Leben? Sein Werk bin ich, er hat allein mir Seel und Leib gegeben. Ich gab mir nicht des Geistes Licht, er läßt es in mir scheinen; wer so viel thut, deß Herz und Muth kanns nimmer böse meinen.

4. Wer schützt mich in Gefahr und Noth? Es ist sein gnäd'ges Walten; ich wäre längst schon kalt und todt, hätt' er mich nicht erhalten. Sein Arm allein

läßt Groß und Klein in reger Kraft bestehen: was er nicht hält, das bricht und fällt, und muß in Nichts vergehen.

5. Bei ihm ist Weisheit und Verstand, und löblich sein Regieren; die Zeit und Stund ist ihm bekannt, sein Werk hinaus zu führen. Er weiß, wann Freud, er weiß, wann Leid uns, seinen Kindern, diene, und was er thut, ist Alles gut, obs noch so traurig schiene. |

6. Du denkest zwar, wenn du nicht hast, was Fleisch und Blut begehret, als sey mit einer großen Last dein Lebensgang beschweret; hast spät und früh viel Sorg und Müh, zu deinem Wunsch zu kommen, und denkest nicht, daß, was geschieht, gescheh zu deinem Frommen.

7. Es kann bei lauter Sonnenlicht das Feld nicht Früchte tragen: so reift auch Menschenwohlfahrt nicht bei lauter guten Tagen. Wie bitter sey die Arzenei, schafft sie doch neues Leben: so muß das Herz sich oft durch Schmerz zu seinem Heil erheben.

8. Ei nun, mein Gott, so fall ich dir getrost in deine Hände; nimm du mich auf, und machs mit mir, wie du willst, bis ans Ende. Nur du, Herr, weißt, wodurch dem Geist sein wahres Heil entstehe, und deine Ehr' sich mehr und mehr vor aller Welt erhöhe.

9. Willst du mir geben Sonnenschein, so nehm ichs an mit Freuden; solls aber Kreuz und Trübsal seyn, will ichs geduldig leiden. Willst du allhier das Leben mir zum späten Ziel erhalten: wie du mich führst und führen wirst, so laß ich gern dich walten.

10. Und soll ich einst des Todes Weg und finstre Straße gehen, so zeige du mir Bahn und Steg, und laß dein Licht mich sehen. Mein Hirt bist du, der zu der Ruh des Himmels mich wird führen, wo nach dem Leid in Ewigkeit die Deinen triumphiren.

606.   Mel. Nun ruhet in dem etc.
Ich hab' in guten Stunden des Lebens Glück empfunden, und Freuden ohne Zahl: so will ich denn gelassen mich auch in Leiden fassen; welch Leben hat nicht seine Qual?

2. Ich bin ja, Herr, ein Sünder und du strafst viel gelinder, als ich es wohl verdient. Sollt ich, beschwert mit Schulden, kein zeitlich Weh erdulden, das doch zu meinem Besten dient?

3. Dir will ich mich ergeben und mehr als Ruh und Leben dich lieben, meinen Herrn. Dir nur will ich vertrauen, und nicht auf Menschen bauen; du hilfst, und du errettest gern.

4. Du willst uns alle Sünden, wenn wir nur Reu' empfinden, in Christo gern verzeihn. Jetzt hat mein Geist noch Kräfte zum Heiligungsgeschäfte, und du, Gott, willst mein Beistand seyn!

5. Wenn ich in Christo sterbe, bin ich des Himmels Erbe; was schreckt mich Grab und Tod? Auch auf des Todes Pfade vertrau ich deiner Gnade; du, Herr, bist mit mir in der Noth.

6. Ich will dem Kummer wehren, dich durch Geduld verehren, im Glauben zu dir flehn. Ich will den Tod bedenken, du, Herr, wirst Alles lenken, und was mir gut ist, wird geschehn. |

607. Mel. O daß ich tausend etc.
Ich lasse Gott in Allem walten, sein Wille bleibt der beste Rath; und gern will ich ihm stille halten, wie er's für mich beschlossen hat. Nicht ich, der treue Gott allein, soll meines Glückes Meister seyn.

2. Sollt ich des Nächsten Glück beneiden? Gott hat es so für ihn gefügt. Wer Andrer Wohl nicht sieht mit Freuden, ist in sich selber mißvergnügt. Ein reines Herz, ein froher Muth, ist mehr als alles Geld und Gut.

3. Wir müssen uns in Alles schicken; denn Alles kommt von lieber Hand; auch wenn mich Centnersorgen drücken, bleibt dieser Trost mir zugewandt. Ich weiß, daß Alles, was mich kränkt, Gott endlich doch zum Besten lenkt.

4. Wenn länger auch der Herr verziehet, die Hülfe kommt zu rechter Zeit; der Blume Schmuck, die später blühet, prangt oft in schönster Lieblichkeit. Das Uebereilen bringt nur Pein, das Gute will erwartet seyn.

5. Gott kennt die rechten Freudenstunden, er prüft vorher nur die Geduld; und hat er sie bewährt gefunden, so krönt uns seine Vaterhuld. Was wir nicht hofften mehr, geschieht, und tausendfache Freude blüht.

6. So laß ich Gott in Allem walten, das steht in meiner Seele fest. Ich will mich an die Hoffnung halten, die nicht zu Schanden werden läßt. Ihr Ankergrund ist Gott allein; drum muß sie fest und sicher seyn.

608. Mel. Wachet auf, ruft uns etc.
Jesus kommt, von allem Bösen uns, seine Gläubgen, zu erlösen; er kommt mit Macht und Herrlichkeit. Einst, an seinem großen Tage, verwandelt sich der Frommen Klage in ewige Zufriedenheit. Sey fröhlich, Volk des Herrn! Er kommt, er ist nicht fern, dein Erretter. Dein Schmerz ist kaum ein Morgentraum, bald macht er ewgen Freuden Raum.

2. Augenblicke dieser Leiden, was seyd ihr gegen jene Freuden der unbegrenzten Ewigkeit! Seht die Kron' am Ziele prangen, und kämpft und ringt, sie zu erlangen, die ihr dazu berufen seyd! Euch halt' in eurem Lauf kein Schmerz des Lebens auf, Ueberwinder! Das Ziel ist nah, bald seyd ihr da, dann singt ihr froh Hallelujah.

3. Der sich euch zum Volk erwählet, der eure Thränen alle zählet, stritt auch mit unerschöpftem Muth. Wie hat Jesus nicht gerungen, wie tief war er von Angst durchdrungen, wie seuzt' er laut, wie floß sein Blut! Doch sahn die Feinde nicht auf seinem Angesicht bange Schrecken. Gestärkt von Gott in seiner Noth, drang er zum Leben durch den Tod.

4. Wir, Genossen seiner Leiden, wir erndten einst auch seine | Freuden, gehn standhaft wir des Kreuzes Bahn. Laßt uns kämpfen, laßt uns ringen, mit unserm Haupt hindurch zu dringen, und jene Krone zu empfahn! Sein ist Gewalt und Kraft, die neues Leben schafft in den Schwachen. Die ihm vertraun, fest auf ihn baun, die werden seine Hülfe schaun.

5. Ja du kommst, von allem Bösen uns, deine Gläubgen, zu erlösen, deß sind wir froh und danken dir. Auch in bangen Prüfungstagen soll unser Herz doch nie verzagen, auf deine Zukunft hoffen wir. Wir wissen, wer du bist; wir traun dir, Jesu Christ, und sind stille. Wenn gleich die Welt in Trümmer fällt, fest stehet, wer zu dir sich hält!

609.   Mel. Ich dank dir schon etc.

Ihr, deren Herzen noch bethört nach Glück der Erde schmachten, laßt uns zuerst und ungestört nach Gottes Reiche trachten.

2. Der Vater weiß, was ihr bedürft, und kennet eure Sorgen; wohl dem, der auf den Herrn sie wirft, der ist stets wohl geborgen.

3. Sorgt, wie es Gläubigen gebührt, daß rein sey Leib und Seele, und daß ihr einen Wandel führt, der seinen Ruhm erzähle!

4. Er, der die Blumen schmückt im Thal, das Lamm der Herde kleidet, schafft, daß ihr nicht der Blöße Qual, des Wetters Drangsal leidet.

5. Er, der den Raben Futter giebt, erhält auch euer Leben: hat er euch doch so hoch geliebt, euch seinen Sohn zu geben!

6. O Vater, Vater, sollten wir dich nicht durch Glauben preisen, und frei von irdischer Begier, im Wirken Treu' erweisen?

7. Wie treu bist du für uns bemüht, der Alles gnädig lenket, uns hier fürs Himmelreich erzieht, dort ewges Leben schenket.

8. Dein Reich, welch unnennbares Heil, welch hoher Schatz der Seele! Dies, dies werd' unser Erb' und Theil, ob, was vergeht, auch fehle.

9. Herr, gieb uns deinen guten Geist, und nie entzeuch ihn wieder! Zu Allem, was dich ehrt und preist, weck' er uns Seel' und Glieder!

10. Ja, Vater, darin sey verehrt, daß wir, als Christi Reben, nach deiner Pflege vollem Werth, dir gute Früchte geben.

610.   Mel. Nun ruhen alle Wälder etc.

In allen meinen Thaten laß ich den Höchsten rathen, der Alles kann und hat; er muß zu allen Dingen, solls anders wohl gelingen, uns selber geben Rath und That.

2. Nichts ist es spät und frühe um meine Sorg und | Mühe, nichts hilft die Ungeduld; er mags mit meinen Sachen nach seinem Willen machen, ich stell' es ganz in seine Huld.

3. Es kann mir nichts geschehen, als was er hat ersehen, und was mir selig ist; ich nehm' es, wie er's giebet, was ihm mit mir beliebet, das will auch ich zu jeder Frist.

4. Ich traue seiner Gnaden, die mich vor allem Schaden, vor allem Uebel schützt; folg ich des Herrn Gesetzen, so wird mich nichts verletzen, nichts fehlt mir dann, was wahrhaft nützt.

5. Er wolle mich entbinden von aller Last der Sünden, durchstreichen meine Schuld; er wird auf mein Verbrechen nicht stracks das Urtheil sprechen, und haben noch mit mir Geduld.

6. Leg ich zum Schlaf mich nieder, erwach ich Morgens wieder, sey ich hier oder dort: in Schwachheit und in Banden, ist irgend Noth vorhanden, mich tröstet überall sein Wort.

7. Hat er es denn beschlossen, so will ich unverdrossen an mein Verhängniß gehn; kein Unfall unter allen wird je zu hart mir fallen, ich will ihn freudig überstehn.

8. Ihm hab ich mich ergeben, zu sterben und zu leben, sobald er mir gebeut; es sey heut oder morgen, dafür laß ich ihn sorgen, er weiß allein die rechte Zeit.

9. So sey nun, Seele, seine, und traue dem alleine, der dich geschaffen hat; es gehe, wie es gehe, dein Vater in der Höhe, der weiß zu allen Sachen Rath.

611.   Mel. Aus tiefer Noth schrei etc.

Machs, lieber Gott, wie dirs gefällt, in allen meinen Sachen! Mein Hoffen ist auf dich gestellt, du wirsts am besten machen. Dein Wort ist mir ein sichres Pfand, ich schau auf deine starke Hand, die kann bald Alles ändern.

2. Scheints auch bedenklich oft zu stehn, ich bleibe unverzaget. Was du willst, das muß doch geschehn, wohl dem ders auf dich waget! Du, Höchster, kannst in kurzer Zeit all meine Noth und Traurigkeit in Freud und Heil verkehren.

3. Zwar tritt wohl oft ein Zweifel vor, der dies und das will sprechen: doch du wirst das gebeugte Rohr nicht ganz und gar zerbrechen. Dem Docht des Glaubens, der nur glimmt, und bloß von dir noch Kräfte nimmt, den läßt du nicht erlöschen.

4. Schenk mir Geduld und stärke mich, wenn ich in Schwachheit leide: ich halte mich allein an dich, und dies ist meine Freude. Die Welt sey Welt und bleibe Welt, du bist der Schatz, der mir gefällt, nach dir steht mein Verlangen.

5. Wenn du mich schlägst so preis' ich dich, und will die Ruthe küssen; denn auch im | Kreuze läßt du mich dein Vaterherz recht wissen. Das wallt vor Freude gegen mich; du sprichst: mein Kind, ich werde dich nicht lassen noch versäumen!

6. Dies tröstet meinen blöden Muth, daß mich kein Unfall kränket; du machst doch endlich Alles gut, und besser, als man denkt. Wer weiß, wie nah die Freudenzeit, da Alles mir nach Wunsch gedeiht, und mir die Sonne scheinet.

7. Drum weiche, Sorg und Traurigkeit, ich bin in Gott zufrieden. Gott hat mir schon zur rechten Zeit mein Theil und Heil beschieden. Ist mirs auch jetzt noch unbekannt, so kanns doch bald des Höchsten Hand ans Licht des Tages führen.

612.   Mel. Jesus meine Zuversicht etc.

Meine Seele giebt sich hin in des Vaters Herz und Hände; ich erwart im stillen Sinn seiner Wege Ziel und Ende; mein Vertraun ist fest und groß, denn ich ruh in Gottes Schoß.

2. Meine Seele murret nicht, ist in Gottes Rath ergeben; fürder soll mein Wille nicht, nur der seine in mir leben; was sich ungeduldig regt, sey in Christi Grab gelegt.

3. Meine Seele sorget nicht, will nicht lang an morgen denken; ob mir Irdisches gebricht, will ich mich darum nicht kränken. Sorgen kömmt dem Schöpfer zu, in ihm hat die Seele Ruh.

4. Meine Seele grämt sich nicht, liebt Gott mitten in dem Leiden; Kummer, der das Herze bricht, trifft und ängstet nur die Heiden. Wer in Gottes Armen liegt, bleibt in aller Noth vergnügt.

5. Meine Seel ist still zu Gott; alle Klagen sind verschwunden, und so hab ich jede Noth, jeden Kleinmuth überwunden; froh verkünd ich allezeit Gottes Huld und Freundlichkeit.

613.   Mel. Herr, ich habe mißgehandelt etc.

Meine Seele, laß es gehen, wie in dieser Welt es geht, laß auch gerne das geschehen, was dein Herz hier nicht versteht bleib, o Seele, fromm und stille, denk, es waltet Gottes Wille.

XXI. Vertrauen auf Gott

2. Ist dir gleich die Welt zuwider, bist du selbst der Freunde Spott, drücken Feinde dich darnieder, so vertraue deinem Gott; bleib, o Seele, fromm und stille, denk, es waltet Gottes Wille.

3. Ist auch in dem bangen Herzen nichts, als Kummer, Sorg und Leid, zagst du unter herben Schmerzen hier in dieser Sterblichkeit: bleib, o | Seele, fromm und stille, denk, es waltet Gottes Wille.

4. Gott erbarmt sich seiner Frommen, wenn das Kreuz sie hat bewährt, läßt sie zu dem Frieden kommen, den schon lange sie begehrt; bleib, o Seele, fromm und stille, denk, es waltet Gottes Wille.

5. Nach dem Regen scheint die Sonne, Freude folgt auf Traurigkeit; Angst verwandelt sich in Wonne, und in Himmelslust das Leid; bleib, o Seele, fromm und stille, denk, es waltet Gottes Wille.

6. Sollst du von der Erde scheiden, scheide nur getrost zu Gott; Gott giebt dir des Himmels Freuden, warst du treu bis in den Tod: bleib, o Seele, fromm und stille, denk, es waltet Gottes Wille.

614.   Mel. Jesu meine Freude! etc.
Meine Seel ist stille, weil ja Gottes Wille mir zu helfen steht. Mit dem, was Gott füget, ist mein Herz vergnüget, nimmt es, wie es geht. Geht die Bahn nur himmelan, und von Jesu ungeschieden, so bin ich zufrieden.

2. Dir will ich anhangen, das sey mein Verlangen, Gott, bei dir zu seyn! Keinen will ich hören, der mich will bethören mit dem falschen Schein! Was der Welt allein gefällt, Lust und Ehr und irdisch Trachten will ich gar nicht achten.

3. Nein, ach nein, nur Einer, sag ich, und sonst Keiner wird von mir geliebt; Jesus, der Getreue, deß ich mich erfreue, der sich ganz mir giebt. Er allein, er soll es seyn, dem ich wieder mich ergebe, einzig ihm nur lebe.

4. Gottes Güt erwägen, und sich gläubig legen, in des Vaters Schoß; in sein Antlitz schauen, und ihm kindlich trauen, welch ein selig Loos! Ruhe fleußt aus stillem Geist! Wer sich weiß in Gott zu schicken, den wird er erquicken.

615.   Mel. Freu dich sehr, o etc.
Meine Sorgen, Angst und Plagen nehmen mit der Zeit ein End; nicht auf ewig währt das Klagen, welches Gott am besten kennt; drum will ich gelassen seyn, nach dem Regen wird ein Schein von viel tausend Sonnenblicken meinen matten Geist erquicken.

2. Was mit Thränen wird gesäet, wächst zur Freudenerndte auf; wenn die Dornen abgemähet, trägt man edle Frucht zu Hauf; nur im Kampfe wird erreicht jenes Ziel, das Gott uns zeigt; will man dieses Kleinod finden, so muß man erst überwinden.

3. Auf dem Wege zu den Sternen ist des Kreuzes Last gar viel; sie zu tragen mußt du lernen, sonst gelangst du nicht zum Ziel; zu der ewgen Gottesstadt kommt nur, wer geduldet hat; die in Salems Mauern wohnen, zeigen ihre Dornenkronen.

4. Wahrlich! es sind alle Frommen, die des Himmels Klarheit sehn, aus viel Trübsal hergekommen, vor des Lammes Stuhl zu stehn, prangend in der

Ehrenkron stehen sie vor | Gottes Thron; weil sie glücklich triumphiret, sind mit Palmen sie gezieret.

5. Darum trage deine Banden, meine Seel, und dulde dich; Gott hilft, du wirst nicht zu Schanden, alle Stürme legen sich. Nach dem Blitz und Donnerschlag folgt der angenehme Tag; auf den Abend folgt der Morgen, und die Freude nach dem Sorgen.

616.   Mel. Nun ruhen alle Wälder etc.

Mein Herz, gieb dich zufrieden, und bleibe ganz geschieden von Sorge, Furcht und Gram; die Noth, die jetzt dich drücket, hat Gott dir zugeschicket, ihm halte still, von dem sie kam.

2. Mit Sorgen und mit Plagen, mit unmuthsvollen Klagen häufst du nur deine Pein. Durch Stilleseyn und Hoffen wird, was dich jetzt betroffen, erträglich dir und heilsam seyn.

3. Kanns doch nicht ewig währen; oft hat Gott unsre Zähren getrocknet, eh mans meint; wenn es noch heißt: wie lange wird meiner Seele bange? ist Gott schon nah, und Hülf erscheint.

4. Und wenn ichs recht erwäge, so sinds nur Liebesschläge, womit er uns belegt; nicht Schwerter sinds, nur Ruthen, mit denen er zum Guten zu züchtigen die Seinen pflegt.

5. Er will uns so erziehen, daß wir vor Allem fliehen, was ihm nicht wohl gefällt, will unsern Willen brechen, die Lust am Eitlen schwächen, und an dem Wesen dieser Welt.

6. Er will uns dadurch lehren, wie wir ihn sollen ehren mit Glauben und Geduld, und schien es auch in Nöthen, als wolle Gott uns tödten, uns doch getrösten seiner Huld.

7. Was will uns auch wohl scheiden von Gott und seinen Freuden, die er dort offenbart? Ich lebe oder sterbe, so ist des Himmels Erbe mir als mein ewges Theil bewahrt.

8. Darum gieb dich zufrieden, mein Herz, und sei geschieden von Sorge, Furcht und Leid; bald wird Gott Engel senden, die sanft auf ihren Händen dich tragen zu der Herrlichkeit.

617.   Mel. In dich hab ich gehoffet etc.

Nur kurz ist unsre Prüfungszeit, nur kurz des Lebens Kampf und Streit; bald folgen ewge Freuden! Was jene Welt uns vorbehält, lohnt reichlich alle Leiden.

2. Die Wege, die des Vaters Rath den Kindern vorgezeichnet hat, sind nicht der Menschen Wege. Doch fasset Muth, sein Weg ist gut; sey, ihn zu gehn, nicht träge.

3. Die Frommen tragen still ihr Kreuz, und murren nicht, denn Gott gebeuts; sie gehen hin und weinen. Doch täuscht sie nicht die Zuversicht, bald wird die Sonne scheinen.

4. Ja, Gott ist liebreich und | getreu; glaubst du, daß Gott die Liebe sey, so hemme deine Klagen. Das Leiden drückt; doch was Gott schickt, hilft er auch gnädig tragen.

5. Er wog vor Anbeginn der Zeit nach deiner Kraft mit Freundlichkeit die Bürde deiner Schmerzen; er wog auch schon den Gnadenlohn dir zu mit treuem Herzen.

XXI. Vertrauen auf Gott

618.   Mel. Gott des Himmels und etc.
Sey auch unerforschlich immer meines Gottes Weg und Rath, sei die Nacht auch ohne Schimmer, die mich hier umschattet hat: doch ist Alles, was er thut, wie's auch scheine, weis' und gut.

2. Sollt ich Gottes Rath nur loben, wo ich seine Weisheit seh? Ists nicht Gnade nur von oben, wenn ich seinen Weg versteh? Jeder sündigt, welcher klagt, daß ihm Gott mehr Licht versagt.

3. Soll ein Vater unterlassen, was dem Kinde Thorheit ist? Kühner Tadler! Engel fassen, was dein Geist hier nicht ermißt. Hier sollst du dem Herrn vertraun, und nur glauben, noch nicht schaun.

4. Soll er deine Wünsche fragen bei der Leitung seiner Welt? Soll der Heilge nicht versagen, was nur deiner Lust gefällt? Wohl uns, wenn er nie gewährt, was ein thöricht Herz begehrt!

5. Hier in meinem Pilgerstande sey mein Theil Zufriedenheit! Dort in meinem Vaterlande wohnt die wahre Seligkeit. Führt mein Gang zum Himmel ein, mag er immer dunkel seyn!

6. Darum, auch auf rauhen Wegen, meine Seele, klage nicht! Was hier schmerzet, wird dort Segen, was hier Nacht ist, wird dort Licht; und ich fass' erst Gottes Sinn, wenn ich ganz vollendet bin.

619.   Mel. In dich hab ich gehoffet etc.
Sey unverzagt, o frommer Christ, wenn du in Kreuz und Trübsal bist, befiehl Gott deine Sachen; trau ihm allein in Noth und Pein, er weiß es wohl zu machen.

2. Kein Leiden kommt von ungefähr, Gott sendet es von obenher, er hat dir's ausersehen; darum sey still, und was Gott will, das laß du nur geschehen.

3. Und bräche schier der Gram dein Herz, so blicke gläubig himmelwärts, Gott kann sein Kind nicht hassen; wenn du ihn liebst, dich ihm ergiebst, wird er dich nicht verlassen.

4. Nicht immer währt der Frommen Leid, der Herr verändert Stund und Zeit, er kann noch Freude geben. Durch Freud und Schmerz macht er das Herz geschickt zum ew'gen Leben.

5. Von Alters her hat ja die Schaar der Heiligen durch viel | Gefahr und Leiden wandeln müssen; warum wollt'st du allein von Ruh, und nichts von Trübsal wissen?

6. Drum bet und hoffe stets auf Gott in aller deiner Angst und Noth; wie er will, laß es gehen. Sein Will ist gut, behalte Muth, du wirst noch Wunder sehen.

7. Gott, der du unser Tröster bist, laß Jeden, der hier traurig ist, des Glaubens Trost empfinden; durch Leiden übst du, den du liebst, o hilf uns überwinden!

620.   Mel. Herr, nicht schicke deine etc.
Soll ich denn mich täglich kränken, ängstlich an das Künft'ge denken? Soll ich Abends nie mit Ruh meine Augen schließen zu? Soll es immer vor mir stehen: wie wird's einst noch mir ergehen? da die Sorge mich nur quält, und doch ihres Ziels verfehlt?

2. Gott, der mich bisher erhalten, höret nimmer auf zu walten; oder sollt er jetzt allein seines Waltens müde seyn? Wohl, ich will das Sorgen lassen, und zu ihm Vertrauen fassen; wie er mich auch führen will, meine Seele bleibe still.

3. Wie's auch in der Welt mir gehet, er ists, der allein verstehet, was mir heilsam ist und gut, oder was mir Schaden thut. Laß ich ihn für mich nur wählen, wird kein wahres Gut mir fehlen; aber eigner Will und Rath wählt oft einen falschen Pfad.

4. Bleib ich steh'n auf niedern Stufen, will ich in das Herz mir rufen, daß ich, vieler Sorgen frei, vor dem Sturz gesichert sey. Doch wenn Gott mich wollt erheben, will ich ihm nicht widerstreben; er wird mir die Kraft verleihn, im Beruf getreu zu seyn.

5. Will die Armuth meiner Hütten er mit Segen überschütten, so verleih er nur zugleich, daß die Seele werde reich. Doch ist Armuth mir beschieden, bin ich auch damit zufrieden; denn auf diese arme Zeit folgt die reiche Ewigkeit.

6. Wird mir Gott Gesundheit geben, will ich eifrig darnach streben, daß ich fördre mehr und mehr meines Gottes Ruhm und Ehr. Aber auch in Krankheitstagen möge Gottes Geist mir sagen, daß solch herbe Arzenei mir zum Heile nöthig sey.

7. Soll ich noch viel Jahre zählen, mit des Lebens Noth mich quälen, kommt doch auch wohl mancher Tag, daß mein Herz sich freuen mag. Aber käm ich bald hinüber, wär mir solches desto lieber, weil ich käm aus aller Noth hin zu meinem Herrn und Gott.

8. Alles sey Gott heimgegeben, Freud und Trübsal, Tod und Leben; es geschehe, was sein Rath über mich beschlossen hat. Ich will mich nicht län|ger kränken, sondern dies allein bedenken, daß nach Gottes Gnadenschluß Christen Alles frommen muß.

621.   In eigner Melodie.
Sollt es gleich bisweilen scheinen, als verließe Gott die Seinen, o so glaub und weiß ich dies: Gott hilft endlich doch gewiß.

2. Hülfe, die Gott aufgeschoben, hat er drum nicht aufgehoben; hilft er nicht zu jeder Frist, hilft er doch, wann's heilsam ist.

3. Wie nicht gleich die Väter geben, wornach ihre Kinder streben, so giebt Gott auch, wann er will. Harre seiner, und sey still.

4. Seiner kann ich mich getrösten, wann die Noth am allergrößten; er ist gegen mich, sein Kind, mehr als väterlich gesinnt.

5. Trotz der Welt und ihrer Rotten; ich kann ihre Macht verspotten, drückt auch schwer des Kreuzes Joch, Gott, mein Vater, lebet noch.

6. Mögen mich die Menschen kränken, und auf mein Verderben denken; sind sie mir ohn Ursach feind, Gott im Himmel ist mein Freund.

7. Darf ich von der Welt nichts hoffen, steht mir doch der Himmel offen, und ist da mein Platz bestellt, was frag ich dann nach der Welt?

8. Wenn ich bis zu meinem Grabe, dich, mein Herr und Gott, nur habe, dann hab ich das beste Theil und bei dir einst ewges Heil.

622.   Mel. Ach, was soll ich Sünder etc.
Sollt ich meinem Gott nicht trauen, der mich liebt so väterlich; der so treulich sorgt für mich? Sollt' ich auf den Fels nicht bauen, welcher ewig feste steht, wenn die ganze Welt vergeht?

2. Gott weiß Alles, was mich drücket, meine Leiden, meine Noth, steht mir bei bis in den Tod. Er weiß, was mein Herz erquicket, seine Lieb' und Vatertreu ist mir jeden Morgen neu.

3. Der die Vögel all' ernähret, der die Blumen schmücket schön, die am Abend noch vergehn, dessen Gnade ewig währet: sollte der verlassen mich? Nein, ich trau' ihm sicherlich!

4. Wenn nach seinem Reich ich trachte, und nach der Gerechtigkeit, die der Glaube mir verleiht; wenn ich eitles Gut nicht achte, segnet Gott mich früh und spat, segnet Denken, Wort und That.

5. Darum sorg' ich nicht für morgen, denn was noch zukünftig ist, irrt mich nicht, ich bin ein Christ. Meinen Gott nur laß ich sorgen, denn es gnügt, daß jeder Tag seine Plage haben mag.

6. Wohl mir, ich bin hoch erfreut, denn ich glaube festiglich: Gott, mein Vater, sorgt für mich. Herz und Sinn | ist mir erneuet, denn ich weiß, Gott liebet mich, Gott versorgt mich ewiglich.

623. Mel. Gott des Himmels etc.

Tief zwar beugt die Noth des Lebens, doch erliegt kein gläubig Herz! Christen trifft kein Leid vergebens, hin zu Gott hebt sie der Schmerz. Was sind Leiden dieser Zeit? Nur der Weg zur Herrlichkeit.

2. Unser Leiden ist verschuldet, wie es uns auch hart bedrängt; darum standhaft nur geduldet, was der Vorsicht Rath verhängt, bis dir einst der Tag erscheint, wo dein Auge nicht mehr weint.

3. Führt der Herr dich gleich auf Erden manchen tief verhüllten Pfad, niemals darfst du irre werden an der ewgen Liebe Rath. Droben wird vollkommen klar, was hienieden dunkel war.

4. Seele, bleibe Gott ergeben, wank' in deinem Glauben nicht; die in seiner Gnade leben, haben feste Zuversicht. Mag der Weltkreis untergehn, Gottes Kind wird doch bestehn.

624. Mel. Wo Gott zum Haus etc.

Von dir, o Vater, nimmt mein Herz, was du mir sendest, Freud und Schmerz, mit Dank und mit Vertrauen an, weil deine Hand nur segnen kann.

2. Du wählst nur, was mir heilsam ist, weil du die Liebe selber bist, und schaffest, daß mir jedes Leid zum Segen wird in Ewigkeit.

3. Ist Alles dunkel um mich her und meine Seele freudenleer, so bleibst du meine Zuversicht, und in der Nacht strahlt mir dein Licht.

4. Wie oft, Herr, weint ich, ach wie oft; doch bald halfst du mir unverhofft. Am Abend war ich schwer bedrückt, am Morgen schon durch dich erquickt.

5. Sagt Alle, die der Herr geprüft, die ihr zu ihm um Hülfe rieft: hat er wohl jemals das Gebet der Demuth und Geduld verschmäht?

6. Nein, nie ist seine Hülfe fern, nie ist zu kurz der Arm des Herrn; er bleibt der Helfer immerdar, wie ers zu allen Zeiten war.

7. Die Stunde kommt früh, oder spät, wo Dank und Freud aus Leid entsteht, wo er als Vater sich beweist, und deiner Trübsal dich entreißt.

8. Wenn Niemand dich erquicken kann, so schaue deinen Heiland an, schütt aus dein Herz in seinen Schoß, denn seine Macht und Huld ist groß.

9. Er selbst, der Menschen treuster Freund, hat hier im Thränenthal geweint; er weiß, was Schmerz und Kummer ist, er weiß zugleich, wie schwach du bist.

10. Er hilft gewiß, nur zweifle nicht; er hält gewiß, was er verspricht. Die kurze | Trauer dieser Zeit verwandelt sich in Seligkeit.

625.   In eigner Melodie.

Von Gott will ich nicht lassen, denn er verläßt mich nicht; ich will im Glauben fassen, was mir sein Wort verspricht. Er reicht mir seine Hand, er weiß mich zu versorgen, am Abend, wie am Morgen; das hab ich oft erkannt!

2. Wenn Menschenhuld und Lieben in Ungunst sich verkehrt, ist er doch treu geblieben dem, der ihn liebt und ehrt. Er hilft aus aller Noth, erlös't aus allen Banden, macht frei von Sünd' und Schanden, und rettet selbst vom Tod!

3. Auf ihn will ich vertrauen, auch in der schwersten Zeit; er läßt sein Heil mich schauen, und wendet alles Leid. Ihm sey es heimgestellt! Leib, Seele, Gut und Leben hab' ich ihm übergeben; er mach's, wie's ihm gefällt.

4. Es kann ihm nichts gefallen, als was mir nützlich ist; er meint's gut mit uns Allen, er schenkt uns Jesum Christ. Von seinem Himmelsthron hat reichlich er bescheeret, was ewges Heil gewähret, in seinem lieben Sohn.

5. Lobt ihn mit Herz und Munde, ihn, der uns Alles schenkt! Gesegnet ist die Stunde, darin man sein gedenkt! So braucht man recht der Zeit! Wir sollen selig werden in ihm schon hier auf Erden, noch mehr in Ewigkeit.

6. Darum, ob ich hier dulde viel Sorg' und bittern Schmerz, wie ich's auch oft verschulde, doch tröstet sich mein Herz. Ich bleibe freudenvoll, und geb' an meinem Ende die Seel' in Gottes Hände, er machet Alles wohl!

626.   In eigner Melodie.

Warum betrübst du dich, mein Herz, und kränkest dich in bangem Schmerz um eitles Erdengut? Vertraue deinem Gott allein, denn Erd und Himmel sind ja sein.

2. Dich lassen kann und will er nicht; er weiß gar wohl, was dir gebricht, und welche Last dich drückt. Er ist dein Vater und dein Gott, und steht dir bei in aller Noth.

3. Weil du mein Gott und Vater bist, weiß ich, daß du mich nicht vergißt, du väterliches Herz! Ich, Staub und Asche, habe hier sonst keinen Trost, als nur von dir.

4. Ein Thor trotzt auf sein irdisch Gut; ich trau auf Gott mit stillem Muth, bei Wenigem vernügt. Mir bleibt die frohe Zuversicht: wer Gott vertraut, dem fehlt es nicht.

5. O Gott, du bist so reich noch heut, wie du gewesen allezeit; zu dir steht mein Vertraun. Machst du mich an der Seele reich, so gilt mir andrer Reichthum gleich. |

6. Des Zeitlichen entbehr ich gern, hab ich das Ewge nur vom Herrn; die Lust der Welt vergeht, sie währt nur eine kurze Zeit, und hilft mir nichts zur Seligkeit.

7. O Herr, mein Gott, wie dank ich dir, daß du durch deinen Sohn auch mir dein Heil hast offenbart. Verleih mir nun auch feste Treu, daß einst bei dir mein Erbtheil sey.

627. In eigner Melodie.
Warum sollt' ich mich denn grämen? hab' ich doch Christum noch, wer will ihn mir nehmen? wer will mir den Himmel rauben, den mir schon Gottes Sohn beigelegt im Glauben?

2. Ich bin an das Licht getreten arm und bloß, hülfelos, unter Angst und Nöthen; nichts nehm ich auch von der Erde dann mit mir, wann von hier einst ich scheiden werde.

3. Gut und Blut, Leib, Seel' und Leben, ist nicht mein, Gott allein hat es mir gegeben; will ers mir nicht mehr gewähren, nehm er's hin, Herz und Sinn soll ihn dennoch ehren.

4. Schickt er mir ein Kreuz zu tragen, dringt herein Angst und Pein, sollt' ich drum verzagen? Der es schickt, der wird es wenden, er weiß wohl, wie er soll all' mein Unglück enden.

5. Gott hat mich bei guten Tagen oft ergötzt, sollt' ich jetzt nicht auch etwas tragen? Fromm ist Gott und straft gelinde, seine Treu steht mir bei, daß ich Lindrung finde.

6. Satans Macht und seiner Rotten ist zu schwach, und vermag nichts, als mein zu spotten; laß sie spotten, laß sie lachen! Gott mein Heil wird in Eil sie zu Schanden machen.

7. Unverzagt und ohne Grauen soll ein Christ, wo er ist, stets sich lassen schauen, muß er auch dem Tod' erliegen, still und gut soll sein Muth auch den Tod besiegen.

8. Kann mich doch der Tod nicht tödten, sondern reißt meinen Geist aus viel tausend Nöthen, schleußt das Thor der bittern Leiden, und macht Bahn, daß ich kann gehn zu Himmelsfreuden.

9. Dann wird an vollkommnern Schätzen sich mein Herz nach dem Schmerz ewiglich ergötzen. Wer mag bleibend Gut hier finden? Was die Welt in sich hält, muß im Nu verschwinden.

10. Was sind dieses Lebens Güter? Unbestand, eitler Tand, Kummer der Gemüther. Dort, dort sind die edlen Gaben, da mein Hirt Christus wird mich ohn Ende laben.

11. Herr, mein Hirt, Brunn aller Freuden! du bist mein, ich bin dein, Niemand kann uns scheiden. Ich bin dein, weil du dein Leben und dein Blut, mir zu gut in den Tod gegeben.

12. Du bist mein, weil ich dich fasse, und dich nicht, o | mein Licht, aus dem Herzen lasse. Laß mich, laß mich hingelangen, da du mich, und ich dich ewig werd umfangen.

628. Mel. Nicht so traurig, nicht so etc.
Warum trauerst du so sehr, meine Seel', und bist betrübt, daß dir Gott Glück, Gut und Ehr nicht so viel, als Andern, giebt? Sey vergnügt in deinem Gott; hast du Gott, so hat's nicht Noth.

2. Meinest du, daß du ein Recht auf des Lebens Güter hast? Nein, das menschliche Geschlecht ist auf Erden nur ein Gast. Gott ist Herr in seinem Haus; wie er will, so theilt er aus.

3. Bist du doch darum nicht hier, daß du habest Erdenglück; schau den Himmel über dir, dahin richte deinen Blick, da ist Ehre, da ist Freud ohne End und ohne Neid.

4. Der ist thöricht, der sich kränkt um die Güter dieser Zeit, wenn ihm Gott dagegen schenkt, was besteht in Ewigkeit! Bleibt der Himmel dein Gewinn, fahr die Erde immer hin.

5. Schaue doch die Güter an, die dein Herz für Güter hält, ob wohl eins dir folgen kann, wenn du gehest aus der Welt. Alles bleibet hinter dir, trittst du in des Grabes Thür.

6. Aber was die Seele nährt, Gottes Wort und Christi Blut, wird von keiner Zeit verzehrt, ist und bleibt ein ewges Gut; Erdenglück zerfällt und bricht, Himmelsgüter schwinden nicht.

7. Sieh auf deine Lebensbahn, frage die vergangne Zeit, was der Herr an dir gethan, wie so oft er dich erfreut. Du empfingst in reichem Maß, und begehrst ohn' Unterlaß?

8. Gott ist gnadenreich und treu, was er thut, ist wohl gethan; er nur weiß, ob heilsam sey, was du wünschest zu empfahn. Ist dir's gut, so geht er's ein; ist's dein Schade, spricht er: Nein.

9. Darum richte dich empor, meine Seel, und traure nicht; laß die Sorgen! tritt hervor an des Glaubens Freudenlicht. Wandelst du in seinem Schein, wirst du allzeit fröhlich seyn.

10. Führe deinen Lebenslauf, deines Gottes eingedenk; wie ers giebt, so nimm es auf, als ein wohlbedacht Geschenk; gehts durch Trübsal, laß es gehn. Gottes Gnade bleibt dir stehn.

629.   Mel. Warum soll ich mich etc.

Warum willst du doch für morgen, armes Herz, dir zum Schmerz, voller Kleinmuth sorgen? Wozu dient dein täglich Grämen? Hoff auf Gott, deine Noth will er von dir nehmen.

2. Gott hat dir geschenkt das Leben, Seel und Leib, darum bleib ihm allein ergeben. Er wird ferner Alles schenken; | trau ihm fest, er verläßt nicht, die an ihn denken.

3. Frage nicht: was wird mich nähren? Gott wird dir Alles hier, was dir fehlt, gewähren: Frage nicht: wie wird mirs gehen? Solches hat Gottes Rath längst zuvor versehen.

4. Nährt den Vogel in den Lüften nicht der Herr? Weidet er nicht das Thier auf Triften? Kleidet er des Grafes Blume nicht mit Pracht, seiner Macht, seiner Huld zum Ruhme?

5. Und auf mich sollt er nicht achten? In der Noth ließe Gott hülflos mich verschmachten? Ich bin sein, mir soll nicht grauen; väterlich liebt Gott mich, ihm will ich vertrauen.

6. Nur der Glaube fehlt auf Erden. Wär er da, müßt uns ja, was uns noth ist, werden. Wer Gott kann im Glauben fassen, dem fehlt nicht Trost und Licht; Gott wird ihn nicht lassen.

7. Wer nach Gottes Reiche trachtet, immerfort auf sein Wort mit Gehorsam achtet, dem wird auch von Gott hienieden, was erfreut in der Zeit, gnädiglich beschieden.

8. Drum sey dir, Gott, übergeben, was mir fehlt, und mich quält hier in diesem Leben. Da du sorgst, so will ich schweigen, und es soll demuthsvoll dir mein Knie sich beugen.

9. Ich will dir mit Freuden danken fort und fort, hier und dort nie im Glauben wanken. Lob und Preis sey deinem Namen; denn mein Theil, Hülf und Heil bleibst du ewig. Amen.

630. In eigner Melodie.

Was Gott thut, das ist wohl gethan, es bleibt gerecht sein Wille; wie er fängt meine Sachen an, harr ich sein, und bin stille; er ist mein Gott, und weiß in Noth mich mächtig zu erhalten, drum laß ich ihn nur walten.

2. Was Gott thut, das ist wohl gethan, sein Wort kann niemals trügen, er führet mich auf rechter Bahn, drum laß ich mir genügen an seiner Huld, und hab Geduld. Er wird mein Unglück wenden, es steht in seinen Händen.

3. Was Gott thut, das ist wohl gethan, er wird mich wohl bedenken; er als mein Arzt, der heilen kann, wird mich mit Gift nicht tränken. Gott ist getreu, und steht uns bei; auf ihn nur will ich bauen, und seiner Güte trauen.

4. Was Gott thut, das ist wohl gethan, er ist mein Licht und Leben, der mir nichts Böses gönnen kann; ihm will ich mich ergeben. Nach allem Leid kommt einst die Zeit, da öffentlich erscheinet, wie treulich er es meinet.

5. Was Gott thut, das ist wohlgethan; muß ich den Kelch gleich schmecken, der bitter ist | nach meinem Wahn, laß ich mich doch nicht schrecken, weil ich zuletzt doch werd ergötzt mit süßem Trost im Herzen, da weichen alle Schmerzen.

6. Was Gott thut, das ist wohl gethan, dabei will ich verbleiben, es mag mich auf die rauhe Bahn Kreuz, Noth und Elend treiben. Auch noch im Tod wird mich mein Gott in seinen Armen halten, drum laß ich ihn nur walten.

631. Mel. Von Gott will ich nicht etc.

Was hilfts, daß ich mich quäle, und fürchte manches Leid? Entreiß dich, meine Seele, doch aller Traurigkeit! Gott machet Alles wohl! Wovor soll ich mich scheuen, da Alles seinen Treuen zum Besten dienen soll?

2. Was hülfe dir dein Sinnen, wie dirs noch gehen mag? Was würdest du gewinnen durch Sorgen Nacht und Tag? Befiehl es Gott allein; laß seine Hand dich führen, die wird dich so regieren, wie dirs wird heilsam seyn.

3. Was dich will niederschlagen, und was dich schmerzt und kränkt, das magst du dem nur klagen, der Alles weislich lenkt. Wirf alle Sorg auf ihn, erhebe dein Gemüthe zu seiner Vatergüte, so wird dein Kummer fliehn.

4. Er wird dich wohl versorgen, der deiner liebreich denkt; vielleicht ist nah der Morgen, wo Gott dir Freude schenkt! Wer hoffend auf ihn blickt, wer fest auf ihn vertrauet, und gläubig auf ihn bauet, wird doch zuletzt erquickt.

5. So fall ich denn mit Freuden in Gottes Arme hin; von ihm kann mich nichts scheiden, weil ich sein eigen bin; er bleibt auch ewig mein, und wird mir Alles geben, was meinem Stand und Leben wird gut und selig seyn.

632. Mel. Nun ruhet in den etc.

Was ists, daß ich mich quäle? Harr auf den Herrn, o Seele, harr und sey unverzagt! Du weißt nicht, was dir nützet; Gott weiß es, und beschützet allmächtig den, der nach ihm fragt.

2. Er zählte meine Tage, mein Glück und meine Plage, eh ich die Welt noch sah; eh ich mich selbst noch kannte, eh ich ihn Vater nannte, war er mir schon mit Hülfe nah.

3. Die kleinste meiner Sorgen ist dem Gott nicht verborgen, der Alles sieht und hält; und was er mir beschieden, das dient zu meinem Frieden, wärs auch die größte Last der Welt.

4. Ich lebe nicht auf Erden, ganz glücklich hier zu werden; die Lust der Welt vergeht. Ich soll durch Gottes Segen den Grund zum Glücke legen, das ewig wie mein Geist besteht.

5. Was dieses Glück vermehret, sey mir von dir gewähret! Gott, du gewährst es gern. Was dieses Glück ver|letzet, wenns alle Welt auch schätzet, sey, Herr mein Gott, mir ewig fern.

6. Sind auch der Krankheit Plagen, ist Mangel schwer zu tragen, noch schwerer Haß und Spott, so harr ich und bin stille zu Gott; denn nicht mein Wille, dein Wille nur gescheh, o Gott!

7. Du bist der Schwachen Stärke, und aller deiner Werke erbarmst du ewig dich. Was kann mir widerfahren, wenn du mich willst bewahren? Und du, mein Gott, bewahrest mich.

633.   In eigner Melodie etc.

Was mein Gott will, gescheh allzeit, sein Will ist stets der beste; zu helfen dem ist er bereit, der an ihn glaubet feste. Er hilft aus Noth, er fromme Gott, und züchtiget mit Maßen. Wer Gott vertraut, fest auf ihn baut, den wird er nicht verlassen.

2. Mein Gott ist meine Zuversicht; er ist mein Licht und Leben; faßt seinen Rath mein Herz auch nicht, doch solls nicht widerstreben. Sein Wort ist wahr, er hat das Haar auf meinem Haupt gezählet; er sorgt und wacht, nimmt mich in Acht, giebt Alles, was mir fehlet.

3. Ruft einst mich ab von dieser Welt des Höchsten weiser Wille: auch dann gescheh, was ihm gefällt, ich will ihm halten stille. Dir, Gott, befehl ich meine Seel in meinen letzten Stunden; durch Christi Tod ist alle Noth des Todes überwunden.

634.   Mel. Es ist gewißlich etc.

Wenn gleich aus tiefer Mitternacht Gewitter um mich blitzen, so zag ich nicht, mein Vater wacht, er wacht, mich zu beschützen. Die Güte, die mich werden hieß, die den Bedrängten nie verließ, wird nimmer mich verlassen.

2. Sein Auge schauet in mein Herz, und zählet meine Sorgen, kein Seufzer bleibet und kein Schmerz dem Vaterblick verborgen. Er sendet mir das Leiden zu, daß seiner nicht in stolzer Ruh mein schwaches Herz vergesse.

3. Gesegnet sind die Leiden mir, die mich der Welt entziehen. Sie lehren mich, mein Gott, zu dir und deiner Gnade fliehen, und einst, wenn ich vollbracht den Lauf, geht mir die ewge Sonne auf, der alles Dunkel weichet.

4. Von jedem Schmerz dereinst befreit, werd ich, Herr, bei dir leben, und selig dann selbst für das Leid dir Preis und Ehre geben. Wohl denen, die dem Herrn vertraun, und ihre Hoffnung auf ihn baun, nie werden sie zu Schanden.

XXI. Vertrauen auf Gott

635. *In eigner Melodie.*
Wer nur den lieben Gott läßt wal|ten und hoffet auf ihn allezeit, den wird er wunderbar erhalten in aller Noth und Traurigkeit; wer Gott, dem Allerhöchsten traut, der hat auf keinen Sand gebaut.
2. Was helfen uns die schweren Sorgen, was hilft uns unser Weh und Ach? Was hilft es, daß wir alle Morgen beseufzen unser Ungemach? Wir machen unser Kreuz und Leid nur größer durch die Traurigkeit.
3. Sey nur geduldig und bleib stille, sey stets in deinem Gott vergnügt, und harre, wie sein heilger Wille und seiner Weisheit Rath es fügt. Gott, der in Christo uns erwählt, weiß auch am besten, was uns fehlt.
4. Er kennt die rechten Freudenstunden, weiß, ob das Glück uns heilsam sey; hat er uns nur getreu erfunden, so stehet er uns hülfreich bei; Gott kommt, eh wir es uns versehn, und lässet uns viel Guts geschehn.
5. Denk nicht in deiner Drangsals Hitze, daß du von Gott verlassen seyst; und daß der wahres Glück besitze, den alle Welt als glücklich preis't. Die Zeit verändert oft sehr viel, und setzet jeglichem ein Ziel.
6. Es sind ja Gott geringe Sachen, und seiner Allmacht gilt es gleich, den Reichen klein und arm zu machen, den Armen aber groß und reich; er ist der Herr, der jedermann erhöhen und auch stürzen kann.
7. Sing, bet und geh auf Gottes Wegen; verricht das Deine nur getreu, und trau des Himmels reichem Segen, so wird er bei dir werden neu; denn wer nur seine Zuversicht auf Gott setzt, den verläßt er nicht.

636. *Mel. Nun preiset Alle etc.*
Wie bist du, Seele, in mir so sehr betrübt? Dein Heiland lebet, der dich ja treulich liebt. Ergieb dich gänzlich seinem Willen, er kann allein dein Trauern stillen, er kann allein dein Trauern stillen.
2. Bist du in Nöthen, ach harre nur auf Gott, trau seiner Gnade in Seel- und Leibes-Noth! Der vormals deine Angst gewendet, ist es auch noch, der dir Hülfe sendet, ist es auch noch, der dir Hülfe sendet.
3. Bist du bei Menschen nicht nach Verdienst geschätzt, mußt du viel dulden, was dein Herz tief verletzt, bedenke, wen der Höchste ehret, dem ist der herrlichste Ruhm gewähret, dem ist der herrlichste Ruhm gewähret.
4. Bist du in Jesu, in deinem Heiland reich, kein Gold, kein Silber ist diesem Reichthum gleich. Hast du nicht, was dich hier ergötzet, gnug, wenn der Himmel dirs dort ersetzet, gnug, wenn der Himmel dirs dort ersetzet.
5. Sey doch zufrieden, o du betrübtes Herz, wirf auf den Vater, was dir bringt Sorg und Schmerz. Wer ist wohl jemals zu Schanden worden, der sich bewährt in dem Kreuzesor|den, der sich bewährt in dem Kreuzesorden.
6. Drum, liebe Seele, wirf alles Trauern hin, geduldig leide, stille nur deinen Sinn. Ergiebst du hier dich Gottes Willen, dort wird mit Freuden er dich erfüllen, dort wird mit Freuden er dich erfüllen.

637. *Mel. Es kostet viel ein Christ etc.*
Wirf alle Sorgen hinter dich, mein Herz, und sey in deinem Gott zufrieden! Sey still; denn er gewährt dir sicherlich, was nöthig ist zu deinem Heil hienieden; warum willst du in eitler Müh und Pein, in Müh und Pein unruhig seyn?

2. Wohlan! sey gutes Muths im Herrn, vertrau dich gänzlich seinen Vaterhänden. Er ist mit seiner Hülfe ja nicht fern, und bald wird sich sein Segen zu dir wenden. Such ihn allein, wenn etwas dir gebricht, und sorge nicht, nein sorge nicht.

3. O trachte nur mit Ernst darnach, daß du mit ihm dich innig mögst verbinden, und werde nur im Glauben nimmer schwach, so läßt er dich auch alles Andre finden: er ist und bleibt dein Vater und dein Gott, dein treuer Gott in aller Noth.

4. Nah dich zu ihm, er rufet dir, er spricht: wie könnt ich dich, mein Kind, verlassen? Mein Herz bewegt von Liebe sich in mir, daß ich dich muß mit Gnad und Huld umfassen! Drum, Seele, dring getrost zu deinem Herrn, er segnet gern, er segnet gern.

5. Der Himmel und die Erd ist dein, er schenkt sie dir in Christo, meine Seele; so nimm in heilger Glaubenskraft sie ein, und denke nicht, daß dir noch etwas fehle. Bleib nur bei Gott, so bleibest du zugleich auch ewig reich, auch ewig reich.

638.   Mel. Machs mit mir, Gott etc.
Wohl dem, der sich auf seinen Gott recht kindlich kann verlassen; mag ihn auch treffen Sorg und Noth, mag auch die Welt ihn hassen, so bleibt er doch in sich vergnügt, sein Freund ist Gott, der Alles fügt.

2. Die böse Welt mag immerhin ohn Ursach mich befeinden, kann sich nur immer mehr mein Sinn mit meinem Gott befreunden. Ich trotze muthig jedem Feind! Wer schadet mir, ist Gott mein Freund?

3. Ich murre nicht, daß ich hier oft viel habe dulden müssen; mich hat ja Gott ganz unverhofft aus mancher Angst gerissen: da lernt ich recht, daß Gott allein der Menschen bester Freund muß seyn.

4. Und will, ob meiner Sündenschuld, mein Herz mich hart verklagen; spricht es mir ab des Vaters Huld: doch darf ich nicht verzagen. Wer ist, der mich verdammen kann? Gott ist mein Freund und nimmt mich an! |

5. Ja selbst des Grabes finstre Nacht kann mich nicht mehr erschrecken; ich weiß, mich wird durch seine Macht der Herr einst auferwecken. Mit Christo werd' ich dann vereint, durch ihn ist ewig Gott mein Freund.

6. So geh' ich freudig durch die Welt, getrost und stark im Glauben! Wer fest an seinen Gott sich hält, dem kann die Welt nichts rauben! Gott ist mein Freund, mein Schutz, mein Rath! Wohl dem, der Gott zum Freunde hat!

639.   Mel. Nun danket alle Gott etc.
Wohl dem, der unsern Gott zum Helfer sich erwählet, der kindlich ihm vertraut, was seinem Herzen fehlet. Wohl dem, der auf den Herrn allein sein Hoffen stellt, auf ihn, der Trost verspricht, und ewig Glauben hält.

2. Wer hier auf Menschenkraft und Menschengunst vertrauet, der hat fürwahr sein Glück auf bloßen Sand gebauet; betrüglich und gering ist aller Menschen Macht, und aller Hoheit Glanz versinkt in Todesnacht.

---

23 mir,] mir

3. Viel sichrer ist mein Trost, ich weiß, an wen ich glaube. Wo ist der mächtge Feind, der mir dies Kleinod raube? Ich stehe fest in Gott, ihm hang ich einzig an, dem keine Noth zu groß, der helfen will und kann.

4. Zu ihm, dem treuen Gott, ist meine Seele stille; sein Arm ist ewig stark, und gnadenvoll sein Wille. Sein Gang ist wunderbar, unendlich seine Kraft; sie hat von Alters her stets Hülf' und Rath geschafft.

5. Drum halt' ich mich zu Gott, und das ist meine Freude, wenn ich ihm danken kann, nach überstandnem Leide, wenn mein erquicktes Herz ihn rühmt mit allem Fleiß, und ihm ein Loblied singt zu seines Namens Preis.

6. Gieb, daß ich stets, mein Gott, an dir fest hangen bleibe, daß weder Glück noch Noth mich jemals von dir treibe. Verleih mir deinen Geist, und schenk mir neue Kraft, zu üben immerdar die gute Ritterschaft.

XXII. Lob- und Danklieder.

640.   Jehovah ist mein Licht etc.

Auf, auf, mein Geist! den Herrn der Welt zu loben, erhebe dankbar dich, und säume nicht! sey still und sanft, und himmelwärts erhoben zu Gott, des Herzens Trost und Zuversicht. Er ist allein, Lob Ehre Preis und Ruhm zu nehmen würdig stets | und überall; ihn preis' auch du! mit frohem Jubelschall geh ein in sein erhabnes Heiligthum!

2. Der Herr ist zwar ein unbegreiflich Wesen, drin sich vergeblich der Verstand verliert; doch kannst in seiner Welt du deutlich lesen, wie wunderbar sein weiser Rath regiert. Er hat und kennet seines Gleichen nicht; es weicht Alles seiner Majestät, vor der die Kreatur mit Zittern steht, dieweil er wohnt in unnahbarem Licht.

3. Ja er, der Lebensgrund von allen Dingen, er ist fürwahr ein unzugänglich Licht: doch wird im Licht zu wandeln mir gelingen, so decket sich mir auf sein Angesicht. Denn wie er ist und lebt im Licht allein, so birgt er sich dem, der das Dunkle liebt, und liebet den, der sich dem Recht ergiebt; der wohnet stets in seiner Strahlen Schein.

4. O selig, wer also den Herrn erkennet, und kindlich zu ihm Vater sagen kann; o selig, wen auch Er den Seinen nennet, wen er als Kind des Hauses siehet an! Mit Kindern geht kein Vater ins Gericht, so hat auch Er Geduld, übt Langmuth aus, und hat mit Seligkeit geschmückt sein Haus, wo Liebe herrscht, wo Gnade nie gebricht.

5. Drum auf! ich will, o Herr, dich froh erheben, weil du auch mich zu denen hast gezählt, die du in Christo hast gebracht zum Leben, und in dein Haus zu Kindern dir erwählt. Jetzt zwar schau ich dich nur in dunklem Licht; doch kommt, ich weiß es, künftig noch der Tag, da ich dich ohne Decke schauen mag von Angesicht zu frohem Angesicht.

641.   Mel. Ich singe dir etc.

Auf, Christen, bringet Preis und Ehr dem Herrscher aller Welt, dem Mächtigen, der Erd' und Meer und alle Himmel hält.

2. Frohlockt mit jubelreichem Schall Gott unserm höchsten Gut, der große Wunder überall auch an uns Menschen thut.

3. Von unsrer zarten Kindheit an war seine Hülf' uns nah; auch wo kein Mensch mehr retten kann, steht Gott als Retter da.

4. Aus seiner Fülle nehmen wir, was uns erfreut und nährt, und Alles, was der Seele hier Zufriedenheit gewährt.

5. Ist dornenvoll auch unser Pfad, und beugt uns oft der Schmerz, Gott prüfet nur nach seinem Rath, und stärkt durch Noth das Herz.

6. Nach Väter Weise träget er uns Schwache mit Geduld, er züchtigt wohl, doch nie zu schwer, und tilget unsre Schuld.

7. Sein Wort weckt das Gewissen auf, ruft uns zur Besserung, sein Geist stärkt uns im Tugendlauf, schafft unsre Heiligung.

8. Gott ist getreu, und läßt uns nicht; wohl Allen, die ihm | traun, sie werden einst sein Angesicht in sel'gem Lichte schaun.

642. Mel. Sollt ich meinem etc.

Auf, ihr Christen, Gott zu loben, seine Huld und seinen Rath, ihn, deß Macht durch tausend Proben sich an uns verherrlicht hat. Zwar, kein Mensch kann ihn ermessen; Gottes Gnade, welch ein Meer! Wer sind wir, und was ist er? Doch wer kann des Danks vergessen? und er nimmt das Scherflein an, das ein Armer opfern kann.

2. Preis dem Bischof unsrer Seelen! Dank dem Hirten seiner Schaar! Nie ließ er ein Gut uns fehlen; treu nahm er der Heerde wahr. Seines Wortes kräftge Nahrung, seines Geistes Unterricht, dieses reine Himmelslicht, seines Hirtenstabs Bewahrung, welcher Segensström' Erguß! welch ein Himmels-Vorgenuß!

3. Daß sein geistger Tempel stehet auch in Stürmen unversehrt, daß sein Friede drinnen wehet, das ist ewgen Dankes werth. Beben seines Zions Gründe, wenn der Geist der Sünd' und Welt es belagert und umstellt: wer zerstört die Macht der Sünde? Nicht der Streiter Arm und Fleiß, ihm, nur ihm gebührt der Preis.

4. Doch mit Herzenskümmernissen kämpft der Seinen Dankgefühl, weil wir, ach, bekennen müssen, wir sind ferne noch vom Ziel. Oft gedämpft durch Nichtigkeiten, brennt des Altars Flamme nicht, wie doch Licht von seinem Licht sollte lautern Schein verbreiten. O, wann strahlt sein Heiligthum ganz in fleckenlosem Ruhm?

5. Demuth schlägt die Blicke nieder; doch giebt Glaube Zuversicht, hebt die feuchten Augen wieder, und die Herzen werden Licht. Nein, du kannst uns nicht verlassen, schonest, trägest und vergiebst; wie du unaussprechlich liebst, das kann kaum die Seele fassen. Groß, ja groß ist Menschenschuld; göttlich groß ist Gottes Huld.

6. Laß vom Jüngsten bis zum Greise Zeugen deiner Kraft uns seyn, daß sie reich sich stets erweise in der Gläubigen Verein! Wenn wir Großes schon erfuhren, Größres ist uns aufgespart, das uns dort wird offenbart in des Himmels selgen Fluren, wo uns Alle unverrückt Herrlichkeit in Fülle schmückt.

XXII. Lob- und Danklieder

643. Mel. Lobe den Herren, den etc.
Danket mit Freuden, o danket dem Vater der Gnade, ihr, die er segnet und führet auf ebenem Pfade; die ihr ihn kennt, Vater in Christo ihn nennt, preiset den Vater der Gnade!

2. Oft ist sein Thun vor den Augen der Menschen verborgen, eh' es erscheinet, zagt Alles, versunken in Sorgen; ist es gescheh'n, haben wir's | heute gesehn, ach! so vergessen wir's morgen.

3. Kinder des Vaters im Himmel, erkennet die Gaben, die wir gesegnet von ihm, dem Erbarmenden, haben. Sind wir es werth, daß er uns leiblich ernährt, und auch die Seele will laben?

4. Habt ihr nicht täglich die Gnade des Höchsten erfahren? Denket, wie oft euch kein Sterblicher konnte bewahren; doch er erschien, ihr wart gerettet durch ihn, nicht mehr bedrängt von Gefahren.

5. Die ihr die Hülfe des Ewigen habet gesehen, mehr noch empfinget, als bitten ihr könnt und verstehen, preiset und liebt den, der die Sünden vergiebt, segnet, eh' wir zu ihm flehen.

6. Wer ihm nun danket, wird immer mehr Gaben empfangen, Wachsthum im Glauben, im Hoffen und Lieben erlangen. Gott reichet dar gern seiner Gläubigen Schaar mehr, als sie von ihm verlangen.

7. Wer zu ihm rufet in Nöthen, den will er erhören; sind wir errettet, so sollen wir dankbar ihn ehren. Folgt seinem Wort, fahret im Danken nur fort, er wird euch Alles gewähren.

8. Hilf mir, mein Vater, dir danken mit heiligen Werken, folgsam in Allem, auf deine Gebote nur merken, muthig dir traun, still in der Noth auf dich schaun, du nur kannst wahrhaft mich stärken!

644. Mel. Gott des Himmels und etc.
Dankt dem Herrn, ihr Gottesknechte, kommt, erhebet seinen Ruhm! das erlösete Geschlechte ist und bleibt sein Eigenthum. Christus bleibt in Ewigkeit, wie er gestern war und heut.

2. Segnend walten nun die Hände eures Gottes euch zum Heil, seine Liebe sonder Ende reichet Jeglichem sein Theil; er bleibt Allen zugewandt, die durch Jesum ihn erkannt.

3. Haltet nur in allen Dingen euch nach unsers Gottes Treu. Laßt euch nichts zur Freude bringen, eh euch unser Gott erfreu; und betrifft euch Schmerz und Noth, Jesus fleht für euch zu Gott.

4. Alle, die auf Menschen bauen, gehn zu Grund in ihrem Wahn, nur die unserm Gott vertrauen, wandeln auf der sichern Bahn. Jesu Jüngern wird bekannt Gottes Hülf und starke Hand.

5. Danket Gott, ihr Gottesknechte! kommt, erhebet seinen Ruhm! Du erlösetes Geschlechte, weih dich ihm zum Eigenthum! Christus bleibt in Ewigkeit, wie er gestern war und heut.

645. Mel. Ich singe dir mit Herz etc.
Du bists, dem Ehr und Ruhm gebührt, und dies, Herr, bring ich dir; mein Schicksal hast | du stets regiert, und stets warst du mit mir.

2. Wenn Angst und Noth sich mir genaht, so hörtest du mein Flehn, und ließest mich, nach deinem Rath, Hülf und Errettung sehn.

3. Wenn ich in Schmerz und Krankheit sank, und rief: Herr, rette mich! so halfst du: dich erhebt mein Dank, denn ich genas durch dich.

4. Betrübte mich des Feindes Haß, so klagt ich dir den Schmerz: du halfst mir, daß ich ihn vergaß, und gabst Geduld ins Herz.

5. Wenn ich den rechten Pfad verlor, mich schuldbeladen sah, rief ich zu dir, mein Gott, empor, und Gnade war mir nah.

6. Seufzt ich im Leiden: Herr, wie lang? hast du dich weggewandt? war mir um Trost und Hülfe bang, so half mir deine Hand.

7. Er half, noch hilft er stets, der Herr, denn er ist fromm und gut. Aus der Versuchung rettet er, und giebt zur Tugend Muth.

8. Herr, für die Leiden dank ich dir, dadurch du mich geübt, und für die Freuden, welche mir dein milder Segen giebt.

9. Dir dank ich, Herr, daß die Natur mich nährt und mich erfreut. Ich schau in jeder Kreatur, Gott, deine Freundlichkeit.

10. Ich danke dir für deinen Sohn, der für mich Sünder starb, und der zu deinem Gnadenthron den Zugang mir erwarb.

11. Lobt Gott in seinem Heiligthum, erheb ihn, Volk des Herrn! die Erd ist voll von seinem Ruhm; er hilft und rettet gern.

12. Er hilft und läßt die Traurigkeit uns bald vorübergehn, will uns, nach kurzer Prüfungszeit, zum ewgen Glück erhöhn.

13. Vergiß nicht, Seele, deinen Gott, und was er dir gethan; verehr und halte sein Gebot, und bet ihn ewig an.

646.   Mel. Valet will ich dir geben etc.

Du meine Seele singe, wohlauf, ihn zu erhöhn, dem Herrn, dem alle Dinge zu Dienst und Willen stehn. Ich will den Vater droben hier preisen auf der Erd, ich will ihn herzlich loben, so lang mein Leben währt.

2. Wohl dem, der einzig schauet auf Jacobs Gott und Heil! Wer ihm sich anvertrauet, der hat das beste Theil; der hat den Schatz erlesen; unangefochten ruht sein Herz und ganzes Wesen in Gott, dem höchsten Gut.

3. Bei ihm ist alle Stärke und unerschöpfte Macht, das predigen die Werke, die er hervorgebracht. Der Himmel und die Erde mit ihrem ganzen Heer, und was durch Gottes Werde sich regt im weiten Meer. |

4. Sein ist der treuste Wille, er giebt mit milder Hand dem seine Segensfülle, den er getreu erfand. Gott hält sein Wort mit Freuden, geschehn muß, was er spricht, und wer Gewalt muß leiden, den schützt er im Gericht.

5. Er ist das Licht der Blinden, thut auf der Tauben Ohr, und die sich schwach befinden, gehn stark durch ihn hervor; er ist der Fremden Hütte, die Waisen nimmt er an, erfüllt der Wittwen Bitte, schafft Hülfe Jedermann.

6. Ach ich bin viel zu wenig, zu preisen seine Ehr; er ist der ewge König, ich bin von gestern her; jedoch weil ich gehöre gen Zion in sein Zelt, geziemt mir's, daß ich mehre sein Lob vor aller Welt.

647.   Mel. Sollt' ich meinem Gott etc.

Freude wallt in meinem Herzen! O wie freundlich, Gott, bist du! du entferntest Sorg' und Schmerzen, führst mir Heil und Segen zu. Was ich bin, vermag

XXII. Lob- und Danklieder

und habe, strömt aus deiner Fülle her, nichts kommt mir von Ungefähr; Alles, Herr, ist deine Gabe, Alles wird durch deine Hand abgewehrt und zugewandt.

2. Du gebeutst, und schnell entfliehet, was mit Sorgen mich erfüllt, und mein frohes Auge siehet, wie dein Rathschluß sich enthüllt. War die Hoffnung schon verschwunden, sank ich schon in Kleinmuth hin, ahnete mein trüber Sinn nichts, als bange Trauerstunden: Herr, dann sprachst du nur ein Wort, und die Sorgen eilten fort.

3. Ja, was du mir, Herr, bereitest, das ist Freude, Heil und Glück; daß du wunderbar mich leitest, sagt mir jeder Augenblick. Wärest du nicht mein Erbarmer, schirmtest du mein Leben nicht, ach wo fänd' ich Trost und Licht, wie verlassen wär' ich Armer! Wohl mir, Herr, daß du regierst, und nach deinem Rath mich führst!

4. Immer will ich dir vertrauen, dir, der Alles weislich fügt, gläubig zu dir aufwärts schauen, wenn der Muth mir fast erliegt. Preis sey dir, deß ich mich freue, der so Großes an mir thut, und im Segnen niemals ruht, Preis sey deiner Vatertreue; da ich sonst nichts geben kann, nimm mein Loblied gnädig an!

5. O bewahr am guten Tage mich vor Stolz und Sicherheit, halte fern von mir die Klage in der schwersten Prüfungszeit! Laß mich im Genuß der Freuden stets auf deinen Willen sehn, und auch dann noch aufrecht stehn, wenn sie wieder von mir scheiden. Hier nur wechseln Freud und Leid, dort ist ew'ge Seligkeit.

648.   Mel. Nun lob' meine Seel' etc.
Frohlockend laßt uns treten vor unsern Gott mit Preis und Ruhm! | Mit freudigen Gebeten lobt ihn in seinem Heiligthum! Ihn, der an allen Enden beglücket und erfreut, und der mit Vaterhänden uns führt zur Seligkeit. Er träget selbst die Sünder, und hilft dem Schwachen gern. Lobt ihn, ihr seine Kinder! Ihr Christen, dankt ihm gern.

2. Ihr, Eines Hauptes Glieder, vereinigt liebreich Herz und Mund! Durch Christum alle Brüder, macht eures Vaters Gnade kund! Zu Einem Heil berufen, habt Alle Einen Sinn; so tretet zu den Stufen des Gnadenthrones hin! Der Zwietracht Geist verschwinde, verbannt sey Haß und Neid, und jedes Herz empfinde der Liebe Seligkeit.

3. Sieh, König aller Ehren, auch uns erfüllt von Einem Geist, hier, wo in vollen Chören dich unser dankbar Loblied preist. In Einem lauten Tone singt durch dein ganzes Reich dir, Vater, und dem Sohne die Christenheit zugleich. Die Eintracht ihrer Lieder steigt auf mit hohem Klang, schallt durch die Himmel wieder; welch englischer Gesang!

4. Und wenn an heilger Stätte einmüthig wir dich so erhöhn, dann willst du die Gebete der gläubgen Seelen nicht verschmähn. Du hörst, wenn wir von Herzen dir danken, treuer Gott, für Lindrung unsrer Schmerzen, für Rettung aus der Noth. O neig' auch jetzt von oben zu uns dein Angesicht, bis wir dich würdger loben dort in dem ewgen Licht!

649.   Mel. Ich dank dir, lieber Herre etc.
Gott, meine ganze Seele macht deinen Ruhm bekannt. Dir dank' ich, und erzähle die Wunder deiner Hand. Mein Herz ist froh, ich singe aus tief bewegter Brust: du, dem ich Lieder bringe, du, Herr, bist meine Lust!

2. Du sitzest auf dem Throne, als Richter aller Welt, der, Jeglichem zum Lohne, gerecht sein Urtheil fällt. Wenn Menschen frevelnd schmähen dein heiliges Gebot, dann schiltst du, sie vergehen vor deinem Zorn, o Gott!

3. Gott wägt die Welt und übet ein heiliges Gericht; wer Trug und Bosheit liebet, bleibt vor dem Höchsten nicht. Die Wage sinkt und steigt, wie sein Gesetz gebeut, und jedes Volk bezeuget des Richters Heiligkeit.

4. Du bist ein Fels der Frommen, ein Fels in jeder Noth. Sie traun auf dich, und kommen zu dir, dem treuen Gott. Die Thränen, die sie weinen, sind dir bekannt und werth, versäumen willst du Keinen, der deinen Schutz begehrt.

5. Freut euch des Herrn und preiset ihn laut vor aller Welt, der herrlich sich beweiset, und, was er zusagt, hält. Nach überwund'nen Leiden er|schallt im Heiligthum, dir, Geber hoher Freuden, Anbetung, Preis und Ruhm.

650.   Mel. Wachet auf, ruft uns etc.
Gott, wer ist dir zu vergleichen, und wer ermißt in deinen Reichen, wie viel sich Geister dein erfreun? Ungezählte Sonnen geben zahllosen Welten Licht und Leben; du schufst, du hältst sie auch allein. Doch ist der Welten Raum nur deines Kleides Saum, Herr und Schöpfer! Dich aber selbst, der du ihn wölbst, dich fassen die Gedanken kaum.

2. Und in diesem Heiligthume, dem Tempel voll von deinem Ruhme, ist auch die Stätte mir erbaut. Ich darf vor dein Antlitz treten, zu dir mit allen Wesen beten, auf die dein Auge segnend schaut. Wer deine Lieb' erkennt, dich gläubig Vater nennt, der vergeht nicht. Ich Erdenstaub, ich fallend Laub, mir ist die Ewigkeit gegönnt.

3. Schwing dich denn empor und singe! Bis über alle Himmel dringe zu Gott, o Seele, dein Gesang! Höher als die Himmel gehen, und höher als die Sternenhöhen geht Gottes Gnade, geh mein Dank. Warmherzig schauet er auf alle Menschen her, die ihn fürchten. Er sorgt und wacht, hat auf uns Acht; drum sorg' und fürchte Keiner mehr.

4. Hab ichs nicht von ihm vernommen? Ist nicht zu mir ein Wort gekommen, das ewge Gnade mir verspricht? Fallen können Berg' und Hügel, doch fest steht seines Bundes Siegel, von uns weicht seine Gnade nicht. So treu von jeher schon liebt er nun in dem Sohn uns als Vater. O betet an! Ihr dürft euch nahn, und danket ihm am Gnadenthron.

651.   In eigner Melodie.
Herr Gott, dich loben wir! Herr Gott, wir danken dir! Du ewger Vater, dich erhebt, was weit und breit auf Erden lebt. Die Himmel und der Engel Schaar lobsingen, Herr, dir immerdar. Die Cherubim und Seraphim verkünden stets mit hoher Stimm: Heilig ist unser Gott, heilig ist unser Gott, heilig ist unser Gott, der Herr Herr Zebaoth.

[2.] Die Himmel und der Erden Kreis sind voll von deines Namens Preis. Der heiligen zwölf Boten Zahl, und die Propheten allzumal, der Märtyrer hellglänzend Heer verherrlicht ewig deine Ehr. Die ganze werthe Christenheit rühmt dich auf Erden allezeit. Dich, Vater, auf des Himmels Thron, und Christum, deinen einzgen Sohn, den heilgen Geist, den Tröster werth, im Glauben sie bekennt und ehrt.

XXII. Lob- und Danklieder

[3.] König der Ehren, Jesu Christ, des Vaters ewger Sohn du bist. Du nahmest an, der | Welt zu gut, gleich Menschenkindern, Fleisch und Blut; des Todes Stachel brachest du, und führst uns All dem Himmel zu. Zur Rechten Gottes nun erhöht, theilst du des Vaters Majestät, und wenn der Bau der Erde bricht, erscheinest du uns hältst Gericht. So fleh'n wir, nimm in deine Hut, die du erkauft mit deinem Blut.

[4.] Laß uns im Himmel haben Theil an aller Frommen ewgem Heil; hilf deinem Volk, Herr Jesu Christ, und segne, was dein Erbtheil ist. Regier die Deinen allezeit, und heb sie hoch in Ewigkeit!

[5.] Dich loben täglich wir, o Herr, verkünden ewig deine Ehr. Behüt uns bis auf jenen Tag, daß Jeder rein erscheinen mag. Erbarm' dich unser, treuer Gott, erbarm dich unser Aller Noth; Barmherzigkeit laß uns geschehn, so wie wir hoffend zu dir flehn. Auf dich steht meine Zuversicht; zu Schanden werd' ich ewig nicht. Amen.

652. Mel. Wachet auf, ruft etc.

Herzen, wallt mit frohen Schlägen voll Lob und Dank dem Herrn entgegen, der uns bis hieher hat gebracht! Singet in erhabnen Weisen, den Segensrath des Herrn zu preisen, die reiche Huld, die starke Macht! Doch blöden Auges nur folgt unser Geist der Spur des Barmherzgen, der seiner Schaar unwandelbar Rath, Kraft und Heil und Friede war.

2. Welches Heil, aus freien Gnaden zum Bunde seines Volks geladen, zur Kindschaft auserwählt zu seyn! sich des Heilands freun zu können, vor Tausenden ihn sein zu nennen, und froh zu rühmen: er ist mein! Welch unschätzbarer Bund, auf ewgem Felsengrund fest erbaut! Wer ihm sich weiht, reift in der Zeit schon für des Himmels Seligkeit.

3. Volk, dem er den Gottesfrieden, des Himmels Bürgerrecht beschieden, verkünde laut sein Recht und Licht. Könnt' auch eine Mutter dessen, den sie im Schooße trug, vergessen: der Herr vergißt doch unsrer nicht! Sein Trost nur und sein Rath hält uns auf rechtem Pfad. Hallelujah! sein Angesicht bleibt unser Licht, sein Wort der Stab, der nie zerbricht.

4. Trifft nun auch die Seinen Schweres, es ist kein Spiel des Ungefähres, der Herr ists, der es uns beschied. Glaub und Zuversicht gereuen nie Einen von des Herrn Getreuen, auch wo er keinen Ausgang sieht. Der unsre Haare zählt, der weiß auch, was uns fehlt, und erbarmt sich. Er lenkt hinauf der Seinen Lauf, und schließt des Himmels Schätze auf.

5. Selig, wer aus diesen Schätzen schon hier weiß Herz und Geist zu letzen, und wer im Glauben treu beharrt. Dop|pelt selig, wer den Segen auf reichen Wucher auszulegen in seinem Dienst gewürdigt ward! Wie weiht dem guten Herrn der Treuen Schaar so gern Leib und Seele! Und was er sagt, wird unverzagt auf seinen Beistand hin gewagt.

6. Sieh! in Lieb' und Dank ergossen sehn Christi Jünger und Genossen schon manches hohe Ziel erreicht. Leit' auf alle ihre Pfade, o Herr, ein Bächlein deiner Gnade, das bis ins ewge Leben reicht. Sey mit uns fort und fort in allem Thun und Wort, und mit Allen, die deine Hand in jedem Land zum Bund' auf deinen Sohn verband.

### 653.	Mel. Wachet auf, ruft etc.

Jauchzt, ihr auserwählten Kinder, und preist den Herrn, erlöste Sünder, die seine Gnade hoch erfreut! Laßt die Stimme laut erklingen, ein wohlgefällig Lied zu singen, voll Demuth und voll Dankbarkeit. Und schaut mit frohem Muth, was er noch an euch thut. Hallelujah! Sein Wort ist süß; was er verhieß, ist Wahrheit und er hält's gewiß.

2. Der im reinsten Lichte wohnet, bei dem Gerechtigkeit stets thronet, der giebt an Licht und Recht uns Theil. Alles predigt seine Ehre; er ordnete der Sterne Heere, er ordnet auch der Menschen Heil. Ihn bete an die Welt, den Herrn, der sie erhält! Hallelujah! Er will und spricht, und strahlend bricht aus Finsterniß hervor das Licht.

3. Unser Gott herrscht ohne Schranken, er wendet Völkern die Gedanken, er macht zu Nichts der Bösen Rath. Nur sein Rath bleibt ewig stehen; was er bedacht, das muß geschehen, er ist gleich groß in Rath und That. Wohl uns, daß er regiert, der Alles herrlich führt! Hallelujah! Die auf ihn schaun, und ihm vertraun, die wandeln ohne Furcht und Graun.

4. Send uns ja in voller Klarheit, o Gott, dein Licht und deine Wahrheit, daß sie uns leiten überall. Laß uns auf des Glaubens Schwingen zu jenen lichten Höhen dringen, zu der Verklärten Jubelschall. In deinem Himmelreich sind wir dann Engeln gleich. Hallelujah! Wir gehen ein, bei dir zu seyn, und dein auf ewig uns zu freun.

5. Bis dahin lasset uns mit Beten oft vor des Höchsten Alltar treten, vor Gott, der unsre Schuld vergißt, der der Gläubgen Schild und Sonne, und unsre Freud und höchste Wonne durch Christi großes Opfer ist. Was wir in ihm erflehn, das wird Gott nicht verschmähn. Hallelujah! Gott, führe du uns Alle zu dem ewgen Reich und seiner Ruh.

### 654.	Mel. Nun freut euch, lieben etc.

Ich, der ich oft in tiefes Leid und große Noth muß gehen, will dennoch Gott mit großer Freud und Herzenslust erhöhen! Mein Gott und König, höre mich, ich will ohn Ende preisen dich und deinen Namen loben.

2. Ich will dir mit der Morgenröth ein täglich Opfer bringen. So oft, Herr, deine Sonn aufgeht, will ich mein Loblied singen. So soll auch bis zur späten Nacht das Rühmen deiner hohen Macht mein Werk seyn und Geschäfte.

3. Die Welt dünkt uns gar schön und groß, und reich an Gut und Gaben, und was sie trägt in ihrem Schooß, will gern ein Jeder haben: und ist doch Alles lauter Nichts; eh man es recht genießt, zerbrichts, und gehet schnell zu Grunde.

4. Der Herr allein ist groß und schön, unmöglich auszuloben, den Engeln selbst, die ewig stehn vor seinem Throne droben. Ob Aller Stimme sich erhebt, so wird doch Keiner, der da lebt, des Höchsten Größ' aussprechen.

5. Die Alten, die nun nicht mehr sind, die haben dich gepriesen; so hat ein Jeder auch sein Kind zu gleichem Dienst gewiesen; die Kinder werden auch nicht ruhn, und werden doch dein Werk und Thun, Gott, nicht vollkommen preisen.

6. Wie Mancher hat zu seinem Heil dein Lob mit Fleiß getrieben, und siehe! mir ist doch mein Theil zu loben übrig blieben. Ich will von deiner Wundermacht, und deiner herrlich schönen Pracht bis an mein Ende reden.

XXII. Lob- und Danklieder

7. Und was ich rede, wird von mir manch frommes Herze lernen; dein Ruhm wird glänzen für und für, hoch über allen Sternen. Durch alle Welten weit und breit wird man von deiner Herrlichkeit und starken Hand erzählen.

8. Wer ist so freundlich, Herr, wie du? so gnädig im Erdulden? Wer deckt mit solcher Langmuth zu so viele schwere Schulden, die aus der ganzen weiten Welt bis zu dem hohen Himmelszelt ohn Ende sich erheben?

9. Es muß ein treues Herze seyn, das uns so hoch kann lieben, da wir doch Alle, Groß und Klein, des Guten wenig üben. Gott muß nicht anders seyn, als gut, daher fleußt seiner Güte Fluth auf alle seine Werke.

10. Drum sollen, Herr, dir immerdar all deine Werke danken, voraus die Heilgen, deren Schaar dir dient ohn alles Wanken, sie sollen deines Reichs Gewalt, und unvergängliche Gestalt mit tausend Zungen rühmen.

11. Sie sollen rühmen, daß dein Ruhm durch alle Welt erklinge, daß Jedermann im Heiligthum dir Dienst und Opfer bringe. Dein Reich, das ist ein ewges Reich, und deine Herrschaft ist dir gleich, der du kein End erreichest.

12. Der Herr ist bis an unsern Tod beständig bei uns Al|len, erleichtert unsre Kreuzesnoth, und hält uns, wenn wir fallen. Er steuert manchen Unglückslauf, und hilft uns freundlich wieder auf, wenn wir darnieder liegen.

13. Herr, Aller Augen seh'n auf dich, zu deinem Stuhl gekehret. Du bists allein, der väterlich, was lebt und webt ernähret. Du öffnest deine milde Hand, machst satt und froh, was auf dem Land, im Meer' und Lüften schwebet.

14. Du meinst es gut, und thust uns wohl, auch da wir's oft nicht denken, und doch ist Mancher kummervoll, verzehrt sein Herz mit Kränken; er sorgt und fürchtet Tag und Nacht, Gott lass' ihn gänzlich aus der Acht und habe sein vergessen.

15. Nein! Gott vergißt der Seinen nicht, er hält uns Bund und Treue, sein Herz bleibt stets auf uns gericht't, daß er zuletzt erfreue. Gehts auch zuweilen wunderbar, ist er doch heilig immerdar, gerecht in seinen Wegen.

16. Gott ist zu helfen stets bereit dem, der ihn kindlich ehret; und wer in Demuth zu ihm schreit, der wird gewiß erhöret. Gott weiß wohl, wer ihm hold und treu, und dem steht er allmächtig bei in allen seinen Nöthen.

17. Den Frommen wird kein Gut versagt, Gott thut, was sie begehren; er mißt das Unglück, das sie plagt, und zählt all ihre Zähren. Er löset endlich ihre Last; dem aber, der sie kränkt und haßt, wird er das Urtheil sprechen.

18. So will ich denn zu aller Stund das Lob des Höchsten singen, es soll aus tiefstem Herzensgrund hinauf zum Himmel dringen. Und also thu auch immerfort, was lebt und webt an jedem Ort; das wird Gott wohlgefallen.

655.   In eigner Melodie.

Ich singe dir mit Herz und Mund, Herr, meines Lebens Lust, ich sing', und mach' auf Erden kund, was mir von dir bewußt.

2. Ich weiß, daß du der Brunn der Gnad' und ew'ge Quelle bist, daraus uns Allen früh und spat viel Heil und Segen fließt.

---

18 hilft] hift

3. Was sind wir doch, und haben wir, was kann uns hier erfreun, das uns nicht käme Herr, von dir und deiner Huld allein.
4. Wer hat das schöne Himmelszelt hoch über uns gesetzt? Wer ist es, der uns unser Feld mit Thau und Regen netzt?
5. Wer wärmt uns bei des Winters Frost, wer bricht der Stürme Macht, wer hat mit Korn und Oel und Most uns väterlich bedacht?
6. Wer giebt uns Leben, Kraft und Muth, wer schützt mit starker Hand des güldnen Friedens edles Gut in unserm Vaterland? |
7. Ach Herr, mein Gott, das kommt von dir, du, du mußt Alles thun, in deiner Obhut stehen wir, und können sicher ruhn.
8. Du nährest uns von Jahr zu Jahr, bleibst immer fromm und treu, beschirmst uns gnädig in Gefahr, und stehst uns treulich bei.
9. Du trägst uns Sünder mit Geduld, und strafst nicht allzusehr, ja, tilgest liebreich unsre Schuld, und wirfst sie in das Meer.
10. Oft, wenn der Christ verlassen scheint, hast du ihn schon gestärkt, und keine Thräne, die er weint, bleibt von dir unbemerkt.
11. Des Lebens Mangel füllest du mit ew'gen Gütern aus, und führest uns zur wahren Ruh einst in des Himmels Haus.
12. Drum auf, mein Herz, sey froh und sing, und habe guten Muth; dein Gott, der Ursprung aller Ding, ist selbst und bleibt dein Gut.
13. Er ist dein Schatz, dein Erb und Theil, dein Glanz und Freudenlicht, dein Schirm und Schild, dein Trost und Heil, er läßt dich ewig nicht.
14. Was kränkst du dich in deinem Sinn, und grämst dich Tag und Nacht? Nimm deine Sorg, und wirf sie hin auf den, der dich gemacht.
15. Hat er dich nicht von Jugend auf versorget und ernährt? Wie oft hat er des Unglücks Lauf zum Segen dir gekehrt?
16. Er hat noch niemals was versehn in seinem Regiment; nein, was er thut und läßt geschehn, das nimmt ein gutes End.
17. Ei nun, so laß ihn ferner thun, und red' ihm nicht darein; so wirst du hier in Frieden ruhn, und ewig fröhlich seyn.

656.   Mel. Nun danket alle Gott etc.
Ich will dem Schöpfer Preis, Dank meinem Vater bringen; mein ihm geweihtes Herz soll sich der Welt entschwingen. Ich überschau die Bahn, die ich zurückgelegt, und innig wird mein Herz von seiner Huld bewegt.
2. Du hast mich wunderbar geschaffen und bereitet, und mich, o treuer Gott, an deiner Hand geleitet; in drohender Gefahr standst du mir mächtig bei, und deine Güte ward mit jedem Morgen neu.
3. Oft, wenn ich unruh voll an ferne Tage dachte, und manche trübe Nacht durchweinte und durchwachte: wars nicht ein eitler Wahn, der meinen Geist geplagt? Mein wahres Glück, o Herr, hast du mir nie versagt!
4. Preis sey dir dargebracht für trüb' und frohe Stunden! Wer nie ein Kreuz gekannt, hat nie sein Glück empfunden. Oft führte schneller mich zum Heil | der Leidenspfad, oft reifte später mir das Glück aus Thränensaat.
5. Mich lehrt dein theures Wort dich, wie du bist, erkennen; dich nicht bloß meinen Herrn, nein, dich auch Vater nennen. Ich sehe mein Geschick als Himmelsbürger ein, und weiß: ich bin nicht hier, um ewig hier zu seyn.

6. So hoch hast du die Welt, so hoch auch mich geliebet, daß deine Gnade mir in Christo Alles giebet. Sein Kreuz bringt Segen mir, sein ganz Verdienst ist mein; ich bin im Leben jetzt, und einst im Tode dein.

7. Bald ist die kurze Bahn der Pilgerschaft zu Ende; alsdann befehl ich dir den Geist in deine Hände. Laß mit verklärtem Blick dein Angesicht mich sehn, und durch ein beßres Lob dich ewig dort erhöhn.

657.   In eigner Melodie.
Lobe den Herren, den mächtigen König der Ehren! lob' ihn, o Seele, vereint mit den himmlischen Chören! Kommet zu Hauf! Psalter und Harfe wach' auf! Lasset den Lobgesang hören!

2. Lobe den Herren, der Alles so herrlich regieret, der, wie auf Flügeln des Adlers, dich sicher geführet, der dir gewährt, was dich erfreuet und nährt, dank es ihm, innigst gerühret.

3. Lobe den Herren, der künstlich und fein dich bereitet, der dir Gesundheit verliehen, dich freundlich geleitet. In wie viel Noth hat nicht der gnädige Gott über dir Flügel gebreitet?

4. Lobe den Herren, der deinen Stand sichtbar gesegnet, der aus dem Himmel mit Strömen der Liebe geregnet; denke daran, was der Allmächtige kann, der dir mit Liebe begegnet!

5. Lobe den Herren und preise des Ewigen Namen! Alles, was Odem hat, preise des Heiligen Namen! Er ist dein Licht! Seele, vergiß es ja nicht, lob' ihn in Ewigkeit. Amen.

658.   Mel. Nun lob' mein' etc.
Man lobt dich in der Stille, du großer, hocherhabner Gott; des Rühmens ist die Fülle vor deinem Thron, Herr Zebaoth! Du bist doch Herr auf Erden, der Frommen Zuversicht, in Trübsal und Beschwerden läßt du die Deinen nicht; drum soll dich stündlich ehren mein Mund vor Jedermann, und deinen Ruhm vermehren, so lang ich lallen kann.

2. Es müsse dein sich freuen, wer deine Macht und Gnade kennt, und stets dein Lob erneuen, wer dich in Christo Vater nennt. Dein Name sey gepriesen, der große Wunder thut; du hast auch mir erwiesen, was mir ist nütz und gut. Nun, das ist meine Freude, zu hangen fest an dir, daß mich und dich nichts scheide, so lang ich walle hier. |

3. Herr, du hast deinen Namen sehr herrlich in der Welt gemacht, und eh wir flehend kamen, hast du schon längst an uns gedacht. Du hast mir Gnad erzeiget; Herr, wie vergelt ichs dir? Ach bleibe mir geneigt, dein Segen ruh auf mir; dein Kelch des Heils erheben will ich dann allezeit, dich preisen hier im Leben, und dort in Ewigkeit.

659.   In eigner Melodie.
Nun danket alle Gott mit Herzen, Mund und Händen, der große Dinge thut an uns und aller Enden; der uns von Mutterleib und Kindesbeinen an bis diesen Augenblick unzählig Guts gethan.

2. Der ewig reiche Gott woll uns bei unserm Leben ein immer fröhlich Herz und edlen Frieden geben, und uns in seiner Gnad erhalten fort und fort, und uns aus aller Noth erlösen hier und dort.

3. Lob, Ehr und Preis sey Gott, dem Vater und dem Sohne, und Lob dem heilgen Geist im hohen Himmelsthrone; der Gott, den wir erhöhn, bleibt, wie er ewig war, unendlich groß und gut; Lob sey ihm immerdar!

660.   Mel. Lobt Gott, ihr Christen etc.
Nun danket All' und bringet Ehr, die ihr auf Erden lebt, dem, dessen Ruhm der Engel Heer im Himmel stets erhebt.
2. Ermuntert euer Herz und singt Gott, unserm höchsten Gut, der Wunder überall vollbringt, und große Dinge thut.
3. Der uns von Mutterleibe an frisch und gesund erhält, und wo kein Mensch uns helfen kann, sich selbst zum Helfer stellt.
4. Der, ob wir ihn gleich oft betrübt, doch gnädig uns'rer denkt, die Straf erläßt, die Schuld vergiebt, und uns viel Gutes schenkt.
5. Er geb uns auch ein fröhlich Herz, erfrische Geist und Sinn, und werfe Sorge, Furcht und Schmerz ins Meeres Tiefe hin.
6. Er lasse seinen Frieden ruhn auf unserm Vaterland; er gebe Glück zu unserm Thun, und Heil in jedem Stand.
7. So lang er uns allhier erhält, sey er stets unser Heil; und wenn wir scheiden aus der Welt, so bleib er unser Theil.
8. Er drück uns, wenn das Herze bricht, die Augen gnädig zu, und zeig uns dann sein Angesicht dort in der ewgen Ruh!

661.   In eigner Melodie.
Nun lob den Herrn, o Seele! was in dir ist, den Namen sein! vergiß nicht und erzähle, was er gethan, dich zu erfreun! Er hat die Schuld vergeben, denn seine Gnad' ist groß, er schützt dein armes Leben, nimmt dich in | seinen Schooß; er tröstet und erquicket, verjünget deine Kraft, und was sein Rath dir schicket, hat immer Heil geschafft.
2. Er hat uns wissen lassen sein heilig Recht und sein Gericht; Erbarmung ohne Maßen folgt dem, der nicht sein Bündniß bricht. Den Zorn läßt er bald schwinden, straft nicht nach unsrer Schuld, er läßt uns Gnade finden, und trägt uns mit Geduld. Nun dürfen wir nicht sorgen, fern läßt er von uns seyn, wie Abend von dem Morgen, die Sünd und ihre Pein.
3. Wie Väter sich erbarmen, wenn ihre Kinder hülflos schrein; so hilft der Herr uns Armen, wenn wir ihn fürchten kindlich rein. Er kennet unsre Schwäche, er weiß, wir sind nur Staub, wie Gras auf dürrer Fläche, und wie ein fallend Laub; so bald der Wind nur wehet, sind sie nicht länger da: also der Mensch vergehet, ihm ist sein Ende nah.
4. Nur Gottes Gnad alleine steht fest, und währt in Ewigkeit; sie bleibt in der Gemeine, die seinem Dienst sich gläubig weiht. Wenn seinen Bund wir halten, bleibt er uns treu gesinnt, es reicht sein gnädig Walten auf Kind und Kindeskind: drum laßt uns ihn verehren, den heilgen Engeln gleich, die seinen Ruhm vermehren in seinem Himmelreich.

662.   In eigner Melodie.
O daß ich tausend Zungen hätte und einen tausendfachen Mund, mit allen Wesen um die Wette lobt ich dann Gott aus Herzensgrund. Denn was der Herr an mir gethan, ist mehr, als ich erzählen kann.

XXII. Lob- und Danklieder

2. O, daß doch meine Stimm' erschallte bis dahin, wo die Sonne steht! o daß mein Blut mit Freuden wallte, so lang es durch die Adern geht! O wäre jeder Puls ein Dank, und jeder Odem ein Gesang!

3. Wer überströmet mich mit Segen? Bist du es nicht, o reicher Gott? Wer schützet mich auf meinen Wegen? Du mächtiger Herr Zebaoth! Du leitest mich nach deinem Rath, der nur mein Heil beschlossen hat.

4. Drum schweiget nicht, ihr meine Kräfte; auf, auf, braucht allen euren Fleiß! Und euer freudigstes Geschäfte sey meines Gottes Ruhm und Preis. Auf, meine Seel, ermuntre dich, und lobe Gott herzinniglich.

5. Ihr grünen Blätter in den Wäldern, bewegt und regt euch doch mit mir! Ihr zarten Blumen auf den Feldern, verherrlicht Gott durch eure Zier! Für ihn müßt ihr belebet seyn; auf, stimmet lieblich mit mir ein!

6. Ach, Alles, Alles, was nur Leben und Lebens-Odem in sich hat, soll sich mir zum Gehül|fen geben, den Herrn zu preisen früh und spat. Nie kann ich würdig gnug erhöhn die Wunder, welche um mich stehn.

7. Lob sey dir, Herr, mein Gott und Vater, für Leib und Seel, für Hab und Gut. Lob sey dir, mildester Berather, daß du mich nimmst in deine Hut. Auch in der größesten Gefahr ward ich dein Aufsehn stets gewahr.

8. Mein treuster Heiland, sey gepriesen, daß du durch deinen Todesschmerz mir dein Erbarmen hast bewiesen, geheilet mein verwundet Herz. Von Sünden hast du mich befreit, mich dir zum Eigenthum geweiht.

9. Auch dir sey ewig Ruhm und Ehre, o heilig-werther Gottes-Geist, für deine süße Himmelslehre, die mir den Weg zum Leben weist. Was Gutes soll durch mich gedeihn, das wirkt dein göttlich Licht allein.

10. Ich will von Gottes Güte singen, so lange sich die Zunge regt. Ich will ihm Freudenopfer bringen, so lange sich mein Herz bewegt. Ja, wenn der Mund wird kraftlos seyn, so stimm ich noch mit Seufzern ein.

11. Ach nimm das arme Lob auf Erden, mein Gott, in allen Gnaden hin. Im Himmel soll's vollkommner werden, wenn ich den Engeln ähnlich bin. Dann sing ich dir im höhern Chor viel tausend Hallelujah vor.

663.   Mel. Triumph, Triumph, es etc.
Preis dir, du aller Himmel Gott, dich loben wir, Herr Zebaoth. Heerschaaren singen deinen Ruhm in deines Himmels Heiligthum. O nimm voll Huld das Opfer an, das unser Stammeln bringen kann.

2. Du thronst im Glanz des ewgen Lichts, wir sehn und fühlen unser Nichts. Und doch in Christo, deinem Sohn, nahn wir uns kindlich deinem Thron. Dir nahn wir uns, und zittern nicht, denn Liebe strahlt dein Angesicht.

3. Nein, deine Huld, o Vater, preist nie würdig ein erschaffner Geist; die Huld, der unser lallend Flehn gefällt, wie himmlisch Lobgetön, die uns durch Glück und Trübsal übt und immer Heil und Segen giebt.

4. Ja, Gutes und Barmherzigkeit umfing all unsre Lebenszeit, selbst in dem tief empfundnen Schmerz lag Segenskraft für unser Herz. Und nie wird deine Liebe ruhn, uns, deinen Kindern, wohlzuthun.

5. Auf dich allein vertrauen wir, denn lauter Gnade quillt aus dir. Wir werfen alle Sorg auf dich, du sorgest für uns väterlich; dein Vaterblick macht froh und leicht, wenn Leid das Herz darnieder beugt.

6. Du führest uns an treuer Hand durchs dunkle Thal zum Vaterland. Und dort, o dort bereitest du uns schon die Frie|densstätte zu. Bald stehn auch wir dort schön geschmückt und ganz durch Himmelslust erquickt.

7. Mach uns des Lebens Pilgerzeit zum Rüsttag jener Seligkeit. Laß uns, bis wir dein Antlitz schaun, mit festem Muth auf dich vertraun, und wird die Leibeshütte schwach, der Geist sey willig, klar und wach.

8. Stets brünstger sey die Dankbarkeit, die unser Herz dir, Vater, weiht; fest sey der Schritt auf rechtem Pfad; ein Hallelujah jede That, ein jeder Seufzer ein Gebet, bis dort dich unser Lob erhöht.

9. Vermehre deines Namens Ruhm, die Welt sey ganz dein Heiligthum; mit uns gieb allen Menschen Theil an deines Reiches ewgem Heil. Dein Herz thut diesem Flehn sich auf; ja Vater, du sprichst Amen drauf.

664.   Mel. Es ist das Heil etc.
Sey Lob und Ehr dem höchsten Gut, aus freudigem Gemüthe, dem Gott, der alle Wunder thut, dem Vater aller Güte. Er ists, der allen Jammer stillt, und uns mit reichem Trost erfüllt; gebt unserm Gott die Ehre!

2. Es danken dir des Himmels Heer', o Herrscher aller Thronen, die Heere, die in Luft und Meer, und auf dem Erdkreis wohnen; sie preisen deine Schöpfersmacht, die Alles, Alles wohl bedacht; gebt unserm Gott die Ehre!

3. Was unser Gott erschaffen hat, das will er auch erhalten, darüber will er früh und spat mit seiner Gnade walten. In seinem ganzen Königreich herrscht Weisheit, Lieb und Macht zugleich; gebt unserm Gott die Ehre!

4. Ich rief zum Herrn in meiner Noth: ach Herr! vernimm mein Schreien! Da half mein Retter mir vom Tod, ließ Trost mir angedeihen. Drum dank ich, Gott, drum dank ich dir, ach danket, danket Gott mit mir, gebt unserm Gott die Ehre!

5. Sein Volk verläßt der Höchste nicht, ist nie von ihm geschieden; er ist der Frommen Zuversicht, ihr Segen, Heil und Frieden; mit Mutterhänden leitet er die Seinen liebreich hin und her, gebt unserm Gott die Ehre!

6. Wenn Menschenhülfe nichts mehr kann, wenn Rath und Trost verschwinden, nimmt Gott sich unser gnädig an, läßt seine Hülf uns finden; er neigt sich väterlich dem zu, der nirgend anders findet Ruh; gebt unserm Gott die Ehre!

7. Ich will dich all mein Lebelang, o Gott, mit Freuden ehren; man soll, Herr, meinen Lobgesang an allen Orten hören. Mein Geist und Leib ermuntre sich, mein ganzes Herz erhebe dich; gebt unserm Gott die Ehre! |

8. Ihr, die ihr Christi Namen nennt, gebt unserm Gott die Ehre; ihr, die ihr Gott als Vater kennt, gebt unserm Gott die Ehre. Verstumme nun der Frevler Spott, der Herr ist Gott, der Herr ist Gott, gebt unserm Gott die Ehre!

665.   In eigner Melodie.
Sollt ich meinem Gott nicht singen, sollt ich ihm nicht dankbar seyn? Seh ich doch in allen Dingen seiner Liebe Gnadenschein. Ists doch nichts, als lauter Lieben, was sein treues Herz bewegt, das ohn Ende liebt und trägt, die in seinem Dienst sich üben. Alles Ding währt seine Zeit, Gottes Lieb in Ewigkeit.

XXII. Lob- und Danklieder

2. Wie ein Adler sein Gefieder über seine Jungen streckt, so hat alle Tage wieder mich des Höchsten Arm bedeckt. Aus dem Nichts trat ich ins Leben auf des Vaters mächtgen Ruf; und das Leben, das er schuf, hat auch stets sein Schutz umgeben. Alles Ding währt seine Zeit, Gottes Lieb in Ewigkeit.

3. Seinen Sohn, den Eingebornen, giebt er aus Erbarmen hin für mich Armen und Verlornen in des ewgen Heils Gewinn. O du Gnade sonder Schranken, unergründlich tiefes Meer, dich umfassen nimmermehr unsre menschlichen Gedanken! Alles Ding währt seine Zeit, Gottes Lieb in Ewigkeit.

4. Seinen Geist, den edlen Führer, giebt er mir in seinem Wort, daß er werde mein Regierer, meiner Seele Trost und Hort; daß er mein Gemüth erfülle mit dem hellen Glaubenslicht, das des Todes Nacht durchbricht und mein banges Herz macht stille. Alles Ding währt seine Zeit, Gottes Lieb in Ewigkeit.

5. Himmel, Erd und ihre Heere hat er mir zum Dienst bestellt; wohin ich mein Auge kehre, beut er dar, was mich erhält. Thier' und Kräuter und Getreide in den Gründen, auf der Höh, in den Wäldern, in der See, geben Nahrung mir und Freude. Alles Ding währt seine Zeit, Gottes Lieb in Ewigkeit.

6. Wenn ich schlafe, wacht sein Sorgen, und ermuntert mein Gemüth, daß ich jeden lieben Morgen schaue neue Lieb und Güt. Wäre nicht mein Gott gewesen, er der Seinen Zuversicht, o fürwahr, ich wäre nicht aus so mancher Angst genesen. Alles Ding währt seine Zeit, Gottes Lieb in Ewigkeit.

7. Wie ein Vater seinem Kinde niemals ganz sein Herz entzeucht, wenn es gleich, verführt zur Sünde, aus dem rechten Pfade weicht, also trägt Gott mein Vergehen, straft gelinde meine Schuld, und läßt dann voll Gnad und Huld mich sein Antlitz wieder sehen. | Alles Ding währt seine Zeit, Gottes Lieb in Ewigkeit.

8. Sind gleich bitter mir die Schläge von des Höchsten mächtger Hand, dennoch, wenn ichs recht erwäge, sind sie nur ein Liebespfand, Zeichen, daß er mein gedenke, und mich von der schnöden Welt, die uns hart gefangen hält, durch die Trübsal zu ihm lenke. Alles Ding währt seine Zeit, Gottes Lieb in Ewigkeit.

9. Dieß will ich zu Herzen fassen, dieser Trost bleibt fest mir stehn; Gott schickt alles Kreuz mit Maßen, Christen-Trübsal muß vergehn. Wenn der Winter ausgeschneiet, tritt der schöne Sommer ein: also wird auch nach der Pein, wers erwarten kann, erfreut. Alles Ding währt seine Zeit, Gottes Lieb in Ewigkeit.

10. Weil denn ohne Ziel und Ende deiner Liebe Gaben sind, o so heb ich meine Hände zu dir, Vater, als dein Kind, bitte, wollst mir Gnade geben, dir aus aller meiner Macht anzuhangen Tag und Nacht, hier in meinem ganzen Leben, bis ich dich nach dieser Zeit lieb und lob in Ewigkeit.

666.　　　　Mel. Alle Menschen müssen etc.
Tief gebeugt vor die im Staube beten wir, o Herr, dich an, aber kindlich wagt der Glaube dir, o Vater, sich zu nahn. Wo des Himmels Chöre singen, und der Andacht Opfer bringen, mischt er seiner Stimme Klang in der Engel Lobgesang.

2. Alle Millionen Werke, die dein Allmachtswort erschuf, preisen deine Huld und Stärke jauchzend mit vereintem Ruf. Und wir sollten fühllos

schweigen? Uns schufst du dir ja zu eigen, hauchtest uns, dein Bild zu seyn, deines Geistes Odem ein.

3. Ja, wir wollen stets dich loben. Herr, was ist des Menschen Kind! Du hast uns so hoch erhoben, daß uns Engel Brüder sind. Dich kann Jeder fühlen, sehen, aus den Werken dich verstehen, deiner Größe sich erfreun, und dir Lieb um Liebe weihn.

4. Durch dich herrscht der Mensch auf Erden über alle Creatur, folgsam dienen ihm die Heerden, zinsbar ist ihm Wald und Flur; auch des wilden Meeres Schlünde, auch des Berges tiefe Gründe öffnen sich vor seiner Hand, machen ihm dein Lob bekannt.

5. Gott der Huld, aus deiner Fülle sammeln wir von Jahr zu Jahr; du versorgst mit Brod und Hülle deiner Menschenkinder Schaar; spendest tausend gute Gaben, Leib und Seel und Geist zu laben. Deine Hand verläßt uns nicht: du bleibst unsre Zuversicht.

6. Und mit welchem Schatz von Gnaden thatst du dich den Menschen kund, da du riefst, sie einzuladen an dein Herz in deinen Bund: laß die Meere | wüthend wallen, Berge weichen, Hügel fallen; deine Gnade weicht uns nicht, du bleibst unsre Zuversicht.

7. Zwar, so wie die Blüth am Strauche, welkt das Fleisch, und sinkt ins Grab, doch der Geist aus Gottes Hauche sinkt nicht mit zur Gruft hinab. Eilt, ihr Jahre, eilt, ihr Zeiten, fließt ins Meer der Ewigkeiten, lebend steigt der Geist empor in der ewgen Geister Chor.

8. Uns soll dieses Erdenleben Schule für den Himmel seyn. Preis dir, der den Sohn gegeben, uns dem Himmelreich zu weihn! Täglich wollen wir aufs Neue ihm beweisen Lieb und Treue, und hinauf an seiner Hand wallen in das Vaterland.

667.   Mel. Jesu, meines Lebens etc.
Womit soll ich dich wohl loben, den kein Engel würdig preist? Sende mir, o Herr, von oben Kraft dazu durch deinen Geist, sonst kann nie mein Lob erreichen deiner Huld und Liebe Zeichen. Tausend, tausend Mal sey dir, Gott der Gnaden, Dank dafür.

2. Herr, entzünde mein Gemüthe, daß ich deine Wundermacht und den Reichthum deiner Güte froh erhebe Tag und Nacht, weil dein väterliches Sorgen sich erneut mit jedem Morgen. Tausend etc.

3. Denk ich, wie ich dich verlassen, und gehäufet Schuld auf Schuld, so vermag ich kaum zu fassen deine Langmuth und Geduld; unermüdet hat mich Armen stets getragen dein Erbarmen. Tausend etc.

4. Du, Herr, bist mir nachgegangen, als, verführt von Fleisch und Blut, ich mein einiges Verlangen richtete auf irdisch Gut; durch dich lernt ich darauf achten, wonach Christen sollen trachten. Tausend etc.

5. Du, Herr, hast mich lassen finden Rettung aus der Seelennoth, denn Vergebung meiner Sünden schafft mir Christi Kreuzestod; Kraft zur Beßrung, Heil und Leben hast du mir durch ihn gegeben. Tausend etc.

6. Ja, Herr, lauter Gnad und Wahrheit ist vor deinem Angesicht; täglich tritt in neuer Klarheit deine Vatertreu ans Licht, und in allen deinen Werken kann man ihre Spuren merken. Tausend etc.

7. Bald mit Lieben, bald mit Leiden, kommst du, Herr, mein Gott, zu mir, daß in Schmerzen und in Freuden sich mein Herz ergebe dir, und daß gänzlich mein Verlangen möcht an deinem Willen hangen. Tausend etc.
8. Wie ein Vater nimmt und giebet, je nachdem es Kindern frommt, so hast du auch mich geliebet, Segen ist, was von dir kommt. Selbst die Noth, die du gesendet, hast du stets zum Heil gewendet. Tausend etc. |
9. Tausendmal will ich dich loben, will dir singen Preis und Dank für die Gnade, die von oben hat geleitet meinen Gang. Du, Herr, wollst mich ferner leiten, und zum Himmel mich bereiten. Ewig, ewig bring ich dir Preis und Lob und Dank dafür.

668.	In eigner Melodie.
Wunderbarer König, Herrscher von uns Allen! Laß dir unser Lob gefallen. Deine Gnadenströme läßt du auf uns fließen, ob wir schon dich oft verließen. Demuthsvoll, freudig soll unsre Stimm erklingen, unser Herz dir singen.
2. Jauchzet laut, ihr Himmel, userm Gott zu Ehren, lasset euer Loblied hören! Preise deinen Schöpfer, Sonne, deren Strahlen dieses große Rund bemalen. Mond und Stern, ehrt den Herrn, ihr, der Allmacht Werke, rühmet seine Stärke.
3. O du, meine Seele, singe fröhlich, singe ihm, dem Schöpfer aller Dinge! Was da Odem holet, falle vor ihm nieder, bringe Dank- und Freudenlieder! Er ist Gott Zebaoth, Alles soll ihn loben, hier und ewig droben.
4. Hallelujah singe, wer den Herrn erkennet, und in Christo Vater nennet! Hallelujah singe, welcher Christum liebet, ihm von Herzen sich ergiebet! Welches Heil ist dein Theil! Einst wirst du dort oben ohne Sünd ihn loben.

XXIII. Liebe zu dem Nächsten.

669.	Mel. An Wasserflüssen etc.
Der du die Liebe selber bist, und gern die Menschen segnest, ja dem auch, der dein Feind noch ist, mit Gnad und Huld begegnest: o bilde meinen Sinn nach dir, und laß mich doch, mein Heiland, hier in deinen Wegen wandeln; die können keine Christen seyn, die sich nicht Andrer Wohlfahrt freun, nicht menschenfreundlich handeln.
2. Dein ganzes Leben in der Zeit war für die Menschen Segen; dir folgten Lieb und Freundlichkeit auf allen deinen Wegen. Dein warnend Wort, dein weiser Rath, dein milder Trost und jede That war göttliches Erbarmen. Du übernahmst die schwerste Pein, uns vom Verderben zu befrein, und starbst zum Heil uns Armen.
3. Auch jetzt noch auf der Himmel Thron, bist du das Heil der Sünder; auch da bleibst du, o Gottes Sohn, ein Freund der Menschenkinder. Du schaffst den Deinen wahre Ruh, und die Verirrten suchest du auf rech|ten

---
8 meinen] meinem

Weg zu leiten; du hörst der Seufzenden Gebet, und brauchest deine Majestät nur Segen auszubreiten.

4. O laß in meiner Pilgrimschaft mich auf dein Vorbild sehen. Erfülle mich mit Lust und Kraft, dem Nächsten beizustehen, betrübter Herzen Trost zu seyn, mich mit den Fröhlichen zu freun, mit Weinenden zu klagen, und dem, der mir sein Herz vertraut, die Lieb, auf die er freundlich baut, nicht treulos zu versagen.

5. Laß mich mit brüderlicher Huld des Nächsten Fehler decken; mit Sanftmuth, Mitleid und Geduld zur Bessrung ihn erwecken; und sündigt er auch oft an mir, so laß mich, gleich gesinnet dir, von Herzen ihm vergeben; dann wirst du mich, Herr Jesu Christ, der du die Liebe selber bist, zu deinem Reich erheben.

670.　　　　　　　Mel. Es traure, wer da will etc.

Die Rach', o Herr, ist dein, du willst vergelten; drum will ich stille seyn, nicht schmähn noch schelten. Ach, Schmach und Unrecht drückt; doch wohl den Herzen, die, mit Geduld geschmückt, den Druck verschmerzen.

2. Mein Heiland, ach wie viel hast du ertragen! mit Sanftmuth ohne Ziel, mit Schmach und Plagen, hast dir zum Sühnaltar dein Kreuz erhöhet, ja deiner Mörderschaar noch Gnad erflehet.

3. Vergebung lehrst du mich durch dein Vergeben. Herr, dir zum Ruhm will ich der Sanftmuth leben. Gieb, daß nie Haß und Groll mein Herz beschwere, und daß ich liebevoll dein Vorbild ehre.

4. So darf ich deiner Huld mich furchtlos nahen, und auch für meine Schuld Erlaß empfahen. Um Unrecht will ich mir das Herz nicht quälen, und meine Sache dir getrost empfehlen.

5. Hilf mir im Glauben stehn, hilf, daß ich wache, der Sünde zu entgehn, der eignen Rache. Schleuß mich mit Freund und Feind in dein Erbarmen, daß einst vor dir vereint sich All umarmen.

671.　　　　　　　Mel. Nun ruhet in den etc.

Du, aller Menschen Vater, du, Helfer und Berather, in Allem, was uns drückt! Die Güter, die wir haben, sind deiner Milde Gaben; von dir kommt, was das Herz erquickt.

2. Du segnest deine Kinder, und trägest auch die Sünder mit Langmuth und Geduld. Zu ewgen Seligkeiten willst du uns Alle leiten; wie groß, o Herr, ist deine Huld!

3. Voll Freundlichkeit und Milde sey auch nach deinem Bilde mein dir geweihtes Herz, daß ich der Noth der Armen mich | liebreich mög erbarmen, und willig lindern ihren Schmerz.

4. Hilf, daß ich freudig gebe, mich wohlzuthun bestrebe, so wie mein Heiland that, der Leid und Kummer stillte, und jedes Flehn erfüllte, wenn ihn ein Armer gläubig bat.

5. Zum Fleiß in guten Werken soll mich der Glaube stärken, daß Wohlthun dir gefällt. Wer seine Brüder liebet, und ihnen freudig giebet, der säet für die künftge Welt.

---

43 giebet,] giebet

6. O möcht ich reichlich säen! Nie wird die Saat vergehen, die ich hier ausgestreut; denn einst vor Gottes Throne find ich zum Gnadenlohne die Freuden einer Ewigkeit.

672.   Mel. Nun danket alle Gott etc.
Gieb mir, o Gott, ein Herz, daß jeden Menschen liebet, bei seinem Wohl sich freut, bei seiner Noth betrübet, ein Herz, das Eigennutz und Neid und Härte flieht, und sich um Andrer Glück, wie um sein eignes müht.

2. Seh' ich den Dürstigen, so laß mich willig eilen, von dem, was du mir gabst, ihm liebreich mitzutheilen; nicht aus dem eitlen Trieb, groß vor der Welt zu seyn, und mich verehrt zu sehn; nein, Menschen zu erfreun.

3. Das sey mein Gottesdienst, mit Hülf und Rath zu dienen, den Brüdern beizustehn, auch unbemerkt von ihnen. Mich treibe nicht erst Dank zu milder Wohlthat an; nein, was ich Brüdern thu, das sey dir Gott, gethan.

4. Ein Trunk, mit dem mein Dienst dem Durstigen begegnet; ein Trost, mit dem mein Blick den Schwerbedrängten segnet; ein Rath, mit dem mein Mund im Kummer Andre stärkt; nichts bleibt, so klein es ist, von dir, Herr, unbemerkt.

5. Sucht wo ein boshaft Herz Unfrieden anzurichten, so laß mich sorgsam seyn, der Brüder Zwist zu schlichten. Aus Schmähsucht kränke nie mein Mund des Nächsten Ruh, er rühme sein Verdienst, deck' seine Fehler zu.

6. Die Rach ist dein, o Gott, du sprichst: ich will vergelten! Drum laß mich stille seyn, wenn Menschen auf mich schelten. Gieb, daß ich dem verzeih, der mir zu schaden sucht, den liebe, der mich haßt, den segne, der mich flucht.

7. Den, der im Glauben wankt, im Glauben zu bestärken; zu warnen, die auf dich und dein Gebot nicht merken; die Sünder von der Bahn des Lasters abzuziehn, dazu verleih' mir Kraft und segne mein Bemühn.

8. O heilige du selbst, Herr, meiner Seelen Triebe, durch deine Lieb' und Furcht zu wahrer Menschenliebe. Wer nicht den Nächsten liebt, geht nicht zum Himmel ein! Laß diese Wahrheit, Gott, mir stets vor Augen seyn. |

673.   Mel. Herzliebster Jesu, was etc.
Herr, mein Versöhner, der du für mich littest, und noch zur Rechten Gottes für mich bittest, erweck in mir, du Vorbild wahrer Liebe, der Sanftmuth Triebe.

2. Wann hast du jemals Haß mit Haß vergolten? Wann schaltst du wieder, da man dich gescholten? Du segnetest mit Wohlthun nicht bloß Freunde, auch deine Feinde.

3. Und ich, Herr, sollte mich den Deinen nennen, und doch von wilder Rachbegierde brennen? Ich sollte jemals Haß mit Haß vergelten, und wieder schelten?

4. Wie kann ich „Vater" zu dem Höchsten sagen, und Groll im Herzen gegen Brüder tragen? Wie kann ich zu ihm flehn, mir zu verzeihen, und Rache schreien?

5. Wer nicht vergiebt, der wird für seine Sünden auch nicht bei dir, o Herr, Vergebung finden. Dein Jünger ist nur, wer wie du vergiebet, und Feinde liebet.

6. So heilige denn meiner Seele Triebe, mein Heiland, durch den Geist der wahren Liebe, daß niemals die unsel'ge Lust der Rache mich strafbar mache.

7. Wenn meine Brüder sich an mir vergehen, so lehre mich ihr Unrecht übersehen; laß mich, wenn sie mich auch empfindlich kränken, an dich gedenken.

8. Erwecke dann, o Herr, in meinem Herzen auf's Neue das Gedächtniß deiner Schmerzen; was hast du nicht in deinen Leidensstunden für mich empfunden!

9. Laß mich mit Sanftmuth meinem Feind begegnen, den, der mir flucht, wie du, voll Großmuth segnen. Herr, mache gegen Alle, die mich hassen, mein Herz gelassen.

10. Will je zur Rachsucht mich die Furcht verführen, als würd' ich sonst mein zeitlich Glück verlieren, o Herr, so laß mich, ihr zu widerstehen, auf's Ew'ge sehen.

11. Du liebst den, der die Hand zum Frieden reichet, der nie von deinem heilgen Pfade weichet: o laß durch Sanftmuth mich schon hier auf Erden dir ähnlich werden.

674. Mel. O du Liebe meiner etc.

Herz und Herz, vereint zusammen, suchet Ruh in Gottes Herz, lohnt mit reiner Liebe Flammen eures Heilands Lieb' und Schmerz! Er das Haupt, wir seine Glieder; er das Licht, wir dessen Schein; er der Meister, wir die Brüder; er ist unser, wir sind sein.

2. Kommt, des Gottesreiches Kinder, und befestigt euern Bund; schwöret Treu dem Ueberwinder allesammt aus Herzensgrund! Und wenn noch dem Kreis der Liebe Festigkeit und Stärke, fehlt, fleht, bis durch | des Geistes Triebe er des Bundes Kette stählt.

3. Solche Liebe nur genüget, wie in seinem Herzen wohnt, die dem Kreuz sich willig füget, die auch nicht des Lebens schont. So wollt er für Sünder sterben, und für Feinde floß sein Blut. Allen soll sein Tod erwerben ewgen Lebens höchstes Gut.

4. Darum, treuster Freund, vereine deine dir geweihte Schaar, daß sie's so von Herzen meine, wie's dein letzter Wille war. Jeder reize stets den Andern, helfe gern mit Rath und That, dir, o Heiland, nachzuwandern auf der Liebe sel'gem Pfad.

5. Du, der seiner Schaar geboten, daß sie Liebe üben soll, mehre sie, weck' auf die Todten, mach die Trägen geistesvoll! Laß uns so vereinigt werden, wie du mit dem Vater bist, so daß auf der ganzen Erden kein getrenntes Glied mehr ist.

6. So wird dein Gebet erhöret, durch den Sohn sind Alle frei, und die Welt wird recht belehret, wie dein Reich so selig sey. Preis dem Vater aller Geister, der in dir erschienen ist, und dir, unserm Herrn und Meister, der du Alle zu dir ziehst.

675. Mel. Machs mit mir Gott etc.

So Jemand spricht: ich liebe Gott, und haßt doch seine Brüder, der treibt mit Jesu Lehre Spott, und tritt sie frech darnieder. Gott ist die Lieb, und will, daß ich den Nächsten liebe, so wie mich.

2. Wer dieser Erde Güter hat, und macht, wenn Brüder leiden, die Hungrigen nicht liebreich satt, läßt Nackende nicht kleiden; der übertritt die erste Pflicht, er hat die Liebe Gottes nicht.

3. Wer zwar mit Rath, mit Trost und Schutz den Nächsten unterstützet, doch nur aus Stolz, aus Eigennutz, aus Weichlichkeit ihm nützet, nicht aus Gehorsam, nicht aus Pflicht, der liebt auch seinen Nächsten nicht.

4. Wer kräftig zwar die Niedern schirmt, doch sie mit Härte quälet, wer ohne Nachsicht straft und stürmt, sobald sein Nächster fehlet; wie bleibt bei solchem Ungestüm die Liebe Gottes wohl in ihm?

5. Wir haben Einen Gott und Herrn, sind Eines Leibes Glieder; drum diene deinem Nächsten gern, denn wir sind Alle Brüder. Gott schuf die Welt nicht bloß für mich; mein Nächster ist sein Kind, wie ich.

6. Ein Heil ist unser Aller Gut, wie sollt ich Brüder hassen, die Gott durch seines Sohnes Blut, wie mich, erkaufen lassen? Daß er mich hat mit sich versühnt, hab ich dieß mehr, als sie verdient?

7. Du schenkst mir täglich so viel Schuld, du, Herr von meinen Tagen; ich aber sollte nicht Geduld mit meinen Brüdern tragen? dem nicht verzeihn, dem du vergiebst, und den nicht lieben, den du liebst?

8. Was ich den Frommen hier gethan, den Kleinsten auch von diesen, das siehet mein Erlöser an, als hätt ich's ihm erwiesen. Wie könnt ich Jesu Jünger seyn, und ihn in Brüdern nicht erfreun?

9. Ein unerbittliches Gericht wird über den ergehen, der, untreu seiner Christenpflicht, nicht rettet, die ihn flehen. Drum gieb mir, Gott, durch deinen Geist ein Herz, das dich durch Liebe preist.

676.   Mel. Sollt ich meinem Gott etc.
Unter allen großen Gütern, die uns Christus zugetheilt, ist die Lieb in den Gemüthern Himmelsbalsam, der sie heilt; ist ein Stern, der herrlich strahlet, und ein Kleinod, dessen Preis Niemand auszusprechen weiß, weil kein Gold es je bezahlet; ist die Macht, die Jedermann zwingen und erfreuen kann.

2. Liebe kann uns Alles geben, was auf ewig nützt und ziert; sie kann unsre Seel erheben, sie ists, die uns aufwärts führt. Menschen- oder Engelzungen, welche Kraft sie auch beseelt, wenn dabei die Liebe fehlt, sind noch nie ins Herz gedrungen: nur ein Erz- und Schellenklang ist ihr flüchtiger Gesang.

3. Was ich von der Weisheit höre, die in alle Tiefen dringt, von geheimnisvoller Lehre, die sich auf zum Höchsten schwingt; selbst die Berge zu versetzen durch des Glaubens starke Kraft, die der Wunder Fülle schafft: Alles ist für nichts zu schätzen, wenn darin der Liebe Geist sich nicht kräftig auch beweist.

4. Gäb ich alle meine Habe auch den Armen freudig hin; opfert ich mich selbst dem Grabe, meinem Nächsten zum Gewinn; ließ ich meinen Leib gleich brennen, und ertrüge jeden Schmerz: ist von Liebe leer mein Herz, würd es mir nichts nützen können. Nur der Liebe reine That ist der wahren Freuden Saat.

5. Glaube, Hoffnung, Liebe leiten uns nicht nur im Pilgerstand; ihre Kraft wird uns begleiten in das wahre Vaterland. Ja, es strecken ihre Grenzen sich bis in die Ewigkeit, und doch wird die Liebe weit über Glaub und Hoffnung glänzen. Sie schafft Heil und Segen hier, sie beseligt für und für.

6. O du Geist der reinen Liebe, Segensquell in Freud und Schmerz! laß mich spüren deine Triebe, komm und senk dich in mein Herz; laß mich kräftig widerstreben Allem, was nicht gut es meint mit dem Freunde, mit dem Feind, und mich reizt, nur mir zu leben. Geist der Liebe, lenke hin zu der Liebe meinen Sinn!

677. Mel. Aus tiefer Noth etc.
Verleih mir, Jesu, deinen Sinn, dem Feinde zu vergeben; laß mich, der ich dein Jünger bin, nach | Fried und Eintracht streben. Wie könnt ich hegen bittern Zorn, da aus der Gnade süßem Born nur Heil mir quillt und Leben?
2. Ein Vater hat uns auserwählt zu seines Hauses Kindern; Ein Heiland brachte, was uns fehlt, Versöhnung allen Sündern; Ein Geist uns allesammt regiert, und zu des Himmels Erbe führt, wenn wir ihn nur nicht hindern.
3. Wie dürft ich wegen kleiner Schuld den schwachen Bruder hassen, da Gottes Langmuth und Geduld mir große Schuld erlassen? Nein, immer sey mein Herz bereit, in wahrer Lieb und Einigkeit den Nächsten zu umfassen.
4. In Einem Herrn ließ Gottes Rath uns Heil und Gnade finden; Ein gnadenreiches Wasserbad macht rein uns von den Sünden; Ein Abendmahl uns Alle speist: wie sollte nicht Ein Herz und Geist uns allesammt verbinden?
5. Nimm hin, o Bruder, meine Hand, reich deine mir zum Frieden. Aus unserm Herzen sey verbannt, was uns bisher geschieden. Den Seligen im Himmelreich sind wir durch wahre Liebe gleich, und selig schon hienieden.

XXIV. Seligkeit der Christen in diesem Leben.

678. Mel. Lobe den Herren, den etc.
Alles ist euer, o Worte des ewigen Lebens! Fühle sie, gläubige Seele, voll heiligen Bebens! Alles ist dein! Irdischen Menschen allein tönen die Worte vergebens.
2. Göttliche Würde, entzückende Hoheit des Christen! Wallt er gleich dürftig und einsam in traurigen Wüsten, findet er gleich Thoren, geachtet und reich, nie kann nach Eitlem ihn lüsten.
3. Immer das Auge gerichtet nach heiligen Höhen, sieht er die Güter der Thoren im Sturme verwehen. Wohl ihm, er faßt statt der vergänglichen Last Güter, die nimmer vergehen!
4. Alles, was Freude gewähret im irdischen Leben, Alles, wovor noch die Kinder der Welt hier erbeben, Leben und Tod ist euch auf Gottes Gebot unter die Füße gegeben.
5. Alles ist euer, ihr Christen! Vom Himmel hernieder schauet der Mittler auf seine ihm ähnlichen Glieder. Höret, er spricht: Fürchte, du Häuflein, dich nicht, Alles ist euer, ihr Brüder! |
6. Seyd ihr auch elend, verlassen, verfolgt und gefangen, fließen euch Zähren des Grams von erbleichenden Wangen: droben ist Licht, freut euch, da fließen sie nicht! Dort ist das Alte vergangen!

7. Die ihr mit Christo einst herrschet, singt Lieder der Feier! Freut euch der Hoheit, die Christus errungen so theuer, die er erwarb, als er auf Golgatha starb. Amen, ja Alles ist Euer!

679.   Mel. Ein' feste Burg etc.

Auf ewig ist der Herr mein Theil, mein Führer und mein Tröster! Er ist mein Gott, mein Licht, mein Heil, und ich bin sein Erlöster! Ja, du verwirfst mich nicht, selbst dort im Gericht; mit jenes Lebens Ruh erquickst, beschattest du mich schon in diesem Leben!

2. Wie oft ist schon von seiner Pein mein Herz durch dich genesen, fern von der Welt, mit dir allein, du Wesen aller Wesen! Er, der die Welt erschuf durch der Allmacht Ruf war mein getreuer Gott, half mir in meiner Noth, und gab mir seinen Frieden!

3. Den Glauben hielt ich immer fest, den Gottes Wort mich lehret: daß er die Seinen nicht verläßt, ihr Leid in Freude kehret. Die Trübsal dieser Zeit, allen Kampf und Streit konnt ich durch ihn bestehn, der meiner Seele Flehn, selbst mein Verstummen hörte.

4. Wohl mir, wenn meine Seele fleht, erhoben aus dem Staube, und wenn durch brünstiges Gebet sich stärkt mein schwacher Glaube: wie steig ich dann empor zu der Sieger Chor! Ich ruhe ganz in dir, mein Geist ist nicht mehr hier, ich bin in Hoffnung selig!

5. Von deiner Gotteskraft bin ich, Unendlicher, umgeben. Du siehst mich, ich empfinde dich; schaun werd' ich dich und leben. Ja, hier und dort und da ist mein Gott mir nah! Gedanke meiner Ruh, wie reich an Heil bist du! Wie reich an wahrem Troste!

6. Ich lebe dir, ich sterbe dir, doch nicht durch mein Vermögen. Daß ich des Herrn bin, ist in mir sein gnadenreicher Segen. Mein Gott, ich lebe dir, und ich sterbe dir! Ja, Vater, Vater, dein will ich auf ewig seyn, und ewig dein mich freuen!

680.   Mel. Christus, der uns selig etc.

Deines Gottes freue dich, dank ihm, meine Seele! Sorget er nicht väterlich, daß kein Gut dir fehle? Schützt er dich nicht jederzeit, wenn Gefahren dräuen? Ist es dir nicht Seligkeit, seiner dich zu freuen?

2. Ja, mein Gott, ich hab' an dir, was mein Herz begehret: einen Vater, welcher mir jedes Heil gewähret; der mich | durch sein göttlich Wort hier zum Guten lenket, und mit Himmelswonne dort meine Seele tränket.

3. Jesus ist nach deinem Rath in die Welt gekommen, alle meine Missethat hat er weggenommen. Gläubig gründ ich mein Vertraun auf sein heilig Leiden, nichts kann, die auf Christum baun, jemals von dir scheiden.

4. Nun darf ich mit Zuversicht auf zum Himmel blicken; selbst der Leiden acht ich nicht, wie sie mich auch drücken. Hoffnung und Zufriedenheit wohnen mir im Herzen, und ihr Trost erhebt mich weit über alle Schmerzen.

5. Nun kann ich, mein Herr und Gott, dich in Christo lieben, treu und redlich dein Gebot, und mit Freuden üben; seliger Empfindung voll ist mein ganz Gemüthe, und ich preise, wie ich soll, deine Huld und Güte.

---

30 ihm,] ihm

6. Gieb mir nur, so lang ich hier noch als Pilger walle, das Bewußtseyn, daß ich dir, Herr mein Gott, gefalle. Wenn mein Lauf vollendet ist, und vollbracht mein Leiden, ruft mein Mittler, Jesu Christ, mich zu seinen Freuden.

681.   In eigner Melodie.
Frieden, ach Frieden, den göttlichen Frieden, vom Vater durch Christum im heiligen Geist; ach wie erlanget das Herz ihn hienieden, wenn oft es die Reu und die Sorge zerreißt? Du mußt nur an Christum den Friedefürst glauben, das giebt dir den Frieden, den Niemand kann rauben.

2. Hat er nicht bittere Leiden ertragen, die Menschen zu retten von ewiger Pein? Darum, o Seele, sollst nimmer du zagen, du sollst dich des liebenden Vaters erfreun. Denn Alles vergiebt er, durch Christum versühnet, und macht, daß auch Leiden zum Besten dir dienet.

3. Nahm er dich aber zum frohen Genossen des Bundes, der stillet den inneren Streit: halte dein Herz denn der Sünde verschlossen, dem Herren zum Eigenthum sey es geweiht! Mit ihm sich recht innig in Liebe verbinden, heißt fester und fester den Frieden sich gründen.

4. Liebe und übe, was Jesus dich lehret, und was er gethan hat, dasselbige thu. Hasse und lasse, was Jesus dir wehret, und was er gemieden, das meide auch du. Der Friede beglückt, die sich Christo ergeben, die mit ihm in Unschuld und Heiligkeit leben!

5. Viele verführt ein irdisch Verlangen, sich Lust zu erjagen auf trüglicher Bahn; doch sie gewinnen nur Sorgen und Bangen, und treffen den Frieden des Herzens nicht an; und einst, statt den ewigen Frieden zu finden, erwartet nur Qual sie, die Strafe der Sünden.

6. Christus ruft immer: o | Zion, bedenke, was dienet zum Frieden und wahrhaft dir nützt. Gleichwie die Küchlein, daß Niemand sie kränke, der Flügel der sorgenden Mutter beschützt, so will ich, wenn Leiden und Tod dich bestürmen, mit göttlicher Kraft dich erretten und schirmen.

7. Christus, o Herr, der mit mächtigem Walten beruhigt den äußern und inneren Streit, hilf du uns selber das Bündnis zu halten, das Frieden und selige Ruhe verleiht! Ward dieses zum Ziel uns auf Erden beschieden, so führest du einst uns zum ewigen Frieden.

682.   Mel. Herzliebster Jesu etc.
Gieb deinen Frieden uns, du Gott der Stärke! im Frieden nur gedeihen deine Werke; und auch, daß wir im Kampfe nicht ermüden, stärk uns dein Frieden.

2. Gieb Frieden, daß sich stets die Seel' erneue, auch schwer versucht nicht wank in ihrer Treue, noch je im Taumel hingerissen werde vom Geist der Erde.

3. Ist unser Leben nicht in dir verborgen, so ist's ein eitler Streit mit Noth und Sorgen; drum birg uns, Herr, in deines Friedens Schatten, wenn wir ermatten.

4. Schwül ist des Lebens Tag und ohn' Erquickung, sein Abend oft noch stürmisch, voll Bedrückung, und stets bedürfen wir auf rauhen Wegen des Friedens Segen.

XXIV. Seligkeit der Christen in diesem Leben

5. Was du genährt in deinen Heilgen allen, das gieb auch uns, die noch im Staube wallen, die Hoffnung, daß dereinst die ewge Krone dem Sieger lohne.
6. Und wenn zuletzt wir mit dem Tode ringen, deck' uns dein Engel, Herr, mit sanften Schwingen, und trag' uns hin, von allem Kampf geschieden, zum ewgen Frieden.

683. *Mel. Wie wohl ist mir, o etc.*
Gott, deine Gnad ist unser Leben, sie schafft uns Heil und Seelenruh; du kannst allein die Schuld vergeben, und willig ist dein Herz dazu. Also hast du die Welt geliebet, die durch die Sünde dich betrübet, daß du für sie giebst deinen Sohn. Du sandtest ihn, uns zu erretten, er litt, damit wir Friede hätten, für uns den Tod, der Sünde Lohn.
2. Ich preise dankvoll deine Treue, die Niemand g'nug erheben kann! Nun nimmst du, Gott, des Sünders Reue in Christo voll Erbarmen an, nun darf er angstvoll nicht verzagen, er kann getrost und freudig sagen: was schadet mir? Gott ist für mich! Der an dem Kreuz für mich gelitten, wird auch für mich beim Vater bitten, und mein erbarmt der Vater sich.
3. O Herr, wie selig ist die Seele, die sich in deiner Gnade freut. Ob auch der Erde Glück ihr fehle, schmeckt sie doch Himmelsseligkeit. Wer deinen Frieden, Gott, genießet, hat, was das Leben ihm versüßet, und | reichen Trost in allem Leid. Dein Friede stärkt zu frohem Muthe, giebt Hoffnung zu dem ewgen Gute, und einst zum Sterben Freudigkeit.
4. O Vater, laß auch mich empfinden, wie köstlich dieser Friede sey! Auch mich sprachst du von meinen Sünden und ihren Strafen völlig frei. Dieß will ich fest im Glauben fassen, und mich auf deine Treu verlassen, die bleibt, wenn Alles wankt und bricht. Ich weihe deinem Dienst mein Leben, lobsingend will ich dich erheben, Gott, ewig meine Zuversicht!

684. *Mel. O wie selig seyd ihr etc.*
Gott, ich preise dich mit allen Frommen! gnädig hast du mich auch angenommen, hast mir vergeben, fröhlich kann ich meines Glaubens leben.
2. Furcht und Angst mag sichre Sünder schrecken; mich wird meines Jesu Huld bedecken. Wie dürft ich zagen? er erlöst mich von der Sünde Plagen.
3. Kinder dieser Welt, die Gott nicht lieben, müßten trostlos sich im Leid betrüben. Mir werden Leiden durch des Glaubens Kraft zu selgen Freuden.
4. Noth und Trübsal können mir nicht schaden; du, mein Gott, gedenkst an mich in Gnaden; du willst mich üben, dich, wie Jesus liebte, treu zu lieben.
5. Elend sind, die keine Hoffnung haben; aber ich erwarte ewge Gaben, ich hoff im Sterben das, was Jesus mir erwarb, zu erben.
6. O, so kann mich selbst der Tod nicht schrecken; Gott, du wirst ja meinen Leib erwecken. Mir darf nicht grauen, in die offne Gruft hinab zu schauen.
7. Freundlich sprichst du: geh in deine Kammer! ruhe nun von allem deinen Jammer! mich sollst du sehen; auch dein Staub soll herrlich auferstehen.
8. Hör' ich einst des Richters Ruf erschallen: kommt! wie sollte mir der Muth entfallen? Zu seiner Rechten steh' ich dann mit seinen treuen Knechten.
9. Preis und Ehre will ich dir dann bringen, und des Mittlers hohen Ruhm besingen. Durch seine Wunden hab' ich Heil und Seligkeit gefunden.

685.   Mel. Nun freut euch, lieben etc.

Gottlob! ein Schritt zur Ewigkeit ist abermals vollendet; zu dir im Fortgang dieser Zeit mein Herz sich sehnlich wendet; o Quell, daraus mein Leben fleußt daraus sich alle Gnad' ergeußt zu meiner Seele Leben.

2. Ich zähle Stunden, Tag und Jahr, und wird mir fast zu lange, bis ich verkläret, immerdar, o Leben, dich umfange, damit, was sterblich ist an mir, verschlungen werde ganz in dir, und ich unsterblich werde.

3. Doch sey dir ganz anheim gestellt die Zeit, da ich soll schei|den; ich kämpfe hier, wenn dir's gefällt, den guten Kampf mit Freuden; geduldig schreit' ich weiter fort, bis ich gelange an die Pfort der Gottesstadt dort oben.

4. Wenn auch die Hände lässig sind, und meine Kniee beben, so beut mir deine Hand geschwind, mich Schwachen zu erheben; erfüll mit deiner Kraft mein Herz, damit ich freudig himmelwärts ohn Unterlaß mich schwinge.

5. Geh, Seele, frisch im Glauben dran, und sey nur unerschrocken; laß dich nicht von der rechten Bahn die Lust der Welt ablocken. So dir der Lauf zu langsam deucht: der Geist kann, wie der Adler fleugt, voraus zum Himmel eilen.

6. Mein Geist und Sinn, Herr Jesu Christ, ist schon bei dir dort oben; du selbst, weil du voll Liebe bist, hast mich zu dir erhoben. Fahr hin, was heißet Stund und Zeit, ich bin schon in der Ewigkeit, weil ich in Jesu lebe!

686.   Mel. O daß ich tausend etc.

Gott sieht auf uns mit Wohlgefallen, wenn unsre Seele fröhlich ist, und Freudenlieder ihm erschallen, wodurch das Leid uns wird versüßt. Ist doch sein Geist ein Freudengeist, der uns im Herrn uns freuen heißt.

2. Erwecke, Gott, in mir die Freude, die nur aus deiner Gnade quillt; dein Sohn sey meiner Seelen Weide, der Trost, der allen Kummer stillt. Gedenk ich sein, so hab ich Muth, auch wenn das Kreuz mir wehe thut.

3. Doch suchen Andre ihr Ergötzen im leeren Tand der Eitelkeit, und freuen sich bei solchen Schätzen, die bald vergehn im Lauf der Zeit. Mit diesen Thoren mich zu freun, dieß, Herr, laß ferne von mir seyn.

4. Die eitle Lust kann nur betrügen, auf Lachen stellt sich Trauern ein; nur das wird immer mich vergnügen, wobei ich deiner mich kann freun. Ist dein Wort meine höchste Lust, so dringt kein Schmerz in meine Brust.

5. An Jesum will ich stets gedenken, dann werd ich alles Kummers frei; in ihn will ich mich ganz versenken, damit in mir sein Friede sey. Erschein ich auch voll Traurigkeit, bin ich doch fröhlich allezeit.

6. So kann ich hier den Vorschmack haben von dem, was uns bereitet ist dort, wo der Reichthum deiner Gaben sich auf die Deinigen ergießt; zum Himmel führest du sie ein, da wird der Freuden Fülle seyn.

687.   Mel. Nun sich der Tag geendet etc.

Hab' ich ein gut Gewissen nur, wohl mir, was fürcht ich dann? Nichts ist für mich in der Natur, das mich erschrecken kann.

2. O, welch ein köstlicher Gewinn wenn meine Sünde | schweigt, und mir, daß ich begnadigt bin, der Geist des Herrn bezeugt.

XXIV. Seligkeit der Christen in diesem Leben

3. Laß es der Pflichten schwerste seyn, daß du dich selbst bekriegst! O welch Gefühl wird dich erfreun, wenn nach dem Kampf du siegst!

4. Welch Glück, bin ich mir selbst bewußt, die Welt versuchte mich, ich widerstand der bösen Lust, und die Versuchung wich!

5. Ein ruhigs Herz wird jedes Glück des Lebens mir erhöhn, läßt mich in jedem Augenblick froh in die Zukunft sehn.

6. Was ist, das in dem tiefsten Schmerz mit reichem Trost erfüllt? Nur ein im Herrn zufriednes Herz, das jeden Kummer stillt.

7. Was hält den Sinn vom Eitlen fern, giebt zur Entsagung Muth? Ein ruhig Herz, das in dem Herrn erkennt sein höchstes Gut.

8. Kann ich getrost gen Himmel sehn, hab ich nur Ruhm bei Gott, so kann ich Menschengunst verschmäh'n, und achte keinen Spott.

9. Sieh, Alles um dich her entweicht, bald naht die letzte Nacht; ein ruhig Herz macht Alles leicht, bricht selbst des Todes Macht.

10. Wohl dem, der diese Ruh genießt, dem sein Gewissen sagt, daß er versöhnt durch Christum ist, und nichts ihn mehr verklagt.

11. Der Christ spricht freudig: ob die Welt, ob Erd und Himmel bricht; Gott ist es, dessen Hand mich hält, ich weich und wanke nicht!

688.   Mel. Nun ruhen alle etc.

Herr, Alles, was ich habe, ist einzig deine Gabe, die du aus Gnaden giebst; du hast mir neues Leben in deinem Sohn gegeben; wer bin ich, daß du so mich liebst?

2. Herr, daß ich Glauben habe, ist einzig deine Gabe, durch Glauben bin ich dein; der Glaube macht mich fröhlich, macht heilig mich und selig, durch ihn geh ich zum Himmel ein.

3. Herr, daß ich Liebe habe, ist einzig deine Gabe, der du die Liebe bist. Von deiner Lieb entzündet, durch sie mit dir verbündet, fühl' ich, was kein Verstand ermißt.

4. Herr, daß ich Hoffnung habe, ist einzig deine Gabe, die Hoffnung, dich zu schaun. Zwar ist's noch nicht erschienen, doch will ich treu dir dienen, und fest auf die Verheißung baun.

689.   Mel. Wachet auf, ruft uns etc.

Herr, aus deiner Gnadenfülle fließt meinem Geist die sanfte Stille, in der ich deinen Willen thu; seit ich dir mein Herz ergeben, erwacht' ich erst zum wahren Leben, kenn ich erst | ächte Seelenruh. Den Frieden, Gott, mit dir erkämpfte Christus mir; ihm sey Ehre! So ward ich frei durch deine Treu, der Geist von oben schuf mich neu.

2. Muß ich noch mich selbst bezwingen, so werd ich Sieg auf Sieg erringen, und jeder giebt mir neue Kraft. Wenn ich gern das Beste wähle, so fühlt sich selig meine Seele in deines Reiches Bürgerschaft. Ja, welche Seligkeit, vom Sündendienst befreit dir zu leben, was recht ist thun, und freudig nun in deinen Vaterarmen ruhn.

3. Beugt mich auch die Schwachheit nieder, so richtest du mein Herz doch wieder mit deinem Troste huldreich auf; und zum Heiligungsgeschäfte erhöht dein Geist mir Muth und Kräfte, und fördert mich in meinem Lauf. Die du

in Christo liebst, die trägst du, und vergiebst ihre Schwächen. Und Lebenslang ist Lieb ihr Dank, und immer fester wird ihr Gang.

4. Drum will ich nicht ängstlich zagen, wenn mir in meinen Pilgertagen Gefahren auch und Leiden drohn. Auch auf dornenvollem Pfade bleibt mir Gewißheit deiner Gnade; du bist der Deinen Schild und Lohn. Zum Heil muß auch die Pein des Lebens dem gedeihn, der dich liebet. Drum blickt im Schmerz mein gläubges Herz getrost und freudig himmelwärts.

5. Ja, ich seh den Himmel offen, mein Geist frohlockt in sicherm Hoffen; ich habe dort mein Bürgerrecht. Ich darf nicht im Kampf ermüden, da solches Heil der Herr beschieden dem auserkohrenen Geschlecht. Dort fühl ich ganz erneut die volle Seligkeit meines Glaubens. Ich freu mich dein; das Wort ist mein: Bei Christo soll sein Diener seyn.

690.   Mel. Wachet auf, ruft etc.

Herr! welch Heil kann ich erringen! Zu welchen Höhn darf ich mich schwingen! Mein Wandel soll im Himmel seyn! O du Wort voll heilgen Bebens, und doch voll Wonn und ewgen Lebens! Im Himmel soll mein Wandel seyn! Erstaunend sink' ich hin, ich ahne, wer ich bin, wer ich seyn kann. Ich trage noch des Todes Joch; im Himmel soll ich wandeln doch!

2. Schwing dich denn zu diesen Höhen, und lern im Lichte Gottes sehen, wer du, versöhnte Seele, bist! Mit dem seligsten Entzücken wirst du in diesem Licht erblicken, wer, Seele, dein Versöhner ist. Du, durch sein Opfer rein, und stark, dich ihm zu weihn ohne Wanken. Er, Gottes Sohn, der reichen Lohn den Gläubgen giebt an seinem Thron. |

3. Wort vom Anfang, Eingeborner! eh du herabkamst, Auserkorner! lag auf dem Erdkreis Dunkelheit. Du erschienst, du Licht vom Lichte, wir schaun in deinem Angesichte nun deines Vaters Herrlichkeit. Ja, Wahrheit, Trost und Ruh strömt, Herr, von dir uns zu, wenn wir glauben. Du hast's vollbracht! des Irrthums Nacht, die Sünde selbst weicht deiner Macht.

4. Wenn die Seel' in tiefe Stille versunken ist, wenn ganz ihr Wille der Wille deß ist, der sie liebt; wenn ihr inniges Vertrauen sich fast erhebt zum selgen Schauen, und Liebe sie für Liebe giebt; wenn sie versichert ist, dein Tod, Herr Jesu Christ, sey ihr Leben: wie hoch entzückt, wie reich erquickt ist sie, schon ganz der Erd' entrückt!

5. Ja, dann ist ihr schon gegeben ihr neuer Nam' und ewges Leben, im Himmel ist ihr Wandel dann! Stark, den Streit des Herrn zu streiten, sieht sie die Krone schon vom weiten, die Kron am Ziel, und betet an. Preis, Ehr und Stärk und Kraft sei dem, der uns erschafft, ihm zu leben! Und ihm sey Dank und Lobgesang, der für uns ging des Todes Gang.

6. Preis auf seinem Himmelsthrone dem Vater und dem ewgen Sohne, ihm, der da ist und der da war! Lauter Weisheit, Gnad' und Stärke und Wunder sind, Herr, deine Werke; dort sind sie ganz uns offenbar! Dort strahlt dein Angesicht im reinsten Himmelslicht allen Frommen. Dort werden wir, Barmherzger, dir ein Lob bereiten für und für.

691.   Mel. Ich dank dir, lieber etc.

Ich bin der Angst entnommen, Gott blickt mich gnädig an. Ich darf mit seinen Frommen mich wieder zu ihm nahn. Dahin sind meine Schmerzen, mein Mittler stillte sie; ach, solche Ruh im Herzen, fühlt ich als Sünder nie.

XXIV. *Seligkeit der Christen in diesem Leben* 1087

2. Der Lüste wild Getümmel schweigt nun in meiner Brust; getrost blick ich zum Himmel, mir meines Heils bewußt. Ich bin von Seelenleiden befreit, und ohne Pein; nun kehren reine Freuden auch wieder bei mir ein.
3. Was ist's, o Gott der Treue, daß du so hoch mich liebst, und auf das Flehn der Reue mir meine Schuld vergiebst? Ich fühl's, daß aus dem Staube mich nur die Gnade zog, und daß dich nur mein Glaube zu solcher Huld bewog.
4. So sey denn nun mein Leben, Erbarmer! ewig dein, mich ganz dir hinzugeben, soll meine Freude seyn. Der Sünde Macht zu dämpfen, die Lust der Welt zu fliehn, den guten Kampf zu kämpfen, das nur sey mein Bemühn. |
5. Und wankt auf diesem Pfade mein ungewisser Tritt, so lenke, Geist der Gnade, allmächtig meinen Schritt! Dir folg' ich freudig immer, dir folg' ich bis ins Grab; verlassen wirst du nimmer den, der sich dir ergab.

692.   Mel. Ich dank die schon durch etc.
Komm, Geist des Herrn, du Herzensgast, du Labsal meiner Seelen! Wenn du nur Wohnung in mir hast, was kann mir dann noch fehlen?
2. Rott aus, du unsers Erbes Pfand, was nicht dein eigen heißet. Ach, beut dem Willen selbst die Hand, der sich der Welt entreißet.
3. Ich öffne dir Herz Seel und Sinn mit innigem Verlangen, dich, meine Ruh und mein Gewinn, recht freudig zu empfangen.
4. Du schenkst uns reine Himmelslust, von dir kommt Kraft und Leben; du giebst den Frieden in die Brust, den nie die Welt kann geben.
5. So kehrt Gott zu den Seelen ein mit allen seinen Gütern, und herrlich strahlt sein Gnadenschein aus gläubigen Gemüthern.
6. So wird des Feindes Macht zerstreut, die Welt wird überwunden, des Geistes Leben ist erneut, die Freiheit ist gefunden.
7. Das Herz, aus dem die Sünde wich, erfüllen Himmelstriebe, und Gott und Seele eingen sich in recht vertrauter Liebe.
8. Wie leicht ist nun des Heilands Joch! wie sanft ist seine Bürde! wo wäre da ein Leiden noch, das nicht zum Segen würde?
9. Du Geist der Gnaden, steh mir bei, und laß mich ja nicht fallen. Mach meinen Gang gewiß und frei, lehr deinen Weg mich wallen.
10. Nimm du mein Herz zur Wohnung ein, und stärk es aus der Höhe; dann werd' ich völlig selig seyn, wenn ich Gott ewig sehe.
11. Mein Gott, wann zeuchst du mich zu dir? Wann werd' ich dahin kommen, daß ich dein Antlitz für und für anschaue mit den Frommen?

693.   Mel. Gott des Himmels und etc.
Meines Lebens beste Freude ist der Himmel, Gottes Thron; meiner Seelen Trost und Weide ist mein Jesus, Gottes Sohn. Was mein ganzes Herz erfreut, ist in jener Herrlichkeit.
2. Andre mögen sich erquicken an den Gütern dieser Welt; ich will nach dem Himmel blicken, diesem ewgen Ruhezelt, denn der Erde Gut vergeht, Jesus und sein Reich besteht.
3. Reicher kann ich nirgends werden, als ich schon in Jesu bin. Alle Schätze dieser Erden sind ein schnöder Angstgewinn. | Jesus ist das rechte Gut, welches sanft der Seele thut.

4. Glänzet gleich das Weltgepränge, ist es lieblich anzusehn, währt es doch nicht in die Länge, es ist bald damit geschehn; plötzlich pflegt es aus zu seyn mit des Lebens Glanz und Schein.

5. Aber dort des Himmels Gaben, deren Fülle Jesus hat, können Herz und Seele laben, machen ewig reich und satt; es vergeht zu keiner Zeit jenes Lebens Herrlichkeit.

6. Dieser Welt in Lust genießen möge nur die eitle Schaar, ein Tag zu des Heilands Füßen ist mehr, als sonst tausend Jahr; zu des Herren rechter Hand ist mein auserwählter Stand!

7. Müht euch ab in nichtgen Dingen; meine Seele sucht sie nicht. Ich will nach dem Himmel ringen; dort glänzt mir das ewge Licht, da find ich des Glaubens Lohn, die verheißne Ehrenkron.

8. Ach, verleih mir einst die Wonne, Herr, zur Rechten dir zu stehn; sey dort meine ewge Sonne, die mir nie kann untergehn. Ja, nimm, nach vollbrachtem Lauf, mich, o Herr, zu dir hinauf.

694. *Mel. O Ewigkeit, du etc.*
Mein Glaub ist meines Lebens Ruh, und führt mich deinem Himmel zu, o du, an den ich glaube! Verleih mir, Herr, Beständigkeit, daß diesen Trost in allem Leid nichts meiner Seele raube. Tief präg es meinem Herzen ein: welch Heil es ist, ein Christ zu seyn.

2. Du hast dem sterblichen Geschlecht zur selgen Ewigkeit ein Recht durch deinen Tod erworben. Zum Staube kehrt zurück der Staub, mein Geist wird nicht des Todes Raub; du bist für mich gestorben. Mir, der ich dein Erlöser bin, ist dieses Leibes Tod Gewinn.

3. Ich bin erlöst, ich bin ein Christ, und mein beruhigt Herz vergißt die Schmerzen dieses Lebens. Ich dulde, was ich dulden soll, und bin des hohen Trostes voll: ich leide nicht vergebens. Gott selber mißt mein Theil mir zu, hier kurzen Schmerz, dort ewge Ruh.

4. Was seyd ihr Leiden dieser Zeit, wenn ich auf jene Herrlichkeit mit froher Hoffnung schaue? Bald ruft mein Herr und Heiland mich, und er belohnt mich ewiglich, weil ich ihm hier vertraue; bald, bald verschwindet aller Schmerz, und Himmelsfreuden schmeckt mein Herz.

5. Bin ich gleich schwach, so trag' ich doch nicht mehr der Sünde schmachvoll Joch in meinem Lauf auf Erden. Mit Freuden üb' ich meine Pflicht; doch fühl ich wohl, ich bin noch nicht, was ich dereinst soll werden; mich beuget täglich meine | Schuld, doch weiß ich auch: Gott trägt Geduld.

6. Der du den Tod für mich bezwangst, du hast mich, Mittler, aus der Angst, in der ich lag, gerissen. Nur dir verdank ich meine Ruh; denn meine Wunden heiltest du, und stillstest mein Gewissen, und fall ich noch in meinem Lauf, so richtest du mich wieder auf.

7. Gelobt sei Gott! ich bin ein Christ, und seine Gnad und Wahrheit ist an mir auch nicht vergebens. Ich wachse in der Heiligung, und spüre täglich Besserung des Herzens und des Lebens. Ich fühle, daß des Geistes Kraft den neuen Menschen in mir schafft.

8. Dank sey dir, Vater, Dank und Ruhm, daß mich dein Evangelium lehrt glauben, hoffen, lieben. Was mir schon jetzt in dieser Zeit den Vorschmack giebt der Seligkeit; wie sollt ich das nicht üben? Erhalte stets mein Herz dabei, so preis' ich ewig deine Treu.

695.   Mel. Was mein Gott will etc.
Mein Gott, erschaffen hast du mich zu deinem Freudenleben, das weiß und glaub ich festiglich, das soll mein Herz erheben! Erweckt von dir, will ich schon hier nach solchem Leben trachten, und in der Zeit die Ewigkeit hoch über Alles achten.
2. Wenn Kreuz und Trübsal mich hier drückt, will ich doch nicht verzagen; dein Wort, das meinen Geist erquickt, hilft jedes Elend tragen; es lehrt mich wohl, daß ich einst soll mit dir, Herr Jesu, leben; wie sollt ich nicht, o du mein Licht, mich hier schon dir ergeben?
3. Die Welt soll nun mit ihrer Lust nicht länger in mir walten; ein Bessres ist mir ja bewußt, daran will ich mich halten; es soll mein Sinn sich schwingen hin zu dir mit Freud und Wonne; du bist mein Theil, mein ewig Heil, und meiner Seelen Sonne.
4. Heil mir! durch dich bin ich befreit von Sorge, Angst und Schrecken; du lässest deine Herrlichkeit mich schon hienieden schmecken; ich kann die Welt nun als ein Held im Glauben überwinden! Komm, Ewigkeit, ich bin bereit, das Eitle mag verschwinden!

696.   Mel. Wo ist der Schönste etc.
Nennt immer, eitele Gemüther, die Erde euer Vaterland; ich habe Höheres erkannt, den Herrn und seine Himmelsgüter. Drum seh ich mich auf dieser Erden für einen Gast und Fremdling an, und sehne mich erlöst zu werden von dieser rauhen Pilgerbahn.
2. Hätt ich die ganze Welt gewonnen, die Seele bliebe dennoch leer! Der Erde Sorgen drücken schwer, und ihre Lust ist bald zerronnen. O, daß mich Gottes Engel trügen | dahin, wo du, mein Heiland, bist, wo Fried und Freud und volles Gnügen der Deinen ewges Erbtheil ist!
3. Dies Heimweh Gott verbundner Herzen wächst mächtig unter Kreuzes Last; hier find ich nirgends Ruh und Rast; es drängen sich Gefahr und Schmerzen. Wenn sich die Trübsalsfluth ergießet, wird der beengten Brust so bang; bis daß des Lebens Zeit verfließet, ruf ich gar oft: ach, Herr, wie lang!
4. Doch sehn' ich mich nach deinem Himmel, mein Vater, mit Gelassenheit; ich harre still der rechten Zeit, die mich erlöst vom Weltgetümmel. Die Prüfung, die du mir erwählet, ist meinem Herzen nie zu viel; du bists, der meine Tage zählet; ich setze dir nicht Maaß noch Ziel.
5. Du, Herr, der über Tod und Leben die unumschränkte Herrschaft übt, wirst Jedem, der dich treulich liebt, die lang ersehnte Freiheit geben. Fest, doch gelassen, will ich hoffen, bis endlich deine Stund erscheint; sie kommt, ich seh den Himmel offen, dort bin ich ganz mit dir vereint.

697.   Mel. Kommt her zu mir etc.
O Gott, dich kennt die Welt nicht recht; ihr stolzer Sinn wähnt sich gerecht, sie täuscht sich bis ans Ende, will heilig leben ohne dich, vergöttert selbstgefällig sich; o daß sie dich doch fände!

2. In dir nur ist die Seele still; wer dich, o Gott, nicht suchen will, kommt nie zum wahren Frieden. Hat er der Freuden noch so viel, und du, o Gott, bist nicht sein Ziel, bleibt er vom Heil geschieden.

3. Ein unaussprechlich Gut ist da geheimnisvoll dem Frommen nah, dem es die Seele füllet. Er hat es nun im Geist gesehn, bleibt voller Lieb und Ehrfurcht stehn, beschämt und doch gestillet.

4. Was in des Frommen Herzen lebt, was ihn zu selger Wonn erhebt, wer kann es deutlich nennen? Was ihm von oben kommt herab, wie Gott sich ihm zu eigen gab, das kann der Stolz nicht kennen.

5. In reinerm Licht geht er einher, und kennet kaum sich selber mehr, er ist wie neu geboren. Er übet Gutes, eh ers denkt; der Trieb, der sonst ihn abgelenkt, hat seine Kraft verloren.

6. Vor nichts ist seinem Herzen bang, er übet Alles ohne Zwang, Verläugnen, Leiden, Beten. Wie leicht und lieblich ist ihm nun! Er kann aus Liebe Alles thun, was Andre niemals thäten.

7. Der Sturm der Leidenschaften schweigt, der harte Sinn ist ganz erweicht, und so das Herz genesen, und nirgend in der Seele Zwist, kein | Widerspruch und keine List, wahr ist sein ganzes Wesen.

8. Dieß hatt' ich außer Gott gesucht: nun hab ichs, als des Glaubens Frucht, und laß es niemals wieder. O Gott, von dem ich mich gewandt, den leider ich erst spät erkannt, komm, senk dich in mich nieder.

9. Dann ruht, o Gott, in dir mein Geist, der nicht mehr in der Irre kreist, wie in verlornen Jahren. Du, Gott, genügest mir allein, bei dir will ich auf ewig seyn, und deine Lieb erfahren.

698.   Mel. Nun ruhen alle etc.
O selig Loos hienieden, wenn still in Gottes Frieden die Seele sicher ruht! dem Glaubenskampf zum Lohne, schmückt diese Siegerkrone schon hier der Jünger festen Muth.

2. Dann fühlt an Gottes Herzen, befreit von Sorg und Schmerzen das Herz ein reines Glück; ihm ist das ewge Leben in dieser Ruh gegeben, es kehrt nicht mehr zur Welt zurück.

3. Was andre Seelen naget, mit Furcht und Hoffnung plaget, stört nicht des Jüngers Ruh. Was Christi Zeichen träget, was für sein Reich sich reget, dem lenkt sich seine Neigung zu.

4. So wirkt der lautre Wille, und brennt in heitrer Stille; nie flammt er stürmisch auf! Sich gern in allen Dingen dem Herrn zum Opfer bringen, das ist der Christen Lebenslauf.

5. Sie gehn, mit allen Kräften in des Berufs Geschäften sich Gottes Ruhm zu weihn, und dabei unverrücklich und ohne Störung glücklich im Umgang mit dem Herrn zu seyn.

6. O wär es ganz das meine, dies auserkorne reine, dies friedensvolle Loos! Weg, Welt, mit deiner Fülle! Mein Thun sey Gottes Wille, mein Ruheplatz sein Vaterschooß.

699.   In eigner Melodie.
O Ursprung des Lebens, o ewiges Licht, wo Niemand vergebens sucht, was ihm gebricht! Lebendige Quelle, die lauter und helle in reichlicher Fülle vom Himmel her fließt, und sich in die gläubigen Seelen ergießt.

2. Du sprichst: wer begehret zu schmecken schon hier, was ewiglich nähret, der komme zu mir. Seht, himmlische Gaben, die kräftiglich laben: o tretet im Glauben zur Quelle heran, hier ist, was euch ewig beseligen kann.

3. Mein Hirt und mein Hüter, ich komme zu dir, gewähre die Güter des Heiles auch mir. Du kannst dein Versprechen mir Armen nicht brechen; du siehest, wie elend und dürfig ich bin, drum gieb deine Gaben aus Gnaden mir hin.

4. O Brunnquell, du labest Geist, Seele und Muth, und wen du begabest, hat himmli|sches Gut. Dies recht zu genießen, kann Alles versüßen; es singt, es jauchzet das fröhliche Herz, es weiß nichts von Kummer und nagendem Schmerz.

5. Drum wollest du geben dem sehnenden Geist, was dienet zum Leben, und du nur verleihst. Gieb heilige Triebe, ins Meer deiner Liebe zu senken den frommen und gläubigen Sinn, und ziehe mich gänzlich zum Himmlischen hin.

6. Und trifft mich auch Leiden, Verfolgung und Pein, so laß mich mit Freuden gehorsam dir seyn; denn alle die, welche mittrinken vom Kelche, den du hast getrunken im Leiden allhier, die werden dort ewig sich freuen mit dir.

7. O gieb, daß ich werde einst droben erquickt, wo keine Beschwerde die Deinen mehr drückt, wo Freude die Fülle, wo liebliche Stille, wo seliger Friede, wo Herrlichkeit wohnt, wo heiliges Leben wird ewig belohnt.

700.   Mel. Nun kommt der Heiden etc.
O wer nennt die Seligkeit, deren sich die Seele freut, die treu liebet Jesum Christ, und in ihm vergnüget ist?

2. Alles, was der Welt gefällt, Ehre, Wollust, Gut und Geld, giebet sie mit Freuden hin, Jesus bleibet ihr Gewinn.

3. Sie besitzt das beste Theil, unaussprechlich ist ihr Heil: Gottes eingeborner Sohn ist ihr Schild und großer Lohn!

4. Bricht Gefahr und Noth herein, wird sie dennoch fröhlich seyn; er, den sie im Herzen hat, weiß zu allen Dingen Rath.

5. Wandert sie im finstern Thal, nah ist Jesus überall; er läßt sie im Dunkel nicht, er ist stets ihr helles Licht.

6. Wenn sie alle Welt verläßt, hält sie doch am Glauben fest, bis ihr allerbester Freund ihr zu Hülf und Trost erscheint.

7. Würde auch ihr Glaube schwach, läßt sie doch im Flehn nicht nach; Jesus sendet seinen Geist, der dem Kleinmuth sie entreißt.

8. O der großen Seligkeit! Jesus stillet alles Leid, er erquicket bis ans Grab, trocknet alle Thränen ab!

701.   Mel. Ach wie nichtig, ach wie etc.
O wie wichtig und wie richtig ist der Christen Leben! Frei von Unruh und von Sorgen bleibt es heute, so wie morgen, denn es ist in Gott verborgen.

2. O wie wichtig, wenn gleich flüchtig, sind der Christen Tage! Wer sich durch die Zeit gerungen, und zum Ewgen aufgeschwungen, dem ist jeder Tag gelungen.

3. Unvergänglich, überschwänglich ist der Christen Freude! Freude, die in Gott gegründet, die den Geist mit | ihm verbindet, Freude, die kein Ende findet.

4. Nie erliegend, immer siegend ist der Christen Stärke! Weil Gott selbst in ihnen streitet, sie zum Kämpfen recht bereitet, herrlich sie zum Siege leitet.

5. Unverderblich, nimmer sterblich ist der Christen Ehre! Drückt die Schmach der Welt sie nieder, Gottes Huld erhöht sie wieder: sie sind Christi Freund und Brüder.

6. Ohne Wanken, sonder Schwanken ist der Christen Wissen! Weil ihr Wissen und ihr Denken sie allein auf Christum lenken, um in Gott sich zu versenken.

7. O wie gnügend, nimmer trügend sind der Christen Schätze! Was die wahren Christen haben, sind die unsichtbaren Gaben, wornach keine Diebe graben.

8. O wie wichtig und wie richtig ist der Christen Herrschen! Hier ist Demuth ihre Krone, dort erlangen sie zum Lohne ewge Herrschaft mit dem Sohne.

9. Mach mich tüchtig, daß ich richtig, Herr, den Lauf vollende. Laß mich wachen, beten, ringen, muthig hin zum Ziele dringen; gieb zum Wollen das Vollbringen.

702.   Mel. Freu dich sehr, o meine etc.

Rühme, Welt, dein eitles Wissen, deiner hohen Worte Pracht, die zu deiner Lehrer Füßen so viel Jünger thöricht macht! Mir soll Jesu Kreuz und Pein meine höchste Weisheit seyn; und der Ort, da ich mich übe, ist die Schule seiner Liebe.

2. Brüstet euch, ihr stolzen Geister, mit dem Beifall dieser Welt, mit der Schaar, die um euch Meister voll Bewundrung sich gestellt! Denk' ich meines Heilands Schmach, seinem Tod am Kreuze nach: was ist dann der Ruhm der Weisen, die der Erde Kinder preisen?

3. Mögt ihr, Thoren, immer trachten nach dem Trost der Eitelkeit, und nur nach den Gütern schmachten, die euch diese Erde beut: ich hab ein viel bessres Theil in des Kreuzes reichem Heil; wenn ich dieß erlangen werde, rühret mich kein Glück der Erde.

4. Komm, o komm, aus Gott geboren, Lehrer, unterrichte mich! Komm, ich öffne Herz und Ohren, weise werd' ich nur durch dich! Deines Kreuzes Wissenschaft, deiner Lehren hohe Kraft bilden mich zu jenem Leben, das du willst den Deinen geben.

5. Präge, Jesu, meiner Seele diese höchste Weisheit ein, mich zu strafen, wenn ich fehle, mich zu trösten in der Pein. Bei des nahen Todes Schmerz stärke sie das bange Herz, flöße in den letzten Stunden Balsam mir in meine Wunden! |

703.   In eigner Melodie.

Ruhe ist das beste Gut, das uns laben kann; Stille und ein guter Muth steigen himmelan. Die suche du! hier ist keine wahre Ruh, wende dich dem Himmel zu. Gott ist die Ruh!

2. Ruhe suchet Jedermann, allermeist ein Christ. Denk auch du, mein Herz, daran, wo du immer bist. O suche Ruh! in dir selber wohnt sie nicht; such mit Fleiß, was dir gebricht. Gott ist die Ruh!

XXIV. *Seligkeit der Christen in diesem Leben* 1093

3. Ruhe giebet nicht die Welt, ihre Freud und Pracht. Nicht giebt Ruhe Gut und Geld, Lust und Gunst und Macht. Drum siehe zu! Wer aus Gott geboren ist, sieht auf das, was droben ist; Gott ist die Ruh!
4. Ruhe geben kann allein Jesus, Gottes Sohn, der uns Alle ladet ein vor des Himmels Thron, zur wahren Ruh. Wer den Ruf vernommen hat, gehe ein zur Gottesstadt. Gott ist die Ruh!
5. Ruhe beut er williglich den Mühselgen an; und erquicken wird er dich, wie es Niemand kann. Drum komm herzu. Trägst du gleich der Leiden viel, Gott setzt allem Leid ein Ziel. Gott ist die Ruh!
6. Ruhe kommt aus Glauben her, der nur Jesum hält. Jesus machet leicht, was schwer, richtet auf, was fällt. Sein Geist bringt Ruh. Gieb im Glauben Herz und Sinn Gottes Geist zu eigen hin. Gott ist die Ruh!
7. Ruhe zeigt sich allermeist, wo Gehorsam blüht. Ein in Gott ergebner Geist macht ein still Gemüth, wirkt Seelenruh. Selig ist, der also liebt, daß er Gottes Willen übt. Gott ist die Ruh.
8. Ruhe hat, wer willig trägt Christi sanftes Joch; alle Last, die er auflegt, ist ja lieblich doch, und schaffet Ruh. Trage still die Last des Herrn, Gottes Hülf ist dir nicht fern. Gott ist die Ruh!
9. Nun, so suche Ruh, mein Herz; Ruh sey dein Gewinn; auf und steige himmelwärts auf zu Jesu hin. Er ist die Ruh. In der Zeit ist keine Ruh, wende dich dem Ewgen zu. Gott ist die Ruh!

704.   Mel. Lobe den Herren, den etc.
Seele, wohlauf! des Unendlichen Gnade zu loben, die dich zur Würde des ewigen Lebens erhoben! Herrlich und groß ist schon hienieden dein Loos, größer und herrlicher droben.
2. Preis der erbarmenden Huld, die mit heiligem Munde dich, die Verlorne, berief zu dem göttlichen Bunde! Alles vergeht, diese Gemeinschaft besteht ewig auf ewigem Grunde.
3. Kannst du hienieden der Hoffnungen Ende nicht sehen; | dennoch umleuchten dich Strahlen aus himmlischen Höhen, daß du mit Muth wählest für flüchtiges Gut Schätze, die nimmer vergehen.
4. Freue dich, Seele! um dieses gebrechliche Leben darfst du auch wandelnd im finstern Thale nicht beben! Ewiges Seyn will in der Selgen Verein dir der Verherrlicher geben.
5. Freut euch, ihr Erben des Himmels, in heiliger Feier! Diese Verheißung, sie hebt den verhüllenden Schleier. Welch Paradies, das er den Treuen verhieß! Schauet, dies Alles ist euer!

705.   Mel. Wie groß ist des etc.
So bin ich nun kein Kind der Erden, kein Bürger dieser Eitelkeit; hier soll mir keine Wohnstatt werden, in Eile wall ich durch die Zeit. Die Heimath such ich in der Höhe, wo mein geliebter Vater wohnt, und wo ich meinen Bruder sehe, der zu der Rechten Gottes thront.
2. Bald sind die wen'gen Trauerstunden bei Hoffnung und Geduld entflohn; bald hab ich völlig überwunden, die frohste Stunde nahet schon; aus

---

43 wen'gen] wengen

dieses Lebens engen Grenzen schwingt dann mein Geist sich himmelan, und dort, wo Lust und Wonne glänzen, wird ihm die Pforte aufgethan.
3. Ich bin dazu geschaffen worden, dazu durch Christi Blut erkauft, und zu der Himmelsbürger Orden, zum Eigenthum des Herrn getauft. Der Geist, der mir zum Pfand geschenket, macht meinen Geist gewiß und fest, daß auch bei Allem, was mich kränket, mein Glaube mich nicht zweifeln läßt.
4. Nur Eins bekümmert meine Seele, und macht das Herz mir sorgenvoll, ob mir das Ehrenkleid nicht fehle, wenn ich sein Mahl dort schmecken soll. Ich weiß, vor meines Königs Augen gilt nur ein reiner, freier Geist; vor ihm kann nur das Herze taugen, das sich der Erde ganz entreißt.
5. Ein Glaube, der nur ihn erwählet, und still in seiner Liebe ruht, zu heißer Liebe uns beseelet, die seinen Willen treulich thut; der ihn bis an das Kreuz begleitet, und achtet nicht die Schmach der Welt, für Gottes Ehre muthig streitet: das ist der Schmuck, der ihm gefällt.
6. Nur du, mein Heiland, kannst es wissen, wie viel mir noch hieran gebricht. Mein Auge schwebt in Finsternissen, mich selber kenn ich Armer nicht. Doch ist ein inniges Verlangen in mir durch deinen Geist erregt, dir ganz und einzig anzuhangen mit Allem, was mein Herz bewegt.
7. Was ich nicht habe, kannst du geben, was ich nicht bin, das bist du mir. Nimm hin mein Herz, es zu beleben, ich überlass es gänzlich dir. Gieb mir den Glauben und die | Liebe, und bilde mich nach deinem Bild; erfülle mich mit heilgem Triebe, zu leiden, wo du's haben willt.
8. Hier reich ich schwörend beide Hände, und sage dir aufs Neue zu: Ich liebe dich bis an mein Ende, du, meiner Seelen wahre Ruh. Ich liebe dich nicht nur in Freuden, wenn du erquickest meinen Geist, ich liebe dich auch unter Leiden, und wenn dein Ruf mich sterben heißt.
9. So komm ich dir geschmückt entgegen, du nahst erbarmend dich zu mir; du krönest mich mit ewgem Segen, und öffnest mir des Himmels Thür. Wann werd ich dich, mein Heil, umfangen? und wann, ach wann verklärst du mich? O laß mich bald dahin gelangen, dann lob und lieb ich ewig dich!

706.　　　　　　　Mel. Es traure, wer da will etc.
So lang es Gott gefällt, daß seine Kinder noch wallen auf der Welt, sind sie auch Sünder. Allein ihr Mittler ist voll Heil und Gnaden, und sorget, daß kein Christ je nehme Schaden.
2. Er will barmherzig seyn, ist sehr geduldig, siehst du dein Unrecht ein und giebst dich schuldig. Der Trost bleibt dir nicht fern, daß deine Sünden durch das Verdienst des Herrn Vergebung finden.
3. Er trocknet Thränen ab, er hebt und träget, bis man uns in das Grab zur Ruhe leget. Mag da der Leib vergehn im Schooß der Erden, uns bleibt die Hoffnung stehn, ihm gleich zu werden.
4. Drum ist der Herr mein Theil, spricht meine Seele, dem ich mein ganzes Heil allein empfehle. Kann er mein Trost und Licht auf ewig werden: nach Himmel frag ich nicht, nicht nach der Erden.

707.　　　　　　　Mel. Herzlich thut mich etc.
Vor seinen Augen leben, ist wahre Seligkeit; sich ihm zu eigen geben ist, was allein erfreut. Nichts können und nichts wissen, nichts wollen und nichts thun, als Jesu folgen müssen, das heißt in Friede ruhn.

XXIV. Seligkeit der Christen in diesem Leben

2. Der Christ steht aus dem Schlafe in Christi Freundschaft auf, und fürchtet keine Strafe im ganzen Tageslauf. Und ist der Tag vollendet, so legt er sich zur Ruh, von Christo unverwendet thun sich die Sinnen zu.

3. So geht er fest und stille dahin bei Tag und Nacht; auf Jesum ist sein Wille, nicht auf die Welt bedacht. Er hört und sieht und fühlet, hört, sieht und fühlt doch nicht und weiß, vom Schmerz durchwühlet, kaum, daß ihm Weh geschicht.

4. Gewiß, wer erst die Sünde getilgt durch Christi Blut, und gleich dem frommen Kinde auf ihn lenkt Sinn und Muth, | kann auch gottselig handeln, und kann bald anders nicht. Herr Jesu, lehr uns wandeln in deiner Augen Licht.

708. Mel. Wachet auf, ruft uns etc.

Was bewegt mich wohl, zu trauern? mein Leiden wird nicht ewig dauern, es währt nur einen Augenblick. Schwing' dich auf zu jener Freude, o Seele, die du trägest Leide, laß hinter dir die Welt zurück. Wer keine Hoffnung hat, der wird vom Seufzen matt, und erlieget; nur wer ein Christ von Herzen ist, hat Freudigkeit zu jeder Frist.

2. Zwar bekümmert mich die Sünde, die ich an mir und Andern finde, so lang ich leb in dieser Welt; diese will ich stets beklagen, doch nicht in meinem Schmerz verzagen, da mein Vertrauen Jesum hält; durch seinen Kreuzestod bin ich versöhnt mit Gott. Jesu! Jesu! wie wohl ist mir, wenn ich allhier in diesem Glauben traue dir!

3. Meine Schuld ist mir vergeben, ich habe Theil an jenem Leben, das weiß und glaub ich festiglich! Lob sey Gott, der nicht gedenket der Sünden, die mein Herz gekränket, und sich erbarmet über mich. Was kann der Feind mir thun? Ich bin und heiße nun Kind und Erbe; durch Gottes Sohn besitz ich schon in Hoffnung jene Ehrenkron.

4. Meinen Jesum werd ich sehen, und froh zu seiner Rechten stehen, in vollem Glanz und hellem Licht. Mir wird nicht mehr knechtisch grauen, Gott, meinen Heiland, werd ich schauen, von Angesicht zu Angesicht. Bei aller Traurigkeit führt zur Zufriedenheit diese Hoffnung, die er, mein Hort, mir fort und fort verheißt in seinem wahren Wort.

5. Nun kann mich kein Tod mehr schrecken; im Glauben kann ich hier schon schmecken die Kräfte der zukünftgen Welt. Ich bin schon in Hoffnung selig, mein Glaube macht mich allzeit fröhlich, weil er das Unsichtbare hält. Getrost ist stets mein Muth, zuletzt wird Alles gut, wenn wir glauben; wer glaubt, behält durch dich das Feld, o Jesu, und besiegt die Welt.

709. Mel. Herzliebster Jesu, was etc.

Was murren über Elend Adams Erben? die eigne Sünde nur ist ihr Verderben; sie jagen nach der Thorheit eitlen Freuden, und finden Leiden.

2. Ach, wären wir vom Jüngling bis zum Greise gehorsam Gottes Willen, fromm und weise, wie glücklich würden wir schon hier auf Erden, wie selig werden!

3. Unzählbar sind der ewgen Liebe Gaben, die gern mit reinen Freuden uns will laben; von allen Seiten strömt uns Heil und Segen reichlich entgegen. |

4. Die Sünde konnt allein dies Glück zerrütten, sie stürzet Thronen und verwüstet Hütten, trübt jeden Segensquell, droht jedem Tage mit neuer Plage.

5. Nie kann der Sünder froh gen Himmel schauen, an Gott nicht denken ohne Furcht und Grauen, vor Tod und Grab und vor dem künftgen Leben muß er erbeben.

6. Sey von uns Allen, treuer Gott, gepriesen, daß du uns hast den Weg zum Heil gewiesen, und Kraft verleihen willst, die Macht der Sünden zu überwinden.

7. Heil uns, dein Sohn erschien, uns zu erlösen, und zu befrein vom schweren Joch des Bösen; sein Geist macht uns aus schuldbeladnen Sündern zu Gottes Kindern.

8. Laß uns dir immer mehr geheiligt werden, dann sind die Deinen wir schon auf der Erden, und scheiden einst im gläubigen Vertrauen, dich dort zu schauen.

710.   Mel. Es traure, wer da will etc.
Wer Jesum bei sich hat, kann sicher stehen, und wird im Unglücksmeer nicht untergehen. Wenn ihn der Herr beschützt, was kann ihm schaden? Er wandelt überall auf ebnen Pfaden.

2. Wer Jesum bei sich hat, der hat den Himmel, und ihn vergnüget nicht das Weltgetümmel; er nimmt geduldig an, was Gott beschieden, und schmeckt auch in der Noth den höhern Frieden.

3. Wer Jesum bei sich hat und seine Gaben, der mag mit ihrer Lust die Welt nicht haben. Wer reich in Christo ist, hat gnug auf Erden, und kann in Ewigkeit nicht reicher werden.

4. Wer Jesum bei sich hat, kann ruhig wallen; er zeigt den Himmelsweg den Seinen allen. Wer ihm getreulich folgt, wird niemals gleiten, denn ihm steht immerdar der Herr zur Seiten.

5. Wer Jesum bei sich hat, darf nicht erschrecken, wenn ihm der Sünden Schuld will Angst erwecken. Wer Jesum bei sich hat, wird nicht verderben; wer Jesum bei sich hat, wird selig sterben.

711.   Mel. Wie schön leucht' uns der etc.
Wie groß ist deine Herrlichkeit, schon hier, o Christ, in dieser Zeit, und noch vielmehr dort oben. Von Allem, was die Welt dir zeigt, ist nichts, das dieser Würde gleicht, zu der du bist erhoben! Christus Jesus salbt die Seelen, die ihn wählen, und sie haben in ihm seines Geistes Gaben.

2. Theilhaftig göttlichen Geschlechts erfreust du dich des hohen Rechts, dich Gottes Kind zu nennen. Sieh, welche Ehre, welchen Ruhm giebt dir der Herr zum Eigenthum; mag es die Welt verkennen! Mag sie auch hie stolz sich blähen, dich verschmähen, ja dich | hassen, deinen Ruhm muß sie dir lassen.

3. Ein König, Priester und Prophet, der vor des Höchsten Throne steht, wirst du von Gott gelehret! Du wirst begabt mit hoher Macht, daß herrlich werde hier vollbracht, was Gottes Ruhm vermehret. Klarheit, Wahrheit wird gegeben deinem Leben durch den Glauben, und ihn kann kein Feind dir rauben.

XXIV. Seligkeit der Christen in diesem Leben

4. Du bist mit Jesu fest vereint; der Herr ist auch dein treuster Freund, deß Liebe dich erquicket. Er hat dir seines Geistes Pfand von seinem Thron herabgesandt, und dir ins Herz gedrücket. Eilst du ihm zu, so wird Frieden dir beschieden; dein Verlangen bleibe stets, ihm anzuhangen.

5. Durch ihn stehst du mit Gott im Bund; er wählet deines Herzens Grund, darin er Wohnung machet. Er hat, zu seines Namens Ruhm, dich auserwählt zum Eigenthum, darüber er stets wachet. Gott pflegt, Gott trägt in den Armen voll Erbarmen dich Geringen, daß kein Leid dich kann bezwingen.

6. Nie machet eines Menschen Mund die hohe Ehr und Würde kund, die dich schon ziert auf Erden; weit weniger ist offenbar, was einst die Zukunft machet klar, daß du ihm gleich wirst werden. Ewig selig mit den Frommen wirst du kommen, Gott zu sehen, wenn er dich läßt auferstehen.

7. O Christ, in welchen hohen Stand setzt dich des Höchsten Gnadenhand! Bedenke deine Würde! Fühl deine Hoheit jederzeit, in aller deiner Niedrigkeit, und trag auch ihre Bürde! Lebe, strebe, daß dein Adel ohne Tadel immer bleibe; darum liebe, hoff und gläube.

712.   Mel. Allein Gott in der Höh etc.
Wie groß, wie herrlich ist mein Glück schon hier im Prüfungsleben! Ich darf den frohen Kindesblick, mein Gott, zu dir erheben. Bin ich gleich Staub, o Herr, vor dir, doch schenkst du deinen Frieden mir. O Himmel auf der Erde!

2. Wer bin ich Aermster, daß du mein auf deinem Thron gedenkest, und mir die Macht, dein Kind zu seyn, durch Jesum Christum schenkest? Wie fühlt mein Wesen sich gestärkt! dir blieb auch ich nicht unbemerkt, und ward dein Kind, dein Erbe.

3. Du hast aus tiefer Seelennoth mich gnädig aufgenommen; nun darf ich frei, auf dein Gebot, zu dir, mein Vater, kommen. Ich fleh in Kindeszuversicht, und du verschmähst das Flehen nicht, und thust noch über Flehen.

4. Was ist der Erde Last und Gram? Was sind nun alle Leiden, seit sie mein Bruder | auf sich nahm, und gab mir Himmelsfreuden? Das Herz verschmachtet mir nicht mehr, denn überall und rund umher fließt Thau des Friedens Gottes.

5. Ich steh im Glanz des Gnadenthrons, froh wie der Engel einer. Vergeß ein Mutterherz des Sohns, sein Herz vergißt nicht meiner. Er leitet mich mit milder Hand so zart am unsichtbaren Band, als führt er nur mich Einen.

6. Ja, Gutes und Barmherzigkeit läßt er mich hier empfangen. Mein Herz darf schon in dieser Zeit am Vaterherzen hangen. Mit dem begnadigten Geschlecht genieß ich hier schon Kindesrecht, bis ich's dort voll genieße.

7. Dort in der Auserwählten Kreis, die Gottes Thron umringen, will ich mit höhern Kräften Preis dem Gott der Liebe singen, der solch ein Heil an mir vollbracht, und ihn für seine Lieb und Macht anbetend ewig rühmen.

713.   In eigner Melodie.
Wie wohl ist mir, o Freund der Seele, wenn ich in deiner Liebe ruh! Ich steig aus dunkler Schwermuthshöhle, und eile deinen Armen zu. Dann muß die Nacht des Trauerns scheiden, wenn mit der Fülle hoher Freuden die Liebe

strahlt aus deiner Brust. Hier ist mein Himmel schon auf Erden; dem muß ja volle Gnüge werden, der in dir findet Ruh und Lust.

2. Die Welt mag sich mir feindlich zeigen; es sey also, ich acht es nicht. Will sie sich freundlich zu mir neigen, ich flieh ihr trügend Angesicht. In dir vergnügt sich meine Seele; du bist mein Freund, den ich erwähle, du bleibst mein Freund, wenn Freundschaft weicht. Auch in den stärksten Trübsalswellen kann deine Treu mich sicher stellen, die mir den festen Anker reicht.

3. Will mich die Last der Sünden drücken, blitzt auf mich des Gesetzes Weh: nur du kannst mich dem Fluch entrücken, drum schau ich gläubig in die Höh. Ich fliehe, Herr, zu deinen Wunden, da hab ich schon den Ort gefunden, wo mich kein Fluchstrahl treffen kann. Tritt Alles wider mich zusammen: du bist mein Heil, wer will verdammen? Die Liebe nimmt sich meiner an.

4. Lenkst du durch Wüsten meine Reise, ich folg, und lehne mich auf dich; du giebst mir aus den Wolken Speise, und tränkest aus den Felsen mich. Ich traue deinen Wunderwegen, sie enden sich in Lieb und Segen; genug, wenn ich dich bei mir hab! Ich weiß, wen du willst herrlich zieren, und über Sonn und Sterne führen, den führest du zuvor hinab.

5. Der Tod mag Andern düster scheinen, ich seh ihn an mit frohem Muth; denn du | mein Leben, hassest Keinen, deß Herz und Seele in dir ruht. Wie kann des Weges Ziel mich schrecken; da aus der Nacht, die mich wird decken, ich eingeh in die Sicherheit? Mein Licht, so will ich denn mit Freuden aus dieser finstern Wildniß scheiden zur selgen Ruh der Ewigkeit.

714.   Mel. O daß ich tausend etc.

Wohl dem, der aus dem Geist geboren ein neues Herz von Gott empfängt, und ihm zum Eigenthum erkohren, sich ganz zu seinen Wegen lenkt! Wer Christo folgt, ihm gleich gesinnt, ist selig auch als Gottes Kind.

2. Der Sünde Finsterniß entrissen, und frei von ihrer Sklaverei, ist er beruhigt im Gewissen, vom Fluche des Gesetzes frei. Mit Gott aufs Innigste vereint, sieht er im Vater auch den Freund.

3. Er kann mit Zuversicht verlangen, was Gottes Sohn uns schon erwarb; er wird, was er bedarf, empfangen, weil Jesus ihm zum Heile starb: Licht aus der Höh und Muth und Kraft zum Kampf in seiner Pilgerschaft.

4. Gott schenkt zu jedem guten Werke ihm seinen Geist der Heiligung, zu jedem Siege neue Stärke, im Leiden Trost und Linderung; ja schon in dieser Prüfungszeit den Vorschmack jener Herrlichkeit.

5. Wie fest und stark ist im Gebete, wie kindlich seine Zuversicht! Er weiß, Gott hört an jeder Stätte, und giebt ihm gern, was ihm gebricht; ja immer mehr, als er begehrt, wird ihm von oben her gewährt.

6. Und immer lenkt zu seinem Heile, was auch geschieht, des Vaters Huld; auch wenn er fällt, wird ihm zu Theile mehr als Verzeihung und Geduld. Der Geist hilft seiner Schwachheit auf, und fördert weiter seinen Lauf.

7. So wandelt er auf Gottes Wegen, und freuet seiner Gnade sich; was er beginnt, geräth zum Segen, er liebt den Nächsten brüderlich. Mag dann die Welt ihn immer schmähn, vor Gott wird er dereinst bestehn.

8. Versichert, daß er selig werde, ist er vergnügt bei jedem Loos, entbehret gern die Lust der Erde, und fühlt im Herrn sich reich und groß. Was eitlen Herzen wohl gefällt, darauf ist nie sein Wunsch gestellt.

9. Sieht er den Tod von ferne kommen, er freut sich, daß die Stund erscheint; ihm wird die Bürde abgenommen, und der sie löset, ist sein Freund. Wenn Gott ihn nicht zurück mehr hält, schwingt er sich gern zur bessern Welt.

10. Wie selig wer aus Gott geboren ein neues Herz von ihm empfängt, und ihm zum Eigenthum erkohren, sich ganz zu seinen Wegen lenkt. Wie ru|hig, ja wie selig ist im Leben und im Tod ein Christ!

715.   Mel. Werde munter, mein etc.

Wohl dem Menschen, der nicht wandelt in der Gottvergessnen Rath! Wohl dem, der nicht unrecht handelt, noch tritt auf der Sünder Pfad; der der Spötter Freundschaft fleucht, und aus ihrer Mitte weicht; der von Herzen liebt und ehret, was uns Gott vom Himmel lehret.

2. Wohl dem, der mit Lust und Freude das Gesetz des Höchsten treibt; welcher, wie auf süßer Weide, stets in Gottes Worte bleibt. Er ist einem Baume gleich, der an edlen Früchten reich, dessen Zweige sich verbreiten an des klaren Baches Seiten.

3. Also wird gedeihn und grünen, wer in Gottes Wort sich übt; Luft und Sonne muß ihm dienen, bis er reife Früchte giebt. Werden seine Blätter alt, bleiben sie doch wohlgestalt't; Gott giebt Glück zu seinen Thaten, Alles muß ihm wohl gerathen.

4. Aber wen die Sünd' erfreuet, dessen Glück kann nicht bestehn, wie die Spreu, vom Wind zerstreuet, wird er plötzlich untergehn. Kommt der Herr und hält Gericht, so entrinnt der Sünder nicht, und es werden nur die Frommen in sein Reich dort aufgenommen.

XXV. Vom Tode.

716.   Mel. Zion klagt mit etc.

Ach Herr! lehre mich bedenken, daß ich endlich sterben muß: oft laß meinen Sinn sich lenken auf des Lebens ernsten Schluß. Stell ihn meinen Augen für, und erwecke die Begier, mich nach deinem Wort in Zeiten auf den Abschied zu bereiten.

2. Endlich muß ein Licht verbrennen; endlich läuft die Sanduhr ab. Also muß auch ich bekennen: Staub vom Staube sinkt ins Grab! Fest besteht der ewge Schluß, daß, was lebet, sterben muß. Menschen, als der Sünde Erben, bleibt der Sünden Sold; sie sterben.

3. Wenn wir kaum geboren werden, ist vom ersten Lebenstritt bis ins kühle Grab der Erden nur ein kurz gemessner Schritt; ach mit jedem Stundenschlag nähert sich der letzte Tag, und in jedem Lebensjahre sind wir Alle reif zur Bahre.

4. Predigen nicht meine Glieder täglich von der Sterblichkeit? Leg' ich mich zur Ruhe nieder, seh' ich mich im Leichenkleid. Ja, der Schlaf stellt treu und wahr mir des Todes Abbild dar, und das Bette will mir | sagen: so wirst du ins Grab getragen.

5. Ach wer weiß, in welcher Stunde uns die letzte Stimme weckt; denn Gott hat die dunkle Kunde keinem Menschen noch entdeckt. Wer sein Haus hat wohl bestellt, geht getrost aus dieser Welt. Aber Sicherheit im Leben kann nur Furcht im Tode geben.
6. Drum auch in gesunden Jahren will ich niemals sicher seyn, will die Bessrung nicht versparen, bis die Schwachheit bricht herein. Täglich will ich Buße thun, und dann froh im Glauben ruhn, daß der Tod mich frei von Sünde, und mit dir versöhnet finde.

717.   Mel. Herzliebster Jesu etc.
Am Grabe stehen wir, und opfern Thränen, wir schauen in die Gruft mit bangem Sehnen, da du, o Vater, einen deiner Frommen von uns genommen.
2. Er liebte dich, und strebte, deinen Willen als Jesu Jünger treulich zu erfüllen; gottselig war, und deinem Rath ergeben sein ganzes Leben.
3. Mit ihm ist uns ein Freund ins Grab getragen; sein treues Herz wird nicht mehr für uns schlagen, nun kann sein Rath, deß wir uns sonst erfreuten, uns nicht mehr leiten.
4. Nimm Preis und Dank, daß du in diesem Leben zum Segen den Entschlafnen uns gegeben; du nahmst ihn uns, wir trauern und sind stille, gut ist dein Wille!
5. Er gab den Geist in seines Mittlers Hände; im Glauben selig sey auch unser Ende; du wollest, Herr! mit ihm und mit den Deinen uns dort vereinen.

718.   Mel. Nun laßt uns den Leib etc.
Gemeine. Begrabt den Leib in seiner Gruft, bis ihn des Richters Stimme ruft! Wir säen ihn, einst blüht er auf, und steigt verklärt zu Gott hinauf.
2. Eine Stimme. Senkt mein verwesliches Gebein, o ihr noch Sterblichen, nur ein: Es bleibt im dunkeln Grabe nicht, mein Jesus kommt, und hält Gericht.
3. Die Gemeine. Der Leib, nur ein belebter Staub, muß werden der Verwesung Raub. Er ruht und schläft, bis er erwacht an jenem Tag aus Todesnacht.
4. Eine Stimme. Mag die Verwesung dich zerstreun, du bald zerfallendes Gebein; gezählt ist, wie des Hauptes Haar, mein Staub! Gott weckt mich wunderbar.
5. Die Gemeine. Des Frommen Seele lebt bei Gott, der sie befreit von aller Noth und sie von ihrer Missethat durch seinen Tod erlöset hat.
6. Eine Stimme. Der Allbarmherz'ge gehet nicht mit den Erlösten ins Gericht, für die der Mittler litt und starb, | und ihnen Gnad und Heil erwarb.
7. Die Gemeine. Du wandeltest im finstern Thal, und littest hier viel Schmerz und Qual; du trugest deines Heilands Joch, nun bist du todt und lebest doch.
8. Eine Stimme. Bei euch hat Trübsal mich gedrückt, nun hat mich Gottes Ruh erquickt. Im finstern Thale wandelt' ich, doch führte Gottes Rechte mich.
9. Die Gemeine. Er litt viel mehr, der uns versöhnt, und seine Sieger herrlich krönt. O ewger Lohn für kurze Pein, dann wird's wie Träumenden uns seyn.

XXV. Vom Tode

10. Eine Stimme. Ich trug sein Joch bis an mein Grab, nun trocknet er die Thränen ab. Was sind die Leiden jener Zeit, Gott, gegen deine Herrlichkeit!

11. Die Gemeine. Nun, du Erlöster! schlaf in Ruh! wir gehen unsern Hütten zu, und machen zu der Ewigkeit mit Freud' und Zittern uns bereit.

12. Eine Stimme. Ja, lasset mich in meiner Ruh, und gehet euern Hütten zu! Schafft eure Seligkeit und ringt, bis ihr euch auch der Erd' entschwingt!

13. Die Gemeine. O Gotteslamm, dein bittrer Tod stärk uns in unsrer letzten Noth! Laß unsre ganze Seele dein, und selig unser Ende seyn!

719. In eigner Melodie.

Christus der ist mein Leben, und Sterben mein Gewinn. Ihm will ich mich ergeben, mit Freuden fahr ich hin.

2. Ich eile gern von hinnen zu ihm, dem Bruder mein, den Himmel zu gewinnen, und dort bei ihm zu seyn.

3. Nun hab' ich überwunden Kreuz, Leiden, Angst und Noth, durch seine heilgen Wunden bin ich versöhnt mit Gott.

4. Wenn mir die Augen brechen, der Athem stockt im Lauf, der Mund nicht mehr kann sprechen: Herr, nimm mein Seufzen auf;

5. Wenn mir Sinn und Gedanken vergehen, wie ein Licht, das hin und her muß wanken, weil Nahrung ihm gebricht:

6. Alsdann fein sanft und stille, wenn kommt mein Stündelein, und es gebeut dein Wille, laß, Herr, mich schlafen ein.

7. Dann wollst du bei mir bleiben, wenns Abend worden ist, und alle Furcht vertreiben, bis sich mein Auge schließt.

720. Mel. Gott hab' ich Alles etc.

Dein sind wir, Gott, in Ewigkeit; in deiner Hand steht unsre Zeit. Der du gezählt des Hauptes Haar, hast, eh ich war, mir auch bestimmt mein Todesjahr.

2. Ist nun vollendet unsre Bahn, so nimm dich unsrer gnädig an. Hilf uns in unsrer letzten Noth, Herr unser Gott, | ein sanfter Schlaf werd uns der Tod.

3. Und macht ihn schwer der Krankheit Schmerz, so stärke das beklommne Herz; halt uns in deiner Vaterhut, gieb uns den Muth, der ganz in deiner Fügung ruht.

4. Geist Gottes, in uns wirke du die selge Hoffnung ewger Ruh, damit in gläubigem Vertrauen, und ohne Graun wir in die Nacht des Todes schaun.

5. Zeig uns die Herrlichkeit des Herrn, und unsres Glaubens Lohn von fern; laß uns, wenn wir zum Vater flehn, in Christo sehn, wie der uns liebt, zu dem wir gehn.

6. Ach, Gnad ergehe dann für Recht, denn von dem sterblichen Geschlecht ist auch der Heiligste nicht rein. Wer kann je dein, Gott, ohne deine Gnade seyn?

7. O sey mit deiner Gnad uns nah, ist unsre letzte Stunde da. Wenn unser Auge sterbend bricht, leit uns dein Licht, so fehlt uns Trost im Tode nicht.

721. Mel. Herzlich thut mich etc.

Die auf der Erde wallen, die Sterblichen sind Staub, sie blühen auf und fallen, des Todes sichrer Raub. Die Stund ist uns verborgen, wo Gottes Stimme ruft; doch jeder neue Morgen bringt näher uns zur Gruft.

2. Getrost gehn Gottes Kinder die öde, dunkle Bahn, zu der verstockte Sünder mit bangem Herzen nahn; wo selbst der freche Spötter nicht mehr zu spotten wagt, und vor der Gläubgen Retter erzittert und verzagt.

3. Wenn, diese Bahn zu gehen, dein Will einst mir gebeut; wenn nahe vor mir stehen Gericht und Ewigkeit; wenn meine Kräfte beben, und nun das Herz mir bricht: Herr über Tod und Leben, o dann verlaß mich nicht!

4. Hilf, Todesüberwinder, hilf mir in solcher Angst, der du zum Heil der Sünder selbst mit dem Tode rangst. Wenn bei des Kampfes Ende mich Todesschrecken faßt, dann nimm in deine Hände, den du erlöset hast.

5. Des Himmels selge Freuden ermißt kein sterblich Herz; o Trost für kurze Leiden, für kurzen Todesschmerz. Dem Sündenüberwinder sey ewig Preis und Dank; Preis ihm, der für uns Sünder den Kelch des Todes trank.

6. Heil denen, die auf Erden sich schon dem Himmel weihn, und aufgelöst zu werden, mit heilger Furcht sich freun. Bereit, es ihm zu geben, sobald ihr Gott gebeut, gehn sie getrost durchs Leben hin zur Unsterblichkeit.

722. Mel. Der lieben Sonne etc.

Die Christen gehn in dieser Welt durch mannichfachen Jammer, bis auf dem Weg zum Him|melszelt, sie ruhn in stiller Kammer. Nach wohl vollbrachtem Lauf nimmt Gott die Seele auf; das Weizenkorn streut Gottes Hand auf Hoffnung in sein heilges Land.

2. Die ihr schon aufgebrochen seyd aus eurer Brüder Mitten, wir freun uns eurer Seligkeit, und folgen euren Schritten! Der nun befreite Geist, ist himmelwärts gereist; die Hülle findet ihre Ruh im Grab, und Liebe deckt sie zu.

3. Sie bleibt, bis ihre Stunde schlägt, in heiliger Verwahrung, bis sich das neue Leben regt am Tag der Offenbarung. Und dann, welch selig Loos in Jesu Arm und Schooß! Die Liebe führ uns gleiche Bahn so tief hinab, so hoch hinan!

723. Mel. Nun ruhen alle etc.

Die Herrlichkeit der Erden muß Staub und Asche werden; kein Fels, kein Erz bleibt stehn. Das, was uns hier ergötzet, was man als ewig schätzet, muß wie ein leichter Traum vergehn.

2. Was sind doch alle Sachen, die uns so trotzig machen? Sie währen kurze Zeit. Was ist der Menschen Leben? Mit Pracht und Glanz umgeben, ists doch nur Tand und Eitelkeit.

3. Der Ruhm, nach dem wir trachten, den wir unsterblich achten, ist nur ein falscher Wahn; sobald der Geist gewichen, und unser Leib verblichen, ists um der Ehre Dunst gethan.

4. Es hilft nicht Kunst noch Wissen, wir werden hingerissen, der morgen, dieser heut. Was hilft der Schlösser Menge? Wem hier die Welt zu enge, dem wird ein enges Grab zu weit.

5. Was sind der Erde Thronen? es können alle Kronen vom Tode nicht befrein. Kann vor des Grabes Schrecken der Purpur auch bedecken, das Scepter Sicherheit verleihn?

6. Wir rechnen Jahr auf Jahre, indessen wird die Bahre vor unser Haus gebracht; dann müssen wir von hinnen, eh wir uns noch besinnen, und uns umfängt des Grabes Nacht.

7. Dies laßt uns wohl bedenken, das Herz zum Himmel lenken, wo Alles ewig steht. Wer dorthin will gelangen, darf an der Welt nicht hangen, weil sie mit ihrer Lust vergeht.

724.   Mel. Der Tag ist hin etc.
Dir sterb ich einst, wenn ich dir, Jesu lebte; o daß dein Bild im Sterben vor mir schwebte! Dann geh ich still, in Gott getrost, wie du, durch dich gerecht in meines Grabes Ruh.

2. Wer also stirbt, der weihet durch sein Sterben die Seinen auch zu frohen Himmelserben; verherrlicht wird durch ihn die Gotteskraft, die aus dem Schmerz am Grabe Wonne schafft.

3. Bin ich zu schwach, dich sterbend noch zu preisen, so wollst du doch die Gnade mir erweisen, | daß nicht mein Tod dem Schwachen Anstoß sey, mein letztes Wort noch zeige meine Treu.

4. Getrost und sanft aus frommer Christen Mitte zu dir zu gehn, das, Herr, ist meine Bitte! so wird mein Tod Erhöhung deines Ruhms, und ein Beweis der Kraft des Christentums.

5. Zum Lobgesang für mein erfülltes Hoffen stehn mir ja dort die Ewigkeiten offen; hier gieb mir nur, daß, wenn mein Haupt sich neigt, das Flehn zu dir in meinem Geist nicht schweigt.

725.   Mel. Der Tag ist hin etc.
Du Lebensfürst, dein Sieg giebt mir Vertrauen, du zähmst den Tod, nun darf mir nicht mehr grauen, du führest selbst mich durch das finstre Thal, und machst zur Ruh, was Andern wird zur Qual.

2. Jetzt ist der Tod ein Ausgang aus dem Jammer, ein Eingang hin zur stillen Friedenskammer, ein Uebergang, bis mein getreuer Hirt den Leib verklärt zur Seele bringen wird.

3. Das ist der Tod! Soll er noch Menschen schrecken? Vielmehr er soll ermuntern uns und wecken, er, der die Saat zur vollen Reife bringt, daß jenseits dann der Erndte Jubel klingt.

4. Was du so oft und theuer uns verheißen, es solle nichts aus deiner Hand uns reißen, das stehet fest: kein Zweifel störe mich! Du wolltest, Herr, wo du bist, sey auch ich.

5. Drum sinn' ich schon auf Dank- und Freudenlieder zu Gottes Preis, für mich und meine Brüder, weil du mit uns durch Todesschatten dringst, und uns bei dir zum ewgen Leben bringst.

726.   Mel. Wenn einst mein Stündlein etc.
Du wirst, o Vater, für mein Wohl auch einst im Tode sorgen, bleibt mir gleich, wie ich sterben soll, nach deinem Rath verborgen. Mein Ende steht allein bei dir; erhalte nur den Glauben mir, daß du es weislich ordnest.

2. Gieb, daß ich meine höchste Lust an meinem Heiland habe, und, seiner Liebe mir bewußt, ihm folge bis zum Grabe, daß ich auf den, der für mich starb, und Trost und Hoffnung mir erwarb, stets unverzagt vertraue.

3. O möchte des Bewußtseyns Kraft mir bleiben bis ans Ende, daß auch am Ziel der Pilgerschaft das Herz zu dir sich wende, und eingedenk der Lieb und Treu, die täglich an mir wurde neu, mein Geist von hinnen scheide.

4. Doch soll ich durch Gewalt, o Gott, schnell oder angstvoll sterben, so führe nur auch so der Tod mich zu des Himmels Erben! Drum hilf mir, daß ich allezeit zur Re|chenschaft vor dir bereit die Welt verlassen könne.

5. Fehlt es mir einst an Freudigkeit im Kampf mit großen Schmerzen; will weichen die Gelassenheit aus meinem bangen Herzen: dann, treuer Vater, rechne du des Glaubens Schwächen mir nicht zu, nein, hilf mir sie besiegen.

6. Wenn ich einst nicht mehr denken kann, im Tode nicht mehr beten; dann nimm die stillen Seufzer an; laß Christum mich vertreten. Ist er, den du erhörst, nur mein, so bin auch ich, mein Vater, dein im Leben und im Tode.

727.   Mel. Aus tiefer Noth etc.
Ein Pilger bin ich in der Welt, voll Müh sind meine Tage; so manche Noth, die mich befällt, reizt noch mein Herz zur Klage; doch, Herr, der Trost der Ewigkeit versüßt mir meiner Tage Leid, daß ich's geduldig trage.

2. Der Sünde Joch, das auf mir liegt, drückt nieder meine Seele. Wie leicht ist doch mein Herz besiegt; wer weiß, wie oft er fehle? Doch einst werd ich vollkommen rein, ganz heilig und ganz selig seyn; dies tröstet meine Seele.

3. Hier wandeln Viele vor mir hin, die, Jesu, dich verschmähen; tief kränket mich ihr stolzer Sinn, daß sie dein Heil nicht sehen; dort sieht mein Auge sie nicht mehr, ich sehe nur der Gläubgen Heer frohlockend vor dir stehen.

4. Wie manche Nacht hab ich im Schmerz der Krankheit durchgeweinet; wie seufzet oft das bange Herz, wenn nirgend Hülf erscheinet; doch meine Thränen stillen sich, denn jenes Leben tröstet mich, das mich mit dir vereinet.

5. Wenn mich der Zukunft Dunkel schreckt, die Noth der späten Tage, wenn jene Last mir Sorg erweckt, die einst als Greis ich trage, so schöpf ich aus der Ewigkeit mir reichen Trost für diese Zeit, daß nicht mein Herz verzage.

6. Wenn einst, der jetzt noch ferne droht, der Tod mir näher winket, und nach der Erdentage Noth mein Haupt zum Schlummer sinkt, so bin zum Sterben ich bereit, und tröste mich der Herrlichkeit, die mir entgegen winket.

728.   Mel. Christus der ist mein etc.
Einst geh' ich ohne Beben zu meinem Tode hin, denn Christus ist mein Leben, und Sterben mein Gewinn.

2. Ich fürchte nicht die Schrecken der finstern Erdengruft: der wird mich auch erwecken, der mich zum Grabe ruft.

3. Und riefe mich, zu scheiden, auch heute schon mein Gott, so folg ich ihm mit Freuden, und sterb auf sein Gebot.

4. Des Lebens Kraft und | Fülle welk immer hin, wie Laub, und dieses Leibes Hülle sey der Verwesung Raub!

---

23 im Schmerz] in Schmerz   27 schöpf] schopf

XXV. Vom Tode

5. Ich hoff ein bessres Leben, das ewiglich besteht. Ein Leib wird mich umgeben, der nimmermehr vergeht.

6. Dann eil ich dir entgegen, mein triumphirend Haupt; ich erndte ewgen Segen, und schau, was ich geglaubt.

729.   Mel. Alle Menschen müssen etc.
Eitle Welt, dein bin ich müde; wann, ach wann erquicket mich Himmelsruh und ewger Friede, wann ruft mich mein Gott zu sich? Rufe, Herr, ich will mit Freuden aus des Lebens Trübsal scheiden, denn ich weiß, durch Christi Blut machest du mein Ende gut.

2. Dem ist vor dem Tod nicht bange, der des armen Lebens satt, und dies Jammerthal schon lange mühevoll durchwandelt hat. Er wird alle Stunden zählen, bis Befreiung seiner Seelen, und das Ende aller Noth ihm erscheinet mit dem Tod.

3. Zwar ich bin nicht ungeduldig, daß mich Kreuz und Elend drückt; mehr zu leiden wär ich schuldig, als mein Gott mir zugeschickt. Weiß ich doch, daß mich kein Leiden kann von seiner Liebe scheiden; auch das Kreuz, von ihm gesandt, soll mir seyn ein Gnadenpfand.

4. Darum nur wünsch ich zu sterben, daß ich Jesum möge sehn und sein ewges Heil erwerben; ach! möcht es doch bald geschehn! Nahet euch, Erlösungsstunden, da ich, aller Angst entbunden, von der rauhen Lebensbahn mich kann schwingen himmelan.

5. Jesus Christus ist mein Leben, und das Sterben mein Gewinn. Engel, kommt, mich zu umschweben, tragt zu Gott die Seele hin! Schon hab' ich von jenem Frieden selges Vorgefühl hienieden, darum wünsch ich dort zu seyn, wo mich Schauen wird erfreun.

6. Euch, die ihr mich hier geliebet, die mit mir Ein Sinn verband, die mein Scheiden jetzt betrübet, euch befehl ich Gottes Hand. Gott versorget, Gott beschützet, er wird geben, was Euch nützet: also ist mein Haus bestellt, gute Nacht, du eitle Welt.

730.   Mel. Ich hab' genug etc.
Es ist genug! So nimm, Herr, meinen Geist zu Zions Geistern hin; lös auf das Band, das schon allmählig reißt, befreie meinen Sinn. O stille doch dies heiße Sehnen, und mach ein Ende meinen Thränen: es ist genug!

2. Es ist genug des Jammers, der mich drückt, durch unsrer Sünde Schuld; sie hatt in mir des Guten Lieb erstickt, geraubt mir deine Huld. Sie hatte mich von Gott geschieden, | gestöret meiner Seele Frieden, es ist genug!

3. Es ist genug des Kreuzes, das mich fast herab zur Erde beugt. Wie schwer, o Gott, wie hart ist diese Last, die nimmer von mir weicht! Ich muß wohl unter heißen Thränen mich herzlich nach Erlösung sehnen: drum ists genug!

4. Es ist genug, wenn Gott, mein Heiland, will, er kennet ja mein Herz; ich harre sein, und halte ruhig still, er heilet jeden Schmerz; was meine sieche Brust getragen, nimmt er hinweg, und wird dann sagen: Es ist genug!

5. Es ist genug! Herr, wenn es dir gefällt, so ende meinen Lauf; entrücke mich dem Jammerthal der Welt, nimm mich zu dir hinauf. Heil mir! Ich fahre hin in Frieden, mein Kreuz und Elend bleibt hienieden: Es ist genug!

731. *Mel. Ich hab genug, so nimm etc.*
Es ist vollbracht, Gottlob, es ist vollbracht! Mein Jesus nimmt mich auf. Fahr hin, o Welt! ihr Freunde, gute Nacht! ich ende meinen Lauf. Verschwunden sind all meine Leiden; in Jesu scheid ich voller Freuden. Es ist vollbracht.
2. Es ist vollbracht! Mein Jesus nahm auf sich, als Mittler, meine Schuld. Am Kreuzesstamm litt er und starb für mich; o welche große Huld! Ich hab in meines Heilands Wunden auf ewig volle Ruh gefunden. Es ist vollbracht!
3. Es ist vollbracht! Hinweg sind Angst und Pein, sind Sorgen, Gram und Schmerz; sein Golgatha soll mir ein Tabor seyn; wie freuet sich mein Herz! Bald werd' ich zu des Friedens Höhen aus allen meinen Kämpfen gehen. Es ist vollbracht!
4. Es ist vollbracht! Ich dringe froh hindurch; nichts fesselt mich noch hier. Ich steig empor zu jener Himmelsburg, schon zeiget sie sich mir. Ich seh durch ihre goldne Pforten, was Niemand sagen kann in Worten. Es ist vollbracht!
5. Es ist vollbracht! Mein Leib mag immerhin bald Staub und Asche seyn; der Heiland, deß ich ewig, ewig bin, verklärt einst mein Gebein. Ich fürchte nicht des Grabes Schrecken, denn Gottes Sohn wird mich erwecken. Es ist vollbracht!
6. Es ist vollbracht, Gottlob, es ist vollbracht! Mein Jesus nimmt mich auf. Fahr hin, o Welt! ihr Freunde, gute Nacht! Ich ende meinen Lauf. Das beste Theil hab ich getroffen; Heil mir! Ich seh den Himmel offen. Es ist vollbracht!

732. *Mel. Mit Fried und Freud etc.*
Getrost und freudig geh ich hin nach Gottes Willen; bald wird sich mir sein Vatersinn ganz enthüllen; gnädig wird er mir verleihn, was Christus mir erworben.
2. Erbarmend sprach der | Herr zu mir: dir ist vergeben; ich gebe meinen Frieden dir, du sollst leben; fürchte nichts, denn du bist mein, ich habe dich erlöset.
3. Dies ist mein Trost: ich bin erlöst und Gottes Erbe; ich weiß, daß er mich nicht verstößt, wenn ich sterbe. Tod, wo ist nun deine Macht, wo ist dein Sieg, o Hölle?
4. Gott ist mein Fels, auf ihn allein will ich vertrauen. Ich sehne mich, bei ihm zu seyn, ihn zu schauen. Lange dürstet schon mein Herz, ihn droben anzubeten.

733. *Mel. Ich hab mein Sach' etc.*
Gott hab ich Alles heimgestellt, er mach's mit mir, wie's ihm gefällt. Mit Freuden bin ich stets bereit, wenn ers gebeut, zu scheiden aus der Zeitlichkeit.
2. Es ist ja dieses Jammerthal voll Angst und Trübsal überall; und unser Leben schnell verstreicht, dem Pfeil es gleicht, der eilend hin zum Ziele fleucht.
3. Nichts hilft dem Menschen Gut und Geld, denn nackt und bloß kam er zur Welt; und unser Aller harrt das Loos, auch nackt und bloß zu sinken in der Erde Schooß.
4. Wer weiß, wann Gottes Stimme ruft? Den Jüngling auch empfängt die Gruft. Und wer am Morgen froh erwacht, hat oft vor Nacht schon seinen Lebenslauf vollbracht.

5. Man trägt eins nach dem andern hin, wohl aus den Augen und dem Sinn. Und ob du hoch gepriesen bist, die Welt vergißt dein, wenn dich Grabesnacht umschließt.

6. Gieb, Herr, daß ich bedenken lern: nie sey mein Ende von mir fern; daß ich nie sey der Stimme taub: auch du bist Staub, und wirst dereinst des Todes Raub!

7. Ich fürcht ihn nicht, denn er entrückt uns nur dem Leiden, das uns drückt. Schließt er mein irdisch Auge zu, dann führest du, o Herr, mich zu der ewgen Ruh.

8. Der Leib, ins stille Grab versenkt, ruht dann, von keinem Schmerz bedrängt. Und froh schwingt sich der Geist hinan die Himmelsbahn, mit neuem Leibe angethan.

9. Zwar harret meiner dein Gericht, o Gott, doch ich verzage nicht. Ich weiß, dein Sohn vergoß sein Blut auch mir zu gut; das hebt und stärket meinen Muth.

10. Mich hält dein Sohn an seiner Hand, mit dem der Glaube mich verband. Bin ich auch nicht von Sünden rein, ich bin ja sein! Wir können keine Strafen dräun.

11. Dich schau ich dann, du ewges Licht, von Angesicht zu Angesicht. Und fern von jedem Erdenleid, in Herrlichkeit, lob ich dich, Herr, in Ewigkeit.

12. Amen, mein frommer, treuer Gott! bescheer uns einen selgen Tod! Gieb, daß wir | mögen freudenreich, den Engeln gleich, vereinigt seyn in deinem Reich!

734.   Mel. Wer nur den lieben etc.

Herr Gott, du kennest meine Tage, du weißt, daß ich, dein schwaches Kind, des Todes Keim in Gliedern trage, die irdisch und zerbrechlich sind, drum mache du mich allezeit zum Sterben fertig und bereit.

2. Du hast mir meine Zeit gegeben, und ihr zugleich das Ziel bestimmt. Wer weiß, wie bald mein kurzes Leben für diese Welt ein Ende nimmt; drum flöße mir die Weisheit ein, aufs Ende stets bedacht zu seyn.

3. Hier hab ich lebenslang zu lernen, mich ganz der Sünde zu entziehn, mich von der Weltlust zu entfernen, und um den Himmel zu bemühn. Ein selges Ende erst beweist, was Christenthum und Glaube heißt.

4. Früh will ich nach der Heimath trachten, in der ich ewig bleiben kann, vor Allem auf den Himmel achten, den Christus mir hat aufgethan; so wird mein Haus hier auf der Welt, und auch im Himmel wohl bestellt.

5. Mein Herz ist nur im Himmel droben, dort ist der Seele Erb und Theil; bei Christo ist mir aufgehoben der Freuden Fülle, ewges Heil; mir ist das Eitle viel zu schlecht, im Himmel ist mein Bürgerrecht.

6. Wohlan! so will ich täglich sterben, und leben so, als lebt ich nicht, dann kann die Seele nicht verderben, wenn gleich mein Aug im Tode bricht; mein Tod ist süß, ich sterbe dir, denn du, mein Heiland, lebst in mir.

7. So kommt, ihr feierlichen Stunden, komm, eile, mein Erlösungstag, da ich, von aller Noth entbunden, zum Leben sterbend dringen mag. Da find ich in des Höchsten Hand mein Eden und mein Vaterland.

735. In eigner Melodie.
Herr Jesu Christ, mein Herr und Gott, der du erlittest Angst und Spott, für mich den Tod am Kreuze starbst, und mir des Vaters Huld erwarbst.
2. Ich bitte dich kraft deiner Pein, du wollst mir Sünder gnädig seyn, wenn ich nun komm in Sterbensnoth, und ringe mit dem bittern Tod.
3. Wenn mir vergehet das Gesicht, dann sende mir des Glaubens Licht; und wenn ich nicht mehr sprechen kann, dann nimm mein stilles Seufzen an.
4. Wenn mein Verstand sich nicht besinnt, und Menschenhülfe ganz zerrinnt, dann steh nach deiner Lieb und Treu in meinem letzten Kampf mir bei.
5. Führ mich aus diesem Jammerthal, verkürze mir des Todes Qual! laß deinen Geist dann bei mir seyn, daß ich schlaf sanft und selig ein. |
6. Den Leib laß ruhn in seiner Gruft, bis ihn dein großer Tag einst ruft; zerreiße dann mit starker Hand des Todes und des Grabes Band.
7. Dann denk o Herr, nach deiner Huld nicht meiner großen Sünden Schuld, und lasse dort mit dir zugleich mich ewig seyn in deinem Reich.
8. Ich halte fest und zweifle nicht bei dem, was mir dein Wort verspricht: wer an mich glaubt, obschon er stirbt, das ewge Leben doch erwirbt.

736. Mel. Jesu, der du meine Seele etc.
Herr, laß mich in Friede fahren, und bei Jesu Christo seyn, wo sich die verklärten Schaaren in dir, ihrem Gott, erfreun. Christus ist und bleibt mein Leben; er der Weinstock, ich der Reben. Drum ist Sterben mein Gewinn; Gott, nimm meine Seele hin!
2. Von der Erde schon befreiet, sehnet sich mein Geist nach dir; Christus hat mein Herz erneuet, öffne nun die Himmelsthür! Dort, Herr, willst du ewges Leben mir zum Gnadenlohne geben! Hallelujah in der Zeit, Lob und Preis in Ewigkeit!
3. Ist dein Kommen gleich verborgen, kommst du doch zur rechten Zeit, und bringst den verklärten Morgen ungetrübter Seligkeit. Aus der dunklen Erdenhöhle eilt dann die erlöste Seele, und zu deinem Thron hinauf lenkt sie freudig ihren Lauf.
4. Wenn die matten Augen brechen, sey der Geist doch hoch erfreut, mög an meinem Staub sich rächen dieser Welt Vergänglichkeit. Auch der Leib, der in der Erden erst als Staub zu Staub muß werden, wird dereinst verklärt und schön durch die Allmacht auferstehn.
5. Treuer Vater! ich befehle meinen Geist in deine Hand: führe die verklärte Seele in das rechte Vaterland. Nach der Trübsal, nach dem Leiden, überschütte sie mit Freuden, daß kein Leid und kein Geschrei, daß kein Schmerz und Tod mehr sey.
6. Und in meinen letzten Zügen bleib, o Jesu, du bei mir: hilf mir kämpfen, hilf mir siegen! Ewig hängt mein Heil an dir. Mit dem innigsten Entzücken will ich an mein Herz dich drücken! Kämest du, o Herr, schon heut! Komm, die Seel ist ganz bereit.

737. In eigner Melodie.
Ich bin ja, Herr, in deiner Macht, du hast mich an das Licht gebracht, und du erhältst mir auch das Leben; du kennest meiner Monden Zahl, weißt,

XXV. Vom Tode

wann ich diesem Erdenthal auch wieder gute Nacht muß geben; wo, wie, und wann ich sterben soll, das weißt du, Herr des Lebens, wohl.

2. Wen hab ich doch, als | dich allein, der mir in meiner letzten Pein kann Trost und Rath und Hülfe bringen? Wer nimmt sich meiner Seele an, wenn nun mein Leben nichts mehr kann, und ich muß mit dem Tode ringen, wenn allen Sinnen Kraft gebricht, thust du es, Gott, mein Heiland, nicht?

3. Mich dünkt, schon lieg ich kraftlos da, dem letzten Augenblicke nah, von Todesangst schon überfallen. Gehör und Rede nehmen ab, die Augen sehen nur das Grab; doch kränkt die Sünde mich vor Allen, die Stimme des Gewissens spricht: Gerecht ist Gott! er hält Gericht!

4. Ich höre der Posaune Ton, ich sehe meinen Richter schon, und um ihn alle Völker stehen; geöffnet liegt vor ihm sein Buch, schon hör ich des Gesetzes Spruch, ihn wendet nicht mein ängstlich Flehen; Verdammniß ist des Sünders Theil, er hat kein Recht an Gottes Heil.

5. Kein Geld noch Gut errettet mich, umsonst erbeut ein Bruder sich, den sündgen Bruder zu erlösen. Ein Jeder wird alsdann empfahn den Lohn für das, was er gethan, in dem Gericht schützt nichts den Bösen. Wer hilft mir sonst in dieser Noth, thust du es nicht, mein Herr und Gott?

6. In meiner Seelen großem Schmerz erheb ich zu dir Aug und Herz, der du die Missethat vergiebest; den Tod des Sünders willst du nicht, drum schreckt mich nicht dein streng Gericht, weil du auch mich in Christo liebest; drum fahre Furcht und Zweifel hin! Ich weiß, daß ich des Herren bin.

7. Herr Jesu Christ, dein theures Blut vergossest du auch mir zu gut, ich weiß, daß ich dir angehöre. Fällt ja zu meiner Todespein mir noch ein banger Zweifel ein, so rette deines Leidens Ehre; du hast so viel an mich gewandt, o laß mich nicht aus deiner Hand!

8. Nein! nein! ich glaube fest, mein Heil, ich hab an dir auf ewig Theil, du bist im Tode noch mein Leben! So sieg ich über Angst und Noth, ob auch die Hölle und der Tod mit ihren Schrecken mich umgeben: dieweil ich lebe, bin ich dein; dein werd ich auch im Tode seyn.

738.   Mel. Wer weiß, wie nahe mir etc.
Ich sterbe täglich, und mein Leben eilt immer zu dem Grabe hin; wer kann mir sichre Bürgschaft geben, daß ich noch morgen lebend bin? Der Tod, der Tod kommt her, hin geht die Zeit, ach, wär' ich täglich doch bereit!

2. Es schickt der Tod nicht immer Boten, eh er die Sichern überfällt. Drum mußt du schnell ins Land der Todten, wohl dir, ist Herz und Haus bestellt. Oft hängt, oft hängt an einem Augenblick, dein ewges Unglück oder Glück. |

3. Herr aller Herren, Tod und Leben hast du allein in deiner Hand; wie lange du mir Frist gegeben, das ist und bleibt mir unbekannt; drum gieb, drum gieb, Herr, daß ich jeden Tag an meinen Abschied denken mag.

4. Es kann vor Abend anders werden, als es der Morgen mit mir war; wo ich auch wandle hier auf Erden, steht neben mir die Todtenbahr. Ein Schritt, ein Schritt nur ist es bis dahin, wo ich des Grabes Beute bin.

---

2 wohl.] wohl

5. Vielleicht kann ich kein Wort mehr sagen, wenn sich am Ziel mein Auge schleußt; drum bet ich in gesunden Tagen: Herr! dir befehl ich meinen Geist. Und wenn, und wenn ich kaum noch seufzen kann, dann nimm des Heilands Fürsprach an.

6. Kann ich nicht segnen dann die Meinen, so segne du sie, Herr, für mich; wenn um mich her sie zagend weinen, o Vater! so erbarme dich; dann laß, dann laß auch der Verwaisten Schrein durch deinen Sohn erhörlich seyn.

7. Dringt endlich mir der Tod zum Herzen, so schließ mir Herr, den Himmel auf; verkürz des letzten Kampfes Schmerzen, und führe mich zu dir hinauf. Dann sterb, dann sterb ich ohne Angst und Pein, und selig wird mein Ende seyn.

739. Mel. Wer nur den lieben Gott etc.
Ich weiß, es wird mein Ende kommen, doch weiß ich nicht, wo, wie und wann? Vielleicht werd ich der Welt entnommen, bevor ein neuer Tag bricht an; vielleicht ist schon mein Ziel bestimmt, eh diese Stund ein Ende nimmt.

2. Dies Alles kann mich nicht betrüben: in Gottes Hand steht meine Zeit. Der Menschen Tage sind geschrieben in seinem Buch von Ewigkeit; ist das, was sterblich, abgethan, dann fängt unsterblichs Leben an.

3. Ich weiß aus Gottes theurem Worte, der Tod sey Gläubigen kein Tod; er ist mir eine Himmelspforte, das Ende aller meiner Noth, ein sanfter Abend, der mich kühlt, wenn ich des Tages Last gefühlt.

4. Drum harrt mein sehnendes Verlangen, bis mich der Tod der Erd entrückt. Mit Freuden will ich ihn empfangen, weil Jesus diesen Boten schickt, der nach des Lebens Angst und Pein mich führet in den Himmel ein.

5. Laß nur, Herr Jesu, meine Seele im wahren Glauben fertig stehn, daß ich nicht meines Ziels verfehle, wenn ich einst muß von hinnen gehn. O mache du mein Herz bereit zur Reise nach der Ewigkeit.

6. Gieb, daß ich stets in Buße lebe, verleih mir ein geheiligt Herz, wenn ich den Geist dir übergebe, dann tröste mich | dein Todesschmerz; so scheid ich freudig von der Welt, wo, wie und wann es dir gefällt.

740. Mel. Befiehl du deine Wege etc.
In Gottes Rath ergeben, verlaß ich gern die Welt; ich geh zum bessern Leben, sobald es Gott gefällt. Was wärs, das mich betrübte? Dort schau ich ewig den, der meine Seele liebte, noch eh ich ihn gesehn.

2. Er ruft zur Zeit der Schmerzen uns voll Erbarmen zu: kommt her, beladne Herzen, ihr findet bei mir Ruh. Dies Wort aus deinem Munde laß, Herr, auch mich erfreun, und in der letzten Stunde mir Geist und Leben seyn.

3. Mit dir muß es mir glücken, daß ich den Kampf besteh, wenn ich mit gläubgen Blicken auf dich, mein Heiland, seh; auf dich, der du für Sünder selbst mit dem Tode rangst, als mächtger Ueberwinder ihn auch für mich bezwangst.

4. Der frohe Siegsgedanke: wo ist dein Stachel, Tod? stärkt mich, daß ich nicht wanke in meiner Todesnoth. Durch dich wird, wenn ich sterbe, das Sterben mir Gewinn; ich bin des Himmels Erbe, weil ich dein eigen bin.

XXV. Vom Tode

5. Dein Blut kann nicht vergebens für mich geflossen seyn; du schreibst ins Buch des Lebens auch meinen Namen ein. Du bists, dem ich vertraue, bis einst mein Auge bricht; mit allen Selgen schaue ich dann dein Angesicht.

741.   Mel. Wer nur den lieben Gott etc.

Mein Gott, ich weiß wohl, daß ich sterbe, ich weiß, wie bald der Mensch vergeht, und finde hier kein sichres Erbe, kein Gut, das ewiglich besteht: drum zeige mir in Gnaden an, wie ich recht selig sterben kann.

2. Mein Gott, ich weiß nicht, wann ich sterbe, ob es nicht heute noch geschieht, daß mich des Todes Hauch entfärbe, der Blume gleich, die schnell verblüht: drum mache täglich mich bereit zum Hingang in die Ewigkeit.

3. Mein Gott, ich weiß nicht, wie ich sterbe, wie mich des Todes Hand berührt; dem Einen wird das Scheiden herbe, sanft wird der Andre heimgeführt: doch wie du willst, nur das verleih, daß ich getrost im Scheiden sey.

4. Mein Gott, ich weiß nicht, wo ich sterbe, und welcher Hügel einst mich deckt; gnug, wenn ich dieses nur erwerbe, daß ich zum Leben werd erweckt: wo dann mein Grab auch möge seyn, die Erd ist allenthalben dein.

5. Nun, treuer Vater, wenn ich sterbe, so nimm du meinen Geist zu dir; ich weiß, daß ich dann nicht verderbe, lebt Christus und sein Geist in mir: darum erwart ich glau|bensvoll, wo, wie und wann ich sterben soll.

742.   Mel. Jesus, meine Zuversicht etc.

Meine Lebenszeit verstreicht, stündlich eil ich zu dem Grabe; und wie wenig ists vielleicht, das ich noch zu leben habe? Denk, o Mensch, an deinen Tod; säume nicht, denn Eins ist Noth.

2. Lebe, wie du, wenn du stirbst, wünschen wirst, gelebt zu haben. Güter, die du hier erwirbst, Würden, die dir Menschen gaben, nichts wird dich im Tod erfreun; diese Güter sind nicht dein.

3. Nur ein Herz, das Gutes liebt, nur ein ruhiges Gewissen, das vor Gott dir Zeugniß giebt, wird dir deinen Tod versüßen; dieses Herz, von Gott erneut, giebt im Tode Freudigkeit.

4. Wenn in deiner letzten Noth Freunde trostlos um dich beben, dann wird über Welt und Tod dich dies reine Herz erheben; dann erschreckt dich kein Gericht, Gott ist deine Zuversicht.

5. Daß du dieses Herz erwirbst, fürchte Gott, und bet und wache. Sorge nicht, wie früh du stirbst; deine Zeit ist Gottes Sache. Lerne nur den Tod nicht scheun, lerne seiner dich erfreun.

6. Ueberwind ihn durch Vertraun; sprich: ich weiß, an wen ich gläube, und ich weiß, ich werd ihn schaun einst in dem verklärten Leibe. Er, der rief: Es ist vollbracht! nahm dem Tode seine Macht.

7. Tritt im Geist zum Grab oft hin; siehe dein Gebein versenken. Sprich: Herr, daß ich Erde bin, lehre du mich selbst bedenken. Lehre du michs jeden Tag, daß ich weiser werden mag.

743.   In eigner Melodie.

Mit Fried und Freud fahr ich dahin, ists Gottes Wille. Getrost ist mir mein Herz und Sinn, sanft und stille, wie Gott mir verheißen hat, der Tod ist mir ein Schlummer.

2. Das dank ich Christo, Gottes Sohn, dem Trost der Frommen, der zu uns von des Vaters Thron ist gekommen, daß er Heil und Leben sey in Noth, und auch im Sterben.

3. Den hast du Allen vorgestellt mit großen Gnaden, zu seinem Reich die ganze Welt eingeladen durch dein theuer heilsam Wort, das überall erschollen.

4. Er ist das Heil und selge Licht den Völkern allen, daß einst, die es noch sehen nicht, in ihm wallen; er giebt Heil der ganzen Welt, ihm sey Preis, Dank und Ehre.

744.   In eigner Melodie.

Mitten in dem Leben sind wir vom Tod umfangen; wer ist, der uns Hülfe schafft, daß wir | Gnad erlangen? Das bist du, Herr, alleine. Uns reuet unsre Missethat, die den Zorn verdienet hat. Heiliger Herr und Gott! Heiliger starker Gott! Heiliger barmherziger Heiland! Du ewiger Gott! Laß uns nicht versinken in der bittern Todesnoth. Erbarm dich unser!

2. Mitten in dem Tode wird das Gericht uns dräuen; wer will uns aus solcher Noth gnadenvoll befreien? Das thust du, Herr, alleine. Dich jammert unsre Sünd und Leid, du thust uns Barmherzigkeit. Heiliger Herr und Gott! Heiliger starker Gott! Heiliger barmherziger Heiland! Du ewiger Gott! Laß uns nicht verzagen, wenn wir vor Gerichte stehn. Erbarm dich unser!

3. Mitten in dem Weltgericht, wo die Schuld uns schrecket, ach, zu wem fliehn wir dann hin, der uns gnädig decket? Zu dir, Herr Christ, alleine. Vergossen ist dein theures Blut dieser sündgen Welt zu gut. Heiliger Herr und Gott! Heiliger starker Gott. Heiliger barmherziger Heiland! Du ewiger Gott! Laß uns nimmer fallen aus des rechten Glaubens Trost. Erbarm dich unser!

745.   Mel. Herzliebster Jesu etc.

O daß mir der Erlösung Stunde schlüge, und bald die müde Seel hinübertrüge, wo ich, befreit von jeder Last der Erde, Gott schauen werde.

2. Sey mir willkommen, heiß ersehnte Stunde, wenn scheidend ich mit schon erblaßtem Munde den preis' im Tode, der auf höhre Stufen mich nun gerufen.

3. Wie bin ich doch des langen Weges müde! Mein einger Wunsch ist jenes Lebens Friede, wo jedes Herz, wie schwer es sey verwundet, in Gott gesundet.

4. O ging ich bald, seys auch auf dunklen Wegen, dem Morgen meines höhern Seyns entgegen! O wandelt ich schon, wo am hellern Tage verstummt die Klage!

5. Doch, dürfen wir in Ungeduld und Thränen uns nach dem Ziel der Laufbahn schmerzlich sehnen? Ist's frömmer nicht, vor Gott sich kindlich beugen, und ruhig schweigen?

6. Der Vater nur weiß, was dem Kinde nützet; er ist es, der mit Lieb uns unterstützet. Wer ist wohl je an seiner Hand erlegen auf rauhen Wegen?

7. Auch mir sind heilsam dieser Erde Leiden, durch die sich einst vom Gold die Schlacken scheiden, daß ich gereift für himmlische Genüsse die Heimath grüße.

---

12 Missethat,] Missetha ,

XXV. Vom Tode 1113

8. Drum, bis auf dein Geheiß der Tod erscheinet, und ich die letzten Thränen ausgeweinet, gebeut dein heiliger, dein weiser Wille mir diese Stille.
9. Ganz dir ergeben will ich | ruhig warten; du lohnst auch mir, wie Allen, die dein harrten, wirst mich, wenn ich vollbracht dies Prüfungsleben, zu dir erheben.

746.   Mel. Jesu meine Freude etc.
Ruhe, fromm bestattet, du von Schmerz ermattet, unter Christen hier. Wir, die Blicke senkend, dein in Wehmuth denkend, weihen Thränen dir. Als ein Christ hast du gelebt, wandeltest auf Gottes Wegen höherm Licht entgegen.
2. Droben einst belohnen dich des Richters Kronen, der die Thaten wägt; hier sind userm Kreise deiner Treu Beweise bleibend eingeprägt. Ruh in Friede dann! dein Geist ist zu Christo aufgenommen in das Chor der Frommen.
3. Du bist wohl geborgen, wir voll Leid und Sorgen, daß der Tod uns schied. Die verlassnen Deinen stehn am Grab und weinen, daß ihr Glück verblüht, bringen dir, verklärter Geist, Dank für alle Lieb und Treue, für des Beispiels Weihe.
4. Nun ruht Staub bei Staube, doch dein selger Glaube lebet in uns fort. Wo der Weltversühner, sind auch seine Diener, welch ein tröstlich Wort! Traurig scheiden wir von hier; doch erhört wird unser Flehen durch solch Wiedersehen.

747.   Mel. Wachet auf, ruft uns etc.
                        Der Chor.
Selig sind des Himmels Erben, die Todten, die in Christo sterben, zur Auferstehung eingeweiht! Nach den letzten Augenblicken des Todesschlummers folgt Entzücken, folgt Wonne der Unsterblichkeit! In Frieden ruhen sie, los von der Erde Müh! Hosianna! Vor Gottes Thron zu seinem Sohn folgt ihnen ihrer Werke Lohn!
                        Die Gemeine.
                Mel. Jesus, meine Zuversicht etc.
2. Staub bei Staube ruht ihr nun in dem friedevollen Grabe! Möchten wir, wie ihr, auch ruhn in dem friedevollen Grabe! Ach der Welt entrannt ihr schon, fandet eurer Arbeit Lohn.
3. Jesus will's! Wir leben noch, leben noch in Pilgerhütten. Alle trugen einst dies Joch, Alle, die die Kron erstritten. Endlich, endlich kommt der Tod, führt, wie sie, auch uns zu Gott.
4. Jesus lebte selber hier, lebte selbst in Pilgerhütten; ach, viel mehr, viel mehr, als wir, hat der Göttliche gelitten. Standhaft laß im Kampf uns stehn, stets auf dich, Vollender, sehn!
5. Was ist dieses Lebens Zeit? Eine schwüle Mittagsstunde; dennoch hängt die Seligkeit an der kurzen Lebensstunde; ewges Leben oder Tod wägt uns zu der heilge Gott.
6. Jesu, unsre Zuversicht, unser Theil ist einst das Leben; wenn auch unser Auge bricht, | wirst du es aus Gnaden geben; deinen Frieden gabst du schon uns zum Pfande, Gottes Sohn.

7. Wer an dir im Glauben hält, den wirst du einst auferwecken. Diese Kraft der bessern Welt laß bei unserm Tod uns schmecken. Gieb uns mehr noch, als wir flehn; mehr noch, als wir jetzt verstehn.
Der Chor.
8. Dank, Anbetung, Preis und Ehre, Macht, Weisheit, ewig, ewig Ehre sey dir, Versöhner, Jesu Christ! Ihr, der Ueberwinder Chöre, bringt Dank, Anbetung, Preis und Ehre dem Lamme, das geopfert ist! Er sank, wie wir, ins Grab; laßt nun vom Weinen ab, ihr Erlösten! Nicht Schmerz, nicht Pein, nur Wonn allein wird an des Lammes Throne seyn!
Die Gemeine.
9. Nicht der Mond, nicht mehr die Sonne scheint uns alsdann! Er ist uns Sonne, der Sohn, die Herrlichkeit des Herrn! Heil, nach dem wir weinend rangen, nun bist du, Heil, uns aufgegangen, nicht mehr im Dunkeln, nicht von fern. Nun weinen wir nicht mehr! Das Alt' ist nun nicht mehr! Hallelujah! Er ging voran des Todes Bahn, wir folgen ihm einst himmelan!

Verstorbene Kinder an ihre Eltern.

748.   Mel. Ich dank dir, lieber etc.
So hab ich obgesieget, mein Lauf ist nun vollbracht; nur meine Hülle lieget und schläft in Todesnacht. Des Vaters treue Liebe sieht sehnend in mein Grab; die Mutter wendet trübe die nassen Augen ab.

2. Ihr netzet eure Wangen, ihr Eltern, über mich, euch hat das Leid umfangen, daß euch das Herz fast bricht. O tröstet euch, ihr Lieben, thut nicht so ängstiglich! Was wollt ihr euch betrüben? stehts doch gar wohl um mich.

3. Denk, Vater, wie viel Sorgen, wie manche bange Nacht, wie manchen düstern Morgen ein liebes Kind oft macht. Was ihm kann widerfahren, das fürchtet, der es liebt; den Kummer kannst du sparen, drum sey nicht so betrübt.

4. Ach, Mutter, laß die Zähren, und stell dein Klagen ein. Muß nicht des Herrn Begehren an uns erfüllet seyn? Das, was du jetzt beweinest, was dir so wehe thut, ist besser, als du meinest; denn Gott macht Alles gut.

5. Wohl ist nun euerm Kinde, das jetzt dem Schiffer gleicht, der schnell bei günstgem Winde den Hafen hat erreicht; dem Pilger, der die Mühe des Weges nicht gespürt, weil ihn ein Richtsteig frühe dem Ziel hat zugeführt.

6. Dahin sind Angst und Schmerzen, auf immer, immer hin, ich freue mich von Herzen, daß ich erlöset bin; ich leb in tausend Freuden in meines Gottes | Hand, mich trifft forthin kein Leiden, das dieser Welt bekannt.

7. Die noch auf Erden wallen in irrthumsvoller Zeit, vermögen kaum zu lallen von froher Ewigkeit. Viel besser, wohl gestorben, als mit der Welt gelebt! Ich hab das Erb' erworben, nach dem der Fromme strebt.

8. Ihr weiht mir Blumenkränze, wie man den Sieger ehrt; im ewgen Himmelslenze wird Schönres mir gewährt. Das ist die grüne Krone, die ewge Siegespracht, womit von seinem Throne mich Gottes Sohn bedacht.

XXV. Vom Tode

749.   Mel. Zion klagt mit etc.

Soll denn Alles, Alles enden in Verwesung und in Staub? Läßt der Tod aus seinen Händen nimmermehr den theuren Raub? Blicket hoffnungslos hinab unser Aug ins öde Grab? Ist auf ewig nun verloren, was sich unser Herz erkoren?

2. Nein, du bist uns nicht verloren, ob dein Leib auch bald zerfällt, denn dein Geist weilt neugeboren schon in einer bessern Welt. Was du Wahres hier gedacht, was du Gutes treu vollbracht, reift zu ewgem Heil und Segen dort vergeltend dir entgegen.

3. Auch bei uns, die dich beweinen, wirkest du in Segen fort; unvergessen von den Deinen bleibt dein Beispiel und dein Wort. Uns, die deinen Werth gesehn, kann dein Bild nie untergehn, und dir folgen noch im Grabe Lieb und Dank als fromme Gabe.

4. Gott, der du ihn uns geschenket, dir sey Preis und Dank dafür! Der du ihn zum Heil gelenket, Dank, o Jesu, Dank sey dir! Lenke stets auch unsern Sinn auf das ewge Erbtheil hin! Gieb uns Allen, was wir flehen, dort ein selges Wiedersehen!

Fürbitte für Sterbende.

750.   Mel. Mitten wir im Leben etc.

Stärke, die zu dieser Zeit, da wir, Herr, dir singen, müde, sprachlos und voll Schmerz mit dem Tode ringen! Du nur kannst sie erquicken. Sie liegen da und sehn hinab in das schauervolle Grab. O Vater, unser Gott! O Mittler, Jesu Christ! Heilger Geist, barmherziger Tröster! Ewger Gott und Herr! Laß sie nicht versinken in des Todes letzter Angst! Sey ihr starker Schutz!

2. Wer in einem Trunke labt deiner Jünger Einen, der soll dort mit frohem Muth im Gericht erscheinen. Wir labten gern die Matten. Doch da sie nichts mehr laben kann, flehn wir für sie dich an. O Vater, unser Gott! O Mittler, Jesu Christ! Heilger Geist, barmherziger Tröster! Ewger Gott und Herr: Laß sie freudig stehen in der Stunde | des Gerichts! Sey ihr starker Schutz!

3. Ach, weil Jesus Christus selbst diesen Kelch getrunken, und von größrer Qual umringt, ist ins Grab gesunken: um seines Todes willen hör unser thränenvoll Gebet, das für sie um Gnade fleht! O Vater, unser Gott! O Mittler, Jesu Christ! Heilger Geist, barmherziger Tröster! Ewger Gott und Herr! Laß sie sanft entschlummern, und einst fröhlich auferstehn! Sey ihr starker Schutz!

751.   In eigner Melodie.

Wenn einst mein Stündlein kommen ist, daß ich nun soll erblassen, so steh mir bei, Herr, Jesu Christ, du wollst mich nicht verlassen. An meinem letzten End befehl in deine Händ ich meine Seel, du wirst sie wohl bewahren.

2. Die Sünde wird mich kränken sehr, mein Herz mich hart verklagen; der Schuld ist viel wie Sand am Meer, so daß ich möcht verzagen. Doch denk ich

---

19 im Leben] in Leben

in der letzten Noth an deinen bittern Kreuzestod; so hab ich Trost und Frieden.

3. Ich bin ein Glied an deinem Leib, deß tröst ich mich von Herzen; von dir ich ungeschieden bleib in Todesnoth und Schmerzen. Und wenn ich sterbe, sterb ich dir, ein ewges Leben hast du mir durch deinen Tod erworben.

4. Weil du vom Tod erstanden bist, werd ich im Grab nicht bleiben: mein höchster Trost dein Auffahrt ist, sie kann die Furcht vertreiben: denn wo du bist, da komm ich hin, daß ich stets bei dir leb und bin, drum fahr ich hin mit Freuden.

752.   Mel. Jesu meines Lebens etc.
Wer mit gläubigem Gemüthe an dem Sohne Gottes hing, wer für seine Ehre glühte, und auf seinen Wegen ging, dessen Angedenken ehre, wenn er stirbt, die fromme Zähre und mit seinem theuren Bild bleibe jedes Herz erfüllt.

2. Er hat jenen Ruhm erworben, welcher immerdar besteht, und mit ihm ist nicht gestorben, was er Gutes ausgesät; dieses bleibt, wie in den Stunden, wo die Sonne schon verschwunden, noch der Abendröthe Schein bleibet, um uns zu erfreun.

3. So auch ließ er seiner Thaten vollen Segen uns zurück, und ihm reift aus diesen Saaten jetzt des Himmels ewges Glück. Gott, der Richter aller Welten, wird sie offenbar vergelten; alle bringt er an das Licht, nur der Fehler denkt er nicht.

4. Preist den Herrn, daß seine Gnade Kraft dem nun Verklärten gab, um der Wahrheit heilge Pfade fest zu wandeln bis ans Grab; preist den | Herrn, der ihn geliebet, ihn durch weise Zucht geübet, und ihn der verderbten Welt hat zum Beispiel aufgestellt.

5. Dieses bleib, als sein Vermächtniß, ewig unserm Herzen werth, und es werde sein Gedächtniß, wie er es verdient geehrt! Gleich ihm laßt uns eifrig streben, Christo, unserm Herrn, zu leben, freudig, wie auch er gethan, wandeln auf des Heiles Bahn.

6. Ehren also wir die Brüder, die man zu dem Grabe trug, o, dann ehrt man so uns wieder, wenn auch unsre Stunde schlug. Dann wird mancher Fromme sagen: würdig ist er unsrer Klagen, würdig, daß man ihn beweint, denn er war des Heilands Freund.

753.   Mel. Gott hab ich Alles etc.
Wie fleucht dahin der Menschen Zeit! wie eilen wir zur Ewigkeit! wie Mancher sinkt in Todesnacht, eh ers gedacht, und sich dazu bereit gemacht.

2. Das Leben ist gleich einem Traum, ist nur ein Tand und nichtger Schaum; der Blume gleichts, die heute steht, und schnell vergeht, sobald der Wind darüber geht.

3. Nur du, mein Gott, du bleibest mir das, was du bist, ich traue dir; laß Berg und Hügel fallen hin, mir ists Gewinn, wenn ich bei meinem Jesu bin.

4. So lang ich in der Hütten wohn, erwecke mich, o Gottes Sohn, daß ich mich stets erhalte wach, und jeden Tag, ehe ich noch sterbe, sterben mag.

5. Was hilft die Welt in letzter Noth? Lust, Ehr und Reichthum in dem Tod? Was kehrst du dich dem Eitlen zu, es flieht im Nu, und führt dich nicht zur wahren Ruh.

XXV. Vom Tode

6. Weg, Eitelkeit, der Thoren Lust! mir ist das höchste Gut bewußt, das such ich eifrig für und für, das bleibet mir; Herr Jesu, zeuch mein Herz zu dir.

7. Wie wird mir seyn, wenn ich dich seh, und dort vor deinem Throne steh! Dann ist verschwunden diese Zeit mit ihrem Leid, und ich geh ein zur Herrlichkeit.

Das Ende des Frommen.

754.   Mel. Nun ruhen alle etc.

Wie sanft sehn wir den Frommen nun bald der Erd entnommen, sich seinem Ziele nahn: wo von den eitlen Freuden die Sünder trostlos scheiden, gehn seine höchsten Freuden an.

2. Er freut sich auf sein Ende, und hebt voll Dank die Hände zu seinem Vater auf: gesichert vor Verderben, kann er nun fröhlich sterben, nach einem wohlvollbrachten Lauf.

3. Sein ruhiges Gewissen bebt nicht vor Finsternissen der Bahn, die er nicht kennt: des | Todes dunkle Pfade erhellt ihm Gottes Gnade, den er in Christo Vater nennt.

4. Mit dankendem Gemüthe preist er des Mittlers Güte, der ihn dem Tod entreißt: sein Herz, zu Gott erhoben, empfängt den Trost von oben, und Fried und Freud im heilgen Geist.

5. Er tröstet noch die Seinen, die um sein Lager weinen, ermahnt und segnet sie; und seiner Treue wegen erfüllet Gott den Segen, verlässet und versäumt sie nie.

6. Die Engel steigen nieder, voll heilger Jubellieder die Seele zu empfahn: er stimmt in ihre Chöre, bringt seinem Mittler Ehre, der Großes auch an ihm gethan.

7. Herr, lehre mich im Leben dem Glauben nachzustreben, der solches Heil erwirbt: mein ist des Himmels Erbe, wenn ich so selig sterbe, wie der gerechte Fromme stirbt.

755.   Mel. Nun laßt uns den Leib etc.

Wie sicher lebt der Mensch, der Staub! Sein Leben ist ein fallend Laub; und dennoch schmeichelt er sich gern, der Tag des Todes sey noch fern.

2. Der Jüngling hofft des Greises Ziel, der Mann noch seiner Jahre viel, der Greis zu vielen noch ein Jahr, und Keiner nimmt den Irrthum wahr.

3. Sprich nicht: ich denk in Glück und Noth im Herzen oft an meinen Tod. Der, den der Tod nicht weiser macht, hat nie mit Ernst an ihn gedacht.

4. Wir leben für die Ewigkeit, zu thun, was uns der Herr gebeut, und unsers Lebens kleinster Theil ist eine Frist zu unserm Heil.

5. Dem Tode folgt das Gericht; da bringt Gott Alles an das Licht; des Herzens Rath wird offenbar, und was uns hier verborgen war.

6. Da nun der Tod dir täglich dräut, so sey stets wacker und bereit; prüf deinen Glauben als ein Christ, ob er durch Liebe thätig ist.

7. Ein Seufzer in der letzten Noth, ein Wunsch, durch des Erlösers Tod vor Gottes Thron gerecht zu seyn, dies macht noch nicht von Sünden rein.

8. Ein Herz, das Gottes Stimme hört, ihr folget, sich vom Bösen kehrt; ein gläubig Herz, von Lieb erfüllt, dies ist es, was in Christo gilt.
9. Die Heiligung erfordert Müh. Du wirkst sie nicht, Gott wirket sie; du aber ringe stets nach ihr, als wäre sie ein Werk von dir.
10. Das, was dem Höchsten wohlgefällt, das Ziel, das er dir vorgestellt, und was dir ewig Heil verschafft, ist Tugend in des Glaubens Kraft.
11. Die Liebe in des Glaubens Kraft ist, was dir ewges | Heil verschafft, sie zum Beruf dir vorgestellt, sie ist's allein, was Gott gefällt.
12. Gieb, Herr, daß ich an jedem Tag mein Herz vor dir erforschen mag, ob Liebe, Demuth, Fried und Treu die Frucht des Geistes in mir sey.
13. Daß ich zu dir um Gnade fleh, dem Bösen rüstig widersteh und endlich in des Glaubens Macht mit Freuden ruf: es ist vollbracht!

XXVI. Vom ewigen Leben.

756. *In eigner Melodie.*
Alle Menschen müssen sterben, ihre Herrlichkeit verblüht, Niemand kann den Himmel erben, der zuvor den Tod nicht sieht! Erde bin ich, und zur Erden muß mein Leib einst wieder werden, soll er herrlich auferstehn, und zum höhern Leben gehn.
2. Darum will ich dieses Leben, wenn es meinem Gott gefällt, gern in seine Hände geben, und verlassen diese Welt; denn ich bin durch Christi Leiden dort ein Erbe seiner Freuden, und in meiner letzten Noth ist mein Trost des Mittlers Tod.
3. Jesus ist für mich gestorben, und sein Tod ist mein Gewinn, er hat mir das Heil erworben, drum geh ich mit Freuden hin; aus dem eitlen Weltgetümmel schwing ich mich empor zum Himmel, wo ich in dem reinsten Licht schaue Gott von Angesicht.
4. Dort in jenem Freudenleben find ich Millionen schon, die mit Himmelsglanz umgeben, stehen vor des Ewgen Thron; wo der Seraphinen Chöre dem Anbetung weihn und Ehre, den ihr ewges Loblied preist, Gott, den Vater, Sohn und Geist.
5. Wo die Patriarchen wohnen, die Propheten allzumal, wo auf ihren Ehrenthronen sitzet der Apostel Zahl, wo von Anfang alle Frommen sind zur ewgen Ruh gekommen, wo auch die, so ich beweint, mit dem Heiland sind vereint.
6. Alle, die sein Kreuz getragen, und gekämpft des Glaubens Streit, sehn verwandelt ihre Plagen dort in Fried und Seligkeit; weihn ihm ihre Jubellieder, werfen ihre Kronen nieder vor dem Herrn, der sie erwählt, und den Seinen beigezählt.
7. Gottes Stadt, voll ewger Schöne! o wie herrlich glänzest du! o, welch lieblich Lobgetöne hört man dort in selger Ruh! O der großen Freud und Wonne; dort geht auf die wahre Sonne, und der helle Tag | bricht an, der kein Ende nehmen kann.

---

41 Sonne,] Sonne.

XXVI. Vom ewigen Leben

8. Ich entbrenne vor Verlangen, was ich glaub im Licht zu sehn, meine Krone zu empfangen, und verklärt vor Gott zu stehn. Sinke hin, mein Leib, zum Staube; denn ich weiß, an wen ich glaube, mir ist Sterben ein Gewinn; denn ich geh zu Christo hin.

757.   In eigner Melodie.
Auferstehn, ja auferstehn wirst du, mein Staub, nach kurzer Ruh! Unsterblich Leben wird, der dich schuf, dir geben! Hallelujah!
   2. Wieder aufzublühn werd ich gesät! Der Herr der Erndte geht, und sammelt Garben; er sammelt uns, die starben, ins Himmelreich!
   3. Tag des Danks, der Freudenthränen Tag! Du meines Gottes Tag! Wenn ich im Grabe genug geschlummert habe, erweckst du mich!
   4. Wie den Träumenden wirds dann uns seyn; mit Jesu gehn wir ein zu seinen Freuden! Der müden Pilger Leiden sind dann nicht mehr!
   5. Ach! ins Allerheiligste führt mich mein Mittler, ihn schau ich! Im Heiligthume leb ich zu seinem Ruhme! Hallelujah!

758.   Mel. Es ist das Heil uns etc.
Der Freuden Quell ist, Gott, bei dir, und Heil und ewig Leben! dies willst du auch aus Gnaden mir mit den Erlösten geben: dort werd ich, was mein Sehnen stillt, und mich mit reiner Lust erfüllt, in voller Gnüge finden.
   2. Dich, den ich hier voll Zuversicht schon Vater durfte nennen, dich lern ich dann im hellern Licht, in deiner Liebe kennen; mit hoher Freude bet ich dann auf ewig dein Erbarmen an, das mich zum Himmel führte.
   3. Dort sind sie alle mir enthüllt, die Wunder deiner Stärke, und mit Entzücken ganz erfüllt, erheb ich deine Werke; vollkommner, als hier in der Zeit, strahlt mir dann deine Herrlichkeit im höhern Glanz entgegen.
   4. Da werd ich deinen gnädgen Rath noch mehr, als hier verstehen, dir danken, daß den richtgen Pfad dein Geist mich lehrte gehen; und daß, auch wo du mich betrübt, mich deine Weisheit nur geübt, und mich zu dir gezogen.
   5. Zum Ziele reiner Heiligkeit werd ich, o Gott, dann dringen, und was dein Wille mir gebeut, mit Freudigkeit vollbringen; ich fühle dann die reinste Lust, bin keiner Sünde mir bewußt, und schmecke deinen Frieden.
   6. Den Heiland, den ich hier geliebt, seh ich dort mir zur Wonne, die Herrlichkeit, die ihn umgiebt, wird mir zur | ewgen Sonne. Auch da ist er mein Herr und Freund, durch ihn bin ich mit dir vereint und allen Auserwählten.
   7. Der Freuden Fülle ist bei dir, mein Gott, in jenem Leben; da wirst du überschwänglich mir, was mich erfreut, geben; da währt mein Glück in Ewigkeit, nichts fehlt ihm an Vollkommenheit. O hilf es mir erreichen!

759.   Mel. Es ist gewißlich an der Zeit etc.
Der Heiland kommt zum Weltgericht, den Erd und Himmel ehren! o weigert euch, Erlöste, nicht, jetzt auf sein Wort zu hören. Wer hier ihn bloß den Herrn genannt, und ihn nicht durch die That bekannt, der wird dort nicht bestehen.

---

30 Wille] Wille,

2. Herr, ich will deiner Majestät mit frommer Treue dienen, ist gleich, wie Gott dich hat erhöht, uns noch nicht ganz erschienen. Was uns hier noch verborgen war, wird einst vollkommen offenbar, wenn du wirst wiederkommen.

3. Wenn dann der Weltkreis vor dir bebt, in seinem Grund erschüttert, und Alles, was auf Erden lebt, vor bangem Warten zittert, wenn alle Engel um dich stehn, dann werden Erd und Himmel sehn, wie hoch dich Gott erhöhet.

4. Dann werden, Herr, auf dein Geheiß die Todten wieder leben, dein Feind mit Furcht, dein Freund mit Preis sich aus dem Grab erheben. Dann zeigt die That, Herr Jesu Christ, daß du der Fürst des Lebens bist, zum Schrecken aller Sünder.

5. Dann sammeln sich um deinen Thron die Deinen, Herr, mit Freuden; du giebst der Treue ewgen Lohn, vergiltst der Erde Leiden. Sie erndten dann nach Gottes Rath der Freuden Füll aus Thränensaat im Reiche deiner Gnade.

6. O möcht auch ich dem Weltgericht getrost entgegen sehen, und dort vor deinem Angesicht mit den Erwählten stehen! Durch dich von Angst und Furcht befreit, im Schauen deiner Herrlichkeit jauchzt dir dann meine Seele.

760. Mel. Aus meines Herzens Grunde etc.

Der letzte meiner Tage ist mir vielleicht nicht fern; o dann wird alle Klage ein Lobgesang dem Herrn. Vollbracht ist dann mein Lauf; geendet ist mein Leiden; mich nimmt zu seinen Freuden der Herr, mein Mittler, auf.

2. Er hat mir durch sein Sterben den Himmel aufgethan, ich soll sein Reich ererben, und ewges Heil empfahn. Von ihm bin ich ein Glied; hat sich mein Haupt erhoben, so weiß ich daß nach Oben der Herr mich zu sich zieht.

3. Nur meines Leibes Bürde | verschließt die finstre Gruft. Mich hebt zu höhrer Würde mein Jesus, der mich ruft. Er gehet mir voran, und durch des Todes Grauen folg ich ihm mit Vertrauen auf neuer Lebensbahn.

4. Schon strahlet meinen Blicken des höhern Lichtes Glanz; mit seligem Entzücken erfüllt es mich ganz. Da nenn ich hocherfreut die Engel meine Brüder, und sinke staunend nieder vor Gottes Herrlichkeit.

5. Mit unverwelkter Krone ziert mich des Vaters Huld zum reichen Gnadenlohne, drum harr ich in Geduld. Der Dulder wird geehrt, und mit dem Schmuck bekränzet, worin der Sieger glänzet, der sich im Kampf bewährt.

6. Dort steht die ewge Hütte, die Gott hat auferbaut, wo in der Selgen Mitte sein Antlitz wird geschaut. Dort wird nicht mehr geweint, dort herrschet lauter Wonne, weil Gottes Gnadensonne in alle Herzen scheint.

7. Laß mich im Glauben kräftig, im Lieben treu und rein, im Werk des Heils geschäftig auch unter Trübsal seyn. Erhalte, Lebensfürst, mich treu in deinem Bunde, bis daß einst kommt die Stunde, wo du mich rufen wirst.

8. Nie beuge finstre Trauer zur Erde meinen Sinn; des Lebens längste Dauer, sie ist doch bald dahin. Heil mir! er ist nicht fern, der letzte meiner Tage, und dann wird alle Klage ein Lobgesang dem Herrn.

761. Mel. O Ewigkeit, du etc.

Der Tag, an dem mein Heiland spricht: kommt, Menschen, kommt vor mein Gericht! erfüllt mich nicht mit Beben. Der mich zu seiner Schaar berief, auf

XXVI. Vom ewigen Leben

dessen Tod ich hier entschlief, wird mich zu sich erheben. Ich kann auf die Verheißung baun, daß ich sein Antlitz werde schaun.

2. Wie freu ich mich der großen Zeit, da ich zu seiner Herrlichkeit verklärt hinüber gehe! Heil mir, wenn ich, von Sünden rein, mich seiner ewiglich zu freun, vor seinem Throne stehe; wo ich mit den Erlösten dann ein höhres Lied ihm singen kann.

3. Da, wo mein Heiland, Jesus, ist, wohnt Freude, die kein Geist ermißt, und seliges Entzücken. Der Herr, mein Heil auf Erden schon, wie wird er dort vor seinem Thron mich wunderbar erquicken! von ihm strömt Seligkeit und Ruh mir dann in ewger Fülle zu.

762.   Mel. Wenn wir in höchsten etc.

Des Todes Graun, des Grabes Nacht flieht, Herr, vor deiner Wahrheit Macht; mein Geist, erleuchtet durch dein Licht, erbebt vor der Verwesung nicht.

2. Nur diese Hütte fällt ja hin, mit der ich hier umgeben | bin; ich selber, lebend wie zuvor, schwing aus den Trümmern mich empor.

3. Ein innres mächtiges Gefühl verkündigt mir mein höhres Ziel; das Streben nach Vollkommenheit erhebt mich über Erd und Zeit.

4. Dich, Höchster, hab ich hier erkannt, voll Liebe: Vater dich genannt; in dieser Seelenwürde liegt ein Hoffnungsgrund, der nimmer trügt.

5. Dein Wort zeigt mir die bessre Welt; so ist mein Glaube festgestellt. Wie herrlich wird der Menschheit Werth durch Jesu Zusag aufgeklärt!

6. O selge Aussicht auch für mich! entzückt hebt meine Seele sich. Ich seh im Geist des Christen Lohn, ich sehe meinen Himmel schon.

7. Da find ich, was dein ewger Rath zu meinem Heil geordnet hat, genieße deinen Gnadenblick, und ganz vollendet ist mein Glück.

8. Viel Freude gabst du mir schon hier, o Gütiger, wie dank ich dir! stets folgte kleinerm Ungemach die größere Versüßung nach.

9. So hat schon dieser Kindheits-Stand der höhern Hoffnung Unterpfand; die Liebe, die mich hier beglückt, ist's auch, die ewig mich erquickt.

10. Des freudigsten Vertrauens voll erwart ich, was mir werden soll, wenn ich, von Sünd und Noth befreit, nun reise zur Vollkommenheit.

11. Der Tod darf mir nicht schreckend seyn; er führt zum wahren Leben ein. Durch Gottes Kraft besiegt mein Herz der Krankheit Last, der Trennung Schmerz.

12. Wann hier von uns, die Gott vereint, der Letzte auch hat ausgeweint, dann wird ein frohes Wiedersehn auf ewig unser Glück erhöhn.

13. Herr unsrer Tage, führe du uns Alle diesem Ziele zu, daß uns bei standhaft frommer Treu des Lebens End erfreulich sey.

763.   Mel. Kommt her zu mir etc.

Du siehst, o Mensch, wie fort und fort der Eine hier, der Andre dort, der Welt muß Abschied geben. Der Tod hemmt endlich unsern Lauf, des Grabes Pforte thut sich auf, uns Allen, die wir leben.

2. Bedenk es weislich in der Zeit, und fleuch den Schlaf der Sicherheit, erhalte dich stets wacker; das wird noch nicht das Ende seyn, wenn man hinausträgt dein Gebein zum stillen Gottesacker.

3. Wir werden aus den Gräbern gehn, und dann vor dem Gerichte stehn, das Christus selber heget, wann er im Herrlichkeit sich zeigt, und alle Welt in Staub gebeugt, sich ihm zu Füßen leget.

4. Vernehmen wird dann alle Welt das Urtheil, so der Richter fällt, die Sünder sollen | büßen; da hilft kein Trug noch Heuchelschein, sich selbst der Missethat zu zeihn zwingt Alle das Gewissen.

5. Ach Gott, fällt mir dies Urtheil ein, so dringt es mir durch Mark und Bein, mein Herz fühlt Angst und Schrecken. Demüthig ruf ich Jesum an: du, der für mich genug gethan, laß dein Verdienst mich decken!

6. Ja, Herr, du meine Zuversicht, bist mir nicht schrecklich im Gericht, der Furcht bin ich entladen; zu deiner Rechten rufst du mich, aus deinem Munde höre ich den süßen Spruch der Gnaden.

7. Verleih, daß ich mit ernstem Sinn mich, weil ich noch bei Kräften bin, zum Sterben fertig halte, und nicht in schnöder Sündenlust, Herr, deines Heiles unbewußt, zum ewgen Tod erkalte.

764. Mel. Der Tag, der ist so etc.
Einst reift die Saat! mein Staub ersteht zum neuen, ewgen Leben. Er, der da kommt voll Majestät, wird mirs aus Gnaden geben. Im Schooße Gottes ruht mein Geist von allen Mühen aus und fleußt von Wonn anbetend über. Ach! mein Auge schaute nie, meinem Ohr ertönte nie solch Heil auf dieser Erde!

2. Das kommt in keines Menschen Herz, was Gott uns dort bereitet, uns Pilgern, die oft trüber Schmerz zum ewgen Leben leitet. Wir blicken in das tiefe Meer, den Grund zu schauen ist zu schwer; es sind die Tiefen Gottes! Mehr, viel mehr, als wir verstehn, mehr, als unsre Thränen flehn, giebt uns, der ewig liebte.

3. Sey stark, o Seel, und zage nicht, durchs finstre Thal zu wallen. Nah an des Thales Nacht ist Licht, und laute Jubel schallen. Dem letzten Seufzer, der entflieht, mischt sich der Engel heilig Lied, zu des Erlösers Preise. Er erfüllt des Bundes Eid; er ist ganz Barmherzigkeit; Dank sey ihm, Ruhm und Ehre!

765. Mel. O daß ich tausend etc.
Erhebe mit der Andacht Schwingen, mein Geist, dich über Welt und Zeit; laß deines Glaubens Blicke dringen ins Lichtreich der Unsterblichkeit; erwäge froh, was Christi Geist den standhaft Gläubigen verheißt.

2. Wer glaubt, hat Theil an Christi Ehre, an seiner Herrlichkeit, wer liebt; einst schöpft aus ewgem Freudenmeere, wer hier im Dulden sich geübt, und keines Menschen Mund beschreibt des Christen Heil, der standhaft bleibt.

3. Vollbracht! rief einst nach heißen Stunden am Kreuze Jesus Christus laut; gequält von Schmerz und Todeswunden rief er zu Gott, dem er vertraut. Er ward erhört, die | Stunde kam, die allen Schmerzen ihn entnahm.

4. Vollbracht! wie lang es auch noch währe, ruf einst im Todeskampf auch ich; getrocknet wird dann jede Zähre, und ferner drückt kein Leiden mich. Ein Herz, von Lieb und Glauben voll, weiß, was es hoffen darf und soll.

5. Drum will ich ohne Murren tragen, so lang du willst, der Prüfung Last; die Deinen dürfen nicht verzagen, seit du, Herr, überwunden hast. Sie dringen, wie dein Wort verspricht, aus dunkler Nacht zum selgen Licht.

6. Werd ich vor Freude mich noch kennen, wenn ich dem Staub entflohen bin? Wie anders werd ich Alles nennen, wenn nun verkläret ist mein Sinn. Von Irrthum und von Sünden rein, bei dir, wie selig werd ich seyn!
7. Darf ich schon hier von Jesu stammeln, wie wird mir dort als Sieger seyn! wenn Engel sich um mich versammeln, sich meiner Freuden mitzufreun. Umringt von der verklärten Schaar, wie anders bin ich, als ich war!
8. Ich wandle dann in jenen Höhen, wo ewge Paradiese blühn; von Angesicht werd ich dich sehen, vor dem der Selgen Schaaren knie'n. Dort trifft auch mich dein Gnadenblick; o welch ein unaussprechlich Glück!
9. Heil mir! mein harret ewge Freude, mein Herz fühlt einst der Engel Lust! Gott, welch ein Trost im Erdenleide, der Himmel schon in meiner Brust! Ja, reines Herzens will ich seyn, und der Verheißung Füll ist mein!

766.   Mel. O Ewigkeit, du etc.
Erhöhter Jesu, Gottes Sohn, der du schon längst der Himmel Thron als Herrscher eingenommen; du wirst dereinst zur rechten Zeit, in großer Kraft und Herrlichkeit, vom Himmel wieder kommen. Gieb, daß mit freudigem Vertraun dich dann auch meine Augen schaun.
2. Ist hier ein Geist, der fassen mag die Hoheit, die an jenem Tag du wirst dem Blick entfalten? wann auf des Himmels Wolken einst du mit der Engel Heer erscheinst, um das Gericht zu halten? Dann sieht die Welt die Majestät, wozu dich Gott, dein Gott erhöht.
3. Dann tönt dein Ruf in jedes Grab mit göttlicher Gewalt hinab, und schafft ein neues Leben; auf deinen Wink muß Erd und Meer der Todten unzählbares Heer dem Lichte wiedergeben; was die Verwesung hier gesehn, muß aus den Grüften auferstehn.
4. Du sammelst sie vor deinem Thron, daß Alle den gerechten Lohn nach ihrer That empfangen. Dann trifft den Bösen Schmach und Pein, die Frommen gehn zum Leben ein, das sie durch dich erlangen. So | zeigest du, Herr Jesu Christ, daß du der Menschen Richter bist.
5. Gieb, wenn dein großer Tag erscheint, daß ich im Richter auch den Freund, den Heiland wiederfinde; daß ich mit Freuden vor dir steh, und ein zu deinem Himmel geh, befreit vom Fluch der Sünde. Hilf, daß ich nutze diese Zeit, zu schaffen meine Seligkeit.
6. Dein Name sey mir ewig werth, und was dein Wort von mir begehrt, das laß mich treulich üben. Dich, den der ganze Himmel preist, dich muß im Glauben auch mein Geist aus allen Kräften lieben; dann kann mit freudigem Vertraun ich dich an jenem Tage schaun.

767.   Mel. Valet will ich dir etc.
Ermuntert euch, ihr Frommen, zeigt eurer Lampen Schein! der Abend ist gekommen, bald bricht die Nacht herein. Macht eure Seelen fertig, der, deß ihr harrt, ist nah, seyd eures Heils gewärtig, und singt Hallelujah.
2. Nicht lange wird er weilen, hebt eure Häupter auf, entgegen ihm zu eilen, beflügelt euren Lauf. Es nahn Erquickungszeiten, die Abendröthe zeigt den schönen Tag vom weiten, vor dem das Dunkel weicht.

3. Die ihr Geduld getragen, und treu erfunden seyd, geht ein nach Kreuz und Plagen zur Freude sonder Leid. Hier lebet und regieret der ewge Gottessohn, und ewig triumphiret ihr vor des Mittlers Thron.

4. Hier sind die Siegespalmen, hier ist das weiße Kleid; hier tönen Freudenpsalmen, vollbracht ist Kampf und Streit; hier stehn die reichen Garben, hier hüllet das Gebein der Frommen, die da starben, sich in Verklärung ein.

5. Hier ist das Land der Wonne; hier sind die Friedens-Au'n; hier sinket nie die Sonne, der Glaube wird zum Schaun. Mach, Herr, ein fröhlich Ende, und führ uns aus dem Streit! wir heben Haupt und Hände nach der Erlösungszeit.

768. Mel. Wie wohl ist mir, o Freund etc.

Es ist noch eine Ruh vorhanden; auf, müdes Herz, und werde Licht! Hier seufzest du in schweren Banden, und deine Sonne scheinet nicht. Sieh auf den Heiland, der mit Freuden dich dort vor seinem Stuhl wird weiden; wirf hin die Last, und eil hinzu. Bald ist der heiße Kampf geendet, bald ist der schwere Lauf vollendet, und du gehst ein zur ewgen Ruh.

2. Gott selber hat sie uns erkoren, die Ruhe, die kein Ende nimmt; eh noch ein Mensch zur Welt geboren, hat uns die Liebe sie bestimmt. Der Mittler wollte darum sterben, uns diese Ruhe zu erwerben, er ruft, er lockt uns allzumal: | kommt her zu mir, ihr müden Seelen, bei mir soll euch die Ruh nicht fehlen, ich mach euch frei von aller Qual.

3. Was kann der Kranke höher schätzen, als wenn in süßen Schlaf er sinkt? Was kann den Wandrer mehr ergötzen, als wenn ihm eine Ruhstatt winkt? Doch was sie Beide hier gefunden, es sind nur flüchtge Ruhestunden, sie währen eine kurze Zeit; die wahre Ruh wohnt nur dort oben, dort ist sie Allen aufgehoben, und bleibet uns in Ewigkeit.

4. Dort wird man Freudengarben bringen, denn unsre Thränensaat ist aus. O welch ein Jubel wird erklingen in unsers Vaters ewgem Haus! Schmerz, Leid und Tod muß von uns weichen, wir werden unser Ziel erreichen, und Jesum, unsern Heiland, sehn. Da wird er trocknen unsre Thränen, und stillen seiner Gläubgen Sehnen; was wir hier hofften, wird geschehn.

5. Da ruhen wir, und sind in Frieden, von Arbeit, Müh und Sorgen los. O, fasset dieses Wort, ihr Müden, legt euch in eures Jesu Schooß! Drum schwingt euch auf, wir müssen eilen, wir dürfen hier nicht länger weilen, dort wartet schon der Selgen Schaar! Fort, fort, mein Geist, zum Jubiliren, umgürte dich zum Triumphiren; auf, auf, es kommt das Ruhejahr.

769. Mel. Wer nur den lieben Gott etc.

Es ist noch eine Ruh vorhanden für jeden Gott ergebnen Geist, wenn er sich dieses Körpers Banden nach Gottes Willen einst entreißt, zur höhern Welt empor sich schwingt, und dort zur vollen Freiheit dringt.

2. Zu dieser Ruhe werd ich kommen, und, Gott, wie selig bin ich dann! In deinen Himmel aufgenommen, fang ich das neue Leben an, wo keine Bürde mich mehr drückt, und ewger Friede mich erquickt.

3. Wie Mütter ihre Kinder trösten, so tröstet deine Gnade mich; ich freue dann mit den Erlösten mich der Vollendung ewiglich; dort machst du selbst mir offenbar, wie selig deine Führung war.

4. Da schweigen alle meine Klagen, und werden froher Lobgesang; da bringt auch für der Erde Plagen dir meine Seele Preis und Dank; ich jauchze dann: es ist vollbracht, der Herr hat Alles wohl gemacht!

5. Auf ewig trifft mich dann kein Leiden, kein Schmerz und keine Schwachheit mehr; du führst mich zu vollkommnen Freuden, und krönest mich mit Preis und Ehr. O unaussprechlich süße Ruh! wie herrlich, Höchster, segnest du!

6. Gott, laß mir stets vor Augen stehen das Heil des Frommen, der dich liebt; daß er der Unruh soll entgehen, die dieses Leben noch umgiebt, das | flöße Muth und Kraft mir ein, dir auch im Leiden treu zu seyn.

7. Mein Heiland, der du selbst auf Erden der Leiden Joch getragen hast; will ich des Lebens müde werden, so hilf mir tragen meine Last, und stärke mächtig meinen Geist, daß er dem Unmuth sich entreißt.

8. Gieb, daß in Hoffnung jener Ruhe, die einst der Frommen Erbtheil ist, ich gern des Vaters Willen thue, wie du darin mein Vorbild bist; dann folgt auf meine Prüfungszeit gewiß vollkommne Seligkeit.

770.   Mel. Wachet auf, ruft uns etc.
Hallelujah, Amen, Amen! du starbst auf Christi heilgen Namen, vor dem sich Erd und Himmel beugt. Gläubig gabst in seine Hände du ihm an deiner Laufbahn Ende die Seele, die der Erd entfleucht. Heil dir, erlöster Geist, der nun am Thron ihn preist, deinen Heiland! der dich versöhnt, den Gott gekrönt, der ists, dem nun dein Lob ertönt.

2. Wenn dich hier die Sünd erschreckte, und dir der Gnade Trost verdeckte, verdammte dich doch nur dein Herz. Nun kann sie dich nicht mehr schrecken, nicht mehr die Gnade dir verdecken; der Herr ist größer, als dein Herz. Mehr, als du je gefleht, mehr als der Mensch versteht, ist dir worden. Weil ers vollbracht, bist du erwacht zum Leben aus des Todes Nacht.

3. Welcher Glanz hat dich umfangen, seit dir der Tag ist aufgegangen, das Leben nach des Todes Nacht! Sey gesegnet, Amen, Amen, du siegst in Jesu Christi Namen, der sterbend auch für dich vollbracht. Nicht du, der Herr allein macht dich von Sünden rein aus Erbarmen. Du fällst nicht mehr, der Selgen Heer kennt keine Sünd und Schwachheit mehr.

4. Mag dein Leib die Erde decken, er ruhe! der Verwesung Schrecken ergreifen deine Seele nicht. Weinend gehn wir, ihn zu säen, der unverweslich soll erstehen zur Herrlichkeit, nicht zum Gericht. Wir senkten ihn hinab; der Herr bewahrt das Grab, wo er schlummert. Nach kurzer Ruh erstehst auch du, und eilst dann der Verklärung zu.

771.   Mel. Herzliebster Jesu etc.
Hier bin ich fremd, wie meine Väter waren. Wie sollt ich freudig nicht zur Heimath fahren? Mir ist mein Bürgerrecht schon aufgehoben beim Herrn dort oben.

2. Dort, wo mein Fuß nicht irret mehr, noch gleitet, ist mir die ewge Wohnung schon bereitet; dort ist die Ruh in Gottes reinem Frieden auch mir beschieden.

3. Hier wall ich, noch umhüllt mit Staub und Erde, umringt von Mängeln, Siechthum und Beschwerde; dort | werd ich leicht und froh mit Legionen von Engeln wohnen.

4. Was hier die schwachen Hände sparsam nehmen, davon wird dort die Fülle mich umströmen; den Geist wird reine Freud an Gottes Werken entzükkend stärken.

5. Die kleine Kraft wird dort sich wuchernd mehren, das dunkle Wort sich heller stets verklären; in heilger Glut wird sich der Bund der Seelen, die Liebe, stählen.

6. Zwar Gottes Kinder sind wir schon auf Erden; doch wer spricht aus, was wird dort oben werden! O Herrlichkeit, dort in des Lichtes Reichen ihm selbst zu gleichen!

7. Gott Lob, daß ich hier fremd bin, wie die Väter! sie gingen früher heim, ich folge später. Gott Lob, ich werde zu der Heimath Freuden von hinnen scheiden.

772.   Mel. Meinen Jesum laß ich etc.
Hier ist nur mein Prüfungsstand, hier ist nicht mein bleibend Erbe. Dort, dort ist mein Vaterland, das erreich ich, wenn ich sterbe. Dann bring ich dir, Herr, mein Gott, Preis und Dank für meinen Tod.

2. Gottes Stadt, die droben ist, wo der Unsichtbare wohnet, wo mein Mittler, Jesus Christ, die Vollendeten belohnet! Gottesstadt, nie denk ich dein, ohn in Hoffnung mich zu freun!

3. Er, dein König, der mich hier auf der Bahn des Friedens leitet, er, mein Heiland, hat in dir eine Stätte mir bereitet, und an deiner Bürger Heil hat auch meine Seele Theil.

4. Oft bet ich zu meinem Herrn: ach, wann stillst du mein Verlangen? bin ich noch vom Ziele fern? werd ich bald die Kron empfangen? Auf die Stunde harrt mein Geist, die mich aller Noth entreißt.

5. O wie wohl wird dann mir seyn, wenn ich kann von hinnen scheiden, hinter mir der Erde Pein, vor mir selge Himmelsfreuden! Nach des schwülen Tages Last sucht der Wandrer Ruh und Rast.

6. Nur die Kinder dieser Welt muß der Ruf zum Tod erschüttern. Wer an Gott sich gläubig hält, darf nicht bange seyn und zittern. Eins mit Christo fürcht ich nichts an dem Tage des Gerichts.

7. Daß ich diese Freudigkeit bis an meinen Tod empfinde, mache siegreich mich im Streit, Jesu, gegen Welt und Sünde! Stärke mich in meinem Lauf, und am Ziele nimm mich auf!

773.   Mel. Aus tiefer Noth etc.
Ich weiß, woran mein Herz sich hält, ich weiß, an wen ich glaube; ich bin ein Bürger jener Welt, leb ich gleich noch im Staube. Was ich hier glaubte, schau ich dort; der Herr ist treu; er wird sein Wort einst herrlich mir erfüllen. |

2. Hier seh ich dunkel nur mein Heil, dort werd ichs ganz empfinden; hier ist die Schwachheit noch mein Theil, dort bin ich frei von Sünden. Dort wird an mir des Höchsten Bild, von keinem Schatten mehr umhüllt, in vollem Glanze strahlen.

XXVI. Vom ewigen Leben

3. Das Leben hier ist nur ein Streit, dort winket mir die Krone; das volle Glück der Ewigkeit wird mir zum Gnadenlohne. Du hier auf Erden schon mein Ruhm, o Herr, wirst dort mein Eigenthum: was kann mir Größres werden?

4. Dies Heil hast du mir selbst erkauft durch deine bittre Leiden; auf deinen Tod bin ich getauft, was kann mich von dir scheiden? du zeichnest mich in deine Hand: du bist mir, ich bin dir bekannt, und nie wirst du mich lassen.

5. Drum lenke meines Geistes Blick von dieser Welt Getümmel auf dich, auf meiner Seele Glück, auf Ewigkeit und Himmel. Die Welt mit ihrer Herrlichkeit vergeht, und währt nur kurze Zeit; im Himmel sey mein Wandel.

774.   In eigner Melodie.

Jerusalem, du heilge Gottesstadt, ach wär ich schon in dir! mein hoffend Herz ist dieser Erden satt, und sehnt sich fort von hier; weit über Berg und Thale, weit über Flur und Feld fleugts auf zum Himmelssaale, vergißt die nichtge Welt.

2. O schöner Tag, o selger Augenblick, wann bricht dein Glanz hervor, da frei und leicht zu reinem Himmelsglück sich schwingt die Seel empor, da ich sie übergebe in Gottes treue Hand, auf daß sie ewig lebe in jenem Vaterland?

3. O Himmelsburg, gegrüßet seyst du mir, thu auf die Gnadenpfort; wie lange schon hat mich verlangt nach dir! Ich eile freudig fort, fort aus dem bösen Leben, aus jener Nichtigkeit, der ich war hingegeben in meiner Prüfungszeit.

4. Was für ein Volk, welch eine edle Schaar kommt dort gezogen schon! Was in der Welt von Auserwählten war, bringt mir die Ehrenkron; sie wird mir zugesendet aus meines Jesu Hand, nun ich den Kampf vollendet in jenem Thränenland.

5. Propheten groß, Apostel hehr und hoch, Blutzeugen ohne Zahl, und wer dort trug des schweren Kreuzes Joch, und der Tyrannen Qual! Ich seh sie ruhmvoll schweben in selger Freiheit Glanz, das edle Haupt umgeben von lichtem Sternenkranz.

6. Und lang' ich an im schönen Paradies, im Heiligthum des Herrn, dann schaut mein Geist, was er einst glaubend pries, was er gesehn von fern. O welche Jubelklänge hört mein entzücktes Ohr, welch hohe Lobgesänge von aller Selgen Chor! |

775.   In eigner Melodie.   444

Jesus, meine Zuversicht und mein Heiland ist im Leben! dieses weiß ich, sollte nicht sich mein Herz zufrieden geben? was die lange Todesnacht mir auch für Gedanken macht.

2. Jesus, er mein Heiland, lebt, ich werd auch das Leben schauen, seyn, wo mein Erlöser lebt, warum sollte mir denn grauen? Lässet auch ein Haupt sein Glied, welches es nicht nach sich zieht?

3. Ich bin durch der Hoffnung Band zu genau mit ihm verbunden, halt' ihn mit des Glaubens Hand fest in meinen letzten Stunden, daß mich auch kein Todesbann ewig von ihm trennen kann.

4. Ich bin Staub, und muß daher auch einmal zu Staube werden; das erkenn ich, doch wird er mich erwecken aus der Erden, daß ich in der Herrlichkeit um ihn seyn mög allezeit.

5. Einen Leib von Gott erbaut wird die neue Welt mir geben; dann wird der von mir geschaut, der mich will zu sich erheben; im verklärten Leib werd ich Jesum sehen ewiglich.

6. Dann werd ich im hellern Licht Jesum, meinen Heiland kennen; ich, ich selbst, kein Fremder nicht, werd in seiner Liebe brennen, und die Schwachheit um und an wird von mir seyn abgethan.

7. Was hier seufzet, was hier fleht, wird er herrlich dort erhöhen; irdisch werd ich ausgesät, himmlisch werd ich auferstehen; hier verweset mein Gebein, dort werd ich unsterblich seyn.

8. Seyd getrost und hoch erfreut, ihr seyd alle Christi Glieder; gebt nicht Statt der Traurigkeit, sterbt ihr, Christus ruft euch wieder, wenn einst die Posaune klingt, die durch alle Gräber dringt.

9. Lacht der finstern Erdenkluft, lacht des Todes und der Höllen, siegreich sollt ihr aus der Gruft euch dem Heiland zugesellen; dann wird Schwachheit und Verdruß liegen unter eurem Fuß.

10. Nur daß ihr den Geist erhebt von den Lüsten dieser Erden, und euch dem schon jetzt ergebt, dem ihr dort vereint sollt werden; schickt das Herze da hinein, wo ihr ewig wünscht zu seyn.

776.   Mel. Wer nur den lieben etc.
Nach einer Prüfung kurzer Tage erwartet uns die Ewigkeit. Dort dort verwandelt sich die Klage in selige Zufriedenheit. Hier kämpft der Christ mit Ernst und Fleiß, und jene Welt reicht ihm den Preis.

2. Wahr ists, der Fromme schmeckt auf Erden schon manchen selgen Augenblick; doch alle Freuden, die ihm werden, sind nur ein unvollkommnes Glück. Er bleibt ein Mensch, | und seine Ruh nimmt in der Seele ab und zu.

3. Bald stören ihn des Körpers Schmerzen, bald das Geräusch der eitlen Welt; bald kämpft in seinem eignen Herzen ein Feind, der öfter siegt als fällt; bald sinkt er durch des Nächsten Schuld in Kummer und in Ungeduld.

4. Hier, wo so oft die Tugend leidet, das Laster oft so glücklich ist; wo man den Glücklichen beneidet, und des Bekümmerten vergißt: hier kann der Mensch nie frei von Pein, nie frei von eigner Schwachheit seyn.

5. Hier such ich nur, dort werd ichs finden; dort bin ich heilig und verklärt; dann werd ich ihn erst ganz empfinden, der wahren Tugend hohen Werth; den Gott der Liebe werd ich sehn, ihn lieben, ewig ihn erhöhn.

6. Da wird des Vaters heilger Wille mein Will und meine Freude seyn, und lieblich Wesen, Heil die Fülle am Throne Gottes mich erfreun. Dann läßt ein ewiger Gewinn mich fühlen, daß ich selig bin.

7. Da werd ich das Licht erkennen, was ich auf Erden dunkel sah; das wunderbar und heilig nennen, was Unerforschtes hier geschah; da schau ich im Zusammenhang des Höchsten Rath mit Preis und Dank.

8. Da werd ich zu dem Throne dringen, wo Gott, mein Heil, sich offenbart; ein Heilig, Heilig, Heilig singen dem Lamme, das erwürget ward; und Cherubim und Seraphim, und alle Himmel jauchzen ihm.

XXVI. Vom ewigen Leben

9. Da werd ich in der Engel Schaaren mich ihnen gleich und heilig sehn; das nie gestörte Glück erfahren, mit Frommen stets fromm umzugehn. Da wird durch jeden Augenblick ihr Heil mein Heil, mein Glück ihr Glück.

10. Da werd ich dem den Dank bezahlen, der Gottes Weg mich gehen hieß, und ihm zu Millionenmalen noch segnen, daß er mir ihn wies; da giebt mir wieder Gottes Hand den Freund, den ich auf Erden fand.

11. Da ruft, o möchte Gott es geben! vielleicht auch mir ein Selger zu: Heil sey dir! denn du hast mein Leben, die Seele mir gerettet, du! O Gott, wie muß das Glück erfreun, der Retter einer Seele seyn!

12. Was seyd ihr Leiden dieser Erden doch gegen jene Herrlichkeit, die offenbart an uns soll werden von Ewigkeit zu Ewigkeit! Wie nichts, wie gar nichts gegen sie ist doch der Augenblick voll Müh!

777.   Mel. Kommt her zu mir etc.

Noch wallen wir im Thränenthal, gedrückt von Kummer, Müh und Qual, doch nur noch wenig Tage; dann ruft uns Gott aus dieser Zeit hinüber in die Ewigkeit, und endet jede Plage.

2. Den Leib legt man ins stille Grab, zum Staube sinkt | der Staub hinab, einst wird ihn Gott beleben. Mit freiem Flug und frohem Blick kehrt der entbundne Geist zurük zu dem, der ihn gegeben.

3. O welch ein Glück, vor Gott zu stehn, o Freude, Jesu, dich zu sehn, und deines Reiches Glieder! zu sehen dich in deinem Licht von Angesicht zu Angesicht, dich Ersten aller Brüder!

4. Wie werd ich dann mich deiner freun, wenn zahllos der Erwachten Reih'n vor dir versammelt stehen; wenn du dann meinen Namen nennst, und vor den Engeln mich bekennst, die dich mit mir erhöhen.

5. Ich, der hier sorget noch und weint, ich werde, wenn dein Tag erscheint, verklärt und selig leben; ich Sündiger von Sünden rein, ich Sterblicher unsterblich seyn, anbetend dich erheben.

6. Und aller hohen Geister Schaar, und was auf Erden heilig war, sind alle meine Brüder; sie alle sind vereint mit mir, und singen, treuer Heiland, dir des Dankes Jubellieder.

7. Wie ist der Seligkeit so viel! o Freuden ohne Maaß und Ziel, weit über alles Hoffen. O Ewigkeit, o Ewigkeit, was ist das Leiden dieser Zeit? ich seh den Himmel offen.

778.   Mel. Wie schön leucht't uns etc.

O Gott, wie wird mein Geist entzückt, wenn er empor zum Himmel blickt, den du für uns bereitet; wo deine milde Vaterhand an neuen Wundern wird erkannt, die du dort ausgebreitet. Mächtig fühl ich mich getrieben dich zu lieben, der zum Leben jener Welt mich will erheben.

2. Was sind die Freuden dieser Zeit, Herr, gegen jene Herrlichkeit, die dort bei dir zu finden? Zwar schenkst du hier der Freuden viel, die zu gerührtem Dankgefühl ein frommes Herz entzünden; doch hier sind wir bei den Freuden noch mit Leiden stets umgeben: dort nur ist vollkommnes Leben.

3. Kein Tod ist da mehr und kein Grab; dort trocknest du die Thränen ab von deiner Kinder Wangen. Da ist kein Leid mehr, kein Geschrei, denn du, o Herr, machst Alles neu; das Erste ist vergangen. Hinfort sind dort für Gerechte, deine Knechte, keine Plagen mehr zur Prüfung zu ertragen.

4. In unsers Gottes Heiligthum schallt seines Namens hoher Ruhm von lauter frohen Zungen. Dort schaut man ihn nicht mehr von fern; dort wird der Herrlichkeit des Herrn ein würdig Lied gesungen. Völlig giebt sich den Erlösten, sie zu trösten, der zu kennen, den sie hier schon Vater nennen.

5. Vor seinem Antlitz wandeln sie, auf ewig frei von aller Müh, und schmecken seine Güte. Die Liebe waltet dort allein, und nimmer störet Furcht und | Pein den Frieden im Gemüthe. Kein Neid, kein Streit hemmt die Triebe reiner Liebe unter Seelen, die nun ewig nicht mehr fehlen.

6. Gott, welche Schaar ist dort vereint! die Frommen, die ich hier beweint, die find ich droben wieder. Dort sammelt deine Vaterhand die, welche Liebe hier verband, als Jesu Christi Glieder. Ewig werd ich, frei von Mängeln, selbst mit Engeln mir zum Segen dort die reinste Freundschaft pflegen.

7. Wo ist mein Freund, des Höchsten Sohn? Zur Rechten auf des Vaters Thron in jenen Himmelshöhen. Dort werd auch ich, Herr Jesu Christ, der du der Deinen Wonne bist, dich mit Entzücken sehen. Mein Hirt! dann wird von den Freuden nichts mich scheiden, die du droben deinen Freunden aufgehoben.

8. Wie herrlich ist die neue Welt, die Gott den Frommen vorbehält! kein Mensch kann sie erwerben. O Jesu, Herr der Herrlichkeit! du hast die Stätt' auch mir bereit't; hilf mir sie auch ererben! Laß mich eifrig darnach streben, und so leben auf der Erde, daß ich dort dein Erbe werde.

779.　　　　　　　　　　　Mel. Keinen hat Gott etc.
O Richter aller Welten, ich denk an dein Gericht! du kommst, um zu vergelten, glaubts auch die Thorheit nicht. Mich soll ihr Wahn nicht stören, weil mich dein göttlich Wort, und mein Gewissen lehren, du seyst mein Richter dort.

2. Ich höre die Posaunen, o Herr, im Geiste schon; mit sehnsuchtsvollem Staunen seh ich den Richterthron. Ich sehe, wie die Menge der Engel um dich steht! Wie zeuget dies Gepränge von deiner Majestät!

3. Umsonst flieht dann der Sünder vor deines Armes Kraft. Herr, alle Menschenkinder ziehst du zur Rechenschaft. Du rufst, und sie erscheinen! Laut tönt der Richterspruch den Sündern und den Deinen zum Segen oder Fluch.

4. Frohlockend sehn die Frommen dein göttlich Angesicht; schon hier dem Fluch entnommen, zagt ihre Seele nicht. Nun triumphirt ihr Hoffen; erlöst von aller Pein, sehn sie den Himmel offen, und gehn zum Leben ein.

5. Wie angstvoll aber beben, die hier dein Wort verschmäht, und schnöder Lust ergeben, nur auf das Fleisch gesät. Sie erndten nun Verderben von ihrer bösen Saat; des ewgen Todes sterben, ist Sold der Missethat.

6. O laß mich oft erwägen dein künftiges Gericht, damit ich, mir zum Segen, empfinde sein Gewicht. Laß immer mich hienieden im wahren Glauben stehn; dann scheid ich einst in Frieden, um in dein Reich zu gehn. |

780.　　　　　　　　　　　In eigner Melodie.
O wie selig seyd ihr doch, ihr Frommen, die ihr durch den Tod zu Gott gekommen, ihr seyd entgangen aller Noth, die uns noch hält gefangen.

2. Wie im Kerker müssen wir hier leben, wo nur Furcht und Grauen uns umschweben; selbst Freudenstunden sind mit Leid und Sorgen oft verbunden.

3. Ihr hingegen ruht in eurer Kammer sicher, und befreit von allem Jammer; kein Kreuz noch Leiden störet eure Ruh und eure Freuden.

4. Christus hat getrocknet eure Thränen, ihr habt schon, wornach wir uns noch sehnen, ihr hört und sehet, was hier keines Menschen Geist verstehet.

5. Ach, wer wollte denn nicht gerne sterben, um des Himmels Frieden zu ererben, wer hier noch weilen, und nicht freudig zur Vollendung eilen?

6. Komm, o Jesu, bald, uns zu erlösen, von der Erde Last und allem Bösen; bei dir, o Sonne, ist der Frommen Herrlichkeit und Wonne.

781. Mel. Wachet auf, ruft etc.
Reiß dich los, mein Geist, von Sorgen! auf finstre Nacht folgt heller Morgen, und strahlt in hehrer Lichtgestalt. Hör es, du, den Elend beuget, so spricht der Herr, der wahrhaft zeuget: ich komme bald! ich komme bald! ich und mit mir mein Lohn; schau, dich erwartet schon deine Krone! Halt aus im Streit! kurz ist die Zeit! wer glaubt, der überwindet weit!

2. Zuruf, der mich neu beseelet! mein Heiland lebt! weg, was mich quälet! auch ich soll da, wo er ist, seyn. Mir die Stätte zu bereiten, schmeckt' er des Todes Bitterkeiten, nahm er das Reich als Sieger ein. Von seinem Throne her fleußt welch ein Gnadenmeer! auf mich nieder. Er ist mein Hort, und hier und dort mein Seligmacher fort und fort.

3. Und ich sollte trostlos beben, zu schwach, vom Staube mich zu heben, zu dem mich Kummer niederreißt? Nein! das Haupt liebt seine Glieder, der Bruder schämt sich nicht der Brüder; groß ist, was Jesus uns verheißt! die Thräne, die noch quillt, der Schmerz, der uns erfüllt, eilt vorüber: doch ewig neu ist seine Treu, daß Alles durch ihn heilig sey.

4. So fahr fort, und streu mit Weinen die edle Saat, Gott kennt die Seinen, für Ewigkeiten säest du. Nach des rauhen Winters Wüthen erscheinen holde Frühlingsblüthen, eilt bald die Erndtezeit herzu. Dann geht der Christ hervor, singt mit der Selgen Chor Hosianna, preist Gottes Sohn, der reichen Lohn den Gläubgen giebt vor seinem Thron.

5. Tag, dein harr ich soll Entzücken, mit nassen, sehnsuchtsvollen Blicken zög ich dich | gern schon heut herbei! doch ich soll noch Fesseln tragen, noch oft vielleicht im Stillen klagen, wie schwer der Leib des Todes sey. Getrost! zu meinem Glück bringt jeder Augenblick mich ihm näher. Bald heißt es ja, die Stund ist da! der Heiland kommt! Hallelujah!

782. Mel. Befiehl du deine Wege etc.
Sieh, Herr, ich bin verdrossen, zu thun, was dir gefällt, mein Herz wankt unentschlossen und neigt sich hin zur Welt. Mich drückt gleich schweren Ketten der Sünde Sklaverei; verzeuch nicht, mich zu retten, und mache selbst mich frei.

2. Geh auf in meiner Seele, geh auf mit deinem Glanz! damit ich dich erwähle, so zeige dich mir ganz! Ein Schrecken allen Sündern bist du, o reinster Geist, doch Vater deinen Kindern, wenn gnädig du verzeihst.

3. Sollt einst dein Tag mich finden mit unbekehrtem Sinn, stürb ich in meinen Sünden, o Gott! wo flöh ich hin, wenn, der die Welt gegründet, sich ihr als Richter naht, und graunvoll sich entzündet der Sitz der Missethat.

4. Die Himmel alle schweigen, der Sünder wird verklagt, und muß nun laut bezeugen, was sein Gewissen plagt. Er bebt und weicht zurücke, und die Verdammniß glüht in dem erstarrten Blicke, der seinen Richter flieht.

5. Was hilft dann alle Größe, die hier den Neid erweckt, wenn dort des Lasters Blöße kein falscher Schein mehr deckt? Was hilft des Nachruhms Lüge, die auf dem Grabmal glänzt? was sind des Helden Siege, den Lorbeer hier bekränzt?

6. Wer wird an jenem Tage dir, Herr, zur Rechten stehn, und frei von aller Klage in deinen Himmel gehn? Wer gern der Jünger Zähren mitleidig abgewischt, und ihrer Noth zu wehren, den Labungstrank gemischt.

7. Wer immer in den Deinen dich selbst gesehn, geliebt, und auch der Kleinsten keinen aus Eigensucht betrübt; der wird von dir geladen zu ewger Freud und Ruh; du, Richter voller Gnaden, sprichst ihm das Erbe zu.

783. *Mel.* Was mein Gott will etc.
Wie selig sind die Todten nun, die in dem Herren sterben; sie werden von der Arbeit ruhn, und ewges Heil ererben. O stärke, Herr, durch deinen Geist dies gläubige Vertrauen, daß wir im Sterben allermeist auf jenes Leben schauen.

784. *Mel.* Wo Gott zum Haus etc.
Wie unaufhaltsam schnell verfließt die Zeit, die mir geliehen ist; sie rauschet wie ein Strom dahin. Wer weiß, wie bald am Ziel ich bin!

2. Der Richterspruch der | Ewigkeit erwartet mich nach dieser Zeit, und offenbar wird, was ich sey: ein Sünder, oder Gott getreu.

3. Zum Anschaun Gottes geh ich ein, ach! oder zu der ewgen Pein. O Gott, mein Heil und mein Vertraun, laß selig mich dein Antlitz schaun.

4. Verwirf, o Herr, nicht deinen Knecht, und Gnade, Gnad ergeh für Recht; Versöhner, Gottes Sohn, mein Heil, sey meine Zuflucht, sey mein Theil.

5. Verleih, o Gott, die Weisheit mir, daß ich mich halte treu zu dir! dann leb und sterb ich dir allein, im Leben und im Tode dein.

785. *Mel.* Wie schön leuchtet etc.
Wie wird mir dann, o dann mir seyn, wenn ich, mich ganz des Herrn zu freun, in ihm entschlafen werde! Von keiner Sünde mehr entweiht, erhoben über Sterblichkeit, nicht mehr der Mensch von Erde! Freu dich, Seele! stärke, tröste dich, Erlöste, mit dem Leben, das dein Gott dir dann wird geben.

2. Ich freue mich, und bebe doch; so beugt mich meines Elends Joch, der Fluch der Sünde nieder. Der Herr erleichtert, was mich drückt; mein banges Herz, durch ihn erquickt, glaubt und erhebt sich wieder. Jesus Christus! laß mich streben, dir zu leben, dir zu sterben, deines Vaters Reich zu erben.

3. Verachte denn des Todes Graun, mein Geist! er ist ein Weg zum Schaun, der Weg im finstern Thale. Er sey dir nicht mehr fürchterlich, er führt zum

Heiligthume dich, zum ewgen Freudenmahle. Gottes Ruh ist unvergänglich, überschwänglich; die Erlösten wird sie unaussprechlich trösten.

4. Herr, Herr, ich weiß die Stunde nicht, die mich, wenn nun mein Auge bricht, zu deinen Todten sammelt. Vielleicht umgiebt mich ihre Nacht, eh ich dies Flehen noch vollbracht, mein Lob dir ausgestammelt. Vater, Vater! ich befehle meine Seele deinen Händen; laß mich nur in Frieden enden!

5. Vielleicht sind meiner Tage viel; ich bin vielleicht noch fern vom Ziel, an dem die Krone pranget: dann sey ein jeder Tag geweiht dem Ringen um die Seligkeit, nach der mein Herz verlanget. Laß mich, Vater, reiche Saaten, gute Thaten einst begleiten vor den Thron der Ewigkeiten!

6. Wie wird mir dann, ach dann mir seyn, wenn ich, mich ganz des Herrn zu freun, ihn dort anbeten werde! Von keiner Sünde mehr entweiht, ein Mitgenoß der Ewigkeit, nicht mehr der Mensch von Erde. Heilig! heilig! heilig! singen wir und bringen deinem Namen Ehr und Preis auf ewig. Amen! |

786.   In eigner Melodie.
Wird das nicht Freude seyn, wenn dort zum selgen Schauen, nach gläubigem Vertrauen, die Frommen gehen ein; wenn wir den Herrn erblicken, der ewig kann erquicken? Wird das nicht Freude seyn?

2. Wird das nicht Freude seyn, wenn, die uns Gott genommen, dort uns entgegen kommen zum ewigen Verein; wenn liebend uns umschließen, die weinend wir verließen? Wird das nicht Freude seyn?

3. Wird das nicht Freude seyn, wenn wir, befreit von Mängeln, mit Seligen und Engeln Gott dienen fromm und rein; wenn wir von Kümmernissen und Sorgen nichts mehr wissen? Wird das nicht Freude seyn?

4. Wird das nicht Freude seyn, wenn in des Himmels Chören wir Gottes Lob vermehren, und ewig Dank ihm weihn; wenn wir zum Throne dringen, und heilig! heilig! singen? Wird das nicht Freude seyn?

5. Ja, das wird Freude seyn; die Güter dieser Erden, die Ehren voll Beschwerden, sie sind nur eitler Schein. Darum ihr, meine Lieben, will euch mein Tod betrüben, denkt: dort wird Freude seyn.

787.   Mel. Was Gott thut etc.
Wir warten dein, o Gottes Sohn, und lieben dein Erscheinen. Bald ist die Wartezeit entflohn, bald kommst du zu den Deinen. Wer an dich glaubt, erhebt sein Haupt, und sieht dir froh entgegen, du bringst ja Himmelssegen.

2. Wir warten dein, doch mit Geduld, in unsern Prüfungstagen. Du hast dein Kreuz für unsre Schuld so demuthsvoll getragen: wie sollten wir uns nicht mit dir zum Kreuze gern bequemen, bis du's hinweg wirst nehmen?

3. Wir warten dein, du hast uns ja das Herz schon hingenommen. Stets bist du uns im Geiste nah, doch willst du sichtbar kommen, und dann wirst du bei dir uns Ruh, bei dir uns Freude geben, und ewges Himmelsleben.

4. Wir warten dein, du kommst gewiß, dir klopfen schon die Herzen, vergessen aller Kümmerniß, vergessen aller Schmerzen. Dereinst, dereinst, wann du erscheinst, soll unser Mund lobsingen, und ewig Dank dir bringen. |

XXVII. Lieder für besondere Zeiten und Verhältnisse.

A. Morgenlieder.

788. *Mel. Valet will ich dir etc.*
Auf, auf, den Herrn zu loben, erwache, mein Gemüth! dem großen Vater droben erschall ein frommes Lied! denn wer erhielt mein Leben in der vergangnen Nacht? Der Herr, der mirs gegeben, der hat es auch bewacht.
2. Beschützer aller Welten, wie dank ich würdig dir, wie soll ich dir vergelten, was du gethan an mir? Mein Opfer ist geringe; ein dir ergebner Sinn ist Alles, was ich bringe; nimm du es gnädig hin.
3. Verzeihe mir die Sünde, die ich bisher verübt, weil ich mit Reu empfinde, daß ich dich so betrübt; verzeihe mir, und dämpfe die sündliche Begier, mit der ich täglich kämpfe, ja, hilf du selber mir!
4. Send auch auf meinen Wegen mir deinen Engel zu, und sprich du selbst den Segen zu Allem, was ich thu. Verleihe du mir Kräfte aus deines Himmels Höhn, daß des Berufs Geschäfte erwünscht von statten gehn.
5. Gieb mir vor allen Dingen getrosten Muth und Geist, das freudig zu vollbringen, was mein Beruf mich heißt. Laß mich in guten Tagen nicht übermüthig seyn, und nicht kleingläubig zagen, dringt gleich ein Kreuz herein.
6. Hilf, daß in meinem Stande ich thu, was dir gefällt; auch laß mich nicht in Schande gerathen vor der Welt. Richt, Herr, mein ganzes Leben nach deinem Willen ein und laß mein Haus daneben von dir gesegnet seyn.
7. Vor Allem hilf mir sorgen, wie ich so leben mag, daß ich an jedem Morgen denk an den letzten Tag; und wird er einst anbrechen, so gieb, daß ich erfreut von Herzen könne sprechen: Komm, Herr, ich bin bereit.

789. *In eigner Melodie.*
Brich an, du schönes Tageslicht! erschein in deinem Purpurkleide! mit dir heb ich mein Angesicht zum Quell des Lichtes und der Freude. Ja, Herr, zeuch meinen Geist und Sinn zu deinem Himmelslichte hin!
2. Du hast mit deiner Liebeshand mich treu beschützt in Noth und Plagen, Gefahren gnädig abgewandt, mich unverdient mit Huld getragen. Auch für den Schutz in dieser Nacht sey dir mein frommer Dank gebracht.
3. Fach in mir heut von Neuem an dein göttlich, geistig, himmlisch Leben, daß ich auf deines Geistes Bahn nach Licht und Wahrheit möge streben, daß ich nicht lebe selber mir, nein, Christus in mir für und für.
4. Gieb du, der Alles in uns schafft, daß ich im Glauben mich erneue, und durch des Glaubens Trieb und Kraft, mich deinem Dienst mit Freuden weihe; in Lieb entbrennet dann mein Herz auch bei des Nächsten Glück und Schmerz.

5. Ich tracht, o Gott, nach keiner Ehr, nur deine Kindschaft möcht ich haben; auch keinen Reichthum wünsch ich mehr, nur Christus kann die Seele laben; und wohnt dein Geist in meiner Brust, dann acht ich keiner Erdenlust.
6. Mein Vater, dir ergeb ich mich aufs Neu zu deinem Wohlgefallen. Hilf mir auch heute gnädiglich, in wahrer Furcht vor dir zu wallen! Laß all mein Thun in dir geschehn, dann wird mein Leben dich erhöhn.

790.   Mel. Dir, dir, Jehovah etc.
Der frohe Morgen kommt gegangen, das Dunkel weicht, der neue Tag bricht an! Bald wird die Sonn' am Himmel prangen; seht, schon beginnt sie ihre Segensbahn. Was in der Nacht erstarrt und schlafend lag, das reget sich, ist munter, frisch und wach.
2. Auch du, mein Geist, ihr, meine Kräfte, ermuntert euch, legt alle Trägheit ab! Gott loben sey mein erst Geschäfte, den treuen Gott, der Seinen Schutz und Stab. Sein Auge schläft und schlummert ewig nicht, weil es der Gottheit nie an Kraft gebricht.
3. Gott ist mein Schöpfer und mein Vater, deß Huld mir Leib und Seel und Alles gab; er ist mein Freund und mein Berather; was an mir gut ist, kommt von ihm herab. Er nährt und pflegt, er hält und träget mich, und seine Treu erneuert täglich sich.
4. Oft ging ich irr auf finstern Wegen, da zeigt er mir sein freundlich Angesicht. Ich spürte seines Geistes Regen, und kam zu seinem wunderbaren Licht. Mir war, als sey ich aus dem Schlaf erwacht, und hinter mir läg eine tiefe Nacht.
5. In Christo hat er mich geliebet, durch Christi Tod bin ich mit ihm versöhnt. O große Huld, die mir vergiebet, o größre Huld, die mich mit Christo krönt! Ja, durch den Sohn bin ich des Vaters Kind, und erbe Güter einst, die ewig sind.
6. Gott hat mir seinen Geist gegeben, ein himmlisch Licht dem irrenden Verstand, der leitet mich zum wahren Leben, ist mir der Gnade sichres Unterpfand. Und wenn ich schwach, gebeugt und elend bin, labt er | mit Fried und Trost den blöden Sinn.
7. Drum will ich, Gott, mich dir ergeben, und deiner Treu mich ewig anvertraun. Geheiliget sey dir mein Leben, mein Auge soll beständig auf dich schaun, daß dieser Tag, zu dem ich bin erwacht, dir wohlgefällig werde zugebracht.
8. Ja segne, Vater, und behüte an Leib und Seele mich, denn ich bin dein. Das Antlitz deiner Lieb und Güte erleuchte mich mit seiner Klarheit Schein. O richt auf mich dein gnädig Angesicht, und gönne mir dein himmlisch Friedenslicht.

791.   Mel. Dir, dir, Jehovah etc.
Dich, dich, mein Gott, will ich erheben: du warst mein Schirm in der verfloßnen Nacht; erquicktest mich, erhieltst mein Leben, und schafftest, daß ich fröhlich bin erwacht. Wer bin ich, daß du meiner so gedenkst, und wieder einen Tag zum Heil mir schenkst?

2. Auch über mir ist deine Güte noch immerfort an jedem Morgen neu. Mit dankbar freudigem Gemüthe fühl ich die Größe deiner Vatertreu. Auch diesen Tag will ich mich deiner freun; auch er soll deinem Dienst geheiligt seyn.

3. Vor deinen Augen will ich wandeln, und redlich thun, was dir, mein Gott, gefällt; gewissenhaft in Allem handeln, und weislich fliehn die eitle Lust der Welt. O stärke selbst durch deine Gnade mich, denn was vermag ich Schwacher ohne dich?

4. Laß diesen Tag mich so vollbringen, daß ich ihn ohne Reu beschließen kann. Soll guter Vorsatz mir mißlingen, so nimm als That den Vorsatz gnädig an. Auch dieser Theil von meiner Uebungszeit sey mir Gewinn noch für die Ewigkeit.

5. Gieb mir auch heute, was mir nützet; vor Allem aber gieb ein ruhig Herz, das sich auf deine Weisheit stützet, und dir vertraut auch in dem größten Schmerz. Du weißt, was mir zum wahren Wohl gebricht und dies versagst du meinen Bitten nicht.

6. In diesem kindlichen Vertrauen will ich an des Berufs Geschäfte gehn, auf deinen sichern Beistand bauen, und deiner Fügung still entgegen sehn. Ich weiß, du führst mich stets auf rechter Bahn, und nimmst mich einst gewiß zu Ehren an.

792.   Mel. Wie schön leuchtet etc.

Dich seh ich wieder, Morgenlicht, und freue mich der süßen Pflicht, dem Höchsten Lob zu singen. Ich will voll frommer Dankbegier in dieser Morgenstunde dir Preis und Anbetung bringen. Schöpfer! Vater! Deine Treue rührt aufs Neue mein Gemüthe. Froh empfind ich deine Güte. |

2. Du warst um mich in dieser Nacht, dein Auge hat mich treu bewacht, dein Schild hat mich bedecket. Zu meinem Leben fügest du jetzt einen neuen Tag hinzu, da mich dein Licht erwecket. Kräftig strömet jetzt mir wieder durch die Glieder neues Leben: dafür will ich dich erheben.

3. Die Nacht entfloh auf dein Gebot! so gieb, daß auch von mir, mein Gott, die finstre Sorge fliehe; daß ich die kurze Lebenszeit in christlicher Zufriedenheit zu nutzen mich bemühe. Dir ist Alles, was mir fehlet, was mich quälet, nicht verborgen; auf dich werf ich meine Sorgen.

4. Ich bin ein Christ! o Herr, verleih, daß ich des Namens würdig sey; mein Ruhm sey deine Gnade! Erleuchte mich mit deinem Licht, dann geh ich recht, und irre nicht von deiner Wahrheit Pfade. Gnädig hilf mir standhaft ringen, zu bezwingen Welt und Sünden, um in dir mein Heil zu finden.

5. Zu dir, an dem mein Glaube hält, soll auch in dem Geräusch der Welt sich still mein Herz erheben. Bin ich vereinigt nur mit dir, wirst du in aller Unruh hier mir wahre Ruhe geben. Einst, Herr, hoff ich dich zu loben, wo dort oben für die Frommen wird der ewge Morgen kommen.

793.   Mel. Nun ruhen alle etc.

Dir dank ich für mein Leben, Gott, der du mirs gegeben, ich danke dir dafür. Du hast, von Huld bewogen, mich aus dem Nichts gezogen, durch deine Güte bin ich hier.

XXVII. Lieder für besondere Zeiten und Verhältnisse   1137

2. Du, Herr, hast mich bereitet, mich väterlich geleitet bis diesen Augenblick. Du gabst mir frohe Tage, und wandtest auch die Plage zu meiner Seelen wahrem Glück.
3. Ich bin nicht werth der Treue, der ich mich täglich freue, der Huld, die mich bewacht. Damit ich Staub und Erde auf ewig glücklich werde, hast du schon ewig mein gedacht.
4. Du kanntest schon mein Sehnen, und zähltest meine Thränen, eh ich bereitet war. Noch konnt ich dich nicht denken, zu dir das Herz nicht lenken, da wogst du schon mein Theil mir dar.
5. Für alle meine Sünden, Herr, ließest du mich finden in Christo Gnad und Huld. O Höchster, welch Erbarmen! du nahmest an mich Armen, und tilgtest alle meine Schuld.
6. Daß du mich liebreich führest, mit deinem Geist regierest, dies, Vater, dank ich dir. Daß du mein Leben fristest, mit deiner Kraft mich rüstest, dies Alles, Vater, dank ich dir.
7. Was noch in diesem Leben mir frommt, wirst du mir geben; du giebsts, ich hoff auf dich. Ja, Vater, ich befehle dir kindlich Leib und Seele; Herr, segne und behüte mich. |

794.   Mel. Ich will dich lieben, meine etc.   456
Ein neuer Tag, ein neues Leben geht mit der neuen Woche an; du wollest, Gott, aufs Neu mir geben, was mir sonst Niemand geben kann; denn hab ich deine Gnade nicht, woher dann Trost und Licht?
2. Ich grüße diesen lieben Morgen, mich schützte deine Vaterhand, ich bin getrost, denn tausend Sorgen hast du schon gnädig abgewandt. Ach Herr, wer bin ich Armer doch? Du sorgst, drum leb ich noch.
3. Nun das erkenn ich, Herr, und gebe mich freudig dir zum Opfer hin; doch weil ich hier, so lang ich lebe, mit Noth und Tod umfangen bin, so weich auch heute nicht von mir, die Hülfe steht bei dir.
4. Mein Glück in dieser neuen Woche soll nur in deinem Namen blühn; erlöse mich vom Sündenjoche, und laß mich jedes Unrecht fliehn. Gieb deinen Geist, der mich regier, auf ebner Bahn mich führ.
5. Soll ich mein Brod mit Kummer essen, so laß es doch gesegnet seyn, und was du sonst mir zugemessen, das richte mir zum Besten ein; ich bitte nicht um Ueberfluß, gieb, was ich haben muß.
6. Du thust gewiß, mein Gott, das Deine, ich will mit dir das Meine thun. Behüte Beide, Groß und Kleine, laß sie in deiner Liebe ruhn, und hilf, daß Jeder diesen Tag mit dir beschließen mag.

795.   Mel. Es ist gewißlich an der etc.
Erheb o meine Seele dich, die Finsterniß vergehet, schon zeigt der Glanz des Tages sich, die Sonn am Himmel stehet. Zu Gott erhebe deinen Sinn, daß er dein Werk in dir beginn, indem sein Licht dir leuchtet.
2. Laßt, Brüder, an das Werk uns gehn, den Herrn froh zu erheben; in Christo laßt uns auferstehn, und zeigen, daß wir leben; laßt uns in seinem Gnadenschein nicht eine Stunde müßig seyn: Gott ists, der uns erleuchtet.

3. Ein Tag geht nach dem andern fort; doch Gottes Werk bleibt liegen, weil ohne That, mit bloßem Wort, so Viele sich betrügen! Gieb, daß wir freudig gehn ans Werk, verleih uns Gnade, Kraft und Stärk im Licht, das uns erleuchtet.

4. Du zeigst, was zu vollbringen sey auf unsern Glaubenswegen; so hilf nun auch, und steh uns bei, und gieb uns deinen Segen: dann geht, o Herr, dein Will und Wort von Land zu Land, von Ort zu Ort, so weit dein Licht nur leuchtet.

5. Das Licht des Glaubens sey in mir ein Licht der Kraft und Stärke; die Demuth werde meine Zier, und leucht aus jedem Werke; der Geist der Weisheit steh mir bei, und ma|che mich des Irrthums frei, so bin ich ganz erleuchtet.

6. Erheb auf mich dein Angesicht, o Vater, aus der Höhe, erhalte mir das rechte Licht, daß deine Weg' ich gehe, bis ich einst komm in jene Stadt, die deine Hand gegründet hat, und ewiglich erleuchtet.

796.　　　　　　　In eigner Melodie.
Gott des Himmels und der Erden, Vater, Sohn und heilger Geist, der es Tag und Nacht läßt werden, Sonn und Mond uns scheinen heißt, dessen starke Hand die Welt, und was drinnen ist erhält.

2. Gott, ich danke dir von Herzen, daß du mich in dieser Nacht vor Gefahr, Angst, Noth und Schmerzen hast behütet und bewacht, daß des Bösen Macht und List mein nicht mächtig worden ist.

3. Laß die Nacht auch meiner Sünden so wie diese Nacht vergehn, laß bei dir mich Gnade finden, glaubensvoll auf Jesum sehn, der für meine Missethat sich am Kreuz geopfert hat.

4. Hilf, daß ich auch diesen Morgen geistlich auferstehen mag, und für meine Seele sorgen, eh erscheint dein großer Tag; dann beb ich als Sünder nicht, wenn du kommst, und hältst Gericht.

5. Führe mich, o Herr, und leite meinen Gang nach deinem Wort, sey und bleibe du auch heute mein Beschützer und mein Hort; nirgends als bei dir allein kann ich recht bewahret seyn.

6. Meinen Leib und meine Seele sammt den Sinnen und Verstand, großer Gott, ich dir befehle, unter deine starke Hand; Herr, mein Heil, mein Schild und Ruhm, schütze mich, dein Eigenthum.

7. Deinen Engel zu mir sende, wenn Gewalt und List mir droht, Alles mir zum Besten wende, es sey Leben oder Tod; sterb ich einst, dann führe du mich zu deiner ewgen Ruh.

797.　　　　　　　Mel. Gott des Himmels etc.
Großer Gott, den Alles preiset, der uns je und je geliebt, sich als Vater uns erweiset, uns den Sohn zum Heiland giebt; heute weckt des Tages Lauf mich zur lauten Andacht auf.

2. O wie lieb' ich diese Stunden, wo die Welt mich ruhen läßt, wo wir, treu in ihm verbunden, feiern unsers Heilands Fest, und er uns durch seinen Geist selbst den Weg zum Himmel weist.

---

11 Irrthums] Irthums

3. Habe Dank für diesen Morgen, der mir Kraft zum Guten schenkt! Das sind doch die besten Sorgen, wenn sein Heil der Mensch bedenkt; wenn er betet, wenn er singt, daß es durch die Wolken dringt.

4. Was ist selger, als Gott dienen! Was ist süßer, als sein Wort! Laßt uns sammeln gleich den Bienen, Jeder trage Segen fort! Selig ist, wer Nacht | und Tag gern darin sich üben mag.

5. O mein Gott, sprich selber Amen, denn wir sind dein Eigenthum; Alles preise deinen Namen, Alles mehre deinen Ruhm, bis es künftig wird geschehn, daß wir dich im Himmel sehn.

798.   Mel. Meinen Jesum laß etc.
Licht vom Licht, erleuchte mich bei dem neuen Tageslichte! Gnadensonne, zeige dich meinem frohen Angesichte! Deiner Weisheit Himmelsglanz schmücke meinen Sabbath ganz.

2. Dieser Tag sey dir geweiht; weg mit allen Eitelkeiten! Ich will deiner Herrlichkeit mich zum Tempel zubereiten, nichts begehren und nichts thun, als in deiner Liebe ruhn!

3. Brunnquell aller Seligkeit, laß mir deine Ströme fließen! Mache Mund und Herz bereit, ihre Fülle zu genießen. Streu das Wort in Segen ein, laß es hundertfrüchtig seyn!

4. Zünde selbst mein Opfer an, das schon auf den Lippen lieget, und erhelle mir die Bahn, wo kein Irrthum mich betrüget, wo kein falsches Feuer brennt, welches dein Altar nicht kennt.

5. Mache Wohnung, Herr, bei mir; bau ein Paradies im Herzen; ruh in mir und ich in dir, so quillt Freude selbst aus Schmerzen, und ich schmecke dann schon hier, wie's im Himmel ist bei dir.

799.   Mel. Valet will ich dir etc.
Lob sey dir, der den Morgen uns sendet nach der Nacht! Wir schliefen ohne Sorgen, weil du für uns gewacht. Du, der die Erde schmücket, und was da lebt erfreut, hast uns im Schlaf erquicket und unsre Kraft erneut.

2. Von dir ist mir gegeben, Herr, was ich hab und bin; doch dies mein irdisch Leben eilt schnell zum Tode hin. Bald ist sie ganz verschwunden, der Wallfahrt kurze Zeit; doch hängt an ihren Stunden das Heil der Ewigkeit.

3. O theurer, hoher Glaube: ich werd einst auferstehn, wenn Leib nur wird zu Staube, mein Geist wird nicht vergehn! Laß mich dies nie vergessen; der heilgen Hoffnung voll, laß täglich mich ermessen, was ich einst werden soll.

4. Sollt ich nach Reichthum trachten? Er täuschet nur das Herz. Nach Ehr und Weltlust schmachten? Ihr Lohn ist Reu und Schmerz. Hienieden schon auf Erden soll meine Seele rein, ein Tempel Gottes werden, ganz ihm geheiligt seyn.

5. Getrost, mein Geist, ermüde in deinem Kampfe nicht! Dich stärket Gottes Friede mit Kraft und Zuversicht! Ermuntre dich und streite, des Sieges Lohn ist nah! Getrost, vielleicht ist heute des Kampfes Ende da. |

800.   Mel. Ich dank dir schon etc.
Mein erst Gefühl sey Preis und Dank; erhebe Gott, o Seele! Der Herr hört deinen Lobgesang; lobsing ihm, meine Seele!

2. Mich selbst zu schützen ohne Macht, lag ich, und schlief in Frieden. Wer schafft die Sicherheit der Nacht, und Ruhe für die Müden?

3. Wer wacht, wenn ich von mir nichts weiß, mein Leben zu bewahren? Wer stärkt mein Blut in seinem Fleiß, und schützt mich vor Gefahren?

4. Wer lehrt das Auge seine Pflicht, sich sicher zu bedecken, wer ruft dem Tag und seinem Licht, die Seele zu erwecken?

5. Du bist es, Gott und Herr der Welt, und dein ist unser Leben. Du bist es, der es uns erhält, und mirs jetzt neu gegeben.

6. Gelobet seyst du, Gott der Macht, gelobt sey deine Treue, daß ich, nach einer sanften Nacht, mich dieses Tags erfreue.

7. Laß deinen Segen auf mir ruhn, mich deine Wege wallen, und lehre du mich selber thun nach deinem Wohlgefallen.

8. Nimm meines Lebens gnädig wahr; auf dich hofft meine Seele; sey mir ein Retter in Gefahr, ein Vater, wenn ich fehle.

9. Gieb mir ein Herz voll Zuversicht, erfüllt mit Lieb und Ruhe, ein weises Herz, das seine Pflicht erkenn und willig thue.

10. Daß ich, als ein getreuer Knecht, nach deinem Reiche strebe, gottselig, züchtig und gerecht durch deine Gnade lebe.

11. Daß ich, dem Nächsten beizustehn, nie Fleiß noch Arbeit scheue, mich gern an Andrer Wohlergehn, und ihrer Tugend freue.

12. Daß ich das Glück der Lebenszeit in deiner Furcht genieße, und meinen Lauf mit Freudigkeit, wenn du gebeutst, beschließe.

801.   Mel. Ich will dich lieben etc.

Mein Gott, nun ist es wieder Morgen, die Nacht vollendet ihren Lauf. Nun wachen alle meine Sorgen auf einmal wieder mit mir auf: die Ruh ist aus, der Schlaf dahin; ich sehe wo ich bin.

2. Ich bin noch immer auf der Erde, wo jeder Tag sein Elend hat; wo ich nur immer älter werde, und niemals rein von Missethat: lebt ich doch stets nach deinem Sinn, o Gott, durch den ich bin!

3. Vergieb mir alle meine Sünden; o, siehe meinen Mittler an, und laß mich durch ihn Gnade finden, der für mich hat genug gethan! Ist deine Gnade nur mein Theil, so fehlt mir nichts zum Heil.

4. Hilf du in allen Sachen rathen; denn wo wär ich mir selbst genug? Bewahre mich vor Missethaten, vor böser Menschen List und Trug; laß mich | den Tag wohl wenden an zum Guten, wie ich kann.

5. Bewahre mir Leib, Seel und Leben, Verwandte, Freunde, Hab und Gut! Willst du mir Kreuz zu tragen geben, so gieb dabei mir frohen Muth; die Freuden, die du willst verleihn, laß mir zum Segen seyn.

6. Du gabst mir Kraft, jetzt aufzustehen, dein Aussehn ists, was mich erhält! Ich weiß nicht, wie mirs heut wird gehen, mach Alles so, wie dirs gefällt: dein will ich todt und lebend seyn! Ja dein, o Gott, allein.

802.   In eigner Melodie.

Morgenglanz der Ewigkeit, Licht vom unerschaffnen Lichte, hilf in dieser Morgenzeit, daß dein Schein sich zu uns richte, und vertreib durch deine Macht unsre Nacht.

XXVII. Lieder für besondere Zeiten und Verhältnisse 1141

2. Deiner Gnade Morgenthau senk, o Herr, auf uns sich nieder, daß, gleich Blumen auf der Au, sich die Seel erhebe wieder, Segen ström auf deine Schaar immerdar.

3. Gieb, daß deiner Liebe Gluth unsers Herzens Kält' ertödte, und erwecke Sinn und Muth bei der neuen Morgenröthe, daß wir, deine Bahn zu gehn, recht aufstehn.

4. Schmück uns mit Gerechtigkeit, als mit einem weißen Kleide, das von uns nie werd entweiht, und an seinem Glanz nie leide; laß uns hell und sündenrein vor dir seyn.

5. Ach, du Aufgang aus der Höh, gieb, daß auch an jenem Tage deine gläubge Schaar ersteh, und, erlöst von aller Plage, auf der ewgen Freudenbahn wallen kann.

6. Leucht uns selbst in jene Welt, du verklärte Gnadensonne, führ uns durch das Thränenfeld in das Land der süßen Wonne, wo, was selig uns erhöht, nie vergeht.

803. Mel. Christus der ist mein etc.
Noch läßt der Herr mich leben, erschall ihm, o mein Lied, ich will ihn froh erheben, der gnädig auf mich sieht.

2. Ich schaue freudig wieder der Morgensonne Pracht und falle betend nieder vor ihm, der sie gemacht.

3. Du Herrscher aller Welten nimmst dich auch meiner an, wie soll ich dir vergelten, was du an mir gethan?

4. Dir will ich freudig singen, mich deines Namens freun, nach deiner Gnade ringen, mein ganzes Herz dir weihn.

5. Dir hab ich mich ergeben, ich freue mich in dir; erfreuender, als Leben, ist deine Gnade mir.

6. Sie führe mich auch heute auf meines Heilands Pfad, du, ewig Weiser, leite mich selbst nach deinem Rath.

7. O höre, was ich flehe: gieb mir ein weises Herz, dass | ich auf dich stets sehe, in Freude wie in Schmerz.

8. Lehr mich am ersten trachten nach dem, was dir gefällt, mehr deinen Beifall achten, als allen Ruhm der Welt.

9. Bereit, den Lauf zu schließen, bewährt durch Glück und Noth, und ruhig im Gewissen, so finde mich der Tod.

804. Mel. O Gott, du frommer etc.
O Jesu, süßes Licht, nun ist die Nacht vergangen, nun hat dein Gnadenglanz aufs Neue mich umfangen. Gestärkt an Leib und Seel bin ich vom Schlaf erwacht, und wende mich zu dir, der stets mein Heil bedacht.

2. Was soll ich dir, mein Gott, als Dankesopfer schenken? Ich will mich ganz und gar in deine Gnad versenken. Mein Leib, und Seel, und Geist sey dein auf diesen Tag; das soll mein Opfer seyn, weil ich sonst nichts vermag.

3. Ja, dir zum Eigenthum, Herr, weih ich meine Seele; nimm sie in deine Hut, daß ihr kein Gutes fehle; dir geb ich meinen Geist, verschmäh die Gabe nicht, verkläre dich in ihm durch deines Geistes Licht.

4. Ich will auch meinen Leib zum Tempel dir ergeben, darin du wohnen magst, o Herr, mein Heil und Leben! Ja wohn und leb in mir, beweg und rege mich, so hat Geist, Seel und Leib mit dir vereinigt sich.

5. Auch heute schmücke mich mit Glauben und mit Liebe, mit Hoffnung und Geduld durch deines Geistes Triebe. Kann ich Gerechtigkeit zum Kleide nur empfahn, dann bin ich wohlgeschmückt und köstlich angethan.

6. Du, Herr, in dem wir sind, in dem wir Alle leben, laß dein' Allgegenwart mir stets vor Augen schweben, damit mein ganzes Thun durch Herz und Sinn und Mund dich lobe inniglich, mein Gott, zu aller Stund.

7. O segne, Herr, mein Werk, mein Reden und mein Denken, durch deines Geistes Kraft wollst du es weislich lenken; laß Alles nur geschehn zu deines Namens Ruhm, auf daß ich für und für verbleib dein Eigenthum.

805.   Mel. Meinen Jesum laß ich etc.
Schließet euch, ihr Augen, auf! Schaut das große Licht der Erden! Es erneuert seinen Lauf, um ein Leitstern euch zu werden. Seht, die Sonne geht hervor, sie weist euch zu Gott empor.

2. Seh ich auf die Nacht zurück: glücklich ließ mich Gott sie enden, und ich kann den frohen Blick zu des Himmels Höhen wenden. Möge dort mein Wandel seyn mit den Frommen fromm und rein. |

3. Herr, zu deines Namens Ruhm, sorge du für mich auch heute, daß mich als dein Eigenthum Gnad und Segen stets geleite; was ich thun und reden soll, das gerathe Alles wohl.

4. Wenn mir Noth vor Augen schwebt, soll mein Seufzen zu dir dringen, wenn das Herz vor Furcht erbebt, soll es sich zum Himmel schwingen, und die Antwort werde mir: fürchte nichts, ich bin bei dir.

5. Halte mein Gewissen frei, daß ich heut es nicht beflecke; kommt Versuchung auch herbei, gieb, daß es mich bald erwecke, daß ich heilsam bleib und fleh, und der Sieg mir nicht entsteh!

6. Alles werf ich dann auf dich, und so darf ich nimmer zagen, und dein Geist erleuchte mich, wohl zu nutzen Freud und Plagen, so werd ich gebessert seyn, stellt sich heut der Abend ein.

806.   In eigner Melodie.
Wach auf, mein Herz, und singe dem Schöpfer aller Dinge, dem Geber aller Güter, der Menschen treuem Hüter.

2. Nur er konnt in Gefahren mich väterlich bewahren, als mich die dunkeln Schatten der Nacht umgeben hatten.

3. Du, höchster Schutz der Müden, sprachst zu mir: schlaf in Frieden! kein Unfall soll dich schrecken, dein Vater wird dich decken.

4. Dein Wort, Herr, ist geschehen; ich kann das Licht noch sehen; dein ist es, daß aufs Neue ich mich des Lebens freue.

5. Du willst ein Opfer haben: was bring ich dir für Gaben? Ich fall in Demuth nieder, und bring Gebet und Lieder.

---

13 Meinen] Meinem

XXVII. Lieder für besondere Zeiten und Verhältnisse 1143

6. Du, der ins Herz kannst sehen, wirst diese nicht verschmähen, du weißt, daß ich zur Gabe nichts als dies Opfer habe.

7. Du wollst dein Werk vollenden, mir deinen Engel senden, der mich an diesem Tage auf seinen Händen trage.

8. Sprich Ja zu meinen Thaten, und laß sie wohl gerathen; den Anfang und das Ende, o Herr, zum Besten wende.

9. Erhöre meine Bitte; mein Herz sey deine Hütte, dein Wort sey meine Speise auf meiner Himmelsreise.

807.   Mel. Werde munter, mein etc.

Wenn ich einst von jenem Schlummer, welcher Tod heißt, aufersteh, und befreit von allem Kummer jenen schönern Morgen seh: o dann wach ich anders auf! Schon am Ziel ist dann mein Lauf! Träume sind des Pilgers Sorgen, großer Tag, an deinem Morgen.

2. Gieb, daß keiner von den | Tagen dieser ernsten Prüfungszeit jenem Tag einst dürfe sagen, er sey ganz von mir entweiht. Auch noch heute wacht ich auf; Dank sey dir! Zu dir hinauf führe jeder meiner Tage mich durch Freude wie durch Plage.

3. Daß ich gern sie vor mir sehe, wenn ihr Letzter nun erscheint, wenn zum dunklen Thal ich gehe, und mein Freund nun um mich weint. Lindre dann des Todes Pein, und laß mich den Stärksten seyn, daß ich ihn zum Himmel weise, und dich, Herr des Todes, preise.

B. Abendlieder.

808.   Mel. Ach was soll ich Sünder etc.

Ach mein Jesu, sieh ich trete, da der Tag nunmehr sich neigt, und die Finsterniß sich zeigt, hin zu deinem Thron und bete: neige du zu deinem Sinn ganz mein Herz und Sinnen hin.

2. Meine Tage gehn geschwinde wie ein Pfeil zur Ewigkeit; selbst die längste Lebenszeit rauscht vorüber wie die Winde, strömt dahin schnell, wie ein Fluß stürzet seinen Wasserguß.

3. Und, mein Jesu, sieh, ich Armer, nehme dich nicht recht in Acht, daß ich dich bei Tag und Nacht herzlich suchte, mein Erbarmer! Ach wie mancher Tag geht hin, da ich kalt und träge bin.

4. Doch ich komme mit Verlangen, o mein Herzensfreund, zu dir! Neige du dein Licht zu mir, da der Tag nunmehr vergangen! Sey du selbst mein Sonnenlicht, das durch alles Dunkel bricht.

5. Laß mich wohl die Tage zählen, die du mir noch gönnen willt. Ist mein Herz von dir erfüllt, so wird nichts mich können quälen, denn wo du bist Tag und Licht, schaden uns die Nächte nicht.

809.   Mel. Nun ruhen alle etc.

Auch dieses Tages Stunden sind mir, Gottlob! verschwunden in ungestörter Ruh! Bald sinkt die Sonne nieder, die stille Nacht kommt wieder, und schließt uns sanft die Augen zu.

2. Laßt uns vor Gott erwägen, welch unverdienten Segen uns dieser Tag gebracht! Laßt uns von Dank entbrennen, und tief gerührt bekennen: der Herr hat Alles wohl gemacht!

3. Du, Gott der Treu und Gnade, hast segensvolle Pfade uns bis hieher geführt. Nicht uns, dir sey die Ehre! Ein jeder Tag vermehre in uns den Dank, der dir gebührt!

4. Der Schlaf, den du den Müden nach Tageslast beschieden, auch er sey dir geweiht. Wir schlummern ohne Sorgen; du weckst uns wieder morgen, hier oder in der Ewigkeit. |

810.   In eigner Melodie.

Der Tag ist hin, mein Jesu, bei mir bleibe, o Seelenlicht, der Sünden Nacht vertreibe; geh auf in mir, Glanz der Gerechtigkeit, erleuchte mich in dieser Dunkelheit.

2. Lob, Preis und Dank sey dir, mein Gott, gesungen! Die Ehr ist dein, wenn mir ein Werk gelungen. Versteh ich auch nicht immer deinen Rath, du führest stets mich auf den besten Pfad.

3. Nur Eines ist, das mich empfindlich quälet, daß Festigkeit im Guten mir noch fehlet. Du weißt, o Gott, wie sehr mein Herz dich liebt, und doch wird noch dein Geist von mir betrübt.

4. Vergieb mir, Herr, es sagt mir mein Gewissen, daß Sünd und Welt mich oft von dir gerissen. Es thut mir leid, ich stell mich wieder ein; da ist die Hand: du mein und ich bin dein.

5. Du starker Schutz der Herzen, die dir trauen; o laß auch mich stets deine Hülfe schauen. Wenn über mich stets deine Gnade wacht, so fürcht ich nicht des Bösen List und Macht.

6. Du schlummerst nicht, wenn meine Kräft' erschlaffen; o laß die Seel im Schlaf auch Gutes schaffen! O Lebenssonn, erquicke meinen Sinn; dich laß ich nie, mein Licht, der Tag ist hin.

811.   Mel. Der Tag ist hin etc.

Die Sonn hat sich mit ihrem Glanz gewendet, und, was sie soll, auf diesen Tag vollendet; die Nacht bricht ein mit ihrer stillen Ruh, und schließet sanft die müden Augen zu.

2. Ich preise dich, du Herr der Tag und Nächte, daß deine Hand und hochgerühmte Rechte mich hat bewahrt vor aller Plag und Noth, die überall dem schwachen Menschen droht.

3. Vergieb, wo ich bei Tage so gelebet, daß ich nach dem, was finster ist, gestrebet. Laß alle Schuld durch deinen Gnadenschein in Ewigkeit bei dir erloschen seyn.

4. Schaff, daß mein Geist dich ungehindert schaue, indem ich mich der dunkeln Nacht vertraue, daß für den Leib, auf diesen schweren Tag, des sanften Schlafs Erquickung folgen mag.

5. Herr, wenn mich wird die lange Nacht bedecken, und in die Ruh des tiefen Grabes strecken, so blicke mich mit deinen Augen an, daraus ich Licht im Tode nehmen kann.

XXVII. Lieder für besondere Zeiten und Verhältnisse 1145

6. Und laß darauf, zugleich mit allen Frommen, mich zu dem Glanz des andern Lebens kommen. Laß mich das Licht des ewgen Tages sehn, das nimmermehr in Nacht wird untergehn. |

812.   Mel. Nun ruhen alle etc.
Die Sonne senkt sich nieder, die stille Nacht kommt wieder, und mit ihr Schlaf und Ruh. Erschöpft sind unsre Kräfte vom schweren Tagsgeschäfte, bald schließen sich die Augen zu.
2. Noch wach ich, und erhebe dich, Gott, durch den ich lebe, daß du mein Vater bist. Mit Dank will ich erwägen, daß deiner Liebe Segen noch nie von mir gewichen ist.
3. Von dir kommt jede Gabe, das Leben, das ich habe, die Sicherheit der Nacht. Du bist der Quell der Güter, mein Schutz und treuer Hüter, der, wenn ich schlummre, für mich wacht.
4. Du läßt es finster werden, und hüllst den Kreis der Erden in tiefe Dunkelheit; doch auch in dunkler Stille wohnst du mit deiner Fülle, und zeigst uns deine Herrlichkeit.
5. Du führst aus weiter Ferne den Mond und tausend Sterne mit Majestät herauf. Sie leuchten dir zur Ehre hoch über Erd und Meere, und deine Hand lenkt ihren Lauf.
6. Als Zeugen deiner Stärke stehn lauter Wunderwerke in deiner Schöpfung da; und du, der sie bereitet, und Mond und Sterne leitet, du bist auch mir im Staube nah.
7. Groß, wenn der Morgen grauet, groß, wenn der Abend thauet, groß in der stillen Nacht; im Sonnenschein, im Sturme, am Menschen und am Wurme, groß zeigst du, Schöpfer, deine Macht.
8. Drum schwinde alles Grauen; dir will ich froh vertrauen, denn du sorgst auch für mich. Ja, Vater, ich befehle getrost dir Leib und Seele, du bist mein Gott, ich hoff auf dich.
9. Soll mir der Schlaf zum Leben erneute Kräfte geben, so will ich deß mich freun; soll er mein Leben enden, so wirst du mich vollenden, und auch mein Gott im Tode seyn.

813.   In eigner Melodie.
Gott Vater, Sohn und heilger Geist, der Güte, die mein Loblied preist, bin ich viel zu geringe. Vernimm den Dank, den Lobgesang, den ich dir kindlich singe.
2. Du nahmst dich meiner herzlich an, hast Großes heut an mir gethan, mir, was ich bat, gewähret; hast väterlich mein Haus und mich beschützet und genähret.
3. Du hast mir, was ich bin, geschenkt, den Geist, der deiner froh gedenkt, ein ruhiges Gemüthe. Was meine Kraft je Gutes schafft, ist Alles deine Güte.
4. Sey auch, nach deiner Lieb und Macht, mein Schutz und Schirm in dieser Nacht, vergieb mir meine Sünden. Und kommt mein Tod, o Herr mein Gott so laß mich Gnade finden. |

---

43 finden.] finden

814. Mel. Nun ruhen alle etc.

Herr, der du mir das Leben bis diesen Tag gegeben, dich bet ich kindlich an! Ich bin viel zu geringe der Treue, die ich singe, und die du heut an mir gethan.

2. Mit dankendem Gemüthe freu ich mich deiner Güte; ich freue mich in dir. Du giebst mir Kraft und Stärke, Gedeihn zu meinem Werke, und schaffst ein reines Herz in mir.

3. Gott, welche Ruh der Seelen, nach deines Worts Befehlen einher im Leben gehn; auf deine Güte hoffen, im Geist den Himmel offen, und dort den Preis des Glaubens sehn!

4. Ich weiß, an wen ich glaube, und nahe mich im Staube zu dir, o Gott, mein Heil. Ich bin der Schuld entladen, ich bin bei dir in Gnaden, und in dem Himmel ist mein Theil.

5. Bedeckt mit deinem Segen eil ich der Ruh entgegen; dein Name sey gepreist! Mein Leben und mein Ende ist dein, in deine Hände befehl ich, Vater, meinen Geist.

815. Mel. Befiehl du deine Wege etc.

Herr, es gescheh dein Wille! mein Körper eilt zur Ruh; mir fallen in der Stille die müden Augen zu. Erlaß mir Schuld und Strafe, daß ich von Sünden rein, zum Tode, wie zum Schlafe, bereitet möge seyn.

2. Von Angst und Schreckensbildern laß meine Seele frei, nichts möge sie sich schildern, was ihrer unwerth sey! Laß fern von eitlen Sorgen mich jetzt zur Ruhe gehn, und auf dem Kampfplatz morgen mit neuen Kräften stehn.

3. Doch sinkt des Todes Schlummer auf mich in dieser Nacht, der jedem Erdenkummer und Glück ein Ende macht: so will ich nicht erschrecken, mich ruft des Herrn Gebot; mein Gott wird mich erwecken, ein Schlaf nur ist der Tod.

816. Mel. Jesu, meine Freude etc.

Hirte deiner Heerde! Nacht deckt jetzt die Erde, doch du schlummerst nicht. Deine Vatermilde diente mir zum Schilde bei des Tages Licht. Auch bei Nacht nimm mich in Acht; laß durch deiner Engel Schaaren mächtig mich bewahren.

2. Vor der Feinde Toben schütze, Herr, von oben mich mit deiner Huld. Ein versöhnt Gewissen sey mein Ruhekissen, drum vergieb die Schuld; Jesus Christ mein Mittler ist, er hat das, was ich verschuldet, williglich erduldet.

3. Laß auch meine Lieben keine Noth betrüben, sie sind mein und dein. Hältst du mit Erbarmen mich in deinen Armen, schlaf ich fröhlich ein. Du bei mir, und ich bei dir, also sind wir ungeschieden, und ich ruh in Frieden.

4. Wie, wenn ich mein | Bette bald im Grabe hätte? Jetzo roth, bald todt! Doch, hast du's beschlossen, scheid ich unverdrossen, Herr, auf dein Gebot. Nie setz ich mich wider dich. Jesus wird nie von mir scheiden, drum sterb ich mit Freuden.

5. Nun wohlan, ich thue in vergnügter Ruhe meine Augen zu. Seele, Leib und Leben hab ich dir ergeben, treuer Hüter du! In der Nacht nimm mich in Acht, und erleb ich ja den Morgen, wirst du weiter sorgen.

XXVII. *Lieder für besondere Zeiten und Verhältnisse* 1147

817. Mel. Nun freut euch etc.
Mit frohem Danke nah ich mich dir, Gott, und falle nieder; denn du erwiesest heute dich als treuen Vater wieder. Viel mehr, als ich erzählen kann, hast du mir Gutes heut gethan; wie soll ich, Gott, dir danken?
2. Du, der erhält, was er erschuf, erhieltest mir mein Leben. Gesundheit, Kraft zu dem Beruf hast du mir heut gegeben. Mich führte deine Vaterhand, und manches Leid ward abgewandt durch dein allmächtig Walten.
3. Auch geistlich hast du mich genährt zu meiner Seele Frieden, mir deines Wortes Licht gewährt, und reichen Trost beschieden. Du halfst in der Versuchung mir, dein heilger Geist zog mich zu dir, und warnte vor der Sünde.
4. Und doch hab ich, du treuer Gott, unsträflich nicht gewandelt, auch heute wider dein Gebot und wider dich gehandelt. Ja, nur zu oft vergaß ich dein, und suchte nicht dir ganz allein, mein Vater, zu gefallen.
5. Gieb mir durch deines Geistes Licht Erkenntniß meiner Sünden. Laß mich vor deinem Angesicht in Christo Gnade finden. Verleih, daß ich in dieser Nacht, von deiner Güte, Gott, bewacht, in Ruh und Frieden schlafe.
6. Auch bitt ich, treuer Vater, dich, behüte du die Meinen! Die Schwachen schütze väterlich, und tröste, die da weinen! Gönn allen Kranken sanfte Ruh, die Sterbenden erquicke du mit Hoffnung jenes Lebens!
7. Nun, Vater, übergeb ich dir mich ganz mit Leib und Seele. Wacht nur dein Auge über mir, was ist dann, das mir fehle? Währt morgen noch die Gnadenzeit, so laß mich heiliger, als heut, nach deinem Willen leben!

818. Mel. Werde munter, mein etc.
Nacht und Stille schließen wieder unsre müden Augen zu, und des Leibes matte Glieder sehnen sich nach Schlaf und Ruh: meine Seele, säume nicht, und gedenke deiner Pflicht, dich zu Gott noch zu erheben, seinem Schutz dich zu ergeben.
2. Prüfe dich mit Ernst, und | sage: nützest du auch deine Zeit? Wärst du schon an diesem Tage Gott zur Rechenschaft bereit? Ach erwäg es! Eins ist noth! denk an Gott und an den Tod! Willst du ewig selig werden, mußt du heilig seyn auf Erden.
3. Herr, ich muß es dir gestehen: oft vergaß ich meine Pflicht! Du, du kennest mein Vergehen; geh mit mir nicht ins Gericht! Mein Vertraun gründet sich nur auf deinen Sohn und dich, der du seinetwegen schonest, und nicht nach Verdiensten lohnest.
4. Herrscher über Tod und Leben, ach, nimm mich zu Gnaden an. Du bists, der die Schuld vergeben und die Strafe tilgen kann. Sieh, ich komm und suche dich, und mein Mittler spricht für mich: darum laß mich Gnade finden, und vergieb mir meine Sünden.
5. Leb ich morgen, Gott, so leite meinen Gang auf deiner Bahn; halte mich, daß ich nicht gleite, nimm dich meiner Schwachheit an! Gieb zu meiner Pilgrimschaft deines guten Geistes Kraft; fröhlich geb ich dann am Ende meine Seel in deine Hände.

819. In eigner Melodie.
Nun ruhet in den Wäldern, in Städten und auf Feldern sanft schlummernd, was da lebt; ihr aber, meine Sinnen, sollt Gottes Lob beginnen, eh ihr dem Schlaf euch übergebt.

2. Wo bist du, Licht, geblieben? Die Nacht hat dich vertrieben, die Nacht, des Lichtes Feind. Doch eine andre Sonne, mein Jesus, meine Wonne, ists, die mir hell im Herzen scheint.

3. Der Tag ist nun vergangen, die goldnen Sterne prangen in jenen Himmelshöhn. So werden, Herr, die Deinen einst Sternen gleich erscheinen; auch ich werd unter ihnen stehn.

4. Ich will, der Ruh zu pflegen, die Kleider von mir legen, das Bild der Sterblichkeit; einst sinkt auch diese Hülle, und aus der Gnadenfülle schenkt Christus mir das Ehrenkleid.

5. Das Haupt, die Füß und Hände, sind froh, daß nun zu Ende des Tages Arbeit sey; Herz, freu dich, du sollst werden vom Elend dieser Erden und von der Sündenarbeit frei.

6. Nun geht, ihr matten Glieder, geht hin und legt euch nieder, der Ruhstätt ihr begehrt; es kommen andre Zeiten, da wird man euch bereiten zur Ruh ein Bettlein in der Erd.

7. Bald schließen sich in Frieden die Augen, die ermüden, wer schützt dann Leib und Seel? wer wendet allen Schaden? Du bist es, reich an Gnaden, du, Wächter über Israel.

8. Bedecke, vor Gefahren mich mächtig zu bewahren, mit deinen Flügeln mich. Mag dann der Feind auch stürmen, | willst du mich nur beschirmen, so ist er mir nicht fürchterlich.

9. Euch aber, meine Lieben, euch möge nicht betrüben ein Unfall diese Nacht. Schlaft ruhig bis zum Morgen, durch Gottes Schutz geborgen, und seiner guten Engel Wacht.

820.   In eigner Melodie.
Nun sich der Tag geendet hat, die Sonne nicht mehr scheint, schläft, was von Arbeit müd und matt, und was zuvor geweint.

2. Nur du, mein Gott, wirkst ohne Rast, du schläfst noch schlummerst nicht; ob uns die Finsterniß umfaßt, bleibst du doch unser Licht.

3. Gedenke, Herr, nun auch an mich in dieser dunklen Nacht, und halte du mich gnädiglich in deiner Hut und Macht.

4. Ich fühle zwar der Sünden Schuld, die mich bei dir verklagt; doch hat mir deines Sohnes Huld Vergebung zugesagt.

5. Er hat für mich genug gethan, als er am Kreuze starb; ich nehm den Trost im Glauben an, den mir sein Tod erwarb.

6. Drauf thu ich meine Augen zu, und schlafe fröhlich ein; mein Gott wacht über meine Ruh, wie kann mir bange seyn?

7. Weicht, nichtige Gedanken, hin! hemmt nicht der Andacht Lauf, ich baue jetzt in meinem Sinn Gott einen Tempel auf.

8. Soll diese Nacht die letzte seyn, faßt mich des Todes Hand, so führ mich, Herr, zum Himmel ein, ins ewge Vaterland.

821.   Mel. Werde munter, mein etc.
Sink ich einst in jenen Schlummer, aus dem Keiner mehr erwacht; geh ich aus der Welt voll Kummer, Todesruh, in deine Nacht: o dann schlaf ich anders

XXVII. Lieder für besondere Zeiten und Verhältnisse 1149

ein; weg aus dieses Lebens Pein wall ich zu den ewgen Hütten derer, die schon ausgelitten.

2. Jetzo schlaf ich, aufzuwachen noch für Tage dieser Zeit. Möcht ich stets mich fertig machen, Vater, zu der Ewigkeit; daß ich wie ein Pilger sey, leicht, bereit, von Bürden frei, froh zu scheiden von der Erde, wenn ich nun unsterblich werde.

3. Gerne laß den Tag mich sehen, der als Retter mir erscheint. Wenn mit nichterhörtem Flehen, wer mich liebt, um mich weint. Stärker, als mein Freund im Schmerz, sey mein Gott verlangend Herz; daß ich voll von deinem Preise ihn zu dir gen Himmel weise.

822.   Mel. O daß ich tausend etc.
So ist die Woche nun verflossen, doch ewig, Herr, bleibt deine Treu; wie sich dein Segensquell ergossen, so fließet er mir täglich neu. Ich bin der festen | Zuversicht, daß deine Huld mir nie gebricht.

2. Ich preise dich mit frohem Munde, und lobe dich, so hoch ich kann; ich rühm aus meines Herzens Grunde, was deine Lieb an mir gethan; und weiß, daß dir durch Jesum Christ mein Dank ein werthes Opfer ist.

3. Hast du mich gleich in diesen Tagen mit manchen Leiden heimgesucht, so gabst du immer Kraft zu tragen, und auch die Trübsal bracht Frucht; auch in dem Kreuz, das du gesandt, hab ich dein Vaterherz erkannt.

4. Nur Eines bitt ich, Herr, vor allen, o du versagst mir solches nicht: ich bin in Sünd und Schuld gefallen, so geh mit mir nicht ins Gericht, weil Jesus meine Missethat durch seinen Tod versöhnet hat.

5. Ich bin dem Grabe näher kommen, dem Ziele meiner Prüfungszeit; wie meine Tage zugenommen, so nah ich mich der Ewigkeit; soll dies die letzte Woche seyn, so führe mich zum Himmel ein.

6. Wenn aber morgen ich aufs Neue, den heilgen Sonntag feiern kann, so blick die Sonne deiner Treue mich auch mit neuen Gnaden an; dann geh ich freudig in dein Haus, da theilst du reichen Segen aus.

7. So will ich jetzt und immer preisen, was du mir gabst und immer giebst; du wirst es durch die That beweisen, daß du mich je und immer liebst. Du führest mich nach deinem Rath, bis Leid und Zeit ein Ende hat.

823.   Mel. Befiehl du deine Wege etc.
Wenn Licht und Sonne scheiden, so sende meinem Geist des höhern Lichtes Freuden, das ihn zum Himmel weist. Hilf mir mein Heil besorgen, verändre meinen Sinn, und schaffe, daß ich morgen in dir erneuert bin.

2. Ich seh das Licht verschwinden, die trübe Nacht bricht ein; ach Herr, laß meine Sünden auch mit verschwunden seyn. Streich sie aus deinem Buche, das mich zum Schuldner macht, und rette mich vom Fluche, den ich mir selbst gebracht.

3. So lang ich hier soll leben, so laß den festen Schluß mir stets vor Augen schweben, daß ich einst scheiden muß. Doch kommt noch heut mein Ende, ist schon vollbracht mein Lauf, so nimm in deine Hände den Geist, o Vater, auf.

C. Neujahrslieder.

824.   Mel. Ich dank dir, lieber etc.
Bis hieher ists gelungen; vorüber ist das Jahr. Ich bin hindurchgedrungen durch Sorgen und Gefahr. Nun schweige jede Klage, mein ganz Gefühl sey Dank. Dir, Hüter meiner Tage, erschalle Lobgesang!
2. Der du mich hast erhalten, mein Schöpfer und mein | Hort, dich laß ich ferner walten, und traue deinem Wort. Dir ist mein Will ergeben, er ist nicht weiter mein. Mein Herz, mein ganzes Leben soll dir geheiligt seyn.
3. In deinen Rath sich schicken, ist Weisheit und giebt Ruh. Soll mich die Armuth drücken: mein höchstes Gut bist du. Soll mich Verfolgung plagen; so schützest du mich doch. Soll ich Verachtung tragen: ich trage, Herr, dein Joch!
4. Soll ich verlassen leben: verlaß nur du mich nicht! Soll ich in Aengsten schweben: sey meine Zuversicht! Und soll ich Krankheit leiden: du wirst Geduld verleihn. Soll ich von hinnen scheiden: du führst zum Leben ein.

825.   Mel. Helft mir Gott's Güte etc.
Des Jahres erster Morgen soll, Gott, dir heilig seyn, ich will mich, fern von Sorgen, nur deiner Güte freun. Bis hieher halfst du mir! Lobsing ihm, meine Seele! Lobsing ihm, und erzähle, was er gethan an dir!
2. Ich überschau die Pfade der kurzen Pilgerschaft. Nah war mir deine Gnade, o Gott, und deine Kraft. Du führtest voller Treu mich meinem Ziel entgegen, du gabst mir deinen Segen, und standst mir mächtig bei.
3. Erwäg ich alle Freuden, die mir mein Gott verlieh, was sind dann alle Leiden? was ist des Lebens Müh? Am Abend war mein Herz oft voll von Gram und Sorgen, und an dem neuen Morgen verschwand mein Gram und Schmerz.
4. Gott, groß ist deine Stärke, groß deine Freundlichkeit! dich preisen deine Werke, du Herr der Welt und Zeit! Auch ich will lebenslang dich preisen, dich erhöhen; und auch mein letzten Flehen sey dir ein Lobgesang.

826.   Mel. Lobt Gott, ihr Christen etc.
Erhebt, Bewohner dieser Welt, erhebt den Herrn der Zeit! Ein Opfer, das ihm wohlgefällt, ist Lieb und Dankbarkeit.
2. Der Engel hoher Lobgesang preist seine Majestät; und so werd auch durch unsern Dank dein Name, Gott, erhöht!
3. Mit Gütern kröntest du das Jahr, versorgtest Groß und Klein, nahmst unsers Lebens gnädig wahr, gabst Segen und Gedeihn.
4. Dein Wort erquickte Geist und Sinn, gab in Versuchung Muth, auch was uns kränkte, ward Gewinn; du machest Alles gut.
5. Dir, Gott und Vater, danken wir für dieses Jahres Heil, und flehn vertrauensvoll zu dir: sey ferner unser Theil!
6. Der Obrigkeit gieb deinen Geist, und Kraft von deinem Thron; beweis, o treuer Gott, du seyst ihr Schild und großer Lohn.
7. Dein Segen komm auf un|ser Land, erhalt ihm Fried und Ruh; ihm ström aus deiner Gnadenhand stets neue Wohlfahrt zu.

XXVII. Lieder für besondere Zeiten und Verhältnisse   1151

8. Wie Thau des Morgens breite sich dein göttlich Wohlthun aus, und für dein Aufsehn rühme dich frohlockend jedes Haus.

9. Laß leuchten uns dein Angesicht, wenn Trübsal uns bedrängt; verlaß uns, o Erbarmer, nicht, bis uns das Grab umfängt.

10. Und endet in des Jahres Lauf sich unsre Lebenszeit, so nimm den Geist zu dir hinauf in deine Ewigkeit.

827. Mel. Nun ruhen alle etc.
Erhör uns, Gott, erhöre; breit deines Namens Ehre an allen Orten aus. Mit deinem reichen Segen komm gnädig uns entgegen, und schütze, Herr, dein Erb und Haus.

2. O laß dein Wort uns Allen noch ferner rein erschallen, und seiner Kraft uns freun. Gieb du getreue Lehrer, gieb unverdroßne Hörer, und laß uns fromme Thäter seyn.

3. Du wollst das Land beglücken, und stets mit Gnadenblicken auf unsern König sehn. Schütz ihn auf seinem Throne, und laß, Herr, seine Krone in segensvollem Glanze stehn.

4. Laß Alle, die regieren, ihr Amt mit Segen führen, und schirmen Sitt und Recht; daß Friede, Lieb und Treue sich stets bei uns erneue, bis auf das späteste Geschlecht.

5. Erhalt in jeder Ehe bei ihrem Wohl und Wehe rechtschaffne Frömmigkeit. In Unschuld und in Tugend erwachse unsre Jugend, und sey zu deinem Dienst bereit.

6. O Vater, wend in Gnaden Krieg, Feuer-, Wasserschaden von deinen Kindern ab. Kein Unglücksfall vernichte des Landes reiche Früchte, die deine milde Hand uns gab.

7. Gedenke voll Erbarmen der Leidenden und Armen, daß sie sich deiner freun. Den Waisen sey ein Vater, den Wittwen ein Berather; du wollst ihr Schutz und Beistand seyn.

8. Sey du ein Arzt der Kranken, und die im Glauben wanken, zieh, Herr, zu dir hinauf. Den Alten hilf die Plagen, die Last der Jahre tragen, bis sie vollenden ihren Lauf.

9. Sey der Bedrängten Stütze, und die Verfolgten schütze; gieb Trost in Todesnoth. Die hier die Deinen waren, laß einst in Frieden fahren, send ihnen einen sanften Tod.

10. Nun, Gott, du wirst erfüllen, was wir nach deinem Willen in Demuth jetzt begehrt. Wir sprechen froh das Amen in unsers Jesu Namen; so ist gewiß der Wunsch gewährt. |

828. Mel. Es ist das Heil etc.
Gott ruft der Sonne, ruft dem Mond, das Jahr darnach zu theilen; er, der im Himmel ewig thront, er heißt die Zeiten eilen; er ordnet Jahre, Tag und Nacht, laßt uns erhöhn den Gott der Macht, und dankbar vor ihm weilen!

2. Herr, der da ist und der da war, dich rühmen alle Zungen! Dir sey für das entflohne Jahr ein heilig Lied gesungen; für Leben, Wohlfahrt, Trost und Rath, für Fried und Ruh, für jede That, die uns durch dich gelungen.

3. Laß auch dies Jahr gesegnet seyn, das du uns neu gegeben; verleih uns Kraft, die Kraft ist dein, in deiner Furcht zu leben. Zu segnen bist du stets bereit, wenn wir nach der Gerechtigkeit und deinem Reiche streben!

4. Gieb mir, wofern es dir gefällt, des Lebens Ruh und Freuden; doch schadet mir das Glück der Welt, so gieb mir Kreuz und Leiden. Nur stärke mit Geduld mein Herz, auf daß mich nimmer Noth und Schmerz von deiner Liebe scheiden.

5. Hilf deinem Volke väterlich in diesem Jahre wieder. Erbarme der Verlassnen dich, und der bedrängten Brüder. Gieb Glück zu jeder guten That, und laß dich, Gott, mit Heil und Rath auf unsern König nieder.

6. Daß Weisheit und Gerechtigkeit auf seinem Stuhle throne; daß Tugend und Zufriedenheit in unserm Lande wohne; daß Treu und Liebe bei uns sey: dies, lieber Vater, dies verleih in Christo, deinem Sohne.

829. *In eigner Melodie.*
Helft Gottes Huld mir preisen, auf, Christen, stimmet ein! laßt uns ihm Dank erweisen, und seiner uns erfreun! Er ist der Herr der Zeit, hat ihren Lauf regieret, bisher uns treu geführet, und jetzt das Jahr erneut.

2. Mit fröhlichem Gemüthe laßt heut zu ihm uns nahn; denn er ist reich an Güte, hat viel an uns gethan; er hat mit milder Hand viel Segen uns gesendet, viel Unheil abgewendet von unserm Vaterland.

3. Er hat sein Wort erhalten, der Kirche Schutz gewährt, die Jugend und die Alten mit Himmelsbrod genährt. Aus unverdienter Huld hat unser er verschonet, und Keinem noch gelohnet nach seiner Sündenschuld.

4. Mit väterlicher Treue nimmt er uns Sünder an, wenn wir uns ihm voll Reue in Jesu gläubig nahn; durch ihn will er verzeihn, und uns zum neuen Leben des Geistes Beistand geben; ihm wollen wir uns weihn.

5. Sey, Vater, hochgepriesen für alle Gütigkeit, die du uns hast erwiesen in der vergangnen Zeit. Sey ferner un|ser Gott; versorg uns und bewahre auch in dem neuen Jahre, und hilf aus aller Noth.

830. *Mel. Wie wohl ist mir, o etc.*
Herr, den die Sonnen und die Erden durch ihren Bau voll Pracht erhöhn, durch dessen Machtwort Welten werden, und Welten wieder untergehn! Herr, den durch laute Lobgesänge der Creaturen ganze Menge in aller Zeiten Lauf erhob! der Engel Chöre nachzuahmen, preist unsre Seele deinen Namen, und unsern Mund erfüllt dein Lob!

2. Wie, Gott, dein Arm die Welt bewahre, verkündigt jeder Tag der Nacht; ein Jahr erzählt dem nächsten Jahre die großen Wunder deiner Macht. Dein Stuhl, o Gott, bleibt ewig stehen, du bist und bleibest, wir vergehen; wie schnell verströmet unsre Zeit! Schon wieder ist ein Jahr vom Leben, das uns dein Gnadenrath gegeben, im Abgrund der Vergänglichkeit.

3. Kommt! heut sey uns ein Tag des Bundes! Dem frommen Bunde bleibet treu, und den Gelübden unsers Mundes stimm ohne Falsch das Herz auch bei! O Land gelobe, Gott zu dienen, und zu wirst wie ein Garten grünen, den er sich selbst gepflanzet hat. Laßt wandeln uns auf seinen Wegen, dann macht mit ihrem vollen Segen uns seine Vatergüte satt.

XXVII. Lieder für besondere Zeiten und Verhältnisse

4. Gott, schau herab aus deinen Höhen mit Huld auf unser Volk und Land; gieb uns, was wir in Christo flehen, aus deiner milden Vaterhand! Gott, sättige mit langem Leben den Herrscher, den du uns gegeben! Durch Frömmigkeit besteh sein Thron! Lehr du ihn selbst das Land beglücken, daß wir in ihm dein Bild erblicken, und sey sein Schild und großer Lohn.

5. Tritt den Gewaltigen zur Seite, die um den Thron des Königs stehn, daß ihren Rath die Weisheit leite, und sie des Volkes Wohl erhöhn. Sey mit den Obern unsers Landes, auf daß zur Wohlfahrt jedes Standes ihr Amt und Wirken wohl gedeih. Du wollest deiner Güte Segen auf alle treuen Bürger legen, daß jeder dir gehorsam sey.

6. Des Heiligthumes Diener stärke der Geist des Lichtes und der Kraft, er, der zu ihrem Segenswerke das Wollen und Vollbringen schafft! Der Lehrer Arbeit laß gerathen, wenn sie mit treuer Hand die Saaten der Weisheit und der Wohlfahrt streun! Bild auch das zarte Herz der Jugend, laß wahre Weisheit, fromme Tugend die Zierde unsrer Schulen seyn!

7. Dies Flehn sey vor dir Ja und Amen! Du kannst mehr thun, als wir verstehn; erhör uns, Gott, in Jesu Namen, und laß uns deine Hülfe sehn! Wir trauen deiner Macht und Gnade; erhalt uns auf dem ebnen Pfade, den unser Herr uns | wandeln lehrt. O segne, Vater, dir zum Preise, auch dieses Jahr, und so beweise: du seyst es, der Gebet erhört.

831.   Mel. Nun freut euch etc.
Heut öffnet sich die neue Bahn auf meines Lebens Reise. Froh tret ich meine Wallfahrt an, nach frommer Pilger Weise. Herr, mit Gebet und mit Gesang beginn ich muthig meinen Gang, du wirst mich sicher leiten.

2. Mich schrecket nicht der Zukunft Nacht, die meinen Pfad umhüllet; ich weiß, daß einst durch deine Macht mir Licht aus Nächten quillet. Jetzt faß ich deinen Rathschluß nicht: doch einst, verklärt in deinem Licht, werd ich ihn ganz verstehen.

3. Rauh oder eben sey mein Pfad, ich will ihn freudig gehen; denn deiner Liebe weiser Rath hat ihn für mich ersehen. Giebst du mir Freude, giebst du mir Noth, giebst du mir Leben oder Tod, es wird zum Heil mir dienen.

4. Mein Ziel sey nahe oder fern, das soll mein Herz nicht quälen; dir, meinem Gott und meinem Herrn, dir will ich mich befehlen. In deiner Hand steht meine Zeit; laß mich den Weg zur Ewigkeit nur selig einst vollenden.

832.   Mel. Unser Herrscher, unser etc.
Hilf, Herr Jesu, laß gelingen, hilf, das neue Jahr geht an! Laß es neue Kräfte bringen, daß erneut ich wandeln kann. Neues Heil und neues Leben wollest du aus Gnaden geben.

2. Laß dies seyn ein Jahr der Gnaden; Herr, vergieb mir meine Schuld! Was der Seele möchte schaden, wende ab nach deiner Huld! Laß mich wachen, beten, ringen, und durch dich die Welt bezwingen.

3. Deine Kraft kann mich wohl stärken, daß mein Wandel richtig sey. Mach mich reich an guten Werken, und in deinem Dienst getreu! Hab ich dich, du Freund der Seelen, was kann mir zum Heile fehlen?

4. Jesu, laß mich fröhlich enden dieses angefangne Jahr, trage mich auf deinen Händen, sey mein Beistand in Gefahr. Freudig will ich dich umfassen, wenn ich soll die Welt verlassen.

833.　　　　　　　Mel. Wach auf, mein Herz etc.
Nun laßt vor Gott uns treten mit Singen und mit Beten, denn er hat unserm Leben bis hieher Kraft gegeben.
2. Wir gehn dahin und wandern von einem Jahr zum andern; im neuen, wie im alten läßt er sein Wohlthun walten.
3. Er führt durch Angst und Plagen, durch Zittern und durch Zagen, durch Furcht und große Schrecken, die alle Welt bedecken.
4. Wie Mütter unter Stürmen die lieben Kindlein schir|men, so eilt Gott, in Gefahren die Seinen zu bewahren.
5. Ach, Hüter unsres Lebens, wir sorgen nur vergebens, wo nicht in allen Sachen für uns dein' Augen wachen.
6. Gelobt sey deine Treue, die alle Morgen neue, Lob sey den starken Händen, die alles Herzleid wenden.
7. Hör ferner unser Flehen, und eil, uns beizustehen in allem Kreuz und Leiden, du Brunnquell aller Freuden.
8. Gieb mir, gieb allen denen, die sich nach Hülfe sehnen, ein Herz, das dich nicht lasse, und in Geduld sich fasse.
9. Sprich deinen milden Segen zu allen unsern Wegen, laß Großen und auch Kleinen die Gnadensonne scheinen.
10. Sey der Verlassnen Vater, der Irrenden Berather, der Unversorgten Gabe, der Armen Gut und Habe.
11. Hilf gnädig allen Kranken, gieb fröhliche Gedanken den tiefbetrübten Seelen, die sich in Schwermuth quälen.
12. Und was das allermeiste, füll uns mit deinem Geiste, der uns hier herrlich ziere, und dort zum Himmel führe.
13. Das Alles wollst du geben, du, meines Lebens Leben. Die Christenheit bewahre in jedem neuen Jahre.

834.　　　　　　　Mel. Zeuch meinen Geist etc.
Wie schnell ist doch dies Jahr vergangen! Schon ist ein neues angefangen. Auf dich, o Gott, soll ganz allein mein Herz und Sinn gerichtet seyn.
2. Du hast das Daseyn mir gegeben, nur dir allein gehört mein Leben. Dein ist die Kraft, dein ist die Zeit, nur deinem Ruhm sey sie geweiht.
3. O stärke, Vater, mein Verlangen, an deinem Willen festzuhangen. Vollführe du, was ich nicht kann, und leite mich auf ebner Bahn!
4. Und wank ich, oder sink ich nieder, o so erhebe du mich wieder! Hilf gnädig meiner Schwachheit auf, und fördre kräftig meinen Lauf.
5. Laß, Herr, dein himmlisch Reich auf Erden auch unter uns verbreitet werden. Bedeck mit deiner treuen Hand den König und das Vaterland.
6. Laß Alle, die die Welt regieren, mit Weisheit ihre Scepter führen. Ihr Thun sey nur Gerechtigkeit, nur Friede, was ihr Mund gebeut.
7. Laß treue Hirten, fromme Heerden ein Herz und eine Seele werden, daß wahrer Glaub und Liebestreu die Zierde deiner Kirche sey.

XXVII. Lieder für besondere Zeiten und Verhältnisse

8. Die Eltern, die heut zu dir flehen, laß Freud an ihren Kindern sehen, und mach durch deines Geistes Kraft sie Alle weis' und tugendhaft.
9. Erfreue, Gott, durch deinen Segen, die standhaft gehn auf deinen Wegen! Zeig deinen Arm, der Schwache trägt, und freche Sünder niederschlägt! |
10. Erhöre das Gebet der Deinen! Laß nicht umsonst das Elend weinen! Send eilend Jedem Hülf und Rath, der keinen Freund und Retter hat!
11. Auf dich soll stets mein Auge schauen; auf dich, Herr, soll mein Herz vertrauen. Bist du mein Freund und höchstes Gut, so wird mein Glaube Heldenmuth.
12. Zu meinem Heil, und dir zum Preise setz ich dann fort die Pilgerreise, bis mir am Ziele meiner Bahn dein Vaterhaus wird aufgethan.
13. Die Sonne gehet auf und nieder; ein Jahr vergeht, ein Jahr kömmt wieder! Nur du, der allgenugsam ist, nur du bleibst ewig, der du bist!

835.   Mel. Nun ruhen alle Wälder etc.
Wie viel wir Jahre zählen, so viel der Jahre fehlen von unsrer Lebenszeit! Auch unsre Kraft verschwindet, wenn sich das Alter findet, dem seltner Werk und That gedeiht.
2. Wie nun dies Jahr entfallen, und für das Erdenwallen die Bahn sich abgekürzt; so geht mit ihm verloren, was nur die Zeit geboren, die Alles niederfällt und stürzt!
3. Weil jenes Jahr vergangen, hat dieses angefangen, daß End' auf Anfang zeigt. Vor ging die Sonne nieder, in Kurzem sehn wir wieder, wie sie empor am Himmel steigt.
4. So, ob auch wir veralten, ob Händ und Herz erkalten: ein Neues stellt sich ein! Wie viel wir abgenommen, so näher sind wir kommen der ewgen Freude oder Pein.
5. Unendlich selig Wesen, durch dessen Tod genesen, was Zeit und Jahre zählt; laß alle mit dir leben, für die du dich gegeben, die deinem Reiche du erwählt!

D. Jahreszeiten.

836.   Mel. Lobt Gott, ihr Christen etc.
Die Erndt ist da, schon winkt der Halm dem Schnitter in das Feld; so schalle denn ein Freudenpsalm dem großen Herrn der Welt.
2. Er ists, der uns die Erndte giebt, er öffnet seine Hand. Heil uns, daß er beständig liebt, und segnet unser Land.
3. Er senket in das Korn hinein den Keim voll Lebenskraft; giebt ihm von oben Sonnenschein, und milden Nahrungssaft.
4. Oft zogen schwarze Wolken her, die mit Verderben drohn: er sprach – wir sahen sie nicht mehr, schnell waren sie entflohn.
5. Erhebet ihn, den Gott der Macht, der in Gewittern wohnt! Ihm werde Lob und Dank gebracht; er donnert und verschont.

6. Er will, und Segen strömt daher, daß Mensch und Thier sich nährt; das Kornfeld, wal|lend wie ein Meer, ist frohen Dankes werth.

7. So führet er die Erndtezeit aufs Neue nun heran, und Jeder rühmt es hoch erfreut, wie wohl er uns gethan.

8. Des Schnitters Tag ist lang und schwül, doch freudig ist sein Muth: sein Auge sieht der Garben viel, er denket: Gott ist gut.

9. Ja, groß ist deine Wundermacht, o Gott, im Wohlthun groß; sie winkt am Tag und in der Nacht, und wirket grenzenlos.

10. Sie führt uns auf ebner Bahn, giebt Freud und heilt den Schmerz. Nimm, Herr, auch unser Opfer an! Wir geben dir das Herz.

11. Ja, dir nur sey es ganz geweiht in freudigem Vertraun! Wie schön ist dann die Erndtezeit, wenn wir dein Antlitz schaun.

837.   Mel. Ich dank dir, lieber etc.

Dir, Gott der Huld und Stärke, erschalle Preis und Dank; dich loben deine Werke, dich rühmt auch mein Gesang. Es zeigt an allen Enden sich deiner Güte Spur; aus deinen Vaterhänden strömt Segen auf die Flur.

2. Wie prangt das Gold der Früchte, des Sommers Feierkleid! Wir sehn im schönsten Lichte, Herr, deine Herrlichkeit. Wir flehen nicht vergebens um Segen für das Land; du, Vater unsres Lebens! du gabst mit reicher Hand.

3. Das glänzende Gefilde, das unser Aug entzückt, ist Zeichen deiner Milde, die Alles gern erquickt. In reichen Wogen wallet der segensvolle Halm, von Jung und Alt erschallet dir, Herr, ein Freudenpsalm.

4. Die Pracht der reichen Auen strömt Wonn in unsre Brust, doch mischt auch Furcht und Grauen sich oft in diese Lust. Du rufst vom Wolkensitze den Boten deiner Macht, dem Wettersturm, dem Blitze, der Mittag wird zur Nacht.

5. Der Donner rollt, es bebet die schwache Creatur; doch neu, o Herr, belebet dein Regen die Natur. Du schaffst zum Paradiese verwelkte Fluren um, und Hügel, Thal und Wiese verkünden deinen Ruhm.

6. Der du die Erde schmückest mit wunderbarer Pracht, und was da lebt, beglückest durch deine Lieb und Macht, dich müsse Jeder loben, dir schalle froher Dank, dich preist der Engel droben, dich preist auch unser Dank.

838.   Mel. O daß ich tausend etc.

Dir milder Geber aller Gaben, Herr! dir gebühret Dank und Ruhm; denn Alles, was wir sind und haben, ist ja dein Werk und Eigenthum. Mein Lobgesang steigt auf zu dir, o neige, Herr, dein Ohr zu mir.

2. Die kleinste deiner Crea|turen macht deine Weisheit offenbar; du zeigest deiner Güte Spuren, und deine Macht von Jahr zu Jahr; der kleinste Halm ruft laut uns zu, daß Niemand mächtig sey, als du.

3. Du sorgst für uns nach Väter Weise, erhältst die Werke deiner Hand, giebst Allem, was da lebt, die Speise, beschirmst und segnest jedes Land; du liebest unveränderlich, der Bösen selbst erbarmst du dich.

4. Voll ist der Erdkreis deiner Güte, und deiner Weisheit ist er voll! Herr, unterweise mein Gemüthe, wie ich dich würdig loben soll. Dir dankt nur wahrhaft, wer dich liebt, dich, der uns so viel Gutes giebt.

XXVII. Lieder für besondere Zeiten und Verhältnisse

5. Das Saatkorn wird in deinem Namen auf Hoffnung in das Land gestreut, du schirmst, Allmächtiger, den Samen, dein ist der Erde Fruchtbarkeit; du giebst allein zur Arbeit Kraft, du bists, der das Gedeihen schafft.

6. Mild öffnest du den Schooß der Erde, du tränkst die Flur von oben her, giebst, daß die Saat erquicket werde, und machst die Aehre segenschwer; du träufelst mit dem kühlen Thau die Fruchtbarkeit auf Feld und Au.

7. Kommt, preist des Schöpfers Huld und Stärke, bringt seinem Namen Ehre dar! Groß ist der Herr, und seine Werke sind herrlich, groß und wunderbar! Wie köstlich ist dein Lob, wie schön! Kommt, laßt uns seinen Ruhm erhöhn!

839.   Mel. Helft mir Gott's Güte etc.

Du reicher Trost der Armen, o Herr der ganzen Welt, du Vater voll Erbarmen, der Alles trägt und hält! Du, Gott, erhörst Gebet; erhöre, was im Staube vertrauensvoll der Glaube von dir in Noth erfleht.

2. Sonst zeigte jeden Morgen dein Segen sich uns neu; o mach auch jetzt von Sorgen die bangen Herzen frei. Zu helfen ist dir leicht; du kannst dem Mangel wehren, in Ueberfluß ihn kehren, wenn's uns unmöglich däucht.

3. Den Reichen gieb Erbarmen bei der Bedrängten Schmerz, und, zu erfreun die Armen, sey Freude für ihr Herz; damit sie mild ihr Brod den dürftgen Brüdern brechen, und diese dankbar sprechen: euch lohn und segne Gott.

4. Die Früchte laß gerathen, uns wieder zu erfreun, und allen unsern Saaten gieb Wachsthum und Gedeihn. Mit milder Vaterhand gieb Wärme, Thau und Regen; dann kehret reicher Segen zurück in unser Land.

5. Allgütiger, wir hoffen auf dich und deine Treu. Oft hat uns Noth betroffen, doch standest du uns bei. Du hilfst und rettest gern: so sey denn unser Leben vertrauensvoll ergeben dir, unserm Gott und Herrn. |

840.   Mel. Es ist das Heil etc.

Gelobt sey, der den Frühling schafft, Gott, der den Erdkreis schmücket! Preis sey ihm, Ehre, Stärk und Kraft, der, was er schuf, beglücket! Der Herr erschafft, der Herr erhält, er liebt und segnet seine Welt; lobsinget seinem Namen.

2. Das Erdreich, das erstorben lag, erwacht und lebt nun wieder. Von Gott strömt jeden neuen Tag der Segen neu hernieder. Der Wurm, der in dem Staube webt, der Vogel, der in Lüften schwebt, erfreut sich seines Lebens.

3. Der Erde Antlitz ist verjüngt, erheitert glänzt der Himmel, Gebirg und Thal und Wald erklingt von freudigem Getümmel: der Allen Seyn und Leben gab, schaut voller Gnad und Huld herab auf seiner Schöpfung Werke.

4. Doch fühllos nur und unbeseelt sind Auen und Gefilde; den Menschen nur hat Gott erwählt zu seinem Ebenbilde; der Mensch nur kann sich Gottes freun, ihn lieben, in ihm selig seyn, ein ewges Leben hoffen.

5. Gott ist uns nah, und Keinem fern, lobsingt ihm, seine Werke! Die Welten sind erfüllt vom Herrn, sind Zeugen seiner Stärke. Auch ich lobsinge freudig dir; denn überall bist du bei mir, mit Allmacht Lieb und Gnade.

6. Du rufst die Wolken in das Land, und stillst den Durst der Erde, daß mit den Gaben deiner Hand der Mensch gesegnet werde. Du sendest Hagel, Thau und Wind, die deiner Allmacht Diener sind, als deiner Liebe Boten.

7. Selbst wenn dein Donner furchtbar dräut, wenn Berg und Thal erzittern, strömt Stärkung, Segen, Fruchtbarkeit aus Nacht und Ungewittern. Bald bricht die Sonne neu hervor, und Alles jauchzt zu dir empor, vor dem die Wetter schweigen.

8. Von dir kommt, was uns hier erfreut, du Brunnquell aller Gaben, dort wirst du uns mit Seligkeit in reichen Strömen laben; wo wir die Majestät und Pracht der Wunder deiner Lieb und Macht vollkommen werden schauen.

841.   Mel. Ich singe dir mit etc.
Gott sorgt für uns, o singt ihm Dank! nie ist er von uns fern; vom Aufgang bis zum Niedergang strahlt uns die Huld des Herrn.

2. Den Menschen, wie den kleinsten Wurm, trägt seine Güt und Macht; er ist im Sonnenschein und Sturm auf Aller Heil bedacht.

3. Was wir auf Hoffnung ausgestreut, hat reichlich er gemehrt; er hat das Flehn um Fruchtbarkeit auch dieses Jahr erhört.

4. Die Aehren sind von Segen schwer, mit Gut krönt Gott das Jahr. O Christen, bringt | ihm Ruhm und Ehr mit frommer Rührung dar.

5. Ja, Höchster, wir verehren dich mit kindlich frohem Dank; du nährst uns treu, giebst väterlich uns mehr, als Speis und Trank.

6. Du giebst Gesundheit, schenkst uns Kraft, Gedeihn zu unserm Fleiß; du bist es, der den Frieden schafft, und dir gebühret Preis.

7. Laß deiner Gaben Ueberfluß uns nun auch heilsam seyn, und gieb uns Weisheit beim Genuß, daß wir sie nie entweihn.

8. Auf dich steht unsre Zuversicht; dir wollen wir vertraun, bis wir dereinst im höhern Licht des Glaubens Erndte schaun.

842.   Mel. Gott, der du bei uns etc.
Herr, unser Herrscher, dankbar sey gepriesen! Groß ist die Hülfe, die du uns erwiesen; wir baten dich, o Vater reich an Segen, um milden Regen.

2. Er fällt herab, damit auf deiner Erde was welkt und lechzt durch ihn erquicket werde. Du willst, daß unsre hoffnungsvollen Saaten uns wohlgerathen.

3. So weit nur, Höchster, deine Himmel reichen, sehn wir verbreitet deiner Liebe Zeichen. Laß jetzt dein Wohlthun, das wir deutlich spüren, uns kräftig rühren.

4. Daß auch das Herz erweicht dir Ehr bringe, und freudig unser Mund dir Psalmen singe. Gieb Kraft, daß wir in alle Ewigkeiten dein Lob verbreiten.

843.   Mel. Sollt ich meinem Gott, etc.
Höher hebt sich Gottes Sonne, länger strahlt ihr segnend Licht; Alles athmet neue Wonne, wenn sie durch die Wolken bricht. Seht, der Frühling senkt sich nieder in die Wälder, auf die Flur; die erstorbene Natur lebet auf und wirket wieder. Opfert unserm Schöpfer Dank, preist ihn fröhlich mit Gesang!

2. Fröhlich zu der Arbeit wallet nun der Landmann auf das Feld, und sein frommes Lied erschallet laut empor zum Herrn der Welt. Er vertraut die Saat der Erde, ehret Gott durch Zuversicht, ist getrost und zweifelt nicht, daß

sie wohl gerathen werde. Opfert unserm Schöpfer Dank, preist ihn fröhlich mit Gesang!

3. Glänzend, wie im Feierkleide, prangt die blüthenreiche Au; jede Blume duftet Freude, neu gestärkt vom Morgenthau. Horcht auf der Geschöpfe Chöre! Alles, was auf Erden lebt, Alles, was in Lüften schwebt, bringet seinem Schöpfer Ehre. Bringt auch ihr dem Schöpfer Dank, preist ihn fröhlich mit Gesang!

4. Dieser Frühling, wie geschwinde wird er, kaum begrüßt, verblühn; wie die Spreu | verweht vom Winde, so wird seine Pracht entfliehn. Aber, Gott, vor deinem Throne wird ein ewger Frühling seyn, ewig wird er uns erfreun, wenn uns schmückt des Himmels Krone. Opfert unserm Schöpfer Dank, preist ihn fröhlich mit Gesang!

5. Alle Herrlichkeit der Erde ist nur Schatten vor dem Licht, das ich ewig schauen werde, dort vor Gottes Angesicht. Auch das freudenreichste Leben hier auf Erden ist nur Tod, wahres Leben wird mir Gott einst in seinem Reiche geben. Opfert unserm Schöpfer Dank, preist ihn ewig mit Gesang!

844.   Mel. Nun sich der Tag etc.
In Dunkel hüllt der Himmel sich, ein schweres Wetter dräut; ich bebe nicht, ich freue mich, Gott, deiner Herrlichkeit.

2. Auch wenn dein Blitz sich Bahnen bricht, und flammend uns erscheint, auch wenn du donnerst, zürnst du nicht, bist Vater uns und Freund.

3. Dem Sünder nur, der dich nicht kennt, sinkt in Gefahr der Muth; wer dich in Christo Vater nennt, steht fest in deiner Huth.

4. Dein Blitz kann tödten! doch kein Christ scheut, Vater, dein Gericht; wer deiner Gnade sicher ist, bebt vor dem Tode nicht.

5. Drum will ich still und ruhig seyn, auch wenn dein Donner droht; ich fürchte nichts, denn ich bin dein, und liebe dich, o Gott!

6. Ja, dein bin ich, und deine Macht lenkt des Gewitters Lauf; bald steigt in feierlicher Pracht der Friedensbogen auf.

845.   Mel. Machs mit mir, Gott etc.
Lobsing, o frohes Erndtefest, preis' ihn mit Freudenpsalmen, der Saat in Halmen sprießen läßt, mit Aehren krönt die Halmen, und giebt, daß sie voll Frucht gedeihn, Thau, Regenguß und Sonnenschein.

2. Im Wetterdunkel wandelt er, sät Heil aus milden Händen, und fährt auf Blitz und Sturm einher, um Segen auszuspenden. Und wenn sie gleich mit Donnern spricht, doch spricht die Liebe: zittert nicht!

3. Lobsingt! uns füllte Gottes Hand die leeren Scheuren wieder. O du vom Herrn begabtes Land, tön ihm des Dankes Lieder! Er dachte unsrer Schulden nicht, voll Gnade schien sein Angesicht.

4. Noch strahlet seiner Sonne Huld auf Sünder und Gerechte; noch schont, noch nährt er voll Geduld auch schuldbeladne Knechte. O fallt mit neu entglühtem Sinn am Thron des guten Vaters hin!

5. Des Erdensegens reichen Theil, wer mißt ihn, kann ihn wägen? Doch welch unendlich größres Heil beut Gott im Him|melssegen! Vergeßt, wenn euch sein Gut erlabt, nicht deß, der euch so hoch begabt.

6. O laßt uns guten Samen streun in Gott geweihten Thaten! Gern giebt er Thau und Sonnenschein zum Wuchs den edlen Saaten. Dann ziehn wir einst im Jubelchor zum Erndtefest durch Salems Thor.

846.   Mel. Lobt Gott, ihr Christen etc.
Noch immer wechseln ordentlich des Jahres Zeiten ab; noch stets ergießt dein Segen sich auf uns, o Gott, herab.
2. Du winkst, so wärmt der Sonne Strahl, belebet neu das Land, und schmücket Hügel, Berg und Thal mit lieblichem Gewand.
3. Und aus des Himmels Wolken träuft Gedeihn und Fruchtbarkeit; die Saat geht auf, sie wächst und reift, sie nähret und erfreut.
4. Von dir gesegnet blüht der Baum, und trägt uns milde Frucht, beut schattigen und stillen Raum dem, der Erfrischung sucht.
5. Des Herbstes Stürme sendest du, auch sie uns zum Gedeihn; du hüllest für des Winters Ruh in Schnee die Fluren ein.
6. So waltest du in der Natur, stets unerschöpflich reich; du sorgst für jede Creatur. Wer ist an Huld dir gleich?
7. Wir beten dich in Demuth an, o Gott, und hoffen nun, du, der so viel an uns gethan, wirst künftig mehr noch thun.
8. Läßt du uns deine Freundlichkeit schon hier so herrlich sehn; was wird in der Vollkommenheit der künftigen Welt geschehn!
9. Dann dringt noch tiefer unser Blick in deine Wunder ein. O Herr, laß dies erhabne Glück uns stets vor Augen seyn!

847.   Mel. Was Gott thut, das etc.
Was Gott thut, das ist wohlgethan; so denken Gottes Kinder. Wer auch nicht reichlich erndten kann, den liebet Gott nicht minder. Er zieht das Herz doch himmelwärts, obgleich wir oft auf Erden beim Mangel traurig werden.
2. Was Gott thut, das ist wohlgethan im Nehmen und im Geben; was wir aus seiner Hand empfahn, genüget uns zum Leben. Er nimmt und giebt, weil er uns liebt; laßt uns in Demuth schweigen, und vor dem Herrn uns beugen.
3. Was Gott thut, das ist wohlgethan; wer darf sein Walten richten, wenn er, eh man noch erndten kann, den Segen will vernichten? Weil er allein der Schatz will seyn, nimmt er uns andre Güter zum Heile der Gemüther.
4. Was Gott thut, das ist wohlgethan; es geh nach seinem Willen. Läßt er uns auch den Mangel nahn, er weiß das Herz zu stillen. Wer wie ein Christ genügsam ist, kann auch an wenig Gaben mit Dankbarkeit sich laben.
5. Was Gott thut, das ist wohlgethan; laßt in Geduld uns fassen! Er nimmt sich unsrer gnädig an, und wird uns nicht verlassen. Er, unser Gott, weiß, was und noth, und wird es gern uns geben. Kommt, laßt uns ihn erheben.

848.   Mel. Wie groß ist des etc.
Wir Alle, Gott und Vater! bringen dir Preis und Dank im Heiligthum, und unsre frohen Herzen singen von deines Namens hohem Ruhm. Gekrönt hast du mit deiner Milde rings um uns her das ganze Land; dein Segen strömt auf die Gefilde aus deiner reichen Vaterhand.

XXVII. Lieder für besondere Zeiten und Verhältnisse

2. Du schenktest Sonnenschein und Regen für jede Frucht zu rechter Zeit, und gabst Gedeihen, Kraft und Segen dem Samen, den wir ausgestreut. Für Millionen deiner Kinder reicht deiner Gaben Fülle hin, du nährst den Frommen und den Sünder mit ewig treuem Vatersinn.
3. Du giebst, uns liebreich zu versorgen, mehr, als wir bitten und verstehn; du wachst am Abend und am Morgen, und hörest unser gläubig Flehn. Selbst unsern Undank, unsre Sünden vergiebst du, der die Liebe ist; wir schmecken täglich und empfinden, wie gütig, Herr, du Allen bist.
4. Wer kann die Güte ganz ermessen, die weiter als die Wolken reicht; wer dürfte undankbar vergessen die Treue, die nie von uns weicht. Wir wollen deiner stets gedenken, deß Wohlthun uns begnadigt hat, das Herz nach deinem Reiche lenken, dich preisen stets durch fromme That.
5. Was du uns gabst, wohl anzuwenden, verleih uns Weisheit und Verstand; bewahr uns, daß wir nicht verwenden die reichen Gaben deiner Hand. Du willst, wir sollen froh genießen, und dankbar im Genusse seyn; gieb, daß mit ruhigem Gewissen wir deiner Güte stets uns freun.
6. Auch für den Armen kam dein Segen in solcher Füll auf uns herab, wir wollen liebreich seiner pflegen, von dem, was deine Milde gab. Er danke heute mit uns Allen, frohlocke laut, und bete an, daß du nach deinem Wohlgefallen so Großes hast an uns gethan.

849.
Mel. Nun freut euch, lieben etc.

Wir bauen, Gott, auf dein Geheiß mit unsrer Hand die Erde, und traun auf dich, daß unser Fleiß von dir gesegnet werde. Du selbst verheißest gnadenvoll, daß Saat und Erndte währen soll, so lang die Erde stehet.
2. Was du verheißest, traf stets ein; gieb ferner deinen Segen, laß unsre Aussaat wohl gedeihn, gieb Sonnenschein und | Regen! Vergebens bauen wir das Land, wenn, Vater, deiner Allmacht Hand nicht unsre Arbeit segnet.
3. O, kröne aus Barmherzigkeit mit Segen unsre Fluren, zeig in des Landes Fruchtbarkeit uns deiner Gnade Spuren. Was unsres Fleißes Frucht zerstört, was Feld und Auen uns verheert, verhüte, Gott, aus Gnaden!
4. Erhalt uns, was nach deiner Huld uns jetzt in Hoffnung grünet; vergilt uns nicht nach unsrer Schuld; straf nicht, wie wirs verdienet. Dann schallet unser Lobgesang dir, Vater, der mit Speis' und Trank uns Alle reichlich nähret.
5. Wir traun auf dich, du treuer Gott, der stets wohl hausgehalten! du kennst am besten unsre Noth, gern lassen wir dich walten. Wir sind ja, Herr, dein Eigenthum; du wirst für uns zu deinem Ruhm auch ferner gnädig sorgen.

850.
Mel. O daß ich tausend etc.

Wir kommen, deine Huld zu feiern, vor deinem Antlitz uns zu freun; bei reichlich angefüllten Scheuern dir, Herr der Erndte, Dank zu weihn, der du mit milder Vaterhand aufs Neu gesegnet unser Land.
2. Dein Lob, das wir gerührt verkünden, nimm es, o Vater, gnädig an, und tiefer stets laß uns empfinden, wie viel du Gutes uns gethan, auf daß der Dank für deine Treu ein dir geweihtes Leben sey.
3. Und wie du selber nur aus Liebe uns schenkest unser täglich Brod, so weck in uns des Mitleids Triebe, laß fühlen uns der Brüder Noth. Und weil du Reich und Arme liebst, so dien auch Beiden, was du giebst.

4. Durch dich ist Alles wohlgerathen auf dem Gefild, das wir bestellt: doch reifen auch des Glaubens Saaten auf deines Sohnes Erntefeld? Sind wir auch, wenn er auf uns sieht, ein Acker, der ihm grünt und blüht?

5. Der List des Feindes wollst du wehren, wenn er geschäftig Unkraut streut, die Frucht des Wortes laß sich mehren zu deinem Ruhme weit und breit, damit am großen Erntetag ein Jeder Garben bringen mag.

E. Allgemeine Landesangelegenheiten.

851. *Mel. Ich singe dir mit Herz etc.*
Bringt Gott, ihr Christen, Preis und Dank, ihm, der den Frieden schafft; erhebt mit frohem Lobgesang die Wunder seiner Kraft.

2. Wer ist ihm gleich? Wer kann, wie er, was er beschließt, auch thun? Den Streitenden und ihrem Heer gebeut er, und sie ruhn.

3. Er, aller Welten Herr und Gott, vernahm der Völ|ker Flehn; des blutgen Krieges Angst und Noth ließ er vorübergehn.

4. Kein feindlich Schwert und kein Geschoß droht uns mehr fürchterlich; wo Menschenblut in Strömen floß, ergießet Segen sich.

5. Die Saat wird nun mit Sicherheit dem Boden anvertraut; das Feld giebt Frucht zu seiner Zeit dem Landmann, der es baut.

6. In jedem Stand ist nun der Muth zur Arbeit neu erwacht, und sicher vor des Feindes Wuth wird jedes Werk vollbracht.

7. Allgütiger, allein von dir fließt dieses Heil uns zu; dein waren, sind und bleiben wir, und unser Gott bist du.

8. Erweck uns selbst durch deinen Geist zum Dank, der dir gefällt, dich durch ein frommes Leben preist, das deine Rechte hält.

9. Lehr uns des Friedens hohen Werth mit weisem Ernst verstehn, und was das eitle Herz begehrt, in deiner Furcht verschmähn.

10. Verleihe, daß Gerechtigkeit, daß wahre Lieb und Treu, Vertrauen und Zufriedenheit im Lande herrschend sey.

11. Wir sehen, Gott, auf deine Hand mit freudigem Gemüth, und hoffen auf das Vaterland, wo ewger Friede blüht.

852. *Mel. Wenn wir in höchsten etc.*
Gott, der des Feuers schnelle Kraft zum Segen und Verderben schafft, mit welcher schrecklichen Gewalt verwüstet es! wie leicht, wie bald!

2. Ach wie viel Häuser hats verheert, wie plötzlich Menschenglück zerstört! Auch dies hat deine Hand gethan; wir weinen, Herr, und beten an!

3. Wir klagen; doch verehren wir auch deine Huld, sie half auch hier, und hielt der Flammen schnellen Lauf, des Uebrigen zu schonen, auf.

4. Mit unsern Brüdern seufzen wir in ihrem Jammer, Gott, zu dir: laß sie nicht hülflos, tröste die, die du gebeugt hast, segne sie!

5. Und der Verschonte säume nicht, zu üben seine schönste Pflicht, die Pflicht, Betrübte zu erfreun, Verlassnen Rath und Schutz zu seyn.

XXVII. Lieder für besondere Zeiten und Verhältnisse 1163

6. Du kannst uns wieder segnen, Gott, in Heil verwandeln jede Noth. Ja weise, liebevoll und gut ist Alles, was dein Wille thut.
7. Gieb Unterwerfung und Geduld, und laß uns deiner Vaterhuld mit frommer Zuversicht vertraun, und stets auf deine Hülfe schaun.

853. Mel. Nun lob mein Seel etc.
Gottlob! es ist erschollen das edle Fried- und Freudenwort, daß nunmehr ruhen sollen die Waf|fen und des Krieges Mord. Nimm, Vaterland, nun wieder dein Saitenspiel hervor, und singe Freudenlieder, im hohen vollen Chor! Erhebe dein Gemüthe zu deinem Gott, und sprich: Herr, deine Huld und Güte bleibt jetzt und ewiglich.
2. Was hätten wir verdienet, o Herr, nach unsrer Missethat, dieweil noch immer grünet bei uns der Sünden arge Saat! Fürwahr, wir sind geschlagen mit einer scharfen Ruth, und dennoch muß man fragen: wer ist, der Buße thut? Wir sind und bleiben böse, du bist und bleibest treu, machst, daß sich bei uns löse der Krieg und sein Geschrei.
3. Sey tausendmal willkommen, du theures, werthes Friedensgut! Nun sehen alle Frommen, wie reicher Segen in dir ruht. In dich hat Gott versenket des Lebens höchstes Heil; wer dich verletzt und kränket, den trifft sein eigner Pfeil, er drückt ihn sich ins Herze, und löscht aus Unverstand die goldne Freudenkerze mit frevelhafter Hand.
4. Dies drückt uns Niemand besser in unsre Seel und Herz hinein, als ihr, zerstörten Schlösser, ihr Städte voller Schutt und Stein, ihr vormals grünen Felder, noch mit Gebein bestreut, ihr sonst so dichten Wälder, die ihr verheeret seyd; ihr Gräber voller Leichen, getränkt mit Blut und Schweiß, der Helden, deren Gleichen auf Erden man kaum weiß.
5. Ach, laß dich doch erwecken, wach auf, wach auf, verstockte Welt, bevor dich neues Schrecken gleich einem Wetter überfällt. Wer aber Christum liebet, hab unerschrocknen Muth; der Frieden, den er giebet, ist doch das höchste Gut. Nach diesem laßt uns ringen, nicht achten Kampf und Streit, durch Tod und Leben dringen wir einst zur Herrlichkeit.

854. Mel. Herr Gott, dich loben etc.
Herr aller Herrscher, dir, dir, Vater, danken wir. Allmächtiger, du schufst die Welt, dein Wille ists, der sie erhält. Der Völker Schicksal wägst du ab, giebst Fürsten ihren Herrscherstab; du segnest und du strafst das Land, und Alles kommt aus deiner Hand, Gott Schöpfer, unser Gott! Erhalter, unser Gott! Des Volks, des Königs Gott! Jehovah Zebaoth!
2. Wenn ein Tyrann das Zepter führt, und, dir zum Hohn, sein Volk regiert, das ist, o Herr, dein Strafgericht, das schreckend zu den Menschen spricht. Doch wenn ein Fürst, mild und gerecht, regiert als dein getreuer Knecht, wenn er auf frommer Tugend Bahn als leuchtend Vorbild geht voran; wenn mit des Volkes Glück zugleich er fördern will dein göttlich Reich; ein solcher Segen kömmt von dir, und dir sey Lob und Preis dafür! |
3. Dies Glück hast du uns, Gott, gewährt durch einen König, der dich ehrt, und der des Landes Vater ist, weil du sein Gott und Vater bist. Erhalt ihn seinem Volk, o Herr, erst spät entreiß ihn uns der Tod; gieb bis zu diesem

fernen Ziel uns noch durch ihn des Segens viel. Gieb stets zu seinem hohen Amt ihm Weisheit, die von oben stammt; und stark durch dich trag er die Last, womit du ihn begnadigt hast.

4. Im Himmel einst lohn du ihm ganz durch einer höhern Krone Glanz. Wie schwer sein Weg dahin auch sey, dir, Herr der Herrscher, bleib er treu. War Sorg und Mühe hier sein Theil, so werd ihm dort vollkommnes Heil.

5. Wir lassen, unser Gott, dich nicht, füll uns das Herz mit Zuversicht; erhöre gnädig das Gebet, das Segen ihm uns uns erfleht. Dein Segen, Gott, sey ihm verliehn, behüte, schütze, segne ihn; dein gnadenvolles Angesicht umleuchte ihn mit deinem Licht; gieb deinen Frieden immerdar ihm jetzt und in der Selgen Schaar.

855.   Mel. Aus tiefer Noth etc.
Herr, der du vormals hast dein Land mit Gnaden angeblicket, und wenn du Strafen ihm gesandt, es wiederum erquicket; der du mit väterlicher Huld verziehen deinem Volk die Schuld, gelöset seine Bande!

2. Soll nun dein ernstes Strafgericht, o Herr, ohn Ende währen? Willst du dein freundlich Angesicht nicht wieder zu uns kehren? Gott, unser Heiland, o erfreu mit deinem Gnadenschein aufs Neu uns, die dein Zorn erschrecket!

3. O würde mit Posaunenschall des Ewgen Wort gehöret: daß Friede seyn soll überall, wo Christus wird verehret; daß Alle, denen er bekannt, die Waffen legten aus der Hand, und bauten Friedenshütten!

4. Ihr zagt nicht, Heilige des Herrn; der Muth, der euch beseelet, hält die Verzweiflung von euch fern, so Gottvergessne quälet. Gott, der da waltet weit und breit, ist auch zu helfen stets bereit All denen, die ihn fürchten.

5. Zu ihm sey unser Herz gewandt. Er wird zu uns sich wenden. Der Herr mit seiner starken Hand wird alle Drangsal enden, auf daß, zu seines Namens Ruhm, des ganzen Volkes Eigenthum sey Wohlfahrt, Zucht und Ehre.

6. Wo Christen jetzt in blutgem Streit einander treffen müssen, da wird dann die Gerechtigkeit sich mit dem Frieden küssen; es werden da, wo jetzt das Schwert in Feindes Hand die Flur verheert, sich Güt und Treu begegnen.

7. Dann wird mit Regen und mit Thau Gott unsern Boden netzen, daß uns der werthen Heimath Au erfreu | mit ihren Schätzen. Doch bleibt, so viel er uns auch giebt, ein Herz, das ihn vor Allem liebt, die höchste seiner Gaben.

856.   Mel. Herr Gott, dich loben etc.
Herr Gott, dich loben wir! Herr Gott, wir danken dir! Von Ewigkeit zu Ewigkeit ist dein das Reich, die Herrlichkeit. Die Welt, dein Werk und Eigenthum, verkündigt deines Namens Ruhm. Der Engel Heer, die Seraphim, lobsingen dir mit hoher Stimm: heilig ist unser Gott! heilig ist unser Gott! heilig ist unser Gott! der Herr, Herr Zebaoth. Weit über alle Himmel weit geht deine Macht und Herrlichkeit: dein Wille schuf, dein Arm erhält, dein Wink beherrscht auch unsre Welt. Der Erde Völkern wägest du nach deinem Rath ihr Schicksal zu. Wer schützet mächtig Thron und Land gerechter Fürsten? deine Hand! Du hast auch unser Flehn erhört, des Glaubens hohen Muth bewährt; du Herrscher über Kampf und Krieg, gabst unsern Heeren Sieg auf Sieg.

XXVII. Lieder für besondere Zeiten und Verhältnisse

2. Allwissender, dein Auge sieht den Dank, der unser Herz durchglüht. Frohlockend machet unser Mund des Innern fromme Regung kund. Von deines hohen Namens Ruhm erschallet heut dein Heiligthum: der Herr ist gnädig, ist getreu, die Huld des Herrn ist täglich neu. Herr, du hast Großes uns gethan, nimm unsres Dankes Opfer an. Wir flehn in gläubigem Vertraun, laß fernerhin dein Heil uns schaun. Allmächtiger, der Alles kann, vollende, was dein Rath begann! Den du zum Herrscher uns verliehn, erhalte, stärke, segne ihn und gieb uns, zu der Völker Glück, durch ihn den Frieden bald zurück.

3. Täglich, Herr Gott, wir loben dich; dein freuen unsre Herzen sich. Vor aller Ungerechtigkeit behüt uns jetzt und allezeit! Sey gnädig uns, du treuer Gott, sey gnädig uns in aller Noth! O laß uns deine Hülfe sehn, so oft wir kindlich zu dir flehn! Auf dich hofft unser Herz, o Herr, verlaß die Deinen nimmermehr! Amen.

857.   Mel. Nun danket alle Gott etc.

Herr Gott, dich loben wir für alle großen Gnaden! du hast das Vaterland der Krieges-Last entladen, hast gnädig uns verliehn des Friedens güldne Zier; drum jauchzet alles Volk: Herr Gott, dich loben wir!

2. Herr Gott, wir danken dir! du sendest uns zwar Strafe; dein Ernst hat uns geweckt aus unserm Sündenschlafe, doch wieder aufgethan ward uns die Gnadenthür; deß freut sich unser Herz: Herr Gott, wir danken dir!

3. Herr Gott, dich loben wir! Könnt unser Mund wohl schweigen? du hast den Königsstamm bewahrt mit seinen Zweigen, hast Kirch und Land geschützt; gieb Gnade für und für! die Nachwelt singe noch: Herr Gott, dich loben wir!

4. Herr Gott wir danken dir, und preisen deinen Namen! Herr Gott, dich loben wir, und alle Welt sag Amen! Was lebt und Odem hat, preist dich voll Dankbegier! Herr Gott, wir loben dich! Herr Gott, wir danken dir!

858.   Mel. Ich singe dir mit Herz etc.

In deiner Stärke freue sich der König allezeit! sein Auge sehe, Gott, auf dich! sein Herz sey dir geweiht!

2. Begnadiget mit deiner Kraft, und deines Geistes voll, gedenk er stets der Rechenschaft, die er dir geben soll.

3. Der über Christen, Gott, von dir zum Herrn verordnet ist, sey deiner Kirche Schutz und Zier, er sey ein wahrer Christ!

4. Groß und voll Müh ist seine Pflicht, und er ein Mensch wie wir; ach! er bedarf vor Andern Licht, und Rath und Kraft von dir!

5. Sey du sein Licht, sein Hort, sein Schild! laß ihn dir ähnlich seyn! laß menschenfreundlich ihn und mild sein Volk, wie du, erfreun.

6. Er zeig auf seinem Throne sich als deinen treusten Sohn! den Lastern sey er fürchterlich, der Tugend Schutz und Lohn!

7. Beglückter Völker Liebe sey sein edelster Gewinn; und kein gerechter Seufzer schrei um Rache wider ihn!

8. Um seinen Thron sey immerdar Recht und Gerechtigkeit! beschütz ihn mächtig in Gefahr, wenn Feindes Macht ihm dräut!

9. Er suche nie des Helden Ruhm; doch zeucht er in den Krieg, zu schützen Recht und Eigenthum, so gieb ihm Muth und Sieg!
10. Auch ihm hast du bestimmt das Ziel, das er erreichen soll; Herr! mache seiner Tage viel, und jeden segensvoll!
11. Sein werd in jedem Flehn zu dir mit Lieb und Dank gedacht. Erhör uns, Gott! dann jauchzen wir, und preisen deine Macht.

859.   Mel. Lobt Gott, ihr Christen etc.
Kommt, bringt dem Ewgen Preis und Dank, der unser Flehn erfüllt; dem Herrn ertöne Lobgesang, der mächtig ist und mild.
2. Der Friede kehrt durch ihn zurück, der Freude Ruf voran; ihm folgt der Völker Heil und Glück; das hat der Herr gethan!
3. Hinauf zu seinem ewgen Thron drang unser Angstgeschrei, er sprach, des Krieges Wetter flohn; er sprach, und wir sind frei.
4. Frei ist das Volk, das Land ist frei, vorüber ist der Krieg, der Ueberwundnen Scla|verei, der Jammer selbst im Sieg.
5. Der Donner schweigt, der uns geschreckt, zur Sichel wird das Schwert; bald steht mit Korn das Feld bedeckt, das sonst der Feind verheert.
6. Dankt, dankt dem Vater, der uns liebt, der Freude schenkt nach Schmerz, der friedliche Gedanken giebt den Fürsten in das Herz.
7. Die Völker, sonst in Haß entbrannt, sind freundlich nun vereint. Auch uns umschlingt ein Friedensband, verziehn sey jedem Feind!
8. Dem Herrn, der uns in seiner Huld von aller Noth befreit, laßt uns bezahlen unsre Schuld, und thun, was er gebeut.
9. Daß künftig auch sein Angesicht uns bleibe zugewandt, und leuchte mit der Gnade Licht dem theuren Vaterland.

F. Besondere Lebensverhältnisse.

Trauung.

860.   Mel. Ich singe dir mit Herz etc.
Auf euch wird Gottes Segen ruhn, er hat ihn euch gewährt. Seht hin und macht durch frommes Thun euch dieses Segens werth.
2. Bis ihr den Lauf der Pilgerzeit nach Gottes Willen schließt, und in des Himmels Herrlichkeit der Treue Lohn genießt.

Wittwenstand.

861.   Mel. Nun ruhen alle Wälder etc.
Auf Gott nur will ich sehen, er hört der Wittwen Flehen, und nimmt sich meiner an. In meinen tiefsten Schmerzen bleibt er doch meinem Herzen der Fels, auf den ich bauen kann.

XXVII. Lieder für besondere Zeiten und Verhältnisse

2. Mich tröstet seine Gnade, er ist auf jedem Pfade bei mir bis an das Grab; er wird mich nicht verlassen! Dieß Trostwort will ich fassen; es sey mein Stecken und mein Stab.

3. Gott will ich gläubig lieben, und gute Werke üben in stiller Einsamkeit. Er sieht es, wie ichs meine, er sieht auch, wenn ich weine, und giebt mir, was mein Herz erfreut.

4. Auch wenn ich mehr noch bitte bis zu dem letzten Schritte, will ich ihm folgsam seyn. Er prüft mich nur durch Leiden, und führt zu höhern Freuden mich einst mit frommen Duldern ein.

5. So eilen meine Tage auch unter Last und Plage, wie Träume schnell dahin; und ohne Widerstreben verlaß ich einst das Leben mit stillem, ihm ergebnen Sinn.

6. Wenn ich dann einst dich schaue, auf den ich hier vertraue, mein Vater und mein Freund, wie will ich dann dich ehren, wir danken für die Zähren, die ich als Wittwe hier geweint.

7. Den Gatten, den ich liebte, deß Abschied mich betrübte, find | ich in Gottes Hand. Wie wollen wir uns freuen, und unsre Lieb erneuen im thränenfreien Vaterland.

Für Kranke.

862.   Mel. Wer weiß, wie nahe etc.

Der Morgen kommt, noch währt die Plage! sie wird mit jedem Morgen neu! Wie traurig fließen mir die Tage der bangen Prüfungszeit vorbei! Das Licht, das Licht der neuen Sonne Licht erheitert meine Seele nicht!

2. Noch immer bin ich auf der Erde, wo mich Gefahr und Noth umringt, wo mich die drückende Beschwerde zum Kleinmuth und zur Klage dringt. Ich hoff, ich hoff auf Lindrung meiner Pein; doch meine Hoffnung trifft nicht ein.

3. Herr, eile doch mir beizustehen, verlaß mich in der Schwachheit nicht; o, neige auf mein brünstig Flehen zu mir dein freundlich Angesicht; verleih, verleih mir nur in meinem Schmerz Geduld und ein zufriednes Herz.

4. Noch ist das Schicksal mir verborgen, das diesen Tag mich treffen soll; doch dich, o Vater, laß ich sorgen: du kannst und willst mein wahres Wohl! dein Rath, dein Rath, was er beschließt und thut, ist heilig, ist gerecht und gut.

5. Soll ich die Last noch länger tragen, so halt ich deiner Fügung still; mich lehret ja mein Heiland sagen: wie du, Gott, willst, nicht wie ich will! Stärk mich, stärk mich, auch in der Krankheit Pein gelassen, so wie er, zu seyn.

6. Einst kommen doch der Ruhe Stunden, des Lebens Ende rückt herbei; dann ist das Leiden überwunden, ich bin von aller Trübsal frei; du selbst, du selbst giebst mir, o Gottes Sohn, nach diesem Kampf den Gnadenthron.

---

16 7.] 6.

Vom Ehestande.

863. *Mel. Wie schön leuchtet der etc.*

Die Ehe soll uns heilig seyn! Gott setzt' und weihte selbst sie ein mit Segen seines Mundes; und Christi Lieb hat sie erneut, versöhnt, entsündigt und geweiht mit Heil des neuen Bundes. Preis ihm! Preis ihm! Treue Gatten gehn im Schatten seiner Gnade selige Gemeinschaftspfade.

2. O wohl, ja zwiefach wohl dem Paar, was sich in frommer Christen Schaar kann seines Heilands freuen, andächtig Herz und Muth erhöhn, zum Dankaltar des Bundes gehn, und Geist und Kraft erneuen. Dank ihm, Dank ihm, der aus Gnaden uns geladen, hier auf Erden solchen Erbtheils froh zu werden.

3. Gesegnete des Herrn sind wir! Wohnt er nicht selbst und waltet hier, mit ihm sein holder Friede? Ja drückt uns auch des Tages Last; in muntrer Eintracht aufgefaßt, drückt sie | das Herz nicht müde. Preis ihm! Preis ihm! Freundlich hört er, gern gewährt er, was zwei Seelen treu vereinigt ihm empfehlen.

4. O Freude, wenn der Ehe Frucht in frischer Kraft und frommer Zucht gedeiht zu Gottes Ehre! Und wenn, mit Segen süß belohnt, Fleiß, Lieb und Treu im Hause wohnt, und wehrt der Kummerzähre. Dank dir Dank dir für die Spende deiner Hände! Solcher Gaben laß uns Herr nie Mangel haben.

5. O knüpfe fest der Seelen Band! du wollst aus milder Vaterhand uns, was uns noth ist, geben. Herr, führ uns mit der Liebe Stab bis in den Tod, ja übers Grab, hin in das ewge Leben. Heil uns, heil uns, wenn von Allen dort erschallen Lobgesänge, und inbrünstger Opfer Menge.

Für Herrschaften.

864. *Mel. Gott, der du für uns etc.*

Die Menschen mögen herrschen oder dienen, du, Gott, bist Herr, und du verkündigst ihnen, wie sie's bedürfen als getreue Knechte, Gesetz und Rechte.

2. Gesetze, die sie heilig halten sollen, wenn sie im Herzen Friede haben wollen und fest vereint seyn durch der Liebe Bande in jedem Stande.

3. Wer seinem Hause vorsteht, soll sich hüten, was er befiehlt, tyrannisch zu gebieten, soll die hart zu behandeln, die ihm dienen, sich nie erkühnen.

4. Daß Herren ihren Herrn im Himmel haben, soll Jeder beim Gebrauche seiner Gaben, um nicht durch Willkühr Dienende zu kränken, mit Ernst bedenken.

5. Wohlthätig seyn und mild bei ihren Fehlern, nicht gleich bereit, den kargen Lohn zu schmälern, das lernt, wer sich, wie leicht er selbst kann fehlen, nicht will verhehlen.

6. Wer sucht, wie er beim Richter Gnade finde, wird liebreich seyn, geduldig und gelinde, wird gern die Treu ermuthgen und belohnen, des Irrthums schonen.

7. Doch Gott, wie leicht, wie leicht wird, wer regieret zum Mißbrauch seines Ansehns nicht verführet von Eitelkeit, von Liebe zum Gewinne, vom Eigensinne.

8. Laß Jeden dann auf deine Rechte sehen, um seinem Hause klüglich vorzustehen. Gieb Jedem auch zu diesem edlen Werke Licht, Muth und Stärke.

Für Greise.

865.   Mel. Vater unser im Himmelreich etc.

Du, der das Lallen nicht verschmäht, wodurch der Säugling dich erhöht, du hörst den Greis noch gnädig an, obgleich auch er nur stammeln kann. O Brunnquell aller Seligkeit, | dir sey mein Dank, mein Lob geweiht.

2. Herr, deine Huld war stets mit mir, aus ganzer Seele dank ich dir, daß deine Gnad auch mich erwählt, und deinem Erbe zugezählt. Welch Heil, das daraus auf mich fließt, und mir das Erdenleid versüßt!

3. Wie langmuthsvoll ertrugst du mich, wenn ich von deinem Wege wich, und lockte mich ein falsches Glück, dein guter Geist hielt mich zurück, dein Arm entriß mich der Gefahr, wenn mir um Rettung bange war.

4. Durch Wolken brach dein Sonnenschein, durch Nächte brach dein Tag herein. Hier nahmest, und dort mehrtest du, gabst Heil zur Arbeit und zur Ruh, und kommt die Zeit, wo Kraft gebricht, o deinen Schutz verlier ich nicht.

5. Freun Andre sich an Erdengut, worauf die bange Sorge ruht, ist mein der Schatz, der ewig währt, den weder Zeit noch Rost verzehrt, mein der auch, der von oben kam, und der die Macht dem Tode nahm.

6. Wie darf voll Angst und voll Vertraun ein Simeon gen Himmel schaun! Den Heiland hat sein Aug erblickt, ihn hat er an sein Herz gedrückt; nun steht er fertig und bereit zur Heimfahrt in die Ewigkeit.

7. Auch mir ward deines Friedens Heil, auch meiner harrt das beste Theil. Ich warte dein getrost und still, bis mich dein Ruf vollenden will. O Herr! dein Stecken und dein Stab sey meine Stärke bis ans Grab.

8. Bis hieher hast du mich gebracht, und Alles, Alles wohlgemacht. O wohl mir! auch beim letzten Schritt geht deines Trostes Engel mit, und führt mich durch das dunkle Thor zum Lobgesang im höhern Chor.

Trauung.

866.   Mel. Wie schön leucht't uns etc.

Du hast, o Gott der Einigkeit, den Stand der Ehe selbst geweiht; wie hoch ist er zu ehren! Vernimm jetzt unser innig Flehn; sieh gnädig an, die vor dir

---

35 Einigkeit,] Einigkeit

stehn, ihr Bündniß zu beschwören. Laß sie, Vater, dir ergeben, einig leben, treu sich lieben, treu die Pflicht der Christen üben.

2. Nimm sie, o Gott, in deine Hut, daß ihnen nie ein wahres Gut zu ihrem Wohlseyn fehle; im Glück laß sie sich deiner freun, im Leid einander hülfreich seyn, Ein Herz und Eine Seele. Immer laß sie voll Vertrauen auf dich schauen, freudig sterben, und vereint den Himmel erben.

867.   Mel. Herr Christ, der einige etc.
Du Stifter frommer Ehe, vereine die|ses Paar! In dir, o Gott, bestehe sein Bündniß immerdar. Beherrschet ihre Triebe der Geist der reinen Liebe, so wird ihr Hoffen wahr.

2. Begleite du die Lehren von ihrer neuen Pflicht, zu deines Namens Ehren, mit Salbung, Kraft und Licht; auf allen ihren Wegen bekräftige den Segen, den heut dein Diener spricht.

3. Uns soll von Leid und Schmerzen ihr Stand begleitet seyn, so sprich in ihre Herzen den Trost von oben ein; verleih Geduld und Stärke in ihrem Stand und Werke, bei aller Müh und Pein.

4. Sey stets in ihrer Mitte, und heilge ihren Bund; es sprech auf unsre Bitte ein gnädig Ja dein Mund, und wie mit der Gemeine der Heiland sich vereine, mach auch an ihnen kund.

Für Eltern.

868.   Mel. O daß ich tausend etc.
Gieb zu dem wichtigen Geschäfte, die Kinder weise zu erziehn, o Gott, Verstand und Muth und Kräfte, und Segen kröne dies Bemühn: daß dir geweiht in Lieb und Treu, ein jedes Haus dein Tempel sey.

2. Du rufst den Menschen in das Leben, nicht für sein eignes Glück allein; du hast ihm das Gebot gegeben, sich Schwächern auch zum Dienst zu weihn. Wie heilig, Gott, ist das Bemühn, die Kinder weise zu erziehn.

3. Drum wohl den Eltern, die den Pflichten, wozu du sie berufst, getreu, nur darauf ihre Sorgfalt richten, daß ihre Kinderzucht gedeih! Wohl ihnen hier schon in der Zeit, und einst in jener Ewigkeit!

4. Sie baun die Wohlfahrth zarter Jugend zu deines großen Namens Preis, durch frommes Beispiel eigner Tugend, und weiser Lehrer treuen Fleiß; und um Gedeihn fleht früh und spät zu dir, o Vater, ihr Gebet.

5. Mit weiser Liebe sie zu lenken, mit Freundlichkeit in ihr Gemüth die edlern Triebe früh zu senken, ist ihre Sorgfalt stets bemüht. Doch, widerstrebt das Kind der Pflicht, scheut auch den Ernst die Liebe nicht.

6. Für jedes Haus, für ganze Staaten ists um so größerer Gewinn, je mehr die Kinder wohlgerathen, erzogen, Herr, nach deinem Sinn; Fleiß, Ordnung, Wohlstand, Fried und Ruh nimmt um so mehr auf Erden zu.

7. O Gott, lehr Eltern dies erwägen! Erweck und fördre ihr Bemühn, daß unter deinem milden Segen sie ihre Kinder wohl erziehn. O laß sie, Herr, so glücklich seyn, sich dessen hier und dort zu freun. |

XXVII. Lieder für besondere Zeiten und Verhältnisse

Für Greise.

869.   Mel. Nun ruhen alle etc.
Gott hat in meinen Tagen mich väterlich getragen, von meiner Jugend auf; auch auf den rauhsten Wegen sah ich des Höchsten Segen; er lenkte meinen Lebenslauf.
2. Erquickung folgt auf Sorgen, wie oft ein heitrer Morgen aus dunkeln Nächten bricht; ja stets hab ich erfahren, der Herr weiß zu bewahren, und führt durch Finsterniß zum Licht.
3. War Menschenrath vergebens, so kam der Herr des Lebens, und half und machte Bahn. Ihn ließ ich thun und rathen; denn er thut große Thaten, und nimmt sich seiner Kinder an.
4. Bis zu des Alters Tagen will ich dich heben, tragen, und dein Erretter seyn! dieß hat mein Gott versprochen, der nie sein Wort gebrochen; deß will auch ich, als Greis, mich freun.
5. Er wird auch schwachen Alten, was er versprochen, halten; denn er ist fromm und treu. Bin ich gleich schwach und müde, bei ihm ist Trost und Friede; er steht in aller Noth mir bei.
6. Nach wen'gen bangen Stunden, hab ich ganz überwunden; ich bin dem Ziele nah; dem Ziele meiner Leiden, o welche hohe Freuden erwarten meine Seele da!
7. Ich harre froh und stille, bis Gottes Gnadenwille mich krönet nach dem Streit. An meiner Laufbahn Ende sink ich in Jesu Hände, und er führt mich zur Seligkeit.

Für Eltern.

870.   Mel. Liebster Jesu, wir sind etc.
Groß und heilig ist die Pflicht, Kinder würdig zu erziehen; Eltern, o versäumt sie nicht! Alles Böse lehrt sie fliehen, fliehn, was Wahn und Sünde nähret, und der Seele Wohlfarth störet.
2. Meidet blinde Zärtlichkeit, liebet nur mit dieser Treue, strebet, daß zu jeder Zeit euer Herz sich ihrer freue! Heil euch, wenn sie durch ihr Leben euren Ruhm vor Gott erheben.
3. Stärket ihres Körpers Kraft, daß sich auch die Seele stärke, und was wahre Freuden schafft, darauf offnen Sinnes merke. Lehrt sie Weichlichkeit verachten, und durch Fleiß nach Ruhe trachten.
4. Bringt der Wahrheit helles Licht in das Dunkel ihrer Seele! Sorgt, daß weiser Unterricht ihnen Recht und Pflicht empfehle, daß kein blinder Aberglaube ihnen Lieb und Wahrheit raube.
5. Oeffnet eurer Jugend Sinn dem beseligendsten Triebe, weist die jungen Herzen hin zu des Kinderfreundes Liebe, daß, von ihm schon aufgenommen, sie durch ihn zum Vater kommen. |
6. Wandelt stets auf richtger Bahn, daß sie euer Vorbild sehen; führt sie sorgsam, lockt sie an, gleichen Wegs mit euch zu gehen! Laßt sie sehn, wie schon auf Erden wir im Glauben selig werden.

7. Strebt ihr, so für Gottes Reich eure Kinder zu erziehen: o dann, Eltern, freuet euch! hoher Lohn ist euch verliehen; ja schon hier strömt Gottes Segen euch in ihrem Dank entgegen.

8. Seht, sie thun was Gott gefällt, streuen aus den edlen Samen, und erhalten in der Welt unbeschädigt euren Namen; ihnen winkt auf ihren Wegen eurer Liebe Lohn entgegen.

9. Welche Himmelsseligkeit wird durch eure Seelen dringen, wenn auch sie einst hocherfreut sich mit euch zum Throne schwingen! Dann, dann jauchzen neue Lieder: Herr, wir bringen dir sie wieder.

Fürbitte für die Kinder.

871.   Mel. Wunderbarer König etc.
Herr und Gott der Deinen! aus der Kinder Munde hat schon manche frohe Stunde dir ein Lob bereitet. Laß dein Herz sich neigen auch zu unserm Kinderreigen; Lobgesang, schwach von Klang, ja des Säuglings Lallen läßt du dir gefallen!

2. Hosianna-Töne, die dich kindlich preisen, reizen dich wie Engelweisen. Möchten doch die Lippen unsrer lieben Kleinen sich zu deinem Preis vereinen! Aber doch froher noch müss' ihr kindlich Leben deine Lieb erheben.

3. Odem deiner Liebe laß ihr Herz durchwalten, es zu seinem Ruhm entfalten! Reich an Jugendblüthe müss' es dich erfreuen, und zu edler Frucht gedeihen. Hilf mit Rath, hilf mit That vor der Schuld Gefahren Herz und Sinn bewahren.

4. Stärk, o Freund der Kinder, sie mit deinem Segen zu des Lebens heißern Wegen. Vater deiner Kinder, sey bis in ihr Alter ihr Beschirmer und Erhalter! Geist des Herrn, sey nicht fern, sie durch alle Zeiten himmlisch zu geleiten.

Für Greise.

872.   Mel. Alle Menschen müssen etc.
Höchster Helfer, sey nicht ferne, mein Beschirmer, steh mir bei. Hilf mir, daß ich eifrig lerne, was dein heilger Wille sey. Leite mich nach deiner Güte, und erleuchte mein Gemüthe; laß mir deine Vatertreu alle Morgen werden neu!

2. Halte mich, o mein Erhalter! o mein Führer, weiche nicht! Führ mich auch im höhern Alter, wenn mir Lebenskraft gebricht. Gieb, daß ich die bösen Tage mit Geduld und Hoffnung trage, und laß mich in Sorg und Schmerz finden ein befreundet Herz.

3. Weiche nicht von meiner | Seiten, wenn sich Angst und Ohnmacht häuft, wenn die schwachen Tritte gleiten, und die Hand zum Stabe greift. Wenn die Augen fast erblinden, und die Lebensgeister schwinden: o so sey du selbst mein Licht, daß ich seh dein Angesicht.

4. Wenn ich soll von hinnen scheiden, neige meinem Flehn dein Ohr; tritt auch in dem letzten Leiden mir als Helfer dann hervor. O mein Heiland, hab

XXVII. Lieder für besondere Zeiten und Verhältnisse

Erbarmen! schenke deinen Trost mir Armen! hilf mir aus der bängsten Noth bald durch einen selgen Tod!

5. Meine Seele soll erheben dich, o Herr der Herrlichkeit, dort in jenem Freudenleben, wenn ich hier vollbracht den Streit. Ewgen Dank werd ich dir bringen, und vor deinem Throne singen, daß du mich so wohl bedacht, und zum Himmel hast gebracht.

Für Kranke.

873. Mel. Wenn einst mein Stündlein etc.

Nach einer bangen, schweren Nacht seh ich den Morgen wieder. Dein Auge, Gott, hat mich bewacht, du sahst auf mich hernieder. In meiner Angst fleh' ich zu dir, und du gewährtest gnädig mir des Glaubens Trost und Hoffnung.

2. So trag ich willig jeden Schmerz, und meiner Krankheit Plage, und dein erfreuet sich mein Herz auch an dem bösen Tage. Du ziehst durch Leiden mich zu dir, und bleibst, mein Vater, ewig mir ein Fels, auf den ich baue.

3. Du bist es, der mich nicht verläßt, auch wenn der Tod erscheinet. Dich hält mein Glaube dennoch fest, wenn Alles um mich weinet. Du bist es, der mir Ruhe giebt, wenn Alle, die mich hier geliebt, an meinem Lager trauern.

4. Auch sie versäumst du, Vater, nicht, du stärkest ihre Herzen, giebst ihnen Trost und Zuversicht, und linderst ihre Schmerzen. Ja dir, mein Gott, empfehl ich sie, laß sie auch in der Treue nie des Glaubens Trost verlieren.

5. Doch, bin ich von dem Ziel noch weit, das du mir ausersehen, soll länger ich in dieser Zeit durch Angst und Trübsal gehen: so gieb mir, Vater, deine Kraft, die Muth in jedem Leiden schafft, Geduld und Hoffnung wirket.

Für Hausgesinde.

874. Mel. Gott, der du für uns etc.

Nicht Alle können herrschen; Viele sollen gehorchen, wenn sie nützlich werden wollen, und willig, so verlangst du's, Gott, von ihnen, den Brüdern dienen.

2. O hielten Alle nur auf deine Rechte! Sie wären mehr dann, als der Menschen Knechte; drum gieb den regen Trieb, dir zu gefallen, doch ihnen Allen. |

3. Gieb ihnen ein gehorsam Herz und Treue, daß Jeder seines Rufs von dir sich freue, daß sie mit Eifer stets der Herren Willen genau erfüllen.

4. O wüßten wir doch nichts von falschen Händen, die Herren-Gut veruntreun und entwenden! Und wäre nie, wer Lohn empfängt und Pflege, zur Arbeit träge!

5. Und würde wahre Demuth nie vergessen, daß Keiner selbstklug, trotzig und vermessen sich billigen Befehlen widersetze, die Pflicht verletze.

6. Auch was sie nicht versteht, vollbringt mit Freuden die Treu, und weiß gelassen auch zu leiden. Nie wird, wer weiß, auch er hat zu bereuen, nach Rache schreien.

7. Wenn Jeder freudig dir zum Wohlgefallen sein Werk verrichtet, wohl dann ihnen Allen! Wie werden sie im Himmel und auf Erden gesegnet werden!

8. Und müßten sie auch harten Herren dienen; mit Wonn und Ehre, Gott, vergiltst du ihnen. Des Lebens Abend kommt; dann ruhn die Müden in deinem Frieden.

9. Verherrlicht werden sie empfahn vom Sohne des Himmels Seligkeit zu ihrem Lohne, und, treu erfunden, in dein Reich erhoben dich ewig loben!

Bei Unglücksfällen.

875.   Mel. Beschränkt, ihr Weisen etc.
Noch heut ist Gott mein treuer Gott! Soll mich von ihm die Trübsal scheiden? Noch schreckt mich keines Spötters Spott, noch ist er mir ein Quell der Freuden. Er ist mein Trost, mein Rath, mein Licht, der Felsen meiner Zuversicht, der Freund, dem ich mich ganz ergebe, in dessen Huld allein ich lebe, in dem mein ganzes Wesen ruht, der nichts mir je zu Leide thut.

2. Er leitet mich nach weisem Rath, und offenbart sich meinem Herzen, ist ewig treu in Rath und That, bleibt bei mir, auch in Noth und Schmerzen. Und ziehn auch Wolken um mich her, doch fürchtet sich mein Herz nicht mehr; er ist mein Schutz in schwülen Tagen. Was sollt ich über Unglück klagen? Was Gott, mein Vater, mit mir thut, ist Alles heilig, recht und gut.

3. Er giebt und nimmt, wie's ihm gefällt, denn er ist Herr, es ist das Seine. Ich bin ein Gast auf dieser Welt, mein wahres Gut ist er, der Eine. Wer dies zum Geisteserbe hat, ist immer selig, reich und satt. In Armuth, Elend, Schmach und Leiden ist Gott sein Gott, wer will sie scheiden? Darf ich mich seiner selbst erfreun, so ist mit ihm auch Alles mein.

4. Die Thränen, die der Herr mir macht, sind alle von ihm selbst gezählet. Gott, der mein wahres Heil bewacht, weiß, was mich drückt, weiß, was mir fehlet. Wird meine Kraft in Trübsal weich, mit seiner | Kraft hilft er sogleich, und scheint sein Rath mich zu betrüben, so will er meinen Glauben üben, so prüft er mich, ob ich ihm treu, ob er mein Heil, mein Alles sey.

5. Ja köstlich, Herr, mein Fels, mein Hort, ist mir dein Denken, Thun und Lassen; recht ist dein Weg, und süß dein Wort, die Welt kann deinen Rath nicht fassen, ihr ist dein Weg und Gang verkehrt. Dein Volk, das dich im Glauben ehrt, lernt hier schon dreimal heilig singen, dort wird dein volles Lob erklingen, wenn nun dein Prüfungsplan sich ganz verklärt im Himmelssonnenglanz.

6. Noch heut ist Gott mein treuer Gott, und wehe mir, wenn er's nicht bliebe! Lach immerhin des Spötters Spott! nichts scheide mich von Gottes Liebe, nicht Trübsal, Angst, Verfolgungsnoth, nicht Hunger, Blöße, Schmach und Tod, nicht Feuer, Schwert noch Folterleiden, nicht Gold, noch Herrlichkeit und Freuden, nicht Engel Macht und Fürstenthum; Gott ist mein Heil, Gott bleibt mein Ruhm!

Fürbitte für die Kinder.

876.   Mel. Werde munter, mein etc.

Sorge, Herr, für unsre Kinder, sorge für ihr wahres Heil; sind sie gleich, wie mir, nur Sünder, haben sie an dir doch Theil. Sie sind in der Taufe schon dir geweiht und deinem Sohn, darum leite deine Gnade sie auf ihrem Lebenspfade.

2. Der du sie bisher erhalten, bei so manchem Unglücksfall, wollest über sie nun walten immerdar und überall. Bricht Gefahr für sie herein, wollst du ihr Beschützer seyn; wenn in Noth sie zu dir flehen, laß sie deine Hülfe sehen.

3. Dringt auf sie von allen Seiten der Verführer Schaar heran; laß doch ihren Fuß nicht gleiten, halte sie auf rechter Bahn. Regt in ihrer eignen Brust sich mit Macht die böse Lust, gieb dann, daß sie muthig kämpfen, und den Reiz der Sünde dämpfen.

4. Herr, erhalte deinem Reiche unsre Kinder stets getreu. O daß keines von dir weiche und dereinst verloren sey! Immer geh ihr frommer Sinn und ihr Streben darauf hin, Christo ganz sich zu ergeben, und zur Ehre dir zu leben.

5. Haben sie den Kampf geendet, obsieget in dem Streit; haben sie den Lauf vollendet in des Glaubens Freudigkeit: dann, o Vater, führe du sie der ewgen Heimath zu, und laß sie nach sanftem Sterben deines Himmels Frieden erben!

Verzeichniß der Lieder.

A.

	Nr.
Ach bleib mit deiner Gnade	1
Ach ewig heilger Gott	330
Ach, Gott, gieb du uns deine Gnad	2
Ach, Gott, mich drückt ein schw.	209
Ach, Gott und Herr, wie	380
Ach, Gott, verlaß mich nicht	3
Ach, Herr, dir ist bewußt	381
Ach, Herr, lehre mich bedenken	716
Ach, mein Herr Jesu, dein	90
Ach, mein Jesu, sieh, ich trete	808
Ach, mein Jesu, welch Verderben	382
Ach, sieh ihn dulden, bluten	159
Ach, Vater, Vater, höre	563
Ach, wenn ich dich, mein Gott	513
Ach, wann werd ich von der Sünde	383
Ach, wie hat mein Herz gerungen	564
Ach, wie ist der Menschen Liebe	565
Alle Christen hören gerne	514
Allein Gott in der Höh sey Ehr	43
Allein zu dir, Herr Jesu Christ	384
Alle Menschen müssen sterben	756
Alles ist an Gottes Segen	566
Alles ist euer, o Worte	678
Allgütiger, allein bei dir	4
Allmächtiger, der seinen Thron	5
Allseliger Gott vor der Zeit	53
Also hat Gott die Welt geliebt	112
Amen, deines Grabes Friede	210
Am Grabe stehen wir und opfern	717
Am Kreuz erblaßt	160
An deine Leiden denken wir	161
An dich, mein Gott, gedenken	515
An dir allein, an dir hab ich	385
Auch dieses Tages Stunden	809
Auf, auf, an diesem Morgen	386
Auf, auf, den Herrn zu loben	788
Auf, auf, ihr meine Lieder	21
Auf, auf, mein Geist, den Herrn	640
Auf, auf, mein Geist, erhebe dich	355
Auf, auf, mein Herz mit Freuden	211
Auf, Christen, bringet	641
Auf, Christenheit, sey	113
Auf Christi Himmelfahrt allein	246
Auf deine Weisheit schauen	567
Auf den Nebel folgt die Sonne	568
Auf, du zagendes Gewissen	427
Auf, erhebet euch, ihr Christen	449
Auferstanden, auferstanden	212
Auferstehn, ja auferstehn	757
Auf, erwacht, ihr heilgen Triebe	54
Auf euch wird Gottes Segen ruhn	860
Auf ewig ist der Herr mein Theil	679
Auf, freuet euch von Herzensgrund	114
Auf Gott nur will ich sehen	861
Auf Gott und nicht auf meinen	569
Auf, ihr Christen, Christi Glieder	450
Auf, ihr Christen, Gott zu loben	642
Auf, ihr Christen, laßt uns singen	213
Auf, ihr Streiter, durchgedrungen	451
Auf Leiden folgt die Herrlichkeit	288
Auf meinen Gott verläßt	258
Auf meinen lieben Gott trau ich	570
Auf, mein Herz, des Herren Tag	214
Auf, mein Herz, sey unverzagt	571
Auf, Pilger, laßt uns eilen	452
Auf, schicke dich, recht feierlich	115
Auf, singt mit uns, ihr hohen	247
Aus einem tief vor dir	387
Aus Gnaden sollt ihr selig werden	428
Aus irdischem Getümmel	91
Aus tiefer Noth ruf ich zu dir	388

B.

Bang und doch voll selger Freude	356
Befiehl dem Höchsten deine Wege	572
Befiehl du deine Wege	573
Begrabt den Leib in seine Gruft	718
Beklommnes Herz, was willst du	574
Bereite dich, o Christ, wir	162
Beschwertes Herz, leg ab die	22
Bewahr, o Gott, mich, daß	453
Bis hierher ists gelungen	824
Bist du ein Freund des Herrn	454
Blick hin in die vergangnen Zeiten	455
Brich an, du schönes Tageslicht	789
Bringt frohen Dank und Lobges.	116
Bringt Gott, ihr Christen, Preis	851
Bringt Preis und Ruhm dem	215

C.

Christ, Alles, was dich kränket	575
Christ, aus deinem Herzen	576

Christe, du Lamm Gottes 163
Christe, mein Leben, mein Hoffen 516
Christ fuhr gen Himmel 248
Christ ist erstanden 216
Christ, prüfe dich an jedem Tage .. 389
Christus, der ist mein Leben 719

D.
Dank, Dank sey dir für dein 357
Danket mit Freuden, o danket ... 643
Dank, Jesu, dir, ach sind wirs ... 358
Dank, Jesu, dir, daß du 359
Dankt dem Herrn, ihr 644
Das Amt der Lehrer, Herr, ist dein 289
Deines Gottes freue dich 680
Dein harr ich und bin stille 577
Dein ist das Licht, das uns 290
Dein Mittler kommt, auf 117
Dein Name werd erhoben 6
Dein Recht, o Gott, und dein Gebot 319
Dein sind wir, Gott, in Ewigkeit .. 720
Dein Werk, Erlöser, ist vollendet .. 249
Dein Wort, o Höchster 320
Dem Erbkreis strahlt ein Licht ... 118
Dem Heiland folgt, wer hier 456
Dem Heiland nach, mein Geist ... 578
Dem Menschen glänzt, o Gott ... 69
Dem Worte deines Mundes 360
Der am Kreuz ist meine Liebe ... 164
Der du die Liebe selber bist 669
Der du noch in der letzten Nacht 291
Der Freuden Quell ist 758
Der frohe Morgen kommt 790
Der Glaube ist die Zuversicht ... 429
Der Glaube ists, der Wunder 430
Der Grund, auf dem mein Glaube 431
Der Heiland, dessen sich im 119
Der Heiland kommt, lobsinget ... 120
Der Heiland kommt zum 759
Der Herr, an dessen Güte 23
Der Herr fährt auf zum Himmel . 250
Der Herr ist Gott und keiner mehr 55
Der Herr ist gut, ihr Himmel 70
Der Himmel Ruf erzählet 71
Der letzte meiner Tage 760
Der Morgen kommt, noch währt 862
Der Tag, an dem mein Heiland ... 761
Der Tag ist hin, mein Jesu 810
Der Tod entflieht, es siegt 217
Der Weg ist gut, der durch das ... 579

Der Werke Ruhm muß vor 432
Des Herren Gesetz verkündet 292
Des Jahres erster Morgen 825
Des Todes Graun, des Grabes ... 762
Dich, dich, mein Gott, will ich ... 791
Dich, Herr, dich lieben herzlich wir 293
Dich, Jesu, preisen unsre Lieder .. 294
Dich seh ich wieder, Morgenlicht 792
Dich, Vater, preist mein Lobges. .. 259
Dich, Vater, ruf ich an 7
Dich will ich immer treuer lieben 517
Die auf der Erde wallen 721
Die Bahn ist rauh, auf der ich ... 580
Die Christen gehn in dieser Welt .. 722
Die Ehe soll uns heilig seyn 863
Die Erndt ist da, schon winkt ... 836
Die Feinde deines Kreuzes drohn .. 295
Die Fülle guter Gaben 457
Die Herrlichkeit der Erden 723
Die Himmel rühmen des Ewigen .. 72
Die Menschen mögen herrschen .. 864
Die Rach, o Herr, ist dein 670
Dies ist der Tag, da Gottes Sohn .. 260
Dies ist der Tag, den Gott gemacht 121
Dies ist der Tag der Fröhlichkeit .. 122
Dies ist der Tag zum Segen 24
Dies ist die Nacht, da mir 123
Die Sonne senkt sich nieder 812
Die Sonne stand verfinstert 165
Die Sonn hat sich mit ihrem 811
Dir dank ich für mein Leben 793
Dir, dem weisesten Regierer 73
Dir, dir, Jehova, will ich singen ... 331
Dir, Gott der Huld und Stärke ... 837
Dir hab ich mich ergeben 581
Dir jauchzet froh die Christenheit 261
Dir, Jesu, tönt vom Staube 124
Dir, milder Geber aller Gaben ... 838
Dir schwör ich ewge Treue 361
Dir sey dies Kind 341
Dir sterb ich einst, wenn ich 724
Dir strebt meine Seele zu 56
Dir trau ich, Gott 582
Dir, unserm Gott, sey Lob 25
Du, aller Menschen Vater 671
Du bist ein Christ, was klagest du 583|
Du bists, dem Ehr und Ruhm ... 645
Du, der das Lallen nicht 865
Du, der einst unsre Trauer theilte 584
Du, der Herz und Wandel kennt 390

Du, der Menschen Heil und Leben 166
Du, der sein Blut und Leben 518
Du, dessen Augen flossen 167
Du, deß sich alle Himmel freun .. 332
Du gehst zum Garten, ... 168
Du gingst zum höchsten Lohne ... 251
Du hast mir, Gott, dein Wort 321
Du hast, o Gott der Einigkeit.... 866
Du klagest über die Beschwerden 585
Du Lebensfürst, dein Sieg 725
Du, meine Seele, singe 646
Durch des Mittlers Blut und 519
Du reicher Trost der Armen 839
Du riefst mich, Vater, aus dem ... 44
Du siehst, o Mensch, wie fort ... 763
Du sollst glauben, o du Armer ... 433
Du sollst in allen Sachen 458
Du Stifter frommer Ehe 867
Du, Urbild aller Frömmigkeit.... 92
Du, Vater deiner Menschenkinder 520
Du wirst, o Vater, für mein 726

E.
Ein Christ, ein tapfrer Kriegsheld 459
Ein feste Burg ist unser Gott 296
Ein heiliges Feuer durchdrang ... 262
Ein Herz, o Gott, in Kreuz und .. 586
Ein Lämmlein geht und trägt 169
Ein neuer Tag, ein neues Leben... 794
Ein Pilger bin ich in der Welt 727
Eins ist noth, ach Herr, dies Eine .. 521
Einst geh ich ohne Beben 728
Einst ist alles Leid vergangen 587
Einst reist die Saat, mein 764
Einst selig dort zu werden 460
Eitle Welt, bin ich dein müde ... 729
Empor zu ihm, mein Lobgesang ... 125
Entehre nicht mit bangen Klagen.. 588
Entschwinde dich, mein Geist ... 589
Erbarm dich, Herr, schwach ist ... 391
Erforsche mich, erfahr mein Herz 170
Erhabner Dulder, deine Liebe.... 171
Erhalt uns, Herr, bei deinem W. .. 297
Erhebe mit der Andacht Schwingen 765
Erhebet, Christen, euern Sinn.... 461
Erheb, o meine Seele, dich 795
Erhebt, Bewohner dieser Welt ... 826
Erhebt den Herrn, ihr Frommen .. 126
Erheb uns zu dir, du der 26
Erhöhter Jesu, Gottes Sohn 766
Erhöre gnädig unser Flehn 298
Erhör, o Gott, das heiße Flehn ... 342

Erhör uns, Gott, erhöre 827
Erinnre dich, mein Geist, erfreut .. 218
Erkenne, mein Gemüthe 322
Er kommt, er kommt 127
Er kommt und Seraphinen 128
Er lebt, der Herr der Herrlichkeit 219
Er lebt, o Freudenwort, er lebt ... 220
Erlöser, der du selbst uns hast ... 362
Ermuntert euch, ihr Frommen ... 767
Ermuntre dich, mein schwacher .. 129
Erweitert Thor und Thüren 130
Er wird es thun, der treue Gott ... 590
Es glänzet der Christen 462
Es ist genug, so nimm, Herr 730
Es ist gewiß ein köstlich Ding ... 591
Es ist Gottes Wille 592
Es ist nicht schwer, ein Christ ... 463
Es ist noch e. Ruh vorhanden, auf 768
Es ist noch e. Ruh vorhanden für 769
Es ist vollbracht, das Opfer 172
Es ist vollbracht, Gottlob, es ist .. 731
Es ist vollbracht, so ruft am 173
Es ist vollbracht, so ruft des 174
Es kostet viel, ein Christ zu seyn .. 464
Es wolle Gott uns gnädig seyn ... 299
Ewig, ewig bin ich dein 343
Ewig sey dir Lob gesungen 131
Ewig weis' und ewig milde 300
Ewig wesentliches Licht 323

F.
Feiert, Christen, diese Stunde 221
Fest des Lebens, sey 222
Fest steht zu Gottes Ruhme 301
Fleug auf, mein Psalm 74
Folget mir, ruft uns das Leben ... 465
Freiwillig hast du dargebracht ... 223
Freude wallt in meinem Herzen .. 647
Freuet euch, ihr Christen, alle ... 132
Freuet euch, ihr lieben Brüder ... 133
Frieden, ach Frieden, ach göttlicher 681
Frohlockend laßt uns treten 648
Froh versammelt sind wir hier ... 27
Früh Morgens eh die Sonn aufg. .. 224
Früh oder spät des Todes Raub .. 466
Für diese Kinder beten wir 344
Für unsre Brüder beten wir 8

G.
Gedanke, der uns Leben giebt ... 93
Geduld, wie sehr der Sturm .....593|
Geh hin nach Gottes Willen 467

Geist aller Geister, unerschaffnes . . 263
Geist der Wahrheit, lehre mich . . . 264
Geist des Herrn, dein Licht allein 302
Geist Gottes aus des Ewgen Fülle 265
Geist Gottes, wer kann dich 266
Geist v. Vater u. vom Sohne, der . 267
Geist vom Vater u. vom Sohne . . . 268
Gelobet seyst du, Jesu Christ 134
Gelobt sey, der den Frühling 840
Getauft seyn auf des Vaters 345
Getreuer Gott, wie viel Geduld . . . 57
Getrost, mein Leiden hat ein Ziel 594
Getrost und freudig geh ich hin . . 732
Geweiht zum Christenthume 346
Gieb deinen Frieden uns, o Gott . . 682
Gieb dich zufrieden und sey stille 595
Gieb, Gott, wenn ich dir diene . . . 468
Gieb mir, o Gott, ein Herz 672
Gieb zu dem wichtigen Geschäfte 868
Gott, Allweiser, wer bin ich 58
Gott, deine Gnad ist unser Leben 683
Gott, deine Güte reicht so weit . . . 9
Gott, deine Güt und Macht erhält 75
Gott, der an allen Enden 76
Gott, der des Feuers 852
Gott, der du selbst 469
Gott, der du unser Vater bist 333
Gott, der du unsre Zuflucht bist . . 392
Gott der Macht, in deinem Ruhme 77
Gott der Vater wohn uns bei 45
Gott der wirds wohl machen 78
Gott des Himmels und der Erde . . 796
Gott, dir sey ewig Preis und Dank 303
Gott, du hast in deinem Sohn . . . 269
Gottes Mund hat uns verheißen . . 434
Gott hab ich Alles heimgestellt . . . 733
Gott hat in meinen Tagen 869
Gott, ich preise dich mit allen . . . 684
Gott, ich will mich ernstlich prüfen 393
Gott in der Höh sey Ehr 46
Gott ist die wahre Liebe 522
Gott ist ein Schutz in Nöthen . . . 304
Gott ist gegenwärtig 28
Gott ist mein Hort und auf 324
Gott ist mein Lied, er ist 59
Gott ists, der das Vermögen schafft 470
Gott ist treu und alle Morgen . . . 60
Gott ist und bleibt getreu 61
Gott lebt, wie kann ich traurig seyn 596
Gottlob, ein Schritt zur Ewigkeit . . 685
Gottlob, es ist erschollen 853
Gott, meine ganze Seele 649

Gott ruft der Sonne, ruft 828
Gott sey Dank, der mit uns war . . 29
Gott sieht auf uns 686
Gott sorgt für uns, o singt ihm . . . 841
Gott, Vater, Sohn und 813
Gott, vor dem die Engel 10
Gott, vor dessen Angesichte 62
Gott, welcher Kampf in meiner . . 394
Gott, wer ist dir zu vergleichen . . . 650
Gott, wie du bist, so warst du . . . 63
Gott wills machen, daß 597
Gott wollte nicht des Sünders Tod 94
Großer Gott, den Alles preiset . . . 797
Großer Immanuel, schaue 305
Großer König, den ich ehre 523
Großer Mittler, der zur Rechten . . 252
Groß und heilig ist die Pflicht . . . 870

H.
Hab ich ein gut Gewissen 687
Hallelujah, Amen, Amen 770
Hallelujah, jauchzt ihr Chöre 225
Hallelujah, Jesus lebt 226
Hallelujah, Lob, Preis und Ehr . . . 47
Halt an, mein Herz 598
Halt im Gedächtniß Jesum Christ 524
Hehr und heilig ist die Stätte 30
Heiland, den uns Gott verhieß . . . 135
Heilger Jesu, Heilungsquelle 95
Heilig, heilig ist dein Wille 471
Helft Gottes Huld mir preisen . . . 829
Herr aller Herrscher, dir 854
Herr, Alles, was ich habe 688
Herr, aus deiner Gnadenfülle 689
Herr, deine Kirche danket dir 306
Herr, den die Sonnen 830
Herr, der du als ein stilles Lamm . . 363
Herr, der du mir das Leben 814
Herr, der du vormals hast 855
Herr, du bist unsre Zuversicht . . . 435
Herr, du erforschest mich 64
Herr, du fährst in Glanz 253
Herr, du gingst voran 472
Herr, du wollest unsrer schonen . . 395
Herr, du wollst sie vollbereiten . . . 364
Herr, es gescheh dein Wille 815
Herr, es ist der Tag erschienen . . . 31
Herr, ewger Gott, wie du 79
Herr, führe mich auf guter Bahn . . 473
Herr Gott, dich loben wir für . . . 857
Herr Gott, dich loben wir, Herr . . 651
Herr Gott, dich (Siegesdanklied) . . 856

Anhang: Gesangbuch

Herr Gott, du kennest meine Tage	734|
Herr, Herr Gott (Litanei)	396
Herr, ich hab aus deiner Treu	474
Herr, ich habe gemißhandelt	397
Herr Jesu Christ, dein theures Blut	175
Herr Jesu Christ, du Gotteslamm	176
Herr Jesu Christ, du höchstes Gut	398
Herr Jesu Christ, mein Herr	735
Herr Jesu Christ, mein höchstes	525
Herr Jesu, Gnadensonne	475
Herr Jesu, Trost der Heiden	136
Herr, laß mich in Frieden fahren	736
Herr, lehr mich thun nach deinem	476
Herr, mache meine Seele stille	599
Herr, meiner Seele großen Werth	477
Herr, mein Licht, erleuchte mich	325
Herr, mein Versöhner, der	673
Herr, stärke mich, dein Leiden	177
Herr und Gott der Deinen	871
Herr, unser Gott, laß nicht	600
Herr, unser Herrscher, dankbar	842
Herr, vor deinem Angesicht	32
Herr, welch Heil kann ich erringen	690
Herr, wie du willst, so	11
Herr, wie mancherlei Gebrechen	399
Herzen, wallt in frohen Schlägen	652
Herzlich lieb hab ich dich	526
Herzliebster Jesu, was hast du	178
Herzog unsrer Seligkeiten	478
Herz und Herz vereint zusammen	674
Heut öffnet sich die neue Bahn	831
Hier bin ich fremd, wie meine	771
Hier bin ich, Herr, du rufest mir	400
Hier bin ich, Jesu, zu erfüllen	365
Hier ist mein Herz, Herr, nimm	527
Hier ist nur mein Prüfungsstand	772
Hier legt mein Sinn sich vor dir	479
Hier lieg ich, Herr, im Staube	601
Hier sind wir, Gott, und flehn	33
Hilf, Herr Jesu, laß gelingen	832
Himmelan geht unsre Bahn	480
Hin an dein Kreuz zu treten	179
Hirte deiner Heerde	816
Höchster, denk ich an die	401
Höchster Gott, dir danken wir	326
Höchster Helfer, sey nicht ferne	872
Höchster Tröster, komm hernieder	270
Höher hebt sich Gottes Sonne	843
Hört das Wort voll Ernst	481
Hört, die ihr der Gerechtigkeit	307
Hörts Alle, hörts, daß Jesus lebt	227
Hör unser Gebet, Geist des Herrn	271
Hüter, wird die Nacht der Sünden	402

I. [und J.]

Jauchzet, all ihr Frommen	137
Jauchzt, ihr auserwählten Kinder	653
Jauchzt unserm Gott mit	65
Ich bin der Angst entnommen	691
Ich bin erlöst durch meines	180
Ich bin getauft auf deinen Namen	347
Ich bin gewiß, daß weder	96
Ich bin Gottes, Gott ist mein	602
Ich bin ja, Herr, in deiner Macht	737
Ich bin in Allem wohl zufrieden	603
Ich danke dir für deinen Tod	181
Ich, der ich oft in tiefes Leid	654
Ich freue mich, mein Gott, in dir	80
Ich fühle wohl, ich selbst	482
Ich geh' zu deinem Grabe	228
Ich habe den gefunden	528
Ich habe gnug, mein Herr ist J. C.	529
Ich habe Gottes Weg gesehen	604
Ich habe nun den Grund gefunden	436
Ich hab in Gottes Herz und Sinn	605
Ich hab in guten Stunden	606
Ich komme als ein armer Gast	366
Ich komme, Herr, und suche dich	367
Ich komme vor dein Angesicht	12
Ich lasse Gott in Allem walten	607
Ich preise dich, o Herr, mein Heil	368
Ich ruf zu dir, Herr Jesu Christ	13
Ich schäme mich des Heilands nicht	437
Ich singe dir mit Herz und Mund	655
Ich soll zum Leben dringen	483
Ich Staub vom Staube, wer	403
Ich steh an deiner Krippe hier	138
Ich sterbe täglich und mein Leben	738
Ich weiß, daß all mein Werk	81
Ich weiß, daß mein Erlöser lebt	229
Ich weiß, es wird mein Ende	739
Ich weiß, woran mein Herz	773
Ich will dem Schöpfer Preis	656
Ich will dich lieben, meine Stärke	530
Ich will, Herr, meine Zuversicht	369
Ich will, o Jesu, dich	370
Ich will von meiner Missethat	404
Jerusalem, du heilge Gottesstadt	774
Jesu, deine tiefe Wunden	182
Jesu, der du deine Liebe	531
Jesu, Freund der	371

Verzeichniß der Lieder

Jesu, hilf siegen, du Fürste	484
Jesu, meine Freude	532
Jesus Christus, Gottes Lamm	183
Jesus Christus, unser Heiland	230
Jesus ist gekommen	139|
Jesus kommt, von allem Bösen	608
Jesus lebet, Christen höret	231
Jesus lebt, mit ihm leb ich	232
Jesus, meine Zuversicht	775
Jesus nimmt die Sünder an	97
Jesus schwebt mir in Gedanken	533
Jesus wir erscheinen hier	34
Ihr armen Sünder, kommt	405
Ihr Augen, weint, der M.	184
Ihr Christen, rühmt, erhebt	272
Ihr, deren Herzen noch bethört	609
Ihr, durch die Taufe dem	273
Ihr Kinder des Höchsten	308
Ihr Mitgenossen, auf zum Streit	485
Ihr Völker, höret Christi Wort	98
Im Dunkeln lag die Welt	140
In allen meinen Thaten	610
In deiner Liebe, Gott, nicht	486
In deiner Stärke freue sich	858
In Dunkel hüllt der Himmel sich	844
In Gottes Rath ergeben	740
In meines Herzens Grunde	534
In Thorheit ist ein Herz befangen	535
Ist Gott für mich, so trete	438

K.

Kein Lehrer ist dir, Jesu, gleich	99
König, dem kein König gleichet	100
Könnt ich doch, Herr, mit meinen	372
Komm, beuge dich, mein Herz	101
Komm, Geist des Herrn, du	692
Komm, Geist des Herrn, kehr	274
Komm, Gottes Geist, komm	275
Komm, heilger Geist, Herre	276
Komm, Kraft des Höchsten	277
Komm, o komm, du Geist	278
Kommst du, kommst du, Licht	141
Kommt, betet an	233
Kommt, bringt dem Ewgen	859
Kommt, die ihr Jesu Kreuz erhebt	185
Komm, Tochter Zion, komm	142
Kommt und eßt das Brod	373
Kommt und laßt den Herrn	487

L.

Laß deinen Geist mich stets	186
Laß doch, o Jesu, laß dein Reich	309
Lasset uns den Herren preisen	234
Lasset uns mit Jesu ziehen	488
Laß mich dein seyn und bleiben	14
Laß mir die Feier deiner Leiden	187
Laßt ihn uns preisen	143
Lebet, Christen, so allhier auf Erden	489
Lebst du in mir, o wahres Leben	536
Licht vom Licht, erleuchte mich	798
Liebe, die du mich zum Bilde	537
Liebster Jesu, wir sind hier	35
Lobe den Herrn, den mächtigen	657
Lob, Ehre, Preis und Dank	102
Lob, Preis und Ehre bringen wir	48
Lob sey dem allerhöchsten Gott	144
Lob sey dir, der den Morgen	799
Lobsinge, meine Seele	235
Lobsing, o frohes Erndtefest	845
Lobt Gott, ihr Christen allzugleich	145

M.

Mache dich, mein Geist, bereit	334
Machs, lieber Gott, wie dirs	611
Macht hoch das Thor, die	146
Man lobt dich in der Stille	658
Mein Auge sieht, o Gott, zu dir	82
Mein Aug und Herz erhebe sich	15
Meine Lebenszeit verstreicht	742
Meinen Jesum laß ich nicht, was	538
Meinen Jesum laß ich nicht, weil	539
Mein Erlöser, Gottes Sohn	188
Mein erst Gefühl sey Preis und D.	800
Meine Seele giebt sich hin	612
Meine Seele, laß es gehen	613
Meine Seele, laß Gott walten	83
Meine Seel ist stille	614
Meines Lebens beste Freude	693
Meine Sorgen, Angst und Plagen	615
Mein Freund ist mein und ich	540
Mein Glaub ist meines Lebens R.	694
Mein Gott, ach lehre mich	490
Mein Gott, das Herz ich bringe dir	491
Mein Gott, du prüfst des Herzens	492
Mein Gott, du weißt am	16
Mein Gott, erschaffen hast du mich	695

12 Jesus wir] Jesu wir   77 verstreicht] verstreich   77 742] *so OD München; OD Halle: keine Zahl*

	Mein Gott, ich klopf an deine	335
	Mein Gott, ich weiß wohl, daß	741
	Mein Gott, nun ist es wieder	801
	Mein Heiland, bilde du	541
5	Mein Heiland nimmt die Sünder	406
	Mein Herr und Heiland, laß	189
	Mein Herz, gieb dich zufrieden	616
	Mein Jesu, dem die Seraphinen	542
	Mein Jesus lebt, mag ich doch	236
10	Mein Lebensfürst, dein	103
	Mein lieber Gott, gedenke	17
	Mein thörichtes Herz, warum	543
	Mein Vater, laß mich deine	493
	Mir nach, spricht Christus, unser	494
15	Mir wallt das Herz, so oft	544|
	Mit Ernst, ihr Menschenkinder	147
	Mit Fried und Freud ich fahr	743
	Mit frohem Danke nah ich mich	817
	Mitten in dem Leben sind	744
20	Mitten in Stürmen und tobenden	310
	Möchten wir aus Gott geboren	495
	Morgenglanz der Ewigkeit	802

507

N.

	Nach einer bangen schweren Nacht	873
25	Nach einer Prüfung kurzer Tage	776
	Nach meiner Seelen Seligkeit	496
	Nacht umhüllte rings die Erde	148
	Nacht und Stille schließen wieder	818
	Nein, nichts Höhres kennt mein	545
30	Nennt immer, eitele Gemüther	696
	Nicht Alle können herrschen	874
	Nicht diese Welt, die in ihr Nichts	497
	Nicht nur streiten, überwinden	498
	Nicht um ein flüchtig Gut der Zeit	279
35	Nie bist du, Höchster, von uns	66
	Nimm jetzt hinweg, o Gott, was	36
	Noch heut ist Gott mein	875
	Noch immer wechseln ordentlich	846
	Noch läßt der Herr mich leben	803
40	Noch sing ich hier aus dunkeln	37
	Noch wallen wir im Thränenthale	777
	Nun bitten wir den heilgen Geist	280
	Nun danket Alle Gott	659
	Nun danket all und bringet	660
45	Nun habe Dank für dein	374
	Nun ist die Finsterniß entflohn	149
	Nun ist es Alles wohlgemacht	190
	Nun kommt das neue Kirchenjahr	150
	Nun laßt vor Gott uns treten	833

Nun lob den Herrn, o Seele	661	50
Nun ruhet in den Wäldern	819	
Nun sich der Tag geendet hat	820	
Nur kurz ist unsre Prüfungszeit	617	

O.

O auferstandner Siegesfürst	237	55
O daß ich Gott erkennen lernte	546	
O daß ich tausend Zungen hätte	662	
O daß mir der Erlösung Stunde	745	
O daß von meinen Lebenstagen	499	
O du majestätisch Wesen	407	60
O Durchbrecher aller Bande	311	
O Gott, dich kennt	697	
O Gott, du frommer Gott	18	
O Gottes Sohn, Herr Jesu Christ	439	
O Gott, wie wird mein Geist	778	65
O Gott, wir ehren deine Macht	49	
O Haupt voll Blut und Wunden	191	
O heilger Geist, kehr bei uns ein	281	
O heiliger Geist, o heiliger Gott	282	
O hilf, Christe, Gottes Sohn	192	70
Ohne dich was sind wir, Jesu	104	
O hochgelobter Gottesgeist	283	
O höchstes Gut, o Licht	547	
O Jesu Christ, mein höchstes Gut	548	
O Jesu, Freund der Seelen	549	75
O Jesu, Jesu, Gottes Sohn	550	
O Jesu, meine Wonne	375	
O Jesu, meine Zuversicht	408	
O Jesu, sieh darein	409	
O Jesu, süßes Licht	804	80
O komm, du Trost der Welt	151	
O Lamm, das keine Sünde je	193	
O Lamm Gottes, unschuldig	194	
O Menschenkind, was trägst du	500	
O Mensch, ermuntre deinen Sinn	410	85
O reines Wesen, lautre Quelle	411	
O Richter aller Welten	779	
O selig Loos hienieden	698	
O Tod, wo ist dein Stachel nun	238	
O Ursprung des Lebens	699	90
O Vater der Barmherzigkeit	412	
O Vater, send uns deinen Geist	38	
O welch ein herber Schmerz	195	
O welche Seligkeit	336	
O Welterlöser, sey gepreist	284	95
O Welt, sieh hier dein Leben	196	
O wer nennt die Seligkeit	700	
O wie selig seyd ihr doch, ihr	780	

2 741] 742

Verzeichniß der Lieder

O wie wichtig und wie richtig . . . 701
O wundergroßer Siegesheld 254

P.
Preis dir, du aller Himmel Gott . . . 663
Preis ihn, er schuf und er erhält . . 50

Q.
Quelle der Vollkommenheiten . . . 551

R.
Reiß dich los, mein Geist, von . . . 781
Richtet auf des Heilands Leiden . . 197
Ringe recht, wenn Gottes Gnade . . 501
Rühme, Welt, dein eitles Wissen . . 702
Ruhe fromm bestattet 746
Ruhe ist das beste Gut 703

S.
Sagt immer, Weise dieser Welt . . . 552
Schaffet, o ihr Menschenkinder . . 502|
Schaff ihn mir, Gott ein reines . . . 413
Schließet euch, ihr Augen, auf . . . 805
Schmücke dich, o meine Seele . . . 376
Schütze die Deinen, die nach dir . . 312
Schweiget, bange Zweifel 440
Schwing dich auf, o meine Seele . . 414
Seele, was ermüdst du dich 553
Seele, wohlauf, des Unendlichen . . 704
Seht, was der Herr der Kirche . . . 313
Seht, welch ein Mensch ist das . . . 198
Seht, welch ein Mensch, wie 199
Selig sind des Himmels Erben . . . 747
Sey auch unerforschlich immer . . . 618
Seyd gesegnet, heilge Stunden . . . 441
Sey hochgelobt, barmherzger Gott . 105
Sey Lob und Ehr dem 664
Sey uns gesegnet, Tag des Herrn . . 39
Sey unverzagt, o frommer Christ . . 619
Sieh, Herr, ich bin verdrossen . . . 782
Sieh, hier bin ich 554
Sieh, mein Heiland, wie ich wanke 415
Sink ich einst in jenen Schlummer 821
So bin ich nun kein Kind der Erde 705
So hab ich nun den Fels erreichet . 442
So hab ich obsieget 748
Sohn Gottes, der vom Himmel . . . 152
So hoff ich denn mit festem Muth 443
So Jemand spricht: ich liebe Gott 675
So ist denn nun die Hütte 153
So ist die Woche nun verflossen . . 822

So lang es Gott gefällt 706
Soll denn Alles, Alles enden 749
Sollt ich denn mich täglich kränken 620
Sollt er was sagen und nicht 444
Sollt es gleich bisweilen scheinen . . 621
Sollt ich aus Furcht 503
Sollt ich meinem Gott nicht singen . 665
Sollt ich m. Gott nicht trauen . . . 622
Sollt ich verzagt von ferne stehn . . 337
Sorge, Herr, für unsre Kinder 876
So ruhest du, o meine Ruh 200
So wahr ich lebe, spricht 416
Stark ist meines Jesu Hand 445
Stärke, die zu dieser Zeit 750
Stärke, Jesu, stärke sie 348
Steil und dornig ist der Pfad 504

T.
Theures Wort aus Gottes Munde . . 327
Tief gebeugt vor dir im Staube . . . 666
Tief zwar beugt die Noth 623
Trauernd und mit bangem Sehnen . 239
Treuer Hirte deiner Heerde 314
Triumph, ihr Himmel, freuet euch 255
Triumph, Triumph, bringt 240
Triumph, Triumph dem 241

U.
Ueberwinder, nimm die Palmen . . 242
Um Gnade für die Sünderwelt . . . 201
Um Zion, Jesu, flossen einst 106
Uns bindet, Herr, dein Wort 315
Unserm Gott laßt uns lobsingen . . 349
Unter allen großen Gütern 676

V.
Vater, erhöre das Flehn der 40
Verkündigt alle seinen Tod 377
Verleih mir, Jesu, deinen Sinn . . . 677
Versuchet euch doch selbst 446
Vollendet ist die Bundesfeier 378
Voll Liebe war, o Herr, dein Leben 202
Von des Himmels Thron 350
Von dieser Erden Staube 154
Von dir, mein Gott, kommt 285
Von dir, o Vater, nimmt 623
Von Furcht dahin gerissen 205
Von Gott will ich nicht lassen . . . 624
Von meinem Jesu will ich singen . . 107
Vor dich, Herr, will ich treten . . . 19
Vor dir, Herr Jesu, steh ich hier . . 417
Vor seinen Augen leben 707

W.

Wach auf, du Geist 316
Wach auf, mein Herz, und singe . . 806
Wandelt glaubend eure Wege 351
Warum betrübst du dich 626
Warum sollt ich mich denn grämen 627
Warum trauerst du so sehr 628
Warum willst du doch für morgen 629
Was bewegt mich wohl 708
Was bring ich dir, o Gott 505
Was giebst du denn, o mein 555
Was Gott thut, das ist wohlg. es . . 630
Was Gott thut, das ist wohlg. so . . 847
Was hilfts, daß ich mich quäle . . . 631
Was in der heilgen Nacht erklang 155
Was ists, daß ich mich quäle 632
Was kann ich doch für Dank 418
Was mein Gott will, gescheh 633
Was murren über Elend 709
Was rührt so mächtig Herz 317
Was wär ich ohne dich gewesen . . 556
Weg mit dem, was Klugheit 506
Weg, Welt, mit deinen Freuden . . . 204|
Weiter mußt du kämpfen, ringen . . 507
Welch Glück, so hoch geehrt zu . . 338
Welch hohes Beispiel gabst du mir 108
Wenn Alle untreu werden 557
Wenn Christus seine Kirche schützt 318
Wenn der Gedanke mich erschreckt 243
Wenn einst mein Stündlein 751
Wenn gleich aus tiefer 634
Wenn heiße Thränen 447
Wenn ich einst von jenem 807
Wenn ich mein Herz vor dir 339
Wenn ich nur den Heiland habe . . 558
Wenn ich, o Schöpfer, deine Macht 84
Wenn mich die Sünden kränken . . 205
Wenn Licht und Sonne scheiden . . 823
Wer auf seinen Heiland trauet . . . 20
Wer bin ich, Herr, in deinem 419
Wer Gottes Wort nicht 508
Wer Jesum bei sich hat 710
Wer in der Schwachheit sicher ist 420
Wer ist wohl, wie du 559
Wer ist wohl würdig, sich 340
Wer kann die Leiden fassen 206
Wer mit gläubigem Gemüthe 752
Wer nach seines Herrn Gebot . . . 509
Wer nur den lieben Gott 635
Wer Ohren hat, der höre 328
Wer sich dünken läßt, zu stehen . . 510
Wer zählt der Engel Heere 85
Wie bist du, Seele, in mir 636
Wie dank ich, Heiland, deiner Liebe 560
Wie fleugt dahin der Menschen . . 753
Wie führst du doch so selig 86
Wie fürcht ich mich, mein Herz zu 421
Wie groß ist deine Herrlichkeit . . . 711
Wie groß ist des Allmächtgen Güte 67
Wie groß, wie angebetet ist 109
Wie groß, wie herrlich ist mein . . . 712
Wie heilig ist die Stätte hier 379
Wie heilig ist mir diese Stunde . . . 352
Wie herrlich ist, o Gott, dein Name 87
Wie herrlich strahlt der 110
Wie jauchzt mein Geist schon hier 244
Wie ist mein Herz so fern von dir 422
Wie lieblich ist doch, Herr, die . . . 41
Wie lieblich tönt die Kunde 156
Wie oft hab ich den Bund 423
Wie sanft sehn wir den Frommen 754
Wie schnell ist doch dies Jahr . . . 834
Wie schnell verstrich 424
Wie selig sind die Todten nun . . . 783
Wie sicher lebt der Mensch, der . . 755
Wie sollen wir dir, Vater 111
Wie soll ich dich empfangen . . . 157
Wie unaufhaltsam schnell verfließt 784
Wie viel wir Jahre zählen 835
Wie wird mir dann, o dann 785
Wie wohl ist mir, o Freund der S. 713
Willkommen, gnadenvolle Nacht . . 158
Willkommen nach dem Streite . . . 245
Willkommen sey uns insgesammt 353
Wir alle, Gott und Vater bringen . . 848
Wir bauen, Gott, auf dein Geheiß 849
Wir danken dir, Herr Jesu Christ. 207
Wird das nicht Freude seyn 786
Wirf alle Sorgen hinter dich 637
Wir gl. All an Einen Gott, Sch. . . . 51
Wir gl. All an Einen Gott, H. 52
Wir kommen, deine Huld zu feiern 850
Wir sind Alle Jesu Glieder 208
Wir warten dein, o Gottes Sohn . . 787
Wo find ich, Gott, den 561
Wohin, wohin, mein Herz 562

---

14 mich quäle] michpquäle   30 751] 752   47 752] 751   62 Stätte] Stäte

Wohl dem, der aus dem Geist . . . 714	Wunderbarer König 668
Wohl dem, der sich auf seinen . . . 638	Wunderbar ist Gottes Schicken . . . 88
Wohl dem, der sich mit Ernst 511	
Wohl dem, der unsern Gott 639	
Wohl dem Menschen, der 715	Z.
Wollt ihr den Heiland finden 512	Zeige dich uns ohne Hülle 42
Womit soll ich dich wohl loben . . 667	Zeuch ein zu deinen Thoren 286
Woran liegts doch, mein Herz . . . 425	Zu dem Vater hingegangen 256
Wort aus Gottes Munde 329	Zu dir, Geist, Schöpfer, flehen wir 287
Wo sind die Weisen, ... 68	Zu dir, o Vater, beten wir 354
Wo soll ich fliehen hin 426	Zu dir schwingt sich mein Geist . . 89
Wo soll ich hin, wer 448	Zum Himmel bist du eingegangen 257

Verzeichnisse

Editionszeichen und Abkürzungen

Das Abkürzungsverzeichnis bietet die Auflösung der Editionszeichen und Abkürzungen, die in diesem Band vorkommen, soweit die Auflösung nicht in den Apparaten oder im Literaturverzeichnis erfolgt. Nicht verzeichnet werden die Abkürzungen, die für Vornamen stehen. Ferner sind nicht berücksichtigt Abkürzungen, die sich von den aufgeführten nur durch das Fehlen oder Vorhandensein eines Abkürzungspunktes, durch Klein- bzw. Großschreibung oder die Flexionsform unterscheiden. Der Bandanhang wird nicht erfasst.

|	*Seitenwechsel*
/	*Zeilenwechsel, Markierung zwischen Band und Teilband, zwischen Editoren, zwischen Erscheinungsorten, zwischen gereihten Angaben*
[ ]	*Ergänzung des Bandherausgebers*
]	*Lemmazeichen*
⌊ ⌋	*unsichere Lesart*
Abt.	*Abteilung*
Act.	*Acta apostolorum (Die Apostelgeschichte des Lukas)*
Ap / Ap.Gesch. / Apostelgesch.	*Die Apostelgeschichte des Lukas*
Apoc.	*Apocalypse (Die Offenbarung des Johannes)*
Art.	*Artikel / Articulus*
Aufl.	*Auflage*
Bd.	*Band*
BSELK VN	*Die Bekenntnisschriften der Evangelisch-Lutherischen Kirche, Vollständige Neuedition*
Bl.	*Blatt*
bzw.	*beziehungsweise*
1. Cor.	*Der erste Brief des Paulus an die Corinther*
2. Cor.	*Der zweite Brief des Paulus an die Corinther*
d.	*der / die / das*
D. / Doct. / Dr.	*Doctor / Doktor*
D.D.	*Doctores*
d. h.	*das heißt*
d. J.	*des Jahres*

d. M.	des Monats
Dtn	Deuteronomium (Das fünfte Buch Mose)
ebd.	ebenda
Ebr.	Der Brief an die Hebräer
ed. / edd.	edidit / ediderunt
ELAB	Evangelisches Landeskirchliches Archiv in Berlin
Eph / Ephes.	Der Brief des Paulus an die Epheser
etc.	et cetera
Ex	Das zweite Buch Mose (Exodus)
Ez	Der Prophet Hesekiel (Ezechiel)
flgd. / folgd.	folgend
G.B.C.	Gesangbuchs-Commission
Gal	Der Brief des Paulus an die Galater
geb.	geboren
Gen	Das erste Buch Mose (Genesis)
gr.	griechisch
h	Uhr (hora)
H.	Heft
Hebr	Der Brief an die Hebräer
heil.	heilig
Hiob	Das Buch Hiob (Ijob)
Hr.	Herr
Jahrg.	Jahrgang
Jak	Der Brief des Jakobus
Jer / Jerem.	Der Prophet Jeremia
Jes	Der Prophet Jesaja
Jg.	Jahrgang
Joh	Das Evangelium nach Johannes
1Joh / 1. Joh.	Der erste Brief des Johannes
Jos	Das Buch Josua
K. Z.	Kirchenzeitung
Kap.	Kapitel
KGA	Schleiermacher, Kritische Gesamtausgabe
Kj	Konjektur
Kol / Koloss.	Der Brief des Paulus an die Kolosser
Königl.	Königlich
1Kor / 1. Korinth.	Der erste Brief des Paulus an die Korinther
2Kor	Der zweite Brief des Paulus an die Korinther
korr.	korrigiert
lat.	lateinisch
Lev	Leviticus (Das dritte Buch Mose)

Editionszeichen und Abkürzungen 1191

Lk / Luc. / Luk.	*Das Evangelium nach Lukas*
luther.	*lutherisch*
m. A.	*meine Andächtigen*
m. a. Fr.	*meine andächtigen Freunde*
m. a. Z.	*meine andächtigen Zuhörer*
m. Br.	*meine Brüder*
m. chr. Fr.	*meine christlichen Freunde*
m. chr. Z.	*meine christlichen Zuhörer*
m. F. / m. Fr.	*meine Freunde*
m. g. / m. Gel.	*meine geliebten / meine Geliebten*
m. g. Fr. / m. gel. Fr.	*meine geliebten Freunde*
m. gel. Z.	*meine geliebten Zuhörer*
m. l. Fr.	*meine lieben Freunde*
m. Th.	*meine Theuren*
m. th. Fr.	*meine theuren Freunde*
Mag.	*Magazin*
Marc.	*Das Evangelium nach Markus*
Matth.	*Das Evangelium nach Matthäus*
Mel.	*Melodie*
Mi	*Der Prophet Micha*
Miser. Dom.	*Misericordias Domini*
Mk	*Das Evangelium nach Markus*
1 Mos.	*Das erste Buch Mose (Genesis)*
2 Mos.	*Das zweite Buch Mose (Exodus)*
4 Mos.	*Das vierte Buch Mose (Numeri)*
5 Mos.	*Das fünfte Buch Mose (Deuteronomium)*
Mscr.	*Manuscript*
Mt	*Das Evangelium nach Matthäus*
n.	*nach*
No.	*Numero*
Nr.	*Nummer*
Num	*Numeri (Das vierte Buch Mose)*
OD	*Originaldruck*
Offb / Offenb. Joh.	*Die Offenbarung (Apokalypse) des Johannes*
o. J.	*ohne Jahr*
p.	*pagina / perge*
1Petr / 1. Petr.	*Der erste Brief des Petrus*
Phil	*Der Brief des Paulus an die Philipper*
Proverb.	*Proverbia (Sprüche / Sprichwörter Salomos)*
Ps	*Der Psalter (Psalmen)*

Q	Quelle
r	recto (Blattvorderseite)
Rec.	Recensent
Ri	Das Buch der Richter
Röm	Der Brief des Paulus an die Römer
rth.	Reichsthaler
S.	Seite / Siehe
1Sam	Das erste Buch Samuel
SB	Meckenstock: Schleiermachers Bibliothek
SBB	Staatsbibliothek Berlin Preußischer Kulturbesitz
Schl.	Schleiermacher
Septbr.	September
SiA	Sonntag im Advent
Slg.	Sammlung
SN	Schleiermacher-Nachlass im Archiv der Berlin-Brandenburgischen Akademie der Wissenschaften in Berlin / Nachlass F. D. E. Schleiermacher
SnT	Sonntag nach Trinitatis
Sonnt.	Sonntag
Sp.	Spalte
Spr. Salom. / Spr	Sprüche Salomos (Proverbia)
Sr.	Seiner
SW	Schleiermacher, Sämmtliche Werke
ThStKr	Theologische Studien und Kritiken
1Thess / 1. Thess. / 1Thessal.	Der erste Brief des Paulus an die Thessalonicher
1Tim	Der erste Brief des Paulus an Timotheus
2Tim	Der zweite Brief des Paulus an Timotheus
Tit	Der Brief des Paulus an Titus
Trin.	Trinitatis
u.	und
u. a.	und andere
Ueb.	Ueber
usw.	und so weiter
v	verso (Blattrückseite)
V.	Vers
v. Chr.	vor Christi Geburt
Verf. / Vf.	Verfasser

vgl.	*vergleiche*
Vol.	*Volumen (Band)*
Z.	*Zeile*
z. B.	*zum Beispiel*

Literatur

Das Literaturverzeichnis führt die Schriften auf, die in Schleiermachers Texten sowie in den Apparaten und in der Einleitung des Bandherausgebers genannt sind, am Schluss die für die Edition herangezogenen Archivalien. Die jeweiligen Titelblätter werden nicht diplomatisch getreu reproduziert. Die im Bandanhang vorkommenden Literaturangaben werden nicht berücksichtigt. Folgende Grundsätze sind besonders zu beachten:

1. Die Verfassernamen werden in der heute gebräuchlichen Schreibweise angegeben. In gleicher Weise wird bei den Ortsnamen verfahren.

2. Ausführliche Titel werden in einer sinnvollen Kurzfassung wiedergegeben, die nicht als solche gekennzeichnet wird.

3. Werden zu einem Verfasser mehrere Titel genannt, so werden die Gesamtausgaben vorangestellt. Alle anderen Titel (Werkausgaben in Auswahl, Einzelausgaben, Beiträgen in Sammelwerken und Zeitschriften) werden chronologisch angeordnet.

4. Bei anonym erschienenen Werken wird der Verfasser in eckige Klammern gesetzt. Lässt sich kein Verfasser nachweisen, so erfolgt die Einordnung nach dem ersten Titelwort unter Übergehung des Artikels.

5. Bei denjenigen Werken, die für Schleiermachers Bibliothek nachgewiesen sind, wird nach den bibliographischen Angaben in eckigen Klammern die Angabe „SB" (vgl. unten Meckenstock: Schleiermachers Bibliothek) mit der Listennummer hinzugefügt.

* * *

Adelung, Johann Christoph: Versuch eines vollständigen grammatisch-kritischen Wörterbuches der Hochdeutschen Mundart, mit beständiger Vergleichung der übrigen Mundarten, besonders aber der oberdeutschen, Bd. 1–5,1, Leipzig 1774–1786   [SB 8: Bd. 1–4 (A–V), 1774–1780]

Agende für die evangelische Kirche in den Königlich Preußischen Landen. Mit besonderen Bestimmungen und Zusätzen für die Provinz Brandenburg, Berlin 1829

Allgemeine Kirchenzeitung, ed. Ernst Zimmermann, fortgeführt von Karl Zimmermann, Bd. 1–51 [teilweise ohne Zählung], Darmstadt 1822–1872

Ammon, Friedrich Wilhelm Philipp von: Denkmal der dritten Säcularfeier der Uebergabe der Augsburger Confession in den Bundesstaaten, Erlangen 1831
Annalen der Preußischen innern Staats-Verwaltung, ed. K. A. v. Kamptz, Bd. 1–23, Berlin 1817–1839
Aristoteles: Opera [gr.], Akademie-Ausgabe, Bd. 1–5, Berlin 1831–1870; Bd. 1–3, ed. Immanuel Bekker, Berlin 1831[SB 78], 2. Aufl., ed. Olof Gigon, Berlin 1960 (Nachdruck 1970)

Bauer, Johannes: Briefe Schleiermachers an Wilhelmine und Joachim Christian Gaß, in: Zeitschrift für Kirchengeschichte, Bd. 47, Gotha 1928, S. 250–278
Die Bekenntnisschriften der Evangelisch-Lutherischen Kirche, Vollständige Neuedition, ed. Irene Dingel, Göttingen 2014
Die Bekenntnisschriften der reformierten Kirche, ed. Ernst Friedrich Karl Müller, Leipzig 1903 (Nachdruck Zürich 1987)
Biblia, das ist die gantze Heilige Schrifft Alten und Neuen Testaments, nach der Uebersetzung und mit den Vorreden und Randglossen D. Martin Luthers, mit neuen Vorreden, Summarien, weitläuffigen Anmerckungen und geistlichen Abhandlungen, auch Gebeten auf jedes Capitel, wobey zugleich noethige Register und eine Harmonie des Neuen Testaments beygefueget sind, edd. Christoph Matthaeus Pfaff / Johann Christian Klemm [Neues Testament], Tübingen 1729 [SB 206]

Cölln, Daniel von (Daniel Georg Conrad) / Schulz, Daniel: Ueber theologische Lehrfreiheit auf den evangelischen Universitäten und deren Beschränkung durch symbolische Bücher. Eine offene Erklärung und vorläufige Verwahrung, Breslau 1830
: Zwei Antwortschreiben an Herrn D. Friedr. Schleiermacher, Leipzig 1831

Deutsche Reichstagsakten, Ältere Reihe, 1867ff; Mittlere Reihe, 1963ff; Jüngere Reihe, 1893ff
Die drey ökumenischen Symbola, die Augsburgische Confession, und die repetitio confessionis Augustanae, ed. A. Twesten, Kiel 1816 [SB 562]

[Gaß, Joachim Christian:] Rezension von „F. Schleiermacher, Predigten, Fünfte Sammlung, Berlin 1826", in: Theologisches Literaturblatt. Zur Allgemeinen Kirchenzeitung, Darmstadt 1827, Nr. 46, Sp. 377–383
[:] Das neue Berliner Gesangbuch, in: Allgemeine Kirchenzeitung, ed. Ernst Zimmermann, Darmstadt 1830, Nr. 40 (11. März), Sp. 329–331
Geck, Albrecht: Schleiermacher als Kirchenpolitiker, Unio und Confessio, Bd. 20, Bielefeld 1997
Geistliche und Liebliche Lieder, Welche der Geist des Glaubens durch Doct. Martin Luthern, Johann Hermann, Paul Gerhard, und andere seine Werkzeuge, in den vorigen und jetzigen Zeiten gedichtet, ed. Johann Porst, Berlin 1708, 21. Aufl., 1798

Gesangbuch zum gottesdienstlichen Gebrauch in den königlich-preußischen Landen, [edd. Johann Samuel Diterich / Johann Joachim Spalding / Wilhelm Abraham Teller,] Berlin (bei August Mylius) 1781
[SB 756: Magdeburg]
Gesangbuch zum gottesdienstlichen Gebrauch für evangelische Gemeinen, [ed. F. Schleiermacher u.a.], Berlin [1829]   [SB 2349-2350]

Jahrbücher für wissenschaftliche Kritik, Bd. 1-20, Stuttgart / Tübingen 1827-1833, Berlin 1834-1846

Kritische Prediger-Bibliothek, ed. Johann Friedrich Röhr, Bd. 1-29, Neustadt an der Orla 1820-1848,2; Neue Folge 1-2, 1848-1851

Luther, Martin: *Sämtliche Schriften,* ed. Johann Georg Walch, Bd. 1-24, Halle 1740-1753   [SB 1190]
: *Werke. Kritische Gesamtausgabe,* [Schriften], Bd. 1-73, Weimar 1883-2009; Die Deutsche Bibel, Bd. 1-12, 1906-1961; Tischreden, Bd. 1-6, 1912-1921; Briefwechsel, Bd. 1-18, Weimar 1930-1985

Magazin von Fest-, Gelegenheits-, und anderen Predigten und kleineren Amtsreden. Neue Folge, edd. Johann Friedrich Röhr / Friedrich Daniel Ernst Schleiermacher / Georg Jonathan Schuderoff, Bd. 1-6, Magdeburg 1823-1829
Meckenstock, Günter: *Kalendarium der überlieferten Predigttermine Schleiermachers,* in: Schleiermacher, Kritische Gesamtausgabe, III. Abt., Bd. 1, Berlin / Boston 2012, S. 769-1034
: *Schleiermachers Bibliothek. Bearbeitung des faksimilierten Rauchschen Auktionskatalogs und der Hauptbücher des Verlages G. Reimer. Im Anhang eine Liste der nichtliterarischen Rechnungsnotizen der Hauptbücher Reimer,* Schleiermacher-Archiv, Bd. 10, Berlin / New York 1993
: *Schleiermachers Bibliothek nach den Angaben des Rauchschen Auktionskatalogs und der Hauptbücher des Verlages G. Reimer, Zweite Auflage,* in: Schleiermacher, Kritische Gesamtausgabe, I. Abt., Bd. 15, Berlin / New York 2005, S. 637-912
Meding, Wichmann von: *Bibliographie der Schriften Schleiermachers nebst einer Zusammenstellung und Datierung seiner gedruckten Predigten,* Schleiermacher-Archiv, Bd. 9, Berlin / New York 1992

Origenes: *Opera omnia* [gr./lat.], ed. C. Delarue, Bd. 1-4, Paris 1733-1759
[SB 1413]
: *Werke,* Bd. 1-13, Die griechischen christlichen Schriftsteller der ersten drei Jahrhunderte, Leipzig / Berlin 1899-2015

Platon: *Werke,* [übersetzt] von F. Schleiermacher, Bd. 1-3 in 6, Berlin 1804-1828   [SB 2484]
: *Werke,* [übersetzt] von F. Schleiermacher, Bd. 1-2 in 5, 2. Aufl., Berlin 1817-1826 (unveränderter Nachdruck Berlin 1984-1987)   [SB 2485]

Porst, Johann: s. *Geistliche und Liebliche Lieder*

Reich, Andreas: Friedrich Schleiermacher als Pfarrer an der Berliner Dreifaltigkeitskirche 1809–1834, Schleiermacher-Archiv, Bd. 12, Berlin/New York 1992
Rezension von „F. Schleiermacher, Predigten, Sechste Sammlung, Berlin 1831", in: Kritische Prediger-Bibliothek, ed. Johann Friedrich Röhr, Bd. 16, Neustadt an der Orla 1835, S. 903–914
Rosenkranz, Karl: Rezension von „Schleiermacher, Sendschreiben an die Herrn von Cölln und Schulz", in: Jahrbücher für wissenschaftliche Kritik, Berlin 1831, Nr. 49, 388–392, Nr. 50, Sp. 393–398, Nr. 51, Sp. 401–408

Schleiermacher, Friedrich Daniel Ernst: Sämmtliche Werke, 3 Abteilungen, 30 Bände in 31, Berlin 1834–1864; Abt. 2. Predigten, Bd. 1–4, 2. Aufl., Berlin 1843–1844
: Kritische Gesamtausgabe, edd. Hans-Joachim Birkner/Hermann Fischer / Günter Meckenstock u.a., bisher 4 Abteilungen, 38 Bände in 42, Berlin/New York 1980ff
: Ueber den eigenthümlichen Werth und das bindende Ansehen symbolischer Bücher, in: Reformationsalmanach, Jg. 2, Erfurt 1819, S. 335–381
: Predigt am 23sten Sonntage nach Trinitatis (am Todtenfeste) in der Dreifaltigkeitskirche gesprochen, Berlin 1825
: Predigt am Neujahrstage 1825 in der Dreifaltigkeitskirche gesprochen, Berlin 1825
: Predigten. Fünfte Sammlung, [Zweittitel:] Christliche Festpredigten, Bd. 1, Berlin 1826
: An die Herren D.D. D. von Cölln und D. Schulz, in: Theologische Studien und Kritiken, Jg. 4, Bd. 1, H. 1, Hamburg 1831, S. 3–39
: Predigten. Sechste Sammlung, [Zweittitel:] Predigten in Bezug auf die Feier der Uebergabe der Augsburgischen Confession, Berlin 1831
: Predigten, Nr. I–XII [Reihe 1, Berlin 1831]
: Predigten, Nr. I–XII [Reihe 2, Berlin 1831/1832]
: Predigten, Nr. I–XII [Reihe 3, Berlin 1832]
: Predigten, Nr. I–XII [Reihe 4, Berlin 1832/1833]
: Predigten, Nr. I–XII [Reihe 5, Berlin 1833]
: Predigten. Siebente Sammlung, [Zweittitel:] Christliche Festpredigten, Bd. 2, Berlin 1833
: Predigten, Nr. I–XII [Reihe 6, Berlin 1833]
: Predigten, Nr. I–III [Reihe 7, Berlin 1834]
: Predigten. Sammlung 1–7, Reutlingen 1835 [nach der Ausgabe „Sämmtliche Werke"]
: [Predigtdispositionen 1847] s. Schuur
: Briefwechsel mit J[oachim] Chr[istian] Gaß, ed. W[ilhelm] Gaß, Berlin 1852
: [Briefe] Aus Schleiermacher's Leben. In Briefen, Bd. 1–2, 2. Aufl., Berlin 1860; Bd. 3–4, edd. Ludwig Jonas/Wilhelm Dilthey, Berlin 1861–1863 (Nachdruck Berlin / New York 1974)

: *[Predigten ed. Grosser]* Sämmtliche Werke, Reihe I. Predigten, Bd. 1–5, ed. Eugen Grosser, Berlin 1873–1877 *[mehr nicht erschienen]*; 2. Aufl., Bd. 1, 1876.
: Kleine Schriften und Predigten, edd. H. Gerdes/E. Hirsch, Bd. 1–3, Berlin 1969–1970
: s. Magazin von Festpredigten
Schmidt, Bernhard: Lied – Kirchenmusik – Predigt im Festgottesdienst Friedrich Schleiermachers. Zur Rekonstruktion seiner liturgischen Praxis, Schleiermacher-Archiv, Bd. 20, Berlin/New York 2002
Schuur, Heinrich Wilhelm Albert: Muster-Sammlung von Predigt-Dispositionen für die sämmtlichen Festtage des Kirchenjahres über die evangelischen, epistolischen Pericopen und freie Texte, Königsberg 1847
Seibt, Ilsabe: Friedrich Schleiermacher und das Berliner Gesangbuch von 1829, Göttingen 1998
Stephan, Horst: Zwei ungedruckte Briefe Schleiermachers, in: Theologische Studien und Kritiken, Jg. 92 (1919), Gotha 1920, H. 2, S. 168–171

Terenz (Terentius Afer, Publius): Komödien. Lateinisch und deutsch, übersetzt und kommentiert von Peter Rau, Bd. 1–2, Darmstadt 2012
Theologische Studien und Kritiken. Eine Zeitschrift für das gesamte Gebiet der Theologie, Jg. 1–108, Hamburg/Gotha/Leipzig 1828–1937
Theologisches Literaturblatt. Zur Allgemeinen Kirchenzeitung, ed. Ernst Zimmermann, fortgeführt von Karl Zimmermann, Bd. 1–49 *[teilweise ohne Zählung]*, Darmstadt 1824–1872

Virmond, Wolfgang: Schleiermachers Bibliothek. Unmaßgebliche Vorschläge für eine wünschenswerte künftige, mithin also dritte und möglicherweise digitale Version des bewährten Verzeichnisses, in: Geist und Buchstabe. Interpretations- und Transformationsprozesse innerhalb des Christentums. Festschrift für Günter Meckenstock zum 65. Geburtstag, edd. Michael Pietsch/Dirk Schmid, Theologische Bibliothek Töpelmann, Bd. 164, Berlin/Boston 2013, S. 63–76

Zwingli, Huldreich: Sämtliche Werke, Bd. 1–21, Corpus Reformatorum, Bd. 88–108, Berlin/Leipzig/Zürich 1905–2013 (Bd. 1–14 Nachdruck München/Zürich 1981–1982)

* * *

Berlin-Brandenburgische Akademie der Wissenschaften zu Berlin
Zentrales Archiv

Nachlass Friedrich Schleiermacher

Nr. 437–454   Tageskalender (1808–1811 und 1820–1834)
Nr. 750   Schleiermacher an J. Chr. Gass

Evangelisches Landeskirchliches Archiv in Berlin (ELAB)

Bestand 10400 Ephoralarchiv Friedrichswerder I (Kirchenkreis Berlin-Stadtmitte):

Nr. 176	Acta betreffend die Einführung eines neuen Gesangbuchs. 1778–1911.
Nr. 179	Acta betreffend die dritte Sekular Feier der Übergabe der Augsburgischen Confession. 1830.

Bestand 10405 Gemeindearchiv Dreifaltigkeitskirche zu Berlin:

Nr. 505	Protokolle über die Verhandlungen in den Sitzungen des Vorstands-Kollegiums der Dreifaltigkeits-Kirche. 1824–1835.
Nr. 564	Acta betreffend die Anordnungen und Einleitungen der gottesdienstlichen Handlungen, so wie die Maaßregeln zur Verhütung der Störungen des Gottesdienstes. 1739–1941.

Bestand 11202 Gemeindearchiv Parochialkirche zu Berlin:

Nr. 2764 (alt J.I.9. Vol. I)	Für die Gesangbuchs-Commission. 1813–1829 (Bl. 1–62)
Nr. 2765 (alt J.I.9. Vol. II)	Gesangbuchs-Commission (Bl. 63–151)
Nr. 2766 (alt J.I.10)	Gesangbuchs-Sachen. 1821–1825 (Bl. 1–74)
Nr. 2767 (alt J.I.11)	Gesangbuchs-Sachen 1817–1818 (Bl. 1–68)
Nr. 2768 (alt J.I.12)	Gesangbuchssachen. Vol. III (Bl. 1–57)
Nr. 2769 (alt J.I.13)	Protokolle der Gesangbuchs-Commission. 1818–1820. (Bl. 1–51)
Nr. 2770 (alt J.I.14)	Gesang-Buch, den Druck eines neuen betreffende Acta (Bl. 1–19)
Nr. 2771 (alt J.I.15)	Gesangbuchs-Commission 1826–1829 (Bl. 1–14)

Namen

Das Namensregister verzeichnet die in diesem Band genannten historischen Personen in der heute gebräuchlichen Schreibweise. Der Bandanhang ist nicht berücksichtigt.

Nicht aufgeführt werden die Namen biblischer, literarischer und mythischer Personen, die Namen von Herausgebern, Übersetzern und Predigttradenten, soweit sie nur in bibliographischen oder archivalischen Angaben vorkommen, die Namen, die nur in Quellenangaben von Liedertexten genannt sind, sowie die Namen der an der vorliegenden Ausgabe beteiligten Personen und der Name Friedrich Daniel Ernst Schleiermachers.

Bei Namen, die in Schleiermachers Text oder die sowohl im Text als auch im zugehörigen Apparat vorkommen, sind die Seitenzahlen recte gesetzt. Bei Namen, die in den Einleitungen oder den Apparatmitteilungen des Bandherausgebers genannt werden, sind die Seitenzahlen kursiv gesetzt.

Adelung 5.8.18.78.83.199.327. 365.439.473.477.489.555.563. 607.624.643.651.669.692.722
Albertini XIII–XIV.XXVI
Altenstein XIX–XX.XLIV.268.302
Ammon 294
Aristoteles 459.501

Bauer XXIII
Bunsen XLVII
Brescius XXXVI.XLI

Cölln XXII–XXVI.262–270. 273–276

Elisabeth (Kronprinzgemahlin) 102

Friedrich Wilhelm III. 102. XIX–XX.XXIII.XXXIX.XLIV–XLV. XLVII–XLVIII.302.731
Friedrich Wilhelm IV. (Kronprinz) 102

Gaß VIII.X–XIII.XXIV–XXV. XL–XLIII.XLV–XLVII

Geck XL
Groos XLI

Hanstein XL–XLI
Hecker XL
Hengstenberg XLV.461
Herz XXII.XLI

Jonas XXXV

Karl V. XVIII.378
Kathen VIII
Knobloch XXXV
Kober XXI
Küster XXXVI.XL–XLI

Luther 262.274.300.318.337.378. 283.287–288.297.671

Marheineke XXII
Marot XLII.XLV
Meding IX.XXVIII.XXXVII
Melanchthon 262

Neander XXXVI.XLI
Napoleon 645

Oberheim XXIX–XXXIII
Origenes 342

Perthes XXII
Platon 59
Porst XXXIX.XLVI

Reich XXXVIII
Reimer 2–3.258–259.422–423. VII.IX.XVIII.XXVIII. XXXVII.XLIII.XLIV
Ribbeck XL–XLI
Rienäcker XXIII
Ritschl XXXVI.XLI
Röhr XXIV–XXV
Rosenkranz 276

Sack XII–XVII
Schleiermacher, Henriette XXVIII
Schleiermacher, Nathanael XLV

Schmidt XXXVII–XXXVIII. XL–XLII.XLIV
Schulz XXII–XXVI.262–270.273–276
Schuur XXXV–XXXVI
Seibt XXXVIII.XLVII
Sigismund, Kurfürst 263–264
Spilleke XXXVI.XLI
Stephan XXIV

Terenz 371
Theremin XXXVI.XLI

Ullmann XXIV

Virmond XLIX

Wilmsen XXXVI.XLII

Zwingli 262

Bibelstellen

Halbfett gesetzte arabische Seitenzahlen weisen Bibelstellen nach, über die Schleiermacher gepredigt hat. Die in Schleiermachers Texten vorkommenden Bibelstellenangaben werden durch recte gesetzte römische und arabische Seitenzahlen verzeichnet. Kursiv gesetzte römische und arabische Seitenzahlen geben solche Bibelstellen an, die in der Einleitung und im Sachapparat des Bandherausgebers genannt sind; sie werden nachrangig zu den recte gesetzten Seitenzahlen aufgeführt. Die Abfolge der biblischen Bücher ist an der Lutherbibel orientiert. Im Bandanhang vorkommende Bibelstellenangaben sind nicht berücksichtigt.

Das erste Buch Mose (Genesis)

Gen 1,2	99.222
1,5	127
1,26	211
1,26–27	221
1,27	411.555.663
1,28	96.410.501.637.644
1,31	450. 663
2,2–3	449
2,7	205
2,8–25	127
3,5	127
3,15	136.552
3,17–19	547
6,5	345.415.631.735
9,12–17	596
11,6–8	437
12,1	432
12,2	432
12,2–3	434
12,3	199.655
12,10	432
12,11–20	432
14,14–16	432
15,3	432
15,5	432
15,6	432
16	432
17,18	433
20,1	432
20,3	347
22,18	655
32,25–27	42
41,15–36	532

Das zweite Buch Mose (Exodus)

Ex 2,10	460
20,5	233
25–26	468
25,1–2	657
25,2	466
25,40	657
26,31–33	597
27,20	466
30,10	663
31,13	466
31,18	60
34,1	60
34,7	233.395
34,29–35	468
34,33–35	42.562
34,34–35	468

Das dritte Buch Mose (Leviticus)

Lev 1,2	466
4,2	466

Bibelstellen

7,23	466	*Das erste Buch Samuel*	
16	655.663	1Sam 2,26	505
16,2	597.598	24,5	10
16,12–17	597		
18,5	25	*Das erste Buch der Könige*	
19,18	63.249	1Kön 6	468.657
23,26–32	655	7,13–8,66	657
		19,11	210
Das vierte Buch Mose (Numeri)		19,11–13	375
Num 11,10–15	462	19,11–12	87.210
11,11–15	462	19,12	379
12,7	462		
14,13–16	461	*Das zweite Buch der Chronik*	
14,29	462	2Chr 3,1–7,10	657
14,29–30	462	3,14	597
20,12	462		
28,2	466	*Das Buch Hiob (Ijob)*	
29,7–11	655	38–41	86
30,2	466	38,11	**85–102.** XVII.140
		42,3	90
Das fünfte Buch Mose (Deuteronomium)		*Der Psalter (Psalmen)*	
Dtn 4,2	466	Ps 9,8	631.674.676.678
4,38	461	11,4	511
5,1	60	15,1–3	10
5,7	347	15,1–2	10
5,9	233	16,10	605.611
5,22	60	19,2–3	210
8,3	606	19,13	353
9,4–5	461	22	137
11,8–28	466	22,2	138.149.556
27,26	25	22,2–4	561
28	656	22,4	560
28,58	25	22,4–6	565
32,49–52	466	22,5–6	562
32,52	54	22,7	562
34,1–5	466	22,9	566.567
34,4	54.466	22,15	137
		22,16	137.567
		22,19	137.567
Das Buch Josua		22,19–20	542
Jos 1,5	555	22,21–22	542
22,29	338.410	22,26	557.563
		22,28	563.565
		24,3–4	10

24,4	10	53,2	543
26,6	638	53,2–10	548.549
31,6	149	53,4	543
33,9	482	53,4–5	138
34,9	678	53,9	543
37,6	330	53,12	147
40,7–9	333	54,13	359. 184.360.507.
40,7–8	334		598.736
40,8	334	55,11	493.522
41,10	435	64,1	44
56,9	440.611		
69,10	375		
73,13	638		

Der Prophet Jeremia

90,12	752	Jer 5,21	12
103,15–16	726	13,23	124
103,19	511	31,31–34	656.736
110,1	120.449.704	31,33	18. 151.166.167.
110,3	563		578
115,5	12	31,34	120.359
115,6	12		
116,10	443		

Der Prophet Hosea

118,26	8		
119,105	288.369.545	Hos 2,1	563
133,1	379.438		

Der Prophet Joel

135,16	12		
135,17	12	2,28	120
		3,1	120. 216.256.482.
			683.709.715

Die Sprüche Salomos (Sprichwörter)

Spr 10,12	35		
14,34	XXXII. 640–652.	Der Prophet Micha	
	438.636		
16,18	648	Mi 5,3	548
		7,19	435

Der Prophet Jesaja

Der Prophet Maleachi

Jes 9,1	73.74.101.600.632		
9,5	71.548.549.703	Mal 3,20	346
11,2	548.549		

Das Evangelium nach Matthäus

25,8	616		
33,7	686		
40,3	549	Mt 1,22	546
40,4	748	2,17	546
42,2	700	3,2	40.451.481.629
42,3	15.137	3,3	549
48,13	211	3,4	48
52,7	504	3,8	40
52,12–53,12	543	3,9	747
52,14	543	3,11	44.450.452
53,1	12	3,12	437

Bibelstellen 1205

3,17	625. 64.338.450. 537.548.555.598	11,13	12
4,1–11	XXX. 75	11,14	445.485
4,4	606	11,16–19	49
4,16	73.74.101.600.632	11,25	622.160.507
4,17	481.629	11,27	44.151.164.234
5,8	10	11,28	14.32.65.98.476. 685
5,13	9.94	11,28–29	169
5,17	411.434.467.575	11,29–30	741
5,29–30	89	12,19	700
5,43	67	12,20	137
5,45	211.728	12,24	244.51.72
6,24	48	12,27	244
6,28	453	12,30	243.244.386
6,29	435	12,34	43.294.295
6,31	XXXIII	12,36	303
6,33	440.693.723	12,41–42	690
6,34	433	12,49–50	512
7,16	512	13,1–23	109.110
7,21	243.322.244	13,3–8	203
7,25	101	13,4	643
8,10	129	13,8	570.715
8,16–17	543	13,12	371
8,17	138	13,19	342.643
8,20	51.200	13,23	570.715
9,20–22	10	13,24–30	342
9,34	51.72	13,25	353
10,5–15	619	13,28	343
10,5–6	503	13,28–29	243
10,13	522	13,29–30	343
10,17–25	551	13,30	342
10,21	72.532	13,36–43	342
10,22	284	13,38	342
10,24	284.68.103	13,39–40	343
10,24–25	51	13,55–56	72
10,29–30	247	14,31	612
10,30	440	15,22–28	129
10,32	303	15,24	503.574
10,34	70–84. 375	16,16	58.452.704
10,35	77	16,16–17	247
10,38	603	16,17	619.528.669
10,39	591	16,18	551.21.236
11,2–10	37	16,23	246
11,2–5	15.37	16,25	591
11,3	58.329	17,1–2	10
11,7–8	**37–55**	18,1	81
11,9	445.485. 38	18,7	407.586
11,11	12.38.39.44.445. 449	18,20	11.186.673
		19,19	63.249

19,28	128.679	25,26	248.360
19,29	749	25,28–30	678
20,16	141	25,29	371
20,20–28	583	25,31–33	121
20,20–21	587	26,17	9
20,22	588	26,17–30	573
20,25–26	287	26,22	81
20,26–27	511	26,24	586
20,26–28	598	26,39	80.106.572.702
20,28	330.411.511.704	26,42	80.106.572.702
21,4	546	26,44	80
21,8–9	138	26,45	620
21,9	**7–22**	26,52	83
21,10–11	12	26,55	576
21,10–16	583	26,55–56	**103–120**
21,12–17	375	26,56	546
22,1–14	389.381	26,61	659
22,2–14	389	27,9	546
22,7	389.390	27,22–23	108.566
22,11–12	389.593	27,24	638
22,12	10	27,25	600
22,14	141.390	27,35	542.567
22,17	123	27,40	XXXI
22,19–21	329	27,43	567
22,39	63.249	27,46	XXX.554–570.
22,44	120.704		138.149
23,4	466.576	27,51	659
23,8	92.317.341.367.	27,54	133.600
	507	27,60	172
23,9	507	27,62–66	172
23,9–10	507	28,2–4	172
23,10	507	28,7	614
23,13	118	28,10	176
23,37	118	28,16	176
23,34	551	28,18	624.23.128.447.
24–25	629		547.550
24,1–41	531	28,19	529.578.669
24,12	632. 633.637	28,19–20	68.503
24,23	193	28,20	XXXII. 128.186.
24,28	638		197.208.529.606.
24,36	77.128.465		613.616.669.670.
24,37–42	**629–639**		673.741
25,14–30	381		
25,18	634		
25,19	440	Das Evangelium nach Markus	
25,21	248.535.678		
25,23	248.535	Mk 1,3	549
25,24–30	384	1,6	48
25,25	634	1,11	450.548.555.598

3,21	497	16,14–20	**198–208**
3,22	72	16,17–18	686
3,31–32	497	16,19	176
3,32	497		
4,1–20	109.110	*Das Evangelium nach Lukas*	
4,4	643		
4,8	715	Lk 1,26–38	497
4,15	643	1,31–35	502
4,20	570.715	1,31–32	**56–69**. *XVII*
7,5–17	457	1,32	734
7,6–13	457	1,35	56
7,14–23	457	1,36	450
7,17–23	457	1,42	496
7,21	477	1,78	71.75
7,25–30	129	1,78–79	67
8,35	591	1,79	71.75.78.80
9,2–3	10	2,10–11	XXIX
9,12	XXXI.541–553	2,14	56.68.70.84.472.
9,34	81		500
9,38	244	2,15–20	XXIX.**487–499**
9,38–40	491	2,25–35	739
9,39–40	244	2,28–35	201
9,40	386	2,29	XXXIII
10,29–30	749	2,29–32	562
10,43–44	511	2,31–32	549
10,14	69	2,33	602
10,45	511.704	2,42	8
11,15–19	375	2,52	505
12,14	123	3,3	40
12,31	249	3,3–6	XXIX
12,34	39.42.51	3,4	549
12,36	704	3,5	748
12,37	108	3,8	40.747
13	635	3,16	44
13,1–32	531	3,17	437
14,12	9	3,22	450.548.555.598
14,12–26	573	4,1–13	75
14,36	572.702	4,16–21	14
14,48–49	576	4,28–30	573
14,58	659	6,37	**373–387**
15,13–14	108.566	6,45	294.295
15,24	567	7,18–20	15.37
15,28	546	7,22	15.37
15,34	149	7,26	38.445
15,38	659	7,28	12.38.445.449
15,39	600	7,50	673
15,46	172	8,4–15	109.110
16,1	607	8,5	643
16,7	614	8,8	715

8,11	*342*	*19,20–23*	*146*
8,12	*643*	*19,42*	*118*
8,21	*512.715*	*19,45–48*	*375*
8,28	*584*	*20,22*	*123*
8,46	*254*	*20,42–43*	*704*
9,24	*591*	*21,5–36*	*531.635*
9,28–29	*10*	*22,7–23*	*573*
9,46	*81*	*22,15*	*9*
9,52–56	*707*	*22,30*	*679*
9,56	*121*	*22,31–32*	*636*
9,58	*51*	*22,32*	*484*
9,62	*51.77.145*	*22,32–34*	*619*
10,1–12	*619*	*22,42*	*165.572.702*
10,21	*160*	*22,52*	*XXX*
10,22	*44*	*22,52–53*	*576*
10,27	*63.249*	*22,61*	*348*
10,42	*42*	*22,67–70*	*XXX*
11,15	*72*	*23,2*	*600*
11,23	*243. 244.386*	*23,21*	*108.566.600*
11,46	*466.576*	*23,33–34*	**XXXI.583–593**
11,52	*118*	*23,34*	*XXX. 79.84.111.*
12,7	*440*		*121.152.155.320.*
12,8	*303*		*474.523.554.567.*
12,15	*721*		*592.646*
12,16–21	*XXXII. 720–730*	*23,40–43*	*593*
12,37	*284. 440*	*23,41*	*129*
12,49	*437*	*23,42*	*121.129*
13,17	*108*	*23,42–43*	*556*
13,34	*118*	*23,43*	**121–134.** *554*
14,16–24	*381*	*23,44–49*	**XXXI.594–603**
14,27	*103*	*23,46*	**147–155.** *555*
15,16	*483*	*24,1*	*607*
15,18	*121*	*24,1–12*	*XXXI*
16,16	*12*	*24,1–3*	*XXXI*
17,10	*284*	*24,5–6*	**XXXI.604–617**
17,11–19	*707*	*24,13–49*	*176*
17,20	*21.674*	*24,13–35*	*609*
17,20–37	*635*	*24,19*	*12.596*
17,33	*591*	*24,21*	*609.620.747*
17,37	*638*	*24,25–26*	*XXX. 571.609*
18,11	*129*	*24,26*	*571. 103.120.165.*
18,11–12	*232*		*182.606*
18,16	*69*		**182–197**
18,29–30	*749*	*24,30–32*	
19,9–10	*XXX*	*24,33–34*	*196*
19,12–27	*381*	*24,37–43*	*176*
19,12–19	*102*	*24,39*	*180*
19,20	*634*	*24,44–47*	*182*
19,20–24	*384*	*24,47–48*	*747*

Bibelstellen

24,49	668.747	3,29–30	562
24,51	176	3,30	406
		3,31	80.495
Das Evangelium nach Johannes		3,33	398
		3,36	398. 155
Joh 1,1	148	4,14	323
1,5	57.62.207.329.479. 596	4,21	469
		4,23	469. 234.739.740
1,9	484.549	4,23–24	9.564.665.678
1,11	207	4,24	658. 222.343.476
1,12	529. 11.166.207. 208.400.467.469. 537.604	4,37–38	360
		4,42	497.685
1,12–17	XXIX	5,17	46
1,14	10.58.62.68.78. 90.127.130.148. 159.163.168.185. 186.191.201.206. 207.214.217.256. 283.296.346.383. 385.400.402.437. 447.454.473.476. 484.499.503.569. 579.600.602.647. 661.666.700.701. 730.748	5,18	320
		5,19	136.464.555
		5,19–20	506.536
		5,20	411.537.581
		5,21	624
		5,24	20.155.172.480. 531.639.665.674. 729
		5,25	481.624
		5,26	624. 484
		5,30	165
1,16	331.476.484	5,31	116
1,19–28	**442–456**	5,37	569
1,23	40.549	5,39	545.670
1,26–27	40	6,15	200
1,29	166.446.549	6,29	14.624. 244.317
1,32–34	450	6,35	323.470
1,33	40	6,44	174
1,35–42	444	6,45	120.356.359. 184. 360.507.598.736
1,35–37	549		
1,39	453	6,47	674
1,41	46	6,63	288.308.309.339. 430.452
1,45–46	72		
1,46	160.200.451	6,66–67	285
2,4	574	6,68	192.246.452
2,13–16	375	6,69	704
2,14–16	376	7,5	497
2,17	375	7,6	574
3,8	237.689	7,8	574
3,16	470	7,15	160.200
3,17	392. 705	7,16	12
3,18	629. 639.674	7,17	685
3,20	112	7,27	72
3,21	479		

7,30	574	11,14–15	743.746
7,32	574	11,16	**XXXIII.742–753**
7,40–53	583	11,22	247
7,41–42	72	11,25	**XXXI**
7,44	574	11,49–52	8
7,44–49	105	11,50	112.160
7,52	72	11,53	574.575
8,7	267	11,56	8.108
8,12	484	12,23	**XXXI.** 575
8,14	115	12,24	116.579.581
8,20	574	12,24–25	83
8,23	80	12,25	591
8,26	12.137.735	12,27	507
8,28	555	12,32	83.121.127.151.
8,31	289		447.486
8,32	284.39.43.194.243.	12,45	10.470.483
	289.346.480.507	12,47	121.674
8,36	284.285.480.36.	13,1	575
	39.471	13,13	703.719
8,38	555	13,16	103.551
8,40	284	13,18	435
8,46	116.575	13,23	581
8,56	**XXIX.429–**	13,25	581
	441.562.*531*	13,31–16,33	571
8,59	573	13,34	249.430.467.510.
9,39	675		663
10,10	439	13,34–35	79.220.606
10,11	247.540	13,35	64.608
10,12–16	XX.302	14,2–3	126.557
10,16	67.712.717.729	14,6	392.445.485.647.
10,18	465		730
10,24	111	14,7–10	392
10,27	355.675	14,8–11	598
10,30	61.62.68.464.505.	14,9	20.61.400.470.483.
	554.581		581
10,31	573	14,16	136
10,33	320	14,16–17	382.734
10,34–36	112	14,18	136
10,39	573	14,19–20	673
10,40–41	444	14,23	44.95.151.237.433.
10,41	444		483.559.714
11,6	743	14,24	12
11,7	743	14,26	402.665.696
11,8	743.746	14,27	188.704.74.100.188
11,11	743	14,30–31	**XXX.571–582.**
11,14	743		**XXXVI**

Bibelstellen

15,1–8	580	17,26	242
15,1–16,33	580	18,4–6	106
15,4–5	467	18,33–37	XXX
15,5	18.117.286	18,36	92.290.409
15,9	328	19,6	108.110.111.566
15,9–12	318.606	19,7	320
15,9–11	554	19,15	108.566
15,12	18.79.467.510.663	19,25–27	601
15,14	464	19,26–27	152
15,14–15	471	19,28	135.139
15,15	86.284.458.461.463	19,28–29	XXX
		19,30	**135–146.** *XVII.* 147.152.154.555. 563.702
15,20	51.103.597		
15,24	215		
15,26	136.237	20,14–15	608
15,26–27	402.706	20,16	608
16,7	207.580.662	20,17	XXXI.175.563.715
16,9	237		
16,11	238	20,19	188
16,12	143.465.550.696	20,21	46.188.429
16,13	XXXII.382.128.695	20,22	177.621.669
		20,26	188
16,13–14	XXXII.**696–707.** XXXV.470	20,27	175
		20,29	177.706
16,14	68.242.748	20,31	358
16,14–15	697	21,7	191.608
16,16	558	21,20	581
16,21	482	21,22	581
16,26–27	664	21,25	358.703
16,27	XXIX.34		
16,28	205.206.558		
16,32	XXX.554.601	*Die Apostelgeschichte des Lukas*	
16,33	XXX		
17	140.141.241.289	Apg 1,1–11	653
17,4	562	1,3	XXXI.XXXII. 180.614
17,5	660.663		
17,6	562.19	1,6–11	**667–679.** XXXVI
17,6–9	79	1,7	126.128.256.465
17,8	141.598.735	1,8	455.747
17,11	554	1,9	176
17,14	141	1,13	203
17,15	484	1,14	678
17,18	317	1,15	203
17,20	484	2,1–40	209
17,20–21	79.673	2,1–11	649
17,21–23	32.554	2,1–4	680
17,22	434	2,2	101
17,23	34	2,4–6	648
17,24	436.128	2,11–12	XXXII

1211

2,17	11.216.256.482. 683.709.715	16,30	13.217.218.621
		17,11	126.300.304.377
2,22–38	397	17,22–31	397. 472
2,22–23	213	17,23	475
2,23	73	17,24–29	163
2,27	172.605.611	17,27–28	95
2,32	618	17,28	208.209.235.730
2,33	11	17,30	590
2,34–35	704	17,30–31	**472–486.**
2,36	213.443.624.627		XXXVI.452
2,36–37	73	20,28	303.695
2,37	111.213.601.621	20,35	415
2,38	203	27,34	247
2,41	203		
2,41–42	**209–222**	*Der Brief des Paulus an die Römer*	
3,1–11	618		
3,12–26	618	Röm 1,7	514
3,13	626	1,17	482.651
3,13–15	XXXII.618–628. XXXVI	1,18	633. 345.649.717
		1,18–3,20	708
3,15	161.162.215.248. 597.601.618.683	1,18–32	634
		1,19–32	475
3,16	618	1,19–20	217
3,19–20	620	1,20	345
3,26	625	1,21–32	397
4,12	499.604	1,21–23	717
4,29	463	1,25	163
5,29	378	2,11–15	712
5,30	620	2,14	307
6,8–7,59	70	2,14–15	710
7,55	83. 672	2,15	346. 412
9,1–18	320	3,10	311
9,3–6	672	3,20	16.17.30.35.60.89. 159.307.311.319. 323.391
9,15	302		
10,34–43	618		
10,34–41	618. 626	3,21	326
10,34–35	713	3,21–6,11	708
10,35	17	3,21–25	482
10,39	620	3,22	694
10,40–42	626	3,23	324.547. 19.62. 142.146.710.712
10,40–41	618		
10,41	620	3,25	326.470.482. 471
13,30–31	618	4,3	432
13,34	615	4,4	533
13,35	605	4,5	432
14,22	51.103.603	4,25	449. 718
15,1–29	287	5,1	296
15,8	592	5,3–5	531

Bibelstellen

5,5	35.239.311.664. 714.737	8,16	101.716.730
		8,18	128
5,7–8	XXXI	8,21	412.38.43.51.53.
5,8	311.470		54.208.234.282.
5,10	392		438.482.739.741
5,12	708	8,26	412.11.237.455.
5,18	236		508.568.740
5,20	329	8,28	146.396.17.84.
5,20–21	652		102.750
6,1	718	8,29	447
6,2	169	8,30	146
6,2–6	534	8,35	82
6,3–12	406	8,35–39	82
6,3–5	XXXII	8,37–39	82
6,4	XXXI.162.164. 391.597	8,38–39	453
		8,39	189
		9,1–11,31	708
6,4–8	**171–181.**XVIII	9,3–12	475
6,4–6	687	10,2	111.417
6,6	665	10,4	434
6,10	626	10,5	25
6,18	708	10,9–10	295
6,23	31.500	10,14	710
7,5–7	391	10,15	504
7,6	169.718	10,17	363.691
7,7	16	11,6	533
7,14	308	11,32	169
7,14–25	338.710	11,32–33	**XXXII.708–719**
7,14–24	347	11,33	688.84.85.88.476. 582.588
7,18	218		
7,21	16	11,33–36	709
7,22–23	710.711	11,33b–36	708
7,23	327.29.32.440	12,1	169.470
7,24	31.215.30.60. 347	12,2	740
		12,3–8	644
		12,5	738
7,24–8,1	168	12,10	508
7,24–25	168	12,15	371.564
7,25	31.347	12,21	551.97.101.328. 518.538
8,1	168.326.713		
8,1–30	708	13,1	16.511
8,3	501	13,1–4	511
8,4	237	13,4	16
8,7	399.547.166.215. 218.718	13,9	249
		13,10	36.41
8,14–16	98.224	13,11–14	439
8,15	11.208.228.695. 709.718.740	14,4	47.53
		14,7–8	XXX

14,13	407	10,24	98.518
14,17	21	10,31	250.410
15,1–3	XXX	11,28	351
15,8–9	183	12,1–31	91.680
16,20	435	12,3	83.363.385.669.700.719
16,25	578	12,3–6	**240–256**
		12,4	335

Der erste Brief des Paulus an die Korinther

		12,4–31	644
		12,4–5	700
1Kor 1,10–13	282	12,7	144.250.251.254.498.508
1,23	140.245		
1,26–28	225	12,12	194
1,30	68.142.155.169.220	12,12–13	700
		12,13	470.705
2,1	223	12,18	194
2,8	161.162	12,27	738
2,9	224	12,28–30	254
2,10	689	12,31	**680–695**.99
2,10–12	**223–239**	13	691
3,2	350	13,1	415.691
3,3–6	282	13,2	415
3,4	372	13,3	99
3,11	312.538	13,4–7	516
3,12–15	538	13,4–5	100.516
3,16	469.566	13,6	101
3,16–17	XXXII.734	13,7	100.516
3,21	53.372.416	13,8	35
3,21–22	287.509	13,10	221
3,21–23	318	13,12	94
3,22	287.509.53.290.292.303	14,33	362.193.418
3,22–23	283.302.536.729	14,33–34	364
4,1		15,6	177.202
4,5	635	15,8	672
5,6–8	627	15,10	647.672
5,7–8	XXXII	15,25	120.449
5,10	510	15,50	139
6,12	278	15,55	616
6,20	71	15,57	168
7,20–22	510.282	15,58	612
7,21	438.511		
7,22	283		

Der zweite Brief des Paulus an die Korinther

7,23	**281–292**.71.416.741	2Kor 1,20	20.120
7,31	740	3,3	383
7,40	647	3,4–11	363
8,1–2	414	3,6	41.184.288.363
9,22–23	92	3,6–9	383
9,25	71.485		

3,6–18	400	3,19	578
3,8	363	3,21	306.308.469
3,17	46.98	3,21–23	**23–36**
3,18	455.470.508.597.616	3,22	395.558.587
		3,23–25	16
4,4	480	3,24	18
4,7	82	3,27–28	XXIX.500–513.XXXVI
4,8–10	82		
4,8–9	82	3,28	705
4,13	443	3,29	438.230
5,1	734	4,1	463
5,14	35	4,1–5	18
5,17	XXX.21.65.179.400.405.435.473	4,3	463
		4,4	74.575.75.199.335.579.715
5,17–18	**388–400**		
5,18	84.248	4,5	467
5,19	236.388.709.715	4,6	98.208.228.709.718.740
5,20	677.706		
5,21	482	4,19	651.704
6,16	469.534	5,6	57.314.523.658.691.694
6,19–20	81		
7,8–11	364	5,7	314
11,28–29	371	5,11	620
12,7–8	433	5,13	282
12,9	433.508.686.718	5,15	376
12,23–28	647	5,17	412.552.597.700
		5,18	36.312.412.641
		5,22	144.83.230
		5,24	391

Der Brief des Paulus an die Galater

Gal 1,11–24	320	6,14	XXXI
2,1–10	287	6,15	179
2,4	286		
2,11–21	33		

Der Brief des Paulus an die Epheser

2,16	319	Eph 1,4	127.660.663
2,16–18	**304–318**	1,22	484
2,19	412.718	1,22–23	452
2,19–21	**319–331**	2,5–6	655
2,19–20	33.578	2,10	655
2,20	34.163.64.117.416.534.718	2,14	704
		2,19	656.598
3,3	327	2,21	657.659
3,6	432	2,21–22	469
3,10	25	4,2–15	419
3,11	34	4,3	79.300.717
3,12	25	4,4–6	93
3,13	579	4,11	254
3,13–14	579	4,11–12	**356–372**
3,14	363	4,12–13	371
3,17	324		

4,13	91.503	2,9	20.71.75.78.503.
4,14	39.43		569.587.659.734
4,30	395. 648	2,9–10	238
5,6	395	2,12	391
5,8	113	2,20	416
5,9	230	3,14	99.230.251
5,10	740	3,16	486
5,14	481	3,17	410. 537
5,23	484	3,22–23	410
5,27	196.452		
5,30	348.738		
6,17	698		

Der erste Brief des Paulus an die Thessalonicher

Der Brief des Paulus an die Philipper

Phil 1,3–11	402	1Thess 4,3	559
1,6–11	**401–419**	4,11–12	410
1,10	729	5,1–11	XXXIII. 527
2,4	XXXII	5,21	53
2,6	141		
2,7	69.410		

Der erste Brief des Paulus an Timotheus

2,8	334. 167.586.603	1Tim 1,17	239
2,9	663	4,1	699
2,9–11	21	4,2	706
2,9–10	707	6,10	235
2,10	170.499.530	6,16	90.647
2,10–11	437		
2,13	19.140.256		

Der zweite Brief des Paulus an Timotheus

3,7–8	534		
3,12	19.53.165	2Tim 1,10	604.617.734
3,12–13	740.739	2,8	604
3,13	353.405.452.559	3,17	410.448.526.738
3,13–14	448		
3,14	453		

Der Brief des Paulus an Titus

3,15	299. 221		
3,20	516	Tit 1,1	463
3,20–21	XXXIII.731–741	3,5	222
4,4	563.21		
4,8	518		

Der erste Brief des Petrus

Der Brief des Paulus an die Kolosser

Kol 1,15	405. 480.582	1Petr 1,12	584
1,16	683	1,17	404
1,18	452	1,18–19	666
1,22	452	1,24–25	XXXIII
1,24	290.552. 566	1,25	504
1,26	688	2,2	185
1,26–27	578	2,5	657.658. 403.470.
2,8	416		659.747

Bibelstellen

2,9	656.18.470.533.659.666	2,4	254
2,21	573	2,9	136.582
2,24	138.391	2,10	335.603
3,15	**293–303**	2,14–18	716
4,8	35.230	2,16	716
4,10	96	3,5–6	XXIX.457–471
5,1–3	365	3,6	576
5,2–3	287	4,8	536
5,3	368	4,15	XXIX.457.69.410.555.558.559.664
		4,16	471

Der zweite Brief des Petrus

2Petr 1,4	223	5,2	664
3,8	325	5,7	664
3,13	91	5,8	334
		5,9	335
		5,12	81.185.654
		5,12–14	690

Der erste Brief des Johannes

		5,12–13	350
		6,1	654
1Joh 1,6	455	6,6	395
1,8	404	6,9	330
1,9	323.326.336	7,26	556
2,2	26	8,1–2	**XXXII.653–666**
2,8	XXIX	8,5	460.657
2,9–10	382	8,7–10	656
2,16	160.162	8,8–12	656
3,2	436.453.448.456.666.674.678	8,10	151.166.167.578
		9,7	663
3,8	336	9,11	660
3,14	XXXIII	9,11–12	654
3,18	385	9,12	665
3,19–21	354	10,1	332.333.460.655
4,2	501	10,2	158
4,8	400.447.517.554.564.735	10,2–3	157
		10,3	467.471
4,9	383.395.400.521	10,4	158
4,16	35.233.237.400.447.517.554.564.735	10,5–7	333
		10,7	166
		10,8–12	**156–170. XVIII**
4,18	17.35.339.392	10,9	334
5,4	674.695	10,10	334
		10,11	158

Der Brief an die Hebräer

		10,12.14	**332–343**
		10,16	166.151.167
Hebr 1,2	58	10,22	162.336
1,3	237.555.581.593.598.617.704.741.748	10,23–25	336
		10,24	**XXX.514–526**
		10,27	329

12,2	144.155.550.551.586	\multicolumn{2}{l}{*Die Offenbarung des Johannes*}
12,3	XXXI	*Offb* 1,11	485
13,1	508	3,11	XXXIII
13,7–8	XX.302	3,20	741
13,9	341.401.672	5,1	125
		21,1	21.91
Der Brief des Jakobus		21,1–5	XXX
Jak 1,17	43.62.65.661.704	21,4	21
		22,12	XXX.527–540
3,17	548.752	22,13	485
5,16	**344–355**		
5,20	230		

Predigten
(in zeitlicher Anordnung)

Die 52 Predigten der Fünften bis Siebenten Sammlung sind zeitlich nach dem Vortragstermin angeordnet.

Am 27.03.1812 nachm. (Karfreitag) Lk 23,33–34 583
Am 07.05.1812 nachm. (Himmelfahrtstag) Apg 1,6–11 667
Am 02.04.1820 vorm. (Ostersonntag) Lk 24,5–6 604
Am 11.05.1820 vorm. (Himmelfahrtstag) Mk 16,14–20 198
Am 10.12.1820 vorm. (2.SiA) Gal 3,21–23 23
Am 25.12.1820 vorm. (1.Weihnachtstag) Apg 17,30–31 472
Am 18.03.1821 vorm. (Reminiscere) Lk 23,43 121
Am 01.04.1821 vorm. (Laetare) Mt 27,46 554
Am 15.04.1821 vorm. (Palmarum) Joh 19,30 135
Am 20.04.1821 vorm. (Karfreitag) Lk 23,44–49 594
Am 20.04.1821 nachm. (Karfreitag) Lk 23,46 147
Am 22.04.1821 vorm. (Ostersonntag) Röm 6,4–8 171
Am 16.05.1821 früh (Bußtag) Mt 24,37–42 629
Am 10.06.1821 vorm. (Pfingstsonntag) Apg 2,41–42 209
Am 17.06.1821 vorm. (Trinitatis) 1Kor 12,3–6 240
Am 25.12.1821 vorm. (1.Weihnachtstag) Lk 1,31–32 56
Am 01.12.1822 vorm. (1.SiA) Mt 21,9 7
Am 15.12.1822 vorm. (3.SiA) Mt 11,7–8 37
Am 22.12.1822 vorm. (4.SiA) Joh 1,19–28 442
Am 01.01.1824 vorm. (Neujahrstag) Hiob 38,11 85
Am 21.03.1824 vorm. (Oculi) Mt 26,55–56 103
Am 16.04.1824 vorm. (Karfreitag) Hebr 10,8–12 156
Am 19.04.1824 vorm. (Ostermontag) Lk 24,30–32 182
Am 21.11.1824 vorm. (23.SnT; Totensonntag) Phil 3,20–21 731
Am 26.12.1824 vorm. (2.Weihnachtstag) Mt 10,34 70
Am 01.01.1825 früh (Neujahrstag) Hebr 10,24 514
Am 23.05.1825 früh (Pfingstmontag) 1Kor 2,10–12 223
Am 15.05.1826 vorm. (Pfingstmontag) 1Kor 12,31 680
Am 01.01.1827 vorm. (Neujahrstag) Offb 22,12 527
Am 20.05.1830 vorm. (Himmelfahrtstag) Hebr 8,1–2 653
Am 20.06.1830 vorm. (2.SnT) 1Kor 7,23 281
Am 25.06.1830 vorm. (Freitag; Säkularfest) 1Petr 3,15 293
Am 04.07.1830 vorm. (4.SnT) Gal 2,16–18 304
Am 18.07.1830 vorm. (6.SnT) Gal 2,19–21 319
Am 01.08.1830 vorm. (8.SnT) Hebr 10,12.14 332
Am 15.08.1830 vorm. (10.SnT) Jak 5,16 344
Am 29.08.1830 vorm. (12.SnT) Eph 4,11–12 356

Am 10.10.1830 vorm. (18.SnT) Lk 6,37 373
Am 24.10.1830 vorm. (20.SnT) 2Kor 5,17–18 388
Am 07.11.1830 vorm. (22.SnT) Phil 1,6–11 401
Am 27.02.1831 vorm. (Reminiscere) Mk 9,12 541
Am 29.05.1831 vorm. (Trinitatis) Röm 11,32–33 708
Am 02.10.1831 vorm. (18.SnT; Erntefest) Lk 12,16–21 720
Am 27.11.1831 vorm. (1.SiA) Joh 8,56 429
Am 26.12.1831 früh (2.Weihnachtstag) Lk 2,15–20 487
Am 25.03.1832 vorm. (Oculi) Joh 14,30–31 571
Am 16.05.1832 vorm. (Bußtag) Spr 14,34 640
Am 11.06.1832 vorm. (Pfingstmontag) Joh 16,13–14 696
Am 25.11.1832 vorm. (23.SnT; Totensonntag) Joh 11,16 742
Am 23.12.1832 vorm. (4.SiA) Hebr 3,5–6 457
Am 26.12.1832 vorm. (2.Weihnachtstag) Gal 3,27–28 500
Am 08.04.1833 vorm. (Ostermontag) Apg 3,13–15 618